语文：表现与存在

YUWEN
BIAOXIAN YU CUNZAI

潘新和 著

下卷·第二分册

海峡出版发行集团 THE STRAITS PUBLISHING & DISTRIBUTING GROUP | 福建人民出版社 FUJIAN PEOPLE'S PUBLISHING HOUSE

目录

Contents

下卷 · 第二分册

下卷　言语生命动力学表现-存在论语文学实践论

第二分册

诀别“读懂”“吸收”的占有式阅读，走向“阅人”“解写”的“表现-存在论”阅读。

第九章 | 阅读：为言语生命的化育和创造奠基（上）

“表现-存在本位”语文教学，固然是以言语表现——写作素养的培育为主要教学目的，似乎可以由专门的写作与口头交流课来承担，但不可否认，它仍然离不开阅读。阅读仍然是语文教学的“主战场”。

大部分言语“表现-存在”素养的获得，必须倚重于从经典作品的阅读中熏陶、涵养、领悟，甚至也需要借助对经典文本表达形式的揣摩、摹仿、借鉴，以提高言语实践智能。因此，在摆脱了“阅读本位”的盲目、低效阅读之后，在“表现-存在论”语文学视界下，阅读教学问题，仍然是需要关注、研究的重头戏。

以往阅读教学根本问题在于观念：阅读本位、为读而读——阅读目标的迷失，不知“为什么而读”，以致“读什么”“怎么读”完全失去了方向。

也不是完全无目标，主要是对目标的认识模糊、偏颇，且对其研究不予重视，乃至漠视。

一般老师主要关注的是“怎么读”（怎么教）能让学生“读懂”文本——这就是偏颇的认识，在这个偏颇观念下，思考“教懂”“学懂”文本的方法是没有太大意义的。因此，有学者出来纠正说比“怎么读”更重要的是“读什么”（教什么），先解决“读什么”的问题，才有“怎么读”的问题。要弄清楚“读什么”——确定教学内容，才谈得上“怎么教”“怎么读”。这似乎没错。但他们都忘了，不论是“读什么”“怎么读”，都离不开“为什么读”（为什么教，为什么学）这个语文课程本体论思维原点。离开了“为什么读”，对于“读什么”自然也是茫然。对“读什么”的追问，同样没有问到根子上。

读的目的不同，“读什么”“怎么读”也就不同。不搞清楚“为什么读”，“读什么”“怎么读”必定是一笔糊涂账，势必是瞎读、瞎教。所谓的文本“细读”，就成为“文本乱读”。哪怕“逐字逐句”读得天昏地暗，这法那法玩得眼花缭乱，到头来，学生唯落个头昏脑涨、莫名其妙之外，别无所获。

不思考“为什么读”，只知道阅读很重要，在“读什么”“怎么读”上便产生了一系列问题。如从“读懂”文本出发，似乎文本“细读”很重要。至于为什么重要，对什么重要，大家并不愿意费心思考。其实文本不是读得越细越好，文本“细读”如果失控，其祸害比文本“粗读”还要大。因为，它浪费了学生更多宝贵的时间。长期以来，占了语文课程绝大部分课时的阅读教学，吃力不讨好，劳而寡功，不能说与缺乏终极追问无关。

可能老师们不服气，会理直气壮地反驳：读懂、理解文章内容有什么错，前辈不都这么教的？叶圣陶、张志公等也这么说呀。也许有人会说，从头到尾咬文嚼字我也没那么傻。我知道该读什么，不就是读一篇中最精彩之处，读文本秘妙、精妙，人人心中有、个个笔下无之处？读自己最感兴趣，有独特感觉、体验、感悟的地方？

能这么读，自然比不问青红皂白乱读一气，或逐字逐句细读要好，但还没有答到点子上。充其量也只是“两脚书橱”“人形鹦鹉”——“为读而读”，就是建立在这个肤浅观点之上的。这不是语文界应有的认知水平，这个目标是对休闲性、欣赏性阅读而言，不是智慧性、创造性阅读的定位，不是语文课程的终极目标。

试问：读懂、理解了，又是为了什么？难道仅仅为“欣赏”而“欣赏”，为“求知”而“求知”，为“修养”而“修养”？仅仅是把自己作为记忆仓库、活字典？如果是这样，便是“占有”式学习，这类事交给电脑会做得更好。阅读目的是多元的，其根本目的是满足人的学习言语、思想创造，人类文化、文明的承传、发展的欲求。离开了“为什么读”这根缰绳，“读什么”“怎么读”的野马便狂奔乱跑，难觅其踪。

英国哲学家培根在《论求知》中，一开头就是探讨为什么“求知”——阅读，他的答案是：“求知的目的不是为了吹嘘炫耀，而应该是为了寻找真理，启迪智慧。”“读史使人明智，读诗使人聪慧，演算使人精密，哲理使人深刻，伦理学使人有修养，逻辑修辞使人长于思辨。总之，‘知识能改变人的性格’”“精神上的各种缺陷，还都可以通过求知来改善。”[①] 他否定为了消遣、装潢的读书，认可的是运用性、重塑性、陶冶性读书，也指出了要根据不同的目的，确定读什么与怎么读。哪能不问目的，千篇一律地文本“细读”?

当下，许多论者反对脱离文本的多元解读、人文解读，倡导文本“细读”——教师不阅读、不会阅读，教学脱离文本，读而不细，的确是个问题。有时，文本“细读”也有倡导的必要，但不宜走向另一个极端，回归到繁琐解读、一元解读的老路上去。更重要的是，这只是行为、能力层面的问题，治标不治本。

文本细读、一元解读有其弊端，新课程倡导的“多元解读”观也需要澄清。人们对文本的解读大多是不同的，人见人殊。一般说来，这是对的。但是，这也可能会使人产生一种误解，以为一切文本都可以，都应该多元解读，而且其多元化的可能性是一样的，愈“多元”，差异性愈大愈好。其实，不同文本的解读方法是不一样的。文学文本和实用、应用文本解读的“多元性”是有很大的差别的。有的“多元”解读空间很大，有的很小，有的则接近于零，不能一概而论。因此，不同文本的阅读方法也是“多元”的，读法是因文而异的。解释学理论，所谓“一千个读者有一千个哈姆雷特”的读者理论，是针对文学文本的解读，多数实用文本也允许多元解读，有少量的应用文本是不存在或不允许多元解读的，这是需要厘清的。

因此，对多元解读的理念要做具体分析。文本的解读方法主要有五种形态：解释、阐释、品评、批判、误读。其区别在于主体介入的程度和方式的不同。这里的解释和阐释的方法，不是从解释学意义上说的，而是指语文教学现状中最大量的对文本表层所做的语义分析，基本上排除了个性参与的因素，或者主观介入的程度很低，就是所谓的理解、读懂课文，扫除文字障碍。阅读主体介入文本的程度越深，主体的自我表现性和创造性就越强，离写作就越近，以至最终使读、写合而为一。

阅读主体对文本的介入、发现与创新，是言语生命力的体现，不论哪一种文本的解读，都不能不包含着一定程度的主体性、主观性成分。只有极少数的应用文本，要尽量遵循文本的限制，减少、排除主观性错读；大部分文

---

① ［英］弗朗西斯·培根：《论求知》，见曹文趣等编：《现代论说文选读》，浙江教育出版社 1984 年版，第 60～62 页。

本，则要主体积极参与，与文本、作者对话，合理而有创意地解读、解写。对于言语表现与创造来说，别出心裁的误读，是言语智慧与才能的体现。创造性的解读、解写，有意识的误读，是阅读教学须着力培养的能力。言语想象力、创造力，是从误读中生发、孕育、勃发的；言语生命力、精神创造力是从误读中彰显的。

显然，上述“读什么”与“怎么读”的偏差，都与不明白“为什么读”有关。如果知道是为了“表现与存在”而读，是为了培育五大素养而读，这些问题就迎刃而解了。

以下先就“为什么读”“读什么”“怎么读”作一初步探讨，进而再对当今有代表性的阅读教学观作一解构。

一 为什么读：为“表现与存在”而读

这是阅读本体论命题，是最需要加以重新检讨的。不知道为什么读，阅读内容、阅读方法的确立势必是盲目的，教学也就劳而寡功、劳而无功。如果误入歧途的话，甚至会毁了人的一生：把人读傻、读残、读废了，成了孔乙己、范进之流。

阅读目的固然很多，且因人而异、因时而异，但举其要者，可大别为二：

（一）从个体的人的视角看读书的目的

1. 涵养德性、性格

这指的是人的精神、个性的培育。如孔子说：“兴于《诗》，立于礼，成于乐。”[①]“入其国，其教可知也。其为人也：温柔敦厚，《诗》教也。疏通知远，《书》教也。广博易良，《乐》教也。洁静精微，《易》教也。恭俭庄敬，《礼》教也。属辞比事，《春秋》教也。……其为人也：温柔敦厚而不愚，则深于《诗》者也……”[②]阅读关教化，阅读文化经典，是修养“成人”的标志，是人的良好的德性、性格培育所不可或缺。

---

① 《论语·泰伯》，见宋元人注：《四书五经》（上），中国书店1985年版，“论语集注”第33页。

② 《礼记·经解》，见宋元人注：《四书五经》（中），中国书店1985年版，“礼记集注”第273页。

2. 懂得处世、交往

读书，是人的社会化过程，能从中学会如何为人处世，与他人交际应对，并获得基本的文化素养。孔子说："不学《诗》，无以言。……不学礼，无以立。"①　"《诗》可以兴，可以观，可以群，可以怨。迩之事父，远之事君……"②使人从自然人成为社会人，获得社会生活的能力，能与人良好地沟通、相处。

3. 求取知识（含情感、思想）、才干

读书满足人的求知本能，促成才能发展。

知识高于经验，知识的学习，其功效胜过单凭经验的思考。如孔子说："吾尝终日不食，终夜不寝，以思，无益，不如学也。"③ 荀子也如是说："吾尝终日而思矣，不如须臾之所学也。吾尝跂而望矣，不如登高之博见也。登高而招，臂非加长也，而见者远；顺风而呼，声非加疾也，而闻者彰。假舆马者，非利足也，而致千里；假舟楫者，非能水也，而绝江河。君子生非异也，善假于物也。"④ 知识是实践、能力的凭借。

求知还是获取权力、力量，以及办理事务、思考问题、解决实际问题的途径。如胡适说："读书是求智识，知识就是权力。"⑤ "第一，因为书是过去已经知道的智识学问和经验的一种记录，我们读书便是要接受这人类的遗产；第二，为要读书而读书，读了书便可以多读书；第三，读书可以帮助我们解决困难，应付环境，并可获得思想材料的来源。"⑥ 培根说："知识就是力量。""当你处世行事时，求知可以促成才干。有实际经验的人虽能够办理个别事务，但若要综观整体，运筹全局，却唯有掌握理论知识方能办到。"⑦读书，能提升人的实践能力，增长才干，滋养智慧。

---

① 《论语·季氏》，见宋元人注：《四书五经》（上），中国书店 1985 年版，《论语集注》第 72 页。

② 《论语·阳货》，见宋元人注：《四书五经》（上），中国书店 1985 年版，"论语集注"第 74 页。

③ 《论语·卫灵公》，见宋元人注：《四书五经》（上），中国书店 1985 年版，"论语集注"第 68 页。

④ 《荀子·劝学》，上海古籍出版社 1989 年版第 6 页。

⑤ 胡适：《读书》，见《胡适教育论著选》，人民教育出版社 1994 年版，第 208 页。

⑥ 胡适：《为什么读书》，见《胡适论教育》，安徽教育出版社 2006 年版，第 201 页。

⑦ ［英］弗朗西斯·培根：《论求知》，见曹文趣等编：《现代论说文选读》，浙江教育出版社 1984 年版，第 60～62 页。

4. 学习写作、创造

从书中汲取养分，获得精神创造力、言语表现力，这是最重要的。叶圣陶说："……然而阅读是吸收，写作是倾吐，倾吐能否合于法度，显然与吸收有密切的关系。单说写作程度如何如何是没有根的，要有根，就得追问那比较难捉摸的阅读程度。"[①] "阅读的基本训练不行，写作能力是不会提高的。……实际上写作基于阅读。""阅读是写作的基础。"[②] 没有阅读，不可能知道什么是写作，不可能有自我的精神创造、生产，不可能有真正的人的成长、发展以及人生价值的自我实现，不能彰显生命存在的意义。

因而，第四条是对前三条的含蕴与升华。学会写作、精神创造，是读书最高价值所在。涵养德性、性格，懂得处世、交往，获取知识、才干等，只有最终都融入写作——精神创造之中，其意义才能得以最佳呈现。立德、立功等，只有通过立言，其建树才能超越时空，精神才能永垂不朽。

就个人说，读书的终极目的，就是将蒙昧无知的动物人、自然人，涵养成社会人、文化人、言语人、精神人、创造人——古往今来，知书达理，是社会与个人对人的道德、人格、思想的养成、修炼的基本要求。期待成为精神贵族的读书人，其全部归属感、成就感、幸福感，就是基于读书、求知、明理、创获之上，其终极目的是精神思想的创获与表达。

（二）从人类、历史的视角看读书的目的

1. 为人类文化、文明的创构奠基

人类物质家园、精神家园的建构，其最重要的基础便是读书、求知。知识，是人的精神创造的成果，也是人的精神创造的充分必要条件。人是符号、言语的动物，是求知、理性的动物，人的类特性就是建立在语言文字基础上的"自由理性"。人类的一切认知、观念、信念、信仰、价值——主要是建构在以语言为载体的求知、思考之上。正是在这个意义上，高尔基说"书籍是人类进步的阶梯"。有了书，读书、写书，精神创造，才可望实现"为天地立心，为生民立命，为往圣继绝学，为万世开太平"的共同愿景。

2. 人类言语生命、精神生命的传宗接代

言语、精神创造是人类的本能，阅读也是一种本能，为言语、精神创造

---

① 叶圣陶：《阅读教学的两个基本观念》，见刘国正主编：《叶圣陶教育文集》第三卷，人民教育出版社 1994 年版，第 53 页。

② 叶圣陶：《阅读是写作的基础》，见刘国正主编：《叶圣陶教育文集》第三卷，人民教育出版社 1994 年版，第 281 页。

的延续所必须。胡适说："人类之所以与别的动物不同，就是因为人有语言文字，可以把智识传给别人，又传至后人……"① 读书、写作，个人精神创造的成果，积淀进人类文明、文化史中，为后人所继承、发展。读书，是人类精神生命承前启后的中介。读书、写作、读书、写作……是人类文化薪火相传的良性循环。

3. 人类价值的自我实现、物种品质的提升

人类在读书、求知基础上，通过写作进行精神创造，是人类生命价值自我实现的基本途径。没有读书、创造，人类便不可能进行高水平的理性思维、精神创造，就不可能获得个体人生的自我实现，从而使群体的人类智能、思维质量得以发展、提升，物种品质得以进化、升华。

从最高意义上看读书的意义：书籍，是人类的精神食粮；读书，是人类文明的延续、发展；由读书而写书，是人的生命存在意义的彰显，是人类的自我完善、进化、优化。言语、精神创造，是人类精英的遗传基因、精神根基、天赋使命。

这样，读书的具体目标与终极意义弄清楚了，所读是为了涵养德性、人格，为了处世、交往，为了知识、才干，为了写作、创造。其终极目的是为写作，为言语、精神创造。是以言语表现、创造，彰显人、人类的生命、精神的存在价值。

在语文教育中，不应将这些具体目标孤立起来，不应单纯地为了涵养德性、人格，处世、交往，知识、才干而阅读，人的言语上的自我实现，才是阅读教育的总目标。其他的目标，要围绕、融入这个总目标中。在语文教育中，德、志、才、学、识、胆……智力、非智力因素的培育，归根结底要指向"立言"，成为"立言"的素养。就是说，要从学习写作的特殊视角，来看读书——阅读的目的，来看培养言语德性、人格等，这与一般的培养人的德性、人格是不完全一样的。例如，言语德性、人格的培育，它侧重于诗意、真诚等写作最需要的品格的培育，这些品格要体现为言语人格。

最简单地说，阅读，是为了写作；教阅读，就是教写作。换言之，是为了教写作而教阅读。教阅读是为了培育写作素养、言语人格。这就是阅读教学以至语文教学的总目标，即语文教育，指向言语表现与存在。

---

① 胡适：《为什么读书》，见《胡适论教育》，安徽教育出版社，2006年版，第201页。

明白了“为什么读”，“读什么”与“怎么读”的问题，就有了方向感，一切困惑与问题便迎刃而解。

二 读什么：读出言语动机、写作素养

“读什么”，不只是读某文章讲什么，停留于字面上的理解，而是为培育写作素养而读：读作者为什么写作；该文体具体而微的构造；写作的运思行为过程；要写出这样的文体、好文章，需要具备哪些写作素养、能力，为学生写作同类文章培育相应的写作素养。只有明白了这些，助成学生写作素养上的成长、发展，阅读教学才是有效的。

写作素养分为非智能素养与智能素养。非智能素养的重要性大于智能素养。

从阅读中培育写作的非智能素养，首要的是搞清楚作者“为什么写作”，即作者的写作动机、意图。将上述对“为什么读”的认知，转化为对“为什么写”的认知，教学生懂得作者“为什么写”，实即激发其言语动机，唤起写作欲、表现欲、自我实现欲，这是贯穿阅读教学的基本内容。让学生明白写作、精神创造的价值，为学生强化写作动力，为他们的写作寻找理由、寻求正能量，即变“要我写”为“我要写”。让学生明白“为什么写作”，写作有什么意义与价值，这是阅读教育之“本”、之“道”，是语文教育的人文性、人文关怀与价值观的集中体现。写作既是为了生存，更是为了存在，其终极指向是揭示言语创造背后的人、人类的生命、精神、创造力的存在意义与价值。

每一篇文章具体的写作动机都是不一样的，作者的表现意图也是千差万别的，这都需要在教学中去探究、发现，潜移默化于学生的写作心理、行为，以激起他们对写作的热爱与向往，对自身言语生命的憧憬与追求。这是语文教学的基石、根本。

除此之外，写作的非智能素养，还包括与写作相关的德性、情感、态度、习惯、意志、毅力、刻苦、忍受等精神和心理因素。要从文本中读出作者对写作、言语创造的那份真诚与迷恋，对写作精益求精的追求，并迁移到学生的言语生命意识中去。

其次才是培育写作知情意素养、写作智能素养。以系统培育写作知情意素养、写作智能素养，作为阅读教学内容的基本目标、具体目标。统摄、择取文本中的相关内容，让学生从中获得对美文与美文写作能力的基本认知。

写作知、情、意素养的培育十分重要。知、情、意素养，即学识素养、情感素养、思想素养。其中，写作学识素养——学养是第一位的。它是“诗”内功夫与“诗”外功夫的统一，即内核学养与外围学养的统一，是一种文化承传、积淀。学养，在相当程度上决定了情意素养。情感素养须从大量的文学、非文学文本中得以熏陶，使之充沛而绵密。思想素养，也同样离不开经典文本的养育，使之深厚而丰饶。有了这些，才有言语智能可言。

历代经典，文质兼美的书、文，都告诉我们“美文”是怎样的，也就隐含着告诉我们好文章是怎样写出来，要写出好文章，作者须具备哪些知、情、意素养、智能素养。读出这些，才可望获得“学写”的借鉴，才能迁移为学生自身获取、积淀写作知、情、意素养、智能素养的目标与途径。阅读，实即阅人、阅写。阅人，读出文本背后作者的言语生命、言语动机、言语认知背景；阅写，读出文体是怎样的，是怎么写出来的，读出作者的言语认知、言语行为、言语智能。

须从经典文本中解读出的——具体的写作智慧、智能、技能如下：

写作才情：灵性、智性、悟性、诗性；

写作意识：最基本的是创造意识。涵盖主体意识、客体意识、读者意识、载体意识；

基本表达方式：叙事、描写、抒情、说明、议论；

真文体写作要素与技法 ：学习小说、诗歌、散文、新闻、随笔、杂文、评论、论文等真文体的要素与技法，摒弃记叙文、说明文、议论文的伪文体、伪写作，形成真文体感；

文章体式感：文感、篇感、段感、句感、词感（字感）；

写作行为感：培养、获取基本学养、集材、选题、感知、立意、选材、结构、表达、修改、反思……的能力；

贯穿、渗透于“两感”（体式感、行为感）中的写作核心竞争力：言语想象力、创造力。

这些就是写作智能素养系统的构成因素，非智能素养或显性或隐性地渗透其中。“表现-存在本位”的语文教材，可以此为基本内容进行编撰，特定的文本服务于特定的教学目标，师生就知道某篇文本主要该读什么，就不至于像现在这样“文本乱读”。

并非每一篇文章的阅读都要面面俱到，这没必要也不可能。也不是就以上内容随便挑点什么作为阅读内容。每一篇文章“读什么”，从总体上说，要体现作者因言语“表现”而显示出自我生命“存在”价值这一总目标。激发言说欲、表现欲、自我实现欲，这个“主脉”是不可或缺的，是语文学习的基本动力学指向。在这个指向下，建构起一个写作素养教学系统。文本，应视为写作素养教学系统中的要素之一，是学生学习写作的一个感性载体形态，是学生认识写作、培养写作素养、言语人格的媒介。仅仅说“课文是例子”是不够的，因为这只是从文体形式认知上说的。

某篇文章需要“读什么”，侧重点是什么，是由写作素养教学的目标系统、结构与要求决定的。这就是“表现-存在本位”思维下“读什么”的具体目标的确立。

三　怎么读：阅读须阅人，解读须解写

“表现-存在本位”的写作素养系统，是决定“怎么读”（怎么教、怎么学）的主旋律。

文本解读，统一于学写（言语创造）。所“读”，都要与“写”（文本作者的“写”与学生的“写”）发生联系，不能停留于孤立、静态地解读文本的内容，止于读懂文本意思。而是要使该文本对学生的言语动机、写作素养的培育有所帮助。从某种意义上，阅读须阅人，解读须解写。

阅读须阅人，就是要读出文本背后的作者言语动机、生命状态、写作素养。要读出其优秀文本是怎么产生的，要写出他这样作品、著作，需要具备什么素养。

解读须解写，就是要从写作的结果——文本中推测其写作行为过程，

（一）教法理念

立足于改善学生写作动机、动力状况。使他们具备对写作意义与价值较为全面、深切的体认，从而增强写作内驱力，热爱写，内心产生写作的激情与冲动，追求言语生命的自我实现，这是贯穿阅读教学的基本内容。培育言

语生命意识是教学、教法思维的主线，也是教师教育智慧的集中体现。言语动机培育，应无微不至、无孔不入地渗透在阅读教学的全过程。教法研究应在言语非智力素养培育上倾注最大的努力。

在这一点上，除了通过对经典文本的分析、解读，揭示作者的言语动机、意识、成就等来达成外，最为重要、最有说服力的是教师自身的言语之爱、写作上的建树。身教重于言传，语文教师要为学生的写作树立榜样，任何教法，任何典型案例，都不如教师爱写作、会写作有效，教师的现身说法对学生是最有感召力的。

（二）教法原则

以写为本、为写择读、以写促读、由读悟写、读以致写。

1. 以写为本

“表现-存在”这个总目标时刻都在引领、掌控着语文教学，任何时候都要围绕着写作这个中心运转。例如，通过阅读文本，学习修德（含言语人格、真诚、忠诚）、处世（含言语人际交往、互动）、求知（含言语情、意），须臾不能离开学写（言语图式、行为、想象、创造）。语文教育中学习修德、处世、求知的特殊性，在于它始终与写作素养的培育融为一体，是从揭示文本中潜藏的写作奥秘的过程中，体验、吸取作者的德性、阅历、胸襟（知、情、意）素养，涵养、提高学生的德性、阅历、胸襟素养，助成他们写作与言语人格发展。

2. 为写择读

根据写作教学目标，每一目标可以分解为若干问题、课题，在这些目标、课题、问题下，寻找相关文本进行阅读。读什么文本，文本中着重读什么，怎么读，都要服从于培养写作素养的需要。围绕着培育写作素养的目标，选读相关的经典名篇（包括文言文、白话文）、学生作文（优文、问题文）。具体教学目标的设置，纯粹的文本内容理解性的目标，一般不作为主要的教学目标，也不作为教学重点。

教师要重视结合、针对学生写作中的问题进行教学。学生写作学情，是确定阅读教学目标与教学重点的重要依据之一。阅读教学的目的是教写作，因此，写作学情重于阅读学情。面对文本，教师首先想到的不是学生哪些地方可能有阅读障碍，而是该文本阅读教学指向的是某一写作素养目标，学生写作中会出现哪些相关问题，学生对实现这一目标有什么困惑、困难，寻找有代表性的学生写作的正、反案例，与阅读文本作对比分析、讨论，进行集体或自我的反思，从中获得颖悟与启示，配合一定的要求或练习，切实达成该写作素养目标。

3. 以写促读

“学习通过写作”，要从读中学写，先要以写促读。任何高水平的阅读，都离不开思考与表达。要读得深，想得清晰，就要借助写。写是高效阅读与思考的催化剂。没有经过语词化的思考是不到位的。高效阅读，必须是读、思（悟）、写三位一体的。写读书笔记可促进读与思的深化、精化。

为写择读的“读”，须以写促读。其读法特点是通过写读书笔记，深化文本认知。要养成学生“不动笔墨不看书”的习惯。以圈点、摘录、批注、札记、鉴赏、随笔、评论、小论文等方式，提高阅读认知水平，应成为阅读常规。

4. 由读悟写

由读悟写是全方位的，可以悟及写作五大素养：动机、价值观素养、知、情、意素养、体式素养、行为素养、创制力素养。但是，每次课“由读悟写”不是全方位的，要确立目标、突出重点。

如，从单篇文本中悟出文体的共性。“写作本位”与“阅读本位”教学不同，阅读本位下，偏重于就文论文、欣赏文本的个性。写作本位，因为着眼点是学写，读的虽是单篇文本，学的却是文体图式，是培养某一文体感，即形成该文体的词感、句感、段感、篇感。因此，读出文本个性，不是最重要的教学目的，最重要目的是探求文体共性。因为文体共性是可教可学的，文本个性是难以复制的。

再如，在对作者写作行为的还原过程中，悟出写作行为方式。让学生进入作者具体的写作情境中去，与作者同步运思，一道经历写作思维的甘苦艰辛，领悟写作的发生、构思、表达、修改等行为。在这个过程中，学生通过与作者、文本、教师的对话、交流，体验言语创造的进程，比较、反思自身文章中的优劣与问题，潜移默化地积累写作认知与文本创制经验，提高其写作灵性、智性、悟性、诗性智慧。

在“由读悟写”教学目标的确立上，对上述内容还需要加以细化。

5. 读以致写

从一开始就要让学生知道，“语文”是为了提高写作素养与能力而开设的课程。为写择读、以写促读、由读悟写，不仅是读懂文本的内容、特点，目的都是为了写；不但读的目标是写，听、说的目标也是写，所有的语文教学、活动都要与写相互联络，最终都要落实在写上。这不是说每次课都要进行写作练习，但要让学生每次课对写作都有所体会、领悟，对提高写作素养都有所助益。

（三）教法常规

将培育写作非智力素养与智力素养相结合。在培育写作智力素养的过程中，渗透着培育写作非智力素养。

在培育智力素养上，将静态的文本—文体分析与对作者写作行为过程的动态还原相结合，立足于培养文章体式感与写作行为感。文章体式是目标，写作行为是手段。写作行为是针对特定的文体目标而言的。一般来说，先要培养一定的体式感，进而才培养相应的行为感。否则，写作行为便无的放矢。

要读出文本中隐含着的作者前写作状况——德、才、学、识等的修养状况，具体的写作意念、欲望是怎样产生的，或怎样被激发的，为什么要将这一情意（而不是别的情意）表现出来，这一情意是怎样孕育、选择、运思、表现的。这涉及如何从文本中读出作者的学养、阅历，言语动机的萌生，写作的意图、意念的产生等；在特定语境中，作者怎样敛材、感知、酝酿、选题、立意、选材、谋篇、行文、修改、反思，以及贯穿其中的作者的想象力、创造力表现在什么地方，其言语个性、风格特点等。

近一个世纪，在“阅读独立能力、目的”观、“为读而读”观基础上，建立起的“阅读本位”教学范式，造成了阅读教学、语文教学的少、慢、差、费，致使学生语文水平每况愈下。这种观念已然使语文界染上了难以戒除的“读瘾”：语文科（语文教师）的生存依赖于阅读教学——文本乱读；仿佛只要在阅读“教学”着，不管读得怎样，便表明语文科还活着。一旦离开阅读教学，语文科气若游丝的苟延残喘便难以为继，便寿终正寝。

只要没有改变“阅读本位”“为读而读”的伪阅读状况，所有教法上的努力都无济于事。当今花样翻新的文本“细读”教学，意味着“读瘾”的加深。靠加大“细读”剂量的自我麻醉，丝毫不能改变语文科濒危局面，只会加速其死亡进程。

以上对阅读教学为什么教、教什么与怎么教这三个基本问题的探讨，其核心命题是“为教写作（培育写作素养）而教阅读”。阅读，指向言语表现与人的存在，这是对瞎读这一“读瘾”“读魔”的戒断性治疗的良方。只有彻底抛弃依赖无谓阅读苟且偷生的生存观，才能改变语文科与语文界的生存危机。

语文界要实现从“阅读本位”向“表现-存在本位”转型，摆脱根深蒂固的“读瘾”“读魔”获得新生殊为不易。须经历艰难、痛苦的脱胎换骨、洗心革面的过程，需要极大的勇气与毅力。

四 不能外化为言语“表现”的阅读是无效阅读

不能内化为“言语生命”的营养与素养、不能最终外化为言语表现与创造的阅读，是无效阅读，是不得法的阅读。表现-存在论阅读拒绝为读而读。

在表现-存在论语境下，对写作的重视，不是意味着对阅读的忽视。相反，将比以往更为重视阅读；也不意味着语文课就是今天所谓的教写作，而是将写作视为语文教学心智层面的目的指向，一个展示言语生命力的通道。在这里，写作兼容了阅读，写作、阅读是一体的。阅读是写作的一部分：前写作。

我们要将阅读本位的观念——“阅读是写作的基础”颠倒过来——表述为写作本位的观念——“写作是阅读的目的”。

为表现、为写作而阅读，不是意味着急功近利。为写作的阅读，不等于说读了就马上能体现在写上，就要直接在写作中发挥作用，而是强调一种有别于传统的为读而读的观念，给予阅读更高的要求，使阅读变得更具创造性和个性，更具人性、生命性，使阅读能吸收、消化得更好，真正成为人的血肉，和人的发展、言语表现、写作融为一体。

韩愈可谓“表现-存在论阅读”实践的鼻祖。他曾经在《答李翊书》中对自己二十多年的学习生涯作这样的总结：“……将蕲至于古之立言者，则无望其速成，无诱于势利，养其根而俟其实，加其膏而希其光，根之茂者其实遂，膏之沃者其光晔，仁义之人，其言蔼如也。”① 他认为“立言”重在根本的养护和培育，是不可能速成的。他自己的成长经历表明，作为一个“立言”者，自我的修养、阅读和写作是同步发展的。他描述了主体发展的四个阶段，这

① 韩愈：《答李翊书》，见韩愈著，马其昶校注，马茂元整理：《韩昌黎文集校注》，上海古籍出版社 1987 年版，第 169 页。

四个阶段都是由读入写，读自然而然地提高了人的修养，并指向了写："始者非三代两汉之书不敢观，非圣人之志不敢存，处若忘，行若遗，俨乎其若思，茫乎其若迷。当其取于心而注于手也，惟陈言之务去，戛戛乎其难哉。其观于人，不知其非笑之为非笑也。如是者亦有年，犹不改，然后识古书之正伪，与虽正而不至焉者，昭昭然白黑分矣，而务去之，乃徐有得也。当其取于心而注于手也，汩汩然来矣。其观于人也，笑之则以为喜，誉之则以为忧，以其犹有人之说者存也。如是者亦有年，然后浩乎其沛然矣。吾又惧其杂也，迎而距之，平心而察之，其皆醇也，然后肆焉。"① 这里所描述的四个阶段的发展：难、畅、沛、肆，都是以思想修养和独立思考能力的提高为依据的。"肆"的极境，即能随心所欲而又不违于道。阅读直接与写作主体性养成、写作能力的发展息息相关，这对我们是很有启示意义的：只有和人的修养和言语表现联系在一起的阅读，才是有效的、高效的阅读。

立足于表现，学习的终极目标是成为"立言者"——著书立说者、作者。这要不受外部的各种诱惑，需要长期的修炼和修养，最重要的是良好人格的养成："仁义之人，其言蔼如也。"这，也就是读书的目的，是在漫长、专注、执着的阅读过程中逐渐实现的。阅读的"表现性"体现在人的性情改善上："其观于人，不知其非笑之为非笑也。""其观于人也，笑之则以为喜，誉之则以为忧，以其犹有人之说者存也。"表现在写作境界的水涨船高的提升上：先是去陈言，再是识正伪，三是立主见，最后是察醇杂，经历了难、畅、沛、肆等四个由低到高的写作境界。

为写作的阅读，在言语表现中未必"看"得见。它的作用也可能是隐性的，在写作中并不直接"倾吐"出来、表现出来，而是通过对主体的浸淫、熏陶，内化为一种文化、人格素养，改善言语生命的状态和品质，潜在地、决定性地影响着写作活动和言语表现的质量。表现-存在论阅读不是对阅读的削弱，而是更为重视。

写作能力不是靠单纯的写的训练就能提高的。阅读对于写作能力的提高是至关重要的。美国写作学家威廉·W. 韦斯特说："多年以前，麻省林肯塞特伯雷地区高级中学的学生分成了两组。一组每星期都写一篇作文，另一组只是阅读和讨论写作的各种不同形式，仅在考试时才写作文。实验结果表明，

---

① 韩愈：《答李翊书》，见韩愈著，马其昶校注，马茂元整理：《韩昌黎文集校注》，上海古籍出版社 1987 年版，第 170 页。

学生可以通过阅读来学习写作，其效果与通过写作练习大体相同。”① 美国作文教学论著《作文：研究，理论与应用》的作者思迪芬·德·克拉森教授认为：增加作文训练的次数只对初中一、二年级学生作文能力的发展有益，但对发展高年级学生的作文熟练程度帮助不大；学生自发的课外兴趣阅读有助于作文能力的发展，增加课外阅读比增加经常性写作训练对帮助发展学生作文能力更有效。② 胡适先生也不赞成课内多写，他说：“作文的时间不可多，至多二周一次。”③ 可以断言，**在文字基本过关之后，多读少写要比少读多写的学生在写作上的进步要快一些；多读多悟多写或为写而读、为写择读，将是最科学高效的写作学习方法。**

这其中的道理很清楚，写作的根本在于修养、学养。只写不读，充其量提高的只是文字技能，写得再漂亮也无非是些华而不实的“辞章之文”。只有通过大量的读，有了充沛的学识的积累，同时也加深了对语言和文体的感悟，才能写出“文质彬彬”的“学问之文”“道之文”。多读多写与为写而读就较好地将学养提高与辞章练习统一起来，使文章的美与质达到一种内在的平衡，二者相得益彰。

鉴此，古人的“读十篇不如做一篇”的写作教学观念是值得检讨的。这种急功近利的写作教学法是与科举应试教育相适应的。由于八股文写作的“义理”已被限定为“代圣贤立言”，照圣贤所言做点引申、发挥都很危险，都可能招来杀身之祸。所以，在写作的内容上并没有多少东西可教、可练，做的只是鹦鹉学舌、文字游戏。八股文要写得合乎规范，读的多少则在其次，“读‘四书’，只为八股之题目，读‘五经’，只为八股之材料。而三代以下之书，皆可以不读。”④ 大量的文体形式的训练是必不可少的。

今天的写作教育基本上就是上述“八股”传统的如法炮制，自然也是为了应试教育。表面上是注重写，以为练得很卖力、很扎实，实际上所练的也只是文辞和文章模式，所写的大都是“场面话语”（将“代圣贤立言”替换为

---

① ［美］威廉·W. 韦斯特著，章熊、章学谆译：《提高写作技能》，福建教育出版社1984年版，第17页。

② 参见张良田：《美国作文教学一瞥》，载《语文学习》，1996年第9期。

③ 胡适：《中学国文的教授》，见《胡适文存》卷一，上海亚东图书馆1933年版，第326页。

④ 卢湘父：《万木草堂忆旧》，见沈云龙主编：《近代中国史料丛刊续编》第66辑651册，台北文海出版社有限公司1983年版，第77页。

“代教师立言”），所作的只是“辞章之文”，造成了写作的程序化与雷同化。不但劳而无功，而且压抑了学生的写作个性与才情。

因此，语文素质教育固然要以写作为本位，但还是离不开读，而且是不能不多读的。从这一点上说，写作是无法离开阅读的。然而，写作本位教学中的读，与阅读本位教学中的读有根本的区别。阅读本位的读主要是精读，是通过深入的或多元的解读，提高文本分析和理解的水平，掌握阅读的方法，揣摩写作的规律，注重阅读的质。写作本位教学中的读，包含了精读，而更重要的是泛读，既注重阅读的质，也注重阅读的量，通过大量的阅读来感受语言和文体，积累素材，拓展心灵，积淀人文精神，提高学识修养，培养批判意识，提高想象力和创造力。写作本位的精读与泛读，和对写作实践的感悟等，一并构成了写作的前理解，融入学生写作认知图式。除此之外，为写的读，所读的内容还有“示例”的作用，可使学生直接感知“应该这么写”与“不应该那么写”。所读的文章可视为例文，既是例文，就应有正例文与反例文、优文与病文；可以有古文，也可以有时文；可以有方家之文，也可以有同学的习作。总之，为写而读的读（不限于写作课中的读，它也可以包括其他学科中的阅读和广泛的课外阅读），不论读的是什么，目的都只有一个，这就是或直接或间接地指向写，指向言语表现。

任何不能影响、改变言语主体，不能内化为写作素养，转化、外化为写作能力的阅读，都应从教学和考试中删除。

当年的文学少年韩寒，在他感性经验中就悟出了这样的道理：“语文里面，除了作文好，还有什么能代表语文好？语文的一切几乎都体现在文章里面。文章好，就是真的好。”在 2000 年 3 月浙江卫视录制的谈话节目《韩寒现象》中，韩寒和主持人有这样一段对话：

> 韩寒：其实我觉得语文试卷上，最能代表语文水平的还是作文，其他的东西都一概不论。像语文这种试卷上面的题目吧，我小学时候就特别感冒这种题目。它给你一个字——我现在来考你，凹凸的“凸”，它的第二画是什么？
>
> 主持人：……
>
> 韩寒：第二画是什么？
>
> 主持人：……
>
> 韩寒：其实我个人觉得第二画是什么并不重要，只要我能把这个字

写漂亮就可以了。还有包括一些题目，主谓宾，给一句句子，叫你划分主谓宾，还有定状补。我这个人就从来不会，你给我一句句子，我从来不分主语在哪里，宾语在哪里，我只是个人觉得我能够把一句句子组织得非常好，非常像句子，比你们懂主谓宾的写出来的更像句子，更有文采。这就是我的成功，你们的失败。①

一个少年、一个中学生凭直觉就能做出的判断，而专家们居然长期不得要领，在语基上耗脑伤神，把阅读教学弄得面目全非、啼笑皆非、一片狼藉，把语文教学引入了“伪语文”歧途，并越走越远。这一教训值得深刻记取。也许专家们会很不屑，他们会认为学生们愚昧至极，不懂得语言规则如何能运用语言？他们忘了自己是怎样学说话的，以为所有人都是先学会了分析句子成分，才开始学会说话的。语言学家的语文实践观，就是靠把别人弄得不会说话，把语文教学弄得只剩下枯燥的语言为能事。母语的学习，主要不是靠分析，而是靠感受和感悟的。不论是分析语法还是功能语法，对于语言的运用都是无济于事的，弊大于利。关于这些，我曾和一位教语法学的同事交换过意见，他竟然为我的经验之谈感到不可思议。因为他从来就没搞清过母语和外语教学有什么区别，也同样没搞清过汉语和英语语法有什么不同。

有必要在观念上厘清为读而读、以阅读为本位，与为写而读、以写作为本位的区别。为读而读，由于认为读既是手段也是目的，把读作为目的，读就是全部，读就是信息的接收，读的效果就难以评价，读得怎样不得而知，这样的阅读就必然带有极大的盲目性与随意性。所谓的阅读能力，便集中表现在语文考试中的那些没有语境的有着标准化答案的语基题，以“注释”为主的阅读题中，所检验的基本上都可以称为伪能力。为写而读就不一样了，读是对信息的搜集、处理，读的内容经过思维的过滤，势必增进了对读的感知，再经过取舍、加工、组织等语词化处理，必定又深化了原先的认识。读得怎样通过言语（说或写）表现出来，读的内容可以通过表达或运用得以体现，读的效果就可以得到验证与评价。因此，严格意义上的阅读教学，不应为读而读，它必定要以言语表现来体现阅读的领悟与认知水平、言语想象力和创造力参与程度，以言语表现为归宿。离开说与写的阅读，为了对付试卷

① 韩仁均：《儿子韩寒》，上海人民出版社2000年版，第97～98页。

中的语基题和阅读题的阅读，只能算是文字游戏，不能视为“教学”。语基题，应从高考中清除出去，如要考查阅读的话，考一篇评论好了，足以看出学生的阅读水平。考评论考的还是写作。

为写而读，一切的阅读都有意识地与写相联系。由于目的明确，学以致“用”，所以阅读的效率就比为读而读要高，能较好地实现知识的转化与迁移。今天中小学教学中提倡的“研究性学习”，其主要方法就是借助阅读、调查、访谈和思考，最终形成对某一问题的认识，这其实就是为写而读方法的扩展。不论介入了多少其他方法与手段，作为一种研究，作为研究成果的体现，都离不开阅读，最终都要指向言语表现。

自然，为写而读，不必都要致“用”。我们之所以要给学以致“用”的“用”字加一个引号，是为了表明阅读不一定对写作直接有用。它的有用性是在广泛意义上说的，包含了无用之用；它的作用可能是速效的，也可能是缓慢、长效的；可能是显性的，也可能是隐性的，暂时无用的。但是，无论如何，阅读都应积淀在主体认知结构中，都将滋润着人的言语人格和言语生命，都会在之后的言语表现中发挥出效能。

一个人在言语表现、言语创造上能走多远，和阅读是否得法有着重要关系。不得法者，一生充其量只是碌碌无为的书虫，吃尽了书，一个劲地吸收，留下的唯有“粪便”，而不是吐出的“丝”，这样的人还少吗？这样的阅读，岂不是无效阅读？

我们可以比较下面从两篇文章中节选出来的教法：

> 创设学习情境，激发阅读兴趣。阅读是一系列非常复杂的心智活动。阅读中所感知的材料不是一个个单字，而是一系列的字、词、句、段组成的篇章。教师设计的阅读教学过程，无论多么精心、合理，如果激发不起学生的兴趣，取得的教学效果将是十分有限的，因为兴趣是最好的老师。孔子说：“知之者不如好之者，好之者不如乐之者。”南宋朱熹也指出：“教人未见趣，必不乐学。”可见，学习兴趣的作用是巨大的。然而，兴趣并不是学生固有的，而是通过外界事物的新颖性、独特性来满足学生的探索心理的需要引起的。多媒体技术在阅读教学中的运用，正是以声光图结合的感官形象刺激，迅速集合学生的有意注意和思维指向，传递教学内容的同时调节课堂气氛，创设学习情境，激发学习兴趣。
>
> 例如，在人教社五年制教材第一册《我是中国人》一课教学前，可

针对文中“我们的国旗是五星红旗”“国旗和太阳一同升起”等内容，利用多媒体课件的声光色图结合等特点，将历史背景，国旗由来及其色彩和五颗星的涵义等相关素材做成课件，使学生通过观看课件中开国大典的升旗仪式，身临其境地感受到“从那以后，国旗每天和太阳一同升起，它所带给我们的是和太阳同样灿烂的光辉”。除此之外，课件还可以导入北京申奥成功及中国入世举国欢腾的场景，配上声情并茂的解说，营造庄严、肃穆的氛围，以增强学生的情感体验和民族自豪感。这样，课文内容对学生来说就不再是抽象和生硬了。通过现代媒体技术创设情境，可缩短学生和课文的距离，唤起学生的生活体验、情感体验。

传授语文知识，突破教学难点。传授语文知识是阅读教学的首要任务，在知识传授过程中，难免会出现一些抽象的知识点，如深奥的理论、复杂的结构、虚幻的意境等等。运用现代教育技术教学能模拟仿真，化抽象为形象，能发展学生的思维能力，从而加深对事物的理解。

以古诗教学为例。由于诗的创作年代甚远，其中很多字、词的含义、用法都与现实有所区别，因而在古诗阅读教学中，不仅基础知识难以传授，阅读能力较难培养，体会诗的意境及诗人的思想感情更是一个教学难点。进行古诗教学时，教师可以选择使用 MCAI（交互式多媒体计算机辅助教学课件），它融合文字（古诗内容、诗人介绍、作品背景、词句解析、疑问解答等）、声音（配乐、朗诵）、图像、动画（与诗的内容相关）等多种技术于一体。教师可尝试性地先让学生使用课件，自学课文，借助直观形象的画面帮助学生理解诗中词义，借助声情并茂的情境帮助学生体会诗中意境。学生可以根据自己原有的知识水平，有选择地“点击”不理解或未知的内容，进行人机交互。教师则把更多的精力放在指导学生挖掘古诗所蕴含的深刻含义上。这种教学方式不仅突破了教学难点，而且培养了学生自主学习的能力，可谓一举两得。①

利用好语文课前后三分钟，使其成为“凤头豹尾”以激趣。

根据研究，每堂课的前后三分钟是学生注意力最不集中、最易涣散的时候，怎样使这些“危险时刻”成为语文教师激发学生兴趣，培养学

---

① 徐盈盈：《多媒体网络在语文教学中的运用》，载《语文世界》，2003 年第 3 期。

生语文素质的“黄金时段”？我是这样做的：

1. 前三分钟，侧重对学生听说能力训练。具体的做法是：每节课按座位号轮流一个学生上台说话，说话的内容有念名家名段、朗读美文、做讲演、配合动作讲故事等，这样循序渐进，逐步提高说话难度来锻炼学生说话能力；然后，由一两个同学来评价前面同学说话中的得失，评价内容可以是说话人的姿态表情、语音或文章内容，也可以是自己的感受：有时也可由说话人自己来评价，最后由老师总结评价。这样做，学生能在课外做好准备，从材料的搜集，到说话的技巧都得下点功夫，其直接好处是扩大了学生的知识面，为学生提高阅读能力和说的能力提供机会；而对于班上其他同学来说，不仅在听，而且还要做评判，这有利于提高学生听的能力和评判能力。这种做法可谓是一人说话，大家受益，人人增智，大大提高学生学习语文兴趣。

2. 后三分钟，侧重培养学生迁移知识的能力。学生能说会读还需会写。这写，是学生综合素质高低的集中表现。要写好，就得让学生有写的兴趣和可写的内容。我一般在课结束前五分钟，让学生完成一段小作文，内容可与本节课的教学有关，也可是目前社会上的热点问题。如为了让学生养成认真观察、准确表达的习惯，在教《琐忆》时，文中鲁迅的外貌描写很传神，我让学生仿写一段外貌，我自己当成模特儿。学生写完之后，我当场叫学生朗读自己的文章。这样一读，至少有两个好处，一来让学生比照眼前的描写对象更深入细致地观察对象，从别人的文章中发现自己所未能抓住的特点或别人写作中的不足之处；另一方面，可以让习作者本人在读的过程中发现自己文中的不顺不通的地方，从而提高自己的写作能力，收到一石数鸟的功效。再如我根据当前学生感兴趣的话题如“说说追星热”“上网利与弊”“我党我军看9·11”等，要求学生发表自己的见解。这既活跃了课堂气氛，激发学生兴趣，增强学生在教学中的主动参与性，又能提高他们的书面表达能力、应变能力和判断是非的能力，从而在激趣中提高他们的综合素质。①

可以看出，这两篇文章的作者的认知出发点是截然不同的。

两篇文章都是着眼于培养学生的学习兴趣，通过激趣来提高学习效果。

---

① 蔡桂琴：《浅谈职校生语文学习兴趣的激发》，载《语文世界》，2003年第3期。

前者探讨的是利用多媒体进行阅读教学，由于在教学观念上仍是为读而读，始于读，止于读，不论学生当时读得多么高兴，多么有兴趣，也是暂时的，是一种因多媒体课件的声光色图引起的心理表层的兴奋，过后，不会留下什么痕迹。虽然文中也注意到学生的参与，学生可以通过“人机交互”的“点击”，阅读自己需要的资料，但是目的也只限于被动地理解、领会、挖掘古诗的意义。这可能比教师的“一言堂”好些，好就好在改为由学生自己动手从多媒体课件中去调阅自己想要的资料，然后在教师指导下读“懂”古诗，而不是一切由教师包办。但是，学生并不明白为什么要读这些古诗。查阅了这些资料，懂得了字、词的含义和诗词的意义，不能说不是一种收获，因为学会了利用课件进行探究，增长了知识，然而，如果就此打住，这些知识没有经过进一步的思考、编码、加工，它对人的智能建构作用不大，没有建立起知识创新的言语思维机制，这样的阅读便收效甚微。这是阅读本位的认知。

第二篇文章就不同了，它的读，始终是和说、写相联系的、一体的。虽然所设计的只是课前、课后的几分钟的学习，它也能立足于表现，注重从读向说、写的迁移，完成言语思维活动由信息接收到重新编码、加工、表现，直至评价、反馈的全过程。在这一流程中，学生的参与面很广，思维密度很高，言语互动性很强，认知的开放度、共振度很大。阅读课，课前落实在说和评说（他评、自评、师评）上，课后落实在写和评写上。读，始终置于说、写活动中进行信息的梳理和重组，这对言语思维的激活，言语创新能力的培养，是极有助益的，能收到整体大于局部之和的效能。这是表现本位、写作本位的认知。

当然，表现本位不只是体现在课前与课后，在课内的阅读教学过程中，始终都要与说、写相伴。这种指向表现——言语创造的阅读，作为指导思想和教学策略，贯穿渗透于教学的全过程。阅读教学活动即便在不说不写时，也应想着说、写，也在为说、写做或直接或间接、或表层或深层的准备，自由自觉地建构言语表现认知图式和人格修养。这种教学观念一旦成为师生的“集体无意识”，相信语文教育的面貌将会得到根本的改观。

应避免把表现本位阅读作一种急功近利意义上的理解，以为只有阅读的文字和资料体现在写的文章中才算是表现本位阅读。表现本位阅读，是建立在阅读的积累性、创造性、建构性和人的思想和内心丰富自由上的，从根本上说，是一种改变了人的生命状态和人生态度的积极阅读，是一种由内化而外化、由深层而表层的孕育、转化的生命活动过程。这个过程是长期缓慢地悄然进行、发生着的，不是一蹴而就、立竿见影的。表现本位阅读和阅读本位阅读的差别是：前者是消化、转化知识，使知识得以重建、流通、增值，使人生变得精彩、有价值；后者只是“囤积”知识，多多益善，却从不使用，阅读只是满足占有欲和虚荣心，就像个守财奴。

此外，需要商讨的是，前面讨论的课前三分钟的评说活动，教师的意见是否可以不作为“总结”，只作为和学生一样的平等参与的一员发表自己看法，这样，也许学生的言语表现会更轻松、自主一些。

五　传统教师的“导读”：“导”向言语生命的窒息

在传统阅读教学中，“阅读是吸收”的观念体现在教师的“导读”中。阅读教学成了作品欣赏课。因为唯有以欣赏、肯定的态度看作品，才能做到充分吸收。如果是对话、检验、批判或否定，谈何吸收呢？传统语文教学中的作者崇拜和文本崇拜，都到了无以复加的地步，极少看到语文教师和教参对选文持挑剔和审视的态度。不论教材中的文章质量高低、是否有毛病，都一律视为经典；阅读的前提是认同、接受，极尽赞美之能事。例如，《燕山夜话》中的《从三到万》① 这篇文章：

从三到万

学习文化知识能不能走终南捷径呢？这是许多初学的同志时常提出的问题。对于这个问题的回答，不能过于笼统。一定说能或不能，都不恰当。这要看学习的是什么人，学什么，用什么方法等等，要按照具体情况进行分析。但是，一般地说，学文化应该一点一滴地慢慢积累，特别是初学的人不宜要求过急。

“文化”这个词儿在外国文里是一个字；这个字的字义，本来就是积累的意思。我国古代的读书人，更早就重视循序渐进的学习方法。这是符合于一般学习规律的正确方法。因为学习不但要靠理解力，还要靠记

① 北京出版社 1979 年版，第 36～38 页。

忆力。而无论一个人的理解力和记忆力有多强，他要理解和记住刚学会的东西，总要有一个过程。哪一个妄人如果想一下子就把什么都学会，其结果必定要吃大亏。

有一个故事在明清人的笔记中重复出现了多次，尖锐地讽刺了这种妄人。这个故事的梗概是说："有田舍翁，家资殷盛，而累世不识之乎。一岁，聘楚士训其子。楚士始训之搦管临朱。书一画，训曰：一字；书二画，训曰：二字；书三画，训曰：三字。其子辄欣欣然，掷笔归告其父，曰：儿得矣，儿得矣；可无烦先生，重费馆谷也，请谢去。其父喜，从之。具币谢遣楚士。逾时，其父拟征召姻友万氏者饮，令子晨起治状，久之不成。父趣之，其子恚曰：天下姓氏伙矣，奈何姓万！自晨起至今，才完五百画也。"

这个故事比较通俗易懂，有的相声演员也曾讲过。但是，人们大都只把它当做笑话，而不把它看成一个严肃的讽刺性故事。我的看法不是这样。我以为我们应该从这个故事中，吸取一些关于学习方面的经验教训。

对于一个人来说，学习过程中有若干重要的关节，如果处理不好，往往会影响学习的成败。初学的一个最重要关节，就是在刚刚学会一、二、三或外国文A、B、C等等的时候。有一些轻浮的人，正如那个富翁的儿子一样，往往在这个时候就"欣欣然"起来，以为"得矣，得矣"，什么都懂得了。这也好像学打拳的人，刚学会几个动作的时候，多半以为自己很了不得，处处想跟别人较量几下子。倒是学得多了，真正有了一些本领，才反而虚心起来。由此可见，越是没有本领的就越加自命不凡；越是有本领的才越加谦虚谨慎。

从教学的过程来说，不管要学什么，教的人总要从易而难，逐步深入地把知识教给学生。因此，好的教师在开始的时候，应该给学生一个印象，觉得入门不难，往后才能越学越有信心。而学生如果自命不凡，看到入门很容易，就把老师一脚踢开，那末，他就什么也学不成。正如那个富翁的儿子一样，他以为从此可不必再请老师了。殊不知他根本还不曾入门，只学会一、二、三，对于所谓"六书"等起码的知识一点也不懂，所以他父亲叫他给姓万的亲友写一个请帖，他就傻眼了。

实际上，一、二、三这三个字的确很好认，而从三到万，在文字结构上却经过了许多复杂的变化。要懂得这些变化，也好像其他各种知识一样，必须逐渐学习，并且需要教师指导，不可能只凭什么“天才”就可以很快学会的。如果完全没有人教，倒很可能什么也学不会。我们之所以应该重视教师的作用，其理由也就在此。

我们不懂的东西还很不少，都迫切需要虚心学习。但是，在学习方面有许多问题，并没有得到彻底的解决。从三到万这个故事似乎对我们有一些启发。我们无妨以此为例，举一反三，想一想怎样才能更好地加强我们的学习吧。

著名特级教师钱梦龙先生是这样“导读”的：

下面的课例，大体展示了一个指导读法的教读过程。为了引起学生的兴趣，我稍微加了一点调味品，但仍可明显看到教师指导的意图。

《从三到万》是一篇自读课文，文字比较浅。学习重点要求结合故事说道理和学习叙议结合的写法。根据课文特点及编者的提示，拟指导学生用揣测法阅读课文。

一上课，我先宣布本课训练的内容：练习用揣测法读课文，并作简单介绍：所谓揣测，就是根据文章的局部内容，揣度、推测文章其他部分的内容。这是一种参与创造并带有鲜明个性的阅读方法，用这种方法读文章，最大的好处是可以锻炼思维能力。这样介绍以后就宣布一条纪律：不让看课文的时候不许偷看，要求看某一部分的时候不许看其他部分。

为了引起学生的兴趣，我接着就讲了文章里写到的那个财主的儿子学识字的故事，但没有讲完，留下结尾写请帖的部分请学生先试一下自己揣测的能力。这个故事有些学生（说）：本文的作者马南邨是一位著名的学者，他从这个笑话中阐发了一些关于学习的道理。请揣测一下，他会讲些什么道理呢？也可以这样想：假如让我写这篇文章，我发表一些什么意见？

学生默默思考了几分钟，开始发表意见。我规定发言不能重复别人的话（意思可以相近，但用语必须不同），说了道理以后，还要用一个成语或一句格言概括自己说话的内容，并把成语或格言写到黑板上。发言进行得很热烈，不多会儿，成语、格言写满了黑板，除了课文里用到的“自命不凡”“循序渐进”等成语外，学生还写出了“自以为是”“浅尝辄

> 止”“学海无涯”“尊师重教”“三人行，必有我师”“谦虚使人进步，骄傲使人落后”“知之为知之，不知为不知”等成语、格言，有一名男生甚至写出了“自以为是比无知离真理更远”这样的警句。
>
> 当我请同学们打开课文的时候，他们惊喜地发现，他们从这个故事中引出的观点跟文章里的议论竟是那样一致，所不同的仅仅是表述的语言。于是我笑着说：“这样看来，马南邨这位著名学者也没有什么了不起，你们不是已经跟他差不多了吗？”学生先是微笑点头，但立即若有所悟，纷纷说：“还差得很远很远。”我问：“为什么一下子谦虚起来了？”一名学生起来答：“我们可不是那个傻儿子，刚学了一、二、三就欣欣然起来……”大家都笑了。
>
> 最后我请同学一起总结这样读文章的好处。他们都觉得，揣读不仅锻炼了思维能力，也不仅学到了阅读方法，而且达到了学习重点所提出的要求，即结合故事讲道理；他们说这样获得的知识里有他们自己的体会，不完全是从书上学到的，所以印象更深。①

不可否认，钱先生是一个“导读”高手，“揣测法”教学“别出心裁”，学生在他的循循善诱下也似乎积极踊跃，但是，我们不禁要问，数十个学生对故事引出的道理的揣测为什么如此一致，同时，他们的观点与文章中的观点为什么也如此一致？在自然情境下，在学生拥有思想自由的情况下，这是绝无可能的。答案只有一个，要归功于钱先生的“善导”。“导”向何处，“导”向文本的表层语义，导向教师认定的作品含义。

笔者曾有幸亲聆钱先生的《从三到万》观摩课，钱先生一开始上课就阐明了本课教学不是“一言堂”，而是要采取与教材、作者对话的新理念进行教学，颇让听课者感到振奋。可是往下教时，发现钱先生“揣测法”教学原来只不过是不断地叫学生揣测自己的意图，让学生说出他想要的成语或格言。这些“谜底”，虽然学生事先不知道，钱先生却早就胸有成竹。不让学生看书，钱先生自己可是早把书翻烂了的。这便是“教师为主导，学生为主体，训练为主线”的“导读法”教学的典型案例：设下语言“陷阱”，按部就班，我导你读，我怎么导你就怎么读。这表面上看很民主、很平等，教师并不告诉学生“谜底”是什么，仿佛是学生自己猜中的，师生间不停地对话（准确

---

① 钱梦龙：《语文导读法的理论构想和基本课式（中）》，选自“金山教育”网站。

地说是“讲话”），但是，显然这种对话是不对等、不平等的，形同虚设，是变相的教师“一言堂”，完全失去了对话的“合作探究”的精神。真正的对话，必须是师生主体间的思想互动，能导致质疑与发现，能使双方感受到思辨与论争的乐趣。这在传统教师的课堂上是看不到的。

钱先生之所以这样做，除了笃信教师“主导”外，还有一个作者崇拜、文本崇拜的观念在作祟。平心而论，《从三到万》算不上优秀文章。固然选进教材的不少是好文章，好文章不见样样都好，也有可切磋商榷之处。教学中真正的对话应是思想的碰撞、问题的探究。首先是读者和作者、文本之间的平等对话。

其实，钱先生的“揣测法”就是作者崇拜、文本崇拜的产物，发明这样的教法本身就是一个方向性的错误。教师需要着力培养学生掌握的阅读方法，不是揣测作者会有怎样的观点，自己要如何和作者、文本、教师保持一致，如不一致的要放弃自己的观点，或努力修正、改变自己的观点。需要培养的恰恰应该是“不一致”，是质疑的精神和能力。从钱先生的“揣测法”可以看出我国现代语文教育文化的封闭性和保守性；从寻求思想的“一致”、反对“不一致”，可以看出以知识传授和以知识占有为基本认知取向的观念的落伍。这种教育观，与今天的自主探究精神和平等对话理念泾渭分明。

英国牛津大学第一副校长麦克米伦教授认为英国学生和中国学生最大的不同点在于英国学生具有质疑精神，勇于挑战他人观点。中国留学生“聪明”，“学习非常努力”，普遍易于接受知识，英国学生则善于分析问题，并提出质疑。“而分析能力是在英国大学里最重要的学习能力要求”。英国人喜好自由辩论，喜好用自己的分析质疑他人的观点，捍卫自己的说法。英国学生善于挑战他人的想法和他们在学术上的质疑精神传承了英国的文化传统。在牛津大学里，教师不是简单地把知识传授给学生，而是通过每周组织的学生讨论来进行学习。任课教师将问题布置给学生，并开列书单。学生要根据问题的方向，广泛阅读相关书籍，进行有深度和广度的思考。学生通过自学理解知识，并从不同的侧面分析总结，得出自己的结论，同时撰写5000字左右的文章。教师下次上课时，便让学生分别陈述自己的观点。“学生的观点可大不相同，他们会找出自己所有的理由来挑战别人的说法，捍卫自己的观点”，“而学校也会安排几位教师，从各自不同的侧重点讲述同一门课程，其目的就是让学生全方位了解这一学科”。[①] 麦克米伦教授的分析不无道理。中国教师唯恐学生思想“不一致”，英国教师则唯恐学生思想“一致”。中国学生只是占有知识，使自己与教材、书本、教师保持一致；而英国学生是质疑他人观点，主动创获知识，得出自己的结论。中国学生所缺乏的就是大胆质疑、探索和勇于挑战的精神，从而使思想丧失活力，这不能不归咎于讲求“统一”的教育文化，和传统的“教师中心”、“传道、授业、解惑”等教育观念。

钱先生的导读法代表了一个时代的阅读教学思维。在他们看来，阅读就是吸收和“占有”知识，基本不考虑阅读主体的个人特殊感受和阅读的终极价值——表现与存在。在他们的教学中形成的阅读观念是不具生长性和发展性的。终极目的就是考试，不是知识创获和精神建构。在这样的教学中，只是盲目阅读，装知识，不是求知识、辨是非、明道理，不是一个探究性、生成性的过程。学生的言语生命处于麻木、混沌、停滞的休眠状态，只是跟着教师的“导读”瞎转悠，教师批发多少，就装进多少，不少拿也不多要，结果，不知不觉地把主体性、创造力都赔进去，导致言语生命的失血和休克。这种阅读不仅是消极的，而且是惰性、奴性的。

在我看来，主体性的阅读不忙着吸收，先要审视和验证。阅读教学要培养的是言语生命的奋发和进取精神，要磨炼的是对言语现象的辨析力和洞察力。阅读教学应将学生导向“求异”，求得和作者、文本、教师的“异”，要给予学生发现和怀疑的方法。也以《从三到万》为例，如果我是语文教师，将用我的怀疑点燃学生智慧之火：

首先，《从三到万》中财主的儿子是否“妄人”就值得存疑。教师教他“三”，他已推至“万”，他的推测想象力令人惊叹。不是举一反三，而是举三知万了，他的把握事物内在规律的推测力、想象力都是值得嘉许的，比“举三知三”的“虚心”的学生强多了。对于“举一隅不以三隅反”的“虚心”的学生，孔夫子是采取“一票否决”的：“则不复也”，不跟他多费唇舌（自然这种态度是否正确需要检讨）；他欣赏的是“告诸往而知来者”的弟子，至于“反”得、“知”得正确与否则是另一个问题。人对事物的认识不可能都是正确的，不可能一步到位，我们没有理由因为“反三”的推导有误，就否定

① 文静：《世界著名大学校长谈大学生应该怎样学习》，载《中国青年报》2004年8月10日。

这种学习方法和所做出的努力。所谓“智者千虑必有一失”，“反”错了，也属于“好人犯错误”，从错误中学习也是自我建构的必由之路。因此，这位富家公子应当称为“善学之人”“智者”，而非“狂妄之人”。在我们言语生命动力学语文教育视界中，这种主动创获的所谓“妄人”，将得到鼓励和奖励。

其次，是否学习都要“从易到难”“循序渐进”也是个问题。《从三到万》说：“从教学的过程来说，不管要学什么，教的人总要从易而难，逐步深入地把知识教给学生。”学习的环境和条件是不一样的，每个人的才情禀性也是不一样的，学习方法不可能一刀切。学习要因时因地因人制宜，有时候也可先难后易、急用先学。在一般情况下，学一门知识，可以由简到繁，从易到难，先入门再登堂入室。但也有特殊情况，如学外语，可以从浅到深，从积累单词到阅读浅易读物，再逐步加深，直至读原版图书；如果打破常规，从阅读原版书开始学，中英文对照着学，有的人这样学效果也不错；还可以从原版影片中学，从学口语会话开始。有时还可以有选择地学，比如说学哲学，可以系统地按哲学史进程学，也可以从自己感兴趣的某一个哲学家的论著学起。不同科目的学习，不必机械地“从易到难”“循序渐进”，怀特海就认为较容易的科目应该在较难的科目之前学习的观点并不正确，他认为：“有关科目顺序的可供选择的原则是：必要优先原则。”[①] 由此可见，《从三到万》的作者的思维方法不无机械论之嫌。

第三，学习不一定都要教师教，也可以自学成材。《从三到万》说：“……必须逐渐学习，并且需要教师指导，不可能只凭什么‘天才’就可以很快学会的。如果完全没有人教，倒很可能什么也学不会。我们之所以应该重视教师的作用，其理由也就在此。”所谓“天才”，就是“可以很快学会”才称“天才”的。学习，有的需要教师，有的不需要教师，不能一概而论。《从三到万》过分注重教师的作用，这如何解释那么多自学成才的人的求学之路，什么叫“无师自通”？我国高等教育“自学考试”制度也很值得怀疑。“而学生如果自命不凡，看到入门很容易，就把教师一脚踢开，那么，他就什么也学不成。”依此看来，同样“自命不凡”中途退学居然成了世界首富的比尔·盖茨，是否算是典型的“妄人”呢？《从三到万》在对教师作用的推崇这一点上，是很符合传统教师的胃口的。

---

① ［英］怀特海著，徐汝舟译：《教育的目的》，生活·读书·新知三联书店 2002 年版，第 29 页。

当我把这些怀疑告诉我的学生后，并不要求而且也不希望他们赞同我的观点，如果只是“导”致学生的赞同，仍是教学的失败，无助于言语生命的觉悟；目的只是抛砖引玉，引起学生对质疑的兴趣：质疑作者和文本，同时也质疑我——对教师的质疑。激起言语生命反驳与批判的冲动，是表现-存在论阅读教学的使命。这种宝贵的生命激情最终将成为言语表现和精神创造的动力。

传统阅读教学培养的是庸才。学生作为读者，面对文本，始终匍匐在地，言语人格只会越来越卑微，言语生命个性越来越萎蔫。这就是“占有”式阅读，教师就是培养学生如何去“占有”知识。以“占有”为目的，不论学生多么投入和活跃，“热闹是别人的”，是被文本和教师牵着鼻子走的，没有自己的思考和判断的自由，没有独特的生命体验和感悟，这样的阅读没有意义，阅读主体是不“存在”的。学生“占有”的知识是死的，不论储备多少，都不是自己的，是为别人代管，所做的是无用之功，甚至无益而有害。历代被书祸害的人绝不比受益的人少。在阅读教学中，在与作者、文本对话中，最需要培养的就是质疑精神。

对作者崇拜、文本崇拜的否定，不是说对优秀的作品不应采取欣赏的态度、不应向优秀作者学习，而是说这种欣赏不能是无条件的认同和接受，而要保持人格独立性和精神自由，坚守主体性，在作品的丛林之中呼吸吐纳，取舍臧否，往还进出，操之在我，胜算在握，不应在阅读中迷失了言语生命的自觉，是非不分、美丑不辨，为作者、文本所奴役。

其实，“导读”未必是教师的专利。学生“导读”未必不如教师，是否也可以请学生来“导读”？下面这位教师就是这么做的：

让学生在体验中露一手①

杨万欣

在传统的语文教学中，老师被学生视为“先知先觉”，甚至是心目中的“圣人”，老师权威的作用使其在知识、思想甚至人格等方面都高居学生之上。从现象上看，这好似“言传身教，为人师表”，而究其内在的精髓，则时时隐含着教师的“霸权主义”和对学生个性发展的抑制。

① 杨万欣：《让学生在体验中露一手》，载《语文世界》，2003 年第5 期。

在初三语文第六册的教学中，我大胆地采取了师生换位的做法，倡导自主、合作、探究的学习方式。班上学生分成了十个小组（每组4—6人不等），进而由各小组成员引导全班同学学习本组“承包”的课文。经过各小组成员的自主研读、合作交流、探究学习，真可谓“百花齐放，百家争鸣”，从而真正使学生在体验中张扬了个性、尽显了风流。

如何让学生在体验中露一手呢？

首先，要创设民主、平等、和谐的学习气氛。要创设这种氛围，老师就要转变观念，尊重学生。因为教师已不再是“讲坛上的圣人”，不再是“先知先觉”和信息权威拥有者、传播者。学生朱贝贝在导学《孤独之旅》一课时，提名让我读课文中杜小康的四句话：①“我不去放鸭了，我要上岸回家……”②“我要回家……”③“还是分头去找吧。”④“蛋！爸！鸭蛋！鸭下蛋了！”这四句话中，第一句是杜小康“带了哭腔的请求”，第二句是杜小康“哇哇大哭起来”所说，第三句是杜小康理解父亲、战胜孤独后所说，第四句是杜小康“觉得自己忽然长大了”“惊喜”“大叫”时说的。如读不出十几岁少年的那种韵味是不行的，而作为一名“普通”的学生，我尽最大努力依“老师”的要求去读了。全班同学的掌声让朱贝贝体验到了自己导学之妙，同学们也真切地感到了民主、平等、和谐的学习气氛，从而让语文课充满了奇异的乐趣。

其次，要最大限度地挖掘学生的智慧潜能。常言道：“人无压力不进步，井无压力不出油。”当每个小组选定了课文后，从文章相关的内容介绍到重点难点的突破，从提问设计到分角色表演等，都要以最优的形式在一节课上呈现。因此，各个小组互不示弱，请教老师，请教家长，请教同学。而正是在这自主学习、合作探究中，学生的聪明才智才得以发挥。如郭颖同学在导学《福楼拜的星期天》时，让三个学生分别表演屠格涅夫“仰坐在一个沙发上”，都德“用手捋着自己的胡子尖”，左拉“歪在一把沙发上”。这样静中见动，动中见活，效果很好。贾真同学在导学《夏之绝句》时，在黑板上画了一个蝉，最后在全班同学齐读了“聆听，也是艺术……何尝不是生命之歌？蝉声”之后，要求同学们为蝉声谱曲填词。同学们非常踊跃，最后上台的四位同学，一个用五线谱谱曲，一个用简谱谱曲，一个用“知了，知了……”填词，一个用“I love life”填词。这些奇思妙想，这些智慧的火花，在“以教师为中心”的课堂上，在单向输入式的学习中，的确是难以想象的。

再次，启迪智慧，尊重学生的多元思维。要启迪学生的智慧就必须以学生为主体，教师应是活动中的首席，是学生精神成长的塑造者。张洵同学在导学《曹刿论战》时，引导同学们谈感受说收获，我也主动参与，通过对学生思维的唤醒和激励，有的批评庄公急躁冒进不懂战术；有的赞扬曹刿献计献策足智多谋；有的批评乡人事不关己高高挂起；有的赞扬曹刿张扬个性毛遂自荐；有的批评庄公愚蠢之极有失尊严；有的赞扬庄公纳谏如流知人善任；有的由课文引向社会，抨击任人唯亲、压制人才；有的由课文指向生活，弘扬任人唯贤、取信于民。正是学生成了自主学习的主体，多元思维才得以活跃，课程内容才在互动交流中得以生发和提升，教学才得以正本清源，笔者也在教学过程中受到启迪。

最后，要认同“弟子不必不如师，师不必贤于弟子”。让学生上公开课也是笔者从教二十年来的首创。在师生换位的学习中，党芳同学导学了《威尼斯商人》一课，听课的本来只限本校语文组十二位教师，可结果学校领导、县语文教研员及其他教师共有二十多人听课。党芳同学运用音乐《命运》导入课文，抓住剧本中尖锐的矛盾冲突步步设疑让学生在争辩讨论中学习，并设计了如下的板书：

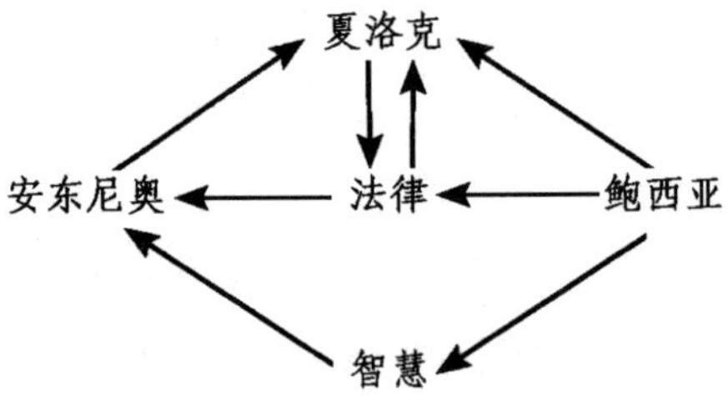

党芳同学最后又以音乐《命运》回应开头，并总结道：“夏洛克要法律给他公正，鲍西亚根据法律给了他公正，并给了安东尼奥以公正。而这一切都靠的是智慧，她用自己的智慧改变了安东尼奥的命运。希望我们也要用知识武装自己，用智慧改变自己的命运，去实现自己的人生价值。”正当这时，下课铃响了，教室响起了热烈的掌声，党芳同学也流下了激动的热泪，我对青出于蓝而胜于蓝又有了真切的感悟。

让学生在体验中露一手，这是潜能的开发和精神唤醒的捷径；让学生在体验中露一手，这是独特性彰显和主体性弘扬的保证；让学生在体验中露一手，这是激活封存的记忆的催化剂；让学生在体验中露一手，这是自主、合作、探究式学习的灵魂所在。

显然，请学生经常性地作为阅读教学的主角，对于阅读主体性的培养、言语人格的形成是很有好处的。上面这位教师的做法是值得赞赏的。从文章中可以看出，他不是“作秀”般地偶一为之，而是让许多学生都能“露一手”，为他们提供“八仙过海、各显神通”的机会。这些学生果然不负“师”望，像模像样地过了一把“导读”瘾。学生“导读”中表现出的创造性是让人惊异的：有的指名请教师表情朗读，有的请同学表演文中人物的神情，有的要求同学们为蝉声谱曲填词，有的组织师生一起讨论文本的内容。我想这样的学生“导读”教学活动，不但作为“导读者”的学生得到了锻炼，提高了参与意识和学习热情，而且，其他被“导读”的学生也会从中受益，他们的表现欲会因此受到强烈的刺激和鼓励，希望自己也能做到别的同学能够做到的，甚至希望做得更好。这样，学生便成为真正学习的主人。——显然，这位教师让学生走上讲台，使他们一展风采，这一点就比我前面所做的强。我的“抛砖引玉”，还俨然以高高在上的“首席”自居，而这位教师则甘愿“退居二线”，把学生推上前台。

这样的教学，与罗杰斯“非指导性”教学的精神是相通的。“非指导性”教学，就是要打破教师权威、迷信，迫使学生作为自己学习的主宰，使学生的主动性、创造性充分发挥出来。我在质疑“平等者中的首席”时说过，教师不是当然的“首席”，不是只有教师才是教学的组织者和促进者，学生也可以成为“首席”，成为教学的组织者和促进者。**教师的作用越隐蔽、淡化，学生成为“平等者中的首席”的情况越是经常，他们越是认为自己应该成为或认为自己本来就应该是学习的组织者和促进者，这才意味着教学的成功，教师的成功。**

教学中的师生关系，是一种相互制衡、动态平衡的关系。教师应该分裂为二，一是作为旁观者，一是作为参与者。作为旁观者的教师，对教学进行冷静的观察和调控；作为参与者的教师，接受旁观者教师的指令，在教学中与学生进行对话、交流、视界融合。作为参与者的教师太强势，学生就疲弱；作为参与者的教师太消隐，学生就过为张扬、亢奋。作为旁观者的教师扮演的是调控者、调停者、制衡者的角色，对教学过程中师生活动作隐性调节。

一切失衡的教学，皆是由于作为旁观者的教师的缺席。

阅读教学是培养学生“占有”知识，还是培养生气勃勃的“存在”的言语生命，这是传统语文教师和新语文教师的试金石。当我们看到那么多无辜的学生被阅读教学的文本崇拜和作者崇拜所麻醉，言语生命变得麻木不仁、苍白枯槁时，不禁从心底感到战栗。

阅读教学首先要让学生站起来，拥有健康、自由的血色的言语生命！

六　对“吸收说”和“多元”解读的深度反思

“阅读是吸收”，这是一个似是而非的观念，至少是以偏概全。其内涵较为贫乏，结论肤浅、武断，它只是在很有限的意义上说的，不能解释阅读的全部真相，特别在指向“读者”参与意义生成和建构的阐释学理论已被广为采纳并应用的今天，“阅读是吸收”的命题更不值一驳。

同时，另一种骤然升温的“集体无意识”也值得注意，这就是“多元”解读。“多元”解读同样不是万应良药，也要做具体分析。并非一切文本解读“多元”的可能性都是一样的。封闭式的、指令性的权威文本是限制、排斥“多元”解读的。在阅读理念上，近年来由于文学界和文艺理论界的介入，引进了不少西方的解释学理论，尤其是西方的接受美学、审美反应理论、现象学美学、解构批评等，以此来关照阅读活动，为阅读打开了一个新的视界，使原来的阅读教学的标准化解读遭到了颠覆，于是“多元”解读成了阅读教学的口号。但是，我们不能不看到，这种读者理论主要对象是文学作品，并不是一切文本。非文学文本的阅读虽然也有“读者反应”的问题，可是，它跟文学作品阅读的“读者反应”有着质的不同，需要在教学中加以辨别。

首先，“阅读是吸收”的观念表明了作者和读者之间的不平等，作者是主动者、给予者、施惠者，读者是被动者、接受者、受惠者。这是一种媒体、权威、文本崇拜。只要是知识、精神产品，就拥有绝对的、至高无上的话语统治权，读者都得以感恩之心，无条件膜拜、愧受，敬谢不敏。这是一种“奴才”或“受虐狂”心态，也是“俳优人格”的体现。

也有另外一种情况。读者对作者和文本的仰视，不是由于读者的俳优人格形成的阅读心理障碍，而是因为特定的社会规约，导致了作者和读者或文本和读者在话语权和交互性上的不平等。例如法定的权威文本或公认的权威文本，如各种的法规、规章、规约、官方文件、权威机构的文件等，在信息链两端的人的地位是不对称的。言说者的话语权大于阅读者，阅读者只能作为一个聆听者、受命者，言听计从，别无选择。这一点，从某些文本本来就够权威了，还特地标示上“本文解释权归某某”字样等可以看出。这也表明了人们对话语权的重视和捍卫话语权的决心，唯恐自己的话语权受到丝毫的侵犯。由此也可以认为，写作和阅读，是一场争夺话语权的战争，是强者对弱者的征服和规训。

第三，吸收式阅读，主要是某些文本自身的封闭特性造成的，这些文本没有给读者留下个性解码的空间，或者说这种空间十分狭小，如应用文中的说明书、教材、公证书、合同、借据、遗嘱、公约等。这些文体的写作，就是要把语义加以严格限制，预防因阅读主体的前理解差异造成文本的多解。对这样的文本，一般来说，读者只能作“语义”分析，被动接受，无条件吸收，否则就可能出问题。如不按照某些产品说明书说的做，或随意曲解、“修正”说明书的要求，就可能造成操作上的失误，甚至酿成事故。

还有就是读者将知识视为“占有”的对象，拣进筐里的就是菜，一概“拿来”，多多益善。这就是叶老批评过的两脚书橱、人形鹦鹉。这些人，用知识装点门面，往自己脸上贴金。英国哲学家培根说：“读书为学底用途是娱乐、装饰和增长才识。”① 他所说的将读书作为“装饰”的这种人就属于这一类。这种人缺乏主体意识，只要是书里写的都是真理，照单全收。

从主体性阅读看来，上面这几种的阅读，都或多或少有所欠缺，同时，在主体性发挥的可能性上也存在差异。造成阅读被动吸收的原因很多，有的主要因为主观原因，有的主要因为客观原因，使主体性发挥受到限制。因为客观原因——文体因素造成的自然无可厚非，因为主观原因——主体性低迷委顿所造成的，就须从阅读主体性建构上进行检讨。

再看“多元解读”。

从某种意义上说，一切阅读都是主体作出的解释，都有阅读主体前理解的参与。对言语的解释都是因人而异的，因而存在“多元”可能性。因为语言本身的意义是多层面的，极为丰富，人们对它的解释是基于自身的认知经

---

① ［英］弗·培根著，水天同译：《培根论说文集》，商务印书馆1983年版，第179页。

验，所理解的各不相同。德国哲学家伽达默尔说："因此，我的努力就是力图不要忘记在每一个对意义的解释经验中隐含的局限性。当我写句子'能够被理解的存在是语言'时，其隐含的意义是能够被理解之物从不可能完全被理解，以语言的名义出现的任何事物涉及的总是超出取得命题地位的事物，在这一范围内就有这种隐含意义。要被理解的东西是诉诸语言的东西，但它当然总是当着某物，当着真实的东西被理解。这就是存在在其中展示自己的解释学的一面。"① 由于存在并不就等于语言，存在总是大于命名，所以任何的命名中都有着对"隐含意义"的解释空间。人们在解释的时候，都是从自身经验出发，将语言解释为自认为的"某物"，便带有一定的主观性。

但是，这并不意味着主体在解释上可以肆行无忌。在另一方面，文本（话语）的差异和规范，则制约着阅读主体性的"随意"发挥。"人类存活于社会话语之中。现代社会，社会话语的光谱将由众多的话语系统组成。相对于不同的场合、主题、事件、社会阶层，人们必须分别使用政治话语、商业话语、公共关系话语、感情话语、学术话语、礼仪话语，如此等等。自从结构主义出现之后，主体不再被当着意义之源：人们毋宁说，主体是诸多话语系统的构造物。诸多话语系统之间，主体处于种种代码、类型规范、语法修辞、对话规则的交叉地带。这些话语系统不仅决定了主体的所有历史记忆，同时也限制了主体的基本可能。这样，以人道主义为基础的主体崇拜遭到了摒弃；主体不再是独立自足的实体，主体背后暴露出一系列赖以支撑的架构。马克思曾经提出了著名结论：人是一切社会关系的总和；在话语分析的意义上，人们有理由继续这样的结论：主体同时还是诸多话语关系的总和。"② 和写作主体一样，阅读主体的自主性也是有限的，解读势必要受到文本的挟制，文本的内在预设给读者规定了解释的可能性和合法性，限制了读者的解读空间。因此，文本的属性，制约、干预着读者的解释行为。

有些文本的内在预设的确主要是供吸收的，如前面所举的官方话语、权威话语等。但是，也有许多的文本主要不是供吸收的，而是供"建构"或"审美"的。供"建构"或"审美"的文本，解释上的限制也不一样，这需要甄别，不能一概而论。还要注意的是，即便主要是供吸收的文本，如果文本

① ［德］伽达默尔著，严平编选，邓安庆等译：《伽达默尔集》，上海远东出版社1997年版，第53～54页。

② 南帆：《文学的维度》，上海三联书店1998年版，第25页。

的既定指涉框架和读者的期待视界相距甚远，读者未必都要吸收，读者也有权选择拒绝吸收。阅读主体有时也拥有是否吸收的裁定权，决定自己是吸收还是“拒斥”。读者对不感兴趣的或超出了自己期待视野的作品，干脆把它撇到一边去。此外，质量低劣的作品，即便读了，也吸收不到什么有益的东西。

在阅读教学中，不但要因材施教，还要因文施教，因文求解。如果对不同文本的特殊属性和功能不能做出正确判断，不能正确把握阅读主体介入的方式和程度，适时调试阅读策略，就不能收到良好的阅读效果。

阅读的功能是否吸收，其主要取决于文本的开放度。封闭性高的文本，阅读的主要功能便是吸收；开放性高的文本，阅读的功能就不限于吸收；开放度越大，阅读主体越自由，吸收的可能性相对较小，甚至一点不吸收，批判性、建构性功能就大。不同的文本阅读，须在吸收意义和建构意义、在客体化和主体化水平之间，做出判定。

文学作品的解读，由于其开放度较大，审美自由度也大，一般是可以多解。文学文本可以作三个层次的解释。季羡林先生在讲到印度的文艺理论时，提及9世纪出了一位名叫欢增的文艺理论家，写出了名著《韵光》；10世纪发展了欢增理论的新护，有名著《韵光注》和《舞论注》。二人形成了关于“韵”的理论。他们认为词汇有三重功能，能表达三重意义：

1. 表示功能　表示义（字面义，本义）
2. 指示功能　指示义（引申义，转义）
3. 暗示功能　暗示义（领会义）

以上三个系列又可以分为两大类：说出来的，包括一和二；没有说出来的，包括三。在一和二也就是表示功能和指示功能耗尽了表达能力之后，暗示功能发挥作用。这种暗示就是他们所谓的“韵”。《韵光》第一章说：

> 可是领会义，在伟大诗人的语言（诗）中，却是（另外一种）不同的东西；这显然是在大家都知道的肢体（成分）以外的（不同的东西），正像女人中的（身上的）美一样。

这种暗示功能、暗示义（领会义）有赖于读者的理解力和想象力，可能因人而异，甚至因时、因地而异，读者的理解力和想象力在这里有极大的能动性，海阔凭鱼跃，天高任鸟飞，这也许就是产生美感的原因。①

在第一个层面上，对字面义的认识，由于能指清楚，一般人的理解不会有什么太大的出入；在第二个层面上对指示义的解释，由于人的个体经验的介入，对语境的认识有了分歧，解读可能就不太一样了；到了第三个层面的暗示义的领会，由于暗示义是较为隐晦、幽暗、模糊的，解释就变得更为复杂多样了。词语的三重功能，这在非文学文本中也是存在的。但是，非文学文本（特别是应用文本）的写作不追求意思的隐晦、幽暗、模糊，尽量排除语义上的分歧和不确定性，使语义浅表化，只“表示”，不“指示”，更不“暗示”，所以，大多只提供表层语义，使所指尽可能地明晰化，读者只限于对表层语义的解读。即便文本不可避免地包含有深层语义，也应视而不见，因为，这对于解读来说是没有太大的价值的。就文学文本而言，原本是可以作多层次解读的，可是也不能一概而论，不同的文学文体是有差异的，如诗歌可能比小说多解，小说可能比故事多解，故事比散文多解……诗歌和诗歌也不一样，朦胧诗比一般的叙事诗或抒情诗多解。同时，作者的表现意图、艺术技巧、表现力等，也会影响到文本指涉框架的开放度。这种复杂语义分析的文本语境，在解读和教学中，是不应不加区别地用“多元”解读这个统一的标准来指导阅读行为，这会遮蔽不同文本的特殊性。

据蒋成瑀先生的归纳，文学理论界在解读观点上主要有以下几种，可与季先生的“三重功能说”、波兰文艺理论家英加登的“层次构造说”相互参照：

两层意义说　外层和内层（深层）。外层指由文字语言所直接呈现的意义，内层指由文字指向与相联系的外部世界所构成的意义。外层意思以明朗、鲜明、卓绝为佳；内层意思则须以繁复、多义、深邃为好。内层意义或深层意义，又可分出两层。一是作者自己意识到的，是有意为之的；一是作者未意识到的，类似冰山下的潜意识。

三层意义说　第一类从结构视角区分为：字面意义、层面意义和隐层意义。第一层是人际交流，共同约定俗成的语言意义。任何一个有阅读能力的读者都可领会的意义。第二层是以诸种背景作参照系构成的意

① 季羡林：《禅和文化与文学》，商务印书馆国际有限公司1998年版，第26～27页。

义。任何作品都有一个社会现实背景、传统文化背景和特定的语言背景，这就成为文本意义的出发点和归宿。第三层是暗含的隐蔽意义或象征意义。任何作品都有言外之意，可以由作者暗示出来，也可由读者依据文本构想出来。

模糊（含混）意义说 模糊作品有两类，一类是作者意指确定，只是采用了模糊手法，诸如意象交错、叠加，组成迷宫式的结构；或者欲言又止，半遮半隐，留出空白，等等。一类是作者意指本身是不确定的，甚至是矛盾的。这样作品意义的读解也有两种方式。对于前一类作品，意义在确指、有序的位置上，读者可以有多种互相不同的解释；在面上展开，并行不悖，不同的见解，皆可成立。后一类作品，意义在非确指、无序的位置上，读者也可以有多种互相不同的解释；在点上展开，盘根错节，允许矛盾歧义，甚至互相反对。①

蒋先生归纳的“两层意义说”和“三层意义说”，没有什么实质上的不同，大约前者的第二层意义，在后者那儿被再次划分出两层意义。值得注意的是“模糊（含混）意义说”，这大概可以称为是典型的意义“多元”化，不仅是多解，甚至是无解。朦胧诗、意识流小说、复调小说和一些先锋派作家的实验小说等，都属这一类。对这种作品的解读即所谓“横看成岭侧成峰，远近高低各不同”。

从文学作品结构上来看，由于一篇作品是由多层次构成的，既有统一的属性，又有特殊的属性，这也同样构成了文学作品内涵的丰富复杂性和解读的多样性。英加登是这样描述文学作品的层次构造的：

文学作品的基本结构依附于这件事实，即文学作品是一种由几个不同质的层次组成的构造。这些个别层次互不相同：（1）由于组成这些层次的特有素材不同而使每一层次具有特殊属性；（2）每一层次对于其他层次以及整个作品结构所起的作用也不同。不管个别层次的素材多么不同，文学作品并非一束松散的由各种成分碰巧拼凑起来的东西，而是一个有机的结构，其一致性恰巧就是个别层次的独特性的基础。这里存在着一个与众不同的层次，即意义层次，它为整个作品提供了意义框架。由于这个层次的特有本质，它需要所有其他层次并以下面这种方式确定

① 参见蒋成瑀：《读解学引论》，上海文艺出版社1998年版，第34～37页。

> 这些层次：它们的实体基础就建立在这个层次上，而且它们的内容也依靠这个层次的属性。所以作为文学作品的成分，这些层次同这个中心层次是不能分开的。
>
> 个别层次在素材以及作用（或功能）上的多样性使整个作品成为一个由其本身性质就决定其为复调的而不是单调的构造。换句话说，由于个别层次的独特性，每个层次在整体中都以其特有的方式显示自己并把某种特殊的东西加给整体的总性质而不致损害其表面上的统一性。特别是每一层次都有一组本身特有的属性，起着形成特殊的审美价值属性的作用。这样就产生了一簇审美价值属性，由此构成整个作品中复调的然而又是一致的价值属性。①

文学作品本身是由众多的意义层次构成的，这些意义形成了层次性、复调性的意义属性结构。这些意义层次，一方面，作为一个整体中的有机组成部分，形成一个统一的意义指向；另一方面，其中的每一个意义层次都各有其特殊的审美价值，在整体中都以其特有的方式显示自已。这些复调的价值属性——“一簇审美价值属性”，在阅读过程中，也是可能造成读者“多元”解读的内在条件。在现象学美学看来，阅读不是在作品中“抽取意义”，相反，是要经过现象学还原，努力抛弃自己世界观中的偏见，在不偏不倚的“中立”中“直观”呈现于读者面前的现象本质结构。如我们阅读孟浩然《春晓》一诗：“春眠不觉晓，处处闻啼鸟。夜来风雨声，花落知多少?”按字面意义，全诗可理解为：春日的早晨，酣睡而未觉天已经亮了，醒来一听，到处是鸟叫声。昨天晚上听到风雨交加的声响，不知有多少花被打落。这是诗的意义的直解，诗意索然。而此诗之所以能世代传唱，有其独到的妙处，即在于“不觉晓”与“闻啼鸟”之间“不觉”与“觉”的张力，知“风雨声”与“知多少”之间“知”与“不知”的张力，通过这两对张力结构，表现了两种诗意：一种是表现惜春情怀，即在那春暖融融、鸟语花香的清晨，天已亮了，但人仍酣睡未觉；忽然想起昨夜风雨交加，无数的花朵被打落而使这种美好的春景不再长久，实在令人惋惜悲伤。另一种是表现喜春，即昨日听了一夜风雨声，想必窗外落红满地；而今天一觉醒来，已是天亮了，外面鸟语花香，一派盎然生机，真令人惊喜愉悦。以上两种诗意，都源于《春晓》

---

① ［波兰］英加登：《文学作品的存在方式问题》，见伍蠡甫、胡经之主编：《西方文艺理论名著选编》（下卷），北京大学出版社 1987 年版，第 547～548 页。

提供的诗意本质结构："不觉"与"觉"，"知"与"不知"的关系结构，他们突破了字面意义的提取，而直接深入到了该诗的内在诗意的结构构成中。[①]——我以为还可以有第三种诗意结构，这就是人好睡，鸟欢啼；风雨肆虐，落红无数：构成了二项对立，二者反衬，抒发了"几家欢乐几家凄苦"的感叹。

由于文学作品具有多层语义，而且其深层语义往往是不确定的，因为读者认知背景、社会背景、文化背景等的差异，而能在不同深度和广度上读出不同的含义，因而，"一千个读者有一千个哈姆雷特"，甚至使"哈姆雷特不再是哈姆雷特"。许多优秀的文学作品，其含义都是说不尽的，常读常新的，其意义不是一次或多次就能读"完"的。文学作品内部的意义框架，是由诸多的与众不同的意义层次构成的，每一个意义层次的审美特质，都召唤着读者的价值认同，都和不同读者的审美经验和审美感知发生共鸣，这就使读者在意义创获上产生了个体差异。

不少文学作品还有意留下一些意义"空白"——"留白"，即所谓"空框结构"，使作品的意义框架更具弹性和张力，给读者的二度创造提供见仁见智的空间。这也体现了文学文本和实用文本的表现方式的不同。伊瑟尔这样说明二者的差异："语言在解释性本文（实用文本——笔者）中和在虚构本文中的使用，展现出截然相反的面貌。解释性本文无论何时都是在阐明一种论点或传播某一信息。它预先假定要关涉某一既定客体。这反过来就要求一种展开陈说活动的连续的具体化，这样，这一表达形式便可以得到预期的精确性。……而在虚构本文中，这一关联性则被趋向于丰富多彩形态的空白所打破。它开放了不断增加的多种可能性，以便把图式的综合留给读者方面的选择决断。"[②] 文学作品本身具有含混性和多义性，尤其是诗的语言，往往含混构成了它的特点。这些，都影响着读者的"多元"解读。"文学语言的多义性、含混性，是文学语言不同于科学语言的明显标志。一个字往往是一个'生命的细胞'，起着协调其他文字与意义关系的作用，文学语言往往是在多义中显示出含混，在含混中显示出多义……莎士比亚第七十三首十四行诗中有一句：'不再有好鸟歌唱的荒凉的唱诗坛'，有丰富的意蕴：唱诗坛可能是

---

① 蒋济永：《现象学美学阅读理论》，广西师范大学出版社 2001 年版，第 26～27 页。

② ［德］沃尔夫冈·伊瑟尔著，金元浦、周宁译：《阅读活动——审美反应理论》，中国社会科学出版社 1991 年版，第 222 页。

已成废墟的修道院圣咏坛的地方；可能意指唱诗坛是木制的，并有雕花；可能是先前唱诗坛的四周有遮蔽的建筑物，体现出树林的形象，有色玻璃和雕花一样的图案反衬着它；可能是唱诗坛已无人涉足，只有冬天阴沉沉的铅灰色的四壁为伴；可能是男童歌唱队所表露的那样淡漠凄苦与顾影自怜的情感对照；还有可能具备其他的各种社会与历史意义：如新教徒摧毁修道院，对清教主义的恐怖等等。”①

由于文学作品的开放性结构和文学语言的多义性和含混性，且作者认知结构的差异，造成了解读的选择性和多元性。鲁迅先生就说过，《红楼梦》“单是命意，就因读者的眼光而有种种：经学家看见《易》，道学家看见淫，才子看见缠绵，革命家看见排满，流言家看见宫闱秘事……”② 同样一首杜牧的《清明》（有人认为不是杜牧写的，是后人伪托的）：“清明时节雨纷纷，路上行人欲断魂。借问酒家何处有，牧童遥指杏花村。”诗表现的是“愁绝”之情。但是，如果读作“小令”：“清明时节雨，纷纷路上行人，欲断魂，借问酒家何处？有牧童，遥指杏花村。”由于节奏明快短促，就能感受到一种愉悦轻松的情调。再读作“短剧”：“清明时节（时间），雨纷纷（场景、近景），路上（地点），行人（人物），欲断魂（情绪），借问酒家何处有（对白），牧童（人物）遥指（行为），杏花村（远景）。”戏剧化的处理，清明，凄雨，旅人，行路，断魂，这些都有着一致的“价值属性”：共同暗示着人生之苦旅；“牧童遥指杏花村”，则有柳暗花明之感，同时，“遥指”便是“留白”，旅人向着杏花村走去之后发生了什么，每个读者都可以凭借自己的人生经验参与进去作个人化的解读。传说这首七绝是杜牧担任安徽贵池刺史时，为城西杏花村生产的名酒“杏花大曲”而作，了解这一背景的人，就会把它看作是“广告”。嗜酒之人，对诗中的悲情定然毫无知觉，唯读出飘然而至的浓郁清冽的酒香，为“杏花大曲”所陶醉。文学作品的意义就是这么丰富多彩，丰富多彩的意义就是这样在阅读中生成的。

然而，实用、应用文本的解读就不一样了。实用、应用文体大多是封闭式文本，虽然它也有两层或三层意义，但是一般只作单层意义的解读，其解读方法主要是对文字表层语义的解释。如教材中提供的知识——概念、定义、

---

① 张首映：《西方二十世纪文论史》，北京大学出版社 1999 年版，第 165 页。

② 鲁迅：《集外集拾遗补编·〈绛洞花主〉小引》，见《鲁迅全集》第八卷，人民文学出版社 1981 年版，第 145 页。

公式、定理等，一般就不宜多解，多解的话，就会造成认识的混乱。这些文本要求表意精确，避免“误解”，利用准确的语言或外加种种的限制，尽量减少、阻断被误解的可能性。有时不一定能做到，在解释上也会产生一些分歧，但总体上一般不会有较大的出入。如果有一些不同意义的生成，也会通过权威方面的裁定，或协商、修订，使之归于一是。它在意义上是求同的。

介于文学文本和应用文本之间的是实用文本——这里沿用的是习惯说法。按理说公私文书等日常应用文字，也可归入实用文，实用文体包括了所有的非文学（审美）文体。由于实用文体内部包含的文种很多，差别很大，还需要再作进一步划分。实用文体可分为两类，一类称之为实利文体，如公文、产品说明书、广告文案、教案、推荐书、计划书、司法文书等，就是指那些有着直接功利目的、诉诸行动的文体，就是上文所说的应用文体；其余功利性较淡一些、效能较长远的、和人的行为不直接相关的文体，如随笔、评论、论文、新闻等，就径称实用文体（尽管这些文体有的也不是很“实用”，严格说来不应称为实用文体）。这一类实用文体，一般只分析一到二层的意义就行了：有些表达得直截了当的，只有表层语义；故弄玄虚、幽隐曲折的，则有弦外之音、言外之意。

文学语言和科学语言（实用语言）有着质的不同，它们有着完全不同的认知取向和审美标准。英国著名文论家瑞恰兹在《文学批评原理》中专门研究了科学语言与文学语言在参证与情感上的不同，还在《修辞哲学》一书中反复论证了文学语言的多义性和复杂性，认为科学语言尽可能地把自己限定在规定的意义内，不允许含混不清或支支吾吾。科学语言的科学性往往与其规定性、单一性联系在一起，科学家使用语言时反复考虑用这个词、这句话会不会引起歧义，要不引起歧义，必须把语言规定在一个单一的模式之中。如一加一等于二，“一”“加”“等于”“二”这几个词的意义相当明确，非常单一，人们不会把“一”理解为“二”，把“加”理解为“乘”，把“等于”理解为“约等于”或“近似于”。文学语言与此大不一样。文学语言为了准确地刻画人物肖像，有必要用一些准确性极高的词。即使这样，文学语言的准确度也不可能像科学语言的精确度那样高，本质上是比较模糊含混的。文学语言具有多义性和复杂性，可以激起人们多方面的想象。语言具有柔韧性，不是僵滞的，带有一定的弹性和伸缩性，语言的柔韧性可以传达出“微言大义”，把人们丰富的情感和微妙的意思传达出来。文学语言可以“不精确”，但必须“精妙”，在精妙的语言中，文学的意蕴才能表现得淋漓尽致，入木三分。文学语言的柔韧性和精妙性是二位一体的，柔韧性是语言的内在要求，精妙性是语言的外在状态。这两者运用在文学作品中，必然构成作品语言的多义性和复杂性。[①] 法国文论家布朗肖也谈到了两大文类的区别：“惟有非文学的书才会呈现为由既定意义牢固地构织成的网络，呈现为一种确实的论断的整体：在由某人读它之前，非文学的书总是已由所有的人读过了，正是这种预先的阅读保证它有一种坚固的存在。但是，以艺术为渊源的书在世上并不具有自身的保障，当它被阅读时，它从不曾被人读过，它只有在由这种独一无二的阅读打开的空间里才能实现它的作品的影响，每次都是第一次，每次都是惟一的一次。”[②] 并不是说非文学的书在读者读它之前果真已被所有的人读过，而是说这种阅读是不自由的，它的现成语义已被所有的人约定俗成过了的，被“锁定”了，读者唯有俯首遵从；也并不是说文学的书在你阅读之前就没有人先睹为快，而是说别人的阅读并不影响你的新的解读，文学书的语义是开放的，期待着每一个读者自由地窥探和发现。这就清楚地表明了不同文体的阅读，具有各自的特殊要求，在阅读和写作中应区别对待。

实用文本的阅读，一般不要求读者活跃的联想和想象，不一定要有意识地作“互文性”“互渗性”的解读。文学文本的阅读，其意义的生成，缺乏联想力、想象力的参与则是不可思议的。“一个解说性本文（实用文本——笔者）不要求接受者进行丰富的想象，因为它的目标就是实现自己与一个特定的既定事实相关的特殊意图。为了保证预期的接受，接受者只须细察其连续性便可。但文学本文的空白则必须有一个与之相连的等价物。这一等价物使读者发现了我们称之为‘构筑力’的东西。它构成了非关联部分的基础，并且我们立即‘发现’，它已将各部联结为一个新的意义单位。”[③] 就是说，不同文本的阅读，读者所需要的能力也就不同。实用文本的阅读，需要的是对其意义的连续性的观察和把握，对信息的筛选和整理；而文学文本的阅读，需要依靠想象力和构筑力补足文本的空白，并将其组织成一个相互联结的新的

---

① ［英］瑞恰兹：《修辞哲学》，牛津大学出版社 1936 年版，第 40～60 页。转引自张首映：《西方二十世纪文论史》，北京大学出版社 1999 年版，第 164～165 页。

② ［法］莫里斯·布朗肖著，顾嘉琛译：《文学空间》，商务印书馆 2003 年版，第 196 页。

③ ［德］沃尔夫冈·伊瑟尔著，金元浦、周宁译：《阅读活动——审美反应理论》，中国社会科学出版社 1991 年版，第 223 页。

意义整体。

我以为按照文本的开放和多义程度的不同，大致上可以依次排列为文学文本、实用文本、实利文本。一般而言，文学文本开放度最大，意义多元，读者可较为自由地生成、误读意义，阅读是一种再创造，“读者是上帝”；实利文本开放度最小，意义较为单一，不能自由地指认、生成意义，阅读只是在文本严格限定下的理解和领会，文本是权威，“作者是上帝”；实用文本介于两者之间，读者享有一定的自由度，但是不宜过“度”，读者和文本二者要有所默契，达成妥协。当然，各种文本内部的开放度仍有细微的差别，还要视具体情况做进一步精细的区分。严格说来，每一篇文章的开放度都是不一样的，允许读者介入的程度也是不同的，语文教师在阅读教学中应有基本的判别能力，同时，也需要培养学生的文本识别力。

在教学中，如果混淆了文本属性，对所有文本一视同仁，就会影响到解读效果。因此，阅读之前，首先有一个文本甄别的问题。要培养学生阅读的文体意识，使他们懂得不同的文本要遵从不同的解读规律，采用不同的阅读策略，从而获得真正的解读自由。在语文教学中，盲目吸收和盲目“多元”，都是错误的。

七　对“过度诠释”的“过度”诠释

可以料到，对“误读”的欣然接纳，必然会招致批评和非议。

自从意大利学者艾柯提出了“过度诠释”这个概念后，这个概念便受到了各界的普遍关注，表明了这一命名是有“意义”的（之所以给“意义”加引号，是因为我觉得它在语文阅读和语文教育学方面的“意义”还有待商榷）。

艾柯于20世纪六七十年代特别热衷于研究读者的作用，但是，晚期著作却有很大的改变，强调开放性的阅读要受到文本的制约，或者说要注意文本的权利与诠释者的权利之间的辩证关系。毕竟，作者不会永远在这儿，读者也不会永远在这儿，永远在这儿的只有文本。艾柯的诠释理论的根基就在文本之中，他所说的原意回归便不是回到“作者意图”，而是回到“作品意图”。实际上，“作品意图”是在文本意义生成过程中起着非常重要作用的概念，它既不受制于“作者意图”，也不妨碍“读者意图”的自由发挥，但是它呼唤着“标准读者”——按照文本的要求、以文本应该被阅读的方式去阅读文本。在他看来，作者意图很难知道，而且与诠释无关。断定文本的诠释是否有效，唯一的依据就是作品意图，如果碰巧作者与文本都在诠释“现场”，那“我们必须尊重文本，而不是实际生活中的作者本人”。所谓过度诠释就是对文本的“无限衍义”（皮尔士语）的过度开采和任意滥用。艾柯认为，我们虽然无法确定哪一种诠释是唯一正确的，但我们却知道哪一种诠释是糟糕的。何以能够证明这一点呢？就是因为文本具有整体连贯性。[①] 由此可见，对“过度诠释”“无限衍义”批评的立场，是注重“作品意图”，即“文本中心”，是以文本理论为视界的。问题的提出，体现了文本理论与读者理论视界的冲突与碰撞。了解这一点很重要，因为它表明了反对“过度诠释”的观点并非客观，更不是真理，本身就是一种“偏见”，是以文本理论的“偏见”来反对读者理论的“偏见”。

因此，也可以说，接受了艾柯的观点，对“过度诠释”“无限衍义”现象进行批评的人，实际上是站在文本理论立场来审视解读现象的。这种批评，基本上是“自说自话”，对站在读者理论或解构批评立场上的读者，是没有什么说服力的，是基本无效的。因为他们中有些人压根儿就不认为“作品意图”对读者有多大的约束力，他们只想当“自己”，不想当什么“标准读者”，根本就不买艾柯的“标准读者”的账。二者的“视界”是不相交的，是“两条道上跑的车”，说不到一块。遗憾的是，语文界很多人却没有意识到这一点，只知道寻找“批判的武器”，却不知道更重要的是要作“武器的批判”。

随着语文界对多元解读的倡导，一元解读与多元解读的矛盾，诠释与过度诠释的问题也开始浮出水面。承认多元解读的合法性，是大势所趋，但是，一元解读和多元解读的观念冲撞仍在所难免，势必会提出解读的界限问题，会与诠释、过度诠释、超界、无限衍义等概念遭遇。

在这方面，蒋成瑀先生是主张“约束过度诠释”的代表人物。他在《对阅读教学过度诠释的思考》中引述了艾柯提出的诠释的三条标准：“简洁‘经济’；指向某一单个的原因而不是诸多互不相干的杂乱的原因；与别的证据相

---

① 参见［意］艾柯：《过度诠释本文》，见艾柯等著，柯里尼主编，王宇根译：《诠释与过度诠释》，生活·读书·新知三联书店1997年版，第53～80页。

吻合。”认为这对语文课的诠释有借鉴作用，特别是中小学低年级的阅读教学，更应该单一、单纯与明了，不宜过分张扬、引申，避免夸夸其谈的诠释弊病。

据此，他“结合我国国情和阅读教学的实际”，也提出了三条诠释的尺度标准：

（一）符合社会时代精神与人民群众的利益，符合唯物辩证史观。如《内蒙访古》的题旨，有论者认为汉代的统一，固然有和亲因素，但根本还是军事威慑力量在起作用。对此我们要从促和平、求发展的时代精神出发，首先肯定昭君和亲的民族团结政策，同时注意到军事力量是统一的后盾，这样就比较全面。

（二）承认诠释的客观真理性，在每一个历史阶段应有相对确定的、为多数人接受的共同诠释。要承认教材与教学用书（参考资料）诠释的合理性，对其中某些有悖时代的见解，师生可以依据当代社会的实践发展，相互切磋、交流、修正或补充，以达成新的共识。

（三）与时俱进，引入积极的、有创见性的诠释。阅读最具个人性特征，要引导不同层次的学生参与阅读，说出属于个人的体验，培养创新意识，激活创造能力。①

蒋先生提出这些“尺度”的目的是为了“约束过度诠释现象的发生”，但是，由于这些提法十分含糊、费解，且不得要领，让人无法辨清他的“度”究竟是什么——难道有什么诠释不可以纳入其间？既如此，就不存在什么过度不过度的问题了。因此，即便他本人，在整篇文章中也无法列出一个“过度诠释”的实例——这使我大失所望。

蒋先生在其他著述中还认为虽然可以有多种的解读，但是其中必有一种是最佳的：“承认真理、意义的多元并存是合理的，但又要确信其中有一个是合理的、最佳的选择，反对无原则的相对主义……”② 提出了“一元与多元理解同存共荣”的“折中”之论：“作为基础教育，教材中的经典文本或一般文本的解读，应该有一个相对确定的解释，或相对客观的标准答案，这就是阅读的一元理解。同时我们又要承认凡有理解就有不同。阅读是一种体验，最具个人性特征，由于各人的认知结构、人生态度、性格爱好和阅读经验不同，

---

① 蒋成瑀：《对阅读教学过度诠释的思考》，载《语文学习》，2003 年第 11 期。

② 蒋成瑀：《读解学引论》，上海文艺出版社 1998 年版，第 269 页。

所获得的感受或结论就不会完全相同，这就是阅读的多元理解。如果说，一元理解是大家公认的、相对确定的理解，那么多元理解是属于个人的，其中也有合理和较合理的成分。”① 他举人民教育出版社2001年版新编高中《语文》第四册《教师教学用书》对《项链》一文的解读为例加以说明，认为这是一个“悲剧故事”。作者对玛蒂尔德与丈夫一生的“不幸遭遇表示同情和惋惜；对她和她丈夫偿还项链的诚实品德和奋斗精神进行了肯定”，“小说也对女主人的虚荣心进行了批评……”虽然这个“一元理解”尚有可议之处，却是大家可以普遍接受的。换言之，这是我们当下的现实处境和社会意识形态所能接受的。即便如此，教师用书撰稿者也没有把自己的“一元理解”强加给学生的意思。在“教学建议”栏，特别指出：“对《项链》的主题，可以有多种看法，只要言之成理就应当鼓励。”承认在确定的“一元理解”之外，应该允许合理的“多元解读”的存在。

“一元理解是大家公认的、相对确定的理解，那么多元理解是属于个人的，其中也有合理和较合理的成分”，这是自相矛盾的。既有“公认”的理解，哪里还有“个人”的理解？“一元理解”既被大家所“公认”，哪里还可能有“多元理解”？不为大家“公认”的理解，是否就是“过度诠释”？

如果认定“一元理解”存在“最佳”的、“公认”的，这样，阅读势必又回到了一元解读的原点。在教学和考试中，答案势必还是“唯一”的，谁敢不认同那个所谓“最佳”与“公认”的那一个？既回归到了一元解读，多元解读自然就成为一个教改“花瓶”。

是否就一定有一个“最佳”而且只有一个“最佳”？如果有，那势必还可以分出次佳的、次次佳的、“糟糕”的……凭什么这么分？谁立的标准？是作者、文本、读者，还是教材、教参的编者？谁来确认哪一个“最佳”？哪一个“糟糕”？又是谁授予他话语权？

世界是多元的，文化是多元的，价值也是多元的。如果承认价值的多元，就不可能有“最佳”。因为，只有在价值“一元”的背景下，逻辑上才存在着有“一个”最佳解读的可能。当然，也存在不止一个最佳解读的可能。因为，在同一价值背景下，人们作出的价值判断仍然是带有主观性的，还是有着价值取向上的细微差别和个人的情感、经验上的不同倾向。

---

① 蒋成瑀：《走出阅读教学的封闭圈》，载《语文学习》，2002年第7～8期合刊。

即便假设有一个“最佳”解读，从共时性的范畴说，所谓的“最佳”，未必就是最逼近真理的那一个，而是在某一时期得到较大认同度或权威认可的那一个。按照“惯例”，对“最佳”的认定，一般是采取“少数服从多数”或“多数服从权威”的方法。然而，“真理”是不以举手的人的多少来判定的，真理往往是掌握在少数人或地位卑微的人的手里，真理通常在很长时间中是被视为“谬误”（“过度诠释”?）的，因此，所谓的“最佳”，是否真正的“最佳”，值得怀疑。

从历时性来看，更是没有“最佳”的解读可言。从历史唯物论的观点看，人的认知是一个不断地向着真理逼近的否定之否定的过程，没有终极的、绝对的真理。“最佳”意味着认知的达成和终结，不利于解读的推陈出新。恩格斯说：“现在，真理是在认识过程本身中，在科学的长期的历史发展中，而科学从认识的较低阶段向越来越高的阶段上升，但是永远不能通过所谓绝对真理的发现而达到这一点，在这一点上再也不能前进一步，除了袖手一旁惊愕地望着这个已经获得的绝对真理，就再也无事可做了。”① 一旦有了“最佳”，师生们自然就无须再去动脑，教师只须从“教参”中去找，学生则等着老师“昭告天下”。

从文学审美的观点看，文学作品本来就是多意的，文本本来就是开放的、模糊的、敞开的，根本无从判定哪一个意义才是文本的“最佳”之意。作为读者审美观照的对象，每个人都有平等介入的机会和理由，都有自己的理解。审美经验和审美判断是主观的、个性化的，都是不可重复的，用什么来断定唯有某人的解读是“最佳”，而其他人的则不是，甚至有的还属于“过度诠释”？这种判定又有多少客观性可言？

认为文学解读是“一元理解”与“多元理解”并存共荣，和不同的理解中有一个是“最佳”的，这是一种表面上的开放和平等，实质上的“等级制”和“排他”。在这种观念下，每个人可能都有以自己为中心的“一元理解”，同时也都会认为自己的理解为“最佳”，他人的理解只是陪衬性的“多元理解”，或是“过度诠释”，这就以“我”为本画地为牢，把“多元解读”的车头又扭回到了“权威”“主流”“一元”解读——“霸王”解读上来了。下面这篇文章对所谓“无限衍义”的棒杀，就充分地说明了这一点：

---

① ［德］恩格斯：《路德维希·费尔巴哈和德国古典哲学的终结》，见《马克思恩格斯选集》第四卷，人民出版社 1995 年版，第 216 页。

也许是因为这场争论使众多语文老师开始不由自主地审视自己过去语文教学的观念和手段；也许是因为舆论大势所迫，有少数教师由作品主题意义的绝对的一元化走向了对无限衍义的认同。有的教师对学生在解读文本时附会之论予以肯定，大概他们是怕背上压抑学生的个性和扼制学生思维创新的恶名吧！但是，矫枉不能过正！对文学本文意义的解读，的确会打上个人主观色彩的烙印，但毫无疑义，读者的主体作用不是无限和万能的，它理应受到作者、作品的制约，即其对作品历史具体性的凭藉。因为由于重视读者主体作用而轻视借鉴他人的智慧，那也是片面的。同时，对文学本文意义的解读，也离不开具体的“语境”——广义的，包含解读者所处的历史时代和人们的心理结构。——如果一个读者的解读结果在其置身的“语境”中，不能激起其他读者的共鸣，这项解读的工作也就失去了意义，反映在语文阅读教学中，不仅不能起到培养创新思维的作用，反而成为“高处不胜寒”的“标新立异”，给人讥讽的把柄和口实。

最近，笔者听过一堂市级获奖的竞赛课，有一个老师教学《故乡》一课时，鼓励学生就其主旨谈谈自己的看法——这个出发点无疑是善意的——有一个学生说“《故乡》这篇小说，通过‘我’回故乡的见闻和感受，表现了‘我’对眼前故乡的失望和对过去故乡的依恋”。这个解读的结果确乎有了些许游离教材和教参的新意，事实上，这个主题的归纳是很浅层也是很难以立足的，即使它多少还是扣住了小说文本字面。施教者居然对这种归纳给予了高度赞赏，而后的“权威”评点中，也居然把它当作了整堂课的“闪光点”之一，认为它有效地培养了学生的创新思维，是尊重学生主体性和差异性的具体表现。其实大谬！

不过，无限衍义的解读观在当前中学语文教学里还仅是苗头和萌芽一类的东西，但我们应正视它的危害，将这种苗头扼杀在萌芽状态之下。

…………

……笔者在前文中提到的那节竞赛课，施教者对学生“《故乡》这篇小说，通过‘我’回故乡的见闻和感受，表现了‘我’对眼前故乡的失望和对过去故乡的依恋”的主题表述持了赞赏的态度，是极为错误的。如果我们以一种整体的观点，切中鲁迅小说的主脉，结合鲁迅先生创作心态，我们似乎可以对《故乡》主题如此阐述，“通过对‘我’和闰土关系变化的叙写，揭示了人与人之间的冷漠麻木，表达了对平等亲密人际关系的期待”。当然，只要以鲁迅先生“改造国民精神”为基点，作出其他解读也是可以成立的。

因此，无限提升读者主体地位而将作者放逐后，有的鉴赏者大显身手，毫无内在约束地，甚至是美其名曰“仁者见仁，智者见智”的解读方式和态度是非常不足可取的。①

刚刚开始文学多元解读的审美回归，就以过度诠释或“无限衍义”名义喊停，要将其“苗头扼杀在萌芽状态之下”，这可以见出改革之艰难。为什么非得将《故乡》的主旨确定为“通过对‘我’和闰土关系变化的叙写，揭示了人与人之间的冷漠麻木，表达了对平等亲密人际关系的期待”才是正确的，而那位学生的“通过‘我’回故乡的见闻和感受，表现了‘我’对眼前故乡的失望和对过去故乡的依恋”的主题表述就是“无限衍义”？教师对其表示赞赏就是“极为错误”的？

显然，这是因为作者接受了鲁迅评论主流观念认定的“改造国民精神”这一“基点”，以此为“界”，顺理成章地将其他超出这一“基点”的见解和感受，划为越“界”，归入“无限衍义”的范围。虽然这位作者也摆出了一副慷慨宽容的姿态说“只要以鲁迅先生‘改造国民精神’为基点，作出其他解读也是可以成立的”，既然设定了“改造国民精神”的“界限”，这本身就是一种定性，还有其他解读的可能吗？还有多元解读立身之地吗？

在多元解读的语境下，“权威解读”被消解、压抑，但是，下意识中根深蒂固的唯我独尊的排他性解读观念，还会时不时地探出“不屈”的头颅，声色俱厉地高喊几声，在转型期这是正常的。学生从《故乡》中读出了“失望”和“依恋”这没有错，因为它没有超出文本的“能指”。学生从自身经验中读出文本的“怀旧”情愫，这是一种“人性”解读，虽然也许“浅”了些，却也有其合理性和真实性，未必只有“政治”“文化”“历史”的解读才是合法的、“界”内的。文学解读虽可以有“对作品历史具体性的凭藉”，但是，也可以主要从当下语境出发进行体验。至于是否要“借鉴他人的智慧”，是否要“激起其他读者的共鸣”，这大约不是很重要。因为，文学解读本来就具有个体性、私人性、创新性特点，每一篇作品的解读，如果都要借鉴他人的智慧，

---

① 邹立群：《鲁迅小说的解读和中学语文阅读教学》，转引自“中国基础教育网”网站。

都要想能否得到别人的认同，那就消弭了个人独立的审美感悟和创造，就消灭了多元解读。

这是一种很有害、很危险的排他心态。在这种心态下，创造性的误读都将被视为“错读”，学生奇异的言语体验都将被扼杀在摇篮之中。例如，2002年高考作文“心灵的选择”话题，中央电视台《实话实说》栏目组织魏明伦、何祚庥和聂卫平三位先生进行同题作文，结果三人都没有获得好成绩，魏明伦先生的更是被判“跑题”。

抓周——也谈“心灵的选择”①

魏明伦

从婴儿伊始，鄙人就面临选择。

吾家与梨园一贯有缘。听父母说：我一岁“抓周”，先抓着彩色的蜡笔，忽又扔掉，拾起唱戏的纸人儿，小手抓紧不放，就像乌纱官员抓紧权柄不放一样。这是我人生第一次选择，但没有“心灵”指挥。奶娃娃“没心没肺”，只是“跟着感觉走”。

父亲预测我是天生的戏剧胚子，替我安排命运。我只读了三年小学，没毕业就“下海”唱戏，挣钱养家，年方九岁。这一次我有“心灵”了，但心不由己，由父亲作主；父亲也心不由己，为生计所迫，只好违心让孩子失学。

如果说，早熟的我也有心灵选择的话，那是在潜意识里不知不觉渐渐倾斜。台上扮演生净末丑，台下自修诗词文赋。淡化粉墨，偏爱笔墨，从“三尺戏子”兼作“一介书生”。父母担忧，甚至担惊。那年头，笔是惹祸根芽。我一面写剧本，一面写检查。阶级斗争稍缓时，剧团需要我写剧本；政治运动激烈时，领导需要我写检查。我成了年龄最小的老运动员，前半生写的检查比剧本还多！按照我的心灵选择，当然愿意写剧本，决不愿写检查。可是，老天爷，我能够只写剧本，不写检查吗?!

俱往矣，看今朝。终于熬出头来，写剧本不写检查了。作家作品，随笔随心，大抵可以自作心灵选择了吧？信手举个例子：报刊殷勤约稿，在下苦吟成文，慎重呈上；但发表出来，往往已被编者删改。每遇这种

---

① 魏明伦：《抓周——也谈“心灵的选择”》，载《中华读书报》2002年7月26日。

> 需要我用“心灵”选择之时，我选择的结果总是宁可不发，不愿删改。于是，特别敦促编者八个大字：“改则勿用，用则勿改！”然而，结果往往也是八个字：用也用了，改也改了！唉，作者无奈，自叹择不由心。回头一想，编者同样择不由心，其苦衷可以理解。当今的特色是作者不写检查了；编者呢？……
>
> 可见某些事物的结果，不由当事的“心灵”选择。
>
> 假定我是考生，面临高考现场，虽非“生死关头”，却是决定自己命运的头等大事。敬请注意：是决定自己命运，不是自己决定命运！主观努力在我，客观定夺在谁？不妨对比这次作文考题虚构的登山救人故事。登山者发现遇难者，救不救人，完全取决于登山者自己。而高考呢？第一志愿，第二志愿，是由考生自己心灵选择。如不如愿？录不录取？取人的标准如何？评卷的观念怎样？……岂能由考生的心灵抉择，小命儿掌握在“考官”与“考制”那里！
>
> 推论古今中外，有些事物的结果，是当事人心灵选择所定。有些事物无可选择，择不由心，心不由己。冥冥之中，另有无形的巨手在左右人们何去何从！
>
> 啊！熙熙攘攘的世界，忙忙碌碌的人类。有时看见某人抓紧某事，以为是他心灵选择的结果。其实也如“跟着感觉走”的婴孩，抓则抓矣，那是“抓周”！

所谓“跑题”，自然可以划到对“话题”的过度诠释、误读之列。显然，魏先生是从“心灵的选择”中，误读出了“心灵无可选择”，认为通常是他人、生活、制度、命运等左右着人的选择。这究竟算不算过度诠释、“无限衍义”？如果算，那正是由于误读，由于过度诠释、“无限衍义”，魏先生才写出了真文章、妙文章。这样的文章，考生敢写吗？就是明知在很多情况下心灵是无从选择的，正如在考场上，此刻他不能写自己心灵选择的，而只能写别人替他选择好的话题，他只能身不由己地“选择”写“心灵的选择”，而不能写“我的心灵被强迫”。如果是“适度诠释”“有限衍义”，只能写一切都须由心灵作出选择，那写出的大多是套文章、烂文章。从这种意义上说，误读恰恰是要受到鼓励的。

推而广之，其他作品的解读也是如此。正读，往往意味着落套、平庸；误读，则闪耀着生命和智慧的灵动之光。你不觉得魏明伦先生的“误读”比一般人的“正读”更贴近“心灵的选择”这一话语的真实吗？这不能不说是魏先生的聪明之处。

究竟“度”是什么，怎样才是“过度”？我以为，这个“度”，不是作者或某一权威划定的意义圈，而是文本的语言和言语中外显的或内隐的一切的能指。只要在能指范围内所确定的或所引申开去的所指，都是合理合法的，都是“意义”王国中的平等的公民。读者或老实卖乖，或狡诈捣鬼，只是秉性不同，没必要厚此薄彼。可能较有作为的，还数那些图谋不轨、心存非分，在“度”与“过度”“法”与“非法”的边缘“捣鼓”的那些“狡诈”之徒。

以语言和言语的能指划界，“度”似乎是客观的，但是，也不是就没有问题。语言和言语的能指究竟是什么，也往往争论不休。不论是古代汉语还是现代汉语，都不是可以靠一部字典或一个权威就能说了算的。在言语的能指上，就更是没有标准答案的，其主观性、选择性更大。因此，对这个“度”字本身的诠释就是很成问题的，就是“无度”或“过度”的。

一般来说，这个“度”，只能在共时性上得到大致上的确认。在历时性上看，语言的能指并非一成不变，对“度”的把握就往往显得“无度”。

语言和言语之“度”有很大的弹性，它的诠释度究竟有多大，通常难以说得清楚，而时间给它添进了很多的变数：过去以为是“适度”的，现在可能以为是“不及”的，将来可能以为是“过度”的；过去以为是“过度”的，今天可能被认为是“适度”的，明天可能会被认为是“不及”的；同样，过去以为是“不及”的，今天看来也许恰恰是“适度”或“过度”的。一部《周易》，千百年来，经过无数人的注疏，被诠释得补丁摞补丁，哪一个诠释不“过度”？如果不“过度”，那它至今也许还只有那几个光秃秃的“卦画”和几句简单的“爻辞”；恰恰是那些“胡思乱想”出来的“过度”的诠释，沉积成了绚丽多彩的历史和文化。——在时间之维上，“宽容”是为人的法则，也是解读的法则，有一些“无度”或“过度”的理解又何妨？更何况是教学情境中的探讨切磋，有一些不和谐音，对于思维的激活是大有裨益的。因此，以是否“过度”画地为牢，不如“无度”，不如敞开来让读者自由地进出，让时间来旁逸斜出地发芽、生长，也让时间来从容不迫地过滤、淘洗、沉淀。

“实用文本”尚且还允许各种诠释并存，文学作品的解读就更应该是充分敞开的，因为它本应该就是一种创造。读者和作家一样，阅读和创作一样，实质上都是一种审美创造，没有人会指责作家的作品不忠实于生活原型，为什么要指责读者不忠实于文本“本意”呢？文本只是为读者提供了审美感知对象——素材，或者干脆就是一种创作灵感的触动，读者在这个基础上“创作”出的属于自己的“作品”（这便是我所理解的误读），评价读得怎样的标准，不是在“界”内还是在“界”外，而是“创作”得“美”不“美”，合不合审美创造的逻辑。如果能这样理解，就会变得心平气和。

再放到当今课改的背景下看，在大力鼓吹多元解读和培养言语创新能力方兴未艾之时，还是不要设禁区为好，种种禁令务必缓行！“费厄泼赖”务必实行！不必把“过度诠释”视为洪水猛兽，相反，有必要大力提倡“过度诠释”，让学生大胆地去挑战所谓的“共同诠释”，去打破“教材与教学用书（参考资料）诠释的合理性”，即所谓“矫枉必须过正”。

在表现-存在论阅读视界下，“过度诠释”和误读是相关的一对重要概念，误读就是一种“过度诠释”，二者都是带有创造性因素的阅读，都体现了读者的阅读智慧和思想活力。作者都是试图打破成见，消除蒙蔽，创为新解。标新立异的解读，自然会受到原有成见的排斥和抵抗，往往会被“以自我为中心”的他人视为“过度”，受到一言九鼎的话语权威的压制，所以，对“过度”的判定，有时不是由于语义上的认知分歧，而主要是心理上的自以为是所致。

只要跟文本不是毫无关系，任何的“过度诠释”和误读，都是合理的，都应受欢迎。学生从《故乡》中读出了鲁迅的依恋和失望，有什么不可以？鲁迅是“爱国者”“思想者”，可鲁迅也是一个“人”，只要是人，就必然会思乡、怀旧，会感物思人，对故乡会有希望也会有失望。鲁迅写故乡的景物、闰土、豆腐西施……难道就没有表达出对友情、对自己的少年时光、对乡土的依恋和感伤？退一万步说，即便在《故乡》中没有这层语义，学生在阅读时仅仅因为看到了“故乡”的字眼，读到了鲁迅的少年时代，唤起了自己离乡求学的思乡之情，并把这种思念强加给文本，改变了作者的“本意”，也没有什么不可以，也是一种创造。不要把成人的观念和思维作为诠释的尺度，也不要把约定俗成的诠释强加给学生，那样做，只会把学生变成没有情感和生命力的机器人、植物人，也是不符合文学作品解读所要求的读者自我表现的“创造”本质的。

我感谢那位懂得赞美的教师，因为他肯定了学生“微不足道”的发现，给予了言语生命以自尊；我为那位要将“无限衍义”的“苗头扼杀在萌芽状态之下”的教师感到悲哀和惊惧，为他的简单粗暴和滥杀无辜。当教师对学生的误读和“过度诠释”要“棒杀”之时，务请高抬贵手，因为言语生命的成长殊为不易，人的言语生命极易夭折。

八　嘉赏误读：让言语生命灵性和智性高翔

深层次的审视和批判是误读。误读，就是创造。

在言语生命动力学表现-存在论视界下，对文学作品、多数理论著作和一些实用类文章的阅读，都可以而且必须误读！误读是通向言语创造、情意和思想创新的必由之路。

误读可以说是人的言语生命特性，是一种天赋、本能。**从孩提时代开始，人就在“误读”着。创造欲、想象力愈强的人，误读的程度愈高。误读是走向创造的预演和前奏。**作家刘晓鸥说：“儿时体弱，气管炎和肠炎总是折磨着我。出去与人捉迷藏、跳皮筋、踢毽子是不会占优势的。但我很快在另一领域发现了自己的优势，就是讲故事。十岁左右的我会给我的朋友讲奥斯特洛夫斯基的《钢铁是怎样炼成的》、雨果的《巴黎圣母院》、高尔基的《我的童年》，还有《牛虻》等。在讲述中，我并不忠实于原著，一些细节我记不清了，或者我不满意作者对某些人物命运的安排，我便按照我的意愿即兴地发挥了。比如，《牛虻》中，牛虻和琼玛的爱情结尾，我想有情人应该终成眷属。于是，我说牛虻最后没有走向断头台，而是被琼玛营救了出来，然后他们幸福地结合在一起了。经我叙述的经典小说，都是走样的，特别是在男女主人公的爱情问题上，我最反感作者把其中的一方写‘死’了，而是‘拨乱反正’，让书中的‘他’与‘她’历尽苦难，美满团圆。我从不喜欢老老实实复述一个故事。那时我并不知道，那便是我创作欲的最初的体现。”① 刘先生以自己言语生命的成长经历，阐明了一个值得语文教师深刻反思的道理，这就是文学阅读，从学习言语表现和文学才情发展的意义上说，不应要求学生“正确”或“准确”地识记其内容。有些学生讲述文学作品，**不忠实于原作的**

---

① 刘晓鸥：《走在文学的边缘》，载《文学自由谈》，2003 年第 2 期。

即兴发挥，也许胜过老老实实的复述。因为，这恰恰表明了他们具有文学想象和创造的天赋。

对所读故事的情节、细节等进行再创作（有别于解构批评专注于“意义”的生成），这也是一种误读——这大约可以看作是我们对解构主义理论的一个小小的补充。它对阅读的价值不容低估，一点不亚于对作品意义的创造性解读。从对他人作品做添枝加叶的误读，到最终走上创作道路，进行自己的创作，这就是文学生命成长的过程。误读，未必就是一种人为的解读方法，不是因为解构主义先提出了这个概念，才有了这种阅读行为；而是先有了这种阅读行为，才形成这个概念或者说是一种观念。它是人的一种自发的、自然的言语创造行为。从人们一开始学习阅读，就在不自觉地误读，解构主义只不过是对这一实践的一种总结。

我认为，误读是人的一种宝贵的天赋，可以归为想象和创造的言语才情。在阅读之后所做的“转述”，即兴发挥的成分越多，就越有创作的天赋。这些孩子往往根据自己的联想和想象，把读过的故事加以改造，或删改了故事的情节，或增加了一些人物，或改变了原有的故事结局……这就是创作的萌芽，是文学潜能的展示，是言语生命的自然流露。家长和教师应该感到高兴，而不是压制言语生命的自然生长。

有一位教师曾对儿时擅长“胡说”的一位同学记忆深刻、情有独钟。他说：“上初中时，班上有一位同学，记忆中他有着一个分外饱满光润的前额和一双明亮的大眼睛。每次教师抽他答问，比如教师问他：‘鲁迅文章的美女蛇指的是什么？’他就会神情贯注地回答，他真见过美女蛇，就在他乡下舅舅的矮墙后面，昂起的脸看上去有些扁……然后越扯越远，一直扯到他儿时的外婆桥。这时教师就会敲着桌子沉着脸在同学们一片没心没肺的笑声中提醒他：‘××同学，你跑题了！’而一旦让他循规蹈矩地发言，他反倒变得结巴起来，那个饱满的前额由于着急愈发红亮。光阴似箭，日月如梭，关于中学校园的回忆已是一片模糊，那些曾经被认为是优秀学生的优秀表现早忘得一干二净，倒是这位同学站在课堂中胡说的样子让我至今想起来仍感开心。其实，说起来，鲁迅《从百草园到三味书屋》这篇文章选自《朝花夕拾》，那乃是鲁迅在生活最辗转流徙，心情最苦闷的时候，为了‘在纷扰中寻出一点闲静来’，对儿时美好生活回忆，借此表达了儿童天真幼稚、欢乐的心理。××同学的‘胡说’，正反映了作为少儿的天真幼稚，这与鲁迅反映少年特点的本意何其一致啊！何来的‘胡说’呢？……而很多‘胡说’正是对教材的丰富、新的发现；‘胡说’启发了教师，提供给教师‘另类的’、‘新鲜的’体验；‘胡说’折射了学生在探索的过程中的独特体验。”① 这位教师所做的教育学反思不无道理。虽然这位学生的“胡说”，不一定够得上对文本自觉的“探索”，但是，这就是一种“灵性”的误读，是在文本内容触发下不期然而然的内心体验的自由抒发。这种下意识的“跑题”，是记忆变形和想象赋形的呈现，教师不应该去阻止，更不能斥责，相反，应让他们把自己想说的充分说出来。遗憾的是，言语天才们的言语生命的嫩芽，大多就是在教师不经意的、善意的规训中被掐断了。

因此，我不赞成在阅读反应上对学生做统一要求。以往从小学开始就要求学生在阅读作品之后，一律按原样“复述”出来，这是很荒谬的事，是把人当作录音机了。如果有的学生按原样复述，连细节都没有遗漏，这自然很好（好在记忆力强）；有的学生作概要的复述，省去了很多次要的内容，也很好（好在能筛选信息）；有的学生作添油加醋的发挥，说得几乎面目全非，也同样很好（好在想象力强、心灵自由）。人的言语思维和潜能是不一样的，对阅读内容有不同的反应是正常的，应该顺应言语生命的自然欲求，鼓励他们把自己的优势尽量展示出来，这才是教育应该做的。千万不要对不同的学生作同样的要求。双胞胎发展还不一样，有什么理由要使智力和才能差异很大的孩子们的阅读反应相同？尤其是文学作品的阅读，本质上就是一种误读，就是一种再创造。如果只会依样画葫芦，那是没有文学才情的表现。反之，则表明了有文学天赋。

伽达默尔所揭示的文学解读的特性，也说明了想象性误读的正当性。他说：

> 当我们想到预言的模糊性时，我们发现某种类似的东西。与解释领域相比，它更多地从属于相关性领域。……作为人，我们从本质上卷入了去解释这一模糊性的意义之冲动中。
>
> 诗歌语词也分享了这种模糊性。诗歌语言确实是神话式的，这就是说它不要求来自它自身之外的任何东西的信息。诗歌语言的模糊性回应了整个人类生活的模糊性，它的价值就在这里。一切对诗歌语言的解释

---

① 邹文清：《何来的“胡说”呢》，载《福建教育》B版，2004年第6期。

只是解释诗歌已经解释了的东西。诗歌为我们解释出来和指明的东西当然不同于诗人所意指的东西。诗人所意指的东西决不优越于别的任何人所意指的东西。作诗不在于意指别的某种东西。它只在于这一事实：被意指和被说的东西存在于诗歌中。提供出来的解释像诗歌本身所模糊地暗示的那样，更多地与诗歌的存在相连。所有解释都参与诗歌的存在。正如诗歌通过在某个给予方向上指引我们而暗示出一种意义那样，诗歌的解释者也指明一个给予的方向。很明显，解释的语言不应该假定一个它自身指向的场所。一种试图这样去做的解释令我们想到一条狗，当我们试图对它指出某种东西时，它总是转向指引的手而不去看我们试图显示给它的东西。

当解释发生在创造的范围内时，情形似乎恰好相同。诗歌陈述的本质正在于它也包含一种指向自身之外的要素。那种把一个审美性质层次赋予诗歌陈述的表达艺术和技巧，可以成为审美反思的对象。但是，这种艺术真正存在于这样的事实中：它指向自身之外而让我们看到诗人正谈到的东西。从而，不管是诗人还是解释者都不具有任何特权。每当我们在真正的诗歌之存在中发现了我们自己时，它总是既超出了诗人也超出了解释者。它们两者都追求一种意义，这种意义指向一个开放领域。所以，像解释者一样，诗人必须清楚地意识到他自己所意指的东西并不享有任何特权。如果诗歌是成功的，诗人自己的自我概念或意识倾向就被多种可能的反省性自我理解所引导，并且非常不同于它真正实现的东西。①

伽达默尔指明了诗歌和诗歌的解释者（读者）所指示的意义方向不是一致的，二者是分道扬镳的。原因就在于诗歌实质上包含指向了自身之外的要素，就是这种要素，使读者得以有新的意义的产生。可见，学生在复述作品时所做的创造性复呈，是和文学性的内在要求不谋而合的。朱光潜先生直截了当地指出："读诗就是再做诗，一首诗的生命不是作者一个人所能维持住，也要读者帮忙才行。读者的想象和感情是生生不息的，一首诗的生命也是生生不息，它并非是一成不变的。一切艺术作品都是如此，没有创造就不能欣

---

① ［德］伽达默尔著，严平编选，邓安庆译：《伽达默尔集》，上海远东出版社 1997 年版，第 500～501 页。

赏。”[①] 这就在人、人类生命与文学作品生命的深层次上，在时间与存在上，揭示出了二者的内在关系。

因此，语文教师应该深刻领会文学作品模糊、开放、外向的审美特点与人言语生命自发的联想、想象、创造潜能的对应关系，重建阅读观念，把文学作品的阅读视为一种再创造：读小说，就是对原小说的再创作；读诗歌就是再作诗；读寓言就是再编寓言……这个过程，也是对言语生命文学潜能的激活过程。作为表现-存在论阅读，应大量地进行这一类的练习。尽量不设置什么规则、要求，让学生在读过作品以后便进入自由创造的世界，用说或写，用自己喜欢的体裁和方式，表达自己对作品的独特的感受，进行再创作，让学生去尽情地“胡编乱造”“狗尾续貂”“张冠李戴”——从幼稚到成熟，这是言语生命成长的必由之路。不应因其误读的“荒谬”，而打断、阻断了其自然发展的进程。

在阅读教学中，原来就有扩写、改写、缩写、续写等练习形式，我们所说的再创造性的误读有别于此。原来作的这些练习，是在文本中心、作品意义中心旗帜下的小创造，而我们所要求的则是“移心”主义的“偷梁换柱”、脱胎换骨的大创造，其精神是解构主义的误读，就是给学生更大的自由创新的空间，使学生的文学潜能最大限度地得以发挥。它可以与原作相似，也可以相异；可以殊途同归，也可以背道而驰；可以若即若离，也可以天马行空、鹏飞万里。从某种意义上说，对原作或“原意”改变得越离奇、超脱越好。因为，这种改变，骨子里是批判和超越，表明了作者有强烈的言说欲和表现欲，不受先入之见的约束，能保持独立清醒的言语品格。

没有误读，就没有创造。没有洞彻别致的误读，就既没有虚构文学的创造，也没有理论思维的标新立异。

有人说，王国维评论《红楼梦》，他把《红楼梦》呈现的悲剧视界与他由康德、叔本华的悲剧理论武装起来的视界结构起来，对《红楼梦》的伦理精神和美学精神进行了总体把握，形成了一种他关于《红楼梦》的“视界融合”，尽管它是“误读中的批评新视景”，但是他是中国 20 世纪最早的较为成功的一种“视界融合”[②]。为什么而今中国文论界“王国维”不再？斗胆说一

---

① 朱光潜：《朱光潜美学文集》第一卷，上海文艺出版社 1982 年版，第 497 页。

② 参见张首映：《西方二十世纪文论史》，北京大学出版社 1999 年版，第 249～250 页。

句，正是由于中国文论界对西方文论的误读“误”得还不够。没有“误”，也就不能“悟”，潜意识里还是西方中心主义、“逻各斯”中心主义，而且对西方和中方的文论缺乏融会贯通，所以，就只能患得患失、懵懵懂懂地跟着西方文论的文本和概念体系亦步亦趋，没能建构起以中国本土文论为本的当代中国文论（也是“世界”的）。他们所做的努力，往往显得浅薄而破绽百出。

误读，是一种聪明，或者说，所谓的误读，恰恰包含了本质上的正读。它是无中生有、歪打正着的欲擒故纵。请看哲学家冯友兰先生从“子曰：知者乐水，仁者乐山；知者动，仁者静；知者乐，仁者寿”① 这句话中，读出了古代中国哲人和古代希腊哲人的什么不同：

> 中国是大陆国家。古代中国人以为，他们的国土就是世界。汉语中有两个词语都可以译成“世界”。一个是“天下”，另一个是“四海之内”。海洋国家的人，如希腊人，也许不能理解这几个词语竟然是同义的。但是这种事就发生在汉语里，而且是不无道理的。
>
> 从孔子的时代到上世纪末，中国思想家没有一个人有过到公海冒险的经历。如果我们用现代标准看距离，孔子、孟子住的地方离海都不远，可是《论语》中孔子只有一次提到海。他的话是：“道不行，乘桴浮于海。从我者，其由与?”仲由是孔子的弟子，以有勇闻名。据说仲由听了这句话很高兴。只是他的过分热心并没有博得孔子的喜欢，孔子却说：“由也好勇过我，无所取材。”
>
> 孟子提到海的话，同样也简短。他说：“观于海者难为水，游于圣人之门者难为言。”孟子一点也不比孔子强，孔子也仅仅想到“浮于海”。生活在海洋国家而周游各岛的苏格拉底、柏拉图、亚里士多德该是多么不同!②

谁也不会从“知者乐水，仁者乐山……”这么一句话想到古代中国哲人（仁者）和古希腊哲人（知者）所处的地理环境不同，不会从《论语》和《孟子》中各提到一次海，想到孔子、孟子都没有出过海，一直到“上世纪末”中国思想家没有一个人有过到公海冒险的经历，更不会想到这种大陆性环境和海洋性环境对他们的世界观和哲学思维有什么影响。孔子所谓的“知者”和对“知者”的议论自然讲的不是古希腊的哲人，孔子和孟子不经意间提到

---

① 《论语·雍也》。

② 冯友兰：《中国哲学简史》，北京大学出版社 1996 年版，第 14～15 页。

了“海”，并不是为了表明自己是生活在一个大陆国家里，因而视野是较为封闭、受限的。但是，孔子和孟子以及中国的古代哲人，他们的哲学思维的确是没有多少开放性的“海洋意识”和冒险精神，这种“大陆思维”，和经常周游各岛的古希腊哲人“海洋思维”的差别，是确确实实存在的，你能说冯友兰先生“牵强附会”的误读不是一种言语智慧吗？

不少“有意思”、有见解的文章，就是由误读而来的。下面这则关于“知识分子写作”的误读，显然也“误”得有道理：

“知识分子写作”，这是前两年在一个诗歌圈子里的专用术语，用来表明一个群体的写作姿态。也许圈子内的人知道其含义，但如果稍稍圈子外一点，就拿我来说吧，我就产生过许多的误读——

误读之一，这是有知识的知识分子写的作品，不是口述的由别人整理的民间作品，更不是首长讲话由秘书起草的官方文书，是知识分子亲自动笔，自己独立完成。

这肯定是误读，因为文学作品不能由别人代写的，文学作品的作者也都是知识分子完成的，特别在今天。过去常说的知识分子之外的“民间文学”是指街头巷尾的市井流传，也是指乡野村姑的口头讲唱，现在都不存在了。酒楼茶肆行吟的歌手，手机电脑上传发的小段子，虽有民间色彩，其实原创者也是文化高高低低、知识大大小小的受过正规教育的一分子。当然，也许是区别于“官方文书”，比方说“民间写作”也是一个口号，这比较明了，一是指写作者是“体制外”人士，自由职业；二是指写作姿态是民间立场，不是只听领导的，专门和老百姓想到一起。标榜这个口号的，有的是前者，有的是后者，有的两者都不是，偏要这么说。这些都可以理解，比知识分子写作要通俗些。

误读之二，知识分子写作是学院派写作，写作者多是学院里的人士，或者是以学院派为主要表现的写作。这理解也许有一半正确，因为在知识分子写作圈子中，有一部分是学院里的教授讲师。但肯定这种解释有误，因为我知道在这圈子里，也有不是学院的，甚至与大学关系不大的人。

这肯定是误读，大学作为学术中心，向来把做学问当作正儿八经的主业，把搞创作当作旁门左道，或者是“不务正业”。对于搞诗歌理论者而言，学院派是正道；要说搞诗歌创作，出个学院派恐怕就难了。当然，这是老观念，“新新学院派”就另说。

误读之三，知识分子写作是真理性写作。高尔基对知识分子有一个定义：“是在每一分钟都在准备挺身而出的不惜以生命为代价捍卫真理的人。”这很了不起，如果是搞哲学的一个派别叫这个名字，就知道这是很认真的一群献身者。但写诗歌的人，真想用这个定义来表明“真理在我手上”，有点过线了。写诗，讲究有真情，但有真情不等于有真理，写诗在讲道理，而且是真理，那就不是写诗，是在上哲学课了。

这肯定是我的另一个误读，何况高尔基说过这句话没有，也不一定。据说是个叫夏里亚宾的歌唱家转述的。没办法考证。

误读之四，知识分子写作是皮毛写作。有个伟人说过，知识分子是毛，要附在一张皮上。知识分子写作就是“没附上皮的毛”写作，简称皮毛写作。

这肯定是一种误读，如果是王朔说的，我信，他喜欢这样调侃自己，更喜欢这样调侃知识分子。

误读之五，据有关人士指出，知识分子这个词是从俄语转写的，中国最早据音译为外来词“印贴利根追亚”，表意知识分子，大概太拗口，没像布尔乔亚、英特那雄耐尔这些词高速流传下来。这个俄文词也是在1907年才进入英文辞库，语意是“专指俄国民粹派到民间去唤醒民众的那一群可爱的智者，引申为有教养并且对平民百姓富于同情心的读书人”。也许“知识分子写作”正是表明这样一种俄罗斯十二月党人式的热爱民间立场的写作姿态。

当我正为我的这种认真考证的初步成果而自我陶醉时，“知识分子写作”和“民间写作”两个诗歌群体中的某些诗人，爆发了口水大战。阵线的双方都有我尊敬的诗人，当然，我也发现其中有些什么也不是的起哄者。面对这个阵式，我只好承认，我的解读肯定也是一种误读。在这场口水战中，我曾对正在北京大学进修的诗人朋友杨克说：“你是民间写作立场《诗歌年鉴》的创办人，又是官方公务员系列的处级干部，现在又是知识分子写作大本营的访问学者。民间立场加上官方身份再加上知识分子写作，你到底是谁?”他笑了。

从事多年的诗歌创作实践和诗歌研究工作，试图对“知识分子写作”这个定义做出准确的定义，是我最失败的一次研究。当然，我感觉到他们要表明什么，如同感觉到一首现代诗的意味，只是说不出来。①

这就是“智性”的误读。作者就是有意识地用误读来消解正读，一点一点地读出“知识分子写作”的荒谬性，把所谓“知识分子写作”的“意义”给蚕食、吞噬殆尽。“知识分子写作”在作者煞有介事的笑谑中被撕为碎片，灰飞烟灭。“知识分子写作”充满了自相矛盾，什么也不是，这便是本质上的正读。当然，这不是思想的尽头，究竟有没有“知识分子写作”，前面等待着的也许是对误读的误读。唯有不断地误读，不断地进行理论的“探险”，才有可能达到更深层次本质上的正读。

我以为，“灵性”的误读，是属于作家的；“智性”的误读，是属于学者的。作家和学者都是误读出来的。误读，是言语生命灵性和智性的高翔。未来的作家和学者，都是从误读开始他们的言语人生的初航。语文教师在阅读和写作教学中，应满怀热忱地迎候从孩子的明眸中闪射出的匪夷所思的奇思异想，从他们的口中和笔下冒出的一派“胡言乱语”。

① 叶延滨：《我对“知识分子写作”的多次误读》，载《文学自由谈》，2003 年第 2 期。

表现-存在论阅读拒绝人云亦云，归根结底是创造性误读。有自我才有误读，有误读才有写作。

第十章 | 阅读：为言语生命的化育和创造奠基（下）

这世界上提倡读书的人太多，思考为什么读书的人太少。喜欢开书目的太多，思考怎么读才有益的人太少。这很有趣，也发人深省。大腕名师往往以“劝读”为己任，仿佛只要将“读书量”搞上去就万事大吉了。

其实，打开《荀子·劝学》就知道“开卷有益”这件事水挺深的。历代吊死在读书这棵树上的人不在少数，盲目“劝读”跟这脱不了干系。因此，不妨先搞清楚“为什么读”，然后再“劝读”。

历来阅读教学目标，以至每一堂阅读课的教学目标（包括重点、难点等），大多定位在“读懂”“理解”上，这至少是片面、肤浅的。阅读是手段，写作——言语、精神创造才是目的，培养写作素养才是目的。“表现-存在论”阅读教学，以致整个语文教学，都应以培养写作素养为目的。在这个目的下的阅读（听、说），才是有效阅读（听、说）。

叶圣陶先生说：“阅读是写作的基础。”他所说的“基础”，主要指的是可以从中学习写作技能。这一理解是偏颇的。写作的基础要宽阔得多。阅读要成为真正写作的基础，就要培育全面的写作素养。停留于理解或吸收，即文本的解读、欣赏，如果没有与特定的写作素养发生关联，或停留于写作技能（技术）的学习、迁移上，缺乏全面的写作智能、非智能素养的培育，在这样的阅读“基础”上是建不起写作之殿堂的。

古往今来，许多人不了解这一点，止步于“读懂”文本，虽学富五车，却一无建树，一不小心还可能读成孔乙己，毁了一生尚不自知。多读、细读，未必有益：可开心智，也可蔽心智。开卷受害的一点不比开卷受益的人少。同样，只从读中做技术性摹仿，忽视写作智慧的开发、培育，也是不可能获得写作上成就的。教师对此要有清醒的觉悟。一定要先弄清楚为什么读、读什么，才知道该怎么读。

写作，是阅读之花、果。只长枝叶，没有花果的阅读，虽多何益？阅读教学的目标不在阅读本身，而在写作；这就跟登山的目标不是登山，而是锻炼身体、磨炼意志一样。目标要是错了，行为一定就是蛮干。

今天许多学界闻达重视阅读，倡导多读、细读，看似好事，但如果不明白为什么读，要读出什么，可能读还不如未读。大约没人登山是为了送命，但登山送命的人还少吗？读书读傻、读废了，就像登山未果白送命一样。因此，弄清楚为什么读，给读者做正确的身份定位，认准应培养作为审视者、批判者、表现者的读者，至关重要，千万别糟蹋、窒息了稚嫩的言语生命。

在为写作的阅读教学中，首先要确立的是“言语生命意识是写作的第一生产力”的理念。以“动机优先”为指导思想，以培育“言语生命意识”为主线，阅读教学须注重唤醒、激发学生言说欲、自我表现欲、自我实现欲。只有最终确立了“我写故我在”的言语生命动力学表现-存在论的价值观，有效地激活、培育、发展、发挥相关的写作素养，其言语潜能、才情、抱负等才能最大限度地得以施展。

作为语文教学基本内容的阅读课，其教学目标是写作，不是阅读。在语文教法层面要确立的理念便是：为写而学，为写而教。阅读教学只有与培育写作素养的具体目标对接，才是有效的“表现-存在本位”阅读。

一　作为审视者、批判者、表现者的读者

阅读要追求“量”，尤须追求“质”。追求“质”不是读得越细越深就越好，而是要追求如何才能读成“作者”。站在此一立场，去向作者、文本请益，与其对话，在这一过程中进行自我建构，自我重塑，这才是高质阅读应取的态度。

从培养“写作者”“立言者”出发，阅读教学首先需要调整的是作为读者的身份定位。是被动占有的阅读，还是主动存在的阅读，这是必须做出的选

择。无疑，我们需要的是后者。

在语文教学中，读的大多是优秀作品。面对名人名篇，也许最要紧的不是你是否具备品评、批判的眼光、误读的机智，而是你是否具有与作者对话、挑战权威的勇气与习惯。如果没有，读也白读。如何阅读，不单是技术问题，也不仅是智力问题，似乎可归入言语人格品位、精神生活方式的讨论范畴。这里首先是如何做一个具有独立精神人格的读者的问题。端正阅读态度、重建阅读观念至关重要。

过去的阅读教学，作为阅读主体的教师和学生是“不在场”的。他们连“欣赏者”都不是，因为，离了教材、教参就不会欣赏。他们大多只是作为被动的接受者、理解者、领会者，教学中对文本的阐释，不是师生自己的理解，也不允许有自己的理解，大多是作为主流阐释观的传声筒。其中最好的教师，充其量也只是作为欣赏者，能说出一些自己的感受，只对文本极尽赞美之能事。

表现-存在论阅读教学，应彰显读者言语生命的在场，阅读主体思想的存在。教师应着力培养的不是被动的接受者、理解者、领会者，而是作为审视者、批判者、表现者，不能与作者、文本对话，不会审视、批判、表现，就不会阅读。这与其说是方法上的要求，不如说是言语心态、意识、个性上的调适与重构。

所谓审视者，就是读者取一种与作者、文本对话的姿态，对文章的优点（特点）、缺点，做出品评。一般所谓的好作品，如中学教材中的选文，多数优点多，缺点少，在阅读和阅读教学中关注所有的优点，而不是作品中有个性特点的优点，这不能算是审视者。文章的特点，是指优点最突出之所在，最具作者个人风格和创造性的地方，与同类文章比，该作品最不寻常的地方。发现文章优点不难，随便就能说出一串；发现特点就比较难，必须从优点中去仔细辨析什么才是作者的独创，什么只是一般的优点。严格说来，有优点或优点很多的文章，不一定是好文章，有特点的文章才能称为好文章（也不是所有有特点的文章都是好文章，如果缺点很多的话）。今天大量所谓的好文章，就是属于有优点没特点的一类。

在阅读教学中，读一组题材类似的文章，关键是要找到各篇文章的特点。一般来说，特点即最有价值的优点。这可以通过比较来认识。如读了一组以“春天”为题材的文章，可以作下面这样的“审视”：

感受独特的自我

（一）朱自清先生的《春》和林斤澜先生的《春风》，描写的春景都很细腻、生动，你能说说自己更喜欢哪一篇吗？请想想：

1. 林斤澜先生是写春风还是写春天？他写出春天了吗？

2. 写春天，把春天的景物一一描写出来好呢，还是只写最“不一样”的某一种景物好呢？

3. 林斤澜先生为什么单挑春风来写，而不写春雨、春花或春水呢？

4. 林斤澜先生笔下北京的春风与你家乡的春风一样吗？你家乡的春风是怎样的？

5. 林斤澜先生的春天的感觉与你以往对春天的感觉，有什么不同？林先生写的春天和你曾经写过的春天又有什么不同？

6. 如果现在请你写家乡的春天，你会挑选什么来表现呢？

7. 本单元诗文中的作者感受到的春天，有哪些是你不曾感觉或表现过的，对你的写作有什么启发？

把思考的心得写下来，就是一篇“读书笔记”。

（二）

讨论一：

某小学曾以《春天》为题请学生作文，同学们大多以赞美春天为主题，有一位同学却这样写：“春天细菌繁殖旺盛，夏季蚊虫都在这时滋生；春天易流行感冒；春天雨淅淅沥沥下个不停，很烦人，像个爱哭的小姑娘总也止不住；春天冷热不均，忽冷忽热……”作文交到老师那儿，老师批评说：“有的同学不停地在作文中写春天不好，是不听老师讲解，胡思乱想，跑了题的结果。古往今来，文人们都夸春天好，说春天不好是动错了脑筋。”（参见张双武：《武汉：作文故事引发教育观念大讨论》，载《中国青年报》2002 年 5 月 31 日）这位同学真是“动错了脑筋”吗？请结合本单元或你读过的其他关于春天的诗文给他们评评理。如果有几种不同的观点，那就好好准备一下，在班上开个讨论会。

讨论二：

讨论题：《故乡的野菜》作者的感受是不是很有特点？这篇文章有什么缺点？有什么地方写得不够充分？

故乡的野菜①

宋小燕

整天生活在校园里，可那份存留于心底的“野菜”情愫，并未因身居高楼而泯灭。我常常驻足于校园的无名花木下，渴望像小时候一样，提着篮子走在田野间，快乐地接纳风的亲吻，随意地哼着歌，或是轻轻地笑几声……可到处是高楼、小汽车，没有田野，更没有我日思夜念的野菜！一天，和几个同学去市场上闲逛，一眼便看见摊床上洗得干干净净码得整整齐齐的野菜，什么都有：荠菜、柳蒿菜、河芹菜……我恋恋不舍地望着，久久不肯离去。

也许长年读书在外，很难回家一次，对于老家的山山水水，只能在夜阑人静时细细勾勒。每逢春天到了，野菜便时时牵动我的乡魂，前几天，学校放了几天假，心想故乡的野菜也该出土了，我带着对野菜的思念回家。母亲知道我在外生活过得节俭，忙里忙外地想为我做点好吃的。我说：“妈，别忙了，我只想吃野菜……”母亲怔住了。

我拎上篮子走在田野间，远处，有几个孩子在草地上奔跑，而我却只身一人，没有伙伴的嬉戏，竟再也找不到童年的乐趣了。

晚饭时，母亲端上了洗得干干净净、做得香喷喷的野菜，我小心翼翼地夹起一根，还没放到嘴边，泪便涌出来，童年的一幕幕在脑海涌现，原来，日子是这么的不禁过。

几年来离家求学，虽能识文断字，却淡漠了周围的一切。生活就是这样，一方面努力向前，另一方面又在追忆过去，然后，再沉入一种回忆，体验到许多无奈，以及丝丝缕缕的失落与伤感；才知道，长大了，学会了迁就生活，也学会了迁就自己。

童年挖野菜的情形已逝去近十个年头了，也曾为此而抱怨

① 选自王浴海主编：《作文演练范例》，黑龙江人民出版社2000年版，第228页，略有删改。

过生活的匆忙、雷同和碌碌无为，然而一想到野菜，便会想起童年的艰难和快乐，心胸也便豁达起来。

久违了，故乡的野菜。

有兴趣的同学可将此篇作文，加以修改，然后互相比较，看看是否特点更鲜明了。

（三）

不同地域的春天是不一样的。在本单元中，林斤澜的《春风》写的是地处北方的北京的春天，杜牧的《江南春绝句》写的是南方的春天；辛弃疾的《鹧鸪天》写的是乡村的春天，杜甫的《春夜喜雨》写的是夜晚的春天，叶绍翁《游园不值》写的是对于庭园中的春天的发现。作者在表现各个地域不同的春景的同时，还借此表现人的某种特殊的心情，这就是触景生情、即景抒情。叶绍翁的《游园不值》，有叙事，有写景，但不论是叙事还是写景都隐含着作者彼时彼地的心情：既写出了“小扣柴扉久不开”的失望，又写出了看到“一枝红杏出墙来”的欣喜。

你能够写一写寄寓自己和别人不一样的感情的春天吗？或者另外自拟题目来写。

只要将朱自清先生的《春》和林斤澜先生的《春风》这两篇文章摆在一起，就会发现前者属于有优点没特点的文章，而后者属于有特点有个性的文章：

春①

朱自清

盼望着，盼望着，东风来了，春天的脚步近了。

一切都象刚睡醒的样子，欣欣然张开了眼。山润朗起来了，水涨起来了，太阳的脸红起来了。

小草偷偷地从土里钻出来，嫩嫩的，绿绿的。园子里，田野里，瞧去，一大片一大片满是的。坐着，躺着，打两个滚，踢几脚球，赛几趟跑，捉几回迷藏。风悄悄的，草绵软软的。

桃树，杏树，梨树，你不让我，我不让你，都开满了花赶趟儿。红

① 选自陈孝全、刘泰隆著：《朱自清作品欣赏》，广西人民出版社，第72～73页。

的象火，粉的象霞，白的象雪。花里带着甜味；闭了眼，树上仿佛已经满是桃儿、杏儿、梨儿！花下成千成百的蜜蜂嗡嗡地闹着，大小的蝴蝶飞来飞去。野花遍地是：杂样儿，有名字的，没名字的，散在草丛里象眼睛，象星星，还眨呀眨的。

“吹面不寒杨柳风”，不错的，象母亲的手抚摸着你。风里带来些新翻的泥土的气息，混着青草味，还有各种花的香，都在微微润湿的空气里酝酿。鸟儿将巢安在繁花嫩叶当中，高兴起来了，呼朋引伴地卖弄清脆的喉咙，唱出宛转的曲子，跟轻风流水应和着。牛背上牧童的短笛，这时候也成天在嘹亮地响着。

雨是最寻常的，一下就是三两天。可别恼。看，象牛毛，象花针，象细丝，密密地斜织着，人家屋顶上全笼着一层薄烟。树叶子却绿得发亮，小草儿也青得逼你的眼。傍晚时候，上灯了，一点点黄晕的光，烘托出一片安静而和平的夜。乡下，小路上，石桥边，有撑起伞慢慢走着的人；在去地里工作的农夫，披着蓑戴着笠。他们的草屋，稀稀疏疏的在雨里静默着。

天上风筝渐渐多了，地上孩子也多了。城里乡下，家家户户，老老小小，他们也赶趟儿似的，一个个都出来了。舒活舒活筋骨，抖擞抖擞精神，各做各的一份儿事去。“一年之计在于春”，刚起头儿，有的是工夫，有的是希望。

春天象刚落地的娃娃，从头到脚都是新的，它生长着。

春天象小姑娘，花枝招展的，笑着，走着。

春天象健壮的青年，有铁一般的胳膊和腰脚，他领着我们上前去。

春　风①

林斤澜

北京人说：“春脖子短。”南方来的人觉着这个“脖子”有名无实，冬天刚过去，夏天就来到眼前了。

最激烈的意见是：“哪里会有什么春天，只见起风、起风，成天刮土、刮土，眼睛也睁不开，桌子一天擦一百遍……”

---

① 选自《舞伎》，浙江文艺出版社1988年版。

其实，意见里说的景象，不冬不夏，还得承认是春天。不过不像南方的春天，那也的确。褒贬起来着重于春风。也有道理。

起初，我也怀念江南的春天，“暮春三月，江南草长，杂花生树，群莺乱飞。”这样的名句是些老窖名酒，是色香味俱全的。这四句里没有提到风，风原是看不见的，又无所不在的。江南的春风抚摸大地，像柳丝的飘拂；体贴万物，像细雨的滋润。这才草长，花开，莺飞……

北京的春风真就是刮土吗？后来我有了别样的体会，那是下乡的好处。

我在京西的大山里、京东的山边上，曾数度“春脖子”。背阴的岩下，积雪不管立春、春分，只管冷森森的，没有开化的意思。是潭、是溪、是井台还是泉边，凡带水的地方，都坚持着冰块、冰砚、冰溜、冰碴……一夜之间，春风来了。忽然，从塞外的苍苍草原、莽莽沙漠，滚滚而来。从关外扑过山头，漫过山梁，插山沟，灌山口，呜呜吹号，哄哄呼啸，飞沙走石，扑在窗户上，撒拉撒拉，扑在人脸上，如无数的针扎。

轰的一声，是哪里的河冰开裂吧。嘎的一声，是碗口大的病枝刮折了。有天夜间，我住的石头房子的木头架子，格拉拉、格拉拉响起来，晃起来、仿佛冬眠惊醒，伸懒腰，动弹胳臂腿，浑身关节挨个儿格拉拉、格拉拉地松动。

麦苗在霜冻里返青了，山桃在积雪里鼓苞了。清早，着大靰鞋，穿老羊皮背心，使荆条背篓，背带冰碴的羊粪，绕山嘴，上山梁，爬高高的梯田，春风呼哧呼哧地帮助呼哧呼哧的人们，把粪肥抛撒匀净。好不痛快人也。

北国的山民，喜欢力大无穷的好汉。到喜欢得不行时，连捎带来的粗暴也只觉着解气。要不，请想想，柳丝飘拂般的抚摸，细雨滋润般的体贴，又怎么过草原，走沙漠，扑山梁？又怎么踢打得开千里冰封和遍地赖着不走的霜雪？

如果我回到江南，老是乍暖还寒，最难将息，老是牛角淡淡的阳光，牛尾蒙蒙的阴雨，整天好比穿着湿布衫，墙角落里发霉，长蘑菇，有死耗子味儿。

能不怀念北国的春风！

一九八〇年四月

一般的学生、马虎的读者可能一下子还难以辨别。从表面看，《春》的语言形象细腻，对春天景物的描摹细致入微，风、山、水、树、草、风筝……把春天的各种景物特征巨细无遗都讲个遍，文字很优美，看起来很舒服，读起来口感也不错——它的优点也就是它的缺点，它太缺乏个人的感受了。作者所看到的春天，只是一般人都感觉到的一个生机勃勃的春天，是一个自然节候的春天："春天像刚落地的娃娃，从头到脚都是新的，它生长着。春天像小姑娘，花枝招展的，笑着，走着。春天像健壮的青年，有铁一般的胳膊和腰脚，领着我们上前去。"说了那么多，一点也没有特别动人之处，没能给人留下什么特别强烈的印象，他的"个人"感受是大众化的。朱先生是用写说明文的感知方式来写散文《春》的。

林斤澜先生的《春风》，写的也是春天，但是他不写春天的全部的表现，只选择春风来写，因为，春风最能体现北京的春天，这一选择的本身就是个人化的创造。开头："北京人说：'春脖子短。'"就一语道出了北京春天的特点。他与朱先生的巨细无遗形成鲜明的反差：别的一概不写，只写北京的春风，因为这春风便是北京春天的象征，是北京春天的性格，是北国人民所喜欢的力大无穷的好汉的性格。他不是一般的写春风，先突出地表现春风"刮土"的负面特征，再猛然转向，写这"刮土"的春风那无坚不摧的气势，狂野、粗暴得惹人喜爱的个性，这种感受就很别致，不是一般的北京人感受得到的。他表现春风的语言，也跟北京的春风一样有劲："……忽然，从塞外的苍苍草原、莽莽沙漠，滚滚而来。从关外扑过山头，漫过山梁，插山沟，灌山口，呜呜吹号，哄哄呼啸，飞沙走石，扑在窗户上，撒拉撒拉，扑在人脸上，如无数的针扎。"摧枯拉朽、刚劲利落、痛快淋漓，自成一格，让人耳目一新，读后，你会不由得不和作者一起击节慨叹："能不怀念北国的春风！"

经过这样的比较，学生会意识到好的散文需要作者的独特感受。学生体悟到了什么是一般化的文章，什么是有特点的好文章。所谓有特点，就是林斤澜先生说的"别样的体会"。学生读文时，就会注意去辨析文章是否有作者的"别样的体会"，即便是名家名篇也不能迷信。联系以往自己写的关于春天的文章，他们就会有一点感触，会有所检讨，明白了文字再优美也算不得好文章，努力去寻找自己的"别样的体会"。

设计的两个讨论内容，可以合在一起完成。前面思考的是两篇名家的作品，可能会有距离感，再选择学生自己写作的作品，通过讨论，对什么是自己的感受和什么是有特点，再作进一步领悟。“讨论一”，目的是“解蔽”。写春天，本该是什么感受都可以写，那位学生感受到的春天“很烦人，像个爱哭的小姑娘”，其实是很可贵的发现、很有个性特点，可那位老师却批评说是“胡思乱想，跑了题”，并为春天提供了一个自认为“正确”的写作主题，否定了学生的有特点的感受。通过讨论，打破这种思维定势，学生才能获得心灵的自由，自己心目中的春天才能无拘束地表现出来。“讨论二”，是对一篇学生写的较有特点的文章进行审视，林斤澜先生的《春风》写得太好了，同学们学习起来可能难度太大，提供学生自己写的文章作为例文，对他们将要进行的写作可能有更为直接的借鉴作用，这篇文章写的春天就是“那份存留于心底的‘野菜’情愫”，作者心目中的春天是跟野菜联系在一起的，就跟林斤澜先生选择写“春风”一样。这位作者选择写“野菜”情愫，也很有特点。它的缺点是没有写出为什么对野菜情有独钟，没有很好地再现童年的情绪记忆。

经过这样诱导性的思考和练习，请学生写春天，至少他们不会仅仅停留在写春暖花开、万物欣欣向荣……他们会考虑自己家乡的春天最有特点的象征是什么，自己曾有过什么“不一样”的感受，该选择什么来写，千万不要写得一般化。写点别的景物，也会注意去筛选对象的特点，写自己与众不同的内心体验。

能找出文章的特点还不够，还要能从好文章中发现它的缺点或不足，才能算是一个审视者，如果还能对作品的缺点进行挑剔和批评，尤其是能对名家名作进行证伪或反驳，批判或否定，就从普通的审视者前进了一步，成了一个批判者。优秀的作品，一般来说缺点总是比较少的，同时，不少读者对一些著名作者心怀敬畏，对他们的作品进行批评存在心理障碍，因此，要在优秀的作品中发现缺点并加以批评，就不是很容易——但很重要。作为批判者，才能推动认知的发展，彰显出存在的言语生命的价值。

当你捧读一篇文章的时候，或面对一种言语行为的时候，作者是谁，是名人权威还是平民百姓，这可以视而不见；但是，写得怎样，要瞪大眼睛，从鸡蛋里头挑骨头。或者说，越是名人权威之作或公认的名篇巨制，越要擦亮眼睛，以免受蔽。只有去蔽，文本才能在你的面前敞开，才能有所发现，才有充满智慧的误读。

流沙河先生对金庸先生书写对联一事作这样的审视和批判：

……少年时习五四新文学，老来无聊，学着弄弄诗词对联，往往破坏格律，误用声韵，不懂平仄，闹些笑话，十年前对对联，师心自用，不守规矩，何满子先生不点名批评过了。犯规矩的根源，皆因胸中横亘一块愚蠢的自满，小看了这玩艺儿。后来虚心问学，才慢慢入门了。写得说不上哪点好，只是错误少了。

偶然发现武侠小说家金庸先生正在犯我十年前的错误，尚不自知。谨遵守“君子爱人以德”的原则。贡献一点浅见，供他采择。我虽不读武侠小说，也尊重他。

金庸先生 2003 年 11 月 23 日上午，带着三个研究生，光临浙江嘉兴金庸图书馆，题写了匾牌“嘉兴学院金庸研究所”。学院拟好一幅门联，敬请书字。金庸弃而不用，自撰一联书之。事见嘉兴《秀州书局简讯·169 期》。联云：

嘉德育英九十载（平仄仄平仄仄仄）

兴学培才二万人（平仄平平仄仄平）

七字联内竟有五字平仄对不起。退一步说，一三五不论吧，仍有三字关键处对不起。词义方面，“培才”就是“育英”，意思雷同，正如“开饭”之于“用餐”，岂能成对？硬把复句结构“培育英才”掰成两块作对，腹笥也太贫俭了吧？

对联挂在门口，鼓舞莘莘学子，自宜面向未来，拓开意境，阐明道理。金庸却写成了总结报告：九十年内毕业学生两万。既无可供涵泳的意境，亦无能给咀嚼的道理，太浅白，太枯燥，一幅拙联。嘉兴我去过，知晓那里原是人文荟萃之乡，历史文化根深源远，慧心亮眼之人甚多，能诗擅文之客不少。如此言尽意穷刻板寡趣之联，挂在堂堂学府门口，不怕招来嗤笑？何况院方拟有对联，金庸来者是客，也该尊重主人，恭谨书字才是。再说，从命书字，正好藏拙，顺着梯子下楼，哪点不好。他偏要去逞能，在他擅长的武侠小说领地外，乱出笨招，急当箭靶。就假设他藏了拙联，仍然藏不住拙字。他的墨宝鄙人也拜读过，实在不敢恭维。旧社会的官僚都能写几笔字，然敢于书联写匾者不多。多的是请书法家代笔，尚知有所敬畏，不像今之官人和名人那样胆大，总想张扬自我（之丑）。①

---

① 流沙河：《小挑金庸》，载《文汇读书周报》2004 年 1 月 23 日。

对某些名家名篇的批评，对学生阅读心态、意识的培养很有好处，其作用要远远大于现在大多数教师所做的对名家名篇的一味称颂。阅读，不只是为了解读或欣赏，也是一个发现错误和问题的过程。这是一种从错误和问题中学习的过程，应该像流沙河先生那样学会挑毛病，挑文本的毛病、作者的毛病。流沙河先生已是高龄长者，却不媚雅，对金庸先生慨然赋联“优雅”之举，也“一视同仁”，横挑鼻子竖挑眼，毫不手软，堪称大家风范。

优秀作品的好处自不待言，教材、教参已经说得够多了，教师不应就当传声筒。优秀作品的不足恰是最能使人加深对言语表现的领悟的，教师应关注作品存在的问题。质疑，挑剔好作品的不足，对学生批判意识与创新意识培养的重要作用是不容忽视的。也许有人会觉得这种审视和批判，对大学生可能较为适用，其实，从教学观念与阅读意识的层面看，此类审视和批判，中小学生也同样能从中受益。只要我们能注意到学生的“接受程度”，将其中的道理说得浅显一些。

教师和学生都是读者，因此作为审视者和批判者的要求是一样的。选文和教参，都可以作为审视与批判的对象，或者说作为审视和批判的重点。当然，这对教师的水平是一个考验与挑战。其实，放平心态，把自己真实的感觉说出来就可以了。

比如，朱自清先生的散文《绿》，也是有特点的，但是我以为它不是优点的特点，而是缺点的特点。你可以不喜欢，只为那太浓太腻太甜的这种有“特点”的描写：

> 那醉人的绿呀！仿佛一张极大极大的荷叶铺着，满是奇异的绿呀。我想张开两臂抱住她；但这是怎样一个妄想呀。——站在水边，望到那面，居然觉着有些远呢！这平铺着，厚积着的绿，着实可爱。她松松的皱缬着，象少妇拖着的裙幅；她轻轻的摆弄着，象跳动的初恋的处女的心；她滑滑的明亮着，象涂了“明油”一般，有鸡蛋清那样软，那样嫩，令人想着所曾触过的最嫩的皮肤；她又不杂些儿尘滓，宛然一块温润的碧玉，只清清的一色——但你却看不透她！我曾见过北京什刹海拂地的绿杨，脱不了鹅黄的底子，似乎太淡了。我又曾见过杭州虎跑寺近旁高峻而深密的“绿壁”，丛叠着无穷的碧草与绿叶的，那又似乎太浓了。其余呢，西湖的波太明了，秦淮河的又太暗了。可爱的，我将什么来比拟你呢？我怎么比拟得出呢？大约潭是很深的，故能蕴蓄着这样奇异的绿；

仿佛蔚蓝的天融了一块在里面似的，这才这般的鲜润呀。——那醉人的绿呀！我若能裁你为带，我将赠给那轻盈的舞女；她必能临风飘举了。我若能挹你以为眼，我将赠给那善歌的盲妹；她必明眸善睐了。我舍不得你；我怎舍得你呢？我用手拍着你，抚摩着你，如同一个十二三岁的小姑娘。我又掬你入口，便是吻着她了。我送你一个名字，我从此叫你"女儿绿"，好么？[1]

大量的形容词堆砌，大量的比喻和比拟，"绿"得生硬、矫揉、浓丽，黏稠得化不开，就像是一幅摆放得过近的色彩斑斓的油画，看到的是一片黏黏糊糊的色块的堆积，使人目不暇接、目不愿接。怎么可以把赏心悦目、幽雅自然、超尘脱俗的"绿"，写得如此俗不可耐，像一盆五味杂陈的浓汤？读着肉麻、腻味。绿，当是"清水出芙蓉，天然去雕饰"，"可远观不可亵玩焉"，哪里可以这样没完没了地"抱住她""舍不得你""拍着你""抚摩着你""掬你入口""吻着她"……

再看看《背影》中的父亲，在作者笔下只是一个亲情的符号，一个懂得细心照料儿子的父亲，他写出的只是"这一种"父爱，而没有写出作为"这一个"父亲的特点。细心也细不到哪里去，比起今天为父的，给儿子送行、买几个橘子也算不了什么，为此几次流泪，似乎也有点"过"了，给人做作矫情之感。

朱自清先生的《荷塘月色》就很有特点，很有审美价值。他写过不少很好的散文，可惜未曾入选教材。他的关于语文教学的文章见解也很深刻，在很多问题上的认识水平，超过了包括叶圣陶先生在内的同时代的一些论者，至今仍很有参考价值。教材的编者和语文教师要有品鉴的眼光。

再如，长期入选语文教材的刘白羽先生的《日出》，该文一直被作为典范之作、美文，然而，文字是比较粗糙的，诸位不妨再细读一下，同时也思考一下我的意见：

日　出[2]

刘白羽

登高山看日出，这是从幼小时起，就对我富有**魅力**的一件**事。**（读着

① 见朱乔森编：《朱自清全集》第一卷，江苏教育出版社 1988 年版，第 18～19 页。
② 刘白羽：《刘白羽散文选》，人民文学出版社 1978 年版，第 171～174 页。

不顺，一般“魅力”不用来形容“事”）

落日有落日的妙处，古代诗人在这方面留下不少优美的诗句，**如象**（“如象”这两个字意思相似，保留一个就好）“大漠孤烟直，长河落日圆”、“落日照大旗，马鸣风萧萧”，可是再好，总不免有萧瑟之感。不如攀上奇峰陡壁，或是站在大海岩头，面对着弥漫的云天，**在一瞬时间内**（习惯说“在瞬间内”），观察那伟大诞生的景象（不通），看火、热、生命、光明怎样一起来到人间。但很长很长时间，我却没有机缘看日出，而只能从书本上去欣赏。

海涅曾记叙从布罗肯高峰看日出的情景：

> 我们一言不语地观看，那绯红的小球在天边升起，一片冬意朦胧的光照扩展开了，群山象是浮在一片白浪的海中，只有山尖分明突出，使人以为是站在一座小山丘上。在洪水泛滥的平原中间，只是这里或那里露出来一块块干的土壤。

善于观察大自然风貌的屠格涅夫，对于日出，**却**作过**精辟**的描绘（没有转折关系，却用了转折词“却”；“精辟”一般是用来修饰“论述”，而不用来修饰“描绘”）：

> ……朝阳初升时，并未卷起一天火云，它的四周是一片浅玫瑰色的晨曦。太阳，并不厉害，不象在令人窒息的干旱的日子里那么炽热，也不是在暴风雨之前的那种暗紫色，却带着一种明亮而柔和的光芒，从一片狭长的云层后面隐隐地浮起来，露了露面，然后就又躲进它周围淡淡的紫雾里去了。在舒展着云层的最高处的两边闪烁得有如一条条发亮的小蛇，亮得象擦得耀眼的银器。可是，瞧！那跳跃的光柱又向前移动了，带着一种肃穆的欢悦，向上飞似的拥出了一轮朝日。……

可是，太阳的初升，正如生活中的新事物一样，在它最初萌芽的瞬息，**却**不易被人看到。看到它，要登得高，望得远，要有一种敏锐的视觉（这里也没有转折关系，却用了“可是”“却”两个表转折关系的词，而且，上下文讲的都是没有机缘看日出，这里讲的却是看日出需要“敏锐的视觉”，文气不畅）。从我个人的经历来说，看日出的**机会**，曾经好几次降临到我的头上，而且眼看就要**实现**了（“机会”一般不跟“实现”搭配）。

一次是在印度。我们从德里经孟买、海德拉巴、帮格罗、科钦，到翠泛顿。然后沿着**椰林密布**的道路（“椰林”当为“椰树”，“椰林”是不能“密布”的；“椰林密布”的“道路”能行车吗？就是改为“椰树密布”，也仍然不通），乘三小时汽车，到了印度最南端的科摩林海角。这是出名的看日出的胜地。因为从这里到南极，就是一望无际的、碧绿的海洋，中间再没有一片陆地。因此这海角成为迎接太阳的第一位使者。人们不难想象，那雄浑的天穹，苍茫的大海，从黎明前的沉沉暗夜里**升起**第一线**曙光**（“升起……曙光”，搭配不当），燃起第一支火炬，这该是何等壮观。我们到这里来就是为了看日出。**可是**听了一夜海涛，凌晨起来，一层灰蒙蒙的云雾**却**遮住了东方（又用了“可是”“却”两个转折词）。这时，拂拂的海风吹着我们的衣襟，一卷一卷浪花拍到我们的脚下，发出柔和的音响，好象在为我们惋惜。

还有一次是登黄山。这里也确实是一个看日出的**优胜之地。**因为黄山狮子林，峰顶高峻。**可惜**人们没有那么好的目力，否则从这儿俯瞰江、浙，一直到海上，当是**历历可数。**这种地势，只要看看黄山泉水，怎样象一条无羁的白龙，直泄新安江、富春江，而经钱塘入海，就很显然了（“优胜之地”可简为“胜地”，“历历可数”，这里没有什么需要“数”的，“……很显然了”，一般不这样用，费解，不知讲什么。“可惜……就很显然了”这一部分内容，与看日出没什么关系）。我到了黄山，开始登山时，鸟语花香，天气晴朗，收听气象广播，也说二三日内无变化。谁知结果却逢到了徐霞客一样的遭遇：“浓雾弥漫，抵狮子林，风愈大，雾愈厚……雨大至……”只听**了**一夜风声雨声，**至于**（“至于”多余）日出当然没有看成。

但是，我却看到了一次最雄伟、最瑰丽的日出景象。**不过，**那既不是在高山之巅，也不是在大海之滨，而是从国外向祖国飞航的飞机飞临的万仞高空上（“但是”“不过”，转折词运用过为频繁；连用了三个“飞”，“飞航”“飞机”“飞临”，别扭，一般不宜这么说）。现在想起，我还不能不为那奇幻的景色而惊异。是在我**没有**一点准备、**一丝预料**的时刻（什么叫“一丝预料”，什么是“没有……一丝预料的时刻”?），宇宙便把它那无与伦比的光华、丰彩，全部展现在我的眼前了。当飞机起飞时，下面还是黑沉沉的浓夜，上空却已游动着一线微明，它如同一条狭窄的暗红色长带，带子的上面露出一片清冷的淡蓝色晨曦，晨曦上面高悬着一颗明亮的启明星。飞机不断向上飞翔，愈升愈高，也不知穿过多少云层，远远抛开那黑沉沉的地面。飞机好象唯恐惊醒人们的安眠，马达声特别轻柔，两翼非常平稳。这时间，那条红带，**却**慢慢在扩大（**没有转折关系，又用了转折词“却”**），象一片红云了，象一片红海了。暗红色的光发亮了，它向天穹上展开，把夜空愈抬愈远，而且把它们映红了。下面呢？却还**象**苍莽的大陆一样，黑色无边（**不是“象”，下面就是“苍莽的大陆”**）。这是晨光与黑夜交替的时刻，这是即将过去的世界与即将到来的世界交替的时刻。你乍看上去，黑夜还似乎强大无边，可是一转眼，清冷的晨曦变为磁蓝色的光芒。原来的红海上簇拥出一堆堆墨蓝色云霞。一个奇迹就在这时诞生了。突然间从墨蓝色云霞里矗起一道细细的抛物线，这线红得透亮，闪着金光，如同沸腾的溶液一下抛溅上去，然后象一支火箭一直向上冲，这时我才恍然大悟，原来这就是光明的白昼由夜空中迸射出来的一刹那。然后在几条墨蓝色云霞的隙缝里闪出几个更红更亮的小片。开始我很惊奇，不知这是什么？再一看，几个小片冲破云霞，密接起来，溶合起来，飞跃而出，原来是太阳出来了。它晶光耀眼，火一般鲜红，火一般强烈，不知不觉，所有暗影立刻都被它照明了。一眨眼工夫，我看见飞机的翅膀红了，窗玻璃红了，机舱座里每一个酣睡者的面孔红了。这时一切一切都宁静极了，宁静极了。整个宇宙就象刚诞生过婴儿的母亲一样温柔、安静，**充满清新，幸福之感**（**是谁“充满清新、幸福之感”？是作者，还是宇宙？**）。再向下看，云层象灰色急流，在滚滚流开，好让光线投到大地上去，使整个世界大放光明。我靠在软椅上睡熟了。**醒来时**我们的飞机正平平稳稳，自由自在，向我的亲爱的祖国、向太阳升起的地方航行（**是在醒来时才向着“亲爱的祖国、向太阳升起的地方航行”吗？**）。黎明时刻的种种红色、灰色、黛色、蓝色，都不见了，只有**上下天空，一碧万顷**，空中的一些云朵，闪着银光（**“上下天空”，天空一般不用“上下”修饰；天空如果是“一碧万顷”，应当是万里无云的，如何还有“一些云朵，闪着银光”？**），象小孩子的笑脸。这时，我深切感到这个光彩夺目的黎明，正是新中国瑰丽的景象（**前面说“黎明时刻的种种红色、灰色、黛色、蓝色，都不见了”，后面说“这个光彩夺目的黎明，正是新中国瑰丽的景象”，意思是**

否等于说新中国瑰丽的景象都不见了）；我忘掉了为这一次看到日出奇景而**高兴**，而**喜悦**（“高兴”和“喜悦”意思一样，只不过一个是口语，一个是书面语），我**却**进入一种庄严的思索（“却”字多余，这里没有转折之意），我在体会着“我们是早上六点钟的太阳”这一句诗那最优美、最深刻的含意（这一句“诗”似乎没有什么“诗意”，一般的读者恐怕难以读出什么“优美”和“深刻”的含意）。

一九五八年

刘先生《日出》的构思和意蕴是好的，如果文字上能多做一些推敲，不就更好吗？我以为将这样的文章示人，是不合适的；将这样的文章作为典范的文章教学生，是无益而有害的，不利于培养学生的语感、言语美感和言语廉耻。教材没能给学生提供良好的言语生命意识“师承”，这是编写者的失职。作为语文教师，有责任让学生悟到什么是好的或不好的文章，对被选进教材不好的文章，教师应指出它的弊病，否则，就是教师的失职。

任何一篇文章都不可能完美无缺，教材的选文自然也未必尽善尽美，区别只在于毛病的多少，是什么类型的毛病。哪一天我挑不出毛病来，那就一定是患了“老年痴呆症”。我对自己同样毫不宽容，一点不比挑别人的毛病省心，所以，我常常分不清是在“写”文还是在“改”文。那些大文豪还要费那么大的劲一遍一遍修改自己的文章，这表明大手笔尚且难免败笔和笔误，我们这些普通作者，更不能有丝毫的怠惰，不应该掉以轻心。

不知读者是否赞成我上面所作的挑剔，在教学中，我更希望学生不赞成我的观点，与我进行辩论，这样才有学生的“自悟得之”，可以创造平等对话、教学相长的机会。“长”的不但是知识和能力，而且是言语生命意识、言语廉耻。从某种意义上说，没有什么文章是无可挑剔的。审视和批判，最重要的意义不在于获得的结论是否正确，而在于它体现了个体言语生命的在场、一个负责任的阅读主体的存在——语文教师，要是不能指出文本的毛病，不能在挑剔文字上成为学生的楷模，不能激起学生对文本的批判自觉，那就枉当语文教师了。

其实，像这种挑剔，一般的学生也能做到，关键是教师能否和怎样引导他们去做。下面这篇短文，是一个初中一年级学生挑剔课文毛病而写的：

《笑的武器》（初一册）作者要表达的是这样的一个观点：“漫画和相声一样，是通过使人发笑发挥作用的……如果笑不起来，便是不成功的作品。”真是这样吗？查《辞海·艺术分册》“漫画”词条，解释是这样的：“一种具有强烈的讽刺或幽默性的绘画。画家从政治事件和幽默中取材，通过夸张、比喻、象征、寓意等手法，表现为幽默、诙谐的画面，借以讽刺、批评，或歌颂某些人和事，它是政治斗争和思想斗争的一种工具。”这一解释显然不以是否发笑作为漫画的基本要求。

我曾经把课文里《公牛挤奶》的漫画问过班级的很多同学，有人觉得好笑，但也有人觉得不好笑。后来，我又拿了一幅题名为《台》的漫画：（由两幅画构成，一幅画的是用钞票垒起来的华丽的歌星演唱台；一幅画的是乡村教师的破败不堪的讲台）全班 56 人，看了觉得好笑的无人；不好笑，也就是笑不起来的 17 人；不但觉得不好笑，而且心里挺难受的有 39 人。这幅漫画虽然不能使人发笑，但无疑仍是一幅成功的作品。由此可见，“笑不起来，便是不成功的作品”的观点是没有普遍性的。①

你不认为这位小同学所做的事很有意义吗？她说的是有道理的，不少漫画只是意在讽刺和针砭，引人思考，不一定搞笑、好笑。就跟幽默有热幽默和冷幽默之分一样，冷幽默是一种更高级的幽默。鲁迅的幽默就很冷峻，冷得彻骨、痛楚，但是，一点不亚于老舍的让人忍俊不禁的幽默。漫画，也有使人发笑和不发笑两种，只要夸张、讽刺得机智、巧妙，就是好漫画。

遗憾的是，这位小作者当时就这个疑问求教于老师时，老师并不赞成她的质疑，认为她之所以不觉得文中的漫画可笑，是因为没有看懂漫画的意思，因此笑不起来。老师毫不犹豫地认为《笑的武器》作者的观点是对的，不好笑还能是好漫画吗？这位老师的“立场”，表明了传统教师的一种思维定势，以为教材中的选文是经专家审定的，是好中选优，不可能居然让初一学生看出毛病，便下意识地站在了维护教材“权威性”的一边，找理由否定学生的质疑，这无形中压制了学生的思想自由和批判精神。今天的教师要改变立场，站在学生一边，共同作为“读者”，共同针对文本中的问题质疑问难、切磋探讨。

对教材的质疑，表面上看，似乎在吹毛求疵：既然文章都是不完美的，有必要篇篇作这样的挑剔吗？其实，挑剔只是手段，对学生读法的指引、思

---

① 潘苇杭：《笑不起来就不是好漫画吗？》，载《中学生语文报》1994 年 2 月 10 日。

维品质的陶铸才是目的。在阅读教学中，“怎么读”，一直是让教师感到苦恼的一件事，挑剔文章的毛病——从语言到内容的一切的毛病，就是一种很有效的读法。挑剔的过程，既是与作者的平等对话，也是自省和自悟的过程，同时，也能提高自己的写作自信。这种读法，不论是对于语感的培养，还是对于言语批判意识的养成，都是十分必要的。**对于一切的阅读材料，不论是名家名篇，还是凡人小作，都要平等地审视。不但要正着读、顺着读，还要“反”着读、“逆”着读，要咬文嚼字，吹毛求疵。**对能读出问题来的学生，要给予鼓励。不管提出的问题是对的还是错的。

如果语文教师能作为一个审视者和批判者，那么，他的学生不但一定有一双慧眼，而且拥有强盛的言语生命力。如果学生能成为一个审视者、批判者，那么，这样的阅读教学便是真正成功的、有价值的。审视者和批判者，就是潜在的创造者。善于品评和批判，自然就会进入到创造性的过程。对所读过的每一篇作品都认真思考过，品评、批判过，积累日多，发表的冲动和交流的欲求便不可遏制地随之发生，言说和写作就是一件顺理成章的事了。

语文教学离不开阅读，师生必定都是读者。但与一般的读者不同，要有成为表现者的自觉意识。要知道是为了写作而读，是为了培育自身写作素养而读。今天的读者，应是明天的作者。把握准这一阅读目的与身份定位，眼光、感觉就完全不一样了，这样“开卷”才是真正“有益”的。

二　以唤醒、激发言语生命欲为主线

但愿从今往后语文教育能走出“训练为主线”的技能主义困境，以激发学生言语生命欲、写作欲为主线。培育“言语生命意识”，是语文教育、教学的核心内涵。

“盖文章，经国之大业，不朽之盛事。”（曹丕《典论·论文》）“屈平词赋悬日月，楚王台榭空山丘。”（李白《江上吟》）——名利速朽，文字不朽，立言者不朽。这一古今之至理，相信任何不带偏见的人都不会有异议。

这就是语文学科人文教育——言语价值观教育的基本内容，是语文学科人文性之要义。教师要以自己的情意体验、教育智慧、话语方式，让“生命留痕，立言不朽”这八个字，深深植入学生的心灵。使之从小就知道“我写故我在”的道理，用自己一生的写作慢慢地领会、印证这个道理。

“表现-存在论”阅读教学与以往最大的不同，就是她不以技能训练为主线，而以激发言语动机，唤醒言说欲，培育言语生命意识，引领言语、诗意人生为主线。以此作为语文教育生命线，阅读教学的原点思维。这才是语文教师应有的教育观念。

从言语生命动力学语文学视角上说，在语文教育价值观层面，是为学生学习语文、写作寻找理由——动力。在语文教学中，要贯彻“动机优先”的教学理念，体现“言语生命意识是写作的第一生产力”认知。培养以写作为生命需求的人，是语文教师之首务。写作若不是生命需求，便没有真正的写作。有效教学便无从谈起。

当过多年国文教师的朱自清先生，感到教授国文有三大困难，其中第一大困难便是：“无论是读是作，学生不容易感到实际的需要。不感到实际需要，读和作都只是为人，都只是奉行功令；自然免不了敷衍，游戏。”① “把写作训练看作基本的训练，是生活技术的训练，说是做人的训练也无不可，但是，像这类广泛的目标是不能引起学生的注意的；一般的课程标准，如养成用语体文及语言（初中）以及文言文（高中）叙事，说理，表情，达意之技能，这也还是太宽泛。不如科举时代作文是为了做官，或一些学生把作文训练看作为了将来的创作这一类的目标来得实在。”②“从事于新闻或评论的写作，或起草应用的文件登在报纸或杂志上，也是一种骄傲，值得夸耀并不在创作以下。”③ ——学生学语文不感到实际的需要，绝不只是朱先生个人的感受，而是所有语文教师共同的感受。没有哪一个教师能对学生厌学视而不见。尽管朱先生对写作动机的认识只是在表层感知上，只注意到眼前的“实际需要”，没有注意到写作主体超功利的生命需要，未能有意识地对写作动机建构做专门、深入的探讨，但是，这一朴素的感受，已足以唤起语文教师的共鸣，为我们提出了一个重要的语文教育学命题。

在今天，学生厌弃语文教学的状况不是得到改善，而是到了无以复加的地步。学生的反感比任何时候都严重。遗憾的是，仍未引起足够的重视，在

① 朱自清：《文心·序》，见《朱自清论语文教育》，河南教育出版社1985年版，第6页。

② 朱自清：《论教本与写作》，见《国文教学》，开明书店1947年版，第147页。

③ 朱自清：《论教本与写作》，见《国文教学》，开明书店1947年版，第150页。

课标里，仍奢谈诸如“工具性与人文性的统一”这类不得要领、隔靴搔痒的空话，在教学实践中教的、写的是伪文体，考的是伪语文，不断加剧学生的厌恶感。在教材与教学中，基本上没有言语动机——价值观教育方面的内容。因此，朱先生是可敬的，他不但发现了语文教学成效不彰的原因，注意到了学习动机问题给教学带来的困扰，而且试图解决它，让学生意识到学语文是一种切身的“实际需要”。

朱先生体现了那一时代对语文学习动机普遍的关注点。国文界前辈所说的大多还是实用性、生存性动机，主要关注的是谋生、社交的言语需求，属于低层次的言说欲、写作学习欲的激发。平心而论，这些前辈做得比现在好，至少他们注意到了在教学中激发言语学习动机的重要，注意到“务虚”的必要。

例如，夏丏尊、叶圣陶先生在《文心》一书的《题目与内容》中，描述了王先生给中学生上的第一节国文课，他是这样开始教学的：

> “诸君且放下手里的笔，”王先生开头说。“这是第一次作文。关于作文，我要和你们谈几句话。现在我问：在怎样的情形之下，我们才提起笔来作文呢？”
>
> “要和别地的亲友通消息，我们就写信，写信便是作文。”一个学生回答。
>
> “有一种意见，要让大众知晓，我们就把他写成文字；这比一个一个去告诉他们便当得多。”
>
> “经历了一件事情，看到了一些东西，要把它记录起来，我们就动手作文。”
>
> “有时我们心里欢喜，有时我们心里愁苦，就想提起笔来写几句；写了之后，欢喜好象更欢喜了，愁苦却似乎减淡了。有一回，我看见亲手种的蔷薇开了花，高兴得很，就写一篇《新开的蔷薇》；再到院子里去看花，觉得格外有味。又有一回，我的姊姊害了病，看她翻来覆去不舒服，我很难过，就写一篇《姊姊病了》；写完之后，心里仿佛觉得松爽了一点。”
>
> 王先生望着最后说话的一个学生的脸，眼角里露出欣慰的光，他点头说：“你们说的都不错。在这些情形之下，我们就得提起笔来作文。这样看来，作文是无所为的玩意儿吗？”

“不是。”全班学生差不多齐声回答。

“是无中生有的文字把戏吗？”

“也不是。”

“那么是什么？”王先生把声音提高一点，眼光摄住每一个学生的注意力。

“是生活中间的一个项目，”朱志青的口齿很清朗，引得许多同学都对他看。

王先生恐怕有一些学生不很明白朱志青的话，解释道：“他说作文同吃饭、说话、做工一样，是生活中间缺少不来的事情。生活中间包含许多项目，作文也是一个。”①

这些是让学生明白为什么要学写作。与今天多数语文老师比，“王先生”是清醒的。他不是布置一道作文题了事，他知道中学写作的第一课该让学生明白点什么。要让学生知道写作课“所为何事”，人“为什么写作”。在学生列举了写作的许多具体作用后，“王先生”表示认同朱志青同学的观点：作文“是生活中间的一个项目”，进而总结、强调说：“是生活中间缺少不来的事情。”即人生不可或缺之事。“作文是生活，而不是生活的点缀。”——这是写作价值观的确立，对写作教学的动力定性，让学生知道为什么要上写作课、要学习写作，以激发学生的写作学习动机。这可以视为语文教师首要的教学意识。

在夏丏尊、叶圣陶先生等合作编写的《开明国文讲义》的“文话”部分，也体现了激发写作动机的意识：

我们自己觉知了一个或多数的人或物，更想叫别人知道。倘若那人或物就在别人眼前，就非常容易，只消指点一下罢了。但是，倘若那人或物并不在别人眼前，我们就得用语言或文字来告诉别人。为着这种需要写成的文字叫做“记述文”。②

我们自己知道了一些事情，更想叫别人知道，为着这种需要写成的

① 夏丏尊、叶圣陶：《文心》，生活·读书·新知三联书店1999年版，第16～17页。

② 夏丏尊、叶圣陶、宋云彬、陈望道合编：《开明国文讲义》第一册，见刘国正主编：《叶圣陶教育文集》第五卷，人民教育出版社1994年版，第423页。

文字叫做“叙述文”。①

除开这些，我们还有别种实际上的需要，不得不说话或作文。譬如有人问你：“大家说帝国主义应该打倒，到底帝国主义四个字包含些什么意义呢?”你就得把帝国主义是什么详细地解说给他听。为着这种需要写成的文字叫做“解说文”。②

我们需要说话或作文的处所还多着呢。譬如敌国对我国多方逼迫，你以为非对他们宣战不可，就得发表你的必须宣战的主张；如果有人说宣战是不可能的，你又得驳斥他的不能宣战的谬误。为着这种需要写成的文字叫做“议论文”。③

上述对“记述文”“叙述文”“解释文”“议论文”这四种文体的解说，是要告诉学生这些“普通文”的功能与学习的意义。使之明白文体不是天上掉下来的，是因不同的表达需要而产生的，不是文字游戏，不能为读而读，为写而写，要学以致用，用之所当用。尤其是联系当时日本帝国主义侵略我国的时势，与学生讲为什么要学习“解说文”与“议论文”，最能让学生懂得学好这两种文体的必要，懂得“说话或作文”具有重要的现实意义与价值。不像现在的许多教科书，只是客观地的给这些文体下定义，而是带着浓烈的情感色彩讲述其作用，揭示出言语表现背后是人的生命意志的表达。这就能让学生感受到掌握文体的重要性，达成激发“说话或作文”动机的目的。

该书“编辑例言”说：“在第一、二两册里，每隔开四篇选文有一篇文话，用谈话式的体裁，述说关于文章的写作、欣赏种种方面的项目，比较起寻常的‘读书法’‘作文法’来，又活泼，又精密，读了自然会发生兴味，得到实益。”④ 就是说，“文话”是对教材中的读、写的内容、要求的提示，兼顾到写作、阅读教学两方面的需求。其对言语功能的阐述，涵盖了整个“国文”教学。他们的这种“又活泼，又精密”的写法，目的是要让学生“读了自然会发生兴味，得到实益”，也是着眼于激发、养护言语学习动机。

教材编写务必注重激发学生的言说欲。在北师大版初中《语文》“七上”

---

① 夏丏尊、叶圣陶、宋云彬、陈望道合编：《开明国文讲义》第一册，见刘国正主编：《叶圣陶教育文集》第五卷，人民教育出版社 1994 年版，第 426 页。

② 同上书，第 433 页。

③ 同上书，第 434～435 页。

④ 同上书，第 415 页。

“‘写作·口头交流’综合实践”的“导学”，我是这样写的：

《义务教育语文课程标准（2011 年版）》：“写作能力是语文素养的综合体现。”学语文的最终目的是学写作。两千多年前我们的老祖宗说：“人之所以为人者，言也。人而不能言，何以为人？”（《春秋穀梁传·僖公二十二年》）不会写作与口头交流，连做人都不合格呢。好好学吧，加油！

“七上”第一单元“‘写作·口头交流’综合实践”：

叙述：简括之美

一、读、写、说互动

·有时想让他人迅疾对某事物的全貌、状况、过程等有个概略印象，就要用叙述。如开学同学们见面，七嘴八舌说起暑假：“我参加了扬州的小作家笔会。”“暑假我跟妈妈到医院当义工。”这就是叙述。

·叙述是用较为简约、概括的文字，对事物整体作精要的表达，使人即刻形成一个总的印象。叙述之美在于简括，一目了然。

·如叙述还未能尽兴，觉得有必要再作渲染，眉飞色舞、活灵活现地细说一番，那就是描写。

·叙述与描写是叙事性文本最常用的表达方式：前者简约，后者细腻，二者相映成趣，不可或缺。如：

我家的后面有一个很大的园，相传叫作百草园。（鲁迅《从百草园到三味书屋》）

……如果不怕刺，还可以摘到覆盆子，像小珊瑚珠攒成的小球，又酸又甜，色味都比桑椹要好得远。（鲁迅《从百草园到三味书屋》）

·叙事就像一条河，有时流得快，一泻千里；有时流得慢，千回百折。流动快的是叙述，流动慢的是描写。一般来说，在一篇文章中，既有需快速推进、一笔带过的地方，也有需缓慢絮说、仔细刻画的地方，二者参差错落，构成了叙事的节奏美。

这不单是介绍什么叫叙述和描写，更是让学生知道为什么要学习叙述与描写。——因为有不同的表达需要，才产生了叙述与描写这两种表达方式，才需要学会运用这两种表达方式。由于这两种表达方式的适当应用能产生叙事的美感，所以想要达成好的叙事效果，就要学会交错运用叙述与描写。——教师要明了教材编写者意图，在教学中加以阐发。

教材不是仅仅提供语文知识或选文、练习，更重要的是让学生明白何以要学这些知识、选文，何以要做这些练习，让他们学得有兴味、有激情、有动力。在教材编写的一切环节、细节，都不要忘了唤起学生学习冲动、兴趣是首要的。

在教学实践层面如何激发言说欲，当今语文界具有“言语生命动力学”教育意识的教师不少，在写作教学上，管建刚老师是很有代表性的一位。他从激发学生写作动机入手，以投稿、发表的方式，取代传统封闭的作文训练的探索实践，体现在他的《我的作文教学革命》（福建教育出版社 2010 年版）一书中。他给学生办了一份《班级作文周报》，叫《评价周报》，作为“发表”园地。所谓“评价”，“是让学生明白作文的交际、交流功能，即，用文字说出你的观点、你的态度、你的情感，用文字表达你对他人观点、态度、情感的看法。”① “作文要凸显对话的本质，就必须发表出来；文字只有发表出来，才能实现生命与生命的对话，人，也只有在这样的对话中才能得到文字的滋养与浸润。”② 为让学生踊跃投稿，他运用的就是“言语生命动力学”的方法，将激发写作动机放在首位。他的“三大动力”：（1）等级评奖，（2）积分活动，（3）稿费活动。这里有精神鼓励，也有物质奖励，二者相辅相成，“只要你投入、细致地操作，我敢保证，‘三大动力活动’下，学生的写作动力将源源不断，学生的写作欲望将红红火火。”③ 除了以强有力的“动力系统”激发学生写作动机外，还有极为丰富多彩的“助力系统”辅助推动学生的写作活动。“‘动力系统’是一个大构架，中间还要填上一些小巧、灵活、多样、有趣的点子，使动力系统处于一种活跃的、推波助澜的动态之中……”④ 他的点子主要是：佳句精选、故事争鸣、心语港湾、话题辩论、我的名言、想象接力、版面空缺、向您约稿、优先卡、才运卡、新星亮、出专刊、装帧大赛、收藏童年。在经过多年实验，收获了累累硕果之后，他得出了这样的认识：“‘我的作文教学革命’的第一任务，是驱动学生的言语表达需求，感受言语

---

① 管建刚：《我的作文教学革命》，福建人民出版社 2010 年版，第 10 页。

② 同上书，第 13 页。

③ 同上书，第 24 页。

④ 同上书，第 46 页。

表达对生命质量的影响，从实现心理安全——别人发表，我也要发表，不然不安，到实现尊严需要——通过发表获得别人的肯定和赞誉，再到自我实现的需要——写作成为生活的一部分，发表与褒奖不再是唯一目标，写作成了自我存在的证明。”① 这最终的教育目标，就是达成“言语生命意识”的存在性认知。相信随着管老师揭开了言语生命动力学写作课改实践的序幕，广大的语文教师终将会从中意识到这是一切写作课改的必由之路。

写作固然是语文教学的核心与龙头，但是，言语动机素养的培育，对于教师来说，直接可以凭依的最值得关注的还是阅读教学。写作素养的培育，离不开阅读教学，离不开从文本中“阅人”“解写”。经典文本仍是涵养写作素养、写作动机的最重要的载体。因而，如何从文本中读出作者的言语动力、表现目的、写作意图，以及人与文、文与道、创造与人生、此岸与彼岸的关系等，至关重要。这就是语文科人文教育的特殊内容，是语文科应有的人文关怀。

在阅读教学中，结合特定的作者、文本，唤醒、孕育学生良好的言语生命意识与言语表现动机，应作为一种自觉的教学思维与行为的出发点。在每一篇作品的教学中，都要结合作者状况与文本实际，刻意开发其言语生命动力学蕴含，贯穿对学生言说欲的启悟、言语动力的建构，以唤醒、激发言说欲、表现欲为首务：功利与超功利动机并重，如写作以宣泄、排遣，以慰藉、自娱，以自度、度人，以载道、求真，以扬名、不朽……使他们意识到写作对于生命、人生、他人、社会、现实、未来之重要，人的生命就是言语生命，人生最值得追求的是言语人生、诗意人生，这是语文教育之本。

下面是笔者为徐志摩诗歌《再别康桥》教学设计的几种导入方式：

（一）如果徐志摩没有写出《再别康桥》，我们知道这个世界上曾经有一个叫徐志摩的人吗？一首诗让我们记住一个人，徐志摩活在《再别康桥》这首诗中。《再别康桥》的命有多长，徐志摩的命就有多长。

写作是让人生命永恒的最好方式。在座的未来的诗人们，不想用你的诗让人类永远记住你吗？作品是一个人生命、生命价值的物证。你如果想不虚度一生，让生命留痕的话，那就写吧！

（二）徐志摩 1921 年在康桥度过了一段美好的青春时光：

---

① 管建刚：《我的作文教学革命》，福建人民出版社 2010 年版，第 141～142 页。

最让他心旌摇曳的是暮春时节和徽因结伴在剑桥漫步。他们顺着蜿蜒的小河向前走，小河的上游是拜伦潭——当年拜伦常在这里游玩。小河上下游的分界处有一座小水坝，湍急的水流在阳光下闪着碎银的光亮，柔软的水草慵懒地轻拂着水面，从密的灌木根须在河畔的水流里伸展。

静谧的小径上，浓荫密布碧草如茵，一辆牛奶车响着清脆的铃声消失在小路的尽头。绿荫里，古老的石壁长满青苔，娇艳的蔷薇静静地开放；厚厚的落叶堆积在树林中，缕缕光线像簇簇金箭般斜射进去。黄昏时分，夕阳的光辉笼罩四野，远处教堂的钟声一声声撞入人的心里……

1928年，七年后，徐志摩又来到伦敦，这时，昔日的恋人林徽因已成了梁思成的妻子，故地重游，睹物思人，物是人非，岂不百感交集？他用诗记录、珍藏下了这生命中最甜蜜也最哀伤的一页，还有什么比写诗更好的情感纪念方式？文字的纪念是最难以磨灭的，她将伴随人一生。诗歌是人生的纪念碑。

同学们在一生中会遇到许多事，也一定会有许多情感上的悲喜苦乐，这些滋养人生的珍贵情愫，诗歌、散文、随笔……都是极好的保存方式，把它们记录下来，将成为一生宝贵的精神财富。如果你想成为一个精神富翁，就不要放过生命之弦的每一缕颤动，将她编织成最美妙动人的乐曲。

精神财富的价值远高于物质财富哟！从现在开始吧，一直写到100岁，你一定是世界上最富有、幸福的人。

（三）徐志摩写《再别康桥》是为了稿费？没稿费就不写？或是为了考试，为了出名？为了传世而不朽？恐怕都不是。只因为这一切对他来说太重要了。受内心积存的汹涌的感情催逼，为了留下一帧人生最美丽的记忆，大约是他不能不写的理由。

徐志摩为什么写《再别康桥》，有人说："据他后来回忆，这是他一生中最幸福的日子。在风景秀丽的康河两岸，他仰卧在有星星黄花点缀的葱绿草坪上，或看书，或看天上的行云。有时到碧波荡漾的康河里划船。他完全陶醉在大自然的怀抱里，临到他要离开伦敦的前夕，在一个美丽的黄昏，他在康桥上漫步，流连忘返，写下了这首诗。"

徐志摩只是听从了自己内心的呼唤，自然而然写下的。即所谓"情发于中而形于言"。因为：人是语言的动物，写作的动物；言说欲，表现

> 欲，是人的本能，是人最重要的物种特性；是人，要活得像人，那就写吧！
>
> 没有任何功利企图，就跟许多人写日记一样，今天的自己留给明天自己，今天的人类留给未来的人类的一份记忆，就这么简单。

从激发言语动机上，可以给学生讲的方式、角度还很多。只要在阅读教学中时时留心，刻意开掘，定能发现到处都有写作动力资源。从作者的情感经历、情绪记忆、言语体验，写作追求、表达个性，从诗歌的内容、形式，甚至一字一词一标点……都能探寻出他对言语创造的爱恋与激情，感受到言语生命的神秘与奇特；就能将学生诱引进写作之门，使之沉迷其中、流连忘返，从而走上言语创造的不归路。

几乎每一篇经典文本都可以，而且应该做这样的“动力学”阐释，都存在“动力学”阐释的无限可能性。关键在于教师要对写作的动力系统、因素，对写作的动机与动因，生存性与存在性、缺乏性与丰富性言语动机等内外关系，有较为全面的思考；对作者人生阅历、生活际遇、生命状态、知、情、意背景等，有较为深入的了解；对作者写作时的情意状况、写作动机、表现意图等有所研究。教师要建构起较为丰厚的言语动力学认知背景，广泛了解古今中外文化精英的写作动机，即他们为什么写作，如何写作，他们的言语人生的经历、建树、影响等，在这些方面有较丰富的积累，便能根据文本、作者的实际，选择适当的角度，随机地揭示作者、文本的写作动力意涵。

对学生言语动机的激发与培育，在阅读教学以至整个语文教学中，当无所不在、无孔不入。要让学生切实领悟到作者的言语生命激情，言语、精神创造力的伟大，感悟到写作带给他们的愉悦与幸福，作为一个言语人、精神人、创造人的尊严与荣耀，不断地蓄积写作的正能量，营造良好的写作环境与氛围，激起学生对写作的热爱与冲动，让他们在自身的写作实践中，感受言语生命的责任与使命，体验精神富裕、强大的欣悦与优越，享受写作带来的心灵翩跹飞翔的感觉。

三　探究作者知、情、意素养及其来源

阅读的知人论世的“知人”，首要的是发现作者的言语动机，探寻作者对

写作价值与意义的认知，以及何以要写这一文章等，以此作为最为重要的课程资源，对学生言语动机的唤醒、引领、形成将产生重要作用。其次便是从中发现作者的知、情、意素养状况，以及其知、情、意素养的来源。知、情、意素养是写作活动赖以发生的物质前提，是写作的内容成分，在相当程度上决定了写作水平，从文本作者那儿了解其集聚知、情、意素养的途径、方法等，对学生知、情、意素养的形成，有着直接的感性的诱发、培育、引领作用，比起教师强制性要求他们读什么书、怎么读，无疑效果更好。因为作者都在用其作品表明了所读对所写的重要。学生从具体、可感的文本中，明白只有拥有与作者相似的知情意素养，才可能写出与他们一样优秀的诗文。师生有了这一意识，可获取的资源是很丰富的，没有哪一位作者的成长不涉及读书问题，以及他们对读书、读书方法等的思考，千万不要浪费了这一取之不尽、用之不竭的重要资源。

文本解读教学应重视培育作者的知、情、意素养。“知”指基本学养、文化积淀，主要来自于通识性、专业基础性阅读；“情”指情感素养，指审美感知力、想象力，主要来自于文学、抒情诗文阅读；“意”指思想素养，指感悟力、思辨力，主要来自于论辨性、理论性阅读。有不同潜质的学生，在获得基本学养之后，在情意素养的培育上，可以有所侧重。

（一）了解作者基本学养的状况与来源

任何作者都要具备相应的基本学养，否则就没法进行高品质写作。理解所读作品的作者具备怎样的基本学养，读了什么书，怎么读，对读书、求知有何经验，持什么观点等，是教师要关注的，这对学生特别有启发性。具备这些基本学养，才有写作底蕴，才有写作意图的萌发，才可能进入良好的写作运思状态，写出优秀诗文。

在这方面，最有典型意义的当推朱光潜先生。他的文章《咬文嚼字》《谈读诗与趣味的培养》《朝抵抗力最大的路径走》等入选中学教材，据说入选人教版教材有 15 篇之多，是对学生很有影响力的作者，他的求学、求知、治学的经验、经历势必很有借鉴意义，必须说给学生听，或是作为一个课题，请学生自己去了解、研究。朱光潜先生的著作有许多是专门写给青年学生读的，有许多论及读书方法的，对引导学生读书，培育基本学养有莫大好处。

他曾将自己学习美学的经验与青年分享：从前我决没有梦想到我有一天会走到美学的路上去。我前后在几个大学里做过十四年的学生，学过许多不相干的功课，解剖过鲨鱼，制造过染色切片，读过建筑史，学过符号名学，用过熏烟鼓和电气反应表测验心理反应，可是我从来没有上过一次美学课。我原来的兴趣中心第一是文学，其次是心理学，第三是哲学。因为喜欢文学，我被逼到研究批评的标准、艺术与人生、艺术与自然、内容与形式、语文与思想诸问题；因为喜欢心理学，我被逼到研究想象与情感的关系、欣赏和创造的心理活动以及趣味上的个别的差异；因为喜欢哲学，我被逼到研究康德、黑格尔和克罗齐诸人讨论美学的著作。这么一来，美学便成为我所欢喜的几种学问的联络线索了。我现在相信：研究文学、艺术、心理学和哲学的人们如果忽略美学，那是一个很大的欠缺。① "……'研究文学'这个玩意儿并不像我原来想象的那么简单，尤其不像我原来想象的那样有趣。文学并不是一条直路通天边，由你埋头一直向前走就可以走到极境的。'研究文学'也要绕许多弯路，也要做许多枯燥辛苦的工作。学了英文还要学法文，学了法文还要学德文、希腊文、意大利文、印度文等等；时代的背景常把你拉到历史、哲学和宗教的范围里去，文艺原理又逼你去问津于图画、音乐、美学、心理学等等学问。这一场官司简直没有方法打得清。"② "文艺像历史、哲学两种学问一样，有如金字塔，要铺下一个很宽广笨重的基础，才可以逐渐砌成一个尖顶出来。如果入手就想造成一个尖顶，结果只有倒塌。"③ 他在《克罗齐哲学述评·序》里讲到："我因为要研究克罗齐的美学，于是被牵引到他的全部哲学；又因为要研究他的全部哲学，于是不得不对康德以来的唯心主义作一个总检讨。"——我称朱先生的读书法是"曲径通幽"法，走的是一条"弯弯绕"的路，可谓"歪打正着"。他最初兴趣不在美学，走了一大圈"弯路"之后，竟"绕"到美学上了，不期然而然成了一位美学家。如果没有"绕"过，想学什么便直奔主题，只在一个狭小范围内读书、做学问，是一定不可能在这个领域取得超越他人的成就的。

这体现了求知的共性规律，就是"功夫在诗外"。他说："艺术家往往在他的艺术范围之外下功夫，在别种艺术之中玩索得一种意象，让它沉在潜意识里去酝酿一番，然后再用他的本行艺术的媒介把它翻译出来。……各门艺

---

① 朱光潜：《文艺心理学》，见《朱光潜美学文集》第一卷，上海文艺出版社 1982 年版，第 6 页。

② 朱光潜：《我与文学》，见《艺文杂谈》，安徽人民出版社 1981 年版，第 277 页。

③ 同上书，第 277～278 页。

术的意象都可触类旁通。书画家可以从剑的飞舞或鹅掌的拨动之中得到一种特殊的筋肉感觉来助笔力，可以得到一种特殊的胸襟来增进书画的神韵和气势。推广一点说，凡是艺术家都不宜只在本行小范围之内用功夫，须处处留心玩索，才有深厚的修养。”[①]他通俗浅显地阐明了为什么要做“诗外功夫”，只有内外贯通，才能获得深厚的修养，才能慧眼独具，看到一般人看不到的事物、事理。

即便是对“本行之内的功夫”，他比我们理解的也宽泛得多。他认为就文学本身的修养来看，不只是一般的懂得运用语言文字，而是必须懂得字的形声义、字的组织以及音义与组织对于读者所生的影响。这要包含语文学、逻辑学、文法、美学和心理学各科知识。总之，他强调的是一个“博”字。没有“博”，就没有“约”。没有“博大”就没有“精深”。相信这对中学生的读书、求知，以致将来做学问有颇多好处。

在具体的读法上他也有很多论述，可以介绍给学生。

“博”不等于“多”，“博”指的是读的书种类多，但具体到每一类书该读什么则要精选：“许多初学者贪多而不务得，在无足轻重的书籍上浪费时间与精力，就不免把基本要籍耽搁了；比如学哲学的尽管看过无数种的哲学史和哲学概论，却没有看过一种柏拉图的《对话集》。学经济学的尽管读过无数种的教科书，却没有看过亚当·斯密的《原富》。做学问如作战，须攻坚挫锐，占住要塞。目标太多了，掩埋了坚锐所在，只东打一拳，西踢一脚，就成了‘消耗战’。”[②] 他强调精读，读透：“读书并不在多，最重要的是选得精，读得彻底，与其读十部无关轻重的书，不如以读十部书的时间和精力去读一部真正值得读的书；与其十部书都只能泛览一遍，不如取一部书精读十遍。……少读如果彻底，必能养成深思熟虑的习惯，涵泳优游，以至于变化气质；多读而不求甚解，譬如驰骋十里洋场，虽珍奇满目，徒惹得心花意乱，空手而归。”[③] “博”不是什么书都读，所读的书要严格筛选，才有可能精读、深读。他认为每科必须精选三五种来仔细玩索一番。常识课程总共不过十数种，每种选读要籍三五种，总计应读的书也不过五十部左右。这不能算是过奢的要

---

① 朱光潜：《“读书破万卷，下笔如有神”》，见《艺文杂谈》，安徽人民出版社 1981 年版，第 55～56 页。

② 朱光潜：《谈读书》，见《艺文杂谈》，安徽人民出版社 1981 年版，第 47 页。

③ 同上书，第 47 页。

求。这实际上就是告诉我们要选择每个学科、领域最有代表性的书——经典来读，少读才能深读，才有收获。

他主张读书要有一个中心，要有系统，可称为“系统读书法”：“读书必须有一个中心去维持兴趣，或是科目，或是问题，以科目为中心时，就要精选那一科的要籍，一步一步地从头到尾读，以求对于该科得到一个概括的了解，作进一步高深研究的准备，读文学作品以作家为中心，读史学作品以时代为中心，也属于这一类。以问题为中心时，心中先须有一个待研究的问题，然后采关于这问题的书籍去读，用意在搜集材料和诸家对于这问题的意见，以供自己权衡去取，推求结论。重要的书仍须全看，其余的这里看一章，那里看一节，得到所要搜集的材料就可以丢手。这是一般做研究工作者所常用的方法，对于初学不相宜。不过初学者以科目为中心时，仍可约略采取以问题为中心的微意。”① “读书要有中心，有中心才易有系统组织。比如看史书，假定注意的中心是教育与政治的关系，则全书中所有关于这问题的史实都被这中心联系起来，自成一个系统，以后读其他书籍如经子专集之类，自然也常遇着关于政教关系的事实与理论，它们也自然归到从前看史书时所形成的那个系统了。……大凡零星片段的知识，不但易忘，而且无用。每次所得的新知识必须与旧有的知识联络贯串，这就是说，必须围绕一个中心归聚到一个系统里去，才会生根，才会开花结果。”②这揭示了知识建构的方法。中学生的读书一般比较随性，不成系统，所读混乱，便难以形成对某一领域的较为全面、深入的了解，读如未读，收效甚微，这一方法很有学习、运用的必要。读书先要有主题，目的明确，才知道该找什么书读，通过系统的阅读、思考，最终才会汇聚所有的认知，有所创获，达成良好的阅读效果。

在深读、细读上，他推崇“一书作几遍看，每一遍只着重某一方面”读法，认为这是精读的一个要诀，可以养成仔细分析的习惯，举看小说为例，第一次但求故事结构，第二次但注意人物描写，第三次但求人物与故事的穿插，以至于对话、辞藻、社会背景、人生态度等等都可如此逐次研求。——这可以称为问题读书法，可以直接复制，立见成效。

知道让人高山仰止的大师的思想成果的来源是什么，大师是怎么炼出来的，学生就知道自己该怎么去做，怎么获取基本学养。尽管未必能成为大师，

---

① 朱光潜：《谈读书》，见《艺文杂谈》，安徽人民出版社 1981 年版，第 49 页。

② 同上书，第 50 页。

“虽不能至，但吾心向往之”，多少懂得为学、求知之路径，从中获得一些教益。

基本学养是写作必备条件，如同养写作之鱼的水，水充足，鱼才游得灵动。不同的鱼，对水的要求也不同。进一步的要求是揭示不同体式写作学养的特殊性，这主要体现为抒情诗文写作与论辨写作的“情意”素养的探寻上。

（二）了解抒情诗文作者的情感素养状况与来源

抒情诗文的写作，源于情感素养。情感素养的形成，其基础源于人的天性，离不开人天生的情感，喜怒哀乐人皆有之，离不开后天的情感、情绪记忆。但是，大量阅读文学作品，特别是抒情诗文也不可或缺。

关于读什么抒情诗文，有的能从作者文章中直接看出来。如郁达夫的《故都的秋》：

> 有些批评家说，中国的文人学士，尤其是诗人，都带着很浓厚的颓废色彩，所以中国的诗文里，颂赞秋的文字特别的多。但外国的诗人，又何尝不然？我虽则外国诗文念得不多，也不想开出账来，做一篇秋的诗歌散文钞，但你若去一翻英德法意等诗人的集子，或各国的诗文的Anthology来，总能够看到许多关于秋的歌颂与悲啼，各著名的大诗人的长篇田园诗或四季诗里，也总以关于秋的部分，写得最出色而最有味。足见有感觉的动物，有情趣的人类，对于秋，总是一样的能特别引起深沉，幽远，严厉，萧索的感触来的。不单是诗人，就是被关在牢狱里的囚犯，到了秋天，我想也一定会感到一种不能自已的深情；秋之于人，何尝有别，更何尝有人种阶级之分呢？不过在中国，文字里有一个“秋士”的成语，读本里又有着很普遍的欧阳子的秋声与苏东坡的赤壁赋等，就觉得中国的文人，与秋的关系特别深了……

在解读文本时必须向学生指出：郁达夫之所以能写出抒情散文《故都的秋》，是因为他读过中外许多关于“秋”的抒情诗，因此，他知道不应重复“深沉，幽远，严厉，萧索”之类的情感，不能重复，要写出他人没有写过的故都特有的秋味——深味。教师教到此处时要让学生知道：抒情诗文不是心中有什么情感就可以随便表达出来，要写得好，要读大量相关诗文，要读与自己想要表达的情感相关的中外诗文，要绕过写秋天的诸如“欧阳子的秋声与苏东坡的赤壁赋等”名篇，才能写出新意。

教师可以将搜集到中外写秋天的若干名篇一并介绍给学生读，使学生感受到的不是单一的秋天的感觉，而是不同文化背景、时代背景下不同作者的丰富多彩的情感体验。

如果有志于学写抒情诗文，就要通过读大量的抒情诗文来诱发、磨炼情感，这对于提高情感素养，提高审美感受力是不可或缺的。在教学中要引导学生体会作者那些超乎常人的情感体验，感受他们情感的独特性，久而久之，学生的情感也会逐渐丰富、细腻起来。

读郁达夫《故都的秋》时，论及作者的情感素养，可顺便将其谈论“书”的随笔介绍给学生，对他们培养对书的情感，体验散文家文字中的情感不无好处。

人　与　书

书本原是人类思想的结晶，也就是启发人类思想的母胎。它产生了人生存在的意义，它供给了智识饥渴的乳料。世界上的大思想家和大发明家，都从书堆中进去，再从书堆中出来。

因书本与人类关联之亲密，所以古来学者多把书本当作人类的朋友看待。史曼儿说得好：“一个人常常靠了他所读的书而出名，正像他靠着所交的朋友而出名一样；因为书本和人们一样，也有友谊。一个人应该生活在很好的友伴中间，无论是书或是人。”

同时亦有一位，他却把人生当作书本来看，那就是诗人高法莱了，他说：“一个人好像一本书，人诞生，即为书的封面；其洗礼即为题赠，其啼笑即为序言；其童年即为卷首之论见；其生活即为内容；其罪恶即为印误；其忏悔即为书背之勘误表；有大本的书，有小册的书，有用牛皮纸印的，有用薄纸的，其内容有值得一读的，有不值卒读者。可是最后的一页上，总有一个‘全书完’的字样。”恕我续上一个“貂尾”，就是在人的诞生之前的受精成孕，就是书版付印前之文人绞汁的草稿了。

书即是人，人亦即是书。①

抒情诗文写作需要情感素养，抒情诗文之外，许多叙事文本写作，以致实用文本写作也需要情感素养。这一点，从郁达夫先生的《人与书》可见一斑。这一有情趣有哲理的论“书”短文，学生耳濡目染，也会增加情感的丰

① 郁达夫：《人与书》，见邓九平主编《谈读书》，大众文艺出版社2000年版，第110～111页。

富性、敏锐性，使之写作也能“笔锋常带感情”。以此类推，凡读文学作品、抒情诗文，都要尽量去寻找与其中所表达的情感相关的诗文，去寻找作品背后作者情感素养的积淀与表现方式，使学生得以受到潜移默化的熏陶、感染，即便是实用文本也会写得充满文学色彩，富于感染力。

（三）了解论辨写作作者的思想素养状况与来源

从事论辨写作，尤其是论文、论著的写作，提高思维、思想素养是第一位的。从这个意义上说，要多读论辨类、理论类的文章、著作。今天学生最欠缺的便是理性思维能力、理论素养，缺乏理论兴趣，这方面特别需要加强。因此，教材中的论辨体式文本的思维方法、思想内容不能轻易放过，作者的思维、思想素养状况，对思维方法、思想内容的思考也不能轻易放过。

冯友兰先生《人生的境界》曾选入高中语文教材，冯先生是当代最重要的哲学家，对其思维、思想素养的开掘，当是“知人”的重要内容。可以让学生读他的《中国哲学简编》（北京大学出版社 1996 年版），有兴趣的学生如能读读他的《贞元六书》（华东师范大学出版社 1996 年版）、《三松堂自序》（生活·读书·新知三联书店 1984 年版）最好。哲学是最具思辨性的学问，哲学素养是思想素养的最重要内容，因此，读理论著作，首要是读哲学著作。在教学《人生的境界》时要刻意引发学生理论兴趣、哲学兴趣，要让学生了解冯先生的读书法——思想素养培育法。

冯先生《我的读书经验》可资一读：“我今年八十七岁了，从七岁上学起就读书，一直读了八十年，其间基本上没有间断，不能说对于读书没有一点经验。我所读的书，大概都是文、史、哲方面的，特别是哲。我的经验总结起来有四点：（1）精其选，（2）解其言，（3）知其意，（4）明其理。”所谓“精其选”，就是要读经过时间筛选过的经典著作或古典著作；“解其言”，就是要攻破语言文字关。我以为四条经验中最重要的是“（3）知其意，（4）明其理”，这两条中最重要的“（4）明其理”：

> ……上面所说的“书不尽言”“言不尽意”之下，还可再加一句“意不尽理”。理是客观的道理；意是著书的人的主观的认识和判断，也就是客观的道理在他的主观上的反映。理和意既然有主观客观之分，意和理就不能完全相合。人总是人，不是全知全能。他的主观上的反映、体会和判断和客观的道理，总要有一定的差距，有或大或小的错误。所以读书仅只得其意还不行，还要明其理，才不至于为前人的意所误。如果明

其理了，我就有我自己的意。我的意当然也是主观的。也可能不完全合乎客观的理。但我可以把我的意和前人的意互相比较，互相补充，互相纠正。这就可能有一个比较正确的意。这个意是我的，我就可以用它处理事务，解决问题。好像我用我自己的腿走路，只要我心里一想走，腿就自然而然地走了。读书到这个程度就算是能活学活用，把书读活了。会读书的人能把死书读活；不会读书的人能把活书读死。把死书读活，就能把书为我所用，把活书读死，就是把我为书所用。能够用书而不为书所用，读书就算读到家了。

从前有人说过："六经注我，我注六经"。自己明白了那些客观的道理，自己有了意，把前人的意作为参考，这就是"六经注我"。不明白那些客观的道理，甚而至于没有得古人所有的意，而只在语言文字上推敲，那就是"我注六经"。只有达到"六经注我"的程度，才能真正地"我注六经"。①

这两段话有极高的思想密度与认知深度，冯先生告诉我们：

1. 作者之"意"未必就是客观之"理"；

2. "意"和"理"有主客观之分，往往二者不重合；

3. 读书"得其意"还不够，还要去"明其理"；

4. 明其理了，就有了自己的"意"；

5. 自己的"意"也是主观的，未必符合客观的"理"；

6. 可将己之"意"与前人之"意"比较，进行互补、互纠，得出了比较正确的"意"；

7. 可以用自己的这个比较正确的"意"，处理事务，解决问题；

8. 读书到这个程度就算是能活学活用，把书读活了；

9. 会读书的人能把死书读活，不会读书的人能把活书读死；

10. 把死书读活，就能把书为我所用，把活书读死，就是把我为书所用；

11. 能够用书而不为书所用，读书就算读到家了。

他还讲到何谓"我注六经"与"六经注我"，表明他自己的理解："只有达到'六经注我'的程度，才能真正地'我注六经'。"以上是一位顶级哲学家的读书感悟，是一般人穷毕生之功也未必能悟到的。他就是这么读书、做学

① 冯友兰：《我的读书经验》，见邓九平主编《谈读书》，大众文艺出版社 2000 年版，第 91～92 页。

问的，因此，能从前人论人生的“意”中，窥悉“人生的境界”这个“理”，从而得到超乎他人的自己的“意”。我们在教学他的文章时，为什么不趁热打铁将其治学之道一并告诉学生，让学生明白读书要“得意而忘言”，不能止于“得意”，尚需进一步“明理”，最终得出自己的比较正确的“意”。要从“我注六经”到“六经注我”再到“我注六经”——知道这些，就知道冯友兰先生何以能“得意而忘言”，能“明其理而得己意”。知道哲学家是怎么炼出来的，便知道自己该如何从读书中提升思想素养的。

他说的“不明白那些客观的道理，甚而至于没有得古人所有的意，而只在语言文字上推敲，那就是‘我注六经’”，他批评这种在“语言文字”的表层瞎琢磨的读书，使我想到这对语文教学也很有启示意义。今天许多教师就是处于“在语言文字上推敲”的浅理解上，老是在字句上纠缠不清以显示自己很有学问的老师，就是低层次的“我注六经”，是“得言而忘意”，既没有得到作者之“意”，也没有明白客观之“理”，更不用说“明其理而得己意”了。

以上从三个方面探讨从阅读文本拓展开去，了解作者写作所凭依的知、情、意素养及其来源，以此作为教学中“知人”的主要内容，让学生知晓作者如何读书，如何获取基本学养，不同的文本体式对情意素养有什么不同要求，使他们明了自我修炼的途径，借以提升写作知、情、意素养。

需要说明的是，从具体阅读的文本、文体出发，了解其中所表达的知、情、意，作者具备的知、情、意素养，也是教学不可忽略的内容，千万不要就文论文讲了文本知、情、意之后便作罢，要尽可能探究作者具备怎样的知、情、意素养、如何获得这些知、情、意素养，如此才能对学生形成学法上的有效迁移。

四　阅读学情：直抵学生写作中的问题状况

阅读，要离学生的写作实践近点，再近点。

要问阅读教学的学情指的是什么，相信绝大多数教师直觉反应是学生的阅读障碍与问题。这是“阅读本位”思维。在言语生命动力学表现-存在论语文学观念下，我们的目光要掠过文本，直抵学生的写作实践中的问题状况。

从某种意义上说，只有在学生具备读、写欲的情况下，读、写教学才得以顺利进行，才可能是高效的。阅读教学的最好方式，便是针对学生写作中存在的问题状况进行教学。试想，阅读教学如果能搭起读、写之间的桥梁，为学生写作实践中存在的问题释疑解惑，帮助他们解决写作遇到的困难，他们会不喜欢阅读、写作吗？对阅读、写作的领悟，不会比不切己的“为读而读”“为写而写”更深切吗？

但愿照本宣科、咬文嚼字的阅读悲剧就此终结。

实施阅读教学的前提便是了解学生的写作学情。这不是说对其阅读学情置之不顾，而是说更重要的是针对写作学情。因为阅读是手段，写作是目的。所以阅读学情不是阅读教学的要害，可以顾及，但不宜作为阅读教学目标；写作学情则有可能成为阅读教学目标。以学生写作认知与实践中的问题状况，作为阅读教学的基本问题情境，才能有的放矢、因势利导，读以致写，教有成效。

如果说培育写作素养是阅读教学目标的常量，学生写作问题状况就是阅读教学目标的变量。写作学情可作为设置、达成具体教学目标参考。在教学中，写作素养目标的达成，要与学生写作学情一并考虑。在阅读教学过程中，要尽可能做到时时与学生写作中的问题状况有所联系，力求解决他们写作观念与实践中亟待解决的问题，让学生得以“切己体察”，感受到阅读的致用性，这也是一种言语动机的激发。

在当今语文教育情境下，学生有些共性化写作学情，是可以预期到的。教师在备课时可以先期预设，有针对性地澄清一些错误观念。联系学生的写作实践、文章实例，告诉学生与某一写作素养目标相关的一些规律、道理、知识，也可以随机做适当的引导。例如，针对以下普遍性问题，考虑大致应对思路：

不喜欢写或为名利写作——写作的应试、功利动机，人是写作的动物，写作是人的确证，写作彰显生命意义。

喜欢感性写作——人是理性动物，理性思维涵盖、高于感性思维。

消遣娱乐性写作（快乐写作、宣泄写作）——创造性写作（痛苦、艰苦写作是写作的本质，追求深层次的精神愉悦与彼岸幸福）

共性化写作——写作共性与个性的关系，共能与异能的关系，目标是个性化写作。

伪文体写作（记叙文、议论文等伪写作）——真文体写作（诗歌、散文、新闻、杂文、评论……真写作）。

读书破万卷——下笔未必有神，读、悟、写三位一体。

读书三到"心到、眼到、口到"——须"四到"，"手到"才有所得，"手到"是"心到"的法门。

观察生活：生活是写作的源泉——读书练识，书本、心灵也是写作的源泉，是更重要的源泉。

生活、书本重要——情感、思想（心灵）、想象力更重要。

笼统叙述——细节描写、细节选择。

细节描写——性格刻画，以形传神。

景物描写——移情入景，有我之境。

议论文旧"三要素"：论点、论据、论证——议论文新三要素：价值性、发现性、说服性。

论证模式——证伪模式。

选题是别人的——选题是自己的。

论点是别人的——论点是自己的。

情感是别人的——情感是自己的。

堆砌材料、论据——辩证分析问题、材料、矛盾。

不知道写什么——写日记、读书笔记，写喜欢写的一切。

高考作文60分钟写800字（速成）——两句三年得，一吟双泪流。量与质的辩证观。

诸如此类对学生存在的写作观念、行为误区或困惑的思考、辨析，还可以列出许多。要能针对阅读文本与学生具体学情状况进行交流、探讨，作出回答。关键是教师本身要对写作有较为全面、深入的思考，要有较为丰厚的写作学学养，才能对学生的问题状况敏锐地作出反应，才能适时地对学生纠偏拯失。

当然，要求每一位教师都具备深厚的写作学学养是不现实的。应当承认，当今大多数教师尚不具备这种能力。但这些基本写作观念、知识，至少课标、教材编写者，中考、高考作文命题者应该十分清楚，应该在教材、试卷中得以正确体现，不应该出错、误导。教材、试卷出了错，学生被误导，由教师来逐一纠正，是十分荒谬的事。但现状恰恰是须由教师来为这些"专家"擦屁股，帮助学生厘清是非，承担起纠错的责任。否则，便会误人子弟。写作上的误导，也是对人的思维方法、言说方式的误导，后果严重而深远，绝不能掉以轻心。

在阅读课上，主要是从文本实际情境出发，联系学生的写作学情，包括虚拟或现实的；共性或个性的。可以课前预设，也可以课堂生成。

以《再别康桥》为例。诗歌教学，可能不少学生喜欢诗，写过诗，他们对诗歌、诗意、诗人等的认知状况就是基本学情。有些学生可能会以为分行排列、合辙押韵的就是诗，诗等于诗意，写诗的就是诗人。因此，要让他们知道什么是“诗”，诗歌对于人的抒情有多重要，什么是有诗意的诗，什么是没有诗意的“诗”，怎样才算是真正的诗人。如果读诗，只读“懂”某一首诗歌讲什么，抒的是什么情，文字怎么华美，不知何为诗、诗意、诗人，不等于白读？因此，诗歌教学，要用心引导学生破解诗歌、诗意、诗人之谜。这也是言语生命动力学“表现-存在论”阅读教学的题内之义。学生知道诗意之于人、于诗之重要，知道诗人的精神内核是什么，追求诗意，想写诗，想写好诗，就是件自然发生的事。

拓展开来说，还可以引导学生认识到不止诗歌有诗意，一切“高大上”的文学作品、非文学作品的美文皆有诗意。因为，诗意是情感、想象力、哲思，一切优秀的文学作品都离不开情感、想象力、哲思，所以，诗意是无所不在的，是值得追求的。

读郁达夫先生的散文《故都的秋》，可能不少学生会以为是因为他在南方北方都生活过，且有很强的观察力，所以能写出北方的秋的特点。因此，要到处走走，留心观察事物。——这就是写作学情。

其实不然，郁达夫之所以能写出《故都的秋》，与他在哪里生活、生活多长时间，没有太大的关系，而是与他的情感、想象力有绝大的关系。如果写作与在哪里生活过，“有没有生活”直接相关，为什么无数在北京生活了一辈子的却写不出这样的散文？难道就是因为他们感官迟钝、观察力差？

人最不缺的就是生活，缺的也不是所谓的观察力、记忆力之类，缺的是心灵丰富、情感细腻，缺的是有情感、思想、想象投注的感觉、感受，即经过情意化、想象化的生活，才是抒情散文、诗歌等所需要的。有了丰富的情意与超凡的想象力，即便没有直接的生活经历，也可以写出优秀作品。

郁达夫心中积淀了中外文人对“秋”的各种情意，尤其对北京之秋有着特殊的情感：“不逢北国之秋，已将近十余年了。在南方每年到了秋天，总要想起陶然亭的芦花，钓鱼台的柳影，西山的虫唱，玉泉的夜月，潭柘寺的钟声……”就是这种念念不忘的情感移入秋景，感觉、感受才变得敏锐、奇特起来，才能发现“故都”之秋的“深味”，才能看到别人也看到但察觉不到的想象的美感。——即所谓情人眼里出西施，即带着情感色彩看事物。如王国维所说：“有我之境，以我观物，故物皆著我之色彩。”① 就是说，有了情感、想象的参与，眼前景，变成了胸中景，景物便发生了变异，便与众不同，便有了表现价值。如果缺乏情感、想象力，生活再丰富多彩，感官再敏锐，对北京再熟悉，也无济于事，也写不出好作品。

有些写作学情的认知是不能单凭想象预测，要有所准备，要做一些调查研究。例如，泉州七中戴娇娜老师教学《记梁任公先生的一次演讲》（作者梁实秋），在教学之前便请学生写《记某位老师的一节课》，掌握学情。在上课时，讨论了文中精彩的细节描写后，拿出学生的一篇《记音乐老师的一堂课》，请同学们比较两篇文章的差异：

记音乐老师的一堂课

……大家各自结伴坐在了木制的靠背椅上。此时，音乐老师从钢琴后面走了出来，我们立刻安静下来。只见音乐老师身穿一件粉色桃心的连衣裙，一头秀丽的头发，脸上时刻露出会心的微笑。她自我介绍后，为我们重新调整了位置。安顿下来后，她为我们介绍本学期将要学习的课本，她说：“这本书中有中国的传统民歌和乐器，还有国外的一些交响曲和进行曲。我希望同学们在听当代流行音乐之外再涉及或欣赏一下其他类型的音乐，使你们的音乐素养有更大的提升。”

接着她弹奏了一首《茉莉花》作为范例，通过改变这首歌音乐强度和节奏快慢让我们体会节奏的重要性。还为我们弹奏了日本的一些音乐，让我们分辨出各国使用的不同乐感和音符，告诉我们歌曲互相融合、交流的重要性。

当我们意犹未尽之时，下课铃声将我们拉回现实之中，我们只好依依不舍地离开了音乐教室，结束了这堂音乐课。

这篇学生的文章不算差，属于中等程度学生的写作水平。但是两篇文章

① 王国维：《人间词话》，见王国维著，谭汝为校注《人间词话　人间词》，群言出版社 1995 年版，第 2 页。

一比较，自然高下立判。

同样是肖像描写，《记梁任公先生的一次演讲》：“……随后走进了一位短小精悍秃头顶宽下巴的人物，穿着肥大的长袍，步履稳健，风神潇洒，左右顾盼，光芒四射，这就是梁任公先生。”《记音乐老师的一堂课》：“只见音乐老师身穿一件粉色桃心的连衣裙，一头秀丽的头发，脸上时刻露出会心的微笑。”公平地说，这位同学的肖像描写也很不错，对老师穿着打扮也刻画得较成功，“粉色桃心的连衣裙”“脸上时刻露出会心的微笑”，都能抓住人物的特点，只是没有梁实秋先生写得那么逼真、传神。两相比较，同学们自然就会觉察到肖像描写对于表现人物的精神气质之重要，要以形传神，写出人物内在的精神风采。

同样是语言描写，《记梁任公先生的一次演讲》：“他走上讲台，打开他的讲稿，眼光向下面一扫，然后是他的极简短的开场白，一共只有两句，头一句是：‘启超没有什么学问——，’眼睛向上一翻，轻轻点一下头：‘可是也有一点喽！’这样谦逊同时又这样自负的话是很难得听到的。”《记音乐老师的一堂课》：“她为我们介绍本学期将要学习的课本，她说：‘这本书中有中国的传统民歌和乐器，还有国外的一些交响曲和进行曲。我希望同学们在听当代流行音乐之外再涉及或欣赏一下其他类型的音乐，使你们的音乐素养有更大的提升。’”两相比较，同学们自然就会悟到要力求写出人物复杂的性格特点——要写能体现人物性格矛盾（“这样谦逊同时又这样自负的”）的一般情况下“难得听到的”话，而不是常能听到的话。

《记梁任公先生的一次演讲》中较逼真、生动的细节描写当属这一段：

> 先生博闻强记，在笔写的讲稿之外，随时引证许多作品，大部分他都能背诵得出。有时候，他背诵到酣畅处，忽然记不起下文，他便用手指敲打他的秃头，敲几下之后，记忆力便又畅通，成本大套地背诵下去了。他敲头的时候，我们屏息以待，他记起来的时候，我们也跟着他欢喜。

这可谓神来之笔。虽然写的只是人物的一个习惯性动作细节，一般人可以一笑置之，但作者写出了一个天才的“神奇”，写出了人人“心中有笔下无”之情趣，不但写讲演者的行为细节，也写听众的行为、心理细节，写出了台上、台下的息息相通。

当然，前面这段主要描写的还只是表层的动作，全文最精彩、感人的行为细节描写当属这一段：

> 先生的讲演，到紧张处，便成为表演。他真是手之舞足之蹈，有时掩面，有时顿足，有时狂笑，有时叹息。听他讲到他最喜爱的《桃花扇》，讲到“高皇帝，在九天，不管……”那一段，他悲从中来，竟痛哭流涕而不能自已。他掏出手巾拭泪，听讲的人不知有几多也泪下沾襟了！又听他讲杜氏讲到“剑外忽传收蓟北，初闻涕泪满衣裳……”，先生又真是于涕泗交流之中张口大笑了。

这可谓全文之高潮。讲演紧张处竟变成了表演，这不是演员的表演，而是梁启超先生真性情的自然流露，可见出他是怎样一个情感极其丰富的性情中人。这已然不是外在、表层的行为细节，而是人物深层情感、性格的表现。表现的不仅是讲演内容的感染力，而是讲演者真性情的感染力。读了如此真切传神的描写，怎不令人感同身受、刻骨铭心。

这固然是学生作文难以达到的细节描写的境界，但是以两篇文章细节描写的比较作为铺垫，学生是不难领悟到什么是高水平的细节描写。

这是使阅读文本成为达成写作教学目标的案例，教师将其与学生相关文章进行比较，先体会其优劣，再让学生集体讨论如何修改细节，是一个由感性到理性的“启悟”方式。当他们有所感悟之后，请他们拿出自己的作文，修改一个片段，消化、强化感悟，建构新认知。最后，教师布置作业：通过细节描写，刻画我们班上某一老师的某一精神气质。——这就是课前有准备的针对写作学情的阅读教学。

自然，针对学生写作学情的阅读教学，可以有无数种形态。只要教师目中有人、目中有写，就会生成学生喜欢的活泼、生动、有效的课堂教学。

五　感受文体：聚焦文体写作共性

阅读要先读文体，否则就会读错了。不读文体，缺乏文体感，如何学写？

在“阅读本位”的现教材教学中，转为以培育写作素养为本位，一般在文本解读中，在文章体式感培养上，不应以理解作者写作个性为主要教学目标，而应以认知文体共性为主要教学目标。以此确定教学内容、重点的主要依据。从散文、诗歌、小说、新闻、评论等真文体共性特点出发，参考学生的写作学情，达成阅读、写作的双重聚焦，以培养写作文体感的目标来统一阅读的解读内容，确定阅读教学的重点；从作者写作个性特点中，提炼出文体共性特点，借此培养文章体式感。

由于文章内容是由形式所承载，因此，文章体式感主要指形式感。破解文体形式，也就涵盖了破解其内容特点。以文体表现形式教学来涵盖其情意内容教学，这是文本解读的特点，也是语文科区别于其他人文学科的特点。文本中的情意内涵，是在文体形式规范中的情意表达，如果将其从文体表现形式中剥离出来，那就变成一般的情感、思想教育了，就不是语文科的教学目的。

读文本，首先要读文体。一篇文章到手，首先要明确它属于什么文体。必须给学生说清楚该文的文体归属。绝不能一篇文章费了好大劲读完、教完之后，都还不知什么文体。要是读错了文体，岂不是白教？以往，不论小说、散文、新闻、报告文学、传记，都当作“记叙文”，讲的都是“六要素”，或不论随笔、杂文、评论都当作“议论文”，讲的都是“三要素”。我们所谓的文体，指的是真文体，即报刊发表的文章体裁，不是指记叙文、说明文、议论文这些伪文体——训练、考试文体。这一点一定要搞清楚。

下面是我给北师大版初中《语文》第三册第一单元设计的“写作·口头交流综合实践”部分，目的就是培养文体感：

体式感：目标预期

一、读、写、说互动

·同学们能说得出本单元课文的文体名称吗？对照一下你说得对不对：《日出》是散文，《织女星与牵牛星》是科学小品文，《云海》是散文，《天上的街市》是诗歌——都对啊，太好了！这些文体有什么特点你能说得出来吗？什么样的散文、诗歌才是好散文、好诗歌，如果说得清楚，说明你有了初步的散文、诗歌的体式感，你在写作该体式时，就有了目标与追求。

·大家可能知道阅读、写作需要“语感”，其实还有比语感更重要的，这就是体式感。书面语的体式，叫作“文体”，上面说的散文、科学小品、诗歌就是“文体”。口语的体式，叫作“语体”，演说、辩论、解说词、导游词、祝词、访谈等，就是语体。我们读的课文大多是“文体”，也有少量的“语体”——虽然是用文字写出来的，却是用来说的，与听众作现场交流。

・所有“体式”都是应各种各样的表达需要而产生，是人们在长期的写作、口头交流实践中创造出来的。比如小说用来表现虚构的人物、故事；散文适合于表现各种流动的、灵动的观感、感悟；科学小品用以传播普及性的知识；评论文最适合于发表各种见解……以往常说的记叙文、说明文、议论文，这些都不是真文体，是专门用来练习写作用的文体。

如果我们有某种表达的需要，要寻找最恰当的表现体式。就像我们要根据气候、场合，寻找适合的衣服穿一样。如果穿错了，就会觉得不舒服或很尴尬，在有些场合，甚至会因为穿着不得体成为不受欢迎的人——如果写错了、说错了体式，读者、听众也会拒绝接受，那就等于白写、白说了。可见体式感是多么重要。

・从某种意义上说，写作是体式感驱使你该怎么写，决定你会写成怎样。你的文章都是由体式感“复制”出来的。因此，写作、说话，重在养成良好的体式感。你要懂得好的童话、小说、散文、诗歌、新闻、科学小品……是什么模样的，是怎么写出来的，你才有可能向着这个“目标图式”，力求“复制”出同样的好诗文啊。因此，体式感，是一种对表现目标的预期。

・大家读了这么多年书，也写过许多文体，交流一下你最喜欢哪一种文体或语体，能说说你对这些体式的认识吗？

二、“体式感杯”知识竞赛

・《义务教育语文课程标准（2011 年版）》把文章分为：记叙性文章、说明性文章、议论性文章，常见应用文。在其中还提到写实作品与虚构作品，诗歌、散文、小说、戏剧等文学样式，叙事性作品，文学作品，议论文，新闻，文言文，古代诗词，非连续性文本……这些都是在不同层次、角度上对文体、文类的划分。

・你能说说哪些是文体或文类，以及这些文体，文类间的关系吗？是否有划分不当的？

・你知道记叙性文章、说明性文章、议论性文章，常见应用文，它们各自包含哪些文体？

·你能否说说除了上面这些，还知道哪些文类、文体名称？

·文体知识最丰富的，说的文体名称最多的同学，荣获“体式杯”知识竞赛冠军。

三、体验“访谈”与“访谈录”体式

·“访谈录”是一种很特殊的体式。“访谈”是口头交流体式，访谈的内容是口语，属于语体。而“访谈录”却是一种写作体式，是广义的新闻体式之一，属于文体。

·访谈，需要一定的谈话技巧。有人总结出这么一句话：心相近，语相通，善应变，不离宗（宗旨、目的）。“心相近”是前提，拉近心理距离，使采访对象愿意与你交谈，才有可能达成访谈的目的。这得动点脑筋，要表现出你的亲和力，施展你的语言魅力。

·同学们可两、三人一组，共同商议访谈题目，一道去采访。

·可查阅一些相关的资料，确定访谈对象（某一位陌生的同学、长辈……），拟定访谈提纲。

·下面是以“追星”为题的访谈提纲，供参考：

你是“追星族”吗？你觉得该不该“追星”？

你为什么追星（或不追星）？

除了演艺明星和体育明星外，人们追的还有哪几类的明星？

如果你是追星族，你最崇拜哪一类明星，哪一位明星？为什么？

你认为“追星”有什么利与弊，利大还是弊大？

·在访谈时，可随机地深化话题。

·将访谈过程录音，整理、编辑成“访谈录”，在小组交流，看看谁“访谈”与“访谈录”最成功。

·总结各自的经验教训，讨论对这两种体式的认识。

·编一期“访谈录”小报，在本年级各班交流。

这就是让学生形成初步的文体意识，使他们关注所读过的文章的文体归属，使之明白文体对于写作之重要，懂得写作是一种对文章体式感的复呈与重塑行为。写作要在正确的体式感指引下才能写出合格的文章。

由于文体界限未必泾渭分明，有些文体属于“两栖体式”，如报告文学、散文、传记文学等，就是一种介于文学与非文学、想象与写实之间的文体。也由于有些堪称“文体家”的作者，有意突破文体规范，写法不拘一格、有所创新，所以造成一些文章的文体归属有争议。这没有关系，这些文体认知上的问题，可以与学生一道讨论，阐明教师自己看法。这对于培养文体感，非但无害，而且有益。

文体归属明确了，阅读文本关键是要抓住该文体的主要共性特征，以此作为教学的主要目标。先看文体制约下的内容表现，即文体的表意思维特征。

以《再别康桥》为例，该诗可解读的很多，不必面面俱到，单纯理解上的问题不作为教学目标、重点，可以诗歌写作的共性要求：抒情、移情——“无理而妙”（清代诗评家吴乔所言）这一表意形式特征为教学目标、重点。诗歌写作需要具备反逻辑或异逻辑思维。因作者情感、想象的介入，改变了事物的正常逻辑以至样貌，这是要害。

可以此统摄、取舍文本理解上的问题，达成写作与阅读的“双重聚焦”。诗歌写作的“无理而妙”，集中体现在《 再别康桥》的开头与结尾，可聚焦于此。

开头节：

我轻轻的招手，作别西天的云彩。

照题目所示，合“理”逻辑应是“作别”康桥——作者偏偏“作别西天的云彩”，这不是“离题”了吗？该诗无理之“妙”就在于它的“顾左右而言他”，给人以遐想：为什么不作别康桥或其他的什么，偏偏是西天的云彩？莫非作别康桥只是一个幌子，实则暗示当年云彩作证的海誓山盟的联想？——诗歌思维的反逻辑的跳跃性，给予读者以字面外的想象空间。

结尾节：

我挥一挥衣袖，不带走一片云彩。

不带走一片云彩——作为留念、纪念，一般人是希望带走的，不带走不合常理。其无理之“妙”在于表现作者对已逝去的爱情的一种豁达、潇洒的气度；或是正相反：不愿、不忍睹物思情、思人——故作洒脱，内心仍放不下。这就使诗歌有了内在张力与丰富内涵。

抒情散文，与抒情诗有相似的共性特征。如郁达夫《故都的秋》，其文体的基本共性特征也是“无理而妙”：情感浓郁，偏执，强加于人。以此为教学目标，就既懂得抒情诗也懂得抒情散文的写作特点。

当然，也可以进一步聚焦于诗与散文在“无理而妙”上的差异：诗的抒情更含蓄、隐晦、丰富，跳跃性大，诗无达诂；而散文相对情感较直露，较容易解读。《再别康桥》的“无理”背后是什么情感不是那么明晰。而《故都的秋》的“无理”，是基于对北方秋味特殊的好感，这一点是比较清楚的。

南方人看不出于他写的北方与南方有什么不同，为什么南方的秋就不好了：

“但草木凋得慢，空气来得润，天的颜色显得淡，并且又时常多雨而少风……”

——我们觉得这些都是南方的优点，四季如春不好吗？但他偏要说北方的秋比南方要有味道，有深味，你也没办法。

“还有秋雨哩，北方的秋雨，也似乎比南方的下得奇，下得有味，下得更像样。”

——我们也没觉得南方的秋雨怎么就不像样了。

下面的情形南方大多也有，他硬说是北方的：

“早晨起来，泡一碗浓茶，向院子一坐，你也能看得到很高很高的碧绿的天色，听得到青天下驯鸽的飞声。从槐树叶底，朝东细数着一丝一丝漏下来的日光，或在破壁腰中，静对着像喇叭似的牵牛花（朝荣）的蓝朵，自然而然地也能够感觉到十分的秋意。说到了牵牛花，我以为以蓝色或白色者为佳，紫黑色次之，淡红色最下。最好，还要在牵牛花底，叫长着几根疏疏落落的尖细且长的秋草，使作陪衬。”

也不是没写与南方的不同之处，在我们看来是全文中最北方的，但他偏偏不屑于此：“西北风就要起来了，北方便是沙尘灰土的世界”只一笔带过。也许他觉得这是大家都看得到的，他没有什么好感，没有觉出什么深味。

但是，林斤澜写北京春天的《春风》，全篇写的就是沙尘暴：“……只见起风、起风，成天刮土、刮土，眼睛也睁不开，桌子一天擦一百遍……”他怀念的恰恰就是这样的“北国的春风”。可见，这种感觉取决于主观情感，没道理可讲的。

阅读抒情诗文，不从特殊到一般讲文体共性，不给学生讲“无理而妙”的特性，只关注作者的写作个性特点，没法形成文体内容感，没法学会写抒情诗文。其他的文本教学也一样，都要上升到文体共性来把握其表意的思维特征，对学生学习写作才有较大帮助。

再看文体形式感，即文体样式特征。这主要可以从篇章、段落、语句、字词形态特点来看，即培养篇章感、段落感、语句感、字词感。可从培养基本的文章形式感入手，进而选择性地培养特定的文体形式感。由于文体太多，教学不可能细致到所有的文体形式，可以选择比较有代表性的文体形式进行分析。就学生个人来说，学写的可能就是一两种文体，可以就这一两种文体的形式做专门、深入的研究。

篇章感：整体构思

一、读、写、说互动

·篇章感，简称篇感。就是对文本表现体式的外部形态的认知，对文本的结构章法的认知。如怎么开头、怎么展开主体，怎么结尾等，即文章如何谋篇布局。

·所有文章，都是以完整的篇章形态呈现的。一般都有开头、中段、结尾。如《日历》：

开头：我喜欢用日历，不用月历。为什么？

中段：略

结尾：现在我来回答文章开始时那个问题：为什么我喜欢日历？因为日历具有生命感。或者说日历叫我随时感知自己的生命并叫我思考如何珍惜它。

如果没有结尾，开头提出的问题就没有着落，这文章就不完整，读者就不知所云。

·每一种体式，其篇章形态都是不一样的。所以如果你想要写好文章，就要对某一体式的篇章基本形态很了解。很多同学写得不好，就是因为不知道该文体有什么要求。

二、你知道篇章结构的共性特征吗？

·咱们老祖宗总结出来的诗文篇章结构的共性特征，叫做起、承、转、合。早在元代范德玑在《诗格》中就谈到。《红楼梦》中，曹雪芹借林黛玉之口，教香菱作诗："什么难事，也值得去学？不过是起、承、转、合……"表明这一篇章感已深入人心。

·古希腊哲学家亚里士多德在《诗学》里说："我所谓完整是指一件事物有头，有中段，有尾。头无须有任何事物在前面笼盖着，而后面却必须有事物承接着。中段要前面既有事物笼盖着，后面又有事物承接着。尾须有事物在前面笼盖着，却不须有事物在后面承接着。"这也体现了各种文章体式对篇章的共性要求：

整体性：篇章是一个整体，起、承、转、合或开头、中段、结尾。就跟人一样，五官四肢俱全，缺一不可。某部分残缺，就失去了健全美。

聚敛性：起、承、转、合，都要紧紧围绕着“意”——主题、论点这个核心。不能节外生枝。“意”就跟人的中枢神经一样，支配着人的躯体的行为。

密合性：篇章各部分或“承接”或“笼盖”，相互照应，密合无间，天衣无缝。就跟圆球一样，浑然一体。某处破损或裂开，这个球就废了。

三、“范德玑·亚里士多德杯”篇章感大赛

·了解了上述要求，只是初步具备了篇章意识。各种体式的篇章感还有其特殊要求，具体文章的写作，篇章结构更是千差万别。诚如古人说的“大体则有，定体则无”，“文无定法，文成法立”。如何谋篇布局，还得随机应变。

以下研究工作可选择性完成：

·在书籍或网络上搜集关于篇章结构的资料，进一步理解何谓起、承、转、合，开头、中段、结尾，写一篇读书报告，交流自己搜集来的资料与学习心得。

·根据篇章理论与要求，分析《蚂蚁》（或其他文章），看看是否符合起、承、转、合，或开头、中段、结尾的章法，是否体现了整体性、密合性、聚敛性。写一篇读书笔记，在小组交流。

·相互交换一篇最近写的作文，从篇章结构的角度进行品评，在小组、班级中发表自己看法，提出修改建议。

·篇章感最强的同学，荣获“范德玑·亚里士多德杯”。

这一部分，关键是让学生了解共性化的篇章基本样式，形成初步的篇章意识。指出：“各种体式的篇章感还有其特殊要求，具体文章的写作，篇章结构更是千差万别。”使学生知道在每一篇文章的写作时，还要思考“如何谋篇布局，还得随机应变。”就是要追求摹仿与创新的统一。

段落感、语句感、字词感的培养也是如此。既有文本的共性要求，又有文体的个性要求，还有作者具体文章写作的特性。形式感的形成不是可以一步到位的，有了培育文体感意识，要在长期的读、写中不断关注、强化、精致化，才可望逐渐形成良好的文体感，形成对文体感的深刻认知。

文章是不可复制的，作者的写作个性也是学不来，可学的是文体的“规矩”——文章表意特征与表达图式。写作过程可以视为是一个按图索骥、实现文体感的过程。因此，给文章确定文体归属，让学生知道文体的共性特征至关重要。学生在大量阅读中，不断强化文体感，在良好的文体感驱动下，写作运思行为就不知不觉地发生了。

六　体验写作：还原作者的写作行为

具备良好的文章体式感，知道好文章是怎样的，能辨识文章的优劣；具备良好的写作行为感，便知道好文章是怎么写出来的，能辨识隐藏在写作行为背后的写作创制素养。要写出一篇好文章，从技术层面说，二者缺一不可。一个作者，既要知道你要写成什么样的文章，又要知道要怎样才能写成这样的好文章。如前所述，一个优秀的作者，得既是美食家，又是好厨师。不但会品菜，还得善做菜。虽然对习作者的要求不要这么高，但道理是一样的，也要向着这两方面去努力。

这只是从技术层面说，关键是要具备良好的知、情、意素养，要有足够的知、情、意储备，好比要做出美味佳肴，先要有高质量的食材。如果缺乏知、情、意素养，靠“两感”——体式感、行为感，只能写出有文无道、言之无物、华而不实的“辞章之文”，不能写出“道之文”“学问之文”。因此，培育“两感”要与培育知、情、意素养同步推进。否则，写作便成为无源之水、无米之炊。

从培育写作行为感来说，阅读必不可少。但是，由读学写，对文本的解读，要从写作的结果——成品中读出作者的写作心理过程，这是很难的。文本并没有直接表明这篇文章是怎么写出来的，作者具备怎样的智能素养。必须透过文本，对作者写作意念的产生、行为的发生（是什么触发了作者写作意愿、冲动），以及感受、选题、立意、选材、构思、行文、修改等心理、行为过程进行猜测性还原——即设身处地地体验作者的写作行为、心理，探测作者的写作智能结构，才能较好地了解一篇好文章是怎么写出来的，才能将学生带进作者的运思过程，悟到言语创造的奥秘。从这个意义上说，文本解读，须“解写”。就是破解作者（某一文体）写作行为的奥秘。

自然不是每篇文本的教学都要涉及写作行为的所有方面，只是教师必须注意从文本中探寻作者的写作行为，有针对性地选择其中一、两种写作行为进行猜测性还原。例如，对徐志摩《再别康桥》诗歌的写作心理还原，可以追溯其写作意念是如何发生的。从猜测作者的写作动机入手，并使之迁移到学生言语动机激发上，可以这样对学生说：

是什么激起了徐志摩写康桥的表现冲动？

康桥时期是他灵魂的开启地和栖息地，是徐志摩短暂一生中最愉快的时光。他曾经这样说：

“我这一辈子就只那一春，说也可怜，算是不曾虚度。就只那一春，我的生活是自然的，是真愉快的！（虽则碰巧那也是我最感受人生痛苦的时期。）”

“我在康桥的日子可真是享福，生怕这辈子再也得不到那样蜜甜的机会了。我不敢说康桥给了我多少学问或是教会了我什么。我不敢说受了康桥的洗礼，一个人就会变气息，脱凡胎。我敢说的只是——就我个人说，我的眼是康桥教我睁的，我的求知欲是康桥给我拨动的，我的自我的意识是康桥给我胚胎的。”

同学们有类似的“享福”的日子、“甜蜜的机会”吗？

如前所述，言说欲的唤醒、激发，始终是第一位的。要贯穿于整个的语文、阅读教学，成为一种自觉的教学意识。每一篇优秀文章的写作，其表现意愿、目的的萌生，既是最重要的写作行为之一，也是后续写作行为发生的动力，因此，教师最有必要将其开掘出来，与学生分享。好好引导学生体会作者写作动机是什么，写作行为是如何发生的，这必然会触动学生相似的情感经历、情绪记忆，以至诱发他们的写作冲动。即便他们未必当时就会产生足够强烈的写作冲动，也不要紧。在阅读教学中，只要能持之以恒地引导学生探求写作的意义，体会作者的言语之爱、之美、之魅，经过长期的刺激、感染、涵养之后，积少成多，积弱成强，他们总有一天会产生难以遏制的言说欲、表现欲的。

可选择的写作行为还原点还很多，如：

（一）意念孕育行为的还原

在作者的康桥记忆中可写的一定很多，哪些是他想表达的？他如何确定要写什么？可以这样推测：

求学的经历、政治学，哲学、文学、诗歌、师友、康桥大学、康河……这些他都可能想写。

他先选择写：《康桥再会吧》《我所知道的康桥》，这是近乎全方位的怀念。然而仍觉意犹未尽，一直徘徊玩味于这些素材之间。最终才明白自己最该写什么——《再别康桥》——他的爱河。

"康桥"可写的也很多，他选择了写康河，康河可写的也很多，他选择了写天边的云彩、河畔的金柳、青荇、柔波、清泉……也许是由强烈的爱意驱使作出的选择，因为这些景物是他与林徽因当年共同经历过的。

这是写作意念、意象的孕育与选择。写作行为的发生往往不是一触即发的，而是经过了长时间，在无意识中酝酿着，终于有一天水到渠成，灵感被触发了，写作意念萌生了，进入到自觉的写作运思状态，由潜写作进入到了显写作阶段。

（二）文体选择行为的还原

作者可以写日记、诗、散文、随笔……为什么他选择了写诗？

徐志摩是诗人，也是散文家，随笔家，写过小说、戏剧等，他也许考虑过用什么文体写，确定写诗，大约因为诗大量运用比喻、隐喻、象征等手法，更具多义性、开放性，比其他文体含蓄、隐晦、朦胧，有较大的想象空间，同时，诗歌的语言更美，容易记诵……更适合用来表达他难以言喻的爱情，所以选择了诗。在作者，也许是不假思索，瞬间就决定了用什么文体表达，但这里确实有一个驾轻就熟、因情制宜的文体选择行为。这是一个常被忽略的写作行为，是要让学生知道的。

"表出一个意念，用诗呢，用故事体裁呢，还是用小说或剧本的形式呢？是作家们所苦心考虑的问题。"[①] 这在学生是一种载体意识的培育，文体是因表达的需要而产生的，选择什么体裁表达自己的某种意念，有一个适切性问题，不是想用什么文体就用什么文体，写成什么就是什么。

（三）主题确定行为的还原

恋爱或失恋的情感，一般都很热烈、强烈，或热情洋溢、激情澎湃，或难过至极、痛不欲生，为什么作者选择轻轻、悄悄、沉默等作为主旋律，表现的是怎样的情感基调？

---

① 夏丏尊、叶圣陶：《文章讲话》，湖北人民出版社 1982 年版，第 106 页。

这涉及“立意”行为。作者在诗中要表现什么情感，表层是什么，深层是什么，是模糊还是明晰地表现，等等，其实有很多选项。其情感基调是压抑、珍爱、不忍、洒脱，还是其他的？最后确定下来，往往是经过多次的斟酌、推敲后才作出的决定。

作者选择轻轻、悄悄、沉默作为主旋律，是否像有些论者所说的那样，是一种飘逸、潇洒，或哀愁、眷念？如，严家炎说本诗情感“热烈、真挚、轻柔、细腻又略带飘逸”。[①] 孙绍振认为此诗写得很优雅、潇洒，没有一点世俗的失落感和痛苦，有的是独享过去美好情感的甜蜜。[②] 诗人谢克强则认为本诗只不过表达一种极平常普通的离情和那种微波轻烟似的别绪。[③] 党秀臣主编的《中国现当代文学》：“此时，他政治失意，婚姻不幸，生活枯窘，反映在诗中的是一种淡淡的哀愁和对康桥的无限眷恋。”[④] 其实，这些情感可能都有点，好的诗歌就是如此，很难一言以蔽之。

我以为，在轻轻、悄悄、沉默……“不带走一片云彩”中，从文字表层看，似乎是洒脱、飘逸，或是哀愁、眷念。然而，潇洒是表层的，是故作潇洒，是伪装，是为了掩饰内心的忧伤（心口错位，这种“装”是下意识的，说失恋我不痛苦、我很轻松、快乐，是此地无银三百两），愈是洒脱，也许愈是忧伤烦愁，愈是沉郁悲苦。人的情感是十分复杂的，往往是二元对立统一，或多元并存的。

为什么“轻轻的我走了”“轻轻的挥手”“作别西天的云彩”“不带走一片云彩”？——任何正常人在这样的情境下都不可能不留念，不心情沉重，不依依惜别，都会想带走一点什么留作纪念。他这么做是反常的，也可以解释为一种故意。他的反常，只有一种解释，是为了消解、抵抗内心的剧痛。也许他倒是想潇洒、轻松地挥手作别，然而他无法“挥”去曾经的美好记忆与当下物是人非、痛彻心扉的悲情。

何以看出？——那河畔的金柳/是夕阳中的新娘/波光里的艳影/在我的心

---

① 转引自赖瑞云：《文本解读与语文教学新论》，北京师范大学出版社，2013年第1版，第258页。

② 孙绍振：《天知、地知、你知、我知》，见孙绍振：《名作细读》（修订版），上海教育出版社，2009，第114页。

③ 谢克强：《〈再别康桥〉的诗意美》，见人教版高中语文必修1教师教学用书，人民教育出版社，2007年第2版，第19页。

④ 党秀臣主编：《中国现当代文学》，高等教育出版社，1994年版，第124～125页。

头荡漾。这是象征、幻觉，是水中月、雾中花，即便已然成为幻影，但仍在“心头荡漾”，剪不断理还乱，不是潇洒地挥挥手就能忘却，就可以诀别的，这可以看作证据之一。

特别是：寻梦/撑一支长篙/向青草更青处漫溯/满载一船星辉/在星辉斑斓里放歌/但我不能放歌/悄悄是别离的笙箫/夏虫也为我沉默/沉默是今晚的康桥！——寻梦，就是怀旧，重温旧梦。如果心情好，如果是真潇洒，就应该“放歌”；寻着了梦，本该高兴，本该放歌，但悲从中来，昔日双飞双栖、欢愉甜蜜的梦境已成独饮的断肠苦酒，岂有放歌的心情？只能由悄悄、而沉默、再沉默，两个沉默：不但我不能放歌，自己沉默也就罢了，而且夏虫、康桥也给我闭嘴，全世界一概噤声——这岂是潇洒？明明是蛮不讲理，是伤痛至极的表现。沉默，是诀别、哀悼……这一节奠定了诗歌沉郁悲催的基调。

由此可见，诗文的“立意”行为不是那么简单。从不想写到想动手写有一个或长或短的酝酿过程，产生写作欲念之后，要着重表现什么，如何“立意”也有一个酝酿过程。之后，怎么巧妙地“表意”，还需要反复揣摩构思。这些都需要通过阅读引导学生细心体会。

（四）意象选择行为还原

即便作者记忆中最不能忘却的是与林徽因的恋情，可写的素材也很多，他们共同到过的地方应该也不少，为什么作者只想写康桥？

一首诗不可能什么都写，只能写最有感觉、最有意义的事物。我们只能猜测，也许康桥、康河、河畔、拜伦潭……是作者与林徽因当年流连忘返的地方，云彩、金柳、青荇……这些景物见证了他们美好的时光与恋情，是作者最难忘怀的，所以他选择这些具有象征意义的景物作为诗歌意象。

这涉及选材行为——作者为什么不写别的，只写这些。这不但与作者想表达什么有关，也与读者有关。相信徐志摩这首诗如果是写恋情的，他一定最想让林徽因读到，什么会唤起她曾经的情感记忆，大约是作者选材的主要依据。因此，选材思维不是作者的一厢情愿，还要有读者意识，要考虑哪些意象、题材、资料等是使读者有感觉、感兴趣、乐于接受的，能产生心理、情意共鸣。这对学生学习如何选材会有启发。

（五）意象构思行为的还原

作者题目是“再别康桥”，为什么诗中不是“作别康桥”，而是“作别西天的云彩”，为什么不用“再别伦敦”或“再别英国”，或“再别康桥的云彩”

为题？

还可以提出许多相关问题：这题目好吗？是否文不对题？如果是，为什么要这么做？是故弄玄虚还是要暗示什么？如果是你，觉得用什么题目比较合适？——文不对题，显然是作者有意为之。这就是构思的巧妙，是作者匠心独运。写作不是信笔挥洒，而是深思熟虑、奇思妙构。文不对题，只能解释为是作者故意“走神”，“无意间”透露玄机：“作别康桥”是幌子，真要作别的是“西天的云彩”。“云彩”象征什么，你就猜吧。欲盖弥彰，此地无银三百两；玩“无厘头”，给读者以无尽的遐想——作者想要的就是这种“迷宫”效应。

这是诗歌题目命名的妙用，原来“文不对题”也可以成为一种表意抒情技巧，也是“无理而妙”的招数，是言语智慧、才华的体现。

这涉及诗歌意象“构思”行为，使学生知道诗歌写作是要经过构思的，要追求写作方法、技巧，要写得奇妙。

解写，应成为教师阅读教学的自觉意识与基本能力。从解读文本现成的内容、意义、写作特点，到破解文本背后作者的写作行为过程，这是一个重要的转向，也是阅读教学向写作本位转向的一个标志。哪怕一开始只能读出一点作者的写作行为也是可喜的。

这种解写，在很大程度上是读者个性化“误读”。同一作品存在着极大的误读空间，存在无限的误读可能，师生可以自由地误读，各抒己见。要引导学生一道进入作者写作运思中去，一点一滴感悟写作——言语创造的奥秘与乐趣。只要能作出合理的解释，不必归于一是。但是，务必有师生、生生间的交流、讨论，尽可能有学生的参与，学生与作者同步运思，就有更高的参与度。这样，解写，顺理成章地变成学写。

这种解写——猜测性还原，本身也是有意义的。解写的猜测就是想象，是对作品的二度创造。师生不但可从中领略到了好作品是怎么写出来的，而且也是对师生想象力、运思力的极大锻炼。这样，阅读目标定位自然会从理解转向创造；学习方法自然不再是“占有”式的，而是“存在”式的。

七　与作者同行：让学生经历写作运思过程

对作者写作行为的还原与对学生写作创制力培养，可以同步进行。最好方式是让学生进入到作者的写作状态、写作情境中去，在还原作者写作行为过程的同时，调动学生写作认知、经验的参与——虚拟出处于作者的或相似的写作情境中，你（或一般人）会怎么想、怎么做、怎么写？比较二者差异在哪里？孰优孰劣？这能诱使学生进入写作运思情境——培养写作创制力，提高写作悟性。

在夏丏尊、叶圣陶先生的《文心》中有一篇“鉴赏座谈会”，借由学生锦华之口讲：“……我于读文章的时候，常把我自己放入所读的文章中去，两相比较。一壁读一壁在心中自问：‘如果叫我来写将怎样？’对于句中的一个字这样问，对于一句的构造和说法这样问，对于句语句的关系这样问，对于整篇文章的立意布局等也这样问。经过这样自问，文章的好坏就显出来了。那些写法和我相等的，我也能写，是平常的东西，写法比我好的就值得注意。我心中早有此意见或感想，可是写不出来，现在却由作者替我写出了，这时候我就觉到一种愉快。我们平常所谓‘欣赏者’，大概就是这愉快的心情吧。文章之中，尽有写法于我全然不同，或在我看去不该如此写，读去觉得有些与我格格不入的。我对于这种文章，如果当时未曾发现它的错处，常自己反省，暂时不加判断，留待将来再读。”①

比较的结果：一是写法与“我”差不多的是平常文章；二是“我”心中早已有类似的想法或意见写不出来，作者替“我”表达出来了，是比“我”好的文章；三是写法与“我”完全不同，暂时没法判断写得如何，留待将来自己水平提高后再读。第三种情况有两种可能，写得极差或极好。

夏、叶两位先生说的不是一般的鉴赏行为，而是提供了一杆秤：“如果叫我来写将怎样？”就是将文章的方方面面都与我在该语境中可能达到的写作水平进行比较。要比较出优劣，读者势必就要进入到作者的写作情境，设身处地猜测作者当时怎么想、怎么写。如果自己在这样的语境中，会怎么想、怎么写。仿佛跟着作者经历了一遍写作过程，在每一个写作环节上都驻足与作者切磋一番。如果学生面对的是经典、优秀文本，在这种“同步运思”中，势必会较为真切地了解到写作行为是怎样产生、进行的，悟到作者的许多优点与自身的不足，如能持之以恒，积少成多，其写作创制力必将受益匪浅。

自然，在这个比较过程中，务必“手到”。将同步运思中点滴的思考、感

---

① 夏丏尊、叶圣陶：《文心》，生活·读书·新知三联书店 1999 年版，第 265～266 页。

悟记录下来，所得就不仅是对该诗文内容的了解、理解，而且还懂得了好文章是怎样的，作者是怎么写出来的，作者写作修养高明在哪里，自己的差距与不足在哪里，知道该如何努力去提高自己。

仍以《再别康桥》为例，看看如何让自己与作者同步运思：

（一）置身离情别意语境感受宣泄欲求

——如果你离别故乡、亲人或母校、师友……是快乐、开心还是痛苦、难过，或是兼而有之？或是其他的什么情感？没有思念、怀念之情吗？不想写点什么表达自己的心情吗？你会像徐志摩这样一写、再写、还写吗？

将学生置于作者创作《再别康桥》（之前已写过《康桥再会罢》诗歌、《我所知道的康桥》散文，仍意犹未尽）的语境中，置于离情别意中，体会作者内心情感的强烈、丰富、滔滔不绝，感悟抒情之重要，激发其言语动机，唤醒其写作冲动。

这一比较也是对学生的一种情感熏陶、充沛，使之体会到离别对于人的情感折磨如斯，怀念如此刻骨铭心，抒情如此必要。一般人虽有离情别意，但可能未必如徐志摩那般强烈、汹涌，感到这种落差，不知不觉地就会受到影响、诱导，感受力就会提高，会逐渐变得多情善感。

叶圣陶先生说写作的源头是“充实的生活”：“要使生活向着求充实的路，有两个致力的目标，就是训练思想与培养情感。”① “人是生来就怀着情感的核的，如果能好好培养，自会抽芽舒叶，开出茂美的花，结得丰实的果。生活永远涵濡于情感之中，就觉得这生活永远是充实的。”② 虽然人天生是情感的动物，但是情感丰富性程度不一样，是需要养护、感染、陶冶的。再往深处想，有些人天生的情感未必复杂、细腻，或许也未必纯良、美好，所以需要培育，有了丰富、细腻、良善的情感，人生才会充实、美好。

培养情感的最佳途径就是文学经典作品的阅读。将自己的情感与作品中的细腻、美好的情感进行比较，便会唤醒自身某些沉睡着的情感，净化、升华某些低俗、粗鄙的情感。经过文学淘洗、养育的心灵，才会“开出茂美的花，结得丰实的果”。准确地说，陶冶情感的最佳途径更在于写作，由

① 叶圣陶：《作文论》，见刘国正主编：《叶圣陶教育文集》第三卷，人民教育出版社1994年版，第301页。

② 叶圣陶：《作文论》，见刘国正主编：《叶圣陶教育文集》第三卷，人民教育出版社1994年版，第304页。

读到写，将情感凝定、创制成美文，才会繁育出最美好、精致、永恒的情感。

（二）置身作者抒情语境体会倾诉对象

——如果你离别故乡、亲人或母校、师友……你最想对谁说，说些什么？

写作时大多有一个读者认定行为，往往被忽略了。这个读者可以是实有的，也可以是虚拟的；可以是个别人，也可以是群体。

一般来说，有了写的冲动，脑子里已有对谁说、说什么的想法。在教学、应试情境下，不是没有自我的表达意念与读者意识，而是这种表达意念与读者意识只是对着教师、命题者，这是被扭曲的"伪写作"表达观，与自然状态下的写作行为相悖。因此，在阅读教学中，有必要去还原作者的表达意图，他的情感是想向谁倾诉。读者，也是一个重要的写作动力因素。想说给谁听，听后会有什么反应，对写作行为的推动与制约作用至关重要。写给谁，还决定了写什么——立意与选材，怎么写——谋篇与表达。

可能有些作者会说自己写作时并不考虑写给谁，想说什么就说什么。这种情形的确存在，但要具体分析。朱光潜先生说得很精到，他认为"不视"，即目中无读者，这种态度可以产生最坏的作品，也可以产生最好的作品。一般空洞议论、陈腐讲章，枯燥叙述之类作品属于前一种。另有一种作品，作者尽管不挺身现在我们面前，只像在自言自语，却不失为最上乘作品。他赞赏后者："与其说他们'不视'，不如说他们'普视'"。这种"普视"最难，"如果没有深广的心灵，光辉不能四达，普视就流于不视。"①这是一般人难以达到的境界，是极少数天才才能达到境界。这种所谓的"不视"是一种错觉，实为"普视"；不是对某个人、某些人说，而是以所有人为读者的。

对于绝大多数作者来说，必须目中有人。朱光潜先生将其分为三种：仰视、俯视、平视。这几种态度各有适合的时机，也各随作者艺术本领而见成败，我们不能抽象地概括地对于某一种有所偏袒。……它们在文艺上各臻胜境。仰视必有尊敬的心情，俯视必有爱护的心情，平视必有亲密的心情，出乎至诚，都能感动。在仰视、俯视、平视之中，他比较赞成平视："因为这是人与人中间所应有的友谊的态度。""诚恳亲切是人与人相交接的无上美德，

---

① 朱光潜：《谈文学》，见《朱光潜美学文集》第二卷，上海文艺出版社 1982 年版，第 338 页。

也是作者对于读者的最好的态度……”[①] 他对作者与读者之间的态度，就说得很具体、深入了。对此，以往语文教学中基本上是缺失的，特别需要补上这一课。

对学生读者意识的培养，应关注作者是如何与特定读者对象的交流。《再别康桥》，假定作者是以林徽因为第一读者，那么，所写的一切意象，所表达的一切情感，想必都是“你知我知，天知地知”的，是最能唤起林徽因美好记忆而又不伤害她的，不能表达作者与林徽因的情感记忆完全没有交集，或是她难以接受的情感。这就是朱光潜所说的对读者“友谊的态度”，“诚恳亲切”的态度。可见，读者意识与确定读者，关系到了整个写作的运思与表达行为。

（三）置身作者抒情语境确定自己情感基调

——如果处于徐志摩的写作语境中，你是依依不舍还是潇洒（或故作潇洒）“作别”?

这涉及诗歌作者的“立意”行为。抒情性作品的“立意”就是确定情感基调。同时，要考虑以什么作为“主意象”。在该诗，主意象是“云彩”：“我轻轻地挥手，作别西天的云彩”“ 我挥一挥衣袖，不带走一片云彩”。其情感基调，多数人认为是很“潇洒”的。综合全诗看，我以为“潇洒”是装出来的，实质是“不忍”，是难以忘却，无法割舍，因而是“故作潇洒”，以期欲盖弥彰。一般来说，作者对自己要抒什么情，是写作时首先要确定的。

学生如果与作者同步运思，就要将自己“代”入到作者的语境，思考与留下自己美好恋情、记忆的地方诀别会是怎样的：伤感、痛苦、郁闷或是洒脱、开心、淡定，或是二者兼而有之，或是其他什么情感。如果有的学生没有亲身恋爱的体验，也是可以通过想象，设身处地地想。也可以另辟蹊径，同样用“如果你离别故乡、亲人或母校、师友……”作为写作语境，针对特定的对象、读者，确定自己的情感基调。

当然，抒情要抒真情。这需要“内视”，需要善于体验自我的内心。“作家、艺术家在形象思维活动中鲜明清晰地‘看’到了自己所想象所构思出来的艺术形象，有时甚至连人物、景物的最细微之处也历历在目，这种能力在艺术心理学上称之为内心视觉能力。内心视觉能力对艺术创造来说极为重要，

---

① 朱光潜：《谈文学》，见《朱光潜美学文集》第二卷，上海文艺出版社 1982 年版，第 339～340 页。

正如阿·托尔斯泰所说：‘凭借内在的视力来看所描绘的对象，来创造作品，这就是作家的法则。’”① 人的情感是复杂多变、飘忽不定的，人的内心世界比外部世界要更加难以捉摸，真切地表现出人的微妙、奇特的情感，是抒情性作品、文学作品的魅力所在。因此，对于写作来说，内视力比观察力（外视力）重要，内视比观察难度更高，尤须培养内视力。只重视观察力，无视内视力，是写作教育的一大误区。也是写作行为认知的一大误区。可以认为，缺乏良好的内视力，不论观察力（外视力）多好，一定写不好抒情性作品——也同样写不好叙事性作品。因为叙事性作品也需要作者对自己、他人内心的省察、想象。

（四）置身作者抒情主意象选择自身抒情载体

——徐志摩作别康桥作别的是“西天的云彩”，你作别故乡或母校，最想作别的是故乡或母校的什么？

这个问题似乎很简单，但是它涉及的写作行为很多。与选题、立意、选材、构思、表达等行为、能力都有关系。题目是“再别康桥”，而文章的主意象是“云彩”：“作别西天的云彩”“不带走一片云彩”，这是该诗最出彩、抢眼之处，是作者想象力、创造力、表现力等的集中表现。诗歌是象征的艺术，以什么“象”来承载“意”，自然是关键所在。选择主意象，是抒情性作品写作的普遍要求。

主意象可以说是一篇诗文的情感聚焦点，即“凝情点”。是一篇诗文最具个人独创性之处。所以，要让学生在这一行为上多逗留，想想自己对过往的一切最在意什么，应将自己的情感寄寓在哪一最难忘怀的景物上，什么是自己独特情感的最佳象征物。

作为主意象的景物要追求个性化、陌生化。如徐志摩是选择“西天的云彩”，对“康桥”，他最挥之不去的念想大约就是这绚丽、缥缈的云彩，这一意象是独一无二的，带给读者无尽的困惑与遐思：是象征心目中可望而不可即的女神，是作为恋情的见证、诗意的信物，或意味着飘忽不定、转瞬即逝的情感……

经过这样的引导，学生逐渐就会产生抒情写作的意识，知道情感需要寻求什么样的记忆表象来寄托与表现。就会勾起自己离别故乡、亲人、母校、

① 鲁枢元、童庆炳、程克夷、张皓主编：《文艺心理学大辞典》，湖北人民出版社2001年版，第30页。

知心挚友时那份原来不太经意的离愁别绪，加深对这种情绪记忆的体验，同时也会产生许多相关的联想。

（五）置身作者抒情文字磨炼抒情语感

——康河岸上的金柳，你觉得将其比作“夕阳中的新娘”好吗？家乡、校园的柳树、桃树、杨树、银杏树、木棉树……你将作何比喻？“潭”与“梦”这连着的两个比喻（天上虹、彩虹）好吗？你想用什么比喻？为什么？

那榆阴下的一潭，
不是清泉，是天上虹；
揉碎在浮藻间，
沉淀着彩虹似的梦。

这关注的是诗歌的文字表达行为。诗歌，大量运用比喻、象征、拟人等手法，这代表了诗歌言语创造特性，要让学生好好体会。这些手法也是其他文学作品，以至非文学作品的文学性的集中体现，是作者文字运用上灵性、智性的体现。因而，要让学生进入到作者的言语创造活动中，与作者一道体验这一重要的写作表达行为，并迁移到自己的写作中去。

将“金柳”比着“夕阳中的新娘”，是比较贴切的。当然，这是作者的“赋形”。是否贴切，取决于作者心中“新娘”的形象。也许每一个人，无论男女，心中都有属于自己的新娘的形象，因此，所选择的喻体是不一样的。徐志摩心中的“新娘”是秾丽美艳的，所以，他寻求的喻体是“金柳”。如果你心中的“新娘”是清新素雅的，也许你寻求的喻体就是亭亭玉立的“白桦”。——作者比喻之妙是“反”着比。将“金柳”比作“新娘”，实际上本应将“新娘”比着“金柳”。“新娘”才是主体：“波光里的艳影，在我的心头荡漾”。在心头荡漾着的艳影，自然是“新娘”，不可能是“金柳”。或者说是二者合一。我想，之所以“反”着比，是故意掩饰，以期获欲盖弥彰的效果。这就是构思之妙。

不应作单纯的文本解读性的琢磨，要跟学生表达自我的意念、意象发生勾连，让学生想到如果自己写怀念诗会选择什么景物作为象征物，会对其作何比喻，比喻是否贴切，美不美。是选择正着比，还是反着比。

关于“潭”与“梦”的比喻，可以加深学生对诗歌注重比喻手法运用的感悟。显然，用“虹”比喻色彩斑斓的景物是比较一般的联想，没有什么新鲜感。而且“天上虹”“彩虹”两个比喻的重复运用，更是诗歌表达的大忌。

退一步说，这也涉及重复用字的问题。——连一般文章都不宜在相近处重复用字。因此，这个比喻、用字可以说是个败笔。学生未必会想出更好的比喻，不要紧，让他们知道比喻对于诗歌表意的重要性就可以了。

在具体的文本阅读中，不一定要让学生在所有写作行为上同步运思，可以根据培养写作素养的目标与作品的特点，有选择、有重点地进行。一篇文章不可能在所有方面都好，即便是经典之作也是如此。关键是从培养写作素养出发，考虑用哪一篇文本最合适。

例如，培养文学感受力，可用郁达夫《故都的秋》。这篇抒情散文，作者体现了一种极致的敏感。对北方“秋味”纤细入微的感觉，是一般人所达不到的。学生如果对这些景物也有所留意、察觉，也有表现冲动，就有望成为散文家。

> 北国的槐树，也是一种能使人联想起秋来的点缀。像花而又不是花的那一种落蕊，早晨起来，会铺得满地。脚踏上去，声音也没有，气味也没有，只能感出一点点极微细极柔软的触觉。扫街的在树影下一阵扫后，灰土上留下来的一条条扫帚的丝纹，看起来既觉得细腻，又觉得清闲，潜意识下并且还觉得有点儿落寞。

解读、品味这两段文字，就是一种感受力的比较。作者将一般人司空见惯的槐树落蕊视为北方的秋的点缀，调动了视觉、听觉、嗅觉、触觉去体验：“早晨起来，会铺得满地（视觉）。脚踏上去，声音也没有（听觉），气味也没有（嗅觉），只能感出一点点极微细极柔软的触觉（触觉）。”这是很自然地发生的感受行为，而且确实让读者从一地的槐树落蕊与作者脚底下“极细微柔软”的触觉中，感到了“秋味”：秋风萧索、落英缤纷。这“落英”是有特点的，是南方未见过的“铺得满地”的槐树花蕊。

体现了作者超绝感受力的还在后面。作者回味着踏花而行的柔软感觉也就罢了，视觉居然还不放过扫地留下的痕迹，从中感觉到了一般人更难察觉的“细腻”“清闲”与“落寞”。从“外视”转向了“内视”，体察内心的感觉。“外视”偏于客观，“内视”偏于主观。谁能从灰土留下的“扫帚的丝纹”中产生“细腻”“清闲”“落寞”的感觉呢？可以说绝无仅有。这是作者将自己品出的北方“秋味”，投射、强加于景物上，“以我观物，故物皆着我之色彩”。

在作者的记忆中，清晰留存着雨后斜桥影里，“都市闲人”“微叹着互答着地说”的画面。文中所描摹的景物变化、人物对话的细节惟妙惟肖、历历在目。尤其是对他们对话中特殊的声调、读音的刻画，更是一般人的感觉难以企及的：

在灰沉沉的天底下，忽而来一阵凉风，便息列索落地下起雨来了。一阵雨过，云渐渐地卷向了西去，天又晴了，太阳又露出脸来了，着着很厚的青布单衣或夹袄的都市闲人，咬着烟管，在雨后的斜桥影里，上桥头树底下去一立，遇见熟人，便会用了缓慢悠闲的声调，微叹着互答着地说：

“唉，天可真凉了——”（这了字念得很高，拖得很长。）

“可不是吗？一层秋雨一层凉了！”

北方人念阵字，总老像是层字，平平仄仄起，这念错的歧韵，倒来得正好。

明明是习惯性读错字音，作者居然从中听出了“平平仄仄起”的诗歌的声调美感。似乎这些皇城根下都市文化熏陶过的“闲人”，不是读错字音，而是故意将说话当作“吟诗”。“一层秋雨一层凉了！”真是“天凉好个秋”啊。除了他，谁能品出“故都的秋”浸染着诗意色彩的“深味”？这北方的秋，是闲适、悠然、散淡的，是感叹岁月轮替、光阴易逝之苍凉的季节。不论时间过去多久，仍念念不忘那斜桥影中秋雨过后洋溢出的阵阵凉意；那秋风、秋雨、秋阳中如诗般的腔韵，在他的记忆中不知铿锵抑扬、咂摸吟咏了多少遍。有这样的外视力与内视力，作者的生活岂能不处处氤氲弥漫着诗情画意。

如果学生对作者的“外视”与“内视”行为心有灵犀，写抒情诗文就有了一定的智能基础，相信经过努力，定会有所进步；持之以恒的，便有望登堂入室。如果经过与作者感受行为的对比、揣摩，仍然对外部景物与内心情感麻木不仁，在抒情写作上恐怕再怎么追求也难有上佳的表现。

从培育写作素养的目标出发，对作者某一写作行为作有针对性地的还原，对与其相应的写作创制智能作深入、细致的琢磨，让学生从文本“解写”中，理解、领悟好文章是怎么写出来的，需要具备怎样的素养，自己在文章创制上是否具备了这些素养，或存在哪些欠缺，这样，在写作素养自我培育上，就有了方向感与行为自觉。

八　解剖作品：欣赏与批评同在

由于以往阅读的定位是“吸收”，所以对文本一向取“欣赏”的态度，认为所读皆好，唯求理解、领会，照单全收。而不是对文本作“鉴赏”：鉴别地欣赏，批判地吸收。丧失了反思力、批判力培养，阅读教学就缺失了最具创生力的一翼。

鲁迅先生说：“凡是已有定评的大作家，他的作品，全部说明着‘应该怎样写’。只是读者很不容易看出，也就不能领悟。因为在学习者一方面，是必须知道了‘不应该那么写’，这才会明白原来‘应该这么写’的。”① “应该那么写”，必须从大作家们的已完成了的作品中去领会，“不应该那么写”，最好是从同一作品的未定稿本去学习，此外，“新闻上的记事，拙劣的小说，那事件，是也有可以写成一部文艺作品的，不过那记事，那小说，却并非文艺——这就是‘不应该这样写’的标本”②。这就告诉我们要同时关注“应该这么写”与“不应该那么写”，既欣赏文本的优点（自己最喜欢的，尤其是作者写作动机、个性、风格），也思考、挑剔、批评其缺点。从他人失败的作品或作品的不足之处获取经验教训。这对于论辨类文本阅读尤其需要。

其实，就是已有定评的大作家、学者，其作品、文章也不是一切都好。就同一个作者来说，好文章也只是少数。好文章也不是一概都好，有些亮点就可以称为好文章。好与不好是相对的。任何事物都不可能完美，都可以一分为二。因此，欣赏是必要的，切不可过度作者、文本崇拜。从本质意义上说，文章写出来就是供读者批评、超越的。即便是对其优点的欣赏，也不应停留于赞美、吸收，要从摹仿走向创新。

前面讲过，从学写的角度说，文本阅读要从个性上升到文体共性，要聚焦于文体共性 ，文体共性体现的也是“应该这么写”。文本个性没法复制，也没必要复制。而文体共性是可以复制的，所以，教学重点应该放在对文体共性的领悟上。

---

① 鲁迅：《且介亭杂文二集·不应该那么写》，见《鲁迅全集》第 6 卷，人民文学出版社 1981 年版，第 312 页。

② 同上书，第 313 页。

这不是意味着对文本个性可以置之不顾，文本个性除了可供从中抽象出共性，让学生效法外，文本个性的鉴赏也可以培养知、情、意素养，提高对文本、篇章、文字等的感受力。对文本个性的鉴赏，还可以为写出随笔性、评论性、研究性文章做准备。对文本个性的思考应做到意到笔随。有任何的想法都要及时记录下来，可以摘录、提要、钩玄、评点、批注等。

高品位的鉴赏，要有大量的阅读垫底，以深厚的知、情、意素养为背景。因此，拓展性、互文性阅读，读书笔记写作习惯的养成，十分必要。否则，就难以读出有价值的认知。

文本个性鉴赏从大处看，可分为“应该这么写”与“不应该那么写”两个视角。前者是欣赏性、学习性的，后者是批评性、否定性的。由于每一文本都关涉到作者写作素养的方方面面，所以，以评点、评论、研究为目的的鉴赏活动，可以看作是写作五大素养综合性的培养、检验与呈现。

先说“应该这么写”。

就优秀、经典文本来看，可关注处甚多，不可能一一涉及，首先关注其中最精彩之处。这需要较好的“前理解”背景、敏锐的阅读初感。基于不同的“前理解”，对文本的“秘妙”（精妙、佳妙）允许见仁见智。这不是说学生在“前理解”还不完善时就不能表达自己对文本的认知。品评、鉴赏的过程，也有助于建构、提高“前理解”水平。在鉴赏过程中，在让学生充分发表见解的同时，作为“平等者”中的一员，教师自身的独立鉴赏是不可或缺的。如果教师只作为教材、教参的传声筒，那就永远别指望学生对文本会有独到的发现。

仍以《再别康桥》为例。

（一）应该这么写

开头与结尾两节，“作别西天的云彩”“不带走一片云彩”，寄寓了作者内心无限的眷念、伤感，却故作潇洒之态，是写得很出彩的。这些一般人大约都读得出来。我以为诗的主体部分写得最好的是下面这一节，奇异、灵动，耐人寻味。似乎读者关注得还不多：

> 但我不能放歌，
> 悄悄是别离的笙箫；
> 夏虫也为我沉默，
> 沉默是今晚的康桥！

1. 情感起伏跌宕：由前一节“在星辉斑斓里放歌”，突然逆转“但我不能放歌”，情绪由高亢逐渐转向沉郁，出人意表。其情绪变化层次感极强：“放歌”（大声）——“不能放歌”（敛声）——“悄悄”（小声）——“沉默”（“夏虫”无声）——“沉默”（“康桥”无声）；“沉默”的顶针、反复：“夏虫也为我沉默，沉默是今晚的康桥！”将沉郁的情感推向极致。——可见，“沉郁”，才是作者内心深层、真实情感的表露。

2. 修辞新鲜奇妙：“悄悄是别离的笙箫；夏虫也为我沉默”，这两处比喻与拟人都很有想象力，两个信手拈来的意象“笙箫”“夏虫”，原本是非常喧闹的，皆因作者的移情而变得悄无声息，这也是移情导致的“无理而妙”。尤其是“悄悄是别离的笙箫”，喻体“别离的笙箫”是虚拟的，同样是想象，“夏虫”却是实有的。一虚一实，一比喻一拟人，相映成趣。“悄悄是别离的笙箫”，无中生有、虚无缥缈的笙箫声，近乎美丽的幻觉；万籁俱寂，若隐若现的悲伤的曲调，在心中娓娓奏起，柔肠千结、凄美动人。其对“移情”“拟人”景物的内视、内模拟，是一般人难以想象得到、表现得出的。

这一节诗，从意象到文字，是作者离别情感的真切流露，达到了其感受力、创造力的极致，可谓全诗的点睛之笔、神来之笔。

（二）不应该那么写

该诗也有值得商榷之处。

1. 用字不和谐

> 那榆阴下的一潭，
> 不是清泉，是天上虹；
> 揉碎在浮藻间，
> 沉淀着彩虹似的梦。

这里除了重复使用“虹”这个喻体外，“一潭”与“天上虹”中的“潭”“虹”二词，不符合习惯上的白话语法，最好要用双音字，如“石潭”“深潭”“潭水”“彩虹”。“一潭”“天上虹”不但听觉上费解、别扭，读起来也觉得局促，不和谐。“天上虹”的“天上”也是赘语。

2. 重复用字多

> 我甘心做一条水草！/那榆阴下的一潭，/寻梦？撑一支长篙，/满载一船星辉，/我挥一挥衣袖，/不带走一片云彩。

在后 17 行诗中，出现了 6 个“一”字。这不符合普遍的文字美感，更不用说用字特别讲究的诗歌了。有些“一”字是可以不用的。

3. 韵脚不和谐

诗中的第1、2、7节押韵，第3、4、5、6节不押韵。既是自由诗，要么干脆统统不押韵。想押就押，不想押就不押，读来反而让人觉得不舒服。

再如，对《故都的秋》的鉴赏，从这两个角度入手，也会发现值得品鉴、琢磨之处。

（一）应该这么写

1. 抒情角度新

在郁达夫笔下，对故都的秋的情感，不在对其秋意的怀念，因为写秋意，再怎么写也难以超越欧阳修的《秋声赋》：

> 盖夫秋之为状也：其色惨淡，烟霏云敛；其容清明，天高日晶；其气慄冽，砭人肌骨；其意萧条，山川寂寥。故其为声也，凄凄切切，呼号愤发。丰草绿缛而争茂，佳木葱茏而可悦；草拂之而色变，木遭之而叶脱。其所以摧败零落者，乃其一气之馀烈。

郁达夫的写作智慧在于试图避开写清、静、悲凉，或是深沉，幽远、严厉、萧索这些尽人皆知的北方的秋意，也不落入触景生情写人生、仕途感慨之俗套。主要写“品”秋味、有“深”味。对南方不温不火的秋味的不屑，对北方“十足”秋味的任性地品咂、偏爱。絮絮叨叨地写北方的槐树、鸽哨、牵牛花、秋蝉、秋雨、果树……写秋雨秋阳下“都市闲人”泰然、惬意、随顺的心态与如吟诗般的腔韵。没有多少悲凉与伤感，却满是赞赏与陶醉。

2. 感觉细

意象奇特，写他人感觉不到之秋“味”。

落花到处都有，灰土上扫帚的丝纹也时有见到，但没谁像作者那样感觉出踏花踏出、扫花扫出的“清闲”“落寞”味。作者描摹了一幅《都市闲人赏秋图》，念错音反而觉得更有韵味，且一并构成他心中的秋景、秋味。这些极特殊的感觉，是一般人察觉不出来的。这不完全是触觉、视觉、听觉敏锐，而是表象、情绪记忆深刻。这不是靠“认真观察”或“五官开放”，所能做到的。散文家纤细如丝的感觉与情感，不是刻意的，是一种天赋、才情。

（二）不应该那么写

仔细读，还是可以发现不少可挑剔之处。不论挑剔得对否，通过讨论、思考，都有助于培养、提高学生的散文文体感、语境感、语感。在提出文中存在问题时，可以让学生考虑怎样修改。

1. 概念混淆

散文标题是《故都的秋》，文中许多地方写的是“北方”“北国”，这显然与“故都”“北平”不是一个概念。如“北国的槐树”“北国的特产”“北方的秋雨”“北方人念阵字”“北方的果树”“北方便是尘沙灰土的世界”“是北国的清秋的佳日”“尤其是中国的秋的深味，非要在北方，才感受得到底”“比起北国的秋来……”比较而言，文中“故都”是用得最少的。

北方、北国包含北平，但是不等于北平。北平是故都，但是北平也不等于故都。“北平”是一个普通的地名，而“故都”是一个文化、情感、历史符号，承载了厚重悠远的人文内涵。按照文章已有的标题，全文地域名称应统一为“故都”，自然，偶尔用北平也未尝不可。或干脆将题目改为：北国之秋或北平之秋。

2. 文不对题

“故都”的“秋”的特点，说得还不如“北国”的“秋”多。主要讲的是“北国”“北方”之秋的特点。较少“北平”之秋特点，极少体现“故都”之秋的特点。有许多描写与“南国之秋”无异：牵牛花、落花、果树成熟、秋雨……南方都有，也没有体现与南方的差异。“故都”特有的历史、文化“秋味”表现得还不是很足。就是下面这个细节是最有“故都”味的：

> “可不是吗？一层秋雨一层凉了！”
>
> 北方人念阵字，总老像是层字，平平仄仄起来，这念错的歧韵，倒来得正好。

连说话都像是吟诗——这挺有“文化”的，能体现“故都”的特点，可惜说的不是“故都人”或“北平人”，而是“北方人”。跑题了。

3. 意念分歧

语义不明、互相干扰，造成理解障碍。

开头段有两个意思：

一是揭示北国之秋的特点：

> 北国的秋，却特别地来得清，来得静，来得悲凉。

二是表明目的是饱尝“故都的秋味”：

> 我的不远千里，要从杭州赶上青岛，更要从青岛赶上北平来的理由，

也不过想饱尝一尝这“秋”，这故都的秋味。

读者不清楚究竟哪一个才是作者的表现意图，我以为作者主要是讲后者，讲前者没什么意义，因为这些特点尽人皆知。但许多人误以为是讲前者，以为“故都的秋味”就是指上面说的“清”“静”“悲凉”。其实，下文并不是围绕着这些特点来讲。

这里也同样有“北国的秋”与“故都的秋味”概念不清晰的问题。读来不知“北国”与“故都”所指究竟是一回事，还是两码事。

4. 内容掺杂

倒数第五段，讲北方的果树收获：

> “北方的果树，到秋来，也是一种奇景。第一是枣子树，屋角，墙头，茅房边上，灶房门口，它都会一株株地长大起来……”

这些似乎不论与感觉、情感的清、静、悲凉，还是与品尝“故都”的秋味均无关系。更重要的是，这些果树似乎不是长在北京城里的，作者自己说的就是“北方”，写的也像是乡村景物，与“故都”无关，可删。

5. 喧宾夺主

倒数第四段是全文中最长的一段，是在抒情中插进一段冗长的议论，显得突兀，且不伦不类：

> 有些批评家说，中国的文人学士，尤其是诗人，都带着很浓厚的颓废的色彩，所以中国的诗文里，赞颂秋的文字的特别的多。但外国的诗人，又何尝不然……

最重要的是，这里讲的不是“故都”，大多连“北方”都不是，而是中外文人写秋的文字、对秋的情感，与“故都的秋”毫无关系。大约作者自己也觉得跑题跑得有点太不像话了，不得不在该段结尾“点题”一下，把脱缰的野马套回来：“可是这秋的深味，尤其是中国的秋的深味，非要在北方，才感受得到底。”——读来文气不畅，且有显摆“学问”之嫌。

6. 议论偏颇

> “不过在中国，文字里有一个‘秋士’的成语，读本里又有着很普遍的欧阳子的《秋声》与苏东坡的《赤壁赋》等，就觉得中国的文人，与秋的关系特别深了……”

一个成语，两篇赋，就能表明中国文人与秋的关系“特别”深吗？还不如上面自己所举的外国文人与秋的关系深。

7. 自相矛盾

> 我虽则外国诗文念得不多，也不想开出账来，做一篇秋的诗歌散文钞，但你若去一翻英德法意等诗人的集子，或各国的诗文的 Anthology 来，总能够看到许多并于秋的歌颂和悲啼。各著名的大诗人的长篇田园诗或四季诗里，也总有关于秋的部分，写得最出色而最有味。

与下文"中国的文人，与秋的关系特别深……"自相矛盾，将该文的表述进行比较，显然，外国文人与秋的关系比中国文人更深。

8. 文气不畅

除了前面讲到的重要概念：北方、北国、故都、北平混用，许多讲的不是故都的秋，而是北方农村的秋，影响到了文气外，其中全文最长的段落，讲中外文人与秋的关系，跑题，严重干扰了抒情系统。该段的结尾"……就觉得中国的文人，与秋的关系特别深了。可是这秋的深味，尤其是中国的秋的深味，非要在北方，才感受得到底。"——该段结尾句"可是……"从讲中国文人与秋的关系特别深，扯到要在哪里（北方）才能感受到"秋的深味"，这两层意思跳跃性也太大了，二者没有关联性，逻辑混乱。该句并没有转折的意味，十分生硬、牵强。

9. 文意纠缠

倒数第三段：

> 南国之秋，当然也是有它的特异的地方的，比如廿四桥的明月，钱塘江的秋潮，普陀山的凉雾，荔枝湾的残荷等等，可是色彩不浓，回味不永。比起北国的秋来，正像是黄酒之与白干，稀饭之与馍馍，鲈鱼之与大蟹，黄犬之与骆驼。

与正数第二段文意相似：

> 江南，秋当然也是有的，但草木凋得慢，空气来得润，天的颜色显得淡，并且又时常多雨而少风；一个人夹在苏州上海杭州，或厦门香港广州的市民中间，混混沌沌地过去，只能感到一点点清凉，秋的味，秋的色，秋的意境与姿态，总看不饱，尝不透，赏玩不到十足。秋并不是名花，也并不是美酒，那一种半开、半醉的状态，在领略秋的过程上，是不合适的。

两段说的都是北方的秋比南方更有味道，同样的意思，不应隔了若干段后再重复，读来似曾相识。两段内容可整合在一起。

对优秀诗文进行批评，似乎不近情理、不够厚道，任何好文章都很难做到无可挑剔，包括笔者自己的文字也是如此。一般的欣赏性阅读，自然可以对这些缺点视而不见。但是，如果从“学写”的角度来说，从培养学生的文字修养的目的出发，对文本的批评，当是不可或缺的。一个作者，必须先从阅读中获取言语敏感力，才能迁移到写作中去。如果阅读对文字的优劣没感觉，写作也不可能拥有良好的语感。

这种文本批评意识，是当下阅读教学最感缺失而又是至关重要的。应改变阅读教学只有文本欣赏，而没有文本批评的现状。应使文本批评成为阅读教学的常规——不只是停留在文本批评上，对文本存在的问题，可引导学生考虑如何修改，以此作为讨论或练习的一项主要内容。这对于磨炼学生的文体感、语境感、语感等，极有助益。

附录一

孙犁《山地回忆》的误读

正读：军民鱼水情；误读：男女恋情。

正读：女孩率真、可爱，男孩愚钝、憨厚，这些是表象；误读：女孩狡黠、有心机，“我”也同样狡黠、有心机。“我”比女孩更有城府，大“智”若愚，这些是实质。

小说写的是一对很会“装”的“鬼精”男女的人生交集。在女孩是精心策划的美丽恋情，在“我”只是逢场作戏的青春阅历。女孩的“鬼精”不失可爱、可怜，“我”的“鬼精”则可憎、可鄙。小说富有情趣地叙写了一个现代版的老套的爱情故事：痴情女子负心汉。——或许是作者有感于某些“进城”后抛妻别子、另谋新欢的“胜利者”而作。

以下原文中括号部分的文字为本人的误读。

山地回忆

孙　犁

从阜平乡下来了一位农民代表，参观天津的工业展览会。我们是老交情，已经快有十年不见面了。我陪他去参观展览，他对于中纺的织纺，对于那些改良的新农具特别感兴趣。临走的时候，我一定要送点东西给他，我想买几尺布。（**“我一定要送点东西给他”，是要表达一份歉疚。不送“他”“新农具”而送“布”，是想以“布”还“布”——还债。“我”欠下的是良心债，岂是“做袜子”的几尺布？足见“我”薄情寡义而又虚情假意**）

为什么我偏偏想起买布来？因为他身上穿的还是那样一种浅蓝的土靛染的粗布裤褂。这种蓝的颜色，不知道该叫什么蓝，可是它使我想起很多事情，想起在阜平穷山恶水之间度过的三年战斗的岁月，使我记起很多人。这种颜色，我就叫它“阜平蓝”或是“山地蓝”吧。

他这身衣服的颜色，在天津是很显得突出，也觉得土气。但是在阜平，这样一身衣服，织染既是不容易，穿上也就觉得鲜亮好看了。阜平土地很少，山上都是黑石头，雨水很多很暴，有些泥土就冲到冀中平原上来了——冀中是我的家乡。阜平的农民没有见过大的地块，他们所有的，只是像炕台那样大，或是像锅台那样大的一块土地。在这小小的、不规整的，有时是尖形的，有时是半圆形的，有时是梯形的小块土地上，他们费尽心思，全力经营。他们用石块垒起，用泥土包住，在边沿栽上枣树，在中间种上玉黍。

阜平的天气冷，山地不容易见到太阳。那里不种棉花，我刚到那里的时候，老大娘们手里搓着线锤。很多活计用麻代线，连袜底也是用麻纳的。

（这个开头部分，作者特地用了较多的笔墨解释“我为什么偏偏想起买布来”，一是“此地无银三百两”，为掩饰自己还“做袜子”的布，以摆脱“良心债”这一不可言喻的买布、送布动机。一是为全篇爱情悲剧埋下伏笔：先说阜平人“土气”，再说阜平“穷山恶水”之贫困，作为参照的是比较富裕的冀中平原的“我”的家乡——隐含着“我”嫌弃阜平人的原因：“土气”与“贫困”，为下文女孩无果而终的“恋情”下注脚）

就是因为袜子，我和这家人认识了，并且成了老交情。那是个冬天，该是一九四一年的冬天，我打游击打到了这个小村庄，情况缓和了，部队决定休息两天。

我每天到河边去洗脸，**（女孩一定也常来河边洗菜，在许多在此洗脸的八路军战士中看到“我”，一见钟情）**河里结了冰，我登在冰冻的石头上，把冰砸破，浸湿毛巾，等我擦完脸，毛巾也就冻挺了。有一天早晨，刮着冷风，只有一抹阳光，黄黄的落在河对面的山坡上。我又登在那块石头上去，砸开那个冰口，正要洗脸，听见在下水流有人喊：**（在此砸冰洗脸的绝不止“我”一人，她独独冲着“我”来，说明“我”是被她盯上了。下面的“吵架”显然是女孩设的套：如果她真嫌水被洗脏了，可到上流洗菜啊，可见她是故意提了菜到下水洗，目的就是为了制造与“我”说话、认识的机会）**

“你看不见我在这里洗菜吗？洗脸到下边洗去！”**（女孩故意挑起事端，不打不相识嘛）**

这声音是那么严厉，我听了很不高兴。这样冷天，我来砸冰洗脸，反倒妨碍了人。心里一时挂火，就也大声说：

“离着这么远，会弄脏你的菜!”(此时的“我”确实是“憨”，被激怒中了圈套)

我站在上风头，狂风吹送着我的愤怒，我听见洗菜的人也恼了，那人说：

“菜是下口的东西呀！你在上流洗脸洗屁股，为什么不脏?”(女孩是故作恼怒，照预定计策实施，激化矛盾)

“你怎么骂人?”我站立起来转过身去，才看见洗菜的是个女孩子，也不过十六七岁。风吹红了她的脸，像带霜的柿叶，水冻肿了她的手，像上冻的红萝卜。她穿的衣服很单薄，就是那种蓝色的破袄裤。

十月严冬的河滩上，敌人往返烧毁过几次的村庄的边沿，在寒风里，她抱着一篮子水沤的杨树叶，这该是早饭的食粮。

不知道为什么，我一时心平气和下来。(“我”心平气和下来，是因为女孩的确可怜——不得温饱，而且可爱——口没遮拦，“率真”)我说：

“我错了，我不洗了，你在这块石头上来洗吧!”(“我”因同情而心软，让步)

她冷冷地望着我，过了一会才说：(女孩事前没料到“我”战斗力这么差，心想要是太快结束战斗，预想便会落空，一时语塞，临时想茬)

“你刚在那石头上洗了脸，又叫我站上去洗菜!”(“我”刚在那石头上洗了脸，女孩为什么不可以站上去洗菜？“我”有传染病吗？——因为是临时编造，一时找不到合适的理由，只能强词夺理)

我笑着说：(“我”“笑”，是因为开始有点明白女孩是故意找茬了)

“你看你这人，我在上水洗，你说下水脏，这么一条大河，哪里就能把我脸上的泥土冲到你的菜上去？现在叫你到上水来，我到下水去，你还说不行，那怎么办哩?”(这时的“我”是装“憨”，故意傻乎乎地和她说理，女孩以为“我”上钩了，她想要的就是这个效果)

“怎么办，我还得往上走!”

她说着，扭着身子逆着河流往上去了。登在一块尖石上，把菜篮浸进水里，把两手插在袄襟底下取暖，望着我笑了。(女孩为了相识，故意装横，不讲理，因为越不讲理越会引起注意。由于自以为计谋得逞，得意，所以“望着我笑了”)

我哭不得，也笑不得，只好说：

“你真讲卫生呀！”（果然，不“打”不相识，有话可说了，“我”由被动应战到主动搭话）

“我们是真卫生，你是装卫生！你们尽笑我们，说我们山沟里的人不讲卫生，住在我们家里，吃了我们的饭，还刷嘴刷牙，我们的菜饭再不干净，难道还会弄脏了你们的嘴？为什么不连肠子都刷刷干净！”说着就笑的弯下腰去。（女孩见鱼儿上钩了，乐翻了，伶牙俐齿超水平发挥，自鸣得意地笑）

我觉得好笑。可也看见，在她笑着的时候，她的整齐的牙齿洁白的放光。（“牙齿洁白的放光”说明女孩其实自己也刷牙，也很讲卫生的，嘲弄“我”“刷嘴刷牙”是故意开玩笑。“我”看穿了女孩的心机，但不戳穿：鬼精）

“对，你卫生，我们不卫生。”我说。（“我”装憨，示弱，让女孩得意）

“那是假话吗？你们一个饭缸子，也盛饭，也盛菜，也洗脸，也洗脚，也喝水，也尿泡，那是讲卫生吗？”她笑着用两手在冷水里刨抓。（女孩乘胜追击，示强，不依不饶）

“这是物质条件不好，不是我们愿意不卫生。等我们打败了日本，占了北平，我们就可以吃饭有吃饭的家伙，喝水有喝水的家伙了，我们就可以一切齐备了。”（“我”这说的是心里话，“我”是很看重“物质条件”的）

“什么时候，才能打败鬼子？”女孩子望着我，“我们的房，叫他们烧过两三回了！”（“我”说到“物质条件不好”，女孩以为快到鱼儿上钩要收线的时候了，设法绕到为“我”“做袜子”的正题上）

“也许三年，也许五年，也许十年八年。可是不管三年五年，十年八年，我们总是要打下去，我们不会悲观的。”我这样对她讲，当时觉得这样讲了以后，心里很高兴了。（“我”“高兴”，是由争吵而贴近、亲近，油然升起保护、拯救弱女的英雄感使然）

“光着脚打下去？”女孩子转脸望了我脚上一下，就又低下头去洗菜了。（女孩见时机成熟，迅速切入正题，虽是预谋，毕竟主动示爱也难为情，为了掩饰害羞，“低下头去洗菜”）

我一时没弄清是怎么回事，就问：“你说什么？”（鬼精的“我”这时确实有点迟钝，因为女孩话题转换太突然，“我”前句话说的是“打日本”的雄心壮志，还沉醉于英雄主义的气概中，突然被问到“光着脚打下去？”这个俗而又俗的实际问题，一时没反应过来）

“说什么？”女孩子也装没有听见（可见女孩是很会“装”的——“装没有听见”是为了想对策），“我问你为什么不穿袜子，脚不冷吗？也是卫生吗？”（决定以调侃来掩饰尴尬）

“咳！”我也笑了，“这是没有法子么，什么卫生！从九月里就反‘扫荡’，可是我们八路军，是非到十月底不发袜子的。这时候，正在打仗，哪里去找袜子穿呀？”（想穿而没有袜子，这正是女孩所期待的也是意料之中的回答）

“不会买一双？”女孩子低声说。（女孩这么问是险招，她有点不自信，担心万一这傻小子受到“启发”，真跑去买怎么办，计谋不就落空了，所以是“低声说”——由此之后女孩说话从嚣张变得温柔，分寸拿捏得很好）

“哪里去买呀，尽住小村，不过镇店。”我说。（没地方买——女孩算是石头落地，有惊无险、柳暗花明）

“不会求人做一双？”（女孩收线了：求我做啊）

“哪里有布呀？就是有布，求谁做去呀？”（女孩等着的就是这句话）

“我给你做。”（女孩“图穷匕见”，以为这下“我”没跑了——为啥单给“我”一个人做袜子，不给大家做，或给别的战士做？这不是示爱吗？）女孩子洗好菜站起来，“我家就住在那个坡子上”，她用手一指，“你要没有布，我家里有点，还够做一双袜子。”（如果不是示爱，做袜子就做袜子，有必要告诉“我”她家在哪里吗？可见女孩为“我”做袜子不是临时起意，而是早就盘算好了：作为引“我”来家里的诱饵）

她端着菜走了，我在河边上洗了脸。我看了看我那只穿着一双“踢倒山”的鞋子，冻得发黑的脚，一时觉得我对于面前这山，这水，这沙滩，永远不能分离了。（面对这份从未品味到的温情，“我”似乎动心了，被俘了，不想走了——但只是“一时觉得”，实际上并没有真动情，所以才有后来义无反顾地走了，此语妙哉！）

我洗过脸，回到队上吃了饭，就到女孩子家去（为“冻得发黑的脚”找袜子去，也为了荒寂的内心暂时取暖）。她正在烧火，见了我就说：

“你这人倒实在，叫你来你就来了。”（“我”“实在”？——女孩看走眼了）

我既然摸准了她的脾气，只是笑了笑，就走进屋里。（“我”并不“实在”，鬼精得很，“摸准了她的脾气”，所以含蓄地笑而不语）屋里蒸气腾腾，等了一会，我才看见炕上有一个大娘和一个四十多岁的大伯，围着一盆火坐着。在大娘背后还有一位雪白头发的老大娘。一家人全笑着让我炕上坐。女孩子说：

“明儿别到河里洗脸去了，到我们这里洗吧，多添一瓢水就够了！”（女孩继续示爱，趁热打铁拉近距离）

大伯说：

“我们妞儿刚才还笑话你哩！”

白发老大娘瘪着嘴笑着说：

“她不会说话，同志，不要和她一样呀！”

“她很会说话！”（潜台词是女孩设的“局”已经被“我”看穿了）我说，“要紧的是她心眼儿好，她看见我光着脚，就心疼我们八路军！”（此句是本文秘蕴所在。心口误差：明知道女孩是心疼“我”，偏不说心疼“我”，而说“心疼我们八路军”——只有一双袜子，“心疼”得着众多“八路军”吗？显然是揣着明白装糊涂，目的是撇清关系。表明“我”的内心对女孩的示爱不领情，有意曲解“女孩”的情意：你是心疼八路军，不是心疼“我”。——也可以视为作者精心设下的“迷局”，将大意的读者往“军民鱼水情”主题上“误导”，以掩饰爱情主题）

大娘从炕角里扯出一块白粗布，说：

“这是我们妞儿纺了半年线赚的，给我做了一条棉裤，剩下的说给她爹做双袜子，现在先给你做了穿上吧。”（故意通过“大娘”的嘴说出来，女孩是将本来给爹做袜子的布，拿给“我”做袜子，这是多大的情分，多么的痴情？）

我连忙说：

“叫大伯穿吧！要不，我就给钱！”（“我”又“装”，明明想“穿”却说“叫大伯穿吧”，明明没钱还假惺惺地说“我就给钱”）

“你又装假了，”女孩子烧着火抬起头来，“你有钱吗？”（女孩一眼就看出“我”装假了，精明得很。可见前面“我”说“哪里去买呀，尽住小村，不过镇店”，这也是假话。没钱上哪儿买去？）

大娘说：

“我们这家人，说了就不能改移。过后再叫她纺，给她爹赚袜子穿。早先，我们这里也不会纺线，是今年春天，家里住了一个女同志，教会了她。还说再过来了，还教她织布哩！你家里的人，会纺线吗？”（问

“我”家里的人会纺线吗，这是节外生枝，是为了引出下文“我”不经意间流露出的“穿洋布”的自豪感，不着痕迹地表明“我”瞧不上这穷山恶水苦人家，连一块“白粗布”都那么金贵）

“会纺！”我说，“我们那里是穿洋布哩，是机器织纺的。大娘，等我们打败日本……”（“我”是来自冀中平原某城市或城郊的，生活条件比这好，有优越感。“我”是穿洋布的，你们是穿土布的）

“占了北平，我们就有洋布穿，就一切齐备！”女孩子接下去，笑了。（“心心误差”，女孩没听出“我”的话的弦外之音，仍与“我”开玩笑）

可巧，这几天情况没有变动，我们也不转移。每天早晨，我就到女孩子家里去洗脸。第二天去，袜子已经剪裁好，第三天她已经纳底子了，用的是细细的麻线。她说：

“你们那里是用麻用线？”

“用线。”（女孩这里最好的就是“麻线”，而“我”那里用的是“线”，还是暗示两人生活地域的贫富差别，也暗示了“我”与女孩的心理距离）我摸了摸袜底，“在我们那里，鞋底也没有这么厚！”

“这样坚实。”女孩子说，“保你穿三年，能打败日本不？”（这是一双特别“坚实”的袜子，在女孩是坚贞爱情的信物）

“能够。”我说。（女孩心想：那我就等你三年，打败日本你要回来！）

第五天，我穿上了新袜子。（女孩用千针万线将痴情、甜蜜、信赖缝进了袜子，期待着打败日本后的圆梦。而对于“我”来说，这只是暂时用来保暖的几尺“白粗布”做的一双袜子——日后还您几尺“洋布”吧）

和这一家人熟了，就又成了我新的家（“我”被当作家庭成员才会有“新的家”的感觉），这一家人身体都健壮，又好说笑，女孩子的母亲，看起来比女孩子的父亲还要健壮。女孩子的姥姥九十岁了，还那么结实，耳朵也不聋，我们说话的时候，她不插言，只是微微笑着，她说：她很喜欢听人们说闲话。（俨然是其乐融融的一家人）

女孩子的父亲是个生产的好手，现在地里没活了，他正计划贩红枣到曲阳去卖，问我能不能帮他的忙。（不把“我”当外人）部队重视民运工作，上级允许我帮老乡去作运输，每天打早起，我同大伯背上一百多斤红枣，顺着河滩，爬山越岭，送到曲阳去。女孩子早起晚睡给我们做饭，饭食很好，一天，大伯说：

“同志，你知道我是沾你的光吗？”

“怎么沾了我的光？”

“往年，我一个人背枣，我们妞儿是不会给我吃这么好的！”（女孩对“我”好得很过分，连父亲都嫉妒）

我笑了。（对女孩的心思，“我”心知肚明，但心安理得地接受了这份特殊的“礼遇”）女孩子说：

“沾他什么，他穿了我们的袜子，就该给我们做活了！”（看“我”装傻，女孩表面是回应父亲的话，实际上是说给“我”听的。以开玩笑的方式捅破了这层窗户纸，直言不讳地告诉我：穿我做的袜子，吃我做的饭，给我们家干活，就是我的人了）

又说：

“你们跑了快半月，赚了多少钱？”（并非表明女孩对钱财精明，而是表明她早想好怎么用这钱了，这是她的爱情规划中的一部分）

“你看，她来查账了，”大伯说，“真是，我们也该计算计算了！”他打开放在被垒底下的一个小包袱，“我们这叫包袱账，赚了赔了，反正都在这里面。”

我们一同数了票子，一共赚了五千多块钱，女孩子说：

“够了。”

“够干什么了？”大伯问。

“够给我买张织布机子了！这一趟，你们在曲阳给我买架织布机子回来吧！”（女孩是否看出了“我”挺在意“物质”的，就往“物质”上筹划，编织未来的幸福生活）

无论姥姥、母亲、父亲和我（“我”觉得自己也有发表意见的权利，可见身份如同家人一般），都没人反对女孩子这个正义的要求。我们到了曲阳，把枣卖了，就去买了一架机子。大伯不怕多花钱，一定要买一架好的，把全部盈余都用光了。我们分着背了回来，累得浑身流汗。

这一天，这一家人最高兴，也该是女孩子最满意的一天。这像要了几亩地，买回一头牛；这像制好了结婚前的陪送。（用“结婚前的陪送”这个比喻，暗示女孩是想要与“我”结婚的，或许女孩确实就是想以此作为自己结婚前的陪送的——这台织布机寄托了女孩对爱情与成家立业的美梦：父亲与自己喜欢的小伙子共同挣来的结婚“陪送”，多么有纪念意义）

以后，女孩子就学习纺织的全套手艺了：纺，拐，浆，落，经，镶，织。

当她卸下第一匹布的那天，我出发了。从此以后，我走遍山南塞北，那双袜子，整整穿了三年也没有破绽。一九四五年，我们战胜了日本强盗，我从延安回来，在碛口地方，跳到黄河里去洗了一个澡，一时大意，奔腾的黄水，冲走了我的全部衣物，也冲走了那双袜子。（打败了日本，然而“我”并没有回到女孩的身边。黄水冲走了袜子，象征着那份短暂美好的情感已尽付东流。女孩不折不扣地兑现了可以穿三年的承诺，“我”却“大意”地丢失女孩的爱的信物）黄河的波浪激荡着我关于敌后几年生活的回忆，激荡着我对于那女孩子的纪念。（对于女孩是一个美丽的爱情梦幻，对于“我”是一个人生小插曲，一段温馨的记忆。也许心动过，也许不曾，也许“理智”战胜了感情……但终归是应了那句很俗的古话：痴情女子负心汉）

开国典礼那天，我同大伯一同到百货公司去买布，送他和大娘一人一身蓝士林布，另外，送给女孩子一身红色的。（“我”想以此表达一点歉意。为什么送的是“布”？——本该还的是“情”，“情”还得了吗？只好还“布”。“大伯”对两样东西“特别感兴趣”，一是“中纺的织纺”，一是“改良的新农具”，“我”为什么不送“农具”而送“布”，恐怕只能解释为“我”以为做袜子用了人家的“布”，以“布”还“布”，公平合理，求得心安——而对于纯情的女孩来说，也许没有比这更恶心的羞辱了）大伯没见过这样鲜艳的红布，对我说：

“多买上几尺，再买点黄色的！”

“干什么用？”我问。

“这里家家门口挂着新旗，咱那山沟里准还没有哩！你给了我一张国旗的样子，一块带回去，叫妞儿给做一个，开会过年的时候，挂起来！”

他说妞儿已经有两个孩子了，还像小时那样，就是喜欢新鲜东西，说什么也要学会。（当年追求八路军战士是否也是“喜欢新鲜东西”的个性使然？她还时常想起那个“憨厚”的八路军战士吗？她收到“我”的布作何感受：那个一去不复返的“白眼狼”?）

1949年12月

（选自《白洋淀纪事》，中国青年出版社1963年版）

附录二

评点熊芳芳《一只特立独行的猪》课堂实录

【原文】

一只特立独行的猪

王小波

插队的时候，我喂过猪、也放过牛。假如没有人来管，这两种动物也完全知道该怎样生活。它们会自由自在地闲逛，饥则食渴则饮，春天来临时还要谈谈爱情；这样一来，它们的生活层次很低，完全乏善可陈。人来了以后，给它们的生活做出了安排：每一头牛和每一口猪的生活都有了主题。就它们中的大多数而言，这种生活主题是很悲惨的：前者的主题是干活，后者的主题是长肉。我不认为这有什么可抱怨的，因为我当时的生活也不见得丰富了多少，除了八个样板戏，也没有什么消遣。有极少数的猪和牛，它们的生活另有安排。以猪为例，种猪和母猪除了吃，还有别的事可干。就我所见，它们对这些安排也不大喜欢。种猪的任务是交配，换言之，我们的政策准许它当个花花公子。但是疲惫的种猪往往摆出一种肉猪（肉猪是阉过的）才有的正人君子架势，死活不肯跳到母猪背上去。母猪的任务是生崽儿，但有些母猪却要把猪崽儿吃掉。总的来说，人的安排使猪痛苦不堪。但它们还是接受了：猪总是猪啊。

对生活做种种设置是人特有的品性。不光是设置动物，也设置自己。我们知道，在古希腊有个斯巴达，那里的生活被设置得了无生趣，其目的就是要使男人成为亡命战士，使女人成为生育机器，前者像些斗鸡，后者像些母猪。这两类动物是很特别的，但我以为，它们肯定不喜欢自己的生活。但不喜欢又能怎么样？人也好，动物也罢，都很难改变自己的命运。

以下谈到的一只猪有些与众不同。我喂猪时，它已经有四五岁了，从名分上说，它是肉猪，但长得又黑又瘦，两眼炯炯有光。这家伙像山羊一样敏捷，一米高的猪栏一跳就过；它还能跳上猪圈的房顶，这一点又像是猫——所以它总是到处游逛，根本就不在圈里呆着。所有喂过猪的知青都把它当宠儿来对待，它也是我的宠儿——因为它只对知青好，容许他们走到三米之内，要是别的人，它早就跑了。它是公的，原本该劁掉。不过你去试试看，哪怕你把劁猪刀藏在身后，它也能嗅出来，朝你瞪大眼睛，噢噢地吼起来。我总是用细米糠熬的粥喂它，等它吃够了以后，才把糠对到野草里喂别的猪。其他猪看了嫉妒，一起嚷起来。这时候整个猪场一片鬼哭狼嚎，但我和它都不在乎。吃饱了以后，它就跳上房顶去晒太阳，或者模仿各种声音。它会学汽车响、拖拉机响，学得都很像；有时整天不见踪影，我估计它到附近的村寨里找母猪去了。我们这里也有母猪，都关在圈里，被过度的生育搞得走了形，又脏又臭，它对它们不感兴趣；村寨里的母猪好看一些。它有很多精彩的事迹，但我喂猪的时间短，知道得有限，索性就不写了。总而言之，所有喂过猪的知青都喜欢它，喜欢它特立独行的派头儿，还说它活得潇洒。但老乡们就不这么浪漫，他们说，这猪不正经。领导则痛恨它，这一点以后还要谈到。我对它则不止是喜欢——我尊敬它，常常不顾自己虚长十几岁这一现实，把它叫做“猪兄”。如前所述，这位猪兄会模仿各种声音。我想它也学过人说话，但没有学会——假如学会了，我们就可以做倾心之谈。但这不能怪它。人和猪的音色差得太远了。

后来，猪兄学会了汽笛叫，这个本领给它招来了麻烦。我们那里有座糖厂，中午要鸣一次汽笛，让工人换班。我们队下地干活时，听见这次汽笛响就收工回来。我的猪兄每天上午十点钟总要跳到房上学汽笛，地里的人听见它叫就回来——这可比糖厂鸣笛早了一个半小时。坦白地说，这不能全怪猪兄，它毕竟不是锅炉，叫起来和汽笛还有些区别，但老乡们却硬说听不出来。领导上因此开了一个会，把它定成了破坏春耕的坏分子，要对它采取专政手段——会议的精神我已经知道了，但我不为它担忧——因为假如专政是指绳索和杀猪刀的话，那是一点门都没有的。以前的领导也不是没试过，一百人也逮不住它。狗也没用：猪兄跑起来像颗鱼雷，能把狗撞出一丈开外。谁知这回是动了真格的，指导员带了二十几个人，手拿五四式手枪；副指导员带了十几人，手持看青的火枪，分两路在猪场外的空地上兜捕它。这就使我陷入了内心的矛盾：按我和它的交情，我该舞起两把杀猪刀冲出去，和它并肩战斗，但我又觉得这样做太过惊世骇俗——它毕竟是只猪啊；还有一个理由，我不敢对抗领导，我怀疑这才是问题之所在。总之，我在一边看着。猪兄的镇定使我佩服之极：它很冷静地躲在手枪和火枪的连线之内，任凭人喊狗咬，不离那条线。这样，拿手枪的人开火就会把拿火枪的打死，反之亦然；两头同时开火，两头都会被打死。至于它，因为目标小，多半没事。就这样连兜了几个圈子，它找到了一个空子，一头撞出去了；跑得潇洒之极。以后我在甘蔗地里还见过它一次，它长出了獠牙，还认识我，但已不容我走近了。这种冷淡使我痛心，但我也赞成它对心怀叵测的人保持距离。

我已经四十岁了，除了这只猪，还没见过谁敢于如此无视对生活的设置。相反，我倒见过很多想要设置别人生活的人，还有对被设置的生活安之若素的人。因为这个原故，我一直怀念这只特立独行的猪。

（王小波：《我的精神家园》，文化艺术出版社 1997 年版）

（潘评：从当下语文教师的评价标准上看，熊芳芳老师堪称语文教育——阅读教育的高手。她的文本解读与阅读教学的才华、智慧，令语文界前辈汗颜，同辈敬畏。她的才智主要体现在对文本的理解力与开掘的深度上。她的学识、理性与哲思（往往被认为是男性专擅的领域），使大多数男名师相形见绌。她是中语界最好的教师之一。以她的才华，如果她的学术成长期是在高校，定会让我没自信的。当我浏览她的书稿时，既为她痛惜，也为自己庆幸。当今的语文应试教育及“阅读本位”的教育文化，不但坑害了学生，也坑害了老师。好在熊老师还年轻，而且悟性极高，在不久的将来，她定会让我体验到汗颜的滋味。）

师（边打开幻灯片边问）：文章昨晚读了吗？

生：读了。

师：感觉怎样？

生（笑）：幽默风趣。

生：尖锐讽刺。

（潘评：一般人将这篇文章归为“杂文”，孙绍振先生称其为“幽默散文”，这是孙氏分类，很有道理。因为这篇文章以叙事为主，议论很少，显然不宜作为“杂文”。

由于王小波是一个大家，他的写作自成一格，堪称“创体”者，因此，用现有的文体很难对其作品进行归类。但是，在“写作—存在本位”的语文、阅读教学中，“文体感”培养极其重要。每篇课文的教学都有必要对文体作一番讨究。

我以为该文本是否可称为“写意小品”。它既不同于论辨性的“杂文”，也不同于“写实性”的散文。有点像“写意画”，以“象”彰“意”，“叙”而少“论”，所以不是杂文；“象”随“意”生，“象”基本上是虚构的，似乎也不宜归入散文。——如果用现有的文体来衡量，有点类似于“寓言”，我更倾向于将其归为“寓言”。我的观点也未必对，提请大家讨论，目的是为了让老师们在教学中要多关注、研究文体。

在阅读教学中最好在文体上要逗留一会儿，让学生品味、感受、辨析一下文章“体式”。阅读与写作都是文体思维。指向言语表现与存在的阅读教学，在言语智能层面，要着重培养学生的“文体感”。要让学生明白，某一文体是什么样的。明白了某一文体共性，才可望进入写作——作者的写作风格、个性是没法复制的，是不可学的，王小波、鲁迅都是学不来的；可以、必须复制的是文体共性，文体共性是可教、可学的。良好的文体感驱动了相应的写作行为，拉动了写作智能素养。因此，在阅读教学中，文体问题是必须纠结的，培养文体感至关重要。）

师：艾略特说，四月是残忍的月份。有人说，每年的四月，我们都会纪念两个人，一个是……（生：张国荣）对，张国荣我们已经纪念过了，另一个就是王小波。如果张国荣代表了美，那么王小波代表了什么呢？

（潘评：以此导入是很妙的，能作这样的比较很不错。因为，学生可能更了解张国荣。然而，我以为二者实不可相提并论。既要比，就要比清楚，就要分出高下。要让学生明白：百年、千年以后，王小波还在。王小波才是真正不死、不朽的。——贯穿语文、阅读教学的当是言语生命的唤醒，是写作动机的激发。要让学生悟到：追星就追王小波。言说表现欲、写作欲、精神创造欲的传感、挑逗、强化，是语文教育之首务，语文教师之使命。这是语文教育的人文性、人文关怀特殊性所在。）

叶思齐：真。

师：对，真，也就是智慧。应该说这堂课是很适合在你们班上的。

（潘评：这里点评、过渡得有点潦草：真，不就是智慧。美，才是智慧。王小波不是用“真”或“智慧”可以评判的。当然，熊老师只是为了导入“正题”，一语带过，不展开讨论情有可原。）

生大笑齐叫：因为我们都是猪?!

师（惊笑）：呵呵，怎么会？不是有一句话说：男人不能不读王小波，女人不能不读周国平。你们是理科班，男生多，自然要多读一读王小波。

（潘评：这话引用得很好。如果能多说一句为什么“男人不能不读王小波，女人不能不读周国平”就更好了——男人较为理性，缺的是感性智慧；女人较为感性，缺的是理性智慧。）

生笑。

师：“一只特立独行的猪”，嗯，作者用了哪些表现手法，或者说，从哪些角度，表现了它的“特立独行”呢？

叶思齐：对比。

师：很好。对比反衬。用什么对象来跟它对比？

生：肉猪。

生：种猪和母猪。

师：我把它们归纳为“一群听天由命的猪”，可不可以？

（潘评：归纳得对。“听‘人’由命”可能更贴切。）

生：可以。

师：好，从哪些地方可以看出它们听天由命？

生：人给它们的生活做了安排，它们的生活主题就是长肉。

师：嗯，它们的生活主题就是长肉，还有没有例外？

生：有。譬如种猪和母猪。它们的任务是交配。

师：嗯，它们的生活主题是繁衍后代。这原本应该是猪的幸福人生，是猪的爱情与婚姻。应该很幸福快乐才对，然而它们感觉如何？

生：不情愿。“人的安排使猪痛苦不堪”。

师：但它们还是……

生：“接受了”。

师：所以，这是一群听天由命的猪，作者用它们来做对比，反衬了“一只特立独行的猪”。除了对比反衬之外，作者更多的篇幅却是浓墨重彩地在如何表现这只特立独行的猪呢？

叶思齐：正面描写。

师（笑了）：这……也太顺了吧，好像看过我的设计思路似的，你怎么那么了解我啊？

叶思齐：我不是了解你，我是了解猪。

（全体爆笑。变着法子骂人。唉，不跟小孩子一般见识。）

点击幻灯片：

> 对比反衬：
>
> 一群听天由命的猪
>
> 正面描写：
>
> 一只特立独行的猪

师：好，那我们就来看看作者的描写，看这到底是一只怎样特立独行的猪。

生：它又黑又瘦。

师：这是特立独行吗？

生：它容许我们亲近。

师：别急，从最开始看起。它有什么独特之处？它会些什么别的猪不会的事情？

生：“像山羊一样敏捷，一米高的猪栏一跳就过”。

师：像刘翔一样啊！跨栏高手！（点击幻灯片——）

师：这幅画是2009年4月11日画的，知道这是个什么日子吗？

生：王小波的祭日。

（潘评：在这个当口，也许我会这么说：是的，王小波是在1997年4月11日逝世的，他只活了45岁，他的人生是短暂的，然而，他的作品与精神与世长存。一个人活得多长不重要，重要的是他留下了什么。王小波无儿无女，他的作品——精神创造物，就是他的儿女，是人类共同的儿女。一个人，乃至一个家族，肉体生命的传宗接代并不重要，如果留下的是不肖子孙，还可能是祸害。重要的是言语、精神生命的传宗接代、生生不息。同学们，如果你不想白活一世的话，打算给后人留下点什么？）

师：对。那么，知道为什么画作者单单挑选了这篇作品来画画纪念他，而我们今天第一次讲王小波的作品，我也单单选了这一篇吗？

生（齐）：因为王小波就是一只特立独行的猪！

（潘评：这个问题设计得好。熊老师第一次讲王小波作品选择这一篇无疑是很有眼光的。学生答得也好："王小波就是一只特立独行的猪"。——这是一个"有效生成"的好机会，别放过啊！可以作进一步渲染、强化。诚如弗洛伊德所言，每一篇作品中都有一个"作者陛下"。王小波确实就是那只特立独行的猪。这是"知人论世"解读作品，更是激发、引领学生言语动机的好时机。可以讲讲王小波是怎样特立独行走上创作之路的。给学生介绍《时代三部曲》"总序"《我为什么要写作》，让学生具体感受一下什么是超功利的"存在"的言语生命，什么是精神自由。如果这不是"预设"的，应抓住机会随机"生成"。哪怕"旁逸斜出"讲它一节课也是值得的。

这样，学生就会明白王小波为什么明知自己处于"反熵"过程中，还是义无反顾地走上创作之路，明白什么是存在、诗意、"无所为而为"的言语人生。也就会明白他为什么会欣赏这只猪。因为这只猪是理想人格的象征：掌控自己的命运，过自由、自主、创造、大气的不苟且的人生。）

师：很好。继续看。除了像山羊一样敏捷，会跨栏，这只特立独行的猪还像什么动物？有什么特殊本领？

生：像猫。能跳上猪圈的房顶。

师：对，它还能上房。（点击幻灯片——）

师：有了这些本领，它自然闲不住，所以到处游逛，根本就不在圈里呆着。再看，还有什么特别吗？

生：知青们都把它当宠儿。

师：这种宠爱，表现为怎样的行动？

生：好吃的都先给它，用细米糠熬的粥喂它。

师：对，给它开小灶。（点击幻灯片——）

师：它吃得好开心哦！（生齐笑）继续看，它还有什么特殊本领吗？

生：会模仿各种声音。它会学汽车响、拖拉机响。

师：模仿各种声音，在表演艺术上叫什么？

生：口技。

师：很好。它还会口技表演。（点击幻灯片——）

生哄笑。

师：它人生中最幸福的时光是什么呢？

叶梓轩：到附近的村寨里找母猪。（生齐笑）

师（亦笑）：呵呵，它谈恋爱了，而且是自由恋爱。可是为什么要舍近求远到附近的村寨里找母猪呢？它身边不是也有吗？

生："我们这里也有母猪，都关在圈里，被过度的生育搞得走了形，又脏又臭，它对它们不感兴趣；村寨里的母猪好看一些。"

师：嗯，它爱美爱自由，不愿意被安排、被设置，它要"选我所爱"。（点击幻灯片——）

（潘评：以上是熊老师引导学生解读该猪是如何"特立独行"，即如何追求"自由"的，这是本文必须破解的"秘妙"，这个问题是有价值的真问题。

是否可以对该猪事迹做这样的分析：一、像山羊、像猫：体能上的"超猪"；二、学汽车响、拖拉机响：智能上有求知欲、创造欲；三、追求村寨里好看的母猪：情感上懂得审美。联系下文，四、每天上午十点钟总要跳到房上学汽笛（与"学汽车响、拖拉机响"表面上看是一回事，但性质完全不同），故意恶搞：思想上蔑视、挑战权威。——这四个层次，再加上下文的第五个层次：价值观上的"野生动物"立场（与"人类"划清界限），共同构成王小波"隐喻""象征"的"理想人格"。这是一个由低到高、井然有序的理想人格"结构"。

王小波擅长运用反讽、象征、隐喻手法，他笔下的每一个细节，看过去像是信手拈来的，但匠心独运，所有细节都有着内在的深刻意蕴，教学的任务不是破译文本"说什么"，这是一般人都读得出来的；而是要破译作者"怎么说"——为什么要这么说，要把文本背后一般人看不见的秘蕴揭示出来。比如：

> 我总是用细米糠熬的粥喂它，等它吃够了以后，才把糠对到野草里喂别的猪。其他猪看了嫉妒，一起嚷起来。这时候整个猪场一片鬼哭狼嚎，但我和它都不在乎。

这部分一般读者可能会忽略了，或者仅注意到这是表明“我”对“猪兄”的“偏爱”，以致引起了“其他猪”的妒忌：“其他猪看了嫉妒，一起嚷起来。这时候整个猪场一片鬼哭狼嚎，但我和它都不在乎。”联系上文“总的来说，人的安排使猪痛苦不堪。但它们还是接受了：猪总是猪啊”，我们就会发现，王小波想说：猪有接受的，也有不接受的：在大家受到同等待遇的时候，再痛苦，也会接受；当大家受到不同待遇的时候，即便不痛苦（仅仅是吃得差一点），也不能接受。——说的是猪性，其实是人性：不患寡患不均。

同样，“……但我和它都不在乎。”这似乎是不经意地捎带一笔，更容易被忽略，当我们读到：

> 这就使我陷入了内心的矛盾：按我和它的交情，我该舞起两把杀猪刀冲出去，和它并肩战斗，但我又觉得这样做太过惊世骇俗——它毕竟是只猪啊；还有一个理由，我不敢对抗领导，我怀疑这才是问题之所在。总之，我在一边看着。

这时我们就会悟到王小波这一笔不是随便写的，是为下文埋下伏笔：在不伤及“我”自身时，不论其他猪怎么抗议，“但我和它都不在乎”，“我”与“猪兄”是站在一起的；在可能危及自身时，本该与猪兄并肩战斗的，因不敢对抗领导，而背叛了“猪兄”，“我在一边看着”。这么写，是为了揭示人性的卑劣：虚伪与狡黠。

这样，我们才能理解：

> 以后我在甘蔗地里还见过它一次，它长出了獠牙，还认识我，但已不容我走近了。这种冷淡使我痛心，但我也赞成它对心怀叵测的人保持距离。

这“心怀叵测的人”，指的便是“我”啊！是“我”在“猪兄”危难之际袖手旁观，使“猪兄”寒心，才有“猪兄”脱难后，“还认识我，但已不容我走近了。”——之所以“猪兄”以前容“我”走近，是因为它误以为“我”、知青，是与其他要设置人的人不同；经历了危难后，它才知道这个曾经与自己称兄道弟的人也是靠不住的，是“心怀叵测”、见死不救的。这告诉我们的是：不但要提防“要设置别人生活的人”，也要提防“对被设置的生活安之若素的人”。要防心怀叵测的“小人”，也要防心怀叵测的“伪君子”。——至此，“猪兄”完成了价值观上的划界与切割：我是野兽，你们是人类。你们人类都是一伙的，是我们“兽类”的敌人，还是离你们远点比较安全。

道不同不相为谋，这可以看作是王小波“理想人格”的升华，是“理想人格”结构的第五个层次、最高层次：价值观上划清敌、我界限。这也许才是本文最深刻、独到之处。这使“寓言”的含义进一步得以拓展、丰富、深化。

“阅读本位”教学，关注文本“是怎样”，破解的是文字表层的“然”，只告诉学生文本说了什么；“写作本位”，更关心的是文本为什么“是这样”，破解的是文字深层的“所以然”，探究作者为什么要这么写，他的写作意图是什么，怎样运思、构思、表达，为什么要这么写，这么写好不好，换一种意图、构思、写法好不好，等等。这样才能使学生明白一篇文章是怎么“写”出来的，悟到写作行为的奥妙，逐渐形成写作“行为感”，迁移到自身的写作实践中去。

在写作智能层面，阅读教学主要目的是培养“两感”：文体感、行为感。文体感，即明白好文章是怎样的；行为感，即明白好文章是怎样写出来的。有了这两感，就具备了写作基本智能的轮廓。）

师：接下来，就是它人生中最英雄的事迹了。是什么啊？

生：和几十个带着枪来的人战斗。

师：对。（点击幻灯片——）

师：几十个人，还带着枪，来对付一只猪，是不是很讽刺啊？

生（笑）：是啊。

吴展国：而且最后还让它跑掉了。

师（笑）：是啊，太幽默了！而且这只猪真是有智慧啊，它居然懂得战略战术："很冷静地躲在手枪和火枪的连线之内，任凭人喊狗咬，不离那条线。这样，拿手枪的人开火就会把拿火枪的打死，反之亦然；两头同时开火，两头都会被打死。至于它，因为目标小，多半没事。"

叶思齐：老师啊，贫僧（这小子周末理发了，近乎光头）有一事不明：这是真的吗？这只猪真的存在吗？

师（问大家）：你们说呢？

有人认为真实，有人觉得虚构。

师：原型肯定是有的，大家看过王小波的个人履历了，他曾经下乡插队，有很丰富的生活积累，肯定有过那么一只猪，也有那么一点特别，但夸张成分也是一定有的，这是一篇讽刺杂文，讽刺的本质就是夸张。继续看，结局是什么？

（潘评：这里学生提出了一个很有价值的问题："这只猪真的存在吗？"这又是一个"有效生成"的良机。因为这涉及一个重要的写作观念："真"与"美"的矛盾，"写实"与"虚构"的矛盾。按照惯性思维，熊老师回答得不错："原型肯定是有的，大家看过王小波的个人履历了，他曾经下乡插队，有很丰富的生活积累，肯定有过那么一只猪，也有那么一点特别，但夸张成分也是一定有的，这是一篇讽刺杂文，讽刺的本质就是夸张。"——这个问题需要进一步讨论。我以为王小波之所以能创造出这只"特立独行的猪"，主要不是有没有"很丰富的生活积累"的问题（其实王小波在农村的时间很短），我也插过队，在农村的时间比王小波长得多，虽没喂过猪，也见过无数的猪，但再怎样也写不出如此深刻的寓言，写不出《黄金时代》之类的小说。生活是粗糙的，写作更需要的是对生活之"真"的"审美""理性""诗意"观照，一般人缺乏的不是生活，而是"美感""哲思""诗性"。更不是靠"夸张"这一手段的运用，不是"修辞"技术问题，而是靠心灵驱引下的想象与虚构，自由能动的精神创造。——试想，如果学生问王小波《东宫西宫》是真实的吗？难道我们也能说他是在"丰富的生活积累"下的"夸张"吗？

总之，写作是一个生命化、心灵化、个性化的创育过程。其中最关键的不是"生活"与"写作技术"，而是良好的心智背景的建构（这包括上面说的"体式感""文体感"以及想象力等）。从生活或技术层面诠释精神创造就落入俗套了。这是一个普遍的写作观念误区。

没有心灵化的原生态的生活，是一钱不值的，永远不会变成文章。只有被丰饶的心灵同化、氤氲过的生活，被活跃的想象力、创造力解构、重组过的生活（不是生活的生活）才是文章。生活谁也不缺，只要你活着，想没有、想不丰富都不行；缺的是心灵，心灵是文化、生命、思想、情愫滋养、浸润出来的，不是想要就要得到的。语文教育不是一个劲地赶学生去观察、贴近、体验生活，而是要培育学识丰满、精神自由、人格健硕的言语生命。）

生：这只猪逃到了野外。

师：这只猪成功越狱，进入荒野。（点击幻灯片——）

我在甘蔗地里与它邂逅，发现彼时的它已经变了。什么变化？

生：“它长出了獠牙，还认识我，但已不容我走近了。”

师：它已经从家养的牲畜变为野生动物了。它摆脱了人的设置，获得了完全的自由，回到了生命元初的那个原始野性的世界。这让我想到了杰克·伦敦的小说《荒野的呼唤》，有谁读过吗？

（潘评：“它长出了獠牙，还认识我，但已不容我走近了。”家猪就是回归山林也不可能长出“獠牙”的。这也可以看出作者不是对“生活”原型的艺术“夸张”，“夸张”是指在原有基础上的夸大，而这是压根儿没有，是无中生有，是从表现意图出发的随心所欲的大尺度的“想象”与“虚构”。这“獠牙”是王小波替它安上的——不但“獠牙”是王小波说它长出了就长出了，就连前边说的跨栏、上房、口技、挑对象等，都是虚构的。你别指望这世界上能找到这样的猪。作品是作者创造的“第二自然”，是自我“心目”中的“大自然”。不了解这一点便不懂得文学。从这个意义上说，作家也是“想要设置别人生活的人”。王小波被誉为“中国的乔伊斯兼卡夫卡”是有道理的。即便在“写意小品”或“寓言”中，他的想象也极自由、奇绝。要让学生知道，想象力是写作心智建构智慧层面的核心因素，一个人没有什么也不能没有想象力。

熊老师讲到“它长出了獠牙”是表明“它已经从家养的牲畜变为野生动物了”，这很好！但还有极重要的后半句：“还认识我，但已不容我走近了”。这半句才是王小波想说的重点：回归野性，很理性地与“我”切割，与“人类”划清界限：你们都是一伙的，人类是动物的敌人。

我以为，如果王小波这篇文章仅仅是讲摆脱“设置”，获得“完全的自由”，那并没什么太高的价值；而在于他还讲到了“兽类”，以及它们所代表的自然界，都被人类所设置，人类是兽类、自然界“自由”的天敌、公敌。这样，文章的寓意就丰富、深刻了——“……这种冷淡使我痛心，但我也赞成它对心怀叵测的人保持距离。”从这貌似平静的叙述中，可以感受到他深切的不忍、悲哀与歉意。）

有两三个同学举手。

请曾钰鹏给大家讲了一下故事梗概。

我做了一点补充：“巴克是一只杂交狗，它生命里有潜藏的狼性。原本是美国南部的一只家犬，后被盗卖到美国北部寒冷偏远、盛产黄金的阿拉斯加，成了一只拉雪橇的狗。狗被累倒拖垮后就被主人卖掉，来榨取最后一滴油水。巴克在种种生存斗争中成为胜利者。在艰难的跋涉中，狗们依次死去，巴克在绝望等死的时候被约翰·桑顿所救，从此巴克与这个叫作桑顿的主人建立了真正的友谊。巴克与主人心有灵犀，感情笃厚，巴克曾两次不顾生命危险救了桑顿，在湍流中的那一次，巴克还断了三根肋骨。它更是为了主人毅然拉动了一个载有一千磅盐的雪橇，为桑顿赢得了一大笔金钱。巴克一直感觉森林中有一种神秘的呼唤，但当它准备抛弃一切奔向森林的那一刻，它又猛然回头，为了桑顿，为了在人类社会中最后一点难以割舍的眷恋，它还是回头了。桑顿最终死在了印第安人的手里，巴克发疯一样咬断了很多印第安人的喉咙，为桑顿报了仇。主人已死，巴克对人类社会终于毫无留恋，也了无牵挂。于是，它追随着长久以来它所深深渴望的那神秘的野性的呼唤进入了森林，它从心底热烈回应着它，从此与狼共舞，过起了原始动物的生活。然而每个夏季，它都会穿越森林来到山谷的空地凭吊，它会在那里久久地沉思，离开之前还会发出一声悠长而悲伤的嗥叫……而这份感情则早已超越了一般意义的死生契阔。”（点击幻灯片——）

森林中的生活尽管贫苦可怕，但却自由自在得很，充满着冒险的事业，它有一种令人向往的东西，有一种神秘的诱惑力。

——陀斯妥耶夫斯基

（潘评：一般老师的课上到文本的结尾，“猪兄”回归野性，基本就结束了，而熊老师的课到此才揭开序幕，真正的好戏、重头戏才开场。她的深邃的理解力、洞透力，对文本的哲理剖析，是她的制胜法宝。

熊老师适时地引进《荒野的呼唤》与该文比较，这种“互文性”解读很重要，做得很好，能加深学生对文本意义的认识——但重点不应是比较它们的“同”，而应放在比较其“异”上。“同”是什么，一目了然：巴克与“猪兄”都回归野性。“异”是什么，就需要做具体分析了：巴克虽回归了山林，仍带着对主人的眷恋之情；“猪兄”则义无反顾，与人类彻底决裂；巴克是野性的复苏、觉醒，而“猪兄”是被人类逼上梁山的，是真正的觉悟。正因此，《一只特立独行的猪》意蕴才更深刻，才不是《荒野的呼唤》的翻版。王小波才超越了杰克·伦敦。——相似的事物须求其“异”，相异的事物则求其“同”。）

有人说托尔斯泰是俄国文学的广度，而陀斯妥耶夫斯基是俄国文学的深度。他的这段话，告诉我们自由与冒险是一种神秘的诱惑力，是一种潜藏在我们生命深处的原始的冲动。这种冲动并非简单的“随心所欲”“我行我素”，用心理学家荣格的话来说，它其实是一种“自性”，一种“集体无意识”。“自性”也就是心、性或本性，是人心灵的中心。“集体无意识”简单地说，就是一种代代相传的无数同类经验在某一种族全体成员心理上的沉淀物，包括祖先生命的残留，它的内容能在一切人的心中找到，带有普遍性，故称“集体无意识”。它的内容是原始的，它只是一种可能，以一种不明确的记忆形式积淀在人的大脑组织结构之中，在一定条件下能被唤醒、激活。这种荒野的呼唤，以及这只特立独行的猪最终逃往荒野，其实都是源于这样一种心理，不是简单的“自由”“随心所欲”，而是灵魂深处的那一种“返回元初”“成为我自己”的欲望。

但是我们又隐约意识到，只有巴克才能真正追随那神秘的野性的呼唤，而被日益异化的人类，或许只能在自造的炼狱中永行轮回，担负着困苦与磨难，面对着生命与死亡，以及承载着希望与失望的无止纠结。我们自己做不到的事，巴克和那只特立独行的猪都做到了，所以它们才会带给我们深刻的震撼。

（潘评：熊老师的“野性”即“自性”的理性洞彻，看到了“自由”背后“返回元初”的生命动因，这是一般教师达不到的理解深度。正因此，熊老师是可敬畏的。

但我们时刻都不能忘记具体分析。不论是“野性”还是“自性”都有二重性（或者说多面性），不能简单地说“回归”好，或“回归”不好。在巴克、“猪兄”是好的，在人类未必就好。人类的野性，就是动物性，但人类的“自性”未必是动物性。人类如果听任野性的呼唤，返回野性，意味着人性的异化，同样是没有出路的。

同理，“设置”“自由”等，也有二重性。可以这么说，如果只有“自由”，没有“设置”，便没有“秩序”，没有“社会性”，也便没有人性。从某种意义上说，只要在社会体系中生存，人在追求“自由”的同时，也必定在“设置”他人，同时，也渴望被“设置”。因此，“设置人的人”与“被设置的人”之间并没有俨然的界限。接受“设置”是人类的常态。人在超越自然性的过程必定要被设置、被异化，这是不得不付出的成长的代价。没有人会因为恐惧异化而宁愿永远作为一个与世隔绝的自然人。这就是人性的复杂性，也是人性不同于动物性的地方。这也就是人不可能像动物一样回归野性的原因。

在阅读教学中，要摆脱对文本欣赏、接受的“理解”视角，引导学生与文本、作者对话。笛卡尔说“我在怀疑，我有思想”。要让学生知道即便是优秀的文本，在欣赏、吸收、借鉴的同时，也不能没有质疑、反思。从阅读的本质上说，文本是拿来质疑、误读、批判与超越的。只有这样，才是真正意义上指向表现与存在的有效阅读。）

王小波在表现这只猪的特立独行时，除了运用了对比反衬、正面描写的手法，还运用了侧面烘托，看看哪些是侧面烘托？

林岸修：领导们专门为它开了一个会，而且派了大部队来抓它。

师：很好。除了领导们的反应之外，还写了哪些人的心情用来侧面烘托？

生默思。

师：这只猪有没有说过自己“特立独行”啊？它有没有说：“我是一只特立独行的猪喔！”

生：没有。

师：对啊，如果你问它，它一定会这样回答你：“我本来就是这样的啊！一直都是啊！”在心里认为它特立独行的人，是谁？

生：我和知青们。

师：对。写我和知青们的心理，就是对这只特立独行的猪的侧面烘托。（点击幻灯片——）

侧面烘托：

知青们的心情

我的心情

说说知青们是怎样的心情？

生：把它当宠儿，喜欢它。

师：对。（板书：宠儿、喜欢）正因为它活出了我们都活不出的潇洒，所以我们心里多么喜爱、崇拜和羡慕它！那么“我”的心情呢？“我”也把它当宠儿，也喜欢。但是，看起来比知青们的心情要复杂一些是吗？

生：是。

师：“我”除了宠爱和喜欢，还有哪些心情？

生：尊敬。

师：怎样表达他的尊敬？（板书：尊敬）

生：常常不顾自己虚长十几岁这一现实，把它叫作“猪兄”。

师：当“我”知道猪兄即将被“专政”的时候，我的心情如何？

生：不为它担忧。

师：就是对它很有信心，是吗？（生答是。板书：有信心）嗯，“我”在心里说：你们可奈何不了它！“以前的领导也不是没试过，一百人也逮不住它。狗也没用：猪兄跑起来像颗鱼雷，能把狗撞出一丈开外。”可是等到我发现这回人们带了枪，形势严峻的时候，“我”心情又如何？

生：矛盾。

师：为什么矛盾？（板书：矛盾）

黄琳芸：想跟它并肩作战，又觉得太过惊世骇俗。“我”没有冲破世俗眼光的勇气。

师：除了没有冲破世俗眼光的勇气，“我”还没有什么勇气？

生：“对抗领导”的勇气。

师：对，“我不敢对抗领导，我怀疑这才是问题之所在。”所以，在猪的面前，我们都只能自愧不如。再后来发现猪兄的镇定和智慧之后，“我”的心情又是如何？

生：佩服之极。

师：嗯，佩服。（板书：佩服）再后来在甘蔗地里遇见它，它还认识我，但已经不容我走近，这个时候，我的心情又是如何？

生：痛心。

师：（板书：痛心）痛心的同时，还有什么心情？

生：赞同。

师：（板书：赞同）对，人这种东西，太居心叵测了，站在对猪的关切的立场上，是应该保持距离。最后，当我年届不惑，回想当年，我的心情又如何？

生：怀念。

师：（板书：怀念）很好。我们看到作者用了那么丰富的词汇来表现他从始至终复杂丰富的情感，对这只猪始终不能忘怀，终至于用了如此多的笔墨来记录这猪兄的一生，这并不像是在写一只猪，倒是像在写什么？

（潘评：一般读者可能不会关注文本中“我”的情感的微妙变化，熊老师带学生梳理出文本复杂的情感线，并将学生引向理解作者以猪写人的表现意图，这也是她的过人之处。

猪兄，在文本中是作为理想人格象征的符号。作者以惯用的“反讽”加“自贬”的手法，写比人更有人样的猪，敬称猪为“猪兄”，这不是单纯的搞笑，作为人，他敬重、仰视猪兄。他故意贬低自己——人，刻画自己不敢对抗领导的怯懦、见死不救的卑鄙、言行不一的虚伪，以反衬、突显猪兄挑战权威、临危不惧的强悍、尊严与高贵。描写“我”的情感、行为，形成与猪兄的情感、行为的“二元对立”。

该文本虽是寓言，在王小波笔下也带有抒情、叙事文本的某些特点：抒情性文本情感的分化、变化，叙事性文本的情节的发展、高潮、逆转。可见作者从心所欲驾驭语言、文本、文体的能力，其言语创造力非同寻常。）

生：一个人。

师：什么样的人？

徐徵：一个自己很喜爱、很欣赏、很尊敬的人。

师：类似于自己的偶像，是吗？

生：是的。

师：所以，这篇文章看起来是在写猪，实际是在写人。作者告诉我们：有些猪，真是活出了人样！有个性有思想有尊严有自由！

点击幻灯片：

猪——人
有些猪，活得像个人。

学生齐笑。

师：下一句，你们都应该知道了吧？

生笑：有些人，活得像只猪。

点击幻灯片：

有些人，活得不如猪。

学生笑，似乎觉得“不如猪”有点夸张。

师：“不如猪”，一点都不夸张。有没有读过毕淑敏的《我的五样》？

知道的人不多。吴展国表示他知道。

师：文章里面写的是一个怎样的心灵游戏？

吴展国：写下你生命中最宝贵的五样东西，然后依次去掉四样，最后只留下一样你认为最重要的东西。

师：对。一位数学老教授做这个心灵游戏时，他最后留下的那一样，竟然是“猪”。面对众人的愕然，老教授解释说，“文化大革命”时，他被打成了“资产阶级反动学术权威”，白天批斗，晚上关牛棚，受尽折磨。后来被发配到边疆劳动，分配到山上放几十头猪。造反派对他说，如果你弄丢了一头猪，或是猪跑了猪瘦了猪病了猪死了，你都得以命相抵。他的妻子为了不受牵连，和他离了婚，孩子也和他划清了界限。“每天，我在山坡上孤独地和一群猪在一起，从清晨到黄昏，无数次清点猪的数目，抚摸猪的皮毛，看它们会不会走丢或生病。白天，只有猪吃饱了，我才敢咽下冷糙的干粮；夜里，只有猪打起呼噜，我才能闭上眼睛。慢慢地，我和猪有了很深的感情，在这个风雨飘摇的世界上，只有它们不歧视我，不打我不骂我不侮辱我，它们那么善良和老实，从不会欺骗我揭发我，也不会弃我而去。从那时起，在我心中，猪比我的妻儿更重要。猪甚至比我的事业我的理想更重要，丢了猪，我的命不保了，还奢谈什么事业、理想？有猪就有一切，所以我要留下猪。猪比人仁义可信，不搞打砸抢，不搞逼供信，不会背叛，没有阴谋，你说我这最后一样不留下猪还留下什么？！”

你看，在“文化大革命”时期，社会异化了，人性也被异化了。不过不用悲伤，有些人在某些时期活得不如猪的现象，不只是中国有，西方也有。譬如文中列举的例子——

生：斯巴达人。

师：对。这是一个为什么而活的民族啊？

生：战争。

师：对。一个为战争而活的民族，王小波说他们的男人像些斗鸡，而女人像些母猪。其实这样的说法，我觉得还太温和了一点。（点击幻灯片——）

斯巴达的婴儿呱呱落地时，就抱到长老那里接受检查，如果长老认为他不健康，他就被抛到荒山野外的弃婴场去；母亲用烈酒给婴儿洗澡，如果他抽风或失去知觉，这就证明他体质不坚强，任他死去，因为他不可能成长为良好的战士。男孩子 7 岁就被编入团队过集体的军事生活。他们要求对首领绝对服从，他们练习跑步、掷铁饼、拳击、击剑和殴斗等。男孩到 12 岁编入少年队，不许穿鞋，无论冬夏只穿一件外衣，睡在草编上。草编是他们用手拔湖边的草亲手编成的。平时食物很少，但鼓励他们到外面偷食物吃。如果被人发现，回来要挨重打，因为他偷窃的本领不高明。斯巴达女子不像中国女子一样学习纺纱织布，而是从事体育锻炼，学习跑步、竞走、掷铁饼、搏斗等。为什么这样啊？

生：身体强健的母亲，才能生下体质强壮的孩子。

师：对。所以斯巴达的男人，是战争机器；斯巴达的女人，是生育机器，是生育战争机器的机器。机器，连猪都不如呢。所以我说王小波的比喻太温和了些。而他笔下的"我""我们"，又是怎样的一种生活状态呢？

江颖："我不认为这有什么可抱怨的，因为我当时的生活也不见得丰富了多少，除了八个样板戏，也没有什么消遣。"

师：对，作者在说：你们这些被安排的猪，虽然"生活主题是很悲惨的"，但你们也该知足了，看看我吧，也不比你们好多少啊！继续看，还有哪些句子在讲述"我"和"我们"的生活状态？

生："人也好，动物也罢，都很难改变自己的命运。"

师：对，因为"对生活做种种设置是人特有的品性。不光是设置动物，也设置自己"。甚至有时候，我们的被动并不完全是因为别人的设置，还是因为我们怎样？

生：接受别人的设置。

师：对，王小波剖析自己最终没站出来和猪并肩战斗的原因时，就说"我不敢对抗领导，我怀疑这才是问题之所在"。还有什么地方在说我们的生活状态？

生："我已经四十岁了，除了这只猪，还没见过谁敢于如此无视对生活的设置。相反，我倒见过很多想要设置别人生活的人，还有对被设置的生活安之若素的人。"

师：很好。王小波还说过另外一句话："不但对权势的爱好可以使人误入歧途，服从权势的欲望也可以使人误入歧途。"对应刚才你们说到的这句话来理解，对权势有爱好的人就是什么样的人？

生：想要设置别人生活的人。

师：有服从权势的欲望的人呢？

生：对被设置的生活安之若素的人。

师：很好。王小波的妻子李银河说过这样一句话："王小波一生酷爱自由，不懈追求自由的价值、自由的写作和自由的生活方式。"如果以"自由"

为核心，将上面那句话换一种说法，那么，对权势有爱好的人就是热衷剥夺别人的自由的人，而有服从权势的欲望的人，就是什么样的人呢？

黄琳芸：甘愿放弃自己的自由的人。

师：非常好！要深刻理解王小波所酷爱的自由，还需要读一读下面这段话。（点击幻灯片——）

我很爱我故世的父亲，但是不喜欢奉承他。我也很爱我哥，他的智能高我十倍，和他谈话是我所能得到的最大乐趣。但我要是去拍他的马屁，我们俩都会很痛苦。总而言之，我不能从奉承和顺从中得到乐趣。

——王小波《〈怀疑三部曲〉序》

王小波的哥哥王小平，也非常优秀，学哲学的。王小波的意思是说：我不是不爱你，不是不尊重你，我只是不喜欢奉承，不喜欢顺从。我只喜欢做我自己，也愿意你们都做自己。我要我自己的人生，不是任何人可以预设和安排的，即使是父亲和哥哥。这就是王小波所谓的“自由”，不是低级的“随心所欲”“我行我素”的概念，而是一个高级概念：自我实现。然而，偏偏在那个荒唐的年代，盛行奉承和顺从，不这样就无法存活。这里我必须提到一个人，王小波说自己在文学方面师承于他，他在多篇文章中说到这个人的作品是最好的，让他终身受益。（点击幻灯片——）

苍　蝇

穆　旦

苍蝇呵，小小的苍蝇，
在阳光下飞来飞去，
谁知道一日三餐
你是怎样的寻觅？
谁知道你在哪儿
躲避昨夜的风雨？
世界是永远新鲜，
你永远这么好奇，
生活着，快乐地飞翔，
半饥半饱，活跃无比，
东闻一闻，西看一看，
也不管人们的厌腻，
我们掩鼻的地方
对你有香甜的蜜。
自居为平等的生命，
你也来歌唱夏季；
是一种幻觉，理想，
把你吸引到这里，
飞进门，又爬进窗，
来承受猛烈的拍击。

穆旦原名查良铮。有没有听过一个有些类似的名字？

张诗慧：金庸，原名查良镛。

师：对。他俩是同族的叔伯兄弟。金庸是将姓名中“镛”字左右拆开，成为两个字：金庸。穆旦是将自己的姓氏“查”上下拆开，成为两个字：木旦，利用谐音写作“慕旦”，后来才改为“穆旦”。穆旦祖籍浙江，生于天津。在天津南开中学读高中时开始写诗，后来考入清华外文系，曾赴美留学，并因成绩优异而获奖学金，本可以留美深造，但他一派天真、满怀热情地回了国（他是非常爱国的，曾经参加抗日），他想在自己的土地上，用自己的语言写诗，然而回国后才发现，那已经不是一个适合诗人尤其是用真心写诗的诗人生存的时代。那个时代流行的是颂歌，是奉承与顺从。他必须为自己的过去送葬。于是，他走上了那个时代很多真正优秀的诗人不约而同选择的道路：翻译外国诗歌。能理解其中的原因吗？

生（齐）：不必为别人的文字负责！

师：太聪明了！借别人的口，说自己想说的话，在某种意义上就获得了一种豁免权。这是一种曲折的自我实现。他翻译普希金的《致大海》，其实是两个诗人对自由的同声呼唤。但，“文化大革命”中他还是被指为历史反革命，调图书馆和洗澡堂，和沈从文、杨绛一样，他也扫过厕所。

1975 年，穆旦终于可以重新开口说自己的话了，这首《苍蝇》，就是 1975 年创作的，正是他一生的写照。

苍蝇，在人们眼中是一个讨厌的异类，尽管卑微，它却执着地爱着光明，对世界永远充满好奇。“自居为平等的生命/你也来歌唱夏季”，它以为众生平等，它以为自己单有孩子式的纯情就有资格歌唱夏季，它在最卑贱的地方也能够存活，就为了能够继续追求心中的理想。小小的生命做出了最大的努力：“飞进门，又爬进窗”，结果却是什么啊？

生：“来承受猛烈的拍击。”

师：对，这是一种飞蛾扑火式的悲壮。正是诗人自己生命的写照，也是那个时代的悲剧见证。他曾先后在诗中写到“生活”（点击幻灯片）：

> “我的葬歌只算唱了一半，那后一半，
> 同志们，请帮助我变为生活。”
> ——《葬歌》（1957）
>
> 但如今，突然面对着坟墓
> 我冷眼向过去稍稍回顾，
> 只见它曲折灌溉的悲喜，
> 都消失在一片亘古的荒漠。
> 这才知道我的全部努力，
> 不过完成了普通的生活。
> ——《冥想》

《葬歌》是穆旦回国后写的。他在挣扎中看清了当时的中国：历史的潮流必将每个人席卷而去，余下的，只有残缺的诗歌、将就的“生活”（其实只是物质层面上的“存活”）。

《冥想》是穆旦死前的内心独白，当一切都消失在一片亘古的荒漠，“这才知道我的全部努力/不过完成了普通的生活”。

“普通的生活”，是诗人经历了人生的种种沧桑之后通透平和的人生领悟以及谦逊冲淡的人生态度，要知道，穆旦的人生并不平凡：他被许多现代文学专家称为现代诗歌第一人，闻一多在西南联大期间编选的《现代诗钞》，曾破例选入穆旦诗 11 首，数量之多，仅次于徐志摩。他的译作，他的诗歌，在中国文坛上都有着重要影响。就像王小波所说：“道乾先生和良铮先生都曾是才华横溢的诗人，后来，因为他们杰出的文学素质和自尊，都不能写作，只能当翻译家。就是这样，他们还是留下了黄钟大吕似的文字。”（《我的师承》）

“普通的生活”，更是对那个时代扼杀诗人艺术生命的一种质问。虽然诗人后来得到了平反，而且一度诗情高涨，一举创作了近 30 首作品，但毕竟诗人最灿烂的年华已经逝去了。“普通的生活”，是对天才的扭曲，使一个与众不同的生命最终只能拥有趋同的平庸人生。

所以德国哲学家阿多诺在《最低限度的道德：对受损害生活的反思》中说（点击幻灯片）：

> 在错误之中没有正确的生活。
>
> ——阿多诺《最低限度的道德：对受损害生活的反思》

如果一个时代是错误的，一个社会是错误的，一个环境是错误的，一个选择是错误的，人在其中，不会有“正确的生活”（顺从自己内心呼唤、顺应自己天赋才能的生活）。这也是王小波作品经常表现的主题。

（潘评：这部分是熊老师这一文本教学的华彩乐章，是蓄势后的高潮。她以宽广、博大与深刻，猛烈撞击人类、社会的精神命门，轻易地将咬文嚼字或玩弄噱头、小聪明的教师远远地甩在了身后。

整理一下她的思路：

1. 强化文本中“人不如猪”的意向。举毕淑敏的《我的五样》：“猪比人仁义可信”。作为“导入”，前奏。

2. 揭示“人不如猪”的原因：人被异化。她指出这种情况不但中国有，西方也有。觉得王小波将“斯巴达人”比作“斗鸡”“母猪”太温和了，应是战争、生育机器，连“斗鸡”“母猪”都不如。——与作者“对话”甚好。

3. 人是如何被异化的：服从权势，被权势异化。她提出“……他笔下的；‘我’‘我们’，又是怎样的一种生活状态呢?”答案是：动物被人设置，人也被设置。人被设置，是因为人安之若素（所以被异化）。因为人有服从权势的欲望。

4. 怎样才能不被异化：不服从权势，追求“自由”。李银河说：“王小波一生酷爱自由，不懈追求自由的价值、自由的写作和自由的生活方式。”他连父亲与哥哥也不愿意“奉承”与“顺从”。

5. 对何谓“自由”进行阐释（为了不致流于肤浅，也为了避免学生误解，很有必要）。指出：“王小波所谓的‘自由’，不是低级的‘随心所欲’‘我行我素’的概念，而是一个高级概念：自我实现。”——用“独立之精神，自由之思想”来阐释也许更贴切。关于“自由”是一个十分重要的命题，对此似可以展开讨论。

6. 不被异化、对抗权势的结果是什么。将像“苍蝇”——穆旦一样，承受“猛烈的拍击”。天才将因此沦为平庸：“这才知道我的全部努力/不过完成了普通的生活”。——这是千千万万人类精英的人生缩影。而其中许多人，甚至连“普通的生活”也不可得，像傅雷、老舍、陈寅恪、彭德怀……从某种意义上说，也因此有了崇高——悲剧美。

7. 结论：在错误之中没有正确的生活（阿多诺）。是否可以这样理解：人是社会动物，社会化是必然的。错误的环境必定使人拥有错误的生活。须建构一个正确的环境，才有正确的生活。

8. 她告诉孩子们：个人的“自由”与“正确的生活”是有条件的，不是靠个人可以追求得来的：“如果一个时代是错误的，一个社会是错误的，一个环境是错误的，一个选择是错误的，人在其中，不会有‘正确的生活’。”

9. 鉴此，是否可以认为她想这么对王小波说：“设置”本身并没有错，问题在于该如何“正确”地“设置”，避免“错误”地“设置”。需要建立良性的“设置”机制，其关键是“纠错”机制。这样才能根除“错误设置”，铲除所有人“错误的生活”的土壤。

10. 她的目的是要在孩子们的心中埋下一颗种子：要过自由、正确的生活，就要去创造自由、正确的社会。这是对文本的深度开掘。即“入乎其内、出乎其外”的再创造。

大多数教师因为学识视野的局限，往往被文本给“设置”了，没法像熊老师那样“自由”地出入于文本，只能“教教材”，没法像她那样“用教材教”，“超教材教”，以致“反教材教”。

当然，这不能怪广大的教师。用熊老师的逻辑思考：一旦教育思想、教材、文本被“错误设置”，作为个体的教师便只能过“错误的教育生活”——即便是才华出众的熊老师自身也很难幸免。在错误设置中，熊老师的“自由”与“才情”势必也要大打折扣，也只能过平庸的、错误的教育生活。因此，首要的是改变教育思想、教材、文本的“应试”“应需”“阅读（吸收）本位”的“错误设置”，使之回归到言语生命“表现与存在”本位的“正确设置”中来，这才是治本之举。）

经常有人将鲁迅和王小波相提并论，本节课最后的一个问题就是：你觉得这两个人的写作风格有什么异同？（点击幻灯片——）

李中汇：我觉得两者的相同之处就是都很深刻，都擅长讽刺，但鲁迅是直接强势逼近，如同匕首投枪；而王小波是跟你逗着玩儿，玩儿着玩儿着你就中招了，温柔的一刀。

师（笑）：说得很好。我觉得王小波跟鲁迅性格不同，性格决定风格。鲁迅严肃庄重，王小波更像个调皮捣蛋的孩子，读这篇文章，你会感觉一路跟着他淘气下来，肚子笑痛了，脑子里也有了些想法。他好像是故意把什么东西给搅得乱七八糟了，然后自己坐在一边坏笑。

黄琳芸：嗯嗯，是有这种感觉。

师：所以，一个是强者的突围，一个是顽童的游戏。而且我认为他们最大的区别就是，鲁迅一直在否定些什么，他告诉我们什么样的生活不能再过下去了。而王小波告诉我们什么样的人生值得我们去追求，（黄琳芸点头赞许。呵呵，我一向很在乎她的评价。她是个读过很多书、很有思想的姑娘！）就好像他在这里告诉我们的：你瞧，人家一只猪都能活出个人样！为什么我们不可以？他以肯定的格调为我们划出一道道明亮的线条，导引出一个个美丽的方向：自由、智慧、尊严、艺术、科学、思维的乐趣等等。

智慧与乐趣是王小波一生追求的目标：

我对自己的要求很低：我活在世上，无非想要明白些道理，遇见些有趣的事。倘能如我愿，我的一生就算成功。

智慧本身就是好的。有一天我们都会死去，追求智慧的道路还会有人在走着。死掉以后的事我看不到，但在我活着的时候，想到这件事，心里就很高兴。

照我看，任何一个文明都该容许反讽的存在，这是一种解毒剂，可以防止人把事情干到没滋没味的程度。……我总觉得文学的使命就是制止整个社会变得无趣。

（潘评：这是熊老师精心准备的结尾，她挑选出的三段话，是王小波留给后人宝贵的人生、生命、文学体验，也是熊老师理解了王小波的审美追求：智慧、乐趣，还有反讽，奉献给孩子们滋养心灵的礼物。

熊老师是王小波的知音。她对鲁迅与王小波的“感受”，感性而贴切，引发了孩子们内心的共鸣。语文教师是言语、精神生命意识的传递者，熊老师尽到了这份责任，从王小波手中，把言语、精神生命的接力棒，准确无误地交到了孩子们的手中。这是让我由衷赞赏的。

黄鹤一去不复返，白云千载空悠悠。王小波的创作是超视域、超时空的。他用智性、诗性之思，幽默之趣，反讽之笔，刷新了中国文学，荡涤、激活着国人僵硬、疲惰的心灵。读王小波，是一次灵魂的洗礼。）

好，今天的课上到这里，大家课后可以多读一读王小波的其他作品。下课！

生：老师再见！

师：同学们再见！

（潘评：这些年读过的课例不少，好课例不多。在厌读之时，读到熊老师的教学实录，颇感被挑战的惊喜（这种感觉在读黄玉峰老师时曾有过）。我以为她已具备了登顶的实力，如果能找到正确的路径的话。）

能言善辩，不只是获得沟通的快感，更重要的是享受应有的平等和尊严。

第十一章 口头交流：释扬言语生命能和应对机智

在人类历史上，有很长一段时间，人们更崇尚口头交流，而不是书面交流。因为，当口头表达时，说话的人是“在场”的，语言是神圣的、有灵魂的，与意义有直接的联系。而书面交流时，文字只是一种媒介物，作者不直接面对读者，是“不在场”的，因而是词不达意的，带有某种虚幻性。人们曾认为，文字比语言离人要表达的意思更远，语言优于文字。这虽然在今天看来未必正确，但是，也表明了语言对于人、对于意思表达的重要。

口头和书面交流都是人生所必需。口语被遗忘，大约可以说是语文教育诸多失误中的最大失误。在今天，能说会道，成为只有少数人拥有的才能，便是这一失误结出的苦果。——如果不是所有的人，也得是多数人本应该拥有伶牙俐齿的。

口头交流的机会远多于书面交流，语文教育对此居然熟视无睹。人与人交往遭遇口头应对的尴尬时，丧失的不仅是交流与沟通的机会，而且是起码的尊严。以人为本的语文教育，如何能对每天无数次发生的语言困境——人生困境漠不关心？

每当看到央视“百家讲坛”，有些专家在一本正经、大大咧咧地念讲稿，有的虽不念讲稿，可是语言贫乏、味同嚼蜡，不由得为他们感到汗颜，不由得在心里发问：怎么可以这样？当然，也为那些妙语连珠者喝彩，心怀由衷的仰慕和崇敬。想必，人同此心。口头交流能力事关“素养”，不可等闲视之。

从某种意义上说，缺乏口头应对机智，等于自动放弃和人交往的平等与自尊。

一 能说会道是言语生命的精彩

人人会说话，因此无须教说话，这是一个绝大的误会。会说话，不等于会口头交流，不等于具有口头应对机智。会说话，不等于有好口才。同样都在说话，效果却有天壤之别。叶圣陶先生是较为注重“说”的训练的。他说：“不要以为学生自己能说话，而且时时刻刻在那里说，少顾及些也无碍于事。要知道说话训练所以称为训练，在乎利用种种有效的办法，养成学生自觉地说话的好习惯。自觉地说话的反面是自发地说话，就是随随便便说，这也会成为习惯，当然是不好的习惯。假如不甚注意说话的训练，就无异放开学生不管，任他们养成不好的习惯，这能说无碍于事吗？”“……说话训练决不该疏忽，如有疏忽，就得有所改变。因为大家在切盼把语文教学提高一步，而注意说话训练，正是提高语文教学的重要途径之一。此外，不妨看看咱们的社会主义社会，在工作中，在交际中，说话的切需超过过去时代何止十倍百倍，谁的说话能力差，不仅是他个人的吃亏，往往间接又间接会造成社会的损失。这样看来，说话训练的重要还不清楚吗？”① 叶老在这里作了一个很重要的区分，就是将说话分为“自发的”和“自觉的”两种。这就告诉我们，语文教学要抓的是培养学生“自觉的”说话能力和习惯。缺乏“自觉”说话的能力，对自己、对社会都有损害。实际上，现代语文教育并没有因为叶老对说话训练的重视而引起重视，相反，是基本无视，几十年后的今天，这种恶果已在两代人的身上显现无遗。今日的国人，连知识分子在内，不会“自觉”说话的比比皆是。

人的说和写的能力的发展也是不均衡的。会说的人未必能写，会写的人也未必能说。虽然都是言语表达，但是说到底还是两种不同的能力。这两种能力发展不均衡的状况是普遍的，既能说又会写，两种能力都表现得很出色的人还是比较少的。比如，文学家沈从文先生，口头表达就远不如笔头，他的儿子曾这样说：

> 我的父亲沈从文，用文字对文学作品和文学创作，发过许多自己的

---

① 叶圣陶：《说话训练决不该疏忽》，见刘国正主编：《叶圣陶教育文集》第三卷，人民教育出版社 1994 年版，第 168～170 页。

议论。然而在平时，在生活中，谈论作品，却一向讲得很简短。而且八十岁了，还有点像小孩看电影，爱说“好人”、“坏人”那样，简单而直截了当。“好”或“不好”，是他口头使用的最基本的评语。

对美术、书法、古今手工艺品等视觉艺术，他会多说几个字：“美极了！”“丑死了！”或加上赞叹：“啧！这才美哪！”“唉！看到都难过！”

优秀的作品，他常说作者“有头脑”，对美术或工艺品，他会归功于“手好”，文学佳作会说是“笔好”。但不好的作品，他总是归罪于“不动脑子”、“不肯学”。

…………

有一回年历翻到齐白石一幅画，流水游鱼，他停下来看了很久，还是一个字“好！”请他讲讲好在哪里？他上下打量，只说：“生动呐。”

他去拜访画家吴冠中，在画室欣赏大量佳作，却默默无言，实际上，大饱眼福所引起的兴奋久久难以平静，只得求助文字向画家倾吐感受：

动人处……如肖邦之第一第三协奏曲（“第三协奏曲”肖邦并未写出，此处是沈老记错了——笔者）壮与秀并处，给人以清心（“心”字原文如此——笔者）活泼，充满充沛热情和永远青春生命感……

…………

对于文学作品，他本该有很多话可说，但即便无拘无束在家人面前，也听不到他长篇议论。《芙蓉镇》是他喜欢的新小说，给古华的信里，用文字写了不少，而在家里谈话，还是极简约：

“名词！名词！熟透了，他会用！”

父亲指的是历次政治运动中的术语，他羡慕作者掌握“名词”滚瓜烂熟，又能恰当地用到作品里编制人事。①

我以为在沈老那儿，口头表达不是他擅长的表达方式，他只生存在文字的世界中。他的思维和表达方式是文字，不是语言，所以，他可以随心所欲地写，却不能随心所欲地讲。巴金先生也是如此——许多人都是这样。他们主要是生活在一种符号方式中，不是经常同时生活在两种符号方式中，在他使用不习惯、不擅长的一种符号进行思维和表达时，就有障碍，力不从心。看了前面这些，虽然简约可能是沈老说话的一种风格，但还会觉得他的两种

① 沈虎雏：《杂忆沈从文对作品的谈论》，载《读书》，1998年第12期。

表达能力确实存在比较大的差距，很希望他所讲的和所写的能一样生动、精彩。

叶老说得对，只能进行日常“自发”的口头应对，说话的练习没有成为一种“自觉”时，不能算是真正拥有说话的能力。同样，只会写作，大致上也能写得文从字顺，而不能“自觉”地将写作作为基本的思维和表达方式的人，也不能称为真正拥有写作能力的人。

正如会说不会写是一种缺陷一样，无论你怎么会写，说得不好也总是一个遗憾。著名作家莫言曾深有感触地谈道：中国作家在国外的所谓演讲，其实多半是自欺欺人。一是外国人对中国文学根本就没有那么大的兴趣，能来三五十人听讲（其中多半还是自己的同胞），已经很不错，有时候来上三五人，你如果还想拿出事先写好的讲稿读一遍，那离神经病也就不远了。最好的办法就是赶快进饭馆，喝着吃着，该说点什么就说点什么。二是中国作家中，就我所熟悉的范围内，给他一个题目立即就能出口成章、言之成理的很少，多半是满嘴拌蒜，把那些说了多少遍的陈词滥调再重复一遍而已。真正的演讲，绝对不能捧着稿子念，应该像列宁那样，把双手解放出来，把头抬起来，用眼睛和脸上丰富的表情和大众进行交流。要挥手，叉腰，身体往前探出去，然后再仰起来，要不时地在台上走动，要仿佛是表演，但又没有半点的表演痕迹；要让你的语言像水一样流出来，像火焰一样喷出来，而不是像牙膏一样挤出来。不能有病句，不能啰唆，更不能为了哗众取宠而胡言乱语。要让你语言的内在逻辑力量像万能的触角把听众牢牢地钳住，又不陷入空洞的三段论陷阱。但世界上只有一个列宁，他生了一个硕大的脑袋，脑浆也比常人重几十克。他有钢铁般的意志，有惊人的记忆力，有丰富的学识和天然的逻辑，他往台子上一站，听众（也是观众）立即就被吸引了。列宁，请想想他那模样吧，那是真正的奇人异相，是真正的天才。想学他？怎么可能？公鸡想学老鹰，尽管也能勉强地飞起来，翅膀单薄，屁股下沉，那个狼狈劲儿，还不如说是挣命。我辈在国外的所谓演讲，就像公鸡学飞，飞起来也是一景，但实在是惨不忍睹。

他接着调侃道：让一个口才好的人佩服另一个口才好的人不太容易，但像我一个笨嘴拙舌而又满心想练好口才当大官的人，见到“辩才无碍”的人没法不佩服。可惜在作家队伍里很少见到这样的人，这样的人哪里去了呢？有人说是当官去了。可我们在电视上看到的那些官的口才也实在是一般般，他们讲的话都是一个调调，毫无幽默感，更没有个人的语言风格。说话流畅不是我心目中的好口才，更不是演说家。真正的演讲，每次都是创造，每次都不重复，每次都能说出自己的话，而不是背诵别人的话或是把别人的话改头换面。①

从莫言对列宁演说的赞美中，难道你不感受到能说会道是言语生命的精彩？从这里可以梳理出一些关于“好口才”的普遍性指标：

1. 出口成章、言之成理；

2. 有喷涌而出的言说激情，表情丰富，有感染力；

3. 善于运用肢体语言，但要自然，不矫揉造作；

4. 语言准确、简洁，有幽默感和个人的语言风格；

5. 有钢铁般的意志，有惊人的记忆力，有丰富的学识和天然的逻辑；

6. 每次都是创造，每次都不重复，每次都能说出自己的话。

拥有这样的“好口才”素养的人，不让人羡慕吗？莫言的话中包含了一些口头表达的规律，提出了一些很有趣的问题，说出了不少朴素的道理。比如：对着听众读事先准备的讲稿是很煞风景的，“那离神经病也就不远了”。因为这就不是口头表达，而成为书面表达了，做作得让人肉麻。一般的口头表达的特点是即兴的、随机的、“随意”的应对，谁看见跟人说话煞有介事地念讲稿呢？“真正的演讲，绝对不能捧着稿子念”，出口成章才算是好口才——自然，特别重要的政府工作报告或在某些外交场合的发言，则另当别论。不是说不能事先作准备，而是说这种准备要符合口头交流的特点和习惯，不要败坏了听众的接受兴致和审美情致。

他特别欣赏列宁演讲的风度：“应该像列宁那样，把双手解放出来，把头抬起来，用眼睛和脸上丰富的表情和大众进行交流……”这是政治家富有煽动性的激情澎湃的演讲，他能抓住现场的每一个人，带着他们往前走，牢牢地控制住现场的情绪和气氛，没有谁能逃脱他的思想的逻辑。“语言像水一样流出来，像火焰一样喷出来……语言的内在逻辑力量像万能的触角把听众牢牢地钳住，又不陷入空洞的三段论陷阱。……他往台子上一站，听众（也是观众）立即就被吸引了”。这就是口头交流要注重的受众反应和现场效果，需要与听众形成情感、思想的交流、互动。肢体语言也是演说内容的一部分，

① 莫言：《国外演讲与名牌内裤》，载《文学自由谈》，2003 年第 2 期。

能做到“仿佛是表演，但又没有半点的表演痕迹”，自然而然、恰到好处地与演说的话语浑然一体，那是多么让人神往的境界！能亲耳聆听这样的演讲，该是一种怎样的享受和荣耀！

人的肢体语言的表情达意功能，历来是较被忽略的。在教学情境中，师生间面无表情地交流对话，不动声色地朗读、演说，已成司空见惯。其实，肢体、表情所传递的信息量是非常大的，对受众的影响是十分直接、强烈的。一个人的心理、情绪，都可以由动作、表情等自然地流露出来，为他人或清楚或隐约地感受到，并受到感染。它能强化口语的表意效果，使交流更加准确到位。因此，肢体语言作为一种口头交流的能力，应该在教学中受到重视。

当然，光表情丰富、热情激昂、眉飞色舞是不够的，因为听众不是来看你表演，而是来听你说些什么的。莫言先生反对“满嘴拌蒜，把那些说了多少遍的陈词滥调再重复一遍”，深刻地指出了“说话流畅不是我心目中的好口才”，他认为真正的演讲应当每一次都是创造。这是一个很高的要求，也是最基本的、最本质的要求。能说一口流畅的普通话，或能把讲稿朗诵得声情并茂，不是口头交流的主要要求。以往口头交流教学，不少教师就将它混同于普通话教学。能说会道的“能”和“会”，不是指街头巷尾家长里短喋喋不休的絮叨，不是朋友哥们聚会时的海吹神聊，也不是场面上大小“头头脑脑”们信口开河做表面文章，而是指说得有内容、有技巧，关键是所说的要有思想、有内涵，和写文章一样，要戒绝空话、套话。

在一切演说技巧中，有幽默感、有个人语言风格的演说更受欢迎。说话的幽默感，经过有意识的培养、努力的修为，是会有所提高的。“其实幽默感也不神秘。只要是人，总会开开玩笑吧，开玩笑，取绰号，就是不和谐，不统一，超越逻辑常规，有些不伦不类的。稍稍提高一点，就可以从滑稽进入幽默的层次了。”① 而要形成个人的语言风格就难了，那需要天赋和长期艰苦的修炼。这方面，美国女教育家、演说家海伦·凯勒是一个榜样。我们不一定能做到，但不能不去追求。

上面这些是口头交流一般的要求，在不同语境中是有所侧重的，如演说，重现场受众心理共鸣，重现场即时反应；访谈，重自然亲和的气氛与平等和谐的关系的营造；辩论，重反驳的敏捷和说理的逻辑，等等。这些，不能不

① 孙绍振：《直谏中学语文教学》，南方日报出版社2003年版，第58页。

细加体察。上面所谈到的一些规律和要求，有难易之分，有的是较为理想化的，可以根据每个人的实际情况一步步地去接近它。

一个人的书面表达和口头表达这两个方面，就像人的两条腿一样，是相互支撑着的，支撑着的是生命和人生。说和写，共同支撑起言语生命和人生价值。从某种意义上说，言语创造就是生命的象征，呈现着生命的色彩和姿态。既然言说对于人生如此重要，每个人都希望自己既是一个文章圣手，又是一个演说家，语文教育有什么理由不去满足人的这一生命欲求，有什么理由轻慢口头表达能力的培养呢？

二 偶像的矗立：与庄子、苏格拉底……为友

可以肯定，之所以学校教育无视说话能力的培养，主要原因之一是语文考试不考说话。在应试教育下，只要不考的，师生便都没有动力。也许在未来相当长的时间内，语文高考还是不考口头表达能力，这就得从观念上着眼，来提高师生的认识，为师生寻求新的动力源。

读图时代，一般说来，一个演说家或媒体优秀主持人得到的追捧，要远远高于一个同一级别的作家、评论家。从言语动力学的意义上说，成为演说家或“名嘴”的诱惑，势必也要大于成为作家、评论家。当然这么说的意思不是要厚此薄彼，而是说，在语文教育中，口头交流教学对偶像的忽视，至少是动力资源的浪费。

莫言的话，也给了口头交流教学一个重要的动力学启示，这就是他是那么推崇列宁，把他视为演说天才。他是那么羡慕那些“辩才无碍”的富有幽默感的演说家。这种偶像崇拜和口才崇拜，可以看作是一种言语学习的理想，一旦深深地在心里扎下根来，会对一个人一生的口头交流能力的发展产生巨大的能量，激励着他向着既定的目标义无反顾地前行。

其实，偶像可以理解为榜样。我们可以接受“榜样”，为什么不可以接受“偶像”呢？语文教学中为什么不可以给孩子们树立言辩的榜样呢？从一开始就给他们读优秀的演说词、辩论稿，看杰出的演说家的演说及辩论的录像、传记等，使这些榜样在他们的心中刻下永难磨灭的印记，使他们由此产生对自己未来的美好憧憬——不引导他们去崇拜这些人，他们也不会闲着，也会

去崇拜歌星、影星或这“星”那“星”的。

我以为口头交流的教学，可以从“我要像……那样”“我要当一个……”开始，为学生树立言辩偶像，使学生在接触著名人物的口头表达实践资料的过程中，自然而然地对某一人物产生好感，希望也能成为像自己的偶像一样有着非凡言语智慧的名人。为此，首先要让学生“认识”那些伟大的“言辩家”，引领他们走近大师。如庄子，其翻手为云、覆手为雨的言辩机智无与伦比，我们可以介绍学生读《庄子》中的一些精彩的篇章。在《庄子·胠箧》中，庄子轻而易举地就把圣人说得比小偷更可恨（为了便于阅读，下面的选文采用现代汉语译文）：

> 为了对付撬箱子、摸口袋、开柜子的小偷而作防范准备，就必定要绑紧绳结、加固插闩和锁钥，这就是一般人所说的聪明作法。可是一旦大强盗来了，大强盗就背着柜子、提着箱子、用担抬着口袋快步跑了，唯恐绳结、插闩与锁钥不够牢固哩。既然是这样，那么先前所谓的聪明作法，不正是给大盗做好了积聚和储备吗？
>
> 所以我们曾试图讨论这种情况：世俗所谓的聪明人，有不替大盗积聚财物的吗？所谓的圣人，有不替大盗守卫财物的吗？……
>
> ……怎么知道是这样的呢？从前龙逢被斩首，比干被剖胸，苌弘被掏肚，子胥被烂在江中。即使像上面四个那样的贤能之士，仍不能免于遭到杀戮。因而盗跖的门徒向盗跖问道：“做强盗也有规矩和准绳吗？”盗跖回答说：“到什么地方会没有规矩和准绳呢？猜想推测屋里储藏着什么财物，这就是圣明；率先进到屋里，这就是勇敢；最后退出屋子，这就是义气；能知道可否采取行动，这就是聪明；事后分配公平，这就是仁惠。以上五样不能具备却能成为大盗的人，天下是没有的。”从这一点来看，善人不能通晓圣人之道便不能成功，盗跖不能通晓圣人之道便不能行窃。天下的善人少，而不善的人多，那么圣人给天下带来好处也就少，而给天下带来祸患也就多。所以说：嘴唇没有了，牙齿就受冻，鲁侯奉献的酒味道淡薄致使赵国都城邯郸遭到围困，圣人出现了因而大盗也就兴起了。抨击圣人，释放盗贼，天下方才能太平无事。

庄子把圣人说成强盗的帮凶，是助纣为虐的人。尽管你明知“圣人”绝对是道德高尚的人，“盗跖”肯定是坏蛋；明知庄子是在诡辩，将错误的逻辑（“圣人之道”的含义被偷换了）和正确的逻辑（“天下的善人少，而不善的人多，那么圣人给天下带来好处也就少，而给天下带来祸患也就多”）搅和在一起，以致把别人的思维搞糊涂。尽管如此，似乎也不能不承认他说得有点道理，诡辩得机智。如果你喜欢庄子（《庄子》中的庄子），喜欢庄子讲的寓言，喜欢他的“奇谈怪论”：“不知周之梦为胡蝶与？胡蝶之梦为周与？”① “子非鱼，安知鱼之乐？” “子非我，安知我不知鱼之乐？”② 那就把庄子作为偶像吧！

在历史的长河中，能言善辩的人很多，老师们是否能引领学生以他们为友、为偶像呢？以孔子、孟子、庄子……为友、为偶像，以苏格拉底、柏拉图、亚里士多德……为友、为偶像。——这种提法可能会招致非议。因为，说“为友”，大约没有什么问题，说“为偶像”，就与“主流”教育文化有点不太合拍。其实，不论你是否承认，人都有自己心目中的偶像。偶像，不过就是一个你所崇拜的人，一个符号，一个榜样，一个效仿对象。与其放任自流地让学生痴迷于某歌星、影星，倒不如名正言顺地引领学生，寻找属于他自己言语生命的那一颗言说智慧的启明星。

我相信读过柏拉图的《理想国》《柏拉图对话集——苏格拉底的最后日子》等的人，苏格拉底的正气凛然和“辩才无碍”，和庄子异曲同工而又别具一格的言语机智，会给你留下终生难忘的记忆。读了《申辩》篇中如此激昂慷慨的“自我辩护”，他那从容赴死的“正义感”怎不令人肃然起敬：

> （陪审团决定判处苏格拉底死刑）
>
> …………
>
> 尊敬的陪审员们，你们无疑会认为，我之所以被判刑是由于我的辩护不充分，如果我尽可能用言辞和行动打动陪审团以求获赦，也许不致被判死刑。但这种想法实属大谬不然。我不是因为没有尽力为自己辩护才被判有罪，而是因为我没有厚颜无耻地进行表演，没有以取悦你们的方式向你们谄媚。你们愿意听我哭泣哀号，愿意我去说些和做些我认为毫无价值、而你们习惯于从别人那里听到和看到的事。但我并不认为由于我处于危险中，就必须奴颜婢膝。我至今不悔我刚才的辩护方式。我宁愿死于这种不利的辩护方式，而不愿为保命而采取其他辩护方式。法庭如同战场，无论我和他人都不应费尽心机去逃避死亡。在战斗中，显

---

① 《庄子·齐物论》。

② 《庄子·秋水》。

然经常有这种情况，只要你放下武器，向追捕你的敌人乞怜，就可以避免一死。在各种危险面前都有很多逃避死亡的办法，只要你寡廉鲜耻到什么也不顾及，就可以死里逃生。但我想，尊敬的陪审员们，真正困难的不是逃避死亡，而是避免做不义之事；不义之事比死亡更难逃避。在今天的审判中，我这个迟钝的老人不能逃避死亡和危险，但聪明而敏捷的原告却不能逃避不义，不义比死亡更能毁灭人。离开法庭时，我将由于你们的判决而被处死，但他们却因为邪恶和道德败坏而被真理宣判死刑。他们和我一样接受判决，这是毫无疑问的，我认为这种结果相当公正。

…………

从其他方面看，死亡也有理由被看作好的结果。死是两种境界之一，或是灵魂与肉体俱灭，死者对于任何事物都无知觉；或者如世俗所说，死亡就是灵魂从一处移居到另一处。如果死后没有知觉，就像无梦的睡眠，死就一定是一个奇妙的境界。我想如果让任何人把他沉睡无梦的夜晚与他一生中度过的其他日日夜夜相比较，在充分思考后指出，他的一生中有多少日日夜夜比他沉睡无梦的夜晚更美好、更幸福，我想，即使是波斯王都会发现这样的日子屈指可数，更不要说一般人了。如果死就像这样，我就把它称为福气。如果你们这样看问题的话，那么可以把死后的整个时间看作并不比一夜更长。按另一种观点看，死是灵魂从此处移居到彼处，如果这一说法是真的，所有的死人都在那一处，那还有比到那里去更幸福的事吗，尊敬的陪审员们？如果到了另一个世界，摆脱了我们这里所谓的法官的纠缠，人们就可以发现那个世界有真正的法官管理着这样的法庭，像米诺斯、雷达曼托斯、埃阿科斯①、特里普托勒摩斯②以及所有生前行义死后成神的人，由他们管理着法庭，这样的地方不是最好的去处吗？请这样想一想：你们当中有人如果见到了奥耳甫斯、穆萨欧斯、赫西奥德以及荷马将会怎样呢？如果真有这样的地方，我愿去死十次。在那里可以碰到帕拉墨得斯、特拉蒙的儿子阿雅克斯以及其他英雄，和他们在一起对我来说一定是一段有趣的经历。他们也是由于

---

① 米诺斯、雷达曼托斯、埃阿科斯：传说是宙斯在凡间的儿子。作为对他们生前正义和虔敬的报偿，他们在阴间当了法官。

② 特里普托勒摩斯：农业的传播者，农业神。别处并没把他描述为阴间的法官。

不公正的审判而死的。我想如果把我的命运和他们的命运相比较，将一定非常有意思。更重要的是，我愿在那里也像在这里一样，把时间花在考察和研究人的心灵上，找出他们之中谁真正聪明，谁只是自以为聪明。尊敬的陪审员们，特洛伊之战的将领们，还有奥底修斯、西叙福斯以及成千能叫出姓名的男男女女都在这里，能够向他们提问，与他们交谈和争论，难道不是最大的幸福吗？为此一个人还有什么不能奉献的呢？我想，在那里，他们不会因为我的这种行为而置我于死地。因为，如果人们所说的是真的话，在那个世界里，除了种种我们这个世界不具备的幸福外，那个世界的人还是永生的。

…………

现在我该走了，我去赴死；你们去继续生活；谁也不知道我们之中谁更幸福，只有神才知道。①

什么叫宁折不屈、视死如归，这就是。什么叫正义和勇气，这就是。什么叫唇枪舌剑，这就是。什么叫幸福和永生，这就是。这就是山一般伟岸、海一般壮美的言语人格。在被宣判死刑的瞬间，苏格拉底大义凛然、镇定自若、酣畅淋漓地侃侃而谈，这一瞬间已然定格为历史的永恒。在演说中，仿佛发生了角色错位，苏格拉底俨然成了居高临下的审判者、宣判者，而陪审团、原告则成了被告、罪人，被判为不义之人，被真理判处死刑，被钉上了历史的耻辱柱，这是怎样的大快人心！让人不由得不为苏格拉底的凌云正气所折服。接下来他表达的对死亡的理解，对死亡的那种美妙而幸福的遐想，就像去与伟人、友人约会一般，使我们顿然释去对死亡的恐惧，感到死亡不是一件可怕的事，而是一种令人神往、憧憬的幸福。除了与苏格拉底为友，这样的感觉从哪里去寻找？

当你读了下文关于“正义”的辩论后，是否对苏格拉底的“诡辩术”也同样肃然起敬，为他完全能靠机敏的言辞“自救”却不愿委曲求全、苟且偷生，感到更加肃然起敬？

玻：苏格拉底，假如我们说话要前后一致，那么，正义就是“把善给予友人，把恶给予敌人”。

苏：这是他的意思吗？

① ［古希腊］柏拉图著，余灵灵、罗灵平译：《柏拉图对话集——苏格拉底的最后日子》，上海三联书店 1997 年版，第 62～66 页。

玻：我想是的。

苏：在有人生病的时候，谁最能把善给予朋友，把恶给予敌人？

玻：医生。

苏：当航海遇到了风急浪险的时候呢？

玻：舵手。

苏：那么，正义的人在什么行动中，在什么目的之下，最能利友而害敌呢？

玻：在战争中联友而攻敌的时候。

苏：很好，不过，玻勒马霍斯老兄啊，当人们不害病的时候，医生是毫无用处的。

玻：真的。

苏：当人们不航海的时候，舵手是无用的。

玻：是的。

苏：那么，不打仗的时候，正义的人岂不也是毫无用处的？

玻：我想不是。

苏：照你看，正义在平时也有用处吗？

玻：是的。

苏：种田也是有用的，是不是？

玻：是的。

苏：为的是收获庄稼。

玻：是的。

苏：做鞋术也是有用的。

玻：是的。

苏：为的是做成鞋子——你准会这么说。

玻：当然。

苏：好，那么你说说看，正义平时在满足什么需要，获得什么好处上是有用的？

玻：在订合同立契约这些事情上，苏格拉底。

苏：所谓的订合同立契约，你指的是合伙关系，还是指别的事？

玻：当然是合伙关系。

苏：下棋的时候，一个好而有用的伙伴，是正义者还是下棋能手呢？

玻：下棋能手。

苏：在砌砖盖瓦的事情上，正义的人当伙伴，是不是比瓦匠当伙伴更好，更有用呢？

玻：当然不是。

苏：奏乐的时候，琴师比正义者是较好的伙伴。那么请问，在哪种合伙关系上正义者比琴师是较好的伙伴？

玻：我想，是在金钱的关系上。

苏：玻勒马霍斯，恐怕要把怎么花钱的事情除外。比方说，在马匹交易上，我想马贩子是较好的伙伴，是不是？

玻：看来是这样。

苏：至于在船舶的买卖上，造船匠或者舵手岂不是更好的伙伴吗？

玻：恐怕是的。

苏：那么什么时候合伙用钱，正义的人才是一个较好的伙伴呢？

玻：当你要妥善地保管钱的时候。

苏：这意思就是说，当你不用钱，而要储存钱的时候吗？

玻：是的。

苏：这岂不是说，当金钱没用的时候，才是正义有用的时候吗？

玻：好像是这么回事。

苏：当你保管修枝刀的时候，正义于公于私都是有用的；但是当你用刀来整枝的时候，花匠的技术就更有用了。

玻：看来是这样。

苏：你也会说，当你保管盾和琴的时候，正义是有用的，但是利用它们的时候，军人和琴师的技术就更有用了。

玻：当然。

苏：这么说，所有的事物统统都是这样的吗？——它们有用，正义就无用，它们无用，正义就有用了？

玻：好像是这样的。

苏：老兄啊！如果正义仅仅对于无用的东西才是有用的，那么正义也没有什么了不起了。还是让我们换个路子来讨论这个问题吧，打架的时候，无论是动拳头，还是使家伙，是不是最善于攻击的人也最善于防守？

玻：当然。

苏：是不是善于预防或避免疾病的人，也就是善于造成疾病的人？

玻：我想是这样的。

苏：是不是一个善于防守阵地的人，也就是善于偷袭敌人的人——不管敌人计划和布置得多么巧妙？

玻：当然。

苏：是不是一样东西的好看守，也就是这样东西的高明的小偷？

玻：看来好像是的。

苏：那么，一个正义的人，既善于管钱，也就善于偷钱罗？

玻：按理说，是这么回事。

苏：那么正义的人，到头来竟是一个小偷，这个道理你恐怕是从荷马那儿学来的。因为荷马很欣赏奥德修斯①的外公奥托吕科斯，说他在偷吃扒拿和背信弃义、过河拆桥方面，简直是盖世无双的。所以，照你跟荷马和西蒙尼得的意思，正义似乎是偷窃一类的东西。不过这种偷窃确是为了以善报友，以恶报敌才干的，你说的不是这个意思吗？

玻：老天爷啊：不是。我弄得晕头转向了，简直不晓得我刚才说的是什么了。不管怎么说罢，我终归认为帮助朋友，伤害敌人是正义的。②

苏格拉底有这样的本领，先让论敌承认一个无可置疑的论点，然后一路牵着论敌的鼻子绕圈子，在不知不觉中绕到了原来论点的反面，使论敌为自己居然心甘情愿地被拐卖而懊悔不已、瞠目结舌：张开“诡辩”逻辑的巨网，使论敌犯迷糊，一步一步地沦陷，终于从自己原来的立场中无可逃遁地叛变！这是怎样一种语言智慧、语言魅力！当你由衷地呼喊出：“没有谁的辩才能胜过苏格拉底！”——“我要像苏格拉底那样”的心愿是否便油然而生？学生的心目中有了言说的偶像，就像在大海中高耸起一座巍然屹立的灯塔。伟人在前，为他们的言语征程领航，言语学习还会是一件困难的事吗？

可以编一部关于伟大演说家的影音教材，让学生们走近各具风采的演说大师，让学生看到、读到、听到那些永恒的生命穿越时空的留言。言辩实践，应该让学生在课堂上直观地感受到，看到那些“无冕之王”怎样明察暗访，

---

① 荷马史诗中的主要英雄之一，《奥德赛》的主人公。

② ［古希腊］柏拉图著，郭斌和、张竹明译：《理想国》，商务印书馆2002年版，第8～12页。

在战场上与战神、死神零距离接触；“名嘴”怎样在荧屏上神采飞扬、妙语连珠；政治领袖怎样叱咤风云、“谈笑间樯橹灰飞烟灭”……让学生们领略到杰出人才的言语生命的精彩。

言说的理想，也建立在现实的职业选择上。有不少职业是跟口才密切相关的，如发言人、记者、主持人、律师、教师、政治家、企业家、谈判员、推销员、调查员等等，这些人占了就业人口的较大比例。从事其他职业也或多或少与口才有关。今天，重口才的大多是热门职业，因此，这势必强化了学生学习说话的意愿。一旦他们立下了当记者或节目主持人的志向，就会自觉地学习怎样和各种各样的人打交道，怎样设法开启每一个人的心扉；想当一个好律师，就会去钻研辩论技巧，努力锻炼自己成为优秀辩手；要成为一个领袖人物，他首先就要敢于面对黑压压的听众而气定神闲、毫无惧色，要练就登高一呼、应者云集的演说家风度。学生具有了强烈的言说动机，何患口头交流教学没有成绩？

其实，社会就是一个大课堂，只是学生不一定能意识到。在现今信息化的社会里，学生耳濡目染，都会对社会的言语需求有所了解。他们可能从小就有自己的偶像，有自己择业的愿望，年轻人大都有过当节目主持人、记者、律师、公务员、教师等梦想。这些择业取向，或清晰或朦胧，也许他们未必都能意识到这些职业和语文学习、口头交流教学的关系。教师所要做的就是引起学生对口头交流功能的关注，将他们的偶像、所具有的言语智慧、理想中的职业和所需的口才联系起来，以引发学生学习口头交流的兴趣和激情。

将言语理想的风帆高高升起，言语生命之舟就会乘风破浪地驶向言语创造的海洋。

三　现场感：口头交流能力的基石

我以为口头交流和写作诸多差异中最大的差异在于口头交流中言说者和交流对象同时“在场”，在于现场的“交互性”。言说者直接面对特定的场景和受众，言说的效果好还是不好，是在即时判定的，是一过性的。即所谓“酒逢知己千杯少，话不投机半句多”，交流对象的反应，言说者即刻就能感受到。如果不能形成良性互动，效果就很差，甚至导致交流中断，不能持续下去。书面表达则不同，作者一般不在场，文本对读者产生的作用，可以是即时的，也可以是缓慢的、长久的。读者看一遍不解其意，还可以先搁着，以后慢慢琢磨，不必急于发表意见；发表了，作者也未必能知道；知道了读者不好的反应，作者可以置之不理、照写不误。因此，口头交流能力的核心便在于言说者的现场感。所说的能否迅即为受众所接纳或产生对话意愿，是交流成功的前提，也是口头交流教学的重点。

现场感，是一种语境敏感构成的言说意识和反应能力，就是懂得在什么样的场合，面对什么样的受众，该用什么样的语言策略和方式、方法，来达成最佳交流效果。在具体言谈中主要表现在以下方面：

首先是明了易懂。书面表达，作者要有读者意识，但不直接面对读者，作品不需要就能让读者读懂。口头交流，言说者则直接面对听众，双方要每时每刻形成默契或互动。作为言说的一方，不能失去对现场的掌控，所说的每一句话，都必须能让听众即刻就听懂，就有反应。读者反应理论将作品分为“可读”的和“可写”的两类，前者是指在文字上没有阅读障碍的，一读就懂的作品；后者指须仔细品读、反复揣摩才能读懂的作品。口头表达的语言，便应该属于前者。中央人民广播电台每天早上 7 点有一个“新闻纵横”栏目，主持人开头语中有一句“扬清激浊传正声”，这用的就不是“可读”的语言，让人听不懂。这就是缺乏现场感的表现。听得懂，按理说是容易做到的，也是应该做到的，恰恰很容易被忽略。

这就涉及口头交流用语上的讲究。一般要浅俗些，不要太文气、太古雅；面向大众的，不能有太多专业术语。当然，重要的是根据不同的对象，考虑采用他们最容易明白的语汇。

其次，所说的意思能为特定听众接纳、认可。听得懂，是在用语表层上说的，从深层意义上看，还要使听众愿意听、喜欢听，应懂得如何实现自己的表达意图，这首先涉及的是听众心理需要，所说的要有针对性，句句都要说在听众的心坎里。内容的创意和应对技巧也很关键。如果你所说的与听众的心理需要相左，说得再深刻、生动，也是“对牛弹琴”、枉费心机。央视记者王志采访贪官胡长清就是一个例子。他说，他是 3 月 6 日去南昌看守所采访的，8 日胡长清就将被执行枪决，当然，胡长清自己并不知晓。在此之前，别的记者去采访胡长清，胡长清并不合作。王志对胡长清说，你是在贫苦家庭长大的，一直生活得很清贫，你却没有为金钱所动，偏偏在你最不需要钱的时候，因为钱栽了跟头。这种蜕变的心路历程，你不想跟中央领导和家乡父老们说说嘛。王志记得当时胡长清就陷入了沉思，随后声泪俱下地与王志聊了三个多小时，谈了他的五个十年的变化。人之将死其言也哀。胡长清是想把领导当作救命的草，哪怕仅有一线希望，也要拼命去抓住，以求得生还的机会。王志正是利用了他那“稻草”心理，让他“一吐为快”的。节目播出后，观众反应十分热烈。干主持人这行的就要有让哑巴开口的本事。[①] ——别的记者去采访胡长清，他不合作，王志去了，他却很合作，差别就在于现场感强弱上。王志懂得胡长清这个贪官在生命的最后时刻想些什么，想说什么，因此就懂得该怎么使他开口。

只要是口头交流，都有具体的交流对象和语境，对交流对象、语境的了解、研究至关重要。韩非子说：“凡说之难：非吾知之，有以说之之难也；又非吾辩之，能明吾意之难也；又非吾敢横失，而能尽之难也。凡说之难，在知所说之心，可以吾说当之。”[②] 深刻地指出了言说的最大困难是在了解对方的心理，以使自己的说辞能适应这种心理。——一把钥匙开一把锁，在一切口头交流的场合，对具体情境的分析和把握，对对象接受心理的揣测，是成功的前提，也是口头表达能力之首要。

据说，美国总统林肯在他当选总统那一刻，整个参议院议员都感到尴尬。因为林肯的父亲是个鞋匠。当时的参议员大都出身名门望族，自认为是上流人士，怎可容忍自己要面对的总统是一个卑微鞋匠的儿子。所以，当林肯首次站在参议院的演讲台时，一位态度傲慢的参议员便羞辱他说：“林肯先生，在你开始演讲之前，我希望你记住，你是一个鞋匠的儿子。”台下的参议员们哄笑了起来。

林肯并没有因此恼怒，他平静地对大家说：“我非常感谢你使我想起了我的父亲。他已经过世了，我一定会永远记住你的忠告，我永远是鞋匠的儿子，我知道我做总统永远无法像我父亲做鞋匠那样做得出色。”接着，林肯转头对那个傲慢的参议员说：“就我所知，我父亲以前也为你的家人做鞋子，如果你的鞋子不合脚，我可以帮你改正它，虽然我不是一个伟大的鞋匠，我无法像我的父亲那么伟大，他的手艺是无人可比的。”说到这里，林肯流下眼泪，顿

① 蓝石：《王志：借我一双慧眼》，载《福建广播电视报》2000 年 8 月 29 日。
② 《韩非子・说难》。

时，所有的嘲笑声变成了一阵阵的掌声。[①]

林肯总统对听众的征服，不能不归功于他的现场应对机智。他知道，对方想要使他因父亲地位卑下而感到自卑难堪，以此来羞辱他，所以，他不能自卑，相反要以父亲为荣，以父亲为自豪，一定要颂扬父亲，颂扬父亲的平凡而伟大，以他的自然率真的表白来感染听众。对羞辱他的这位议员，他不是针锋相对地反唇相讥，而是故意将对方话中的“恶意”当作“善意”，称之为“忠告”，而且还较为委婉地“幽”他一“默”：“如果你的鞋子不合脚，我可以帮你改正它”，成功地化解了矛盾。他对父亲由衷的赞美和深情的感激，表明了他的谦虚真诚的美德，赢得了议员们的赞许。

试想，如果林肯否认自己是鞋匠的儿子，或者承认自己是鞋匠的儿子因而感到自卑，或者批评对方瞧不起普通的劳动者，认为这是一种职业歧视、等级观念……会产生怎样的现场效果，会使所有的嘲笑声变成一阵阵的掌声吗？可见，对特定的受众采用适当的言说策略，是演讲成功的关键。

第三，要善于运用适合于特定语境的语言。不但要使听众感到你的言语的针对性，有意义，有创意，还要使话语有一种亲和力，使人产生亲近感。要拉近人与人之间的心理距离，要使说话的效果最大化，就要精心选择恰当的语汇。

如果你是一个导游，要向旅客介绍黄果树瀑布，是否会把旅游网站上的《黄果树瀑布之旅》中一段现成的文字拿来照本宣科：

> 黄果树瀑布风景区位于贵州省镇宁、关岭两县境内北盘江支流、打帮河上游的白水河和坝陵河上。景区以黄果树瀑布为中心，以瀑布、溶河、地下湖为主体，素有“天下奇景”之称。[②]

这样讲解，肯定不称职。原因是这样正式的话语很呆板，很难使旅客产生亲近感，应该努力把这些很科学的、很准确的语言转化为富有情趣的话语，既平白易懂，又不失优雅，让旅客产生一种亲切感，比如：

> 各位朋友，各位男朋友和女朋友：
>
> 今天是第一次见面，但是，我们早就相识，挺熟的了，我们的心早在黄果树瀑布相遇了，那当然是在影片和图片里了。我们早就是黄果树的梦中情人了。大家和黄果树早就有一个约会，黄果树在等着你们，连

---

① 林润翰：《鞋匠的儿子林肯》，载《今晚报》2002年1月6日。

② 参见旅游网站。

地下湖、溶河都在等，等了多久？少说也有上千年吧。你们跨过北盘江，飞过打帮河，赴约来了，不过不是悄悄的，花前月下，而是公而开之的，堂而皇之的来拥抱黄果树。①

显然，这两段话的现场效果是大不相同的。是否可以让学生多做一些这一类的练习，使他们学会在不同的语境中面对不同的听众，懂得应使用什么样的语言是最妥帖的。试着改变语境和听众，请学生调适言语心态，重新进行话语的选择、转换，讲给大家听，了解听众的反应，修正自己的表达策略、方式和用语，久而久之，学生在口头表达时，就有了现场意识，就懂得该怎样和各种各样的听众进行良好的沟通交流。

四　藐视他人就是藐视自己

人生来平等。对话是建立在人与人平等的基础上的。丧失了这个基础，对话就失去了意义。交谈，是对话；辩论，是对话；演说，也是对话。只要开口，就是在对话。只不过有的是显性的，有的是隐性的。对话双方地位不平等，话语权力失衡，就不是对话，而是训话。

人又是不平等的。由于人的社会地位是不平等的，人的政治、经济、学识地位等的不平等，会造成实际上的人的言说“音量”上的落差，会形成对话心理上的不平衡：或优越，或自卑；或强势，或弱势。这种不平等，是在言语活动或言语行为中首先要克服和消弭的。**在口头交流教学中，捍卫他人说话的权利，尊重听众和言辩的对象，是需要着重培育的一种心理品质。**

人与人之间应有起码的相互尊重。尊重别人，就是尊重自己。

人与人之间地位的不平等是客观存在的。在一般情况下，一个有教养的人，地位愈高，在和他人交流对话时，愈是要谦卑恭谨，放低音量。这样，才能使对话顺畅地进行。当然，地位低的一方，不必自惭形秽，应该不卑不亢，针锋相对。

由于人们不能摆正心态，在对话中为争夺话语权而形成的对抗，是经常发生的。一旦双方心态严重失衡，对话便徒费口舌，毫无效用。因此，在教

---

① 孙绍振主编：北师大版实验教材初中《语文》八年级（上）“第三单元”“表达·交流”综合实践。

学中，培养学生的“平等对话”精神至关重要。不论对谁，都要一视同仁。在学校，学生是与老师、同学对话，将来走上社会，将与一切地位或高或低的人对话，如果不能调试好对话心态，其口语才能连同话语人格便要大打折扣。

要使学生在交谈中学会尊重一切听众或交流的对象。不论是和国王、总统、高官交谈，还是和底层民众或罪犯对话，都应平等相处。对地位卑微的人，也应给予对方“人”的尊严——不是施舍，而是应该！——撇开世俗偏见，让灵魂赤裸裸地相遇，很难说谁比谁更卑微、丑陋。

在口语教学实践活动中，让学生尽量去接触各阶层的人，了解他们的生活状况和人生困境，培养同情心、平常心，体验人与人之间自然和谐相处的安适感，对于锻炼交谈能力，培养言语人格，是很有必要的。经常让学生到民众中间调查和访问，通过专题采访，相互交流，获取信息，是一种调适对话心态的好办法。应鼓励学生学习和不同层次的人沟通交流，既可以和政府官员、企业家、商人打交道，也可以和打工仔、小贩交谈，这能在培养学生平等待人上获益更多。据零点调查公司参与的“世界公民文化与消费潮流调查”，中国国民的价值观与其他国家明显不同。各国公众认为最重要的价值是讲究礼貌、责任感、宽容和尊重别人；而中国公众最重视的价值依次是：独立、学识和讲究礼貌。中国公众只有略多于50％的人认为教育孩子讲究礼貌是重要的，只有30％强的家长重视培养孩子的责任感。同样，只有不到30％的中国人重视容忍和尊重别人，比世界平均水平低约10个百分点。可见，在培养学生懂得礼貌、责任感、容忍和尊重上，我们都需要做出更大的努力。

下面是两位学生的调查日记，可以看出，这类的锻炼和体验，对于他们是很有收益的：

社会调查的日子

——“关于流浪乞讨人员调查”的日记

陈小强　搭档：蔡志彬

2004年4月7日　星期三　小雨

今天，是调查实践第三天。作了两天的前期准备，今天开始了问卷调查，可惜天公不作美，一大早就飘起了小雨。

跑了一天，作下了56份问卷，同时进行了部分采访，有学生、大学老师、医生、小商贩、服务生、摄像师、修表匠等，虽说有点累，但心里的味道还是甜的。

这样一路走下来，有的人对我们的调查不以为然，也有的很热心，还给我们提供有关这方面的信息，甚至还把我们当作类似报社记者的调查员，为我们提供其他方面的信息。而他们讲到的最多的是关于外地员工到较发达地区打工所碰到的一些不幸及不公平的待遇，似乎在期待我们能对这方面的问题去做相关的调查。

在调查过程中，学生对此类调查抱以淡然的态度，会填问卷，但很随便，当我问及他们对行乞者的态度，大部分都只是置之一笑，无言；问及是否会施舍的时候，大部分人都说以前会，现在见得多了，也就不给了。大学的老师，有很大一部分对有关现实中周围行乞者的情况并不是很了解，这从问卷中他们对有些问题的作答上我就能作出推断。例如有许多老师不觉得近年来行乞的人员在增多，而是觉得减少了，而实际情况是这几年来行乞的人员的确在增多，这与我的切身感受及周围民众反映的情况是一致的；并且有较多老师觉得出来乞讨的小孩不多，而事实上在夜晚时，在一些人群聚集处（如美食街、公园、公交站等地方），有许多纠缠人给钱的小孩，有的是跪在路旁，有的是抱住行人，有的是拉住情侣强迫他们买自己手里的花，一支 5 元到 10 元不等，有的是在餐饮店里要求给客人唱歌然后让他们给钱……

还有许多问题，在对老师的调查中，他们所持的观点和学生群体尤其是做生意的人群的看法，有较大出入，而较之二者，倒是做生意这一人群中所反映的情况比老师们所知道的情况更为真实和确切。我想，也许老师们生活在一个相对较为稳定的环境中，对社会上的一些较为实际的事情并未能十分了解，他们大部分时候，关心的是时政、国家大事等较为宏观的东西。这从调查中问及对行乞者未能妥善解决时，老师们回答的大都是：贫富差距大，国家政策问题，行乞人员本身的教育水平不够等。而更为“基层的群众”，所反映的是：工作难找，就业竞争压力大，老年人受虐待，小孩被人逼迫出来行乞等。虽说这两者的回答，我们不能对其优劣作出评价，但我总觉得“基层的群众”的看法更为朴实和切合实际。

在调查及采访中，有两位被访者给我留下深刻的印象，说来也巧，两个是来自江西的外地人，一个是40多岁的中年妇女，一个是20岁的少女。

她们两个人都对我们的调查抱以极大的热情，觉得我们是在做一些公益事，和我们谈了许多。

40多岁的中年妇女说，她挺同情那些行乞的人，并且在大多数时候，对残疾人及一些确实丧失劳动能力的人，她都会予以适当的帮助，虽然钱不多，但总会给点。同时，她也和我们讲了一些关于乞丐的事。她说，以前就在她住处的旁边，曾住过一群白天出来行乞晚上打牌、搓麻将的人，他们吃喝玩乐，日子过得比她们还潇洒……

而那位20岁的少女，讲了许多她的切身体会。她也是来自江西较贫困的地方，对那些外来的乞讨人员也是相当同情，有时遇到一些较年轻的乞讨者，甚至会想帮他们介绍工作，但心有余而力不足，总不能实现。她对那些身体有缺陷的乞讨者较之其他类型的乞讨者给予更多的关注，虽然自己并不宽裕，但还是适当给他们一点帮助……

许多生活在“相对上层”的人，对乞丐都抱以较漠然的态度（包括我本人），在这种状况下，能采访到两位这样的人（较之大部分“相对上层”的人，他们的态度令我很感动），我感到激动不已，采访时我总把目光放在她们放光的眼睛上。我看得出她们的真诚，她们对出来行乞的人大都觉得是为生活所迫，她们认为倘若不是为生活所迫，谁愿意出来当乞丐，这是很丢人的事。虽然她们的看法，有的并不能很客观地说明一些问题，但她们的热情和真诚着实让我感动。因此，回到宿舍后，想睡前，我还是忍不住想把她们两人的言行记下来。

明天，打算把剩下的问卷继续发完，并给一些行乞人员拍照，暗中调查他们的一些情况。

2004年4月8日　星期四　小雨转阴

今天，跑了一天，在福州的几条街道上逛了一圈，东街口、六一路（北路、中路、南路）及公交站，只做了几份问卷，大部分时间花在对乞讨人员的采访上，我们暗中作了录音。一下午共访了三个不同类型的乞讨者。

第一位自称是找不到工作的年轻人，提着个书包，戴着眼镜，在街道旁的地板上写下了一行字“找不到工作，肚子饿极了，好心人给几个零钱吧”。十多分钟的暗访下来，我们觉得这是个典型的“假乞丐”。

第二位是一个带着老母出来拉二胡的乞讨者，自称是河南某剧团的退休人员，家中二女上大学，一女在深圳打工，为供女儿上学才出来行乞。暗访后，我对同伴说，这可能是真的。可待到我们离开不久，他们就好似在人间蒸发了，转眼就不见了，似乎察觉到我们在进行调查。看着他们，想想，我自己真不知作何解释才好。

第三位倒是一位实实在在的乞讨者，是一位三等残疾人，有残疾人证，是安徽泗县人。听他自己介绍，家中有双亲，并有兄弟姐妹 6 人，因其从 3 岁起患了小儿麻痹症，后来长大了，1997 年县里给他办了残疾人证明，2 年后便开始了乞讨生涯，走到哪讨到哪，睡到哪。问及家里人对他的态度，他说家里人都不管他了，多年来也不曾过问。他口中说出最多的一句话就是：“时间长了也就习惯了，都一样了。”不过，问及社会上的人对他这一类人的态度，他觉得还是可以的，会给他点钱或者吃的，但他也说过在某地经常遭遇黑警，会被打，救助站也名不副实，像牢房一样。当我们想给他拍照时，起先他是拒绝了，但后来一经我们解释，他也就答应了。对这一类残疾人，我从内心深深地同情他们，但对他们的家人和政府对这一社会问题的态度我就不敢恭维了。（对这部分乞丐的采访，我们暗中作了录音）

明天，我们打算到民政厅和救助站作一些相关的调查和采访。

2004 年 4 月 9 日　星期五　晴

…………

等到下午近 3 点，我们准备到×地民政单位去走一趟，一路问过去，竟有许多人回答不知道民政单位在哪儿，我不知道他们是真不知道还是不愿告诉我们。还好，最后我们总算在××路找到了民政单位。但进去后却只见相关部门外上岗牌上挂着在岗，却 3 个人都不在办公室内，到隔壁询问才得知人都出去，也不知道何时回来。我们在走廊等了十多分钟。在这段时间里，有些机关人员从我们面前走过，问我们是干什么的，我们道明来意，得到的回答是：“谁还有时间给你们搞这些，走吧，走吧。”无奈之下，我们只好询问一下另一个民政部门的地址，准备离开，但一想又有点气愤，就把社会福利部门的上岗牌和空无一人的办公室拍了两张照片才离开。

而后又四处询问，最后找到了×民政部门。在我们找到民政部门之前，我们曾在外面问了好几个人，竟也有好多人不知道民政部门在哪儿！他们大多数的回答是“这里是×××，哪有什么民政部门！”态度很冷淡。当我发现民政部门正是在×××外的一幢大楼里时，我感到很奇怪，他们每天住在这里，怎么连民政部门在身边都不知道？

进了民政部门，找到社会福利与保障部门，道明来意，得到回答是：“负责这一块的人出去了。”我们就想让他接受我们的采访，他说必须先见经管人。于是我们在隔间里见到经管人。说明我们的来意，正在看报的经管人说：“我们哪有时间和你们作这些。”我们回答：只是想让他们在这方面为我们提供一些相关的数据及资料，回答一些简单的问题。但是他再三推托，让我们自己去找救助站。在我们的死缠烂打下，他也只是含糊其辞。最后，干脆离开办公室，叫属下把我们“赶”出去。我们不甘心，最后那个属下给了我们这一方面负责人的电话，但我们知道这不会有任何作用。出来后，我们想让民政局里的人作几份问卷，几乎整个办公室里的人都是在看报消遣，好像都很闲，而且对我们的问卷也保持“高度警惕”，只有门卫在我们的强烈要求下随便作了一份（还是不完整的）。再一次吃了闭门羹之后，我们很是失望。本打算下一站直接上救助站，但天色已晚，只好悻悻而归。准备第二天再行动。

出了民政部门的大门，我才明白为什么住在周围的居民都不知道这幢楼里就是民政部门，那是因为这群只吃白饭的饭桶根本不做事，毫无影响，实在令人气愤。再回过头来想想许多乞讨人员说的救助站没什么用，进去里面像牢房，而且9天后就会把人赶走，甚至会打人的情况，多半有可能。

这不是一份作业，是学生自发写下的“调查日记”（节选）。不为分数，只为了把自己的感触说给老师听。感触太多，不吐不快。“物不得其平则鸣”，见到了许多的不平，“鸣”之后，心态就“平”了。在言语活动中，最可贵的就是这种发自内心需要的自由的倾诉，即便有些愤激之言，也不要紧。这需要教师去理解，千万不要泼冷水，这种情形是“可遇不可求”的呀！言语教学就是要创设“可遇”的情境：这两位学生在三天里，和这么多人交谈，有政府官员，办事员，大学教师，中小学校长、教师、学生，服务员，门卫，中年妇女，少女，男女老少乞丐，等等，这也许是他们平时不会有的这么多、这么艰难的口头交流经历，因此，他们憋不住想说，也就在情理之中了。

也许他们和师生交谈不会有什么心理障碍，因为他们平时就生活在学校中，校园环境和老师、同学是他们最熟悉的。但是，和一般民众，尤其和他们主要交流对象——真真假假的乞丐对话，要从他们那儿获得有用的信息，就不是那么容易了。需要调整心态，放下学生的清高，注意该用什么样的语言消除乞丐们的疑惑，使谈话能顺利进行。他们做到了和乞丐平等相处，做了录音，得到了许多第一手的资料。这些录音资料，连同写出的翔实的调查报告，便是对他们不惮辛劳、不畏繁难地与受访者平等对话的回报。

他们也有不成功的教训，在政府机关的采访是不顺利的，几乎是劳而无功、一无所获。这虽然有客观原因，但是，相信他们会从失败中学习怎么和“官”们打交道，不能只是一味地愤愤不平。不能很好地对话，也跟他们没有事先联系好、准备不够充分有关，缺乏“现场感”。如果能知道这些“官”们“畏惧”什么，他们应承担哪些责任，他们的工作中有什么缺失，也许能迫使这些“官”们放下架子，屈尊与学生说点什么。

需要进一步检讨的是：这些“官”们对辛辛苦苦找上门来的学生，不但不能平等谦和地予以接待，还居然把他们“赶”出去，这也太过分了。虽然这些学生是不速之客，但也是“公事公办”开了介绍信的，即使没空，也要客气些，礼貌些、和气些吧，何况他们的的确确正“空”着——不，是正“忙”着，“忙”着喝茶看报纸。可见这些“公仆”的素质。试想，如果来的不速之客是某领导，他们会是怎样的一副嘴脸？难怪学生怀疑这些人搞“民政”、“救助”会有一颗慈悲之心吗？

这是否也可以归咎到教育的过失呢？因为他们从小就没有很好地受到“礼貌”待人、“尊重”他人的教育，不知道要怎样和他人平等地讲话、对话，所以，一旦有了盛气凌人的机会，就决不会轻易放过的。也许言过了，但是，这也多少表明了我们的社会、教育在培养公民、学生的平等意识上，做的还不能令人满意。——真不希望我们的学生将来走上社会，也是这么一副或盛气凌人，或卑躬屈膝的丑容。

各级学校的口头交流教学，都可以设置尽可能多的与各阶层人的交流机会，尤其是跟自己地位差别较为悬殊的人交流，让学生在交流实践中体验顺利和挫折、快乐和痛苦，从无数的失败和成功中，悟得什么叫平等对话，懂得容纳和宽容，学会礼貌和尊重，不断琢磨与他人对话的心态和艺术。口头交流教学，人文关怀比言语技能的习得更重要。

从学会和一切人平等对话开始吧。

五 说和写：在差异中相反相成

说和写，共同支撑着人生。说和写这两种能力也是相互支撑的，它们的发展是有相关性的。

言语表现包括写和说，写是书面表达，说是口头表达，二者同样是表达，也必然有相关性。“在演说和写作中贯穿着同一基本过程。高尔德在研究比较写作、听写和说话活动形式时，发现就写作质量而论，这三种活动形式之间，存在着颇大的相关性。”① 写作与口头交流，都要借助语言来感知、运思、表现，语言活动贯穿于写作与口头交流行为的全过程。只不过比起口头交流来，作为文字表现的写作有更高要求。它要将言语思维形成的“在场”的现实语境化的语言，转化为间接的书面语境化的文字，这在交流上就增加了难度。但由于书面语境化的文字往往是基于现实语境化的语言之上的，所以，语言能力是会向文字能力迁移的，说的能力有助于写的能力的形成。反之亦然，由于书面文字是口头语言的加工与提炼，文字对语言有一定的相关性和包容性，所以，文字能力也会向语言能力迁移，写的能力也有助于说的能力的提高。因此，写与说的教学相结合，有助于提高综合效能。

写和说既有相关性也有特殊性，这特殊性表明了二者的能力要求是有差异的，所能达成的迁移是有限的。说的能力不完全等于写的能力，这就是为什么许多人说与写的能力不均衡的原因所在。作为专门的说与写的能力的培养，在注意到二者的相关性的同时，还得注意二者的特殊性。对于二者的特殊性，朱自清先生有较清晰的阐述。他认为：“写的白话不等于说话，写的白话文更不等于说话。写和说到底是两回事。”② 朱先生对说与写的差异有较为透彻的认识，认为许多青年学生以为白话文是跟说话差不多，照着心里说的

① ［美］J. R. 安德森著，杨清等译：《认知心理学》，吉林教育出版社 1989 年版，第 586 页。

② 朱自清：《论诵读》，见中央教育科学研究所编：《朱自清论语文教育》，河南教育出版社 1985 年版，第 114 页。

话写下来就是白话文，这是一种误解。明白了这一点，我们在说话中就能注意口头表现的特殊性，努力扬长避短。

如前所说，说与写在交流形态上最大的差别是是否具有“现场性”，说是现场直接的交流，写则带有间接的独白性质。书面交流，读者是跟文本进行交流，读者不直接面对作者，读者反映是在现场以外的；一本书，一篇文章，即使有很大一部分读者不能充分理解，甚至不能卒读，并不影响其传播。但是，口头表达中听众的反应对发言者的情绪、信心、思路有很大的影响。正面的反应会鼓舞发言者，负面的反应会打击发言者。口头交流不但是现场性的，而且是双向互动的。过分的负反应会使发言者无法继续讲话。现场交流时，发言者和听者的物理距离是固定的，但是，心理距离可以因口头表达的鲜明、生动而缩短。当听者和发言者达到高度的沟通的时候，就会产生出一种心领神会的沟通，创造出一种互动的氛围，哪怕是发言者一举手、一投足，也会发生强烈的共鸣效果。许多惊人的妙语，往往不是事先准备好的，而是在现场交流的互动氛围中创造出来的。相反，就是精心准备的抒情段落，听者也可能只是茫然、漠然，如同有一堵透明的墙横隔在发言者和听众之间。口头交流的最高境界就是互动的语境的创造。① 了解了二者的特殊性，在以写与说结合进行写作教学时，就有了较为明确的目的与要求，就能更有针对性地进行演练，使二者优势互补，相反相成。

在写作练习中，可以将自己的写作思路和内容“说”给别人听，了解现场听众的反应，马上又能从听众的评价中获得对写作的新的感悟。在说的练习中，先做一些准备，把想说的内容写出来，请别人提意见，读者就可以较为从容地分析发言稿的利弊得失，免得上场就说，在交流对象那儿碰钉子。比如下面这篇辩论稿，事先写给人看，一方面可以帮助自己深化思考，另一方面通过读者的品评，可以避免辩论时无的放矢：

生命诚可贵，自由价更高

人与动物的区别在于追求自由的过程，大家其实都追求自由，但只有人成功地超越了动物这一种族，成为当今世界的主宰。所以“人之所以为人，在于对自由的追求”。所以，就人类而言，就人类区别于动物的

① 参见孙绍振：《评新编中学语文课本口语部分》，载《语文世界》，2001年第1期。

超生命的生命而言，自由先于生命而存在。

人类是由自由发展而来的。从父母决定生下孩子到受精卵到母腹中的胎儿，再到婴儿再到成人，这个过程是一个追求自由的过程，是选择的过程。首先，于父母而言，是选择，选择让孩子出生，抚养他们成人，这是自由。我们的存在，在父母意识里一直都是自由。其次，于自身而言，是我们给了自己身体自然发展的自由，而没有去残害它，如自残、自杀，我们才得以健康成长。所以，自由是人类生命的基础。

一个人的存在有三种情况。第一，身心两方面都是自由的，此时，他的存在就是自由：读者能够读到此文并自由地发表自己的见解就是一个明证。第二，身体被束缚了，但思想是自由的，他们的自由思想无时无刻不彰显着他们的存在：司马迁身陷牢狱，但仍然凭其自由思想写出了《史记》，在史册上千古留名。第三，这种人身心都不自由，当然，他们无异于行尸走肉，但人们仍然给他们生存的自由，只要存在着就不能否认有朝一日行尸走肉也会追求自由，所以外人恩赐的这一点生存下去的自由就是他们存在的原因：植物人，其存在的唯一真正表现就是外人所给予的心脏跳动的自由，恰恰是这唯一自由的心脏跳动，表明了他们的存在。

没有了自由，就没有了生命。有了自由，生命的价值才得以体现，生命才有意义。所以，自由重于生命。

放弃自由，等于放弃做人的权利，也等于放弃了一切。无论是谁，如果连做人的权利和义务都要抛弃的话，想得到任何补偿是不可能的。

通篇论述，只为让大家记住："生命诚可贵，自由价更高"。让我们一起在自由的苍穹下驰骋飞翔！

这是辩论，双方是"在场"的，不是演说，上文却带有一定程度的"独白"性质。辩论最重要的是要驳斥对方的观点，同时要有针对性地阐明自己的观点，为自己的观点可能遭到的质疑辩护。作为一个辩手，这位同学如入无人之境，自顾自地大讲"自由"的重要，忽略了如何与"生命"进行比较，忽略了如何去驳斥对方"生命比自由更有价值"的观点，忽略了为自己观点的确立作必要的防御。笔者经过认真研读，从辩论"现场性"要求出发，提出以下修改意见：

1. 对方势必要阐明生命是自由的前提，没有生命，谈何自由。这一观点应成为这篇稿子的一个靶子；

2. 对方一定会质疑“自由”的可贵，因为，自由未必都是可贵的，也未必都是“价更高”的，许多被滥用的自由，不但“价更低”，甚至还可能给人类带来灾难——没有抽象的自由；

3. 本文所阐述的“自由先于生命的存在”的观点，存在大量的反例，第二段中所讲的人从出生到成人都是自由的选择，其实，更大的可能是不自由的、身不由己的；

4. 即便“自由先于生命”，也不等于自由就比生命“价更高”，这是两回事；

5. “植物人，其存在的唯一真正表现就是外人所给予的心脏跳动的自由，恰恰是这唯一自由的心脏跳动，表明了他们的存在”——植物人的生命的存在，恰恰是不自由的；

6. “放弃自由，等于放弃做人的权利，也等于放弃了一切”——放弃自由，也是一种自由，否定这一自由，与上文的逻辑相抵牾，陷于自相矛盾。

如果没有成文，是很难“听”出这篇辩论稿有这么多问题。这就是“读”的好处，它弥补了“听”的不足，也提高了“说”的质量，最终对“写”也有帮助。这位“辩手”修改后，再上台“说”，想必效果一定会好很多。这就是说和写的互动。

也可以“说”完再“写”，这样还会有所提高。就“现场”意识而言，下面这篇辩论稿就明显比上文强，而且，比现场“说”的更精粹、明晰：

生命与自由之价值比较

蔡志彬

谢谢主席，谢谢对方辩友的精彩陈词。对于反方一辩提出的观点，我方认为这是曲解了话题所得出的，所以是站不住脚的。

首先，请反方辩友明确一点：在座的各位从生活区赶到教学区来是为了听我们关于“生命与自由之价值比较”的讨论，请注意是“价值比较”，而非两者之间的关系如何问题。对方辩友刚才所阐述的“谁是首要的”“谁决定谁”“谁是谁的前提”是属于两者关系如何问题的范畴内，而非“价值比较”。价值的高低并不等同于重要性的大小，这两者有某种程度上的联系，但完全不同。这正如一盆花一样，盆土是花株的前提，没有盆土花株就不能生存，所以盆土是首要的，但这并不意味着盆土就是最有价值的。我们欣赏一盆花是欣赏它的花株呢，还是看它的盆土？一盆花的主要价值是在于花株还是盆土？花株和盆土哪个是栽植这盆花的目的和最终意义所在？答案是显而易见的，生命和自由对于人来说，正如盆土和花株一样，生命是前提，首要的，但自由的价值更高。

再者，反方认为生命存在是自由的前提和基础，而我方认为这是片面的。如果在人的范畴里说，这句话是对的，但不知对方辩友是否想过，生命的存在本身不也是一种自由吗？而且如果上升到宏观的高度，我们甚至可以说：自由是生命存在的前提。这是因为：生命体要成为生命，首先要先从客观环境中独立出来成为个体（独立是生命活动的前提），再通过自身的系统与外界进行物质与能量的交流，这样生命才能生存和活动于环境之中。而生命赖以生存的物质和能量是由环境提供的，即环境提供了生命生存的可能性空间和条件，这正是环境给予生命以生存的自由。所以从宏观角度上说：先是有了这种被赋予的自由，生命才能生存、活动并发展，即自由是生命存在的前提。所以雨果才说："自由是人的需要，第一权利，第一义务。"

最后，我想在我方一辩所作的阐述的基础上做进一步的陈述。我方从始至终都认为在"生命诚可贵"此前提下才说"自由价更高"。我方认为肯定"自由价更高"并不是就意味着我们在否定生命，贬低生命，其实恰恰相反，我们是在肯定生命，尊重生命。就人的范畴来说；人存在是为了什么？人为什么要不断地谋求发展？难道仅仅是为了像猪一样吃了睡、睡了吃吗？我们的智慧告诉我们：不是的，如果是那样子的话，人为什么要去探索宇宙？把地球上的事搞好了不就得了吗？人存在着其实是在追寻一种价值，也是一种自由，这种自由是建立在物质需求得到相对自由的满足的基础上的情感、精神世界的自由，是一种扩大化了的价值。正是对这种自由的不懈追求，人才会超越原始，不断地发展科学与文明，并想通过探索宇宙来求得对自身的进一步认识。对这种自由的不懈追求是人的生命存在的价值所在，否则人与猪又有何差别呢？追求自由就是实现生命的价值，肯定生命、尊重生命。

综上所述，我方始终认为"自由价更高"。

这篇辩论稿，集中谈两点，这两点都是针对"对方辩友"发言中的要害问题的。首先一针见血地指出对方对论题规定性存在的误解，论题是"价值比较"，而对方谈的不是"价值"而是"关系"，否定了对方论述"生命"和

“自由”二者关系的思路，就是说，对方偏离题意的论述是无效的；其次，认同对方“生命诚可贵”的观点，一方面使对方的论述落空，另一方面也使对方难以反驳，在“肯定生命、尊重生命”的前提下，转入阐明自己的“自由”为何“价更高”的见解，这就使对方无隙可乘，使己方立于不败之地。

也并非就没有问题了，还可以对这一文本进行推敲、修改。例如，上文用“盆土”和“花株”类比生命和自由，是不妥帖的。现场“说”的时候，听众一瞬间不一定反应得出来，“写”出来“读”，毛病就看得很清楚：“盆土”和“花株”的关系，不同于“生命”和“自由”的关系，前者是两种可以分开的事物，后者是不可分离的、一体的事物，“生命”和“自由”是同属于“花株”的，也许用“植株”和“花果”类比“生命”和“自由”会更妥帖些：没有自由的生命，就像没有花果的植株一样，存活着，但没有意义。

不断地在文字上推敲，实际上，也是为下一次更好地“说”——更好地“写”，做准备。

六　能言善辩：学会演说、访谈和辩论

很多语体，实际上也是文体，反之亦然，二者本来就是紧密相连的。例如，总结，一般说是一种文体，可它也能拿来说，能拿来说的就变成了语体：总结报告。各级政府工作报告，一般都要求字斟句酌地“写”出来，再拿去“说”的。解说、演说、辩论，是语体，但是解说词、演说词、辩论稿则是文体。说和写的天然联姻，由此可见一斑。因为它们都是言语表现，所以二者往往是难解难分的。懂得了二者的异同，在言语表现实践中，就既可以注重体现各自的特殊性，又可以相互取长补短，达成双赢。

我以为口头交流教学大约有三种语体是学生需要掌握的：一是独白体，二是对白体，三是辩白体。这三种语体，大多与相应的文体联系在一起。

（一）独白体。指的是在交流现场只有一人（或一方）在说，没有显性的双方语言交流，如自述、讲故事、解说、报告、演说等。独白体，不是就可以目中无人、自言自语，也还是无时无刻不在和听众进行心理和精神上的交流，需要达成情感上的默契与和谐，否则，台上没有“白”完，台下已经“拜拜”了。这是一种隐性对话，听众的各种反应就是在和演说者交流，他们

的表情、神态等都在“说话”。从某种意义上说，这种隐性对话，可能比显性对话还要难，它需要察言观色、激情诱兴。演说者要注意用形象、生动的语言吸引、诱惑、打动听众，稍有不慎，听众就会开溜，或心猿意马或拂袖而去：这是一种征服与逃逸的角力。演说者随时都要警惕听众从你的言语之网中挣脱。

小学阶段开始，可以多做些自述（讲有关自己的家庭和自己成长的故事，或讲述自己各种新鲜的见闻）。自述，是贯穿人的言语人生的一个基本命题，因为，其精神实质是人的自我追问，是人的自我关怀。钱理群教授说，从小学到高中，有一个主题一直贯穿，这就是“我是谁?”这是一个对自我不断发现与提升的过程。“我是谁?”看起来是一个颇富哲理性的问题，但我们认为，这其实是人一生中的一个永恒的追问。因此，我们在小学低年级就把这一问题向孩子提了出来，当然是用孩子所能理解和接受的方式：“小朋友你对自己了解吗？你从哪里来？你‘呱呱落地’的时候是怎样的？可以讲讲‘当年’的照片里你是什么模样吗？问问爸爸妈妈，为什么给你取这样的名字？你也给自己制作一张名片，好吗？那么，你怎样在名片里向小伙伴们介绍自己呢?如果你觉得在短短的名片里说不清楚，那么你就写一篇文章，说一说你是怎样一个人？你还可以想象一下未来的你……”这样的谈话和写作的引导是要经常进行的。学生生命成长中的某些“关键时刻”，更是要及时抓住。比如，当孩子十岁的时候，我们就设计了这样的谈话和写作：“你们已经十岁了，是个小大人了。可父母们总是把你们搂在怀里，左一声‘宝贝’，右一声‘乖孩子’。想想看，你们怎么向大人们证明你们已经长大了?”于是这些小学生纷纷写出了这样的文章：《放学后，我自己走回家》《晚上起夜，不用大人陪了》《第一次走夜路》《我第一次代姑姑看管小表妹》《我一个人在家的时候》《妈妈说我懂事了》……这都是孩子们生命中的第一次，是他们独立地面对世界的开始，鼓励学生写下来，这将是他们生命的记录，很可能成为终生难忘的最美好的记忆。① 自然，到了初中、高中，又有适合于“自述”的话题。这就使说、写活动和学生的生命成长融为一体。生命成长为说、写提供了素材，说、写活动反过来也促进了生命成长。

还可以做些文本复述的活动（说读到的故事，或介绍各种课外读物，或

---

① 钱理群：《语文教育门外谈》，广西师范大学出版社 2003 年版，第 404～405 页。

改编小说)、编讲故事（说自己编的故事）。小学生写的很多作文，都可以请他们说给同学们听，注意引导学生领会同样的意思表达在“文”和“话”中有着不同的要求，让他们首先学会“说”得明白，使人听得懂、喜欢听。

在中学阶段，上述几种交流活动还可以继续，逐步增加解说、报告、演说等的练习，加大交流的范围，多种语体的练习穿插进行，使学生不至于厌倦。演说，是一种涵盖很广的语体，什么内容都可以演说，同时，和写也联系得很密切，可以事先写好演讲稿，讲的时候最好要脱稿，这样，可以更好地把握现场，与听众进行交流。读讲稿，就不是演说了。

高中阶段也可以作一些即兴演说的练习，不事先准备，稍作考虑，或列出提纲，或打个腹稿，就上台说。即兴演讲主要是练胆，是练“口才敏捷”，是一种时间煎逼下的言语机智的发挥，可以最大限度地激发、调动人的言语潜能。这种能力是当今的学生较为欠缺的，或者可以说，整体水平是很低的。比如，下文是一篇“上海市重点中学第五届‘世纪杯’演讲邀请赛”获奖作品，水平实在是不敢恭维，竟然“获奖”，可见演讲水平不容乐观。

巴金带我融入上海①

马天骄

看到这个题目，我眼前立即浮现出两个大字——巴金。

所以今天，我要谈的就是这位世纪老人对我这个年轻人的影响。

根据各大报纸、媒体的报道，今年的冬天不会太冷了。为什么呢？不仅仅因为冬日里那和煦的阳光，更是因为这个世纪老人——巴金的精神温暖了我们每一个人的心。

对我来讲，认识培根要从他的《人生论》开始，认识鲁迅则是从他那句“不在沉默中爆发，就在沉默中灭亡”开始，而要说到巴金，当从他的《灯》与《家》谈起。

巴老的心中一直拥有一盏明灯，指引着一代又一代的年轻人，点燃了他们心中青春的火焰。

在我的生活中，巴老同样对我影响深远。

我来自山东，一年多前，我满怀激情踏上了这块曾令多少人向往的

① 马天骄：《巴金带我融入上海》，载《交际与口才》，2004年第5期。

宝地——上海，来此求学。也许是南北方的习俗差异，初来乍到，有诸多不适应，不仅仅觉得这儿饭菜太甜，交通拥挤，更感到这个城市的步伐太快了，似乎太机械化，而少了那么一点人情味儿。同学之间、师生之间也不像以前班级中那样关系融洽。

拿语文课来讲，一次课上，老师提出一道有难度的问题，问了许多语文高手，无人能答。这时，班里一下子静了下来，所有人都低着头，不想被老师叫到。就在这时，我的名字从老师的口中喷出，我犹犹豫豫、吞吞吐吐回答得不是很清楚，之后，老师便让我坐下了，但我心里却很不是滋味。

因为类似这样的事情在我身上已发生不知多少回了。同样是一个班的学生，去参加征文比赛，我觉得老师对上海的学生认真辅导，而我的文章却被扔在了一边。诸如此类，种种种种，使我觉得老师对北方学生，尤其是“我”，有很大的偏见。

我的激情没有了，我失望了，成绩直线下降。

一天晚上，我拨通了家里的电话，向远在山东的父母诉苦，父亲开玩笑地说：“那是因为老师觉得你来自孔孟之乡，从小受哲学思想的熏陶，对你放心嘛，不要胡思乱想！”可我的心情还是不能平静，这时，母亲接过电话说：“你不是喜欢巴金吗？何不读一读他老人家的文章呢？”

于是我扣下电话，独自坐在窗前，重读了巴金的《家》，重新认识了那个封建家庭的背叛者觉慧，他那种不害怕、不妥协的精神鼓舞了当时深受封建礼教束缚、追求个性解放的一代年轻人，同时也鼓起了我战胜困难的勇气。

觉慧当时孤身一人离家出走来到上海寻求个性的发展，我也孤身一人不远万里来上海求学。我们同是年轻人，都为了同样的梦想——新的生活，而我们又生在不同的年代，相比之下，我的困难真是微不足道。

是巴老给了我生活的希望，正如他在《激流总序》中所说：我的周围是无边的黑暗，但我并不孤独，并不绝望。我无论在什么地方总看见那一股生活的激流在动荡，在创造着自己的道路。

巴老就是这样影响着我，影响着所有的年轻人，把心交给读者，他的人品与文品一样值得人们景仰。

我想，在座的各位一定与我有着同样的心情，让我们在巴老百岁生日之际，共同祝愿他：生命之树长青，艺术之树长青，精神之树长青！

这位作者决赛抽到的题目是“谈谈一位文学家或社会学家对你的影响”，准备时间是20分钟。应该承认，即兴演讲能说出这么一大篇话来是很不容易的，而且也不无精彩之处。但是，既为获奖作品，不能不细加考察：

1. 作者的演讲题目是《巴金带我融入上海》，居然通篇没有一个字讲到自己如何“融入上海”，也没有表现出要“融入”的迹象，只是含混地说了一句“是巴老给了我生活的希望……”。“希望”是很宽泛的，究竟是什么“希望”不得而知。而且，“希望”可能永远只是“希望”，而不等于“现实”——融入上海。文不对题，毕竟是一个比较大的遗憾。

2. 前面提到“而要说到巴老，当从他的《灯》与《家》谈起”——究竟《灯》对作者的生活有什么影响，始终没有谈到。

3. 感受到对上海的种种不满：太机械化，少人情味，师生关系不如以前融洽，老师对上海学生认真辅导，“而我的文章却被扔在了一边”。老师对北方学生，尤其是“我”，有很大的偏见。这些，没有下文的照应，似乎就是事实了——不知她现在的老师、同学听了作何感想；现场的听众作何感想。从题目与内文失去照应、上文和下文也失去照应看，演说者的思维的连贯性、整一性存在明显不足。

4. 当孩子在异乡求学，遇到困难，感到失望，向母亲倾诉，真有母亲会说：“你不是喜欢巴金吗？何不读一读他老人家的文章呢？”——相信多数的听众会感到不真实，很突兀。

5. 觉慧这个人物形象，如同演说者所说的他的“不害怕、不妥协的精神鼓舞了当时深受封建礼教束缚、追求个性解放的一代年轻人，同时也鼓起了我战胜困难的勇气”，连同后面说的：“是巴老给了我生活的希望，正如他在《激流总序》中所说：我的周围是无边的黑暗，但我并不孤独，并不绝望。”联系前面演说者对上海的种种不满，听众会作何联想？演说者需要学习的是觉慧“不害怕、不妥协的精神”吗？是巴老的“我的周围是无边的黑暗，但我并不孤独，并不绝望”吗？这种联系与演说者所面临的困难和当前所要采取的行动，不显得牵强、不协调吗？同时，这种遥远年代的青年形象，对今天处于生活困境中的青少年真有那么大的现实影响力吗？

提出这些问题，不是要否定这位同学所做出的努力——这位同学敢于挑战自我，敢于面对即兴演讲的精神，是值得赞扬的。因为即兴演讲没有深思熟虑，开始时可能会讲得较粗糙，这不要紧，只要其中有一两个亮点就可以了，慢慢地会好起来的。这位同学第二段的演讲和结尾对巴老的祝福就很出彩。

即兴演讲是通往“辩论”的一种预备和过渡。学会了在20分钟或10分钟准备后就能侃侃而谈，离“即席辩论”也就不远了。这种即兴的口才，在现代社会是非常需要的，如求职、升学时的面试，都要求稍作准备或不作准备，就能讲上一席组织得较好的语言。由于长期以来缺乏这方面的练习，以至今天研究生面试，还有大量考生即兴表达能力很差，语不达意、话不成篇，鲜见语言流畅、逻辑清晰的表述。

（二）对白体。指的是由两人或多人（双方或多方）进行直接的交谈。如调查访谈、谈判、面试、学术对话等。这是一种让别人畅所欲言的艺术。一般来说，对白体，不论谈话者是双方还是多方，都有一方是发起者，是为主的，负有把握现场以实现谈话意图的责任。作为发起者的主要任务不是自己说，而是要引导别人说，让对方说出自己希望了解的内容，或是通过自己的告白，获得对方正确回应、积极配合。

对白体，一般要尽量地口语化，听了觉得亲近、随意，就会拉近相互间的心理距离。反之，过多地运用专业术语概念，或不看场合地使用典雅的文言词汇，都会拉大双方心理距离，造成沟通不良。有人撰文认为，近年上访、申诉案件不断增多，固然有法官判决不公的因素，但相当一部分则是由于法官宣判时法言法语过多、裁判文书专业味太浓，使当事人对法律条款理解不深不透造成的。某法院在司法实践中曾遇到这样的困窘：一位媳妇就丈夫死后的财产归属问题将婆婆告上法庭，开庭后法官询问双方是否申请回避，原告、被告直视法官不明其意。法官当庭宣判后，告诉被告不服判决可以提出上诉。不料，被告却说：“我老了，不会上树。”——作为改革的措施，某法院采用了“判前说理”的方式，就是用“道理”而不是“术语”来说服当事人，就是用通俗易懂的语言，摆事实、论证据、说道理、明法律，清楚明白地告诉当事人为什么要这样判。① 这类沟通不良的情况在“对白”中是普遍存在的，不知道“在什么山唱什么歌”，必然就会产生心理隔阂或拒斥。注意选择适当的用语，也是现场感的体现。

---

① 陈强、方萍：《多用口头语言　少用法言法语——宁德法院“判前说理”别开生面》，载《中国青年报》2002年3月11日。

在教学中，比较适合做的是“访谈”练习，这是一种调查了解性的双向交流。学生可以虚拟记者或调查员的身份，作各种各样感兴趣的、有意思的调查。这种调查采访，没有什么禁区。北京的两位中学生曾在中学生中进行性心理的调查，就是一个很好的尝试。这些年，我们的学生几乎走遍了各行各业，和各种各样的人群交谈，几乎没有哪一类选题没有涉及、哪一种人没有接触，这对他们培养说的心理和能力，有很大的帮助。

下面这些是近年我们的学生涉足的领域和问题，可资参考：

1. 工：下岗工人再就业，打工仔、打工妹的生活、思想、情感，农民工子女入学问题；

2. 农：农民的收入、文化生活、子女教育，农村的迷信活动、六合彩等；

3. 兵：士兵的思想状况、理想和对未来的打算；

4. 学：大学生收费并轨、消费、恋爱、读名著、人际交往、师生关系、英语学习、体育运动、课外运动、考研、择业、考公务员、下海、当家教、追“星”、入党、上网、网恋等，中学生差生和优生的思想状况；

5. 商：不二价，美容消费，广告，盗版商品，农产品价格；

6. 文化：影视、戏剧、图书市场，图书馆阅读状况；

7. 体育：亚运会，申奥，办奥，学生体育；

8. 教育：素质教育，中学语文教学，减负，对教师教育能力的要求，高考独立命题；

9. 政治：政改，体改，轮岗，台海局势，问责制；

10. 司法：少管所，女监，缉私，缉毒，戒毒，反腐败；

11. 宗教：神学院、寺庙僧众的生活，信教原因；

12. 医疗：医改，红包，药价，医学美容；

13. 民政：救济救助，乞丐，残疾人，残障、智障儿童，盲聋哑学校。

可以看出，这里涉及的很多问题和人群，对学生是很陌生的。有时越是陌生，越有助于他们人际关系、言语心态的调适和对话能力的锻炼。不论成功还是失败，都没有关系，重在过程，这是一种不可或缺的人生阅历，是一种宝贵的心理感受和体验。如果要进行评价的话，主要是作一种态度评价，只要学生积极认真地参与了，即便效果不佳，也应该给予肯定和鼓励。

访谈的现场感，最需要的是要能使交流对象乐于交流。培养学生的应对机敏，这可以从一些成功的访谈经验中进行借鉴，让学生感受到言语的力量。

对学生介绍像下面这类关于节目主持人的一些有趣“故事”，作为“榜样”刺激他们的学习动机或作为“案例”进行分析，可能对学生的调查采访会有所帮助，不但能加强他们访谈的信心，也能从中悟到一些谈话技巧：

“牵着”克林顿的“鼻子”走[1]

1998 年 7 月 1 日，美国总统克林顿在上海交易所接受中国中央电视台记者水均益的专访。采访中，克林顿谈到他这次来中国的感受：“中国已经有了一种真正朝向开放和自由的趋势。显然，作为一个美国人，也作为一位美国总统，我希望这种趋势继续和增强，我认为，这种趋势是正确的，道义上是正确的，而且我也认为这对中国是有益的。”克林顿越谈兴致越浓。这时，水均益似乎感觉到克林顿有一点离题。心想不能让他占据主动，于是冷不丁地问克林顿：“除了这些以外，你有没有什么意想不到的事情。”

克林顿大概正在兴头上，没想到水均益会问他这个问题，他稍有些迟疑地说道：“我不知道有没有什么惊喜……”突然，他好像意识到什么，赶紧改口：“让我想想……啊，我想，我是有一点吃惊。有两点：首先，在我来之前，我没有想到我与江主席的联合记者招待会会被现场直播；随后，我在北京大学的讲演，我昨天在上海电台热线对话都被直播了。我没有预期到能够和中国人民有如此公开和广泛的交流……”克林顿这番话后来成了西方媒介在报道克林顿接受中央电视台专访消息时被广泛引用的一句话。然而，许多人不知道，这样一条好新闻却是出自这样一个背景：水均益适时的追问打断了克林顿正欲发挥一番的关于民主的话题。

水均益使绝招基辛格吐真言[2]

在近两年的《东方时空·焦点访谈》中，水均益以独具个性的国际新闻评论型主持人形象出现在观众面前，先后成功地采访过阿拉法特夫妇、以色列总理拉宾、法国总理科尔、联合国妇女委员会主席蒙盖拉夫人等。

---

① 选自《生活文摘报》2000 年 11 月 21 日。
② 选自《中华周末报》1999 年 1 月 12 日。

去年5月，美国前国务卿基辛格应我国经贸部邀请前来访华，《东方时空》决定就中美两国关系问题对其进行一次专访。仓促间的决定，如何与对方联络？

水均益和摄制组在基辛格抵京的次日上午直扑其宾馆下榻处，先通过外围和同消息灵通的门卫打探消息。几个人抱着话筒、机器，坐在大厅中等候。

中午，目标终于出现。水均益捷足先登用英语与基辛格的私人秘书接上头。对方同意接受采访，但只给了5分钟时间。

一期节目的长度将近9分钟，难题怎么解决？据水均益十多年搞国际新闻报道的经验，对基辛格这样来自美国的睿智型人物，提问得有棱有角。于是他们精心设计了三个问题："您认为中美两国是朋友还是敌人？""美国人习惯当国际警察，作为研究国际问题的专家，您认为美国该不该做国际警察？""美国议会经常通过制裁别国的议案，这是不是一种爱好？"

回答这些问题，使原定的5分钟时间延续成了25分钟。事先做采访准备时，水均益意外发现，再过10天，是这位博士的71岁生日。随着采访交谈渐趋和缓，主持人真诚地表达了对这位中国人民的老朋友"祝福生日快乐"的心愿，基辛格的表情显得意外而感动。

水均益又灵机一动，即兴设计了一个精彩结尾：他先请博士对中国观众讲几句话，然后提议和他一块与观众告别。基辛格随即往沙发边上挪了挪身体，使水均益有可能并肩坐过来，然后他们一起对着镜头说"Good-bye"。

这种现场"过招"在水均益和王志的交谈中看得更明显，下面是王志采访刚从中东战争的战地归来的水均益：

王志：我很冒昧地问一句，你喜欢战争吗？

水均益：作为一个人，我不喜欢。

王志：那作为记者？

水均益：作为记者，我老实说我觉得应该说是比较喜欢的。

王志：我听说很多消息来源都是国内再给你返还过去？

水均益：应该说有相当的一部分，这也是一个现实情况。

王志：那这样一来，去巴格达还有什么意义呢？

水均益：但是你是在风暴中心，你是在整个这场战争最核心的地方。

王志：当你冒着生命危险，去采写这些新闻的时候，你会不会怀疑它的价值？

水均益：我不怀疑。

学生可以从这里学会怎么跟“大人物”、跟他人打交道，如何驾驭交谈的方向，怎么设计访谈的提纲，所提的问题都是受访者不能不认真回答的，使受访者欲罢不能，“乖乖”地跟着你走，于是，一切如愿以偿，一边喝着可乐，一边心满意足说“Good-bye”，吹着口哨满载而归。当然，也可能是针锋相对地忙乎半天，打个平手却一无所获、扫兴而归的。和各种各样的人真正“谈”起来就不是像上面这么轻松了，要让学生们知道，没有在实践中碰个头破血流，是成不了水均益、王志的。

在出去采访前，同学间也可以做模拟“采访”，作为一种演习，试试自己的招数灵不灵，看看究竟能否让对方开口、配合，得到想要的材料。

国外的口语教学很重视基本技能的培养，例如法国有一个“社会调查”口语活动的设计是这样的：

怎样选择你的职业[①]

（一）采访准备

把全班分成若干采访小组，每组三至四人，明确分工。每组确定一个采访对象，准备好要提的问题。负责提问的“采访记者”熟悉这些问题，以便提问。负责记录的“记者”做好录音准备。

（二）采访注意点

1. 首先要问主要情况。

采访对象的姓名、年龄、家庭住址、从事工作的性质、本人资历等。

2. 提问题的方式要适当。

例如这样提问：

——您是自己选择这个职业的吗？您为什么选择这个职业？

——您工作多长时间了？

——您是很喜欢这个工作，还是不得不干这个工作？

① 鲁宝元编：《国外作文教学》，文心出版社1986年版，第163～164页。

——确切地说，这一职业的性质是什么？

——要做好这一工作，需要具备哪些条件？

——您是否想向青年人推荐这一工作？您认为什么样的人适合做这一工作？

（三）整理资料

认真听录音，摘记有用的材料，分类整理，然后制作资料卡片。格式如下：

1. 卡片上部用印刷体写上职业名称。

2. 在卡片的两面填写以下内容：职业性质；工作条件；优越性；存在的问题。

3. 配上图画或照片，表明某人从事该项工作的情景。

把各组所做的职业卡片收集起来，按字母顺序放入卡片箱，并在以后的学年里逐渐丰富充实这方面的资料，以备在选择职业时参考。

这是对学生调查能力的最基本的训练，学生通过具体的操作，掌握调查工作的程序，熟悉社会调查工作的过程。这种练习也是一种很好的访谈入门方式。

调查访谈，是一种很好的口头交流教学活动形式，从动机层面看，能满足学生了解未知领域、新鲜问题和陌生人群的探究心、好奇心；从实践层面看，可以培养学生的独立性、合作性，克服言语心理障碍，帮助他们认识社会、人生，等等。不少学生在一次调查访谈活动结束后，还希望能有第二次，因为，他们觉得意犹未尽，意识到自己种种缺憾，想在下次得以弥补——这就进入了口头交流学习的良性循环。访谈获得的资料，可以写成新闻、专访、人物特写、调查报告、短论等，这样，说和写，很自然地连为一体，形成言语表现的融通与互动。

在中学阶段，调查类的说、写活动可以成为一种经常性的语文教学活动，因为它特别有助于语文综合实践能力的培养，具有生活化、社会化、交际化等特点，是一种最生动的生活、实践教育。学生从中能直接感受到语文的实用功能、语文能力的重要和自己的缺陷，这将成为语文学习的动力。

（三）辩白体。指的是两人（或双方、多方）针对某一论题或观点进行讨论、辩论，如论文答辩、专题辩论、专题研讨等。这些语体，都是人的思想交锋的表达，带有不同程度的“论战”色彩。辩论，是言语生命和智慧的搏杀，是对话中的短兵相接、刺刀见红，以思想、思维的灵活、深刻见长。辩论的现场性主要体现为通过对对方观点的证伪、批驳，以征服对手或“取悦”听众。比起其他语体，辩白体对学识和理性的要求较高，因此，这应该成为高中、大学阶段口语教学活动的一种主要形式。

辩论论题十分广泛，社会、人生、哲学、历史……无所不包，对引导学生进行研究性学习大有裨益。议论，是学生言语表现能力中最为薄弱的一环。当今高考作文文体不限，选择写议论文的学生较少，真正有见解的逻辑谨严的议论文，则少之又少。这是中学写作教学的大缺憾。如果中学写作教学能注重研究，口头交流教学能注重辩论，相信学生议论能力会有较大提高。同时，写作和口头的议论能力的提高，也会相得益彰。

辩论，实际上是一种人与人之间的“斗智”，富有挑战性。只要选题好、设计得好，学生是会有兴趣和激情的，就像势均力敌、胜负不明的战斗，反而会激起少年意气、勇气和锐气，与对方一决高低。

值得注意的是，当今辩论论题的设置大多是“对立”型的，如“人性本善”“美是真”“美是生活”“教育应以市场为导向”“男女平等是可能实现的”“温饱是谈道德的必要条件”等。辩论双方的观点似乎必须是一正一反、针锋相对的。不但观点是他人预设的，而且各方所说的都是一偏之理，这导致的是片面化、绝对化的思维，不利于独立思考和辩证思维能力的培养。

论题应该是“范围”型的，辩手可以从不同的视角切入，对同一个问题持不同的观点，如可以围绕着“人性”“美”“教育应以……为导向”等来阐明不同的看法。也许有人会觉得必须是对立的观点才“辩”得起来，其实不然。

2003年第六届国际大专辩论会“到底是顺境还是逆境更有利于人的成长”这样的论题就很好。它不是片面的在“顺境”和“逆境”哪一种“有利于”人的成长中取舍，而是要辩明哪一种“‘更’有利于”人的成长。不是一方对另一方观点绝对的否定，而是对两种处境进行比较和“条件”分析，在权衡后得出“相对”的结论。在赛后点评中，嘉宾杨振宁教授以自己的亲身体会谈了对这个辩题的看法。他说，从西南联大到美国留学是一个从逆境到顺境的转变过程。在西南联大时，时常连饭都吃不饱，但是在那种困难条件下，反倒能让我集中精力读了该读的书，没有受到太多的干扰。相反，现在美国很多生活条件优越的孩子，因为有了太多的选择而不能专心去做一件事。逆境可以使人看清楚什么是有意义的事情，什么是没有意义的事情，这也正是他自己在逆境中所得到的好处。如果让他选择辩论的参与方，他更愿意参加持“逆境更有利于人的成长”观点的反方。[①] 杨先生的观点，并没有绝对否定顺境“有利于”人的成长。如果有人认为“顺境更有利于人的成长”，也不是不可以，因为他也可以找到大量的证据来支持自己的观点。这类不是截然排他的辩论更有意义。

下面是我写的《辩论：提出辩题》，供教学参考：

（一）做一个雄辩家：辩论目的与效能

辩论的目的是解决争议、探求真理；一展思想者、雄辩家之风采。

辩论可运用于诸多领域：法庭辩论、议会辩论、竞选辩论、政策辩论、学术辩论（包括各类对话、讨论）等。

辩论具有多种功能。亚里士多德：辩论阻止欺骗和邪恶行为得逞；辩论是一种教育公众的方法；辩论使人们看到一个问题的正反两个方面；辩论是保护自我利益和个人名誉的防御手段。

“受过辩论训练的公民有希望真正有效地参与到一个民主社会中去。”[②] 辩论对培养批判性思维与反思能力尤有帮助。辩论实践经验对促成人之发展、成才，大有裨益。

（二）辩论：人之素养综合培育与呈现

辩论者要懂得搜集、阅读、思考、选择、组织相关资料；要将辩论策划、观点陈述、辩驳策略、总结陈词等，写出文字稿，反复思虑、打磨；要善于口头表达、倾听、交流、应对；要不断地自省、反思、求知、探究，要有斗志、自信、信念，要懂得尊重他人……辩论，集听、读、说、写素养之大成，全面展示了辩论者的人格、文化、言语素养。

（三）寻求有争议、引关注的辩题

辩题，要有争议点，才需要辩论；要具体、明确，才有效果；要双方都有话说，才辩得起来；听众要感兴趣，辩论会才开得起来。

如，首届国际华语大专辩论会辩题：“温饱是谈道德的必要条件”“艾滋病是医学问题，不是社会问题”“人性本善”。这里有的辩题虽不新颖，如“人性本善”，但由于其文化意涵深厚，仍有“论争性”，指向是具体、

---

① 参见孙宇挺：《第六届国际大专辩论会决出冠军》，载《中国青年报》2003年9月27日。

② ［美］AUSTIN J. FREELEY著，李建强、李书春、何美兰、郭爱竹译：《辩论与论辩》，河北大学出版社1996年版，第27页。

明确的，正、反方都能找到立论、驳论理由，能引发听众的关注，因而仍值一辩。

请每位同学为本班辩论赛拟出一个辩题（一个辩题只能有一个主题，两个以上便会造成混乱），并说明选题理由，通过小组、班级讨论，从中推选出三个最佳辩题。

（四）辩题中基本概念的阐释

辩题中的基本概念，常常是辩论的重要“论争点”。美国“俄勒冈赛制”将“定义权”给予正方。如正方“定义”有误，反方可质疑。一旦确定，便不可改换。

第二届亚洲大专辩论会决赛辩题：“儒家思想可以抵御西方歪风”（正方为台湾大学，反方为复旦大学）。辩论结束后，某评委指出：“我们很不客气地说，双方还没有完全地说服我们评判团。究竟儒家思想可以或不可以抵御西方歪风，问题就出在双方对于‘抵御’这两个字的定义有所不同，也就因为这样，没有产生交锋。对于‘西方歪风’这四个字也没有很精确的界定。”

同学们能否就这两个概念选择其一，设定辩题，来一场辩论？

这三种语体各有其特殊性，然而，关注互动语境的创造，注重现场效果当是它们的普遍性要求。现场意识、现场效果，是评价口头交流整体能力水平的重要指标。因此，现场感，可视作口头交流的基本素质，应成为教学的中心内容。

对母语的爱恋是第一宝贵的，评价要是摧毁了学生的言语自信、信念和憧憬，分数和升学又能证明什么？语文教育还剩下什么？

第十二章

评改与测试：对言语生命的赞美和激励

母语教育要使师生都享受到母语魅力带来的乐趣和动力，而不是像现在一样，要经常地对付那些没完没了的刁钻古怪的考试，内心始终充满着紧张、恐惧和焦虑。学生只要尽其所能认真地学，就该让他们品尝到成功的喜悦，得到最高成绩的奖赏。什么时候，语文测评不再是一种压力和折磨，而成为学生如愿以偿的一份祝福或馈赠，这样的测评才是语文教育所需要的。

语文测评，历来是语文教育争议的一个焦点。语文教育之失败，在很大程度上也可归因于考试。缺乏人文关怀的测评，严重脱离言语实践的语文“伪能力”“伪经验”的评价，使语文测评丧失了基本的公平和道义，失去了最低限度的语文能力的评价功能。各级语文考试，尤其是语文升学考试，一次次肆无忌惮地剥夺学生的言语自尊，屠戮他们的言语兴趣，侵犯他们言语生命的生存权和发展权，使学生和语文渐离渐远，望而生畏，最终导致了学生厌恶和仇视语文，恨不得把语文书扔进垃圾箱。与此同时，言语生命也在不堪重负中萎蔫和崩溃。语文成了大多数人童年时代永远的创伤和噩梦。

语文课改，应该从测评改起。新一轮课改的经验，在不断地阐明一个道理，没有测评改革，高考改革，就没有真正的课改。高考至上，语文课改新理念，遭遇冥顽不化的高考狙击，被扼住了脖颈，迅疾成了名存实亡的孤魂野鬼。课改成了应付检查的口号和招牌，检查和验收一过，一切照旧，换汤不换药，甚至变本加厉。高考语文那一套一套的把戏，那 26 道或 25 道题，一题也不能少。学生一分也不能丢，要挖空心思地猜，翻来覆去地练。什么素质教育、语文素养、学生本位，什么积累、熏陶、感染，什么自主、合作、探究，新课标那一套统统被丢到了九霄云外。

在应试教育下，语文教育和考试成了一场莫名其妙的文字游戏。保守估计，语文考试50%以上考的都是“伪语文”“伪能力”。这一点，可以从语文界专家、学者和作家都无法考及格，并对语文试题普遍表示不满得以证明。作家余杰说，有一次，在一本中学语文教学参考书上，偶然发现自己的一篇文章被选用来作为“现代文阅读材料”。一开始他还感到十分荣幸，后来发现文章后面出了十道“阅读题”：诸如划出了原文中的一句话，询问“作者的本意是什么”，下面列有四个备选的答案。他尝试着做了一遍，题目的难度远远超过了他的想象。他写文章的时候也没有消耗这么多的智力和精神。好容易答完了题目，对照后面的标准答案，不由得倒吸了一口凉气：结果十道题都做错了！看来，那位出题的语文教师比作为作者的他更了解“作者的本意”。像这类荒唐事，在语文试卷中并不罕见。王蒙先生也有类似的经历与感慨。语文训练都是为了最后在升学考试中拿分。高考出什么题，平时做什么题，各级考试也考什么题，根本不管这些题究竟能否检测出学生真实的语文能力。

2004 年是一个值得纪念的年份：是年 2 月 19 日，教育部突然宣布 9 省市高考自行命题。全国统一高考制度的“铁幕”终于撕开了一道口子，宣示了我国基础教育的新纪元的开始，语文素养教育终于有了制度上的保障。在我看来，其意义比 21 世纪初推动的基础教育课改的意义还要重大。（9 省市拥有自行命题权，现在仍受着“考试中心”的“考试大纲”的约束，想必很快也会改为由各省市自行制订“考试大纲”，这才是真正的“解放”。）语文教育从统一高考的“紧箍咒”中解放出来，这意味着被扼住的脖颈逐渐松开了，语文教师和学生可以自由舒畅地呼吸，高校语文教育专家的话语权加大了，语文教育可以不再玩文字游戏，可以不再出那些连语文专家、学者和作家都做不出来的语文试题了，不再让热爱语文、有言语天赋的学生受伤，不再干戕害屠戮言语生命的傻事了。

“天接云涛连晓雾，星河欲转千帆舞”。尽管考试改革的春风姗姗来迟，但我们还是敞开胸襟热切地拥抱她。没想到 12 年之后，2016 年高考又复归全国统一命题。

一　首要的是言语生命的健康成长

语文高考解禁，使我们讲的不再只是空话和废话。我们不仅在讲，而且努力在做！

语文测评是最容易使学生言语生命生存状态受到影响的事情。语文测评，不只是一种简单的对学生语文水平的衡量和评判，兹事体大，影响到学生的言语心态、言语情意、言语动机等，影响到学生言语生命的成长和发展，弄不好会毁了他们的一生。每一个语文教师对此都不可掉以轻心，要慎之又慎，“一不慎成千古恨”。这是语文高考酿造的悲剧带给我们的沉痛教训。语文高考毁了整整一代人的言语生命，这个教训应深刻记取：高考写作成了“谎言”“空言”的竞技场，大学中文系学生热爱写作的不到10%，这是语文教育、语文教师的耻辱。

言语生命动力学语文学的测评，最关注的是学生言语生命的健康和言语人格的健全。语文教师要把呵护、养护学生的言说欲和发表欲放在最重要的位置，充分理解、尊重学生的个体言语生命冲动和言语生命的选择，只有在这个前提下，才谈得上言语素养的提高。在基础教育中，学生语文发展的最重要的指标是是否有言语自信、热情和理想，是否热衷于言语表现和言语创造。哪怕有些学生的言语能力的发展较为滞后，他的文字水平还不能达到预期，他们的言语创造力水平低于同龄人，只要他们言语表现的真诚和热诚还在，还喜欢着言说，他们的言语生命还蓬勃着，充满了生机和渴望，就是值得感动和赞赏的。只要言说之心还在跳动，言语欲求不死，一切都会好起来，都只是时间问题。

学生言语能力只能算是二级指标，小学阶段以至中学，学生言语能力的发展是不均衡的，有的人早慧，有的人晚慧。早慧未必佳，晚慧未必不佳。据说，天赋特别高的儿童只占2%～3%，他们的理解力、创造力超群，学习效率比一般的儿童高很多倍。大多数的儿童只是让人觉得表现平平，或不尽如人意。智力发展的迟速，差别也很大。当今的儿童少年写作成风，低龄化写作似乎有蔓延之势：江苏小男孩窦蔻，年仅6岁，居无定所，竟写出了10万字《窦蔻流浪记》，上了中央电视台的《新闻调查》；大连9岁男孩金阳，

2003 年先后出版了《时光魔琴》和《秦人部落》两部魔幻小说，被誉为中国的“哈利·波特”；湖北襄樊女孩蒋方舟 7 岁出版了《打开天窗》后，不足 12 岁又出版了《正在发育》；湖北石首的罗擎，小学二年级就迷上了写作，先后有《东游记》（51 集）、《邮票历险记》（21 集）和《四眼猴历险记》（6 集）以及数十篇小说、散文和诗歌等作品在全国报刊上发表……这使不少家长和老师，以为所有的孩子都是窦蔻、金阳、蒋方舟、罗擎。“新概念”作文赛事刚开始时，参赛者只有 4000 人，五年后的 2003 年这一数字便突破了 4 万，到了 2004 年的第六届，人数突破了 6 万，按这个势头，不久的将来，大约将是中学生全员“新概念”。这真让人亦喜亦忧。希望孩子早慧，早成材，让所有的孩子过一把作家瘾，这是可以理解的，但也是不切实际的，其结果只能是揠苗助长。

早慧的孩子的成长本来就有点可疑，虽然不排除天才的存在，但即便是天才，也不知是得还是失：他们将有限的积累倾囊而出，把幼稚和率真当作商品和资本，过早地卷入了名利场，在商业炒作中经受成年人都未必经受得了的诱惑和锈蚀，他们能把持住自己吗？成大器者是需要经过长期艰难困苦的精神磨炼，是需要持之以恒的耐性和坚韧不拔的毅力，需要内心的勇毅、沉着和定力。可以肯定，这些孩子的心理和精神修炼，绝没有到足以和内心疯长的欲望及强大的外部诱惑相抗衡的程度，这对他们未来的成长是否有好处是不言而喻的。我们不能不看到，在大量低龄化写作和“新概念”作文的背后，是商业和利益的驱动，是出版社、媒体和家长的集体炒作，是急功近利、不顾一切的求富心态的膨胀爆炸。不少出版社、报纸通过对小作者并不怎么样的作品的炒作，家长也参与进来“出书”，大吹其育才或教子“成功”经验，从而大获其利。“新概念”大赛主办方《萌芽》杂志的订数从原先的 1 万份飚升到了近 26 万份，有的地方办起了“新概念”培训班以赢利等可见一斑。

现今所谓少年写作、低龄化写作，所写的基本都是文艺性作品，这如果是顺其情性的本然，他们自己很喜欢写，很投入地去做，是无可厚非的。只要能小心翼翼地加以养护，使他们的言语人格和才能相得益彰，始终保有一份写作的真诚，义无反顾、孜孜不倦、乐此不疲，不至于落得“伤仲永”的结局，便功德圆满，这也是教育应该追求的理想目标。但是，并不是所有孩子的言语才情都在文学写作上，都适合往这一条道上赶。不管他们是否有言语才情，是否早慧，都逼他们写小说、诗歌，这不仅是可笑，而且是可悲；

不但是愚蠢，简直是残忍。

我是“新概念”写作的坚定支持者，但我指的是作为应试写作对立面的心灵化、生命化、个性化的写作，是促成学生言语心智健康成长和发展的率性写作，而不赞成培育学生功利性和私欲膨胀的写作，不赞成“新概念”变成了升学的另一块“敲门砖”，变为“曲线”应试的“终南捷径”。将学生言语上的发展再次诱入“科举”迷途，超越学生言语心智的自然成长规律，扭曲他们的言语个性，一哄而上拼“新概念”，练“纯真”、玩“文学”，这是和我们养护言语生命的教育观，引领言语人生、诗意人生的宗旨背道而驰的。“新概念”写作的初衷是好的，但要警惕不能变味、变质。

绝大多数孩子言语上的自然成长，都有一个漫长的积累、化育、成熟期，且参差不齐，有的在小学高年级或初中便已“开窍”，有的到了高中甚至大学才有了言语的“顿悟”。我们不难发现有些大学生入学时已俨然成“家”（成为“作家”），发表作品不少，“衔头”挺多，但是，在大学几年中，不说“江郎才尽”，也是发展平平，没见多么出色。大学中的不少才子、才女，毕业后销声匿迹、不再文采飞扬的大有人在。相反，有些写作水平很一般的，一两年后，判若两人，令人刮目相看，他们文章的灵气和才气，居然远超过入学时水平不错的学生。当然，这些晚慧的学生，也未必从此一帆风顺，也需要对言语生命的精心养护。

在写作上是无须争一日之短长的。早慧还是晚慧，冥冥之中似有定数。早慧并不说明什么，要看“谁能笑到最后”。许多学生的言语发展，不但需要期待，还需要等待。“众里寻他千百度，蓦然回首，那人却在灯火阑珊处。”言语才能的显露，是集腋成裘、水到渠成的豁然开朗。水蓄多了，有了河川，自然就流向河川，河川满了，自然就漫出来。言语才能常常是在某些偶然条件下不经意中显现、发现、发展的。

“最近，一位仅有四年英文写作经验的中国姑娘李翊云突然引起美国文坛的密切关注。继最新一期《纽约客》杂志小说专号发表其短篇小说后，她又于近日获得美国著名文学杂志《巴黎评论》刚刚设立的‘普林姆斯年度新人奖’。兰登书屋也与她签订了两部小说的出版合约。有趣的是，这位毕业于北京大学生物系的姑娘去美原本是为了攻读生物学博士学位，赴美之前并没有中文创作。……她告诉记者，她在国内时从未想过要当作家，也没写过什么文学作品，1996 年从北大本科毕业后来到美国爱荷华大学，原本打算攻读生物学博士学位，然而她在爱荷华大学听说了该校著名的作家工作室（The Writers' Workshop）种种轶事后，发现自己对用英文写作的兴趣与日俱增。2000年她开始创作严肃的文学作品。'我用英文写作很有乐趣，这主要是因为我一开始就用英文写作，渐渐就习惯了用英文思考。'目前她正在爱荷华大学的作家工作室和非虚构写作项目攻读艺术硕士学位（Master in Fine Arts）。"①这位中国姑娘写作兴趣的发生居然是偶然撞上的。她如果没有到美国，没有到爱荷华大学，没有听说该校有一个写作工作室，也许就和写作擦身而过，她的写作才能将一直沉睡着。

一般说来，每一位学生在言语表现上都有开窍的那一天，只是需要蓄积和机会。在尚未开窍的时候，他可能语无伦次、文不成篇，怎么教也不会，启而不发。如果被教师认为是榆木脑袋，孺子不可教，对其横加指责或严加要求，也许，会使这些学生对写作丧失信心，视写作为畏途，言语能力的发展就此中断，永无开窍之日。许多学生就是因此没能等到言语生命开窍的这一天。这时，最需要的是教师的理解、安慰和鼓励，需要的是耐心地等待，需要评价上的赞赏和激励，需要微笑而不是斥责，需要教师为他们创造发生兴趣、发现自我的机会。

什么叫"大器晚成"？在社会科学研究和文学创作领域，往往"晚成"的才是"大器"，"早成"的多是"小器"。因为，没有日月淘洗、人生修炼是成不了"大器"的。时间是公正的裁判。在语文教育中，我们更容易接受的是"小器早成"，而忽略、轻慢了"大器晚成"。小器早成值得珍惜，大器晚成更不容忽视。宁愿把所有学生言语发展都看成是大器晚成，也不要把一位学生看成是不成器。否则，会既毁了小器，也埋没了大器。

大器晚成，因其"晚成"，可见其难成。唯其难成，尤需心理健康的支撑。是否成器，看的不单是眼前的言语能力，重在言语心理和精神人格。在语文测评上特别需要言语人格的呵护和养护，不能眼睛就盯在错别字、病句或文章的主题、结构上，而是要关怀言语主体内心的体验和感受，唤醒他们的言语生命冲动，顺应言语潜能和个性，激发言语自尊和自信，使他们热爱言说、敬畏言语。这才是语文教育的根本。

语文测评，把学生健康的言语人格、态度、趣味等摆在首位，才可以说

① 彭伦：《美国文坛冒出中国留学生新秀》，载《文汇读书周报》2004年2月27日。

这是语文素养教育，是人的教育。

二 能说会写就够了

将学生的言语生命状态作为语文测评的首要指标，不等于可以忽略语文智能的测评。因为，言语生命状态不是抽象的，言语生命状态呈现方式是无所不在的，而语文智能也是言语生命状态的一种呈现。同时，语文智能也有其独立于言语人格之外的成分，它可以检视学生的语感和言语表现技能、技巧，这些也是语文教育的一个维度。对于语文智能的测评，和传统语文教育观不同在于，我们认为它需要测评，但不是最重要的，不要把它看得太重，更不是像以往那样，将它看作是语文测评的唯一指标。语文智能测评是目的，更是手段，是为了使学生能更好地认识语文学习的意义，发现自我的价值，是为了“鼓励、唤醒和激励”。

如果语文智能测评给学生带来的只是失望和沮丧，这样的测评宁可不要。应尽可能地淡化语文智能测评的甄别和选拔功能，尤其在平时作业和一般的考试中，即便是学期、学年考试，也不要将语文智能水平看得太重。一般不要用百分制，用五分制就好，或者干脆用合格与不合格。一般不要打到不合格。

语文测评在智能层面，现在的高考包含了语基、阅读和写作三大部分，而且所出的题型怪得匪夷所思。有些本来很简单的言语智能检测，一进入到语文试卷中就变得十分复杂，且好像越复杂、高深，越匪夷所思就越科学。关于“语文考试是否可以考一篇作文”的讨论，就反映出了教育界的这种典型的心态。请看下文：

单考作文行不行①

黄玉峰

有人开出“高考只考一篇作文”的药方。这是个有趣的思路。的确，文章写得如何，确实可以全面反映学生的语文水平。很难设想一个不爱

① 王丽编：《中国语文教育忧思录》，教育科学出版社1998年版，第186～187页。

读书、腹中空空的人，能写出好文章。

但，问题又不是那么简单，写作与阅读毕竟不是一回事，不读书固然写不好文章，但爱读书的人也未必个个是文章高手。阅读与写作各有自己的规律和目的。

问题还不止于此。考试不仅是测量仪，更是指挥棒。如果单考一篇作文，学生势必轻视阅读，把宝押在一篇作文上，猜题、押题、套题之风必然更烈。这样不利于学生语文整体水平的提高。

学习语文，说到底是为了提高受教育者的人文素质，它有两个基本任务：一陶冶情操；二提高交流能力。无论对前者还是后者，都依赖于阅读。如果指挥棒不直接指向阅读，那么，当前中学生少读书不读书的现状仍难以得到纠正。

所以，问题不在要不要考阅读，而在于怎么考，考什么？笔者认为高考试卷除了加重作文比重外，阅读部分可以分两个方面：

一、考背了多少，读了多少。这就逼着学生去读书、背书。数量就是质量，兴趣从苦读中来。出几百道填空题，考词汇量、背诵量、阅读量，恐怕比考所谓的“知识点”更能反映学生的积累、修养、水平。如果学生因此而读了几十部名著，背了几百篇优美的诗文，还怕语文水平会不提高？

二、考懂了多少。必须声明，我们提倡背和读，并非忽视分析理解，恰恰相反，正是为了提高分析和理解能力。现行考试中的所谓理解分析，只是在咀嚼参考书和老师咀嚼过的馍。只是用课文做例子来迎合“知识点”。那种“标准答案”只能扼杀学生的发散性思维，扼杀学生的创造力，扼杀学生的个性。我所说的懂了多少，是要求学生在一定时间里把握文章要领，提出自己的独立见解。可以写一篇提要，一篇评论，只要求言之有据，不必一个答案。有人也许要说，这样不是没有统一的标准了？其实不然，从这些提要和评论中完全可以看出阅读能力的高低——当然，前提是必须花点气力组织一支信得过的阅卷队伍。

该文的作者黄玉峰先生，是上海复旦附中的语文特级教师，是当今中国语文界少数几个有眼光的教育改革家之一。他的语文教育素养和语文教改实践，我是极为赞佩的。他在文中所谈到的对只考一篇作文的种种忧虑，都是经验之谈。在这篇文章中，黄先生已将“语基”和“标准化”排除出语文考试的讨论范围，这是十分可喜的，客观地说，在诸多反对只考一篇作文的意见中，可以算是很有胆识与气度的，且所言均不无道理。但是，遗憾的是，黄先生的思路过快地掠过了一个最简单也是最重要的问题：“的确，文章写得如何，确实可以全面反映学生的语文水平。”——语文能力说到底就是作文能力，这本来对于论题来说已经足够了——他觉得以这样一个结论轻易把论题给打发了似乎有点过为轻率，于是，他把目光锁定在阅读上，于是，就演绎出了一篇复杂的道理，在语文考试中坚守住“阅读”这一座最后的城堡。殊不知，20 世纪 50 年代语文“只考一篇作文”并没有出现如黄先生所说的那些负面情况，中学生并不因此不读书，大学生的语文程度也不见得就比现在差。

当然，适当地考些阅读也不是不可以，今天上海高考语文改革基本上就是采用了与黄先生相似的思路，重在阅读和写作。其实，黄先生所说的阅读“可以写一篇提要，一篇评论，只要求言之有据，不必一个答案”，这考的还是写作能力。

相形之下，并没有当过中学语文教师的韩仁均先生（韩寒的父亲）就直截了当多了，应了“真理往往是朴素的”这句话。他说：

> 韩寒不止一次地讲过：语文里面，除了作文好，还有什么能代表语文好？语文的一切几乎都体现在文章里面。文章好，就是真的好。
>
> 我很赞同他这种观点。的确，没有比文章更好的一种形式能够包容“语文”的十八般武艺了。
>
> 但是，韩寒的语文成绩经常不及格，以致有人认为，韩寒连偏科都算不上，他也没有偏什么文，他只是作文而且也不是应试作文写得好罢了。
>
> 其实，我知道，韩寒的语文不及格有很多因素。最主要的是，他对语文考试的反感。你搞“应试教育”，我就“应付教育”。他认为，语文是不能用分数来衡量的。因而他曾在语文考试时，算过分数，算算及格了就不做了，坐在那儿评试卷，把那些试题评得啼笑皆非。但现在莫名其妙的题目越来越多，他说他连分数都算不准了，以致一次算错了 2 分而导致不及格。
>
> 另外，他在测验时拒绝默写。1999 年下半年这学期共有 9 次默写，既有文言文，又有现代文。韩寒每次默写都是零分，因为他不写一个字。

对此，韩寒的解释是：默写满分100分，然而每错一个字扣20分；以前他默写总是零下300多分，他这样还不如得一个零分的分数高一点，所以他就拒绝默写。

还有，如果从试题的范围来讲，作文充其量占三大块中的三分之一。如果从所占分数来看，也不过占40%，高考占50%不到一点。作文比重不太大，所以即使是高分作文，所占比例也有限，更不要说韩寒的作文拿不到高分了！比如有一次期末语文考试，语文作文是写《我的追求》，要求写800个字。但韩寒才写了200多个字，觉得写到点了，就不写了。结尾好像是说：不管你在多么困难的情况下，依然追求自己的理想，而不是去追求那800个字。该文由语文组讨论，最后韩寒没有得到“比较好看一点”的分数。

对此，上海复旦附中的语文特级教师黄玉峰认为，像韩寒这样的语文水平而得50分，到底是韩寒出了问题，还是我们语文的评估出了问题？他认为，是我们的语文评估出了问题，而不是韩寒出了问题。

文章好就是真正的好，其道理在于：所有的语文知识，只有当你在作文时能十分自然而且恰到好处地运用时，那么才是你自己的“知识”了。不会运用的知识，你学得再多，最终也并不是你的知识，而且考试过后你会忘得一干二净。正如一位专家把学习语文的最终目的，比喻为“吃猪肉、羊肉，最终变成自己的肉”。①

“文章好就是真正的好”，这么浅显的道理为什么那么多的语文专家就看不到呢？直至今天，在高考语文卷150分中，写作只有60分，只占40%！更为奇怪的是，连一些高校的写作专家也看不到这一点。在专门的“写作”考试中，主要考的也不是写的能力，而是对写作知识的记忆与理解。最为典型的例子就是全国自学考试的“写作”试卷，竟荒唐到检验对写作“知识”掌握情况的分数比重占了55%，写作能力只占45%。2001年全国自学考试写作试卷，在作文45分里，还考了一道连小学生都能做好的小作文：

五、小作文（本题10分）

36. 阅读下面一幅画《洗月亮》，对画面及其含义做出说明。字数200至300字。

---

① 韩仁均：《儿子韩寒》，上海人民出版社2000年版，第95～97页。

［评分标准］是：

36. 可分三个等次评分：

（1）能清楚地说明画面，能较好地理解内容，思路清楚，语言通畅：8—10 分；

（2）能说清楚画面，对内容有所理解，思路清楚，语言通顺：5—7 分；

（3）不能完整地说明画面，对内容理解不准确，或很牵强，思路不清，语言运用中有语病：1—4 分。

这样，真正对写作能力的检测，只占总分的 35%。这就造成了一种不可思议的情况：写作能力强的，未背教材的，难以通过考试，因为你再有能耐，能力分最高也就是 45 分；写作能力差的，只要努力背教材就一定能通过，因为知识题即使拿不到满分 55 分也没关系，因为能力题 45 分中，就是小学生也能轻而易举地得 20 分以上。像这样的检测，其信度如何是不言而喻的。

我认为语文测评，在智能层面，只要检测说和写的能力就够了。听、读得怎样，或者语基掌握得怎样，都只有从说和写中才能得到准确的评价，没有说和写，如何看得出对所获得的信息处理或加工的水平？如何看得出学养的积累水平？现今高考的语基题和阅读题，大多是没有意义的。如语基部分考普通话的字音，考得完全正确的人，也许语音一塌糊涂，不检测说得怎样，如何能检测得出学生对字音的掌握情况？识记汉字的字形，是为了纠正错别字，这通过写作也能做到，作文中的错别字也扣分，这等于是重复检测。标点符号、词语和病句，更是要放在写作应用中来检测。还有扩展语句、压缩语段，选用、仿用、变换句式，语言表达简明、连贯、得体，正确运用常见的修辞手法等，这些能力，在写作中都能得以体现，完全多此一举。最糟糕的是，这些为考试而考试的试题，基本上是从语言而非言语的角度来检测的，大多检测的是伪能力，不论是做对还是做错，都很难说明言语能力如何。语言能力不等于言语能力。在阅读题中所检测的理解、分析综合和鉴赏评价能力，同样能在说和写中进行考察。对阅读的理解、分析综合和鉴赏评价是很少有“标准答案”的。从理论上说，每个人的解读都是有差异的，这种差异以至误读，恰是言语创造的基础。为了所谓的“客观”，采取的单项选择题型，其中“正确”的选项必须有排他性，四项中只有一项被认为是正确的。其实，是否正确，只是命题者的一厢情愿罢了。古人都明白“诗无达诂，易无达占，春秋无达词”，而高考命题者竟不懂。例如：2000 年的全国统一考卷中，有一题是郑敏女士的诗，这是一首现代派的诗。其意味比之古典诗歌更具不确定性，就是专业的诗歌评论者也不敢对之作什么标准答案的。但是命题者的气魄是专业评论家所望尘莫及的。郑敏女士的诗题目叫作《金黄的稻束》，原文如下：

金黄的稻束站在
割过的秋天的田里，
我想起无数个疲倦的母亲，
黄昏路上我看见那皱了的美丽的脸，
收获日的满月在
高耸的树巅上，
暮色里，远山
围着我们的心边，
没有一个雕像能比这更静默。
肩荷着那伟大的疲倦，你们
在这伸向远远的一片
秋天的田里低首沉思，
静默。静默。历史也不过是
脚下一条流去的小河，
而你们，站在那儿，
将成为人类的一个思想。

题目要求考生指出对这首诗解释不恰当的一项，标准答案指出唯一不正确的是如下一项：

“金黄的稻束站在/割过的秋天的田里”一句涉及的时间，从全诗看，除了“秋天”外，还隐指“暮色”降临之前。

出题者的意图显然是，让学生明白，这首诗的时间应该是在暮色降临或者以后。因为，诗中已经明确指出是“在暮色里”，而且还点明“收获日的满月”。但是，诗中同时又明明说是在“黄昏路上”，“黄昏”是在暮色降临以前，还是以后呢？这就很难说了。再说，这首诗写的并不是一个静止的场景，而是一个概括的场景，暮色、黄昏只是一个背景，从这出发，延伸到“历史”（不过是脚下一条流去的小河）和“人类”（站在那里将成为人类的一个思想）。显然，这超越了时间和场景的具体性，确定时间根本没有意义，暴露出命题者在诗歌理念上的外行：抒情诗与散文不同之处之一，就是它是高度概括的。超越具体时间的确定性，有利于它的深邃概括。除了特殊的例外，在时间、地点上过分地确定，不利于它的想象，具体的时间、地点、条件，可能使得它为散文同化。

2000年高考把赵师秀的《约客》拿来考中学生。赵诗的最后两句是：

有约不来过夜半，闲敲棋子落灯花。

考题要求考生在四项判断中选择错误的一条。标准答案指出，错误的一条是：“第四句描写了‘闲敲棋子’这一细节，生动表现了诗人此时闲适恬淡的心情。”且不谈其理论基础如何，即使就事论事，对作品作微观分析，其答案也是荒谬的。这首古典诗歌是抒情的。从心理学来说，情感和理性的不一样之处就是很难定性，越是有特点的情感，就越是微妙，越是难以作理性语言的定性。人们在激动的时候，每每弄不清是悲是喜，常常是甜酸苦辣一起涌上心头……赵师秀这首诗，写诗人等候约定来访的朋友，等到半夜还不来。他是不是闲适恬淡呢？要求学生给出统一的答案，本身就是对于美学和心理学的无知的表现。我国古典诗歌的好处就在于，言有尽而意无穷。硬要把无穷的意用简单的四个字说清楚，就不能不说是削足适履了。

诗人等朋友不到，如果像一般人那样焦躁起来，不安起来，就没有什么个性，没有什么心灵的魅力了，也谈不上诗的意境了。诗的妙处，恰恰是朋友半夜不来，诗人表面上并不焦躁，而是悠闲地、从容地、消消停停地敲着棋子。越是一副闲适恬淡的样子，越是能表现诗人的涵养非同小可。至于他内心是不是像表面上这样闲适恬淡，留给不同的读者去体验和想象，去做出不同的创造好了。

诗中明明提示了“闲敲棋子”，“闲”在古代汉语中作为单音词，含义很丰富，到了现代汉语中分化为双音词：闲适、悠闲、消闲、闲暇等等。已经明说了是"'闲'敲"，为什么不能够包含"闲适恬淡"的意思呢？

可见命题者们所迷信的所谓"客观题"，其实一点也不客观，相反，是出题者相当主观而且相当狭隘的感想。[①]

现在高考全国卷写作试题也是问题多多。

我以为就写作能力的检测来说，也不是只考一篇作文了事。因为写作能力是多方面的，写作命题也有优劣之分，这些是需要深入研究的。重要的是，我们是否意识到对"语文"——"写作"的检测，考察的不应是诸如"审题"之类的"伪能力"和投机取巧的应试技术，也不是死记硬背的写作知识，主要应放在对写作能力的考察上。

以下是笔者过去为某地高等教育自学考试拟的一份写作试卷，把考察的目标放在写作能力上：

写 作 试 卷

先认真阅读下文，然后按照各题的要求进行写作：

桥

每逢山溪水涨，他就守候在溪边，把他的学生一个一个背过小溪。惊悸的浊浪，滑溜溜的卵石，使他声名远播，某报撰稿颂曰：《人桥》！

不久，他被提升为文教办主任。

接替他的，是一个娇小的姑娘。

姑娘没有勇气涉过小溪，更谈不上背孩子渡水，于是一到雨天黄昏，对岸就排着一支家长的队伍，一律裤腿高挽。

姑娘开始了奔波。她向教育局长报告，给区公所写信，跟乡长争吵，自己掏钱请客……

终于，小溪上架起一座桥，钢筋水泥结构。孩子们可以顺顺畅畅上学了。

姑娘至今还在山村小学，教着四个年级五十名学生。

一、想象与描写（30 分）

根据上文中提供的姑娘为造桥而奔波的情况，选取一点，加以想象，

---

① 参见孙绍振：《直谏中学语文教学》，南方日报出版社 2003 年版，第 13～18 页。

扩充具体的形象细节，写出一个生动可感的场面。（要求：运用多种描写手法，力求写出人物的个性特点，字数须在400字以上）

二、概括与分类（30分）

将社会上人们对办教育的不同态度加以分类概括，并简要说明各类的特点。（要求：分类概括应做到包举、对等、准确，特点说明应有可比性；字数须在400字以上）

三、分析与论述（40分）

根据上文材料的规定性，自选角度，自拟标题，写一篇议论文。（要求运用辩证的方法，对论点作两个或两个以上层次的分析、阐述与论证；不能仅采用简单例证法；字数不得少于800字，否则扣分）

这份试题考察的写作能力的面是比较大的，叙述、描写、议论、说明能力都考到了，一般也会体现出学生的抒情能力。第一题是想象的、虚构的、具象的，不论将来从事什么工作，一定的想象和描述能力都是必须具备的；第二题是着眼于对现实生活的抽象概括、分类，尤能体现出分析综合的周至严密；第三题是重点，考察的是议论写作的能力。因为，对于一个汉语言文学专业的毕业生来说，逻辑思维和认知、议论能力是至关重要的。上述考察的写作能力都是最基本的，有较大的覆盖面，能体现学生较全面的言语素养。小学到初中至高中，题目应该有所变化，各题的权重有所不同。

着眼于学生的基本写作能力的检测，命题须注意以下几点：

（一）注意到检测写作能力的覆盖面。上面三道试题考察了想象与描写、概括与分类、分析与论述。想象与描写，是叙事类文体写作的基本能力；概括与分类，是说明类文体写作的基本能力；分析与论述，是议论类文体写作的基本能力。三道试题覆盖了三大类文体的写作能力，同时，这三种能力又是不论写何种具体文体的基础性能力，是每个学生都应具备的。

（二）注意到检测写作基本能力的重点。写作能力是涉及面很广的，在考察中不可能面面俱到，只能抓住最重要的若干种进行检测，这就得尽量突出重点。上面的试题，叙事类文体突出的是场面与细节的描写（创造想象）能力，说明类文体突出的是概括与分类（形式逻辑）能力，议论类文体突出的是分析与论述（辨证逻辑）能力。这三方面大致上体现了各种文体写作的核心能力。

（三）注意到检测写作中的难点。注意到能力检测的难点，有的放矢，测评才有区分度。叙事类文体难在场面与细节的想象，说明类文体难在分类逻辑的严谨（对等、包举、准确）与说明的清晰，议论类文体难在提出问题、阐明论点与对论点的具体分析。这些方面，既是写作的难点，又是学生写作的薄弱环节，试题提出具体要求，使学生清楚地知道考察的要点，使他们能有意识地在这些方面努力展示自己的才能。

（四）命题应有较大的弹性空间。命题既要有所限制，又不宜限制太死，要给学生的自由发挥留有余地。本试题属“材料作文”，材料本身就是一种限制，但材料的内涵应是很丰富的，含义应是开放式的，没有观点的预设，学生从哪一个角度切入都可以提出问题、发表意见，甚至提出相对立的观点都可以言之成理。“想象与描写”“概括与分类”题，既要“入乎其内”，又要“出乎其外”，从所给的材料中超越出去，大胆想象姑娘如何为造桥而奔波的情景，从更大范围概括人们对办教育的态度，这样，能力强的学生自然就能脱颖而出，一展才华。

当然不是说这就是最好的语文测评方式，是否需要如此“全面”值得考虑。李白坚先生的“题型写作教学法”的开放型考试，也可资借鉴。

“题型写作教学法”的一系列特点，决定了它的评估方法也是开放型的。它不以单纯写作知识的储存为目标，它的考试一般不采取单纯知识性的要点复制的方法，也不做简单的案例题目，而是采取开放的真正衡量学生思维能力和操作能力的方法。

比如，它的期终考试往往采用请学生出考卷的方法。

出考卷有以下的要求：每位学生在期末出考卷一张，所出的题目必须包括全学期教师的教授内容；要顾及全班学生的水平，既不能太难，也不能太易；每题都必须有标准答案或者参考答案；鼓励题目的创新。

教师将学生所出的考卷收齐后，将其重新排列组合为一张新的考卷，并在答卷的相应考题下标明出题学生的姓名，以资鼓励。题目出得好、答案做得好的学生免考，并得优等成绩。

经过几个学期的实践，证明了这种方法具有以下好处：第一，出考卷的过程，就是学生进行积极的而不是消极的复习过程；第二，出一种好的考卷的难度大于被动地应付考试的难度；第三，训练学生全面掌握某种课程的能力；第四，引导学生淡化考试，而深化主观出题创意的意识，逐渐培养起学生学习的责任心和主动性。

又比如，“题型写作教学法”中有剧本的“题型”训练，考试也将采取请学生写剧本的方法。不但要写一个剧本，还要演这个剧本；不但要演这个剧本，还要请学生评这个剧本；不但要评这个剧本，还要请学生把这个剧编成广播剧，用磁带录下来。而考试的卷子，就是这盘磁带。

这样的考试，全面地调动了学生几乎所有的能力和积极性，考试的过程是立体的、透明的、具有独创性的，因此它不存在什么作弊的问题。作弊的前提是统一的试题、独一无二的结论和彼此相同的方式，一旦试题、结论和方式都变成了独创的表现，作弊就成了一种多余的行为，最终被学生们自己所抛弃了。①

写作试卷怎么出，自然不应归于一是，只要能摆正写作的知识与能力的关系，把测评的目标定位在写作能力的考察上，各种各样的尝试与探索都是值得肯定的。只有经过多样化的尝试与探索，才能找到一条合乎写作实践要求的、较具科学性的命题思路，和具体的命题方法及题型。

任何事物都存在着特殊的情况，当然，写作测评也不例外。在一般的中小学语文教学或高校基础写作教学中，应当只考查学生实际写作能力。但是，在某些专业写作教学中就不应一概而论了，如在高师中文专业写作教学中，由于培养的是中学语文教师，不但得会写，还要会教，要知其然，还要知其所以然。因此，在高师写作测评上，也可以适当地考些写作和写作教学理论知识，考“作文评改”或认知性的论述和阐述。在各专业写作教学中，应从特定培养目标出发，考虑如何进行写作的命题。

值得注意的是“说”的能力的考察，迄今基本上还是空白，应将其摆上议事日程。在今后语文检测中，应该加设口试，考查学生说的能力。口试之所以在语文测试中没能实行，主要是对说的能力不很重视，加上口试较费事。主要障碍是“知识中心”和“阅读本位”的观念问题。实际上，如果平时在教学中有这方面的锻炼，并不像想象的那么困难。一是教师对学生的情况已较为了解，任课教师即便不特地检测也能知道学生的口头表达的水平；二是口头表达能力测试可以一个一个进行，也可以几个人一组进行，比如分组辩论或讨论。升学考试，口头表达能力的检测也是不可少的，少了它，语文能力是残缺的。在具体操作上，如何检测说的能力应作为重要课题加以研究。

---

①　参见李白坚、丁迪蒙主编：《大学题型写作训练规程·附录：题型写作教学法》，上海大学出版社 2004 年版，第 432 页。

三 幼稚的真诚远胜过成熟的虚伪

写作测评的重要一翼是评改。在平时教学中，写作评改应是一项日常性的工作。写作的评改方式是多种多样的，有单向评改、双向评改、多向评改等。语文教师应掌握常规的作文评改方法。在评改理念上，仍然应本着对言语生命的精心呵护和养护的精神，注意保护学生本真的言语表现方式和原发性的言语热忱。

本节先谈单向评改，主要探讨教师对学生作文的评语的写法。

评语是对某一对象进行评价的文字形式。评语因评价对象的不同，有不同的类别。这里讨论的评语，因所评价的特定对象主要是学生的作文，所以称之为作文评语。作文评语还可分为多种类别。就其所处的位置和所起的作用而言，可分为眉批和总评两种。眉批是对作文中局部的评语。旧时行文按竖行排列，评语一般写在纸张的天头上，类似于人脸上的眉毛，故称眉批。虽然现在行文已改横行排列，作文评语大多写在纸张的旁侧，叫旁批或边评，但是通常仍沿用旧称叫眉批。眉批的作用是对习作任何部分的问题作随机的评价和指导，内容可点、可评、可批、可改，较为机动灵活，针对性强。总评是对习作做总体上的评价和指导，一般写在学生作文之后，作用是总揽其要。

就作文评语的写作目的进行划分，大致有三类：

1. 练习类评语

这类评语是最常见的一种。就是教师日常批改作文写的评语。由于学生写作练习是教学系统的有机构成，是一个目标明确、循序渐进的操作体系，每次写作练习都有特定的要求，所以，练习类评语要扣紧教学目标和练习要求，针对每个学生的作文实际，作集中的、有重点的评改。此类评语一般是多评少改，多鼓励、诱导，少批评。文字简明、扼要、委婉。

2. 荐优类评语

学生习作中的佳作，为了让更多的学生阅读、欣赏和学习，有必要借助各种媒体进行传播。为了向媒体和学生推荐这些佳作而写的评语就叫荐优类评语。由于这些佳作不可能面面俱佳，而是各有优长，所以，此类评语也不必面面俱到，只要能抓住佳作的主要优点进行评议就可以了。不足之处，点到为止。文字可长可短。

3. 样本类评语

是指印发或出版供学生或业余习作者阅读、揣摩、借鉴的习作评语。此类评语所评的文章，可以是学生作文，也可以是报刊上发表过的文章，一般属中等程度。练习类评语是针对个别学生的，而样本类评语则是面向全体同学的。练习类评语目标、要求指向单一，应写得集中；样本类评语由于是面向全体的，所以应是全方位的、力求全面的，以使读者能从中各取所需、举一反三。此类评语可评改并重、褒贬兼顾，文字一般比前两类略长，可作适当地说理。

作文评语与其他文体显著的不同，是形式上的“随机性”和“非篇章性”。它可随文、随处评点，一个词、一句话可以，三言两语也行，洋洋洒洒、下笔千言亦无不可；它没有篇章格式可循，不像一般文章要求结构完整，讲究起、承、转、合，它只要足以达意即可。

评语写作比其他文体写作要有更强的受众意识。因为评语的受体一般是特定的学生群体或个体，如所写的针对性不强，便不能为他们接受，使之受益，这样的评语便失去了意义。因此，评语写作的要求应是相当高的，要能切中要害、一语中的，让学生真正有所触动和领悟。评语写作的基本要求有三：

1. 直觉性

作文评语的写作与通常情况下从容地、深思熟虑地写作不同，一般没有充裕的时间进行酝酿、构思和推敲，须在阅读作文的瞬间迅速做出反应，凭直觉随时写下自己的意见。要使这种凭直觉做出的反应准确无误，须有极强的语感、读解能力和审美判断能力，这就要求教师本身加强写作修养，具备良好的言语认知背景与感受力。遗憾的是，目前多数教师尚不能做到这一点，而这是保证评语写作质量的根本。

2. 特指性

评语写作是指向某一特定文章的，在多数情况下，这特定的文章就是张三或李四的一篇作文，是写给张三或李四看的，因此，评语须特别关注这篇作文的特殊情况和个性特点，关注这篇作文与众不同的意思和表达，要写出有特别强的针对性的意见，要写在点子上、要害上，写到学生的心里，不应是泛而不切的“中心明确，结构完整，语言通顺，文面整洁”一类“无用也无害”的套话。

3. 明晰性

评语写作忌抽象、笼统、故弄玄虚，含糊其辞、不得要领，要是学生读了“犯懵”，评语就劳而无功了 。所以，评语要明晰、具体，要切入特定语境，指出具体问题，写出中肯意见。有些教师因作文量大，无暇精批细改，往往不写眉批，草草写个总评，这样的评语便容易失之于抽象、笼统。随机性的眉批，由于是感发于细节、局部，常常会写得较为明晰、具体。因此，评语最好是有眉批、有总评。只写总评的，尤应注意不要泛泛而谈。

评语写作从教学论的角度看，总的要求是“指迷启悟”。这就是要有指导性和启示性。作文评语要针对学生作文中的优点和不足，针对每一个学生的写作个性特点，进行恰如其分的引导和启发，解除他们写作上的迷惘和困惑，提高他们写作领悟力，培养言语悟性。“指迷启悟”的最好方法就是要引发学生对自己写作行为和言语现象的思考，并把思考结果付诸实践。

作文评语的写作始于对学生作文的判读，但是教师的思想素质、学养、写作实践经验、写作理论水平和写作教育观念等，却是起决定性作用的。一个自己不会写、缺乏良好的言语修养和写作教育理论认知背景的教师，要写好作文评语是不可能的。作文评语写作的一个特殊之处是边读边写，读与写几乎是同步推进的。从程序看，读和写是相互依存、交错进行的，难分先后的。下面对评语写作过程的依次排列只是出于讨论的方便起见。

（一）判读（准备）

判读即判别性阅读，要求在阅读学生作文时，对言语现象即刻作出判断。教师判断的正误，主要与他的语感和文体形式感有关。例如，一篇题为《黄金苹果——西红柿》的说明文，开头两段是这样的：

> 人们吃西红柿也不过二百五十年左右①，这在各种农作物食用历史中算是很短的了②。
>
> 那是十六世纪中叶在美洲发现之后，西红柿才传到了欧洲③。西红柿在墨西哥的原名——拖玛脱也一并输入欧洲④。所以一直到现在欧美许多国家还是把西红柿叫拖玛脱。西红柿到欧洲大陆之后，就在比利时、英国等花园中定居下来⑤，被大家当成一种看果子的观赏植物，并且登堂入室，成为装饰室内的植物了⑥。当时西红柿又被称为“黄金苹果”，

但是虽有苹果之名，人们并不敢吃它，以为是有毒的东西，因之西红柿又被称为“狼之桃”。人们虽不吃西红柿，却把它的果实拿来治疥疮。

这些文字在语感一般的人看来未必能看出什么问题，而语言学家朱德熙则对其中几乎每一句都看出了问题：

①作者的意思是说“人们把西红柿当作食物，到现在不过二百五十年左右”，原文说法不够清楚。

②“在各种农作物食用历史中”有语病。从字面上看，“各种”好像是修饰“食用历史”的，其实它修饰的是“农作物”，应该在“农作物”之后加“的”字，更干脆的办法是删去“各种”二字。

③先说一件事情，再交代这件事发生的时间才用“那是……”的说法。例如“他曾经坐过国民党的监牢，那是抗战开始不久的事”。上文并没提到什么具体的事情，这个“那是”就落空了。全句改为：“西红柿原产南美洲，十六世纪中叶才传到了欧洲。”

④西红柿是从美洲传到欧洲去的，不是通过贸易关系“输入”欧洲的，“输入”用在这里不恰当。说西红柿的原名“拖玛脱”也“一并输入”，尤其不妥当。

⑤“大陆”两字要删去，因为下面提到英国虽然是欧洲国家，却不在大陆上。“在比利时、英国等花园中”，这么说，好像比利时和英国都不是国家，而是花园了，如果要保留原文的说法，就得把“等”字改为“的”字。（“花园”前边最好加上“一些”）“定居”是比喻的说法，得加上引号。

⑥“被大家当成一种看果子的观赏植物”的说法生硬，意思也不清楚。现在把下文“当时西红柿又被称为‘黄金苹果’”一句挪到这里来，全句改为：“西红柿的果子很好看，当时欧洲人又管它叫‘黄金苹果’，把它当作观赏植物种在花园里或是放在房间里当摆设”。

接着，他又将这两段的文意加以梳理，改写成：

西红柿原产南美洲。十六世纪中叶才传到了欧洲。它在墨西哥的原名也同时传了过去。一直到现在，欧美许多国家还管西红柿叫拖玛脱。西红柿的果子很好看，当时欧洲人又管它叫“黄金苹果”，把它当作观赏植物种在花园里或是放在房间里当摆设；也有人用它来治疥疮，可就是不敢吃它，以为是有毒的东西。它的另一个名字“狼之桃”，大概就是这样来的。[1]

毫无疑问，经过朱德熙先生的修改，不但文意清楚畅达，文字也精练得多了。可见，语感强弱，决定了判读“能见度”。又由于文字表达受文体规范制约，各种文体的写作有不同要求，学生作文中的不少问题，就出在有悖相应文体的特殊表现规律上，因此，教师的文体感对于检验学生作文是否合乎文体规范是至关重要的。其实，文体感在相当程度上包含了语感。任何语言文字的表达都不是任意的、抽象的，均体现为具体的文体形式。不同的文体，有不同的言语要求，记叙文、说明文和议论文的要求各不相同，小说、诗歌、散文、科学小品、新闻、随笔、文艺评论、学术论文等等的要求自然也各有差异。这些差异，体现在文章的方方面面，制约、规范和引导着内容的表现。如果表达与文体规范不相吻合，必然不能很好地达成写作目的。所以，作文判读，不但需要良好的语感，还需要良好的文体感。

自然，判读必然要涉及对文章内容的评价。在这一点上，以往语文界在作文教学和作文评改中“重立意轻本真”的倾向亟待克服。

在写作教学中，“立意要高”这一根深蒂固的价值观，源于20世纪五六十年代逐渐泛滥成灾的“左”的思潮。“文化大革命”以后，思想理论界与文学界，早已在拨乱反正中走出了很远，而语文界仍长期自我禁锢在“泛政治化”桎梏之中，给作文教学和学生的写作实践与观念以误导，这一教训是须认真总结并深刻记取的。

立意要高，作为评价文章的标准，自然有其合理性。问题在于这立意的“高”否，在语文界总是与“政治性”“思想性”“强”否划等号，而这“政治性”“思想性”一般又圈定在“左”倾政治学、庸俗社会学的范围内。不少语文教师要求学生写作，首要的便是紧跟政治形势，能拔高的尽量拔高，能联系的尽量联系，投社会观念之所好，其结果是假、大、空文章大行其道，学生编造起美丽的谎言来驾轻就熟。在高考作文中，学生作文立意严重雷同化、虚假化的情况是有目共睹的。写作要是失去心灵自由和本真情思，立意愈高，人格就愈低。

就中小学生作文来看，在立意上虽然应该作一定的引导，但是不应该有什么强制性的、统一的、不切实际的要求。其实，他们作文的立意原也无所

---

① 叶圣陶、吕叔湘等：《文章评改》，上海教育出版社1979年版，第235～238页。略有改动。

谓高低，只要表达的是发自内心的思想和情感，宣泄的是源于心灵的喜、怒、哀、乐，“本于内心的郁积，发乎情性的自然”，就应该得到教师宽容的首肯和热情的鼓励。即便他们作文中有一些不那么健康、积极的东西，也是正常的，不必神经过敏，这是每一个人成长过程的必由之路。如果说在立意上有什么要求的话，那就是“立诚”二字。真诚，既是为人之本，也是作文之本。真诚地表白内心，这当是写作创造与想象的真正的基础和动力，也是语文素养教育的基本点。盲目强调立意要高，必然就失去真诚，一旦失去了言语的真诚，就不仅仅是作文的弄虚作假，长此以往，造成了学生良知泯灭和人格扭曲，可谓罪莫大焉！在谈到中小学作文评分标准中往往有“思想健康”这么一条时，北京大学教授王富仁说：“对一个孩子来说，第一，他是无所谓‘思想’的；第二，任何表达都是合理的，是不伴随实利目的的。所以不存在什么‘健康’‘不健康’的问题。这种提法实际上是幼稚的，不合理的，而且会起一种误导作用——就是误导虚伪，使得孩子从小学会迎合别人，不会依照自己真实的感情来说话。这样的语文教育就会加强中国人总体的虚伪程度。反过来说，一个人在表达的时候，想说什么就说什么，这才真正能培养出健全的人格。对于儿童，乃至对于成人，诚实是最重要的道德标准。而且只有在诚实表达的基础之上，才会使别人正确地理解自己，从而使自己与外部世界达成一种和谐和沟通。实际上，一个人在青少年时期犯的一些错误，随着自己生活经验的增加，会逐步得到纠正的，这些并不可怕。可怕的是不说真心话，不诚实。人虚伪了，就什么缺点错误也不易改正了。”①幼稚的真诚，要胜过成熟的虚伪百倍。因此，应以真诚作为判读学生作文内容的基本要求，再也不要干扼杀青少年的纯真和坦诚这样的蠢事了。

（二）评改（动笔）

如前所述，判读和评改是同步推进的，但毕竟是两件不同的事，只得分先后来说。

评改，是评语写作的全部内容。不论是眉批还是总评，做的都是评和改这两件工作。

先说评。评，一是肯定优点，一是指出不足。

肯定优点，对于中小学学生尤为重要。写作能力的提高是一个艰难、缓

---

① 王丽主编：《中国语文教育忧思录》，教育科学出版社1998年版，第107～108页。

慢的过程，单靠学生初期的一点自发的兴趣，是很难支撑到底的。在他们的写作学习进程中急需获得激励，这种激励主要来自两个方面：一是自我的激励。以自己在写作上的兴趣、信念和对理想的预期，不断地为自己加油打气，这只有少数极有毅力、极其执着的学生才能做到。一是成功的激励。这主要是来自外界对自己写作上的表现所给予的肯定和鼓励，当然，最好的成功的激励是习作得以发表，受到好评，而这种幸运并非每一个学生都能分享到。教师在评语或课堂讲评中的褒扬和鼓励，也是一种成功的激励，这是每一个学生都能切实感受到的“高峰体验”。中央电视台主持人崔永元就有这样的经历与体验：“王老师教语文，也是班主任。我的第一篇作文被王老师大加赞赏，他尤其欣赏这一句：运动员像离弦的箭一样……后来才知道，这不过是个套路而已。但当时如果不是赞扬。而是一顿批评呢？孩子的自信心通常是被夸奖出来的。”① 不少在写作上的佼佼者，都对他们小时候得到老师的好评刻骨铭心，以至感念终生。由此可见，看似无足轻重的几句好评，对一个人写作上的成长多么重要。对学生的肯定，是基于对学生写作情况和个性特点的了解之上的，要注重并珍视他们处于萌芽状态的言语个性和言语创造力的发展，对这些方面哪怕还相当稚嫩的表现，都应及时给予充分肯定和大力扶持。一方面，教师不要吝惜对学生作文的优点的褒扬和赞美，使每一个学生都能感到付出的努力、每一点进步老师都注意到了，从而受到了鼓舞，增强了信心，力求做得更好。另一方面，教师的褒扬和赞美应有的放矢、恰到好处，言过其实、过度泛滥的夸奖，久而久之也会失去其功效。

作文的评改，与肯定优点相辅相成的是指出不足。适时地指出不足对学生来说也有激励作用。崔永元说他在读高一时，又迎来了一位王老师，他对同学的作文要求十分严格，批评了不少同学，也批评崔永元的作文写得根本不沾边，小小年纪就沾上了八股，这写到哪一天算一站。结果，还果然奏效，往后同学的作文，常有几篇让人耳目一新的。他说：

> 我的成绩也从差和中，慢慢地有了良。
>
> 成年以后，我想起此事，总是从正面肯定王老师的教学思路，文无定法，能随机应变，不落窠臼，才可能出上品。高一时，他出手一闷棍，对我有悬崖勒马的警示。

---

① 崔永元：《不过如此》，华艺出版社 2001 年版，第 3 页。

当然，方法上还有可商榷之处。①

如何恰到好处地运用赞扬与批评，这是一门有着大技巧的教育“艺术”。

指出不足，包含两层意思：一是点明习作中有哪些地方有问题、是什么问题；一是提出修改建议或努力方向。在一般情况下，学生作文中的缺点总是多于优点的，要提高他们的写作能力，教师的评改作文的重点往往也应放在指出和纠正缺点上。如前所述，写作教学是一个渐进的、有序的过程，每一次训练都有特定的目的和要求，因此，每一次的评改也要有明确的目的和要求。这些目的和要求，在眉批和总评中均要有意识地加以体现。但一般来说，眉批除了突出重点外，也可兼顾其他。因为，学生作文中的问题既多，教师在判读时就不可能视而不见，在评改时也不可能一概置之不理，而且，学生不良的写作习惯和行为的改变，也有一个“重复性修正”的过程，不可能一蹴而就。所以，有必要对一些“个性化”问题反复提出批评，以引起作者的重视，逐渐得以纠正。而在总评中，教学目的意识则要十分明确，否则，就不能达到预期的教学效果。有些存在的问题，虽在“目的”之外，但直接影响、阻碍了“目的”的实现，也可在总评中指出。如某次记叙文习作以练习场面描写为重点，总评就不必面面俱到，从习作实际出发，可以有以下种种：

——场面描述有声有色，并且能紧紧扣住全家对妹妹的“逗”来写，既富有生活情趣，又能从一个点折射出多种人生态度。但因涉及人物较多，场面的展开稍嫌凌乱。以后应注意：当场面比较复杂时，应按一定的条理、层次逐步展开。比如，可以从“逗”的内容，“逗”者的身份，妹妹的反应或全场情绪的起落等方面去寻找某种的内在联系。请试一试，这几种组织方式中，哪一种最符合你的表达需要？

——叙述和描写结合较好，语言鲜明得体，写出了广场晚会盛大多彩的场面。如能在面的描述中适当地突出一两个点，将更能使场面生色。

——基本掌握了场面时空延展的特点，比上次片断练习有进步。但空间的描摹仍比较薄弱，显得过程匆匆，缺乏画面感，阻碍了意思的表达。再细想一下，母亲为你即将远行上学而漏夜赶制新衣，在体态、神情、动作及其周围环境等方面还有哪些细节可挖掘？怎样作一番补充才能充分表达你“寸草春晖”的中心思想？

---

①　崔永元：《不过如此》，华艺出版社 2001 年版，第 9 页。

——选材不错，写了一个颇有积极内涵和比较形象的场面，但因语病较多，影响了表达的效果。建议今后：不要堆砌形容词。能用一个词表明的，不要用两个、三个。如果非用几个形容词不可，必须每个词含义明确，各有侧重，没有交叉和重叠。尽量用短句。如果必须用长句，写完后至少念一遍，检查一下表意是否清楚，有无语病。此外，不要生造别人不懂的词语，应尽量使行文明白如话。①

从总体上看，文章评改的重点首先是思维和思路（有人称语脉或文脉）上的问题，最需要纠正的就是条理混乱、思路不清，这是写作的最大的毛病，在作文评改中务必要下大力气。梁启超先生说："评改宜专就理法讲，词句修饰偶一为之，改文时应注意他的思想清不清，组织对不对，字句不妥当不大要紧（因为这是末节）。偶然有一二次令学生注意修辞，未尝不可，然教人作文当以结构为主。"② 胡适先生也说："做文章的第一个条件只是思想有条理有层次。"③ 可见，思维和思路对于文章和写作都是至关重要的。今天的写作教学和作文评改，仍存在着重文字、修辞轻思维、思路的倾向，这可能是因为文字、修辞这些文章表层现象，看得见、摸得着，评改起来较为方便；思维、思路隐藏于文章深层，较难清理，评改和纠正起来都比较困难。为了省事起见，自然多数教师不愿舍易求难，在梳理、调整学生作文思路上多费工夫。这种舍本逐末的评改，势必对学生写作上的成长极为不利。未来的语文老师们，应在这一评改观念上澄清认识。

学生作文语言上的问题不能一概而论。有些学生的错误，其实是他们力图打破一般的表达方式，尝试最好的新颖的表达所致。他们尽管可能表达得不是那么顺畅，也还是值得肯定与鼓励的，不一定去改动它。随着时间的推移，这些问题是会自行消失的。这些学生往往在写作上是有灵性、有才气的，如果教师在他们进行这种努力时不是给予理解，而是给予批评，那就很可能扼杀了学生的言语创造力。前苏联教育家赞科夫说："在实验班学生的作文里，常会看到一些不符合普通教学法的规定的表达方式。例如，学生写道：'应当赶快走开了，可我还站在那里，无法使我的眼睛离开对大自然的欣赏。'

① 林可夫主编：《高等师范写作教程》，福建教育出版社 1991 年版，第 431 页。

② 梁启超：《中学以上作文教学法》，中华书局 1925 年版，第 53～54 页。

③ 胡适：《中学国文的教授》，见《胡适文存》卷一，上海亚东图书馆 1933 年版，第 312 页。

在分析作文时，是否应当纠正这个错误呢（句子的结尾在句法结构上安排不当）？我们坚决主张，在这种情况下不要纠正。主要原因是，学生显然在努力寻找适当的方式来表达自己的思想和感情，这一点是最可宝贵的。毫无疑义，他们将会找到完全正确的词句表达，他们探求的积极性和明确的目的性就是能够做到这一点的保障。如果给学生一个完全正确的语言表达方式，让学生简单地背熟，这种做法绝不会成为形成正确的书面语言的恰当的方法。通过书面正确地表达思想和感情，是要根据所要表述的事物内容的无限的多样性，采取多种精细入微的不同写法来实现的。”“作文的作者所写下的不正确的句子，往往不能只评定为掌握语言不够而发生的错误。对一篇作文作为一个整体进行分析就可以表明，错误的发生有一定的激情的涵义。”① 可见，对学生文句上的问题要慎重对待，要鼓励学生在言语创新上做出的努力。

在评改方法上，应注意不能包办、代替学生的思维，指迷启悟，点到为止。在这一点上可供参考的方法是：多评少改，多就慎改或导而不改。

教师修改学生的作文往往是吃力不讨好的事。这主要原因是教师与学生的思想、情感、阅历、个性等存在较大的差异，无论教师怎样设身处地的“换位思考”，也难以做到与学生本真的表现意图、情绪记忆、个性逻辑等相吻合。较为具体细致的修改，一般只适用于“样本类”评改，或是对那些文字基础较差的学生偶一为之。即便是对这部分学生，也不宜将他们的作文改得一无是处，也要注意不要阻遏了他们的写作意愿，使他们失去了写作兴趣和信心，否则，其结果有可能适得其反。在中学阶段，学生还是宜写“放胆文”，尽量让他们能无拘无束、随心所欲地抒情写意，尽情地体验表现和宣泄、想象和创造的乐趣；而横批竖改，只会败坏他们的兴致，最终使他们害怕以至讨厌写作。所以，教师所能做的往往只是谈一些看法、做一些引导、提一些建议，把实际的修改工作交给学生自己去完成，让他们做驾驭文字的真正的主人，在修改中加深对写作的理解和感悟。下面这则对习作《外婆的彭家湾》下的评语就做得较好：

> 这是一篇情真意切、写得较为成功的散文作品。“追忆”是散文创作中极常见的取材和表现方法。作者在往事的怀想中自然流露情感，常常表达出往事不再、故人无觅的惆怅情怀。本文在这些方面做得较好，行

① ［苏］赞科夫编，杜殿坤等译：《教学与发展》，文化教育出版社 1980 年版，第 125 页，第 321～322 页。

文流畅，生活气息浓郁。如果能将写阿牛、娟子、小姨的情节再压缩一下，或者再添加一些描写外婆的细节和语言，使中心更突出就更好了。现在这几个人物的文字显得平均了。读了本篇作品，总觉得缺少人物语言的点缀是一种欠缺。①

这则评语的写作较为注意对习作者的“导悟”，始终贯穿着对作者的鼓励和诱导。先是在总体上表明对作品的赞赏，接着具体评述作品的好处，进而才提出改进的意见。这些意见的表达也较为委婉，并无强加于人的意思，好似一个普通读者在与作者进行平等的交流，随处流露出关切与热忱。至于如何改，全凭作者自己斟酌。——这则评语颇可借鉴。②

当然，教师的评语也可以写得更为人性化、情感化，充满着理解和赞赏。有一位教师这样说起自己写评语的经验：

学生的每篇习作不论其内容好坏，篇幅长短，总会闪现出一丝一缕的光辉，看到时，千万别放过，即使在眉批中运用“妙!”“好!”“好极了!”“精彩!”“平中见奇，耐读!”“刻画传神，令人叫绝!”“逼真如此，真是惟妙惟肖!”……溢美之辞，让学生体会到漫不经心时的成功。对行文流畅、文采突出者尽可能地用些“诗情画意，令人神往!”“构思巧妙，耐人寻味!”“跌宕起伏，扣人心弦!”“立意高远，令人遐思!”“感情细腻，真切动人!”等夸张些的词语来赞美，以示鼓励，增加动力。

一位男同学幼年时母亲遇难，家庭的责任全部落在父亲一人身上。在一次记叙亲情的写作课上，他写下了自己长大成人后对父亲的爱戴和愧疚。文章没有惯常的套话、空话，情真意切地闪现着对往事的回顾，文章中一位深沉厚重爱子如命的中年家长呼之欲出。我在感慨中写下这样的评语：“共和国的脊背，家庭的栋梁，我为你有这样一位好父亲而感到骄傲，请你代我向他致以一个中年人的敬意!”父子俩对此评语大为感动，父亲在当晚给我的电话中唏嘘不已，发誓一定要把孩子供养上大学来回报老师。③

学生真正的好文章总是比较少的，然而，普通的文章或者总体上较差的

---

① 张建勤：《外婆的彭家湾·评改》，载《写作》，1999 年第 11 期。

② 以上参见潘新和主编：《高等师范写作三能教程》，人民教育出版社 2002 年版，第 202～204 页。

③ 王茂林：《作文评语呼唤人文色彩》，载《新作文》（中学教师版），2004 年第4 期。

文章，局部的亮点还是可以找得到的。这位教师深得褒扬激励之道，努力发掘学生文章中的亮点，作不无夸张的赞美，使每一个学生都能从写作中感受到骄傲和自尊，从而增强写作的兴趣和信心，相信这些学生势必会倾注更大的热情在下一次的写作上。尽管这位教师的评语有点老套、空洞，但亦可见用心良苦！更为难得的是，这位教师在他的评语中，还热情赞颂学生文章中表现出的父子情，表现了体贴入微的关爱。这类评语，能较好地关注言语动机的激发，注重对言语生命的养护，值得效法。

四　学生互评：不能代替教师的“移山”运动

除了教师的单向评改外，也可以在写作教学中适当地做一些学生互改，即双向评改。这对于提高学生的教学参与意识、培养良好的写作习惯等大有好处。在这一方面，魏书生先生的教学经验剔除应试的部分，有可资借鉴之处。就拿学生互相批改作文来说吧，很多人都尝试这么做，可是很少有人做得像他这么放手、大胆、彻底。他在《作文——学生互相批改》中说：

语文教师最苦的差事是什么？很多老师都回答说是批改作文。

教两班课，每班作文都收上来，就是两座大山。老师们说，愚公移山，还感动了上帝派神仙把两座山搬走了。可我们面前这两座山搬去又搬回，真不知何年何月有尽头。

我从1979年3月起，发动我的上帝——学生们一起来搬这两座山。

开头有人议论纷纷，说我偷懒的有之，说学生水平低的有之，说作文水平会下降的亦有之。但我心里有数，我知道学生批改作文比我还认真，还仔细，学生积极性又高，大部分学生对同学写的批语的关注程度远远超过以前关注我的批语的程度。既然这样，学生成绩一定能提高。

果然。半年以后我们班的成绩就遥遥领先了。领导、家长所关心的无非是成绩，学生成绩高了，又学得积极主动，你采用的方法，尽管他们不理解，也就不再干涉了。

自那时到现在，我已经有10年零8个月的时间没批改一篇学生作文了。我明知道，倘我批五分之一或十分之一，学生作文水平一定比现在还高，但我为了证明教师不批，学生作文水平一样能提高，就一直坚持不批一本。

学生能学会批改吗？回答是肯定的。差学生也能学会批改吗？也能。

1. 怎么批改作文？我逐渐要求学生都能从以下10个方面写出具体的评语，每个方面给5分，满分为50分。

①格式是否正确。刚入学，让学生感觉写作文、批作文都不难，只写一条关于格式的批语。批作文的时候也抽签，谁都有可能抽到任何一个人的。打开作文一看正确，便拿出红笔，写上批语：格式正确。批文用减分法；此项不减分，此文为满分50。

②卷面是否整洁。显然这一条又是大家都能看得出来的。后进同学批改别人作文指出卷面不整洁时，下次自己写作文也注意卷面了。

③错别字几个。要将错字在原文处打上标记，并且写到批语处，再在后面写上正确的字。有的粗心的同学错字挑不出来，怎么办？我们就搞流水作业。甲、乙、丙、丁轮换着批一篇文，甲批错别字6个，乙发现本文错别字不是6个，而是7个，那么甲就要对为什么漏掉这个错别字写出100字的说明书。丙又发现本文错字是8个，那么甲、乙同学都要被追究责任，各追加100字的说明书。这样使粗心的同学也认真起来，批改的时候，手里抱着大字典，唯恐漏掉了错别字。发现错别字，每两个扣1分，最多扣5分。10个以上也不再多扣。

④有几处病句。挑出一篇作文中的病句，凡病句，都要在下面划上横线，写出病在何处，再在文后批语中，写清病句几处，每处病句减1分，减至5分，不再多减。

⑤标点符号有几处明显错误。强调句号、引号、叹号、问号的使用。明显错误的地方，有一处扣1分，超过5分不再多扣。

以上五条，都是写文章最低的要求。学生经过三四篇文章的批改实践，就能够掌握这几条要求了。熟练掌握之后再过渡到后五条要求。

⑥看文章的中心是否鲜明、集中。这两点在作文指导时就具体论述。批改指导时，再结合两三篇具体例文，加以指导，学生就能批得符合实际。

⑦看文章的选材。包括三点：1）是否围绕中心；2）是否符合生活实际；3）是否具有典型性。这三点首先强调的是第一点，随着作文水平的提高，才提出具有典型性的要求。

⑧看文章结构。包括三点：1）层次段落是否清晰；2）过渡是否自然；3）开头和结尾是否照应。

⑨看表达方式。主要看其是否符合作文指导的要求。如写记叙文《他进步了》，要求夹叙夹议，本文是不是做到了。写说明文《芦苇》，要求说明中有描写的成分，文中有没有。写散文《家乡赞》，要求记叙、议论、抒情相结合，文中结合得怎么样。

⑩看语言是否简练、流畅、深刻。

语言简练就是不重复、啰唆，简要、精练。流畅是指文章读起来很顺口，不疙里疙瘩。深刻是指文章的见解精辟，能抓住事情或问题的本质。

后五条要求，每条 5 分，不做太具体的规定，由批改人酌情减分。在多数情况下，批改作文都在语文课上进行，老师指导，学生抽签互批。每个人都要在作文本上写出 10 个方面的具体批语，一般情况批语的篇幅都要有作文本的一页那么多。最多的批语，有的达到 500 字。

一名同学问我："老师，你猜我最爱上什么课?""不是体育，就是美术!""都不对，我最爱上批改作文这节课。""为什么?""我特别愿看别人的作文，又很愿给人家挑毛病。"

1984 年，我让我的两班学生投票表决：是老师给批作文好，还是互相批改好。共 106 名同学投票，98 人认为互相批改好。只有 8 名同学认为老师批改好。而对这 8 名同学，大家一分析，都是刚到班级不久的学生，他们还没有尝到互相批改的甜头。

2. 学生互相批改作文有什么好处呢?

①经过多次批改实践不仅准确地记住了写作文的基本要求，而且对这些要求理解得越来越深刻。他会指导别人应该怎样写，不应该怎样写，自然也增强了自己的作文能力。

②每个人都有机会看到多名同学的作文，这样容易发现、学习别人的长处。别人的缺点短处，自己引以为戒，也是好事；学生的思想多了一个相互交流、开放的机会。

③每次批改作文，抽签一般都换一个人，每人只批一篇，负担不重。每次又都换人，批的人有新鲜感，有兴趣。每次自己的作文又换人批，看不同的同学对自己的批语，当然也有新鲜感，有积极性。增强了同学

们发现错误的能力，还使同学之间研究学习的风气更浓了。

④教师只看一部分同学的批改结果，当然节省大量的时间。可将节省的时间用于研究教材和教法，进一步提高教书育人的效率。

如果认真找，还可以找出互批作文更多的好处。不能否认，互批作文也会有弊端，特别是在学生自立能力不强的班级，弊端可能会更明显。但我10年实践的结果告诉我，互批作文利远远大于弊。

我是决不会再重走被两座大山压得喘不过气来的老路了。如果有变化，那就是再探索更好、更科学、更节省时间的批改之路。[①]

魏先生打破了以往教师评改作文的“单向评改”的传统模式，建立了学生互改的“双向评改”模式，不但将教师从永无止境的“移山”运动中解放出来，而且，似乎使学生成为学习的主人：在教师的指导下，通过对他人文章的评改，深化了对写作的理解和认识，提高了写作的悟性，同时也增强了学习兴趣，加强了写作的责任感，可谓一举多得。学生互改既有这么多的好处，教师何乐而不为呢？

但是，仔细想想，还是不难发现这种做法需要重新检讨之处——其得失表明了“工具论”背景下教师的有限超越和不可避免的局限。这个超越，是指魏先生已经在思考如何打破教师评改的常规，调整师生关系，使学生参与评改活动，为学习承担起自己的责任。局限在于，这样做的初衷并不是真正出于学生本位的考虑，学生在互改中锻炼了能力和提高了兴趣，这是事实，然而，这只是从教师“节省时间”出发，动机是为了减轻语文教师的工作负担，使教师从“移山”活动中解放出来，偶然找到的一个师生“双赢”的好办法；局限还表现在以为只能用一种方法取代另一种方法，就是用学生互改代替教师评改，而没有想到评改方法各有利弊，需要优势互补。

尽管学生互改有许多好处，势在必行，学生互改还是不能代替教师的评改。学生互改的问题，远比魏先生提到的“在学生自立能力不强的班级，弊端可能会更明显”要多得多：

1. 学生毕竟从写作理论到写作实践的积累都较为单薄，更遑论教育理论和经验了。多数学生都只能按照教师所示的若干要求进行比较简单的“操作”，而不能像教师那样凭自己丰富的教学经验，一语中的指出作文的优劣，

---

① 魏书生：《魏书生文选》第一卷，漓江出版社1995年版，第83～87页。

且能对学生的作文做具有教育学眼光的评改。学生的评改是一种统一标准下的机械操作，是难以做到像教师那样有的放矢、因材施教的。

2. 学生文章的毛病远不是上述10个方面能穷尽的，超出这个范围，他们就无能为力了。学生不可能遵循写作教学的原则，知道什么地方该“放”，什么地方该“收”，只能作面面俱到的简单评改，对于写作能力较差的学生打击就太大了，会挫伤这些学生的写作热情；加之评改的双方写作水平是不对等的，会造成学生相互间的某些心理落差。每次重复这样的简单操作，久而久之也会失去兴趣。

3. 最重要的是，学生毕竟缺乏教育素养，他们的批改是否到位、正确是个问题，他们更是无法像教师那样，通过评改实现对言语生命的唤醒和激励。学生评改后，还是需要教师重新审视，以弥补学生互评的不足。一般说来教师的写作和教育素养水平总是高于学生。当然，这不是说应该以教师的评改意见为准，教师也是平等的一员，而是说师生间不能没有关于作文的对话，不能不对习作的情况进行沟通和切磋。

相信这些问题魏先生不是没有意识到，他自己也说“倘我批五分之一或十分之一，学生作文水平一定比现在还高”，既明白这一点，为什么不去做呢？在教学中，固然要提倡教学民主，师生平等对话，应让学生成为学习主体，但教师仍负有“导悟”的责任，教师应努力使自己闻道在先，成为使学生真诚信服的“平等对话者”。语文教师即使不改作文，要负起教育的职责，单单业务进修就是无底洞，有读不完的书，研究不完的课题。心有旁骛，心不在焉的教师能是一个好教师吗？

学生互改不能取代教师的“移山”运动，也许可以少“移”一点，不必每一次作文、全部作文都由教师一一过目，但是这不能成为教师逃避教育责任的方法。作文评改，还是应将教师评改与学生互改这两种方法结合起来为好。因为，学生互改和教师评改各有利弊，二者结合，可收优势互补、相得益彰之效。值得研究的是，师生间如何“分工合作”才能做到“科学化”。学生适当地参与评改极有必要，教师更是要对学生作文情况有深入的了解和正确的指导。

语文教师不评改学生作文，还要教师做什么？教师评改和学生评改的目的、要求和作用都是不一样的。在教学情境下学生的写作活动，需要教师言语生命的精神传导，写作不仅仅是“技”，更是情、是理、是“道”；学生所能评改的，主要是“技”，而不是“道”。魏先生很明白这一点，所以他开列的10条评改要求，没有一条是诉诸情感、态度和价值观的。写作的评改，最重要的是言语生命境界的提升，这是教师责无旁贷的。教师通过评改，给予学生写作规律上的启发和点拨，使学生加深、加快对写作的理解和领悟，培养学生良好的写作人格心理意识和正确的言语态度、习惯，对每一个言语生命精心养护，给予他们赞美、激励、抚慰和人文关怀。教师不在场，如何能称为写作教学呢？

从当今课改的意义上说，教师的作文评改还是一种与学生进行心灵沟通、情感交流的重要方式。学生的作文，也是教师了解学生内心世界的一个窗口。教师每一次的评改作文，都是和学生的一次坦诚交心的过程。苏霍姆林斯基说：“教师的言语——是一种什么也代替不了的影响学生心灵的工具。教育的艺术首先包括说话的艺术，同人心交流的艺术。”① 作文评改当是一个值得珍惜的言语生命的互动机会，失去了它，就失去了教师生命的存在价值。

上海有一位语文教师金玉林，当学生交上来的周记本上写着十遍“我无话可说”时，他在上面写下了“我有话要说”：1. 你这篇周记有新概念（作文）味道；2. 谢谢你，令我开了眼界；3. 你很有勇气；4. 你特立独行，颇有个性；5. 你写的字，间距大小不一，行距有宽有窄，也许不拘小节，洒脱豪放；6. 你能连写十遍，说明你做事有耐心；7. 第一遍与第十遍的字颇有力度，看来你做事有头有尾、有始有终；8. 你的字向上倾斜，说明你充满自信；9. 一片树叶中可以反映一棵树的基本信息，同样，一个人的举手投足也可以反映其人生信息，“你的新概念周记是否也反映了你与众不同的个性”？金老师把关切和问题抛给了这位同学，这位同学自然也就不再“无话可说”了。经过几个回合，这位同学对周记有了兴趣。金老师从他的周记里发现他思维活跃，表达流畅，词汇丰富。于是写了这样的批语：“你想象力宽广，思想新颖奇特……你具有科学家的潜质。当你的班主任，我深感荣幸。”适度夸张的赞扬，是激励成功的动力。果然，这位同学文科学习不再放松，各科发展比较平衡，后来顺利考上了上海交通大学。② 像这样的评语势必只有教师才写得出来。作为一个长辈和学识上长者的殷切关怀、赞扬和期盼，对于一个成长

---

① ［苏］苏霍姆林斯基著，肖勇译：《教育的艺术》，湖南教育出版社1983年版，第32页。

② 高万祥：《语文的诗意》，苏州大学出版社2002年版，第260～261页。

中的晚辈、后学是十分重要的。教师情真意切的评语，令学生刻骨铭心地感念终生，这样的情况难道还少吗？语文教师最能让学生记住的难道不是他写的作文评语吗？学生互评，无论水平多高，把这事做得多么严格、负责，也不能收到师生间坦诚相见、心灵相通的教育效果。

之所以认为学生互改就可以不要教师，根子还在于尚未完全超越“工具论”，以为作文评改就是纯粹的文字技艺上的提高，无涉于人的情感世界和言语生命状态，因而缺乏基本的人文关怀，无视培植言语态度和精神，这样的评改观是残缺的，缺乏起码的诗意情怀和人道主义精神。如果将学生互改仅仅看作是教师减轻工作负担的一种手段，使教师可以一边歇着，那就更是有违教师的良知，把评改工作完全丢给学生至少是不负责任。

当然，教师如何评改至关重要。除了给予学生充沛的人文关怀外，评改要“适度”，应在“有为”和“无为”之间。“过”了，是包办，是教师主导，一律由教师精批细改，把着手教，学生处于被动学习的状态，叫怎么改就怎么改，不动脑，不去悟，势必教学效率低下。“不及”，一切都放给学生去做，不管学生写作水平高低，评改得是否正确、得体，是否能胜任，都由他去，似乎是对学生主体的尊重，是在培养他们的学习主动性，而实际上是一种敷衍塞责，绝不可能收到好的教育效果，是和引领言语人生、诗意人生的目标背道而驰的。

除了“单向”与“双向”的评改外，值得一提的还有一种重要的评改方式：多向评改。这就是讨论。在教学中，只要时间允许，应尽量多组织一些学生作文的课堂讨论，由学生自行组织和主持，教师参与其中。一篇学生的作文，有数十位的读者认真地读过，并发表自己的意见，这对于作者来说是一个极好的倾听意见的机会。这在教学情境外是不可能有的。在刚开始这样做的时候，也许有些学生不太适应，有的不敢当面说出自己的批评性观点，这不要紧，很快就会适应的。一旦进入了角色，一个个学生都会成为目光敏锐的“批评家”。多向评改不但能使作者听到各种各样的意见，对自己的文章的优点和缺点有较为清楚的认识，能较快地自悟，而且，对于培养他们的读者意识也不无帮助。

五 修改是能力，更是态度和境界

修改是一种能力，也是一种态度、精神，也可以说是一种言语生命境界。一个人文章写成后是一交了事还是反复打磨修改，体现的是两种截然不同的写作心态。写作的修改，表面上好像是为了写好一篇文章，其实，更重要的是体现了一种言语追求。一个能不断地修改自己的文章的人，一定是一个负责任的人，一个在文字上有理想的人。修改行为的本身，比写出一篇好文章更有意义。

从这个意义上说，学生的写作，修改的耐性是需要着重养护的，不应要求学生在两节课中就得交，而应请他们修改之后再交。如果学生能提交多次修改的“版本”，要给予鼓励，修改的认真情况也应考虑在作文成绩之内。

教学中要养成这样的观念，写作包含修改，修改是无止境的，经过修改的文章，才是完成的文章。未经修改的文章，是“半成品”，是不应该面世的。

在写作教学实践中，常常是有写无改，有评无改。学生的文章是一挥而就、下笔成文，这样的写，只为了应付作业。教师辛辛苦苦地“评”，学生马马虎虎地浏览完事。这样的“评”，自然是教师劳动力和精神的浪费。俗话说：“文章不厌百回改。”评改评改，评，是为了改，要落在改上。评，是为了使学生喜欢写，能写得更好，使他们知道怎么去改，能不厌其烦地改，从评改中感受到提高的愉悦，悟到写作的奥秘。

从评改的时机看，有两种情况，一种是即时评改，一种是延时评改。

（一）即时评改

即时评改可分为教师的即时评改和学生的即时评改两种。

先说教师的即时评改。指的是学生课内作文练习，最好要当堂评改（讲评）。学生当堂练习，教师当堂讲评，这是一种最佳的评改方式。一般的情形是这样的：先由教师设计一个写作情景或一个“游戏”，或简单地讲述本次教学的意图、要求，结合对一些实例的分析和讲解，然后安排一个练习，学生练毕，教师随机抽取一部分学生的作文（学生下课休息），教师用下课的时间，以最快的速度浏览一遍，从中选取若干篇有代表性的（主要是各类好的和差的作文），马上进行讲评（也包括与学生的“对话”）。这是一种最见成效的写作教学方式。“目标——反馈——评价——矫正”一气呵成，“矫正”如来不及在课内完成，也可以作为课外作业在堂下做，做完交来，由教师再做书面的评改。由于这种评改是对学生的练习在“第一时间”做出反应，且是连续两次做出反应，对学生思维冲击力特别强，有助于加深他们对本次课教学目标、要求的理解和认识。这种讲评是在与其他同学的横向比较中进行的，比“一对一”的面批增加了若干参照系，这对他们拓展写作的认知向度与促成他们的自悟很有帮助。即时评改对教师教学能力提出很高的要求，因为课内阅卷时间较短，教师的经验与眼光就显得很重要，可以说凭依的是“直觉”做出的判断。有时，由于时间紧，连浏览一遍的时间都不够，这就得有目标地选取几位同学的作文，一边读，一边评，要评得让学生心悦诚服。这可以说是教师的硬功夫，应是每一个教师的基本功。

应注意教师评的过程不能成为“一言堂”，要和学生交流看法。学生可以有不同意见，也可以不同意教师的观点。师生持不同看法是正常的，教师耳提面命，学生俯首听命，是不正常的。决不能把学生的不同观点统一到教师的意见上来。评不是目的，思维和悟性的激活才是目的。

当堂评改应着眼于学生作文的差异，要让学生明白好的和差的文章是什么样的，应指出好在哪里，差在哪里。对有个性特点的文章尤应给予鼓励，鼓励学生的一个有效的办法是将他写的文章读给大家听。好文章朗读给大家听，让大家一道来欣赏。“奇文共欣赏”的激励作用和效法作用均不可小觑。前苏联教育家赞科夫说：“从我们的观点看来，在班上宣读儿童的作文，其意义首先在于唤起儿童对词的艺术的热爱，因而也激发了儿童的写作愿望。……十分重要的一点就是：教师本人要富有表情地朗读写得最好的儿童作文，并且要从声调上强调读出这个学生对题目内容有独到的理解和真实感受的那些地方。”[①] 这一意义也同样体现在大学生的写作学习中。大学生与小学生一样渴望能从教师那儿获得对自己作文的好评，渴望教师能朗读到自己写的文章，而教师朗读过的优秀作文的内容和表达中的某些细节，往往会给学生留下特别深刻的印象，以至在许多年后还记忆犹新。

再说学生的即时评改。指的是学生对自己写出的文章初稿的及时评改。

---

① ［苏］赞科夫编，杜殿坤等译：《教学与发展》，文化教育出版社 1980 年版，第 121～122 页。

学生写好作文后，需要十分重视即时修改。从长远来看，这种自评自改，甚至比他评他改作用还要大。在写作教学中，教师要注意培养学生修改作文的能力，引导学生养成修改作文的习惯。

由于提出了“不应该那么写”这种“极有益处的学习法”，而受到鲁迅先生肯定的苏联文学研究家、作家魏列萨耶夫（即惠列赛耶夫），在他的《果戈理是怎样写作的》一书中写道：当你熟悉了大艺术家已经完成的作品之后，再回过头来研究这部作品的未经修改的初稿时，你往往会产生一种激动而困惑的奇异感觉：真的吗，你所熟悉的如此优美和严整的作品，当初怎么会写得这样苍白和拙劣呢？甚至会产生这样的想法：原来就这样啊，谁都能写得出来。不错，谁都……作家接着提出了一个值得习作者深思的问题：但为什么又不是谁都能把苍白拙劣的作品变成卓越严整的作品呢？魏列萨耶夫认为，只要认真研究过那些手稿——你便会明白，天才与平庸的区别与其说在于天赋，不如说在于对自己的严厉无情，在于不满足渺小成就的本领，在于永不减弱的、不达到完美程度决不休止的工作劲头。这些汇聚到一点，集中表现为对自己的作品的反复修改上。

一篇未经认真修改的文章，只能算作半成品；不会改，就写不好；改好了，才算写完了。“任何人的文章都要修改”，这是谙识写作规律的经验之谈。写作须修改，修改出佳作。中外古今的经典作家，不仅异口同声地强调“文不厌改”；而且，他们大都就是苦心孤诣地修改自己作品的圣手。据拉法格回忆，马克思决不出版一本没有经过他仔细加工和认真琢磨的作品。他不能忍受把未完成的东西公之大众的这种思想。要把他没有做最后校正的手稿拿给别人看，对他是最痛苦的事情。鲁迅先生要求写完后至少看两遍，竭力将可有可无的字、句、段删去。毛泽东在引述鲁迅上述看法以后，进一步强调：重要的文章不妨看它十多遍，认真地加以删改。曹雪芹写《红楼梦》，曾“披阅十载，增删五次”。列夫·托尔斯泰也说：写作必须不怕反复修改，必须修改十次二十次才行。他的鸿篇巨制《战争与和平》，据说成稿后改过七遍；他的许多作品都有十五至二十种的未定稿，他的一篇论文未定稿竟多达九十多种；而他的小说《为克莱塞尔乐章而作》的手稿约有八百多页，发表时被他删成只剩五页。《毁灭》的作者法捷耶夫说：“我在这个长篇上花了很多工夫，个别的几章改写了无数次。有几章我改写了二十次以上。在这个长篇里没有一章改写的次数是少于四五次的。”“为了达到高度的写作质量，每一篇小小的作品都需要改写和誊写五六次，有时还要多些。除了极少数的例外，真正的艺术家无论过去和现在一向都是这样工作的。也有些有特别天才的人，他们没有经过这样长久的工作就达到艺术成就的高峰，但是他们有一定数量的劳动是靠内心的紧张劳动、精神的高度燃烧以及动笔前那个时期花费的极大的劳动来补偿的。”① 在写作教学中，教师首先要使学生形成这样的写作观念：修改自己的文章也是写作行为的有机构成，未经过反复修改的文章，就不能算是已经写完了的文章。

对文章的修改，必须从整体着眼，由大处入手，才能达到准确反映事物、表达思想、消灭差错、精益求精的目的。着眼于整体，就是要从全篇布局出发。短文要一气儿写出初稿。长篇要按照总体计划写完一个相对独立的章节，然后再回过头来修改，不要“一句一勾抹，十句九回头”。法捷耶夫谈到自己在这方面的教训时说：“当我比较年轻的时候，我连一章都不能一气儿写完。我随时随地来改写、琢磨，然后才往下写。过后往往发现，有些极费劲写成的段子，根本是不必要的。因此，年纪稍大时，我学着克制自己，写了很多之后这才开始来琢磨。这样可以看得更清楚，什么是完全可以删掉的。”② 入手于大处，就是要首先考虑主题、观点、思路、材料这类具有头等意义的因素，然后再斟酌表现形式。修改文章不能像小炉匠——专搞小修小补。如果拘泥于小处，光在细节上推敲，字、词上抠掐，往往可能事倍功半。因此，巴金说：“我不会为了推敲一个字花去整天整夜的工夫，也不会因为想不出一字一句，就废寝忘食。我是把自己的感情放在书上，跟书中人物一同受苦，一同受考验，一块儿奋斗。”也就是说，不要让细枝末节牵制了自己的注意力，而应把主要精力首先集中到可能影响作品成败的关键问题上。老舍更是以自身教训亲切地教诲习作者：“我进行修改的时候多半注意细节的对与不对，而很少涉及思想根源。于是，改来改去，并没跳出那些琐细事实，只是使作品的记录性更真确一些，而无关宏旨。这样，越改反倒越掉进自然主义的陷阱里。假若我有高深的思想，大气磅礴，我就不会见木不见林地只顾改

---

① ［苏］法捷耶夫：《和初学写作者谈谈我的文学经验》，见《外国名作家谈写作》，北京出版社 1980 年版，第 372～378 页。

② ［苏］法捷耶夫：《论作家的劳动》，见苏联作家出版社辑，人民文学出版社编辑部选译：《论写作》，人民文学出版社 1955 年版，第 164 页。

改这个细节，换换那个琐事。这种零碎的修改，可能越改越坏”①。

文章同任何事物一样，是内容和形式的统一。文章的内容（主题、观点、思路、材料等）和形式（结构、手法、语言、格式等），既相互牵制，又相对分离。因此，在修改时，既可按照文章的构成成分，逐项依次审订，又要注意文章的统一性：修改内容时，要想到形式的相应调整；修改形式时，要顾及内容的相应变更。文章的修改范围，一般包括以下六个方面：

校正主题、观点——把错误的主题、观点改正确，把肤浅的加以升华，把漫无边际改得有中心，把违背事实、脱离材料的改切实，把偏颇、极端的改得全面、有分寸，把偏离政策的改得符合政策，等等。

主题、观点的校正是修改中的“大手术”，往往要引起文章的大变动，因此要倍加重视。如果主题的缺陷严重，修修补补已无济于事，就应毫不犹豫地把文章舍弃，重写，不要抱残守缺。

筛换材料——例如，把散乱的材料改集中，把失实的改翔实，把臃肿的改精当，把游离主题、可有可无的删除掉，把抽象、空泛的改换成具体、实在的，把单薄、无说服力的改换成充分、典型的，把平淡、陈旧的改换成生动、新颖的，把与观点脱节的改换成一致的，等等。

材料是形成文章、表现主题的基础，筛选的范围不应局限于已写进初稿的那些材料，还应包括未写进文章却已掌握到手的材料。如果到手的材料仍不足以充分地表现主题，就应当重新采集，补充之后再作筛选，集材要广泛，选材要严格，不要凑合、将就。

疏导思路——例如，把梗塞了的思路加以疏导，使之畅通；把跑题了的加以矫正，使之入轨；把空白之处加以填补，使之承接；把分岔太多的加以修剪，突出主干，等等。

调整结构——例如，把混乱的层次划分清楚，把不合理的段落安排妥当，把上下不衔接的改连贯，把重轻倒置、详略不当的改得相宜，把前与后、首与尾缺乏照应的改得周全，把庞杂、臃肿的层次、段落加以紧缩合并，等等。

变更手法——例如，表现手法陈旧的使之新颖，表达方式单一的使之多样，手法与体裁相径庭的加以更换，语调、口气与文章内容、阅读对象不谐调的使之适应，等等。

---

① 老舍：《我的经验》，载《剧本》，1959年10月号。

推敲语言——例如，把易生歧义的语言改准确，把笼统的改明晰，把含混的改清楚，成分残缺的使之完整，生僻、拗口的使之明白，冗长、累赘的使之精炼，紊乱的梳整得有条理，虚饰、花哨的改朴实，晦涩、简古、半洋不土的改明快，平板、乏味的改生动，可有可无、不言自明的统统删除，写错、写漏的字、句、标点以及不符合规范要求的格式逐项订正，等等。

语言的推敲，虽然是写作过程中修改工序的最后一道环节，但绝非不足道的末节。有时，一字、一词、一个标点的改动，都会直接影响文章的内容和作者的态度，应当审慎从事，不可轻怠小看。

由于初稿存在性质、程度不同的缺欠，需要区别情况，分别采取或综合使用增添、删除、改动、调整和重写等方法，加以改善。试以鲁迅先生的《藤野先生》为例来说明。

“增添”，是加强文章鲜明性、生动性的重要手段，要把抽象的变具体，概括的变形象，简述的加以扩展，忽略的加以加强……鲁迅手稿中原先描写藤野先生的一句话：“一将书放在讲台上，便向学生介绍自己道……”,增后为：“一将书放在讲台上，便用了缓慢而很有顿挫的声调，向学生介绍自己道……”增加的寥寥数字，就把藤野先生诚恳的为人、稳重的风度、和悦的语态刻画出来了。增添几个字，多至整段、整节、整章的扩充、增写，其目的都不外是为了表现主题，充实内容，加强形象。

“删除”，可以收到突出重点、分清主次、精炼文字的效果。手稿中原先有一句藤野先生说的话：“……然而解剖学上的图不是美术……”用了“解剖学上的图”这个带有职业色彩的短语，似乎要强调藤野先生解剖学教师的身份。定稿时，鲁迅先生删去“学上的”三个字，变成：“……然而解剖图不是美术……”字去意留，句子更加简洁、顺口，丝毫无损藤野先生的形象。经典作家异常重视“删”在修改中的作用，列夫·托尔斯泰认为“删”比“增”更重要，他说：“……不在于知道要写什么，而是在于知道不要写什么。任何出色的补充也不能像删节作品那样大大改善作品。”契诃夫则认为，“删”与“写”相反相成，是一个过程的两个侧面：“写得好的本领就是删掉写得不好地方的本领。”“善改者不如善删，善取者不如善舍。”因此，为追求文章的精炼，做到以少胜多，不仅要句中删字、段中删句、篇中删段、集中删篇，而且要“作时删意，未作时删题”。换句话说，既要从文章表现形式上考虑字、句、段、篇的删削，更要从文章思想内容上注意意思、问题的删减。

“改动”，能使文章更加准确、鲜明、生动地反映事物，表达思想。手稿中原先有一句话：“从此就看到许多新的先生，听到新的讲义。”“新的先生”含义不明确，可同时理解为“刚到任”的或“思想先进（不守旧）的”或“首次见到的”先生；“新的讲义”也可同时理解为“刚印出来的”或“未曾见过的”或“内容新鲜的”讲义。概念宽泛，易生歧义。鲁迅将它改动，变为：“从此就看到许多陌生的先生，听到许多新鲜的讲义。”这就准确地揭示了特指的内容，含义清楚，读后明白无误。

“调整”，能使文章思路明晰，眉目清楚。文章第四段讲述的是作者离开东京到了仙台。原稿在段落的开头，有一句介绍仙台的文字：“这地方在北边，冷得厉害，还没有中国的留学生。”接着叙述由东京到仙台的沿途情况。定稿时，鲁迅把这句话的意思，挪到了本段的末尾。这样，就使全段的层次，由原先的“到了仙台——介绍仙台——由东京北上到仙台”，变成了“要去仙台——由东京动身到仙台——介绍仙台”。调整后各层次的先后安排，与时间顺序一致，显得清晰、自然、有条理。

“重写”，当初稿的欠缺通过上述方法仍无法得到克服和改善时，例如需要更变主题、改换体裁或另立结构时，就应毫不犹豫地推倒重写。重写，固然表明要废弃原稿，但并非完全是坏事。对于经典作家来说，几易其稿的结果往往换来思想、艺术上的突破；对习作者来讲，一题多做往往比一题一做更有利于写作能力的提高。老舍说：“我们须狠心地删，不厌烦地改！改了再改，毫不留情！对自己宽大便是对读者不负责。字要改，句要改，连标点都要改！”[①] 作者对自己的文章的修改，说到底是对读者的负责。修改文章的问题体现的是作者的言语人格，写作上的精益求精。培养造就一个有责任心的作者，这比改好一篇作品还要重要百倍。下面是一位学生的评改体会：

五改《游河图街》的体会[②]

孙永慧

我不爱作文，因而写不好。以前，一直是应付老师，这次老师布置

---

① 老舍：《我这样学习语言》，见《创作经验漫谈》，人民文学出版社 1979 年版，第 309 页。

② 选自王浴海主编：《昌尖作文展示与成功方法——全国作文与指导大奖赛文选》，原子能出版社 1990 年版。

的作文题是《我熟悉的一条街》，也可自拟题目。正好，松花江公路大桥建成通车了，河图街也配套建成，在建桥的同时，河图街新区的改造同步进行。河图街是我小学以前一直住的地方，我熟悉它的过去，看着今天的新貌，确有天壤之别。我就选择了写河图街的题材。

我去河图街看了一遍，深深感到变化之大。回来之后，我很快就写完了。把见到的高楼大厦、马路、新设施都描述了出来。我知道为了突出新面貌，应该今昔对比。

这是我比较认真的一次作文，写完之后，自己还挺满意。

发回作文本，老师的评语是：题材特好，但没能将这一题材具有的重大意义表现出来，应当重写。老师在班上表扬了我，使我有勇气去改。但怎么改，自己不知从何下手。我去找老师，经老师指导，我明确了河图街的巨变，是跟松花江公路大桥密切相联的。于是我重改了开头，把原来在结尾写的大桥，移到了开头。

因为我的作文基础太差，这次，老师先让我写开头。

第二次，老师又指导我写结尾。让我把河图街的变化跟四化建设取得的成就，特别是城市改造，人民生活改善联系起来，以使结尾更有深意。于是我把原来只突出建设者们的功绩，一步步改为突出一个新区的面貌，也包括人们精神面貌。

老师说，在选好题材之后构思的第一个内容，是结构布局，这是文章质量高低的首要一环。看来，在第一、第二次修改中，老师是在结构布局方面指导我。

第三次修改，是观察角度。老师引导我去体味刚学过的《雨中登泰山》、《绿》等课文的观察点，启发我变换角度，不要光顺街走去，看什么就记什么。经过老师指导，有些变化通过王菲母女之口说出，这样就节省了我的路程，不必从这头走到那头，一点不漏地去写了。

第四次修改，老师要求记叙、议论、抒情三结合。这对于我实在很难。老师也知道我底子太薄，简直就是一张白纸，先是让我找找参考材料。很巧，我在同学那借到了《作文通讯》，其中有《小街》等篇，我一看很好，就把其中有用的句段抄了来。这样，在第四次改后的文中，写到正阳河去玩，有这样一段：正阳河是一片乐土，它没有家的束缚，不存有细腻的母爱和深沉的父爱，它具备的只是勇敢、真诚和友善。

另外，在这次修改后的结尾，我写下了——“啊，市声烫平了昔日紧蹙的眉峰，过去人们有钱买不到可心的东西，现在应有尽有。那黄瘦憔悴的记忆，早已在今日改革的春潮中沉淀了。霓虹灯下，再也寻不出破旧的身影……

俯瞰历史的缩影，是斑斓多姿的。冰城儿女的智能能创造今日，雄心更能规划明天。仰望街旁的高楼大厦，往昔的沉思，未来的希冀，正在这条街上延伸……”

老师看后，首先问我，加上这些（指我抄来的）比起原来的文字，你读后有什么感觉？我说比原先生动。

“可见‘三结合’是很需要采用的。但‘词必己出’，抄别人的（老师知道我是写不出来的）不是本事。”

于是我又第五次修改。虽然自己写的没有抄来的生动，但我却反复琢磨了多遍，还第二次、第三次重游河图街，站在桥头边观察边琢磨。

所以，通过反复修改《游河图街》，我才体会到，写一篇作文不是轻而易举的事。以前听老师分析课文，或听老师在作文指导时念范文，我都不在意，总觉得没啥；这回知道了，真要自己写，就难了。

好文章，是反复锤炼出来的，而每想出一个恰当的词儿甚至精彩的句段，真像一位名人说的“不亚于发现一颗恒星”。学语文课，知道一些作家、名人都特别热爱自己的家乡，赞颂自己的家乡。我也应该用自己的笔，写出童年生长的地方的新面貌。这样，我就有了勇气，坚持修改。越到后来，我越感到自己像一位演员在台上，进入角色了，能够主观能动地意识到自己是作者，是作文章了。

我想，每写一文，都这样进入角色，认真负责地写，一定能写出佳作来。

用美文的标准来衡量，作者所写《游河图街》也许称不上一篇优秀散文。但是，一篇毛病比较多的文章，在老师指导下，作者执着地一遍一遍地改，改成现在这样，比原先有了很大的进步自不待言，重要的是作者从中悟到了修改的“过程”和“方法”，这是终身受用的。更为重要的是，在反复修改中，感受到了艰苦与快乐同在，磨炼了写作的心性，培养了言语人格，长此以往，相信这位同学将会成为一个有责任心的心理健康的人。应让所有的学生在修改中感悟写作的奥秘，在言语的推敲、揣摩中，不断地超越、完善自我的言语生命。

（二）延时评改

延时评改也可以分为教师的延时评改与学生的延时评改两种情况。

延时评改的第一种情况，主要指的是教师对学生课外写作作业的评改，这种评改一般是在课后进行的，所以称为延时评改。延时不是意味着可以将评改的时间拖得很长，相反，教师的延时评改要十分注重时效，就是要在最短的时间内改好并发给学生。批改作文是一件很繁重的工作，常常要批改很长时间。几个星期后批改的作文发给学生时，他们对自己的作文写些什么、写时有什么困难、写时希望老师作什么指导等，都已经淡忘了，一般是拿到手看个分数了事。即使看了老师的评语，也难以跟原初的写作行为发生联系，难以产生深刻的感悟。美国南加利福尼亚大学的克拉森教授说："作文教师评改学生的作文草稿，即在学生作文的过程中给予及时反馈，对提高学生的作文水平确有效果，但教师在家里或办公室批改作文后再发给学生，则对发展学生的作文能力没有什么作用。"① 这虽然有点言过了，但是，他对作文评改的"即时性"和"时效性"的强调是对的。如果学生的作文，教师在好几个星期后才改好，那还不如不改，不如尽快找个时间做个课堂讲评，这样效果也许更好。

学生对自己作文的延时评改就不同了，它不受时间的限制。修改的过程就是一个再认识、再提高的过程，是一个精益求精的过程，一篇文章甚至可以改一辈子。这也是在写作教学中必须对学生灌输的一个写作观念。

作者对自己文章的修改是一项十分艰巨的劳动，往往体现为一个长时间的持续的过程。这就超出了"即时评改"的"时限"，进入到了"延时评改"的范围。

"改无止境"。人们经常惊叹经典作家"不易一字"的造诣，却并不知晓他们为此付出了艰辛的劳动。托尔斯泰曾经这样叹赏普希金的语言功力：这就是普希金惊人的地方——不能改动一个字。非但不能改动一个字，而且不能增加一个字。比他说得更好是不可能的。普希金的作品为什么能达到如此完美无疵、炉火纯青的地步？是靠天赋还是神助？陀斯妥耶夫斯基一语道破了内中的奥秘：你应该相信，普希金的几行短短轻盈优雅的诗之所以会使人

---

① 张良田：《美国作文教学一瞥》，见《语文学习》编辑部编：《写作指引》，上海教育出版社 2000 年版，第 627 页。

觉得好像是一挥而就的，那是因为被普希金涂改得太长久了的缘故。连普希金这样的天才诗人也要长久地“涂改”自己的作品，更何况一般的凡夫俗子！明白了这一点，才能正确理解福楼拜为什么会说：修改是天才的标志。所以，凡是接触过名家手迹的人，看到他们在修改上所付出的艰巨劳动，莫不为之折服。无怪宋人何薳在研究了白居易、欧阳修、苏东坡等大作家的手稿后，感叹道：“又知虽大手笔，不以一时笔快为定，而惮于屡改也。”①

为什么写文章不能“笔到功成”，而必须“屡改”呢？从根本上讲，这是由于精神生产的特殊性所决定的。文章是客观事物与主观认识的统一。作者在写作过程中，必然要受到两个方面的制约：一是受制于认识过程的反复性。客观事物总是处在不断的变化与复杂的联系之中，要正确认识一个事物，往往需要不断观察、不断研究，才能由表及里、由浅入深，不可能“一眼看穿”。认识过程的这种反复性，决定了写作过程难以“一次完成”，因而多一次修改，就多一次再认识。二是受制于表现形式的多样性。要表现一个事物，可以信手拈来许多“大致”“差不多”的表达方法和语言材料，就是说，同一内容有着多种不同的表现形式。要从中挑选出最佳的表达方法和语言材料，就得反复比较，反复锤炼，否则难以“一语破的”。表现形式的多样性，决定了写作难以“一挥而就”，因而多一次修改，就多一次选择。由此可见，伴随着写作过程的不断修改，实质上就是对客观事物的反复认识，对表现形式的反复抉择，这完全符合辩证唯物论的认识论。

初稿完毕，一般应当马上动手，从头改到尾，尤其是当场限时作文，更应如此。但是，刚完成的作品，修改起来往往有一定的局限性。读自己的初稿，就像妈妈欣赏初生的婴儿，处处顺眼、顺心，看不出缺点、毛病。要修改自己的文章，如同用刀斧砍自身的把柄，无从下手。怎样解决这个难题？从根本上说，应由提高自己的鉴赏能力入手。就具体做法而言，如若不是当场限时作文或急着用稿，可以“延时评改”。“延时评改”可以采用“冷却加工”和“加热处理”的方法。

“冷却加工”，就像鲁迅在《致叶紫》中说过的那样：等到成后，搁它几天，然后再来复看，删去若干，改换几字。清人唐彪也说：“古人虽云文章多做疵病不待人指摘而能自知之，然当其甫做就时，疵病亦不能自见，惟过数

① 何薳撰，张明华点校：《春渚纪闻·作文不惮屡改》，中华书局 1983 年版，第 102 页。

月始能知之。若使当时即知，则亦不下笔也。故当时能确见当改则改之，不然且置之，俟迟数月，取出一观，妍丑了然于心，改之自易，亦惟斯时改之使确耳。”他进一步解释说：“文章初脱稿时，弊病多不自觉，过数月后始能改窜，其何故也？凡人作文心思一时多不能遍到，过数月之后遗漏之义始能见及，故易改也。又当其时执着此意，即不能转改他意，异时心意虚平，无所执着前日所作，有未是处俱能辨之，所以易改。故欲文之佳者，脱稿时固宜推敲，后此尤不可不修饰润色也。”① 这是因为，刚停笔时，作者的思路、情绪还没有完全从文章里超脱出来，有可能一时难以确切地评判文章的成败、长短。搁它一阵，暂别管它，不妨重去深入了解文章所反映的生活，查找有关的材料，阅读同类型、同题材的作品，然后思索有关的问题，这样，感情冷却下来，认识深入一层，再看原稿，就容易发现不满意、需修改的地方。《夏伯阳》的作者富曼诺夫曾说：写一部短篇小说要快，而送出去付印要慢。短篇小说像酒一样：收藏得愈久愈好。只是有一点区别：酒不能动，不能老打开；而短篇小说却时时得抚弄，看一看，摸一摸——相信吧，每一回你都会发现缺点的。

“加热处理”，就是广泛征求读者的意见，请他们挑毛病。各种不同的意见、反应，有利于启发作者站在读者的立场上客观地评价文章。征询意见的对象，既可以是熟悉文章内容和懂得写作技巧的行家，也可以有意识地听听外行的反应，前者的真知灼见并不能替代后者的真情实感。果戈理就曾把《死魂灵》的某些章节读给一个对文学一窍不通甚至抱有成见的大官吏听。果戈理解释说：我是根据我的著作对不大读小说的人所产生的印象来判断它们的价值的。如果他们发笑了，那就是说真正可笑。如果他们被感动了，那就是说真正感人。因为他们坐下来听我朗读的时候，是绝对不准备发笑，不准备受感动，不准备赞美的。

许多经典作家还专门叮嘱不要把手稿交给别人誊抄，因为，最后一遍抄写，绝不是一件纯技术性的工作，而是最后的润色。马克思曾这样描述自己誊抄手稿时的心情：……经过这许多产痛后，我自然享受舐净这孩子的愉快。

---

① 唐彪：《读书作文谱》卷五，大文堂刻本。

六　语文成绩：言语生命成长的证明

语文成绩“一纸定音”的历史，应该在不久的将来打上句号。语文成绩，应是言语综合素养的体现，是人的身心发展和言语生命成长的证明。轻率地评价不如不评价。

关于作文的评价，叶圣陶先生有一篇随笔：

作文与做人①

品德教育重在实做，不在于能说会道。

譬如去年高考作文题是《先天下之忧而忧，后天下之乐而乐》，要是有一位考生写得头头是道，有理论、有发挥，准能得高分。但是当他离开考场，挤上公共汽车，就抢着靠窗坐下，明明有一位白发老太太提着菜筐挤在他膝前，他只当没瞧见。你说这位考生的作文卷子该不该得高分数？依我看，莫说高分数，我一分也不给。他连给老太太让个座的起码的好习惯都没养成，还有资格谈什么“先天下之忧而忧，后天下之乐而乐”吗？

也许有人会说，你太认真了，那是作文，那是考试。对，是考试，在公共汽车上不给老太太让座，这才是真正的考试，他一分也得不到。

文当然是要做的，但是要紧的在乎做人。

叶老在文中主要讲的是作好文，要紧的是先做好人，是人格为先的意思。评价文章的优劣跟评价做人的优劣联系起来——这样的评价，固然在现实中有较大的难度，但其合理性是不言而喻的。由此想开去，这也表明了对学生作文的评价，是不能由一篇考试作文来决定的。

评价方式主要有两种，一种是终结性评价，就是在学业完成时通过一次考试来给出成绩。现行的教育考试制度基本上是采取这种评价方式，即所谓“一考定乾坤”“一考定终生”。这种评价的弊病，是通过一次带有极大偶然性或片面性的考试，来对学生的学习和发展进行全面的确定性的评判，其客观

① 叶圣陶：《作文与做人》，载《中国青年报》1983 年 1 月 4 日。

性自然是值得怀疑的。另一种是形成性评价，就是将学生多方面的学习情况纳入整体的评价系统中进行综合评价。这种评价，关注学生在学习过程中的表现，关注其在本课程领域中的整体性的成长与发展，也包括对其所做的终结性的考察情况的评定，由上述多方面的因素构成一个相对合理的分数比例，形成总的成绩。由于形成性评价考虑到学生多方面写作情况，较之于一次性的考察，偶然性、片面性自然就低了很多。更重要的是，对写作来说，只有形成性评价才能反映出学生情意方面（非智力因素）的发展水平，这对学生写作的发展是至关重要的，而这是无法通过一篇文章考查出来的。——考生是否给老太太让座，是否真有“先天下之忧而忧，后天下之乐而乐”的境界，这在作文中是未必能看得出来的。

写作的形成性评价可以包括这几个方面：

1. 平时作业。一般一个学期写作的作业有 5～7 次左右（包括大小作文），也可以少做多改，如果是较大型的综合性、研究性的言语活动，一次就够了。平时作业的评价包括作业完成的情况，作业中反映出的思想境界与整体的写作能力等。

2. 学习态度。包括作业是否按时完成，完成的认真程度，课外的练笔情况，参与讨论与课堂发言的情况，对自己写作实践的反思，在写作上是否有追求、有理想等。

3. 重要的写作实践活动。如调查报告的写作，新闻报道的写作等。

4. 期末考试。卷面完成的情况。

5. 发表文章。向报刊投稿及发表文章的情况。学期末请学生将发表的文章（校内外各级各种刊物发表的均可）交来，视质量适当加分，可一直加到满分。

成绩评定采用结构式评分的方式，以下分数的比例供参考：

第一学期：平时作业 20%，学生互评 20%，期末考试 60%。

第二学期：平时作业 20%，大型写作综合实践活动 20%，学生互评 20%，期末考试 40%。

注：①学生在校内刊物每发表一篇文章，奖励 1～3 分；在校外刊物（正式出版物）每发表一篇文章，奖励 5～10 分。②作业缺交一次，扣 5 分。

写作分数的评定，既要看写作卷面上的实际文字水平，还要看学生在写作上的潜力与发展，看他们的写作人格与个性的发展水平，从长远来看，后者比前者还要重要。

分数的评定，是对学生学习情况的认定，在教学活动中，也是一种最直接的、最重要的激励手段。任何学习都需要激励，由于写作学习是极为艰难的，其历程又相当漫长，所以写作学习是尤其需要激励的。在教学情境下，对学生学习的激励主要有四个方面：

1. 对学生作文的每一点进步加以赞扬。有的教师甚至对低水平的作文也给予赞扬，认为越是低水平的作文越是不能轻率批评，经过多次的鼓励之后，可望有“奇迹”发生。在这种情况下，有的原本作文很差的学生居然出现了“顿悟”，作文有了明显的长进，从此热爱上了作文。是否有这种“奇迹”的出现，这种“奇迹”的出现是否有普遍性，因未经科学的论证，不敢妄言，但有一点是可以肯定的，这就是如果对差生只是一味地批评或贬斥，是绝不会有“奇迹”出现的。在作文的评价上，得注意在一般情况下不要打低分，尤其是不应连续地打低分，不要让学生屡遭败绩，一蹶不振。几次的低分，可能会使一个学生写作上的发展化为泡影。差生是最需要表扬与鼓励的，在这一点上，写作评价比其他学科有着天然的优势，因为写作的评价是最具主观性的，教师完全可以利用分数“杠杆”来调动学生学习积极性。当然，在一些重要考试中这一权力不应用得过度，否则会有损于评价的公正性。

对学生的评价以赞扬和鼓励为主，这对小学生和初中生尤其要注意。随着年龄的增长，含有“水分”的表扬会失去功效，教师更多地要着眼于对学生内在的写作动机的激励，培养他们对写作的发自内心的向往与执着。对于大学生来说，虽然也需要鼓励，但他们更希望能听到教师中肯的分析和评判。此外，也有个因材施教的问题。如前所述，对差生要给予更多的鼓励，当他们对写作有了较浓厚的兴趣、有了较稳定的进步之后，就不应只表扬不批评，有时可以作适当的批评，不指出问题就难以有进一步的提高。对优生的写作热情也需要爱护，但是，优生往往会因为觉得自己写作水平高，对写作作业取敷衍应付的态度，写出来的文章马虎草率，这就要及时地给予严厉批评，决不能姑息。在必要的时候给个低分能使之清醒。

2. 创造条件，使文章得以发表。写作学习的目的就是要进行文字的交流，因此社会的接受与承认就显得十分重要。一个人在长期的、艰难的写作学习过程中，从未发表过一篇文章，而能维持着对写作的强烈兴趣与高昂热情，是不可想象的。在这一过程中，如果他的作品得以正式发表，哪怕是一篇登在“报屁股”上的“豆腐干”文章，对作者来说，所带来的欣喜与由此产生的写作冲动，都是难以估量的。从某种意义上说，未经过读者阅读的文章还只能算是半成品，一个完整的写作活动还没有结束，只有当文章得以发表，获得了读者的反馈，或肯定或批评，作者通过对读者意见的思考与对自己作品的反思，加深了对写作的认识，这才可以说是一个完整的写作活动的终结。因此，以往的写作训练，其实基本上都是“半拉子”训练，写完拉倒。尽管有教师的反馈意见（许多教师连意见也没有，甚至连看都没看），但教师往往只代表教材观念与要求，并不能代表真正多元化的、多层面的读者意见。因此，即便仅仅是为了弥补教学的缺陷，教师也要把学生往发表文章上引导，要求他们写作的每一篇文章都要有“假想的读者”，都要争取发表。

随之而来的问题是没有那么多发表文章的机会与可能，怎么办？教师就得努力为学生创造发表文章的机会与条件。其实这不是不能办到的。在校内，可以办班刊、校刊、文学社刊，文学社团（说是文学社团，当然是不应局限于“文学”，应包括一切的写作，这里只是沿用习惯的名称）活动一定要抓起来，使学生有一种荣誉感与自豪感。在一个为“创作”而积极进取的集体中，在青春的生命激情相互激荡中，在教师精心指导和殷切关怀下，使尽可能多的学生激扬起创作热情与自我实现豪情，往言语人生的道路上奋进。——只要形成了这样的氛围，有了言语表现的动力与激情，校内发表园地靠学生自己惨淡经营也能办得很出彩。当然，还是离不开教师的呵护与支持，尤其是在学生作品真正成熟与公开发表上，教师要做的事很多。对于学生基础较好的作品，教师要善于发现，及时地给予指导并帮助他们修改，修改好以后还要尽力推荐给合适的刊物，这可能要花费许多时间和精力。作为一个语文教师，这无疑是责无旁贷的。教师从中感受到的欣慰与幸福也是无可言喻的，因为，你对学生所做的这一切，将对他们的成长历程以至人生道路的抉择产生重要的影响，他们将终生铭记！还有什么比这更值得去做呢？

3. 教师对学生学习情况作客观评价。这包括两个方面。一是对文章的评价，一是对成绩的评定。如何对文章进行评价，前文已作详述。对成绩的评定，应体现对平时文章的评价与对学生所发表的文章的奖励等。一般来说，平时作业以鼓励为主，成绩可适当放宽些，有利于调动学生的学习积极性。但是，对于学习态度上存在的问题，如作业拖欠或不交，敷衍塞责，写得潦草粗糙等，应严厉批评，在评分上不应宽容。这不是写作文字能力问题，而是写作意识、精神、人格、品质修养等的问题。这方面问题，比起文字问题还要严重。如果在写作上缺乏应有的认真、刻苦、执着与耐性，缺乏对写作的责任感与对读者基本的尊重，那是无论如何也学不好写作的。期末成绩的评定，为了能对学生的成长进行客观评价，应作形成性的结构式评分。如前所述，期末成绩可由几部分构成：平时作业、学习态度、写作实践活动、发表文章和期末考查。这五个方面构成了对学生写作学习总的激励机制。这五个方面对于学生写作发展水平的认定，都是不可或缺的。

4. 学生互评。这是一个非常有意义的评价，真正体现了“学生本位”的教学，让学生真正成为言语学习的主人。由于在写作教学中有很多的互动，在小组讨论、大组发言中，在学生提交讨论的作品中，在平时课余的写作学习中，学生相互间的观察和了解，甚至比教师的观察和了解还要多，因此，他们应该在成绩的评价上拥有发言权。学生互评，可以采取小组评分的方式。比如，一个小组有 10 个同学，每个同学都应对包括自己在内的 10 人打分（打分者无记名），交组长统计，采用去掉一个最高分和一个最低分后取平均分的方法。实践表明，学生打出的分数大体上还是较为客观的。这对于促进学生积极参与教学，激发他们的自我言语表现欲，能收到较好的效果。

平时作业在总成绩的评定中不宜占太大的比重。平时作业以往大多没有进入期末总成绩，这就造成学生对平时的教学与练习掉以轻心，反正作业做得怎样无关紧要，只要等期末对付个考试就行了。这种心态必定会削弱教学效果，能充分利用分数的激励作用来提高教学效果何乐而不为呢？但是占的比重不宜太大，这是因为平时作业是练习性的，一般来说，学生在听了课之后也许会有些明白，有点领悟，但不可能“顿悟”“彻悟”，作了一次作业还很难立竿见影。学习是一个累积渐进的过程，往往是在按要求做了作业以后，经过教师及同学们的评议，经过自己的揣摩和思考，才有进步。有时，第一次、第二次对自己作业的领悟，在第三次的作业甚至到期末考试上才体现出来，所以，在期末成绩评定上对学生作业的表现应加以考虑，但在总成绩中只能占 20%左右。也不能再低，过低了，就起不到激励作用。

学习态度如前所说是应该给予严重关切的。除了要考查学生完成作业的态度、学生的写作情意因素外，还应注意学生的课堂参与情况。因为课堂的参与，对于学生对教学内容的理解与写作悟性的提高至关重要。每个学生都有课堂发言、答辩、讨论和主持讨论、汇报讨论等的机会，在这些方面表现得怎样，在总成绩中也是不应忽略的。这对于提高学生的课堂参与的积极性与主动性有一定的激励作用。

写作实践活动是一次较大型的写作练习，带有一定的综合性，这可以根据各校的具体情况进行安排。可以一个学期安排一次，也可以两个学期即一个学年安排一次。这是对一个学期或一个学年学习情况的检验，所以是一次较为重要的写作练习。在高校，一次写作实践活动可安排 3～4 周时间，如进行社会调查报告的写作，可以一周对写作实践活动作布置、提要求、讲授相关知识等，一周做选题、资料、问卷等的准备，一周（所有的课程停课一周）进行调查采访及写作，一周做总结。如此大型的写作实践活动，所考察的学生实践能力是多方面的，学生投入的精力与时间不一样，写作态度也不一样，写出来的调查报告水平自然也是参差不齐的，但学生总体上反映收获很大。像这样的“大投入”“大制作”，不引入竞争机制，不利用成绩进行激励，不体现在总成绩中并在总成绩中不占较大的比重，是对努力参与写作实践、写作实践能力强的同学的不公平。

文章的发表，既然对学生写作的发展至关重要，就应对发表的文章不吝加分。这方面的要求也可以放宽些，重要的是激励学生往发表上下功夫，强化学生的发表意识，增强写作上发展的信念，把学生往写作的自我实现上引导。因此，小到班刊，大到公开出版物，凡发表的文章都要给予奖励。如果写作教学从一开始就不断地强化学生的发表欲，这对于他们写作上的成材必将大有助益。当然，在这一点上，同样需要注意的是对学生功利心态的疏导，不致养成急功近利的浮躁性格，得把他们往加强内在修养与学养的路上引，往超功利的完善自我、建构精神家园上引，往追求高尚纯美的写作人生、诗意人生上引。

期末考试仍然是重要的。尽管它占的比重不大，这毕竟是对学生最后的学业完成情况的检验，是一种终结性的评价。教师应注意选择对学生写作能力考核的重点，不必面面俱到，应着重在言语创新的某一方面提出要求，使学生有最好的发挥与上佳的表现。应鼓励创新与个性，创新意识强的与个性鲜明的，尽管可能有这样或那样的不足，也可以打高分；四平八稳的平庸之作，成绩自然也只能是平平。这在一定程度上为学生进一步的努力与提高指明了路径。由于期末考试成绩比重的降低，这必然会淡化应试心理，返璞归真，使学生获得较大的学习自主权，真正从提高写作素养上进行自我修炼，注重学习的过程，注重每一个环节的教学内容和要求，重视每一次的写作练习和其他教学活动，重视自我写作情意修养的提高，从而拥有学习上的自觉与自由。

因此，形成性的结构式的评价，既是对学生的学习过程、成长过程的注重，也是对学生学习规律与个性特点的遵循。因而，它体现了语文素养教育的精神。

也许我们会觉得形成性的结构式评价只适用于学期或学年的评价，不适合于升学评价，如高考就很难做到。其实，也不是不可以，如美国大学的入学考试，对学生写作能力检测就不是“一锤定音”，有四个参照因素：提交的作文、SAT－Ⅱ的写作考分、高中的英语平时成绩、面谈的效果。根据这四个方面的情况做出的评价，就较为客观、公正。

七　让学生感受安适、温情和尊严

在一切的教育环节中，测评应是最需要人文关怀的。

测评不应把学生当作敌人，专出些刁、怪、偏、难的题目，必欲置其于死地而后快。测评，要使学生感到自己是受尊重的，有尊严的，自己的能力能得到最佳的发挥，是一个展示自己才华的机会。这样的测评，自然应有关切、宽松的环境，舒畅、平淡的心境，充满人性化的教育文化氛围。长期以来，语文高考试题是最不人道的，似乎不把学生“绕”晕过去，不考得人仰马翻、死去活来就体现不出命题水平。这种坑人、害人的考试观念应彻底改变。

在教学评价改革上，不论是从观念还是从实践上看，近年已有很大进步。报刊上有些消息是令人鼓舞的，很值得我们参考借鉴。例如浙江大学的考试就发生了极大变化。从观念上说，浙江大学教师认为：“一个好的老师，就是要让学生把学一学期考两小时变成考两周、考两个月，变成天天在考，这样‘考’出来的学生，学得最扎实，也不会怕‘考试’。”“考试不仅要关注学生知识的掌握程度及技能的高低，更应关注学生学习的过程、情感、态度等，应强调培养学生的学习兴趣和感情，培养学生学习的能力。”“课程教学的目的是为了培养学生的科研能力、思考能力和工作能力，考试只是其中的一个环节。”小团队论文写作的考核模式不仅锻炼了学生主动学习、搜索学习、思考学习的能力，更重要的是培养了学生的科研自信心。“二者正是高水平大学人才培养的关键。”他们为实现“教”“学”“考”的互融，按一定比例设计了“面试免考试”“设计代考试”“自行命题考试”等考试方法，让学生在学习过程中就开始运用知识，又在运用中使知识的掌握得到深化。为达到考试方式多样化和考试内容的多元化，采用大型作业、口试、撰写小论文等方法进行考核；有的在开学之初就告诉学生题目，让学生有目的地学习；有的允许学生考试时携带参考资料，但要求必须是自己亲手摘抄整理的；还有采用面试加论文方式的。关于成绩的评定，有的采用20％的课堂讨论分、50％的论文和口试答辩分、30％的平时作业分，三者构成了总体评价。在开学初就督促学生关注本专业的热点，收集材料，根据兴趣自行选题、自行组合研究小组，在课程结束时完成研究报告，并在班级中公开讨论答辩。① 这种将考试和学习紧密结合，融为一体，注重培养学生学习的主动性和实践能力的尝试，极大地调动了学生的学习积极性，提高了学生的学习和科研水平。

今年清华大学本科生自主招生也亮出了新招。该校启用“网络评价”——“基于网络环境的创新人才评价和选拔系统”。主要是通过举行多次学术周，邀请大学教授在网上与学生互动，学生通过提交网上讨论、小论文和英语对话录音等形式参与。学校希望通过这一过程，发现学生的潜能和闪光点，对学生的创新能力、知识结构等素质进行过程性评价。在清华云舟网络教育实验室开发的网络评价系统中，有一份“黄小谊同学的网络评价档案”，北京大学教授、著名作家曹文轩给了她这样的“网络评价”：《风的愿望》以象征的手法阐述对爱情的理解。《鲈鱼的眼睛》想象奇特，超现实里有一种比现实更真实的深度，有特立独行的诗意的一面。对生活的理解不俗，对文学的看法也颇有见地。因此，学术周讨论和在线测试授予金星 2 颗，作文评价授予金星 3 颗，总评为 3 颗金星。“学习作业和获得评价信息”是黄小谊的“学习”成绩，分别是她在人文素质评价区、科学研究性学习区、外教英语教学区、英语角和作文评价与风格识别区发帖的数量和受到的评价。最后，她在文学和人文素质方面得到了曹文轩教授的 3 颗金星、罗钢教授的 5 颗金星和钱理群教授的 4 颗金星的推荐，评价中展示出流利的英语口语，得

① 单冷、董碧水：《浙大：考试的脸在悄悄变》，载《中国青年报》2004 年 1 月14 日。

到了清华大学外语系程慕胜教授一颗金星的推荐。黄小谊同学的网络评价档案还显示了她的作文风格识别指数真实可信，以及在学生网络互评中得到了大家的一致信赖，没有任何诚信问题。因此，在清华大学招生办公室的自主招生选拔中脱颖而出。

包括黄小谊同学在内，在2004年清华大学自主招生中，10名曾在网络评价中被多名教授推荐认可的同学直接获得了参加自主招生复试的资格。清华大学还将继续扩大网络评价在自主招生中的应用范围，将在全国200多所重点中学试点。①

这是一个极其有意义的、令人鼓舞的评价改革，向着素养测评、人性化测评迈出了一大步。所考察的既包括学生实际能力，也包含了学生的人文素养；同时这种考察还是多方面的、形成性的，反映了一个人健康成长的方方面面，体现出了较高的信度和效度。其实，这种网络评价在一般有网络条件的学校都可以采用，不限于高校招生选拔人才。选拔也应不限于少数优秀学生，可以面对全体学生。学生个人没有条件上网的，可以借用学校的设备，将自己的学习情况提交给有关的教师，进行交流、评价。这样，自然就打破了一纸考卷衡量学生成绩的局面，尤其是有利于打破语文高考高分低能的状况，鼓励学生言语才能个性化发展。

在中小学课改中，也出现了许多有价值的考试改革探索。如上海市中小学生期末考试就显得十分人性化，极大地淡化了考试的严酷性，消解了考试压力，使考试也能感受到愉悦和温情。在具体做法上，我们看到在一张考卷中出现了难易程度不同的几组试题，学生可以进行“选择性考试”；考试不再是一张冰冷的试卷，学生可以在游戏中“边玩边考”。曹杨第二中学学生可以根据自己的学习情况，选择难易程度不同的“综合卷”或“基础卷”参加“分层考试”。每个学生期末考试拥有两次机会，如果学生对自己的考试成绩不满意，可以申请重考，最后成绩以两次考试最高分为准。用“过程评价”代替“分数评价”，也是上海市中小学期末考试的一大亮点。很多中学低年级学生只需“检测”语、数、外三门功课，历史、地理、生物等学科全部“免考”。“免考”科目的成绩看平时的学习态度、作业表现。学生作业大多是根据兴趣自主完成的小论文：“世博会，我们能做些什么？”“澳门：中西文化的

---

① 刘万永：《清华推出“网络评价”有望改变高考一考定终生》，载《中国青年报》2004年6月22日。

交汇地”……“动笔又动口”代替“一张卷子一支笔”，也越来越成为上海中小学校主要的考试形式。闸北区第一中心小学五年级语文考试，占总分40％的题目是口试，口试的题目有：“介绍一条自己最关注的新闻”“简介自己最近看过的一部世界名著”。上海师专附小一年级小朋友期末考试更像是做“游戏”。考场被装扮成花花绿绿的“智慧超市”，“数学试区”摆放着电脑，考核学生的是一个看图摆序的电脑游戏；“语文试区”，让学生在“说词”“读句”“背诗”“读儿歌”和“说话”5个试题中选题。上海市教委的有关负责人说：“考试应渐渐成为学生展示自我、收获自信的教育行为。基础教育的考试，更是要帮助孩子树立学习信心，培养学习兴趣。随着上海市中小学课程改革的推进，考试将改变往日‘冷酷面目’，成为孩子热爱学习的‘催化剂’。”① 这些考试改革表明教师改变了与学生为敌的旧观念，考试不再可怕，相反，变得有点可亲、可乐，更加关注学生的心理感受和人格成长，体现了教育的人文关怀。这无疑是代表着考试改革的方向。

人性化的测评，在中国还有很长的路要走。比如，为什么高考作文只出一道，而不能出多道让学生来选择，使多数学生能找到自己喜欢的题目呢？一定会有很多人说别添乱了，语文考试写作出一道题，历来如此。出一道题，阅卷就已经很难统一标准了，出多道题怎么评卷？其实这就是教师本位的思考，单从教师阅卷方便考虑，而不考虑学生的准备状况和个性特点，不考虑要是有些学生恰巧平时对这个题目没什么兴趣，没有相关积累。学生写不出来只好硬写，写“砸”了怎么办？高考不比平时的考试，考得不好会影响人一生。写作分数一丢就是几十分，写得好不好，很可能会决定学生是考上还是落选，或者是上重点院校还是上专科、高职。这里就存在一个观念问题，选拔性考试不应该搞得剑拔弩张。

看了法国高考试卷就使我感触良多。前面我说过，法国高考文科、经济科、理科是根据学科的特点分别命题的，而且，各科的命题不是一道而是多道。这才是学生本位的思考。不同专业的考生准备状况势必是不一样的，平时他们关注的东西有差异，出的题目要切合他们的特点，这才能考出水平来。同一专业的考生也有不同的个人兴趣和爱好，三道题，自然比一道题选择空间大，学生能发挥好的概率也就高。我们不可能为每一个学生命题，但是，

① 刘丹：《上海中小学生期末考试寄考于乐》，载《中国青年报》2004年1月14日。

我们能尽力替他们设身处地地考虑。即便是高考，同样不是为了把学生考倒，而是要让他们能考好。大家都考得好，都把自己的才华展示出来了，仍然可以从好中选优。比起只出一道题，有些人刚巧撞上了，感觉良好；有些人对这道题毫无兴趣，不情不愿硬写，写得大失水准——显然，让大家都有话说，都能发挥出最佳的水平，更能体现公平、公正的竞争原则。

美国大学入学考试也是这样，甚至还更加开放、自由。许多美国大学要求学生交一到两篇开卷作文。普林斯顿要得多些，一共是四篇。在要求提交作文的大学中，绝大部分是命题或者规定内容或主题的作文。有些学校则不强求作文的形式和内容，任意交一篇即可。

这些“高考”作文题更是五花八门、千奇百怪。芝加哥大学在申请表上一口气列了五个作文题，让申请者任选一题，写一篇一两页纸的作文。有一篇的题目是：“你感觉到星期三怎么样？”并提示道：“这是你告诉我们关于你自己、你的鉴赏力、你的抱负的一个机会。每一题都可以用完全真实或者完全虚构或者兼而有之的方式写作——这是你自己的选择。消遣、分析（不要痛苦地挣扎）、创造、写作——让我们听一听你感兴趣的事情，听一听你的心声。”

美国大学出的作文题都好写，又都不好写。正因为好写，反而不容易写好。更特别的是，每一道作文题都有一个设计者，而这些设计者又都是去年申请芝加哥大学的学生。就是说，每一年的作文题都是从上一届申请者中征集的。新生发榜不到两周，学校就给他们发信，要求他们参加为明年的新生出作文题的“有奖征集作文题”活动。

西北大学的作文出题方式也一样，征集来的作文题很有意思。如：

谁是你们这代的代言人？他或她传达了什么信息？你同意吗？为什么？

有个理论认为：伟大的领袖人物都是由他们所处的具体的时代创造产生的。照你的看法，伟大人物的产生，是由于所处的环境？还是由于个人的特质？试举出一位人物来支持你的观点。

在愚蠢的错误和聪明的失误之间总是存在着重大的不同。请说一说你的一个聪明的失误，并且解释它怎么给你或他人带来益处。

除了列出作文题外，还出了一系列短文题目让学生回答：

创造一个能代表你的人生的首字母的缩写。这个首字母的缩写是什么呢？它又表示什么？

想象你是某两个著名人物的后代。谁是你的父母呢？他们将什么素质传给了你？

开车进芝加哥市区，从肯尼迪高速公路上，能看到一个表现著名的芝加哥特征的建筑物壁饰。如果你可以在这座建筑物的墙上画任何东西，你将画什么？为什么？

普林斯顿大学的作文试题，所设计的四个问题就像一次特殊的面谈，既轻松自然，又很有深度和代表性。

你认为什么思想、发明、发现或创造到目前为止对你的人生产生了最大的影响。请简要说明。

假如你得到一年的时间为别人提供自己的服务，你将选择干什么？为什么？

什么是你曾经不得不做出的最困难的决定？你是怎么做出的？

直至你目前的生活，你的什么具体的成功给了你最大的满足？

各大学的作文题有一个共同点，就是基本看不出出题者的倾向和喜好，基本没有对错之分，给作者留下了巨大的想象和发挥的空间，让人读了之后，有一种写作的冲动。

他们似乎不把作文命题看成什么了不得的大事。文题有的是一年一换，如前面说的上一届学生为下一届学生出题；有的干脆一劳永逸，一套题数年不换。像一些名牌大学普林斯顿、哈佛、耶鲁就是如此。同时，这些作文又都是开卷的（在自己家里写好了提交给学校），让你有足够的时间去准备。①

这样做似乎不够“严肃”，这么重要的考试万一有人作弊怎么办？这里就表现了一种对学生的信赖。同时，前面我们已经说了，他们对学生写作能力的评价是由四个部分构成的，是综合起来看的。如果你提交的作文写得非常漂亮，但你的SAT－Ⅱ的写作成绩并不好，这会使人产生疑点。但有些人确实不善于考试、不善于写闭卷作文，不能仅凭SAT－Ⅱ的写作成绩不好给人“定罪”。于是招生办就要看第三个参照因素——你的英文平时成绩。如果你高中的英语成绩不怎么样，这个疑点就越来越大。若招生办对你的作文产生很大疑问，还可以通过面谈看一看你的“庐山真面目”。

---

① 有关美国高等学校入学考试作文方面的内容，参见［美］黄全愈：《近看美国高考》（下），载《中国青年报》2003年10月15日。

测评最重要的是公平，不是对部分学生有利，对其他学生不利，或少数学生能发挥出水平，多数学生则不能，应让所有的学生都能发挥得最好。以往语文考试考出来的结果是高分低能，就显失公平。因为它考的是大量的无效题，是伪能力，一部分认真对付考题的学生受益，而真正注重提高语文素养的学生受损，分数不能体现他们的语文素养，使他们学习语文的信心受打击，使他们厌弃语文教学。这就是非人性化的考试对学生的压迫、摧残，是语文测试、语文教育的最大失败。

教育部推动的2004年高考语文改革，多省市可自行命题，我们看到了有的省市在命题人性化上所做出的努力。其中最值得品味和思考的是福建省的作文题：

> 选择下面所列的一个人物或文学形象作为话题，自选角度，写一篇不少于800字的作文。
>
> 人　　物：孔子　苏轼　曾国藩　鲁迅　史蒂芬·霍金
>
> 文学形象：曹操　宋江　薛宝钗　冬妮娅　桑提亚哥
>
> ［注意］①题目自拟。　②立意自定。　③文体自选。　④不得抄袭。

网上嘉宾点评说："这是一道别出心裁的作文题，很符合推动语文教学改革的宗旨。这就是把作文与读书紧紧结合起来。通过考作文来反映学生读书的情况。高考前，有的教师要求同学们熟读一本书，熟悉一个人，看来是很有道理的。孔子、苏轼、曾国藩、鲁迅、薛宝钗、霍金等等，只要你能平时多读书，有自己的见解，不要把自己的视野完全束缚在课内，那么，一定能写出很有个人见解的好文章。这是一个导向，很好的导向。我们为这道题目叫好。"① 这些评价是不无道理的。但是，在我看来，最重要的还是命题的人性化，即对所有的学生都是公平、公正的：命题的开放和立意的敞开，没有审题障碍，一看就懂，无须在考试的焦灼中对着复杂刁钻的作文题绞尽脑汁。每一个学生都知道自己写什么话题能发挥得最好，不论是水平高的学生还是低的学生，都能畅所欲言，发挥出自己最好的水平。书读得较少的学生，可以写鲁迅、苏轼、孔子等，因为教材里就有不少他们的诗或文，不至于无话可说；书读得多的可选择的空间就大了，每一个人物或文学形象，都可能作

---

① 参见《金羊网·新快报》。

为自己选择的话题。在“发展分”中特别鼓励立意的创新，没有观点的暗示和限制，新奇的观点，只要言之成理就成。这给中学教学提出了广泛读书、进行研究性学习的要求，与文本、古人、名人对话；提出了审美阅读的要求。这体现了课改的方向。

其他的作文命题，除了湖南（“家庭教育”，较宽松、自由，人人有话可说）外，大多不得要领，缺乏人文关怀，属“折腾”之列。比如全国卷：

某网站“4220聊天室”有这样一段谈话。

A：快乐的人生，也会有痛苦。有的人能直面挫折，化解痛苦；有的人却常常夸大挫折，放大痛苦。

B：是呀，有的人能把不小心打破一个鸡蛋，放大成失去一个养鸡场的痛苦。

C：考试失手，竞争失利，恋爱失败，亲友失和，面子失落，哪怕是其中的一点点，都是无法排解的痛苦啊！

请以“遭遇挫折和放大痛苦”为话题，自定立意，自选文体，自拟标题，写一篇不少于800字的文章。所写内容必须在话题范围之内。

学生读题就是一种不必要的折磨。像这样的题目，我就不知道从何下笔。为什么题目不是“化解痛苦和放大痛苦”，却是“遭遇挫折和放大痛苦”？只能写“放大痛苦”不能写“化解痛苦”？写“化解痛苦”就是“偏离题意”？立意上明摆着要考生写否定“放大痛苦”，“立意自定”岂不成了空话？——审题是一种伪能力，再也不要让学生在审题上遭遇挫折和痛苦了。广西的话题“快乐幸福与我们的思维方式”，居然从话题到形式，与“全国卷”如出一辙，真是怪了！

北京卷作文：以“包容”为题，写一篇文章。（〔要求〕“包容”有宽容、大度、不计较、有气量的意思，也有一并容纳、接受不同意见的意思。本题若只从其中一个方面写，也可以。）自己把考生该说什么、怎么说都说了，不就是要让所有的考生无话可说，让有思想的考生闭嘴？这是一道对优生不公平、不宽容的题目。

上海卷作文：“忙”——浮躁。联系以往的“面向大海”——大而无当、“杂”——喧嚣，真不知命题者追求什么，是怎样理解写作命题的，想要让考生怎样，文化含量太稀薄了。上海独立命题很有些年头了，语文试卷其他题目出得不错，有不少是值得我们学习的，唯独作文题没长进。

2004年其他地方高考作文题都不十分令人满意，不一一评述。

语文测试要使学生不再战战兢兢、如履薄冰，要让他们跃跃欲试、以求一逞；使每一个学生的言语才情都能得到最大限度的发挥，从内心深处萌动起“吾心向往之”的欢欣感、归属感，真正感受到母语教育给予的安适、温情和尊严——这难道不是语文教师和学生们共同的教育理想？

附录

命题观重构：从“写生活”到“写思想”

——2016年高考作文题反思与前瞻

高考指挥棒本质上是一种价值导向。由于“写作能力是语文素养的综合体现”，因此，高考作文题应是语文课程价值导向的集中体现。长期以来，局限于“写作系技能”的“工具性”的“语用”认知，“语用”目的是“应付生活（日常生活）”之需，“写生活”“贴近生活”，成为高考作文命题与写作教学的基本理念。“应付生活”的“语用”认知背后，是生存性的实利主义、工具主义哲学观、价值观，致使语文、写作教育日益技能化、功利化、俗滥化，与指向“立言”的终极关怀、人类情怀背道而驰、渐行渐远。

2016年高考作文命题仍以“关注现实生活”、检测“语用技能”立意。不是重在考查精神、思想、思维素养，在学养力、思想力、思辨性上不作具体要求，与检测言语动机、学识、思想、思维方法失联，存在性的言语价值观引领缺位。绝大部分作文题倾向于写学生日常生活体验，考查文字处理、应用、表达技能，以正确理解题意，符合文体规范，文字表达顺畅为基本评价标准，“写生活”的“语用”命题观之沉疴痼疾，彰显无遗。

围绕着“写生活”，全国九道作文题大致可分为以下几类：

一　贴近家庭生活：谁都有得写

命题意图：贴近学生的家庭教育（也可推广到学校、社会教育）。

以“全国卷一”为代表：漫画作文，讲的是家长对孩子成绩的态度及其产生的作用。该题用于经济较发达地区，是使用范围较大（九个省市区）、最受瞩目的。漫画、分数、奖惩，这几个关键词最能体现“写生活”命题观：低幼化、俚俗化、普适性。显然，这是以人人“有话可说”为命题准则。小学生、中学生可以写，专家、学者也可以写，童叟无欺、老少咸宜，谁都能说上几句，全民皆大欢喜。

窃以为高考作文不宜以漫画入题，因为这既不符合语文学科应检测“文字”理解的特点，也有悖写作立意应以真实、严谨的文字资料为依据的要求。漫画是艺术家主观、夸张的表现，是想象、虚构的，根据漫画立论、论证，是不严肃的，不具有说理性、说服力，只能算文字游戏。更重要的是，它将对学生思维方法产生误导：以为信手拈来、胡编乱造的“材料”，不加考订、辨伪，便可以信口开河。从治学意义上说，据漫画立论，与据谣言、假资料、道听途说立论，没什么实质上的差别，将导致不负责任的言论泛滥成灾。即便再好的漫画，都不宜作为高考作文题——小学低年级“看图说话”另当别论。

作文题违背了命题规律，考生却不能不写。题目中的漫画由两组因不同的考试成绩而受到奖惩的画面构成。两组画意思相反，每组内部两幅画的意思也相反。该漫画名为“奖惩之后”，主题词是“适得其反”。考生可提取以下论题或角度：“奖与罚”“奖惩的作用与反作用”“退步与进步”“自比与他比”“奖惩的辩证法”“奖则退，罚则进”“肯定与否定”“退步与进步”“胜不骄，败不馁”“终极性评价与发展性评价”“公平与不公平”“不公平中的公平”“公平中的不公平”“奖惩的尺度（标准）”“奖惩体制的检讨”“绝对与相对”“偶然与必然”“外因与内因”……只要能对漫画内容作合理引申，二者间对接巧妙、妥帖，都是可取的。

如果有的考生见到脸颊上的“巴掌印”，感同身受，不由自主写起“体罚”“家暴”之悲情与愤怒，责任要由漫画家、命题者来负，不应判离题。即便有学生从挨打后成绩提高了，写“家暴的好处”或“不打不成器”，也情有可原，因为这也是画面之意。

需特别指出的是，作文题中“家暴”以及“家暴”促进孩子提高成绩，该含义极为不妥，要引以为戒。固然“掌掴”象征“责罚”，但在高考试题中出现任何“暴力”意涵都是不适当的，会给施暴者以口实。命题者要有法律意识，要避免题意可能产生的负诱导。

二　贴近学校生活：谁都没法写

命题意图：贴近学校“语文学习生活”。

以“全国卷二”为代表：使用该卷多达12个省市区，是应用面最大的一份卷。要求学生讲语文学习心得：“……对于我们中学生来说，语文素养的提升主要有三条途径：课堂有效教学、课外大量阅读、社会生活实践。请根据材料，从自己语文学习的体会出发，比较上述三条途径，阐述你的看法和理由。”出发点还好，可惜该题出“偏”了，“偏”得离谱。

本来学校生活是学生最熟悉的，可写的材料最多，可偏偏所命之题让学生莫名其妙，无话可说。命题者一厢情愿地以为很贴近学生的学校语文学习生活，其实学生对该材料很陌生，谁都难写好。

原因在于：题目不是从学生立场命题。从理论上说培养语文素养确实存在这三条途径，可是在现实的语文教学实践中并不存在。就是说，学生并没能真切感受到这三条途径对自己学习语文的帮助。即便在经济发达省市区，这三者在语文教学中都没得到很好的体现：多数学校没有语文“课堂有效教学”（如果有，学生语文水平怎么会如此低下，他们怎么会如此痛恨、厌学语文?），“课外大量阅读、社会生活实践”这两个途径，几乎从没有在教学中受到重视、得以实施，如此，学生怎能有“体会”，怎能“比较上述三条途径”，谈自己的看法与理由？既没有相关经历，也没有思考过，要写的话只能瞎鼓捣。

这试题用来考语文教师也许比较合适，作为在职教师语文教育硕士入学考试作文题也还凑合，可让他们借此反省、检讨语文教育。

弄错了考试对象，没有站在学生立场考虑其可行性，命题之后也没有经过“试考”验证，这是不应该发生的命题失误。

三　贴近社会、时代生活：谁都凑合写

命题意图：贴近外部世界。

这类题目因其具有较强的社会性、时代感，往往备受褒扬。实际上不能

一概而论，即便写当下社会生活，也要做具体分析。

此类作文题有四道，占比最高，可视为今年主流题型。命题关注外部变化着的世界，然而，遗憾的是，与前一类作文题一样，“贴”而不“近”、有“言”无“思”，考生只能勉为其难说些言不由衷、浮皮潦草的话，想必大多是应景、拼凑、敷衍之作。

全国卷三：材料是说小羽规范茶叶市场，“将工艺流程公之于众，还牵头拟定了地方标准，由当地政府有关部门发布推行”，带领大家共同致富的故事。——由于大多数学生对企业、商业运作领域很陌生，不知道该不该“将工艺流程公之于众”，什么是“地方标准”，要如何制定，如何规范市场行为，写起来一定很“江湖”，左支右绌、错漏百出。这题目适合于考公务员。该题与“全国卷二”犯同样的错误，也是不看对象出题。全国卷三道作文题，总体上命题水平堪忧。

以下三道题比“全国卷三”略好。浙江卷：“……当虚拟世界里的‘虚拟’，越来越成为现实世界里的‘现实’，你是选择拥抱这个世界，还是可以远离他或者保持适当的距离?”上海卷：谈对“评价他人生活变得越来越常见”的看法。江苏卷：“……别人已说的我不必再说，别人无话可说处我也许有话要说。有时这是个性的彰显，有时则是创新意识的闪现。”这些题目提供的材料、内容，学生确实置身其中，也有切身感受，似乎好写点，但对于“两耳不闻窗外事”的他们来说，其实并不入心，谁也没有深思熟虑过，更不用说有什么研究。谁都可以凑合写，但只有肤浅感觉，写不出什么思想的精彩，纯粹应付考试而已。即便说得头头是道，也是泛泛之论、人云亦云，没什么价值，得利的是花言巧语的“长才”。对此，命题者应该要预见到。

这类“社会、时代生活”题，似乎很时尚、接地气，然而，即便学生与其贴得很近，很有话说，也不值得推崇。因为题目所接的“地气”，缺乏“以天下为己任”之“大气”，尽是鸡零狗碎、家长里短之“小气”。既无神采飞扬、锋芒毕露的滔滔宏论，也无悲悯苍生疾苦、心系万世太平的家国情怀、人类情怀，却有引向浅薄、无聊、庸常、琐屑之虞：叽叽喳喳、说三道四；一地鸡毛、不痛不痒。依我鄙见，这些题只配做茶室、咖啡厅谈资，不登大雅之堂。不是读书、问学、明理之人该做之题。显然，这对学生是庸俗化、小家子气的调教。这些题集中产生在江浙、上海，是一个蛮有意思的文化现象。

四　贴近精神生活：谁都值得写

命题意图：贴近精神世界、内心体验。

这类作文题较前面“社会、时代生活”类，更为“切己”。它是本质上的“切己”——“贴心”，触及学生的心灵、理性。总体上说，此类题导向好，是四类题目中最值得倡导的。题目或多或少激发了对事物的深层思考，让有思想力、思辨力的学生得以施展、获益。隐约体现了“写思想”的萌芽。

此类卷以山东卷为代表。我所说的“谁都值得写”，主要指的便是山东卷。以下三卷命题水平参差不齐：山东卷最佳，天津卷尚好，北京卷较差。

山东卷：“行囊已经备好，开始一段新的旅程。路途漫漫，翻检行囊会发现，有的东西很快用到了，有的暂时用不上，有的想用而未曾准备，有的会一直伴随我们走向远方……”这涉及人生需要什么，不需要什么，要准备什么，什么是眼前要用而没有准备好的，什么是能陪您走到最后的，终身受用的，什么是有用、无用、无用之用……固然不那么感性，与现实生活、日常应用有点脱节，论题有点抽象、玄虚，不少学生此前未思考过，未必能写好，却是不容置疑的好题目。因为它引导学生思考人生、审视价值，关注“无用之用”。探索人生观、价值观、世界观，是高中生写作应有的导向。从语文、写作学习的价值引领看，该题堪称今年最佳作文题。尽管与基于学养、学问的“写思想”还有距离，也算没有辱没邹鲁文化之熏陶。

天津卷：“在阅读方式多元化的今天……在阅读方式的选择上不拘一格。请围绕自己的阅读方式，结合个人的体验和思考，谈谈‘我的青春阅读’。”要求学生谈论自己的青春阅读感悟，似乎与全国卷二“谈培养语文素养三条途径”相似，都是谈学习，其实不然，“全国卷二”的材料外在于学生，天津卷内在于学生，更贴近他们的内心世界、切身体验，有真情实感可说。我对其肯定，是因为对“青春阅读”的思考——反思，对人生影响深远。其优点：1. 引导思考如何正确地读书；2. 触及思考求知、做学问的方法；3. 要写好，需要有一定的学养准备。不足之处是被限制在谈论选择什么方式阅读上，这表明命题者格局、襟怀还太小，还缺乏引领“写思想”的自觉，说的只是个人阅读习惯、偏好，其意义就大打折扣。如能着眼于“青春阅读”该读些什么，如何促成人的心灵养育、成长，为言语人生、诗意人生奠基等，其价值就迥然不同。

北京卷：琳琅满目，让人眼花缭乱。大小作文并举，微写作“三选一”，大作文“二选一”，似乎很顾及“学生本位”，且注重检测全面语文素养，实际上不得要领，强加于人、霸气十足：“‘老腔’何以令人震撼”——你怎么知道考生被“老腔”震撼了，如果没被震撼，这作文还能写吗？你觉得“老腔”“酣畅淋漓”，别人则未必。你感觉到“老腔的魅力”，岂能要求也许并没感觉到其魅力的他人：“从老腔的魅力说开去”？“神奇的书签”，“要求：表现爱读书、读好书的主题……”——连主题都被设定了，没有立意自由，还写什么？关于读书的主题无穷多，为什么要统一在一个主题下说雷同的话？命题者在要让考生自主立意的常识上，存在明显失误。剥夺考生立意权利，迫使他们做无思想之文，甚不可取。本来不论谈“老腔”或谈“读书”，都可以写出独特体验、文化意蕴，可惜被糟蹋了。读这两道题感觉特压抑、悲哀。

五　结论：弘扬“立言”“明道”传统，以“写思想”为导向

纵观今年全部高考作文题，其“写生活”的“语用”导向鲜明。“写思想”的“立言”导向较为孱弱，基于学养、学识、学问的“写思想”的命题、写作自觉，还有待培育。从“写生活”向“写思想”转向，是今后高考写作命题改革与语文课改的方向与使命。

所谓“写生活”的作文题，是指要求写对某一生活现象的感觉、感想、感悟。作文的“立意”，是从命题者预设的材料中“猜意”“选意”。有的连这道手续也免了，直接告诉你要写什么主题（北京卷）。接下来便是按图索骥、按部就班的“文字秀”。主要评价的是“语用”能力。这些题普遍对学识修养、思想力要求极低，拍拍脑袋就能写，而且靠花言巧语还能得高分。能如此轻松“写生活”，谁还愿意坐冷板凳、为伊消得人憔悴？作文，说到底考的是“意”——思想，或者说是“思想的表达”。没有“思想”之“语用”，是无珠之椟、无本之木。没思想、学问的文章，言辞再华美，也是拾人残渣余唾的文字垃圾。是到了与“写生活”命题观诀别的时候了。

所谓“写思想”的作文题，是指不以庸常、琐细的生活现象命题，而是以经典、学问、哲思命题。题目主要来自历代先贤的经典论著，非读过原著，平时有所思考、钻研，便没法写，甚至连题目都看不懂。这类题不预设观点，不定于一尊；以观点新颖、资料翔实、论述深邃、论证严密为主要评价标准。观点——思想，不是源于感性的碎片化的生活现象，主要来自于理性的系统的理论知识的积累、认知、反思、批判。思想，基于学养、思辨、反驳、证伪、假说、解构、重构。力求言必有思，思必有据，据源于学，学以明理，理足可传。写思想，实际上就是写论文。如此才能引领、激发学生读经典、做学问的动机。写思想的终极目的，是成就思想者、立言者。

“写思想”的命题观，与“立言”“明道”等传统写作价值观一脉相承。既是理性回归，也是价值重构。

我国传统写作价值观反对华言丽词、绮靡文风，轻“器用”之文，重“质”、重“道”，推崇“立言不朽”，强调“文原于道”。如，《文心雕龙》开篇便是“原道”：“故知道沿圣以垂文，圣因文以明道，旁通而无滞，日用而不匮。《易》曰：‘鼓天下之动者存乎辞。’辞之所以能鼓天下者，乃道之文也。”以“明道”“道之文”给写作价值定位，以“道”给文章立心。所谓“道”就是事物之本然；“明道”，就是阐明事物的道理、奥秘；“道之文”，就是有思想、有真知之文。历代关于写作之目的、功用虽说法各异，但追求揭示事物本质、规律、特点，做言之有思、言之有学之文，是先贤之共识。

古人将文章大别为三：道之文、学问之文、辞章之文。“道之文”“学问之文”，是写作价值高标。缺乏思想含量、质量，没有学识底蕴，只有浮浅的生活体验之“语用”，便是辞章之文。言辞再华美，也一钱不值。

从写作实践上看，我国汉代以来考经义、策论，考八股文、时务策等，清代桐城派文论的义理、考证、辞章三者相济说、义法说，等等，固然不无“代圣贤立言”之蔽，但也体现了对“道之文”“学问之文”的追求。没精读过“四书五经”，《左传》《国语》《史记》《汉书》等，便难以写好选举制、科举制下的应试文章。以八股文来说，题目便是来自“四书”，要知道题目出处，是何意思，才能破题、承题……读过“五经”，读过史传，读过诸子，才能引经据典，写出体悟“圣贤之意”的独是之论。尽管多数应试文未必称得上“道之文”，但称为“学问之文”也许是够格的。至少不像如今的“写生活”，可以靠小聪明胡说八道、轻薄为文。

国人羡慕法国高考作文题的“高大上”，其命题理念就是求真知、写哲思，就是引导学生做学问、探真理，成就思想者。其实，我国从汉文帝《策贤良文学士诏》，晁错《贤良对策》、董仲舒《举贤良对策》……到历代策问、经义、八股，不乏“高大上”之题目与饱学、明道、有思想之文。我们为什么不能接续道之文、学问之文的传统，继承荀子“以正道而辨奸”，王充“铨轻重之言，立真伪之平”，刘勰“原道”“征圣”“宗经”，韩愈“以文贯道”，苏轼“文与道俱”，朱熹“主乎学问以明理”“文本于道”“文便是道”……文统之精华？蔡元培先生在20世纪20年代编小学生作文选，编辑宗旨：“惟精神思想是取。”对“语用”——文字水平不置一词，这无疑深得评判作文、引领价值之肯綮。明道、体道、悟道、传道、贯道，“惟精神思想是取”……是评价文章优劣的关键，写作应有的价值取向。

往后高考作文可否如此命题：《我看“学而优则仕”》《“己所不欲，勿施于人”解读》《“处无为之事，行不言之教”之我见》《我读〈左传〉（或〈国语〉〈史记〉〈汉书〉〈资治通鉴〉……）》《我眼中的陶渊明与李白》《试论王国维（或梁启超、陈寅恪、冯友兰、胡适、朱光潜、陶行知、钱学森、鲁迅、沈从文……；柏拉图、亚里士多德、黑格尔、海德格尔、弗洛伊德、皮亚杰、萨特、爱因斯坦、霍金……）（或某一部重要的学术、文学专著）》《我读〈红楼梦〉（或其他古代名著、作品中某一主要人物）》《我读莎士比亚（或巴尔扎克、福楼拜、莫泊桑、托尔斯泰、普希金、安徒生、王尔德、卡夫卡……）》……这就是“写思想”的作文题，是指向“道之文”“学问之文”，为“立言”奠基的写作。高考语文考写作就够了，可以考多篇作文。我国科举时代就是考多篇作文，乡试、会试连续考三场，每场考三天。现在自然不可能这样做，但是，像法国高考那样，一篇作文考四个小时，还是可以做到的。能如此，还愁学生不努力读书、做学问？

“道之文”“学问之文”，固然难以企及；“立言”之诉求，更是高不可攀。但作为价值引领、终极关怀，必须有。千百年来，先贤“尊德性而道问学”，以笃学、慎思、明辨、悟道、穷理为求知、治学的精神、方法；明知“立言”之难能，而心向往之，不计功利，以命相许，这种崇高感、归属感、道义感，必须有。语文高考作文题，弘扬“立言”传统，倡导“写思想”之文，作有学问背景、专题研究支撑之文，以此命题理念与价值导向，引领课改方向与教学实践，语文教育面貌必将焕然一新。

从教案，到反教案，是教师成才的必由之路。教学行为，是教师在与学生的精神互动中，营构恰当的个性化、人性化的对话方式。

第十三章 | 教案与反教案：教学行为的辩证法

长期以来，教师备课、写教案，似乎是天经地义的事。教学检查、评估，评先进、职称，都要交上教案。一直到评高级教师、教授了，还得交教案。教案似乎成了教师教学态度和教学水平的证据。——教学是一个随机的过程，靠事先写成的教案按部就班地教学，岂不违背了教学规律？离了教案就不会教书的教师还能算是好教师吗？这么简单的道理，只要上过一次课，就不会不明白，为什么偏偏从校长到教育官员都不明白呢（教育部的高校教学评估的内容就要求检查教师写的教案，连教授、博导也概莫能外）？

笔者并非一概地反对写教案，对于师范生和年轻教师来说，可以要求写教案。因为他们还不熟悉教学常规，写教案的过程，也是一个学习教材内容、思考教学规律的过程，写教案有助于提高他们对教学的理解和认识。但是，教师要是一辈子都要凭教案教学，那一定是没出息的。

有一本清楚整洁的教案的教师，不一定是好教师。因为，这只有两种情况，一是他只写过一次教案就一劳永逸，再也不动笔修改（我们常常看到一些教师捧着纸页已经发黄的教案上课）；一是他每年都要重写一遍教案，否则，不可能有整洁的教案。每年重写需要多大的工作量，是可想而知的。如果把时间都花在写教案上，还有什么时间用来反思教学、研究教学，和学生沟通交流呢？一个反思型教师，如果有教案的话，一定是教过一次课，教案就被涂改得面目全非了。我也曾经写过教案，教过一轮之后，我便发现辛辛苦苦写的教案，其作用就是使教学变得呆板僵化、了无活力。此后，便改用卡片袋。我参编和主编过多部教材，发表过大量教研论文，培训过无数教师，但迄今拿不出一本像样的可提供教学评估的教案，在现行教育评估制度下，我大约只能算是一个不称职的教师。

在中小学教师的教案写作中，对其影响最大的一是教参，一是优秀教师教案选。这在教学实践中对教师利弊参半。从长远来说，甚至危害还更大。因为，由于教参和教案选的泛滥，教师的教案在某种程度上成为教参和教案选的翻版，这是造成教师教学能力和思维能力贫弱的重要原因。教参因它的权威性，使教师的教研似乎成了多余的事，极大地削弱了教师探究教材的意愿。优秀教师的教案使教师的脑机能进一步衰退，越“优秀”的教案对教师的危害越大。教案的出版，连同这些教师的观摩课和教学法的推广，使普通教师的教学独创性逐步被依赖性所取代。

这不是说要取消教参，而是说教参也应该是多元的。要消解教参的权威性和话语霸权，还其“教学参考书”的本来面目。教参也是普通的文本，教师可以采纳也可以不采纳，甚至可以怀疑和批判。此外，要改变编教参的大而全、全而细的观念，教参越全越细，教师的思维、探究的空间就越小，以至小到了没有个人自由发挥的余地。教参也要留白，要留下给教师自己进行教学探究的空间。

也不是说不要学习他人的教学经验、不了解别人是怎么教的，而是说不能把别人的经验和教案照搬到自己的教学中来。他人的教学经验、教法和教案等，只能作为自己研究的对象，教师也要提倡“研究性学习”。靠教案教不好书，靠他人的教案更没法教好书。对某些优秀教师教学的过分宣扬，会导致一般教师丧失教学和科研的主体性，阻遏他们的自我发展。

我认为教案的教学功能是十分有限的，以至是有害的。我的观点是：如果离了教案还不能教学，那就写吧。从教案教学，到反教案教学，是教师教学能力发展的必然。

一　教案思维：一种先在、预拟的教学行为

教案的写作，是一种不得已而为之的教学行为。我们接受教案思维，不是为了永久性遵循，而是为了打破它。

教案教学其实应看作是反教案教学的准备。教案教学，只是使新教师熟悉教学常规和环节的一个过程。这个过程可长可短，因人而异。任何教案，都只是一种教学预设和虚拟，不可能完全符合教学实际需要，不可能与教学的随机性完全吻合。只是由于新教师还不能熟练地驾驭教学，不得不借助教案这根拐杖，来达成教学目标。在熟悉教学的阶段，不论是备课还是写教案，都要目中有人，努力做到因材设教。

教案是教师为实施教学活动而设计的方案，是教师把自己的教育思想、观念与教学目的、意图、构想，对教材的理解、处理和对学生认知状态的体认等，外化为虚拟的教学过程、步骤和行为，并付诸文字。教案写作的目的，是为了使课堂教学能获得最佳效能，使教学效果最大化（尽管这实际上是做不到的）。

教案的写作客体，一般是指某一特定的教学、教材内容，但也不排除来自于生活的感性积累；教案的写作受体，是特定的、有明确学习任务的、文化程度大致相当的学生，不是一般出版物所面对的相对复杂的读者；教案这一写作载体，其用途在于备忘，能明了、无遗漏便可，不必刻意于表现形式上的美感；教案的写作主体，必须具备基本的教育、教学素养和一定的专业知识，对教学、教材内容和学生有较深的了解，最为重要的是，要有创新意识和能力，且能立足于培养学生的创新意识和能力。

在教学指导思想上，必须以学生为本，关注学生语文学习的个体差异与长远发展；以“表现（说、写）—存在”为目的，力求听、读、说、写一体化；立足于“立言”素养的发展，做到全面要求与个性化发展的统一。中学语文教学包括听、读、说、写等内容，教案内容就要包括上述各个方面，以为教案只是专为阅读教学而写的想法是不对的，把听、读、说、写割裂开来进行教学设计也是不对的。听、读、说教学的最终目标都要指向写作。在学生“立言”素养培养上，不能离开学生个性差异，片面强调所谓的“全面”。实际上，全面是相对而言的，学生素养的提高必然是不平衡的，在培育语文共性化素养、写作“共能”之外，要尊重学生的特殊爱好和追求，不能搞“一刀切”。

教案写作的特点主要有以下两个方面：

1. 先在性。其他的写作，一般在写作目的、意图和要求上事先没有什么限制，对写作目标预期较为自由，往往是从无到有、“无中生有”；教案写作就不同了，在写之前就有一定的目的、意图和要求。这些“先在”的“主题”和“题材”，便体现在教学标准、考试大纲、教材和教参等之中，作者在相当大程度上得遵循这些“先在”，然后才谈得上发挥自己的主体性。可以说，教案写作是教材先在性与教师主体性的统一。这并不是说，在教案写作中发挥作者的主体性不如其他文体那么重要，而是说教案的写作有其特殊要求，须兼顾“规矩”（客体规定）和“巧”（主体创造），在“规矩”内求“巧”。

2. 预拟性。教案是用于教学的，它所指向的教学活动是“将来时”的，教案中设定的内容只能是对某一教学情境的拟测，从这个意义上说，它不但要务实，更要务“虚”。教师要有创设虚拟教学情境的本领，既要能充分体现自身的主体性，又要对师生间的交流与应对作种种的设想，以期能与学生“合作”，共同实现教学意图。要写好教案是需要想象力的。一厢情愿地图解教材、控制教学，过分张扬自身的主体性，忽视学生这一学习主体的存在，是不可能收到良好的教学效果的。从当今的普遍情况看，“教师是主导”的观念是教学活动的痼疾，教学成了教师的“一言堂”。所以，在预拟教学和实施教学中，首先要打破的便是教师以“主导者”自居的意识。如果说，写作活动是由作者和读者共同完成的，教学活动也是由师生合作完成的；作品的意义是通过阅读生成的，教案教学目标的实现也是通过学生积极主动参与达成的。更进一步说，作品意义的最大化，是求得不同读者的认同和再创造得以实现的；教学效果的最大化，也是和所有学生的学习潜能和个性的充分张扬分不开的。在教学活动中，学生的作用甚至要大于教师。只有基于这样的认识，教案的预拟才有一定的意义。否则，教案便一钱不值。

正是由于教案思维具有先在性和预拟性，所以它不可能与现实的教学情境完全吻合。先在性体现的是教育决策者和教材编写者的意图（就这二者而言认识便未必一致），它与师生的具体情况必然存在一定差异。教材只有一部，而各地区的教育水平是千差万别的，就是同一地区，各学校的教育水平也是参差不齐的。现在虽然有了几部教材可供选择，也仍然不可能做到量体裁衣。只能是师生去适应教材，而不是教材去适应师生的需要。地方教材，甚至是校本教材，都是辅助性质的，不能代替国家教材，而且编辑力量也有限。从理论上说，教材最好是由高水平的任课教师自己编，因为他最懂得自己和学生的状况，而这是不可能做到的事。20 世纪二三十年代，有些学校的教材就是自己编的，如夏丏尊和刘薰宇合编的《文章作法》，就是自己编的写作课的教材。教师自己编教材，能较好地解决先在性产生的矛盾。再说预拟性，这是一切教案都无法克服的先天不足。任何的预拟都不等于现实，都与现实存在或大或小的差距。教学就是一个把预拟性转化为现实性的过程。因此，教案预拟的教学情境越接近于现实，转换、生成就越顺利，预拟脱离实际就难以或无法有效地转换、生成。从根本上说，再怎么接近于现实教学情境的教案，也不可能等同于现实的教学情境。预拟与现实之间，总是有距离的。差别只在于距离的大小。企图按部就班地进行教学，势必是违反教学规律的。这就是为什么教师最终要走向反教案、超教案教学的原因。写教案，就跟学生写命题作文一样，是为了学习和掌握基本的技能不得已而为之的。掌握了基本的教学规范，并有了一定的教学经验积累后，就可以逐渐从不自由进入到自由。

从这个意义上说，教案只是一根熟悉教学的拐杖，待专业知识较为广博、教学经验较为丰富时，教案就可以写得越来越简单，以至最终丢掉这根拐杖，在教学中如鱼得水、游刃有余。

二　对教案教学常规的理解与消解

当还需要教案这根拐杖时，就不得不对教案写作常规有所了解。

教案写作的总的要求实际上跟教学的要求是一致的，只是将“因材施教”转换成“因材设教”。这个“设”字，是设想、假想的意思，就是体现上述的先在性和虚拟性。这个“材”字，一是指“教材”，一是指“人材”，就是要根据教材内容的特点和学生的不同资质、程度来设计教学。例如，教材内容包括听、读、说、写，教法自然有差异；同一个“读”，不同的文体有不同的特点，读法和教法也就不同；同一类的文体，因课型的不同就有不同的教法；即便是同一篇文章，教师也可以发挥各自的优长，作不同的处理。学生是学习的主体，他们的年龄、性别、资质、程度和个性等差异状况，更应给予关注。如果教师对他们的共同特征和个性差异缺乏了解，就不能有的放矢地进行教学，无法引发他们的学习动机、兴趣和热情，教师的主体性也就无从发挥。

教案是教师备课中的一系列思维活动成果的体现。特级教师卢元曾谈到备课上要做到“五个有”：脑中有纲，腹中有书，目中有人，心中有法，胸中有案。[①] 前面的四“有”，都直接影响到最后的这个“有”——“胸中有案”的质量。可见，教案的写作也并非是写作技巧的问题，而是教师教育、教学素养的综合显示，是教师对教学大纲、教材、教法和学生等的研究、认知结果，也是自身教学主体性的充分显示。

要写出高质量的教案，应把握好备课的每一环节。

首先，应在新的语文教育、教学理论和课改背景下阅读和钻研教材。

从广义上说，须研究和阅读相关的教育论著，形成正确的教育思想和观念。具体地说，就是要搞清楚语文教育是怎么一回事，如教育是为了应试，还是为了提高学生的综合文化素养和创新意识、创新能力，促成健全人格的发展；语文教育是为了使学生获得语言知识，掌握语言“工具”，还是为了提高学生的言语能力和人文素养，发展他们的言语才能和智慧，进而充实人的情感和精神生活，满足人的自我实现需求，为“立言”奠基。这些属于教育思想和观念上的认识，对于教案写作是至关重要的。一旦出现认识偏差，如陷入应试教育误区，不论有多么高明的教学“艺术”，能构想出多么“完美”的教案，也只会把学生引入歧途。在这一点上，语文应试教育已给我们以极惨痛的教训。在备课和处理教学环节上，是否对语文教育有终极性思考，有自己的理解，这是今天以至未来的教师和以往教师的一个重要区别。

从狭义上说，教案写作先要研阅课程标准、考试说明（也称考试大纲）、教材，参考相关的教学参考资料等。课程标准的基本教学理念和教学目标，是编写教材、实施教学、进行教学评估等的依据，对教学有直接的指导和规范作用。对课程标准的基本精神和内容有了深入的体会，才能在教学中统揽全局、纲举目张。考试大纲是对考核目标、考核内容的具体规定，对教学同样有重要的导向作用。固然教学不是为了考试，但是，教学质量也须通过一定的测评方式进行确认，因此，对考试大纲的研究也是必要的，只是应防止由此可能产生的应试教育倾向。一般说来，课程标准和考试大纲的基本精神原本应是一致的，考试大纲必须是在课程标准指导下制订的，但是，就现状看，由于历史和体制上的原因，二者尚存在一些矛盾和冲突，相信随着课改的深化，这一问题会逐渐得到解决。

---

① 卢元：《备课五有》，见《中学著名语文特级教师教育思想精粹》，语文出版社1999年版，第146页。

对课程标准和考试大纲的研阅，终归要落到教材这一实处。如前所述，因材设教，对教材的研究至关重要。教案写作必须建立在对某一教材内容深入解读、领悟的坚实基础上。以文选教材为例，某篇课文，就是作者写作起点的“物”，对此“物”的“内化”主要便靠阅读。这不同于一般的阅读，它不以获取信息为目的，而是借助课文的研究和各种学习实践活动，引领学生了解并掌握学习语文的方法，提高他们的语文能力和基本素养。因此，教案的作者阅读课文，不仅要深入领会文意，而且要力求窥测它是如何被“创作”出来的，作者是如何“表现”的，这就需要把课文“还原”到作者的写作意图、写作行为和写作创制力中去理解。

为此，须查阅相关资料，对作者写作背景及诱因、作者生平及写作时的具体景况等，根据必要和可能，作尽量广泛的涉猎。如教《纪念刘和珍君》，就有必要了解：1926 年初国内、国际的政治形势；关于“三一八”惨案；关于“女师大事件”；鲁迅的思想历程及 1926 年当时的状况；刘和珍其人及鲁迅和她的关系等。当然，这些资料是否全部需要查阅，应根据执教者平日的知识储备而定。

研阅课文仍须认真对待。一般须走几个“言→意→物→意→言”的来回，即从文章的“言”入手，领会其蕴含之“意”（语言表层意义，语境引申意义和隐喻意义），从而了解体会这“意”所赖以产生的“物”；再探寻作者从“物”上升为“意”，又外化为“言”的转化特点。研阅课文应注重对课文的整体把握与综合感悟，切忌作“大卸八块”的静态的语法学、修辞学或辞章学的分析。研阅课文的关键还在于从课文和学生的实际出发，确定教学目标、教学重点与难点以及教学内容等。

其次，在对学生状况深思熟虑的基础上，构思教学方法和教学策略的运用。

要因材设教，就要对本班学生在学习本教材过程中可能的接受、参与和反应状况做出预期，分析教学过程中可能出现的问题和情况，注意并满足不同层次学生的需要，在最大限度上调动全体学生学习的积极性、自主性和探究性，据此对教学作精心策划和设计。每一个具体教案的设计，是应当有所不同的，当然，也还是有一些共同的规律可资依循。以往，不少老师认为这些规律就是教学模式。教学模式是从长期的教学实践中总结出来的并业已被证明是行之“有效”的。其实不然。例如，钱梦龙先生在其“三主”（学生为主体，教师为主导，训练为主线）“导读法”理论指导下，形成了与其相应的四种“基本式”：自读式、教读式、练习式、复读式。他说：“‘常中求变，变中求常’，这就是我对‘基本式’的基本认识。”① 他认为按“导读”的基本思路设计语文教学过程，就要牢牢盯住“教会学生阅读”这个最高目标；就学生方面来说，就是要在教师的指导下“从阅读中学会阅读”。教师着眼于“教会”，学生致力于“学会”，教学中这种师生之间合作进行的双向活动，就是训练。这种训练也有“格”（“格”也是一种模式），这就是：认读感知——辨体析题——定向问答——深思质疑——复述整理。他认为以上五步体现了人们读文章的思维流程，只要进行严而有“格”的训练，“不教”之境就绝不是一个可望而不可即的理想境界了。

且不说这种认知是在“教师为主导”背景下的偏颇的认知，再怎么变，学生也是处于被动的地位，是教师手中的一块抹布，叫怎么抹就怎么抹，叫抹哪里就抹哪里。即便是成功的教学模式也是危险的。由于教学模式的设计总是来源于某一或某些教师的教学实践，他们的教学经验虽然具有共性特征，但主要体现的是个人的特点。在体现了他们的优长的同时，也带有某些局限。由于传统教师教育理论准备严重不足，视野较为狭隘，对教学规律的认知局限性就更大。从这个意义上说，是不可能有普遍适用的、一成不变的“万应”教学模式。教师只有不断地提高教育素养，发挥自己的聪明才智，善于总结自身的教学经验，对他人的长处也有所借鉴，才能创造出最适合于自己的教学方式、方法。尽管我认为魏书生先生在教学观念上是知识本位的代表，但是，他对教法的认识还是有值得肯定之处。他说：“作为第一线教师，要紧的不是忙着用这种教法去否定那种教法，也不是去证明许多种教法的没道理，更不是糊里糊涂地照搬一种教法到自己的课堂上，不加任何改变就用。而应当像蜜蜂一样，在教学的百花园中，到处采集于自己有用的花粉，回来以后，酿造自己课堂教学的蜜。集各家教法之所长，结合自己的素质、性格特点以及学校和学生的实际，探索有自己特色的教学方法。我喜欢用六步课堂教学法。即：定向、自学、讨论、答疑、自测、自结。”②

什么方法一旦成为模式，就意味着僵化和停滞。严格意义上说，每一次

① 钱梦龙：《导读的艺术》，人民教育出版社 1995 年版，第 29 页。
② 魏书生：《魏书生文选》第一卷，漓江出版社 1995 年版，第 2 页。

课的教法都应是不一样的，教学应是一个不断地探索、突破、超越的过程，要因材设教，每教必新。

没有一成不变的教学模式和方法，却有一些教学设计的规律、要求可资依循。这些要求主要有：教学目的明确、单纯，重点、难点准确、明晰；教学内容能引发学生的兴趣、激发学生的合作和互动的意愿，能唤起学生的求知欲和参与欲；信息量和难度适中；教学能由浅入深、循序渐进、循循善诱，有助于开发学生的潜能和创造力；教学安排能体现语文学习的内在规律、符合学生的实际情况；教学过程有良好的节奏感，张弛有致、动静结合。除此之外，优秀教师的教学设计的经验和体会也很珍贵，如于漪在课堂设计中的一些体会就可供参考：一、牢牢吸引学生的注意力；二、抓住关键重锤敲；三、激起学生思想上的波澜；四、创造机会，让学生发挥聪明才智。① 这些体会也许不很全面，也谈不上多么精辟，但由于直接产生于成功的教学实践，对我们备课不无裨益。

三　教案设计：教学思路的“假性”流畅

教学的设计既然应该发挥教师们的聪明才智，体现各自的教学个性，教案的写作就应该各显神通、随机应变。即使是教相同的课文，不同的教师的教案也不应雷同，即所谓“同课异构”。

教案写作有一些大致的格式，即由总述部分（包括必有的“教学目标”，当然，“教学目标”也应有弹性；或有的“教学重点和难点”“教学设想”“教学方法”“教学时数”“课时分配”等）和具体的教学内容与过程（或称教学步骤、教学程序等）等部分构成。这些方面要充分考虑到不同兴趣、资质的学生的需要，尽可能做到目中有人，有的放矢。

教案主要由两大部分构成：

（一）教学目标

教学目标是教案写作的中心意图，是教案写作时首先应当确立的。它写

① 参见于漪：《谈谈课堂设计》，见《于漪语文教育论集》，人民教育出版社 1996 年版，第 172～177 页。

在教案的开头，可以是一条或数条。陈钟梁给朱自清的《背影》所拟的阅读课“教学目标”为：

> 朱自清的《背影》是一篇字字平淡，但句句有情的散文。事无曲折，但情有跌宕起伏：一个“情”字，贯穿全文。因此，读来感人至深。教学本文，重在引导学生领会渗透在朴素无华的语言中的真情实感，体会文章的美贵在真的道理，并自觉纠正写作中片面追求华丽词藻的缺点。
>
> 朱自清的《背影》虽是一篇短文，但蕴藉深刻，构思精巧，通过教学，使学生了解叙事散文的一般特点，理解“散而凝”的结构。①

一般每节课以一个教学目标为好。陈先生的目标就有点多，认识以“情”感人，“美贵在真”，纠正追求华丽辞藻，理解“散而凝”的结构等，就有点多，难以一一教学到位。——从具体文本《背影》解读的诸多感受中跳出来，将“教学目标”定位在了解“叙事散文”“散而凝”的结构（是否该文是“散而凝”下文会论及），立足于培养学生“叙事散文”的文体感，这个目标指向散文写作、培养文体感，值得称道。以此作为预拟目标较为合宜。

再看一看李求秀老师的《就某件事谈一点看法》这篇写作课教案的“教学目标”：

> 一事一议是适应面很广的一类文章，指导初中二年一期学生写这类文章，重点在引导其入门上。首先是引导学生正确分析生活现象，学习由此及彼、由表及里地思考问题，能透过现象看本质。把写作训练与思想教育、思维训练结合起来。学生会想，才会写；想得清，才写得好。其次要通过训练让学生学会一事一议的写法。

当“教学目标”有数条时，可按其重要性程度，做由主到次的排列，有时也可标出序号。当然，这只是教师的主观意愿，在教学中需要根据实际情况加以调整。在今天看来，我以为目标是不宜太“坐实”。一是因为教师对文本的把握在备课时不一定就很准确、到位，如陈老师的“体会文章的美贵在真的道理”，对《背影》的“美”理解为“贵在真”，就较肤浅，相信他在通过进一步研究文本、与学生的对话后，还会有更深入的理解；二是因为语文的特殊性决定了语文教学的目标是难以在一次课内就得以实

---

① 陈钟梁：《〈背影〉教学》，见《名师授课录》，上海教育出版社 1993 年版，第 104 页。

现，例如，李老师所讲的两条教学目的，在一两节课上是肯定实现不了的，一两节课既不可能“引导学生正确分析生活现象，学习由此及彼、由表及里地思考问题，能透过现象看本质”，也不可能“通过训练让学生学会一事一议的写法”。

写作“意多乱文”，教学目标多，也势必造成混乱。因此，教学目标要适中，可有一定的弹性，要避免大、多、杂。

（二）教学步骤和过程

教学步骤和过程，是教案的主体部分，是教学活动设计和安排的实质性部分，是教学目标的具体实现。这一部分的写作思路，即是教学构想的有序化和系统化的体现。它一般包括导言，重点、难点的导悟，提问、讨论、质疑问难，课内练习，课外作业，板书，等等。下面是陈钟梁《背影》一课教案的“教学过程”部分：

教学过程

一、提出课题

朱自清的《背影》，回忆往事，写的是普通的生活感受，用的文字不多，而且字字平淡，但为什么读来如此令人感动呢？

[语文教学有时也像诗人白居易《琵琶行》中所描写的那样，教师的导言虽然仅仅三言两语，“转轴拨弦三两声”，但却达到了“未成曲调先有情”的境界。导言的设计，是语文课堂教学艺术中重要的表现手法之一。本课教学导言，没有慷慨激昂的动员，也无法设置扣人心弦的悬念，只是三言两语，朴朴素素，旨在揭示课题，引起学生的注意。]

二、在学生课前预习基础上，默写课文第一部分（1、2、3 自然段）中的六个词语，然后要求学生将这六个词语连贯起来讲述一段话，复述课文有关内容。

1. 教师讲词语的意思，学生根据意思默写相应的词语。

（1）不幸的事情接二连三地发生。

（2）奔赴亲人的丧事。

（3）乱七八糟的样子。

（4）（把自己的财产、衣服）出卖和典当出去。

（5）凄惨暗淡，不景气。

（6）有了空闲的时间，指失业在家。

2. 出示小黑板，让学生自己订正。

祸不单行 奔丧 狼藉 变卖典质 惨淡 赋闲

[词语教学是语文教学的基础。本课新词、难词相对集中在第一部分，不少词语虽带有一定文言色彩，但仍然具有生命力，而且，这些词语在全文表达上占有较为重要的地位。分析时应当引导学生反复使用。采取边解释、边默写的方法，既比较简洁，也比较落实。不过，在具体操作时，要根据学生实际作一些细节处理。例如，学生订正时，教师要提醒学生正字，如“祸”是示字旁，“藉”是草字头等；同时，还要将一些学生不甚理解的字、词的含义点明，如“变卖典质”中的“质”，是“当”的意思，“变卖”与“典质”二者的意思是并列的。总之，词语教学要实实在在，有助于学生积累。之所以把词语写在小黑板上，因为这块小黑板挂在上面，将作用于整堂课。教学中哪怕是一个小小的环节，也应当有鲜明的目的性。]

3. 给学生3分钟时间默读课文第一部分，准备复述——把有关词语连贯起来复述。

4. 指名二三名学生至台前复述。

指导：

(1) 规定的6个词语的先后次序可以调换。

(2)“祸不单行”这一成语，复述时可用在祈使句中，也可用在结束句中。

[对于第一部分内容，没有采用常规的分析方法，而是把重点放在词句教学上。具体的做法是：既没有教师的讲解，也没有学生的讨论。依托课文的内容，抓住几个关键性词语，进行听、说、读、写综合训练。这样，时间利用率比较高，不仅熟悉了课文内容，而且积累了词语，语言与思维也得到了训练。为此，不要让学生背书，而要让学生用自己的话来讲。一般情况下，宜叫中等水平学生复述，以便抓住他们发言中暴露出来的常见病，进行具体的指导。指导的重点放在句子的通顺与连贯上。由于这种指导是面向全班的，具有多向交流的优点，故取得的效果

往往高于一般的作文批改。训练结束后，教师可对课文内容作一简单的小结：文章开头的三个自然段，写出了当时家庭境遇，为下面所写的几次父亲的背影推出了一个特定的环境，激出了一种特殊的感情。]

5. 提问：课文中一共出现了几次背影？学生回答后板书：(1) 忆背影；(2) 看背影；(3) 看背影；(4) 忆背影。

[这也是一种结构条理教学，但不是简单的停留在划分段落上，而是指导学生去理清文章线索，找到作者的思路，以对文章有一个整体的认识。]

6. 重点分析详写背影的一段文字（从"我"看见"他戴着黑布小帽"到"显出努力的样子"）：

a. 提问：课文详写的是哪一次背影？请一位学生起来朗读详写的一段文字。

b. 让学生仔细阅读这段文字。

阅读前先告诉学生：阅读后教师将展示一块写有这段文字的小黑板，但小黑板上写的这段文字有意删去了一些词语，请大家不看书凭记忆补充出来。

(1) 出示小黑板：

> 我看他戴着小帽，穿着大马褂，深青棉袍，走到铁道边，慢慢探身下去，尚不大难。可是他穿过铁道，要爬上那边月台，就不容易了。他攀着上面，再向上缩；他身子微倾，显出努力的样子。

(2) 引导学生研究删掉后又补充出来的一些词语的含义与作用：

两个"黑"字，正说明父亲有孝在身，奔丧回家的目的是为了料理丧事；

反复强调的"戴的、穿的"都是"布"的，可以联想到父亲老境的颓唐和祸不单行的遭遇，家中光景的惨淡，这怎能不引起"我"的伤感？

"蹒跚"与"肥胖"，写出了父亲又老又胖，行动不便，而用"两手"攀、"两脚"缩，则把蹒跚的动作，肥胖的身子具体化了。但父亲还是拖着肥胖的身子爬上爬下地为儿子买橘子，这又怎能不使已经有点伤感的儿子感动得流下热泪？

“向左”，为什么不是“向右”呢？原来爬上月台时，是用左手使劲地支撑着身子，然后右手用力翻过去的，所以是“向左微倾”。一个细节，却看得如此清楚，是因为父亲对儿子的一片深情紧紧地牵引着儿子的目光。

（3）要求学生当堂把这段文字背出来。

[这个环节是全文教学重点所在。之所以要采取删掉一些关键词语，然后让大家一一补充的做法，目的是为了设置矛盾，引起学生注意。在辨析这些词语时，要引导学生联系第一部分内容，自觉运用第一部分出现过的词语回答问题。这不仅为了巩固，而且为了加深对课文的理解，此时此刻，“我的泪很快地流下来了”，是真挚的，也是可信的。]

7. 课文中还有哪些地方与开头呼应，描写父亲老境颓唐的？齐读最后一段“近几年来……触他之怒”。

8. 提问：课文中一共出现过几次流泪？学生回答后板书：

不禁簌簌地流下眼泪

我的泪很快地流下来了

我的眼泪又来了

在晶莹的泪光中……

问：第一次流泪与第二次流泪有何不同？簌簌：纷纷落下的样子。为什么写第一次流泪，形容其多；而写第二次流泪，形容其快？

第一次流的是伤心之泪。回家前已知道了家中祸不单行的遭遇，悲伤之情郁集于心，回家后见到满院狼藉的情景，郁集在心头的悲伤之情再也抑制不住，于是夺眶而出，眼泪簌簌而下。第二次是感动的泪水。簌簌流泪后，在父亲送行时，却又暗笑父亲的迂。待目光被父亲的背影牵引住时，这才突然领悟到父亲对自己的一片爱心，于是“很快地流下眼泪”。

[事无曲折，情有起伏。]

9. 总结：《背影》一文，字字平淡，句句无奇，但字字句句都恰如其分地表达出作者的真情实感，再加上感情起伏跌宕的结构安排，使本文成为一篇感人至深的脍炙人口的名篇。

朗读全文。

10. 综合训练：

(1)“在晶莹的泪光中”，“泪光”能改为“泪珠”吗？（提示：改为“泪珠”不仅不合实际，而且违背了人称的写法。文章采用第一人称写“我”，怎么能写“我”的外貌呢？应着重于写“我”的心理。）

(2) 那么，如果不是写“我”而是写“他”的心理。倘若写他的心理，必须加上一些写“他”的外貌……加上一些表示猜测、模拟的词句。

请学生从课文中找出一个例子来说明。

(父亲) 扑扑衣上的泥土，心里很轻松似的。

(3) 小结：用第一人称在写“我”和写“他”上的不同。

(4) 回家检查一下进入中学后，以第一人称写的记叙文，看看是否有不符合第一人称写法要求的，找出有代表性的句子来修改。

[初一、二学生写的记叙文大多是采用第一人称的。在阅读教学中有意识地指导学生纠正作文中普遍存在的毛病，体现了教学的针对性。]①

陈钟梁先生的这篇教案，不论是从目标的明确还是从思路的流畅来说，在传统教案的写作中，都堪称典范。在表现-存在论视界下，值得称道的还在于虽然是一篇阅读课教案，但能不局限于阅读教学，注意到听、读、说、写的联络和互动，注意到由读到写的迁移，这是他的教案的最大特色。该教案尽管并非无可挑剔，跟这一时期的许多教案一样，它也明显地受到“语言学家”教学论和“标准化”考试的影响，偏爱“词语”教学，过分注重文字层面的分析，有些地方似有“钻牛角尖”之嫌。然而，从总体上看，较好地体现了听、读、说、写一体化的教学思路，体现了以表现为本位、立足于促成学生语文能力的发展的教育思想，可供品悟和借鉴。

表现类课程（写作和口头交流）教案的写作，也许比阅读课教案有更大的发挥教师个人才智的空间。以写作课来说，写作是一种综合性的、创造性的、个人化的精神生产，较难规范，写作教学也就可以更加不拘一格、各显神通。同时，也由于现有的课程标准和教材的思考尚不成熟，教学的规范和要求都很简陋，这也给教师提供了较大的自由发挥的余地。

优秀教师的写作课教案，必是经过精心设计的、极具想象力的杰作。例如，李白坚在《趣味作文》一书中所设计的22课的作文教学，便匠心独具、异彩纷呈，只要浏览一下这22课的标题就可见一斑：“流川枫灌篮”作文法；

---

① 陈钟梁：《〈背影〉教学》，见《名师授课录》，上海教育出版社1993年版，第104～109页。

“电脑屏幕鼠标”作文法；五官并用观察法；先做游戏，再作文；一堂“人咬狗”的作文课；像孙悟空那样，拔一根毫毛；罚球；特殊的“写生”；成语里面游戏多；小小邮电局；大型智力测验的实验报告；我们是“李白”还是“杜甫”；我们学做“贝多芬”；广告表演节目多；本班新闻联播（上）；本班新闻联播（下）；五十块钱，十个题目；中学生能不能有异性朋友；分数是不是学生的隐私；为李老师的散文写评论；办一个出版社试试；几个作文小技术。① 这些十分贴近生活的作文教学设计，每一个步骤和环节都注重引发学生的写作学习的兴趣和热情，使写作学习与学生的生活及精神需求一体，真正切中学生的“郁积”。他们一旦有了一吐为快、跃跃欲试的冲动，在课内外的写作中往往就会有超水平的发挥。写作课教案的写作，不应依循他人而照搬现成的教学设计，要抓住写作课的根本，着眼于因材设教、激发学生的写作动机，与学生一道印证经验，把自己深心的秘蕴交付给学生，引导他们在新鲜有趣、生动活泼的教学情境中去听、去读、去说、去写，去思考、去发现、去领悟。写作课教案的写作应是最能体现教师独创性的。

但是，不论设计得多么科学、思路多么“流畅”的教案，都有其不可克服的局限，这就是它的预期是一厢情愿的，思路是线性的，表达的教学过程是程序式的，只要一个环节出了问题，可能整个教学系统就会发生混乱，原先的构想就会落空，教学目标就难以达成。因而，这只能算是“假性”的流畅。

四　教学过程有序性和随机性的抵触与碰撞

教案教学注重的是教学目标的实现、教学步骤的实施和教学策略的贯彻。这是它最大的优点，也是它最大的问题。教学过程有序性和随机性的抵触、碰撞，是它难以逾越的障碍。

任何教案，都追求目标的明确、正确和恰当。在此要求下，也许还有一系列的小目标，构成了一个严密的目标体系。对于语文教学来说，固然不能没有教学目标，但是，显然它和其他学科不同，它的目标和目标系统是较为

① 参见李白坚：《趣味作文·目录》，复旦大学出版社 1999 年版。

模糊的，不像一些理科课程那样，每一节课，必须达成特定的教学目标。语文教育的特殊性就体现在非技术性、非技能性上，体现在它的潜在性、感悟性和体验性上。语文教育和教学是不可量化的。正由于以往对此缺乏了解，不尊重语文教育的特殊规律，形而上学猖獗，大搞标准化、客观化，即所谓的科学化，一课一得练习，陷入伪“科学化”迷津，因而受到了惩罚，使语文教育面临困境。

有些语文教学目标，尤其是非智能性、情意性目标，是隐性的，需要长期涵养，带有终极性。它可以作一些分解，但难以精确到每一节课，不可能做到立竿见影、一课一得。九年义务教育和高中教育，各学段的教育要达成什么目标，要进一部分解到学年或学期就很困难了，再分解到单元或具体文本教学，分解到每一课时的教学，就难上加难。就拿阅读教学来说吧，往往教学目标是教师一厢情愿的对文本的理解，其正确性、深刻性是值得怀疑的，在这种情况下，作为教学目标确定下来，将学生统一到教师认识上来，这显然是不妥当的。例如，陈钟梁先生将《背影》的教学目标定位为：

> ……重在引导学生领会渗透在朴素无华的语言中的真情实感，体会文章的美贵在真的道理，并自觉纠正写作中片面追求华丽词藻的缺点。
>
> 朱自清的《背影》虽是一篇短文，但蕴藉深刻，构思精巧，通过教学，使学生了解叙事散文的一般特点，理解“散而凝”的结构。

首先，陈先生凭什么把“领会渗透在朴素无华的语言中的真情实感……”作为第一目标，把“理解‘散而凝’的结构”作为第二目标呢？这显然带有极大的随意性。每一个教师的教学目标的确定可能都是不一样的。把教师对文本的理解作为教学目标，让学生来接受，这本身就是对学生主体性的侵犯。因为学生对《背影》的理解也许会认为它既不美也不真。例如有学生就认为：父亲越铁路，翻站台，违反交通规则；父亲穿着臃肿棉袍，蹒跚翻越站台，形象不酷，姿势不美。固然学生的理解不一定对，但是无视学生的感受，将教师自己的理解强加于学生，也有违多元认知的理念。即便陈先生的认识都是对的，通过教学也不可能实现教学预期，在一次教学中，学生真能“领会渗透在朴素无华的语言中的真情实感”和“理解‘散而凝’的结构”吗？即便这样的教学目标达成了也没多少意义，因为教师的认知本身也带有极大的随意性，未必对实现课程标准设定的终结性目的有所助益。

教师对文本的理解不应作为教学目标。以教师对课文的认识为教学目标，是以往教案教学目标的主要内容。对文本的理解，本来就是仁智互见的，尽管各人的理解也许有正误之分。正如我们前面所谈到的，对于学生来说，误读也是必要的，在人的阅读能力的提高和想象力的发展上来看，误读的作用一点不亚于正读。同时，正读也不是单解的，也往往是多解的，凭什么教师的理解就是教学目标，别人的理解、学生的理解就要统一到教师的理解上来？何况在语文教学中教师的理解不到位、不准确甚至错误的情况是经常发生的，在这样的情形下，要求学生以教师的理解为准岂不荒唐？话说回来，既然教案要求写出明确的教学目标，不写教师自己对教材的理解又能写什么呢？他人对教材的理解却是教师不了解的，也无法完全了解。“子非鱼，安知鱼之乐？”这样，教师即便知道将自己对文本的解读作为教学目标不妥，也别无选择。他只能选择偏见，选择“一言堂”。

教案教学只有两种情况，要么是教师在教学中目中无人，对学生的不同意见一概置之不理，将错就错，一意孤行地将自己的教学意图贯彻到底；要么是不断地修改调整自己的教学意图，使之符合教学实际及学生的需求。如此，教案的预期就成了一纸空文（不仅是空文，简直就是思维的障碍）。例如，陈钟梁先生教学意图是要学生领会作者渗透在朴素无华的语言中的真情实感，如果学生并不认同作者表现的是真情实感，或许在他们看来，“父亲”为儿子送行，为儿子买几个橘子，这是再平常不过的事，一点也不会使人感动，何至于因此四次流泪，这种感情一点不真实，实属矫情、滥情，是为文造情。相形之下，他们的父母为他们所做的要胜过作者的父亲百倍：上学、放学，风里雨里，天天接送；想吃什么，要什么，父母省吃俭用也要尽量满足自己的要求……面对这种情形，想必陈先生是绝不会视而不见的，于是，大约这节课就只能和学生一起探讨作者表现的是否真情实感，而不是语言是否朴素无华。同样，对于教案的第二个目的，可能学生也会有不同的看法，他们也许并不认为《背影》的结构是“散而凝”的：《背影》基本上还是按照时间顺序展开叙事，谈不上有多“散”；既不“散”，也就无所谓“凝”了。就是说，他提示的散文文体特征与所教的文本叙事特征是不太吻合的。如此，陈先生是否也要和学生进行沟通。如果沟通的情况不能令人满意（平心而论，《背影》的确不是典型的“散”文，所谓“散而凝”主要是针对抒情散文而言），只好各自保留意见，这一教学目标就落空了。

再说语文能力的培养，也是难以体现在教学目标上的。阅读能力的评价本来就很困难，阅读评价的标准化方式的谬误自不必说，阅读能力的培养和说、写能力的培养一样，都是不能立竿见影的。语文能力的提高是靠积累和感悟，是潜移默化，滴水穿石，是一种综合性的图式建构过程，不可能一蹴而就。靠《背影》的一两个课时的教学，学生就能领会到朴素无华的语言的美，且美贵在真吗？能了解散文结构的“散而凝”的特点吗？显然是不可能的。这需要读无数篇的散文，甚至还要自己亲身实践一下散文的写作，才能对此逐渐有所领悟。

以往教学论中“一课一得”的提法，已经受到了否定。在理科的学习中，“一课一得”是可能的，在语文教学中，立见成效的情况是不多见的。因为，语文能力不是靠某一知识可以马上转化成的，也不是一种简单的技能习得，甚至也很难说清楚它由哪几种因素按照怎样的配比构成的，它是一种综合素养的体现，得靠长期的熏陶浸淫和思考感悟，不知不觉地发展起来。语文教学，可以有较为宏观的目的，却难以有落实在每一节课或每一个教学环节上的目标。教案中设定明确的目标，有时反而会作茧自缚！它既违背了语文学习的规律，也使教师面对教学实际难以自由地应对。

更难以调和的是教案严格设置的教学步骤、程序与教学活动的随机性、灵活性之间构成的矛盾。教案体现的是一种教学思路，有其严密的系统性，环环相连，步步推进。只要其中有一个环节出了问题，就可能导致教学功亏一篑。这一思路却是一种假想，不太可能与教学实际完全一致。教案不像施工蓝图一样可以按部就班、滴水不漏地实施，除非你对学生反应一概置若罔闻。

如果说教案对教学有什么帮助的话，那主要是在某种程度上给予教师一种心理支持，有了教案就有恃无恐，“手中有粮，心中不慌”。其次是因为要写教案，得熟悉教材，收集资料，对于教学却没多少实际的功用。陈钟梁先生的教案似乎是滴水不漏、天衣无缝，但是，毫无疑问，这只适合于“教师为主导”的教学：一切都在教师掌控之中，而学生则不可越雷池一步。

其实，教学是开放、动态的系统，不是封闭、静态的系统。教学过程是师生间的合作和互动，是一个能量交换的过程，是活的、生成性的，不是一成不变、可以按部就班地执行的。不是谁控制谁，而是互相激活，教学相长。教案教学体现的教学思想是课堂行为是由教师来掌控的、主导的，学生是被动的听众、“受”众，是接受者，是知识的容器、受训的对象。在教案教学中，教师成竹在胸，因为所有预设好的问题，教师都已掌握了“正确”答案，只等着学生犯“错”，好把底牌亮出来，甚至连学生可能犯什么“错”也已事先考虑到了。学生只能在教师预设的问题中思考。仍以前文所引陈钟梁先生的教案为例：

程序一：教师讲6个精心挑出的词语的意思，学生根据意思默写相应的词语。学生不能问为什么单挑这6个讲，也不能提出这6个之外自己不明白的词语来讨论。

程序二：教师问课文中一共出现了几次背影？学生回答后，板书：（1）忆背影；（2）看背影；（3）看背影；（4）忆背影。教师早就知道背影出现了4次，学生答3次或5次的不对。

程序三：教师问课文中一共出现过几次流泪？学生回答后，板书：不禁簌簌地流下眼泪；我的泪很快地流下来了；我的眼泪又来了；在晶莹的泪光中……教师早就清楚答案也是4次，还知道每一次是怎么流法，为什么流得不一样。学生不能问作者这么爱哭，是不是因为他是一个缺少爱的感情脆弱的青年，是否那时的青年也跟今天一样神经质？

教案教学，教师势必要准确无误地把教案的教学程序过一遍，不允许节外生枝。教学评价习惯认为，必须掐着下课铃完成教学内容，讲完最后一句话。一旦遇到“意外”，恐怕也只能当机立断地将其置之度外，或装着没听见，或以这个问题很简单就不要占用宝贵的教学时间来搪塞。

讨论教案教学的弊病，为了分析的典型性，我们必须挑选高水平的个案。陈先生是很优秀的，所以挑选了他的教案。陈先生的教案，反映的是教案教学共性问题，同时也是工具性背景下的语文教学的共性问题（如关注字、词、句、篇教学和语文技能的习得等）。后者可以通过改变语文教学观念得以纠正，前者就只能通过打破教案原有的规范，澄清对教案功用的认识，来尽量减轻其负面效应。

对教案与教学的矛盾分析，对教案教学的否定，自然不是意味着不要备课。就备课而言，再多的时间投入都是应该的。学识修养再深厚的教师也不能不备课，即便他不备课也能上得十分出色。

五　反教案教学：由学生、情境决定的教学

教案是“不变”，教学是“万变”，要“以不变应万变”，须调整、改造“不变”之教案，应对“万变”之教学。就是说，教案可能对教学产生积极的规范作用，但这种先在的规范，也会妨碍、阻碍教学中的随机“应变”，从而产生消极作用。可见，教案是利弊互现的。教学质量高低，并不取决于有没有教案。有教案不等于就能上好课，没有教案不等于上不好课。教案并非教学所必须，教学所必须的是教师应对教学情境的素养、能力。只要具备了良好的教学素养、能力，就能胜任教学，有没有教案无关紧要。在教师角色转换的今天，怎么教不再一概由教师设定。在相当程度上是由教师、学生和特定的教学情境共同决定。学生需求、状况是第一位的，学生在教学情境中的现场反应、反馈，是教学过程最活跃、关键的要素。这就是“反教案教学”提出的缘由。

反教案教学，是相对于教案教学提出的。反教案，不等于不写教案或不备课，反教案教学的意思是：具有文本形态的教案不是教学的必要条件，教案是可详可略、可有可无的。教学是否有教案这不重要，重要的是教师是否具备了良好的教育和专业素养，是否有丰富的教学经验，是否有对学生需求和教学情境的应变能力。

成熟的教师应有鲜明的个人教学风格。越优秀的教师越不拘一格，教学越自由、率性。从这个意义上讲，反教案教学反的是统一规格的模式化教学。

著名学者资中筠先生讲到她当年在清华大学求学时，给她上课的都是一批名教授，教“世界通史”的雷海宗、教“西洋哲学史”的邓以蛰、教“西洋文学史”的钱钟书、教“英国小说”的杨绛，还有教莎士比亚、英诗和英国散文的美国人温德，等等。“这些教授上课的共同点，就是没有讲义，全是源源不断从脑子里流淌出来，听课完全是享受，不会想逃课。而且也不能逃，因为考试全凭自己的笔记以及从专心听课中启发出来的悟性。”①

在北大任教的胡适先生讲课也从不发讲义，自己也没有讲稿，讲课内容

---

① 资中筠：《大学文科向何处去》，载《文汇读书周报》2004年3月12日。

也很具特点，如讲《中国文学史》（宋元明清部分）时，先从文学评论的角度，介绍王若虚的《滹南遗老集》；讲《红楼梦》作者曹雪芹时，给学生们介绍了曹寅写给康熙皇帝的奏折。但学生们最喜欢的还是他的演讲。柳存仁先生在其《记北京大学的教授》中写道："胡先生在大庭广众间讲演之好，不在其讲演纲要的清楚，而在他能尽量地发挥演说家的神态、姿势，和能够以安徽绩溪化的国语尽量地抑扬顿挫。并因为他是具有纯正的学者气息的一个人，他说话时的语气总是十分地诚恳，带有一种自然的俊气，所以特别能够感动人。"钱穆先生也是学生们喜爱的教授，他讲课时从来都是座无虚席。朱海涛先生在《北大与北大人》中写道：钱穆先生上课"向例他总带着几本有关的书；走到讲桌旁，将书打开，身子半倚半伏在桌上，俯着头，对那满堂的学生一眼也不看，自顾自地用一只手翻书。翻，翻，翻，足翻到一分钟以上，这时全堂的学生都坐定了，聚精会神地等着他，他不翻书了，抬起头来滔滔不绝地讲下去……对于一个问题每每反复申论，引经据典，使大家惊异于其渊博，更惊异于其记忆力之强……"①可见，教案不是教学之必须，没有教案，甚至连讲义都没有，也是可以上好课的。这些教授，如果要他们拿出教案才准上课，那恐怕学生们就听不到如此精彩的课了。

当然，名教授也有一字不落地读讲义的。如北大的明清史专家孟森先生，学生们回忆，他永远穿着一件旧棉布长衫，面部沉闷、毫无表情。他讲课有讲义，学生人手一册。每次上课必是拇指插在讲义中间，走上讲台，从来不向讲台下看，照本宣读。下课时讲义合上，拇指依然插于讲义中间，转身走去，依然不向讲台下看。还有陈介石先生，他在哲学门（系）也是深受同学们尊重的。他讲课是以笔代口，先把讲稿发给大家，上课时一言不发，就用粉笔在黑板上写，下课铃一响，粉笔一扔就走了。他虽不讲话，但却是诚心诚意地备课，课堂所写与讲稿亦各成一套。据说就是因其一口难懂的温州土话的缘故，促成了他的风格。今天不少大学的教授上课还是照本宣科。他们的课上得未必好，但是有内容、有见解，这也就不错了。

还听说不少北大的名教授，上课毫无计划性，一个学期上下来，不少课才上到一半，有的甚至才刚刚"开头"。

上课原来就应该不拘一格。学养深厚的教师，上一节课，学生只要听进

---

① 引自肖东发：《老北大教授课堂上的魅力》，载《中外书摘》，2004年第4期。

了一句话；上一学期的课，学生只要悟到了一个观点，就够了，终身享用不尽。不是有“听君一席话，胜读十年书”的说法吗？是否有讲义、教案，甚至是否专门为了上课认真备课了，都不能作为是否能上好课的依据，重要的是是否具备了深厚的学养和修养。钱穆先生大概就是属于不备课而“临阵磨枪”的那种。他那课前一两分钟的翻书，就足以将自己平素的积淀唤醒。

从这个意义上说，从心所欲必逾“矩”。每个人的秉性、个性不同，教学方式、方法就没有什么统一的套路，厚积薄发，率性挥洒，也能“一花一世界，一沙一天国”地美不胜收、妙不可言。

反教案教学不是绝对地排斥教案，而是反对千篇一律的没有真正的学养和教育素养基础的教案。教案的有无，教案怎么写，是应该因人而异的。备课的思考成果可以记下来，也可以不记下来，就装在脑子里，也不排除有人教学到了炉火纯青的地步，随手抓一篇文章就能发挥得淋漓尽致。就跟有人写文章要先写提纲，有人只打腹稿，还有人干脆想都不想一挥而就一样，怎么顺就怎么来。这也须是言语生命的自然流泻、挥洒。

反教案教学，从教案文本层面上说，可视为对教案文本规范的解构。既然以往目标明确、结构谨严、环环相接、层层推进的教案模式，与教学的随机性、开放性、生成性是相抵触的，那么，就应寻求一种虚拟性和机变性兼容的文本形态。教案的功能是教师对教材思考、研究结果的记录，是教师预备在课堂上和学生进行交流、沟通和对话的构想，其文本形态也应是不拘一格的，可以是感悟式、问题式的，也可以是讨论式、启发式的，还可以是活动式、探究式的，无须有一个固定的目标和思路，也不应有单一的导向和结论。

反教案教学中该有的深厚和缜密都该具备，绝不仅仅限于教材文本的内容范围，可以说教师的相关储备和思考是无止境的。教案不再是对教学的限定，不是教学规程，而是教学的资料、资源，更像是一个题库、资料库、数据库。在这一点上，可以参照孙绍振先生对《背影》的思考，他对人教版《语文》教材“写作”部分的研阅，就体现了自己的见解，从中可以体会反教案教学准备的深度和广度。他说：

> 初中《语文》课本第一册《写作、口语交际》部分，第一单元的第一篇是《作文——精神产品的独创》，文章把提倡创造性放在了突出的地位上是正确的，用意也是挺好的，与其他部分的文字质量相比，表面上

还不算太次。但是，离中学语文课本所要求的深度和操作性相去甚远。

作为课本其关键是切实的指导性。如何才能独创？人人都把独创当成目标，可是为什么平庸的大话、套话还是满天飞，中考、高考入学试卷上绝大部分都是些大路货的套话，独创的文章总是凤毛麟角。

不能说新编课本的编者完全没有回答这个问题。执笔者反复强调两点：首先是要欣赏独创的文学作品，但是不要模仿；其次，要写出自己的个性，写自己真正的情感。个性就是“精神的自由”，“笔墨的自由”，“不为他人的意见所左右”，“善于用自己的眼睛去观察，用自己的头脑去思考，用自己的心灵去感悟”。

所有这一切都不能说是错，但是有两个缺点。

第一，太泛。在理论上处于直观经验的低层次。直观的经验往往比较肤浅，而且不全面。对于初中一年级的学生来说，完全是一堆花言巧语。

初中学生会问：难道我看着老师、同学，不是用自己的眼睛，而是用别人的眼睛吗？当我在想问题的时候，不是用自己的头脑、心灵，而是用别人的吗？

本来，阐释这个命题的关键是，为什么表面上人们都是用自己的眼睛、耳朵、心灵去感悟生活，但是一写出文章来，就往往是成堆的套话、空话、大话和废话。

这说明现成的、流行的、非个性的话语有一种强大的力量，挡着人们的眼睛，有一种无声的力量逼迫着人们用自己的舌头讲现成的、流行的、他人的话。

这里有一个心理优势和现成话语的统治力量在起作用。这正是现代心理学和文化哲学（话语学说）已经取得的共识。编写者队伍显然缺乏对于现代哲学和心理学的起码理论准备，因而就不能不用现成而空洞的概念、大而化之的语言来搪塞了。只要有一点现代心理学和现代文化哲学的起码常识，就不难明白，要有自己的个性，就要有一种抵抗现成话语（套话）的自觉，要有冲破心理定势的追求，没有这一点自觉，就谈不上表现个性，也就没有任何自由。要从现成话语里解放出来，并不是轻而易举的，而是毕生的使命。每一篇文章，都是一个考验。这种考验不像考试，一次过关了，就终生受用，而是每一篇都从零开始。

第二，缺乏操作的指导性。写作理论，不同于一般文化哲学或者文学心理学理论，它的特点和生命在于操作性，忽略了操作性，就是正确的命题也不能不沦为空谈。

“用自己的眼睛”、“自己的心”去看，去思考，去“获得精神的自由”，话是不错的，问题在于如何才能获得呢？什么样的才算是获得了，什么样就不能算是获得呢？编写者不仅仅要让中学生从字面上知道，而且要让他们有感觉，有体会。

事实上，编写者自己就分辨不清在写作过程中，什么叫做个性、独创性、精神的自由。他们习惯于在道理上概括地说说，用华丽词藻掩盖空疏；一旦具体分析文章的时候，就露出马脚了。

编写者对《背影》的独创性是这样理解的：“他不像其他写父爱的文章那样大胆地抒情，而是用白描的手法平实地叙述了送别的场面，像是一幅水墨画，只为两样东西上了鲜明的色彩：‘紫毛大衣’和‘朱红的橘子’，就使得整篇文章呈现出独创的光彩。”

说“白描”倒还没有离谱，多少还涉及了文章叙述的成分比较多的特点，一旦说到“紫毛大衣”和“朱红的橘子”，就令人哭笑不得，这么具体的细节，这么鲜明的色彩，还谈得上什么白描？这就充分说明执笔者根本不懂得什么叫做白描。

问题出在哪里？编者抓不住本文艺术个性中的最根本的东西，只好抓一点鸡毛蒜皮。紫色和红色在文章中根本是偶然的。“紫”和“红”，并不能表现文章中所强调的父爱的特点：即使有点迂，也是朴素的；即使是土气的，也是坦然的。不怕见笑，不在乎是否被理解的。如果橘子的红色真有对比的意味，作者就该强调背景的暗淡了。

这种分析是典型的思想贫乏，没话找话说。

问题出在编者在艺术修养上的严重欠缺，明明胸无成竹，却要装得洞察幽微。

朱自清这篇文章的个性在于：第一，歌颂父爱，对于普遍流行的歌颂母爱的主题，是一种创新，这种创新的难度在于缺少参考和借鉴，更需要独立的艺术才华。

第二，歌颂父爱，不像一般抒情散文（如《荷塘月色》）那样，从头到尾用诗化、美化的办法。文章整体效果是抒情的，但是只在结尾部分才用比较直接的抒情。在全文主要部分，基本上是叙述，作者最充分强调的、展开细节描写的，并不是《荷塘月色》式的诗情画意。导致朱自清情感震动的、发生转变的不是美丽的情和景，而是看来有点煞风景的场面。父亲的外表是守旧的：青布棉袍，黑布小帽和马褂；他的形体是不优美的，上下月台的动作是笨拙的，甚至有点“丑”的。买了橘子以后，表示轻松的动作，也是平静的，不激动的。但是这一切加起来，所表现的情感却是深厚的，震撼人心的。

这种人情之美，正是编者反复申说的“个性化的”。很可惜编者看见的，并不是个性化的，而编者没有看见的，却是个性化最为深刻的所在。

不是说要用自己的眼睛看吗？朱自清用自己的眼睛看，就在别人看来是不美的，甚至有点“丑”的穿戴、不优雅的动作上看出了天性和人伦的美。也许从紫毛大衣、红色的橘子上，别的作者会感悟出什么名堂来，但是，那就意味着另外一种写法。

第三，从表现方法上来说，他的情感抒发，不是像在《荷塘月色》中用反复的渲染，一连十多个比喻，除了结尾部分通篇都用一种从容的叙述。收敛着情感——这就叫做白描。但是总体效果却诗意盎然。

《背影》与《荷塘月色》的诗的意境不同，它以表面上有点“丑”的姿态，表现了内在的、深厚的、美的情感，它的抒情和诗意，是一种潜在的抒情和诗意。

是什么挡住了编者的眼睛呢？是一般抒情散文常用的、鲜明的色彩和词语。其实，编者只会欣赏抒情的、华彩的词语，不管遇到多么相异的风格，都用自己主观的观念去同化，也就只能把朱红的橘子和紫毛大衣拿来硬套了。

朱先生的独创恰恰是从没有诗意的地方感悟诗意，从别人忽略的地方体验深层美好的情感，正是因为这样，才是“独创的精神产品”、“精神的自由”的表现。

编者强调要用自己的眼睛去看，用自己的头脑去思考，可是他自己恰恰没有这样做，而是犯了一个扼杀个性的大忌——把积压在大脑表层的流行的套话，成批地倾泻出来。

编者在最后用诗一样的笔法呼吁：“‘个性’是作文的灵魂，独创是文章的真正价值之所在。让我们在作文中大胆地用‘我’的自由之笔，写‘我’的自由之见，抒‘我’的自由之情，显‘我’的自由之趣吧！”但是他自己就被陈词滥调纠缠得失去了起码的自由，他并没有用自己的脑子，自由地过滤一下从别人那里批发来的套话。恕我直言，在这样的句子的深层，我只看到了个性的自我窒息。①

从这里我们可以看出，孙先生的“备课”，不像今天绝大多数教师那样一味地消化、吸收教材，不是对教材作简单的诠释或阐发，不是将教材作为教学的蓝本，将其嚼烂后喂给学生，而是首先将其作为思考和批判的对象，对其作毫不留情的挑剔和审视，一针见血地指出教材中存在的问题：一是太泛，二是缺乏可操作性。他对“精神自由”“独创性”“白描”“个性化”等一系列的概念重新加以辨析，揭示教材存在的局限。这种批判性的“备课”，也可以视为“反教案”教学思维方法的一种特质。

孙先生对《背影》的解读，不是就文论文，而是运用了他自己首创的还原和比较相结合的方法，通过多层次的还原和比较，抽丝剥茧似的一步步深入地探寻《背影》的艺术特质。他的这些认识不可能在教学中原原本本地“讲”给学生听，但是，这种具有方法论背景的准备（他所准备的，远不止我们所摘录的），对文本和作者言语生命的深刻洞悉，使他在教学中不论遇到什么情况都可以应付裕如。即便他不写教案，没有讲义，相信也一样可以教得很精彩。这也就是为什么那些优秀教师没有教案依然优秀，平庸的教师教案写得再认真也依然平庸的原因。

值得注意的是，孙先生对教材的分析和批判，是基于学生言语学习的需求之上的。他最关注的是《背影》作者的情感和对表现特质的揭示，因为，这才是学生真正需要了解的，是对学生的写作真正有帮助的。

有人可能会说，像孙先生这样的微观分析专家毕竟是凤毛麟角，广大语文教师是不可能达到这样的教学境界的。这不无道理，孙先生的天赋和才气都堪称一时之选，的确难以企及。但是，问题不在这里。问题不在于是否有阅读方法论上的创新，而在于学养和教育素养，在这一点上，每个教师经过努力是可以逐步提高的。教案写得是否整洁规范并不能说明什么，如果缺乏学养和教育素养，很可能教案越规整，教学效果越差。平庸的教师，往往把执行教案的预拟摆在首位，作茧自缚，不能顺应变化着的教学情境的需要，

---

① 孙绍振：《直谏中学语文教学》，南方日报出版社 2003 年版，第96～100 页。

目中无人，这样就摆错了师生关系的位置。

反教案教学的“教案”，当然也可以有对教学的预设，但是这种预设是较为宽泛、松散的，便于随机调度、组合，不是作为教学的蓝本，在教学中按图索骥、照本宣科。如何调度、组合，这必须由学生来决定。学生在教学中即时的需要和提出的问题，才是源头活水。这就是“学生本位”。每一个学生的需要和提出的问题都是不同的，因此，教学程序严格说来是不可预设的。师生是教学共同体中的平等成员，教学是师生不同需要和问题的平衡统一。教师教学的出发点，虽然有作为教育者的基本意图，但是从根本上说，须与学习者的需要对接。因此，教学活动不能根据预拟的教案机械地实施，而应充分考虑学生即时性需要作随机的组织，每一次课的教学都是一种有准备的“即兴”组织。教师的教学水平不是体现在是否严格地实施教案教学，而是体现在是否能根据学生的现场反馈状况、具体的教学情境，迅速做出反应，确定恰当的教学策略，有效地调动学生的参与积极性，与学生一道，合作完成教学活动。

教学活动既是师生合作完成的，教学组织和实施也就不是由教师单方面就能决定的。因此，教案的预设，似乎就失去了一半的价值。从某种意义上说，教师不是在“教”，而是在唤起，唤起学生的学习积极性和能动性，唤起学生的参与意识和主体意识，唤起学生发现问题和解决问题的兴趣和热情。**在教学中，学生的自觉性、自主性愈高，教师愈“清闲”，教学效能愈高；反之，教师愈“忙”，学生就愈麻木不仁、愈疏离教学，教学效能也就愈低。**反教案教学，反的就是教师“包打天下”的教学，反的是“主导”型教师的教学垄断。在语文教学中，立的是学生的自我言语生命意识：语文教学活动的自我规划、自我组织、自我促进、自我完善、自我发展，最终达成言语上的自我实现。

能“即兴”组织教学，需要长时间的准备过程，这是一个很高的教学境界，不是缺乏教学经验和教育素养的年轻教师所能做到的。但是，教师从一开始就要意识到，从教案教学到反教案教学是教学能力发展的必然。反教案教学的精神实质，在于教师基本的教育理念和课堂教学观念的改变，教学的天平向学生倾斜：由师道尊严、教师中心——“师者，传道授业解惑也”，到师生合作、尊重学生，生“贵”师“轻”，以学生为本，尊重学生的自主规划、自主探究；强调教师的教育素养的深厚：教育、语文学科教育和汉语言文学专业素养的广博精深，语文教学经验的丰富和教育、教学反思的深刻。

如果说对于教师来说“教是为了不需要教”，写教案也可以说“写是为了不需要写”。在这个成长过程中，传统意义上的“教案”文本逐渐变得可有可无，教学所凭依的，一部分在教师的大脑中，另一部分在电脑中。积累日增，修养日厚，自然能左右逢源、得心应手。

但愿上述对教学和教案的理解，不会成为偷懒者的口实。

六　教师专业化成长：“后教学”的追思和反思

反教案教学还有一个重要建议，这就是不但重视“前教学”的准备、教学中的多向互动，而且注重“后教学”的自我追思和反思。“后教学”的自我追思和反思，是较容易被忽略的，对于教师的成长来说，这却是至关重要的，其重要性一点不亚于“前教学”和教学。**缺少“后教学”环节，不能算是一次完整的教学过程。**

一般来说，教师备好课、上完课，似乎一次教学活动就告完成。在反教案教学语境中，课后对教学活动的追思和反思，也是不可或缺的。这是对教学的回顾、思考和总结，是从经验到理性的认知建构，对教师教育素养的提高，作用甚至比备课和教学还要大。教师上课可以没有形式上的教案文本，但是，将一些上得成功或上得不理想的课记录下来，作冷静的评判和检讨，却是必要的，不但对今后的教学有极大的好处，而且为教师的专业化成长所必需。

我以为教师的教学过程可以分为前教学、教学和后教学三个阶段（也可以说是三种教学行为）。前教学，是教学的准备阶段，包括原先的教学经验和认知背景的投入，在备课过程中进行的阅读、思考和记录工作；教学，是教学行为的实施阶段，是师生的交流、对话和互动过程，在这个过程中，教师和学生相互合作，共同完成教学任务，以期获得最佳的教学效果；后教学，是教学的反思、总结、研究、深化、升华阶段，在课后，教师对前教学、教学过程及其得失，通过回忆、内省，进行梳理、分析和评判，有的还可以形成研究课题，进一步提高、完善对本次教学活动的认识。前一次教学活动的后教学过程中形成的新认知，将成为后一次教学活动的前教学行为的前理解。

每一个教师都有自我感觉良好的和自我感觉糟糕的上课经历，而这种感觉往往是瞬间发生的，如果没有及时地记录下来，很快就消逝了，这种感觉就再也找不回来了。这是教师教育资源的最大浪费和流失，是教师成长和发展的宝贵机遇的丧失。因此，教师要珍惜和把握自己教学经历中的有价值的个案，将其写成教学实录、教学手记、教学短论等。

下面是韩军先生的一篇教学实录，借此可以透视反教案教学的追思和反思：

我教《隋宫》①

韩　军

这是我在济南师范学校上的一堂课，时间是1991年6月。这堂课使我获得山东省教学能手文科组第一名。课题是抽签决定的。我抽到的是中师语文课本《阅读和写作》中李商隐的《隋宫》，一首不太出名的诗——

紫泉宫殿锁烟霞，欲取芜城作帝家。
玉玺不缘归日角，锦帆应是到天涯。
于今腐草无萤火，终古垂杨有暮鸦。
地下若逢陈后主，岂宜重问后庭花。

上课时间是第二天上午第三节。为了打破师生之间的陌生感，活跃一下气氛，我在上课铃快响起的时候，抛出一个谜语……我接着补充了一些必要的背景知识，并指名朗读一遍，然后就进入第一句："'紫泉'是长安的一条小河流，本来的名字叫做'紫渊'，可是诗里李商隐却把'渊'字写成了'泉'字，为什么？"

有的同学说，是为了押韵吧？

"渊、泉"虽同韵，但这里显然不是押韵的问题。我启发说，从唐朝历史角度想想，对唐朝皇帝非常熟悉的同学才可能找到答案。

一同学站起，不敢十分肯定地说："是不是避讳唐高祖李渊的字呀！"

回答正确。同学们都以钦佩的目光看着他。

"宫殿建在一条河流旁边，一条曲曲弯弯的紫渊，就从宫殿里流出，能够衬写出宫殿的什么特色？"

---

① 韩军：《我教〈隋宫〉》，载《语文世界》，2003年第5期，略有删改。

“环境很美。”“环境优雅。”“让读者想起整个宫殿来都十分美丽。”同学们回答。

我说，宫殿被烟霞所笼罩，这写出宫殿的什么特征？

“高大，宫殿很高！”“非常雄伟吧。”大家答。

一同学说：“宫殿上面烟霞缭绕，也十分美丽呀！”我肯定她的这个想象十分出色。

我又进一步说：“大家再仔细想想，从‘锁’字上你还可以觉出什么？”

一学生站起来说：“宫殿是空的。一个‘锁’字表明，没有人来住，只有烟霞来光顾。”

“概括地说，首句写出了宫殿的什么特点？”

“雄伟、壮丽、空锁。”同学们答。

有同学悄悄说，“雄伟、壮丽，那不成了天安门了？”

我说：“雄伟、壮丽，不只可以描写天安门，还可以描写所有具备这种特征的宫殿，甚至雄伟、壮丽，也可以描写高山呀！”

我引申到下句——

“紫泉宫殿建立在他的国都，如此雄伟，如此壮丽，可是隋炀帝杨广却不住，仍然‘欲取芜城作帝家’，这表明隋炀帝杨广什么特性？”

一个同学举手，“欲望无边，贪得无厌。不仅住宫殿，还要建行宫”。

“好，这个评价一针见血。大家把‘贪得无厌’四个字标在这句话的旁边。这两句话，实际上就是为了揭露隋炀帝杨广‘贪得无厌’的。大家想想，首句越是极力渲染宫殿之美，渲染它越美，那么，‘欲取芜城作帝家’，就越加显示出他的贪得无厌、欲望无边。”

“玉玺不缘归日角，锦帆应是到天涯。请一个同学把这两句解释一下。”

一同学读注解：“如果不是因为隋朝政权转到李渊的手中，杨广的船队也许会游得更远，游到天涯海角。玉玺，这里作隋朝政权的象征。日角，额头隆起像日头；古时候的相士编造说帝王有这样的天生贵相；这里指李渊。锦帆，用锦缎制成的船帆，这里指杨广的游船。”

我又补充了一点历史资料。隋炀帝出游时，带着文武百官、皇后、妃嫔甚至尼姑道士，龙船、杂船达上千只，在运河上绵延达两百多里，而拉纤的民夫就达八万多人。杨广三次到扬州，最后一次是从大业十二年，一直住到大业十四年被他的部下宇文化及杀掉。假如他不是被杀，那么可以设想，他还会继续游玩下去，因为他已经开凿了八百里的南运河。

我问道："如果不考虑音韵因素，'玉玺'能否改用'政权'或者'天下'，'锦帆'能否改用'船队'?"

"不行。因为那样就不含蓄了。"

"是不含蓄还是不形象?"

她答："既不含蓄也不形象!"

我肯定道："玉玺和锦帆，都是非常具体的东西，可感可看，非常具象化。用这样的词来表现天下政权，表现浩浩荡荡的船队，既形象又含蓄。"

我又问："大家想想，李商隐是否十分相信，杨广的政权不被李渊代替的话，那么杨广就一定会带领船队游玩到天涯海角? 请根据诗歌的具体词句来回答。"

课堂上沉寂了一会儿。有同学举手，"我觉得，李商隐对此应该十分肯定"。

我让他说理由，他说："三四句是紧承着一二句的。既然一二句是说杨广的贪得无厌，欲望无止境，那么，这三四句同样是说，杨广如果不丢失政权的话，那么，他在位一天，就会游玩一天。如此下去，他就会游玩到天涯海角的。"

我接他的话说："依你的说法，作者已经彻底看透了杨广了，非常肯定杨广一定会游玩到天涯海角了。"他点头。

我开始寻找不同意见者。"谁的观点与他不同? 也就是说，你认为，作者李商隐并没有十分地确定杨广一定会游玩到天涯海角。"

只有一个同学举手，是位女生。她说："我觉得，作者是不确定的。因为，他这里用了一个词是'应是'。"

我说："哦!'应是'这个词是什么意思?"

"是'大概可能''也许可能'的意思。"

我有些惊喜："这位同学理解非常到位。她紧紧扣住了具体的字词来理解，来把握。应是，是推测，不是百分之百地把握。"

我走回到刚才那位同学跟前。“你们两个，一个觉得作者李商隐已经十分肯定杨广会游玩到天涯，一个觉得作者并没有十分肯定。请你俩各自辩解一下吧。”

没想到，我话音未落，那个持肯定意见的同学收回了自己的意见，他说：“我同意她的意见。她抓住了‘应是’这个词，她的话有说服力。”

大家都点头，尽管有些同学仍然有些犹疑。

同学们如此轻易地认可了一种意见。我刚刚点了一把火，本希望持不同意见的双方唇枪舌剑，可是却突然熄灭了。不行！我要让学生往深处思考。我顺着话题故意发挥，要让同学们发现结论的不周密处：“也就是说，你们都认为，李商隐并没有看透杨广，对杨广的本性并没有十分的把握。你们认为李商隐的观点是，尽管杨广其人贪得无厌，但是，他如果继续往南游玩的话，还可能有突然省悟的一天，会幡然悔悟。所以，作者李商隐在这里使用一个不确准的词儿——‘应是’，表达自己推想、猜测的意思……”

有学生要求发言了。“老师，我觉得这样说似乎不对。其实，李商隐是看透了杨广的本性的。在李商隐看来，杨广这个人就是至死不悟，死不悔改！”

另一位同学接着说：“在李商隐看来，杨广就是那种不见棺材不落泪的无赖。”

又一个说：“如果不丢失玉玺大印，杨广必定会游玩到天涯。”

“哦，原来你们都认定了作者李商隐看透了杨广。可是，怎么解释这里的‘应是’？如果真的看透了，那么应该用‘必是’，为什么用‘应是’？‘玉玺不缘归日角，锦帆必是到天涯’，这样写，不是更能恰切表达看透杨广的意思吗？”

学生有些急：“不对，用‘必是’不如用‘应是’更含蓄。”“用‘应是’更具有讽刺效果！”

我暗暗高兴：“经同学们一说，我有些明白了，用‘应是’在字面上似乎显得轻巧，可是讽刺更深，挖苦意味更强。我给大家读一读吧，我想象，李商隐就坐在杨广的对面，他已经彻底看透了杨广，他非常鄙视杨广，可是他又想狠狠耍弄一下杨广，狠狠讽刺、挖苦一下杨广。李商隐就说，杨广呀，杨广，（你的）玉玺—不缘—归日角（的话），那么，

（你的）锦帆一应是一到天涯（了吧），呵，是不是呀？呵……”

我极力模仿想象中的李商隐与杨广的谈话，想象着李商隐在逗弄、耍弄杨广这个泼皮无赖。我的语调非常轻飘，轻松。话音刚落，教室内顿时一片掌声。

我立即总结道：这里用“应是”，实际上是以表面上轻巧的字眼表达深度的讽刺之意，“以‘应是’的揣测，表达‘必是’的判断”。我把这几个字板书在黑板上。

“于今腐草无萤火，终古垂杨有暮鸦”两句，牵扯到两个历史事实，即“腐草无萤火”和“垂杨”。课文注释了“腐草无萤火”，我补充解释道：杨广在洛阳景华宫时，曾经派人搜求萤火虫好几斛；斛是一种量具，一斛相当于十斗。夜间游山时，杨广让手下人放出萤火虫，整个山谷一片光亮，杨广就以此为乐。据说江都有“放萤院”，相传就是放萤的地方。“垂杨”说的是，杨广令人在汴口到长江的1300多里运河堤岸上遍植垂杨柳，后世人称“隋堤”。

我想让学生体会到这两句诗的妙处。但是直接地讲，有一定的难度，学生也不易理解。我用的是迂回的办法。

“我想把这两句改写一下，大家跟原诗对比一下，看看好不好？”我把预备的小黑板拿出来——当年腐草捉萤火，千里运河植垂杨。——“比照时，不要考虑音韵方面，而只考虑内容方面。”

有学生举手。“我觉得不好。”

我示意他说出原因。他说：“老师改写的那两句只是叙述了一个历史事实。”

我反驳道：“只是叙述历史事实有什么不好？原诗也是在叙述事实呀。”

“人家说的既有历史事实，也有当今的事实。”他已经抓到了要害。

“哦，我的这两句只有‘历史事实’，只是历史事实的一般描述，而原诗两句，既着眼于历史事实，又着眼于‘当今的事实’。也就是说，形成了一种对比。什么对比？”

“是古今对比。”

我抓住不放：“请你抓住具体字词来说说。”

学生说：“原诗这里有‘于今’，同时有‘终古’。”

我追问："于今"怎么样，"终古"又怎么样？

"于今腐草无萤火，已经失去了曾经的喧闹；终古垂杨有暮鸦，则显得非常凄凉。"学生说到了诗句的妙处。

"好，确实如此！"我表扬了他。又进一步引导，"谁还能补充一些吗？大家想想，当初，萤火多么光亮，光耀山谷，多么热闹，多么繁盛；而现今萤火竭尽，只剩下了暮鸦声声，枯草败落，多么压抑，多么凄凉"。

又一学生举手发言："这里有兴亡的对比，有盛衰的对比。萤火似乎成了兴盛的象征，暮鸦似乎成了衰败的象征。"他的话赢得了掌声。

"对，这两句实际上包涵一种深沉的历史感慨。是不是可以这样说，如果一个皇帝在位时总是以捉萤火、放萤火这类事情为乐，那么，等待他的就只有暮鸦声声！"

至此，全诗已经欣赏了四分之三，我想回头把头绪整理一下。

"大家看看，一二句说的是'出游'，二三说的是'灭亡'，三四句说的是'亡后'"，我板书了这六个字，"从出游一直写到亡后，诗歌似乎已经把要写的内容写尽，往后已经没有什么可写的了。大家想想，是不是已经没有东西可写了？"

学生点头。

"如果为了凑满八句，那么顶多再加上两句议论、劝诫的话，什么'后人莫学隋炀帝，荒淫误国被人骂'之类。这样的结尾就非常没有意思了。看看李商隐这位诗人大家是怎么写的，——地下若逢陈后主，岂宜重问后庭花。——两句是议论吗？"

"是描述。"几乎是齐答。

"是对什么的描述呢？对真实事实的描述，还是对想象的描述？"

学生答："是对想象情境的描述，对杨广死后的情况的想象与描述。"

"这就是继续入'地下'穷追猛打了。作者对杨广，不但追击到灭亡之后，还要追击到地下！想象杨广的灵魂会不会悔改。大家看看，杨广到了地下之后，他的灵魂悔改了没有呢？"我特别强调"地下"二字。

"没有！"

"陈后主是谁？"我问。

一学生站起来念注释："陈后主，叫陈叔宝，南北朝时陈朝的最后的国君，因为荒淫灭国。”

“陈后主也是一个荒淫国君，大家是否知道陈后主的陈国是被谁灭的吗？”

学生答：“不知道。”

“就是杨广呀！是杨广灭了亡国之君陈后主，又步亡国之君的后尘，荒淫灭国。”我说。“如果‘玉玺不缘归日角，锦帆应是到天涯’，是说杨广‘不见棺材不落泪’的话，那么现在他已经死了，成了地下鬼了，应该落泪、悔恨了吧？可是呢，他仍然不落泪、不悔恨，可以说是什么呢？”

“见了棺材也不落泪。”同学们顺口而答。

“对！”我接着发挥道。“他死后灵魂仍然淫乐，仍然要做风流鬼，仍然惦念着陈后主的宠妃张丽华，惦念着想欣赏荒淫舞曲《玉树后庭花》。”

但是，学生们仍然没有注意到“若逢”和“岂宜”这两个词的妙处，没有体会到这两个词的表现力。于是，我问道：“同学们，我问大家两个问题：第一、假如人死后真有灵魂，那么，杨广的灵魂会不会去找陈后主？第二、假如杨广和陈后主真的在地下见面了，那么杨广会不会询问《玉树后庭花》？”

学生们不假思索回答：“会！”“当然会！”“一定会！”

“那么，我把‘若逢’二字改成‘必逢’，‘岂宜’改成‘一定’，好不好呢？”我问。

同学们在沉吟，有的读出了声音，推敲这两组词语。

“老师，我觉得那样改动之后有些死板！”有学生发言。

“原诗更活泼。”一个说。

“不如原诗更有意味。”又一个说。

我进一步启发：“也就是说，不如原诗更耐人咀嚼，更灵动。请大家把李商隐这两句诗反复吟诵一下，是不是觉得李商隐这个人就在眼前呢？如果他在眼前，他是个什么形象？”

“应该是一副轻轻松松的样子。”一个说。

“是嘻嘻哈哈的，不十分严肃的。”一个说。

“好像跟杨广在开玩笑。”又一个说。

“那么，换成‘必逢’和‘一定’后，大家再读读，再想象一下李商隐是一个什么样子的形象？”我说。

“李商隐的表情很严肃。”

“面无表情地严厉地斥责杨广。”

我问：“哪一种情况表现出来的讽刺、挖苦、蔑视之意，更强烈、更尖锐呢？”

“轻轻松松的那一种。”

“也就是说，如果用一个十分肯定的词，感情十分强烈的词，表达出来的效果却不一定强烈；而用词看似不经意，词义也不确定，但是表达出来的效果却十分强烈。大家看看，‘若逢’是设想、‘岂宜’是问句，表现效果却出奇的好。请大家记下这样一些话，叫做‘平字见奇，常字见险，陈字见新，朴字见色’。大家体味一下这首诗中的用字，就有这种特点。譬如不缘、应是、于今、终古、若逢、岂宜，这六个词都是平平常常、平淡无奇的，可是它们的表现力却非同一般，真可谓‘平字见奇’。”我把“平字见奇”四个字写在黑板上。“这首诗是咏史诗。一切咏史皆以讽今为目的。咏的是历史，却都是写给当朝皇帝的。李商隐这首诗，也许在告诫他们，统治者的行为本身，往往是国家兴亡、盛衰的根本原因。勤俭为民，当朝就会走向兴盛；奢侈为己，铺张淫逸，当朝就会走向衰亡。曾经有句非常有名的话，叫做‘成由勤俭败由奢’，大家知道作者是谁吗？”

学生回答：“不知道。”

“就是本诗的作者李商隐。在此意义上，李商隐写出的‘岂宜重问后庭花’这句话，是问杨广呢，还是问唐朝当朝皇帝？”

“问当朝皇帝！”

“也是问后代的封建统治者！”我有些激动。

一时间，教室里鸦雀无声。同学们震动了。

我本不想照录全文，因为太长了；但是似乎只作部分的摘录，又不足以说明问题。经过无数次斟酌取舍，才狠狠心，在开头部分删节了数百字讲学生如何“猜谜”的文字。课，上得天衣无缝，其中哪一个部分都不是多余的。

韩先生还讲到这次公开课的一些相关情况和自己上课的体会，这就是“后教学”的反思：

我有一个习惯，讲课前我从来不背诵教案，实际上我也很少写详细的教案，而我却往往习惯背诵课文。……我有一个深切的体会，对你所教授的课文，达到烂熟于心的地步，那么，讲课就大体有数了。甚至就不用备课了。

住处是济南师范学校校内西侧的一个宾馆，有些阴暗。匆匆忙忙吃过晚餐后，就到该校教务处去“抽签”。当时，我心中默默期望让我抽到王维的《山居秋暝》。此诗比较小巧玲珑，比较好把握，讲好应当胸有成竹。

然而，展开签纸，我顿时失望，是《隋宫》！

是李商隐的，是非常不著名的一首诗。

回到宾馆，已经是晚上七点多钟了。按顺序，我要到第二天上午第三节课讲课。手头没有什么参考资料。

仔细揣摸这首诗，觉得还是有许许多多可以挖掘的，可以出彩的地方。

我仍然没有写所谓的教案，只是把自己的所思所想零零散散地记录在草稿纸上。同时默默背诵全诗，边背诵边揣摸。

许多参赛的老师忙着借参考书，借字典。而我却是一种十分散淡的心情，静观一切。绝对不是胸有成竹，而是觉得，反正已经如此了，是好是坏早经决定了。如果你教学基本功不扎实，如果你平时积累不够，那么，现在再忙乱，恐怕也于事无补或者没有太大的补益。所以，我坦然。

由此可以看出，这次获得第一名的公开课，韩军先生并没有“充分”的准备，没有写教案——讲课前他从来不背诵教案，实际上也很少写详细的教案。这大致上可以算是一种反教案教学。显然，这节课上得较为成功，靠的是平时积累，是语文教育综合素养和教学经验在起作用。虽然没有教案，却上得行云流水般的从容、流畅，充满了想象力。可以想见，如果韩先生凭教案教学，大约很难上得如此自如、率性、灵动。从“实录”中可以读出：

首先，师生之间互动良好。这一教学活动始终是在师生合作下完成的，由于学生的积极参与，使教学有了张力和活力。教师意欲创造一个随和、随意、轻松、和谐的教学气氛，召唤学生的参与、启发学生的思维。学生之间也同样互动良好，形成了平等、多元的交流气氛。在教学对话中，精彩的认识很难说得清是谁做出的——是互相激发，共同获得的。

其次，抓住了有争议的难点，创设探究情境。“应是”“于今”“终古”“若逢”“岂宜”这些关键词语，一般人可能只是在字面上作简单的解释，使学生懂得了字面意思就算了，韩先生却揪住不放，引导学生去探索它的语境意义和作者的创作意图，使学生在思考和探讨中加深对诗歌的理解。

第三，注意对比法的运用。采用替换词语的方法，让学生品味词语的细微差别。对几个词语的替换都很恰当，能使学生从语意的不同中揣摩、把握作者所要表达的意思。引导学生认识诗歌中兴亡的对比、盛衰的对比，从对比中体悟到词语的隐喻义：萤火似乎成了兴盛的象征，暮鸦似乎成了衰败的象征。

第四，最值得称道的是，在对诗歌语言的品味中，着力培养学生的审美想象力。韩先生并不就文论文，而是以作者的想象力唤起学生的想象力，以自己的想象力唤起学生的想象力。如他抓住“应是”一词，做足了文章：不但让学生领会“应是”与“必是”的不同，而且还进一步引导学生认识这两个词的深层联系，模仿想象中的李商隐与杨广的谈话，想象着李商隐在逗弄、戏耍杨广这个泼皮无赖，语调非常轻松。话音刚落，教室内顿时一片掌声。他总结道：这里用“应是”，实际上是以表面上轻巧的字眼表达深度的讽刺之意，“以‘应是’的揣测，表达‘必是’的判断”。这是一般教师难以达到的领悟。同样精彩的是，他把“若逢”改成“必逢”，“岂宜”改成“一定”，请学生想象原诗和改诗体现的李商隐形象的差异，很自然地使学生悟出了李商隐用词的奥妙，且饶有趣味。

第五，加深了对文字表现的理解和语感的培养。在与学生交流的过程中，韩先生注意引导学生琢磨、品味语言的表现力，不但在表层语意上，而且揭示其深层语意、语效和表现规律：“如果用一个十分肯定的词，感情十分强烈的词，表达出来的效果却不一定强烈；而用词看似不经意，词义也不确定，但是表达出来的效果却十分强烈。”“这首诗是咏史诗。一切咏史皆以讽今为目的。咏的是历史，却都是写给当朝皇帝的。李商隐这首诗，也许在告诫他们，统治者的行为本身，往往是国家兴亡、盛衰的根本原因。”这就有利于学生在阅读之后的迁移和借鉴，培养了体式感与创制力。

在看似轻松的对话中，显示了韩先生的教学功力。课不是刻意备的，似乎也不是经意上的，但是，款款道来，举重若轻。不是熟悉的学生，没有事先的情感联络，却交流得十分默契、融洽。随意地联系，得体地引申，自然地升华，体现了厚积薄发的教学实力。这一“实录”可谓甚得反教案教学之精髓。

在韩先生的追思中，他对自己参赛时心态和心境的回忆，很值得品味，可以说是他对这次成功的教学进行追思中的一个亮点：“许多参赛的老师忙着借参考书，借字典。而我却是一种十分散淡的心情，静观一切。……所以，我坦然。”就是持平常心，不论是平时上课，还是参加教学比赛，都一样看待，把教学外的因素看淡，把名利看淡，内心就自由、平静，上课时没有太多的心理负担，不患得患失，课就上得从容自在、率性适意、酣畅自如。相信韩先生有了这种心理自省，下一次课，将来所有的课，他都会从这次课中受益。

如果教师能经常把自己上得较为满意的课和上得自认为较为“糟糕”的课记录下来，进行自我分析总结，相信效果比写那些千篇一律的教案要好得多。反教案教学的追思和反思，还包括教学札记、教学日记、教学随笔、教学评论、教学一得、教学小结等形式。每一个教师都可以寻找适合自己的一种或数种的体裁来把“后教学”的自省写下来，这是教师的一笔丰厚的个人资产，教师教育人生和言语生命的见证。

教师的成长，离不开教学，离不开对每一次教学过程的检讨和总结。因此，教师的教学工作，应包括课后的自省，应倡导后教学与前教学、教学的并重。后教学，实际上是对前教学、教学的追思和反思，它会发现很多原先没有发现的问题。在前教学的预拟中，自认为很满意的设计，通过教学实践后，也许会发现并非如自己事先的想象，就会把思考引向深入。后教学的反思，便是一种很好的教学科研的基础，使我们将教学经验上升到理论的层面加以认识，为下一次的前教学和教学的提高做好准备。这样，教学便进入了良性循环，在一个不断自我调节、自我提升的教学认知过程中，教师成长了。

从某种意义上说，是否重视后教学的反思和研究，是优秀教师和平庸教师的试金石。平庸教师，一次教学活动，止于教学，上完课就了事，这样的教师永远在原地踏步，不断重复自己，包括自己的错误；而在优秀教师那儿，每一次课都被看作是未完成的，课虽然上完了，但是反思和研究一直在进行，不断地在检讨，试图超越自己，每一次课都是在为下一次课做准备。教师教学境界的提升，有赖于后教学的追思和反思。

附录

《三笑》：为“立言”奠基的课

——“言语生命动力学”语文学解读

2016年11月13日，深圳教科院的赵志祥老师在郑州上公开课《三笑》[①]，我曾做过现场点评。我以为，这是一堂为“立言”奠基的课，有灵魂、有信仰，近乎完美的课。我给予如此高的评价，绝非哗众取宠。我听过不少名师的课，他们各有各的好，必有某方面超过赵老师的，但从我的“言语生命动力学”理念出发，论对“立言”价值观的理解与贯彻，以及教学素养、能力等，形成的综合感觉，我推崇赵老师的课。

我的推崇并无私心，我与赵老师素昧平生，没任何利害关系。我在各地评课，或褒或贬，都是实话实说。我的直言不讳，常使某些名师不悦，我只能对他们说声抱歉。有些会议主办者因此感到尴尬，私下劝我“口下留情”，然而，禀性难移，“乡愿，德之贼也”，说违心的好话，不痛不痒的废话，我难受——“对不起，下回别请我评课好了”。我的《语文：回望与沉思》扉页写了一句话：“无论臧否，皆为敬重”，这是我的信条。我以为，评课说真话，才是对执教者真正的敬重。

如果非说我有私心也不是不可以，那就是我要借此树立一个标杆。赵老师的课得“言语生命动力学”之精髓神韵，是我苦觅无着的。发现赵老师，是我郑州行的意外收获，他给我一个惊喜，偏爱在所难免。然而，我确信，这私心代表了语文界公心。以“立言”为导向，以培育言说欲、言语创造欲为首务，指向“表现与存在”的语文教育，必成学界共识，乃课改之大势所趋。以赵老师的课为典范，既是让大家得以进一步了解、实践“表现-存在本位”教学，更是期望他尽快被超越。如能被广大教师超越，当是语文学科之幸，普天下学生之幸——相信赵老师也会乐观其成。

---

① “三笑”是：《汉人煮箦》（邯郸淳《笑林》），《奶奶属牛》（冯梦龙《笑府》），《屁颂》（赵南星《笑赞》）。

基于此，赵老师请我写评论，不论多忙，我也毫不迟疑地接受了。他的课必须我来评，义不容辞。

赵老师的课单凭读“实录”不够，看视频也难得其深味，身临其境，方觉其独特魅力。

他的教学有超乎内容之外的仪式感与形式美：身材颀长，着古雅的红色汉装，自信满满、从容淡定、神采飞扬，举手投足，怎一个“帅”字了得？字正腔圆、抑扬顿挫的标准普通话，出神入化的吟诵；准确、简洁不失机智、幽默的即兴应对；笔力遒劲、功底深厚的板书——书法；教学设计、内容、方法，得心应手的选择、运用；教学布局的起承转合、曲径通幽、相互照应、浑然一体；目标明晰、思路流畅、虚实交融、详略有致……这些，或刻意或无意的“仪式”，整体上的形式美，形成文气氤氲的“语文场”，向学生无声传递着“郁郁乎文哉”之氛围，丰盈、灵动、雀跃着他们的言语心智，因而堪称一堂美轮美奂的课。这便是我对赵老师课的综合感觉。

语文教师（最好称“先生”），当是语文（最好称“汉语”或“国语文”）美的化身，“斯文在兹”的象征，就该儒雅俊赏、文采风流，给予学生鲜活、直观的言语熏陶、动力涵养。语文教师，应是学生的偶像——面对由衷崇拜的偶像，没理由不热爱、学好语文。与其责怪语文科不受重视，学生厌学语文，不如反躬自问：我是学生的语文偶像吗？我的课让学生心驰神往吗？

语文偶像的魅力，让学生心驰神往的课，来自于教师综合素养、实力。还是那句老话：台上一分钟，台下十年功。——岂止十年，得一辈子修炼。“有境界则自成高格”，真正的语文偶像，不是靠时兴的“教法”、多媒体等包装、打造出来的，高水平的语文课，得靠深厚的言语德性、学养、能力来支撑。

在“言语生命动力学”语文学视野下，语文课是教师、学生“言语生命”间的对接，是言语综合素养、实力的迁移、培育，其中，言语德性——“言语生命”意识、存在性言语价值观的培育，是第一位的。为“立言”奠基：“言语生命”意识的觉悟，全方位言语动机的激发，指向言语表现与人的存在，是贯穿语文课程的主线。

赵老师得其三昧。为“立言”奠基，是他的教学“中心思想”；成就“立言者”，是融化在课里的灵魂，传导给学生的语文信仰。他的课以“立言”为提纲挈领的“一”，由此辐射、渗透到教学肌体的方方面面。

且看赵老师的课如何呈现这个“一”。

一　与经典文本作者比“帅”：“立言者”最帅——存在性言语价值观引领

教师理当成为学生的语文偶像，更多、更高的语文偶像，则是经典文本的作者。教师要有意识地将“文”与“人”——作者对接，让学生爱屋及乌，读“文”识“人”，对作者心生仰慕之情，感受言语创造的荣耀与伟大，以此作为毕生之向往与追求。

赵老师出场，着时尚风衣亮相，请学生将他与三位古人（“三笑”作者）的肖像比，评论美丑，这看似故意卖“帅”的“导入”，暗藏树立语文偶像、传递言语动能的玄机。在教学过程中，或直接或间接地照应、强化这一“主题”。如，“师：……不管他（冯梦龙）长得怎么样，单凭这句话、这篇小文言文，你们觉得冯梦龙先生帅不帅？生：帅（大笑）！”——诸如此类的引领、点拨比比皆是，及至课毕，这几位作者及其作品，势必给学生留下深刻印象，使之明白“立言者”才是真正的“帅”。

二　教自己开发的性价比最高的古代经典——让学生受到经典美文的熏陶

赵老师为文言经典教学探索出一条可资借鉴的新路。

《三笑》教学内容，是赵老师开发的教学文本。三则笑话，分别选自邯郸淳《笑林》、冯梦龙《笑府》、赵南星《笑赞》，这几本笑话作品集，可谓今天盛行的“段子”的鼻祖，既有很深的现实意义，又有很高的艺术性、趣味性，为学生喜闻乐见。赵老师在文言经典、经世济用、浅显易懂，与小学生喜读乐写几者之间，找到了平衡点。加之高超娴熟的教学技巧、妙语连珠的课堂应对，使学生为之着迷。

语文教学要超越现有教材选文，树立“读必经典”的观念。读最好的作品，给学生最好的精神食粮，才能养育出最好的人品与作品。这也同样涉及“言语动力”的陶养。读烂文、平庸时文，不会诱发写作的冲动，更不可能产生“立言”的信念，只会使学生厌弃语文。读经历时间筛选过的经典、美文，才会改变气质、涵养性情，激起创造欲望与“立言”之志向。

经典包含古今中外的作品，我之所以尤其强调读古代经典，是因为古代时间跨度大，积累下的优秀作品数量多，经过无数代人选择、检验，优胜劣汰，流传下来的大多是精品，从总体上说，其质量必定胜过现当代经典，特别是那些未经时间沉淀、扬弃过的时文。相对而言，古代经典，是性价比最高的。自然，这不是说古代经典就无须选择、扬弃。

我反对抽象地倡导多读书，或主张让学生读自己感兴趣、读得懂的书。开卷有益，也可能有害，还有阅读的时间效能问题。现今，不论是课内教材还是课外阅读内容，大多质量不高，这是语文教学成效不彰的原因之一。专家、教师基于肤浅的“儿童本位”观，让小学生花大量时间读儿童文学、绘本，以及垃圾时文，远不如读、背一知半解或完全不解的经典。读什么书、文，怎么读，仍是问题，语文教师负有引导的责任。赵老师的课较好地解决了这个问题。

三　不话不成人，不笑不成话。不笑不话，不成世界——赐予终身受用的言语人生格言

“言语生命动力学”，其理论逻辑在于“动机决定行为”，赵老师深谙此道。他让学生明白为什么学语文——学笑话作品的意义：“笑话本身并不是让你傻傻地笑一笑，而是让你思考，越思考越有道理。因此。现在你们都变得深刻了。”笑话的价值在笑而后思，乐而受教——在教学中注重渲染写作、文章之功用，这类提点多多益善。

他引用冯梦龙相当精辟的见解，使学生认识言说的重要：“生（读）：《笑府》集笑话也，十三编……我与若皆在其中，供人话柄。不话不成人，不笑不成话。不笑不话，不成世界。师：‘不笑不话，不成世界’这句话你们慢慢地揣摩，等你们到了老师的年龄，你们就真的懂了。”——赵老师明知学生读不懂还要说，岂不是违背“儿童本位”，至少是浪费时间？其实不然，学生现

在不懂没关系，好书，有价值的观点、话语，是可以慢慢回味、消化、领悟的。重要的是读过、想过，留下记忆的痕迹。

这一观点，对于培养“立言”观、人生观、世界观至关重要。

“不话不成人，不笑不成话。不笑不话，不成世界”，这话太深奥、太有哲理了，是对“立言”观的丰富，可以让人思考、明理、受用一辈子。真能读懂、参透，知道话与人，笑与话，话、笑与世界的关系，就知道人该怎么活——有话、有笑——才能活成个人样，拥有幸福人生和美好、多彩的世界——可惜世间懂这个道理的人太少。语文课不把这道理教给学生，是在根本上误人子弟。

赵老师虽没具体解释这话的意思，但他的教学便是最好的开示。

四 一千八百年前我国就有笑话专著，多厉害—— 树立“立言”不朽的信念、信仰

赵老师将实践这一观点的作者、著作，深深地烙进学生的记忆。他多次突出介绍作者名字、作品出处、写作年代等，意在表明作品的价值：我写故我在。让学生明白读、写的意义，揭示文与人、人生、存在的关系，使之萌生写作意愿，树立“立言”信念、信仰。如：

师：邯郸淳是三国时期魏国人，写了《笑林》。我不想多说这篇一读就懂的小文言文，只是想让大家知道有这么一篇文章，更重要的是让大家知道《笑林》。那么，邯郸淳是何许人也？《笑林》又是什么书呢？（出示简介）

生：《笑林》是中国最早的笑话专著。

师：一千八百年前，我们中国就有笑话专著，多厉害！而且是文言文的。我们要记住作者邯郸淳。继续。

生：作者，邯郸淳，三国时期书法家（曹植的好友），因著有《笑林》而被称为“笑林始祖”。

师：有兴趣的话可以上网查一下邯郸淳的书法，那是一绝！遗憾的是很少人知道他。

赵老师要让学生明白：一千八百多年前邯郸淳写了一本《笑林》，永世流

传，千古流芳，今天我们还读着她，记着作者，可见“立言”不朽，写作之功至伟——要让后人知道这世界你活过，要使你的精神生命不死，最好的方式就是写作。写作，不为分数，不为考试，也不仅是为了学习、生活、工作上的应用，是为了表明生命的“存在”，思想的永恒，将精神财富留给世人、后人、人类。

语文课就要培养这种崇高感。要不厌其烦地宣扬“立言者”，才能潜移默化地将“立言”观植入学生的心田。

五　朗读、吟诵、背诵——学到方法，感受文言，获取语感，由读至写

“立言”信念，要落实到读写实践中。赵老师引导学生疏通文字、理解文本，在此基础上，朗读、吟诵、背诵，几者交错进行。

朗读，是教学常规。短文可以读全篇，尤其要读出关键处的“味道”：

师：最难的词语解决了，读起来一定很简单，我就不教了。来，朗读一遍。

生：“汉人有适吴……吴人鱷鳙，欺我如此。”

师：朗读水平一流！我非常欣赏你们！但是，还有点瑕疵，那就是你们没有读出最后的那个感叹号。要不要再读？

生：“汉人有适吴……吴人鱷鳙，欺我如此！”（个别学生拍桌子）（掌声）

师：好啊！把汉地人的愚昧和愤恨的味道读出来了。这样朗读才有味道！

第一则故事，赵老师要求读出最后那个感叹号，就是要读出关键处的味道，这确实抓住了朗读的要害。第二则故事他要求学生特别要品味、读好最后那句：“汝知奶奶生辰亦在日下乎？奶奶是属牛的！”第三则故事重点是读好“高耸金臀……不胜馨香之至”，精准地抓住、读好关键处，能起到举一反三的示范作用。

吟诵，是赵老师的拿手好戏，也是该课的重头戏，他声情并茂的吟诵，将教学与课堂气氛推向高潮，让学生、听课的教师为之倾倒。他不但自己吟

诵示范，也教学生学习大胆吟诵。吟诵，促使深入理解文本，进入语境，感受文言文声韵之美。

他不但请学生朗读、吟诵，而且他自己带头背诵，对能背诵的学生给予肯定、表扬。文言文熟读成诵，至关重要。文言文能“甚解”固然好，也可以不求甚解，艰深的，甚至还可以完全不解，但最好要背诵。如能背上一两百篇文言文，文言的语感就有了，写作时自然就会运用。

读出味道，大胆吟诵，熟读成诵，这些都是教学生“学习方法”，对写作大有裨益。

六 运用文言词语，辨析文、白差异，学写文言文——立足“转化”，指向言语表现

读文言文，不是“为读而读”，而是为了应用——写。教学的关键在善于“转化”。

赵老师的课在“转化”上下足了功夫。如果朗诵、吟诵、背诵是间接促成转化，文言词语的应用，比较文言与白话的差异，要求续写文言故事，是直接的转化。三则故事有不同的转化目标定位，由易到难、循序渐进。

第一则故事，学习运用文言词语：

师：那以后遇到狡诈之人，你会怎么说？

生：（小声）此人轣辘。

师：大声说。

生：此人轣辘（笑声）。

师：是的，此人轣辘，此乃轣辘之人也。（笑声）你们的语文老师来了吗？

生：来了。

师：来了？那我就不卖关子了。如果老师没来，你们的作文中就用上轣辘这词，说不定能把你们语文老师难倒了。偶尔用上一两个这样的词就显得很有学问，明白吗？

学生在笑声中将“轣辘”一词收入自己的词汇库，从而学会运用文言词语，懂得学文言文的好处；受到教师“显得很有学问”的激励，学、用文言

文的动力更足。

第二则故事，引导学生辨析文、白差异。

该故事末句不但有味道，而且由文言突然转为白话，通过比较，可让学生感受到二者差异，从文、白转换的表达，体会人物心理变化，对培养文言语感颇有助益，也为写文言文做了铺垫。

第三则故事，学写文言文。

先请学生给该故事写题目，再请学生用文言续写故事：

师：问题又来了，等到十年大限之日，又会发生什么事呢？顺便布置一项弹性作业：续编故事。有胆量就写文言文。把“说”改为“曰”，把“吗”改为“乎”等等，句尾来一句白话文，说不定也能画龙点睛。敢不敢？

让学生写文言文，这要求明显“超标”，所以赵老师将其作为“弹性作业”，让同学们尝试。——好的白话文，是需要文言功底的。我赞成让那些有文才、感兴趣的学生写点文言文。学写文言文，目的在于写好白话文，瞄准的是“立言”之高标。

三则故事一篇比一篇精彩，第三则最好。赵老师将教学重点放在第三则上，让学生体会人物形象、性格、心理的精妙刻画，是恰当的。既能提高学生文学审美能力，也对他们续写故事打基础。

三则故事在“转化”上各有要求，各司其责，步步为营，水到渠成。他将看似互不相关的三个文本，巧妙地组合成一个有机整体。

七　结尾照应开头，阐明“立言者”最帅的主题——“立言”传千古，薪火永相续

赵老师整堂课以为“立言”奠基的主题一以贯之，在结束时，仍再次重申对“立言者”的崇敬之情。

师：现在总结今天上课的“中心思想”，请看《三笑》作者。

生：邯郸淳、冯梦龙、赵南星。

师：是不是对这三位老者肃然起敬呢？

生：是！

师：他们是否比赵老师帅很多呢？

生：是！（笑声）

师：这就对了！这里边任何一位老者到此，十个赵老师也难以望其项背。不仅要记住三位作者，还有三本书。

结尾强化教学意图：外貌不足取，里子更重要。“立言”传千古，薪火永相续。以崇尚“立言者”，彰显“言语生命动力学”之要义，圆满收官。这既是这节课的主题，也应是所有语文课的主题。

赵志祥老师的课可品味、学习之处甚多，其中最打动我的是，他接续上“立言”之传统，告诉我们什么是有灵魂、信仰的高品位的语文教育，给予学生永难磨灭的语文理想。相信受教的学生，终生不会忘记这位只有一面之缘的语文教师，这堂点燃他们言语生命创造激情的语文课。

基本概念解释

立言：这是本书语文教育本体论核心概念。此概念源于《左传·襄公二十四年》："太上有立德，其次有立功，其次有立言。虽久不废，此之谓不朽。"（"立言"，孔颖达疏："谓言得其要，理足可传。其身既没，其言尚存"）此后，"立言"不朽，成为历代文人的精神图腾。"立言"论的最高境界，便是张载所言："为天地立心，为生民立命，为往圣继绝学，为万世开太平。"可谓言语"存在性"动机的极致，中国"士"文化的精髓。"立言"堪称言语德性，是学者、文人的品质要义、精神根底。语文教育应该继承、弘扬、发展这一优秀传统，丰富其时代内涵，以此作为语文学习的精神高标，超越低层次的"语用"目的。

立言者：这是本书语文教育本体论终极指向。涵盖并超越以言语为"谋生应世"工具的"语用"本体论。成就"立言者"，是历代学者传道、授业、解惑，学子读书、明理、为文的终极目的，是人类得以兴灭继绝、薪火相传永不衰竭的"正能量"。"立言者"，指心甘情愿以言语创造为人类奉献思想、才智的人。无所为而为，明知不可为而为，以此为使命的生命、人生，便获得了崇高感、悲剧美。"立言者"，体现了此岸与彼岸关怀兼具，以彼岸关怀为主的超功利、超现世的人类情怀。唯有指向"立言"，成就"立言者"，才能给语文学科、师生以灵魂、信仰，支撑起孤寂的言语、精神生命，走完艰辛而诗意的言语人生。

立言五大素养：在为"立言"奠基的本体论、价值观下，所谓"语文素养"，不再是为"应世"的"语用"素养，其所需语文素养即"立言"五大素养：动机、价值观素养；知、情、意素养；体式素养；行为素养；创制力素养。这五大素养，以"动机、价值观素养"为"核心素养"；核心之核心，便是"立言"价值观。

动机、价值观素养是务虚，是语文课程无所不在的灵魂，"立言"的精神动能；知、情、意素养介于虚实之间，是“立言”的内在学识、情意底蕴，是言语表现的内容因素；体式素养、行为素养、创制力素养是务实，是“立言”形式因素与智能结构。“立言”五大素养应放在语文课程层面来理解，其丰富复杂的内涵、要求，涵盖读、写、听、说素养，构成语文教学（教材）具体而微的目标、内容体系。

这五大素养并未穷尽“立言”素养，指可在语文课程内着重培养的。不包含先天的言语禀赋、才情、个性，后天的人生阅历、情意记忆、品德修养等不可或不必培养的素养成分。

一体两翼三大教学平台：培育立言五大素养，可由“一体两翼”的三大基本课型——教学平台来承载：以读经典与写读书笔记为“一体”（阅读、思考、笔记），由此伸展出写作（论辨写作、论文写作为主）、口头表达（演说、辩论活动为主）“两翼”。“一体”，指“立言”奠基性的“本体”“母体”。读、思、写三位一体的经典阅读，是基本教学内容，是为“立言”所需的德性、学养、思想奠基。写作之翼，是“表现-存在本位”教学范式的中心与龙头，语文课程的旨归。写作以“论文”为“共能”，兼顾其他“异能”。各种写作体式以论辨写作为重，论辨写作以论文为重。论文（研究报告）写作是贯穿中小学语文教学的主线。口头表现之翼，是“表现-存在本位”教学体系重要构成部分。以演说、辩论为重。辩论，是最具动力学价值的语文活动，使学生表现欲、存在感得以充分释放与呈现。三大教学平台互通互渗、相辅相成，促成立言五大素养的发展。

言语教育：本书的言语教育包含两种意义：一是将语文教育的重心从语言向言语倾斜，这与李海林先生《言语教学论》对“言语教学”的认识相似——在表层上的相似；一是将言语教育的重心从阅读向表现倾斜，这与李海林先生注重阅读的言语教学观不同。更重要的是，本书的言语表现不是目的（李海林先生是将“言语”作为目的），而是手段，目的是以此彰显人的生命意义与价值，即“人的存在”。言语教育，实即“表现-存在本位”的教育。这是与李海林先生本质上的不同。

阅读本位：这是现代语文教育主流范式。其理论依据是叶圣陶先生一系列对读写关系的论述，认为阅读是写作的“根”，“基础”，以及阅读是一种“独立的能力、目的”：“……然而阅读是吸收，写作是倾吐，倾吐能否合于法度，显然与吸收有密切的关系。单说写作程度如何是没有根的，要有根，就得追问那比较难捉摸的阅读程度。”“阅读习惯不良，一定会影响到表达，就是说，写作能力不容易提高。因此，必须好好教阅读课。譬如讲文章须有中心思想。学生听了，知道文章须有中心思想，但是他说：‘我作文就是抓不住中心思想。’如果教好阅读课，引导学生逐课逐课地体会，作者怎样用心思，怎样有条有理地表达出中心思想，他们就仿佛跟作者一块儿想过考虑过，到他们自己作文的时候，所谓熟门熟路，也就比较容易抓住中心思想了。总而言之，阅读是写作的基础。”“总而言之，阅读是写作的基础。”这种对读写关系的单向性的认知，导致了语文教学实践的以读带写、重读轻写。“阅读本位”三论：“根”论，“基础”论，“独立能力、目的”论。

阅读决定写作论：叶圣陶先生说：“所以说阅读与写作是一贯的，阅读程度提高了，写作程度没有不提高。”“阅读的基本训练不行，写作能力是不会提高的。……实际上写作基于阅读。老师教得好，学生读得好，才写得好。”

阅读独立能力、目的论：这是一个与阅读本位论密切相关的观念，对我国现代语文教育危害最大，造成了语文课程空转。叶圣陶、张志公、吕叔湘等先生认为阅读并非只是作为写作的手段，阅读本身就是目的。阅读和写作是各有其目的的。对“培养读的能力，也是一个目的，培养和提高读的能力，本身就是目的，……读书并不就是为了写文章。如果读只是为了写，许多人不写文章，岂不就无需读书了吗?”本书对这一观点持否定的态度。本书的“表现-存在本位”观认为阅读不是目的，阅读能力也不是一种独立的能力，阅读只有与表现联系在一起，才能发挥出真正的效用。不以言语“表现”为目的的“纯”阅读是无效的，不是语文教育应强调的。在语文教育中，阅读教学效能必须体现在主体言语“表现-存在”素养的提升上。阅读独立能力、目的论，造成了现代语文教育的为读而读、就文论文倾向，导致阅读“吸收”与言语表现严重脱节，使阅读教学“非语文化”，是整个现代语文教育失效的一个重要原因。

语感中心说：这是20世纪90年代初开始讨论，逐渐发展为取代“知识中心说”的一种语文教学观。其集大成者是王尚文和李海林先生。李海林认为各家对“语感”的重要性的阐述：“其主旨就在于：以语感为核心，建立一套语文教学的新体系。其逻辑方法也是基本一致的，这就是：语文教学的最高目的就在于培养学生的语文能力；语感是语文能力的核心；所以，语感教学就是语文教学的轴心。”“语感中心说”实即“能力中心说”。这是与当今语文教学目标“知识和能力，过程和方法，情感态度和价值观”的“三维建构说”相抵牾的，也是本书所批判的一种片面的语文教育观。

感悟：注重感悟的阅读方法是中国言语教育的原创。杨义先生称感悟为“悟性思维”：“悟性思维，是介于感性和理性，又混融着感性和理性的思维，它有感性的鲜活而去其浮光掠影，有理性的深度而避其抽象的逻辑。它有时表面上看起来很无道理，但仔细思之，它的深层中却蕴涵着出乎意料的深刻道理。因为悟性没有经过理性整理，它的理性内核包含着妙处。悟性思维是一种‘无理之理’、‘反常而合道’的思维方式。”中国传统文化都带有重“感悟”的特质，不论是对物对人，也不论是读还是写，都带着悟性思维的色彩，都体现了人的生命鲜活的感性与理性调和的特征。笔者认为感悟——悟性思维是以直觉思维为基础的思维方式，是一种“初感”，是人与对象接触的瞬间猛然产生的灵性颖悟，它是在一定的经验、情感和智性观照下的原发性的发现，以主体的第一感觉为主，只带有粗略的理性成分。由于它不太受到“前理解”的干预，（当“前理解”还没有清醒过来心灵已做出了反应）所以，悟性思维就常常会产生新鲜新奇的认知。

我国现代语文教育主流范式：本书将其概括为“以应付生活为目的，以阅读为本位的‘实用吸收’型范式”。其本体论是“生活本位”“应付生活”论，或称“应世”论、“应需”论（含“应试”论）。“应付生活”的“生活”，所指是社会生活、物质生活、日常生活，即为了“谋生应世”，而非精神生活、心灵生活，不是为了人的发展、自我实现。

语文教育新范式：这是本书提出的一种新的理论假说：以言语生命自我实现为目的、以表现为本位的“发展创造”型范式。可简称为“言语生命动力学表现-存在论”语文教育范式。

工具论：指的是叶圣陶先生从20世纪10年代后期开始直至70年代末，不断反复阐明的对语言（语文）的基本认识。在1924年发表的《说话训练》中说：“……儿童的情感正在培养，同时要使他们能利用适当的工具来表于外，感受满足的快适，……所谓适当的工具，当然语言独占重要，因为它最能把人与人的心联锁起来。”“所以训练儿童说话实在是一个总枢纽，要他们内面产生得出，又要向外面拿得出来。外界的事势虽是万变，而这是一种应付事势的万应的工具。获得了这工具，而且会使用，岂不是已满足了普通教育的希望了吗?”1942年发表的《认识国文教学》说：“旧式教育可以养成记诵很广博的‘活书橱’，可以养成学舌很巧妙的‘人型鹦鹉’，可以养成或大或小的官吏以及靠教读为生的‘儒学生员’；可是不能养成善于运用国文这一种工具来应付生活的普通公民。”1950 年以后，叶老较多的是从“语言”的角度来诠释“工具性”。1953 年，他在《语言文学分科的问题》报告中说：“按照马克思列宁主义关于语言的学说，语言是‘交际的工具’，是‘社会斗争和发展的工具’。……语言教育的一个主要任务是让学生认识语言现象，掌握语言规律，学会正确地熟练地运用语言这个工具，让他们能够在参加各种斗争的时候，参加各种共同工作的时候，正确地表达自己的思想，正确地理解别人的语言，因而能正确地执行任务，做好工作。语言是形成思想的工具，是认识世界的工具。”1962 年，他又指出：“我们说语言是一种工具，就个人说，是想心思的工具，是表达思想的工具；就人与人之间说，是交际和交流思想的工具。”1978 年，他从提高中华民族科学文化水平的高度作了新的表述：“语文是工具，自然科学方面的天文、地理、生物、数、理、化，社会科学方面的文、史、哲、经，学习、表达和交流都要使用这个工具。要做到个个学生善于使用这个工具（说多数学生善于使用这个工具还不够），语文教学才算对极大地提高整个中华民族的科学文化水平尽了分内的责任，才算对实现四个现代化尽了分内的责任。”——工具论要害是把语言（语文）客体化、外在化、被动化，忽视了语言（语文）的本体性、能动性、复杂性，失落了语言（语文）的人文性。“工具性”是许多“工具学科”的共性，并非语文学科特性。“工具论”是功能论，不是本体论。

人文论：从 20 世纪 80 年代后期至 90 年代后期，语文界开展了一场提倡“人文主义”反对“科学主义”，提倡“人文性”反对“工具性”的讨论。韩军先生的表述较有代表性：“语文教学是一门社会科学，人文精神是他的基本属性。语文教学实际就是语言教学，而语言本身不仅仅是一种工具，还是人本身，是人的一部分；它不是一种外在于人的客体，而是主体，不仅仅是‘器’‘用’，还是‘道’‘体’。它满含主体情感，充满人生体验。因而人文精神是语言的基本属性。好的语文教学，需要师生共有一种植根于语言人文精神的人伦情怀、人生体验、人性感受，充分激活本来凝固化的语言，充分施展个性，使情感交融，造成一种痴迷如醉、回肠荡气的人化情境，从中体悟语言妙处，学会语言本领。——这是语文教学成功的根本。……纵观几十年众多语文教师的语文教学实践，那些富有成效的语文教学，总是将科学主义理性方法的实施限定在一定量度内，而尽力发掘语文的人文精神，将它淋漓尽致地发挥出来。相反，那些成效不大和失败的语文教学，大多过分仰仗科学主义理性方法，超过限度，令其泛滥，从而遏止了语文人文精神的挥洒和展开。”——语文课标（2011版）将语文课程性质定位为“工具性与人文性的统一”，“工具性”“人文性”都不是语文学科的基本属性，是诸多学科的共性，并未揭示出其“种差”。

表现本位：也可以称为“言语表现本位”，是对“阅读本位”的否定。言语表现包括“说”和“写”，“表现本位”，即语文教学智能层面的目标应指向说和写，体现了言语生命意识的终极指向。认为在听、读、说、写四者中，听、读是准备、积累、手段，说、写是延伸、创造、目的，说、写包含了听、读，也能带动听、读。语文教育目的不仅是获得表达能力，更重要的是为学生言语创造、言语上的自我实现奠基。其深层含义是指向人的发展与生命的存在。“表现本位”，即“表现-存在本位”。

写作本位：是对“表现本位”的更具代表性的表达。说和写虽然同属言语表现，但是，由于写的智能要求高于说，更重要的是，写在人类认知活动、文明创化与文化承传上的功用，要大于说，写更贴近人的类本质，写对听、读、说等也有较强的带动作用，在言语教育中，写的重要性高于说。“写作本位”有利于建构较为科学合理的语文课程教学体系。

写作中心：20世纪60年代，以北京景山学校为代表的“以写作为中心”的教改实验，是“写作高于阅读”观念的萌芽。但是“写作中心”和“写作本位”不是一个概念。“写作中心”只是表明在语文能力中写作能力的培养是最重要的，读、写矛盾中，写是矛盾的主要方面。“写作本位”则是把语文智能、素养视为一个整体，认为写作是这个整体中的基本的也是终极的目标。它对其他智能、素养具有统摄性、兼容性与带动性。更重要的是，从言语生命意识的呈现来说，在诸多语文智能中写作是其最高呈现，最具言语上自我实现功能。“写作中心”与“写作本位”不是概念更替，而是观念超越。是在“言语生命动力学表现-存在论”层面的新体认。

知识本位：以传授脱离实际应用的知识为主的教育观。叶圣陶先生认为封建时代的旧教育是“知识本位”的教育，现代教育应是“生活本位”教育。二者的区别是，“知识本位”脱离生活，所学的内容没有实际效用，“生活本位”则注重现实生活中的应用。今天王尚文、李海林先生也基于“能力本位”

批评“知识本位”。其实“知识本位”是学校教育的基本属性，一切教育均须在“知识”观照下，倘无“知识”，便没有学校教育。不论是“生活本位”还是“能力本位”都不应排斥“知识”。“知识本位”与实际应用、能力培养并不矛盾。

知识中心：以传授语文知识为目的的语文教育观。认为语文能力是由语文知识转化而来的，因此，讲求知识的系统性、完整性，将语文学习内容分解为一系列知识点。王尚文先生说，“知识中心说”自（20世纪）三四十年代提出以来直至当今，已经形成一个相当完整的体系，深入人心，根深蒂固，成为语文教学的理论支柱。从而，也成了深化语文教学改革的主要障碍。我以为王先生的认知是值得商榷的。整个现代语文教育的基本倾向是“能力中心”，并非“知识中心”。因为其本体论是“实用主义”“实利主义”，讲求“当前受用”——实用、应用。知识是为了培养能力服务的。“知识本位”“知识中心”概念本身并无不妥，比“能力中心”更能体现学校教育的特性。问题在于“知识本位”“知识中心”的“知识”，主要是语言学、文章学、文艺学知识，语文课程现有知识并非语文学视野下的知识，而且，其中大量知识是陈旧或错误的，与培育语文、写作素养不相匹配，适用的知识相当贫乏，供不应求——当务之急是重构语文学知识体系，提升知识的科学化水平。

生活本位：“生活”，一般指日常生活、物质生活、社会生活，不包括精神生活。因此，等同于“生存本位”。这是一种注重实际应用的功利主义、实用主义语文教育观。叶圣陶先生认为语文教育就是培养能运用语文这一种工具应付生活的普通公民。这是主要以人的生存需求为基本动力定型的语文教育观，形成的是“谋生应世”动机。这在物质生活较为贫困的条件下，对提高人的生存能力、物质生活水平是有益的。但漠视“精神生活”的“生活本位”动力观是有很大局限性的。这一动力观，与今天高度物质、精神文明的社会中人的需求极其不相适应，亟待更新。

能力本位：这是一种注重语文能力培养的语文教育观，以为语文教育主要就是语文能力的训练，将教学目标和要求分解为一系列的能力进行训练，“训练为主线”“一课一得”等认知便是从“能力本位观”中衍生出来的，主要培养的是应试能力。20世纪90年代以来，“能力本位观”以“语感中心说”为代表。典型的是李海林的表述：“语文课程的教学目的就是培养学生的语用能力，这是语文课程教学目的的唯一表达，除此之外既不需要其他目的的补充，也没有第二种表达。它需要的只是全面地理解和深刻地理解。”“我的研究结果是：语用能力的核心就是语感，语用目的的基本内容也可以表达为语感目的。”“能力本位”是语文教育认知的浅表化，忽视了语文教育的综合性、情意性、人文性因素，忽略了能力背后的“人”的“存在”。“能力本位观”“语感中心说”是“工具论”翻版。在学校教育中，“能力本位”势必急功近利，是“实利主义”使然。

素养本位：这是今天语文教育的新理念。集中反映在《全日制义务教育语文课程标准》中的表述：“九年义务教育阶段的语文课程，必须面向全体学生，使学生获得基本的语文素养。”课标制订组组长巢宗祺先生对此解释说：“长期以来我们已习惯了的‘语文能力’是指读写听说的能力。课程标准所提的‘语文素养’包括：字词句篇的积累，语感，思维品质，语文学习方法和习惯，识字写字、阅读、写作和口头交流的能力，文化品位，审美情趣，知识视野，情感态度，思想观念，‘语文能力’包含于其中。实际上这里面种种内容在以前的语文教育中也必然会涉及，但不能都归在‘语文能力’的范围之内，语文课程需要有一个名称能够涵盖这样一些教育教学目标。我想，就是基于这样的出发点，考虑用‘语文素养’的名称，把上述内容都纳入语文课程的目标体系。作这样的改动，不仅仅是在名称上做文章，其目的在于进一步开发语文教育在‘实用’之外的功能，重视语文课程实施过程中增强底蕴、提高修养的功夫。”这是对“能力本位观”的超越，是认识上的进步，体现了对学生言语上发展的全方位的关注。然而，这并非新发现，叶圣陶先生等前辈早就论及培养“语文素养”了。问题还在于，对“语文素养”认知并无新进展，只是作平面化、碎片化的面面俱到的罗列，未能严格的界定其内涵、外延，未能对其内外关系、矛盾进行辩证分析，缺乏提纲挈领的理论切入点与新的本体论支撑，这样，所谓的培养“语文素养”便不得要领，沦为空言。

存在本位：相对于“生活本位”“生存本位”，涵盖并超越了“生活本位”“生存本位”。是本书的语文课程目的观，语文教育的终极追求。其核心内涵是为“立言”奠基。在素养本位的基础上，从人的存在性需求出发的言语生命动力学定位。将言语教育与人的言语生命意识、言语上的自我实现动机相联系，以激发人的言语表现欲、言语生命自觉为切入点，在“人的确证”“我写故我在”这一本体论层面揭示语文课程目的。

以读代写、读中求悟：准确的表述应为以德、学、悟代练。这源自孔子以来的儒家主流言语学习观。如孔子说："有德者必有言，有言者不必有德。"程颐说："古之学者，修德而已，有德者言可不学而能，此必然之理也。""学本是修德，有德然后有言。"朱熹说："大意主乎学问以明理，则自然发为好文章。诗亦然。"这种认知有片面性，其合理性也毋庸置疑。它关注写作的人格修养、学识积淀，反对急功近利的文字训练，这在提倡素养教育的今天是有现实意义的。

以读带写：也叫读、写结合。这是由阅读本位的"根"论、"基础"论、阅读决定写作论等衍生出的读、写教学体例。认为在读、写关系中，读是主导性的。以文选为教材的主体，以文本解读为主要教学内容，写作则作为阅读教学的附庸，以文选单元来组织统领写作，写作教学是配合阅读教学的次要方面，往往是可有可无的。这导致了重读轻写或只读不写。"写"的素养、能力要求高于"读"，因此，"读"是无法带"写"的。

读、写结合：以往的教育实践是以阅读为本位，所以读、写结合实即以读带写。作为一种教学方法是可取的，作为对读、写关系认知的反映则是肤浅的。因为它并未正确揭示二者的内在矛盾与辩证关系。

为写择读：这是封建时代的八股教育模式。是一种急功近利的应试写作教学方法。将所读的文章作为写作范本进行模仿，或在写文章时选取一些直接可用的资料进行参考，而不是将阅读看作是人格、性情陶冶与学养、思想积累。这种方法不是没有可取之处，运用得当，对写作学习是有帮助的。在"表现-存在论"语境下，"为写择读"将祛除其急功近利之弊，赋予新的含义：以培育"立言"素养为目标，以阅读为手段，为写作之需选择适当的读物；读中悟写、读以致写，仍不失其效用。

实用吸收论：这是我国现代语文教育的思想范式。是对"以应付生活为目的，以阅读为本位"的简述。以"应付生活"为目的，就是重"实用""实利"，叶圣陶先生说："阅读是吸收，写作是倾吐。"阅读本位就是重"吸收"，故将该教育观简称为"实用吸收论"。

言语生命：这是本书语文教育本体论核心概念，也是本书最重要的原创性认知。其他的基本概念，如言语潜能、言语欲求、言语动机、言语人格、言语人生、诗意人生……都是由此滋生。意思是指人的"生命"特性是"言语"，"言语"机能，是人区别于其他动物的"种差"，是人的"精神原欲"；

“言语生命”——“精神生命”，是人的“类主体性”的典型表征。内在于人的生命的言语冲动、欲求——精神生命的“原欲”，在某些内部动机、外部动因的激活下，驱动着言语主体的言语表现、创造行为，与言语教育主体的教学行为。以内在于每一个学生生命体中的言语天赋、潜能、才情，言语生命欲求、言语表现冲动，作为语文教育、言语实践行为的基本动力定型，由此建构起的理论体系，可称为“内部语文学”。有别于现代语文教育建立在“应付生活”“工具性”认知之上的“外部语文学”。在语文教育中，师生间言语生命的互渗、互动，承传、张扬，便是为了使言语动机回归到人的言语生命本体，返回到人的言语天性、个性，人的言语生命的基本需要、发展需要，尤其是自我的精神、审美需要。没有这种对语文课程本体特殊性的体认，所谓以人为本、学生本位、人文教育、审美教育等理念，是抽象、空洞的，等于是空中楼阁，可望而不可即。

言语生命动力学：从语言人类学、言语发生学和言语动力学角度，探讨言语教育、学习的内在机制，是关于语文课程的动机因素、动力定型的学说。言语生命动力学，将语文课程本体认知与人的特性，人的生存、存在意义认知对接，形成互联互通，以培育人的应性（顺应人的言语天性、个性）、存在性动机为主导的语文教育动力理论。是由言语生命意识、言语生命欲求、言语生命能、言语潜能、言语表现欲、言语健全人格、言语上的自我实现等“立言”信仰相关概念构成的语文教育动力学理论系统。即认为人（也即人类，下同）的言语表现、创造，是人的生命属性、精神需求，人是符号动物、言语动物，寄寓、依存于言语的生命，可称为言语生命。人对自身言语生命秉性的体认，对“人之所以为人，言也”的体认，对言说、写作是人的精神原欲的体认，可称为言语生命意识。言语生命意识是人的言语学习、表现的最基础、最强大的动机，这种意识的清醒与自觉程度，决定了人的言语学习、言语上自我实现的水平。以往的语文教育研究，极少关注动机性问题，尤其是人内部生命本体动机。从未将动机性问题作为语文教育基本问题提出，更没有在这个方向上进行系统的有特点的理论建构。本书将言语生命动力学作为语文教育认知的逻辑起点与基础理论，生长出由一系列的相关概念构成的可以相互证明、支撑的认知体系，试图在语文教育研究与实践上，开拓一条更符合人的生命成长、言语发展实际的通道，实现语文课程“表现-存在论”转向。

表现-存在论：这是本书的语文教育本体论，是对我国现代语文教育“生活本位”、“应付生活”本体论的扬弃、超越，是面向小康社会、信息时代、知识经济时代的语文教育本体论。在行为层面的“表现”，指的是言语智能培育以言语表现（说、写）为本位，在言语表现中尤重于“写作”；在动机层面的“存在”，指的是以人内在言语、精神生命的发展，言语上自我实现——立言为本位。“应付生活论”目的在“谋生应世”，“表现-存在论”目的在于“应性、应人（自我与人类）”，更关注言语表现与人的生命本体发展性、精神性需要的依存关系。

符号生命意识：众多的语言论哲学家、符号学家、语言学家、人类学家认同的“人是符号动物”的定义，将符号作为人的物种特性，表明人的生命与符号是一体的，将人的生命与符号性思维与行为紧密联系在一起。基于“人是符号动物”的认知，本书将人对这一生命特性有了切身体验和认识，产生符号崇拜、依赖与精神创造自觉，称为符号生命意识。

言语生命意识：由于人所依存的最主要的符号是“语言”，“语言是存在的家”，“语言是生命的寓所”，作为人的生命表达的“语言”，实际上是“言语”，人类的一切文明创化和文化承传均依存于言语，所以，符号生命意识也可称为言语生命意识。言语生命动力学语文教育的目标就是唤起、激活学生的言语生命意识，强化言语创造的动机——主要是应性的、存在性的动机，言语生命意识是语文学习的根本，是学生言语活动的基本动力定型。语文教育对学生的感染熏陶作用便集中体现在提升言语生命意识上。有了对言语生命的体认，语文学习便有了恒定性动机。

言语生命欲求：人是符号动物，也可以说人是语言（言语表现）动物，人天生就有言说欲——言语生命欲求。但是，在自然情境下，人们的言语生命欲求的强度、高度和向度是不均等的，语文教育旨在唤起和培育人的言语生命意识，也就是对言语生命欲求进行适当引导和激励，使学生在言语生命意识的驱动下，产生健康、积极的言语生命欲求——走向立言的言语人生、诗意人生。

言语人生：求知、智慧、创造的人生，与说、写结缘的人生，即言语人生。言语人生包括一切在科学文化领域有理想和追求的人的人生。言语生命动力学语文教育，其实质不是知识教育，也不是能力教育，而是人生教育。即言语人生的导引，使学生逐步走上言语上自我实现的人生。

诗意：审美——超实用、超功利，哲思——超现实、超现世，是“诗意”的基本内涵。

诗意人生：审美与哲思，是“诗意”基本内涵的表层。“诗意”的“审美”“哲思”要求，主要属于外在的表现性特征。在“诗意人生”中，首先需要关注的不是“诗意”的外在的表现性含义，而是其本质：“审美”内涵背后的人格特征——超实用、超功利，“哲思”背后的境界特征——超现实、超现世。因为，我们的目的主要不在于表明“诗”的外在表现形态，而在于揭示“诗人”的内在特质，揭示“诗意人生”的本质。超功利与超现世，是“诗意”的内在品质。是“诗意人生”对主体的德性要求。诗意的言语人生教育，是言语生命动力学语文教育的最高境界。

言语生命能：以言语生命欲求为基础，由良好的言语生命意识产生的恒定性言语动机，在一定的诱因下释放出的言语表现冲动。

言语生命力：由言语生命能产生的言语表现动力。它驱动并维持人的言语行为。语文教育的重要使命是养护学生的言语生命力。

言语潜能：这是人的言语生命主要构成因素，是人的言语表现力的先天条件。从理论上说，每一个人都具有言语潜能，其言语潜能是有差异的。而人要认识到自己的言语潜能则是较为困难的，语文教育的一个重要任务就是帮助学生认识他们的言语潜能，使之得到最大程度发挥和发展。这就是语文教育因材施教的基本要求。

文体感：书面语表现的一个重要特点，就是它是以各种不同的文体样式呈现的，如，诗歌有诗歌的样式，新闻有新闻的样式，论文有论文的样式，等等。作者通过大量的读、写实践，形成的对某一文体的感觉，就是文体感。文体感的强弱对阅读、写作的质量有着直接的关系，所以，在语文教学中应着力培养学生的文体感。文体感包括文体语感。

语感：一般认为语感是人对语言（含言语）感性直觉的反应。本书首次将语感分为基础语感、体式语感、语境语感三种。试图对以往语感论者的“抽象语感论”作一修正。

基础语感：可以称为语言论语感，以区别于言语论语感。王尚文先生说：“夏（丏尊）、叶（圣陶）、吕（叔湘）三位把语言作为语感的对象，我们则把言语作为语感的对象。”把语言作为语感的对象，这种语感就是基础语感，它关注的主要是语义的“能指”。在读、写活动中，基础语感虽然不是最重要的，但也是必要的。没有对语言的感觉，哪有对言语的感觉，反之也是如此，这两种语感是相互依存的。基础语感的形成需要语言的积累，需要基本语义的领会，需要对语音、节奏的感觉，对语法的领悟。对语言之语的感受、感知能力，可称为“基础语感”力。一般来说，作者拥有词汇量的大小、对语言的感觉与其写作的质量是相称的。优秀的作者拥有的词汇量一般比较大，对语言的领悟必然较为深刻。基础语感从大的方面说，要“感”到书面语和口语的差别。“语言”的表现包括“说”和“写”，“说”是“口头”的表现，“写”是“书面”的表现，二者在语言运用上有相同的要求，也有不同的要求。基础语感力的形成，要求拥有足够运用于感知、思维和表现的词汇，包括对字词音、形、义的了解。

体式（文体、语体）语感：可称为言语论语感。是对具体体式规范中的言语的感觉。它关注的主要是词义在文体或语体中的“所指”。体式语感是主体对某种特定文体（语体）的全部表现形式规范的领悟与把握，在这个意义上，它自然也就包含了基础语感。体式语感包括对某一文体（语体）一切构成因素（主题、材料、结构、语言等）的特殊要求的领悟，涵盖了文章（口头表现）形式规范的具体而微的全领域，在言语认知与创造中贯穿于阅读与表现行为的全过程。体式语感的形成，即人对“文章（说话）图式”的认知建构。文体语感是语文教学应着力培养的。文体语感包括阅读、写作中对特定体式的言语感觉，以往语感论者大多把语感培养作为阅读教学的任务，这是偏颇的，其实进入到具体写作实践中对言语的感悟是更为深刻的。培养文体、语体语感，须阅读、写作、口头表现多管齐下。

语境语感：体式语感必须进一步上升为“语境语感”，才能把握言语表现的多重含义，真正实现语感的语用效能。直接跟言语表现的深层内容联系在一起的是“语境语感”。每一次言说，都是一次在新的语言情境中的新的语言体验。在新的语境中，要将作者的意思转换成最佳的语言表达形式，这主要体现的是在体式语感规范下的语境语感。体式语感相对于基础语感，它是特殊的，尽管在有限范围内也带有作者的特殊性、创新性，即所谓“文成法立”，但相对于语境语感来说，它又带有普遍性、约定俗成性。语境语感可望在更大程度上体现作者的创新性和能动性。每一篇优秀的作品，它的言语都是带有鲜明个性色彩的。具有良好的语境语感的作者，即使表现的是与他人相似的内容，用的是同样的文体，写出来的文字也是各不相同的。在语感结构中，语境语感是最活跃的最能体现个人言语风格的因素。

精神创造力：指的是言语生命力在精神创造领域（表知、抒情、达意）的自我实现能力，即满足人的精神需求的言语创造力。言语化的精神创造涵盖了人的一切原创性的发现、发明和探究。存在性的语文教育，就是要注重培养人的精神创造力。

应付生活论：这是叶圣陶先生语文教育目的论，是作为对知识本位论的批判而提出的生活本位论。他认为："语言是一种工具。工具是用来达到某个目的的。工具不是目的。"目的则是"应付生活"："养成善于运用国文这一种工具应付生活的普通公民。"

应需论：这是叶圣陶先生与他的"应付生活论"相一致的具体化的表达。叶圣陶先生说："尽量运用语言文字并不是生活上一种奢侈的要求，实在是现代公民所必须具有的一种生活的能力。""学生为什么要练习作文，对这个问题，教师必须有正确的认识。练习作文是一辈子学习的需要，工作的需要，生活的需要，而不是为了应付升学考试，也不是为了当专业作家。""惟练似宜通乎课内课外……课外应需而作文，固用也，而亦练也。……课内作文最好令作应需之文，易言之，即令叙非叙不可之事物，令发非吐不可之议论。课内练习，固将求其应需，非欲其徒然弄笔也。""应需论"作为与"应试论"对立的观点提出有其积极的意义，但是在存在论语文教育视野下，它的实用主义、功利主义的价值取向须作重新检讨。

生存性写作：实用、实利目的的写作。这是一种"外在的"的写作。如为了工作、生活的实际需要的写作，为了满足以物质利益为主的"基本需要"的写作。其主要倾向是"应世"的。生存性写作往往因为急功近利、媚俗谀雅，所以少有好作品。长期的"外在的"写作，将导致言语生命异化。

存在性写作：审美性、超功利写作，体现主体精神需求、心灵需求和生命价值的写作，即追求言语上自我实现的写作。这是一种"内在的"写作。其主要倾向是"应性"的，是由人的生命本体需要、"发展需要"驱动的。其"内在性"主要体现为"审美性"和"精神性"上，是一种"自由的"、"有意识的"写作，往往是超功利的，是言语生命的自觉呈献。多数传世之作、文化精品均出自存在性写作。其最高境界是"立言"。

我写故我在："在"就是"存在"。是将言语表现与生命意义合一的言语生命意识。是以存在性写作为主的人的人生观、价值观。语文教育应致力于培植学生的“我写故我在”的言语生命意识，这是言语生命动力学语文教育的终极目标。

写作诱因：写作动机、行为发生的外部因素。如生活、社会、人际、教学等能诱发写作者写作动机萌生的因素。写作诱因是多种多样的，在写作教育中，教师要善于利用或创造各种写作诱因，以激发学生的写作动机。

写作动机：写作行为发生的内在心理因素，可形成写作内驱力。写作动机可分为两种：恒定性动机和随机性动机。恒定性动机是基于人对写作意义的深刻理解，形成了较为明确、强烈的言语生命欲求：言语表现欲、自我实现欲，以此为动机驱使人持续地为之努力，存在性写作动机就是属于恒定性动机；随机性动机主要是由于外部某些偶然的诱因激起的写作欲望，形成的动机，生存性写作动机往往表现为随机性动机。在写作教育中，这两种动机的培育都十分必要。但是，比较而言，前者比后者更重要。言语生命动力学就是基于存在性言语表现动机的理论。

“应试”动机：由应付考试这一诱因激发的言语表现动机，是“应世”动机的一种。因其功利性特别强，在短期内能使学生为之努力学习，但是，它不是恒定的健康的良性动机，会对人的言语生命意识产生负诱导，抑制“应性”“存在性动机”，所以不是语文教育中应该培育的。

“应世”动机：“应付生活”动机之一。“应世”往往与“谋生”是紧密相关的。主要指追求功利、物质而产生的社会交往活动需要。它能激发人为改善生存状况而努力学习、运用言语，然而，一旦物质生活优裕，这一需求就会相应降低。它可以作为语文教育中培育的言语动机之一，但不应视为最重要的动机。

“应性”动机：“应性”之“性”，主要指的是人的言语生命本性，包括个人内在的言语表现欲求，言语潜能、才情、个性等。是人的存在性动机的基础。言语主体视言语表现为人的生命——精神生命本质属性，由此产生强盛的言语生命冲动、精神创造力。“应性”动机驱动下的言语行为，将言语表现视为与生命存在一体的毕生追求的事业，充分发挥主体的言语潜能、才情与个性。“应性”动机是语文教育中应着重激发、培育的言语动机。

存在性动机：与“生存性动机”相对，并涵盖、超越“生存性动机”。“存在性动机”是“应性”动机的升华。“应性”动机主要指的是人的生命本能、言语潜能和言语生命冲动驱发的言语表现欲求。可视为存在性动机的基础。存在性动机包含了“应性”动机，同时在对言语意义、价值、理想的认知，对人生目标、言语人格、精神需要——言语上自我实现的认知等方面，又超越了“应性”动机。“存在性动机”比“应性”动机有更明确的价值取向。“存在性动机”是基于人的丰富性需要与终极关怀、人类情怀等，它包含、超越了缺乏性需要与物质需求，体现了向着丰富性自我、超我的精神跃迁。丰富性需要指向实现人的存在的生命本体价值，是以精神创造、自我实现为旨归的。只有以“存在性动机”作为言语表现的基本内驱力，才有言语上自我实现的幻想、理想、信仰，才有产生强盛的言语生命能，推动言语实践持续发展、终身发展，真正走上记录着人类光荣与梦想的言语人生、诗意人生之途。“存在性动机”应成为写作——语文教育的基本动力定型，培育“存在性动机”是语文教育的终极目的。

言语上的自我实现：这是基于人的内在发展需要的存在性言语表现目的。就是将个人的言语潜能、才情和个性发挥到极致，以言语表现来实现人生价值。“一个人能成为什么，他就必须成为什么。”马斯洛将这种人类的成长、发展、利用潜力的心理需要——称之为自我实现的需要。他还把这种需要描述成“一种想要变得越来越像人的本来样子、实现人的全部潜力的欲望”。言语上的自我实现不是单指作家与学者的人生价值的实现，而是包括一切人的人生价值的实现。因为，一切人都是语言人，也是言语人，符号性的思维和符号性的行为是人类的共性。

言语健全人格：指的是以言语创造为生命特征、生存方式的诗意人格，包括与此相关的诸多健康的人格品质。它视言语创造为生命，以建构精神家园为理想、信仰，不惜生命的付出、牺牲，不以名利、权位的谋求为目标。即所谓“淡泊以明志，宁静以致远”。语文教育应以培育言语健全人格作为人文关怀的具体目标，培育言语健全人格高于培养言语实践技能，言语健全人格重于言语创造力。

俳优人格：文人的伪人格，可称为“俳优人格”。因知识分子与统治者之间的人身依附关系，名利的诱惑，外部力量的强制等，而阿谀逢迎、投机取巧、沽名钓誉，丧失了言语主体性，形成了分裂型言语人格。表现为双重或多重言语人格。深陷于体制内，物欲、权欲过重，便难以保持独立言语人格，超凡脱俗，自爱自重，出淤泥而不染。俳优人格体现了普遍的人性弱点与在社会性生存中人的异化。在当今应试写作实践中，生产了大批量俳优人格。

良史人格：文人的真人格。俳优人格指被权、名、利等异化的言语人格，良史人格指特立独行的言语人格。体现了自由知识分子的真人格：铁肩担道义，妙手著文章。不畏权势，不谋名利，秉笔直书，言必由衷，为实现言语理想不惜牺牲生命。作为一个作者，在最浅白的意义上说，就是老实做人，真诚为文，把心交给读者，便称得上真人格、大境界。在语文教育中，应从培养学生求真立诚做起，逐步提升言语境界，陶铸良史人格，这是言语主体建构的根本。

复合主体：主体不是只能由单一对象（一个人或一类人）构成，也可以由复杂对象（一群人或数类人）构成。由复杂对象构成的主体，不是特殊、个别的情况，而是十分常见的。在今天，人类大量的认识与实践活动都不是由个人独立完成的，往往是由一个群体中各类人合作完成的。一个群体内的成员，只要他们认识与实践的目的相同，就成为"复合主体"。成员间的关系，不是主、客关系，是主体与主体的关系，是"主体间"关系。复合主体成员要遵守共同的（"类主体"的）游戏规则。"复合主体"概念是有普适性的。"复合主体"外延确认十分重要，不仅有很高的理论价值，而且有很强的实践意义。

主体间性（intersubjectivity）：现代西方哲学范畴。指这样一些事物，它们不独立于个体主体或人类意识存在，又具有对每一主体都通用的超个人性，或达于一致的途径。这种共通性或一致性，依其上下文关系被译为"主体间性""主观际性""共主体性""相互主体性"等，这些译名从不同的角度提示了这个概念的蕴涵。主体间性是现代西方哲学的一个重要问题，它主要研究一个主体（或意识）是怎样与另一个主体（或意识）相互作用的。这一研究主要有两个方向，科学主义的和人本主义的。

教育复合主体的主体间性：我们对"主体间性"适切的解释主要是人本主义的。胡塞尔的"'自我与他人的立场可相互交换性'以及主体间本位：自我之间的交往与和谐使他们有共同的意向性，从而构成了'我们'，并作为普遍的形式，建构同一世界"，十分清楚地表明了"主体间本位"思考的特殊视角。在教学中，这个"我们"，主要是教师和学生（还包括复合主体的其他成员）。"我们"，不是"主、客"关系，而是"伙伴"关系。是事业的、工作的、学习的伙伴。伽达默尔："认为世界是我们通过语言和交往而共同生活于其中的框架，实践是'参与和分享'，谈话集体中沟通彼此的主体间性等等支持着我们的生存，也支持和构造着实践理性，理解的集体性即构成了解释等经验中最本质的内容。”他为实践下的注脚是“参与和分享”，这是理解和解释的基石，也是一切人类共同活动的基石。今天课改理念中倡导的师生的交往与对话，就是建立在教学实践也是一种“参与和分享”的“主体间性”认知上的。因为是平等的“参与和分享”，“主体间性”势必体现为交互式、互动式，而不是主、客式，主、从式，或授、受式。

教育活动的“复合主体”：“复合主体”也可称为“集体主体”“共同主体”。教育活动中的“复合主体”不限于“师生”，也包括教育行政领导，教育科研工作者，各学科的教学专家，教材编写者、学生家长等，当这些人参与了教学实践和认识活动时，他们无疑也是“复合主体”的成员。因为，教学目的的实现，是需要整个教育界（不单是教师）和学生的共同努力，还包括学生家长与社会各界热心教育的人士的支持和帮助。以往我们对教学活动的“复合主体”的狭隘化理解，导致了对上述相关方面重视不够、投入不足，所以制约了教育的发展。

个人主体和类主体：“主体”可分为“个人主体”和“类主体”两种，个人主体其主体性主要体现的是个性特点，属个体能动性范畴；类主体的主体性主要体现的是个性与共性特点的统一，是个体自由能动性，向着群体的、人类的自由能动性的跃迁，是个体主体性的升华。这是一个漫长艰难的自我改善、完善的过程，不是所有的人都能达到这个境界的。一个时代都有一个时代的人们对“类主体”不同的期望。人们对“类主体性”的期望值是水涨船高、永无止境的。这犹如人们追求实现信仰般的难以企及。现实中代表了最广泛的集体意志的类主体，其主体性大约只能称为“亚类主体性”。

教师亚主体：教师作为教育实践的“主体”——教学的“复合主体”的成员之一，不能算是充分的主体，其主体性发挥是很有限的，受到了一个时期的教育政策、制度、观念以至教学大纲、教材等的制约，主要是对学生作“中介性”传导，因此称为“亚主体”。教师的作用不过是“中介作用”，是在主流教育话语规范下对学生学习的引导、诱导，教师不可能作为教育、教学的主导者，或完整意义上的“主体”。除非教师本身具有“类主体”属性，其个人主体性代表了“类”主体性，这种情况是比较少的。教师主要是国家教育精神的传导者、知识的传导者，而不是主观精神、自由意志的实践者。作为“亚主体”的教师主观能动性的发挥是很有限的。除非你能完全自外于教育体制。

学生亚主体：学生在学校教育中，其主体性受到的制约比教师还要大。作为复合主体成员，学生主体性发挥，是在接受现行教育意识、观念、制度等要求的前提下的发挥，他们在复合主体中与其他成员经历长时间磨合后，逐渐达成妥协与和谐，获得对自身个人主体性的正确认识，摆正了“亚主体”位置，形成自我调控意识、能力，与其他成员（教师、家长、同学等）进行有效的交往与合作，使自己得以合乎教育目的性的发展。一般情况下，学生的发展与国家、时代的教育精神一致，才能较大程度上得到社会的认可与接纳。

写作高于阅读：这是从包容性与终极指向性上说的。言语生命动力学表现-存在论认为：言语是生命的表达，言语创造是人基本的生存与存在方式，人的言语生命能，最终是指向言语表现与创造的。在读、写关系中，终极指向是写作，写作涵盖、包容了阅读；写作活动体现的人的言语生命意识、言语素养，高于在阅读活动中所体现的。对于言语表现来说，阅读只是阶段性、过程性、手段性的因素，而写作则是终极目的。所以，言语生命动力学语文学的读、写观是：写作高于阅读。

写作重于说话：口头与书面表现对于人的交往、发展来说，都是十分重要的，而且各有其特点、功能，原不应厚此薄彼。但是，从言语生命动力学语文学视角看，存在的言语生命意识在言语表现上主要聚焦于书面表现——“写作”，而不是口头表现——“说话”。写作——书面表现是言语表现的高级形态，它的精致性、规范性与创造性的含量，一般是超过口头表现的，是更高层面上的言语生命欲的实现，它对于人的存在具有终极意义。所以在语文教育中，写作重于说话。

养护：“养护”是“滋养、养育”和“维护、保护、爱护”的意思，用以取代以往习惯使用的“培养”“塑造”“训练”“锻造”这一类使动性、规约性较强的词语。这是在言语教育实践层面的一个重要概念。认为人的言语生命的成长，应顺应个体的言语生命潜能、才情、个性，应承认个体差异，并给予尊重，语文教育是对学生原生的言语欲求、个性倾向的精心陶养和呵护。这有别于以往的“塑造”“教导”“指导”等带有强制性、胁迫性、扭曲性意味的概念。在“养护”“顺应”人的言语本性前提下，需要因势利导，逐渐引领、升华。

牧养：放牧养护。“牧养”有“放牧”“放养”的意思，强调对“野生”

生态的模仿，给言语“野性”——天性的发展以最自由、广阔的空间。指遵从、顺应学生的言语本性、个性，给他们宽阔的言语空间，让他们拥有最大限度的言说自由，无拘无束地成长、发展。语文教育的“规训”“改造”“塑造”意味应适当淡化，教育对人的言语本性、个性的尊重、理解应是第一位的，要尽量维护学生原生态的言语“野性”——本性、个性。

“生命”与“反生命”语文教学：人不要与自然作对，教育不要与人的生命成长规律作对。在教育中，“生命”与“反生命”，是两个截然不同的本体论价值取向，也是衡量教育品质、教学方法的一个基本尺度。一切顺应、助成生命成长的教育，都是进步、昌明、人化的教育；一切压抑、扭曲生命成长的教育，都是反动、没落、异化的教育。在语文教育实践中，每一个具体的教学构想、策略与行为，最需要询问、自省、反思的，就是它基于“生命”还是“反生命”。在语文教学中，“生命”的教学，就是以“言语生命”为一切教学思维、行为的原点，顺应、扶助个体的言语生命潜质、天性、个性的成长，使教学日程与言语生命自然生长的时节合拍，最大限度地使言语生命的潜在可能性，变为言语创造、自我实现的现实存在性；“反生命”的教学，就是无视、抑制、虐杀言语生命的潜质、天性、个性，违拗言语生命的优势潜质与本真意愿，窒息、削斫言语生命的表达冲动、个性特点，使之变成教育模具铸造出的标准化产品，最终使人沦为非人。

辞章之文，学问之文，道之文：这可以看作是文章境界由低到高的三个层次，作为评价文章水平的标准。所谓辞章之文，就是文从字顺的文章，好的也可见其文字技巧纯熟，文采盎然，才情横溢。但是，主要是一种文章表面的文饰，招引读者眼球，如过眼云烟，没什么可回味琢磨的。学问之文，文字不一定华丽，却旁征博引，左右逢源，可以看出作者学养积累的丰富。道之文，是体现了人的修养历练、殚精竭虑之作，以思想的精深弘富取胜。这几者的区别在于学养与思想的成熟、人生阅历与视野的宽广、人格与趣味的高尚等的程度。学问之文，是一般人经过努力可以达到的。虽然道之文的境界难以达到，却不能不追求。对于中学生来说，辞章之文是基础，学问之文是可以实现的目标，道之文是毕生进取的理想。语文教学中，应追求辞章、学问、道三者的统一，不能统一也不要紧，因为多数人三者的发展都是不平衡的，最需要强调的不是文字、文采，而是学问、思想。一般有学问、思想的人，辞章也是不会差的。

民族化：我们指的是“母语化”和“汉语化”。以母语习得和汉语表达的实际，作为语文教学思维的出发点，来进行教学。母语化、汉语化教学，势必要从传统语文教学中汲取营养。当今语文教改已自发地形成了向传统回归的趋势。如，读国学经典，读古代诗词，吟诵、背诵、对对子、评点、批注，等等，这些教学内容、方式都重在涵养、积累、积淀，目的意识较为淡化，带有一定的“超功利性”。它着眼的是为文德、人品、语感、文感、思维、习惯等打基础，不争朝夕之功，可期水到渠成之效。只有充分地母语化、汉语化，才有全球化可言，才知道我国母语教学如何与世界各国母语教学对话。只有鲜明的传统性，才有充分的当代性，当代性才能成为对传统的颠覆、补充与完善。只强调其中的一个方面，势必都是一种片面。从这个意义上说，今天语文教育的“民族化”回归，固然有其合理性、必然性，但是，如果不能接纳当代性、全球化，不取回顾、反思、扬弃、与时俱进的态度，不广泛地汲取全人类教育智慧、教育文化之精华，消化新潮的教育理论，不具有前瞻性、洞察力，一切以古为尚，惟古是从，那是盲目“复古”，开倒车——是需要警惕的。

母语化：母语化最显著的特征就是“习得”。母语与外语教学不同，母语教学特点是在良好语境中的教学。母语教学主要靠“习得”，外语教学主要考“教得”“学得”。所谓“习得”，就是在潜移默化中习染渐悟，不必靠有意识的教导、训练来达成。从这一点上说，汉语“教”和“学”，都要着眼于母语习得的规律。教学，主要是一种便于学生“习得”的语境、氛围的创造，应遵从自然、无为的法则，主要是一种熏陶、浸淫、涵养，使学生“浸泡”于无所不在的言语环境中，随时受到感染、影响，随时感受、感悟语言、言语，并在自己的言语实践中去体验、感受。就是朱熹说的那八个字：虚心涵泳，切己体察。

汉语化：就是要根据汉语特殊的表现规律进行教学。如张翼健先生说的汉语的“字”即“词”、“偷换主语”、四声平仄、对偶等，这些，都是汉语的特点，根据这些特点，就有了注重识字量、“人文素质性”识字教学、灵活的“功能”语法、对对子等要求，就有了中国式的朗读、吟诵、默读的要求。汉语化还体现了对传统语文教学有益观念、有效经验的继承。如重“诗教”的人文教育、审美教育，重“学问”“明理”的知识教育、认知教育，“修辞立其诚”“文质彬彬”“辞达而已矣”的言语追求，“质疑法”“驳难法”“评点法”“批注法”“ 提要钩玄法”等阅读法，这些，对今天的语文教育仍有实践价值，可在当代视野下审视、改造、重构。

贵“无”的教学：是一种率意适性、以虚求实、无中生有的教学。指师生间和谐默契、心领神会的教学。注重的是言语生命意识的唤醒与培育。超越了言辞本身，重视学养和修养。强调人文积淀、思想修养的提高，注重从读中获知、求悟，从思中积学、明理。似乎不关言语的学习和文辞的历练，然而，言语的长进自在其中。不是生硬雷同的教法与硬性的教学技术应用，而是自自然然生成，粗枝大叶勾画，随随便便泼墨挥洒，“随性”“粗糙”的教学。是“清水出芙蓉，天然去雕饰”，“随风潜入夜，润物细无声”的天然滋养。是白描，不是细描；是写意画，不是工笔画。不是课的课，不像教学的教学。即《道德经》所言：“处无为之事，行不言之教”“为无为而无不为”。不教之教，为“上”教；不学之学，为“上”学。

尚“有”的教学：是一种目的明确，急功近利，试图立竿见影的教学。其教学目标主要是针对语文“技能”的，带有很强的教育主观性、强制性。在教学实践中集中体现在对“训练”的强调上，其极端表达是“以训练为主线”。从某种意义上说，充斥着训练的教学，学生主体发展空间势必狭小，其言语生命成长、精神创造活力都会受到很大的压抑与损害。因为，训练，意味着对学习者的规训、规范与异化，学习者是被动接受，被迫就范的，内心是郁闷、逆反的。自然这种教法不止于训练，一切超越了学生言语生命内在需要与兴趣的，违逆、扭曲学生言语生命冲动的，缺乏师生间思想、情感和谐互动的，带有强制规训意味（包括意识形态的、知识的、技能的）的教学活动，都属“有”的教学。

快乐——痛苦——彼岸的幸福：这是为文三境界，可对应于文章三境界：辞章之文、学问之文与道之文。从广义上看，写作的“快乐”，不是专指表面上“开心”，而是指情感宣泄、言语创造带来深层的内在愉悦。快乐，表层是开心、高兴，这是短暂的，感觉层面的；深层的快乐是精神享受，心灵的舒畅、欢愉，是动力层面的。深层的快乐，是和创造的艰苦、痛苦相伴的。对于习作者而言，更需要建立的写作观念不是表层的“快乐”，而是“痛苦”，或者说是快乐与痛苦同在，由艰苦的劳动中获得深层的精神愉悦。一个对写作的痛苦（艰苦）缺乏心理准备的人，不能忍受写作带来的艰难困苦的人，没有言语创造责任感、使命感的人，是不可能成为优秀作者，品尝不到真正的言语创造的快乐与幸福。与写作痛苦对应的是写作幸福，这种幸福不是一般意义上的幸福，而是终极意义上的幸福。只有对写作过程的痛苦与终极的幸福有着透彻领悟的人，才能写出真正优秀的作品，才能达到言语上自我实现的人生境界，才能获得终极幸福。由于这种幸福是存在于彼岸世界的，因而这一幸福感往往是美妙的幻影。

现场感：口头交流的主要特点，口头交流能力的基本要求。指的是基于主体与受众的直接交流互动关系所需要的一种语境敏感。现场感体现为言语效能预感、言说临场意识。就是懂得在什么样的口头交流场合，该用什么样的语言策略、方式方法，来达成最佳的表达效果。在具体言谈中主要表现在：言谈明了易懂；善于运用适合于特定语境的语言；具有较强的言语应变智慧；能为特定受众所接纳。

独白体：语体的一种。指的是在交流现场只有一人（或一方）在说，没有直接的双方语言交流。如自述、讲故事、解说、报告、演说等。独白体，不是目中无人的自言自语，是一种“隐性”对话，听众的各种现场反应就是在和演说者交流，他们的表情、神态等都在“说话”。这种隐性对话，是一种征服与逃逸的角力。演说者随时都要警惕听众从你的言语之网中挣脱。

对白体：语体的一种。指的是由两人或多人（双方或多方）进行直接的交谈。如调查访谈、面试、学术对话等。这是一种自己表达的同时也让别人畅所欲言的言语交流方式。一般来说，对白体，不论谈话者是双方还是多方，往往有一方是发起者，是为主的，负有把握现场以实现谈话意图的责任。作为发起者的一方主要任务不是自己说，而是要引导别人说，让对方说出自己希望了解的内容。或是通过自己的告白，以获得对方正确回应、积极配合。

辩白体：语体的一种。指的是两人（或双方、多方）针对某一论题或观点进行讨论、辩论。如论文答辩、专题辩论、专题研讨、商谈、谈判等。这些语体，都是人的思想交锋，带有不同程度的“舌战”色彩。论辩，是言语生命智慧的博弈，是对话中的短兵相接，以思想、思维的灵活、机智、深刻见长。辩论的现场性主要体现为通过对对方观点的证伪、批驳，以征服对手或“取悦”听众。

消极阅读：“为读而读”“占有式阅读”，可称为消极阅读。是一种“假性”阅读。所谓独立的阅读能力是一种伪能力。因为，没有哪一种阅读只限于读“懂”或“吸收”，在读“懂”或“吸收”之后便不再转化、外化出来。

其思想方式是“占有”知识，其解读方法主要是在语言学、语义学“能指”背景下的解释、理解。以往“阅读本位”下的阅读，大多属于消极阅读。

积极阅读：“为写而读、为表现而读、为存在而读”，“存在式阅读”，可称为积极阅读。阅读是自我言语生命自由自觉的创造活动，读者和作者共同创造了作品的价值。阅读不单是为了写作，不都要体现在作品中，但是，阅读总是在为言说、为写作作准备，是在给言语生命蓄积资源、能源，总是在改变、建构着主体，阅读终究要指向表现和创造，指向言语生命的成长与存在。在言语生命动力学视野下，被动“吸收”的价值将被极大地消解，主动的合目的性的自主创获、自由表现，将成为新的价值取向。阅读需要自我经验、思维、再创造的参与，阅读也是“倾吐”、表现。

反教案教学：相对于教案教学提出的。反教案，不等于不写教案，反教案教学的意思是：具有文本形态的教案不是教学的必要条件，教案是可有可无的。教学是否有教案不重要，重要的是教师是否具备了良好的教育和专业素养。反教案教学也有教学预设，但是这种预设是较为宽泛、松散的，便于随机调度、组合、生成的。不是作为教学的蓝本，在教学中按图索骥、照本宣科。怎么教，不是由教师说了算，而是由学生的学情、需求决定的。反教案教学的精神实质，在于教师基本的教育理念与课堂教学观念的改变，教学的天平向学生倾斜：由师道尊严、教师中心，“师者，所以传道、授业、解惑也”，到师生合作、尊重学生，生“贵”师“轻”，以学生为本，尊重学生的自主规划、自主探究；强调教师的教育素养的深厚，教学经验的丰富，教育教学反思的深刻。教学的根本在于教师教育素养、学养，不在于教案的有无。

前教学、教学、后教学：教师的教学过程可以分为前教学、教学、后教学三个阶段（也可以说是三种教学行为）。前教学，是教学的准备阶段，包括原先的教学经验和认知背景的投注，在备课过程中进行的阅读、思考和记录工作；教学，是教学行为的实施阶段，是师生的交流、对话、互动过程，在这个过程中，教师与学生作为“复合主体”相互合作，共同完成教学任务，以期获得最佳教学效果；后教学，是教学的反思、总结、研究、深化、升华阶段，在课后，教师对前教学、教学过程及其得失，通过回忆、内省，进行梳理、分析与评判，有的还可以形成研究课题，进一步提高、完善对本次教学活动的认识。前一次教学活动的后教学过程中形成的新认知，将累积进下一次教学活动的前教学行为的前理解。

主要参考书目及版本

1. 冯友兰：《中国哲学简史》，北京大学出版社 1996 年版。

2. 冯友兰：《贞元六书》，华东师范大学出版社 1996 年版。

3. 冯友兰：《三松堂自序》，生活·读书·新知三联书店 1984 年版。

4. 胡适：《胡适文存》，上海亚东图书馆 1933 年版。

5. 胡适：《中国哲学史大纲》，上海古籍出版社 1997 年版。

6. 李泽厚：《李泽厚十年集》，安徽文艺出版社 1994 年版。

7. 严春友：《西方哲学新论》，中国社会科学出版社 2001 年版。

8. 梁启超：《中国历史研究法》，上海古籍出版社 1998 年版。

9. 梁启超：《清代学术概论》，东方出版社 1996 年版。

10. 宋元人注：《四书五经》（上），中国书店 1985 年版。

11. 杨伯峻：《论语译注》，中华书局 1980 年版。

12. 杨伯峻：《孟子译注》，中华书局 1960 年版。

13. 曹础基：《庄子浅注》，中华书局 1982 年版。

14. 韩愈著，马其昶校注，马茂元整理：《韩昌黎文集校注》，上海古籍出版社 1987 年版。

15. 陶渊明：《陶渊明集》，岳麓书社 1996 年版。

16. 黎靖德编，王星贤点校：《朱子语类》，中华书局 1986 年版。

17. 章学诚：《章学诚遗书》，文物出版社 1985 年版。

18. 王利器撰：《颜氏家训集解》（增补本），中华书局 1993 年版。

19. 刘勰著，王运熙、周锋撰：《文心雕龙译注》，上海古籍出版社 1998 年版。

20. 王夫之等撰：《清诗话》，上海古籍出版社 1999 年版。

21. 陈鼓应注释：《老子今注今译》，商务印书馆 2003 年版。

22. 林尹注译：《周礼今注今译》，书目文献出版社 1985 年版。

23. 钱穆：《论语新解》，生活·读书·新知三联书店 2005 年版。

24. 曾国藩著，邓云生编校：《曾国藩全集》，岳麓书社 1985 年版。

25. 王国维：《人间词话》，上海古籍出版社 1998 年版。

26. 毛礼锐、沈灌群主编：《中国教育通史》，山东教育出版社 1985 年版。

27. 黎顺清、曹鸿远、李知华编：《中国古代教育名著选读》，陕西师范大学出版社 1989 年版。

28. 璩鑫圭、唐良炎编：《中国近代教育史资料汇编》，上海教育出版社 1991 年版。

29. 陶行知：《陶行知文集》，江苏人民出版社 1981 年版。

30. 董宝良主编：《陶行知教育学说》，湖北教育出版社 1993 年版。

31. 赵裕仁：《小学国语科教学法》，商务印书馆 1927 年版。

32. 王森然：《中学国文教学概要》，商务印书馆 1929 年版。

33. 张震南等：《中学国文述教》，商务印书馆 1925 年版。

34. 叶圣陶、吕叔湘等：《文章评改》，上海教育出版社 1979 年版。

35. 王德春：《现代语言学研究》，福建人民出版社 1983 年版。

36. 郭绍虞主编：《中国历代文论选》，上海古籍出版社 1979 年，1980 版。

37. 伍蠡甫、胡经之主编：《西方文艺理论名著选编》上卷，北京大学出版社 1985 年版。

38. 伍蠡甫、胡经之主编：《西方文艺理论名著选编》中卷，北京大学出版社 1986 年版。

39. 伍蠡甫、胡经之主编：《西方文艺理论名著选编》下卷，北京大学出版社 1987 年版。

40. 鲁迅：《鲁迅全集》，人民文学出版社 1981 年版。

41. 陈嘉映：《海德格尔哲学概论》，生活·读书·新知三联书店 1995 年版。

42. 赵毅衡编：《“新批评”文集》，中国社会科学出版社 1988 年版。

43. 孙绍振：《文学创作论》，春风文艺出版社 1987 年版。

44. 朱光潜：《朱光潜美学文集》，上海文艺出版社 1982 年版。

45. 夏丏尊：《夏丏尊文集》，浙江文艺出版社 1983 年版。

46. 吕叔湘：《吕叔湘语文论集》，商务印书馆 1983 年版。

47. 中央教育科学研究所编：《朱自清论语文教育》，河南教育出版社

1985 年版。

48. 张志公：《张志公自选集》，北京大学出版社 1998 年版。

49. 钱理群：《语文教育门外谈》，广西师范大学出版社 2003 年版。

50. 季羡林：《禅和文化与文学》，商务印书馆国际有限公司 1998 年版。

51. 曹聚仁：《中国学术思想史随笔》，生活·读书·新知三联书店 1986 年版。

52. 刘国正主编：《叶圣陶教育文集》，人民教育出版社 1994 年版。

53. 周光庆：《中国古典解释学导论》，中华书局 2002 年版。

54. 蒋成瑀：《读解学引论》，上海文艺出版社 1998 年版。

55. 巴金：《随想录》，生活·读书·新知三联书店 1987 年版。

56. 王小波：《黄金时代》，华夏出版社 1997 年版。

57. 王小波：《我的精神家园》，文化艺术出版社 1997 年版。

58. 张首映：《西方二十世纪文论史》，北京大学出版社 1999 年版。

59. 南帆主编：《文学理论［新读本］》，浙江文艺出版社 2002 年版。

60. 刘再复：《性格组合论》，上海文艺出版社 1986 年版。

61. 闵定庆：《俳优人格》，长江文艺出版社 1996 年版。

62. 王力、朱光潜等：《怎样写学术论文》，北京大学出版社 1981 年版。

63. 林可夫主编：《基础写作概论》，福建人民出版社 1985 年版。

64. 马正平：《写的智慧》，西南师范大学出版社 1995 年版。

65. 鲁宝元编：《国外作文教学》，文心出版社 1986 年版。

66. 王丽编：《中国语文教育忧思录》，教育科学出版社 1998 年版。

67. 孔庆东等编：《审视中学语文教育》，汕头大学出版社 1999 年版。

68. 王尚文：《语感论》（修订本），上海教育出版社 2000 年版。

69. 李海林：《言语教学论》，上海教育出版社 2000 年版。

70. 王荣生：《语文科课程论基础》，上海教育出版社 2003 年版。

71. 王一川：《语言乌托邦》，云南人民出版社 1994 年版 。

72. 顾黄初主编：《中国现代语文教育百年事典》，上海教育出版社 2001 年版。

73. 倪文锦、欧阳汝颖主编：《语文教育展望》，华东师范大学出版社 2002 年版。

74. 李白坚：《趣味作文》，复旦大学出版社 1999 年版。

75. 陈会昌、夏菡：《儿童的想象与幻想》，二十一世纪出版社 2001 年版。

76. 潘新和：《中国现代写作教育史》，福建人民出版社 1997 年版。

77. 潘新和：《中国写作教育思想论纲》，人民教育出版社 1998 年版。

78. 潘新和主编：《写作：指向自我实现的人生》，科学出版社 1999 年版。

79. 潘新和主编：《高等师范写作三能教程》，人民教育出版社 2000 年版，2002 年修订再版。

80. 潘新和主编：《新课程语文教学论》，人民教育出版社 2005 年版。

81. 潘新和：《语文：回望与沉思——走近大师》，福建人民出版社 2008 年版。

82. 潘新和：《语文高考：反思与重构》，福建人民出版社 2009 年版。

83. 潘新和：《语文：审视与前瞻——走进名家》，福建人民出版社 2009 年版。

84. 潘新和：《存在与变革——穿越时空的语文学》，山东教育出版社 2012 年版。

85. 潘新和：《语文：人的确证》，上海三联书店 2014 年版。

86. 潘新和：《语文：我写故我在》，海峡文艺出版社 2014 年版。

87. 潘新和：《“表现-存在论”语文学视界》，人民出版社 2014 年版。

88. 潘新和：《不写作，枉为人——潘新和语文学术随笔》，福建教育出版社 2014 年版。

89. 潘新和：《中国语文学史论》，台北万卷楼图书股份有限公司 2015 年版。

90. 潘新和：《潘新和与表现-存在论语文学》，北京师范大学出版社 2016 年版。

91. ［英］罗素著，马元德译：《西方哲学史》，商务印书馆 1976 年版。

92. ［古希腊］柏拉图著，朱光潜译：《柏拉图文艺对话集》，人民文学出版 1980 年版。

93. ［古希腊］柏拉图著，张子菁译：《理想国》，西苑出版社 2003 年版。

94. ［古希腊］亚里斯多德著，罗念生译：《诗学》，人民文学出版 1962 年版。

95. ［美］马斯洛著，许金声、程朝翔译：《动机与人格》，华夏出版社 1987 年版。

96. ［美］弗兰克·戈布尔著，吕明、陈红雯译：《第三思潮：马斯洛心理学》，上海译文出版社 1987 年版。

97. ［美］库恩著，金吾伦、胡新和译：《科学革命的结构》，北京大学出版社 2003 年版。

98. ［美］库恩著，纪树立、范岱年、罗慧生等译：《必要的张力》，福建人民出版社 1981 年版。

99. ［美］艾布拉姆斯著，郦稚牛、张照进、童庆生译、王宁校：《镜与灯——浪漫主义文论及批评传统》，北京大学出版社 2004 年版。

100. ［捷］夸美纽斯著，傅任敢译：《大教学论》，教育科学出版社 1999 年版。

101. ［法］笛卡尔著，王太庆译：《谈谈方法》，商务印书馆 2000 年版。

102. ［德］马克思著，中央编译局译：《1844 年经济学哲学手稿》，人民出版社 2000 年版。

103. ［美］怀特著，曹锦清等译：《文化科学》，浙江人民出版社 1988 年版。

104. ［德］海德格尔著，陈嘉映、王庆节译：《存在与时间》，生活·读书·新知三联书店 2006 年版。

105. ［德］海德格尔著，彭富春译，戴晖校：《诗·语言·思》，文化艺术出版社 1991 年版。

106. ［德］海德格尔著，郜元宝译，张汝伦校：《人，诗意的安居》，广西师范大学出版社 2002 年版。

107. ［德］海德格尔著，孙周兴译：《在通向语言的途中》，商务印书馆 1999 年版。

108. ［德］加达默尔著，夏镇平、宋建平译：《哲学解释学》，上海译文出版社 2004 年版。

109. ［奥地利］茨达齐尔著，李其龙译：《教育人类学原理》，上海教育出版社 2001 年版。

110. ［比］布莱著，郭宏安译：《批评意识》，广西师范大学出版社 2002 年版。

111. ［捷］伽达默尔著，严平编选，邓安庆等译：《伽达默尔集》，上海远东出版社 1997 年版。

112. [德] 康德著，邓晓芒译：《判断力批判》，人民出版社 2002 年版。

113. [德] 康德著，何兆武译：《论优美感和崇高感》，商务印书馆 2001 年版。

114. [俄苏] 什克洛夫斯基等，方珊等译：《俄国形式主义文论选》，生活·读书·新知三联书店 1989 年版。

115. [德] 尼采著，黄明嘉译：《快乐的知识》，中央编译出版社 2001 年版。

116. [德] 黑格尔著，朱光潜译：《美学》，商务印书馆 1979 年版。

117. [德] 兰德曼著，张乐天译：《哲学人类学》，上海译文出版社 1988 年版。

118. [法] 海然热著，张祖建译：《语言人：论语言学对人文科学的贡献》，生活·读书·新知三联书店 1999 年版。

119. [德] 卡西尔著，甘阳译：《人论》，上海译文出版社 2004 年版。

120. [英] 汤因比著，刘北成、郭小凌译：《历史研究》（修订插图本），上海人民出版社 2000 年版。

121. [法] 萨特著，施康强等译，李瑜青、凡人主编：《萨特文学论文集》，安徽文艺出版社 1998 年版。

122. [法] 萨特著，潘培庆译：《词语》，生活·读书·新知三联书店 1989 年版。

123. [德] 弗洛伊德著，孙庆民、乔元松译，索宇环校，车文博主编：《弗洛伊德文集》，长春出版社 1998 年版。

124. [美] 利伯特等著，刘范等译：《发展心理学》，人民教育出版社 1983 年版。

125. [法] 巴尔特著，王东亮等译：《符号学原理》，生活·读书·新知三联书店 1999 年版。

126. [法] 托多罗夫著，蒋子华、张萍译：《巴赫金、对话理论及其他》，百花文艺出版社 2001 年版。

127. [美] 多尔著，王红宇译：《后现代课程观》，教育科学出版社 2000 年版。

128. [德] 福禄培尔著，孙祖复译：《人的教育》，人民教育出版社 2001 年版。

129. ［英］波普尔著，傅季重、纪树立、周昌忠、蒋弋为译：《猜想与反驳——科学知识的增长》，上海译文出版社 1986 年版。

130. ［英］波普尔著，纪树立编译：《科学知识进化论》，三联书店 1987 年版。

131. ［英］拉卡托斯著，兰征译：《科学研究纲领方法论》，上海译文出版社 1986 年版。

132. ［法］昆德拉著，孟湄译：《被背叛的遗嘱》，上海人民出版社 1995 年版。

133. ［苏］苏霍姆林斯基著，肖勇译：《教育的艺术》，湖南教育出版社 1983 年版。

134. ［苏］列昂捷夫著，李沂、冀刚、徐世京、杨德庄译：《活动　意识　个性》，上海译文出版社 1980 年版。

135. ［美］林格伦著，章志先、张世富、肖毓秀、杨继本、肖前瑛译：《课堂教育心理学》，云南人民出版社 1983 年版。

136. ［苏］鲁克著，周义澄、毛疆、金瑜译：《创造心理学概论》，黑龙江人民出版社 1985 年版。

137. ［美］怀特海著，韩东晖、李红译：《思想方式》，华夏出版社 1999 年版。

138. ［英］怀特海著，徐汝舟译：《教育的目的》，生活·读书·新知三联书店 2002 年版。

139. ［瑞士］索绪尔著，高名凯译，岑麟祥、叶蜚声校注：《普通语言学教程》，商务印书馆 1980 年版。

140. ［苏］巴乌斯托夫斯基著，李时译：《金蔷薇》，上海文艺出版社 1959 年版。

141. ［美］安德森著，杨清、张述祖等译：《认知心理学》，吉林教育出版社 1989 年版。

142. ［美］布鲁纳著，邵瑞珍译，王承绪校：《教育过程》，文化教育出版社 1982 年版。

143. ［美］杜威著，胡适口译：《杜威五大讲演》，安徽教育出版社 1999 年版。

144. ［瑞士］皮亚杰著，王宪钿等译，胡世襄等校：《发生认识论原理》，商务印书馆 1981 年版。

145. ［瑞士］皮亚杰著，倪连生、王琳译：《结构主义》，商务印书馆 1984 年版。

146. ［瑞士］皮亚杰著，郑文彬译：《人文科学认识论》，中央编译出版社 1999 年版。

147. ［美］弗洛姆著，张燕译，赵鑫珊校：《在幻想锁链的彼岸——我所理解的马克思和弗洛伊德》，湖南人民出版社 1986 年版。

148. ［德］叔本华著，韦启昌译：《人生的智慧》，上海人民出版社 2001 年版。

149. ［美］克雷齐等著，周先庚等译：《心理学纲要》，文化教育出版社 1981 年版。

150. ［德］伊瑟尔著，金元浦、周宁译：《阅读活动——审美反应理论》，中国社会科学出版社 1991 年版。

151. ［美］韦勒克、沃伦著，刘象愚、邢培明、陈圣生、李哲明译：《文学理论》，生活·读书·新知三联书店 1984 年版。

152. ［英］科德著，上海外国语学院外国语言文学研究所译：《应用语言学导论》，上海外语教育出版社 1983 年版。

153. ［法］圣艾修伯里著，艾柯译：《小王子》，哈尔滨出版社 2001 年版。

后记

虽然研究语文教育学不是我的“专业”，但我希望它成为我后半生事业的最重要的一部分。这是一部我自己最看重的著作，标志着我的研究的一个转折，我的“言语生命意识”的新觉悟。

在高师汉语言文学专业，历来“语文学科教学论”（原称“语文教材教法”）是最被人瞧不起的课程。因为长期以来担任这门课的多是中学资深教师，这些教师在中学是出类拔萃的，可是到了高校，由于语文学科理论底子薄，且是面向基础教育的，远不如文学、语言这些传统学科地位显赫；这些由中学调入的优秀教师，长期沉溺于教学，学术研究能力相对较弱，在以“科研”取人的大环境下，学术成果少就没什么地位可言。这是在一个尴尬的学科里默默耕耘的尴尬的教师群体。几年前，文学院教研室整合，我无奈而有幸地成了“语文教学与写作教研室”主任，跟语文教学论教师有了较多的接触，加深了对这种处境的了解，也进一步拉近了我与语文教育的距离。

多年来我对写作、写作教育的研究，很自然地会蔓延到对语文教育的思考。当上“主任”之后，语文学科、语文教学论更多地进入到我的视野。我国20世纪末的那一场对语文教育声势浩大的声讨和学界对语文教育的大讨论，促使我下决心投入较大的精力关注语文教育领域的问题。我觉得关注母语教育，是每一个汉语言文学专业教师责无旁贷的。语文基础教育不搞好，高校的汉语言文学教育也好不了。而且，母语教育的成败，事关全民族的精神、文化素养，关系到人的发展。高校汉语言文学专业教师，尤其是高师的教师，只钻“象牙塔”，对母语基础教育不屑一顾，甚至认为这不是什么正经学问，这不算失职也是一种无知的表现。现在，我捧上了我的这份答卷，也期盼更多有识之士能为这一共同的事业做点什么。

拙著撰写于“知天命”之年，以我的才分，也许我一辈子也没能享有“知天命”的荣耀，但是，我把我的生命成熟期的这颗算不上丰硕的“果实”，奉献给了语文教育这一“使人更像人”的事业。能使未来的孩子们，从母语教育中倾听到人类智性有声的、无言的呼唤，感悟到言语生命的珍贵和作为一个“言语人”“写作人”的幸福，也就无悔无愧了。

我想把这部心血之作敬献给我的父母。35 年前，在那场浩劫中，温雅平和的父亲、以文人的刚烈结束了自己，毅然离去。他的生命化为了几部陈放在图书馆里的书。若干年后，他著于 20 世纪 40 年代的《中国语原及其文化》，被语言学界誉为我国文化语言学的第一部专著。也许就是这部书，成为他生命的确证：他在言说中留存、延续了自己的生命，也将自己的言语生命意识传递给了我。他从不耳提面命，但是，年幼的我感受到了他那温文儒雅的文人气质与血液中澎湃迸涌着的言语创造意欲。也许就在一次偶然翻阅到写着父亲名字的那本书的瞬间，注定了我一生的命运与归宿——这是我在后来漫长的生命历程中一点一滴地筛出来、品出来的。父亲给我的最神圣最珍贵的恩赐，就这么悄无声息地降临在无知的我的无意识中。母亲是知识女性，娴慧明理，是那个时代为数不多的接受过高等教育的女性，她和父亲均毕业于厦门大学，她在那个当时基本属于男性的学府中出类拔萃。毕业后她长期担任中学教师，倾心于工作，培育了我敬业、忍耐的性格。她不擅家务，但在那没有阳光的日子里，她给了我充沛温润的母爱。现在，她生命之烛将熄，也许，她等不到儿子将这部书捧献在她的面前——愿上苍成全我这份微薄的心意，挽留住我亲爱的母亲！让她最后再看上一眼儿子敬奉给她的这本心血之作，因为那里也种植着她的信念和企盼（母亲终于没能等到这一天，2003 年 7 月 14 日，她匆匆地走了，没来得及和儿子道一声别）。

在拙著即将出版之际，我非常想念先师林可夫教授。大学毕业时，他看中了我，留下了我，引我走上学术之路。我的每一本书的后面都刻录着恩师热切的凝视。当我第一本专著《中国现代写作教育史》出版时，先生已癌症在身，多次的化疗使他非常疲惫。但是他从我手中接过书的那一刻，的确很高兴，显得特别精神。后来，他特地捧着我的书拍了一张“读书”的照片送我。照得很好，先生潇洒地倚坐在藤椅上，一脸陶醉的满足，手上的书封面字迹很清晰。——看到照片时的温馨得让人心碎的感觉，成为抹不去的记忆，刻骨铭心地伴随着我。1999 年当我编写《高等师范写作三能教程》时，先生寓居上海，在养病中他还常通过电话与我交谈心得，切磋学问，经常一谈就是 20 分钟、半小时。书出版时，已是先生生命的最后时光。拿到书我寄出的第一本就是给先生的。他收到时病情已十分危重，仍勉力翻阅，打电话给我谈了自己的看法，话没有说完就虚弱得说不下去，然欣喜和勉励之情溢于言表。这是我们最后一次通话，先生说等他好点儿再接着说，可等到的竟是师母泣不成声告诉我的噩耗。而今先生已作古，写作时少了一种精神上的依靠，心里常觉空虚了一片，念及往昔，不禁唏嘘。先生仙逝已四周年，拙著权作学生的一份祭礼吧。

在我的写作期间，我的妻子以病弱之躯，艰难而辛苦地勉力操持家务，她的超乎常人的坚强和对生命的豁达，使我能专注于我的工作并对自己充满了信心。女儿潘苇杭在学术和文学感悟上的聪颖和机敏，时常诱发了我的写作灵感，书中有些见解就是直接得益于她——如同孔子说的“起予者商也”，那是一种言语生命之弦的和声与交响，是拈花微笑般的心领神会；她还是我的称职的“秘书”，为我分担了许多查找、录入资料的工作。这些都是我始终心存感激的。

在思想之旅的艰难跋涉中，我曾将自己的部分尚不成熟的思考提交给教学经验丰富的老师们。福建师范大学语文课程标准国家级、省级骨干教师培训班学员，教育硕士班学员和我的研究生，在倾听了我的基本观点和思路后，表现出了强烈的兴趣，不少学员在给予我肯定和支持的同时，也提出了一些宝贵意见，使我深受教益。得以与一线语文教师达成精神上的沟通与默契，我备感欣慰。

本书出版得到了福建人民出版社大力支持。支持一本纯学术著作的出版是需要学术眼光和社会责任感的，何况是支持一部大部头学术著作的出版。林彬副社长、副总编辑是我的良师益友，多年前曾为我的《中国现代写作教育史》的出版给予了真诚的扶助，她的细心、周到和聪慧，给我留下了很深的印象。这次她又为本书的出版不遗余力，亲任责编，从策划、编辑到推介事必躬亲，敬业精神令人难忘。恩师孙绍振教授此次又于百忙之中为我作序，先生和师母，长期以来对我及我的家人的关爱，对我学术上的成长倾注的期待和扶持，每每使我感到清风拂面般的慈爱与温情，先生的道德文章滋养了我的学术胸襟和言说气度，我迈出的每一步，都能感受到先生的热盼。我的研究工作得到了我所供职的福建师范大学文学院的大力支持，和北师大版实验教材初中《语文》编写团队师友们的理解和关怀，他们分担了许多本应由我做的工作，使我有较多的时间和精力投入到本书的写作。责编江中柱先生，尽心尽职地为本书的质量把关，精益求精，追求尽善尽美，花费了许多的时间和精力。我的研究生谢翊、周伟薇、张鑫莲认真通读了全书，为我指出了不少文字上的瑕疵。殷殷关爱，常萦我心，在此一并致以诚挚的谢意。

本书写作参考了大量著作，我尽量对引录的文字加注，以示对知识产权的尊重。在此，我谨向参考文献的作者表达深切的感激。

潘新和

于福建师范大学花香园寓所

2004年7月7日改定

再版后记

这一年多，主要工作便是忙于本书修订。

我的修订意图是：上卷加强“言语生命动力学表现-存在论”的学理性、自洽性、严密性，使其更具说服力，尽可能做到无懈可击。在对我国现代语文教育范式的辨析、批判，对语文课程本体论、价值观——培育言语生命意识，培育有德行、思想的立言者，引领言语人生、诗意的言语人生上，加大理论厚度、说理力度。在下卷的教学实践层面，为了满足一线教师的教学“实用”需求，努力将上卷对“语文是什么”的思考，转化为“语文教什么”“语文怎么教”的具体内容，表明“语文素养即立言素养，立言素养大于语文素养”的认知，以培育“立言素养”作为语文教学的核心内容，将“立言素养”内涵尽量明晰、细化，在“教什么、怎么教”上，力求具体、细致，使教学有章可循、有法可依，给予教师更多教学内容、方法上的引领，以期可举一反三。总之，上要顶天，下要立地。理论不厌深厚，实践不厌浅俗，力求务虚与务实的统一。

基于这样的考虑，上卷增加一章：第六章 诗意栖居：言语生命的终极追索。下卷增加两章：第六章 言语生命：在读、写中激活与重塑；第十章 阅读：为言语生命的化育与创造奠基（下）。上卷增加的第六章，是对“诗意人生”这一重要概念作深入讨论。“诗意人生”是我的“言语生命意识”的最高境界，也是许多教师孜孜以求的教育理想。因此，必须从学理上阐明什么是诗、诗教、诗意、诗意人生，才能使读者对“诗意人生”这一终极关切有所领悟。下卷增加的两章，第六章是围绕着培育“立言者”这一总目标，对“立言五大素养”进行阐释，具体讲语文“教什么”，即语文教学、教材建构的基本内容；第十章是围绕着阅读教学如何培育“立言五大素养”，即“怎么教”展开，告诉老师们阅读如何指向“表现与存在”。两章都意在强化对“表现-存在本位”语文教学实践的认知，使教师在可教性、实操性上能得到更多启发与借鉴。

在初版的某些“章”中，根据需要，增加了若干“节”(有的“节”在原有基础上作大幅调整、充实)。上卷第一章：八 语文课程之宗旨：为培育“立言者”奠基；第三章：六 语感认知结构：两个层面三种意义；七 语言语感：基础、通用语感；八 体式语感：文体、语体语感；九 语境语感：情境、个性语感。第九章：六 师生对话常态：良性不平等对话；第十一章：六 精神繁衍：所写超越所读。第十五章：三 立言之基：古今贯通、内外贯通、中外贯通；九 治学四维：学养、哲思、长寿、天赋。下卷第二章：七 成就“立言者”：垂诸文而为后世法。第四章：五 贵“无”：走出“儿童本位”反“儿童”迷津。第五章：一 写作君临天下：以读带写，读写结合的清场；八 辩论教学：“表现-存在论”语文学优质平台。第七章：一 写作，给孩子以灵魂；二 写书：言语人生的起步；三 写作，养育心灵是根本；四 心灵写作：贵在虚静、神游冥想、内视内省；七 论文写作：贯穿中小学的主线。第九章：一 为什么读：为“表现与存在”而读；二 读什么：读出言语动机、写作素养；三 怎么读：阅读须阅人，解读须解写。

为了更具参考性，增加了一些“附录”。上卷第一章附录：站在“人是什么”的高度看“语文是什么”——潘新和教授访谈录（李节)。第五章附录：不写作，枉为人。第十五章附录一：承传与超越：整合的原创——治学摭议；附录二：颠覆·原创·互通——潘新和教授访谈录（张心科)。下卷第一章附录：师魂：尊德性而道问学——黄玉峰《上课的学问》序。第八章附录一：写作更应“贴近”学生“心灵”——走出“贴近生活”“写生活”误区；附录二：存在的悦读：心灵的遇合与角逐——读白杏珏札记随想。第十章附录一：孙犁《山地回忆》的误读；附录二：评点熊芳芳《一只特立独行的猪》课堂实录。第十二章附录：命题观重构：从“写生活”到“写思想”——2016 年高考作文题反思与前瞻。第十三章附录：《三笑》：为“立言”奠基的课——“言语生命动力学语文学”解读。

这些都是近年思考的收获，是对初版内容的丰富与发展，也为了教师能更容易理解我的理念与实践构想，从中获得启示与借鉴。在修订过程中几乎将全书过滤了一遍，各章节从内容到文字都有或多或少的改动。

经过 10 年自我反思、否定之否定，反复琢磨、沉淀，许多想法都变了，又产生了许多新想法，而且，总想改得尽可能完美些，少留点遗憾，结果越改越有得改，永没有满意的时候，这就是修订迟迟不能交稿的原因，敬请读者谅解。

在修订开始时我低估了工作难度，以为大约半年即可完成，便轻率地签下合同。修订工作量之大、杂事干扰之多超乎预料，以致交稿时间拖延了。感谢老朋友、本书初版责编、福建人民出版社文教编辑室主任江中柱博士的理解与支持，他不但不责怪我“违约”，而且从不催促，还怕打扰我，给我提供了充裕的时间，叫我放宽心慢慢写。第二版责编也以极大的耐性等待我的修订，认真、细致、负责地完成编辑工作，在此谨表谢忱。

在本书再版之际，还要感谢海峡出版发行集团副总经理林彬女士（原福建人民出版社社长）。她不但是本书初版责编之一，还是本书得以面世的策划者、决策人。没有她的策划与支持，就没有这部书，自然也不会有修订版的问世。

作 者

于闽江之滨寓所

2015 年 7 月 14 日

语文：表现与存在

YUWEN
BIAOXIAN YU CUNZAI

潘新和 著

上卷·第一分册

海峡出版发行集团 | 福建人民出版社
THE STRAITS PUBLISHING & DISTRIBUTING GROUP | FUJIAN PEOPLE'S PUBLISHING HOUSE

图书在版编目（CIP）数据

语文：表现与存在/潘新和著．—2版．--福州：福建人民出版社，2017.11（2023.5重印）

ISBN 978-7-211-07676-5

Ⅰ．①语…　Ⅱ．①潘…　Ⅲ．①语文课—教育学　Ⅳ．①H193

中国版本图书馆CIP数据核字（2017）第137707号

语文：表现与存在

YUWEN BIAOXIAN YU CUNZAI

作　　者： 潘新和
责任编辑： 沈小燕　陆耀东　李冰洁　陈晓红
出版发行： 福建人民出版社　　**电　　话：** 0591-87533169(发行部)
网　　址： http://www.fjpph.com　　**电子邮箱：** fjpph7211@126.com
地　　址： 福州市东水路76号　　**邮政编码：** 350001
经　　销： 福建新华发行（集团）有限责任公司
印　　刷： 福州德安彩色印刷有限公司
地　　址： 福州金山工业区浦上B区42幢
电　　话： 0591-28059365
开　　本： 700毫米×1000毫米　1/16
印　　张： 105.75
字　　数： 1731千字
版　　次： 2017年11月第2版
印　　次： 2023年5月第5次印刷
书　　号： ISBN 978-7-211-07676-5
定　　价： 248.00元

再版自序

我很幸运，能活到了“知天命”之年，写了《语文：表现与存在》，达成“接着讲”的愿景。如果我活不到五十岁，此前“照着说”的努力便尽付东流。更幸运的是，在这部“率性”之作出版十年后还健在，能将“耳顺”之年的经验、智慧累积进去，真是天大的福气。

自以为本书出版已完成“天命”，此生不枉。之后活着的每天，写的每篇文章、每本书，都是额外“赚”到的。读者对本书的理论认可与实践热忱，我对深化“言语生命动力学表现-存在论语文学”认知的渴望，驱使我进入研究快车道、深水区。十年来顺风顺水，我相继“赚”到《语文：回望与沉思——走近大师》《语文：审视与前瞻——走近名家》《语文高考：反思与重构》《语文：人的确证》《语文：我思故我在》《“表现-存在论”语文学视界》《不写作，枉为人——潘新和语文学术随笔》《新课程语文教学论》……这些“额外之财”远胜金山银山，我心满意足。

庆幸并感恩，是此时此刻的肺腑之言。

“五十而知天命”，何谓“天命”？“天命之谓性，率性之谓道。”“天命”是上天赋予人之使命，“知天命”，就是知何所为而为。“率性”，就是顺从人的本性——天赋使命而为。如此，便合乎“道”。五十岁，是人知道该如何率性而为的“时间窗口”。

五十岁对人生之重要，是因为这时已有较充沛的经验、智慧储备，有能力“神思”“天命”，务必把握住这个精神创造的关键期、鼎盛期。所谓“三十而立，四十而不惑”，皆是为“五十而知天命”做准备的。把控住这一人生最佳创造期，才有六十岁的“耳顺”，七十岁的“从心所欲不逾矩”。五十岁是一个承前启后的年龄，若错过，便失却天赐良机，亏负昨天，也断送未来。

当初写《语文：表现与存在》，就是本着“知天命”“尽人事”的信念：五十岁了，该做、该还的，得做、得还；该写的，得写。我虽没修炼到视名利如浮云的境界，但确实没指望从中获取什么高“附加值”，只是按自己对人生的理解做该做的事情。因此，本书出版后反响热烈、好评如潮，反馈远超预期，倒觉得有些承受不起。读者的肯定无疑是至高无上的嘉赏，高兴之余也诚惶诚恐：得太多，如同信用卡透支，盛名之下其实难副，这让我惴惴不安。该书在评奖时遭遇评价不公，我反而觉得有点小安慰，似乎从“失去”中找到了心理平衡，觉得这才是该承受的，才有牺牲的快感。任何选择都要付出代价，必须失去点什么才心安。“心安”便“理得”，便自在。——“学问即目的”，安心、自在地做学问，是我的初心。心有所属，命有所归，夫复何求？

本书出版后“热评”从未降温。《中国教育报》《中华读书报》《教育家》《教育导报》《四川师范大学报（社会科学版）》《中学语文教学参考》《语文学习》等十多家报刊相继发表了长篇评介文章，网络上读书笔记、评论可用“铺天盖地”形容。据“百度学术”统计，“相关论文”10572 篇。这让我感到贴心、暖心。淳朴、珍贵的情谊与关切，萦心系怀，念念不忘，修订之际，又一幕幕浮现于脑际。回放这份美好的经历是温馨、愉悦的，也借此表达我的真诚谢意。

不少评论来自专家。孙绍振教授、方智范教授、王荣生教授等的评价，读者从本书封面勒口与序言等得见其要。他们的抬爱，我无比珍惜、感念。

教育界、出版界资深专家林茶居先生作如是观：“不管是理论建构，还是策略推演和具体实践，这部著作对当下以及未来语文学科深刻变革的作用都是不容置疑的。在当前语文教育理论严重落伍，似乎与世界人文科学发展无关的情势下，潘新和教授却显示出对生命哲学、语言哲学、存在主义哲学、人类学、现象学、阐释学等西方文化精髓的旺盛的消化力，《语文：表现与存在》因此而具备了中国文化语境下的语文哲学、语文美学、语文言语学、语文文化学的种种旨趣。”林先生从宏观上对拙著融贯古今中西文化的理论价值做出肯定，也是对我“整合的原创”研究方法的肯定。我看重“方法论”评价。

德高望重的顾振彪先生（人民教育出版社中学语文教材编辑室原主任）多次亲笔来信，对本书以及后续研究极表赞赏，热情地为我出谋划策，给予春风甘霖般的关爱：“惠赠的尊著，我放在案头时时拜读，每读一次都有新的收获。我有时突发奇想，要是我国有十来位学者，能像您这样潜心研究语文教育，并把研究成果写成这样的尊著出版，那我国语文教育定会大大改观。……建议福建师范大学或其他单位为您的著作、您的语文教育思想召开全国性的研讨会、推介会、普及会，以便形成一个群体，团结在您的周围。让您的著作、您的教育思想，在全国放出光辉。”他一次次在信中不厌其烦地教我各种方法：办一个研究所、主编一套教材、建立若干实验基地、组织志愿者团队、培训教师、写专书为教师释疑解惑等，对如何推广、运作的细节，说得极为具体、周详，唯恐不谙世故、愚钝笨拙的我，因不知怎么实施、操作，耽误了“在全国放出光辉”，其诚挚护持之情令我难忘。

我同样珍视来自一线教师的评论。“君子以文会友，以友辅仁”：我从他们的评论、反馈中获益，一点不比他们从我的书中得到的少；我需要他们，一点不亚于他们需要我。此前我与他们素不相识，许多“知音”至今未曾谋面，但我衷心感谢他们，他们的悦读与偏爱是我力量的源泉。

王崧舟老师：“潘新和先生的《语文：表现与存在》，上下两册，洋洋一百多万字，这是我所看到的迄今为止中国当代语文课程理论方面最有建树、最有见地的一本书。”“2005 年，我首次接触潘新和先生的鸿篇巨制《语文：表现与存在》，读罢全书，欣喜若狂。对‘诗意语文’理论大厦的建构与阐释，于我，是力有未逮、学有所缺的。……每每在诗意语文实践中遭遇困顿和彷徨时，我便渴望着理论的强有力支撑和引领。没想到，踏破铁鞋无觅处，得来全不费工夫，在邂逅《语文：表现与存在》时，我豁然开朗、欲罢不能。原来，‘诗意语文’的理论大厦早有先行者在精心规划、横空结撰了。从此，《语文：表现与存在》成了诗意语文最重要的智慧渊薮、灵感源泉。”王老师是小语界最有影响力的名师之一，一大批小语名师出自他门下，他是我最真诚的精神同盟者，他的“诗意语文”课改，给予“表现-存在论”以强有力的实践印证，坚定了我的语文学信念。

管建刚老师：“看了《语文：表现与存在》后，抑制不住内心的向往，我为自己的实践能在理论上找到精神的家园，而感到无比的安静。这种安静里，也饱含了灵魂得到寄托的喜悦。我忍不住要将自己在作文教学上的实践，拿出来给您看，这对于我——一个小学语文教师来说，真的拿出了不怕班门弄斧的勇气，但是，我又是多么想让您知道，千里之外，竟然真的有一位小学教师，正在力尽所能地实践着您的‘言语生命动力学’。……我深深地知道，在这个全面应试的教育年代，理论上的构建到实践上的坚持，是一件多么危险的事。现实的残酷性，时常吞噬着一线教师的工作创造性，因此，有您这样激情洋溢的……巨著立在案头，我知道，我将不会被强大的也是现实的教育陷阱所迷惑。”——管老师立足于激发学生写作欲、发表欲，摸索出一套极具创意、行之有效的写作“动力系统”“助力系统”，他的“以发表代替作文”“指向写作的阅读”教学实践，给小语课改以强烈震撼，也成就了他自身的凤凰涅槃。

张全民老师：“如果你对语文教学的现状依然有着很大的困惑和苦恼，那么，当你看到潘新和先生的这本书时，一定会感到相见恨晚。……在诗意语文的寻找之路上，我们尽管左冲右突，苦苦寻求，但却始终没有透彻地完成课程本体的追问。在厚厚上下两卷的《语文：表现与存在》中，潘新和先生以他博大的教育情怀、深远的学术抱负以及丰厚的理论素养和实践经验，通过深刻的追问和呈现，让我们不断抵近真实而美丽的语文家园。……潘新和先生凭借他宏阔的视野和睿智的哲思帮我们在内心中重建了失去已久的语文历史感。现在，那条绵长的语文历史之路又是那么清晰地呈现在我们面前，尤其是百年现代语文的演进之路。有了历史的宏大观照，所有的争论才不会最终依然各执一端而陷入偏执。我们曾经迷茫和徘徊的语文之路仿佛一下子因之敞亮和敞开，我们仿佛看到语文和生命终于在‘言语’这个重要的思想节点上蓦然相逢。”“阅读这本书，我们不会像阅读一般纯粹的理论著作一样，在哲学的云端飞舞一阵子之后依然两手空空，四顾茫茫。而且，我们始终会被字里行间洋溢着的一种学术真性情、一种对于言语生命的热爱和祈盼而深深感动……这种感动，会把我们内心笼罩已久的教学倦怠的阴霾一扫而尽，让我们重又燃起言语生命创造的爱和激情。”——选自张老师《在言语活动中安身立命》(《语文学习》2012 年第 4 期)，这是一篇为本书写的导读文章。他从“本体的追问”“回归到人”“历史的宏大观照”及“语文和生命”对接等角度，把准了阅读本书的脉络与方法，给畏惧理论的读者进入的钥匙。

范美忠老师：“这是一本系统而深入地总结了中国百年语文教育的理论与实践，吸纳了欧美存在哲学和语言学心理学新成果加以融贯并推陈出新的一本涵盖面广、体大思精的语文学理论巨著。该书问世，令其余黯然。……读这本书得到的理论印证和生命共鸣是让人激动的，同时我长出了一口气：我无须在语文理论上用力了，因为潘新和教授已经非常出色地完成了这个任务，这本书已经足以指导未来五十年的语文教育，五十年以后，则不吾知也!”——范老师在《〈语文：表现与存在〉：引领未来的语文理论建构》(《教育家》，2012 年第 5 期) 中说，他在对语文界现状不满与失望之余，“希望能以自己的理论建构来为未来的语文教育探索道路和指明方向”，在着手此事之时恰好读到了我的书。我钦佩他的责任感与担当，也为他率直、坦诚所感动。不论我的书能否指导未来五十年的语文教育，我都希望更多有思想的专著早日问世。一花独放、百花凋零，绝非语文界之幸，也不是我所期待的。

评论不胜枚举，遗憾的是我只能举其一隅。一部理论著作，在没有任何功利计较的情况下，一线教师的热烈反馈与赞誉，令我愧疚、感动。不少教师一遍又一遍地反复研读，甚至还写了数万字读书笔记，这种纯粹求知与诚恳鼓励，实不易得。他们读我的书，接受、思考、评判，以至极尽努力地尝试、实践我的理论。围绕该书，许多学校、教研部门、读者自发召开读书心得研讨会，或是在网络上交流、互动，还有一些本科生、研究生以此作为学位论文选题进行研究，等等，使我欣慰、踏实。他们是我的“地气”与“底气”，支撑了我的信念，勉励我继续前行。

本书出版十多年后的今天，影响仍在持续发酵中。浙江大学“千课万人”教学观摩会多次请莅会名师、学者每人荐一部理论专著 (不限于语文学科理论专著)，本书被荐重复率最高 (最近一次的 2015 年 5 月的荐书，仍保持重复率最高)。语文教研机构、名师荐书，几乎均被列为必读书。一些“国培”“省培”的骨干教师荐书，本书名列榜首。许多中小学教师，语文课程与教学论专业硕士、博士生，将该书作为必读书。现在，语文名师、关注语文科研的教师，没读过拙著的大约确实不太多。

本书最大读者群是小学教师使我感到意外。从这些年与教师的广泛接触中，有一个不一定对的印象：从整体上说，小学教师思想活跃，他们对理论著作的关注度与阅读热情，远超过中学教师。这似乎不合常理，仔细一想便释然了：中学教师遭“中考”“高考”绑架，是应试教育结出的又一苦果。他们中不少人，长期淹浸于“应试”汪洋，这让我感到悲哀。我常对研究生说你们将来最好去当小学教师，因为我不忍心看到若干年后他们也变成这样。中学教师仍在读书、求索的已然是“另类”“稀有动物”，尤显可贵，值得尊敬。

与一些热心读者熟悉后得知：他们之所以喜欢读我的书，是觉得不论持什么教学主张，做什么教改尝试，都能从中获得理论支持与提升。而且读我的书的过程也是一种快乐，一种享受，这样有亲和力的理论著作是他们苦觅无着的，因而一见钟情——以“书”为媒的相遇也是一种缘分，我珍惜这种“文字情缘”“精神情缘”。作者、读者之间也需要两情相悦、心有灵犀。我从他们的阅读反馈中，快乐着他们的快乐，享受着他们的享受：

高子阳老师：“……一本潘新和著的《语文：表现与存在》（上下卷）吸引了我，高明说他已经买过了，我问此书怎么样，高明说值得一看。我翻了一下目录，感觉合我的阅读品味。但这本书太贵了，115 元！想着这可怕的价格，还是将其放在篮子里。晚上到宾馆，我与马建明老师住在一起，马老师翻看着这套书，第二天也去买了。……今天我读了 100 页。应该说爱不释手地读了 100 页，1456 页的书，我会像看电视剧《大长今》那样一气看完。因为这 100 页的阅读，让我感觉应该投入这个时间。”后来他见到我，说果真以每天 100 页的速度，15 天读完全书。

李重老师：“潘教授：您好！近半年来，我差不多每天都是伴随着您的著作《语文：表现与存在》，度过了一个又一个宁静的子夜，在品读着您的语文之思、语文之志中，让灵魂自由地舒展，畅快地呼吸，时而神思凝重，时而豁然开朗……我暗暗地庆幸，在自己还是壮年的时候读到了您的这部书稿，让我在失望之余又看到即将燎原的星星之火。她最大的特点就是原创，全新的思想及话语体系，让其他相关著作一下子显得陈旧与过时。在我所读过的学术著作中，她也是其中文笔最优美的一部，特别是上册，在思想能量的涌动下，整个词句熠熠闪光，真的让人赏心悦目，心旷神怡；她又有如琼浆玉液，恨不得尽吞腹中……”他将认认真真写下的阅读笔记一批一批发给我看，其认真程度不亚于我写书。

李丽娟老师：“潘老师……我开始按计划阅读您的《语文：表现与存在》。此刻刚刚读完计划内的章节。我知道日后应该克制，不能这样读到深夜，因为我的体质需要早点休息。单单您的‘自序’，我就读了五遍。不是因为读不懂，而是实在精彩。整合多元认知后的原创，本体性的科学探索，思辨，批判，严密的逻辑，谦逊，自信……精彩纷呈，我所喜欢的元素在这里都有。潘老师，谢谢您。我向您表达这些阅读感受，绝没有半点夸张奉承之意，相信我，完全是因为我内心阅读的欢喜难以抑制。不说，我今晚睡不着。”她在“甲亢”病中熬夜读我的书，我感到好像做错事似的不安与歉疚。

深圳南山实验学校的一位教师告诉我，这一百多万字她是逐字逐句朗读下来的，有些地方还不止朗读一遍。这样的读法是我难以想象的。

他们读我的书，想方设法找到我，我就这样认识了许多读者，比我大半辈子认识的人的总和还要多。能在茫茫人海中与他们相识、相知，感受到他们真挚的悦读情愫，三生有幸！

有些语文刊物编辑告诉我，本书在教师论文中有极高的引用率，我为能给读者一点微薄帮助而感到欣喜。如今，书中的基本概念与“经典”用语，如言语生命，言语生命动力，言语生命意识，精神原欲，言语潜能，言语人生，诗意人生，我写故我在，人是写作的动物，语文是人的确证（自证、物证），语文使人之为人、使人更像人，应性动机，生存性动机，存在性动机，表现-存在本位，写作本位，阅读本位，文体感，文体语感，牧养言语生命的野性，阅读指向写作（言语表现与存在），无与有的教学，生命与反生命教学，教案与反教案教学……大家耳熟能详，自觉或不自觉地在文章、交谈中使用着。我的核心概念“言语生命”已是众所周知的公共用语，有一天偶然在网络上看到一个“言语生命工作室”，“室主”解释道：“‘言语生命’一词为福建师范大学潘新和教授力作《语文：表现与存在》中的主题词……”我很开心，为原创话语的蓬勃生命力而感动。

与本书被引用率相似，大约其被抄袭率之高也是空前的。常见到一些文章不同程度“复制”自本书，尽管证据确凿，可归入“学术不端”行为，在郁闷、纠结之后，我心平气和地接受了这一现实，不戳穿、责怪他们，而是同情、理解他们。因为这主要责任不在教师，是今天教育、科研、评价体制使然。他们中许多人是为了评职称、升职、评优等需要发表文章，他们既没有较强的研究能力，也没有任何资源可以交换，不得已而东抄西凑。虽然这些“业绩”指标对我没有构成特别大的压力，有些是草民根本要不到的，我想得开，可以不要，但不能要求所有人都想得开，不能无视在“业绩”压力下，处于焦虑、抑郁煎熬中的教师生存状态（学生生存状态更恶劣），我不能给他们雪上加霜。况且，有的抄袭者并非有意抄袭，他们缺乏研究常识，是不知道引用与抄袭的区别所致。很长一段时间，语文刊物上“引用”是不加“注”的。再退一步说，至少他们还有一点求知欲，读了我的书，总比不读书、教死书，一心一意拼应试的好——愿他们书读多了，懂得学术规范、言语廉耻，懂得言语、精神生命的价值、尊严，能走上追求“表现与存在”的阳关大道。

我知道这点同情心、宽容心不值一毛钱，治标不治本，甚至连“标”也治不了。我能做的就是在同情、宽容之外给予他们更多的关心、扶持，给麻木、疲惫的心灵“化冰”，给濒危的言语、精神生命“加注”燃料，使之看到希望与光明，重新燃起教改激情。我知道这想法很可笑，是一大把年纪的人不该有的，我实在想不出更好的法子。这无异于望梅止渴，可总比饮鸩止渴、见死不救好。

这些年我应邀讲学二三百场，足迹遍布大半个中国。我承担了许多“国培”“省培”“县培”的讲课任务，有的学校、教研、师资培训部门去了多次，甚至二十多次。浙江大学“千课万人”、广东“名思教研”等教学观摩会，为我提供了广大的传播平台，成千上万的教师在这里听到了我的声音，我也在这里听到了他们对我的吁求与期待。除了给教师开讲座外，我为研究生、大学生、中学生开讲座，走进高中课堂上课，为小学生做讲演……给年轻学子播下言语、精神生命的种子，感到特有意义，特有成就感。我在厦门《海峡导报》开设专栏“潘老师语文轩”，用大众化的语言普及我的语文观，教师与学生都喜欢读。后来手头事情多，想把“专栏”停了，竟欲罢不能。

给教师心灵“化冰”、精神“加注”，我收获了许多拥趸，也遇到过些“冰疙瘩”。深受传统的“工具论”“应付生活论”“阅读本位论”，“课标”的“学习语言文字运用”“工具性与人文性统一”等影响的教师，要理解、接受我的语文观并不容易。他们大多不怎么读书，没读过我的书，偶然听到只言片语，或读了我一两篇文章，听了一两次讲座，对我的观点不甚了了；有些倒是认真读了，限于学养水平低，读得不太懂，觉得有悖以往的经验、认知，有所困惑、疑问、抵触，断章取义地错读、商榷、批判；个别人甚至粗暴地给我扣帽子。这我都能理解、包容。我不生气、不解释、不争论——说轻了不管用，说重了怕伤害他们。毕竟他们读书少，掌握的资源很贫瘠，对古今中外语文教育没有系统、深入地研究过，缺乏高屋建瓴的眼光，局限于教材与经验认知，只要他们认真读书，扎实做学问，懂得客观、辩证、历史、宏观地思考问题，疑问、批评自会烟消云散。

要完成从精神到行为的蜕变，须经长期、痛苦的反思、反省。对此，他们尚无思想准备。同样，这错也不在他们，在封闭的教育体制与功利的教育文化下形成的超稳定认知结构与实用性思维；也在少数因循守旧、毫无思想活力的专家、教研员、名师，他们只会演绎主流教育观、课标、教材，竭力维护现有的体制性、观念性漩涡，把一批批年轻教师投进漩涡——年轻教师先是拼命挣扎，因力不从心而被旋晕、沉没、吞噬，失去正常知觉，久而久之便也沦为漩涡捍卫者。

语文观的改变任重道远。我国现代语文教育 100 多年建立起的观念、范式、教法，尽管其效果乏善可陈，教学每况愈下，但由于它是一种体制性规范，靠行政的力量强力推动，因而深入人心、牢不可破。靠民间的微薄之力，要颠覆、扬弃与超越，不是一朝一夕之事。轻摇一下，都可能被这百年老屋掉落的瓦片砸破头。但别无他途，只有重重地撼动，万众一心、持之以恒、前赴后继地撼动，才有望迎来语文教育的光明未来。

不论这一变革多么艰难，需要多长时间，毕竟是人心所向、大势所趋。我们已意识到走老路是死路一条，已有复兴语文教育的坚定信念，找到并走在通往光明的路上。我们需要耐心、信心，我们有耐心、信心。我从一大批为我热情宣传、鼓劲的教师那儿，从《语文：表现与存在》得以广泛传播上，获得了足够的耐心、信心——哪怕我看不到语文教育彻底改观的那天，也一定会有越来越多的教师、学者，在“言语生命动力学表现-存在论”语文学旗帜下，坚定不移地继续走下去。

从开始修订到完成，持续了三年时间，我始终满怀虔敬之心。由衷感谢所有的读者朋友，是他们的撑持与挚爱，使我平庸的生命得以绽放，体验到因表现而存在的愉悦与幸福。这是我平生最愉悦的一次精神创造之旅。每当我打开书稿修订时，便满心欢喜与感激。上苍仁慈，不但让我完成《语文：表现与存在》，还赐予我十年时间用以反思、订正，这是多大的情分与恩宠！并非人人都有此好运，我不敢奢望还有下次。我无比珍惜这个宝贵的机会，务必做好这件事。修订再版，完成了“天命”，这辈子便可以交差了。活着更好，死亦无憾。

我曾眼馋“著作等身”，希望自己在成果数量上别太寒碜。后来渐渐明白，学术建树不在数量而在质量。著作等身，可能垃圾遍野；只言片语，可能字字珠玑。在历史的自然淘汰中，著作等身与只言片语没什么区别。我这么说有为偷懒找借口的嫌疑，可还要强词夺理说几句。确实，人生几十年，能多写一本是一本，至少是勤奋的证明，是这辈子没白过的证明。但人人心中都明镜似的：一生能写一本好书足矣，一本能留下来的书。我知道说只要写好一本书有失严谨，就跟说一餐饭是最后一口吃饱的一样。如果人一生只写一本书，写出好书的概率微乎其微——即便辛辛苦苦做学问，写了许多本书之后，仍未必就能写出一本好书。

并非“寻章摘句老雕虫，晓月当帘挂玉弓”的勤奋，都能换来“莫愁前路无知己，天下谁人不识君”的赫然成就。如果不知道何谓“最好”，该怎样才能获取“最好”，付出与回馈一定是不成正比的。即便你明知治学需要天赋、时间、环境，需要“汇聚”学术资源并使之“体系化”的眼光、智慧、哲思……不论如何竭尽所能，也许还是有力所不逮之处。从这个意义上说，绝大多数人的治学，是“知天命”而“尽人事”，作者只能说“我已尽力”。能否不辱使命，则在不可知之天，“人算不如天算”。将精神生命孤注一掷于不可知的未来，或穷愁潦倒、功败垂成，或碌碌终日、小有所得，或呕心沥血、一无所获……也许这就是治学之魅力、美丽之所在。我喜欢大脑极限运转、嗞嗞冒烟的感觉，享受灵感、思想、词语翩跹而至的快乐，感受生命献祭、无所为而为、自虐自焚般的幸福。

自以为《语文：表现与存在》是我最好的书，是否真好则不敢妄言。能否“垂诸文而为后世法”，作者说的不算，当代人说的也不算，须由后人、历史说了算。100 年、1000 年……人们还读你的书，才是好书。那时你早已化为尘埃，人类会做出公决、时间会还你公道，会决定是否给你开具入住永生不死界的通行证。千百年来，人们就是奔这不可知的、迟到的公决、公道做学问的。作如是观，便没有什么荣辱、利害不可以放下。

作为一个普通学者，一路坎坷走到今天，写了本自己看重、读者喜欢的书，并完成了修订，我感恩、知足、惜福。

序

摆在我眼前的，是一部高水平的原创性著作，作者继《中国现代写作教育史》《中国写作教育思想论纲》以后，登上了又一学术高度。我以为，这是我国现代语文教育发轫以来的一部罕见的力作。

我国的学术传统，向来都是注重实践理性的，几乎没有欧洲那样在基本概念和范畴中追本穷源的传统。在超越现实的抽象世界中遨游，和我们的民族性格格不入。这当然有好处，至少避免了欧洲中世纪那种繁琐哲学的自我迷惑。把简单的问题复杂化的弊端在我国学苑里是很少见的，占据主流的学术潮流都集中在实践理性方面。语文教育学也不例外，一直是把经世致用的实用性放在第一位的，从孔夫子到叶圣陶都强调写作是为了应付社会需求，为了争取生存条件的改善。经世致用，修齐治平，国脉所系，文脉所存，香烟不绝，源远流长。直至21世纪，这种语文、写作教育思想从未有人质疑过，被当作不言而喻的大前提。这并不奇怪，不用太高深的学问，就能感觉到它的某种合理性。语文学习和写作难道不是为了社会的进步和生活境界的提升？一切学问，难道不都是为了人生，为了人生的竞争？但是，从学术研究上来说，没有一种学说是绝对正确的。一切的学说，不论有多么深刻的内涵，都在两个方面难以逃脱其局限性。第一，从理论上来说，由于话语符号所揭示的经验和事实之间的差距，能指和所指之间的不确定关系，没有任何理论能够穷尽客观存在和主体生命的全部属性，没有任何一种理论不存在“漏洞”，而“漏洞”几乎是思维的必要代价。第二，这种“漏洞”永远是填不满的，一切“漏洞”都具有强烈的历史性，历史的发展变化又是无限的。

正是因为这样，每到一个新的历史阶段，学术的基石，就会发生巨大的震荡，权威的乃至神圣的理论的巨大裂痕、破绽，就会暴露出来。当然，这种暴露，是一个历史的过程，它不能不经历一个从潜在状态到显在状态的曲折的搏斗。由于一切权威理论都伴随着独霸的话语权力，而霸权则是以无须论证、结论的现成化为特点，这就造成了大多数人习惯于接受现成的结论，而不是重新思考。因而，权威话语中的裂痕，不管多么荒谬，往往被掩盖，甚至被神圣化，对于权威的质疑和挑战，往往被视为大逆不道。要冲击权威，不但需要有学术水准，还需要有道德勇气。学术历史之所以总是艰难曲折，就是因为对于权威的历史局限性的科学剖析需要过人的智慧和勇气。

潘新和现在所做的工作正是听从了历史的召唤，以多年的学术积累，在系统地研究了中国写作教育史和语文教育史之后，又从语文教育的理论和实践两个方面，向传统的语文学和写作学发起了无畏的冲击。

在基础理论方面，潘新和提出：以叶圣陶为代表的现代语文教育以应付社会和生活需要为宗旨，在今天看来是有失偏颇的。当然他并没有绝对否定叶氏的这种思想，他指出这种思想的局限性在于它是非终极性的，忽视了人内在的生命、精神需要。即使是这样的非终极性的理论，他也承认了它的历史合理性，但是，他指出，正是这种历史合理性，又给它带来了历史的局限性。潘新和以极大的理论魄力和道德勇气提出：如果把语文和写作教育仅仅当作应付生活的实用需要，不仅贬低了语文和写作教育的真正意义和价值，也为应试教育大开方便之门。他认为，言语活动乃是人的一种精神建构，是人生价值的自我实现，是人的确证，往往是超越世俗的实用需求的。

潘新和明确提出，要给语文教育洗去百年之铅华，吸纳近世学术之成果，革故鼎新，发动传统的语文学理的当代转换，由“外部”的语文教育学，转向“内部”的语文教育学，或称“内外同致”的语文教育学，以“言语生命”作为语文教育的核心概念，建立“言语生命动力学”语文教育理论和实践体系：

> 人本主义在语文教育中体现为言语与人的生命的血脉相连。人的言语需求，既外在于生命，又内在于生命。归根结底是内在于生命的。因此，应内（生命）外（生活、社会）同致，以内为本，以言语生命意识的培育为本。

> 我以为在语文教育中，“以人为本”的“本”就是“言语生命”。除此之外没有第二个“本”。

> 在“表现-存在论”“言语生命动力学”背景下，教学实践层面的认知也将发生重大转向：从当代重言语技能训练转向重言语动机和人格的养育，从重语文素养的培养转向重言语生命本性的养护，从重阅读转向重表现、重写作，发现并关注每一个个体的言语生命潜能、才情和天性、个性，顺应言语智慧的自生长，扶助言语生命的成长，引领言语上的自我实现，促成每一个言语生命的最大发展。

的确，这是一个根本性的、历史性的转向，不论从学理来说，还是从教学实践来说，都无异于一场地震。潘新和对此有充分的预期，哪怕是传统语文教育的概念体系像庞贝古城一样遭受灭顶之灾，他也面不改色。

学术的价值，并不仅仅取决于命题的提出，更重要的是取决于论证的严密。值得庆幸的是，潘新和不但善于破，而且善于立；不但有批判，而且有创造。在“言语生命动力学”的总体概念之下，他从容地推出了自己原创的范畴系列，衍生出多个系列的亚范畴，力求让各个亚范畴之间相互联系，相互支持，相互说明，构成相当严密的内在的链接，层层深入地展现了一种森严的体系。其思考领域之广，逻辑覆盖之大，思想密度之高，学识视界之开阔，即使不是绝后，至少也可谓空前。

潘新和的理论建构不仅提供了一个新的高度，而且开辟了语文教学的新途径，研究涉及了阅读、写作、口语交际等领域。尤其是写作教学论，以其可操作的实践性使人大开眼界。

当代语文学、写作学从20世纪80年代复兴以来，一直缺乏一种全面的、学理意义上的突破。这是因为，上一代的语文教育工作者，在知识结构上有历史的局限，在观念和方法上多少受到机械唯物主义和形而上学的影响，难以从客观反映主观能动的线性思维模式中突破，在方法和观念上画地为牢的现象比比皆是。潘新和之所以能够横空出世，关键在于，他突破性的命题的理论阐释，接触到当代学术的前沿。在心理学方面，当代语文学和写作学，从 20 世纪 80 年代以来，就一直在弗洛伊德的圈子里徘徊，连荣格都难以涉及，而潘新和则更多地借助更加现代的马斯洛的人本主义心理学观照言语学习过程，故每每给人以见地不凡、豁然开朗之感。

在此基础上，潘新和把当代语文教育学带进了西方最为前卫的话语学说的境界之中。可以说，活学活用了这种学说的很大一部分，为语文教育理论带来了一股新风，破天荒地提出了发展学生言语生命意识的命题。虽然，他的一些论述，由于某些术语和日常用语的内涵不尽相同，可能给一些缺乏准备的读者带来理解的障碍，但是，对于任何一个比较用心的读者来说，他的主要观念是不难把握的：每一个学生都有自己的个性，但是，并不能自发地拥有自身的言语。启发学生主体的觉醒，让学生获得自己的话语自觉和能力，这是共同的愿望，但是，要完成这项任务，关键在于从现成话语中挣脱出来，否则，语文教育和写作教育，就不能不是无效劳动。从言语生命潜质来说，每一个学生都是天才。然而，这种天才，如果不加开发，就可能遭到窒息，乃至夭亡。语文教育和写作教育，从某种意义上来说，就是一种言语生命意识和能力的开发学。这是一个极其艰巨的任务，光是从理论上来阐释，就意味着对于一系列当代文化哲学的前沿学术成果的综合。难能可贵的是，潘新和具有自觉的历史使命感，将语言的人文性和当代哲学、语言学、文学、文艺学研究的最新成果融会贯通，承担起根治当代语文学理论严重落伍和实践上脱离实际的顽症的重任。

语文和写作学术界的前辈学者，没有能够完成改变学科滞后状态的历史使命，到了潘新和这一代，应该是当仁不让了。然而，并不是每一个同龄人都有这样的自觉和足够的修养。熔西方语言学、文化哲学理论，中国古代和现代的作文教学史料于一炉，高屋建瓴，建构宏大的语文学、写作学体系的历史任务已经摆在了新一代学人的面前。从这个意义上，他的这部一百多万字的创体系力作，对于立志跨越新的学术历史台阶的学人来说，是一个鼓舞。

孙绍振

2004 年 10 月

于福建师范大学康山里寓所

自　序

早就想写一部语文教育专著，许多朋友和学生也极力怂恿，一方面觉得准备还不充分，另一方面也实在腾不出整块的时间，在正事和杂事中穷忙，一直下不了决心。有了这个念头又感到寝食难安，于是在相关研究中就一点一点往语文教育上挪。也算是水到渠成，四年来，断断续续地写，一遍一遍地改，终于清偿了压在心头的这笔文债。这部书是我的“言语生命动力学语文教育学”奠基之作，写的时间虽不算长，却是二十年来在“表现与存在”的层面上对语文教育思考的总结。书稿写成了，纵有千般不如意，也总算对人对己有个交代。

我常想，语文学科是最古老的学科，从有文字开始，应当就有了语文教育，有史料为据的也有近三千年的历史。西周有了“乐语”教学，教的是“六诗”：风、赋、比、兴、雅、颂。到了孔夫子那会儿，已经有了专门的“言语”“文学”课程，因材施教培养了一些语文高才生。现代语文教育也已历经一个世纪，投入的人力和智力不可谓不多，在学科建设上本应该成就斐然，为什么到了今天非但没有光荣和梦想，甚至连作为一门较为成熟的学科都挨不上，语文教师竟落到只有耸起肩膀、硬着头皮挨骂的份儿上，不能不使人忧心。

暂且撇开传统语文教育的得失不论，当今的语文界耽于经验、语文学科没学问是不争的事实。经验自然很重要，但步入经验主义之途则不可取。耽于经验、没学问，是因为缺少“哲思”。百年现代语文教育传统里缺少科学态度与理性精神，注重的是“经验”和“实用”，因而，也就缺少“哲思”。诞生于五四时期的西学东渐、思想解放运动、白话文运动的现代语文教育，发展到现在，竟失落了科学与理性，这的确是一个不应该发生的错误。在这百年中，虽然不时有人出来呼吁几声“科学化”，但是应者寥寥，雷声大雨点小。有的人一走就走偏了，搞起了“标准化”；有的人没走出多远便知难而退，驾轻就熟折回经验的老路。所以，盘点起一个世纪的语文界的学问，货真价实的就不太多。顾黄初先生主编的《中国现代语文教育百年事典》[①] 沉甸甸地压在我的书橱上，洋洋百余万言，记载了中国语文界的艰辛，让人心动。打开目录稍作浏览就会发现，这部编年史，所载的“琐事”（各种的会议和文件）愈来愈多，“理事”（重要的“学理”性研究的著作和论文）愈来愈少。“学理”的研究成果显出难以承受之轻。

哲思，对于向往的人来说不是奢求，而拿自己向往的事去要求并不向往的他人，确有强人所难之嫌。再说今天讲理性、讲哲思也有点不合时宜。在后现代语境下，形而上理性、价值理性和哲思已然失去了光环。但是，似乎不论是“后现代”还是“后后现代”，单靠“经验”和一点可怜的“实用理性”还是不行的。语文学科，从其理论的积累水平来看，也许尚属“前科学”；从思维方式来看，也许还没有进入“现代”。科学和理性精神的淡薄，学养和人文素养的欠缺，使我国现代语文教育缺乏“现代”的品格。因此，讲点形而上理性、价值理性和哲思算是补课的性质，就观念而言，谈不上是超前还是滞后。

20世纪90年代，《语文学习》的关于“工具性”“人文性”讨论，2001年，《中学语文教学》的“语文‘姓’什么?”讨论，让我们惊喜地看到了哲思的萌芽。然而，据我所知，《语文学习》《中学语文教学》的“阳春白雪”，并没有得到最广大语文教师的青睐，以致这两个刊物与一些以应试为宗旨的语文刊物相比，订数之悬殊，简直不成比例。语文界缺乏理论自觉由此可见一斑。最广大的语文教师认为，他们需要的是“拿来就能用，用了就能得分”的语文刊物。这些年，我已经习惯了语文教师们这种对待理论学习和研究的千篇一律的“答案”，教师们几乎是一个模子里倒出来的，被“大纲”“标准

① 上海教育出版社2001年版。

化”“教参”“统一考试”打磨成同一型号的教学机器，他们的精力和时间大多浪费在辨别什么对于考试“有用”，如何制造应试机器上面，而对“无用”的不屑一顾，对“无用之用”大惑不解，甚至嗤之以鼻。我听说我的学生自从当了教师后就不看理论著作，不读专业书籍，甚至不看文学作品，对写作也了无兴趣，已不会感到惊讶。因为我看到了太多的曾经在大学期间优秀的、痴迷于文学和写作的学生，到了中学任教，他们先是被迫就范，后来“媳妇熬成婆”，当了教研组长、段长、教务主任或校长，再去善意、负责地迫人就范……可是，每每看到我亲自教过的风华正茂的学生，刚走出大学校门不久，就开始学会孜孜不倦地捧阅“优秀教案”，如获至宝地从语文刊物中搜寻“模拟试题”，我还是会抑制不住内心的悲哀和痛楚。龚自珍写《病梅馆记》大约也就是这样的心情。不知道我的这些学生教《病梅馆记》是什么样的感觉?

几年前，一位当代颇负盛名的语文特级教师，面对翘首以盼、如坐春风的年轻教师，针对“语文‘姓’什么?”的论争，不无幽默地教诲说要排除一切“‘姓’骚扰”，不要做概念之争，只要做**常识性**思考。母语教育，就是培养理解与运用语言的能力，具体地说就是听、说、读、写的能力。只要教会学生听、说、读、写，管它“姓”什么。——记得当时听罢这番“高论”，真是愕然不知所对。

后来终于恍然大悟，语文界对价值理性的隔膜与排斥，是整个时代的语文教育文化观念使然。这位老前辈的话，原来是有经典版本的，它源于张志公先生的文章。为我国语文教育做出过重大贡献的语文界元老张志公先生，对学科基础研究的重要性的认识，是有过失误的。他对语文基础理论研究的鄙薄，使语文界原本就缺乏的理论思维雪上加霜。因为张老的看法在语文界很有代表性，体现了语文界的主流意识，对今天的年轻教师仍有着较大的影响力，所以，恕我不吝篇幅，将他的话照录如下：

> 要探索语文教学的规律，逐步做到教学比较的科学化一些，先决的是要有科学的态度。关于科学的态度，我曾谈过实事求是的问题。这里，我想再加上两点，连起来说就是从实际出发，实事求是，讲求实效。从实际出发，它的对立面就是从概念出发；实事求是，它的对立面就是不注意探索客观事物的规律，不尊重客观规律；讲求实效的对立面就是搞

形式主义，走过场，做一些劳而少功、劳而无功或华而不实的事情。咱们的语文教学在这些方面不是没有问题的。比如，语文教学的性质、目的任务问题，50年代末、60年代初就讨论了一气，现在又讨论起来了。——语文课是“工具课”？是“思想性很强的基础工具课”？思想政治教育与语文训练二者并重吗？如果不是并重，那么，又以哪个为主？等等，等等，众说纷纭。再比如，语文课的“语”是语言，“文”是什么呢？有的说是文字，有的说是文学，有的说是文章，辩论得很热闹。我对这种讨论兴趣不大，觉得偏于概念的性质多了点。我并不一般地否认讨论概念的必要性；我也不否认把某些概念弄清楚对于教学工作有益处；我更不否认，现在大家之所以关心这类问题，是出于高度的积极性。不过，我觉得，当我们对有些概念讨论到一定程度，暂时不能更前进一步、更深入一步的时候，不妨把它放一放，这也许并不会影响实际工作。例如，不管对“语文”二字怎样解释，你反正得把这本《语文》课本教好。课文里的字，总得让学生认识吧？一篇篇的文章，总得让学生读懂，有些还得读熟吧？有些文学作品，总得让学生能够适当领略吧？好些课文讲了重要的道理，有助于提高思想认识，总得让学生明白吧？一本一本的《语文》课本教下来，总得让学生听、说、读、写的能力一步一步地不断提高吧？我倾向于在这些实实在在的事情上多多下功夫，试试看，怎么教法效果最好，效率最高，多找出些办法来，多蹚出些路子来。①

我们以为最重要的、首先要给予关注的语文学科本体论研究，在张老看来，竟是缺乏科学态度，不实事求是，形式主义……唯“教法”研究才是“实实在在的事情”；在我们看来，应用层次研究——“教法”研究必须以正确的基础理论研究为前提，他却认为仿佛是多此一举，大可不必费心。观念上的反差之大令人吃惊。张老对“‘概念’之争”表达出的强烈不满和反对，是我始料未及的。试想，他所推崇的“教法”研究，如果没有对学科性质、目的和任务的正确认识，能研究出什么来呢？连“语文”是什么，语文教学

① 张志公：《科学态度和科学研究》，见《张志公自选集》上册，北京大学出版社1998年版，第223～224页。

的目的和任务都弄不清，究竟语文“教”什么呢？“效果”“效率”都是对特定的目的和任务说的，不知道目的和任务是什么，纵然研究出了这“法”那“法”又会有什么价值呢？“语文”二字解释的不同，对语文课程、教材和教法的认识，势必全然不同，取得的教学效果自然也就不一样。不研究何谓“语文”，怎么“不会影响实际工作”呢？虚和实是辩证的，没有形而上的思考，没有对事物本体的这个“虚”的把握，就没有真正有价值的“实”。

长期以来，语文界在“工具论”视界下，把学科基础理论研究视为形式主义、走过场，不尊重客观规律，从概念出发，华而不实，不是“实实在在的事情”，劳而少功，劳而无功。语文界推崇的是有“实效”的语文知识的传授与能力的训练，注重的是所谓“效果最好、效率最高”的“教法”研究，这使语文教育科研陷于盲人骑瞎马的糊涂境地。理性的眼睛被蒙住了，“蹚”出的路子便是大讲系统的语言知识，大力加强“三基”，大做“标准化”训练，“伪圣化”“假、大、空”大行其道，“人文”毁弃，“工具”雷鸣。沿着这条自认为“科学化”的“实事求是”的路走下去，便顺理成章地掉进经验主义、行为主义、科学主义的陷阱。其“实实在在”的“效果”就是语文教学中所教的，连学者、作家都莫名其妙；所考的，连“标准化”考试始作俑者自己也做不出来。不知何所为而为，语文还能叫作语文吗？语文学科还能称为科学吗？“语文”“实实在在”的“效果”不是别的，而是成了地地道道的“伪语文”。

语文教育遭遇世纪末的尴尬，恰是语文本体论研究受抑和理性失落的必然。恩格斯说：“一个民族要想登上科学的高峰，究竟是不能离开理论思维的。”① 同样，语文学科要成为一个成熟的学科，也是一刻也不能停止理论思维。而理论思维首要的是对对象的本体论思考，应对语文教育学作“学理”的思考，“教法”一类的应用理论研究不是不重要，而是它必须在正确的基础理论指导下进行。否则，所谓的“教法研究”就成了没头苍蝇似的瞎撞。不论“教法”怎么花样翻新，也难见成效，甚至未见正效先见反效。对此，如

---

① ［德］恩格斯：《自然辩证法》，见《马克思恩格斯选集》第 4 卷，人民出版社 1995 年版，第 285 页。

果我们没有清醒的认识，仍优哉游哉地徘徊在“教法主义”老路上，语文教育昨天的噩梦必将重演。

经验主义、实用主义的背后是功利主义（实利主义），这是最让人揪心的。“有用性”“功利性”原则对语文教育肌体的侵蚀、对学生灵魂的戕害是致命的。因为它直接伤害到教育和做人的根基。语文教育中的一切探索和改革，均须经过考试“实践”的检验；一切的思想，均须纳入主流教育话语的规范；任何的逾越，都将被高考试卷莫名其妙的荒诞的文字游戏碰得头破血流，受到循规蹈矩的“实践家”们的讥嘲。与现行的考试制度不合作的有思想的语文教师，大多在学校日子不好过，甚至连同行也不能相容。不会读也不会写，不会教更不会研究，凭教参死命猜题押题搞题海战术的教师，却畅行无阻，风光无限。语文界科学和理性传统的贫弱，经验思维的惯性和惰性的强大，语文教师思想的缺席和智力的退化，整体教育素养的低落，语文界对这些状况不但毫无知觉，甚至还自我感觉良好，这是最可悲的。在喧嚣的应试氛围下，作为考试机器的学生，成日在追逐分数和考试名次的名利场中摸爬滚打，清纯和可爱，同情和爱心，与他们渐离渐远。语文的“标准化”“泛政治化”训练，高考作文的“时政”性命题，逼迫他们学会虚伪和圆滑。所谓“培养良好的语文习惯”，就是使他们从小开始，面对试题要懂得如何揣摩教师心理，懂得“该”说什么，如何把假话说得和真的一样，将谎言编得天衣无缝、天花乱坠。——我的学生（中文专业最强的“基地班”的学生）曾众口一词地告诉我，高考作文是绝不能说真话的，只能说命题者和评卷教师爱听的话。

马克思讲到“劳动的外化表现在什么地方”时说过这样的话：

> 首先，劳动对工人来说是**外在的东西**，也就是说，不属于他的本质。因此，他在自己的劳动中不是肯定自己，而是否定自己，不是感到幸福，而是感到不幸，不是自由地发挥自己的体力和智力，而是使自己的肉体受折磨、精神遭摧残。因此，工人只有在劳动之外才感到自在，而在劳动中则感到不自在，他在不劳动时觉得舒畅，而在劳动时就觉得不舒畅。因此，他的劳动不是自愿的劳动，而是被迫的**强制劳动**。因此，它不是满足劳动需要，而只是满足劳动需要以外的那些需要的一种**手段**。劳动

的异己性完全表现在：只要肉体的强制或其他强制一停止，人们会像逃避瘟疫那样逃避劳动……劳动的外在性表现在：这种劳动不是他自己的，而是别人的；劳动不属于他；他在劳动中也不属于他自己，而是属于别人……他的活动属于别人，这种活动是他自身的丧失。

这已经够叫人震撼了，马克思紧接着说的话就更是惊心动魄：

因此，结果是，人（工人）只有在运用自己的动物机能——吃、喝、生殖，至多还有居住、修饰等等——的时候，才觉得自己在自由活动，而在运用人的机能时，觉得自己只不过是动物。动物的东西成为人的东西，而人的东西成为动物的东西。①

在语文教学中，师生的“劳动”行为与马克思所描述的何其相似。长期以来，在应试教育下，在政治性、“工具论”和科学主义认知下的语文教育，不论对教师还是对学生来说，他们的教学活动都不是属于他们自己的，教师“教”的和学生“学”的，都不是他们内在需要的。在“外在的”教学活动中，师生同样不是肯定自己，而是否定自己；不是感到幸福，而是感到不幸。他们参与语文教学的“外在的”活动越多，离自己自由真实的言语生命越远。等到他们习惯于这种“外在的”“异化”的言语活动后，悲剧就发生了：动物的生存性的需要变成了“人”的“内在的”需要，而“人”的“内在的”存在性需要，成了动物的生存性需要。这种“外化”和“异化”的教学活动，最终导致的是自身的丧失、自由的言语生命的泯灭，师生同归于尽。——语文学科成为学生最不愿意学、最痛恨的学科，语文教育为千夫所指，原因盖出于此。

难道语文教育的目的就是为了使师生丧失自己、异化为非人？我不止一次地质疑自己。语文教育怎么可以不管是“外在的”还是“内在的”，是“人化”的还是“异化”的，只管所谓的听、读、说、写“能力”的提高？这个连普通人都明白的道理，为什么有些语文教师，甚至语文教育专家反而不明白呢？

---

① ［德］马克思：《1844年经济学哲学手稿》，见《马克思恩格斯选集》第1卷，人民出版社1995年版，第43～44页。

我曾在语文骨干教师培训班学员中，就“为什么要写作”这一问题做过调查，不少资深语文教师（其中有的是特级教师）坦承自己从未想过这个问题。我感谢他们的诚实，因为这是需要勇气的。从他们的回答中可以看出，的确很少有教师曾经较为深入地思考过这个问题，绝大部分的回答都是对自身经验的直观层面上的陈述，大部分教师都是围绕着功利、实用的目的来谈。他们的思想活跃的程度和回答的整体水平，甚至还不如今天的大学生。——为了应试的“有用性”“功利性”原则，使许多语文教师放弃了独立思考和教育反思的权利，或者说是丧失了思考的机能。

多年来对语文教育效率低下和语文界思想贫瘠现状的忧虑，使我在呼吁和批评之外，添了一份自责和责任。随着教育经历的增长和学术视野的延伸，我懂得了母语和母语教育对人的一生意味着什么。尤其是我们这一代经历过“文化大革命”的人，在反顾人生的时候，更加深切地体认到言语教育对人的成长是多么重要。在人文传统十分厚重的国度里，曾经把“温柔敦厚”的“诗教”作为人生首课的言语教育，在五四以后历次的“思想革命”的洪流中，在现代、后现代的语境中被不断地批判和解构，“不学诗，无以言……不学礼，无以立”，“兴于《诗》，立于礼，成于乐”的人文关怀，逐渐被硬邦邦的语文是阶级斗争的“工具”、冷冰冰的科学主义和行为主义的“工具论”所取代，让一代一代孩子的心灵丧失温存和柔软，变得只知“天文”，不知“人文”。我愈来愈感到责任带给我的压力，很想为语文教育、为孩子们做点什么。

从我自己的专业——写作研究的前沿撤出，做一次思想的探险，就是基于这种“帮帮孩子”的责任。我无能力去“救”孩子，能“帮”上一把就很了不得了。我当过小学、中学语文教师，那是在“插队”时和“文化大革命”中，实在没有什么可以夸耀的。凭我的那点文化底子（上初一时遇上“文化大革命”，此后便辍学，插队当农民），没法不误人子弟。这是我至今仍深感愧疚的。如果说我现在为语文教育和教育改革付出了一份辛苦，这也只能算是对当年亏欠的一点微不足道的补偿。

我将二十年来的零星的感觉与思考加以清理，一步步向语文教育的纵深挺进。我发现现代语文教育的问题多多，几乎在所有的重要问题上都还缺乏深度的思考，许多似是而非的观念在语文界根深蒂固、不可动摇，这使我陷于矛盾与困境之中。糟糕的是，不论想从哪一方面突围，都不可避免地与叶圣陶先生遭遇。

也许可以说语文界很少有人比我更了解叶圣陶先生在现代语文教育史上的地位和贡献。我曾经用十几年的时间，由系统地研究我国写作教育史，拓展到语文教育史，对其中数十位最有影响的语文教育家的教育实践和思想资料作过第一手的梳理与思考，认真研究过叶圣陶先生的语文教育思想。我认为，较之于其他重要的学者，叶圣陶先生堪称中国语文教育史上对语文研究最投入、对现代语文教育贡献卓著及影响最大的学者，甚至说是我国现代语文教育最重要的创建者。虽然，他的有些见解在敏锐和深刻上逊于黎锦熙、胡适、夏丏尊、朱自清等先生。可是，没有叶圣陶先生，就没有语文界学术共同体对传统语文教育的思想承传和现代语文教育基本的理论积淀。在七十多年的教育生涯中，他的语文教育研究成果、人格力量和话语权威，对语文界和语文教育实践的影响，是无人可以相提并论的。叶圣陶先生代表了一个时代，我国现代语文教育就是叶圣陶时代语文教育。

正由于此，我们无法回避叶圣陶先生。我们研究他不是针对他，而是要破解现代语文教育之谜。然而，不论是叶圣陶先生还是张志公先生、吕叔湘先生，都没有清楚地告诉我们现代语文教育的理论纲领、主流范式是什么，没有提供给我们现成的答案。他们的研究成果，大多为零散的经验和随感，未见较为系统严密的宏观理论建构。他们谁也没有出过一本《语文教育学》理论专著，要想一窥全豹，需从大量的资料中进行揣摩、整理、归纳和思考。语文界的资深学者和新生代学者，大多只是就其中某一具体问题进行阐释或探讨，罕见宏观的把握。没有这种把握就无从对现代语文教育“把脉”，也就无法否定、扬弃、超越和重构。因此，对其作提纲挈领的归纳、整理和思考，就成了我的一项最重要的工作。

重新认识叶圣陶先生的语文教育思想，实际上也就是和整个现代语文教育传统对抗，我知道这会遇到多么大的阻力。选择逃避，则有悖学术良知，我必须逾越情感和理智的双重障碍。对将毕生生命投入、做出独特贡献的语文学者，我始终都满怀敬意，我相信他们对中肯的批判是会理解的。其实，不单是我与叶圣陶先生遭遇，整个语文界在走向21世纪的途中，早晚都将共同遭遇叶圣陶先生。超越与被超越是历史的必然。在历史长河中，个人的贡献都是微不足道的。即便我的研究能被许多人认可，也是得益于前人的研究成果；即便我超越了叶圣陶先生，没有他的研究，也就没有我的研究和超越，而且，我注定也是要被别人超越的。从某种意义上说，一切的思想都是供批判用的。有了批判与被批判，超越与被超越，才有思想和生命的生生不息。这便是存在的言语生命意识和言语生命欲求。我不止一次地对骨干班教师和教育硕士生说过：今天我在这里“打倒”叶圣陶，希望明天你们来“打倒”潘新和。

多年来，我与语文界的朋友们一道致力于破解我国现代语文教育成效不彰之谜。如果说我的做法有什么不同，这主要是在四点上：一是我较为注重对语文教育历史资源的掌握，注重从搜集来的第一手的资料中形成认识，从语文教育史背景上来探讨语文教育现象，既不人云亦云也不孤立地就事论事，希望对语文现象的研究有一份历史感；二是尽量扩展认知结构，力求在当代学术视野下观察语文教育现象，尤其注重提高哲学和科学素养，将自己的思考置于一个多元化的认知网络中比较参照，以求有新的发现；三是以探究和批判现代语文教育的主流范式即它的核心纲领为突破口，因为它与一切语文教育现象之间存在着直接的最本质的关联，是牵一发动全身的要害，抓住要害一切就迎刃而解了；四是在新的认知背景和时代背景下，进行语文教育理论范式的重构和理论话语的更新，试图建构言语生命动力学语文教育概念系统，以带动整个语文教育实践的深刻变革。这四条可以视为本书的方法论。

值得庆幸的是我们身处一个愈来愈宽松的学术环境，可以接纳全人类的文化，迎受科学与人文的八面来风，使我们有一个认知的高起点。马克思主义的创始人，精神分析学家，存在主义、生命意志论、语言论哲学家，生命美学家，人本主义和建构主义心理学家，教育人类学家等，不约而同地对人的生命意识和行为“动机”表现出强烈的兴趣和关注。他们的理论成果，为建构指向言语表现与存在的生命动力学语文教育学，提供了丰厚的思想资源，使我得以集众说之长，不拘一格地融会贯通。这二十多年来，在社会科学的许多领域，我看到太多的理论移植导致的“失语”。这是我在本书写作中要竭力避免的。在哲学、美学、文艺学、语言学、心理学、教育学研究中的“西化”，已到了让人瞠目结舌的地步。“言必称希腊”，被某一种强势话语所窒息，这也是言语生命意识的迷失。

在今天新一轮的基础教育课程改革中，我们也同样地看到了“失语”的症候。建构主义学习论成为后现代教育学课程论的主要的认知背景，也是我国当前课程改革的动力学取向。建构主义思想成了教育的新潮，从原先我国教育遵从的行为主义学习论到建构主义学习论，这自然是一个进步。但是，任何理论都是有局限的，单一理论话语的泛滥也会成灾。近年骨干教师和硕士生们与我交流最多的便是“建构主义”，我指导的数十篇论文，几乎篇篇有“建构主义”，仿佛除此之外，就没有别的“主义”了。他们在论文中连篇累牍、不厌其烦地解说，生怕我不懂。弄得我一看见“建构主义”这四个字就产生过敏性反应。——如果课改理论就是“建构主义”理论，那皮亚杰也太“皮”了。在我看来，没有哪一种学术思想可以一统天下包治百病，可以不从自身的历史和现状出发，做符合实际的思考。改变教育观念，自然首先是认知背景的改变。但是这种改变应是多元的，否则，也就与建构主义的认知方法背道而驰了。从某种意义上说，建构主义与行为主义也只是五十步与百步之别，二者都是局限在认知方法的层面，都是一种认知动力学。如果被建构主义套牢了，比行为主义也强不到哪儿去。拾了鸡毛当令箭，跟当初拾了鸟毛当令箭有什么大的区别？我认为对人的学习来说，认知动力学也只能算是“拉力”，而不是“推力”，而人的行为最需要的是“推力”，即“原动力”。没有“推力”，光有“拉力”，人是动不起来的。原动力是人的生命本体的需求，是一种生命动能，没有它，再科学的认知方法也于事无补。教育改革首先关注的应该是原动力，因而，我着力寻求的就是能带动其他动力的“第一推动力”。

在这一寻觅中较多的留住我的目光的是**人类学（语言人类学、文化人类学、教育人类学），人本主义心理学（动机心理学、人格心理学、精神分析学），存在主义哲学（语言论哲学、生命哲学、生命美学、现象学美学、哲学阐释学）等——这可以看作是我的言语生命动力学语文教育理论的三大来源。**马克思的唯物辩证法是我的认识论的基础，他的关于人的哲学，尤其是

《1844年经济学哲学手稿》中的关于人的“异化”理论，给予我以深刻的思想启迪。同时进入我的视野的还有当代学术包括“行为主义”“建构主义”“解构主义”在内的诸多的“主义”。大家会发现，正如我对建构主义认知论所持的态度一样，我绝不移植思想，对每一种“主义”都力求做理性的检视和本位的思考，经过无数次的提炼和修正、反思及自我批判后，孕育出的是我的以存在性动机（涵盖了物质性、社会性、缺乏性、发展性、丰富性、精神性动机等）为本体的言语生命动力学语文教育核心理论。需要指出的是，我所说的“存在性”不等于“存在主义”，主要是从言语、精神生命本位、思想自由、价值选择、自我实现、终极关怀和人类情怀等意义上说的。**我希望呈现给读者的，不是像时下大量著作那样，只是作为某种单一理论的翻版，而是左右逢源的整合的原创。**

自然，想做与做得怎样是两码事，大凡人总是过高地估计自己，往往力不从心，自忖我想做的也难一一如愿。坦诚地说，我还没有能力达到一种化境，但是，我想读者仍会从中感受到我为此做出的努力。我很清楚靠这么两卷书是改变不了什么的，水至清则无鱼，能把语文这潭清水搅浑，也就达到目的了。

对语文和语文教育的思考，也就是对人、生命、人生、世界的思考。现在，我终于完成了这个艰巨的任务：本书的“上卷”是语文教育原理论，“下卷”是语文教学实践论。把这份尚感粗糙的“答卷”交给读者，我交付的是我的生命——符号（言语）生命。这种感觉很特殊，是以前几部书稿完成时从未有过的洞达通彻的生命体验。

对人的确证，没有什么能比这更幸福的了。

总目录

Contents

上卷　言语生命动力学表现-存在论语文学原理论

第一分册

第二分册

下卷　言语生命动力学表现-存在论语文学实践论

第一分册

第二分册

目录

Contents

上卷　言语生命动力学表现-存在论语文学原理论

第一分册

为肉体生命生存、繁衍而活，抑或为言语、精神生命存在、永续而活，是人之为“人”必须思考、回答的首要问题。

绪论 | 语文：人的确证

语文界对语文（学科）是什么，为什么要学习语文，语文和人的关系等学科基本问题的认知，至今还相当贫乏。不可否认，在百年现代语文教育中，语文学科已有初步的理论积累，这种积累主要是在白话文教育兴起之初取得的，理论家底并不富裕。之后，由于各种外部的和研究者自身的原因，学科理论研究长期停滞不前，致使基础理论研究相对贫瘠，缺乏严密系统的理论话语和丰富多元的思想积淀。因此，严格说来，语文学科尚属前科学范畴，其教育“范式”还只能算是一种经验型、感悟性的“范式”。

迄今为止，语文界对学科基本问题思考的成果，是曾得到最具普遍性认同的叶圣陶先生的语言（语文）“工具论”和“应付生活论”，即“应需论”，其理论背景是基于“生活本位”的实用主义、经验主义和工具主义——强调语言（语文）的“器用”的属性，以取得直接的功利效果（“当下受用”）作为行为准则。“语文工具论”，把语言（语文）片面地作为应付生活的工具，即“谋生应世”的工具，使语文教育技能化、实利化，必然贬抑了人文性、人本性。这种“工具性”“应用性”学习，潜移默化、不可避免地改变了使用这一“工具”的人——教师与学生——他们成了被动的、没有思想的“工具”。这种理论，养成了他们急功近利的浮躁心理与言语人格，强化了他们行为动机上的直接“占有欲”，形成了他们“占有”的生活方式和人生态度。

“工具论”是叶圣陶先生语文本体论的现象层面的表达，其深层本质是“应付生活论”“应需论”。要动摇“工具论”，就必须撼动“应付生活论”“应需论”。“工具论”还在通行的原因，首先是语文所包含的语言，的确带有某些“工具”属性（尽管它只是诸多属性之一），这给“工具论”者以口实。尽管“白马非马”，但“白马”毕竟也是“马”。更重要的是大家所批判的“工具论”还不是根本和要害，相对而言，尚属功能和行为层面的问题。只有从动机论、动力学的层面上作深度思考，认识“应付生活论”“应需论”的局限，从语文教育本体论的深层内涵上进行剖析和颠覆，抓住了问题的根本性症结，才可收四两拨千斤之效，“工具论”的蔽障也就迎刃而解了。

“应付生活论”，又表述为“应需论”，强调的是人受制于环境，人的言语活动和言语行为只能被动地适应环境，目的是满足人的生存需要、社会交往需要。它的哲学背景当是“实用主义”“功利主义”“实利主义”“环境决定论”。这除了受到杜威等实用主义者的影响外，显然还体现了达尔文的进化论“物竞天择，适者生存”思想和华生的行为主义“极端环境论”思想。“应需论”长期以来一直作为“应试论”的反命题提出，其实深究起来，二者并没有实质上的不同。在当代教育语境下，“应需论”犹值一辨。因为，应试教育已是死老虎，在认识上没有什么异议；而应需，似乎现在还是素养教育范畴的一个重要的概念，尚为语文界津津乐道，其迷惑性和危害性都还没有被意识到。叶圣陶先生十分强调“应需”，强调“应生活之需”，反对“应试”，以“应需”否定、涵盖“应试”，这在社会学、教育学向度上，有其进步性。但是，从宏观的角度看，二者殊途同归，应试追求的是学习阶段近期的“功利”，“应”的是当前的“需”；“应生活之需”（应世）不仅“计眼前”而且“计长远”，“应”的是一生生活（生存、物质）之“需”，“应生活之需”所造成的“实利主义”心理是更加长远的，危害更大。应试本来就是“应世”的题内之意。考试也是生活的内容之一，应需也就包含着应试。二者都是追求现实功效和被动受制于环境的，没有什么本质的不同。语文教育在“应付生活”“应需”本体论的指导下，在外部的功利性动因驱使下，不可避免地走向应试。因此，要改应试教育为素养教育，在“应付生活”“应需”认知背景下是不可能做到的。

在当代人本主义、人文主义教育语境下，从人的发展来看，“应付生活论”“应需论”比“工具论”更应受到关注，因为它属动力学和元认知范畴，对人的发展的影响，比“工具论”要严重、深远得多。以往语文教改之所以成效甚微，就是因为没有意识到也不敢在现代语文教育的“应付生活论”“应需论”等核心理念上动解剖刀。长期以来，在“生活”二字上积聚了太多的褒义和政治意蕴，使人见到这两字就肃然起敬。例如，文艺“源于生活，高于生活”，文艺家要“深入生活”“观察生活”“体验生活”，“生活是写作的源泉”“做生活的有心人”“教育即生活”“生活教育”“美是生活”，等等。因而，如何看待“生活”是一个十分严肃的问题：人的认识是从生活经验中来，还是源于理性或理念，这还被扯进了唯物与唯心之争（仅此一端，也可看出语言不只是工具，还是文化、思想、思维等）。至今仍风靡语文界的将语文等同于生活的说法是：语文的外延等于生活的外延。“生活”成为语文教师运用频率最高的词之一。一叶障目，不见泰山，整天嚷着学生“没有生活”，骑驴找驴满世界地找生活。即便在实践中发现有什么不对劲的地方，也没人敢冒犯近乎神圣的“应付生活论”。表面上在煞费苦心地“教改”，实际上是南辕北辙，走的还是大方向错了的老路。语文是工具，实际上等于说人是工具：人是被动地适应环境需要的工具。语文教育应付了外部的物质生活需要，却忘记了应付人本身的内在精神需要，忘记了人文关怀、终极关怀。这种偏颇的认知，致使20世纪末至今的语文教改，虽然在某些局部上有所进展，然而从总体上看，非但没有使语文教育重现生机，反而以前所未有的速度，把这部倾斜的独轮车迅速地推到应试悬崖边，造成学生言语价值观和言语人格的严重危机。——是到了对“应付生活论”进行深刻反思的时候了！

现代语文教育的主流观念，在对言语活动目标和功能的认识上，在“应世”还是“应人”（应性、存在性）上发生了严重的迷失。从字面上看，“应付生活”似乎没错，言语活动当然要为了谋生应世，但是应付了生活不能忘了人，不能忘了生活是人过的，人不是生活的奴隶，而是生活的主人；不能忘了教育主体是人，要以人为本，以人自身的发展为本；不能忘了语言是思维，是文化，是存在的家。语文是人文综合学科，重在文化教育、人文教育、言语人格教育。康德在《实用人类学》前言中一针见血地指出了人类一切文化进步的意义的最重要的目标指向应当是人自身，他说：“在人用来形成他的学问的文化中，一切进步都有一个目标，即把这些得到的知识和技能用于人世间；但在他能够把它们用于其间的那些对象中，最重要的对象是**人**：因为人是他自己的最终目的。”[①] 日本学者小原国芳认为：“我主张废除一切主义，

① ［德］康德著，邓晓芒译：《实用人类学》“前言”，上海人民出版社2002年版。

唯有复归于人。'回归于人，回归于人！'只有'人的教育'。"[①] 不论是作为学问和文化创制行为的言语活动，还是教育行为，其最重要的出发点和最终目的，自然应是人，是人性、人文，是人的自由能动性和精神创造力的发展。因此，唯有对偏执的似是而非的"应付生活论"进行解构，才能真正使语文教育回归到人本主义、人文主义的言语表现动机上来；重建"人本位""言语、精神生命本位"的语文教育本体论，才能真正走出"工具论"误区，踏上语文素养教育的坦途。

"应付生活论"，是误把动因（外驱力）当作动机（内驱力），将生存动机当作全部动机，将物质、社会生活与人的精神生活的关系，生存与存在的关系倒置了。"应付生活"的目的，主要来自外部环境和社会，即生存之需。外部条件是主体行为的诱因，它能在一定程度上诱发人的动机，使人去适应外部的要求，以求得某种心理平衡。但这是被动的，有一定的强制性，往往也是一种异己性的活动。"应付生活"的"应付"二字包含的"不得已"和"无奈"的意思就很能说明问题。真正的言语动机是来自主体内部的需要，即人自身的需要。人自身的不同需要，决定了人会怎样去应付（实为"选择"）生活，即应付的是什么生活。人的需要是多种多样的，所以应付生活的方式也是多种多样的。离开了人的需要、人的自由能动性，谈何应付生活？马克思就谈到，自由的有意识的活动才是人的类特性，离开了这一类特性，"生活本身仅仅表现为生活的手段"——维持肉体生存需要的手段。这样的生活是外在的生活，是一种使人异化为自己的对立物的生活。人的言语生命欲求和存在性需要则是人的自由的、有意识的生命活动的重要表征，是人的言语活动最本质、最强大的动机。"存在"包含并高于"生存"（"应付生活"）。**人的言语表现、创造的需要——言语生命欲求，是潜伏在人的生命中的最本真、最活跃、最积极的动机。言语表现欲、创造欲和言语上的自我实现，使人所以为人。存在的言说，是人的自证、确证。**它的意义和价值，远在应付生活之上。也可以说，人的符号生命欲求是人存在与发展的最基本的动力；人的言语需求，是人的生命的本质需求，是人类应付生活、人类发展自身的特殊方式，是人的类特性。不为"应付生活"的言语创造，才是真正的人的言语创造。

---

① ［日］小原国芳著，刘剑乔、由其民、吴光威译，吴光威、由其民校：《小原国芳教育论著选》下卷，人民教育出版社 1993 年版，第 15 页。

人本主义、人文主义的语文教育，不是一句空泛的“以学生为本位”或“人文教育”的口号。抽象的概念是没有生命力的。今天，许多语文教师对新课程理念大多耳熟能详，说起来一套一套的，然而，就像油浮在水上，说归说，做归做，丝毫也不妨碍他们一如既往地进行应试教育。这固然跟教育机制和高考改革的滞后有关，但同样也跟这些教育理念还停留在抽象层面、尚未洞达语文学科的特性有关。教师们没能意识到“以人为本”“人文教育”与“生活本位”本体论指向是不同的。“应付生活论”关注的是人的消极的生存，是“吸收”“占有”“实用”，主要是满足个体的基本需求；人本主义、人文主义关注的是人的积极存在，是言语表现、自我实现，是人言语生命潜能的发挥、发展和人生价值的实现，主要是满足个体的发展需求，也是为了人类的进化与进步。今天，这两套截然不同的话语，往往十分滑稽地同时出现在各种文本中。“应付生活”“贴近生活”“关注生活”等对应于人的低层次以“活体”为主的需要，仍然是语文界“语文思维”的逻辑起点，有着较具体丰富的内容；人本主义、人文主义、以学生为主体、以学生为本位等，则成了趋迎“时尚”的炫目的金箔，金光耀眼，但玩的是“障眼法”。语文界并没有意识到“应付生活论”和人本主义、人文主义关注人的发展与存在的终极需要相抵触。只要“应付生活论”还居于统治地位，争论谁是主体都不管用，谁当主体也得乖乖地“应付生活”去，否则，就祭起“为生活”的法宝，让你哭笑不得。——在这样的语文教育本体论认知下，教师、学生实际上处于无主体状态。在实利主义教育下，人文性也是一句空话，不可能有为己的言语德性、修养，利他的悲悯情怀，更不可能有人类情怀、彼岸关怀。

只有将人本主义、人文主义转换成非常具体的、能体现语文教育特点的基本教育理念，超越“生活本位”本体论，才能在实践中发挥主导作用，使人成为主宰自己生活和命运的主人，成为马克思所说的“自由自觉”的全面发展的人（马克思强调个性的精神的全面发展，与今天政治教化式的面面俱到的“全面发展”不同，这是需要严格辨析的）。语文教育只有具体体现为对人的个体言语生命欲求的尊重与唤醒，对人的言语表现欲、主体精神创造力、自由能动性和存在性言语动机的珍视，引领学生走上言语上的自我实现之途，走上言语人生、诗意人生之途，使每一个学生的言语潜能与个性都得到最大限度的发挥和张扬，这时，人本主义、人文主义这些教育理念才能真正拥有话语权力，才能导致语文教育真正革命性的转型。这就是我的语文教育本体论转向的要义。

人本主义在语文教育中体现为言语与人的生命的血脉相连。人的言语需求，既外在于生命，又内在于生命，归根结底是内在于生命的。因此，应内（生命、天性、存在）外（生活、社会、生存）同致，以内为本，以言语生命意识的培育为本。美国人类学家怀特说："全部人类行为起源于符号的使用，正是语言符号才使我们的类人猿祖先转变为人并成为人类。仅仅由于符号的使用，人类的全部文化才得以产生和流传不绝。"① 人是符号动物，人是理性动物，人是分类的动物，这些从生命特征与符号、概念思维将人区别于其他动物的论断，在学界已有较高的认同度。如果这些论断可以成立，那么也可以顺理成章、直截了当地说：人是语言（广义的语言，含言语）动物、文字动物——写作动物。因为，人运用的最主要的符号是语言文字，语言文字是人的思维的本体和载体。德国哲学家海德格尔说："我们言说，因为言说是我们的本性。它并非首先源于某种特别的意志。有人说，人是靠本性而拥有语言。这把握了人与动植物的区别，人是能言说的生命存在。这一陈述并非意味着人只是伴随着其他能力而也拥有语言的能力。它是要说，唯有言说使人成为人的生命存在。作为言说者的人是人。这是洪特堡的话语。"② 这里值得注意的是"唯有"二字，意思是除了"言说"本性外，没有其他任何事物可以作为人这一物种的标志。失去了言说的本性，人便不成其为人。人本能地具有言说的需要。言说需要是人的最本质的需要，是生存与发展的最基本的需要，也是人的自我实现的存在性需要，也是人类共同生活、发展、进化的需要。这就是人本论符号生命意识，或称**言语生命意识**。言语活动——说与写，最重要的是写；言语，是人内在的生命冲动和生命存在方式——这就是言语生命动力学语文教育的基本认知。

我们与叶圣陶先生为代表的现代语文教育本体论的根本分歧就在于言说权的归属。他们认为言说是外界的要求，由于人是社会人，所以人只能被动地"适应"社会、环境的需求，语文是人应付生活的工具；我们则认为言说**主要**体现的是人的生命属性，是人内在的言语生命力和自由能动性的展示，

---

① ［美］莱斯莉·A. 怀特著，曹锦清等译：《文化科学》，浙江人民出版社 1988 年版，第 21 页。

② ［德］海德格尔著，彭富春译，戴晖校：《诗·语言·思》，文化艺术出版社 1991 年版，第 165 页。

是言语生命欲求的实现。语文是人之成为人的证明，语文教育是对人的言说欲、精神创造欲、自我实现欲的成全。就这么简单。

言语动机自然包括谋生应世，但不能止于谋生应世。不为物欲，不为社交，人也有言说与创造的冲动。只有不为生存、功利的需要，超越现实、现世的言语创造，才是真正的人性——超越了动物性的言语、精神本性，即存在性的言语动机。不可否认，在言语实践中，多数人是以生存性动机为主要价值取向；许多人的生存性与存在性动机常常缠绕交织在一起；只有少数的人类精英，超越了生存需要，以存在性动机为基本诉求。同样不可否认，唯有后者，才是人类本性、特质的真正代表。这些人，就是古人所谓的“立言者”（以文传世，“垂诸文而为后世法”之人），他们的言语动机，是语文教育的精神高标。理想的语文教育应以此为目的诉求。

语文教育就是基于对人的言语本性的顺应、成全。

对于受教育者，教育的功能和责任，主要不是硬性地要求、规范、塑造和限制，而应是软性地顺应、呼唤、激励和引导。德国教育家福禄培尔说：“原来的教育、教学和训练，其最初的基本标志必然是容忍的、顺应的（仅仅是保护性的、防御性的），而不是指示性的、绝对的、干预性的。”① 他认为，对人的教育，也跟对其他动植物的栽培养护一样。他说，我们给幼小的动物和植物提供空间和时间，因为我们知道，这样，它们将按照它们及每一个体之中发生作用的规律良好地发育成长。人们给幼小的动物和植物提供安宁的环境，并力求避免用暴力干扰它们，因为人们知道，如果不这样做会妨碍它们完美地发育和健康地成长。但是，年幼的人使人觉得是一块蜡和一团泥，可以用来任意地捏成一样什么东西。漫游花园和田野、草地和森林的人啊，为何不打开你们的心扉去听听大自然以无声的语言教诲你们的一切。看看被你们称为杂草的、在压力和强制中成长的、几乎摸不到其内在规律性的植物吧，在大自然中、在田野里和花圃中看看它吧，看看它显示出何等的有规律性以及在一切方面和一切外表上协调一致的多么纯洁的内在的生命吧。这生命犹如从大地上升起的灿烂的太阳，一颗闪闪发光的星星。那么，父母们，你们的孩子，在你们违反他们的本性把你们以前的形式和使命强加于他们，以至他们病态地、不自然地跟随着你们行动的情况下，也能够成为完美地成

① ［德］福禄培尔著，孙祖复译：《人的教育》，人民教育出版社2001年版，第9页。

长和全面发展的生物吗？……一切专断的、指示性的、绝对的和干预性的训练、教育和教学必然地起着毁灭的、阻碍的、破坏的作用。因此，为进一步接受大自然的教训，葡萄藤应当被修剪。但修剪本身不会给葡萄藤带来葡萄，相反地，不管出自多么良好的意图，如果园丁在工作中不是十分耐心地、小心地顺应植物本性的话，葡萄藤可能由于修剪而被彻底毁灭。至少它的肥力和结果能力被破坏。在对待自然物方面，我们的做法常常是正确的，而在对待人的问题上，却会走上完全错误的道路，而且在两者中起作用的力量出自同一来源，服从于同一条法则。[①] 说得多好！教育就是要顺应人的求真的人性、爱美的天性、向善的本性，把人的生命中固有的美好的一切，养护、培育得尽真尽善尽美，而不是去强制地扭曲、摧残，扼杀人的自然、纯洁的心性，使他（她）服从某种自以为是的观念，使人异化成非人。

语文教育，不是要求学生被动地“应需”，把学生“塑造”成符合成人社会的教育观念的统一的“人”，将他们“修理”成能根据外部世界的指令行动的机器人，甚至为此不惜专断地干预、窒息他们的言语禀赋，以求得毫无灵性的工具化的言语操作能力，而要顺其自然。这个自然，就是内存于人的生命本能中的言语欲求和言语天赋。语言教育要唤醒学生固有的言语生命意识和言语潜能，使之得以良好的养护和培植，使他们的言语才能得到积极主动的发挥和张扬，从中感受言语创造带来的愉悦、满足与尊严，并最终成为言语上自我实现的人。人的言语欲求、言语意识、言语才情、言语智慧、言语能力、言语抱负和言语信仰，是从每一个人的鲜活自由的内在生命中生长、绽放出来的花朵。这便是与实用主义、行为主义的“应付生活”外部动力学相反对的人本主义、人文主义的内部动力学——**言语生命动力学教育诉求**。语文教育能与人（学生）的言语生命特性统一，语文教育的目标能与人的言语生命欲求契合，使言语学习和言语活动成为人的自发的需要和自觉的追求，这才是真正的以“人”为本的教育。简单地说，语文教育本体论的转向，是从“应世”转向“应人”，是“人”的言语、精神本性的回归、唤醒与觉悟。言语机能与精神需求是人的生命属性，所以，语文教育，也可以说是使人更像人、成其为人的教育，是语言人、精神人、创造人的教育，是“元素养”的教育。从这一点上说，语文学科不是叶圣陶先生说的“应付生活的工具”，

① ［德］福禄培尔著，孙祖复译：《人的教育》，人民教育出版社 2001 年版，第 9～10 页。

也不是以往语文教学大纲所说的“工具学科”，它本质上是人文基础学科，是“人学”。说它是“人学”，不是从“文学是人学”的文艺学命题中转借来的，而是在哲学、人类学、生命科学、符号学、文学、语言学、教育学……在为整个人文学科奠基的意义上说的。母语和母语教育对人、对人生、对世界的意义，怎么说都不过分。它的基本特征与归宿，是对人的本性、天性、个性的成全。

在教学内容层面，撇开“应试”教育不论，在“生活本位”本体论下，从实用、实利目的出发，以是否对“谋生应世”有用为第一标准：反对传统教育的重文学倾向，废除读经科，文言文被大幅削减；认为语文教育不培养作家，不主张读、写文学作品。特别重视“实用文”“应用文”，强调“非文学的文字”，即“普通文”的重要，提倡“课内作文最好令作应需之文”，这个“需”指的就是日常生活、工作之需。如此，文学、审美、人文教育被淡化、放逐便在情理之中。此消彼长，在“实利主义”指导思想下，应试教育的回潮、兴盛，就不可避免。

在教学操作层面——教材、教法上，长期遵从的是“阅读本位”范式。重读，这本是儒家教育传统，但在功利目标下已然变质。儒家教育虽也重读，但“读”从来就不是目的。实际上是重人文熏陶，重德性、思想、学问的“立本”，是通过读经典以悟道明理、修身养性，继承道统，弘扬古代优秀文化，实为“修己本位”，自度度人。在急功近利的“应世”“应试”思想取向下，“阅读本位”教学已失人文浸染，文以载道、传道的本意，只为追求文字的理解、应用，达成其“谋生应世”的实利“工具”效能。

我国现代主流语文智能教育观，除了工具性、实利性局限外，还在于对读、写矛盾认知的偏颇：将“阅读”这一“手段”当作“目的”，从而将“写作”这个“目的”虚化，成了海市蜃楼。一味强调“手段”的重要：阅读是写作的“根”，“阅读是写作的基础”。忽视“写作是阅读，以至整个语文教学的目的”，基本无视写作对阅读的作用。重读轻写，以读带写，极大地削弱了言语表现在语文教育中的重要地位。一方面，过分夸大了阅读对写作的作用，产生了“阅读决定论”，并进而衍生出“阅读独立能力、目的论”；另一方面，淡化对写作本体的认知与写作知识、技能的传授，导致语文教育目的错位：从教材到教法，作为“手段”的“阅读”成了教学本体，作为“目的”的“写作”，处于附庸的可有可无的地位。——造成这种状况很大一部分原因，在于语文界某些决策者对叶圣陶先生语文智能教育观的曲解，片面强调其“阅读独立能力、目的论”，“为读而读”，阉割了其理论的合理成分：“阅读是写作的基础”，阅读为写作奠基，致使语文教育变质为盲目“吸收”的“占有”式阅读。

这一语文智能教育观的迷失，对语文教育实践产生的误导、阻滞作用是有目共睹的。长期对说、写的忽视，使之成为语文教育、教研的盲区，造成教师对说、写教学普遍无知与失能。

对读、写认知的单向度思维（以读带写）和对阅读的片面强调，以阅读系统统摄写作系统，也导致对语文教学系统要素认识的本末倒置。在语文教学中，读、写这一对矛盾，读是写的基础，这没有错，但是，写的基础不仅仅是读，写的基础要宽广深厚得多，阅读只是基础之一，许多人读了一辈子的书不会写就是证明。实际上，**在语文教学系统的整体结构中，言语表现才是矛盾的主要方面，是语文教学的终极目的。只有指向言语表现，指向写作，以言语表现、写作为本位，建构教学系统，才能打好全面的言语基础，才能达成言语教育的素养性、综合性、实践性目标**。只认阅读是基础，强调阅读是一种独立的能力、目的，是打不好言语表现的基础的，也是学不好阅读的。基于“阅读独立能力、目的论”之上的阅读本位教学范式的认识上的局限，与这一个多世纪的语文教育萎靡不振，少、慢、差、贵，与学生说、写能力的普遍低落有着必然的联系。

《义务教育语文课程标准（2011年版）》① 的“语文课程是一门学习语言文字运用的综合性、实践性课程”“注重语文素养的整体提高”“写作能力是语文素养的综合体现”等观点，似乎是一个进步，有打破“阅读基础”“阅读独立能力、目的”观的片面性的迹象，使语文课程有了较为丰富的内涵，课程性质认知开始向“语言文字运用”倾斜。遗憾的是，这还只是抽象的观念层面的口号，在课程整体上对读、写关系的认知，仍处于混沌状态，并没有实质性进展，尚未厘清语文素养的内在关系。2011年版课标的“课程性质”定位，实质上仍是“工具性”定位，所谓的“语言文字的运用”，并不是明确指向“言语表现”的，而是将其界定为“包括生活、工作和学习中的听说读写活动以及文学活动，存在于人类生活的各个领域”，看似面面俱到，实则模

① 《义务教育语文课程标准（2011年版）》，北京师范大学出版社2011年版。

糊，甚至自相矛盾。这是学科基础理论研究滞后使然。

从“阅读本位”向“写作本位”，即“表现-存在本位”范式的转型，是学科基本观念的根本性改变，要对语文素养内在矛盾关系与教学目标作重新定位与深入思考，建构起“表现-存在本位”的语文教育目标系统。

语文教学（教材、教法）范式的“表现-存在本位”转向，这不是单纯的教法操作性问题。“阅读本位”对应的是“占有”——生存论本体论，“写作本位”对应的是“创造”——存在论本体论。在写作、言语表现的背后，是彰显人的生命存在价值。

百年现代语文教育的主流思想范式是“应付生活论”（或称“谋生应世论”“应需论”）“工具论”，教学内容范式是“重实用（应用文、实用文）轻审美（文学、美文）”，教学方法范式（含内容范式）是“阅读本位”“以读带写”（阅读三论：“根论”“基础论”“独立能力、目的论”），综合起来，可称为**以应付生活为目的，以普通文、应用文教学为主体，阅读为本位的“实用吸收”型范式**。我国现代语文教育的一切现象、成就与问题，皆由此衍生，如重功利轻人文，重实用轻文学，重技能轻素养，重技轻道，重读轻写，重训练轻涵养，重占有轻创造，重写实轻想象（虚构），重眼前效能轻长远发展，重语言轻言语，重机械记忆轻认知建构，重统一解释轻个人反应，重被动接受轻主动探索，重盲目吸收轻反思批判……这些，无不与主流价值观、教学范式息息相通，脉脉相连。试想，这一基本观念、范式、概念不变，语文教育怎么可能有质的改变？所谓的课改，无非是隔靴搔痒罢了。

对主流范式的颠覆，首先应是本体论的颠覆，唯有本体论转向才是根本的转向：从立足于言语客体——语言工具和生活，转向言语主体——人及其言语生命。对语文现象的思考，以具有言语生命特性的人作为基本的观察点，以“立言者”作为教育终极目标、关怀，将对人的言语生命欲求的激发、言语生命意识的觉醒与自由理性、精神创造力的培植，言语生命成长、发展、自我实现，作为人的言语活动基本的动力定型。如此，语文认知便完全改观：从客体返回主体，从外部需求为主转向内部需求为主，从实用主义、行为主义动力学转向言语生命的动机论，从社会、环境诱因转向主体性动机（尽量达成主体性动机与社会、环境性诱因的统一与和谐），从生存性动机转向存在性动机（以应性动机、存在性动机为终极性动机，达成存在性动机与生存性动机的协调与平衡），最大限度地发挥言语创造力，实现人的言语潜能和人生价值。我欲建立的理论范式可称为：**以培育“立言者”为终极目的、以“表现-存在”为本位的“创造发展”型范式，简称为言语生命动—存在论语文学范式**。其核心内容是培育人的言语生命欲求、言语生命意识和言语生命能，诱导并强化存在性言语表现动机，以存在性动机作为主导性动机，将语文教育的深层意蕴定位为从精神人格上为学生奠定言语人生、诗意人生的基础，引领他们走上言语上的自我实现之路、建构精神家园之路，在深层次上为言语学习立本。

以培育“立言者”为终极目的，其核心命题：人的生命特性是“言语生命”，言说，是人的精神生命原欲，我写故我在。基本教学内容是养护、培育言语生命意识、言语生命动能，诱导并强化存在性言语表现动机，以存在性动机为主导性动机；为学生奠定言语人生、诗意人生的基础，引领他们走上言语上的自我实现之路，成为人类精神家园的守护者、建构者。在价值观上此为言语学习立本。

一旦对语文教育（课程）目的的认知超出了实用范畴，在人性、人文、精神、审美、修养、学养、理想、信仰等的培植，在人的言语生命欲求、言语生命意识、言语健全人格和言语上的自我实现等更加广阔的存在性领域加以确认，“应付生活论”“应需论”“工具论”也就寿终正寝了。“应付生活论”“应需论”“工具论”，对言语教育存在性领域是鞭长莫及的；而对言语教育存在性认知，则轻而易举地将“应付生活论”“应需论”“工具论”尽收囊中。存在性言语动机的培育是根本。

人，需要应付生活，但不是为了活而活；言说、话语和理性的追求，对自我、人生、此在的思考与表达，从来就是人的宿命，是生命与时间、存在缩成的结。有言说，才有人，才有诗意的人生和生生不息的人类。语文教育，就是要把造物主赋予每一个人的至高无上的言说权，交付给他们自己来掌管。语文教育的意义就是使学生成为言说者，成为自己人生、命运的主宰，成全有尊严、有品位、有价值的言语人生——诗意人生。

写作是人的确证、人的自证。不写作，枉为人。

另一种声音：“语文”乃是源于亘古荒原灵智生命的第一声啼哭与劲叫！言说，给予人以思想、灵魂——精神生命，是人之为人的确证、自证，是人类精神史、文明史、进化史的物证。

第一章 | 语文教育：走向表现与存在

语文是什么，语文教育、语文学科所为何事？这是今天的语文界必须回答的首要问题。现代语文教育积累的问题之多，争议之多，遭受的责难之多，都是其他学科的人士难以想象的。但是，毫无疑问，在一切问题中最应受到关切的是对语文学科本体的思考。以往语文界对语文教育中的问题没少操心，几代人埋头在“语文”二字上翻过来倒过去地看，也没琢磨出个所以然来，原因就在于叶圣陶先生的语文教育思想太强大了，强大到了使整个语文界不敢越雷池一步。长期以来，语文学科只有一种声音，一套话语，颠扑不破，所向披靡。

要么就不思考，要思考就要直指代表现代语文教育主流的叶圣陶语文教育本体论。——言语生命动力学表现-存在论语文教育学，是我向语文界提出的一个猜想。理论猜想的结局不外两种，被证伪或是被证明。我的语文教育本体论，不论是被证伪或是被证明，都是一次思想实验和精神苦旅，都是我用言语生命表达对语文教育的思考与理解（也包含了一份情意）。在学术思想史中，对、错都是相对的，需要时间的检验与历史的“回视”。而且，思考和言说的意义也不是可以用简单的对或错来论定的，思考本身就是一种价值。因此，思想即便被证伪，也是言语生命欲求的自我实现，言语生命存在的证明，也是“人的确证”。

一 语文革命：言语生命论转向

20 世纪初，新语文教育是以反“八股精神”奠基的，从为应试、为功名，转向为文章、为实用。到了 20 世纪末，历史仿佛开了个玩笑，非但“老八股”没反掉，为文章、为实用的目标未达成，却又滋生了“新八股”，重又退回到为应试、为功名的老路上，再次把语文教育推向绝境。

面对 21 世纪信息社会和知识经济时代的挑战，作为现代人，比起以往任何时候都更加需要人文关怀和精神抚慰，需要传达和沟通，需要说和写的能力。高智慧、高创造性的说、写能力，是所有专业人士事业成功的必备条件之一，也是现代人身心健全发展的重要表征。这一需求还在与日俱增。可以预言，说、写能力，将在未来的人才竞争中发挥越来越重要的作用。很难想象，一个只具专业技能而缺乏说、写能力的人，能得以在现代社会中应付裕如地施展自己的才能，能称得上是心灵丰富、精神健康的真正意义上的人。因而，在未来教育中，语文学科的日益显著的“素养性”功能，必定备受关注，言语表现力将成为人的生存与发展的“元素养”，语文教育必将展现出更为浓郁的人性和人文魅力，给学生的人生旅途带来更多的温馨和诗意。

语文教育理论与实践面临着革命性转型。这一转型，除了教育管理、考试机制等的改革，使其能够适应语文教育本体发展外（这靠的是教育行政部门的领导和广大语文教育工作者改变观念、实事求是、齐心协力），至关重要的是应在当代学术和教育发展的大视野下，廓清“生活本位论”“应需论”阴霾，使学生不再成为教育产业批量生产的“千人一面”的“机器人”；对语文教育思想和规范作前瞻性的解构和重建，还语文“郁郁乎‘文’哉”之本真。

愿明天的孩子们，拥有自己的言语灵智和浪漫情怀，能尽情地放飞想象和幻想，体验言语表现的幸福和快乐，觉悟作为“写作动物”的崇高和庄严；走出急功近利、争名夺利的浮躁和焦灼，揣一颗稚拙纯真的童心，随心所欲地演绎言语人生、诗意人生，恬淡从容地营造精神家园，释扬情趣盎然的言语、精神生命。

语文界的学科观念和研究观念亟待更新。

从 1901 年“禁八股”，1905 年“废科举”“兴新学”，1915 年开始的“文学革命”和白话文运动的洗礼，语文教育界经过对科举教育痛切的批判和反思，高举言文一致、国语统一的旗帜，致力于语文教育的改革与转型，使之逐步从文言文教育转向白话文教育，从古典的文人教育转向现代的平民教育，使语文教育走向大众，力图使普通民众能运用国文这种应付生活的“工具”，成为文化的主人。其事可嘉，其功甚伟！然而，毋庸讳言，语文教育成为众矢之的，遭遇“世纪末的尴尬”，并非 20 世纪 90 年代的偶然。几乎新语文教育与生俱来，“国文退化”“中学生国文程度低落”“现在的中学国文教育，糟，是糟透了”①，“抢救国文”② 的呼声便不绝于耳。在这近一个世纪的历程中，语文教育状况始终不尽如人意，问题多多，争论不休。“语文程度低落”的问题一直困扰着语文界，语文学科处于困境是不争的事实。

遗憾的是，当人们面对语文教育出现的问题时，大多总是将这些问题孤立地看，头痛医头，脚痛医脚，用些治标不治本的功夫，很少有人能将其置于“学科史”和科学理论“进化”的范畴，对其作宏观的审视，从根本上进行诊治。因而，诊治了一百年，国文非但没有被“抢救”过来，反而每况愈下，落到人人责备、批评的地步。

21 世纪初声势浩大的课程改革，2001 年语文新课程标准的颁行与实践，也没能挽救其衰颓的命运。

2007 年、2008 年，北京大学语文教育研究所所长温儒敏做过两次课改调查：一次对象是北京师范大学中文系一年级两届近 200 位新生，一次是在各省进行。被调查的学生都是经历过这些年课改的。两次调查的结论相当一致：学生们对中学语文仍然不满乃至反感。

2012 年，教育部普通高中课程标准调研组组长、北京师范大学任翔教授，在全国 10 多个省市的调查表明，学生对语文学科的评价，在所有 17 个学科中排名倒数第一。这已然触目惊心。

2013 年 2 月 1 日，《中国青年报》撰文《救救语文教育》：北京大学微电子学研究院教授张海霞手里的理工科大学生的文稿，写通顺的没有几篇，她越看越生气，“这语文都怎么学的?!”张海霞在网络论坛上疾呼：“救救语文

---

① 王森然：《中学国文教学概要・自序》，商务印书馆 1929 年版。

② 罗根泽：《抢救国文》，载《国文杂志》，第 2 卷第 1 期。

教育，救救我们的中华文化。”“我们的语文教学真的是出大问题了！我们的教育真是出大问题了……这是怎样的一个耻辱和溃败呀！”许多科研工作者撰文附议。

最高学府的北大骄子语文水平尚且惨不忍睹，何况其他院校的芸芸学子？为研究生论文选题，整理文章思路，修改病句、错别字，纠正行文逻辑错误等，已经成了导师的日常性工作。论文大多言之无物、言之无序，不堪卒读。博士论文文字清通的也极为罕见，词采斐然的更是凤毛麟角。

语文教育陷于积重难返的困境，固然主要过错不在于普通的语文教师。语文教师很辛苦，身不由己，且深受其害；即便是某些曾把语文教育引入歧途的语文界执牛耳者，他们也是改革者、探索者，用心良苦，他们所犯的错误也是可以谅解的。但是，语文教育濒临困境，责无旁贷，语文界对存在的问题应负有检讨和反思的责任。如果不反躬自省，只感到委屈，抵触抱怨，更有甚者不仅毫无愧疚之心，竟还喋喋不休于语文教育的伟大成就，大肆宣扬成绩是主要的，为自己评功摆好，文过饰非，对批评者耿耿于怀，公然扬言要予以“还击”。这不论是思想方法还是学术心态都有些不正了，缺乏探讨问题所需的起码的科学态度和理性精神。

1942 年，曾作为“肯定派”（反对说“国文程度低落”）代表人物的叶圣陶，面对国文教学的现实，还敢于磊落地承认“他科教学的成绩虽然不见得优良，总还有些平常的成绩；国文教学的问题却不在成绩优良还是平常，而在成绩到底有没有。如果多多和学校接触，熟悉学校里国文教学的情形，更多多和学生接触，熟悉学生运用国文的情形，就会有一种感想，国文教学几乎没有成绩可说。这并不是说现在学生的国文程度低落到不成样子的地步了，像一些感叹家所想的那样；而是说现在学生能够看书，能够作文，都是他们自己在暗中摸索，渐渐达到的；他们没有从国文课程得到多少帮助，他们的能看能作当然不能算是国文教学的成绩”①。半个多世纪后，1995 年，张志公在写给国家教委基础教育司的信中也坦承：“一个中学生，在接受了基础教育以后，还不能达到听、说、读、写的要求，中国人学自己的语文甚至比学外

① 叶圣陶：《认识国文教学——〈国文杂志〉发刊辞》，见刘国正主编：《叶圣陶教育文集》第 3 卷，人民教育出版社 1994 年版，第 91 页。

语还要难，这是说不过去的事！我们这些搞语文的人是要承担责任的。”① 勇于面对现实，光明坦荡地接受现实，非但无损于叶老、张老的形象，反而令我们这些后辈学人肃然起敬，为之动容。

百年教训应使人变得聪明。我们一直试图纠正错误，进行各种语文课程改革、教学改革，几乎在每一个具体问题上都倾注了心血，为什么语文教育却成效不彰呢？原因在于我们虽然一直在探索，努力去改变，但是，所改变的都是较为次要的，其中最主要的东西却没有变。在基本课程理念、教材框架、教学方法等不变的情况下，细节、局部上的改变都于事无补，改变不了总体上的颓势，甚至还起了推波助澜的作用。这好比一座老宅，曾风光一时，无奈时过境迁，历经风雨，日见破败。由于子孙都是孝子贤孙，念是祖屋，不忍毁弃，修修补补，勉强度日，可是越补反而漏洞越多，终于百孔千疮、补不胜补、摇摇欲坠。虽不堪其扰，仍不忍弃之，于是再加梁柱，左撑右支，苟延残喘；乃至东倒西歪、垣断壁残、分崩离析，仍念念不忘这是祖宗留下的遗产，曾是一座好宅子，不愿离去。永无止境地修补下去，直至屋毁人亡——抑或“长痛不如短痛”，干脆推倒铲平，重建新居？答案不言而喻。

房子的地基和框架类似于学科的基础理论，房子的墙板装修等，类似于学科基础理论衍生出的应用理论或操作理论。学科的基础理论构成了学科的认知背景，成为科学共同体成员观察、认识对象和问题的“视野”和“眼光”，只要认知背景不变，人们的观察和认识就不可能有大的创新，局部上的应用理论或操作理论的探索和创新，好比是对房子的修残补缺（语文界绝大部分人的智慧就是投向这种低水平的“修残补缺”中），是不可能改变学科基本格局的。要改变语文学科的基本格局和整体状况，就得重建学科基础理论，其核心便是语文教育本体论。

科学共同体成员遵循的基础理论和认知背景，就是美国科学史家库恩所说的“范式”。库恩在《科学革命的结构》中提出了“范式”这个概念，近年已为学术界所熟知。“范式”有模式、模型、范例的含义。他用这个概念来说明科学理论发展的规律，即某些重大的科学成就构成了科学发展中的一定模式，并形成一定的观点和方法的框架。“范式”的主要内容指的是：（1）科学史上重大科学成就所确定的定律、规则、方法等；（2）指导科学家行动的基

---

① 引自宋祥瑞：《张志公自选集·写在前面的话》，北京大学出版社1998年版，第4页。

本原则、基本信念和世界观；（3）文化传统、社会因素及科学家的心理特征。他举例说：

> 亚里士多德的《物理学》，托勒密的《天文学大全》、牛顿的《原理》和《光学》、富兰克林的《电学》、拉瓦锡的《化学》以及赖尔的《地质学》——这些著作和许多其他著作，都在一段时期内为以后几代实践者们暗暗规定了一个研究领域的合理问题和方法。这些著作之所以能起到这样作用，就在于它们共同具有两个基本的特征。它们的成就空前地吸引一批坚定的拥护者，使他们脱离科学活动的其他竞争模式。同时，这些成就又足以无限制地为重新组成的一批实践者留下有待解决的种种问题。凡是共有这两个特征的成就，我此后便称之为“范式”，这是一个与“常规科学”密切相关的术语。我选择这个术语，意欲提示出某些实际科学实践的公认范例——它们包括定律、理论、应用和仪器在一起——为特定的连贯的科学研究的传统提供模型。……研究范式，包括研究许多比上面所列举的那些名称更加专门的范式，主要是为以后将参与实践而成为特定科学共同体成员的学生准备的。因为他将要加入的共同体，其成员都是从相同的模型中学到这一学科领域的基础的，他尔后的实践将很少会在基本前提上发生争议。以共同范式为基础进行研究的人，都承诺同样的规则和标准从事科学实践。科学实践所产生的这种承诺和明显的一致是常规科学的先决条件，亦即一个特定研究传统的发生与延续的先决条件。①

他在《再论范式》一文中将“范式”改为“专业母体”，指某一专门学科的科学工作者所共同掌握的有待进一步发展的基础理论，它由三部分组成：概括（符号概括、文字概括）、模型（提供类比，提供一种本体论）和范例（具体的解题）。② 他说的“范式”或“专业母体”，类似于英国哲学史家拉卡托斯的“科学研究纲领”，都具有理论硬核和学科基本规范的意义，是在一个时期内科学共同体成员遵循的公认的认知法则和基础理论。这个公认的认知法则和基础理论，指导人们在解释、认识、解决学科领域中出现的种种问题

---

① ［美］托马斯．库恩著，金吾伦、胡新和译：《科学革命的结构》，北京大学出版社2003年版，第9～10页。

② ［美］托马斯·S. 库恩著，纪树立、范岱年、罗慧生等译：《必要的张力》，福建人民出版社1981年版，第293页。

时，尽量与“范式”保持一致。

然而，历史在前进，社会在进化，认识也在进步，公认的认知法则势必受到越来越多的质疑与挑战。起先人们就像维修旧房子一样，努力加固和修补原有的认知法则和基础理论，然而这终非长久之计，问题越来越多，出现了许多反常现象，旧范式日益捉襟见肘、力不从心，在许多问题上引发了激烈的争论。有人试图寻求新的解决办法，提出新的科学假说。于是，旧范式岌岌可危，科学革命到来了：围绕着有较高科学预见性的假说，建构新范式，以新范式驱赶、摧毁旧范式，最终取代旧范式。库恩认为整个科学发展的历史就是新、旧范式交替的历史，他是这样描述科学发展的动态模式的：前科学→常规科学（形成范式）→危机→革命（形成新的范式）→新的常规科学……

按照这一模式，显然当今语文教育正处于“危机→革命（形成新的范式）”时期。对语文教育理论与实践中出现的越来越多的问题和人们越来越多的质疑，旧范式一筹莫展，我们面临的是提出新假说、建构新范式的时代要求。对旧范式的依恋和拘执，只会延缓科学进步的历程，使处于“危机”中的语文事业付出更为沉痛的代价。

我国现代语文教育范式，创构于20世纪初新语文教育的兴起之时，确立于20世纪60年代前期，延续至今。教育思想的代表人物是叶圣陶先生，其教育目的是基于“生活本位”的“应付生活”“应需”（与其相应的功能属性：工具性）；教育内容是基于“应用”“实用”的重普通文，即应用文和所谓的记叙文、说明文、议论文的读写；教学方法是以阅读为本位（“阅读是写作的基础”）的以读带写（听、说）。这可称作以应付生活为目的、以阅读为本位的“实用吸收”型范式。长期以来，语文界的主要工作就是建构这一语文教育范式及其理论和实践系统。需要指出的是，前辈在理论建设上是很不给力的，始终未能给予实践强大的思想支撑。这从他们居然没有一部系统地阐明自己见解的语文教育哲学（课程论）专著得以证明。对语文教育的理解较为感性化、随意性，罕见学理性的深入探究，充其量是一种相当粗糙的实践理性认知。因此，其教育范式是建立在理论沙滩上。当范式逐渐成形，成为主流的教育规范——“常规科学”，而理论建构仍处于“前科学”水平。理论与实践的失衡，随着时间的推移，新的问题不断出现、增多，旧范式的优势逐渐转变为劣势，破绽百出，需要的就不再是对旧范式的“证明”（已无法证明），而是“证伪”和提出新的理论猜想。**知识的增长，科学的进步，主要的推动力是“证伪”和提出新的“假说”。“如果我们得不到反驳，科学就会停滞，就会丧失其经验特点。”**[①] 在旧范式已严重不适应新的教育情况、已被经验事实所否定时，仍以旧范式为背景所进行的研究和教改，只会无功而返。在旧语文教育范式架构下进行的阅读教学的精细化、模式化，语言学知识的系统化、复杂化，评估的标准化、客观化等的改革，动机是好的，教师们殚精竭虑，付出艰辛的劳动，不但没能改善语文学科的状况，还导致了教育效能的进一步恶化，这便是明证。在这一认知背景下，许多教师辛辛苦苦所做的教改往往误入歧途、吃力不讨好，原因也在于此。

语文教育实践之所以走不出困境，一个很重要的原因是受到传统研究观念的根深蒂固的影响，这就是：**继承重于创新，缺乏根本性的变革**。在百年语文教研领域，语文教育思想和规范堪称超稳定结构。

学术研究是对真理的探求，唯真是从。学术伦理跟政治伦理、家庭伦理不一样。政治伦理、家庭伦理有尊卑、长幼之分，得论资排辈，而学术伦理虽然也讲“师承”，本质上却是“没大没小”“当仁不让”，遵从的是推陈出新、标新立异的原则，不讲先来后到，只有是或非与正或误之分。学科和学术的进展需要的是后人对前人的否定与超越，提倡的是学术自由和民主，因而有“长江后浪推前浪”“青出于蓝而胜于蓝”之说。随着时代的进步、科学的昌明，学术上的否定与超越的节奏在加快，古人说“江山代有才人出，各领风骚数百年”，而今当是“江山时有才人出，各领风骚三五年”（将来还可能是“各领风骚三五月”，以至于“三五天”）。政治、家庭需要平治和稳定，而科学与学术研究，更需要的是论争、批驳和僭越。在科学研究的进程中，一种理论长期统治着学术界，一种科学范式靠非学术的力量在某一学科领域形成了超稳定的结构，是不正常的。这不是科学而是神学了。相信语文界谁也不希望语文科学变成语文神学。

有“当代爱因斯坦”之称的英国科学家霍金，2002 年 8 月 15 日在浙江大学举行的他的中国之行首场讲演中说：随着对宇宙研究的不断深入，科学家

---

① ［英］卡尔·波普尔著，傅季重、纪树立、周昌忠、蒋弋为译：《猜想与反驳——科学知识的增长》，上海译文出版社 1986 年版，第 348 页。

们认识到，宇宙的复杂性是传统的三维空间和一维时间理论所无法解释的，即便是爱因斯坦的“相对论”中的四维时空也勉为其难。为此，寻找一种新的理论解释是各国科学家们长期以来的追求。霍金似乎找到了这个理论。他从科学与人文的角度关注宇宙与人类的未来，把人类生活在其中的宇宙解释为“高维空间的一张膜”。这个“膜”是通过一个或多个维的数学结构的集合来加以描述的。[①] 后来，他在北京国际弦理论会议演讲中，着重阐述了歌德尔不完备性定理。这个定理指出：在任何公理化形式系统中，总存留着在定义该系统的公理的基础上既不能证明也不能证伪的问题。也就是说任何一个理论都有解决不了的问题。尽管自爱因斯坦之后科学家又发现了很多自然界的基本特征，提出了一些新理论，霍金指出，目前我们关于宇宙的所有理论“既不协调，又不完善”。这说明在物理学领域，很可能存在类似歌德尔不完备性定理的规律。因此他认为，不太可能建立一个单一的能协调和完善地描述整个宇宙的理论。[②] ——霍金的这些话，尽管也是科学认识论上的一种假说，但他对爱因斯坦“相对论”等的“否定”，对歌德尔不完备性定理的阐述，无疑具有方法论价值。我们认为，理论的“不完备性”，可以看作是对建立在单一理论“完备性”认知上的归纳主义（证明）、证伪主义和科学革命论的补充和修正。任何单一的理论，不太可能描述整个宇宙，自然也难以描述一门科学。从这一点上说，语文学科理论的单一性也应该受到质疑。语文学科的繁荣，不是也不可能靠一种理论的长期统治来体现，一种理论难以解释学科领域中的一切问题，学术的进化是以理论的多元化、互补性与竞争性为表征的。

在百年中，撇开自然科学不论，社会科学的各个研究领域也是思想创新、学术争鸣十分活跃的时期。单单在教育学领域就出了多少的教育家和学术流派，而中国现代语文教育学领域只有一家一派：叶圣陶派。虽言必称“三老”（叶圣陶、张志公、吕叔湘），实际上“三老”的思想大同小异，他们对语文本体论、教学论的诠释是相似的，可以归为一家一派。在20世纪90年代以前，语文界基本上没有人对“三老”的言论提出质疑，在90年代以后才有了一些不同的声音，主要是对“工具论”的批评，以人文性否定工具性。在宣

① 董碧水：《霍金演讲“膜的新奇世界”》，载《中国青年报》2002年8月16日。
② 姜岩：《聆听霍金》，载《中国青年报》2002年8月18日。

扬人文性、批判工具性上，相当一部分的力量来自圈外，而在语文界，主流思想仍是继承和捍卫工具性。2001 年颁行的《全日制义务教育语文课程标准（实验稿）》是两种力量妥协的产物。尽管如此，在语文课程本体论研究上迈出的这一小步，预示着语文界在科学研究方法论上迈出了一大步。语文学科打破了基础理论的一元化，语文界敢于对叶圣陶先生的基本观点提出批评，应是一个了不起的进步。在投石问路之后一发而不可收，初步形成了学科理论的多元化格局。

语文界对主流教育思想发起攻击，开始是仅限于学术争鸣，尚缺乏重建本体论的自觉。随着认识的深化，逐渐产生了建构新的语文教学理论的猜想。在这方面，先是王尚文针对五四以来人们普遍认为的语文能力是由语文知识转化而来，语文教学必须致力于语文基础知识的传授，并通过训练促成能力的转化的“知识中心说”，提出了“语感中心说”，认为语感教学不只是一种教学内容或方法，而是一种新的语文教学观。“语感中心说”可称作“语文教学新的路标”①。之后，李海林也把矛头指向了语文课程本体论。他接受了王尚文等的“语感中心说”，加以进一步地理论化，将其置于“言语论”和“语用学”的理论框架中，提出了“语感目的论”主张：“语文教育，就其哲学实质来说，就是以言语为对象的人性智慧教育，简捷地说，语文教育就是言语智慧教育。”“语文课程的教学目的就是培养学生的语用能力”，“语用能力的核心就是语感，语用目的的基本内容也可以表述为语感目的”。② ——由此可以看出语文界为语文本体论转向所做的努力。

但是，由于迄今为止的语文本体论研究存在着以下两个方面的问题：一是未对百年（以至整个语文教育史）语文教育的理论范式进行全面、彻底的清理，往往只提取其中某一重要问题来讨论，如或批“工具论”或驳“知识中心说”，这就带有较大的随意性，难以动摇旧范式全部的理论根基。二是所提出的新的理论猜想，虽然在一定程度上注意到了语文**教育**的人文性，而从总体上看，是将主要注意力放在语文**教学**、言语**技能**的层面上，见“语”不见“人”，只不过是把“知识中心说”替换为“能力中心说”。“语感中心说”“语用能力说”“语感目的论”就是典型的表现。所以，虽然近年语文界在某

---

① 参见王尚文：《语感论》（修订本），上海教育出版社 2000 年版。

② 李海林：《言语教学论》，上海教育出版社 2000 年版，第 223、301 页。

些局部上颇有理论建树，但未能从根本上改变语文学科状况。

恩格斯说，“每一种新的进步都必然表现为对某一神圣事物的亵渎，表现为对陈旧的、日渐衰亡的、但为习惯所崇奉的秩序的叛逆”①。要真正实现语文学科的“革命”，达成语文本体论的转向，形成“新的常规科学”，应全方位地对语文教育旧范式进行清理，深刻检讨现代语文教育主流规范，彻底批判、反驳、证伪其理论范式。语文教育的转型，期待着语文本体论的转向，期待着语文基础理论（而非应用、操作理论）的批判与建构，如此，我们就不能不把矛头指向以叶圣陶先生为代表的、“为习惯所崇奉”的主流语文教育思想的整个理论范式，并试图摧毁它。这是语文学科科学进化的必然，是时代和语文学科赋予我们的历史使命。

对语文教育旧范式的批判、反驳和证伪，并不是对它全盘否定，而是在更高的认知层面上对语文教育的规律和特性进行更深刻的描述，以新范式整合、涵盖旧范式的合理成分，因而，也可以说是对旧范式的扬弃、升华与发展，使之能对语文教育现象做出更科学的解释。没有批判就没有继承，批判才是真正的继承。现代语文教育范式被证伪，这不是叶圣陶们的悲哀，而是他们的成就和光荣。这表明了他们的理论具有可反驳性、可证伪性和可检验性。诚如波普尔所言：“应当把每一个反驳都看成巨大的成功，不仅是驳倒这一理论的科学家的成功，而且也是创造这一被驳倒的理论的科学家、从而也是首先提示（也许只是间接地）这一反驳实验的科学家的成功。”②

在我们的语文本体论旗帜上写着的是：**言语生命动力学表现-存在论语文教育学**。如果我们语文教育新猜想同样被证伪，这也不是我们的悲哀，我们所做的探索仍然是有价值的。“即使一种新理论（如玻尔、克拉谟斯、斯拉特的理论）会夭折，它也不会被遗忘，或者说它的美妙会被记住，历史会记录下来我们对它的感谢——因为它遗留下了新的、也许至今依然解释不了的实验事实和新的问题；因为在它成功而又短暂的生命中为科学进步所做的贡献。”③

---

① ［德］恩格斯：《路德维希·费尔巴哈和德国古典哲学的终结》，见《马克思恩格斯选集》第 4 卷，人民出版社 1995 年版，第 237 页。

② ［英］卡尔·波普尔著，傅季重、纪树立、周昌忠、蒋弋为译：《猜想与反驳——科学知识的增长》，上海译文出版社 1986 年版，第 347 页。

③ 同上。

二 范式诠释：生活、阅读本位

现代语文教育范式，是指在现代语文教育百年历程中，相对稳定的、曾得到较为广泛认同的语文教育观念和方法。在语文教育实践中，以应付生活、培养“语用人”为目的、以阅读为本位的实用吸收型语文教育范式，也曾在不同程度上受到冲击和挑战，但总的来说，至少在观念上仍占据着主导性地位。这一范式的创构，可以追溯到清末民初语文教育的转型，最终完成这一建构的集大成者（或称代表人物）是叶圣陶先生。

生活目的论，即追求教育的“实用”价值。语文教育的“实用性”目的，在1904年清政府颁行的教育法规中就已明确提出。如《奏定学堂章程》（即“癸卯学制”）在《奏定初等小学堂章程》的“中国文字”科目下规定：“其要义在使识日用常见之字，解日用浅近之文理……**供谋生应世之要需**。”在《奏定高等小学堂章程》的“中国文学”科目下规定：“其要义在使通四民常用之文理，解四民常用之词句，**以备应世达意之用**。”《奏定中学堂章程》要求：“……其作文之题目，当就各学科所授各项事理及日用必需各项事理出题……既可易于成篇，**且能适于实用**。”在《奏定学务纲要》中也规定：“其中国文学一科，并宜随时试课论说文字，及教以浅显书信、记事、文法，**以资官私实用**。”——后来人们对“实用性”的诠释也许有所不同，但在“应世之需”这一点上的认识是共同的。民国初年的语文教育方针也同样注重实用性和应用性，如1912年11月12日教育部订定的《小学校教则及课程表》第三条规定：“国文读法，宜就读本及他科目已授事项，或儿童日常闻见与**处世所必需者**，令记述之，其行文务求简易明了。”同年12月教育部公布的《中学校令施行规则》第三条规定：“使作**实用简易之文**。”①（以上黑体均为笔者所标）从八股教育的“代圣贤立言”到强调应用、实用，这自是一个进步。在“把文字交给大众”上，“实用性”有其历史功绩。

叶圣陶先生在1919年也阐明了相似的意见：“宜以最经济之时间练成其

---

① 参见璩鑫圭、唐良炎编：《中国近代教育史资料汇编》之《学制演变》分册，上海教育出版社1991年版。

最能切实应用之作文能力。”[①] 在1924年出版的《作文论》中，叶圣陶先生对此做了进一步的理论阐述，指出充实的生活是写作的源头，而要“求充实”，须“训练思想与培养情感”。谈到“训练思想”时，他引用了美国实用主义哲学家杜威的观点，“思想起于应用，终于应用”，从而将“应用”借助“思想”与“生活”的中介，与“作文”的目的联系起来。1942年发表的《认识国文教学——〈国文杂志〉发刊辞》中说：“旧式教育可以养成记诵很广博的‘活书橱’，可以养成学舌很巧妙的‘人形鹦鹉’，可以养成或大或小的官吏以及靠教读为生的‘儒学生员’；可是不能养成善于运用国文这一种工具来应付生活的普通公民。”[②] 叶圣陶先生在许多文章中一再强调语文的实用性功能，他说：“尽量运用语言文字并不是生活上一种奢侈的要求，实在是现代公民所必须具有的一种生活的能力。如果没有这种能力，就是现代公民生活上的缺陷；吃亏的不只是个人，同时也影响到社会。”[③] “学生为什么要练习作文，对这个问题，老师必须有正确的认识。练习作文是为了一辈子学习的需要，工作的需要，生活的需要……”[④] 总而言之，他认为语文学习是为了“应用”，即“应需”，是为了应付生活。

叶圣陶先生的“工具论”思想，就是基于“生活本位”的实用论语文本体论的集中反映。在这一点上，语文界是存在着误解的，以为叶老的“工具论”就是他的本体论，所以，批判的对象只对着“工具论”，而不是实用论。从1920年开始，一直到晚年，叶老对“工具论”的表述虽然具体内容有所变化，但是，他反复阐明的都是一个意思，就是语文这个工具是用来应付生活之需的。语文不是外在于生活的，而是生活的一部分，学语文就是为了应用于日常生活的方方面面的需要。他的“工具论”与实用论是统一的。他说过工具不是目的，是实现目的的手段。“工具论”是语文功能论，实用论才是语文目的论，指向的是社会生活和社会实践。这与杜威的实用主义教育思想和

---

① 叶圣陶：《对于小学作文教授之意见》，见刘国正主编：《叶圣陶教育文集》第3卷，人民教育出版社1994年版，第285页。

② 见刘国正主编：《叶圣陶教育文集》第3卷，人民教育出版社1994年版，第92页。

③ 叶圣陶：《略谈学习国文》，见刘国正主编：《叶圣陶教育文集》第3卷，人民教育出版社1994年版，第88页。

④ 叶圣陶：《从出题到批改——〈中学作文指导实例〉序》，见刘国正主编：《叶圣陶教育文集》第3卷，人民教育出版社1994年版，第467页。

五四时期平民主义教育思潮是一脉相承的。

20 世纪初，西学东渐以来，对中国教育界影响最大的就是杜威的实用主义哲学、教育学。杜威于 1919 年 5 月至 1921 年 7 月在中国的十余个省市作了近百场演讲，宣传他的教育思想。由于实用主义哲学、教育学中体现的儿童本位、尊重个性、学校教育与生活及社会一体、教育的普及等思想，与当时刚刚从科举制中解放出来的中国教育的平民化、实用化要求相适应，与五四前后的思想启蒙运动、新文化运动、科学民主的思潮相吻合，因此，很快为中国教育界广泛地接受，成为建立新教育的思想武器。它不但对叶圣陶先生产生了深刻的影响，而且对整整一代学人都有着深刻的影响，如蔡元培、陈独秀、黄炎培、陶行知、胡适等，他们的教育言论无不透露出对杜威的实用主义、经验主义、工具主义思想的信从。有论者就认为：“他（杜威）针对当时美国教育的弊端，提倡‘教育即生活’‘学校即社会’‘从做中学’，主张以儿童为中心、以个人直接经验为中心和以活动为中心，这种实用主义教育主张代表了当时资产阶级教育和教育思想发展史上的新潮流，不仅在资本主义世界中有着广泛的国际影响，而且对旧中国的教育界也有相当大的影响。”①

杜威的实用主义理论，可以说是 20 世纪 20 年代前后中国教育界共同的教育哲学背景。中国现代最著名的教育家陶行知先生就是杜威的学生，他的教育思想就是直接衍生于杜威的教育理论。1917 年，他就带着杜威的实用主义教育理论从美国回国，希望用它来解决中国传统教育的问题，提倡实验主义教育。1919 年，为迎接杜威来华讲学，陶行知发表了《介绍杜威先生的学说》，传播实用主义教育思想。在杜威来华讲学期间，亲自担任翻译，并陪同他到外地参观、讲学。陶行知的生活即教育、社会即学校、教学做合一等教育理论，就是脱胎于杜威教育思想，用他自己的话说，就是将杜威先生的“教育即生活”“学校即社会”的主张“翻了半个筋斗”：“……教育即生活这句话，是从杜威先生那里来的，我们过去是常常用它，但是，从来没有问过这里面有什么用意。现在，我把它翻了半个筋斗，改为‘生活即教育’。……人生需要什么，我们就教什么。人生需要面包，我们就得过面包生活受面包的教育；人生需要恋爱，我们就得过恋爱生活也受恋爱的教育。照此类推，照加上去，是那样的生活就是那样的教育。与‘生活即教育’有连带关系的

① 董宝良主编：《陶行知教育学说》，湖北教育出版社 1993 年版，第 224～225 页。

就是‘社会即学校’。‘学校即社会’也就是跟着‘教育即生活’而来的，现在我也把它翻了半个筋斗，变成‘社会即学校’。整个社会的活动，就是我们教育的范围……”① 他创办晓庄师范学校、山海工学团、育才学校和社会大学，开展乡村教育、普及教育、国难教育、战时教育、全面教育和民主教育等，都跟杜威的实用主义教育思想和五四时期平民主义教育思潮有着直接的联系。可以说，在实用主义教育上，不论是理论还是实践，陶行知先生甚至比他的老师杜威走得更远，他将实用主义教育推到了极致。同是杜威学生的胡适先生，也是将实用主义哲学作为基本的认知方法论。他自称“受杜威先生实验主义哲学的绝大影响”，实用主义是他“生活和思想的一个向导”，是他“自己的哲学基础”。为迎接杜威访华，他发表了《杜威的教育哲学》，全面系统地介绍了杜威的教育思想，对他的教育要旨“教育即生活”和“教育即是继续不断地重新组织经验”，做了详细的阐述，论述了杜威教育思想的实用主义哲学基础和平民主义政治观。杜威在华讲学期间，他亲自为杜威的演讲担任翻译，不遗余力地宣传实用主义思想，为实用主义思想在中国的传播产生了极大的推动作用。他的“多研究问题，少谈点主义”“大胆的假设，小心地求证”等观点，都是实用主义思想方法的典型体现。陈独秀先生也深受杜威的影响，1920 年，他在《教育缺点》的演讲中说：

> 吾们要望学生道德学业上进步，不在乎考试。另有好的方法，——譬如作文、英文等科，只要平常多方练习，自然能够进步。地理只要注重实地观察，化学注重在实验室里试验，那才可以得着好的效果。何必定要形式考试来贻误青年呢？所以我敢说，现在教育的流弊，不出这两种主义——主观主义、形式主义。这两种主义不破，中国的教育绝不会有进步的希望。自从杜威氏来吾国，到处演讲教育，他竭力攻击的就是以上所说的两种主义。他说不但中国犯这种弊病，就是美国也未尝没有。日本更比中国不如，所以杜威到中国来最精要的演讲，却不在伦理学，也不在社会学，是在教育学。可惜我国人对于他所讲最精要的教育，不

---

① 陶行知：《生活即教育》，见《陶行知文集》，江苏人民出版社 1981 年版，第243～244 页。

十分注意。现在我们教育界应该提醒大家注意这点。因为这是教育上一个很重大的问题。①

陈独秀先生的演讲，就是主张要以杜威实用主义、经验主义、实验主义等方法，来改造当前中国教育中存在的主观主义和形式主义，大力宣扬杜威的思想对教育学的重要意义。致力于开创中国职业教育的黄炎培先生发表于1922年的《中华职业教育社成立五年间之感想》一文，对当时教育界接受实用主义教育思想的状况有着客观的描述："当本社成立之前，教育界盛倡实用主义已有年。迨本社成立，大都以倾向实用主义者倾向职业教育。故实用主义者，不啻职业教育之背景也。"② 叶圣陶先生的"工具论""应付生活论""应需论"，以生活为源头、以学生为本位的语文教育观，同样是这一认知背景下的产物。他跟同时代的这些学者一样深受实用主义思潮的影响。

值得一提的是，夏丏尊先生对实用主义、工具主义是持批评态度的。他说："中国人在全世界是被推为最重实用的民族，凡事都怀一个极近视的目标：娶妻是为了生子，养儿是为了防老，行善是为了福报，读书是为了做官，不称入基督教的为基督教信者而称为'吃基督教'的，不称投身国事的军士为军人而称为'吃粮'的，流弊所至，在中国，什么都只是吃饭的工具，什么都实用，因之，就什么都浅薄。试就学校教育的现状看吧：坏的呢，教师目的但在地位、薪水，学生目的但在文凭资格；较好的呢，教师想把学生嵌入某种预定的铸型去，学生想怎样揣摩世尚毕业后去问世谋事。在真正的教育面前，总之都免不掉浅薄粗疏。效率原是要顾的，但只顾效率，究竟是蠢事。青年为国家社会的生力军，如果不从根本上培养能力，凡事近视，贪浮浅的近利，一味袭踏时下陋习，结果纵不至于'一蟹不如一蟹'，亦只是一蟹仍如一蟹而已。国家社会还有什么希望可说。"③ 这是从民族心理上去挖掘实用主义思想的根基，也揭示国人对杜威实用主义教育观如此趋迎的思想基础。实用主义，实即实利主义、功利主义；一切唯利是求，贪浮浅的近利，如此，

---

① 陈独秀：《教育缺点》，见华东师范大学教育系编：《中国现代教育文选》，人民教育出版社1989年版，第165页。

② 黄炎培：《中华职业教育社成立五年间之感想》，见华东师范大学教育系编：《中国现代教育文选》，人民教育出版社1989年版，第112页。

③ 夏丏尊：《给青年的十二封信·序》，广西师范大学出版社2004年版，"序"第2页。

国家社会是没希望的。在知识界、教育界对杜威学说一片颂扬声中，夏先生不从众，不媚雅，其独立的人格、自由之思想，值得称道。

“应付生活”“应需”的实用主义语文目的论代表了主流的语文教育思想。在叶圣陶先生语文教育思想发挥主导作用的半个多世纪的我国现代语文教育历程中，实用主义、工具主义的思想一以贯之，并不断得以丰富和发展，影响了整个语文界。例如，语文界元老张志公先生也极为强调语文教育的应用性和实用性。他谈到中学生应当具备怎样的语文程度时说了三条要求：一是“能读一般应用的书籍报刊，在语文方面没有障碍”；二是“能写一般应用的文章，在语文方面没有显著的毛病”；三是能运用基本的工具书。[①] 他还说：“为什么要培养学生写的能力，为什么要叫学生做作文？应当明确，不是为了应付考试，在普通教育阶段也不是为了培养作家，虽然并不排斥出作家。那么，是为了什么呢？为了日常生活要用。因为每一个人，只要不是文盲，在今后的生活、工作、学习之中都要用到写。如果从这个实际的、致用的目的出发，培养学生切切实实的写的能力，逢到考的时候，他准能考得不错……”[②] 这种实用主义的认知已成为语文界的集体无意识。

虽然应试目的论在教育实践中十分强势，但是它从来没有也不可能公然作为语文教育目的诉求。然而，值得注意的是，在语文教育中，实用目的论与应试目的论往往缺乏明确的分界，挂实用之名，行应试之实，似乎是顺理成章之事。由于“实用”“应用”“应需”这些概念内涵的不确定性，从 20 世纪五六十年代的“泛政治化”中的“极端政治化”，以及八九十年代的应试教育和“标准化”考试等，都可以打出“应世之需”之名，而行偷换概念之实。因而，不论是在 1949 年以前的“课程标准”，还是以后的“教学大纲”，都可以堂而皇之地写上有关“实用性”的要求。即便是应试教育搞得轰轰烈烈之时，“教学大纲”上也还是赫然写着：“……必须进行教学改革，大面积提高教学质量，为社会主义物质文明和精神文明建设服务。”[③] 尽管在语文教育实践中，对实用主义语文目的论有种种的“实用化”的理解，但是，毫无疑问，

---

① 张志公：《漫谈语文教学》，见《张志公自选集》上册，北京大学出版社 1998 年版，第 196～197 页。

② 张志公：《提高语文教学的效率》，见《张志公自选集》上册，北京大学出版社 1998 年版，第 237 页。

③ 见《全日制中学语文教学大纲》（修订本），人民教育出版社 1991 年版，第 1 页。

作为语文界“共识”的实用主义语文目的论，主要指的当是“谋生应世”这一外部的、社会性的、物质性的需要，使语文能力成为一种单纯的生存能力。

在实用目的论之下，自然应培养学生实际“应用”的语文能力。语文能力一般界定为听、读、说、写四种，而实用目的论又主要限定于阅读与写作这两种（叶圣陶说：“学习国文，事项只有两种，阅读与写作。”① “国文教学自有它独当其任的任，那就是阅读与写作的训练。”② ），而在阅读与写作这两种中，又日益倾斜于阅读。从清末民初开始，语文教学便逐步侧重于阅读，教材以文选为主体，教学中以对文选的讲解为主。实际上，通常人们对学生语文能力的评价，又往往看的是他们的写作水平。20 世纪 20 年代以来，国人对中学生国文程度低落的状况时常提出强烈批评，作为“低落”的证据，往往举的是学生在考试时写的文章中存在的种种问题。叶圣陶先生对此是不以为然的。针对这种情况，他在 1940 年发表的《国文教学的两个基本观念》一文，阐明了阅读与写作的功能和相互关系，指出了写作的“根”在阅读。他说：“现在一说到学生国文程度，其意等于说学生写作程度。至于与写作程度同等重要的阅读程度往往是忽视了的。因此，学生阅读程度提高了或是降低了的话也就没听人提起过。这不是没有理由的，写作程度有迹象可寻，而阅读程度比较难捉摸，有迹象可寻的被注意了，比较难捉摸的被忽视了，原是很自然的事情。然而**阅读是吸收，写作是倾吐**，倾吐能否合于法度，显然与吸收有密切的关系。单说写作程度如何如何是没有根的，要有根，就得追问那比较难捉摸的阅读程度。”“多方面地讲求阅读方法也就是多方面地养成写作习惯。习惯渐渐养成，技术拙劣与思路不清的毛病自然渐渐减少，一直到没有。所以说阅读与写作是一贯的，阅读得其法，阅读程度提高了，写作程度没有不提高的。”③ 此后，他在不同场合多次重申了这一看法。到了 1962 年，他又写出专文，对读、写关系做了进一步的确认：“有些人把阅读和写作看作不甚相干的两回事，而且特别看重写作，总是说学生的写作能力不行，好像语文程度就只看写作程度似的。阅读的基本训练不行，写作能力是不会提高的。常常有人要求出版社出版‘怎样作文’之类的书，好像有了这类书，

---

① 叶圣陶：《国文随谈》，见刘国正主编：《叶圣陶教育文集》第 3 卷，人民教育出版社 1994 年版，第 71 页。

② 叶圣陶：《国文教学的两个基本观念》，见刘国正主编：《叶圣陶教育文集》第 3 卷，人民教育出版社 1994 年版，第 52 页。

③ 见刘国正主编：《叶圣陶教育文集》第 3 卷，人民教育出版社 1994 年版，第 53 页，第 54～55 页。

依据这类书指导作文，写作教学就好办了。实际上**写作基于阅读。老师教得好，学生读得好，才写得好**。”“阅读习惯不良，一定会影响到表达，就是说，写作能力不容易提高。因此，必须好好教阅读课。譬如讲文章须有中心思想。学生听了，知道文章须有中心思想，但是他说：‘我作文就是抓不住中心思想。’如果教好阅读课，引导学生逐课逐课地体会，作者怎样用心思，怎样有条有理地表达出中心思想，他们就仿佛跟作者一块儿想过考虑过，到他们自己作文的时候，所谓熟门熟路，也比较容易抓住中心思想了。**总而言之，阅读是写作的基础**。”① 由“根”论到“基础”论，叶圣陶完成了阅读本位在理论上的确立。

在对读、写关系的认识上，张志公、吕叔湘与叶圣陶是基本相似的，他们也认同“基础”论。例如张志公说：“要提高写的能力，必须多读，熟读，精读。写，需要指导，需要练习，但是没有读作基础是不行的。讲一篇文章，指导学生好好地理解，好好地读，也正是在指导他学习写。不要把读和写看成不相干的两码事。”② “作文教学也是需要改进的。主要的原则应该是密切地结合阅读教学，因为只有把语言的运用（写作）建筑在语言的吸收（阅读）的基础上，才能收到最大的效果。”③ 吕叔湘说：“何谓偏？偏是偏重作文，忽略用词、造句的基本练习，忽略阅读的综合练习。……重视作文，这件事本身是好的，可是要知道，如果只有作文而没有别种练习来配合，作文的水平也是不容易提高的。”④ 有时，他们也采取回避矛盾的“双目的、双能力说”：“在语文教学中，培养写的能力是目的，培养读的能力也是目的。写有训练写的方法，以提高写的能力；读也有训练读的方法，以提高读的能力。读与写，无疑有密切的关系，两者互相影响，互相促进，但毕竟不是一回事。”⑤ 吕叔

---

① 叶圣陶：《阅读是写作的基础》，见刘国正主编：《叶圣陶教育文集》第 3 卷，人民教育出版社 1994 年版，第 279 页，第 281 页。

② 张志公：《漫谈语文教学》，见《张志公自选集》上册，北京大学出版社 1998 年版，第 204 页。

③ 张志公：《重视提高学生写作能力的问题》，见《张志公自选集》上册，北京大学出版社 1998 年版，第 368 页。

④ 吕叔湘：《关于语文教学的两点基本认识》，见《吕叔湘语文论集》，商务印书馆 1983 年版，第 333 页。

⑤ 张志公：《关于精讲及其他》，见《张志公自选集》上册，北京大学出版社 1998 年版，第 337 页。

湘也说："现在有一种议论，说语文课应该以写作为中心，阅读是为写作做准备，为写作服务的。念些范文，看看这些范文是怎么写的，我们也怎么写，起这个作用。我也不说这个话是不是对。我是想，阅读本身是不是也是应该培养的一种能力。……这就是说阅读本身也是一种需要培养的能力。"① 在张志公先生的关于读、写关系的多处论述中，也都是针对人们重视写作说的，认为阅读不就是为了写作，阅读自有其能力的要求和目的，极为强调阅读的独立的目的性。他的这个观点，其实也是源于叶圣陶先生，只不过他将其特地提出来加以强调罢了。他说：

> 我看到最近出版的《江苏教育》第一期上，发表了叶圣陶先生过去写的一封信里面的一段话，其中有一个观点我非常同意，认为非常重要，那就是：培养学生写的能力固然是语文教学的一个目的；培养读的能力，也是一个目的，不能认为读书就是为了做文章。读书，有的时候是为了提高自己某一方面的思想认识，有的时候是为了获得某一方面的知识，有的时候是为欣赏，有的时候甚至是为了消遣。阅读能力强——理解能力强，记忆能力强，而且读得快，就可以博览群书，获得许多思想上的、知识上的启迪，那对一个人的工作、研究以至生活都是非常有好处的。一个人不善于读书，理解能力不强，或者如过眼云烟，读过就忘了，或者读得非常慢，那对他的工作、学习、研究等等，都是极端不利的。所以培养和提高读的能力，本身就是目的，读书并不就是为了写文章。如果读只是为了写，那么，许多人不写文章，岂不就无须读书了吗？当然，读和写是有联系的，可以相互影响，相互促进，所以在教学中应该注意适当配合。②

吕叔湘、张志公的"阅读独立目的论"和叶圣陶的"根论""阅读基础论"等，可谓异曲同工、殊途同归，都是在有意或无意地淡化人们对写作的看重，强调应注重阅读，将阅读视为语文教学的本体性目的。

从 20 世纪初迄今的语文课程，是在反对"写作为中心""写作本位"的认知基础上建立起的，使语文教学从重写作向重阅读倾斜，总体上是阅读为

---

① 吕叔湘：《关于中学语文教学的种种问题》，见《吕叔湘语文论集》，商务印书馆 1983 年版，第 355～356 页。

② 张志公：《提高语文教学的效率》，见《张志公自选集》上册，北京大学出版社 1998 年版，第 236～237 页。

本位，并强调“阅读独立目的”的。

在教材建设上不难看出这种“位移”。在20世纪二三十年代有一批质量较高的、独立的、多样化的写作教材，单是20年代，较好的写作教材就有陈望道的《作文法讲义》，高语罕的《国文作法》，夏丏尊、刘薰宇的《文章作法》，孙俍工的《记叙文作法讲义》《论说文作法讲义》《小说作法讲义》，张九如的《初中记事文教学本》《初中写景文教学本》《初中论说文教学本》等。[①] 同时，对说、写关系和教学的研究也较为关注。到50年代后，随着阅读本位思想的不断强化，在主流范式的强势作用下，说、写教学处于不断萎缩退化之中。说的教学基本上退出了语文课程，写沦为读的附庸，若有若无，苟延残喘，甚至不少学校高中阶段基本上不教写作，以至到今天居然找不到一部自成体例的、适合于教学的中小学写作教材。说、写教学理论的积累就更是少得可怜，致使几部现行语文课程标准实验教材，说、写部分理论之贫瘠、内容之简陋，到了无以复加的地步。

阅读本位的课堂教学，几乎成为讲读教学的一统天下，其基本要求是“讲透”。

阅读课占据了绝大部分的课时，讲透，是阅读课也是对语文教师的基本要求。叶圣陶先生说：“阅读课要讲得透。叫讲得透，无非是把词句讲清楚，把全篇讲清楚，作者的思路是怎样发展的，感情是怎样表达的，诸如此类。有的老师热情有余，可是本钱不够，办法不多，对课文不能透彻理解，总希望求助于人，或是请一位高明的老师给讲讲，或是靠集体备课。这不是从根本上解决问题的办法。功夫还在自己。”[②] 讲透是为了什么呢？是为了“求甚解”。叶圣陶先生反对阅读“不求甚解”，认为精读指导，必须纤屑不遗，发挥净尽。“‘不求甚解’不是方法，反过来，‘求甚解’便是方法。要做到‘求甚解’，第一步，自然从逐词逐句的了解入手。仅仅翻了字典，知道这一词这一句什么意思，还不能算彻底了解，必须更进一步，知道这一词这一句在某种场合才可以用，那才是尤其到家的方法。”“词句既已了解，第二步，便可从头到底，看通篇讲些什么了，要看通篇讲些什么，只做到逐句解释得清楚的地步是不够的，还得辨明它的主旨在哪里，与它怎样表现它的主旨。主旨

---

① 参见潘新和：《中国现代写作教育史》第二编，福建人民出版社1997年版。

② 叶圣陶：《阅读是写作的基础》，见刘国正主编：《叶圣陶教育文集》第3卷，人民教育出版社1994年版，第279～280页。

是文字的灵魂，不辨明主旨，读如未读。”[①] 为了讲透，自然就离不开字、词、句、篇、语、修、逻、文，离不开段落大意、中心思想、艺术特点，离不开满堂灌或满堂问。明知所讲的对学生的理解、感悟和写作无益，还是照讲不误，务求讲透，因为“培养和提高读的能力，本身就是目的，读书并不就是为了写文章”。

讲透、求甚解又是为了什么？是为了吸收，这就是阅读的功能：“阅读是吸收，写作是倾吐”，阅读的功能是定位在吸收上。叶圣陶先生说：“阅读是‘吸收’的事情，从阅读，咱们可以领受人家的经验，接触人家的心情；写作是‘发表’的事情，从写作，咱们可以显示自己的经验，吐露自己的心情。”[②] 吸收又是为了什么？一是服务于阅读本身，二是服务于写作，由阅读的吸收而致写作的运用。阅读和写作，最终的目的都在于“应用”“实用”，在于“应付生活”“应需”。

为了讲透，讲着讲着就讲得不可收拾，用吕叔湘先生的话叫作“放胖”：讲毛主席诗词《为女民兵题照》二十八个字可讲两小时；一年级课本中“天安门”三个字，有人讲了四节课[③]。当讲透变成“多讲”时，难免就讲烦了，就开始强调“精讲多练”。“工具论”与实用论，决定了将语文的运用视为“技能”，语文学习就是语言文字的技能训练，以为语言文字能力、写作能力是技能，是“练”出来的。吕叔湘先生说：“使用语文是一种技能，跟游泳、打乒乓球等等技能没有什么不同的性质，不过语文活动的生理机制比游泳、打乒乓球等活动更加复杂罢了。……语文的使用是一种技能，一种习惯，只有通过正确的模仿和反复的实践才能养成。”“讲解和练习都是为了教好学好语文，很难分主次。但是如果要追问两者之间的关系，恐怕只能说是讲为练服务，不能说是练为讲服务。”[④] 从讲求“当前受用”、学以致用的目的出发，叶圣陶先生等较为重视技能训练（主要强调语言和阅读训练），认为在语文课

---

① 叶圣陶：《国文随谈》，见刘国正主编：《叶圣陶教育文集》第3卷，人民教育出版社1994年版，第72、73页。

② 叶圣陶：《略谈学习国文》，见刘国正主编：《叶圣陶教育文集》第3卷，人民教育出版社1994年版，第89页。

③ 参见吕叔湘：《中小学语文教学问题》，见《吕叔湘语文论集》，商务印书馆1983年版，第347页。

④ 吕叔湘：《关于语文教学的两点基本认识》，见《吕叔湘语文论集》，商务印书馆1983年版，第331～332、332～333页。

上，讲解是为了训练，就是通过大量的、反复的技能训练，以达到娴熟地掌握语文这一“工具”的目的。这也体现了实用主义和经验主义的思想方法。

对上述观点可作如下逻辑梳理：

1. 写作的基础是阅读，阅读决定写作；写作的“根”在阅读，写作只是“根”上抽出的“枝叶”。这就确立了以阅读为本位的以读带（促）写的语文教学规范。

2. 写作的目的是“应用”“实用”（“应付生活”“应需”），而写作“倾吐”得如何，则是由阅读的吸收（讲透和多练两种途径）情况决定的，即由吸收而致“应用”“实用”，简化为“实用吸收”型。

叶圣陶、张志公、吕叔湘等建构的现代语文教育范式，我们拟称为“生活、阅读本位”的“实用吸收”型语文教育范式。其中的“实用”，指的是注重“应用”“实用”的“应付生活”“应需”语文教育目的论，是语文教育的终极指向。这一范式在语文界多数人观念上是得到认同的，在语文教育实践宏观上也是清晰可见的，堪称我国现代语文教育的主流教育范式。

三　现代语文教育范式批判

我国现代语文教育范式，作为对古典的、科举的语文教育范式的消解与反拨，曾在20世纪语文教育实践中发挥过积极的作用，但随着时间的推移和社会文化教育的进步，其基本理念的陈旧性及其在实践中产生的负面效应日益明显，与当今和未来教育的需求及人的本体发展的需要不相适应。为“立言”奠基的人本主义、人文主义的语文素养教育，其矛头所向便是对现代语文教育范式的全面批判和解构。

首先，语文教育的时代背景已经发生了根本的变化。现代语文教育迄今已历经一个世纪。20世纪初，中国处于半封建、半殖民地社会，政治经济上积弱积贫，民不聊生，文盲充斥，人民大众尚无普遍受教育的条件，未受教育者十有七八。在西方民主教育、实用主义教育思想的影响下，在五四新文化运动的推动下，平民的、普及的教育思潮应运而生。平民教育、普及教育成了教育的新潮，开设平民学校，“使全中国人都受到教育”成为教育界的梦想。陶行知先生认为，平民教育的宗旨是要用最少的时间、最少的经费，教导年长失学之人读书学文化、爱国做主人。其最直接的目的是教一般民众读书识字做好人，让他们具有初步的文化知识。平民教育是培养“公民生活的能力”和增进“个人生活的工具”的教育。语文教育作为一种生活教育的手段，将语文能力视为一种生活能力，使学生学了语文能更好地应付生活的需要、社会的需要，做一个合格的“国民”，这样的教育目标是有其合理性的。百年后的今天，社会发生了翻天覆地的变化，我国进入了全面建设小康社会的新时期，教育已经有了更广阔、丰富的内涵，教育的目标不只是扫盲或读书识字做好人，不只是应付生活上的需要，而应是促成人的全面发展，尤其是精神、个性上的发展。知识经济时代和信息社会对教育的要求是发展教育、创新教育，是继续教育、终身教育，追求真正意义上的人本主义、人文主义的教育（在政治经济文化落后的社会中，是不可能有真正的人本主义、人文主义教育的），语文教育的目标自然不应仍停留在应付生活的“应用”“实用”层面上，应该有一个符合时代社会潮流的大变革。

在今天看来，以往语文教育的“应用”“实用”“应需”这一类的目的，并未全面地反映出人的言语活动的目的。它主要体现的是功利性和社会性需求。对于人来说，功利性和社会性需求是人的不可或缺的基本需求，它满足人的生存需要，但是，它同时也是人的异己化力量，它是外部世界对人这一主体的规范与强制，使人在融入社会和环境的同时也在一定程度上销蚀、压抑了自我的某些积极的生命欲求。显然，言语活动除了应学习、工作、生活之需，获取基本的物质需求和应付日常社会交往外，还应有超功利的一面，如陶冶情性、发挥潜能、施展禀赋、张扬个性、培育心智、愉悦身心以及作为人的一种存在性选择，达成言语上的自我实现，等等。只注意到言语活动的**生存性功能**，忽略了它的**存在性功能**，这至少是一种片面。人本主义、人文主义的要义就是个性解放，自由平等，尊重人性和张扬人的主体性，把人作为世界的中心、万物的主宰。在语文教育中，人首先是作为依存于符号世界的“语言人”加以体认的。发展人的言语生命意识，使之形成言语生命自觉，在言语创造中成为精神、心理健康的“自我实现的人”；实现人的存在性价值，使之成为具有良好的言语人格和言语生命意识的“言语人”。语文教育本体论，将“人”放在什么位置上，如何认识言语活动的意义，是一个根本性的问题。**是只将人作为“社会动物”“环境动物”“物质动物”，还是将人视为超越了一般动物性的“符号动物”“理性动物”“精神动物”；人的言语活动**

是消极被动地“应实际生活之需”，使人仅仅作为自然人、社会人、物质人“生存着”“活着”，还是积极能动地表达自我、实现自我、升华自我，作为心灵丰盈、思想自由的言语人、精神人、创造人，诗意地、自由地、有意识地“存在着”，为人类、未来而“树德建言”，这是我的言语生命语文教育与现代语文教育在本体论上最主要的分歧。

语文学科，作为一门综合性的人文学科，在成全人、促进人的发展方面，虽不负有全部责任，无疑应当负有比其他学科更重大的责任。语言、文学、写作教育，不仅是学习语言、审美和言语，而且它有着其他任何学科所不可替代的人文熏陶、人文关怀的功能。如果没有健全的人格、良好的文化素养和人生价值的追求，没有崇高的理想、信念和信仰等，言语不可能有高层次的应用性和实用性，谈不上具有较强的“应付生活”“应需”的言语能力，只能培养出物质需求膨胀、精神需求萎缩的畸形人。在当今应试、应世教育环境下，学生眼中只有分数，或许将来走上社会眼中只有钱，忽视人文理想的培植，使他们言语人格不健全，缺乏精神追求，成为人、文不一，锱铢必较、唯利是图、巧言令色之徒，这绝不是社会所需要的人。

把语文教育的目的，定位在应用、实用上，从认识论上看，是缺乏辩证观的。即把语文学习看作仅是应谋生应世需要，而没有看到它更多的是因为人的内部即本体存在与发展的需要，是人的生理、心理、精神、情感和思想的需要，是人的言语上自我表现、自我实现的需要，是人对言语—符号具有的“本能”需要，是对自身本质力量的一种确认方式，使人之成为人。一个听、读、说、写能力都很强的人，得是一个情感丰富、思维敏捷、气足神完、具有深厚的文化内蕴和依存于“符号宇宙”的人。人对内部世界的“发展性”需要，显然并不亚于来自外部世界的“实用性”需要；从某种程度上说，人的发展性、精神性、存在性需要，在制约着“实用性”需要。诚如德国哲学家恩斯特·卡西尔所言：“人不可能逃避他自己的成就，而只能接受他自己的生活状况。人不再生活在一个单纯的物理宇宙之中，而是生活在一个符号宇宙之中。……人的符号活动能力（Symbolic activity）进展多少，物理实在似乎也就相应地退却多少。在某种意义上说，人是在不断地与自身打交道而不是在应付事物本身。”① 基于这一认识，他把“人”定义为“符号的动物”，指

① ［德］恩斯特·卡西尔著，甘阳译：《人论》，上海译文出版社2004年版，第35～36页。

出“符号化的思维和符号化的行为是人类生活中最富于代表性的特征”①。人的言语能力，是卡西尔所说的“符号活动能力”之一，是最重要的“符号活动能力”。语言活动，是人这一物种的特殊属性，是人之所以为人的表征；言语能力的进展，主要是以集体的人类与个体的人的内在“发展性”“存在性”需要为动力的。

人的言语活动，固然有应付生活的生存性、社会性需求，为了活着，为了工作，为了与他人交往，必须听和读、说和写。这些需求在不同的人那儿，有程度上的差异。言语活动是知识阶层主要的谋生手段。在文盲充斥的社会，能将民众教育成拥有一定文化、能用语言文字作为谋生应世的“工具”，使之摆脱愚昧，免遭愚弄，获得自尊，增强生存能力，改善生存处境，这自然是很了不起的事。这就是叶圣陶先生们的功绩，也是“应付生活论”“应需论”合理性所在。但是，人的言语学习、言语创造，并不只是为了应付生活，不只是为了解决生存问题，不只是为了实用价值。实用主义、实利主义价值观对人的言语生命意识的成长，其影响是负面的，从长远来看，甚至是极其有害的。

首先，这是一种言语生命的短视。它使语文课程时刻以“有用”性作为取舍的标准，没有了审美，没有了想象，也失去了前瞻和未来，一切言语行为只为了眼前功利，唯用是取、唯利是图，使人成了只看到巴掌大的天的井蛙。从根本上说，自我实现的言语生命的价值取向是向着理想、未来的，否则，人类就没有情感、精神家园，没有诗与远方。

其次，造成了语文教育实践中对“生活”理解上的错觉。一切的语文活动都以所谓的现实生活、生活真实为指向，严重脱离了言语真实、心灵真实；在阅读中最关注的是思想意义、现实意义，在写作中最关注的是反映生活、写真实；无视言语、文学教育的超现实性、审美性、哲思性和历史感——诗性，造成了语文教育的片面性、低俗化和低层次。语文教育中的重要内容：文学和诗意教育，基本上被扫地出门。阅读教学只要理解不管转化，写作教学只讲实用不讲审美。教师和学生对言语和生活的关系、生活真实和艺术真实的关系基本上处于蒙昧无知的状态。英国著名历史学家汤因比说：

---

① ［德］恩斯特·卡西尔著，甘阳译：《人论》，上海译文出版社 2004 年版，第 38 页。

> 毫无疑问，社会环境是决定一个艺术作品的形式与内容的首要因素，就此而言，艺术家是所属时代和所属阶级的囚徒；但是，我们的亲身经验告诉我们，无论我们的分析是如何精细，艺术中的人为因素和意外因素总是难以严格地确定和分类的，因为艺术所表现的人与现实的关系完全不同于其他人类活动领域所确立的人与现实的关系。艺术综合了人的感知和思考，因此，无论在艺术创作中时间和空间起了什么作用，艺术中所包含的见识的效力却会超越创作时的历史时空的暂时性和地域性。虽然人们能够根据风格和主题而迅速准确地判断一个艺术作品的历史背景，甚至能十拿九稳地把它当作确定某一社会状况的一个象征标志，但是艺术的最基本因素却是超出其时代的那部分东西，那是永远能够被人们理解、对人们有所启示甚至神秘的“真实”。①

就是说，艺术并不等于现实的“真实”。在语文教育中，以反映现实生活的名义，强调写“真实”，这实际上是对人的言语表现的一种曲解。以“应付生活”“应需”为目的的现代语文教育，以其实利主义的“工具”观，剪断了历史人文的脐带，遮蔽了学生的审美感知，混乱了文学艺术中人与现实的关系，使教师和学生均无缘窥见文学作品和艺术创造中那永恒、神秘的“真实”，使语文教育丢失了崇高、博大、深邃和空灵。

在社会经济文化得到较大发展的今天以至将来，来自物质上的生存压力相对减轻，人们的物质需求将逐渐淡化，精神需求逐渐成为强势需求，从第二位上升到第一位。语言文字**主要**作为谋生应世的“工具”属性，“应付生活”“应需”的社会性需求，势必将被**主要**作为发展人的智慧、抚慰人的心灵、丰富人的情感、提升人的精神品位和建构精神家园的理想所取代，为自我实现的存在性需求所取代。数十年前，法国哲学家萨特在《辩证理性批判》中讲到，物质匮乏是人与人之间过去和现在的对抗的根源。在今天，**我们可以预言，精神匮乏将是人与人之间现在与未来的对抗的根源**。张扬言语生命欲求、竞显言语生命智慧、构筑思想精神殿堂，将是未来人类普遍的信仰。

言语活动基本功能的转换，使人进一步从外部物质生活和人事纷扰中解脱出来，返回到内心和自我，返回到本体的符号生命意识，追求心灵的丰盈和思想的自由，追求以言语创造这一生命活动来表现自我、完善自我、实现自我，追求内在精神生命力的强健和伟岸。言语活动，**从为了生存，到为了**

---

① ［英］阿诺德·汤因比著，刘北成、郭小凌译：《历史研究》（修订插图本），上海人民出版社2000年版，第407页。

存在，为了言语生命的承传和张扬，为了实现人的个体生命和人的类主体的存在价值。人，要从作为一个简单的生物过程、一个与其他生命形态别无二致的生物体，加入自然生态系统链条中，无声无息地完成生命的轮回，升华为能借助语言符号，真正作为一个有独立思想、丰富情感、富有物质和精神创造力的人，成为灵和肉高度统一的言语人，使生命留痕，精神不灭，实现人生、人类价值。这就是“语文”——“**表现与存在**”的要义。从动物性到基本的人性（满足基本的生理需要和社会需要），升华为自由自觉的言语生命的创造个性，这是人类史的必然，也是话语史的必然。

语文教育关注人的物质生活处境，提高人的基本的生存能力和生存质量，这不论是现在还是将来都是必要的，然而又是不够的。语文教育，既是教育，就不能不关注人的言语生命欲求，关注言语活动与人的情感和思想、精神世界和精神生活的关系，提升人的精神品位，使人摆脱生存困境，从根本上改善人的生存处境，给予学生以更具人性和人文性的终极关怀。这种终极关怀，主要体现在它不再仅仅把眼睛盯在外部世界对人的合乎社会规范的期待上，在文字技能习得和应用上，先掌握语言文字这一“工具”，然后把自己也变成一种符合外部期待的应付生活的“工具”；而是在关注人的生存和社会需求的同时，将言语创造作为人的生命力张扬和对自身之所以为人的证明，是对人的生命意义的体认，使言语活动意义与人的生命意义、存在价值同一，与人本体的发展、精神需求同一。**语文教育，不应只指向人的生理需要和社会需要，而应指向人的生命本体的人性、人心、人格的养育，顺应人的言语本性、张扬人的言语天性，指向表现、创造、发展的言语人生、诗意人生**。

对于人的发展和自我实现来说，毫无疑问，顺应人的言语生命本性，张扬人的言语潜能、禀性、天性的**应性**动机和在此基础上发展起来的**存在性**动机是内因，是矛盾的主要方面，是言语学习和表现的基本动力源。适应外界需要的“**应世**”“**应需**”动机是言语学习和表现的外因、诱因，是矛盾的次要方面，它必须通过对应性、存在性动机的诱发，才能对人的言语行为产生积极持久的作用。传统语文教育正是由于过分强调“应世”“应需”动机，忽视应性、存在性动机，动机错位，导致了语文教育与人的本体发展需要的背离，使学习主体长期处于异己性、被动性的心理状态，即通常说的“要我学”而不是“我要学”。要使学生的言语学习状况发生根本的转变，使之在言语表现上能积极主动地施展禀赋、张扬个性，唯有适当淡化强制性的“应世”（包括

“应试”）“应需”动机，强化自发性的应性动机，引领存在性动机，将对学生言语学习的发展性、精神性需要的培植摆在首位。

在哲学、心理学、文艺学、美学等领域，对人本身的内在生命力、符号生命力和精神创造力的关注，将人置于世界、万物的中心，给予人的情性、理性和智性以尊重和褒扬，不论是过去还是现在，都是人文精神和人文关怀的体现，都是作为文化专制主义、工具主义、实用主义的对立面加以倡导的。存在主义哲学、人本主义心理学、生命美学及文艺学人文主义思潮和哲学、文艺学阐释学等，无一不是在对人的内部与外部世界摩擦碰撞的思考中，最终趋向于将视点聚焦在人身上，将人作为思维和行动的起源语境。后现代文化思想，虽然在理论上是对传统文化的解构，但是，它所表现出的两大特征：“不确定性”——含混、不连续、异端、多元性、随意性、变态、变形、反创造、分裂、解构、离心移位、差异、分离、分解、解定义、解密、解合法化等等；“内在性”——强调人的心灵的能力，通过符号来概括他自身，通过抽象对自身产生作用，通过散布、传播、交流来表现他的智性倾向。① 这也依然是以人为本位的思考，“不确定性”是人的思维特征，“内在性”讲的是人的符号生命特征，也是人的存在性的一个重要特征。人的内在的“符号”**表现**特征（通过散布、传播、交流来表现他的智性倾向），是其本体性特征。强调“内在性”的符号“表现”特征，对强调“吸收”功能的现代语文教育的阅读本位思维也是一个挑战。

阅读本位的教学框架，它是建立在吸收功能之上的（叶圣陶先生说“阅读是吸收”），就是通过阅读吸收他人的知识和思想。然而，吸收功能，绝不是语文教育的基本功能。因为人不可能为吸收而吸收，这样的无谓的吸收是浪费生命。不以消费、再生产为目的的“占有”和“囤积”，只是满足人的原始占有欲罢了，就像守财奴聚敛财物似的。吸收的目的应是将他人的创造作为自己生命发展的营养，使自己变得更充实和更美好，使自己也能进行有价值的言语表现和创造，并将自己的言语创造回馈于他人和社会，把生命托付给言语，用言语展开、延续生命，这才是“存在”意义上的言语行为。从这个意义上说，叶圣陶、吕叔湘先生的“阅读是一种能力，是教学目的”的命

---

① ［美］伊哈布·哈桑：《后现代转向》，时报文化出版企业有限公司 1993 年版，第 155～156 页。转引自钱中文：《全球化语境与文学理论的前景》，载《文学评论》，2001 年第 3 期。

题的正确性同样是很可疑的。“培养和提高读的能力，本身就是目的，读书并不就是为了写文章”，这似乎有道理，但是由这一观点必然导致的“为读而读”的语文教学实践，就表明了这一认知存在偏颇。读书自然“不就是为了写文章”，读书也不是就为了“烂”在心里，读书的效用总得要借助不同的方式或途径“表现”出来，“表现”的主要方式和途径就是说和写。自然，不是说每一次的阅读活动，都要直接地反映在言语表现上，都要立竿见影，然而，它迟早必须反映在言语表现上。它是经过消化之后，积淀、内化、陶冶为一种修养、气质，在适当的时候或有意或无意地外化为人的行为，表现在或高雅或低俗，或深厚或浅薄的言语中。阅读，不论你是否意识到，它终究都要“表现”出来的。问题在于，是否意识到这一点，对教学目的不同的定位所产生的教学效能是大相径庭的。把阅读教学目的定位为吸收，学生阅读所获也是会表现出来的，但是，这种不自觉的表现和自觉的指向表现，教学实践的运作截然不同，效果是不可同日而语的。毫无疑问，语文教育的天平，应由吸收向“表现”倾斜。

此外，在语文教育活动中，师生课堂行为的主要方式不正是说和写吗？从阅读中吸收的，如果没有通过“表现”来呈现，又如何证明或检验学生的阅读能力是否达到了阅读教学“目的”呢？在以往的语文教学中，为了证明阅读是一种能力和目的，只好把师生的生命耗在讲透读烂上，设置了许多繁难偏深的“标准题”和“知识题”来刁难学生，阅读能力和目的就体现在这些对学生不论是“应世”或是“应性”都毫无用处的答题上。翻开语文试卷的阅读题和语基题，这些题目只是为考试而设，平时生活中一无所用，将来一辈子也用不上。这就是“阅读独立目的论”结出的苦果。为读而读，把阅读作为一种孤立的能力和目的，它只能是一种“伪能力”“伪目的”。语文教育的基本功能应指向言语表现。只有放在说和写的言语表现中，听和读才有“能力”和“目的”可言，它的吸收才是有意义的。人的“发展需要”的终极目标，是要成为一个“自我实现”的人①，即潜能、个性和价值得到充分体现的人。人的发展和自我实现的表征，不应是消极被动的吸收，而应是积极能动的“表现”。**能转化为“表现”的吸收，才是有意义的吸收**。

综上，语文教育目的除了应用、实用外，还应有超功利的人的发展需要，

---

① 参见［美］弗兰克·戈布尔著，吕明、陈红雯译：《第三思潮：马斯洛心理学》，上海译文出版社 1987 年版，第 57 页。

言语上自我实现的需要；吸收既非阅读的功能，也非语文教育的功能，阅读只能作为“表现”的过程或手段之一；教学范式的阅读本位，较之于表现（说、写）本位劣势明显，无法达成语文教育的目的和功能，也未能体现优化的课程形态和教学效果。

四　表现-存在本位的理性崛起

要实现培养学生言语表现力、创造力的目标，更指向对学生的言语人生、诗意人生的引领，表现-存在本位（由于其最具代表性的能力是写作，所以也可称为写作-存在本位，或径称写作本位）的教学规范，无疑将优于阅读本位的教学规范。关于写作本位，其先驱者，可以追溯到黎锦熙和胡适先生。在20世纪20年代，黎锦熙先生在《各级学校作文教学改革案》一文中就指出：“各级学校本国语文科，其水准颇有江河日下之势，原因全在教学方法的陈陈相因，不凭经验以谋改革。”为此，他提出“教学上的三原则”：（一）写作重于讲读；（二）改错先于求美；（三）日札优于作文。[①] 这改革“三原则”，可谓纲举目张、切中要害。

“三原则”的第一条，是就写作与讲读教学二者在课程结构中的重要性而言，这是一条“大原则”；第二条、第三条均是讲写作教学的，第二条讲的是写作教学和批评的标准，第三条讲的是写作练习的方法，这是两条“小原则”。“三原则”实为语文教学和写作教学中的三对矛盾，其中第一对矛盾是根本、是前提，只有确定了写作与讲读在整个语文教学结构中的位置，才有写作教学的课程、教材、教法可言。

胡适先生也主张把“人人能用国语自由发表思想——作文，演说——都能明白晓畅没有文法上的错误”[②] 列为中学语文教学三条理想标准中的第一条，也是国语教学唯一的一条标准（其他两条均是针对古文教学而言）。这种标新立异的提法，确实让人耳目一新。

在胡适的有关语文教学的论述中，他一般不强调培养学生的阅读能力，

---

① 黎锦熙：《各级学校作文教学改革案》，载《国文月刊》，第52期。

② 胡适：《再论中学的国文教学》，见《胡适文存二集》卷四，上海亚东图书馆1927年版，第246页。

却多次将作文能力作为衡量语文水平的标准，在这点上，与叶圣陶注重学生阅读程度的观点，形成了鲜明的对比。例如，胡适在谈到小学语文教学时说：“国语代替文言以后，若不能于七年之内，使高小毕业生能做通顺的国语文，那便是国语教育的大失败。”① 可见，胡适的读写观已经超越传统的“重读轻写”“以读带写”的范围，由“重读”转向“重表现”“重写”。这种把作文、演说能力的提高，作为语文教学的主要目标的看法，可称之为“以发表为本位”的语文教育观。

黎先生和胡先生为我们作了理论的铺垫，为我们今天表现-存在本位的语文教育观，开辟了道路。他们的主张与我们的表现-存在本位的认识还是有所不同，主要在于，他们还是在言语智能和经验的层面上的认知，而我们则是在人的言语生命意识和言语生命成长的层面上认知的，是在本体论、价值观层面上的认知，是一种具有理论自觉的认知。

表现-存在本位从其主要矛盾上看，体现为写作本位。从写作本位的角度和阅读本位进行比较，可以从以下几个方面表明其优势：

（一）写作的功用大于阅读的功用（或者说写作包含了阅读）

阅读的吸收（从阐释学、接受美学的视角看，阅读并非只是被动的吸收，这里权且按旧说），固然也是一种功用，但人不可能为吸收而吸收，吸收不是终极目的，吸收的功用在于改善人的认知状况、身心修养及更好地应用和表现等。阅读吸收的最高功用，便是作为写作基础：养育心灵，蓄积知情意素养，得以进行写作这一精神创造。纯粹吸收没有任何意义，没有任何功用可言。

阅读是手段，它的功用是作为手段的功用，手段是相对于目的而言的，离开目的，手段便不存在，不成其为手段，便一钱不值。因此，这个世界上没人学习阅读是为吸收而吸收，是为了成为一个名义上的读者而阅读，为读而读是无效阅读。语文教学止于咬文嚼字的理解、吸收的荒谬性，就体现在这里，我国阅读本位的语文教学低效、无效原因就在于此。不论是文本的浏览、解读还是细读，都不是无谓的视觉游戏，都必须与特定目的相联系，不存在无目的的阅读，哪怕是为了解闷、催眠，只不过这些不能成为学校语文教学的目的。

---

① 胡适：《中学国文的教授》，见《胡适文存》卷一，上海亚东图书馆 1933 年版，第 320 页。

阅读是手段，单纯的手段不具有功用性，因此，阅读不能止于理解、吸收，它是以指向某一目的显示其功用的。基于不同目的，对阅读的理解、吸收的要求、方法是不一样的，因此，重要的是目的的确定。学校语文教育如果把培养读者、培养阅读能力作为教学目标，这只是一种“抽象阅读”，是无谓的能力，等于无目标。读了，理解、吸收了，势必要追问这是为了什么。阅读这一手段可能有许多目的，比如，修身养性、怡情审美、明白事理、增长才干、炫耀学识……但是，在语文课程中的阅读，不可能以其中某一方面为终极目的。因为以其中某一方面为终极目的，上的就不是语文课了。如，修身养性，是德育课的阅读目的；怡情审美，是美育课、情感教育的阅读目的；明白事理，是哲学课的阅读目的；增长才干，是理工科专业、学习实用技能的阅读目的；炫耀学识，是满足虚荣心的阅读目的。语文课程的阅读，可能会涉及其中某些目的，与这些目的有所交叉，但是其终极目的毫无疑问必须是写作（表现与存在），这是语文课程目的的唯一选项。其他目的也许与语文课程有相关性，但须纳入写作（表现与存在）这一终极目的体系中，成为其中的二级、三级目的，才是有意义的。

这些二级、三级目的，与将其作为阅读的终极目的，其内涵、要求等是不一样的。就是说，以修身养性为目的的阅读，与以写作（表现与存在）为目的的修身养性的内涵、要求、方法等是不一样的。作为“立言者”读书修养德性，与作为普通人的读书修养德行，自然有诸多不同。作为“立言者”要求养气、明理、悟道，文以明道、载道、贯道，文德为先，文道一体，修辞立诚……作为普通人阅读就不一定有这些要求。

一个人不论将从事何种职业，只要想得到最佳发展，达到自我实现的人生目标，他学习语文的主要目的必将是指向言语表现。在这个意义上说，“表现”的功用必然大于“吸收”的功用（无目的的吸收是低功用以致零功用的，要讨论吸收的功用，就要假设其有特定目的的）。吸收是主体思维的内化活动，检验内化得怎样，最主要的方法便是靠外化出的言语来体现。要考核阅读理解、吸收的水平，最好的方式便是写一篇鉴赏或评论文章。未经外化的内化，因其未能体现人的言语生命意志、人的言语创造性，因而，这样的内化，不能称得上是充分主体化、建构性的，充其量还只能说是信息的储存、寄存或囫囵占有。外化不是将吸收的信息原封不动地输出，而是经过主体的选择、加工、改造、再创造过了的，如前所述，它体现的是“人的心灵能力，通过符号来概括他自身，通过抽象对自身产生作用”的主体化、建构化过程，它对吸收的信息拥有自主的话语支配权，表达的是自己重构过的“意”。而这才是语文教育所期待培养的言语人、精神人、创造人。

写作的功用之大不言而喻，它决定性地影响到了人类的智慧水平，在创造了第二自然的同时，重构了人自身；它创育、影响、推动着人类社会的文明进程，包括精神、物质文明的进程——它的功用属于元功用，世上没有任何事物的功用可与其相提并论。

综上，写作基于阅读，阅读要指向写作。阅读以写作为目的，是语文课程特殊性所在。写作功用涵盖、高于阅读功用。

（二）写作活动兼容了阅读活动（阅读是写作行为的有机组成部分）

阅读活动，不一定要借助写作来完成。写作有助于阅读，能深化、促进阅读，但阅读活动的完成未必都要相应的写作行为的介入，读罢不论有无收获，只要自己觉得满意就算功德圆满。写作就不同了，写作活动的完成必须包含阅读。同时，阅读可以看作是写作的准备，是隐性的写作行为，是广义的写作活动的一部分，属于“前写作”行为。完整的写作行为必定要涵盖阅读行为，阅读是“前写作”的有机组成部分，阅读是写作的重要基础。要想达成写作目的，就必定要阅读。阅读行为是包含在写作行为之中的。最典型的表现莫过于论文写作，论文写作第一步就是搜集、阅读、研究相关资料，不经过这一步，就没法完成论文写作。有些文体的写作，阅读行为虽然不直接体现在显性写作行为过程中，但势必也是作者进行写作所不可或缺的先决条件之一。

由于写作行为不是作者单方面完成的，文章写好不等于写作行为的结束，它还只是半成品，须待读者阅读之后，通过作者与读者视界的融合，才有意义的生成。写作是由作者和读者合作完成的，最终是由读者完成的。因而，作为作者，要想使自己的作品能得到读者的接纳，并使自己的作品能按照自己的意愿生成意义，他必须在写作过程中不但以作者身份出现，还要同时以潜在的虚拟的读者身份出现，对所写的进行评判和检视，通过自己和另一个自己的对话，使作品能取得读者的最大限度的认同。就是说，写作主体在写作时必须同时具备作者与读者双重身份。写作行为中始终隐含着阅读，这隐含着的阅读活动，也就是我们通常所说的读者意识、受众意识的体现。作者，同时必然也须是读者，一厢情愿的自言自语称不上真正意义上的写作。也许有人会说，读者也必须具有作者意识，完全无视作者的写作意愿是无法正确理解作品的。在阅读理论中，就有“知人论世”一说。这似乎有一定的道理，但是对于阅读来说，他主要是对文本做出反应，至于作者的写作意愿是什么，作品是怎么写出来的，读者一般是无从得知的，也是无须得知的。正如钱钟书先生说的，你觉得鸡蛋好吃，没有必要认识下蛋的母鸡。读者比作者有大得多的自由，在这个意义上说，他只对文本进行解读，而不必将自己设想为作者。写作主体与阅读主体在要求上存在的上述差异，决定了“会读未必会写，会写必然会读”。

（三）写作能力的要求高于阅读能力的要求（两种能力属于不同层级所致）

阅读与写作在能力要求上有以下不同：

1. 阅读是读者对文章提供的可能性的破译和选择，最高的要求也不过是读者主体介入性的转换与二度创造，即再创造；而写作是直接对原生态素材的破译、选择，是作者独立地发现与一度创造——原创。

2. 阅读是“吸收”，是理解，是非产出性的；写作是产出性的。产出性难度高于非产出性。

3. 读者的理解能力如何，一般无法、无须苛求，只要识字，就可以成为读者，几乎零门槛，决定了阅读是一种大众化、普遍性行为。相对来说，写作较阅读难度高，准入门槛高，普及程度低，写作少于阅读，以写作为职业、事业的人较少，高层次写作，非文化精英阶层莫属。

4. 阅读活动是一种个人行为，读者只为自己的阅读目的负责就可以，没人监督其阅读目的实现得怎样；写作主要是一种信息生产、传播、交流行为，面向读者、大众，正式出版物作者应向读者、大众负责，写作质量是有把关的。作者为了让读者接受、喜欢或信从、赞佩，在时间投入、智力付出上，自然也高于阅读。

总之，在智能要求层级上，写作高于阅读。

（四）阅读有益于写作，写作更能促进阅读

阅读对写作和写作学习的作用自不待言，但值得注意的是它既有正面的作用，也有负面的影响，关键在于怎么读，诚如古人所言：万卷人谁不读，下笔未必有神。写作对阅读的作用，则基本上是正面的：其一，阅读的感想和心得，只有透过语词化（写作），才能有真正清晰、深刻的印象和体悟，这就是历代学者都十分重视写读书札记的原因。真正高质量的阅读，有赖于写作的推动。其二，写作必然会促使人去读更多的书，“书到用时方恨少”，写然后知不足，这就引导人们有目的地去读书和思考，形成写、读、思的良性循环。为写而读，比泛泛而读，其功效自然要大得多。从这个意义上说，写作又何尝不能带动、促进阅读［以写带（促）读］呢？

（五）写作本位比阅读本位更能达成教学结构和功能的和谐统一

现有的阅读本位的教学架构，是试图将阅读的知识经验“图式”转换迁移到写作上，这是一种肤浅的感性化认识，其实阅读对写作的作用是有限的。阅读的对象——文章（指广义的书面表达形式），只是写作的成品，从“成品”中如何能学到“制作”呢？这就如一个美食家，无论他如何善于品评珍馐美肴，也未能因此成为特级厨师一样。从文章中所读到的业已定型化了的言、物、意，并未昭示着写作运思过程中言、物、意的萌发和生长的规律。文章的言、物、意，与写作运思过程中的言、物、意，其能指与所指都是不一样的。不论是多么高明的教师，要想把“成品”还原到“制作过程”都是一种臆测，而绝不可能是科学的，从阅读中能直接迁移到写作中的，唯有文体形式和一些词语的运用。对于写作学习来说，最重要的是对写作行为过程的揭示，写作最重要的是表达独特的感受、见解和情感，阅读对这些却无能为力。因而，绝不可能有阅读上的进展能决定写作上的相应的提高这样的事情。叶圣陶认为“阅读得其法，阅读程度提高了，写作程度没有不提高的”，“老师教得好，学生读得好，才写得好”，需要进一步验证。在现实中，大量学富五车的人却写不好文章就是证明。同样，在阅读本位的教学架构中，由于基本功能是吸收，因此，听和说的训练也难以体现它们各自的规律，使之处于和写一样的无序状态。这一架构，是以损害听、说、写的能力的培养为代价来成全低水平的、无目的的、少慢差费的阅读教学。

表现-存在本位——写作本位较之于阅读本位优势明显。由于写的教学最能体现语文教育“表现-存在”的目的与功能，同时它对听、读、说的教学有极大的兼容性，它不但不会损害相关方面能力的培养，相反，将给它们以助益，因而，表现-存在本位也可以表述为写作本位。诚如“课标”所言：“写作能力是语文素养的综合体现”。这就等于说，写作能力的培养，可以涵盖所有语文素养的培养。例如，“读”的能力的培养，如前所述，写作能力必然包含了阅读能力。阅读，属于“前写作”行为，是写作必备条件之一。一个写作的人，在写作活动中，不是自顾自地“写”，他须既作为作者又同时作为读者存在着；就接受美学的观点看，“写”的过程，是由作者和一定的读者共同完成的。法国著名的哲学家、文学家萨特说：“……在写作行动里包含着阅读行动，后者与前者辩证地相互依存，这两个相关联的行为需要两个不同的施动者。精神产品这个既是具体的又是想象出来的客体只有在作者和读者的联合努力之下才能出现。”① 因而，一个完整的写的教学系统，必然涵盖了读的教学内容。此外，写和听、说也是相互依存的。在写的教学中，能够很自然地兼顾到听和说的练习，因为，由听到写，将听到的内容按不同要求、用不同方式写下来，这是听的练习所不可或缺的项目；写作，也往往取材于道听途说，将从别人那儿听来的东西作为写作的素材。先说再写，说、写结合，是很自然的事，作家、学者往往将自己的写作构思先说给别人听，征求别人的意见，再写出来。所以，以写来统摄听、读、说的学习，比以读来统摄听、说、写的学习要合理得多。

从表现-存在本位的教学来看，值得一提的是演说和辩论这两种言语形式。这两种言语形式，从表面上看，似乎是指向说的，其实都是综合性的言语行为，是听、读、说、写相互推动的统一的整体，因而也是听、读、说、写一体化教学的最佳呈现方式。在这里，听、读、说都可以体现在写上，自然，听、读、写也可以体现在说上，使教学内容在言语表现这一功能上，达成教学序列的和谐统一、简约高效。

由此可见，不论是从语文教育的目的、功能教学架构，还是从长期教育实践的效果看，以阅读为本位的“实用吸收”型规范已不再具有存在的合理性，其基本观念既远远落后于当代的学术进展，也无法适应时代、社会的发展对人的语文能力的要求。因而，现有语文教育规范的消亡，为了言语生命自我实现的、表现-存在本位的“发展创造”型新范式的建构，是势所必然。

当然，表现-存在本位——写作本位的认知势必会受到许多质疑。

质疑之一：阅读和写作是两回事，阅读自有阅读的功用，阅读是人类社会认知世界的最基本的方法。通过阅读人们可以获取生存和发展的重要信息，从而扩大、提高认识世界、改造世界的能力。阅读是人们通往理性世界大门的钥匙，我们的语文课程教学生阅读课文，目的就是培养他们的阅读能力，

---

① ［法］让-保罗·萨特：《什么是文学》，见李瑜青、凡人主编，施康强等译《萨特文学论文集》，安徽文艺出版社 1998 年版，第 98 页。

使他们能独立阅读书籍报刊，使他们通过阅读，受到启发，得到教育，从而发展了智力，提高了能力，塑造了人格。而且，人们阅读，有时候是为了娱乐，有时候是为了消遣，阅读是认知手段，也是娱乐手段。人们通过它来参与社会，参与大众生活。可见，学习阅读也是语文教学的目的，阅读和写作是对等的两件事，阅读和写作一样重要，表现本位——写作本位会削弱阅读能力的培养和提高。

这似乎不无道理。阅读的确非常重要，也有它自身的特殊规律。表现-存在本位——写作本位不是说阅读不重要，也不是说可以忽视阅读，而是说，在读与写关系中谁是矛盾的主要方面，语文教学的归宿是什么。只要我们接着上面的质疑往下问：这么阅读的目的又是什么呢？用什么证明你提高了能力、发展了智力、塑造了人格？你又如何参与社会、参与大众生活？这还是需要通过你的具体行为，通过你的思维和言语实践显示出来。即便是娱乐和消遣性的阅读，也是人生的一种调节，也能提高人的情趣，培养感受力和想象力，最终也还是会融入一个人的整体修养，体现在你的言语活动中。固然你在阅读时也许没有明确是为了写作而读，只是随意地读，但是，吸收终归还是为表现，为创造。这不以你的主观意志为转移。写作本位只是表明“表现”较之于吸收，对于人的生存与发展来说，更具有本体（本质）意义。语文教学矛盾的主要方面是表现，是写作。

质疑之二：写作本位会造成对听、说的忽视。表现-存在本位是涵盖听、说教学的。以往人们只重视读、写，听、说能力的培养不受重视，然而，听、说在实际生活中却是如此重要。调查表明，在日常生活中语言运用的情况是：听占45％，说占30％，读占16％，写占9％。就是说，听、说占了75％，而读、写只占25％。可见听、说的重要性超过了读、写。特别在当今信息时代，由于现代电讯科技的迅速发展，大量记录有声语言工具的普及，口语的运用频率和范围远远超过了书面语，大量原来可以用书写表达的信息，现在都已被口语取代。这提高了人们沟通交流的效率，对听、说能力也提出了更高的要求，也凸显了听、说的重要性。所以，在语文教学中应更加重视听、说的能力培养。提高学生听、说的能力，不仅是时代的要求，也是对人才的基本要求。

首先，这里说的是“日常生活中语言运用的情况”。的确，平时人际交往中使用最多的是听、说。但是，这种应付日常生活的听、说能力，人靠自然本能的言语能力就能应付。作为学校教育的语文课程，毫无疑问主要不是为了使学生能够应付日常生活中的语言运用，而是使学生掌握更具表现性的语言以济高层次的言语交往之需。如果从非“日常生活”看，从工作需要和创造性的言语文化交流的层面看，读、写能力和书面表达的比例一定会比日常生活中高很多。语文教学的基本矛盾应当是读、写矛盾。

其次，在现实生活中，听、说固然非常重要，但是作为正式、规范的言语交际行为，只能是读、写活动；作为历史、文化的构成，只能是书面语而非口语。听、说与读、写的重要性是不一样的。听、说主要是对日常应答而言，读、写是对各种社会活动、言语创造、文化传承而言。它们的应用频率是难以作为衡量谁更重要的指标的。

第三，任何国家的文字和语言都是不一样的，书面表达和口头表达也是不一样的。人基本的口头表达能力可以在日常交往的语言实践中学习，书面语和书面表达的学习却无法在日常生活最经常的言语交际中学习，只能通过特定的读、写活动来学习，读、写活动自然就成为语文教育的主要内容。

第四，所谓“由于现代电讯科技的迅速发展……大量原来可以用书写表达的信息，现在都已被口语取代”，取代的其实还只是一些日常言语交往的部分，这就是变书信为电话的交流（现在不少口说的“电话”又变回了书写的“短信”了）。其他需要用文字编码进行沟通、传播的，并没有改变。同时，很有意思的是，电脑也使人变得更懒得说话，使一部分的“口语”变成了书面语，原来须电话交谈的，变成了网上“聊天”、电子邮件。电脑的运用，无论运用方式如何变化，作为信息载体的依然是文字符号。当然，如前所述，使用“量”的大小，并不是语文教育应以什么为重的决定因素。

以上对口语和书面语表现的讨论，对写作能力的强调，绝不是认为听、说在语文教育中不应给予重视。必须指出的是，应给予重视的听、说，不是日常生活中的相对简单的口头应对，不是前面所说的占75%的日常听、说活动中的大部分内容，而是带有书面语性质的较为正规的口头交际，如访谈、演说、辩论等。演说、辩论虽然是属于听、说的，可是重要的访谈、演说、辩论大都是先有文字稿的写作，后有访谈、演说、辩论，是听、读、说、写的结合。历代流传下来的精彩的演说、辩论，都是以文字形态呈现的。可见，写作本位教学规范是必须也是能够容纳听、读、说能力的培养的。写作本位实为表现本位的精粹化，要培养言语“表现”能力，自然离不开读、写、说，听、读、说、写自然是一体的，是无法分离的。写作本位的教学规范的提出，目的只是要理清听、读、说、写的关系，阐明语文教育的基本矛盾和矛盾的主要方面，建构相对合理的课程形态。

五 语文之醇境：引领言语人生

面向21世纪的以人的言语上的自我实现为目的、表现-存在本位的“发展创造”型新语文教育规范，着眼于人言语活动基本素养的提高，充分发挥人的言语生命潜能、创造力和个性，以言语“表现”为主导性教育功能和目标，以人的精神性、发展性、存在性需要作为语文教育的基本目的诉求。语文教育的“以人为本”，具体体现为表现本位、言语人生和诗意人生的教育，这种教育理念和实践，其本质是为“立言”、为“存在”的。

互联网、人工智能时代的语文教育，在对叶圣陶语文教育本体论有所继承的同时，更应有所扬弃和发展。语文教育，说到底是对人的言语表现的教育，是对人的言语生命本质力量加以确认的教育，是言语人格、精神发展的教育，简言之，即言语人生教育。当代语文教育思想，在言语主体建构上，除了继续给予言语客体——生活——以极大关注外，应注意言语主体发展的更多的层面，如生理性态与心理性态、智能因素与非智能因素、先天素质与后天素养、个性特征与共性特征等，辩证地揭示主、客、载、受各体之间的相互关系。而且，重要的是，把言语主体建构的内在因素的核心，定位在言语动机、价值观的培植上。要真正走出应试教育的困境，走上素养教育之途，必须在指导思想上实现语文本体论的转向，使语文教育从言语知识教育、能力教育，转向言语生命教育主导下的言语表现素养教育；把语文本体论的重心从言语客体——生活，转向言语主体——心灵；把言语主体的行为特征与终极目标，定位在指向言语上的自我实现、创造自我实现的言语人生（而不是应付生活）上。

在这个世界上，人可以有各种各样的活法，可以做各种各样自己喜欢的事，可以投身于各种各样的职业和事业。在每一种职业中都有许多佼佼者，这些人，就是人们通常说的把职业作为事业的人，是各行各业才华出众的人。我们常常会在媒体上看到对这些人的赞美，称他们的人生为“某某人生”，如

“舞台人生”“艺术人生”“戏剧人生”“体育人生”“军旅人生”“科学人生”等等。但是，一个人无论从事什么工作，献身于什么事业，只要他的人生充满智慧，充满着精神创造力，那么，他的人生就必定是言语人生。

言语人生，是人类最具本质特征的人生。因为，言语活动，是人类这一智慧生命体与其他物种的根本区别。人是符号动物，言语活动是一切思维活动、精神活动赖以产生的基础。任何一种创造性的人生，都可以归入言语人生，因为没有什么有价值的创造性的工作可以离开符号性的思维和符号性的行为，可以既不要深思熟虑，也不要体现为精当的言说和智慧的话语。言语人生，实即智慧人生、创造人生。从这个意义上说，言语人生，是人最具典型特征的生存形态、生命状态。并不是会说话、会用符号表意的就是人，他的人生就是言语人生。鹦鹉、八哥也会说话，狗、猩猩也会用符号表意，显然，它们不是人，也不会有言语人生。自然，由于条件的差异，言语人生也不是人人都可能拥有的生存形态、生命状态，甚至也并非所有能说会道或会舞文弄墨的人的人生就是言语人生。言语人生，指的是具有较高的符号创造力（含物质创造力和精神创造力）的人生，指的是在人的一生中，他创造的精神产品（包括其物化形态）在人类的文明史、文化史、精神史上留痕的人生。同时，言语人生又是指一种自由本真的生活态度，自觉坦然的精神境界，健康的性格、人格，“存在”的、超功利的、勇于创造的心态等。对言语上自我实现的人生而言，后者往往更具有本质的意义。语文教育，引领学生走上言语人生，是一种人本主义、人文主义的回归，使人更像人。

一个人，不论他的一生是怎样度过的，是“舞台人生”“艺术人生”“体育人生”，还是“军旅人生”，他取得了事业上较大的成就，他的人生本质上就必定是言语人生。一个学生，不论将来从事什么职业，是当科学家、发明家、企业家，还是当政治家、教育家、艺术家，他要在事业上有建树，要对人类有贡献，他的人生必定是言语人生。我常常想，一个奥运会冠军要是没有写出对运动生涯的独特感悟，一个骁勇善战的将军要是没有留下一部“兵法”，一个著名的演员要是没有带出有造诣的学生或形成自己的演艺理论，那是多么遗憾的事！语言是存在的家，人类的进步、知识的积累、文明的创化、文化的积淀，主要是以文字符号为载体，以文字符号的创制来体现的。因此，言语人生的最佳表现形态应是“写作人生”。自然，平庸的作品，文字垃圾，均不在此列。许多人虽有“言语”，却没有创造，未能体现精神创造力，所写的东西没有文化含量，因而，不能说这些人的人生即言语人生——“写作人生”。我所说的言语人生——“写作人生”的“言语”“写作”，是人的符号化思维和符号化行为在精神创造的意义上界定的，不是指狭义的言语（日常的说、写）和写作（应用文和文学作品的写作），它包括一切人类的人文与科学上的创获，一切才能与智慧的结晶。人类的文明史、文化史，主要是用智慧和文字符号编织成的，是创造史、书写史、话语史、写作史。人的生命是十分短暂的，言语人生却是永恒的。人生的要义，便是能在历史长河中留下一滴用言语智慧凝成的水珠，在汇入历史长河并消失自己的同时，也获得了永生。语文教育如能使学生对此有基本体认，可谓功莫大焉！语文教育不可能使所有学生将来都拥有辉煌的言语人生，却应当并能够为他们奠定人生的方向，使他们能走向、拥抱并努力开创自己的言语人生。

鲁迅先生说人一要生存，二要温饱，三要发展，这是对的。因为他把人的需要作了层进式的区分，把人的最高需要确定在发展上。人本主义心理学家马斯洛把人的需要分为两种：基本需要与发展需要，表达的也是相似的意思。基本需要包括生理、安全、归属与爱、尊重等需要（因缺乏而产生的需要）；发展需要包括自我满足需要及美、善、真等需要等（存在的价值或后需要）。发展需要的最大满足就是达成人的“自我实现”①。可见，人的基本需要主要是生存性需要，发展需要主要是存在性需要。前者主要是一种生活的、物质的、“占有”的需求，后者主要是一种发展的、精神的、“存在”的需求。毫无疑问，后者是人的也是人类的终极性的需求。在人类史、文明史上，“发展需要”始终是精英人类的人生目标，代表了人类前进的方向。他们追求的是精神价值，是高层次的自我完善、自我实现。居里夫人在《我的信仰》中说：当皮埃尔·居里和我决定应否在我们的发现上取得经济上的利益时，我们都认为这是违反我们的纯粹研究观念。因而我们没有申请镭的专利，也就抛弃了一笔财富。我坚信我们是对的。诚然，人类需要寻求现实的人，他们在工作中获得很大的报酬。但是，人类也需要梦想家——他们对于事业的追求，达到忘我的境界，使他们没有闲暇也无热情去谋求物质上的利益。——这便是一种存在性的选择，客观、真实地揭示了献身于“忘我的事业”的人

① 参见［美］弗兰克·戈布尔著，吕明、陈红雯译：《第三思潮：马斯洛心理学》，上海译文出版社 1987 年版，第 39～57 页。

们的人生观。这种选择显示出的人格的卓越和崇高，不论在任何时代，都将代表了教育的憧憬和理想。语文教育，无疑不仅要指向人的基本需求，更要指向人的发展需求，即指向言语上的自我实现，尽可能地发挥人的言语潜能、个性与才华，既满足人的生存性需要，也满足人的存在性需要，成就“立言者”。这才是完整、前瞻的语文教育。

语文教育是言语人生的教育，这样的提法是否要求太高呢？有人就质疑说，写作作为人类的一项艰辛而复杂的精神劳动，是最具个性化和创造性的行为，取决于人的多方面的修养历练，是人的天赋、才情的体现，更是人的自我实现的生命形态的体现。真正具有写作禀赋的人毕竟不是多数，芸芸众生，真正能以写作为人生，以写作为精神家园的能有几个呢？（当然，那样的人越多越好，我们的精神世界将因他们而更精彩）更多的人，学了语文，只是为了具备一定的语文能力（当然，也包括写作能力），为满足工作、生活所需而已，即所谓“语用”之需。

这种意见的确符合今天的实际情况，切合我们的教育经验。但是，教育给今天和未来的人们提出的使命和任务是什么呢？教育部2001年颁布的《基础教育课程改革纲要（试行）》在“一、课程改革的目标”中指出：“新课程的培养目标应体现时代要求。要使学生……具有初步的创新精神、实践能力、科学和人文素养以及环境意识……”2001年7月出版的《全日制义务教育语文课程标准（实验稿）》开篇就指出：“现代社会要求公民具有良好的人文素养和科学素养，具备创新精神、合作意识和开放的视野，具备包括阅读理解与表达交流在内的多方面的基本能力，以及运用现代技术搜集和处理信息的能力。”创新教育，培养创新意识、创新精神和创新能力，已成为当代教育的主旋律。语文教育的创新教育，主要便体现在言语创新教育上。言语创新的确是“艰辛而复杂的精神劳动”，与人的天赋才情有关，“真正具有写作禀赋的毕竟不是多数”在今天看来也是事实，这么说，是否语文教育还需要言语创新能力的培养呢？尽管将来具有创新精神、言语创新能力的人，也许还不会是多数，但是，毫无疑问，答案仍然是肯定的。道理很简单，经济全球化，国力的提升，人的生存与发展，面对人工智慧的挑战更需要创新精神和创新能力；经济全球化意味着文化、科学、教育的全球化，全面培养创新型人才，提高人才的竞争力，言语创新教育势必是素养教育的重要构成；言语人生，势必成为创新型人才的生存方式。

“芸芸众生，真正能以写作为人生，以写作为精神家园的能有几个呢？”这同样是一种误解。如前所说，言语人生，即创造的人生。只要是以脑力劳动、创造性思维为基本的生活、工作形态的人，言语活动就是他的日常行为方式。自然科学家、社会科学家、政治家、教师、作家、企业家、商人……**从事高层次的物质和思想、文化生产的人，依存于言语符号世界、具有自我实现人格的人，他们都是人类精神家园的建设者，他们的人生都可以视为言语人生。**不要把言语人生狭隘地理解为是作家、学者的人生。

言语人生教育，即言语上的自我实现的教育，其基础是言语人格教育。言语人格意识，是言语上自我实现的灵魂。言语行为，要指向自我实现的人生，须以正确的言语人格意识为前导。也许有人会认为这些要求对于作家、学者尚可，对于学生、对于语文教育来说，未免太崇高、庄严、沉重了，中小学生作文能练个文从字顺就行了，谈何言语人格意识？——只要看看顾炎武、梁启超等声讨八股教育于社会、学子之弊害的愤激之言，听听叶圣陶、朱光潜等对青年学生在写作上要以求真立诚为首务、“决不容许口是心非、弄虚作假”的谆谆教诲，再想想当今学生作文中普遍存在的不真不诚的状况，大约就不会怀疑培养正确的言语人格意识的重要。因为写作不但反映了作者的人格情性，同时也塑造了作者的人格情性。言语行为上的不真不诚，不只是一人一时一文的得失，而且影响到个人的德性品格、社会总体的和谐。要使人生更有意义和价值，使生活更加绚丽多彩，创造言语上的自我实现的人生，就得培养正确的言语人格意识，要从言语学习阶段抓起，从中小学抓起。言语人生教育，说到底，是生命意识、人生意识、生活意识的教育，是言语生命品质的教育。

也许还有人会说，言语人生的教育，岂不是把语文课变成了“思想政治”教育课了吗？语文就是语文，就是听、读、说、写，就是“语用”能力的教育。——语文教育自然不是思想政治教育，但是，语文教育深蕴着人文情怀与关怀。“观念先于技能”“态度决定一切”，表现-存在论语文学，是建立在人本主义、人文主义、言语生命动力学、言语创造发生学方法论之上的，而不是建立在行为主义、科学主义、工具主义方法论基础上的。它是通过对人本体生命特性的认知，对人的言语动机系统的建构，培育言语健全人格，培养言语兴趣和习惯，创造言语表现的氛围，改善认知背景和言语图式，等等，来为言语行为的发生、发展提供动力，达成人言语行为上的自发、自觉和言语表现力、言语人格的良性发展。

以上不难看出，言语人生的教育，是对以往的语文教育思想，诸如“修己”“事功”“实用”“立诚”等的包容与超越，有更强大的概括力和更深刻的理论内涵，同时也对言语主体建构与语文教育提出更高要求。以人为本，“语文教育，指向‘言语人生’”，“言语活动，指向自我实现的人生”，促成在言语主体良好的言语人格意识统摄下的学识、智能、情意素养等的全面和谐的发展，应是当代语文教育的目标。

六　语文之化境：诗意地安居

语文教育的极境，当是诗意人生的教育。

言语人生即创造的人生，这是就知识人类一般的生存状态而言。而“诗意”地活着并创造着，则为诗意人生。诗意人生，指充满“诗意”的言语人生。

德国诗人荷尔德林诗云：

如果人生纯属辛劳，人就会
仰天而问：难道我
所求太多以至无法生存？是的。只要良善
和纯真尚与人心为伴，他就会欣喜地拿神性
来度测自己。神莫测而不可知？
神湛若青天？我宁愿相信后者。
这是人的尺规。
人充满劳绩，但还
诗意地安居于这块大地之上。我真想证明，
就连璀璨的星空也不比人纯洁，
人被称作神明的形象。
大地之上可有尺规？
绝无。

…………①

德国哲学家海德格尔对荷尔德林的诗“人充满劳绩，但还诗意地安居于这块大地之上”的“诗意地安居”，做过深刻阐释：

诗要么被视为一桩虚浮无聊之举或者被视为向幻境的逃遁而遭拒绝，归入不可知的领域，要么就被当作文学的一部分。文学作品的有效性，是由当时的现实性衡定的。但现实性本身，又是由那些形成公众文明观点的机关制造并控制的，这种机构的职能部门之一——既是监督者又是受动者——就是文学工业。这种情况下，诗除了作为文学之外，不可能再作为别的什么东西出现了。诗是作为文学史的对象而用教化的或科学的方法加以通盘研究的东西。比如对西方诗歌的研究，就全部归入一般的“欧洲文学”题下。

如果诗的存在的唯一形式自始就是文学，又如何能够理解人的安居是建立在诗的基础之上的呢？

…………

“人诗意地安居”这句话确实出自一位诗人，事实上出自一位据说是无能应付生活的人。诗之道就是对现实闭上双眼。诗人不行动，而是做梦。诗人所制，想象而已。……

…………

原诗中，“人充满劳绩，但还/诗意地安居……”之后紧接着的是“于这块大地之上”。我们也许会认为这一补充是多余的，因为不管怎样，安居总已经意味着人在大地上的逗留——在“这块”大地之上——每一个必死的凡人都知道他自己就委身并裸呈于这块大地之上。

但是，当荷尔德林倡言人的安居应该是诗意的时候，这一陈述一旦作出，就给人一种与他的本意相反的印象，即：“诗意的”安居要把人拔离大地。因为“诗意地”一词作为诗来看待时，通常总被理解为仅属于乌何有之乡。诗意的安居似乎自然要虚幻地漂浮在现实的上空。诗人重言诗意的安居是“于这块大地之上”的安居，以此打消这种误会。荷尔德林借此不仅防止了“诗意的”一词的险遭这类可能的错解，而且通过附加“于这块大地之上”道出了诗的本质。诗并不飞翔凌越大地之上以

① 转引自［德］海德格尔著，郜元宝译，张汝伦校：《人，诗意地安居》，广西师范大学出版社2002年版，第75页。

逃避大地的羁绊，盘旋其上。正是诗，首次将人带回大地，使人属于这大地，并因此使他安居。

…………

现在，“人建筑而安居”这一表述，已被赋予了它的恰当的含义。人并不是通过耕耘建房，呆在青天之下大地之上而居的。人只有当他已经在诗意地接受尺规的意义上安居，他才能够从事耕耘建房这种意义的建筑。有诗人，才有本真的安居。①

海德格尔告诉我们，“诗”是超越了作为文学体裁“诗歌”而存在的，它是充满想象力的，然而又是扎根于大地之上，回归大地与大地一体。纯粹的“劳绩”不能使人在大地上安居，只有“诗意地接受尺规”才能安居，有了诗意，为了物质生产的“劳绩”才是有意义的。

美学家朱光潜先生说：“所谓‘诗’并无深文奥义，它只是在人生世相中见出某一点特别新鲜有趣而把它描绘出来。”②“如果生命有末日，诗才会有末日。到了生命的末日，我们自无容顾虑到诗是否还存在。但是有生命而无诗的人虽未到诗的末日，实在是早已到了生命的末日了，那真是一件最可悲哀的事。”③——他所谓的“诗”指的就是“诗意”，就是发现生活中的“新鲜有趣的事物”。他将这种发现视同生命的意义，认为没有这种发现便意味着生命的末日。这一对“有生命而无诗的人”无情的判决与有情的悲悯，多么耸人听闻、触目惊心。

诗人余光中先生说：生活里要有诗意，但不一定要做诗人。不一定要做大学生，甚至不一定要读英文系。如果能对万物富有同情心、想象力，就离诗更近了。他认为，一个人的生活应该有美，尤其是对美的想象力。④

人生要有“诗意”，才能充满劳绩地“安居”于大地之上。一个追求言语上自我实现的人，必定是一个有“诗意”的人。诗意人生的教育，是语文——文学——写作教育责无旁贷的使命。语文教育的人文性，在很大程度

---

① ［德］海德格尔著，郜元宝译，张汝伦校：《人，诗意地安居》，广西师范大学出版社2002年版，第70～77页。

② 朱光潜：《谈读诗与趣味的培养》，见《朱光潜美学文集》第2卷，上海文艺出版社1982年版，第492页。

③ 同上书，第493页。

④ 罗静等：《余光中：不一定要当诗人，但生活要有诗意》，载《中国青年报》2002年5月23日。

上就表现在“诗性”上。比较而言，人文性是教育的共性，而“诗性”则是语文教育尤其是文学教育的特性。哲学、美学、历史、伦理、政治、音乐、美术等的教育，虽然也包含有“诗性”成分，但是，毫无疑问，任何一门课都不可能像文学教育（这里说的是真正审美意义上的文学教育，而不是海德格尔所批评的把诗“作为文学史的对象而用教化的或科学的方法加以通盘研究的东西”的文学教育）那样，能如此感性而又深刻地将高尚、纯洁的情感植入人的心灵。

诚如余光中先生所说，不一定要做诗人，但生活要有诗意。人，不一定要做诗人，但要做一个有精神创造力、想象力的作者，一个有思想、有言语智慧的人；一个有思想、有言语智慧的人，他的生活尤其不能缺少诗意。言语人生只有在“诗性”的烛照下，才能释放出人性的庄严和高贵，才能显示出人的生命意志的坚忍和不屈，也才能在他的一生中用言语智慧给世人带来生活的温馨和快乐、勇气和信念。不论在言语人生旅途中遭遇到什么样的坎坷，只要前面有“诗性”之光照耀，人生就不会陷入悲观和懦弱，人生就有了不灭的祈盼和信仰。

诗，亚里士多德认为是离哲学最近的。诗和哲学都是对事物普遍性的了悟。诗意，体现了诗人对人生、历史、世界的赏玩、品味。真正的诗，必有哲思。从这个意义上说，诗人必得是哲人。哲人是形而上的诗人，诗人是感悟化的哲人。因此，写作的人，要有俯瞰众生、参悟人生的心。

诗意，滋生于浩瀚温柔的慈爱悲悯之心。人性最美好的一切，皆始于对生命、对自身、对他人的垂爱和怜惜。孟子有言：“人皆有不忍人之心……无恻隐之心，非人也；无羞恶之心，非人也；无辞让之心，非人也；无是非之心，非人也。恻隐之心，仁之端也；羞恶之心，义之端也；辞让之心，礼之端也；是非之心，智之端也。”[①] 孟子把“恻隐之心”放在人性“四端”之首是有道理的。没有恻隐之心，也就谈不上羞恶、辞让和是非之心。“恻隐之心”，是人性美好的萌芽，是良知的基础。《礼记·大学》云：“大学之道，在明明德，在亲民，在止于至善。”这“至善”，是至高无上的精神境界，是人生修炼的终点。从“恻隐之心”等到“至善”，是“向善”之心不断滋长和升华的过程。

---

① 《孟子·公孙丑上》。

“不忍人之心”“恻隐之心”，使人能在残酷的生存竞争中据守良知、道德的底线；在人与人不可避免的摩擦碰撞中，保持一份宽容和同情。人的一生，苦难是其底色，压抑、扭曲和异化，是敏感心灵无时不在的伤痛。从这个意义上说，每个人都很“可怜”，要是没有慈爱与悲悯、体谅与温情、理解与抚慰，人将不人，这世界也就没有光明和希望。安徒生的《卖火柴的女孩》，借小女孩之手，一次又一次擦亮火柴，在茫茫暗夜中为世人燃起的就是悲悯之火；欧·亨利的《最后一片叶子》，讲述了一个一辈子碌碌无为的老画家贝尔曼，为了使因病情垂危而绝望的乔安西小姐能看到风雨摧残下老藤顽强的生命力，振作起来，他在风雨夜爬上高墙，给攀缘在上面的落叶老藤画上了叶子，使乔安西小姐重新拥有了求生的希望，终于转危为安，而自己却因此患肺炎死去。那一片叶子，是他用生命代价成就的杰作。这些作品，感人心者皆由于浸润着作者的宽仁厚爱。文学教育，要使学生学会悲悯，学会怜惜，关爱生命，拥有一颗利他、慈善之心，使人生的孤苦和伤感变成蕴藉温婉、缠绵悱恻的感动。

有一颗悲悯良善之心，人生还得有梦，有浪漫情怀。生命是一种欲求，是永无休止的渴望。悲悯良善之心，使人生的欲求变得美丽而茂盛。葳蕤如春草般蓬勃的生命欲求，是言语创造不竭的动力。弗洛伊德在其名篇《作家与白日梦》中，把文学创作说成是“游戏”和“白日梦”的延续。他说：“作家的工作与孩子游戏时的行为是一样的。他创造了一个他很当真的幻想世界——也就是说，这是一个他以极大的热情创造的世界——同时他又严格地将其与现实世界区分开来。”“由此所见，当人们长大后便停止了游戏，他们似乎也放弃了从游戏中所获得快乐的受益。但是不管是谁，只要他了解人类的心理，他就会知道，对一个人来说，如果让他放弃自己曾体验过的快乐那几乎比登天还难。事实上，我们从不放弃任何东西，我们只是用这一样东西去交换另外一样东西。看上去是被抛弃的东西实际上变成了代替物或代用品。同样，长大了的孩子当他停止游戏时，除去和真实事物的联系之外，他什么也没抛弃；代替游戏的是幻想。他在空中建造楼阁，去创造所谓的‘白日梦’(daydreaming)。我相信大多数人都在他们的生活中的某时某刻构造幻想。这是一个长期以来被忽视的事实，因此，它的重要性也就未被充分地认识到。”①

① 孙庆民、乔元松译，索宇环校，见车文博主编：《弗洛伊德文集》第四卷，长春出版社1998年版，第427～428页。

他认为，一个幸福的人绝不会幻想，只有一个愿望未满足的人才会。幻想的动力是未得到满足的愿望，每一次幻想就是一个愿望的履行，它与使人不能感到满足的现实有关联。“一篇作品像一场白日梦一样，是童年时代曾经做过的游戏的继续，也是这类游戏的替代物。”[①] 这“（愿望的满足）——游戏——白日梦——作品”的假说，说的虽是“创作”，但可以推广到言语创造。这个假说虽未必能解释一切的言语创造，但是，可以肯定的是，言语创造需要幻想，需要有“梦”，需要想象力，需要积极和乐观。沈从文先生就是这样，他说：“名誉、金钱或爱情，什么都没有，这不算什么。我有一颗能为一切现世光影而跳跃的心，就很够了。这颗心不仅能够梦想一切，而且可以完全实现它。一切花草既都能从阳光下得到生机，各自于阳春烟景中芳菲一时，我的生命上的花朵，也待发展，待开放，必然有惊人的美丽与芳香。”[②] 沈从文先生的写作之路和人生之路虽充满劳绩，但他对待写作和人生仍是乐观、明朗、积极向上的，他善于把痛苦升华为诗，体现了浓浓的“诗意”。

也许每一个人都有未得到满足的愿望，如此看来，似乎大多数人都应当有幻想。然而，诗意的幻想是基于现实又是远离现实的，过于现实就不会有诗意的幻想。今天的多数人，由于往往过于现实，所以，他们没有诗意的幻想。多数成人、多数教师没有诗意的幻想，所以，多数孩子也就被窒息了诗意的幻想。不是有幻想就有言语创造，更不是有幻想就有诗意。在我看来，今天学生中，有的压根儿没有幻想，有的有幻想没有诗意，年龄越大，诗意越少。他们太在意自己，太现实，太注重眼前的功利。他们不仅生理上近视，而且心理上也近视。他们现在的幻想是高分，将来的幻想是高薪，是凯迪拉克、法拉利，是海滨别墅。幻想的翅膀，因承载了膨胀的物欲而变得笨拙、沉重。他们碌碌一生，即使一切称心如意，功成名就，也不可能“诗意地安居”，他们是财富和虚名的奴隶。作家汪曾祺在谈到沈从文先生时说：“有诗意还是没有诗意，这是沈先生评价一切人和事物的唯一标准。他怀念祖母或老姑母们，是她们身上‘蕴藉了多少抒情气氛’。他讨厌‘时髦青年’，是讨厌他们的唯实唯利的庸俗人生观。沈从文的世界是一个充满乡土气息的抒情

---

① 孙庆民、乔元松译，索宇环校，见车文博主编：《弗洛伊德文集》第四卷，长春出版社 1998 年版，第 433 页。

② 沈从文：《水云集·水云》，见《沈从文文集》第十卷，花城出版社、生活·读书·新知三联书店香港分店 1984 年版，第 265 页。

诗的世界。他一直把他的诗人气质完好地保存到七十八岁。”[①] 一生都能保存着纯真和诗意，这是写作者最值得称道的美德。康·巴乌斯托夫斯基在《金蔷薇》中所说的：“写作，像一种精神状态，早在他还没写满几令纸以前，就在他身上产生了。可以产生在少年时代，也可能在童年时代……对生活，对我们周围一切的诗意的理解，是童年时代给我们的最伟大的馈赠。如果一个人在悠长而严肃的岁月中，没有失去这个馈赠，那他就是诗人或者是作家。”[②] 诗意，应是温柔慈悲博大之心，在那绮丽高远浩渺的幻想星空中自由翱翔。

“诗意地幻想”属于理想主义者和拥有浪漫情怀的人。他们“安居于这块大地之上”，而心却属于未来。他们有无限美好的憧憬和遐想，因而在现实生活中能忍受匮乏、不公和误解，面对世俗的冷眼，我行我素，不惊不躁，自适而平和；在广袤的心灵深处，则始终涌动着幻想和激情。这使他们的思想和情感变得闲云野鹤般洒脱、飘逸。也许与现实格格不入，不合时宜，却寸心自知、妙不可言、怡然自得。这是逍遥九天之外的大境界。从此心淌出的言语，似行云流水，妙语天成。

诗意，还意味着美感和审美。人要会欣赏美，要有审美感受力、创造力、想象力，要有情趣、理趣和谐趣，要懂得分辨崇高和卑鄙、高雅和粗俗。审美是超实用的，超越了实用、实利、功利需求，不美满的人生也会流溢着美感。生活中有了美，人生就有了缤纷的色彩、无穷的趣味。然而，在现实社会中，人们对价值的判断总是倾向于“实用”标准。有用性和习惯性，蒙蔽了发现美的眼睛。在孩子的眼中，原本一切都是那么新鲜有趣，孩子的敏感娇嫩纯净的心灵是属于诗的。诗意，是审美“天眼”。婴儿来到世上原本是开着审美“天眼”的。随着时光推移，“审美”日轻，“实用”日重，天平逐渐向“实用”倾斜，成长的代价是感觉钝化，天真丧失，审美“天眼”的闭合。少数始终睁着审美“天眼”的人，便成为真正的诗人。**写诗的人，未必是诗人；真正的诗人，不写诗也还是诗人**。重要的是能否葆有“诗心”。

科学似乎是实用的，其实，高境界的科学也是美的。科学家的言语人生，也需要审美感受力，也是充满诗意的。数学家克莱因讲：“一切精彩巧妙的证

---

① 汪曾祺：《与友人谈沈从文》，见《晚翠文谈新编》，三联书店 2002 年版，第 169 页。

② ［苏］康·巴乌斯托夫斯基著，李时译：《金蔷薇》，上海文艺出版社 1959 年版，第 22 页。

明，精神上近乎一首诗。”数学家西尔维斯特认为数学能够揭露或阐明的概念世界，所导致的对至美与秩序的沉思，它各部分的和谐关联，都是人类眼中最坚实的根基。曾获诺贝尔文学奖的文学家梭罗讲：“有关真理最明晰，最美丽的陈述，最终必以数学形式展现。”中国科学院、美国国家科学院院士丘成桐说：“数学家一定要吸收自然科学的精华、美，包括自然科学里面物理学家、工程学家得出来的最美的一部分，然后用我们自己主观的美和客观的逻辑来做引导，在将我们的想象力发挥到极致的时候，我们将会创作出美妙的命题，美妙的定理，这些命题往往连作者本人也感到惊异。”① ——科学如果仅仅是实用，就不可能有那么多的人献身科学。伟大的科学家，必具有审美创造力和审美想象力，必是美的创造者和追随者。

当今语文教育的目的，基于应付生活的“实用”“应用”需求之上。“美”是无用之用，是不实用的，既不能吃，也不能穿，因而，在实用主义、工具主义那儿，自然弃之如敝屣。语文教学，考什么教什么，什么能得分学什么；写作教育，从小就要求写真人真事（好人好事），写熟悉的（陈旧的），写应用文（有用之文）。从小到大，学生无数次地写《难忘的往事》《我的老师》《我的同学》《春游》《一件有意义的事》《我学会了……》《我懂得了……》等等，却没有教孩子们学会欣赏和发现，教他们欣赏世界，欣赏言语的精妙。他们的思维逻辑起点被定位在做这事有什么“用”上，很少考虑到什么有趣，什么巧妙，什么新颖别致，什么是韵律与和谐、对称与对立、同一与错位、重复与简洁，因为这些没“用”。这样培养出来的只能是有“劳绩”而无“诗意”的人。

古希腊哲学家柏拉图在他的《理想国》中认为，教育的最高理想是造就哲学家，哲学家的品格就是理想的人格，理想人格就是身心和谐发展：有良好的记性，敏于理解，豁达大度、温文尔雅、爱好和亲近真理，正义、勇敢和节制。哲学家首先应是智慧的爱好者，眼睛专注于真理的人。他能把握永恒不变的事物，能认识美本身，而不是含有美的东西。他永远酷爱那种能让他看到永恒的实体的知识，酷爱关于实体的知识的全部，接触每一事物的真正实体，追求真理。哲学家必须是爱国的，能经受考验的人。他们必须在劳苦、恐怖、快乐中受到考验；他们必须是为全体公民谋最大幸福的人；应有

---

① 李政道、杨振宁等：《科学之美》，中国青年出版社 2002 年版，第 294 页。

节制，不贪财；应守卫国家的法律和习惯；追求完整、完全，摒弃小肚鸡肠；他们应公正贤良，具有天然有分寸而又温雅的心灵。总之，爱智、刚烈、敏捷、有力、高尚的人，是内外美兼备的人。——柏拉图说的虽然只是少数最优秀的人，但是，他对理想人格的界定，其中也体现了对“诗性”的要求：豁达大度、温文尔雅、爱好和亲近真理，正义、勇敢和节制，能把握永恒不变的事物，能认识美本身，具有天然有分寸而又温雅的心灵，等等。这些，无疑也还是今天教育所要培养的理想人格。

如果说言语人生使我们从动物中分离了出来，成为有言语智慧的人，诗意人生则使我们从物欲和现实功利中抽身而出，成为精神富有的人。一个充满诗意的人，不论人生有多少苦难，面对的是物质还是精神，是自在还是自为，他都能对其作诗意的观照，都能将对象点化成诗，使人生洋溢着温馨、空灵、深邃的诗意。

林徽因的人生，堪称诗意人生的典范。有人这样描摹她的人生：

林徽因和梁思成经年野外考察，足迹遍及 15 省 200 多县 2000 多古建筑。坐驴车，借宿农舍，睡跳蚤床，一个弱女子攀爬到飞檐上测绘、丈量、记录，脚下只有一个悬空的木梯。她有两个孩子了，回到家，浆洗缝补，锅碗柴米，相夫教子，侍奉老人，还担心物价、战乱。一切都是沉重的。

然而，她不淹留其中，百忙中总有一脉灵思在心中荡漾，时时漾出细纹滋润外物。当她双目闪闪发亮的时候，整个人儿都诗化了，是她最动人的时刻，有夺人的魅力，让人辨不清她是在吟诗还是在歌唱在绘画。你听听她在古建筑群里都说了些什么！

……无论哪一座巍峨的古城楼，或一角倾颓的殿基的灵魂里，都在诉说，乃至于歌唱。时间上漫不可信的变迁，由温雅的儿女佳话，到流血成渠的杀戮。他们所给的“意”的确是“诗”与“画”的。但是建筑师要郑重地声明，那里面还有超出这“诗”“画”以外的“意”的存在。眼睛在接触人的智力和生活所产生的一个结构，在光影恰恰可人中，和谐的轮廓，披着风霜所赐予的层层生动的角色，潜意识里更有“眼看他起高楼，眼看他楼塌了”凭吊兴衰的感慨。

这段文字摘自林徽因的论文《平郊建筑杂录》，林徽因称之为“建筑意”；文史哲饱含其中。以此等文字写建筑论文的也只能是林徽因了。

林徽因水汪汪的目光，触处皆诗。……①

如此诗意浸染的言语人生，不论平淡或辉煌，长或短，都可圈可点，光彩照人。她学的是建筑，“触目”是再平常、实用不过的“物”，然而，她的人生超然“物”外，当为不折不扣的言语人生、诗意人生。人的肉身总有消失的时候，灵魂则因诗意而玲珑剔透、生生不灭。林徽因英年早逝，然而，她留下的精神遗产是永恒的，她的诗心是不死的。

给人以诗意的熏陶，是文学的使命。文学是人学，文学是对人生、对人的存在的描述和思考。优秀的文学家，也是思想家、哲学家、美学家。文学的经典作品，使我们得以与大师进行心灵的对话和沟通，真切、感性地认识自我，触摸人生、历史和宇宙，使我们懂得人的价值和人生的意义，懂得怎么对人对己，懂得羞恶和廉耻、神圣和尊严，懂得什么是真正的幸福。它教给人们如何诗意地活着。文学教育要承担起诗意人生教育的使命，给人生打上美丽的底色。钱理群先生说：“语文教育有其特殊性，许多人在回顾自己的一生时，都会发现对自己影响最大的往往是语文教育，或者是语文教师。就我而言，决定我一生发展的是语文老师。人文教育不只是语文教育，而语文教育应当占有一个特殊甚至是核心的位置，因为语文的文学性对青少年更富有感染的力量。中学语文教育落实到人文教育上时，就是给人建立一种精神底子。一个人的精神是要有一定的底子的。我个人认为这种精神的底子应当是浪漫主义和理想主义的，即给人的生命一种亮色。”② 钱先生强调文学教育应给予学生“浪漫主义和理想主义”的精神。尽管诗意人生教育的内涵也许要更为丰富，“浪漫主义和理想主义”是“诗意”的一个重要方面，实际上他这里说的也就是诗意人生的教育。以往的文学教育所做的恰恰是统一化、规格化的思想教育，文学教育变成了说教，且不说课本的选文没有多少优秀的文学作品，连这为数不多的好作品，也被讲得全无诗意，既不“浪漫”也不“理想”，本应该从中获得精神陶冶、心灵感动的，却成了精神压抑、心灵禁锢。文学教育呼唤自由精神的回归，呼唤诗意的回归。

诗意教育，自然不是诗歌教育。但是，优秀的诗歌应当是最富诗意的。在文学教育中，诗歌毫无疑问应占有一个重要地位。古人把“诗教”放在“六经”教育的首位是有道理的。诗歌的审美价值、情感价值和人文价值在诸

---

① 节录自杨稼生：《一身诗意千寻瀑》，载《中国青年报》2002年5月8日。

② 孔庆东等主编：《审视中学语文教育》，汕头大学出版社1999年版，第12页。

文学体裁中是特别突出的，诗歌教育对人的感染熏陶作用是其他教育方式所无法取代的。诗歌对人的心灵培育和精神影响应受到特别的重视。朱光潜先生对读诗和人生的关系有一段精辟的论述：

> 我们本来不觉得乡村生活中有诗，从读过陶渊明、华兹华斯诸人的作品之后，便觉得它有诗；我们本来不觉得城市生活和工商业文化之中有诗，从读过美国近代小说和俄国现代诗之后，便觉得它也有诗。莎士比亚教我们会在罪孽灾祸中见出庄严伟大，伦勃朗（Rambrandt）和罗丹（Rodin）教我们会在丑陋中见出新奇。诗人和艺术家的眼睛是点铁成金的眼睛。生命生生不息，他们的发现也生生不息。如果生命有末日，诗才会有末日。到了生命的末日，我们自无容顾虑到诗是否还存在。但是有生命而无诗的人虽未到诗的末日，实在是早已到了生命的末日了，那真是一件最可悲哀的事。"哀莫大于心死"，所谓"心死"就是对于人生世相失去解悟和留恋，就是对于诗无兴趣。读诗的功用不仅在消愁解闷，不仅是替有闲阶级添一件奢侈；它在使人到处都可以觉到人生世相新鲜有趣，到处可以吸收维持生命和推展生命的活力。
>
> 诗是培养趣味的最好的媒介，能欣赏诗的人们不但对于其他种类文学可有真确的了解，而且也决不会觉到人生是一件干枯的东西。①

朱先生的见解是振聋发聩的：诗人和诗歌给了我们发现生活之美、人生之趣的眼睛，诗不是可有可无的，人生中是否有诗是生死攸关的事；有生命而无诗的人虽未到诗的末日，实在是早已到了生命的末日了。诗使人到处可以吸收维持生命和推展生命的活力，使人生不致干枯。就是说，诗是生命的滋养物，缺少了诗，人的精神生命便宣告死亡。

这些在今天的语文和文学教育中被严重忽略了。梅子涵先生对此深有感触，他说：

> 不知道诗歌是现在孩子的毛病。这不是说在语文课上他们没有朗诵过诗歌，但是那些对他们来说只是课文，诗意和浪漫没有到心里去。语文老师也让生活和喧闹吵得忘记诗歌是什么了，诗歌、小说、散文还有应用文……他们都告诉你他们的中心思想是什么。我的女儿算是从小读过不少文学书籍的孩子，可是说到诗歌，她立刻就跑得远远的，脸上而

---

① 朱光潜：《谈读诗与趣味的培养》，见《朱光潜美学文集》第二卷，上海文艺出版社 1982 年版，第 493 页。

且闪出讥笑。这是责怪谁也是没有用的，我对编辑儿童刊物的朋友们说，能够做的就是每一期上都别忘记了小心翼翼地放入几首诗歌，既不影响刊物的市场，又让它们能够映入孩子们的眼睛。如果正好也有兴趣，就会一行一行读下来，这已经够了，他们便有了诗歌印象。就像阅读文学一样，教科书上说了各种各样的功能、各种各样的意义，可是我总是固执地提醒，别忘记了，留下“文学印象”“艺术印象”。这也是功能和意义，这就能保证一个人的基本感觉，保证一个民族的基本审美。①

他说的通过读诗、读文学作品形成“文学印象”“艺术印象”，能保证一个人的基本感觉，保证一个民族的基本审美，也许有点夸张，但是，儿童时代受到优秀诗篇等文学作品的感化和熏陶，作为一种基础的人文素养教育的重要性是显而易见的。

南京有一个孩子，九岁双目失明，然而，他迷上了文学。下岗的母亲没钱，只得到旧书摊上“淘”书读给他听。读着读着，孩子开出的书越来越难懂：川端康成的《雪国》，佩索阿的《惶然录》，莎士比亚的《哈姆雷特》，还有《尼采选集》……终于有一天，孩子有了自己的文学感觉，开始读自己写的诗：

虽然看不见你的面容/但我听见妈妈激昂的心弦/妈妈，你就是大海/你的胸怀像大海一样宽广/把儿子的苦难勇挑在肩……

没有眼睛/而我依然要翻山越岭/不顾一切来看你/我总是这般痴情/你那浪花/你那贝壳/都会让我感动不已

他有了三个心愿：看海，见见自己资助的失学女童，出一本自己的诗集。他看海的心愿已经实现，也找到了他一家人省吃俭用资助的女孩，带去了托尔斯泰的《苦难的历程》送给她，对她说：“经历过人生的苦难，才会有大的作为。”如今，他正为了实现第三个梦，每天拿着盲人字板和字笔，一针一针扎着他的诗……②

这是一个真实的故事，读优秀的作品，有了诗，有了梦，于是去圆梦。瓜熟蒂落、水到渠成，一切似乎就这么简单。这就是文学的魅力，诗的魅力。在狂热追求物质的世界上，文学、诗歌也许是最无用的。然而，对于塑造人的心灵来说，也许没有什么比文学、比诗歌更有用。孔子曰：“兴于《诗》，

---

① 梅子涵：《读诗理想》，载《文汇读书周报》2003 年 3 月 28 日。

② 见《盲孩子肖毅的三个愿望》，载《每周文摘》2002 年 5 月 24 日。

立于礼，成于乐。”[①] “不学《诗》无以言。”[②]《诗》、礼、乐，这些看来都是不实用的，孔夫子却把它视为教育的基本内容，是人的成长不可或缺的重要内容，这就是无用之用。一个盲孩子尚且能从文学中看到光明，能够诗意地活着，文学教育、诗歌教育是否应让更多的孩子精神健康、心灵丰满？当然，语文教育给学生的不仅是文学，其他优秀文章也会对学生精神世界产生深刻影响，引领他们走上言语人生、诗意人生。

如何引领学生走上诗意人生之路，这是每一个语文教师都要认真思考的一件事。最重要的是，语文教师本身对诗意地生活和诗意地教学要有深刻的体认。要使学生有诗意，教师先要有诗意。教师要有诗意情怀，就要在生活和语文教育实践中不断地反思和自省，不断地修养身心、身体力行、加深领悟。著名特级教师黄玉峰先生曾谈到自己“诗意地教语文”的感受，他说语文本来是充满诗意的，如今却教得这么累，学得这么苦。荷尔德林说，人应该诗意地安居于大地之上。这句话经海德格尔的哲学提升，已成绝代佳句，传遍天下。我们语文教学何不仿效，也诗意地教呢？人生在世，至多百年，能诗意地活着，诗意地工作，何等洒脱，何等开心。对如何诗意地教，黄玉峰先生总结了三个方面的经验：首先是诗意地处理教材：他大胆将教材中的一部分文章删去，增加一些课本外的文章，所讲的必得是自己被打动过的，非上得学生终生难忘不可：他曾花一个多星期的课时与学生读《文化偏至论》，用两节课的时间让学生看《行动的爱者德兰修女》，结合自己的经历给学生声情并茂地讲《我与地坛》，与学生热烈地讨论《共产党宣言》《人权宣言》，有时还把刚发表的时文引进课堂。他认为课本里收的文章总没有课本外的丰富。课本外有万紫千红，课堂外有万水千山，课本应该是开放的。没有处理教材的识见、主动性和胆识，何来教学的诗意！其次是教法也要有诗意。要遵循一个原则，就是尽可能地让学生与文本直接对话，要以学生的学习为本，要给学生创造一个对话场。在这个对话场中，有一种极好的氛围，让作者和学生、编者和学生、教师和学生、学生和学生展开充分的自由的对话。具体的教法是丰富多彩的，可以一读到底，可以一讲到底，可以边读边讲，可以边读边议，可以是提问式，可以是创设情景式，可以借助音乐、影视，也可以用多媒体……第三是要扩大语文的内涵。他把学者教授请进了课堂：

---

① 《论语·泰伯》。

② 《论语·季氏》。

讲陶渊明，他请骆玉明讲魏晋风度和竹林七贤；讲评论，请夏中义；讲尼采，请郜元宝……还和学生一起走出去，蹲图书馆，泡书店，逛书城。到了假期，一道进行文化学旅，直接与大师“零距离”交流，获得历史的现场感。师生一起写诗歌写剧本演小品，一起选文章编刊物，“奇文共欣赏，疑义相与析”。师生一起出作文题，甚至师生互评文章，其乐融融。还请北京、上海等大学教授主持学生的论文答辩……总之，生活有多大，语文就有多大。语文教学没有围墙。他最后将诗意地教语文归结为：“——这是一种全身心投入的教学热情，一种无拘无束的教学心态，一种高屋建瓴的教学安排，一种举重若轻的教学境界，这是一种冲破禁锢的教学胆识，这是一种不计得失的教学自由，这更是一种教学人格的真正体现。”① 黄玉峰先生对如何诗意地教语文未必概括得很全面，所说的只是自己经验和体验的一小部分，但是我们还是可以看到他开阔的襟怀、洋溢的激情和不羁的性格，看到他的挚爱和执着，潇洒和逍遥。相信学生们是能够从他直率热忱的言行中领悟到语文的也是人生的诗意，受到浓郁的诗意的熏陶和感染，并获得言语生命意识和人生观、价值观的启迪。

苏霍姆林斯基说：

> 在童年时代每个孩子都是诗人……我并不因孩子的天赋而大为感动，也并不以为每个孩子按其天性来说都是诗人。人类对美好的事物的情感，唤醒了他心灵中的诗人。没有这种情感的教育，学生还是会对大自然和词的美漠不关心，他依然会变成这样一种人，对于他来说，朝水里和往正在啼啭的夜莺身上扔石子都是一码事。给孩子以产生富有诗意的灵感的乐趣，唤醒他心灵中充满诗意的创造的生命之泉——这件事情是如此重要，就如同教会他读和解题一样。在一些孩子身上，这股泉水在欢快地奔涌，而在另一些孩子身上，却只是缓缓地流动。我看到了，有些孩子的充满诗意的灵感，不是激情的短暂迸发，也不是火光的突然一闪，而是一种不间断的精神需要。②

未来的语文教师要是都能充满诗意情怀，都能用自己的诗意感悟去唤起孩子“心灵中的诗人”，未来的孩子如果都能拥抱、谱写自己的诗意人生，那是多么好！

---

① 黄玉峰：《愿我们诗意地教语文》，载《语文学习》，2002 年第12 期。

② ［苏］苏霍姆林斯基著，肖勇译：《教育的艺术》，湖南教育出版社 1983 年版，第184～185 页。

七　语文之使命：言语生命的表现与存在

言语人生、诗意人生的基础是人的言语生命欲求、言语生命意识。所以，言语生命动力学语文教育以培育学生的“存在”的言语生命欲求、言语生命意识为首务。有了言语生命欲求、言语生命意识，才有言语人生、诗意人生。**言语表现欲和创造欲是人类生命的“原欲”**。语文教育动力学，它的本源应是言语生命冲动、欲求和潜能。表现-存在论语文教育学的动机论，是言语生命动力论。它是以激发人固有的生命潜能和言语冲动，培植健康的言语生命意识和言语表现欲、创造欲为基本特征的语文教育学。

推行素养教育和课程改革，为以培育学生的言语生命意识为重心的言语生命动力学语文教育创造了良好的现实环境。《全日制义务教育语文课程标准（实验稿）》打破了以往教学中奉行的知识、能力本位，将“过程和方法”“情感态度和价值观”作为与“知识和能力”并列的三个维度，据此设计课程目标。三个维度中“情感态度和价值观”这个维度尤其重要。因为，这是动机层面的因素。言语生命意识就是包含在语文教育的“情感态度和价值观”维度内的核心因素。学生在学习上的困难，“智力”问题往往倒是在其次，更多的则是因为“动力”缺失所致，在语文学习中这一点表现得特别明显，多数学生语文成绩不佳，主要就是因为对应试语文教学感到厌倦，对严重脱离言语实践、窒息他们原发性的言语表现欲的“伪语文”教育产生抵触情绪，学习成了无乐趣的苦役，加剧了他们的厌倦、拒斥心理。

对美国麻省理工学院历届毕业生的一份调查显示：毕业生们虽然绝大多数都成为当今美国社会乃至世界各地的精英人才，但他们在感激母校的教养之恩的同时，仍然有不少抱怨，其中抱怨最多的几项依次是：学校没有教给他们足够的写作能力，没有教给他们必要的历史知识，没有教给他们必要的道德价值判断能力。这三项所占被调查者的比例均在60%以上，第一项甚至超过80%。接受了当今最好的理工科高等教育的学子们大都抱怨母校文科教育的欠缺，的确是一个耐人寻味的问题。[①] 从中可以看出语文、写作教育对于

---

① 见万俊人：《学统与思想创造》，载《读书》，2002年第8期。

一切人才的“元素养”意义，良好的言语生命意识、言语创造力对人的生存与发展的重要。同时也表明，历史知识、道德价值观等人文素养，对于人生的发展有着重要作用，是高层次人才的不可或缺的需要。对于文科人才的成长来说，写作能力和人文素养更是至关重要。在今天的教育中，人文教育的阙如，已成为人才培养的瓶颈。即便在综合性的人文学科——语文教育中，所关注的也只是语言技术层面的知识和能力，实际言语表现能力（口头交际和写作）没有得到真正的重视，基本无视学生的心灵、精神和文化建构。

以写作教学作为语文教学的一面镜子，便可一窥语文课程中“情感态度和价值观”这一维度的作用。

写作教学从行为特征上看，是“教写、学写文章”，教人如何学习写作，使学生获得相关的知识和能力，具备从事写作的基本智力素养；从动机、态度等特征上看，则是教人何以要写作，教人热爱写作、倾情写作，追求用言语来创造、展示、实现自我，激发言语表现欲、创造欲和生命能，引领人走上言语人生、诗意人生之路。由于写作动机、态度、目的等为写作教学、写作行为提供动力和方向，在相当程度上决定了教学的质量和效果。所以，后者实际上比前者更重要。而在教学实践中，前者是教学中显性的、表层的内容，是看得见摸得着，可操作的；后者是隐性的、深层的内容，看不见摸不着，是“务虚”性的，仿佛可有可无。所以，在教师的观念中，较为注重的反倒是前者，而后者似乎从未引起足够的重视。在语文、写作教学中，教师最关注的便是各种各样五花八门的“训练”“活动”，却忽略了对学生的心灵培育与人文关怀，忽略了优化的写作动机系统的建构，这是造成语文、写作教育成效不彰的一个重要原因。

语文教学自然要教人学习听、读、说、写，要“教写、学写文章”，不教人学写文章就不能称作语文教学。但怎样才能学好语文、写作呢？唯有热爱语文、写作，真正懂得言语表现的价值与意义，感受到言语表现的快乐与幸福，能享受语文、享受言语表现、享受写作，才能学好语文、学好写作。培养言语能力很重要，但是，更重要的是对言语本质、言语人生、诗意人生的深刻体验、正确认知。**语文知识和能力都是会随着时间的推移而减效或失效，唯有强盛的健康的言语生命意识，对言语的自我实现、言语人生、诗意人生的体验与追求，才是历久不衰、终生受用的。**

今天，一些学生喜欢语文却讨厌语文课，学习写作而不热爱写作。学生不喜欢语文课、不热爱写作，言语能力低下，固然原因很多，但其中最主要的一个原因，不能不归咎于应试教育，归咎于应试教育严重背离了人对写作的实际需求，背离了人的言语表现欲、创造欲，背离了人类为自己建构精神家园这一言语表现的终极意义。要改变现状，便要改变学习语文是为了应试这个错误的认识，或片面地将语文教育的目的陷于被动地应付生活上。应使学生明白为什么要学习语文，为什么要写作，写作与人生、发展、生命，与知识、文明、世界有什么关系，让学生品味精神创造、言语表现的欢乐和痛苦，领悟实现言语生命欲求及使生命留痕、精神长存的无与伦比的幸福。

言语生命意识教育，是语文教育贯穿全程的核心内容。从一开始，语文教育就要让学生了解语言、言语和人的生命的天然联系，了解言语和人的内部世界、外部世界的关联。**语文教育的整个过程就是致力于帮助学生了解并建立人的生命活动和言语表现之间的紧密联系**。福禄培尔说：

> 一般地说，语言就是通过外化了的东西自动地向外说明和表现自己内在的东西。“Sprechen”（说话）一词也表明了这点。Sprechen 可以说就是使自己绽开（brechen），自己在自身内部分化、分裂、划分，也可以说是某一东西的绽开表现出该东西内部的最深奥的奥秘。正如花蕾的绽开表现和显示出这朵花的内在奥秘一样，说话者把他内心的东西自动地向外表达出来，而语言本身的作用在于把内部的东西向外表现出来，因而语言就是内部的东西向外部说明和表现。但人最内在的东西是一种不断地活动着的、活生生的东西，即生命，因此，生命的特性和现象也必然要通过有声的词语表现出来。因此，完善的人类语言，作为与人的本质和内在精神联系着的这种本质与精神的经常性表现，必然极其活跃地通过极其微妙的活动，直到最细微之处表现出来。因此，这样的人类语言必然地是人的耳朵所能听到的。语言如同整体的人一样，为了全面地、经常地表现自己，必须保持最大的活动性。但就整体上说的人和作为自然现象的人，也完全地包含着自然的本质，因此，在语言中，正如表现人的本质一样，也表现自然的本质。由此可见，语言就是对人的整个内外世界的描摹。①

显然，他这里所说的语言，主要指的是言语。言语表现是人的内在生命的外

① ［德］福禄培尔著，孙祖复译：《人的教育》，人民教育出版社 2001 年版，第163～164 页。

化，是生命欲求自然的生长绽放，它体现的是人全部的生命特性和个性，它在表现人的本质的同时，也表现了自然的本质。对人的存在来说，没有什么东西比言语表现、言语创造更能够体现出生命意义的实现。这种对言语和人的生命特性相互关联的体认，就是言语生命意识。

语文教学首先要让学生清楚地认识到言语表现对于人的生命存在的价值和意义，为学生奠定踏上言语人生、诗意人生之途的动力学基础。**言语生命动力学是从言语发生学视角确立语文教育本体论。**应让学生意识到：是否会运用语言文字是人区别于其他动物的一个最重要的表征，言语表现使人与其他动物分离开来，使人成其为人，成为有存在价值的人；言语创造使人拥有了精神家园，使人的个体生命有了与众不同的意义。正是在这个意义上，卡西尔称“人是符号动物”。海德格尔说：“人们坚信，与动植物相区别，人乃是会说话的生命体。这话不光是指，人在具有其他能力的同时也还有说的能力。这话的意思是说，唯语言才使人能够成为那样一个作为人而存在的生命体。作为说话者，人才是人。……无论如何，语言是最切近于人的本质的。”① 法国语言学家海然热说：“……语言能力决定性地完成了一个新物种的区分。”② 可见，人的言语活动，能说会写，是在本质上对自身作为“人”的确认。写作，是语言文字的表现与创制，是更高级的“说话”。人在通过写作建构精神家园的同时，写作也塑造、健全、成全了人本身。一个会写作的人，拥有言语人生、诗意人生的人，才是真正发展的、精神健康的人，因而也是幸福的人。

一个人毕其一生，除了建构物质家园外，就是建构精神家园。建构物质家园，主要满足的是人的生理需求，使人无衣食之虞。然而，“梁园虽好，不是久恋之家”，物质家园再美，也非人类安居之所。因为，如果只知“觅食”，只知吃、喝、拉、撒、睡，这就无异于一只鼠、一头猪或狼。人之所以成为人，就在于他还有精神追求，有向善的良知，向美的情怀，向真的思想，有超乎现实功利之上的道德、理想与信念、信仰，有对人自身的精神抚慰、终极关怀及自我实现的需求。人们为此不避辛劳、殚精竭虑、鞠躬尽瘁、死而

---

① ［德］海德格尔著，孙周兴译：《在通向语言的途中》，商务印书馆 1999 年版，第 1 页。

② ［法］海然热著，张祖建译：《语言人：论语言学对人文科学的贡献》，生活·读书·新知三联书店 1999 年版，第 83 页。

后已，目的不只是为了建造物质的家园，而是要建造一个精神家园。因为唯有精神家园才是人类真正的归宿。正是在这个意义上，荷尔德林说“人充满劳绩，但还诗意地安居于这块大地之上”。语文教育的终极意义，就是要使人在言语创造中获得“诗意地安居”，营造充满人文气息和浪漫情怀的诗意人生。

时下不是有富豪慨叹说“穷得只剩下钱了”吗？这就是“精神贫困”的真实写照。而建构精神家园离不开言语活动，离不开写作。人类一切精神财富，人类的思想与情感、知识与创造、智慧与文明，都要借助写作得以表达与承传。因此，海德格尔说“语言是存在的家。在其家中住着人。那些思者以及那些用词创作的人，是这个家的看家人”①。人们称写作成品——文章，是人的生命寓所、精神家园，不无道理。

正是在这个意义上，言语人生、诗意人生包容并超越了基于现实功利需求的种种人生。人生可以有各种各样的定位和选择，但有意义、有价值的人生，一定是自我实现的人生。自我实现的人生，就是在有限的生命历程中，把个体生命的存在价值发挥、张扬到极致。这种自我实现，主要是指向思想精神领域，如道德的完善，学术的创树，哲理的探索，真、善、美的追求，思想境界的扩展与升华等。思想精神领域的拓展，自然也涵盖、推动了物质文明的创造。而这些，都要借助符号化的思维和行为，即通过写作来达成。因此，写作上的自我实现，就是指向人本质的自我实现。一个自我实现的人，是不可能离开言语创化的，或者说，人必须通过写作来达成自我实现。一个自我实现的人，不论他从事的是什么职业，担任的是什么职务，不论他的经济状况、社会地位如何，是政治领袖、科学家、教师、企业家、诗人或是工人，是盘满钵满的富翁还是捉襟见肘的穷光蛋，他所创造的业绩，他的思想成果，他的精神建树，最终都必须体现在写作上。只有体现在写作上，才能融会入人类的文明史，使其智慧不灭、精神永存。

言语人生，也可以说是知识与创造的人生。一个追求知识与创造的人，他必然要终生与写作结缘。求知是离不开写作的，“学习通过写作”，任何学科的知识都需要通过写作来领悟与掌握。只有与写作相伴的求知，才是高质量、高效率富有成果的求知。学习的过程需要写作，最终考核、检验、体现

---

① ［德］海德格尔著，郜元宝译，张汝伦校：《人，诗意地安居》，广西师范大学出版社 2002 年版，第 24 页。

学习成果还离不开写作。创造也离不开写作，真正具有发现价值的创造都是人的思维成果、智慧结晶，这些发现、发明与思维，都要借助文字来实现，通过写作文学作品、观测报告、实验报告、研究报告、论文、专著等来表达。因此，言语人生，可以说是知识人的唯一选择，是一切领域知识分子的生存方式。

语文教学从一开始就要让学生明白：物质家园的建造有赖于写作，而通过写作建造精神家园则是人的终极性的本质性的需求；一个追求自我实现的人，追求知识与创造的人，必将终生与写作相伴相随。语文教学就是要一步步地引领学生走上写作人生、诗意人生之路。这不但事关个人的发展，而且关乎人类的进步。

语文课程的性质，从表层看是学习言语表现，从深层看是奠定言语人生、诗意人生的基础，体现生命存在价值，这是一个宏观性基础性的要求。前者是枝叶，后者是根本。语文课程的“情感态度和价值观”，在学习心理层面属于“动机”范畴。因而在语文教学实践中，“根本”的培植，主要体现在激发言语表现动机上。

自发的学习行为，一般是基于人的兴趣。兴趣是情感态度的外化形态，也是一种主体性动机，就这一点上说“兴趣是最好的老师”是对的。没有兴趣，就没有自觉的、有创意的认知活动和学习行为。但是，儿童少年的兴趣往往是短时、随机、多变的，也就是说，兴趣这位最好的“老师”并不能保证始终不渝地陪伴着你，随时可能“移情别恋”，离你而去。兴趣，是一种不可或缺的动机，也是一种不稳定的动机。要使这位“老师”“忠贞不贰”，一个可能的办法就是要适时地激发学生的更为恒定持久的或多元化的学习动机，以恒定性的、多元化的动机来激发兴趣，以兴趣来维持学习和创造行为。

只要不无视当前学生对写作普遍失去兴趣的现实，就不能不关注学生写作学习的极其复杂的动因。苏联著名的心理学家阿·尼·列昂捷夫说：“须知，正是活动的对象才使它具有一定的方向性。按照我们提出的术语，活动的对象是活动的真正的动机。不言而喻，对象可能是物质性的，也可能是观念性的；可能是呈现在知觉中的，也可能只是存在于想象、思维中的。主要的是，在对象背后总是存在着需要，它总是适合这样或那样需要的。因此，**活动的概念必须同动机的概念相联系**。没有动机的活动是不存在的；‘没有被动机激励的’活动——这个活动不是没有动机，而是它具有主观和客观上潜在的动机。”[①] 美国心理学家林格伦说：“一般说来，一个教师工作的成效，是和他对自己指导的学习者的动机的了解成正比的。就是这个动机，为他们表现出来的行为，提供力量和方向，不论这种行为是教师正在试图培养的，还是不太合乎需要的。”[②]

对于学生语文和写作上存在的问题，以及他们对语文和写作学习的厌倦，教师往往更多地把自己的热情和精力放在对学生具体行为的指导和纠正上，这是一个极大的误解。任何的行为，都是动机驱动下的行为。动机不变，行为是不会有质的改变的；只有动机改变了，才能导致行为的改变。

在当今的语文教育中，教师与学生不是没有教学动机，而是缺乏必要的、适当的动机。多数学生不喜欢写作以至害怕写作，显然跟应试教育不无关系。教师教学动机是为了培养学生应试能力，学生学习动机自然也是为了应试。“应试性”的语文教学中，写作成为“敲门砖”，应试虽然也具有一定的激励作用，但“学写文章”毕竟是情势所迫，是出于无奈，很难产生言语表现与创造的兴趣、冲动和激情。且由于“应试性”的语文教学要求与写作客观实际的情形存在很大的隔膜，所限定的话语空间极为狭隘，长期形成的应试写作规范与程式，严重窒息和压抑了学生的写作欲望，久而久之必然视写作为畏途。不论教师如何花样翻新指导写作，只要应试动机不变，学生被动应付的异己性的写作行为就不会改变。

应试言语表现动因的弊端是显而易见的，而尤其需要一辨的却是所谓的“应需”言语表现动因。“应需”写作，用叶圣陶的话来说就是：“学生为什么要练习作文……练习作文是为了一辈子学习的需要，工作的需要，生活的需要，并不是为了应付升学考试，也不是为了当专业作家。”[③] “课外应需而作文，固用也，而亦练也。……课内作文最好令作应需之文，易言之，即令叙非叙不可之事物，令发非吐不可之议论。课内练习，固将求其应需，非欲其

---

① ［苏］阿·尼·列昂捷夫著，李沂、冀刚、徐世京、杨德庄译：《活动　意识　个性》，上海译文出版社1980年版，第68页。

② ［美］林格伦著，章志先、张世富、肖毓秀、杨继本、肖前瑛译：《课堂教育心理学》，云南人民出版社1983年版，第24～25页。

③ 叶圣陶：《从出题到批改——〈中学作文指导实例〉序》，见刘国正主编：《叶圣陶教育文集》第3卷，人民教育出版社1994年版，第467页。

徒然弄笔也。"[①] "其实国文所包的范围很宽广，文学只是其中一个较小的范围。文学之外，同样包在国文的大范围里头的还有非文学的文章，就是普通文。……中学生要应付生活，阅读与写作的训练就不能不在文学之外，同时以这种普通文为对象。"[②] 为了"应需""应付生活"，所以特别强调"普通文"（指应用文、实用文）的学习，强调"应付生活""观察生活""贴近生活"，强调"培养切实应用之作文能力"，强调写"真情实感"、写"自己熟悉的"，等等。这一认识，从对应试写作的否定，使写作与生活的、社会的、应用的即人的生存性需求相适应这一点上看，自然值得肯定。但是，我们不能不看到，**写作从应付考试（应试）转向应付生活（应世），这依然是一种外部的、被动的需求，二者实际上没有根本的不同。**应试与"应需"之间并没有俨然的界限，应试又何尝不是"应"生活、学习、工作之"需"呢？在当今教育体制下，应试就是最大的"应需"，要应付生活先得应付考试，以"应需"之名，行应试之实，似乎是顺理成章的事。考试，是生活的一部分，应试也即"应需""应世"。而且，对于学生来说，应付生活比起应付考试的目标，要遥远渺茫得多。对于涉世未深的、尚未对自己未来的生活作过"深谋远虑"的习作者来说，所产生的动力是很有限的，所带来的心理和行为的负担却是相当沉重的。这等于告诉他们说，你写作是为了"活命"的需要，若要好好地"活"着，就要学会写作。

在"应世"动机下，有一种观点认为"语文学习的外延等于生活的外延"，主张四处"活动"，要求"观察生活""贴近生活""深入生活"，然后写"文学"以外（在语文教学中，因为文学创作并非应付生活所必需，所以文学创作一般是不作为教学内容的）的各种各样的用得着与用不着的"普通文"——实用文，尤其是应用文，以备将来"应世"之需。这样学习写作岂不是太功利、太实用了吗？写作，没有美感，没有言语创造的冲动和激情，没有内心的渴望、情感的宣泄和个性的张扬，如何能兴奋、热爱得起来呢？

写作固然是为了应付生活的需要，但更重要的是，它也是人的切身的、内在的情感、精神需要。"随着人的需要的对象内容的变化与丰富，对需要的

---

① 叶圣陶：《语文教育书简》，见《叶圣陶语文教育论集》，教育科学出版社1980年版，第738页。

② 叶圣陶：《国文教学的两个基本观念》，见刘国正主编：《叶圣陶教育文集》第3卷，人民教育出版社1994年版，第55页。

心理反应形式也发生变化，从而需要能具有观念的性质，并因此变成心理上不变的东西；例如，食物无论对饥饿的人，还是对吃饱的人，都始终是食物。同时，精神生产的发展又引起了这样一些需要，它们只有在具有‘意识的图景’时才可能存在。最后，又形成了一种特殊典型的需要——**功能性对象的**需要，如劳动的需要、艺术创造的需要，等等。而最主要的是，人的各种需要表现出彼此之间的新的关系。虽然，活体的需要的满足对于人来说，始终是‘首要的事情’，是他生存的不可排除的条件，但是人所特有的高级需要，则绝不只是形成那些层积在活体的需要之上的表面形成物。因此，如果在天平的一个盘子里放上人的最基本的活体的需要，而在另一个盘子里放上人的高级需要，那么较重的可能恰恰是后者。这是大家都知道的，也毋需证明的。”① 即写作不但是“为人的”（社会性的、交互式的），也是“为己的”（发展性的、自足性的）。写作只有成为张扬人的潜能与个性的自觉追求，成为人的自我表现与实现的最佳方式，成为人的情性、良知、理想与信念的满足与实现的精神需要，才具有了人的灵性与活力，才能体现出人这一生命形态的特征。只有从人的本质上来理解写作的意义，才是抓住了写作动机的根本。将“为人”与“为己”、社会性与个性的动机统一起来，学习写作才算拥有了完整、强大的动力学基础。这种以满足人的主体发展和个体内在精神性需要为主导的动机，可称之为“谋生应性”“存在性”（应人的天性、本性、个性、发展性、精神性之需）动机。它在更高层面上涵盖或超越了“应世”动机。

由上可知，写作的动机是基于两大需要之上的：一是“应生活之需”，即为“谋生应世”的生存性动机；一是“应精神之需”，即“应性”“存在性”动机。

“应世”动机驱动下的写作为“生存性”写作，是为了学习、工作、处世应事之必要，为了敲开通达人际、学问、仕途之门（有时也为了休闲、娱乐），为了“谋生”“立身”“发身”，是一种有着直接功利性目的的写作。

“应性”“存在性”动机驱动下的写作，可以称之为“存在性”写作，是为了通过写作来体现自我才能、实现自我价值，使社会性与个性相和谐，既为了“明道”“正道”，也为了“露才”“显己”，以充沛的言语创造力，最大限度地展露人的思想才华、精神风采与生命意义。这种写作，往往是超现实

① ［苏］阿·尼·列昂捷夫著，李沂、冀刚、徐世京、杨德庄译：《活动 意识 个性》，上海译文出版社 1980 年版，第 144 页。

功利的、审美的、诗性的，从终极意义上说，是为了建构人类精神家园，使人更像人。

作为折中之论，也许，写作的动机，这两大需要都是不可或缺的。人首先要“活着”，生命才有所附丽；先要生存，才有主体的充分发展可言。写作是人际交流的手段，是现代人必备的生存技能。写作能为人创造物质财富，这就是之所以要为了“生存性需要”写作的原因。但人不只是为了“活着”而“活”，如果只是为了“活着”，那无异于行尸走肉、酒囊饭袋。人还要活得像个“人”样，活得有尊严、有抱负、有风采、有价值。“马克思认为，一个受占有和使用欲望支配的人是一个被扭曲了的人。人的主要目的不是利润和私有财产，而是自由地运用人的权力，社会主义社会的建立就是要使人成为全面发展的人，这种人并不在于他拥有许多财产，而在于他得到了全面发展，成为一个真正的人。”① 美国人本主义心理学家马斯洛把杰出的人物称为“自我实现”的人，他认为：“实现的过程意味着发展或发现真实的自我，发展现有的或潜在的能力。……也许一个更能描述的词是‘充分人性的’。并非所有多产、成功、天才的人都能被描述为心理健康的、成熟的或自我实现的。”② 心理学家格拉塞说：“一个有责任心的人会做使自己感到有价值的事，也会做感到对他人有价值的事。他有发奋的动机，并能忍受匮乏以获得自我价值。”③ 不论是马克思说的“全面发展”的“真正的人”，还是马斯洛说的“自我实现的人”，或是格拉塞说的“有责任心的人”，他们所肯定的都是超出了现实的物质功利和生存需要，注重自我的精神人格塑造和最大限度地实现人生价值的人。

具有“应性”“存在性”动机的人，是言语上自我实现的人。为了实现人生价值，为着仿佛是海市蜃楼般的“虚无缥缈”的理想与信念，他们往往能超脱于现世名利的诱惑，“淡泊以明志，宁静以致远”，可以忍受物质的贫困与命运的坎坷，始终不渝地向着既定目标前行，虽九死其犹未悔。在这个世界上，一个顶尖的科学家，他的收入远远低于一个平庸的注册会计师或科技

① ［美］埃里希·弗洛姆著，张燕译，赵鑫珊校：《在幻想锁链的彼岸——我所理解的马克思和弗洛伊德》，湖南人民出版社 1986 年版，第 42～43 页。

② 引自［美］弗兰克·戈布尔著，吕明、陈红雯译：《第三思潮：马斯洛心理学》，上海译文出版社 1987 年版，第 26 页。

③ 同上书，第 143 页。

开发商；一个天才的哲学家、学者，一个严肃的作家，他们甚至要勒紧裤腰带过日子，用精打细算抠出的钱倒贴着出书。精神的富有与物质的贫困，二者之悬殊，简直不成比例。即便如此，每一个时代都还是有一批人，安贫乐道，坐着冷板凳，究天人之际，明古今之理，悲天悯人，异想天开，做着一般人看来不合时宜、无利可图且耗脑伤神的“傻事”。他们，正是人类的脊梁，文明之光的盗火者。

“活着”的人，总想能证明自己曾经有意义地“活过”，总想在这个世上留下点自己曾经“活过”的证据。迄今为止的人类文明史告诉我们，在一切证据中，精神创化的成果——“白纸黑字”是最可靠的证据（那些日常事务文书、平庸之作、谀媚之文、剽窃之章、文字游戏、“身体写作”等不在此列）。写作能为人建构精神家园，使人获得真正的归宿感，以使短暂的生命超越时空，让宝贵的精神永世长存，这就是基于“存在性”需要之上的写作动机。

人类写作史表明，优秀的精神产品，大多是基于人的“存在性”需要的写作动机。真正的精神生产，往往是与现实的功利需求即“生存性”需求相抵牾的。人生在世不能不为“稻粱谋”，但为了“稻粱谋”的写作，由于急功近利、心浮气躁，或受到种种外因的制约，缺乏心灵的自由与心态的恬淡，无法“自由地运用人的权力”，因而较难出精品。超越功利的“存在性”写作，由于不太计较于眼前的、物质上的得失利弊，可以不为五斗米折腰，不必从众媚俗，只为满足自己、表现自己、证明自己，为明道解惑而写，所以能求真诚，致良知，养浩然之气，从心所欲不逾矩，上下求索意纵横。因而，**为习作者奠定写作人生的坐标，除了将写作视为“生存性”需求外，更重要的是要让他们意识到写作是人的“存在性”需要。写作不但是生活的一部分，更是生命的一部分，存在性写作应成为主要的写作目的。**

这些道理要让学生明白也许不是一件容易的事，但语文教学还有什么比让学生明白这些道理更重要的事呢？当然，在激发写作动机上，不能光讲抽象的大道理，应把大道理具体化，如将古人、伟人论及的写作动机、写作目的，适时地说给学生听，进行比较参照，扩大眼界，会有一定的启示意义。

写作需要大动机也需要小动机，写作动机是一个多层次的系统。因此，在写作教学中，除了讲大道理外，也可以讲些小道理，如人有情感需要宣泄，有苦闷需要倾诉，有困惑需要发问，有寂寞需要排遣，有乐事需要分享，有痛苦需要抚慰，有新知需要教喻，有无聊需要自娱，有感悟需要炫示……这些，都可以成为写作的理由。对教学情境的巧妙设置，安排一些新鲜的适合学生特点的活动，以激发学生的言语表现兴趣，这是写作的外部契机（诱因），也是十分必要的。对于一个年轻鲜活的生命来说，不论什么道理，也许都比写作只是为了枯燥乏味、百无聊赖的应试更有说服力。从长远的目标来看，要有追求写作的自我实现的大动机；从具体的写作来看，还要有一些特殊情境下的小动机；有相对稳定的隐性动机，还要有适时被激发和被强化的显性动机；有强大的内驱力，还要有必要的诱因。虚实兼顾、内外同致、各得其所、相得益彰，为学生写作兴趣、激情和行为的长盛不衰源源不断地提供能量与动力。

值得注意的是，写作动机的激发虽然对写作学习至关重要，正确的写作动机有助于维持兴趣、克服懈怠、激励进取，但是，写作的进步不是单靠写作动机的激发就能奏效的，其他方面的素养如果没有跟上，缺乏必要的写作能力的提升，一味地强化动机，其结果也可能适得其反。心理学中的"埃尔克斯—多德森定律"表明，"希望越强烈，成就就越大。但是只能达到一定的极限。如果动机超出了这个顶点，结果就趋恶化"[①]。动机的强度有一定的限度，在这个限度之内，动机的强度（意志的顽强程度）与效率成正比，但是当效率达到一定程度以后，动机的强化如果缺乏相应的智能因素的协同，效率达到峰值以后就不再上升，在曲线图上形成了一个平顶。此后效率就开始下降。在超过了峰值后，动机强度的增加，不但没有引起效率的提高，反而造成效率的降低。见下图：

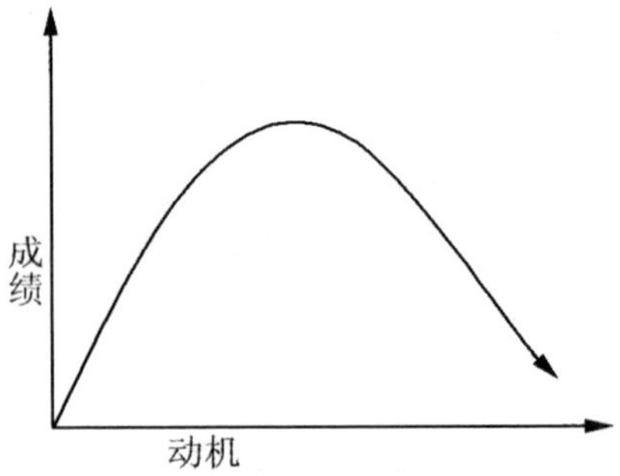

① ［苏］A. H. 鲁克著，周义澄、毛疆、金瑜译：《创造心理学概论》，黑龙江人民出版社1985年版，第67页。

因此，在写作教学中对学生的写作动机的激发也要适度，要与写作的其他相关素养的培育与提高同步。习作者如果缺乏相应的感知、采集、运思、想象、表达能力等，缺乏相应的学养、阅历与人生感悟等，不论有多么强烈的写作动机，多么顽强的写作毅力，也无济于事。即所谓过犹不及，事与愿违。

人的行为特征是受动机特征支配的，在确立正确的写作动机的基础上，才谈得上如何教写、学写文章。写作教学应是动机与行为的统一，是写作动机认知与写作行为实践的相辅相成。

鉴此，语文教学，除了在动机方面给学生以引导外，所能做的就是着眼于培育其最具发展性的语文素养。这包括智力的与非智力的成分，智力的包括学养、智能与技能等，其核心的是言语想象力、创造力；非智力的包括言语动机、人格、阅历、情感、个性等，其核心的是言语上自我实现的动机，二者统摄于"言语生命力"。对此，所能直接教人的大约只有"规矩"，而难以使人"巧"，或者说所能教人的是使人"巧"的"规矩"。这就是要让学生悟到写作上的自我修炼与历练的方法与途径，使他们得窥写作之堂奥，为将来写作上的发展打好基础。至于此后能不能由"规矩"而至于"巧"，能在写作的哪些方面出"巧"，就看各人的造化了，看各人的悟性、资质与所付出的努力。由于对"巧"的追求须经过长期的乃至毕生的努力，"巧"的境界是不断扩展，永无止境的，"巧"的文章是人品、学问、阅历的日积月累、水到渠成，因此，无法在语文课内教学中立见成效。认识到这一点很重要，在语文教学中有所为有所不为，才能为之所当为，使有限的教学时间获得最高的教学效能。

言语学习与发展是长期的乃至一辈子的事。在语文学习伊始，养成良好的言语习惯很重要。写作动机与兴趣只有迁移、融入写作习惯中去，才能转化为写作的自觉，转化为恒定的写作行为状态与方式。这最重要的是要养成动笔的习惯。当然在今天不只是动笔，也可以动手，用电脑"写"，还可以动口，用语音输入。不管用什么方式"写"，总之，就是要养成有什么想说的就尽量运用语言文字进行表达的习惯。久而久之，写作就会成为物质生活和精神生活不可或缺的组成部分，以至成为一种人的基本的行为方式与生存方式。

语文教育，说到底，是引领学生走向言语上自我实现的人生道路的教育，是言语人生、诗意人生的教育。这就是语文教育须为学生奠定的最基本的"情感态度和价值观"。

八 语文课程之宗旨：为培育“立言者”奠基

在21世纪互联网、全球化时代，在新媒体和自媒体读、写时代，在中国向全面小康社会迈进的今天，语文教育已成为我国文化软实力建设、提升的瓶颈。语文课改是大势所趋。以下拟对语文课程目标、核心素养、基本素养、实践平台作一探讨，构造在为培育“立言者”奠基的课程目标下的二维核心素养、五大基本素养、三大教学实践平台。

（一）语文课程目标：为培育“立言者”奠基

教育是给人以灵魂的，须给人以精神、价值引领。语文教育要给学生言语梦——“立言”梦，让他们终身为之憧憬、奋斗。遗憾的是，我国现代语文教育从诞生以来，便没有赋予学生崇高的语文信念、信仰，在“为什么学语文”这一本体论认知上，只有面包（实利），没有玫瑰花（超功利）。只告诉学生学语文是为了“日常生活要用”，使“工作、学习、生活”受用，写作“是生活的一部分”，是为了“应付生活”，即赖以谋生应世的工具。学习语言文字的运用，在应试上获取高分，上好大学，找好工作，过好日子，这一语文教育迄今为止“向下拉平”的动力定型，导致教学实践严重功利化、实用化、应试化，学生不但缺乏高远的言语理想，实际语文能力也每况愈下。

“生存性”学习动机固然不可或缺，但难以激起学生发自内心的强烈的言说欲、自我实现欲；缺乏言语创造的存在感、归属感、崇高感，便不会产生终身修持的动能，只会导致普遍厌学语文，言语水平低下。即便少数学生语文成绩好，也只是将其视为应试、升学的敲门砖；一旦敲开大学之门，便不再学语文，厌弃阅读、写作。

语文课程基于人之“言语生命”本性、特性的言说欲求，高层次的精神发展的需求，利他情怀、人类情怀等“存在性”学习动机的缺失，是根本性的缺失。言语学习的方向迷失，价值误导，信仰缺失，语文教育长期低迷、一蹶不振，便在情理之中。言语活动不能不服务于“应付生活”——生存，但其本质应是彰显人——人类的存在价值。语文教育之振兴，须走出生活本位、应付生活的实利需求，走出培养语用能力迷津与应试歧途，回归培育

"立言者"之精神高标。

"语用"与"立言"价值指向的不同主要是："语用"为实利，"立言"超功利；"语用"为一己，"立言"为人类；"语用"为现世，"立言"为万世。显然，后者更切中人类言语活动的特殊性。后者人类言语的精神、文化创造价值，高于前者个人言语的日常社交应用价值。二者在所需素养、智慧、能力要求上也有天壤之别。因此，语文课程以上位的"立言——存在"为目的，可涵盖下位的"语用——生存"需求；以下位的"语用——生存"为目的，则无望达成上位的"立言——存在"需求。我国现代语文教育百年萎靡衰败，以"取法乎下"的"语用——生存"为课程目标定位，高品位的"立言——存在"课程目标引领、追求的缺失，是其主因之一。

成就"立言者"，追求生命留痕、立言不朽、文化昌明、垂范后世，是我国传统母语教育"向上拉平"的高端价值取向。千百年来，人类的精英就是以此鞭策、自警的。以培育"语用者"（满足生存需求）为低标，以培育"立言者"（满足存在需求）为高标，使学生既明确学习的底线，又有崇高的精神追求，可望提振学习信心与言语水平。在"立言者"与"语用者"之间有极大的弹性空间，达不到高标的，自然可以退而求其次。但无疑要给所有学生指明最高的价值取向是什么，使之知道该如何为之奋斗。这事关教育公平：谁也不能决定哪些学生学语文只为了满足最低限度的"语用"的生存需求，所有学生都有权利争取实现"立言"的存在需求。因此，为"立言"奠基，为存在立本，为人类、未来谋福祉，应是语文课程的基本目标定位与终极价值取向。

立言，存在——为往圣继绝学，为万世开太平，是亘古至今不易的语文教育之魂，是语文学习的主动力。为"立言"的语文价值观，对人的言语生命力、创造欲的巨大激发作用，早已被往圣前贤的言语实践证明。承前才能启后，回归"立言"之原点，并有所丰富与超越；赋予其以现代学术、精神内涵，使之得以弘扬、光大，是语文学科的历史使命，是语文教育复兴之必然。

（二）"立言"核心素养：以培植言语德性、基本学养为本

欲达成为培育"立言者"奠基之课程高标，"君子尊德性而道问学"，言语德性与基本学养（求知，获得学问、思想）是语文课程核心素养的两个维度。作为存在性动力、价值指向的言语德性，对于实现语文课程目标是决定

性的，是其人文关怀与人文教育的基本内涵。言语德性驱动问学、求知行为，获取基本学养，养育学问、思想，为言语表现、精神存在提供资源、内蕴，使崇高的言语情怀、境界，落实到言语创造的实践追求中，是语文课程的根本任务。言语德性与基本学养，二者相互滋养、依存，构成“立言者”核心素养——语文课程安身立命之本。

1. 言语德性：具有人类情怀、终极关怀的言语价值观

言语德性，不是指“要学作文，先学做人”的泛泛之论，或“人品决定文品”的所谓“好人品”，也不是指高尚的道德品质或政治思想品德、为人处世修养等，而是指具有人类情怀、终极关怀的言语动机、价值观。赋予学生高远宏阔的言语精神境界，是语文课程独特的德性内涵。

关于言语德性，从语文教育史、写作史、文化史上不难获得启示。千百年来，前人求知、治学、作文的低标，是“谋生”“器用”，等而下之的是“求功名、干利禄”，这为有识之士所不屑、鄙弃：“小人喻于利”①，“小人有文以发身”②，“今之学者之病，最是先学作文干禄”③。高标则是“立言”：文以明道、道济天下，文为世范。追求“立言不朽”——“为万世开太平”，是学者著书立说一脉相承的动机：“太上有立德，其次有立功，其次有立言。虽久不废，此之谓不朽。”④（“立言”，孔颖达疏：“谓言得其要，理足可传。其身既没，其言尚存。”）“究天人之际，通古今之变，成一家之言。……藏之名山，传之其人”⑤，“盖文章，经国之大业，不朽之盛事”⑥，“揄扬大义，彰示来世”⑦，“唯英才特达，则炳曜垂文，腾其姓氏，悬诸日月焉。……嗟夫！身与时舛，志共道申，标心于万古之上，而送怀于千载之下，金石靡矣，声

---

① 孔子：《论语·里仁》，见宋元人注：《四书五经》上《论语集注》，中国书店 1985 年版，第 1 页。

② 司马光：《温国文正司马公文集·迂书》，见贾文昭：《中国古代文论类编》上，福建教育出版社 1988 年版，第 171 页。

③ 范寿康：《朱子及其哲学》，中华书局 1983 年版，第 150 页。

④ 《左传·襄公二十四年》，岳麓书社 1988 年版，第 226 页。

⑤ 司马迁：《报任少卿书》，见张少康、卢永璘：《先秦两汉文论选》，人民文学出版社 1999 年版，第 409 页。

⑥ 曹丕：《典论·论文》，见陈良运：《中国历代文章学论著选》，百花洲文艺出版社 2003 年版，第 176 页。

⑦ 曹植：《与杨德祖书》，见刘锡庆：《中国写作理论辑评》古代部分，内蒙古教育出版社 1992，第 55 页。

其销乎！”[①]“用则施诸人，舍则传诸其徒，垂诸文而为后世法”[②]。……成就“立言者”，是学者传道、授业、解惑，学子读书、明理、为文的终极目的，是人类得以兴灭继绝、薪火相传永不衰竭的正能量。“立言”的最高境界，便是张载所言：“为天地立心，为生民立命，为往圣继绝学，为万世开太平。”这可谓言语“存在性”动机极致，中国“士”文化精髓。“立言”价值观，虽不无“声名传后”“生命不朽”的“利己”成分，但本质上是利他的人类情怀、终极关怀，因而堪称言语德性。言语德性，是学者、文人的品质要义、精神根柢。

“因为走得太远，忘了当初为什么出发。”今世为“应付生活”的“语用”，为应试、名利的语文教育，背离人的言语、精神生命本性，与为“立言”的存在性言语动机背道而驰，从而走上“辞章之文”技能训练歧途。其动机乏力，显而易见，是到了拨开实利主义、工具主义迷雾，回归言语价值观原点（原典），重新出发的时候了。

人的言语动机可大致分为生存性与存在性两类。功利驱动的“应需”“应试”语文教育，基于生存性动机；为生命言说，为人类建构精神家园而“立言”的语文教育，基于存在性动机。生存性动机与存在性动机，类似于马斯洛的“基本需要”与“发展需要”，但不完全对等。生存性动机与“基本需要”大致对等。存在性动机与“发展需要”中“自我实现动机”有交集，但“自我实现动机”未能涵盖存在性动机。“自我实现”的概念本身，便表明其自我本位属性，注重于个人潜能、才情的发挥，这符合西方文化注重个体的特点。存在性动机则较为中性，既有自我性，又具利他性——在自我性与利他性二者中取得平衡，倾向于利他性，这符合中国文化中庸、中道的特点。言语价值存在抑或不存在，并不取决于作者个体，而是取决于人类、未来。自我实现以“我”为中心视角，倾向于对自我发展、成就、成才的现实、现世关切；而存在性，更具普世情怀、人类情怀，是一种面向未来的终极关切。自我实现动机的责任感主要是利己的，存在性动机的责任感不但为己，更是为人类。自我实现性是存在性前提条件之一，自我实现者，存在是或然，而非必然。存在性比自我实现性立意更宏阔。

立言，是人类存在性动机最具普遍性的表征。立言指的是写出“传世之

---

① 赵仲邑：《文心雕龙译注》，漓江出版社1982年版，第152～153页。

② 韩愈：《答李翊书》，见童第德：《韩愈文选》，人民文学出版社1980年版，第28页。

作”。然而，著述能否垂范后世，不是个人说了算，也不是当世读者说了算，而是历史、时间、后人说了算，归根结底是人类说了算。因此，即便将言语潜能、才情发挥到极致，以现世的标准衡量，已达成自我实现，也未必称得上立言之“言”；在“自我实现者”中，只有极少数人堪称“立言者”。从这个意义上说，“立言者”高于“言语上自我实现者”。不论哪一个时代，“立言者”均属凤毛麟角。人类精英便是奔这不可预知的小概率（对于个人来说，几乎是零概率），求知、治学、写作，为此不计功利，乃至牺牲健康、生命、幸福。他们以言语表现彰显生命价值与存在意义，舍弃现世功利、权位、荣乐，追求幻想中的精神长存、人类福祉、彼岸幸福。立言主要是一种言语生命的寄托、精神境界的追求，是可望而不可即的，这难道不是值得赞佩的高贵德性吗？

立言者，是心甘情愿以言语创造为人类奉献思想才智的人；无所为而为，明知不可为而为，以此为使命的生命、人生，便获得了崇高感、悲剧美。唯有指向立言，成就立言者，才能给语文学科、师生以灵魂、信仰，支撑起孤寂的言语、精神生命，走完艰辛而诗意的言语人生。

可以断言，执着于造福人类——“为万世开太平”的言语信念、信仰，竭尽所能，虽不能至又何妨？“亦余心之所善兮，虽九死其犹未悔”，即便经受百般艰辛，付出再大牺牲，能“知天命”而“尽人事”，“仰不愧于天，俯不怍于人”，就是诗意、幸福的人生。

2. 基本学养：拥有一定的学问、思想底蕴

言语德性不是空洞的信念、信仰，需要学问、思想作为内在支撑；立言，以言语德性为灵魂，以学养——学问、思想（道）为骨骼。有学问、思想内蕴之言，才立得起来，言语德性才得以彰显。所谓有思想，既表明人是思想者，如笛卡尔说：“我想，所以我是。”①（也译作“我思故我在”。）也表明立言之“言”主要是学问、思想的言说。学问、思想来自学养、明理，这是立言之根本。

说人是思想的动物，是思想者，就跟说“人是写作的动物”一样，是从人类本质特性上说的，即亚里斯多德所言，人是理性、求知的动物。理性、求知是人之本性。但是，思想并非与生俱来，须靠后天涵养、修炼而得。事

① ［法］笛卡尔，王太庆译：《谈谈方法》，商务印书馆 2000 年版，第 27 页。

实上，只有极少数学养深厚的学问家才堪称思想者。“立言”之“言”，是“学问”“思想”的言说；立言者，必得是学问家、思想家。

学问、思想，不是靠天资聪颖，拍脑袋拍出来，也不是靠标新立异、故作惊人语。思想基于学养、学问，需要思考力、想象力、批判力、创造力——死读书，即便学富五车，也未必能成为思想者。大多勤于读书的人，只是思想占有者、消费者、诠释者。真正的思想者，是指思想生产者、创造者。有思想，是指有思想创生力、原创力。这样的人甚少，因而“立言”难。

“立言”之“言”，便是有思想之言。对此，古人是深思熟虑过的。他们推崇的不是偏于文采的辞章之文，而是以学问、明理见长的论著。扬雄《法言·吾子》：“或问：‘吾子少而好赋？’曰：‘然。童子雕虫篆刻。’俄而曰：‘壮夫不为也。’……舍舟航而济乎渎者，末矣；舍五经而济乎道者，末矣。”他贬低辞赋，抬举“五经”的观念，对后世影响深远。曹植《与杨德祖书》说得更明确：“辞赋小道，固未足以揄扬大义，彰示来世也。昔杨子云先朝执戟之臣耳，犹称壮夫不为也。吾虽德薄，位为蕃侯，犹庶几戮力上国，流惠下民，建永世之业，留金石之功，岂徒以翰墨为勋绩，辞赋为君子哉！若吾志未果，吾道不行，则将采庶官之实录，辩时俗之得失，定仁义之衷，成一家之言。”古代文学高才，大多不以辞赋创作自矜，视辞赋为“雕虫小技”，为“小道”，认为“未足以揄扬大义，彰示来世”，将其排除于“立言”之外。推崇的是“五经”，是“法”，是“道”，是“采庶官之实录，辩时俗之得失，定仁义之衷”的“一家之言”。——窃以为以文学作品传世，同样值得称道，可归入“立言”之列，不过这不是主流。因此，古人将辞赋等“辞章之文”与经、史等“道之文”加以区分不无道理。古人认为“立言”之主流当是经、史（“六经皆史”，“史”也是本于“经”，“经”与“史”相通），诸子书等，是“造论著说之文”“论辩之文”，是学问之文、道（思想）之文，是义理、经济之文，这是历代学人的共识。

我国古代写作理论巨著《文心雕龙》，以“原道”“征圣”“宗经”发端，表明了古人为文的基本价值取向是“明道”。“原道”：“故知道沿圣以垂文，圣因文而明道，旁通而无滞，日用而不匮。易曰：‘鼓天下之动者存乎辞。’辞之所以能鼓天下者，乃道之文也。”最好的文章是“道之文”，即有思想之文。“宗经”：“三极彝训，其书言经。经也者，恒久之至道，不刊之鸿教也。故象天地，效鬼神，参物序，制人纪，洞性灵之奥区，极文章之骨髓者也。”

其核心概念是“道”，文以“明道”为宗旨，而“经”是永恒、最高的“道”，是不变的、伟大的教导，是文章的“骨髓”——精华。这切中了“立言”之要：人类文化的本体，是学问、思想的累积、繁衍；写作从本质上说，是理性、原创的表达、建树。

明道、载道、传道、贯道之文，主要为论辩体式，如随笔、杂感、评论、论文、论著等。论文，是“立言”的基本形态。论辩写作，论文写作，当成为语文课程的基本教学内容，是学生应获得的基本言语表现能力。

语文课程认知要走出“应付生活”“应需”“工具性”迷津，接续上“立言”——“问学”“明道”的精神血脉。以弘扬学问、思想的言说为本，以培育思辨、说理素养为主，这才是基于语文学科历史传承性与本体特殊性的课程定位与人文关怀。

言语德性，基础学养——学问、思想，是支撑“立言”的两大基石。言语德性，是立言的境界、胸怀；基础学养，是其内蕴、实质。基于核心素养这两大基石上的“立言”，是人类永恒的言语生命、精神生命欲求，是母语课程的普世价值。核心素养对基本素养具有统摄性、渗透性。

（三）“立言”基本素养：以言语动机、价值观素养为先

以往所谓“语文素养”，是与“工具性”（“语用”），与“谋生应世”“应付生活”的目标对接。其基本素养主要指掌握语文形式或相关的知识、技能，即所谓“双基”——基础知识、基本技能。即便和“工具性与人文性统一”的目标对接，与所谓“三维目标”对接，似乎面面俱到、天衣无缝，然而其内涵不明、主次不分、泛而不切。所谓“工具性”“人文性”“三维目标”，皆为共性化概念，未能体现语文课程特点。以培育“立言者”奠基为课程目标，则特征鲜明、宗旨异趣、素养有别。

言语德性与基本学养构成德学一体的核心素养，是“立言”课程目标的集中呈现，由核心素养衍生出五大基本素养，使课程内涵更丰富、具体。

1. 动机、价值观素养

言语动机、价值观素养，就是所谓的明志、立志，是“立言”五大素养之首务。“态度决定一切”，动机、价值观决定了其他素养的发展。它包含“言语德性”这一核心素养，还涵盖其他言语动机、价值观素养。这是一个多层次的言语动力系统。

在这个动力系统中，以“言语德性”教育为主，以“立言”存在性动机

来涵盖“语用”生存性动机。《礼记·中庸》将“尊德性”置于“道问学”之前是有道理的。没有言语德性提供方向与动力，就没有基本学养——学问、思想的养育、创获，没有高品质的言语学习活动与思维成果。

培育言语德性，首先是培育言语生命意识。所谓言语生命意识，就是明白言语是人的生命特性、本性，是人的确证、自证。言语生命意识是语文学习的元动力，是言语创造的第一生产力。良好的言语生命意识，就是存在性动机——言语德性。言语生命意识、言语德性集中体现在“立言”欲求上。因此，应将培育“立言”动机、价值观素养，贯穿于整个教材、教学中，牢固树立以“立言”动机、价值观素养教育为先的观念，给语文教育以理想、灵魂。

语文教学最重要的是使学生明白“为什么学语文”“为什么写作”，即学习语文（听、说、读、写）的意义、价值。关键是明白人的生命特性是“言语”，人的言说欲，言语表现欲、创造欲，是人的精神生命“原欲”；人是言语、理性、思想、精神的动物，归根结底，是写作的动物：不写作，枉为人。写作是人、人类的“天命”、宿命。言语生命意识，就是对“人何以为人”的体认，是“立言”动机、价值观的原点。有了她，才能升华为核心素养——言语德性与基本学养，才有五大基本素养的建构与发展的可能。

立言动机、价值观培育，实际上是从“人何以为人”“人为什么活”等终极思考的高度上，认识“为什么学语文”“为什么写作”。使学生确立不为“应付生活”“应用”“应试”也要言说、创造的观念、信念，懂得自由自觉的言说、创造，才是真正意义上人的言说、创造；使之成为有人类情怀、言语信仰的人。这是语文课程教育、教学的首要目标，最高目标。有了从言语生命意识升华出的言语德性，才会有言语学习的充沛动力，读、写活动才会成为自由、自觉、自为的行为，才有言语、精神生命的可持续成长、发展，才会毕生竭尽全力成就“立言者”。

在教学实践中，在具体的读、写活动中，这些“高大上”的言语价值观，可衍生出无穷多的写作动机、理由，可涵盖生存性动机——语用、应试动机，以及即时性、情境性动机、动因等，源源不断地为学生补充精神能量，形成激发言说欲、言语创造欲的合力。

其基本教学资源有二：一是来自经典文本作者的言说动机、价值观；二是来自教师自身的身体力行、表率作用。以培育学生为“立言”的存在性动机为主，兼顾“生存性”动机。在以往教学中，这两部分教学资源基本阙如，然而，弥足珍贵，缺一不可，亟待开发、利用。

2. 知、情、意素养

知、情、意素养是言语表现的内蕴，它包含“基本学养”以及其他言语表现的内容。这是写作基础、文章之本。有了知、情、意素养，才能言之有物：言之有学、言之有思、言之有我。

语文教学不可能帮助学生得到所需的全部知、情、意素养，但要使之懂得获取知、情、意素养的方法、途径，懂得如何将他人的知、情、意，消化、转化、创化为自己言语中的知、情、意。要走出语文课程只教言语形式、空谈表达、专练技能的误区，也要避免片面追求对阅读文本的理解、吸收，造成人云亦云、言之无我的状况。

对于言语表现来说，知、情、意三者不可或缺。但不同文体有所侧重。为“立言”的知、情、意素养三者中，“意”——思想素养最重要。有思想素养，才谈得上言语表现，才能因“表现”而“存在”。思想素养是言语表现的内在、内容。“立言者”得是“思想者”，即思想生产者、原创者。

思想生产、原创，基于学养，源于怀疑、批判。批判力，是思想素养的关键。

3. 体式素养

体式素养即载体素养。“立言”须凭借特定的载体形式，因而体式素养不容忽视。

良好的言语体式感，表达图式的建构，其重要性远没有被认识到。阅读、写作，都是体式思维。体式感，是言语行为发生的逻辑起点，是言语表现行为的预期与旨归。任何言语表现，都是由具体的言语体式承载、呈现的。体式感贯穿于整个写作行为过程。

与存在主义哲学家所言“不是人说话，而是话说人”相似：进入言语表现范畴，从某种意义上说，“不是我写文章，是文章写我”。在相当程度上是“言之有序”，决定了“言之有物”。文章体式制约以致决定了内容的选择与表现方式。从这个意义上说，写作，是按图索骥。

体式素养，不可能也不需要面面俱到。为“立言”的知、情、意素养，须以培养言语“共能”——论辩体式——论文写作能力为重点。论文，是学问、思想——人类文化的最重要的载体形态。在此基础上，兼顾其他体式素养的培育。

论文之外其他体式素养的培育，则因人而异，因材施教。绝大多数人都是写作偏才。一般而言，一个人熟练掌握一两种写作体式即可。有了基本的体式感与文字能力，其他体式写作，或可触类旁通，用时再学也不难。

4. 行为素养

言语体式感支配着相关的言语行为。写作过程，可以理解为是在某一体式感驱动下的行为发生、达成。不同体式的写作，行为过程有所差异。因此，要帮助学生了解某体文章是怎么写出来的，了解其写作行为方式、过程的特殊性。

基于为“立言”的目的，论文写作行为应作为教学重点。论文写作，以往未得到应有的重视，其写作方法、行为，也未得到正确的体现。不但被议论文写作“三要素”（论点、论据、论证）“论证”模式绑架，而且在“应试”伪写作中被扭曲，亟待拨乱反正。应从专题阅读，做读书笔记，原始资料积累，问题状况思考开始，到论题的提出——选题，论点的确定——立意，再到展开分析——反驳、证伪、推理、论证、结论，使学生了解论文写作这一精神生产的一般流程。

其他体式写作行为的教学，以此类推。回归到真写作、大写作（前写作、写作、后写作）行为上来，才能进入写作良性发展的轨道。

5. 创制力素养

与写作行为对应的是相关创制力。写作行为，须体现、外化为对应的智慧、技能。

言语创制力就是所谓的写作能力，是写作目的、体式、行为达成的支撑、保障。所有写作素养，最终都要落实到创制力上。

因写作动机、目的、语境与写作体式、行为的不同，需要的创制力也不同。由此派生出的创制力要求便无穷多，不可能也不需要都涉及。教学中要异中求同、化繁为简，抓住其要害，再逐渐转换生成、由粗入细。

在创制力的智慧层面，“同”的是言语想象力。没有哪一种体式、哪一篇文章的创制，能离开想象力。关于想象力最简单的解释就是“意料之外，情理之中”，是规范中的背离、创新。文章内容、形式最出彩、最有创造性的地方，都可归功于想象力。在论文写作中，从材料搜集、甄别、梳理，到选题、立意，到谋篇、遣词……一系列运思、表达活动，都需要想象力。论文写作的想象力集中体现在思想力上，具体为反思力、批判力、证伪力、判断力等。

在创制力的技能层面，“同”的是“五种表达方式”：叙述、描写、说明、议论、抒情。各种体式的写作，就是这五种表达方式的千变万化：运用之妙，存乎一心。先知其“同”，再求其“异”：体式、语境、个性之“异”。

其他写作智慧、技能，各种修辞技巧，学生可根据需要，在读、写实践中自行了解、掌握、运用。

在以上五大基本素养中，动机、价值观素养，知、情、意素养，因其包含了核心素养，重要性自不待言。要特别强调的是：体式素养作用之大，超乎一般人之认知。它上承动机、价值观素养，知、情、意素养，下启行为素养、创制力素养的枢纽。有了体式素养，才真正进入了言语创造活动情境。其他各种素养，不同程度受到体式素养的规制与催生。

不同体式的写作，其言语动机、价值是不同的。诗歌写作与论文写作的动机、价值是不一样的。同样，知、情、意的理解、吸收、表现，也离不开特定体式。与体式素养对应的知、情、意素养，才有意义，才算是语文、写作素养。与体式素养相左的知、情、意素养，是非语文、非写作素养。行为素养与创制力素养也是如此，不能离开特定的体式素养来讲。

在这个意义上，体式素养可视为其他素养的上位概念（即便是动机、价值观素养，与体式素养也有所交集，也在一定程度上受制于体式素养）。因此，在教学中可结合具体体式讲各种相关素养。要让学生知道不同体式写作对作者相关素养有何不同要求。抓住体式要求，便纲举目张。

语文课程教学目标、内容体系，是在“立言”核心素养与基本素养的框架下进行建构的。教材的体例安排、单元编制，教学、练习的目标、内容的选择等，都应在这一框架内设置。语文教学（阅读教学，听、说教学，综合性实践活动等），有助于培育“立言者”，有助于提高“立言”核心素养与基本素养，才称得上有效、高效教学；反之，便是低效、无效、负效教学。

（四）教学实践平台：“一体两翼”的三大基本课型

教学内容的实施，不是一般人理解的先学后教、先教后学之类，也不是“几步法”“某某式”之类。这些偏于技术性、模式化的教学法不能说全无用处，但作用较有限。我之所以称三大基本课型为“教学实践平台”，是因为它不是单纯的教学形式，或教学过程、方式、程序、步骤、技巧等，而是兼容了教学内容与形式：既是教学目的、教学内容的支撑形态，载体形式，又是教学目的、内容、目标本身。这三大基本课型，也许可以借用“有意味的形式”来表达：形式便是内容，二者难解难分。三大基本课型，是立言核心素养与五大基本素养目标在教学实践中的呈现、达成的内容、载体，以及途径、方式、方法等的综合体。它有极大的课程载荷与外溢空间，因此可称为基本支柱课型。

围绕培养“立言者”这一总目的，贯彻、培育立言核心素养下的五大素养，由“一体两翼”的三大基本课型，承载起教学内容、目标的实现，可有效提高学生“立言”素养与学习效能。

1. 读书笔记课型：积累学养、孕育思想的主线

读书笔记，包含读书、笔记两部分，是“一体两翼”中的“一体”，也可称为本体、母体。即语文教学实践的常规内容与形态，为“立言”奠基立本的常态课型，是基本课型中的基本课型。要做好这件事，应“无望其速成，无诱于势利”“只问耕耘，不问收获”，特别需要言语信念、价值观的撑持。如果缺乏存在性言语动机、价值引领，这一教学平台就建立不起来，别说“立言”无望，整个语文课程都将塌陷。

言语动机、价值观引领与学养、思想的积累、培育，最好的教材就是历代经典文本。要给学生高品质的精神食粮，阅读文质兼美的作品本身，就是最好的动机、价值观引领方式。读书，便要读经典，要读“性价比”最高的世代相传的优秀著述。唯有读经典，才能给言语、精神生命打底，支撑人走上、走好、走完言语、诗意人生，才有望成就“立言者”。以历代经典文本阅读为主，以典范的现当代白话文阅读为辅。中小学都应如此，可从幼儿开始听、读、背经典。

读书要走出所谓的“儿童本位”“学生本位”和“读懂、理解”的误区，走出小学读儿童文学、绘本，中学读白话文学作品、应用文的误区，更要走出时尚化、碎片化的网络资讯阅读、自媒体写作的误区。指向“立言”的读书，只能是以读经典为主；写作，以写随笔、杂文、评论、论文为主。

只要是经典文本，读不懂没关系，不要求逐字逐句读懂。无须一步到位，可以一知半解，或囫囵吞枣地记诵。上苍给孩子以记忆力，就是让他们记诵用；记下来的经典，可以用一生慢慢反刍、理解、领悟。要在培养五大素养目标下，选择适合的经典文本。儿童从便于记诵或感兴趣的经典文本读起。小学生以记诵为主，不强求理解。不应千篇一律采用咬文嚼字的“求甚解”

读法。求甚解必然读得少，更重要的是，咬文嚼字也未必就能甚解。即便甚解了又怎样？经典是常读常新的。我赞赏陶渊明“好读书，不求甚解，每有会意，便欣然忘食”的读书法。文体感、语境感、语感的形成，需要一定的阅读量，我赞成“海量经典阅读”：不求甚解的多读、记诵，胜过求甚解的少读、精读。须以“量”求“质”，没有“量”就没有“质”。求甚解，只能是在某些要点、局部上求甚解，或在自己感兴趣之处求甚解。

笔记，是读书成果的深化、外化、固化。读书须和笔记绑定。“不动笔墨不看书”，诚哉斯言。这是中国文人几千年读书、治学的经验总结。如韩愈说“记事者必提其要，纂言者必钩其玄”，章学诚说“札录之功，必不可少”，胡适说“手到是心到的法门”。这是“读以致悟、读以致用、读以致写”，通达“学问文章”“道德文章”的必由之路。笔到，是由阅读的吸收、消化到言语表现、创造的“最后一里路”。

海量经典阅读，能理解、领悟多少是多少，重要的是务必将点滴“会意”——体验、理解、感悟记录下来，“贪多务得，细大不捐”，贵在虚心涵泳、切己体察，持之以恒，集腋成裘。如此可收水涨船高、水到渠成之效。在语文教学中，最要培养的习惯就是手不释卷、提要钩玄。小学中、高年级就可以开始培养点评、批注的习惯，不要求成文。中学写成文的读书笔记，可在相当程度上取代作文练习。读经典，做读书笔记是名副其实的为“立言”奠基，“奠定”的是道德、学问之基，也是辞章之基，是为“立言”练笔的最佳方式。做读书笔记为夯实学养、磨炼思想所不可或缺。随着时间的推移，积累日多，读书笔记就会自然衍变成随笔、杂文、评论、论文、论著。

读书笔记是长期性、积累性地为“立言”打基础，海纳百川，多多益善，不求甚解，不计近功。这个课型可覆盖课内外一切经典阅读——文选精读、自由泛读、嗜好阅读。

2. 论文写作课型：语文——写作教学的主线

在读书笔记“一体”基础上，论文写作是“两翼”中直接与“立言”——写作对接的“一翼”。

论文写作是学生写作“共能”（普遍性的写作能力），直接指向培养“立言者”的目的，是立言的主流体式。学写论文，了解、掌握、运用论文体式，辅之以相关的论辩体式写作，应成为基础教育语文课程的写作主线。

论文写作不必等到读书笔记积累丰厚之后开始，可与读经典、写读书笔记同步进行。从学龄前就要爱护、培养孩子的好奇心、探究心，鼓励他们学会提出、思考、讨论问题，培养理性思维兴趣。小学要改变读童书、写记叙文（故事、童话）的观念，儿童普遍喜闻乐见的或自己特别感兴趣的体式可以读、写，但要以小论文、研究报告写作贯穿整个小学阶段，带动与论文写作相关资料的搜集、阅读。中学更是要以评论、论文写作为基本教学目标、内容。

中小学语文教材要增加论文写作知识与论文文选，论辩类、史传类文本要成为教材选文的主体之一。教师对论文写作的指导、引领至关重要。在写作上不做过高的要求，但须循序渐进，重在培养学生提出、思考、探究问题的兴趣，使之受到良好的理性、逻辑、辩证思维方法的熏陶，学会分析、反思、批判、证伪、论证，唤醒、培育成就“思想者”“立言者”意识，为一生的治学、研究打下坚实基础。

论文写作作为一个教学平台、课型，不只是单一的写作教学，它可以兼容、带动听、说、读的学习，包括与读书笔记课型的互渗、互动——为写某一论文而广泛涉猎，读书，做笔记。学生在特定的选题下，有目的地定向搜集、阅读、梳理资料，提出假说、猜测，设计、实施问卷调查、访谈、访查，或制定实验方案、方法，对材料进行分析、综合，归纳、演绎，证伪、证明，得出结论，并将这一过程以论文形态呈现出来，进行答辩、交流，自我反思、提升。这一过程涵盖了语文素养培育的诸多方面，听、说、读、写能力的培养尽在其中。指向“立言”的“为写择读，为写而读”，是一种有效、高效的阅读。比起以往无目的的“为读而读”，莫名其妙的读懂、理解，其效用有天壤之别。

论文写作教学可以辅之以日常随笔写作、访谈写作、议论散文写作、反思写作、调查报告写作、读书报告写作、各类评论写作等，学生可各取所需，自由选择感兴趣的体式写，既能增强写作兴味，又能收相得益彰之效。

论文写作可拓展、外溢到其他学科学习，可从各科学习中选题，鼓励跨学科选题。以论文写作为纽带，打通各科学习，使各科学习相互联系，相互促进，语文学习就活起来了，学生的思想、思维、视野就开阔了，探究、研究事物的兴趣、动力被激发出来，就有写不完的选题，读书、写作、精神创造，就成了内在的需要。培养学生勤于探究、善于思考、喜写论文的习惯，因势利导，培植、增进其成就思想者、立言者的欲求。

3. 辩论活动课型：语文——口语交际教学的主线

在读书笔记“一体”基础上，舒展论文写作与辩论活动“两翼”，比翼齐飞。

辩论，是口语交际最具代表性的体式，既有广泛的实用性，是现代公民参与社会生活的基本需求、素养，又有技巧性、艺术性，是文化精英言语智慧、丰采的集中体现。辩论堪称口语表达的最高呈现形态，辩论带给学生的成就感、高峰体验，将变成语文学习重要的内生动力。

辩论与论辩写作是一脉所系，都是基于思想力、思辨力。辩论是最鲜活的言语表现形态，辩论活动对语文课程的支撑作用，对培育立言五大素养的作用不容小觑。学生一旦迷上辩论，便会深切感受到辩论基于学养、思想力、思辨力，为了提高辩论水平，阅读、思考、写作便成为自发、自觉的行为，海量阅读、读书笔记的坚持，就有了动能。

辩论活动是一种最具真实感的言语表现活动。语文教学中其他言语练习方式，大多是“仿真”；辩论则是“实战”，是直接的话语交锋，能力高下立判。学生将在辩论中真切感受到言语的力量与魅力，认识到自己的优势与不足，从而产生强烈的学习、进取意愿。

不论是言语表现与言语学习动机的激发，言语态度、价值观的引领，还是言语想象力的培育，思想力——反驳力、批判力、证伪力的磨炼，现场语境的心理调适与机敏反应等，辩论活动都是当之无愧的优质平台。特别是批判力培养，辩论活动具有天然优势，其功效将超过其他言语表现体式。辩论是为“批判”“反驳”而存在的口语交际体式，只要置身其中便会认识到批判、反驳是论辩的生命。由此获得的批判力、思辨力，将有效迁移到其他读、写活动中去，迁移到一切论辩体式，特别是论文写作中去。

辩论活动将自然地融听、说、读、写为一体，不必人为地进行听、说、读、写间联络互动，只要进入辩论活动情境，听、说、读、写的才能便同仇敌忾、一致对外：辩论前论题的提出与辩论的准备，需要针对性地研究对手的立场、观点，搜集、阅读相关资料，要写辩论稿，辩论中要听、说，辩论后要讨论、反思、总结……表面看是一次口头交流活动，实际上是一系列的语文综合性实践活动。学生会切实感到各种语文素养之必须、急需，迸发出学习的兴趣、冲动、激情。语文课程的外在要求，必然会迅速转化为学生的内在追求。

读经典，写读书笔记，为“立言”提供基本的学养、思想支撑，是滋养

“立言者”精神成长、言语创造的源头活水，是语文课程、教学的基本内容，为言说立本，当为教学“母体”。论文写作为培育“写作”素养服务，辩论活动为培育“口头交流”素养服务，论文写作、论辩活动二者相互促进、相得益彰，这展翅高翔的“两翼”，将带动立言五大素养的提升。“一体两翼”，并行不悖，各司其职，又水乳交融，殊途同归，还可辅之以研学旅行，课本剧改编、表演等，共同撑起为“立言”奠基的语文课程。

语文课程在成就“立言者”的旗帜下，以培育“立言”五大素养为教材、教学的目标、内容网络，在教学实践中，教师娴熟掌握、灵活运用读书笔记、论文写作、辩论活动这三大平台、课型，使之随机地穿插、交织、组合，互助、互动、互补，以达成课程教育目标、目的。

语文课程立足于培育“立言者”之精神高标，夯实言语德性与学养两大基石，以培育动机、价值素养为重心的立言五大素养建构教学目标、确定教学内容，以三大基本课型的随机融合、联络、互动，承载、实现课程目的、目标。如此，相信语文教育必将走出肃杀、惨淡的漫漫长冬，迎来柳暗花明、莺歌燕舞的春天。

九　言语、精神生命之维：“表现-存在论”语文学纲要

语文教育的价值维度，即人的生命的同一维度，其终极意义都是指向言语表现与存在。语文教育的目的不仅是使人“活”着——所谓的生活着，而且是使人成为言语人、精神人、创造人，使人更像人：变得充实、美丽而崇高，感受到言语创造、生命留痕的永恒幸福。

语文教育学，应最具人性、生命性、人文性和精神性。语文教育实践，是言语生命间的良性互动与互助。语文课程，应成为最具生命情怀和人文关怀的课程。语文教育将从“应付生活论”“工具论”“知识论”“能力论”回归到言语表现存在论，从语文技能“训练”回归到言语潜能、才情的养护与激发，从生活、阅读本位回归到表现、存在本位，从实用、应试为主导的外部动力学回归到精神、素养和言语生命自我实现的需要为主导的内部动力学。

（一）教育观念

言语表现，是人区别于动物的本质性特征，在相当程度上体现了人的本体发展的综合水平，显示了人的生存方式、生命状态和价值观念。因而，语文教育应是人的发展与存在的人生的基本需要，是基础性的素养教育，即“元素养”教育。

语文教育的目的可以区分为两个层面：一是应用、实用，这是由人的社会性所决定的；另一是超应用、超实用，这是由人的本体存在与自主发展所决定的。由于人的社会性与主体性是共存的，因而上述两个目的也是相互依存的；又由于人的社会性与主体性的需求是不平衡的，因而，在不同的时期，对不同个体的人而言，对上述两个目的的需求也有所不同。随着时代、社会文明程度日渐提高，应用、实用目的日益弱化，超应用、超实用目的日益强化，将成大势所趋。语文教育的实利、功利需求，必定要被审美、精神的自我实现需求所超越和涵盖。

在未来社会中，人们对生存方式的选择，必然是高智慧、高文化含量的；他们的生命状态，必然是充分个性化的；他们的言语活动，也必然要超出日常生活的酬酢应对，即公私应用文字交流的范围，而更多地体现了人对知、情、意的主动追求和探索，对个人言语潜能、生命意志和人生价值的尊重和彰显。因而，未来的语文教育，不是仅仅为了使人陷于物质生活的实用情境的言语羁累中，狗苟蝇营于现实功利的需要，而是为了让人拥有更广阔的文化精神空间，更多地发挥言语潜能、创造性和个性的自由，使之诗意地安居在大地之上。培植、养护言语生命意识，引导学生走上言语人生、诗意人生之路，在符号世界里求索、创造中找到作为人的尊严和归宿，诗意地活着，为人类、为千秋万代建造精神殿堂，这便是语文教育的终极意义。

在未来，人的多数应用性与部分实用性、审美性言语活动，将越来越多地被人工智能所取代，应用层面大量的言语工作（信息交流）均可以由电脑来处理。因而，人的言语活动主要是审美性、独创性和精神化的；言语表现，将真正成为生命的寓所和精神的家园，使人生充溢着情趣、理趣、智趣和谐趣。

语文教育，不只是听、读、说、写技能的培养，语言文字的练习，也不只是为了求得文从字顺，言能达意，而是文化精神、言语智慧和言语生命的承传，是言语上的自我体认、自我实现，是对言语人生、诗意人生的理想、信念、抱负，言语动机、价值观的陶冶和引领。

这也许是一个“荒谬”的假说，一个语文神话。但是，在 21 世纪高度现代化信息化、人工智能化的条件下，在高度物质文明和精神文明的社会里，言语不应是工具，人也不应再成为工具，成为物的奴隶，成为名利的奴隶，而应回到情感家园和思想天地，皈依人性、精神的自我。语文教育的动力学和目的论，将对片面的“应付生活”“应需”的“工具论”做出否定和超越，这是毫无疑义的。

（二）课程目的

1. 以培育“立言者”为课程总目的。简称：为“立言”奠基。课程性质：语文是一门培养“有德性、思想的立言者”的课程。语文指向培育言语人、精神人、创造人——文化传人，使人拥有言语信念、信仰，拥有言语、精神生命。

2. 培育言语、精神生命意识：以对“言语、精神生命”体认为基本价值取向，以言语人生、诗意人生的引领为首务，以培育言语存在性动机为主线，提高“立言”所需的综合素养，形成正确的语文价值观、学习观与方法论，培育良好的言语人格、心理、趣味、习惯。

3. 培育言语表现智能：认识、开发学生的言语潜能、才情，着眼于言语表现欲、言语个性的培养，言语知、情、意，体式感，行为感，创制力的培养，以言语想象力、思想力为言语表现智能的核心内涵与评价的主要标准，以读书笔记、论文写作与辩论活动作为语文教学实践的最佳平台、课型，促成立言两大基石、五大素养的平衡发展。

（三）课程原则

以人类的言语、精神生命意识，以言说欲、写作欲、自我实现欲、存在欲的唤醒、熏陶、感染、传递为本。

以教师的言语创造欲求，言语人格魅力，言语信念、信仰感染学生。

以教师的言语成果、才能、追求，诱惑学生。

以教师的言语经验、智慧、悟性，点化学生。

以教师对学生言语潜能、个性的辨识、引领，扶助、激励其言语、精神生命的成长。

以上五条也可视为语文教师的评价标准。

（四）课程架构

课程言语生命化、言语智慧化（心灵化、情意化、想象化、表现化，灵性、理性、智性、悟性的和谐），虚实相间，动静相随，有无相生，率性适意。

以学生言语、精神生命的发展、建构为导向，以“表现-存在”为主旨，以言说欲、写作欲的激发，言语动机、价值素养培育为首务，以言语知、情、意素养培育为言语表现的基础，以言语想象力、精神创造力培养为重心，以读书笔记、论文写作、辩论活动为语文教学实践的基本平台、课型，充分发挥学生的言语潜能与个性，听、读、说、写联络共进。

1. 以培育“立言者”两大基石（德性、思想）、五大素养（动机、价值观素养，知、情、意素养，体式素养，行为素养，创制力素养。简称：志、蕴、体、行、能）为课程目标，以三大平台、课型（读书笔记、论文写作、辩论活动）统筹听、读、说、写教学的相关内容。

2. 根据立言五大素养目标，释放、分解出的目标系统，构成课程结构、教材编制、教学内容的多层次的目标系统，每一教学单元的目标要简约、清晰。

3. 教材、教学要指向言语表现，听、读的教学，要落实到说、写上。在学习言语表现上，以培育言语共能——论辩写作、论文写作为重，兼顾培育言语异能。学生享有充分的学习自主权。

4. 阅读经典文本、写读书笔记为教学常规课型。中小学均以读历代经典文本为主。对课外阅读总量、篇目可提出参考要求，学生拥有自由选择经典文本专题深度阅读的广阔空间。

5. 以培养论文写作、辩论的“共能”为主，辅以写生活手记、日记、读书笔记、随笔、杂文、调查报告、评论，口头访谈、汇报、报告、演说等，作为本课程教学常规性要求与主要实践形式。

（五）教材观念（不包括初级阶段的识字教材）

1. 课内教材立足于培养立言者，注重言语人文关怀。人文教育要体现语文学科特性，主要内容是丰富性、精神性、存在性言语动机的激发与培植。以表现-存在为本位，立足于立言五大素养的培养，以此为目标建构语文教材体系。

彻底改变阅读本位下的教材体例与目标系统，改变以文本内容或体裁划分主题的单元结构体例。

立言五大素养的培育依然有赖于阅读。虽然教材编制目的是指向“立言”，是为了提高学生的言语素养，但必须通过大量经典的阅读，领悟其对言语素养的要求，作者所具备的写作素养，通过涵养、修养、修炼，了解其作用，发现其奥秘，以期逐渐迁移到写作行为中去，转化成自身的言语创制力。

教材的编制，以言语、精神生命意识的唤醒、熏陶、激发，言语价值观的培植，言语潜能、才情的诱发，写作知、情、意，体式，行为，创制力的习染，为基本内容。以知、情、意素养为写作奠基，以培养言语智慧——想象力、思想力为言语智能的核心，以四种文本类型（以论辩文本统摄叙事文本、抒情文本、说明文本）、五种表达方式（议论、说明、叙述、描写、抒情）作为言语智能学习的基本内容序列、形态，循环递进。

在基本教学原则、原理不变的前提下，每学年的教材，做具体目标、要求、方法等的梯度区分。通过适当的理论引导与智能练习，强化言语生命意识，不断加深对言语体式、行为、创制力的领悟，提高对具体写作情境的同化、顺应能力，以期达成对某一（某些）“体式”的灵活运用、转换生成、整合延展之效。

在指向“立言”的“表现-存在本位”基本教学序列、形态中，每个“单元”适当组织写、读、说、听的相关教学内容，力求自然融洽、生动活泼，充分体现出言语教学的丰富性、情趣性，力求教材内容与学生学习心理的和谐。

2. 作为课内教材教学的延伸、拓展，课外阅读、写作是不可或缺的部分。课外读写，应注意与课内教材的联系。

课外阅读立足于提高学生基本文化素养、学识水平，阅读量要大，面要宽，以形成良好的语文知、情、意背景。课外读物仍以经典文本为首选。指导性的课外阅读可分为两种：一种是精选的中国文化史、文学史上的短篇传世佳作，可编制成书；另一种是中、外的中、长篇文学作品名著，只提供篇目。阅读材料应文、质兼美，充分体现情感、思想、表达的魅力。

课外写作，提倡专题性研究，可自由选题。在专题范围内，定向阅读、积累，写读书笔记、读书报告、研究报告、论文或论著。

（六）教学方法

以虚驭实，以无驭有。具体地说就是：以写（表现与存在——下同）为本、为写择读（听、说——下同）、以写促读、由读悟写、读以致写。

1. 以写为本

“立言”这个总目的与五大素养目标时刻都在引领、掌控着语文教学。在任何时候都要围绕着写作（表现-存在）这个中心运转。读、听、说教学活动，学习修德、处世、求知等，不能离开培育言语动机、价值观素养，知、情、意素养，体式素养，行为素养，创制力素养，要始终与其融为一体。

2. 为写择读

选择读什么文本，文本中着重读什么，怎么读，要服从于培养言语五大素养的需要。围绕培育写作素养的目标，选读相关的经典名篇（包括文言文、白话文）、学生作文（优文、问题文）。纯粹理解性目标，不作为主要教学目标、重点。

3. 以写促读

“学习通过写作”“学习通过研究”，要从读中学写，先要以写促读。任何高水平阅读，都离不开思考与表达。要读得深，想得清晰，就要借助写作，借助研究。写作与研究是高效阅读与思考的催化剂。没有经过语词化的思考是不到位的。高效阅读，必须是读、思、悟、写四位一体。

为写择读的“读”，须以写促读。其读法特点是通过写读书笔记，深化认知。养成“不动笔墨不看书”的习惯，以圈点、摘录、批注、札记、鉴赏、随笔、评论、小论文等方式，提高阅读效能，是阅读教学常规要求。

4. 由读悟写

由读悟写是全方位的，可以悟及写作的五大素养：动机素养、知情意素养、体式素养、行为素养、创制力素养。但是，每次课“由读悟写”不是全方位的。要确立某一目标、突出重点。如从单篇文本，悟文体的共性。读的虽是单篇文本，学的却是一类文体，是培养某一文体感，即形成该文体的词感、句感、段感、篇感。读文本个性不是最重要的教学目的。因为文体共性是可教可学的，文本个性是难以复制的。在教学目标确立上，对这些还需要加以细化。

5. 读以致写

要让学生知道，“语文”课程是为了提高“立言”素养、能力而开设的课程。以写促读、由读悟写，读懂文本的内容、特点等是手段，目的都是为“立言”奠基。

所有的语文教学、活动最终都要落实在写上。并非每次课都要进行写作练习，但每次课对提升某一写作素养要有所助益。

（七）教学实践

1. 以“课前、课内确定目标（主、辅转化点）—导入教学—达成目标（实施教学行为）—即时检讨（师生、生生、人机对话等）—课后师生深度反思、领悟与矫正、提高”为教学过程要素，形成“前教学、教学、后教学”

良性循环系统。

2. 以培育“立言者”为纲：以激发言说欲、培养“立言”价值观贯穿教学过程。

3. 以涵养知、情、意素养为本：以经典互文比较阅读、专题研究等，提升学养、丰盈心灵。

4. 培育言语创制力，以“想象力”为核心竞争力，兼顾采集力、感知力、语感力、选题力、思想力、批判力、创造力、表达力、修改力、反思力等。

5. 因材施教，仿真写、说。注重写研究报告（论文），兼顾个人喜好。注重演说、辩论等，“用活的语言做活的教授法”，使教学逼近真实说、写需求。

6. 教法“导悟”为主。为学生创设“自求”“自悟”情境，提高言语悟性。

7. 以发表为中心：让学生认识、施展其言语潜能、才情，写个性之文；充分利用各种发表平台（组、班、校内外，纸媒、电媒等），为其创造交流、激励机会。

8. 善于肯定，乐于赞美。让学生品尝学习、创造乐趣，享受生命表达的高峰体验，强化言语、精神生命意识，引领言语、诗意人生之路。

（八）课堂实操常规

1. “导入”注重兴趣激发与动机、价值观引领，教学全程随机提点、渗透。

2. 关注说、写（含读）学情，鼓励、回应学生的质疑问难。

3. 与培育立言素养对接，确定“主转化点”，兼顾若干“辅转化点”。

4. 以“主转化点”为教学主目标、重点，教学内容、环节均为其服务；力求主次分明，与其无关者少教或不教。

5. 围绕“主转化点”设计相应的教学行为、活动、方法、步骤，引导学生提炼“支架”，明确具体的实践要求。据此，当场练习、交流，并评价“转化”效果。

（九）测评方法

应更具人文化、人性化，注重隐性、柔性测评。

唤起、激发、强化学生的言说欲、表现欲，言语、精神生命成就欲，言语创造欲高于一切。

每一个学生都享有被肯定与赞美的权利。即便是批评，也是为了赞美，让他们体验到言语表现的尊严感、愉悦感、幸福感，培植立言信念、信仰。

考察学生对言语生命，言语、诗意人生的体认，对言语表现的态度与能力——积极性、主动性、创造性等，不宜做“标准化”评估。

学期或学年测评，宜做结构式、形成性、发展性评估。包括言语动机，价值观素养，言语知、情、意素养等，作业完成情况，作品发表状况，课外读、写情况，口试与笔试等。全面检验学生听、读、说、写的能力，主要是写、说——论文写作、辩论能力。

可以将学生最好的一篇文章或一次最成功的演讲、辩论等，作为评定学期、学年成绩的主要依据。发表的好文章，在成绩上应给予重奖，更要给予精神鼓励，以强化言语生命意识与言语动机。

学生的总成绩应包含学生的自评、互评。学生的言语、精神生命状态，有自我评价权；同学的学习态度，他们也许比老师更清楚，应该把一部分（20％～30％）成绩交给学生自评、互评，体现对学生参与权的尊重。

在语文智能评价上，考写作就够了。如有条件应兼顾到“说”。在语文科的听、读、说、写中，写的兼容性最大，素养性、综合性最强，最能体现语文综合素养水平，在测评中应占最大权重。语文的纯知识性成分，可不予考察，或限制在较低权重上。

如果学生听、说、读、写能力一般，但钟情于言语表现，在言语表现上有信念、理想，热爱、兴趣写作，有较为健康的言语人格追求与良好的言语、精神生命意识，应给予充分肯定与鼓励——哪怕他只剩下“热爱”“希望”，也要细心呵护。

21世纪的语文教育，应该把目光更多地注视在“人”上，应该把言语学习、表现，既看作是外在的生活、社会需求，又看作是人本身内在的生命、精神需求，是人的言语潜能、才情与个性的张扬，是基于人的言语生命、精神生命、言语人格的自我完善、自我实现的需要。对于言语动机、价值观来说，后者不仅不应被忽略，而且应当备受关切与尊重。对于言语学习、表现来说，外在需求的激励作用，往往是间接、被动、短暂的，而内在需求的驱动作用，势必是直接、主动、持久的，因而也更强大。语文素养教育，不是单靠在语文教材上修修补补、教学上减减“负”、高考出一两道妙题就能奏效的，应是兴人、立人、成人的教育——培养“立言者”的教育，归根结底，是言语生命、精神生命意识，言语人生、诗意人生的教育。我们有理由坚信，语文素养教育真正启动，期待“言语生命动力学表现-存在论”转向。

附录

站在“人是什么”的高度看“语文是什么”

——潘新和教授访谈录

李　节

在当下的语文教育研究者中，潘新和教授是很容易让人辨识的。因为他几乎锋芒毕露，毫不掩饰对当下语文教育的批评。潘先生专门对语文教育史用过功，而且博采中西方著作，发明出一套新的术语来描述语文教学。他的文字风格也堪称诡谲，惊人之语频出。一开始，我对潘先生的访谈有不知从何处谈起的困惑，靠向他的思路，怕脱离现实语境；将就现实，又怕遮蔽了潘先生的锋芒。几番思量，我决定从他所发明的“教法主义”开始，引出这一篇不破不立的对话。

一　“教法主义”将语文教育带到了沟里

李节（以下简称“李”）：“教法主义”这个词是您发明的吗？主要针对什么而言？

潘新和（以下简称“潘”）：是的。“教法主义”是我在《语文：表现与存在》的“自序”中提出的，是针对张志公先生反对探讨语文学科性质、目的、任务，主张要在“实实在在的事情”——“教法”上多下功夫说的。张先生在《科学态度和科学研究》中认为，讨论语文教学的性质、目的、任务问题是属于劳而少功或华而不实的事情。他说：“不管对‘语文’二字怎样解释，你反正得把这本《语文》课本教好。……我倾向于在这些实实在在的事情上多多下功夫，试试看，怎么教法效果最好，效率最高，多找出些办法来，多蹚出些路子来。”我认为张先生的这一观点捂住了语文界价值理性的眼睛，拉车不看路，势必将语文教育带到沟里去。“教法主义”，排斥语文教育哲学层面的思考与探究，以为不问语文“是什么”“为什么教（学）”，只要有“好”的教法就可以教好语文。这就造成了偏颇的“应付生活”本体论认知大行其道，“工具性”或“工具性与人文性统一”泛而不切的“课程性质”认知，长期统治语文教坛；才有“课标”（2011年版）的“语文课程是一门学习语言文字运用的综合性、实践性课程”的陈旧的“工具性”定位；才有空洞的“人文教育”；才有教学实践层面的抽象的读深读透、文本细读，字词句篇、语修逻文知识性教学，标准化试题、语基语用试题等“办法”“路子”——今天盛行的“同课异构”，大多也是“教法主义”产物。“异构”，基本上是“教法”之“异构”。教法“异构”没什么大意义，教育目的要同质，教学目标要“异质”，这才是最重要的。“同课异质”，目标定位不一样，才有实质性意义。

本体论迷失，目中无人，言语生命存在性动机缺失，低价值、无价值的教法泛滥成灾，势必导致学生厌学，言语素养、语文水平每况愈下。

李：“语文是什么”“为什么教（学）”，是比教法研究更根本的。不过，课标制订出来了，教材也是现成的，教师能想的似乎只有怎么教，是不是这样？

潘：您说的有一定道理，教师似乎只是课标的实施者、教材的执行者，他们只能“玩”教法——教师固然不能制订课标，编写教材，却不能不思考。如果他们放弃本体论思考，不探索何谓“语文”，课标说语文是什么就是什么，教材怎么编就怎么教，那不成了教学机器人？所谓的“教法”，是与课程、教材相匹配的。要是课程、教材认知错了，拼命操弄“教法”有什么意义？犹如“南辕北辙”，“教法”效果愈好，离真正的目标不是愈近，而是愈远。

人是理性、思想的动物。最能体现人的自由能动性就是“哲思”，是冲破旧思想的牢笼。我国现代语文教育之所以一个多世纪没什么长进，就是因为始终被禁锢在“应付生活论”“工具论”牢笼里。自己不思考，还不让别人思考，画地为牢，只能围绕着所谓的“语用”磨盘转圈，比试谁转圈的姿势更优美——即便转出花来也还是转圈，这样的语文教育能好吗？

普通教师也不能没有对语文课程本体的思考，一辈子教语文，却不思考为什么要教语文，还是语文教师吗？但是，语文教育本体论研究，确实不应是他们的职责，他们多数人的学养也不足以担此重任。这一职责主要应该由语文界的领军人物、课标制定者、教材编写者、学者、教研员等来承担。这样，恐怕就要问，该担重任的担起重任了吗？如果担起了重任，语文教育还会像今天这样，在各学科中学生评价倒数第一吗？——之所以他们没有担起重任，大约与“教法主义”误导不无关系。

张志公先生《科学态度和科学研究》一文，不是针对普通教师说的，是面向所有语文界同仁的，他力求阐明何谓“科学态度和科学研究”。他的主旨是反对语文本体论、价值观研究，觉得这是“虚”的，不如研究听、说、读、写的教法来得实惠。确确实实，语文界这几十年遵循的就是张先生指示的“教法主义”的路子，在本体论认知上并无改进、长进。这可以从课标、教材，学者、教师的文章和上的课看出来。

李：您并不认同课标中对语文课程性质的定位？

潘：在“去本体论研究”的“教法主义”下，自然对语文课程的性质、目的和任务等的认识是十分贫乏的。我是不赞成语文课标的“课程性质”定位的。课标的“语文是一门学习语言文字运用的综合性、实践性课程”的定位，是一种“功能性”定位，纯属“工具性”范畴，其认知水平，还不如一个世纪前1912年《小学校教则及课程表》：“国文要旨，在使儿童学习普通语言文字，养成发表思想之能力，兼以启发其智德。”这一课程认知就将“工具”与“人文”结合得比较好：“养成发表思想之能力”。先要培育“思想”，有“思想”，才有“发表思想”的能力可言。“养成发表思想之能力”是主，“启发智德”是辅，主辅关系表达得十分清楚，比不着调的空洞的“工具性与人文性的统一”强多了。

课标给语文课程性质下的定义是“工具性”（学习语言文字运用）一元论，具体阐释变成二元论的“工具性与人文性的统一”。也不想想，“工具性”“人文性”是语文课程的特性吗？且不说“工具性”与“人文性”，谁主谁辅不甚了了，课标所谓的“人文性”——“吸收古今中外优秀文化，提高思想文化修养，促进自身精神成长”——分明说的是“教育”的“人文性”，怎么就成了语文课程的“人文性”？

说这是“教法主义”结出的“涩果”，大约并不为过。长期不研究语文课程本体论，课标又不能不给语文“课程性质”下定义、做诠释，能说得清楚吗？随便说，对得起前辈先贤为此付出的心血吗？

二 回归人本身的语文价值观

李：您认为语文课程的性质是什么？学语文的目的是什么？

潘：语文教育的根本是培养“人”——“有德性、思想的立言者”，是培养“言语人——精神人、创造人”。教育，说到底，是“人”的教育，不是“技能”“工具”教育。语文教育，说到底，是培养“立言者”的教育，不是课标所言“学习语言文字运用”的“技能”“工具”教育。

所谓“立言”，即人生“三不朽”——“立德、立功、立言”的“立言”。孔颖达疏：“立言，谓言得其要，理足可传。其身既没，其言尚存。”韩愈说“垂诸文而为后世法”。“立言者”，即写出传世之作、百世之作的人，是为人类精神、文化添砖加瓦的人，是以言语表现、创造体现生命存在价值的人。写作，使人生命留痕，精神长存。这是语文学习的终极目的，最高目的，是人必须有的言语信念、信仰。

语文课程的性质，如果要下定义的话，是否可以这样说：“语文课程是一门学习以言语表现服务人生，彰显人、人类存在价值，培养写作者、立言者的课程。”其核心是培育“言语生命”意识，使学生知道人是写作的动物，精神创造使人之为人。

一定会有“工具论者”质疑说这脱离实际，是绝大部分学生达不到的。确实如此，我们要的就是绝大多数学生达不到。绝大多数学生都能达到就不是教育了。教育是什么？是给人以信念、信仰、追求的事业。语文教育应是一种言语信念、信仰、追求的教育。眼睛只盯着鼻尖上的蝇头小利，能有什么出息？

这让我想到那个大家耳熟能详的故事：

记者：你放羊为了什么？

放羊娃：赚钱。

记者：你赚钱为了什么？

放羊娃：娶媳妇。

记者：你娶媳妇为了什么？

放羊娃：生娃。

记者：生了娃干什么？

放羊娃：放羊。

我们几代中国语文教育就是处于类似于“放羊”“生娃”的循环困局中而不自知。在这种低水平的生存认知下，语文教育必然始终处于贫困、衰败状态，连“应付生活”都达不到。

这一百多年的语文教育，就是因为没有意识到这一点，只把语文当作一种“生存术”（应付生活、谋生应世）来定位，才落到如此不堪的境地。说得不好听一点，是把人当作禽兽来教的，教学变成“驯兽”——就像动物教它们的后代怎样觅食、做窝一样。这就是为什么教师在教法上费尽心机，累得吐血，不但不落好，学生语文水平反而每况愈下，对语文课深恶痛绝的原因。这一现象是很值得深思的。不想清楚，就永远别想走出“放羊、生娃”的困局。

李：“三不朽”是中国传统读书人追求的极致境界，历史上也只有极少数人能达到这一境界。您把“立言”而不朽、培育“立言者”引入语文教育，用这样的高度来要求基础教育中的语文教育是否不现实？

潘：我们这一个多世纪的语文教育，败就败在视“语文”为“应付生活的工具”上。以为这个定位很现实，符合学生的实用需要（应需），而且是绝大多数学生都能达到的。然而，这是没有理想、信仰，没有追求、激情的教育，违背了人之本性——言语、精神生命的教育，因而，是被动、外在、强制的，是言语生命、使命的异化。从本质上说，言语活动，并不只是为了谋生应世，更重要的是人的言语、精神生命的绽放，是人的自我确证、自我实现。这一百多年的语文教育，就是因为没有意识到这一点，把语文能力当作“谋生术”来定位，取法乎下，必得下下，语文教育落到今天如此不堪的境地是不足为奇的。

李：您说的“异化”与“教法主义”是什么关系？

潘：由于大力倡导“教法主义”，造成了本体论研究缺失，偏颇的本体论认知——“应付生活论”“应需论”得以长盛不衰、畅行无阻。所谓应付生活的“生活”，指的是“物质生活”“社会生活”，即“谋生应世”（不包括精神生活、个性追求、言语潜能的张扬与人的自我实现，人类精神家园的建构等等）。应试教育与“应付生活论”“应需论”课程定位的出发点是一致的，都是基于功利需求的。由“应付生活”“应需”而“应试”，是顺理成章的事。

在任何时候语文价值观教育都是首要的。只要学生真正明白为什么学，愿意学，喜欢学，语文教育的一切便迎刃而解。“教法”“技巧”，只有在正确的价值观、正确的课程性质定位下才是有意义的。

三 “表现与存在”应成为语文课程的目的

李：您在一本书中说，了解现代语文教育史的最低标准是“读懂叶圣陶”。您觉得以叶圣陶、吕叔湘、张志公为代表的这一辈学者对语文教育发展方向起了什么作用？

答：是的，作为语文学者、教师，最起码要懂得叶圣陶，叶圣陶语文教育思想是打开我国现代语文教育大门的钥匙。不是随便读几篇他的文章，要把他的主要著作读遍、读透。由于叶圣陶先生没有体系性的语文教育学术著作，他的观点是比较零散、杂乱的，前后不一致的地方比较多，要读懂他就变得比较困难。随便抓住他一两句话，断章取义大做文章，这是今天论者的通病。读不懂叶圣陶，就一定不了解我国现代语文教育的得失利弊。因为，叶圣陶语文教育思想代表了主流观念。不论是继承还是批判，都要先读懂。不读懂，就没有发言权，一说便是错。

今天“真语文”讨论就有这个问题，许多观点是拍脑袋拍出来的，是非学理、学术的批判，彼此彼此。大家都一样没学问、一样拍脑袋，凭什么你说的就是真语文，别人就是假语文？很可能是公说公有理婆说婆有理，一笔糊涂账。

我国现代语文教育是建立在叶圣陶先生为代表的语文教育观念上。“实践是检验真理的唯一标准”，语文教育实践的失败，一定是理论、观念错误导致的。自然要在理论、观念上去找原因，去总结经验教训，哪能破罐子破摔，一条道走到黑？读懂叶圣陶，是为了继承，更是为了批判、超越，为语文教育开辟新路。

叶圣陶先生这一代人自有其贡献，也必有其局限。其指导思想“应付生活论”“工具论”，是他们所处时代的认知。他们对语文教育从贵族、精英、古典教育向平民、普及、白话教育转型，从科举向实用转型，功不可没。但由于他们这一代人未能对传统语文教育作深入检讨，因此，很容易走到另一个极端，将古代语文教育、科举语文教育一概否定。例如，对读经、古典主义教育，对修德、养气、悟道、明理等的无视或忽视，以实利、功利、实用为目标，铲除了语文教育的文化根基，忽略言语人格、精神生命的养育，使之变成有技无道、有文无人的工具主义教育，这就是他们的局限，也是现代语文教育一蹶不振的根本原因。

李：今人该如何在前人的思想中汲取有益的成分？

潘：要拥有高质量的言说，光读叶圣陶远远不够。梁启超、陈望道、黎锦熙、夏丏尊、朱自清、朱光潜……都要读；光读现代语文教育家还不行，还要读古代语文教育家。不知古焉知今？古今都不懂，岂不是胡说八道？自然，要都很懂很难，读得比较懂已属不易，得下大功夫。一般教师做不到，情有可原，但是语文学者必须尽量读懂，尤其是课标制订者、教材编写者必须读懂，这不是苛求，否则，眼光、尺度便会出问题，就会发生导向性偏差。

李：您说“语文教育研究耽于经验，缺少哲思，缺少学理的思考”，针对的是学者和课程顶层设计者？

答：这个问题问得好。理性、哲思，对普通学者、教师很重要，对顶层设计者尤其重要。不论做什么，都不能只靠一己可怜的经验。人是求知、理性、文化的动物，从经验上升为知识、理论、原理，是人之本性，是人认知事物之必然。

语文教育有几千年历史，积淀了多少代人的思想智慧，这是我们再思考、再出发的重要资源、逻辑起点。有深厚的学问背景，才有理性与哲思的坚实基础，认知才能高屋建瓴、鞭辟入里。语文学科顶层设计者如果未对古今中外母语教育进行长期深入的研究，就不是有远见卓识的大学者。特别是一些来自圈外的学者，如果未能自觉地进行身份转换，努力增进语文学科的基本学养，缺乏理性、哲思，对语文认知只是凭自身从事的专业知识，以及对语文教育一点简陋的了解，想当然，一旦掌握了话语权那是很可怕的。

李：“以言语表现彰显人、人类存在的价值”“培育言语生命意识”，用这样富有哲学意味的词来定义语文教学，会不会有些隔膜？您有三本书的名字分别是《语文：人的确证》《语文：我写故我在》《不写作，枉为人》，从中也可见您十分强调语文背后的“人”。为什么从这样一个角度来思考语文教学？

潘：我之所以从言语与人的本质联系上看，是要使语文教育回归到人本身。从“人”的类特性角度看言语与言语活动，语文教育才能找到其本源，才能有真正的动力学、发生学基础，语文教育才能有内生动力与生命活力。人生来就是“语言（言语）、写作的动物”，人的生命就是“言语生命”，“言语表现”是人的精神生命的原欲、特性，写作，是人类的宿命——不写作，枉为人。语文教育要以唤醒、激发“言语生命”意识为思维和行为的原点，顺应、扶助每一个体言语生命的潜质和天性，使教学的日程和言语生命自然生长的时节合拍，最大限度地使言语生命发展的潜在的可能性，变为言语创造和自我实现的现实存在性。站在“人是什么”的高度看“语文是什么”，一切便豁然开朗了。

李：我感到您试图颠覆一百多年形成的语文教学话语体系。

潘：说对了。在“生活本位”“应付生活”本体论下的工具论，训练为主线，阅读也是能力、目的，生活语文，生活写作等，这些统治语文教坛的观念与话语，依然不适应当今时代的认知，将被颠覆。语文本体论改变需要一套与其相匹配的话语。在我的“言语生命动力学表现-存在论”语文学话语体系中，核心概念是“言语生命”，由此衍生出写作是人的本性、是人的精神生命“原欲”，培育言语生命意识、立言者，人是写作的动物、语文是人的确证，我写故我在，心灵写作，牧养、圈养……已然在语文界风行。

李：您批评“阅读本位”，批评“阅读是写作的‘根’”“阅读是写作的基础”“阅读是独立能力、目的”等认知过于肤浅，认为“阅读好，未必写作好，也未必语文好”。能否请您详细谈谈做出这个判断的依据？

潘：“阅读本位”有其合理性。写作，自然离不开阅读。写得好，必须读得多，读得好，这是常识。但如果以为阅读可以解决语文的一切问题，把语文课变成了阅读课，把阅读课变成了“为读而读”——止于读懂、理解，以为阅读是一种独立的能力、目的——那一定是错了。这个错，已由这一个世纪的语文教学验证过了。按照“阅读本位”范式编写教材，进行教学，效果如何是有目共睹的。1942 年，叶圣陶先生在《认识国文教学》一文中说：“国文教学几乎没有成绩可说。”1978 年，吕叔湘先生在《当前语文教学中两个迫切问题》中说：“十年的时间，2700 多课时，用来学习本国语文，却是大多数不过关，岂非咄咄怪事！”1995 年，张志公先生给国家教委信中说：“一个中学生，在接受了基础教育以后，还不能达到听、说、读、写的要求，中国人学自己的语文甚至比学外语还要难……”（《张志公自选集·写在前面的话》，北京大学出版社 1995 年版）2012 年，教育部普通高中课程标准调研组在全国

10多个省市大范围调查表明，学生对语文学科评价，在17个学科中排名倒数第一。学生语文水平低下的状况始终未得以改善，原因固然是多方面，但“阅读本位”教学范式难辞其咎。在“阅读本位”下，语文课几乎上成了阅读课了，可是，写作不好，语文不好，学生语文素养堪忧、讨厌语文课，这是不争的事实。

李：“写作本位”是您建设语文教育新视界的起点吗？

潘：可以这么说。完整、准确的表述应该是“表现-存在本位”。这是语文教育认知、行为的逻辑起点、思维原点。“写作本位”，是“‘表现-存在’本位”的通俗表达，是语文教育本体论与教学范式的简括表达。“言语表现”是“表”，彰显“人的存在价值”是“里”。应该表里兼顾，由表及里，以里为本。这个“里”就是培养“言语生命意识”，培养“立言者”。语文教育的一切领域、部分，思维、行为都与其息息相关、脉脉相通。

李：您倡导把“阅读是写作的基础”变成“写作是阅读的目的”，这个转变实质上改变的是什么？是基于您的“言语生命”的理论基础提出的吗？

潘：这个转变是为了体现在语文教学中该强调什么，什么才是语文教育的终极性目的。

叶圣陶先生说阅读是写作的“根”，“阅读是写作的基础”，这是为了反对语文教学过分关注学生的写作程度，强调阅读对写作的重要性。同时，他还认为，阅读并不就是为了写作，阅读本身也是一种能力，也是一种目的。这些，都是为了确立“阅读本位”教学范式。我以为，阅读是能力，但并不是一种独立的能力，更不是一种与写作并列的能力，甚至目的。阅读只是手段，在语文教育中，其终极目的是写作，是“表现与存在”。除此之外，阅读没有第二个目的，如果有，那也是语文学科之外的目的。我提出“写作是阅读的目的”，这意味着从“阅读本位”向“写作本位”“表现-存在本位”转向，意味着对语文教学认知的根本性转变。写作，“表现与存在”，培养“立言者”，将成为语文教学的终极性目的（不再是阅读的附庸），是灵魂，是教材、教学的指导思想、价值取向。

这个转变确实是基于“言语生命”理论提出的，不仅对读、写关系的认识是，对语文教育、课程一切问题的认识都是基于此。我之所以说“写作是阅读的目的”，是为了强调“写作”之重要，避免误将阅读这个“手段”当成了“目的”。阅读只能是手段，阅读有很多目的，但在语文学科中，阅读的目的只有一个，就是“写作”——表现与存在。这是由语文的学科特性——“言语性”（表现-存在性）决定的，也是由人的生命特性——“言语生命”决定的。写作，是语文的学科特性与人的生命特性的集中体现，所以，它不但应作为阅读的目的，而且应作为整个语文课程的目的加以强调。

李：我国古代对读和写的关系是如何认识的？

潘：儒家教育观是重读的，但是，它不是“阅读本位”，而是“修德、明理本位”，是通过读，修德、明理，“有德者言可不学而能”，“大意主乎学问以明理，自然发为好文章，诗亦然”。他们重读、修德、明理，目的就是培养“立言者”的。科举教育也可以称为“写作本位”，不论读什么、怎么读，读占用了多少时间，目的很清楚，都是指向写作的：读四书是为了八股之题目，读五经是为了八股之内容。因为，最终科举考的是作文：八股、经义、策论、诗赋等。这一为科举的利禄主义的“写作本位”教学范式，不但与儒家正统教育观背道而驰，与我们“表现-存在论”下的“写作本位”观更有着本质上的不同。它是为了求取功名利禄，我们是为了培养“写作者”“立言者”、自我实现者、人类精神家园的建设者。

李：据说有些国家的母语教材以写作为中心编写，中小学也是这样的吗？

潘：确实如此，这种改革不只是教材的改革，更是“课程”的改革。比如在日本，由“阅读本位”到“言语表现本位”的转向已经发生。“1999年11月，日本文部省颁布新的高中《学习指导要领》，并于2003年4月正式实施。此国语学习要领特点如下：设‘国语表现Ⅰ’，合并现行的‘国语表现’和‘现代语’，以‘听、说’及‘写作’为中心构成内容，培养学生正确的说话、写作等应用于社会生活的语言能力。设‘国语表现Ⅱ’，以提高‘国语表现Ⅰ’的学习层次。设‘国语综合’，改进现行‘国语Ⅰ”的学习内容，以提高学生综合运用语言的能力为目的，改变现行国语以阅读理解文章、作品为中心的学习方法，强调以近代以来的各类文章为载体，加深语言活动，培养表现能力和喜爱读书的态度。……还规定，选择‘国语表现Ⅰ’及‘国语综合’中的任何一科为必修课程。”① ——不再以“阅读理解文章、作品为中心”，这就是对“阅读本位”的扬弃。“设‘古典’，合并现行的‘古典Ⅰ’和‘古典Ⅱ’……重在培养学生亲近古典的态度。”“古典”阅读，不是必修课，

① 中外母语教材比较研究课题组编：《中外母语课程标准译编》，江苏教育出版社2000年版，第416页。

而是选修课。学生“可以从古文和汉文中任选一种来学习”①。

李：我国古人的做法是八岁入小学读书，经过十年诵读，几年看读之后，到二十一二岁开始专力学作文（陆桴亭《论小学》《程氏家塾读书分年日程》）。您怎么看待这些古人的经验？

潘：这不是说二十一二岁之前就不学写作，而是说没有“专力学写作”。其实古人在蒙学、小学阶段就开始学写作了，张志公先生说：“教儿童学属对，最初大概是以学作骈文和学作近体诗为目的的。发展到后来，属对成了启蒙之后一种必修的课程。苏洵的文章里说：‘吾后渐长，亦稍知读书，学句读、属对、声律，未成而废。’从这个记载可以看到，在宋代，属对已经是同句读、声律相提并论的一种基础课程。它的目的已经不再是专为学作近体诗，而是作为语文基础训练的一种手段了。”② 他认同崔学古说属对是“通文理捷径”，蔡元培把属对看作“不但是作文的开始，也是作诗的开始”的观点。

在科举教育中，写作是贯穿始终的：“在蒙学时，除读书外，或课对偶，由二字而三、四字，五、七字；其学为八股，则先为破题两句，渐为承题三、四句。课对偶为将来试帖之预备，破题承题则为八股之前奏曲也。年稍长，则入中馆，‘五经’未毕者，或仍继续读经。而对偶诗文则渐进。对偶或为咏物联，或为撑句，为夹联。……至其学为八股文，则以蒙学时已能破承题，则连续学去……中馆之学生，大都年在十三四，则为完篇，完篇者，能作全篇八股文也。中馆之后有所谓大馆者，多设于都市。……大馆专教八股，以应科举。……教师之讲四书，不在发明经义，而专为八股。”③

古人是很看重读，但是，在科举教育中，显然不论怎么读，读占用了多少时间，目的很清楚，都是指向写作的：读四书是为了八股之题目，读五经是为了八股之内容。因为，最终科举考的是作文：八股、经义、策论、诗赋等。这也可以看作是“写作本位”语文教学范式。自然，它与我们的“表现-存在论”下的“写作本位”有着本质上的不同。它是为了培养官吏，求取功

---

① 中外母语教材比较研究课题组编：《中外母语课程标准译编》，江苏教育出版社2000年版，第416页。

② 张志公：《传统语文教育教材论——暨蒙学书目和书影》，上海教育出版社1992年版，第97页。

③ 卢湘父：《万木草堂忆旧》，见沈云龙主编：《近代中国史料丛刊续编》第66辑651册，文海出版社有限公司1983年版，第60～65页。

名利禄；我们是为了培养“写作者”、“立言者”、自我实现者，其动力、价值取向是完全不一样的。

李：以“言语生命”为理论基础，您还有其他针对语文教育的批评和建设，限于篇幅，这里并不能一一涉及。我很感兴趣的问题是，您的思想资源有哪些？

潘：我的语文教育思想资源无所不在。如果一定要细分的话，就是我在讲到科研方法时说的“三通”：古今贯通、内外贯通、中外贯通。在语文教育研究上，最基本的就是对学科史的梳理，即“古今贯通”。对我国古代、现代语文教育史资源的掌握、思考、研究是最基础性的，是语文学者安身立命之本。舍此，别的都免谈。然而，仅此是走不远的，所以要“内外贯通”，学科外的资源给予你学科内的思考以视野、眼光。学科外的资源，主要是哲学（认识论、方法论）、科学学、人类学、心理学、教育学等。有了基本的学科教育史素养，起决定作用的就是学科外素养了，它在相当程度上决定了你能看得多深、把学问做得多大。“中外贯通”，是指“语文学科内”的“中外”母语教育的比较参照。这是“古今贯通”的延伸与丰富。如果要说我的研究最得益于哪些资源，我以为最受益的是“古今贯通”与“内外贯通”，这二者是相辅相成的。前者主要是“照着说”，是“承前”，后者使你可望“接着说”，是“启后”。“三通”，谁都不可能真正做到，谁也不敢说自己已经“通”了。但要知道这是做学问的正确路径与方向，要一辈子专心致志地身体力行。虽不能至，但我心向往之。

李：在“言语生命动力学表现-存在论”语文学视野下，语文教育要脱胎换骨、洗心革面了。期待您的探索结出更加丰硕的成果。

语言沦为工具，语文教学就成了工场；人文君临一切，也会遮蔽了语文。语文是言语，是人因表现而存在的言说。

第二章 语文之蔽：工具论、人文论的迷失

以往语文界对语文教育问题的思考较多局限在某一个具体问题上，未能在全局的宏观层面作系统的延伸和深入，缺乏全面的理论批判和建构的意识。从 20 世纪 80 年代后，语文界以前所未有的严肃认真的态度，进行了一场旷日持久的关于科学主义和人文主义的论争，实即工具性（包括语文的客观化命题、标准化测评等）和人文性的论争。这原是让人振奋并热切期待的事件，然而，结局是让人痛心疾首、恨铁不成钢的沮丧。这场论争居然以双方打个平手不了了之。在语文教育研究上，自然首先要明确课程性质是什么。尽管回答这一问题也许十分艰难，但毫无疑问这是一个首当其冲的、无可回避的重要问题。这是一个终极性命题，是思维的逻辑起点，制导着课程的整体建构。在理论探索上，任何的含糊其辞、折中迁就，都不是科学的态度；貌似辩证、公允，但会失却起码的学术道义立场。

“中庸”这一中国式智慧在《全日制义务教育语文课程标准（实验稿）》对语文课程的定性上发挥得淋漓尽致：“语文是最重要的交际工具，是人类文化的重要组成部分。工具性与人文性的统一，是语文课程的基本特点。”我特别能理解《全日制义务教育语文课程标准（实验稿）》为什么这么不伦不类地写着。这个很简单的意思，似乎不需特殊的语言功力就能表述清楚，可是偏偏顺理成章地违背了逻辑的同一律：第一个复句中的两个分句的主语“语文”，内涵是不一致的。第一分句“语文是最重要的交际工具”，主语“语文”实为“语言”；第二分句“（语文）是人类文化的重要组成部分”，这一主语“语文”，应是既指“语言”（语言是文化的地质层）又指“言语”（言语符号

编织的历史是人类的文明史），主要指的是“言语”。这种概念逻辑的混乱带有某种的隐喻性。表面上是文字运用的疏忽造成言不及义，如果对其做进一步的精神分析，它实质上说明了编写者心理上有一个解不开的“结”，是困惑、矛盾和难言之隐的征象。编写者“无意识”地以语病的形式表明语文课标对语文课程性质的描述，是妥协、碰撞、迁就和无奈的产物。《全日制义务教育语文课程标准（实验稿）》写不写“工具性”这三个字，其象征意味要远大于字面意义。在我所看到的国外的母语课程标准中，都没有“工具性”的定性，而在我们这儿，却不是可有可无的，否定“工具性”意味着什么，这是不言而喻的。这也许是“中国特色”吧。这使我越发感到在我国语文界重建学术文化、学术伦理，提倡科学和理性精神的重要。

当然，《全日制义务教育语文课程标准（实验稿）》中作兼容并包的表述是可以理解和谅解的。因为此类“集体智慧”的结晶，只能是各种“个人智慧”的平衡和妥协，能在总体上较前有所提升就很不容易了。应该承认，它比以往的《语文教学大纲》已有长足的进步，这是值得庆幸的。但是本书对语文课程性质的研究就不能满足于杂烩式的“集大成”了。

我们认为，不论工具性还是人文性，都没有揭示出语文和语文教育的言语生命特性。前者是以语言的一种性质来界定语文的特性，后者是以人文学科的共性来界定语文的个性，都是把语文视为人的“身外之物”。**语文学者还从未在人本身的内在需求、言语和人的存在的关系——人的言语生命意识的层面上观察语文教育的特质，在言语生命动力学的视野中认识语文教育的现象和行为**。动力学上的迷失与错位，使语文界不能不长期陷于价值混乱、理论困窘和实践的无所适从之中。

一 “工具论”的历史渊源

人们对“工具论”作思考的时候，迈出的第一步便不由自主地陷进了“工具论”泥沼。因为，在语文界，“语文是一种工具”的认识已经深入人心，任何要否定它的企图，都会遭到近乎本能的、非理性的顽强抵抗。这仿佛是一道不容逾越的“话语底线”，因为这“工具论”据说是叶圣陶先生的定性。

的确，叶圣陶先生在 1924 年发表的《说话训练——产生与发表的总枢纽》一文中就讲道："……儿童的情感正被培养，同时要使他们能利用适当的工具来表于外，感受满足的快适……所谓适当的工具，当然语言独占重要，因为它最能把人与人的心联锁起来。""所以训练儿童说话实在是一个总枢纽，要他们内面产生得出，又要向外面拿得出来。外界的事势虽是万变，而这是一种应付事势的万应的工具。获得了这工具，而且会使用，岂不是已满足了普通教育的期望了么？"① 这讲的还只是"说话"是一种"独占重要"的"工具"，而明确提出"国文是一种工具"则是在 1942 年发表的《认识国文教学——〈国文杂志〉发刊辞》一文，他说："旧式教育可以养成记诵很广博的'活书橱'，可以养成学舌很巧妙的'人形鹦鹉'，可以养成或大或小的官吏以及靠教读为生的'儒学生员'；可是不能养成善于运用国文这一种工具来应付生活的普通公民。"② 及至 1950 年以后，叶老较多的是从"语言"的角度来诠释"工具性"。1953 年，他在《语言文学分科的问题》报告中说："按照马克思列宁主义关于语言的学说，语言是'交际的工具'，是'社会斗争和发展的工具'。……语言教育的一个主要任务是让学生认识语言现象，掌握语言规律，学会正确地熟练地运用语言这个工具，让他们能够在参加各种斗争的时候，参加各种共同工作的时候，正确地表达自己的思想，正确地理解别人的语言，因而能正确地执行任务，做好工作。语言是形成思想的工具，是认识世界的工具。"③ 1962 年，他又明确地指出："我们说语言是一种工具，就个人说，是想心思的工具，是表达思想的工具；就人与人之间说，是交际和交流思想的工具。"④ 到了 1978 年，他更是从提高中华民族科学文化水平的高度作了新的表述："语文是工具，自然科学方面的天文、地理、生物、数、理、化，社会科学方面的文、史、哲、经，学习、表达和交流都要使用这个工具。要做到个个学生善于使用这个工具（说多数学生善于使用这个工具还不够），语文教学才算对极大地提高整个中华民族的科学文化水平尽了分内的责任，

---

① 刘国正主编：《叶圣陶教育文集》第 3 卷，人民教育出版社 1994 年版，第 22 页，第 25 页。

② 刘国正主编：《叶圣陶教育文集》第 3 卷，人民教育出版社 1994 年版，第 92 页。

③ 叶圣陶：《语言文学分科的问题》，见《人民教育》，1955 年第 8 期。

④ 叶圣陶：《认真学习语文》，见刘国正主编：《叶圣陶教育文集》第 3 卷，人民教育出版社 1994 年版，第 183 页。

才算对实现四个现代化尽了分内的责任。”[①] 可以看出，叶老在不同时期，对“工具论”的表述是较为混乱的：时而指“说话”，时而指“语言”，时而指“语文”。在今天看来，“语言”跟“说话”（“话”）、“语文”（叶圣陶认为“口头说的是‘语’，笔下写的是‘文’”[②]）当是不同的概念，“话”“语文”的属性应是“言语”，而非“语言”（二者的区别见下文）。由于当时许多人在认知上还没有形成这种区分，以致造成了误解：以为“语言”跟“语文”的属性相同。进一步的误解还表现在以为“语文”跟“语文课程”“语文学科”的属性相同，认为叶老说“语文”是一种工具，就等于说“语文课程”“语文学科”是一种工具。其实，叶老说的“国文科”“语文科”才是指“语文课程”“语文学科”。但是，有一点是清楚的，叶老的“工具”，既指语言，也指言语。这就违背了逻辑上的“同一律”，显然是一种错误。

实际上，叶老的“工具论”并不等于他的语文本体论。叶老曾明确指出：“语言是一种工具。工具是用来达到某个目的的。工具不是目的。”[③] 可见，他并没有把“工具论”作为自己的语文本体论的全部。他的语文目的论是什么呢？他的语文目的论是为生活、为实用、为应用的语言运用。他说：“尽量运用语言文字并不是生活上一种奢侈的要求，实在是现代公民所必须具有的一种生活的能力。”[④]“练习作文是为了一辈子学习的需要，工作的需要，生活的需要……”[⑤]“所以，听、说、读、写四项缺一不可，学生都得学好。这是生活的需要，工作的需要，也是参加祖国四个现代化建设的需要。”[⑥] 他还多次强调“课内作文最好令作应需之文”“培养切实应用之作文能力”等。这种个人应生活之需的“语言”的具体运用和表现，实际上指的就是“言语”（这一

---

① 叶圣陶：《大力研究语文教学　尽快改进语文教学》，见刘国正主编：《叶圣陶教育文集》第 3 卷，人民教育出版社 1994 年版，第 202 页。

② 叶圣陶：《语文是一门怎样的功课——在小学语文教学研究会成立大会上的发言》，见刘国正主编：《叶圣陶教育文集》第 3 卷，人民教育出版社 1994 年版，第 217 页。

③ 叶圣陶：《认真学习语文》，见刘国正主编：《叶圣陶教育文集》第 3 卷，人民教育出版社 1994 年版，第 183 页。

④ 叶圣陶：《略谈学习国文》，见刘国正主编：《叶圣陶教育文集》第 3 卷，人民教育出版社 1994 年版，第 88 页。

⑤ 叶圣陶：《从出题到批改——〈中学作文指导实例〉序》，见刘国正主编：《叶圣陶教育文集》第 3 卷，人民教育出版社 1994 年版，第 467 页。

⑥ 叶圣陶：《听、说、读、写都重要》，见刘国正主编：《叶圣陶教育文集》第 3 卷，人民教育出版社 1994 年版，第 219 页。

点在下文对“言语性”的阐述部分可得到进一步的印证)。叶老的语文本体论是以“语言”为手段，以“应需”(应付生活)的“言语”为旨归的。

其实，“工具”的说法，有其深厚的社会背景。

1949年以后的语言“工具论”的思想主要出自斯大林。从上述叶圣陶先生的话中，就可以看出他接受了马克思主义的语言学，主要是斯大林的《马克思主义与语言学问题》一文中的观点。斯大林说：“语言……乃是作为人们交际的工具，作为社会中交流思想的工具，作为使人们相互了解并使人们在其一切活动范围中调整其共同工作的工具。”① 该文中的观点，是叶老在20世纪五六十年代的相关论述的思想基础。

叶老“工具论”更进一步的渊源关系，也许当推美国现代实用主义哲学家、教育家杜威。被称为“实用主义的巨人”的杜威，1919年至1921年长达两年多的时间里，应邀来我国讲学，有人认为他对中国哲学界的影响是短暂的，对中国教育界的影响却是极深远的。② 杜威对胡适、陶行知、叶圣陶等的影响都是显而易见的。叶圣陶在他的《作文论》中就曾引用了杜威的见解以说明作文的源头是充实的生活，求“充实”所应致力的两个目标之一的“训练思想”的意义在于：“思想起于应用，终于应用；思想是运用从前的经验来帮助现在的生活，更预备将来的生活。”③ 杜威积极倡导“经验主义”和“工具主义”(杜威的观点也许跟弗朗西斯·培根的《新工具》一书中的注重经验归纳的观点不无关系)，主张“教育即生活”“学校即社会”。他把一切科学理论均归结为经验，认为它们只是个人应付环境的工具或手段。例如，关于教育，他说：“在最广泛的意义上，教育乃是社会生活延续的工具。”④ “……这样做，意味着使每个学校都成为一种雏形的社会生活……当学校能在这样一个小社会里引导和训练每个儿童成为社会的成员，用服务的精神熏陶他，并授予有效的自我指导的工具，我们将有一个有价值的、可爱的、和谐的大社

---

① [苏]斯大林著，李立三等译：《马克思主义与语言学问题》，人民出版社1951年版，第38～39页。

② 赵祥麟主编：《外国教育家评传》第2卷，上海教育出版社1992年版，第543页。

③ 叶圣陶：《作文论》，见刘国正主编《叶圣陶教育文集》第3卷，人民教育出版社1994年版，第301页。

④ 赵祥麟、王承绪译：《杜威教育论著选》，华东师范大学出版社1981年版，第143页。

会的最深切而最好的保证。”[①] 杜威这里所说的“工具”，显然不是特指“语言（语文）是一种工具”，而是在教育哲学的层面上、在终极意义上对教育所做的定性。关于语言，他认为“是彼此交换意见的工具”，“是社会生活的工具”[②]。显然，杜威的“经验主义”和“工具主义”思想，对叶老的教育观和语言观的形成是有较大影响的。

如果还要沿着“工具论”再往前溯源的话，可以一直追溯到我们老祖宗的言语观，例如《左传》《庄子》中的言意论：“言以足志，文以足言。”[③]“筌者所以在鱼，得鱼而忘筌；蹄者所以在兔，得兔而忘蹄；言者所以在意，得意而忘言。”[④] 这些都意在表明“言”“意”是可分的，“言”只是“意”的载体（但它不是一种能称心如意的载体，详见下文）。这大约可以看作是语言工具性认识的源头。

工具主义与人本主义是两种完全不同的世界观和方法论，是两个完全对立的观察点。工具主义把一切都看成是应付外界需要的工具，包括语言、教育、学习，甚至人的思维、人的肌体。人本主义则把人看作是世界的中心，重视人的主体性，把人作为认识的出发点，注重人的生命本体存在的意义和价值，注重人的身心健康和精神自由等。在工具主义那里人是被动的，而在人本主义那里人是主动的。英国哲学家怀特海说：

> 我不知道是谁最先把人的大脑比作一种无生命的工具。据我所知，这也许是希腊七个智者中的一位提出的，或者是他们全体的看法。不管发明者是谁，历代杰出人物赞同此说而使它具有的权威性不容怀疑。然而，不管这种说法多么权威，不管什么样的名人对此表示过赞同，我都毫不犹豫地抨击这种说法，视其为迄今存在于教育理论中的最致命、最错误因而也是最危险的一种观点。人的大脑从来不是消极被动的；它处于一种永恒的活动中，精细而敏锐，接受外界的刺激，对刺激做出反应。你不能延迟大脑的生命，像工具一样先把它磨好然后再使用它。不管学生对你的主题有什么兴趣，必须此刻就唤起它；不管你要加强学生什么

---

① 赵祥麟、王承绪译：《杜威教育论著选》，华东师范大学出版社1981年版，第28页。

② 杜威著，胡适口译：《杜威五大讲演》，安徽教育出版社1999年版，第174～175页。

③ 《左传·襄公二十五年》。

④ 《庄子·外物》。

样的能力，必须即刻就进行；不管你的教学给予精神生活什么潜在价值，你必须现在就展现它。这是教育的金科玉律，也是一条很难遵守的规律。①

这是在教育哲学上对工具主义的认知。在教育中，最重要的是作为认识主体的人的积极主动的活动，能动地介入并做出自己的反应。工具主义语言-语文论，最终导致对人的生命、应用语言的人的忽视。人之不存，言将焉附？——这也就是我们主张言语生命动力学的一个基本出发点。在本书的其他部分我们也将要言不烦地从言语表现发生学的角度阐明语言、言语和人的生命、人的存在的关系，以表明我们的人本主义教育言语生命哲学的立场。

语文界之所以据守着“工具论”堡垒，很重要的原因就是将其视为叶圣陶思想的精髓，出于对叶老的尊崇而加以捍卫，殊不知“工具论”既不能代表叶圣陶语文本体论的完整内涵，“工具论”思想也不是叶圣陶的专利，真可谓阴差阳错！

二 语言不是“工具”而是本体

上面这些都不是最重要的。最重要的问题是：语言和言语是不是通常意义上的“工具”，“工具”是不是语言和言语的基本属性？

其实，语言与我们所理解的其他工具的功能有极大的区别，“语言（语文）是一种工具”这一认知的科学性早就受到广泛的质疑。叶圣陶先生说：“语言是一种工具，工具是用来达到某个目的的。工具不是目的。比如锯子、刨子、凿子是工具，是用来做桌子一类东西的。”② 然而，语言显然并不是像“锯子、刨子、凿子”等用来做“桌子一类东西”的“工具”，语言在某种程度上说就是“桌子”本身。如果说，语言在一定意义上也体现了工具性，但是以工具性作为语言的基本属性是不准确、不全面的，语言的基本属性远比工具性要复杂、丰富得多。

---

① ［英］怀特海著，徐汝舟译：《教育的目的》，生活·读书·新知三联书店 2002 年版，第 10～11 页。

② 叶圣陶：《认真学习语文》，见刘国正主编：《叶圣陶教育文集》第 3 卷，人民教育出版社 1994 年版，第 183 页。

首先，语言不只是“思想的外壳”或“思想的载体”。

语言是文化的地质层。从某种意义上说，语言就是思想，语言就是存在。语言业已成为哲学的本体。语言论哲学已取代了理性论哲学的地位，语言不再被视为是任人呼来唤去的婢女，而成为人类精神家园的主宰。对这场发生于19世纪末至20世纪初的哲学变革，“语言论”转向的创始者柏格曼这样说：“所有的语言论哲学家，都通过叙述确切的语言来叙述世界。这是语言论转向（Linguistic turn），是日常语言哲学家与理想语言哲学家共同一致的关于方法的基本出发点。”① 现代语言学的代表人物、瑞士语言学家索绪尔，将语言的要素分为内部要素与外部要素，将“一切跟语言的组织、语言的系统无关的东西”，归为“外部语言学”的研究对象，认为“外部语言学所研究的却是一些很重要的东西；我们着手研究言语活动的时候想到的也正是这些东西”：

> 首先是语言学和民族学的一切接触点，语言史和种族史或文化史之间可能存在的一切关系。这两种史总是混杂在一起的，彼此之间有相互关系。这有点像固有语言现象之间的对应关系。一个民族的风俗习惯常会在它的语言中有所反映，另一方面，在很大程度上，构成民族的也正是语言。
>
> 其次，必须提到语言和政治史的关系。有些历史上的大事件，例如罗马人征服其他民族，对于许多语言事实有无可估量的影响。殖民只是征服的一种形式，它把一种语言移植到不同的环境，结果引起了这种语言的变化……
>
> 第三点是语言和各种制度如教会、学校等的关系。这些制度和一种语言的文学发展又有密切的联系；这更是一种同政治史分不开的普遍现象。文学语言在任何方面都超越了文学为它划定的界限，例如沙龙、宫廷、科学院都对它发生影响。另一方面，文学语言又提出了它和地方方言发生冲突的重大问题。语言学家还应该考察书面语和口语的相互关系，因为任何文学语言都是文化的产物，到头来都会使它的生存范围脱离自然的范围，即口语的范围。
>
> 最后，凡与语言在地理上的扩展和方言分裂有关的一切，都属外部

① 参见王一川：《语言乌托邦》，云南人民出版社1994年版，第35页。

语言学的范围。……因为地理的现象和任何语言的存在都是紧密地联系在一起的……①

显然，索绪尔所说的这些都是语言的重要属性。但他基于自己的研究目的，将语言的上述问题划归为“外部语言学”的范围，这实际上是一种人为的划分，因为，这些问题与所谓的语言学的“固有意义”（内部语言学研究范围）是无法分离的。因为形式与内容是不可分离的。

我国当代著名小说家汪曾祺，1987 年曾在耶鲁和哈佛作过《中国文学的语言问题》的讲演。他强调了语言的内容性、文化性、暗示性和流动性。他认为“语言的粗糙就是内容的粗糙”，世界上没有没有语言的思想，也没有没有思想的语言。语言不是外部的东西。它是和内容（思想）同时存在的，不可剥离的。同时，“语言是一种文化现象。语言的后面是有文化的”。“我们的语言都是继承了前人，在前人的语言基础上演变、蜕化出来的。很难找到一种语言，是别人完全没有讲过的……古人说‘无一字无来历’，是有道理的，语言是一种文化积淀。语言的文化积淀越是深厚，语言的含蕴就越丰富。”②

自然，其他的工具也许也有其文化意蕴，但是，没有哪一种工具的文化意蕴可以跟语言相提并论。

其次，语言具有“思想”的功能。

语言在相当程度上影响以至决定着我们的感知与思维；语言比我们强大，因此也更有分量；语言召唤人的见解，“语言威能”“话语权力”“语言自己说话”等观念，在 20 世纪的哲学界、语言学界、写作学界日益被人们所发现与接受。海德格尔认为本真的言说首先是聆听，聆听语言的言说。他说：

我们讲着一种语言，谈论一种语言。我们的讲只是不断地追随语言。我们谈论的东西，语言，总是走在我们的前头。因此，我们总是跟在语言后面踱足随行，而一开始，为了谈论语言，我们本应该先就赶超语言，占有语言。所以，当我们谈论语言时，我们总是纠缠于一种不恰当的讲。这种纠缠使事物不能以其本来面目为我们的思所知。③

---

① ［瑞士］费尔迪南·德·索绪尔著，高名凯译，岑麒祥、叶蜚声校注：《普通语言学教程》，商务印书馆 1980 年版，第 43～44 页。

② 黄忠来、杨迎平：《“写小说，就是写语言”》，载《写作》，2002 年第 3 期。

③ ［德］海德格尔著，郜元宝译，张汝伦校：《人，诗意地安居》，广西师范大学出版社 2002 年版，第 53 页。

> 讲本身就是听。讲是对我们所讲的语言的听。因此，这个听不是和讲同时，而是在我们讲话之前。对语言的此一听还以一种很不显眼的方式先于我们所知道的所有其他种类的听。我们不只是讲这语言——我们经由语言来讲。我们能这么做，只是因为我们总是对语言已经有所听。我们此处听到什么呢？我们听见语言在讲话。①
>
> 在我们的讲中，作为对语言的听，我们又把我们已经听到的语言之说说出来。②

卡西尔也认为："在某种意义上，言语活动决定了我们所有其他的活动。我们的知觉、直观和概念都是和我们母语的语词和言语形式结合在一起的。要解除语词与事物间的这种联结，是极为艰难的。"③ 福柯认为具体的个人将不再被看成是话语及知识的组织者；相反，远远地先于我们个人身份而存在的话语作为一组正式的关系，将构成话语使用者的组织原则。非个人的、无作者的话语将成为知识的主要来源。④ 沃尔夫也谈到人不仅生活在物质世界和社会活动的世界中，而且生活在自己语言的世界中。客观世界按照语言世界而建立。语言改变，客观世界也随之改变。准确些说，客观世界依然如故，而在人的思想中它已是另外一个世界。不同的语言以不同的方式反映和划分世界。我们获得祖国语言的同时，无意识地获得了一定的思维方式。如果牛顿不用英语思维，而用印第安语思维，在他的物理学中，世界构造的图景将是另一个样子。⑤ 沃尔夫认为，不同语言在其结构中所强调的世界的各个方面，颇为不同。他相信这些"强调"一定对讲话的人思考世界的方式有极大的影响。例如，爱斯基摩人对雪的描述有许多不同的词，其中每一个词表示雪的一种状态（风吹的雪、积雪、烂泥雪等等），而讲英语的人只有"snow"一个词。就词汇方面看，存在着许多其他的例子。菲律宾的 Hanunoo 人对不同种类的稻子有 92 个名词。在阿拉伯语言中，据推测有 6000 种命名骆驼的

---

① ［德］海德格尔著，郜元宝译，张汝伦校：《人，诗意地安居》，广西师范大学出版社 2002 年版，第 57 页。

② 同上。

③ ［德］恩斯特·卡西尔著，甘阳译：《人论》，上海译文出版社 2004 年版，第 185 页。

④ 参见［美］大卫·宁等著，常昌富、顾宝桐译：《当代西方修辞学：批评模式与方法》，中国社会科学出版社 1998 年版，第 199 页。

⑤ 参见王德春：《现代语言学研究》，福建人民出版社 1983 年版，第215 页。

方式。沃尔夫感到这样大量的各种各样的术语，会使讲话的人对外界感受与一个特定范畴仅有一个词的人是不同的。①

心理学家的观察表明，在感知视觉映象时，就在所形成的特征和词之间建立了联系，也就是产生了所谓的视觉经验的言语表达，多半正是言语表达确定了作为视觉信息单位被认识的最低量。

人类学家的观察也证实了这种观点。人们发现，北美印第安人霍披部族在语言中有“绿色”这个词，但没有“天蓝色”这个词，他们不能够把绿色和天蓝色区分开来。但是，他们当中掌握了英语的人就能很好地区分这两种颜色。②

如果说这些都还只是一种理论“猜想”，还不够“实证”的话，那么，语言运用实践中的情形又是怎样的呢？苏联作家帕斯捷尔纳克在《日瓦戈医生》这一作品中，讲到诗人日瓦戈有一段时间避居在瓦里基诺的旧宅中，夜里秉烛写作时的情形，这对阐明“语言自己说话”的观点也不无启示：

> 在这样的时刻，决定艺术创作的诸种力量的关系仿佛倒转了。主导力量不再是艺术家所欲表达的心态，而是他欲借以表达心态的语言本身。语言，美和意义的乡土，自己开始思考、说话……就像巨大的河流靠自己的运动冲磨岩石带动机轮一样，语言之流在它流经之处按照自己的法则创造着韵律，创造着无数其他的联系……③

不论上述观点是否准确地揭示了语言的性质，但它对语言仅仅是一种表情达意的“工具”的褊狭理解、对语言“工具性”认知所造成的强大冲击则是不言而喻的！诚如有论者所言：“流行见解认为语言由人支配表达人的内在思想感情。这种见解至少要作大幅度的调整才能说明实情。特定词句受语言体系的制约更甚于受特定心态的制约。”“把语言当作表达工具这种观念是很成问题的。其实一般地把语言理解为工具的见解本身就很成问题。”海德格尔说：“把语言定义为交流信息促进理解的工具……只不过指点出了语言本质的

---

① 参见［美］J. R. 安德森著，杨清、张述祖等译：《认知心理学》，吉林教育出版社1989年版，第494页。

② 参见［苏］A. H. 鲁克著，周义澄、毛疆、金瑜译：《创造心理学概论》，黑龙江人民出版社1985年版，第7页。

③ 陈嘉映：《海德格尔哲学概论》，生活·读书·新知三联书店1995年版，第315页。

一种效用。”[1] 将语言本质的“一种效用”看作其全部的效用，这是有失严谨的。在西方，语言是作者用来表情达意的工具的观点，在一系列理论中遭到彻底的颠覆。

20世纪三四十年代以后，语言工具论，受到了英美新批评、结构主义和俄国形式主义等的否定。新批评强调了语言意义的自足性，认为“一首诗只能是通过它的意义而存在——因为它的媒介是词句——但是，我们并无考察哪一部分是意图所在，哪一部分是意义所在的理由，从这个角度说，诗就是存在，自足的存在而已”[2]。在他们看来，语言的意义不受作者的意图所支配，语言不是工具，而是一个独立的存在。结构主义、后结构主义的语言观也和传统的镜子式的语言观有着根本的不同。镜子式的语言观认为名称和事物是逐一对称和吻合的，意先言后，人使用语言来表达。结构主义认为语言自身是一个自足的系统，写作主体不过是这个系统中的一个成分，是由系统的结构决定的。人出生后就进入了语言系统，人对世界的认知很大程度上源于语言的塑造。“人进入语言”的一个不可摆脱的前提正是“人在语言中”。剥离了语言，主体就会变为一个空洞无物的概念。不存在一个先天的人性本质，语言——更为宽泛的意义上，这里所说的语言包括了社会制度、文化习俗——共同参与了历史中主体的生成。这种语言观是20世纪人文学科“语言学转向”的一个重要组成部分。在这个意义上，语言终于上升为文学研究的主角。在许多文学理论家看来，是“语言说人”而不是“人说语言”。作家与作品的主从位置颠倒了过来，“不是普希金创造了普希金的诗歌，恰恰相反，是普希金的诗歌创造了普希金”，这意味着作家神话的终结[3]，也意味着语言工具论的终结，经验主义的语言工具论可以休矣。

然而，我们也不能不看到，语言不是工具，而是存在的观点——不是人说话，而是话说人的观点——也包含着认识上的某些极端，以至偏颇。语言毕竟是人创造的，从这一初始意义上说，人毫无疑问是语言的主人。——也仅此而已，在随后的言语活动中，人和语言一样，都扮演着双重角色，既是

---

① 陈嘉映：《海德格尔哲学概论》，生活·读书·新知三联书店1995年版，第315～316页。

② ［美］威廉·K. 维姆萨特、蒙罗·C. 比尔兹利：《意图谬见》，见赵毅衡编：《“新批评”文集》，中国社会科学出版社1988年版，第210页。

③ 参见南帆主编：《文学理论（新读本）》，浙江文艺出版社2002年版，第41页。

主人，又是仆人。相形之下，从总体上说，语言比人强大，人只有在突破了语言屏蔽实现了言语创新时，才暂时成为语言的主人，语言沦为了仆人，显示出了为人役使的工具属性。需要指出的是，人的“谋反”，只能是在语言可以容忍的范围之内，在一些局部上得逞；任何从根本上伤及语言霸权、治权的全局性的“叛乱”，势必都以破产告终。从终极意义上看，语言是理所当然的、不可动摇的存在与言说的主人。语言总是坐享其成，成为最终的胜利者。

三　言语表现：主体的突围

就工具属性而言，语言的工具性也并非可与其他工具一概而论。语言的工具性具有两重性，它既是“存在的家”，是人给客观事物命名，使其可以言说，但又是存在的屏蔽，使人与自然和自己发生了隔膜，以致使对象在人的感觉中视而不见、听而不闻，或者说不能直接地到达事物本身。法国美学家柏格森在讲到人不能与自然和自己共鸣沟通的原因有两点：一是实用性左右着我们感官的选择，使我们只看到我们需要的东西；二是语言的“类”的特征，掩盖了事物之间的差异，使我们难以看到具体事物的真相。他说，人必须生活，而生活要求我们根据我们的需要来把握外物。生活是行动。生活就是仅仅接受事物对人**有用的**印象，以便采取相应的行动，而其他一切印象就必然变得暗淡，或者模糊不清。我看，并且自以为看到了；我听，并且自以为听到了；我研究我自己，并且自以为了解我的内心。然而我在外界所见所闻都不过是我的感官选择来指导我的行为的东西。……在感官和意识为我提供的关于事物和我自己的景象中，对人无用的差异被抹杀了，对人有用的类同之处被强调了，我的行为应该遵循的道路预先就被指出来了。这些道路就是全人类在我之前走过的道路。事物就是按照我可能从中得到的好处分好类了。……总之，我们看不见事物的本身，我们十之八九只是看一看贴在事物上面的标签。这种从需要产生的倾向，在语言的影响下就更加增强了。因为词（除了专有名词以外）指的都是事物的类。词只记下事物的最一般的功能和最无关紧要的方面，它插在事物与我们之间，使我们看不到事物的形态——如果这个形态还没有被创造，这个词的需要早就掩盖起来的话。不但外界的事物是如此，就连我们自己的精神状态当中内在的、个人的、只有我们自己亲身体会过的东西，也都不为我们所察觉。在我们感到爱或者憎的时候，在我们觉得快乐或者忧愁的时候，达到我们意识之中的，真的就是我们自己的情感，以及使我们的情感成为真正是我们所有的万千难以捉摸的细微色彩和万千深沉的共鸣吗？如果真能办到的话，那我们就都是小说家，都是诗人，都是音乐家了。然而我们所看到的我们的精神状态，往往不过是它的外在表现罢了。我们所抓住的我们的情感不过是它的人人相通的一面，也就是言事能以一劳永逸地表达的一面罢了，因为这一面是所有的人在同样的条件下差不多都能同样产生的。这样说来，即使是我们自己的个性，也是为我们所不认识的。我们是在一些一般概念和象征符号之间转来转去，就像是在我们的力量和其他各种力量进行富有成效的较量的比武场里一样。[①] 柏格森揭示了语言强化了人们对生活的“有用性”选择，同时也指出了它的局限性——词只记下事物的最一般的功能和最无关紧要的方面，它插在事物与我们之间，使我们看不到事物的形态。语言掩盖了自然和人的自我情感的本真，使一般人只能表现人人都已表现过的东西。**语言之作为工具，是介于有用与有害之间**。对于多数人来说，其有害性似乎并不亚于有用性。能克服其有害性的只是少数能超越有用性的、“超脱于生活的心灵”。

柏格森认为这种超脱并不是意识的、理性的、系统的，并不是思考和哲学的产物，而是一种自然的超脱，是感官或者意识的结构中天生的东西，是纯真的方式通过视觉、听觉或思想表现出来的东西。如果这种超脱是彻底的超脱，如果我们的心灵不再通过任何感官来参与行动，那就将成为世上还从来不曾见过的艺术家的心灵。有这样心灵的人将在一切艺术中都出类拔萃，也可以说他将把一切艺术都融而为一。一切事物的纯粹本相，无论是物质世界的形式、色彩和声音，还是人的内心生活当中最细微的活动，他都能感知。然而这对自然太苛求了。即使就我们中间已经被自然培养成为艺术家的人们来说，自然也只是在某一个方向才忘了把我们的知觉和需要联系起来。由于每一个方向相应于我们所谓的一种感觉，所以艺术家的禀赋也仅仅限于他的一种感觉。这就是艺术的多样性的根源，这也就是人的素质的专门化的根源。

柏格森认为少数天才的艺术家的心灵是“自然的超脱”，和这种禀赋是一

---

① ［法］柏格森：《笑——论滑稽的意义》，见伍蠡甫、胡经之主编：《西方文艺理论名著选编》中卷，北京大学出版社 1986 年版，第 484～486 页。

种天生的东西，这使艺术家的知觉能超越生活、实用、需要，达到事物的纯粹本相的见解。如果从人的生命欲求能与自然、生活、实用相抗衡这个方面来说，我是极表赞成的。但是他在阐明这种审美的知觉能超越实用的樊篱的时候，仿佛忘记了非常重要的一点，这就是，自然显示给我们，进行艺术的表现，依然还要借助语言或其他符号。他说："还有一些人则更深入一步。在严格说来可以用言语表达那些喜怒哀乐之情中间，他们捕捉到与言语毫无共同之处的某种东西。这就是比人的最有深度的情感还要深入一层的生命与呼吸的某些节奏。……——这样，无论是绘画、雕刻、诗歌还是音乐，艺术唯一的目的就是除去那些实际也是功利性的象征符号，除去那些为社会约定俗成的一般概念，总之是除去掩盖现实的一切东西，使我们面对现实本身。"①德国诗人席勒也说道：

> 诗人使用的媒介的自然（本性）存在于趋于普遍的倾向中，因此是与个体的表现（这是我们的课题）相矛盾的。语言把一切呈现在知性的面前，诗人应该把一切表现在想象力的面前，诗歌艺术是直观的，而语言只给出概念。语言从它所表现的对象那里剥夺了对象的感性和个性，而强加给对象一种外在于它的特性（普遍性）。语言在被表现对象的感性自然中——按照我自己的术语——混入了表现媒介的抽象的自然（本性），在对象的表现中引入了他律。对象对于想象力不再表现为由自身规定的，即不再是自由的了，而是由语言的创造力塑造的，或者对象仅仅被呈现于知性面前，它或者不是被自由地表现或者完全不是被表现，而只是被描述。因此，如果诗歌表现应该是自由的，那么诗人必须"通过他的艺术的伟大来克服语言的普遍化倾向，并使形式（即形式的应用）克服素材（语言及其变化构成规律）"。语言的自然本性（正是这种本性导致普遍化倾向）必须在给予它的形式中完全消除掉，物质必须消融在意念中，符号必须消融在被描述对象中，现实必须消融在形象显现中，被表现对象必须由表现媒介自由地、成功地表现出来，从而摆脱语言的一切束缚，以其全部真实性、生命力和个性自立于想象力的面前。总之，诗歌表现的美是"在语言的束缚中自然本性的自由自主的行动"。②

著名作家韩少功在创作实践中对语言的思考和感悟，似乎印证了柏格森

① ［法］柏格森：《笑——论滑稽的意义》，见伍蠡甫、胡经之主编：《西方文艺理论名著选编》中卷，北京大学出版社 1986 年版，第 487 页。

② ［德］席勒：《艺术的美》，见伍蠡甫、胡经之主编：《西方文艺理论名著选编》上卷，北京大学出版社 1986 年版，第 502～503 页。

和席勒的观点。1995年，韩少功的《马桥词典》震动了文坛，被认为对中国当代小说发展具有重要意义。其影响超越了国界，获得了法国文化部颁发的“法兰西文艺骑士奖章”。他的小说集《山上的声音》被法国读者评为“2000年十大文学好书”。最近，他又推出了长篇小说《暗示》，引起文坛的关注。记者在采访他时有这样的对话：

记者：可否把《马桥词典》与《暗示》作个简单的对比？

韩少功：两者的写作对象不一样。《马桥词典》的描述对象是语言，试图揭破语言所掩蔽的更多生活真相，一些为人忽视、不在历史文本中的生活，依然存活于语言中。而《暗示》则可以说是《马桥词典》的“逆行”，他的描述对象是非语言对象。写完《马桥》后，我说过：“人只能生活在语言之中。”现在我想推翻这个结论，我想看看那些言词未曾抵达的地方，生活是否存在，或者说生活会怎样地存在。简单地说，我想描写出生活中难以言表的一切。也许这两本书在内容上是互相对抗又互相补充的。《马桥》是一本关于词语的书，需要剖视这些词语的生活内蕴，写着写着就成了小说。而眼下这本《暗示》是一本关于具象的书，需要提取这些具象的意义成分，建构这些具象的读解框架，写着写着就有点像理论了。和《马桥》比，《暗示》思考的理论成分加大了。

记者：您向来就非常注意对表情、面容、服装、仪式等具象的关注吗？它们对你有什么意义？通过《暗示》的写作，你想到达什么地方？

韩少功：小说家可能都会非常注意这些生活细节，但将其当作一种符号加以琢磨，可能是写完《马桥词典》以后开始。一个眼神，一顶帽子，一个老车站，一段叫卖的吆喝，这些生活中的具象细节，往往在人们的言说之外，是生活分泌出来的隐秘信息，汇露出生活的隐秘原因，不大为人们所感知。通过对这些具象世界的描绘，我想达到一种对这个世界的很个人化的发言、比较全面的思考和读解。我想展示社会生活对中有错、错中有对的错综复杂性，永远有处在词语之外的具象存在。①

韩少功所做的，其实也是古往今来一切有创造力的作者所做的。一方面，他们试图揭示出语言的“真相”，使人们的认识通过语言超出现实，使读者聆听到“语言的言说”。从这一点上说，语言使具象有了纵深和张力。另一方

① 朱自奋：《重新找到写作的自由——韩少功访谈》，载《文汇读书周报》2002年10月25日。

面，他们又试图从语言中突围，用超出语言的“真相”的本真的具象来传达出作者“个人化的发言”，即作者发现的在人们言说之外的生活分泌出的隐秘信息，追求和探索处于语言之外的具象存在。从这一点上说，具象的意义超越并丰富了语言。

可以这样说，任何一个优秀的作者，在言语表现中，势必要在这两点上有自己的追求：一是揭示出语言中的被现实所屏蔽的历史“真相”，使读者不被当下的“语义”局限住；二是发现并表现超越语言固有意义之外的生活（自然）“真相”，使读者能看到言外之意，否则就无所作为。他们所做的不是捍卫、维护语言事实的尊严，就是丰富、拓展语言的内涵和功能，而后者，**言语对语言的超越，则体现了言语表现者的永恒追求，也是人的言语生命自觉。**

然而，无论艺术家如何竭尽所能要揭开功利的、语言的、言语的帷幕，总是在很有限的范围内，不可能真正做到彻底除去那些功利性的象征符号、社会约定俗成的一般概念、掩盖现实的一切东西，因为，一旦完全摒弃了语言的言说，人也就失去了认知的前提，在很大程度上消失了“自然”和“心灵”，也就不可能有艺术和理性，就没有基本的喻义与沟通。伽达默尔说：“……在这一过程中，我们会发现在语言个性化的发展趋势与由习惯确定意义的趋势之间存在着冲突，而后一种趋势对语言而言也是根本性的。因为，确切地说，一个人决不能背离语言习惯太远，这显然是语言生活的基本事实。讲私人语言的人谁也听不懂，实际上等于什么也没说。但另一方面，一个人讲某种语言，该语言在词、句和风格的选用上完全依照习俗，那他的语言就失去了那种只与语言的词汇和交流方式相连的谈吐风度和感召力。”① 因此，韩少功们想要达到的“写作的自由”，一种“对这个世界的很个人化的发言”，表现“处在词语之外的具象存在”等，这种努力是值得嘉许的，但也只是在相对意义上说的。只要作者并不想使所有的读者在他的“很个人化的发言”面前感到如读“天书”般的困窘，任何“很个人化的发言”，主要借助的还是那一套很大众化的语言系统进行思维和表达。

作者们对语言的有限的超越，使具象从词语的屏蔽中还原为本真的存在，使读者看到了人的言语创造力所揭示出的珍贵的“真相”一旦被读者所承认，

① ［德］伽达默尔著，严平编选，邓安庆等译：《伽达默尔集》，上海远东出版社1997年版，第166～167页。

言语的“新义”随即被“约定俗成”，“处在词语之外的具象存在”就变为“处在词语之内的具象存在”，成为语言的一部分。在言语表现上，可以认为是作者的自由的心灵、自然的本性与语言的强制性力量之间的一种“殊死”较量。在这场较量中，语言仿佛是永远的胜利者。不论是多么“个人化”的作者，他的竭尽全力的言语创造，终将被语言坐收渔利，被语言所吸纳，成为语言权力疆域的一部分，将存在的“真相”包裹屏蔽得更加的周密严实，作者得一次又一次地更加费劲地重新开始语言的突围。这一场人与语言的游戏，犹如古希腊“西西弗斯”神话，人就像西西弗斯一样被判罚推石上山，将石推到山顶时必滚下来，得重新开始推石上山。无休止地推动，滚下，推动，滚下……

缺乏主体性和创造力的人，其自由的言说被语言所规范和压制，言不由衷，所说的主要是语言的言说。生命意志与想象力较为强盛的人，他能在一定程度上克服语言的制约，竭尽全力从语言的言说中脱颖而出，试图制服、驾驭语言，以期言能达意，言能尽意，但这种努力说到底只是人的一厢情愿。人的任何的言说，都是戴着镣铐的舞蹈，差别只是在于有的人跳得优美些，有的人跳得笨拙些。语言就是这么一副人们虽不情愿却又不得不随时戴着的镣铐。

四　符号动物的悖论：规范与反规范

正由于语言的自以为是与骄横跋扈，注定了语言不可能成为人的俯首帖耳、得心应手的工具。言与意二者的冲突与矛盾，始终是写作史上说不尽的话题。两千多年前，《老子》开篇就揭示了“言”与“道”、“名”与“实”的矛盾：“道可道，非常道；名可名，非常名。”陈鼓应先生翻译为：“可以用言词表达的道，就不是常道；可以说得出来的名，就不是常名。”①

《庄子·天道》中也曾借木工“轮扁”与桓公的对话说出了“心”与“言”的矛盾，说出了语言不听使唤的困惑和痛苦，也说出了语言这种工具的特殊性和局限性：

---

① 陈鼓应注释：《老子今注今译》（参照简帛本最新修订版），商务印书馆2003年版，第77页。

臣也以臣之事观之。斫轮，徐则甘而不固，疾则苦而不入。不徐不疾，得之于手而应于心，口不能言，有数（诀窍）存焉于其间。臣不能以喻臣之子，臣之子亦不能受之于臣，是以行年七十而老斫轮。古之人与其不可传也死矣。然则君之所读者，古人之糟魄已夫！

既然语言不是一种称职的工具，儒家学者就尽量少说话，多做事："刚、毅、木、讷，近仁。""辞达而已矣。""仁者，其言也讱。""君子欲讷于言而敏于行。""君子……敏于事而慎于言。"① 而《老子》《庄子》采取了一种既敬而远之又折中妥协的语言策略：如"大辩若讷""不言之教""多言数穷，不如守中""知者不言，言者不知"。② "夫大道不称，大辩不言……孰知不言之辩，不道之道"③。禅家则干脆不落言筌：教外别传，不立文字，直指人心，见性成佛。陆机、刘勰等一语中的地指出：

恒患意不称物，言不逮意，盖非知之难，能之难也。④

意翻空而易奇，言征实而难巧也。是以意授于思，言授于意。密则无际，疏则千里。或理在方寸，而求之域表；或义在咫尺，而思隔山河。⑤

由此可见言与意关系之复杂。言与意的统一往往是相对的，言与意矛盾、言不及意、言不尽意的情况则是一种十分普遍的现象。即便我们煞费苦心地为所谓的语言工具加上了"交际与思维"的定语，只要把语言仍然看作外在于思想的纯粹的媒介物，看作一种可以任人驱使的表情达意的工具，也就未能准确地揭示语言的特殊属性与功能，无法填平语言（语文）"工具论"早已塌陷的地基。

语言不只是外在于人的"物"，语言还是人的生物属性，是人本身。

"人是符号动物。"语言固然是人创造的，但是它不同于人创造的其他工具或物质。其他工具或物质一旦被人创造出来，就变成了一种客观存在，变成了外在于人的客体对象。语言从一种表意的符号看，可以将其视为客观存在，但是，不论是语言还是言语，都是主、客体相互作用的产物。语言能力

① 以上见《论语》之《子路》《卫灵公》《颜渊》《里仁》《学而》。

② 以上见《老子》之"四十五章""四十三章""五章""五十六章"。

③ 《庄子·齐物论》。

④ 陆机：《文赋》。

⑤ 刘勰：《文心雕龙·神思》。

是人的本体的一种机能，是人的一种天赋、本能。语言是人的内在认知机制的组成部分。“语言不但是我们社会结构显而易见的必要部分，似乎还是我们精神生活的基本要素。我们的直觉可支持这一论断。在我们思考时，我们就常常感觉到有某种内部言语在伴随着我们的思维过程。”“许多人都认为语言经历本身并不足以使孩子学会语言，孩子语言习得的努力必须有天生的语言能力的帮助。”① 人之所以成为人，就在于他拥有语言，具有“说话”的机能。海德格尔认为语言是最贴近于人的本质的：

> 人说话。我们在清醒时说，我们在梦中说。我们总是在说。哪怕我们根本不吐一字，而只是倾听或者阅读，这时，我们也总在说。甚至，我们既没有专心倾听也没有阅读，而只是做某项活计，或者悠然闲息，这当儿，我们也总在说。我们总是以某种方式说。我们说，因为说是我们的天性。说首先并非源出于某种特殊的愿望。人们认为，人天生就有语言。人们坚信，与动植物相区别，人乃是会说话的生命体。这话不光是指，人在具有其他能力的同时也还有说的能力。这话的意思是说，唯语言才使人能够成为那样一个作为人而存在的生命体。作为说话者，人才是人。这是威廉姆·洪堡的说法。②

就是说，语言和言语是人的本体的属性，是人的精神要素，是人的精神家园，是人这一智慧生命体的有机构成。人创造了语言，又作茧自缚，被语言所制，相信语言更甚于相信事物的实体；人既无奈地臣服于语言的威能，又欲超出于语言之上，驾驭语言，主宰语言。要突破语言的约束，自由地驾驭语言，就得继续创造语言、丰富语言，发展语言的表现力，用言语创造力来消解语言约束力。

从人类创造了语言之日开始，人类和语言之间的战争就开始了。这是一场规范和反规范、奴役和反奴役的战争。在这场战争中，人类的胜利只是暂时、偶然的。语言坐收言语之利，是永远的胜利者。但是，归根结底语言的胜利也是人类的胜利，语言的光荣也是人类的光荣。就个人来说就不一样了，唯有言语生命强健者才享有这份荣耀，他们强行从语言的手中争得话语权，

---

① ［美］John B. Best 著，黄希庭主译：《认知心理学》，中国轻工业出版社 2000 年版，第 203 页。

② ［德］海德格尔著，孙周兴译：《在通向语言的途中》，商务印书馆 1997 年版，第 1 页。

使语言俯首称臣，而多数人则在这场战争中败下阵来，成为语言的俘虏。

欲冲破语言的罗网，人就得创造新的言语。言语创造的结果，也只能得逞于一时，一旦新的言语成了约定俗成的语言，人们就重新不由自主地陷入语言的罗网中，而且是一张比以往更坚韧的罗网。这要求人们要表现一种新的思想，就得以更强大的言语创造力来撕破它，给思想以新的命名，重新编织语言。撕破和编织的结果不是获得一劳永逸的表现的“工具”，而是一张更为牢不可破的使人深陷其中的罗网。人类生命的进化和文明的创化，仿佛就是在对语言之网不断地编织、撕破，再编织、再撕破的历程中完成的。

尼采说：我发现事物的名称远远重于事物的本质，这件事曾经使我而且一直使我异常吃力。声誉、名号、外表、效力、事物的一般范围和分量，这些东西在产生时便是错误的，是随心所欲的，像给事物披上一件外衣，而与事物的实质甚至与事物的皮相也风马牛不相及，但由于世世代代对这些东西都很相信，而这种信任还在不断加深，久而久之，它们就在事物中不断壮大，甚至变成事物本身了。表象终于成了本质，并且作为本质在发挥作用。倘若认为只要指出这初始的表象和空幻的雾障便可消灭有效的“现实”世界，那才是愚不可及的愚人呢！只有作为创造者，我们才能去消灭！但我们也不能忘记，只要创造新的名称、评估和可能性，便足以持续创造出新的“事物”来。[①]

语言使人成为生物的“类”。语言的机能，是嵌入人类生命密码中的基本元素，是人的生命结构的有机组成部分。语言成全了人类，语言也屏蔽着人类，语言与人类的生命相克相生，语言仿佛是人类的宿命。凡是创造性的人生，一定是言语创造的人生，是写作的人生。语言是内在于生命的意欲，而不是外在于生命的“物质”或工具；人不论是听命于语言，还是试图创造、驾驭语言，都是发自人的本性，是生命的原欲。言语表现是人的自然的生命冲动。

不可否认，语言也带有某些工具的属性，但是，工具绝不能表明语言的全部属性或基本属性，语言还是人类思想、文化的表征，既是人的主体的对象化的产物，又是人的本体的现实存在；它既受人的驱使，也反过来役使人；它既是物质的，更是精神的；它就是人的生命的本体属性。工具主义、实用

---

① 见［德］尼采：《只能当创造者》，见尼采著，黄明嘉译：《快乐的知识》，中央编译出版社 2001 年版，第 60 页。

主义语文教育观只看到语言的工具属性，无视语言的人文性、社会性、存在性，这就使语文教育成为单一的实用技能教育，导致技能主义、教法主义的形成。

进一步看，语文课程主要学习的不是语言，而是言语。“工具论”者对语言的误解也发展到对言语的误解。工具的基本功能是运用的，是“公用”的，而言语一方面是运用，另一方面则是在不断地创造和生成的，是“个人”的。言语不是人的表达思想的工具，而是人的思想和思维的直接现实，要将言语从个人的情感、思想，从个体生命中剥离出来，是不可能的。言语都是人的生命意欲、生命冲动的产物，是人与自然能量交换的产物。因此，语文教育，实即人的生命意识的教育，是唤醒人的言语创造意识的教育，是使言语创造成为人的生命自觉的教育，是激发人的生命中言语潜能的教育。这是我与工具主义、实用主义语文教育观的分歧所在。

撇开这一切都不论，要说语言（语文）是工具，哲学、思维学、逻辑学、数学等未尝就不是工具，这些学科又该作何定性呢？比较而言，这些学科的工具性似乎也都不弱，是否也都要作工具的定性呢？如果这些学科都是工具，语言（语文）是一种工具的定性又有什么意义呢？——单凭这一点，语言（语文）“工具论”就可以休矣。

五　人文性是人文学科的共性

然而，“工具”告退，“人文”方滋。

最初提出人文主义的是《语文学习》1987 年第 8 期陈钟梁先生的《是人文主义，还是科学主义——语文教学的哲学思考》，阐明的是语文教学应将两种思维方式统一的观点，并无贬低科学主义的意思，也没有对“工具论”提出批评。他说：“科学主义的思维方法对周围客观事物的观察往往是理性的，逻辑的，分析的；而人文主义的思维方法则重视感知、灵感和综合。这两者观察世界的出发点是迥然不同的，归宿自然也不一。前者力图依靠自然科学的力量把机器变成人，而后者则凭借展开丰富多彩的生活画面，以避免人变成机器。教学论研究中的两种不同观点以至对语文教学现状及其未来发展趋势的两种不同思考，实际上是两种不同的哲学思想的反映。”“现代语文教学发展的趋势，很可能是科学主义思想与人文主义思想的结合，指导改革开创一个新局面，以实现语文教学科学的艺术化与语文教学艺术的科学化。”韩军先生于1993年发表的《限制科学主义　张扬人文精神——关于中国现代语文教学的思考》，则旗帜鲜明地表明了抑“科学”扬“人文”的思想，并把矛头指向“工具论”。他说，语文教学是一门社会科学，人文精神是他的基本属性。语文教学实际就是语言教学，而语言本身不仅仅是一种工具，还是人本身，是人的一部分；它不是一种外在于人的客体，而是主体，不仅仅是“器”“用”，还是“道”“体”。它满含主体情感，充满人生体验。因而，人文精神是语言的基本属性。好的语文教学，需要师生共有一种植根于语言人文精神的人伦情怀、人生体验、人性感受，充分激活本来凝固化的语言，充分施展个性，使情感交融，造成一种痴迷如醉、回肠荡气的人化情境，从中体悟语言妙处，学会语言本领。——这是语文教学成功的根本。……纵观几十年众多语文教师的语文教学实践，那些富有成效的语文教学，总是将科学主义理性方法的实施限定在一定量度内，而尽力发掘语文的人文精神，将它淋漓尽致地发挥出来。相反，那些成效不大和失败的语文教学，大多过分仰仗科学主义理性方法，超过限度，令其泛滥，从而遏止了语文人文精神的挥洒和展开。我以为，几十年语文教学的失误就在于科学主义的泛滥，人文精神的消逝。……语言是什么？人们一直认为只是交际的工具，是纯静态的逻辑的东西，是外在于人的客体。这种认识是褊狭的。深刻地说，语言也是人本身，是主体，或说人与语言互为主体；不仅是“器”“用”，更是“道”“体”。它不同于数学中的图形、代码，不同于化学物理中的因果传导装置，那些都是外在于人的，而语言是人的有机组成部分，有着强烈的人道、人生、人性、人格意向。……我们主张限制科学主义，张扬语文教学的人文精神。概括说，就是强调把语言看作生命主体、生命整体，强化“人”在语文教学中的地位。① 韩军的文章是此次争鸣中较有深度的一篇。1995年于漪先生进一步强调了语文教育中“弘扬人文”的重要，她说，人们在给语文学科定位时，使用的“性”超过10个。我想，“人文性”较之“思想性”“情意性”“科学性”“文学性”“社会性”“政治性”“民族性”等等，似乎更为合适。语文学科作为一门人文应用学科，应该是语言的工具训练与人文教育的综合。……今日

① 韩军：《限制科学主义　张扬人文精神——关于中国现代语文教学的思考》，载《语文学习》，1993年第1期。

的语文教育对汉语文的人文性未给予足够的重视，甚至感到陌生。要走出困境，提高质量，须弘扬人文。[①]——《全日制义务教育语文课程标准（实验稿）》的定性便是脱胎于此。

20世纪90年代后期，人文性的倡导更有了进一步的发展，尤其是高校文学、文艺学教师参与了语文教育的大讨论，人文性的提倡便成一边倒的形势。1997年11月《北京文学》发表了王丽等人的一组文章，对语文教学现状进行抨击，标志着高校文学、文艺理论等学科教师对语文教育批评的开始。文艺理论界方兴未艾的“文化批评”思潮，顺理成章地移师声讨语文教育，为人文性推波助澜。这也成了当时的一个出版热点，相继出版的《中国语文教育忧思录》《审视中学语文教育》《教育：我们有话要说》等书，其中不少文章持论聚焦在“人文教育”上，批评人文精神的失落，呼吁语文教育应注重人文关怀。由于这些论者的专业都是文学和文学理论，所以，由讨论语文的人文教育自然延展到文学教育，语文教育便仿佛蜕变成了文学教育，语文教育变成了人文教育，使人觉得语文干的似乎净是打底奠基的活计，温良恭俭让、仁义礼智信得不行；说的无非是另一种意义上的寓教于乐、文以载道的老话，非得使语文教育变成为人文教育才善罢甘休。

这些文章虽然都能对语文教育的得失利弊讲出一些道理，但是大多是从自身专业（文学、文学理论）出发的较为浅陋率性的感悟，属于随笔性质，且由于作者对语文教育的历史和现状不很了解，不曾潜心研究，因此，鲜有学理上的探讨，缺乏深邃感和力度。不少文章属“正打歪着”，“正打”的是“工具性”，“歪着”的是将语文教育、人文教育变成了文学教育。但毕竟功不可没，也能助上一阵。刀枪并举，万箭乱发，金鼓齐鸣，没有功劳也有苦劳，算是一份功德吧。

尽管如此，“工具论者”“标准化派”还是死挺硬撑着不投降。高考语文试题中，“语言”题、知识题、阅读题等所谓的客观题和客观化的主观题，仍占重要的比例，“标准化派”还是捍卫、据守着标准化的堡垒，任你高校中文教育专家如何炮轰也岿然不动，摆出一副你奈我何的架势。一些新出的实验教材，配套的试卷，也我行我素，一点也看不出改了什么革，还是大量的老一套的选择题，让人啼笑皆非。这表明了妥协折中的《全日制义务教育语文

---

① 于漪：《弘扬人文 改革弊端——关于语文教育性质观的反思》，载《语文学习》，1995年第6期。

课程标准（实验稿）》对语文课改实践后患无穷，人文派的理念尚属隔靴搔痒，还不是“正打正着”。

实际上将语文定性为人文性，这就跟将语文定性为“政治性”“思想性”一样地经不起推敲。如果说当年将语文定性为“政治性”“思想性”是“‘左’倾政治学”的产物的话，而今的人文性定性，则是非理性、非逻辑的误判。

首先，和“工具论”一样，人文性也不是语文课程的特殊属性。王尚文先生说：“我以为，语文学科是人文学科，人文性是它的本质属性。”① 按照王先生的逻辑，凡是人文学科，人文性就是它的“本质属性”，那么，以此类推，说语文学科是工具学科，工具性就是它的本质属性；说语文学科是应用学科，应用性就成了它的本质属性；说语文学科是综合性学科，综合性就是它的本质属性……人文性是一切人文学科（甚至也包括自然科学学科）的共性，用一种普适的属性为其中的某一具体学科定性，其谬误是显而易见的。尽管至今还很难给人文性找到确切的定义，但其内涵容纳了迄今为止人类的一切文明创化，这种认知想必不会招致太多的非议（非常遗憾，我们也只能在这种“假定”下进行推理）。假如语文的特性是人文性，那么，语文就得能装下“人类的一切文明创化”的成果。由于语文本身就包含在这“一切”之中，只不过是“一切”之一，要用下位概念来包含上位概念，用普遍性来界定特殊性，这岂不是一种逻辑上的混乱？要装下这“一切”，得是文化史或文明史，语文撑死也没这么大的胃口。

一定有人会说，语文具有人文性，并非语文等于人文性。是的，语文是具有人文性，但是，能否告诉我哪一门学科不具有人文性？既然人文性的外延囊括了所有的学科，说语文具有人文性，岂不是比说语文具有工具性更没有道理？一定还有人要说，别的学科虽然也有人文性，可是语文学科人文性含量最高。尽管这种争论没有什么价值，但为了遵循对话的“礼貌原则”，还是答曰：比语文更具人文性的除了文化史或文明史外，还有科学史、哲学史以至美学史等。在中学，历史与社会、思想政治、外语、科学、艺术等课程的人文性也都不弱，为什么这些学科的人文性可以一概略而不计，单单要给语文学科做人文性的定性呢？

其次，人文性主要体现在文学教育中的观点，又是一种逻辑的混乱。显

---

① 王尚文：《语感论》（修订本），上海教育出版社2000年版，第377页。

然，人文性不等于文学性。文学文本的人文性也是不能一概而论的，《七侠五义》与《红楼梦》的人文性是不可同日而语的；非文学中的经典文本可能也同样具有很强的人文性，传统文化中各种思想、学术流派的代表作，其人文性含量绝不亚于优秀的文学文本。难道能说《论语》的人文价值就比《离骚》低吗？以增加教材中的文学作品的量来增强语文课程的人文性的做法，实在是于理无据的。当然，如果从加强阅读文本的趣味性来说，文学文本具有较强的语言魅力，可令学生从审美的愉悦中得到人文熏陶，这又另当别论。但也不能因此就认为人文性等于文学教育，更不能将此作为把语文课程性质确定为人文性的理由。

语文教学的人文性论争非自今日始，20 世纪 30 年代末就曾有过一场争论。当时的争论是针对高校开设的"大学国文"课程而发的。较有代表性的是朱光潜与朱自清的观点。朱光潜认为大学国文不是中国学术思想，也还不能算是中国文学，它主要是一种语文训练。这一看法代表了当时多数人对"大学国文"课程性质的意见。朱自清则认为："作者（指朱光潜）却认为大学国文不但是一种语文训练，而且是一种文化训练。朱先生希望大学生的写作能够'辞明理达，文从字顺'；'文从字顺'是语文训练的事，'辞明理达'，便是文化训练的事。这似乎只将朱先生所谓语文训练分成两方面看，并无大不同处。但从此引申，我们的见解就颇为差异。所谓文化训练就是使学生对于物，对于我，对于今，对于古，更能明达，也就是朱先生所谓'深一层'的'立本'。这自然不是国文一科目的责任，但国文也该分担起这个责任。"①这里所说的"文化训练"，指的就是今天的"人文熏陶"。可以看出，朱光潜主张的"语文训练"，就包含着"文化训练"。朱自清虽然强调"文化训练"，但他也清楚地意识到它"不是国文一科目的责任"，这实际上也就表明了"文化训练"并非国文科的特性。

综上我们认为，说语文有人文性，则可；将语文定性为人文性，则不可；将人文性等同于文学性，将语文教育、人文教育视为文学教育，则是谬见。

---

① 朱自清：《论大学国文选目》，见中央教育科学研究所编：《朱自清论语文教育》，河南教育出版社 1985 年版，第 11 页。

六　言语性才是语文学科的种差

那么，语文课程性质究竟是什么呢？所谓语文课程性质，指的自然不是语文课程所有的属性或语文课程和其他课程共有的属性，而是指语文课程的最基本的特征，指语文课程的特殊属性，即语文课程区别于其他课程的种差。作为一门学科的本质属性，毫无疑问应具有排他性，是该学科独有的，而非其他学科共有的。

语文课程的种差就是言语性。

通俗地说，言语，指的是个人在特定语境中的具体的语言运用和表现。语言来自言语，言语包含了语言。言语性，是指语文课程所独具的学习“个人在特定语境中的具体的语言运用和表现”的特殊属性。简而言之，语文课程的特性，即学习言语（包括学习语言，但终极目的是学习言语）。学习言语，包括学习个人的口头语言与书面语言的实际运用和表现。

瑞士语言学家索绪尔曾将语言与言语做这样的界定：

> 语言以许多储存于每个人脑子里的印迹的形式存在于集体中，有点像把同样的词典分发给每个人使用。所以，语言是每个人都具有的东西，同时对任何人又都是共同的，而且是在储存人的意志之外的。语言的这种存在方式可表以如下的公式：
>
> 1＋1＋1＋……＝1（集体模型）
>
> 言语在这同一集体中是什么样的呢？它是人们所说的话的总和，其中包括：(a) 以说话人的意志为转移的个人的组合，(b) 实现这些组合所必需的同样是与意志有关的发音行为。
>
> 所以在言语中没有任何东西是集体的；它的表现是个人的和暂时的。在这里只有许多特殊情况的总和，其公式如下：
>
> (1＋1’＋1’’＋1’’’……)①

法国符号学家巴尔特进一步阐释说：“与作为制度和系统的语言（Langue）相比，言语（Parole，语言之言）基本上是一种个人的选择和实现行为。构成

① ［瑞士］费尔迪南·德·索绪尔著，高名凯译，岑麒祥、叶蜚声校注：《普通语言学教程》，商务印书馆 1980 年版，第 41～42 页。

言语的首先是‘说话者赖以运用语言规则表达其个人思想的组合’（也可把这种延伸的言语称为话语）……而且正是由于言语主要是一种组合，与其相对应的才是个人行为，而不是纯粹的创新。”[①] 由此可见，言语包含着语言，是语言的个人组合，是表达个人思想的组合，是以说话人的意志为转移的个人的组合（这种组合具有无限多样性），是个人对语言的选择和实现行为。试问，语文课程剔除了人文学科的共性特征，其最本质、最纯粹的属性不就是学习个人在特定语境中的具体的语言运用和表现吗？不就是个人对语言的选择和实现行为吗？

其实，对语文课程的特性——言语性，叶圣陶也不是没有意识到。他在《略谈学习国文》中谈道：“学习国文就是学习本国的语言文字。”[②]（“文字”后似应加上“的运用和表现”——笔者）他在《语文是一门怎样的功课——在小学语文教学研究会成立大会上的发言》中解释何谓“语文”时就说得更明确了：“一九四九年改用‘语文’这个名称，因为这门功课是学习运用语言的本领的。……功课不叫‘语言’而叫‘语文’，表明口头语言和书面语言都要在这门功课里学习的意思。”“口头语言和书面语言都有两方面的本领要学习：一方面是接受的本领，听别人说的话，读别人写的东西；另一方面是表达的本领，说给别人听，写给别人看。口头语言的说和听，书面语言的读和写，四种本领都要学好。”[③] 这些论述由于没有直接点出这就是语文课程的性质，且对表现的语言（“言语”）缺乏明晰的“命名”，因而被“工具论”淹没了，以致被人们所忽略。

“学习本国的语言文字”，就是“学习运用语言的本领”，实即学习“个人的语言组合”。“口头语言的说和听，书面语言的读和写”都是学习“个人的语言组合”，即言语的学习。语文课程也只有在言语性上，才能有与其他学科根本的区分。也正是在这个意义上，叶圣陶说：“从国文科，咱们将得到什么知识，养成什么习惯呢？简括地说，只有两项，一项是阅读，又一项是写作。……这两项的知识和习惯，他种学科是不负授与和训练的责任的，这是

---

① ［法］罗兰·巴尔特著，王东亮等译：《符号学原理》，生活·读书·新知三联书店 1999 年版，第 3～4 页。

② 见刘国正主编：《叶圣陶教育文集》第 3 卷，人民教育出版社 1994 年版，第 88 页。

③ 同上书，第 217 页。

国文科的专责。每一个学习国文的人应该认清楚：得到阅读和写作的知识，从而养成阅读和写作的习惯，就是学习国文的目标。”① 这里叶老所说的“国文科”，便是指语文课程。叶老在这里所说的“国文科的专责”和“学习国文的目标”，才是真正针对语文课程性质而发的。他所说的阅读和写作（自然还有听和说）教学的“专责”和“目标”，所要求的就是学习个人的语言运用和表现，其言语性特征是再显豁不过了。在言语性上再并列其他的属性，只能有一个结果，那就是两败俱伤。

对语文课程性质的言语性特征的认识，夏丏尊先生是有其特殊贡献的，可视之为主张言语性的先驱。他主张“学习国文，应该着眼在文字的形式上，不应该着眼在内容上”，“只要是白纸上写有黑字的东西，当作文字来阅读来玩味的时候，什么都是国文科的材料。国文科的学习工作，不在从内容上去深究探讨，倒在从文字的形式上去获得理解和发表的能力。凡是文字，都是作者的表现。不管所表现的是一桩事情，一种道理，一件东西或一片情感，总之逃不了是表现。我们学习国文所当注重的，并不是事情、道理、东西或感情的本身，应该是各种表现方式和法则”。② 他认为国文科的内容难以跟其他学科的内容严格区分开来，例如《项羽本纪》是历史科的材料，但也可以作为“国文”科学习的材料。“国文”科所凭借的材料，内容篇篇不同，难有一定之规，形式上却有相同的地方。就整篇文字说，有所谓章法、段落结构等法则；就每一句说，有所谓句子的构成及彼此结合的方式；就每句中的词说，也有各种的方法和习惯。此外，文字的体裁，也有共通的样式，例如，书信有书信的样式，章程有章程的样式，记事文有记事文的样式，论说文有论说文的样式。他的重文字、轻内容的语文学习观，虽然与我们今天对言语性包含着人文性、存在性的理解还有较大的距离，但是，他的认识也是从一个角度切入言语性认知，在当年语文教育界独树一帜。

以言语性定位，就是表明在语文教学中要以言语表现为本位。一切语文教学都要围绕着言语表现这个主轴。听、读是为着说、写，说、写包含、提高、发展并最终完成了听、读。说、写是听、读的能力的最佳呈现，能说会

---

①　叶圣陶：《略谈学习国文》，见刘国正主编：《叶圣陶教育文集》第 3 卷，人民教育出版社 1994 年版，第 89 页。

②　夏丏尊：《学习国文的着眼点》，见《夏丏尊文集》（文心之辑），浙江文艺出版社 1983 年版，第 577～578 页。

写势必意味着会听善读。说、写的能力，即言语表现的能力的培养，是语文课程的终极性目标。这也是我们与今天注重阅读语感培养的言语论者的分歧之一。当然，更重要的分歧是，我们所关注的言语性不但是实践层面、行为层面的特征，而是素养层面、动机层面的特征，是言语表现体现的人文性——存在性。

七 言语：人文与存在的家

以言语性定位，学生在对书面语言和口头语言的学习、运用和创制的过程中，自然会汲取积淀于言语中的历史、文化、思想、情感、思维方式等内涵，增进自身的人文修养和综合学养。在语文教学中，应该用言语性去容纳、彰显人文性。孔夫子就懂得这个道理，所以他教诲学生们说："诗，可以兴，可以观，可以群，可以怨。迩之事父，远之事君；多识于鸟兽草木之名。"①这就表明了人文性的体现是可以通过言语性来达成的。良好的言语性势必也就内隐着丰富的人文性。

如果不把语文课程中的人文性与教育的人文性加以区别，不把人文性置于言语性的规定下，一般地、抽象地或片面地强调人文性，把语文教育等同于人文教育，语文教育的目的就成了培养人文主义者；由于文学教育最具人文性，语文教育就变成了文学教育；由于人文性中包含着道德、政治思想内容，语文教育又成了庸俗政治学的奴仆。这些都是背离了语文教育本体特殊性的。只有把人文性置于言语性、言语表现性之下，人文性才是具体的，才与"符号性""人性""存在"等息息相关，才能赋予人文性以特殊的内涵。

以言语性定位，将使语文教学回归到本体。语文课程就有了符合其本体特征的价值取向。言语既是语文课程学习的内容构成，也是语文课程的目的指向。由于言语性的内涵既单纯又丰富，在这个总的目标下，建造语文课程的整体构架，也就能较为容易地做到纲举目张，做到整体上的有机统一、系统自洽。

试问，语文课程不是学习个人的语言运用和表现，不是让每一个学生养

① 《论语·阳货》。

成听、读、说、写的能力，不是旨在开掘学生的言语潜能、张扬言语个性，达成言语上的自我实现，那是什么呢？语文课程的性质不是学习言语，还能是什么呢？

诱引大家领会并赞成上述的观点，还不是我们全部的企图。在我们的词典里，言语表现所涉及的听、读、说、写的能力，只是语文课程表层的属性。在这一点上，我们与“工具论”者的差别主要是在语文教育的目的是语言还是言语，是以阅读为本位（吸收），还是以言说为本位（表现）；我们与“语感论言语论”者（语感中心论者）的差别在于对听、读、说、写能力的矛盾的认知，言语教育是泛论语感、关注阅读语感还是注重言语表现素养尤其是写作素养的培植。

虽然我首次将语文课程的性质确定为言语性①，但是应该承认，此前“能力论者”“语感论者”“言语论者”都谈到了语文、语感之“语”为言语而非语言，只是他们不曾将言语性上升为语文学科的属性提出。同时，他们也都赞成把人文性作为语文学科的属性，只不过是把语言换成言语。尽管我们在认识上有一个共同的前提——言语，然而，对言语性的认知却有着诸多分歧，有些甚至是根本性的。所以，称他们为“语感论言语论”者，我们则为“表现-存在论言语论”者，以此可加以区分。简单地说，**“语感论言语论”是站在“能力本位”“阅读本位”和言语、人文二元论的立场，他们把言语只是看作一种“能力”或“技能”，而“存在论言语论”则是站在“表现-存在本位”的一元论立场，把言语看作是人的基本的生命属性，是生命的自发自由自觉的表达，看作是“存在的家”。**与“语感论言语论”者的分歧及对“语感中心说”的看法，我们将在第三章继续讨论。

表层语义上的分歧还不是最重要的。重要的是，在我们这儿，言语表现不止是一种一般意义上的技能，不止是一种语用能力。我们关注的不是技术、实用意义上的语用，“语感论言语论”者最推崇的“语用”之“用”，恰是我们所不屑的“皮相”，因为，语文缺少的不是“有用”而是“无用”，缺的是“无用之用”。在语文修养中，最“无用”的，恰恰是有“大用”的。“语用”追求的是“技”；“无用之用”追求的是“道”，是一种言语生存方式，一种言语生命状态，一种言语人生、诗意人生境界。有“技”未必有“道”，有

---

① 参见拙作《语文课程性质当是“言语性”》，载《中学语文教学》，2001年第5期。

“道”终会有“技”。这个“道”就是言语表现背后的言语修养、言语人格修养、言语文化心理的建构，是人的言语生命欲求、言语生命意识的觉悟，是通过言语上的自我实现达成对人存在的确认（正因此，我们自称为“存在论言语论”者）。这也便是在言语表现中内隐着的“人文性”——“存在性”。

正如离开了语言就没有理性一样，离开了言语性就没有人文性。有学者在评论伽达默尔语言观的价值时认为：“首先在于他强调了语言的人文性和社会性。语言不仅是一套符号系统，同时更主要的它也是一套价值系统和文化系统。语言不仅有其‘语面’，而且还有‘语里’。语面的下面即语里中积淀着深厚的社会文化因素。正如语言学家帕默尔在《语言学概论》中所说的：‘语言是所有人类活动中最足以表现人的。’而‘获得一种语言就意味着接收某一套概念和价值’。这正是语言工具观所忽视的。”① 在语言中，自然也在言语中的“语里”的人文性，有必要或者可能将它剥离出来吗？当我们将言语性作为语文学科的特性，就表明了我们在学习言语时，势必也在学习其中的人文。在语文教学中，人文性不体现在言语性中，还能体现在哪里呢？言语性的“语里”的能指还远不止人文性，就像人的内脏不仅只有心脏一样。研究人体，自然就要研究心脏。离开了人体研究心脏，就没有什么意义了。

言语性，包含了语言的运用，但不仅仅是指语言的运用，如果停留在语言、语感、语用的层面，那就太肤浅了。言语表现只是一个通道，言语性不但体现了现实性，而且体现了未来性，体现的最深刻的本质是指证人（人类）的存在，是人（人类）的自悟和自证，是人（人类）的自我选择的此“在”。其终极指向是人（人类）对自身的言语生命特性和对精神生命意义、价值的彻悟，即人（人类）的存在性。

从终极意义上看，言语性既在功利，更在精神；既在今生，更在来世；既在个人，更在人类。捷克教育家夸美纽斯认为人的终极目标在今生之外。虽然在他的教育思想中有着浓郁的宗教色彩，但是，作为言语动物、写作动物的人，毫无疑问，言语创造的终极目标和人的终极目标是一致的。剔除其宗教意味，他的观点对我们仍然不无深刻的启示。

夸美纽斯认为，我们的本性也表示今生对我们是不够的，因为在今生中，我们的生活有三个方面，即植物的、动物的和智性的或精神的。这其中，头

---

① 严平：《伽达默尔集·编选者序》，见［德］伽达默尔著，严平编选，邓安庆等译《伽达默尔集》，上海远东出版社 1997 年版，第 11 页。

一种的作用限于身体方面，第二种可以利用感官和运动，伸展到外物上去，而第三种则能单独存在，这是天使的例子所明示的。……所以，我们每个人的生活和住所都有三重，即母亲的子宫、世上和天堂。从第一重到第二重，他所经由的是诞生，从第二重到第三重，他所经由的是死亡与复活。到第三重，他便不再动了，永远歇在那儿。在第一阶段，生命是简单的，动作与感觉都刚开始；在第二阶段，我们有生活、有动作、有感觉，有智性的因素；在第三阶段，我们发现一切都已登峰造极。第一重生活是第二重生活的预备，第二重是第三重的预备，第三重则为自己而存在，此外别无目的。他认为人的今生只是永生的预备，"我们当中也有好些人没有预备好就死掉了，或被毁灭了，正如没有成熟的胚胎从子宫生出来，命定不是去生活，而是去死亡一样"①。如果我们把他讲的看作是人的精神生命、言语生命的成长、延续的话，这是很有道理的。人的言语创造就是为了人生的自我实现、生命的登峰造极。但是，有的人只走到了"生活和住所"的第一重就夭折了，有的人走到了第二重就死亡了，有的人则为了升入精神的殿堂做好了准备，他在自己建造的精神家园里获得了永生。

在语文教育中，我们是否要思考在人生亦即言语之路上何去何从、能走多远？我们不但要追求言语价值、言语生命的今生性，而且，就人类而言，势必还要追求其永生性。

① ［捷］夸美纽斯著，傅任敢译：《大教学论》，教育科学出版社 1999 年版，第 7 页。

语感论、言语论均为能力论。以语感为“中心”、语文能力为“终极目的”“最高目的”，实即沦“道”为“技”。如此，文将不文，人将不人。

第三章 陈旧的新陷阱：语感中心说

如果说“人文派”代表了语文教育的理想主义、浪漫主义的一支，它关注的不是有没有饭吃，吃的什么，而是什么都不吃，只是清谈菜做得怎样，背景音乐动听吗，环境是否幽雅，那么，“语感派”则代表了现实主义、实用主义的一支，它做菜吃饭，填饱肚子拉倒，吃饱后偶尔也论点别的，但由于离得太远，论不动，只好望梅止渴。实际上“语感派”“言语派”与“工具派”是一脉相承的。不论“语感派”怎样试图撇清与“工具派”的关系，乔装打扮蹭“人文派”，可总使人觉得别扭，无法掩饰和“工具派”如出一辙的重“应世”“技能”的实质，难以跟非技能的情意范畴的人文性融为一体。

说它“陈旧”，是因为语感并不是什么新鲜玩意儿，而是旧得不能再旧的语文概念，始倡者就是“工具派”。夏丏尊、叶圣陶、吕叔湘、张志公等先生都十分注重、推崇语感。夏丏尊、叶圣陶先生在 20 世纪 40 年代就已经提出了语感问题，并对其重要性加以反复强调。如夏丏尊先生在《我在国文科教授上最近的一信念——传染语感于学生》中，就提出语感这一概念，并将“传染语感”，视为“国文科教师的任务”，而且是唯一的任务：“对于文字应有灵敏的感觉。姑且名这感觉为‘语感’。”[①] “自己努力修养，对于文字，在知的方面，情的方面，各具有强烈敏锐的语感，使学生传染了，也感得相当的印象。为理解一切文字的基础，这是国文科教师的任务。并且在文字的性

① 夏丏尊、刘薰宇：《文章作法》，浙江文艺出版社 1983 年版，第 113 页。

质上，人间的能力上看来，教师所能援助学生的，只此一事。这是我近来的个人的信念。”① 这一对语感重要性的认知比王尚文先生们足足早了半个世纪。按王尚文先生的说法，他们与叶圣陶先生等的差别在于，叶圣陶先生的语感之“语”指的是语言，是语言之“语”，而他们指的是言语，是言语之“语”。这似乎有点言过了，叶圣陶先生也注重语言的运用，关注语感的实际运用。说它是“新陷阱”，是因为不论是语言之“语”还是言语之“语”（我以为将语感做这样截然对立的划分很不科学，语感当是语言之“语”和言语之“语”兼而有之，二者兼具才算是真正可以运用的语感，二者是不可分离的），都不能成为语文教学的中心，都是舍本逐末，都把语感摆错了位置。而且，至今对语感的研究还存在很多误区，还未能对语感做较为科学的阐释，还仍然是在阅读本位的认知背景下探讨语感，对说、写——言语表现中的语感的培养和体现，基本上尚未触及，即使谈也谈得很少，不深入。由于语感论者对言语、能力和人文的兼容并包的强调，对急于摆脱知识本位而饥不择食的语文教师有很大的迷惑性，因此，引得他们在不明就里的情况下，纷纷掉进“语感中心”的理论漩涡中。这也就是我们称“语感中心说”是“陈旧的新陷阱”原因所在。

《全日制义务教育语文课程标准（实验稿）》接受了语文界“语感派”的意见，多处提及语感：“培养语感”（见第一部分“二、课程的基本理念”）；“形成良好的语感”（见第二部分“一、总目标”）；“……以利于积累、体验、培养语感”（见第三部分“三、教学建议”）；“在诵读实践中增加积累，发展语感，加深体验与领悟”（见第三部分“四、评价建议”）。可见新课标对语感培养的重视。新课标对语感的强调，反映了语文界的某种“共识”。在近年的语文报刊论文中，几乎言必称语感，大有“语感至上”“语感万能”的趋势。语感成为语文教学“新观念”的标志性概念，培养语感成为新鲜、时髦的话题。语感被认为是语文教学的中心和目的，这需要认真审视。

一　能力的“发现”：“语感中心说”的兴起

之所以将“发现”加上引号，是要表明这不是什么真正的发现，而是这

① 夏丏尊、刘薰宇：《文章作法》，浙江文艺出版社1983年版，第113页。

些著者误以为是发现。不论对能力还是语感的重视，都不是21世纪初的新潮，而是早已有之。

夏丏尊、叶圣陶、吕叔湘、张志公先生等前辈，都十分注重语感的作用。前面讲到夏丏尊先生将语感视为国文科教师在能力层面唯一的教学任务，叶圣陶先生也曾明确指出："语言文字的训练，我以为最要紧的是训练语感，就是对于语文的敏锐的感觉。"① 王尚文先生认为他与叶圣陶先生等虽同是倡导语感的重要，但却有着根本上的分歧。这分歧在于，前辈们的语感之"语"指的是"语言"，他的语感之"语"指的是"言语"。王尚文先生说："……语感是一种在思维并未直接参与作用的言语能力，在言语实践中起着无法替代的极其重要的作用。不过，我们需要对语感的对象究竟是语言还是言语做出进一步的明确界定。……盖语感之'语'实'言语'而非'语言'也。"②"夏、叶、吕三位把语言作为语感的对象，我们则把言语作为语感的对象。"③"语感"是王尚文先生语文论的核心概念，他认为语感是一种言语能力，他的语文价值观是否定语言、指向言语的。——需要指出的是，王先生在这一点上是存在误解的，至少夏丏尊、叶圣陶二位的语感并非只以语言为对象，也同样是以言语为对象的。例如夏丏尊先生说："在语感敏锐的人的心里，'赤'不但只解作红色，'夜'不但只解作昼的反面吧。'田园'不但只解作种菜的地方，'春雨'不但只解作春天的雨吧。见了'新绿'二字，就会感到希望焕然的造化之工、少年的气概等等说不尽的情趣；见了'落叶'二字就会感到无常、寂寥等等说不尽的诗味吧。真的生活在此，真的文学也在此。"④ 叶老在《文艺作品的鉴赏》一文中说："……要求语感的敏锐，不能单从语言文字上揣摩，而要把生活经验联系到语言文字上去。"⑤"经常留心自己的语言，经常观摩人家口头说的笔下写的语言，哪是好的对的，哪是不好的不对的，都仔细辨别，这样可以提高对语言的敏感。"⑥ 连同夏丏尊在20世纪40年代的关于语感的论述，都是在"语言文字的训练"应注重语感的培养，要联系具

① 叶圣陶：《叶圣陶论创作》，上海文艺出版社1982年版，第163～164页。

② 王尚文：《语感论》，上海教育出版社2000年版，第21页。

③ 同上书，第24页。

④ 夏丏尊、刘薰宇：《文章作法》，浙江文艺出版社1983年版，第113页。

⑤ 中央教育科学研究所编：《叶圣陶语文教育论集》，教育科学出版社1980年版，第268页。

⑥ 同上书，第721页。

体语境和读者自身的生活经验、个人感受这个意义上说的。——只是由于语言学家的介入，才使这种情况发生了变化，语文教学被定位在“字、词、句、篇、语、修、逻、文”所谓的“八字宪法”上，语文教学成了语言知识教学，导致了语感重心由言语向语言位移。这个教训，语言学家与语文教师需要深刻记取。可见，王先生将夏丏尊、叶圣陶先生的语感论定位为“把语言作为语感的对象”，是站不住脚的。

李海林先生对王尚文先生的语感论基本认同。他既立足于语感，又越过了“语感”，直截了当地将语文的内涵确定为“言语”。他不满足于以往将语文教学的目的定位在“语言运用”上，认为“语言运用”不是一个术语，而是一种描述，缺乏一种结论性、终结性的意义，在意义结构和主观视角上与科学理论的要求尚有一定的距离和偏差。于是，他找到了“言语”这个概念。他的理由是：首先，言语与语言相对应，不管是在内涵上还是在形式上。其二，“言语”概念是现代语言学中的一个重要范畴，它有明确的科学内涵。其三，言语及其内部机制内在地决定了语文教学的整体性质和特征。其四，当我们用“语文即言语”来观照和批判“语文即语言”的语文教育观及其实践体系的时候，过去许多纠缠不清的问题一下子豁然开朗。[①] 李海林先生不但在语感的层面，而且在语文学科的层面上，从言语论和语用学视角，牢固地确立了以“言语”作为“语文”的基本内涵，并对此做了较为全面的论证，力求以“语感”为中心建构“言语教学论”理论框架。

其实，今天的语感论、言语论兴起，是对语文“能力本位”的重新“发现”，是“工具论”思维之余绪。

语文界对语感研究得较为深入、较有成就的当推王尚文先生和李海林先生。王先生的《语感论》和李先生的《言语教学论》，堪称“语感中心说”的代表作。对语文界的“语感中心说”，李海林先生做这样的描述与归纳：

> 语文教学的目的是培养学生的语文能力；这种语文能力的心理学表达不是别的，就是语感。于是，语文能力目的论就转化为语感目的论。它的逻辑是这样的：语文能力是语文教学的终极目的；语感是语文能力结构的核心要素；所以，语感教学也就成为语文教学的轴心。在李顺那儿，他用的是“核心”和“本质”这两个词：“语文直觉能力（亦即指语

① 李海林：《言语教学论》，上海教育出版社2000年版，第20～25页。

感——引者注①）是语文能力的核心，是最高水平的语文能力。培养语文直觉能力是设计教学目标的重要参照，是语文教学抓住本质与否的主要标志。”在王尚文那儿是用的“纲”“目”这两个词：“语感是语言能力的‘纲’，其他都是‘目’；语感教学是语文教学的‘纲’，其他都是‘目’。纲举目张；否则，纲既不举，目亦难张。”余应源则用的“核心”和“轴心”这两个词：“语感是语文能力的核心，是语文能力的作用方式，培养语感是培养语文能力的关键，那么培养语感便是语文科教学目的之所在。能有效地培养发展学生的语感的教学便是成功的教学，无助于或不利于培养学生的语感的教学便是失败的教学。”“语感是进行语文教学的前提与基础，又是语文教学的目的之所在，而且是整个语文教学内容的核心。语感问题贯穿语文科教学的始终，教学的每一时刻都要抓语感，整个语文科都要围绕语感来运作。因此我们说，语感是语文科的轴心。”不管是李顺的“本质”，还是王尚文的“纲”“目”，还是余应源的“轴心”，说的都是一个意思，这就是语感中心说，其主旨就在于：以语感为核心，建立一套语文教学的新体系。其逻辑方法也是基本一致的，这就是：语文教学的最高目的就在于培养学生的语文能力；语感是语文能力的核心；所以，语感教学就是语文教学的轴心。这一命题，我称之为“核心—轴心”论，语文教学界给它的称号是“语感中心说”。②

这一段阐述，清楚地指出了语文教学的目的是培养语文能力。语文能力目的论，即语感目的论。这表明了论者所关注的依然是“能力”层面的问题，在这一点上他们的认识没有什么进展。但是，他们为“能力”确定了一个核心、轴心：语感，同时将语感之“语”定位为言语之“语”，试图将语文教学重语言教学转向重言语的教学，实现教学观念的转变。这可以看作是语感论、言语论者的理论贡献。

“语感中心说”将语感上升到了教学观念的层面来认识，李先生讲到了他们与老一辈语文教育家在语感认识上的分歧：“在老一辈语文教育家那儿，语感是作为一种心理语言学概念，具体说是一种对阅读心理的描述提出来的，至多，是作为语文教学内容的一个方面提出来的。而语感教学论则把它上升为一种教学思想，作为一种新的语文教学理论体系的核心概念即教学论范畴

① “引者”为原书作者。

② 李海林：《言语教学论》，上海教育出版社2000年版，第307～309页。

提出来的。作为一种教学思想，语感教学有自己的哲学理论，教学论原则和语言学基础，他们分别构成语感教学的哲学观、教学观和语言观；作为语文教学论中一个基本范畴，语感教学集中反映了语文教学的目的、内容、原则、规律，语文教学的方法、手段、程序、模式，也都为语感教学的内在需要所规定。”① 他给语感作这样的定位：“语文课程的教学目的就是培养学生的语用能力，这是语文课程教学目的的唯一表达，除此之外既不需要其他目的的补充，也没有第二种表达。它需要的只是全面地理解和深刻地理解。……我的研究的结果是：语用能力的核心就是语感，语用目的的基本内容也可以表述为语感目的。……语感及语感教学是语文教学界最近 20 年热烈讨论的一个话题。我认为，这是语文教学研究最有意义的一个话题。它可以说是整个 20 世纪语文教学理论研究与实践探讨最有意义的总结性话题。它标志着 20 世纪语文教学的结束，同时也标志着 21 世纪语文教学的开始。”② 这一断言，表明了论者对语感及其教学寄予了厚望，希望它能成为新的教学范式，彻底改变语文教学的面貌。

在何谓“语感中心”这个问题上，王尚文先生的观点与李海林先生是有差别的，李海林先生把“中心”视为核心和目的，是统摄性地掌管一切的。而王尚文先生对“中心”的理解较为谨慎，注意到了语感这个“中心”的先天不足，试图巧妙地在“中心”有别于“非中心”的意义上进行界定：“需加说明的是，语感中心说并非语感唯一说。中心因有非中心存在才成为其中心，否则只是孤家寡人，还成什么中心。”③ 可见，他的“中心”其实是指最重要的因素，“非中心”指的是一般的、次要的因素，“中心”并不统摄“非中心”。但是，在把“语感中心说”视为语文教育观念性的突破这一点上，王尚文先生与李海林先生是一致的。他说：“本世纪末叶，‘知识中心说’深深陷入困境，其弊端招来全国上下一片声讨之际，‘语感中心说’为我们树起了新的路标，让我们看见了新的前途。”④ 对语感的重视，如果是对以往注重知识传授及“工具论”教学观念的一种反拨，强调言语能力的培养，体现重言语运用“能力”的精神，也许有其积极意义。这是由于我们的语言学知识教学

---

① 李海林：《语感教学的内涵和外延》，载《语文学习》，1997 年第5 期。

② 李海林：《言语教学论》，上海教育出版社 2000 年版，第 301～302 页。

③ 王尚文：《语感论》（修订本），上海教育出版社 2000 年版，第382 页。

④ 同上书，第 347 页。

对于言语实践基本无效，是语言学研究缺陷所致，语言学知识未能纳入写作学、阅读学范畴，并非“知识中心”教学定位有什么问题。

应该指出，以“能力中心”代替“知识中心”未必妥当。如果是作为语文课程矛盾的主要方面加以强调，与其强调“能力”，还不如强调“知识”。学校教育基本的要求就是以“知识”来统领“能力”的培养，就应该是“知识本位”的。因此，以“能力中心”取代“知识中心”，不能视为认知上的进步。

在语文学科中，知识不是特指“语言学”知识，而应指“语文学”知识。以往的语文学知识主要来源于语言学、文学学、文章学。所谓的“知识中心”，不只是王尚文先生、李海林先生矛头所向的“语言学”知识，这一点是要搞清楚的。自然，以这三部分构成语文学知识也是有问题的，我们所谓的语文学知识与其截然不同，是一个包含本体论、应用论、操作论等的多层次结构，这里不展开讨论。

王尚文先生的语感论和李海林先生的言语论实质上是二而一的，看重的都是语感能力和语用（偏于阅读的语感语用）。应该承认，言语论比语感论无论在理论建构和教学文化的积淀上都往前迈进了一步，借助了现代语言学、语用学和结构主义等理论的支撑，使论述有较高学术含量，从中看到了建构新范式所作出的努力。这种努力，旨在将一种“能力”，逐渐地从“边缘”“次要”的地位，挪到超越一切的“中心”的位置。然而，由于语感的“应用性”“直觉性”特点，决定了它不可能是言语实践能力的核心，更不可能是言语生命成长的动力与目的。因此，在言语生命动力学语文教育视界下，它只能回归到人的言语机能结构因素中加以体认，视为人的言语生命本能和潜能之一。

就跟人天生会说话一样，人生来就有语感。不要把语感神秘化、复杂化、技术化了，其实，语感就是人的言语感觉、言语感受力、言语感悟力，即言语审美力。它的特征“直觉性”和“感性”，表明了它是人的言语生命的一种机能，直接源于机体的生理和心理反应。语感是由人的言语本能生长出来的，由说的语感逐渐地向写的语感迁移，相生共长。这是一个内在于生命冲动的自发的浸淫、涵养和发展的过程。只要言语生命健康、强健，势必喜欢言说，会主动参与、经历大量的言语实践，或喜说，或乐写，语感在不知不觉中自然而然地得以提高。就跟问一个人你是怎样学说话，什么时候学会说话，没有一个人能说得清楚一样，写作的语感也是在不经意间敏锐起来的。这是一个生命欲求的自我满足和实现的过程。把它提得太高，过于人工化、教学化、规驯化，反而会抑制了语感的个人化的直觉力，这就跟餐餐山珍海味，天天美味佳肴，会吃坏了味觉、嗅觉一样。对语感“能力”是不是一种纯粹的“能力”，是否和其他的技能习得一样，靠重复性、共性的训练就能得以提高，我表示怀疑。我以为语感是很个人化、生命化的，每一个人的语感潜能都是不一样的，不是可以在教学中统一训练出来的。**与其把语感看作一种能力，我更倾向于将其视为一种言语灵性和悟性，因为，这更接近于人的言语生命的自然属性，更贴近语感形成的真相。**将生命化、个性化的语感和言语都纳入“能力”范畴，这实质上就是一种实用化、工具化思维。

当今语文界对语文课程性质、任务，语文学习的规律，听、说、读、写关系，语感功能等的认识，仍然较为肤浅、简陋，在对语文教育一系列基本问题、对语感内涵和作用还不甚清楚的情况下，便断定语感就是“中心”“目的”。由于这一提法，一方面是对语文界前辈的重语感的语文教学观的继承，另一方面又迎合了教师的语文教学经验，致使不少正在寻求变革的教师迅速接受了“语感中心说”和“言语教学论”，误以为语文教学的任务就是培养语感或语用能力，或认为培养语感、语用能力是最重要的。这对语文教育应注重人文积淀、注重学生言语素养的全面发展，注重对学生言语潜能、才情的开发，以及在学习方法、思维方式与言语动力学层面的引领等，都极为不利。

语感论和“言语教学论”的贡献是力图破除知识本位教学观念，建立能力本位的教学观念。它和当今以应试为目的的语文教学理念和实践，实际上很难划出清晰的区隔。因为，它们之间本来就没有什么严格的界线。长期以来的语文教学，提倡“双基”“三基”，重“语基”“阅读”，出现频率最高也是“能力”这一概念，这些“能力”不知是否为语感论、言语论所认同？在我看来，似乎语感论和言语论，支持了现有的教学格局和评价体系，因为它们在能力本位上是有共识的。现有的“考纲”标榜的就是检测语文“能力”：“高考语文要求测试识记、理解、分析综合、表达应用和鉴赏评价五种能力，这五种能力表现为五个层级。A. 识记，指识别和记忆，是语文能力最基本的层级。B. 理解，指领会并能作简单的解释，是在识记基础上高一级的能力层级。C. 分析综合，指分解剖析和归纳整理，是在识记和理解基础上进一步提高了的能力层级。D. 表达应用，指对语文知识和能力的运用，是以识记、理解和分析综合为基础，在表达方面发展了的能力层级。E. 鉴赏评价，指对阅读材料的鉴别、赏析和评说，是以识记、理解和分析综合为基础，在阅读方面发展了的能力层级。”① 显然，这些要求与语感论和言语论的能力本位思维是一致的。现在纯粹的语文知识检测已很少，大多数题目至少在表面上都是检测语用能力的，所列的五种能力层级也可以纳入语感、言语的范畴。然而，其中大量是标准化、识记性、知识性的低效题、无效题，得分再高，也不能说明学生的言语表现能力强、语感好，更不能体现学生的言语生命欲求、言语学习的态度和全面的言语素养，完全是应试教学观念的体现。这种重“语基”“阅读”和“伪表达”“伪应用”的“能力”教学，是否也能为“语感中心论”“言语教学论”所包容？

“语感中心说”的最大的认知局限在于认为“语文能力是语文教学的终极目的”，“语文教学的最高目的就在于培养学生的语文能力”，一叶障目，见“技”不见“道”，见“器”不见“理”，见“言”不见“人”。“语感中心说”，实即“能力至上说”“能力万能说”。如此，语文教育岂不失魂落魄？这种认知跟传统语文教师，跟注重听、说、读、写能力的提高、力主技能“训练”的叶圣陶、张志公、钱梦龙先生们有什么不同？

只要仍然陷于能力本位思维，语文教学就难以有什么实质性的改变。

二　语感论、言语论：实用论、工具论的翻版

中心，一般解释为：“事物的主要部分。”语感是否为语文课程的“中心”——“主要部分”，这涉及两个问题：一是何谓语感？二是语感的作用究竟有多大，能称得上“中心”吗？弄清楚了第一个问题，第二个问题也就迎刃而解了。下面是一些对语感较具代表性的阐释：

> 语感是思维并不直接参与作用而由无意识替代的在感觉层面进行语言活动的能力。也许可以简称之为“半意识的言语能力”②。
>
> 语言感觉是一种不需要刻意组织就能自然运用语言和不需要来自外

---

① 教育部考试中心：《2004 年普通高等学校招生全国统一考试大纲》，高等教育出版社 2004 年版，第 3 页。

② 王尚文：《语感论》（修订本），上海教育出版社 2000 年版，第35 页。

部的压力就能关注语言现象的习惯。①

语感是一种语文修养，是长期规范的语言感受和语言运用中养成的一种带有浓厚经验色彩的比较直接迅速的感悟领会语言文字的能力。②

我认为，语感这一概念应定义为：是对言语内涵的一种直觉能力。③

由上可知，语感的基本语义是“感”，即一种知其然而不知其所以然的感性直觉层面上的言语能力。这在语文界似无异议。假定这种界定是正确的，我们不禁要问：

（一）将言语感觉、直觉层面上的能力培养，置于语文教学的“中心”的地位，那么，**对言语的意识与思维层面上能力的培养，将置于语文教学的什么地位呢？**对于言语表现来说，不可否认，在遣词造句时有不凭思维而凭直觉的情形，但在这一过程中也经常在意识层面上须作反复揣摩、比较甄别等的深思熟虑。有“知其然而不知其所以然”的时候，也有“知其然亦知其所以然”的时候。通常情况下，好文章是改出来的，对文章的推敲修改，不是光凭直觉就能奏效的。如果直觉是最重要的，那么靠直觉就能写出好文章，写作定然是一挥而就，根本用不着费脑伤神、修改推敲。“披阅十载，增删五次”，岂不是自讨苦吃？对于阅读来说，书读一遍即可“破其卷取其神”，何须“精读”“涵泳”？如此，“书读百遍”之读者，实乃愚不可及。——从认知心理与思维规律来看，人的直觉性的把握与分析性的思维二者应是相辅相成的。直觉固然可贵，但单凭直觉也会经常出错，须靠分析来检验直觉正确与否。人的言语的直觉性与分析性思维二者是不可偏废的。从下面这篇短文，就可以看出阅读与写作须直觉与分析并重：

怎能称县纪委书记为“方丈”

马 达

近日在山西一家报纸上看到一条消息，肩题是“怀仁政务公开工作全国叫响”，主标题为“五台‘方丈’来取经”。文章通篇没有出现“五

① 王宁：《汉语语言学与语文教学》，载《中国社会科学》，2000年第3期。

② 参见洪镇涛：《构建“学习语言”语文教学新体系》，见《新世纪中学语文教育》，人民教育出版社1999年版，第375页。

③ 余应源：《中小学语文教学轴心论》，载《江西师范大学学报》（哲学社会科学版），1994年第2期。

台方丈”的字样，而是讲五台县纪委书记带队来怀仁县参观学习的事，黑体大字题目上的“方丈”竟是指县纪委书记。

方丈为佛教名词，怎么能和共产党的县纪委书记类比呢？联想到现在社会上有的称县长、县委书记为“县太爷”或“父母官”，都是带有浓厚封建色彩的。还有的称党政领导干部为“老板”“老大”，也使共产党的“官职”变了味。唯独党内一贯倡导的“同志”称呼，越来越鲜见了。这是一种很不好的现象。

也许报纸编辑是从“五台”这一佛教圣地联想到“方丈”一词的，巧妙是巧妙了，但是否符合政治要求呢？以此类推，从内蒙古来的领导称“王爷”，从西藏来的领导叫“喇嘛”，岂不乱了套了？①

显然，作者是在读报时凭语感直觉到用“方丈”称谓“纪委书记”不妥，而要说清为什么不妥，就不能停留在直觉上了。他分析了当前流行的对官员的种种称谓的弊病和原因，并对“方丈”这一称谓进行类推，这才确信“方丈”一词的用法不妥。也许有人仍然觉得“方丈”用法并无不妥，不过是为求语言的生动做的一个比喻罢了，如此，双方还得继续辨析、争论下去。可见，如果单凭语感，读和写都不可能明晰到位。

（二）遣词造句尚不能光凭语感，言语表现（以至言语活动）所涉及的方面更多，就更不能光凭感性直觉了。**言语表现关系到言语的主、客、载、受各体，语感主要属“载体”范畴（属该范畴中的一部分），主体、客体和受体，虽都与言语相关，但与语感并没有什么对应关系，更不是语感这个“感性直觉”的“中心”所能包容的。**就说主体的言语人格修养吧，就与语感未必相关。语感很强的人，也许言语人格修养极差，反之亦然。语感能力对言语人格修养这种极其重要的素质，不能起到统摄作用，“语感中心”岂不失控？阅读也不是单凭语感就能奏效的，它取决于人的认知结构、文化心理等。就拿阅读的理解来说吧，就不是靠语感实现的，更重要的是人的解读理念和前理解在起作用。抱持作者崇拜、文本崇拜或读者崇拜的理念，对同一文本的解读就全然不同；前理解不同，或者心情不同，年龄不同，读出的意思也会有所不同。这不完全取决于语感的优劣。同一个人读同一篇文章，今天读和明天读的感受可能就不一样，你能说这是由语感能力决定的吗？

---

① 载《中国青年报》2002年4月22日。

（三）在言语活动的诸要素中，最重要的当属主体——人。言语主体的建构涉及诸多方面的修养，语感的培养只是其中的一个方面。叶圣陶先生在《作文论》中说："生活充实的含义，应是阅历得广，明白得多，有发现的能力，有推断的方法，情性丰厚，兴趣饶富，内外合一，即知即行，等等。"① 他列举的言语主体建构的诸多方面（还不是全部），包括人的阅历、情感、兴趣、思想、品德、认知方法、行为方式等，哪里是"语感中心"能涵盖得了的？叶先生曾明确指出："语言文字的训练，我以为最要紧的是训练语感，就是对于语文的敏锐的感觉。"② 显然，在他看来**语感训练只是属于"语言文字的训练"的范围，即属于文字技能训练的范围，**而不属于整个写作智能训练的范围，更不属于写作人格素养、情意素养或学识素养培植的范围。将语感视为语文课程教学"目的"和"中心"，显然夸大了其作用，难以令人信服。

北京师范大学王宁教授说："语言感觉是语文教学最初的凭借，语言修养是语文教学最终的目标。""语言感觉本身就是一种能力，又是形成更高语言能力的基础与初阶。"她对语感所做的定位是较为准确的，明确指出了语感并不是语言能力的全部。语言能力最终凭依的是语言修养。她说：良好的修养是比能力更综合的东西，因而也最难达到一定的高度。达到的高度可以分解为三个参数项来评测：

> 一、语言材料把握的数量和质量。质量包括准确度、系统性和自如程度。
>
> 二、表现为语用效果的语用能力：
>
> 1. 内部能力：语料选择的能力和与语用同步的思维强度。
>
> 2. 外部效果：说话的流畅性、感染力，对不同环境的适应性和语言风度；听话的理解力，阅读的速度和通过语言吸收思想的数量和深度。
>
> 三、学习能力：语感形成的快慢、优劣，对语言现象的敏锐程度，解释语言现象和总结语言规律的能力，学习兴趣与学习习惯。③

她所列举的语言修养的参数项，大多不是靠对语言的感性直觉能达到的。她把进入较高的语用层面的语言能力不称为语感，而称为语言修养，强调它的综合性和认知性，这是很有道理的。因为，一个人的语言能力（在语用层

---

① 见刘国正主编：《叶圣陶教育文集》第 3 卷，人民教育出版社 1994 年版，第 300 页。

② 叶圣陶：《叶圣陶论创作》，上海文艺出版社 1982 年版，第 163～164 页。

③ 王宁：《汉语语言学与语文教学》，载《中国社会科学》2000 年第3 期。

面即言语能力）不是单靠语“感”（感觉）就能完全实现的，言语、语用能力大大超出了语言感觉能力的范围，甚至还超出了上述语言修养的范围，体现的是人的全方位的素养。语感，只能是“形成更高言语能力的基础与初阶”，而不是语言修养的“中心”。一旦进入言语表现的层面，言语能力的形成，需要的就是人的言语综合素养。

从语文课程目标来看，“语感中心说”也是与其相抵牾的。新课标中的语文课程目标是按“知识与能力”“过程与方法”“情感态度与价值观”三个维度来设计的，语文教育的目标指向的是学生全面的语文素养的提高，而语感属“能力”范畴，对其他维度的目标是鞭长莫及的。在三个维度中，“知识与能力”的维度是最表层的，它只有直接的应用功能，而不具有基础性、动力性的生成功能。对于人的发展来说，是“态度决定一切”，不是“能力决定一切”，比起后两个维度，“知识与能力”维度有极大的局限性，“知识”“能力”都是“当下”的，很快就会陈旧、过时，如果以语感、言语能力为中心，语文教育势必永远都是短期的趋时的行为，而且永远都是被动的、不赶趟的。在不同的本体论下，“知识”“能力”的内涵也就不同，在应试教育背景下，也能认同能力本位，如前所述，纯粹应试的语文教学和测评，也能在能力本位上与语感论、言语论达成共识。“知识”“能力”本位已不能适应今天对复合型人才的要求，不能适应更为注重对人智慧的、素养的养成性、终身性教育。当代教育学已从“知识”“能力”本位向“素养”本位转型，更为看重的是自发、生成、可持续发展的学习，体现能力本位的“语感中心说”“言语教学论”显然在一提出来时就已经滞后于时代的潮流。

对语感作用的夸大，既是认识的偏颇和教育观念的滞后所造成的，也是由于对语感本身认识的浅陋所致。尽管语感论者揭示了语感具有“感性直觉”或“直觉同化”的属性，然而，还远未达到认知上的深入，它强调的还是语文能力的重要和语文的实用功能，只不过是在语用学的背景下对这些问题做重新探讨。在这里，言语能力依然是一种实用技能。因此，语感中心，即能力中心、能力本位，实质仍属实用论、工具论的翻版。它们所看重的都不是言语生命个体的内在体验和感悟，不是言语学习主体与自我实现特殊的言语需要和兴趣，不是言语生命价值和精神建构与自我实现。这是一种本末倒置、目中无“人”的教学观念。

当前语感认知上除了上述的以偏概全、舍本逐末外，还存在以下三大误区。

三　误区之一：抽象语感论

几乎所有对语感的诠释，都将语感看作是一种具有普遍适用性的言语感受力、直觉力和同化力，即认为语感是一种抽象的言语能力，而非具体的具有特殊指向性的言语能力。论者在谈到语感时均忽视了它所依存的基本条件——文体，以为有一种可以超文体的、普遍适用的万能语感。这种观点，可称其为“抽象语感论”。在笔者视野所及的范围内，论者对语感的研究与认知均未涉及书面语语感研究的前提条件——文体，而是将语感笼统地看作是一种无所不在的言语能力。这是一个极大的误解。

实际上，在言语认知与表现中，真正应用的书面语语感，是一刻也不能离开特定的文体、离不开具体的语境的。言语能力中还有一个与语感密切相关的比语感更为重要的、更有实践价值的概念：体式感。在读、写实践中，并不存在抽象的语感，离开文体感，语感可能就变得一钱不值。在言语教育上，我们不能不在一个比语感更为开阔的视野上审视语言和言语，让学生更为正确、全面、深刻地感知语言，给他们指出通向言语之路。在言语教学谈及语感时，也就不能不涉及与其有着最直接关联的文体感（或语体感）。

文体感是语感的上位概念，也可称为文体意识，指的是主体对某种特定文体的全部表现形式规范的领悟与把握。文体感包括对该文体一切构成因素（主题、材料、结构、语言等）的特殊要求的领悟，涵盖了文章形式规范的全领域，在言语认知与创造中贯穿于阅读与写作行为的全过程。文体感的形成，就是对文章图式的认知建构。语感只是文体感中的一个部分。文体感包含、统摄着语感。文体感比语感有着更为丰富的内容。语感只有在特定的文体感中才有意义，才有可能形成“良好的语感”，才能进入具体的言语感知与运用实践。因此，在言语教学中，是不应脱离文体感讲语感的。讲语感，应讲在文体感统摄下的具体的语感。文体感，应成为比语感更值得关注的重要概念。

书面语的表达有长期“写”出来的文体表现形式规范。因此，阅读与写作思维也可以说是一种文体思维。阅读离开了文体，必定是不得要领的。写作更是如此。诗人用诗思维，散文家用散文思维，小说家用小说思维，记者用新闻思维，学者用论文思维……优秀的作者，往往得益于不同寻常的文体敏感。诗人郭小川到了厦门，看到了绚丽鲜艳的凤凰花，“你像燃烧的火焰”的诗句便情不自禁地脱口而出；散文家张洁去了一趟闽东福安，待了短短的几天，便写出了散文《让我忘记》《依伯》和《白玉兰》。众多在福建的厦门和福安土生土长地看着凤凰花、白玉兰长大的人，竟对它们熟视无睹、麻木不仁，更不用说能写出优美的诗与散文来了。这种差别不能不在很大程度上归因于文体感的优劣。因此，也可以说，没有文体感，就不可能有语感。离开“文体”的规定，语感便可能一钱不值。例如，2004年高考全国卷（四川、吉林、黑龙江、云南等地区）的古诗鉴赏：

16. 阅读下面这首宋词，然后回答问题。(6分)

木　兰　花

宋　祁

东城渐觉风光好，縠皱波纹迎客棹。绿杨烟外晓寒轻，红杏枝头春意闹。　　浮生长恨欢娱少，肯爱千金轻一笑。为君持酒劝斜阳，且向花间留晚照。

〔注〕縠皱：绉纱，此处比喻水的波纹。

这首词的上半阕是如何描写春色的？试对此进行分析。对词中“红杏枝头春意闹”的“闹”字，你认为写得好不好？为什么？

参考答案是：

答：春天美景富有层次感：首先看到了东风乍起，春波绿水，波面生纹，如细皱纱縠；然后是杨柳初醒，嫩绿浅碧，遥望一片轻烟薄雾；再望去杏花怒放，如喷火蒸霞。春的风光正是这样一层层展开，故用了“渐觉”一语。

作者用一“闹”字，不仅使人觉得杏花绽放得热烈，甚至还让人联想到花丛中蜂蝶飞舞，春鸟和鸣，把一派春意盎然、生气蓬勃的景色表现得淋漓尽致。

古代有人认为“着一闹字，而境界全出”，用得巧妙；但也有人认为，“闹”字不是好字，也不是好事，写良辰美景而用这么一个字，实在没有道理。因此如考生认为“闹”字用得无理，只要言之成理，且文字通顺，也可酌情给分。

由于缺乏文体感，这道古诗词鉴赏题，从设题到“参考答案”都“错”

了。诗词这一文体是主“情”的，“一切景语皆情语”，而命题者居然把着眼点放在解“景”上，要学生说出作者“是如何描写春色的”，并对“闹”字进行评论，所要求答的完全与作者的心情、情感毫无关系。这首词变成了纯粹的写景诗，鉴赏的不是意象美，不是整体感悟，而是将一首词肢解开来，孤立地欣赏这首词上阕用词的巧妙。这样的考察语感岂不害人？

客观地说，叶圣陶先生还是十分注重阅读的文体感的，他说：

> 有些书籍，阅读它的目的在从中吸收知识，增加自身的经验；那就须运用思考与判断，认清全书的要点，不歪曲也不遗漏，才得如愿。……
>
> 又如小说或剧本，一般读者往往只注意它的故事；故事变化曲折，就感兴趣，读过以后，也只记住它的故事。其实凡是好的小说和剧本，故事仅是迹象；凭着那迹象，作者发挥他的人生经验或社会批判，那些才是精魂。……
>
> 又如诗集，若是个人的专集，按写作年月，顺次看诗人意境的扩大或转换，风格的确立或变易，是一种读法。按题材归类，看诗人对于某一题材如何立意，如何发抒，又是一种读法。按体式归类，比较诗人对于某一类体式最能运用如意，倾吐诗心，又是一种读法。……
>
> 又如古书，阅读它而要得到真切的了解，必须明了古人所处的环境和所怀的抱负。……

对于诗歌的读法，他是这样看的：

> ……而文学这东西，尤其是诗歌，不但要分析地研究，还得要综合地感受。所谓感受，就是读者的心与诗人的心起了共鸣，仿佛诗人说的正是读者自己的话，诗人宣泄的正是读者自己的情感似的。阅读诗歌的最大受用在此。通常说诗歌足以陶冶性情，就因为深美玄妙的诗歌能使读者与诗人同其怀抱。但是这种受用不是没有素养的人所能得到的；素养不会凭空而至，还得从分析的研究入手。研究愈精，理解愈多，才见得纸面的文字一一是诗人心情动荡的表现；读它的时候，心情也起了动荡，几乎分不清那诗是诗人的还是读者自己的。①

叶老对读诗的看法很中肯，他强调的就是情感，强调“综合的感受”，强

---

①　叶圣陶：《略读的指导——〈略读指导举隅〉前言》，见刘国正主编：《叶圣陶教育文集》第3卷，人民教育出版社1994年版，第263～265页。

调读者与诗人的情感共鸣，可谓抓住了读诗的要害。而不知怎的，今天语文教学和考试中，读诗居然不是通过纸面上的文字，把握诗人“动荡”的情感，而是将诗肢解开来，读其中的某几句、某一句或某一字，基本上变成了读“字”，要求的是解“字”，不是解“情”，真是不得要领。这样培养出来的“语感”，又能“感”到什么？

遗憾的是，文体感这一概念还未被当今语文界所认识。对大学生的调查表明，他们此前从未听说过文体感这个词。这表明在中学阶段的语文学习中，对于读、写都十分重要的文体意识，尚未进入语文教学的观念视阈。语文界在这一认识上的局限，既反映在对语感的研究上，也反映在新课标的表达中。一方面对语感极度推重，另一方面却对文体感不置一词。而实践的、应用的语感，是无法离开文体感的。“抽象语感论”实际上表明了语文界虽然开始关注言语能力的培养，在观念层面上开始从语言（工具论）向言语（语用论）转向，但其认知方法还停留在语言论（工具论）范畴。因为，语言的研究对象是普遍的共同的语言规律，而言语的研究对象则注重探求个性化的表现和言语表现——关于“言语论转向”，有学者认为：“延续了近半个世纪的‘语言学转向’尽管不能说一事无成，但却犯了方向性的错误。这个错误的实质是把我们的语言作为手段来使用，而不是把它看作是我们都参与其中的活动与生活形式。结果是非但没能摆脱形而上的幻相，反而使自己陷入语法的幻相，‘使我们的理智入魔’。语用学是逃脱语法魔力的一条途径，一种努力。因此我们有理由把第二条线索（第一条线索指维也纳学派的逻辑实证主义的方向；第二条线索指的是从日常语言学派的土壤孕育出来的，以言语行为论的提出为契机发展而成的语用学方向——笔者注）称为‘语用学转向’。当初体现在‘语言学转向’中的意图和要求，也许只有通过‘语用学转向’才能真正有效地得以兑现。”① 语文界虽已意识到语用价值对语文教学的重要，但在思维方法上还停留在索绪尔的语言论（语言之言）、维特根斯坦的逻辑实证主义（热衷于句法—语义维度的分析和形式化语言的研究）与乔姆斯基的句法结构理论的视角上提出问题，还未能真正在言语论（言语之言）即语用学视角上认识问题，这表明了认知转换的艰难。

口语似乎没有明显精细的体裁之分，这种感觉也是不准确的。书面语有

① 盛晓明：《话语规则与知识基础》，上海学林出版社 2000 年版，第3 页。

文体的区分，口语也有语体的区分，如有对话、访谈、演说、解说、辩论、答辩、面试、自荐、自我介绍，等等。这些语体也有不同的语感能力的要求，只是由于语文教学长期冷落了口头交际，致使这些语体被忽略，几乎没有什么人进行研究。口头表达的语感能力的培养，也便成了空话，被论者完全遗忘，以致在研究语感时，没有人想到语体语感。语体语感研究的缺失，便造成了学生不论在课堂发言、讨论还是演说、辩论等，都没能考虑特定语体的"对话"特点，只是随便说，基本上不顾受众或言说对方的反应。例如，下面这篇演说，语言似乎还"漂亮"，说的基本上是大话、套话、空话，你能说作者语体语感好吗？

追　求

哥白尼说："人的天职在于探索真理。"没有追求，青春如同枯木败叶，了无生机；没有追求，人生像断水之江河，十分贫瘠；没有追求的生命，宛如枯萎的鲜花，毫无意义；没有追求，人的精神世界将是荒芜一片，无比苍凉。追求有轰轰烈烈的伟大，有朴实无华的平凡，有义无反顾的执着，也有大起大落的悲壮。

说起中国足球，你也许未经思考便脱口一句：臭。诚然中国足球跻身世界杯强林很遥远，但我们的国脚从未轻言放弃，追求变为了实现，今年他们取得了出线权。

透过这帮追球的人，我们懂得了追求的意义。

倘国脚们心底没有一个永恒的追求，他们就不会一次一次地冲击世界杯；倘国脚们没有一个不变的追求，他们精神防线早在一次又一次的失败前崩溃了；倘国脚们无心追求，就不会有今天的出线权。

我们每个人何尝不是这样呢？人生就是绿茵赛场，带球——冲向球门——目标，我们追求某个目标时，会遇上失败与挫折，但只要心底不忘原先的追求，努力再努力就一定会成功。无数人的成功就是在不断追求中实现的，追求使人生更加完美，更加完善。人生在一次又一次的追求中，完成自我实现。路漫漫其修远兮，吾将上下而求索。

语体语感，是一种口头的现场直接交流的语感，需要亲切、平易、感人。这篇演讲基本上是书面语，听起来就觉得生硬、隔膜。今天许多的演说，往往变成了书面文稿的朗诵，注意的只是语音、节奏、表情和语言的华丽等，不注意如何与听众沟通、激发听众的情绪、与听众形成情感上的默契与和谐，这不能不说是缺乏语体语感使然。这篇演讲，对“追求”的阐述，与“追球”的国足联系在一起，听众最想听的不是“追求”对于人生有多重要，也不是国足是否心底有一个“永恒的追求”，而是你对“追求”有何“高见”，可以对自己有所启发；“国足”究竟如何“追求”，是“追球”还是“追钱”？有追求，“努力再努力就一定会成功”吗？这位同学所讲的和听众想听的，形成了错位，不但不能产生情感、思想上的共鸣，还会产生心理上的抵触或排斥。不论你朗诵水平多高，语言多么的铿锵有力，现场效果也好不了，可能台下性急的干脆拍拍屁股走人。因此，讲语感，而不研究语体的要求，就落空了，对言语实践没有什么意义。

语体语感应研究口头和书面表达语感的异同性，研究口头交流中口语、书面语、古语的运用。在各种语体的比较中体认语体语感，要研究演讲、对话、辩论、访谈等言语表现的特殊性和差异性，各种语体在交流实践中的言语互动问题，口头交流中的受众意识、听众反应，等等。

以往的语文教学缺乏对体式语感、语境语感的体认，往往把散文、小说、通讯、游记、传记等都当作记叙文来教。不论何种文体，一样地从基础语感出发分析字、词、句，这一点在文言文教学和考试中表现得尤其明显。文言文基本上教的就是实词和虚词的解释和用法、句子的翻译，几乎无视其审美价值和人文价值。对段意、篇意、中心思想、写作特点的认识，大多也是纳入了记叙文的认知模式中作泛泛之论。这又如何能形成体式语感、语境语感？如果我们今天还是停留在培养抽象的“良好的语感”的认识上，无视体式语感、语境语感的培养，语文教学势必重蹈覆辙。

四　误区之二：语感图式目的论

多数的论者都把语感纳入“图式”理论中进行诠释，似乎人除了有一个整体的认知图式外，还有一个专管语感生成的语感图式。一方面对语感图式的直觉性特点做出界定；另一方面，这个语感图式似乎又具有言语生成的全部功能，且把语感过程的终点和语感教学的目的定在语感图式的建构上。这可以称为“语感图式目的论”。

如王尚文先生说：

> 语感图式是语感所由生成的基础，是一个庞大、精细、严密的网络系统，包括许许多多相互关联相互作用的“知识”单元。有必要特别加以说明的是，这些“知识”不是需要理解、追忆的外在的异己的知识，如老师在课堂上教的或书本上写的命题知识，而是得自生活实践已经成为无意识的组成部分的观念、经验、体验，往往只知其然而不知其所以然，甚至难以运用言词自觉表述出来，即所谓内在的直觉知识，是人的精神生活的一个个看不见摸不着的“细胞”。①

李海林先生一方面强调语感的“直觉同化”的属性，另一方面竟又不断地扩展、泛化语感的功能，他说：“所谓语感，就是对言语对象的一种直觉同化。”“所谓语感，就是建立在言语材料意义基础上的主体内部的言语创造。……同化论把语感过程的起点定在言语主体上，把语感过程理解为言语主体对言语作品的加工、言语对象最终融入主体言语结构的过程；把语感过程的终点定在言语主体认知结构的补充、优化，直至重构上。”② 王尚文先生、李海林先生对语感图式的描述，均强调了这一图式的“直觉”和“无意识”。这如果从着眼于对语感图式的特殊性的揭示来说，自然不无道理。但是，由于“语感中心说”论者先在地将语感视为言语能力的核心和语文教学的目的，因而有意无意地夸大了语感的作用，把语感与“言语创造”“主体言语结构”“言语主体认知结构”相对应，给人一种误导，以为言语创造是由语感完成的，语感的“同化”具有独立承担言语创造的功能，似乎语感图式就是主体言语结构、言语主体认知结构。这就超出了他自己设定的“直觉同化”的定性，违背了矛盾律。

实际上，人的言语认知图式远比所谓的语感图式要复杂得多，二者是不容混淆的。美国东伊利诺斯大学心理学系主任 John B. Best，在其所著的《认知心理学》一书中指出：

> 使用语言涉及几种认知加工。理解言语需要我们对歧义刺激进行解码，这是一个特征检测和模式识别问题。在歧义刺激被识别后，理解的任务才开始。首先是处理词汇，这些加工与激活语义记忆中的节点加工相似。所有言语都有我们通常没有意识到的信息缺失，因为说话人总是

---

① 王尚文：《语感论》（修订本），上海教育出版社 2000 年版，第 132 页。

② 李海林：《言语教学论》，上海教育出版社 2000 年版，第 233、235 页。

努力供给听话者话语里的要点，是我们的推断加工弥补了其余的信息。任何叙述，书面的或口头的，都具有要点的唯一原因是，参与者之间共享某种心理结构。如果你怀疑这一点，不妨让一个5岁的小孩子告诉你一场电影的故事情节。你们之间的交谈失败不会出现在语音或词汇方面，但这个孩子认为电影故事中重要的地方很可能与你的看法毫无吻合之处。当我们使用语言来产出言语时，我们则颠倒这些加工顺序，即始于宽泛地概述出要说的内容，而这要求我们断定听者知道所讨论的事情的某些方面。

概而言之，使用语言涉及自上而下和自下而上的加工，它还需要知觉、记忆和一些推理。虽然这本书的结构安排上似乎表明语言是可分离的现象、是可与其他认知加工分解开来的，但这种结构是有误导的。语言既影响我们讨论的其他认知加工，同时又受它们的影响，只有所有的认知加工协调努力才能完成这些工作。①

可见，使用语言涉及的绝不仅仅是语感所进行的认知加工，还涉及“参与者之间共享某种心理结构”“知觉、记忆和一些推理”这些“非直觉”的认知加工。这还是就“认知”加工而言，在言语创造中，“非认知”因素的作用也同样重要。人本主义心理学家马斯洛说：“灵感一角钱就可以买一打。但是，从灵感到托尔斯泰的《战争与和平》这样的最终产品之间还需要大量艰苦的工作、严格的自律以及大量的训练……能导致产生实际作品，如伟大的绘画、小说、桥梁、新发明等的那种创造，既依赖于创造的个性，又依赖于其他品质——如执着、耐心、勤奋等等。”② 这些“非认知”因素，是所谓的语感“中心”鞭长莫及的，却是言语创造的不可或缺的重要的方面。

更为不可思议的是，李海林先生认为语感教学的目的是构建语感图式：“语感教学不以弄懂一篇课文为目的，而以弄懂一篇课文为契机达到构建语感图式的目的。”③ 语感教学不以弄懂一篇课文为目的，这是对的，语感教学的目的是要构建语感图式，这就颇为费解。如其所说，语感教学的目的与语文

① ［美］John B. Best著，黄希庭主译：《认知心理学》，中国轻工业出版社2000年版，第270页。

② 引自［美］弗兰克·戈布尔著，吕明、陈红雯译：《第三思潮：马斯洛心理学》，上海译文出版社1987年版，第29页。

③ 李海林：《言语教学论》，上海教育出版社2000年版，第327页。

课程的目的是同一的，语感教学的目的却不指向言语实践效能，而是为了建构语感图式，这就好比说思考只是为了训练脑机能，而不是为了搞清楚所思考的问题。试问，这样的语感图式又有何意义呢？答案是再清楚不过的，建构语感图式的目的也还是为了更好地理解和创制言语。认知“图式”的建构，从发生认识论研究对象为人的认知图式建构的角度来说，从人的发展的角度来说，可以将实践活动视为人的认知建构的过程，可以认为图式的完善是目的。但从人的认知实践来说，从语文课程、培养言语能力、体现语感功能的角度来说，语感图式的建构就不是目的，而是手段，其目的自然要指向言语实践，指向其具体的实践效能。当然，由于语感图式是整个言语认知图式的一部分，即便建构起了语感图式，实际上也不可能具有完整的言语实践效能，这自当别论。

五　误区之三：阅读语感论

绝大多数论者均将语感放在作品解读和阅读能力的培养上来认识其功能，这可以称为“阅读语感论”。如陈金明先生的《现代图式理论与语感教学策略》一文中，所谓的“语感教学策略”说的便全是“阅读教学”。他说：“阅读作为一种认知活动，显然同化和顺应都是积极参与了的，正是由于这种参与，主体对阅读材料的感知、理解以及言语内化才能不断深入。”① 李珊林先生在《语感及语感训练》中说：“语感是对文章中语言文字的一种感受。”② 王培光先生在《语言能力与语法教学》中说：“语感可以鉴别言语的可接受与否，是一种感性认识的能力，是一种知其然而不知其所以然的直觉能力。”③ 从以上论述可以清楚地看出论者们把语感的作用都是放在文章的解读上。王尚文先生、李海林先生的认识也大致如此，基本上没有论及语感在写作、口头交流行为中的言语创生机制和语感在言语表现中是如何发挥作用的。在他们的著作中，所论及的语感、语感的机制及语感的培养等，其基本着眼点是阅读而不是写作或口头交流。**在语文教育中，写作能力是语文能力的最高体**

---

① 见《新世纪中学语文教育》，人民教育出版社 1999 年版，第 366 页。

② 载《语文学习》，1990 年第 9 期。

③ 载《中国语文》，1991 年第 4 期。

现，被视为语文教育的“中心”和“目的”的语感，却基本上与写作没有关系，未揭示语感对写作的作用及在写作教学中如何培养语感，遑论在口头交流中语感的作用。

王尚文先生在《语感论》一书中明确指出：“语感中心说主张语文学科应把语言转向言语，以优秀的言语作品吸引他们，点燃他们的感知、想象、情感、思维，广化、深化、美化、敏化他们的语感，通过以学生为主体的读、写、听、说实践，大步走向现实的社会生活，不断趋近课文作者——真正的人、优秀的人的精神境界，使他们也成为真正的人、优秀的人。”① 虽然他也提到“写、听、说”，但是从语感培养的发端到终结，阅读本位的指向是显而易见的，始于“优秀的作品”，终于“趋近课文作者”（且不论课文作者是否都称得上真正的人、优秀的人）。该书中的某些局部，如“输出型语感”“境感与言语的生成”等部分，似乎应当讲的是写作或口头交流，仔细一看，其实不然，仍然是就阅读作品中的有关内容（如某文章中某人说的话）做知性的分析，只是将作品中人物说的话作为“输出”与“言语的生成”的“语料”进行分析，并未论及言语表现（写作与口头交流）行为中语感的作用。例如，“输出型语感的功能”一节的开头是这样的：

> 在人们的言语实践中，话怎么说，有时需要反复斟酌，仔细推敲。武松景阳冈打虎，当了阳谷县都头以后，一次在街上“听得背后有一个人叫声：‘武都头，你今日发迹了，如何不看觑我则个？’”武松回头一看，却原来是武大郎。武大郎是武松的嫡亲哥哥，遇见弟弟，怎么叫起官名来了？小说虽未描写，但几乎可以肯定如何称呼他是想过一想，并非冲口而出：胆小懦弱的武大郎见了当官的无不战战兢兢，即使是嫡亲弟兄也不例外；但毕竟又是弟弟，总该上前相认，不过，分别已一年有余，不知弟弟心中还有哥哥否，何况还当上了官，忐忑犹豫，考虑再三，终于叫出一声“武都头”来。武松见了哥哥，“扑翻身便拜”，武大郎这才放下心来，亲亲热热地称之为“二哥”。《水浒传》中这个细节生动之极，精彩之极。数百年后，另有一个小人物的一声称呼足以与之媲美，那就是刘姥姥称贾母为“老寿星”……②

再看“境感与言语的生成”一节的开头：

---

① 王尚文：《语感论》（修订本），上海教育出版社 2000 年版，第382 页。

② 同上书，第 120～121 页。

……语境对言语生成的制约必以言语主体的境感为中介。也就是说，言语必然生成于一定的语境——境感。任谁也不可能突破语境——境感的局限。《红楼梦》第九十六回有宝黛之间如下一段对话：

“宝玉，你为什么病了?”宝玉笑道：“我为林姑娘病了!”袭人紫鹃两个吓得面目改色……

这段对话在封建社会，尤其是在官宦之家、诗礼之门堪称“石破天惊”!因为他俩完全无视于当时语境中最强大的封建礼教的束缚，把心灵的本真状态毫无遮盖地赤裸裸地表现了出来。但这只是一个特例，因为他俩其时处于失去正常理性的痴迷状态中，否则，断然不可能如此大胆放肆……①

由这些论述可窥全豹。该书基本上都是从阅读材料中主要是从文学作品中取例来说明语感和境感等问题，极少见到从实际言语行为——听、读、说、写活动中对主体的语感表现进行分析，没有进入具体的言语活动的思维过程中认识语感的功能和语境的作用，尤其是对写作与口头交流实践的疏离，其结果必然造成了研究上的泛而不切、隔靴搔痒。

论者们不约而同地引进了皮亚杰的“图式”（或译“格局”）理论来阐释语感的心理机制，对它所做的描述，主要是着眼于认知机制，而非做功能性、过程性的描述。讨论的并不是针对写作的行为机制和写作实践中的问题，基本上没有谈到写作行为——动机的孕育、发生，意图的萌发、明晰，素材的搜集、扬弃，篇章的构思、安排，言语的转换、修订等——这一极为错综复杂的行为过程中的语感的作用。这说的还只是“显写作”阶段的行为，“前写作”和“后写作”阶段的行为就更是未进入语感的研究视野。这不能不说是一个极大的疏忽。

从李海林先生的论述中可以看出，他基本上也是把语感教学放在阅读教学的架构中来认识的：“所谓语感，就是对**语言隐含意义**的一种深刻的直觉。”② “语感教学，就是不断地向学生提供内涵大于学生原有图式结构的言语作品，不断促使学生原有图式结构顺应新的言语输入，从而不断构建新的语感图式，不断发展自己的语感力。这就是语感教学的对象化原则。”③ “一个语

① 王尚文：《语感论》（修订本），上海教育出版社2000年版，第230页。

② 李海林：《语言的隐含意义、语感与语感教学》，载《语文学习》，1992年第3期。

③ 李海林：《言语教学论》，上海教育出版社2000年版，第324页。

文教师也许可以通过自己的努力实现对学生原有语感图式作些微调以更能使之与言语对象发生心理联结，但最终不可能脱离言语对象的参与而单独使学生的语感图式得以更新。……语感教学不以弄懂一篇课文为目的，而以弄懂一篇课文为契机达到构建语感图式的目的。”① 李先生的“语言隐含意义”“言语作品”“言语对象”“课文”，显然都是指阅读的内容。把语感教学放在阅读教学的架构中去认识，实际上表明了将语感看作一种阅读能力。这自然是偏颇的。毫无疑问，不论语感的形成还是应用，都离不开言语表现，离不开写作和口头交流。相形之下，王正先生对语感的理解就较为完整、准确：“所谓‘语感’，本质上就是指不凭‘语法’而凭‘感觉’活用语言的能力，它是特定语境中‘言语’的直觉理解力和能动表现力的总和。”② 他不仅注意到了语感的“理解”功能，也注意到了“表现”功能。周淼龙先生主要是从语言的应用——写作方面谈论语感的：

> 语感是一种对语言的直觉感应能力。
>
> 良好的语感具有三个特征：一是快，往往可以做到眼到、心到、词语即到；二是准，一语中的，很少偏差；三是巧，别出心裁，妙语惊人。
>
> 明代才子解缙，幼年就聪颖过人，出口成章。据《解人颐广集》载，他九岁时随父亲到江边洗澡，把脱下的衣服挂在一棵老树上。他父亲随口吟出一句：“千年古树为衣架”。小解缙即应声答道：“万里长江作浴盆”。
>
> 这就是语感：敏捷、巧妙，一触即发，一发惊人！
>
> 由此可以领悟到一些语感的性质：它不只是一种纯然自发的语言反应，而是和写作者的观念、情绪交融在一起的。即，它有语言的因素，也有认识和情感的因素，不仅是对言语对象在语言知识方面正误的判断，也是对内容的是非真伪与形式的美丑的判断。它们浑然一体，同时产生。可以说，语感是一种具有社会性的感觉。③

这种体认较为合乎实际。语感的功能和意义及其实践效能，应该说是全面地体现在人的听、读、说、写之中，在表现-存在论语境下，说、写和语感的关系尤其应注重。周先生还强调了语感不是一种纯粹的语言反应，而是一

---

① 李海林：《言语教学论》，上海教育出版社 2000 年版，第 327 页。

② 王正：《论写作的语感培养》，载《写作》，2001 年第 12 期。

③ 潘新和主编：《高等师范写作三能教程》，人民教育出版社 2002 年版，第 39 页。

种关系到写作主体多方面素养的具有社会性的感觉。可惜，类似的体认在语文界太少了。

只是一味地从阅读中揣摩语言，难以形成精致的语感。缺少表现性语感，人对言语的感觉和体验是不完整的，同时也是较为表面、粗糙的。人在阅读和写作中言语的感受方式和理解方式是不一样的，更重要的是，写作的过程始终离不开遣词造句，离不开对语言的选择、修改，这是阅读过程中所没有的行为。单纯的阅读语感也就难以达到至深至密的境地。人在阅读上对语言的品味，无论如何都难以和写作在语言上下的功夫相提并论。因此，写作在人的语感形成上，作用大大超过了阅读。这也是为什么不少读了很多书的人，却写不出一篇文字通顺、优美的文章的原因之一。只有听、读、说、写多管齐下，才能最有效地提高语感能力。当然，这还不够，语感的形成，离不开知、情、意等的涵养，与人的言语个性和整体的文化素养紧密相关。可见，就阅读论语感，在认知上较为褊狭、肤浅。

这些语文界的论者，之所以不约而同地将语感纳入阅读和阅读教学的范畴来认识，其主要原因如下：

一是还没有走出阅读本位教学观念的阴影，但凡论及语文教学之事，便"顺理成章"地陷入阅读教学中，把语感首先看作一种阅读能力。即便是语文界中力主"语用"目的和言语教学的论者，其潜意识中仍然残存着阅读本位的观念。

二是言语作品的编码较解码难，语文界一向对写作教学心存畏惧，对写作行为远不如对阅读行为研究得多，尚未建构起言语创制行为的认知图式，对言语生成机制基本上是两眼一抹黑，所以，很自然地在讨论语感时，驾轻就熟地将语感置于阅读的认知背景中来思考，而回避对于他们较为陌生的言语表现。

尽管上面我们对语感研究的现状提出了种种质疑，但是，王尚文先生的《语感论》对语感问题的重新梳理，导致语文教学从重知识向重能力转变，使语文教学从语文知识和语言教学的泥足深陷中抽出身来，重新关注语言的运用能力，并聚焦于言语感受力，功不可没。李海林先生的《言语教学论》，更是语文教育诸多论著中的一部不可多得的力作。该书进一步拓展、深化了王尚文先生开创的语感论视界，对言语教学在理论上作了较为具体、深刻、精致的界定和阐述，标志着语文教学在理论上基本实现了从知识到能力、从语言到言语的转向。该书建构的“言语教学论”的概念演绎系统，既有面上的展开，又有点上的深入，相互勾连、得体有序，具有内在的生命性、生成性和自洽性。作者学术视野较为开阔、析理绵密、逻辑谨严，体现了良好的语文学科教育素养，其理论思辨能力尤值得嘉许。这些成绩，可以视为语文教学研究的重大进步和突破。

然而，我们也不能不看到他们研究的局限。与他们将研究视点大多盯在语文教学中观层面的语感或言语问题上，以及在研究领域的开拓、基本理论的创新等方面形成强烈反差的是，高校的一些研究者对于语文教育的思考则较为宏观化、多元化和深刻化。他们更关注语文教育的文化素养、言语素养与言语人格的提升，更注重“元素养”（言语表现素养）与“健全的言语人格”“精神家园”“心灵背景”的建构，创生了诸如“自我实现人格”“言语动机”“存在性写作动机”“言语潜能”“主体意识”“写作意识”“写作过程”“写作行为”“写作目标”“言语准备状态”“知行递变”“写作图式”“文章图式”“文化心理”“言语智慧”“写作情感”等一系列新概念，这些写作学界津津乐道、耳熟能详的基本话语，语文界大多闻所未闻。

例如，四川师范大学的马正平先生，在写作原理的研究上，试图建构“知行递变”的理论模型，由此涉及一系列重要的相关概念：

> 新时期写作学的主要功绩在于开始比较准确地把握了自己的研究对象，这主要是对写作活动的全过程进行了比较正确的解剖和描写。作为一个新兴的学科，它还来不及从深层心理活动上去分析写作行为思维模式和基本规律，从而探索写作基本原理与写作哲学。就这一重要课题，本文提出了“知行递变”的理论模型。作者认为，作为一个系统而存在的写作行为的思维模式，从静态共时性的角度看，它是由目的性思维（写作目的）和行为性思维（写作行为）而构成的一个“知-行结构”（ZX）；从动态历时性角度看，写作活动就是不断地把“写作目的”递变为“写作行为”，然后，这个“写作行为”在下一个层次上则又变为新的“写作目的”，如此反复，这就是“知行递变”（ZD）的写作基本原理。在“ZD”理论中，笔者提出的“文章图式”“写作背景”“文章行为”等新的写作学范畴概念，对写作理论和实践具有重要意义。文章还对“ZD”理

论的来源和思想渊源以及意义进行了阐述。[1]

这些让所有人感到陌生和惊恐的新概念，其合理性另当别论，单就其理论创新的勇气来说，就值得敬佩。在中观层面，更需要的是一些原创性的研究。近年高校的一些论者的研究视野在不断地延伸、拓展，开辟了不少语文研究的新领域，如福建闽江学院的刘新华先生潜心执着地研究“写作情感”，著成《写作情感论》[2] 一书。写作情感，这是一个长期被忽略的然而无疑是十分重要的“语文”理论领域，他在这个新领域中编织出自己新的理论版图：写作情感本质论、写作情感的范畴、写作情感的层次、写作情感的内部运动规律、写作情感组合的多维结构、写作情结……使人耳目一新。

这些研究，与语文界目前所做的研究形成了较为强烈的对比，由此可见语文界学科理论视野的狭隘和思维的滞后。语文教学论学者与当代学术的疏离和隔膜，研究的陈旧化、浅表化状况，亟待改变。

六　语感认知结构：两个层面三种意义

撇开“语感中心说”“语感目的论”的错误定位不论，语文界对语感的重视，我们是乐观其成的。但是，不论是语文界还是语言学界，都有必要对语感做深入探究。如果只是停留在纯学术争鸣领域，或停留在词汇学、修辞学、语法学、语用学知识论领域（迄今为止的这些知识，由于没有进入写作、口头交流的具体体式、语境中，因此，对言语能力的提高基本无效），或片面夸大了语感在言语表现与语文学习中的作用，那么，即便是以语感为中心的“能力本位”教学，势必也将重蹈“工具论”技能主义之覆辙。

近年语感研究者对语感的诠释，基本上都是对语感之“语”做机械的划分，非此即彼：不是笼统地将其视为语言之语，就是将其视为言语之语。而未见对语感做结构性、层次性的具体分析。语感被视为能力，一种抽象的能力，势必失去其实践性品质。语感论者大都将语感看作一种具有普遍适用性的言语感受力、直觉力、同化力，而非具有特殊指向性与实践性的言语鉴赏、表现能力。论者在谈到语感时大多忽视了它所依存的基本条件——体式与语

---

① 马正平：《写的智慧》第一卷，西南师范大学出版社 1995 年版，第 91 页。

② 海潮摄影艺术出版社 2004 年版。

境。“语言”论语感论者忽视了体式与语境的作用，“言语”论语感论者则忽视了语言与体式的作用。更重要的是对言语认知结构、言语表现行为的复杂性、灵活性缺乏深切的体认，各执一端，但是，他们都以为存在一种能揭开一切语言运用之谜的万能语感，这是一个极大的误解。在论及语感时，他们有时也会涉及“语境”，他们共同的盲点是“体式”。

对于“语感”这个概念，不能只在抽象层面对其下个定义了事，或者将其简单地区分为语言之语、言语之语，还要对其内涵、内在关系等做进一步具体分析与研究。

语感论者，不论强调语言还是言语都是一种片面。完整的语感之“语”，应包含两个层面：语言之语与言语之语。言语之语包含“体式（文体、语体）之语”与“语境之语”。语言之语感，我称之为“基础语感”；言语之语感，我称之为“应用语感”。言语之语感，应以语言之语感为基础，所以语言之语感可称为“基础语感”；言语之语感是基础语感的实际运用，所以称为“应用语感”。前者表明“能指”，后者表明“所指”，不论在言语理解还是表现中，二者相辅相成、不可或缺。

由这两个层面可析出三种形态：基础语感，体式语感，语境语感。基础语感对应于语言之语感，体式语感、语境语感对应于言语之语感。这些共同构成人的语感认知结构。语言之语感与言语之语感是一个不可分割的有机整体。季羡林先生说，词汇有三重功能，能表达三重意义：一、表示功能，表示义（字面义，本义）；二、指示功能，指示义（引申义，转义）；三、暗示功能，暗示义（领会义）。[①] 这也就在某种程度上印证了我们所示的语感的三种意义：“基础语感”大致对应“表示功能”，“体式语感”大致对应“指示功能”，“语境语感”大致对应“指示功能”及其延伸出的“暗示功能”。在言语运用中，这三种语感形态是共同发挥作用的。任何缺陷，都会影响到语感力水平。

言语之语感：应用语感，包含体式语感、语境语感。体式包含文体（文章的体式）与语体（说话的体式）两种。在语言学中也有一个“语体”的概念，含义类似于“体式”，不是特指说话的体式（口头表达体式）。语境，指的是特定的言语情境，涉及具体表现材料、主题、内容与受众状况等。读写

① 季羡林：《禅和文化与文学》，商务印书馆1998年版，第60页。

主体的“体式”与“语境”语感，除了共性化的言语反应外，还不可避免地带有一定的个性特点。应用语感，一刻也离不开具体的体式，更离不开具体的语境。因此，研究语感与语感教学，必须深入到体式与语境。

任何良好的语言运用能力，都是语言语感与言语语感的合力。语感，是基础语感、应用语感（含体式语感、语境语感）的总称。在人的言语认知、言语表现中，这两个层面、三种形态的语感，是相互联系、相互制约、共同起作用的。只有在两个层面、三种形态上形成良好的语感能力结构，才有望产生高水平的言语实践效能，达成言语鉴赏、表现的目的。基础语感，好比对布料的审美感觉；应用语感，好比对服装的审美感觉。一个服装设计师，这两种感觉缺一不可。

尚需指出的是，即便是获得了两个层面、三种形态的良好的语感，对于人的读、写、说行为来说，也只是具备了它所需要的诸要素之一，绝不是有了它就能读会写善说。语感是很重要，但也不是重要到占据言语活动的中心的地位，毫无疑问，这个中心当是“人”的建构。语文教育，在任何时候，培育人的“言语生命”意识都是首位的。培育言语人、精神人、创造人，培育人的言语生命动力，言语人生观、价值观都是最重要的。

七　语言语感：基础、通用语感

先说语言语感。说写活动的最终表现形式是言语，但是言语来自语言。没有良好的语言感觉，也就不会有良好的言语感觉。语言应用、言语创造的基础自然是语言。语言语感，是对作为思维与表达的原料的语言的初步感知，是对字、词的意思和用法的最基本的了解。

语言对言语具有基础性与规范性。人们往往忽略语言对人的言语表现的先在性与强制性，以为是自己在说话、表达，而没有意识到所说的一切，须经过语言体系的指示或默许。语言直接影响甚至决定了人的思维、认知与表达。换言之，拥有什么样的语言，就有什么样的思维、认知与表达。言语之语感，不能脱离语言之语感。良好语感的形成，需要语言的积累、词汇的储备、语义的领会、语音的感觉、语法的了解……对语言的感觉、感受、感知能力，对语言做出精确、快速的判别、选择的能力，可称为“基础语感”。

“基础语感”较弱的人，他的“体式语感”“语境语感”势必强不到哪里去，因为巧妇难为无米之炊。一般认为，作者作品中词汇量的大小与其作品的水平、质量是相称的。凡是优秀的作者，拥有的词汇量必定比较大，对语言的领悟必定广泛而深刻，这是言语创造的充分必要条件。没有建成宏大、复杂的语言“深层结构”，便无法转换成优异的言语“表层结构”——文本、语本（口头交流载体）。

只有具备了一定的基础语感，在日常言语交流、互动中，才能保持大致顺畅的应对、沟通状态，才能在一般的语言文字理解、应用中（听、说、读、写）获得初步的自由。基础语感的基础是词汇，词汇的基础是文字。讲求词汇量离不开识字量。1975年至1976年，国家出版局、科学院、新华社所做的一次调查表明，最常用字560个，常用字807个，次常用字1033个，共2400个，这些字占了书、刊物汉字出现次数的99%。1988年国家语言文字工作委员会、国家教育委员会发布的《现代汉语常用字表》选收了2500个常用字、1000个次常用字，总共3500字。就是说，拥有2500～3500字量，便能进行基本的读写活动，也意味着，才有望形成基础语感。——我们所说的“基础语感”的“基础”，不是指拥有一定识字量这个意义上的“基础”，而是对应于“应用语感”而言的“基础”。没有进入言语表现、传达状态，不论你拥有多大的字量、词汇量，都属于“基础语感”范畴。

拥有一定的字量、词汇量，甚至拥有极大的字量、词汇量，都不等于拥有良好的“基础语感”，只是具备了形成良好的基础语感的“基础”。因为这里还有对字词的认知程度问题，如对字的音、形、义的了解，对词的性质、类别、结构的了解，等等。对其深入的了解，在很大程度上是通过长期、大量的读写活动，对人生世事的体察、了悟逐渐达成的。不是把一本字典背下来，就拥有了良好的基础语感。同样用3500个字，写出来的文章千差万别，有可能洋洋万言、一钱不值，也有可能寥寥数语、一字千金。

单凭微弱的基础语感，或许也有低质量的实践功能，如牙牙学语的小孩，虽然掌握的词汇量不多，更谈不上对这些词语有多深入的了解，但他也能竭尽所能地表情达意——至于别人是否听得懂，懂多少，是否鸡和鸭讲，他是不考虑的。他人或一知半解，或略知一二，或完全不知所云。

真正高水平的基础语感的培养，古人主要是通过“对对子”方式来达成的。“对对子”，古人称为“属对”。张志公先生说：“在宋代，属对已经是同句读、声律相提并论的一种基础课程。它的目的已经不再是专为学作近体诗，而是作为语文基础训练的一种手段了。”① “属对是一种实际的语音、语汇和语法训练，同时包含修辞训练和逻辑训练的因素。可以说，是一种综合的语文基础训练。”② 张先生强调这是一种“语文基础训练”，实际上就是表明“属对”能力只是一种“基础性”的语言能力。其具体方法是从一字对、二字对、三字对、四字对发展到多字对，在这个过程中，体悟词的虚与实、死与活，以及词类、结构、句式、语法、逻辑、修辞等。历代优秀诗词，就是“对对子”模仿的绝好材料。古代蒙学教材大多是韵文和诗歌，也为学生“对对子”提供了大量可资借鉴的范文与感性经验积累。这种传统的基础语感培养方式，对于提高语言基本功是十分有效的，值得继承。

要实现真正的言语表达与创造，就要进入应用语感——体式语感、语境语感的范畴。

八　体式语感：文体、语体语感

进入言语认知（阅读）与表现（写作、说话）的层面，“是一种个人的选择和实现行为”，由于它“不是纯粹的创新”，语感能力即表现为对语言之语和言语之语的整合能力。言语之语主要包括文体（语体）之语与语境之语。

基础语感领会到的语言“表示义”，只有受到体式语感同化，才能转化、创制出言语“指示义”，才能产生较高水平的语用效能，作用于特殊性的个性化的言语活动。

在言语认知与表现中，真正应用的语感，有较强实用价值的语感，它的选择与实现，是一刻也不能离开特定的文体或语体的。言语能力中还有一个与语感密切相关的、比语感更为重要、更有实践意义的概念：**体式（文体、语体）感**。在读写实践中，离开体式感，基础语感就失效。

体式语感通常称为“文体（语体）意识”，它制约着基础语感。体式语感是主体对某种特定文体（语体）的全部表现形式规范的领悟与把握，在这个

---

① 张志公：《传统语文教育教材论——暨蒙学书目和书影》，上海教育出版社 1992 年版，第 97 页。

② 同上书，第 98 页。

意义上，它自然也就包含了基础语感。体式语感包括对某一文体（语体）一切构成因素（主题、材料、结构、语言等）的特殊要求的领悟，涵盖了文章（口语）形式规范的具体而微的全领域，在言语认知与创造中贯穿于阅读与表现行为的全过程。体式语感的形成，即人对“文章（说话）图式”的认知建构。体式语感比基础语感有着更为具体、丰富的内容。语感只有在特定的文体（语体）感中才有意义，才有可能形成良好的语感，才能进入特定的语境，进入具体的言语感知与运用实践。因此，在言语教学中，是不应脱离文体（语体）感讲语感。语感，应是在文体（语体）感统摄下的具体的语感。文体（语体）感，应成为比基础语感更值得关注的一个重要概念。在言语认知和表现的一切领域，所谓的语感都是具体、特殊的，都是文体（语体）语感。人的体式语感的发展是不平衡的，一个人不可能在所有的文体中都具有相同水平上的良好的语感。体式语感的形成是因人而异的。一个人毕其一生，所拥有的良好语感往往只是在一两种的体式上。文学家精通的是文学体式中的一两种（或散文，或诗歌，或其他），学者精通的是学术体式中的一两种（或论文，或学术随笔，或其他）。几乎可以断言，在体式语感上是不存在全能型的人。

在一般人看来，口语交际似乎没有明显精细的体式——语体之分，但实际上口头表达的表现体式也是普遍存在的。书面表达有长期“写”出来的文体表现形式规范，而口头表达似乎没有明显精细的体裁之分，其实这种感觉是不准确的。书面表达有文体的区分，口头表达也有语体的区分。这些语体也有不同的语感能力要求：商务谈判和日常交谈不同，辩论和答辩不一样，会谈和协商也有差别……没有哪一种语感可以不顾特定的语体规范无往而不胜。在言语认知与表现中，真正应用的语感，有较强实用价值的语感，它的选择和实现，是不能离开特定的文体或语体的。文体感、语体感可以并称为体式感。只有在体式感下，才可以真正地讨论语感问题，语感问题才是一个“真”问题。这意味着，脱离体式感讲语感，所谓的语感只能是一个伪问题。

很多语体，实际上也是文体，反之亦然。二者本来就是紧密相连的。例如，总结，一般视为一种“文体”，可它也能拿来“说”，拿来说，就变成了“语体”：总结报告。××工作报告，一般都要求字斟句酌地“写”出来，再拿去“说”的。解说、演说、辩论，是“语体”，但是解说词、演说词、辩论稿则是“文体”。“说”和“写”的天然联姻，由此可见一斑。因为它们都是言语表现，所以二者往往是难解难分的。懂得了二者的异同，在言语表现实践中，就既可以注重体现各自的特殊性，又可以相互取长补短，达成双赢。

书面表达有着长期“写”出来的比语体复杂得多的文体表现形式，据统计达上千种，在此毋庸赘述。优秀的作者，往往得益于不同寻常的文体敏感。选择什么文体（语体）决定了要运用什么样的言语和怎样运用。离开了特定的表现体式谈何语感？用最佳的诗歌语感来写新闻，或用最佳的新闻语感来写小说，结果都是一样，写出来的只能是毫无语感可言的最蹩脚的文章。

我国对文章体式的研究历史悠久。在先秦时期就意识到诗文体式之重要，就有了对文体的研究。《庄子》《荀子》等有文章源于六经的说法，这成为后世学人不断继承与丰富的共识。魏晋南北朝时期，曹丕的《典论·论文》、陆机的《文赋》、刘勰的《文心雕龙》等，都对文体特点进行概括与探究。此后，文体学成了学者普遍关注的领域，成果蔚为大观，这也表明了体式感对读、写活动的重要。文体感，是作者写作之初，以致整个写作过程须臾不可或缺的。不知道自己写的是什么，要写成什么样，能写好文章吗？

《文心雕龙》全书 50 篇，“文体论”部分就占了 20 篇，几乎涉及当时所有的文体（“论文叙笔”，“文”为韵文，“笔”为散文）。“创作论”部分许多篇章也都涉及文体与结构。如第四十三篇《附会》：“何谓附会？谓总文理，统首尾，定与夺，合涯际，弥纶一篇，使杂而不越者也。若筑室之须基构，裁衣之待缝缉矣。夫才量学文，宜正体制。”① 这说的是谋篇布局。“才量学文，宜正体制”，“量”字，有人认为是“童”字之误，意思是有才华的小孩学写作，要培养良好的文体感。第三十二篇《熔裁》：“规范本体谓之熔，剪截浮词谓之裁。”② 熔意裁辞，表面上说的是文章构思，实际上讲的就是体式感的功能与运作。刘勰说，一切写作活动须纳入一定的体式要求中，有了目标与准绳，才懂得如何对内容进行规范、对言辞进行剪裁，写作行为才不致失范、失效。

宋代魏庆之在《诗人玉屑》中说“学诗须是熟看古人诗”，清代孙洙在《〈唐诗三百首〉序》中说“熟读唐诗三百首，不会吟诗也会吟”，薛雪在《一

① 赵仲邑译注：《文心雕龙译注》，漓江出版社 1982 年版，第 351 页。
② 同上书，第 283 页。

瓢诗话》中提到“学诗读诗，学文读文，此古今一定之法”[1]，“文章以体制为先，精工次之”[2]，“夫文章之体裁，犹宫室之有制度，器皿之有法式也”[3]，说的都是文体感培养的重要。

在写作教学实践中相关论述也很多。如《红楼梦》四十八回，黛玉教香菱作诗：“……不过是起承转合，当中承转是两副对子，平声对仄声，虚的对实的，实的对虚的，若是果有了奇句，连平仄虚实不对都使得的。”曾国藩教诲儿子：“尔欲作五古七古，须熟读五古七古各数十篇。先之以高声朗诵，以昌其气；继之以密咏恬吟，以玩其味。二者并进，使古人之声调，拂拂然若与我之喉舌相习，则下笔为诗时，必有句调凑赴腕下。”[4] 以“高声朗诵”昌其气，以“密咏恬吟”玩其味，说的就是如何培养诗歌写作的体式感，深得其机理。其他文体感的培养，也可以采用这一方法。

不少现代作家也谈到文体感对自身写作之重要。如郭沫若谈到他开始学写新诗的情形，说到在“五四”那年，他正旅居日本，为了了解国内的情况订了《时事新报》，从其中的《学灯》栏第一次读到了康白情写的白话诗《送许德珩赴欧洲》，对用白话写诗从“委实吃了一惊”到“唤起了胆量”，也创作起了白话诗，在《学灯》发表了自己的新诗处女作。鲁迅也曾说过自己做小说，“大约所仰仗的全在先前看过的百来篇外国作品和一点医学上的知识，此外的准备，一点也没有”[5]。优秀的作者，往往得益于不同寻常的文体敏感。光有基础语感是不够的，对具体的表现体式的了解、掌握至关重要。

体式语感是基础语感、语境语感之间的中介性语感。缺乏体式的导向与辖制，基础语感、语境语感就失去了目标，无所依归。如果体式感欠缺，语

---

① ［清］薛雪：《一瓢诗话·六十六》，见《原诗·一瓢诗话·说诗晬语》，人民文学出版社 1979 年版，第 112 页。

② ［宋］倪思语，转引自［明］吴讷：《文章辨体序说》，见［明］吴讷、徐师曾：《文章辨体序说·文体明辨序说》，人民文学出版社 1962 年版，“诸儒总论作文法”第 14 页。

③ ［明］徐师曾：《文体明辨序说》，见［明］吴讷、徐师曾：《文章辨体序说·文体明辨序说》，人民文学出版社 1962 年版，“文体明辨序”第 77 页。

④ ［清］曾国藩著、邓云生编校：《曾国藩全集·家书一》，岳麓书社 1985 年版，第 418 页。

⑤ 鲁迅：《我怎么做起小说来》，见《鲁迅论创作》，上海文艺出版社 1983 年版，第 43 页。

感也好不了；相同的，如果体式语感不好，语境语感也好不了。

从严格意义上说，作为读、写能力的所谓的语感，便是特指某种体式的语感。对于个人来说，所谓的语感能力，一般特指他所擅长的某种文体的语感能力。一个人绝不可能具备普遍适用于一切文体的语感能力，也绝不可能具备对各种文体同样杰出的语感能力。研究抽象的语感是毫无意义的，从语言学层面研究语感，因其研究的是基础语感，所以没有完全的实用价值。从阅读学、写作学、口头交际学的层面，从具体的体式层面研究语感，才是有意义的，而这种研究的基本对象便是体式语感、语境语感。

以往的语文教学缺乏对文体语感的体认，所以，往往把散文、小说、通讯、游记、传记等都当作“记叙文”来教，不论何种文体，一概从基础语感出发分析字、词、句。对段、篇，中心思想、段落大意、写作特点的认识，大多也是纳入了文体特征不很明晰的“记叙文”“议论文”“说明文”认知模式中作泛泛之论。这如何能形成有效的“文体语感”？

值得高兴的是，2002 年高考已将“符合文体要求”列入作文评分标准，这表明语文界开始意识到了文体感的重要，一旦文体感、体式语感的培养进入语文教学中，势必对读、写能力的培养，对言语能力的提高发挥重要的作用。

只有培养起体式感、体式意识，才有进一步形成应用的语境感、语境语感的可能。

在阅读教学中要确立体制为先的观念，首先要确定所读文章的文体，不断强化文体意识。文本的形式认知，要与具体的文本体式相联系，语感培养才不会落空。阅读、写作思维，说到底都是文体思维。阅读，是在体式感下对作品进行的诠释；写作，是在体式感下对作品的创制。一切优秀的言语作品，都是基于良好的体式感。反之，劣质的作品，也是文体感低劣、粗糙使然。

其实，体式语感只是体式感中的一个因素、局部而已。体式感是体式语感的上位概念，体式感涵盖了体式语感。体式感较之于语感更具宏观性、整体性、统摄性。在言语表现能力中，与其说以语感为中心，还不如说以文体感为中心——自然这也是不合适的。

九　语境语感：情境、个性语感

体式语感必须上升为语境语感，才能把握言语表现的情境义、深层的暗示义，真正实现语感的应用效能。语境语感可谓高质量语感，是语感的高级形态。情境、个性语感，指的是对某一具体的言语作品的感觉，包含对言语的理解与创造。如果说体式语感还是从普遍性上认识言语，那么语境语感是从特殊性上认识言语。

直接跟言语表现的深层因素联系在一起的是语境语感。如果说体式语感还是带有共性化的语感，语境语感就是情境化、个性化的语感。每一次言说，都是一次在新的言语情境中的新的个人言语体验，这种感觉越独特、越有想象力，其个性化、创新性程度就越高。在新的语境中，要将作者的意思转换成最佳的语言表达形式，这主要体现的是在体式语感规范下的语境语感。体式语感相对于基础语感，它是特殊的，尽管在有限范围内也带有作者的特殊性、创新性，即所谓“文成法立”，但相对于语境语感来说，它又是带有普遍性、约定俗成性的。语境语感可望在更大程度上体现作者的创新性和个人能动性。每一篇优秀的作品，它的言语都是带有鲜明个性色彩的。具有良好的语境语感的作者，即使表现的是与他人相似的内容，用的是同样的文体，写出来的文字也是各不相同的。在语感结构中，语境语感是最活跃的最能体现个人言语风格的因素。

理论语言学的研究对象是字、词、句，研究的对象基本上限于集体的、静态的、孤立的语言现象，着重对其做句法-语义学的形式化分析。离开体式和语境规定的语感，只能是在抽象的层面上感知语言，感知文字、词汇和语法。由此形成的语感，并没有真正的“表现”价值，对言语实践的帮助较为有限。——这也就是语文教育以往注重语言之语感的教学成效不彰的原因所在。而当代的语用学和篇章语言学，着眼的是个人的语言文字应用行为，着眼的是具体的言语创制与表现，更为关注的是话语（说和写）：语段与篇章，研究人的言语行为、言语活动，将言语放在特定的应用语境中进行认识，重在对言语现象做语用学的认知。这就超出了基础语感的范围（只不过这种努力成效甚低，原因在于语用学研究仍受到语言学研究方法的影响，对言语实践的关注严重不足)。如果说体式语感指向话语与篇章(表现体式和表达预期),那么,语境语感指向的是特殊的说和写的行为实践。在此背景上形成的语感才是有实际应用价值的。真正的“表现”范畴的语感,虽然是以语境语感为主,但是严格说来,当是基础语感、体式语感和语境语感的三位一体。

离开体式感和语境感讲语感,实质上关注的只能是语义,是语言能力,而不可能是言语能力、语用能力。比较而言,基础语感倾向于语言、语义的知识范畴,体式语感、语境语感则倾向于言语、语用的能力范畴。抽象“语感”论,不论其主张倾向于语言还是言语,都是知识本位视界下的认知,因为它都无法进入实际应用;基础语感、体式语感、语境语感并重,才是能力本位视界下的认知。语文教学对学生语感的培养,一刻也不能离开体式语感和语境语感。语感与体式感、语境感息息相关。只有落实在特定体式和语境中的语感,才是具体的、具有表现功能的。如果只注重基础语感,忽视体式语感、语境语感,那么在阅读与写作中其效能必定是十分有限的。说一个人具有良好的语感,必定是特指在某一种或某几种文体和语境中的良好语感,而不是说他在一切言语表现中无所不能;在尚未形成文体感和语境感的某些方面,他的语感也许是很差的。只要涉及的是言语作品,最终倚重的必然是体式语感、语境语感,而不是单一的基础语感。在语文教育中,这三种的语感都要培养,但是,重心应放在体式语感、语境语感上,以此来带动基础语感的发展。由于体式语感、语境语感的发展也受到基础语感的制约,所以,培养体式语感、语境语感,实际上也就包容了基础语感的发展。

在阅读和写作教学中,不注重特殊语境下的语言运用,不注意辨析语义的引申、变化和暗示,未能引导学生领会言外之意、境外之境,不能领略言语的机智和创新之妙,如此,读如未读,写如未写。如果我们今天还是停留在培养抽象的“良好的语感”的认识上,无视文体感和语境感的培养,那就永远也达不到真正语用的要求,语文教学势必还是不得要领。

今天语文界、语言学界虽已意识到语用价值对语文教学的重要,但这只是在语言学范畴下的认知,还未能真正在言语表现的读、写、说的实践视角下,追求语言语感、体式语感、语境语感三者并重,特别关注语境意识、言语创造力、言语个性风格的培育。这表明了语感认知存在缺陷,从偏重阅读语感、基础语感向偏重写作(口头交际)语感、语境语感转换的艰难。语言学范畴的语用、语感研究,与抽象的语法研究一样,对言语实践的实质性帮助不大，有时甚至还起了反作用。

古人虽然没有对语用、语境进行专门的理论研究，但很重视写作的语境语感的培养，而这往往通过摹仿名篇来达成。朱熹说："前辈作文者，古人有名文字，皆模拟作一篇，故后有所作时左右逢源。"① 曾国藩对儿子纪泽说："不特写字宜摹仿古人间架，即作文亦宜摹仿古人间架。《诗经》造句之法，无一句无所本。《左传》之文，多现成句调。扬子云为汉代文宗，而其《太玄》摹《易》，《法言》摹《论语》，《方言》摹《尔雅》，《十二箴》摹《虞箴》，《长杨赋》摹《难蜀父老》，《解嘲》摹《客难》，《甘泉赋》摹《大人赋》，《剧秦美新》摹《封禅文》，《谏不许单于朝书》摹《国策》'信陵君谏伐韩'，几乎无篇不摹。即韩、欧、曾、苏诸巨公之文，亦皆有所摹拟，以成体段。尔以后作文作诗赋，均宜心有摹仿，而后间架可立，其收效较速，其取径较便。"② 对名篇的仿作，不但是对言语体式共性的感知，而且进入语境语感的感知，进入对具体的写作情境、个性言语风格的揣摩、学习。长期、大量的对言语作品多元化的摹仿，确实对良好的语境语感的形成大有裨益。

我国古代八股文教学，就是采用基础语感与体式语感、语境语感交织并进的学习方式：

> 在蒙学时，除读书外，或课对偶，由二字而三、四字，五、七字；其学为八股，则先为破题两句，渐为承题三、四句。课对偶为将来试帖之预备，破题承题则为八股之前奏曲也。年稍长，则入中馆，"五经"未毕者，或仍继续读经。而对偶诗文则渐进。对偶或为咏物联，或为撑句，为夹联。……至其学为八股文，则以蒙学时已能破承题，则连续学去……中馆之学生，大都年在十三四，则为完篇，完篇者，能作全篇八股文也。……大馆专教八股，以应科举。③

"课对偶"，就是"对对子"训练，这种基础语感的培养从蒙学就开始了。到中馆，"对偶"训练仍在继续，作咏物联、撑句、夹联，同时也在学习体式语感，将这些基础语感能力应用在试帖诗、八股文的"对偶句"写作中——

---

① 朱熹：《朱子语类》卷一三九。应元书院本。

② 曾国藩著，邓云生编校：《曾国藩全集·家书一》，岳麓书社 1985 年版，第 468～469 页。

③ 卢湘父：《万木草堂忆旧》，见沈云龙主编：《近代中国史料丛刊续编》第 66 辑 651 册，文海出版社有限公司 1983 年版，第 60～64 页。

中馆能“作全篇八股文”，就进入了具体的写作语境了，培养的是语境语感。“大馆专教八股，以应科举”，大量的八股文写作训练，最后落实在“语境语感”培养上。在这个过程中，对时文名篇的揣摩、仿作是不可或缺的。这种教法值得研究，不无可借鉴之处。

总而言之，基础语感、体式语感和语境语感这三种语感是一个互补性的结构，在这一结构中，三种语感的实践功能呈普遍性递减、特殊性递增的趋势。人的语感的形成，是一个由较低层次语感向较高层次语感螺旋式上升的建构过程，在这个过程中的每一个层次的上升都是在三种意义上同步交互进行的，三种语感中的任一语感的滞后，都将影响到整体的语感能力的提高。人的语感能力是在综合建构的过程中得到培养和发展的。

明白了人是什么，才清楚语文是什么。反之亦然。语文教育的一切问题均由此生发。

第四章 归化和异化：寻找语文之途

“雾失楼台，月迷津渡，桃源望断无寻处。”语言是存在的家，人在回家的途中，道路多歧，恍然去从，无所归依，不知所终。语文教育史是话语史、思想史、人文史，也是人性史，理想与沉沦同在，光彩与委顿并存……

语文教育的基本价值取向，是培养语文技能（工具的、应用的、实利的、生存的）以谋取现实功利，还是为发展、创造诗意的人生（审美的、精神的、存在的）奠基；是异化于物质利益还是归化于精神家园；是从外部入手，强调社会、生活对人的要求，还是从内部入手，遵从人的生命意欲，注重人的生命本体内在发展的需要。这些都是过去和现在的教育家们共同思考过并做出不同回答的重要问题，也是我们与现代主流语文教育思想之坚守者、支持者的论争所在。

在中国语文教育史上，人们对语文教育本体的认识有一个逐步深化的过程：从为修己、修德、养气，到为事功（立言）、为功名、为文章（实用）、为生活（工具、能力），再到为人生、为存在（言语人生、诗意人生）。为人生、为存在就是为了人的符号生命意识和言语生命力的自由自觉的发挥，言语潜能与个性的张扬，良好的言语人格意识与言语创新意识的养成，言语素养的和谐发展，以促成人的言语表现上的自我完善、自我实现，使人生因言语创造而有意义，使人更像人。

认识语文和语文教育之途，也是人认识生命、认识自我与人类之途。

一　为修己：有德者言可不学而能

让我们走进时光隧道回顾一下历史。

早期的语文教育可称为言语教育（我国古代尚无规整的语文教育），孔子设教“德行”“言语”“政事”“文学”四科，其中“言语”和“文学”二科与今天的语文教育有较直接的渊源关系，由于彼时“文学”指的是一切“文献典籍”，与今天的“文学”内涵不同，对古代文献的学习，也在相当程度上和语文相关；但相对而言，“言语”一科较能体现语文教育的对象特点，是更纯粹的“语文”教育，故笔者借此代称古代的语文教育。从现有材料看，先秦及后代的儒家学者大多不太注重言语技能的训练，更为注重的是与言语活动似乎不太相干的“修己”。

孔子所设“四科”，后来曾国藩将其与治学——写作素养一一对应起来。作为桐城派“中兴圣主”的曾国藩，力主文章是“义理、考据、辞章、经济”四者的统一。他在《劝学篇·示直隶士子》中说：“为学之术有四：曰义理，曰考据，曰辞章，曰经济。义理者，在孔门为德行之科，今世目为宋学者也。考据者，在孔门为文学之科，今世目为汉学者也。辞章者，在孔门为言语之科，从古艺文及今世制义诗赋皆是也。经济者，在孔门为政事之科，前代典礼政书及当世掌故皆是也。”① 孔子“四科”以“德行”为先，极为注重培育人的基本素养，其经典表述即“有德者必有言，有言者不必有德”②，可视为“言语-德行本位”教育的鼻祖。程颐对此做这样诠释：“古之学者，修德而已，有德者言可不学而能，此必然之理也。”③ “学本是修德，有德然后有言。”④ 这一认知，可视为儒家学者治学、写作的主流观念。“德行”为本，反对舍德行修持，专务辞章训练，是孔、孟、荀及后代儒家学者一以贯之的言语观。

在孔子之前的西周官学教育的主导特征便是以教化、修己为目的的。《礼

① 曾国藩著，邓云生编校：《曾国藩全集·诗文》，岳麓书社 1994 年版，第 442 页。
② 《论语·宪问》。
③ 《朱子校昌黎先生集传·新书本传》，《韩昌黎全集》，中国书店 1991 年版，第 536 页。
④ 程颐：《二程全书·遗书十八》。

记·大学》开宗明义地指出："大学之道，在明明德，在亲民，在止于至善。"其具体的教育目标——格物、致知、诚意、正心、修身、齐家、治国、平天下这八条，重心在修己，是通过修己达到治人。"自天子以至于庶人，壹是皆以修身为本"，言语教育自然也概莫能外。

孔子是十分注重修德的，他把提高人的修养视为一切的根本，当然也是言语活动的根本。《论语·宪问》中说："有德者必有言，有言者不必有德。"他认为一个人首要的便是道、德、仁、义、学这些内在修养的培植；在言语表现上，德行高尚的人，自然有美好的言论，能言善辩的人，未必有高尚的德行，重要的不是有没有"言"，而是有没有"德"。在《论语·季氏》中记录了一段孔子的学生陈亢和孔子的儿子伯鱼的对话，可以看出孔子对人文素养的重视：

> 陈亢问于伯鱼曰："子亦有异闻乎？"
>
> 对曰："未也。尝独立，鲤趋而过庭。曰：'学诗乎？'对曰：'未也。''不学诗，无以言。'鲤退而学诗。他日，又独立，鲤趋而过庭。曰：'学礼乎？'对曰：'未也。''不学礼，无以立。'鲤退而学礼。闻斯二者。"
>
> 陈亢退而喜曰："问一得三，闻诗，闻礼，又闻君子之远其子也。"

孔子把学"诗"作为"言"的前提，因为，在孔子看来，《诗》教最重要的是人性、人格的陶冶，读《诗》，可以学会兴、观、群、怨，可以懂得如何"事父""事君"，还可以了解自然知识。《诗》教能改变人的性情，使之"温柔敦厚"。更进一步的是学"礼"，他认为"礼"是人的"立身处世"之本。《诗》教是为"言"之道，"礼"教是为"人"之道，二者都是"修身"范围内的事。

在这一点上儒家学者是一脉相承的，都十分注重为人的精神打"底"。《荀子》一书，开篇就是《劝学》《修身》两篇。《劝学》说："德操然后能定，能定然后能应，能定能应，夫是之谓成人。"《修身》说："志意修则骄富贵，道义重则轻王公，内省而外物轻矣。"把言语分为君子之言、愚者之言或小人之言。他说："君子必辩。凡人莫不好言其所善，而君子为甚焉。是以小人辩言险而君子辩言仁也。"① 宋人魏了翁说得更具体明白："余唯窃叹古之士者，

---

① 《荀子·非相》；以上所引《荀子》据：王先谦撰，沈啸寰、王星贤点校：《荀子集解》，中华书局 1988 年版。

惟曰德行道艺，固不以文词为学也。今见之歌谣风雅者，上自公卿大夫，下至里闾闺阃，往往后世经生文士专门名世者所不逮。盖礼义之浸渍已久，其发诸威仪文词，皆其既溢之余。是惟无言，言则本乎情性，关乎世道。后之人自始童习，即以属词绘句为事，然旷日踰年，卒未有以稍出古人之区域。迨乎去本益远，则辨篇章之耦奇，较声韵之中否，商骈俪之工拙，审体制之乖合，自谓穷叹力索，然有之固无所益，无之亦无所缺，况于为己之事，了无相关。”① 这些观点都是直接对孔子的言语观加以阐发的，都极为注重修德养性。

孟子则开“养气说”之先河。《孟子·公孙丑上》说：“我知言，我善养吾浩然之气。”把“养气”（提高自我内在修养）作为“知言”的重要条件，自此，气的概念成为我国文论的一个重要概念，“文以气为主”、为文重在“行气”的观念，更是成为我国文论的一条主线。从汉魏晋南北朝的王充、曹丕、刘勰、钟嵘，到唐宋的韩愈、苏轼、陆游，一直到清代的叶燮、姚鼐、曾国藩等，无不对此津津乐道。“古人之不可及，全在行气，如列子之御风，不在义理字句间也。”② 认为只有气盛才有义法可言：“文家之有气势，亦犹书家有黄山谷、赵松雪辈，凌空而行，不必尽合于理法，但求气之昌耳，故南宋以后文人好言义理者，气皆不盛。大抵凡事皆宜以气为主，气能挟理以行，而后虽言理而不厌，否则气既衰苶，说理虽精，未有不可厌者。犹之作字者，气不贯注，虽笔笔有法，不足观也。”③ 气指的是作者的天赋、个性、气质和人格修养等，体现在文章中，便是一种独特的风格力量或基本格调（即气势）：或雄奇，或诙诡，或跌宕，或倔强。有气则有势，行气的关键在于取势，文章气畅与否，取决于写作主体力量对篇章整体的统摄力、贯穿力的强弱。欲作气势之文，重在“养气”。“欲求养气，不外‘自反而缩行慊于心’两句；欲求行慊于心，不外‘清、慎、勤’三字。……‘清’字曰名利两淡，寡欲清心，一介不苟，鬼伏神钦；‘慎’字曰战战兢兢，死而后已，行有不得，反求诸己；‘勤’字曰手眼俱到，心力交瘁，困知勉行，夜以继日。”④

---

① 魏了翁：《裴梦得注欧阳公诗集序》，见《鹤山先生大全文集》卷五十四，四部丛刊初编本。

② 曾国藩：《曾国藩全集·日记二》，岳麓书社 1988 年版，第 950 页。

③ 同上书，第 1310 页。

④ 同上书，第 802 页。

“养气”的根本，则在于“尽心养性，保存天之所以赋予我者”。虽然他们也注重言语的功用，但是他们只是把这看作是修己的必然结果，并不刻意于言语技能的训练。

值得注意的是，儒家学者讲修德，往往是和做学问、明道理联系在一起的，不是架空了谈修德。儒家学者认为修德、养性、学问、明理是立言为文的根本，是一体的。如孔子说“德之不修，学之不讲，闻义不能徙，不善不能改，是吾忧也”[①]，就是将“德”与“学”相提并论的。在《论语》中，讲求学问的言论非常多：

子曰：“学而时习之，不亦说（‘说’同‘悦’）乎？”（《学而》）

子曰：“学而不思则罔，思而不学则殆。”（《为政》）

子曰：“吾尝终日不食，终夜不寝，以思，无益，不如学也。”（《卫灵公》）

子曰：“学如不及，犹恐失之。”（《泰伯》）

子曰：“由也！女闻六言（六言，即六德）六蔽矣乎？”对曰：“未也。”

“居！吾语女。好仁不好学，其蔽也愚；好知不好学，其蔽也荡；好信不好学，其蔽也贼；好直不好学，其蔽也绞；好勇不好学，其蔽也乱；好刚不好学，其蔽也狂。”（《阳货》）

孔子认为一切的德行修养，都和是否“好学”联系在一起。有六种品德，就有六种的流弊，这些流弊皆因为不好学所致，不好学，德行就会受到损害。可见，学习和修德一样重要。

朱熹就更强调学问、明理的重要。朱熹说：“大意主乎学问以明理，则自然发为好文章。诗亦然。”[②] 清代学者章学诚也同样认为学问是写作的根本，必须“有得于心”，才能发为好文章，才不会拘执于文辞。他说：“凡立言者，必于学问先有所得，否则六经三史，皆时文耳，况于他乎？学问而至于有得，岂可概之学者，是以利钝华朴杂陈焉，而使之文境不拘窒，他日可以为有得之基。”[③]

---

① 《论语·述而》。

② 黎靖德编，王星贤点校：《朱子语类·论文上》，中华书局 1986 年版，第 3307 页。

③ 章学诚：《再答周筤谷论课蒙书》，见《章学诚遗书》，文物出版社 1985 年版，第 88 页。

"夫立言亦以学问为主。"① 要做学问，就不能零敲碎打地学几篇古文，而要花大力气、持之以恒、按部就班地学习、钻研古代文化经典著作。"世之稍有志者，亦知时文当宗古文，其言似矣。第时文家之所为古文，则是俗下选本，采取《左》《国》《史》《汉》，以及唐宋大家，仍用时文识解，为之圈点批评，使诵习之者，笔力可以略健，气局可以稍展耳。此则仍是时文中之变境，虽于流俗辈中，可以高出一格，而真得古文之益，则全不在乎此也。盖善读古人文者，必求古人之心。"② "学者工夫，贵于铢积寸累，涓涓不息，终至江河。……今之学者，疲精劳神于浮薄诗文，计其用力，奚翅十年？毕竟游谈无根，精华易竭。若移无用之力，而为有本之学，则膏沃者光未有不明，本深者叶未有不茂，事半功倍，孰大于此？"③ 要有得于心，就要系统地阅读经典原著。但他也知道这个要求对于初学者是太难了，为了解决这一矛盾，他在永平敬胜书院任教期间，也曾编了一本古文文选，名叫《文学》（该书不传），但其性质则与流俗古文选本不同。他在《文学叙例》中阐明自己的编辑宗旨："爰取先民撰述。于典籍有所发挥，道器有所疏证，华有其文，而实不离学者，删约百篇，劝诱蒙俗，……而所谓文者，屏去世俗所选秦、汉、唐、宋仅论词致不求理实之文，而易以讨论经史、辨正典章、讲求学术之文，诸生诚能弃去默诵三数百篇猥滥时文之功，而易为熟读百篇文学之功，则力不加劳，而收效不可以道里计矣。经书文艺，得此典赡，而不取给于类编杂纂之散漫也；策对经解，得斯识断，而不取给于策括、墨选之庸猥也。其文则汉人之淳质，六朝之藻绘，唐人之雅丽，宋人之清疏，体咸备也，附以评论，引而不发，所以待人之自得也。志举业者，得其润色，已足于众矣。倘因文而思学，因学而求读古人书，因以进于古人之学，十室之邑，必有忠信，以望兴起焉者。夫是以为文学，亦谓姑即文以言学云耳。"他只是把选本当作系统学习古文的导引，希望学生能因此产生追求学术、学问的兴趣，其中所言"引而不发，所以待人之自得也"，注重的是对学生探求学问和独立思维能力的培养，使之走上探索研究之途。

道家虽不主张修德，但一些言论对今天的言语教育也不无启示。老、庄

① 章学诚：《论文示贻选》，见《章学诚遗书》，文物出版社 1985 年版，第 336 页。

② 章学诚：《清漳书院留别条训》，见《章学诚遗书》，文物出版社 1985 年版，第 674 页。

③ 同上书，第 663 页。

的无为无不为、无为而治、法自然等思想，也表现了对客观规律的尊重："人法地，地法天，天法道，道法自然"①；"道常无为而无不为"②；"为无为，则无不治"③；"处无为之事，行不言之教"④；"天地有大美而不言，四时有明法而不议，万物有成理而不说。圣人者，原天地之美而达万物之理，是故至人无为，大圣不作，观于天地之谓也"⑤。道家将对自然之"道"的感悟放在最高的地位，信从"道"的无言的言说，对言语取"不言""不辩"的态度，以达到最广大、最深刻的言说，这也从另一个方面表明了言语教育应顺应人的生命中的自然本性、天性，因势利导地发展个性，领悟自然的奥妙，达成人与自然的和谐，而不是做违反人的自然本性的揠苗助长。令学生写无感受、无领悟、无兴趣之文，其结果只能是对人的言语人格个性的扭曲。

贤哲们对人的内在修养的重视，有着极为深刻的教育学意义，对我们重建教育的人文理想有着重要的启示。在今天把学习仅仅视为"工具"的掌握的急功近利的观念下，在人的教育受到实用、功利原则的异化下，重温儒家以人为本、重视"修内"的教育思想，对建立柔性的、涵养的、由内而外再达到内外同致的语文教育理念是很有教益的。人的言语、精神生命的发展，是多方面修养历练而成的，根深叶茂，本固枝繁，人的内在修养到家了，自然而然会外化成美妙、深厚的文章。反之，不注意人的基本修养，没有道德人格、学养思维等的提高，专务文字辞章训练，势必是舍本逐末之举，是不可能写出好文章的。

人本主义、人文主义教育是可以也是应该从儒家、道家等教育观中汲取营养的。在教育研究中，我们应接受当代学术界"全盘西化"的教训，走出后殖民主义语境的误区，对中国的传统文化做合理的继承、开掘和阐释，使语文教育理论能体现民族的文化特质。

我国儒家语文教育特质首要的便是以"德行（学问）为本"，其目标是培养"立言者"，由于修德的基础是治学，因而特别注重"文学"——文化经典的学习，即基本学养的培植。从读书、求知中修德、养气、悟道、明理，读

---

① 《老子·二十五章》。
② 《老子·三十七章》。
③ 《老子·三章》。
④ 《老子·二章》。
⑤ 《庄子·知北游》。

了很多的书，思考、领悟到了很多道理，也涵养了高尚的德行，如此，良好的言语行为的发生，便是水到渠成的事。这一言语观是很深刻的，对反思今天沉迷于写作技能训练的语文教育，有极大助益。

该言语观的关键是读书明理，关于治学——读书求知，朱熹的学生将其读书法归纳出六条：循序渐进、熟读精思、虚心涵泳、切己体察、着紧用力、居敬持志。这些，确实是达成读书——明理、修己——写作的不二法门，每一条都值得我们仔细揣摩。曾国藩特别看重其中的“虚心涵泳、切己体察”，表明对长期浸润于经典自省、自悟的重视。朱子读书法，无疑对改进语文教学仍有启示意义。

二　为功名：修身以求进也

语文教育的本体论，汉代以后发生了明显的分化。由于选举制、科举制等选才思想与考试规范的诱导，主流的教育思想从为“修己”转向为“事功”，再到为“功名”。主流教育思想与儒家正统观念、主流文论分道扬镳、背道而驰。在儒家思想中，固然“修己”的目的是“治人”，但是，其重心还是放在“修己”上，“治人”是“学而优”（学有余力、余裕）之后的水到渠成的事。汉代以后就不一样了，为学的重心从修养身心倾斜到了“事功”上，有了较前更为明确、强烈的功利目的。就“事功”而言应该还是可取的，看到了文章为治国治事所必需，认识到了写作功用之大，这是文人的一种自我认同，是认识上的进步。因为建功立业是人的自我实现，只要符合良知与道德的约束，它是符合社会需求的。

我以为，汉代以后统治者都比较注重写作功用和写作能力。汉文帝刘恒在广开言路方面表现得十分的英明和大气，其功不可没。其“举贤良方正能直言极谏诏书”和“策贤良文学士诏书”在语文教育史上是值得一书的。他在“举贤良方正能直言极谏诏书”说：“朕下不能治育群生，上以累三光之明，其不德大矣。令至，其悉思朕之过失，及知见之所不及，匄以启告朕。及举贤良方正能直言极谏者，以匡朕之不逮。”① “策贤良文学士诏书”说：

① 见班固：《汉书·文帝纪》，中华书局1962年版，第116页。

> 昔者大禹勤求贤士，施及方外，四极之内，舟车所至，人迹所及，靡不闻命，以辅其不逮；近者献其明，远者通厥聪。比善戮力，以翼天子。是以大禹能亡失德，夏以长楙。高皇帝亲除大害，去乱从，并建豪英，以为官师，为谏争，辅天子之阙，而翼戴汉宗也。赖天之灵，宗庙之福，方内以安，泽及四夷。今朕获执天子之正，以承宗庙之祀，朕既不德，又不敏，明弗能烛，而智不能治，此大夫之所著闻也。故诏有司、诸侯王、三公、九卿及主郡吏，各帅其志，以选贤良明于国家之大体，通于人事之终始，及能直言极谏者，各有人数，将以匡朕之不逮。二三大夫之行当此三道，朕甚嘉之，故登大夫于朝，亲谕朕志。大夫其上三道之要，及永惟朕之不德，吏之不平，政之不宣，民之不宁，四者之阙，悉陈其志，毋有所隐。上以荐先帝之宗庙，下以兴愚民之休利，著之于篇，朕亲览焉，观大夫所以佐朕，至与不至。书之，周之密之，重之闭之。兴自朕躬，大夫其正论，毋枉执事。乌虖，戒之！二三大夫其帅志毋怠！①

汉代选举制，开国家公务员选拔之先河。这不论从选材制度的革新，还是从命题考试的内容来看，都是值得肯定的。选材由基层推荐贤良方正之士，这些人士须符合“明于国家之大体，通于人事之终始，及能直言极谏”三个方面的基本要求，再由皇帝亲自命题、亲自阅卷。所出的文题，要求针对与国家大业关系极为密切的“朕之不德，吏之不平，政之不宣，民之不宁”这四个方面的问题，阐明自己的意见——这大约就是最早的考场命题作文。应试之文，称为“对策”，就是对答皇帝有关政治、经义的“策问”的文章，“应诏而陈政也”②。历代留下了不少“对策”名篇，如晁错和董仲舒《举贤良对策》均为传世之作。

统治者鼓励“能直言极谏”，秉承“修辞立其诚”的传统，这对文人的为学和为文，确立了很好的导向作用。一方面网罗了一批优秀的治事人才，另一方面也强化了文人通过为文献策以建功立业、自我实现的意愿。

由于选材制度在确立之初，就是和一定的物质利益挂钩的，推举出来的贤良方正，被皇帝选定后，就授予高官厚禄。这在相当程度上诱发了文人的名利之心。功利心的进一步发展，逐渐挣脱了建功立业目的中的向善的生命

---

① 见班固：《汉书·晁错传》，中华书局1962年版，第2290页。

② 刘勰：《文心雕龙·议对》。

欲求，直奔“功名”，为学变成了赤裸裸地求取功名利禄，言语学习和表现成了“敲门砖”。隋唐之后科举制所考的内容离现实愈来愈远，几乎与世事人生全无关系，纯粹是考察文字技巧和对“四书五经”的熟悉程度，致使后来猜题押题作弊成风，后世考生甚至连“四书五经”都不读，只读制艺名篇，或径请“枪手”代做，背熟后应考。在这种情形下，言语教育就全然变质了，考什么教什么，应试当官，成了语文教育的唯一目的。清初有个医学家徐灵胎作的《洄溪道情》有一首就是针砭当时的读书人和八股文的，也讥讽了应试教育的没落：

> 读书人，最不齐。烂时文，烂如泥。国家本为求才计，谁知道变作了欺人技。三句承题，两句破题，便道是圣门高第。可知道三通四史是何等文章，汉祖唐宗是哪朝皇帝。案头放高头讲章，店里买新科利器。读得来肩臂高低，口角嘘唏。甘蔗渣嚼了又嚼，有何滋味。辜负光阴，白白昏迷一世。就叫他骗得高官，也是百姓朝廷的晦气。①

先秦儒家学者所讲求的文辞的功用，主要是从教化的角度说的，如《论语》讲的“《诗》可以兴，可以观，可以群，可以怨。迩之事父，远之事君；多识于鸟兽草木之名”。“《诗》三百，一言以蔽之，曰：思无邪”等，注重的就是其教化功能。虽然孔子也在一定程度上注意到言语的功用性、实用性，但主要关注的还是人的道德、学问的修养和安邦治国的智慧的外化与应用。这跟汉以后的文人们把“立言”看作一种外在的需求，看作借以垂名不朽的功业，以致等而下之，干脆看作踏入仕途的敲门砖，是有很大的不同的。北齐颜之推就已注意到这种根本性的变化，他说：“古之学者为己，以补不足也；今之学者为人，但能说之也。古之学者为人，行道以利世也；今之学者为己，修身以求进也。”② 他从“为己”与“为人”这两个概念所指的改变，深刻地阐明了文人价值观的改变，实际上也意味着语文教育价值观的改变。颜之推所言“今之学者”为学目的，跟我们今天的学校教育，跟今天语文教育的培养目标何其相似。我们今天培养的学生不也是“但能说之也”“修身以求进也”？这体现的不就是“应试”“应世”目的下的语文“工具”诉求吗？“但能说之也”：言语表达成了缺乏人文内涵和道德精神的纯技能。“修身以求

---

① 转引自启功、张中行、金克木：《说八股》，中华书局 2000 年版，第 49 页。

② 颜之推：《颜氏家训・勉学》，见王利器撰：《颜氏家训集解》（增补本），中华书局 1993 年版，第 171 页。

进也”：语文教育实际上已不再“修身”，而只为了向升学、当官、挣大钱之路前进。

汉代的选举制开文辞取士之先河，这就使语文教育的目的直接与“事功”“功名”对应上了，会赋诗作文便可叩开官场之大门。这么一来，文章的地位自然看涨。最典型的表述莫若曹丕所言：“盖文章，经国之大业，不朽之盛事。年寿有时而尽，荣乐止乎其身，二者必至之常期，未若文章之无穷。是以古之作者，寄身于翰墨，见意于篇籍，不假良史之辞，不托飞驰之势，而声名自传于后。”[①] 他认为“立言”之功用，仅次于“立德”，而“立言”与“立德”并无必然的关系，不必先“立德”后“立言”，“立言”本身就是一件功德无量的事，二者成为相互独立的存在与需求。“立言”是超出了年寿和荣乐之上的、使人“不朽”的“盛事”。这种观念，导致了语文和语文学习动机的改变，文人终于撇开了“吾日三省吾身”的修己之道，径自修习言词，以期通达仕途，或借助言论使自己声名传后。程颐对这种“作文害道”的教育现象痛心疾首，他说：“古之学者惟务养情性，其他则不学。今为文者，专务章句，悦人耳目。既务悦人，非俳优而何？”[②] 朱熹也对这种功利性的语文学习批评道：“故圣贤教人为学，非是使人缀缉言语，造作文辞，但为科名爵禄之计。须是格物、致知、诚意、正心、修身而推之以至于齐家、治国，可以平治天下，方是正当学问。”[③] 尽管这种急功近利的语文教育思想受到许多学者的谴责，但由于它是封建选举制、科举制的考试规范的必然要求，功利性的语文教育思想非但未受到遏止，而且愈演愈烈，泛滥成灾。在这一思想胁迫下的语文教育实践，长期陷于为“功名”抑或为“文章”两难的尴尬境地。

在为“功名”的指导思想下，语文教学就是应试技能训练，也可以说是“写作能力本位”的教学。教学就是围绕着八股文、策论、试帖诗的写作进行教学。这些文体的写作在内容上是“代圣贤立言”，没有什么值得称道的。而在八股文形式上，不少论者持不同的看法，不乏肯定乃至赞扬的意见，这里不做详论。如关于八股文教学，蔡元培先生就认为不无可取之处。他说：

---

① 曹丕：《典论·论文》。

② 程颢、程颐著，王孝鱼点校：《二程集》第一册，《河南程氏遗书》卷十九，中华书局1981年版，第239页。

③ 朱熹：《玉山讲义》，见《朱文公文集》卷七十四，四部丛刊初编本。

八股文的作法，先作破题，用两句，把题目的大意说一说，破题作得及格了，乃试作承题，约四五句。承题作得合格了，乃试作起讲，大约十余句。起讲作得合格了，乃作全篇。全篇的作法，是起讲后，先作领题，其后作八股（六股亦可）。每两股都是相对的。最后作一结论。由简而繁，乃是一种学文的方法。①

科举语文教育最值得探讨的是教学思想、方法的“写作本位”。这一时期语文教学指向“写作”，其方法是“为写择读”，阅读是指向言语表现的。发语文教学“写作本位”“表现本位”之先声。在指向写作、为写择读这一点上不无可取，主要问题在于课程的科举事功性、功名性——功利性定位，言语表现内容“代圣贤立言”的限制，也在于写作形式的模式化训练。科举时代的“写作本位”“为写择读”等，消解了儒家言语教育观的重德行、学问的传统，由“虚”走向“实”，以文辞定高下，就是颜之推说的“古之学者为人，行道以利世也；今之学者为己，修身以求进也”。这是本质上的背离。它与我们的“表现-存在本位”“阅读指向写作”等教育理念，不无相似，主要差别同样在于动力学、价值观取向上，写作的目的、要求、内容，从根本上说是不一样的，科举教育价值观是为了求取“功名利禄”，而“表现-存在本位”的价值观是人的确证、人的存在。因此，虽有可吸收借鉴之处，但是总体上说应是一种颠覆和超越。

三 为生活：供谋生应世之要需

直至清末废除科举制之后，为“事功”、为“功名”的语文教育思想方才蜕变为“实用”（实利）。语文教育从为功名转向为实用，语文的应用性特征在极其质朴浅陋的意义上得到了确认。在清末教育法规中已经确立的“谋生应世”教育思想，成了后来叶圣陶先生的“应付生活论”“应需论”的认识基础。我们可以发现，叶圣陶先生的语文教育观除了增加了五四时期文学革命白话文运动的“为人生”的思想和“经验主义”“教育即生活”“工具主义”等西方实用主义哲学、教育学的内容外，将语文“工具说”具体到“生活”应用的方方面面，在认识上并没有什么实质性的进展。

① 蔡元培：《我在教育界的经验》，转引自王凯符：《八股文概说》，中国和平出版社1991年版，第155～156页。

五四运动前后的文学革命、白话文运动、国语教育等的兴起，给语文教育带来了“现代”气息。叶圣陶、黎锦熙、梁启超、陈望道、夏丏尊等一批国文界精英，在对八股传统口诛笔伐的同时，都不约而同地重新把目光投向生活，投向言语主体的塑造。他们把语文教育的目的定位在“为生活”——“当前受用”上。从外部看，强调的是工具性；从内部看，注重的是“做人”，是运用这一工具的言语主体求真、立诚的人格修养。

以叶圣陶为代表的我国现代语文教育思想的主流，其语文教育本体论的核心及其逻辑起点是“为生活”。叶圣陶的教育观就是“生活本位”的教育观。他说：旧教育“不以生活为本位，而以知识为本位是个大毛病。由于不以生活为本位，所以不讲当前受用”[①]。他的语文教育观也同样是以生活为本位：“旧式教育可以养成记诵很广博的‘活书橱’，可以养成学舌很巧妙的‘人形鹦鹉’，可以养成或大或小的官吏以及靠教读为生的‘儒学生员’，可是不能养成善于运用国文这一种工具来应付生活的普通公民。”“国文，在学校里是基本科目中的一项，在生活上是必要工具中的一种。”[②] 由此可见，叶圣陶的“为生活”的教育观，实际上就是与为应用、为实用的教育观一脉相承的，而“工具论”就是“为应用、为实用”的教育观的具体的、形象的表述。因此，叶圣陶的语文“工具论”，实际上就是他的语文本体论在实践层面上的功能性定位。叶圣陶“为生活”的语文教育本体论和“工具论”语文功用论，也与美国实用主义哲学家、教育家杜威的教育思想有直接的联系。杜威在1919—1921年间曾来过中国宣传他的思想，他的主要观点是教育即生活，学校即社会。他主张工具主义，把一切科学理论均归结为经验，认为它们只是个人应付环境的“工具”或手段。

叶圣陶的语文“工具论”，作为他的语文教育思想的一个基本观念，贯穿在他的整个语文教育研究生涯。他在1919年《对于小学作文教授之意见》一文中即现“工具论”之萌芽，在1924年的《说话训练——产生与发表的总枢纽》一文中即提出了语言是发表情感的“独占重要”的工具的见解。从此一发不可收拾，直至晚年仍津津乐道。在1980年的中学语文教材编辑座谈会上，他仍强调：“语文是人与人交流和交际的必不可少的工具。不善于使用这

① 转引自董菊初：《叶圣陶语文教育思想概论》，开明出版社1998年版，第128页。

② 叶圣陶：《认识国文教学——〈国文杂志〉发刊辞》，见刘国正主编：《叶圣陶教育文集》第3卷，人民教育出版社1994年版，第91～92页。

个工具，就无法工作和生活，甚至可以说就不能做人。”可以看出，在这一漫长的历程中，他的“工具论”在不断地丰富和发展：“这个‘工具’既是生活的工具，又是‘思维和交际’的工具，其他学科的工具（基础），还是中华民族文化复兴的工具。”①

对于叶圣陶的“工具论”特别值得注意的有两点：

一是“工具”是手段不是目的。叶圣陶在《认真学习语文》中说：“语言是一种工具。工具是用来达到某个目的的。工具不是目的。”② 如上所述，运用这一工具的目的是应付生活及其相关性需求。如果把手段当目的，那就是舍本逐末。当前为了应试的阅读、写作教学，尤其是语基教学，与应用、与生活严重脱节，学非所用、用非所学，劳而无功、高分低能，不仅是把手段当作目的，而且，从根本上说，是把叶圣陶的“为生活”的目的论偷换成了“为应试”。如此，语文教育便沦为应试的“工具”，背离了其本旨。

二是“工具”的运用靠的是人。与叶圣陶的“工具论”——语文功用论互为表里的，是他的“立诚论”——言语主体论。语文要成为生活中的必要的工具，关键在于言语主体的塑造，其核心就是“立诚”。这似乎是对过去的“修己”观的回归，是对孔子、荀子、王充、朱熹们的认同，但实质并非如此。在主体塑造上，他并不主张作无视言语本体的修养情性、笃学明理，而更为注重从生活这一本原中去汲取营养，去增加阅历、磨炼情感，去培植求真、立诚的根本。他认为言语活动不但来源于生活，也是生活的一部分，言语与生活不是两件事，而是一件事。所谓立诚，不是建立在原道、征圣、宗经之上，而是建立在充实的生活之上。如叶圣陶所说：“写作所以同衣食一样，成为生活上不可缺少的一个项目，原在表白内心，与他人相感通。如果将无作有，强不知以为知，徒然说一番花言巧语，实际上却没有表白内心的什么：写作到此地步便与生活脱离关系，又何必去学习它？训练学生写作，必须注重于倾吐他们的积蓄，无非要他们生活上终身受用的意思。这便是‘修辞立诚’的基础。”③ “假若有所表白，这当是有关于人间事情的，则必须合于事理的真际，切乎生活的实况；假若有所感兴，这当是不倾吐不舒快的，

---

① 谢慧英：《叶圣陶语文“工具论”评析》，载《语文世界》，2000年第4期。

② 见刘国正主编：《叶圣陶教育文集》第3卷，人民教育出版社1994年版，第183页。

③ 叶圣陶：《论写作教学》，见刘国正主编：《叶圣陶教育文集》第3卷，人民教育出版社1994年版，第371～372页。

则必须本于内心的郁积，发乎情性的自然。这种要求可以称为‘求诚’。”① 叶圣陶将言语主体的塑造，置于言语活动本体规律的制约之下；把言语行为建立在言语客体（生活）、言语主体（内心）及言语受体（他人，即读者）三者相统一的基础之上；把语文教育看作是学生生活的需要，即表白内心、与他人相感通的需要，看作是教师为了养成学生终身受用的一种生活能力，是训练学生学会真诚地倾吐内心积蓄的事情。这一观念，便是五四以后开创的“现代语文—写作教育”的“现代性”的基本内涵；也可以看作是“现代语文教育学”的一个核心理论。

然而，由于“工具论”与“立诚论”二者实质上是矛盾的，是两种截然不同的价值取向。对“工具”语言属性的强调，必然会导致对“立诚”心理属性的削弱，反之也是如此。语文应试教育恰恰是“工具性”的题内之意，注重了“工具”，势必只见“工具”不见“人”，阉割了“工具论”的灵魂——“立诚论”，无视言语人格的塑造，无视人文教育，无视“立人”，其结果必然导致应试技能“高超”，言语人格低下。不论叶圣陶先生怎么呼吁“做人”的重要，也无济于事。

任何教育现象都不是一种偶然的存在，都是相应的教育哲学、教育观念外化出的现实。那么，为什么以“为生活”“工具论”“立诚论”为主流教育思想的教育实践，却会外化出了与倡导者本意相悖的应试教育呢？毋庸讳言，这是由于“工具论”来自“应付生活”的“实利主义”“实用主义”的思想渊源，加上根深蒂固的封建科举应试教育的传统，与商品经济社会条件下所形成的人的功利追求和浮躁心态，使语文界很容易“忽略”了“工具论”的应有之意——“为生活”与“立诚”的实质，买椟还珠，衍生出急功近利的应试教育，致使语文教育由应付生活的“工具”“顺理成章”地蜕变为应试的“工具”，从而走向了反面。这是值得语文界认真反思与总结的。否则，即便是在今天语文教育改革的大趋势下，也仍难免打着“语文素质教育”的幌子行“语文应试教育”之实，历史的经验告诉我们，教育界不少人搞应试教育，从来就是“本色当行”，远比搞素养教育要“专业”得多。

从清末到民初的语文教育实践，基本上被限制在阅读、写作一些论说文

---

① 叶圣陶：《作文论》，见刘国正主编：《叶圣陶教育文集》第3卷，人民教育出版社1994年版，第299页。

字和浅显的书信、契约一类的应用文字范围内。这对被科举制推向极端的为“功名”的语文教育思想来说，自然是一种反拨，但离真正地为“文章”、为人生的宗旨仍有相当的距离。需要指出的是，五四文学革命所谓的“为人生”的思想，也就是应付生活的意思，并非在生命、存在的意义上的“为人生”。在今天看来，语文教育的目的定位在能读、能写“处世所必需”的粗浅的应用文字上，是在平民教育“扫盲”层次上的认定，不是对语文教育完整全面的界定。那是为了生存，为了过日子，是“物质经济时代”（我想表达的是低于“商品经济时代”的物质贫困的时代）的认知。现今知识经济时代的语文教育，如果还是停留在“扫盲”层次上，无异于拾了芝麻丢了西瓜。知识经济时代的语文教育，应该是为了提高人的生命质量，使人活得有意义、有丰采，言语活动应付的是知识创新和精神创造，是为了使人生富有诗意。

而实际上，即便这种工具主义的语文教育思想，在某种程度上还只是停留在“法规”的字面上，语文教育实践并无显著的改观，相当数量的教师仍然驾轻就熟，走的是八股、策论教学的老路。一直到今天，语文教育也还没能真正达到“为文章”的目的，只是由老八股变成了新八股罢了。这也可以看出观念改变的艰难。从“为功名”转到“为文章”“为实用”，是叶圣陶先生这一辈语文界先驱者对语文教育事业做出的贡献。这也可以看出本体论转向的重要。由于在本体论上的认识不到位，滞后于时代，未能走出“应试”“应世”的动力定型，语文教育实践就不可能真正改观。

四　知识本位：知行观的混战与博弈

在我国现代语文智能教育的认知层面，贯穿着知识本位与能力本位、知识与能力的矛盾。

王尚文先生认为我国现代语文教育是“知识中心说”占据统治地位。他说：“或曰：我国从古到今自语文独立成为一门课程以来，从无所谓‘知识中心说’。是的，这个术语虽出自我的杜撰，却非空穴来风，而是对语文教学实际状况的描述。‘政治中心说’曾经猖獗一时，但‘卷地风来忽吹散’，虽其破坏具有摧毁性，持续时间毕竟并不太长，尤其未为多数语文教育工作者所真正认同，其兴也暴，其亡也速，影响并不太深太广。‘左撇子’虽然远未绝迹，但已经难成气候了。而‘知识中心说’自三四十年代提出以来直至当今，已经形成了一个相当完整的体系，深入人心，根深蒂固，成为语文教学的理论支柱。从而，也成了深化语文教学改革的主要障碍。”①（这段话前后矛盾，前面说“知识中心说”这个术语是“我的杜撰”，后面说“‘知识中心说’自三四十年代提出……”）这观点也许有一定道理，因为在语文教育中确实存在“知识中心说”的表现，在某些时期、局部上也产生过一定的影响。但要说我国迄今为止的现代语文教育是以“知识中心说”为理论支柱，则有失偏颇。因为，语文界前辈最注重“谋生应世”能力的培养，语言文字“工具”的运用。“知识中心说”并非是叶圣陶等先生乐见的，相反，是他们最反对的。

尽管“知识中心说”占统治地位的观点是一个伪命题，王尚文先生对“知识中心说”的认知，所看到的只是一些表象、假象，不无以偏概全的嫌疑。但在我国语文教育中，确实存在“知行观”的博弈，这是语文界的一场糊涂对糊涂的混战，是至今仍存在诸多不明白的一场持久战。因此，这一讨论不无意义，而且很有意思。

我们说“知识中心说”在某些时期、局部上也产生过较大的影响，这主要是指在语文考试、应试教育中，在语言学、文章学、文学知识教学中，在某些时候曾有过泛滥的现象。但没有严重到“自三四十年代提出以来直至当今，已经形成了一个相当完整的体系，深入人心，根深蒂固，成为语文教学的理论支柱”的地步。尽管如此，在语文教育思想史中，“知”与“行”的认知也是需要关注、厘清的。这是语文学中的一个重要理论问题。

王尚文先生的“知识中心说”成为“语文教学理论支柱”的观点，大约主要来自以下几个现象与原因。

一是从语文评价的客观性角度看。在某些人看来，语文评价需要“知识中心”，因为知识性的内容便于“客观”地检测；而语文实践能力的检测则较为“主观”，不易判别，不“科学”。与“应需”（“生活本位”）对应的本应是“能力本位”，生活需要的是言语实践能力，“生活本位”与“能力本位”相匹配，这应当是常识。但由于语文知识的检测较为容易，语文能力的检测较为困难，所以，在应试目的下，在一段时间内产生了考知识的倾向，导致

---

① 王尚文：《语感论》（修订本），上海教育出版社2000年版，第347～348页。

语文教学中知识性内容的分量大为增加。所谓的语文知识，一部分是从阅读文本的内容中“吸收”来的，另一部分是有系统而无大用的语言学、文章学、文学学知识，最基本的就是“字、词、句、篇，语、修、逻、文”知识。考的是机械识记，言语“能力”的检测被削弱。——不过，在语文考试中，“知识中心”表现得并不充分，维持的时间也不长。在 1949 年前后相当长的时期，考的主要是能力——作文。“文化大革命”后这几十年，虽考了一些知识，但还谈不上“知识中心”，“考试大纲”还是强调“能力立意”。

二是与提倡“双基”教学有关。这可能是形成“知识中心”假象的主要原因。语文教育中长期流行加强“双基”教学的观点。所谓“双基”，就是指基础知识、基本技能。这看似不偏不倚，既重知识，也重能力，其实不然。因为“双基”观认为，能力基于知识，认为语文能力是由语文知识转化而来的；要提高能力，就得先传授有关的知识，通过训练将其转化成能力。这大大激发了传授“知识”的热情，有时一不小心，就变成了纯知识教学。

其实，语文知识并非都可以转化为能力，语文能力也并非都能通过语文知识的训练得以提高。能转化成能力的知识有两个要求：一是它必须是科学的知识；二是它是属于实践层面的知识。以往教学中传授的大量知识，是不科学的知识，并没有提高学生的能力，有的甚至还起了反作用。例如，在现代语文教学中最受重视的语言知识，就没有对学生语言的运用起到什么积极的作用。烦琐的语法知识，败坏了学生语文学习的胃口。即便语法考了满分，写作照样文字不通。语言跟言语是两码事，语言遵循的是普遍性的法则，而言语遵循的是特殊性的法则，需要的是言语个性的发挥。过分追求普遍性，势必会损害、压抑个人的言语创造力，这一点在语文教育中值得注意。我们将语文教学的性质确定为言语性也是基于这种考虑。语文不是学习语言知识的课程，而是学习言语表现的课程，是培养个人的言语创造力的课程。语言知识的学习，应是有选择的，应有助于提高人的说、写能力。不加区别的、过多的语言知识进入语文课程，不利于学生语文能力的形成。

再如，议论文教学的基本“知识”——议论文“三要素”（论点、论据、论证），观点是统帅，观点与材料的统一，等等，这些知识也同样有碍于学生议论能力的形成。所提供给他们的是较为陈旧的、片面的知识，而且不得要领。“三要素”说，是基于“形式逻辑”的认知背景，它要求的只是有一个形式上的论点和论证“推理”的合乎规则，而不管论点正确、新颖与否。这是论证形式上的要求，不是内容上的要求。陈旧、错误的观点，也可以找到论据，也可以进行合乎逻辑的论证。毫无价值的文章也可以完全做到符合“三要素”的要求。议论文关键是有思想、有见解，而不是只要有论点就成。观点的创新，是议论文的生命，“三要素”恰恰在这最重要的问题上没有提供给学生必要的知识。同时，论点、论据、论证的提法，在思维方法论上是一种本末倒置，不能体现写作思维的特点。这就是在议论文写作过程中，是先有了论点再找材料，还是先有材料再从材料中形成观点。显然，“三要素”的提法是违背了认识规律的，忽视了占有材料这一人的认识活动的前提，离开了材料，论点便成了空中楼阁。论点不是从材料中来，不对事物作矛盾分析，片面强调“观点与材料的统一”也是违反辩证法的。为了做到“观点与材料的统一”，就必须组织与观点统一的材料，而把与观点不统一的材料舍弃掉，这种随意挑选、运用材料的方法，是一种违背全面性和“对立统一”观的认知，是列宁批评的“连儿戏都不如”的做法。不论是辩证法还是系统论，都没有进入议论文“知识”中，据此训练，不但不可能写好议论文，还会使学生误入歧途，以为只要有了“三要素”就是一篇符合要求的议论文。2001年高考作文的“诚信”话题，考生面对的是社会生活中相关的极为丰富的经验事实，显而易见，人们不能在任何情况下都讲“诚信”。然而，绝大多数学生的“论点”都是片面地肯定“诚信”，为了使“观点与材料统一”，置大量的“东郭先生与狼”“农夫与蛇”之类的教训于不顾，也对每天都在编造的“美丽的谎言”充耳不闻，极少有学生能对“诚信”进行辩证分析（大约1%的学生都不到）。这就表明了“三要素”知识，已对学生的言语能力产生了不可低估的负面影响，更重要的是对他们的思维方法产生了误导。这一类不科学的知识在中学语文教材中比比皆是。

另一方面，也不是所有的科学的知识都能转化成能力，只有一部分操作层面的知识，才能直接通过训练转化成能力。知识是有不同层次的，大致可分为哲学的层次、应用的层次、实践的层次。在语文教育中，本体论方面的知识就是属于哲学层次的，如对学科性质、对象、目的、任务等的认识，有宏观性的指导意义，却不具有直接的可操作性；应用层次的知识，是由哲学层面的知识转换出来的，如教育教学的观念、原则和方法等的知识，也不具有直接的可操作性；只有实践层次的实用性知识，如具体的学法、读法、写法、说法等，才具有可操作性，有可能通过练习转化成某些能力。

值得注意的是，能通过练习将实践层次的知识转化为能力，这也是在十分有限的意义上说的，因为，不是所有的语文能力都能单纯地通过练习获得。语文能力不是一种简单的技能。语文能力的形成靠的是全面的语文素养的提高，是人的综合素养的体现，很多素养不是靠练习就能提高的，如天资、灵气、阅历、情绪、言语生命意识等，就不是可练习的。就拿语感来说吧，也不是单靠练习就可收成效的，既要有特殊的言语天赋为基础，还要经过长期阅读的潜移默化的熏陶习染，自然也要经过大量的写作练习，才能获得。有时，只要其中有某种缺陷，再怎么练习也不能形成能力。如写诗的能力的培养，不论懂得多少诗歌写作知识，经过多么艰苦的练习，但是，缺乏诗的天赋或诗意，也是成就不了诗人的。

三是在应试情境下，知识本位教学跟阅读本位认知是相吻合的。阅读本位的教学，着眼的是吸收，相应的教学目标就是对文选中的有关知识的掌握。对文选中言语的抽象，便是“语言”知识。文选和语言，是以往语文知识的主要来源；知识本位的教学，就必然要加大阅读和语言知识的分量，使可资吸收的知识越来越多，越来越细，越来越系统。如此，语文教学成了阅读和语言知识的一统天下，说和写的教学成了可有可无的、无足轻重的“配角”。

四是也许受到高校写作教学的影响。20 世纪 70 年代后期和 80 年代初期也同样是以知识本位为主流：“写作就是写文章的观念，影响至深。既然写作就是写文章，那么，写作的教学，写作课、作文课，也就是教学生写文章的课。整个课程当然就以教写文章为目的，以教写文章为过程，以教写文章的诸种表现形态为授课的内容。一句话，无论教师还是学生，都围绕‘写文章’这一核心旋转。这样，写作的理论，也就是文章的理论或写文章的理论。于是，文章构成理论和文章构成知识一度便成了写作的理论与写作的知识。而诸多学者对文章的静态分析和研究，即所谓的八大块——主题、题材、结构、表达、语言、文风、修改、文体，也就顺理成章地成了一切写作教材的理论框架。于是在写作课或者说作文课上，一般的教师就以结论性的知识传递的方式把以上文章的各个要素教授给学生，师授生受，并误认为学生明确了以上‘八大块’的条条，也就学会了写作。”① 这种认识集中体现在当时最有影

① 潘新和主编：《高等师范写作三能教程》，人民教育出版社 2002 年版，第 398～399 页。

响的《写作基础知识》[①]《写作通论》[②] 中，迄今为止的全国高等教育自学考试教材“汉语言文学专业”的《写作》[③]，仍然取知识本位体例，写作考试也还是以考对“文章”知识的掌握为主，远远落后于写作学界的前沿认知。

以往的知识本位观，不论从语文课程的性质，从现有的语文知识的科学性，还是从知识向能力的转化、能力的可练习性等方面看，在语文教育中都是至碍难行的。

以上是对造成“知识”教学泛滥的现象、原因进行分析。但应指出的是，我国现代语文教育的主导性观念并非“知识中心说”——知识本位，而是生活本位、能力本位。代表我国现代语文教育思想主流的叶圣陶先生的语文教育观是反对知识本位的。早在 20 世纪 40 年代他就明确指出：“教育不以生活为本位，而以知识为本位，是一个大毛病，由于不以生活为本位，所以不讲当前受用……由于不以生活为本位，所以只讲记诵，能够照书本回答就得一百分，不能够照书本回答注定吃大亏。”[④] 所谓生活为本位，就是注重“当前受用”的能力本位。叶老注重语文教育实利性、应用性的思想是一贯的、坚定的。“知识中心说”“知识本位”从来不是我国现代语文教育的主流，而是应试教育、双基教学下产生的逆流、支流。从总体上看，现代语文教育并不存在“知识中心说”占据主导地位的情况。王尚文先生指出“知识中心说”影响的严重性，是为了其“能力本位”观登场设置靶子，一个莫须有的靶子，不无堂吉诃德战风车之嫌。

需要指出的是，尽管不存在王尚文先生反对的作为理论支柱的“知识中心说”，但知识中心、知识本位是否应该否定，是个值得探讨的问题。对知识本位要做具体分析、深入研究。在学校教育中，知识本位有其合理性。反对知识中心、知识本位，反映出的是对“知”“行”，即“知识”“能力”矛盾认知上的浅陋。

王尚文先生认为我国现代语文教育是“知识中心说”占统治地位，反对“知识中心说”，是不了解这一百年语文教育的宏观状况，是受表象、假象蒙

---

① 北京出版社 1979 年版。

② 中央广播电视大学教材，北京出版社 1983 年版。

③ 华东师范大学出版社各版。

④ 叶圣陶：《新精神》，见刘国正主编《叶圣陶教育文集》第二卷，人民教育出版社 1994 年版，第 401 页。

蔽，是为了推出自己的“能力本位”观。叶圣陶先生反对“知识本位”，是出于对科举教育脱离生活实际，从书本到书本，不讲“当前受用”的反拨。他们都是基于生活、能力考量。

叶圣陶先生的表述犯了一个逻辑错误，将知识本位置于生活本位的对立面加以一概排除。知识本位的对立面是能力本位，生活本位的对立面是精神本位——他的“生活本位”，指的是培养谋生能力，即应付日常物质生活之需的能力，应该对应“精神本位”。其实该反对的是“精神本位”——应付精神生活之需，而不应反对“知识本位”。

叶圣陶先生之所以将“知识本位”与“生活本位”对立起来，深层原因是他的“重行轻知”的知行观所致，他认为“知”无助于“行”：“看看文章作法之类只是‘知’的事情，虽然不一定有什么害处，但是无益于写作的‘行’是显然的。”① 这一知行观显然是经不起推敲的。

叶圣陶先生对“生活”能力的看重，这无可非议。他最大的失误是对“知识”的排斥，而且忽视了学校教育的特点。一般人的认知，往往是由“行”到“知”，由“感性”上升到“理性”，所以，能力本位、实践本位、经验本位等，有其合理性。但是，学校教育则不然，它越过了一般人由“行”到“知”的认识过程，省去学生自己从实践中摸索“求知”的时间。其优势是拥有“知识”，特点是由“知”到“行”。从这个意义上说，学校教育依仗的就是“知识”，“知识本位”是其安身立命之本。教师将知识教给学生，学生可直接“求知”，获取了知识后，以“知”驭“行”。显然，学校教育，在知识本位与能力本位的矛盾中，知识本位优于能力本位。因为，学生的“能”，主要取决于教师的“知”。“知识”是矛盾的主要方面，“知识”决定了“能力”的培养与形成。教师要是只有能力，没有知识，是不能从事教学的。“能力”超强的作家、学者，要是不拥有教育学、学科教育学等知识，是不可能成为一个好教师的。

知识本位，不等于只“知”不“行”。正确的定位应是知识本位下的“能力”培育，是“知”与“行”的统一。以往语文教学中知识传授的错误，不是错在知识本位，而是错在语文知识本身，以及对知识作用、“知”“行”关系的认知上。如知识为应试服务目的的狭隘性、功利性，知识的陈旧、偏颇，

---

① 叶圣陶：《写作漫谈》见《叶圣陶集》卷九，江苏教育出版社 1990 年版，第 266 页。

重“知”轻“行”或重“行”轻“知”，没有建构起科学的语文学知识体系等。因此，王尚文与叶圣陶先生等对知识本位的排斥，是站不住脚的。学校教育注重能力培养，不应排斥知识传授，相反，更应重视知识传授，知识教育应占据主导性的位置。以知识观照实践，观照能力培养，是学校教育的特殊性所在。

更重要的是，在学校教育中，许多知识的传授是不需要转换成能力的。知识本位中的“知识”，其覆盖的不只是“能力”的培养，有许多是超越了“能力”培养，指向“素养”。从这个意义上说，“知识”对接的不是“能力”，而是“素养”。

许多“知识”，不可能也不必要立竿见影地转化为能力。如前所述，操作性知识主要指向的是技能训练，这只是知识中的一小部分，而且是不很重要的部分。更多、更重要的知识，是需要学生一生慢慢地理解、消化，促成其可持续发展。例如要让学生知道该树立怎样的理想、信念，该读些什么书（必读书目），需要哪些方面的相关知识、学养，自我修养历练的方法、途径，在某些领域有哪些重要的观点，等等。这些“长线”的知识，无须直接瞄准能力培养，不可能“当前受用”，而是针对学生长远发展、终身发展的。生活本位、能力本位的“当前受用”观念，是实用主义教育观的反映，是缺乏对人的可持续发展性的认知。唯有与培养素养对接的知识本位，才能与人的“终身受用”“精神建构”接轨，摆脱教育的急功近利。

这一个多世纪的“知识本位”与“能力本位”混战，症结在于只看到表象、假象，看到二者的矛盾，没有看到二者的统一；只看到脱离“生活”实践的知识传授，语言学、文章学知识教学的负面作用，没有看到学校教育中“知识”教育的重要性。同时，现有语文学知识的贫乏、简陋、陈旧等，造成对教学实践的疏离、误导，也造成对“知识本位”的质疑。这些问题并非“知识本位”本身的问题，与“知识本位”理念无关。——从来没人主张或提倡“知识中心”“知识本位”，“知识中心”“知识本位”是躺着中枪。

“知识本位”应该给予肯定。然而，当下尚不具备“知识本位”教育的条件。关于什么是正确的知行观，什么是科学的语文学知识结构，哪些是错误的或正确的语文学知识，语文学知识与培养能力、素养的关系等问题，是“知识本位”教育应关注的。语文界在诸多方面尚在糊涂中。

五　能力本位：从语言到言语

能力本位是作为对知识本位的超越而提出的。在这方面，高校的写作教育界觉悟较早，路德庆主编的《写作教程》① 和林可夫主编的《基础写作概论》② 是能力本位转向的代表作。《写作教程》将写作教学的重心转移到“训练”上来，全书五章，一概冠以“训练”：第一章“写作基本训练”，第二章“记叙文体写作训练”，第三章“议论文体写作训练”，第四章“说明文体写作训练”，第五章“应用文体写作训练”。《写作教程》开始有了初步的培养“能力”意识。《高等师范写作三能教程》对这一转型做了这样的描述：

> 写作是技艺、是行为的观念，与写作就是教文章知识、学写文章的观念相比，发生了很大的变化。因为写作课、作文课是传授技艺的课，是指导行为活动的课，所以，写作课、作文课的理论，就是有关技艺的、经验总结的应用理论，是对有关行为进行描述、加以认识的理论。它是从“前写作”“写作”到“后写作”，并包容了文章构成研究的理论。这样，就写作课的主要形态来说就应该不是理论型的，而是操作型的；不以探索文章理论为主旨，而以写作实际训练为手段。这样，写作教师就兼有体育教练、电影导演或者传艺师傅的性质。他不但要顾及学生写文章时的文字构成，还要注意对学生进行文章形成前的思维训练、文章形成中可能出现的各种实践活动的督导以及对学生采取必要的心理诱导等等。这样，学生的课堂练习或者课外学习就带有极多的动手操作和集体活动的要求，而写作课的主旨则更多的不是为着提高他们对写作的理论认识，而是提高他们具体的写作操作的实际技能。③

能力本位写作教学认知的成熟之作，是林可夫先生主编的《基础写作概论》，林先生对写作知识与写作能力的关系作如是观：

> 学习基础写作的目的是培养写作能力和提高写作水平。写作能力是

---

① 华东师范大学出版社 1982 年版。

② 福建人民出版社 1985 年版。

③ 潘新和主编：《高等师范写作三能教程》，人民教育出版社 2002 年版，第 400～401 页。

指进行写作活动所必须具备的智能和技能；写作水平是指进行写作活动所必须具备的写作理论、写作知识和语言文字方面的修养。一个能力，一个水平，两个方面，缺一不可。

基础写作课不同于一般的知识课，学习写作知识是为了转化为写作能力。那种仅以掌握写作理论、知识为目的，只读不写，学而不练，眼高手低，嘴巧笔拙的倾向，完全背离了课程的实践性质，必须纠正。当然，怀疑、轻视写作理论和写作知识，把基础写作课理解为不需要理论指导的即兴式的练笔课、修改课，误以为“能写就行”，知其然不知其所以然，也与课程的要求不相符合，需要防止。正确的做法是：系统地学习写作理论、写作知识，熟练地掌握三种基本文体类型（记叙性文体、说明性文体和议论性文体）的一般写作规律，同时，按计划进行大量的、有针对性的写作练习，在实践中消化写作理论，从而达到培养写作能力，提高写作水平的目的。①

林可夫先生还在该教材中对写作基本能力与过程做了对应性的划分，较为清晰地揭示了写作的能力结构②：

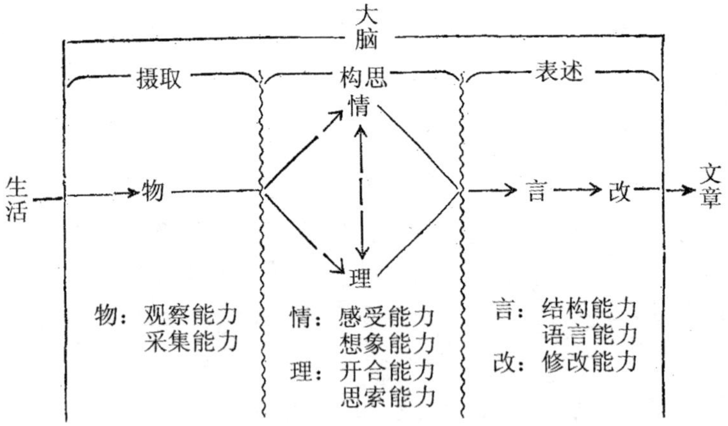

他认为尽管各种不同的文体所需要的写作能力各有侧重、不尽相同，但上述三个阶段的九种能力（还可分成几十道环节），大体反映了由生活经大脑到文章整个过程中对一位习作者在智能和技能方面的基本要求。这对写作能

① 林可夫主编：《基础写作概论·前言》，福建人民出版社 1985 年版，第 3 页。

② 见林可夫主编：《基础写作概论》，福建人民出版社 1985 年版，第7 页。

力的认识显然大大前进了一步。此后的能力论者或多或少都受到该教材的影响，能力训练逐渐成了高校写作教学的共识，知识本位观念受到普遍的质疑，逐渐淡出高校写作教育。

与林可夫先生注重过程与能力相统一的侧重点不同的是，马正平先生较为关注的是文章图式与写作过程的研究。他在 1995 年出版的《写的智慧》第四卷的“自序”中说：“文章——过程论写作教学是我在 1984 年前后的写作教学思想的特点。其具体体现在《〈写作概要〉编写提纲》里面。在这里，现在可以看到，在这个教材《编写提纲》体系中，我已对具体的文章类型、体裁的写作知识不感兴趣，而关心比较抽象的‘文章构成’和‘文章美感’的讲授。这里的‘文章构成’包括文章的概念、结构、分类、体裁，实际上就是由抽象到具体的文章观念、表象，它和文章美感（如节奏、文气、风格、意境）一起，形成了后来（1985 年以后）我提出的‘文章图式’或‘文章图样’概念的基础。可见，‘文章图样’概念是从这里发展起来的。其区别在于，‘文章图式’‘文章图样’强调其感性化、肉身化特征，而这里还胶柱于理性的文章概念、写作过程论。显然，这里‘文章构思论’‘文章表达论’‘文章修改论’构成了一个完整的写作过程，这也就是后来 1985 年刘锡庆先生讲的由‘意化’和‘物化’构成的‘双重转化’的写作过程论。在这里，‘意化’就是‘构思’，‘物化’就是‘表达’‘修改’。由此表明，我的写作教学在 1984 年秋天已正式进入了‘双重转化’的写作过程论阶段了。”① 马先生的长处是在对文章图式研究上，他的古代文章学和西方思维科学理论修养助成了他的研究，使他在文章图式结构上有了自己的见解，推动了文章学研究。在写作能力与过程论研究方面，尽管他努力将自己的研究成果反映到写作教学实践中，然而，似乎还是与实践有一定的隔膜，难以进入写作行为的操作中去。

上述研究表明，写作学界已从静态的语言论文章学向动态的言语过程论写作学转向。这其中包含着一场写作学科研究对象是“文章学”还是“写作学”的论争。“写作学”派认为：“不能以静止的观点解释写作的运动；不能以写作的结果（文章）取代写作的系统；不能以语言的训练取代思维的训练；不能以简单的客观反映论（生活——→文章）或主观表现-存在论（意识——→文

① 西南师范大学出版社 1995 年版。

章）替代辩证的‘客观——►主观——►客观’的写作转化规律”①。这一论争至今还在持续着，但已明显表现出相互包容的趋势，即“写作学”派也关注文章图式研究，“文章学”派也注意到写作行为过程，只是各有侧重罢了。但从总体上说，写作学界对“写作学”的认同度高于“文章学”，这主要表现在这一时期的研究者不约而同地在建构自身的写作教学操作系统，各类教材如雨后春笋般出现，各具特色的操作系统应运而生。与过程论相对应的写作操作理论研究的兴盛，实际上与中学这一时期注重能力训练的思路有某种的相似。

否定知识本位的能力本位论，也可以在叶圣陶先生教育思想中找到渊源。对“能力”和“实践”的强调，也是叶圣陶先生一贯的观点。在这一点上，他与夏丏尊先生的认识不同，夏先生的观点似更为中肯。叶老说：“看看文章作法之类只是‘知’的事情，虽然不一定有什么害处，但是无益于写作的‘行’是显然的。”② “怎样写作，现在有好些作文法一类的书……这些书大半从现成文章里归纳出一些法则来……所以作文法一类书……对于增强我们写文章的腕力只有间接的帮助。所以光看看这一类书未必就能把文章写好。如果临到作文而去翻查这些书，那更是毫无实益的傻事。”③ “写作系技能，不宜视作知识，宜于实践中练习，自悟其理法，不能空讲知识。或以为多讲知识即有裨于写作能力之长进，殊为不切实际之想。”④ 叶老的认识是需要做深入地辨析的。

在高校写作界写作行为意识觉醒之后，中学语文界也意识到了能力本位转型的需要。如钱梦龙先生说：

> 语文学科是一门工具性、思想性、实践性高度统一的学科，这一特点决定了语文教学目标的多元化，也为教师帮助学生预设目标增加了难度。以一篇课文的教学为例，至少有以下几方面的目标是应该考虑的：1. 认识目标——认识课文所反映的客观事物；2. 知识目标——学习并掌握与本课有关的语文知识或其他知识；3. 能力目标——培养听说读写与思

① 林可夫主编：《基础写作概论》，福建人民出版社1985年版，第7～8页。

② 叶圣陶：《写作漫谈》，见《叶圣陶集》卷九，江苏教育出版社1990年版，第266页。

③ 叶圣陶：《怎样写作》，见刘国正主编：《叶圣陶教育文集》第3卷，人民教育出版社1994年版，第362页。

④ 《答朱泳燚（1964年7月15日）》，见刘国正主编：《叶圣陶教育文集》第3卷，人民教育出版社1994年版，第514页。

维的能力；4. 教育目标——使学生在思想感情、道德情操等方面受到教育和熏陶；5. 非智力因素目标——提高学生的兴趣、情感、意志、性格等心理素质。这里需要探讨的是：怎样才能使这众多的目标在教学过程中达到有机的统一？是不是有执一御万的可能？如有可能，那么这御“万”的“一”是什么？我认为，在这些目标中处于中心地位的是知识目标和能力目标，其他目标都附属于这两项目标而不能自成体系；而在这两项目标中，尤以能力为主攻目标。这一论断的根据是我们对知识和能力关系的认识：能力必以知识为基础，无知必然无能，故以能力为目标的教学必能同时包含知识；但知识不等于能力，有知未必有能，故以知识为目标的教学未必包含能力。传统语文教学中死灌知识的积弊所以很难根除，以知识为主攻目标是一个根本的原因。而以能力为主攻目标，不仅不会削弱知识的教学，相反会把知识教得更活，因而更易为学生所掌握和运用。①

这种观点比起知识本位是个进步，但是显然对语文各目标间的关系、知识与能力的关系、语文能力本身的认识等均仍感肤浅，缺乏对言语学习动机层面重要性的认识，同时也未能对知识和能力做具体分析，使人感到“以能力为主攻目标”的论点没有什么说服力。同时，由于对知识、能力与过程等的认识不到位，具体操作层面的系统研究只能暂告阙如。

经过对知识本位的反思，今天语文界大都接受了能力本位的认知。在这一点上，王尚文先生、李海林先生等在理论建构上做出了很大的贡献，功不可没。二位学者的语感和言语教学研究，就是致力于为能力本位奠定理论基础。王尚文的《语感论》、李海林的《言语教学论》，都堪称语文学力作。这两位学者，是能力本位论实力派代表人物。要了解何谓能力本位，这两部论著是值得一读的。年轻学者李海林的理论修养和思辨能力更可谓一时之选，使我们看到了语文科研的光明的未来。

王尚文和李海林的目光，都越过了代表着知识本位的语言，投注在代表着能力本位的言语上。

王尚文在他的《语感论》中，开宗明义地指出：语感之语为言语而非语言。“……语感是一种在思维并未直接参与作用的言语能力，在言语实践中起

① 钱梦龙：《论“教师为主导”》，载《语文学习》，1988 年第 9 期。

着无法替代的极其重要的作用。不过，我们需要对语感的对象究竟是语言还是言语作出进一步的明确界定。在一般情况下，我们大可不必像孔乙己注意‘回’字的几种写法那样，一定要把‘言语’和‘语言’分得清清楚楚，有的时候确实难以分清，而且也没这个必要。但在我们这里却必须分清这两个概念，盖语感之‘语’实‘言语’而非‘语言’也。”① 他还明确指出了他和夏丏尊、叶圣陶、吕叔湘在语感认识上的分歧：“夏、叶、吕三位把语言作为语感的对象，我们则把言语作为语感的对象”②。语感是王尚文先生语文论的核心概念，他认为语感是一种言语能力，由此可见他的语文价值观是指向言语的。

李海林则越过了语感，直截了当地将语文的内涵确定为言语。他不满足于将语文定位在“语言运用”上，认为这不是一个术语，而是一种描述，缺乏一种结论性、终结性的意义，在意义结构和主观视角上与科学理论的要求尚有一定的距离和偏差。于是，他找到了“言语”这个概念。他的理由是：首先，言语与语言相对应，不管是在内涵上还是在形式上。其二，言语概念是现代语言学中的一个重要范畴，它有明确的科学内涵。其三，言语及其内部机制内在地决定了语文教学的整体性质和特征。其四，当我们用“语文即言语”来观照和批判“语文即语言”的语文教学观及其实践体系的时候，过去许多纠缠不清的问题一下子豁然开朗。③ 李海林的论述，表明了他的学术修养和对理论建构的自觉，不但在语感的层面，而且在语文学科的层面上，从言语论和语用学视角，牢固地确立了言语作为语文内涵的基本概念，并对此做了较为全面、深入的论证，力求建构“言语教学论”理论框架。我们认为，如果说王尚文的《语感论》为能力本位铺平了道路，那么，李海林的《言语教学论》一书的出版，则标志着能力本位教育思想臻于成熟。

二位先生批评知识本位和“语言论”语文教学论，试图建构言语论语文教学论，在理论上为能力本位的转向奠定了基础，这是十分可贵的探索，在语文界理性普遍缺席的情况下，这种精神尤其值得赞佩。

纵观1980年至2000年的“语文教学大纲”，出现频率最高的是“工具”“语文能力”“语文训练”“严格训练”等。虽然也出现过涉及“素质”和品德修养这一类的要求，例如1992年的《九年义务教育初中语文教学大纲》开头

---

① 王尚文：《语感论》（修订本），上海教育出版社2000年版，第21页。

② 同上书，第24页。

③ 李海林：《言语教学论》，上海教育出版社2000年版，第20～25页。

部分在明确了语文的“基础工具”的性质后，指出“语文学科对于提高学生的思想道德素质和科学文化素质，培育有理想、有道德、有文化、有纪律的社会主义公民，具有重要的意义”，但是，在主体部分是以能力为主、知识为辅，基本上未涉及上述人文教育的内容，如“二　教学要求”主要讲的是能力——阅读能力、写作能力、听话能力、说话能力，简单提及“基础知识”的要求；“三　教学内容”前面是“能力训练”，包括阅读训练、写作训练、听话训练、说话训练，后面是“基础知识”和“课外活动”的内容。由此可见，在认知上是以能力为本位的。1996 年《全日制普通高级中学语文教学大纲》注重能力和训练的观念不变，只是更加强调“训练”，体现了“以训练为主线”的教学思想。如“二　教学原则”共六条，前面四条都是讲“训练”的：

> （一）语文训练和思想道德教育统一。教师要善于引导学生在学习语文的过程中提高思想认识、道德修养和审美情趣；在领会思想内容的同时加深对语言文字的领悟，培养语文能力。
>
> （二）语言训练和思维训练相辅相成。在语言训练的过程中要重视思维方法的学习、思维品质的培养和思维能力的发展；思维训练要贯串在语言训练中，促进语言能力的提高。
>
> （三）语文训练中知识教学和能力训练密切结合。知识教学要精要、好懂、有用，着眼于提高语文能力；能力训练要务实、得法、有效，要注意运用语文知识。
>
> （四）阅读能力、写作能力和听说能力全面训练。几种能力的训练要注意各自特点，协调进行，共同提高。

“三　课程结构和课时”部分分为“学科类课程”和“活动类课程”两类，基本指导思想也是各种“语文能力”的培养，“活动”受到了重视。“四　教学内容和要求”部分，也依然是以“能力训练”为主。“五　评估和考试”部分实质性的要求是：

> 语文考试应该着重检查学生理解和运用祖国语言文字的能力。避免脱离读写听说的实际，单纯用知识概念、名词术语考学生。
>
> 语文考试要紧密联系平时的语文训练，命题要针对学生学习的实际，要有利于检查学生解答试题的思维过程。
>
> 语文考试还要注意检查学生自学语文的能力，考试方式要多样化。

要重视教学效果的及时反馈。

语文活动类课程要考评。

由上可知，这一时期的语文教育是以能力本位、“训练主线”为特征。语文教育即“能力训练”，对语文教育的认识，仍是在“工具论”的实用主义和行为主义的大背景下的发展和丰富，“能力论”“训练论”“活动论”三位一体。在这种指导思想下，语文教育变成言语技术教育，这虽然比语言知识教育有所进步，但是，用培养运动员和“技工”的做法进行语文教育，成天讲的是技能、训练和活动，把学生训练成语言操作工，即便个个语言技术精湛，言语规范得体，也是不符合语文学科教育的本旨的。

然而，值得重视的是，直到今天，人们对语文知识的认识其实仍然模糊不清。这集中反映在《全日制义务教育语文课程标准（实验稿）》中对语文知识的“新”提法：“语文是实践性很强的课程，应着重培养学生的语文实践能力，而培养这种能力的主要途径也应是语文实践，不宜刻意追求语文知识的系统和完整。”这就给人一种误解，以为语文教育的目的就是培养“能力”，从“实践”到“实践”便能培养出能力，实践与知识是矛盾对立的、相互排斥的，注重语文教育实践可以无须有知识，即使有知识，也不要追求系统和完整。这就走到了另一个极端。

知识本位是不对的，实践本位、能力本位有其合理性，的确是一种认识上的进步。但是，人们在否定知识本位、建构能力本位教育理论时，对知识本位的认识还是较为浅陋的，对与其密切相关的语文知识的认识也是不到位的。今天知识本位教育似乎已没有市场，已被大家抛弃，然而，对语文知识的认识可以说才刚刚开始。由于对语文知识认识不到位，所以语文界在抛掉知识本位的同时，十分麻利地把语文知识也顺手丢掉了。

知识本位与语文知识是两个不同的概念，语文教育不以知识为本位，不是说语文教育不要知识，或是不要系统的知识，而是说语文教育不以掌握语文知识为目的。遗憾的是，语文界对此认识还是较为模糊的。语文教育不是不要知识，不是知识太多或是知识太系统，而是缺乏高水平的对实践有帮助的知识。对“能力”和“实践”的过分强调，对“知识”的“系统和完整”的简单的否定与鄙薄，同样是不可取的。这可以从以下几个方面做一简单的分析。

首先，叶圣陶先生认为写作单看作文法之类的书是不行的，要在实践中练习。这种看法自然是对的，但是说“写作系技能”，我们就难以苟同了。写作需要文字技能，或者说有能力、智慧的一面，这是对的，但是，写作靠的不完全是技能、技巧这些表层的东西，更重要的是要有相关的人生阅历、经验，也需要知识、学养，还需要天资、人格、情感、思想、理想等。仅仅把写作视为“技能”是偏颇的。这种认识，是语文“工具论”的产物。把语文视为“工具”，写作自然就是掌握“技能”的事了。王尚文、李海林先生的语感论、言语论指向的能力本位论，实际上与叶圣陶先生的“技能论”没有太大的区别，虽然在能力的重心上由语言倾斜到了言语，强调语言运用，但是，也同样在语文素养的丰富性和复杂性上触礁，仍然局限于言语行为技术层面的语言运用——语感和语用，而没有看到对于人的言语发展来说，深层次人文素养的培植，良好的言语人格、言语动机的养成是最重要的。在这一点上，需要回过头来做一写作史上的检讨，从儒家注重修身养气的言语观上对言语教育进行反思。

其次，叶圣陶先生认为写作不宜视为知识，不宜多讲知识、空讲知识，这也是对的，因为写作须通过实践才能悟到其中的奥妙。但是，如果认为作文法一类的书一概无益于写作的“行”，这就不一定对了。叶圣陶先生自己就曾经和夏丏尊先生合写过《文章讲话》《文心》等专门讲写作和语文知识的书，他自己也写过《作文论》等知识性的文章。从方法论上看，知和行是一对矛盾，行和知是对立的，但也是统一的。关键在于所知的是否是真知。如果言语知识是从言语实践中总结出来的，符合客观的言语规律，便是真知，岂会无益于行？知识本位自然有其局限，然而，否定知识本位连知识也给否定了，对知识取一概排斥的态度，这是经验主义的方法。从实践论上看，实践不是盲目的实践，任何人的实践都会受到原有的知识结构、认知图式的导引，都不是“乱来”一气的。实践一方面是对原有的知识结构、认知图式的检验，另一方面也是一个自我建构的过程，在实践之后通过反思，不断修正和改善自身的知识结构和认知图式。知和行是互为前提、相辅相成的。

第三，语文知识在对学生语文能力的培养上，不是可有可无的，而是至关重要的。对于知识在培养语文能力上的作用，夏丏尊先生的意见仍有参考价值。他说：

技术要达到巧妙的地步，不能只靠规矩，非自己努力锻炼不可。学游泳的人不是只读几本书就能成，学木工的人不是只听别人讲几次便会，作文也是如此，单知道作文法也不能就作得出好文章。反过来说，不知作文法的人，就是所谓“神而明之”的也竟有成功的。总之，一切技术都相同，仅仅仗那外来的知识而缺乏练习，绝不能纯熟而达到巧妙的境地。“多读，多作，多商量”，这话虽然简单，实在是很中肯綮，颠扑不破；要想作好文章的不能不在这方面下番切实的工夫。

照上面所说的一段话，必定有人疑心到作文法全无价值，依旧确信“文无定法”，只想“神而明之”，这也是错的。专一依赖法则固然是不中用，但法则究竟能指示人以必由的途径，使人得到正规。渔父的儿子虽然善于游泳，但比之于有正当知识，再经过练习的专门家，究竟相差很远。而跟着渔父的儿子去学游泳，比之于跟着专门家去练习也不同，后者总比前者来得正确快速。法则对于技术是必要而不充足的条件，真正凭着练习成功的，必是暗合于法则而不自知的。法则没用而有用，就在这一点，作文法的真价值，也就在这一点。①

夏丏尊先生在《文章作法》的篇幅不大的“绪言”中，费了这么长的文字讲述作文法知识对于学习作文的重要，探讨法则与技术的关系，这大约不是无的放矢，而是有感而发的“剑走偏锋”。从文中也可以看出他是在努力澄清语文界对“法则”的误解。显然，他是针对“知识无用论”做的反驳，是对当时的论者们的经验主义、实用主义和工具主义倾向的批评。夏丏尊先生对知识与技能关系的认识——“法则没用而有用”的观点，是十分精辟的。从经验、实用和实效出发，知识对于能力的提高未必能立竿见影，而且由于知识本身的局限及它的普遍性特征，使其未必能涵盖一切实践活动的特殊性，有时的确还不如某些个人经验所起的作用那么直接、那么明显，但是，具有较高逼真度的知识，在教育中所起的总体效果，无疑要大于纯属个体经验的指导。一己的经验再丰富，比起从广泛的实践中提炼出的知识，也是狭隘的、微不足道的，它的局限性要大得多。不论是作家还是学者，单从自身的写作经验出发，而不研究写作和写作教育规律，都不可能对全体学生的写作实践发生较为普遍的促进作用。夏丏尊先生上面这番话，对过去、今天以至将来的形形色色的“知识无用论”者，都做出了深入浅出、意味深长的回答。

---

① 夏丏尊、刘薰宇：《文章作法·绪言》，见《夏丏尊文集》（文心之辑），浙江文艺出版社 1983 年版，第 5～6 页。

第四，语文知识不是不重要，关键在于知识的质量，在于给予知识的方式。以往语文教学中知识的无用，问题在于知识本身出了问题，它不是从语文实践中科学抽象出来的，未能正确反映语文的规律，因而，不能对实践起积极的指导作用。从理论上说，只要是真正科学的语文知识，都可以而且应该进入语文教学，没有任何拒斥的理由。任何一个学科，既是实践的，也是理论的。没有理论知识就不能称之为学科，理论知识贫乏的学科，就不是一个成熟的学科。就语文学科而言，不是知识积累得太多了，而是真正科学的有价值的理论知识太少了。就拿最受非议的语法知识来说吧，也不是语法知识就要不得，而是一方面汉语语法学的研究还没有真正达到语用的水平，或者说它在研究上误入歧途，将西方的语法体系移植到汉语中来，而不是从汉语实际出发，从活生生的言语现象中进行归纳和抽象。这一点，从《马氏文通》迄今没有根本的改观。拿这种不中不西的语法，来规范学生的言语实践，自然是隔靴搔痒、邯郸学步，弄得学生学了语法反而不知道怎么说话、写文章。另一方面，就是这么一种不得要领的语法，语文界还没有找到一种适切的方式“给予”学生。把作为专门性研究内容的全套语法规则照搬到教学中来，要求学生进行语法分析，划分句子结构，全然脱离了学生的言语实践中的问题，“空讲知识”，死做训练，结果是会了语法，废了语感。语法考了满分，在写作中原来什么毛病还是什么毛病。其实，语法知识，是要放在语用即语境中来学、来用的。不论是说还是写，只要能把话讲明白，能基本符合汉语的表现规则，能达到预期的表达效果，不违背一般的言语习惯就可以了。学习语法，能领会句子的基本成分及其对应关系，学会将复杂的句子加以简化，便于检视自己文句是否有语病就行了，不必绞尽脑汁地故弄玄虚，找一批复杂的句子来难为学生。在教学中，一是看是否有影响表意的句子成分残缺，不影响表意的残缺而符合表达的节省原则，在具体语境中是允许的；二是看句子各成分间的搭配是否得体，如果是独特的搭配，就要看是否可以被读者接受，如果可以被接受，不但不应被禁止，而且应给予鼓励。在对词类的认识上，也不应停留在对词类知识机械地掌握上，因为汉语的词性不是固定不变的，许多词的性质随具体的语境发生变化，所以，可做一些对对子的训练，通过巧妙地表达自己的意思，让学生领悟词的分类和活用，品味语言的奥秘和丰富的意蕴，提高语感。教授语文知识应根据学生的年龄、心理、兴趣、理解力、言语水平等，寻求最容易被接受的“给予”方式——学生最容易接受的方式就是最适当的也是最科学的方式。

第五，知识的呈现方式应该是系统有序的。《全日制义务教育语文课程标准（实验稿）》接受了语文界对知识本位的颠覆，在确立了能力、实践本位的同时，在对语文知识的认识上，对系统完整的语文知识取否定的态度，陷入了“非此即彼”的绝对化思维的泥沼。从知识论来看，理性论哲学追求的是知识的谱系化、严密化、系统化，虽然在后现代语境下不被看好，有封闭僵化“作茧自缚”之嫌，谱系化的知识受到了现象学还原的方法和解构主义的质疑，认为认识不应是心理主义、人本主义和科学主义的，应还原到“直观”和“本质直观”。知识不必有自上而下的、层次分明的结构体系，可以对现象做多元化、多视角的认知，把视点从层层深入的本质、位次严谨的概念，转移到丰富的现象和自在的客观对象上来，这对打破知识的一元论和所谓的唯心的“本质论”虽有一定的裨益，但在教育中，在“可接受性”“因材施教”等原则下，只要提供必要的知识——这种知识业已得到学术共同体的较为广泛的认同——知识的呈现方式不论是显性的还是隐性的，势必都应是循序渐进的，有利于学生自我建构的。这样就不能不刻意“追求语文知识的系统和完整”。在语文学习过程中，学生对某些局部的知识的认知可能是“混沌”的，也许在相当长的语文实践中也还是“混沌”的，但是不断地通过能量的交换和互动，通过主、客体的协调整合，通过机体的“自组织”，在知识整体结构和功能上，它必然要趋向“有序”。而这种“混沌”，在教师的教育行为和课程设置上，不是“昏昏”，应是“昭昭”，是有意识的、有目的的“混沌”，是明晰的“混沌”。语文教育就是要求为学生认识上的自我建构提供一个能由“混沌”到“有序”的知识结构，这个知识结构自然不应是残缺破碎的，而应是系统完整的。

在语文教学的实践层面，关注能力的培养，进行适当的练习，这是必要的。能力本位比知识本位的认知，似乎更加逼近了语文教育的规律。但是，如果这种认知是经验主义视界的产物，是从“知识无用论”出发，倒退着回到盲目“试误”，这不能不说是一种“无知”。这样的能力本位，其结果比传统的知识本位也强不到哪里去。以往语文教学中所谓的语文能力训练还少吗，学生语文能力是否就真的提高了？这是需要认真审视的。

我认为“能力论”在以下这些问题上存在着认识上的局限：

首先，语文教育不仅仅是培养言语能力——语感、语用能力。母语教育，其文化认同、思维方法培养和人文积淀的功能，甚至要大于培养文字运用能力的功能。语文课程的教育功能是多元的，言语论者强调语文的内容是言语，而言语指的是一种语用能力，语用能力又集中体现在语感能力上。这实际上对语文课程的性质定位仍是属于“工具性”范畴，它的价值取向也是在“功利”“实用”上，未能充分体现语文教育的德育、智育、体育（语文教育也能促进人的生理上的发展）、美育的功能。所谓的语用能力，注重的是听读说写（主要是读和写）的技能、技巧，是文字的熟练运用，这只是语文教育表层的内容。例如，健全的言语人格的培养对于人的言语表现上的发展是至关重要的，但是，它是“非能力”因素。良善的德行、诗意的情怀、温柔敦厚的心灵等，是语文教育的根本内容，丧失人文抚慰和滋养，谈何语文能力？学养和阅历，是言语活动不可或缺的，没有奠定学问基础和丰富人生感悟，又能读出、写出什么来呢？清人叶燮说：“大凡人无才，则心思不出；无胆，则笔墨畏缩；无识，则不能取舍；无力，则不能自成一家。”“大约才、识、胆、力，四者交相为济。苟一有所歉，则不可登作者之坛。四者无缓急，而要在先之以识；使无识，则三者俱无所托。无识而有胆，则为妄，为卤莽、为无知，其言背理、叛道，蔑如也。无识而有才，虽议论纵横，思致挥霍，而是非淆乱，黑白颠倒，才反为累矣。无识而有力，则坚僻、妄诞之辞，足以误人而惑世，为害甚烈。”[①] 清人袁枚则言：“作史三长：才、学、识缺一不可，余谓诗亦如之，而识最为先。非识，则才与学俱误用矣。”[②] 清人章学诚也说：“夫史有三长：才、学、识也。古文辞而不由史出，是饮食不本于稼穑也。夫识生于心也，才出于气也。学也者，凝心以养气，炼识而成其才者也。”[③] 这些说的都是治学为文需要多方面的素养，虽然其中“识”是最重要的，但是，“识”又是“生于心也”，需要才、胆、力、学的辅助，反之亦如是。古人尚且明白言语表现靠的是人的综合素养，包括智力和非智力因素，而如今却片面地把它归到能力上，甚至是归为一种单一的能力——语感，这显然是违背了言语学习和表现的规律的。长期以来语文教育效率低下，一个重要的原因就是错把表层的内容当成了语文教育的全部内容。由知识向能力的转向是由

---

① 叶燮著，霍松林校注：《原诗·内篇下》，人民文学出版社 1979 年版，第 16 页，第 29 页。

② 袁枚著，顾学颉校点：《随园诗话》卷三，人民文学出版社 1960 年版，第 87 页。

③ 章学诚著，叶瑛校注：《文史通义校注·文德》，中华书局 1994 年版，第 279 页。

片面转向片面，从思维方法上看，是单向度、简单化的，忽视了人的言语表现内在机制的复杂性，因此未能找到正确的方向。

客观地说，能力本位论者也不是全然没有看到言语性的复杂构成，王尚文先生就曾说到“语文素质”这个概念，但由于碍于“语感中心”的观念，他把“语文素质”归为“非中心”，即比较次要的因素。他认为在语感这一中心的外层，语文素质包括这几个方面的内涵：语文知识的积淀，语文思维的发展，语文情趣的养成，语文潜能的蓄积。[①] 这就本末倒置了。尽管这四个方面的“语文素质”概括得并不全面，但是我们还是不难看出这些“语文素质非中心”的外层因素的重要性，要远大于“语感中心”，不是“语感中心”管着“语文素质非中心”，而是正相反。没有语文素质，哪有语感呢？

其次，语文能力不是“训练”出来的。能力本位论和知识本位论有一个相似的误解，都以为语文能力是训练出来的，其不同在于知识本位论以为能力是由所掌握的知识借助训练转化而来，能力本位论则以为与知识无关，只要训练就成。关于知识与能力的关系这里不再赘述。其实言语能力的形成不仅仅依赖知识的积累，还与人的人生观、历史观、言语观、审美观等密切相关，也与人的意志品质、个性禀赋、情感情绪、经验阅历等相关，这些都是无法训练的，需要在一个良好的文化氛围中熏陶养育的。“凝心以养气，炼识而成其才者”，这是一个漫长而缓慢的滋养修炼的过程。在这个过程中，教育所施加的影响不都是看得见的。这些有形和无形的、显性和隐性的素养，未必都可以操作演练，一经训练就能立见成效的。新课标倡导的“熏陶感染”、体验等“非训练”的学习方法，才是更符合语文学习规律的，是语文学习的适当方法。不可否认，有的是可以训练的，这主要是语言技能——语音、文字、词汇、语法等是可以通过训练掌握的。而言语能力就难以训练了，功利目的太强的“训练”，有时恰恰适得其反。就拿语感这一被认为语用能力的核心能力来说吧，就不是可以训练的。缺乏言语悟性的人难以提高语感能力自不待言，就是言语悟性极高的人，语感能力的形成也不是单靠“训练”就能奏效的，往往是在长期的“无意识”的读与写实践中潜移默化而成的。这就是所谓的“有心栽花花不发，无心插柳柳成荫”。没有人能设计出一个普遍适用的“语感训练”规程，除非你把翻翻报纸、聊聊天、写写日记、唱唱歌都

① 王尚文：《语感论》（修订本），上海教育出版社 2000 年版，第 382～383 页。

算做语感“训练”。从某种意义上说，良好的语感是不可训练的，因为它跟人的天资个性联系在一起。绝不会有谁会承认自己的语感是教师在课堂训练出来的，只有那些不谙言语之奥妙、毫无语感可言的教师，才会愚蠢到以为语感可以训练。当你看着“语文教学大纲”中的教学内容居然除了能力还是能力，除了训练还是训练，语文课堂变成了木工坊、铁匠铺，这已经背离了教育的主旨，不由得不令人悲哀。

六　素养本位：从言语到语文素养

从语言（文章）到言语（能力、过程）的认知是高校写作界和中学语文界的一个了不起的觉悟，写作学科和语文学科的实践性品质得到了确认。但是能力本位下的“言语论”语文学，受制于经验主义、实用主义的局限，依然没能摆脱“工具论”的影响，急功近利的能力训练，成了基本的教学思维方式，实践性被狭隘化地理解为可操作性、可训练性，这在推崇素养教育、人文教育的情势下，势必受到冲击。

在这方面首先超越出来的仍然是高校写作学界。写作学界不仅将写作视为一种创造性活动，而且逐步地把它提升到人的基本素养的层面来认识，认为写作教学的主要任务是培养创造力，其意义超出了写作本身，写作教学也是在造就人。在《高等师范写作三能教程》中，论者对此做这样的表述：

> 20世纪80年代中、后期在写作理论和实践探索中出现的、至今方兴未艾的另一种观念，将会把写作教学的改革推向新的高潮。
>
> 请看以下屡屡被涉及但并未放到重要地位上进行探索和论述的主题。
>
> （一）林可夫在《高等师范写作教程》中写道：
>
> “写作是开启创造力的钥匙。写作作为人所特有的一种行为活动，它不仅只是记录思维成果，而且可以诱发创造性思维，造就创造性人才。”
>
> （二）周姬昌在《写作学高级教程》中写道：
>
> “创造性思维是一种高级智能活动，它不仅在科学发明中发挥巨大作用，在写作活动中也同样十分重要。不论是文学写作还是论文写作，都要求作者具有不断创新的思维能力。”

（三）吴伯威主编的《基础写作教程》写道：

“写作是开发智能的有效途径。”

（四）裴显生主编的《写作学新稿》写道：

“写作活动，是一项创造性的精神劳动。每件劳动产品——文章，也都在不同程度上体现出创造性的特色。”

（五）于成鲲、李白坚、沈汉达编著的《题型写作教程》“跋”中写道：

“与其他课程相比较，写作课的重大特点是需要创造，需要通过教师的诱导，使学生产生写作冲动，从而创造出大大小小、长长短短的作品（文章）来。”

翻开20世纪80年代中、后期以来的大部分写作著述或教材，其中大都普遍地表述着这样一个写作教学观念，即：写作是一种创造性活动。

这样，我们就可以提出第三个层次写作教学观念：写作，是一种创造活动，写作教学，是一种培养学生创造力的重要课程。

创造，是人类历史发展的动力，人类的历史，就是一个不断创造、更新的历史。而写作，则是人类创造活动中最富思想意义和创造意味的活动。

……无论怎样伟大的思想，无论怎样精确的推理，无论怎样重大意义的论断，如果尚停留在思维的状态之中而不以文章的形式发表出来，就只是不可捉摸的思想形态的东西，甚至可以说，是不成体系的、零散的东西。只有付诸写作，形成文章，思想才能被梳理、被定型、被凝练成为物化的东西。而写作的过程，也就是思想的条理化、理论化的过程。

退而言之，即便是一般性的应用文、说明文，即便是调查报告、工作总结，也必须经过调查了解，经过逻辑判断，概括地再现以往的经历，清晰地指出工作的意义或工作中的优缺点。所以，它们也是一种高度的精神劳动，仍然是一种创造活动。

…………

当然，创造有高下之分，有的写作体现出十分明显的创造性，而有的只是带有创造意味罢了。

写作中精神劳动的不确定性，也使它富有创造意义。同一命题，五十个学生应该有五十种写法（当然有所谓“千篇一律”的说法，那只能说明，或者是命题本身没有创造性，从而限制了学生的创造性；或者是学生缺乏创造性的思维。这正是写作教学中应该努力避免的情况）；同一题材，不同学生有不同的处理方法。因此，写作的不确定性，正是因为头脑的内在机制在起作用。而写作行为的本身，又最全面地锻炼、训练、调动了脑的创造功能。写作的全部过程，从感知到运思到表述，最完美地进行和完成了创造所需要的全部外界刺激、心理反应、生物化学转化和生理适应机能的全过程。写作是全身心的总动员与联合运动。

创造心理学和一切创造性活动告诉我们：创造的过程，感知、记忆、想象和操作等智力、技能因素，又需要动机、热情、兴趣、毅力等非智力因素。有意义而又有意思的是，写作，恰恰囊括了创造所需要的这一切因素。而写作的训练，又反过来操练着这些因素。因此，写作和创造之间，确实有着全面的联系。

…………

我们需要培养的是大写的具有完美人格的人，完美的人格应该对工作具有积极的兴趣，应该对生活具有丰富的情趣。正是从这个角度来看问题，许多特级教师所提出的“教作文，就是教做人”的说法才有了具体的内涵。

如果说，写作的过程，已经包含了创造的各种心理、生理机制，那么，反过来，写作，或者说，写作的学习，又将最好地操练和调剂以上所述各种创造性行为的心理和生理的各种元素的产生和发挥。写作的训练过程，最全面系统和综合地使学习者汇总了以上观察力、记忆力、想象力、逻辑力和操作力等智力因素以及创作热情、趣味、兴趣等非智力因素，这对学生创造力的培养，无疑是一种巨大的促进。

从这个意义上，我们应该说，学习写作几乎就是在培养为创造而进行的心理和生理的活动。

如果我们承认“写作是一种创造活动”的命题，那么，我们就应该产生另一个更为严肃的、更有意义的观念，即，写作课是学习创造的课程，写作课是挖掘学生潜能、培养学生创造精神的课程。明确提出这样一种新的观念，对于写作教学，具有极为重要的意义：

…………

创造是人类的最高目标，创造型人才或者人的创造能力，是社会最需要的人才与能力。写作课可以担负，而且应该担负起培养学生创造能力的重担，而不应当像以前所定位的那样只是负责培养“语文能力”以及“写作人才和写作研究人才”或者“写写弄弄”的人才的任务。[①]

写作是一种创造性活动，写作是培养人的创造素质、培养人的基本素质的认知，这已经进入了写作动力学研究层面。从能力到素养，尤其是到“动机”，这是一个质的飞跃。这表明写作学界已不再视写作学习为一般的技能习得，已经开始关注在技能、技法背后的心灵层面的东西。

首先打出“动力学”写作教学旗号的是马正平先生，他起先称之为“动力学——过程论”，后来发展为“动力学——生长论”：

所谓“动力学——过程论”写作教学思想，是指不仅重视写作行为过程的乃至文体的技术、技法、技巧的教学、训练，而且强调写作行为过程及技术、技法、技巧的发生及驱动。其关键是培养学生的创造性、自动化、现实的写作能力，而不是机械式、作业性的写作技能。因此，在我看来，写作行为过程中的思维操作并不是机械的行为，它的产生、运行必须靠写作者优化的心灵背景、主体精神。因此，要想真正提高学生的写作水平，就必须重视写作主体、心灵背景的塑造、建构。这里的“重视”，只是说说而已，而要进行这方面的具体训练，是写作教学训练中的一个重要部分、大块。

…………

那么，动力学——过程论写作教学中的“过程论”是何所指呢？如前所述，最初，我对“写作过程论”理解为“构思——表达——修改”的过程，类似于“双重转化论”思想。但是，1985 年底到 1986 年底我发现写作行为的“知行递变”规律以后，我便把写作过程不再理解为一个转化过程，而是一个知与行的自变、递变的过程。这一点区别于目前写作界广为认同的“双重转化”“三级飞跃”“三重转化”等理论主张。……“知行递变”规律的发现解决了写作过程、写作目标与行为、方式的生成、生长的问题。“知行递变”理论作为一种写作哲学是深刻的，但作为一种操作理论，似乎具有线性化、机械论的味道。这已被一些有识之士指出。进入 90 年代以后，我的写作教学主要就是对写作行为

---

① 潘新和主编：《高等师范写作三能教程》，人民教育出版社 2002 年版，第 402～407 页。

过程中的思维操作技术的探索和培养。由于写作分形生长理论的提出，使得这个问题得到了较为满意的解决。于是，我根据写作分形生长理论，提出了分形论写作教学主张。

写作分形论的核心是强调文章和写作行为过程的自组织（生长）规律，文章的成形过程是文章胚胎的不断复制的自组织生长过程，写作行为也是写作灵感、动机的不断放大，这二者遵循的都是"重复"原理。实际上，这里的"重复"原理正是我现在讲的作为文章结构规律的重复与对比。整个分形论写作教学都注重的是生长问题……

实际上，分形生长论写作教学仍然是一种动力学写作教学。因为，在这里，写作行为、技术是一个自组织、自生长、自我复制的过程，其分形元也就是动力源，它推动着文章与写作行为发展，与前面讲的动力学相比，其区别在于前面讲的动力学是主体动力学，而这里讲的动力学是客体（文章）动力学与主体（动机）动力学的统一（即操作动力学）。

…………

综上所述，写作行为过程的思维操作（技术）是一个（分形的）生长过程，要使这个（分形）生长的思维操作（技术）真正自动运转（激活），那必须受两个力量的推动：一个是主体精神性动力，即写作动机（兴趣）、意志（事业心）、写作智能、人格、写作文化；二是文章图样写作思维模型。这二者构成了作者的写作能力结构，也是动力结构。前者是间接动力（宏观控制），后者是直接动力（微观操作）。……现在看来，80年代我对这二者关系未看清楚，所以把二者笼统视之。准确地说，那时我侧重于探索前者，90年代则侧重于后者的探索。

一句话，我们的目标是动力学。这就是我所理解的现代化、科学化的写作教学，也是具有中国特色的当代写作教学。①

马先生的探索无疑是极有眼光和远见的，是值得敬佩的。教育和其他领域一样，现象和行为的问题，归根结底是动力学问题。在一般人还停留在工具主义和经验主义层面上进行所谓的写作教改时，马先生就已广泛涉足于当代学术前沿的各领域，时不时地发表一些惊世骇俗的见解：写作文化、心灵背景、时空情绪、文章图式、写作场、耗散结构……让写作学界同仁眼花缭

---

①　马正平：《我的目标是动力学》（自序），见《写的智慧》第四卷，西南师范大学出版社1995年版，第1282～1288页。

乱、瞠目结舌。尽管我与马先生在学术上存在不同的见解，有的分歧还比较大，但他的学术勇气和学术建树，他的不凡的研究才华、超乎常人的勤奋执着，及其“舍我其谁”的振兴写作学科的使命感和悲壮感，我以为在新时期写作学界无人可与其比肩并峙。我常常想，要是写作学界没有马正平会是怎样的乏味萧索，写作学科面目将会怎样的枯槁憔悴。不论你是否愿意面对“乱花渐欲迷人眼”的现实，这毕竟是无可回避的现实。

由上面的引文中，大家不难体会到他思维的活跃与敏锐。在写作教学上，他率先提出了建立“动力学”写作学的构想，并在这一方向上不断地自我否定、自我超越，不断地试图引进新的概念，从“文体论”“文章——过程论”“动力学——过程论”到“动力学——生长论”，从“写作文化”“梯级模型”到“写作场论”，从知行递变论到分形生长论，从基础理论到应用理论，可以看出为求得认知的丰富、深刻所做出的努力。他对写作学研究的痴情投入、惨淡经营，对科学前沿的关注与学术敏感，对写作学科未来抱持的理想与信念，于我始终都是一种精神激励与智性启迪。

再看语文教育。2001 年颁布的《全日制义务教育语文课程标准（实验稿）》，在语文教育基本理念上的一个最大的超越，是提出了“**语文素养**”这个概念。

在《全日制义务教育语文课程标准（实验稿）》的第一部分“前言”的“一、课程性质与地位”中说：“语文课程应致力于学生语文素养的形成与发展。语文素养是学生学好其他课程的基础，也是学生全面发展和终身发展的基础。”在“二、课程的基本理念”的“（一）全面提高学生的语文素养”中说：“九年义务教育阶段的语文课程，必须面向全体学生，使学生获得基本的语文素养。”“（三）积极倡导自主、合作、探究的学习方式”讲到语文综合性学习时说：“语文综合性学习有利于学生在感兴趣的自主活动中全面提高语文素养，是培养学生主动探究、团结合作、勇于创新精神的重要途径，应该积极提倡。”在“三、课程标准的设计思路”中，再次对“语文素养”做了具体化和强调：“2. 课程目标根据知识和能力、过程和方法、情感态度和价值观三个维度设计。三个方面相互渗透，融为一体，注重语文素养的整体提高。各个学段相互联系，螺旋上升，最终全面达成总目标。3. 阶段目标从‘识字与写字’、‘阅读’、‘写作’（小学 1～2 年级为‘写话’，3～6 年级为‘习作’）、‘口语交际’四个方面提出要求。课程标准还提出了‘综合性学习’的要求，以加强语文课程与其他课程以及与生活的联系，促进学生语文素养的整体推进和协调发展。”由此可见，“语文素养”和“全面提高语文素养”的提法，已成为《全日制义务教育语文课程标准（实验稿）》的基本教育思想，是贯穿课程标准的核心概念。

“语文素养论”的提出，是对能力本位、“训练主线”的超越，是对叶圣陶先生“写作系技能”和钱梦龙先生“以训练为主线”的“行为主义”“技术主义”教育观的否定。在《全日制义务教育语文课程标准（实验稿）》中，“能力”失去了往日的荣耀，虽有提及，但不再受到高高在上的尊崇；“训练”销声匿迹，被扫地出门。取而代之的是围绕“全面的语文素养”这一核心概念的一系列相关概念：人文内涵，熏陶感染，独特体验，情感体验，培养语感，整体把握，主动探索，团结合作，勇于创新，激发想象力和创造潜能，发展个性，丰富精神世界，整体推进，协调发展……

尽管课程标准的制订者没有对这种改革做具体的理论阐释，课标中也还存在不少能力本位的痕迹，“工具性”认识依然强势，甚至2011年新修订的课标中仍然把“课程性质”定义为“学习语言文字运用”，但是我们还是不难看出这一变革的意义。这表明了语文界已经意识到了不能狭隘化地理解语文教育的言语性，不能将言语简单地看作是实践的、语用的、能力上的问题，也不能以为语文教育就是文字训练，应在“素养教育”和“建构主义”的背景下，在更加广泛的意义上，理解语文教育的目标和途径。这标志着“素养论”对“能力论”的挑战。

对“语文素养”和“语文能力”有什么实质性的差别这个问题，教育部语文课程标准组组长巢宗祺先生做了这样的回答：

> 从相关工具书关于“能力”“素养”的解释看，“能力”是指人能胜任、能完成某项工作的自身条件（应该包括心理和生理条件），重在“功用性”；“素养”是指人通过长期的学习和实践（修习培养）在某一方面所达到的高度，包括功用性和非功用性。
>
> 长期以来我们已习惯了的“语文能力”是指读写听说的能力。课程标准所提的“语文素养”包括：字词句篇的积累，语感，思维品质，语文学习方法和习惯，识字写字、阅读、写作和口语交际的能力，文化品位，审美情趣，知识视野，情感态度，思想观念。“语文能力”包含于其中。实际上这里面种种内容在以前的语文教育中也必然涉及，但不

能都归在“语文能力”的范围之内，语文课程需要有一个名称能够涵盖这样一些教育教学目标。我想，就是基于这样的出发点，考虑用“语文素养”的名称，把上述内容都纳入语文课程的目标体系。作这样的改动，不仅仅是在名称上做文章，其目的在于进一步开发语文教育在“实用”之外的功能，重视语文课程实施过程中增强底蕴、提高修养的功夫。①

由此可见，名称的改变，意味着对语文教育目的、功能认识上的改变。这不仅注意到其“功用性”，而且注意到了“非功用性”，重视“实用”之外的“增强底蕴、提高修养的功夫”。语文能力，除了语感外还有一系列相关的能力，而所有这些能力还不是语文教育的全部内容，还有“文化品位，审美情趣，知识视野，情感态度，思想观念”等“非能力”素养，也是语文课程的重要内容。这是对语文教育认识的一个大进步。

语文素养的“素养”二字，凭我的不算高明的语感妄做揣测，是否可这样望文生义：“素”就是平素、一向、长期的意思，“养”就是滋养、修养、养育的意思，“素养”就是经过长期滋养、日积月累形成的从事某种职业或事业所必需的才具涵养。“素养”也可以做这样的解释：“素”即“素质”，“养”即“修养”，“素养”就是“素质和修养”。“素质”主要是先天性的遗传性的天赋，“修养”主要是后天修炼而成的才能气度等，合二为一的“素养”一词，就兼具了人的先天遗传和后天养成的两方面因素。

《全日制义务教育语文课程标准（实验稿）》把语文课程目标定位在“语文素养”的全面提高上，使语文教育目标从“知识和能力”的一维，变成了“知识和能力”“过程和方法”“情感态度和价值观”的三维，“能力”只占了二分之一维，只占“语文素养”的六分之一，当然这样分析未必精当，但是这可以表明以“语文素养”取代“语文能力”，大大拓展了语文教育的视阈，使语文课程有了更丰富的内涵，对人言语上的发展和语文教育有了更深刻的理解，也为促进学生语文能力的提高铺平了道路。

从“能力本位”到“素养本位”，是百年现代语文教育迈出的可喜一步，尽管这一步迈得仓促、茫然而笨拙，明显底蕴不足。“素养本位”是对的，但停留于概念层面的认知是不够的。当然，要真正达到具体而又深刻的认知，

---

① 巢宗祺：《关于语文课程性质与基本理念的对话》（一），载《语文建设》，2002年第7期。

需要一个漫长的过程。如果仅仅从概念的提出上来说，“课标”并不是第一个，叶圣陶先生早就提及培养“语文素养”，只不过他先是被“生活本位”“能力本位”“工具论”等时尚理念所绑架，继而深陷其中、作茧自缚，始终没法挣脱出来。因此，提及“语文素养”这个概念，给语文课程贴上这个标签不难，难是难在对其有全面、深刻的理解，形成以一驭万的教学体系，并在教学实践中实施。

七　表现-存在本位：引领诗意的言语人生

显然，“课标”“素养本位”的课程认知，与叶圣陶等前辈的“语文素养”概念的提出，及长期以来教育界对“素质教育”的倡导等有极大的相关性，并非从语文课程本身觉悟出的“真知”。因此，“课标”的“语文素养”便较为空洞，且有油、水不相交融，自相矛盾之嫌，其症结主要在于研究滞后，缺乏当代性、学理性、前瞻性，因此，课程认知依然较为浅陋，只停留于“语文素养”抽象认知上，没能将学科带进真正的“语文素养”教育之路。一旦进入语文课程内部进行深入思考，便不会满足于对“语文素养”各要素面面俱到、浮光掠影的平面浅表认知。

笔者从20世纪80年代后期初步意识到写作能力训练的局限，感觉到写作教学不是像一些写作教师们所想象的那么简单，单靠所谓的能力训练就能奏效。能力训练只能治“标”，不能治“本”，这促使我思考究竟什么是写作的“本”。90年代初我在《写作整体化教改宣言》中阐明了“大写作”的教育观，关注写作学习的“诗外功夫”，并把写作教学的关注点放在培养写作的兴趣和热爱上，放在写作的动机培育和整体素养的提高上。后来又在《试论高师写作课程的师范性和素质性》中，对写作素质及其培养作了较为充分的阐述，将写作教师的素质分为基本素质和相关素质两种，对相关素质做了较为细致的表述，体现了对培养“全面素养”的关切。之后，在本人主编的《写作：指向自我实现的人生》一书中，更是以培养写作“素养”为主旨建构写作教学体系，着眼于写作主体的心灵建构和素质养成，指出了写作与“自我实现的人生”的关系，阐明了我对写作教学的基本认识。该书“上编”讨论的是“写作心智素养”：

上编各章讨论的是写作主体心智素养的建构。这包括两个方面的内容：一是指写作主体的思想道德品质的修养；一是指写作主体基本的文字表达能力的培养。

写作主体思想道德品质的修养，主要体现在第一章“写作人格论”中。从广义上看，文章即是人，文如其人，人格即文格；对于写作来说，具有健康的写作人格，是根本性的要求。从狭义上看，写作人格的培养和塑造，是写作指向自我实现的人生的起始点；把心交给读者，超越功利境界，即可望达成高尚的人品与超迈的文品的统一。因而，该章堪称全书的总纲。

基本的文字表达能力包括语言、采集、感知、思维和想象等五种，体现在第二章至第六章内。这五种能力，系写作的智力因素。写作智力因素可作不同层面上的区分，这里是从写作行为的层面上加以区分的。写作行为是一个综合的动态过程，各种行为既相互衔接交织，又相互制约、互为因果。这五种能力中，语言能力是最重要的能力。提高语言的敏感性，是提高写作智力素养的关键。

具备良好的写作心智素养，发挥主体的写作潜能和个性，便可在诸多写作领域以求一逞。高尚纯洁的人格修养和睿智机敏的言语智能，将使您的人生变得绚丽无比，将使您在精神创造的自我实现中，感受崇高的愉悦和真实的幸福。①

“下编”讨论的是“写作体式素养”：

（下编）这12种文体的学习，兼顾到现代人的三大需求。

首先是审美需求。随着社会的进步、物质生活的满足，未来的人们在精神上、情感上的审美需求将激增。散文、诗歌和小说的写作，对于认识自我、认识人生和社会，对于陶冶情性、宣泄情绪、寄寓情思等是不可或缺的。它将引领您超越功利境界，它能使您的精神和情感清新而美丽。

其次是实用需求，这主要指的是工作或职业上所需的写作。……这些文体有一定的实用价值，但一般没有直接的实利性。这一类文体运用的频率较高。如果说审美需求，主要体现的是人的存在性；而实用需求，

① 潘新和主编：《写作：指向自我实现的人生》，科学出版社1999年版，第1页。

则较多地体现了人的社会性。实用写作给人以事业心和成就感，使人生丰富而充实。

第三是实利需求，此类写作，受直接的、明确的利益驱动。……相对于以上其他文体，有更强的实利性。实利需求是人的生存需求，虽属较低层次的需求，但也是人立身处世所需要的。

以上三大需求，对于不同的人或人生的不同阶段，注重点可能也有所不同。然而，创造人生的高境界，从自己的实际出发，通过写作，充分满足这三大要求，使人与自身、自然、社会，与历史、现实、未来等，达成高度的和谐，则是人的自我实现、人类迈向更加文明的新时代的大趋势。①

从这些从价值观层面切入的认识，大家可以看出我与其他论者对写作教学实践认识上的不同，我的着眼点主要是人自身的内在的“需要”，而不是技能、技法和训练。这初步体现了我的人本主义“动力学”写作教育理念，即更关注的是主体精神性动力。在该书的“前言”中，我对书的名称《写作：指向自我实现的人生》和写作的宗旨，做这样的阐释，从中可以更清楚地看出我的“动力学”取向：

写作的功用，不仅在于人们处事应世需要文字交流，也不仅在于人们在生活中需要情感的宣泄和思想的沟通，而且，它还超越了实用和应用，指向人类文化、文明的承传和自我实现的人生。人本主义心理学家马斯洛指出，人生的最高层次的需要是“自我实现”。即在精神上不断地自我完善，在事业上取得较大的发展。而在现代人迈向“自我实现”的进程中的每一步，都无不伴随着写作活动。从某种意义上说，越是发展的、创造的、成功的人生，越是离不开写作。写作，堪称人的一切素质中的最基本、最重要的素质。从应用型、实践型的人才，到理论型、学者型的人才，从企业家、教师、科学家，到领袖人物，概莫能外。“人是符号的动物”，能够运用语言文字，是人和动物相区别的一个最本质的属性；写作在创造、承载了人类文化和文明的同时，也塑造了辉煌、不朽的生命，使短暂的人生获得了永恒的价值。——这便是将本书命名为《写作：指向自我实现的人生》之缘由。

---

① 潘新和主编：《写作：指向自我实现的人生》，科学出版社 1999 年版，第 91～92 页。

> 本书将向当代大学生展示一个绮丽多彩的写作世界，引导他们领略写作的奥秘，了解一般人写作中存在的主要问题，和解决这些问题的途径，提高写作的悟性和实践技能。使他们在未来的生活和工作中，凭借言语的智慧和能力，更好地融入社会，实现自我，提升人生的境界。
>
> …………
>
> 愿写作为您添一道明媚的春光，伴您走向自我实现的绚丽人生。①

这可以看作是我对写作和写作教学前期思考的一个总结性的认识，指出了写作与人、人生的关系，开始进入人类学、言语动力学层面进行思考。这一时期，我与马正平先生主要分歧是，他对主体动力学和客体动力学（依他的区分）基本上是作等量齐观、平分秋色的，而我更为强调主体动力学、主体动力学中的存在性动机。在他的动力学系统中，较为关注的“写作操作技术”和“文章图样和写作思维模型”，在我看来，这实际上也还是一种科学主义的方法。尽管这是一种建构主义背景下的认知，但是，写作从根本上说不是技术，是不可以纯凭机械操作的。不应过分依赖于文章图式和思维模型，写作不是取决于“分形论”而是自组织、自生长的。言语能力的发展，是基于人的言语潜能、才情，是一种生命冲动，是言语生命的自成长、自生长、自发展。真正的生命化的言说，不是训练得出来的。写作能力，是人的言语生命意识的觉醒、言语生命潜能的发挥和张扬；写作教学，就是对人的言语生命潜能的发现和唤醒。写作教学应是介于有为与无为、明晰与混沌之间。对于人的写作上的发展来说，规训的意义是很有限的，率性自由的意义大于规训的意义。

在今天的语文课改中，语文素养成为一个标志性概念，是一个进步，但还需要作深入的思考。

《全日制义务教育语文课程标准（实验稿）》设定的课程目标“知识和能力”“过程和方法”“情感态度和价值观”的三维结构，是此次课程改革一个重要的理念。这不但是对语文学科的要求，也是对其他学科的要求。语文素养就是从这一普遍性的要求中转换出来的。毫无疑问，素养本位较之于知识本位、能力本位，是一种较为科学的认知，如果在语文教育实践中得以实施，定然好处多多。实际上，应试仍是今天教育的至高无上的指挥棒，在这种情

① 潘新和主编：《写作：指向自我实现的人生·前言》，科学出版社 1999 年版。

况下，是不可能进行素养本位教育的。素养本位现今纯属理想化的命题，是不可能得到实施的。

然而，作为理论研究，并不因其在今天尚属新理念，居于被倡导的地位，且是“主流话语”，就可以免遭检验、批判和“证伪”。素养本位也并非无懈可击：语文素养功在“全面”，弊也在“全面”。它是一种集大成的面面俱到，没有找到核心命题，没有找到理论的切入点。作为一种法规性的文字，《全日制义务教育语文课程标准（实验稿）》自然不必对其中的论断进行论证，但是，毫无疑问，它需要基础研究的支撑，而不是将各家之说或语文教育、语文能力相关要素都拿来倒在一个锅里烩了：

> 语文课程应培育学生热爱祖国语文的思想感情，指导学生正确地理解和运用祖国语文，丰富语言的积累，培养语感，发展思维，使他们具有适应实际需要的识字写字能力、阅读能力、写作能力、口语交际能力。语文课程还应重视提高学生的品德修养和审美情趣，使他们逐步形成良好的个性和健全的人格，促进德、智、体、美的和谐发展。

这里什么都有，唯独没有本末主次，没有一个主要的切入点。在这一点上，生活本位的切入点是“应用、实用技能”，知识本位的切入点是语言知识，能力本位的切入点是语感，前面我们提及的古人谈到为文修史的素质——才、胆、识、力、学，他们不约而同地指向“以识为先”，强调“识”的重要。上述这些切入点是否得当另当别论，但意识到在一个理论框架中须有一个核心命题这是对的。

也许有人会说，《全日制义务教育语文课程标准（实验稿）》对课程性质所做的定性——“语文是最重要的交际工具，是人类文化的重要组成部分。工具性与人文性的统一，是语文课程的基本特点”，就是一个“切入点”。以此为切入点存在以下问题：

首先，工具性和人文性都不是语文课程的本质属性。正如我们在第二章所指出的，工具性是一切工具学科的共性，人文性是一切人文学科的共性，而不是语文学科独有的个性。用共性的内容作为语文学科认知的逻辑起点，作为语文修养的核心，自然是不得其要的。作为一个专门的学科，如果没有对其基本性质有一个科学的认知，未能把握其独特性，是不得其门而入的。更重要的是这两种属性代表的是两种截然不同的、对立的语文价值观，在语文学科内不是可以平分秋色、相安无事的，而是汉贼不两立的，不是工具性压倒人文性，就是人文性压倒工具性。作为核心的理念，必须是“吾道一以贯之”的“道”，由“道”生“一”，生“二”“三”……以至无穷。由“二元论”生出的往往是抵消和耗损。

其次，不论是工具性还是人文性，都不能涵盖语文素养的方方面面。工具性的基本指向是语言，而语文修养的基本指向是言语。因为，所谓语文，其意思就是指口头和书面的表达，与其相应的修养自然是言语而不是语言。以工具性作为语文修养的核心理念，显然是自相矛盾的。还不如李海林的“语感论言语论”更逼近语文学科的性质。因为“语感论”主要是指向言语的。同样，人文性也无法涵盖语文修养中人的言语个性心理、意志、品质、情感、思维的一切方面。语文修养的特殊性大于人文性的普遍性。

第三，工具性加人文性是陈旧的“二元性”命题，而首次提出的语文素养概念是一个新的命题，应有自己新的理论背景。概念的改变，意味着认知的丰富和深化，意味着基本理论上的突破，然而，在这里我们看到的是新瓶装旧酒。内涵了无新意，没有与核心概念相匹配的新认知的表达。这就是前面批评过的“贴标签”的做法，不是基于研究的突破产生的新的发现，不是对以往的能力本位、知识本位证伪、反驳基础上的重构，相反，基本上没有改变实用主义的阅读本位、能力本位的格局，“破”而未“立”，等于未“破”。

《全日制义务教育语文课程标准（实验稿）》实际上追求的并不是“工具性与人文性的统一”，其基本思想仍是“工具性”。2011 年修订的新课标对“课程性质”的定义便一目了然：“语文课程是一门学习语言文字运用的综合性、实践性课程。”这里的关键词是“运用”，这不是实实在在的“工具性”是什么？学生没有言说欲，没有内在的知情意，没有想要表达的内容，谈何运用？不讲作为运用主体的学生的言语价值观、情感、思想、思维的涵养，只讲学习“语言文字运用”，这不就是重蹈“技能”训练之老路，舍本逐末？阅读部分依然是主体，为读而读；写作部分依然不被重视，重点放在学习表达技术上。如此，是培养语文素养吗？

由于《全日制义务教育语文课程标准（实验稿）》是在一个较短的时间里制定出的，参与制定的成员来自各个方面，带着各自不同的见解，作为各种意见碰撞、平衡、妥协的产物，“拼凑”也就在所难免。不只是课程性质与语文修养二者之间自相矛盾，而且在其他部分也可以看到不少观念和概念的新旧杂陈、缺乏梳理。基础研究没有跟上，汉语教育的特点说不出来，没有自己的理论核心和框架，没有一个严密自洽的概念系统，为了求新，只好大量引进西方教育学共性化、抽象的新理念，没来得及很好地消化和转化。新是新了，但汉语教育的特色也消失了，剩下的还是“工具性”“语文能力”“语文知识”之类喝惯了的陈年旧酿。

当然，这些意见并不是对《全日制义务教育语文课程标准（实验稿）》的全盘否定。从历时性的角度看，这份课标无论如何都比以往的教学大纲有了重大突破和长足进步。以“人文性”“语文素养”打破了“工具性”“能力训练”的一统天下，提出了一系列语文教育新理念，为语文的人文教育、素质教育奠定了基础，铺平了道路。这份课标也凝聚着我的一份心血，2001 年春我和我的同事曾应邀晋京参与讨论修订，发表了一些意见，有的已被课标组接受并体现在课标的表述中。课标颁行后我们也做了许多宣传普及工作，参与培训国家级、省级骨干教师，还发表了关于课标的系列文章。这都表明了我对此次课改的拥护和对课标基本精神的支持。在理论转型中存在一些问题是不足为奇的，加之作为制定“官方”文件受到的种种制约，理论建树和个性品格不得不迁就于中庸稳妥、委曲求全，这些也都是可以理解的。只是作为一种学术研究，我们把素养本位纳入语文教育本体论序列中加以思考时，不能不从科学性出发做一些审视和批判，也许还有苛责，但目的是为了使之更加完善。

我认为，真正的素养本位的语文教育，应旗帜鲜明地回归到人本主义、人文主义上来，重要的是理论背景的转换，由此引起基本概念和概念系统的变革。同样是素养本位，不同的核心理念决定了不同的语文素养的内涵。所以，重要的是对语文教育核心理念有一个新的认知，和由此衍生出的语文素养的具体内容。

从某种意义上说，研究背景的转换，对核心理念——切入点的把握，比提出“语文素养”这个概念还要重要，还要难。因为，有了这个核心理念、切入点，才标志着语文本体论认知的真正转向。仅仅停留于语文素养的概念层面是没有多大意义的，叶圣陶先生几十年前就提到这个概念，由于没有科学地揭示其内涵，没有实质性的理论更新，口惠而实不至，这个概念也就形同虚设。

本书着力阐明的言语生命动力学语文教育本体论的核心命题——表现与

存在，便是在人文主义、人本主义、存在主义等背景下，赋予语文素养以核心理念：从表层看，是言语表现性；从深层看，是人的存在性动机与价值观，是“存在性言语生命意识”的彰显。表现是文、器，存在（言语生命）是本、道。存在决定表现，存在之“道”，贯穿于表现之“万”。这便是语文课程“表现-存在本位”本体观，其核心概念是言语生命。

由此生长出的语文素养，首先是养护、培植指向表现-存在的言语生命自觉和健全的言语人格心理，涉及由内在的言语生命冲动产生的言语表现欲、发表欲、创造欲、自我实现欲，追求超功利的言语人生、诗意人生理想、立言与信仰等；其次是外化为顺应人的言语潜能、禀赋、个性成长的文章图式和言语表现力，包括自我丰富的知、情、意，敏锐深邃的言语感受力、洞察力、思考力、想象力、创造力、表达力等。在这里，言语生命意识的培育是第一位的。

我们高兴地看到，语文素养教育在认识上推进了一大步的是在写作教学实践上。语文界有人得风气之先，突破了面面俱到的语文素养，指向培育言语动机——人文素养，将语文实践目标落在“第三维”上。广西教育出版社出版的《新语文写作》系列丛书，将写作定位为一种精神体验和生命活动，将“立人”作为写作教学的出发点和归宿。该社总编辑说：“小学、初中、高中三卷书连成一气，力图实现与生命轨迹相一致的同步发展，为中小学生搭建一个人文素养的平台。”这种动力学认知，在该书“出版前言”可见一斑：

> 抒写自己的感受，发表自己的见解，以和别人对话、交流，这是人之为人的天性，或者说是人之为人的基本需要。
>
> 自由忠诚地表达自己，孩子将会从中得到愉悦感、解放感和满足感，并且变得善于表达。另一方面，表达自我的过程，同时也是寻觅自我、发现自我、认识自我、实现自我、超越自我的过程。
>
> 作文，不是获取分数的工具，不是掌握文章做法、技巧的手段，而是“立言——立人”的途径。①

《新语文写作》意在让孩子们回归趣味写作、率性写作的本性，力图实现与生命轨迹相一致的同步发展，将写作变为一种愉快的需要，并最终形成独立思考、展现自我的思维方式，即培养“公民写作”的意识。编者称小学阶

---

① 引自冯玥：《让写作成为贯穿孩子一生的精神活动》，载《中国青年报》2003年9月17日。

段的写作为“趣味作文”，初中阶段为“率性写作”，高中阶段为“公民自由写作”，将写作与培养公民意识联系了起来。他们期望学生意识到自由地写作，是一个自由而独立的公民的权利，是人权的一个重要部分，是不容侵犯的。既要理直气壮地捍卫自己的写作权利与尊严，也要尊重并捍卫他人的写作权利，特别是对与自己意见不同的人，更要如此。另外，写作也是每一个公民的义务与责任。这就是说，写作不仅是为了表达自己，也是向社会发言，提出自己批判性、建设性的意见，尽到一个公民的责任。自由写作的前提是要做一个精神上摆脱了一切有形或无形束缚的自由的人。

《新语文写作》以“对话”和“发现”作为贯穿全书的基本理念。几乎在每一个年龄段，他们都向学生反复强调这样一个概念：作文就是“对话”，就是与自我、他人、社会以及自然的对话，是用语言文字向他人、向社会传达自己的情感和观点。在这个过程中，学生将不断丰富和发展自我，使朦胧模糊的、杂乱无序的、粗糙的思想情感变得明晰、完整、系统。作文是一种精神体验，一种生命活动，在写作的过程中，可以发现自我、发现社会、发现大师，并在发现中实现生命的开发与提升。

尽管《新语文写作》的构想还不是很完善，也不无可商榷之处，但是我们还是可以看出《新语文写作》在努力向着人本主义动力学目标前进。《新语文写作》的编写者将写作与学生心理情性的发展相联系，认为写作是人的一种精神体验和生命活动的见解，是尤其值得称道的。

本书修订面世之时，“言语生命动力学表现-存在论”——“表现-存在本位”语文学，已得到愈来愈多语文界先进的广泛认同与努力践行，因与《全日制义务教育语文课程标准（实验稿）》中语文素养的“工具性”实质性定位异趣，“表现-存在本位”认知尚无全面落地生根的大环境。“素养本位”迄今无“心”，情急之下，随手安上“工具论”老朽衰败之心，先天不足，后天失调，命就不长。“存在本位”从呱呱坠地伊始，就有自己健康强壮之“心”——言语生命，只要精心呵护，茁壮成长必将指日可待。

“人何以为人”，是人之为人第一问；“为什么写作”，是人之为文第一问。“人是写作动物”，是人之为人、人之为文第一义。我写故我存，这是昨天、今天、明天以至永远的人证——不写作，枉为人。

第五章 | 言语生命动力学：我写故我在

对语文教育本体论的思考，首要的就是对人的言语表现与存在意义关系的思考。言语生命动力学的一切逻辑延伸都是建立在对此二者的关系的理解之上。——我写故我在，便是对这一理解的最简洁的表达。

教了30多年的写作，最初引发我对“人言说的意义”的思考的是我的越来越多的对写作感到厌倦的学生，他们使我开始对传统的“谋生应世”“应付生活”的言语价值观产生了怀疑。在对我的学生（中文专业最好的学生，基地班的学生）每年所做的调查表明，“很喜欢”写作的学生不超过10%。我于1999年在福建、浙江、江苏三省10所高等师范院校、30所中学做了一次较大规模的（10880份）“语文教育现状”问卷调查，结果表明：不喜欢、害怕写作和弃权的人数超过了很喜欢和喜欢写作的人数，害怕写作的多于很喜欢写作的人（很喜欢的占6.1%，喜欢的占39.6%，不喜欢的占34.4%，害怕的占10.2%，弃权的占9.6%）。写作的实际能力也是令人忧虑的。据我的观察，高等师范院校中文专业本科刚入学的新生喜欢写作且写作基础较好的占10%强，大部分学生不喜欢写作、怕写作，甚至讨厌写作，写作程度也较差；经过四年学习，到毕业时，文字基本过关（指达到一般的发表水平）的也就是25%～35%左右。目前重点中学的语文教师达到能发表文章水平的不到30%（其中真正能经常发表文章的还不到10%），一般中学大约是10%左右。教师不喜欢写作，言语能力低下，无疑是造成语文教育成效不彰的一个重要原因。

对于一个毕业生来说，最能证明自身价值的无非是说和写（其他的实践能力是第二步的）。据我所知，现在几乎所有人才招聘都把言语表现能力作为考核的重点，考试无一例外地都要考写（笔试）和说（口试），笔试的写总离不开写一篇作文。英语六级考试加考一篇作文，连工商管理硕士（MBA）入学考试也要考一篇中文作文。2013年，公务员考试的“申论”写作，从两个半小时增加至三小时。这是因为信息社会的客观需要，也是因为言说能体现人的综合能力和基本素养，言语素养是现代人的一切素养的元素养。试想，当今哪一个用人单位会轻易聘用一个口不能言手不能写的“人才”呢？社会对言语能力的强势需求和大量各类人才言语能力的低迷，是当今人们有目共睹的。

建立在“应世”“应需”上的语文教育却让学生逐步地远离语文与写作，无论教师如何挖空心思地教，学生偏偏要说爱你还不容易。这究竟原因何在？以往我们对言语行为的认识，较为关注的是言语技能和智力层面的问题，注重的是对言语行为的纠正，这样的认知是否出了问题？根本的救治途径在哪里？我们的语文教育应建立在对言语活动怎样的理解上？人究竟为什么要表达，符号和言语的意义是什么？这一终极性命题自然而然就浮上了台面。这促使我进入对言语动机的研究。我发现语文——言语教育，专注于具体的教育行为和细节，却忽略了具有决定意义的言语动机——人的心灵层面的问题，不能不说是一切失误中的最大失误。

一　动力的缺失是根本性的缺失

人的包括言语行为在内的一切行为的发生，都是基于动机，动机产生动力。没有动机便没有动力，没有动力便没有行动。不同的动机，产生的动力是不一样的，导致的行为也是不同的。动力的缺失是根本性的缺失。因此，语文教育的根本性问题，也可以归结于动机，最需要检讨的是言语动机。

1993年上海市教育委员会委托上海市教育科学研究所进行了大规模的调研，初步摸清了“学习困难”的类型与成因。调查表明：“学习困难”的学生中，“动力型困难”的学生最多，竟占58.28%。所谓“动力型困难”，就是学生缺乏学习的动机、兴趣与积极性而形成的一种消极、被动、异己的心理状态。不喜欢写作、害怕或讨厌写作，主要也就是由“动力型困难”所致，其直接后果便是写作能力的低迷。武汉大学“社会对写作人才需求与大学生写作障碍的调查及对策研究”课题组，于2001－2002年选择武汉大学等四所高校文科不同专业不同年级的学生进行了“大学生写作障碍”的问卷调查。被调查的学生，在所有直接影响自己写作兴趣的因素中，选择缺乏写作的动力和激情者最多，高达72%。在同学们根据个人情况填写的写作的最大障碍中出现频率最高的前三名依次是：写作动力、阅历经验、语言组织。① 由此可见，在普通教育与写作教育中，学生面临的是同样的问题：因动机缺失导致的动力型困难，已成为学习的最大障碍。

美国著名哲学家弗洛姆在《在幻想锁链的彼岸——我所理解的马克思和弗洛伊德》一书中，研究了马克思与弗洛伊德这两位大师的思想共同点，指出“他们都是运用动力学和辩证的方法来研究现实的”。“马克思认为，社会是一个错综复杂的结构，这个结构具有各种不同的、矛盾着的，然而却又是可以被认识的力量。对这些力量的认识能使人们了解过去，并且在某种程度上也能预测未来——这种预测并不是指将来必然会发生的事件，而是指人们在有限的选择范围内所必须做出的抉择。弗洛伊德则发现，人作为一个精神实体，是许多力的一种结构，其中有好些力还是矛盾着的，且充满着能量。科学的任务就是要认识这些力量的本质、强度和方向，以便了解过去，预先对未来做出选择。只有当这些力的给定结构发生变化的时候，人才有可能发生变化。此外，真正的变化是指给定结构中的能量的变化，这一变化不仅需要对这些力以及这些力的运动所遵循的规律有一个深刻的认识，而且也需要作巨大的努力和具有坚强的意志”。② 这一动力学、发生学的方法，对我们研究言语活动有着极其重要的启示意义。言语动机，为言语行为提供能量，是言语教育本体论命题，也是言语主体论命题。研究言语动机，是对言语创造活动的终极思考，就跟探询“人为什么活着”一样，是对“存在”的追问。从关注言语现象转向关注言语教育的本体，再转向对言语主体的终极关怀，

① 郭俊玲：《被动写作的痛苦——关于大学生写作障碍的分析报告》，载《写作》，2002年第11期。

② ［美］埃里希·弗洛姆著，张燕译，赵鑫珊校：《在幻想锁链的彼岸——我所理解的马克思和弗洛伊德》，湖南人民出版社1986年版，第17页，第25～26页。

这将从根本上改变语文教育的方法和观念，改变对语文教育本体论认知。

教育部课改专家组组长钟启泉教授说："课程不仅仅是显性的，还有很多是隐性的，是无声的课程，无声的语言，常常有'此时无声胜有声'的特点。传统教育只重视学生认知的发展，对学生的情感、态度视而不见。传统教育重视学历而忽视'学力'，学力包括学习的动机、态度、方式方法，尤其是动机、态度，都是隐性的，看不见的。国外学者用冰山模型对此作了形象的比喻，即冰山露出的部分只代表学力的一点点，海平面底下、看不见的那部分也是学力，看得见的部分是应试教育关注的知识。而实际上，如果不激发动机，不思考方式方法，显性部分的学力很难衬托出来的。显性的和隐性的学力应当相互支持，形成互补。"① 他对学习行为动机、态度的关注与我近年的思考不谋而合：动力的缺失是根本的缺失。

鉴此，"言说的意义"这个动机性的问题便摆在了我们面前。

对"为什么写作"这个问题，我曾求教于福建省的语文"骨干教师"（福建省第二期语文骨干教师培训班学员，2001 年 9 月 22 日），答复主要有以下种种：

（一）应需：（十分笼统）

为需要、为交流而写。

（为）现实需要而写作，有需求就有写作。

为满足需要而写作。

（二）应外在之需：（为人的，事功、实利的目的）

因工作需要。

为别人而写。

一般不写作或为评职称而写作。

为了某种需要：考试、求职、晋级、情感等。

为了完成任务。

为学习、生活而写。

为生计而写作。

为应试、应聘等各种实际需要而写作。

---

① 惠泉：《课程改革实质：重构学校文化——教育部课改专家组组长钟启泉教授一席谈》，载《福建教育》（A 版），2002 年第 7 期。

向他人阐述自己的见解、观点。

这是一项基本技能。

写作是一项技能。

为作文而作文。

为写作而写作。

为提高写作水平而写。

为了能顺畅地表情达意，把自己的生活观感、思想认识等及时记述下来，并求有效获得交流。

（三）应内在之需：（为“我”的，宣泄、倾诉等超功利的目的）

心灵的需求。

表现欲驱使。

写作是对理念、情感的观照。

为表情达意而写。

为了抒发内心的情致。

跟自己说说心里话。

为了表现内在的情感和体验。

表述自己的喜怒哀乐，算是一种发泄吧。

发泄苦闷。

我为文主要是抒胸中块垒，表达见解。

为无聊而作，为痛苦而作。

笼统地说“应需”的等于没说，因为“应试”或“应世”及一切的写作都可以说是“应”某种之“需”。从具体回答来看，认为是“应外在之需”的比较多，“应内在之需”的比较少，就是说大多数教师的写作动机是被动诱发的，是被迫为文的。认为是“应内在之需”的，所讲的也十分肤浅和狭隘。所有的答案都是感性化的，没有一位教师的回答表现出对这个问题曾有过认真的思考，或对这个问题有着较为开阔的“知”的背景。

有的教师坦承：这个问题还真没想过！从调查现场中教师们表现出的茫然，和他们多数人仓促的回答，可以看出教师们的确是没怎么想过这个问题，至少是没有认真想过。有不少的回答是答非所问。如：“作文是语文素质的综合体现。”“为培养学生写作能力。”“为学生能有较强的表达能力，高考中能取得好成绩。”“写论文、教案（如果算写作的话），被迫的。写儿子日记，乐在其中。写随笔，爽!”这就跟一个人已经在路上走了很长时间了，一路上还曾经为许多人指过路，居然自己也不认得路，甚至还不知道自己为什么上路一样。这些被调查的还都是百里挑一的语文骨干教师（参加省级培训的教师是按1%挑选的），一般教师的情形也就可想而知了。要是语文教师在从教的漫长岁月里对“为什么写作”都没有认真思考过，怎么可能教好写作呢？我们的语文教育又如何不会成为现在这个样子呢？

曾求解于我的学生，答案也同样简单，归纳起来就是三条：

1. 老师要求我们写，考试要考，不得不写；

2. 将来工作、生活的需要，要用文字与周围的人进行交流；

3. 内心有情感需要宣泄，不吐不快，是一种倾诉的需要。

人的任何行为都是基于一定的动机之上的，从以上所述我们可以看出不论是教师还是学生，对写作行为动机的认识大都还只是停留在某些具体、表面、直接的动因上，缺乏深层次的理解和思考。他们写作不是没有动机，而是动机认识上有所缺失。他们拥有的动机，主要是应试与“应世”（应付生活、工作、学习之需）。这些都是功利的、外在的需求，缺失的恰是超功利的、原生的、内在的写作动机——言语生命冲动、言语生命意识，我称之为“应性”“存在性”动机，即以人的本性、内在精神需要和自我实现的生命欲求为基础的动机，是更具根本性的动机。作为原动力、原认知的动机缺失，势必会造成写作学习和教学的困难。

二 西方言语动力源视域摭议

动力主要是由人内部的动机（内驱力）提供能量，往往是内部的动机与外部的动因相互作用而形成的。西方与言语相关的动机理论，是论者在不同文化、历史背景、视角下的探索，诚如苏联心理学家列昂捷夫所说：“在现代心理学中，‘动机’（动机作用、驱动的因素）这个术语表示着一些完全不同的现象。人们常把一些本能的冲动、生理欲望和食欲叫作动机；而同样的，也有人把情绪体验、兴趣、愿望叫作动机。在形形色色的动机的目录中，可以发现如像生活的目的和理想这类的东西，但是也可以有像电流刺激这样的东西。”① 本

① ［苏］阿·尼·列昂捷夫著，李沂、冀刚、徐世京、杨德庄译：《活动 意识 个性》，上海译文出版社1980年版，第139页。

文以西方相关理论作为言语动力学研究视域，将其分为三方面——类特性动力、生命性动力、触发性动力，作一撮要的评述与分析。这自然还是基础性的认知，而且是列举性的。对人类的言语动力做全面的囊括十分困难，而且，以下对言语动力源作人为的划分也不尽科学、严密，因为言语动力构成因素是极其复杂的，人的一次言语活动的动力，往往不是由一种动机驱动的，通常是一种合力，可能既包含着某些类特性成分，也包含着某些生命性或触发性成分。然而，为了便于研究，我们不能不将其割裂开来，就其主要性质、特征，分别加以阐释。

（一）类特性动力：言语机能是人的物种特性与本能

这一理论的共同点，就是把人类的部分或一切行为都归因于人的自然本能、原发性冲动。言语活动是人类的一种最具代表性的行为，是人的天性、本性、特性使然，因此，言说的动力，可谓是基于人的“原欲”。

1. 符号动物论

德国哲学家卡西尔在其代表作《人论》中，将人定义为“符号动物”。他说：

> 因此，我们应当把人定义为符号的动物（animal symbolicum）来取代把人定义为理性的动物。只有这样，我们才能指明人的独特之处，也才能理解对人开放的新路——通向文化之路。①
>
> 符号化的思维和符号化的行为是人类生活中最富有代表性的特征，并且人类文化的全部发展都依赖于这些条件，这一点是无可争辩的。②

他越过了亚里士多德对人的“理性动物”的界定，径直将人称为“符号动物”。因为“理性”也是建立在“符号”（最主要的符号便是语言）的基础之上。“理性”即是一种“符号化的思维和符号化的行为”，“理性”离开了“符号”便寸步难行。因此，他揭示了人的更为本质的属性。

法国语言学家海然热在其代表作《语言人：论语言学对人文科学的贡献》中，更进一步指出这个“符号能力”就是“语言能力”：

---

① ［德］恩斯特·卡西尔著，甘阳译：《人论》，上海译文出版社 2004 年版，第 37 页。

② 同上书，第 38 页。

……语言能力决定性地完成了一个新物种的区分。①

……在生命世界里，惟人类能够双管齐下，做到彻底的喻义和沟通；即运用按照协调的结构组织起来的、随时可以添加的符号，去传达和解读高度复杂的互动性和对话性的社会关系为前提的信息。这些信息作出陈述，提出疑问，下达命令，表达事态。应当从具备这种两重性方面，承认人类语言的独特性质。②

他们都是将符号——语言，视为人这一物种的属性，即人的物种本能。

类似的观点还很多，如德国哲学家海德格尔说：

我们言说，因为言说是我们的本性。它并非首先源于某种特别的意志。有人说，人是靠本性而拥有语言。这把握了人与动植物的区别，人是能言说的生命存在。这一陈述并非意味着人只是伴随着其他能力而也拥有语言的能力。它是要说，唯有言说使人成为人的生命存在。作为言说者的人是人。这是洪特堡的话语。③

美国文化学者怀特说：

全部人类行为起源于符号的使用，正是语言符号才使我们的类人猿祖先转变为人并成为人类。仅仅由于符号的使用，人类的全部文化才得以产生和流传不绝。④

可以认为，将言说视为人的本性、特性，已成为共识。

我们认为，“符号动物”的定性，揭示了人区别于其他动物的“种差”。“符号动物论”指明了人的最直接、最强大的言语内驱力：人既是“符号动物”“语言动物”，言语活动就可谓人的“原欲”。言语活动，成为“言语人”，是人的自我确证。言语创造，是使人成其为人的事业。言语教育在某种意义上说，就是对这种“原欲”的唤醒、体认与激发，消解个体的迷失、惰性，与来自外部世界消极因素的侵蚀、异化。

---

① ［法］海然热著，张祖建译：《语言人：论语言学对人文科学的贡献》，生活·读书·新知三联书店，1999 年版，第 83 页。

② 同上书，第 130～131 页。

③ ［德］海德格尔著，彭富春译，戴晖校：《诗·语言·思》，文化艺术出版社 1991 年版，第 165 页。

④ ［美］莱斯莉·A. 怀特著，曹锦清等译：《文化科学》，浙江人民出版社 1988 年版，第 21 页。

2. 自由理性论

自由理性论的代表人物为德国哲学家黑格尔与马克思。

黑格尔的代表作有：《精神现象学》《逻辑学》《哲学科学全书纲要》《法哲学原理》《美学讲演录》（又译：《美学》《谈美学》）《历史哲学讲演录》《哲学史讲演录》《宗教哲学讲演录》等。他在《美学讲演录》“全书序论”中指出：

> 艺术表现的普遍需要所以也是理性的需要，人要把内在世界和外在世界作为对象，提升到心灵的意识面前，以便从这些对象中认识他自己。当他一方面把凡是存在的东西在内心里化成‘为他自己的’（自己可以认识的），另一方面也把这‘自为的存在’实现于外在世界，因而就在这种自我复现中，把存在于自己内心世界里的东西，为自己也为旁人，化成关照和认识的对象时，他就满足了上述那种心灵自由的需要。这就是人的自由理性，它就是艺术以及一切行为和知识的根本和必然的起源。①

他将人的艺术表现归因于“自由理性”。“自由理性”既是艺术活动的本源，也是言语活动的本源。

马克思在《1844年经济学哲学手稿》“异化劳动和私有财产”一节中说：

> 一个种的全部特性、种的类特性就在于生命活动的性质，而人的类特性恰恰就是自由的有意识的活动。生活本身仅仅表现为生活的手段。动物和自己的生命活动是直接同一的。动物不把自己同自己的生命活动区别开来。它就是自己的生命活动。人则使自己生命活动本身变成自己意志的和自己意识的对象。他具有有意识的生命活动。这不是人与之直接融为一体的那种规定性。有意识的生命活动把人同动物的生命活动直接区别开来。正是由于这一点，人才是类存在物。或者说，正因为人是类存在物，他的活动才是自由的活动。②

马克思所表达的与黑格尔相似，“自由”“有意识”，也就是“自由理性”。但是，他不仅将“自由理性”作为艺术表现的起源，而且作为人的“类特性”。认为自由的有意识的生命活动，是人的类特性。显然，在人的一切生命活动中，言语创造，当是一种最重要的自由的有意识的生命活动。

---

① ［德］黑格尔著，朱光潜译：《美学》第一卷，商务印书馆1979年版，第40页。

② ［德］马克思：《1844年经济学哲学手稿》，见中央编译局：《马克思恩格斯选集》第一卷，人民出版社1995年版，第46页。

从这个意义上说，人的一切内、外活动，本质上都是为“己”的，都是为了满足自己的心灵自由与自主意识的需要，满足客体的主体化与主体的对象化需要。不是源于自由的有意识的活动，完全外在的外化的活动，势必是异化的、异己的。人不但是“物质人”，更是“精神人”。而“精神人”，势必要以“语言人”，即“言语人”为其基本表征，这便产生了言说与言语创造的自觉。

自由理性论与符号动物论较为接近，都是对人的本质特性的认知。人的言语实践活动，就是对此特性的彰显，人应该以言语创造为己任，不断地向着精神自由与思想自觉的自为境界挺进。因此，引领学生提升对言说意义的认识，超越狭隘的功利境界，强化丰富性动机与发展性需要，培育自我实现人格，充沛他们的情感和心灵，使他们成为一个自由自觉自为的人，逐步向着存在性言语表现目标前进，无疑将是未来言语教育的方向。

3. 生命冲动论

生命冲动论的代表人物为叔本华、尼采、柏格森等。他们的共同点是都注重生命的无意识冲动。叔本华的哲学被称为“生命意志论”，代表作有《作为意志和表象的世界》（有人认为“意志”应译为“意欲”）、《附录与补遗》等。他认为意欲是世界的本源，它超越于时间、空间和因果律，既没有原因，也没有目的；它盲目、不顾一切地争取客体化。我们这个存在于时间、空间、遵循着因果律的复杂多样的现象世界就是意欲的产物和表现，是意欲在时空中的客体化。由于意欲在客体化的过程中遵循着个体化原理，亦即存在于现象世界中的具体、单个组成部分的意欲各自为战，为生存、发展而努力；在现象界中，这也表现在低一级的形态向高一级的形态的争取、斗争之中。所以，意欲客体化的过程是一场永恒的、无目的的斗争和发展，它与痛苦和灾难不可分割地联系在一起。①

尼采的哲学是“强力意志论”哲学，代表作有《强力意志》《悲剧的诞生》等。尼采承袭叔本华的基本思想，认为“世界是我的表象”，世界的本原是意志，但他把意志看作强力意志而不是生命意志，“这个世界就是强力意志——岂有他哉！你们自己也是这个强力意志——岂有他哉！”整个世界无非就是强力意志，它是一种巨大无匹的力量，永远在流转移形，永远在回流，

---

① 参见［德］叔本华著，韦启昌译：《人生的智慧·译者序》，上海人民出版社2001年版。

是一种不知满足、不知厌倦和不知疲劳的强力意志。强力意志永远生生不已，自强不息，它永远是自己破坏、自己创造的酒神世界；它不受理性、传统观念的束缚，它超出了“善恶世界”。尼采把强力意志看作是世界的动力和本原，与叔本华一样也是从生物学角度加以论证的，他认为强力意志乃是生命本能冲动的表现。生物界的同化和异化，物种之间的弱肉强食，适者生存都是强力意志的表现；他由此推及无机物的分解和化合、引力和斥力，认为它们也是强力意志的表现；至于作为万物之灵的人类则更是强力意志的表现。人本身就有追求食物的意志、追求财产的意志、追求工具的意志、追求奴仆的意志，“除了意志到意志外，根本没有别的因果联系”。在尼采看来，世界就是强力意志的体现，一切以个人的价值判断为转移，“个人是一种全新的东西，创新的东西，绝对的东西，一切行为都完全是他自己的”①。

柏格森的哲学也被称为“生命哲学”（创始人是狄尔泰，影响最大的集大成者是柏格森）或“生命美学”，代表作有《创造的进化》（也译作《创造进化论》）《形而上学导言》。他认为世界的本质是生命的冲动、绵延和绝对变化。在《创造的进化》中，他认为知识不能领会生命，生命是意志的作用；要懂得生命，就必须从意志的动作下手；要领会生命，只有从意志的经验在勇猛前进、奋发努力，在意志生活最充足的时候，才可以懂得生命是什么。他认为意志是没有计划、没有意识的，只是生命的冲动，努力往前推。遇见险阻便打破它，继续前进。这是意志的经验，是生命的真现象。要知道生命的真现象，只有把它看作冲动，没有别的观点可以解释进化的道理。生物进化的机能的变迁，他称之为“生命的奋进”，就是永远往前推的意思，是内面出来的要生活的一点意志。②

生命哲学为言语动力的建构敞开了一个最具活力的领域。人类的生命是与符号、言语创制联系在一起的。言语生命欲求是心灵蓬勃的源泉。可以说有了言语，才有了人类。言语是人类生命意识的表征，言语生命的无意识冲动，是言语创造的不竭动力。真正的言说，是生命的歌吟，是从心灵中自然地流淌出来的。言语表现，是人的生命冲动的本然。生命论哲学和美学，为我们的言语动力学注入了言语自发性和自然生长性的认知，这使我们对每一

---

① 参见任厚奎等编著：《西方哲学概论》，四川大学出版社1988年版，第348～349页。

② 参见［美］杜威著，胡适口译：《杜威五大讲演》，安徽教育出版社1999年版，第258～259页。

个体的言语生命产生了由衷的敬畏，懂得应珍爱、尊重每一个言语生命自由选择自身发展的权利。但是，我们也应该看到，过分强调个体生命冲动、“强力意志”的自然性、合法性，也可能有违人类的公共秩序与行为规则。人还是一种理性、环境、社会的动物，生命欲求不可能毫无节制，不可能不受到道德、良知的辖制，以及人际、社会关系等的影响；人的生命冲动也需要自我体认与约束，与人所承担的社会责任与义务保持和谐。言语生命不是完全无目的，应是自然发生的生命冲动、欲求与人生价值、理想、信念的统一，与人类的文明进程相吻合。语文教育，应是良好的言语生命意识的教育。

4. 言语天赋论

言语天赋论可以看作是“符号动物论”的子命题，代表人物为美国转换生成语言学家乔姆斯基，他的代表作是《句法结构》。人类具有天生的语言天赋，是乔姆斯基的最独特的主张。转换生成语言学批判了言语行为必须通过刺激反应才能建立的观点。1959 年乔姆斯基在《语言》杂志上发表长篇书评《评斯金纳的〈言语行为〉》，针对行为主义心理学家斯金纳的语言习得理论进行了激烈的批评。斯金纳认为，人类的语言行为是一种刺激反应，这种行为可以用跟动物实验同样的方法进行研究。乔姆斯基指出，五六岁的儿童能说出和听懂他们从未遇到过的无限多的话语，而且，在儿童遇到过的话语中，由于各种原因，常常包含着各种错误和变形，即有不少“不合乎语法”的句子，然而在他们说出的语句中，却能自觉地避免这些遇到的错误。乔姆斯基认为这一事实充分说明，由于人类长期进化的结果，人类自身具有一种识别和理解句子的能力，一种创造和生成句子的固有机制，这成为人类掌握语言的内在依据。

乔姆斯基在 1968 年的一篇论文里，反复强调“语言是人类心灵中的一种潜在结构（a kind of latent structure）”。“某些内在的，藏在心里的原则，给我们提供一些固定不变的结构（invariant structures），这些结构是语言经验的先决条件。”“人类各种语言都有组织、有结构，这是各种语言共有的根深蒂固的性质。这些性质——这些语言的通性——我们不妨假定为内在的天赋，而非学习的结果。”他从人类具有先天的语言天赋这一观点出发，大胆假设：人的语言能力分成两部分，一部分是全人类共有的普遍语法知识，是一种先天获得的具有“不可习得性”（unlearnability）的知识；另一部分是有关各民族的个别语言知识，是一种靠后天经验获得的具有“可习得性”（learnability）”的知识。①

乔姆斯基认为语法既是转换的，又是生成的。所谓“转换”，就是把一个核心句，通过一定的转换规则变换为转换形式。例如，主动句可以通过规则转换为被动句。所谓“生成”，就是由有限的规则生成无限的句子。他把人的语言知识或说话能力设想为一套规则系统，这套有限的规则系统产生语言中无限的潜在句子。他提出了“深层结构”和“表层结构”的概念。深层结构是抽象的结构，它确定语义解释，代表句子的语义；表层结构确定句子的语音，是实际说出来的现实的句子结构。这是转换生成语言学的多层次模式，描写了生成句子的动态过程。②

天赋论为语言的习得和表现提供了一种思路。由于人天生的具有言语潜能，具有语言转换生成机能，所以，在言语学习中，不必要过分地强调通过重复性的训练来提高语言能力，人可以在自然情境下发展语言能力。语感，在相当程度上也是人的固有的言语机能的外化，一般的言语表现，借助人的语言天赋即可达成。从动机论看，天赋论和认知论可以看作是互补理论。天赋论注重人先天的言语习得机制，认知论则注重人后天的言语认知图式的建构，这两个方面都应给予关注。

假如乔姆斯基的人具有言语天赋的假说可以成立，他说的是人具有“说话”天赋，那是否也可以推论人同样具有文字、写作的天赋？在言语教育中，不必急于求成、拔苗助长，需要的只是等待、发现与养护、引导。只要不被压制与扭曲，每一个学生的言语机能都会以自己的方式蓬勃生长。

类特性动力，是人的言语能力与言语活动发生、发展的本源。言语机能是人类的特性、共性，言说欲、言语表现欲，人皆有之。言语创造，是人的原欲。因此，可以认为，言语表现，是人的确证；言语教育，是人的成全。言语表现、言语创造，是使人成其为人的表征。类特性动力，是人类最具普遍性的言语动力。

（二）生命性动力：指向精神性、存在性欲求

基于人的类特性的生命活动体验，不断焕发出种种言语表现、言语创造需求。这些从基本需要的满足中不断衍生出的发展需要，最终达成自我实现

---

① 参见李延瑞、林新年：《现代语言学概要》，海峡文艺出版社 1996 年版，第 272～273 页。

② 参见王德春：《现代语言学研究》，福建人民出版社 1983 年版，第 42 页。

的目标，给原发性言语表现欲、创造欲注入了精神活力与价值导向，使言语动力逐渐超越了人的自然性，更具自觉自为的人类情怀与彼岸意识。

1. 愿望不满足论（或称潜意识论）。

代表人物为奥地利精神分析学家弗洛伊德。其代表作有《释梦》《诙谐及其与无意识的关系》《自我和本我》《精神分析引论》等。他主张所有心理活动、思想和行动都需要应用能量，其中有三种能量概念特别适合于解释人类行为：能量守恒、熵、活动和潜在的能量。他认为本能是愿望的心理表现，是存在于个体内部的激发行为的力量。他的《作家与白日梦》集中阐明了文学创作的动机是基于愿望的不能满足（一个幸福的人绝不会幻想，只有一个愿望未满足的人才会），从通过游戏对成人世界的模仿，到压抑进潜意识产生的幻想、空中楼阁和白日梦，到精神活动：幻想和白日梦在三种时间点上（当时的印象与当时的某种足以产生一种重大愿望的诱发性的场合；从那里回溯到早年经历的事情，通常是儿时的事情，从中实现这一愿望；创造一种未来的情景，代表着愿望的实现）的徘徊，再到作品中的自我中心（作为兴趣中心的“主角”，即“自我陛下”或“部分的自我”。好人、坏人以是否利“我”为界），无不基于愿望的不能满足。实现愿望，尽管这也是人的一种本能，与前一部分谈人性的相似，但是，这种愿望不是人的自然性，主要是人由于后天遭际形成的。

愿望不满足论阐明的是人的缺乏性的体验。作为一种言语的动机，是对童年生活缺憾的痛苦记忆的补偿。**在童年生活中，不幸的家庭各有各的不幸，幸福的家庭也各有各的缺陷，而这刻骨铭心的不幸和缺陷却是言语表现的富矿。哪一个教师善于开采它，就能在语文教学中左右逢源。**但这种缺憾性的愿望只是人的生命记忆中的一个方面，对于人的精神建构来说，是远远不够的。

2. 自我实现论（也可以称为潜力实现论）。

代表人物是美国人本主义心理学家马斯洛。其代表作是《动机与人格》《存在心理学探索》《科学心理学》《人性能达到的境界》。他通过对各种人物的观察和对人物传记的研究，把人类行为的动力从理论上加以系统整理，提出了需要层次论。在他看来，动机和需要是一回事，他认为人们的行为是由一定的需要所驱使的。他将人的需要分为五个层次：**生理需要**（生存的需求：人们需要食物、饮料、住所、性交、睡眠和氧气。一个缺少食物、自尊和爱的人会首先要求食物，只要这一需求还未得到满足，他就会无视或把所有其他的需求都推到后面去）；**安全需要**（在健康、正常的成人身上，安全的需要一般都得到了满足。不安的人对秩序与稳定有一种迫切需要，他尽量避免奇怪或不测之事）；**归属和爱的需要**（当生理与安全的需要得到满足后，“现在这个人会开始追求与他人建立友情，即在自己的团体里求得一席之地。他会为达到这个目标而不遗余力。他会把这个看得高于世界任何别的东西，他甚至会忘了当初他饥肠辘辘时曾把爱当作不切实际或不重要的东西而嗤之以鼻。”他认为爱与性不同，性可以被作为一个纯生理的需要去加以研究，“爱是深深的理解和接受”。缺乏爱就会抑制成长以及潜力的发展）；**尊重需要**（人们对尊重的需要可分为两类——自尊和来自他人的尊重。自尊包括对获得信心、能力、本领、成就、独立和自由等的愿望。来自他人的尊重包括这样一些概念：威望、承认、接受、关心、地位、名誉和赏识。“最稳定的，因而也是最健康的自尊是以别人给他应得的尊敬为基础的，而不是来自外部的名声、荣誉或谄媚”）；**自我实现的需要**（“一个人能成为什么，他就必须成为什么。”发现人类有成长、发展、利用潜力的心理需要——马斯洛称之为自我实现——是马斯洛关于人的动机的理论中的一个很重要的方面。马斯洛还把这种需要描述成“一种想要变得越来越像人的本来样子、实现人的全部潜力的欲望”。马斯洛发现，当一个人对爱和尊重的需要得到合理满足之后，自我实现的需要就出现了）。

马斯洛把上述五个层次的需要进而归为两大需要，即**基本需要**（因缺乏而产生的需要）和**发展需要**（存在的价值或后需要）。基本需要包含了前四个层次的需要：生理、安全、归属和爱与尊重需要；发展需要，即自我实现的需要（包括有意义、自我满足、轻松、乐观诙谐、丰富、单纯、秩序、正义、完成、必要、完善、个人风格、活跃、美、善、真）。他认为在人的发展中，在后一较高级的需要充分出现之前，比它低级的需要必须得到适当的满足。一个人生理上迫切的需要得到了满足之后，才能专心去确保他的安全。只有在基本的安全感得到之后，跟别人的相属关系和爱才能达到其充分的力量。一个人对爱的需要的适度满足，被尊重和自尊的追求才能得以产生。最后，在所有前四级水平的需要相继达到了，自我实现的倾向才能达到它的顶点。

但是，他也认为不要过于拘泥地理解诸需要的顺序，决不能以为只有当人们对食物的欲望得到了完全的满足，才会出现对安全的需要；或者，只有充分满足了对安全的需要后，才会滋生出对爱的需要。我们这个社会中有很多人，他们的绝大多数的基本需要都部分地得到了满足，但仍有几种基本需要还没有得到满足。正是这些尚未得到满足的需要能强烈地左右人的行为。一旦某个需要得到了满足，那么它就不能影响一个人的动机了。人最初因一系列基本需要而产生动力；当这些基本需要得到满足，他就会走向更高的层次，会因更高级的需要产生动力。马斯洛称之为后动机（metamotivation）。马斯洛相信，大多数人都有自我实现的需要和倾向。然而，尽管事实上好像所有的人都有这种潜力，却只有极少的人达到自我实现。部分的原因是，人们对他们的潜力全然无知。①

马斯洛心理学被称为第三思潮心理学。第一思潮是弗洛伊德的精神分析学，第二思潮是华生的行为主义，第三思潮是对前两个思潮的突破和扬弃。美国学术界一些人认为，在21世纪马斯洛将超过弗洛伊德和华生，成为心理学界最有影响的先驱人物。这种评价不无道理。需要论可以看作是对极端环境论的否定，他使对人的发展的研究回到了人本身；也是对愿望论的补充和发展，从对病态人格的研究回到了对健康人格的研究。弗洛伊德的研究主要是一种病态心理分析，研究对象是有精神和心理疾病的人，不可避免地带有一定的片面性。马斯洛的研究更多的是对优秀人才的健康人格的分析，关注人的普遍的心理需要，所以，马斯洛的理论更有资格称为人本主义心理学。弗洛伊德的愿望论，主要说的是人生中未得到满足的“缺乏性”愿望在白日梦和写作中的实现，而马斯洛的需要论是多层次的，不但有缺乏性的也有丰富性的，有基本需要也有发展需要，他较为深刻地揭示了各种需要的内在关系。

我认为，马斯洛最大的理论局限在于“需要的满足”是不可界定的。这主要表现在两个方面：一是需要的个体差异很大，在甲看来已经满足了，在乙看来远未满足；二是不论是哪一层次的需要都不是一个“定量”，而是一个“变量”，从这个意义上说，人的需要是难以满足的，需要是无止境的。这就使他的“在后一较高级的需要充分出现之前，比它低级的需要必须得到适当的满足”的规则形同虚设。

尽管如此，马斯洛的需要理论仍然对我们不无启示。它启发我们，人原

① 参见［美］弗兰克·戈布尔著，吕明、陈红雯译：《第三思潮：马斯洛心理学》，上海译文出版社1987年版，第39～59页。

来有这么多的需要，不仅有缺乏性需要还有丰富性需要，使我们可以思考在五个层次的需要中，学生自己觉得有哪些需要未得到满足或只得到部分的满足，这些将成为言语表现的动机，可以引导他们通过言说来获得满足。马斯洛的需要理论还使我们认识到人的价值取向和心理趋向，让我们在言语教育中看到了培育自我实现人格的重要，引导学生认识并追求言语上自我实现。在这一过程中，强化他们言语上的“顶峰经验”（也称为“高峰体验”），使之产生自信和言语上自我实现的激情和冲动，不断地为言语行为、言语创造提供动力。**马斯洛的自我实现和潜能理论，对言语教育中帮助学生认识、开发、发挥言语潜能，因材施教，促成言语表现上的最大发展有着极为重要的意义。**

3. 体验存在论（或称生命本真论）。

代表人物有胡塞尔、海德格尔、萨特等。存在主义哲学是20世纪西方哲学中影响最大的流派之一。存在主义的产生，受到唯意志主义、生命哲学、实用主义等思想的影响，特别是丹麦的克尔凯郭尔和德国的胡塞尔的哲学，为存在主义提供了直接的思想材料。存在主义是由德国海德格尔于20世纪20年代创立的。到二战期间，存在主义在法国成为影响最大的哲学流派之一，主要代表人物有萨特、海洛-庞蒂、马塞尔、加缪等，其中萨特声望最大。后来存在主义在西班牙、意大利、俄国也有流传。50年代后存在主义在美国逐渐风行，主要代表有怀尔德、蒂利希等人。存在主义的理论体系由三部分构成，即存在论、自由观和辩证法。存在论是存在主义的本体论，首先研究“在”，这是一切存在者存在的基础和根源。要研究“在”的问题，首先应探讨人的存在，把领悟到自己“在”的人的存在叫作“存在”或实在，而把个人对“在”的领悟本身或各种特定的对“在”的领悟方式叫作“此在”。这种此在是通向其他一切领域的门户，是不能通过感觉和思维认识的，个人只有处于烦、畏、死等心理状态下才能体验到本真的存在。其他存在主义者的本体论与海德格尔不尽相同，但却肯定了其根本任务是描述人的存在。存在主义的自由观主要从抽象的意义上谈论个人。个人是绝对自由的，每个人的本质都是他自由选择的结果，而选择产生的一切客观效果都须由个人绝对负责。自由是人生的价值，而自由加给人的责任又成为人烦恼的根源。萨特特别强调人有选择自由的权利，每个人都必须对自己的选择负责。辩证法是存在主义关于社会发展问题的理论，其仍然来源于它的存在论。存在主义的辩证法又称“人学辩证法”，它主要是以人为主体展开的思辨运动。萨特解释说，辩证法不是别的，只不过是实践（选择），实践产生和保持自己的整体，人学辩证法就是人们行动的逻辑。①

我认为存在主义哲学的核心是“人”，是对人类的终极拷问，也可以说是一种人本论哲学，它关注人的生命的本真形态与人的自由选择，是对个人的人生价值自我认定的肯定，是一种“内在的”人生生存哲学。它与马克思主义“人学”对个人的自我意识的重视有着某种程度的相通。它既是生命性的，是在生命体验中完成对人的存在的思考，也是精神性的，是人对自我的生存价值的选择、判定与追求。而这一切都跟语言、言语相依存。不论是海德格尔还是萨特，他们的哲学都可谓是“语言论”哲学。他们对人和人生的认识都与语言、思、“诗”有着特别密切的关系。因此，可以说存在主义哲学为我们的言语生命动力学提供了重要的思想资源。

言语生命动力学，同样关注人的生命性与精神性、存在性的统一，注重语言与言语的生命、精神意蕴。但是，需要指出的是，我们对言语生命的“存在性”的认知，不能和“存在主义哲学”或“存在主义语言观”画等号。我们只是从人本论的角度，吸收了它对人、对“在”的颖悟、对自由选择的肯定和对“此在”的诗意追求，以及对个人的生命体验、生命价值的关注等，将此融入对人的言语生命动力学体认中去。

人的生命，就是“言语生命”“精神生命”。言语生命性动力，既内在于人，又发生于人的生命体验、生命成全的过程之中。言语活动、言语创造，是人的生命价值的自证：我写故我在。生命性言语需求，既包含着物质性、生存性需求，也包含着精神性、存在性需求。但其终极指向是精神性、存在性需求。在言语教育中，则体现为言语人生、诗意人生的唤醒、引领与培育。生命性动力，言语潜能的最大限度发挥、言语生命的自我实现，因言语表现而彰示其存在，是人类最强大的言语动力。

（三）触发性动力：产生于主客体的能量交互

以上动力理论，主要研究的是“内驱力”，属于动机理论。也有一些动力理论，是对主客体关系的研究，或侧重于主体，或侧重于客体，但都是对动机与动因关系的研究，可以称为“触发性动力”。这对言语活动、言语教育的

---

① 参见程志民、江怡：《当代西方哲学新词典》，吉林人民出版社2003年版，第38页。

动力结构的认知，尤其是提升对外部情境因素作用与通过主客体互动激发言说动机的认知，颇有启示。

1. 极端环境论（刺激反应论）。

代表人物是美国行为主义心理学家华生（或译瓦特生）。其代表作有《行为主义观点的心理学》《行为主义》等。行为主义作为心理主义（尤其是作为弗洛伊德主义）的对立面，认为人的心理活动是无法观察的，强调客观性，否定主观性，反对“内省”的方法，否定人的本能和遗传，认为心理学研究对象是行为，行为的基本共同因素是刺激和反应。极端环境论在动机理论中可称为“外因说”“环境论”的代表。华生对环境作用的典型表述是：“请给我十几个强健而没有缺陷的婴孩，让我放在我自己的特殊的世界中教养，那么我可以担保，在这十几个婴孩之中，我随便拿出一个来，都可以训练他成为任何一种专门家——无论他的能力、嗜好、趋向、才能、职业及种族是怎样，我都能训练他成为一个医生，或一个律师，或一个艺术家，或一个商界首领，或者甚至也可以训练他成为一个乞丐或窃贼。”① 他也谈到写作的环境作用：“一般文学家曾在各种各样的情绪情境和实际情境的影响之下，玩弄过各个文字，所以他们玩弄文字的能力便很好。”② 这充分表明了人是环境的产物，完全被动受制于环境的影响。

极端环境论虽然不一定可取，但是也能给我们一些动力学上的启示。在言语教育中可创造各种环境、情境和活动，借助外部刺激形成的反应，诱发学生的言语兴趣和言语表现欲，激励他们的言语行为，提高言语能力。今天提倡的语文学习的情境化、生活化、体验性活动等，在相当程度上就是强调学习的外部因素的刺激作用。但是，我们必须看到，这些毕竟是外因，这种人为创设的外部的动因，固然有助于学生的言语动机的形成，可是，它不能代替人的基于生命意识、生命欲求和存在性认知形成的强劲的、持久的言语动机。

2. 驱力推动论（或称“生理不平衡论”）。

代表人物为美国行为主义学者赫尔。其代表作为《行为原理》《一个行为的体系》。他在华生和其他行为主义理论家的基础上提出了驱力理论。他认为有机体的行为必须由驱力或能量来推动，行为的方向由先前的相应刺激反应

---

① 转引自杨清：《现代西方心理学主要派别》，辽宁人民出版社 1986 年版，第 209 页。

② 同上书，第 220 页。

决定。驱力引起生理上不平衡的结果，又促使有机体重新恢复到平衡状态。后来他将诱因纳入他的理论，认为驱力对有机体起着“推力”作用，诱因则对有机体起着“拉力”作用。

驱力推动论对我们认识动机的结构和动力的形成有所帮助。它表明了主体的内在动机——驱力是起决定作用的，但是也不可忽略外部的诱因作用。不论是驱力还是诱因，对人的行为往往都不是单一起作用的，而是形成一种结构式的合力。在言语教育中，我们不但要关注内在的生命机体的原发性动机的激发，在养护人的言语生命意识的同时，也培育言说的兴趣、热爱、意志、理想等，而且，还要注意不断地强化各种外部的诱因（来自环境的、生活的、人际的、媒体的等），使原发性和继发性的生命动力变得强大而充沛。

3．发生认识论。

代表人物是瑞士心理学家皮亚杰。其代表作为《发生认识论原理》《结构主义》。他的心理学可称为建构主义心理学，他的动机论可称为思维动力学或认知动力学。他认为一个刺激要引起某一特定反应，主体及其肌体就必须有反应刺激的能力，因此我们首先关心的是这种能力，它相当于瓦丁顿在胚胎发生学领域内所称的“能耐”（在胚胎发生学中这个“能耐”是根据胚胎对刺激物的感受性来下定义的），所以我们不从刺激开始，而从对刺激的感受性开始，感受性自然是依存于做出反应的能力的。这个公式不应当写作：$S\rightarrow R$，而应当写作：$S\rightleftarrows R$，说得更确切一些，应写作 S（A）R，其中 A 是刺激向某个反应格局的同化，而同化才是引起反应的根源。对 $S\rightarrow R$ 公式提出这种修改绝不只是出于单纯追求准确性，也不是为了理论上的概念化；依我们看来这个修改提出了认识发展的中心问题。在行为主义的彻底的拉马克的观点中，反应仅仅是对刺激所持有的先后序列“在功能上的反应”（赫尔）；从而学习过程就成为获得成就的基本过程，而对学习则是按照记录外界材料这个经验论模型来理解的。要是这个概念果真是靠得住的话，那么随之而来的结论就应该是：整个认识发展过程都必须看作是在这种理解下的学习情境的不间断的先后相继出现的结果。另一方面，如果基本出发点是做出反应的能力即“能耐”的话，看法就正好相反，这就是说，学习在发展的不同水平上是不同的（这一点已为英海尔德、辛克莱和博维特的实验所证明），学习基本上是依靠“能耐”的演化的。真正的课题，就是要阐明这个“能耐”的发展。[①]

皮亚杰的“建构主义”的认知论，已成为今天基础教育课程改革的理论背景。它改变了以往的行为主义的刺激→反应（S→R）的认知模式，改变了以往学习主体被动的“授→受”式的教学模式，而认为人的认知的基本出发点是做出反应的能力（A），正确的认知模式应是S（A）R，将学习的重心转移到学习主体的“能耐”的提高和发展上，即主体的建构上，这无疑是一个认知和学习的革命。这对言语教育中的言语创新也提供了新的动力学认知。言语表现不只是简单的信息的传递，而是取决于人的认知图式的建构，这对人的言语认知与表现形成了新的动力学阐释。

认知论还认为，动机是建立在选择目标、决策、计划以及对成败可能性分析等认知过程基础之上的。动机的认识理论很多，如期望-价值理论、自我归因理论、认知失调理论、信息不确定性理论等等。

期望-价值理论。弗洛姆指出，人的行为动机有两个决定因素：期望和效价。期望是指一个人对其行为目标实现的可能性大小的估计，效价是指个人对所要达到的行为目标的意义性的估计。阿特金森在探讨成就动机时认为，期望、诱因价值及其他动机因素彼此交互作用，共同决定着人的成就动机，他还用数学公式详细说明成就行为是希望成功与害怕失败之间冲突的结果。

自我归因理论。如果期望理论是解释一个人为什么这样做而不那样做，那么自我归因理论则是解释一个人的期望是如何形成以及如何影响他后来行为的，也就是说他为什么这样期望而不那样期望。自我归因也就是指人们对自己行为的原因加以解释或推论的过程。维纳认为，每个人都力求解释自己的行为，分析其行为结果形成的原因。继维纳之后，尼克尔斯提出新的归因理论。他认为个体在进行归因时，依归因的性质可将其分为理性分析和偏差性归因两种。

认知失调理论。维持积极的自我形象，是一种强有力的动机。人们的许多行为都是为了满足个人的准则。费斯汀格认为，当一个人深信不疑的价值观或信念受到心理上相矛盾的信念或行为的挑战时，会体验到一种张力或不适。为了解决这种不适，他可以改变自己的行为或信念，或寻找一种解决这种矛盾的理由或借口。

---

① ［瑞士］皮亚杰著，王宪钿等译，胡世襄等校：《发生认识论原理》，商务印书馆1981年版，第60～61页。

信息不确定性理论。一些认知研究认为，当人们遇到陌生的新事物时，就会产生复杂的不确定性，它将引起中枢神经系统高度的激活。面临着某种不确定性情境而产生的激活状态被称之为好奇心。伯莱恩将好奇心划分为感性好奇心和理性好奇心。①

触发性动力理论，虽然视角不同，但都是基于主客体的能量交换。它给予我们在言语教学中多元化地激发学习动机以不同的启示：可以评估实现言语目标的可能性与价值性；分析言语活动成功或失败的原因，激发修正其行为的动机；给学生以新观念的冲击，使其造成心理上的失调，促使其为摆脱失调而行动；让学生感受新事物，激起他们认知欲与好奇心；要把培育言语主体的“能耐”——认知背景——学问、明理，作为言语教育的基本任务。这些都有助于形成言语动机，在教学中收到良好的实践效能。

言语动力是主客体互动的产物，在言语教育中，要兼顾多元化的动机与动因、推力与拉力的相互作用，其关键还在于言语主体的认知与价值建构，言语主体的言说欲、表现欲、自我实现欲的唤醒与培育。触发性动力，使人在主体建构与主客体互动中积聚言语行为的能量。

以上的各种言语动力源理论，是一个多元化、复合性的认知，有其各自不同的启示意义。符号动物论、自由理性论、生命冲动论、体验存在论、言语天赋论、愿望不满足论、自我实现论等，使我们从人的生命内部的不同视角，看到人这一物种的特性（种差），看到人与言语之间天然的依存关系，它是人的一切言语创造的原动力。关注精神健康的自由理性论、自我实现论、发生认识论，是人的言语生命特性的升华，使人由自然人向着精神人、由个人主体性向着类主体性发展、升华，这是人的言语生命良性建构的自觉状态。发生认识论与自我实现论，在人的言语创造、精神发展、思想建树上，提供动力定型，推动言语思维和言语行为不断地向着更高层次跨越。即便是极端环境论，也给我们创设言语活动、言语教育的外部机制以重要的启示：外部条件、教育环境的创设，是言语动机、言语行为发生的不可或缺的诱因。

言语动力源、言语生命动力学认知，将为我们敞开一个极富魅力的言语研究新领域，使言语活动、言语教育的面貌焕然一新，给予明天的言语创造、精神建树以蓬勃的生机。

① 参见李洪玉、何一票：《学习动力》，湖北教育出版社1999年版，第86～115页。

在动机理论中有以下概念是值得注意的①：

1. 动机：一种需要或欲望，它是和达到适当目的的意向相联系的。在解释行为时，动机和原因是不同义的。

2. 丰富性动机：以经验享乐、获得满足、理解和发现、寻找新奇、有所成就和创造这些欲望为特征的动机。它包括满足和刺激的一般目的。

3. 缺乏性动机：以排除缺乏和破坏、避免或逃避危险和威胁的需要为特征的动机。它包括生存和安全的一般目的。

4. 内驱力：驱使有机体进入活动的、与身体的生理需要相联系的激起状态。引起动机的一种观点认为，内驱力是先天的生物倾向，所有复杂动机都以此为基础，通过学习而发展成为派生的或获得的内驱力。引起动机的另一种观点认为，内驱力只是有机体全部动机能量有限的一部分。

5. 本能：由某些刺激所引起的一种先天行为模式，并为有机体完成某些基本的生物机能。这个术语包括内驱力与满足内驱力的适当活动。

6. 自我实现：许多人格理论中的一个概念，表示人类把自我中的潜在的东西变成现实的基本倾向，也就是把个人的潜力作最大的实现。

7. 社会决定论：该学说声称存在有超越个体的人类特性法则的社会法则，认为人的行为主要受整个社会体系的特性和要求所支配。

8. 无意识动机：属于动机行为的一种形式。在这种动机行为中，人不觉察到他的需要、欲望、意向和目的；他无意识地去获取成功——解决问题、合适地克服障碍等等——以便达到无意识的目的。

上述对动机的认识，是论者在不同的理论背景下的探索。在目前的动机理论中，“需要论”是得到较大程度认同的动机论。有人对“需要论”做这样的阐述：“动机是一种有明确目的的需要，是在需要刺激下直接推动人们进行活动并使活动指向一定目的的内部动力，因而‘动机的研究在某种程度上必须是人类的终极目的、欲望或需要的研究’。（马斯洛语）也就是说，动机既与需要密切相关，又与目的密切联系：有时候，动机与目的是一致的。这时，对某一事物的反映，就其对人的推动作用而言是活动的动机；就其作为活动要达到的预期结果而言是活动的目的。目的与动机还可以互相转换，因此目的也常常具有动机的功能。但有时候，二者又是不一致的。如人的同一行为，

① 参见［美］克雷齐等著，周先庚等译：《心理学纲要》下册，文化教育出版社1981年版，第387～388页。

尽管目的相同，而动机可能区别很大；有时动机相同，目的则可能不同。”① 虽然人们对动机做出各不相同的解释，人们对各种解释有不同的认同度，但是，我们完全可以将这些不同看法视为人的动机的丰富多样性的表现，将它们合理地纳入我们的研究视野。

三　言语动机论：言语动机和动机系统

在现有著述中，直接、专门、系统的言语、写作动机研究不多，大多是一些较为零散的个人感悟，或尚感简陋的讨论。从总体上看，这个领域理论尚较为贫瘠，这是语文学、写作学研究的一个重大缺失。

从不同的动机理论出发，人们对言语、写作动机，动机系统，主要是创作动机、动机系统作不同角度的研究，举要如下：

（一）言语动机

从不同的动机理论出发，人们对言语动机（主要是创作动机）做不同角度的研究，也做出了各自的表述：

1. 创作动机是作家内心萌发的一种冲动或欲望，当它得不到实现时，就会造成心理上的驱动力或张力，这种驱力或张力，迟早会推动作家进入创作过程。②

2. 创作动机是创作者所拥有的动机，就总体而论，它的性质及强度制约着创作者所进行的艺术交往的趋向、方式和收效。③

3. 创作动机是由艺术家本人的需要或欲望转化而成的推动创作活动的一种动力。④

4. 创作动机是由艺术家内心的一种需要或欲望，当其不满足时，便会造成心理上的驱动力或张力，这种驱力或张力会使艺术家或迟或早地进入创作

① 刘敬瑞：《动机　阅读　评论》，中国文联出版社 2001 年版，第7 页。

② 参见钱谷融、鲁枢元主编：《文学心理学教程》，华东师范大学出版社 1982 版，第 130 页。

③ 参见黄鸣奋：《艺术交往论》，文化艺术出版社 1999 版，第 131 页。

④ 参见刘煊：《文艺创造心理学》，吉林教育出版社 1992 年版，第170 页。

的过程。[①]

5. 创作动机是推动和维持艺术家进行艺术创造活动的内部原因或动力。创作动机是由创作主体某种内在的需要转化而来的，包括物质、生理、精神等诸多方面。[②]

综上可知，论者对写作（创作）动机的研究，侧重从主体内部需要方面加以描述，一般不将外部环境视为动机因素，而对动机系统的认识就复杂多了。

（二）言语动机系统

写作作为一种复杂的社会精神现象，它涉及人的创造活动和精神生活的全部复杂性和深刻性。对写作动机的研究在某种程度上是对人类终极目的、欲望或需要的研究。写作的动机极具复杂性，写作中多种动机并存是很自然的，而且多种动机往往相互冲突。一部作品，作者写作的每一阶段可以有不同的动机，甚至每个作者的写作动机系统都是不可重复的。写作动机有时是隐匿的、无意识的，连作者自己也说不清楚。写作动机还是立体的、纵深的，而非平面的、一致的，包括潜在动机、显在动机、随机性动机、启动性动机等相互联系的层面。英国美学家阿诺·理德说："艺术家进行创作的动因，这包括了他过去所有的生活状况，他在创作时的身心状况、意识和气质，包括所有能引起灵感现象的一切情况，这些情况严格说来可以包括直到艺术家所描写的那件事情为止以前全部宇宙的历史。"[③]

写作动机的发生及发展更具复杂性。首先表现在主体与客体间相互作用的不定性上。主体和客体都是动态的：对象是生活中的变化因素，作者则总是处在认识的不断建构的发展运动中。其次表现在生活刺激的间接作用上，同时还从生活刺激所引起的联想作用上反映出来。

由于写作动机极具复杂性，各动力要素既有所区别又有所联系，相互制约，相互促进，共同构成激发和维持写作行为的动机系统。以下是几种有代表性的论述：

---

① 参见杨文虎：《创作动机的发生》，载《上海文学》，1985 年第 1 期。

② 参见鲁枢元、童庆炳主编：《文艺心理学大辞典》，湖北人民教育出版社 2001 年版，第 317 页。

③ ［英］阿诺·理德著，朱狄译，王卓如校：《艺术作品》，见中国社会科学院哲学研究所美学研究室编：《美学译文》第 1 辑，中国社会科学出版社 1982 年版，第 90 页。

1. 胡春贞在《文艺心理学大词典》中这样表述：“文艺创作为了满足人们的精神需要，基于创作主体精神上的失去平衡或热烈追求形成动机。从不同角度，采用不同标准，可以将创作动机划分为多种类型。如潜在动机，显在动机；远景动机，近景动机；主导动机，非主导动机；高尚动机，卑下动机；有意识动机，无意识动机；使命动机，理想动机，情感动机，成就动机等等。创作动机是人的心理活动中相对高级、相对复杂的心理现象，其复杂性表现于：第一，创作动机往往不是单纯和单一的，而往往是由多种动机相互交织，形成所谓的‘动机簇’。第二，创作动机往往是隐匿的，它常常处于个人意识知觉的范围之外。第三，创作动机不是平面的，而是一个纵深的系统。”①

2. 马正平在《写作行为论》中，认为广义的写作动机，既包括写作冲动，又包括写作诱因（即外在刺激），还包括写作目标（写作目的、原因、理想以及文章体裁图样）。这就是说，外在刺激作为诱因是一种写作动机，由此外物刺激诱发的情绪冲动、欲望也是一种写作动机。此外，未来文章的体裁样态（内容和形式）也是写作动机，这后者，准确地说是一种中介性写作动机。写作动机这几种因素之间的关系是怎样的呢？“有效地引起行为动机过程可以区分为三个阶段：第一、是引起活动的‘诱因’，第二、对目标的‘认识’，第三、是行为途中标志中介目标的逐渐呈现。”同样写作动机系统也是一个过程，最初，外在信息作为一个刺激物诱因刺激个体，这时，个体产生了一种写作冲动的情绪，此后或之后个体头脑中的“文章目标”呈现。这就是写作动机的第三阶段，由写作诱因这种动机过渡到写作冲动这种动机是通过“价值评估”（“对目标的认识”）的行为来实现的。而“文章目标”（体裁图样）的呈现又是由写作动机过渡到构思行为的中介。②

3. 刘敬瑞在《动机　阅读　评论》中，分别讨论了动机系统、动力系统和动因系统。他认为：“动机作为一个系统，不是单一、平面、机械、割裂的，而是由多种动因构合而成的复杂系统。动机的产生是一个综合效应，既有多种内因推力的推动，又有外部诱因的拉力与压力的推动，是内部原因与外部条件共同作用的结果。”“动机的发生既有需要、目的、兴趣、认识等诸

---

①　鲁枢元、童庆炳主编：《文艺心理学大辞典》，湖北人民出版社 2001 年版，第 317 页。

②　马正平：《写的智慧》第一卷，西南师范大学出版社 1995 年版，第 188 页。

内因合成的‘推力’的驱动，又有外部诸诱因所产生的‘拉力’或‘压力’的驱动，‘三力’相互结合，方能产生巨大的推动力，驱使主体产生动机并进而产生具体创作行为……”①

创作动机系统的发展是历时性与共时性结合的双向流动的振荡式发展过程，有三个相互作用的阶段：第一，动机萌动阶段（这是创作动机的初始阶段，是作家感于外而始动于中的阶段，有三个特点：欲动性，不确定性，随意性）；第二，动机萌发阶段（是主体深入思索、拨开迷雾、反复梳理的过程，是创作动机由萌动状态向萌生状态发展的过渡时期，过渡性是其主要特点，初步有序性是这时期的另一特点）；第三，主导动机的萌生（创作主体经过强烈的情感冲动与适度的理性控制的历程后，材料的记忆组合呈现相对稳定状态，表现主旨已经形成，中心目标已经确定，主导动机萌生并明晰强化，其他因素处于从属地位）。

刘敬瑞认为在动力系统中，以上的动机系统还只是一个子系统，即“触发动力系统”还有两个子系统：内化动力系统（存在于构思过程中）、外化动力系统（与作品物化行为并存）。在耗散结构理论中，涨落是系统演化的动力，系统由于社会原因和自身原因而引起的结构与功能的变化称为涨落。这两个子系统与触发动力系统一样，也会发生涨落现象，也是振荡式发展的；后一个系统以前一个系统运动的终点为起点进行运动。在动机系统定向运动过程中，动机或是深化了，或是转移了，或是改变了，然而这个反复运动过程，都促使动机系统上升，促进创造行为的完成和作品的定型。

刘敬瑞还具体讨论了创作动机触发的动因系统。每个具体动机的产生总有其主要触发点。引起触发现象的“触媒”是一个动因系统。这个系统是个包括一系列动因的动因簇。触发动因分为三类：第一，客观环境触发创作动机。这是客观动因，包括社会背景、具体生活环境等。一是直接材料的触发，一是产生于“记忆的推动”。第二，主观情感触发动机。这是主观动因，包括作家的审美意识、内在外在的需要、对名誉地位的追求等。其中思想感情是重要因素。第三，读者反馈触发创作动机。在作者、作品、读者这一双向交流的系统中，作者以发表作品的形式输出信息与读者交流，读者的反馈也必然要对创作动机产生影响。②

---

① 刘敬瑞：《动机　阅读　评论》，中国文联出版社2001年版，第5～6页，第13页。

② 参见刘敬瑞：《动机　阅读　评论》，中国文联出版社2001年版，第16～26页。

刘敬瑞的研究，在相关论述中是较为完整深入的。

4. 施旭升在《文艺创作动力系统的心理阐释》中，把动机分为三个层面：第一层面是主要由创作内驱力和艺术感受力所形成的创作发动层面；第二层面是发乎情止乎理——这是一个交织艺术家多种心理机能的创作动力层面；第三层面是从注意力到意志力所构成的从创作发动跃向心理整合的动力传导的心理链层面，它有效地保证创作的延续和完成。①

综上所述，写作动力因素是极其复杂的，写作主体的写作活动依赖于写作动机系统的整体效应，任何单一的心理力量都不足以推动、维持整个写作活动，将写作动机作为一个系统对其做整体把握有助于人们深入认识写作动机的构成。写作动机系统是由三个方面的因素组成的：一是写作主体的内在条件，如本能、需要、驱力等；二是外在条件，如写作主体之外的各种环境的刺激；三是中介调节要素，能推动和维持写作主体的写作活动并将写作活动导向某一目标，以满足写作主体的需要等。同时，还应认识到尽管写作动机系统极其复杂，但起主导作用的是写作主体的内部系统，外界环境的刺激只是条件之一。所以，写作主体可以通过主观努力（如修养身心，扩大生活面，增进知识，提高认识水平等）来不断扩充和完善自己的内部系统，使之能对生活的各种信息更敏感地做出反应。

往往不是单一的写作动机作用于写作行为，而是一个复合系统，即“动机簇”，综合地发挥其作用的，因此，教师要全面地了解各种写作动机因素，激发、培养学生对写作的多方面的需求、认知，尽可能多地让他们知道写作的意义与价值，逐渐累积成强大的言语创造动力。

由于写作动机、诱因、动力系统的作用具有隐匿性，因此，在写作、写作教学与研究中往往被忽略，而教师的任务就是要把这些隐蔽的写作动机、诱因揭示出来。特别是在阅读教学中，要把揭示作者的写作动机、诱因作为一件最重要的常规性工作，让学生体会到作者之所以能写出优秀的作品，这些各种各样看不见的写作动机、诱因起到至关重要的作用，从而引导他们形成良好的写作动力系统。

上述研究表明，对动机与动机系统做横向、静态研究得比较多，有的论者也涉及动机在写作过程中的作用，如马正平、刘敬瑞、施旭升等的研究，

---

① 参见施旭升：《文艺创作动力系统的心理阐释》，载《烟台师范学院学报》，1993年第1期。

已经讨论到写作动机对写作行为不同阶段的影响，但由于动机的作用较为隐蔽，难以察觉，难以描述，所以对其认知还比较简陋，比较模糊。对于写作来说，写作动机的纵向、动态研究是较为重要的，这方面有待加强。

四 应试与“应世”：“人”的缺席

在以往的语文教育实践中，是以应试、“应世”为基本动力定型。我们所说的动机的缺失，主要是指“应性”“存在性”动机的缺失。

“应世”包含了应试，这两个概念本来不应并列。但由于在学校教育中，长期以来是以应试为行为动机和目的的，在学生受教育阶段，应试动机是“应世”动机的具体体现，因此，有必要将其从“应世”动机中抽取出来进行讨论。

学生对应试、“应世”动机的认识来自于教师，而教师的观点也没有多少是自己的。应试动机是来自应试教育机制相沿成习的影响，考试便是一切，考试要考作文所以要学写作文；“应世”动机大致上是来自主流的语文教育思想，而主流的语文教育思想又来自西方实用主义哲学、教育学和传统的文艺理论、政治观念，是长期形成的集体无意识。应试动机虽然在实践中占据了主导地位，却是上不了台面的，一般限于“口耳相传”、心领神会。在教育理论中，却是“应世”动机的一统天下。我国主流的语文教育思想基本上就是叶圣陶先生的教育思想。看看叶圣陶先生是怎么说的：

> 训练学生写作，必须注重于倾吐他们的积蓄，无非要他们生活上终身受用的意思。这便是“修辞立诚”的基础。①
>
> 假若有所表白，这当是有关于人间事情的，则必须合于事理的真际，切乎生活的实况；假若有所感兴，这当是不倾吐不舒快的，则必须本于内心的郁积，发乎情性的自然。这种要求可以称为“求诚”。②
>
> 旧式教育可以养成记诵很广博的“活书橱”……可以养成学舌很巧

---

① 叶圣陶：《论写作教学》，见刘国正主编：《叶圣陶教育文集》第3卷，人民教育出版社1994年版，第372页。

② 叶圣陶：《作文论》，见刘国正主编：《叶圣陶教育文集》第3卷，人民教育出版社1994年版，第299页。

妙的“人形鹦鹉”，可以养成或大或小的官吏以及靠教读为生的“儒学生员”；可是不能养成善于运用国文这一种工具来应付生活的普通公民。[①]

叶圣陶还在《中学语文教材编辑座谈会发言》中说：“语文是人与人交流和交际的必不可少的工具。不善于使用这个工具，就无法工作和生活，甚至可以说就不能做人。”由此可以看出，在“应世”方面，同学、老师们的观点和叶圣陶的观点是完全一致的，那就是都讲到了两个方面：一是工作、生活的需要；一是倾诉宣泄内心情绪的需要。这两个方面，前者是来自外界的被动的强制性需要，后者主要是一种“缺乏性需要”。

但在这里，我们发现，当叶圣陶把言语实践的经验感悟上升为语文教育本体论的认识的时候，强调的是前者，而对后者是不怎么重视的，或者说是比较淡化和压抑的。那么叶圣陶的这个经“简化”过的重实际生活实用（应需论）的语文教育思想又是从何而来的呢？显然叶圣陶的写作价值观贯穿其中的是“实用”和“应用”的实用主义思想，即写作（以至语文）是一种“应付生活”、从事工作和学习的“工具”，这一“工具论”思想与20世纪初我国现代教育初创时期，从传统的封建八股教育的学用分离、学不致用的“为功名利禄”的畸形的功利主义教育观，转向重“功用”、重“实利”的教育观是一脉相承的。同时，“工具论”写作价值观，与美国实用主义哲学家、教育家杜威的教育思想也有着直接的联系。杜威把一切科学理论均归结为经验，认为它们只是个人应付环境的“工具”。自然，言语表现也不例外，也是人的应付环境的“工具”。而且，在学校教育中，对言语教育的工具性特征的强调，是其他学科难以相提并论的。

现今学生和老师们对“言说的意义”的认识，其渊源追溯起来似乎并不复杂。但是，答案显然是不能令人满意的。如果“应付生活”的“工具”这个答案是正确的话，那就很难解释这一动机为什么不能唤起学生的写作热情，恰恰相反，他们的写作欲望却因此受到了抑制，以至害怕写作，言语表现水平每况愈下，可见，“言说的意义”的答案并不是那么简单。

应试动机的驱动力是有限的，一旦实现了应试目的或未能实现应试目的，应试动机便随即失去效能。在语文教学实践中，考什么，便教什么、学什么，似乎是天经地义的事。不考或考后，便没有教学的需要，也没有写作的需要。

---

① 叶圣陶：《认识国文教学》，见刘国正主编：《叶圣陶教育文集》第3卷，人民教育出版社1994年版，第92页。

言语能力的发展，靠应试动机是走不好、走不远的。

包含了应试动机的“应世”动机，也同样是被动、消极、异己性的力量。它不仅包含着应试的需要，还包含着生活、学习、工作的需要，它比单纯的应试动机对人的言语学习和表现自然更具影响力，它全方位地将人导向生存需要，与人的生存和发展的内在需要在一定程度上相契合，它激发的动能自然也就更强大、持久。然而，它主要也是一种外因，是诱因，它主要是“拉力”“压力”，而不是“推力”，不是一种具有强烈生命冲动的内在原发性动力，它与人的内在的超功利的精神需要、与人的言语主体性存在着不同程度的矛盾和冲突。“应世”动机与人的个体的内在需求在某些方面趋向统一，但是，它的基本属性——社会性，与人性、天性、主体性、个性等，从根本上说，是对立的、对抗的。由于人是“社会人”，因此，往往社会性比人的主体性更为强势。这在言语实践中表现得十分明显。人的本真的话语、自然的倾诉，总是或多或少地受到主流话语的屏蔽、压制和规范。一位家长说，他读小学二年级的女儿在学校就已经不会说自己的话了。人的主体性与过分强势的社会性需要冲突的结果，导致了言语主体受到挫败，言语表现受到阻遏，言语活动成为心灵的磨难，造成言语主体性的丧失或部分丧失，致使本应极富个人创造性的自我表现失真，甚至失语，言语表现欲被抑制。“应世”需要这一诱因不再引起写作的兴奋和冲动，学生不再喜欢写作，以至厌恶写作。——“应世”动机在言语教育中失去动能，在语文教育中不论如何耳提面命也无济于事。这一现状值得深思。

“应世”动机主要是与人的生存、物质需求发生契合，而与人的主体性和精神需求往往相抵牾。商业化的社会，每日每时都在激活着人们的物质欲，使人的自由的天性与精神创造力日渐萎缩，使人逐渐认同“占有”的生活方式，远离“存在”的生活方式，使人逐渐沦为非人。德国哲学家弗洛姆说：“由于我们生活在一个穷奢极欲，拼命追求占有财富和利润的社会里，所以我们很难见到以存在作为生存方式的范例。大多数人都把占有财富式的生存看作为理所当然的、也是唯一合理的生活方式。这一切给理解存在的生活方式的特性和弄懂占有财富只是一种可能的生活方向带来了特殊的困难。尽管如此，这两个概念还是与人们的日常经验紧密相连的。仅仅以抽象的和纯粹合乎理智的方式去探讨其中的任何一个概念，不仅不应该，而且不可能。”①“应世”动机，便是如弗洛姆所说，是“占有”的生活方式驱动的动机。它对人认识自身的存在价值产生障碍。“应性”“存在性”动机的缺失，对存在的生活方式的隔膜，将使人退化为动物。今天的纯商业化的写作，所谓的“身体写作”“下半身写作”，考场作文的猜题、套题、押题，言不由衷的胡编乱造等，就是“占有”的生活方式的体现，是片面追求应试、“应世”结出的恶果。

在以往主流观念中不受重视的倾诉内心的“宣泄”情绪的动机，如叶圣陶先生说的“假若有所感兴，这当是不倾吐不舒快的，则必须本于内心的郁积，发乎情性的自然”，这大多是一种“缺乏性需要”。许多作家将它作为自己的写作的动机，例如缪塞说：最美丽的诗歌就是最绝望的，有些不朽的篇章是纯粹的眼泪。雪莱说：最甜美的诗歌就是那些诉说最伤心的思想的。凯尔纳也说：真正的诗歌只出于深切苦恼所炽热着的人心。这一缺乏性动机对于学生的学习写作来说，也是至关重要的，在强调素养教育的今天也已受到了重视，在写作教学中写难过、写伤感、写寂寞、写痛苦、写友情、写恋情的文章多起来了。这在过去会被视为格调不高，打入另册，而今已大体上能被教师们接受。为了使学生有话可说，不少教师甚至大力提倡写自己的喜怒哀乐、悲欢离合，这比起只能写“主旋律”“普通话”当然是一种进步。但是，我们也不能不看到，囿于满足一己之私的“缺乏性需要”还只是一种低层次需要，它可以作为一种过渡性需要，但是不能作为人的言语发展的终极性需要。“与缺乏性动机相比，丰富性动机更具持久性。因为在作家、评论家内心的压抑、痛苦、愤懑通过创造释放、宣泄之后，内驱力降低，缺乏性动机便消失了，这些创作者也便销声匿迹或再也拿不出好的作品了。只有摆脱这种动机而走向丰富性动机，不断探索领悟创作的真谛，增强自我实现的需求，将创作由手段变为目的，由诉说、宣泄个人情绪上升到对自我、人生的探索发现，由满足个人成就感上升到对人生艺术境界的追求，才能不断增强内驱力，强化动机，将不断创新的优秀作品奉献给社会。从这个意义上说，创作动机在本质上是一种丰富性动机，这种动机的内涵就是植根于创造者艺

---

① ［德］弗洛姆：《日常生活中的两种生存方式：占有与存在》，见［美］马斯洛等著，林方主编：《人的潜能和价值》，华夏出版社 1987 年版，第 330 页。

术人格的自我实现的需要。”[①] 这虽说的是作家的创作，但对言语创造活动中人的一切写作行为有着普遍的适用性。所谓的丰富性动机，就是我们所说的存在性动机的主体，存在性动机包含、超越了缺乏性动机，体现了向着自我和超我的精神跃迁。丰富性动机是指向存在的生命本体的，是以精神创造和自我实现为旨归的。只有以丰富性动机作为基本价值取向，才有言语上自我实现的幻想、理想和信仰，才有由此产生的强盛的言语生命能推动的言语实践的持续发展，才能真正走上记录着人类的光荣与梦想的言语人生、诗意人生之途。

五　“不朽”论、“四为”论的存在性价值

只要我们把目光稍微放远一点，看看古人是怎么说的，再看看某些今人是怎么说的，然后再想想上述主流语文教育应试、“应世”动机论，居然影响了几代人，并且至今仍有许多的师生将“实用”“实利”作为自己言语学习和表现的理由，想必大家会对言说的意义和当代的言语教育有进一步的体认。

大上有立德，其次有立功，其次有立言。虽久不废，此之谓不朽。（《左传·襄公二十四年》）

“三不朽”[②]，可谓人生最高的价值标杆。一个人如能做到“一不朽”就殊为不易，要修炼到“三不朽”兼备，则难而又难。但“三不朽”实为“一不朽”：立言。“立德”“立功”得靠“立言”而传世，否则，德性、功业后人难以知悉，何以能不朽？所以，古人之德行、功业，须刻石立碑，须纪传载史。再者，立不朽之言本身，就是立德、立功，有德有功之言，方能不朽。所谓不朽之言，就是传世之作，就是垂范千秋的经典，“立言”不就是功德无量的事？可见，得“立言”这一不朽，等于得“三不朽”。也可以说“三不朽”中，“立言”最要，“立言”是终极性的，具有包容性。“立言”之难在于“言得其要，理足可传”。“立言”之重要，“立言”的事功性（经国之大业），在曹丕《典论·论文》中，得到充分体现。

---

① 刘敬瑞：《动机　阅读　评论》，中国文联出版社 2001 年版，第 8～9 页。

② “三不朽”其意为：“立德谓创制垂法，博施济众；立功谓拯厄除难，功济于时；立言谓言得其要，理足可传。”见孔颖达《春秋左传正义》。

人之所以为人者，言也。人而不能言，何以为人？（《春秋谷梁传·僖公二十二年》）

这可谓开“人是语言的动物”“人是写作的动物”观念之先河。此处的“言”，主要指的是高级的口头交际，或是“立言”——写作，而不是日常说话——口语。人天生会说话，这是无需强调的；而要进行高级的口头交际，要成为卓有建树的“立言者”，就不容易了，这才是需要强调的。这为“人之所以为人”设定了一个底线，同时也为言语表达设定了一个高度。

诗，可以兴，可以观，可以群，可以怨。迩之事父，远之事君；多识于鸟兽草木之名。（《论语·阳货》）

“诗关教化”。诗歌（写作）的功用既是“审美”，也是“实用”，几乎是对人进行全方位的教育。因此，孔子说：“不学《诗》，无以言。”“兴于《诗》，立于礼，成于乐。”“温柔敦厚，诗之教也；疏通知远，书之教也；洁净精微，易之教也；恭俭庄敬，礼之教也；广博易良，乐之教也；属辞比事，春秋教也。”这些都表明，写作诗文对人的教化作用是极其巨大的。

古者富贵而名摩灭，不可胜记，唯倜傥非常之人称焉。盖西伯拘而演《周易》；仲尼厄而作《春秋》；屈原放逐，乃赋《离骚》；左丘失明，厥有《国语》；孙子膑脚，《兵法》修列；不韦迁蜀，世传《吕览》；韩非囚秦，《说难》《孤愤》；《诗》三百篇，大抵贤圣发愤之所为作也。此人皆意有所郁结，不得通其道，故述往事，思来者。及如左丘明无目，孙子断足，终不可用，退论书策以舒其愤，思垂空文以自见。

仆窃不逊……亦欲以究天人之际，通古今之变，成一家之言。草创未就，适会此祸，惜其不成，是以就极刑而无愠色。仆诚已著此书，藏之名山，传之其人通邑大都，则仆偿前辱之责，虽万被戮，岂有悔哉！（司马迁《报任安书》）

在困厄中“发愤之所为作也”，是值得称道的。但司马迁之写作《史记》，与这些伟人不同，是从小就立志要“究天人之际，通古今之变，成一家之言”。可谓原发性写作欲求、冲动的彰显，是一种写作信念、信仰使然。尤其值得重视的是“藏之名山，传之其人”的动机，他不是为了现世的功利，而只是为了实现自己的人生抱负，表明了崇高的人类情怀。

故《论衡》者，所以铨轻重之言，立真伪之平，非苟调文饰辞，为奇伟之观也。（王充《论衡·对作》）

为世用者，百篇无害；不为用者，一章无补。（王充《论衡·自纪》）

载国德于传书之上，宣昭名于万世之后。（王充《论衡·须颂》）

王充对写作功用的认知是相当全面的，较为真实地反映出了言语动机的多样性、丰富性、综合性，可谓“多元互补互动性”动机结构。

盖文章，经国之大业，不朽之盛事。年寿有时而尽，荣乐止乎其身，二者必至之常期，未若文章之无穷。是以古之作者，寄身于翰墨，见意于篇籍，不假良史之辞，不托飞驰之势，而声名自传于后。（曹丕《典论·论文》）

这可谓参透人生价值之论。“三不朽”，在曹丕这儿已不提“立德”“立功”，只剩下“一不朽”：立言。即世间唯有文章无穷，能使声名传后。这虽有急功近利之嫌，但也在一定程度上说出了实情。唯“立言”传世，对文人最有诱惑力。因为这可以不借助任何外力，操之在我。曹丕自己的人生恰巧佐证了其“立言不朽”观之正确——后人或许不知身为帝王的他有何德性、功业，但因他留下了《典论·论文》，为历代文人所赞佩，使其名垂千古。

辞赋小道，固未足以揄扬大义，彰示来世也……吾虽德薄，位为藩侯，犹庶几戮力上国，流惠下民，建永世之业，流金石之功，岂徒以翰墨为勋绩，辞颂为君子哉？若吾志不果，吾道不行，则将采史官之实录，辨世俗之得失，定仁义之衷，成一家之言，虽未能藏之名山，将以传之同好，此要之白首，岂可以今日定乎！（曹植《与杨德祖书》）

鲁迅在《魏晋风度及文章与药及酒的关系》中说：第一，子建的文章做得好，一个人大概总是不满意自己所做而羡慕他人所为的，他的文章已经做得很好，于是他便敢说文章是小道；第二，子建活动的目标在于政治方面，政治方面不甚得志，遂说文章是无用的了。我以为，鲁迅这一解读有点粗心，曹植不是轻文章，不是说文章无用，只是认为“立言”不如“立德”（“戮力上国，流惠下民”）、“立功”（“建永世之业，流金石之功”）重要。对于“立言”，曹植又有点轻文学重史论，在这一点上，他与扬雄相似：“辞赋小道，固未足以揄扬大义，彰示来世也。昔扬子云先朝执戟之臣耳，犹称壮夫不为也。”且有点像司马迁，他所说就是司马迁所做的事：“采史官之实录，辨世俗之得失，定仁义之衷，成一家之言……”

《易》曰：“鼓天下之动者存乎辞。”辞之所以能鼓天下者，乃道之文也。（刘勰《文心雕龙》）

古人将文章分为三种：道之文、学问之文、辞章之文。以道之文为优，学问之文次之，辞章之文为末流。推崇“道德文章”“学问文章”，鄙弃“辞章之文”。

> 大凡物不得其平则鸣：草木之无声，风挠之鸣；水之无声，风荡之鸣。其跃也或激之，其趋也或梗之，其沸也或炙之；金石之无声，或击之鸣。人之于言也亦然：有不得已者而后言，其歌也有思，其哭也有怀。凡出乎口而为声者，其皆有弗平者乎！（韩愈《韩昌黎文集·送孟东野序》）

韩愈强调外物、外因对激发写作动机的作用。环境，尤其是逆境，对激发写作动机的作用不可忽视。

> 君子有文以明道，小人有文以发身。（司马光《温国文正司马公文集·迂书》）

司马光提倡文以明道，批评文以发身——发迹，即以文求名牟利。以写作动机来区分君子与小人。

> 为天地立心，为生民立命，为往圣继绝学，为万世开太平。（张载《张子全书》卷十四《性理拾遗》）

这是古代文人最高的治学理想，属于存在性写作动机：为天下、社会确立价值体系；为百姓确立生命的意义；为优秀文化承先启后；为后世开创永久太平。张载的写作理想与信念，为后人树立了难以逾越的写作精神高标。

关于“言说的意义”，这里至少说到了：（一）文章关教化；（二）写作为求真；（三）文以明道、载道；（四）写作是大事业，文能鼓动天下，写作能推动国家、事业的发展；（五）写作能实现人生抱负，使人精神永在、垂名不朽；（六）写作是敲门砖，可因文而发迹；（七）写作可以发泄愤懑之气；（八）写作是因不平而鸣。概括地讲是两点：一是出于现世的功利需求，为名为利，为事为情；一是出于对人自身、对彼岸世界的自我精神抚慰和人文关怀。前者的典型表述便是“益国补化”“文以载道”“不平则鸣”“文以发身”；后者的典型表述是“立言不朽”“藏之名山，传之其人”。这就可以理解为什么屈原被逐而赋《离骚》，司马迁受宫刑而作《史记》，曹雪芹举家食粥而作《红楼梦》了。对于他们来说，现世的功名利禄、荣辱贵贱已成过眼云烟，唯一渴求的便是证明自己的存在，“藏之名山，传之其人”，以求功成身后，光耀百代，流芳千古。作为茫茫宇宙中的一个匆匆过客，“寄蜉蝣于天地，渺沧海之一粟”，还有什么能比超时空的存在更有诱惑力呢？难怪曹丕发出“年寿有时而尽，荣乐止乎其身，二者必至之常期，未若文章之无穷”的慨叹！

其中特别令人惊叹的是，《春秋谷梁传·僖公二十二年》：“人之所以为人者，言也。人而不能言，何以为人？言之所以为言者，信也。言而不信，何以为言？信之所以为信者，道也。信而不道，何以为道？道之贵者时。其行势也。”这里不但指出了人具有的言语特性，认为言语是人之为人的本质，而且还指出了言语的要求：真诚、守信是最基本的，要做到这一点，便要合乎道义、道理，而道义、道理之可贵在于因时而变，要能顺应时势，随机应变。这些认知是很透彻、深刻的，对人之为人所需的言语的智能，提出了极高的标准。

同样值得关注的是《左传·襄公二十四年》和《典论·论文》中阐明的“不朽论”和司马迁的“发愤著书”“成一家之言”说。《左传》所谓的立德、立功和立言，这“三不朽”实际上就是“一不朽”：立言。立德和立功，都要通过立言来体现。作为德行、功业和生命的遗存，都要借助言语的表现使之成为历史和文明的组成部分。没有言语，再辉煌的人生建树都将被湮灭。《典论·论文》中的“未若文章之无穷”“声名自传于后”的认知，也使我们感受到了超越于享乐原则和现世功利之上的生命体验，将言说的幸福视为一种跨越生死两界的最高的幸福。而司马迁的“退论书策以舒其愤，思垂空文以自见”“究天人之际，通古今之变，成一家之言。……藏之名山，传之其人通邑大都……虽万被戮，岂有悔哉”的率性悲壮之言，则揭示了“不朽论”背后的不可遏止的言语生命冲动和自我实现的创造激情，揭示了人类文化薪火相传、生生不息的奥秘，展示了人言语上自我实现的动机。“人之所以为人”说、“不朽论”与“发愤著书”说、“成一家之言”说就是“表现-存在论”的萌芽，就是古人的言语生命意识，与今天人们所说的“在写作中生存”“我写作则我生存”的“存在论”言语生命意识是一脉相承的。

北宋大儒、著名理学家张载的“四为句”：为天地立心，为生民立命，为往圣继绝学，为万世开太平，将人的存在性认知推向了一个高峰，成为了后世知识分子立身、治学、写作的座右铭。这“四为”，全面、深刻地揭示了良好的言语生命意识的内涵，囊括知识分子的人生使命与社会责任，为后世矗立起了一座巍峨的精神航标，达到了人的存在性价值认知的极致境界。

六　“我写故我在”的当代动机论

虽然古人已有“存在论”之萌芽，但是，作为主流的写作本体论，则倾向于“经世致用”，在教育实践中，则主要推崇的是为了“发身”“发迹”的“为功名利禄”的写作。现代作者对“为什么写作”的思考，显然更加多样化，有的自然也更为深刻，从中可以看出不同于古人的认知趋向。看看后人说的是什么：

> 从我生下来起，并没有人命令我写小说。我到法国是为了学一门学问。我自己也没有想到我会在巴黎开始写什么小说，结果两年中什么也没有学会，回国后却找到了一样职业：写作。家里的人又再三叮嘱要我走他们安排的路，可是我偏偏走了没有人给我安排的那一条。①

> 1934 年我从北平回上海。小住一个时期，动身去日本前为《文学》杂志写了一个短篇《沉落》。小说发表时我已到了横滨。从文读了《沉落》非常生气，写信来质问我：“写文章难道是为着泄气?!”我也动了感情，马上写了回答。我承认：“我写文章没有一次不是为着泄气。”②

> 因为我活到这世界里有所爱。美丽，清洁，智慧，以及对全人类幸福的幻影，皆永远觉得是一种德性，也因此永远使我对它崇拜和倾心。这点情绪同宗教情绪完全一样。这点情绪促我来写作，不断的写作，没有厌倦，只因为我将在各个作品各种形式里，表现我对于这个道德的努力。人事能够燃起我感情的太多了，我的写作就是颂扬一切与我同在的人类美丽与智慧。③

---

① 巴金：《随想录·探索》，生活·读书·新知三联书店 1987 年版，第 204 页。

② 巴金：《怀念从文》，见《沈从文笔下的名人　名人笔下的沈从文》，东方出版中心 1998 年版，第 176 页。

③ 沈从文：《序跋集·〈篱下集〉题记》，见《沈从文文集》第十一卷，花城出版社、生活·读书·新知三联书店香港分店 1985 年版，第34 页。

写作是要有信心，有热诚，不计功利，不问成败，正义感特别强，对人生充满悲悯博大同情，而又能坚持到死去干的一分庄严工作。①

作家要一辈子不断写作品，不能以写作为敲门砖，靠投机和当官来求功名。②

名誉、金钱或爱情，什么都没有，这不算什么。我有一颗能为一切现世光影而跳跃的心，就很够了。这颗心不仅能够梦想一切，而且可以完全实现它。一切花草既都能从阳光下得到生机，各自于阳春烟景中芳菲一时，我的生命上的花朵，也待发展，待开放，必然有惊人的美丽与芳香。③

其实，写作本身，对我来说，就是最大的最有效的消遣。我常常在感到寂寞、痛苦、空虚的时刻进行写作。……新写出来的文字，对我是一种安慰、同情和补充。……在创作中，我倾诉了心中的郁积，倾注了真诚的感情，说出了真心的话。在过去的漫长的岁月中，烽火遍地，严寒酷暑，缺吃少穿，跋涉攀登之时，创作都曾给我以帮助、鼓励、信心和动力。④

有人问一位登山家为什么要去登山——谁都知道登山这件事既危险，又没什么实际的好处，他回答道："因为那座山峰在那里"。我喜欢这个答案，因为里面包含着幽默感——明明是自己想要登山，偏说是山在那里使他心里痒痒。除此之外，我还喜欢这位登山家干的事，没来由地往悬崖上爬。它会导致肌肉疼痛，还要冒摔出脑子的危险，所以一般人尽量避免爬山。用热力学的角度来看，这是个反熵现象，极为少见。这是

① 沈从文：《续废邮存底·职业与事业》，见《沈从文文集》第十一卷，花城出版社、生活·读书·新知三联书店香港分店1985年版，第360页。

② 严文井：《谁也抹煞不了他的存在》，见凌宇编《湘西秀士——名人笔下的沈从文 沈从文笔下的名人》，东方出版中心1998年版，第62页。

③ 沈从文：《水云集·水云》，见《沈从文文集》第十卷，花城出版社、生活·读书·新知三联书店香港分店1985年版，第265页。

④ 孙犁：《关于〈铁木前传〉的通信》，载《孙犁研究专集》，江苏人民出版社1983年版，第151～152页。

因为人总是趋利避害，热力学上把自发现象作熵增现象，所以趋害避利肯定反熵。

……立志写作在我身上是个不折不扣的反熵过程。我到现在也弄不明白自己为什么要干这件事，除了它是个反熵过程这一点。

……我写的东西一点不热门，不但挣不了钱，有时还要倒贴一些。严肃作家的“严肃”二字，就该做如此理解。据我所知，这世界上有名的严肃作家，大多是凑合过日子，没名的大概连凑合也算不上。

…………

……我的行为是不能解释的，假如你把熵增现象看成金科玉律的话。

当然，如果硬要我用一句话直截了当地回答这个问题，那就是：我相信我自己有文学才能，我应该做这件事。①

文学应当是作家心中最后的堡垒。一个作家很难做个完人，但是他至少对自己的文学要做到真诚。不应当有作文或为文等概念，作品应当是作家淋漓的心血。为了这样的作品作家才活着，为了这样的作品青春被点燃，生命被耗尽。为了追求这样的作品，作家眼中只有一片辉煌的幻彩，而绝不会看见红地毯和金钱；为了保卫这样的自己的作品，哪怕是最弱小的作家也敢挺身而起，一直牺牲到自己心跳的最后一下。②

我是个没受过完整教育的穷小子，有很强的功利目的拿小说当敲门砖提升自己的社会地位，所以小说基本是写实的。最初是艳情。……我自己对情感描写的热忱随着年纪增长也越来越为一种黑色的想法所代替。再写下去我怕我对女性的崇拜会受影响。

…………

我年轻的时候有改造社会，开一代风气的雄心，文学可视为武器。对知识分子的嘲弄批判使我大有快感同时也失去最后的道义立场。站在知识分子立场批判知识分子亦是伪善，很难不沦为同党。站在小市民或政客立场又不免乌鸦落在猪背上，净看见猪黑了。这么走下去很难不走到反党反社会主义的道路上去，实在危险。更主要的是，攻击别人并不

---

① 王小波：《黄金时代·时代三部曲总序》，华夏出版社 1997 年版。

② 张承志：《又是春天》，见张承志：《风土与山河》，作家出版社 2005 年版。

能开脱自己。我的个人生活一团糟。快感并不能支持我度过余生。和别人的丑恶比，我自己的丑恶形象更触目惊心，如果我还有起码的真诚，首先应该面对自己才是。我对写别人写社会失去了兴趣。

…………

……我将一路退到自己内心最阴暗的深处，从自我描写开始新写作。如果由此玷污了中国人的形象也是活该。我需要对自己进行一番心理治疗。你可以把这当作我的文学动机。①

现在，时髦一点说，写作已经成为我的主要的生存方式啦。快乐和忧愁，信念和困惑，长进和挫折，经验和追忆……全都成了笔下的文稿啦。我也设想过假设我不写作，比如我搞数学，搞理论研究、当列车员（年轻时常幻想当列车员，随车走到各个角落），也都可能，但总不如写作“顺”。②

很早很早的时候我就知道，我此生注定要与写作为伴。早先的写作概念不包含发表和获奖，不包含一切由写作带来的好处和坏处，仅仅意味着一种个人的精神生活方式。③

对一个有志于文学的人来说，他起码要做到对文学的一份真诚一份情感的投入。他最好先问自己：文学对我有这么重要吗？写作吧，否则你将死亡！这样他日后会少走许多弯路。

…………

作家人格的最高层次必是“自我实现型”人格。自我实现需求的创作动机，才是一个执着求真的作家扎根于内心深处的最大动机，才是充分体现他的精神风貌和主体力量的纯正动机。只有这种最具个性化的创作动机，才能将作家及作品推向人生和艺术的至境，产生“找到自己”的归属感和家园感，摆脱外界的一切干扰诱惑，冲出狭小的个人天地，超出“缺陷补偿”的宣泄情绪，最终获得绝高的纯粹审美的、精神的、

---

① 王朔：《无知者无畏》，春风文艺出版社2000年版，第140～143页。
② 王蒙：《我是王蒙·写作与不写作》，团结出版社1996年版，第91页。
③ 池莉：《写作的意义》，载《文学评论》，1994年第5期。

信念的、有使命感的那样一种近于“神性”的写作感。低层次的需求动机在此早已化为乌有，化为内在诗意的情怀和情感的燃烧，化为强烈稳定持久的心理驱引力。

这样的写作，既是最大的幸福亦是最大的痛苦，它注定要以牺牲幸福来达到另一终极意义上的幸福——中介过程全是痛苦。这种写作动机一旦确定，它就成了作家的生命，使得作家倘不写作，便不能享受哪怕一丁点儿其他的生活乐趣。除非死亡可以与它相匹并论。①

写作肯定不是为了重现记忆中的往事，而是为了发现生命根本的处境，发现生命的种种状态，发现历史所不曾显现的奇异或者神秘的关联，从而，去看一个亘古不变的题目：我们心灵的前途，和我们生命的价值，终归是什么？②

文学的根，也当是人类与生俱来的困境。③

文学是人学。人命定要在这充满困境的过程中突围，要在这突围的过程中获得意义，因而文学天生来对这困境有兴趣。④

……不过完全不是因为我给自己规定了这样一个任务，而是因为我的生命要求我这样作。并且因为文学对我说来是世界上最壮丽的现象。⑤

A：我不属于那些一面挥笔疾书一面思考的人；更不属于面对墨水瓶，坐在椅子上，呆视着稿纸，任凭激情左右的人。我总对写作感到烦恼和羞愧；但写作于我又是必不可少的事务。我甚至讨厌用一种比喻来说明。

B：你为何要写呢？

---

① 王英琦：《文学不浪漫》，载《写作》，1999 年第 9 期。

② 史铁生：《史铁生作品集》第 3 卷，中国社会科学出版社 1995 年版，第 328～329 页。

③ 史铁生：《史铁生作品集》第 2 卷，中国社会科学出版社 1995 年版，第 367 页。

④ 同上书，第 458 页。

⑤ ［苏］康·巴乌斯托夫斯基著，李时译：《金蔷薇·第一篇短篇小说》，上海文艺出版社 1959 年版，第 37 页。

A：噢，亲爱的，说句知心话，我至今还没有找到其他办法来摆脱我的思想。

B：为什么要摆脱呢？

A：为什么？我想摆脱吗？我必须摆脱！

B：够了！我懂了！①

我生活的唯一目的是写作。②

我是从写作中诞生的……我通过写作而存在，并由此摆脱了大人。确实，我之所以存在仅仅是为了写作，当我说，我，这里指的就是那个在写作的我。③

对我来说，写作就像呼吸一样，不呼吸我就活不成，同样，不写作我也活不下去。④

由上可以作如下归纳：（一）写作是消遣，是泄愤；（二）写作是出于本能，是说不清道不明的一种欲求；（三）相信自己有这个才能，天生我才必用于写作；（四）写作是一种自省，是一种心理治疗；（五）写作是一种生存方式，是一种个人的精神生活方式；（六）我写故我在，写作与生命一体；（七）写作是超越个人得失理想的一种宗教情绪、永生愿望。从以上归纳可以看出，写作理由虽然各不相同，但有一点却是极为一致的，这就是有更多的作者不再是迫于生活、工作的实用需要进行写作，不再把写作仅仅看作是一种外在的生存性、社会性、指令性的被动需求，而是不约而同地将其视为自我的需要，是自我的存在性的自发的需要，是生命的本质性的、潜在性的需要，是思考的需要，归根结底是言语生命本质的需要：言语是生命的寓所，言语的外延等于生命的外延，言说的意义等于生命的意义，言语与生命、与存在同

---

① ［德］尼采著，黄明嘉译：《快乐的知识·你为何要写呢?》，中央编译出版社 2001 年版，第 89～90 页。

② ［法］让-保罗·萨特：《七十岁自画像》，见李瑜青、凡人主编，施康强等译《萨特文学论文集》，安徽文艺出版社 1998 年版，第 344 页。

③ ［法］萨特著，潘培庆译：《词语》，生活·读书·新知三联书店 1989 年版，第 109 页。

④ ［智利］聂鲁达：《答〈巴黎评论〉记者问》，见《诺贝尔文学奖作家谈创作》，北京大学出版社 1987 年版，第 38 页。

一。如果能将写作作如是观，那么写作也就有了强大无比的原动力。这种发现使我受到了极大的鼓舞。因为在这里，我看到了重构语文教育动力学的曙光。

上述对写作意义的理解，在当代作者中是有一定普遍性的。沈从文认为，写作的愿望应自内而发，是一种永生愿望，应是“发自生命深处的一种超越个人得失理想”①。作家史铁生在回答“人为什么写作”时曾认真严肃而又不失幽默地说：“为了不至于自杀。”② 他在21岁时两腿瘫痪，曾一度想自杀，而之所以没有自杀，原因就在于他想要借助写作寻找生存的依据。美国著名的新闻记者诺曼·梅勒说：“我想，最美好的尝试，乃是在写作中生存。”③ 比利时作家雨果·克洛说：“我写作则我生存。”④ 加拿大的玛格丽特·阿特伍德也说过：“我想引用帕斯卡的一句话：‘我思则我存。’并赞同萨特所说的写作乃是自我确定的一种形式。”⑤

王朔的写作观也值得注意，有一定的代表性。人对存在性言语生命意识的体认也是一个认知建构从低到高的发展过程，诚如王朔为我们展示的“文学动机”三部曲：先是有很强的功利目的即拿小说当敲门砖提升自己的社会地位；继而有改造社会，开一代风气的雄心，文学可视为武器；最终“我将一路退到自己内心最阴暗的深处，从自我描写开始新写作。……我需要对自己进行一番心理治疗”。他的言语目的从功利的基本需要到超功利的发展需要，从外部的社会需要到内部的自我心理精神需要……这也许是言语生命意识自我体悟的必由之路。他的认知变化发展的“三部曲”，体现了多数年轻作者走上写作之途的心迹。先是从改变现实际遇开始，想出名，求实利（这是可以理解的）；作为一个有良知的作者，绝不会停留在名利上，自然会逐渐地思考作品或著述的社会价值和意义，名利意识会有所淡化；随着年龄的增长，阅历的丰富，一个严肃的作者，会不断地对自己的人生和生命的价值进行反思，会对自己的人格修养提出更高的要求，这时，名利的需要就退居到了较为次要的地位。其中只有一小部分人，如沈从文、王小波、王英琦、史铁生，

---

① 沈从文：《新废邮存底·二十》，见《沈从文文集》第十二卷，花城出版社、生活·读书·新知三联书店香港分店1985年版，第58页。

② 史铁生：《史铁生作品集》第二集，中国社会科学出版社1995年版，第407页。

③ 《世界100位作家谈写作》，上海文化出版社1987年版，第8页。

④ 同上书，第96页。

⑤ 同上书，第20页。

沿着这条路继续前行，将自己的言语生命“做”到了极致，为了自我实现，为了现实的和诗意的人生，不惜付出一切努力和牺牲。这类人，名利之心淡出，只为追求言语理想和信念而活，“为伊消得人憔悴”，也许永远皱着眉头，经常不快乐，但很幸福。

2012年诺贝尔文学奖得主莫言，他在获奖感言中多次讲到他的文学动机，由此可见对文学动机的重视，也体现了对文学动机的深思熟虑。尽管他的文学动机丰富多元，但无疑的也有一个由低到高的升华过程。他在《饥饿和孤独是我创作的财富——2012年诺贝尔文学奖作家莫言自述》中说：

> 我的作家梦想是很早就发生了的，那时候，我的邻居是一个大学中文系的被打成右派、开除学籍、下放回家的学生。我与他在一起劳动，起初他还忘不了自己曾经是一个大学生，说起话来文绉绉的。但是严酷的农村生活和艰苦的劳动很快就把他那点知识分子的酸气改造得干干净净，他变成了一个与我一样的农民。在劳动的间隙里，我们饥肠辘辘，胃里泛着酸水。我们最大的乐趣就是聚集在一起谈论食物。大家把自己曾经吃过的或者是听说过的美食讲出来让大家享受，这是真正的精神会餐。说者津津有味，听者直咽口水。大学生说他认识一个作家，写了一本书，得了成千上万的稿费。他每天吃三顿饺子，而且还是肥肉馅的，咬一口，那些肥油就唧唧地往外冒。我们不相信竟然有富贵到每天都可以吃三次饺子的人，但大学生用蔑视的口吻对我们说，人家是作家！懂不懂？作家！从此我就知道了，只要当了作家，就可以每天吃三次饺子，而且是肥肉馅的。每天吃三次肥肉馅饺子，那是多么幸福的生活！天上的神仙也不过如此了。从那时起，我就下定了决心，长大后一定要当一个作家。
>
> 我开始创作时，的确没有那么崇高的理想，动机也很低俗。我可不敢像许多中国作家那样把自己想象成“人类灵魂工程师”，更没有想到要用小说来改造社会。前边我已经说过，我创作的最原始的动力就是对于美食的渴望。当然在我成了名之后，我也学着说了一些冠冕堂皇的话，但那些话连我自己也不相信。我是一个出身底层的人，所以我的作品中充满了世俗的观点，谁如果想从我的作品中读出高雅和优美，他多半会失望。这是没有办法的事，什么人说什么话，什么藤结什么瓜，什么鸟叫什么调，什么作家写什么作品。我是一个在饥饿和孤独中成长的人，

我见多了人间的苦难和不公平，我的心中充满了对人类的同情和对不平等社会的愤怒，所以我只能写出这样的小说。当然，随着我的肚子渐渐吃饱，我的文学也发生了一些变化。我渐渐地知道，人即便每天吃三次饺子，也还是有痛苦的，而这种精神上的痛苦其程度并不亚于饥饿。表现这种精神上的痛苦同样是一个作家的神圣职责。但我在描写人的精神痛苦时，也总忘不了饥饿带给人的肉体痛苦。我不知道这是我的优点还是缺点，但我知道这是我的宿命。

莫言的写作动机最初是来自于切身的生活体验——饥饿，是一种最原始的肉体生命本能的反映，是对理想的幸福生活的向往。他不讳言自己的写作欲萌生于垂涎“三餐吃饺子”。“饺子”是他的“物欲”的象征。当“物欲”满足之后，他的写作动机便开始分蘖、滋生，慢慢形成了满足“精神痛苦”的动机。仍以满足“肉体痛苦”为主，或者说，他的写作动机是基于“肉体”与“精神”的双重痛苦之上。在初步满足了“肉体痛苦”之后，这个痛苦不是消失了，而是加大、加重了。之后，“精神痛苦”终于一跃超越了“肉体痛苦”，萌发了更强烈、更深刻的写作动机，即追求精神生命的长生不死、永垂不朽。

在我的心目中，一个好的作家是长生不死的，他的肉体当然也与常人一样迟早要化为泥土，但他的精神却会因为他的作品的流传而永垂不朽。在今天这种纸醉金迷的社会里，说这样的话显然是不合时宜——因为比读书有趣的事情实在是太多了——但为了安慰自己，鼓励自己继续创作，我还是要这样说。

他追求精神“不朽”，未必是对古人“三不朽”说的继承，而是在创作过程中，在对写作目的的思考中，自己感悟、升华出来的。人的肉体生命是速朽的，唯有精神生命可以不朽。只要你不愿一辈子做行尸走肉、酒囊饭袋，你迟早会明白人为什么写作，迟早会迈出超越现世功利这一步的。这就是写作的存在性动机——追求自我精神生命的超绝、永恒。

除此之外，莫言还在《福克纳大叔，你好吗？——一个饿怕了的孩子的自述之二》中讲到一些相关的写作动机：

我十五岁时，石匠的女儿已经长成了一个很漂亮的大姑娘，她扎着一条垂到臀部的大辫子，生着两只毛茸茸的眼睛，一副睡眼蒙眬的样子。我对她十分着迷，经常用自己艰苦劳动换来的小钱买糖果送给她吃。她家的菜园子与我家的菜园子紧靠着，傍晚的时候，我们都到河里担水浇菜。当我看到她担着水桶、让大辫子在背后飞舞着从河堤上飘然而至时，我的心里百感交集。我感到她是地球上最美丽的人。我跟在她的身后，用自己的赤脚去踩她留在河滩上的脚印，仿佛有一股电流从我的脚直达我的脑袋，我心中充满了幸福。我鼓足了勇气，在一个黄昏时刻，对她说我爱她，并且希望她能嫁给我做妻子，她吃了一惊，然后便哈哈大笑。她说："你简直是癞蛤蟆想吃天鹅肉！"我感到自尊心受到了沉重的打击，但痴心不改，又托一个大嫂去她家提亲。她让大嫂带话给我，说只要我能写出一本像她家那套《封神演义》一样的书她就嫁给我。我到她家去找她，想对她表示一下我的雄心壮志，她不出来见我，她家那条凶猛的大狗却像老虎似的冲了出来。前几天在斯坦福大学演讲时我曾经说是因为想过上一天三次吃饺子那样的幸福日子才发奋写作的，其实，鼓舞我写作的，除了饺子之外，还有石匠家那个睡眼蒙眬的姑娘。我至今也没能写出一本像《封神演义》那样的书，石匠家的女儿早已经成了三个孩子的母亲。

我的高密东北乡是我开创的一个文学的王国，我就是这个王国的国王。每当我拿起笔，写我的高密东北乡故事时，就饱尝到了大权在握的幸福。在这片国土上，我可以移山填海，呼风唤雨，我让谁死谁就死，让谁活谁就活。当然，有一些大胆的强盗也造我的反，而我也必须向他们投降。

这两种写作动机，前者基于情欲，后者基于权欲，很难说有多高的境界，但很真实，很有力，是人的基本生理、心理欲求，也可以纳入跟食欲一样的生物原始欲求。用弗洛伊德的理论诠释，前者是"性"，后者是"本我""潜意识"。文学、艺术等精神创造活动，是被压抑的潜意识的呈现，是现实中不能实现的愿望在虚拟世界的实现。我以为这些只是最初的较为粗粝的写作动机，往前走，必会遭遇逐渐精致起来的"自我""超我"的拦截、狙击。一般来说，写作动机不是单一的，而是一个多元缠绕的复杂系统，是一种此消彼长、相克相生的合力，是心灵的成长与舍得的博弈。关键取决于其最后胜出的恒定性的写作动机——指向"生存"抑或"存在"。如果超越了"生存"，指向"存在"，即"超我"——"自我实现"动机胜出，其他低层次的动机就变得不是那么重要，甚至可以忽略不计了。

在这场博弈中胜出的，一定是少数人。最终选择“存在性”动机的，势必是“严肃”的作者。因为，一般人的肉体生命往往难以抵御物欲的诱惑，难以承受精神成长、发展支付的沉重代价。比起强势的肉体生命，人早期的精神生命较为脆弱，极易受到嚣张跋扈的动物性的压制与扼杀。因而，在这个世界上，有不少作者始终“不开窍”，追名逐利之心不是渐渐消退，而是与日俱增，以致利欲熏心、唯利是图，在利禄之途愈滑愈远。这些人也许会有所“成就”，但他们本可以取得更大成就。他们也许活得开心、活得快乐，但不自在、不幸福。他们的精神生命是残缺的，残缺的这部分恰为“人性”所不可或缺。

在言语人生之途上，小痛苦，则小幸福；大痛苦，则大幸福。快乐，则是对幸福的透支。快乐越多，幸福越少。

当然，在追求崇高的幸福这一点上，从理论到实践最典型的是萨特。他在自传体的著作《词语》中说：“我的生活是从书开始的，它无疑也将以书结束。”“……由于我是从语言中发现世界的，我便长期认为语言就是世界。所谓存在，就是在无限的词语一览表中的某个角落里有限地占有某些名称，而所谓写作，就是在上面镌刻上新的存在物，或者——这是我最固执的幻想——用词句来捕捉那些活生生的事物。如果我把词语巧妙地联结起来，那么对象也就陷入了符号的法网而为我所把握了。……我将通过语言来建造这种存在。而作为一个修辞学家，我只喜欢词语，我将在词语天国那蔚蓝色的眼睛的注视下建造起话语的大教堂。我将为千秋万代而建造。……将来人类灭亡了，而我的作品仍将在残败的图书馆里继续存在下去。”① 他在《文字生涯》里面谈到了这一“人们缝入你的皮肉的指令”：要么写作，要么完蛋。②他的健康状况不佳，而他却怀着极端紧迫的感觉进行写作，他的妻子波伏瓦说他是在“与时间、与死亡作精疲力竭的赛跑”。有人善意地批评他：“如果你略微注意自己的健康，你本可以做得更多更好。因为你在写《辩证理性批判》的时候把身体搞垮了。”他回答道：“健康是干什么用的？与其有一个很好的身体，不如去写《辩证理性批判》——我这么说没有骄傲的意思——不

① ［法］萨特著，潘培庆译：《词语》，生活·读书·新知三联书店 1989 年版，第 25 页，第 130～131 页。

② ［法］让-保罗·萨特：《七十岁自画像》，见李瑜青、凡人主编，施康强等译：《萨特文学论文集》，安徽文艺出版社 1998 年版，第 355 页。

如去写一部长的、紧凑的、对自己来说是重要的著作。”——“要么写作，要么完蛋”，说得多好！选择了写作，便全身心地付出、付出，不论付出什么样的代价，做出什么样的牺牲，也无怨无悔。这便是自我实现的人生的深层内蕴。真正意义上的写作，就是这样呕出心、蘸着血，用生命写的。换言之，写作就是生命！——你能体验到萨特那“自焚”式的幸福感吗？

当然，不可能所有的人都能做到像萨特那样：“我生活的唯一目的是写作。”将生命与写作完全地融为一体，只为写作而活，但是“我写故我在”作为一种对言说意义和生命意义的体认，曾经指引着无数精英发出“虽万被戮，岂有悔哉”的誓言，一路照耀着人类向着更高的情性、理性和智性悲壮前行，对今天有着更高精神追求的新人类来说，毫无疑问，“我写故我在”——对生命的认知，也仍将成为指引他们前进的巍然耸立的灯塔。

每一个有着精神追求的人，都可以从沈从文、王小波、史铁生、王英琦等充满生命激情的感悟中获得各自的共鸣：言说能为精神寻求到归属感和家园感。人活在世上都需要“精神寄托”，从少不更事的孩子到白发苍苍、饱经风霜的老人，每一个人都在寻找精神的家。有的人是到外部去寻求，从他人话语的教堂中找到自己的精神归宿，向着他人顶礼膜拜，从他人的话语中企求安慰和安宁；有的人则反求诸己，与世界与人群的接触，最终都返回到内心，作心灵的反思和灵魂的叩问，为精神的皈依寻求自己的答案，他们为自己也为他人建立话语的教堂，创造的过程也是自我精神充实、自我实现的过程。前者是一种盲目的信仰，这就是我们所说的迷信；后者是一种清醒的信仰，是一种渗透着自身生命体验和言语智慧的信念和理想。前者暂可不论，后者理应推崇，但多数人感到似乎遥不可及。多数的人，能做到像孙犁那样：“其实，写作本身，对我来说，就是最大的最有效的消遣。我常常在感到寂寞、痛苦、空虚的时刻进行写作。……新写出来的文字，对我是一种安慰、同情和补偿。”① 把言语表现作为一种精神抚慰和依靠，这种世俗化的情感，就是一种存在的言语生命意识的体现，可以看作是言语上自我实现的基础。

对多数人来说，存在性动机的建立不可能一步到位，也不是所有的人都会达到言语上自我实现的顶点，但是，如能让学生认识到写作是人的“为己”的生命活动，就可望逐步向自我实现的境界攀登。黑格尔在《美学》“全书序

① 孙犁：《答吴泰昌问》，见《孙犁文集》四，百花文艺出版社 1982 年版，第 411 页。

论”中提出了“是什么需要使得人要创造艺术作品”这一问题，回答是：

> 就它的形式方面来说，艺术的普遍而绝对的需要是由于人是一种能思考的意识，这就是说，他由自己而且为自己造成他自己是什么，和一切是什么。自然界事物只是直接的，一次的，而人作为心灵却复现他自己，因为他首先作为自然物而存在，其次他还为自己而存在，观照自己，认识自己，思考自己，只有通过这种自为的存在，人才是心灵。人以两种方式获得这种对自己的意识：第一是以认识的方式，他必须在内心里意识到他自己，意识到人心中有什么在活动，有什么在动荡和起作用，观照自己，形成对于自己的观念，把思考所发现为本质的东西凝定下来，而且在从他本身召唤出来的东西和从外在世界接受过来的东西之中，都只认出他自己。其次，人还通过实践的活动来达到为自己（认识自己），因为人有一种冲动，要在直接呈现于他面前的外在事物之中实现他自己，而且就在这实践过程中认识他自己。①

从这个意义上说，从人的类特性出发，人的一切内、外活动本应该都是为“己”的，本质上都是为了满足自己内在的心灵自由和意识的需要，满足主体的“对象化”需要。不是自由的有意识的活动，完全外在的外化的活动，势必是异化的、异己的。在言语实践活动中也是如此，写作，是自我成全、免遭异化的最佳途径。这是语文教育要恪守的认知底线。

七　人类学哲学思考：人是写作的动物

进一步的问题是为什么唯有语言是存在的家，言语是生命的寓所，而其他的却不是呢？

人一生中忙忙碌碌所为何事？概而言之做的就是两件事，建造物质家园和建构精神家园。在建造低水平的物质家园这一点上，人无异于其他的动物。马克思说：“吃、喝、生殖等等，固然也是真正的人的机能。但是，如果加以抽象，使这些机能脱离人的其他活动领域并成为最后的和唯一的终极目的，

① ［德］黑格尔著，朱光潜译：《美学》第一卷，商务印书馆 1979 年版，第 38～39 页。

那它们就是动物的机能。”[1] 蜜蜂、蚂蚁、老鼠等跟人一样勤劳地建造着舒适的物质家园，狼的一生都在毫不怠惰地为觅食而奔忙。在一般意义上的建造物质家园，只是基于一种维持生命、繁衍种群的生物本能。在这一点上，人比动物高明不了多少。在肌体的生存能力上，不少动物的尖牙利爪及视力、体力都比人类强健百倍。对于这种生存能力上的差异，德国人类学家阿诺尔德·格伦与米夏埃尔·兰德曼认为，人同其他生物在适应环境的生存活动中形成了一个本质的区别，即其他动物都是以专门化的方式生存，即它们有专门的器官和肢体，吃专门的食物，有专门的活动特点和范围。每个物种都不能超出它们的专门化的生存方式。唯有人不是这样，人在适应环境的生存斗争中由于在本能方面的贫乏，形成了非专门化的生存方式。人的双手和大脑等器官不是专为从事某种活动而设计的，人可以做任何他想做的事，人没有专门的食物，人是最杂食的动物。人的活动范围没有被局限在某一领域，实际上人可以在地球上大部分环境中生存。特别是人具有丰富的想象力与自由而自觉的意识，他在生存竞争中创造了灿烂的文化，人的文化可以补偿人在本能方面的贫乏与缺陷，终于，人进化成了地球上最不受局限的动物。格伦把非专门化作为人的本质与特征，而兰德曼则将其作为人的结构的三个方面之一：人的非专门化，人与动物的不同的生长节奏及人向世界的开放。他们都认为非专门化是人有别于其他生物的生存方式特点。

兰德曼说：“虽然非专门化在开始时可能有否定的作用，但从长远来看，它却是某种非常宝贵的有利条件。专门化的缺乏结果却由否定的因素转变为高度肯定的能力的因素。因为人的器官不是为完成少数几种生命功能而被狭隘地制定的，所以它们能有多种用途；因为人不为本能所控制，所以人自己能够思考和发明。因此，人懂得用其他的东西来换取所缺乏的某种东西。但从下述事实中可以看出人所缺乏的专门化远不止是被补偿了：人的多种能力和自己的首创精神使他能够适应变化着的外部条件，使他能够通过创造与社会习俗而使存在变得更舒适，所以，虽然动物似乎获得了较好的生存斗争的装备，但人甚至远远地胜过了动物。”[2]

---

① ［德］马克思：《1844 年经济学哲学手稿》，见《马克思恩格斯选集》第一卷，人民出版社 1995 年版，第 44 页。

② ［德］米夏埃尔·兰德曼著，张乐天译：《哲学人类学》，上海译文出版社 1988 年版，第 173 页。

兰德曼、格伦等关于人与其他动物区分的探索是有意义的，因为他们指出了人类这一物种的进化是沿着“非专门化”的途径前进的。但是，他们忽略了一点，就是他们把人与其他动物的区别限定在肌体的生存能力（“生存斗争的装备”），即机能“本能”上，而没有意识到人不但具有肌体本能，而且具有智能本能。人的“非专门化”发展主要凭依的是人的智能本能。智能，是人类这一物种的生命本能。智能本能，是人类与生俱来的最重要的“生存斗争的装备”。**在人类的物种基因里就已注定了人的智能本能（而不是肌体本能）是他的生存斗争的特殊的“装备”。**只有这样才能解释为什么其他动物不能向“非专门化”发展，而唯有人类能如此。

我认为人的“生存斗争的装备”是向着两个方面发展的。一是肌体的直立和手的灵活。这使得人得以用手创造工具和使用工具，从而延伸、发展了手的功能，在一定程度上补偿了人的肌体力量上的劣势，但这只是向“非专门化”迈出的一小步。一是智力、想象力的发展。它不但延伸了手的机能，而且全方位地提升了人的发展的可能性，使人从根本上摆脱了“专门化”，向“非专门化”迈出了决定性的一步。否则，人就停留在猴子、猩猩的进化水平上。在这一“非专门化”的进程中，给人的智力、想象力插上翅膀的首先是语言的诞生！

上述关于“专门化”与“非专门化”的区分，还没有回答到本原上。能运用语言并通过写作，进行高度的物质文明和精神文明的创化，才是人不同于其他动物的生存方式。马克思说：“……人证明自己是有意识的类存在物，就是说是这样一种存在物，它把类看作自己的本质，或者说把自身看作类存在物。诚然，动物也生产。它为自己营造巢穴或住所，如蜜蜂、海狸、蚂蚁等。但是，动物只生产它自己或它的幼仔所直接需要的东西；动物的生产是片面的，而人的生产是全面的；动物只是在直接的肉体需要的支配下生产，而人甚至不受肉体需要的影响也进行生产，并且只有不受这种需要的影响才进行真正的生产；动物只生产自身，而人再生产整个自然界；动物的产品直接属于它的肉体，而人则自由地面对自己的产品。动物只是按照它所属的那个种的尺度和需要来建造，而人懂得按照任何一个种的尺度来进行生产，并且懂得处处都把内在的尺度运用于对象；因此，人也按照美的规律来构造。”①

---

① ［德］马克思：《1844 年经济学哲学手稿》，见《马克思恩格斯选集》第一卷，人民出版社 1995 年版，第 46～47 页。

可见，物质生产还有与其他动物的生存本能相通的一面，而超越物质、实用层面的精神探索，在哲学、美学、文学艺术、自然科学等领域建造精神家园则是人类的更为特殊的追求，是进一步将人与动物区别开来的特有属性，它反映了人的生命意志和本质需求。精神家园的建造，主要是以深度的情感思维和理性思维为特征的，它须以语言文字为前导、为物质载体、为交流沟通的工具，没有语言——写作，就不可能完成人类与动物的最终分离，也不可能有人类的全部文化和社会的进化。

正是在这个意义上，我们才能理解德国哲学家卡西尔将人定义为“符号动物”。他说：“因此，我们应当把人定义为符号的动物（animal symbolicum）来取代把人定义为理性的动物。只有这样，我们才能指明人的独特之处，也才能理解对人开放的新路——通向文化之路。”“符号化的思维和符号化的行为是人类生活中最富于代表性的特征，并且人类文化的全部发展都依赖于这些条件，这一点是无可争辩的。”① 正如“非专门化”须建立在语言能力的基础之上一样，“理性”也是建立在“符号”（最主要的符号便是语言）的基础之上。“理性”即是一种“符号化的思维和符号化的行为”，“理性”离开了“符号”便寸步难行。法国语言学家海然热说：“……语言能力决定性地完成了一个新物种的区分。”“……在生命世界里，唯人类能够双管齐下，做到彻底的喻义和沟通；即运用按照协调的结构组织起来的、随时可以添加的符号，去传达和解读以高度复杂的互动性和对话性的社会关系为前提的信息。这些信息做出陈述，提出疑问，下达命令，表达事态。应当从具备这种两重性方面，承认人类语言的独特性质。”② 可以确信，海然热所讲的“语言能力”其呈现方式不是一般的“说话”，而是高度精密化的创造性的语言组合——写作。的确，在一切动物中，人是最有资格被称为“符号动物”或“语言动物”的，或干脆径称人是“文字动物”“写作动物”。“符号动物”——“语言动物”——“文字动物”——“写作动物”，是一种合乎逻辑的延伸。如果我们对将“人是符号动物”推进到“人是语言动物”的特殊的认知不持异议，那么，进一步将人确定为“文字动物”或“写作动物”也就是顺理成章的事了。

---

① ［德］恩斯特·卡西尔著，甘阳译：《人论》，译文出版社 2004 年版，第 37～38 页。

② ［法］海然热著，张祖建译：《语言人：论语言学对人文科学的贡献》，北京三联书店 1999 年版，第 83 页，第 130～131 页。

以复杂、系统的有声信号作为交流的手段，这是人类的专利。日本著名心理学家、教育家，被誉为“日本发展心理学第一人”的藤永保说：“黑猩猩，是动物中进化度最高和人类最为相似的动物，但即使是黑猩猩，他们也不能使用像我们人类使用的这种语言。这在最近几年的研究中得到了证实。有一位名叫简·古尔得的英国著名的研究者，她是专门研究黑猩猩的。根据她的观察，当黑猩猩的母子分开两三天后再相见时，他们不会以发出声音来表示自己的喜悦之情，取而代之的是靠近对方，并用一只手拍拍对方的背，用这样的方式来表达再会的喜悦。从这一点看，可能只有人类，才会把声音（更确切地说是有声信号）作为交流的手段。这真是一件不可思议的事。”① 准确地说，应是唯有人类才拥有有声表意系统，借此进行较为充分、准确的人际沟通。

他还进一步谈道：“语言这东西，是依附于人的本性的一个十分独特的存在，也是区分人和其他动物的一个分水岭。”② “只有人类才具有高度的语言能力。从这一点说，语言能力是一种本能的，或是先天性的能力。……人类的孩子只要不是被放置在极其恶劣的环境下，到了1岁左右，都开始牙牙学语，这以后虽然有一点个人差异，但基本上是以同样的速度使语言能力得到发展，到最后能完全使用语言进行交流。而且，幼儿从很小的时候就开始了解复杂的语言规则，并能以此类推，把这规则进行扩大并加以运用。人类为说话已具备了先天性的机能。”③ 这表明，语言是人类的物种特性，说话能力是人的本能。自然而然地运用语言规则进行“扩大”，进行自由的表达，是一种天赋。

人类的语言特性是有其生物学基础的。“语言是人类区别于其他动物的一个显著性标志，正是因为有了语言才成就了人类千百年的灿烂文明。多年来科学家一直探索人类语言产生的遗传学根源，终于在20世纪90年代首次发现了与语言有关的基因，2001年科学家将其更名为FOXP2（forkhead-box p2）。”“人类与黑猩猩的基因组有98.5%的相似性，然而为什么我们会说话而它们却不能呢？为什么黑猩猩即使生长在我们生活的环境中并经过精心的教

---

① ［日］藤永保著，周念丽译，刘孟州校：《幼儿的发展和教育》，河北人民出版社2001年版，第62页。

② 同上书，第63页。

③ 同上书，第75页。

授也不具备说话的能力？相反，聋哑的孩子在经过严格的训练后却具备驾驭简单的词句的能力。20世纪90年代，英国'KE家族'引起了科学家的关注，该家族的24名成员中，约半数无法自主控制唇舌的协调，从而在组织词汇、运用语法等方面表现出一定的困难。科学家将该家族患者的这种严重的语言接收和表达能力的缺陷称为发育性语言损伤（developmentalverbal dyspraxia）。对'KE家族'的大脑图像进行研究后发现，患者控制口舌正常活动的基础神经中枢出现了异常，且脑皮层中与语言相关的区域也不能正常工作。尽管单基因病是比较常见的，但是'KE家族'是第一个与语言损伤有关的遗传病。……而对'KE家族'患者的FOXP2区扫描分析发现，在外显子14处发生了由G变为A的点突变。由此将与语言有关的基因定位于染色体7q31.2处，并将语言基因改称为FOXP2。"① 这表明了人类的语言机能是由遗传基因所决定的。

"基因掌握着蛋白质形成的'密码'，而蛋白质是生物体中一切运动的杠杆和传动装置。'FOXP2'基因上的变异明显改变了相关蛋白质的形态，因此，某种程度上使得变异基因赋予人类祖先更高水平的控制嘴和喉咙肌肉的能力，从而使他们能够发出更丰富、更多变的声音，为语言的产生打下了良好的基础。'FOXP2'基因关键的片断上共有715个分子。其中，老鼠只有3个分子和人类不一样，黑猩猩则更少，才2个。别小看这极其微小的差别，它却产生了深远的影响。德国科学家们曾指出，这种变异正好发生在20万年前解剖学意义上的现代人出现的时候，之后，现代人就取代了原始祖先，并排挤掉其他原始的竞争对手，主宰了地球。"② 其他动物之所以不具备说话的能力，就是由于缺乏语言基因"FOXP2"关键片段中的若干个分子，这就使动物与人之间立下了不可逾越的鸿沟，会说话成了人类的特性，并因此使人远离了动物，成为万物之灵长。不会说话的其他动物，不具备智力发展的这一充分必要条件，便永远不可能进化为智慧动物。

人类会说话是由语言基因中的那几个分子决定的，也可以说，人类有了意识、思想、理性，创造了文字，会阅读、写作，也是由语言基因的特殊性决定的。没有语言，便不可能有复杂的思维、思想，不可能创制出文字，产生读、写活动与精神创造，推动着人类的智力、智慧——想象力、创造力的

---

① 吕利霞、邢万金：《语言相关基因》，载《生命的化学》，2009年29卷1期。

② 唐宁：《Cell：将人类语言基因植入老鼠体内》，载《新浪科技》，2009年6月2日。

进化，也就没有一切人类的文明、文化的丰硕成果。

语言是促成人的智能形成、发展的生理基础与物质前提，也是人的智能升级的最主要的动力。语言不仅提高了人的社会组织和物质生产的效率，而且使智能发展、发达有了载体保障。智能水平的提升，使人不再满足于物质上的基本需求，势必使人产生了较为复杂、丰富的情感、思想需求，并不断期待获得更高水平的满足；在言语交流与沟通的同时，也促成了情感、思想进一步的丰满，使充分的情感、思想需求成了人特有的需求。人在用语言铺就的“非专门化”的进程中愈走愈远，情感、思想日益丰富，建造精神家园的意愿也就愈发强烈，人的“喻义”“沟通”的需求也不断地得到强化，为记载、传播思维成果，并使语言能长期留存下来，文字便应运而生。从此，文字逐渐取代了语言的显赫地位，文字的运用——写作，成为人类这一智慧生命体的最具代表性的特征。

从简单的日常口头语言的交流，到文字、写作的产生，有了越来越复杂的书面语言交流：有了读、写活动，这是人类智能、智慧的一个质的飞跃。人类从语言的动物，成为文字——写作的动物，从此，人类的思想成果，才从零散、破碎、暂时状态，变得系统、完整与永久。才有了文化产品的历时性、跨地域生产、累积与传播。这是人类的生命机能与质量的根本性的延展与提升。写作，是人类最伟大的创举，是人类精神、文化、文明之母。

人的表意符号的创造与运用进程，伴随着人的脑机能的改善，思维与思想的进化，也意味着人类文明、文化的发生、发展进程。语言人（说话人）——思维人、物质人——文字人（写作人）——思想人、精神人，这是人的智能升级、文明进展的过程。可以想见，20万年前，拥有了与其他动物不一样的语言基因的人类的祖先，在群居与集体劳作中，先有了运用发音器官表情达意的欲望与尝试，于是最早的语言符号诞生了。从不成系统的零碎的语言，逐渐演进到较完整的口语表达系统。这一以声波传递为载体形态的符号系统，在满足日常生产劳动、生活互动与人际交流需求的同时，也为自身思维的发生、发展提供了前提条件，促成了人的大脑思维机制从简单到复杂的演变。促使人的思维容量增大，交流频次增多，社会化传播进程加速。于是便产生了表意形态限制与交流需求扩张之间的矛盾。矛盾积累到一定时候，人们终于发现，单凭口语表达已经无法承载日常密集交流与大范围、跨时空的思维沟通、传播的需求了，于是，便有了创造新载体形态——文字符号的强烈愿望，各种形态文字符号应运而生。人类从此得以进行复杂的、可持续发展的精神创造活动，才有了思想成果的集聚、传播与繁衍、创新。

文字符号系统的创生，标志着人类进入了写作（书面语表达）——思想、精神创造的时代，人类从物质人，真正成长为精神人。文字、写作，赋予了人第二生命——精神生命，并以精神生命作为人的物种特性。有了写作这一精神创造方式，人类才找到了物种本性，找到生命的意义与归宿。如果说语言——口语时代，主要是出于群居性动物的生产劳动中相互交往、沟通的需要，那么，文字——写作时代，意味着人类进入了思想、文明创化的新阶段，标志着人这一智慧动物的天性、本性“质”的跃升，人类进入了为自己建造精神家园的新时代，最终使精神生命超越了肉体生命，成为第一生命。

可以断言，要是没有语言文字，没有写作，就没有人类，没有人类的一切文明创化。对于语言文字发明、写作行为发生的意义与价值，给予再高的评价也不过分。

人区别于动物的主要特性是会运用语言文字，有情感，有思想，有想象力和理性，有精神上的需要和追求。这些特性，最集中地体现在写作上。选择了写作，即是对人的这一基本特性的确认。所以，写作指向自我实现的人生，也可以在写作体现了人类共同的本质需求这个意义上来理解，即写作在促成个体的人的自我实现的同时，也促成了人类的自我实现；写作是建构人的精神家园，是人类本质力量的显示；因此或可认为，写作是人类提升自身物种品质的一种原生的生命冲动。写作的生命冲动，可以说就是人类的一种“原欲”。语文教育在某种意义上说，就是对这种“原欲”的重新体认、唤醒与激发，抵制个体的惰性和来自社会的消极因素的侵蚀与异化。人的言语动力，就是人的生命动力。语文教育动力学，它的本源应是生命动力学，言语、精神创造动力学。

由于人类言语具有自我实现的超实用的精神追求特征，在某种意义上决定了它不以谋取个人的现实功利为直接目的。换言之，它往往是以牺牲现实功利来换取言说的权利和自由。因此，选择了写作，往往也就等于选择了贫穷，选择了与权势无缘以至于灾难连连。然而，一代代人类的精英，仍然前赴后继、趋害避利而乐此不疲。这便体现了人类对获得话语权利和建构精神家园的执着追求。人类文化的薪火相传，仿佛便是知识分子的天赋使命。德国著名哲学家叔本华，他奠定名声之前，在数十年不获承认的默默无闻的漫长岁月里，从不曾怀疑自己的天赋使命，始终笔耕不辍，探索真理。在他的名作《作为意欲和表象的世界》序言里说："真理是我唯一的指路星辰。"在他的巨著《附录与补遗》中引用的一句拉丁语题头语："把整个一生都献给了真理"。这是他自己，也是无数人类精英用语言诠释生命的真实写照。叔本华穷六年之功将多年来写的散论进行修改增删，完成两册的《附录与补遗》，这部他晚年最重要的著作，虽历尽艰辛得以出版，却只印了区区 750 本，除了获赠 10 本外，他没有得到稿酬。我国"新儒学"的代表人物梁漱溟，他的《人心与人生》一书，从构思到付梓，几经磨难，前后断断续续写了 50 年，好不容易完稿，居然没有一家出版社肯出，1984 年才自费交由上海学林出版社出版。学术界评说此书堪与梁氏在 1921 年问世的另一部力作《东西文化及其哲学》比肩，成为他毕生最重要的两本专著。如果说《东西文化及其哲学》是他的"现代新儒学"文化思想的揭晓，那么，《人心与人生》便是一个出色的终结。在"文化大革命"中，他的书稿被红卫兵抄走，他给毛泽东写信索取，信中说："这个稿子千万毁不得，如果毁了，我生于斯世何益？"在以写作为使命的人看来，重要的不是他的作品能获得多少金钱或世人是否能理解，而是这事情对自己的人生、生命是否有意义，对人类是否有价值和贡献。

写作是人的生存性选择，更是人的存在性选择，是作为个体的人的生命价值的自我实现："自我实现可以归入对自我发挥和完成的欲望，也就是一种使它的潜力得以实现的倾向。这种倾向可以说成是一个人越来越成为独特的那个人，成为他能够成为的一切。"① 言语是人的精神家园，也是作为群体的人类存在价值的自我实现。从本体意义上说，失去了精神家园，人类就成了无家可归的流浪汉，人的生命就和其他生命体一样，成为一个纯粹的生物过程：生、老、病、死。

将人定义为"写作的动物"，将写作视为人的种差，这种写作，指的不是狭义的形式上的写作活动，如一切的"文学创作""学术写作"等，不是指日常应用性文字交流，不是只要动笔了就是写作，而是指人类一切创造性、高水平的言语生命活动，对人类的文明（包括物质文明与精神文明）与进步有着积极贡献的写作、生命化的存在性写作。写作，是存在的言说，是生命的情性与理性、感性与智性的独特表达，是对人自我存在价值的确证。笛卡儿

① ［美］马斯洛著，许金声、程朝翔译：《动机与人格》，华夏出版社 1987 年版，第 53 页。

说“我思故我在”。真正的“思者”，应是“写者”。人，作为写作的动物，我写故我在。

八 自救和自娱：战胜并享受孤独

再进一步看，人类对言语创造、对精神家园的建构情有独钟，实际上既是一种自我救赎，也是一种“自娱”。在我看来，人的孤独感和痛苦感，也同样对言语创造、精神创造具有“本原”的意义：一是因为人是非常特殊的个体，每一个人都是与众不同的独特的存在，因而，人的内心深处都是孤独的；二是人都向往自由，个人的自由度越大，主体间的矛盾也越大，越难沟通，越不合群，也就益发孤独；三是作为一种高级的灵长类动物，人有着超出其他动物的精神欲求和理性追求，精神欲求和理性追求的实现，灵魂的升华和思想的超越，这一过程充满着艰辛和疲惫、无奈和痛苦。诚如苏珊·朗格所言：艺术是情感符号的创造。写作，则是情感和精神符号的创造。人类的言语活动和言语创造，是人类的最深刻的情感和思想的承载。反之，人类的最深刻的情感和思想，也是和言语活动和言语创造息息相关的。

有论者曾经谈到美国当代著名的精神分析学家、哲学家和社会学家埃里希·弗洛姆，他是个独生子，从孩童时代起他就深感孤独。他之所以有孤独感，并不因为犹太人在德国总是被人另眼看待的缘故。犹太人被歧视所造成的孤独只是外在的孤独，比外在的孤独更难对付的却是“根本的孤独”，即内在的孤独。弗洛姆说：“我一直在期待着什么东西把我从这种孤独中拯救出来。”这种东西就是他日后的哲学思考。哲学思考是把他从这种“根本的孤独”中拯救出来的圣手和福音。哲学思考于他，正是他对孤独感的一种永恒报复和勇猛的反抗。根本的孤境乃是哲学思考的最深厚的土壤和最深沉的心理背景。又何止是哲学创作呢？科学和艺术创作不也是这样吗？[①] 其实，这种“根本的孤独”并不是弗洛姆个人的，而是全人类的。早在一千多年前，唐朝诗人陈子昂面对浩渺无垠的苍穹，就吟出了“前不见古人，后不见来者，念天地之悠悠，独怆然而涕下”这千古名句。苏东坡在《前赤壁赋》中，对人

---

① 参见赵鑫珊：《弗洛姆，我的金子朋友》，载《泉州晚报》2000 年 9 月 7 日。

生发出“寄蜉蝣于天地，渺沧海之一粟”之慨叹。渺小感与孤独感，是人类这一智慧生命体进化的代价。“无论男人还是女人，我们都注定是孤独的。哪怕你有‘烈火烹油、鲜花着锦之胜’，你也要独自面对你的世界里的风霜雨雪，所以‘孤独’二字是一个中性的存在，问题在于你决定如何去面对它。”[①]“作为人类来讲，因为具有认识和理解世界、探求生命意义的思维能力。常能意识到自己是被逐出‘乐园’的宇宙的弃儿，所以会作‘我从哪里来’、‘我到哪里去’、‘我是谁’这样的本体哲理性思考与终极关怀。于是人类就会清醒地认识到自身的软弱和与生俱来的渺小。作为时空的存在物——人，相对于广袤无垠的浩瀚宇宙来说真是显得太有限、太可怜了。这就使每个地球人——不管是国王还是老百姓、亿万富翁还是穷光蛋、文盲还是大学者，都无法拒绝孤独。”[②] 钱理群先生在回答别人询问鲁迅的《故事新编》中《奔月》说的是什么时，讲道：“你说到的《奔月》，他写的是中国古代英雄后羿的故事，但他不写后羿当年射日的英雄事迹，而着重描写他在完成了伟业之后的种种遭遇，他的孤独、寂寞，弟子的背叛以至人们的遗忘、遗弃，这里包含着鲁迅对先驱者命运的思考，也包含着他自身的生命体验。”[③] 越是才智超群的人，越具有独立性与自我意识，越容易造成与周围人群的隔膜，势必越发感到“曲高和寡”的孤独，因而有“他人是地狱”“他人是深渊”之说。哲学家、思想家大多才智超群，他们离现实最远，“高高在上”，因而，他们是最孤独的人群。在冯小刚执导的电影《大腕》中，借美国导演泰勒解读孔子“有朋自远方来，不亦乐乎？”这句话，说孔子太孤独了，他的身边没有朋友，所以，远方有朋友来他感到非常快乐。这一“误读”似乎不无道理。

余杰先生在《巨人的孤独》一文中，对这种孤独的写作的痛苦，和写作的自我救赎、自我实现产生的愉悦，深有感受。他说：

> 每当谈起安徒生的时候，托尔斯泰就陷入了遥远的沉思之中：“当玛尔科沃夫乔克的译本印行的时候，我还不理解他，而过了十年左右我拿起那本小书，读完后一下子就清楚地感觉到，安徒生是很孤独的，非常孤独。我不了解他的生平；看来，他的生活是缺乏理智的。正因为如此，

---

① 程曦：《为苍凉抹上亮色——毕淑敏与清华学子谈苦难》，载《中国青年报》2002年3月12日。

② 王克俭：《文学创作心理学》，中央民族大学出版社1997年版，第159页。

③ 钱理群：《话说鲁迅》，载《语文沙龙》，新版第2期。

> 他才把目光转向孩子，似乎孩子会比成人更能够悲悯人，不过这次他错了。孩子们对什么都不怜悯，他们不会怜悯。”从这段谈话中，我发现了两个巨人心灵的息息相通——虽然不在同一个时空之中，他们却感受到了各自的孤独。托尔斯泰比安徒生更加悲观，他发现孩子也是靠不住的。孩子的身上也有无法克服的冷漠和残忍的天性，孩子们会虐待小动物和昆虫，孩子们会抢夺兄弟姐妹的食物，孩子们也会咬母亲没有乳汁的乳房。既然连孩子也是不可依赖的，那么，在漫无边际的冷漠和残酷之中，像托尔斯泰和安徒生这样心灵柔软的人注定了承受孤独的命运。安徒生一生都在“夜行驿车”上，他是旅行者和漂泊者。他的旅行不是为了去发现一个新的世界——像哥伦布和麦哲伦们那样，而是为了逃避孤独、逃避那像被白蚁蛀空的屋梁的心灵的孤独。其实，当托尔斯泰阅读和评论安徒生的时候，他已经决定自己必将走向“逃亡”——他不可能在富丽堂皇的庄园里结束自己的生命，他必须通过“出走”才能战胜自己的孤独。从某种意义上说，写作就是他们这类巨人的“夜行驿车”。写作是一种自觉的选择、一种不可能回头的选择。车轮一旦发动，命运就已经注定。……安徒生、普希金和托尔斯泰固然有他们的孤独和痛苦，也有他们那常人难以体验到的充盈的快乐。是的，正像高尔基所说的那样，安徒生、普希金和托尔斯泰，“没有比他们更伟大、更珍贵的了……”①

写作的人，是一些因孤独而伟大的人。孤独引领人走向写作之路，写作则使人备感孤独。人类的精英便是在这条“不可能回头”的寂寞之路上踽踽独行，以一颗宽广博大的悲悯之心，品味苦难，承载悲情，为他人也为自己酿制欢乐。孤独和痛苦，是高贵心灵的栖居地，也是通向人生彼岸的幸福之路。

人的天性是向往自由的，向往无拘无束的生活的。人固然是一种“群居”性的动物，是“社会动物”，但是，人又本能地具有排他性，希望拥有尽可能大的个人空间。人融入社会，学会与他人“亲密”接触、“和谐”共处，在社会化的同时也不可避免地被异化，为了不失去自我，不失去个性，人又不得不逃避社会、逃避他人；人一方面在尽量地排遣孤独感，想方设法敞开自己，与他人进行情感与思想的交流与沟通，渴望人与人能相互了解，另一方面又在锁闭自己，纵容自己，掩饰自己，孤芳自赏，不愿被别人了解。追求自由，

---

① 载《语文沙龙》，新版第 2 期。

从某种意义上说，即是在拒绝喧闹，刻意营造孤独。因此，孤独感也是人的自由天性的共生物。弗洛姆认为自由有两重性，一方面脱离了传统权威，获得了自由，成为独立的个人，但又变得孤立、无权力，成为别人达到目的的工具，这样，人与自身及他人都成了陌生人，这种状态使他屈服于新的枷锁；另一方面，充分肯定自由能实现个人的潜能，使个人有能力积极自发地生活。弗洛姆承认，在权势主义的现代社会，个人被压制了，不能发挥自己的潜能，而产生对社会的敌对情绪，“现代人与他自己、与他的同伴、与自己异化了。他被转化为一种商品”，“他们仍然是完全孤独的，他们充满深深的不安全、焦虑及负罪的感觉”。所以，“自由带来的是孤立与个人的不重要，而没有带来力量和信心”①。写作，无疑是走出孤独感、给自己带来力量与信心的最好的生活方式。你感到孤独吗？那就写吧！

人生充满着欲求，人在实现物质欲求的过程中也需要付出极大的代价，也有种种苦难和折磨，但是，较之于精神欲求的满足所带来的痛苦，这种痛苦主要是肌体的，是浅层的。精神欲求带来的痛苦，似乎属无病呻吟一类，是自讨苦吃，是“自虐”，或者说是一种“自虐性”的“自娱”。这种痛苦是抵达心灵层面的，是深度的痛苦。疗治这一痛苦的方子，是满足精神欲求。精神欲求的满足，将给人带来幸福和快乐，而这种幸福和快乐，也势必超出物质欲求的满足所带来的幸福和快乐。满足精神欲求的最佳方法，就是言语的创造、精神家园的建构。由于满足是暂时的，幸福和快乐之后必定又是空虚与失落，于是就激起人们更强烈、更高尚的欲求。如此，“痛苦——幸福——空虚——痛苦”的循环，一步步走向精神上也即言语上的自我实现，走向人生的终极幸福。

有人认为：“也许，人性是不应该孤独的，但为了多数人不孤独，需要少数人去孤独地思想。没有孤独就没有新思想、新发现。马克思说最先进的思想永远只有少数攀登在山顶的先进人物才可能接受，马克思是赞成思想者孤独的。也许，人性并不生来喜欢孤独，孤独者都是先追求热闹……孤独者是人类中的珍珠，是一种病态美。”② 作家白桦说：

> 文学是一种孤独的事业，但是它又要被读者所认同，所以它本身就是一个矛盾体，又不能是一个孤芳自赏的工作。中国文学史所留下来的

① 参见任厚奎等：《西方哲学概论》，四川大学出版社1988年版，第521～522页。

② 朱健国：《白桦珠海说孤独》，载《文学自由谈》，2003年第3期。

> 有价值的东西，常常是作家孤独无依留下来的。从屈原的《离骚》开始就是，他当初并没有想去发表。到了《红楼梦》，如果曹雪芹考虑到后来这么多人爱看这本书，他可能不敢写，写不了《红楼梦》。实际上他是自己写给自己读的，发泄自己的一些想法，抒发自己的情感，顶多给二三知己好友传阅，他根本就没有想到会成为中国四大古典名著之一，人手一册地读，他要知道这样，肯定吓坏了，因为包括作家内心很隐秘的一些思考都在这本书里。到了鲁迅先生，这个孤独感跟他们又不一样了，鲁迅是希望把他在孤独当中思考的问题尽快地告诉别人。……鲁迅先生一生都希望能把他的孤独感、思索告诉更多的人。他的小说、杂文，都是他在孤独中的感受，而他又希望被读者所认同，即使现在不能认同，将来认同也好。①

写作，精神家园的建构，是人类克服自身的渺小感、孤独感和痛苦感的灵丹妙药，是自我救赎、自我完善的必由之途。精神欲求和言语创造，使人类学会承受并能够享受孤独和痛苦，使人生变得充实而丰富，美丽而精彩。

写作，与其说是在摆脱、战胜孤独，不如说是在观赏、享受孤独——始于对孤独的恐惧，想从写作找到精神的皈依、情感的寄托，使自己不再深陷于孤独无靠的心灵荒漠中。当他们在精神家园里默默地耕耘，年复一年地春播秋收，这种劳作使精神变得丰硕、安闲，感受到遗世独立、众醉独醒的怡然和愉悦，从而拒绝喧闹、超然尘嚣，笑看潮涨潮落、雾消云起、莺飞草长。

说到根本，人之所以能超越孤独，以至战胜一切与生俱来的痛苦，皆由于“永生的愿望”使然。沈从文说：“为什么我们有这种抽象的永生的愿望？这大约是我们人类知识到达某种程度时，能够稍稍离开日常生活中的哀乐得失而单独构思，就必然觉得生命受自然限制，生活受社会限制，理想受肉体限制，我们想否认，想反抗，尽一切努力，到结果终必败北。这败北意思，就是活下来总不能如人意。即这种不如意的生活，时间也甚短促，不久即受生物学的新陈代谢律所拘束，含恨赍志而死。帝王蝼蚁，华屋山丘，一刹那间即不免同归消灭于乌有之乡。任何人对死亡想要逃避，势不可能。任何人对社会习惯有所否认，对生活想要冲破藩篱，与事实对面时，也不免要被无情事实打倒。个人理想虽纯洁崇高，然而附于肉体的动物基本欲望，还不免

① 朱健国：《白桦珠海说孤独》，载《文学自由谈》，2003年第3期。

把他弄得拖泥带水。生活在人与人相挨相撞的社会中，和多数人哺糟啜醨，已感觉够痛苦了，更何况又是连这种贴近地面的平庸生活，也变成可望而不可即，有些人常常为社会所抛弃，所排斥，生活中竟只能有一点回忆，或竟只能作一点极可怜的白日梦。一个作者触着这类问题时，自然是很痛苦的！然而活下来是一种事实，不能否认。自杀又违反生物的原则，除非神经衰弱到极端，照例不易见诸实行。人只得怪寂寞痛苦地勉强活下来，综合要娱乐要表现的两种意识，所以说，写作是一种永生愿望。从中国历史上几个著名不朽文学作家已留下的作品加以检查，就可明白《离骚》或《史记》，杜工部诗或曹雪芹小说，这些作品的产生，情形大都相去不远。我们若透过这些作品的表面形式，从更深处加以注意，便自然会理解作者那点为人生而痛苦的情形。这痛苦可说是唯有写作，方能消除。写作成后，愿望已足，这人不久也就精尽力疲，肉体方面生命之火已告熄灭，人便死了，人虽死去，然而作品永生，却无多大问题。”①沈先生这番对人生苦难的描述，是有普遍性的。这世上，绝大多数人的一生是充满各种痛苦的，“人生不如意事常八九”，生活再优裕，事业再辉煌，情感精神的伤悲，生老病死的苦痛，也得你独自去面对，更不用说那些处于社会底层的不得温饱、备受凌辱的人们了。造物给予人类抗击孤独无助与坎坷悲楚的最重要的武器就是想象与幻想，在一些优秀的人那儿，想象与幻想将升华为精神创造，最大量的精神创造产品，是以文字为载体，以文章的形态来表达的。或者说，写作是精神创造的最佳表现方式。沈先生对其做了极端的表述：“这痛苦可说是唯有写作，方能消除。”我以为，写作是人类的一种自我补偿、修复方式。以一种彼岸世界的永生的愿望，来弥补现实生活的失意、失落与缺陷；以憧憬、虚幻的愉悦来弥补现实、真实的苦痛与悲哀；以精神的永恒来弥补人生的短暂。

人以写作来满足自身“永生的愿望”，来抗击人生的寂寞与痛苦，似乎是为了私利，不无私心，但这可以算是地球人最伟大的私心。就是因了这份私心，所有人类的精英从中获得了心理慰藉与人生憧憬，才能为人类创造出文化精品，建构起精神家园。

于是，写作成了千百年来人类的内心寄托与生命附着。在这条孤独之路上走的人，懂得以此抗击并享受孤独的人，是美好的。写作还是美好人生的

---

①　沈从文：《讲演录·小说作者和读者》，见《沈从文散文》第3集，第295页。

一种象征，是培育知识型、智慧型人格的一条途径。献身于写作的人，是最美丽、最优雅的人。曹文轩先生在回答“写作能力的锻炼、提高，对于个人来说具有怎样的意义”时说：

> 我在许多场合发表过这样的看法：一个人能写一手好文章，这是一个人的美德。不要以为写文章只是这个社会的一部分人的专利。工、农、商、学、兵，当官的、为民的，都应当能写一手好文章。它是一种有教养的标志。一种人生的优雅之举，一种做人应有的风范。政治家也好，科学家也好，商人也好，通过文字活动，他对这个世界会有更具条理也更具系统的看法。抛去内容不论，文字活动这一形式本身就是有益的，它能营造静的气氛，帮你祛除浮躁。在培养气质、性情方面，我以为任何一种方式，都难以与文字活动相媲美。文章之事，既然与一国一族的文明相关，当然也就与一个人的文明相关。①

的确如此，写作的人，有一种气质的美；他可能不漂亮，但是优雅可人，由内到外地流光溢彩。如果他还没有这种美，这说明他还不是一个真正痴迷、忘情于写作的人。

由于选择写作不是一件轻松的事情，写作所能带给人的是一种终极的幸福，而在这个过程中，如前所说，一般是艰辛与痛苦多于舒畅与欢乐。沈从文说：“这也正是一种战争，可比那些大将军应付目前的问题还困难得多，需要一个人从完全孤寂沉默持久中来完成，待突破的却是文学史上一堆作品作成的高墙。这是种艰辛事业，不是普通职业，唯有肯把生命作无取偿的投资来寄托一点希望的人，方宜参加，不至于中途改辙或短期败北，即适可而止。”② 作家王英琦也说：“这样的写作（指超功利的、自我实现的写作）既是最大的幸福亦是最大的痛苦，它注定要以牺牲幸福来达到另一终极意义上的幸福——中介过程全是痛苦。这种写作动机一旦确定，它就成了作家的生命，使得作家倘不写作，便不能享受哪怕一丁点儿其他的生活乐趣。除非死亡可以与他相匹并论。”③ 这也许就是许多人对写作望而却步的原因。

---

① 曹文轩：《他们的写作是否又进入了另样的圈套——答〈中国青年报〉记者问》，载《中国青年报》2002 年 3 月 19 日。

② 沈从文：《新废邮存底·二十一》，见《沈从文文集》第十二卷，花城出版社、生活·读书·新知三联书店香港分店 1985 年版，第 61 页。

③ 王英琦：《文学不浪漫》，载《写作》，1999 年第 9 期。

面对“为什么写作”的发问，面对如同问“人为什么活着”一样如此严重的问题，现实中的人们又是如何回答呢？从古至今，写作这个“城堡”，有多少人想攻打进来，然而，大多乘兴而来，落荒而去。攻打进去的，也鲜有矢志不移、坚持到底的，大多是半途而废、败兴而归。能守住这个“城堡”殊为不易。

当今在言语“城堡”进进出出的人们中有几种典型心态：进去了又出来了；人出来了心不出来；人出来了心丢了；人在心在。世界很精彩，每个人都有选择的自由，实在很难说谁对谁错。写作毕竟不是一件轻松的事，不是每个人都能耐得住寂寞的。任何的获得都意味着失去，选择写作也一样。要在写作中获得幸福，须付出很多、承受很多，整个过程可能都是艰辛、苦难和灾难！

正如当生命可以任意挥洒的时候人们往往并不珍重生命一样，许多事，不到人生的最后关头是不会彻悟的。美国著名的盲教育家、演说家海伦·凯勒曾做过一次名为《假如给我三天光明》的著名演说。她很懂得人性的弱点，知道很多人非得把他逼到死角才会觉悟。因为遥远的尚不可知的幸福难以抵挡眼前的诱惑。人只有到了退无可退的时候，才会作奋力一搏。她说：“有时我想，如果我们每天都那么过，就好像自己明天要死似的，那将是一个美妙的念头。这种念头将会更鲜明的突出人生的价值。我们生活时就会温文尔雅、精力充沛，就会有敏锐的欣赏能力，而这些则是当我们认为岁月绵绵、来日方长时所常常失去的。”① 那么，当你要对你的人生做出选择的时候，是否也可以这样想：你的生命只剩下了三个月或半年，你将选择做一件什么事较有价值呢？

上海的一位名叫陆幼青的青年，恰恰就是在他的生命的最后时光选择了写作。他在最后的四个月，写了一本叫作《生命的留言》（也称《死亡日记》）的书，他在书中这样说：

> 人在这世界上走一遭，总掂着要留点什么。
>
> 各有各的留法，留的东西也各不相同，在我看来，白纸黑字，是比较可靠的留法，是比较有意义的。比那些钱财什么的好一点，钱这东西发行的是银行，长得跟其他人手里的也是一模一样的，永远也不知道是

---

① ［美］海伦·凯勒：《假如给我三天光明》，载《自学》，1984年第9期。

谁能真正拥有。[①]

他在该书中又说道：

粗粗一算，这应是我的日记第61篇，想起当时的百篇之约，知道是过了半山腰了，但一时心中不知是如何感觉，应了那歌词：像雾像风又像雨。

想哭，十数万字对我不是什么惊人数，但嚼着麻醉药写作的体验毕竟太过特殊，在新的专供文人用的麻醉药没有发明出来之前，劝谁都不要像我自讨其苦。我算是用了很不错的能保持大脑工作的麻醉药，但它只能保证的是清醒，而不是激情，或许麻醉药要战胜的本就是激情一类的东西。但这一点害苦了我，我整天端着电脑，等着激情或者叫作工作状态的东西来到我的心里。那情形像什么？像孕妇，看日历是到预产期了，但就是没动静。

想笑，心里明白，我算是渡过了那最险的滩。如果比作一场搏斗的话，我也赢了大半阵了。从我的日记受到的错爱的情形看来，即使不到百篇之数，大致对读者也有了交代，这是搞批发的好处了。

当初的百篇之约现在看来是险了一点，期间的几次病痛都险些使我扔下电脑，那时的二三十篇可就不像话了。

哭笑不得之后便是自豪了，我已经走在医学的预言之外了，文字是无处借的，所以不是透支行为，我只将此事理解为我向生命赚了这十几万字。心中于是颇得意于自己敢把生命做到这个地步。

得意尚未洋洋复又辛酸，都说我的文字蛮有劲的，看得下去的那一类，唉，早知如此，又何必折腾那么多，贩药卖房的，坐在家里老实写，不也是佳话一段？

悲从中来。[②]

是啊，早知今日，何必当初呢？“悲从中来”，悲的不是来日无多，而是没有及早选择写作。陆幼青，1985年毕业于华东师大中文系，任教四年后下海，在上海、珠海、广州等地经商，做过记者、经纪人、羊毛商人、广告人、房地产商等，直到生命的最后的时光才皈依写作，但为时已晚，令人痛惜。但退一步想，要是他执迷不悟，与写作失之交臂的话，情形又是如何呢？那

① 陆幼青：《生命的留言·写作》，华艺出版社2000年版，第298页。

② 陆幼青：《生命的留言·病中杂记（二）》，华艺出版社2000年版，第253～254页。

才真正是可悲，是遗恨千古的悲惨；而他选择了写作，终留下一曲生命的壮歌。陆幼青“敢把生命做到这个地步”，当可告慰！试想，陆先生要是没有在生命的最后关头选择了写作，留下一本书，还有谁知道世上曾有过一个对人生不乏精见的陆幼青？这一辈子岂不白活？一切在言语人生道路上或迟或早觉悟的人，都值得庆幸，因为他们因做出了正确选择而存在。

在《生命的留言》中有一篇日记题为“人生后花园”，陆先生说的是给自己选墓地并去看墓地的事，他把墓地看作是人生的后花园，的确是一个诗意的比喻。墓地，作为肉体生命死亡后的皈依处，入土为安，回归自然，这是一个安适的归宿。但是，在我看来，人生后花园不只是墓地，更是图书馆；图书馆这一精神殿堂，才是人生永久的栖息地，是人类不败不灭的精神生命永生存续的后花园。把自己安放在图书馆也许比安放在墓地更有意义，因为，在那儿才有真正的“永垂不朽”——人的终极目标在今生之外。人啊，不要忘了你还有一个同样美丽的可以超越今生的精神生命！

九　存在性动机论：选择言说是人生之至幸

至此，我们可以为言语动机作“**言语生命动力学表现-存在论语文学**”的界定：人本主义、人文主义语文教育的核心，是对个体言语生命的敬畏和珍爱，是对人的生命潜能的顺应和尊重，是对人生的精神抚慰和终极关怀。言语活动，是人类生命的本体属性。言语动机源于人内在的言语生命冲动和欲求，言语生命意识是人的言语活动的动力源。言语动机的主导特征源于人的人性、天性、个性与生命的言语创造欲求和激情。言语动机是言语生命潜能的自由张扬。言语表现应以人的内在应性、存在性动机为基本推动力，以言语上的自我实现——“立言”为终极目的。

言语生命能的孕育、培植和发展，是一个历时性过程。儿童期是主体言语生命意识成长的关键期，超功利的自由自觉的游戏、幻想、想象和创造，是早期言语生命欲求的集中体现。儿童早期的缺乏性体验和丰富性体验是人一生言语生命冲动和欲求的基本动因。始于儿童晚期和成年期的功利性、社会性的应试、应世需求的增长，一方面使自发的应性动机受到必要的制约，给言语人格注入了文化、历史和社会的成分，在一定程度上丰富了个体的言语人格，使言语生命意识得到了升华。与此同时，原发性的言语动机也受到了外力的强制性的胁迫，使蓬勃的言语生命意识异化和退化。在自然情境下，主体言语生命意识较为薄弱的人，由于外因的强势介入，应试、应世需要成为了他们言语活动的基本动因，个性受到了压抑，个体言语生命欲求趋于萎靡，以至扭曲或扼杀了言语主体性。少数言语主体性较强的人，能始终保持着强盛的言语生命意志力和精神创造力，在人性、个性与社会性、环境性的矛盾之间，寻求言语生命能的自由、得体、舒畅的发挥和张扬，使作为内在精神需要的言语创造动机与作为外在现实利益需要的言语活动动机并行不悖，并在长期的言语实践中，执着地追求言语人格的升华，在精神家园的建造中寻求归属感，获得使命感，使应性（应付自我言语生命的本性）动机成为基本的稳定的动力定型，建立在丰富性需要基础上的存在性动机上升为主导性动机，最终完成言语上的自我实现。——人本主义、人文主义语文教育的目标就是使全体受教育者都能拥有良好的言语生命意识、充沛的言语生命欲求和长盛不衰的**言语生命意志力**，不但将生命付诸物质家园的建造，而且更重要的是能为人类、为千秋万代建造共同的精神家园。

从共时性上考察，**“言语生命动力学表现存在论语文学”**的言语动机是一个多层次的开放的系统，是一个以主体内在的独特的记忆、情绪、情感、思想、幻想、精神需要为主要价值取向，受制于人的自然性的言语生命冲动、言语表现欲和社会性的言语表现需求、价值规范，是内因与外因相互激活，是写作的主体、客体、载体、受体相互作用的产物。在语文教育情境下，以应性、存在性动机为主导性力量，辅之以应世与应试动机；以丰富性动机为终极取向，辅之以缺乏性动机；以学生潜在的情感、思想为基本动因，辅之以社会性、环境性、教学性动因。存在性言语动机的培育，应是学生个体的言语生命意识、言语生命欲求、言语健全人格、精神生命力、言语才情和个性、独立思想与自由意志、言语表现的兴趣与热情、言语表现的习惯和审美追求的全面发展。

在存在性言语动机的人格建构上，应逐步实现从缺乏性动机到丰富性动机的超越，使学生的言语人格从狭隘成长为宏阔，从自爱发展为他爱、博爱，从自我中心到推己及人，从卑下走向崇高，从为名为利升华到为人生、为人类，从言语活动的生存性体认提高为存在性体认，使学生成长为具有充分的人性与个性、心灵丰盈、精神健康、自我实现的人。这就是语文教育、文学教育、写作教育应给予学生的人文关怀，是引领学生走上言语人生、诗意人生之路的要义所在。

在这一精神培育的过程中，言语表现始终是人的言语生命冲动和生命欲求的自由表达，也是人的生命与外界能量互动、锻炼成长的见证。语文教育应唤醒学生的生命原意识中的言语生命意识，使言语表现活动成为生活、生命的重要组成部分，并最终融为一体。言语教育应使学生觉悟到知识的、创造的人生必是言语人生，人生的最高境界是充满诗意的言语人生。**诗意的言语生命、言语人生教育君临一切！**

每一个人在不同的人生阶段从事言语活动都有各自的理由和目的，甚至每一次的言语表现活动都有不同的动因，语文教育的使命就是要使学生在各种理由和目的的选择中，能逐步超越功利的诱惑，不囿于分数和物质回报，认识到人类生命的语言文字符号和概念思维的特性，使之承担起言语创化即人类高层次物质与精神创化的责任，使存在性的言语创造欲求最终成为他们生命历程中的必然。

在我们的动力学中，对精神需要、超功利、超现世需要的褒扬，并不意味着对现实功利需要的否定。需要一辨的是人的求名求利动机的正当性。人们一向习惯把“名利”二字连在一起说，将追逐名利一概加以否定。其实，这二者是应该仔细辨析和区分开来的。唯利是图、见利忘义不可取，正当获得物质报酬是无可厚非的，只是不能把利看得太重，挤压、摧残了言语生命的舒展。在物质需要和精神需要发生碰撞时，在人的终极指向上，价值天平应向精神需要、丰富性需要倾斜。至于“名”，求“名”动机原本没有什么坏处，我们批评的只是沽名钓誉、名不副实、浪得虚名。在今天知识界学术腐败已然成灾的情况下，是应该戒一戒求“名”欲。知识分子往往把“名”看得比“利”还要重，这会造成心理失衡，坏了“文气”。一般说来，只要追求的是“实名”，期盼青史留名，声名传后，也是一种正当、积极的精神需要，是追求卓越、追求自我实现的表现，作为言语动机不但不应否定，还可以加以激发和强化。——张爱玲在“出名要趁早”的动机激励下，不也成就了一份文学事业吗？

言语生命动力学语文教育，是指向崇高的言语理想和言语信仰的教育。言语表现和创造充满着艰辛和痛苦，言语创造的痛苦是最大的痛苦，整个思维过程都是痛苦；而快乐往往是短暂的，幸福是终极性的、彼岸的。要达到终极幸福的目标，言语主体需要理想、信念和信仰的支撑。因此，在语文教育实践中，首要的不是语言知识或技能的学习，也不是使人成为使用语言"工具"的熟练工匠，不应充斥着名目繁多的机械"训练"或表面热闹的所谓的语文活动，而应贴近学生言语生命律动，帮助他们认识自我的言语潜能，唤醒他们的言语表现欲和言语之爱，让他们感受驾驭语言和言语创造的乐趣，体验言语表现的愉悦，树立高尚伟大的言语理想、信念和信仰，一步一步地朝着崇高的"立言"目标迈进。

言语生命动力学表现存在论语文学，是以激发学生固有的生命潜能和言语冲动，培植他们的言语生命意识和言语表现欲、创造欲为基本特征的语文学。表现-存在论语文学的动机论，是以激发言语创造内驱力为主动力的动机论，是促成人的言语生命、精神生命健康成长的动机论，是言语生命自我实现的动机论，是使人之为人（培育言语人、创造人、精神人）的动机论。是对人的类特性的彰显，对言语生命的顺应与重塑。

言语生命动力学与我国现代语文学动机论的根本不同，在于它更为注重主体内在的言语生命冲动、生命体验和个体自发的精神需求，注重养护和激发人的生命中固有的言语表现和创造意识，使语文学习成为与内在生命发展需要和言语表现欲求相一致的需要。即便在社会性的实利需求的制约下，在现实原则和生存压力下，也能在相当程度上保持一份心灵的自由和诗意的宁静。以往的语文动机论是以外在的应付考试和应付生活作为第一需要，在这种动机下，语文学习始终都是"不切身"的、不得已而为之的事，是一种被动的异己的实用需要驱使下的无奈之举，屈从于低层次的生存需要，这只能使鲜活生动的言语生命变得苍白萎靡，使人越来越功利，越来越远离精神创造和人文情怀，人将不人。在应试、应世动机下，我国现代语文教育非但没有成绩可言，而且造就了大量言语人格分裂症患者，"贻误苍生"、千夫所指的历史教训值得深刻记取。存在性言语动机教育，则能使学生在语文学习中感受到作为符号动物和释放精神生命力的幸福感和使命感，使语文学习成为对生命和人生的自我体认。通过培育言语健全人格和良好的言语生命意识，使言语学习和发展成为学生自己的事，成为一种自愿自发自觉的不可或缺的"切身"需要。**明天的每一个学生将从语文教育中真实地体验到：不写作，无异于精神掠夺和虐待，是生命的荒漠化，是人生的大不幸。沉默的痛苦远大于言说的痛苦，言说的幸福远大于沉默的幸福。**到那时，还会有挥之不去的语文教育成效不彰的困扰和哀叹吗？——尽管我知道这是一个语文教育乌托邦，一个遥远的诗意的梦。

学人黄克剑说："治学的底蕴原在境界。有人凭借聪明，有人诉诸智慧，我相信我投之于文字的是生命。""知识若没有智慧烛照其中，即使再多，也只是外在的牵累；智慧若没有生命隐藏其间，那或可动人的智慧之光却也不过是飘忽不定的鬼火荧照。"[①] 教育和治学同理，灵魂缺席的语言知识和写作技能训练是惨白僵硬的，语文教育和言语表现应是心跳着的、呼吸着的、雀跃灵动的生命传递，**语文教育投入的应是言语人格魅力和言语生命智慧，才能产出有着缤纷诗意的人和充满生命活力、创造力的言语。**

对于学生来说，言语学习和言语活动不止是一种知识和能力的获取，而是生命发育的本然和长大成人的标志。以下的文字是我为某刊物的创刊写给中学生们的"寄语"，表明了我对语文和人（以至人类）的成长之间的关系的理解，权作本章的总结：

> 我们的祖先，在亘古荒原中的第一声响彻云天的劲叫，这一用"语言"喻义和沟通的尝试，便宣告了一个新物种——人类的诞生！
>
> 遥远的年代，孔夫子对忍饥挨饿追随他求学的弟子们说："小子何莫学乎《诗》?"遥远的异国，一个诗人仰望苍穹，赞叹道："人充满劳绩，但还诗意地安居于这块大地之上。"
>
> 语言、文字，使人类告别愚昧，远离动物。读、写，给人类以灵性之光，文化、文明之薪火。人，因而成为真正意义上的"人"：语言人、文化人、精神人。
>
> 在人的一生中，有什么快乐能跟读、写的快乐相比呢？剔除读、写的快乐，所有的快乐，薄得像一张纸。
>
> 没有读、写的童年，欢乐就会少了很多。终日枯坐在屋檐下，数着脚指头，看蜘蛛结网、燕子衔泥、蚂蚁搬家？
>
> 没有读、写的人生，日子就会变得苍白。掐着时钟上班，点了星星打烊；乏了歇，饿了吃，困了睡？
>
> 成长，是从阅读——从天、地、人、鸡、鸭、狗的卡片还念不顺开始。

① 见《东南学术·中青年学者主页》，2002 年第 5 期。

长成，是从写作——从不知天高地厚地想当一个诗人、幻想家、哲学家、思想家、科学家开始。

作为人类的一员，长大，意味着在读、写中成长。读、写能力，是成才的标志；在读、写中诗意地安居，则是成人的标志。——读、写的意义，远在读、写之上。

能读会写，宣示了知识和创造的人生的揭幕、智性生命的张扬。言语的强大，胜过刀光剑影。能读会写，是自由与敞亮、智慧与丰硕的象征。一切物质财富，将相形见绌、黯然失色。

能读会写，便是懂得学习。“学会学习”，“学习通过写作”，是学习化社会的口号。能读会写，是“数字化生存”的基本技能。全球化、信息化的“生存”是“数字化生存”。否则，将不能生存！

能读会写的人，是有教养、有情趣、有尊严的人，是优雅美丽的人，也是值得信赖和尊敬的人。

过去的语文课不快乐，是因为那里太矮，容不下你崇高挺拔的理想；太浅，盛不下你遮天蔽日的想象；太小，装不下你云雀般轻盈踊跃的心灵；太单调，滋润不了你葱绿茂盛疯长着的渴望……

所有丢失的梦，都将找回。在充满激情和欢欣的言语活动中，在高扬言语生命个性风帆的语文教育中，读、写，将给予你的人生无与伦比的安适和宁静、快乐和幸福。

附录

不写作，枉为人

有人调侃说，人生最大的遗憾是人活着，钱没了；人生最大的悲哀是人死了，钱没用完——这不无道理。

但我想说的不是钱，也不是生存重不重要，而是想问是否还有比钱、比生存更重要的。

1990年代初，我曾疑似肝癌住院检查，折腾半死，虚惊一场。那时，正开始写我的第一本书《中国现代写作教育史》，心想，要是书没写完就走了，实在太亏。出院后，感觉如漏网之鱼，时不我待。尽管身体虚弱，仍强撑着写。书成，仿佛卸下一副重担，轻松、畅快。

后来，我在随笔《最不怕死的时候》中谈到这段经历：一个人当第一本书将要写完时，是“最怕死的时候”；当一生中最重要的书写完时，是“最不怕死的时候”。最怕死，是怕白忙活一辈子，什么也没留下，此生虚度；最不怕死，是该办的事已经办了，完成了上帝的指令，可以交差了，死而无憾。

这可以说是那时的我最粗糙、最真切的生命感悟吧。

哲人说，人只有在烦、畏、死之时，才能悟到人生之真谛，才知道什么是“此在”。我以为，烦、畏之时的感悟尚不足道，非死到临头，是不会有真正的开释的。人来到世上就是受苦的，但不能白受苦，要懂得为什么受苦，苦有所值。

在人的一生中，“死”过一次，明白一点，“死”的次数愈多，明白愈透。因而有“九死一生”“虽九死其犹未悔”“虽万被戮，岂有悔哉”之说。“一生”而“九死”，才活得明白；活得明白，才不畏死；知道自己该做什么，才无怨无悔。

那会儿，也许由于“死”的次数还不够多，虽有点小明白，却还懵懂。

我曾经长时间地跟许多人一样，误以为《礼记·礼运》中孔子讲“饮食男女，人之大欲存焉”，《孟子·告子》中告子说“食色，性也”，他们说的

“大欲”“性也”，就是“人性”。人们往往堂而皇之、津津乐道，以此作为追逐物质、金钱、欲望的冠冕堂皇的理由。有人大约为了表明论据的权威性，甚至存心栽赃，故意将告子的话径直扣在孟子、孔子头上，遂以讹传讹，弄得圣贤泉下有知百口莫辩。

将“食色”认作“人性”，对“食色”无止境的追逐，似乎便合理合法、天经地义。殊不知，世界之一切罪恶，莫不由此滋生。

直到读了亚里士多德的“求知是人的本性”，人是理性动物，符号动物，“……而在各种动物中，独有人类具备言语的机能”。黑格尔的“自由理性”“是艺术以及一切行为和知识的根本和必然的起源”。马克思的“吃、喝、生殖等等，固然也是真正的人的机能。但是，如果加以抽象，使这些机能脱离人的其他活动领域并成为最后的和唯一的终极目的，那它们就是动物的机能”。他将人的“类特性”界定为“自由的有意识的活动”。卡希尔的“符号化的思维和符号化的行为是人类生活中最富有代表性的特征……”海然热的“……语言能力决定性地完成了一个新物种的区分”……我才恍然大悟：“饮食男女”“食色”之类，并非人性，而是动物性；真正的人性是言语性、精神性（灵性、知性、理性、智性、德性）、创造性。

也可以这么认为：人有两条命——肉体生命与精神生命，前者与金钱、物质相维系，后者与言语、创造相依存。只为前者，那是动物；拥有后者，才是人。人固然不能不“食色”，但不能止乎“食色”。通俗地说就是：人活着要吃饭，但不是为了吃饭而活。有些人活着，不知不觉就走失了一条命——精神生命，剩下行尸走肉，为活而活，为繁衍而繁衍，成了不折不扣的动物。而另一些人，则超越了肉体的生存，更加珍爱精神生命，以给精神家园添砖加瓦为己任，历尽千辛万苦、千难万险，将自己磨砺成真正的人。

鄙人天性愚钝，将近“知天命”之年，靠贤哲的指点，才勉强弄清楚什么是“人”，何谓动物性、人性。其实，对“人之何以为人”，俺们老祖宗心里也明镜似的。否则，孔子就不会删诗书、定礼乐、赞周易、修春秋……尊周崇古、克己复礼、修德教化，尽干无利可图、吃力不讨好的事，就不会一口咬定“有德者必有言，有言者不必有德”，训导他的乖儿子“不学诗，无以言”，“不学礼，无以立”；孟子也不会整天仁义礼智挂嘴边，喋喋不休地较真什么恻隐、羞恶、辞让、是非之心，一不高兴就拿“禽兽也”开骂（孟子是不赞成告子说的“食色，性也”的）。《春秋谷梁传·僖公二十二年》，更是直截了当、触目惊心地指出什么是人性：“人之所以为人者，言也。人而不能言，何以为人?”——今人之所以对这些充耳不闻、视而不见，将“饮食男女”“食色，性也”作为“无利不起早”的挡箭牌，不过是为了文饰自个儿的“动物人生”罢了。不少人对圣贤之言，实用主义地各取所需、断章取义，已然轻车熟路。

孟子首创以“禽兽”骂人，马克思称只知道“吃、喝、生殖”是“动物”，一俗一雅，相映成趣，所指没啥两样。只是乍一听，“禽兽”较之于“动物”，更刺耳刻薄，叫人抹不下面子——既不把自己当人，是当“动物”还是当“禽兽”，有什么不同？要慢慢习惯这类虽不雅驯但特靠谱的称呼才是。

“人何以为人”，什么是“人性”“动物性”？这些本来并不难懂，但偏偏许多人一生都掰扯不清。及至得了不治之症，或到了弥留之际，回首人生，怎么想怎么不对，冷汗淋漓，悔之晚矣！

维持肉体生命的生存，是动物性需求。精神生命的滋养、存在，才是人性需求。精神生命是以精神创造的成果呈现的。精神创造，主是以言语表现——写作的形态展示的。因而，从根本上说，人是理性、精神、创造的动物，也是符号、言说、写作的动物。人以写作彰显人性，实现生命存在的价值与意义。人之生命，即言语生命、精神生命。言语生命、精神生命是人这一物种的特性，是人区别于其他动物的种差。人的肉体生命是短暂、速朽的，精神生命则可以长生不死、永垂不朽。

在写《语文：表现与存在》（2004 年版）的那些年，“人为什么活”与“为什么写作”，这两个似乎不太相干的问题，便这样不知不觉、难解难分地纠缠在一起，寝食难安、魂牵梦萦。随着时间的推移，这两个问题像加了发酵粉一样，不断地膨胀开来，不论想不想都想着。一些吉光片羽、胡思乱想，逐渐积聚、拼叠、堆砌，占据了整个大脑，于是，就萌生了许多稀奇古怪、荒诞不经的想法。

是否可以作这样的假说与推理：“言说欲、精神创造欲”，与“食色欲”一样，也是人与生俱来的“原欲”。“食色欲”是造物主赋予人的肉体生命的，而“言说欲”“精神创造欲”是赋予人的精神生命的，因而是更重要的“原欲”。

精神生命的“原欲”基于“原罪”。此“原罪”并非出自基督教义。我所理解的“原罪”：人一落地，便享有、消耗地球上的各种自然资源，尤其是人类的文明。人的成长的过程，是一个将他人创造的物质、精神财富不断地据为己用的过程。这种世代相承、身不由己的利己、自私的攫取，即“原罪”。用今天的话说，就是对他人知识产权的侵吞。因而，造物让人拥有言说欲、精神创造欲——“原欲”，让所有人平等地拥有言说的机能与权利，便是用来赎罪、清偿的，以维持人类精神生产的可持续发展。“赎罪”的最佳方法，便是还之以写作。既为赎罪，人的言说、写作、精神创造，就是对自己所接受的人类馈赠的回馈，是对前人的感恩、报恩。

有人将墓地比作“人生后花园”，这个比喻很诗意，但没说到根上，因为墓地只是安顿人的肉体生命遗骸的地方。我想，真正的人生后花园当是图书馆、科技馆之类。这些精神殿堂，才是美丽人生永恒的栖息地。与其说入土为安，不如说入馆而安。人，如果只有肉体生命，魂无所依，心无所属，野鬼一个，即便入土，何安之有？只有在肉体生命之上，拥有精神生命、诗意人生，悟道、博知、慎思、创获，有了精神上的家园感、归属感，身有所依，生有所值，不入“土”，也“理”得而“心”安。精神生命之“安”，才是人的终极之“安”、永恒之“安”。

人的一生，说到底就是给灵魂找一个归宿，一个属于智者的人生后花园——精神家园。那里奇花异草、灵泉智瀑、莺歌燕舞，鸿儒满座、格物致知、口吐莲花。当肉体消亡之后，哲人才俊仍能其乐融融地相聚一堂，谈文论艺、论辩切磋，岂不快哉、幸哉？

苏格拉底临刑前从容淡定地说他“将迁移到另一个地方”，“那又有什么是比这个更伟大的幸福呢？”他渴望到那里见到“真智者”，“跟他们交谈、联系，问他们问题，将是最大的快慰”。——对于死，他满怀向往与欣悦。

真正美好、美妙的人生后花园，只为苏格拉底那样高尚而睿智的人享有，德性与精神创造物，便是他们入园的通行证与永久居留的“绿卡”。他们可以在那儿尽情、愉快地攀谈、分享、憩息，享受不曾享受过的与真智者相聚的幸福，自然便不畏惧死。相反，可以视死如归、视死如福。

在人世间，他们将受到后人的景仰与膜拜，人类将永远记得他们，他们将因精神创造、生命的言说而获得永生。只要他们的文字还活着，他们就不会死去；只要他们的书仍为后人传阅，他们的生命就在延续。对于人类来说，精神的传宗接代，比肉体的传宗接代更重要。因而，对于个体的人来说，有没有血缘之后不重要，重要的是有没有学缘之后。人的名利、金钱、地位、权力之类，并不能为人类光宗耀祖，唯有精神创造，才千古不磨，举世景仰。

法国当代哲学家萨特说："我只喜欢词语，我将在词语天国那蔚蓝色的眼睛的注视下建造起话语的大教堂。我将为千秋万代而建造。……将来人类灭亡了，而我的作品仍将在残败的图书馆里继续存在下去。"他有理由为自己的创造、存在感到自豪。像孔子、孟子、苏格拉底、萨特……那样，为言说，创造，为人类而活、而死的人，"为往圣继绝学，为万世开太平"的人，才有理由为自己存在的生命、不灭的思想喝彩。

这个人生后花园的入口处，赫然写着：酒囊饭袋、生殖机器，拒绝入内。因为他们只知吃喝玩乐，无德、无思、无言，非人也，不配获得真正的人应享有的尊荣与幸福。

我对"人"有了新的领悟，在《语文：表现与存在》中，我对"语文"的理解，实际上就是对"人"的再认识。在我的心目中，语文的属性，亦即人的属性。反之亦然。语文与人，浑然为一：语文教育，便是唤醒人性（天性）——言语性、精神性、创造性的教育。

我为这些微不足道的发现欣喜若狂。盘根错节、根深蒂固、甚嚣尘上的工具论、技能论、语感中心论等技术主义、行为主义的教育观，顷刻间崩毁塌陷、灰飞烟灭。它们本来就是棉花糖，似乎很像个东西，被奉若神明，却没有丝毫思想的质感。眼前云开雾散、豁然开朗：道、器，人、文，本、末，泾渭分明。沦"道"为"技"，人将不人！在我的笔下，言语生命动力学表现-存在论语文学，喷涌而出、滔滔不绝，摧枯拉朽、一泻千里。

应需（应付生活）、应试，是动物性需求；应性（顺应天性）、存在性，才是人的需求。语文教育要超越动物性的"生存"需求，以人性的"存在"需求为旨归。

言说，是天赋人权。言语、精神创造，言说欲、表现欲、自我实现欲、立言欲，是人类的自然属性。言语表现，是人类的原欲、本性、天性。人的生命，归根结底，是言语生命、精神生命。

语文教育的以人为本，就是以人的言语生命、精神生命教育为本。

言说欲，精神创造欲，只需唤醒、顺应、牧养、提点，不应压抑、塑造、圈养、规训。

语文，承载着人性——言语本能与精神创造。语文教育，是人性的回归与觉悟。

语文教育的本义，就是使人成其为人：言语人、精神人、创造人。

写作，是人的自证、确证。写作，使人更像人。写作，人也。不写作，非人也。

我思故我在，我写故我存。

人因表现而存在，人因立言而不朽。写作，使短暂的生命超越时空、光耀百代。

语文：指向表现与存在。不以此为目的，便是低效、无效、反效的语文教育。

懂得人之何以为人，为什么要教（学）语文，得其“道”，“技”可不“教（学）”而能。

只计较教（学）什么、怎么教（学），而不思考“人何以为人”“为什么教（学）”，是“忘本”之教（学）。

写作、立言素养，不是“教”出来、“练”出来的，而是“悟”出来、“养”出来的。

舍“道”重“技”的“训练为主线”的语文教育观，是“反生命”“反人性”的。

培育言语、精神创造本性，激发言说欲、精神创造欲的语文教育观，是“生命化”“人性化”的。

修德、养气、悟道、明理、求知、札录，是学写（文）之大法。

写得好，就是语文好；写得不好，就是语文不好。写作能力是语文能力的集中呈现，最高呈现。写作水平是人的语文素养、综合素养的体现。

语文考什么？考言语表现（说、写），主要是考写作。考其他的，都是伪语文、伪评价。写作考什么？考写作“共能”与“异能”。

写作“共能”是论辩力（思辨力、批判力）——论文写作（含辩论）。写作“异能”，是写作个性化的发展，是因人而异的。

言语想象力，是写作的核心竞争力，渗透于一切写作能力之中。语文技能、智能、智慧教育，其根本是言语想象力的教育。

表现本位、写作本位，要凸显存在本位。

才高八斗、学富五车，不写，才华虚掷，学而无功。

阅读-生存本位下的阅读，与写作-存在本位下的阅读，效能是根本不同的。

文本细读，而不明白为什么读，读得再细、再深、再妙，不指向人的言语表现与存在，也是低效、无效甚至是反效的阅读。

在读、写关系中，阅读是过程、手段、准备，写作才是结果、目的、归宿。

表现-存在本位下的读写关系：为写而读、为写择读、以写促读、由读悟写、读以致写。

不以表现-存在为目的的阅读教学，是未完成的盲目的阅读教学。

不能最终外化为言语表现与存在的阅读，都是浪费生命。

语文教师的教育智慧与才华，就体现在对学生的人性（天性）——言语表现性、精神存在性的唤醒与引领上。

语文教师是孩子“回家”“建家”（家，即精神家园）的引路人。

语文教学，归根结底，是为“立言”奠基，是为表现-存在寻找理由、寻找言说的动力。让学生懂得语文之意义、生命之皈依，使之获得人性感、家园感、归属感。如是，便是好老师。

这就是语文教育的人文关怀、终极关怀、彼岸关怀——人类情怀。

如此而已，如此足矣！语文教育之“道”，就这么简单，就这么丰富。

人啊，上帝造你，就是专门干“语文”这活儿的：不写作，枉为人。

仿造一句作结吧：

人生最大的遗憾是：人活着，魂没了；人生最大的悲哀是：人死了，书没写完；人生最大的不幸是：白活一世，犹如禽兽。

不懂诗，便不懂文学；不懂诗教，便不懂教育；不懂诗意，便不懂语文；不懂诗意人生，便人将不人。

第六章 ｜ 诗意栖居：言语生命的终极追索

在本章探讨伊始，首先要明确一点，关键词“诗意人生”，不是指诗人的人生。探讨什么是“诗”，不是教人怎样写诗。所探讨的诗、诗人、诗教、诗意、诗意人生等，目的是研究作为“立言者”的生命状态、存在方式。

前面章节已对“诗意人生”的要义做了一些阐释与论述，但作为一部理论性著作，如果对这一重要概念只做感性描述、粗浅讨论，颇感草率。“诗意人生”核心是“诗意”。对“诗意”一词也许大家并不陌生，其准确意蕴却难以说清。大约是内蕴太丰富，反而变得难以言喻。当将“诗意人生”纳入言语生命动力学表现-存在论语文学认知范畴，作为重要的基本概念之一，将培育立言者，引领诗意人生——诗意的言语人生，作为语文教育的最高理想，就不能不对其做一学理性探究。

一般说某景物很诗意，富于诗情画意，往往是将诗意作为美丽、美好的代词。说某人很诗意，往往是指这人比较洒脱，不俗气。究竟什么是诗意，怎么个诗意，更具体点就很难说清楚了，更不用说给它下定义了。似乎无须说清，不言自明，尽人皆知。因此，凡难以说清的美好事物，便可以用上这两个内涵丰富而又模糊隐晦的字眼糊弄过去。事物多是这样：最熟悉的可能是最陌生的。

当将“诗意人生”作为研究对象，要追根溯源加以严格界定时，才感到事情的严重性。因为要诠释清楚的难度远超出我的意料。曾想当然地以为查阅一下辞书便一目了然：对这一概念一定有许多人感兴趣，有过不少深入的研究成果。然而查阅、搜寻的结果大失所望。竟没有一本辞书的解释令人满意，文艺学著作、论文居然也没怎么论及。

不论如何费解，如何难以定夺，对于我的研究来说，这是一个无法回避的关键概念，我必须给语文界一个学理性阐释。在近年与教师们接触中，我发现不少人对它也极为关注，尽管对其内涵不甚了解，但在教学、教研中使用频率相当高，对“诗歌的诗意”“人的诗意”“诗意语文”“语文的诗意”之类的探究，颇为向往。特别是“诗意语文”的本体论、价值观，成了语文界热门论题。他们寄望于我，希望能对其做一全面、深入、清晰的诠释，仿佛我亏欠了他们似的。这也对我平添了一份压力。我对“诗意人生”的探究，就在这双重压力下，笨拙、艰难地启程了。

一 诗：有境界则自成高格

要弄清楚什么是“诗意人生”，先要弄清楚什么是“诗”“诗意”。要弄清楚什么是“诗”“诗意”，一般人最简单便捷的办法是上网寻求对“诗”的解释。

360百科中，诗，是为吟咏言志的文学体裁与表现形式，汉代以后《诗》则专指我国最早的诗歌总集——《诗经》。诗人一般泛指写诗的人，在文学意义上讲，应是在诗歌创作上取得成就的人，如屈原、李白、杜甫、白居易、陆游等人。诗的体裁繁多，一般分为古体诗和新体诗，如四言、五言、七言、五律、七律、乐府、趣味诗、抒情诗、朦胧诗等。诗的创作一般要求押韵、对仗和符合起、承、转、合的基本要求。

百度词典中，诗有两种意思，一种是文学体裁的一种，通过有节奏和韵律的语言反映生活，抒发情感；另一种是中国古书名，《诗经》的简称。

百度百科中，诗意的基本解释是像诗里表达的那样给人以美感的意境，以及给人以美感或有强烈抒情意味。诗意的引证解释（引证删节）为：诗思，诗情；诗的内容和意境；诗意与情景的结合；像诗一样表达美感意境；指作诗的方法。

从这些对“诗”“诗意”的貌似精确而面面俱到，实则简陋、粗糙的解释中，很难得出关于何谓“诗”“诗意”的满意答案，词典“有用而无用”由此可见一斑。对于了解词的皮毛也许有用，但对我们的研究目的基本没什么帮助。要深入地了解，就得靠自己去搜罗剔抉了。须另辟蹊径，看看历代经典文本中的相关论述。

我国古代诗论汗牛充栋，但罕见给“诗”下定义，也没有“诗意”这个概念，只能从诗论去搜寻“诗”“诗意”到底是什么，作第一手的归纳、提炼，才能最终弄清楚什么是“诗意”，什么是“诗意人生”。以下先对我国古代相关诗论作一简单梳理，从“诗”是什么入手，进而探索什么是“诗意”。

（一）“诗言志”说

“诗言志”是贯穿中国诗学的最重要的基本概念之一，可以算是诗论之鼻祖。最早见《尚书·舜典》：“诗言志，歌永言，声依永，律和声。”① 就是这么简单的三个字，影响了两千多年的诗歌理论与实践。后世诗论与其有千丝万缕之关系，基本上都是由此源头流淌出来的。如《礼记》：“诗，言其志也；歌，咏其声也；舞，动其容也；三者本于心，然后乐器从之。”② 《诗大序》：“诗也者，志之所之也，在心为志，发言为诗。”③ “诗言志”，称之为“千古诗教之源”④ 当之无愧。

“诗言志”，表明诗歌表达的是人内心的思想、意志、志向、意念等，侧重于思想、志向，强调诗是自我真实心志的表达。“志”的内涵，后来逐渐变得比较宽泛、模糊，凡在“心”者皆为“志”。后世的“诗缘情而绮靡”“诗以道性情”的“情”“性情”，以及“诗以境界为上”的“境界”等，都是从“志”中生长出来的相关概念。清代学者王寿昌：“诗者，志之所之；而志者，情之主，性之迹也。性正而后志正，志正而后思正，思正而后诗正，而后‘无邪’之旨乃可言焉。”⑤ 这里的“志”，似应理解为“志向”。“而志者，情之主，性之迹也。”“志”（志向）制约着“情”，是“性”（本性、天性）的外化，是决定“思维”“思想”，甚至是决定诗的“邪正”的。认为“志”的根本是“性”（自然本性——“天命”）。

“诗言志”的“志”，原初意义表明诗不能无“思”。因此，孔子说“思无邪”，便是与“诗言志”相呼应的，“思无邪”的“思”，是与“志”相匹配的表达。其对《诗》的评判标准是以“思”——“志”的“邪正”论其价值的。

总之，诗是表达内心——思想的。“诗言志”，表明了“诗”者，“思”

---

① 《尚书·虞书·舜典》，四部丛刊本。

② 《礼记·乐记》，四部丛刊本。

③ 《毛诗序》《毛诗正义》卷一，中华书局。

④ 刘毓崧：《古谣谚序》，《古谣谚》卷首，咸丰曼陀罗华阁刻本。

⑤ 王寿昌：《小清华园诗谈自序》，《小清华园诗谈》卷首，《清诗话续篇》三，上海古籍出版社。

也，从一开始便为“诗意”注入了“思想”元素。

（二）“诗缘情而绮靡”说

在“诗言志”说之后，有了“诗缘情”说：“诗缘情而绮靡。”[①] 表明“情”的重要。这可以看作是对“诗言志”的“志”的“思想”意涵的修正与补充，指出“在心为志”的“志”，除了“思”外还包含“情”。即指出了其抒情、审美特性。

“诗言志”说关注抒发人内心的思想、意志。“诗缘情”说认识到诗的情感、审美价值，表明其非实用特征，这是一个认知上的突破。二说皆可取，思想、意志与情感、审美都关涉诗意的内涵。“言志”说重“思”，开重性（本性、天性）、意象、意境、境界、哲思之先河，“缘情”说重“情”，则发重体验、感受、物境、审美之先声。

也有对“缘情”说不以为然的，如明代杨慎：“盖缘情绮靡之说胜而温柔敦厚之意荒也”[②]。清代朱彝尊：“魏晋而下，指诗为缘情之作，专以绮靡为事，一出乎闺房儿女子之思，而无恭俭好礼廉静疏达之遗，恶在其为诗也？”[③] 相对而言，“言志”比“缘情”更具本质上的“诗意”。因而，之后的诗论大多不单讲“情”，而是讲“性情”或“情性”，强调诗要表现“性”（本性、天性）。“性”与“志”有内在的关联。“言志”说历久不衰，一以贯之。

（三）“诗以道性情”说

“缘情”说虽然盛极一时，但后世说得比较多的是“诗以道性情”“诗主性情”等，这可以认为是对“诗缘情而绮靡”说的反拨、补充、深化，被后人广为接受。“诗以道性情”出现的频率远高于“诗缘情而绮靡”，表明“诗美”的本质，不但有“情”，有审美，而且有“性”，而“性”是根本的。“情”一般是指一时一地偶发的情感。“性”是偏于理的，偏于本然的，较具恒定性、普遍性。“天命之谓性，率性之谓道”[④]，“性”指的是人的自然本性。

论者往往“性情”或“情性”并举，如唐代司空图《二十四诗品》：“情性所至，妙不自寻。遇之自天，泠然希音。”[⑤] 认为“实境”是至情至性的表

---

① 陆机：《文赋》，见《文选》卷十七，四部丛刊本。

② 杨慎：《选诗外篇序》，见《升庵全集》卷二，新都周参元重刊本。

③ 朱彝尊：《九歌草堂诗集序》，见《曝书亭集》卷三十六，四部丛刊本。

④ 《礼记·中庸》。四部丛刊本。

⑤ 司空图：《诗品·实境》，见《诗品集解》，人民文学出版社。

现。后世在“情性”或“情性”并举时，往往主要强调的是“性”而不是“情”，表明诗是人的本性、天性的自然流露。

宋代文天祥说：“凡吾意所欲言者，子美先为代言之。日玩之不置，但觉为吾诗，忘其为子美诗也。乃知子美非能自为诗，诗句自是人情性中语，烦子美道耳。子美于吾隔数百年，而其言语为吾用，非情性同哉？昔人评杜诗为诗史，盖其以咏歌之辞，寓纪载之实，而抑扬褒贬之意，灿然于其中。虽谓之史，可也。”[①] 他对杜诗的赞美，是由于杜诗表达的是人共通的普遍的情性，说出了人所欲言，这情性所指，是偏于实用的“性”，而非审美的“情”。他指出了杜诗“以咏歌之辞，寓纪载之实”，表达“抑扬褒贬之意”，“虽谓之史，可也”，这肯定的是其理性、实用价值。

宋人很注重二者的差异，认为“性”是高于“情”的，更看重“性”。对此，邵雍将二者高下之别说得很清楚：“以物观物，性也；以我观物，情也。性公而明，情偏而暗。”[②] “任我则情，情则蔽，蔽则昏矣；因物则性，性则神，神则明矣。”[③] 黄震说：“诗本情，情本性，性本天。”[④] 之所以“性”高于“情”，是因为“情”是“以我观物”，较具主观性；“性”是“以物观物”，更具客观性。主观则“蔽”，客观则“明”。——“性本天”，便有着“道法自然”的哲学意味。

这不是说不要“缘情”，而是主张不要忽略其“本”——“情”的归宿是“性”，是“天”。“性则神，神则明矣”，这近似于海德格尔的“神思”，是神明的言说。

对诗歌的定位，由“缘情”向“缘性”倾斜，这大约跟宋代理学的崛起有关。理学，又叫性理之学，以人性贯通天理。在朱熹看来，禀理成性，“理”就是事物之“道”，是存在的本体。理是形而上的，气、性是形而下的。穷理、尽性，就能写出好文章，写出好诗。

（四）“性情久暂”说

清代黄宗羲对“性情”——重“性”轻“情”的认知，达到了极致。

他将诗的“性情”分为“一时之性情”与“万古之性情”：“诗以道性情，

---

① 文天祥：《集杜诗自序》，见《文山先生全集》卷十六，四部丛刊本。
② 邵雍：《观物外篇十》，见《皇极经世全书解》，清王植辑录。
③ 邵雍：《观物外篇十二》，见《皇极经世全书解》，清王植辑录。
④ 黄震：《文鉴注释序》，见《黄氏日钞》卷九十一，清刊本。

夫人而能言之。然自古以来，诗之美者多矣，而知性者何其少也！盖有一时之性情，有万古之性情。夫吴歈越唱，怨女逐臣，触景感物，言乎其所不得不言，此一时之性情也。孔子删之以合乎兴、观、群、怨、思无邪之旨，此万古之性情也。吾人诵法孔子，苟其言诗，亦必当以孔子之性情为性情，如徒逐逐于怨女逐臣，逮其天机之自露，则一偏一曲，其为性情亦末矣。故言诗者不可以不知性。……”[①] 他有感于世人言诗而不知“性”，进而对“情”与“性”作“一时”与“万古”之区分，这就很深刻了。

“一时之性情”与“万古之性情”虽并列，但孰为轻重，一目了然。他注重的是后者。他将“性”与“情”做了区分：“一时之性情”只是人偶发的感喟，是一己之情，侧重于人即时、特殊的“情感”；“万古之性情”，是人类恒久之本性，是普世价值，是人生的伦理、常理、哲理，侧重于人类恒定、普遍的“本性”。前者侧重“情”（情感），后者侧重“性”（本性）。其倾向性显而易见：道“性”比道“情”的诗更高，更值得推崇。这一区分很了不起，因为它揭示出诗不仅要有“情”，而且更要有“理”“道”，即有哲思。

所谓“万古之性情”，我们也许会联想到王羲之《兰亭集序》：“虽世殊事异，所以兴怀，其致一也。后之览者，亦将有感于斯文。”《兰亭集序》以此作结：即使时代不同，世事各异，但人们内心的感想情致是一样的。后世的读者，将对这次聚会的诗中抒发的情感产生共鸣。这同样表明的是对诗歌所发的人生感喟、思考的普遍性、恒久性价值的激赏与追求。

黄宗羲还谈到了“诗人之诗”与“常人之诗”的区别：“诗人萃天地之清气，以月露风云花鸟为其性情，其景与意不可分也。月露风云花鸟之在天地间，俄顷灭没，而诗人能结之不散。常人未尝不有月露风云花鸟之咏，非其性情，极雕绘而不能亲也。”[②] 诗人之诗，景、意相融，常人之诗，景、意相乖，之所以如此，原因在于能否“萃天地之清气，以月露风云花鸟为其性情”。这也可以作为“万古之性情”之注脚。

“一时之性情”“万古之性情”的区分，对于我们的“诗意”“诗意人生”的认知至关重要。表达“一时之性情”，自然也有其审美价值，值得推崇。但是表达“万古之性情”，因其隐含着对人的本性的认知、形而上的哲思，抵达“诗意”的超现实、超现世的境界，体现了人生感、人类感、世界感、宇宙

---

① 黄宗羲：《马雪航诗序》，见《黄梨洲文集》，中华书局。
② 黄宗羲：《景州诗集序》，见《黄梨洲文集》，中华书局。

感，人类情怀、彼岸关怀、终极关怀，所以更值得推崇。诗，本质上是小众化的，不是常人可以达到的。表达“万古之性情”的诗，是更能体现“诗意”本质的。

（五）“诗为道”说

诗不但“缘情”，也需要“明理”“载道”，即所谓“诗以道性情”，“天命之谓性，率性之谓道”，“道性情”的终极目的是彰明“道”。就是说，诗也需要理性、哲思、形而上的思考。明人方孝孺说：“《三百篇》，诗之本也。风雅颂，诗之体也。赋比兴，诗之法也。喜怒哀乐动乎中，而行为褒贬讽刺者，诗之义也。大而明天地之理，辨性命之故，小而具事物之凡，汇纲常之正者，诗之所以为道也。”[①]“诗之所以为道也”的“道”，是诗的最高层面上的表现目的。诗之表现的“道”，不论是“大”的方面的“天地之理”和“性命之故”，还是“小”的方面的“事物之凡”和“纲常之正”，其“明”“辨”“具”“汇”，体现的都是理性的思考与追求。

与“诗以道性情”说相似，“诗为道”说，也是对“诗言志”说的呼应与丰富，“言志”的“志”，注重的是诗表达“思想”，“思想”源于“性情”，“性情”彰显的是事物本然之“道”。“诗为道”说表明诗是阐明道理的，是对诗的理性、哲思的强调。

（六）“赋比兴”说

历代都将“赋比兴”视为《诗》的基本表达方式。

赋比兴是《诗经》的三种主要表现手法，是中国古代对诗歌表现方法的归纳。它是根据《诗经》的创作经验总结出来的。最早的记载见于《周礼·春官》：“大师……教六诗：曰风，曰赋，曰比，曰兴，曰雅，曰颂。”后来，《毛诗序》又将“六诗”称之为“六义”：“故诗有六义焉：一曰风，二曰赋，三曰比，四曰兴，五曰雅，六曰颂。”唐代孔颖达《毛诗正义》对此解释说：“风、雅、颂者，《诗》篇之异体；赋、比、兴者，《诗》文之异辞耳。赋、比、兴是《诗》之所用，风、雅、颂是《诗》之成形。用彼三事，成此三事，是故同称为义。”好搜百科中，赋的解释是：平铺直叙，铺陈、排比。相当于现在的排比修辞方法。比的解释是：比喻。相当于现在的比喻修辞方法。兴的解释是：托物起兴，先言他物，然后借以联想，引出诗人所要表达的事物、

① 方孝孺：《时习斋诗集序》，见《逊志斋集》卷十二，四部备要本。

思想、感情。相当于现在的象征修辞方法。

“赋比兴”这三种修辞手法，尤其是“比兴”——比喻与象征，在诗歌的表现手法中是有普遍性的。这与西方诗论重隐喻、象征是一致的。

（七）“出人意表”说

“赋比兴”说的比喻、象征，涉及诗的写作能力：想象与联想。想象力是其核心能力。“出人意表”说，是对想象力提出的审美要求。清代李调元认为：“诗以道性情。自渊明而上溯《三百篇》，何尝有不可解字句，使人眩惑，而其意之所托，或兴或比，往往出人意表，千百载竟无人道破者。余尝谓古之诗文，句平而意奇，后人句奇而意平，可笑也。”① 赞赏“句平而意奇”，批评“句奇而意平”。这看重的是“或兴或比，往往出人意表”，是“意奇”：均要求想象力奇绝，是对言语创造力的激赏。

王国维说：“夫境界之呈于吾心而见于外物者，皆须臾之物。惟诗人能以此须臾之物，镌诸不朽之文字，使读者自得之。遂觉诗人之言，字字为我心中所欲言，而又非我之所能自言，此大诗人之秘妙也。”② 王国维的“秘妙”说，与李调元所言有异曲同工之妙。他所谓“大诗人之秘妙”，是“非我之所能自言”，类似于“出人意表”。但我以为，李调元说的“出人意表，千百载竟无人道破者”，不但是“字字为我心中所欲言，而又非我之所能自言”，似也包含着“字字为我心中所不欲言”的，就是诗人说出了一般读者可能连想都想不到的感受，这才是真正“出人意表”。先要有不一般的内心感受，才能有不一般的“或比或兴”的“出人意表”，这自然要归功于诗人非凡的想象力、创造力。海德格尔说“诗人愈富诗性，其言说就愈自由（对未能预见之物愈能敞开而从容）”③，“出人意表”，就是超乎常人的自由言说。

“诗”对言语想象力、创造力的特殊要求，是“诗意”的基本内涵之一。“想象力”不但是一种写作能力，也是“诗意人生”的一种品质。

（八）“境界”说

在我国诗论、文论中，“境”“意境”“境界”等，是出现频率较高的几个词，也是极不易说清楚的概念，但这些概念对于了解“诗”“诗意”以及“诗

---

① 李调元：《诗话》卷下，丛书集成本。

② 王国维：《人间词话》，上海古籍出版社1998年版，第72～73页。

③ ［德］海德格尔著，郜元宝译，张汝伦校：《人，诗意地安居》，广西师范大学出版社2002年版，第72页。

意人生”至关重要。

较早的是王昌龄的“诗有三境”说：“诗有三境。一曰物境：欲为山水诗，则张泉石云峰之境，极丽绝秀者，神之于心，处身于境，视境于心，莹然掌中，然后用思，了然境象，故得形似。二曰情境：娱乐愁怨，皆张于意而处于身，然后驰思，深得其情。三曰意境：亦张之于意而思于心，则得其真矣。”[①] 他将“物境”“情境”与“意境”作了区分，这“三境”，都贯穿着“思”，只是“思”的方式与目的不同。“思”的方式大致可分别表述为：体验、感受、感悟，目的是：得形似，得其情，得其真。这“三境”对“思”的要求是递进、升华的，最高层次的便是“意境”。“意境”之“思”是“思于心”“得其真”的。表明了“诗”需要“象”境、“身”境，最需要“心”境。“物境”的“象”境与“情境”的“身”境，都是“实境”，唯“意境”的“心”境是“虚境”，是从具象中抽取出来的“空”“无”之境，是形而上的，悟性的，哲思的。这个“真”，是“此中有真意，欲辨已忘言”的“真意”之“真”，不是真实，而是真谛。

因此，需要特别关注的是“意境”，其“思于心”与“得其真”，构成了诗（人）的境界的基本内涵。

对境、意境、境界说得较多的是王国维，其中他说得最多最看重的是“境界”：“词以境界为最上。有境界则自成高格，自有名句。”[②] “言气格，言神韵，不如言境界。境界，本也。气格，神韵，末也。境界具，而二者随之矣。”[③] “境非独谓景物也。情感亦人心中之一境界。故能写真景物、真感情者，谓之有境界，否则谓之无境界。”[④] 他认为写“真景物”“真感情”便是“有境界”，强调的也是个“真”字。这个“真”，接续的当是王昌龄的“意境”“思于心”“得其真”的精神。“境界”决定“意境”，决定了诗的品格。

王国维关注人心中的境界对外物感受的作用：“山谷云：‘天下清景，不择贤愚而与之，然吾特疑端为我辈设。’诚哉是言。抑岂独清景而已，一切境界，无不为诗人设。世无诗人，即无此种境界。”[⑤] ——“一切境界，无不为

① 王昌龄：《诗格》，《诗学指南》卷三，乾隆敦本堂刊本。

② 王国维：《人间词话》，上海古籍出版社 1998 年版，第 28 页。

③ 同上。

④ 同上。

⑤ 同上书，第 72 页。

诗人设。世无诗人，即无此境界。”这对“境界”的本源说得极到位。就是说，诗的境界，实即诗人之境界。诗中的境界，来源于诗人，是诗人主体境界的外化，心灵的外化。因为，唯诗人能“得其真”。

王国维将“诗人之境界”与“常人之境界”加以区分：“境界有二：有诗人之境界，有常人之境界。诗人之境界，惟诗人能感之而能写之，故读其诗者，亦高举远慕，有遗世之意。而亦有得有不得，且得之者亦各有深浅焉。若夫悲欢离合，羁旅行役之感，常人皆能感之，而惟诗人能写之。故其入于人者至深，而行于世也尤广。”① 这里“常人之境界”与“诗人之境界”，可与黄宗羲“一时之性情”与“万古之性情”，“诗人之诗”与“常人之诗”等观点联系起来看，也可以认为是对其所做的阐发。

“一时之性情”的诗，属于“常人之境界”，一般人均感同身受，但不能“自言”，诗人替读者说出来了，便产生了强烈的共鸣，“故其入于人者至深，而行于世也尤广。”这是大众化的诗。“万古之性情”的诗，属于“诗人之境界”，“惟诗人能感之而能写之”，因为所得之“真”较为深奥，所以未必都能引发读者共鸣，未必都能读懂，即“有得有不得，且得之者亦各有深浅焉”，这是小众化的诗。

“常人之境界”的“一时之性情”的诗，好读好懂，感人至深，行世尤广；“诗人之境界”的“万世之性情”的诗，虽然难读难懂，领悟不易，行世不广，但是一旦读懂了，便能“亦高举远慕，有遗世之意”，这直击心灵的高层次的精神享受，是有形而上意味的，体现了彼岸情怀、终极关怀。

“境界”说与“言志”说、“道性情”说、“为道”说等是一脉相承的。诗人之“境界”，也可以说就是诗人之“心志”的本源。“在心为志，发言为诗。”先要有诗人内心的“境界”，才有“思无邪”的纯正“心志”，才能外化为诗的宏远高阔的“境界”。

综上，我国传统诗论虽然没有“诗意”这个概念，但是从对诗的本质的认知中，不难发现其对“诗意”内涵的深刻理解。

从诗的“言志”“思无邪”“缘情”“道性情”“为道”等，可以看出诗具有抒情与说理、感性与理性、审美与实用的复杂意蕴。在“情”与“理”的

---

① 同上书，第73页。

纠葛中，倾向于以“言志”“思无邪”“道性”“为道”为主流，表明对“思想”“理性”的关注，对诗的“思”性特征的肯定。

“言诗者不可以不知性”，刻意对诗的“情”与“性”加以区分，对“性”的关注，表明诗要表现人的自然本性、特性。对表现“万古之性情”的诗，与“得其真”的“诗人之诗”的褒扬，是对诗意的形而上哲思品质的追求，类似于西方诗论中对“神性”“神思”“源初的语言”的崇拜。

诗的表现手法，“比”“兴”“出人意表”说等，涉及形象、比喻、隐喻、象征，联想、想象等基本表现特点，其中“出人意表”说、“秘妙”说，对想象力、创造力的倚重，切中了诗性智慧的要害：心灵自由、想象奇绝。

最值得关注的是“境界”说：“一切境界，无不为诗人设。世无诗人，即无此境界。”强调主体境界的决定性作用：诗人的境界即诗的境界。诗以“境界为上”“境界为本”，“世无诗人，即无此境界”，诗人有境界，便能悟到事物之真谛，才有诗的境界。因此，是否可以说，有境界即是本质上的诗人，其人生便可称为“诗意人生”。

二　诗教：温柔敦厚而不愚

论到诗，不能不论到诗教。中国自古就是诗国，对诗的喜爱与重视，集中反映在诗教上，中国的诗教——“诗关教化”的传统源远流长。《尚书·虞书》中的“教胄子”以“诗言志”，孔子的“不学诗，无以言”，诗可以兴、观、群、怨……《诗大序》的“先王以是经夫妇，成孝敬，厚人伦，美教化，移风俗”，等等，足以表明诗教之重要，对诗教之重视。诗的精神，经由诗教，逐渐转换成为一种不同寻常的人格、境界象征。

孔夫子亲自“删诗书”，将《诗》置于“六经”之首，并要言不烦地对《诗》的意义、功用、价值等做了诸多评论，目的就是为了奠定其在教育中的地位。“诗关教化”，当是孔子删《诗》、教《诗》的动机。读《诗》以用《诗》，是人的教养的基本内容与途径，关系到一个人的人格培育与精神建构，以至言语应用能力的提高。历代读书人，无不以《诗》为立身立言、论学论治之本。在儒家学者眼中，《诗》对人的浸润、造就，几乎是全方位的，无所不至，无所不能。

古人认为，不论是修德立人，还是后世所有圣贤之作，都与《诗》有着渊源关系。如清代刘开说：“夫子告伯鱼曰：‘不学诗无以言。’夫学诗所以能言者，岂非以理达气和，故言之有序与？岂非以熟悉列国之风土民情，故使之四方，有专对之才与？抑或有得清风肆好之旨，故论答之际，言之成文与？是三者皆所谓能言矣，而不尽是也。夫古圣贤立言，未有不取之于诗者也。道德之精微，天人之相与，彝伦之所以昭，性情之所以著，显而为政事，幽而为鬼神，于诗无不可证，故论学论治，皆莫能外焉。故《中庸》言理之无声无臭，其义精而密矣，而必即诗言以推之。《孔子闲居》言五至三无，其辞美且盛矣，而必以近于诗者明之。其他如《孝经》之所述，《礼记》《大学》之所称，《坊记》《表记》《缁衣》之所引，无不取证于诗。何者，理无尽藏，非触类旁通则无以见。夫诗者，触类可通者也。触类可通，故言无不尽，引而伸之，其义愈进焉。”① 读诗的功用，不只是学会言之有序，培育专对之才，或言之成文，而在于养成“立言”之根基，使之“触类可通，故言无不尽”。如此，才可以真正明白孔子为什么说：“不学《诗》，无以言。”就不会觉得孔子似乎太夸张了：难道不学《诗》，连与人交流的资格都没有？其实，不学《诗》，何止于与人交流、沟通有障碍，甚至无以修德进业、为人处世，自然也无以立言，以至“引而伸之，其义愈进焉”。由此可见“诗教”之重要。《诗》之教育功能，其他之“经”无法与其相提并论。《诗》、诗教，在古代，可谓一切精神养生、精神创造之源泉。

下面试从“诗意”“诗意人生”的角度，对“诗教”做一梳理。

（一）“导志开悟”说

“诗言志”说的真正目的不是确定诗的表现内容，而是表明诗的育人功能。《尚书·虞书》：“帝（舜）曰：‘夔，命汝典乐，教胄子。直而温，宽而栗，刚而无虐，简而无傲。诗言志，歌永言，声依永，律和声。八音克谐，无相夺伦，神人以和。’”② 表明“诗言志”，不是目的，而是手段；揭示“诗”的表现内容是人的内心的思想、志向等，但其功能则在于育人：“教胄子”。“胄子”，古代称帝王或贵族的长子，或国子学生员。教诗是为了使他们“直而温，宽而栗，刚而无虐，简而无傲”。孔颖达对该句作“疏”：“作诗者自言己志，则诗是言志之书，习之可以生长志意，故教其诗言志以导胄子之

---

① 〔清〕刘开《读诗说上》，《刘孟涂集·文集》卷一，檗山草堂刊本。

② 《尚书·虞书·舜典》，四部丛刊本。

志，使开悟也。”[①]“言志”的目的是为了“导胄子之志”“使开悟”，是为了培育他们良好的性情。

孔子是《诗》的“导志开悟”功能的积极倡导者、施行者。如，“不学诗，无以言。”[②]“兴于诗，立于礼，成于乐。”[③]“女为《周南》、《召南》矣乎？人而不为《周南》、《召南》，其犹正墙面而立。”[④]“《关雎》乐而不淫，哀而不伤。”[⑤]“诵诗三百，授之以政，不达；使于四方，不能专对。虽多，亦奚以为？”[⑥]——由于孔子深知《诗》的“导志开悟”的教育功能是多方面的，因此，将学《诗》的重要性、必要性说到了极致。

“诗言志”的“导志开悟”，使“胄子”直温、宽栗、刚简，可谓开“温柔敦厚”说、“厚性情焉，变气质焉”说之先河，也为“境界”说之奠基。

（二）“思无邪”说

孔子以“思无邪”三个字涵盖了《诗》的全部意义，“子曰：《诗》三百，一言以蔽之，曰：‘思无邪’。”[⑦]——这也是他删诗、教诗的目的。即“义”归于诚正，纯正而无邪。这是“诗教”的基本出发点。

“无邪”，是孔子删诗的标准。原来《诗》有3000多篇，将其删到311篇（其中6篇有题目无内容），十取其一，必有其衡量去取的旨趣。是否可以说，孔子之所以删诗、教诗，将其列为“六经”之首，在很大程度上是基于“教化”考虑。

所谓“思无邪”，即孔子说的“《关雎》乐而不淫，哀而不伤”。司马迁在《史记·屈原列传》中说“国风好色而不淫，小雅怨诽而不乱”，表明的是同样的意思，“无邪”即“有度”“适度”，就是有所节制，体现了“中庸”之道。乐而不淫，哀而不伤，色而不淫，怨而不乱……说的都是一种情意的节制，是对粗糙人性的淘洗与引领，是文化涵养、人格修养的体现。“思无邪”的主旨就是使人的“性情”“正”，正如明代宋濂所说：“夫诗之为教，务欲得

① 〔唐〕孔颖达《尚书·舜典》疏，《尚书注疏》卷三，四库备要本。

② 《论语·季氏》，四部丛刊本。

③ 《论语·泰伯》，四部丛刊本。

④ 《论语·阳货》，四部丛刊本。

⑤ 《论语·八佾》，四部丛刊本。

⑥ 《论语·子路》，四部丛刊本。

⑦ 《论语·为政》，四部丛刊本。

其性情之正。”①《毛诗序》中也说：“……故正得失，动天地，感鬼神，莫近于诗。先王以是经夫妇，成孝敬，厚人伦，美教化，移风俗。”其“正能量”是全方位的。

朱熹指出“思无邪”所指并非诗歌内容，而是指使读诗人“思无邪”：“思无邪，乃是要使读诗人思无邪也。若以为作诗者三百篇，诗，善为可法，恶为可戒。故使人思无邪也。若以为作诗者思无邪，则《桑中》、《溱洧》之诗，果无邪也？”② “思无邪”的意思是要让读诗人“善为可法，恶为可戒”，就是说，《诗》中内容是有善有恶的，未必一概“无邪”，或“可法”或“可戒”，须由读诗者加以甄别，才能做到“思无邪”。

钱穆则认为“思无邪”即抒真情：“三百篇之作者，无论其为孝子忠臣，怨男愁女，其言皆出于至情流溢，直写衷曲，毫无伪托虚假。”③ “至情流溢，直写衷曲”的诗，未必“无邪”。

朱熹、钱穆的观点虽有一定道理，但似与孔子本意不符。如果《诗》有“善”有“恶”，要让读者自己去辨别；凡是“至情流溢，直写衷曲”的，不论其“至情”是“邪”是“正”，均可入选，就不劳孔子以“思无邪”为标准费心删《诗》了。

（三）“教化”说

在古人看来，写诗的目的就是“教化”。“教化”也是孔子删诗的目的。“夫诗之作，善善则颂美之，恶恶则风刺之。苟不能本此二道，虽其美，犹土木偶不主于气血，何所善哉？……君子萌一意，出一言，亦当有益于世，矧极思属词，得不动关于教化。”④ “《关雎》，后妃之德也，风之始也，所以风天下而正夫妇也。故用之乡人焉，用之邦国焉。风，风也，教也，风以动之，教以化之。……故正得失，动天地，感鬼神，莫近于诗。先王以是经夫妇，成孝敬，厚人伦，美教化，移风俗。”⑤ “诗”的春风化雨、潜移默化的“教化”作用是不可替代的，“诗教”对人、对民风的改变是全方位的，其教育效能是极其重要的。

---

① 〔明〕宋濂：《故朱府君文昌墓铭》，见《宋文宪全集》卷二十五，四部备要本。

② 〔宋〕朱熹著，黎靖德编：《朱子语类》（第二册），中华书局，1986 年版，第 534 页。

③ 钱穆：《论语新解》，生活·读书·新知三联书店 2005 年版，第 104 页。

④ 〔唐〕吴融：《禅月集序》，见《禅月集》卷首，四部丛刊本。

⑤ 《毛诗序》，见《毛诗正义》卷一，中华书局。

在孔子的私学中，“诗教”是摆在首位的：“兴于《诗》，立于礼，成于乐。”[①] 朱熹《集注》：“兴于诗，兴，起也。诗本性情，有邪有正，其为言既易知，而吟咏之间，抑扬反复，其感人又易入。故学者之初，所以兴起其好善恶恶之心，而不能自已者，必于此而得之。”[②] “兴于诗”，就是以学诗作为人格塑造之始。诗教的好处在于“诗本性情”，所以读者“易知”“易入”，容易兴起好善恶恶之心，对于濡染情操，改变性情、气质有不可替代的作用。因为诗教较为感性，直接诉诸读者的情感、心理，最容易发生效用，孔子将其放在教育的首位是有道理的。

“思无邪”是“诗教”总方针，诗、礼、乐三位一体，兴、观、群、怨，事父、事君，多识鸟兽草木之名等为人处世必备的道德、文化、知识、智能素养，是“教化”的具体内容。孔子一再强调读《诗》之重要，精神熏陶之重要，学《诗》之后，还要学礼、学乐，才算是“成”人。可见孔子已形成了较为完整的“诗教”认知。

“诗教”能提升一个人的综合素养，“诗意人生”便是建立在综合素养之上的。

（四）“温柔敦厚而不愚”说

因为《诗》“思无邪”，所以“诗教”可使人“温柔敦厚而不愚”。

关于“诗教”，最著名的莫若“温柔敦厚而不愚”说。“诗教”目的，不是教人写诗，而是育人。就是说，从一开始，“诗教”就肩负着培育“诗意人生”的使命。

孔子曰：“入其国，其教可知也。其为人也，温柔敦厚，《诗》教也。疏通知远，《书》教也。广博易良，《乐》教也。洁静精微，《易》教也。恭俭庄敬，《礼》教也。属辞比事，《春秋》教也。故《诗》之失愚，《书》之失诬，《乐》之失奢，《易》之失贼，《礼》之失烦，《春秋》之失乱。其为人也，温柔敦厚而不愚，则深于《诗》者也。疏通知远而不诬，则深于《书》者也。广博易良而不奢，则深于《乐》者也。洁净精微而不贼，则深于《易》者也。恭俭庄敬而不烦，则深于《礼》者也。属辞比事而不乱，则深于《春秋》者

---

① 《论语·泰伯》，四部丛刊本。

② 宋元人注：《四书五经》（上），中国书店 1985 年版，“论语集注”第 33 页。

也。”[①] 此说流传千古，广为人知。但一般人只知道“温柔敦厚”，而不知道完整的表述应当是“温柔敦厚而不愚”。“不愚”，对于“诗意人生”太重要了。只“温柔敦厚”还谈不上“诗意”。

“温柔敦厚”，温柔：温和柔顺；敦厚：厚道。原指态度温和，朴实厚道。后也泛指待人温和宽厚。诗教的作用，既要“温柔敦厚”，还要“不愚”。仅仅“温柔敦厚”，是“浅于《诗》”；　“温柔敦厚而不愚”，才是“深于《诗》”。关键是“不愚”——不傻，即有想象力，言语创造力，才能得其“正”。要是朴实厚道，但愚蠢、愚昧，这种人是尚未“导志开悟”的，如此人生自然称不上“诗意人生”。

何谓“不愚”，唐代孔颖达《礼记正义》做了说明：“《诗》依违讽谏，不指切事情，故云温柔敦厚是《诗》教也。”（依违，有模棱两可的意思。依违讽谏，即委婉地讽谏。）“《诗》主敦厚，若不节之，则失在于愚。”“此一经以《诗》化民，虽用敦厚，能以义节之。欲使民虽敦厚不至于愚，则是在上深达于《诗》之义理，能以《诗》教民也。”[②] “不愚”的意思，就是能“以义节之”，即用“礼义”对“温柔敦厚”进行规范。即便是委婉地讽谏，也是有操持、有主见的。否则，就会陷于愚昧。只有“不愚”，才算是“深达于《诗》之义理，能以《诗》教民也。”可见，诗教光是使人“温柔敦厚”是不够的，要“温柔敦厚而不愚”才是到位的“诗教”。对“不愚”强调，是十分中肯、必要的。

这可以与“思无邪”说联系起来看。“思无邪”指出诗歌所道性情要纯正，这是其基本价值取向。体现在“诗教”上，可使人心“正”，能“温柔敦厚”：性情朴实纯正又懂得“以义节之”，使之“不愚”，才能做到“思无邪”。若不能“以义节之”，“失在于愚”，就不可能“思无邪”。

“温柔敦厚而不愚”是针对“讽谏”而言，只有能“依违讽谏，不指切事情”，才算是“温柔敦厚而不愚”。就是说，“诗教”对人的性情的培育，是要体现在具有“言说”智慧上的，“诗教”的目的，不但是做一个有德行修养的人，还要能“诗意”地“言语表现”。“诗意”通过“言语表现”得以呈现，这与我们“诗意人生”应包含“言语”创造内涵的认知是一致的。

（五）“施之于政，用之于立言”说

孔子是重视诗教的实用性的。他说：“诵《诗》三百，授之以政，不达；

---

① 《礼记·经解》，四部丛刊本。

② 〔唐〕孔颖达：《礼记·经解第二十六》疏，见《礼记正义》卷五十，中华书局。

使于四方，不能专对。虽多，亦奚以为?”① 诵《诗》三百，目的是要能应用于处理行政事务与外交事务。因为，学诗，代表了一个人基本的道德修养与学识才具，必须能正确地用诗来应对事务、与人交流，否则，便失去了学诗的功效，读得再多也没有意义。此即刘开所谓“古之善为诗者，施之于政，用之于立言”。孔子说的“诗可以兴，可以观，可以群，可以怨”，这些讲的也是诗的实用性、应用性。

在孔子时代，是十分强调“诗教”的实用价值的。孔子的“诗言志”说，本身就是用于“诗教”，表达的主要也是实用功能。“言志”的目的是“教化”，其中自然包含着语言文字的应用，包括社交、外交应对，与高水平的“立言”。《左传》中就记载了不少诵《诗》以“言志”的故事。——对诗的抒情、审美作用的关注是后起的，以“缘情”说为标志。

“诗教”具有教人“言语”应用与表现的功能，因而，“诗意”“诗意人生”就蕴含着“言语”创造之意。

（六）“美刺”说

“美刺”说也颇有影响。该说认为诗的功用有两种：美与刺。“夫诗之作，善善则颂美之，恶恶则风刺之”②，“汉儒言诗，不过美刺二端。国风小雅为刺者多，大雅则美多而刺少，岂其本原固有不同者欤？夫先王之世，君臣上下有如一体。故君上有令德令誉，则臣下相与诗歌以美之。非贡谀也，实爱其君有是令德令誉而欣豫之情发于不容已也。或于颂美之中，时寓规谏，忠爱之至也”③。这对诗的功能的认识，也不是出于审美，而是为了实用。“美刺”的对象主要是针对君主的。这虽然是以封建道德伦理为出发点，但是，不仅主张对君主德性的颂扬，而且也主张对君主昏庸的针砭，其实质是强调作者写作行为动机的真诚、善意：“君子萌一意，出一言，亦当有益于世，矧极思属词，得不动关于教化。”④ 不论是赞颂与讽刺，“美之”“非贡谀也”，不是溜须拍马；“规谏”“忠爱之至”，都是出于本心、真心，都是由衷之言，要获得良好的社会效应。

出于真心，表明的是言语动机要“正”，也是“思无邪”的表现。这就进

---

① 《论语·子路》，四部丛刊本。
② 〔唐〕吴融：《禅月集序》，见《禅月集》卷首，四部丛刊本。
③ 〔清〕程廷祚：《诗论十三·再论刺诗》，见《青溪集》卷二，金陵丛书本。
④ 〔唐〕吴融：《禅月集序》，见《禅月集》卷首，四部丛刊本。

入到了“诗教”的言语动机教育的层面。因而，“诗意”也便包含着言语动机的“真诚”，“真心”是“童心”“初心”的表现。

（七）“厚性情焉，变气质焉”说

《诗》的功能是养护人的“性情”“气质”的，这在历代诗论中说得相当多，如：“诗者，持也。持人情性。《三百》之蔽，义归‘无邪’。持之为训，有符焉尔。”① 所谓“持也”之“持”，就是扶持、护持，有养护、维持、培育的意思。“夫诗者，所以治人之性情也。以古人之忧乐，动天下人之心思，使之出于正而已矣。……君子之学以为诗也，可以厚性情焉，可以变气质焉。夫难变者，莫若气质，惟诗能之。至于变化气质，其功用大矣。孔子论为学之序，首曰兴于诗，言感发心智，舍诗则无自也。……夫教亦多术矣，而感人之速，化人之深，无如诗之显而易也。自古圣贤未有不得于诗教而能造于大中至正之域也。”② 这表明“诗教”对培育人的性情之重要，目的是“使之出于正”。“诗教”是人通达“大中至正之域”的必备条件。要让人“厚性情焉”“变气质焉”，是最难做到的，但“诗”可以做到。“诗教”在“持人性情”上的作用，是无可替代的。

诗教的基本目的是“人”的教化，人的“教化”最基本的是人的精神、情感的培育、塑造。诗歌可以扶持、改变、涵养人的性情。这就是今天仍然看重的文学的熏陶感染作用。厚性情、变气质，这是从情感、审美、人性、人格教育的角度说的。改变气质，使人心无邪、纯正，提高人的德性修养、人格品位，这只有“诗教”最容易办到：“君子之学以为诗也，可以厚性情焉，可以变气质焉。”——曾国藩给儿子纪泽、纪鸿的信中道：“人之气质，由于天生，本难改变，惟读书则可变化气质。古之精相法者，并言读书可以变换骨相。”③ 这一说法与“厚性情焉，变气质焉”说一脉相承。

诗教有益于人的德性培育，改变人的性情、气质，这是一种精神奠基，是人之“为人”“立言”的根本。“诗教”之“厚性情焉”“变气质焉”，实际上就是将“常人之境界”提升到“诗人之境界”。人的境界决定了诗的境界，决定了言语表现、创造的境界。从某种意义上说，“诗意”在很大程度上取决

---

① 〔梁〕刘勰：《文心雕龙·明诗》，人民文学出版社。

② 〔清〕刘开：《读诗说上》，见《刘孟涂集·文集》卷一，檗山草堂刊本。

③ 〔清〕曾国藩著，邓云生编校：见《曾国藩全集·家书二》，岳麓书社1985年版，第827页。

于人的境界，“诗意”是诗人境界的外化，诗的境界，说到底就是人的境界。这给“诗意”“诗意人生”加上了一个最重的砝码。

综上，诗教，首先是具有很强的实用价值。不但可应用，“善为诗者，施之于政，用之于立言”。而且可生长：“夫诗者，触类可通者也。触类可通，故言无不尽，引而伸之，其义愈进焉。”《诗》，是言语的源头；诗教，是言语基因的复制。诗意人生，是言语创造的人生。

诗教既基于实用，且超越功利计较，重在对人的精神引领与重塑。最值得关注的是“思无邪”“温柔敦厚而不愚”与“厚性情焉，变气质焉”。诗教，是对良善人性、崇高人格的淘洗与培植，是人生观、价值观的引领，是为人得以“诗意地栖居”进行精神奠基。《诗》的情思浸润，可以使人洗心革面、脱胎换骨，焕然一新。在老祖宗看来，没有什么比诗教改变人的性情、气质，改变民风更重要的。诗教，可使“常人”成为“诗人”，使人生境界得以提升。

诗教的作用是多元、全面、深远的，不但能改变人、社会、国家，甚至能“动天地，感鬼神”。在古人看来，诗教几乎无所不能：“诗可以兴，可以观，可以群，可以怨。迩之事父，远之事君；多识于鸟兽草木之名。”“故正得失，动天地，感鬼神，莫近于诗。先王以是经夫妇，成孝敬，厚人伦，美教化，移风俗。”——在一切教育门类、科目中，还有什么比诗教的作用更重要、更神奇？这也就是我们将“诗意人生”作为语文教育的理想境界的一个原因。

三　诗与哲学：摹仿与理式、感性与理性的博弈

将视线掠过东方地平线，穿越时空，驻足于古代西方诗国——古希腊，我们的目光不能不被一个伟大的哲学家、诗人的强大磁场所吸引。无疑的，高踞于哲学与诗之上的巨人柏拉图，是一个后人难以逾越的诗意的精神存在。

正如研究中国诗论不能无视孔子一样，研究西方诗论，无法绕过柏拉图。从某种意义上说，是他为哲学与诗立界，也是他打破了哲学与诗的界限；是他试图扼杀诗，要将诗人逐出“理想国”，也是他使诗人跨越诗的疆域，飞翔了起来，成为崇高人格与奇绝创造力的象征。

海德格尔对荷尔德林的诗阐释道："'人诗意地安居'这句话确实出自一位诗人，事实上出自一位据说是无能应付生活的人。诗之道就是对现实闭上双眼。诗人不行动，而是做梦。诗人所制，想象而已。"① 这不但适合于荷尔德林，适合于所有真诗人，也适合于不是诗人，然而堪称诗人中的诗人、在哲学家园诗意栖居的柏拉图。柏拉图是一位沉浸在诗的想象家园——意淫着政治乌托邦的智者。

在古希腊，"统治着希腊精神文化的是古老的神话，荷马的史诗，较晚起的悲剧喜剧以及与诗歌密切联系的音乐。这些是希腊教育的主要教材，在希腊人中发生过深广的影响，享受过无上的尊敬。诗人是公认的'教育家'，'第一批哲人'，'智慧的祖宗和创造者'。"② 与中国古代哲人一样，西方的哲人对诗同样给予了莫大的关注。到了柏拉图时代，希腊戏剧虽然已渐近尾声，但仍然是希腊公民的一个主要的消遣方式，柏拉图在《法律篇》里称之为"剧场政体"，说它代替了古老的"贵族政体"，对国家危害很大。这引起了柏拉图的极大关切与不满，认为它迎合群众的低级趣味，伤风败俗。于是，开启了"哲学与诗"之论争。

柏拉图认为诗只是一种"摹仿"，一种"影像"，是"摹本的摹本""影子的影子""和真实隔了三层"，并不是真理——理式。"柏拉图心目中有三种世界：理式世界，感性的现实世界和艺术世界。艺术世界是由模仿现实世界来的，现实世界又是由摹仿理式世界来的，这后两种世界同是感性的，都不能有独立的存在，只有理式世界才有独立的存在，永住不变，为两种较低级的世界所自出。……理性世界是第一性的，感性世界是第二性的，艺术世界是第三性的。"③ 他在《理想国》中认为诗逢迎人性中的低劣，诋毁英雄，有伤风化，诗只引起快感、痛感，摧残理性等，因而委婉地提出要将诗人逐出城邦："如果有一位聪明人有本领摹仿任何事物，乔扮任何形状，如果他来到我们的城邦，提议向我们展览他的身子和他的诗，我们要把他当作一位神奇而愉快的人物看待，向他鞠躬敬礼；但是我们也要告诉他：我们的城邦从来没有像他这样的一个人，法律也不准许有像他这样的一个人，然后把他涂上香

---

① ［德］海德格尔著，郜元宝译，张汝伦校：《人，诗意地安居》，广西师范大学出版社 2002 年版，第 74 页。

② 朱光潜：《西方美学史》(上卷)，人民文学出版社 1979 年版，第 42 页。

③ 同上书，第 44～45 页。

水，戴上毛冠，请他到旁的城邦去。至于我们的城邦，我们只要一种诗人和故事作者：没有他那副悦人的本领而态度却比他严肃；他们的作品须对于我们有益；须只摹仿好人的言语，并且遵守我们原来替保卫者们设计教育时所定的那些规范。”① ——据此简单地认为柏拉图反对诗人、诗歌，那是不确切的。他所以如此，显然也是出于“诗关教化”的考虑。他是深知诗、悲剧、喜剧等对人的巨大影响。可以看出，他并不绝对地排斥诗人，他不是驱逐一切诗人，他只是担心那些丑化神的、亵渎了神灵的、没有德行的诗，毒害了城邦的年轻卫士的心灵。对那些“严肃”“有益”“只摹仿好人的言语”的诗人，对“颂神的和赞美好人的诗歌”，是接纳、允许的。

柏拉图对诗人与诗的看法是矛盾的，是区别对待的，他将人分为九等，将不同的诗人分别归入第一等与第六等，第一等人是“爱智慧者，爱美者，诗神与爱神的顶礼者”，第六等人是“诗人和其他摹仿的艺术家”。他所要驱逐的是第六等人中的诗人，不是第一等人中的诗人。对第一等人中的诗人他是允许留在城邦中的。

从某种意义上说，柏拉图自身就是第一等人中的哲人兼诗人（爱智慧者、爱美者）。诚如英国文艺理论家锡德尼认为的，柏拉图是一切哲学家中最富有诗意的：“任何好好研究柏拉图的人都会发现，虽然他的作品内容和力量是哲学的，它们的外表和美丽却最为依靠诗。”② 英国诗人雪莱说：“柏拉图在本质上是一个诗人……他的意象真实而壮丽，他的语言富有旋律，凡此都达到了人们可能想象的最强程度。”③ 尼采也认为柏拉图将各种希腊诗艺集于了一身：“如果说悲剧吸收了一切早前艺术种类于自身，那么，这一点在特殊意义上也适用于柏拉图的对话，它通过混合一切既有风格和形式而产生，游移在叙事、抒情与戏剧之间，散文与诗歌之间，从而也打破了同一语言形式的严格的古老法则。”④ 这是来自诗人对柏拉图的最高评价，也是由衷的赞美。确实如此，柏拉图在他的著作中表现出了杰出的哲人、诗人才华，柏拉图堪称哲人中的诗人，有着诗人风格的哲人。

---

① ［古希腊］柏拉图著，朱光潜译：《柏拉图文艺对话集》，人民文学出版 1980 年版，第 87 页。

② ［英］锡德尼著，钱学熙译：《为诗辩护》，人民文学出版社 1998 年版，第 6 页。

③ 章安琪、缪灵珠《美学译集》第三卷，中国人民大学出版社 1998 年版，第 139 页。

④ ［法］尼采著，周国平译：《悲剧的诞生》，三联书店 1986 版，第 59 页。

这些被柏拉图逐出理想国的后世的诗人，争先恐后地给柏拉图戴上诗人的桂冠。这些赞美柏拉图的诗人是可敬的，他们一方面不赞成柏拉图的观点，为诗辩护，另一方面又对柏拉图的诗才赞赏有加，他们对柏拉图——何谓诗人的认识是中肯的。柏拉图不但是哲学家，是诗人，而且是本质上的诗人，甚至如尼采所说，他是打破了语言形式界限的集大成者。这种言语才华是极为罕见的，堪称旷世奇才。任何真正的诗人都不能无视柏拉图耀眼的诗意之光芒。

据说柏拉图青年时期曾是个悲剧诗人，他在决意跟随苏格拉底学哲学时烧掉了自己的全部诗作。这也许就是其哲学著作也是无与伦比的诗的原因，也是他对诗歌抱持既爱且恨的纠结心态的原因。他本身确实也是一个很复杂、很可敬的智者。在《伊安篇》，他虽然严厉批评荷马，但也高度赞扬荷马："荷马真是一位最伟大，最神圣的诗人……"① 锡德尼认为是人们误解了柏拉图，而非柏拉图误解了诗。柏拉图最亲近的两个人，他的老师苏格拉底与他的学生亚里士多德，对诗也有着浓厚的兴趣。柏拉图既继承了苏格拉底的诗人基因，又将其传给了他的弟子亚里士多德，亚里士多德在《诗学》中，就把他的老师柏拉图当作诗人看待。——柏拉图既是一个钟情于诗，有着杰出诗才，对诗有着深厚感情、深刻理解的人，自然不会对诗、诗人持一概否定的态度。以为柏拉图反对一切诗人与诗，这是一种误解。

朱光潜先生认为，说柏拉图挑起"诗与哲学之争"只是表面现象，实质上这是一场政治斗争："诗不表现真理的罪状也针对着代表民主势力的诡辩学者把诗当作寓言的论调，诗败坏风俗的罪状也针对民主政权统治下的戏剧和一般文娱活动。"② 我以为将"反民主"的帽子扣到柏拉图的头上，似乎不太妥帖，不无"政治挂帅""上纲上线"之嫌。其实，柏拉图自己将诗人逐出城邦，主要原因是出于"教化"考虑：城邦的保卫者们假如在丑恶的事物影响之中培养了起来，就好像牛羊在污秽中培养了起来是一样的——这是最实在的动机。"我们应该定下这么一个标准：不管是诗歌还是散文，只要涉及神圣的东西的时候，就不能把他们描绘得跟魔术师似的。因为凡是神圣的，就是不会在任何言行方面欺骗百姓的。……在我们所读过的荷马的作品里，尽管

---

① ［古希腊］柏拉图：《伊安篇》，见伍蠡甫、胡经之主编：《西方文艺理论名著选编》（上卷），北京大学出版社 1985 年版，第 2 页。

② 同上书，第 43 页。

有很多东西值得我们去赞美，但我们不能一味地也去赞美他关于宙斯传给阿加门农的梦，因为那是谎言；我们也不会赞美埃斯库洛斯的诗歌中，有一段赛提斯在婚礼上对阿波罗唱下的歌……凡是那些有关诸神的诋毁，都会引起我们的愤怒。写这样的诗的人，尽管他四处传播，但不会得到人们的共鸣与响应。我们当然也不会让我们的教育者对他们的学生提及这些。这意思是，我们的城邦守卫者，必须要有自己的人格，而成为神的真正信仰者。”① 柏拉图只是觉得如果让年轻人觉得神尚且如此不堪，何况于人？会因此失去对神的尊崇，就会像神那样去相互欺骗、搏斗、谋杀……这将毒害青年的思想，把他们带到沟里去。

柏拉图对诗歌的态度和孔子删诗的动机是一样的，都是为了“教化”的目的。孔子比较聪明，啥也不说，神不知鬼不觉，三下五除二，干脆利落地将那些“思有邪”的诗删掉，留下的都是他认为是“正能量”的，然后，冠冕堂皇地广而告之：《诗》三百，一言以蔽之，曰：“思无邪”。3000多首被删得只剩下了300多首，毫不手软，十去其九，这难道不比柏拉图要驱逐诗人严酷得多？柏拉图其实什么也没做，君子动口不动手，并没有封杀荷马、埃斯库洛斯之流的诗歌、戏剧，他只是在做梦，在虚构的“理想国”中历数坏诗的罪状，私下叨叨几句而已。——孔子做而不说留下千古美名，柏拉图说而不做留下千古骂名，岂不冤哉枉也？

柏拉图认为“思有邪”的欲封杀的诗，除了因为那些作品渎神，会对年轻人造成不好的影响外，从学理上来看，最重要的原因，就是他认为诗是感性的。他认为感性是人的较为低级的感觉，属于人性中低劣的部分，理性才是人要追求的高级的本性，哲学是遵从理性的。理性与感性，是他对哲学与诗做出的基本区隔。

他把诗人定性为“摹仿者”：“从荷马起，一切诗人都只是摹仿者，无论是模仿德行，或是摹仿他们所写的一切题材，都只到影像，并不曾抓住真理。”② “摹仿诗人既要讨好群众，显然就不会费心思来摹仿人性中理性的部分，他的艺术也就不求满足这个理性的部分了；他会看重容易激动情感的和容易变动的性格，因为它最便于摹仿。……他培养发育人性中低劣的部分，

① ［古希腊］柏拉图著、张子菁译：《理想国》，西苑出版社2003年版，第166～167页。

② ［古希腊］柏拉图：《理想国》，见伍蠡甫、胡经之主编：《西方文艺理论名著选编》（上卷），北京大学出版社1985年版，第30页。

摧残理性的部分。一个国家的权柄落到一批坏人手里，好人就被残害。摹仿诗人对于人心也是如此，他种下恶因，逢迎人心的无理性部分，并且制造出一些和真理相隔甚远的影像。”[①] 他认为诗人满足的是人的感伤癖、哀怜癖，“再如性欲，忿恨，以及跟我们行动走的一切欲念，快感的或痛感的，你可以看出诗的摹仿对它们也发生同样的影响，它们都理应枯萎，而诗却灌溉它们，滋养它们，如果我们不想做坏人，过苦痛生活，而想做好人，过快乐生活，这些欲念都应受我们支配，诗却让它们支配着我们了。……千万要记着，你心里要有把握，除了颂神的和赞美好人的诗歌以外，不许一切诗歌闯入国境。如果你让步，准许甘言密语的抒情诗或史诗进来，你的国家的皇帝就是快感或痛感，而不是法律和古今公认的道理了。……因为诗的本质既如我们所说的，理性使我们不能不驱逐她。如果诗要怪我们粗暴无礼，我们也可以告诉她说，哲学和诗的官司已经打得很久了。”[②] 这样我们就很清楚柏拉图驱逐诗人与诗歌的真正原因了，哲学与诗之争，即理性与感性、理与情之争。他贬抑的是人的感性、粗粝的情感本能，认为那是“人性中低劣的部分”，崇尚的是理性，是正义、法律与真理。

柏拉图关注诗歌对年轻人的影响是必要的，诗关教化，这是无可非议的。认为那些史诗、抒情诗、悲剧、喜剧等对神的丑化，会污染人的心灵，似乎也不无道理。推崇理性，推崇法律、正义、真理等，更是无可置疑。柏拉图的问题，主要是出在将理性与感性截然对立起来，认为诗人是摹仿者，不是创造者，诗只是摹仿感性，而难以摹仿理性、真理，把人的感性以及一些美好的情感简单地归为人性中的低劣部分。他否定渎神的诗，以至将人的感性、情感——感伤心、哀怜心等，都一概否定了，这就过犹不及了。

柏拉图将诗歌简单地划归为感性思维，这自然不无片面之嫌。一切优秀的诗作，都是理性与感性思维共同参与创造的。没有哲思便没有诗歌内在意境与恒久价值。但令我们感到惊奇的是，对诗歌等文学创作的作用的贬低，不只是柏拉图的个人偏见，我国的古代诗赋名家扬雄、曹植等也如出一辙，扬雄说赋乃“童子雕虫篆刻”“壮夫不为”[③]，曹植说“辞赋小道，固未足以揄

---

① ［古希腊］柏拉图：《理想国》，见伍蠡甫、胡经之主编：《西方文艺理论名著选编》（上卷），北京大学出版社 1985 年版，第 37 页。

② 同上书，第 39 页。

③ 扬雄：《法言·吾子》。

扬大义，彰示来世也”①。这些诗人不约而同地贬低诗赋，个中缘由就颇值得考究了。

柏拉图贬低感性、崇尚理性，从积极的方面看，是在于对诗的教化作用的重视，客观上激发了人们对诗歌作用的关注，推动了诗学研究。柏拉图尽管排斥诗，对诗人有看法，但他是大度、可敬的，他对当时以至后世的诗人、诗歌爱好者发出了挑战：“我们无妨定一个准她回来的条件，就是先让她自己作一篇辩护诗，用抒情的或其他的韵律都可以。……我们也可以准许她的卫护者，就是自己不做诗而爱好诗的人们，用散文替她作一篇辩护，证明她不仅能引起快感，而且对国家和人生都有效用。我们很愿意听一听，因为如果证明了诗不但是愉快的而且是有用的，我们也就可以得到益处了。”② 后世许许多多的关于哲学与诗的论争，都可以看着是对他的这一邀约的回应，就有了锡德尼与雪莱著名的《为诗辩护》的诗论，与其他无数的相关的诗论。柏拉图为诗与哲学之论争奠基，从某种意义上说，也是他揭开了诗歌研究的大幕，促成了诗学研究与诗歌理论的繁荣。阅读西方诗论，你会觉得或多或少与柏拉图的观点有关，大都是对柏拉图设立的基本论题、观点的扬弃、拓展与深入，举目皆有其思想的影子。柏拉图观点本身的对错已然不重要，重要的是他为诗歌研究注入了恒久、强大的动力因。

海德格尔说：“诗极为自由地构拟出自己意象的世界，沉浸于想象之域乐而忘返。这种游戏因此躲开了种种抉择的严峻性，要作出抉择就总免不了以某种方式犯下罪孽。这样一来，写诗就真正达到无利害的超脱。同时，写诗也是毫无功效的，因为它仅仅是不断地诉说和倾谈。写诗与那种直接把握实在并力图改变实在的活动完全是两码子事。诗犹如梦，而非现实。写诗是言词的游戏，而非行动的一本正经。诗是无涉利害和无功效的。还有什么能比纯粹的言说更保险安全呢？”③ 柏拉图的哲学，就是“无利害、无功效的”，一个不折不扣的非现实的诗意的梦，他就是一个坐而论道、善于做梦的诗人，

---

① 曹植：《与杨德祖书》。见穆克宏、郭丹编著《魏晋南北朝文论全编》，江苏教育出版社 1996 年版，第 23 页。

② ［古希腊］柏拉图：《理想国》，见伍蠡甫、胡经之主编：《西方文艺理论名著选编》（上卷），北京大学出版社 1985 年版，第 40 页。

③ ［德］海德格尔：《荷尔德林与诗的本质》，见伍蠡甫、胡经之主编：《西方文艺理论名著选编》（下卷），北京大学出版社 1987 年版，第 574 页。

理想国，是他做的一个最大、最美的梦。一直到晚年，他还在做梦。《法律》篇，便是他另一个理想国的蓝图，他是一个永远的造梦人。

柏拉图用他的一生诠释了摹仿与理式、感性与理性——诗与哲学的完美结合，诠释了何谓诗、诗人、诗意：诗是虚拟的意象、隐喻的世界；诗人是沉浸于想象之域乐而忘返的人，思想自由的造梦人；诗意是超现世、无利害的超脱、预言。这些，在他的对话体的哲学著作中全有。

四　西方诗性智慧：靠词语神思存在

在柏拉图之后，西方的哲人、诗人、理论界是怎么认识“诗”“诗人”“诗意”的？这由鲁枢元、童庆炳等主编《文艺心理学大辞典》对“诗性智慧”的阐释可见其一斑：“即人类原初的思维形式，恩斯特·卡西尔称之为神话思维，列维斯特劳斯称之为原始思维，诗性智慧最早见于意大利科学家维柯的名著《新科学》。维柯将人类的原始思维称作‘诗性智慧’，以此证明人类世界是由人自己创造的，并且人也创造出自身。人类最初的创造完全是诗性的创造，人是‘诗意地’对待世界——即用神话、类比和隐喻去想象、构造世界，这种诗性智慧的根源在于原始祖先‘生而就有这些强烈的感受力和想象力’，‘因为能凭想象来创造，他们就叫作“诗人”。“诗人”在希腊文里就是“创造者”’。因此，维柯所言‘诗性智慧’虽指人类的原始思维，其核心成分实为人的想象力。”① 这大致反映出西方诗人、理论家的认知：诗人，是凭想象进行创造的“创造者”。诗性智慧，就是神话思维、原始思维，其核心就是“想象力”。这也是我国当代文艺学界对诗、诗性智慧的基本认知。

其实，西方哲人、诗人对诗、诗人、诗意的认知，要比这丰富得多，远不是上述对“诗性智慧”的阐释可以囊括的。以下我们对西方关于诗、诗人及诗意的认知，作一简单梳理。

（一）诗的目的在于教育和怡情养性

柏拉图是最注重诗的教育功能的，他对诗与诗人的排斥，就是因为他看重诗教所致。因为他觉得“对孩子们早期的教育应该是从美好的道德思想熏

---

① 鲁枢元、童庆炳等主编：《文艺心理学大辞典》，河北人民出版社2001年版，第249页。

陶开始”[①] 他认为荷马、赫西俄德之类的诗人，最严重的问题就是说谎，而且很丑恶，因而不利于对年轻人的教育：“他们在他们的作品中对诸神和英雄的本性做出错误的描绘，这就好比一个画家画了一幅他自己都认不出是谁的肖像一样。”[②] “我们绝不能让这些有毒素的故事在我们国家继续流传，因为它会使年轻人产生这样一个概念：当他犯下滔天大罪，已罪不可赦的时候，他的内心还会残存着一种莫名的心安理得，认为别人乃至他的严父对他的指责是在大惊小怪。因为在他的心里，不论他做错了什么，都不过是在遵循着诸神的旨意而已。……如果我们要想让那些守城者真心实意地去守城，我们就不应该把天堂里的钩心斗角的下等事情告诉他们，因为那些统统都是假的。我们更不能把诸神或英雄们与他们的亲友之间的矛盾争斗作为图腾的方式刺绣到衣服上，即使有这类的事让他们知道了，我们也要让他们同时觉得这是奇耻大辱。……他们的头脑在早期所接受的一切东西都将是很难遗忘或更改的。所以，对孩子们早期的教育应该是从美好的道德思想熏陶开始。……诸神难道不能从善的方面去表现吗？……人的生命中善良的事物是属于少数的，而邪恶的事物占大多数，善良的事物应归诸神，而邪恶的事物应该在别处寻求，不应涉及神。”[③] 他认为诗人笔下的诸神、英雄必须是正面的善的形象，要给予年轻人美好的道德思想熏陶，这一出发点自然是有一定道理的，与孔子的“思无邪”，刘开的“夫诗者，所以治人之性情也”，不无交集之处。但是，显然他在诗（戏剧）只能表现神的善不能表现其邪恶的认知上，是有局限的。

英国诗人、诗论家菲利普·锡德尼在《为诗辩护》中认为诗的“目的在于教育和怡情养性”，这一认知与柏拉图没有本质的不同，其判定是否真诗人出发点也是其教化作用。他将诗（诗人）分为三种。第一种是“在古和美方面都是居于首位，是模仿上帝的不可思议的美德的。”“第二种是属于搞哲学的人们的，有道德方面的……也有自然方面的……也有天文方面的……又有历史方面的。”对第二种诗，锡德尼持保留态度：“究竟他们应当算作诗人与否，让语言学家来争论吧。”第三种才是他认为的“真正的诗人”：“因为这第三种人确是真正为了教育和怡情而从事于模仿的；而模仿却不是搬借过去现

① ［古希腊］柏拉图著、张子菁译：《理想国》，西苑出版社 2003 年版，第 158 页。

② 同上书，第 156 页。

③ 同上书，第 157～159 页。

在或将来实际存在的东西，而是在渊博见识的控制之下进入那神明的思考，思考那可然的和当然的事物。”① 锡德尼是要表明诗人摹仿的目的是美的、善的，对年轻人是有益的。

在诗“摹仿”什么这一点上，锡德尼与柏拉图不同。柏拉图认为诗人是摹仿者：“从荷马起，一切诗人都只是摹仿者，无论是摹仿德行，或是摹仿他们所写的一切题材，都只是得到影像，并不曾抓住真理。”② 锡德尼则认为诗人的模仿，不是搬借实际存在的东西，“而是在渊博见识的控制之下进入那神明的思考，思考那可然的和当然的事物”，这实际上就是说，诗人不只是摹仿，而是在“思考”，而且是“神明的思考”，是可以抓住真理的。诗不是纯粹的摹仿现实世界，迎合人们低劣的感性、情感；不但是感性的，也是理性的。

锡德尼肯定怡悦性情是真诗人的标志：“曾经有过许多诗人，从来不用诗行写作，而现在成群的诗行写作者却绝不符合诗人的称号……使人成为诗人的并不是押韵和写诗行，犹如使人成为律师的并不是长袍，律师穿着盔甲辩护也还是律师而不是军人——只有那种怡悦性情的，有教育意义的美德、罪恶或其他等等的卓越形象的虚构，这才是认识诗人的真正的标志。”③ 这一界定也是针对柏拉图的，只要是怡情养性、有教育意义，不限于表现“美德”，也可以表现“罪恶”。

（二）诗（悲剧）特别能给的快感是恐惧与怜悯

以“吾爱吾师，吾更爱真理”著称的亚里斯多德，对诗的功用的认识，与他的老师柏拉图不同，他特别欣赏的悲剧的快感恰是柏拉图所轻蔑的。从某种意义上说，他的《诗学》，就是针对柏拉图抨击诗人、诗（悲剧）的回应，可以看作是最早响应柏拉图邀约“为诗辩护”的人。

柏拉图虽也多次赞美荷马，但总是有所保留。亚里斯多德不但对荷马给予了无保留的赞美：“荷马是值得称赞的，理由很多，特别因为在史诗诗人中

---

① ［英］锡德尼：《为诗辩护》，见伍蠡甫、胡经之主编：《西方文艺理论名著选编》（上卷），北京大学出版社 1985 年版，第 175～176 页。

② ［古希腊］柏拉图：《理想国》，见伍蠡甫、胡经之主编：《西方文艺理论名著选编》（上卷），北京大学出版社 1985 年版，第 29 页。

③ ［英］锡德尼：《为诗辩护》，见伍蠡甫、胡经之主编：《西方文艺理论名著选编》（上卷），北京大学出版社 1985 年版，第 176 页。

唯有他知道史诗诗人应该怎样写作。”① 而且对悲剧激起的快感给予高度的肯定：“悲剧所摹仿的行动，不但要完整，而且要能引起恐惧与怜悯之情。如果一桩桩事件是意外的发生而彼此间又有因果关系，那就最能，（更能）产生这样的效果；这样的事件比自然发生，即偶然发生的事件，更为惊人，这样的情节比较好。”② “怜悯是由一个人遭受不应遭受的厄运而引起的，恐惧是由这个遭受厄运的人与我们相似而引起的。”③ “我们不应要求悲剧给我们各种快感，只应要求它给我们一种它特别能给的快感。既然这种快感是由悲剧引起我们的怜悯与恐惧之情，通过诗人的摹仿而产生的，那么显然应通过情节来产生这种效果。”④ 悲剧给予人的快感，是由痛感——恐惧与怜悯引发的快感，是亚里斯多德最为看重的诗的快感。

亚里斯多德肯定悲剧的快感，显然就是针对柏拉图对诗——悲剧激起人的“感伤癖”“哀怜癖”的否定，柏拉图认为这种快感是反理智的：“我们亲临灾祸时，心中有一种自然倾向，要尽量哭一场，哀诉一番，可是理智把这种自然倾向镇压下去了。诗人想要餍足的正是这种自然倾向，这种感伤癖。同时，我们人性中最好的部分，由于没有让理智或习惯培养好，对于这种感伤癖就放松了防闲，我们于是就拿旁人的痛苦来让自己取乐。我们心里这样想：看到的悲伤既不是自己的，那人本自命为好人，既这样过分悲伤，我们赞赏他，和他表同情，也不算是什么可耻的事，而且这实在还有一点益处，它可以引起快感，我们又何必把那篇诗一笔抹煞，因而失去这种快感呢？很少有人能想到，旁人的悲伤可以酿成自己的悲伤。因为我们如果拿旁人的灾祸来滋养自己的哀怜癖，等到亲临灾祸时，这种哀怜癖就不易控制了。”⑤ 柏拉图认为这种快感反理智、反理性，是不可取的。这样的认知自然有失偏颇。重理智、理性，轻感性、审美，忽视痛感带给人的情意升华作用。其实，在这一升华过程中，理智与理性并没有闲着，也同时在发挥作用。因此，亚里斯多德对悲剧快感的赞赏是对的。

---

① ［古希腊］亚里斯多德：《诗学》，见伍蠡甫、胡经之主编：《西方文艺理论名著选编》（上卷），北京大学出版社 1985 年版，第 84 页。

② 同上书，第 62 页。

③ 同上书，第 67 页。

④ 同上书，第 71 页。

⑤ ［古希腊］柏拉图：《理想国》，见伍蠡甫、胡经之主编：《西方文艺理论名著选编》（上卷），北京大学出版社 1985 年版，第 38 页。

（三）诗人即创造者、立法者、先知、君王

后世的诗论界，一反柏拉图对诗人的鄙夷态度，反弹似的，将诗人从柏拉图认定的现实世界的“摹仿者”，回归、抬举为至高无上的创造者、立法者、先知、君王的地位。他们为诗人身份的辩护，给予诗人以无上的荣耀与赞美，针对的都是柏拉图对诗人的贬低与蔑视，是对柏拉图所说的诗人是“摹仿者”，诗是“影子的影子”，败坏风俗，毒害青年，要将他们逐出理想国等，加以澄清与颠覆。

锡德尼先是称诗人是创造者：“希腊人称诗人为普爱丁（ποιητήν），而这名字，因为是最优美的，已经流行于别的语言中了。这是从普德恩（ποιεῖν）这字来的，它的意思是‘创造’。在这里，我不知道是由于幸运，还是由于聪明，我们英国人也称他为‘创造者’，这是和希腊人一致了。”① 这实际上就是要推翻柏拉图所谓的“摹仿者”说，使之回归为创造者。锡德尼认为诗人的创造不是一般的创造，是自然从未有过的，高于自然的，诗人是高于自然创造者的创造者。他认为其他“技艺”都是服从于大自然，受到大自然的束缚的，唯有诗人不然：“只有诗人，不屑为这种服从所束缚，为自己的创新气魄所鼓舞，在其造出比自然所产生的更好的事物中，或完全崭新的、自然中所从来没有的形象中，如那些英雄、半神、独眼巨人、怪兽、复仇神等等，实际上，升入了另一种自然，因而，他与自然携手并进，不局限于它的赐予所许可的狭窄范围，而自由地在自己才智的黄道带中游行。自然从未以如此华丽的挂毯来装饰大地，如种种诗人所曾作过的；也未曾以那种悦人的河流、果实累累的树木、香气四溢的花朵，以及别的促使这为人爱得够厉害的大地更为可爱的东西；它的世界是铜的，而只有诗人才给予我们金的。”② 他认为诗人的创造高于其他“技艺”。他说的“技艺”，所指甚广，实为人类的一切学问、艺术，包括天文学、几何学、数学、音乐、自然哲学、道德哲学、法学、历史、语法、修辞学、逻辑学等领域。

锡德尼最终将诗人推上了高高在上的“君王”宝座：“一切人间的学问的目的之目的就是德行，最能启发德行的技能就有最为正当的权利作其他技能

① ［古希腊］柏拉图：《理想国》，见伍蠡甫、胡经之主编：《西方文艺理论名著选编》（上卷），北京大学出版社 1985 年版，第 171 页。

② ［英］锡德尼：《为诗辩护》，见伍蠡甫、胡经之主编：《西方文艺理论名著选编》（上卷），北京大学出版社 1985 年版，第 172 页。

的君王；在这方面，如果我们可以指出，诗人确是配先于其他竞争者而享有此权利的。”① ——锡德尼不满足于称诗人为创造者，认为诗人最能“启发德行”，应当称为“其他技能的君王”。这显然是对柏拉图“哲学王”观点的挑战——柏拉图认为哲学是最高学问，是最理性的，哲学家是真理的化身，因而可以成为治理国家的“哲学王”。而锡德尼则认为诗人是高于哲学家的，以“诗人王”压制“哲学王”。

英国诗人雪莱则给诗人恢复立法者、先知的尊荣。他 1821 年在《为诗辩护》中说：“在较古的时代，诗人都被称为立法者或先知；一个诗人本质上就包含并且综合这两种特性。因为他不仅明察客观的现在，发现现代的事物所应当依从的规律，他还能从现在看到未来，他的思想就是结成最近时代的花和果的萌芽。”② “诗人是不可领会的灵感之祭司，是反映出‘未来’投射到‘现在’上的巨影之明镜；是表现了连自己也不了解是什么之文字，是唱着战歌而又不感到何所激发之号角，是能动而不被动之力量。诗人是世间未经公认的立法者。”③ 立法者、先知，这是对诗人智慧的极大肯定。他通过对诗人名称的由来的正本清源，还诗人以崇高的地位。

（四）诗的本质的是靠词语的意义去神思存在

关于诗的本质，德国存在主义哲学家海德格尔从哲学上进行了深刻阐释。然而就实质上说，其根源仍是对柏拉图认为的诗人是神的“代言人”，“由神凭附着来向人说话”④，锡德尼“在渊博见识的控制之下进入神明的思考”⑤等观点的阐发。当然，柏拉图说“诗人”是神的代言人，是指诗人的本质，而不是指他欲驱逐的那些诗人。

海德格尔对诗、诗人的认知，是从他对荷尔德林的诗的个案分析中获取

---

① ［英］锡德尼：《为诗辩护》，见伍蠡甫、胡经之主编：《西方文艺理论名著选编》（上卷），北京大学出版社 1985 年版，第 178 页。

② ［英］雪莱著，缪灵珠译：《为诗辩护》，见《古典文学译丛》1961 年第 1 期，译者注：“古希腊诗人曾被称为立法者，如梭伦。在《圣经》里，好些先知都是诗人，譬如耶利米。”

③ ［英］雪莱：《为诗辩护》，见伍蠡甫、胡经之主编：《西方文艺理论名著选编》（中卷），北京大学出版社 1986 年版，第 81 页。

④ ［古希腊］柏拉图：《理想国》，见伍蠡甫、胡经之主编：《西方文艺理论名著选编》（上卷），北京大学出版社 1985 年版，第 7 页。

⑤ ［英］锡德尼：《为诗辩护》，见伍蠡甫、胡经之主编：《西方文艺理论名著选编》（上卷），北京大学出版社 1985 年版，第 175～176 页。

的。他十分崇敬荷尔德林，之所以选中他的诗进行分析，“是因为荷尔德林的诗作受诗的天命的召唤身不由己地表达出诗的本质。对我们来说，荷尔德林是真资格意义上的诗人的诗人（着重号为原作者所加——笔者）。”[①] 海德格尔是通过对荷尔德林诗作的分析，将诗与诗人的认识都提升到前所未有的高度与深度。

海德格尔诗论的主题词是“神思”：“当神祇源初地取得了名称，存在物的本质得到了一个名称，于是存在物开天辟地第一次亮敞了，诗人的讲述就是神思，这不仅是在给予的自由活动的意义上说的，而且同时是就人的此在牢固地奠定在自己的根基上这一意义上说的。……我们把靠词语的意义去神思存在视为诗的本质……”[②] 他从语言与存在的关系，给存在物命名的重大意义上，探寻诗的本质——神思存在。

他将诗视为源初的语言：“诗的活动领域是语言。因此，诗的本质就必得通过语言的本质去理解。尔后，下述这一点也就昭然若揭了：诗是给存在的第一次命名，是给一切存在物的第一次命名。……源初的语言就是诗，在诗中神思存在。”[③] “源初的语言”是拜神祇所赐，是神祇给存在物的本质命名；诗是给存在的第一次命名，这是否等于说，诗从某种意义上说，就是神祇所创的源初的语言。在海德格尔看来，诗是“神思存在”——诗所表达的是神祇给存在的命名，诗人是神祇的代言人。

诗人不是神祇，而是神祇给存在命名的聆听者、传话者：“诗人的话语就是倾耳听得神祇的暗示，再把它们传达给自己的民众。此一倾耳听得就是领受的活动，从而也是重新给予的活动；因为‘在最初的神祇语言的标记中’，诗人已把捉住了充分的信息，进而用他自己的话把他在一瞬间把捉住的东西大胆地陈述出来，因而就能预先告知那长存者。”[④] 诗人是神祇的代言人：“诗人自己站在神祇和民众之间。诗人就是被逐出的人，被赶到神祇和大众之间去了。正是因为第一次进入这种若即若离的状态，诗人才能断定人是什么，

① ［德］海德格尔：《荷尔德林与诗的本质》，见伍蠡甫、胡经之主编：《西方文艺理论名著选编》（下卷），北京大学出版社 1987 年版，第 573 页。

② 同上书，第 580 页。

③ 同上书，第 581 页。

④ 同上书，第 584 页。

人在何处安置自己的此在，才能‘诗意地栖居于这片大地’。”① 海德格尔给诗与诗人划定了一个极高的门槛：诗的本质是靠词语的意义去神思存在。诗人的讲述就是神思，就是按照神祇的意旨进行思考，进行再创造。

海德格尔所谓的“神思存在”，不知是否可以理解为终极思考，即对存在、此在的思考，对生命、世界、真理的形成性追问。海德格尔说：“……他（指荷尔德林——笔者）那诗意之思达到了存在的根基和核心。”“存在的根基和核心”，大约就是指诗人领受到的“神祇语言”的暗示。“‘诗意地栖居’意味着：置身于神祇的现在之中，进入一切存在物的亲近处。”② 如此，才懂得人是什么，如何安置自己的此在，懂得生命存在的意义。

海德格尔说：“现在，‘人建筑而安居’这一表述，已被赋予了它的恰当的含义。人并不是通过耕耘建房，呆在青天之下大地之上而居的。人只有当他已经在诗意地接受尺规的意义上安居，他才能够从事耕耘建房这种意义的建筑。有诗人，才有本真的安居。”③ 显然，他所说的“诗意地栖居”，不是指肉体的安居，而是指“诗意地接受尺规的意义上安居”，就是“人对神的尺规的接受”，认识到人真正的生命存在的价值与意义，从而获得精神的安适。

其实，海德格尔所谓的“神思存在”，在柏拉图那里也可以找到源头。柏拉图认为诗人写诗，是靠灵感，不是靠技艺，他说：“诗人们对于他们所写的那些题材，说出那样多的优美词句，……并非凭记忆的规矩，而是依诗神的驱遣。因为诗人制作都是凭神力而不是凭记忆……”④ “神对于诗人们像对于占卜家和预言家一样，夺去他们的平常理智，用他们作代言人，正因为要使听众知道，诗人并非借自己的力量在无知无觉中说出那些珍贵的辞句，而是由神凭附着来向人说话。”⑤ “……这类优美的诗歌本质上不是人的而是神的，不是人的制作而是神的诏语；诗人只是神的代言人，由神凭附着。”⑥ 从中不

---

① ［德］海德格尔：《荷尔德林与诗的本质》，见伍蠡甫、胡经之主编：《西方文艺理论名著选编》（下卷），北京大学出版社 1987 年版，第 585 页。

② 同上书，第 581 页。

③ ［德］海德格尔著，郜元宝译，张汝伦校：《人，诗意地安居》，广西师范大学出版社 2002 年版，第 77 页。

④ ［古希腊］柏拉图：《理想国》，见伍蠡甫、胡经之主编：《西方文艺理论名著选编》（上卷），北京大学出版社 1985 年版，第 7 页。

⑤ 同上。

⑥ 同上书，第 8 页。

难看出海德格尔与柏拉图的相似之处，他们都认为诗人是神的代言人，柏拉图称之为“灵感”的，大约就是海德格尔说的“神思存在”的产物。只不过海德格尔将诗人的超越“理智”的“灵感”阐释得更清楚，从“神思存在”引申出超越“建筑而安居”的“诗意地栖居”。使“神思”与“此在”对接，体现出了现世关怀与生命颖悟。

从海德格尔的“神思存在”，不禁想到《文心雕龙·神思》中的“神思”：写作的运思、想象、创造活动。固然此神思不是彼神思，但从言语创造的普遍意义上说，都是一种精神的领受、表现、传达活动。继而想到《易·系辞上》：“神而明之，存乎其人。”即具有最高智慧而能明察事理，这样的才智，只存在于某些人那儿。诗人的神思，是否可理解为领悟事物的真谛。“神而明之，存乎其人”的“人”，具有洞察事物本质的最高智慧的人，便可称为诗人。

海德格尔让诗人承载了“神思存在”的重大使命。在他看来，诗人是介于神与人之间的“中介”，可谓半神半人，或曰“超人”。

（五）诗人凭借的是感觉或形象思维

意大利哲学家维柯，在《新科学》中对诗性思维、想象力——“诗性智慧”有诸多阐述，颇有影响。维柯认为诗是感性的，是形象思维，即人类的原始思维，他固然单纯从思维方式上进行探究，但与柏拉图的观点也不无相似之处。柏拉图认为诗是感性的，迎合人性中低级、低劣的情感：“摹仿诗人既要讨好群众，显然就不会费心思来摹仿人性中理性的部分，他的艺术也就不求满足这个理性的部分了；他会看重容易激动情感的和容易变动的性格，因为它最便于摹仿。……他培养发育人性中低劣的部分，摧残理性的部分。”①维柯的理论，在某种程度上为柏拉图这一观点做了注脚。

朱光潜先生这样阐述维柯的美学思想：“原始民族作为人类的儿童，还不会抽象思维，他们所借以认识世界的只是根据感觉或形象思维，所以人类最初的文化，包括宗教，神话（即诗），语言乃至各种社会制度，都是通过形象思维而不是通过抽象思维来形成的。由于一切文化事项都来自形象思维，又由于形象思维都带有创造或虚构的性质，而创造或虚构就是诗的活动（维柯沿用古希腊人‘诗’即‘创作’的意义），所以原始民族中一切文化事项，从

---

①［古希腊］柏拉图：《理想国》，见伍蠡甫、胡经之主编：《西方文艺理论名著选编》（上卷），北京大学出版社1985年版，第37页。

宗教，神话，语言，物理学乃至于政治和法律，都带有诗的性质，都与抽象概念和哲学无关。后来学者们从这些里面所见到的抽象概念或哲学意蕴都是凭自己的理解强加到原始文化遗迹上面的，实际上是歪曲。等到人类文化发展到了会作抽象思维即进行哲学活动的时候，人类就由儿童期转到成年期，即转入'人的时代'，神话就被遗忘，形象思维受制于抽象思维，诗也就失去了原有的强旺的生活力，除非人又回到野蛮时代。这是维柯的美学思想总轮廓。"① 维柯与柏拉图一样，把诗的思维归入感性，将形象思维看作是人类儿童期的较为低级的思维，抽象思维是人类成人期的较为高级的思维，他将形象思维与抽象思维对立起来，也将诗人与哲学家对立了起来，为哲学高于诗提供理论支撑。维柯说：

推理力愈弱，想象力也就愈强。

诗的语句是由对情欲和情绪的感觉来形成的，这和由思索和推理所造成的哲学的语句大不相同。哲学的语句愈上升到一般，就愈接近真理；而诗的语句则愈掌握个别，就愈确实。

诗人可以看作人类的感官，哲学家可以看作人类的理智。

最初的各族人民，作为人类的儿童，先创立了艺术的世界，然后哲学家们过了很久才出现，他们可以看作民族的老年人，才建立了科学的世界，使人类达到完成阶段。

按照诗的本质，一个人不可能同时既是崇高的诗人，又是崇高的哲学家，因为哲学把心从感官那里拖开来，而诗的功能则把整个的心沉浸在感官里：哲学飞腾到普遍性相（一般），而诗却必须深深地沉没到个别事物里去。②

上述维柯对诗与哲学的思维差异的论述，对人类童年期、成年期思维方式的认知等，我们不能不承认其见解有一定道理，诗与哲学，诗人与哲学家的思维方式确实有差别，确实各有所重，但未必非此即彼、截然对立，二者必然有其相通之处。诗人不能没有抽象思维，哲学家也不能没有形象思维。维柯认同亚里斯多德说的"凡是不曾存在于感官的东西就不可能存在于理智"，认为"人心所理解的东西没有不是先已由感官得到印象的。人心在它所

---

① 朱光潜：《西方美学史》（上卷），人民文学出版社 1979 年版，第 334 页。

② 维柯的观点，参见上书，第 337～338 页。

感觉到的东西之中见出一种不是感官所能包括的东西时，就是在用理智”①，就是说，哲学家的思维涵盖、高于形象思维，哲学家的抽象思维是诗人不具备的。是否可以这样说：优秀的哲学家，就是诗人；优秀的诗人，也就是哲学家。他们异体同质、殊途同归。

维柯只将诗人与哲学家的思维方式加以区分，似乎并没有厚此薄彼的意思。这一点与柏拉图轻感性重理性是有所不同的。

（六）诗“描述可能发生的事”，需虚构、想象、哲思

亚里斯多德对诗与哲学的认识与柏拉图不同，他虽然承袭他的老师柏拉图的“摹仿”说，但对“摹仿”说有所突破，他不认为诗人只是“摹仿”，与真理隔了三层，他是充分肯定诗的创造与哲学意味的。

他在《诗学》中说：“诗人的职责不在于描述已发生的事，而在于描述可能发生的事，即按照可然律或必然律可能发生的事。历史家与诗人的差别不在于一用散文，一用‘韵文’；希罗多德的著作可以改写为‘韵文’，但仍是一种历史，有没有韵律都是一样；两者的差别在于一叙述已发生的事，一描述可能发生的事。因此，写诗这种活动比写历史更富于哲学意味，更被严肃地对待；因为诗所描述的事带有普遍性，历史则叙述个别的事。”② 他认为诗人的职责不在于描述已发生的事，而在描述可能发生的事，这表明诗人不只是对现实世界的“摹仿”，而是按照可然律或必然律进行虚构，诗人不是摹仿者，而是创造者。同时，他认为诗描述的事带有普遍性，比历史更富于哲学意味，这就表明诗不完全是感性思维，而具有哲思。

亚里斯多德关于诗“描述可能发生的事”，按照可然律或必然律进行虚构——开对诗的想象性作理性分析之先河，这一命题成为后世诗论家谈论得最多的。如维柯在讲到“诗性智慧”说：“凭空全是肉体方面的想象力，以惊人的崇高气魄去创造，这种崇高气魄伟大到使那些用想象来创造的本人也感到非常惶惑。因为能凭想象来创造，他们就叫做‘诗人’，‘诗人’在希腊文里就是‘创造者’。”③ 他将“能凭想象来创造”视为“诗人”基本特征，给予高度的赞美。

---

① 朱光潜：《西方美学史》（上卷），人民文学出版社 1979 年版，第 333 页。

② ［古希腊］亚里斯多德：《诗学》，见伍蠡甫、胡经之主编：《西方文艺理论名著选编》（上卷），北京大学出版社 1985 年版，第 60 页。

③ ［意］维柯著，朱光潜译：《新科学》，商务印书馆 1989 年版，第 128 页。

法国启蒙思想家、作家狄德罗，认为想象不单由诗人拥有，应是一切人的基本素质：“想象，这是一种素质，没有它，人既不能成为诗人，也不能成为哲学家、有思想的人、有理性的生物，甚至不能算是一个人。”① 将想象视为人的素质，就是说，人的一切建树都离不开想象。他将诗人与哲学家、有思想的人，在普遍需要想象力这一点上打通了，是有着极高的教育学价值的。这就告诉我们，教育应以养护、培育想象力为旨归。

而诗人的想象的不寻常在于：“在什么时候才停止应用记忆而开始运用想象呢？那是当你以一个接一个的问题迫使他想象的时候；也就是说由抽象的、一般的声音转化为比较不抽象的、比较不一般的声音，一直到他获得某一种明显的形象表现，也就是到达理智的最后一个阶段，即理智休息的阶段。到这时候，他成了什么呢？他就成了画家或者诗人。”② 他认为诗人运用想象将观念变为形象，想象让记忆与理智退场，换言之，须排除记忆与理智，想象力才得以发挥，即记忆与理性是有碍于想象力的。——这一认知有很大的思考空间：诗人不凭记忆、理智写诗，记忆、理智与想象是矛盾的。但无疑的，想象不能不以记忆为基础，也不能不受制于理智，因此，摆正三者关系至关重要。

他认为诗人是具有超常想象力的人：“诗人在较高程度上从自然取得了把天才和普通人，把普通人和愚昧的人区别开来的那个品质；这个品质就是想象力，如果没有它，言词就变成为把声音组合起来的机械习惯了。”③ 想象力是诗人与普通人区分开来品质，就是说，超常想象力是诗人的天赋。同时，他也将诗人视为天才。

德国哲学家狄尔泰对诗的想象与理性关系的认识，与狄德罗较为相似：“理性是严格地按照归纳法、数学概念以及自然法则来调整自己的思想、观念的，因此很明显，某一时代的人们如果一旦——哪怕是部分的——摆脱这理性的控制，想象的力量就会增强起来，人们便将由此看到一种新的、率真的感受和想象在支配着自己的精神生活。”④ 他也认为想象与理性是对立的，想

---

① ［法］狄德罗：《论戏剧诗》，见伍蠡甫、胡经之主编：《西方文艺理论名著选编》（上卷），北京大学出版社 1985 年版，第 240 页。

② 同上书，第 240～241 页。

③ 同上书，第 242 页。

④ ［德］狄尔泰：《诗的伟大想象》，见伍蠡甫、胡经之主编：《西方文艺理论名著选编》（下卷），北京大学出版社 1987 年版，第 556 页。

象需要摆脱理性的控制，才能得以充分发挥。在诗人那儿，想象力居于支配性地位。

他们都不像柏拉图那样，把感性、反理性当作诗人的缺点，恰恰相反，而是以能摆脱理性控制为荣，高度赞美诗人具有超凡的想象力，将想象看作天才的标志。

应该指出的是，狄尔泰将想象与理性对立的观念有失偏颇。狄德罗说得对，“想象，这是一种素质，没有它，人既不能成为诗人，也不能成为哲学家、有思想的人、有理性的生物，甚至不能算是一个人。”即使哲学、数学、物理学等这些理性思维占绝对优势的领域，也是一刻也离不开想象的。——只不过诗人的想象有别于哲学家的想象。我以为他们的不同在于，诗人的想象倚重于表象、感性，而哲学家的想象倚重于抽象、推理。

（七）写诗能力：观察和描绘，感受性，沉思，想象和幻想，虚构

与狄尔泰不无相似，英国浪漫主义诗人华兹华斯也关注诗人的感受性与想象力。他在《〈抒情歌谣集〉一八一五年版序言》中，将写诗的能力归纳为五种（实为六种，第六种是“判断力”），这是对诗人所需能力的较为全面、深入的研究。值得注意的是，他对基于五种能力之上的“判断力”的关注，显然是对诗的“理性”的高度肯定，可以视为是对柏拉图诗是无理性、反理性观点的反拨。

华兹华斯说：“写诗所需要的能力有以下五种：第一是观察和描绘的能力……第二是感受性，这种能力愈敏锐，诗人的知觉范围就愈广阔，他也就愈被激励去观察对象，不是观察它们原来的样子，就是观察它们在他的心中的反应。（诗人感受性和普通感受性之间的区别已经在原序所描述的诗人性格中指明了。）第三是沉思，这种能力可以使诗人熟习动作、意象、思想和感情的价值，并且可以帮助感受性去掌握这四者之间的相互关系。第四是想象和幻想，也是改变、创造和联想的能力。第五是虚构。凭借这种能力可以从观察所提供的材料来塑造人物，这种材料不论是诗人心灵中的也好，或者是外在生活和大自然的也好。这样产生的事件和情节最能激发想象力，并且最适合于使诗人所描述的人物、情感和热情得到充分发挥。”① 他在列举了上述五种能力后接着说：“最后是判断，这种能力就是决定应该以什么方式、在什么

① ［英］华兹华斯：《〈抒情歌谣集〉一八一五年版序言》，见伍蠡甫、胡经之主编：《西方文艺理论名著选编》（中卷），北京大学出版社1986年版，第56～57页。

地方、并且在什么程度上把上述几种能力中间的每一种能力都加以运用，以致较小的能力不被较大的能力所牺牲，而较大的能力不轻视较小的能力，不攫取比它应份得到的更多的东西，而对它本身有害，每种写作的规律和相当优点也是由判断力所决定。”① ——判断力，可以看作是第六种能力，是在前五种能力之上的最重要的一种能力，是一种统御、协调、决定的能力。

华兹华斯作为诗人，基于自身对诗的深刻理解，对每一种诗的写作能力都做了细致入微的描述与分析，这五种能力与“判断力”，对培养诗歌写作素养，乃至培养文学写作素养都有较高的参考价值。

（八）诗人具有审美力，其语言主要是隐喻（意象、隐喻、象征、神话）

诗人是具有审美力的，诗歌具有形象美感，其表述方式主要是“隐喻”，这是有较高认同度的。雪莱在《为诗辩护》中认为诗是作用于人的心灵的，他高度肯定诗给予人的审美快感，肯定诗的“隐喻性”，这不但指明了诗的表现特性、教育特性，同时也是对柏拉图否定诗的审美快感的匡正。

雪莱说：“……审美力最充沛的人，便是从最广义来说的诗人；诗人在表现社会或自然对自己心灵的影响时，其表现方法所产生的快感，能感染别人，并且从别人心中引起一种复现的快感。诗人的语言主要是隐喻的，这就是说，它指明事物间那以前的尚未被人领会的关系，并且使这领会永存不朽，直待表现这些关系的字句，经过时间的作用，变成了若干标识，但这些标识只代表思想的片断或种类，而不能绘出整部思想的全景。人们的联想已是漫无组织了，如果没有新的诗人出来创造新的联想，语言就不足以表现人类交接中一切比较崇高的目的了。”② “诗人的语言主要是隐喻的”，“隐喻”，就是揭示事物间尚未被人领会的关系，并使之永垂不朽，成为一种“标识”——关键在于发现人之未见的关系，“创造新的联想”。隐喻，其实也有赖于想象力。

美国当代文论家韦勒克和沃伦，则从四个方面来阐明诗歌的表述方式：意象、隐喻、象征、神话：“我们这样一个排列顺序，即意象、隐喻、象征、

---

① 华兹华斯：《〈抒情歌谣集〉一八一五年版序言》，见伍蠡甫、胡经之主编：《西方文艺理论名著选编》（中卷），北京大学出版社 1986 年版，第 57 页。

② ［英］雪莱：《为诗辩护》，见伍蠡甫、胡经之主编：《西方文艺理论名著选编》（中卷），北京大学出版社 1986 年版，第 68～69 页。

神话，代表了两条线的会聚，这两条线对于诗歌理论都是重要的。一条是诉诸感官的各别性的方式，或者说诉诸感官的和审美的连续统一体，它把诗歌与音乐和绘画联系起来，而把诗歌与哲学和科学分开；另一条线是‘比喻’或称‘借喻’这类‘间接的’表述方式，它一般是使用转喻和隐喻，在一定程度上比拟人事，把人事的一般表达转换成其他的说法，从而赋予诗歌以精确的主题。”[①]“‘意象’一词表示有关过去的感受上、知觉上的经验在心中的重现或回忆，而这种重现和回忆未必是视觉上的。”“一个‘意象’可以被转换成一个隐喻一次，但如果它作为呈现与再现不断重复，那就变成了一个象征（或者神话）系统的一部分。”[②]“‘神话’是一种叙述、故事，与辩证的对话与揭示性文学相对照；它是非理性的、直觉的，与系统的、哲学的相对照，它是埃斯库罗斯的悲剧与苏格拉底（Socrates）的辩证法相对照。”[③]他们揭示了诗的表达形式是运用“意象”，意象诉诸感官；由意象转换成隐喻与象征，以表明诗歌的主题，这是诉诸理智的。诗（戏剧）是叙事的、感性的、具象的、直觉的，同时，诗的隐喻性、象征性，又使诗具有理性、哲学的意味。

我以为，意象、象征、神话，实质上都是一种隐喻，都是喻指诗歌的主题、意义的。因而，雪莱说“诗人的语言主要是隐喻的”是对的。韦勒克、沃伦对诗的“两条线”的认知，确实将诗的表达方式的内在关系分析得更清楚了。他们的研究，修正、深化了柏拉图对诗的“感性”表现方式的观念。

以上对柏拉图之后的西方诗论作了梳理，不难看出，柏拉图诗论对后世或显或隐的巨大影响，诗与哲学之争是贯穿其中的主线，“为诗辩护”，成为后世诗论家一个重要的研究动机。与柏拉图相似，论者都重视诗的教育功能和怡情养性作用，但他们不是批评、驱逐诗人，而是肯定、维护诗人。不再认为悲剧迎合人的低劣情感，而是认为它给予人由恐惧与怜悯引发的快感，有益于悲悯之心的培育。诗人不是如柏拉图所说的“摹仿者”，而是创造者、先知，是德性的君王，神祇的代言人。“神思存在”，意味着诗是源初

① ［美］韦勒克、沃伦著，刘象愚、邢培明、陈圣生、李哲明译：《文学理论》，生活·读书·新知三联书店 1984 年版，第 200 页。

② 同上书，第 204 页。

③ 同上书，第 206 页。

的语言，是哲思、终极思考。接受神的尺规，便是“诗意”；有诗人、诗意才能超越物质性生存，才有本真的安居。诗的思维是感性、具象的，其核心是想象力。在写诗诸多能力之上的是判断力。诗的语言主要是隐喻。这些认知都与柏拉图有着千丝万缕的关系。了解这些，对西方诗论就有了相对完整的认知。

柏拉图如同一位伟大的操盘手，将后世的诗人、诗论玩弄于股掌之上，“百家腾跃，尽入环中”。他无所不在地存在于诗与哲学、摹仿与理式、感性与理性中。在这场与后世诗人的博弈中，他无疑是最大的玩家与赢家。

五　语文之诗：诗意栖居是人的本性

作为对语文“工具性”认知与应试教育的反拨，近年语文界的一些有识之士开始对语文课程的人文价值进行追寻，在探求之路上，他们重新发现了“诗意”这个词语，发现了其教育学意义。“诗意”这个诗学、文学、美学符号，开始作为一种语文观念，进入课改的视野。

语文界对“诗意”思考，是在语文教育哲学层面最有价值的思考之一，也是最艰难的思考之一。因其内涵深厚、丰富而模糊，且由于缺乏对其进行系统的梳理与本质的探究，这一思考便往往停留于感性直觉，失之于肤浅：或面面俱到，不得要领；或执其一端，不及其余。但不论怎样，能打破“工具性”认知，超越语文应试教育的功利性，能将“诗意”作为语文课改的方向，便值得充分肯定。毫无疑问，与泛而不切、大而无当的“人文性”教育相比，“诗意”离语文教育更近。

随着21世纪初新一轮课改的兴起，随着文学、诗歌教育备受关注，语文界开始意识到以诗的创造精神改造语文教育的意义。

（一）创造性：追求语文的创造、创新

高万祥先生是较早关注语文的诗意的教师。他说：“世纪之交的语文教改，呼唤着诗歌和诗意的回归。不仅教材和教学内容应以文学作品为主，更重要的是，语文教育应该是一种创造性活动，应该具有诗一般的创造活力和优美意境。诗的本质是创造，诗的灵魂是创造。追求语文的诗意，就是追求语文的创造创新。……语文，应该富有诗意地栖息在艺术创造的殿堂。从现代文明意义上来说，诗意是语文教育的生命和灵魂。”[①] 诗是文学之冠，诗的精神是创造，语文教育应富有诗意，这一理解是对的。在他这里，诗歌、诗意，既是语文教育目标的文学审美价值回归，又是在课改背景下对创新教育的重新认定。高万祥先生的这一观点，代表着对语文创新教育的呼唤。

在应试教育的大环境下，身为中学校长的高万祥能对语文教育作如是观实属不易，值得钦敬。我以为，他的吁求，从表层看是追求语文教育的“创造创新”，从深层看是追求超越应试教育的功利主义，这是对“语文的诗意”的更具本质性的认知。在中学语文界轰轰烈烈搞应试的情境下，高万祥的观点必然落落寡合，不知他是否推行得动，是否觉得落寞无助。

高万祥对“诗意”的“创造创新”认知，其源头可归于古希腊“诗是创造”“诗人是创造者”的观点。

（二）审美性：心灵唤醒与人格建构

在一些学者的语文论著中能看到对“诗意”的更为深入的追索。在曹明海主编的《语文教育本体论》一书，对语文的“诗性智慧”有较为具体的阐述。该书在“汉语言的‘诗性智慧’”中，谈到了“汉文字的诗性智慧”：（1）汉文字是一种表意性文字；（2）汉文字是一种表情性文字；（3）汉文字是一种形象性文字；（4）汉文字是一种审美性文字。进而谈到了“汉语的诗性智慧”：（1）意合性；（2）具象性；（3）整体有机性；（4）简约性；（5）情感性；（6）审美性。基于此，他认为：“汉语言的诗性和艺术性使之不同于重语法、重形式的‘分析型’‘推理型’西方语言，而是一种重表达功能的‘感悟型’‘体验型’语言，是一种具有很强的主体性和深厚的人文意蕴的语言。”[②] 从汉文字语言本身体现出的需要言语主体的感受、体验特征，与其内在固有的深厚的人文意蕴，这两个方面来界定其“诗性智慧”。

在“汉字教学的‘诗性智慧’”中，主要是强调汉字的审美功能对人的情感、精神发展的作用：“汉字本身所具备的丰富的审美肌质和深厚的审美内涵是儿童学习汉字的有力助推器，能够在孩子的学习过程中对其进行美的熏陶、滋润与情的感化、唤醒。所以儿童学习汉字的过程，既是一个识字的过程，也是一个体认汉字中所包含的丰厚文化意蕴的过程，还是一个领略闳约深美与挚爱真情的过程。在这一过程中，儿童不但学习了汉字知识，更进行

① 高万祥：《语文的诗意》，苏州大学出版社 2002 年版，第 6 页。
② 曹明海主编：《语文教学本体论》，山东人民出版社 2007 年版，第 301 页。

了心灵的唤醒和精神的建构，是一个总体生成与发展的过程。”① 这强调的是识字教学的文化性、审美性对心灵、精神的涵养。

在“汉语教学的‘诗性智慧’”中，主要讲的是注重语感教学的情境体验性：“语感教学注重和强化学生对言语作品的体验，倡导在生命体验的基础上达到对作品的深刻体悟。这种生命体验和感悟需要一定的情境，以激发学生的热情，调动其自由开放的主体性心态。在和谐的情境氛围中，教师借言语作品以言激情，以情感心，而学生则‘披文以入情’，沉浸到言语作品的感受玩索中，课堂情境、作品的意境、师生的心境交融在一起，产生春风化雨般的滋润作用，真正做到在语言的感受体验中唤醒心灵、建构人格。这也正是汉语言自身独特的诗性秉赋与优势使然。”② 关注的是对作品的生命体验中培育心灵与人格。

在曹明海先生主编的《语文陶冶性教学论》中，也谈道：“‘诗性’一词……是指在语文教学中所体现出来的一种以师生的共同合作、创造为基础的美学追求、生命精神追求，并以此引导整个教学活动向着师生完美的心灵塑造与健康人格培养的方向发展，使师生在其共同参与的教学活动中获得智慧上的满足和生命成长的欣悦。”③ 这也是在心灵塑造与人格培育上讲语文教学的“诗性智慧”。

可以看出，这些论述主要是从情感、审美的角度来体现语文的“诗性”的。这一认知，与我国古代的“温柔敦厚”说、“缘情”说、“持人性情”说、“厚性情，变气质”说……一脉相承。

（三）想象性：诗性是想象力的游戏

杨再隋先生从儿童的心理、思维特点入手，研究语文课程文化：“诗性就是儿童的本真、本性。儿童正是通过特有的诗性和个体的灵性感受世界，而不是通过理性逻辑去分析、认识世界。”④ 他指出诗性是儿童的本真、本性，这接续的是维柯的认知。维柯认为“儿童先凭感官去接受外界事物的印象，这些印象留在记忆里，成为想象所凭借的材料。在很长一个阶段里，儿童的心理活动主要是想象活动，只关心事物个别的具体形象，而不注意事物之间

---

① 曹明海主编：《语文教学本体论》，山东人民出版社 2007 年版，第 303 页。

② 同上书，第 304 页。

③ 曹明海主编：《语文陶冶性教学论》，山东人民出版社 2007 年版，第 231 页。

④ 杨再隋：《语文课程的文化视野》，载《语文教学通讯》c 刊，2007 年第 11 期。

的抽象的性质与关系，因为他们还不会抽象思考。”①。

“感性教育是调动儿童的全部感官去充分感知外部世界、丰富感性经验的教育，是诉诸形象、强调感染的教育。感知是认知的起始，也是认知的基础。儿童初涉人世，感知经验贫乏，对外部世界充满惊奇感。因此，好奇、好问是儿童的天性。表面看来，感知是表层的、零碎的，甚至是粗糙的。但感知又是原汁原味的、本色的、原生态的、具象而生动的。儿童充分感知的结果，就是会在脑海中留下清晰的印象——表象。表象是想象的基础，多种表象的置换、重组产生着丰富的想象。……想象是诗性的基本特征，诗性就是想象力的游戏。在想象世界里尤其是在幻想世界里，孩子们自由驰骋，闪躲腾挪，无所不能，无所不在，在想象世界和现实世界之间自由转换，构成了儿童独有的丰富多彩的梦幻世界，这就是儿童文化的特征，是语文课程文化的重要内容。在语文教学中，想象的主要功能在于把有限的东西延伸到无限，又能把无限的东西引入到有限之中，正是有限性和无限性的相互转换，使儿童的想象飞起来，思维活起来，语言也活起来了。”② 他认为以感性经验、表象为基础的想象，是诗性的基本特征，是儿童文化的特征，也是语文课程文化的特征，这很有道理。但如果将诗性、儿童文化、语文课程的特征限定于感性上，自然是片面的。

我以为，想象未必是纯感性的，理性与想象并不矛盾。这就是为什么社会科学家、自然科学家也需要想象的原因。将感性与理性对立起来，以为想象是纯粹具象化、表象化的，这是柏拉图、维柯们的认知局限。

以为诗性是感性的，是排斥理性的，以为儿童只有感性思维，过分强调想象与幻想是儿童文化的特征，是语文课程文化的重要内容，很可能会导致理性——哲思的失落。

（四）诗的喻指：通过语言与世界缔结关系

“诗化语文”倡导者周益民先生的《步入诗意的丛林》一书，虽不是理论性专著，但对语文教学“诗意”的思考也颇有心得，涉及不少对儿童与语文教学的“诗意”的感悟。

周益民先生对诗意的理解是与儿童对想象、创造与梦想的渴望开始的。他说：“童年是多梦的季节，儿童是情感的王子。他们心中充盈着想象的激

① 朱光潜：《西方美学史》（上卷），人民文学出版社 1979 年版，第 333 页。
② 杨再隋：《语文课程的文化视野》，载《语文教学通讯》c 刊，2007 年第 11 期。

情，蓄积着创造的欲望，扑棱着翻飞的诗性。对学习，对生活，对理想，对这个五彩的世界，他们有着太多太多梦幻般美好的期待——这便是儿童最初的人生。而语文，似乎生来就是为着放飞儿童的多彩梦而存在的。……儿童在这美丽的追梦中，固有的灵性得以迸发，原始的诗情得以生长，潜具的悟性得以唤醒……”① 这些话，出于一个当过多年小学教师、与无数孩子耳鬓厮磨的人之口，与出于一个理论家，或心理学家之口，我觉得其中的感觉是很不一样的。语文，是为了放飞儿童的多彩梦而存在的，是为了放飞孩子的想象力与诗情而存在的。这个理解很“语文”，很深刻、很特殊，不是一般的理论家、心理学家能像他那样真切感受到的。

他不满足于感性经验，他对“诗化语文”的认识，是源于对儿童本体的思考：“我向来认为，任何一种教学追求，其逻辑起点首先都应该建筑在对儿童的认识上。儿童在本质上是一种缪斯性存在，儿童文化是一种缪斯性文化。这种缪斯性文化主要表现为充满旺盛的想象力，具有诚挚的情感，怀着艺术化的生活态度。儿童个体初始阶段的语言是非符号、非逻辑的，因而有人说儿童天生就是诗人。诗化语文倡导的理念正吻合于儿童的这一心理特征，或者说，儿童所具有的这种文化特质正是诗化语文存在的意义。”② 这一对童心与语文的理解，固然在相当程度上承袭了前人的儿童观，但将诗意、儿童文化与语文教育三者特点进行对接与融合，还是有其现实意义的：语文教学应顺应儿童的诗性天性。

最让我印象深刻的是他对“诗化语文”的界定：“……似乎应该对‘诗化语文’做一个界定了，但我仍然感觉很吃力，很困难。不过有一点是明确的，那就是这儿的‘诗’是一种喻指，是着眼于本体意义，着眼于语言和儿童栖居世界的关系这一角度。语言和世界带有很本体的关系，精神的成长离不开语言，一定意义上语言就是儿童存在的家园。儿童通过语言跟世界缔结一种和谐、完满的关系，这样语言就不仅是一种信号，更成为一种象征。”③ 在这里，他隐约感觉到了“诗”与“儿童存在”的本体意义，这是上述对诗意的想象、创造、梦想的认知，对儿童文化是缪斯性文化的认知等的升华。他强调“语言”对儿童的重要，语言是儿童与世界之间的桥梁与纽带。他认为这

① 周益民：《步入诗意的丛林》，长春出版社 2005 年版，第 1 页。
② 同上书，第 108 页。
③ 同上。

里的“诗”是一种“喻指”，是指“儿童通过语言跟世界缔结一种和谐、完满的关系”。通过他的描述，我揣测他是否想要表达，“诗化语文”是助成孩子在言语创造中发现、认识、拥有世界，从而找到家园感、存在感即归属感、幸福感。略感遗憾的是，作者对存在主义的语言观、诗意观尚缺乏深究。

周益民是痴迷于“语言”的，对语言情有独钟：“有位学者评价我的语文教学理想充满了古典情怀与宗教色彩，我很感动于这样的价值判断，但同时又实在无法明晓这到底是自发的产物还是自觉地诉求。我喜欢被文字打动的感觉，因此朴素地希望孩子们也能获得这样的体验，以此获得生命力量的不断壮大。”① 我不知道，所谓的“古典情怀”是否指单纯、朴拙、典雅，“宗教色彩”是否指笃信、虔诚、信仰，如果是，那也许离感悟语言的“源初性”“神性”就不远了。

（五）神性：没有神性便没有诗意

在小学语文界，王崧舟与他的“诗意语文”，几乎无人不知。可以认为，在整个语文界，王崧舟先生是对“诗意”的最执着的追索者与实践者。在这十多年里，他为“诗意语文”教育殚精竭虑，给语文教师以广泛、真切、积极的影响。

王崧舟说：“我们怀着对生命的敬畏与尊崇，以热切而理性的思索，努力追寻着语文教育的本真：培养真正的人，培养具有‘人的精神’的人，培养具有和谐的、多方面精神生活的人。诗意语文以价值引领为灵魂，以文化传承为血脉，以精神诉求为旋律，以生命唤醒为光华，以个性高扬为风采，以智慧关照为神韵，以心灵对话为境域。主张将生命融于语文教育，将语文教育融于生活，让语文教育成为生命的诗意存在。”② 他进而从八个方面对其展开说明：一、诗意的灵魂：价值引领；二、诗意的血脉：文化承传；三、诗意的旋律：精神诉求；四、诗意的光华：生命唤醒；五、诗意的情怀：感性复活；六、诗意的风采：个性高扬；七、诗意的神韵：智慧观照；八、诗意的境界：心灵对话。可以看出，他的“诗意语文”的理念，丰富而深入，渗透到语文教学的方方面面，贯穿“诗意语文”的是人的教育，是生命、生活教育。

王崧舟没有给“诗意”与“诗意语文”下过定义，但有着具体、细致的

① 周益民：《步入诗意的丛林》，长春出版社 2005 年版，第 110 页。

② 王崧舟：《王崧舟教学思想与经典课堂》，山西教育出版社 2005 年版，第 46 页。

描述。他将“诗意栖居”，视为人的一种天性：

> 诗意语文，是我们孜孜以求的精神家园。我以为，寻找自己的精神家园，就是安顿我们的灵魂；寻找自己的精神家园，就是听从发自我们灵魂最深处的召唤；寻找自己的精神家园，就是走向清静的彼岸净土；寻找自己的精神家园，就是清除文明给我们的灵魂蒙上的厚厚的尘土，让我们自然、真诚、鲜活的天性充分展现出来。
>
> 人的诗意栖居，正是这种天性的自然流泻。
>
> 如果说，栖居意味着现实主义，那么，诗意就是一种浪漫主义的情怀；
>
> 如果说，栖居意味着物欲的满足，那么，诗意就是一种精神的追寻；
>
> 如果说，栖居意味着采菊东篱下，那么，诗意就是一种悠然见南山的境界；
>
> 如果说，栖居意味着路漫漫其修远兮，那么，诗意就是一种吾将上下而求索的信念；
>
> 如果说，栖居意味着入世，那么，诗意就是一种出世的胸襟；
>
> 如果说，栖居意味着理性，那么，诗意就是一种激情地投入；
>
> 如果说，栖居意味着对生命的一种执着，那么，诗意就是一种超脱之后的自在和圆融……
>
> 没有栖居，何来人生？没有诗意，何来真正的人生？①

王崧舟的“诗意栖居”的认知，就是回归人的本性。我欣赏这样的说法。但是这里的“人”，应是指“人类”这个整体。“诗意语文”的认知，则是回归“神性”：“我们崇尚之诗意语文，与诗化语文多有不同。诗化语文追求一种诗样的风格和意境，其灵魂乃审美的极致。诗意语文，当有审美的追寻，但绝非审美二字所能涵盖。诗意语文，是有神性的语文，没有神性，便没有诗意，自然也就没有诗意之语文。但诗意语文，其内涵应更为宏阔、更为丰厚、更为深刻。诗意语文，着一‘真’字，觅一‘善’字，成一‘美’字，贵一‘适’字，化一‘神’字。”② 他刻意要将“诗意语文”与“诗化语文”区别开来，这一区别就在于“诗化语文”追求的是“审美的极致”，而“诗意语文”追求的是“神性”，这似乎与海德格尔的“神性”概念不同，他追求的

---

① 王崧舟：《王崧舟教学思想与经典课堂》，山西教育出版社 2005 年版，第 61 页。

② 同上书，第 319 页。

是语文教师精神境界的提升。是否可以这么说，他以为“诗意语文”是高于“诗化语文”的。

至于何谓“神性”，他没有明确的诠释，但书中有些论述似乎间接阐明了其意蕴：“……远大的职业境界支撑起语文教师的神性。”① 至于什么是体现“神性”的“远大的职业境界”，大约可以从下面这些描述中得以领略：“一个充满诗意的语文教师，应是一个感官敏锐的人。对学生、对文字、对课堂、对自己的内心，都应有一种敞亮的敏感、烛照的直觉。对学生，要敏于倾听其心声；对文字，要敏于捕捉其意蕴；对课堂，要敏于把握其氛围；对自己的内心，要敏于观照其灵光乍显的智慧。”② 这是从感知与智慧的敏锐上说的，这是表层上；更重要的是气质、涵养、境界的优雅：“语文老师应努力使自己成为一个‘雅人’。雅者，儒雅、文雅、高雅、大雅之谓也。一要充盈儒雅之气，博览群书，满腹经纶，学富五车，学而不厌，腹有诗书气自华；二要涵养文雅之态，心平气和，文质彬彬，从容安详，温柔敦厚，每遇大事有静气；三要追寻高雅之趣，风花雪月，梅兰竹菊，琴棋书画，乐射御数，一片冰心在玉壶；四要立定大雅之志，淡泊明志，宁静致远，荣辱不惊，悲天悯人，直挂云帆济沧海。集‘四雅’于一体，方成一‘雅人’。”③ 做一个“雅人”，想必就是语文教师“远大的职业境界”，这也许就是他对何谓“神性”的理解，是作为教育主体的教师自身的修养、修为的美好、崇高、神圣。

这是王崧舟对“诗意语文”的基本理解，算是自成一家之说吧。要说有什么可以进一步思考的，就是如何对历来的“诗意”认知源流进行爬梳、对接，如何对这些基本概念做更为理性化的深入的阐释。

综上，我们可以体察到语文界对“诗意”与“诗意语文”的发现与探寻的些许足迹，以及他们探索之艰辛、可贵。他们的认知方向是正确的，试图突破语文课程的“工具性”认知，以及从语文学科特性上，对所谓的“人文教育”进行再思考，以期发现语文学科本体的特性。这一努力是值得称道的。在教学实践层面，挑大梁的是小学语文教师，这尤其值得称道。语文学者在这方面研究相对滞后，中学语文教师总体上显得事不关己、麻木不仁，这主

① 王崧舟：《王崧舟教学思想与经典课堂》，山西教育出版社 2005 年版，第 318 页。
② 同上。
③ 同上。

要应归咎于应试教育的戕害。

上述关于语文“诗意”的观点与见解，涉及“诗意”的想象性、创造性、审美性，游戏、梦想、幻想、童心，以及人格培育、心灵唤醒、精神建构、诗意栖居等，这些，无疑是符合“诗意”的基本特点的。在这些普遍性认知外，也有一些独特的感悟。如周益民先生的儿童文化是缪斯性文化，语文为放飞儿童梦想而存在，“诗化语文”是通过语言为儿童与世界缔结一种和谐关系，王崧舟先生的诗意语文的“神性”追求，“诗意栖居”是人的本性的认知，提出的语文教师职业境界的“雅人”标准等观点，均可圈可点。

我们也要看到，他们思考的特点：大多基于对“诗意”的个人的感性、经验性感受；对“诗意”的理解见仁见智，各取所需，有较大的随意性；缺乏学理的探求，缺乏相应的学术背景与理性观照。因此，对“诗意”的认知，大多是一种感悟式的描述，在概念、理性层面上浅尝辄止，思维尚觉简陋、模糊。由于对“诗意语文”（或“诗性语文”“诗化语文”“语文的诗意”等）的思考尚未理论化、明晰化，因而，难以确立真正的价值定位，难以获得思想认同，在教学实践中的应用也势必大打折扣、捉襟见肘。

六　诗意人生：超实用、功利，超现实、现世

“诗意”这个词，在日常生活中，常有感而发，脱口而出，无人对其深究。如说“这人一点诗意也没有”，根据不同的语境，或说这人很“俗气”，或说这人缺乏“想象力”……一般能听得懂，但如果严格讨究起来，“诗意”显然并不等于“俗气”或“想象力”。究竟什么是“诗意”，其本质的内涵是什么，涵盖哪些具体内容，恐怕很少有人能说得清楚。

诗意，意蕴极其丰富，世人往往执其一端，不及其余；或以偏概全、喧宾夺主；或含糊其辞，不知所指。其主要原因在于，未对其进行较为全面、系统的梳理，未能抓住其本质、要害。这也是“诗意”难以界定、罕有界定的原因。虽说的是同一个“诗意”概念，但对其能指、所指的认知，截然不同，甚至有天壤之别。

在我们这个诗歌的国度，千百年来，“诗意”这个概念积淀了太多的人生阅历与感悟；在人们对其毫不吝惜地肆意挥霍中，又加剧了其俗滥，以至歧

路亡羊、不知所终。要寻找真正的“诗意”，似唾手可得，又万般艰难。

表现-存在论语文学、语文课程终极目标指向是“诗意人生”，即“诗意的言语人生”，对“诗意”做清晰的界定、解读，对语文课程目标定位，对言语价值观确立，至关重要。这就是本书之所以下决心花费一章的篇幅进行讨论的原因。

在言语价值观层面，“诗意”源于诗，但已不局限于“诗”之“诗意”，已蜕变成一种符号，一种人格象征。“诗意人生”中的“诗意”，接近于诗的“神性”：纯粹、本真的语言。将“神性”所指“源初语言”的传达，套现为对“人”的“源初本质”的揭示。

诗，不等于韵律、节奏与优美的辞藻；诗人，不等于写诗的人，而是有诗意的人。诗，未必有诗意；写诗的人，未必是诗人。不写诗的人，若有诗意，也堪称诗人。人的诗意，承袭着纯粹的诗的“神性”精神基因。真正的诗人，是精神创造力、想象力超绝的人，是视言语、精神生命为第一生命的人。正是在这个意义上，古希腊称诗人为创造者、预言家、先知，称其为神祇的代言人。也是在这个意义上，柏拉图这个“反”诗、“反”诗人之人，却被后世称为真正的诗人。柏拉图无与伦比的审美创造力与思想洞彻力，使其当之无愧于诗人之美誉。——只有他才有资格斥责、驱逐诗人，而不但不被诗人所怨恨，反被诗人理解、赞美、尊敬。这是对“诗人”的人格、境界的认同。因诗人视其为精神同侪，惺惺相惜。

（一）智慧层面

诗意在智慧层面本质意义是拥有“审美想象力”与“思想创造力”。

所谓审美想象力，主要指想象丰美，想象的活跃、灵动、自由、超脱，善于联想、幻想、虚构，具备创造第二自然的能力。所谓思想创造力，主要指哲思深邃，意味着思维具有高度的敏捷性、思辨性、深刻性，具备了悟第一自然与预见未来的思想力。

诗意，不单是基于记忆、表象、感性，应是感性与理性的统一，形象与哲思的统一。诚如亚里斯多德所言，“诗所描述的事带有普遍性，历史则叙述个别的事”①。他在讲到悲剧的艺术成分时也提及“思想”：“‘思想’指证明某

---

① ［古希腊］亚里斯多德：《诗学》，见伍蠡甫、胡经之主编：《西方文艺理论名著选编》（上卷），北京大学出版社1985年版，第60页。

事是真是假，或讲述普遍真理的话。”① 与历史记述个别事物不同，诗表达的是具有普遍性的事物。诗与小说不同，小说在叙事上与历史一样，讲述的是个别事物；诗与小说类似，她们的皮肤、肌肉是感性的，而骨骼、神经中枢是理性、哲思。明人方孝孺说：“大而明天地之理，辨性命之故，小而具事物之凡，汇纲常之正者，诗之所以为道也。”② 他所讲的诗之“道”，不论是“天地之理”“性命之故”，还是“事物之凡”“纲常之正”，都是理性与哲思的体现。没有理性与哲思，便没有诗的深邃意境。诗的隐喻、象征，诗的寓言性、神话性，只有渗透着理性、哲思，才具有“诗意”。否则，就成了冯友兰先生说的“进于技的诗”，那是徒有其表的“非诗”。

从这个意义上说，哲学与诗都有赖于审美想象力、思想创造力。虽各有侧重，诗人侧重于审美想象力，哲学家侧重于思想创造力。在这两点上他们又是相通的：有象、有情而无思不是诗，没有意境、哲思，便没有真正的诗意，称不上诗人。有思也有象、有情，有审美想象力，哲学家也是诗人。富含哲思之诗最受人称道，有着诗美的哲学也备受推崇。

在审美想象力与思想创造力的高度互渗互补上，诗与哲学的界限仿佛便消失了。如陈子昂的《登幽州台歌》：“前不见古人，后不见来者。念天地之悠悠，独怆然而涕下。”——这诗所表达的人的“孤境”，何尝不是哲学？《老子》五千言，致广大而尽精微，是哲学，不也是诗？

（二）心灵层面

诗意，在心灵层面本质意义就是“精神高贵”。所谓“精神高贵”，主要指富有同情心、悲悯情怀。前者是优美，后者是崇高。其人性基础是“善”。有自我精神的追求与德性的完善，才有诗意的栖居。诗，不是追求物质回报的，是纯精神自我的一种理想、人格追求。诗意，属于精神、德性的自我。诗人，从某种意义上说，是生活在纯精神世界里的人，是有梦想、有情怀的人，是超尘脱俗的精神贵族。

沈从文先生就是这样的精神贵族：“名誉、金钱或爱情，什么都没有，这

---

① ［古希腊］亚里斯多德著、罗念生译：《诗学》，见《诗学·诗艺》，人民文学出版社 1982 年版，第 24 页。

② 方孝孺：《时习斋诗集序》，见《逊志斋集》卷十二，四部备要本。

不算什么。我有一颗能为一切现世光影而跳跃的心，就很够了。”[①] 他是为梦想、为精神生命绽放而活的人，为此可舍弃掉世人所看重的一切。

诗，是人类心灵的栖居地。海德格尔说：“只有当诗发生和到场，安居才发生。……诗亦非栽植和建房意义上的安居。诗，作为对安居之度本真的测度，是建筑的源始形式。诗首先让人的安居进入它的本质。诗是源始的让居(Wohnenlassen)。”[②] “人并不是通过耕耘建房，呆在青天之下大地之上而居的。人只有当他已经在诗意地接受尺规的意义上安居，他才能够从事耕耘建房这种意义的建筑。有诗人，才有本真的安居。”[③] 他刻意将物质建构与精神建构加以区分，指出“诗意地接受尺规”是建筑的“源始形式”，才是真正人的安居。人的本性是精神的，诗是纯精神，因此，诗使人得以本真地安居。所以，“有诗人，才有本真的安居”。“诗意栖居”，就是指人回归到精神自我的本质，以建构精神自我为安居之本。

“精神高贵”的基础是“同情、悲悯之心”。悲剧，表现、唤起、培育的就是同情、悲悯之情。有了她，才能像康德说的，使出自人天性中“善良”的“优美”，升华为“德性”的“崇高”。我以为，崇高，便体现为超越自我的悲悯情怀、利他情怀、人类情怀，对他人、人类的广大无垠的慈悲之心，可以看作是“神性”的良知基础。

（三）价值层面

在诗意的价值层面，最简单地说，就是“超功利”“超现世”。诗意，在“食色、现世”的肉体、物质生命之上，诗是心灵、精神的寓所。诗，寄寓着人的慈悲、敦厚的心灵与睿智、卓越的灵魂。诗意，是人精神生命孕育出的花果。诗言志，志之优者即哲思；哲思之优者是终极思考、彼岸情怀。哲思是诗意的极致。

诗人对诗意的追求，实即对人生境界的追求。如果说，“超功利”意味着冯友兰先生的“道德境界”，“超现世”即“天地境界”。尽管二者均难以企及，尤其是后者，几乎无可企及，却是诗意人生的必然归依。

---

① 沈从文：《水云集·水云》，见《沈从文文集》第十卷，花城出版社、生活·读书·新知三联书店香港分店1984年版，第265页。

② ［德］海德格尔著，郜元宝译，张汝伦校：《人，诗意地安居》，广西师范大学出版社2002年版，第77页。

③ 同上。

“超功利”“超实用”，是在基本需要层面上的价值追求。诗人即创造者，是为精神创造而生、而活的人。“超功利”“超实用”认知，是基本的。审美高于实用，审美、精神价值高于物质、名位价值，这就是“道德境界”的目标。

“超现实”“超现世”，是在发展需要层面上的价值追求。其终极追求，即对“神性”的追求。所谓诗人是神祇的代言者、先知、预言家，彰示的都是诗之“神性”。我所理解的“神性”，就是佛教所谓的佛性、真如。老子所谓的“道”：“人法地，地法天，天法道，道法自然。”[①] 朱熹所谓“理”：“宇宙之间，一理而已。”“太极只是天地万物之理。在天地言则天地中有太极，在万物言则万物中各有太极。未有天地之先，毕竟是先有此理。”“太极只是一个理字。”[②] 柏拉图的理式，真理……就诗而言，黄宗羲说的不拘于一时一地的“万古之性情”，海德格尔的“源初的语言”“本源之处”，神明的“尺规”等，都包含有“超现实”“超现世”意味，都可以归入“神性”。神性，就是自然规律、万物之本源，总而言之，就是事物的本体。事物的本体，“道”或“理”是一种客观存在，具有普遍性；是先在于实体、现实的，是先验的，超越时空的。对“此在”“存在”的永无止境的追索，可视为“天地境界”的目标。

在诗，在诗意，从认知的角度说，理性高于感性，哲思高于审美。哲思固然是其灵魂，是其需要追求的高境界，但在表现上须统一于审美，寄寓于感性、形象，须以意象、隐喻、寓言、神话等审美形态呈现，潜在于具象表现中。否则，便诗意尽失，诗就成了哲学。这一点是不能不注意的。

就“诗本性情”而言，“性”与“情”的指向也有所不同。“审美”偏重于“情”，“哲思”偏重于“性”（神性、本性）。其实不论是哲学还是诗，也同样须“性、情”兼备、左右逢源。二者都应求得哲思、审美统一。其不同在于，在表现内容上，偏于“性”——哲思，则哲学；偏于“情”——审美，则诗。

单就“哲思”的品质高下而言，诗与哲学并没有根本区别。冯友兰先生曾区分“进于技的诗”和“进于道的诗”，将其与哲学——形上学进行比较。“……进于道底诗，并不是只说无意义底话，自欺欺人，使人得到一种感情上

---

① 《老子·第二十五章》。

② 朱熹：《朱子语类》卷一。

底满足。它也是以可感觉者表显不可感觉者。我们可以说，就止于技底诗及有些哲学家的形上学说，形上学可比于诗。就进于道底诗及真正底形上学说，诗可比形上学。”① 就是说，哲思品质差的，是那些“进于技底诗及有些哲学家的形上学说”；哲思品质高的，是那些“进于道底诗及真正底形上学说”。在诗与哲学中，对哲思的要求是一样的。

诗与哲学的哲思的不同，只在表现形式上。哲学的语言是抽象、理性的，诗的语言是具象、感性的。诗，是在具象、感性的语言中，寄寓形而上学的思考，表达深刻的哲思。宋代严羽《沧浪诗话》：“夫诗有别才，非关书也；诗有别趣，非关理也。然非多读书，多穷理，则不能极其至。所谓不涉理路，不落言筌者，上也。”② 这将“诗”与“理”的关系说得很辩证：虽然“诗有别趣，非关理也”，但要写出“极其至”的“诗”，必须要“多读书，多穷理”——哲思，在表现上却要“不涉理路，不落言筌”，即要不露痕迹，不落俗套。

“诗意”的审美、哲思的特点，其深层本质是“超功利”“超现世”。这尤须关注，因为这是“诗意”的本质特征，也是“诗意人生”的精神内核。

要深入地认识“诗意”“诗意人生”的本质特征，有必要进一步作审美——超功利、哲思——超现世的二维分析。

审美：不囿于物欲，超实用、超功利（超动物性、社会性）——美、美感；联想、想象力；爱、同情、悲天悯人、良善；童心、本真、真诚、率性；优雅、超凡脱俗；无为、无欲无求。（包含着义与利、雅与俗、具象与抽象、创造与模仿、真与伪、美与丑、善与恶、爱与恨、为己与为人、利己与利他、无为与有为、优美与崇高等矛盾。）

哲思：不囿于现象，超现实、超现世（超自然性、生存性）——理性、智性；求知、明理、求真；愿望、梦想、幻想；信念、信仰；理想主义、浪漫主义、存在主义；人类情怀、终极关怀、彼岸关怀，追求精神生命的永生性。（包含着虚与实、真与美、感性与理性、个人与人类、卑贱与高贵、现实与理想、生存与存在、彼岸与此岸、寂灭与不朽等矛盾。）

审美——超实用、超功利，哲思——超现实、超现世，是“诗意”的基

---

① 冯友兰：《新知言·论诗》，见《贞元六书》，华东师范大学出版社 1996 年版，第 959 页。

② 严羽：《沧浪诗话·诗辨》。

本内涵。抓住这对矛盾，就把握住了“诗意”的“纲领”，在这两个维度之下，认识其丰富的内涵，才能做到纲举目张。因此，弄清楚这个“纲”，至关重要。

审美与哲思，是“诗意”基本内涵的表层。“诗意”的“审美”“哲思”要求，主要属于外在的表现性特征。在“诗意人生”中，首先需要关注的不是“诗意”的外在的表现性含义，而是其本质：“审美”内涵背后的人格特征——超实用、超功利，“哲思”背后的境界特征——超现实、超现世。因为，我们的目的主要不在于表明“诗”的外在表现形态，而是在于揭示“诗人”的内在特质，揭示“诗意人生”的本质。超功利与超现世，是“诗意”的内在品质，是“诗意人生”对主体的德性要求。

从超实用、超功利上看，人的基本的物质需求是必要的，但不是人生的全部。人还得有精神、审美需求。人需要吃饭，但不是为了吃饭而活着。人除了吃饭，还要会审美，会做梦，会建构精神家园。精神贫困是根本的贫困，精神富有是根本的富有。诗意人生，是追求精神创造、精神富有的人生。这就是海德格尔说的：“农夫栽培生长的事物，建造大厦，生产工具，这样的建筑，已经是安居本质的结果，但并非安居本质的基础，更不用说为之奠基了。这一奠基的事件，应该发生于一种不同的建筑中。通常的、唯一已经进行了的、广为人知的建筑，当然会为安居之人带来许多好处。但是，只有当人以另一种方式已经建筑、正在建筑并仍然有意于继续去建筑，他才能够安居。”① 他所说的“另一种方式”的“建筑”，就是指“诗”或“思”，“人的安居应该是诗意的”②。这说的就是超实用、超功利的思想、精神的“建筑”，这才是真正人的安居的本质、基础。

唯有能超实用、超功利，才能获得基本的精神、审美自由。在人生之途，实用性、功利性多，精神性、审美性就少。反之亦然。人生在世，不可能一点功利之心都没有，超功利，不等于非功利、无功利。尽量从功利心中挣脱出来，降低物欲，知足常乐，就能回归精神之乡土，就能多一点审美的愉悦。

看到海德格尔对荷尔德林诗歌的赞美与领悟，他关于“诗意地栖居”，精神的“建筑”，“有诗人才有本真的安居”，对“此在”“存在”的开释等，不

---

① ［德］海德格尔著，郜元宝译，张汝伦校：《人，诗意地安居》，广西师范大学出版社 2002 年版，第 74 页。

② 同上。

禁想到陶渊明的《归去来兮辞》：“……富贵非吾愿，帝乡不可期。怀良辰以孤往，或植杖而耘耔。登东皋以舒啸，临清流而赋诗。聊乘化以归尽，乐夫天命复奚疑!”① 这也许就是超实用、超功利的精神自由、自主，在“另一种方式”的“建筑”中，感悟到生命存在意义的真实写照。荷尔德林说：“人充满劳绩，但还诗意地安居于大地之上。”② 陶渊明说：“春秋代谢，有务中园。载耘载耔，乃育乃繁。欣以素牍，和以七弦。冬曝其日，夏濯其泉。勤靡余劳，心有常闲。乐天委分，以致百年。”③ ——陶渊明与荷尔德林这两位中外诗人，可谓心有灵犀，遥相呼应，都一样“充满劳绩”而“诗意地安居”，都一样乐天知命、身劳神怡、心安理得，可谓心心相印、息息相通。

从超现实、超现世上看，人不能脱离现象直观，不能没有现世关切，但又不能不超越现实、现世。哲思不是目的，是一种思维形态或表现方式，是超越现实、现世的手段，其目的是超越现实、现世。人既是个体的存在，又是人类的一分子。作为个体的人，往往会有“我从哪里来，到哪里去”“我为什么活着”“生命存在的意义是什么”的思考。作为人类的一分子，往往会有“人是什么”“人何以为人”“人类的未来是什么”“为人一世，我要为人类做些什么”的思考——“生年不满百，常怀千岁忧”是人之常情。需要厘清的不是该不该“常怀千岁忧”，而是究竟该“忧”什么：为钱财忧，为子女忧，为今生忧；还是为人类忧、为他人忧、为后世忧。前者自不足取，后者弥足珍贵。为人类忧、为他人忧、为后世忧，就是一种人类情怀、彼岸关怀与终极关怀，是高品质哲思的因由，也是“诗意”与“诗意人生”的本源。

彼岸，佛教指一种超越生死轮回的境界，脱离尘世烦恼、取得正果之处，修行达到的至高境界等，也指超越现世的美好的、理想的、想象的世界。对个人业报的挂虑、人类美好未来的憧憬、理想世界的构想等，是彼岸关怀的具体体现。

彼岸关怀也是一种终极关怀。所谓终极关怀，百度百科中的解释是，源于人之存在的有限性，源于人之企盼生命存在的无限性，它是人类超越有限、追求无限以达到永恒的一种精神渴望。对生命本源和死亡价值的探索构成人

---

① 陶渊明：《归去来兮辞》，见《陶渊明集》，岳麓书社 1996 年版，第 87 页。

② ［德］海德格尔著，郜元宝译，张汝伦校：《人，诗意地安居》，广西师范大学出版社 2002 年版，第 73 页。

③ 陶渊明：《自祭文》，见《陶渊明集》，岳麓书社 1996 年版，第 107 页。

生的终极性思考。这是万物灵长——人类独具的哲学智慧，寻求人类精神生活的最高寄托以化解生存和死亡尖锐对立的紧张状态，这是人类超越性的生死价值追求，是对“人类超越生死的基本路径”的关注与思考。

与彼岸关怀、终极关怀对立的是此岸追求、现世情结。如果限于此岸追求、现世情结，未能跳脱出来，就会造成种种个人、社会的困厄。李银河在杭州谈到“拜金女”话题（“为什么大陆的女孩这么拜金？宁愿在宝马里哭也不愿在自行车上笑?”）时说：“我觉得拜金是历史的选择，文化的选择。中国人本来就是无神论者，大部分人认为人死了以后什么都没有，所以拜金，一切的快乐都是现世。”她给这些“拜金女”开出了“要有点信仰，比如信信爱情，信信幸福感”① 的药方。她认为“无神论”，缺乏“信仰”，可能导致“拜金”，有一定道理。“人生苦短，及时行乐”，一味追求势利钱财等，实质就是缺乏彼岸关怀、终极关怀。只有此岸追求、现世情结，而无彼岸关怀、终极关怀，是使人不思积德行善、自度度人、修己利他，而醉生梦死、享乐腐败、为所欲为的一个原因。

但摆脱此岸、现世情结，拥有彼岸关怀、终极关怀，自然未必都要“有神论”。“彼岸关怀与终极关怀”本身就是一个信仰，就是人类的最具普世价值的信仰。

《礼记·礼运篇》的“大同”社会，陶渊明的桃花源，柏拉图的理想国，托马斯·莫尔的乌托邦，都是基于彼岸追求、终极关怀想象出的人类的安居之所、理想世界。西汉戴圣《礼记·礼运篇》，表达出的“大同”社会：“大道之行也，天下为公，选贤与能，讲信修睦。故人不独亲其亲，不独子其子；使老有所终，壮有所用，幼有所长，鳏寡孤独废疾者皆有所养，男有分，女有归。货，恶其弃于地也，不必藏于己；力，恶其不出于身也，不必为己。是故谋闭而不兴，盗窃乱贼而不作。故外户而不闭，是谓大同。”② 这类美好的社会理想，固然可望而不可即，却是人类不可或缺的精神食粮。没有这种彼岸追求，人类便没有希望，没有不断向好的未来。这既是超现实、现世的彼岸关怀，也充满了人类情怀与终极关怀。

人固然不可能有“来世”，但是，在人生观上要超越生死两界，不但要有“今生性”，还要有“永生性”。佛教所说的“涅槃”，便是指超越生死的境界，

---

① 《李银河：我不喜欢钱我喜欢爱情》，载《钱江晚报》，2010 年 12 月 1 日 。

② 陈戍国点校：《周礼·仪礼·礼记》，岳麓书社 2006 年版，第 314 页。

这有一定的道理。从某种意义上说，人不是为自己而活，也不是活在当世。人是为人类而活，活在历史中，活在未来、后世。人是需要活在身后，活在永恒中的。北宋哲学家、理学家张载（字横渠）“为天地立心，为生民立命，为往圣继绝学，为万世开太平”，这世代流传的“横渠四句”，想的是天地、生民、往圣、万世，心心念念在于世界的秩序、人类的生存，文化的承传，永世的太平。张载所要做的，便是站在生死、时间之上，是超越“今生”的，挣脱个体生命、生存，现实、现世拘执，这体现的便是利他情怀、人类情怀、彼岸关怀、终极关怀。“横渠四句”正由于高屋建瓴的视野，穿越时空的超脱，宽广宏阔的襟怀，达到了“诗意人生”的极致，才成为历代知识人类共同的精神高标。这就是所谓的“天地境界”。

彼岸关怀与终极关怀的本质就是利他情怀、人类情怀。利他情怀、人类情怀是彼岸关怀与终极关怀的基础，没有利他情怀、人类情怀，便不可能有真正意义上的彼岸关怀、终极关怀。沈从文先生在《长河》“题记”里说：“横在我们面前许多事都使人痛苦，可是却不用悲观。骤然而来的风雨，说不定会把许多人的高尚理想，卷扫摧残，弄得无影无踪。然而一个人对于人类前途的热忱，和工作的虔诚态度，是应当永远存在，且必然给后来者以极大的鼓励的！”① 这表达的便是一种利他情怀、人类情怀。沈从文不为自己而活，他为了“人类前途”，为了“后来者”，可以牺牲自己的一切。同样，我们在居里夫人那里也看到了这种珍贵的利他情怀、人类情怀，她在《我的信念》中说：“当皮埃尔·居里和我决定应否在我们的发现上取得经济上的利益时，我们都认为这是违反我们的纯粹研究观念。因而我们没有申请镭的专利，也就抛弃了一笔财富。我坚信我们是对的。诚然，人类需要寻求现实的人，他们在工作中，获得最大的报酬。但是，人类也需要梦想家——他们对于一件忘我的事业的进展，受了强烈的吸引，使他们没有闲暇，也无热情去谋求物质上的利益。”② 她的思维的出发点就是为了“人类”，充分体现了“人类情怀”。她站在人类最高利益的立场上，做出了人生抉择——生命的存在性选择，客观、真实地揭示了献身于“忘我的事业”的人们的人生观。这种利他

---

① 沈从文：《沈从文文集》第七卷，花城出版社、生活·读书·新知三联书店香港分店1984年版，第8页。

② 李乾明、罗文军、刘文东主编：《思想者的思考——外国名家散文的人文情怀》，天地出版社2004年版，第233页。

情怀、人类情怀显示出的人格的高贵，不论在任何时代，都代表了地球人的最高良知。

唯有站在人类未来、历史宏观、生死界限之上，超现实、现世，才能真正超实用、功利。超现实、现世，是超实用、功利的本质因。超现实、现世，是“诗意人生”之“诗意”的核心内涵。唯有超现实、现世，人的精神生命才能挣脱肉体、功利的羁累，轻盈地飞升，为人类的精神殿堂添砖加瓦，在广袤无垠的历史星空中，让生命留痕，灵魂长存。——超现实、现世，拥有利他情怀、人类情怀、彼岸关怀、终极关怀，是“诗意人生”的第一要义。

具有普世性、社会性价值的“诗意人生”，当是“诗意的言语人生”。“言语”创造，是“诗意人生”的题内之义。或者说，“诗意人生”必定要包含着“言语”创造。“诗意人生”不只是一个抽象概念，或是一个哲学意义上的信念，纯精神性、虚拟性的。“诗意人生”必须寄寓于“言语”，才是真正意义上的“诗意人生”。反过来也可以说，“言语人生”因为有“诗意”，才是值得追求的人生。缺乏“诗意”的“言语人生”，并不值得称道。因为，“言语人生”可能是利己、功利的，甚至是反人类的。这是必须做出区分的。

通过“言语”创造实践，赋予“诗意人生”具体、有价值的内容，使之变成言语生命的真实的精神存在，具有可持续分享性，超越时空性，普惠人类性，便是真正意义上值得倡导的“诗意人生”。虽然这不是一个多数人可实现的境界，却是一个多数人必须追求的理想。——“不写作，枉为人”，便是对这个理想的最通俗的表达。

我们说的“诗意人生”，实际上指的便是“诗意的言语人生”。似乎也可以撇开“言语”创造讲“诗意人生”，不过，那也许只能成为哲学、社会学学科的空头讲章。在语文教育语境中，需要特别阐明“诗意人生”的“言语”特性，强调“诗意人生”主要是由“言语”创造实践来承载、实现的。若抽掉了“言语”表现内涵，“诗意人生”便只剩一个空壳，便不存在。因此，在教学中，重在导引学生思考、认识言说的意义、价值，辨析何谓真正的“诗意的言语人生”，何谓没有“诗意”的“言语人生”，探讨在言语创造之路上何去何从，如何走得更远、更好，如何处理追求言语生命的今生性与永生性的矛盾，等等。

在引领“诗意人生”之途，要让学生明白这不是一个空洞的价值追求，她有丰富的具体内涵。上面所做的二维分析，一是审美，不囿于物欲，超实用、超功利（超动物性、社会性），二是哲思，不囿于现象，超现实、超现世（超自然性、生存性），就是为了表明要达成“诗意人生”这个目标，要具备哪些素养。

这里不但有对“诗意人生”的人格、境界上的要求，在“言语”实践中，还有智慧、技能上的要求。前者固然更为重要，因为它具有动力学价值，为“言语”创造源源不断地提供内驱力，但后者也不可或缺，人格、境界需要智慧、技能的支撑，如果空无所傍，人格、境界也只是落下一个空虚。只有二者相辅相成，才是真正的“诗意人生”。

在人格、境界层面，关键是利他情怀、人类情怀。有了它，就有了爱、同情、悲悯，信念、理想、梦想、信仰……就会有彼岸关怀、终极关怀，超越时空的高瞻远瞩，人类的文明、文化生成、发展。

在言语智慧、技能层面，关键是“思想力”“想象力”。有了它，就有了知识、学养，感性、理性，美感、智感，文感、语感，联想力、创造力……就会有审美追求、精神建构。

“诗意人生”，从最浅白的意义上说，就是消解贪欲、实用、势利，追求美、情意、崇高等。懂得“诗意人生”的基本要义，毕其一生孜孜以求，“尊德性而道问学，致广大而尽精微，极高明而道中庸”[①]，逐渐提升自身的精神境界与言语智慧，便有望成为拥有“诗意人生”的真诗人，成为“立言者”——人类千秋万代永远铭记、景仰的人。

---

① 《礼记·中庸》。

以文牟利谋权，那是自我作践。言语健全人格之大敌是功利和权位。“无望其速成，无诱于势利”，当为“立言者”之座右铭。卸下言语“画皮”的负累，让灵魂裸奔。

第七章 言语人格：超越生存性与功利性

在数千年的话语史上，关于言语与人格、言与德的关系，是人们说不完的永恒话题。

古往今来，人们对文豪或学者，大多怀有深深的景仰和向往之情。今天的学生，不少人在儿童或少年时代曾做过作家梦或学者梦，希望自己也能成为文学奇才或学界巨子。他们进入中学、大学后，也还拥有自己的理想：或翘首以盼灵感的倏然而至，或格物致知以期一鸣惊人。他们或落拓不羁、不修边幅，或机锋不露、故作深沉。到头来，大多成南柯一梦，诗不能通情，文不能达理，更不用说“为天地立心，为生民立命，为往圣继绝学，为万世开太平”了。在人取得言语成就的一切障碍中，言语人格障碍是最大障碍。

言语表现是人的个人化与社会化相统一的行为。由于人是十分复杂的个体，有不同的秉性和追求，同时，每个人的处境也不一样，都面临着各自的生存困境，环境对人的培养和造就千差万别，所以，人的言语人格的形成难臻完美。要做到高尚人品与完美文品的和谐统一是很困难的，然而，这又是每一位作者必须首先面对的。

2003年，北京师范大学完成了一项针对全国14个省市大学毕业生的问卷调查，当我们面对大学生们以下的选择时会做何感想呢？

> 大学生对于就业去向的选择，按统计结果排序是：外企（29%）、党政机关（19%）、高新技术企业（14%）、国有大中型企业（13%）、学校（11%）、科研机构（7%）、其他（5%）和乡镇企业（1%）。

近十年来，外企一直是大学生理想的就业单位。最近，党政机关也越来越受大学生青睐。值得注意的是，根据劳动部 2002 年的统计，在全国 89 个城市所需的 198 万个岗位中，国家机关和社会团体的需求比例只占 0.8%。这与大学生毕业的就业意向相差很大。

从大学生的就业选择也可以感受到社会发展趋势的强烈影响。比如，选择高新企业的人数较多，显然与国家重视发展科技，给高新企业招聘人才优惠政策分不开的，而曾经被老一辈青年青睐的大中型企业，并不被当下的大学生看好，恐怕和目前这些企业困难较多、效益不很理想有很大关系。这也说明大学生在择业时是非常现实的。①

选择什么工作，当然是每个人的权利，不应说三道四。只是在这里也可以折射出一个人的价值观，时代和教育的价值观。大学生就业首选的是“外企”，意味着选择“高薪”；其次选择的是“党政机关”，意味着选择“权力”；再次选择“高新技术企业”，多数人仍是选择“金钱”——这不意味着教育失败是什么呢？

在当下教育文化语境中，语文教育、言语教学，眼睛不盯着分数还会盯着什么？学生将来的言语表现，不以“钱”和“权”是瞻还会瞻什么？今天的教育，使学生身累，而且心累。物质文明时代的教育，并没有给学生带来幸福感。

以培养立言者为己任的语文教育，言语健全人格的培育，在任何时候都是一个无可回避的问题。在当今面向“钱”“权”、面向应试不良的教育和言语环境下，这一问题的重要性是不言而喻的。

一千多年前，面对虔诚求教如何成为“古之立言者”的学子李翊，大文豪韩愈教诲说“无望其速成，无诱于势利”，在今天，这仍可作为言语人格自塑的座右铭。

一　分裂人格与理想人格的对峙

在高度发达的商品化社会里，纸醉金迷的“精彩”世界对人的诱惑和影

① 从玉华：《关注大学生就业》，载《中国青年报》2003 年 7 月 13 日。

响，远甚于以往的任何时代，这使大多数人都难以据守心灵的安宁，精神的净土已是物欲横流、红尘滚滚；“宁静以致远，淡泊以明志”，似乎已成为昨天的神话。写作这一神圣的事业，沦为充满喧嚣、躁动、伪诈的名利场。文学的堕落与学术的腐败，使精神家园绿茵不再。少年文学天才刚刚起步就大言不惭地将可怜的天赋称金论银，有的学术大腕居然是不择手段沽名钓誉的文抄公。以应试和应世为目的的语文教育，其负面影响就是使语文课堂成了制造谎言和文字垃圾的作坊，成为培育伪君子——言语人格分裂症患者的温床。这与其说是社会进步的代价，不如说是生命的委顿和困窘，是现实生活的悲哀。

人类的言说，从它发生伊始，就与真伪、名利、权力等结下了不解之缘。“君子有文以明道，小人有文以发身（即发迹）”，言说造就了文人，“明道”与“发身”两种价值取向塑造出“君子”和“小人”。“发身”属于“本我”的需求，这是人的生理自然本能，受快乐原则支配，这使多数未经打磨的粗糙生命趋之若鹜；“明道”属于“超我”的需求，这是人的超自然的精神自律，受道德原则支配，以求得最大限度的言语上的自我实现，这需要旺盛健康的言语生命意识的约束和指引，需要时时压抑“本我”的物欲冲动，这只有极少数自强不息的精致生命能做到；另有一部分人，则游移于“明道”与“发身”之间，受“自我”的驱使，服从于“现实原则”，试图在“明道”与“发身”之间取得一种折中，既不过分委屈本我，也不一味地迁就本我，道德原则是他们的理想，试图追随，却可望而不可即，在灵魂的挣扎中，往往以妥协败北，退而求其次，在“自我”上寻求精神的平衡。这类人活得特别累。

人的言说，是人的生命中的本我、自我和超我生克消长的表象。人的言语人格不可能完美，但是，这不能作为拒绝完美的理由。冯友兰先生说人生有四个境界：自然境界，功利境界，道德境界和天地境界。这大约是对的。一般人都努力往上攀，但是多数人毕其一生也许还只是在功利境界徘徊，能上到道德境界已难能可贵，更不用说登上天地境界了。人品与文品也许不完全对等，可是，人生境界势必制约着写作成就。传世之作的作者人品未必都是高尚的，但是，具有深刻的人文性的优秀作品，其作者势必具有伟大的人格风范。

作家王英琦认为，一个作家不是用分裂的人格而是用整体的人格向世界说话。作家不能只用人性的一个侧面写作；不能有意识或无意识用自己病态的不健全的人格去误导大众；更不能用“作家不是神，也是人”的无赖托词，放纵自我人格的改造和重塑。这并非要求作家是个完人（那是上帝），也无意要求作家往“圣格化、神格化”那边蹭，只在于提示一个事实：作家人格的底座无情地制约着作家的创作。创造力的全面开发亦与作家的整体情状、人格境界关系极大。分裂型的作家人格，必然只能写出心理矛盾、人性极度畸化的人物，且人物异化程度与作家人格分裂的程度成正比；残破型的作家人格，肯定只会产生情感破碎、具有残缺美（或残缺丑）、病态美（或病态丑）的作品。即便作家有能力将个别局部的美或局部的丑推至极致，但鉴于经验的有限、褊狭，不能包括人性更普遍的内在欲望，所以不具有对现实人生的积极正面价值，也不可能具有文学的经典性质。经典性的文学，必须能揭示出人性共有的复杂、永恒的特征，尤其是主导性的特征规律（如善优于恶、真优于伪）在价值次序上必然起决定作用的因果性；必须能为一代代人寻找真理、寻找生活意义提供永久可靠的价值坐标系及价值参照系。20 世纪，我们已经看到太多处于“生存撕裂状”的作家写出的诸种魔怪的、荒诞的、变形的文学作品，已经看够许多人格病态的作家提供的极其扭曲、偏激的个体经验以及描摹的人渣鬼蜮、丑怪狞恶。这些经验在卡夫卡、加缪的笔下被推到了极致。极致（就怕不是极致）的片面虽在文学上能出个性，也能反映出某些共性（这正是卡夫卡们不朽的原因）。但这些共性毕竟只反映了人性消极不幸、遗憾痛苦的一面。我们更希望能看到那种给人类带来光明信念的、在承认并洞穿了人生的虚无宿命之后仍能永不屈服并向人性的真本根、善本性顽强回归统一的作品和作家出现。真诚祈盼 21 世纪这类分裂的悲剧不再重演，热盼更多的作家能跳出精神的苦海——将“分裂的激情”转化为“统一的激情”，不懈整合自我的人性人格，重筑起一个强大的“复合型”的精神主体，以自己有血有肉、有情有义的独特经验，去真实可信地感染人、启迪人、鼓舞人。作家人格不可能绝对完美，但对于作家来说，必须为追求完美竭尽全力。否则这人世，还有谁活得不像个“半人半兽”——里外不是人的“非人”哩?![1]

这种对作家整体人格亦即理想人格的自我锻造的要求，也许会招致人们的反对。在许多人看来，不是每一个作者都能做到，即便努力做到了，人格

① 参见王英琦：《用整体人格向世界说话》，载《写作》，2001 年第 7 期。

完整高尚统一的人未必就能够写出像王英琦所期待的那种具有经典性质的优秀作品；她认为卡夫卡们是人格有病的“生存撕裂状的作家”，写出的作品是将极其扭曲、偏激的个体经验推到了极致；她认为这些作家尽管是“不朽”的，但是他们所反映的只是人性的消极不幸、遗憾痛苦的一面，未能在更高的层面上反映人类的共性；优秀的作家必须是在承认并洞穿了人生的虚无宿命之后，仍能永不屈服，向人性的真本根、善本性顽强回归统一。——这些，也许有点苛求，或者，有些背离了文学创作的现实。因为，我们似乎看到许多杰出的以至伟大的作家，他们都是人格有缺陷的，或者说，正是由于他们人格上的缺陷，使他们能看到一般人未能看到的人性的弱点和人生的残缺，使他们在审丑上获得了思想深度，同时也使他们的作品有了个性魅力。

客观地说，这种意见有一定的道理。因为，人无完人，要求作家真正做到全方位地整合自我人格，用整体的人格向世界说话，这似乎是可望而不可即的。一些人格残缺的作家或学者也能写出一些有个性的伟大作品。作者是用作品说话的，只要他们的作品能被读者接受，能在某些方面给人以心灵或思想的震撼就够了。问题在于，这说的只是在一般意义上的阅读，而不是对文学以至自然科学、社会科学等一切人类走向文明的符号思维的高境界的要求。在读者看来，任何作品都是并且应该是作者人格的见证，任何作品的作者起码都应是一个可以信赖的精神健康的人。不论作者是否能达到人格修炼的顶峰，读者和社会都有权要求他们所提供的不是他们对世界、人生、历史、宇宙的偏执、病态、扭曲的精神产品，更不是有意识的捉弄和蒙骗。这也就是为什么人本主义心理学家把精神健康和负责任视为人的最重要的心理素质，超过了对个人禀赋、才气、个性这些十分珍贵的潜质的重视。遗憾的是人们在阅读中可能所看重的往往是作品中表现出的作者个人言语天赋和才智，却忽视了对人的存在来说最重要的精神健康、诗意情怀和人文理想。

二 言语操守：呼唤真人格、真情性

作为言语主体，首先要关怀的是自己，而不是他人。孔子说：“己欲立而立人，己欲达而达人”，“己所不欲，勿施于人”，可见，这个“己”是最重要的，先要“修己”，而后才能“推己及人”。对自己最大的关怀，就是健全人格的养成。多数的作者是反过来，是己之所欲勿施于人、己所不欲强施于人。要当一个“文人”不容易，要成为一个具有真人格、真情性的作家或学者更不容易。千百年来，文人中真正值得景仰的不多，受到后人诟病的不少，原因就在于许多作者忽视了对自身言语人格情性的养护。

翻开古代文论史，对“文人无行”的批评，更远多于对文人高风亮节的赞美。曹丕批评说：“观古今文人，类不护细行，鲜皆能以名节自立。”[①] “文人相轻，自古而然。傅毅之于班固，伯仲之间耳，而固小之……是以各以所长，相轻所短。”[②] 南朝梁刘勰在其文论巨著《文心雕龙》中历数了诸多文人的疵病：司马相如引诱卓文君为妻，后来又接受别人的贿赂；扬雄嗜好喝酒，不能量入为出；冯衍行为不正，没有志气；杜笃向别人请求，不知餍足；班固谄媚权臣窦宪又作威作福；马融投靠豪门梁冀又贪污受贿；孔融傲慢狂妄招致了诛杀；祢衡狂放憨直，落得杀身之祸；王粲轻率急躁强悍；陈琳草率粗鲁；丁仪贪婪，到处向人乞求借贷；路粹只求保俸禄，没有廉耻；潘岳伪造祷文诬陷愍怀太子；陆机拜倒在权贵贾谧和郭彰足下；傅玄暴烈狭隘，漫骂尚书；孙楚凶狠刚愎，和上级大打官司。[③] 北齐颜之推开具了一个比刘勰更长的“轻薄”文人的行状“清单”，以警戒子弟慎勿重蹈覆辙：“深宜防虑，以保元吉。”[④] 可见，人们对文人的人品要求，并不因其文才而有所降低，相反，却有着更高的期许。

正由于“文”的重要：“盖文章，经国之大业，不朽之盛事。”[⑤] 人们在为那些精彩的诗文所感染的同时，也希望作者在人格上也同样是美好的，是值得敬佩的。然而，人们发现这种似乎并不过分的要求，却大半落了空。许多才俊之士，却是人格低贱的小人，他们说的一套，行的又是一套。文与人、言与德并不统一，而是相互对立、分裂的。这就使读者有了上当受骗的感觉。

早在春秋时期，孔夫子就有感于此而慨叹道：“有德者必有言，有言者不

---

① 曹丕：《与吴质书》。

② 曹丕：《典论·论文》。

③ 参见刘勰：《文心雕龙·程器》。

④ 参见颜之推著，王利器撰：《颜氏家训集解·文章》，中华书局1993年版，第237～238页。

⑤ 曹丕：《典论·论文》。

必有德。”[①] 就是说，有道德的人一定能说出有道理的话，但是能说出有道理的话的人，不一定就有道德。因此，他要求他的弟子们：“敏于事而慎于言。”[②] “君子欲讷于言而敏于行。”[③] 并告诫他们说：“巧言令色，鲜矣仁！”[④] 从而对作者人格的塑造与修养给予了高度的重视，把“德”视为“言”的根本，初步理顺了文与人、言与德的关系。在孔夫子的教诲下，此后的儒家学者，对文人德行修养的缺失保持高度的警觉，对文与人、言与德的矛盾性，有着较清醒的体认。例如荀子就进一步把言论分为君子之言、愚者之言或小人之言，认为“君子必辩。凡人莫不好言其所善，而君子为甚焉。是以小人辩言险而君子辩言仁也”[⑤]。荀子从“人品”决定论出发，认定小人的言辩出于险恶的居心，君子的言辩是出于仁爱的动机，这固然不无机械论之嫌，但从对言语表面形态的透析，从对写作动机、对写作深层因素的关注这一点上看是有其合理性的。宋代的程颐、朱熹等，更是把写作的学习直接看作是“修德”“体道”之事：“他初亦只是学为文，却因学文，渐见些子道理。故文字依傍道理做，不为空言。”“这文皆是从道中流出，岂有文反能贯道之理？”“大意主乎学问以明理，则自然发为好文章。诗亦然。”[⑥] 他们都认为，写作的学习，重要的不是言辞的训练，而是有没有道德、学问的修养。所以，历代把“道德之文”（其次是“学问之文”，等而下之是“辞章之文”）作为对文人人格的最高褒奖。

然而，无论人们如何警觉和清醒，这种文与人、言与德对立、分裂的状况，不但始终没有得到改善，反而每况愈下。随着科举制和应试教育的实行与规范，名利驱动下的写作学习，更是以不可阻挡之势横扫儒家正统的文章观，致使文人人格江河日下、颓败不堪。既然八股文要“代圣贤立言”，而不能发己之所欲言，还有什么真人格、真情性可言呢？千百年的科举制，批量生产了成千上万的孔乙己和范进。对八股教育的弊害，梁启超曾做了痛切深

---

① 《论语·宪问》。

② 《论语·学而》。

③ 《论语·里仁》。

④ 《论语·学而》。

⑤ 《荀子·非相》，见王先谦撰，沈啸寰、王星贤点校：《荀子集解》卷三，中华书局 1988 年版，第 87 页。

⑥ 黎靖德编，王星贤点校：《朱子语类·论文上》，中华书局 1986 年版，第 3313～3314 页，第 3305 页，第 3307 页。

刻的反思："宋明以来，士大夫放言高论，空疏无真，拘墟执拗，叫嚣乖张，酿成国家社会种种弊害，大半由八股策论制造出来，久已人人公认了，现在依然换汤不换药，凡有活动能力的人都从学校出，凡在学校里总经过十几年这种奖励……奖励，奖励，奖励偏见奖励虚伪的教育，养成不健全的性格……国家和社会的败坏，未始不由于此。"① 清末禁八股、废科举、兴新学，迄今已近一个世纪，由于搞的仍是应试教育，教育的普及面越大，教育的技术、技巧越高，对学生写作人格的残害败坏也就越惨烈，学生在写作上"说真话进来（入学），说假话出去（毕业）"，已成语文教学的通病。例如 1998 年高考语文试卷，作文题为《战胜脆弱》，要求考生"举出实例，写一篇关于你自己的心理承受力的文章"，没想到居然有一批学生为了表明自己的坚强，不惜编造"美丽"的谎言，让其"父母"在高考前纷纷一病不起，悲惨逝世，使其得以"战胜脆弱"，化悲痛为力量，以顽强的毅力坚持温书迎考。2001 年"诚信"话题作文，绝大部分考生都是抽象肯定诚信，批判不诚信，从文章看作者似乎没有一个不是高尚诚实守信用的，而实际上，能对"诚信"这一问题进行坦诚地表达的学生，在生活中也一如他们在文中所赞美的重然诺讲信用的学生，不是太多。其实他们也明知道不问具体情况一概讲"诚信"不是愚蠢也是糊涂，却违心地讲了一番他们自己也不信的大道理（这自然应归咎于应试、应世教育）。这样培养出来的学生，若是考上大学，或许将来阴差阳错居然当上了作家或学者；当不了作家、学者的，走上社会，一不留神成了"栋梁"，其结果岂不如梁启超所言"国家和社会的败坏，未始不由于此"？叶圣陶先生直至晚年，仍一再谆谆告诫说"在作文教学中，首先要要求学生说老实话，绝不容许口是心非，弄虚作假"，原因也就在于文章反映了作者的人格情性，也塑造了作者的人格情性。钱理群先生说："培养一个人怎样写作，在另一个意义上就是培养一个人怎样做人。说别人说的话就是奴隶，说假话就是奴才。奴隶和奴才应有区别。奴隶是被迫说别人的话，而奴才是为了达到某种目的故意要照别人的意思说假话，当然也包括做假事、做坏事。在作文中为了得高分这样一个功利的目的可以说假话，那在现实生活中为了更加重要的目的就更加没有操守可言，什么事情都可以做得出来。这种情况是十分可怕的。"② 可见，写作而不注重人格修养，危害的就绝不仅仅是作者自身。

① 梁启超：《为什么要注重叙事文字》，见《饮冰室文集》第十五册，第 84 页。

② 孔庆东等主编：《审视中学语文教育·代序》，汕头大学出版社 1999 年版。

作者言语健全人格的最基本的品质是真诚。中国古代文论中“修辞立其诚”堪称千古不灭的写作格言。叶圣陶先生的写作主体论的核心便是“求诚”。

早在1924年发表的《作文论》中，叶圣陶就将“我们作文，要写出诚实的、自己的话”作为他的作文论的首要的也是最基本的观点提出来。他认为，从写作本体的价值取向上来看，写作不但应写出自己的感悟，而且要求所写的必须是真实、真诚的，具体地说，就是：“假若有所表白，这当是有关于人间事情的，则必须合于事理的真际，切乎生活的实况；假若有所感兴，这当是不倾吐不舒快的，则必须本于内心的郁积，发乎情性的自然。这种要求可以称为‘求诚’。”[①] 他在对种种不诚实的现象作了分析之后，进一步把“作文上的求诚”界定为：“从原料讲，要是真实的、深厚的，不说那些不可征验、浮游无着的话；从写作讲，要是诚恳的、严肃的，不取那些油滑、轻薄、卑鄙的态度。”[②]“一个普通人，写一张便条，作一份报告，要‘立诚’；一个著作家或文学家，撰一部论著，写一篇作品，也离不了‘立诚’。日常应用与立言大业都站在这个基础上，又怎能不在教学写作的时候着意训练？”[③] 叶圣陶先生始终守着这样的言语教育观：写作首先要讲真话，其次才看写得好不好。

叶圣陶先生自己对待写作的态度就是极其真诚、严肃、谨慎、谦虚、克己的。有一位评论家为了研究叶老的创作，给他去了一封信讨教，第二天，叶老就回信说：“大札昨日转到，诵悉种种。我所作素不自满，听人谈起，常觉汗颜。足下乃欲综论之，虽不敢劝阻，私心总以为似可无须。”这种想法和态度在后来与这位学者的通信中还反复地表述过。如：“我本人惟觉殊少特色，平平而已。次非谦辞，希幸亮察。”“评论拙作，成稿十七万字，闻之感愧。我总觉拙作浅薄，不值研讨，偶见赞许，辄为汗颜。”“我以为我作大多平常，不值得批评家重视。足下以为是谦辞，其实乃我之真实想头也。”[④] 叶

---

① 叶圣陶：《作文论》，见刘国正主编：《叶圣陶教育文集》第3卷，人民教育出版社1994年版，第299页。

② 同上书，第300页。

③ 叶圣陶：《论写作教学》，见刘国正主编：《叶圣陶教育文集》第3卷，人民教育出版社1994年版，第372页。

④ 金梅：《谦和平易的叶圣陶先生》，载《文学自由谈》，2003年第6期。

老也算是五四以后颇有成就的作家，竟能如此真诚地向他人表白对自己的创作“素不自满”“常觉汗颜”的心情，还怕别人以为是谦辞，一再重申自己的态度，这种求实、求是、求诚的精神，实在令人敬佩。

朱光潜先生同样也把写作上的“求诚”，看作是对写作主体的一个最根本的要求，他在《谈文学》一书中，用了较大的篇幅来讨论“文学上的低级趣味”，列举了十种有代表性的表现，做了分析和评判，指出这些低级趣味均和作者写作态度的“不忠实”有关。他说：

> 一个作家如果无绝对的必要，他最好是守缄默；得已而不已，勉强找话来说，他的动机就不纯正，源头就不充实，态度就不诚恳，作品也就不会有很大的艺术价值。……一个作者肯以深心的秘蕴交付给读者，就显得他对读者有极深的同情，同时也需要读者的同情报答。所以他的态度必须是诚恳的，严肃而又亲切的。如果一个作家在内心上并无这种同情，只是要向读者博取一点版税或是虚声，为达到这种不很光明的目的，就不惜择不很光明的手段，逢迎读者，欺骗读者，那也就决说不上文艺。……作者对自己不忠实，对读者不忠实，如何能对艺术忠实呢？这是作者态度上的基本错误，许多低级趣味的表现都从此起。①

鉴此，他把不能说谎作为练习写作的一个“最重要的原则”。

也许有人会说，不就是写文章要说真话吗？这有何难呢？是的，这很容易，却也是最难达到的境界。中国历代文人，“学富五车，才高八斗”的不在少数，若论到写作人格、写作真诚，就有高下之分了。真正当得起“先生之风，山高水长”的美誉，让人“高山仰止，景行行止”的，恐怕只是凤毛麟角。写作上的“不诚”，固然或是由主观原因所致，或是由客观原因引起，但不论何种原因，都将给作者的写作人格染上永难抹去的污点，使读者心目中的作者形象黯然失色，也将给作者留下深深的耻辱和永远的遗憾。

当然，造成文与人、言与德对立、分裂状况的原因是很复杂的，其表现也是多种多样的，但不论什么原因，如何表现，就言语人格而言，其共同点都在于不真不诚，缺乏写作良知。换言之，言语健全人格，其基本点便是真诚。真诚，是一种品质，是一种生命状态，更是一种人生境界。写作，应回归到人的“言语生命”的本真需求上来，因此，言语生命意识的培育是根本。

---

① 朱光潜：《谈文学·文学上的低级趣味（下）：关于作者态度》，见《朱光潜美学文集》第二卷，上海文艺出版社 1982 年版，第 268 页。

三　言语人格：俳优人格与良史人格

经历过“文化大革命”的中国学人，对言语人格的真诚无不有着深刻的体认。其中，哲学家冯友兰与文学家巴金对自身写作实践的反思和对写作人格的自我解剖，尤其值得引以为戒。

在中国现代哲学界，冯友兰先生堪称泰斗，其早期出版的《中国哲学史》（上、下册）列入《清华大学丛书》时，两位主要审查人陈寅恪、金岳霖都给予了极高的评价。金岳霖对陈寅恪所下的评语“……神游冥想，与立说之古人，处于同一境界”① 极表赞同，且认为冯著《中国哲学史》成就在胡适的《中国哲学史大纲》之上。由此奠定了其学术地位。其后出版的“贞元六书”（《新理学》《新事论》《新世训》《新原人》《新原道》《新知言》），系统地建构起他自己的“新理学”哲学体系，更是独步哲坛，名声大噪。张岱年评价说：“‘西学东渐’以来，中西哲学的结合是必然的趋势。当代中国哲学界最有名望的思想家是熊十力先生、金岳霖先生和冯友兰先生，三家学说都表现了中西哲学的融合。……在熊氏哲学体系中，‘中’局十分之九，‘西’局十分之一。……金先生的体系可以说是‘西’局十分之九，‘中’局十分之一。唯有冯友兰先生的哲学体系可以说是‘中’‘西’各半，是比较完整的意义上的中西结合。”② 有人更声称：“中国文化，要孔子、罗素和马克思三位一体结合起来，《新理学》已经是有代表性的杰作。”③

然而，20 世纪 50 年代后的冯友兰先生却成了挨批的活靶子。除了对“新理学”体系的唯心主义思想作自我批判外，他的《关于中国哲学遗产的继承问题》和《树立一个对立面》的文章，又连遭以陈伯达为“总指挥”的大批判。陈伯达认为他前文中提出的“抽象继承法”，“企图经过某种形式保留中国历史上的唯心论体系，企图把中国封建时代统治阶级的一套道德都当作永

---

① 陈寅恪：《冯友兰〈中国哲学史〉审查报告》，见胡道静主编：《国学大师论国学》，东方出版中心 1998 年版，第 201 页。

② 单纯、旷昕主编：《解读冯友兰》“学者研究卷”，海天出版社 1998 年版，第 3 页。

③ 参见单纯、旷昕主编：《解读冯友兰》“学者研究卷”，海天出版社 1998 年版，第 182～183 页。

恒不变的道德”；而后文中的观点则是与毛泽东的《实践论》相对立的。“文化大革命”开始后冯先生更是噩运连连，日子很不好过。到了1973年“批林”运动转入“批孔”运动，“批孔”还要“批尊孔”，冯友兰先生原先是尊孔的，他说：“当时我心里又紧张起来，觉得自己又要成为‘众矢之的’了。后来又想，我何必一定要站在群众的对立面呢。要相信党，相信群众嘛。我和群众一同批孔批尊孔，这不就没有问题了吗。在这种思想的指导下，我写了两篇文章。这两篇文章，在会场上念了一遍，果然大受欢迎。”① 由于这两篇文章（《对于孔子的批判和对于我过去尊孔思想的自我批判》《复古和反复古是两条路线的斗争》）适合当时极“左”政治的需要，在《北京大学学报》上发表后，1973年12月3日、4日《光明日报》加了“编者按”转载，其他的一些报刊也转载了，在全国产生了很大的影响，冯友兰先生也从此走上批孔批尊孔的道路，受到了江青重视，成为“梁效”（北大、清华两校大批判组）写作班子的顾问，一发而不可收。他对自己几十年来一贯坚持的尊孔立场“反戈一击”，对孔子做了全盘的否定和批判，不期然而然，成为当时政治斗争的得力工具。

冯友兰先生的写作人格的迷失，自是迫于当时的情势所做出的无奈而且痛苦的抉择。也许确如他自己所说，原初的动机“主要是出于对毛主席的信任，总觉得毛主席党中央一定比我对。实际上自解放以来，我的绝大部分工作就是否定自己，批判自己。每批判一次，总以为是前进一步”。“文化大革命”后，虽然有的人对他的作为不能释怀，但也有不少人，对他是抱持同情与谅解的态度的。如李慎之说：“回想那天昏地暗，狂风暴雨挟排山倒海之势以来的岁月里，举神州八亿之众，能不盲从苟同而孤明独照者，屈指能有几人？……我们又何能求全责备一个气血已衰的八十老翁”，“我宁愿把先生个人的遭遇，他的痛苦和悲哀，看成是中国全体知识分子和人民的痛苦和悲哀。大家都是过来人，谁又能说不是呢？”② 尽管如此，冯友兰先生也并没有宽恕自己，他在他的自传《三松堂自序》中，对自己的这一段经历，做了痛切的反省，其中对“诚”与“伪”的认识，也是中肯的：

> ……我不知道，这是走群众路线，还是哗众取宠。这中间必定有个界限，但当时我分不清楚。照我现在的理解，这个界限就是诚、伪之分，

① 冯友兰：《三松堂自序》，生活·读书·新知三联书店1984年版，第187页。

② 李慎之：《融贯中西，通释古今》，载《读书》，1991年第2期。

《周易·乾卦》的《文言》说："修辞立其诚。"这句话在古代经常被人所引用。我们说一句话，写一篇文章都要表达自己的真实的见解，自己的见解是怎么样，就怎么样说、怎么样写，这就叫"立其诚"。自己的见解可能不正确、不全面，但只要确实是自己的见解，说出来写出来，就是立其诚了。自己有了确实的见解，又能虚心听别人的意见，以改其错误、补其不足，有则改之，无则加勉，这就叫走群众路线。如果自己没有真实的见解或有而把它隐蔽起来，只是附和暂时流行的意见，以求得到某一方面的吹捧，这就是伪，这就叫哗众取宠。照上面所说的，我在当时的思想，真是毫无实事求是之意，而有哗众取宠之心，不是立其诚而是立其伪。①

"诚"，就是"实事求是"，"伪"，就是"哗众取宠"，这便是冯友兰先生从自身的惨痛教训中，悟出的一条看似极其简单却是难以认真践履的道理。在写作上，哪怕是一时人格的迷失，也是要付出代价的。对于一个曾经十分杰出的学者来说，一旦他的写作失去了真诚，便有如一把双刃剑，既是对读者的伤害，也必然是自我折磨。不论读者是否原谅他，只要他良知未泯，他都不会原谅自己，他因此而承受的巨大的内心痛苦是不言而喻的。

与冯友兰先生有类似曲折经历的一代文豪郭沫若，在一封信中，对自己写应制之作而感受到的悲哀与怨悔所做的心灵剖白，也是发人深省的。他说："至于我自己，有时我内心是很悲哀的，我常感到自己生活中缺乏诗意，因此也就不能写出好诗来。我的那些分行的散文，都是应景应制之作，根本不配称为是什么'诗'！别人出于客套应酬，从来不向我指出这个问题，但我是有自知之明的……我要对你说一句发自内心的真话：希望你将来，校正《沫若文集》的时候，把我的那些应景应制的分行散文，统统删掉，免得后人耻笑！当然，后人真要耻笑，也没有办法，那时我早已不可能听见了。"② 这一肺腑之言，是值得每一位习作者深思和自警的。

在这里，我想起了一个词——俳优人格。中国文人的伪人格，可以称为"俳优人格"。这就是因知识分子和统治者之间的人身依附关系，名利的诱惑，或外部力量的强力压迫，而阿谀逢迎、投机取巧、沽名钓誉，丧失了言语主体性，形成了人格分裂，导致在行为和言说上的双重人格或多重人格。深陷

---

① 冯友兰：《三松堂自序》，生活·读书·新知三联书店 1984 年版，第 189 页。

② 参见周淼龙：《别一种询问：写作是什么？》，载《云梦学刊》，1997 年第 2 期。

于体制内，过于看重物欲、权欲的文人，大多难以保持独立人格，无法做到超凡脱俗，自爱自重，出淤泥而不染。

关于俳优双重人格，有人这样认为，作为帝王诸侯的弄臣，俳优一方面要察言观色、仰人鼻息地生活，另一方面时时刻刻戴着职业小丑的人格面具，不敢以真面目示人，只能通过非常态的方式流露真心。这种畸形的生活格局直接影响着俳优艺术的整体特色，也造成了俳优抹不去的自卑感和屈辱感。个性心理学和政治心理学告诉我们：作为个体或组织的人，只要在与他人（或组织）的比较中发现自己的缺陷和不愉快，就会产生自卑感，反过来自卑感又会促使他努力去控制他人的思想和行动以作为自卑感的补偿物。这样，俳优完全可以专恃统治者的宠爱以实现某种补偿：有的仗势欺人，有的聚敛财富，有的伺机报复，有的追求权势，有的则要舒展正常人格……乖戾的生存状态，决定了俳优乖戾的人格，进而决定了乖戾的思维方式和行为模式，从某种意义上说，俳优的表演常常出人意表、匪夷所思，这就生动地证明了层累积淀的双重人格的客观存在。

闵定庆先生在《俳优人格》一书中从人格心理学的角度，将俳优人格划分为三种类型：

1. 被动型：这一类俳优醉心于俳优艺术，缺乏独立的人格意识，一切以统治者的意志为转移，按照主子的要求表演，深受宠爱，但其余乏善可陈，随着时过境迁，绝大多数人湮没无闻。管子批评过的谀优也属此类。

2. 变态型：这一类俳优的种种行为方式可以追溯出家庭出身、童年、成长、职业等的心理创伤。如：起于穷厄者对财富有着近乎疯狂的贪婪，黄幡绰长袖善舞、大小不拒，便属此类；出生卑贱者一旦得势，便四处钻营，窥视权柄，周成王之优就肆意断事，优施参与晋太子的废立，后唐庄宗的宠优们把持朝政、调遣军队，都与其权力欲有关；另外还有要维护职业自尊心者念念不忘报复，孔子曾于夹谷之役诛优施，于是千年来嘲孔之风翕然不减，戏夫子、戏文宣、戏先圣的剧目经久不衰……诸如此类，尽管有时轰轰烈烈，却很少有人格理想的追求。

3. 社会良知型：这一类俳优常常通过艺术形式、以统治者喜闻乐见的方式来指陈时弊或规劝鼓励，从而体现出俳优对社会的关心和责任，进而舒展其正常人格，消解其心理焦虑。这类优谏深得历代政治家、士人的赞许，可谓史不绝书，仿佛成了俳优的主体精神，大有盖过俳优本职娱乐精神之势。

当然，俳优的个体生命的生存过程总受制于统治者，人性的弱点使得俳优不可能过分追求人格的独立，双重人格虽然带来心理压力，但娴熟灵活地操纵双重人格面具，是不难适意地生存的，这也许就是俳优人生残破的原因之所在。[①]

我们这里所讲的俳优人格，主要指的是前面两类。前面两类是一种较为典型的双重人格、病态人格，也更能体现普遍的人性弱点、人格弱点，体现在社会性生存中的人的异化。在当今应试语文教育中，在现实的言语活动、写作活动中，无时无刻不在批量制造和滋生着俳优人格。

人不是生活在真空中，一个作者在他的写作道路上，难免会有艰难和压迫，会有诱惑、困惑以至迷失的时候，重要的是，他必须能够容纳忧患、承受苦难，不断地自省、自新，不懈地向求真诚、致良知之路前进，把爱献给读者，把心交给读者——在这一点上，巴金先生无疑是一个典范。

巴金先生的《家》《春》《秋》许多人耳熟能详，晚年的《随想录》读过的人也一定不少。在“文化大革命”中，他被整得很惨，这也是众所周知的。他曾被揪斗过无数次，无端地遭批判辱骂，多次被“造反派”揪到台上“坐喷气式飞机”，要他低头认罪。他的妻子萧珊曾被铜头皮带打伤了眼睛，后积郁成疾，患了肠癌得不到及时治疗，悲惨地死去。巴金的一篇《怀念萧珊》，一篇《再忆萧珊》，其悲切凄婉、一往情深，读来让人黯然神伤。巴金在《“从心所欲”》一文中，曾这样描述那不堪回首的年月、鞭拷自己的灵魂：“十年浩劫中的头几年特别可怕，我真像一个游魂给带去见十殿阎王，过去的经历一桩桩一件件全给揭发出来，让我在油锅里接受审查、脱胎换骨。十幅阎罗殿过堂受审的图画阴风惨惨、鲜血淋淋，我不知道自己是人是鬼，是兽是魂，是在阴司还是在地狱。……除了我对萧珊的那份感情外，我的一切都让‘个人崇拜’榨取光了，那些年中间我哪里还有信心和理想？哪里还有什么‘道德勇气’？一纸‘勒令’就使我甘心变牛，哪里有这样的‘坚强战士’？说谎没有用，人无法改变自己的本来面目，我也一样，我不想在自己脸上擦粉，也用不着给它抹黑。‘骂自己不脸红’，并非可耻的事，问题在于我是不是在讲真话。”[②]

---

① 闵定庆：《俳优人格》，长江文艺出版社 1996 年版，第 9～11 页。

② 巴金：《“从心所欲”》，见《随想录》，生活·读书·新知三联书店 1987 年版，第 743～744 页。

是的，巴金也还不是鲁迅，还没有鲁迅那么深刻和无畏，那么坚韧和硬气。他只是一个“写家”，他多次声明自己不是文学家。诚如他自己所言，在“文化大革命”中他没有什么“道德勇气”，更够不上“坚强战士”。他也说过假话、套话，写过诸如《大寨行》《我们要在地上建立天堂》《大欢乐的日子》之类的应景应制之作，也曾写文章与胡风、丁玲、艾青、雪峰等“划清界限”。他毫不留情地解剖自己：“……甚至登台宣读，点名批判；自己弄不清是非、真假，也不管有什么人证、物证，别人安排我发言，我就高声叫喊。说是相信别人，其实是保全自己。……说是‘划清界限’，难道不就是‘下井投石’?!”① 然而，他所做的都是在一个限度之内。他坦然地说，“在‘四害’横行的时候，我没有出卖灵魂”②，他始终固守着良知的防线，他没有失去真诚。他既受别人的欺骗，也受自己感情的欺骗。他说他写那些充满豪言壮语的“歌德”文章，“我并不是在吹牛，我当时的感情是真挚的，我确实生活在那样的气氛中”，“我当初的确认为‘歌德’可以鼓舞人们前进，多讲成绩可以振奋人心”。③ 直至“文化大革命”后，他的《爝火集》要出版时，他还有意把《大寨行》一文保留其中，而不是像有些人所做的那样，把不合时代潮流的文章从文集中统统剔除掉。他说：“我只想保留一些作品，让它向读者说明我走过什么样的道路。”④

读巴金的作品，你会深切感受到他的孤愤、稚拙和诚挚。他一直到晚年写的作品，仍然犹如水晶般透明、赤子般纯洁。他一次又一次地为自己讲过的假话自责、忏悔；一次又一次地痛斥欺伪，呼吁讲真话；一次又一次地阐明自己的写作宗旨：把心交给读者。一部《随想录》，以“讲真话”为题的专论就有五篇之多；一百五十篇的《随想录》，无不燃烧着“求真立诚”的熊熊烈焰。他像一个殉道者，为着人类的良知，义无反顾地前进，犹如高尔基笔下高举“燃烧的心”在暗夜中前进的勇士丹柯。在《随想录》最后一集《无题集》的《后记》里，他是如此虔敬地把这颗“燃烧的心”捧给读者：“我们

---

① 巴金：《怀念非英兄》，见《随想录》，生活·读书·新知三联书店 1987 年版，第 841 页。

② 巴金：《把心交给读者》，见《随想录》，生活·读书·新知三联书店 1987 年版，第 56 页。

③ 巴金：《豪言壮语》，见《随想录》，生活·读书·新知三联书店 1987 年版，第 170 页。

④ 巴金：《说真话》，见《随想录》，生活·读书·新知三联书店 1987 年版，第 270 页。

这一代人的毛病就是空话说得太多。写作六十几年，我应当向宽容的读者请罪。我怀着感激的心向你们告别，同时献上我这五本小书，我称它们为‘真话的书’。我这一生不知说过多少假话，但是我希望在这里你们会看到我的真诚的心。这是最后的一次了。为着你们我愿意再到油锅里受一次煎熬（指的是回忆“文化大革命”中的苦难——笔者注）。是真是假，我等待你们的判断。同这五本小书一起，我把我的爱和祝福献给你们。”

这就是真诚而真实的巴金。他不同于鲁迅，也不同于老舍、傅雷。他赞佩老舍、傅雷“士可杀、不可辱”“宁为玉碎、不为瓦全”的人格气节，但他为他所爱的人苟活，为他所爱的读者受难，把一颗坦荡赤诚的心，全部奉献给了他们。

有人称历史学家翦伯赞先生的“真”人格为良史人格，这恰和“伪”人格——俳优人格形成鲜明的对照。翦伯赞先生留给史学界的最珍贵的遗产莫过于他的良史人格。唯真是从，正气浩然，是这种人格的特征。20 世纪 40 年代，面对蒋介石的刀丛箭镞，翦先生曾愤言：“暴力对于学术是没有用的，真正的学术，决不会服从刀剑的指挥，更不会变成政治的婢女。”“文化大革命”前夕，当他素所倡导的历史主义被指控为“资产阶级客观主义”的时候，他在致友人的信中说：“在真理的问题上，不能让步。”当点名批翦的文章“黑云压城城欲摧”时，他自信地表示：“我要等着看到批评我的最后一篇文章。”姚文元《评新编历史剧〈海瑞罢官〉》刊出后，翦先生不顾自己处境的险恶，面对《文汇报》记者，怒不可遏，仗义执言：“姚文元的文章非常粗暴，这是抓辫子，打棍子，给吴晗同志扣政治帽子。如果这样整吴晗，所有的进步知识分子都会寒心。”当一些人声称“解决刘少奇三五、三六年的问题，翦伯赞是关键”而向他勒取口供时，他直言：“我不知道的事，不能随便乱写。”最后他看出，摆在他面前的似乎只有两条路：要么死要么屈节。对于一个具有他这种气质、人格与信念的人来说，在二者之间选择什么，已是不言而喻的了。

良史的可贵在于：虽然不能改变这种历史记载上的体制性失实的状况，但他们的人格确实是在一定程度上能弥补体制缺陷的唯一可供凭借的资源。尤其重要的是，偶尔出现的“良史”们以血作墨，把“据事直书”这个历史撰写的最高法则记录下来。

良史在历史上的悲剧命运看来根源于“史官”与“史家”双重角色之间

的内在紧张。作为体制内的“史官”，他要服从政治权威的支配，接受体制的严厉约束，在划定的圈圈里活动，是非不能“谬于圣人”。作为“史家”，他必须坚持“直笔”，遵守“史法”：“善善，恶恶，贤贤，贱不肖”，“不虚美，不隐恶”，“如实直书”，直面历史真实。侯外庐先生说：翦伯赞用自己的死证明了自己的最终归宿：他和历史上所有的“良史”一样，归根结底是“史家”而非“史官”。①

俳优人格指的是一切主体异化的人格，和俳优人格一样，良史人格指的也不限于良史，而是指一切特立独行的话语人格：铁肩担道义，妙手著文章。良史人格指的是能不畏权势，不谋名利，秉笔直书，言必由衷，为实现自己的言语理想不惜牺牲生命的言语人格。

对于两种人格的论述，似乎和语文教学中对学生“求真立诚”的要求不在一个层面上，一个重在做人，一个重在作文，其实，二者在本质上是一致的。在语文教育中，是培养俳优人格还是培养良史人格，这是应试教育和素养教育的一个重要分界。语文教育，说到底就是言语人格的教育。言语人格教育高于一切。毋庸讳言，今天的政界、商界、文艺界、教育界……所忧的是俳优人格，所欠的是良史人格，这是否语文应试教育之过？在语文教育需要检讨的一切问题中，这是最需要检讨的。

作为一个作者，在最浅白的意义上说，老实做人，真诚为文，把心交给读者，这便称得上言说的真人格、人生的大境界了。把心交给读者，便意味着把诚心、真心、爱心交付给读者，坚执于道德人格的操守和国家民族大众的责任，而把忧患和苦难、奉献和牺牲留给自己，没有真人格、大境界，这是无法做到的。

在语文教育中，应从培养学生求真立诚做起，逐步提升言语境界，陶铸良史人格，这是言语主体建构的根本。

四　言语表现：为分数，抑或为言语生命的绽放

是培养俳优人格还是良史人格，在语文教育实践中，主要体现在是培养

① 对翦伯赞良史人格的论述，参见王学典：《良史的命运》，载《读书》，1998 年第 12 期。

学生一切为了分数还是为了言语生命的真诚表达。为了分数而不择手段、“委曲求全”，猜题、押题，无所不用其极，这培养的就是俳优人格；为了自我的宣示和表现，为了本真的言说，保持心灵的自由和自主，宁愿丧失某些眼前的利益，这培养的便是良史人格。

言语表现是为了应试、为了成绩，还是为了满足人本身的需要，满足情感、精神、心灵的需要，这是每一个语文教师、学生都会遇到的问题。言语表现，是为金钱还是为存在的生命渴求，这是每一个作者都会遇到的一个同样严肃而难以回答的问题。——答案往往是明白的，难是难在回答这个问题时必然要经历的理智与良知的拷问和挣扎。

言语表现是否为分数的问题，本应该是不成问题的。因为，考试原本就是要与学生内在的言语表现需要相一致，然而，现实的情况往往是相分裂的。学生极想说的不让说，不想说的偏偏硬要你说，还得说得和命题者的意图一致，这就成问题了：言不由衷的学生得高分，想说自己的话的学生就得冒失分的危险。说得不好听一些，无异于“逼良为娼”。在愚蠢、专制的命题者面前，学生广受心灵的煎熬，要么不写，要么假写。只要智商正常，每一个学生都会猜到他们行为的结果：“不写”意味着“落榜”，“假写”或许能“高中”。受功利主义效果律的支配，绝大多数的学生不得不选择“假写”，然而，随之而来的是对写作和语文学习的厌弃和言语人格的扭曲。

2002年高考语文全国卷，作文话题是说一个人在攀登雪山过程中救了一个昏迷的陌生人，后来两人搀扶着走出雪山，以“心灵的选择”为话题作文。记者采访时，一位同学说：作文“心灵的选择”出题者无非是让你不要自私，要为他人着想，你可以搬出感人泪下的句子，你可以悲愤激昂地呼吁，也可以不动声色地劝导，但终究不能摆脱这个框子。在这个意义上，应试者实际没有自主权，不能有个人观点。很多同学说，写作文首先要考虑的不是真情实感，而是跟阅卷老师打心理战。某学生说，在我们的中学里，语文教师都会谆谆告诫学生，要揣摩出题人的心理、出题人对题目的理解及定位，说得严重一些，**这是一种思维叛变，是对自我个性的背离与抹杀**。这样的语文教师在学生的眼里已无人格可言，枉为人师（教师亦属无奈，颇值同情）！这样的教师教出来的学生，就是拿了高考语文状元，不论是教师还是学生，都没有什么可夸耀的。因为，近年高考作文奖励了多数学生所鄙视的无思想、无个性之文。

南京大学中文系李润霞老师说到一件对她震动很大的事情。在评阅2002年高考作文时，有一个考生在作文卷的答题纸上只写了六个字：**“没意思，不写了!”**那个大大的感叹号，经常会出现在她的眼前。她非常同情这个用前途来对自己不喜欢的作文题目进行反抗的同学。李老师坦言，在评阅作文的时候，她接触到最多的就是“三无作文”：无情之文、无心之文、无才之文。如果能偶尔读到一篇好文章，就会觉得一天没有白过。

还有学生谈到了对作文命题的看法：“作文的题目应该像是一座桥梁，为出题者和应试者提供一个交流的平台，双方在题目所规定的范围内可以展开平等对话，没有单一的道德指向性和规定性。”“你可以提出自己的观点，只要有合理的解释，能自圆其说。观点没有正确与错误之分，判断文章高下的标准是论据是否充实、论证逻辑是否缜密。”①

学生从自己朴素的经验中尚且还知道该出什么样的题，该用什么标准来衡量文章的优劣，而高考出题者的水平怎么就惨到这种地步呢？这是笔者多年来百思不得其解的问题。一个文明古国、文章大国，有三千多年的写作史、两千年的写作考试史的中国，居然找不到（抑或是不去找?）一个对写作命题稍稍有点研究的教师？而比较来说，法国高中会考作文题如《我是谁》《“给予的目的在于获得”是否是一切交流的原则》《我们对现实的认识是否受科学知识的局限》《试分析休谟——“结伴”是人类最强烈的愿望》《“孤独”可能是最使人痛苦的惩罚》等，则文化哲学意味和思辨性很强，能引发你个人的思考。可以各抒己见，无须迎合某种主流观念。

面对如此的命题者，是全中国青少年的不幸，国人的不幸！我为考生哭，哭他们不得不屈从于命题者的话语权力，不得不说违心的话，做“三无之文”，哭他们从刚刚懂事起就不得不摧眉折腰事作文，使其不得开心颜。我对那个唯一的不合作的考生的言语人格——良史人格感到敬佩，他的掷地有声的“没意思，不写了!”是如此的难能可贵，字字血，声声泪！是对命题者滥用话语权力的控诉，也是其宁折不弯的高贵人格的写照。这才是中国的脊梁。那些在考分的威逼下不能不做出“卑下”“违心”的“心灵的选择”的考生，已然成为揣摩命题者意图的考试机器，由于**“思维叛变”，“背离与抹杀”了自我的个性**，丝毫也不能证明他们是真正用“心灵”写作的人，因此，纵然

① 桂杰、林洁：《南开文学院新生试做法国作文》，载《中国青年报》2002年12月6日。

把作文玩得天花乱坠，得了高分，甚至满分，也没有任何值得骄傲的理由。相反，是他们的耻辱，是教师的耻辱，是语文教育的耻辱。这些学生在振聋发聩的“没意思，不写了!”面前，不知是否有一丝的心灵震撼？那些剥夺了考生思想权利的命题者如果良知未泯，在听到“没意思，不写了!”这六个大字的泣血呼号时，是否有一丝的道德自谴？在这样的考生面前，命题者、教师、学生，你、我、他，怎能无动于衷，怎能不感受到巨大的人格力量的挤压，怎能不感到自己的渺小和卑怯？

五　荣誉和金钱不可能在同一个钱袋里找到

今天的学生就是明天的作者。今天有什么样的言语人格的学生，明天就有什么样的作者。今天为了考分的学生，就是明天为了金钱写作的作者。在今天极度商业化、功利化的时代，毋庸讳言，金钱对每一个人都很重要，人们对金钱的崇拜比以往任何时代有过之而无不及。我们的学生，耳濡目染，不会不了解金钱对他们现实与未来人生的作用。只要在商品社会，莎士比亚当年在《雅典的泰门》一剧中借泰门之口说出的“金子的功用”就同样还是不变的“真理”：

> 金子！黄黄的，发光的，宝贵的金子！……这东西，只这一点点儿，就可以使黑的变成白的，丑的变成美的，错的变成对的，卑贱变成尊贵，老人变成少年，懦夫变成勇士。嘿！你们这些天神们啊，为什么要给我这东西呢？嘿，这东西会把你们的祭司和仆人从你们的身旁拉走，把壮士头颅底下的枕垫抽去；这黄色的奴隶可以使异教联盟，同宗分裂，它可以使受诅咒的人得福，使害着灰白色的癞病的人为众人所敬爱；它可以使窃贼得到高爵显位，和元老们分庭抗礼；它可以使鸡皮黄脸的寡妇重做新娘，即使她的尊容会使身染恶疮的人见了呕吐，有了这东西也会恢复三春的娇艳。①

然而，莎翁还是让泰门接下去讲出了他对“金子”的鄙视：“该死的土块（指

---

①［英］莎士比亚著，朱生豪等译：《雅典的泰门》，见《莎士比亚全集》（五），人民文学出版社1995年版，第62页。

金子），你这人尽可夫的娼妇……”在金子的功用里包含着金子的罪恶，万能的财富也包含着它的无能，对于人生，财富可以助你成功，但也会是人生的负累。对于这一点，英国哲学家培根说得十分透彻：“对于财富我叫不出更好的名字来，只能把它叫做‘德能底行李’。罗马话里的字眼更好——impedimenta（障碍物、辎重、行李）。因为财富之于德能正如辎重之于军队。辎重是不可无，也不可抛弃于后的，但是它阻碍行军；并且，有时候因为顾虑辎重而失却或扰乱胜利。巨大的财富并没有什么真实的用处，它只有一种用处，就是施众，其余的全不过是幻想而已。所以所罗门说：‘大富之所在，必有许多人消耗之，而它底主人除了能用眼睛看它以外，还有什么享受呢？’一个人底财富达到了某种限度之后，便为个人底享受所不能及，他可以储藏这种财富，他可以分配并赠送它；或者因此而出名；但是于他本人，这些财富是没有实在的用处的。”① 这些大文豪和哲学家的财富观，是应当让年轻的学生有所了解，而不能只是让世俗的金钱崇拜蒙蔽了他们的眼睛，使他们只看到金钱的“可爱”，而看不到金钱的丑恶和金钱对人的心灵的腐蚀、对精神的毒害、对人生的累赘、对智慧的欺凌。在学生人生观形成的过程中，培养学生正确的金钱观，是教育的重要使命，也是文学教育责无旁贷的义务。因为，没有正确的金钱观，就不会有诗意人生，就不能称为一个真正的人；没有正确的金钱观，就没有健康的言语人生，就不可能达成言语上的自我实现，就没有真正的精神创造。正确的金钱观，是无法用说教的形式传授给学生，唯有通过让学生在阅读优秀的文学作品和与那些有着崇高理想的作者进行心灵的对话，才可望真切地领悟到。

作品不被人承认而始终不放弃探索真理的德国哲学家叔本华，对持两种写作不同目的的作者做这样的评说：

> 概括地讲，只有两类作者：一类是为特定的论题而写作的人，另一类是为写作而写作的人。前者有一些值得传播的思想或经验，而后者则只想得到钱，所以他们仅为金钱而写作，他们的想法已成为写作这一行当的组成部分。我们可以通过以下途径来识别他们：或者通过他们的作品——这些作品极为拖宕冗长；或者通过他们的思想——这些思想半真半假、牵强附会、摇摆不定；或者通过他们说话时的表情——这种表情

① ［英］培根著，水天同译：《论财富》，见《培根论说文集》，商务印书馆 1958 年版，第 126～127 页。

> 通常总是流露出那种令人厌恶的言不由衷。所以，他们的作品缺乏明晰性和确定性，并且，很快就会暴露出他们只为金钱而写作的目的。有时，最优秀的作者也会发生这种情况，例如，莱辛的《论剧作艺术》中就时而有这种情况，甚至在让·保罗的许多传奇故事中也是如此。只要读者看出这一点，他立刻会把书扔到一边，因为时间是宝贵的。实际上，当一名作者为金钱而写作时，他就是在欺骗读者；因为，他是打着有话要说的幌子而写作的。
>
> 为金钱和保留版权而写作，本质上是文学的堕落。除非一个人是为某个问题而写作，否则他的作品就是毫无价值的。……最伟大作者的最优秀作品常常诞生于这样的时候，即他们必须不为任何目的而写作。这里，有则西班牙谚语说得非常巧妙，它声称：荣誉和金钱不可能在同一个钱袋里找到。文学今天何以落到如此可悲的境地，其原因简单地说仅仅在于人们为了挣钱而写书。①

作为一个作者，不可能不靠卖书挣钱，以维持自己的生存。但是，绝不能为了挣钱而写作。为了挣钱写作，是不可能写出好作品的。“鱼和熊掌”二者不可得兼。当代作家王小波先生一生都处于生存窘境中，当他还没能让人们认识到他的文学才能时，他就毅然辞去高校的教职，做一个没有稳定收入的“自由撰稿人”，破釜沉舟，一心一意写书。他在《我为什么要写作？——〈时代三部曲〉总序》中是这样看“严肃的作家”的：“我写的东西一点不热门，不但挣不了钱，有时还要倒贴一些。严肃作家的‘严肃’二字，就该做如此理解。据我所知，这世界上有名的严肃作家，大多是凑合过日子，没名的大概连凑合也算不上。”为什么挣不来钱还要写作呢？这在今天的许多的师生也许都是很感困惑的。对此，王小波先生作如是观：

> 我还在反熵过程中（热力学上把自发现象叫作熵增现象，所以趋害避利肯定反熵——本书笔者引前文作注）。顺便说一句，人类的存在，文明的发展就是个反熵过程，但是这是说人类。具体说到自己，我的行为依旧无法解释。再顺便说一句，处于反熵过程中，绝不只是我一个人。在美国，我遇上过支起摊来卖托洛斯基、格瓦拉、毛主席等人的书的家伙，我要和他说话，他先问我怕不怕联邦调查局——别的例

---

① ［德］叔本华著，范进、柯锦华译：《论文学艺术·论作者》，见《叔本华论说文集》，商务印书馆2002年版，第309～310页。

> 子还很多。在这些人身上，你就看不到水往低处流、苹果掉下地，狼把兔子吃掉——宏大的过程，看到的现象，相当于水往山上流，苹果飞上天，兔子吃掉狼。我还可以说，光有熵增现象不成。举例言之，大家都顺着一个自然的方向往下溜，最后准会在一个低洼的地方汇齐，挤在一起像粪缸里的蛆。但是这也不能解释我的行为。我的行为是不能解释的，假如你把熵增现象看成金科玉律的话。①

为名利写作，还是为生命、为人类的进步和文明写作，或者说，在你的人生中哪个方面更重要，这是每一个写作者都不能不做出回答的“哈姆雷特命题”，是语文教育也是青少年学生成长过程中无法回避的问题。语文教育无疑要给这些未来的作者进行精神奠基。如果语文教育不能使学生感悟到生命创造的可贵，使他们珍爱生命的价值远甚于珍爱金钱，不论他们在应试中获得多高的成绩，在未来的事业中有多大的发展，拥有多少的财富，那都是教育、教师的失败。作家王英琦在谈到文学的动机时说：“一般之人爱好文学，无非因着兴趣癖好无聊和发泄。文学，或是作为他们个性缺陷的补救，或是作为他们坎坷生活的倾诉宣露。还有人的写作欲，是因着人类古老的‘好名’传统。文学乃一大名利场，他们看准有实惠可捞。对他们而言，我有时候真觉文学成了‘异化物’。当然，我并不一般地指责他们。名利之心，人皆有之。‘绝利易，绝名难。’连退隐之名士僧人尚仍冀得名，遑论吾辈庸众。我想说的是，有名利之心固然无罪，固然也能一般地写写，但这毕竟只是对文学的低层次‘原始冲动’。要想写出真东西大家伙，还需有来自生命本体更强烈的内驱力才行。纵观古今，任何伟大的作品都不可能从唯利是图的笔下生产出来。它或许能使人写得快些顺些，但绝不能使人写得好些高尚些。”② 她对写作的名利动机与作品之间的关系的感悟，值得每一个作者和语文教师深思。

六　持敬慎独，学而优不仕

中国儒家人生哲学在最终以“入仕”为归宿这一点上，使“修身”“求

---

① 见王小波：《黄金时代》，花城出版社1997年版。

② 王英琦：《文学不浪漫》，载《写作》，1999年第9期。

学”的人生观遭遇尴尬和困窘。

在人的发展和言语学习上，儒家重“修身”“养气”是有道理的。《礼记·大学》中所设定的教育纲领：大学之道，在明明德，在亲民，在止于至善。纲领之下的八个具体目标：格物、致知、诚意、正心、修身、齐家、治国、平天下，其核心便是“修身”，增进个人修养。“气”的概念，也是我国写作理论的一个基本概念。最早可追溯到孟子说的：“我知言，我善养吾浩然之气。”他的弟子公孙丑请教什么叫“浩然之气”，他解释说：很难说得清楚啊。它的成为气，极广大、极刚强，用正直去培养它而不妨害它，就会充满力量。这是积累了正义才产生的，不是凭偶然的正义之举所能获取的。如果干了内心愧疚的事，气就会失去力量。自从孟子将“知言”与“养气”联系在一起，后世的文论中谈到“气”的便源源不绝。曹丕说：“文以气为主。”[①] 韩愈说：“气盛则言之短长与声之高下者皆宜”[②]。“修身”的意思较明确，即体道、修德、向善等，而“养气”的意思就似乎有点“玄”，但孟子说的“集义与道”“是集义所生者”，说的也是提高人的人格情性修养。修辞立其诚或立其伪，虽然是通过言语行为表现出来的，但实际上都是作者人格修养的外化。

但值得注意的是，儒家文化中的“修身”“养气”等是跟“齐家、治国，以至于平治天下”，“学而优则仕”，“内圣外王”，即跟功名仕进等联系在一起的。这或多或少地影响着文人的为学著文的动机：修身养气、读书作文是为了做官，是为了“举业”，这几乎成了中国文人的集体无意识，以致中国文人很少能拒绝“庙堂”的诱惑。孔子自己就挡不住仕进的诱惑，到处奔走求官。他曾深有感触地慨叹道：“三年学，不至于谷，不易得也。”[③] 读了三年书，学业有成，竟还不想当官，这是很难得的啊！想必，这种修身、向学和入仕、求进的矛盾和困惑，也时常折磨着孔夫子，他自作自受也就罢了，却把这个勒人的绳索，套进了中国文人的脖子上，使得他们两千多年不得安生。

“学而优则仕”，基于“内圣外王”认知。儒家教育思想的核心命题便是培养“内圣外王”人格。冯友兰先生说：“中国的圣人不是不问世务的人。他

---

① 曹丕：《典论·论文》。

② 韩愈：《答李翊书》，见韩愈著，马其昶校注，马茂元整理：《韩昌黎文集校注》，上海古籍出版社 1987 年版，第 171 页。

③ 《论语·泰伯》。

的人格是所谓‘内圣外王’的人格。内圣，是就其修养的成就说；外王，是就其在社会上的功用说。圣人不一定有机会成为实际政治的领袖。就实际的政治说，他大概一定是没有机会的。所谓‘内圣外王’，只是说，有最高的精神成就的人，按道理说可以为王，而且最宜于为王。至于实际上他有机会为王与否，那是另外一回事，亦是无关宏旨的。”① 这可谓道破了“学而优则仕”——“内圣外王”的实质：大多数人是没有“外王”的机会的。其可能性与现实性基本上是错位的。明知不可为，而诱人为之，这便是一种误导，且有心怀叵测之嫌。

应该承认，孔子“学而优则仕”的初衷不无合理之处。他的修德、治学，本是为了修己及人、自度度人，普济苍生百姓：“己欲立而立人，己欲达而达人。”②自己立身修德，也要让别人立身修德；自己通达事理，也要让别人通达事理。如真能做到这一点，学而优则仕不但没有错，反而是很值得称颂的高尚德性。一些儒家后学也是秉持这样信念为官的。在选举制、科举制下，能当上官的毕竟是少数人，在这少数人中真能济世利民者少之又少。因而，实际上，“学而优则仕”成了堂而皇之谋取功名利禄的口实。在任何社会中，多数人是达不到“利他”境界的，他们读书之始就是直奔功利目的去的。至今依然如是。这不能不溯其源头——“学而优则仕”对走仕途的引领。

其实，“学而优”未必只有“入仕”这个选项。学者可以真正惠及天下苍生百姓的，应是发挥自己的思想力、创造力，为社会、为人类奉献自己的精神产品，用今天的话说，就是为人类建造物质与精神家园。狭隘化到只有“入仕”一条路，不能不说是其局限。

古往今来，凡是学者做官的，必定会影响到其思想建树。多数学者为官从政后，其学术研究或文学创作基本上就废了，至少是深受影响。大多传世之作，都是科考落第、为官被贬谪或不当官时写的。当官还是做学问，无疑是一个两难选择。在官本位的社会中，这是对学者定力的重大考验。

修身和求进，是一个深刻的矛盾：“修身养气”讲求的是人格道德的高尚纯美，本应是超功利、超实用的。在中国封建社会、这个封建意识相当浓郁的国度里，要获得功名仕进，往往人格道德却在其次；顺者昌、逆者亡，人身依附，狗苟蝇营却是要务。因而，心存魏阙，志在庙堂，便很难保持人格

---

① 冯友兰：《中国哲学简史》，北京大学出版社1996年版，第7～8页。

② 《论语·雍也》。

道德操守。前面所分析的冯友兰、巴金等个案，也许仍有值得进一步思索的地方。

有人就曾经对“冯友兰现象”做这样的评论：

……如果从冯友兰的内心精神世界的潜意识处挖掘的话，那么可以说，其中既有幼年时代在父亲的县衙门里萌发的“紫禁城之梦”的宏愿，父亲关于“子孙代代出秀才”、“出翰林”的嘱托；也有从儒家思想熏陶中所培育出来从学术走向庙堂的道统观念的传统……不满足于学术声誉，内心渴求政治权力的荣誉地位，这种强烈的政治参与意识不时地在冯友兰一生的重要时刻闪现，这种难以压抑的政治欲望骚扰着冯友兰不甘寂寞的心灵，这些始终是构成冯友兰的政治悲剧的一个基本因素。自从冯友兰求学时代开始，中国传统的科举制度便成为过去历史的遗迹，然而，从此中国知识分子与政治权力之间的正常通道也就堵塞中断了。在以后的日子里，中国知识分子成为“王者师”的“理想国”已成幻影和美梦，可是强烈的参与意识、社会责任感，依然激动着无数知识分子像飞蛾扑火那样朝向政治权力，他们中间有幸者至多成为军阀的幕僚、智囊，更大多数的不幸者便成为阶下囚和刀下鬼魂。这是中国政治制度薄弱的缺环，是中国历史转折中的误区，是孕育无数个人悲剧的时代悲剧和民族悲剧。①

尽管对冯友兰“紫禁城之梦”的有无，学界尚有争论，莫衷一是，这里暂且存而不论。但是，上述对中国知识分子的精神世界和潜意识的分析，无疑是十分耐人寻味的。

和冯友兰同样有个县太爷父亲的巴金，其心路历程显然与中国知识分子“从学术走向庙堂的道德观念和传统”大相径庭，其人生道路也迥然相异。巴金从小就觉得做少爷没意思，不习惯于那种把人分为上等人与下等人的分类法，喜欢生活在所谓的“下等人”中间，同他们交朋友，听他们讲故事。因此，他同情劳动人民，痛恨社会的不平等，痛恨黑暗势力欺压百姓，从小就很叛逆，不愿意走封建家庭所期望于他的仕途之路。他在回顾自己青少年时代时说：“一，我不曾受过正规的教育；二，我从来不安于现状，总想改变自己的现状。我家里‘上面的人’从我祖父到我大哥（我大哥对我已没有任何

① 程伟礼：《冯友兰在“文革”中的悲剧》，载《书摘》，1996年第1期。

权威了）都希望我做一个‘扬名显亲’、‘有钱有势’的人，可是我不会走那条现成的路，我不会让他们牵着鼻子走。……这几年来我常常想，要是我当初听从我家里人的吩咐，不动脑筋地走他们指引的道路，今天我会变成什么样子。我的结局我自己也想得到，我在《寒夜》里写过一个小知识分子（一个肺病患者）的死亡，这就是我可能有的结局，因为我单纯、坦白、不懂人情世故，不会讨好别人，要不来花招，玩不来手法，走不了‘光宗耀祖，青云直上’的大道。”①

巴金这里所说的是由于自己个性上的“劣势”，不宜于仕途。显然，这些“劣势”，恰恰是成为人文知识分子的优势。从某种意义上说，正由于他不想当官，才成就了作为从人品到文品举世敬仰的作家。

这不是说知识分子不能当官，而是说选择了作为作家或学者的知识分子，不宜为了当官而当官。一心想当官的作家或学者，不可能成为一个优秀的作家或学者。这也不是说这些知识分子对国民、对社会不应负责任，而是说知识分子唯有以其自身的专业知识贡献于人民才是自身价值的最高体现，才是最富责任心的（当然，如果是因特殊的需要或确实有从政之才能与为民众奉献之抱负者，则另当别论）。知识分子只有摆脱儒家文化根深蒂固的“庙堂”情结，才有真正独立的精神人格，才有充分的心灵宁静和自由。蔡元培先生在就任北京大学校长时发表演讲，他对学生的第一条要求是抱定宗旨，明确大学是研究高深学问的地方，而不是求升官谋发财的地方，要求学生“宗旨既定，自趋正轨”②。这一教导是很值得今天的学人和知识分子自警。格物致知、修身养气的目的，不应狭隘地指向治国、平天下，不是有人调侃说，要是大家伙儿都蜂拥而上治国平天下，老百姓还有活路吗？可见，修身养气，须超越功利境界。写作，不能不讲求功利，但又不能不超越为了一己之私的现实、现世功利，而指向自我实现的言语人生、诗意人生。

所幸的是，今天的一些官员和学者对此已有所体认。例如，中国文联副主席、曾任云南省委副书记的丹增说：“当官是最实惠的，我们的制度就是吸引人才去做官。做了官就有人请客，拍马屁，车子、房子都会跟上，造成大家都挤‘独木桥’。现在重视、关心、爱护人才的办法就是给个官级，给顶官

---

① 巴金：《探索》，见《随想录》，生活·读书·新知三联书店 1987 年版，第 204～205 页。

② 蔡元培：《就任北京大学校长之演说》，载《东方杂志》，第 14 卷第 4 号。

帽，这种做法不知害了多少科学家！科学家担任了行政职务要管理的事务很多，甚至包括两口子吵架。真正的科学家不会说假话，可处理行政事务有时不得不说假话、编故事……”他认为有的青年学者爱走仕途，当个副处长还不行——因为处级干部满街都是，还想当个厅级干部。进入官场是要搞“斗争”的，一旦卷进政治漩涡就别想搞科研了！官场上真真假假、虚虚实实的做法要是掺进科研那该如何是好！周俊院士说：科学家不要争官当，组织上也不要安排他们当官，我的两个博士生以前专心攻读、著述很多，回到大学后鲜见成果，就是由于会议太多、行政事务太杂。要是封个官给谈家桢、王淦昌当当，恐怕他们一事无成。我看有的青年科学家名片上头衔一大串，兼职太多哪有时间搞学问！周景院士说有的博士、硕士主动要求走仕途，这比被动接受安排更可怕。吴征镒院士也语重心长地说：有的年轻学者花大量的时间去开会、应酬，不知惜时如金，而科学需要大量的时间进行实验、观察，需要潜心思考和钻研。①

这些切身感悟，弥足深思！学者当官，硕士、博士当官，这是中国当代文人求得权、利的“非典”症状。做学问和读学位，变成终南捷径。这些学者或学子，做学问是假，谋功名干利禄是实。一旦当官，便宣告了言语生命、学术生命的残废或终结。即便还挂着学者或博士头衔，已然有名无实，即便不当官了，他的心态已变，灵魂出窍，已然失去平和与清净，浮躁、虚妄、心不在焉。往往做不出有价值的研究成果，滋生学术腐败。伴随着学者当官之风蔓延起来的学术腐败风气，不能不说是文人的堕落。——还是当科学家好，还是当一个孤独自守的学者好，对社会、人类的贡献会更大些，盼珍爱学术生命，好自为之。

教育要摆正人才培养目标的位置，切不可将“高官厚禄”作为一种教育导向。这种“炒官”教育，在今天各级教育中普遍存在。在各类学校办学成绩中，最骄人的似乎就是出了多少官员，官居几品；在学校校庆活动中，坐在主席台上，几乎都是官员校友；这些官员校友，也是按照各自的“品级”就座。在某大学的校庆活动中，坐在主席台上的不是优秀教师的代表，居然几乎都是“厅级”以上的官员校友，而辛辛苦苦教书育人功勋卓著的特级教师和教授学者，这些教员校友却没能享有这份殊荣，这岂不是滑天下之大稽？鼓励什么，压抑什么，岂不昭然若揭？

---

① 殷红：《发一顶官帽，害科学家一生》，载《中国青年报》2003年12月22日。

著名学者资中筠先生在清华大学人文社会科学学院建院十周年庆祝会上作的《大学文科向何处去》的讲演中说道：刚才有位先生提到当今最高领导，有多少位政治局委员都是清华毕业生。他并为他们都是工科出身而不满足，希望文科将来也出这样的大人物。清华出高官，似乎是近年来为人瞩目的一个现象，也是不少清华人引以为豪之事，我就听到过清华的老师向外人历数出自清华的国家领导人，而且还有多少部级以上官员，说明清华在国家政治生活中的影响，云云。我国受过高等教育的高官大多是理工科出身，主要还是工科，这有我国特殊的历史原因，姑且不论。但是高等学府把办学目标定位在出高官，恐怕是本末倒置。那除了高官还有大款呢！不知有没有统计，我想自改革开放以来的新富出自清华的大约也不在少数。名牌大学之为“名牌”是靠出高官巨富呢，还是靠学术水平？如果所有的学生都以此为“高山仰止”的目标，“虽不能至，亦当望之”，也就是人人都向往升官发财，那课还能上得下去吗？这是极而言之。不过近年来清华正巧出现这一特殊现象，给师生造成一种导向也是事实，恐怕不一定有助于学术繁荣。社会需要各种人才，优秀的大学培养各种优秀人才，其中也可能有人做了高官，有人经商致富，但其他的道路还宽广得很。特别是文科，真正的目标应该是出“大儒”。而要达到这一目标，恰巧需要有抵挡名利诱惑的定力，在方今之世是很难做到的。唯其难，才需要下大力气提倡。有幸进入这一殿堂的莘莘学子，一进来就听到这么多大师、硕儒的名字，我想总会有人以他们为“高山仰止”的目标的。我祝清华人文学院继承老清华的人文传统，多出几位大儒……在演讲的最后，她说：“以上讲话在谈到出大官与出大儒一段时，台下报以笑声和掌声，可见还是有人认同的。最近又见报刊炒作耶鲁大学出了多少位总统以及总统候选人。真是推己及人，把读书做官论推广到了外国大学。这样的导向，不知要把高等教育引向何方？”① 上海医科大学原校长张镜如教授也说过类似的话：“……刚才主持人介绍上医时说上医培养了很多高级领导人，多少什么长，多少什么长。我认为这样讲是不确当的。上医不是培养领导人的，上医是培养医学家和优秀医生的。上医有过辉煌的历史，全国各地凡著名的医学家和医生，有许多都与上医有教学关系，或是上医毕业的，或是在上医进修过的。这才是上医的光荣。”② 我们的高等教育，以至整个的教育，是为

① 资中筠：《大学文科向何处去》，载《文汇读书周报》2004 年 3 月12 日。

② 郑文安：《“上医不是培养领导人的”》，载《文汇读书周报》2004 年 5 月 12 日。

了出高官，还是出大师、硕儒，的确是个问题。今天“官本位”“财本位”意识已膨胀到了登峰造极的地步，再不警惕，大学教育将成为“拜权、拜金主义”的温床。这种价值观、人生观教育应该从娃娃抓起，从小就要淡化当官、发财意识，而不是从小就培养、强化读书当官、发财意识。

其实，多数读书人想当也是当不了官的。官也不是谁都能当上、当好的，官也不是那么好当的。贾平凹在散文《好读书》中说：“好读书就别当官。心谋着书，上厕所都尿不净，裤裆老是湿的，哪里还有时间串上级领导的家去联络感情，也没有钱，拿什么去走通关关卡卡？即使当官，有没有整日开会的坐功？签发的文件上能像在新书上写读后感一样随便？或许知道在顶头上司面前要如谦谦后生，但懒散惯了，能在拜会时屁股只搭个沙发沿儿？也懂得猪没架子都不长，却怎么戏要成性突然就严肃了脸面？谁个要整，要防谁整，能做到喜怒不露于色？何事得方，何事得圆，能控制感情用事？读书人不反对官，但读书人当不了好官，让猫拉车，车就会拉到床下。那么，住楼就住顶层吧，居高却能望远，看戏就坐后排吧，坐后排看不清戏却看得清看戏的人。不要指望有人来送东西，也不烦有人寻麻烦，出门没人见面笑，也免了有朝一日墙倒众人推。”[①] 这虽是打趣、调侃，却也入木三分。

超越功利境界，摆脱“庙堂”情结，是知识分子成长的最具代表性的一个方面。推而广之，这指的是不受一切的利诱名累，捍卫心灵的净土，致虚极，守静笃，保持对学问的虔诚、敬畏之心，把言语创造视为一项崇高神圣的事业，把言说看作是人的存在性选择，是人生价值的实现，将言语表现、创造视为生命的归宿，以成就“立言者”为天赋使命。

七　从做一个有责任心的人开始

作为一个言说者，须恪守人的良知和责任感。

言语和精神创造，须以人的良知与道德为前导。一个作者，如果只凭利益驱动，“损一毫利天下不为也”，缺乏正确的人生观和道德观，就不配作为

① 贾平凹：《好读书》，见《贾平凹散文大系》第三卷，漓江出版社 1993 年版。

一个作者。作者，不是完人，但他必须去完善自我，他代表了人类的良知与正义，因此，他还必须具有自我反省和探索真理的道德勇气和人格力量。不论卢梭写作《忏悔录》是否只挑选了读者会原谅他的丑行来写，而把某些真相给隐瞒了，他的要把一个人的真实面目赤裸裸地揭露在世人面前的道德勇气和他所做的一切，已足以令人敬佩；也不论托尔斯泰皈依基督教，大力宣传他所理解的教义，甚至走上了否定艺术的道路，他那真诚、严肃地探索人生、追求真理、渴望公正，无休止地跟自己各种欲念做斗争的精神，已充分表明了他战胜私欲、利他向善的坚定信念。不断地充实、丰富、完善自我，提升精神和道德境界，做到人品与文品统一，是作者言语德性修持的要义。

言语良知的一个重要表征是写作必须有益于国家、民族、社会和读者。一个有良知的作者，势必具有强烈的社会责任感。写作的精神创造是由作者和读者共同实现的，未经阅读或不能为读者所理解、接受的写作，不是严格意义上的写作。因此，写作不应该是作者、人类一厢情愿的“游戏”或放纵式的“自娱”，纯粹的“私人化”写作是有悖言语道德的。作者的自我实现，总是和国家、民族、人类的整体利益息息相关的，超越功利境界，也就是要超越狭隘的个体的现实利益，而以国家、民族、人类的整体利益为重。一个对读者不真不诚、缺乏社会、人类责任感的作者，绝不可能写出伟大的作品或论著，也绝不可能得到读者的景仰和爱戴，因而也就不可能有自我实现的人生。

一个有道德良知的人，同时也必定要是一个有责任心的人。格拉塞说：“不负责任的人总试图想不带责任心就获得幸福。结果他们找到的只是些短暂的欢乐，而不是那种与负责的行为相伴的根深蒂固的满足。”“我的理论的关键就是人的责任心，我们把它等同于精神健康——一个人越负责，他就越健康——越少责任心，就越没有健康……责任心教育是包括人类在内的高等动物的最重要的任务……说只能教育年幼者是不对的。”他把责任心说成是“具有满足自己需要的能力，而且是在满足自己需要时不剥夺他人满足需要的能力……一个有责任心的人会做使自己感到有价值的事，也会做感到对他人有价值的事。他有发奋的动机，并能忍受匮乏以获得自我价值”①。他所说的责任心不是只对自己负责，只满足自己的需要，而是同时对他人负责，做对他

① 引自［美］弗兰克·戈布尔著，吕明、陈红雯译：《第三思潮：马斯洛心理学》，上海译文出版社 1987 年版，第 143 页。

人有价值的事。这是人超越本我、走向崇高的思想基础。

人的言语责任心还表现为有高尚的言语追求，有言语创造的理想和目标。语文教师在培养学生的社会责任心、言语责任心上应负起责任，每一个习作者首先要接受的就是责任心教育。要写好文，先要成为一个有责任心的人。

在言语的自我实现上，一个有责任心的人，应是一个有言语抱负、追求和懂得言语廉耻的人。言语抱负和追求，不仅仅是一般、随意地说和写，而表现为能不计现实功利地去努力实现自己的言语理想，具有创新和超越意识。职业性地完成书写和言说，这谈不上负责，这只是完成任务，一般人都能做到；只写自己喜欢的、时尚的，写沽名钓誉之作，纵然妙笔生花，洛阳纸贵，声誉鹊起，追星者如云，也不值得称道，今天没文化的名人也都能做到。有自己执着的写作信念和审美追求，在文字表现上，绝不敷衍塞责，能精益求精，为自己所写的每一篇文章、每一句话负责；既不媚俗，也不媚雅；不是追求数量，而是追求质量；保持独立的言语人格和严肃的言语态度，不是所有的人都能做到的。这样的人，就称得上有责任心了。

在低龄化写作成为大势所趋的今天，小作者出书已不鲜见。这自然是一好事，但是，在好事背后，也隐藏着被商业炒作和金钱锈蚀的隐忧。不少论者对此深感忧虑。例如，王新先生说："这一代人，有人称之为新新新人类，一般是指出生在上世纪 70 年代末到 80 年代中的一代人。全球化、多元化是他们成长的广阔背景，麦当劳、互联网、韩流、摇滚、手机短信和体验经济，对于他们是如晤老友如扯家常。他们冷落了理想主义，却更清楚自己真正需要什么，感官享受和游戏是他们最钟情的生活方式。他们可能热爱崔健的摇滚、切·格瓦拉的文化衫，但这些东西背后的文化内涵早已被剥离，只是作为一堆可以供他们游戏和消费的符号碎片，随意地用来贴在他们充满个性的稍嫌稚嫩的身体上。"① 温去非先生在谈到韩寒时说："今天的韩寒直言写作就是为自己新买的跑车挣汽油钱，至少已经失去了当初对文学的真诚，再看看韩寒的作品，《零下一度》已经露出掺水迹象，新书《毒》更令人感到质量明显下滑，颇有卖名之嫌。缺乏理性的狂言，不成熟的思想都有可能成为天才夭折的因素，炒作只能风光一时，只有多读书、多思考、多学习，才是不断提高写作水平的唯一途径。少年作家尚处在成长阶段，任何吹捧与扼杀都不

---

① 王新：《少年作家所代表的一代，有没有自己的文化》，载《中国青年报》2002 年 12 月 26 日。

是科学的态度，我们所做的应该是引导，为他们创造良好的环境。假如韩寒真的重蹈方仲永的覆辙，应该说一些不负责任的社会舆论难脱责任。”① 北京大学曹文轩教授对曾以《幻城》一炮走红的少年作家郭敬明批评说：“少年作家不等于未来的作家，中学生只能定位在少年写作上。我很难想象对于一个少年作家来说，一个月或几个月就写就一部长篇小说。要么是模仿要么是重复，因为他根本就没有这么多的生活阅历。我现在只能说郭敬明的写作是不可取的，我们应该把写作看成严肃的事，不能急功近利。”② 著名作家莫言也认为，少年写作重复得厉害，因为作者的个人经验都差不多，很多少年作家都是出版社包装出来的，在一定程度上很不利少年作家的成长成材，在这方面出版社起了很坏的作用。他真诚地告诫获奖学生：“今天获奖，不代表将来一定从事写作。将来能写更好，但不要太多受这些榜样的影响。”③ 可见，对于青少年作者来说，言语人格教育是多么重要。社会舆论应给青少年写作的成长创造一个良好的外部环境，学校和老师尤其是语文教师，应注重人文精神的陶铸，增强学生抵制拜金主义的免疫力，使他们首先从做一个有责任心的人开始，保持言语生命的真诚和纯洁，小心翼翼、踏踏实实地走好言语人生的每一步。对于青少年作者来说，不能被眼前的成功和利益冲昏了头脑，一头栽进金钱的罗网和追星族的喧闹中，忘乎所以，自以为是，目空一切，将自己的文学才华注水兜售，不知修养身心，陶冶情性，这不啻断送自己宝贵的言语、精神生命。

要做一个有责任心的能珍惜自己言语生命的人是很不容易的。唯有不懈地求真诚、致良知、养“浩然之气”，保持淡泊、宁静的心境，才可望造就高尚纯美的言语人格；唯有超越功利境界，摆脱名利的诱惑，才可望寄寓生命于言说，创造真正意义上的自我实现的言语人生、诗意人生。

---

① 温去非：《闹中取静看低龄写作》，载《中国青年报》2003 年 5 月30 日。

② 刘万永、黄连星：《大作家告诫小作者：不要太受榜样影响》，载《中国青年报》2004 年 1 月 1 日。

③ 刘万永、黄连星：《大作家告诫小作者：不要太受榜样影响》，载《中国青年报》2004 年 1 月 1 日。

八 语文教师：具有言语人格魅力的人

以往我们所说的教书育人，总是在抽象的层面上说，或是在一般的思想道德教育的意义上说。其实，每一个学科的教书育人都应有其具体内容。在语文学科中的教书育人，所指的就是教师言语人格、言语生命意识的表率、熏陶、感染作用。

在语文教育中，教师言语人格的教育功能，还是一个较少被关注的问题。然而，在言语生命动力学语文教育学中，这无疑是一个必须引起严重关切的重要问题。言语生命意识主要是靠言语生命来传递的，这其中主要靠语文教师的言语行为中显示出的言语人格感召力对学生产生潜移默化的影响。一个语文教师如果缺乏对言语生命的真切体认，不热爱言语表现，不能在自己的言语行为中张扬生命意志和激情，他的学生也就不可能对言语表现有存在性、生命化的理解，就不可能形成强烈的言语生命意识，奠定言语人生、诗意人生的基础。

在山东某中学举办的一场有关教育行为的报告会上，报告人是六名本校的高三学生。他们从不同角度描述了教师的教育行为对他们的影响。他们的报告中最引人注目的就是教师人格魅力的作用。

一位学生说："我认为老师的人格魅力是我们终身受用的财富。每一位教师都有自己的个性，有的富有激情，有的严慈相济，有的温文儒雅，这些品质都会在无形之中对我们的身心产生深刻的影响。"她谈到了一位英语老师的人格魅力对学生的影响：五十多岁的高老师经常给学生讲这样一句话："I'm much nearer to the grave than you are，but I'm slow towards it."意思是说，我比你们离坟墓近得多，但是我走得很慢。"这句充满幽默和哲理的话我永远都不会忘记，我们班的每一位同学都由衷地佩服高老师的乐观，他的人格会自然而然对我们产生影响，而他的课也就会自然而然地吸引我们。"另一位学生则谈到内向的同学有时心里有莫名的自卑感，此时老师的一个微笑、一句简单的问候，都会让同学的心理感觉忽然放松。整个过程中老师需要做的，只不过是平时多留些心和小小的主动的关爱。[①]

这些看来是教学艺术或课堂用语的问题，实际上却是一个教师的言语人格的体现。试想，一个悲观浮躁的老师，会对学生说出达观诙谐富有人生哲理的话吗？一个生活在自己的世界里缺乏爱心的老师，会注意到有自卑感的学生的感受吗？

山东青岛市的王泽钊老师就是一位值得敬佩的以言语人格魅力感化学生的优秀的语文教师。请原谅我不得不花费较大的篇幅援引王老师的事迹，我想，哪怕只要有十分之一的语文教师能像他那样，中国的语文教育就成功了；教育专家们如果能好好地研究一下王泽钊老师的教育法，就无须花费那么多的时间为了应试作无用之功，学生也无须陪着浪费青春年华。

他是这样上课的：

> 王泽钊的许多学生回忆上他的第一课都记忆犹新。王泽钊走进教室，随着班长一声“起立!”数十名学生齐刷刷地站了起来。王泽钊连连摆手：“以后不要起立了。我是你们的老师，你们要尊敬我，你们是我的学生，我也要尊敬你们。我们是平等的。”
>
> 他们很快发现这个“像艺术家一样”的老师上课不拘一格：他带着学生去崂山风景区的水库上过课，暴风雨来临时他招呼学生站到窗户边看乌云怎样翻滚，“看文学作品中的描写有没有胡说”。
>
> 有时候，语文课成了辩论赛：“中国到底要不要发展男子足球”；有时候语文课又成了表演课：“家长会后”，学生们自由组合，有的扮演一家三口，有的表演祖孙三代。王泽钊说，这是为了让学生学会观察生活，写作文不说假话。
>
> “你知道什么叫爆笑吗?”王泽钊的学生刘承智告诉记者，“去上王老师的课就知道了!”
>
> 一个学生在作文中写道：如果哪间教室不时响起掌声和笑声，闻声找去，只见一条大汉坐在教室中间的课桌上，一群傻小子和傻妹围在四周只顾咧着嘴傻乐，不用问，那准是王泽钊老师在上课。
>
> “听王老师上课一连上两三个小时都不觉得累!”“王老师上课经常拖堂，常常是他忘了下课，我们也不愿意让他下课。”

---

① 见郑燕峰：《学生“教育”老师》，载《中国青年报》2002 年 5 月29 日。

王泽钊的学生、青岛阳光新事业工贸有限公司总经理刘同鑫回忆：“上高三时，哪天我要是看到课程表上有语文课，就特别高兴——今天总算可以休息一下了。”

正在加拿大留学的侯晓红说：“我从未遇到像他这样的老师。其他老师讲课平淡，所讲的课本上都有，可不听他的又不行。而王老师完全不用课本，信手拈来，既幽默又有感染力。每天上完课，同学们都忍不住重复讲述老师讲课的内容，以至于哪天我不讲连爸爸妈妈吃饭都不香。”

王泽钊在《新语文》的序言中解释自己为什么不用统编教材：因为学生需要有生命的文章，需要高品位的文章，需要有情趣的文章。他认为“寓教于乐”有三层含义：第一，应使学生学到有价值的知识或受到美的熏陶；第二，要让学生多接触一些有趣的作品，有趣的作品当然吸引人；第三，多给学生介绍好玩的作品，好玩的作品可以说人人喜欢。

他的言语生命意识是这样传递的：

“做语文老师真的是很幸福的一件事!”说起讲台上的故事，王泽钊总是一副心醉神迷的样子。

“博学”，是很多学生对王泽钊的评价。目前正在攻读北京大学工商管理硕士学位的刘同鑫说：“我觉得王老师可以去北大上课。”

他的语文课远远超出了很多人印象中的模样，音乐、美术、艺术、摄影、时事、对人生的看法都可以在课堂上开讲。天马行空，信马由缰，也是形容他上课风格用得最多的辞藻。

但若是有学生要问王泽钊生字，准得不到回答。他会说：“自己去查字典。”

按王泽钊的理解，语文的工具性通过高中以前的学习已经足够了，高中阶段的语文教学应注重情感性，注重对学生人格的塑造。他在为学生选作品时，尤其注重人文素养和人文关怀——“要让学生热爱生命，热爱生命才能热爱学习”。

在学了顾城的《一代人》后，王泽钊班里的学生学会了用它来抚慰自己沉重的高三生活：“黑夜给了我黑色的眼睛，我却用它来寻找光明。”

在王泽钊编写的教材里，课文后面的“问题和思考”设计得很简洁，答案也大多不是唯一的。在雨果的小说《“诺曼底”号遇难记》一文的“问题与思考”是：

小说《“诺曼底”号遇难记》所写发生在19世纪，危难之时，哈尔威船长下令让“妇女先走”，“哪个男人先走，你就开枪打死他！”20世纪90年代末，在中国新疆克拉玛依的大火灾中，却有人喊：“同学们，让领导先走！”后来，许多领导逃走了，许多学生却在大火中死去。比较一下两者的差异，你有什么感想？

“上课时，我经常挑起战争！”王泽钊说。要学生学会独立思考，不人云亦云，不仅体现在王泽钊的教材里，也体现在王泽钊的授课过程中。

王泽钊曾供职的一所省重点中学的领导在一次教务会上说：“哪怕今天我们把一个学生送进大学，明天这个学生就死了，我们的教育也是成功的！”赢得众老师热烈的掌声。唯独王泽钊没有鼓掌，“生命都没有了，还上什么大学？”过后，王泽钊写了篇杂文《我不鼓掌》，在他的语文课上讲给同学们听。从那以后，他的学生也再不随便鼓掌了。

侯晓红说：“十八九岁世界观形成的时候，是王老师启发了我们的思想。过去我们只注重课本知识，不注意外部世界，不注意思考。受他的启蒙，我们开始重新认识世界。是他引入了那么多的社会知识，引入了那么多的思想，大大激发了我们自己去思考。他经常说，不要随大流，不要人云亦云，要用自己的眼睛去观察，要用自己的脑子去思考。”

她说：“人们可能有一种误会，认为他不重视语文基础知识。其实，他是把基础知识作为整体知识中的一粒粒珠子，到了关键处一点拨，看似不经意，让同学们在很愉快的状态下就接受了这些信息。而许多老师，把一盘散珠逐个地讲，所学的知识如同一盘散沙，串不起来，很难记住。”

但王泽钊也说：“做语文教师很累！不是什么人都可以做语文老师的。”王泽钊的许多学生也是在很多年后才明白，他在课堂上的潇洒和举重若轻是通过不断学习和积累才达到的境界。

刘同鑫说：“我是王老师的学生，也是他多年的朋友。如果你曾经做过王老师的学生，我想你终生也不会忘记他。因为首先他是一个好人，其次他是一个学识渊博的人，再次他是一个思想超前与众不同的人。如果你想了解他，就和他聊聊天，听听他的课，看看他写的书。如果你有幸成为他的朋友，你可以去参观参观硕大无比的书房，看看他彻夜不眠的灯光。”①

① 朱丽亚：《撞倒南墙不回头——一位中学语文教师毁誉参半的教改实验》，载《中国青年报》2002年11月28日。

就是这样一个富有人格魅力的老师，他把自己的生命都交付给了语文教育事业，教育业绩突出，十八年来却从没有评过先进，没有得到过任何荣誉，而且被现行教育制度和教育文化所不容，辗转换了好几所的学校，但是公道自在人心，他用自己的言语人格为学生树立了榜样：他用自己的言语行为告诉学生不要说谎要讲真话，要独立思考不要人云亦云；学习语文不是为了考试而学，语文课不只是学习一些知识，更重要的是学习一些终生受用的东西；上语文课是一件快乐而有意义的事情；语文学习获得的是情感、人格、人文素养、人文关怀。学生从王老师的言语人格中学到的是对言语的热爱和追求，他成为学生的“最难忘的老师和最知心的朋友”，诚如他的一位后来在大学学中文专业的学生刘承志所说：“跟王老师的一年改变了我的一生。”这就是言语、精神生命的感召和繁殖。

在应试教育下疲于奔命的语文老师们一定会发问，王老师天马行空的教学是如何对付高考的。王老师不看重应试，但是并不无视应试，他认为素质提高了应试就不在话下。王老师编了一套教材，出版者最初命名《新语文——决胜高考》，王老师很不满意，要求把“决胜高考”四个字拿掉：“决胜高考，太狭隘了。”他反对把高考当作唯一目标，认为“高考不过是雕虫小技”。他花两个晚上的时间给高三学生讲弗洛伊德：“你们如果要问我，高考考不考这方面的内容？我可以肯定地告诉你们，不会考。你们如果要问我有没有用，我可以告诉你们，现在没用，将来可能会有用。”——他教的学生高考语文成绩在全市名列前茅。

语文教师用自己的言语人格魅力感染学生，用言语生命意识点燃学生的言语理想，使学生通过教师的言说，领会到言语表现与存在的言语人生的意义和价值，萌发言语表现和自我实现的生命欲求。养育学生的言语健全人格和诗意情怀，这样的教师才是称职的教师，也是幸福的教师。一个语文教师如果不热爱言语和写作，不能超出狭隘的功利追求，没有对言语生命的深刻体验和理解，没有言语表现的冲动和激情，不能为自己的言说负责，不能将生命倾注于语文教育事业，不能以热情和自信善待学生，不能将自己透彻领悟的言语生命意识传递给学生，这样的语文教师是不称职的，他的人生也必定是颓唐憔悴的。

语文：表现与存在

YUWEN
BIAOXIAN YU CUNZAI

潘新和 著

上卷·第二分册

海峡出版发行集团 | 福建人民出版社
THE STRAITS PUBLISHING & DISTRIBUTING GROUP | FUJIAN PEOPLE'S PUBLISHING HOUSE

目录
Contents

上卷·第二分册

上卷　言语生命动力学表现-存在论语文学原理论

第二分册

师生是教学复合主体中的平等成员。语文教学，是主体间言语生命的应和与互助。教学，意味着师生共同发展——“教师主导”“学生主体”说可以休矣！

第八章 教学主体论：主体间言语生命的互助

在教学中师生关系如何定位——教学主体论的问题始终困扰着教育界。这既是教育哲学的共性问题，也包含着语文学科教育的特殊性。

从20世纪80年代初以来，语文界对此发生了研究兴趣，出现了一些相关论文。处于“文化大革命”刚刚结束后的拨乱反正之时，就注意到这一重要的教育哲学问题，这本身就是一大进步；这是一次义无反顾、长驱直入的理论探险，探究者勇气可嘉，堪称语文界的思想先驱，对他们，我由衷敬佩。但我们也不能不清醒地看到，初期的有些论者由于长期缺乏理论的浸淫，学养不足，思维上受到较大的局限，所做的讨论多是着眼于教育中师生关系中一些较为表面的共性现象，或直接源于自身的教学经验，或来自于前辈教育家零星的见解，缺乏理性观照和语文教学本体意识，所做的研究显得较为肤浅，极少注意到语文学科的特殊性；所做的阐释，往往落在某些局部问题上，带有较大的随意性，缺乏对语文教学特殊性宏观的抽象和覆盖，往往只是架空了说，与语文教学的特殊性基本上不沾边；且又是片面的阐述，举语文学科中的某一部分（如只讲阅读）以偏概全阐明自己的观点。随着研究的进展，我们高兴地看到了80年代后期参与讨论的一些论者，学养已有所提高，他们的思维超越了经验层面，在文章中开始体现出了较强的哲学思辨性，从皮亚杰的发生认识论和胡塞尔的现象学中寻求理论武器，吸收了国外教育学的一些见解，开始超出了“学生主体”和“主、客”思维，提出了“轮流主客体”“互为主客体”“双主体”等观点，这是难能可贵的。但是，这些论者仍不同程度地存在着思维误区，语文界仍有相当部分论者和教师对师生关系的认识，还陷落在“主、客”两分法或“主、主、客”三分法的思维定势中。“学生主体、教师主导说”仍在教研文章中大量出现。同时，几乎所有论者对师生主体论问题的探讨，均未能在教育和语文学科的视界融合中来把握对象。**作为语文教育哲学研究，对师生关系的定位，最终务必要落在语文学科的特殊性上**，否则，对语文教育理论的建构也就难有实质性的突破，对教学实践也不可能有较大的帮助。

存在这些不足，情有可原，前辈学者已尽其所能地完成了他们的历史使命。然而，在基础教育面临重大变革、传统教学观受到新的课改理念强烈冲击的今天，如果教学主体论仍停留在二十世纪八九十年代的认知水平上，那就是我们的失职。必须对此做一番新思考，哪怕能前进半步也好。理顺师生关系，对教学的影响是全局性的。

一　“三主说”的含义及其思想渊源

20 世纪 80 年代初期，语文界拉开了教学主体论研究的序幕，具有较大影响的是钱梦龙先生的“三主说”：学生为主体，教师为主导，训练为主线。其理论的合理性自另当别论，就其对教学主体论的关注，对师生作用的区分和促成语文教学从知识本位向能力本位转型上看，在当时还是有其积极的作用的，功不可没。时过境迁，在语文课改的新教育理念下，在我们的言语生命动力学语文教育视野下，当然也有重新审视的必要。

关于“学生为主体，教师为主导”，钱梦龙先生说：“处在同一教学过程中的教师和学生都具有两重性，是互为主客体的。但是，教学过程作为一个特殊的认识过程，最终是以学生的认识为归宿的，因此在确认谁是主体的时候，主要应该把目光投向学生，即确认学生是具有主观能动性的实践者与认识者。……另一方面，学生在教学过程中的认识活动，又不是在孤立、封闭的状态下进行的，而是以教师的存在为条件的。教学，是只有在师生之间才可能发生的双向活动，教和学始终是互相依存、互为条件、相互制约的。再从学生的实际看，他们毕竟还缺乏确定重大的认识目标的能力，在认识过程中还会遇到这样那样的困难，需要‘闻道在先’、‘术业有专攻’的教师给予指导和帮助。因此，在确认学生为‘主体’的同时，还必须确认教师为‘主导’。何谓‘主导’？‘主’，表明教师在教学过程中的领导作用并不因为确认学生的主体地位而被取消或削弱；‘导’则规定教师的引导作用只能通过因势利导来实现。这里有一种辩证的关系：学生的主体地位制约着教师只能‘主导’而不能‘主宰’；而教师导之有方，又能促使学生更好地达到预期的认识目标，真正成为认识的主体。”① “我提出的‘训练为主线’并不是一个孤立的观点。它和‘学生为主体’、‘教师为主导’共同组成‘三主’的教学思想，这个思想体现在‘自读、教读、练习、复读’的教学‘基本式’之中，我把以‘三主’为指导思想，以‘四式’为基本模式的教学构思统称作‘导读’。‘导读’是一个相对完整的阅读教学体系。在这个体系中‘学生为主体’是前提，因为如果没有学生的积极的实践和认识活动，整个导读过程就无法进行；‘教师为主导’是条件，因为如果没有教师的因势利导，学生的实践和认识活动将是盲目的、低效的，不能达到预期的目标。学生的‘学’制约着教师的‘导’，教师的‘善导’又启引着学生的‘善学’，而‘善导’与‘善学’都统一在一个‘善练’的科学序列之中，因此‘训练为主线’是‘主体’与‘主导’相互作用的必然归宿，也就是说教师和学生在教学过程中的双向活动必然表现为训练的形式。”②

其实，以学生为本位、为主体的认识，并不是什么新鲜的观点，叶圣陶先生早已有之。叶老在 1919 年 1 月《对于小学作文教授之意见》中谈道：“作文命题及读物选择，须认定作之者读之者为学生，即以学生为本位也。”“小学作文之教授，当以顺应自然之趋势而适合学生之地位为主旨”。③ 1922 年 1 月，又指出当时教育的病根之一，就是“不以儿童本位一义为教授的出发点”，“选材，练习，都归成人做主，学童全居被动地位”④，从反面指出了儿童地位的重要。1941 年 3 月，他又阐明了“学生主体”的思想：“国文课是

① 钱梦龙：《论“学生为主体”》，载《语文学习》，1988 年第 8 期。

② 钱梦龙：《论“训练为主线”》，载《语文学习》，1988 年第 10 期。

③ 见刘国正主编：《叶圣陶教育文集》第三卷，人民教育出版社 1994 年版，第 288 页，第 291 页。

④ 叶圣陶：《小学国文教授的诸问题》，见刘国正主编：《叶圣陶教育文集》第三卷，人民教育出版社 1994 年版，第 10 页。

教师与学生的共同工作。可是主体究竟是学生”。[①] 在 1981 年 10 月的《从出题到批改——〈中学作文指导实例〉序》中也说到这本小集子“介绍的批改方法都是以学生为主体的，不是忘了作文的学生的”[②]。他这里称以学生为“主体”似不是在“主体论”的意义上说的，这个“主体”应是指作文指导的“对象”。

“中心”和“本位”的意思较接近，有的仅仅是由于翻译的不同所致。但是“中心”“本位”和“主体”的意思是很不相同的。“中心”“本位”都含有“重心”“最重要的部分”或“关注点”“出发点”“着眼点”“立足点”的意思，而“主体”则是相对“客体”而言的，是哲学认识论的专有名词。“主体”指的是“认识者”“实践者”，“客体”是主体认识和活动的对象，即客观事物、客观世界。叶圣陶先生较多谈论的是“儿童中心”“儿童本位”，较少谈论“学生主体”，我想，这一方面是和他所受到的实用主义教育观的影响有关，杜威是极力主张“儿童中心”的；另一方面也许是他对教学主体论的思考尚不成熟，对以“学生为主体”的提法尚有疑虑。

注重教师的引导作用就更是源远流长了。从孔夫子的“不愤不启，不悱不发”，苏格拉底的“产婆术”，一直到现代诸多的教育家，无不对“启发”和“教导”“指导”“引导”“诱导”等津津乐道，对“注入式”“满堂灌”给予否定。叶圣陶也同样持“教师为主导”的观点。叶圣陶先生 1961 年 9 月在呼和浩特跟语文教师的谈话中就讲道：“解放后有一个时期，有些人反对学生预习，认为学生预习了，教师的主导作用就不能发挥了。”[③] 1963 年 1 月在与王承辉的信中说：“如以某一学生之文为材料，书于黑板，师生共改，而教师于此际起主导作用。”[④] 以后于 1963 年 5 月，叶先生又提及：“所谓教师之主导作用，盖在善于引导启迪，俾学生自奋其力，自致其知，非谓教师滔滔讲

---

① 叶圣陶：《国文随谈》，见刘国正主编：《叶圣陶教育文集》第三卷，人民教育出版社 1994 年版，第 71 页。

② 见刘国正主编：《叶圣陶教育文集》第三卷，人民教育出版社 1994 年版，第 466 页。

③ 叶圣陶：《怎样教语文课——在呼和浩特跟语文教师的讲话》，见刘国正主编：《叶圣陶教育文集》第三卷，人民教育出版社 1994 年版，第175 页。

④ 叶圣陶：《答王承辉（1963 年 1 月 22 日）》，见刘国正主编：《叶圣陶教育文集》第三卷，人民教育出版社 1994 年版，第 496 页。

说，学生默默聆受。”[①] 在他的文章中讲“指导”“引导”“诱导”等内容的更是比比皆是。他不厌其烦地强调“相机诱导”“指点和引导”“指点启发”“引导和启发”等。

钱先生是这样解释“主导”的：“‘主’表明教师在教学过程中的领导作用并不因为确认学生的主体地位而被取消或削弱；‘导’则规定教师的引导作用只能通过因势利导来实现。”[②] “主讲，着眼于‘讲’；主问，着眼于‘问’；主导，自然着眼于‘导’。导者，因势利导也。‘因势’就是要充分尊重学生的主体地位，要承认学生的知识、能力、智力、情感、兴趣等等对教师的制约作用，教师只能顺其势而施‘导’，不能逆其势而硬‘牵’；‘利导’，就是要把学生引导到最有利于他们的认识和发展的情境中去，从而使学生真正成为学习的主体。”[③] 这里讲的“导”的意思，好像跟叶老的说法有相同的一面，也有不同的地方。叶老注重的是对学生作方法上的指引，把学生导向自学能力的养成，使其能“自致其知”；钱先生注重的是“因势利导”（也略有“自致其知”的意思）。“主导”的意思，好像也不太一样。钱先生说的是“领导作用”，而叶老似不怎么强调“领导”，而偏于一般的“指导”“引导”。钱先生的“主”字的解释仍较费解：“主”似乎是“着眼于”的意思，但是，将这个意思代入“教师为主导”就不通了。因为，一般人们不会说“教师为‘着眼于’导”。我想，“主导”的“主”大约只能解释为“主要的”“为主的”意思。

至于“训练为主线”，则是长期以来语文界所提倡的“精讲多练”精神的体现。叶圣陶、张志公、吕叔湘等都十分重视“训练”“历练”，认为语文知识必须通过训练才能转化为能力，这是一个时期语文界共同的看法（对这种看法本书前面第四章已作专门的探讨，此不赘述）。叶圣陶先生虽没有说过训练是主线，但是，他的确是很注重训练的，注重学习知识和训练领会的结合。他说：“现在大家都很注意语文课中的基本训练。基本训练确然要加强。……在学习一篇文章时，就要学习作者是怎样动他的脑筋的，看作者是怎样想和怎样写的。教师一方面给学生指点和引导，一方面督促学生练习，这就是训

① 叶圣陶：《答邹上一（1963 年 5 月 8 日）》，见刘国正主编：《叶圣陶教育文集》第三卷，人民教育出版社 1994 年版，第 497 页。

② 钱梦龙：《论“学生为主体”》，载《语文学习》，1988 年第 8 期。

③ 钱梦龙：《论“教师为主导”》，载《语文学习》，1988 年第 9 期。

练。语言的训练，要让学生在语言实践中去领会……在中学里还要教一些修辞的知识，篇章结构的知识，这些方面的知识化为思维和语言的习惯了，运用的时候就会自觉地不犯错误。"[①] "训练为主线"的基本训练模式是"导读"，四川的黎见明老师也有"导读"的提法，并形成了自己的一套"导读"理论和实践，备受语文界推崇，在具体内容上当然与钱先生的有所不同。

因此我们认为"三主说"的"提出"没有太大的理论创新价值。因为，在多数语文教师的思想中，学生本来就是教学中的"主体"，教师本来就是"主导"。从20世纪初以来，随着实用主义、人本主义教育学对"儿童中心""学生主体"的倡导，对"教师中心"说的批评，"儿童中心""儿童本位""学生主体"这些观念，其合理成分业已受到教育界的广泛关注。在我国现代语文教育中，叶圣陶先生的观点，代表了语文界的主流意识。叶老既然早已认同了"儿童本位""学生为主体""教师为主导"，这就成了语文界的"共识"。"学生为主体""教师为主导"作为一种问题的提出，在没有丰富、发展原有理论内涵的情况下，对教育观念的进步和教育实践的改善没有多大意义。以往虽然也有人否认学生是"教学"的主体，而认为教师才是主体，今天也还有人持这种观点，但这毕竟只是少数人的主张，属教育体制内外的"杂音"。

二　对"三主说"非逻辑思维的批判

"学生为主体""教师为主导""训练为主线"的"三主"，从概念到具体内容都有不同程度上的似曾相识，由于它们体现的是语文教育的主流意识，其合理性在以往似乎是不成问题的，然而，在今天看来，已然成问题。将这三个方面合而为一，"三主"的提法，自然是钱梦龙先生的发明。他将"三主"并列起来，其具体的阐述与论述，又产生了一系列新问题，需要一并认真梳理、讨论。

（一）"主体"与"主导"是不对等的。孤立地说"学生为主体"，这没什么错，读者不会理解成这意味着"教师是客体"或"教师不是主体"，因为作

---

① 叶圣陶：《怎样教语文课——在呼和浩特跟语文教师的讲话》，见刘国正主编：《叶圣陶教育文集》第三卷，人民教育出版社1994年版，第177～178页。

者在需要强调的时候，在特定的语境下可能也会称“教师为主体”。然而，将“学生为主体”“教师为主导”并举，“学生为主体”，就势必意味着教师不是主体。不是主体是什么呢？——也不是“客体”，是“主导”。然而，“主导”和“主体”，不是同一指向上的概念。“主导”只是一般性概念，而“主体”却是哲学认识论的特殊概念。与“主体”对等的是“客体”（或与其发生交互作用的另一主体），与“主导”对等的则是“次导”（恕我生造“次导”一词，因为有“主”必有“次”）或“辅导”。作者对师生关系的定性是在两种标准上的区分，违背了基本的分类原则——对等。

（二）将“主体”和“主体性”这两个概念混为一谈。钱梦龙先生认为“主体”的特征是“主动”，“客体”的特征是“受动”，他说：“学生既有主动性的一面，又有受动性的一面，正是这两个方面的对立统一，决定了学生在教学过程中的地位：从教学过程的整体看，学生始终是受教育者，是教师施教的对象，有着明显的受动性，因而是‘客体’；而学生在教学过程中的认识和发展，又是教师所无法代替的，学生又表现出充分的主动性，因而是‘主体’。”[①] 以主动还是受动作为区别主体还是客体的标准，这种理解显然是混淆了“主体”和“主体性”这两个概念。只要是作为一个认识者，不论他是主动地去认识，还是受动地去认识，他都是主体。主体指的是认识、实践中的人，主体性指的是主体在实践过程中体现出的相关品质。主体性一词有两个基本含义，一是指完全依赖主体的感觉的主观性；二是指主体以理性思考为基础的主动性、积极性。一般认为，主体性是对主体的能力、态度、价值取向等属性的评定。人的主体性是人在各种实践活动中表现出来的根本特性，主要体现为人的能动性、自主性与创造性等，体现为人的自由内驱力和精神创造力。可见，钱先生所说的“主动性”应属于“主体性”范畴。权曙明和顾菊生两位先生在《“三主”语文教学观献疑》[②] 中“受动性——客体？主动性——主体？”一节做了较为全面、深入的批评。我对他们极有见地的观点深表赞成。我这里只是做一点补充，指出钱梦龙先生错在“概念混淆”。

（三）师生“互为主客体”与“学生主体”自相矛盾。钱梦龙先生说：“总之，处在同一教学过程中的教师和学生都有两重性，是互为主客体的。但是，教学过程作为一个特殊的认识过程，最终是以学生的认识为归宿的，因

---

① 钱梦龙：《论“学生为主体”》，载《语文学习》，1988 年第 8 期。

② 权曙明、顾菊生：《“三主”语文教学观献疑》，载《语文学习》，1989 年第 5 期。

此，在确认谁是主体的时候，主要应该把目光投向学生，即确认学生是具有主观能动性的实践者与认识者。”① 在刚刚确认了师生是“互为主客体”之后，马上就改主意了，出尔反尔，随便地取消了教师的“主体”资格（还包括教师和学生的客体地位），单单肯定学生是主体。教师既是主体，就不会因为教学过程“最终是以学生的认识为归宿”（以谁的认识“为归宿”在下文再作进一步商讨）而变成“客体”。似乎爱怎么确认就可以怎么确认，阐述没有一个客观、统一的标准，违反了逻辑的同一律。

（四）“主导”一词在该语境中言不达意。“主导”，顾名思义，即“主要的指导”或“主要的指导者”。一般的词典提供了两个义项：1. 主要的并且引导事物向某方面发展的；2. 起主导作用的事物。有“主要”的就有“次要”的，有“主导”就有“次导”或“辅导”。教师为主导，那谁是“次导”或“辅导”呢？显然这里的“次导”或“辅导”不可能是学生。如果没有“次导”或“辅导”，还有什么“主导”可言呢？“主导”的意思，实即指导、引导或诱导。我以为没必要因为前面有一个“主体”，后面有一个“主线”，就非得来一个“主导”凑成“三主”才工整，也没必要因为以前的教学方式是“主讲”“主问”，所以也要用一个“主导”，为求得合拍不惜因文害意。可以想见，钱先生的“主导”的“主”的意思，无非是强调教师在教学中导向作用的重要。用他自己的话说“主导”其实就是“领导”。

（五）所“导”的内容有失偏颇。教师要“导”，这说得很对。然而，重要的不是要不要“导”，而是“导”什么和“导”向何处。由上可知，钱梦龙先生所“导”的仅仅是“读”。他的“三主”，集中体现在“四式”中，这“四式”——自读、教读、练习、复读——被称作教学基本模式。“三主”是其整个语文的教学思想，其基本教学模式“四式”却是一种“导读”的方法，其阅读本位指导思想由此可见一斑。更重要的是，“导”的内容本应该指向学生语文整体素养的提高，而实际上却被局限在阅读这一个方面，造成了语文教育的内涵与外延的不相等。有“导读”，至少也得有“导写”“导说”啊。他所谓的“训练为主线”，实际上是以阅读训练为主线，在他的《以“训练为主线”》一文中，讲的就全是“导读”训练。他说：“总之，‘四式’作为一个教学模式的四个因素，构成了一串‘训练’的基本动作；而‘四式’与

---

① 钱梦龙：《论“学生为主体”》，载《语文学习》，1988年第8期。

‘三主’的结合，使整个教学过程呈现出鲜明的‘导读’色彩。”[①]“三主”是对基本的教学关系的认知，而落实到语文教学中，“整个（语文）教学过程”居然缩水成“导读”教学。语文教学不知怎的就糊里糊涂地被偷换成阅读教学，读来莫名其妙。其病在“偷换概念”。

至于“导”向何处，在师生话语权严重失衡的情况下，不论是“主导”，还是“引导”“诱导”，教师“导”的技巧越高明，对学生话语的控制和压制就越严重，导读模式不过是教师诱使学生就范的诡计罢了。

（六）“教师为主导”与“训练为主线”在语义上是相抵触的。“导”与“训”，“导”体现的是教师对学生主体的尊重，倡导的是一种柔性的循循善诱；“训”体现的却是刚性的规训和要求。只要是“训练”，就势必有施“训”与受“训”双方，显然，教师是施“训”者，学生是受“训”者，施“训”者不是“主体”，受“训”者却是“主体”，这不是有点奇怪吗？自然，这不是说受“训”者不能作为“主体”，而是说没有理由剥夺施“训”者的“主体”地位；也不是说倡导教师在教学中要“善导”，就要取消语文“训练”，而是说这种规训性较强的教学行为，不应过分强调，不应作为教育的“主线”。将其作为“主线”，就等于否定了教师的“善导”的重要，势必也会在一定程度上抑制学生主体性的发挥。

再说，“导”的范围和作用，要比“训”大得多。在教师应“善导”、充分发挥学生主体性的语境下，其相应的主要教学方式——“基本模式”，应是三维（知识和能力，过程和方法，情感态度和价值观）并举的熏陶、感染、体验，在三维中，最重要的是第三维。语文教学不是整天就眼盯着立竿见影、速见成效的能力训练，而是长期积累、潜移默化的学养、人格的养育历练。《现代汉语词典》（2012年第6版）中“训练”解释为“有计划有步骤地使具有某种特长或技能”，就是说，“训练”的基本指向是“特长或技能”。“训练为主线”的教育目标仅仅是提高语言能力，这只是三维中的“半维”。实际上，单靠训练，学生的言语能力是不可能得到真正的发展的。语文教育的基本指向，应是心灵、情感、思想、精神等的成长（即言语人格和言语生命意识的养成），由内而外地推动、促成言语能力的发展，最终达成言语上的自我实现。这才真正是语文教育的“学生为主体”，能体现学生的“主体性”（自

---

① 钱梦龙：《论“训练为主线”》，载《语文学习》，1988年第10期。

由能动性）的教育方式。前者是“工具性”视界下的价值取向，后者则是我们的言语表现性、存在性视界下的价值取向。

三　判据失误：“学生主体说”“教师主体说”

在钱梦龙先生之后，有人提出了针锋相对的“教师主体说”。论作用，这种“杂音”有活跃思维的意义。因为，基于叶老的相关论述、钱先生的倡导和语文界的惯性思维，“三主说”曾得到大范围的肯定，有人出来质疑，自然能给历来思想单一、板滞的语文界带来一定的冲击。但是，需要指出的是，“教师为主体”与“学生为主体”这两种观点似乎大相径庭，但二者在认识和思维水平上基本属于同一层次。“教师主体说”同样没什么理论创新价值。

持“教师主体”观点的有赵贞祥、鲁明才等先生。赵贞祥先生认为教学不只是学生的活动，而是教师与学生双边的活动。在教学中，教与学两方面总有一方面是主要的，另一方面是次要的，教学的主要方面是教而不是学。教学是一种社会实践活动，教师是教学实践的主体，学生是教学实践的客体。学生的学习动机、学习目的、学习方法以及通过学习获得的知识、思想、能力等，都不是自生、自发、先验的东西，而需要教师对其施加有组织的、有计划的直接影响。①

显然，赵贞祥先生与钱梦龙先生的主要分歧是对“教学活动”性质的看法不同。钱先生认为教学主要是一种认识活动，教学过程是学生在教师的引导下进行的一个特殊的认识过程。这种认识过程是以学生的认识和发展为归宿的，所以要以学生为主体。钱先生没有在教学活动究竟是认识活动还是实践活动这一点上作严格的、有意识的区分。赵先生则认为教学是一种社会实践活动，在实践活动中起主要作用的是教师，是教师的实践活动影响了学生的实践活动，所以教师是主体。赵先生有意识地强调了教学是一种社会实践活动。可见，他们在师生关系定位上的差别，是由对教学活动性质不同的认定所致。同时，钱先生是从教学的最终目的指向（教育的目的是指向学生的）

---

① 参见赵贞祥：《也评“教师是主导，学生是主体”》，载《教育理论与实践》，1989 年第 2 期。

上来认定，赵先生是从教学活动谁是起主要作用的方面（“教”影响“学”）来认定。二者角度不一，结论自然不一样。

同样持“教师主体说”的鲁明才先生则这样看：

一般的教育学都认为：教学是教师的教和学生的学的统一活动。这种观点基本上是正确的，但失之于笼统。教与学是怎样统一的？教学活动是认识活动，抑或是实践活动？由于概念的模糊性，给理解带来了随意性。那么，究竟应该怎样具体理解“教学”的概念呢？我认为吕叔湘先生的观点正中肯綮、一语破的。他说：“教学，教学，就是‘教’学生‘学’。”这种“教学生学”的“教‘学’”观才真正揭示了教学的本质，揭示了教与学二者的内在联系。

“‘教’学生‘学’”的教学活动是一种实践活动，而不是认识活动。实践活动和认识活动虽然都是主体和客体的相互作用，是由主体、客体、工具构成的“三维结构”；但是，它们在活动方式、方向、任务、目的上有本质的区别。认识是主体反映客体的活动，主体通过认识，观念地把握客体，了解实物的属性、规律、意义；而实践则是主体改造客体的活动，主体通过实践，改造客体的存在形式，使客体达到或呈现出一种主体所期望的态势。在本质上，认识是一种“输入”活动，一种客观见之于主观的活动，也就是客体发送的信息引起主体意识结构的变化；实践则相反，是主观见之于客观的活动，人们从事实践，把主体自身的知识、能力输出、外化，从而引起客体的某些变化。教学实践，通过物质活动传授知识，塑造人的灵魂，达到改造人、培养人的目的。教学实践的部分内容和成果可能是主观的，但教学活动本身却是具有客观性的活动过程。主体在活动过程中不是反映客体，而是改造客体，不是输入信息，而是输出信息，改造人脑中的信息状态。因此，它是实践活动而不是认识活动。有人把教学活动看成是认识活动，这是片面的。我们承认，教学活动中有教师的认识活动，也有学生的认识活动，但从本质上看，从整体上看，教学活动是教师教学生学的活动，是教师有组织、有目的、有计划地培养和塑造人的心灵的实践活动。而只有在这种实践活动中，教与学才能得到真正的统一。

…………

教学是教师教学生学的实践活动。在这一特定的实践活动中，不可能产生两个主体，而只能有一个，这个主体是教师，而不是学生，教师作为教学实践活动的实践者，是主体；学生作为教学实践的对象，是客体。①

由上可知，鲁明才先生是着意在“实践活动”和“认识活动”的差异上进行仔细辨析的。他和钱先生不同，他不认为教学是一种认识活动。他和赵先生相似，将教学过程看成是一种实践活动。他否定了教学是认识活动的观点，认为教学从本质上说是一种实践活动，这种实践活动是教师塑造、改造、培养学生的活动，所以教师是主体，学生是客体。在实践活动中是不可能有两个主体的。其实尽管具体的论述和结论有所不同，但他们的思维方式都是一样的，都陷入了对教学活动性质和师生关系判定的单一化的非此（主体）即彼（客体）的认知模式。

教学活动并非单一性质。它既是一种实践活动，也是一种认识活动。在教学活动中这两种活动是交织在一起的，很难截然分开。唯物辩证法认为，实践是认识的来源与发展的基础，也是检验认识正确与否的唯一标准，对客观事物认识的目的也在于改善人的实践效能。认识来自实践，还要回到实践去，用于指导实践。实践过程，也是认识提高和发展的过程。这里就体现了实践与认识二者作用的交互性。从认识的角度看，实践对于认识是重要的，是认识的来源和检验其正确与否的标准。脱离实践，凭空猜想，认识就可能是错误的。从实践的角度看，正确的认识对于实践也是不可或缺的，认识的目的就是掌握客观规律，将其用于实践，提高实践效能。缺乏正确的认识，实践就可能归于失败。固然诚如列宁所说：“生活、实践的观点，应该是认识论的首要的和基本的观点。”② 这似乎表明了实践的重要性，但是，这是从认识论出发，对实践作用的强调，并不是说，认识对实践就不重要。如果从实践论出发，需要强调的就不是实践，而是认识的重要了。没有正确的理论指导的实践，只能是盲目的实践，同样是不可取的。

就教学而言，既是实践活动，也是认识活动。不论是教师还是学生，他们同时都在实践，也都在认识。教学不是一种纯粹的实践活动，也不是一种纯粹的认识活动。它的实践活动，不是人们通常认为的人对客观世界的改造

---

① 鲁明才：《谁是教学的主体》，载《语文学习》，1991 年第 10 期。

② ［苏］列宁：《唯物主义和经验批判主义》，见《列宁全集》第十八卷，人民出版社 1988 年版，第 144 页。

或物质生产这一类，也不是一部分人对另一部分人的征服和统治（政治斗争、阶级斗争），而是人与人之间的一种良性互动，是师生之间的对话和交往，是一系列教学目的的实现，教学计划、教学步骤的实施，信息的传递和反馈。它的实践活动的直接“产品”是人的发展。它的认识活动，也不是人们通常认为的对事物的了解，对自然界和人类社会的探究，对自然科学和哲学社会科学领域的专门性的钻研，主要是对人类已知知识的了解和掌握，是知识的传播与获取。它的认识活动主要目的不是“生产”知识，而是通过师生的交互作用，传递、获取知识，是精神的感染和熏陶，是人的能力和品质即人的素养的提升。因此，不做具体分析，机械生硬地将教学划归实践活动或认识活动都有失偏颇，都是没有意义的。

在教学中，实践活动和认识活动是一体的，无法截然分开。在哲学认识论中，物质是第一性的，一般认为是行而后知。由于教学是一种较为特殊的实践和认识活动，因此知和行二者往往是交织在一起的，是错综的统一，往往是难分先后的。有时是先知后行，有时是先行后知，有时是即知即行，有时是即行即知。没有人能够说清一节课什么时候是实践活动，什么时候是认识活动。在我看来，教学中所谓的实践活动就是认识活动，是在教学目标指引下的师生间的认知互动；它的认识活动本身也是一种实践活动，是一种精神生产实践，是教师对学生的思想、精神的熏陶和培育，它改善学生的思维的机能和品质，完善学生的认知结构，提高学生的精神境界。实践不限于狭隘的社会生活或物质生产。建构主义认为，认识发生于主客体之间，是主客体相互作用的产物，主客体相互作用，客体见诸主体，主体能动地反映客体，就是一种实践活动。只是这种实践的成果，不是以物质的形态呈现，而是以精神的形态呈现。前面鲁先生说的“教学实践，通过物质（费解——笔者）活动传授知识，塑造人的灵魂，达到改造人、培养人的目的”，这里说的教学实践，就势必包含了认识活动，或者说主要指的就是师生的认识活动。就说语文教育吧，在阅读教学中，师生的交往、对话，无疑是一种教育实践活动，但是也是一种认识活动，目的是增进师生相互间的了解，提高师生对文本的认识和读写能力。再说写作教学吧，这表面上看是一种实践活动：教师要作设计、指导；学生要搜集材料，要调查访问，要构思成文，写好以后还要教师评改；学生修改和反思，从而增进了对写作的理解和认识，悟到了某些写作的规律。这个复杂的过程，不也是一个认识过程吗？

总之，我认为，教学是一种特殊的实践和认识活动，在教学过程中，实践和认识活动是不可分的。不论是教师还是学生，都既是实践者也是认识者。不能自己主观上认为教学是一种实践活动，就判定应以教师为主体；认为是一种认识活动，就判定应以学生为主体。其实，就是将教学活动区分为实践活动与认识活动，也很难说教师就是实践的主体，或学生就是认识的主体，这种思维是对教学活动中师生行为的简单化的理解。这一点，我们将在下文做进一步探讨。

四 "互为主客体说" "轮流主客体说"等的局限[①]

随着研究的深入，有的论者注意到了师生关系的复杂性和交错性，认识就变得更为多样化，其中较有代表性的有"互为主客体说""轮流主客体说""同时主客体说"，等等。由于他们的认知方法也是基于师生"主、客"思维，因此，对师生关系论研究没什么实质上的进展。

王冬桦先生的"互为主客体说"是这样表述的："教师的教与学生的学之间的矛盾是主要矛盾，它主要反映在教师根据培养目标和教材的特点提出的教学要求与学生现实的知识基础和发展水平之间的差异性。这种矛盾决定着教学过程中的其他矛盾，如教师与教材、教法的矛盾，学生与教材、学法的矛盾。在这对主要矛盾中，当教师的教为矛盾的主要方面时，教师是主体，学生是教的客体；当学生的学为矛盾的主要方面时，学生是主体，教师是学生学的客体。在整个教学过程中，教师与学生的主体与客体地位是相互依存、相互规定，而又在一定条件下相互转化。"[②] 这种认识是从教与学矛盾双方相互依存性出发，根据矛盾主要方面的变化，来确定教学中的主客体关系的。这实际上也隐含着"轮流主客体"的意思。"相互依存"体现为"互为主客体"，"相互转化"体现为"轮流主客体"。类似的说法还有："教学过程中的

---

① 本节的材料部分选自福建师范大学文学院2001级教育硕士毛晨熙先生的毕业论文：《教学主体论初探》。

② 王冬桦：《教学的双主体性问题的探讨》，载《教育研究》，1990年第8期。

教师和学生互为主、客体，即教师既是主体，又是客体；反之，学生也是一样。”① “教师和学生均是教学认识活动的主体，同时在一定条件下又互为对方的客体。教师和学生是教学认识中的有实践能力、认识能力，并且运用这些能力来进行教学实践和认识的人，所以二者均可以成为教学认识活动的主体是毫无疑问的。又因为在教学认识活动过程中，学生是教师实践与认识的对象。……教师有时也是学生认识的对象。……因而教师与学生又互为对方的客体也是肯定的。”②

“轮流主客体说”是这样看的：“在教学过程中，因为教师和学生都是人，所以他们之间的主客体关系是极其复杂的。（1）教师作为主体，当把学生当作他的认识或改造的对象时，学生就相应地变成了客体。如教师编写教案、组织教学时，都需要把学生当成客体去认识；（2）学生作为主体，当把教师当作他的认识对象时，教师就相应地变成了客体。”③ “教学过程细而分之，应该包括教与学两部分，就教而言，教师作为教授者处于主体地位，而学生作为教授对象处于客体地位；就学而言，学生作为接受者处于接受主体地位，而教师所传授的知识作为接受对象处于客体地位。因此在教学过程中，无论是教师还是学生都在不断地转换位置，不断地从主体—客体—主体—客体的变化，形成各自在不同关系中的不同地位，呈现出主体客体化、客体主体化的倾向。”④ 他们都认为教师与学生在教学活动中是不断地在转换角色的，师生关系不是固定不变的。如果以此来定位师生关系，这不论对于教师还是学生来说，都将因角色的不断变换，一会儿当主体，一会儿成了客体，再过一会儿又得变回来，而感到十分困惑。

还有“同时主客体说”：“师生互为主客体与燕国材同志说的‘轮流主体论’是不是一个味道？否。因为，‘轮流’带来的仍是在教育教学过程中只存在‘唯一主体’：在此时是‘教师唯一的主体’，在彼时是‘学生唯一的主体’。我的主张是‘同时主客体’。因为师生并不是‘轮流’着互相对象化，

---

① 华玉和：《关于教学主体论的浅见》，载《中国教育学刊》，1996 年第 1 期。

② 任平：《学生不是教学认识活动的唯一主体》，载《广东民族学院学报》（社科版），1996 年第 2 期。

③ 张启航：《试论教与学的关系——再谈“教师是主导，学生是主体”》，载《教育理论与实践》，1989 年第 5 期。

④ 张利群：《试论教学的主体性》，转引自鲁明才：《谁是教学的主体》，载《语文学习》，1991 年第 10 期。

而是同时地相互对象化，所以是‘同时主客体’。”① 这只不过是将“轮流”的“历时性”改为“同时”的“共时性”。师生的关系似乎没有什么不同。

此外还有“主体滑移位错说”“教育主体移心律说”等。

于珍彦先生提出了“主体滑移位错说”：“一切教学活动都是以一定的教学目的为制控中心，以教与学二者的关系为主要矛盾，以具有确定性的教学内容为共有客体，以具有导向性的教学手段为连接媒介，教先作为主体，主动地施教于学，学又自然地与教进行滑移位错变为主体，并将教学内容能动地内化为己有，从而产生智能的不断积累的教学效应。”②

方展画先生从结构主义“移心”概念得到启发，提出了“教育主体移心律说”：“在学校教育中，教育主体及中心无疑是思维主体，但随着教育的进行，旧的教育主体不时偏离教育中心而成为客体，因此思维主体不断地于师生间进行可逆性位移，位移矢向则取决于特定教育情境中各要素之间的具体关系。”③

上述种种观点，论者有着共同的认知背景，这就是将师生关系置于师生“主、客”对立关系中来认识。师生双方，不是主体，便是客体。前面论及的“学生主体论”“教师主体论”其思维方法也一样，从表面上看“学生主体论”和“教师主体论”似乎没有说出客体是谁，但是，在具体的阐述中，清楚地表明了前者的客体是教师，后者的客体是学生。他们都被师生关系“主、客”思维困住了。究其原因：

首先是由于所讨论的对象是师生关系，论者就不自觉地以“主、客”两分思维来套师生关系，而忽略了教学这一实践和认识活动的其他复杂相关要素。同时，也由于对主、客关系的一些误解，如以为“主”为“主动”，“客”为“被动”；“主”为“教育者”，“客”为“受教育者”；“主”为“内因”，“客”为“外因”；加之传统的对师生关系认识的思维惯性，如或以为教师为“主”，学生为“从”，或以为学生为“主”，教师为“辅”。这些，都造成师生关系的“主、客”思维，以为师生关系中必有一“主”一“客”。

从哲学认识论上看，有主体，必然也就有客体，主体是相对于客体而存

---

① 魏立言：《教育的规律性与主体性研究》，气象出版社 1992 年版，第 152 页。

② 于珍彦：《论教学主体的滑移位错》，载《教育研究》，1990 年第6 期。

③ 方展画：《论教育的主、客体范畴及“教育主体移心律”》，引自《人大复印报刊资料》，1990 年第 7 期。

在的，这是正确的。但是教学中的师生关系，未必就是一种主、客关系。教学是一个复杂的系统，其系统的构成要素不只是限于教师和学生。除了教师和学生的关系外，还有社会和家长、教师和教师、学生和学生等之间的关系及教学体制、教学思想（方针、政策、观念）、教学目的、教学内容、教材等等因素。既然影响教学的关系和要素如此复杂，为什么“主、客”就一定是“师、生”而不会是其他要素呢？

其次，师生“主、客”思维产生的种种看法，都是将师生关系、教与学的关系对立起来，只注意到他们矛盾的一面，而忽视了他们统一的一面。由于教学活动中师生各自有其特殊的地位和使命，从表面上看，他们所做的事也是不一样的，二者的悬殊太大了。传统文化对师道尊严的维护，“天地君亲师”“一日为师，终身为父”等观念，使人们往往将师、生作严格的区别对待；反其道而行之的“儿童中心主义”，在极力倡导儿童本位、学生主体的思想的同时，为了强调学生自我发展的一面，尽量贬低教师的作用，同样导致了人们更多地关注二者的差异性，妨碍了人们将师生放在平等的教学主体的地位进行思考。

在这样的思维定势下，为了弥合理论的破绽，就只有两种可能，一种是从外部去寻求平衡，如“主导说”“主体说”，引入另一种标准——导与被导，来安抚教师——尽管学生是主体，是教学的“归宿”。但是不必惊慌，这个“主体”还是由你来“领导”的，孙悟空本事再大，也还在你的手心攥着；另一种是轮流“坐庄”，机会均等，师生都既是主体，也是客体，以体现“公平”。这么一来，就出现了更大的理论裂缝：要体现教师主导，势必就要压抑学生主体；要体现学生主体，教师就当不成主导。被教师主导着，还怎么发挥学生的主体性呢？要充分发挥学生的主体性，教师能始终处于主导的地位吗？“互为主客体”“轮流主客体”“同时主客体”一类，就更是让人丈二和尚摸不着头脑，让教师与学生同时发晕，谁也弄不清楚究竟自己是“主”是“客”。

新课程理念撇开了“主导”或“主体”不论，称教师为组织者和促进者，这其实是从另一个角度的定性。如果将它看成是唯一正确的定性，那也同样是不对的。因为，学生也应该成为教学或学习的组织者和促进者，否则，学生就很难称得上是主体，他的主动性和能动性就难以体现。新理念对教师作用的重新定位，给我们的启示不只是否定了教师“主导说”，或突破了师生

“主、客”思维，还告诉我们师生关系不是单一的而是多元的。诚如有教师所说：“老师可以是一个指导者、研究者、创新者，可以是一个合作者、方法论的授导者，也可以是学生的伙伴、学生的资源，而不单单是传统意义上的讲授者、纪律的维护者、教学的组织者。”①

“互为主客体说”和“轮流主客体说”自然也不是全无道理，因为师生在教学活动中必定需要将对方作为认识的对象，这时对方当然是客体，但是，论者们忽略了教学中的主要矛盾不是师生间的矛盾，而是师生和教学目标、教学内容的矛盾。他们主要的认识对象是教学目标和教学内容，教学内容和教学目标是师生共同的认识客体。师生在教学中不是作为个体主体存在的，而是作为复合主体存在的。他们之间的关系主要不是主客之间的关系，而是主体和主体之间的关系。

五　“复合主体说”：
摆脱师生“主、客”思维

突破师生“主、客”思维的是“复合主体说”和“两个主体说”。这标志着教学“主体论”研究有了一个质的飞跃。

丁钢先生的“复合主体说”是最值得称道的。他说：“我们知道，主体，是指具有认识与实践能力的人，而人则是处于认识与实践过程中的人。教学活动是人的发展中的一个很重要的特殊的认识与实践阶段。它是在一定的意识、目的规约下的认识与实践过程，这个过程的形成是由教与学、教师与学生这两方面的人所组成。这两方面的人，存在着认识与实践水平的不同差异，但都是具有认识与实践能力的人，因此，共同构成教学的主体。……教学主体就是一种由教师和学生所共同构成的复合主体。这种复合主体的内部矛盾运动体现为教与学的对立统一。”②

同样超越了师生“主、客”思维、与丁钢先生的“复合主体说”异曲同工的是甘其勋、蔡明先生的“双主体说”。

---

① 狄多华：《教师与学生的角色在转换?》，载《中国青年报》2003 年 8 月 19 日。

② 丁钢：《“教师为主导，学生为主体”论质疑》，载《教育研究与实验》，1987 年第 3 期。

甘其勋、蔡明先生认为：“在教学过程的每一个环节中，都有教师和学生共同参与积极活动，师生双方都在发挥主体作用。”[①] 教师的主体作用表现在确定方向、激发动机、输入信息、示范操作、反馈调控、促进迁移；学生的主体作用表现在明确目标、自我激励、获取信息、接受影响、处理信息、完成迁移。他们强调的是师生“两个主体”各司其职，各尽其能。确认“两个主体”，其意义有四：1. 能正确认识教学过程发展的规律，推动教学过程的顺利进展。2. 能正确认识评价各种不同的教学模式，在教学过程中选取恰当合适的教学模式。3. 能准确地总结教学经验。4. 确认“两个主体”特别是确认“教师也是主体”，可以强化教师的主体意识，使其认识到自己的责任及重要地位，从而努力提高自己的思想素质和业务素质，搞好教学工作。

丁钢先生“复合主体说”的提法是深具理论价值的。尽管复合主体的称谓还可商榷，是叫复合主体好，还是叫“集体主体”“群体主体”，或是叫“团队主体”好，这可以再作斟酌。但是，毫无疑问，主体不是只能由单一对象（一个人或一类人）构成，也可以由复杂对象（一群人或数类人）构成。由复杂对象构成的主体，不是特殊的、个别的情况，而是十分常见的现象。在今天，人类大量的实践与认识活动都不是由个人独立完成的，往往是由一个群体中各类人共同完成的。一个群体内的成员，只要他们实践与认识的总的目的相同，他们就是这一活动的复合主体的成员。每个成员之间的关系，不是主、客体的关系，而应是主体与主体的关系，是主体间的关系。

可见，复合主体概念的意义超出了教育教学范畴，在认识论和方法论上是有普适性的。只要是集体性的活动，参与者所承担的工作往往不完全一样。如一个企业，有总经理、部门经理，有总工程师、工程师，有工段长、工人……谁会说只有总经理才是“主体”，或只有工程师、工人才是“主体”，而其他人则是“客体”？每一个成员都在履行自己作为实践者或认识者的职责，他们都是生产制造某一产品这一活动的复合主体的成员。

教学作为一种实践和认识活动，是由师生共同参与、共同完成的。只要是实践者、认识者，就是主体。师生都是教学这一实践和认识活动的参与者，有什么理由厚此薄彼？如果一定要吊销他们的主体资格只有一种情况，这就是教师“罢教”或学生“逃学”，他们不再是教学实践和认识活动的参与者，

---

① 甘其勋、蔡明：《教学过程中的两个主体》，载《语文学习》，1990 年第 6 期。

他们作为教学主体的资格便自然终止。虽然师生在教学活动中所扮演的角色不一样，但不论他们扮演的是什么角色，他们只有分工不同，没有主、客之分，他们的实践和认识活动总的目的是一样的。

关于教学活动中的复合主体，丁钢先生将其限于教师与学生两方面，这似乎还可以做进一步的探讨。丁先生认为："教学活动……是在一定的意识、目的规约下的认识与实践过程，这个过程的形成是由教与学、教师与学生这两方面的人所组成。"其实，教学活动中的复合主体不限于师生，也包括教育行政领导、教育科研工作者、各学科的教学专家、教材编写者和学生家长等，当这些人参与了教学实践和认识活动时，这些人无疑也是复合主体的成员。事实上，这些人在不同程度上、以各自的方式参与了教学活动：教育行政领导和教育科研工作者制订教育教学的纲领和标准，从事教育理论研究和教学指导工作；各学科的教学专家主持各级各类统一的考试，深入到教学一线听课，进行业务指导；教材编写者编写教材和教参，承担培训教师的任务，倾听教师的意见，帮助他们解决教材和教学中的问题；不少家长更是在教学活动中扮演了举足轻重的角色，督促、辅导学生完成作业，指导他们进行与教学活动相关的课外活动，如培养学习兴趣、习惯，辅导课外阅读和写作等。就是说，复合主体的外延，须穷尽参与该实践与认识活动的所有人。教学活动的主体不能限于主要的参与者：教师与学生，还应包括上述的这些人。自然，未直接参与教育教学活动的教育行政领导，未介入子女学习的家长等，不能算作教学的主体。

我认为对复合主体的外延的确认是十分重要的，不仅有很高的理论价值，而且有现实的实践意义。因为，教学目的的实现，需要整个教育界（不单是教师）和学生的共同努力，有时甚至还包括社会各界热心教育的一些人士的支持和帮助。缺乏这种体认，以为靠教师和学生这个复合主体就可以达成教育目的，如此的认识显然是褊狭的。离开了广义的教学复合主体的参与，师生的教学活动是寸步难行的。没有教育科研的支持，没有教学标准和教材的编制，没有师资培训和教学指导，可以说就不可能开展教学活动。以往我们对教学活动的复合主体的狭隘化理解，导致了对上述相关方面重视不够、投入不足，所以极大地制约了教育的发展。

对教学复合主体作进一步的思考，我们就会发现，一般被认为是复合主体中最主要成员的教师，在确切意义上的复合主体内，是受到极大制约的。

教师的主体作用往往是“不由自主”的，教师实际上是受到了来自复合主体其他成员的“限制”，从这个意义上说，教师恐怕只能称为“亚主体”。关于这一点，我们将在下一节再作详论。

甘其勋、蔡明先生的“双主体说”在“教”与“学”两个方面确立师生各自的主体地位，教师与学生的主体作用是截然不同的。二位先生将师生看作是教学活动中平等的主体，这是符合教学实际的，有利于师生找到各自的位置，发挥自身的主体性，这一点是值得称道的。但是，他们的论述也暴露出了理论上的漏洞。

他们将师生看作是“教”和“学”两种活动中的主体，二者的主体作用是自行其是的。尽管他们也提到了“教学过程中师生的活动，既自成系统，又相互联系，相互作用”，但是，显然他们认识的出发点，不是将教学活动视为一个整体，而是将师生共同参与、合作完成的教学活动割裂成两种活动。他们的思路是沿着“教”与“学”两条线展开，将完整的教学活动中的复合主体，切割成两个“单一主体”来认识。其结果是完整的教学活动不复存在，只剩下“教”和“学”不同的活动。这是见木不见林（只见局部不见整体）的思维方法。当然，不是说不应该“见木”，而是要先“见林”，“见林”之后才能真正“见木”。正由于出发点不同，因此，“双主体说”的理论价值就不如“复合主体说”。

“复合主体说”“双主体说”对教学主体做出了自己的诠释，突破了师生“主、客”思维的定势。师生都是主体，都不是客体。这不是意味着取消客体，那么，客体是什么？两篇文章对此都较为忽略或视而不见。这是不应苛求的，他们有权将论题限制在某个范围，不回答这一问题。但是，作为一个完整的认知，是有必要对此做出回答的。

教学活动的复合主体有着共同的客体，这个客体就是他们教学实践和认识活动的内容或对象，其他由复合主体参与的实践与认识活动也一样。如果是社会实践活动，客体就是社会实践所面对的特定的社会现象或课题；如果是生产实践活动，客体就是生产目标指向的对象，是某一物质性的材料或产品；如果是对事物（宇宙、自然、历史、社会、人生等）的认识活动，客体就是所要认识的某一事物，包括他人和“认识主体”自身。

师生都是教学活动的复合主体的成员，他们的基本目的是一致的，他们所做的一切都是为了共同实现同一教学目的。教学的实践与认识过程，就是师生共同实现教学目的的过程。教学过程，就是使预期的教学目的成为现实，是一个不断地、逐步地使客体——教学目的主体化的过程。教学目的及实现这一教学目的所涉及的教学内容和教学环境等，都是客体。也许大家仍然感到困惑的是，明明在教学实践中，师生往往是作为各自的认识对象而存在的，教师也是学生的认识对象，学生不仅是教师的认识对象，还是教师“改造”“塑造”的对象，既然如此，为什么师生都不是客体呢？因为，在教学活动中，师生是作为“我们”（复合主体）存在的，教师与学生间的问题，不是主、客之间的问题，而是“我们”——“主体间”的问题，是主体间通过相互了解、沟通与影响，共同实现教育目的。在教学实践中，师生间需要相互认识，但是这种相互认识不是教学的目的，教学的目的是实现教学客体——科学知识的主体化和主体的客体化——人的基本素养的提高。这种主体间的相互认识，与以认识共同的客体对象为目的的认识是不同的，它只是作为复合主体存在的需要和条件。就教育目的来说，也不只是“以学生的认识为归宿”的，也以教师的认识为归宿，是师生共同的发展。

有必要引入“主体间性”这个概念：

> 主体间性（intersubjectivity）　现代西方哲学范畴。指这样一些事物，它们不独立于个体主体或人类意识存在，又具有对每一主体都通用的超个人性，或达于一致的途径。这种共通性或一致性，依其上下文关系被译为“主体间性”、“主观际性”、“共主体性”、“相互主体性”等，这些译名从不同的角度提示了这个概念的蕴涵。主体间性是现代西方哲学的一个重要问题，它主要研究一个主体（或意识）是怎样与另一个主体（或意识）相互作用的。这一研究主要有两个方向，科学主义的和人本主义的，前者以逻辑实证主义为代表，卡尔纳普、纽拉特等在“寻求统一科学的基础”题目下讨论了它：科学语言不仅应当是主体间可交流的，而且应当对于一切从事科学的人都具有相同的意义和效准，它所描述的事件可通过主体间有步骤的观察来验证。满足这一要求的是物理语言，它不仅是“感觉间的”，而且是“主体间的”。在后分析哲学和语言哲学中，主体间性问题也在广泛的背景下讨论。而从人本主义方面讨论这个问题的主要是现象学。胡塞尔晚年把主体间性看做许多先验自我或现世自我相互联系的全部形式。他提出了“自我与他人的立场可相互交换性”以及主体间本位：自我之间的交往与和谐使他们有共同的意向性，

从而构成了“我们”，并作为普遍的形式，建构同一世界。哲学解释学家伽达默尔认为世界是我们通过语言和交往而共同生活于其中的框架，实践是“参与和分享”，谈话集体中沟通彼此的主体间性等等支持着我们的生存，也支持和构造着实践理性，理解的集体性即构成了解释等经验中最本质的内容。“批判的解释学家”哈贝马斯进一步提出主体间性是整个实践哲学的核心，实在亦服从于在维持和扩展主体间的相互理解和可能行动中的构成或旨趣，他还力图从普遍语用法出发去建立交往行为的理想模式。①

在我们的论题范围内，对“主体间性”的解释主要是人本主义的。胡塞尔的“‘自我与他人的立场可相互交换性’以及主体间本位：自我之间的交往与和谐使他们有共同的意向性，从而构成了‘我们’，并作为普遍的形式，建构同一世界”，十分清楚地表明了“主体间本位”思考的特殊视角。由于各个自我之间通过交往，达成和谐，从而有了共同的意向性，这才构成了复合主体——“我们”。在教学中，这个“我们”，就是教师和学生（还包括复合主体的其他成员）。我理解的“我们”，不是“主、客”关系，而是伙伴关系，是事业的、工作的、学习的伙伴。

哲学解释学家伽达默尔的理解也很有教育学价值，“认为世界是我们通过语言和交往而共同生活于其中的框架，实践是‘参与和分享’，谈话集体中沟通彼此的主体间性等等支持着我们的生存，也支持和构造着实践理性，理解的集体性即构成了解释等经验中最本质的内容”。他为实践下的注脚是“参与和分享”，这是理解和解释的基石，也是一切人类共同活动的基石。这一对实践的诠释，也同样弥合了人与人之间的鸿沟，使人与人达成真正的平等。今天课改理念中倡导的师生的交往与对话，就是建立在教学实践也是一种“参与和分享”的“主体间性”认知上的。师生在教学实践中的“参与和分享”，其“主体间性”势必体现为交互式、互动式，而不是主、客式或主、从式或授、受式。

教学活动中师生“主、客”思维必然导致师生关系不平等。不论是“教师中心”“教师主导”，还是“儿童中心”“学生主体”，都是未能将师生视为复合主体——“我们”所致。在未来的教育中，要达成使师生都得到发展的

① 程志民、江怡主编：《当代西方哲学新词典》，吉林人民出版社 2003 年版，第 339～340 页。

共同目的、在教学过程中师生得以平等对话、和谐交往，首先就要打破师生“主、客”思维定势，建立“主体间性”理念。把师生视为复合主体——“我们”，把教学实践看作是师生共同的“参与和分享”行为，至关重要。

六 超越传统视界：作为亚主体的师生的存在

“教师为主导”“教师为主体”和“学生为主体”以及“师生（互为、轮流）主客体”等相关论点，都未将师生真正放在教学情境中考察他们的主体地位的特殊性。其实，在复合主体——“我们”中，师生不能算是完整的主体，而是作为亚主体存在的，他们的主体性都是不充分的。

就先从“教师为主导”（这可看作是“教师为主体”的一种隐晦委婉折中的表达，以便将徒有虚名的、不值钱的“主体”位置让给学生）这一观点说起吧。这种说法因袭了叶圣陶先生的观点，因其理论内涵的贫乏，不论是在理论还是实践中，存在的问题甚多。不说教师是主体，而说是“主导”，这实际上还是反映出了“教师中心”的思想。以“教师为主导”“学生为主体”定位师生关系，表明了作者为了调和“教师中心”与“学生中心”的矛盾、回避“双中心”“双主体”而做出的努力。调和的结果不是左右逢源，而是两败俱伤，并没有切中师生关系的实质。事物的性质是客观存在的，不是通过调和可以解决的。

毫无疑问，在教学活动中，教师对学生是负有“引导”“诱导”等责任的。但是，将这种教师的职责称为“主导”显然不确切。遗憾的是，不知从什么时候起，这种缺乏科学性的提法居然被不少教师笑纳并沿用下来，其消极影响甚广，至今在一些闭目塞听的教师那儿仍有市场。它的谬误不仅在于概念缺乏科学性，分类不“对等”（“主”对应于“次”），如前所述，在教学中，在师生关系中，是没有“主导”和“次导”“辅导”之分的，教师在教学中的作用也不是“领导作用”。以教师为主导，或片面地强调“教师为主体”，不论在教学观念上，还是在教学实践上，都可能产生极为不利的后果：

（一）对抽象的“主导”作用的强调，在对“导”的内容不做具体分析的情况下，最大的可能性是“导”向应试，“导”到教参或教师的结论上。这一点已经被历史证明了。至今，大多数语文教师仍然在兢兢业业地向着应试目标和“标准答案”上“导”着。搞应试教育，错不完全在教师，这就说到问题的症结上了：教师实际上是无法“主导”的，教师本身也是被他人或事物“主导”着。是搞应试教育，还是搞素养教育，或其他的什么教育，这不是教师这个主体说了算的。教育是受到教育决策者“主导”的，教师充其量只能算是“次导”者、“辅导”者。有些学校中设有“辅导员”，我想这用来指称教师的地位和作用更为妥当。在学校教育中，如果一定要分清责任的话，教师绝非起主导作用的因素，校长也不是，他们都是身不由己的。

（二）“主导”，是片面阐明教师对学生的作用，体现的是教师对学生的单方面作用，这就将师生关系置于不平等的地位上。要指出教师在教学中对学生有什么作用，那就也应该同时指出学生在教学中对教师起什么作用。然而不知为什么，既然强调“学生为主体”，按理说就不应该忽略学生在教学这一认识和实践活动中的重要作用，可是，偏偏就把学生这个主体的主体性给遗忘了。这就是我们为什么在前面说学生这个主体不值钱的原因。学生在教学中的作用是否不重要，或者学生在教学中对教师就不起作用呢？答案自然是否定的，学生在教学中对教师作用一点也不亚于教师对学生的作用。没有学生的“参与和分享”，没有学生对教师教学的能动作用，就没有教育目的的实现。

（三）学生一方面被教师“主导”了，另一方面又时时刻刻（“训练为主线”）被教师“训练”着，如何能发挥自己的主体性呢？主体性的要义是能动性、独立性和创造性，是心灵自由和个性张扬。身不由己地、时时刻刻处于被人“主导”的地位，还算有“主体意识”的“主体”吗？在学校教育中学生有多大自我发展的空间呢？就是原来是“能动”的，也将被主导、训练得“不‘能动’”了。学生作为“复合主体”的一方，如果始终是“被主导”“被训练”，还是“复合主体”的平等成员吗？

之所以存在以上严重的疏忽，造成理性失据、逻辑错乱的深层原因还在于教育意识、教育观念上的偏差。这种偏颇的意识和观念不只是存在于叶老、钱先生等身上，甚至也是语文界乃至教育界的某种程度上的“共识”。尽管这种长期以来形成的“共识”，在短时间内是难以消除的，却是亟待澄清的。

教师不是学校教育（教学）的“主导”。如果一定要确认谁是“主导”，从大处说，学校教育的“主导”是一个时代的社会教育意识、政策、观念和目标。它体现的是统治阶级和精英阶层（不排除有些教师也属精英阶层）的意志，通过教育法规、纲要等政策性文件规范教育行为。教师只是这种社会教育精神的体现者和实施者。从小处说，学科教育的“主导”是教育行政部门制订的教学大纲、课程标准、考试纲要等，是一定时代的考试制度、选材制度，是经过严格审定的体现了上述意志和精神的课程教材。从这一意义上说，教师和学生一样，都是被“导”者。教师作为教育实践的复合主体成员之一，作用是很有限的，是在上述“主导作用”下，对学生进行“中介性”传导。教师所起的作用只不过是一种“中介作用”。教师在教学过程中的作用，是在主流教育话语规范下的对学生学习的引导、诱导，教师不可能作为教学的主导者出现。教师作为教学活动中的复合主体的成员，实际上只能算是亚主体，其主体性受到了极大限制。从这个意义上说，教师的地位是很尴尬的：教师既不能将“中介作用”发挥得过大，也不能将自身的主体性发挥得过大。“中介作用”发挥得过大，就压抑了自身的主体性；自身主体性发挥得过大，也同样会影响“中介作用”的发挥。除非教师本身就具有类主体的境界，其个人主体性代表了“类”的主体性。

主体可分为个人主体和类主体两种：个人主体的主体性主要体现的是个性特点，属个体能动性；类主体的主体性主要体现的是个性与共性特点的统一，是个体自由能动性，向着群体的、人类的自由能动性的跃迁，是个体主体性的升华。这是一个漫长艰难的自我改善和发展的过程，不是所有的人都能达到这个境界。在今天来看，理想的类主体境界，也许还只是一种理念上的存在。那遥远年代的“大学之道，在明明德，在亲民，在止于至善”“格物，致知，诚意，正心，修身，齐家，治国，平天下”“为天地立心，为生民立命，为往圣继绝学，为万世开太平”等格言，大约就是当时人们对类主体的主体性的期望。一个时代都有一个时代的人们对类主体的不同的期望，人们对“类主体性”的期望值是水涨船高、永无止境的，这犹如人们追求实现信仰般的难以企及。现实中代表了最广泛的集体意志的类主体，其主体性大约只能称为“亚类主体性”。在学校教育中作为复合主体成员的教师的个体主体，只能称为亚主体。上述的“主导”作用，即便假定为是类主体的主体性某种程度上的体现（实际上可能未必就是，因为有时有些教育意识、教育观念不一定能代表当时的学术界、知识界先进的前沿认知），教师在没有成为自由自觉自为的类主体之前，他的主体性必然是缺乏高度的能动性和判断力的。

就是说，个体主体不一定能完全领会、体现现实中类主体的意志和精神，个体主体性与类主体性的价值取向是不完全一致的，甚至还存在着较大的距离。因而，对于那些个体素养较低的教师来说，他对学生的“中介作用”愈大，可能离类主体的要求愈远。这些教师如果作为“主导”或“领导”，岂不是成了“误导”？过去说的“误人子弟”，其实就是指这些教育素养较低的教师滥用其“中介作用”，不适当地发挥其主体性。在今天，可以说相当部分的教师的教育素养是不能适应素养教育的要求的。这种状况令人担忧，如果他们不知道自己是“中介作用”，是复合主体中的亚主体，以为自己就是为教育实践负全责的主体，试图去“主导”教学，那就很危险，因为他们“误导”的可能性要远远大于“正导”。

即便是将来教师素养得到了极大的提高，作为复合主体成员的教师也只能是一个亚主体，他也只能有限地发挥自身的主体性，努力地去体现类主体的意志。他对学生的作用也只能是一种“中介作用”，这是由教师的身份所决定的：教师只能是国家的教育精神的传导者（也是知识的传导者），而不是主观精神、自由意志的实践者。这种“中介性”的作用，显然不能称为“主导”或“领导”。

在教育复合主体中，教师是亚主体，学生也同样是亚主体。学生与教师在受到一个时代的教育意识和教育精神以及由此形成的教育规章、规范的影响和约束上，是没有什么大的差异的，他们都只能或认同或逆来顺受。学生在学校教育中，其主体性受到的制约也许比教师还要大。作为复合主体的成员，学生的主体性的发挥，是在接受现行教育意识、教育观念和教育制度等的前提下的发挥，他们在复合主体中与其他成员经历长时间的磨合后，逐渐达成妥协与和谐，获得对自身个人主体性的正确认识，摆正了亚主体的位置，形成自我调控意识和能力，与其他成员（教师、家长、同学等）进行有效的交往与合作，使自己得以合目的性的发展。一般情况下，学生的发展与时代的教育精神一致，才能较大程度上得到社会的认可和接纳。始终与复合主体的其他成员和时代的教育精神、教育目的格格不入的学生，往往就是因为没能意识到自己是教育复合主体中的一员，个体主体性过强，自外于教育体制，不能与复合主体内的其他成员和谐相处，因而他们的发展也就受到极大的影响，即便也能成才，但要艰难得多，且往往难以被社会承认。

很可能有些教师和学生具有较高的思想素质，能较为深刻地领会和体现类主体性的精神。他们有自己的前瞻的、理想状态的类主体性期许，而这种期许有时甚至是现实中的类主体或其他亚类主体所缺乏的、尚未意识到的。这种情况是经常发生的。在这种情况下，这部分的教师和学生就必然与当下的教育价值观发生冲突，自然，结局就只能是这些教师和学生被淘汰出局。这些教师和学生也许都是最具个体主体性的，就他们的个人素质来说也许是很优秀的，但是由于他们的“不合时宜”，所以处境艰难，不能见容于现行的教育体制。例如，在我国现代语文教育中，文学素质特别高、心灵特别自由、想象力特别丰富的教师和学生，与教育的实用主义、功利主义要求从来就是不一致的。他们所表现出的对文学的痴迷，对言语表现与创造的兴趣和热情以及他们热衷于追求高尚的人文精神和诗意情怀，这些都毫无疑义地体现了语文教育的理想，但是，因有悖于代表主流教育意识的语文“工具性”认知，这些人始终为语文教育界“另眼相看”，被视为另类：他们要么自己压抑自己，要么就被教育所压抑。能让这些教师发挥“主导”作用么？能让这些学生充分发挥主体性吗？教师只能在“工具性”认知下，发挥“中介”作用；学生也只能在能领会、贯彻类主体“主导”作用的教师的“中介”作用下学习。

在复合主体内起主要制导作用的是类主体，即前面所说的代表着一个时代的教育意识形态的教育精英阶层。尽管他们也许不直接地介入教学活动，但是他们的影响是无处不在的。他们以选材机制、监督机制、教育法规、教学规范、课程标准、考试大纲及相关的教材、教参等，体现其权威性，虽然有时也直接介入教学活动，但这种直接的教育行为是比较少的。他们主要是以隐性的存在驾驭着教育复合主体中的各个体成员——师生亚主体。

因此，在教育体制内，作为亚主体存在的教师，能否发挥“主导”作用很值得商榷。作为亚主体存在的学生，发挥其个体主体性，也是受到制约的，不可能将个体主体性张扬到极致。既作为复合主体的成员，势必要遵守共同的（“类主体”设定的）教育教学游戏规则。

七 唯真理是从：质疑“平等者中的首席”

在“教师为主导”的观念受到质疑之时，奇怪的是，教师是“平等者中的首席”一语却颇为流行，大有取而代之之势。这句话的主人美国人多尔先生，连同他的《后现代课程观》，不胫而走，备受尊荣。

这句似是而非的话，给被课改搞得有点灰头土脸的教师们吃了一颗定心丸。

教师既是教育复合主体中的平等一员，其权威自然就受到了质疑。教师是否是教育的权威，师生平等的基础是什么，这也是在探求师生关系时需要思考的一个重要问题。

“教师为主导”“教师为主体”，包含着师生之间的关系是不平等的语义暗示。教师是教育者，学生是受教育者；教师是主导者，学生是被导者；教师是施训者，学生是受训者。这种观念根深蒂固，直至提倡“平等对话”的新教育理念的今天，仍然能不断听到强调教师是平等对话中的“首席”的说法。这在今天给人的语义暗示似乎是在师生意见不一致的时候，听教师的。初听到这话时我便感到十分困惑：原来新理念还是不能让学生与教师平等，明明是不平等，为什么还叫作“平等对话”？待查阅了该语的出处之后，才恍然大悟，原来多尔先生“首席”的意思并非是“话语权”的“首席”，这个“首席”的意思是“内在于情境的领导者，而不是外在的专制者”，这个“领导者”根本就不是我们所说的“主导”者，而是平等对话中的组织者、促进者。多尔在讨论教育中“权威的作用”时谈到了“控制”的问题，他批判了“视控制为外在的强加力”的现代主义思想，而赞赏另一种与其对立的“权威存在于（不是外在于）情境参数之中”的后现代的控制观：

> 我认为后者（即后现代的控制观——笔者），“平等者中的首席”（first among equals）界定了转变性后现代课程中教师的作用。作为平等者中的首席，教师的作用没有被抛弃；而是得以重新构建，从外在于学生情境转化为与这一情境共存。权威也转入情境之中。程序、方法论和价值观的问题不再以脱离实际生活的抽象方式来界定，而成为涉及学生、教师和地方性规范与传统的地方性决策。很明显，在此教师的作用至关重要，比机器式的角色界定更为关键——在机器式框架中，教师是他人价值的强加者，最多是解释者。在情境性框架之中，施瓦布的“地方性事务状态”里，教师是内在于情境的领导者，而不是外在的专制者（无论多么仁慈）。发展这种新角色是教师和师范教育计划必须面临的一个挑战。

> 显然，这一情境框架的一个重要构成是社区的建立——使建立“没有人拥有真理而每个人都有权利要求被理解的迷人的想像王国”成为可能。在此体现出要以对话为基础，通过在**关切而富有批判性**的社区之中的对话，促使方法、程序和价值从生活经验中养成——“是”就此转化为“应该是”。①

在这里，以往以“真理的化身”出现的教师的权威性被解构，不再体现为一种外部的强制性的、对学生进行控制和领导的力量，而是作为教学情境内部的组织、促进而存在。教师的权威是在与学生的平等的交往中，在相互尊重与理解、沟通中建立起来的。“教与学的关系是沟通中的相互作用关系，教育者与受教育者的关系是交互主体性的伙伴关系。这种交互主体性关系是通过教学的风格加以贯彻和达成的。在这里，受教者同时扮演双重角色，他们既是受教育者，又是沟通的伙伴。目前，即使在将来，倘若不能形成这种均衡的教学风格，教师的权威是不能维持的。不少教师懂得，倘若没有对话的准备，倘若不尊重沟通的伙伴——学生，是不会有稳定的权威可言的。好的教师是学生可信赖的人，是拥有专业力量的值得尊敬的成人，这种教师的权威不是‘外部强加’的，而是‘内在养成’的，亦即权威不是凭借制度的力量，而是通过教师的教学风格树立起来的。”② 这说明了**教师对学生的影响力，不是来自于教育制度赋予（或委托）的领导或教导的地位，而是靠在教育活动中，在与学生平等的交往与对话中，显示出的优秀的教育素养和丰厚的专业学养来体现和实现的**。教师不可能享有稳定不变的权威地位。“首席”不是掌握话语权力的人，而是创造对话和理解的条件和氛围的人。教师并不是因其处于“首席”的位置就能受到学生的信赖。在对话情境中，教育素养和专业学养低下的教师，当不好这个“首席”，不被学生认可，他的话语自然就失去了权威性。因此，所谓“首席”的“领导者”地位是需要教师自己来确立的。

我以为教师要确立的是什么地位、扮演的是什么角色还是个问题。教师不一定非得是“首席”或“领导者”，也不一定非要成为组织者、促进者。教

---

① ［美］小威廉姆 E. 多尔著，王红宇译：《后现代课程观》，教育科学出版社 2000 年版，第 238～239 页。

② 钟启泉等主编：《基础教育课程改革纲要（试行）解读》，华东师范大学出版社 2001 年版，第 218 页。

师可以成为教学的组织者、促进者，学生未尝就不能。这种对教师的定位，显然仍残留着“教师中心”的痕迹。教师对教学情境的组织，其效果未必就比学生自我组织好。我认为在教学中教师作为组织者、促进者，这只是“权宜之计”，而学生作为自我学习的组织者、促进者则是“长久之计”。最好的教学，应当是由教师和学生共同担任教学的组织者和促进者，教学活动不但有赖于学生间的合作，也有赖于师生间的合作。在美国人本主义教育家罗杰斯那儿，教师的角色几乎被淡化、消解到“无”，他所倡导的“非指导性”教学法，实行的“无结构教学”，是对传统的“主导性”“指导性”教学的颠覆，实际上就是一种“无组织”的教学。其教育学价值是值得思考的。

“平等者中的首席”这一名称，在中国是很容易变质的。在“中学为体，西学为用”的文化中，中国的教育家们能轻而易举地将其“和平演变”过来。不久，大约“首席”的意思就会变成“主导”，教师就成了掌握“对话”裁决权的人，恢复到“师道尊严”为体，“平等对话”为用。何况，“首席”的语义本来就有点暧昧。

不一定拾了鸡毛就得当令箭，人家随便打个比喻，就弄得中国教育界沸沸扬扬，奉为圣旨一般，传谕天下，弄得几乎无人不知无人不晓，成了课改培训中使用频率最高的词语之一。原本被“平等对话”整得有点“蔫”的教师窃喜，原来一点不吃亏，似乎还升了一级，莫名其妙地成了“首席”。不当“主导”了，居然成了“首席”。真不知道多尔先生的话怎么就那么值钱。其实“平等者中的首席”这个比喻本身就未必得当，如果不是仔细地领会他所做的阐释，是很容易误解为“话语权威”的。既有“首席”，就有“次席”“三席”“末席”（“首席”指的是“职位最高的”，如首席小提琴手、首席科学家、首席执行官……），又如何有“平等”可言？推想多尔先生的“首席”本意是做“组织者”“促进者”“引导者”解的，而他将其说成是“领导者”，“领导者”这个概念也同样语焉不详，意思跟“主导者”很接近。由此可见，这是一个很容易使人产生误解的不怎么高明的比喻。

其实，在“平等对话”中是无所谓“首席”“末席”的，对话的原则当是“唯真理是从”。孔夫子就说过“当仁不让于师”，韩愈也说过“师不必贤于弟子，弟子不必不如师”，亚里士多德说得更透：“吾爱吾师，吾更爱真理。”美国哈佛大学的校训是：“与柏拉图为友，与亚里士多德为友，更要与真理为友。”这些不都很得“平等对话”的精髓吗？要说谁是话语的权威，是争鸣的

“首席”，得看“真理”在谁的手中，得看谁的认识逼真度、认同度更高。“当仁不让于师”，这个“仁”，就认知而言就是“真理”。在真理面前，人人平等。在教师面前，学生也有表明自己不同意见的权利。从这个意义上说，教育就是对真理的求索。在求索的过程中，没有一成不变的“首席”或“末席”。“首席”，可以是教师，也可以是学生。教师一不小心可能就成了“次席”或“末席”。

从更深邃的历史层面上说，青出于蓝而胜于蓝是人类进步和知识进化的规律，学生比老师总是离“真理”更近，称教师为“平等者中的首席”，既违背了真理观，也缺乏历史感。**教师在教学中的权威性不是天经地义的，也不是靠谁来赋予的，而是靠自己争取和确立的。甚至连作为教学的组织者、促进者、引导者的身份也是需要靠自己来赢得和维持的。**究其根本，教师获得这样的地位也不是很重要，因为教师未必非得高学生一头。在教学中，教师所能发挥的一切作用，学生也都能做到，换言之，教师的作用，就是使学生能逐渐地取代自己，逐步消除自身的影响，最终使自己的作用淡出教学，使学生成为自己学习的主人。教师作为教学的组织者、促进者只是暂时的，学生也可以而且更应该成为教学的组织者、促进者。学生对自我发展的规划和调控，既是现实的，还是永久的、终身的。从这个意义上说，学生成为教学的组织者、促进者的作用，比教师作为组织者、促进者的作用要大得多、重要得多。

在教学中，教师以主导者、首席、权威等身份自诩，其弊大于利，其结果会造成对“平等对话”的干扰、师生心理的失衡，直接影响到教学效果。认识师生关系，似乎确认谁是“主导”“首席”并不重要，谁是主体与谁是“本位”“中心”也不是十分重要，明白教育是为什么最重要。不是说不需要对这种关系进行研究，而是说弄清这种关系的实质才是根本。明白教育的终极意义是为了探求真理，是为了获得探求真理的方法与能力，是为了培育求真养善至美的理想和信仰，使学生真正成为学习的主人、自己命运的主宰者，这样在教学中自然就会形成师生和谐平等地交往与对话的氛围，就有了较为充分的教学民主与自由。

八 教育的归宿：师生共同发展

“唯真理是从”，作为师生关系的基石，也意味着师生都是教育的主体、认识的主体。师生都是在向真理逼近的途中，有的人先来，有的人后到；有的人走得快些，有的人走得慢些。这并不表明教育的目的只是为了帮助后来者。不论启程的迟早，闻道的先后，人们离终极性真理几乎是一样的遥远。师生都是“人在旅途”。

以往的“共识”：教学过程“是以学生的认识为归宿的”的认知，将学校教育的目的定位在学生单方面的发展上，是一种片面，是造成教学主体论、师生关系论研究“共同麻烦”的根源。

学校教育目的是培养学生的（而不是培养教师的）认知，这使师生关系论的各种见解都遭遇到了理论上的困窘。这种对学校教育目的的认识，大约在语文界乃至整个教育界都是没有什么异议的。非但持“学生主体说”这么认为，持“教师主体说”“轮流主客体说”“互为主客体说”和“双主客体说”的也这么认为。吕叔湘先生的“教学，教学，就是‘教’学生‘学’”的观点，得到了较广泛认同。这种观点与韩愈的“师者，传道授业解惑也”的认知一脉相承，都是将教学的目标最终落在学生方面。恰恰是这种貌似正确的认识，使理论思维触礁。“学生主体”论者，以为据此可以否认教师是主体，但是，他无法说明为什么自己津津乐道的作为“主导者”“教育者”的教师，竟然不是主体；“教师主体”论者，强调了“教育者”的重要作用，但是他无法论证为什么作为“外因”的教师是主体，而作为“内因”、作为教育的归宿的学生却不是主体；“轮流主客体”“互为主客体”“双主客体”论者，带有一定的折中论色彩，在他们的理论中，师生关系基本上是对应的、对等的，二者平分秋色，也难以体现出学生、学生的认识与发展是教育的最重要的目的。几乎所有的论者都不否认教育的目的是为了学生（不是为了教师），同样是在这一点上使所有的理论都无法自圆其说。

其实，**教育的归宿不限于学生的发展，也指向教师。**从认识的提高来说，师生是双向互动、互助的。这一看法不是我的发明，《礼记·学记》中早就认识到了“教学相长”。我认为“教学相长”的意思除了表明教与学是相互促进的意思外，在今天也可以解读为“教师和学生一起成长、共同发展”。教学，不是“教师教学生学”，应是“教师和学生一起学”。这种认知在今天倡导“学习化社会”“终生学习”“终生教育”“继续教育”的语境下，应更具合理性，也增加了新的价值内涵。华南师范大学附中的夏涛老师对此深有感触，夏老师说：我带的学生，应用现代信息技术的能力很强。有什么研究题目，一布置下去，他们能很快把所需资料收集起来。学校给我配了手提电脑，我就主动向我的学生学习。在与他们的交流中，我逼着自己熟悉这个平台，使得我的手提电脑的使用率大大提高了。他们与美国的专家、学者在互联网上对话，我感到了差距，就去攻读华南师大的教育硕士。现在我是一名特级教师了。我觉得我个人的成长离不开信息时代和我的学生的促进。①

学生从教师那儿学到许多东西，教师也从学生那儿学到许多东西。教师是学生学习的促进者，学生也是教师学习的促进者。这种师生相互促进、共同发展的关系，当是师生主体间的基本关系。

教学的过程，不仅是学生学习的过程，也是教师学习和提高的过程。教师所需学习的一点不比学生少。教师要学习教材，翻阅相关资料，有时还要向他人求教。集体备课就是教师共同探讨、学习、提高的一种方式。备课时要学习（向书本和其他教师学习），上课时也在学习（与学生互相学习），课后还要学习（补足教学中发现的欠缺）。教师的这种学习不是可有可无的，而是不可或缺的，这也是学校的教育目的之一。教师的认识不提高，学生的认识也难以提高。说教育是以学生的认识为归宿，这是片面的。

在知识以前所未有的速度剧增的今天，教师的学习比以往任何时候都更加重要。在高校，十年前有博士学位的教师极少，硕士也不多。十年后的今天，在我任教的省属师大文学院教师中，博士和在职博士生已将近50%。部属和重点院校拥有博士学位教师的比例就更高了。博士在这些高校想谋得教职已经不是一件容易的事。同时，在职教师也面临着巨大的业务竞争压力，想在同行中保持优势，不致落伍或被淘汰，就得不断地学习。不少教师外出访学、进修，或进入博士后流动站，有的还进行第二博士学位的学习。这些表明，学校教育并不以学生的发展为唯一目的。**要当好教师，首先要学会当学生，教师同时也是学生。**教师工作本身就包含着不懈地学习和研究，教师

① 狄多华：《教师与学生的角色在转换?》，载《中国青年报》2003年8月19日。

要保持不断学习、终生学习的心态，努力求得自身的发展。

如果说学生是受教育者，教师同样也是受教育者。作为教育者，韩愈也十分清醒地认识到虽然“闻道有先后，术业有专攻”，但是“师不必贤于弟子，弟子不必不如师”。就是说，教师必须闻道在先，要保持领先，就得不间断地学习、受教育；尽管如此，教师还是不一定能“贤于弟子”，教师不仅从书本和他人那儿学习和受教育，也可以从学生、从教学中获得教益。《礼记·学记》中所说的“学然后知困，教然后知不足”，表明师生在教学中的关系是辩证的，是不断地相互转化的。学生是教育的受益者，教师也是教育的受益者。

教学过程是教师和学生互动的过程，也是互助的过程。我认为，在言语生命动力学语境下，说“互助”更为人性化、人情化。一切教学行为都是一种互助行为，说不上谁教育谁，谁促进谁，谁帮助谁。学生从教师那儿受益，教师也同样从学生那儿受益。唯有这样看，才有心态、心理上的安适和相互间的真正平等，才有从人格、精神到行为的默契与和谐，才有师生的共同发展。

从人的发展看，不论教师还是学生，终生都在学习。当今的社会，就是学习化的社会，这一点已经在教育中逐步得到了实现。教师每年都在进修，都在接受各种培训，都在接受“继续教育”。梅贻奇先生云：大学，不但有大楼还得有大师之谓也。大楼易得，大师难求。教育固然需要经济的支持，而教育的发展实际上是取决于优秀的教师。不论是大学还是其他层次的教育都是一样。优秀的教师从何而来，也是要通过各种方式教育、进修、提高的。**学校在培养学生的同时，也在培养造就教师。**培养造就教师，也是教育的最重要的目的之一。教育的使命，应是二者并驾齐驱的。优秀的教师，就是国家优秀的人才。这一点，高校教师的成长是最能说明问题的。国家的大部分高层次人才，都出自高校，也都集中在高校。高校是科研人才最密集的地方之一。高校教师，既承担教学工作，同时也是学术、科研团队的成员，他们既是教育者，也是学习者、受教育者、研究者。教师同时也是学生。高校的大部分优秀人才都具有双重（或多重）身份，他们的成长，都经历了另一种意义上的“教学相长”（教育者与受教育者两种身份的相得益彰）的过程。高校教师一方面在教育学生，另一方面也受到别人（学科带头人和同事）的教育。就是学科带头人，也仍是学习者、受教育者，他们经常参加各种形式的学术交流会、课题论证会、成果鉴定会等，这些都是他们学习和受教育的方式。高校之所以是最有利于优秀人才成长的地方，原因正在于高校教师学习和受教育的机会是最多的。同理，其他层次学校的优秀教师，一般也是在进行教育工作的同时，自身能较好地坚持学习和继续接受教育。可见，作为学习者、受教育者，师生是没有什么本质区别的。

在当今知识更新不断提速的时代，所有的教师都面临着知识老化的危险，要是教师不能自觉地学习和不断地接受新知识，跟不上知识的增长，拥有的只是陈旧的甚至是错误的知识，那会是怎样的后果呢？这样的亚主体还能在教育复合主体中生存吗？他还能发挥良好的中介作用吗？毫无疑问，在认识真理的途中，教师应该始终走在前面，力求“闻道在先”。使教师始终保持知识上的优势，这难道只是教师自己的事，而不是学校、教育以至社会应当担负的使命吗？

那么，学校教育的目的是不是有主次、轻重之分呢？对于教育来说，很难说究竟是教师的学习还是学生的学习更重要。教师在教学中要树立自己的权威性，要成为能让学生信服的组织者、促进者、引导者，就需要不断地增进学养，提高教育素养。教师自身的发展在任何时候都是不容忽视的。没有教师的学习、成长，就没有教育；没有不断进步的教师，就没有不断进步的教育，还谈何学生的学习和成长呢？没有高水平的教师，就没有高水平的学生。教师和学生的发展是相互依存的，有点像鸡和蛋的关系，恐怕不能说只有蛋才是目的，而鸡不是目的。

基于以上认识，我认为教学过程“是以学生的认识为归宿的”的认知是需要重新做出调整的。只要我们在一个更加开阔的宏观的视野上，从历史、文明的进程和人的发展的普遍性和相关性上，来观察教师与学生的相互关系，对师生各自的属性作多元化、多角度、发展性的思考与确认，重新认识教育复杂的功能与目的，破除“师‘授’生‘受’”的思维定势，就不会将师生置于不平等的地位上，许多教育实践中的困惑也将迎刃而解。

教师唤醒、培育了学生的言语生命意识，教师也靠学生存续、延伸了自己的言语生命，这是教师应心怀感激的；言语生命的唤醒、培育，存续、延伸，需要师生间的合作和默契。

第九章 | 师生关系：言语生命的存续与默契

造成师生关系不平等的根源，在于传统上教师是作为一个道德和知识的象征符号存在的。在语文教育中这种情形尤甚。因为，语文教育和理科教育不同，理科教育基本是从西方引进的，在引进科学知识的同时，势必也较多地接触了科学和民主的观念，接受了西方文化。在 20 世纪初，受到西方文化熏陶过的被称为“新派”的教师，大约以理科和艺术类教师居多，语文教师除了卷入过五四新文化运动的和留过洋的一小部分外，大多仍承继了科举教育和封建文化的传统，继承了“天地君亲师”的教育伦理。作为高高在上的“传道”者、“俯视”者、指令者的教师形象根深蒂固，形成了长期以来语文教育的“一言堂”局面、教师的话语统治权，以及教师以“主导者”“权威者”自居的心理。

语文课程改革在师生关系调整上，首先要破除师道尊严的观念，教师要降低“体位”，从“俯视”变为“平视”。只有“平视”，才有“平等对话”可言，才有师生间的话语和心灵上的默契。要做到这一点，应对语文教育作如是观：不单学生是“受惠者”，师生都是“受惠者”；从言语生命存续的意义上看，最大的“受惠者”是人类。教师因学生的存在，延续了自身的言语生命，存续了人类的言语生命。对此，不只是学生应怀有感恩之心，教师对学生也应心存感激才是。语文教育不是“为己”，而是为了“言语生命的存续”，是人类整体的事业。师生关系是言语生命的“血缘”和“亲缘”的维系。——有了这样的体悟，语文教育就会变得自然、容易和融洽。

一 师生主体间性：言语生命的存续

前一章是在一般教育哲学层面上讨论师生关系，以往的论者大多是就此止步。有的虽然也讲到一些语文教学的内容，但是，可以说几乎没有什么人深入到语文教育的本质上思考其特殊性。作为语文教育学，如果未能在语文教育本体上探索师生关系，这种研究自然是不到位的，也可以说是前功尽弃。

语文教育中作为复合主体成员的师生，他们的主体性是体现在“参与与共享”的主体间性中，他们的主体间性主要表现为：言语生命基因的对接、复制与重组，言语生命意识的承传、激发和交融；言语兴趣、言语热情和言语创造的个体自由能动性、精神创造力的相互激荡和感染。一切教学活动，都是师生间言语生命信息的传递和言语创造精神的共鸣与交响。

复合主体中教师的主体性，在孕育新的言语生命过程中，表现为尽可能地发挥教育类主体性的先进性，在与类主体性的先进性保持一致的前提下，适度展示自我的言语教育意识、言语自由能动性、言语想象力和创造力，体现自身强盛的言语生命魅力；同时，与学生主体进行充分的沟通与互动，完成言语智慧的传递与共享，努力保持言语生命活力，以言语人格和深厚学养感染和影响学生，懂得以独特的方式欣赏、鼓励学生的言语创造，善于从学生那儿获得进取的动力和营养，在复合主体中与学生一道和谐地发展。

复合主体中学生的主体性，也体现为与教育类主体性的先进性保持一致，适当地节制个体主体性与教育类主体性的不和谐的成分，善于与教师进行沟通和对话，在言语表现上获得相互理解和在语文教育体制内充分发挥言语生命潜能和才情，同时努力做到课内的言语学习和课外的言语主动发展相互融通与同步推进，具有较强的言语表现欲和发表欲，对言语创造有自己的独特追求，有充满诗意的言语理想和言语人生抱负，具备较为健全的言语人格和正确的言语动机，逐步形成完善的言语主体结构，在可能的限度内将自身的言语生命张扬到极致。

从某种意义上说，在语文教育的复合主体中，教师的言语生命最终是在学生的言语生命中得以显现并存续的，学生的言语生命也是教师的言语生命的继承和延伸，二者的言语生命意识有矛盾和落差，但是，终究二者的言语

生命的指向是同一的。语文教育中的师生复合主体是一个言语生命共同体，是人类的言语生命的存续方式。在这个言语生命共同体中，二者地位是平等的，作用也是相互的。学生的发展意味着教师的发展，教师的发展也意味着学生的发展，师生的共同发展意味着人类言语生命的进化。

语文教育过程，是师生言语主体的自我认知与言语主体性自我建构的过程。复合主体的言语主体性的结构由三个层面组成：

1. 言语层面：有言语表现个性，能标新立异；有较强的言语感受力、言语想象力和言语创造性，在言说上有自己的独特追求，在表现形式上有个人风格；对言语时尚和言语共性有较强的辨析力、抵抗力；能不断地超越自我、完善自我。

2. 心灵、人格层面：从一般的言语创造技能的习得，发展到言语创造型人格的养护；保持健康的言语人格和自由能动性；立诚、求真、养善、崇美；情感丰富、细腻，思想活跃、多元；独立思考，善于探究，勇于批判，乐于建构；不断地提升自己的精神境界。

3. 态度、价值观层面（动机、内驱力层面）：

（1）言语生命观：从人类、人性的视角认识语言的意义；体认人是符号动物、语言动物、文字动物——写作的动物；具备良好的言语生命意识，充分实现言语生命本能、潜能、冲动、欲求，保持充沛的言语兴趣和热情，使言语天赋、才情得以最大限度地张扬。

（2）言语人生观：从人的存在与发展的视角认识言语与人生的关系；确认言语活动既是生存的需要，也是发展的需要，尤其是生命存在的需要；存在的需要重于生存的需要；追求言语上的自我实现，使生命留痕；在言语表现和创造中寻求生命的意义和人生的归宿。

（3）言语历史观：人类生命的历史是言语创造的历史，人类的延续就是一个言语链；言语意识和言语精神的传递，构成了人类的文明史、进化史的链条；人类的历史，是言语生命意识从自为到自觉到自在的历史，言语生命意识的承传和深化，是人类的使命。

（4）言语世界观：将言语上一般的精神追求，从“有”到“无”，升华为信念和信仰；超越功利（名、利、权）和实用，崇尚自我的精神愉悦和审美体验；在言语创造此在的痛苦和劫难中，憧憬彼岸的幸福；彻悟语言是存在的家、言语是人类的精神家园、言语世界的存在是人类本质的存在。

这可谓语文教育复合主体共享虚拟的、理想化的类主体性。现实中的类主体性（实为“亚类主体性”），仍在“工具性”“生存性”“功利性”挤压中，争取人文性共享共存空间。类主体性的培养，基本上还停留在“言语层面”的言语创造技能的培养上。语文课改的新理念，开始向“心灵、人格层面”拓展，开始关注学生的言语精神人格的培育，开始“人文”启蒙，但是，离真正教育观念的转换和教育实践的转型还十分遥远。

作为亚主体的师生，共处于复合主体中，一方面受到来自类主体的强制规约，另一方面也受到“主体间”（师生的和非师生的）的相互影响和制约，同时，还受到教育实践与认识的客体的冲击，师生主体性就是在不断地与外部进行能量交换的过程中，向着符合理想教育目的的方向发展。这个教育目的，就是一个时代的类主体对人的发展的期许。教育目的是一个目标系统，语文教育目的过去体现在“教学大纲”中，现在体现在“课程标准”中：从语文课程性质到语文的三维目标，到派生出的一系列子目标。在语文教育中，师生言语主体性的建构过程，是一个打磨个体主体性，压抑、祛除某些个体主体性，使之与类主体性相吻合并得以有效发展的过程。

师生的个体主体性的发展空间，受制于体现类主体意愿的教育目的。一般说来，教育目的越深刻，逼真度越高，它给予师生个体主体性发展的空间就越大，师生的参与积极性和自由能动性也就越大。在语文教育中，视语文为工具，视语文教育目的为掌握语用技能，师生多样化的个体主体性就无从发挥，言语生命的互动、互助空间就很狭小。将语文教育的目的定位在应试，师生都不能说自己想说的话，没有了言语自由，复合主体成员的主体性互相抵消、干扰，其结果是师生个体主体性基本消失了，语文教学剩下的就是照本宣科和千篇一律的答案。当语文教学标准中出现了诸如“人文性”“个性”“熏陶”“感染”“平等对话”“自主”“合作”“探究”“研究性学习”等一套话语，取代了原来的“训练”“双基”“工具”“主导”“阅读是基础”“讲深讲透”“夯实”“知识树”“能力点”“知识点”等一套话语，由于它们更贴近语文教育规律，切近人们的言语学习的需求，切合个体主体性的独立、能动、创造的意愿，贴近人的言语生命欲求，类主体与亚主体的基本要求较为一致，作为亚主体的个体主体性就能得到较大程度发挥，复合主体成员的主体性形成合力，教育目的也就较容易得以实现。

作为亚主体的师生，由于地位不同，分工不同，在教学活动中的行为也不同。教师的主体性主要表现于“教”，学生的主体性主要表现在“学”，但是，正如上面我们曾说过的，教师和学生，他们其实是一种互动互惠的关系，教师也在“学”，学生也在“教”。语文教育是人类的生命活动，是一种言语生命和言语生命意识的承传与延续，在这个历史链条中，在读写活动中，没有一成不变的“教”或是“学”，没有一成不变的“付出”者与“受益”者的区别，只有基于共同需要的“交往与分享”“切磋与对话”。学生从教师那儿感悟并滋养了言语生命，同时也将自身言语生命的创造回馈于教师；教师在学生那儿延续了自身的言语生命，同时也将自身的更为成熟的言语生命用以孕育、孳乳新的言语生命。师生只是一种“名义”上的暂时的区别，他们终将融入人类言语生命新陈代谢的大循环中，在这儿，不但“师不必贤于弟子，弟子不必不如师”，而且“师”和“弟子”已无从区分，也不必区分：你中有我，我中有你。

回到言语生命的本真，师生关系是言语生命间的关系，是言语生命存续的自然现象。师生从一开始就是“我们”，到不再是“师生”（学生长大成人之后）也还是“我们”，因为，从本质上说，人类是一个言语生命共同体。人类的生命，就是言语生命。人类存在，言语生命就存在，言语生命的承传也就存在。语文教育不过是为言语生命的存续创造一个理想环境罢了。

二　“主导说”：师道尊严、教师中心的呓语

20 世纪 80 年代初，钱梦龙先生沿袭了叶圣陶先生等的“教师为主导”说，并加以大力倡导，在语文界产生了广泛影响。这一认知是由“师道尊严”“教师中心”说衍生的，与“以人为本”“学生为主体”的人本主义教育观相抵触，成为当前语文课改“平等对话”理念的对立面。只要“主导说”在，学生主体就名存实亡。与“主导说”相呼应的“主线说”“导读法”等，都是师生“交往与对话”必须清除的思想障碍。

进入到教学领域，我们不能不重新对造成师生关系不平等的根源——师道尊严、教师中心——来一番清算。否则，我们将永远见拒于现代教育的门外。不彻底清除教师作为当然的崇拜偶像和话语权威的成见，就没有学生人

格和言语生命的真正成长。

师生的交往与对话，在教学实践中遭遇到的最大的教育观念上的蔽障，就是“师道尊严”“教师中心”。从“教师中心”直接衍生出的“教师为主导”的认知，说到底，它是一个实践问题。教学实践中的每一个环节和细节都会受到这一观念的遮蔽。貌似公允的“主导主体说”影响最大且极其有害。这是师道尊严、教师中心在新的历史条件下的回光返照。自从钱梦龙先生提出“三主说”（学生为主体，教师为主导，训练为主线）之后，风靡一时，应者云集。不少人对此进行阐发，如：

王策三先生认为在教学中应把“学为主体”与“教为主导”联系起来，必须坚持教师的主导作用和确定学生的主体地位，二者是辩证统一的：“老师主导和学生主体是辩证的统一。学是在教之下的学；教是为学而教。”①

曹光灿先生说：“‘学生为主体，教师为主导’这一命题在语义上的如下四重关系：学生是心理发展的主体，教师属外部精神力量；学生是认识的能动主体，教师则为认识的客体；教师(教)是矛盾的决定方面，学生(学)便成为矛盾的被决定方面；教作为一种能动引导活动，学则成为一种积极主动的被导认识活动。上述清理，几乎可以说展现了‘主体——主导’命题的全部主要内容。”②

杨中华先生说：“主导主体说的提出，体现了历史和逻辑的统一，它既是长期历史发展的产物，又是对教学实际中存在的困惑的回答。”“总之，我们认为，主导主体说是运用教学认识论对教学现象进行分析的重要成果，它的提出具有重要的理论意义和实践意义。”③

由上述论说可见“主导主体说”被接受的程度，可以看出师道尊严、教师中心观念的根深蒂固，也可以看出要破除这一观念的艰难。

这种将由不同标准形成的、不对等关系的自相矛盾的概念，硬绞在一起，并说做所谓的“辩证”分析，其唯一的效果就是使原本明白的人糊涂，使不明白的人更不明白。从他们的逻辑出发，本应说：学生为主体，教师为客体；

---

① 王策三：《教学论稿》，人民教育出版社1985年版，第123页。

② 曹光灿：《关于“学生为主体，教师为主导”的新思考》，载《课程·教材·教法》，1990年第3期。

③ 杨中华：《教学关系中的主导主体说》，载《教育研究》，1991年第12期。

教师为主导，学生为被导。然而，由于不便体现这种对应关系，不便称教师是“客体”与学生为“被导”，因为这样会招来质疑。从文章看，钱先生的思维从一开始就是一笔糊涂账。因为他知道这一命题是没法论证清楚的，所以压根儿就没打算论证清楚。比如，他说为什么称“学生为主体”时就很随意含混：“处在同一教学过程中的教师和学生都有两重性，是互为主客体的。但是，教学过程作为一个特殊的认识过程，最终是以学生的认识为归宿的，因此，在确认谁是主体的时候，主要应该把目光投向学生，即确认学生是具有主观能动性的实践者与认识者。”① 一会儿说师生是“互为主客体”，一会儿说“在确认谁是主体的时候，主要应该把目光投向学生”，最终又将命题确定为“学生为主体”。究竟是“互为主客体”，还是“学生为主体”，根本就是模棱两可。如此轻率的自相矛盾的“论证”，也居然会被如此之多的人所接受，并大加褒扬，真是不可思议。

更不可思议的是，“学生”这个“主体”原来是徒有其名，丫鬟掌钥匙，当家不做主。“教作为一种能动引导活动，学则成为一种积极主动的被导认识活动”，既是被他人决定、主导的，又如何能积极主动地发挥主体性？

从理论上就没有解释清楚，不论怎么强调“因势利导”，在实践中，所重的显然不是“势”而是“导”，“学生为主体”，起决定作用的却是教师。从理论到实践我们所看到的，依然是“教师中心”“教师本位”的教学。这集中体现在钱先生对“主导作用”的三个方面的说明：“设标，即帮助学生预设认识和发展的目标；定线，即帮助学生确定达到目标的最佳线路；达成，即帮助学生主要依靠自己的力量去达到目标。”他认为：

> 设标。目标的提出，是教学活动的起点。目标明确集中，学生达成度高，是有效教学的最重要的标志。因此，教师必须在充分研究大纲、教材和学生的基础上，确定恰当的教学目标，作为施“导”的第一步。当然，在进入具体教学过程的时候，目标由教师直接提出，还是启发学生提出，应视学生的实际情况而定，不必拘于一格。

紧接着他就提出了5个方面的教学目标：“1. 认识目标——认识课文所反映的客观事物；2. 知识目标——学习并掌握与本课有关的语文知识或其他知识；3. 能力目标——培养听说读写与思维的能力；4. 教育目标——使学生在

---

① 钱梦龙：《论“学生为主体”》，载《语文学习》，1988年第8期。

思想感情、道德情操等方面受到教育和熏陶；5. 非智力因素目标——提高学生的兴趣、情感、意志、性格等心理素质。”并指出：“在这些目标中处于中心地位的有知识目标和能力目标，其他目标都附属于这两项目标而不能自成体系；而在这两项目标中，尤以能力为主攻目标。”他认为“设标”的作用是：“在教学的起始阶段提出明确的目标，可以使师生双方在教学过程中均有方向感，在教学结束时均有达标感。这是避免学生盲目被‘牵’的关键所在。”这些目标与其中的中心目标和主攻目标，都是教师定的，学生在目标设定上没有发言权，他所能做的只是努力达成教师设定的目标，实际上从一开始已经是被“牵”着走了，又如何能避免“盲目被‘牵’”？前面讲的“目标由教师直接提出，还是启发学生提出，应视学生的实际情况而定，不必拘于一格”，不管在教学中这目标由谁提出，不都是一样？“启发学生提出”的也还是教师预设好的。可见，“学生为主体”，在“教师为主导”的教学观下只能是名存实亡。

再看“定线”：“目标确定以后，就要选择一条通向目标的路线。‘条条道路通罗马’，说明达标的多种可能性，‘定线’就是要找到一条最少迂回、时间上最经济的捷径。……‘定线’，首先要讲究时效，这就要求我们学会做‘减法’——尽量删除那些可有可无的教学内容和教学环节，使每一个教学过程都能做到目标集中，环节简明，路线清晰……”“标”是教师“设”的，“线”也是教师“定”的。从达标的多种可能性中找到一条捷径，这个工作自然非教师莫属。因为该“减”去什么只有教师心中有数。

最后是“达成”：“教学活动以教学目标的达成为归宿。以学生为主体的教学，注重学生的主动精神和独立学习能力的培养，教师的责任不是给学生‘奉送真理’，而是教会学生如何去‘发现真理’。于是，‘学法’的指导被提到了语文教改的日程上来，取得了跟‘教法’同等重要的位置。……‘学法’被提上教改日程，必然引起‘教法’的变革。讲述法、谈话法的运用将受到严格的限制，而讨论法、点拨法则成为教师发挥主导作用的‘常规武器’。讨论法有利于教师发挥群体优势，使学生在多向的信息交流中收到最大的学习效益；教师的任务则是为学生的讨论获得预期的效果提供指导和帮助。点拨法体现了教师施‘导’的基本特点。学生在达成目标的过程中必然会遇到各种困难，发生各种疑问，教师要有灵敏、及时的反应，通过各种方式的随机点拨，或为学生暂时中断的神经联系‘突然接通’搭桥铺路，或借助学生的经验巧妙地为学生的‘思维杠杆’提供支点，因势利导，不拘一格。点拨法追求的不是教学形式的严谨，而是教学实效的获得。”注重“学法”指导这是对的，而“讨论法”，教师的任务是指导和帮助学生获得“预期的效果”，这个预期显然是教师的“预期”，不会是学生的“预期”。体现了施“导”基本特点的“点拨法”，因势利导“导”向何方，也是个问题。自然“导”向的不会是教师觉得错误的答案或“学法”。

正如美国学者坦恩鲍姆在自我反思中所指出的：“……我过去一向是欢迎最广泛的讨论的；但是，现在我才知道，我还是要求并且期待我的学生了解指定给他们的课文和讲授材料。更糟的是，尽管我欢迎讨论，但是在一切都说完做过以后，我首先还是要求班级得出与我的思路一致的结论。因此，从它们是否坦率、自由和具有探索性这几个标准来看，那些讨论都不能算是真正的讨论；从它们是否启迪思想来看，那些问题都不能算是真正的问题；所有问题都别有用意，因为我对于这些问题的满意答案，有时甚至对其正确答案都有相当明确的见解。因此，我带着教学材料来到班上，实际上把学生当做工具，我掌握情况，一步步引出我认为学生应当学习的材料的中心内容。”① 我们所有的教师们扪心自问，难道你组织的讨论和点拨不是这样吗？重要的不是你采用了讨论或点拨的形式，而是在于它的实质，这就是这种讨论和点拨是开放的还是封闭的，是自由的还是强制的。在我听过的一些“优秀”的语文教师的课中，几乎无一例外的是将学生的思维往自己预设的思路或结论上引。在这种观念下，越负责、越有见解、越循循善诱的教师，就可能越是危险。因为他们精心设计的陷阱比一般教师更“高明”，这就使学生很少能幸免于难。

可见，讨论与点拨，只是貌似开放、民主，而实质上可能是压制。只要他抱定“教师为主导”的观念，对话就不可能“平等”，不论采用什么“法”都只能是“误导法”。在这种观念下的教学，尽管教师天天宣誓说自己“教是为了不需要教”也无济于事。因为，他教给学生的“学法”本身就是错误的。他确实不“奉送真理”，而是教学生如何“发现真理”，但是，学生“发现真理”的最好的方法就是讨论、理解教师的观点，教师的“点拨”是“发现真理”的捷径。学生在课堂上是依赖老师的“主导”，将来走出校门，他们尊奉

① ［美］坦恩鲍姆、罗杰斯：《参加者谈：以学生为中心的教学法》，见［美］马斯洛等著，林方主编：《人的潜能和价值》，华夏出版社 1987 年版，第 363 页。

的“学法”，势必就是依赖书本，“求教”他人。

与“教师为主导”相配合的是“训练为主线”。钱先生将训练界定为：“训练是一个外延很大的概念，它包含了整个教学过程中所有的师生双向活动。”① 如此，岂不是“教学”等于“训练”，学校等于“训练营”？“训练”必有“施训者”和“受训者”，这样，自然教师是“施训者”，学生是“受训者”。学生处于被动接受规训的地位。“训练”的基本语义是“规训”，特指在严格受控条件下的技能的练习，带有强制性地使人的行为合乎规范的意思，具有较强的程序性、机械性和操作性。显然，将一切的教学活动都视作“训练”，既与钱先生自己的“学生为主体”的认识相抵触，也与当今自主、合作、探究的课改理念格格不入，同时，更是与具有言语性、人文性特点的语文学科感染熏陶、潜移默化的学习方式背道而驰。

在新课标中，已经不强调训练，这是一个观念上的巨大突破。这表明大家已经意识到了训练的刚性、技能性、强制性的要求，与人本主义教育的柔性、综合性、合作性的要求的冲突。不是说语文教学就没有培养技能的要求，而是说语文技能提高不是单纯依靠通过训练能奏效的。而且，语文教育的目标不限于技能，语文学习的途径也是多种多样的，不限于训练。自然，语文教学是需要某些“规训”的，但是，这种“规训”的强制色彩愈淡化愈好，也许还是用中性的“练习”一词为好。因为练习可以是教师安排的，也可以是学生自主的、自愿的，是学生自己给自己规划的、安排的，更能体现学生的自主性和主观能动性。

此外，练什么，也是十分成问题的。在以往的语文教学中，练的主要是语基和阅读，“标准化”搞得天昏地暗也是练。在钱先生那儿，练的主要是阅读（包含语基）。这可以从他设计的唯一的教学模式——“导读法”得出结论。

钱先生的“三主”教学思想，体现在“自读、教读、练习、复读”的教学“基本式”中，他把以“三主”为指导思想、以“四式”为基本模式的教学构思统称作“导读”。认为“导读”是一个相对完整的阅读教学体系，遗憾的是，这也是他的唯一的教学模式，没有写作或口语交际教学体系。他的“教师为主导”的“导”，“导”的只是阅读，既不“导写”，也不“导说”。这

① 钱梦龙：《论“训练为主线”》，载《语文学习》，1988年第10期。

表明，所谓的“训练为主线”，“训练”的“主线”只限于阅读，这是典型的阅读本位教学。“四式”的“导读”法是这样的：

> 自读——是学生在教师指导下独立进行的阅读训练。教师要教给学生自读的方法，为学生指点自读各类课文的门径，但不能越俎代庖，自读任务的完成主要应该依靠学生自己的阅读实践。教读——是学生在教师的具体辅助下进行的阅读训练。“教读”就是教会学生阅读，“教”是一个动态“过程”，它将随着学生“会”的程度逐步提高而渐趋于消失，最终达到“不需要教”。练习——是学生在自读和教读以后，为了知识的进一步巩固和应用而进行的迁移性训练，其基本形式是布置学生完成各类书面和口头的作业。复读——是把若干篇课文作为一个“复读单元”进行的复习性阅读训练。复读的重点仍然在读：读读，比比，想想，练练，既“温故”（巩固旧知识），又“知新”（通过若干篇文章的比较，获得规律性的知识）。总之，“四式”作为一个教学模式的四个因素，构成了一串“训练”的基本动作；而“四式”与“三主”的结合，使整个教学呈现出鲜明的“导读”色彩。

不可否认，无论是“三主”还是“四式”，都有学生在场。但是，学生的主体地位，实在是不敌教师的“主导”地位的。主体与“主导”，统一于“训练”；“训练”又体现为“导读”，“导读”是“一串‘训练’的规定动作”。从“主导”的“设标”“定线”“达成”，到以“训练”涵盖教学中一切师生双向活动，体现出强烈的“规训”意味；再到“导读”法的“四式”中无处不在、无微不至地突显教师作用。从这里，我们看到的依然是一个作为“主导者”“施训者”的强势教师形象。虽然比传统的居于绝对权威地位的教师对学生较为亲近一些，知道一些诸如“教是为了不需要教”之类的教育学原理，对“导”和“训”的方法有所讲究，在具体教学实践中，教师对自身“主导作用”的发挥较“艺术”，注重“讨论法”“点拨法”，但是，毫无疑问，“三主”“四式”中师生的对话是不平等的，学生主体仍然是弱势，学生主体性发挥空间仍然狭小。此外，体现“三主”教学思想的“四式”导读法，练的只是阅读，这至少也是一种偏颇。

不走出“主导说”的阴影，就无从建立平等“交往与对话”的良性师生关系。“主导说”可以休矣！

教学不相信偶像和权威，只相信真理。教学要培养的是偶像和权威的批判者、破坏者。

教师不再是知识的授予者、真理的化身，也不是“平等者中的首席”，而是教学复合主体中较具建设性的普通一员。

言语生命动力学语文教学，是言语生命的互动、互惠。主体间唯求真诚，除此之外没有别的目的。

三 “非指导性”：传统强势教师的退隐

也许身在“主导性”教学中的教师们，一时还很难识得“庐山真面目”，还很难觉察出这种观念的缺陷，或许还会觉得这是天经地义的，这就是为什么有那么多明智的教师拥护“主导说”的原因所在。与“主导性”教学观形成鲜明对比的是美国教育家卡尔·罗杰斯的“非指导性”教学观。我们将这两种截然相反的教学观加以参照比较，可能会有助于我们对教学中教师作用认知的深化。如果说多尔的教学观是“后现代”的，那罗杰斯的堪称“后后现代”。

也许罗杰斯的个人风格就是如此，与他的教学一样地不事张扬，不特别主张什么，也不想强加给别人什么，一切顺其自然。他没有给他的教学法命名，也没有对自己的教学法进行过明确、充分的理论阐述和论证，甚至连具体的描述也没有。我们是通过他的学生对他的课程的描述来了解这一切的。介绍这种教学法的文章题目是《参加者谈：以学生为中心的教学法》①。“以学生为中心的教学法”，这名称似乎一点不引人注目，或者说这已是陈词滥调了，引人注意的是这种教学法不是自己谈，而是由“参加者谈”，这的确是别出心裁。更使人惊异的是，“参加者”（学员坦恩鲍姆）竟然给罗杰斯这一教学法命名为“非指导性”教学法，从此，“非指导性”教学法不胫而走，罗杰斯也默认了这一命名。他的学生坦恩鲍姆对“非指导性”教学法的基本教学理念和方法的描述，归纳起来有以下几点：

1. 课程的进程是完全不拘形式的。任何时候、任何人，甚至导师也不知道下一分钟教室里会出现什么局面，会对哪一个题目展开讨论，会提出哪些

① ［美］马斯洛等著，林方主编：《人的潜能和价值》，华夏出版社 1987 年版，第 349～365 页。

问题，哪些个人的需求、感觉和感情会宣泄而出。这种无拘无束的自由气氛是由罗杰斯本人造成的。在这里，人们享受到人类相互给予的一切自由。罗杰斯以一种既友好又随便的态度和学生们围坐在一张大桌子旁，他说他很乐意听学生们谈谈自己的目的，再做一下自我介绍。接踵而来的是一段紧张的沉默，没有人讲话。最后为了打破这种局面，有个学生羞怯地举手发了言，接着又是一阵令人尴尬的冷场，之后另一个人举起手。在那以后大家举手就踊跃多了。指导教师始终没有催促任何一个学生开口。

（教师的任务只是创造一种轻松自由的交谈气氛，然后尽可能地消失，坚决地逼使学生出场——笔者）

2. 无结构教学。罗杰斯带来了大量的材料——有单行本、小册子、文章、书籍等，还发了一份参考书单。他一直没有表示希望学生们去读这些书或做其他事情。这期间绝大部分活动是由学生自己发起、自行组织的。学生的发言东拉西扯、漫无目标。罗杰斯则聚精会神地倾听每一个人的发言。他并不在乎学生的发言切题或不切题。

由于学生们对这样一种全无结构的教学方式没有思想准备，因此他们不知道如何把课程进行下去。在茫然与失望中，他们要求教师出来扮演习惯和传统授予他的角色，即由他用权威性的语言告诉他们孰是孰非，孰优孰劣。他们尽管失望，但他们之间毕竟进行了交流。大家谈的都是他们自己的想法，它们既不是来自书本，也不是重复指导教师或某位权威人士的思想。思想、热情和感觉都出自他们自己。这是一个抒发情怀、激动人心的过程。在这段时间，罗杰斯多次受到了批评，但他拒绝改变主张。“拉锯战”就这样延续下去。学生期待罗杰斯有所行动，而罗杰斯却期待学生有所行动。

（由学生充当交谈的组织者，教师充当倾听者。当今课改理念仍赋予教师“组织者”的使命，而罗杰斯似乎连“组织者”也放弃了。当然，不是真的放弃，而是使自己变成隐蔽的、隐性的“组织者”——笔者）

3. 鼓励思考。有一个学生悟出了罗杰斯的真意。他认为罗杰斯是要学生们独立地进行创造性的思考；他要学生努力研究自己，研究自我，并希望这能导致学生“重建”自己的人格，按杜威的说法，就是重新塑造他们的世界观、思想方法、价值观念及举止。罗杰斯从课程刚刚开始时就表达了一种信念，即没有人能教会任何人任何东西。

到上第五次课的时候，明确无疑地出现了一种情况。学生们相互交谈，不再理会罗杰斯。他们希望并且要求别人听自己说。原先那个犹豫迟疑、吞吞吐吐、尴尬羞涩的班级这时变成了一个互相影响、促进的班级，成为一个崭新的、紧密结合的整体，它以自己独特的方式进行活动。同时出现了一些只有他们自己才能重新描述或重复的讨论和想法。导师也参加进去了，他的作用应该比班里的任何一个人都重要，但是他却设法使自己与班级化为一体；学生组成的集体占了首要地位，成为中心，它取代导师成了活动的组织者。

（鼓励创造性思考，“创造性是美好生活的一个因素”。要培养创造性，就要使学生摆脱对教师的依赖，形成了自己的学习集体，这个集体成为教学的中心，教师成为这个学习集体的平等一员——笔者）

4. 接受的重要性。罗杰斯认为，如果一个人被人们接受，而且是完完全全地被接受——不对他品头评足，而是体贴和同情——这个人就能够面对自己，产生丢开戒备心理和正视自己的勇气。学生们目睹了这一过程。班级里互相交流的努力最初只不过是寻找一种“生存环境”，这时学生们在感觉、感情和思想上的交流都是试探性的。但从第五次课开始，这些由于偶然的机会聚在一起的学生的关系就日渐密切起来。他们的真实自我也逐渐显露出来了。通过学生之间的相互影响、启发，课堂上出现的一些领悟、启示和理解的时刻简直是震撼人心的。罗杰斯会把它们叫作“治疗的时刻”。在这种富有成果的时刻，你会看到一个人的内心世界奇迹般地展现在你眼前，接着整个班会笼罩在一片寂静之中。它既是学习又是治疗；这里说的治疗并不意味着治病，或许可以把它说成是对人格造成一种有益的变化，提高学习者的适应性，使他更加坦率待人，更乐于倾听他人的意见。在这一过程中，学生们都感到精神振奋，更加自由开放，更能够接受自己和他人。

哪一次课都免不了有废话和浪费时间的现象，这种时间的浪费或许是必要的；它很可能是人们学习的最佳方式。当回顾这段经历的全过程时，可以肯定如果用传统的课堂安排，学生们是根本不可能学得这么多，这样好，又这样透彻的。

一些性格乖僻、固执、武断的人，经过短短的几个星期时间变得通情达理，而且在相当程度上不再自以为是了。一些神经过敏、好冲动的人精神逐渐放松，对人对己都更能接受了。那些羞怯的人勇敢起来，那些放肆、好斗的人却变得细腻、谦逊。

在罗杰斯的教学中，学生们不论在课上或课下都在阅读、思考；是他们自己在阅读和思考中吸取对他们而不是对导师有益的东西。

罗杰斯使用的是一种自由、流畅、开诚布公、无拘无束的方法。然而，这正像生活本身一样，行云流水，一去不返，似乎漫无目标，它向前流淌，谁也说不出下一刻将会发生什么。但是，在这一过程中也饱含着期待、警觉和生机。对于信奉服从权威、信奉井然有序的材料的人来说，罗杰斯教学法可能是左道旁门，因为他在这里得不到确定的答案，而只有一个开放、流畅的无休无止的过程。

（学习的过程是一个相互接受的过程，能够接受自己和他人，真实的自我便能显露出来，良好的人格就是在这种真实的交往中形成的——笔者）

5. 一种新型的方法论。罗杰斯在整个课程实施中不做结论。他从来不做总结性的发言，这是与任何教学法背道而驰的。各项讨论最后都悬而未决，课堂上提出的问题总是在流动变化之中。学生们出于获得知识、取得一致的愿望，力求去理解并得出结论。甚至学生们的分数都没有定论。分数意味着终结；罗杰斯是不给分的，而是由学生自己报分；这样一来，使这个表示课程完结的标志也变得悬而未决，没有定论了。同时由于课程没有一定的结构，每个人都把自身投入课堂之中，他讲的是自己的话，而不是课本上的语言，因此，他以真实的自我与他人进行了交流，也正因为如此才产生了这种亲密关系和热烈气氛，他与一般课程上那种非人格化的课程内容恰恰形成了对比。

（教师不做结论和评价，这的确惊世骇俗。不做结论和评价，学生才有真正的思想的自由和开放，才有主动性和创造性，学生才能成为真正的主体——笔者）

在“非指导性”教学的比照下，以往一切主张“以学生为中心”“学生为本位”“学生为主体”的教学均相形见绌，“主导性”教学的弊端也暴露无遗。“非指导性”教学观对我们的启示主要有以下几个方面：

1. 一种真正人格化的教育。罗杰斯所致力的是对学生人格的重建、经验的重组，重新塑造他们的世界观、思想方法、价值观念及举止。“非指导性”教学对学生是一种全新的体验，原先的教育和学习观念受到了挑战，一切都不能依赖教师，一切都要靠自己。学习是自己的事，是其他任何人都无法取代的。要由自己来提出教学的目标，提出讨论的话题，自己来思考答案。在这个过程中他们学会了与他人相处，学会了交往与沟通，懂得了尊重别人，相互给予，善于倾听他人的意见；同时改变了自己的性情，使灵与肉都获得了脱胎换骨的蜕变。这可以说是“非指导性”教学的最大的价值。罗杰斯说：“我从自身的经验中发现，如果我能设法造成一种真诚、尊重和理解的气氛的话，就会出现一些鼓舞人心的情形。在这样的气氛中，人们和小组成员的态度会从僵死刻板转向灵活变通，他们的生活方式会从一成不变转向寻求发展，从依赖他人转向依靠自己，从墨守成规转向富于创新精神，从谨小慎微转向接受自身的现实。他们的这些行为是人们追求自我实现的要求的生动的例证。”① 罗杰斯的“非指导性”教学，是从让学生学会交往和合作开始的。他认为改善人际交往的状况，是人自身发展的基础。我认为，人格重塑是“非指导性”教学的基本精神。“主导性”教学则是“非人格化”的。

2. 教师的“退隐”。在“非指导性”教学中，我们看到的教师是隐形的，是“不在场”的。教师有意退场，逼迫学生出场、在场，让学生真正意识到自己不是学习的奴隶，而是学习的主人，是教学的中心。传统的强势教师角色、无所不在的教师形象，让位于边缘化的教师角色和“隐身”的教师形象。在这一点上，它与传统的维护师道尊严的教学观和“主导性”教学观形成了鲜明的反差。

3. 经验的重建重在打消学生的“以教师为中心”的观念。“以学生为中心”的教学，关键不在于教师是否有这种体认，而是在于是否能使学生打破对教师的权威崇拜和依赖心理。这需要教师自觉地对自己的“权威”地位进行解构，淡化学生的“教师中心”的心理。学生只有在没有书本的限制和权威的影响下，在没有教师的“存在”的情况下，才能说出自己的真实的意思，才有真正的内心自由。“主导性”教学是对教师权威地位的据守，没有言说权的平等，如何有学生的思想自由？

4. 人需要真诚的表达。罗杰斯说：“……如果我能真诚，如果我能把握自己的内心实在，我就感到心满意足……如果我与人接触时不带任何掩饰，不企图矫揉造作地掩盖自己的本色，我就可以学到许多东西，甚至从别人对我的批评和敌意中也能学到。”“……真实内心情感的交换产生了真正的交流，加强了人们之间的交往关系，并逐渐培养起一种相互热爱的真挚情谊。”② 他

---

① ［美］罗杰斯：《我的人际关系哲学及其形成》，见［美］马斯洛等著，林方主编：《人的潜能和价值》，华夏出版社 1987 年版，第 127 页。

② ［美］罗杰斯：《与人交往》，见［美］马斯洛等著，林方主编：《人的潜能和价值》，华夏出版社 1987 年版，第 136 页，第 138 页。

希望每个人都能从面具后面走出来，变成真正的自己，人就可以相互信赖。学习尤其需要这样的氛围。“主导性”教学以教师是从，不以真理是从，学生只能以揣摩教师答案为能事，在对话中不可能有真诚的自我表现。

5. 自由自在的学习。罗杰斯说：

> 我还有一点体会，即要让人自由。在这方面，我学会并发展了较好的能力。尽管并非总是如此，我还是常常能够在负责一个小组、一门课程、一班学生时，让大家在心理上感到自由而无拘束。我能创造一种气氛，使大家可以从容指导自己。起初，他们有些怀疑，以为我让他们在课堂上自由自在是种圈套；其次，他们关心考试成绩，认为自己的学习最终还是得受到老师的估价和评判。于是，我和学生们共同制定出办法，以对付大学用成绩来衡量学习的荒唐要求。从此，他们感到自己是真正自由的。他们的好奇心开始迸发出来。每一个人和每一个小组都开始追求自己的目标。他们变成了开拓者而非追随者，竭力在自己的工作和学习中探求人生的意义。……我并不能总是创造出这样的自由气氛。我认为这完全是因为在我的内心深处，还隐藏着某种不愿给人以充分自由的微妙情绪。正是这种情绪使我畏手畏脚。但是只有当我创造出这样的自由气氛时，教育才能成为真正名副其实的教育，才能变成一种顽强的探索和科学的研究，而不是大量很快就会过时或被遗忘的事实的简单积累。只有这时，学生才能真正处于生命的过程之中，才能过一种绚丽多姿变化万千的生活。在我所发展获得的全部经验中，我最珍视的部分之一，就是要经常在自己的周围创造出一种自由气氛。①

人只有享有充分的自由，才有主体性的发挥。罗杰斯将创造自由的气氛视为教育的根本，这种理解充满了强烈的人本、人性的色彩。他对不能创造自由气氛的自我检讨和剖析，体现了一个教育家的坦诚。而不是像“主导性”教学那样，只把“学生为主体”作为幌子，作为一个抽象的理念，始终以“领导者”的视角俯瞰教学活动。

这五个方面都是传统教学所缺乏的，都是对“主导性”教学的颠覆。这是教学论的一场革命，这场革命指向的也是“动力学”，可以称为“人格动力学”。它重塑的不是知识和能力结构，也不限于认知结构和认知方法；它根本

---

① ［美］罗杰斯：《与人交往》，见［美］马斯洛等著，林方主编：《人的潜能和价值》，华夏出版社 1987 年版，第 141～142 页。

上要重建的是“第三维”：情感的维度，准确地说，是态度、价值观的维度，是对人自身和教育的基本价值的认识。在这一点上，罗杰斯的“非指导性”教学和我们的言语生命动力学语文教育的主旨是一致的。

“非指导性”教学也不是完全没有问题，它也留给我们一些困惑，如教师被学生带着走是否有个限度？教师不给结论可以，但是否也不应做总结？对学生不作评价如何体现学生的学习状况？是否应该完全推翻传统教学中教学目标与内容的限制？也许这些问题随着时间的推移将迎刃而解。因为未来总是不预留答案的。

接受“非指导性”教学一些基本的观念也许还不是太难，而要在教学实践中实行则很困难。因为传统留下的包袱太多、太重，什么都难以割舍，敝帚尚且自珍，想必多数人还只能做到有保留地实行。即便如此，也能或多或少取得一些前所未有的成效。例如，坦恩鲍姆在接受了罗杰斯的“非指导性”教学观念之后，将其部分地运用于自己的教学，收到了良好的教学效果，得到了学生的高度赞誉。他写信给罗杰斯谈了自己教学的体会，这也许是学习过罗杰斯教学法的学员们较为普遍的感受，也有助于打消一般人对“非指导性”教学实践的某些顾虑。他说：

> ……我原来以为教师又是发起者，又是导演，还要兼舞台监督。我总是害怕被“晾”在课堂上……常常怀着恐惧而不是从容地以我的本来面目去面对我的班级。
>
> …………
>
> ……当我第一次会见我的班级学生时，我做了一件以往从未做过的事。我坦率地流露出自己的感情。我不是自认为教师应当知道，学生则只能学习，而是承认我有弱点、疑问、有时陷入困境，承认我**不知道**什么。由于我在班级和自己面前多少丢掉了教师的架子，因此我的更真实的自我更自由地流露出来，我感到自己谈吐自如，甚至具有创造性。我说的“创造性”是指当我说话的时候思想源源而至，而且我觉得这些思想是全新的，很有意义的。
>
> …………
>
> 在最后的这次课程中，我还没有勇气抛开一切教学内容，但是我确实倾听了学生的意见；我对他们表示理解和支持。虽然我花费了许多小时去准备每次授课，但是我发现，我没有一次用到我走进教室里带着的

> 大量材料中的哪怕一条记录。我对学生不加拘束，不强迫任何人遵守任何固定的行动步骤，我允许最大程度的多样化；我听任学生把我引向何处。
>
> …………
>
> 罗杰斯博士，我不能说我在一切方面都仿效了您的榜样，我还是谈了自己的观点，有时不幸还要讲讲课；我相信这些都没有起到好作用，因为学生们一旦听到了权威人士的意见，就容易停止思考而去猜测导师心目中在想些什么，去迎合导师的心意以便博得他的好感。如果我还要讲课的话，我将减少这种情况的发生。但是我确实做了努力，而且我自信总的来说我成功地使每个学生获得了一种尊严感，使他们感到我是尊重、接受他们的；我绝对不想去检查他们、评价他们或给他们的成绩定出分数。
>
> …………
>
> 说我对发生的这一切情况兴奋不已还远远不足以说明我的心情。我执教多年，但从来没有过哪怕近似于此的经历。拿我自己来说，我从未在课堂上把整个自我这样大胆地显示出来，也从来没有卷入得这样深，内心的活动这样激烈过。我也怀疑，在以教学内容、考试和分数为重点的传统教学法中，有没有或能否有"形成"中的人——奋力实现自我、具有深刻和多重需要的人——的一席之地。但是，说起这些就离题太远了。在这里我只能向您报道发生的情况，我心中充满感激之情，这段经历也使我更加谦逊。我愿您知道这些，因为又是您给我的生命和存在增添了内容，使之更加丰富。①

坦恩鲍姆算是说到了点子上："在以教学内容、考试和分数为重点的传统教学法中，有没有或能否有'形成'中的人——奋力实现自我、具有深刻和多重需要的人——的一席之地。"传统的教师本位的"主导性"教学对"形成"中的自我实现的人的压抑和异化作用，要远远大于对人的发展的正面促进作用。"主导性"教学，不但教师作为"领导者""组织者"的地位是值得怀疑的，而且作为"促进者"的地位也很可疑，因为他所促进的是"非人格化"的"发展"。今天课改理念，仍将教师定位为教学的组织者和促进者，这

① ［美］坦恩鲍姆、罗杰斯：《参加者谈：以学生为中心的教学法》，见［美］马斯洛等著，林方主编：《人的潜能和价值》，华夏出版社1987年版，第362～365页。

种提法值得推敲。因为，学生也同样可以成为教学的组织者和促进者。教学可以由师生共同组织，师生是相互促进、共同发展的。

正如坦恩鲍姆所说："我还没有勇气抛开一切教学内容"，"我还是谈了自己的观点，有时不幸还要讲讲课"。他在这样做的时候，尽量地对学生不加拘束，不强迫他们循规蹈矩、按部就班，给学生以自由和尊重，允许最大程度的多样化，努力减少自己对学生观点上的影响，不是他带着学生走，而是听任学生将他带着走，使每一个学生获得尊严感，感到自己被尊重、被接受；对他们不做任何的检查和评价，使他们从中感受到教师的信赖。这大约就是"主导性"和"非指导性"教学观念碰撞、妥协的结果。在今天的教育体制下，还不能做到没有教学内容的限制，也不可能做到对学生不做评价，我想，除此之外，"非指导性"教学也还是有着极大的存在空间的。它的指向"第三维"的人格化教学的精神，仍然会给教师带来一种新的教育境界和眼光，使师生关系和教学活动发生翻天覆地的变革，对人的生命的成长和发展势必将产生不可估量的影响。

"非指导性"教学，是一个激动人心的、充满想象力的教学法的创新。它象征着人本主义教育本质精神的胜利。不论它在今天是否能实行，它终将会成为教学的充满生气与活力的潮流。

须特别指出的是，罗杰斯的"非指导性"教学观的渊源竟是老子哲学，而人们长期尊奉的"主导说"原来却是舶来品。顾明远先生说："其实主导作用这个词是从苏联教育学中翻译过来的，意思是指导、先导的作用，丝毫没有教师为主的意思。在教学过程中只有一个主体，就是学生。"① 可见，"主导说"原是一个误译，后来以讹传讹，以为是本土学者的原创。

罗杰斯的教育思想源于老子的"无为而治"。他说：

> ……但是近年来我发现我确实十分赞赏佛教及禅宗使用的一些方法，尤其是生活在两千五百年前的中国哲学家老子的警句。让我在这里读几句体现老子思想的话，它们曾在我心中激起深刻的反响：
>
> 致虚极，
> 守静笃，
> 万物并作，

① 顾明远：《论教学的传统与变革》，载《中国社会科学》，1987 年第4 期。

吾以观复。

有一段话把我喜爱的两位思想家的见解联系在一起。马丁·布伯一直在力图阐述老子的"无为"思想。无为实际上是完人的行为，但它在发挥最高效力的时候却是如此轻松自如，以至人们常常称之为"无为"，以致这个词很容易使人产生误解。布伯在解释这一概念时说："试图干预万物生长规律的人必将损害这些事物和他自己……颐指气使的人具有的是微小的、显露在外的力量，而无为的人具有的却是巨大的、内在的力量……

"有修养的人不去干扰存在物的自然生长规律，他不把自己的意志强加于他人，但他能促使'万物自化'（老子）。通过自身的谐和，他引导万物趋向谐和，他使它们自由地表现自己的本性，自由地趋向自己的归宿，他把它们内部固有的'道'释放出来。"

我认为我在做人的工作的过程中正越来越倾向于"使他们自由地表现本性，自由地趋向自己的归宿"。①

罗杰斯的"非指导性"教学法，体现了东西方文化的融合，这种思维方法和人文精神值得我们借鉴。哲学和科学是没有国界的，同时也需要经验与理性、历史与现实视界的交融。这也正是今天我国教育界所缺乏的。

在言语生命动力学语文教育中，也讲求体现"非指导性"教学的人性化、人格化教学精神，因为它与言语生命动力学教育精神相一致。在指向"第三维"上，在主张"无为"上，我们与罗杰斯是同声相应、同气相求的。教育是"对话"，语文教学本身就是言语生命的一种和谐共振。我们的目标就是要使每一个言语生命都能依照他们的本性纵情欢歌，使教学与人内在的存在性需要相一致，让言语活动成为师生言语生命自由的交响和协奏。

四　言语生命互动形态：对话、隐对话和潜对话

在语文教学中，师生关系是一种十分特殊的关系。与其他学科比较，语

---

① ［美］罗杰斯：《我的人际关系哲学及其形成》，见［美］马斯洛等著，林方主编：《人的潜能和价值》，华夏出版社 1987 年版，第 125～126 页。

文学科有着更多生命感、历史感、人生感和人类感，有着更为浓郁的生命和情感、精神气息。其他学科也许主要是一种知识、技能、智能的传递，而语文课程的内容主要是人文情怀培育和个人言语生命意识与体验的传递、互动。语文教学是基于学生本位、平等合作、教学相长这些教育原则上的以言语生命意识的熏陶、感染、养护和培植为基本特征的教学。教学主要是由课程实施者——教师来贯彻、体现的，由师生双方共同来实现的。在教学中，教师是对教学效果负有主要责任的一方。有人说只有教不好的教师，没有学不好的学生。这句话虽然不是无可挑剔，因为学生毕竟是学习的主人，是教学的参与者、合作者，是否学得好从根本上说还是取决于学生的内因，但是，对于具备了学习意愿和基本的学习动机，并具有正常智力水平的学生来说，起决定作用的的确是教师，这么说是有道理的。这表明了在教学中的师生行为在很大程度上取决于教师的“召唤”。语文教学自然也是如此。语文教师的作用也许比其他学科教师要大得多。因此，当我对语文教学的原则进行思考时，我首先注意到的是教师的行为。

我认为学生本位固然是对教育态度和价值取向的正确定位，是对教学双方说的，但是，学生本位的主要实践者和针对者却是“教”的一方——教师，对于“学”的一方——学生来说，他们原本是不应排斥学生本位的。在复合主体中的师生双方固然要共同为教学效果负责，但是，比较而言，由于作为亚主体的教师，一般被认为是时代教育精神的体现者，是教育体制的代言人，是“闻道在先”者，是教学的引导者、组织者和促进者；同样作为亚主体的学生，他们的心智发展尚不成熟，在复合主体内一般不是直接接受时代教育精神和教育体制的规范，而更多的是从教师具体的教育行为那儿受到规范和影响。所以，就教育的成败来说，教师负的责任要比学生大。实际上，传统教学中的学生，已习惯于遵从教师的“主导”作用，要他们接受“学生本位”“学生主体”的观念变得十分困难，有时也需要教师“开导”或“强制”他们接受自身的主体地位。鉴于此，我认为语文教学的原则，当是首先针对教师的，就是要更多地关注教师的教育观念和行为，要通过教师的教学行为来影响、改变学生的传统观念。教师要返璞归真，要回归真实的自我，要“内在于”情境，而不是“外在于”情境，在教学中要主动为学生腾出空间，虚席以待，努力使自己成为教学复合主体中的平等一员。

在教学活动中，教师与学生的地位是平等的。教师与学生虽然都是复合主体的成员，但是他们也都是独立的个体主体。他们之间的关系，主要不是主体与客体之间的关系，而是主体与主体之间的关系（学生之间也是一种主体之间的关系）。教育目的的实现，需要师生这两个主体的合作与互动，既需要教师这一主体适当的组织和促进，也需要学生这一主体的参与和反馈（他们也可以成为组织者和促进者）。双方都应是主动者，才能形成积极互动。只有形成了踊跃的互动，才能获得最佳的教育效果。

教师的主动，不是体现为一厢情愿的自行其是，而是以学生这一主体的需要和接受状况为前提，学生的需要是第一位的。教师是在对学生的个性充分尊重和了解的基础上，以其积极、自由、能动的创造性，进行有弹性的教育规划，并恰当地、个性化地实施自己的教学行为。学生的主动，不是体现为接受知识和规训的努力和获取知识的热情，而是表现为具有独立思考和探究、质疑的精神，能自我认识、自我规划、自我组织、自我发展。对教学中的所有问题都经过自己的“经验”和“理性”的审视，是一种“存在”的学习，而不是“占有”的学习；是一种生命化的学习，以努力展示和体现自己的思想力、批判力与创造个性。

教师和学生的主体性，就是建立在对对方的主体地位的认可和主体间的相互尊重、合作和妥协上。任何一方个体主体性的过分膨胀和强势，都会导致教学的失败。教师的一切思考和行为，都要以学生为本位，要有一种“学生意识”，遵循“可分享性原则”，使自己的教育活动能在最大限度上被学生认可，使他们乐于学习，能发挥出自己的主体性。教师的主体性过强，势必会抑制学生参与的积极性。学生也必须尊重教师的教育思想和行为，在积极参与并做出自己的反应和反馈时，正如教师应充分尊重学生的学习个性一样，学生也须尊重教师所做出的教育规划和实施的教育行为，否则，教学活动就无法进行。学生的个体主体性过强，也会使教师教学行为受挫，同时也会造成与其他学生个体主体间的关系失衡，最终也会损害到自己的学习效果和人格的养成。因此，教师与学生之间的主体性的发挥，不是无节制的，是需要磨合和妥协的。

需要指出的是，以往教学中十分强调的“可接受性”原则，在后现代语境下也面临着被否定的命运。因为，“可接受性”仍意味着“教师中心”，教师仍扮演着居高临下的知识给予者、施舍者的角色，包含着学生的被动性和受动性。教师是外在于情境的权威的“控制者”，而不是内在于情境中的平等的一员。我们在上面用了“可分享性”一词，就是希望表达出教学是师生双方相互接受的行为，是互惠互利的行为。**“可接受性”原则是师生“主、客”思维的产物；“可分享性”原则，则是师生主体间性思维的体认。**

在语文教学中，师生主体间性主要体现在对话中，体现在他们之间的话语关系中。今天，“对话”一词已成为教学的时尚用语。“对话”这个概念，和“符号”“语言”一样，有着十分丰富的能指。作为教育学概念的对话，显然不同于日常交流中限于简单的语言沟通的对话。日本教育家木下百合子说：“所有的学科教学都是一种有组织的社会性沟通现象，都是语言教学。没有沟通与语言的学科教学是不存在的。”① 德国教育家克林伯格说：“在所有的教学之中，进行着最广义的‘对话’。……不管哪一种教学方式占支配地位，这种相互作用的对话都是优秀教学的一种本质性的标识。”② 将教学视为语言性沟通活动，在我国以往的教学和教学研究中没有受到必要的重视。在今天主张师生合作互动、平等交流、开放多元的课改理念下，对话成了承载这些新观念的一个重要手段。由于对教育行为的对话缺乏研究和较为深刻的认识，以往教学中对话常被简单地理解为“师问生答”或讨论。只要师生都开口说，课堂气氛活跃，就是成功的对话教学。其实，对话首先要解决的是“话语权”的问题。

从理论上来说，教师和学生都是教学的主体，是一种平等对话关系。然而，由于教师一般比学生拥有较多的知识和较强的能力，是“知者”“能者”；同时他又是“长者”“引导者”，拥有教育的责任和权力。而且，长期以来的师道尊严的传统和教师权威观念，对学生也造成了某种心理上有形或无形的压力。教师是强者，学生是弱者，这种心理定势已是一种集体无意识。不论是教师还是学生，都会不自觉地接受、维护这样一种“不平等”。在二者的对话中，师生间在知识的拥有量和能力的大小上存在着一定的落差，也造成了对话双方心理实际上的不平等。教师和学生的角色定位，决定了他们的话语力量是不对等的。

因此，**教师在与学生的对话中，最关键的工作就是使主体间的这种心理失衡恢复到平衡。**为此，教师要尽量消解自身的权威，放低姿态，淡化学生

---

① ［日］木下百合子：《教学沟通与教学语言之研究》，风间书房平成八年版，第 3 页。

② ［德］克林伯格：《社会主义学校（学派）的教学指导性与主动性》，德国科学出版社 1962 年版，第 86 页。

对教师和书本知识的崇拜，使师生双方都能在一个无拘束的轻松自由的氛围中进行对话，进行有效的“交往与分享”。使学生消除对话心理障碍，并培养学生自觉维护他人说话的权利，这显然主要是教师的责任。要使师生共同养成对他人话语的敬重，对言说权的尊重。“我不赞成你的观点，但我誓死捍卫你说话的权利”这句格言，应成为对话的心理和道德底线。

在语文教学中，要消除师生间对话障碍，重要的是要能意识到师生关系是言语生命的传递和存续的关系，在人类言语生命承传的历史语境中认识语文教育的意义，认识师生间的言语知识与能力的落差，认识言语生命的过程和价值。相对于其他学科来说，语文教育有着特别深厚的人文和人格内涵，师生间关系很特殊，不同于其他学科主要建立在知识、能力甚至是智能传递上，而主要是建立在言语生命意识和态度的传递上，教师的人文素养和言语人格力量对学生的影响至关重要。

对话有两种基本形式：显性对话（简称“显对话”）与隐性对话（简称“隐对话”）。师生间直接的言语交流和沟通、交谈和讨论、问答和辩论等是显性对话；师生间情感的互动，心灵的默契，心理上的理解和谅解，思想、意识、精神上的相互影响等，是隐性对话。在语文教育中，前者的作用自不待言，而后者的作用，也许还没有被人们充分意识到。其实后者的作用丝毫不亚于前者。我认为，隐对话是对显对话的补充和延伸，是对言外之意、无言之言的领悟，是一种“神交”。学生不但从与教师的显对话中认识、分享“真理”，而且也在对话中认识教师所传递的生命、精神信息，认识教师教学言语中蕴涵的内在的个性、气质、情感和信念等。学生面对的不是“真理”的化身，而是一个拥有深厚文化修养和精神人格魅力的、独一无二的言语生命。**这个言语生命不论是“说”着，还是不“说”，他都在“说”着。不论是在课内还是在课外，是在大庭广众之下还是在个别相处之时，是面对他人还是面对自己，是面对文本还是面对历史，他都在诠释着自身的言语生命。学生也一样，年轻的学生以其稚气和纯真尽情演绎自己的言语生命。教师可以透过学生表面上的不成熟的见解，甚至是在成人看来荒谬可笑的想法和说法中，感受到内在的真诚和自然，欣赏言语生命的可爱和美好，领悟每一个言语生命瑕不掩瑜的个性潜质，推动他更好地成长，自己也从中获得心灵的净化和言语生命力的养育。**

有人在哲学层面对对话进行探讨，将其分为对话与潜对话：对话，如果从最宽泛的意义上讲，它就不仅是两个人之间的事情，也不是诉诸一问一答的简单方式，它应是众多的人之间思想与情感的交流。通过语言或拟语言、形体语言与对象进行精神“会话”。其特点是，将心比心，设身处地，达到对对象的本质认识和理解。在与对象真正的心灵交流中坚持真理、修正错误、赢得情感和思想认识上的新收获，从而推动社会在某一领域的向前发展。① 潜对话，顾名思义是指没有通过口头而是通过文本从而通过心灵进行交流的一种对话形式。从总的目的和价值出发，潜对话与一般对话没有任何区别，区别仅仅在于潜对话的发生范围与对象具有特殊性：与一般显对话的参与者相比较，潜对话主要发生在人文知识分子身上，就其人数来说，自然是一类人数比较少的阶层。就其所指的对象而言，潜对话一般没有具体对象，它可能是某种意识、某种观念，或者一段历史；而代表这种历史或观念有可能是新语境中的自我。所以，在很多情况下，潜对话的主体和对象很可能是同一个人即对话的诉求者自己。②

对话，对于人文知识分子而言，意义已远远超出了一般的信息交流对表层语义的理解，而指向对人的精神和心灵的洞察，是情感和思想上的收获。而且，对话不仅是一种与特定的人的口头问答，还可以没有具体明确的直接对象，这种潜对话在语文教学中尤应引起重视。人可以与意识、概念、历史对话，也可以与自己对话。《论语·学而》中云：“曾子曰：‘吾日三省吾身——为人谋而不忠乎？与朋友交而不信乎？传不习乎？’”这就是一种自己与自己的潜对话。这种潜对话的特点，也适用于人文性极强的语文教学中师生的对话。在语文教育中，师生对自身言语生命的自省是十分重要的。师生与教材，教师与学生习作的“交流”，都是借助文本进行的心灵沟通，由文见人、见世，由文知人、知事，以己度文，以己度人，等等，都是提高言语悟性极好的方式，这就是一种潜对话。语文教学中，学生的写作和口语交际活动中，对周围世界所进行的观察、感知和体验，实际上也是一种潜对话。教师写教学日记，检讨每天教学中的得失；学生写学习日记，对每天学习的知识进行梳理和体会。这些，也是一种值得提倡的潜对话方式。由于潜对话往

① 齐效斌：《人的自我发展与符号形式的创造》，中国社会科学出版社 2002 年版，第 308～309 页。

② 齐效斌：《人的自我发展与符号形式的创造》，中国社会科学出版社 2002 年版，第 316 页。

往是在心灵层面甚至是在哲学层面进行的，就是在感知、文字或知识的层面，也要求是一种深度思考，且要持之以恒地长期坚持，所以尤显得困难。

潜对话，可以视为第三种形态的对话。潜对话和隐对话有一定的语义交叉，有必要加以区分。隐对话是相对于显对话而言的，二者形成互补，是有言与无言的统一，是在人与人之间进行的；而潜对话主要面对的是文本、自我和外部世界。它不是一般意义上的对话，也不是直接与某人的言语交流，它是无“话”的，也不是在“人与人”之间进行的，是人与文本、世界的视界融合和沟通。在言语生命意识传递的过程中，显对话、隐对话和潜对话都是十分重要的，以往人们主要关注的是显对话，忽视了隐对话和潜对话，而对于人的心灵拓展、思维深化、境界的跃迁来说，隐对话和潜对话的功能是不容忽视的。

在语文教育的阅读教学中师生对话，最主要的媒介是文本。就是说，这种对话不但有师生间的显对话，而且包括了师生间的隐对话以及师生与文本间的潜对话。由于文本内涵的复杂性，与文本的潜对话，是在十分广阔的范围里、在经意与不经意间进行着的，它对一个人的精神发育和言语生命养育，作用甚至超过师生间的对话。此外，值得注意的还有师生与外部世界、与自我（与生活、历史、人生）的潜对话。世界万物都是“我”的言语“交流”对象，物与我的和谐需要通过潜对话进行，这是在人的情感和思维中随时进行着的，有对话，才有沟通，才有相知相谐。对周围世界的观察和感知，不只是“看”或被动地接收，而是“目既往还，心亦吐纳”的信息交流，需要积极的联想和想象活动的参与。自我的潜对话对于个体主体的成长也是非常重要的。是否经常性地进行自我潜对话，是一个人的精神生活充实与否的标志。我们应努力改变以往对师生间隐对话的忽视，改变以往对师生与文本、与周围世界及与自身的潜对话的研究较为欠缺的状况。这三种形态的对话都是不可或缺的。

对话不只是通向认识真理的途径，而且其行为本身也体现了一种精神，一种人格姿态，这就是人与人之间、人与物之间是平等的。平等是对话的灵魂。不平等就没法对话，要对话就必须平等；不平等的对话就不能叫作对话，只能叫作命令或训斥、“教导”。因此，对话的精神价值高于认识价值。在语文教学中，师生间的对话尤其要关注其中体现的精神价值。因为“平等意识”不但对对话的质量有直接的影响，而且对人的人格养成，对言语活动、言语表现都至关重要。言语表现也是一种对话。师生主体间的平等，将体现为作者与读者间的平等。以往语文教学中所谓的对话，是建立在师生的言说权不平等的基础上，最终的结论总是由教师代表教材或教参的编者做出，而不是师生言语生命互动的产物。实际上这种不平等的对话过程大都含有一种变相的控制，是设下语言陷阱诱使学生掉进去，那些不受诱惑的清醒的学生，则被强行推进去。不平等的师生对话，会造成言语表现中言语主体对受体的强制。失去了对话的民主和自由精神，就不是真正意义上的对话。

德国存在主义哲学家雅斯贝尔斯说过：真正的教育应该是人与人的主体间的灵与肉的交流活动。良好的言语生命意识不是一个空洞玄虚的概念，在实践层面，它是由对言语的由衷热爱和深刻理解，对言语创造的激情和对言语个性的尊重等具体的内容构成的。在语文教学中，教师所传递的主要就是这些言语人格心理因素，它将融进学生的言语动机结构中，源源不断地为言语活动提供能量。

五 对话方式：逻辑、隐喻和感应

言语生命动力学语文教育的对话方式应多元互动。

教学中的对话方式是多种多样的，如师生间、生生间、师生与文本间、师生与教育环境间。古往今来人们创造的各种各样的教学法，也就是各种各样的对话方式。尽管方式各异，但是对话形态不外以下几种。

美国教育家多尔分析比较了两种对话形态：逻辑的和隐喻的。

逻辑的方式，我想他指的是传统教学中单纯的明确的知识传递方式。讲求概念准确，论证严谨，推理得当，条理清晰，结论可靠，等等。这既是规范的教师语言的要求，也是评价教学水平的标准。在逻辑的方式下，教师是作为知识的精确无误的灌输者，学生就像一群张着大嘴等着“饲喂”的小鸡，期待着教师将知识点滴不漏地嚼烂“喂”给他们。这种教学方式曾得到不少教育家和教师的认可，在教学实践中至今仍被广泛接受，成为教学中主要的对话形态。多尔说：“只要倾向于知识的旁观者理论——即实在外在于我们，需要用某些方法予以发现——那么逻辑的和分析的方式便统治着我们的认识论与教育学。在这种框架中，**清晰的解释**是必要的。……在这种范式中，权威和控制是重要的，但在更深层的、形而上学的水平上，其基本假设是，观察和思想的精确性是进入外在于我们个人经验的称之为拥有‘真正知识’的领域的叩门砖。……今天的教师通过要求学生‘注意’、‘仔细听’、‘认真观察’等以达到精确性。这些要求的理论基础就是假设学生与知识之间是旁观（不是建构）的关系。知识被假定外在于‘那里’……‘最好的’学生是按照传递的方式接受知识的人。学生接受这种知识的好坏通过获得的分数等级来反映。”① 这种学生作为旁观者的对话形态，在今天的教学中不是不需要，应该说，它在任何的教学中都是不可缺少的。知识本身就是一个逻辑的系统，教材就是对知识作清晰的合乎逻辑的描述，教师作为教材与学生之间的“中介”，他势必也要扮演正确地清楚明白地“传递”知识的角色。

多尔认为，除了逻辑的、分析的、科学的思想方式，还有另外一种可与之互为补充的方式——即隐喻的、描述的、诠释的方式。这两种思想方式的主要不同在于分析性方式是**说明的**（explanatory），而描述性方式是**阐释的**（interpretative）。对于前者，教师希望获得讲解的精确性；对于后者，教师希望“保持会话继续”。后者的假设是意义通过对话而获得（构建）。对话是开展整个过程的必要条件。

他还认为对于激发对话而言，隐喻（metaphor）比逻辑更有效。隐喻是生产性的：**帮助我们看到我们所没有看到的。**隐喻是开放性的、启发性的、引发对话的。逻辑是界定性的：帮助我们更清晰地看到我们已经看到的，它旨在结束和排除，用塞利的话来说，“是扼杀”。我们当然既需要创造性想象也需要逻辑界定。我们既需要生产也需要结束。……通过隐喻和逻辑的相互作用，生活成为活生生的、被体验的和被发展的。作为教师，我们需要将这种相互作用引入课程建构之中。

隐喻的方式是一种描述性的阐释的方式。一个好的故事，一个伟大的故事，诱发、鼓励、鞭策读者去阐释，与文本进行对话。好的故事应具有足够的不确定性以诱使读者参与到对话中来。如艾斯尔所言，“是不确定性成分促使文本与读者‘交流’”，然后激发读者“参与”到故事之中。作为教师，我们需要以一定的描叙方式讲解课程，从而鼓励学生与我们共同探究，通过与文本对话探讨各种可能性。这正是塞利在他的赫尔墨斯故事中努力追求的

① ［美］小威廉姆 E. 多尔著，王红宇译：《后现代课程观》，教育科学出版社 2000 年版，第 239～240 页。

——对上帝和人类来说，赫尔墨斯同时是传信人、骗子、阐述人、内奸。

逻辑的和隐喻的两种对话方式，其区别就在于前者是“授受式”的，是单向的；后者是“诱发式”的，是互动的。前者是一种“教师中心”的“主导性”教学，教师作为教学的权威、知识的所有者，学生是外在于知识的“旁观者”。后者是师生的主体间性的交往与合作，师生都是内在于知识的参与者，他们共同探究和发现知识。我以为对于语文教学来说，后者比前者更值得倡导。多尔所说的隐喻的方式，更适用于社会科学学科，尤其是语文学科。因为，语文教学的对象——语言和言语——往往就先在地具有“不确定性”，是模糊混沌的，多解的。特别是文学文本（多尔所举的例子：赫尔墨斯就是古希腊神话中的人物，是宙斯的信使），要想用逻辑的方法往往是难以说明白的。文学文本的多义性，注定只能采用阐释的方法，而不能用说明的方法。

多尔没有对何谓隐喻做出解释，这或许是多尔的一个疏忽。隐喻，既是语言的一个法则，又是文学上一种想象力和行动的方式。在文学中主要体现为诗歌的一种表现方式。将这个概念引进到教育学中有必要弄清楚其本意。隐喻，有人认为是诗歌的“起组织作用”的两个原则（格律和隐喻）之一。文学理论家韦勒克和沃伦，在《文学理论》一书中将隐喻放在与意象、象征和神话这三个概念的关系中进行探讨：“就其语义来说，这四个术语都有相互重复的部分，显然，它们的所指都属于同一个范畴。也许可以说，我们这样一个排列顺序，即意象、隐喻、象征、神话，代表了两条线的会聚，这两条线对于诗歌理论都是重要的。一条是诉诸感官的各别性的方式，或者说是诉诸感官的和审美的连续统一体，它把诗歌与音乐和绘画联系起来，而把诗歌与哲学和科学分开；另一条线是‘比喻’或称‘借喻’这类‘间接的’表述方式，它一般是使用转喻和隐喻，在一定程度上比拟人事，把人事的一般表达转换成其它的说法，从而赋予诗歌以精确的主题。”“视觉的意象是一种感觉或者说知觉，但它也‘代表了’、暗示了某种不可见的东西、某种‘内在的’东西。它同时既可以是某种事物的呈现和再现（例如，‘黑蝙蝠的夜已经消逝’……‘那面横亘在我眼前的是无限永恒的沙漠’……）。意象可以作为一种‘描述’存在（如上引两例），或者也可以作为一种隐喻存在。”① 就是

① ［美］韦勒克、沃伦著，刘象愚、邢培明、陈圣生、李哲明译：《文学理论》，生活·读书·新知三联书店1984年版，第200页，第202～203页。

说，隐喻是一种间接的、暗示的、内在于感觉或知觉的表达方式。

应当指出的是，如果仅从文学文本的规定性出发，从而决定要采用隐喻的对话形态，这种认知还是表层的。多尔对隐喻的方式的肯定，主要的还是在教育学层面上揭示其意义。这就是“隐喻是开放性的、启发性的、引发对话的”，而对话应是带有某种的“不确定性”的。因为它带有“不确定性”，才不至于束缚师生的思维，才使思维具有延展性、发展性和多元性，能帮助、推动师生看到、发现他们尚未看到、未想到的东西。其实，朱自清先生早就意识到了这一点，他说：“最后，问题的研究，在读文章时是常有的事。但是问题的提出要有分量，要有意义。最好教师只居于被动地位，用暗示方法，帮助学生发现问题，解决问题。”① 他的教学方法和罗杰斯、多尔在精神上是相通的，都注意到了教师地位和角色的转换。教师居于“被动地位”，就是努力使教师“退隐”和“无为”，让学生唱主角，使教师在教学中只具有“辅助性”（而非“主导性”）的功能。他所谓的“暗示方法”，就是一种隐喻。教师不明确表达自己的意见，只是创造一种问题情境，制造一种“悬念”，将学生置于“不确定性”之中，留给他们广阔的思考和想象的空间，让他们自己去探索、去寻求答案——释放自身饱满的言语生命力。“教师的课堂语言/言语行为策略取向似应为：在语言表达方式、语言表现形态、语言的指向等方面强化审美意识和美感，树立语文审美的典型范式，将‘隐喻’之所隐，‘隐喻’之所喻转化为学生的审美知觉对象，使学生在教本文字之上观照‘再一个能指/多个能指’，使教本的人文内涵得到美的表述（语言的）和美的再现（想象的、感觉的、转述的）。”②

我以为存在于逻辑的和隐喻的两种对话形态之外，还有第三种形态——感应的对话。逻辑的和隐喻的，主要是对教师的教学语言说的，是有声的、具象的（意象的）。对于教学来说，这两种对话形态有相对明确的目的性、指向性。而感应的对话，是无声的，是在师生间、人与文本间发生的超出特定目的和指向性的“言语场”效应。这种感应的对话，类似于前面我们谈到的潜对话，但是它们又有差异。潜对话是在思想精神层面的对话，是一种冥想，对象是十分广泛的，甚至是跨时空的；而感应的对话主要是师生（或读者与

① 朱自清：《了解与欣赏》，见中央教育科学研究所编：《朱自清论语文教育》，河南教育出版社 1985 年版，第 33 页。

② 区培民：《语文教师课堂行为系统论析》，华东师范大学出版社 2001 年版，第 9 页。

作者）在心理情感层面的对话，是在对话过程中产生的情绪性、直觉性的反应。这种反应也同样带有一定间接性。这种心理反应的最简单的表现就是：接纳或拒斥对方。

就是说，感应的对话，是就对话的效果而言。不论是逻辑的还是隐喻的，不仅是认知上的视界融合，而且还需要师生间、读者和作者间的心理融合。在感应的对话中，起主要作用的是教师或作者的言语人格情怀。这是在对话中（或偶然或长期的交往中）形成的信赖感，是对话双方逐渐产生的心理情感体验。它与对话的表面上的内容也许没有关系，但是，它与对话者所呈现出的态度、风度、襟怀等有着直接的关系，是一种“话语信用”。这才是决定对话成败的关键因素。

从某种意义上说，对话首先不是对“话”的内容的接受，而是对对话者的接受。我们都有这样的经验，趾高气扬、盛气凌人的对话者不论他说的是否有道理，都会使我们感到不舒服，因而影响到对话的进行和效果。尽管本来说话者的神态与对话的内容是两码事，说话者是谁并不重要。由此类推，教师居高临下地与学生对话（施教），也会造成学生心理上的拒斥。之所以教师在课堂上没有受到学生的拒斥，只是由于教师被赋予了权威的地位。学生对教师所扮演的角色已司空见惯，即便如此，在心理上缺乏亲近感、亲和力的对话，其效果还是会大打折扣。教师就是采用了隐喻的方式，也很难唤起学生参与对话的热情。

因此，在教学中也有一个重塑教师形象的问题。这主要表现在两个方面：

1. 言说的真实。这取决于教师的学养，体现的是话语质量问题。在师生对话中，教师所传达的信息的信度自然很重要，但是，更重要的是教师所传达的信息中有多少是自己的，多少是教科书或教参中的。教师的权威性和对话的水平，以及教师对教学的控制和对学生的影响力，都和教师话语的“自我性”有极大的关系。学生一旦发现教师说的几乎都是教科书或教参中的内容，就会对对话失去兴趣，他们会有上当的感觉，对教师不再有信赖感。因此，对话的内容和形式，必须是经过教师精心思考和设计的，教师须努力研究教材和教学要求，使自己能“入乎其内，出乎其外”，从心所欲不逾规。当然，这不等于说只能由教师决定如何进行对话，而是说在对话中教师说的究竟有多少是“自己的话”至关重要。照本宣科的教师永远都是不受欢迎的。**说自己的话，是一个优秀教师的重要标志，也是评价对话水平的一个重要指**

标。每一个教师都要扪心自问，在对话中“自己的话”占了多大的比重。教师的权威性不是靠作为教育文本的传声筒来体现的，而是通过说自己的话，在学生的心目中逐渐树立起来的。相信明天的教育，将让不说自己的话的教师“下课”。

2. 态度的真诚。这取决于教师的修养，体现的是交往的信誉问题。在对话中故弄玄虚，自我标榜，目空一切，唯我独尊，不加说明地引用他人的研究成果，随意轻率地下结论，说话的语气以断言式而非探讨式，久而久之，都会使他的信誉度降低，产生对话障碍。习惯于“一言堂”的教师，对学生的意见不屑一顾，甚至是加以嘲讽蔑视，这会使学生觉得受到了压制和侮辱，不论教师讲得多生动、精彩，也难以产生真正的心灵沟通和话语交流。因此，教师不但要以自己的深厚学养让学生信服，还要以诚恳谦和、平等优雅的态度使学生感受到一种人格感召力和亲和力。孔子说：“三人行，必有我师焉：择其善者而从之，其不善者而改之。”[①] 这既是教人要谦虚好学，也是教人要放平心态。教师面对学生尤其要能放平心态，放下教师的架子，亦师亦友，师生成为能坦诚相见、推心置腹的朋友，这是对话赖以进行的基础。在对话中是没有长幼尊卑的，人的言说权都是平等的。言说权是一种基本的人权。对人的尊重，要先学会对人的话语的尊重。

教师对学生话语的尊重主要表现在乐于倾听学生的言说，不论他说的是否正确，都要“洗耳恭听”，尤其要乐于倾听学生的不同意见，甚至是对教师本人的批评意见。教师如果能不但乐于倾听与自己相左的意见，而且鼓励学生大胆地批评自己，就有可能形成良好的对话氛围，同时，这对培养学生的言语人格、言语自信和民主意识极有助益。如此，对话的意义，便超出求知的范围，实现了良好的言语生命意识的传递与互动。

逻辑的和隐喻的对话形态，主要属技术技巧问题，是对话的现象形态；而感应的对话形态，则是对话的本体形态。前者与后者有一定的相关性：逻辑的对话，往往是单向、封闭的，体现了自上而下、上智下愚的不对等的关系；隐喻的对话，往往是多向、开放的，体现了对话双方相互尊重的平等关系。当然，这其中所包含的意义未必这么简单，有时逻辑的与隐喻的对话形态是并存互补的，参与者从中感受到的信息丰富复杂，难以断然论定。但是，

① 《论语·述而》。

一切的对话，最终都会凝淀成对对方的言语生命的综合感受，由此决定了对话参与者之间的心理距离和沟通效能。在对话中，我们感受到的是相互敞开的言语生命。对话是言语生命的能量交换，不论是真实还是虚假，真诚还是霸道，对话双方都在话语的交流中释放自我，裸露出自己的生命体验、心灵世界和言语人格。我们面对的是话，也是人，是人的言语生命的律动。重要的不是对话的外在形态，而是内在的言语生命的感应和建构。因此，对话，应是言语生命的良性互动；在对话中追求言语生命间的和谐与默契是根本。

六　师生对话常态：良性不平等对话

“对话”“平等对话”是新课程的一个重要理念，许多教师为此努力实践着，与学生实现“平等对话”是他们梦寐以求的教学境界。不少学校规定，教师每节课发言不能超过 10 分钟或 15 分钟，剩下的时间交给学生，据说如此才能体现“学生本位”精神。这样的课堂“对话”，势必变成以学生发言为主，教师的时间只够提问题、表扬、作总结。由此看来，“对话”“平等对话”已经成为迫切需要检讨的大问题，否则，将会成为一个新的教学陷阱。

必须严正指出：“对话”“平等对话”未必都能产生正效益，师生对话时间、教师发言时间，并不决定教学效能；师生“良性不平等对话”才是教学常态，是教师应追求、维护的“对话”状态与教学境界。优秀教师与学生“良性不平等对话”是产生教学效益的最佳途径之一，对他们课堂发言时间给出限制，等于限制了课堂教学的高效能。低水平教师加大“对话”量，对于提高教学效能并无助益，只能导致教学空转。对所有教师课堂教学“一视同仁”地限时发言，貌似公平，实为官僚主义、形式主义作祟。

千万别以为课堂教学师生“对话”就是“新课程”，“对话”越多越“学生本位”，越有效，否则就是传统的“教师本位”，就无效。这完全是误解。“对话”，可能是“学生本位”，也可能是“教师本位”；“对话”热烈，可能是最好的课，也可能是最差的课，“对话”形式不产生教学效益，教学效益来自“对话”内容，取决于教师德行、学识修养。所谓的“平等对话”，表面上互动热烈，学生可能一无所获，甚至被误导。

在师生“对话”实践中，所谓的“平等对话”，一般是指基于“人格平等”的“言说权平等”，并非基于学识水平相似的“话语权平等”。就是说，人人都有说话的权利，应尊重对方意见的表达，而话语权——对话权大多是不平等的，是难以平等、无须平等的。在师生对话中，教师追求对话中人格平等，追求“平视”，即要懂得尊重学生，让学生畅所欲言，虚心听取学生的问题、意见，耐心为学生释疑解惑，这很重要，但不是最重要的；教师最重要的是争取“对话”中话语权的不平等，成为对话双方中拥有较大话语权的一方，极具有话语权威的一方。让学生因你崇高的德行、深厚的学识、超群的智慧而折服，为你不俗的谈吐而由衷赞佩，从而激起他们的求知欲、探索欲。

决定话语权大小的主要因素，一是地位，二是实力。地位是外在的，以往把这看得很重要，教师的话语权威往往就是建立在职业身份上，教师作为教育者，课标、教材的代言人，真理、知识的批发商，“名正言顺”地获得了“大嗓门”，教师的地位，决定了其居高临下的话语力量。在今天，教师应摈弃外在赋予的话语权威，更应凭借自身内在的实力，将话语权威建立在学识才智水平上。因为前者是虚的，靠不住，思想活跃、见多识广的学生不一定认账；后者是实的，是学生为你的内在学识修养所征服、倾倒，发自内心地信从、仰慕。从这个意义上说，教师一生都要十分珍惜凭借内在德行、学养赢得话语权，为保卫内在的话语权而奋斗。因高学识而拥有内在话语权，才堪担“传道、授业、解惑”之大任，才有师道尊严可言。

要做到话语权平等，必须是对话双方学识水平相当，这种情况在学术界同行中比较多，由于他们学识水平相当，才可以进行思想认知上的交流、争鸣，这样的对话（显性对话）才有意义。在教学中话语权平等的情况则比较少。由于师生间存在学养落差，教师一般具有学养优势，势必造成话语权失衡，使教学中难以形成学识上的“平等对话”，更多的是“不平等对话”，这是正常的，必需的。

教师的本专业学识水平要高于学生，这是教师职业的合理性所在。教师因学识高于学生，致使话语权大于学生，这种话语权失衡形成的“不平等对话”，属于“良性不平等对话”，是教学常态。学问越大的教师，话语影响力越大，一般而言，学生受益越多。在“良性不平等对话”教学中，不一定要追求显性对话，更多的是潜对话或隐对话。因为师生间的学识落差，使学生难以与教师进行现场的对等交流讨论，但他们可以受到启发、引导，被激起求知欲、探索欲，受益终身，因此可称之为“良性不平等对话”，这样的“不平等对话”，是应该受到肯定、鼓励的。

那些满腹经纶、口吐莲花的教师，“满堂灌”也无妨。对他们来说，也许大信息量的“满堂灌”，即隐性对话、感应式对话，是高效教学的最佳选择，是“性价比”较高的。如果他们把时间耗费在无谓的师生或生生显性对话上，貌似互动热烈，学生参与度高，实际上耗时低效，还不如学生被“灌”受益大。

“满堂灌”不一定就是“教师中心”“教师本位”，也可以是“学生中心”“学生本位”，问题在于什么人“灌”，“灌”的出发点是什么，内容是什么，怎么“灌”。有德性、有学问的教师，不会不考虑这些问题，不会不知道“灌”什么学生容易产生共鸣、受到启发，用什么方式“灌”最有助于学生眼前与长远的成长。

韩愈说“师不必贤于弟子，弟子不必不如师”是对的，教师不可能无所不知，在今天信息社会，更不可能在学识上全面占优，不排除在某些局部上，某些学生的学识水平高于教师，话语权大于教师。但这是非常态，如果成为常态，教师便丧失了话语权，担不起教育之责，应该“下课”。从总体上说，“师必须贤于弟子”。要做到这一点，教师就必须向着“有德性、思想的立言者”的目标努力，就应该成为学问家，学生的精神导师、学术导师，学生景仰的人，成为言语人生、诗意人生的表率。

教师的学识水平如果与学生相当，虽然使学识“平等对话”成为可能，但这一定是低效或无效教学，因为学生势必从“对话”中所得甚少，或一无所得。今天不少教师不学无术，离开从教参、网络剪辑下载就没法上课，就是处于这种学识“平等对话”状态。更加不堪的是有些教师连学生的学识水平都不如，那就是“劣性不平等对话”，这种照本宣科的教学势必也是低效、无效教学；要是不懂装懂，就是反效教学，把学生教废了，断送了他们的言语、精神生命。这两类教师没有学识优势，缺乏自己的见解，不可能以自己独立的见解吸引学生，只好借助于低水平的显性对话消耗课时——课堂“对话”较多的教师，往往有不学无术之嫌疑。

“良性不平等对话”，即教学中所要求的“对话”，前提条件是教师具有崇高德行、深厚学养与思想智慧。教师要是没德行、没学问，什么理念、什么法都救不了他，这样的教师是教师行业的耻辱，是教育的灾难，是对学生言语信念、信仰的摧毁。因此，教师必须修德行、做学问，做一辈子学问，学者型、研究型教师不是外在的要求，而是教师自我修为、自我成就的内在需求。

“君子务本，本立而道生”，教师教学之本就是德行、学养，有了这些，形式上的对不对话不是太重要，甚至备不备课、写不写教案也不太重要，“清水出芙蓉，天然去雕饰”，怎么教都会是好课；若无德行、学养，即便满堂“对话”，再怎么合作、探究、操练，用什么法都失效，怎么教都是差课，都会把学生教坏了。这不是说教法不重要，而是说教法不是“本”，是“末”，德行、学问才是“本”，有了“本”才有“末”，教法才有意义。教法不是万应灵丹，它是锦上添花，不是雪中送炭。

“对话”——教法救不了无“本”之课的命，救不了无德、无学教师的命。有德性、有学问的教师，“对话”——教法才有意义。“良性不平等对话”，是教师应追求的境界。

“进入”文本背后窥望人的存在的阅读学，才是表现-存在论阅读学。表现-存在论阅读学尊崇解构性误读。解构性误读是情意的摇篮，创造的萌芽，由读致写的繁衍。

第十章 | 表现-存在论阅读视界：吸纳、反思与重构

不是认得字的人就会阅读，也不是会做字面的理解、解释就等于会阅读。什么是阅读，怎样阅读，当是语文教师心之所系。

说许多语文教师不知道什么是阅读和解读，也许会犯众怒。事实恰恰就是如此。传统的经验型教师绝大多数是不研究阅读学和解释学的，甚至对“解释学”或“阐释学”这一概念闻所未闻。

现实的情况是，语文教师天天都在教学生阅读，却大多不知道阅读是什么，怎样阅读。他们只知道给学生讲时代背景、作者生平、中心思想、段落大意、写作特点、艺术特色，讲字、词、句、篇，讲语、修、逻、文。这些内容，年年讲，月月讲，天天讲，至于为什么要讲这些而不讲那些，要这样讲而不那样讲，却并不怎么在意。“历来如此”，便是理由。阅读学、解释学的著作，一般不看。阅读、解说理论，一般是一无所知，更从不思考。

如果是文言文，学生读不懂，最好。根据教参逐字逐句地讲，实词、虚词、语法、句式……翻译、背诵，让学生死记硬背下来便大功告成。如果是现代文，就不太好办，因为学生也看得懂。只得挖空心思整出些难点、要点、“精彩”的语言加以“品味”，故弄玄虚地编出一套迷宫般的选择题，设置种种语言陷阱，名曰“干扰项”，诱使学生失足，冷眼旁观着学生扑通通地往里掉；或是编出一些不得要领的所谓的理解题、阐述题，让学生翻过来倒过去地做文字游戏，答案都是统一的，而且莫名其妙。

大约没有多少语文教师会想到不同的文本阅读方法有什么不同，会想到阅读是读者的二度创造和表现，作品也属于读者；更少有老师会对传统的阅读学和西方解释学有自己的检讨；将阅读和人的言语生命的成长联系起来思考，更是绝无仅有。

阅读教学成效不彰，一部分原因就在于教师自身阅读方法混沌不明，缺乏对阅读学、解释学理论的基本了解，对阅读的机理所知甚少。对于语文教师来说，解释学理论是阅读教学的一项不可或缺的基础性修养。虽然这方面的内容较为宏富精深，但是，作一大致了解并不难。在这里我们不妨对此作一轮廓性的描述，同时，做出表现-存在论阅读视野下的梳理、评判和探讨，和语文老师们共同破解文本之谜。

一 作者理论：哈姆雷特是莎士比亚的哈姆雷特

以往的阅读学或解释学，都是一种相对封闭、孤立的研究。作为一门学问，自然不是不可以，甚至可以说是一种必要。但是，这虽是必要的，却也是一种作茧自缚，因为，其思维空间较为局促，实践功能也相对简陋：它的原点是文本（在伊瑟尔的《阅读活动——审美反应理论》一书中称为“本文”），缺乏对语言——言语现象及其形成、创生机制的宏观把握，缺乏言语思维的纵深生成，极大地限制了认知空间和效能。它的研究对象只限于文学写作的成品，且各取所需，切断了文本的创制和流通的复杂通道，阉割了文本的生命色彩和再生、繁衍功能，弱化了言语生命的表现和存在的意蕴。这些，不能不说是一个极大的缺陷。

对传统阅读学和解释学，这里无法做全面的检讨，只是意在对中西解释学做一简单的描述，并在言语生命动力学背景下，作一“表现-存在论阅读学视界”的思考，向言语表现领域稍作拓展。

以往的解释学认知方法可大致上分为三种大的研究范畴或趋向：作者理论、文本理论和读者理论。以下我们沿用这种三分法，从中国本土解释学和西方解释学两个方面对此作一简要的阐述，兼及解构批评理论，同时，阐明“表现-存在论阅读学视界”的观察和思考。

对于传统阅读学和解释学的作者理论，一个鲜明特征是作者崇拜。一切对文本意义的解读，都要追溯到作者“本意”上理解。凡是有关作者的资料都要全面具体地了解，都要把这种了解作为解读作品的重要依据，认为作者拥有对文本意义的至高无上的解释权和所有权，文本的意义是由作者决定的，是单一的、唯一的；只能严格地尊奉，不可臆测和改易。这些，都可以看作是作者崇拜的体现。传统的作者理论，以作者独尊，崇尚的是作者的原意，讲求“文如其人”“以意逆志”，这种解读观似可以用“哈姆雷特是莎士比亚的哈姆雷特”来表明。

作者理论在我国古已有之。孔子的“述而不作，信而好古，窃比于我老彭”“周监于二代，郁郁乎文哉！吾从周”“《诗》三百，一言以蔽之，曰：‘思无邪’”“《关雎》，乐而不淫，哀而不伤”[①]（朱熹注曰：“盖其忧虽深而不害于和，其乐虽盛而不失其正，故夫子称之如此。欲学者玩其辞，审其音，而有以识其性情之正也。”[②]）等等，都体现了对古代圣贤思想的遵从和崇拜。孔子甘当“述”者，当古代文化的传人，而不敢登“作”者之列。他对《诗》的评价，褒扬其思想内涵的纯正和适度，也体现了对作者的赞扬和推崇。渊博如孔子都把自己当作“述”者，何况其他人呢？在古代，能创作出文字作品的人本来就很少，能创作出经典的，自然特别了不起，作者崇拜也就是顺理成章的事了。后来，刘勰在《文心雕龙·原道》中说：“玄圣创典，素王述训，莫不原道心以敷章，研神理而设教；取象乎《河》《洛》，问数乎蓍龟；观天文以极变，察人文以成化；然后能经纬区宇，弥纶彝宪，发辉事业，彪炳辞义。故知道沿圣以垂文，圣因文而明道；旁通而无滞，日用而不匮。”这可以说是对圣人和文章关系的一种逻辑梳理，圣人便是作者，俨然是“道”的化身，负有原道、传道、明道的使命，他的文章便是无所不至、无往不利、至高无上的真理，作者崇拜由兹而生。

在这种“作”者即圣贤的观念下，必然对作者有很高的要求和期望。孔子的“有德者必有言，有言者不必有德”[③]之说，表明了对作者修养的重视，开“因人论言（文）”之先河：认为有德之人一定有言辞形诸外，但有言辞的人不一定有德；重要的不在于有没有言辞，而在于有没有德行，德行修养

① 分别见《论语》之《述而》《八佾》《为政》《八佾》。
② 见朱熹撰：《四书章句集注》，中华书局1983年版，第66页。
③ 《论语·宪问》。

是言辞的根本。他还说“志于道，据于德，依于仁，游于艺”①。“德之不修，学之不讲，闻义不能徙，不善不能改，是吾忧也”②。《周易·系辞下》中也有“德”决定“言”的说法：“将叛者其辞惭，中心疑者其辞枝，吉人之辞寡，躁人之辞多，诬善之人其辞游，失其守者其辞屈。”这些都将德行修养状况与言语状况做了必然性的联系。我国传统写作理论中的“文如其人”说，便是由此发端。

过去一般认为孟子的“以意逆志”“知人论世”的说法，是我国解释学最早的“作者理论”，这显然是一种表面化的理解，因为它没有看到作者理论背后的作者崇拜的解读心理，而这一心理才是作者理论的源头。孟子“以意逆志”“知人论世”说见于下文：

> 咸丘蒙曰：“舜之不臣尧，则吾既得闻命矣。《诗》云，‘普天之下，莫非王土；率土之滨，莫非王臣。’而舜既为天子矣，敢问瞽瞍之非臣，如何？”曰：“是诗也，非是之谓也。劳于王事而不得养父母也。曰，‘此莫非王事，我独贤劳也。’故说诗者，不以文害辞，不以辞害志。以意逆志，是为得之。”③

> 孟子谓万章曰：“一乡之善士斯友一乡之善士，一国之善士斯友一国之善士，天下之善士斯友天下之善士。以友天下之善士为未足，又尚论古之人。颂其诗，读其书，不知其人，可乎？是以论其世也。是尚友也。”④

“以意逆志”，孟子的解读法是针对咸丘蒙“断章取义”读《诗》的。对“以意逆志”的“意”的理解，历来有两说，一说为作者之意，一说为读者之意，两说都有道理。认为是“作者之意”的，可归入作者理论；认为是“读者之意”的，可归入读者理论。我以为似乎作前解更有道理，因为先秦儒家思想的主要倾向是“述”，是复古性、继承性的，孟子即便有自己的看法，一般也不会公然主张要以自己的思想来标新立异地解读经典。同时，和“知人论世”的观点相参照，也较能说通。“知人论世”，了解作者所处的时代，就是为了更准确地了解作者之意，知道了作者之意，就能有助于准确领会文本

---

① 《论语·述而》。
② 《论语·述而》。
③ 《孟子·万章上》。
④ 《孟子·万章下》。

的主题。“孟子这一段论说有两个层面的内容：一个层面是谈‘尚友’，其思想脉络是‘论世’、‘读书’以‘知人’，‘知人’以‘尚友’，‘尚友’以进德成人；一个层面是论‘读书’（‘颂诗’），其思想脉络是‘论世’以‘知人’，‘知人’以解读其诗书，解读其诗书则又有益于‘知人’、‘尚友’，有益于进德、成人。”①

后代的作者理论基本上与其一脉相承，都很注重作者的文德，以德论文，因人解文。如汉代的司马迁对历代文人的“发愤”之作，表达了深切的景仰和崇敬之情，将他们作为自己的榜样，忍辱偷生，为了能成一家之言一切均可以置之度外：“……亦欲以究天人之际，通古今之变，成一家之言。草创未就，适会此祸，惜其不成，是以就极刑而无愠色”②。王充对文人提出这样的要求：“文人宜遵五经六艺为文，诸子传书为文，造论著说为文，上书奏记为文，文德之操为文。”③ 这里“文德之操”的“文”就是指礼乐法度、德行教养，不是指一种文体。唐代韩愈认为：“仁义之人，其言蔼如也。”④ 欧阳修主张“道纯则充于中者实，中充实则发为文者辉光”⑤。王国维先生曾在《文学小言》中断言：“无高尚伟大之人格，而有高尚伟大之文章者，殆未之有也”⑥。这些都表达了对作者人格的理想化，对作者内在修养有着极高的期许。因为，只有作者是圣人、有德之人，才值得崇拜。

“文如其人”一语，则出于苏轼的《答张文潜书》，他在谈到其弟苏辙时说：“其为人深不愿人知之，其文如其为人，故汪洋澹泊，有一唱三叹之声。”⑦ 将人与文作对等的联系，虽不无片面，但是这在写作史上的意义是值得肯定的。苏轼也十分注重自身的心性修养：“故君子学以辨道，道以求性，正则静，静则定，定则虚，虚则明。物之来也，吾无所增；物之去也，吾无

---

① 周光庆：《中国古典解释学导论》，中华书局 2002 年版，第 328～329 页。

② 见班固：《汉书·司马迁传》，中华书局 1962 年版，第 735 页。

③ 王充：《论衡·佚文篇》，见黄晖撰：《论衡校释》，中华书局 1990 年版，第 867 页。

④ 韩愈：《答李翊书》，见韩愈著，马其昶校注，马茂元整理：《韩昌黎文集校注》，上海古籍出版社 1987 年版，第 169 页。

⑤ 欧阳修：《答祖择之书》，见杜维沫、陈新选注：《欧阳修文选》，人民文学出版社 1982 年版，第 112 页。

⑥ 见《静庵文集续编》，《王国维遗书》五，上海古籍书店 1983 年影印本。

⑦ 见《苏东坡全集·前集》，中国书店 1986 年版，第 376 页。

所亏，岂复为之欣喜爱恶而累其真欤!”① 他以“虚静”“空明”视为个人修养和诗歌创作的理想境界，他在诗中写道：“欲令诗语妙，无厌空且静。静故了群动，空故纳万境。阅世走人间，观身卧云岭。咸酸杂众好，中有至味永。诗法不相妨，此语当更请。”② 表明了空明澄澈、超然物外的自我追求。正因作者内心的空、静，才有诗的彻悟妙语。历代文人不但接受了“文如其人”的观念，而且，不少人也确实将修养心性当作为文的基础。

“知人论世”说，也代代相承，如清人章学诚说：“是则不知古人之世，不可妄论古人文辞也。知其世矣，不知古人之身处，亦不可以遽论其文也。身之所处，固有荣辱隐显、曲伸忧乐之不齐，而言之有所为而言者，虽有子不知夫子之所谓，况生千古以后乎？圣门之论恕也，‘己所不欲，勿施于人’，其道大矣。今则第为文人，论古必先设身，以是为文德之恕而已尔。”③ 鲁迅先生也很强调阅读要用“知人论世”的阅读方法。

虽然也有一些对“文如其人”观点的质疑，但是这只是偶然听到的一两声“杂音”罢了。对人、文之间的矛盾，只是点到为止，未尝有深入的讨究。这不能不说是一个缺陷。在这些不和谐的杂音中，大多是对文人品行不端的批评和怨尤，实质上也还是基于文人即圣人、完人的意识，觉得这些品行上不够检点的作者有负众望，期望作者人格和文格都能臻于完美，以满足读者恳切仰视的心理。

在作者理论影响下，就不难理解为什么科举时代为文要“代圣贤立言”了。固然八股文“代圣贤立言”主要是出于统治者的政治思维考量，想用一种最有利于其统治的思想意识，将文人分歧的思想抑制、统一起来，但是，对于文人来说，历代积淀下来的原道、征圣、宗经思想形成的集体无意识，“代圣贤立言”本身所包含的作者崇拜和“见贤思齐”等复杂含意，对他们也具有无可替代的话语感召力和亲和力。

这也不难理解为什么今天的阅读教学如此注重作者和时代背景的介绍。在一些专家看来，不“知人论世”便不能准确、深刻地理解作品。在语文报刊上，有不少关于作者生平的图片或简介，或作者自己谈写作意图的文章，

---

① 苏轼：《江子静字序》，见《苏东坡全集·续集》，中国书店 1986 年版，第 240 页。

② 苏轼：《送参寥师》，见《苏东坡全集·前集》，中国书店 1986 年版，第 150 页。

③ 章学诚著，叶瑛校注：《文史通义校注·文德》，中华书局 1994 年版，第 278～279 页。

其目的就在于为理解作品提供佐证。其实，这些资料的作用是颇为可疑的。对于解读作品，究竟起的是正面的还是负面的作用，或者说，哪一种作用更大，是值得研究的。

作者理论的价值取向，在中国是圣贤崇拜，是作者的偶像化、道德化，作者是话语权力的象征；在西方则是诗人崇拜，是作者的天才化、神化。这些都是引向对作者的人为的抬高和迷信。

在西方早期文学理论中，较为关注的是作品与世界的关系，作者没有进入到研究的中心视野。到了19世纪情况才有了较大的改变，作者开始逐渐受到人们尊崇："最初是模仿诗人，他们只是些举起自然之镜的微不足道的角色；继而是实用诗人，他的天赋不论怎样，最终必须看他迎合公众趣味的能力大小来论其高低；最后是卡莱尔的诗人，他是英雄，是上帝的选民，由于他具有'造化之神力'，所以他必须写作，又因他受人尊崇，所以是其读者的虔诚和情趣的衡量尺度。"[①] 诗人既居于至高无上的地位，对诗歌的解读，自然要以诗人的本意为标尺。艾布拉姆斯说："在这样的思维方式之中，艺术家本身变成了产生艺术品及其判断标准的主要因素。"[②] 传统解释学的创始人施莱尔马赫则以反对误解作为目标，提出了恢复作者原意的两种方法：语法解释和心理解释。语法解释，就是通过语言的途径客观地理解作者的原意，为此他归纳了44条公共规则，其精神是要探明作者语言的习惯用法，在特定的语境中解读词语的意义。心理解释，他认为由于文本的历史距离，与文本相关的背景知识发生了变化，要恢复作者的本意，就要重建作者的心理个性和历史情境。这就要求解释者排除自己的思想观念，牺牲个人的见解，超越时空的阻隔，通往已逝的作者的精神世界。由于人的"精神主体"具有同质性，只要消解、悬置自我，牺牲自我意识的独立性，进行心理转换，读者和作者的精神是可以相通的。这就能超越语言文字，进入到作者的生活和精神世界，领会到文本的意义。这种解读法，是把作品看作是作者之意的代码，认为作者之意和文本之意是完全一致的。只要揭开作者之意，文本之意就迎刃而解。

---

① ［美］M. H. 艾布拉姆斯著，丽稚牛、张照进、童庆生译，王宁校：《镜与灯——浪漫主义文论及批评传统》，北京大学出版社2004年版，第24页。

② ［美］M. H. 艾布拉姆斯：《批评理论的趋向》，载《文艺理论研究》，1986年第6期。

我以为，弗洛伊德的“故事的主角即作者”的观点，也在一定程度上支持了“文如其人”“因人论文”的见解。他说：

> 在所有这些小说作者的作品中有一个特点我们肯定能看得出：每一部作品都有一个主角，这个主角是读者兴趣的中心，作家试图用尽一切可能的表现手法来使该主角赢得我们的同情，作者似乎将他置于一个特殊的神祇的庇护之下。假如在我的小说的某一章的结尾，我把主角遗弃，让他受伤流血，神志昏迷，那么我肯定在下一章的开头会读到他正得到精心的治疗护理，逐渐恢复健康；如果第一卷以他乘的船在海上遇到暴风雨而下沉为结尾，那么我还可以肯定，在第二卷的开头就会读到他奇迹般地获救——没有获救这个情节，小说将无法写下去。我带着安全感跟随主角走过他那危险的历程，这正是在现实生活中一位英雄跳进水中去拯救一个落水者时的感觉，或者是他为了对敌兵群猛烈攻击而把自己的身躯暴露在敌人的炮火之下时的感觉。这种感觉是真正英雄的感觉，我们一位最优秀的作家曾用一句盖世无双的话表达过：“我不会出事!”然而，通过这种不受伤害、英雄不死的特性，我们似乎可以立即认出每场白日梦及每篇小说里的主角如出一辙，都是一个“惟我独尊的自我”。①

小说是作者的白日梦的呈现，白日梦是作者未能实现的愿望，小说文本的主角是作者的“自我”，如此，要了解文本，自然就不能不了解作者，因为是作者决定了文本的表现内容。

这些显然都体现了对作者的尊崇。其实，作者理论的前提——作者之意等同于文本之意——是不存在的。意和言是一对矛盾，作者之意和文本之意是有差别的。即便读者有本事很好地把自己“悬置”起来，使自己先在的意识变得空白，顺利完成了心理转换，知道了作者的“原意”，也未必就能解出文本之意。何况，消解、悬置自我，这本来就只能作为理论上的假设，而不具有实践的可行性，所谓恢复作者的原意，不啻痴人说梦。

狄尔泰、赫斯等人，则主张客观性和客观方法，要求回到客观性传统，重新肯定把历史学家现在的观点或偏见抛开之后再进行研究。狄尔泰认为自然科学需要解释说明，对人则必须去理解，在理解中体验，再在体验中理解。这就要进入到作者的世界，去体验作者的创作过程。排除先入之见和自己的

① ［奥］弗洛伊德著，孙庆民、乔元松译，索宇环校：《作家与白日梦》，见车文博主编：《弗洛伊德文集》第四卷，长春出版社 1998 年版，第 431～432 页。

观念、价值标准，通过把自己设想为作者，设想处于作者的时代，用作者的思维思考，用作者的语言说话，来重建和恢复作者的原意。这跟前面提及的章学诚的“论古必先设身”的观点很相似。这样的换位思考，实际上也难以做到客观地理解作者的原意。赫斯则构造了一种意义和含义的区分，欲复原远古作品中作者的含义。他认为作者的含义和作品的意义是没有关联的。看到了作者之意和作品之意的区别，这自然是一个进步，但是，他也犯了同样的错误，以为可以确实了解到作者的原意，以为把历史学家的观点和偏见撇开，就回到了客观性传统。但他忽略了一点，如何把自己的主观性撇开呢？

作者理论的出发点是要准确认识作者的原意是什么，之所以要追究作者的原意，就是因为作者是天才，因而赋予了作者对作品最高的解释权，遵从作者这一高高在上的言说者的原意。它的好处是有可能从当时语境出发来理解作品，避免主观主义的“误解”，这是一种客观主义、心理主义的阅读观。

在我看来，作者崇拜本身就是一种作者迷信，对于作品的解读是一种遮蔽，其弊大于利。如果我们有可能客观地再现作者的本意，也仍不能把它视为作品之意，作者之意和作品之意是不对等的，在这一点上，赫斯所做的作者的含义和作品的意义的区分，有一定的道理。问题在于，既然二者并不对等，对“作者的含义”也不可能有客观的解读，那有什么必要窥视作者的本意是什么呢？正如钱锺书先生所说，觉得鸡蛋好吃，何必认识生蛋的母鸡呢？

二　从作者崇拜到体验作者的言语生命状态和动机

其实，哈姆雷特并不就是莎士比亚的哈姆雷特，作者理论在以下方面是成问题的：

1. “知人论世”必须有一个前提，就是读者要能够还原出作者和时代的原貌。但是，究竟什么是原貌，还原出的原貌的真实性如何，这很难有什么客观性标准。在许多情况下，读者是不可能知道作者的写作意图和当时真实的时代背景的，读者对作者和时代的认识也不可避免地带有主观性和虚拟性。《红楼梦》的作者、版本、流传状况等，耗掉了多少代人、多少人的生命，至今还莫衷一是，还不能形成所谓客观的共识，连作者是否曹雪芹仍争论不休，更遑论其他一般的作品了。

2. 人的“精神主体”虽有“同质性”，有相通的一面，但也有“异质性”、个性和不能相通的一面。人与人之间经常是不能相互理解和沟通的，否则，就没有人际矛盾和精神纷争了。以己度己尚且不能正确无误，以己度人，差距就更大，更没有客观性可言。作者，尤其是经典作家，大多是落落寡合、遗世独立之士，个性之独特以至偏执，均属情理之中，一般读者是很难在精神气质上与他们比肩而立、相通相谐的。所以，在这种情况下的以己度人，非但不能度出作者的本意，更大可能是“以小人之心度君子之腹”，度出的是大为走样的原意。

3. 即便还原出了作者的本意和时代的真相，比如，某位作者的写作意图曾经明确说出或写出，对作者所处的时代也有较为深刻的了解，也未必就能获得文本的真相。作者表达的只是作者“意识”到的部分，即便是“意识”到的，也并非就是作者真正的写作意图。因为，作者要表达之意有时是难以言说的，说出来的常常是主流话语，而且作者之意和文本之意未必一致，言不逮意、言不尽意的情况是普遍存在的。文学作品的形象，总是大于语言。文本一旦产生，就有了自己独立自主的意义和价值，就向所有的读者敞开，不以作者之意而改变。

4. 人格和文品未必都相吻合，人格和文品不一定是统一的。好人写的不都是好文章，坏人写的也有好文章。文和人有相一致的一面，也有不一致、矛盾的一面。而且，相统一是相对的，相矛盾是绝对的。人格的要求主要是在道德修养上，而文章的要求，不但有道德评价，还有社会学、美学等评价。文学作品的评价，主要是审美评价，不是道德评价。同时，不同的文本有不同的评价标准，人格在不同文本中的呈现方式也是有差异的。这样，因人论文，就可能是正确的，也可能是错误的或不到位的，不一定有助于正确分析作品、把握作品的“意”，还可能因此误入歧途。“文如其人”说，在鼓励作者提高心性修养上，有其积极的作用，但是，以此来作为对作品的解读、评价的依据，显然就靠不住了。

5. 要做到完全客观的解读几乎是不可能的。不论是实用文本还是文学文本，读者在阅读时都必然会不自觉地、或多或少地带入自己的主观情感、认知背景和时代观念等。这些主观的东西，作为一种“前理解”（“成见”），是难以完全排除、消解、悬置的。即便在意识中被排除、消解、悬置了，保不定什么时候又从无意识中冒出来。对历史中的文本和作者，更是难以做到客观性，要知人论世，“人”和“世”既是作为历史中的存在，我们所凭依的资料本身就是带有主观性的。任何的历史都是当代史，历史是由人写的，再优秀的史官，也有自己的褒贬和选择，有个人的和时代的局限。因此，所谓的“知人论世”，实际上是以史家的主观性代替读者的主观性罢了。即便是当代的文本，读者对“人”和“世”的认识，也不是就能做到客观、公允，从不同的视角解读，认知势必也就不一样。

在动力学表现-存在论阅读视界下，我们关心的不是“哈姆雷特”是否“莎士比亚”，而是“莎士比亚”何以要创造“哈姆雷特”，他的言语生命状态和“哈姆雷特”（文本）有什么关系。

对于阅读来说，作者存在的价值，主要不在于求得对作品意义的正确理解，那是做不到的；而是在于他能为我们提供一个写作动力和行为的参照系，使我们获得言语生命意识上的启示和借鉴。然而，在大多数情况下，作者没有义务为读者提供自身写作动机和写作构思的凭证，侥幸遇到有些好为人师的作者，乐于将自己的写作经验告之读者，希望能与读者分享，这些经验的可靠性也颇为可疑。从严格意义上说，即便是当代的作者，他的写作行为也是不可知的，他自己的陈述也不一定具有客观性，因为人对自我思维活动的自省不一定就准确，会出错，会有记忆误差和空白，所以，要了解写作动机和创造性过程，只能借助文本表现出的作者意向进行分析，由读者凭借文本和自我的读、写经验进行逆推，虚拟性地还原出作者的言语目的和写作行为过程。对作者写作意识和行为的还原，其真实性、客观性不是最重要的，结论也不是最重要的，重要的是在逆推过程中，读者进入了时间，和作者进行了交流和对话，进行了比较和假设，获得了言语感悟。

阅读，不仅仅是读字面的内容，同时也是与作者的心灵对话。子曰：“诵诗读书，与古人居；读书诵诗，与古人期。”① 每一次的读书，都是与作者的一次促膝交谈，都是对作者言语生命的触及和感悟，都是对文人言语生命状态和命运的反思。我们所面对的作者，或古或今，或老或少，或男或女，现实中没有哪一种的交谈，能如此的坦诚和敞亮。固然文未必如其人，但是，文总是作者言语生命的一种折射，总带着作者言语生命的体温和气息。孟子

① 《孔子集语·子贡第二》，见《百子全书》（一），岳麓书社1993年版，第101页。

说："尽信《书》，则不如无《书》。"① 同样可以说：见书不见人，则不如无书。

我们这里说的读书见人，目的与传统解释学不同。传统解释学研究作者，是为了通过了解作者其人，得知作者之意，再推知文本之意。这是一种实用主义、实证主义的解读路径。就像直奔证据的逼供信，非得从作者那儿得到个"意"不可。言语生命动力学的表现-存在论阅读，作者的原意是什么并不重要，重要的是揣测、感悟、洞悉作者的言语动机：透过文字的甲胄，触摸鲜活的言语生命的脉息，感悟其汹涌起伏的言说悸动和激情，体察其览尽世态炎凉的狂喜或悲泣，以获得对言语生命、言语人生的觉悟，为自己的言语生命注入动力。

朱湘先生在《书》一文中是这样与历代的藏书家和文人照面的：

> 如果在你面前的是一本旧书，则开章第一篇你便将看见许多朱色的印章，有的是雅号，有的是姓名。在这些姓名别号之中，你说不定可以发见古代的收藏家或是名倾一世的文人，那时候你便可以让幻想驰骋于这朱红的方场之中，构成许多缥缈的空中楼阁来。还有那些朱圈，有的圈得豪放，有的圈得森严，你可以就它们的姿态，以及它们的位置，悬想出读这本书的人是一个少年，还是老人；是一个放荡不羁的才子，还是老成持重的儒者。你也能借此揣摩出这主人公的命运：他的书何以流散到了人间？是子孙不肖，将他舍弃了？是遭兵逃反，被一班庸奴偷窃出了他的藏书楼？还是运气不好，家道中衰，自己将它售卖了，来填偿债务，或是支持家庭？书的旧主人是这样。我呢？我这书的今主人呢？他当时对着雕花的端砚，拿起新发的朱笔，在清淡的炉香气息中，圈点这本他心爱的书，那时候，他是决想不到这本书的未来命运。他自己的未来命运，是个怎样结局的；正如这现在读着这本书的我，不能知道我未来的命运将要如何一般。
>
> 更进一层，让我们来想象那作书人的命运：他的悲哀，他的失望，无一不自然地流露在这本书的字里行间。让我们读的时候，时而跟着他啼，时而为他扼腕太息。要是，不幸上再加上不幸，遇到秦始皇或是董卓，将他一生心血呕成的文章，一把火烧为乌有；或是像《金瓶梅》、

---

① 《孟子·尽心下》。

《红楼梦》、《水浒》一般命运，被浅见者标作禁书，那更是多么可惜的事情呵！

> 天下事真是不如意的多。不讲别的，只说书这件东西，它是再与世无争也没有的了，也都要受这种厄运的摧残。至于那琉璃一般脆弱的美人，白鹤一般兀傲的文士，他们的遭忌更是不言可喻了。试想含意未伸的文人，他们在不得意时，有的采樵，有的放牛，不仅无异于庸人，并且备受家人或主子的轻蔑与凌辱；然而他们天生得性格倔强，世俗越对他白眼，他却越有精神。他们有的把柴挑在背后，拿书在手里读；有的骑在牛背上，将书挂在牛角上读；有的在蚊声如雷的夏夜，囊了萤照着书读；有的在寒风冻指的冬夜，拿了书映着雪读。然而时光是不等人的，等到他们学问已成的时候，眼光是早已花了，头发是早已白了，只是在他们的头额上新添加了一些深而长的皱纹。①

读书，也是读人、人性、人生。透过那一枚枚小小的印章，朱先生读到的真多，真是把书读“破”、读透了。表现-存在论阅读就是需要这样去解读作者，解读人生。每一篇文章、每一本书的背后，都站着一位作者。在人的一生中，能穿过文苑书林，与千万个优秀的作者不期而遇，并与他们相知相濡、推心置腹、言谈神交、荣辱与共，这是一件多么幸运的事！

在语文教学中，每一篇课文的教学，都让学生透过纸背，与想象中的作者照面，在阅读中向作者絮絮地发问、切磋、请益，体验“有朋自远方来”的喜悦，倾听那遥远年代传来的空谷回音，揣摩作者的音容笑貌和写作时跃跃欲试的心情，这是一件多么惬意的事！

当你读了袁枚的《黄生借书说》，你不妨推想他何以要写这么一篇短文，想象中的袁枚是怎样一个人，他的生存处境又是如何。

> 黄生允修借书，随园主人授以书而告之曰：“书非借不能读也。子不闻藏书者乎？七略四库，天子之书，然天子读书者有几？汗牛塞屋，富贵家之书，然富贵人读书者有几？其他祖父积、子孙弃者无论焉。非独书为然，天下物皆然。非夫人之物，而强假焉，必虑人逼取，而惴惴焉摩玩之不已，曰今日存，明日去，吾不得而见之矣。若业为吾所有，必高束焉，庋藏焉，曰姑俟异日观云尔。”

---

① 引自《中国现代散文选》（五），人民文学出版社 1982 年版，第 6～7 页。

余幼好书，家贫难致。有张氏藏书甚富，往借不与，归而形诸梦，其切如是。故有所览，辄省记。通籍后，俸去书来，落落大满，素蟫灰丝，时蒙卷轴，然后叹借者之用心专，而少时之岁月为可惜也。

今黄生贫类予，其借书亦类予。惟予之公书，与张氏之吝书，若不相类。然则予固不幸而遇张乎，生固幸而遇予乎。知幸与不幸，则其读书也必专，而其归书也必速，为一说，使与书俱。①

读罢掩卷，笑对随园主人：一个爱书如命的人，一个怪人，一个性情中人。借书给黄生，生怕他借而不读，不速还，于是写了一篇文字，抒发关于借书的感慨，连同书一起交给黄生。这样的事，一般人只要叮嘱一声就够了，他却一本正经地见诸笔墨，严肃、周正得有些过分；他喜教训，微不足道的小事，也要发一通议论，理正辞严，使人敬畏。但他富有同情心，惜书，不吝书，刻骨铭心地记得自己"往借不与"的经历，而感叹"黄生贫类予"，又让人觉得亲近、温暖，让人感到他还是有写这篇文字的理由的。他也不无"狡猾"的机心，不就是要黄生速读、快还吗？却不直说，扯东说西地绕弯子，从天子、富贵家藏书而不读书，到"祖父积，子孙弃"大发宏论。连这点小事都放不开，可见他活得比较累，不潇洒，这是一个常常作茧自缚的人。好在他能写，写出来，也就释怀了。如果他不能写，就一定会憋出病来的。

这就是在一纸便条中与一个率真、迂腐且有点笨拙、滑稽的言语生命的相遇。感悟这些，目的不是领会文中"书非借不能读"之意（在这里，作者之意和文本之意是不统一的），而是与作者在人性、人生的层面上交谈，领悟言语之何以发生，生命状态是怎么演绎成活生生的言语的。如果你是袁枚，你会怎么做；如果你是黄生，看到这篇文字有什么感触，你想对袁先生说什么，想对自己说什么？

下文的作者是另一位爱书如命的人。

借书不还，天打雷劈②

柏　杨

一个国家的文化水准，从它的国民阅读水准上，可以判断出来。你

---

① 引自刘盼遂、郭预衡主编：《中国历代散文选》下册，北京出版社1980年版，第595页。

② 选自《西窗随笔——柏杨杂文选》，群言出版社1992年版，有删节。

阁下如果不幸落到新几内亚吃人部落的朋友们之手，战栗四顾，恐怕看到的全是悬挂高竿的头皮，绝不会看到一本书。假设你竟然看到一本书，请来个电话，我就输你一块钱。中国虽是文明古国，最近并且面不改色兼气不发喘的自封为文化大国，当然比新几内亚吃人部落要高三级，所以我们的传统文化中，把“书香世家”，作为最优秀的家庭。柏杨先生说你是“书香世家”，你一定龙心大悦；柏杨先生说你是“小偷世家”，恐怕有揍可挨的。盖“书香”也者，在古时代表现实的权势或潜在的权势，在现时则代表高贵气质。可是，套一句有学问的话：“自欧风东渐”，书香随书橱而消失，代之而起的是酒香四溢的洋大人的酒柜。

柏杨先生去拜访朋友（几乎每一次都是借钱），进得客厅，迎面而立的准是一个酒柜。客气一点的，酒柜则放在左右两厢。上面摆着写满了英文的“喂死剂”、“白烂弟”、“拿破轮”，把人看得如醉如痴。好容易屁股坐定，左张右望，虽然没有看得悬挂高竿的头皮，却也没有看得一本书。——不但没有一本书，有些家庭，简直连一份报也没有，谈起来太空人登陆月球的消息，全家都用一种嘲笑的眼光看着我，意思是说，借钱就借钱吧，撒这种谎干啥。

不看报还可称为“古之人也”，一切知识来自道听途说。不看书则比“古之人也”要更进一步，成了“吃人部落之人也”。进入这种人家，不见书橱，只见酒柜。没有书香，只有酒香。于是乎“书香世家”，变为“酒香世家”。

日本人吸收外国文化，吸收的精华。——注意一件事情，当八世纪他们“大化革新”，全盘接受中国文化时，事无巨细，照单全收，却扬弃了中国人最自豪的科举制度，这真是绝顶聪明，使他们免去了由于科举制度而产生出来的“官场”浩劫。中国人吸收外国文化，吸收的只是洋大人身上的汗珠，用舌头舐那么一舐，就心花怒放，傲视群伦。酒柜大兴，不过现象之一。柏杨先生想当年阔的时候，客厅之中，就也有酒柜在焉，因为我老人家是不吃酒的，所以买了些洋文招贴的空酒瓶，里面灌上洗澡水，俨然一个伟大的西崽，来访客人，无不肃然起敬。偶尔有老朋友，硬要来一盅，我就请他来一盅，结果拉了肚子，病不瞑目（没有灌上尿，正是我老人家忠厚之处，读者老爷可不知）。

这问题就出在眼光太短上，只看见了洋大人有酒柜，没有看见洋大人固是家家有书橱的也。大家努力崇洋，却只崇了一半，不知道我们为啥连日本朋友都不如。大概物极必反，最近酒柜有开始撤退的迹象，若干家庭的客厅，间或有书橱出现，不能不说是中华民族还有蓬勃的生机。不过有些摆的是美国版的大英百科全书，有些摆的是连断句都没有的二十五史，虽然从没有人翻阅，但用以炫耀主人学问庞大，已经足够。据报上说，竟有人在巨著中藏着“花雕”，酒劲发时，就展卷过瘾。——这种干法属于左道旁门，不在讨论之列。

书橱所以迄今仍不能代替酒柜，或是只摆些样品似的大部头，原因固多，但最主要的原因，恐怕出在借书上。有些恶客在朋友家发现一本好书，顿时暗起杀机，雀跃曰：“哎呀，老哥，借给俺瞧瞧!”一场悲剧于焉上场。盖自从盘古立天地，借酒的少，借书的多，借酒的从没有听说不还酒的，借一瓶“喂死剂”，准还一瓶“喂死剂”。借书则属于另一种伟大的景观，借一本“红楼梦”，可能还一本“红楼梦”，但是借一本古本《金瓶梅》，恐怕肉包子打狗，有去无回。如果借的是绝版珍本，该恶客可能举家潜逃，你就是弄个盖氏探测器，也探测不到影踪。夫珠宝失踪，或被借，或被俘，没有下文，还可告到衙门。而仅只一本书，如果劳师动众，恐怕同情的不是书主，而是恶客。河南省有句谚语曰：“偷书不算贼，捉住打一锤。”此锤非铁榔头，乃拳头也。偷书属于雅贼，打一锤已经该诅咒啦，至于借而不还，理就比天都大，你摆着还不是摆着，俺拿来进德修业，以便救国救民，你不送慰劳金已差劲啦，还有脸讨呀。

然而，一个人省吃俭用，好容易买了几本视同性命的巨著，却被列强瓜分，实在痛彻心肺。尤其雅贼也者，真正借去拜读，倒还罢了，大多数都是往墙角一扔。据柏杨先生统计，借书归还的比率，不到十分之一。其他的不是存心干没，就是不知道弄到他妈的啥地方去啦。当其借书时也，如果拒绝，八十年交情从此一笔勾销。不得已借给他，再向他索取，不但索不到书，八十年交情也同样一笔勾销。而且还开骂曰：“几本破书，也不是银子，三番五次，要个没完，我早忘记塞到哪里去啦，哪一天我要整理整理字纸篓，找到后就摔到他脸上，老子也不是买不起。”书主被糟蹋到这种程度，怎能不潸然泪下欤。看起来书橱之代替酒柜，还需要一个漫长的时间。

杜暹先生藏书万卷，每卷后都亲题曰：“清俸买来手自校，子孙读之知圣道，卖及借人为不孝。”在唐王朝那个时代，不孝是要杀头的，用杀头以阻止出借，是为磨刀阻吓法。吾友郭衣洞先生，在他的藏书上印有文曰：“笺笺稿费，买书自娱，且以之维生。辱蒙借阅，务请早日赐还，实万分感谢。”大概发现要想不借，比登天还难，只有婉转陈词，以求打动恶客芳心，是为摇尾乞怜法。

这两种方法，似乎都是对牛弹琴。冒着杀头的危险而仍把书借人，可见恶客泰山压顶，超过杀头。即决心不还矣，靠几句求情的话，又岂能动他的铁石心肠乎哉。有一次我老人家和一位赵姓朋友去探望一位前辈，前辈家美书如云，赵朋友开口要借，前辈不肯，于是赵朋友双膝下跪，声泪俱下，言明三天之内，一定归还，纠缠了半天，老前辈终于答应了他。出得门来，我问曰：“你这算干啥？”他曰：“你别看我丑态毕露，哼，等他讨书时，看他磕响头吧。”

柏杨先生是个老毛驴，泼皮胆大，但就是怕人向我借书，那还不如照腰窝捅我一刀。今年八月，我正在看汉宝德先生译的《文明的跃升》，刚看了一半，吾友李大人光临（我瞧他红光满面兼红光满脸，发财在望，所以尊之为大人，盖烧冷灶之意，将来他真的发了财，我还要称之为老爷哩）。他阁下从我老人家手中把书夺了过去，看了几页，爱不忍释，声言要借，我还没有开腔，他已塞到怀里，扬长而去。而且一去四月，音讯全无。任凭我使出十八般武艺，包括恐吓、哀求，他瞪的眼比我还大。最后忍无可忍，终于在他卧室里人赃俱获，先把该书夺回，宣称内急，而他家的厕所是在大门口的，于是我就驾尿遁而逃。在大门还听他诧曰：“真出了鬼，我刚才放在茶几上的郎生打火机怎么不见啦。”呜呼，打火机不见啦不过略施小技，以示薄惩，以后如果胆敢再借书不还，恐怕床头那个钻戒也会不见啦。

柏杨先生于是建议，应该组织一个“借书必还大联盟”，盆中歃血，对天立誓，誓曰：“借书不还，天打雷劈。”凡是盟员，第一，要有不借书的修养。第二，当非借不可，而书主拒绝时，决不存大丈夫报仇，三年不晚之心。第三，如果不还，书主来索时又端嘴脸，胡扯谈，则任凭开揍，即令揍掉了耳朵，既不报官，也不哼哼。或者书主有柏老这两下子，俘一点啥，万一失风捉住，也不龇牙。

知识分子最大的伤心之事，莫过于书被人借去如石沉大海，等到自己需要时，呼天天不应，呼地地不灵。

化酒柜为书橱，应先自成立“借书必还大联盟”始，奉告借书不还的恶客。欺负一个手无寸铁的朋友，不算好汉。

一九七七年

作者也“小气”，但是比袁枚“顽劣”、潇洒多了。单看本文标题，便见作者态度之严厉。不是想方设法地劝导，而是泰山压顶般地当头棒喝：“借书不还，天打雷劈。”可见作者言语生命之强势。其实，也还有些色厉内荏。读下去，也觉有点“学究”气：照例先做铺垫，从书是文化的象征谈起，由酒柜的兴盛谈到了书橱的萧索，再谈及不读书却以书来装点门面之徒的可笑与可悲，慢慢靠拢主题，疑似怕激怒借书不还者。进入主题后，先大倒苦水，诉说借书者的理直气壮，被借者的百般委屈，以唤起读者的同情。接着开始倾诉关于借书的种种“阅历”：对付借书者的“磨刀阻吓法”和“摇尾乞怜法”，借书者借书时的丑态和心计，作为被借者的自己索书时顺手牵羊以示惩戒……终于图穷匕见，亮出了蓄谋已久的成立“借书必还大联盟”建议，正色“奉告借书不还的恶客。欺负一个手无寸铁的朋友，不算好汉”。在叙述过程中，时不时出现的柏杨先生、郭衣洞先生、我老人家等，故意把自己描写成卑鄙、皮厚之徒，给自己接二连三的恶贬，极尽幽默诙谐之能事，且文中所述的种种行为，多有虚构的成分，可谓用心良苦。

与方方正正、不苟言笑、板着面孔的袁枚不同，柏杨是一个极具言说技巧的“不正经”的作者。但是，他张扬而不事张狂，凌厉而不失委婉，柔韧而不缺刚健，夸张而不欠真实，机智而不乏幽默，他的言语生命强盛而富有张力。他轻松、快乐，无拘无束，没有什么比这种自由自在地调侃更使他开心的。他感到心情像柳絮似的要飘飞起来。写作，是一种享受！

你喜欢这样嬉笑怒骂的言说吗？作者是一个很有情趣、谐趣的人，读者你想成为这样的作者吗？不想试一试？

还有一个爱书如命的，这就是《藏书忧》一文的作者余秋雨先生。他表达书被借之忧，虽也叙事，但不绕什么弯子，而是其一、其二、其三地有条不紊地叙说，最后由浅入深地道出了自己的大忧虑：“不知从什么时候开始，一种更大的担忧渐渐从心底升起：我死了之后，这一屋子书将何去何从？……许多博学的老学者逝世时候，如何处置丰富的藏书确实成了一个苦涩的难题。学问不会遗传，老学者或因受尽了本专业的风波险阻，或怕父子同在一个行当诸多不便，大多没有让自己的子女承袭己业。有的子女在专业上与父亲比较靠近，但在钻研度上往往不能望其父亲之项背。总而言之，老学者的丰富藏书，对子女未必有用。……有的学者因此下了决心，事先立下遗嘱，死后把藏书全部献给图书馆。但是这些学者并非海内大儒，图书馆不会开设专室集中存放。个人藏书散入大库，哗啦一下就什么踪迹也找不到了。学者无私的情怀十分让人感动，但无可否认，这是学者的第二次死亡。”① ——余秋雨从藏书者生前，想到了身后，将书和藏书者的生命联系起来，惋惜藏书者死后书的流失，称其为“学者的第二次死亡”，这确是一种撼人心魄的大忧虑、大悲悯。余先生是一个学者，是一个善于“螺蛳壳里做道场”的散文高手，他的言语生命执着、深沉、铺张、恣肆，因而，他的文章也深邃、宏阔、博大。他的生命的每一步仿佛都是精打细算、深谋远虑过的。他活得不轻松，比袁枚更累，是那种被自己掐住了般的累。他的文章给了他一个喘息的机会，他会不顾一切地拽住每一个这样的机会。

袁枚、朱湘、柏杨、余秋雨等之所以不约而同地对书情有独钟，对借书感触良多，将其诉诸文字，是因为他们生命中的一份书缘，他们都爱书。爱书，便是他们写作的直接动机。当他们遇到与书相关的人和事，产生了某种情绪和思想的激荡，便萌生了不可遏止的表现冲动。他们的言语生命状态和言语表现的冲动又是不同的，或内敛，或奔放；或强盛，或平和；或感性，或理性；或含蓄，或直露……与作者对话，就是要引领学生从文本中体验作者的这份内在的情绪和冲动，激起他们的心理共振，逐渐地凝成相似的写作动机和写作激情。这是言语生命在动力层面上的互动和对接。在阅读教学中，从看不见的作者那儿，最重要的是获得一种言语生命感应、言语人生的参照。

不期望从作者或作者所处的时代那儿得到什么关于文本之意的指令，无须作字面的解释。沉潜下来，贴近作者的言语生命的“原生态”，倾听那无声的心灵的倾诉，体验和感受作者的言语动机和写作激情，进行言语动机的移植、复制和鼓荡，这就是言语生命动力学表现-存在论阅读和传统解释学的作者理论的基本分野。

毋庸讳言，对作者言语生命和写作动机的体验、感悟是心理主义的，是

① 见余秋雨：《文明的碎片》，春风文艺出版社 1994 年版，第 245～247 页。

纯属自我的与文本的潜对话。因此，允许误差，不辨是非，无须争论。这种心理感应和对接不是一次完成的，需要试误和检讨，修正和重建，当然，必定有排斥和消解，否定和扬弃。优秀文章作者的言语生命状态，未必都值得肯定和效仿，即使是良好的言语生命状态，也未必都适合于读者，需要进行自我选择和调试，对于年轻的言语生命的成长来说这是正常的，也是必要的。

当学生这样读过百篇、千篇、万篇，与千万个作者有过心灵的感应、灵魂的交往，与他们同呼吸、共命运，逐渐懂得言语人生的意义和价值，那么，离成为一个真正的作者还会远吗？不必到别的什么地方去寻找，文本中就内存着作者的全部生命信息。言语生命动力学表现-存在论阅读中，阅读作者，就是体验作者多姿多彩的言语生命的"此在"，久而久之，潜移默化，学生也便会进入自己所心仪的言语生命状态，于是，一个新的言语生命便开始用自己的方式飞翔起来。

从为了自身的言语表现和存在寻求他人经验的参照这个意义上说，作者往往是缺席的，而文本就是鲜活的言语生命的存照。同时，文本也是了解作者言语创造行为和言语个性特点的唯一入口。

三　文本理论：
哈姆雷特是剧本中的哈姆雷特

由于作者理论存在着诸多难题，作为一种反拨，读者把目光转向了"文本"（text），希望撇开文字以外的因素，专注于字里行间，在文本形式的阡陌中寻求解读的出路。于是，"哈姆雷特"告别了"莎士比亚"——"哈姆雷特"成了剧本中的"哈姆雷特"，就像孩子不属于父母一样。作者崇拜由兹让位于文本崇拜。

我国魏晋以降，"因人论文""文如其人"说就受到了挑战，学者们开始注意到了人品与文品的矛盾，人和文的不一致。如梁简文帝萧纲说："立身之道与文章异。立身先须谨重，文章且须放荡。"[①] 指出了人品和文品在价值取向上的差异，阐明了文章自有其独立自主的审美标准。金人元好问在《论诗

---

① 萧纲：《诫当阳公大心书》，见严可均校辑：《全上古三代秦汉三国六朝文》，中华书局 1958 年版，第 3010 页。

绝句》中则批评了文人人格的虚伪和文章虚假不可信："心画心声总失真，文章宁复见为人。高情千古《闲居赋》，争信安仁拜路尘。"说的是晋人潘岳（安仁）在辞赋中表达的是清高脱俗的情怀，实际生活中却是一个势利小人，为了讨好权贵贾谧，在其出门时望着他身后的"路尘"而拜。在《文心雕龙·程器》《颜氏家训·文章》等篇章中，作者们举出了大量的"文人无行"的事例，对人、文不统一的事例加以批评，认为文章好、作者人品不好的情况比比皆是。虽然这两部书的作者的目的都是强调文人要注重自身的德行修养，不应不拘小节或做出道德败坏、为人不齿的事，但是，这实际上也表明了以作者之"意"逆文章之"志"，是靠不住的，说明了文章的评价要和作者的为人分开来看。对于阅读或解读来说，文本原本就是一个独立自主的存在，是最靠得住的。因为写作实践的发展和写作教学的需要，文本理论逐渐受到了越来越多的关注。

传统的文本研究，在我国属文章学范畴。在文章学范畴中，文体论是较受重视的一个分支。随着写作研究的进展，人们逐步对文体分类和文本自身规律有了较为深入的认识，由于文体形式本身也是一种意义符号，也具有表意功能，因此，对文体的认知和研究，也可以看作是为阅读和解读的"文本理论"的形成打下了基础。

不论是中国的还是西方的文本理论，其基本特征是就文论文，都较侧重于文本形式的内部研究。

在我国早期的铜器铭文中就有训、诰、策、命等文体概念。《尚书》中有典、谟、训、诰、誓、命等文体。《周礼》中又有了祠、命、诰、会、祷、诔等的区分。但先秦对文体的研究主要还只是针对"六艺"的：《诗》以道志，《书》以道事，《礼》以道行，《乐》以道和，《易》以道阴阳，《春秋》以道名分。在诸子散文中有不少类似的观点。"六艺"被视作各类文体的渊源，刘勰在《文心雕龙·宗经》中就认为文体皆本于这些经典的规范："故论、说、辞、序，则《易》统其首；诏、策、章、奏，则《书》发其源；赋、颂、歌、赞，则《诗》立其本；铭、诔、箴、祝，则《礼》总其端；纪、传、盟、檄，则《春秋》为根：并穷高以树表，极远以启疆，所以百家腾跃，终入环内者也。若禀经以制式，酌《雅》以富言，是即山而铸铜，煮海而为盐也。"魏晋南北朝，在对文本认识上有了长足的进展，曹丕在《典论·论文》中将文章分为四科八体，并指出它们的特征："奏议宜雅，书论宜理，铭诔尚实，诗赋欲丽”。陆机进一步把文章分为十体，在各体特征的归纳上也更为细致：“诗缘情而绮靡。赋体物而浏亮。碑披文以相质。诔缠绵而凄怆。铭博约而温润。箴顿挫而清壮。颂优游以彬蔚。论精微而朗畅。奏平彻以闲雅。说炜晔而谲诳。”刘勰的《文心雕龙》是集大成之作。在该书“文体论”中，从《明诗》到《书记》的20篇中，共论了33种文体（不包括点到为止的）的源流、特点和写作规律：诗、乐府、赋、颂、赞、祝、盟、铭、箴、诔、碑、哀、吊、杂文、谐、讔、史传、诸子、论、说、诏、策、檄、移、封禅、章、表、奏、启、议、对、书、笺记等。对文体有了较为具体深入的认识。

以诗歌研究为例，可见文本研究进展之一斑。曹丕在《典论·论文》中说“诗赋欲丽”，陆机在《文赋》中称“诗缘情而绮靡”，挚虞在《文章流别论》中认为诗“以情志为本”“以成声为节”，认识都较片面简陋，刘勰则通过对诗作“原始以表末”的分析，认识到诗原初的意义是“言志”“持人情性”“义归‘无邪’”，作用是“顺美匡恶”“酬酢以为宾荣，吐纳而成身文”；汉初的四言诗，“匡谏之义，继轨周人”，而后的《古诗十九首》，“直而不野，婉转附物，怊怅切情”；建安之初，“慷慨以任气，磊落以使才”；正始年间，道学盛行，“诗杂仙心”；晋世群才，稍入轻绮，“采缛于正始，力柔于建安，或析文以为妙，或流靡以自妍”；“江左篇制，溺乎玄风”；“宋初文咏……俪采百字之偶，争价一句之奇，情必极貌以写物，辞必穷力而追新”，最后概括为：“若夫四言正体，则雅润为本；五言流调，则清丽居宗；华实异用，惟才所安。故平子得其雅，叔夜含其润，茂先凝其清，景阳振其丽。兼善则子建、仲宣，偏美则太冲、公幹。然诗有恒裁，思无定位，随性适分，鲜能圆通。”由此反观曹丕、陆机给诗所界定的“丽”“绮靡”，其实只揭示了诗的特征的一种；挚虞虽略胜一筹，注意到内容和形式两个方面，但仍抽象，他们都没能做到像刘勰那样对写作现象和文体特点作周至的“敷理”（陈述内在的机理）和严谨的“举统”（概括出普遍的规律）。刘勰的文体论表明了这个时期的文本研究对形式审美的注重，他的认知也为阅读实践和解读方法铺平了道路。

昭明太子萧统编的成为后代阅读教学经典教材的《文选》，便是在这一时期的研究基础上进行的。《文选》的选文共分38大类，各大类下又分若干小类，如赋类下又分京都、郊祀、耕藉、畋猎、纪行、游览、宫殿、江海、物色、鸟兽、志、哀伤、论文、音乐、情等，每类中的作品再按年代的先后编排。《文选》选文的标准是“以能文为本”，即重视诗文的辞采。这体现了六朝文人普遍的写作审美观。其“能文”的特征，就是必须能将内容“综辑辞采”“错比文华”地表达出来。诸子之文因其“以立意为宗，不以能文为本”，所以均未入选。鲁迅先生对这一时期的文本认知作了这样的评价：“……曹丕的一个时代可说是‘文学的自觉时代’，或如近代所说是为艺术而艺术（Art for Art’s Sake）的一派。”① 如果说之前的文本形式的审美自觉主要还是理论研究上的自觉，到了萧统的《文选》那儿，已经初步有了阅读实践和教学实践中的文本审美自觉意识。

在我国本土文本理论的发展中，训诂学、版本学、校勘学等都从不同的方面做出了贡献。“书读百遍，其义自现”，可以看作是我国阅读学和解释学的文本解读的经验总结，可以看作是中国式的“细读”法。但是，我国的文本理论和西方的文本理论还是有所不同的。我国的文本理论往往是和作者理论并行不悖的，在研究中一般是作者、版本、文本三者并重，形成互补的。

在西方，作者理论受到真正的冲击是在20世纪以后。俄国形式主义、英美新批评、结构主义与后结构主义等的文学理论，都把目光转向了文本和语言，从不同的方向对作者理论发难。“作者已死”的口号，成了文本理论的宣言。他们是以文本理论来颠覆作者理论，是典型的就文论文。下面我们对西方几种主要的文本理论作一审视②。

（一）俄苏形式主义文本理论

20世纪前期，俄苏形式主义（Formalism）文本理论得以发展。形式主义者深受瑞士语言学家索绪尔的研究方法的影响。主要成员有列·雅古宾斯基、维·什克洛夫斯基（核心人物）、雅各布逊、彼·波格丹诺夫、维诺库等。俄苏形式主义主要指以研究作品的艺术形式为主要任务的文学研究学派，他们有别于唯美主义，不满象征主义和纯诗理论的神秘主义色彩，反对心理学批评和社会学批评，立足于文学本体论研究，欲使之科学化，这是文学理论研究上的一个重大转变。

他们认为文学也是科学，文学的本质在于形式，应从形式来观照、分析文学，总结文学的内部规律，把语言及其表现技巧作为研究的重点。形式主

① 鲁迅：《魏晋风度及文章与药及酒之关系》，见《鲁迅全集》（第三卷），人民文学出版社1981年版，第504页。

② 以下论述参考了张首映先生的《西方二十世纪文论史》第五章、第六章、第七章的部分成果。

义者从语言学寻求武器，继承了索绪尔语言学的衣钵。索绪尔将语言学研究对象划分为外部语言学和内部语言学，将语言学研究对象主要圈定在内部语言学上。形式主义者也将文学研究的对象划分为外部文学学和内部文学学，主要研究内部文学学，或称形式文学学。他们运用一系列语言学、修辞学的概念，如隐喻、转喻、明喻、暗喻、象征、对话、词语、句子等，作为自己的基本概念，对作品的语言、语言结构、细节、情节等作语言学分析，使文学学、文学批评带有浓厚的语言学色彩。这就将索绪尔语言学的重“内部”的长处和轻“外部”的局限，一并移植到了文本研究中。

文学性和陌生化是形式主义文本理论的核心理念。

文学性　包括文学的语言、结构及手段、方法，不包括文学的内容。文学性表现在作品语言中：语言性和文字性是文学的首要特点。雅各布逊认为诗歌的特点不在于形象思维，而在于语言性：“诗歌性表现在哪里？表现在词使人感觉到是词，而不只是所指对象的表示者或者情绪的发作。表现在词和词序、词义及其外部和内部形式，不只是无区别的现实引指，表现在获得了自身的分量和意义。”① 文学性表现在艺术形式中：文学作品纯粹就是一种形式，文学形式和文体构成文学的主要因素，是审美愉悦的源泉。文学性体现在它的独立自主性中，体现在与社会生活和政治生活的距离中。文学形式有自己的独立的世界和演变史，它不依赖于外部世界的变化而变化，而是按照自己的规律肯定或否定，前进或反叛。文学性还表现在技巧中：主张“艺术即手法”，艺术是在笔调、方法和技巧中产生的。把文学特性的规定寄托在制造工艺上，文学的语言性主要体现在词语的运用上，称词语及其组织结构为艺术作品的“主导”：“主导是用词艺术”②，强调文本解读要以词语分析为中心。“形式主义者试图用技术词语来叙述作品的制作，而抛弃一切神秘主义，因为它只能掩盖创作活动，甚至掩盖作品本身。”③ 什克洛夫斯基通过对大量故事的分析总结出了“形式创造内容”的规则，其意义有三：一是内容不能决定形式，内容不能创造形式；二是形式有自己不受任何支配包括不受内容

① ［俄苏］雅各布逊：《何谓诗》，转引自《马克思主义文艺理论研究》编辑部编选：《美学文艺学方法论》下册，文化艺术出版社 1985 年版，第 530～531 页。

② ［俄苏］雅各布逊：《主导》，载《文艺理论研究》，1992 年第 1 期。

③ ［俄］托多洛夫著，蔡鸿滨译：《俄苏形式主义文论选》，社会科学文献出版社 1989 年版，第 7 页。

支配的独立自主性；三是形式可以支配内容，内容是形式的内容，形式可以创造内容。作家之所以成为作家，不在于他挖掘了社会的本质，发现了历史的规律，关键在于他是否创造了新的形式和由形式组成的世界。① 形式主义者最激烈地反对“内容对形式”的传统的二分法。这种分法把一件艺术品分割成两半：粗糙的内容和附加于其上的、纯粹的外在形式。显然一件艺术品的美学效果并非存在于它所谓的内容中。由于这种二分法遭遇到许多难以克服的困难，韦勒克、沃伦认为可以作一种新的划分：把所有与美学没有什么关系的因素称为“材料”，而把一切需要美学效果的因素称为“结构”。“材料”包括了原先认为是内容的部分，也包括了原先认为是形式的一些部分。“结构”也同样包括了原先的内容和形式中以审美目的组织起来的部分。这样，艺术品就被看成是一个为某种特别的审美目的服务的、完整的符号体系或者符号结构。② 这是很有道理的。

陌生化 也译为奇特化。是形式主义理论的一个核心理念，现在已成为全世界广泛运用的写作术语。就是注重表现的新奇感，把熟悉的变为陌生的，把文化和思想中熟悉的变为陌生的，把以前文学艺术出现过的、人们熟悉的变得陌生，把过去文学理论中熟悉的变得陌生。文学性便较为集中地体现在陌生化的过程中。文学就是要和现实生活不同，要以崭新、奇特的形式出现，使人耳目一新。“首次”与“描述”成为文学陌生化的两种办法。什克洛夫斯基说：“艺术的手法是事物的‘反常化’手法，是复杂化形式的手法，它增加了感受的难度和时间，既然艺术中的领悟过程是以自身为目的的，它就理应延长；艺术是一种体验事物之创造的方式，而被创造物在艺术中已无足轻重。”③

文学性和陌生化的相互运动的结果，促进了文学形式和布局的变化发展，使文学史能不断地推陈出新。俄苏形式主义者主要在体式、手法和雅俗文学的交替变更中讨论文学史的变化。以往的文学形式、题材发展、成熟，形成了某种规范，到一定的时期就会僵化和陈旧，使文学性逐渐失去了活力，必

---

① 参见张首映：《西方二十世纪文论史》，北京大学出版社 1999 年版，第 134～135 页。

② 参见［美］韦勒克、沃伦著，刘象愚、邢培明、陈圣生、李哲明译：《文学理论》，生活·读书·新知三联书店 1984 年版，第 146～147 页。

③ ［俄苏］什克洛夫斯基等著，方珊等译：《俄国形式主义文论选》，生活·读书·新知三联书店 1989 年版，第 6 页。

然会出现新的文学形式和文体；通俗文学在文学变革中通常由边缘进入文学的中心，从而成为正宗文学，它把正统文学陌生化了。之后，新的文学形式又会出现，取代其正统霸权地位。

（二）英美新批评的文本理论

20 世纪 20 年代之后，形式主义批评逐渐衰微，取而代之的是英美新批评（The New Criticism）。英美新批评派思想的早期奠基人是英国文论家瑞恰兹。第一代代表人物有英国的休姆，美国诗人庞德，美国—英国诗人 T. S. 艾略特。第二代有英国的燕卜荪、李维斯，美国的兰色姆和他的学生阿伦（又译“艾伦”）·退特、克林斯·布鲁克斯、罗伯特·潘·沃伦等。第三代代表人物有美国耶鲁大学的韦勒克和威廉·维姆萨特，40 年代后与布鲁克斯、沃伦共事于耶鲁大学，成为新批评派后期的中心。

新批评派否定了 20 世纪以前的文论家机械地运用社会起因法，认为起因并不决定结果，因袭生物学或病理学的概念、范畴研究文学作品是“隔靴搔痒”，反对丹纳的以外部研究为特色的文学理论和弗洛伊德为代表的精神分析学文论，因为这些理论往往把文艺纳入自己的框架中进行演绎，文学作品自身的特点被抽空，美感消失了。文学的本体是作品，忽视作品研究就不可能到达文学研究的终极境界。因此，他们重视作品的内在构成因素，不同意形式主义者主张的文学唯有形式。韦勒克、沃伦认为：“如果我们更加仔细地检查二者的差别，就会发现内容暗示着形式的某些因素。例如，小说中讲述的事件是内容的部分，而把这些事件安排组织成为‘情节’的方式是形式的部分。离开这种安排组织的方式，这些事件就无论如何不会产生艺术效果。”① 他注重对文学作品的内在构成及多重因素作全面的研究。

“细读语义”，是新批评派始终贯彻的批评精神和方法。细读（Close reading），即“细评”，指对作品做仔细的阅读和评论，评论者通过对作品的结构、反讽、比喻、张力等分析显示文本的语义。瑞恰兹把细读法的重心放在语义分析上，提出了语言的四种意义和功能：感受、感情、主调和意向，认为应从这些方面进行解读，不应弄错或混淆。细读法较有意义的有两个方面：

一是词语分析。主张字斟句酌，认真、审慎、反复、仔细地研读原文，

---

① ［美］韦勒克、沃伦著，刘象愚、邢培明、陈圣生、李哲明译：《文学理论》，生活·读书·新知三联书店 1984 年版，第 147 页。

从词、词组、词意及其关系中进行把握和解释，反对以先验的意识和理论介入解读，使词意得不到文学性的揭示，提倡“就事论事”“就文论文”式的“纯批评”。

二是结构分析。认为文学作品是一个由多层面构成的结构系统。韦勒克、沃伦在英加登的三分法（声音的层面；意义单元的组合的层面；要表现的事物，也就是小说家的“世界”、人物、背景的层面）的基础上，划分出了艺术品分析的八个层面：“（1）声音层面，谐音、节奏和格律；（2）意义单元，它决定文学作品形式上的语言结构、风格与文体的规则，并对之做系统的研讨；（3）意象和隐喻，即所有文体风格中可表现诗的最核心的部分，需要特别探讨，因为它们还几乎难以觉察地转换成（4）存在于象征和象征系统中的诗的特殊‘世界’，我们称这些象征和象征系统为诗的‘神话’。由叙述性的小说投射出的世界所提出的（5）有关形式与技巧的特殊问题……（6）文学类型的性质的问题，并讨论有关文学批评中的问题，即（7）文学作品的评价问题。最后，回到文学的进化观念上，讨论（8）文学史的性质以及可否有一个作为艺术史的内在的文学史的可能性。”①

这是一种文体主义、形式主义和经验主义相结合的批评，把作品视为文学研究的自足的本体，将其外部因素进行了剥离，反对非文学的“离心”批评，反对作者的研究，反对文学类型学和文体学的批评；它像一个“精制的瓮”，对单个文体进行单兵较量，进行“个体批评”和封闭式讨论。文学作品的构成主要是形式的构成，研究文学作品主要研究“单一作品”（一般无须联系其他作品）的形式。如果对作品不进行细读和细评，即使有奇思妙想，也产生不了持之有故、言之成理的高质量的论文。

布鲁克斯将新批评派的信念总结如下：

（1）文学批评是对批评对象的描述和评价。

（2）文学批评主要关注的是整体，即文学作品是否成功地形成了一个和谐的整体，组成这个整体的各个部分又具有怎样的关系？

（3）一件文学作品内部的形式关系可能包含着逻辑关系，但一定会超出逻辑关系。

（4）对于一件成功的作品，形式和内容是不可分的。

---

① ［美］韦勒克、沃伦著，刘象愚、邢培明、陈圣生、李哲明译：《文学理论》，生活·读书·新知三联书店 1984 年版，第 165 页。

（5）形式就是意义。

（6）文学最终是隐喻的、象征的。

（7）普遍和一般不是通过抽象获得的，只有通过具体和特殊才能达到普遍和一般。

（8）正如艾伦·退特所说，“具体的道德问题”是文学的题材，但文学的目的不在于说明一个道德标准。

（9）文学批评的原则规定批评所涉及的范围；文学批评的原则没有规定批评的方法。①

新批评是以对文学的内部研究为特征的，完成了由外部向内部的过渡，用语义学的理论挖掘文学语言的内在意蕴，给后来的结构主义文论以语言学的启示。

（三）结构主义的文本理论

20 世纪 60 年代，新批评衰落，以法国为中心的结构主义（Structuralism）文论兴起。其代表人物有前后“四子”。“前四子”是：列维-斯特劳斯、雅克·拉康、米歇尔·富柯、路易·阿尔杜塞；“后四子”是：罗兰·巴特、A. J. 格雷马斯、茨韦坦·托多洛夫和杰·热奈特。

皮亚杰认为结构主义的共同特点有二：第一是认为一个研究领域里要找出能够不向外面寻求解释说明的规律，能够建立起自己说明自己的结构来；第二是实际找出来的结构要能够形式化，作为公式而作演绎法的应用。结构就是由具有整体性的若干转换规律组成的一个有自身调整性质的图式体系。所谓结构，也叫一个整体、一个系统、一个集合。“总而言之，一个结构包括了三个特性：整体性、转换性和自身调整性。”② 结构主义文论把结构分为表层结构和深层结构，通过表层结构探寻、抽象出隐藏在作品群中的深层结构。反对对作品外部因素（社会、政治、经济、文化等）的研究，将作品视为一个封闭自足的研究对象，是一种反主体、反人道主义、反历史主义的研究方法。结构主义文论采用“二项对立”的研究方法，把叙事文学作品作为主要研究对象，在层次、句法结构、体裁分析方面取得较大的进展。

---

① 参见［美］布鲁克斯：《形式主义批评家》，见赵毅衡选编：《“新批评”文集》，中国社会科学出版社 1988 年版，第 486～487 页。

② ［瑞士］皮亚杰著，倪连生、王琳译：《结构主义》，商务印书馆 1984 年版，第 2 页。

以法国为中心的结构主义思想的发展，理论家越来越多地从符号学角度揭示写作主体的真实状况，认为主体乃是语言的构造物。作家的写作并不是一个先在的自由心灵驱策着语言的运动，相反，作家不由自主地受到了文学的结构、成规的暗中操纵。结构主义理论家试图在纷繁多样的文学文本中找出文学的成规，破译出文学的密码。他们对叙事模式的挖掘卓有成效，他们从众多的故事背后发现了故事结构上的共同规则。譬如，普罗普从一百个俄国童话中概括出三十一种叙事功能，托多洛夫在《十日谈》众多的小故事中发现叙事的“句法”。在结构主义文学理论家的眼里，作家不过是结构的产物；作品则毋宁说是互文的结构，即作家的写作不过是一个文本对另一个文本的复制或改写。在一个极端的意义上说，写作不过是一个文本对另一个文本的复制或改写。托多洛夫甚至引用弗莱的话说：“独创性诗人与模仿性诗人的真正区别只在于前者更深刻地模仿。”① 这种“句法”理论，对写作的文本图式的建构是有帮助的。不但叙事文体有“句法”，抒情、说明和议论也有“句法”。“句法”也可以看作是文本图式。一个写作者，必须在阅读的过程中建构起对文本图式的理解，并在写作实践中，逐步懂得什么是肤浅的模仿，什么是深刻的模仿。

结构主义分析的核心命题是“二项对立”。列维-斯特劳斯认为，人类社会的无意识结构是对立面的协调。不论是创作还是解读，都可以运用“二项对立”的原理。这是文本结构的一种最具普遍性的结构模式，也可以看作是一种思维模式。所有结构主义活动的目标，不论是反思的还是诗意的，不论是程式的还是模式的，都要对客体进行重建，都要用“二项对立”进行重建。结构主义的“二项对立”包括几十种，与文论关系最为密切的有六种：共时和历时、横组合关系与纵组合关系、语言与言语、代码与信息、所指与能指与意指、秩序与序列等。② 由此可以看出，它与索绪尔语言学的渊源关系。

结构主义文论是形式主义、科学主义的产物，它的贡献在于深化了对文本内部形态和发展规律的认识，局限也和其他的文本理论一样，过分依赖于语言学的形式分析，失落了人本主义、人文主义和表现主义。

文本理论和作者理论的共同点在于，都趋向于认为读者的解读是一种被

---

① 转引自南帆主编：《文学理论（新读本）》，浙江文艺出版社 2002 年版，第 41～42 页。

② 参见张首映：《西方二十世纪文论史》，北京大学出版社 1999 年版，第 173 页。

动的解释行为，作品的意义是固定的，内在地存在着的，是由作者或文本所决定的。它们的不同点在于，作者理论更多地带有心理主义的推测、假设的色彩，表现出了对作者的过分崇拜，它的客观性是表面的，是一种“假象”或“幻象”，其实质是主观主义。文本理论则显得较为注重客观性、科学性，注重形式审美，探索和总结种种的审美分析的手段和方法，是一种文学学的“内部”的研究，这是符合文学文本的审美特性的，给予了我们许多审美感知上的启示。但是，由于它切断了与文学文本的“外部”因素的联系，把一切人文、社会、文化、道德、历史等方面的影响，排除出了研究视野，这就难免画地为牢，使审美分析失去了极为丰富的思想资源。

四　从就文论文
到感悟言语创新和言语个性

在表现-存在论阅读视野下，检讨文本理论的得失，应该承认，我们还是可以学到不少东西。

就形式主义文本理论看，在以往阅读教学中，由于我们接受的是内容决定形式的观念，所以对文学作品的解读重点是放在内容上，形式审美是较为欠缺的。文学作品的分析，既不注意文学性，也不注意文体特点，一概当作“记叙文”教，讲的无非是六要素和一些常规的叙述方法和技巧。虽然也很注意词语分析，但是，主要是一种机械的语法、修辞分析，很少注意到文学语言特殊的笔调、技巧和构造之美，这不利于学生的审美感受力的培养。作品的形式美感分析，应受到重视，不能是老一套的说些开门见山、首尾照应、倒叙、插叙、比喻、拟人等，也要懂得什么是隐喻、象征、反讽、张力、叙事方式、节奏、韵律之类。

不论在阅读还是写作教学中，都要打破机械的形式、内容两分法。不同的文本有其特殊的本体特征，不可一概而论。文学作品，可以主要从审美特征上来分析，形式审美是重点；实用文本，可以主要从语用特征上来分析，意义分析是重点。在教学中，对文本形式的重要性和形式审美分析要给予充分的关注。“材料”相似，“结构”不同，给人的审美感受也就全然不同。

“陌生化”这一概念，可以成为表现-存在论阅读教学出现频率很高的概念。“陌生化”是艺术创造的利器，不但文学作品的阅读、鉴赏需要很好地把握和运用“陌生化”这一审美规律，认识作者艺术感受和艺术创造的个性，解读实用文体，也同样可以借重这一概念，以认识作者理性思维和思想表达的特点。此外，在言语表现上，在写作的内容和形式的创新上，“陌生化”都是一个绕不过去的概念。熟悉，意味着陈旧和失去活力；陌生，意味着发现和独创。这是一个既浅俗、又深奥的艺术法则。“陌生化”这个涵盖面非常大的概念，在阅读和写作教学中都是十分有用、好用的。表现-存在论阅读，可以将形式主义者的“陌生化”这个文学解读和文学批评的重要概念，加以引申、开发和扩大，以获得广泛的收益。懂得区分何谓“陌生化”和“陈旧化”，在阅读和写作中就找到了一个无往而不利的标准。

新批评在细读法上对文学作品的教学，其意义主要有三：

首先，在一个“细”字上。它提供了一个可以参照的教学审美活动的方法：对字、词的品味和玩味，推敲、发现词语中的隐秘的意义，使文本的意义内涵得以充分地揭示，尤其是对“复义”词（可以有多种解释的词）的品味，可以反复揣摩，层层剥离，发掘其丰富的内涵。对结构层面的分析也是这样。韦勒克、沃伦的“八分法”，为我们指示了由表及里、步步深入推进的方法，使我们对什么叫作形式审美有一个具体的认识。

其次，瑞恰兹的语言的四种意义和功能的观点，对语义分析也提供了一种可供依循的思路。语言形式是有意义的，语义分析不是做架空、孤立的能指或所指的解释，而是要放在语境中，放在对文本体现的感受、感情、主调和意向的辨析上。这才是审美分析。以往阅读教学中，大量的语义分析是不到位的，多是对一些字词做简单的、字面上的解读，而很少意识到它在文本的审美表现上的意义和功能。

第三，“‘具体的道德问题’是文学的题材，但文学的目的不在于说明一个道德标准”，这一点也能给我们一个重要的观念性的启示。文学作品主要关注的不是道德问题，而是审美问题。道德问题可以成为文学作品的题材，但是阐明一种道德标准不是文学的目的。以往的解读则主要是对作品做道德评价，而不是做审美评价，这就背离了文学教育的特殊性。

结构主义文本理论，其“二项对立”思维和“陌生化”这个概念一样，具有普遍的适用性和张力。由于“二项对立”的思维方法，是辩证法的一个基本命题，“一阴一阳之谓道”，万物的存在和演变，概莫能外，因此，几乎在所有的文本分析（包括实用文本）上，都可以引入“二项对立”思维。不单是形式分析，对人物、性格、情感、思想、事件、时间、空间等的分析，也都可以运用这一方法。例如，对人物的性格分析，刘再复先生的人物性格组合论，就是基于“二项对立”的原理的。他说：

> 性格元素模糊性包括两层意思：一是构成性格整体的各种性格元素之间往往是不同向的，甚至是彼此矛盾对立的。即一部分性格元素表现为肯定性方向，表现为善，表现为美，表现为真，表现为崇高，表现为圣洁；另一部分性格元素表现为否定性方向，表现为恶，表现为丑，表现为伪，表现为滑稽，表现为鄙俗。这种种双向性，使一个人的性格表象变得纷纭复杂，使一个人有时象他自己，有时又不象他自己，有时忠实于他自己，有时又背叛他自己；有时表现得很圣洁，有时则表现得很鄙俗；有时表现得很杰出，有时又表现得很平庸；有时显得很严肃，有时显得很随便；有时显得很暴躁，有时又显得很温柔。一个吝啬鬼有时也会显得很慷慨；一个很认真的人，有时也会很马虎；一个意志刚强的人，有时也会感伤；一个很懦弱的人，有时也会杀人放火。这就是说，构成性格整体的各种元素往往不能按照同一确定的方向运动，而正是这种非同向发展的各种性格因素，才形成人物性格的模糊性。例如，构成阿Q性格整体的元素是非常复杂繁多的，而这些杂多的性格元素，又表现为双向性。这种双向性，有的研究者作了这样的描述：质朴愚昧又狡黠圆滑；率真任性又正统卫道；自尊自大又自轻自贱；争强好胜又忍辱屈从；狭隘保守又盲目趋时；排斥异端又向往革命；憎恶权势又趋炎附势；蛮横霸道又懦弱卑怯；敏感禁忌又麻木健忘；不满现状又安于现状。阿Q性格元素一部分表现为肯定性方向，一部分表现为否定性方向。这些元素在自身运动的过程中，互相碰撞，互相交叉，形成复杂的性格表象。这些互相交叉的性格表象，既不完全属于“正面”，也不完全属于“反面”，也不能说是属于“中间”状态。而且，许多鲁迅研究者对阿Q性格元素的描述，只是道破其众多性格元素的一部分，事实上并没有真正展示其性格表象的全部内容，而唯其无法展示其全部内容，才是正常的，因为繁多而极不确定的各种性格元素之间的复杂关系是明确概念难以穷尽的。
>
> 性格元素模糊性的另一层意思，则是每一个性格元素内部都带有二

重性，或者说，都包括着正反两极。同一性格元素，既是A，又不是A，既是这一点，又不是这一点，肯定中包含着否定，否定中包含着肯定。比如阿Q的“要革命”这一性格元素，既表现出被压迫者的反抗性，又表现为小生产者通过革命占有私有财产的局限性。“要革命”这一性格元素内部就不是纯粹的，并非只有单一的意义。①

二重组合，实际上是一种两极思维。因为对立的两极是最有代表性的。人物性格是具有多重性的。从上面对阿Q性格的分析就可以看出，人物性格也和其他事物的属性一样，是无限可分的，是复合多元的，是在一个主导性性格特征统摄下的复杂的性格系统。这更符合人物性格的真相，也体现了更大的审美张力。像这种对人物性格的二元分析，实即多元分析，可以运用于一切小说的人物性格的分析。这不论对于阅读还是写作，都极有帮助。

这种人物性格的二项对立、多元统一的分析，也就是一种审美分析。它势必要打破以往对人物作道德评价的定势，使对人物以至推广到对事物的表现上，不作单一维度——“善”的或所谓“真”的——平面描写，改变以往简单化、概念化的虚假表现，使之在真、善、美的矛盾和错位中，显得丰富多彩、真实动人，具有较高的审美价值。

这种解读方法，迁移到了写作中，我们可以看到学生笔下的人物就有了“质”的变化：

老　健

林小秋

老健，何许人也？答曰：乃吾师范三年的老同桌。只因此人一米八十的好个头，又常活跃于篮球架下，特别是空中投篮，使得许多女生为之眼亮，以为高仓健复出。故得美名：老健，而忘乎其名。

这老健是我们三（6）班的“世界屋脊”，除了其个子能挑起我们教室的四角，其美术亦顶呱呱！据说他的画曾被送往联合国参展，并获得大奖。

也是他，对什么都是那么不屑一顾，胸脯挺得老高，面无表情，即使是那最能体现青春的痘子亦无神采，他的话少得可怜，可以数得清。

① 刘再复：《性格组合论》，上海文艺出版社1986年版，第291～293页。

暗地里，大家都说他“傲”，谁也不愿去招惹他，以免自讨没趣。

我也是这样。

一个学期过去，他还是孤零零地坐在班上最后一排。

第二学期伊始，班上座位大变动，我和老健竟成了同桌。天，真是冤家路窄！谁不知道我是女生中个头最小的一个？而他老健……我不敢想象两个之最凑在同一桌的情形。

当天下午，我和老健同桌立刻成了全班的视觉焦点，大家像欣赏怪物那样看着我们，我恨不得钻桌底下，一动也不动地趴在桌上，暗自伤心。

“上课了！”老健轻轻地捅了捅我，我不理睬。

“起来吧，老师来了！”

“哼，假惺惺！存心让我出洋相！”我懒懒地站起来，头几乎碰着桌面。

“站直吧！”他几乎央着我。

“哼！”我冷冷地瞟了他一眼，这下我震惊了。他先是习惯性地挺了挺直腰，而后却迅速地把腰伏了下去。天，一定是他发现我们站在一起形成的反差太强烈了。于是我拼命地挺直了腰……他似乎笑了，满脸的青春痘挤成两朵花，很亲切地望着我。我对他的厌恶一下子消失了。而后的课前问好，他老猫着腰，然后冲着我笑。

渐渐地，我对老健有了更深一层的了解，开始转变了对他的看法。

他对美术很执着。下了篮球场，汗气蒸蒸地拉着他的破椅子一溜烟进了隔壁画室，一钻就是大半天。他画画很认真，左手握着橡皮擦，右手拿着画笔，神情专注地在石膏和画面之间来回移动，两手巧妙地配合着，地下还整整齐齐地摆着十来根不同型号的绘画笔。好几次，我站在他背后大声咳嗽，他竟未察觉。直到我不小心碰翻了他的笔盒，他才惊醒过来……

每次画完画，他总要我“欣赏一下”他的杰作，脸上洋溢着得意的神情，这时，我总不忘给他泼盆冷水：“立体感不够，鼻子用笔太轻！”他便一下子蔫了，对我变得毕恭毕敬，前前后后地审视了好几阵，翘着拇指：“高见！高见！”于是又一声不吭地拉着凳子走了。一次又一次，直到我摸着脑瓜摇头，他便得意地投他的篮球去了。

他天生耳朵长，要不，班上任何一位同学新买一本美术书全逃不过他？他会千般地讨好我，为我课前搬凳子，帮我扫地等等，最后大大方方地提出条件：“帮我把××的美术书借来用一用！”每当这时，我总大呼“上当！”而他却躲到他的位子上“咚咚”地敲起胜利的战鼓。至于我的美术书，则几乎被他占为己有，他随时都会从我的抽屉里神不知鬼不觉地“偷”走。

他对画画的喜爱到了如痴如醉的地步，可在选修课程时，他却选择了不喜欢的体育，问其何故，答曰：“不知也?”他也从不参加校内外举办的各种画展，却把他的床铺布置得像个画廊。像归像，毕竟不是，他的铺位在所有男生中却是最为整齐、美观的，豆腐块状的棉被，一条线的书……他的抽屉也是这样，于是他望着我的抽屉，大呼：“垃圾桶，看了令人两眼生疮！”怕他惊动了全班，我只好乖乖地听他指挥，整理我的抽屉！

别看他平常衣着比谁都整齐，可有一回，他却十分懊丧地告诉我：“今早上跑步，差点摔死！好像鞋子短了！”还煞有其事地伸出他的大脚，不看则已，一看，“嘿！”再也忍不住捧腹大笑，你猜怎么了？他把鞋子穿反了！

就这么个老健，他还是他，同桌了三年，路上碰了面，却从未打过一声招呼，他依旧高挺着胸，面无表情地从我面前擦过。你说，老健究竟是个什么样的人？

写同学，“常规”的写法是写“好同学”、“三好”生、学生干部之类的，表现的无非是这位同学品学兼优，具体写的就是他的学习努力、乐于助人等“典型”事例。这主要就是作道德评价、社会学评价，没有进入到人物的内心世界，没有表现出人的性格的复杂性、多元性。这样写出的人物差不多是一个模子里倒出来的，连“兵马俑”都不如，因为“兵马俑”至少在外形上还是个个不同的。我们的中学语文教学，天天讲写生活、写真实，提倡观察和思考，竟然使学生写出的文章，表现的人物没有一点生活气息，没有一点人样，这不能说跟阅读教学对作品解读、分析的单一化、表层化、简单化没有关系。

林小秋的《老健》是一篇普通的作文，从中可以看出在另一种理论视野下学生思维和表现的变化。作者表现的主人公“老健”，性格特征就不是“扁”的，重点不是表现他的才学，虽然提及他的艺术才能，但是一掠而过，把目光主要投注在他的高——“傲”上。这只是一种性格的假象，经过接触、了解，作者注意到了他的“傲”性的“对立面”：“矮”——“柔”的一面。他的性格的主导面是很亲和的、很善解人意的。作者写他画画，不在于写他的绘画天赋和努力刻苦，而是表现他开初高兴得意的神情和被泼了冷水之后的“蔫”态。这又是一个性格的对立。他很“直”（接受批评），又很“鬼”（借书）；他喜“静”（画画），又好“动”（选修体育）；他不掺和（不参加画展），又爱显摆（把床铺布置得像画廊）；他细心清楚（铺位、衣着整洁），又粗心糊涂（鞋子穿反了）。此外，文中的“我”和“老健”的形象和性格，也是一个“二项对立”。在一篇短文中，能表现出人物性格如此多的侧面，且表现得较为自然、得体，实属不易。

巴尔扎克说：“就我所知，我的性格最最特别。我观察自己，如同观察别人一样；我这五尺二寸的身躯，包含一切可能有的分歧和矛盾。有些人认为我高傲、浪漫、顽固、轻浮、思考散漫、狂妄、疏忽、懒惰、懈怠、冒失、毫无恒心、爱说话、不周到、欠礼教、无礼貌、乖戾、好使性子，另一些人却说我节俭、谦虚、勇敢、顽强、刚毅、不修边幅、用功、有恒、不爱说话、心细、有礼貌、经常快活，其实都有道理。说我胆小如鼠的人，不见得就比说我勇敢过人的人更没有道理，再如说我博学或者无知，能干或者愚蠢，也是如此。没有什么使我大惊小怪的。”[①] 这些性格“特征”，其实可以应用到一切人的性格上，不同的只是性格的重心和行为的细节，是性格和行为背后的动机和意识（也包括无意识）。这种对人物形象的审美体认，需要在作品解读和写作教学中，引导学生慢慢地去领悟，使他们走出道德评价和社会评价的感知和思维模式，建立起审美感知和想象的观念，培养审美的“真实”观。

至于“二项对立”“结构”的审美分析，下文较为典型，可以为例：

说　树[②]

吴冠中

“夏木荫浓”，这是三十年代我投考江苏省立常州高中时的作文试题。当时感到这题太深奥，很难发挥。因之我每见到浓荫的树木，总会联系

---

① 转引自刘再复：《性格组合论》，上海文艺出版社 1986 年版，第60 页。

② 吴冠中：《说树》，见贾植芳主编：《现代散文赏析辞典》，上海辞书出版社 2003 年版，第 1040～1041 页；略有删节。

到那试题，想从中悟出点什么道理来。一直到学习艺术后，才深深体会到树木之美，其浓荫之迷人，但并未思索其哲学含蕴。

童年的故乡本有很多高大的树，孩子们谁也不理会树有什么美，只常冒险爬上高枝去掏鸟窝。后来树几乎被砍光了，因为树干值钱。没有了大树的故乡是多么单调的故乡呵，也似乎所有的老人都死去了，近乎凄凉。少小离家老大回的游子最珍惜老树，因树比人活得久长，抚摸老树，仿佛抚摸了逝去的故旧亲朋，老树仍抽枝发叶，它尚活着，它自然认识世世代代的主人，至于千年古柏古松，更阅尽帝王将相，成为读不尽的历史卷轴。

人们到树下纳凉，摆小摊，四川的黄桷树荫更是挑夫们中途最佳的歇脚处，那里还往往有小姑娘卖茶水。“斜阳古柳赵家庄，负鼓盲翁正作场”，如果没有了古柳，盲翁失去了卖艺的好场所。夏木荫浓固具郁郁葱葱之美，而冬天的树，赤裸着身躯，更见体态魁梧或绰约多姿之美，那纯是线结构之美，进入抽象美的范畴了。不少人沉湎于人间丰腴，不爱看冬天的树，因其荒秃。宋代画家郭熙几乎专画冬天的树，郭熙的画面充满强劲的筋骨，郭熙的世界是树之精灵的世界，是人之精灵的世界。

作为郭熙的后裔，我永远在探寻树的精灵。到江南写生，要赶早春，杨柳枝条已柔软，才吐新芽，体态袅娜，一派任东风梳弄的妩媚风韵，远看如披了轻纱，诗人说：柳如烟。黄山松背靠石壁，无地自容，为了生存呵，不得已屈身向前伸出臂膀，生命的坎坷却被人赞赏，说那是为了迎客、送客、望客。……滨江的大榕树，遍体垂挂着气根，蓬头散发，永葆婆娑风范；冰天雪地，白桦无寒意，回眸秋波，以迎稀客；四月天，北国的枣树依然光秃着乌黑、坚硬、屈曲的干枝，瘦骨嶙峋，傲视群芳。天南地北，我见过的树，爱过的树确乎不少，但大多叫不上名，相逢何必曾相识。有一回在贵州凯里地区的原始森林里爬坡，背着笨重的画箱，全靠两只手攀着树枝前进，有些树看来躯干结实，不意一抓却成灰，我摔跤滚下，几乎丧生，这是初次见到站着死去的树，寿终正寝，真正享受了天年。

能享天年的树毕竟不多了，人们懂得了植树的重要，“前人种树后人乘凉”，这是人类的美德，为子孙造福的职责。毁尽了树，人类自己也将毁灭，于是地球上只剩下高昌、交河、楼兰……树不仅是生命的标志，也是艺术的标志。生命之树长青，其实是艺术生命长青，人总是要死去的，艺术才能跨越时代，“秦时明月汉时关”的作者永存在艺术中。然而艺术极难成活，比树难活多了。人们说风格是人，也可说风格是树，像树一样逐渐成长。树的年轮是一年一年添增的，而风格的形成还往往不一定与岁月成正比，未必越老越有风格，但却绝对需要长年累月的耕作。众目睽睽，空头美术家满天飞舞，君不见在花篮簇拥的展厅中，有最长、最大、最小及用脚、舌、发制作的符咒。作者往往是三年、二年、一年成才的俊彦或美女。雨后多春笋，更多杂草，哪里去寻夏木荫浓处？天坛、太庙，依傍的是祖荫。

吴先生的这篇散文的“结构”，是由一系列“对立”的事物组成的：小时候看树——长大了看树；夏木荫浓固具郁郁葱葱之美——冬天的树，赤裸着身躯，更见体态魁梧或绰约多姿之美；江南妩媚、婆娑之树——北方乌黑、坚硬之树（内质美）；为了生存而“屈身”的树——站着死去的树（风骨美）；自然之树——生命之树；生命之树——艺术之树；风格的形成——岁月的流逝；长年累月耕作的艺术家——三年、两年、一年速成的艺术家；多春笋——更多杂草；个人探索——传统继承（祖荫）。

这一系列的“二项对立”的事物互相参照、相映成趣，在矛盾与和谐中，共同构成了“荫浓”的意义和文本之美感——“结构”的本身就具有意义和审美价值。

文本理论给我们的阅读教学带来了对文本图式的新体认。文本图式，作为主体表现素养的一个不可或缺的因素，言语表现从某种意义上说便是一种文本图式的复制与改造。所以，我国传统有“读书破万卷，下笔如有神”“熟读唐诗三百首，不会作诗也会吟”之说，这种多读必能写好的观点，实际上表达的就是人由读到写的迁移，是一种文本图式的建构和复制的过程。这种阅读，有明确的目的指向，是为了说、写的，这就是表现-存在论阅读。在科举教育中，更是从文章中抽象出文体模式，直接传授文体模式知识，并据此进行严格的写作训练。这也暗合于结构主义的思想方法。

我们也应该看到文本理论的局限。其特征“就文论文”，有利于开掘文本的形式美感价值，可是，从表现-存在论阅读来看，这种“成品”分析对言语表现的作用是不完整的，也是不得要领的。哈姆雷特就是哈姆雷特，对于写作来说只是知其然而不知其所以然。重要的是要通过文本分析，领悟哈姆雷特是何以成其为哈姆雷特的，或者说，莎士比亚何以能创造出哈姆雷特。这就超越了“就文论文”，超出了对文本形式的“内部”分析的范围。

表现-存在论阅读除了可以作上述的形式分析上的借鉴外，还要关注作者，不能见文不见人。否则，就会削弱阅读对表现的作用。**表现-存在论阅读教学对作者的关注，重心不是放在对文本意义的解读上，而应放在透过意义的层面，感悟作者的言语生命意识和特征，解读作者的言语创新和言语个性上。**

文本意义的解读，只是一个入口。**读者——这些现实中的作者或未来的作者，更须关注的是他人作品的创造性和言语生命个性，从优秀作品的与众不同的文本形式中体认作者言语个性的与众不同，这对于自己的言语表现才是最重要的。**意义层面的分析，作用主要只是在于提高审美和认知水准，虽然也能在表现上获得一些借鉴，但是，这主要是一般性的鉴赏、解读上的借鉴。对于言语生命的成长和言语表现来说，这很重要，但还不是最重要。最重要的是要从形式分析的意义解读中，分离出什么是作者言语生命的创造和特征，作品中最能体现作者的言语才华和精神创造力的是什么，作者为言语形式、文体贡献了什么。这是一种对言语精华的“提纯”。这对于读者的言语生命滋养和了悟是至关重要的。

表现-存在论解读，势必要打破文本形式的自足性，从客观主义和科学主义的桎梏中解放出来，走向作者的心灵世界和言语创造的行为过程，返回到作者的原始感悟和原生的创造冲动中去。文本形式，说到底是生命的对象化，是人的学养、心灵和精神的外化。虽然文本有其独立性，可以作为解读的依据，但是，从指向言语表现的阅读来看，不能不将文本与作者的创造意识和行为联系起来，不能不从文本中去洞悉作者的言语个性，从而获得一种写作上的精神感应，心灵和智慧的裨益及言语图式的建构。光知道鸡蛋好吃、鸡蛋和鸭蛋有什么不一样还是不够的，还得知道“这一只”母鸡是怎样产下鸡蛋的，怎样产出高营养价值鸡蛋的。

读吴冠中先生的《说树》，光知道这篇文章说的是对“夏木荫浓”的深刻感悟是不够的，还得思考吴先生怎么会产生如此深刻的感悟，他的这篇散文写作的心路历程是怎样的。借助对言语的细读，我们可以发现作者的言语创造、意蕴的孕育，首先得益于自己的学习艺术的经历，从自己一生对艺术真谛的探寻中，找到了一个独特的视角来看“荫浓”，这使他的理解有了其他人难以达到的深度。这就是他的这篇散文意蕴创新的基础。文章意蕴的创新，得益于视角的创新。试想，如果他不是从学习艺术的角度来理解何谓“荫浓”的话，这篇文章会有这么高的艺术价值吗？他的生命存活在艺术中，这是一篇生命之作，因此，从更加广泛的意义上也可以说，生命是言语创新之源。

《说树》所体现出的言语个性，除了上面分析的一系列的“二项对立”外，还在于他寓深刻的艺术哲学的含意于自然朴实的叙事和形象生动的“隐晦”的描写之中，用感性的记忆和形象的呈现来表达理性的思考和哲理的洞察。因此，这篇散文很耐读，不同的读者，可以读出不同的理解，或深或浅，或近或远。从语言层面来欣赏，这是一篇美文，言辞有画意，浓淡相宜；不是诗，但是飘溢着缕缕空灵的诗意。可以理解“荫浓”指的是“美”，可以认为是指美感的多样化，可以理解为美不但是外在的而且是内质的，也可以理解为不是媚态而是一种劲傲的风骨，可以理解为是一种长期磨砺后形成的个人风格，可以理解为是一种超越时空的永恒的艺术价值，可以理解为是一种世代相承的艺术文化传统……有没有艺术阅历的读者，想必读起来，理解也还会有所差别。他没有直接用抽象的语言说出什么是他所理解的“荫浓”，可是，一切尽在不言中。他的文，也如画。

解文，即解人。这样的解读，就在感悟作者的言语生命个性的创造过程中，将阅读和表现打通了。在阅读教学中，要把眼睛盯在此文本与彼文本（同类文本）的差异性上，寻找该文本与其他文本不一致的地方，这不一致的地方往往就是作者最具创造性、最具言语生命个性的地方。

五　读者理论：
一千个读者有一千个哈姆雷特

读者理论和作者理论、文本理论的一个明显的差别在于，读者理论认为解读是多元的，而作者理论和文本理论都认为解读是一元的，有一个“标准答案”。在作者理论和文本理论下的读者是不自由的；相对来说，在读者理论下的读者，解读是较为自由、解放的。在阅读现象学、接受反应美学等读者理论视角下，哈姆雷特既不属于莎士比亚，也不属于文本，哈姆雷特不是一个，而是无数个，一千个读者有一千个哈姆雷特。读者理论的兴起，标志着读者主体意识的觉醒，转向读者自我崇拜。这是一场读者与作者、文本的话语权力的角逐和重新分配。

我国传统解释学就有“我注六经”和“六经注我”之争。简而言之，“我注六经”属作者理论和文本理论，“六经注我”属读者理论。前者的读者是被动的，后者的读者是主动的、能动的。在先秦，两种解读法往往不是截然对立的，有时也是并行不悖的。孔子、荀子、墨子、庄子等都是这样。孔子等儒家学者的表现最为典型，一方面十分注重作者的人格道德修养，因人论文，以德论文，极力彪炳自己是“述而不作，信而好古”，大都打着“法先王”“弘大道”的正统卫道的旗号；另一方面又不是很注意作者在文本中说的是什么，并不是那么的教条主义、唯命是从，对文本的解读实在是很随意自由的。这大约也是一种双重人格的体现吧。对古代圣贤重新解释传统思想命题，有论者是这么看的：

> 在历史观方面，利用“天命”解释权的下移，在对“天命”进行重新解释的过程中，剔除天命神学中天的人格神含义，把“天”和“天命”范畴改造得富于哲学意味，用来概括关于社会方面的知识；把“天道”范畴改造得富于哲学意味，用来概括关于自然方面的知识。
>
> 在政治观方面，从理性出发，对传统的“礼”概念做出一系列的新解释，改变其原始宗教性质；将“礼”从原始宗教仪式中分化出来，使之成为一个政治学的范畴，以便人们立足现实需要对它做出自己的解释，或者利用它来总结政治经验，规范社会生活，表达见解，开展争论。
>
> 在道德观方面，在旧的等级制度崩溃、新的阶级关系产生，以及新的统治者纷纷以“任人唯贤”取代“用人唯亲”的社会背景下，虽然还沿用旧的名词术语如“忠”、“信”、“仁”、“敬”之类，却给出新的解释和新的界说，从而融进新的内涵，转成新的规范，逐渐建立起新的伦理范畴。①

这大约在各个时代都是一种普遍的情况，后一时代对前一时代的历史文化都会做一定程度的修正，都会做出符合当代需要的解释，都会增加当代人的新的认识。由于时代变了，不论这些学者是否尊重传统，也不论他们的主

---

① 参见任继愈主编：《中国哲学发展史》（先秦），人民出版社 1983 年版，第 123～158 页。引自周光庆：《中国古典解释学导论》，中华书局 2002 年版，第69～70 页。

观意向如何，是否有意识地持否定或批判的态度，他们的历史观、文化观，在继承传统的同时，都会注人自己的判断和理解。即便是持“我注六经”的观点，也不可能真正做到客观地反映。

这种情况，在先秦时期的社会活动中，集中体现在对《诗》（指《诗经》）的解读上。由于《诗》是当时教育的最主要的典籍，位居“六经”之首，因此它在人们社会生活和言语活动中都具有重要作用，《诗》中的言辞，被普遍运用到社交和外交活动的口语交际中，在与人交谈中，能引《诗》说《诗》是有文化、有教养的体现。孔夫子对他的儿子鲤说：“不学诗，无以言。”① 对他的学生说：“兴于《诗》，立于礼，成于乐。”② “诵《诗》三百，授之以政，不达；使于四方，不能专对（独立地应对谈判）；虽多，亦奚以为?”③ 在当时，《诗》是很实用、很功利的，不像今天这样作为一种文学审美表现来感知。

《诗》的实用价值主要体现在两个方面：一是外交酬酢和谈判都要用《诗》中的语言来表达自己的意思，这叫作“赋诗言志”。“赋诗言志”的“赋诗”不是作诗，一般是指在外交场合或宴会上，用《诗》中某句或某几句以暗示的方式代替说辞，委婉地表达自己的意思，进行交流。这种方式往往比直接的言说更有感染力和说服力。如果不会“赋诗”，就会招来别人的耻笑、轻视。如《左传·昭公十六年》记载：郑国的六卿（六位大臣）宴请晋将韩起，席间，韩起请六卿都来赋诗，让他了解郑国的志向。子齹吟《诗经·郑风·野有蔓草》，韩起说：年轻人很不错，我对你寄予厚望。子产吟《诗经·郑风·羔裘》，韩起却说：我承受不起这首诗。子大叔吟《诗经·郑风·褰裳》，韩起说：有我韩起在，怎么敢劳驾您去求别人呢？子大叔起立拜谢，因而韩起又说：太好了，你吟的诗内容很对。如果没有这首诗的暗示，我们晋、郑两国的邦交可能要中断呀。接着是子游吟《诗经·郑风·风雨》，子旗吟《诗经·郑风·有女同车》，子柳吟《诗经·郑风·萚兮》，韩起听了很高兴地说：郑国有希望了，诸位大夫受君命款待我，你们吟的诗都在《郑风》中，都表达了真挚的情谊。诸位大夫的子孙，从此世代执掌朝政，贵国可以无忧了。

---

① 《论语·季氏》。

② 《论语·泰伯》。

③ 《论语·子路》。

一是在言论或著述中往往引用《诗》中的诗句作为论据，论证自己的观点，这叫作“著述引诗”或“引诗说理”。如《左传·襄公三十一年》记载：卫国的北宫佗随同卫襄公到楚国访问，当路过郑国时，郑国很有礼貌地慰劳了他们。后来，北宫佗对卫襄公说：“郑有礼，其数世之福也，其无大国之讨乎！《诗》云：‘谁能执热，逝不以濯。’礼之于政，如热之有濯也。濯以救热，何患之有？”意思是说：郑国很讲礼节，这是他们几代积下的福泽，绝不会有大国来侵略他们吧？《诗》说：“谁能耐得住苦热而不澡浴以求凉快的呢？”“礼”对“政”就像热的时候澡浴一样。用澡浴可以来消热，还有什么忧患的呢？这里引用《诗经》，就是为了论证要以礼治国的道理。

当时不论是“赋诗言志”还是“引诗说理”，对《诗》的解读，都遵循着一条共同的方法，这就是《左传》襄公二十八年中说的“赋诗断章，余取所求焉”。断章取义、牵强附会，可谓先秦时期读《诗》的一个普遍法则。我国读者理论由此可见端倪。孔子的时代，“赋诗”已经不是时尚了，但是，在《论语·八佾》中，仍可以看到孔子和他的弟子采用这样的方法解读：一次子夏请教孔子“巧笑倩兮，美目盼兮，素以为绚兮”是什么意思，孔子回答说“绘事后素”，即在白色的底子上好画美丽的图画。子夏马上醒悟过来说：“礼后乎？”就是“先有仁义，才能产生礼乐”。原诗句的意思是夸赞美人（庄姜——卫庄公的夫人）的天生丽质、容颜俊俏，孔子却用来说明仁义和礼乐的关系，变成了一种道德说教。孟子、荀子等也是如此。《孟子·梁惠王下》说到齐宣王讲自己有“好色”的毛病，孟子则引用了《诗经·大雅·緜》中的诗句，表明周之太王也好色，但是他能推己及民，使人民“内无怨女，外无旷夫”。由此引出自己的道理：“王如好色，与百姓同之，于王何有？”原诗的字面没有这层意思，孟子用的是他自己的引申义。《荀子·大略》说：“诸侯召其臣，臣不俟驾，颠倒衣裳而走，礼也。《诗》曰：‘颠之倒之，自公召之。’”诗句出自《诗经·齐风·东方未明》，这原来是讲劳工怨恨官差的，意思是，天还没亮，监工就来催出工，劳工慌乱间把衣服穿颠倒了。《荀子》中却用来作为附会君臣的礼仪。

汉以后，“引诗说理”之风益盛，如《春秋繁露》《列女传》《淮南子》《说苑》《新语》等书，都是大量引《诗》，运用于说明伦理、道德、政治和天文、地理风俗、古今得失等，应用范围甚至还超过了春秋战国时期。“见仁见智”“诗无达诂”的观念十分盛行：“一阴一阳之谓道，继之者善也，成之者性也。仁者见之谓之仁，知者见之谓之知”。[①]“所闻《诗》无达诂，《易》无达占，《春秋》无达辞。”[②] 唐宋以后的对经典的注疏，多多少少都带有读者或移花接木或偷梁换柱的误读。

在《国语》中，还可以看到大量对其他典籍的断章取义、移花接木的“随意”解读和运用。如：

> 智襄子为室美，士茁夕焉。智伯曰：“室美夫！”对曰：“美则美矣，抑臣亦有惧也。”智伯曰：“何惧？”对曰：“臣以秉笔事君。志有之曰：‘高山峻原，不生草木。松柏之地，其土不肥。’今土木胜，臣惧其不安人也。”室成，三年而智氏亡。[③]

智伯所引用的古书中的诗，其中的“木”和“土”的意思，和“土木胜”（大兴土木建造宫室）的“土木”的意思是完全不同的。智伯不过是随意抓一句诗来附会自己所要表达的内容。这表明了当时“六经注我”的方法是很流行的。这些诗文的引用本身就是目的，是否引用、类比得贴切、准确不是太重要——沾点文字上的边，有那么点意思就成。在言说中点缀上几句诗文只是为了迎合时尚，有如敲门砖，可以看作是“有德者”、文化人的名片。

这些便是中国读者理论的源头。在尊重传统文化、原道、传道、复古的表象背后，是以读者为本位的断章取义、“六经注我”式的率性解读。我国古代的读者理论就已经带有解构批评的意味，是一种隐性、巧妙地对文本的解构和颠覆，是一种文本误读、乱用，表面上是“引诗说理”，实际上是强词夺理或蛮不讲理的牵强附会。读者和时间是解构和颠覆的共谋。这实际上也表明了作者理论和文本理论所要求的“客观性”带有某种的虚幻性。由于阅读时作者的不在场，文本能指和所指存在的模糊性、不确定性，以及在时空转换上产生的语境语义变异，使读者可以乘虚而入，把水搅浑、混淆视听、以求一逞，在视界融合中形成自己的独特的、“歪曲”的理解——因为解读者和受众心有灵犀，醉翁之意不在酒，能引“诗”便符合有身份、文化者的游戏规则，只要不是太离谱就成。

西方读者理论的代表是文学现象学。现象学（phenomenology）是西方20世纪有重大影响的哲学流派，其创始人是德国犹太人胡塞尔，他的现象学

---

① 《周易·系辞上传》。

② 董仲舒：《春秋繁露·精华》。

③ 《国语·晋语》。

方法论是这一时期诸多文论流派的思想基础。海德格尔、萨特、英加登、马尔库塞这些在哲学、美学、文论等领域有着非凡贡献的人物，都是他的学生。现象学文论包括阅读现象学、文学阐释学、接受美学和读者反映批评等。英加登、杜夫海纳、日内瓦学派、海德格尔、萨特、伽达默尔等人的文论，实质上都是具有现象学方法论的文论。现象学文论内部虽有不同的学派，但是在“意向性”和“回到事物中去”这两点上，他们是一致认同的。

现象学文论注意研究作品和读者的联系，反对文学研究仅从文本入手，而注重读者研究。它把文本和读者都归入一个研究的思维系统内，认为读者与作者、文本的地位是平等的，没有主次高低之分。没有读者，作者和文本也就不存在。读者和阅读，批评家和评论，受到了前所未有的关注。日内瓦学派最优秀的评论家布莱这样说：“在一间空屋子里，桌子上有一本书，正等着它的读者。我觉得这是一切作品的最初的境况。在某人开始阅读之前，只有一个纸做的东西，它只不过是以它在某处的无生命的在场表明它作为物的存在。就这样，在图书馆的书架上，在书店的橱窗里，书等着有人来把它们从其物质性和静止性中解脱出来”①，没有作者和阅读，作品是死的，读者把作品救活了，让它死灰复燃获得生命，使之在世界中放出光亮乃至光芒，把它人文化了，使之成为人的文本；“作品在我身上体验着自己。在某种意义上，它甚至在我身上思考着自己，申明着自己。”② 接受美学的重要学者伊瑟尔也说：“只有在阅读中本文才开始展示其潜势。读者赋予本文以生命，即使‘意义’早已成为历史，与我们无甚关联，也仍然有待阅读的生成。”③ 这表明了读者的地位实际上已跃升到了作者和文本之上。现象学文论没有割断文本和作者的联系，但是又有所侧重，注重作品与读者的关系、感受的开放性和审美知觉。这些，既是它的优点，也是它的缺点。因为它过分强调阅读的功能，过分强调读者在文本意义生成上的作用，这就必然贬低了作者和文本研究的功能和价值，在作者、文本和读者的复杂关系的认知上留下了某些空白。

读者理论的一些观念，对阅读实践有着重要的意义，如文学阐释学的前

---

① ［比］乔治·布莱著，郭宏安译：《批评意识》，广西师范大学出版社 2002 年版，第 237 页。

② 同上书，第 245 页。

③ ［德］沃尔夫冈·伊瑟尔著，金元浦、周宁译：《阅读活动——审美反应理论》，中国社会科学出版社 1991 年版，第 27 页。

理解、理解、解释、艺术性分析等，接受美学的第一文本与第二文本、不确定性和空白、召唤结构、期待视野等。这些都是语文教师需要了解和领悟的，对于提高对文学文本的认知和教学，有重要意义。

前理解（pre-understanding）　也作先见，先结构。是指读者在阅读一部作品前已具备的认知结构。人们在以往人生经历中所积累起来的感性、知性和智性的素养，作为阅读的背景发挥作用。每个人因为前理解的不同，导致了对作品理解的不同。海德格尔认为，前理解包括先行具有、先行见到和先行掌握（或称前有、前见和前设）。先行具有，指的是人生存在一定的社会、历史、文化环境中而形成的思想观念，即社会意识形态对人的先行影响和占有；先行见到，指的是这种思想观念的具体化和个性化，体现了个人特殊的心理、习惯和思维方式，读者个人化的观念，形成了对作品的独特理解；先行掌握，指的是在理解活动开始时所做的较为具体细致的假设、预期，在理解过程中不断地加以修正，使其合理化，往往是用其他学科的概念对文学学做出假定，形成了对文学作品的不同理解。伽达默尔则用"成见"这个概念表明了与"前理解"相一致的认识："我们存在的历史性产生着成见，它实实在在地构成我们全部体验能力的最初直接性。成见即我们向世界敞开的倾向性。"[①] 就是说，人的阐释既受制于历史，又向历史敞开自己。前理解或成见，是在不断地变化、形成的，对理解有着支配权，使理解变得仁智互见、异彩纷呈。阅读能读到什么，在相当程度上取决于前理解结构。因此，阅读教学，也可以理解为是建构学生合理的前理解结构的教学。

理解　其基本精神是"对话"。"……对话中的理解就不只是自我表露和陈述一己之见，而是向一种新的融合过渡，彼此融合我们不复是原来的我们了。"[②] 理解的一个重要概念是"视界融合"（Horizon Verschmelzung），即指不同的历史情境和不同的读者，都有不同的视界。这个视界是开放的，理解者是在不断的对话和交流中扩充自己的视界，组成一个共同的新的视界，使对话双方从各自的特殊性上升到一个更高的视界。读者与文本的对话是无休止的、永恒的，它不是以一种观点取代另一种观点，而是在交互中改变了各自原有的观点，融合、生成一种新的意义。对话有三个特征：一是文本意义

---

① ［德］伽达默尔：《真理与方法》，纽约 1975 年版，第 261 页。转引自张首映：《西方二十世纪文论史》，北京大学出版社 1999 年版，第 247 页。

② 同上书，第 248 页。

和解读意义的无限性。文本的能指是一个潜在的不确定的意义世界，其所指具有或然性。读者的前理解是不同的，且在不断地更新和建构，解读也具有或然性。二是文本意义产生的合作性。文本意义是在文本和读者的对话和视界融合中生成的，失去其中的一方，没有二者的合作，就没有意义的生成。三是意义生成的当代性。文本和读者都处于不同的历史语境，这就必然产生差异和冲突。对话导致了差异和冲突的平衡和消解，读者总是根据现实来理解文本的，读解必然是以当代的价值观为标准的，新的意义的生成也就具有当代性。

理解是对语言的理解，语言“既是桥，又是墙”，既敞开，又遮蔽。所以，理解首先是和语言遭遇，要通过语言进入文本，和文本、作者进行对话和视界融合。有必要辨明的是读者理解的倾向性。倾向于完全建立在作者和文本视界上的理解，是客观主义的；倾向于完全建立在读者视界上的理解，是主观主义的。本体论阐释学者认为，在视界融合中的理解，是客观性和主观性兼具的理解，是在作者和文本基础上的读者个人的理解。

理解是在阅读中进行的。姚斯将阅读分为三个层次：初级阅读在审美感知层次进行，主要是对词、词组、句段、节奏、韵律、对话、起伏及其情感进行审美感知；二级阅读在反思层次进行，以理解为中心，是一种理性思考，仍在文本层次上进行；三级阅读在效果历史中进行，它超越了文本，进入到与其他资料的关联域中，显示出一种历史语境，并把前两种阅读纳入其中。这三种阅读和解释，是以文本的审美特征为前提的。以往语文教学一般不以审美特征为前提，且停留在初级阅读层次上进行。

阐释与历史　这是对文本理论切断了与外部联系的反拨，是将阐释和历史结合起来。读者理论认为，历史是一种时间的存在，对文本的理解离不开时间性。时间是过去、现在、未来的交流，阐释是在现在对过去和现在做出的自我释义，从而也呈现出走向未来的超越。理解便是在这三维时间中进行视界融合的。过去的优秀作品在现在还有读者和效果，必须在效果历史（Wirkungsgeschichte）中理解。阐释者在历史与当代的关系链条中展示文本的效果，显示其生命力和意义。优秀的文学作品在过去和现在具有永恒的审美价值，在未来也一样是有永恒的审美价值的。文学史也是当代史，它体现的也是文学作品在三维时空中的因果关系。文学史每一次的重写，都是在“新的现在”的重写。人不能摆脱自身的历史性，阐释和理解也就不能摆脱历史性。

艺术性分析　艺术性分析倚重于读者的“艺术经验”。艺术经验包含两方面的内容。一是艺术本身的经验，艺术显示出的历史、人文经验，属于历史、文本的；一是读者对艺术品的经验，读者显示出的历史、人文经验，是属于现实、读者的。艺术作品由于读者的介入而成为一个开放的整体的存在物。一代一代的读者走进开放的艺术作品中，使艺术品的生命得以一代一代地延伸，给予艺术品以存在活性。作品因被阅读而存在和放大，因而也意味着读者的存在。读者使作品的“真义”不断地显现，常读常新。

关于艺术经验，伽达默尔分析了游戏、象征和节庆的艺术性。他认为，游戏是艺术作品的存在方式。艺术品体现了游戏的自我表现、自为主体、自以为是、自我运动、自己引人关注和受人欣赏。游戏体现了游戏和旁观者、文本和阐释者之间相互交流关系，体现了作品与受众的同一性，共同参与艺术的“游戏”。象征，则体现了文本的多重性和多义性。作为象征的文学作品，潜藏着多种解释的可能性，读者可以从不同的方面去揭示其不同的意义。象征的任务在于重建。节庆显示的是“特定时间”，是一种人们共同参加的集体活动，把分散的人汇聚在一起，偶然性使人可以在某个瞬间获得比平时更多的东西。艺术的时间经验在于使人们学会了停留下来观赏，这样艺术作品就显得更加生动丰富。

艺术性的分析，读者需要了解艺术发展历程中的历史和人文，需要自身经验的参与，这才能不断地创造和生成新的意义。这里着重分析的三种艺术经验，都是为了阐明艺术作品具有共同参与性和多义性，需要读者从作品的无穷的可能性中，发现属于自己的独特的解释。在这两个方面上，语文教育都做得很不够，在作品解读上，师生的两种经验的准备和介入都很不够，因此，从作品中读出的意义是贫乏单调的。这可以在上述三种艺术经验中去体会解释的差异性和丰富性。

第一代码与第二代码（又称第一文本与第二文本）　第一代码指作者创作的文本，第二代码指与读者发生关系的审美对象。伊瑟尔说“文学本文具有两极，即艺术极与审美极。艺术极是作者的本义，审美极是由读者来完成的一种实现”①。“以本文的图式作为第一代码；同时以审美对象作为第二代

① ［德］沃尔夫冈·伊瑟尔著，金元浦、周宁译：《阅读活动——审美反应理论》，中国社会科学出版社 1991 年版，第 29 页。

码，等待读者的创造”[①]。他引述了波斯纳的话：“它（审美对象）并不先在于将其具体化的本文，审美对象只在本文中集合。并不是所有的审美创造活动的介入者都意识到了审美对象，它只是在阅读活动中才得以确定，主要是通过第二代码的解码活动，才产生读者阅读时感到的审美愉悦。”这里包含着三种要素：作为第一代码的作品；作为第二代码供人阅读的作品；被读者对象化了的作品，即融入了读者的前理解的、由作者和读者合作完成的新作品。

不确定性和空白　伊瑟尔借用英加登的文学现象学的概念，说明文本与读者接受的关系。英加登认为，文学文本有许多未定点，如情节缺失、心理疑问、意义不定等，有待于读者的填补，使之具体化。伊瑟尔说：“我们称之为空白的东西导致了文本的未定性。”[②] 他说一般情况下，关联性是文本建构的基础，它在解释性文本（实用文本）中受到严格的审视；唯其如此，解释性文本中有关某一特殊对象的论点才得以发展，消息才得以传播。……但空白打破了这一联结性，表明了我们使用的日常语言的期待的中断。联系的中断，使空白得以在文学文本中实施。这些空白不是作为一种不足，而是作为一种使文本图式得以结合为一的暗示而被解读的，因为它是形成语境、赋予文本以连贯性的意义的唯一途径。

召唤结构　上述讲到的本文的“不确定性”和“空白”，这些不确定和空白之处，就是预留给读者来确定和填充的，意味着文学文本是一个期待着读者进入的空筐结构。G. 格林总结了文本与读者的交流模式，他把作品（S）的意义结构分成两极：作者赋予的意义（A），接受者领会并赋予的意义（R），即 S＝A＋R。这就是“一千个读者有一千个哈姆雷特”的原因所在。

萨特说，写作是一种吁求，呼吁读者的合作。一旦读者出现了，进入了文本的空筐之中，读者变成了作品意义创建的主角。姚斯认为，一部作品的意义，本质上是读者赋予的。苏联学者梅拉赫也认为在阅读和批评活动中，读者处于中心地位。

期待视界　类似于“前理解”。姚斯借用了波普尔和麦恩斯姆的“期待视界”（也译作期待视野、期待情境）这个概念，指读者在解读前具有的审美经

---

① ［德］沃尔夫冈·伊瑟尔著，金元浦、周宁译：《阅读活动——审美反应理论》，中国社会科学出版社 1991 年版，第 111 页。

② ［德］沃尔夫冈·伊瑟尔著，金元浦、周宁译：《阅读活动——审美反应理论》，中国社会科学出版社 1991 年版，第 220 页。

验基础上的阅读期待。读者在阅读前一般都会对作品有所预期，是自己原有的阅读经验、习惯和态度的延伸，将文本纳入预设的理解框架中，作有选择的解读。这可能导致两种情况：一种是文本与读者的预期相冲突，文本产生反弹，拒斥读者的进入，意义无法产生。一种是文本与读者的预期有所契合，相互接纳，进行对话和融合，意义生成。就是说，不是一切的解读都能顺利地达成的，这需要读者必要的学识和经验的准备，文本对读者的“召唤”也是有条件的，不是来者不拒，文本有文本的“原则”。读者纵然有所准备，也需要适时地扩展、调整自己的“期待视界”，使之与文本的视界能更好地相融通。

这些读者理论，很容易给人一种错觉。实际上，如前所述，也就有人倾向于认为阅读应以读者为中心的，在读者和作者、文本三者关系中，对于意义的生成来说，读者是起决定作用的。这种认识显然是对作者理论和文本理论的“矫枉过正”，虽有一定的必要和合理性，但是缺乏辩证观。正如接受反应论学者韦勒克、沃伦所指出的：审美价值到底在哪里呢？是在诗里呢，还是在诗的读者那里呢？或者是在诗与读者的关系之中呢？如答在诗的读者那里，那就是主观主义的看法。这种回答没有把反应的性质与对象的性质关联起来。这种回答把注意力从对对象的观照和享受上移开，而转向了自我的，甚至是隐私的和一般的自我感应和感情激动，在这一意义上，可以说这种回答是心理主义的。他们同时也反对形式主义者坚持的看法：对诗的评价，就是任何有能力的鉴赏者对结构性地呈现于诗中的审美价值的性质及其关系的经验和认识。他们认为这也包含了一种倾向，在民主或科学的名义下否认任何没有在最完全的意义上为公众所证实的客观性或“价值”。这样呈现出来的“价值”是很难有什么价值可言的。他们还反对将文学批评分为对立的“评判的”和“印象的”批评，或“注释性的”和“判断性的”批评，而主张作另一种不相对立的区分：显明的判断和含蓄的判断，感性的判断和理性的、推断性的判断，这些判断之间没有必然的矛盾。[①] 这种认识注意到了读者理论和文本理论各自的局限，注意到了以往文学批评中对批评方法的截然对立的划分，关注其内部的联系和相关，自然是较少片面性的。

---

① 参见［美］韦勒克、沃伦著，刘象愚、邢培明、陈圣生、李哲明译：《文学理论》，生活·读书·新知三联书店 1984 年版，第 287～289 页。

六　从读者介入解读到读者言语生命意欲的扩张

在表现-存在论阅读视界下，读者理论主张读者介入解读，将文本作为审美感知的对象，在视界融合中去生成意义，体现了一定的言语创造性，这最有利于从解读到表现的言语智能迁移，和由读者向作者身份的转换。因此，读者理论是较有表现-存在论价值的。读者理论宣示的读者权力，这表面上看不过是解读重心的转移，而实际上向着读者主体性的发展和言语表现欲的张扬跨出了一大步。这一步，也跨越了阅读与表现、阅读与写作的界限。

作者理论和文本理论虽然也能在某些方法上给阅读教学以积极的影响，但是这种影响大多是操作层面的，很少是根本性的。其实，以往的阅读教学，就是以作者理论和文本理论为基本的认知背景的。标准化解读，话语权力的不对等，读者主体的缺席，就是这种认知背景导致的必然结果。

读者理论给阅读教学带来的则是巨大的观念上的冲击。它给解读的“平等对话”提供了理论基础。上述读者理论在以下这些方面给我们以启示：

首先，读者从默默无闻的聆听者，一跃成为与作者、文本平起平坐的合作者，这一地位的改变令人振奋，也使人印象深刻。实际上，读者不但成为平等参与者中的一员，甚至还占有了一定的心理优势。正如评论家李健吾先生所言：“诗人的解释可以撵掉我的或者任何其他的解释吗？不！一千个不！幸福的人是我，因为我有双重的经验，而经验的交错，做成我生活的深厚。诗人挡不住读者。”[①] 由此可以看出，面对诗人——作者，读者是充满自信和自豪感的。当李先生对《断章》一诗的解读（认为题旨为“装饰”二字），与作者卞之琳的“原意”（认为题旨为“相对”二字）相左时，他“得意忘形”、当仁不让，对诗人的指责不屑一顾，美滋滋地当起了“上帝”。他为读者自我找到了值得骄傲的理由：诗人只拥有一重的经验，而读者拥有双重的经验，比作者的生活更为深厚，因而也应拥有对文本更大的解读权。“幸福的人是我”“诗人挡不住读者”，可以看作是读者自我崇拜的自白。读者不再仰视作

---

① 转引自蒋成瑀：《读解学引论》，上海文艺出版社1998年版，第217～218页。

者和文本，而是俯视作者和文本。

在语文教学中，读者地位的改变意义重大，有利于学生在阅读心理上自我认同，与作者和作品进行有尊严的平等对话。对文学作品的解读，学生也应该成为名副其实的“上帝”，他们完全可以有自己对文本的理解。要使学生从解读中感受到作为读者“上帝”的自豪，语文教师是否意识到这一点，是否注意去培养学生的阅读的尊严感和言说欲，是教学成败的关键。

其次，前理解（“成见”）是一个很重要的解释学概念，是读者能否成为真正的“上帝”的前提。读者能读出什么，能否有自己的创造性解读，读得怎样，取决于认知图式的建构。从这个意义上说，语文教学的过程，可以认为就是一个学生良好的前理解结构的有效建构过程。读诗，就要建构对诗的前理解；读小说，就要建构对小说的前理解；读剧本，就要建构对剧本的前理解……否则，就不理解。不具备基本的前理解，对文本就没“反应”、不理解，什么尊严也就都没有了，也就当不成“上帝”。因此，帮助学生建构合理的前理解结构，并让其发挥出最大的效用，是阅读教学的一个重要任务，是阅读主体建构的认知基础。

值得注意的是，前理解对于阅读的作用也有两面性，它的负面效应同样不可忽视。前理解也可能导致对阅读的遮蔽、影响干扰对文本的解读。在我国传统文论中，就有去蔽、解蔽之说，在《荀子》中有一专篇讲“解蔽”的，详细列举了人们所受到的十种蒙蔽：“欲为蔽，恶为蔽，始为蔽，终为蔽，远为蔽，近为蔽，博为蔽，浅为蔽，古为蔽，今为蔽。”在《庄子·齐物论》中也谈到与“蔽”相近的一个概念——“成心”：“夫随其成心而师之，谁独且无师乎？”就是说，谁都以自己的成见作为判断的是非标准，谁没有自己的标准呢（谁都有标准，等于没标准）？当然，不论是谁，这种“蔽”总是不同程度地存在着，即便去掉了旧“蔽”，还会产生新“蔽”，以往获得的知识，都有可能成为学习新知的“蔽”，必然会造成阅读的障碍，在阅读中需要尽量地祛除“成见”对解读造成的负面效应。

在阅读教学中，最有可能使学生受“蔽”的，一是教材、教参，一是教师。因此，在教材和教参编写中，就要注意预防学生的解读受到“专家”观念的先在的影响；对于教师来说，就更不能将自己的观念和结论强加给学生。相反，教材和教师负有帮助学生解蔽的责任，在可能的情况下，要尽量对“蔽”（或“成心”）进行批判或解构。在今天的语文教学中，不论是教材、教参，还是教师，大都扮演的是“蒙蔽者”的角色，合伙把学生押进、囚禁于“成见”牢笼。

第三，第一代码和第二代码（第一文本和第二文本）的区分，在阅读教学中很重要。以往的教学，我们只是把作品看作是语义分析、理解的对象，没有意识到作品也是一个审美对象。师生应懂得没有被阅读的文本是属于作者的，一旦摆在我们面前，该文学作品已然不属于作者，是作为审美对象存在着，期待着我们介入和创造，解读是一种审美感受。如果读者没有参与作品的意义生成，就不能算是真正的阅读。

这样，整个阅读的观念就会发生改变，解读行为不再是被动的理解、吸收，而是能动的参与和创造，多元解读的局面自然就出现了。在语文教学中，如果我们能明白文学作品的阅读至少有一半的意义是我们（读者）赋予的，大约就不会有标准化解读，不会有千篇一律的中心思想、段落大意和统一的分段和分层次等愚蠢之举。学生知道了自己的作用一点不亚于作者，作者还有求于自己，也就有了作为阅读者的自豪感和成就感，他们的言语创造力和想象力就会尽情地挥洒出来。

第四，不确定性、空白和空筐结构这些概念的存在，对解读和言语创造力的养成至关重要。在文学作品的片段性叙述中增加了大量的空白，那些缺失的环节是不断地激发读者的想象构建功能的源泉。文本需要一个综合过程，文本的连贯性是依靠读者的想象活动来完成的。空白结构这种实现过程是与日常运用的言语背景对立的；它打乱了读者通常的语言期待，读者发现，如果他能够陶醉于文本之中的话，他就必须对文本进行再阐述。对不确定性的选择和想象，对空白的填充，对空筐的进入，这不但是解读所必需，而且是言语表现和言语创造所必需。

是否留有空白，是实用文本和文学文本的一个重要差别。空白存在的意义，不但表明了文学作品的阅读是一个对文本的综合过程，需要对文本做出自己的阐述，而且，它还对读者的作品整体感知和构建能力，对想象力的培养都极有助益。语文教学对文学文本阅读的“不确定性”“空白”“空筐结构”等观念的认识，其作用已超出了解读本身，有利于学生的言语想象力和创造力的培养与迁移。

总之，读者理论给表现-存在论阅读展示了诱人的运用前景。它既给读者以最大的恩宠，让读者享有了从未有过的尊严，在作者、文本、读者的三角关系中感受唯我独尊的荣耀，使其可以尽情地对作品品头论足、说长道短，而无须顾忌作者的冷眼；同时，也是对读者的一种催逼和榨取，逼迫读者面对作品的模糊、空白，不得不调动自己的阅读经验和生活阅历，完善自己的前理解，进行与文本之间的视界融合，充分发挥想象力和创造力，做出自认为满意的解释。

表现-存在论阅读教学，就是要祛除一切遮蔽，敞开作品的“空筐”，召唤学生进入，用说或写的方式，来诠释作品。由于优秀的作品大多已被前人、他人无数次地诠释过了，因此，在教学中，教师应尽量避免学生受到先入之见的影响，要把教参、作者、学者的解读悬置起来，让学生直接面对作为第二代码的“文本”，畅所欲言。即便这样，学生所做的诠释，也许还是难逃“重复”的厄运，不要紧，只要是他自己的“初感”，说的是自己的见解，尽管“重复”，也一定多少有一些源于自己的期待视野，有表达得与众不同之处，这便弥足珍贵。例如，下面这篇就是一位学生对《水浒传》的解读：

戏说《水浒》

谢燕燕

我不喜欢《水浒传》，真的，一点也不，我只是被迫约略地看了一遍《水浒传》，也许是我目光短浅，也许是我偏激，对于梁山好汉，我不仅没有深感佩服，反而只感到一个字——寒，透彻心扉的寒冷，我痛恨他们。

在《水浒传》中，女人是一个附庸，是绊脚石，梁山一百单八将号称英雄，却根本不曾把女人当人看，彻底忘了自己也是女人生养的，忘了每一个英雄背后都有一个英雄的母亲。而可怜的女人也很听话地不把自己当人看，男人叫她们往东她们就不敢往西，男人叫她们往北她们就不敢向南。试问在《水浒传》中出现的女人几个有好下场：潘金莲、潘巧云是淫娃荡妇，活该被人开膛破肚；孙二娘、顾大嫂是母夜叉、母大虫，有勇无谋，只能充当狠婆娘的角色；最可悲的是一丈青扈三娘，貌美如花，英姿飒爽，武艺超群，耍得一手好刀法，用现在的说法叫酷毙了，可是她倒好，全家人让李逵杀个精光，她反而认了宋江之父为父，认了宋江为义兄，还让宋江把她指配给曾是她手下败将的王矮虎，自自然然地入了伙，压根就忘了灭门之仇，就这样任九族的血在刺目的阳光下流淌成河。天理何在，什么农民起义，根本就是草菅人命。也许这就是所谓的女人头发长见识短吧。在一个男尊女卑意识严重的社会里，女人能有什么立足之地，永远只能成为男人的玩物。上帝保佑，幸好我没有出生在那样的社会里，幸哉幸哉。

请问你佩服李逵吗？是的话请知会一声，让小女子找个避难所再说。理由？很简单，我怕死李逵了。你想啊，他可以因为杀人杀得手顺就顺手割掉数百个人的脑袋，像割稻般轻松，这种人该有多么的可怕啊！我可不想像扈三娘的亲人一样死得不明不白、凄凄惨惨。为了逼朱仝上梁山，他可以毫不手软地把一个小孩子活生生砍成两半；为了让公孙胜出山相助，他可以摸黑把罗真人的头像砍西瓜一样砍下来。罗真人有法术护身，死不了，而小娃儿却没那么幸运，他就这么死了，一条鲜活的生命就这么惨死在李逵手下，他来世间一遭难道就只为了成全梁山聚义？朱仝是义无反顾地上了山，而对那好心收留他而引来丧子之祸的知府夫妇来说却是怎样的晴天霹雳呢？在梁山好汉看来，恐怕除了他们的命是命以外，别人的命都是杂草，什么替天行道，什么为民出头，放屁，全是些漂亮话，梁山好汉的手上无不沾满了无辜百姓的鲜血，他们大碗喝酒，大块吃肉的快乐是建在别人的痛苦之上，梁山的基业是筑在累累白骨上的。杀了几个贪官又如何，劫了几个为富不仁的富户又怎样，这些永远抵不了他们的杀人如麻。不知道他们夜里会不会恶梦连连，梦见无数双鲜血淋漓的手在向他们索命。恐怕不会，因为他们根本就是一群嗜血成性的刽子手。想到这里，我不禁摸摸脑袋，再次为自己的幸运而庆幸祈祷，为不用生活在那样的社会里时刻担心脑袋不翼而飞而祈祷。

我知道我不能用现代人的目光看古代，蛮荒土壤怎能开出文明之花，可我真的忍不住心寒，为可怜的女人心寒，为逝去的无辜生命心寒，为那个时代的一切不公之事心寒。

这就是一种“初感”“直感”。作者从女性的当代立场出发，观察“梁山好汉”的作为，从中读出了《水浒传》中的性别歧视和草菅人命，把“好汉”读成了“刽子手”，读出了自己的“哈姆雷特”。尽管她的观点和专家的有某种程度的重合，专家也认为《水浒传》中表现了对女性形象的贬损，也有人质疑小说是否说的是“农民起义”，对李逵的作为也颇有微词，但是，这位同学的解读也依然是很有价值的。她从经典名著肯定性意义指向的缝隙中，挤占进去，以自己独特的视界，与文本视界进行对话与融合，产生出新的意义。**只要从自己的前理解和审美经验出发，在与作品的对话中融合出新的意义，无论如何都不会与他人完全重合。**

但是，应该指出的是，这位同学的诠释，主要是基于道德和社会学评价，还不是审美评价。这说明了她的理解是有缺陷的，她还不具备对人物形象和情节进行审美评价的能力。这种情况是有普遍性的。**性格审美，情节、细节审美的认知和体验，这是当前文学教学亟待加强的。**文学作品，如果从审美特征看，视界就不一样了。前面提及的《水浒传》中的李逵，的确在人品上乏善可陈，《水浒传》中的人物形象，塑造得成功的不多，大多是“扁”的，即单一平面型的性格；只有宋江、林冲等少数几个人物还差强人意，性格较“圆”，即呈复杂的多面体。金圣叹先生评《水浒传》，他不是单一地评李逵，而是将他放在性格的群像中加以区分，紧扣住人物个性进行评论：

> 《水浒传》只是写人粗鲁处，便有许多写法。如鲁达粗鲁是性急，史进粗鲁是少年任气，李逵粗鲁是蛮，武松粗鲁是豪杰不受羁靮，阮小七粗鲁是悲愤无说处，焦挺粗鲁是气质不好。
>
> 李逵是上上人物，写得真是一片天真烂漫到底，看他意思，便是山泊中一百七人，无一个入得他眼。《孟子》“富贵不能淫，贫贱不能移，威武不能屈”，正是他好批语。
>
> 看来作文，全要胸中先有缘故。若有缘故时，便随手所触，都成妙笔；若无缘故时，直是无动手处，便作得来，也是嚼蜡。
>
> 只如写李逵，岂不段段都是妙绝文字，却不知正为段段都在宋江事后，故便妙不可言。盖作者只是痛恨宋江奸诈，故处处紧接出一段李逵朴诚来，做个形击。其意思自在显宋江之恶，却不料反成李逵之妙也。此譬如刺枪，本要杀人，反使出一身家数。
>
> 近世不知何人，不晓此意，却节出李逵事来，另作一册，题曰“寿张文集”，可谓咬人屎撅，不是好狗。
>
> 写李逵色色绝倒，真是化工肖物之笔。他都不必具论，只如逵还有兄李达，便定然排行第二也，他却偏要一生自叫李大，直等急切中移名换姓时，反称作李二，谓之乖觉。试想他肚里，是何等没分晓。
>
> 任是真正大豪杰好汉子，也还有时将银子买得他心肯。独有李逵，

便银子也买他不得，须要等他自肯。真又是一样人。①

在金圣叹的眼中，是不论“是非”只论“美丑”的。他称李逵是“上上人物”，所评的只是李逵的“天真烂漫到底”的个性，认为所写的“段段都是妙绝文字”“色色绝倒”“化工肖物之笔”，由于《水浒传》把李逵的“蛮”“一片天真烂漫到底”的率真憨直的个性写得惟妙惟肖，因此李逵这个“恶人”“杀人狂”，就显现出了他的审美价值。

前面这位同学的评论不能说没有道理，但是，文学作品的评论，对人物形象塑造得成功与否应是一个重要的尺度。以往的语文教学对人物形象主要是作道德的、社会学的评价，忽视了审美评价，这样，自然便反映在学生的解读中。这不能不说是文学教育的一个缺陷。

阅读教学需要注重对学生的“初感”“直感”的开发，务必使这些“初感”“直感”语词化，写成赏析性、解读性文章，其中体现出审美感知力、想象力和创造力，这些阅读能力，能直接转化、发展为言语表现力。

表现-存在论阅读，要赋予学生诠释作品的权柄，使他们成为真正的言说者，成为“上帝”。作者“死”了，读者——新的言语生命诞生了，于是产生了新的作者，这就是言语生命的轮回！

七 解构批评：哈姆雷特不再是哈姆雷特

结构主义理论走向了极端，便产生了后结构主义（post-structuralism），其代表为解构主义（destructuralism）。解构，意为解析、分解、消解、摧毁等。

其实，读者理论表明，文本的意义是由作者、文本和读者共同产生的，所谓一千个读者有一千个哈姆雷特，读者的哈姆雷特是否是真正的哈姆雷特颇值得怀疑——文本的意义已然成了读者的审美对象，由此生成的意义是读者审美创造的产物，自然就有别于原先的审美对象。到了解构主义这儿，所谓的“原意”被消解了，显然，哈姆雷特就不再是哈姆雷特了。

这肯定是绝大多数的语文教师所不能接受的。

① 引自陈曦钟、侯忠义、鲁玉川辑校：《水浒传会评本》上册，北京大学出版社1981年版，第18～19页。

解构批评的主要人物为法国的“四子”：雅克·德里达、罗兰·巴特、福科、克丽斯蒂娃。20世纪60年代后期，结构主义逐渐衰落，他们共同走向了结构主义的反面。美国解构批评则以“耶鲁四人帮”为代表：保尔·德·曼、哈罗德·布鲁姆、希利斯·米勒、杰弗里·哈特曼，他们也为解构批评做出了自己的独特贡献。解构批评具有以无中心反中心、以文字对抗语言、以解构消解结构、以互文代替模式、以游戏攻击精审、以读者抗拒文本等特征。

解构批评的理论地基是建造在“作者之死”上的。首先遭到解构的是作者。巴特的立论是：

写作是对任何声音、任何来源的破坏。文字正是这种中性体、混合体，是我们的主体销声匿迹于其中的斜肌，是任何身份——从写作的躯体的身份开始——都会消失其中的黑白片。

一件事一经叙述——无直接目的、不对现实发生作用、除了象征作用之外无任何功能的叙述——这种脱钩就会发生，声音失去其起源，作者步入自己的死亡之途，文字开始了。巴特认为疏远作者是历史事实和写作行为的真谛。在法国现代作家中，马拉美最先看到并预见到用言语活动取代直到当时一直被视为言语活动之主人的作者的必要性。马拉美的全部诗学就在于取消作者而崇尚文字。

瓦莱里不曾停止过对作者的怀疑和嘲笑，一直为文学的言语本质而呼吁，以为对作者的内心世界的任何援引都是纯粹的迷信。

普鲁斯特以极其细微和巧妙的手法，竭力淹没作家与其人物之间的关系，成就了现代写作的辉煌业绩。①

随之是对文本的解构。有学者将传统作品观、新阐释学文本观、解构主义新文本观的要点作如下梳理：②

	传统作品观	新阐释学文本观	解构主义新文本观
1	作品是书籍表征出来的实体；	文本是体验和理解的过程，作品打开一个通道并清理出一个领域，事物在此相遇并彼此作用；	文本是语言活动的领域，文本之外别无他物；文本是一个自我指涉的体系；

① 史忠义：《“作者之死”与诗人之死》，载《文汇读书周报》2003年7月11日。

② 转引自张首映：《西方二十世纪文论史》，北京大学出版社1999年版，第434页。

续表

	传统作品观	新阐释学文本观	解构主义新文本观
2	作品是自足的系统，是自我相关的；	文本在读者的理解中复活，作家、作品、读者是一个整体，作品具有共同编织而成的特点；	文本与其他文本交织，文本间性或互文性使终极意义不复存在；
3	作者与作品具有父子式连带、连续性关系；	作者是作品之父，读者则是作品的再生之父；	文本与作者无涉，是无元的网状关系；
4	写作与阅读分离；	写作与阅读通过文本而联系起来，阅读即创造；	写作即阅读，阅读即误读；
5	作品是表达某种或某些东西的；	文本说话并呈现意义，它使解读达到视界融合并超出原有视界；	文本以能指为中心，只重视言论行为本身，对于表达的意义无所谓；
6	创作是严肃的呕心沥血的事业；	文本是作者与读者达到心灵对话而消除误解的中介桥梁，作品具有真诚性；	文本就是一切，文本是语言游戏，文本令人愉悦；
7	作品是作者思想的外壳，是储存思想的容器。	文本在言说，总在揭示某种现实存在，语言是存在之家。	文本无意将词与事物一一对等起来，语言无法掌握现实，语言是存在的牢笼。

这一比较大致上显示了解构主义文论的特点。下面，举其对表现-存在论阅读具有参考价值的要点，作一阐述。

1. 消解“逻各斯”（意为道、话语、理性、智慧等）中心主义和语言中心主义。解构主义反对索绪尔的语言中心主义，否定传统的“逻各斯”语音（语言）中心主义，反对重口语轻文字的观念，强调文字对语言的丰富，将语言和文字的历史次序和等级差别（亚里士多德把思维、口语、文字分为三个等级）颠倒了过来。德里达指出了口语和文字都是一种符号，说话者都是“不在场”的，在说话之前都没有明确的意义或中心，意义存在于符号和符号的关系中。他把索绪尔的“能指”符号与“所指”概念组合的“任意原则”推向了极端，认为二者不是固定对应、含义明确的。“能指”可以指向不同的表意系统，“所指”也是不断地滑动，对意义的判定将取决于读者。“所指”不是固定不变的，而是随着读者心境的不同而产生不同的理解，文本的解读是不可能有一成不变的中心和意义的。他提出了与“中心化”相对的“移心化”“分延”“播撒”等概念，以消解整体、结构、中心和终极意义。“移心”表示意义由中心向边缘移动，没有固定的中心；“分延”，有迟延、间隔、差别、区分等意思，反中心、反前提、反优先、反突出，将原文拆散，使之回到原有的状态，使文本陷于困境。语言系统是一系列的声音差异和概念差异的结合，意义是在时间流程中不断地生成的；“播撒”，指揭示文本的杂乱无序，瓦解意义和内容，文字散开后，意义也就互相派生、飘忽不定，不能形成唯一、统一的意义。播撒，需要代替和补充。这些概念都是对文本中心和意义的消解和摧毁。

解构主义否定终极意义，倡导意义的游戏性。“解构”使作品敞开、解放、开放，读者不必囿于文本符号和意义、所指和能指、言语和语言，可以尽情展开想象，强化与社会知识的关联，在自由的游戏中重写原文的意义。解构主义否定结构主义将作品作为本体之“本”，主张将文本作为对立面，认为读者是阅读、解构、解释、书写的主人，有权对一切作品进行解释和批评。

例如李清照的这首《如梦令》：

> 昨夜雨疏风骤，浓睡不消残酒。试问卷帘人，却道海棠依旧。知否、知否？应是绿肥红瘦。①

这是一首字面较为浅易平白的词，一般的解读大约不外是讲闲愁、惜花、伤春之类。如：“这首小令通过暮春时节词人的感受，表现了词人对春光的爱惜，以及女性特有的关切和敏感。在一种闲适恬静的生活气氛中刻画了一个年轻女子爱花惜花的细腻感情。……全词无一字提到伤春惜别，但其淡淡的离别之愁和感伤之情，却随处可以感受到。”② 其实，这个意义“中心”是并不存在的。将文本“移心”，加以“分延”和“播撒”，每一个读者都可以从中读出自己的“意义”来。比如，主人公在风雨中沉睡后的安适愉悦（醒后问花）；主人公的悠闲、慵懒、逍遥（“浓睡不消残酒”、无所事事）；主人公因挂念海棠花落而感到焦虑（绿肥红瘦）；主人公酒意未消心情烦躁（斥责“卷帘人”）；主人公借酒劲未消发泄了对婢女的不满（“知否、知否？”），等等，想必都不是没有道理的。

这就涉及了下面这些观念：

2. 意义生成的互文性（也称“互指性”）。“互文”不只是指称作品中上下文关系或语境关系，还指消解文本中心，建构文本边缘，在边缘作复杂的交叉，体现文本之间的互相指涉关系。德里达认为文本的意义没有“原生”

---

① 引自王仲闻校注：《李清照集校注》，人民文学出版社1979年版，第8页。

② 张显成等编注：《李清照、朱淑真诗词合注》，巴蜀书社1999年版，第52页。

和“衍生”之别，符号的意义都是衍生的。意义是读者在一次次的“播撒”中产生的，是在文本与文本的连缀、粘贴和呼应中形成的，任何一个文本中的符号都留有其他文本符号的“痕迹”，意义是在文本符号的互相指涉中生成的。“互指”，“任何一个文本的意义都不是孤立的，它指向以前的文本，联系着未来的文本，被镶嵌在无数文本之间，不过是社会历史文本系统中的一个网眼。”[①] 解构批评希望读者同时阅读几种文本，以期在文本间引证其某种的相似性。一切文本都具有互文性，都是在互相指涉、互相影响。多读几种文本，就会发现其他文本对某一文本的影响，文本中都充满着其他文本的“印迹的印迹”。读者在阅读时，可以尽量调动自己所有的学识、意识、潜意识、无意识、联想、幻想等，利用一切可以利用的“印迹的印迹”，构想不同文本间的互文性。这里所谓的文本，不仅指相同体裁的文本或文学文本，也指所有其他体裁的文本，包括社会科学、自然科学、哲学等文本。解构批评认为一切文本都具有互文性。

解构批评，从互文性、互文性文体，到互文性消解和互文性游戏、互文性景观，建构起较为系统的互文理论。解构批评就是一种互文性批评。这一理论不但对阅读方法有重要的借鉴价值，而且，对语文阅读教材的编写和阅读教学也有重要的参考价值。例如，将上面讨论的李清照的《如梦令》和下面这首《声声慢》参照着读，就会发现其中的“互文性”：

声声慢[②]

寻寻觅觅，冷冷清清，凄凄惨惨戚戚。乍暖还寒时候，最难将息。三杯两盏淡酒，怎敌他、晚来风急？雁过也，正伤心，却是旧时相识。

满地黄花堆积。憔悴损，如今有谁堪摘？守著窗儿，独自怎生得黑。梧桐更兼细雨，到黄昏、点点滴滴。这次第，怎一个、愁字了得！

这里，也同样有酒、风、雨、花这些意象，这些意象与前一首词大面积交叉。这样，我们便可以读出，主人公的确是贪杯之人，爱花之人，多愁善感之人；还可以读出这首词中的主人公由于战乱流离，和丈夫天各一方，原来的安适、悠闲已成明日黄花，情绪形成了巨大的反差。同样是风雨中人，

① 蒋成瑀：《读解学引论》，上海文艺出版社 1998 年版，第 253 页。

② 王仲闻校注：《李清照集校注》，人民文学出版社 1979 年版，第 64～65 页。“堪”，原作“忺”，按一般通行本改为“堪”。

意象的交叉和反差，显出了主人公生活和情绪的变化。其中的一些意象的微小的变化，也能透露出某些“意义”，如“海棠”与“黄花”（菊花），同样是经过了风吹雨打，但是，这两种落花使人感到有不同的情绪象征意味：艳丽的海棠花的凋零，令人怜惜；而黄花满地，则联想到秋意肃杀，平添愁惨。读者也许还会想，当年“浓睡不消残酒”，这“酒”定是美酒、醇酒，而今是“三杯两盏淡酒，怎敌他、晚来风急？”此酒与彼酒已迥然不同。读到“独自怎生得黑”，细心的读者也许会问道：“卷帘人”安在？还会想象：此情此景身边已无人可以倾诉？“知否、知否？”——而今说与何人听取！？文本的意义就是这样在“互文”参照中由读者不断地想象、创造、生成。

我们还会联想到许多相关的作品：

更漏子①

温庭筠

玉炉香，红蜡泪，偏照画堂秋思。眉翠薄，鬓云残，夜长衾枕寒。

梧桐树，三更雨，不道离情甚苦。一叶叶，一声声，空阶滴到明。

从温庭筠的词中，读到了“梧桐树，三更雨，不道离情甚苦。一叶叶，一声声，空阶滴到明”，我们明白了为什么李清照会写“梧桐更兼细雨，到黄昏、点点滴滴”。原来，梧桐和雨声，已成为“离情甚苦”的象征。“乍暖还寒时候，最难将息”和“夜长衾枕寒”，也可作“互文”联想，这里的“寒”，所指都不仅是天寒，还隐喻心寒。

教学中的阅读，就应该将可作“互文”联系和参照的文章组合在一起，有利于学生的理解和解读（当然，更应该最大限度地调动起学生原有的阅读经验和积累，发挥他们的联想、想象和审美创造力，使文本的意义膨胀起来）。例如，如果读过这些诗词：“试问闲愁都几许？一川烟草，满城风絮，梅子黄时雨。”（贺铸：《横塘路》）“帘外雨潺潺，春意阑珊，罗衾不耐五更寒。”（李煜：《浪淘沙》）“自在飞花轻似梦，无边丝雨细如愁。”（秦观：《浣溪沙》）“无端一夜空阶雨，滴破思乡万里心。”（张咏：《雨夜》）“小楼一夜听春雨，深巷明朝卖杏花。”（陆游：《临安春雨初霁》）“悲欢离合总无情，一任阶前，点滴到天明。”（蒋捷：《虞美人·听雨》）学生势必对“雨”和

① 引自李冰若：《花间集评注》，河北教育出版社 1999 年版，第 22 页。

“花”不断叠加上的象征意象——“印迹的印迹”，有更加丰富的理解。如果还有兴趣，再读读朱淑真的作品①：

江城子

赏　春

斜风细雨作春寒，对尊前，忆前欢。曾把梨花、寂寞泪阑干。芳草短烟南浦路，和别泪，看青山。　　昨宵结得梦夤缘，水云间，悄无言。争奈醒来、愁恨又依然。展转衾裯空懊恼，天易见，见伊难。

浣溪纱

春　夜

玉体金钗一样娇，背灯初解绣裙腰，衾寒枕冷夜香消。　　深院重关春寂寂，落花和雨夜迢迢，恨情和梦更无聊。

也许对她的词和后人诗词中出现的“雨”“落花”“衾”“枕”“夜”“愁”“寒”等，会产生更多的意义的互渗和想象，生成的感觉也就更丰富。

3. 阅读即误解，误读即写作，写作即误读。这是“耶鲁四人帮”的最重要的口号。他们认为阅读呈现的并非总是真理性的，更多的时候显示错误，形成“误读”（misreading）。因为文本是虚构的修辞性作品，文本的语言具有虚构性和修辞性。这二者均有不确定性、不可靠性和欺骗性，文本及其语言修辞不是一种真理性呈现，而是欺骗性呈现。读者常常带有几种文本乃至相互对立的原始经验进入文本，按照自己的习惯乃至长期接受语言修辞欺骗性的习惯介入文本，这便错上加错。这种阅读呈现的是一种双重欺骗的呈现。

误读有三种：作者对自己文本的误读；批评家对文本的误读；后代对前辈文本的误读，尤其是现代的作者和读者对历史文本的误读。误读作为一种分解行为，包括两个方面：一是文本自身的消解，一是读者对文本的分解。误读作为创造，如果说误读不只是人为的错误阅读，而是文本和读者不可逃避的一种行为，批评不可还原文本的“本意”，误读理所当然的是一种创造性行为。误读产生洞见，洞见生出创意，产生创造性的批评。误读即写作。批

① 以下二词见唐圭璋编：《全宋词》，中华书局1965年版，第1405页，第1408页。

评家可以称为误读专家。或者说，误读是写作的依靠，写作是误读的表达，误读和写作如一对孪生姐妹，手挽手地步行在批评大街上；批评家同时分裂为两种形象：误读专家的形象和写作者的形象。布鲁姆说“没有解释，只有误释”。文学写作、批评写作和文学史写作一样，都是误读。①

从解构批评的误读来观照李清照的《如梦令》，对文本进行消解和分解，也许还可以读出主人公是个酒中仙，说得难听些是酒鬼（“浓睡不消残酒”），将“试问卷帘人”以下，读作是作者醉中的幻觉、幻象，也不无美感；以为主人公是个恋花痴，一心牵挂着海棠，为花所累、所苦，重花不重人，因“绿肥红瘦”而伤感；将主人公读作神经衰弱（要借酒催眠）、神经过敏（爱较真、难侍候）、多愁善感之人等……将这些意义植入文本，似乎也都未尝不可。

解构批评的互文和误读，似乎一句“读书破万卷，下笔如有神”便可以将其尽收囊中。互文，就是多读，读万卷书，自然就能彼此叠加、相映成趣；误读，就是要读“破”，“移心”“分延”“播撒”的意思全有了，“破”的就是文本的结构和意义中心，翻出新意。“读书破万卷，下笔如有神”，也表明了解构批评的“误读即写作，写作即误读”的观念——这也算是中西文论的“互文性”解读吧。

八　亲近误读：读、写血肉相连的生命体验

阅读即误读，误读即写作，写作即误读，误读产生洞见，误读是写作的依靠，写作是误读的表达……这些观念，都表达了阅读和写作二者的唇齿相依、血肉相连、休戚与共的关系。同时，阅读即误读，这一“偏激”的极端说法，深刻地揭示了阅读、解读和写作的本质，将阅读和写作在创造性这个共同点上连接起来：误读，一头连着阅读，一头连着写作。误读对读、写关系的理解，和我们言语生命动力学表现-存在论阅读观对读、写关系的理解，与读者理论比，不但更加接近，而且十分“亲近”。因为，这种理解都是基于对言语生命创造性的自然繁衍、生成之上。

① 参见张首映：《西方二十世纪文论史》，北京大学出版社 1999 年版，第 447～452 页。

阅读，由于读者个性心理和阅读经验的参与，由于每个人前理解的不同、时空的差异等，使误读成为必然。有人认为一部文学史就是一部误读史，这不是没有道理。解构主义与结构主义在对阅读本体论的认知上，存在着根本的分歧。结构主义始终纠缠着文本形式，而解构主义则沿着现象学阅读和读者反应理论等的以读者为中心的路径继续往前走，对文本中心和意义中心进行消解，肆意“移心”“分延”和“播撒”，将文本打破、撕碎，从任意一个入口切入，作无数种可能的解读，一步一步地偏离、远离、挪开文本。从这个意义上说，哈姆雷特已然不再是哈姆雷特，哈姆雷特的大脑、心脏等都被动了“手术”，被移植进了别人的大脑、心脏，其他的器官也都被倒腾得七零八碎，他还算是哈姆雷特吗？

从另一个角度看，究竟哈姆雷特是谁，这个所谓的哈姆雷特是否存在，也许都还是一个谜。作者的“原意”是不可知的，知了也没多大意义，因为“文”和“意”未必统一，何况历史上的许多作者，没有留下什么资料可让我们了解他的写作意图；文学文本的意义本来就是很模糊的、不确定的，具有欺骗性。越是成功的作品，内涵越丰富，意义越朦胧、隐晦、潜藏，它的本意是什么，也难有一个明确的答案。——哈姆雷特只是一种虚幻，一个幻象，是雾中花、水中月，看到的也许都是，也许都不是。因此，解构主义对结构主义的意义中心主义的反拨，是有道理的。

刘再复先生曾对托尔斯泰笔下的安娜作如是观：

> 俄国的托尔斯泰研究者格罗梅卡曾反驳这种庸俗的批评（指下文用“英雄”“荡妇”“太太”的世俗生活中的符号来解释安娜这个文学形象——笔者），他指出：“关于托尔斯泰伯爵的这一完美、充满生活真实的艺术创造，真可谓众说纷纭！有些人抬高作者的思想，把安娜捧到与她完全不相称的理想的俄罗斯妇女的英雄宝座之上；另一些人则走到完全相反的极端，把安娜的性格降低到一个普通荡妇的水平；还有一些人则坚持毫无见地的中庸之道，认为她不过是一个性情乖戾、蛮横无理的太太，并无独特之处，而且情绪难以捉摸。事实上安娜既不属于第一类，也不属于第二类，更不属于第三类。安娜无非是一个充满激情的妇女，她仅仅为爱情而生，不惜为它牺牲家庭、社会地位、甚至于生命本身。她始终如一、坚贞不移，她坚持自己的基本意图，决不动摇；她的主要力量也就表现于此。但她性格的激情同时也是她的弱点，她生命脆弱的

根源。她是自己激情的牺牲品，因为它不自觉地破坏了人类共同生活和道德的无可争议的准则。”安娜·卡列尼娜性格的迷人之处在于她的激情，在于她身上所燃烧的爱。她的生命的力量，人性的光彩就寓于这种爱与激情之中。但是这种爱和激情又恰恰是她的弱点，她被爱与激情所征服，所折磨，以至被它所埋葬。爱是她的欢乐之源，但又是她的痛苦之源。她在背叛丈夫爱上渥伦斯基之后也产生过罪恶感，但她的幸福感恰恰蕴藏在这种罪恶感之中。她时时在向道德准则挑战，又时时在向道德准则妥协；她时时向世俗观念抗争，但又时时向世俗观念投降。她的内心充满着骚动，充满着波涛般的互相冲击与交融的二重内容。她的性格世界，就是各种互相矛盾的情愫的模糊载体。①

可以看出，刘先生的认知背景是属于文本理论，是结构主义的“二项对立”。如果从读者理论或解构主义的观点来分析，认为安娜是“英雄”“荡妇”“太太”或“充满激情的妇女”，都是可以成立的，一千个读者便可以有一千个的安娜。这就有问题了：为什么安娜只能是此安娜，而不能是彼安娜？哪一个安娜才是真正的安娜？是否有真正的安娜？刘先生接受了“充满激情的妇女”这个意义，同时否定了其他的解读。如果只有“充满激情的妇女”才是真正的安娜，是文本或托尔斯泰的“本意”，那被读者理论或解构主义认可的其他的安娜还是安娜吗？

一定有语文老师会问，哈姆雷特不再是哈姆雷特还是阅读吗？我以为，还是阅读。因为，这关系到阅读的观念。如果你承认文学作品的阅读是读者的再创造，像朱光潜先生说的“读诗就是再做诗”，文本是读者的审美观照的对象，那么，哈姆雷特还会是哈姆雷特吗？实际上，哈姆雷特充其量只是读者再创造的素材罢了，这就跟作家创作时采用的生活原型不等于作品中的人物形象一样。谁也不会说莎士比亚的哈姆雷特就是他的原型（据说是有的），那为什么要说读者解读出的艺术形象还是哈姆雷特呢？

其实，误读并不神秘，离我们很近，不只是批评家的专利。我以为一切智慧的、精彩的解读，读者的有个人意味的再创造，都是误读。下面是一位中学老师在备课过程中因为不满于教参的“正读”，从而产生了自己的误读：

教高四册《祝福》对我是一种痛苦，因为我感到我是“反动”的。

① 刘再复：《性格组合论》，上海文艺出版社1986年版，第311～312页。

在阅读的过程中，我觉得鲁四老爷有点冤枉，他既没有克扣祥林嫂的工钱，也没有打骂祥林嫂，祥林嫂的婆婆把她抓回去作为商品换儿媳时，他甚至觉得“可恶”，如果如教参上说“鲁四老爷对祥林嫂的悲剧命运起了决定性的作用”，那么是不是有点过分了。鲁四老爷应该只是一个小富农，而不是“农村地主阶级”，因为在祥林嫂被其婆婆掳走后，“这一天是四婶自己煮午饭；他们的儿子阿牛烧火”，可见鲁四并不“阔绰”。但他也有着中国人的普遍的庸俗，即好议人长短、自私，在祥林嫂的再嫁中他也发表了他的意见，且唯恐给自己带来晦运，可是，我们现在很多人不也有着这样的迷信思想吗，为何独对他苛刻呢？这种思想应该受到批判是无可非议的，但鲁四并不是共产党员，要求他超前地认识社会并不合理。当然，他最后把祥林嫂赶出家门，显示了其冷酷无情的一面，可是我们社会中不也有儿子因为孤母是种拖累而置之于死地的案件吗？因此，我认为，鲁四在鲁迅的笔下，是一个冷血的“看客”罢了。

我倒觉得柳妈是一个更为可悲、可恶、可恨的人物。她是一个和祥林嫂一样有着不幸的命运的下层劳动妇女，从这点上看，柳妈是可悲的。但她又是可恶可恨的，表现在三个方面：（一）柳妈有着当时处于底层的中国人的最阴暗的心理，她对自己的不幸无知无觉，可是她却把别人的不幸和痛苦作为用以慰藉乃至娱乐自己的东西。她的调侃与嘲弄使祥林嫂甚至不想再“说一句话”。（二）柳妈与祥林嫂的第二次对话使祥林嫂沦入了恐惧的深渊——是柳妈让祥林嫂知道了在地狱里她的两任丈夫会争夺她，把她分尸。她让祥林嫂去“捐门槛”以赎罪。祥林嫂本来是罪恶的社会的受害者，正是柳妈使祥林嫂把社会对她的迫害自觉地转化为自己的罪恶，从而最终使祥林嫂完全失去了对社会的反抗精神，这可说是“诛心”，“哀莫大于心死”，还有什么比这更可恶。（三）她自以为让祥林嫂去“捐门槛”可以使祥林嫂得到解脱，岂不知这使祥林嫂陷入更深的悲剧命运之中，这种不懂的“有为”比“无为”更为可恨。正如一个在课堂上全然讲错的教师远比一个什么都不讲的教师更为可恨。

如果说鲁四老爷是祥林嫂被杀的一个凑热闹的“看客”，那么柳妈便是一个“刽子手”，是一把“暗刀子”。她主动舞起杀死祥林嫂的板斧，更可怕的是她全然不觉得自己是一个“刀手”，还以为她是祥林嫂的“救世主”。①

作者消解了教参的解读，消解了文本的意义中心，把视点位移到了柳妈身上，找到了一个新的入口，读出了祥林嫂命运悲剧的杀手不是鲁四老爷，而是柳妈。作者认为鲁四老爷不过是看客，而柳妈才是一步步将祥林嫂推入绝境的刽子手。柳妈这个“次要”人物，现在成了“主角”，你不认为这一误读有点道理吗？从“互文性”看，作者的误读，跟鲁迅先生一向对国民性的批判，在其他作品中所表达的对民众的愚昧、昏聩、麻木的针砭和“哀”“怒”，不也有些吻合吗？这位老师眼中的鲁四老爷和柳妈，是不是鲁迅“本意”中的鲁四老爷和柳妈或文本中的鲁四老爷和柳妈，的确无从断言，但是，有一点可以肯定，他的观点“可备一说”。

解构主义固然有其不可克服的理论困境，它陷进了自己掘就的“解构”陷阱：如果承认其理论的真理性，那就意味着解构主义本身也将被解构；承认误读的合理性，解构主义也将被误读。但是，解构主义对阅读和写作来说，其思想和方法，依然不失魅力。我们不能不承认，“移心”“互文”“误读”等，是阅读的经验，是一种智慧的阅读。从表现-存在论阅读视界看，不可否认，误读就是写作，写作就是误读；误读和创造性的阅读、写作，有着不解之缘。

误读就是创造。由于误读，使作品产生了新的意义。一切有意味的、深刻的解读，都是误读。没有独特的视角、丰厚的学识、长期的阅读经验、大量的文本储备、活跃的联想和想象，是不可能误读出什么的。从某种意义上说，误读是一种洞察力和创造力。误读是创新、是生产，那么其反面——正读，就是所谓的“原意”，当是成见或“蔽”。因而，对于表现-存在论阅读来说，正读是没有意义的，因为它不具创造性，只有误读才有意义，因为它具有生长性。

我们认为，有必要对误读和错读作一个区分：误读，可以看作是一个专有名词，有别于错读。错读是由于不具备解读某一文本的基本素养所致，对文本或文体的游戏规则或语言规范不了解，超出了文本或语义的指涉范围，甚至对字面的意义都不甚了了，自然会导致错误的发生。这种错误的发生是

---

① 连子波：《〈祝福〉中鲁四老爷、柳妈形象新解》，载《语文世界》，2004年第2期。

不自觉的，无意识的。误读则不同，它是一种原创的发现，或是有意识地对正读的偏离，是在文本指涉范围内的意义滑动、引申。

其实，所谓的误读和正读并没有严格的界限，区别只是在时间上。当一种解读尚未被多数人所接受时，受到排斥，没能取得合法性，它就被认为是误读；当它逐渐地被越来越多的人接受，成为共识，就从边缘进入了中心，也便成了正读。没有误读，何来正读？这时，以往所谓的正读，也许又变回了误读，回到了边缘地位。可见，误读是对正读的颠覆和挑战，二者的地位不是固定不变的，往往是互相转化的。一种解读，一旦成了正读，便失去了活力，变得僵化；只有误读才具有生产性、生命力，误读者代表了先进的精神生产力。

因此，在语文教学中，正读，是不足称道的。因为它意味着人云亦云，意味着思想的佝偻，言语生命的枯萎；而误读，则将阅读和表现与言语生命力自然地联结起来，最大限度地体现了阅读主体性和创造性，因此，它应成为表现-存在论阅读教学的一面旗帜。

当然，有些实用文本只能正读，而不允许创造性的解读。这种正读，和文学文本或一些允许误读的实用文本的正读，完全是两码事。前者的正读是必要的，后者的正读是一种智力浪费。

解构主义纵然有其自身的困窘，受到了种种的批评，但是，解构分析仍然可以作为一种思想武器，它吹响了思想解放、思想自由的号角，权威、迷信、崇拜、中心、意义，不再是牢不可破的蔽障，它的精神实质是人本主义的。它的“移心”“互文”和“误读”，将纳入表现-存在论阅读的版图，在阅读教学中获得它最强大的效能。这种“矫枉过正”的极端化的解读观念，无疑对目前阅读主体性缺席的学生，打破作者、文本迷信，提高阅读自信，发挥阅读能动性等都是极有助益的。

总之，表现-存在论阅读将广泛地从解释学汲取营养，解构主义、读者理论、文本理论、作者理论等，都对表现-存在论阅读有着相互不可替代的贡献，它们从不同方面为我们提供了借鉴。言语生命动力学表现-存在论阅读教学，需要从自身的前理解出发，以表现与存在的独特视角，进行一次历史性的阅读视界大融合。解释学的理论与实践，尤其是解构批评和读者理论，不论是在表现还是在存在的意义上，均给予阅读教学以新的思想理念和价值尺度，对旧阅读范式的冲击和改变，其作用不可估量。

写高于读，能写必定善读。阅读是获取和转化，写作是创生和超越，是生命的献祭。为写而读，读而致写，构成人类可持续发展的精神生态。

第十一章｜读、写新观念：写高于读

在前面已经不厌其烦地批判了阅读本位，主张表现-存在本位。然而，由于读、写的功能和关系问题是语文教学实践中的一个最基本的问题，而且阅读本位观念是如此深入人心、根深蒂固，不挖地三尺，是难以斩草除根的。所以不得不在这一论题上作反复探讨，以期确立新的读、写观念。

言语生命动力学的存在性动机论认为：言语是生命的表达，言语活动是人的基本生存和存在方式，人的言语生命能，最终是指向言语表现和创造的，从具体呈现方式看是指向说和写的。这势必引起读、写观念的重大变革：从阅读本位转向表现-存在本位。由于写作能力是语文能力的最高体现，所以表现-存在本位也可以简称写作本位。由于在读、写关系中语文能力终极指向是写作，写作活动体现的人的言语生命意识和言语素养，高于在阅读活动中的体现；同时，写作行为包含了阅读行为，对于言语表现来说，阅读只是阶段性、过程性、手段性的因素，而写作则是展现性、目的性因素。所以，言语生命动力学语文学的读、写观在教学层面上的表达是：写作高于阅读。

语文教育本体论直接制约着语文教育观念，一定的语文教育观念形成了相应的语文教学规范。在语文教学中，读与写是一对基本矛盾。在中国语文教育史上，读与写观念的嬗变，经历了一个逐步完善的过程：从以读代写（练）、读中求悟，到为写择读、读以致“用”，到以读带（促）写、读写结合，再到以表现为本、以写作为本。“以表现（说、写）-存在为本位”的“创造发展”型新语文教育观，“以写为本，以素质求发展”的“大写作”教学观，可望成为语文智能教学层面的主导性观念。

一 历史语境中的两极：以读代写和为写择读

以读代写和为写择读，是读、写关系历史语境中对立的两种观念。

以读代写（练）、读中求悟的观念，就是用阅读来代替辞章的训练，重视从读中体悟，排斥单纯文字技术训练。这个观念认为通过阅读，体道悟道，修养情性，积学明理，道德学问到了一定的程度，自然会写出好文章。这是以“修己”为目的的语文教育本体论的产物，是先秦时期主导性言语教学规范，也是后世儒家学者一贯倡导的。它是与科举制语文教育急功近利的为写择读、读以致“用”规范相对立的一种语文教学规范。以读代写（练）、读中求悟的言语观，体现了文化教育和素养教育的精神，也是一种具有中国特色的言语教育方法，值得深入发掘和继承。

孔子的言语价值观是“述而不作”。“述”，朱熹注曰：“传旧而已。”孔子一生做了大量的整理古籍的工作，即“集群圣之大成而折衷之”，不主张进行有悖前贤经典的创作。因为他所处的战国时代是各种新思想风起云涌、礼崩乐坏的时代，要使文化昌明，重要的是将古代圣贤的思想让大家知道并遵循。他认为西周文化是历代最辉煌的，只要把西周灿烂文化重新发扬光大就可以了，而不必标新立异。欲“传旧”，便得熟读经典，多加体悟，所以读便成为写的充要条件。儒家学者认为文章是读出来、悟出来的，不是写出来、练出来的。他们推崇的是读出来、悟出来的“道之文”“学问之义”，鄙薄写出来、练出来的“技之文”“辞章之文”。

这种以读代写（练）的言语学习观，到了程、朱那里，由于当时科举制刮起的功利性写作学习之风盛行，文与道分离、有文无道等、因文害道现象广为蔓延，进一步促成了他们对悟道、体道、明理的强调，和对专务辞章之文的贬斥。程颐认为文章是从胸中积蕴中自然抒发出来的，不是靠文字训练（秉笔学为辞章）而能做到的。朱熹更是将文与道二者划了个等号，认为文和道不是两回事，而是一回事；“文”既然本于“道”，只要多读圣贤之文，久之自然能写出好文章。程、朱从反对科举以文辞取士、反对写作教学的急功近利，走向了另一个极端，一方面极力强调“文本于道”和文、道一体；另一方面推崇以读代写（练）、读必能写的语文学习方法。他们对为写而写的语文应试教育的批判，无疑具有积极意义。他们所主张的从读中悟道，文本于道，如果从言语行为须有正确的指导思想，写作须抒发作者的内心感悟这一点上说，也不失其合理性，对今天过为注重技能训练的教学有着重要的方法上的启示，使我们认识到写作的根本倚重于知识和修养的积蓄。但是，把先验的或理念的“道”作为“文”的本原和起点，把读圣贤之文作为作者认识的全部、作为作者写作素材的全部，将读与必要的文字练习对立起来，便走上了唯心论、神秘论之途。读，对于写来说，能陶冶情性，提高学养，是有其基础性作用，但是并不能完全代替写的练习，如果能将从读中感悟和文字技能练习良好地结合起来，势必效果更好。

儒家学者注重读经典，从经典中获得感悟的阅读方法，仍是值得提倡的阅读法。注重感悟的阅读方法是中国言语教育的原创。杨义先生在探讨中国诗学的特点时谈到中国的诗学是感悟诗学。他称感悟为“悟性思维”：“悟性思维，是介于感性和理性，又混融着感性和理性的思维，它有感性的鲜活而去其浮光掠影，有理性的深度而避其抽象的逻辑。它有时表面上看起来很无道理，但仔细思之，它的深层中却蕴涵着出乎意料的深刻道理。因为悟性没有经过理性整理，它的理性内核包含着妙处。悟性思维是一种‘无理之理’、‘反常而合道’的思维方式。”① 他虽说的是中国诗学思维的特点，但是，实际上中国传统文化都带有重感悟的特质，不论是对物对人，也不论是读还是写，都带着悟性思维的色彩，都体现了人的生命鲜活的感性与理性调和的特征。**我认为感悟——悟性思维是以直觉思维为基础的思维方式，是一种“初感”，是人与对象接触的瞬间猛然产生的灵性颖悟，它是在一定的经验、情感和智性观照下的原发性的发现，以主体的第一感觉为主，只带有粗略的理性成分，由于它不太受到前理解的干预（当前理解还没有清醒过来心灵已做出了反应），所以，悟性思维就常常会产生新鲜奇特的认知。**这种与西方的重模仿、分析和实证、推理等理性思维方法不同的认知方法，对读解中国文化和古代诗文不失为一种可与西方分析思维互补的方法。感悟的方法和“读中求悟”的方法，尤其是对培育学生言语生命意识和言语表现欲，对言语表现本位、写作本位的教育来说，有着特别重要的意义。因为，感悟是与人的言语生命

① 杨义：《中国诗学的文化特质和基本形态》，载《东南学术》，2003年第1期。

意识和言语创造紧密联系在一起的，感悟的发现是一种灵性生命体验，有了生命体验就有了生命表达和创新的冲动，阅读自然就指向了言语表现，指向写作。

以读代写（练）、读中求悟与为写择读、读以致“用”这两个截然对立的规范，在汉选举制及隋唐科举制兴起之后的相当长的时期内，不是后者取代前者，而是二者并存。在整个封建时代的书院教育中，较好地保持了语文教育的“正统”性和“纯洁”性，以读代写（练）、读中求悟规范大体上仍处于主导性地位；在官学和私塾教育中，以读代写（练）、读中求悟规范也不同程度地存在着，只是到了明清尤其是清代，为写择读、读以致“用”规范才逐渐占据了主导性地位。语文教育完全沦为科举制的奴仆，语文教育的中心任务就是为了使学生能写出几篇用来应试的八股文、策论、试帖诗。为了写，自然也得读，但读不再是为了悟道养气修德，而是为了能立竿见影地写出合格的应试文，能直接“用”到科举应试中去。诚如古人所说：读“四书”，只为八股之题目；读“五经”，只为八股之材料；而三代以下之书，皆可以不读。根据应试的需要，自然最需要读的不是“四书五经”，而是时文，即制艺佳作，如同现今的高考优秀作文。与其形成鲜明对比的，是经典之文与历代的美文名篇则备受冷落。由此可见，为写择读、读以致“用”的“读”，与以读代写（练）、读中求悟的“读”，二者的含义是大不相同的，从指导思想到教学实践，均背道而驰。前者是急功近利的套袭，后者是道德学问的涵养。读的不同，是由于对写的认识不同所致。以读代写（练）、读中求悟的“写”，要求的是立言、言志、立诚、正道辨奸、益国补化，是作者思想、情感和人格的外化；为写择读、读以致“用”的“写”，则是作为“传声筒”以“代圣贤立言”，为了功名利禄而作为“敲门砖”，是一种异己性的写作。为写择读、读以致“用”规范较之于以读代写（练）、读中求悟规范，虽然似乎更为关注语文教学的本体，但却淡化、迷失了学生的言语主体性，其弊不但等于“焚书”，而且更甚于“坑儒”，批量生产了成千上万的范进和孔乙己，造成了如梁启超所说的文人性格上的虚伪、乖张和人格上的扭曲。

为写择读、读以致“用”，很容易与我们今天倡导的写作本位的言语教育观念产生混淆。因为为写择读、读以致“用”表面上也是注重写，将读作为写的过程与手段，在教材处理和训练方法上也有某种相似，表现-存在论语文教育也要体现为写择读、读以致“用”，但是，二者存在着实质的不同，主要是动力定型上的“官本位”与“存在本位”的不同，和教学层面上的重技能训练与重求学体道养气的不同，它们所“择”与所“用”在本质上是完全不一样的。没有注意到这种差异，今天的语文教改就有可能落入“官本位”、实用主义的为写择读、读以致“用”的窠臼，重蹈封建语文教育之覆辙。

二　以读带写、读写结合的现实困境

清末禁八股、废科举，为写择读、读以致“用”规范必然受到重挫，但为写择读、读以致“用”作为一种教学方式还是有其合理性的，撇开其在科举应试教育制约下对读和写的具体规定和内容看，以写为目的，以读为手段；从写的需要出发，选择可资借鉴的读物让学生通过阅读来体悟其中的写作规律，这对写作学习来说是很有必要的。因此，上述对为写择读、读以致“用”规范的否定，只是就其特定含义而言，并不否定其作为一种教学手段的应用。实际上，五四以后虽然主流国文教材基本上是“文选”为主，或采用以读带（促）写、读写结合的格局，但也有个别语文教材也采用了为写择读、读以致“用”的方式，当然，写的已不是八股策论，读的也不是“四书五经”，而是叙事文、抒情文、议论文和应用文等，同时写的知识方面的内容得到加强，读只是作为写作教学中的一个环节，其作用已在相当程度上受到削弱，语文教学已开始走出“神而明之”的阴影。

五四以后，直至今日，占主导地位的语文教学规范是以读带（促）写、读写结合。以读带（促）写、读写结合，就是“以阅读为本位”，就是把阅读教学放在语文教学的核心位置，把阅读作为语文学习的基础或前提，通过阅读教学，在提高学生阅读能力的同时，兼顾写作教学，带动或促进学生写作能力相应的提高。20 世纪 20 年代后的国文教材和 50 年代后的语文教材，占垄断地位的是以阅读为本位、以写作为附庸的格局。形成这一规范的主要原因，是由于受到五四以来国文界一些最具权威的学者，特别是叶圣陶的语文教学观影响。叶圣陶一贯强调阅读对写作的重要性，在 20 世纪 40 年代发表的《国文教学的两个基本观念》一文中，对读、写关系作了较为具体、明确的阐述，认定阅读是写作的“根”：“……然而阅读是吸收，写作是倾吐，倾吐能否合于法度，显然与吸收有密切的关系。单说写作程度如何如何是没有根的，要有根，就得追问那比较难捉摸的阅读程度。”“多方面地讲求阅读方法也就是多方面地养成写作习惯。习惯渐渐养成，技术拙劣与思路不清的毛病自然渐渐减少，一直减到没有。所以说阅读与写作是一贯的，阅读得其法，阅读程度提高了，写作程度没有不提高的。”[①] 到了60年代，他又重申了上述看法：“有些人把阅读和写作看做不甚相干的两回事，而且特别着重写作，总是说学生写作能力不行，好像语文程度就只看写作程度似的。……实际上写作基于阅读。老师教得好，学生读得好，才写得好。”“总而言之，阅读是写作的基础。”[②] 这一认识便为这一时期的语文教学指导思想和教材、教法等确定了基调。由于叶圣陶在我国现当代语文界和教育界的特殊地位和影响，致使以读带（促）写、读写结合规范一枝独秀，长期占据语文教坛，而其他标新立异的教改尝试，因难敌统编教材和统考导向的规范，即使得分也不得势，始终成不了气候。

以读带（促）写、读写结合规范，在读写观念上就是以读为本，以读来统率写、指导写。这里有一个假设性前提，就是在阅读与写作关系中阅读重于、优于写作，阅读能力决定并包容了写作能力，阅读是语文教育的终极性的目标，所以必须以阅读为本位。其实，虽然阅读对写作有一定的帮助，阅读能力对写作能力的发展有相关性，但二者的目的、规律和智能上的要求有根本的差别，“老师教得好，学生读得好”，未必就“写得好”。读对写有帮助，写对读也同样有帮助，很难说孰重孰轻。“阅读程度提高了，写作程度没有不提高的”，这一“因果”关系的荒谬性更是毋庸置疑。实际上，“眼高”，“手”未必就“高”。朱光潜就认为并不存在所谓“眼高手低”的情况，因为“手低”，“眼”也就不可能“高”。只有真正“手高”的人才能“眼高”。也就是说，不是阅读程度决定写作程度，恰恰相反，是写作程度决定阅读程度。将阅读程度等同于写作程度，这实际上是跟先秦时期的以读代（替）写、读中求悟观相似，都是对语文教学本体的忽视，而且是对读与写主次关系的错置。

---

① 刘国正主编：《叶圣陶教育文集》第三卷，人民教育出版社1994年版，第53页，第54～55页。

② 叶圣陶：《阅读是写作的基础》，见刘国正主编：《叶圣陶教育文集》第三卷，人民教育出版社1994年版，第279页，第281页。

这种忽视与错置，源于对读与写规律的误解。虽然读与写能力之间存在着相关性，但其差别是显而易见的。这可以从以下几个方面来看：

1. 阅读的目的是鉴赏求知，写作的目的是表情达意。阅读是“破译”，主要靠读解力；写作是“编码”，主要靠构思力和表达力。阅读的读解较多地运用再造性想象；写作的运思较多地运用创造性想象。阅读吸收的是他人之物，写作倾吐的是自我之物。

2. 阅读始于“言”，写作始于“物”。阅读面对的是加工过的精神产品，写作面对的是杂乱无章的素材和朦胧的思绪。阅读接受的是准确、鲜明、经作者删定的语言；写作则要由内部语言转化为外部语言，由粗糙而趋于畅达。

3. 阅读所吸收的是他人的“思维的结果”，并未能显示对写作起决定性作用的“思维的过程”。阅读所能提供的，大大小于写作所需要的，从阅读中借鉴，只是写作学习的一个方面。诚如朱光潜在回答“作诗是否要多读书?”时说的：读书只是学的一个节目，一个不可少的而却也不是最重要的节目。

这些差别，说明了阅读能力向写作能力的迁移是很有限的。这还是就智力因素而言，如果把视野推广到非智力因素领域，那差别就更大了。写作的源头——人生阅历，无论读多少书都是无法替代的，更何况写作所需要的人格修养、个性、动机、毅力、情感、思想、学问等，不是靠阅读就能获取的。

教育、教学的规范，要服从于教育、教学的内容本体的规律；教学内容的科学的序化组合，应依循其内在的客观规定。就阅读行为而言，并不必然地包含写作行为。固然在阅读过程中可以做做笔记或写写书评，但只读不写也未尝不可。在一般情况下，单纯的阅读理解、鉴赏、消遣活动，已构成了一个完整的过程。写作行为就不同了，写作行为过程必然包含着阅读行为。写作行为可以分为三个阶段：前写作，写作，后写作。前写作，指写作主体的心智、技能的修养，即写作心灵背景的建构；写作，指萌生写作动机与作品的构思、行文、定稿；后写作指作品的阅读反馈与作者的反思、修炼等。这三个阶段都包含着阅读。前写作，主体的准备状态的优劣，相当程度上取决于学养，学养有赖于阅读；语感、文体感的形成也有赖于阅读；不少文章写作意念的萌生也源于阅读。写作，即文本的创造行为，在写的过程中，不但要“自读”（边写边读、边读边写、边读边改），而且还要“他读”（从读者的角度来“预读”“审读”作品）。更为重要的是，在后写作阶段，作品问世后，必须被阅读。未经读者阅读过的作品还只能算是“半成品”。从某种意义上说，作品是由作者与读者“合作”完成的。此外，作为作者，还得“阅读”读者的反馈，反思作品的成败得失，把经验与教训融合进自己原有的写作认知背景，通过阅读、思考来补其不足。至此，才可以说完成了一次完整的写作活动。由此可见，写作的过程中始终伴随着阅读，写作包含着阅读，写作对阅读具有包容性。这也就是为什么会阅读的人未必会写作，而会写作的人必然会阅读的原因所在。阅读与写作的这种内在机制上的差异，应是构成读写观念与教学规范的基础。黎锦熙在他的“教学上的三原则”中，把“写作重于讲读”作为教改的首要原则提出，是深得读写关系之宏旨的。

五四以后，学生语文程度低下的状况始终困扰着语文界，今天语文教学的少、慢、差、费的情况仍十分严重，学生语文水平徘徊不前，甚至每况愈下，其中原因固然很多，但毋庸讳言，垄断语文教坛达大半个世纪的以读带（促）写、读写结合规范，违背了读写活动的内在规律，是主要原因之一。这一规范，可称为阅读本位规范。

在这一规范下，阅读成为语文教育的主要内容与目的，其理论背景主要是语言学、文章学、文艺学，形成了字、词、句、篇及语、修、逻、文构成的语文知识体系教学。语文课成了阅读课，阅读课又成了语言知识讲解课、语义分析课和语言基本功训练课。这是跟我国语文教育的“重读”传统和这一时期主导语文教育的代表人物的思维定势有关。具体地说，饱读诗书的叶圣陶先生继承了传统语文教育中儒家教育思想的“重读”的方面，并加以发展，作了读为基础与读、写结合的改造。语言学家黎锦熙、张志公、吕叔湘先生等则注重语言和语义的方面，注重劳而寡功的所谓的语言知识的传授和语言基本功的训练（“双基”），使语文变成了非语文。这一点，张志公先生在晚年已有所觉悟，看到了“语法”知识的无能，但回天乏术，抱憾终身。

三　“产出性”高于“非产出性”

20 世纪 80 年代以后，少数中小学和部分高校的写作教学，开始注意到写作教学的特殊性，注意到重新认识读写关系的必要性，一些教师开始从写作和语文教学本体出发去深入探索其规律性，考察读写活动的行为过程及主体相应的素质和能力构成，考察语文教学内在的各种复杂关系和规律。经过近二十年的探索，逐步认识到写作与语文教学的本体特征，认识到写作就是写作，是阅读“带”不动的，在语文教学结构中，写作教学占有比阅读教学更为重要的位置，言语表现应是言语教育的终极目标；认识到以读带（促）写、读写结合规范因其未能体现语文教学本体特性及其内在关系，必将被新的教学规范所取代。

一个人的语文能力自然包括听、读、说、写四个方面，这四个方面的功用是相辅相成的，但是，四者在人的言语能力整体中的作用和意义是有差别的。对这四种能力，语文界在理论上是一视同仁的，但在实践中却有主次之分。长期以来，形成了读为优先，写次之，说、听又次之的规范。中国传统的语文教育是“重读”的（指的是儒家正统的读写观），中国现代语文教育继承了这一“重读”传统，并在一定程度上使之理论化，使读不仅有其自身系统的能力与知识的要求，而且，以读作为语文教学的基本内容，处于核心的地位，来带动其他能力的培养，形成了以阅读为本位的语文教学框架。这虽然有一定的合理性，读是有其“基础性”功能，但是，一旦将其置于人的言语能力的发展或径直放在人的发展的层面上来认识，我们就会发现，读（和“听”为一类）的“基础性”功能，只是一种积累和体验，是学养的获得，是达成发表的过程和手段，是相对被动的获取，而不是主动的、发展的、原创的、终极性的语文能力的呈现。写（和“说”为一类）则是通过大量积累、体验和思考后的成果，是语文能力的综合体现，也是语文学习的终极目标。

严格说来，读和听不是一种完成性、终极性的能力。读和听的能力，是包含在写和说之中的。读、听得怎样，须通过说、写才能反映出来。读、听的学习成果通过写、说才能显示出来。将读和听孤立起来，强调它们的特殊效用，实际上，也无从培养起真正的读和听的能力。从信息学角度看，光有信息的输入，而没有信息的选择、加工，尤其是信息的输出与反馈，这样接受的信息是无效信息。以往语文教育没有成效，很重要的一个原因就在于为读而读，把信息的输入（吸收）作为目的，把不完整的阶段性过程当作全部过程，培养的是一种残缺无效的伪能力。

从系统论角度看，系统的整体功能应大于各要素之和。阅读是语文能力系统中的一个要素，如果不把它置于整体优化的语文能力系统中，而将阅读孤立起来，系统处于一种无序状态，系统的整体功能就受到了削弱，其功能便可能小于各要素之和，这样的语文教学势必是高耗低效的。要使这一能力系统优化高效，就必须对各要素进行合理的整合和配置，明确各要素之间的关系，使各要素各得其所，组成一个具有内在自洽性的开放的系统。因此，关键是要懂得什么样的要素之和才能大于整体。百年现代语文教育业已证明以阅读为本位的语文教学系统，其整体功能低下的主要原因，一是这个系统对说、写要素的严重削弱和干扰，把本应处于核心地位的表现性要素（说、写）置于可有可无的地位；二是阅读本位的“系统”根本不成系统，各要素基本上各自为政，读便读，写便写，说便说，听便听，在相当程度上将各要素孤立起来了，缺乏能将各要素真正统合起来的要素和各要素之间的能量交换、联络互动。毫无疑问，要达到系统的优化，须以表现为本位（或写作为本位），因为，以表现为本位，才可能使系统成为一个良性互动式的耗散结构。

耗散结构理论认为，一个远离平衡的开放系统，无论是力学的、物理学的、化学的、生物学的，还是社会学的、经济学的、教育学的系统，如果某系统不断地与外界交换物质和能量，在外界条件变化过渡到一定程度，系统内部某个参量变化过渡到一个临界值时，经过涨落系统可能发生突变。该系统会从原来的混乱无序状态转变为一种在时间上、空间上或功能上的有序状态。就是说，系统必须是开放的、“活”的：一是它必须是不断地与外界发生关系，进行能量的交换。就语文教学来说，就是必须不断地进行信息的接受、加工、传播、交流，即不但要读，更重要的要写、说，还要接受读者的反馈，通过写和说才能进行与外界的能量交换。二是系统内部的参量不是一成不变的，必须根据外部的需求有所调节和变化，系统内部的听、读、说、写各个子系统的相互关系也必须不断地加以调整，协调各种变量，不断地克服薄弱环节，使其与系统外部的环境、条件和需求达成和谐。总之，建构一个开放式的耗散结构，即一个以言语表现为基本目的的，通过大量的听、读、说、写活动，与外界进行积极的信息交流的动态系统，让学生的语文学习进入一个良性循环的系统中，形成开放的学习心态和“存在”的学习方式，不断地进行自我调节，求得平衡，其语文能力系统就必将在一定的时候自然达到有序状态。

西方的语文教学将语文技能分为两种：主动技能与被动技能。主动技能即说、写，又称“产出性技能”；被动技能即听、读，又称“非产出性技能”。

这两种技能虽然是不能截然分开的，是相辅相成的，但是，其重要性程度还是有差别的。“产出性技能”是优于“非产出性技能”的。说、写的难度和功用均高于听、读，因此，一般说来，说、写这类“产出性技能”“主动技能”的重要性要高于听、读这类“非产出性技能”“被动技能”，而且，前者作为终极性的技能，它也将涵盖、带动后者，使听、读技能同步发展。

20 世纪 60 年代，以北京景山学校为代表的以写作为中心的教学实验，可以算是“写作高于阅读”观念的萌芽。但是写作本位和“写作中心”不是一个概念。“写作中心”只是表明在语文能力中写作能力的培养是最重要的，读、写矛盾中写是主要矛盾。写作本位则是把语文能力、语文修养视为一个整体，认为写作活动是这个整体中的基本的也是终极的目标。它对其他能力和修养具有统摄性、兼容性和带动性。更重要的是，**从言语生命欲求和存在性言语生命意识的呈现来说，在诸多语文能力中，写作最具有言语上自我实现的功能，写作能力是语文能力与价值的最高体现。**写作本位和“写作中心”不是概念上的更替，而是观念上的超越，是在言语生命动力学层面上的新体认，这是必须要注意到的。在语文教育中，应牢固确立语文能力实即言语表现能力、语文能力的最高体现是写作能力的观念。

四　习作的语意及其行为暗示

关于写作教学，有一个概念是值得检讨的，这就是**习作**。习作是一个沿用多年的语文教学用语，在《全日制义务教育语文课程标准（实验稿）》中作为“官方语言”被确认下来。这一相沿成习的用语所包含的教育观念和行为暗示，与我们的写作本位、写作高于阅读、写作重于口语交际等教育观念是相冲突的，有必要做一分析。

习作，从字面看，作为动宾结构，即练习写作、练笔的意思；作为名词，指的是练习性作品。虽然在《全日制义务教育语文课程标准（实验稿）》中这个词只限定于小学中高年级，到初中则换成“写作”，但是，在习作教学中形成的写作观念不会因改换了一个名称而改变的。实际上一直到大学，往往还是称学生所写的文章为习作。究竟习作这一名称隐含着什么样的写作观念和行为暗示呢？

不妨对此做一番语用学的分析。习作，从语谓层面看，是“练习写作”“学习作文”或“练习性作品”；从语用层面看，意思就比较复杂，可以是指“这是学生练习写作，不必当真”（教师），“这是自己练习写作，不必认真”（学生），也可以是表明“这是练习写的或随便写的，写得不很完美或自己也不很满意”（带有自谦或自贬意味，如把得意之作故意称为“习作”，称将优秀的文章发表出来的刊物为“习作园地”等）；从语效层面看，事实表明，不论是教师还是学生，“习作”一词带给他们的影响主要都是消极的，它导致了写作练习上的虚假性，形成了“学不致用”的“伪写作”教学。

从教师来看，由于是习作，似乎就不是真正意义上的写作，只是在教学情境下进行的写的训练，是一种教学行为，不是严格意义上的精神生产的实践行为；是一种虚拟的写作，不是一种真正的写作。因此，在写作教学中就出现了记叙文、说明文和议论文这三种不伦不类的“教学基本型文体”，而这三种“文体”在实际写作中是不存在的。比如，学生在习作时学写的记叙文，一般是指写一些他们熟知的且得到老师认可的“有意义”的真人真事。这些文章既不是散文、小说、传记，也不是专访、通讯、报告文学。所写的说明文、议论文也是这样，实际写作中，没有哪一种文体叫作说明文或议论文，只有具体的科学小品、解说词、说明书或随笔、杂文、思想评论、文学评论等。就是说，他们在整个习作过程中学到的是一种在将来写作实践中根本不存在的文体。学习这三种“教学文体”唯一用处就是为了完成习作、应付考试，就跟科举时代教写八股文、试帖诗一样，敲开了科举之门后，一辈子就再也没用了。如前所述，对于写作学习来说，文体感的形成是至关重要的，文体感制约着语感，然而，学生在习作中形成的关于记叙文的文体感和语感，待到他们毕业后要进行写作时，却发现原来他们先前所做的大半是无用之功，他们首先要做的就是把这些好不容易建立起的文体感、语感抛弃掉，重新开始学习某一种文体的写作。因此，如果着眼于实际写作的需要，在教学中实在没必要让学生练习写“教学文体”，应该直接培养学生写他们感兴趣的或有实际效用的某一具体文体，培养真实的文体感，喜欢写童话的就写童话，喜欢写诗歌的就写诗歌，喜欢写故事、小说的就写故事、小说……没必要到头来再绕一个弯重新学起。

由于习作是虚拟性写作，是一种训练，为了训练的便利和考核的需要，就得由教师来命题，学生只能根据教师给定的题目作文。随之而来的是一系列习作行为与写作行为相背离。其中最典型的表现是，在教学情境下，习作往往是从审题开始的，审题这一“假能力”被视为最重要的写作能力。从小学到高中，教师从应试需要出发，费尽心机地命题，不厌其烦地对学生讲应如何审题，训练他们要如何审题。的确，这是应试写作的最重要的一环，审题失误意味着满盘皆输。然而，在教学中培养的被视为最重要的审题能力，在实际写作中却一无用处。除了将来从事文秘工作或是在很特殊的情况下，绝大多数写作是由作者自己来命题的，有的写作可以不必事先命题，到写完后再确定一个题目，甚至还可以标为“无题”，根本就无须审题。在写作实践中最重要的能力不是审题，而是发现、感悟、猜测、质疑等，这些该有的能力在习作这一概念的屏蔽下统统都被消解了，剩下的是一系列在审题框架内产生的相关的写作教学行为：立意、选材、谋篇、表达等。所立的“意”，是“题”内之“意”；所选之“材”，是“题”内、“意”内之“材”……在这里，学生逐渐丧失了写作的主体性，成为教师命题意图的揣摩者和体现者。学生经过十几年的习作，到头来居然不会写作。因为他们只“习”过审题，从来没“习”过自行选题。以致在大学生中，自行命题与学年论文、毕业论文的选题，始终是个难题，这不能不归咎于中小学这方面能力培养上的缺失。

从学生来看，习作除了造成了根深蒂固的心理惰性外，还导致了“读者意识”“发表意识”的淡薄。习作是给老师看的，老师只代表教材与应试的要求，只要立意高远、文从字顺就好。在教学中，师生都不考虑文章的读者对象及其要求；而真正的写作是写给特定读者看的，是要给报刊发表的。读者有各种阅读需求，报刊有各种编辑意图，那些在教师看来可以拿高分的四平八稳的模式化的“好”文章，在读者和编辑那儿，大多只有被揉成一团扔到字纸篓里的份儿。对大学中文专业的新生调查表明，他们中绝大多数人以往写作时从不考虑读者对象的状况，不考虑文章写给谁看，压根儿就没有发表文字的意念。因此，当他们上了大学，开始意识到写作要进入“流通”领域、要参与“市场”竞争，要接受“消费者”检验，他们在应试写作上的自信顿时化为乌有，变得力不从心，显得十分困惑、笨拙与艰难。

而且，习作带有“教练”写作、训练写作的含义。作为语文应试教育的有机组成部分，教师是主动者，学生是被动者，学生奉“命”而“习”，被训而练，身不由己，言不由衷，不想写、没法写也得写。这样，写作只能是一种精神折磨，学生没有言语表现的生命冲动和激情，难以形成良好的言语生命意识，不如写作、创作、言语表现等能激发人的创造欲和生命力。

还有一个与习作类似的常用概念——作文，也应一并加以反省。由于它长期用于“写”的教学实践，一说作文，所指便是“练习”写文章，写的基本上就是那些四不像的“教学文体”，在语义上与习作相似，在语效上也是相似的。可喜的是在新课标中已不再用“作文”这一概念来作为课程的名称，这表明制订者已经意识到它可能产生的负面效应，所以在今后教学中不宜再继续使用“习作”“作文”或“写作文”这类可能引起写作观念性误解的概念。

语文教学还是统一用“写作”这个概念比较好。因为它约定俗成地指向书面创制与表现，有利于改变写的教学的虚假性，使教学与实践归于同一；“名正”才能“言顺”。作为语文教学中与口语交际并列的、更为重要的方面——写作，方能显示出它作为课程目的的强势地位。这也是与新课标注重实践和应用能力培养的理念完全一致的。

五　言说是金，让心灵欢歌

言说重要，写作是重中之重。在言语生命动力学视阈中，**沉默是铁，言说是金**！但是，并非一切的言说都是值得珍视的，存在性的言说才是难能可贵的。在语文教育中，具有存在价值的写作重在言语动机和心灵的培植。言语生命意志强健、人格健康、心灵丰富、精神自由，是言说——写作之本。

当代作家鲍尔吉·原野在《雪地贺卡》中，讲述了一个故事：

> 我下班时，见到院里雪人怀里插着一张贺卡，贺卡的画面是一个满脸雀斑的男孩穿着成人的牛仔装，在抹鼻涕。卡上写着：
>
> 雪人：你又白又胖，橘子皮嘴唇，真好看。你一定不怕冷，半夜自己害怕吗？饿了就吃雪吧。咱俩做个好朋友！
>
> 祝愿：新年快乐　心想事成！
>
> 沈阳岐山三校二年四班　李小屹
>
> 我有点嫉妒雪人能得到李小屹的如此关爱，回家以雪人的名义给李小屹回了一张贺卡。第三天，我看见雪人的肩膀上又插了一张贺卡：

雪人：我收到你的贺卡高兴得跳了起来，咱们不是已经实现神话了吗？但我的同学说这是假的。是假的吗？我爸说这是大人写的。请你告诉我这是不是真的。我也觉得你不会写贺卡，大人是谁？十万火急告诉我（15 个惊叹号）你如果不方便，也可通知我同学王洋，电话 621××10。张弩电话 684××77。

祝愿：万事如意 心想事成！

李小屹

我想李小屹是个相信神话的孩子，多么幸福。这场游戏，我应该小心而且罢手了。有一个女孩痴痴地站在雪人边上，不时捧雪拍在它身上。我不忍心让她盼望着，但我更不忍心破坏她的梦。不妨让她惊讶着，带有秘密的童年是幸福的。

李小屹明知雪人不能读信，为什么还要给雪人写贺卡呢？每一个同学也都有过类似的相信神话的年月，但是，并不是每一个同学都会像李小屹那样给雪人寄贺卡，给雪人回贺卡，并想到要为她的童年保留一份秘密，这又是为什么？这是每一个语文教师必须思考的问题。

这则故事美在哪里呢？美在李小屹和“我”都是有梦的人，他们都在做梦。哲人周国平先生说：的确，一个有梦想的人和一个没有梦想的人是生活在完全不同的世界里的。如果你与那种没有梦想的人一起旅行，一定会觉得乏味透顶。一轮明月当空，他们最多说月亮像一个烧饼，压根不会有“明月几时有，把酒问青天”的豪情。面对苍茫大海，他们只看到一大摊水，决不会像安徒生那样想到海的女儿，或像普希金那样想到渔夫和金鱼的故事。哎，有时我不免想，与只知做梦的人比，不做梦的人更像白痴。

不少老师和同学都知道写作非常重要，可是怎样才能写好呢？一个现成的答案就是“练”！以为埋头苦练就成，所谓熟能生巧嘛。上面这个故事告诉我们的却是另一个道理：写作光靠“练”还不成，作者还得是一个会做“梦”的人。会做“梦”的人，有诗意的人，才懂得言说，才能写出好作品。因而，会做“梦”的人也是幸福的人。宋代大诗人陆游教导他的儿子说：“汝果欲学诗，功夫在诗外。”这可谓一语道破“天机”：要在文字技能之外下功夫，诗外功夫比诗内功夫还要重要。写诗是这样，一切写作也都是这样。道德、人格、思想、情感、趣味、学问等的修养，就是所谓的“诗外功夫”。丰富的心灵和深厚的修养，是写作真正的本钱。

在语文教学中学生学过的美文不少，有的同学文笔也不错，为什么写不出像《雪地贺卡》这样的文章呢？原因就在于写作凭依的是人的多方面素养的合力，主要取决于人的“内功”。心灵的培植，比文字技能的练习还要重要。如果写作光是为了考试，纵然“考场八股”操练得妙笔生花，会有征服题材、张扬言语才情的喜悦吗？为应试而写，做分数的奴隶，肯定是吃力不讨好的。只有从名缰利锁中抽身而出，不断丰富、充实自己，努力挖掘心灵的宝藏，破译自己的与他人的心灵奥秘，会欣赏美，做一个有“梦”的人，才能真正体验到生命舒展和言语创造的喜悦和情趣。

人是言语动物，倾听和阅读、说话和写作，使人与社会、自然、世界融通、和谐，使人更像人。写作，这一言语符号的创制行为，是人的人格、情感与智慧的最集中的体现。文章，是心灵的花朵。只有丰盈、充沛、深邃的心灵，才能妙悟自然、释解人生。心灵的陶冶、丰富和升华，感性、智性与诗意，是写作的根本。诗意，是写作的金顶佛光；真的写作人生，必是诗意人生。

语文课内教学只是指示一条学习的路径，涵养修炼的功夫则全在于个人。心灵，是在日积月累的跋涉中变得宽广。未经书海浸润，是焦渴枯萎的心灵。心灵荒芜，歌、诗何觅？

思想人格的熏陶，情意素养的磨炼，学识视野的开拓，需要“读万卷书”。一本语文教材，阅读部分几十篇课文，主要用来探讨学习方法，培植学识基础，对于涵养思想、增益学问，是远远不够的。这要靠大量的课外阅读来补充。据专家估计，中学生每年课外阅读量应达到80万～90万字。这是不难做到的，看几部小说就够了。这只是最低限度的要求，有余力的同学，还要尽量多读感兴趣的、有品位的书，多多益善。

是否读得多就写得好呢？杜甫说“读书破万卷，下笔如有神”，而宋人陈辅则说：“万卷人谁不读，下笔未必有神。”下笔“有神”与否，取决于怎么读，是否读“破”了。什么是“破”？读书的方法有两种：一种是以为书里说的都是对的，照单全收。这样读，读得越多，可能越糊涂。“两脚书橱”“人形鹦鹉”嘲讽的就是这种人。另一种是把读书作为一个认识、思考的过程，把所读的加以过滤，努力辨别真伪、优劣，去发现、提出、探究问题，经过消化变为写作的营养。这才是把书读“破”了。厚积薄发，水涨船高，脑子里积蓄得多了，可写的东西自然也就多了。诚如清代学者袁枚所言：“蚕食桑而所吐者丝，非桑也；蜂采花而所酿者蜜，非花也。读书如吃饭，善吃者长精神，不善吃者生痰瘤（指疾病——笔者）。”①

阅读并不能代替对生活的感知和体验。所以“读万卷书”，还得“行万里路”。要写出好文章，不但要读“有字书”，还要“读”人生、实践以至苦难这部“无字书”。“纸上得来终觉浅，绝知此事要躬行。”做学问不能从书本到书本，得和亲身实践和体验结合起来，才能透彻地领悟。

每个人都有自己的生活，这是一本属于自己的“无字书”。在这一点上，上苍是很公平的，并没有厚此薄彼，然而，为什么有的人文思泉涌，有人却捉襟见肘；所写的有的光耀百代，有的一钱不值？这就看你是否保持着探究生活的好奇心、新鲜感，能否敞开心灵，去看、听、问，去感受、想象和思考。

从一个小孩的“犯傻”中，鲍尔吉·原野感悟到同情心的珍贵，对孩子金子般的童真体察入微、呵护备至，从而写出一个像童话一样的境界。听保姆讲愚昧荒唐的故事，你可能置之一笑，但鲁迅是真正读懂了。所以，在《从百草园到三味书屋》和《阿长与〈山海经〉》中，一经他的“转述”，并不见得多么精彩的故事，顿时妙趣横生。张洁的散文《拣麦穗》，描写的是一个要把自己嫁给卖灶糖老汉的小姑娘，这个贪吃的家伙不但不叫人反感，反而觉得稚拙可爱。在作家笔下，仿佛一只狗、母鸡、麻雀，都有了诗意。这诗意，不是“观察”来的，而是从作者的博大温存的心灵中流淌出来的。

读书不但是为了增加自己的学识，而且是为了“读”生活，“读”他人的心灵。心灵丰富了、敏感了，再来看同样的生活和人，就能觉出蕴涵在其中的多姿多彩的美丽。本来觉得不好写、不能写的东西就变得很好写，甚至能够写出神来之笔。

生活一帆风顺，凡事称心如意，安适而满足，对写作可能不是什么好事；匮乏与缺憾，失败与挫折，往往是人生也是写作的财富。所以古人有“世事洞明皆学问，人情练达即文章”“文章憎命达”“诗穷而后工”等说法。因而，一个作者，要拥有海的胸襟，诗的情怀，能不懈地为之去磨砺、修炼、承受、抗争，去心领神会，充满劳绩且能诗意地安居。

“读万卷书，行万里路”，还得“写万篇文”。心灵充盈了，大量地写，不间断地练才是有效的，靠课内一学期几次的写作练习是远远不够的。写作的

---

① 袁枚著，顾学颉校点：《随园诗话》卷十三，人民文学出版社 1960 年版，第 461 页。

立意、选材、谋篇、行文等，除了从阅读中借鉴外，也有赖于写作练习。写作是一种智慧，也是一种技能，技能的长进，离不开持之以恒的（甚至是重复性的）练习，即所谓“操千曲而后晓声，观千剑而后识器”。所以，在写作练习上也不能有丝毫的怠惰。每天都写点儿，只要喜欢写什么都成，汲心灵之泉，植一树欢歌。存在的生命是由存在的写作来完成的。

语文教育是对学生言语生命意识的培育、养护，在语文教学中应充满言语创造的生命冲动和激情，洋溢着蓬勃的言语想象力，不断地积聚和释放言语生命能，这才是成功的语文教学。

六　精神繁衍：所写超越所读

与“阅读是吸收”的认知相比较，我更信从有人说的“读书如借债”。因为这个妙喻较好地诠释了读、写关系。

从“读书如借债”这句话大约可以分析出以下问题与意义：

第一，读书是“借”债，就有一个向谁借，向谁还的问题。与其说是向某一或某些具体的作者借，不如说是向过往或当下的人类借。

所有人在接受学校教育中，所读之书往往不是某一个人的书，虽然表面上是某一或某些人编的，实际上编者主要体现的是择取的才智。他们编写的教材，所呈现的主要是全人类几千年积累下的文化知识。

同样，在进入到专业领域的“求知”过程中，所读之书，虽也是某些人写的，实际上这些作者写的书，也是集中、整合了前人智慧的再生产，究竟哪些是再创造，哪些是原创，有的似乎可以进行区分，但从整体上看，严格说来，其产权是欠清晰的，是难以截然划分的。

因此，不妨认为，我们读的书是向人类借的，读书“债”的最大的债主是人类。具体的作者，也是人类的一分子，他“原创”的这部分精神财富，终究也是要奉献给人类的，因此说“人类”是最大的“债主”，大约不会发生什么产权纠纷。如果这可以成立，势必“还债”的债权人就是人类。

第二，读书是“借”债，既是借，就要还。以往我们所谓“有借有还，再借不难”“欠债还钱，天经地义”等，这些借而要还的，一般指的都是物质财富。以为只有物质财富才需要还，从没有读书是借、读书要还的观念，这是一个严重误区。以为书，不论是买来还是借来读的，这些精神财富是无须还的。如果借的物质财富要还，借的精神财富也需要还，更需要还。因为精神财富的价值一点不亚于物质财富，甚至比物质财富更贵重，物质财富维持的只是人的肉体生命，精神财富滋养的是人的精神生命、人的灵魂。二者究竟孰为轻重，不难做出判断。

只有树立了精神财富重于物质财富的观念，树立了精神财富是无价的，是难以用钱来计量、清偿的，精神财富的最佳等价交换物应当也是精神财富的观念，才会真正意识到读书、求知是一件很尊贵、崇高的事情，而不是可有可无的。除非你不要精神生命，不要灵魂，甘于将行尸走肉般的躯体匍匐在地。

第三，读书之“债”用什么还？自然有人会心安理得地说：用钱啊，买来的书，已经付钱了；借来的书，原书奉还了，岂不两清？其实不然。

这是把书看作是物质，把读书看作是物质占有，物质的占有，确实只要付钱就可以了。然而，你用钱买断的只是作为物质形态的书，不是其中的精神创造物，不是作者的知识产权。如果你获取了知识产权，这就是“欠债”。用钱购书，是“不等价交换”，精神财富的价值是无法用金钱来衡量的。

一般人读书，以为这是用钱买的，爱读不读，想怎么读就怎么读，往往买的只是阅读权，或是知识占有权，而没有意识到，只有你获取了知识，在这基础上进行再生产，产生新效益，才算真正的清偿，才算等价交换、公平交易。从这个意义上说，“借来的书”与“买来的书”本质上是一样的，只要你从中获得了精神财富，便要进行精神再生产，要用所生产的精神财富来偿还。所不同的只是由谁来还，债务如何分割：买来的书，谁买谁还；借来的书，由书的主人与借书的人一起还。

第四，“书”这一精神财富用什么还？欠债还钱，欠书还书，欠书的最公平的偿还方式自然是用“书”还。因此，读书如借债，要加上一句：写作是还债，是报恩。有借有还，写书是读书的最佳偿还方式，读书与写作是精神创造的一体两面。只有如此，精神生产才能源源不断、滔滔不绝，精神创造之长河才不会干涸；人类才有“书”可读，精神生命才能延续，才能进入精神繁衍的良性循环。

第五，怎样才算还清了“债”？当然要“连本带息”一道还，才算是还清；读的是好书，书越好，要还的“息”也就越高。所谓“连本带息”一道还，就是还的要多于借的，所写要超越所读；“照着说”是“还本”，“接着说”才是“付息”。“滴水之恩”尚且“涌泉相报”，读书受教之“涌泉之恩”，岂能无以回报？拥有报答、回馈人类先贤的观念、信念，人类的精神、文化才生生不息、可持续增长。读书还以写作，所写要高于、优于所读，这也是“言语生命动力学”之要义。

我们所有接受过教育的人都欠着这笔读书债，我们不一定还得起，相信多数人是还不起的，尤其是还不起读好书、读经典欠下的“高利贷”，但不能昧着良心赖账，要竭尽全力、尽其所能去还，一点一滴、终身不懈地还。要懂得感恩，懂得靠写作去报恩，报答精神养育、生命再造之隆恩大德。

“语文”二字意味着能说会写，说和写都是言语生命的表达。既要作“立言者”，选择了承先与启后、存在与不朽，那就狂写吧！

第十二章
说、写新观念：写重于说

言语表现是人的生命的表达，是人的独特的存在方式，是存在的证明。言说，既是人的自然属性，又包含着社会的、个人的、教育的多方面的因素。今天，不论社会、个人还是教育，业已认识到了言语表现的重要，但是，基本上还是把它作为一种谋生应世技能，一种“工具”，作为诸多语文能力中的一种。在语文教学中，口头表达或书面表达能力的培养还十分薄弱，效果很差。这种教育无能，体现了对言语表现认知浅陋。和对读写功能、关系的认识一样，语文界对说写功能、关系的认识也是十分贫乏的。

从中国语文教育史看语文课程形态，写和读结下了不解之缘，这是众所周知的；而写和说的关系，虽然不像写和读的关系那么亲密无间，却也合而复分，分而复合，若即若离而又难解难分，其中奥妙，引人沉思。

就说、写关系而论，大致存在以下几种课程形态：说、写一体，重说轻写，以写为主，说、写结合，重写轻说，只写不说，说写分立等。——以表现为本位，说、写互动，说、写一体，听、读、说、写联络共进的课程形态，是信息社会的必然要求。

口头表达和书面表达对于人的发展来说都是十分重要的，而且各有其特点和功能，原不应厚此薄彼。但是，从言语生命动力学语文教育视角来看，存在的言语生命意识在言语表现上是聚焦在写作而不是口语交际上。在语文教学中，写作应重于口语交际。

一　表现本位溯源：说、写的联姻

语文教育表现本位的教学体认和实践，自然不是自今日始，注重言语表现的教育可谓源远流长。

从西周官学教育到春秋、战国时期的私学教育，语文教育主要体现在“言语”课程之内。“言语”课程就是注重表现的，其课程形态大致上是说、写一体，说、写不分，重说轻写。

西周的官学，继承了前代以“六艺”（礼、乐、射、御、书、数）为教学科目的制度，其中“乐”教是一门主课，内含乐德、乐语、乐舞三门。“乐语”包括“兴、道、讽、诵、言、语”这几项内容，“兴、道、讽、诵”均为言语技能、技巧，“言、语”是两种表现方式。这也便是早期的语文课程雏形，但还不能算是一种严整独立的课程形态。

“言语”教学的独立设科，是自孔子始。孔子把他的学生课程分成四科：德行、言语、政事、文学。[①] 这四科不是普通教育，而是对优秀学生进行的专业教育，具有提高课的性质。《说文》称：“直言曰言，论难曰语。”《周礼今注今译》中认为“言语”是两种“说”的方式，“言”是“直说己事也”，“语”是“为他人说话也”[②]。《中国教育通史》一书则认为：“看来言和语是两类文体，言语之教近乎今天的作文教学。”[③] 这究竟是两种“说”的方式，还是两类文体，换言之，“言语”究竟是说话课还是写作课，未有定论。据我看来，二说皆通。因为先秦时期对口头和书面的表述尚无严格的分际，“言语”既可以指说的，也可以指写的。“言语”就是“言论”或“言说”，“言语”之教系泛指表述教学。孔子说的“有德者必有言”，这个“言”字显然不只限于口头表述，包括了书面言论的发表。在先秦，用“文”字来指称书面表述或文章的情况，还较少见，“文”字更多的是表示人的道德修养形之于外的美好

① 《论语·先进》。

② 参见林尹注译：《周礼今注今译》，书目文献出版社 1985 年版，第 233 页。

③ 毛礼锐、沈灌群主编：《中国教育通史》第一卷，山东教育出版社 1985 年版，第 103 页。

的表现，即“道之显者”，“礼乐法度教化之迹”；指的是漂亮、美好的东西，《说文》说“文”为“错画也”，即会集众彩以成锦绣。孔子所说的“文质彬彬，然后君子”“行有余力，则以学文”等，其中的“文”字，指的都不是文章。“文章”的意思，大约是从“文”的本义中引申出来的，因为文章也是礼乐法度、道德修养等美好东西的外显。

孔子的“言语”教育是注重表现的，读，是指向言说的，他很看重“说”的方面学以致用。他说：“诵《诗》三百，授之以政，不达；使于四方，不能专对；虽多，亦奚以为?”[①] 读《诗经》，目的是能学会处理政务，能够从事外交活动。这些实践活动都是以言说为主。

“言语”之义固然包括了口头与书面的表述，但由于先秦的文字交流比语言交流的机会要少得多，所以，言语之教侧重的方面可能还是在口头表达上。春秋战国时期，士阶层为了施展抱负，为了获得统治者的宠幸，游说进言之风盛行；同时由于列国纷争，使节来往频繁，“公关”及外交方面的口语交流的需求激增。这些也许便是孔子设教“言语”的动因[②]。其“言语”之教，势必也要向提高口头表达能力方面倾斜。在《论语》中的许多篇章，孔子都谈到了自己对说话的看法，如“刚、毅、木、讷近仁”[③]，“巧言令色，鲜矣仁”[④]，“君子欲讷于言而敏于行”[⑤]，“仁者，其言也讱”[⑥]，等等，不一而足。这些都可以明显地显示出他所谈论的是“说话”，可见其对于“说话”的关注。

我国语文教育初始期的重说，与古希腊教育有着某种的相似。在孔子设教“言语”后不久，公元前5世纪，古希腊哲人（主要指活跃在雅典的一批教人智慧的教师）也开始讲授修辞学（说话的艺术）、雄辩术（争辩的艺术）和辩证法（据理论证的艺术），出现了普罗泰戈拉、高尔吉亚、苏格拉底、柏拉图、亚里士多德等一批在论辩理论与实践上均颇有建树的哲学家。他们的

---

① 《论语·子路》。

② 皇侃《疏》引范宁云：“言语，谓宾主相对之辞也。”（引自程树德撰，程俊英、蒋见元点校：《论语集释》，中华书局1990年版，第744页。）范宁的解释有一定的道理，也可以说明当时外交方面的口语交际能力是孔子设“言语”科的动因之一。

③ 《论语·子路》。

④ 《论语·学而》。

⑤ 《论语·里仁》。

⑥ 《论语·颜渊》。

论辩理论和论辩术，如普罗泰戈拉的“相对主义”（每一样东西都可以有两种完全相反的说法；人是万物的尺度），高尔吉亚的“无物存在”论（否定存在的三命题：第一，无物存在；第二，如果有某物存在，人们也无法认识它；第三，即使可以认识它，也无法把它告诉别人），苏格拉底的寻求知识的“问答法”（讥讽、助产术、归纳和定义），柏拉图的“理念论”（理念具有单一性和自身同一性；理念是永恒的、不变的、绝对的；理念是事物的原型；理念是思想而不是感觉的对象，不能用感官而只能用理性去把握；对理念的把握主要靠灵魂的回忆），亚里士多德的哲学方法论（概念分析法、现象描述法、历史批判法等）、本原（存在或生成或认识由之开始之点）——实体（“基质”和“本质”，为古希腊哲学的核心概念）论、原因（本因、偶因和自发因）论，等等，体现了高度的形而上学逻辑思维、思辨技巧，很容易使人想到我国的老子、庄子、墨子、惠施、公孙龙、荀子、韩非子等的言辩智慧。二者异曲同工，且不谋而合地将人类早期语文教育的目标指向表现本位，指向“言语”。

由于说话和作文有很多共通的东西，所以，先秦诸子有关言语方面的言论（实际上也就是他们的“言语”教学活动），往往讲的是二者共同的规律，他们还没有对说和写作严格的区分。《荀子·正名》《墨子·小取》，前者主要讨论的是写作规律，但“正名”的意义，也适用于说话；后者讨论的是言语论辩逻辑，对说和写都同等重要。韩非子名篇《说难》，可以说是对先秦言语实践活动的总结，论述的是游说进言的禁忌和技巧，既适用于写，又适用于说。韩非子本人的长处是在于写，因他口吃，只能以“上书”向统治者进言。《说难》一文的写作，就是“非见韩之削弱，数以书谏韩王，韩王不能用”①，感到进言的困难，而萌发研究进言应如何趋利避害的动机，但《说难》所言则不限于“写”的困难，其中举的“说”的例子也不少，可以算是一篇“言语”心理学论文。

上述说、写一体与说、写不分的情况，是普遍存在的，他们也许不是有意识地这样做，只是因为对说、写规律尚缺乏深入的认识，但从其客观效果看也还有值得肯定之处。首先是对“说话”教学的重视，与当时的社会需求相适应。其次，说和写都是人的表达交流活动，二者的某些基本的要求和规

① 司马迁：《史记·老子韩非列传》，中华书局1959年版，第2147页。

律是相似的，抓住某些基本的东西，可收以简驭繁之效。再次，说和写的能力密切相关，在教学中二者兼顾，有助于相互的迁移和促进。——说和写在早期课程中的偶然的“联姻”，也许在冥冥之中暗示了在教育学意义上的必然和深刻。

写作从说、写不分的言语科中剥离出来，成为较为独立、严整的教学形态，大约是在东汉。光和元年（178 年），灵帝创建了我国也是世界最早的文艺专门学校——鸿都门学（因校址设在洛阳鸿都门而得名）。生员来自各州、郡所荐举的“能为尺牍辞赋及工书鸟篆者”[①]。“尺牍”，包括“章”“奏”“表”“驳”“书”等实用文体（汉代的尺牍不但有实用性，而且有文学性），而“辞赋”等则属于审美文体。可见，当时的写作课程已经兼顾到实用文体和审美文体的教学（虽然并非是有意识的）。到了南北朝，元嘉十五年（438 年），宋文帝又在京师开设了单科性的四个学馆：玄学馆、史学馆、文学馆、儒学馆。这文学馆的“文学”，仍跟孔子所设教的“文学”科相近，并不是今天意义上的文学，而是指广义的文章——文献典籍。文学馆便是专门从事文章研究与教学的。这时的写作教学已经从先秦言语教育说、写不分的课程形态中分离出来了，俨然自成一体。

从西汉开始的选举制和隋唐开始的科举制，便决定了对语文教育结构中“说话”教学的排斥。汉代的考试方式有“对策”“射策”两种。“对策”是根据皇帝或学官出的有关政治、时事方面的题目作书面答卷，也称策问或策试；“射策”有如后代的抽签考试，内容侧重对经义中的疑难问题的解释和阐发。二者基本上考的都是写的能力。隋唐之后的科举考试，先仍以策问为主，加试诗、赋各一篇，后来诗、赋逐渐取得与策问同等重要的地位，进士科的考试往往更看重诗、赋。及至宋代熙宁四年（1071 年），又转为考“经义”为主。明成化（1465—1487 年）以后，“经义”得以进一步地规范化，流俗称为“八股”。八股文作为一种基本的科举考试文体，一直沿袭至清末。应试注重写作能力，在课程形态上，自然是“以写为主”。考什么，便读什么、写什么。“科举考试一度重视书判、策论和诗赋，则学校，也随之注重习字、习时务策和作诗赋。乃至乡村学也都普遍学习作

---

① 李贤等注《后汉书》。见《后汉书》，中华书局 1965 年版，第 341 页。

诗，学诗成了一种普遍风气。”① 明后期至整个清代的教育，基本上是围绕着八股文写作这个主轴转。虽然在教学中也有一些质疑问难和提问作答，但并没有进行有目的的说的教学活动，说的教学已被排除在教育目的和课程之外。这一点，也可以从汉以后学者对写作研究兴趣的增长和对口语研究的式微得以证明。

科举语文教育，削弱了读，排斥了说，急功近利地写，似乎并没有给语文和写作教育带来与投入相称的产出，排他性的写作教学形态恰恰事与愿违，培养了大量的文字不通、心态畸形的落魄文人。即使是“八股”名家高手，也无非是鹦鹉学舌，玩文字游戏，堪称写作人才的并不多。这实际上表明了真正写作能力的提高，单靠写的辞章技能、技巧训练是无济于事的。写作靠的是综合学养和全面素养，即所谓“功夫在诗外”，而且，“诗”外功夫比“诗”内功夫还要重要。

二 说、写相关与说、写异同的体认

五四前后，大约是受了西方教育学的影响，许多学者不约而同地重新对语言（指口语、口述）教学给予极大关注，将其纳入写作课程之内。较早提出这个意见的是庾冰，他说：“语言为文字之母，文字者不过为语言之符号，语言之与文字具此密切的关系，故教授文字莫不由语言入手。”② 赵裕仁也认为学校教学注重笔写的状况“急需改革过来”，因为口语的发表非常重要，他列举了四条理由：第一，口语的发表，是人类最自然的发表；第二，我们日常生活里，用口头发表意见的机会，要比笔头发表意见的机会来得多；第三，口语的发表，都有当前的动机在眼前驱迫着，所以毫没有干枯无味的毛病发生；第四，善用口语表示情意的，往往善用文字去表示情意，而善用文字表示情意的，往往未必善用口语表示情意。③ 鉴此，他认为“口述的重要，当然

① 毛礼锐、沈灌群主编：《中国教育通史》第二卷，山东教育出版社 1985 年版，第 515 页。

② 庾冰：《言文教授论》，载《教育杂志》，第 4 卷第 3 号。

③ 见赵裕仁：《小学国语科教学法》，上海商务印书馆 1927 年版，第32 页。

不亚于笔写了”。何仲英对中学口语教法作了专门的研究并提出具体的构想，他在《口语作法的训练》中说：“在中学里举行口语的训练，并不是教学生说些简短、随便、零琐的话，我们是教他们说些较多而且很细心预备的种种报告、描写、记载、说明或是辩论，发表于同学之前。……它与作文需要条理的考虑，清晰的布置，以及艺术的工作，完全相同。不过一则宣之于口，一则书之于纸而已。”① 他把口语作法训练分为指示、表演和批评三个步骤，并做了详细说明。这一时期大部分论者都把口语教学视为作文教学一部分，唯一提出不同看法的是黎锦熙，他认为：“说作文要以话法所教学的口语为背景，则可，说话法教学便是作文的一部分，则不可。因为心理的作用、学习的过程，彼此并不完全相同……”② 他既注意到口语和作文的共同点，又认识到二者的差异，这无疑是对说、写并重（或说、写结合）这一课程形态认识上的深化。

此后，叶圣陶、平生、朱自清、朱光潜等人，均对说、写关系有了进一步的思考，一般也都意识到说、写规律的共同性和特殊性，只是他们所强调的各有侧重：叶圣陶、平生强调的是“同”的方面，朱自清、朱光潜强调的是“异”的方面。

叶圣陶先生提出了“写话”的观点，认为“话怎么说，文章就怎么写”。“用现代的活的语言，只要会写字，能说就能写。写出来又最亲切。”他也承认“话”与“文章”是有距离的，但他以为这种距离是可以消除的。他说：

> 有人说，话是话，文章是文章，难道一点距离也没有？距离是有的。话不免罗嗦，文章可要干净。话说错了只好重说，文章写错了可以修改。说话可以靠身势跟面部表情的帮助，文章可没有这种帮助。这些都是话跟文章的距离。假如有一个人，说话一向很精，又干净又不说错，也不用靠身势跟面部表情的帮助，单凭说话就能够通情达意，那么照他的话记下来就是文章，他的话跟文章没有距离。不如他的人呢，就有距离，写文章就得努力消除这种距离。可是距离消除之后，并不是写成另外一套语言，他的文章还是话，不过是比平常说的更精的话。③

---

① 见《中学国文教学论丛》，商务印书馆 1927 年版。

② 黎锦熙：《国语的“作文”教学法》，载《教育杂志》，第 16 卷第1 号。

③ 叶圣陶：《写话》，见刘国正主编：《叶圣陶教育文集》第三卷，人民教育出版社 1994 年版，第 405 页。

平生在20世纪40年代解放区国文教学中也对“写话”教学法进行了积极的探索，积累了丰富的经验和资料，把“写话”教学作为作文入门阶段的教学方式。教学实践表明这对提高写作教学效能是行之有效的，其具体内容见诸平生著的《写话教学法》一书。

朱自清则认为：“写的白话不等于说话，写的白话文更不等于说话。写和说到底是两回事。”① 朱自清对说与写的差异有较为透彻的认识，意识到许多青年学生以为写白话文是跟说话差不多，照着心里说的话写下来就是白话文，这是一种误解。朱自清的意见无疑值得重视。他对说与写的区分，主要有以下几点：

1. 写作运思时心里说的话等于独自言语。这种“独自言语”跟平常说话不同。不但不出声音，而且因为没有听者，没有种种自觉的和不自觉的限制，容易跑野马。在平常谈话或演说的时候，还免不了跑野马；独自思想时自然更会如此。说话是从思想到语言，写作是从思想到文字。②

2. 说的白话有声调、姿势、表情衬托着，字句只占了一半。写的白话全靠字句，字句自然也有声调，可并不和说话的声调完全一样，它是专从字句的安排与组织里生出来的。字句的组织必得在文义之外，传达出相当说话时的声调、姿势、表情来，才合于写作的目的。③

3. 文章有种种书面表达的特殊程式。例如写信，这最接近于说话，也必须将种种不同的口气标准化，将“面谈”时的一些声调、姿势、表情等等标准化。因为“写信”终究不是“面谈”，所以得这么办；那些程式有的并不出于“面谈”，而是写信写出来的。各色各样的程式，不是要笔头，不是掉花枪，都是实际需要逼出来的。④

4. 说话往往遵从于个别人的言语习惯，写作则必须用大众化的语言。过分依照自己的那“纷歧的个别的语言”，而不知道顾到“统一的文字”，没有“统一的文字”的意念，只让自己的语言支配着，写出来的文章就可能自己读

① 朱自清：《论诵读》，见中央教育科学研究所编：《朱自清论语文教育》，河南教育出版社1985年版，第114页。

② 参见朱自清：《写作杂谈》，见中央教育科学研究所编：《朱自清论语文教育》，河南教育出版社1985年版，第164～165页。

③ 参见朱自清：《中学生的国文程度》，见中央教育科学研究所编：《朱自清论语文教育》，河南教育出版社1985年版，第55～56页。

④ 参见朱自清：《如面谈》，见《语文影及其他》，文联出版公司1985年版，第28页。

自己听很顺，别人读别人听就不顺了。①

朱光潜更是一针见血地指出了“作文如说话”这种见解的“语病”：

> “以古为则”者看不起白话文，以为它天生是下贱的，和乡下佬说的话一样粗俗，他们以为用文言才能“雅”。这种误解一半起于他们的固执，不肯虚心研究白话文；一半也起于初期提倡白话文者的“作文如说话”这句带有语病的口号。我们尽管用白话，作文并不完全如说话。说话时信口开河，思想和语文都比较粗疏；写作时有斟酌的时间，思想和语文都比较缜密。这在两方面可以见出。头一点是用字，说话用的字比较有限，作文用的字比较丰富。无论在哪一国，没有人要翻字典去谈话，可是作文和读文却有时要翻字典。作文思想谨慎些，所以用字也比较谨慎些。一篇寻常对话，如果照实记录下来，必定有很多不精确的字。其次是语句组织。通常谈话不必句句讲文法，句句注意到声音节奏，反正临时对方可以勉强懂得就够了。至于作文，我们对于文法及声调不能不随时留意。所以“写的语文”（written language）和“说的语文”（spoken language）在各国都不能完全一致。②

鲁迅先生说：“语文和口语不能完全相同；讲话的时候，可以夹许多‘这个这个’‘那个那个’之类，其实并无意义，到写作时，为了时间，纸张的经济，意思的分明，就要分别删去的，所以文章一定应该比口语简洁，然而明了，有些不同，并非文章的坏处。”③ 吕叔湘先生也谈到“语言”与“文字”的差异：

> ……说话是随想随说，甚至是不假思索，脱口而出；写东西的时候可以从容点儿，琢磨琢磨。说话的时候，除了一个一个字音之外，还有整句话的高低快慢的变化，各种特殊语调，以及脸上的表情，甚至浑身的姿态，用来表示是肯定还是疑问，是劝告还是命令，是心平气和还是愤愤不平，是兴高采烈还是悲伤抑郁，是衷心赞许还是嘲讽讥

---

① 参见朱自清：《诵读教学》，见中央教育科学研究所编：《朱自清论语文教育》，河南教育出版社1985年版，第105页。

② 朱光潜：《谈文学·文学与语文（下）：文言、白话与欧化》，见《朱光潜美学文集》第二卷，上海文艺出版社1982年版，第328～329页。

③ 鲁迅：《答曹聚仁先生信》，见《鲁迅全集》第六卷，人民文学出版社1982年版，第77页。

刺，等等不一；写东西的时候没有这一切便利，标点符号的帮助也极其有限。因此，说话总是语汇不大，句子比较短，结构比较简单甚至不完整，有重复，有脱节，有补充，有插说，有填空的“呃、呃”，“这个、这个”；而写文章就不然，语汇常常广泛得多，句子常常比较复杂，前后比较连贯，层次比较清楚，废话比较少。这都是由不同的使用条件决定的。①

可见，说与写的差异性是客观存在的，话与文章的不一致是无可置辩的。

上述对说、写相关性和特殊性的认识，有助于我们加深对表现本位的认识，同时对写作和口头交流教学也有参考价值，使我们能抓住各自的特点作有针对性的练习。

三　写作优先：并重中的倾斜

言语表现能力包括说和写这两个方面。说是口头的表现，写是书面的表现；说是口头的表达行为，写是书面的表达行为；说是一种即时的、直接的、随机的应对和表述，写是延时的、间接的、预期的交流与沟通。因此，写不仅在功用上而且在表达效果与能力要求上均高于说。法国语言学家海然热说：“口语虽有种种优点，但未能抵御一个古老的诱惑，即让文字服务于一个相当普遍的梦想：超越自然、物质和制约性的现实。口语跟书面语之间的对立可能相当大。……对于这些语言来说，这种对立不可简单地说成表达同一语义的两个不同的体系。实际上，它意味着两个语体之间的差异，一个多自发、少协调。另一个声望高、威力大。因为，即使信息的接收者只是单独一个人，而且跟发送者的关系很密切，信息一旦被书写下来就被赋予某种庄重得多的功能，其装饰性得到更多的重视。”② 我国语言学家王宁先生也谈道：“一般说来，人的书面语是经过进一步加工提炼的，它不但可以用来表达思想和交流思想，而且具有超越时间、空间传播文化的更深远的作用。由于它在丰富、严密、形象等方面比之口语有更高的要求，所以在训练思维和传意上比之口

① 吕叔湘：《语文常谈》，生活·读书·新知三联书店 1981 年版，第7页。

② ［法］海然热著，张祖建译：《语言人：论语言学对人文科学的贡献》，生活·读书·新知三联书店 1999 年版，第 98～99 页。

语更为重要，培养书面语的能力和素养是需要专门进行的。”①

海然热从人类学、社会学、历史学、文化学的角度，对语言与文字的功能作了深刻的区分。他说：“……就已知的最为古老的文明而言，文字的诞生之日便是历史伊始之时。革命性的创造总是具有两重性，这一点在文字上也有反映。对话各方在成文的语篇里不再露面，跟话语场景的联系疏远；与文字所复制的话语正相反，成文的语篇变成了块块遭到废弃的耕地，一种远距离对话，口、耳、眼的比邻性全都荡然无存。同时也恰恰出于这一特点，文字将自身的篇幅和密度不加区别地提供给任何读者。文字是在一方空间上铺展开来的，因此允许各种组合和回返，各种随心所欲的卸下换上；它用可供每个读者注目端详的固定的笔画代替用不着出现的事物和口头说出的词语；而词语在次第而出的话语里，后说出的总是不断地把先说出的顶替掉。文字因之具有推动思考的力量，也许还有助于发展分析和抽象能力。口语社会的人类绝非跟这些能力无缘，但是发展这些能力的途径不同……”②他还注意到了书面语和口语的一系列的不同，揭示了书面语的种种特征：

……人们经常注意到在同一门语言里，书面语跟口语并不诉诸相同的材料：例如英语书写篇章就比口头篇章带有较多的名词化形式，分词，品质形容词等。在某些情况下，书面语在语言里享有古老的声望，距离现代用法相当遥远，并且是辞令和典故的宝库。……

书写语的独立性使其自成系统。在文字发达的文明里，文学的乐趣首先是风格方面的。任何东西都能用来创造个人语言风格。个人语言风格告诉我们的最重要的东西是摆脱口语的线条性。长期以来，这一无法躲避的特点一直是有关语言的思考的中心问题。文字写在一方平面上，能够随心所欲地利用各种可能的方向组合：横写、竖写、从左往右写、从右往左写；牛耕式（boust-rophédon）书写法则为后两者的结合。……其他使文字进一步自成系统的手段包括首先是排版方面的技术：移行、空白、分章节、大写、标题、副标题等。这些技术在使言语摆脱时间的限制的同时，把它变成了一个纸面上的两维物体和体积上的三维物体。……

---

① 王宁：《汉语语言学与语文教学》，载《中国社会科学》，2000年第3期。

② ［法］海然热著，张祖建译：《语言人：论语言学对人文科学的贡献》，生活·读书·新知三联书店1999年版，第82～83页。

……文字具有使意义变成事物的神奇本领。从而也有出现之初即已包涵在本身性质当中的趋向：一种审美对象。埃及象形文字很早就是一种装饰，只有用对书写符号的迷恋才能解释它的造型配置。中国书法跟诗歌和绘画的联系都十分紧密，从未分过家，而且实际上是后者的一部分。某些用简单的汉字组成的复杂汉字可以用来做文字游戏：把多个简单汉字跟一个复杂汉字并列起来，有时可以造出有意义的句子。阿拉伯石刻花纹在传达可兰经诗文的同时也传达美学信息。……

文字除了可使用于造型目的以外，还可以用于巫术。文字在（罗马文字、希伯来文字、阿拉伯文字等的）对字母的抽象里找到了最高的规范程度，但是，无论经过怎样的规范，它们那些反映事物的图像和笔划依然保存着某种历史联系，或者说某种默契。……

…………

当文字构成一个相当清楚的代码系统时（从尽可能久远的追溯结果看来，埃及当不外此例），赋予文字的书写以新理据的努力自会到处寻找合适的对象，以证明该文字不光会造型，而且是语言的记录。其结果跟口语里的语调起伏或者身口的强调性动作所造成的效果相仿。即书写者利用将第二信息跟第一信息对位，给意义的书面表达添加一层书面意义的方法来补充第一信息，甚至取而代之。……①

由此可见，书面语，不但与口语有很大的不同，而且它较之于口语，有着更为深厚的文化内涵和人文积淀。作为一种符号，其作用大大超出了我们所认为的“表情达意”，有着复杂多样的如造型、审美、象征等方面的表现功能。由于书面表现的能指特别丰富，所指也更为精致，所以，一般来说，书面表现的能力和学养上的要求也高于口头表现。当有人问萨特：那么写作的特殊性又在哪里呢？谈论这个整体（指客观性和主观性），似乎通过说话也可以做到，不对吗？他回答说：“原则上这是可以做到的，不过事实上人们在口头表达时从来没有说出如在写作时那么多的东西。人们不习惯使用口头语言。……通常谈话是这样进行的，每人都以为自己什么都说了，也以为别人什么

① ［法］海然热著，张祖建译：《语言人：论语言学对人文科学的贡献》，生活·读书·新知三联书店 1999 年版，第 99～103 页。

都说了，而事实上，真正的问题是在被说出来的东西之外开始的。”① 说与写都是一种言语表现方式，但是说话的表情达意不完全靠语言（音频信号），它在相当程度上还借助于说话人所处的特定的环境与说话人的各种辅助性的表情、姿势、动作等，听众感受到的是一种综合效应。写作的表情达意，则纯粹依靠作者所提供的文字符号，通过文字符号这个唯一的传媒，输送给读者。字斟句酌，“两句三年得，一吟双泪流”“吟安一个字，捻断数茎须”“文章不厌百回改”，这些说的也都是书面表达的艰难与慎重。

由于书面表现具有高度的复杂性和精致性，文字表达拥有极大的信息承载功能和文化传播价值，它对人的基本素养的要求高于口语表现，作者需要较为完善的言语人格和言语理想的培植和养护，所以，在语文教育中写作的重要性要高于说话，书面语表达能力的培养应居于最重要的地位。

写作——书面表现是言语表现的高级形态，它的规范性和创造性的含量都超过了一般形态的口头表现，是更高层面上的言语生命欲求的实现。书面语的生成比口语的生成要求更高，难度更大。写是运用文字符号的表现，其能力的形成，需要主体具有更为强盛的言语生命力和表现欲。写的学习，包含了人格、智慧、学养等的全面提升；写也可以看作是说的深化和提高，是人类言语生命高层次的创化，更具立言、事功之效，对人的自我实现和人类文明的贡献更大，它对于存在具有终极意义。**因而，在语文教学架构中，最能体现言语表现性特征的应是写；在语文教育中，写作素养的培养应是重中之重。**

在语文教育中，须张扬“以写为本，以素养求发展”的教育理念。“以写为本，以素养求发展”，就是立足于写作和语文教学的本体特性和规律，从言语表现的总目标出发，围绕着写，科学地组织、实施写作与语文科内各项内容的学习，培养学生良好的言语习惯和意识，促进他们的言语心智和能力的全面提高，最大限度地发展他们的言语个性与言语创新意识。这一教育理念，是和注重培养言语主体良好的人格意识的言语教育观念相统一的，它的目标不是只放在言语技能的练习上，而是放在言语主体良好的人格意识统摄下的、以言语创新思维为核心的写作——言语基本素养和能力的和谐的培育、提高和发展上。其意义既在于写作，又在于语文，且又超越了写作和语文，具有

---

① ［法］萨特：《七十岁自画像》，转引自伍蠡甫、胡经之主编：《西方文艺理论名著选编》下卷，北京大学出版社 1987 年版，第 119～120 页。

教育学层面上素养教育的意义。由于写作活动是人多方面素养和能力的综合体现，这些素养和能力的提高，实际上是人的整体素养和综合文化实力的提高；“学习通过写作”，任何学科的学习与发展都要借重于写作，其成果最终也势必由写作来体现，这已成为当代学习理论的共识；且由于写作能力是一切在事业上寻求自我实现的人所必具的能力，是现代人标志性能力之一，不会写作，将无法在信息社会立足。因此，写作素养堪称人的“元素养”。对于促成人的一般发展来说，没有哪一学科的教育，在“素养教育”意义上，其作用能跟写作教育相提并论。所以，语文教育“以写为本”，从某种意义上说，也就是“以人为本”“以人的发展为本”。

写作教育的意义绝不仅限于写作，也不仅限于语文，还在于它能塑造有着高度综合人文素养的人，这对国家、民族都是一件功德无量的事。北京大学教授曹文轩先生，对当今全社会对“作文教学”给予的特殊关注这一现象，有极为透彻的见解：

> 一个国家，从上到下，都在围绕一个叫“作文教学”的话题而众说纷纭，这实在是天下奇观。当今世界有哪一个国家有如此景观？绝无仅有。这至少说明两个问题：一、我们过去的作文教学其弊端已暴露在光天化日之下，已到了怨声载道的地步，已无路可走了；二、一群有识之士开始觉醒，并由他们带动整个中国社会对从前的作文教学开始了深刻反省。不要简单将此事仅仅理解为是中小学的作文教学方面的检讨，也不要仅仅将此事理解为是写作观念的变革。它的后面有着深刻的思想背景，并且具有深远的历史性意义。说是对写作的反思，而实质是对认知体系、价值的反思，是对整个教育思想的反思，是对思维方式的反思。这场规模浩大的反思将会在以后证明它对我们这个国家、这个民族带来了多么巨大的益处。它不只是给我们带来了一些好文章，而更重要的是带来了一个国家、一个民族的质量。一场反思，使一个国家、一个民族，能更加有效地进行思维，能更丰富、更深切地感应大千世界的含义、韵律与美感，能用语言无限自由地创造世界，这番功德我们如何估价得了？①

语文界对写作教育的意义的认识，也应有如此深邃的文化感、厚重感和

---

① 曹文轩：《他们的写作是否又进入了另样的圈套——答〈中国青年报〉记者问》，载《中国青年报》2002年3月19日。

历史感。那种以为写作只是一种实用能力，写作只是语文的听、读、说、写四个项目中的一项内容，写作教育不过是为了满足人的书面交际需要、应付生活需要的观点，应重新审视，应纳入现代教育和人的发展、人类进步的大视野中进行检讨。

四 “写话”观念与实践的失误

由于对说、写关系认识不清，致使今天语文界仍然纠缠于“写话”。《全日制义务教育语文课程标准（实验稿）》的“阶段目标”，书面语表达的教学方面在不同学段用了不同概念：第一学段（1～2 年级）是“写话”，第二学段（3～4 年级）、第三学段（5～6 年级）是“习作”，第四学段（7～9 年级）是“写作”。课标制订者初衷自然是好的，是想作教学梯度的区分，使不同学段有不同的要求。但由于这些概念在长期使用过程中积淀了种种分歧的见解，在教学实践中也曾产生了不少值得反思的问题，因此，有必要对这种区分的利弊作进一步探讨，使之真正有利于教学和学生的书面表达能力的形成与发展。

先说“写话”。存在的主要问题有二：一是写的是什么“话”？二是“写话”与“写作”是一回事吗？

第一个问题看似很简单，“写话”自然写的是普通话。但问题随之而来，“写话”顾名思义就是“话怎么说就怎么写”。在我们这个幅员辽阔、方言众多且普通话还未彻底普及的国家中，刚刚入学的小学生相当部分说的还是方言，还未能用普通话进行交流，当他们被告知“写话”时，首先在他们脑子中做出反应的必定是最常使用的话——方言，而不是对他们来说还较为生疏的普通话。如此“写话”就很成问题，即便是北方方言区的孩子讲的也不是标准普通话。由于他们的方言与普通话差别不大，似乎“写话”较易进行，而实际上，正由于差别不大才更容易造成混淆，更难以纠正。我们发现，现今一些经济、文化较为发达的方言区的孩子，普通话的水平甚至还超过北方方言区的孩子。就是说，“写话”这一概念，对不论操何种方言的孩子都可能造成误导，他们以为只要根据自己所讲的“话”写出来就成，就是“写作”了。

假设小学生都能说一口标准普通话，“写话”是不是就没有问题呢？“写话”与“写作”是不是就是一回事呢？答案同样是否定的。如前所述，早在20世纪40年代对这一问题就有过争论，且多数学者都十分关注“说话”与“写作”（说与写、语言与文字、口语与书面语）的差异。这个问题本应是不成问题了，“写话”这一概念也早就淡出了语文教学。今天旧“话”重提，新课标仍沿用“写话”这一概念，大约除了考虑到教学梯度外，主要是因为叶圣陶先生当年是提倡“写话”的，在一些他人的著述与教改实践中也有过这方面的主张和做法，为了表明对传统语文教学的继承性，因而重新启用了“写话”这一概念。虽然这些主张与做法包含了某些合理性（说与写在表现上有一定的相互促进的功用），但是，毫无疑问其认知基础是经不起推敲的。叶圣陶先生承认话与文章是有距离的，但他以为这种距离是可以消除的。距离消除后，二者就完全一致了。这种认识的错误显而易见。试想，语言与文字、说话与写文章的距离有可能消除吗？一旦话与文章的距离消除了，说的还叫“话”吗？如果谁整天说话都是在“诗朗诵”，在作“新闻联播”，在发表“社论”，那不是有病才怪呢。在这里，叶圣陶先生显然是为了使学生打破写的神秘感，提倡“写话”，而把“语言”和“文字”的差异尽量抹去了。

固然说与写有相似点，都是言语表现，但是，毫无疑问在写的教学中，尤须注重的不是二者的相似点，而是相异点，应注重写的特殊性（自然，在说的教学中，则应注重说的特殊性），注重培养学生正确的写作观念。

口头表达与书面表达都需要培养语感，然而两种语感是不一样的。说的语感，是建立在口头交际简明性、交互性和现场性之上的；写的语感，是建立在书面表达的可悟性、严谨性和间离性之上的。说的语言一般来说应通俗易懂，让人一听就能明白，写的语言则可俗可雅，有点艰深隐晦也无不可；说的语言较为粗疏简陋，可以随意应对，听得懂就好，可以较多地使用口语语汇，甚至方言；写的语言得字斟句酌，反复修改，注重修辞，可以较多地使用书面语语汇。说的语言由于具有“现场性”，所以应煽情激趣、机智幽默，注重听众即时的反应，写的语言是让人读的，可以一目了然，也可以通过反复揣摩品味，慢慢读懂，一首诗甚至可以读上一辈子（文章分为“可读”的与“可写”的两种，后者就是指可以慢慢读、常读常新的文章）。**写的语感对于一个写作新手来说当是一种全新的言语生命体验，写作教学就是要让学**

生学习拥有这种新的语感，而不是磨蚀、钝化书面语感，使他们说、写不分。

更为重要的是，日常说的语言一般没有严格的体裁区分，因此可以不拘一格地“随便说”；而写，不论写什么首先考虑的就是用什么体裁写。从某种意义上说，写作思维，是一种文体思维。在写作中，所谓语感，是在特定文体中的语感，是在文体感制约下的语感。一个没有文体感的人，是不可能有良好的语感的。离开了文体感讲语感，就跟只说买一把“椅子”，却不说用于什么一样，可能买回来的椅子是不合用的，因为，现实中只有具体的“办公椅”“沙发椅”“躺椅”等，并不存在抽象的“椅子”。当今语文界开始重视学生语感培养，这很好，遗憾的是，当人们把语感重要性提高到几乎是语文教学的唯一目标的地位时，只是基于意识到需要的是“椅子”，忽略了现实中根本不存在放在哪里都好用的“椅子”这个常识。可见，与其说说与写在语感上有区别的话，不如说二者更大的差别是体式感的有无（日常说话没有精细的语体分类，写作是不能不首先考虑用什么文体来写）。

说与写既然有这么大不同，当小学生刚开始学写的时候，是使他们以为“话怎么说，文章就怎么写”好呢，还是让他们了解“文章”跟“话”是不一样的，使他们获得一种新的表达观念从而开始一种新的言语实践与探索好呢？我想答案是十分清楚的。

长期以来，写作教学不但是从“写话”开始，而且，是在“话怎么说，文章就怎么写”的观念指导下进行的。所以，不少学生写出来的文章粗糙简陋也的确就跟话一样，真成了淡乎寡味的“白话”文了。由于许多教师和学生都不很清楚究竟说与写有什么不同，所以，纵然学生经过了十几年的语文学习，读了不少书，也将就着能写出“文从字顺”的文章。但是，由于文体意识、文体感的阙如，读与写就泛而不切，不到位，势必影响到读、写效果，就难以形成真正的书面语感。对说与写特性的认知肤浅，也是以往语文教育效率低下的原因之一。

也许有人会说：“写话”无非是作为从说到写的过渡，使小学生较易于入门罢了。殊不知，任何的教育行为都是基于一定的教学观念，也是为了培养某一正确的观念。要是学生在一开始学习写作时就形成了“写作就是写话”这样的错误观念，这对他们写作的影响很可能是将来哪怕花上十倍的时间也难以扭转的。我们有什么必要为了让学生易于学写，而不惜将来花费十倍的时间来消除由此带来的负面影响呢？重要的还不是教育“成本”问题。从教育学的角度看，观念应先于技能，观念比技能更重要，就是说，让学生树立正确的写作观念，比让他们学会某些写作技能还要重要，只有在正确的写作观念指引下的写作行为和形成的写作技能才是有意义的。因此，看来即使是从“教法”上考虑，也不应采用可能导致形成错误写作观念的“写话”法。

在学生写作学习的初始阶段，由“写话”导入写作，架起从口头表达通往书面表达的桥梁，使他们业已形成的说的经验向写迁移，解除他们对写作的神秘感与畏惧心理，这也许是有效的。但是必须注意的是，“写话”必须是在普通话普及的地区，而且不应作为一个普遍性的要求，在时间上不宜过长。一旦学生对文字表现有了一定的认识，打破了写作的神秘感，就应该较多地关注二者的差异，迅速剪断由说到写的“脐带”，立足于建立写的观念。如果仍然是按照话怎么说就怎么写，写出来的东西必然是不成文的，这时，“写话”便会成为写作学习的障碍。用“写话”代表这一阶段的写作弊大于利。

五　写、说彬彬：表现本位的理想

强调写作高于说话，并不是说可以忽视说的能力训练，作为言语（说、写）表现的重要一翼，说的能力与写的能力同样不可或缺，说和写应该比翼齐飞。这不意味着说和写在教学中必须隔绝开来，只要不是把说和写看作是一回事，能根据各自的规律进行教学就成。说与写二者各有其长期说出来的与写出来的约定俗成的表现习惯，在语文教学中有必要对二者加以区分，区分是为了能在教学中更好地把握。在教学中将说、写二者，以至将听、读、说、写四者有机地联络在一起，则十分必要。这对于提高教学效率，促成各种能力的相生共长，是极有助益的。

我国现代语文教育至少在理论上对说是重视的。如 1923 年颁行的《新学制课程标准纲要》中《小学国语课程纲要》，一至六年级，每个学年均有“说”的教学要求：“简单会话，童话讲演”“童话、史话、小说等的讲演”“加普通的演说”“加辩论会的设计、练习”“注重演说的练习”。教学“方法”指明：“语言可独立教学，或与作文等联络教学。”“毕业最低限度的标准”要求：初小“能用国语作简单的谈话”，高小“能用国语讲演”。《初级中学国语课程纲要》也要求各学年作“定期的演说辩论”，占 3 学分。（作文和笔记占 4 学分；文法讨论占 3 学分）三四十年代的“课程标准”中大致上仍作说、写并重的课程定位。如 1932 年颁行的《小学各科课程标准》的“国语”部分，便有“利用环境随机设计，使儿童口述或笔述练习叙事、说理、达意”的要求，低年级做的是“故事和日常事项的口述和笔述”，高年级做的是“演说辩论的拟稿”，教学方法上规定：“口述应和笔述常相联络，例如同一题材，先演讲（口述），继以记述（笔述），再继以讨论（研究）；或先演讲，继以记述；或先记述，继以讨论。”初中、高中的口述训练，仍以演说、辩论为主。三四十年代的“课程标准”中除了包含在“作文”教学中的“口述”内容外，还设有专门的“说话”教学和安排在课外的口语练习等。①

这种说、写结合的课程观念，其科学性是显而易见的。但具体操作起来，却有很多困难，如课时安排和命题指导等，都将使语文教学变得更为复杂，使教师增加更多的工作量和面临着教学素养方面的挑战。最重要的是语文界与教育主管部门实际上还没有真正意识到说在语文教育中的重要意义和地位，没有意识到说对开发人的言语心智的作用，因此，对说的能力的培养未能给予充分的重视，以至于对说的能力的检验从未进入各级的考试范围。这么一来，在语文教学实践中，说、写结合的观念和规定便大打折扣，实际上做的是重写轻说或只写不说。这种状况，在从 20 世纪 50 年代一直到今天的中小学教学中，未见根本的改观。在《语文教学大纲》中始终例行公事般地写着有关于“听说能力”或“说话能力”方面的要求，但只有一些重点中小学在课前作一些“口讲”练习，大多也只是流于形式，演说和辩论更是罕见。打开 1990 年 6 月出版的《全日制中学语文教学大纲》（第 2 版），在“作文教学”部分便赫然写着：“口头表达和书面表达在现代生活中具有同样重要的意义。指导学生口述见闻、说明事理、发表意见等，不仅可以提高口头表达能力，对提高书面表达能力也有促进作用。”但不知“大纲”的制订者们是否意识到，在当今应试教育的规范下，他们认认真真地重复写下的只能是一段绝对正确而又毫无意义的空话！

然而，出人意料的是，被应试教育整得似乎有些“昏头昏脑”的学生们，对于说的重要性却持有一份难得的清醒。据笔者 1999 年在我国东南地区 10

---

① 参见潘新和：《中国现代写作教育史》，福建人民出版社 1991 年版，第 95～97 页。

所高师、30所中学10880名学生中作的调查表明，他们对听、读、说、写四种语文能力的重要性程度的判别，依次是说（占49.4%）、写（占26.3%）、读（占12%）、听（占4.8%），（弃权的占7.5%）大部分学生认为说、写能力最重要，而其中又以认为说的能力最重要的同学占大多数。显然，这种看法是基于当代社会需求和实际应用之上的，也是与我们提出的以表现（说、写）为本位的语文教育观的认识基础是相一致的。

值得庆幸的是，在当前教育改革大势下，在素养教育的呼声中，教育行政领导和语文界终于"幡然悔悟"，开始认识到缺少说的语文教育是不完整的语文教育。这主要表现为《全日制义务教育语文课程标准（实验稿）》不但有"口语交际"的要求，而且在"评价建议"中还明确规定了口语交际的评价方式，中学语文教材（人教版）第一次有了独立的"口语交际"、说与写合一的教学内容。尽管这一编程离以表现（说、写）为本位的语文教育规范还很远，而且，有了新的规定与教材，也并不表明一定就有口语交际教学与水平检测，但是，能意识到语文教育实践不能永远让说缺席，能把说的检测写进课标、编进教材，就算是一大进步了。

说的教学也从没进入高校的写作课程（或者说压根儿就没有进入过高校中文专业以至其他专业的课程结构）。其实，即使是写的教学，也只是在20世纪30年代末，由于中学生国文水平低落而在高校普遍增设了"大一国文"课时，方才在大学讲坛占有一席之地。"大一国文"课以提高阅读能力为主，写作教学则处于可有可无让人呼来唤去的小媳妇地位，叶圣陶先生将其定位为"补课"性质，补的是中学欠下的课，认为一旦中学的教学质量上去了，高校的写作教学就得取消。不料，中学教学程度始终上不去，写作教学也就由补课而转为正课，在高校扎下根。但其所处的小媳妇地位并没有改变，一会儿归入"文选与习作"课内，一会儿又暂靠"现代汉语"，教师高兴了便做一两篇作文，懒得改便不做。这种半死不活、寄人篱下的状况，至20世纪70年代后期才得以改观。70年代初高校汉语言文学专业开始有了独立的写作课程，写的教学终于堂而皇之地在高校教坛坐正了位置，然而，说的教学竟连"补课"地位也不可得。曾经有一种论调，认为大学生尤其是重点院校的大学生应当会写，所以无须开写作课。以此类推，大学生更应当会说，所以更没必要开说话课。但却不知怎么一来，不但高校的写作课越开越红火，基础写作，不仅有应用写作，还有创意写作，而且不少高校竟还开设了"口才"课、

“演讲”课、“教师口语”课，一发而不可收。

就为了这个“说”，学者、官员们曾花费了半个多世纪，汗流浃背地埋头写下了无数篇文章，制订了一份又一份的“大纲”，眼睁睁地看着这些写满字的纸页发黄、变脆，鲜有问津者。可是，仿佛一夜之间，人们无师自通地醒悟过来，明白了原来会说话并不等于能说，学习说话也并不只是为了说话。当然，真要做到“学习说话并不只是为了说话”，还有很长的路要走。但是，说的教学在语文教育中应占据一席重要的位置，说、写并重，以表现（说、写）为本位，无疑是语文素养教育的大势所趋。

强调注重说、写各自的特殊性不等于在教学中应说、写分离，各行其是，如同今天不少教材的编写者所做的，将“写作”和“口语交际”作为互不相干的两种课程。语文教学是一个有机的整体，是一个大系统，各部分既有区别也有联系，一旦失去了内在联系，势必会削弱其整体功能。

语文教育史也许会画一个圈，回归到早期的说、写一体（听、读、说、写一体）的课程形态上来。寂然凝虑，思接千载：当年孔夫子不期然而然地开创的说、写一体的“言语”课，那铿锵顿挫的讲课声，穿越漫长的时光隧道，在21世纪的回音壁上，隐约可闻阵阵悠扬深邃的震荡。自然，今非昔比，言语生命动力学表现本位的言语教育，已非当年“有德者必有言”“敏于事而慎于言”，讲求“思无邪”“文质彬彬”的“言语”教育了。

人的言语生命欲求强盛，意味着言语创造力强大。言语创新，依存于存在的言语生命，言语创造欲与创造型人格。

第十三章 言语创造力：寓于存在的生活方式

缺乏创造力的照本宣科，统一、规范的训练，是培养不出作家、学者和其他言语人才的。

言语创造力是深刻的言语生命意识和深厚的言语修养的体现，存在的言语动机是言语创造的不竭的动力，健全的言语人格（自我实现型人格）是言语生命能和言语创造力的源泉。

在应试、“应世”的认知背景下，言语创造力被当作是一种纯技能，教师把模仿当作创新，把机械的思维方法和模式当作创新的窍门，这在一开始就走错了路。言语创新，是言语生命能的释放和言语个性的体现，是存在的生活方式和生命形态绽开的花朵。

今天，“创新教育”已成为教育界津津乐道的话题。在语文界，“言语创新”“写作创新”也已成为焦点问题。大量论文、课题和教改实验，均冠以“言语创新”“写作创新”之名，各种各样“写作创新教学法”应运而生。这自然是可喜的。的确，在以往的语文教育中，不论是阅读还是写作，都极其缺乏培养创新意识、创新观念和创新能力的体认。立足于言语人生和诗意人生的教育，在言语表现、言语智能、言语实践层面，毫无疑问应关注创新素养、能力的培养，因为，言语人生和诗意人生终将体现为言语生命的创化。言语创新是表现-存在本位语文教育的灵魂，言语表现的目标是言语创新。但是，创新教育并不如人们想象的那么简单，言语创新能力的培养不是可以靠课堂教学机械化、大批量生产的。如果真像有的学校提供的实验报告所说的那样，经过一两年或一个学期的教改实验，学生写作创新能力就大有长进，那么不久的将来，岂不满街都是作家、学者、发明家和科学家？

言语创新和其他创新一样，都是生命能的燃烧，是人的才情、智慧、勤奋结出的果实。

一 言语创新教育的两种观念性偏颇

长期以来，语文界在言语创新教育这一问题上存在着两种偏颇认识：一是认为对中小学生讲言语创新，要求太高，不切实际；一是认为言语创新教学，无非是一种技法的传授和习得，通过大量、反复的训练就可以奏效。这两种认识都有必要作认真检视。

先说第一种。不少教师把“言语创新”“写作创新”看作是对作家、学者的要求，或看作是写作学习高级阶段的要求，是高中或高等教育的任务。读，只是为了理解、领会、解释；写，只是为了意能切题、言能达意、文从字顺。一讲创新，教师们就说学生的写作水平如何惨不忍睹。在他们看来，学生连文章还读不懂，语言还不通，谈什么创新？以为言语创新能力，是在人的书面表达能力形成之后才能进一步培养，“顺理成章”地把基础教育的任务定位在“文从字顺”上。殊不知，这种所谓的合乎学生心智成长的教育学“规律”，恰恰违背了人的言语能力和创造力发展的自然规律。在这一思想指导下，所做的大量的读、写训练，实际上是在循序渐进、按部就班、挖空心思地泯灭学生的言语表现欲和创造力。

这涉及人的言语禀赋、言语习得和智力发展过程关系的问题。有人认为人的智力发展甚至先于人的言语能力的发展。据美国语言学家乔姆斯基对人的语言能力（competence）的解释，认为人类具有可以生成数目无限的语句的能力。对儿童的这种天赋能力，法国语言学家海然热理解为是一种应用于周围环境所提供的语句模式的能力。他认为，关于神经组织及其活动在语言沟通当中所起的作用是为全人类共同享有、与生俱来的。当然，这样说并不意味着把在人类发展史上使它们跟社会性联系起来的彼此互为影响的关系撇开不论。这种先是利用零散的词语进行遣词造句的自我表达能力，并非是个完全独立的既成事实，不可以脱离人的智能来看待。“人类智能当中的感觉—

运动阶段并不是人类独有的；而且，在儿童的成长过程中，这个阶段先于语言能力得到发展。……儿童对于世界如何构成的特定知识是独立于语言能力的。这一知识来自他们的特殊的感知系统，以及生活在地球上这一事实。两者均为生物学方面的既有条件。儿童在学习语言的过程中，借助符号和符号的组合，一方面学习母语的表达形式，另一方面也学习如何将这些本身就跟世界有关的表达形式运用到他们对世界的认识上去。作为语言禀赋，这一双重的学习过程从古能人到智人都记录在人类遗传代码里，同时也平行地记录在儿童的生物结构当中，只是方式不同而已。"① 这就是说，人的语言能力跟智力的发展，二者是并行不悖的。在人的智力中，最先得到发展的就是创造力的基础——感知力和想象力。在法国精神分析学家拉康看来，婴儿在镜前主客不分，还属于自然的阶段，尚未形成真正的主体，就已进入了"想象界"，即本能的、想象的、知觉的世界，"想象界"是人这一"主体"成长的第一层次。（第二层次是"象征界"，进入第二层次人才成为真实的主体，有了个性。象征界包括逻辑、数学、语言、社会与文化的象征现象。第三层次是"实在界"，它包含着想象界和象征界，实际是指主观的领域。）可见，跟人的语言禀赋一样，感知力和想象力也是人的自然禀赋，存在于儿童早期的智力发育中，与语言能力相生共长，并不存在要先发展语言能力，才能进而发展言语创造力这样的先后关系。因此，在言语、写作教育中，在书面表达习得中，从一开始，就不应忽略言语创造力培养。忽略了想象力和言语创造力的培养，反而会影响言语能力的发展，其结果只能是事倍功半。

语文界一部分人在对"言语创新""写作创新"问题的认识上，又走到另一个极端，以为言语创新是可以通过模仿或借鉴"速成"的，只要加强训练，熟练掌握写作"创新术"或"创新法"，就可以达成言语创新的目标。名目繁多的快速作文法、速成教学法应运而生，这也同样是对人的智能发展、言语生成、言语创造机制缺乏了解所致。实际上人的写作能力的提高是不能速成的，更不用说写作的创新了。所谓的速成，只能是对付考试的伎俩，绝不是写作水平的真正提高。不论是快速作文法，还是速成教学法，都是应试的产物，治标不治本，不值得提倡。这种观念，不但违背了新课标提出的整体上提高语文素养的要求，也与我们表现-存在论语文教育的动力学方法相抵触。

---

① ［法］海然热著，张祖建译：《语言人：论语言学对人文科学的贡献》，生活·读书·新知三联书店1999年版，第16～17页。

由于在这个方面长期形成了诸多错误或模糊认识，因此须做深入的检讨。

二　传统借鉴、创新观的悖论

自从提倡“创新教育”以来，“在模仿中创新”“在借鉴中创新”，这一传统创新论在语文教育中又重新风行起来。一度陷于低迷的“模仿”训练，顿时又有了底气，变得理直气壮。似是而非的意见是：没有模仿，何以借鉴？没有借鉴，如何创新？最有力的证据就是“读书破万卷，下笔如有神”。

自然，创新不能离开模仿和借鉴，但关键不在于提法，而在于对这一命题应作怎样的理解，即如何模仿、借鉴才能创新。以往的语文教材与教法，指导思想为以读带写、读写结合，“阅读是写作的基础”，“阅读是吸收，写作是倾吐”，其中就包含着写作应从阅读中“模仿”“借鉴”的观念，其结果非但没有达成写作的创新，而是阅读、写作两败俱伤。咱们的教改，如果只是拣起一件已被实践证明并不怎么好使的武器，乱舞一气，如何能避免重蹈覆辙呢？

事实上，在一般情境下，只要阅读了，你必然有意无意地都在模仿和借鉴。然而，通过阅读的模仿、借鉴，真正能在写作上创新的人毕竟只是少数。这也就说明：创新需要模仿、借鉴，模仿、借鉴未必就能创新。所以，**重新审视这一命题时，我们的思维取向不应是去证明创新是否要模仿、借鉴，而是要研究为什么模仿、借鉴了，多数人却未必能创新。为什么在许多情形下，模仿、借鉴反而会扼杀创新？**

首先，涉及创新与继承的关系问题。创新是需要继承的，但是，归根结底，**创新本质上是对继承的扬弃、否定和超越。**模仿和借鉴，都是属于继承范围内的事，所以，只知道模仿和借鉴的人，不论模仿得多像，借鉴得多么到位，都不等同于创新。或者说，模仿得越像，借鉴得越到位，往往越不可能创新。应从借鉴对象中超越出来，对借鉴对象进行否定性改造，能够在模仿与借鉴的同时也在否定超越的人，才可望达到创新的目的。由于所模仿、借鉴的大多是好文章，要否定和超越就较为困难，得有相当强的辨析力和抵抗力，既要能入乎其内，又要能出乎其外。多数人（也包括多数的学生）不具备必要的辨析力和抵抗力，他们不但不能否定和超越，而且反而深陷其中，不能自拔。他们借鉴是借鉴了，在借鉴中也迷失了自我，抑制了言语个性的发挥，所以始终创新不了。因此，泛泛而论从模仿、借鉴到创新，盲目地进行训练，不但是徒劳的，最大的可能性倒是在引导学生受“蒙蔽”，培养人云亦云、没有独立思想的平庸的作者，走向创新的反面。历年高考有那么多的考生在套题抄袭，移花接木，采用相似的材料和结构，写作千人一面的文章，不能说与“模仿、借鉴”法没有直接的关系。因而，与其说为了创新要培养学生的模仿力和借鉴力，不如说更重要的应是培养学生的辨析力和抵抗力，要使他们学会在吸收他人的长处的同时，能积极主动地进行消化和鉴别，懂得取舍和扬弃，从而改善自己的知识结构和认知图式，使言语主体更加强大。

这其中有一个以谁为主的问题。是被所模仿、被借鉴的文章牵着鼻子走，还是以我为主，为我所用，师生对此都要有清醒的认识。如果掌握不好这个度，模仿和借鉴就可能不但劳而无功，而且把学生的写作主体性也赔进去了，一辈子也创不出“新”来。模仿、借鉴是技能，而创新是智慧，需要生命融入和心血灌注。

其次，不是优秀的文章所有的方面都是好的，都可模仿和借鉴。模仿、借鉴法之所以不能达成创新目的的原因，还在于写作从阅读的文章中可模仿、借鉴的主要是表现形式，如遣词造句、文体规范、篇章结构等，主题、材料等就不可以直接地模仿、借鉴，或者说不容易模仿、借鉴。就写作的创新来说，最重要的便是“意”的创新。在立意上，优秀的作品可能会给你一些启发，却不能将别人现成的思想模仿、借鉴过来。如果一篇文章的意蕴是“借鉴”来的，无论怎么创新也无非是新瓶装旧酒，很难令人耳目一新。即便是形式上的借鉴，也得小心，避免雷同。所以，叶圣陶先生曾告诫说写作的时候要离所读的课文愈远愈好。著名作家张贤亮也深有感触地说：“我以为借鉴一位优秀的作家的优秀作品，并不是一条捷径，但却是一条可怕的小路。你以为那条小路能把你带到更高的艺术境界，使你的作品有更大的艺术效果，你自以为那条小路离那篇优秀作品还远，你在那条小路上围着那篇优秀作品弯来绕去，但只要你一个劲儿抱着侥幸心理循着它走，它最终还是会把你领到你所借鉴的那篇作品上去。于是，你就逃不脱‘抄袭’的罪名了。”① 这当然不是说不应模仿、借鉴，而是说应搞清楚模仿、借鉴与创新的关系：需要

① 张贤亮：《奋力越过艺术借鉴的礁石》，见《写作》，1984 年第 6 期。

模仿、借鉴什么，什么可模仿、借鉴，什么不宜模仿、借鉴，什么样的模仿、借鉴不能创新，什么样的模仿、借鉴才可能创新，模仿、借鉴要注意避免什么，模仿、借鉴与创新有什么矛盾。一味地模仿、借鉴是不合适的。自然，创新离不开借鉴，甚至有时候也不绝对地排斥模仿，但是我们不能不看到，创新从本质上说，恰恰就是为了打破、改变借鉴与模仿所形成的思维定势。从这个意义上说，模仿、借鉴在给创新以助力的同时，也可能成为创新的阻力，成为创新的敌人。

第三，有些方面是不应也无法模仿、借鉴的。好文章的一个共同点是具有言语个性，他人的言语风格特点，恰恰是不应模仿、也无法模仿的。鲁迅的杂文确是最好的杂文，它犀利、深刻，嬉笑怒骂皆成文章，这谁都懂，可有谁能模仿、借鉴得来？王小波的小说不动声色、入木三分、痛快淋漓的“反讽”，可以意会而不可言传，更遑论模仿、借鉴？即使你能借鉴，最多也只能得其形似，得其皮毛，而无法得其神韵。退一步说，即使全都被你借鉴来了，又能怎么样，也仍然是继承，而不是创新。**创新的实质是求异，模仿和借鉴的实质是求同。**汉代的王充就说过写作不应求“似”，而应求“异”：“饰貌以强类者失形，调辞以务似者失情。百夫之子，不同父母，殊类而生，不必相似，各以所禀，自为佳好。文必有与合然后称善，是则代匠斫不伤手，然后称工巧也。文士之务，各有所从，或调辞以巧文，或辩伪以实事。必谋虑有合，文辞相袭，是则五帝不异事，三王不殊业也。美色不同面，皆佳于目；悲音不共声，皆快于耳；酒醴异气，饮之皆醉；百谷殊味，食之皆饱。”①好文章和写作个性，是不可重复的，也是不应且无法模仿、借鉴的。写作的创新和自然科学的发现、发明一样，只有第一，没有第二。

因此，应认识到借鉴和模仿是手段，创新是目的。创新才是最重要的。在写作中，先导的观念是创新，而不是借鉴和模仿。在写作教学中，作为基本观念加以强调的应是创新，而非模仿、借鉴，否则就是本末倒置。应让学生意识到写作的生命是创新，不论是中小学生的写作，还是作家、学者的写作，创新都是第一位的。所以，我们应把培养学生的创新意识、创新观念、创新素养、创新能力摆在首位，**应让学生在写作时，首先想到的就是创新，就是我要写得有新意，要不断地超越，要写得与众不同，而不是首先想到模**

---

① 王充：《论衡·自纪篇》，见黄晖撰：《论衡校释》，中华书局 1990 年版，第 1201 页。

仿、借鉴，想到要模仿、借鉴哪一篇文章。即便有所借鉴，其主导性观念也仍是创新。这在语文教学中是需要反复强调的。借鉴与模仿，一定要防止变成一种思维惰性，变成创新的障碍。当今的阅读、写作教学，在借鉴与模仿的幌子下，往往做的是误导学生写作时去套题，把已读过的好文章改头换面地据为已有。这样的借鉴就是创新的敌人，是要不得的，一定要避免。**在表现-存在论语文教育中，模仿、借鉴与创新不是“平等”的概念，在写作时，主导性的、贯彻始终的观念是创新，不是模仿与借鉴。**对此，务必要十分清醒地注意。

三　智力不等于言语创造力

在言语创新教育中，与模仿、借鉴同样受到重视的是创新“训练”，把言语创新看作是技法问题或智力问题，这是当前教改中普遍存在的认知偏差。

“运用多种方法训练，引导学生在探索中创新”“熟能生巧，只要多练，就能写好，就能创新”，在论及写作创新教育时，诸如上述的意见屡见不鲜。叫学生多动笔，意图自然是好的，写作的确实要经过反复练习才能提高。但是，训练不是万能的，训练提高的主要是属于写作“技术”层面的能力，言语创新所需要的阅历、情感、思想、学养等，是训练不出来的。训练是必要的，但是不宜过分强调，因为它不构成言语创新的基本条件。在人的阅历、情感、思想、学养等较为贫弱的情况下，有时训练的效果值得怀疑，不是坐在教室里就能练出言语创造力的。一个文字技能高超、思想和文化修养低下的人，是不可能有良好的言语创新能力的。比如，某地的创新写作教改，在“实验的实施”部分重心就放在“训练课型多元化”上，所构想的课型和训练方法，尤其是“作文创新教学和培养学生创新能力的实践”部分，所讲的“立意创新”“选材创新”“结构创新”“语言创新”等，说的基本上都是“技法”。“法”自然是要的，对于初学者，适当地作一些技法上的指导，有利于提高他们对写作创新的认知。但是，学了这“法”那“法”，未必就真能创新。言语创新固然有“法”，但更重要的是要培养创新意识和创新观念。言语创新意识和创新观念只可以逐渐地熏陶培育，是难以训练的。

言语的创新意识和创新观念基于探究意识、怀疑意识、批判意识等。就说探究意识吧，如果我们对言语现象麻木不仁、视若无睹、是非不辨，缺乏好奇心，如何会想到言语创新呢？在北京市第八届科技周举行的“科技走进生活”大型主题展览上，主办者就遇到了这样的尴尬：在“体验科学”“航天科普互动”等展区，参与实验的学生主动向带队老师或“志愿者”提出“为什么”的很少，大部分学生都是看过玩过就算了，至于为什么有意思，这些实验或实验现象给人们提供了什么样的启示，鲜有人问津。主办方把实验原理等作了简单的文字说明，竟没有几个小朋友愿意认真看一看。开始还担心小朋友看不明白，专门请了一些经过培训的大学生“志愿者”担任现场咨询工作，但是，他们几乎都快“失业”了。[①] 探究欲、创造欲，不是靠机械的技法训练能培养得出来的，需要的是对知识的好奇和不满，需要的是批判的精神。爱因斯坦就说过他的创造力源于对别人都明白的事物的不明白，这才是真正的创造性的心理品质。对什么事物都没有疑问的人，再怎么训练也是不会有创造的，因为他根本就不会想到一切知识和道理得靠自己去弄明白。

记住这“法”那“法”很容易，记住这“法”那“法”能创新的，必是原有的准备状态、基本素养好的人。“得法”是为了“变法”“创法”“立法”。如“法”炮制，新是新了，却不是真正的颖悟和发现，写出的文章也不可看。一旦创新变成了一种进行批量生产的制作工艺和技术，就失去了它的推陈出新的本质。“训练万能”，实为科学主义、行为主义的思想方法的反映，以为言语创新有什么一成不变的模式，创造性认知是可以靠重复性的“刺激——反应”来达成。

言语创造力甚至与智力也不是对等的。言语创造力与智力之间究竟是什么关系，这是值得思考的另一个重要的理论问题。

人们一般认为创造力与智力、与学校教育中的成功者有某种必然的对应关系。然而，情况并非如此。美国伯克来加州大学人格评定研究所的研究工作者曾对有创造性的人和创造性较差的人进行比较研究，在一个关于数学家的研究中，将有卓越创造性的学者同其他年龄相当（他们的年龄都在35～40岁）、从同等地位的大学获得博士学位的人进行比较。这些数学家的同行们一致认为这两组人在工作上花的时间是大体相等的，而在成果的质量方面则有

---

① 万兴亚：《孩子为什么不问“为什么”》，载《中国青年报》2002年5月14日。

显著的不同。令人惊讶的是，这两组人在通常测量的智商方面完全相似；在这个能力范围之内，智力和创造性是无关的。那些到成年时有创造性成就的人往往是不能靠学校的分数来识别的。麦金南在谈到有创造性的人时说："作为学生，他们所得的分数等级一般并不突出，而在所有的样本中，没有一个样本显示他们在中学的平均分数等级同他们以后所达到和被公认的创造性有任何显著的相关。"① 很多其他报告也得出了同样的结果。一个科学家后来在他的领域中的地位，同他在大学本科中的成绩，甚至同他所学的主科的分数等级没有关系，和他作为研究生的分数等级也没有关系。因此，至少在一定范围内创造性成绩似乎包含一些不同于或不限于高智力的东西。不过，应该指出，只是就智力相当高的人来说创造性和智商才没有关系；在正常情况下，我们一般并不能发现特别具有创造性的人。

由此可见，在一般情况下，我们所借以评估学生的不论是"智力"还是成绩水平，都难以与学生的创造力的强弱画等号。我们考察、评价学生的语文知识与能力的结果，难以体现学生的言语创造力，更无法与学生日后的言语创造力的发展相提并论。在讲求统一的制式教育中，在教学的规定情境下，学生真正的言语创造性是难以得到发挥的。或者说，**我们今天在教育中还没有真正能对学生的言语创造力进行有效测量的评估手段。不论是中考还是高考，所检测的主要都还不是学生的创造力，而是智力。**这是教育也是语文教育的一大盲区。

从某种意义上说，学校教育恰恰是和创造性素养的发展背道而驰的。学校教育是一种对人的规范，而创造性则是一种反规范；任何集体授课式的教育，做的都是削足适履的工作，"削"掉的往往就是创造性一类的东西，培养的就是整齐划一的所谓的"智力"；是用普遍性来约束、排斥个性。这不只是对评价标准的认识问题，而且是学校教育本身所具有的"面向全体"与"因材施教"的矛盾使然。

在语文教育中，所谓的智力，与言语创造力的矛盾表现得尤为突出。在语文教育中，"语言"是约定俗成的，是可以规范的，而"言语"是个人的语言组合，本质上是反规范的。言语创造力实际上就是一种语言运用上的反规范力。叶圣陶先生将写作能力分为"通"与"好"两个层次是有道理的。我

---

① 参见［美］R. M. 利伯特等著，刘范等译：《发展心理学》，人民教育出版社1983年版，第469页。

以为“通”就是规范，“好”就是反规范，训练所达到的只是“通”，而从某种意义上说，“好”则是超越了人力的，是一种言语生命状态的自然呈现，它需要练习，然而重在自我修炼。

四　言语创造力有赖于语文素养

靠模仿、借鉴和技术的练习，再加上创新意识、创新观念等，也许还是不会有真正的言语创新。文是从“道”中流出来的，应由“技”进乎“道”，注重培植学生的观念、思想、情感和学养等，不断完善认知图式，全面提高综合素养。

一项来自中学生的调查显示，在衡量青少年科技创造力的七个项目上，我国学生只在创造性问题解决方面（即通常说的解题）强于英国青少年，而创造性想象力、设计能力和提出问题等方面明显弱于英国青少年。另一项研究表明，我国青少年创造力较弱的原因有两方面，即人格因素和环境因素。中国青少年在创造性人格自评、创造力自评方面低于美国同龄人。[①] 这里说的虽是科技创造力，也同样适用于言语创造力。就是说，创造力不只是由靠训练能提高的技术层面因素构成的，还包括“创造性想象力、设计能力和提出问题等方面”“人格因素和环境因素”等，这些，未必都能靠训练达成。从某种意义上说，言语创造力，靠训练可以达成的只是一些简单的可操作的行为方式，只是“规矩方圆”，不是“巧”。

马斯洛将创造力分为原初的、二级的和整合的三种。“我将把那种出自原初过程、并且应用原初过程多于应用二级过程的创造力，称之为‘原初创造力’。而把那种多半以二级思维过程为基础的创造力，称之为‘二级创造力’。后面这种类型包含着世界生产成果的一大部分，桥梁、房屋、新的机动车，甚至许多科学实验和许多文学作品，都在其中。所有这一切，本质上都是精炼和发展他人的思想。两种创造力之间的差异，类似于突击队员和后方军事警察之间的差异，类似于拓荒者和移居者之间的差异。那种能以良好融合或良好交替的方式、自如而完美地运用两种过程的创造力，我将称之为‘整合

① 见孟令媛等：《我们为什么缺少创造力》，载《中国青年报》2002年5月17日。

的创造力’。伟大的艺术、哲学、科学产品的出现，正是来自这种整合的创造力。”[1] 这三种创造力，都是属于智慧的，都是“巧”。即便是三种创造力中最低级的“二级创造力”，靠机械的“创造方法”的训练，也是徒劳的。“包含着世界生产成果的一大部分”的以二级思维过程为基础的创造力，也需要充沛的生命智慧、自由精神和丰厚学养等的支撑。

言语创新，要培养“创新”的基本学养、修养。言语创新是人的言语综合素养的体现，需要知、情、意的支撑。创新既是“为不为”的问题，更重要的是“能不能”的问题，需要相应的知、情、意修养的积聚，需要感知、体验、想象、思维能力的提升，取决于阅历的深浅、积累的水平、修炼的程度等。言语创新，厚积方能薄发。这种积累是“复合”“综合”的，因此，在语文教学中如何提高学生的“综合”素养，并使之为创新服务，也是值得深入思考的重要问题。否则，写作的创新就成了无源之水。这种必要的积累，实际上就使写作创新教学不能成为一种孤立的行为或单纯的训练，它必然要与听、读、说等语文能力的培养发生联系，使写作成为整个语文教育的目标和龙头，带动语文教育的其他方面同步推进；要和人的发展性、精神性动机和言语上自我实现动机的培植相联系；要以提升、确立言语人生、诗意人生的境界为价值取向，构成推动写作水平提高的“综合”素养。——写作创新教学在语文教育总体框架中处于怎样的地位，它与听、读、说教学及与其他非智力因素的培植是何种关系，这是必须明确的。

写作的创新需要从书本中借鉴，需要学识、情意、智力的积聚，但是，重要的、根本性的条件，则在于人对写作的正确体认与言语理想人格的塑造，即要明白写作是什么，为什么要写作。要让学生懂得写作即是创造，言语创造是人的最具本质性的创造活动，要把写作的创造视同生命价值的实现，必须不计功利，超凡脱俗，宠辱不惊，有一颗审美、自矜、向善、悲悯之心，有志趣和理趣、情趣和谐趣。言语创新教育，应贯穿在对学生的写作理想、信念、动机、追求等培植的过程中。这种思想、理念和观念上的诱导，比写作技能、创新方法等的练习还要重要。

马斯洛认为对于人的创造性来说，最为重要的是人格建构：

> ……可以说自我实现的创造性首先强调的是人格，而不是其成就，

---

① ［美］马斯洛：《自我实现者的创造力》，见［美］马斯洛等著，林方主编：《人的潜能和价值》，华夏出版社 1987 年版，第 252 页。

> 认为这些成就是人格放射出来的副现象。因而对人格来说，成就是第二位的。自我实现的创造性强调的是性格上的品质，如大胆、勇敢、自由、自发性、明晰、整合、自我认可，即一切能够造成这种普遍化的自我实现创造性的东西，在创造性生活中那些表现自身的东西，或者说是强调创造性的态度、创造性的人。我也强调过自我实现创造性的表现或存在的品质，而不是强调其解决问题或制造产品的性质。自我实现的创造性是“放射到”或散发到或投射到整个生活中的……它像阳光照射一样；它传播到各个地方；它使一些东西成长（那种能成长的东西），而且它也浪费在岩石和其他不能成长的东西上。①

他重视的不是创造的结果，而是人的创造的素养。创造的成果只是带有一定偶然性的“副现象”；创造素养的形成则带有某种超功利性，它养育的是一种创造的心态，平和自适而又追求卓越、期待成长的生命状态。言语创造性的培养也是这样，首要的是言语创造人格的养育，这靠的是长期的潜移默化，在这个过程中要戒绝的恰恰是“有的放矢”和立竿见影。

当然，“立本”的教育不应空谈，应融入具体的写作教学内容和实践活动中去，给学生以感染和影响。从应试出发，一切为了分数，作分数的奴隶必然失去了心灵自由，不可能养成平和自适的心态，也就不可能有真正的言语创新。今天不少学生在平时写作作业、考试以至高考中，不是去培养“自主”“探究”的精神和良好的言语人格，而是将“创新”智慧发挥在猜题、押题、套题上，巧言令色，弄虚作假，曲意逢迎，这种状况弥足深思。错不在学生，而在“创新教育”的实用主义和庸俗化。高考命题、评价标准的误导，教育行政部门、学校追求高升学率带来的压力，家长、教师的“爱心”“苦心”，错误的教学观念、方法等，也难辞其咎。正确的言语创造观的确立，心灵丰富，精神健康和良好的言语人格、心理素养的培育，才是真正“以人为本”的言语创新教育。

“以人为本”的言语创新教育，需要营造适合于言语创造的心态和心情，培养从容与平和、热情和激情，培养创造欲和批判精神，即注意培植言语创造的良好的心理人格素养。烦琐重复、枯燥乏味的急功近利的训练，不但不会激起学生写作创新的兴趣和热情，相反，只会使他们感到厌倦和焦虑。一

---

① ［美］马斯洛：《自我实现者的创造力》，见［美］马斯洛等著，林方主编：《人的潜能和价值》，华夏出版社 1987 年版，第 253～254 页。

个人经过十二年的小学至高中的语文、写作教育，哪怕就教会他平静地接纳、理解写作，热爱写作，为自己的本真的言语生命欲求而感动和欢欣，也比教会他一百种所谓的写作“创新”技能强。——教师们不妨想想自己学写作的经历，我们的言语创造力是靠课堂教学训练出来的吗？想明白了，就不会把学生往“讨厌”写作的路上赶了。对言语行为质朴的热爱和兴趣，自足和自得，否定和超越，才是言语创新行为之动力和基础。言语创新教育应在加强教学的生命化、情趣化、心灵化、人性化等方面多下点功夫，这才是正道。

五　创造的本质是创造的性格和人格

前面也许还只是就一般意义上的言语创造力而言，它涉及的还只是通常的智力与学养、修养的相辅相成。言语上的自我实现者的创造力还有其特殊的含义。人本主义心理学家的创造理论表明，自我实现者的创造力的深层本质，是一种健康的、创造的性格和人格。这对传统注重创造的智力因素和物化形态的创造观是一大冲击。

马斯洛在《自我实现者的创造力》一文中，对传统的创造力的观念做了修正：

> 我一着手研究真正健康的、高度发展和成熟的、自我实现的人们，我就必须改变关于创造力的观念。首先，我必须放弃那种陈腐思想，即认为健康、天赋、天才和多产是同义的。我的被试中有相当一部分人，在我就要说明的特定意义上，他们虽然是有创造力的和健康的，然而在通常的意义上，他们却是不多产的。他们既没有伟大的天才和天赋，也不是诗人、创作家、发明家、艺术家，或有创造性的知识分子。而且这一点也是显而易见的，即某些最伟大的人类天才肯定不是心理健康的人，如瓦格纳、梵谷、拜伦等。有一些是心理健康的，而另外的一些则不是，这是很清楚的。很快我就不得不得出这样的结论，伟大的天才不仅多少有赖于性格的优良和健康，而且也有赖于我们对之了解很少的某些东西。……我只限于谈那种广泛的创造性，这种创造性是每一个人生下来就有的继承特质。看来，这种创造性与心理健康是相关协变的（covary）。①

---

① ［美］马斯洛等著，林方主编：《人的潜能和价值》，华夏出版社 1987 年版，第 243～244 页。

在天才、天赋和心理健康这两个方面，他更强调的是心理健康。他将创造性区分为“特殊天才的创造性”和“自我实现的创造性”。他更为关注的是后者，有人对他的“自我实现的创造性”的认知，作了以下四个方面的分析：①

1. “自我实现的创造性”更多是由人格造成的，而且在日常生活中广泛地显露出来，例如以某种念头表现出来。这种创造性，看来好像是创造性地做任何事情的一种倾向：如管理家务、从事教育等等。似乎通常是这样的，自我实现者的创造性的本质方面是一种特殊的洞察力，就像寓言中的那个孩子能看见国王没穿衣服那样（这与创造力即产品的思想太抵触了）。这样的人能看见新颖的、未加工的、具体的、个别的东西，正如能看到一般的、抽象的、成规的、范畴化的东西一样。因而，他们更为经常地生活在自然的真实世界中，而不是生活在用词表述的概念、抽象、预期、信仰和刻板化的世界中，而很多人却常常把这两个世界混淆起来。罗杰斯的用语“对体验虚怀若谷”很好地表达了这一点。

“相对说来，我的所有被试者比普通人更自发，更倾向于表现。他们的行为是更‘自然’而较少控制和压抑的，似乎是自如而自由地流露出来的，较少阻碍和自我批判。这种无抑制地和不怕嘲笑地表达自己的想法和冲动的能力，是自我实现者的创造性的本质方面。罗杰斯用了极好的措辞‘充分发挥作用的人’来描绘健康的这个方面。”

2. 自我实现者的创造性在许多方面很像完全快乐的、无忧无虑的、儿童般的创造性。它是自发的、不费力的、天真的、自如的，是一种摆脱了成规和陋习的自由。而且看来它在很大程度上是由“天真的”自由感知和“天真的”、无抑制的自发性和表现性组成的。几乎所有儿童都能自由地感知，他们没有哪里可能有什么、什么东西应该在哪里、哪里总是有什么等等的先验预期。几乎所有儿童，在受到鼓舞的时候，在没有规划和预先意图的情况下，都能创作一支歌、一首诗、一个舞蹈、一幅画、一种游戏或比赛。

马斯洛称他的被试者，正是在孩子般天真的意义上是有创造性的。他们是非类化的或对经验是虚怀若谷的，而且他们是自发的，倾向于表现的。如果说，儿童是天真的，那么，马斯洛的被试者则是达到了“第二次天真”，正如桑塔亚纳的说法那样。他们的天真感知和表现是和老练联系在一起的。

---

① 以下参见［美］马斯洛：《自我实现者的创造力》，见［美］马斯洛等著，林方主编：《人的潜能和价值》，华夏出版社 1987 年版，第 243～250 页。

在这一点上，马斯洛将创造性归结为人的固有的本性和潜能，是出生时就赋予所有人的或大多数人的潜能。这些固有的基本特性，由于人适应社会上存在的文化，就被掩盖或被抑制而大多丧失了。

3. 自我实现的人比较不怕未知的、神秘的、使人困惑的东西，而且通常是主动进攻，从中挑选难题，全神贯注地思考它。因此，疑问、不确定性、不肯定性，以及作为结果的搁置决定的必要性，就发生了。对于大多数人来说，这是苦恼；但是对于一些人来说，这是激励性的挑战，这是他们生活中的高潮，而不是低潮。

4. 自我实现者全都是综合者，能够把分离的甚至是对立的东西纳入一个统一体中。这就是整合能力，是在人的内部反复整合的能力，是把他在世界上正在做的一切整合起来的能力。创造性在一定程度上能依靠人的整合能力了，它就成为建设性的、综合的、整合的创造性了。他说他对高峰体验的认识支持并丰富着这些结论。这些高峰体验也是整合过的和整合着的体验，在某种意义上说，它们与感知世界上的整合是同型性的。在这种高峰体验中，体验的坦率性增强了，自发性和表现性也增进了。同样，由于人的内部这种整合一个方面是承认我们的深邃自我及其价值，这些深邃的创造力就变得更有效用了。

马斯洛总结说：由于自我实现或健康最终必须定义为实现最完全的人性，或实现这个人的“存在”，因此，自我实现和自我实现创造性，看来也几乎是同义的，或者说自我实现创造性是自我实现的绝对必要的方面，或是它的规定性的特征。马斯洛引用格拉塞的话说：“‘我的理论的关键就是人的责任心，我们把它等同于精神健康——一个人越负责，他就越健康——越少责任心，就越没有健康……责任心教育是包括人类在内的高等动物的最重要的任务……说只能教育年幼者是不对的。’格拉塞博士把责任心说成是‘……一个有责任心的人会做使自己感到有价值的事，也会做感到对他人有价值的事。他有发奋的动机，并能忍受匮乏以获得自我价值。’”① ——他的这些见解的精彩之处，是完全排除了成见极深的对创造性的工具主义的器用化的认识，为我们打开了从健康人性的角度理解创造性和创造力的大门。

可见，马斯洛对自我实现的人的创造性的认识，与其说是在智力层面的

---

① 引自［美］弗兰克·戈布尔著，吕明、陈红雯译：《第三思潮：马斯洛心理学》，上海译文出版社1987年版，第143页。

观察，不如说是在创造型人格（本真的深邃的自我、深蕴的人性）层面上的确认。这种体认，有力地支持了我们对言语创造力主要是一种由蓬勃的言语生命能驱动的生命形态、人生态度、生活状态和生活方式的观点。他将心理健康置于天才、天赋之上，他对人的过程体验、高峰体验的关注超过了对创造的结果的关注，这是一种对生命的关切和尊重，这是教育的基本出发点。他为反应试的人本主义教育奠定了理论基础，言语教育是应在一个自然、宽松、和谐的环境下去发展学生健全的言语人格和言语潜能，使学生在语文教育的每时每刻都沐浴着温柔和煦的自由精神之光，同时也能将自己的智慧充盈的心灵之光尽情地挥洒照耀他人。

至于学生究竟能有多大的建树，能有什么样的物质和精神创造，由于受到天赋、才情和客观环境等的制约，因此，这其实不是最重要的。教育最关心的应是人的精神健康和健全人格的培育，这就够了。

六　创造力寓于存在的生活方式

言语创造力也可以说是一种人生态度、一种生命状态，是人类生命中所蕴含的言语创造意识和激情。因而，言语创造力的培养，实际上是对学生生命中固有的言语创造冲动和潜能的诱发，是对言语创造精神的开发与培育，是将学生的言语创造意识和精神调整到最佳状态，言语创造则是水到渠成的事。

首先，要使学生意识到美好人生的图景是与言语创造紧密相连的，言语创造是美丽人生的象征。一个人如果能把言语创造视为有价值的生命的重要指标，那么，言语创造对于他来说就是最自然不过的事了。这种美好人生是基于创造性的生活态度之上。具有这样生活态度的人，他能对周遭的现实生活环境取一种积极的、建设性的良好心态，在任何条件下，都能克服前进的障碍，努力使自己的言语创造的需要得到最大限度的满足。美国人本主义心理学家罗杰斯说：

> 我相信，容易理解的是，进入我称之为“美好生活”定向过程的人是一个有创造力的人。能对他的世界敏感开放，信赖自己有能力和环境形成新的关系，他将成为那种类型的人，从他们的身上会涌现出创造性

> 的作品和创造性的生活。他不需要“顺应”他所在的社会文化，他几乎肯定不会是一个遵奉者。但在任何时候和在任何社会文化中他都将建设性地生活，和他所在的社会文化和谐相处正如他的需要的平衡满足所要求的那样。在某些文化情境中，他很可能有些方面非常不愉快，但他将继续向他自己转变，采取一些行动使他的最深邃的需要能得到最大限度的满足。
>
> 这样的人，我相信，研究进化理论的人会认为是在变化的环境条件下最有可能适应并生存下来的。他将能够创造性地适应新的条件正如适应老的条件一样。他将成为人类进化的合格先锋。①

他揭示了所谓的“美好生活”就是“在任何时候和在任何社会文化中他都将建设性地生活”。这是一种健康的心理素质和精神境界，在这一定向过程中的人与进入到这一精神境界中的人，必定是一个有创造力的人。“使他的最深邃的需要能得到最大限度的满足”，“建设性地生活”，这些也可以看作是我们所说的存在性言语动机的一种表达。

罗杰斯与其他的人本主义心理学家一样，他对“美好生活”的界定不是在对生活表面的感觉上，也不是一种感官的享乐，而是对生命的存在性认知。在他看来，幸福的、满意的、愉快的、享乐的等一类形容词，对于他称之为美好生活的这种过程似乎并不是十分恰当的概括性的描述，尽管处在这一过程中的人在相应的时刻会一一体验到这些情感；似乎更普遍适合的则是这样的形容词，如丰富的、兴奋的、得益的、挑战的、富有意义的。他确信，这种美好生活的过程不是怯懦者所能领略的。它意味着一个人的潜在能力愈益成熟地延伸和发展，它意味着有勇气的人才能成为这样的人，它意味着全身心地投入生活的洪流。极其令人兴奋的是，当个人取得内在的自由时，他就会选择这一形成过程作为美好的生活。

言语创造力的培育，也有赖于这一富含进取精神的生命状态的调试。对人的存在价值具有深切的体认，生命意志的充分张扬，作为符号动物的人的言语创造潜力也就会得以蓬勃地生长。对学生言语创造冲动的激发，应源于对人的生命中普遍存在的丰富性需要的诱导与满足，使之逐渐进入从言语创造中体验有意义的“美好生活”、由“美好生活”再度激起言语创造热情的良

---

① ［美］罗杰斯：《充分发挥作用的人》，见［美］马斯洛等著，林方主编：《人的潜能和价值》，华夏出版社 1987 年版，第 326～327 页。

性循环的过程中。

其次，这种“美好生活”，是知识人类“创造的人生”所必然要选择的生存方式。它势必是跟存在的生存方式联系在一起的。言语创造力可以看作是人的一种存在的生活方式的产物。德国哲学家弗洛姆在《日常生活中的两种生存方式：占有与存在》[①] 一文中，从学习、记忆、交谈、阅读、行使权威、知识、信仰、爱等方面，严格区分了人的两种截然不同的生存方式，对我们认识两种对立的生存方式与人的创造力的关系不无启示。

他认为生活在一个穷奢极欲、拼命追求财富和利润的社会里，很难见到以存在作为生存方式的范例。大多数人都把占有财富式的生存看成理所当然的也是唯一合理的生活方式。这一切给理解存在的生活方式的特性和弄懂占有财富只是一种可能的生活方向带来了特殊的困难。——这种理解上的困难，在今天喧嚣浮躁的商业和财富竞争的社会里，势必每一个人包括我们所有的学生都能深切地感受到。然而，如果我们不能使学生对存在的生存方式有较为深切的体认的话，那就不可能奢望他们会获得我们所期待的具有人文气息的创造精神和言语创造力。

弗洛姆仔细区分了“学习”上的两种生存方式的差别：把占有的生存方式作为准则的大学生，他们只听讲课老师的话，抓住各部分的逻辑关系和意思，并尽可能完整地把听到的一切都写到笔记本上，但这都是为了以后能牢记他们的笔记，以应付考试。他们并没有丰富和扩大自己的思想。以占有的方式去生存的大学生只有一个目标：死记“学过的东西”。他们使用的方法不外两种，不是把学过的东西硬塞进记忆里，就是小心翼翼地保存他们的笔记。他们不需要一点创新或有所发挥。以存在的方式与外界接触的大学生，学习过程显示了质的不同。他们听讲座不是仅仅被动地接受演讲者的话和思想，他们**用心听**，但不是光**听**，而是以积极和创造的方式去**接受**和**回答**。他们听到的东西又激活他们自己的思维过程。此时此刻新的问题、新的想法、新的观点纷至沓来。听课的过程是一个生气勃勃的过程。他们深入到问题中去，并且自身也发生了改变，即每一个人在听完讲座后都成了与以前不同的另一个人。——这就是言语感知是被动接受还是生命投入的主动建构的问题。这一区分对言语教育中的听的教学至关重要。听，不是能复述所听的内容，而

---

① 见［美］马斯洛等著，林方主编：《人的潜能和价值》，华夏出版社 1987 年版。下文有关论述参见该书第 330～348 页。

是能将所听的与自己原有的知识和认知进行比照和检讨，以建构对事物的新的认知图式。

关于“记忆”，他说，人们既可能以占有的方式又可能以存在的方式进行记忆。这两种记忆形式的根本区别在于人们建立联系的**方式**不同。如果人们以占有的方式进行记忆，那么，联系完全是机械的，这种情况就好像：通过经常及时的使用，两个词之间的联系成了习惯；再不然就是一种以纯逻辑关联为基础的联系，如一对对的正反义词、会聚的概念，或者基于时间、空间、大小和颜色的联系和以归属于某一种思想体系为基础的联系。

以存在的方式进行的记忆是**积极的活动**，人们通过这种活动回想起讲话、思想、一瞥、图画和音乐。在人们回忆的事同与此有关的许多其他事之间建立了众多的联系。这些联系不是以机械的、纯逻辑的方式，而是以活泼的方式建立的。通过创造性的思维（或感觉）活动，每一个概念都同另一个联系在一起，以便找到正确的词。举一个简单的例子：如果我们通过“头痛”联想到“痛”或“阿司匹林”，那么我就在循蹈逻辑的、习惯的规矩。要是我通过“头疼”联系到“紧张”和“焦虑”，那么我就把这一事实同我发现的可能的原因联系在一起，这是因为我研究了这种现象。这种记忆类型的本身就是一种创造思维的类型。在这种有活力的记忆类型方面，最值得注意的例子就是弗洛伊德发现的“自由联想”。——这就是说记忆是机械的识记、“复现”，还是进行了探究、加工、“表现”的问题。这对于言语表现来说，是在感知层面上的绝大区别，体现了两种不同的主体、客体关系。言语创造，从感知、记忆、回忆开始就应体现出自由、开放的精神欲求。

关于“交谈”，他说，“占有式的人”指望他占有的东西，双方都不想改变自己的观点，也不指望对方改变立场。他们害怕放弃自己的观点，因为观点属于他们的财产，放弃了它不就造成一大损失了吗？而“存在式的人”无须准备，也不装模作样，他的反应是自发的，富有创造性的。这种人会忘掉他自己、他的知识、他的地位；他的“我”并不妨碍他；正由于这个原因他可以完全针对他人和他的思想来行动。由于他不谋求抓住任何东西不放，所以他不断地产生新的思想。他相信这一事实，他存在，充满了活力，而且只要他勇于放开来回答，就会产生新的东西。他在交谈中的作用是活跃的，因为他没有由于过分认真地坚持他所占有的东西而使自己窒息。他的活力感人至深，甚至常常能使对方克服自己的自我中心主义。会谈不再是商品（资料、知识、情况）的交换，而成了一次对话，谁对谁错，都无关紧要。——今天提倡的“平等对话”的教育理念，就是存在的学习方式的体现。“交谈”不在于输赢、对错，重要的是敞开自己、表现自己、充实自己和发展自己，使自己的感觉更敏锐，精神更强盛，心胸更开阔，思想更活跃。

关于“阅读”，阅读是或应该是作者和读者之间的对话。当然在阅读时（同样在交谈中），我读“什么”（或者我同谁谈话）是很重要的。读一本毫无艺术价值、廉价的长篇小说犹如白日做梦。读者不会产生创造性的反应。相反，一本巴尔扎克的小说就可以激发想象，促使人以内心的同情，就是说以存在的方式去阅读。可惜，就是这样的书籍，也许大多数人都是以消费的态度即占有的方式来阅读的。如果他知道了结尾，他就**占有**了整个故事，差不多真像他从他自己的记忆里挖掘出来的一样。但是他却没有得到任何认识。光抓住小说中的人物，既没有使他加深对人的本质的理解，也没有使他学到一点关于他自己的东西。

他认为读哲学书籍或历史书籍也有这样的区别。如果读一部哲学著作或历史著作，其读书的方法（哪怕是不好的方法）取决于教育。学校千方百计地输送给每一个学生一定量的“文化财产”，并在学习结束期间给每个学生发证明，证明他至少占有最低限度的知识。所以，教师教学生的方式是，让他能够把作者的主要思想复述出来。从高中到大学的各个教育阶段的主要区别在于教育财富的输送量不同，这与占有物质财富的多少差不多，也许学生在未来将拥有这些物质上的占有物。能够最准确无误地复述每一个哲学家所说过的话的学生被视为卓越的学生。他就像一个熟练的博物馆导游。他没有学到超出这些占有知识之外的东西。他没有学会怀疑哲学家，同他们交谈，没有学会看到哲学家们自己充满了矛盾，看到他们忽略了某些问题，对某些题目故意避而远之。他没有学会把（由于在那个时代被当作“有理性”的东西）作者被迫接受的观点和作者思想中真正的新东西区别开来。他感觉不到作者什么时候只是让理智说话，什么时候是使用了心和大脑。他觉察不到作者是真心实意抑或只是一个夸夸其谈的人士。相反，存在方式的读者会坚信，即使是一本获誉极高的书也不是白璧无瑕。也许有的时候他理解一本书比作者还要透彻，因为在作者看来，他所写的似乎都很重要。——阅读，也是“对话”精神的体现，只是把与他人的对话，变为与作者的对话。作为读者，不是满足于向作者索取和了解，而是与作者一样拥有认知和创造的主动权，可以与作者一起交流，甚至可以站得比作者更高，因为他所受的局限性比作者更少，能更加客观地审视和评判作品。

关于“知识”，占有与存在的生存方式在知识领域里的区别在于“我有知识”和“我知道”的不同表达中。“我有知识”是说，获得可以得到的知识（材料）并保持对他们的占有，而“我知道”这种意义上的知识却有实际功用，是生产性思维过程的一部分。

> 如果我们回想一下像佛陀、先知们、耶稣、艾克哈特、弗洛伊德和马克思等思想家所代表的思想，我们就能加深对以存在方式生活的人的知识特点的理解。在这些思想家看来，知识是从认识到我们这些所谓健康人的理智在感觉时会发生错觉时开始的。这个意思不只是说，我们对物理现实的认识不符合“实际的现实”，更主要的是说，大多数人半睡半醒，他们看不到，大多数被他们当做真实的和理所当然的东西都不过是些他们生存在其中的这个社会的暗示影响所造成的虚幻而已。因此，知识一开始就是消除错觉，去掉错觉。知识意味着，由表及里，追本求源，正“视”现实。知识的意思不是占有真理，而是透过表层，批判地、积极地向越来越接近真理而努力。
>
> …………
>
> 这些思想家所想的都是人的健康，他们都对社会所认可的思想模式表示怀疑。在他们看来，知识的目的不是对人可以肯定的“绝对真理”的确定，而是人的理性本身自我证实的过程。对于知道的人来说，不知和知道一样重要，因为这两者是认识过程的两个部分，尽管这种类型的无知与懒于思考的人的不学无术有区别。存在的生存方式的最高目标是更深的知识，而占有的生存方式的最高目标却是更多的知识。

求“多”和求“深”是知识论的两个不同性质的指标。存在的知识论是生长、生产、创造的不断深化的知识论，知识不是用来囤积的，而是用来投资再生产的。不是用来投资再生产的知识，虽多无益。以往的以考察知识占有为主的语文知识观应做深入的检讨，在言语教育中，判别何谓有效知识和无效知识，如何引导学生积极主动地获得并生产知识，如何将知识占有为主转向知识生产为主，这是须作认真探讨的重要问题。

以此来观照我们语文教育实践，的确有颇多值得反省之处。也许不少教师会赞成张志公先生说的这样的话：“在一所小学里，我听过一年级这样一课。课文里描写下雨前的情景，有一句说：‘满天的乌云，黑沉沉的压下来。’老师叫小孩复述课文。有个小孩讲到这里时说：‘乌云黑沉沉的要掉下来了。’老师说：‘不是“掉”下来。云彩能掉下来吗？’小孩们回答：‘不能。’老师又说：‘书上是怎么说的？’‘书上说“压”下来。’‘体会一下“压”是一种什么样的感觉？’孩子们有所领悟，纷纷举手，要求发言，思想很活跃。如果从小学一年级起，就这样引导学生注意并且逐渐体会语言运用的艺术，这不就是文学教育吗？”[①] 你能想象我读到这里的感觉吗？我感到的是一种莫名的悲哀和心酸。那个天真的小孩复述课文不是照样说一遍，而是将原作心灵化、生命化之后再“表现”出来：“乌云黑沉沉的要掉下来了”，这是多么珍贵的孩子的话语，这就是“存在”的阅读，比原作的“满天的乌云，黑沉沉地压下来”的成人话语，何止“诗意”了一千倍、一万倍！老师这么做哪里是培养文学的语感，而是把孩子们的文学语感活活地给“掐”了。不单是这一位很有文学想象力的孩子，而且是连同其他的所有孩子，也许从此与文学的幻想和创造诀别。一个语文教师在文学教育中居然能问出“云彩能掉下来吗？”如此愚蠢的话，使所有的异想天开的孩子天眼闭合，不得不按照老师的“启发”回答说：“不能。”这简直就是罪孽！

我不禁联想到苏联教育家苏霍姆林斯基，面对这样的情景，他会怎样为孩子的创造性的阅读欢欣鼓舞，他会怎样使这位有着文学天赋的孩子眼睛里闪耀着自豪的亮光，他会如何使全体的学生尽情挥洒自己言语生命的感悟，他会怎样充满失望地评价这位教师工作的失职，深刻地反省我们在教育中的过失。今天和将来的语文教师们不妨重温一下苏霍姆林斯基说过的这些话：“我努力做到，使每一个词对儿童来说，不仅仅是一种东西、对象的标志，而且使它带有情感的色彩——带有它的芬芳和绚丽多彩的色调。”“为什么儿童朗读如此单调乏味、毫无表情？为什么在儿童的朗读中很少有感情色彩？这是因为，在很多场合下，朗读脱离了精神生活，脱离了儿童的思维、情感和概念。使儿童感到激动的是一回事，而他所读的却是另一回事。只有当词拨动了儿童内心深处的琴弦的时候，朗读才会丰富他们的生活。”[②]

不论是朗读还是复述，都要融入人的个体生命体验。对于文学教育来说，

---

① 张志公：《张志公自选集》上册，北京大学出版社 1998 年版，第 233 页。

② ［苏］苏霍姆林斯基著，肖勇译：《教育的艺术》，湖南教育出版社 1983 年版，第 90 页，第 93 页。

尤应如此；对于孩子们来说，阅读如果变成了一种固定“语义”的理解，词语变成了他们自发的言语想象和创造的牢笼，语文教育的悲剧就发生了。

在20世纪后期曾风靡一时的魏书生教学法，其学习方式上是占有还是存在也同样是一目了然的。他在《引导学生画语文知识树》一文中说：

> 1979年，我开始引导学生画语文知识结构图，我们用树的形式来表示知识结构。于是同学们也管它叫“语文知识树”。（钱理群先生说：“……在我看来，这种‘对话’与‘交流’才是阅读教育的根本，而在应试教育体制下，课文成了‘知识树’上的某个‘知识点’的例证，课文内在的人文精神被阉割成一个个烦琐的知识点，所谓思想教育也变成要学生去背诵几条机械的‘主题思想’，这样的教育不会对学生的精神产生实际的影响，反而对学生的思维方式、情感、心理……产生负面的作用。”[①]“语文知识树”的“创造”，将语文学法导入了歧途。——笔者）
>
> …………
>
> 我们经过讨论，认识到六本教材190课，200多篇文章（包括诗词），编者的主要意图，不仅仅是让我们读懂一篇篇文章，更重要的是通过对教材的学习，使我们掌握系统的语文知识，（魏书生对所谓的系统语文知识的重视，是应试教育使然，也是语文界“工具论”认知的反映，并不是他个人认识上的误区。——笔者）提高听说读写能力。
>
> 六本书中系统的语文知识大致有四部分：基础知识、文言知识、文学常识、阅读和写作，这是第一层次。
>
> 再进一步分析，就会发现，基础知识还包括语音、文字、词汇、句子、语法、修辞、逻辑、标点这样八个方面。文言文包括字、实词、虚词、句式四个方面。文学常识包括外国、古代、现代、当代四个方面。阅读和写作包括中心、选材、结构、表达、语言、体裁六个方面。这是第二层次，共23个方面。
>
> 再进一步分析，每个方面又包括基本知识点，如语法，就包括词类、词组（现在叫短语）、单句、复句四个知识点。这是第三层次，大约130多个知识点。（新课标已不提“知识点”，这表明语文界对语文课程有了新的体认。语文教育变成了机械烦琐的知识占有，这是对语文课程性质

① 钱理群：《语文教育门外谈》，广西师范大学出版社2003年版，第33页。

认识上的偏颇，也不符合汉语学习规律。——笔者）

打比方说，这张语文知识结构图，像中国交通图。第一层次的知识像省，第二层次的知识像地、市，第三层次的知识像县，第三层次以下还有更细密的知识细胞，好比乡镇一样。

学生将教材知识划分为不同层次，再把握住了一、二、三层次这些主要的知识，总体语文教材怎样读，总共要学哪些知识；哪些先学，哪些后学；哪些是已知的，哪些是未知的，就可以做到心中有数了。

这样，学生就可以驾着思维的汽车，在知识的原野上奔驰，一个层次一个层次，一个类别一个类别地征服语文知识目标，就不会感觉语文知识混乱，无从下手了。

语文知识树，学生画的不一样，有的认为该画 4 部分 19 项 108 个知识点，也有的画了 4 部分 21 项 120 个知识点，后来我们暂且统一为 4 部分 22 项 131 个知识点。[①] **（新课标“二、课程的基本理念”部分称：“学生对语文材料的反应又往往是多元的。……同时也应尊重学生在学习过程中的独特体验”。而在这里，我们所看到的是强调认识上的统一。——笔者）**

在“引导学生自学整册教材”中说：

怎样从整体的角度学一册语文教材呢？拿到新书以后，我引导学生做的第一件事就是写教材分析。比如初二学生，上学期发第三册教材，就叫做《第三册语文教材分析》，共分为七个部分。

1. 列生字表。生字表一般指教材下面加拼音的字。把现代文生字和文言文生字分开列表。如果有兴趣和时间，也可以再找一找，没加注音的字还有多少不认识的，也列入表里。这册教材现代文生字共 120 个，文言文生字共 85 个。

2. 列新词表。把课文中加注解的词中需掌握的词列成表。重点是动词、形容词，必要的名词也列入表内。现代文和文言文也要分开列。本册教材，现代文需掌握的新词共 99 个，文言文需掌握的新词共 169 个。这些词不仅列表，还要在教材上依次给它们编上号，这样容易引起注意，还能明确自己的学习进度。**（列生字表和列新词表的做法，不如叫学生去**

---

① 魏书生：《魏书生文选》第一卷，漓江出版社 1995 年版，第 25～26 页。

背字典、词典。学习语言、培养语感应在具体语境中、篇章中学，将其孤立地抽取出来，所学到的只能是死的语言，不是生产性、创造性的言语。——笔者）

3. 单元分析。统计本册教材共几单元，记叙文、说明文、议论文、文言文等各占几个单元。这样能明确本学期学习文体的重点。（多占几个单元与少占几个单元只不过是编者的一厢情愿的做法，划分得是否科学才是应思考的，揣摩编者的意图，跟着编者去“明确……重点”是“占有”还是“存在”的学习？——笔者）

4. 习题归类。统计每篇课文后的练习题总数共多少道。再将这些题分成四种类型，分别统计出数字。字、词、句训练题有多少道？语法、修辞、逻辑训练题有多少道？听说训练题多少道？读写训练题多少道？（这是数学，不是语文。——笔者）

5. 知识短文归类。本册教材，知识短文一共多少篇，其中读写听说知识短文几篇，汉语知识短文几篇？（同上。——笔者）

6. 书后附录。写清本册教材的书后附录是什么？对我们学好语文有什么作用？如第三册的书后附录是《古代诗词》，有益于培养我们读古代诗词的兴趣，提高欣赏古代诗词的能力。（“书后附录是什么？”这似乎无须思考，照录就是。“对我们学好语文有什么作用”从举例看，要求的是说出编者的意愿，而不是读者对“附录”的认识。培养的是对编者意愿的接受和认同，不是读者的主体意识。——笔者）

7. 列文学常识简表。按照时代顺序列出这册教材涉及的作家、诗人的名字、身份、作品名称，节选自何处？有何名句？外国作家要单列出来，写清他们的国籍、年代和作品名称。（这些记忆内容，是以“占有”为目的的考试对魏书生的误导，这些知识在任何一本有关资料上都能查到。有人问爱因斯坦光速是多少，爱因斯坦回答说不知道，因为他的大脑不是用来记忆在任何一本资料书上都查得到的东西。——笔者）

…………

按第四册教材分析所列自学内容，所需时间如下：记住现代文的120个生字需24分钟。文言文85个生字需17分钟。现代文生词99个需33分钟。文言文生词169个需57分钟。文学常识涉及27位古今中外作家，需45分钟。书后需做的练习题共62道，需310分钟。六项合计共需495

分钟。按每天自学30分钟计算，需16.5天时间。[①]（唯独没有计入学生自学最重要的独立自主思考、“生产知识”的时间。——笔者）

由此我们可以发现，作为语文教育改革典范的魏书生教学经验中最被人们所称道的画知识树和自学整册教材的做法，其基本的价值取向是占有，而不是存在。他的贡献自然是不可抹杀的，在知识的传递上，他比传统型的教师大大前进了一步。许多教师只是将现成的结论转手“批发”给学生，而他试图改变“给予”的方式，他创造了画知识树的方法，让学生通过画知识树体验占有知识的过程和乐趣。尽管如此，不论是从学习、记忆、交谈、阅读，还是从知识的层面看，他的学习方法主要的还是以对现有知识的逻辑整理、归类、识记为特征的，是以拥有的知识的系统性和量的多少为指标的，而不是以对知识的辨识、深化、质疑、批判、创新，以学生与作者、教师、作品的积极主动的对话，以主体的参与度、体验性的深浅为指标的。其主要培养的是占有的生存方式，而不是存在的生存方式。这样学习的学生只能适应以往以考察对知识占有程度为主的考试，但不是发展的、创造型的。这样的学习，不能培育学生对权威观点的质疑、证伪、批判的勇气，不能使学生感受对现有知识的否定、挑战的自豪和享受发现与创造的乐趣，也不能真正使学习主体从心灵到思想丰满、丰富起来，使他们充满言语创造的自我实现的冲动、激情和自信。

在这里，语文教材变成了“占有”的对象，没有个体生命的融入和精神的探险，没有客体对象的主体化，也没有通过语文学习和实践受到的熏陶感染。这种学习主体，表面上看似乎是在积极地活动着的，实际上是作为知识的奴隶，庸庸碌碌地穷忙，缺乏生气与灵动、探索与原创，很有限的二度创造最终也被教师“一统天下”了，这样培养起来的主体充其量只能称为“伪主体”。

当然，以存在的精神来看弗洛姆的占有与存在的生存方式，也同样有值得检讨之处。他的长处是不把人的创造力简单地与一般意义上的聪明、智慧（智商）或某种操作、思维方法等画等号，而是从大处着眼，从人的生命价值呈现方式、从基本的生存状态上来俯瞰人的智慧走向，来为人的创造力寻求解释。他为我们探讨言语创造力的培养指出了一条途径。但是，他将占有与存在的生活方式作过为严格的区分，将其完全地对立起来，这是不符合知识

---

① 魏书生：《魏书生文选》第一卷，漓江出版社1995年版，第27～29页。

与创造二者的关系与人的复杂性的。

教育应成为人的生存方式的引导者，通过良好的人格教育，维护并激发人的创造潜能，关注他们的精神成长，使他们养成存在的生存方式，使他们始终能以饱满的热情憧憬着未来的美好生活。创造，就成了一件再自然不过的事了。

言语智慧的核心竞争力是想象力。想象栖息于天真、敏感的心灵。永葆诗意情怀，便拥有这无价的馈赠。言语智能教育的首要目标是培养言语想象力。

第十四章 言语想象力：诗意生命的馈赠

作家陈祖芬说“去年（指 2006 年——引者）春天，全球 77 所顶级商学院的院长到上海交通大学，参加‘全球商学院院长论坛’。芝加哥大学商学院的巴贝丝，没有照例地讲学院的历史等等，她提出了一个新名词——‘想象力指数’。也就是把想象力作为一项重要考核指标，激发学生的创造力，作为 MBA（工商管理硕士）日后的全新评判标准。……她说想象力比学习更重要。如何让学生保持好奇、大胆想象？想象力指数的意义在于，它为我们设立了新的方向，让我们关注一直被忽视的东西。”① 这无疑对中国现行教育提出了挑战。中国教育从未有过“想象力指数”的考核指标。陈祖芬称其为“新的方向”，我以为，其意义绝不是限于 MBA 或“商学院”教育，而是所有的教育。

狄德罗说：“想象，这是一种素质，没有它，人既不能成为诗人，也不能成为哲学家、有思想的人、有理性的生物，甚至不能算是一个人。”② 想象是人的基本素养，不但创造离不开想象，甚至连日常生活也离不开想象。

在创造力的所有的品质中，想象力是最可贵的，也最难以培养。和创造力一样，想象力是一种能力，但更是一种性格、人格、人生态度和生存方式。它是诗意生命的馈赠。

---

① 陈祖芬：《童话与“小小世界”》，载《光明日报》，2007 年 9 月 27 日。

② ［法］狄德罗：《论戏剧诗》，见伍蠡甫、胡经之主编：《西方文艺理论名著选编》（上卷），北京大学出版社 1985 年版，第 240 页。

想象与童心相伴，多数人在他长大之后，想象力也就随风飘逝。而剥夺这份与生俱来的财富的，恰恰是教育，是缺乏想象力的教师。

在我们的教育中，想象力的培养从来就没有受到重视过。在语文教育中，言语想象力不但没有受到应有的重视，反而受到严重的压制和窒息。在言语生命动力学语文学中，言语想象力的培养应当成为最主要的教育内容之一。在语文教育的智能培养中，没有什么比庇护、开发、发展学生的言语想象力更重要的事了。

想象未必就是创造，但是，创造需要想象。言语创造一刻也离不开想象。语言文字和言语，既是想象的产物，又是想象的载体。想象力是人的言语表现和创新的内在心理机能，是人的生命意志和自由精神的集中体现。想象是人类思维的翅膀，想象力达到的疆域，是人类的第二自然。它同语言符号一样，都是人类这一智慧生命体的物种特征。没有想象力就没有创造性；没有言语上的自我实现，就没有人类走向世界各个角落的足迹，就没有人类社会的高度的物质文明和精神文明，也就没有人类自身的发展。

狄德罗说：精神的浩瀚、想象的活跃、心灵的勤奋——就是天才。赫尔岑说：想象力比知识更重要。康德说：

> 就是说，想象力（作为生产性的认识能力）在从现实自然提供给它的材料中仿佛创造出另一个自然这方面是极为强大的。当经验对我们显得太平常的时候，我们就和大自然交谈；但我们也可以改造自然：虽然仍然总还是按照类比的法则，但毕竟也按照在理性中比这更高层次的原则（这些原则对我们来说，正如知性按照着来把握经验性的自然界的那些原则一样，也是自然的）；这时我们就感到了我们摆脱联想律的自由（这联想律是与那种能力的经验性的运用相联系的），以至于材料虽然是按照联想律由自然界借给我们的，但这材料却能被我们加工成某种另外的东西，即某种胜过自然的东西。①

想象力是人的超越经验、超越自然、再造自然的能力。它甚至超越了人的联想律，是造化给人的特殊的赠礼，是智慧之光、创造之泉，是自由心灵闪耀的火花。

要是将想象从人类的生命中剥离，人类会成为“万物之灵长”是不可想

---

① ［德］康德著，邓晓芒译：《判断力批判》，人民出版社2002年版，第158～159页。

象的；一个人缺乏想象力，“充满劳绩”而能“诗意地安居”，是不可想象的；缺乏言语想象力的人，能称之为“符号动物”，也同样是不可想象的。

在我们的语文教育学词典中，言语想象力是作为一个人的符号能力与精神创造力的代名词。它既是一种最重要的能力，又是一种情感丰盈、思想丰硕、心灵自由的象征，是人的言语表现和存在生命的基本素养之一。

一　想象力可以培养吗？

想象力是否可以培养是个有争议的问题。

有人认为想象力是不可培养的。北京大学哲学系田松先生说，有许多人总是把想象力当成动词，并且认为它是可以通过机械操作来培养的。比如，有的科幻作家在写作时就采取过这样的方法，写一些元素，如天、地、人、白云、桌子、幽灵之类，然后像洗牌那样把它们打乱，再随手抽取几个纸条，无论抓到什么就通过某种逻辑让这些元素发生联系，并认为这就是想象力。田松对此持批评态度。他认为想象力不是动词而是自由的产物，不是你想得越用力气想象力就越大。想象力其实是沉静和向下的东西，它甚至会自己浮现出来，不一定要花很大力气去找。传统的教学方式对于孩子的想象力是最大的破坏。

也有人认为想象力是可以培养的。科幻作家杨鹏先生认为创造力和想象力源于几个方面，首先是心理愿望，其次是要有激情。每个人在小的时候都曾经畅想过未来，产生过很多独特的想法，直到今天他本人的作品当中还有很强烈的14岁情结。恰当的技巧和训练也是必不可少的，如果想象过于自由，就会容易涣散，创造力和想象力不否认是自然而然出现的，但其实也有一定的规律在里面，在儿童时代如果能阅读一些科幻小说，对提高创造力和想象力大有好处，因为有很多过去在科幻作品中出现的东西现在已经变成了现实。①

这两种观点都有一定的道理。其中涉及几个问题：

1. 想象力是否可以“操作”？想象力的确不是一种机械的方法，不是靠

---

① 见桂杰：《关于想象力的N种合理推想》，载《中国青年报》2002年9月26日。

“操作”就能出来的，但是，言语想象也不是没有规律可循的。例如，想象的内容原则上是从已知到未知，是旧材料的新综合，是一种合成和推测，等等。想象力也有其审美评价上的要求，如新奇、合理、洒脱、飘逸等。这些使言语想象力的培养有了一定的可练性。但是，并非知道了这些规律，并按照一定的程序加以练习，就可以有丰富的想象力，想象力如果可以依靠训练成功的话，那早就应该办想象力学校成批地制造诗人和科学家。诗人和科学家无法批量生产，反过来也就证明了想象力不是可以操作得出来的。这就有必要了解究竟想象力是怎么来的。

2. 想象力的来源是什么？上述的专家凭经验认为想象力是“自由的产物”“会自己浮现出来”“是自然而然出现的”。这是对的，想象力不是练出来的，也不是逼出来、挤出来的，它是自然而然地降临的，是一种天赋。在这一点上似乎没有什么异议。的确，想象是属于心灵的，是人的生命中固有的，这是符合我们的言语生命动力学原理的。想象是一种生命潜能和冲动的释放，是符号生命意志的呈现，它是属于每一个人的。如果人人都先在地拥有想象力，照说想象力也就不稀罕，满了就不断地往外冒，流得满地都是。但是，现实情况是有的人富有想象力，而有的人毫无想象力，这是为什么呢？

这种自然的生命冲动的流失，跟人的童年经历和所受的教育密切相关。在童年期，一个孩子缺乏良好的生存环境，既没有人给他讲美妙的故事，没有动听的音乐和各种美丽的玩具，也没能参与各种游戏，建造自己的乐园，他原始的言语生命意识没能得到养护。尤其是儿童自发的游戏活动，这是他们想象活动最早的产品，是早期的生命冲动、生命欲求和言语生命意识的自然表露，是他们未来生活一切创造素养的萌芽。德国教育家福禄培尔说：“这一年龄阶段的各种游戏是整个未来生活的胚芽，因为整个人的最纯洁的素质和最内在的思想就是在游戏中得到发展和表现的。人的整个未来生活，直到他将要重新离开人间的时刻，其根源全在于这一生命阶段，不管这未来生活是纯洁的还是污浊的，是温和的还是粗暴的，是平静的还是充满风浪的，是勤劳的还是怠惰的，是功绩卓著的还是无所作为的，是迟钝而优柔寡断的还是敏锐而富有创造的，是麻木不仁、畏首畏尾的还是富有远见的，是建设性的还是破坏性的，是和睦待人的还是生性好斗的，是惹是生非的还是给人以安宁的。”[①] 就是说，人的这些包括想象力在内的天性，以及这些天性的发展，都跟儿童时期看似无关紧要的自发的游戏活动密切相关。游戏活动的有无和具体的内容，都会影响一个人的性格和智力的发展，影响人的言语生命意识和言语想象力、创造力的发挥。

想象力的遗失，还跟教育割断了知识和孩子的精神生活的联系，有着直接的关系。当孩子进入学校以后，似乎就和大自然和社会生活发生了隔绝，这就阻断了他们的精神生活正常地发生和生长，这就使想象力失去了源头活水。苏霍姆林斯基说：

> 教师把事先准备好的种种原理、结论和推理一古脑塞进儿童的脑子，往往不让儿童有可能哪怕接触一下思维和活的言语的源泉，这就捆住了他们的幻想、想象力和创造力的翅膀。孩子时常由富有朝气的、积极的、活跃的人变成了仿佛专门用于背诵的机器。不，这样下去是不行的。决不应当用一道砖墙把儿童跟周围的世界隔离开来。决不应当剥夺儿童精神生活的欢乐。只有当儿童生活在游戏、童话、音乐、幻想和创造的世界之中的时候，他们的精神生活才是有价值的。如果没有这一切，他就会成为一朵压干了的花。[②]

他认为之所以有着鲜明而生动的想象力而且记忆力也很强、对周围世界的现象反应十分敏捷的孩子，在学校学了两三年以后变得记忆力低下、反应迟钝，是因为在学校时掌握知识的过程往往跟学生的精神生活脱节。他深感莫让学校的大门把儿童的意识活动同周围世界隔绝开来是多么的重要。他努力让周围世界和大自然以其鲜明的形象、画面、知觉和想象，在整个儿童时代源源不断给学生的意识提供养料；努力让儿童认识到，思维的规则有如一座结构严谨的建筑物，它的设计图是在结构更为严谨的建筑物——大自然的提示下产生的。为了使孩子的头脑不致变成知识的贮藏室和真理、规则、公式的堆积站，就一定要教他思考。大自然本身对儿童的意识和记忆提出了要求：不要让鲜明的周围世界连同它的规律性有一分钟从儿童的视线内消失。苏霍姆林斯基的这种体认是发人深省的。人是自然人和社会人的结合体，教育必须去顺应人的这一成长规律，使儿童在学校教育下，依然能保持着同大自然和

---

① ［德］福禄培尔著，孙复祖译：《人的教育》，人民教育出版社 2001 年版，第 39 页。

② ［苏］苏霍姆林斯基著，肖勇译：《教育的艺术》，湖南教育出版社 1983 年版，第 86 页。

社会的广泛接触和联系，使他们依然能从他们天性中、所亲近的现象和形象中，获得想象和创造的灵感，使他们的想象力和幻想不致被抽象的知识所淹没，使他们的精神生活不致被枯燥乏味的公式、定理所窒息。这无疑是素养教育面临的一个迫切需要解决的课题。

从人的发展来看，学龄前到小学阶段的教育对孩子的言语想象力的养成是至关重要的。如果在这一时期对孩子的自由的言说给予了过多的限制，对孩子的充满诗意灵感的幼稚天真的话语进行自以为是的封杀，用成人的眼光批评孩子的创造，那就像被掐掉了花蕾的植物一样，别指望在未来还会开出五彩缤纷的花朵来。

长期以来，我们的教育是一种过分成人化的教育，是“成人主义”的教育，将儿童视为任人摆布的装知识的容器，基本无视儿童的心理、思维特点，无视他们精神生活和心灵成长的特殊需要，以成人视界为中心观察、认识、教育儿童，其结果是把孩子教育成了小大人。我们不妨借助法国作家圣艾修伯里的童话《小王子》中的一段描写，看看孩子的想象力是怎样被没有想象力的成人同化了：

> 我之所以不厌其烦地叙述有关这个小行星的事，还一再提到 B612 这个编号，无非是迎合大人们喜欢数字这样的习性。当你告诉大人们你新交了一位朋友时，他们从不会向你提出一些实质性的问题，绝对不会问：“他的声音好不好听？他最喜欢的游戏是什么？有没有收集蝴蝶？”他们只会问：“他几岁？有几个兄弟姐妹？体重多少？他父亲赚多少钱？”他们以为只有这些数字才算是了解别人。
>
> 如果你对大人们说：“有一次，我看到一栋漂亮的、粉红色的砖砌房子，窗户上缀满了天竺葵，鸽子在屋顶上栖息。”他们绝对无法想象那栋房子到底是什么样子。你必须对他们说：“我看到一栋价值 10 万法郎的房子！”那么，他们就会惊叹：“哇！多美的房子呀！”
>
> 就是这样。要是你告诉他们：“确实有个小王子存在着。他面带笑容，非常可爱，想要一只羊；一个人要一只羊，就是他存在的证明。”他们会不以为然，耸耸肩，把你当成一个不懂事的孩子！但是，如果你跟他们说：“他来自小行星 B612。”他们就会相信，而且不会再拿一些杂七杂八的问题来烦你。

> 大人们就是这个样子。小孩子除了忍耐，对此毫无办法。[1]

儿童诗化的思维，往往是感性的、自我的、超验的，属于想象和幻想的，而成人的思维是十分现实化、抽象化的。如同上面的故事所说的，成人排斥细节的描述，只要数字。——过为严格、抽象、科学的数学教育有害于想象，这虽有待于验证，但不无道理。可怕的是，成人认识事物、处理事情总是以自己的思维方式为中心，而不是以儿童为中心，即便在教育中也是如此，总是以为儿童是受教的一方，儿童的认识必须符合"科学"的规范。从儿童踏进幼儿园开始，他们从内心世界到外部行为都不断地受到教师视角的严格"矫正"，他们天性中的纯真、幼稚和物我不分地看待外部世界的方式，以自我为中心的自发的想象和幻想不断地受到非议和压制，因为这些不符合成人世界的规范。如果说在一般情境下成人思维对儿童的影响还是无意识的、有限的，而在教育特别是在语文教育中，大量缺乏诗意的教师对学生言语想象力、创造力的持之以恒的摧残，就是一种有目的的谋杀了。请看三毛在她的一篇名为《拾荒记》的散文中的描写：

> 有一天老师出了一个每学期重复出的作文题目，叫我们好好发挥，并且说："应当尽量写得有理想才好。"
>
> 等到大家都写完了，下课时间还很多，老师坐在教室右边的桌上低头改考卷，顺口就说："三毛，站起来将你的作文念出来。"
>
> 小小的我捧了簿大声朗读起来。
>
> > "我的志愿——
> >
> > 我有一天长大了，希望做一个拾破烂的人，因为这种职业，不但可以呼吸新鲜的空气，同时又可以大街小巷的游走玩耍，一面工作一面游戏，自由快乐得如同天上的飞鸟。更重要的是，人们常常不知不觉地将许多还可以利用的好东西当作垃圾丢掉，拾破烂的人最愉快的时刻就是将这些蒙尘的好东西再度发掘出来，这……"
>
> 念到这儿，老师顺手丢过来一只黑板擦，打到了坐在我旁边的同学，我一吓，也放下本子不再念了，呆呆地等着受罚。
>
> "什么文章嘛！你……"老师大吼一声，她喜怒无常的性情我早已习

---

① ［法］安东·德·圣艾修伯里著，艾柯译：《小王子》，哈尔滨出版社 2001 年版，第 23～24 页。

惯了，可是在作文课上对我这样发脾气还是不太常有的。

“乱写！乱写！什么拾破烂的，将来要拾破烂，现在书也不必念了，滚出去好了，对不对得起父母……”老师又拍桌子惊天动地地喊。

“重写！别的同学可以下课。”她瞪了我一眼便出去了。

于是，我又写：

“我有一天长大了，希望做一个夏天卖冰棒，冬天卖烤红薯的街头小贩，因为这种职业不但可以呼吸新鲜空气，又可以大街小巷的游走玩耍，更重要的是，一面做生意，一面可以顺便看看，沿街的垃圾箱里，有没有被人丢弃的好东西，这……”

第二天缴上去，老师划了个大红叉，当然又丢下来叫重写，结果我只好胡乱写着：“我长大要做医生，拯救天下万民……”老师看了十分感动，批了个甲，并且说：“这才是一个好理想。不辜负父母期望的志愿。”

大约没有一个人读了三毛的描写不会为之动容。一个纯洁无瑕的小女孩想象自己的未来时，为了享受那一份无拘无束的自由快乐，竟然希望当一个“拾破烂的人”，在老师严词斥责下，虽改当了街头小贩，仍然向往着呼吸新鲜空气、大街小巷游走玩耍的自由自在，“拾破烂”痴心不改。多么可爱美丽的真诚，毫无雕饰的理想，从生命中流淌出来的原汁原味的想象，就是这样被缺乏审美判断力却有着极强教化意识的教师给摧毁了。

著名童话作家郑渊洁也有因想象而受到老师惩罚的经历。在一篇访谈录中是这样记载的：

“我上小学的时候，上课特别爱走神儿。比如老师说这个字念‘天’，我就能一下子想到地，然后想到地上长了什么，然后又想到地底下是什么，然后可能又想到宇宙飞船……然后——可能就被老师发现了。”

“然后呢？”

“然后老师就把我叫起来，问我他刚才讲了什么，或者让我回答一个问题。我当然回答不出来了。”

“然后呢？”

“然后老师就让我罚站。站在前面对全班同学说‘郑渊洁没出息’，说一百遍。”

“你那时候那么听话吗？在你的童话里，发生这样的事情一定会有人反抗的。”

“那时候小哇，不愿意说也得说哇。”郑渊洁伸出右手的食指说，“我记得特别清楚，我自己就边说边抠着这个手指头，抠出个血泡，还是得忍着疼一遍遍地说，真的就说了一百遍。当时心里特别恨。”

“可是，你如果是老师怎么办呢？难道表扬吗？鼓励孩子们都像你一样上课走神儿是吗？”

“当然也不是。最好的就是别管。小孩子走神儿也不是坏事儿，那证明他有想象力——一个孩子没有想象力那有多可怕啊！可是，如果老师为此惩罚他，或者就为此让他觉得以后自己‘不行’，‘没出息’，那损失的就不是一点点想象力，而是他的自尊和自信。我觉得我们教育最缺的，就是培养孩子的自尊心和自信心。”①

自然不是每一个语文教师都那么“负责”，但是，相信多数语文教师都做过类似的事情。在教师的善意的矫正下，一代代孩子的想象力，连同自尊和自信，就像被拧断脖子的小鸟，再也飞不起来了。当他们长大成人后，又用他们麻木不仁的善意重复着他们的老师曾经做过的事情。

从成人或教师那儿侥幸逃脱的，那就是天才。天才其实就是一些言语生命欲求特别强盛的人。他对成人世界的秩序和规范的异化有着某种天然的免疫力，能始终不渝地保持着儿童般的纯真和自由的心态。什么时候教育能在对儿童的认知建构和天性养护中找到一个妥善的结合点，那才是理想的教育。人性化的、学生本位的教育，才是真正科学的教育。

3. 构成想象力的因素有哪些？想象是心灵的产物，它属于自由的心灵。想象力必须不受物质规律的束缚，将自然中联合的东西分开，分开的东西联合，使观念中无联系的东西联合起来，联系着的东西作重新组合，在分解和组合中创造出现实中不曾有过的新事物。自由的心灵使符号生命得以充分地释放。

但是，诚如上面杨鹏先生所说的，想象太自由了也会涣散，这确是经验之论。单是心灵的自由是不可能创造出奇思妙想的，它还需要审美判断力，因为想象的产物必须符合“美”的规律。想象是按照美的规律造型的。受到人的知性的指导，想象力是无规律而符合规律的。康德在《判断力批判》中说：

---

① 节选自江菲：《郑渊洁教子》，载《中国青年报》2003年2月26日。

> 鉴赏是与想象力的自由合规律性相关的对一个对象的评判能力。既然在鉴赏判断里想象力必须在其自由中被考察，那么这一开始就不是被看作再生的，如同它是服从于联想律时那样，而是被看作生产性的和自身主动的（即作为可能直观的任意形式的创造者）；而且虽然它在领会一个给予的感官对象时被束缚于这个客体的某种确定的形式之上，并就此而言不具有任何自由活动（如在写诗时），但却毕竟还是可以很好地理解到：对象恰好把这样一种形式交到想象力手中，这形式包含有一种多样的复合，就如同是想象力当其自由地放任自己时，与一般的知性合规律性相协调地设计了这一形式似的。不过，说想象力是自由的，却又是自发地合规律性的，亦即它带有某种自律，这是一个矛盾。只有知性才提供规律。但如果想象力被迫按照某种确定的规律来运作，则它的产品按照形式就是通过概念被规定的，就像应有的情况那样；但这样一来上面所指出的那种愉悦就不是对美的愉悦，而是对善（完善，或许只是形式上的完善）的愉悦，而这一判断就绝不是由鉴赏而来的判断了。所以，一个无规律的合规律性，以及想象力与知性的一种主观的协和一致，而不带有由于表象与有关一个对象的确定概念相联系而来的客观的协和一致，就将是唯一可以与知性的自由合规律性（它也称为无目的的合目的性）及与一个鉴赏判断的独特性共存的。①

康德说的虽是鉴赏判断（审美判断），但是在一般的想象活动中，也同样存在着自由与知性的矛盾。想象不是一种完全不受约束的思维活动，自由必须符合于想象力的规律，自由失去约束，那它就是一种受联想律支配的而不是“再生”的。鉴赏必须受到知性的约束，和知性的主观一致，和知性的规律自由地符合，并和审美判断的特性相一致。

想象力还受到了学识和阅历的制约。想象不是凭空发生的，它是属于记忆的，它须凭依于人的记忆表象和知识结构。没有一定的已知材料，是无法创造出新形象或新猜想。因此，对于想象的发生来说，丰厚的学识和阅历是其“物质”基础，它能避免想象的错误。前面所强调的知性的主观，就是建立在相对完善的认知结构上的。许多学生写作中的想象变成了瞎说、谎言，这种胡编滥造除了写作主体不真诚外，便与其缺乏知性的基础有关。没有充

---

① ［德］康德著，邓晓芒译：《判断力批判》，人民出版社2002年版，第77～78页。

足的记忆表象，未建构起必要的知识结构，想象力就可能失控，跑了野马。

需要注意的是，知识也是一把双刃剑，既能助成想象，也会窒息想象。当没有知识时，人会从想象中寻求补偿，一旦有了知识，思维的惰性就会产生，想象力抵不住现成结论的诱惑，就容易陷入舒适的知识框架中沉睡过去。下面这件事可能对我们认识知识和想象的关系有帮助：

在美国内华达州，有一天一个名叫伊迪丝的 3 岁小女孩告诉妈妈，她认识礼品盒上“OPEN”的第一个字母“O”。这位妈妈非常吃惊，问她怎么认识的。伊迪丝说：“薇拉小姐教的。”这位母亲一纸诉状把薇拉小姐所在的劳拉三世幼儿园告上了法庭，理由是该幼儿园剥夺了伊迪丝的想象力，因为她女儿在认识“O”之前，能把“O”说成苹果、太阳、足球、鸟蛋之类的圆形东西，然而，自从幼儿园教她认读了 26 个字母后，伊迪丝便失去了这种能力。她要求幼儿园对此负责，赔偿伊迪丝精神伤残费 1000 万美元。结果是幼儿园败诉了。因为，陪审团被这位母亲在辩护时讲的一个故事感动了：

她曾经到某个东方国家旅行，在一家公园里见到两只天鹅，一只被剪去了左边的翅膀，一只完好无损。剪去翅膀的被放养在较大的一片水塘里，完好的一只被放养在较小的水塘里。她非常不解，管理员告诉她，这样能防止它们逃跑。因为，剪去一边翅膀的无法保持平衡，飞起来后会掉下来；在小池塘里的，虽没有被剪去翅膀，但起飞时会因没有必要的滑翔路程，而老实地待在水里。她听后既震惊又感到悲哀，为天鹅悲哀。她今天为女儿来打官司，就是因为她感到伊迪丝变成了劳拉三世幼儿园里的一只天鹅。他们剪掉了伊迪丝的一只翅膀，一只幻想的翅膀；他们早早地把她投进了那片小水塘，那片只有 ABC 的小水塘。

这段辩护词后来成了内华达州修改《公民教育保护法》的依据。现在美国《公民权法》规定，幼儿在学校拥有两项权利：玩的权利；问为什么的权利。①

这位母亲也许言重了，但是，我们不能不承认她说的有道理。过早地学习知识，会损害想象力的发展，而想象力对人的一生的精神成长是多么的重要，它是无价之宝！失去了想象力，就等于“精神伤残”。想象力发展的沃土是“玩”——游戏，“问”——探究，应该给孩子们创造适宜想象力发展的条

① 参见《孩子的幻想的翅膀不可剪》，载《每周文摘》2002 年 10 月 1 日。

件，让想象力展翅高飞。

当然这也绝不是说要排斥知识的学习，而是说在学习知识时不要剪掉想象的翅膀，不要忘了“幻想比知识更重要”。

知道了想象力的来源和构成，我们可以找到答案了：想象力是能够培养、能够健康发展的。如果“培养”二字带着较多的强制“规范”的意味，不如把它改成“庇护”或“养护”。养护，即养育和维护的意思，表明对人的天性的顺应和尊重。

二　童心是想象和幻想的栖息地

如果在文从字顺、语言清通，和闪烁着想象、幻想的吉光片羽而文字艰涩甚至有些语病二者中做出选择的话，我们会毫不犹豫地选择后者。因为，没有想象力的文字，犹如没有生命的僵尸。

我相信，今天绝大部分的语文教师会毫不犹豫地选择前者，会嗤之以鼻、众口一词地驳难说语言不通谈何想象力呢？——等我们按照语法规则将学生的语言整“从”理“顺”，使他们都能做出四平八稳的文章时，儿童的言语想象力也许一去不复返了。

文学巨匠鲁迅曾惊叹于孩子的想象力，他说：“孩子是可以敬服的，他常常想到星月以上的境界，想到地面下的情形，想到花卉的用处，想到昆虫的语言；他想飞上天空，他想潜入蚁穴……”① 美国心理学家马斯洛也说：“几乎所有的儿童，在受到鼓舞的时候，在没有规划和预先意图的情况下，都能创作一支歌、一首诗、一个舞蹈、一幅画或一种游戏或比赛。”② 在他们看来，创造与想象近乎人类的本能；无拘无束地放飞创造与想象，本是孩子的“专利”。然而，在今天应试的、集体的、统一的思维模式下，孩子们活跃的想象力受到了严重窒息，这是有目共睹的。在北京举行的“创造力、想象力与科幻文学”研讨会上，放映了香港的一次以幻想未来为主题的小学生绘画大赛

---

① 鲁迅：《且介亭杂文·〈看图识字〉》，见《鲁迅全集》第六卷，人民文学出版社 1981 年版，第 36 页。

② ［美］马斯洛：《自我实现者的创造力》，见［美］马斯洛等著，林方主编：《人的潜能和价值》，华夏出版社 1987 年版，第 246 页。

的一等奖作品，在座专家大失所望，他们都觉得类似这样的作品在几十年前就早已出现。不但孩子的作品如此，当今科幻作家的创作也是如此。他们的创作一直没有文本上的突破，所有的作品都没有超越以往作家们构建的 4 个世界：空间的世界，包括人类的生存空间以及外星等；时间的世界；心灵的世界；电脑和网络的世界。——想象力的流失关系到人（人类）精神生命的发展，是教育应给予严重关切的，是语文教育言语能力培养上的一个至关重要的问题。

有关研究表明小学儿童的创造性想象发展是先快后慢，小学一、二、三年级呈迅速发展，四、五年级则表现为高原期。① 有学者试图从想象的丰富性和特点来比较想象的年龄差异，将受试者分为三个年龄组（少年组、青年组、老年组），研究受试者对图形的想象。结果是图形想象的总数随年龄的增加而减少；不同年龄组想象的内容有不同倾向；对图形想象的种类和创新性随年龄的增加而减少；老年组想象的整体性明显低于青年组与少年组。② 由此可见，在想象力的发展上，儿童期（国外的“儿童”概念较宽，18 岁以前均属儿童，儿童期包括了少年）是得天独厚的时期。

在儿童期的不同阶段，他们想象力的发展也有不同的特点。有学者综合已有的材料后认为：儿童青少年想象的发展是相当快的。这个发展的特点主要表现在四个方面：一是想象的有意性，二是想象的现实性，三是想象的创造性成分，四是想象的内容。在小学阶段，儿童想象的有意性在迅速增长，有意想象逐步发展到占据主要地位，想象的内容偏重于对事物的描述。小学生的想象具有复现和简单再现的性质，但从发展趋势来看，创造性成分日益增多。小学儿童的想象还有直观性和具体性的特点。由于知识水平的限制，想象的复杂性、概括性和逻辑性的水平还不是很高。小学生的幻想随着年龄的增长有以下趋势：由直观性、虚构性向抽象性、现实性发展；由笼统性、肤浅性向分化性、深刻性发展；由易变性向稳定性发展。整个小学阶段，小学生幻想的易变性一直占据主导地位，中高年级才初具稳定性。小学生的理想一般是朦胧的、不稳定的，不具体且多变，更缺乏抽象、概括的理想。此外，小学生的幻想内容往往是他们直接倾慕的具体人物和感兴趣的具体事物，

---

① 王耘：《小学儿童创造性想象发展的实验研究》，载《心理发展与教育》，1989 年第 2 期。

② 吴振云、孙长华等：《对图形想象的年龄差异》，载《心理科学》，1991 年第 2 期。

往往把现实事物加以夸大、缩小，或者变化无常。在中学阶段，想象的有意性在迅速增长，特别是高中生的想象，大多是有意识、有目的的；创造性想象日益占有优势地位；想象的现实性不断发展，特别是理想从具体的、虚构的向抽象的、现实的方向发展。

富于幻想是青少年比较突出的特征之一，进入初中后，随着年龄的增长，他们的幻想逐步由具体、虚构向抽象、现实的方向发展。一方面，他们所幻想的生活摆脱了儿童期幻想具体的人和事；另一方面，也摆脱了儿童期的天真、怪诞，能比较确切地反映现实。此外，儿童、青少年的幻想也和成人一样，具有明显的社会性和历史性。①

陈会昌、夏菡通过儿童对想象物所作文字描述的调查，表明了表象根据创造性程度的不同，分为记忆表象和想象表象。记忆表象是对过去感知过的事物形象的简单重现，而想象表象是人们在头脑中对记忆形象进行加工、改组后形成的新形象。根据想象表象的创新性、独特性程度的不同，进一步划分为再造水平和创造水平。对于儿童对想象物的文字表述，按其内容所反映的创造性水平的由低到高，划分出“表象的记忆水平”“表象的再造水平”和“形象的创造水平”三种程度。研究表明，儿童在用文字表述想象的事物时，年龄效应非常明显，即随着年龄的增长，儿童对想象物文字表述中体现的创造性发展趋势明显。一年级儿童尽管高出表象的记忆水平，但仍比较接近，说明在他们的描写中，记忆进行改造的成分很少；小学三、四年级正处在典型的表象的再创造水平阶段，他们已经能够在想象时对记忆表象进行一定程度的加工、改造，但在创新性和独特性等方面尚未表现；五年级以上的儿童正逐步向创造水平发展。随着年龄的增长，说明儿童在想象时更加注意使其新奇和与众不同。

进一步的多重平均数考察表明，小学一、二年级和二、三年级之间存在显著差异，小学三、四年级之间无显著差异，四、五年级之间有显著差异，而小学五年级、初一和初一、初二年级之间无显著差异。这说明，创造水平的增长并不是匀速的，**一至三年级发展迅速，尤其是一至二年级有比较大的**

---

① 参见陈会昌、夏菡：《儿童的想象与幻想》，二十一世纪出版社 2001 年版，第19～20 页。

进步，此后的发展则放慢了速度。[①]

由此看来，学生的想象的创造水平发展较快的时期是小学至初一。其中进步较快的又是小学低中年级，发展最快的是小学低年级。从年龄上看，想象力的较快发展期大约是在十二三岁以前，最快发展期是在九岁以前。将这两个年龄期放在皮亚杰的对人的认知结构的形成理论中加以对照，我们发现这具有重要的教育学意义。

三　想象力是智慧的特殊体现

想象也是一种认知，是一种特殊的认知活动，与人的认知结构和认知机制有着直接的关系。我们认为，皮亚杰对人的认知机制形成的观点，也同样对想象力的形成有启示意义。

皮亚杰既不赞同传统经验主义所假定的所有的认识信息都来自客体，主体受教于他以外之物；不赞同先验主义或天赋论所坚持的主体一开始就具有一些内部生成的结构，并把这些结构强加于客体；也不赞同其他的种种有关的假定。他认为“认识起因于主客体之间的相互作用”：一方面，认识既不是起因于一个有自我意识的主体，也不是起因于业已形成的（从主体的角度来看）、会把自己烙印在主体之上的客体；认识起因于主客体之间的相互作用，这种作用发生在主体和客体之间的中途，因而同时既包含着主体又包含着客体，但这是由于主客体之间的完全没有分化，而不是由于不同种类事物之间的相互作用。另一方面，如果从一开始就既不存在一个认识论意义上的主体，也不存在作为客体而存在的客体，又不存在固定不变的中介物，那么关于认识的头一个问题就将是关于这些中介物的建构问题：这些中介物从作为身体本身和外界事物之间的接触点开始，循着由外部和内部所给予的两个互相补充的方向发展，对主客体的任何妥当的详细说明正是依赖于中介物的这种双重的逐步建构。皮亚杰将中介物的这种双重的逐步建构分为四个时期进

---

① 陈会昌、夏菡：《儿童的想象与幻想》，二十一世纪出版社 2001 年版，第 45～46 页。

行描述①：

感知运动水平（18到24个月） 这个时期儿童最早的活动既显示出在主体和客体之间完全没有分化，也显示出一种根本的自身中心化，可是这种自身中心化又由于同缺乏分化相联系，因而基本上是无意识的。……一方面，为了理解这种缺乏分化和最初活动的自身中心化，我们有必要考虑这个事实，即：各种活动尚未整个地彼此协调起来；每一活动各自组成一个把身体本身直接与客体联系起来的小小的孤立整体，例如，吮吸、注视、把握等活动就是如此。从这里就产生了主客体之间的缺乏分化，因为主体只是在以后的阶段才通过自由地调节自己的活动来肯定其自身的存在，而客体则只是在它顺应或违抗主体在一个连贯的系统中的活动或位置的协调作用时才被建构成的。另一方面，只要每一活动仍然还是一个小小的孤立整体，那么它们之间唯一共同的和不变的参照就只能是身体本身的自动的中心化，虽然这种中心化既不是随意的，也不是有意识的。

前运演思维阶段（第一水平，2岁左右到4岁；第二水平，5岁到6岁） 第一水平的特征是，协调的分化迄今只发生在同一个水平上，即现实的或实际的活动水平上，也就是说，还没有达到概念系统中的反省活动的水平。换言之，感知—运动智力的格局还不是概念，因为它们还不能在思维中被运用，它们之起作用仅限于实践上的和事物上的应用，儿童一点也不知道它们之为格局的存在，因为儿童还没有掌握用来称呼它们并在意识中把握它们的符号系统。另一方面，随着语言、象征性游戏、意象等的出现，情况就显著地改变了：在某些情况下，在那些保证主客体之间存在着直接的相互依存关系的简单活动之上，增添了一种内化了的并且更为精确地概念化了的新型活动；例如，主体不仅能从A移动到B，而且能用概念来表示AB这个位移，并且能在思维中显示出另外一些位移来。……儿童死死地停留在与活动相当的概念水平上（这是说儿童的概念此时还停留在不能离开活动的具体概念水平上，还没有出现抽象概念），而不能不受拘束地表达自己的思想。……一方面，在主客体之间唯一存在的中介物仍然仅仅是一些前概念和前关系（在前概念中没有用“所有”和“某些”作量的规定，在前关系中则不存在概念的相对性）；另一方面则相反，赋予客体唯一的因果关系仍然是心理形态的，完

---

① 参见［瑞士］皮亚杰著，王宪钿等译，胡世襄等校：《发生认识论原理》，商务印书馆1981年版，第21～56页。

全没有从主体的活动中分化出来。

第二水平的标志是开始解除自身中心化，以及通过我们称之为“组成性功能”的东西来发现某些客观的关系。……在感知运动水平上所已经获得的东西现在必须在一个新的平面上重新建立。于是，人们发现了一种类似的解除自身中心化，但现在是在概念或概念化了的运动之间进行……不再只是在运动之间进行，而且同样也是由于逐步的协调所致，在这种特殊情况下协调是以功能协调的形式出现的。……总之，组成性功能就它是有指向的这一点来讲，代表着一种不完全的逻辑结构，这种结构最适宜于说明活动及其格局所显示出的依存关系，只是还没有得到运演所特有的那种可逆性和守恒。

具体运演阶段（第一水平，7 岁到 8 岁；第二水平，将近 9 岁到 10 岁）第一水平标志着概念性工具的发展的一个决定性的转折点；儿童迄今已对之感到满足的那些内化了或概念化了的活动，由于具有可逆性转换的资格而获得了运演的地位，这些转换改变着某些变量，而让其他的变量保持不变。再者这个基本的创新必须看作是由于协调获得进展的结果，运演的基本特点就是它们形成可闭合系统或“结构”。这后一事实保证它们借助于正转换和逆转换而形成组合的必要条件。……它与前一阶段根本不同，可又一定不能把它看成是一个绝对的开始，而只能看成是经过或多或少连续不断的转换而产生的结果。绝对的开始在发展过程中是永远也看不到的，新的东西如已能证明的那样，是逐步的分化或渐进的协调的结果，或者是这两者同时作用的结果。

第二水平达到了“具体”运演的一般平衡，但是进一步看，正是在这个阶段，具体运演的性质本身所特有的缺陷开始在某些方面，尤其是在因果关系方面表现出来；这些新的不平衡状态在某种意义上说就肇始了一种完全的再平衡……总的来说，具体运演阶段的第二水平展现出一个自相矛盾的局面。直到现在以前，从主客体之间未分化的最初水平开始，我们已观察到在两个方向上的互相补充和相对地等值的进展：已有了活动的内部协调，随后又有主体的运演的内部协调，也有了活动的最初是心理形态学的外部协调，这些活动随后成为运演的活动并被归因于客体。……我们把具体运演的第二个子阶段看作既是它的先行阶段的延伸，又是对此后阶段的创新的预示。

形式运演（11 岁到 12 岁）　这是运演发展过程的第三个重要阶段（也是最后的阶段——笔者）。在这个阶段，运演从其对时间的依赖性中解脱出来，也就是说从儿童活动的前后心理关系中解脱出来——在这种前后关系中运演的蕴涵特性或者说逻辑特性也具有因果性的方面。正是在这个阶段，运演最后具有了超时间性，这种特性是纯逻辑数学关系所特有的。形式运演的主要特征是它们有能力处理假设而不是单纯地处理客体：这是研究这个问题的所有作者都注意到的儿童在11岁左右出现的那个基本创新。但是这个特点还牵涉到另一个同等重要的特点。儿童提出的假设并不是客体，而是命题，假设的内容则是类、关系等等的能够直接予以证实的命题内运演；从假设推导出来的推论也是这样。另一方面，我们利用它来从假设达到结论的那种演绎性运演则属于一个十分不同的类型，这是命题间运演，是对运演进行的运演，也就是二级运演。……就是这个对运演进行运演的能力使得认识超越了现实，并且借助于一个组合系统而使认识可以达到一个范围无限的可能性，而运演就不再像具体运演那样限于一步一步的建构了。

我们认为，皮亚杰的贡献在于他提出了人的认识是建构性、形成性和阶段性的，各个阶段有其发展的特点，指出了发展的规律。但是毫无疑问，认知图式的建构是人的生命机能，是人的自然本能和生命冲动使然。他的人的认知动力，应有一个不可忽略的前提，这就是源于人类这一特殊物种的生命动力。否则，就无法解释为什么只有人类才可以建构，而其他动物尽管也生存在自然中，却不能形成主客体的分化，或不能产生较为高级的认知建构（具体运演、形式运演）。尽管存在这些局限，但皮亚杰对人的“认识的形成”过程的描述仍然是认知科学领域的一场革命，他对认知“中介物”的作用及其机制的重视，他的“认识发生于主客体之间”的论断，改变了以往的经验主义者和行为主义者的“S→R”（刺激→反应）模式，改变了人们认识方法上的机械反映论。他强调了在认知过程中的主体认知图式结构的重要性，不但揭示了教育和学习的机理，为在教育过程中的以人为本、以学生为本在思维的层面上提供了理论依据和新的方法，改变了教师主动施教、学生被动受教的状况，使教师和学生能在主客体之间的“平等”的双向互动中形成认识，在一个开放的环境中不断地完善自身的“认知图式”。我们今天的课程改革，就是借助于这一理论背景的支撑。而且，这也对我们了解想象力（言语想象力）的生成与发展，对为什么想象力的发展最佳期是儿童期，提供了有益的启示。我们认为，皮亚杰的发生认识论阐明的人的认知建构规律有以下要点：

1. 处于感知运动水平的婴儿主客体缺乏分化且自我中心化。

2. 认知的发展是一个不断地打破平衡与建立新的平衡的过程，每一种平衡都带来了新的局限。

3. 人的每一个认知发展阶段都没有明确的起始和终结。

4. 每一个认知阶段都是先行阶段的延伸，又是此后阶段创新的预示。

5. 在十二三岁以前是以感知、运动、具象的认知为主，抽象的形式运演阶段是人的思维的高级阶段。

6. 儿童在十二三岁以前，就大致上完成了基本的认知水平建构，这是一个人的认知结构最为急剧转换和发展的时期。

儿童之所以在十二三岁之前想象力较为丰富，跟这个时期人的认知水平建构有极大的关系。

首先，婴儿期的主客体的未分化和自我中心化应是人的想象力的最重要的生理基础。在言语想象力中的物我不分、物我一体，以我为物或以物为我等，移情、拟人、借代、比喻和诗化思维中的生命移植、时空错乱等，都带有“主客体的未分化和自我中心化”的印记。虽然这一阶段属鸿蒙未启之时，时间很短，但是我们认为这与人的认知发展的其他阶段一样，它不是一种认知方式**替代取消**了另一种，而是一种**超越涵盖**了另一种。实际上，随着年龄的增长，所有的这些认知特征都处于生克消长之中，在不同的生存条件下，有的方面在退化、淡化，有的方面则在进化、强化。同时，这些特征也在不同程度上进行协调整合。正如弗洛伊德所说的人的童年的经历和记忆对人的一生的精神健康都有重要的影响，童年的“游戏”在成人后仍会以幻想、白日梦或文艺创作等不同的形式出现一样。因此，**我以为想象力最原始的生理特征就是“主客体的未分化和自我中心化”**，想象力的发展与这一特征的变异、整合有着某种直接或间接的关系。

其次，这一时期认知建构总体上是处于十分动荡起伏、此消彼长、互相蕴含的状况：不断地打破平衡又建立平衡，不断地创新也产生新的局限，不断地超越自己又没能完全超越自己。**想象力是这种不平衡、不协调及半超越的结果。**因为，平衡、协调和超越，意味着是在一种水平上与“自然”达成和谐一致，为客观实际所认可，与认知对象建立起正确、稳定的关系，使人能“真实”地“反映”自然。然而，想象恰恰是要打破这样一种经验的、客观的存在，要超越现象的联想律和“真理”，创造“人化的自然”。被常规认识肯定的认知结构的平衡、协调，它的衡量标准是“第一自然”，是“客观的真实”；而不平衡、不协调，往往创造出的是“主观的真实”。当想象进行创造的时候，它首先总是以“主观的真实”“第二自然”出现的，如想象力创造的大量的未经证明的假说和猜想，往往是对一个时期的科学共同体和常规科学所认同的“真理”的否定，最初大多是以异端邪说出现的。在人的思维作平衡、协调的常规运演的时候，是不会产生异想天开的假说与猜想的。所以，人们说的“天才与疯子是一个硬币的两面”是有道理的，这表明天才的认知结构存在某种特殊的失衡和失调。**也许，在人的认知建构中，不同的认知方式生克消长、运动激荡，认知发展的失衡、失调，使思维的成果产生了某种变异——这就是想象。**在一些人那儿，某些认知方式特别强势和活跃，以致其认知结构严重失衡、失调，超出了某种极限，这就是天才的想象。迄今为止的教育，都是在努力地培养人的认知的平衡和协调，语文教育也是致力于培养学生言语能力的全面的平衡和协调，而不能容忍失衡和失调，其结果造就的不是具有言语想象力和创造力的人，而是大量的“平衡和协调”的庸人——思维机器。

第三，在儿童认知建构过程中，感性的、运动的、具体的认知方式是居于主导性地位，感性、直觉、具体性的认知与理性、推理、抽象性的认知的失衡也是其总体上的一个特征。想象，是以感性经验为基础的，往往是一种非理性的、无意识的直觉认知，是人对自然的直接把握，是无意识中的“灵光一现”，是一种非逻辑、异逻辑思维。而想象力发展较快的一、二、三年级的儿童（7～9 岁），正是处于具体运演阶段的第一水平（第二水平是“将近 9 岁到 10 岁”，因此，9 岁之前基本上还应归入第一水平）。尽管第一水平年龄标志着概念性工具发展的一个决定性的转折点，先前内化了的和概念化了的活动，由于具有了可逆性转换的资格而获得了运演的地位，但是，它的认知都是直接与客体有关的，客体的形式还没有同内容分开。它还不能通过假设来进行推理。就是说这是一个具体思维与形式思维的转折期。这是一个感性思维发展得较为“成熟”、以具体思维为主的时期，也是形式思维刚刚开始、尚未形成较为稳定协调的认知机制、具体思维与形式思维相冲突导致认知结构失衡与失调的时期，因此，就导致了形象直觉性的变异性想象活动较为活跃。

鉴于以上分析，我们认为如果在这一时期（小学中低年级以至整个小学阶段）加强想象力的开发与培养，能使学生的童年生活更加丰富多彩，既增加学生生活的快乐，也将为他们终身想象力的发展打下良好的基础。一旦错过了这一时期，也许就再也找不到想象的感觉。我们许多学生在中学和大学阶段想象力贫弱，很大程度上与在他们想象力的生理、心理发生期——小学阶段这一想象力培养的最佳时期——想象的创造潜能未得到有效开发有关。因此，学龄前和小学阶段，应把培育儿童的想象力作为教育的最重要的目标，诸如发自本性的不加约束的儿童画、儿童诗、儿童歌谣等的创作，和各种即兴随意的游戏活动，应成为儿童日常生活的主要内容，使他们的天性和个性、潜能和才情得以尽情地发挥；允许以至鼓励他们的“作品”中存在思维上的“失调”“失衡”，允许以至鼓励他们的超出了成人（家长和教师）想象力的创作，禁绝一切超越了他们年龄特点、压抑他们想象力的强行“规范”，尽量减轻他们的知识和思维的负累。

四　人和世界的对话与融通

写作需要想象就像飞鸟需要翅膀。通过想象，可以让概念化为形象，物质变为精神，静止的继续行动，片断的两头延伸，浓缩的使之扩展，散漫的加以集中，并列的相互联结，对立的从中沟通……简言之，小自打个比方形象地说明事理，大至塑造典型进行艺术的概括，或提出科学的假说，建构一个新的理论框架，以至构思通篇文章，都需要借助想象。学生如果经过有意识的练习，具备了想象的能力，在对素材进行加工时，就能根据构思的需要，或是跨越时间的限制，逆睹往昔，预见未来；或是冲破空间的阻隔，升天入地，登月潜海；或是摆脱类别的界限，从而把事物缩短或延长，缩小或放大；或是把两个相近的、相似的、相关的沟通或组合，使之演化成另一种新事物，以便更加充分地反映心灵，更加深刻地表达情感和思想，创造出现实中不存在的“第二自然”。

人们大多以为只有文学创作才需想象，习惯于从文学作品需要虚构和加工这个意义上来理解想象，把它看作是文学的特性，这是一个误解。实际上，人文学者和自然科学家的研究和写作也同样离不开想象，没有想象，也就没有发现和发明、假设和实验。列宁曾高度评价幻想（一种指向未来的特殊想象）在科学中的作用，他说：“有人认为，只有诗人才需要幻想，这是没有理由的，这是愚蠢的偏见！甚至在数学上也是需要幻想的，甚至没有它就不可能发明微积分。”法国大作家雨果对想象的体认，不但深入到想象的本质，而且在“想象”这一点上，将文学和科学联结起来。他说：莎士比亚的剧作首先是一种想象，然而那正是我们已经指出的并且为思想家所共知的一种真实，想象就是深度。没有一种心理机能比想象更能自我深化，更能深入对象，它是伟大的潜水者。科学到了最后阶段，就遇上了想象。在圆锥曲线中、在对数中、在概率计算中、在微积分计算中、在声波计算中、在运用几何学的代数中，想象都是计算的系数，于是，数学也成了诗。对于思想呆板的科学家，我是不大相信的。——“想象就是深度”“数学也成了诗”这一观点值得我们细加品味、体悟。

想象力如此重要和奇异，有人也许会以为那一定是一些大文豪、大学者或大科学家的专利，这也是一个误解。想象就跟感知一样，是人所共有的一种心理机制。在每一个人的孩提时代，都曾经充满了想象和幻想，都曾经有过“诗人”或“艺术家”的“履历”。莎士比亚在《仲夏夜之梦》中，不无幽默地将疯子、情人与诗人相提并论：“疯子、情人和诗人，都是幻想的产儿：疯子眼中所见的鬼，多过于广大的地狱所能容纳；情人，同样是那么疯狂，能从埃及人的黑脸上看见海伦的美貌；诗人的眼睛在神奇的狂放的一转中，便能从天上看到地下，从地下看到天上……”①——只不过因为生活、教育等环境的影响，许多人的这一天赋，逐渐被岁月磨蚀了。

想象创造出来的虽然是人们未曾知觉过的事物，但它不是凭空发生的。它是人们在某一契机的诱发下，以曾经知觉过的有关的事物为物质前提，即以记忆表象为材料，经过分析与综合、加工与改造（这一过程往往是无意识的）而创造出来的新事物。因而，有人称想象为“记忆的女儿”，是“旧经验的新综合”。它是从已知的事物中孕育出未知的以至于未曾存在过的事物。英国哲学家培根在《学问的推进》中曾这样描述想象的神奇的功能：“……想象因为不受物质规律的束缚，可以随意地把自然界里分开的东西联合，联合的东西分开。这就是在事物间造成不合法的配偶和离异。”如果对相关方面一无所知，那么，这样的“想象”便只能称为臆想。有记者问发明家爱迪生他是如何想象上帝的，爱迪生说：没有重量、没有质量、没有形状的东西是不可

---

① 朱生豪等译：《莎士比亚全集》（一），人民文学出版社 1995 年版，第 730 页。

想象的。英国哲学家怀特海对想象的机制有着深刻的理解："想象不能脱离事实：它是阐明事实、使事实多彩的一种方式。想象是这样发生作用的：它引导出适用于种种存在的事实的普遍原理，然后对符合这些普遍原理的各种供选择的可能性进行理智的思考。他能使人们面对一个新世界时建构起一幅知识的图景，并通过展现令人满意的效果而使人们保持探索生命的热情。"① 怀特海对想象的独到的见解，认为想象不但可以建构起新的知识图景，而且能使人们保持探索生命的热情，就是说，想象的动力是人的探索生命的热情。这也表明了想象力与人的言语生命力的关系。想象力是人的一种生命本能，想象的成果是和人的言语生命力互为因果的。想象力的发展不能单从事实或经验中去找，也应从人的言语生命意识和言语生命力中去培育。

想象是"记忆的女儿"，是"旧经验的新综合"，这也造成了人们的一种误解，以为只要生活经验丰富、知识渊博，就一定会有很强的想象力。如有人就这样说："想象是在旧有感性材料基础上形成的。生活经验越丰富，知识越渊博，表象储备越充实，想象就越开阔、深刻。例如，家族的兴衰际遇为曹雪芹创作千古绝唱《红楼梦》奠定了坚实的基础；陕西长安县皇甫村 14 年的农村生活给柳青创作《创业史》提供了深厚的创作积淀；知青生涯给梁晓声创作《今夜有暴风雪》《这是一片神奇的土地》提供了丰富的生活储备；政府部门工作时耳闻目睹的种种现象成为王跃文创作《国画》《梅次故事》等官场小说的现实依据；……对大学生而言，努力开拓自己的生活视野，丰富自己的人生经验，都有助于表象的储备，为想象的腾飞作好充分准备。"② 这位作者只注意到生活经验丰富因而想象力也丰富的少数个案，从少数个案中却得出了普遍性结论；而没有看到生活阅历较这些作家丰富得多的人，却并没有特别丰富的想象力。绝大部分经历了封建家族兴衰的人并没有写出《红楼梦》，在农村生活了一辈子的农民有谁写出了《创业史》？许多至今还扎根农村的老知青、在政府部门干了一辈子的公务员，也没写出什么有想象力的作品。关于体验生活，王小波先生曾有过自己的感悟，他风趣而又不失深刻地说：我靠写作为生。有人对我说：像你这样写是不行的啊，你没有生活！起初，我以为他想说我是个死人，感到很气愤。忽而想到，"生活"两字还有另

① ［英］怀特海著，徐汝舟译：《教育的目的》，生活·读书·新知三联书店 2002 年版，第 138 页。

② 叶从容：《关于青年学生写作想象力的培养》，载《写作》，2002 年第 11 期。

一种用法，有些作家常到边远艰苦的地方去住上一段，这种出行被叫作“体验生活”——从字面上看，好像是死人在诈尸，实际上不是的。这是为了对艰苦的生活有所了解，写出更好的作品，这是很好的做法。人家说的生活，是后面一种用法，不是说我要死，想到了这一点，我又回嗔作喜。我虽在贫困地区插过队，但不认为体验得够了。我还差得很远，还需要进一步的体验。但我总觉得，这叫作“体验艰苦生活”比较好。省略了中间两个字，就隐含着这样的意思：生活就是要经常吃点苦头——有专门从负面理解生活的嫌疑。和我同龄的人都有过忆苦思甜的经历：听忆苦报告、吃忆苦饭，等等。这件事和体验生活不是一回事，但意思有点相近。……虽然它也是一种生活。总的来说，人要想受罪，实在很容易，在家里也可以拿头往门框上碰。既然痛苦是这样简便易寻，所以似乎用不着特别去体验。[①] 王小波说得对。他自己也不过插队一年左右，据此经历就能写出十分厚重的小说《黄金时代》，在农村“体验生活”远比他要丰富得多的广大知青，却没有几个人能创造出如此有分量的作品。想象力需要一定的阅历和知识，但是，不等于说阅历、知识的丰富与想象力的丰富能成正比。

有些作家，他们的生活阅历也就一般，但他们所写的东西却并不一般。有时，他们笔下表现的甚至是他们不曾有过的生活。巴金先生 1932 年写过一部中篇小说《砂丁》，写的是发生在云南一个旧锡矿里的悲惨故事，而巴金从未到过那地方，他说“我只能凭自己的想象和朋友告诉我的一些情节写成这个中篇小说。‘死城’的地方是假设的，锡矿所在地不一定是那情形。砂丁的生活确实是那样的苦……”[②] 巴尔扎克如果像柳青一样为了写一部小说深入农村十四年，那他还有什么时间写作呢？他还有什么时间在二十年里创作出由九十多部长、中、短篇小说构成的历史长卷——《人间喜剧》，描写了一个时代（19 世纪上半期）社会生活的方方面面（私人生活、外省生活、巴黎生活、政治生活、军事生活、乡间生活……）和两三千个出色的人物？恩格斯在致玛·哈克奈斯的信中则称：“……他在《人间喜剧》里给我们提供了一部法国‘社会’，特别是巴黎‘上流社会’的卓越的现实主义历史……围绕着这幅中心图画，他汇集了法国社会的全部历史，我从这里，甚至在经济细节方面

---

① 王小波：《我的精神家园·体验生活》，文化艺术出版社 1997 年版，第 164～167 页。

② 马嘶：《巴金谈〈砂丁〉的一封信》，载《文汇读书周报》，2002 年 11 月 29 日。

（诸如革命以后动产和不动产的重新分配）所学到的东西，也要比从当时所有职业的历史学家、经济学家和统计学家那里学到的全部东西还要多。”[①] 我们不能不把巴尔扎克的成就，在很大程度上归功于他的无与伦比的想象力。不局限于生活和知识的积累，能从有限的记忆表象出发，以深刻的洞察力，认识、把握客体对象，自由地、有创意地对记忆表象作远离自身生活阅历的合目的性的超越、延伸和加工、合成，从有限生长到无限，从已知拓展到未知，从过去把握未来，这便是想象力。

从某种意义上说，每一个人都在生活，生活无所不在，每一个人都生活在一个独特的生存空间中，因此，对于写作，不存在生活是否丰富的问题，不存在因为生活贫乏而写不出文章来的问题。有人认为写不出文章是因为生活的底子薄，应努力深入生活，观察生活，开拓生活面，这种观点显然是值得推敲的。因为，若要论生活的丰富，恐怕没有一位作家比得上乞丐、流浪汉，也没见几位乞丐、流浪汉写出什么好作品，倒是有不少幽居书斋、深居简出的作家佳作颇丰。

今天我们往往把学生写作上的言之无物，归咎于他们生活面狭窄，似乎只要他们经常逛街、旅游，或时不时地带出去参观访问，就一定会写出“有生活”的精彩文章来。因此，当今的语文课，几乎成了各种类型的活动课，据说是有了活动，便有了生活，学生写起文章就有话可说。语文界十分推崇的所谓的“大语文”“要贴近生活”的提法，便是基于“语文学习的外延等于生活的外延”这种极端不科学的认识上的。如果二者的外延相等，那何必要开设语文课呢？每个人都在生活，便意味着大家都在学习语文，语文教育岂不多此一举？适当的活动是需要的，但是语文课变成活动课是不可取的；适当地扩大生活面也是可以的，但绝不像有些论者所想象的有那么大的作用。尤其是在当今的信息社会，在城市的中小学，互联网已普及，相信在不远的将来，这种普及还会迅速扩大，对学生来说，“生活”将是“天涯咫尺”，举手之劳就可置身其中，一览无遗。“秀才不出门，能知天下事”已然成为现实。对于言语表现来说，对于想象力来说，生活只是一个相对的概念，一个人生活面再宽，也不可能占有一切生活的外延和空间；一个人的生活面再窄，也不会窄到没有生活，除非他一生下来就夭折了。“一沙一世界，一花一天

① 《马克思恩格斯选集》第四卷，人民出版社 1995 年版，第 683～684 页。

国”，只要你活着，生活就向你敞开着大门，无须特别为了学语文去制造生活、深入生活、贴近生活。

对于言语表现，人与人的主要差别只是在两点上：一是你对生活的感受力是否敏锐；二是你的想象力是否活跃。生活是否丰富，不是取决于你到过多少地方，观察过什么事物，做过多少事情，受过什么严重的挫折，有过怎样复杂的人生阅历，而是取决于人的心灵世界是否自由，精神生活是否充实，对现实有没有深刻的生命体验，是否有超越实用和功利的眼光，能否借助感受与想象进入到时空之网络，无所不至地与古往今来的万物进行对话与融通。

五　追求物外之物、无理之理

其实，想象的“游戏规则”是不可想象的，想象本无规则，想象的机理妙不可言。如果非要弄清楚想象的审美规则的话，那有点像老子说的：“玄而又玄，众妙之门。”“道之出口，淡乎其无味。”陈鼓应先生分别“今译”为：“幽深又幽深，是一切奥妙的门径。”“而‘道’的表述，却淡得没有味道。”[①] 想象之妙存乎一心，只可意会不可言传。

想象力的远离现实的合目的性的超越、延伸和加工、合成，一般认为有两个审美上的要求：一是新奇，二是合理。这种合理不是合乎事物表面的逻辑，而是对事物深层次的开拓性的不合常规的新认知，是对未知的某种可能性的预知，是异想天开，是无理之理。达成合理与新奇的统一很不容易。因为大多数人在他们的成长过程中，在他们的生活理念和思维方式上，往往顾此失彼；不是过于追求新奇空阔，违背常理，使人无法领会其玄妙，就是囿于既成的印象和模式，无法超越，让人觉得平常板滞、索然寡味。

当今的教育所充当的角色常常是对源于人类天赋的想象力的悖逆，使学生成人时想象力尽失。他们的想象力就跟晨露朝霞一样，当太阳升起时便消退殆尽。孩提时代极富想象力的人们，遗憾的是，他们中的多数人，创造之树并不常青；到他们长大时，竟然无歌也无诗；精神家园荒芜萧索，创造之树枯萎凋零。随便举一个例子，就够触目惊心的了。

---

① 陈鼓应注释：《老子今注今译》（参照简帛本最新修订版），商务印书馆2003年版，第78页，第206页。

1998 年普通高等学校统一招生考试，语文试卷（全国卷）的小作文，要求考生补写题为《妈妈只洗了一只鞋》的文章，试题提供了文章的开头与结尾，由考生来完成中段。开头是："小乐回到家，看见自己的一只鞋已洗得干干净净地晾在门口，但另一只鞋妈妈没有洗。"结尾是："小乐穿着一双干干净净的鞋上学去了。"要求考生写出中段来，无疑主要就是要考察考生的想象力。然而，我们发现，居然大多数语文教师和学生，对该如何想象，求的是不约而"同"，而非不约而"异"。他们所认"同"的，恰恰是与想象的要义背道而驰的，某杂志居然撰文肯定说："大多数考生写'小乐'面对剩下的一只脏鞋，理解了妈妈盼子自立，从点滴小事培养孩子的独立意识、劳动习惯等意图，欣然接受了'考验'，利用已给的材料各自展开想象，补写的内容与试题材料所隐含的主旨相一致。"文中所非议的，则恰恰是想象所要求的："有的考生写另一只鞋妈妈未洗，'小乐'却让妈妈（或爸爸、姐姐）代劳，这与材料所设'悬念'的内在联系不相吻合，未能触及妈妈精心安排的主观意图。更有甚者，写'小乐'怒气冲冲责怪妈妈，直到妈妈道歉，将另一只鞋洗净为止，这样的补写不合逻辑，缺乏正确的判断、推导和思想性，既然妈妈对'小乐'的无知无礼言行姑息、迁就，何必当初为教育孩子而煞费苦心，岂不自相矛盾？不仅有悖试题材料的原意，也恰恰暴露了考生思想品德修养方面的薄弱点。"① 多数考生的雷同化的"想象"被肯定，少数考生超越常规的妙想却被否定，一些师生们对想象的认识，居然是非颠倒到如此地步，大大出乎笔者的意料。

想象的要义，是追求新奇与合理的统一。想象的本质是创造，创造要标新立异，对新和异的追求，当是想象的基本特性。没有新奇，只有表面的合理，不是想象。不论文学的想象还是科学的想象，都是如此。胡适在科研方法上倡导的"大胆假设，小心求证"，也就是要求先求"新"，再求"理"。像上面所推崇的千人一面的文章，无论多么"合理"，也是绝对不能进入想象的殿堂的。

以下是一篇某省"语文"评卷点精选出的所谓"1 号优文"，实为缺乏想象力的"典范"。

---

① 杨卓、杜莲茹：《应试作文材料的选择和运用——评 98 年高考作文》，载《写作》，1998 年第 11 期。

妈妈只洗了一只鞋

小乐回到家，看见自己的一只鞋已洗得干干净净地晾在门口，但另一只鞋妈妈没有洗。

“怎么办呢？”小乐噘起小嘴暗暗地说道，“下午我可要穿上它参加体育比赛呀。”小乐满屋找去，也不见妈妈的身影。“只有自己动手了。”小乐边说边取来洗涤用品，学着妈妈平时洗鞋的样子，忙碌开了。“这可是我第一次洗鞋，”小乐一手提起小“黑鞋”一手抓着泡过肥皂水的刷子，心头有股不知所措的味儿。“嘿，不就是刷鞋吗？”小乐顿时来了精神，手把刷子在鞋面上来回移动。他做做、停停、做做、想想，不住地朝鞋面上泼水，不断地刷。费了好大劲，总算大功告成了。妈妈不知从何处走了出来，亲切地对小乐说：“自己动手，你能行！”

小乐穿着一双干干净净的鞋上学去了。

如果上文虽不新奇还算合理，“3 号优文”就是既不新奇也不合理。在与前基本情节相似的情况下，该文加上了这样的“想象”：

……可是刷来刷去怎么都刷不干净，看着妈妈洗过的鞋，再看看盆里自己刷的鞋简直是个小丑。小乐向妈妈投去求助的目光。妈妈便笑着告诉他，洗鞋子应该从里到外，顺着纹理轻轻刷洗，脏的地方要着重漂洗，还要清水过一遍，并说：“凡事应先动脑，并要有条理，这样才能办好。”

这种明显是编造出来的“波折”，看了真是叫人啼笑皆非。一只鞋子，不是一条大床单或大毛毯，怎么可能刷来刷去都刷不干净呢？“妈妈”所面授的“机宜”：“洗鞋子应该从里到外，顺着纹理轻轻刷洗……”不是故弄玄虚又是什么呢？把简单不过的事弄得复杂化，还要再说上一个一般只说给六岁以下儿童听的“大道理”，这种既不新奇又不合理的文章，居然被当作“优文”，这一代人的想象力就真是堪忧了！据笔者对某高校中文系 1998 级本科生所做的调查，100 名同学的高考小作文的思路，竟无一例外地与上述雷同。

1998 年高考语文试卷在《中国青年报》刊出后，儿童文学作家郑渊洁试着作答，以下是他写的“小作文”。

妈妈只洗了一只鞋

小乐回到家，看见自己的一只鞋已洗得干干净净地晾在门口，但另一只鞋妈妈没有洗。

妈妈做事从来都是有条不紊的，小乐有不祥的预感。自从半年前妈妈下了岗，才40多岁的妈妈仿佛一下子变成了50多岁的人。3个月前爸爸的下岗雪上加霜又给了妈妈沉重的一击。一个月400元的下岗生活补助连给小乐的学校交这费那费都不够。不会微机操作年龄逾40岁没有大学文凭的妈妈爸爸找工作比较困难，他们只好倾其所有做了个摊煎饼的小推车，靠卖煎饼度日。

小乐进家后发现家中没人，屋子里十分凌乱。这时，邻居王奶奶过来一边擦眼泪一边告诉小乐，妈妈得了急病被救护车拉到医院去了。小乐赶到医院，看见爸爸趴在一张蒙着白单子的床上哭，小乐冲上去，妈妈已经停止了呼吸。小乐摇着妈妈的尸体号啕大哭。事后，小乐从爸爸口中得知，那天上午正在街头卖煎饼的爸爸遇上了市容执法队，执法队以无照经营为由没收了煎饼车。爸爸回家后告诉了妈妈。刚给小乐洗完一只鞋的妈妈当即突发脑疝昏死过去。煎饼车是全家的命根子。

家里没钱给妈妈买骨灰盆，在征得爸爸的同意后，小乐将妈妈的骨灰放进妈妈生前最后一次给他洗的那只鞋里保存起来。在骨灰鞋前，小乐发誓长大混出个人样来，为好多好多人创造就业机会，为国家排忧解难。

一周后，臂戴黑纱眼睛红肿的小乐穿着一双干干净净的鞋上学去了。①

显然，郑渊洁写起来就没那么多框框套套。他的想象在远比师生们广阔得多的社会生活面上展开，把所谓的母亲教子的“良苦用心”及孺子可教、小乐必接手洗完另一只鞋的僵化老套的思路，统统抛到了九霄云外。在当代现实生活的大背景上，推演合成出一个“突发”性事件：下岗的爸妈赖以为生的煎饼车被没收，导致了妈妈气极猝死。这个悲剧的发生，猛地抓住了读者，给读者一个狠狠的“惊吓”；紧接着因没钱买骨灰盒，小乐便用那只妈妈最后给洗的鞋来保存妈妈的骨灰，再给读者一个“惊奇”；在“骨灰鞋”前，小乐的誓言，表明了小乐“经历了人生”后的成长，又给读者一个不太过分的“惊喜”。整个事件的过程，前因后果，顺理成章，情节细节，离奇又合

---

① 引自郑渊洁：《郑渊洁的100个第一次》，载《童话大王》，1998年第10期。

理，大致可称得上“意料之外，情理之中”了。“骨灰鞋”，这是作者想象的一个亮点：没钱买骨灰盒，也为了怀念妈妈，用妈妈洗的鞋盛骨灰，这就是无理之理，看似无理，细想却不无道理。

不料，郑渊洁说他的儿子郑亚旗只给这篇打了5分（最低的四等卷），理由是“思想认识较差，胡编乱造”，郑渊洁不服，郑亚旗耐心地说服他说：“你应该也必须这样写：小乐见到一只鞋没洗，立即意识到这是妈妈有意在培养他的劳动习惯，于是小乐就自己动手洗鞋。最后再写小乐在洗鞋时遇到困难，比如开水龙头时不小心把手碰破了，血流如注，但是小乐想起了黄继光。后来他终于克服了困难，获得了意想不到的思想收获。”郑亚旗的这番话虽是“反讽”，但是读者可以感觉到这5分给得也是在“意料之外，情理之中”。

要达到想象的“新奇”，就要超乎“常态”“常轨”“常规”，去广征博采，加工合成，创造一个人人笔下所无唯你手下独有的“第二自然”。陆机《文赋》中说：“收百世之阙文，采千载之遗韵，谢朝华于已披，启夕秀于未振。观古今于须臾，抚四海于一瞬。”这是深得想象之机理的。优秀作家的美妙的想象，往往是广征博采，超凡脱俗，令人叹为观止，是一般人所难以达到的。愈是新奇，愈是独特，愈有生命力。好的想象的作品，犹如鬼斧神工，妙悟天成，是生命凝成的精魂。

关于想象的分类，一般心理学的著作分为两种：再造性想象和创造性想象。再造性想象所造就的形象，是曾经存在过并仍存在着的，却是想象者并未知觉过的，如阅读活动中对有效信息的再现就属这一类。创造性想象所造就的形象是当时并不存在的，是想象者根据一定素材、目的和形象逻辑的规律加工、推测、合成的。写作活动中的想象主要就属这一类。因为写作离不开阅读，同时写作也包含了阅读，所以，写作活动也需要一定的再造性想象。但由于写作活动更加倚重于创造性想象，因此，我们以创造性想象作为讨论的重点。

同样是创造性想象，其创造力的高下和个人风格的差异也是显而易见的。白居易的《琵琶行》中对琵琶女的琴声的描写，其想象可谓一绝：

> 转轴拨弦三两声，未成曲调先有情。
> 弦弦掩抑声声思，似诉平生不得意。
> 低眉信手续续弹，说尽心中无限事。
> 轻拢慢捻抹复挑，初为霓裳后绿腰。

大弦嘈嘈如急雨，小弦切切如私语。
嘈嘈切切错杂弹，大珠小珠落玉盘。
间关莺语花底滑，幽咽泉流水下难。
冰泉冷涩弦凝绝，凝绝不通声暂歇。
别有幽愁暗恨生，此时无声胜有声。①

琵琶声，“未成曲调先有情”“似诉平生不得意”“说尽心中无限事”，有情、有思、有事——这是再造的感悟的形象；急雨、私语、大珠小珠落玉盘、莺语花底、泉流水下——这是创造的融通的形象。读者可以通过联想和想象，使不可感的语言概念还原为可感的形象，而且形象丰满、生动，款款入目，声声入耳。

再看李贺的《李凭箜篌引》：

吴丝蜀桐张高秋，空山凝云颓不流。
江娥啼竹素女怨，李凭中国弹箜篌。
昆山玉碎凤凰叫，芙蓉泣露香兰笑。
十二门前融冷光，二十三丝动紫皇。
女娲炼石补天处，石破天惊逗秋雨。
梦入神山教神妪，老鱼跳波瘦蛟舞。
吴质不眠倚桂树，露脚斜飞湿寒兔。②

如果说白居易是借助通感给琴声“描声绘韵”，创造出立体的听觉形象，给人以如闻其声、如临其境之感，李贺则是通过奇诡的画面给琴声“传神写照”。他较少正面描写琴声的美妙，而是通过外界的各种反应来传达演奏的效果：如怨如诉，亦悲亦喜，且冷且暖；惊天地、泣鬼神，声震寰宇。真乃精骛八极，心游万仞，收百世之阙文，采千载之遗韵！李贺和白居易想象的不同，实际上不只是技巧方法上的差异，更重要的是言语生命状态上存在着差异使然。李贺的言语生命状态更为自由奔放，笔下的想象就较为奇崛诡异，是一种大写意；而相对来说，白居易的言语生命状态就较为平稳节制，文人气较重，他的想象就纤巧机敏有余，诡谲洒脱不足。不同的言语生命状态，决定了李贺不可能成为白居易，白居易也不可能成

① 顾学颉点校：《白居易集》，中华书局 1979 年版，第 242 页。

② 李贺著，王琦等评注：《三家评注李长吉歌诗》，上海古籍出版社 1998 年版，第 35～36 页。

为李贺。

在语文教育中，应立足于个性差异，注意发现学生具有个性色彩的想象，加以细心培植和养护，鼓励和褒扬，使之得以健康生长，切勿用一种模式去规范学生的想象。想象既是新奇与合理的统一，也是有理与无理的统一，是奇思巧悟、无理之妙，是物外之物、象外之象、无理之理，是每一个人独特的体验和感悟、言语生命状态的自然呈现。

六　根源于诗意生命和游戏精神

以上关于想象的方法和机理的解说，将想象作人为的机械的分析，纯粹是为了迁就“科学”认知和教学行为的需要，严格说来是违反想象的自然性的。因为想象力本是人的生命特性和智慧象征，是植根于人的生命结构中的，就跟一棵树只要伸出了胚芽，无须教它怎样成长自然就会抽枝长叶一样；教它怎样成长，倒未必就能抽枝长叶。想象力从认知的层面看，与儿童思维特点有极大关系；从精神的层面看，则同样与儿童期审美感知和“游戏”有关。游戏是人的生命历程中对自身的一种精神发育和塑造方式，对人一生的精神成长有着重要的作用。想象这一精神活动的萌芽也产生于人的童年期的游戏中。

想象活动是伴随着人的童年时代不期而至的。想象不是一种技艺，不是只要通过重复性训练便可掌握的一种技能。她是在人们无意识中悄然降临，是寄寓于每一个孩童天真烂漫的明眸之中的。想象原初不只是体现为一种有意识的有目的的行为或活动，最早应体现为一种自然的感觉和体验，是对外界感知中不自觉的生命移植，是一种发源于儿童天真的“无知”中对世界“稚眼独具”的解读。在儿童与世界的接触中，他们不是用客观的尺度来审视，而是用主观的“审美”眼光来打量。苏联作家康·巴乌斯托夫斯基在《金蔷薇》中说：

> 当我想到文学工作的时候，我常常问我自己：这是什么时候开始的？一般是怎样开始的？是什么东西使人第一次拿起笔来而一生不放下的呢？
>
> 很难想起来，这是什么时候开始的。很明显，写作，象一种精神状态，早在他还没写满几令纸以前，就在他身上产生了。可以产生在少年

时代，也可能在童年时代。

在童年时代和少年时代，世界对我们来说，和成年时代不同。在童年时代阳光更温暖，草木更茂密，雨更滂霈，天更苍蔚，而且每个人都有趣得要命。

对孩子来说，每一个大人都好象有点神秘，——不管他是带着一套刨子，有一股刨花味儿的木匠也好，或者是知道为什么把草叶染成绿色的学者也好。

对生活，对我们周围一切的诗意的理解，是童年时代给我们的最伟大的馈赠。

如果一个人在悠长而严肃的岁月中，没失去这个馈赠，那他就是诗人或是作家。①

这种“对我们周围一切的诗意的理解”的感觉和精神状态，就是日后言语想象力和创作的源泉。

这种审美的眼光与诗意的精神状态，在儿童的游戏中获得灵感和升华，或者说通过游戏得以再现对生活的审美感知，通过游戏使审美的眼光与诗意的精神状态得到了进一步的发展。游戏就是想象的创造，是人的最早的艺术创作。德国哲学家福禄培尔说：儿童热衷于游戏，并不是出于对教师外在诱导行为的反应，而是因为游戏是儿童内在本质的自发表现，是内在本质出于其本身的必要性和需要的外向表现。② 弗洛伊德对想象力的生长曾做这样的描述：

我们是不是应该在童年时代寻觅富于想象力的能动性的第一道轨迹呢？孩子最喜欢的最投入的活动是游戏（play）和玩耍（games）。难道我们不可以说每一个孩子在游戏时的表现行为俨然是一位作家吗？他在游戏中创造着一个属于自己的世界，或者说，是他在用自己喜爱的新方式重新组合他那个世界里的事物。如果认为他对待他那个世界的态度不够严肃，那就错了；恰恰相反，他在游戏时非常认真，并且在上面倾注了极大的热情。与玩耍相对的并不是严肃认真，而是实实在在。尽管他把情绪和精力投注于游戏世界，也还是能够很好地将游戏世界和现实世

---

① ［苏］康·巴乌斯托夫斯基著，李时译：《金蔷薇》，上海文艺出版社 1959 年版，第 22 页。

② ［德］福禄培尔著，孙祖复译：《人的教育》，人民教育出版社 1991 年版，第38 页。

界区分开来的；他喜欢把想象中的物体和情境与现实世界中的有形的、看得见的事物联系起来。这种联系是区别孩子的“游戏”与“幻想”(phantasying) 的根本依据。

作家的工作与孩子游戏时的行为是一样的。他创造了一个他很当真的幻想世界——也就是说，这是一个他以极大的热情创造的世界——同时他又严格地将其与现实世界区分开来。语言保留了孩子们做的游戏和诗歌创作之间的这种关系。(在德语中) 这种富有想象力的创作形式被称之为“Spied”(游戏)，这种创作形式与现实世界里的事物相联系，并具备表现能力。其作品称做“Lustspiel”或“Trauerspied”(“喜剧”或者“悲剧”，字面上可以叫做“快乐游戏”或“伤感游戏”)，把那些从事表演艺术的人称做“Schauspiel”(“演员”字面上可以叫做“做游戏人”)。无论如何，作家幻想世界的非真实性对他的艺术技巧具有举足轻重的作用；因为许多事情就是这样，如果它们是真实的，就不能给人带来娱乐，在虚构的剧作中却能够带来娱乐。有许多动人心弦的剧情本身在实际上是令人悲伤的，但在一个作家的作品上演中，却能变成听众和观众的一个快乐的源泉。

…………

由此所见，当人们长大后便停止了游戏，他们似乎也放弃了从游戏中所获得快乐的受益。但是不管是谁，只要他了解人类的心理，他就会知道，对一个人来说，如果让他放弃自己曾体验过的快乐那几乎比登天还难。事实上，我们从不放弃任何东西，我们只是用这一样东西去交换另外一样东西。看上去是被抛弃的东西实际上变成了代替物或代用品。同样，长大了的孩子当他停止游戏时，除去和真实事物的联系之外，他什么也没抛弃；代替游戏的是幻想。他在空中建造楼阁，去创造所谓的“白日梦”(daydreaming)。我相信大多数人都在他们的生活中的某时某刻构造幻想。这是一个长期以来被忽视的事实，因此，它的重要性也就未被充分地认识到。①

从某种意义上说，想象的精神就是根源于人的生命中的游戏精神。对游戏精神哲学家有各种不同的理解，如斯宾塞认为游戏是人的能量过剩或欲望

① [奥] 弗洛伊德著，孙庆民、乔元松译，索宇环校：《作家与白日梦》，见车文博主编：《弗洛伊德文集》第四卷，长春出版社 1998 年版，第 426～428 页。

过剩所致，锻炼提高了生物的各种能力，创造了使人得到额外满足的机会；格罗斯认为游戏是一种“自我培养”，为“养成最重要的物种生活习惯的自我训练”服务，旨在“获得新的知识”，等等。奥地利教育人类学家茨达齐尔则认为：“人作为游戏者，处在双重（和消极的）自由状态，即摆脱需要和义务的自由中。”他推崇席勒在《谈美书简》中所说：“人只有在充分意义上是人的时候，才游戏；而只有当人游戏的时候，他才是完全的人。”他认为：“游戏着的人是完全摆脱了一切压力的人。他并不生活在必需的范围内，而是生活在可能的领域中。他过着可能的生活、在游戏中实现各种可能性。……于是产生了游戏者的自主性，同时产生了游戏的无拘束性。因此只要哲学探讨和艺术创造是在与生活无关的情况下，在不考虑‘原始的真正现实’（如雅斯贝尔斯所说的）情况下发生的，那么它们也是一种‘在无限可能的自由中’的游戏。”① 由于游戏是人的自然本性的呈现，游戏精神中最重要的是一种自由精神，而自由精神是人的生命中不灭的企盼（撇开其消极的成分），也是人的主体性和事业发展的基石。在写作中，在言语想象中，游戏精神则与人审美、诗意的精神相一致。

儿童游戏中体现的想象力和日后的言语想象力有联系，但也有区别。人的想象力有三种：“虚构的力量，拟人化的力量，以及创造激发美感的纯形式的力量。在一个孩童的游戏中，我们能发现前两种力量，但没有第三种力量。孩童是用事物作游戏，艺术家则是用形式作游戏，用线条和图案、韵律和旋律作游戏。”② 因此，在语文教育中，要将儿童的游戏想象力往审美形式想象力上进行联系和引导。

苏霍姆林斯基这个伟大的教育艺术大师，他在教育实践中深切认识到游戏对儿童的精神成长和想象力、创造力以至智力、个性培育的重要，尤其是对培养审美想象力和言语想象力的重要。他指出：“十分重要的一点是，不能强迫儿童去完成背诵字母和学会书写的任务。儿童是在游戏的过程中踏上认识的第一步阶梯的；他们的精神生活由于美、童话、音乐、幻想、创造和充满想象力的游戏而变得富有朝气。”“且让我们认真考察一下，看游戏在儿童，尤其是学龄前儿童的生活中占有一席什么地位。在游戏之中，儿童的眼前展现了一个世界，展现了个性的创造能力。没有游戏便没有，也不可能有充分

---

① ［奥］茨达齐尔著，李其龙译：《教育人类学原理》，上海教育出版社 2001 年版，第 172 页。

② ［德］恩斯特·卡西尔著，甘阳译：《人论》，译文出版社 2004 年版，第 227 页。

的智力发展。游戏——这是一扇巨大的、明亮的窗子，正是通过这扇窗子，关于周围世界的图景、概念的令人赏心悦目的光流，才照射到了儿童的精神世界。游戏——这是点燃儿童的求知欲和钻研精神的火星的火种。”[①] 他让儿童到大自然中进行审美的感受，捕捉创作的灵感，把富有诗意的写作与愉快的旅行活动结合起来，使写作成为儿童的“精神游戏”和“审美游戏”：“在少年时期，我们继续组织孩子们到思想和言语的源泉（即大自然——笔者）去旅行。但旅行的目的不仅要吸收新的词语作为积极的语汇，还要揭示这些词语的情感——美感色彩，而且要在少年们的个人创作和精神的相互关系中表现出自己的情感素养。”“我们欣赏正在扬花的荞麦田：我们聆听那犹如竖琴演奏的蜜蜂的嗡嗡声，我们洞悉了言语的细腻。在低年级的时候，面对这种情况就马上开始集体创作，儿童们写作文，写诗。”“由美激发的灵感表现出更多的个人特征。孩子们在集体面前似乎羞于表现自己的感情。个人的创作开始了。每个人都以大自然为题创作自己的小故事和诗歌。”“有时我们举行诗歌创作晚会。孩子们都愿把灵感冒出来的时候所创作的东西和同学们交流。”通过这些带有审美游戏性质的活动使言语“在学生们的精神世界中扎了根”[②]。这是多么美妙的境界！言语教育就是为孩子的心灵世界和审美活动敞开大门，让他们走进无比丰富的词语和感性的天地，使他们自由的天性和诗意的想象在大自然的美景和词语的创造中得到安适、茂盛的生长；使他们“在悠长而严肃的岁月中，没失去这个馈赠”，使他们都能健康地成长为诗人、作家、艺术家或是学者、科学家。

想象是生命的馈赠，是造物给每一个人童年的一份厚礼。只要精心地珍爱，它将使人终身受用无穷。如果失去这份馈赠，也就失去了精神健康和创造的才能。在人的一生中，学龄前教育和小学教育是人的想象力发展的最关键时期，应该让“在悠长而严肃的岁月中，没失去这个馈赠”的最好的教师去教幼儿园和小学，请那些失去了那份馈赠并无情地剥夺孩子们游戏权利、窒息他们自由精神的教师“下课”。每一个语文教师都应该永远保持着对生活的审美感知和诗意理解，才能懂得何谓“童真”，才能珍视和培育学生的言语

---

① ［苏］苏霍姆林斯基著，肖勇译：《教育的艺术》，湖南教育出版社 1983 年版，第 93 页，第 94 页。

② ［苏］苏霍姆林斯基著，黄之瑞译：《让少年一代健康成长》，教育科学出版社 1984 年版，第 266～267 页。

想象力。——如果你已经不幸失去了那份馈赠，那就请不要让这种悲剧在孩子们身上重演。

《钱江晚报》曾经推出一个令人心惊的题目："童年是哪一天结束的？"陈祖芬的答案是："童年是在没有天真没有想象力的时候结束的。"[①] 这个答案颇耐人寻味：有些人只有极短暂的童年，有些人可能一辈子拥有童心。

① 陈祖芬：《童话与"小小世界"》，载《光明日报》，2007 年 9 月 27 日。

教育的自由，源于不倦的探索；教研，意味着教师言语生命的在场。没有自己的教育思想和理想，便不配作为一个教师。

第十五章 | 教育科研：教师诗意人生的呈现

一个人进入了学习领域，便意味他不是要“装”学问，而是要“求”学问、“做”学问，因而也就不可避免地要进入研究领域。对于一个教师来说，不但是作为一个学习者，而且还作为一个教育者，对此，必须要有更为深刻的体认。

梁启超当年曾对“清华同学诸君”说：“学生做课外学问，是最必要的。若只求讲堂上功课及格，便算完事，那么，你进学校，只是求文凭，并不是求学问。你的人格，先已不可问了。再者，此类人一定没有‘自发’的能力，不特不能成为一个学者，亦断不能成为社会上治事领袖人才。”① 美国当代著名的心理学家亚伯拉罕·马斯洛对他的研究生们的要求就更高了，他鼓励研究生们把奋斗目标定得很高。他会问他们准备写出什么样的伟大著作，或完成什么样的伟大任务。这类问题往往会使学生们发窘，他们想回避这样的问题，但马斯洛问道：“假如你打算做个心理学家，那么是做一个积极进取的心理学家呢，还是做一个消极被动的心理学家？是做一个好的心理学家呢，还是做一个差的心理学家？假如你不渴望写出伟大的新的第一流作品来，那么谁来写呢？假如你故意想偷懒，少花点力气，那么，我警告你，你今后的一生都会不幸。”② 二位学者的这些苦心孤诣的教诲，想必对认识求学问与高标

---

① 梁启超：《治国学杂话》，载《晨报副镌》，1923年6月18日。

② 引自［美］弗兰克·戈布尔著，吕明、陈红雯译：《第三思潮：马斯洛心理学》，上海译文出版社1987年版，第60页。

准做学问的重要性会有所帮助。

那么，研究，对教师意味着什么呢？

一　教师的存在：建构教育精神

对担负着传递言语生命意识使命的语文教师来说，进行语文教育的研究，从事研究性写作，便意味着自身的存在。不想研究，不会研究，除了为了评职称、晋级才不得已写“论文”的教师，只会在讲台上照本宣科或凭经验说话，是不“存在”的（不是说他在讲台上消失了，而是说他不具备教育者的灵魂，他的存在等于不存在）。这样的语文教师，一生也都是很不幸的。——从站在讲台的那一刻起，不幸就会像梦魇似的追随着他。

教师不应是教育的传声筒，而应是教育精神的建设者。每一个教师都应该是一个教育家，一个有自己的教育理想和理念的人，对存在的言语生命有着深刻体认的人。教育家不是一种荣誉的标签，不是教了一辈子书就熬成了教育家，甚至也不是写了论文、出了书就成了教育家。正如缺少大师，而随处都是“大师”一样，当今的教育界缺少教育家，偏偏教授、博导、特级教师、功勋教师满街走，然而，这些“家”们，对教育的思考十分稀薄、浅陋。荒唐可笑的是，在我们的评价体系中，评价教师和评价研究员的标准几乎是一样的，评价教师的标准也是根据其所在学科专业的要求进行评价的，而并不要求考察其对教育的认识和对学科教育的理解。那些滥竽充数的就不说了，有学问的“家”们，大多也只能称为“学者”，而不能称为“教育家”。“教育家”是个比“学问家”更崇高的称谓。

一个教师仅仅以自己所在的学科教育画地为牢是不够的，教师要有大教育的视野。真正的学科教育家，首先必须是一个教育学家，要有广博的教育学素养，要有自己对教育的理解。教育学和学科教育学是息息相通的。对学科教育的思考，势必会突破学科教育的界限，思考教育的共性问题和矛盾；对教育的思考，也势必要从学科教育的微观和中观现象的思考中获得思想资源。只有以教育大视野观照学科教育，以学科教育实践求索教育的一般规律，才能建构起教师合理的认知结构，形成自己的教育理念，进而升华为教育价值观——教育精神和信仰。

所谓的教育精神和信仰，就是基于对教育的终极思考，形成对教育深刻的理解、坚定的目标和崇高的信念。这种教育精神和信仰不是外在的、强加的，而是内在的、自觉的。只有作为一个不懈的探究者，才可望拥有自己的教育理想和信仰。一个有着自己的教育理想和信仰的教师，才可以称为合格的教师。教育是什么，语文教育是什么，语文和语文教学是什么……这些，应该成为语文教师一生的研究命题和精神牵挂。

对这些命题的回答，是没有统一答案的，需要教师用自己的生命去体验，用智慧去领悟，用经验去诠释，用理性去洞彻。教育是对现实的挑战，是属于未来的，教育精神是属于理想主义的。

遗憾的是，当今的语文教师，对语文专业的思考十分欠缺，更不用说对教育、学科教育的终极思考。多数语文教师是不做学问、不思考的，以为自己的工作就是教书，而不是求学问、做学问。毫无疑问，这是语文教师的“死穴”，也是教育的“死穴”。这种状况亟待改变。

语文教师的教育科研可以从写教育手记或教学日记开始，随手记下你对教育论著研读的心得，每天写下对自己或他人教学得失的检讨，经常揣摩其中的规律或道理，要有自己的教育研究课题和从事一定的教学实验，从感觉和经验逐步上升到理论，日积月累，旷之以时日，一定会成为一个优秀的语文教育家。

著名语文教师李镇西的教育科研实践，就是从写教育手记开始的。他写了多部教育著作，其中《爱心与教育——素质教育探索手记》和《从批判走向建设——语文教育手记》，前者探讨的是教育学课题，后者探讨的是语文学科教育课题，都是从自己在语文教育实践的点滴现象的思考中形成自己对教育和语文教育的认识。从标题就可以看出，他的专著就是“手记”的结集。他在《爱心与教育——素质教育探索手记》一书“引言”中，谈到自己教育理论的启蒙读物是苏联教育家苏霍姆林斯基的一本小册子《要相信孩子》。读这本书，使他第一次站在了“人”的高度关注教育，他读懂了苏霍姆林斯基的教育理想：“他（指苏霍姆林斯基）全部理论的基石无非就是一个朴素而富有人情味的愿望：把每一个学生培养成幸福的人！他说，教学大纲、教科书规定了给予学生的各种知识，但是没有规定给予学生最重要的一样东西，这就是：幸福。他的教育信念就是：‘要培养真正的人！’让每一个从他手里培养出来的人都能幸福地度过自己的一生，这就是苏霍姆林斯基的教育理想。”[①]他特别赞赏苏霍姆林斯基的教育信念：“共产主义教育的英明和真正的人道精神就在于：要在每一个人（毫无例外的是每一个人）的身上发现他那独一无二的创造性劳动的源泉，帮助每一个人打开眼界看到自己，使他看见、理解和感觉到自己身上的人类自豪感的火花，从而成为一个精神上坚强的人，成为维护自己尊严的不可战胜的战士。……人的充分的表现，这既是社会的幸福，也是个人的幸福。”同时，“苏霍姆林斯基几十年如一日每天早晨五点钟就起来写《教育日记》的精神与做法，也深深影响了我。从那以后直到现在，我也一直坚持写《教育日记》《教育手记》和《教育手笔》。”于是，他也有了自己的教育探索。他进行教育实验，一边实验，一边进行教育反思，写出了一系列的文章：《商品经济的德育思考》《中学德育危机原因初探》《他也有了自己的教育理想》《从理想的天空到现实的大地》《正视历史的进步》《回答学生关心的问题》《德育的困惑》《关于改进爱国主义教育的思考》《德育观念的十大碰撞》……进而将探索拓展到了学生青春期心理辅导、班级集体主义教育、学生创造性思维和能力的培养等研究领域，走进了学生的心灵和思想，写出了二十多万字的学生心理咨询通信和一大批青春期教育、集体主义教育和创造性思维能力培养等方面的论文。“决不人云亦云，做一个勇于独立思考的教育者；决不因循守旧，做一个勇于创新的教育者”成了他那一时期的教育的自觉追求。在这个过程中，他不断地扩大自己的阅读视野，“我重新读了我书架上的苏霍姆林斯基的所有著作；同时，第一次完整地通读了《论语》《孟子》《庄子》；读了《外国教育史》《人格心理学导论》；还读了一些与教育没有直接联系的书，如《马克思主义原理》《中国思想史论》《中国传统文化的反思》等，我试图从更深远的中外教育发展史和更广阔的文化背景中来思考教育，并从更多的科学理论中汲取教育养料。在这一时期所读的书中，特别值得一提的是陶行知和叶圣陶的著作。我以前只是‘语录式’地接触过这两位教育家的一些观点，现在我比较系统地阅读了《陶行知文集》《叶圣陶语文教育论集》。”之后，他以理论思考总结自己的教育实践，完成了《青春期悄悄话——致中学生朋友的100封信》《班主任工作指导》（合作）两部专著，还在《中国青年报》《光明日报》《中国教育报》等十几家报刊上发表了近百

① 李镇西：《爱心与教育——素质教育探索手记》，四川少年儿童出版社1998年版，第7～8页。

篇教育文章。终于，他也有了自己的教育理想："素质教育是'民主、科学、个性'的教育！它是'民主'的教育：把学生当成有灵性的人，而非'学习机器'；发自肺腑地爱每一位学生而不仅仅是少数'尖子生'；教师把自己视为与学生在人格、尊严和情感上平等的朋友和探求真理的道路上志同道合的同志。它是'科学'的教育：严格遵循教育自身的规律，而不是硬套经济规律，以至把学校办成工厂，把学生当成商品；同时更要符合学生心理的实际和他们的认识发展规律，把教育学生的过程还原为学生自我教育的过程。它是'个性'的教育：尊重学生在性格、情感、思想等方面的独特性，特别应尊重学生的精神世界；要求教育者摈弃'应试教育'中的'一刀切'，真正做到'一把钥匙开一把锁'；尊重学生的个性，还意味着不用升学与否来衡量学生是否成才，而是尊重学生未来的发展，坚信每一个学生都会在今后的社会生活中找到自己的位置。"① 由此可以窥探出一个语文教师教育科研的心路历程，和向着教育家目标自我塑造的人生轨迹：在教育理论进修和教育实验反思的结合中，不断地思考教育的意义，探询教育的规律，拓展教育认知的领域，并把自己对教育的理解不断地表达出来，由微观到宏观，最终形成自己。李镇西是一名普通的语文教师，他能做到的，相信所有的语文教师也一定能做到。这一经验值得每一位语文教师学习和借鉴。

要深刻了解并把握教育和语文教育的历史，拥有自己的教育理想和信仰，在教学中要有汩汩汤汤、喷涌而出的言语灵感、言语智慧，真正享有话语权，就得守得住"独上高楼，望尽天涯路"的寂寞。寂寞，是言语生命丰满壮硕的沃土，也是培育语文教育家的沃土。一个语文教师，超脱于喧嚣尘杂、物欲利诱，在言语创造和言语生命培育中，构建自己的也是人类的精神家园，还有什么比这更幸福的呢？

二　思想在场：走向建言立说

一个教育者，首先必须是一个思想者。教师没有自己的教育思想和理想，他所从事的教育就是失魂落魄的教育。作为一个教育者，在学术研究上势必

---

① 李镇西：《爱心与教育——素质教育探索手记》，四川少年儿童出版社 1998 年版，第 18 页。

要让思想在场，走向建言立说。

求学问、做学问的方法很多，但就其主要的方法而言，离不开读书和写作；而读书如果不是满足于当一个“两脚书橱”或“人形鹦鹉”的话，那他就一定有思考、有心得，这些思想的成果最终总是要体现在著述中。从另一个方面说，著述也能增进人的学问，提高学习的效率。梁启超说：“青年学生‘斐然有述作之志’，也是实际上鞭考学问的一种妙用。譬如同是读《文献通考》的《钱币考》和各史《食货志》中钱币项下各文，泛泛读去，没有什么所得。倘若你一面读一面便打主意做一篇中国货币沿革考，这篇考做得好不好另一问题，你所读的自然加几倍受用。譬如同读一部《荀子》，某甲泛泛读去，某乙一面读一面打主意做部荀子学案，读过之后，两个人的印象深浅，自然不同，所以我很奖励青年好著书的习惯。”① 可见，一个人只要想做学问，就离不开研究性写作的。真正的学问和思想是在阅读、思考和写作中培育出来的。

要说一个人有没有学问和思想，根据是什么呢？当然首要的便是看他有多少学术著述和这些学术著述的质量如何。学术著述的主要体裁是学术专著和学术论文。对于刚刚起步的研究者来说，由于他们的思想成果还不足以建构一个鸿篇巨制，因而，较为适合的写作体裁不是学术专著，而是学术论文。学术论文与学术专著的区别，不是研究质量的高低，只是篇幅容量上的大小。同时，学术论文是一种基础性的训练和研究，是一个人的学识修养和思想能力的具体表征。没有这种基础性的训练和研究，是难以写出有分量的学术专著的。就是勉强去写，也是言之无物，没什么质量可言。

一般人的研究总是先从微观研究入手，从写作单篇论文开始的。对刚刚进入到某一学术领域的研究者来说，单靠聪明是不可能振聋发聩、一鸣惊人的。必须沉下心来，老老实实、最大限度地了解该领域的基本情况，尽可能全面占有相关的原始资料。先搞清楚一个个具体问题，聚沙成塔、集腋成裘，逐步形成自己初步的观点，并对资料和观点进行不断的梳理和思考，逐渐上升到对该领域有一个中观、宏观的把握，不断深化、发展自己的独创性见解。这是学术研究的一个必经的过程，没有什么快捷道路可走。任何的投机取巧，都将影响到研究成果的质量，都要付出更大代价。

---

① 梁启超：《读中国书》，见邓九平主编：《中国文化名人书系·谈读书》，大众文艺出版社2000年版，第5页。

与此相应的，学术论文的性质可分为两类，一是以“述”为主：在广泛涉猎、充分了解的基础上，对某领域的研究情况、现象或问题，进行整理和归纳，阐明该论题的基本研究状况，或摆出、揭示尚存在的问题；一是以“作”为主：在新的认知背景和参照系下，找到自己新的切入点，不但对研究对象提出有意义的问题，而且能加以深入地分析、探讨，试图阐明解决问题的思路或方法。前者是在了解、占有、梳理资料的过程中写出的学术论文，是以转“述”阐发为主；后者是在有了较为丰厚的资料积累和长期思考的基础上写出有创见的学术论文，以独立创“作”为主。后者是前者的自然延伸，后者是前者的目标和导引。这两种论文相辅相成，对于个人学术上的成长都是不可或缺的。前面所引用的梁启超所说的“斐然有述作之志”的“述作”，指的就是这两种研究方式。

所谓“述”和“作”，源于孔子所说的“述而不作，信而好古，窃比于我老彭”这句话，朱熹注：“述，传旧而已。作，则创始也。故作非圣人不能，而述则贤者可及。……孔子删《诗》《书》、定礼乐，赞《周易》，修《春秋》，皆传先王之旧，而未尝有所作也，故其自言如此。盖不惟不敢当作者之圣，而亦不敢显然自附于古之贤人；盖其德愈盛而心愈下，不自知其辞之谦也。然当是时，作者略备，夫子盖集群圣之大成而折衷之。其事虽述，而功则倍于作矣，此又不可不知也。”① 由此可知古人做学问是严格区分“述”与“作”的。由于“述”包含着继承、弘扬之意，古人往往明明是“作”，也称自己是“述”，一是表明自己的“师承”，怕引起别人对自己的言论做出离经叛道、标新立异的非议；一是自谦，“作”是圣人之事，表明自己不敢与圣人相提并论。

现代学者对这两种研究方式也有自己的说法，称之为“照着讲”和“接着讲”。“述”，就是“照着讲”，弄清楚别人说了些什么；“作”，就是“接着讲”，在了解了前人思想成就的基础上，探讨得失，阐明自己的原创性见解。“述”的难度和价值，一点也不亚于“作”。没有“述”，就没有真正高水平的“作”。人们往往不满足于“述”，在深思熟虑地“述”过之后，势必要“作”——“接着讲”，以体现自己“思想的思想”。著名哲学家冯友兰在完成了自己的《中国哲学史》一书之后，谈到了他的研究进程：

① 朱熹：《四书章句集注》，中华书局1983年版，第93页。

我在这部著作里利用了汉学家研究古代哲学家著作的成果，同时应用逻辑分析方法弄清楚这些哲学家的观念。从历史家的观点看，应用这种方法有其限度，因为古代哲学家的观念，其原有形式，不可能像现代解释者所表述的那样清楚。哲学史的作用是告诉我们，哲学家的字句，这些人自己在过去实际上是意指什么，而不是我们现在认为应当意指什么。在《中国哲学史》中，我尽量使逻辑分析方法的应用保持在适当限度里。

可是从纯哲学家的观点看，弄清楚过去哲学家的观念，把他们的理论推到逻辑的结论，以便看出这些理论是正确还是谬误，这确实比仅仅寻出他们自己认为这些观念和理论的意思是什么，要有趣得多，重要得多。这样做就有一个从旧到新的发展过程，这个发展是上述时代精神的另一个阶段。可是这样的工作，就再也不是一个历史家的陈述性工作，而是一个哲学家的创造性工作了。我与王国维有同感，就是说，我不愿只做一个哲学史家。所以写完了《中国哲学史》以后，我立即准备做新的工作。① （这个“新的工作”，指的是他后来写的阐明自己哲学观念的一系列哲学论著：《新理学》《新事论》《新原人》《新知言》等——笔者）

这种由“述”到“作”的研究，是冯友兰、王国维的也是所有杰出的学者共同遵循的方法。许多学者都是从自己的研究领域的历史传统出发，一方面开阔视野、增进学养，另一方面也是为自己的创造性工作做准备，最终总要走上学术创新之路。从这个意义上说，不论要成为什么“家”，首先要成为一个“历史家”。成为“历史家”不是目的，而是手段。

“述”与“作”实际上是人类言语生命、言语智能的承传和光大。这是文化与思想的接力，后人通过“述”，了解前人所做出的贡献，继承前人的思想遗产，在这个基础上进行自己的生命创造，把自己的思想成果，一点一滴地汇入人类的文明史和文化史中，积小流以成江海，为精神家园添砖加瓦，为全人类建造美好的未来。前赴后继、义无反顾，这是言语人生和诗意人生的必然归宿，是言语生命的轮回。人类的这种承先启后的良性学术生态，使人类的思想和精神生生不息、绵延不绝、源远流长。

王力在谈到汉语史研究的时候，也曾对这两种性质的论文作了区分，对

---

① 冯友兰：《中国哲学简史》，北京大学出版社 1996 年版，第 286 页。

“述”的价值作了肯定。他说：

> 一种是解决汉语史中的某一个问题（以“作”为主的论文——笔者），另一种是提出问题，综合前人研究的结论（以“述”为主的论文——笔者）。最近我看见一篇文章，一个日本人写的，他讲到中国音韵学家对上古声调的看法，到底先秦有几个声调，是段玉裁所谓上古没有去声呢？还是江有诰所谓上古实在有四声呢？还是王国维所谓上古有五声、黄侃所谓上古只有二声呢？他把各种说法都讲得很清楚，自己并没有提出一个结论。这样做我看也很好，把问题摆出来了，说明汉语史上这么个问题，需要我们研究解决。这种文章也是可以做的。①

就初涉研究领域的人来说，从科研能力训练的渐进性程序看，不妨从作以“述”为主的论文入手，以期对学科研究状况和有关资料先有一个面上的了解，培养对资料的搜集、梳理、辩证分析和概括的能力。亲自进行对学术资源第一手的梳理，是一项极其重要而又繁重的工作，也许要花上好几年的时间才能了解个大概，但是，无论花多少时间都是值得的。因为这件工作是他人无法取代的，是为学术研究打基础的功夫，也是学术研究能力的基本训练。对相关学术资源了解和掌握的状况，在很大程度上决定了一个人将来科研上的进展。“磨刀不误砍柴工”说的就是这个道理。不少人搞研究想走“捷径”，忽视对原始资料的积累，不注意对研究素材的爬梳，借助的是辗转了好几手的材料，其结果往往反而事倍功半。在对学术资源作第一手梳理的基础上，尝试从中发现并提出有价值的问题，逐步提高分析和论证能力，再转入写以“作”为主的论文。

我常常跟大学生说，大学毕业后，至少需作十年的积累资料的功夫，须对资料做第一手梳理，而不能只看第二手、第三手的研究。没有丰厚的积累，在学术上是走不远的。没有踏踏实实的“述”，就不可能有自己真正的发现和创新，所谓的“作”就没有根底。底气不足、急功近利之“作”，必定是“胡作”“妄作”。在浮躁之风盛行的今天，年轻的研究者要做到“述而不作”实属不易；而欲“作”，不能不老老实实地从“述”开始。

一个人的学术研究应从“述”开始，但是不能以“述”告终。一辈子“述而不作”，是没出息的，也是永远的遗憾。因为，用心血浇灌的智慧之花，

---

① 王力：《谈谈写论文》，见王力、朱光潜等著：《怎样写学术论文》，北京大学出版社 1981 年版，第 3～4 页。

没能盼来缤纷绽放的美丽就中道夭折了。正如我们常常看到有些花蕾，没能孕育出绚丽的色彩，就萎蔫了。一个人，当他到了人生尽头之时，没有什么伤痛更甚于此！我想，这也就是孔子对他的得意门生颜回的早逝惋惜不已的一个重要原因，最器重喜爱的弟子居然没有留下只言片语，没能将学术发扬光大，怎不让为师的痛心疾首？

在“述”和“作”的关系认识上，文学史家游国恩的治学方法和途径可资借鉴：

> 首先尽量述而不作，其次以述为作，最后水到渠成，创为新解；而这些新解却是在祖述前人的深厚基础上开花结果的。因此，本固根深，枝荣叶茂，既不会风一吹就倒，更不是昙花一现，昨是今非。所谓述而不作，就是指研究一个问题、一个作家、一篇作品或一部著作，首先掌握尽可能找到的一切材料，不厌其多，力求其全。这是第一步。但材料到手，并非万事大吉，还要加以抉择鉴别，力求去伪存真，汰粗留精，删繁就简，惬心贵当，对前人的成果进行衡量取舍。这就是以述为作。如果步前贤之踵武而犹不能达到解决问题的目的，就要根据自己的学识与经验，加以分析研究，最后得出自己的结论，这就成为个人的创见新解。①

游国恩的“以述为作”，说的就是“以‘述’为主”的论文的写法；他的“创见新解”，也就是“以‘作’为主”的论文的写法。可见，这两类论文虽有性质上的差异，但又有相关性和承继性。总的趋势是“由述到作”，学问积累到一定的时候，“作”也便是水到渠成的事了。但是，这不是说，两种类型的论文之间有什么严格的界限，“述”与“作”只是一种大致上的区分，实际上不少文章是述与作并重的，不少冠以“述评”或“评述”的文章，就是如此；也不是说一个人一旦拥有了较强的研究能力，可以建言立说了，他就从此不再写“以‘述’为主”的论文。由于一个人的学术研究领域总是在不断拓展的，当他在原来的学术领域已拥有了发言权，已有了很多创新性的成果，其学术地位得到了同行的承认和尊重，而在他新拓展的某一领域中或在某一边缘性、交叉性的研究中，他也还得充实自己，还要重新着手对该领域资料的占有和梳理，进行新一轮的从“述”到“作”的努力。学问是无止境的，

① 吴小如：《漫谈我的所谓“做学问”和写文章》，见王力、朱光潜等著：《怎样写学术论文》，北京大学出版社 1981 年版，第 45～46 页。

因而，一个人的学术之路，往往是“述”与“作”的交替并进、循环上升。

就学术研究而言，其最终指向是思想的建树，所以研究者言语生命的呈现方式具体体现在创见性和理论性上。这也是对一切论著学术含量的普遍的评价标准。

（一）创见性

学术论文的写作，既为学术研究，它最终必然要体现作者独到的见解。从根本意义上说，论文价值在于它的创见性。创见，是人的言语生命智能的结晶，是人的精神创造力的体现，是言语生命个性闪现出的异彩。

其他各类文章也都要有新意，但它们与学术论文的创见性要求是有层次上的差别的。所谓新意，可以是新鲜的感想、材料及角度等；所谓创见，则主要是针对基本观点而言的。一篇短论或随笔的写作，只要运用一些典型的事例，或从不同的角度，加以印证或阐发就可以做到不乏新意。例如，《宜致力于“导”》一文，只是引用了《列子·汤问》中飞卫教纪昌学射箭的材料说明教师须“教得精当，导得有方”。《要做“导游者”》一文，就是具体谈在《天山景物记》这篇课文的教学中，如何对学生进行启发诱导。《怎样发挥学生的主体作用》一文，侧重讲在数学教学中如何通过调动学生的思维积极性、主动性，领会“分数的意义”。这一类的文章，往往是以材料取胜，而不是以思想取胜，显然在教育理论研究上并无建树。

学术论文就不同了，例如《教育与人的发展的几个问题》一文，作者在这里探讨的也是教育中的师生关系。作者认为，不论是“教师本体”“教师中心论”，还是“学生本体”“学生中心论”，“这两种教育思想都有唯心主义或形而上学的错误，都有各执一端的片面性”。作者从“人是主体性与客体性的二重统一”这一辩证唯物主义观点出发，批评了“只论及学生的主体性，忽视学生的客体性”这种认识，阐明了“坚持人的辩证法，就要坚持教师与学生都是主体与客体的统一”的观点。这一观点就是作者的创见。如果这种见解得到了充分的论证，其学术价值自然就在以上几篇文章之上。当然，要写出有真知灼见的论文，对于刚刚涉足于科研领域的人来说，是有困难的，但是，我们又不能不从一开始就把它作为理论思维的理想目标，去努力地追求。

（二）理论性

学术论文的写作，既为学术研究，其思维类别自然属于理论思维一类，具有思辨的特征。就是说，它对事物的思考不是停留在零散的感性上，而必须对其作较为全面、深入的理性分析和形而上的思考。这也是论文与短论、随笔的区别所在。

在“教育过程中的情感作用”这一论题下，一篇题为《情感与教育》的短论，只简单提一下情感“能沟通师生之间的心灵”这一道理，举一个自己执教中以爱感人的事例加以印证，再进一步强调情感教育对差生转化的重要性。——有阐述，有事例，有推进，这就不失为可供一读的短论。

而在这一论题下要写一篇论文，则要求有更细致、透彻的理论上的分析与阐述。一篇题为《试论影响教学效果的情感因素》的论文，虽然题目的范围较前文限制得更小，但论述的思路更为开阔。作者在提出了“影响教学效果的最重要条件还是教学过程中师生的心理因素，特别是情感因素”这一问题后，还分别对使命感、信任感和自在感等三个对教学效果影响最大的情感因素作了具体分析，内容涉及师生关系、社会观念、教育政策、教育行政管理和舆论导向等方面。这样的讨论，观点的内涵显然比短论要丰富、具体，它在更高层次上揭示了研究对象的内在关系与实质，有更强的概括力与说服力。

学术论文的理论性的品质，对研究主体的认知背景提出了较高的要求。就拿教育专业论文的写作来说吧，只知道“不愤不启，不悱不发”“师者，所以传道授业解惑也”，是不可能写出具有现代意识的教育论文的。论文的作者，必须关注教育基本理论研究的进展，不断更新教育观念，养成理论探索的兴趣和自觉，才能使自己的研究始终保持清新活跃的状态。

总而言之，学术论文最显著的特性在于作者的学术创见。创见性，建言立说，当是学术研究之目标。舍此，理论性也就无从谈起。

三　立言之基：古今贯通、内外贯通、中外贯通

今天绝大多数教研文章称不上论文，许多教师不知道什么是学术研究。即便是发表过许多教研文章的，也仍然有不知道什么是学术资源、参考文献，不知道引文要加“注”，不知道基本的学术研究规范。

所谓学术研究，最简单地说，“学”即学问，“术”即方法。学问的基础，是学养——学识修养；方法的基础，是形成正确的思维方式与研究方法。二

者缺一不可。

教研是一种立言方式，立言靠的是长时间的累积学养，扎扎实实地做学问。唯其如此，才能形成睿智的眼光、宏阔的境界。今天语文界所谓“论文”主要有两种，一是经验主义，基本不读书，文章靠拍脑袋拍出来的；一是教条主义，读点书，但不成系统，食而不化，文章靠从书本中东抄西凑出来的。自然还有经验加教条的高级“文抄公”，观点是别人的，部分材料是自己的，把经验与教条拼缀得天衣无缝。这些都不算正经做学问，都不可能达到立言之境界。

做正经学问，要形成真正有价值的学术见解，做真研究，贵在打基础，追求学术资源、学养的“三通”：古今贯通、内外贯通、中外贯通。“三通”可谓研究之基石。学术资源、基本学养，在相当程度上决定了学术研究的质量。

（一）古今贯通：治史是“三通”之本

在“三通”中，古今贯通是根本。做任何学问，学术寻根都是最不可或缺的。治学先治史，无古不成今，这应是常识。前面我们说到的“述而不作”的“传旧”，所谓的“照着讲”做的就是“治史”的功夫。

遗憾的是，长期以来，语文界基本上没有“治史”意识，以至形成了一种误解，以为“治史”只是一种个人兴趣，是少数人专门做的，对其他专门“治今”的人来说，是多此一举。殊不知，“治史”是学术研究的“铁门槛”，不跨过这个“铁门槛”，连入门都不可能，更不用说登堂入室了。

“治今”，研究一个当下的问题，如果不知道古人、前人、他人曾经有过的相关思考，不知道这个领域的思想积淀，如何能对这一问题做出正确判断，产生高水平的见解呢？只能是想当然的胡说八道，写出来的文章称不上“学术”研究成果，只能算是“学术”泡沫、垃圾。仅凭一己之经验的“研究”是不靠谱的。即便是天才，未下足功夫了解、掌握相关的研究资料，也是枉然。——缺乏该领域基本的资料、思想的积淀，最好是免开尊口，一开口很可能便是错，难免贻笑大方。

这就是为什么论文写作之前先要做一个“文献综述”。这从作者方面说，就是要求充分了解相关文献，即了解该领域研究的历史与现状，对相关资源做系统、全面的梳理与思考，以此作为研究的基础，为自己争取发言权；从读者方面说，就是从中了解作者是否具备进行该选题研究的基础条件，是否存在文献上的疏漏或缺失，如果存在比较重要的文献的疏漏或缺失，连看都不用看，就可以认定该研究是没有价值的。

有经验的读者往往最先关注的就是论文的“参考书目”“注释”。论文中的“文献综述”连同“参考书目”“注释”，一个重要作用就是让读者知道该论文写作的准备状况如何，作者是在掌握了怎样的学术资源的基础上提出问题，阐明观点的，可借此判断该研究是否有意义，著述是否值得阅读。因此，这些看来似乎是论文的不太起眼的部分，却不是可有可无的形式，而是决定论文价值的十分重要的内容。

作为一个研究者，这种资料的积累是一个长期的日常性的工作，不是临到写作时才去搜集资料。研究资料最基本的就是自己研究领域的史料。就语文教育科研而言，最重要的学术资源就是语文教育史料，包含古代与现代的语文教育史料，应该对由古到今的史料作尽可能充分的梳理与思考。主要是对代表性人物的重要论著，代表性的语文教育法规、教材、教法等的第一手研究。其中，最重要的是代表性人物的语文教育思想的研究。因为这些人的思想，往往引领一个时代的潮流，呈现在语文教育法规（指导思想）、教材、教法中。法规、教材、教法，大多也是由这些人参与制订、编撰、实施的，或是受到这些人影响的。因此，只要了解一个时代的代表人物的教育思想，就在相当程度上了解了一个时代的教育实践。这甚至比单纯就法规、教材、教法进行研究更加清晰、深入。

可以分别从古代与现代语文教育史料研究入手，古代从先秦开始，现代从清末民初开始。一定要从微观研究入手，寻找一个时代的代表性人物的代表性文章、专著等，也可以寻找一个时代代表性的教育规章、教材、教法等，做细致的研究。刚开始可能因为所知甚少，缺乏必要的认知背景与参照系，未能做出正确的判断，提出有价值的问题，这没有关系，每个人都要经历这么一个“述而不作”的过程，只需要做一些提要钩玄的工作就可以了。随着时间的推移，积累的增加，资料相互间有了比较、交汇，思想的“雪球”就会越滚越大：由点到线，到面，再形成一个思维的网络。到那时，就会左右逢源、融会贯通。

进入语文教育史研究，选点很重要。例如，古代语文教育史研究可以从“源头”的先秦的孔子开始，也可以从“流尾”的清代的唐彪开始。源头开始的好处是可以为后来的研究找到一个原始的开端，后人的认知都是由此生发出来的，可以由因知果，“原始以表末”。流尾开始的好处是可以从中发现前人的认知轨迹，流尾往往是集大成的，窥一斑可见全豹，可以由果溯因，掌握“研究路线图”。古代语文教育历时两千多年，时间跨度大，抓住了两头，就能了解其基本脉络的轮廓。我国古代语文教育思想的主轴是儒家语文教育观，这是我们必须要掌握的基本的参照系。不了解、研究儒家语文教育观，就没有对我国古代语文教育的发言权。

现代语文教育史只有100多年，可以从叶圣陶先生的语文观研究入手，叶圣陶的一生跨越现当代语文教育，且代表了这一时期的主流语文教育思想，给我国现当代语文教育以巨大的影响，在其身后的很长一段时间仍在发挥着持续的影响力。了解他，就基本了解了现当代语文教育的认知状况，就形成了一个基本参照系、思维的主轴。其他代表性人物的思想，与其有直接或间接的关系。因此，不了解、不研究叶圣陶，就没有对我国现当代语文教育的发言权。

对于一般教师而言，若无法从微观到中观、宏观对语文教育史进行第一手研究的话，可以退而求其次，多读一些语文教育史论著，以弥补这一缺憾。如可读张志公的《传统语文教育教材论》（上海教育出版社1992年版），潘新和的《中国现代写作教育史》（福建人民出版社1997年版），张心科的《清末民国儿童文学教育发展史论》（北京师范大学出版社2011年版），李杏保、方有林、徐林祥主编的《国文国语教育论典》（语文出版社2014年版）等，作为参考。

打通古今，不可能一蹴而就，这是一个由粗到精、由浅入深的过程，须不断地在这个领域深耕细作，才有望真正理解、认识到其精髓。

（二）内外贯通：外部学养决定终极胜负

语文教育史学养，属于语文学科科研的内部学养，是内部学养中的核心——内核学养。不具备这一学养，追求其他的内部学养，就是舍本逐末。立足于内核学养，其他的内部学养才能获得滋养，根深蒂固才能枝荣叶茂。

内部学养不限于语文教育史，还包括语文学科内部的其他学养。如语言学、中外文学史、文艺学、阅读学、写作学、口语交际学、语文教育学、语文教育心理学、语文教育哲学、语文课程论、语文教学论等。语文学科知识在不断更新、发展，对研究者内部学养的要求自然也水涨船高。要不断汲取新知识，建构新认知背景，这大约无须赘言。

值得关注的是外部学养。“功夫在诗外”，这对于任何领域的研究都一样。

语文是一个综合性的人文学科，“诗外功夫”尤其重要。语文教育研究者的外部学养可以说无所不包。从大处说，文史哲政经，社会科学以至自然科学，都可以进入我们的视野。以内为主，以外为辅。多多益善，开卷有益。一般人往往重内部学养、轻外部学养，知识结构雷同化，认知共质化，因而未能脱颖而出、领异标新。

但人的精力毕竟有限，外部学养不可能面面俱到。要说其中最不可或缺的是什么，我以为，首推哲学、思维学与科研方法论素养。这些素养对提高科研品质至关重要。

哲学是一切学科的基础学科、工具学科。没有基本的哲学素养、哲学意识，就缺乏高屋建瓴的眼光与洞幽索隐的睿智。因此，阅读几本中外哲学史著作，深入研读几部代表性的中外哲学著作是必需的。可以读读冯友兰的《中国哲学简编》（或《中国哲学史》）《贞元六书》，胡适的《中国哲学史大纲》，李泽厚的《中国古代思想史论》《中国近代思想史论》《中国现代思想史论》，罗素的《西方哲学史》等。

思维学，包括形式逻辑、辩证逻辑、系统逻辑等。形式逻辑是思维的基础，辩证逻辑是思维的基本样态，系统逻辑是形式逻辑、辩证逻辑的延伸、丰富。三者均衡互补，共同构成了人的合理的逻辑思维结构。其中，辩证逻辑思维方法的掌握与运用是基本。

科研方法论素养，可以读一些一般的科研方法论著作，更需要读一些“科学学”著作，如托马斯·塞缪尔·库恩的《科学革命的结构》，卡尔·波普尔的《猜想与反驳：科学知识的增长》《科学知识进化论》，伊姆雷·拉卡托斯的《科学研究纲领方法论》等。不但要读这些著作，关键是要形成科研方法论研究与自我反思的自觉，要对自己的科研方法不断地进行检讨、改进。只有这样，才不至于陷入经验主义或教条主义之泥淖，才可望超越前人、有所建树。

内部学养为我们获得基本的科研话语权，可以入场，作为合格选手站在科研起跑线上。外部学养则使我们如虎添翼，站得更高，目光更敏锐、犀利、独到。拥有必备的内部学养，让我们成为学科领域学术共同体的“自己人”；拥有良好的外部学养，形成了科学合理的认知结构，才可以在学术之路上走远、走好。拥有基本的内部学养之后，起决定性作用的就是外部学养。因此，外部学养的重要性不容小觑。

外部学养决定人的学术竞争力，决定终极胜负。

（三）中外贯通：母语教育认知的互补

“中学为本，西学为用”的观念，对学术研究也有一定适用性。固然我们研究的是中国语文教育，中国语文教育专业学养是基本学养，语文教育史学养是内核学养，但也不能作茧自缚、自我封闭。“自闭”，必然“自蔽”，以致“自毙”。

中国语文教育研究，可以直接参照的是外国语文教育。这是一种横向比较，有比较才有鉴别。这种跨文化的比较、参照、检讨，十分重要。只有在中外语文教育的交互中，才知道什么是“中国特色”，什么是传统语文教育的精髓，才知道传统语文教育有何不足，如何改进。

“外”，自然主要指的是欧美、日本等国的母语教育。中外母语教材比较研究编写组编撰的“中外母语教材比较研究丛书”（江苏教育出版社2000年版，共5本），洪宗礼、柳士镇、倪文锦主编的《母语教材研究》（江苏教育出版社2007年版，共10卷），是迄今为止搜集国外母语教育资料最多的两套书，可资参阅。这两套书是语文教育科研必备的参考书。

“外”，除了指欧美、日本等，还包括港澳台地区以及东南亚一些国家的华文教育。其语文教育法规、教材、教法，也可资参考借鉴。

中外母语教育的比较借鉴十分必要，但切忌盲目引进。不论是中还是外的母语教育，都是利弊互现、菁芜并存的，要根据汉语教育的特殊性做具体分析。例如，引进美国的“标准化”测试就不可取，因为它主要是外语考试题型，不适合于母语教育评价。也不适合对言语智能，言语表现力、创造力的检测。中国台湾地区对传统文化教育的重视，是值得借鉴的，引进《国学基础教材》《中华文化基础教材》等，就是一种有益的尝试。

上述学养，构成人的综合素养的基本内容，是从事语文教育研究所必备的。“三通”中，立足于母语教育史的“古今贯通”的学养是基本的。要是缺乏语文教育史学养，缺乏基本的“史识”，其他学养便没有着落，所做的必定是浮游无本的假学问，所取得的“成果”无法积淀到学科内部，一切都是徒劳。

对一个研究者来说，所谓“三通”的“通”是相对而言的。“三通”永无止境，是一个穷毕生之功也未必能达成的境界，但我们并不因此而不竭尽全力。

四　关注问题状况：使不成问题的成问题

对于研究者来说，选题是关键。可以说，在一个人的研究生涯中，没有什么比选题更重要的事了，悠悠万事，唯此为大。

进入研究领域，就像一叶扁舟驶入苍茫浩瀚的大海，很容易迷失方向，找到自己的位置至关重要。选择一个适合自己的研究领域，在这个研究领域中找到一个适当的切入点，对达成理论创获来说，是具有决定性意义的事情。很多研究者一辈子也没能找准自己的位置，盲目出击，打一枪换一个地方，在学海中辛苦漂泊一生，却一事无成。这一教训要深刻记取。

可以说科研选题是迈向研究之途的第一步。选题可以理解为选择研究的目标或领域，也可以理解为寻找问题。关于选题，英国哲学家波普尔说："这一切意味着，对于一个希望作出发现的年轻科学家来说，如果他的老师告诉他，'到各处去观察'，那这是一个糟糕的建议；而如果他的老师对他说，'设法去了解人们现在在科学上讨论些什么。找出问题所在，把兴趣放在不一致的地方。这些就是你应该从事研究的问题。'那么，这是一个很好的建议。换句话说，你应该研究当时的问题状况。"① 波普尔的这种看法，对我们认识科学研究的发端是有启发的。他所说的"问题状况"，包括人们在该学科领域研究的水平、认识上的分歧及存在的困难等方面。了解了这些，从中找到自己的研究方向，自然要比无的放矢地"到各处去观察"更容易进入研究情境。

在实际研究中，对"问题状况"的把握并不容易。它需要学术敏感，而良好的学术敏感又需要学识的支撑；没有深厚的学养和敏锐的眼光，就难以捕捉到有价值的研究课题。因此，还得老老实实地在学问上下功夫。在研究"问题状况"之前，先得对自己的准备状态有一个客观的估计。每一个作者都需要分析自己在认知结构和写作智能上的短长，尤其是要分析自己的优势所在。研究者必须对自己将要从事的科研目标，具备一定的认知基础，并在学习和教育教学实践过程中培养探究的兴趣，增进自己的学养，改善自己的认知结构，才可望通过进一步的努力，准确地把握该研究领域的"问题状况"。

---

① ［英］卡尔·波普尔著，傅季重、纪树立、周昌忠、蒋弋为译：《猜想与反驳——科学知识的增长》，上海译文出版社 1986 年版，第 182 页。

所谓“问题状况”，无非就是三种：在某一科研领域还有些新课题有待开拓；前人对某一问题虽有研究，但结果尚不完满；前人对某一问题的认识存在着分歧。面对这三种“问题状况”，我们可以从自己的科研实力出发，寻找力所能及的研究课题。一般来说，在大学阶段，要完全靠自己的学识开拓一个新的研究课题，有较大的难度，但也不排除其中的佼佼者有可能跨越这样的难度与高度，例如华东师大中文系 1978 级学生汪济生的毕业论文就是 37 万字的“一新美学界耳目”的著述：《系统进化论美学观》①。对大多数青年学生来说，第二种、第三种的“问题状况”，则较有可能成为他们选择的目标和进入科研领域的入口处。

值得关注的是，有智慧的人，能使一般人看来不成问题的问题，重新变得成问题，即重新发现并提出问题，从而将认识、探究引向深入。

看看意大利物理学家伽利略是如何发现问题的。伽利略发现物体下降速度与重量无关，就是从没有问题的地方发现了问题。一般传说，他在比萨斜塔做了一大一小的落体实验，这已经被自然科学史家证明不可靠。实际上伽利略是做了一个“思想实验”：

按照亚里士多德的权威原理，物体下降的速度应该与物体的重量成正比。但是，伽利略设想：如果有两个球，一大一小，连在一起。按照亚里士多德的原理，两个球比一个球的重量大，应该比原本分开的两个球落得快。这是结论一。

同样按照亚里士多德的原理，原来的小球落得慢，应该拖着重球，则两个球连在一起，减慢了速度。这是结论二。

还是按照亚里士多德的原理，两个连在一起的球，由于重球的速度比轻球快，则加速了轻球的运动，则应该比分开时轻球的速度快。这是结论三。

在原来看来没有问题的地方发现了问题，才使伽利略后来发现了物体下落的速度与重量无关的原理。

王小波的《椰子树与平等》也是这样。“人人理应生来平等”，这似乎已经不成问题了，但是王小波经过对“椰子树”现象的思考：“我觉得诸葛亮砍椰树时，可能是这么想的：人人理应生来平等，但现在不平等了，四川不长椰树，那里的人要靠农耕为生；云南长满了椰树，这里的人就活得很舒服。

① 该论文已由北京大学出版社 1987 年出版。

让四川也长满椰树，这是一种达到公平的方法，但是限于自然条件，很难做到。所以，必须把云南的椰树砍掉，这样才公平。假如有不平等，有两种方式可以拉平：一种是向上拉平……另一种是向下拉平”——他发现了人“实际上是不平等的”，要“平等”，还有个是“向上拉平”还是“向下拉平”（正用着的是“向下拉平”的法子）的新问题，这就是论题的价值所在。

要使不成问题的重新成问题，主要有赖于以下方法：一是要有好奇心、判断力、证伪力、批判力；二是要有不同寻常的探究力、思辨力、推理力；三要借助一定的实验、实践检验；四是要具备良好的知识结构，善于引入新知识、新方法，即引入新的参照系。当然，还要有良好的想象力。是否能提出新的论题，关涉到研究者的基本素养。

无论对“问题状况”作何种判断和选择，对于初涉研究领域的研究者来说，最终确定下来的论题都宜小不宜大。王力说：“论文的范围不宜太大，主要是因为时间不够，两年写一篇很大的论文，写不下来；就是勉强写下来，也写不好。范围大了，你一定讲得不深入、不透彻。”他主张须用“小题目做大文章”①。不但研究生论文写作是这样，一般人的研究也是如此，这体现了普遍的研究规律：小题目往往有可能写出大文章、深文章，反之，大题目往往写成了小文章、浅文章。因为，大题目要充分地展开，很容易写得面面俱到而不深入；而小题目却能逼着你集中在一点上不断地开掘下去，这就有可能写得翔实、有深度。泛泛之论、言之无物的文章是最要不得的。

像《唐诗研究》《汉语语法探讨》《论老舍的创作道路》《教学艺术论》《语文教育中的美育》《谈谈写作思维》这样的大题目，多数年轻教师会写得很肤浅。不如《杜诗中的忧患意识》《李杜相逢在诗史上的意义》《现代汉语中的第二人称》《“助皇后悲哀”之“助”字的语用分析——读〈史记·外戚世家〉》《老舍笔下的市民形象》《谈谈阅读教学中的“提问”（或“发问”）》《“教师为主导”之我见》《试论中学语文教材古典诗歌中的人情美》《论文选题中的直觉》这样一些小题目容易写得有内容。

选题的大、小，自然是相对而言的，不是说大论题就绝对不可以写，而是要量力、量时而行。一般初入门者，还是从微观选题入手，较容易写好，大选题把握不好就容易空泛。选题的大或小，可以作以下区分，供参考：

---

① 王力：《谈谈写论文》，见王力、朱光潜等著：《怎样写学术论文》，北京大学出版社 1981 年版，第 1～2 页。

（一）大选题

浅谈如何提高学生的写作水平

影响散文诗外在表现形式的因素

中学生语文创新能力的培养

写作本位阅读教学的实践

作文教学的借鉴与创新

作文教学要张扬个性

试论学生的个性化作文

实践能力——语文教改的切入口

中学语文的言语教学

关于大语文教育的思考

提高学生的创作能力初探

（二）中选题

化难为易　轻松入门——初中议论文写作教学浅论

试论曹禺《雷雨》中的人物形象

高中作文教学程序初探

谈引导学生进行课外阅读

对话——阅读教学的生命力

将音乐因素融入语文教学的尝试与反思

激活思维　鼓励创新——中学生创造性思维能力的培养

（三）小选题

小说的魅力——怎样看待中学生看小说

比较分析同题散文《背影》（朱自清和三毛）

《荷塘月色》中“心里颇不宁静”析

初中古诗文中颜色词的考察

研究性学习中教师角色的转换和定位

语文综合性学习的选题策略

写作教学“不限文体”初探

让写作学习插上日记的翅膀

浅谈学生自改作文能力的培养

文学作品阅读教学中的情感教育

初中诗词阅读的问题式教学法初探

初中生记叙文写作教学中的情境设置

此外，应尽量避开那些众所瞩目的、已被无数专家学者“精耕细作”过的“热门”课题，如《红楼梦》研究、鲁迅研究、叶圣陶语文教育思想研究等。因为这些“热门”课题，一般的研究者即便竭尽全力，也难以准确把握该课题的问题状况。勉强做去，不是与他人“撞车”，便是流于浅陋。不是说这些热门课题不能做，而是说它须待有较丰厚的积累以后才可能找到问题状况，要找到有价值的切入点殊为不易，因为在这些领域已经积聚了太多人的智慧，要做好它就要超越前人，比起其他新兴的课题难度要大得多。

提出问题比解决问题更为重要。科研选题是研究者的言语智慧的集中体现。有的研究者不乏恒心和毅力，皓首穷经，补苴罅漏，但却在学问中迷失了自我，未能提出有价值的问题，一辈子都是在他人的理论框架下拾人牙慧，作些修残补缺的功夫，荒废了自己的言语生命，也浪费了读者的生命。因此，寻找问题，发现属于自己的选题，在不成问题处重新提出问题，对于研究者来说不是可有可无的事，而是“性命攸关”的头等大事。

此外，研究需要有资料的保障，资料的搜集受到客观条件的限制，是否可搜集到必要的资料这一问题，也是科研选题时必须加以考虑的。

五　论文常规：学术研究的平台

有了自己的研究领域和选题，还要掌握研究规范。不少研究者不知道论文究竟有什么要求，就匆忙动笔，结果往往事倍功半。由于论文的写作一般是研究者首先要接触到的，掌握了论文写作的常规，论著的写作也就不在话下了。所以，我们不妨先了解、熟悉一下学术论文写作的一些基本要求，以便举一反三。

论题确定后，便可着手围绕论题广泛地搜集材料。

（一）集材

首先，须到图书馆、资料室或上“网”查找有关的索引和目录，详细记下资料的作者、出处及出版情况等，做成书目卡片备查。

材料越多越好。马克思说过研究必须充分地占有材料。王力先生也说过：

“你别看写出来文章只有一万字，几千字，收集的材料却是几十万字。这叫做充分占有材料，材料越多越好。材料不够就写不出好文章，只能放弃，等将来材料够了再写。”① 马克思撰写《资本论》，遍读了当时西方各国全部有关经济的材料；列宁在《列宁全集》中引用自己看过的书就有一万六千册，他写《唯物主义和经验批判主义》就阅读了当时西方几百种关于哲学、物理学的著作和论文。

充分占有资料，一方面是指占有研究的原始资料；另一方面是指占有他人在该领域中研究情况的资料。原始资料是立论的依据，他人的研究成果则可能成为我们批判性思维的逻辑起点。二者对于论文写作都是不可或缺的，也是不可替代的。有些心浮气躁的研究者想走捷径，绕过对原始资料的第一手的爬梳，单从他人的研究中了解该研究领域的状况，这种偷工减料的“研究”是靠不住的，缺乏自我生命体验和个体思维观照的观点是立不起来的。科学研究虽然主要靠逻辑和理性思维，但是，对原始资料的感性直觉是不可或缺的，甚至比了解他人的研究成果还要重要。别人的研究是别人的，没有第一手的了解，就无从判断别人的认识正确与否，自己的研究就必然会陷于盲目的境地，只能被别人牵着鼻子走，人云亦云。

王世德先生认为研究者的资料工作关乎学风，他说：“通过论文写作，我们要培养严谨的治学态度，良好的作风。不要满足于第二手材料，要尽可能查检第一手材料，找到最早的根据。引文不要道听途说，要尽可能核查原书。不要简单化地望文生训，顾名思义（例如说刘勰‘早孤’，是幼年死去父亲，并非很早就爱孤独。‘诸夏’是‘之于中国’，不是‘很多夏天’）。看古文材料，要多查辞书，弄懂文言。看外国材料，要多了解外国的历史和社会情况，不要按照中国情况，想当然地臆测，以免搞错。对于所要引用的材料，要注明来源（作者，书名，篇名，页码，出版社，年月），不要含糊，不要掠人之美。”② 吴小如先生也谈道：“说到写学术论文，我目前只抱定两条宗旨：一是没有自己的一得之见决不下笔。哪怕这一看法只与别人相去一间，却毕竟是自己的点滴心得，而非人云亦云的炒冷饭。否则宁缺毋滥，决不凑数或凑趣。

---

① 王力：《谈谈写论文》，见王力、朱光潜等著：《怎样写学术论文》，北京大学出版社 1981 年版，第 4 页。

② 王世德：《怎样写毕业论文和学年论文》，见王力、朱光潜等著：《怎样写学术论文》，北京大学出版社 1981 年版，第 27 页。

二是一定抱着老老实实的态度：不哗众取宠，不看风使舵，不稗贩前人旧说，不偷懒用第二手材料。文章写成，不仅要言之成理，首先须持之有故。”[①] 这是说在点子上了，没有踏实严谨的学风，靠投机取巧是做不了学问的。因为一个正确的论点，必须建立在对问题的现状与历史作全面、深入的研究之上。一切成文的东西未必是真理，即便是真理，也都具有相对性。在正确的理论体系中可能包含着部分的谬误，反之，错误的理论体系中，也可能存在着部分的合理。我们研究前人的意见，可以吸取正确的东西，从中受到启迪，他们的不精密之处或走过的弯路则应尽量避免。只有对某一问题总的研究水平的现状有所了解，才有可能站得比前人更高，左右逢源，提出独到的见解。

怎样才能最大限度地占有有关的材料呢？采集材料的思路，主要有横向拓展与纵向追溯两种。朱光潜在《克罗齐哲学述评·序》里讲到：“我因为要研究克罗齐的美学，于是被牵引到他的全部哲学；又因为要研究他的全部哲学，于是不得不对康德以来的唯心主义作一个总检讨。我穷溯克罗齐哲学是怎样起来的，他对于前人采取了些什么，除去了些什么，他要解决的是哪些问题。接着我把克罗齐的四大部《心灵的哲学》分篇提要叙述。”[②] 由克罗齐的美学到他的全部哲学，这便体现了横向拓展的思路；由克罗齐的哲学到全面检讨康德以来的唯心主义哲学，这便体现了纵向追溯的思路。这两种思路，不但为搜集材料所必需，而且还将贯穿于整个写作思维活动之中。有了横向拓展与纵向追溯，才有参照系，才能明白克罗齐美学的思想特征和历史地位，才能得出“克罗齐是新唯心派的代表。就欧洲近代哲学说，主要的成就是康德、黑格尔那一线相承的唯心派哲学。克罗齐是这一派的集大成者”的结论。朱光潜说：“……区区一家哲学的了解要牵涉到整部近代哲学的发展。”可见，搜集资料和研究资料是一件多么艰巨的工作，在一个领域里要全面地占有资料，往往要花数年之功。这对研究者的研究态度和责任心是一个考验。做学问说到底就是学做人，没有良好的言语人格品质是做不成学问的。搜集资料和研究资料的过程，可能是最“枯燥乏味”的，最“吃力不讨好”的，因为，它可能要走弯路，有时所搜集到的资料未必有用，也许长时间也看不到直接的功效，所以，尤其需要忍耐，需要养育淡泊、宁静、操持由我的心态，努

---

① 吴小如：《漫谈我的所谓“做学问”和写文章》，见王力、朱光潜等著：《怎样写学术论文》，北京大学出版社 1981 年版，第 47 页。

② 见《朱光潜美学文集》第二卷，上海文艺出版社 1982 年版，第371 页。

力使自己物我两忘、宠辱不惊。浅尝辄止，潦草塞责，只有功利心没有责任心的人，把研究当作“敲门砖”的人，是不可能取得成就的。这样的人不配做一个学者，写出来的东西，对人对己都没有什么好处，不如趁早罢手。

1. 横向拓展

横向拓展，就是为了研究某个专题，广泛涉猎处在同一时间点上各种各样看似无关联、实则有联系的其他专题的原始资料或专门论著，以避免孤陋寡闻、知识单一造成的主观片面性。例如，气象学与生物学、史学、文学、考古学之间，似乎是毫不相干的。然而，我国杰出的气象学家竺可桢，正是从这种“不相干”中找到了联系，从而在方法上创新，在资料上突破，在学术上取得了巨大的成就。他不但从气象书籍中寻找资料，而且从《诗经》《史记》《三国演义》等文史典籍中搜集资料，还从被发掘出的古代动物遗骸、炭化的竹节以及甲骨卜辞中发现资料。把对古代气象学的研究，横向拓展到多门学科，从而使他在八十三岁高龄时，写出了《中国五千年来气候变迁的初步研究》一文。可见，横向拓展能使我们的思路大大开阔起来，从而使我们对所要研究的问题获得新鲜的刺激和深刻的启发，掌握各门类事物的联系，不断充实知识库存，丰富研究课题，以达到新的高度。

横向拓展能够使我们的思维精密起来，但是，仅此还是不够的。横向拓展涉及的范围还只是一个时间点上的面，而事物是变化的，人的认识是发展的，任何事物或思想都有其来龙去脉。因而，研究一个事物、一种观点，除了要了解它们的各种横向关系，还必须对其历史发展中的各个重要阶段及外界对其影响作一鸟瞰，把握问题的整体。

2. 纵向追溯

张世英在《谈谈哲学史的研究和论文写作》一文中谈道：“不久前看研究生试卷，有一个题目是‘莱布尼兹的单子论’。一般人都是就莱布尼兹单子论本身分点论述，唯有一个考生，不仅讲单子论本身，而且联系笛卡尔、斯宾诺莎关于心物关系的观点，说明了莱布尼兹的单子论是如何为了解决前人所未解决的问题而提出来的，还说明了莱布尼兹单子论对后世的影响，并进而触及到了人类认识在关于心物关系问题上曲折前进的进程。这样，他就把莱布尼兹的思想讲成了活生生的发展着的东西，而不像其他考生那样把它讲成了一潭死水。”[①]

由此可见，纵向追溯与横向拓展，对于我们的认识来说是同样重要的。纵向追溯是对某一事物或理论的溯源或寻流，能使我们站在历史的制高点上，居高临下地把握事物发展或理论形成的进程。如果仅仅把莱布尼兹的理论孤立起来看，那就只能知其然不知其所以然，认识势必肤浅，无法窥见其理论的实质，也同样不能从宏观的角度，对其做出公允的评价。而一旦把他的理论放到“关于心物关系问题上曲折前进的进程”中去考察，研究前人及后人的有关论述，他的理论形成的历史渊源及它应有的地位与贡献就一目了然了。

无论是纵向追溯还是横向拓展，都不是一般性的浏览，而要有着明确的目的。在一定时期内，要始终围绕着某一专题，在书海中发现与之有关的东西，就像蜜蜂采蜜，对花要极为敏感，寻到花之后，集中主要精力采集花蕊中的蜜汁，而不是精粗不分，把花瓣、叶子也弄回去。在阅读过程中，要博览与精读相结合，有些内容可以“不求甚解”，有些地方则必须精益求精，“寻花”之时不妨一目十行，“见花”之后却要“一行十目”，然后，将有价值的材料或自己的见解分门别类地辑录下来。

要广泛地搜集材料，并将搜集到的材料保存下来，一是要懂得利用工具书，二是要学会制作卡片。

我国几千年的文明史，给我们留下了丰富的文化遗产，各种典籍可谓汗牛充栋、浩如烟海；一个多产作家，一生可能有上百部的著作，对其重要著作的评论文章和参考资料也是不可胜数。要在书山探宝、学海泛舟，就不得不借助于各类的工具书。文科工具书主要有书目、索引、字典、辞典、年鉴、年表、目录、政书、类书、百科全书等。由于“术业有专攻”，当然不必对所有的工具书的使用一一了然，但对自己所涉足的领域的一些常用工具书，却不能不有所了解。

以研究中国古典文学为例，清代著名学者纪昀、戴震等编写的《四库全书总目提要》，是一部内容丰富而较系统的重要的工具书，共收录一万余种重要典籍，借此可以了解古书的版刻、源流、著述体例、内容得失与作者生平等。要了解字词的读音、意义、用法及形体构造等，可查阅古人的《尔雅》《说文解字》《广韵》等字书、韵书及晚近的《辞源》《辞海》《汉语大字典》

① 见王力、朱光潜等著：《怎样写学术论文》，北京大学出版社1981年版，第63页。

《汉语大词典》；查考我国古代的年代，包括年号纪年、干支纪年和公元年代的换算等，有万国鼎等编的《中国历史纪年表》等；查考月、日及年代的有陈垣的《中国回史日历》和《二十史朔闰表》；了解历代或某一朝的典章制度可利用《十通》及“会要”“会典”等；近人撰写的论文可查阅《中国古典文学研究论文索引》。此外，还有许多专科目录、专题书目、索引等，更是卷帙浩繁、不胜枚举。

作为一个语文教师，进行教学研究，还有一些教育类的必读书。如《中国教育通史》《中国古代教育论著丛书》《中国现代教育文选》《中国语文教育史》《传统语文教育教材论》《中国现代写作教育史》《中国现代教育史料汇编》《叶圣陶教育文集》《张志公自选集》《朱自清语文教育论集》《吕叔湘语文教育论集》《黎锦熙语文教育论集》《基础教育课程改革纲要（试行）解读》《语文教育展望》《西方教育论著选》《西方教育史》《教学过程》《后现代课程观》等。

除了学会使用工具书之外，还要善于利用图书馆，要学会查找书目、报刊目录。一般图书馆的馆藏书目都编制成书名卡、著者卡、分类卡三种，可以从不同的角度进行查找。有时间可翻阅一下常去的图书馆的书目卡，对馆藏有关专业的书籍有所了解，既可开阔眼界，查阅时也心中有数。

当然，网上查询也必不可少。上网获取信息资源，总的来说要遵循两条原则：

（1）明确目的

网上景观，花花世界，到处充满了诱惑力，在抢你的眼光。如果你不能自持，就会有被淹没的危险。所以，请牢记自己的目的，集中注意力，“任它弱水三千，我只取一瓢自饮”。这是一种生存战略。

（2）规定范围

明确信息需求的目的后，需要规定获取信息的范围，即从哪些地方可以得到信息，并要掌握其知名度、信誉、收藏信息的范围、索取方式等。①

教育和语文教育方面的网站也很多，可以打开各网站，如搜狐、新浪、百度、google 等网站，键入“中国教育”或“语文教育”进行“搜索”，也可以直接键入相关的网站名。

---

① 参见潘新和主编：《高等师范写作三能教程》，人民教育出版社 2002 年版，第71～72 页。

通过资源检索和阅读，我们会吸收大量信息材料，这就要动脑动笔，或做摘录卡片，或写读书笔记，或复印原文，或剪辑旧报，总之，我们有存储信息资料的需要。整理资料时，最好要尽量排除自己的成见和先入之见，客观地审视文本。成见和先入之见会遮蔽住研究者的思考，会形成误导。在集纳材料、审视文本的过程中产生的直觉，对于论文写作则是很重要的，这是言语生命的独特体验，弥足珍贵，它往往孕育着发现。这种瞬间的直觉如不及时捕获，时过境迁，就难以寻觅。所以，应随时记下自己阅读时的感受和心得，这些感受和心得有可能在以后的写作中发展成重要的观点，成为论文中最有光彩的思想亮点。

原则是：集中选题，系统整理，形成一个合理的较完整的资料结构。它一般应有四个方面的内容：本领域前人已研究的成果；相关学科可资借鉴的研究成果；前沿动态；尚未解决的问题。至于方法，可因人而异。这方面的论述颇多，在此从略。

俗话说："好记性不如烂笔头。"把资料保存下来的最好的办法是制作资料卡片。作卡片的好处是可以加深印象、促进思考；可以分门类存放，集众家之说为一，便于研究；使用时可分可合，可任意抽取存放。当然这些"卡片"也可以储存在电脑里。

历史学家吴晗作卡片的经验有三：第一，每一段资料要加上题目，指出这条资料属于什么问题。第二，抄录内容要有所选择，选取能说明关键性问题的资料。第三，写清楚材料的来源：作者、书名、页码以及事件发生的时间等。这三条缺一不可。

卡片的记录形式主要有四种。(1) 摘录式：这是将书籍、报刊中与自己学习或研究有关的重要的材料作摘录，摘录的内容要求一字不苟，连标点符号也不能遗漏或错标。(2) 提要式：用自己的话，概括原作中的观点、要点或事件、情节的梗概等。(3) 心得式：记下对某一问题思考的心得或评价，如对一句话或一篇文章得失的权衡，对其中难点、疑点的思索以及从阅读中受到的启示等。(4) 索引式：对较庞杂或篇幅较大的材料，写下归属的类别、书名（或题名）、页码、版本等，以备用时查阅。卡片采用何种形式，应视材料的具体情况及本人的习惯而定，总之，要尽可能做到集中、系统、有用，并要定期整理翻阅。

采集开始时，由于对这一领域不很熟悉，很可能找到的资料较为有限。

可以留心阅读已搜集到的资料的注脚，探寻他人进行研究的资料来源，从中发现自己所需要的资料线索，如此便能“滚雪球”般地由少到多，达到尽可能充分地占有资料的目的。他人著述中的注脚和参考文献就是我们的资料索引。需要提醒诸位的是，在阅读资料的过程中，要随时将有价值的资料记录下来，同时别忘了记下出处。千万不能为了图省事，只记下书名或作者，待下注脚时就麻烦了，再想重新去找，不但花时间，而且还可能找不到了。当我们阅读一些重要著作时，在书的最后部分总能见到作者开列的“重要参考文献”，这些文献在给我们指示如何进入某一学术领域的同时，也使我们为作者的博学精研的精神所感动，为作者的“为学术而学术”的精神所感动。它不但教给了我们做学问的途径，也教我们获得一个真正学者所需要的耐性、执着、严谨等心理素养。

论文写作的资料准备，有时还包括进行必要的调查研究和跟踪实验考察。有的情况下，单靠书面资料作从理论到理论的演绎，写出的文章很可能既没有实用价值也没有理论价值。而在调查研究和实验考察基础之上形成的观点，却往往是十分珍贵的。实际上，有相当数量的论文就是以作者实地调查来的新鲜资料取胜的，教研论文尤其如此。大量的教研论文是作者教育实验的成果，作者在实验开始和结束时都要做调查研究，要做问卷，实验过程中要注意搜集相关资料，总之，要尽一切可能，充分、系统地占有资料。用事实说话，即使研究者的理论准备不是太充分，抽象思维的能力不是太强，也能以资料取胜，提供的实验数据本身就能说明问题，读者可以从你的资料中进行再思考。

搜集资料，广泛地浏览相关领域的材料，是立论的前提。在这里的任何怠惰，都可能造成未来的理论地基的倾斜，更重要的是导致学术人格的堕落。

（二）立论

充分占有资料不是目的，不等于说资料搜集好了就万事大吉了。充分占有资料还只是论文写作的准备，还需要从资料中找到论文的切入点——论点，资料并不会自动奉献论点。论点是论文的灵魂，是作者言语生命状态的呈现，是研究者的主体性和精神创造力的体现。不少缺乏主体性和洞透力的研究者，在搜集资料上不乏耐性、不厌其烦，其一丝不苟的精神很值得敬佩。可是当他们面对竭尽全力搜集来的大量资料时，往往作茧自缚，茫然不知所措，思维被材料淹没了。他们被材料带着走，为材料所累、所困，深陷其中，不能自拔。常常看到有的研究者搜集的资料有几麻袋，竟没有看到他一个精彩的观点，他的文章充其量是一个资料库。这类研究者发表的文章也不少，可就是没有一篇文章的观点有思想冲击力，没有一篇文章能让读者记住，就像有些演员，混个脸熟罢了。有的作者也许文章并不多，可是，写一篇是一篇，读过一篇就能使人铭记不忘，不但记其文，而且敬其人。这些人就像演员中的“名角”，有自己对表演艺术的深刻理解和独特追求。这两类研究者的差别在于对资料是否有透彻的把握，是否既能入乎其内且能出乎其外，能否从资料中抽象出观点，观点是否有自己的洞见。这就体现了思想智慧层级上的高下之别。

立论是论文写作的一个关键环节，是研究者逻辑思维能力的体现。论点是否新颖、深刻，是论文质量和水平的一个最重要的评价指标。论文的论点一般须具有创见性，就是“以述为主”的论文，也需要有作者一定的归类、概括分析和评判，所以，切不可等闲视之。一个人的言语创新能力，在研究性写作中便主要体现为论点的创新。论文的生命在于论点，论点的创新，靠的是人的思想活力。思想活力，实际上就是人的精神生命活力。

这种思想活力、精神生命活力，首先表现为思维的敏捷和活跃。从材料中形成有新意的论点，需要作者有较强的分析概括与思辨的能力。作者通过对材料的多层次、多角度的分析比较，从而概括出研究对象的特殊性。朱光潜在谈到他对克罗齐哲学作了广泛的检讨后说：“我穷溯克罗齐哲学是怎样起来的，他对于前人采取了些什么，除去了些什么，他要解决的是哪些问题。”①这就是波普尔所谓的“把兴趣放在不一致的地方”所做的分析比较工作，目的也就是为了发现差异，把握研究对象的特殊性。

事物的特殊性往往不只表现在一个方面，这就需要做两种形式的分离：一是将事物的主要特性与次要特性分离开来；一是将自己所发现的特性与他人已发现的特性分离开来，从而形成深刻、独到的见解。论文没有自己的见解，不是论文的资料问题，更不是作者文字能力问题，而是表明作者是一个没有思想的人，是作者思维水平、智能水平整体低下的表现，是作者对自己的言语人格尊严的贬损，是一个言语生命的佝偻委顿、自我毁灭。

作者思想和精神生命活力，也表现在批判力上。在对资料分析比较与分

---

① 朱光潜：《克罗齐哲学述评·序》，见《朱光潜美学文集》第二卷，上海文艺出版社 1982 年版，第 371 页。

离的过程中，研究主体需有强烈的批判意识。无论是对他人的见解，还是对自己的原有认识，均应持批判的态度。思维的批判性，是从事科学研究所必须具备的一种极重要的心理品质。“人云亦云”或“自我感觉良好”，均意味着无知和浅薄。批判性思维能力，是研究者最需锻炼的。要做到立论的新颖、深刻，要提高思维的品质，在研究者的观念中必须破除权威迷信。研究者不闯过这一关，必将终生庸庸碌碌，一无所成。从某种意义上说，研究的目的就是对权威、对“真理”的否定和超越，是对“真理”的发展和深入，今天的“真理”就是明天的谬误。否则，我们就不必再研究了。研究者要确信，任何人的观点都是不完美的，都有局限和缺陷，都不是无懈可击的，因而，有待于我们进行批判和否定。否则，人们的认识就停滞不前，科学就不会进步昌明。

思想和精神生命活力，还体现在不同寻常的想象力上。想象力是思维的翅膀，它能使人超越经验的和现实的局限，甚至超越逻辑和理性，使思维在“异态”空间中自由翱翔。这种研究性写作中的想象力，主要体现在立论的假想性和超前性上，超出了一般人的常态思维和实用理性可以触及的范围，在约定俗成的思维惯性和现实经验的局限中脱颖而出，给人以电光石火般的思想撞击和精神震撼。不少富于想象力的见解，在现实中往往难以被人理解和接受，因为这些见解的现实性不是体现在当下，而是体现在未来。从这个意义上说，它像是一个“预言”。在我们的言语生命动力学创造论中，未来的真理，比现实的真理更有意义。这就是为什么贤哲们总是渴望“阳春白雪”，对现实中的人们的接受程度表示怀疑，总是认为自己之“道”是在现实中行不通的，而寄希望于未来人们的理解，有的宁愿将自己的作品“藏之名山，传之其人”。可以说，立论是否有想象力是立论上的最高的评判标准。人类的精神创造的思想成果能流传至今的，大部分都是由于它的前瞻性、未来性，而不是现实性、当代性。越有未来性的见解，就越有超越时空的生命力。实际上它也势必具有当下性，只是当时人们的认知力尚不能企及。

深具想象力的观点，虽然源于资料，但又超越资料。研究需要形而上的观照，需要智能，需要思想的穿透力，有的还需要一定的先验性、超验性。这些是要在长期的研究中应自我培养和发展的。这一能力是言语主体性和创造性的高度体现。一个有深邃思想的研究者，要在研究实践中，不断地超越资料、超越当下认识、超越自我，保持旺盛、蓬勃劲傲的创造力。

王世德先生认为立论通常有三种情况："（一）同意别人的论点，但自己有独特的感受，可从新的角度补充新的理由，丰富别人的论点；（二）有不同意处，可以展开争论，说明自己的理由（批评别人论点，必须注意忠实地引用原文，展开科学论证，而不应仅仅宣判别人不对，扣个帽子；或者随便说点感想，不予科学论证）；（三）别人没有讲到的新领域和新看法，即使是受了别人的启发，承接了别人某一论点而取得的发展，也是自己的创见，只要言之有理，就可提出商讨。"① 这三种立论方式可资借鉴。

从立论的操作层面上说，缺乏研究经验的研究者，自然还是得从最基本的分析比较工作入手。各种材料搜集来后，可将其一一铺排于桌面之上，将同类的材料归拢于一处。先分别对各类材料进行梳理、概括，然后再把各类材料联系起来进行分析、比较，结合自己在集材时的心得，经过反复的思考、权衡、扬弃，形成自己对材料的基本看法。最后，再尝试用一句话，把这一基本看法简洁地表述出来，这就形成了论文的基本论点。

以下是《教育与人的发展的几个问题》这篇论文的基本论点陈述句：

> 马克思主义哲学的创立，为教育上关于人的认识及关于教育的认识提供了科学的方法论，从而确立起一种新的科学的人性观与教育观，即人的辩证法与教育的辩证法。

这是一篇由"述"而"作"、创为新解的论文，是从马克思主义哲学中的人学到教育学的演绎，是从人学辩证法延伸到教育辩证法上。作者对基本论点的陈述，就抓住了研究对象——教育的特殊性——"教育上关于人的认识"这一点，提出了以马克思主义哲学方法论确立教育辩证法的观点。显然，这一观点又是建立在对以往存在的唯心主义或形而上学的认识的批判之上；同时，基本论点又能涵盖论文的整个论述系统，该文即是围绕着"人的辩证法与教育的辩证法"展开讨论的。

在按照"卡片分类——概括特点——分析比较——确立论点"的程序，拟出了得体的基本论点陈述句之后，思维还得回到资料上来，根据已形成的论点对所有的资料卡片做一番去粗取精的选择，将可望加强基本论点的最精粹的材料筛选出来，归类存放，便于整理思路和进行论证。

总之，立论是论文写作的一个重要环节，是研究者需要反复思考以至自

---

① 王世德：《怎样写毕业论文和学年论文》，见王力、朱光潜等著：《怎样写学术论文》，北京大学出版社 1981 年版，第 30 页。

我否定的艰难的运思过程。一篇论文如果只是材料的堆砌，没有自己独到、深刻的观点，这就不能算是真正的论文。辛辛苦苦搜集的资料，没能得到有效的利用，不能形成一定的观点，资料等于废料，前功尽弃，这也是作者生命疲乏、委顿的证明；资料只得到最一般的使用，观点陈旧、简陋，事倍功半，是资料的浪费，也印证了作者生命的苍白和平庸；观点独到、深刻、前瞻，才是物有所值、物尽其用，资料发挥出了最大的功值，也便显示了作者精神生命力的强悍和思想的健硕。

（三）拉纲

形成了有价值的基本观点，就可以真正进入论文的“写”的阶段。尚不熟练的研究者最好要拟一个提纲。论文的写作提纲分粗纲与细纲两种。在进入写作之前，不但要写出粗纲，而且还要尽可能写出细纲。“拉纲”就是整理思路，将思想的成果做逻辑的排列，做的是处理材料、谋篇布局的工作，目的是使文脉贯通、思理条畅，使一篇论文成为一个脉息通畅、机体鲜活的生命体。

要拉出一个提纲，如前所述，可把笔记卡片按类别排好，理清楚各类材料与基本论点之间、各类材料相互之间的逻辑关系。作者可根据自己的认识进程，随时变更、调整笔记卡片的排列顺序，一直到使各部分之间能构成一个严谨、融洽的论述系统为止；再把体现了某种内在联系的各类笔记卡片标上序号，分别拟定一个标题，这便是论文的粗纲。

进一步的工作是按照粗纲的顺序，对笔记卡片作逐类的梳理，目的是理清每一类材料内部的主次关系与层次关系，使杂陈的材料趋于有序。将理顺的笔记卡片按层次编码，在各层次的卡片上冠以小标题，这便是论文的细纲。

当然，上面的操作方法只是一种入门的提示，每一个人的写作方法不必强求一律，在写作实践中，自己会摸索出最适合于自己的、最经济的整理思路的方法。朱光潜的写作经验可供大家参考。他说：

> 我个人所采用的是全用腹稿和全不用腹稿两极端的一种折衷办法。在定了题目之后，我取一张纸条摆在面前，抱着那题目四方八面地想。想时全凭心理学家所谓“自由联想”，不拘大小，不问次序，想得一点意思，就用三五个字的小标题写在纸条上，如此一直想下去，一直记下去，到当时所能想到的意思都记下来了为止。这种寻思的工作做完了，我于是把杂乱无章的小标题看一眼，仔细加一番衡量，把无关重要的无须说

的各点一齐丢开，把应该说的选择出来，再在其中理出一个线索和次第，另取一张纸条，顺这个线索和次第用小标题写成一个纲要。这纲要写好了，文章的轮廓已具。每小标题成为一段的总纲。于是我依次第逐段写下去。写一段之先，把那一段的话大致想好，写一句之先，也把那一句的话大致想好。这样写下去时，像上面所说的，有时有新意思涌现，我马上就修改。一段还没有写妥时，我决不把它暂时摆下，继续写下去。因此，我往往在半途废去了很多稿纸，但是一篇写完了，我无须再誊清，也无须大修改。这种折衷的办法颇有好处，一则纲要先想好，文章就有层次，有条理，有轻重安排，总之，就有形式；二则每段不预先决定，任临时触机，写时可以有意到笔随之乐，文章也不至于过分板滞。许多画家作画，似亦采取这种办法。他们先画一个大轮廓，然后逐渐填枝补叶，显出色调线纹阴阳向背。预定轮廓之中，仍可有气韵生动。①

朱先生这里说的不只是“拉纲”，已延伸到了写作过程中对意思和思路的调整和修改等，他为我们展示了一个写作的生命化的随机过程，一个活的写作思维活动过程。从中我们也可以看出，他对思想的条理化和形式化的重视。有些论文茫无头绪、杂乱无章，问题大多就是出在写作运思中的草率和粗糙。

不论是粗纲还是细纲，论文的内部排列所依据的最基本的逻辑思路就是两种：归纳与演绎。归纳是从个别到一般，即从对具体材料的分析概括中形成具有普遍性的观点；演绎则是从一般到个别，即从一个具有普遍性的逻辑前提中，推导出一个具有特殊性的结论。各类论文的写作，对这两种逻辑思路的运用是有所侧重的。王力针对语言学研究断言：“我们搞科研，要先用归纳，再用演绎，不能反过来，反过来就坏了。”而有些论文则相反，如上文所举的《教育与人的发展的几个问题》，它就是以演绎为主的，从马克思主义的唯物辩证法中推演出教育中人的辩证法与教育的辩证法。可见，究竟以哪种逻辑方法为主，应根据所写论文的实际情况而定。由于归纳法与演绎法都有其局限性，归纳往往受经验所囿，而演绎的前提的可靠性往往难以验证，只有通过二者的互补才能克服各自的局限。因此，无论哪一类论文写作，实际上都必须将这两种方法有机地、辩证地统一起来。

此外，拉纲中的思路梳理，还有一些具体的方法，如历史的方法、比较

① 朱光潜：《谈文学·作文与运思》，见《朱光潜美学文集》第二卷，上海文艺出版社 1982 年版，第 285～286 页。

的方法，推进法、累积法，求同法、求异法，总分法、分总法等。一旦这些方法了然于胸，对材料与篇章的驾驭，也就轻车熟路、应付裕如了。

当然，有些人善于打腹稿，也可以不必写出文字形式的提纲；有的人才思特别敏捷，文字甚至赶不上思维的速度，这样，拟纲也就没有什么实际意义；今天，在电脑上写作，思路的修改和调整较为方便，拟纲的重要性就比以往要差一些。总之，目的就是一个，将文章的意思组织好，提高写作的效率。如何达到这个目的，应视各人的具体情况而定。

（四）拟稿

这里指的是论文初稿的写作。

有了写作提纲，并不意味着写作时就可以按图索骥。作者的运思，在行文时最为活跃，最为明晰，也最为苛刻，许多新思想纷至沓来，正如朱光潜所说："新的意思和原来的意思不免发生矛盾，这个意思和那个意思也许接不上头，原来自以为明确的东西也许毕竟还是紊乱的模糊的乃至于错误的。有许多话要说，究竟从何说起？哪个应先说，哪个应后说？哪个应割爱，哪个应作为重点？主从的关系如何安排？"① 这种情况是几乎每个作者都会碰到的。可见，初稿的写作，还有一个对材料与论述系统地进行重新调整的问题。

这可以从两个方面看：一方面是看你所准备的材料对于你的论述系统是否得体。如果材料不足，便得重新搜集；如果材料过剩，便得进一步精选。另一方面是看你所拟定的论述系统对于你所准备的材料是否合宜，论述系统的容量不论太大还是太小，都要加以调整，使之与材料相称。总之，材料与论述系统的关系，是相互制约、相互调节、相互适应的关系。

经过对材料与论述系统的整理，我们可以着手对论文的篇幅作一个大致的划分。对各部分的主次关系和所要论述的内容的分量，进行初步的篇幅上的规划，以使字数不至于失控。关于论文的字数，现在不同的刊物有不同的限定，大多限制在五六千字以内，除非特别重要的稿件可以有所突破。这种限制是不能不加以考虑的，否则，由于写得太长了，反而因此不被采用。所以，一般在论文写作之前，先要明确要寄给哪一个刊物及该刊物有什么要求。

论文的结构形式，一般包括三个部分：标题，序论（也作绪论、引论、引言等）、本论、结论，注释（或称"参考文献"）。

---

① 朱光潜：《漫谈说理文》，见王力、朱光潜等著：《怎样写学术论文》，北京大学出版社1981年版，第38页。

在标题下面，一般要有一个“内容提要”或“摘要”，要求在 200 字左右，用以阐明该论文的基本观点；在“内容提要”下是“关键词”，一般由 4～7个（或 5～8 个，各刊物有不同要求）名词或名词性词组，点出论文涉及的主要问题或方面。格式如：

语文学科呼唤科学态度和理性精神（上）[①]

——我国现代语文教育的世纪反思

潘新和

（福建师范大学文学院，福建福州，350007）

摘要：本文对我国现代语文教育百年历程进行系统的梳理和反思，指出其主要功绩是实现了由古典文人教育向现代平民教育的转型，达成了“言文一致”“国语统一”的目标，进行了卓有成效的扫盲、推普，初步形成了现代白话文教育规范。主要问题是基础理论研究的严重滞后，经验主义、工具主义与实用主义泛滥，“泛政治化”导致了“话语专制主义”，“以阅读为本位”的“吸收实用”型教学规范的本体论错位，语文应试教育与言语应用及人的言语上的自我实现严重背离，“科学化”沦为“伪科学”，语文学科沦为“伪学科”，语文界狭隘的排外心态等。认为语文教育要走出低谷，要以开放多元的创新意识对语文教育作哲学的和学术的探究，语文学科呼唤科学态度和理性精神。

关键词：语文学科；世纪反思；科学态度；理性精神

序论　说明研究该论题的研究背景、缘起、必要性和针对性，或阐明论题的范围、价值和作者的基本论点等。目的在于体现选题的重要性，引发读者的关注和阅读兴趣。在五千字以下的短论文中，序论部分的字数一般不宜超过五六百字。

本论　围绕基本论点展开论述和论证的部分，这是全文的重心所在。本论部分由若干分论点构成相互联系、相互支撑的论述。论述须分清主次详略，避免面面俱到、平均用力。重要的部分，要言不烦，须讨论得充分透彻，使基本观点得以牢固的确立，使读者能领会并接受论文表达的基本意图。本论部分占据了全文的主要篇幅。

---

① 参见《福建师范大学学报》（哲社版），2001 年第 4 期。

结论　或概括全文、深化基本论点，或对本论部分的某一要点、意义做进一步强调，或提出解决问题的某些设想，或对该论题研究前景做进一步的展望。结论部分不应对上文做简单的重复，而是要有所拓展。一般字数也不超过三四百字。

这三个部分不是孤立的存在，应是一个有机的整体，一个首尾圆融、思想贯通的生命体。三个部分虽是表现形式上的要求，而实际上却是作者生命状态的体现。“文以气为主”“行气为文章的第一义”，贯注其中的是写作主体的精、气、神。作者修养深厚，元气充沛，文章势必就能“吾道一以贯之”，势如破竹，气韵生动；作者修养不足，底气孱弱，文章也就捉襟见肘，文气不畅，上气不接下气，形容枯槁，文不达意。因此，贵在养气。这个“气”字，虽有点玄，古往今来人们众说不一，依我看来，就是言语生命的涵养，是言语生命在格物、致知、诚意、正心的历练中升华出来的气度和境界。有了大气度和大境界，气足神完，便获得了思想和精神自由，文字也便浑然天成、所向披靡。

这是论文的常规形态，然而，文无定法，文成而法立，应根据每一篇论文写作的具体情况作局部上的调整。有些论文为了较充分地阐明论题的价值、基本论点的意义，需要对有关的研究背景作较详细的介绍和分析，这样的论文，序论部分所需的篇幅就比常规形态的论文要多些。例如《教育与人的发展的几个问题》这篇论文，它的序论部分就包括了该文的第一部分“历史的启示”，即对中外教育史上有关“人与教育”这一命题的认识作了一个比较性的回顾。因为，要确立“从马克思主义方法论方面，对教育与人的发展的几个问题进行探究”这一论题，就必须把教育史上对这一命题的认识中存在的“唯心主义或形而上学的错误”“各执一端的片面性”讲透，否则，读者便无从知道何以要探讨人的辩证法与教育的辩证法。这篇五千多字的论文，序论部分即占了一千多字。这种序论，其实在一定程度上分担了本论所承担的任务。

还有一种非常规的情况，这就是论文的结论部分不止于对上文作一个归结性的阐述或简单地提出自己的解决问题的设想，而且还针对上文的问题，较为透彻地讨论了解决问题的方法、途径等，甚至还加以论证。如《中小学生出现流生的原因和对策》一文，其本论部分详细探讨了出现流生的原因，得出的结论是：

总之，流生问题非常复杂，涉及社会、学校、家庭等各个领域。有历史的、现实的、思想的、体制的诸多因素。解决问题要做许多艰苦的工作。

然而，文章并不是到此为止，下面还用了相当多的篇幅，针对流生问题涉及的诸多因素，逐一讨论了解决的对策。这样的结论部分，也可以看作是本论部分的进一步展开。

上述这两种结构形式，都是论文较常见的变体。研究者可从论文的基本型入手，进行初稿的写作；待掌握了基本规范后，再求变化。

文如其人，从另一种意义上也可以说一篇文章就是一个鲜活的生命体。一篇文章要体现有机体的自然和匀称，体现整体的美感和活力。写作是全身心的投入，是一种生命元气精血的灌注。千万不要把文章写“死”了。——文章“死”了，言语生命也就“死”了。

（五）注释

参考资料应规范。有引用、有转述、有参考他人著述的，均应注明。这似乎已是论文写作的细枝末节的事了，但是不容忽视。因为，注释恰恰是最能体现一个人的学术视野和研究修养的部分。一般的读者，看一篇论文，有时只要看“参考文献”就能看出作者写作论文的准备状况和作者的学识水平。因为，作者看的是什么书，看了多少书，看“参考文献”便一目了然。文末注释寥寥无几的论文，常常会给人留下所掌握的学术资源不足的第一印象。同时，给引用的资料加注，不但是一种写作上的要求，也是对作者言语人格上的要求。不加注，随便地将别人的思想成果作为自己文章的内容，这是对他人的知识产权的侵占，是一种剽窃行为，有悖学术道德。不少研究者在文章中往往大段地引用他人的言论，而不注明出处；有的虽加注，但是引文随便断章取义，或添字落字，这些都是极不严肃的做法。所以，从一开始进入到学术研究领域，就要培养对他人学术成果给予尊重的习惯，谨慎地引用他人的观点和言论，切不可忘了加注。

“注释”或“参考文献”的详细标注方法，请大家仔细研究各刊物的具体要求。不同的刊物，在写作要求上常常有细微的差异，研究者一定要根据特定刊物的要求，使文面符合其规范。即便是参考文献写得不规范，也会影响到文章的刊用。

（六）改定

可将写好的初稿征询专家、同行和内容涉及者的意见，经过自己认真思考，进一步修改初稿。修改时可参考如下步骤：

1. 默读全文，检验观点是否显豁，行文思路是否明晰，材料与论述系统是否和谐。不明晰、不和谐之处，加以修正。有些材料虽然来之不易，但如无助于论述的妥帖与严谨，应忍痛割舍。

2. 朗读全文，推敲行文是否流畅，遣词造句是否得当。将不流畅、不得当之处，加以修改；将粗糙的文字，加以润色；将可有可无的字句删除，足以达意即可。

3. 检查修订稿，使文本合乎刊物的规范、要求。

好文章是改出来的，论文写作尤其如此。数易其稿是正常的，一挥而就是不正常的。每改一次必有收获。一篇文章可以改上一辈子，一本书可以有无数的修订稿。即便是才思敏捷的天才，也不妨多费心斟酌检讨，使之锦上添花。

修改一篇论文，也可以看作是一个增强文章生命活力的“过程”。如前所说，好文章是一个鲜活灵动的生命体。作者要竭力使文章“活”起来，不要把文章写“死”了。一篇支离破碎的文章，无异于残肢断腿、气绝身亡的尸体。要使文章美起来，顾盼生姿、楚楚动人；不要使文章丑陋不堪、面目可憎。观点和材料都不错的文章，文字艰涩乖张，也会使人避而远之。——“言而无文，行而不远”（这个“文”字，我认为不单指“文采”，而是指包括文采在内的全部文化底蕴和精神涵养），文章能“行”多远，言语生命就能有多长！敷衍成文，是言语生命的自绝。

六　学会证伪：寻找永远的黑天鹅

不论是“以述为主”还是“以作为主”的论文写作，所凭依的，首要的都是逻辑思辨力，即思考辨析的能力。往更高一点的要求来说，是善于运用逻辑推导进行理论性思考。这需要强大的直觉力、想象力和形而上的智性和理性。

学术论文的写作，其逻辑思辨力具体表现在两个方面：一是有眼光，有思想，有见解，能发现有价值的论题，能提出问题，能使不成问题的重新成问题，能形成独到的论点；一是能抓住问题的要害，作逻辑谨严的推理、分析和综合，论证有力，思路条畅，机智雄辩，无懈可击。胡适所说的“大胆假设，小心求证”，在一定程度上体现了这两个方面的要求。

“大胆假设”，倡导的是论题、论点的确立应有胆有识，能体现出特立独行的学术人格。要做到这一点，批判性是必备的思维品格。“小心求证”，说的是对观点的论证应取严肃谨慎的态度，既要有批判性又要有科学性、实证性。从传统的研究方法来看，立论或提出问题，较为倚重“师承”，较为依赖现有的理论范式和主流话语，继承性多于批判性，其逻辑起点是“证明”。不论是演绎还是归纳，都是为了“证明”。所“证明”的往往不是自己的观点，而是实际上根本就无须证明的结论——已有的他人的结论。不太注重理论和观念的更新和激活，忽略或抵制新的参照系的介入和思维方法的改变，缺乏理性批判精神，更没有注意到科学革命和知识增长的进程中“证伪”的重要性，缺乏理论创新的意识和见识。胡适的注重实用、工具和自身经验的方法论，虽然是继承了20世纪初美国哲学家杜威的思想，在某种程度上打上了实用主义哲学的印记，体现了较强的主观性和功利性，但是，这一方法强调超越和颠覆的思想内核，体现出的强盛的言语生命意识和创造活力，则有着推动认知发展的积极意义。它与英国科学哲学家卡尔·波普尔的“知识是假说”的反归纳主义——证伪主义的方法论有某种程度的相似性，可弥补上述注重“证明”的思想方法的不足。波普尔认为，现代自然科学革命表明，科学的精神是批判，是不断推翻旧理论，不断做出新发现，就是说，科学是理性不断做出的假说，而这假说不断遭到批判，即被证伪。因此，他提出科学和非科学的划界标准不是逻辑实证主义的“可证实性”判据，而应当是“可证伪性”判据。“可证实性”判据不仅不合理，而且不可能，因为它的工具即归纳法是无效的。相反，“可证伪性”判据不但合理，而且可能。它的工具是否定式假言直言三段论这种演绎法，据之可借助“判决性实验”以单称陈述的真论证作为科学知识的全称陈述的“假”，即可实现证伪。科学陈述的可证伪度越高，即它禁止得越多，它的经验含量也就越多，也即知识含量越多。他把科学看作是知识增长的动态过程，他把这一过程描述为四段图式“问题→尝试性解决→排除错误→新的问题”。

为了能打破在长期议论文写作中形成的对现有理论（所谓“真理”）的“证明”和“例证法”崇拜，打破建立在逻辑实证主义基础之上的“证明”这个单一的思维模式，更好地理解批判性的猜想与反驳（即“证伪”）在理论思维和知识增长中的作用，我们认为，将在当代科学哲学中有较大影响的波普尔的观点作为建构学术写作的思维图式的“参照物”加以强调，是十分必要的。波普尔在《猜想与反驳——科学知识的增长》一书的“序言”中说：

> 知识，特别是我们的科学知识，是通过未经证明的（和不可证明的）预言，通过猜测，通过对我们问题的尝试性解决，通过猜想而进步的。……对一个理论的反驳——即对问题的任何认真的尝试性解决的反驳——始终是使我们接近真理的前进的一步。正是这样我们能够从我们的错误中学习。
>
> …………
>
> 在我们的理论中，那些证明对于批判有强大抵抗力的理论，以及那些在某一时刻在我们看来比其他已知理论更接近真理的理论，连同对这些理论的检验的报道，可以描述为那个时代的“科学”。既然没有一个理论能肯定地得到证明，所以实质上是它们的批判性和不断进步性——对它们声称比各个竞争的理论更好地解决我们的问题我们可进行辩论这个事实——构成了科学的合理性。①

波普尔认为他的上述基本论点，适用于从哲学问题、自然科学史和社会科学史到历史和政治问题。波普尔的论点，也许不无“唯心论”之嫌，但其批判性、证伪理论和把科学看作知识增长的动态过程等的合理性，则是毋庸置疑的。实际上，他的“证伪”理论，与中国传统学术研究的“辨伪”的方法，怀疑、质疑和批判的方法，与马克思主义“否定之否定”的原理不无相通之处。只是由于他特别强调科学发现是理性的活动，强调科学革命、假说、证伪、反驳、批判的作用，因而在一定程度上忽视了逻辑实证主义方法的合理性，忽视了科学建构正常时期的建设性活动，这使他的方法论暴露出了矫枉过正的缺陷。

如果我们能在辩证唯物主义和历史唯物主义思想的指导下，发扬理性批判的精神，对现有的理论成果加以检验，在新的视野下提出自己的猜想和反驳，既注意到“可证伪性”判据的价值，也注意到“可证实性”的归纳法、例证法的合理运用，使批判和建构成为学术研究互补的两翼。这样，从事科

---

① ［英］波普尔著，傅季重、纪树立、周昌忠、蒋弋为译：《猜想与反驳——科学知识的增长》，上海译文出版社 1986 年版，序言。

研和学术论文写作，可望更具科学性。

但是，相对而言，对于任何研究者来说，批判和证伪都是一种极重要的学术意识和人格意识。从某种意义上说，一部学术史或科学史，就是一部批判史、证伪史、解构史、误读史。绝大多数重要的学者和科学家都是靠批判起家的。没有批判，就没有建设；没有证伪，就没有证明；没有解构，就没有建构；没有误读，就没有正读。从先秦诸子到王充、李贽，从苏格拉底、柏拉图、亚里士多德到黑格尔、马克思、尼采，从哥白尼、达尔文到爱因斯坦、霍金，概莫能外。猜想与反驳，批判与证伪，解构与颠覆，较之于证明主义、归纳主义和经验主义，对科学进步与学术繁荣具有更强大的推动力。权威膜拜和理性缺席，基本观点和基本概念的失语，言语生命意识和独立学术人格的迷失，是学术研究和科学进步的死敌。

从中国哲学史上来看，作为儒家思想创始人的孔子，尽管自我标榜“述而不作”，而实际上则是在“述”的同时，做出了自己的猜测和解释，即“以述为作”。他说：“《诗》三百，一言以蔽之，曰：‘思无邪’。”① 这其中便体现了他的道德价值观。儒家后学，都是在对孔子思想的否定与超越中，确立了其学术地位并丰富了儒家思想的。“孟子代表儒家的理想主义的一翼，稍晚的荀子代表儒家的现实主义一翼。”② 如在人性论上，孟子的“性善”说与荀子的“性恶”说，既相互对立，又都与孔子的看法相异。孔子不太注重人的“本性”，更关注的是后天环境的作用，认为“性相近也，习相远也”③。孟子则说：“仁义礼智非由外铄我也，我固有之也，弗思耳矣。”④ 认为恻隐、羞恶、辞让、是非之心，“人皆有之”。他不仅认为人有本性，而且认定本性为“善”。这种见解实际上是对孔子看法的否定。与孟子同样肯定人有“本性”的荀子，又认为“人之性恶，其善者伪也”，“不可学，不可事，而在人者，谓之性。可学而能，可事而成之在人者，谓之伪”⑤。就是说，人的本性是恶的，一切的善都是人为的，是通过后天的学习和修炼而成的。儒家学者内部的观点尚且不一致，更不用说与儒家在基本观点上相左的道家、墨家学派了。人们的认

---

① 《论语·为政》。
② 冯友兰：《中国哲学简史》，北京大学出版社 1996 年版，第 60 页。
③ 《论语·阳货》。
④ 《孟子·告子上》。
⑤ 《荀子·性恶》。

识，正是由各学派内部的自我否定和证伪，得以丰富和发展；由各学派之间的相互批判、诘难、辩驳，得以深入和全面，从而形成了学术繁荣的局面。在各学派中，由于儒家思想这两千多年中成为我国的主流文化，不断地受到来自内部与外部的“反驳”“证伪”，它的证伪度是最高的，因而相对于其他学派而言，它的经验含量与知识含量也就更多些。

人类的一切知识，恐怕都难逃被反驳以至被证伪的结局。再拿现代学术中的一门显学——“红学”来说吧。著名学者蔡元培先生在1915年出版了《〈石头记〉索隐》，开“红学”情节考证方法之先河。他认为：“《石头记》者，清康熙朝政治小说也。作者持民族主义甚挚，书中本事在吊明之亡，揭清之失。而尤于汉族名士仕清者，寓痛惜之意。”[①] 这一观点，持之有故，言之成理，在当时颇为轰动，被称为“索隐派”。到了1921年，胡适就作了《红楼梦考证》一书，对蔡元培的研究方法批判说：“……向来研究这部书（指《红楼梦》）的人都走错了道路……他们不去搜求那些可以考定《红楼梦》的著者、时代、版本等等的材料，却去收罗许多不相干的零碎史事来附会《红楼梦》里的情节。”并“大胆假设”说：“我们只须根据可靠的版本与可靠的材料，考定这书的著者究竟是谁，著者的事迹家世，著书的时代，这书曾有何种不同的本子，这些本子的来历如何。这些问题乃是《红楼梦》考证的正当范围。”[②] 胡适“考证”的结论便是认为《红楼梦》是作者曹雪芹的“自叙传”。这么一来，蔡元培为代表的“索隐派”研究便成了“旧红学”，胡适为代表的“考证派”研究便成了“新红学”，大有以“新”代“旧”之势。在此后的相当长的时间内，“新红学”阵营内部的二位大将顾颉刚与俞平伯，一方面在胡适设定的理论的框架下，去证明其基本观点的正确性；另一方面在考证过程中，也不无困惑，如他们都曾对胡适《红楼梦考证》引用的第一条重要材料《随园诗话》所用刊本的不可靠提出质疑，发现了不少的疑点，顾颉刚认为胡适写了《红楼梦考证》不到三个月，“已觉得各项推断援据打得七穿八洞”。俞平伯也说：“适之所做的《考证》现在看来的确是‘七穿八洞’了！这就是进步的证据。”在“新红学”阵营外部，也不断有人对其发表歧见，进行批驳，其代表性人物有近年来在“红学”论坛崛起的欧阳健。他的

① 蔡元培：《〈石头记〉索隐》，见王元化主编，绿林书房辑校：《蔡元培学术论著》，浙江人民出版社1998年版，第9页。

② 见《胡适文存》卷三，亚东图书馆1921年版，第807页，第822页。

猜想与反驳的锋芒直指胡适的“自传说”的根本——作者考证与版本考证。他断言胡适认为《红楼梦》作者是曹雪芹，所根据的《随园诗话》有关内容做出的三点判断，现在看来都是错误的。“他做出的关于《红楼梦》作者和版本的结论，恰恰都是缺乏实证的，因而是完全靠不住的。”[①] 欧阳健对胡适研究成果的辨伪与证伪，鞭辟入里、言之凿凿，极大地动摇了“新红学”体系的两大支柱（作者、版本考证），“考证派”倾数十年之功精心筑就的“红学”大厦，也跟当年“索隐派”一样岌岌可危了。

颇有认识论上启示意味的是，“索隐派”在这大半个世纪中虽屡经质疑、挞伐，而居然没有因此一蹶不振，近年来在海内外学术界却又波澜迭兴、风靡一时。这表明了“旧红学”在某种程度上抵抗住了“证伪”，仍有一定的认同度和“逼真度”（波普尔用“逼真度”这个概念来取代“真理”，作为对科学进步的量度）。从表面上看，似乎是新旧“红学”此起彼伏、交错兴替，而实际上，人们对“红学”的认识并非处于机械的循环更替之中，并非要么全盘肯定，要么全盘否定；而是在猜想与反驳、批判与证伪，当然还有在检验与证实中，去粗取精，去伪存真，螺旋式地上升。这也是一切学术研究和理性思维的通则。

如果说现有的结论是“一切天鹅都是白的”，那么，你的目光则要放在寻找“黑天鹅”上，放在与现有结论不一致之处，寻找反例——永远的“黑天鹅”。

七　由“学”到“识”：为思想自由奠基

假设或猜想的提出，必然会面临两种情况：一是所提出的问题是符合客观实际的，是“真”的；一是所提出的问题是不符合客观实际的，是“假”的。学术研究和学术论文的写作，毫无疑问，所要求的是前者而不是后者。但是，悖论随之发生，在任何人的学术道路上，都难以做到这一点。如前所述，包括胡适、波普尔也概莫能外。其实所谓的“真”，只不过是“逼真度”较高罢了（波普尔认为逼真度是真性内容减去假性内容的差），今天人们所认

---

① 参见欧阳健：《红学辨伪论》，贵州人民出版社 1996 年版，第 18 页。

同的所谓的真理，只是相对来说较为逼近真理，并不就是真理。要使自己的假设与猜想具有较高的逼真度，别无捷径，唯有在“学养”上老老实实地下功夫。学养指从书本和实践（实验）中获取一切有价值的思想成果，经消化后形成的学识修养。

自然，这并不是说其他的写作不需要学养准备，而是说学术论文在这一点上尤其重要。清代著名学者章学诚说：“夫史有三长：才、学、识也。”[①]“夫才须学也，学贵识也。才而不学，是为小慧；小慧无识，是为不才；不才小慧之人，无所不至”[②]。他认为在治学上，“才”是由学识所至，光靠小聪明却不学无识的人，是什么荒谬的事都做得出来的。这说得并不过分。要做学问是没法偷懒的，偷懒必然要投机取巧，就走到歪门邪道上去了。

有关学术论文写作的方法、途径无法一一论列，这里单就学术论文写作中应具备的学识修养与大家交流一下心得。

作为研究者，既要“博学”，且要能“述学”。

要进入任何一个学术领域，首先都要具备基本的理论知识。要做学问，先得有学问。因此，各专业的研究者要遍读有关的书，这包括两大类：一是哲学类的，具有普遍的认识论、方法论意义的书；二是专业类的，包括与本专业相关的重要的书。

第一类的书看来似乎与本专业研究关系不是那么直接，却是带有根本性指导价值的，它在相当程度上决定了你能看到、读到、想到什么。因为人的感知往往是在特定理论图式支配下做出的“解释”，单是一部《红楼梦》的“命意”，鲁迅就说过：“经学家看见《易》，道学家看见淫，才子看见缠绵，革命家看见排满，流言家看见宫闱秘事”[③]。同样以天文观测的资料为依据，托勒密看到的是太阳绕着地球转的“经验事实”，而受到古希腊自然哲学“日心说”影响的哥白尼，则试图以太阳为中心去说明整个太阳系。哲学修养对于研究者来说是太重要了，遗憾的是往往被研究者所忽略。

第二类的书，各专业虽有各自的范围，但涉猎的面应当说也是愈广博愈好。古人就有文、史不分家之说，而现代人应该是文、史、哲、政、经不分

---

① 章学诚著，叶瑛校注：《文史通义校注·文德》，中华书局1994年版，第279页。

② 章学诚著，叶瑛校注：《文史通义校注·妇学》，中华书局1994年版，第536页。

③ 鲁迅：《〈绛洞花主〉小引》，见《鲁迅全集》第八卷，人民文学出版社1981年版，第145页。

家，以至文、理不分家，真可谓学海无涯了！相关领域的书可以量力而读，而各个专业领域内总有一批的书是必读的。胡适曾给青年开具了“最低限度的国学书目”185 部，总卷数达万卷以上[①]。史学家吕思勉在《中国史籍读法》中，为治史的初学者指示了阅读的门径，他以为应最先阅览的有两部书：一是《通鉴》，二是《文献通考》，此外兼及《文史通义》《全上古三代秦汉三国六朝文》《经世文编》《日知录》《明夷待访录》《廿二史考异》《十七史商榷》和《廿二史札记》等，或精研，或泛览，或通读，或摘读。[②] 所读的书不够，就不能在这个学术领域平等地对话。对于一个学者来说，没有什么比说他连专业“门牌”都没有摸清更令人难堪的事了。

在基本的阅读中，还包含着相关的训练，如治史，就有必要对版本学、史料学、校勘学、辨伪学等知识和技能有所了解，并能运用。胡适谈到哲学史研究首先应做一番根本的工夫，这叫作“述学”：“述学是用正确的手段，科学的方法，精密的心思，从所有的史料里面，求出各位哲学家的一生行事、思想渊源沿革和学说的真面目。为什么说‘学说的真面目’呢？因为古人读书编书最不细心，往往把不相干的人的学说并入某人的学说；或把假书作为真书；或把后人加入的篇章，作为原有的篇章；或不懂得古人的学说，遂致埋没了；或把古书解错了，遂失原意；或各用己意解古书，闹得后来众说纷纷，胡涂混乱。有此种种障碍，遂把各家学说的真面目大半失掉了。”[③] 他所说的“述学”，显然不只是纯技能性的功夫，也体现了治学者的思辨力和想象力。“述学”，虽然对于治史需要，就一般性的学问而言，也不同程度地需要对资料做起码的鉴别与审订。“博学”只是奠基建房，有了“述学”的本领，方可以申领学术研究的“营业执照”，可以“开业”写论文了。

在学术论文的写作中，可以说是处处见学养，这里只举其中较重要的两个方面谈谈。

其一是“选题”。前面已谈论过选题问题，这里从学养的角度再谈谈。不少研究者难以定下个合宜的题目，主要就是因为无“学养”以致无“见识”。

怎样才能称之为有“见识”呢？最基本的方法是既能抓住某一领域的

---

① 胡适：《一个最低限度的国学书目》，见《胡适文存二集》卷一，亚东图书馆 1927 年版。

② 吕思勉：《吕著史学与史籍》，华东师范大学出版社 2002 年版，第 99～102 页。

③ 胡适：《中国哲学史大纲·导言》，上海古籍出版社 1997 年版，第7 页。

“问题状况”，又能找到与众不同的角度或切入点。在“博学”与“述学”的基础上，必然会发现本学科大家关注的问题，这些问题，有的经长时间的“证伪”之后，形成较普遍认同的共识，有了较高的“逼真度”，这一般可以称为“不成问题”了（只是相对而言，有时介入新的参照物和特殊的角度，又会重新发现问题）；有的虽经“证实”与“证伪”，但结论尚莫衷一是，这就“成问题”了。一般的论者往往就在这些“成问题”的地方起哄，试图插上一脚、凑个热闹，有时候也能出一些成果。智慧层级较高、学养较深厚的论者，却常常从“不成问题”处提出新的假设和猜想，重新“发现问题”，去证伪、推翻原有的结论，这么一来，“不成问题”的又变得“成问题”了，从而有可能把人们的认识推向更深的层面。

李泽厚讲到中国思想史、哲学史研究时，就极力倡导从各个不同角度、用不同的方法去接近、探讨、表述中国哲学史、思想史，所提出的问题、所经由的途径和所企图达到的目标，可以不相同：“可以有以搜罗整理材料见长的哲学史，也可以有以解释阐发新意见长的哲学史；可以有偏重考证的历史学家的思想史，也可以有偏重义理的哲学家的思想史。在后者中，可以有以唯物论与唯心论的斗争作为根本线索的研究，也可以有以认识发展进程为线索的研究，还可以有其他的课题、途径和线索的研究”①。这种多样化、多角度的拓宽思路，也势必有助于发现问题，深化认识，推陈出新。当然，能否打得开思路，也同样需要学养。

在选题上还需一提的是，切记论题要小。语言学家王力在指导研究生如何选题时，首先就告诫他们论文的范围不宜太大，范围大了，一定讲得不深入、不透彻。讨论问题要深入，深入了就是好文章。好到什么程度？就是要好到能作为中国语言学的好文章流传下来。这叫作小题目做大文章。他极力推崇的是王引之《经传释词》的写法：“他拿一个虚词来讲，每个虚词的解释独立出来都是一篇论文，有几个虚词讲得好到没有法子形容了。比如他讲‘终’字，总计不到一千字，讲得很透彻，证据确凿。看了他的解释，我们不但知道了虚词‘终’是什么意思，而且也学到了他的科学方法。所以说小题

① 李泽厚：《试谈中国的智慧》，见《中国古代思想史论》，天津社会科学院出版社2003年版，第281页。

目可以写出大文章”[1]。缺乏必要的学识修养，大题目势必也只能做出小文章。

其二是“命意”。命意，就是指论文写作的论点的确立。这更是集中体现了一个人的综合文化修养，诚如朱光潜所言：“深人所见亦深，浅人所见亦浅。”命意要求“新”和“深”。浅俗之见，务加摒绝。学术论文的写作，当是人的最高智能的凝聚和“角力”。每一篇论文的写作，都是一场智力的搏击、无声的较量。思想场上的竞“智”，绝不亚于运动场上的竞“技”。在这思想的园地里，一分耕耘一分收获。难辨是非，可见深浅；没有裁判，自有公断。

梁启超说：

> 细数二千年来史家，其稍有创作之才者，惟六人：一曰太史公，诚史界之造物主也。其书亦常有国民思想，如项羽而列诸本纪，孔子、陈涉而列诸世家，儒林、游侠、刺客、货殖而为之列传，皆有深意存焉。……二曰杜君卿。《通典》之作，不纪事而纪制度。制度于国民全体之关系，有重于事焉者也。……三曰郑渔仲。夹漈之史识卓绝千古，而史才不足以称之。其《通志·二十略》，以论断为主，以记述为辅，实为中国史界放一光明也。……四曰司马温公。《通鉴》亦天地一大文也。其结构之宏伟，其取材之丰赡，使后世有欲著通史者，势不能不据为蓝本。……五曰袁枢。今日西史，大率皆纪事本末之体也，而此体在中国，实惟袁枢创之，其功在史界者亦不少。……六曰黄梨洲。黄梨洲着《明儒学案》，史家未曾有之盛业也。中国数千年，惟有政治史，而其他一无所闻。梨洲乃创为学史之格，使后人能师其意，则中国文学史可作也，中国种族史可作也，中国财富史可作也，中国宗教史可作也。诸类此者，其数可限？……夫此六君子以外，则皆所谓“公等碌碌，因人成事”。《史记》以后，而二十一部皆刻画《史记》；《通典》以后，而八部皆摹仿《通典》。何其奴隶性至于此甚耶！[2]

由此可见“创新”的重要。古人所言“才、学、识”三长，这个“识”，就是见识，就是“创新意识”，这的确是为文之首务，不止限于“史识”。

举凡方家之论，无不重识、创识、有识。

---

① 王力：《谈谈写论文》，见王力、朱光潜等著：《怎样写学术论文》，北京大学出版社 1981 年版，第 2 页。

② 梁启超：《中国之旧史学》，见《饮冰室文集全编》卷十一，上海新民书局 1935 年版。

冯友兰在《新知言·禅宗的方法》中讨论禅宗“第一义不可说”的“无知之知”的方法，不是就禅宗讲禅宗、就空宗（禅宗之所由出）讲禅宗或就佛家讲禅宗，而是引入了道家的“不言之辨”“不道之道”“不言之教”的哲学观，和西方哲学维也纳学派的宗师维替根斯坦的“超过命题，才有正见”的方法论等作为参照，在思想的领域，跨越时空，纵横捭阖，将其归纳整合到“形上学的负的方法”这一命题上，指出：“禅宗虽是继承佛家的空宗，亦是继承中国的道家。”① 识见可谓不俗。在 20 世纪 80 年代的我国“文化”热的高潮中，季羡林发表了《从宏观上看中国文化》一文，对当时的有关论述感言道：“讨论中国文化，往往就眼前论眼前，从几千年的历史上进行细致深刻的探讨不够，从全世界范围内进行最广阔的宏观探讨更不够。……我们必须上下数千年，纵横数万里，目光远大，胸襟开阔，才能更清楚地看到问题的全貌，而不至于陷入井蛙的地步，不能自拔。总之，我们要从历史上和地理上扩大我们的视野，才能探骊得珠。”正是站在对东西两大文化体系的数千年历史的制高点上，他从东西方文化的互补中，从大量中外史实和史家的证言中，把握到了历史进程的脉搏，满怀豪情与自信地预言：“现在球已经快踢到东方文化的场地上来了。东方的综合可以济西方分析之穷，这就是我的信念。”② 宏论更是振聋发聩。这些远见卓识，都是从深厚的学养中生长出来的呀！

学识学识，没有“学”，何言“识”呢？言而无“识”，不是“不能”，而是“不为”。学问、学术上的修养和素养，须长期陶冶修炼。只要脚踏实地，博学穷理，慎思明辨，竭心尽智，定能渐入学术之佳境。

具备了深厚的学养，才能拥有真正的思想自由；思想，才有存在的价值。

八 学风：学问即目的

还需关注的是学风问题。毋庸讳言，今天学术空气和风气带有某种病态。从外部看，这首先表现为一切的科研成果和科研奖励与物质利益挂钩，这必

① 冯友兰：《禅宗的方法》，见胡道静主编：《国学大师论国学》，东方出版中心 1998 年版，第 334 页。

② 胡道静主编：《国学大师论国学》，东方出版中心 1998 年版，第 199 页。

然刺激了研究者的功利心和趋利心。科学研究本应是一件崇高、神圣的事业，是超功利的精神追求、生命的自我实现，一旦与利益息息相关，染上了铜臭味，研究就变质了。其次，将科研成果和时限挂钩，要求研究者每年甚至每个学期都要拿出科研成果，一年没有成果，考核就通不过，这就给科研雪上加霜。科研本不应有什么时间限定的，考核科研成果不是以“数量”作为指标的，而应以“质量”来衡量的，没有质量，数量再多也是垃圾。今天研究成果大量低水平重复，粗制滥造，原因盖出于此。其实，一个人一辈子能出三五篇精品，也就足慰平生，能有一篇传世之作都不易，堪称是生命的骄傲、奇迹了。再次，评课题、评奖和评职称机制的不科学、不公正，更加剧了学风的败坏。确定评委的标准，一般是取决于职务而不是学术水平的高低。职务越高，获得课题、奖励和晋职的机会就越大，这就严重误导了研究者的心态，使学者心理失衡，争相为“官”。由此可见，今天学风的败坏，不应完全归咎于研究者个人，主要应对科研机制进行检讨。在今天，要当一个“与世无争”“独善其身”的学者，要能“致虚极，守静笃”是很困难的。这也是当代缺少真正意义上的学者的一个重要原因。学者陷入严重的生存困境。造成这种困境的因素，来自科研机制层面的大于政治层面的。今天的知识分子精神生活和话语空间相对宽松，但是学术生态环境不能说是良好的。“官本位”的权势因素对科研的侵袭，比以往任何时候都严重。一个不当官的知识分子，比起当官的知识分子，学术存活空间要狭小得多，学术处境也要艰难得多。因此，当今每一个知识分子都会面临“当官”与“治学”的痛苦抉择，这使知识分子的治学心态变得纷乱、浮躁，要做到恬静、平和则十分困难。显然，在这样的学术机制下是难以出大师的。

正由于此，学风学德的问题才显得尤其重要。近年学术腐败之丑闻屡见报端，便主要和社会环境、评价、用人制度有关。对一个学者来说，对外部的学术生态环境是无能为力的，所能做的唯有反求诸己。学术腐败的发生，自然也和学者治学品格有直接关系。所以，学者提高自身的治学品格是至关重要的。关于研究之学风，梁启超先生在《清代学术概论》一书中对清代“朴学”的“正统派”学风特色的概括，不论是对初涉学术领域的学生还是一般的研究者培养良好的学术态度，都很有启示意义。

正统派之学风，其特色可指者略如下：

一、凡立一义，必凭证据。无证据而以臆度者，在所必摈。

二、选择证据，以古为尚。以汉唐证据难宋明，不以宋明证据难汉唐；据汉魏可以难唐，据汉可以难魏晋，据先秦西汉可以难东汉。以经证经，可以难一切传记。

三、孤证不为定说。其无反证者姑存之，得有续证则渐信之，遇有力之反证则弃之。

四、隐匿证据或曲解证据，皆认为不德。

五、最喜罗列事项之同类者，为比较的研究，而求得其公则。

六、凡采用旧说，必明引之，剿说认为大不德。

七、所见不合，则相辩诘，虽弟子驳难本师，亦所不避，受之者从不以为忤。

八、辩诘以本问题为范围，词旨务笃实温厚。虽不肯枉自己意见，同时仍尊重别人意见。有盛气凌轹，或支离牵涉，或影射讥笑者，认为不德。

九、喜专治一业，为“窄而深”的研究。

十、文体贵朴实简絜，最忌“言有枝叶”。

他认为，当时的学者以这种学风矜尚，自命为“朴学”。“其间接的效果：一、读诸大师之传记及著述，见其‘为学问而为学问’，治一业终身以之，铢积累寸，先难后获，无形中受一种人格的观感，使吾辈奋兴向学。二、用此种研究法以治学，能使吾辈心细，读书得间；能使吾辈忠实，不欺饰；能使吾辈独立，不雷同；能使吾辈虚受，不敢执一自是。”

他尤其赞赏清代学者的不求“实用”的精神，认为他们所研究的，与“现代世界诸学科”比，固然是“无用”，但是，他们这是以无用为用，“则凡真学者之态度，皆当为学问而治学问……为学问而治学问者，学问即目的，故更无有用无用之可言……循斯义也，则同是一学，在某时某地某人治之为极无用者，易时易地易人治之，可变为极有用，是故难言也。其实就纯粹的学者之见地论之，只当问成为学不成为学，不必问有用与无用，非如此则学问不能独立，不能发达”①。这就是言语人格的思想核心。

要么你就不做学问，要做学问就不必问“有用”还是“无用”，认定了目标，我行我素地做去就是了。做学问的幸福本来就不在现世，而是在遥不可

---

① 梁启超：《清代学术概论》，东方出版社 1996 年版，第 43～45 页。

及的彼岸。学风便是“学德”的表现，不能做“不德”之事，更不能做“大不德”之事。“只当问成为学不成为学，不必问有用与无用”，这应成为学者的座右铭。年轻的学者在叩动学术之门时，便要问自己是否能为了那“永生”的虚无缥缈的幸福，耐受得了这份“终生”的寂寞和困苦。

在文德上，且不说那些学术腐败之徒剽窃抄袭之作的卑劣，这是以欺人始自欺终，对自己学术生命的不负责任，也要摒绝学术心态的浮躁和骄矜。例如有人指出某“严肃史著”的立论，居然多处取例于《水浒全传》《老残游记》《二十年目睹之怪现状》《二刻拍案惊奇》《诗经》等小说家言和诗家言，这些小说和诗歌虽然是当时现实生活的反映，但是它毕竟不是现实生活本身，是虚构的，以虚构的东西作为史论的论据，有沙上筑塔之嫌。他还指出了余秋雨先生也有“戏说”历史的爱好。“余先生在其《文化苦旅》一书当中的《白发苏州》一文中说：‘你看大明亡后，惟有苏州才子金圣叹哭声震天，他因痛苦而被杀。’此说给人的暗示和直觉是，金是因凭吊覆亡的明朝而被杀的。然而，该论却大有问题：若以清朝甲申年（1644 年）3 月 15 日崇祯皇帝吊死煤山，清兵入京之日为明亡，那么，此日金圣叹在苏州家中，并没有‘哭声震天’，当然也没有因此被杀；如果以南明韩定王被清兵攻杀为明亡，那么，金圣叹此时被杀已有两年，怎么还能为明亡而‘哭声震天’呢？实际上，金圣叹之死源于发生在顺治十八年（1661 年）二月初四的‘抗粮哭庙’事件，与明亡毫无干系。由此可以看出，余先生上述说法实乃小说家言。此外，余先生在其《山居笔记》一书当中的《乡关何处》一文中又把黄宗羲当年锥刺 4 个奸人杜撰成是‘连刺 8 人’；他还在其《文化苦旅》一书当中的《西湖梦》一文中把确有其人的南朝名妓苏小小与清人小说中的苏小小给一锅煮了。如此等等，不胜枚举。”①对于余秋雨先生散文中的谬误，批评者甚多，有论者指出了一百多处的谬误，有的谬误还相当严重。如余秋雨先生在《文化苦旅》中《这里真安静》一文写道：“1937 年 7 月 7 日卢沟桥事变后，寺内寿一曾任日本华北方面军司令官，在他的指挥下，日军由北平进占山西、陕西、甘肃，直取兰州。”事实是：“抗日战争中，北平、山西曾陷敌手，陕西、甘肃山河依旧。八年侵华战争，日寇铁蹄未克潼关，延安并立，西安无恙，更不存在‘直取兰州’。”比起文章中的毛病，更让人感到不能原谅的是余先

---

① 蒋峰：《史论岂能戏说》，载《中国青年报》2004 年 1 月 14 日。

生拒绝批评和推脱错误的态度。“为了维护被人捧抬起来的声价和尊严，他对自己散文中确实存在的知识差错和来自读者的批评，从来都是视若无睹、全盘否认的。实在挡不住了，就以推诿来敷衍搪塞，甚至用谎言蒙人。其结果，就使原来许多真诚地关心、爱护、支持和赞扬过他的读者，逐渐失去了对他的信任和好感，甚至厌恶有加，批评不断。这种引人注目的变化，难道不值得号称‘文化史学家’的余秋雨先生深长思之吗？”①

余秋雨先生是当代散文大家，在散文史上开创了“文化散文”的体裁，堪称“文体家”。他的文化散文别具一格，个性鲜明，意境宏阔，内蕴深厚，才华横溢，深邃过人，这些都是有目共睹、众口称羡的。本来，在记忆超群、才思敏捷的作家笔下，犯些“笔误”在所难免，因为，在文思泉涌、纵笔挥洒之时，往往凭记忆写，而记忆有时是靠不住的，“笔误”就可能发生。但是，余先生不同于一般以叙事、抒情见长的散文家，他是一个“文化史学家”，写的是“文化散文”，这要求他比其他人要多一份严谨和精确，尽量避免出现史实上的“硬伤”。更重要的是，在出现了不应该有的差错时，不能文过饰非，拒不认账，应虚心接受读者的批评，努力改正，这是一个作者起码的文德修养。

做学问和写文章，都要老老实实，应有诚心、耐心和虚心。切记文德为先：“有德者必有言，有言者不必有德”。

九　治学四维：学养、哲思、长寿、天赋

世间大多数人治学是“尽职守”，即视其为职业或事业所必须，因而努力为之；只有少数人是“知天命而尽人事”，即视其为人之本分，不遗余力地去完成“天赋使命”。但不论是“尽职守”还是“知天命而尽人事”，都要懂得方法，要是方法错了，即便竭尽全力也劳而无功或劳而寡功。因此，要治学先要知方法——我未必就知方法，不过是奉献一己之心得、谬见，向有志治学者切磋、讨教罢了。

（一）学养：以“三通”“三观”打底

---

① 金文明：《从两封来信看余秋雨对待批评的态度》，载《文学自由谈》，2003年第6期。

治学需要基本学养奠基。我深信冯友兰先生昭示的“两步走”策略：先要“照着讲”，才能“接着讲”。这是做学问的铁律，别无捷径。“照着讲”，目的就是获取基本学养，形成基本感觉。基本学养中最基础的是对学科史资源的梳理与认知。治学先治史，无古不成今。任何研究都要有历史感、源流感、因果感。要从“照着讲”中形成基本学养、基本感觉，并升华为学科“史识”。没有对学科发展史、研究史的精研，不了解先贤的实践、思想成果，绝无可能形成扎实、深邃的认知，写出超越前人的有价值的书。学者须长期在学科史中涵泳、沉浸、比对、参悟，以这些基本学养、感觉垫底，才可望写出“接着讲”的具有超越性的那一部著作。“治史”，是每一位学者都必须迈出的最艰辛、繁难的一步。唯其艰辛、繁难，才有望跨越、卓越。也唯其艰辛、繁难，令许多学者望洋兴叹、望而却步，以致终生徘徊于学术门槛之外，无缘于治学。这事必得是专心致志的纯粹学者才能做到的。

对“照着讲”“治史”，应做广义的理解，就是对所研究领域的相关重要著述的了解、梳理、洞悉，其目的是最大限度地集聚学术资源。这些研究资源包括古今、内外、中外三个维度（可称为“三通”：古今贯通、内外贯通、中外贯通）。三个维度中，古今贯通，对史料的掌握、思考，是最基本的学养内容，可以称为核心学养。从研究方法看，包括微观、中观、宏观三个层次，可称为“三观”。三个层次中，由微观而中观、宏观是基本的思维途径。这些研究所必备的知识、路径、领悟等，共同构成了基本学养、感觉。

学者面对浩瀚的文献江海，毕一生之功难以穷尽。尽管明知如此，也不能不从点滴做起，“不积跬步无以至千里”。做学问是一个无底洞，从理论上说，占有的学术资源越多越好，搜罗剔抉得越精细越好——其实也不尽然。在“三通”的三个维度与“三观”的三个层次的搜罗、探寻中，都有一个择取、洞透，沙里披金、见微知著的问题。多数人被浩如烟海、汗牛充栋的文献所淹没、溺毙，只有少数人目光如炬，鞭辟入里，举重若轻，挟泰山以超北海。实际上，这两种人之间只隔着一张窗户纸，捅破了，就是看谁拥有“哲学思维”的大脑。是否拥有“哲思”，既决定能否很好地“照着讲”，也决定能否继续“接着讲”，以及“接着讲”的质量。

（二）哲思：形而上、汇聚、体系化

照着讲、治史等学养的积累，只是第一步，最大限度占有史料、资源，不等于就一定能拥有良好的史识、见识。对资料的洞彻，对历史与现实的观照，从微观到中观、宏观的审视等，都离不开“哲思”。柏拉图宣扬“哲学王”，其“理想国”的统治者是哲学家。他所谓的哲学家，就是爱智慧的人，能“洞见真理”的人。他认为哲学乃是一种洞见，崇尚理性，贬抑感性；崇尚理式，贬抑摹仿。欧洲哲学之父笛卡尔说：“一个国家最大的好事就是拥有真正的哲学家。”[①]“活着不研究哲学，就如同闭上两眼不肯睁开……”[②] 他们说的不无道理。哲学，不但是政治之王，也是一切学科、科学之王，学术之王。他们与其说是对哲学家、哲学的推崇，不如说是对哲思——理式、理性的推崇。并不是说所有人都要成为哲学家，而是不论研究什么都要有哲思，要超越感性、现象、实践，有强大的抽象力，形而上思维，能把握事物的原理、普遍性，有价值理性、辩证理性的判断与追求，善于探寻事物本体、本原、终极性等。哲思，赋予你对庞杂的资料、现象、观点、思想的综合力、把控力、穿透力——眼光与智慧。没有这种眼光与智慧，纵然学富五车、满腹经纶也是枉然。

因此，对于治学，我还深信：要从浅表的“感觉”“感悟”上升为深刻的“哲思”“哲理”。遗憾的是，学界多是“感觉”“感悟”，鲜见“哲思”“哲理”。语文界尤甚，绝大部分的文章与著作都是经验性、感悟性的。感悟，基于资料、现象、经验、知识；哲思，基于学养、视野、理性、智慧。哲思，集古今中外思想之大成，是一种海涵地负的眼光、胸襟，精神创造的大格局、高境界。用朱熹称道孔子的话说就是：“夫子盖集群圣之大成而折衷之，其事虽述，而功则倍于作矣。”[③] 美国哲学家怀特海将哲学思维归结为“汇聚”与“体系化”。他认为：“亚里士多德在汇聚的同时也使之体系化，他继承了柏拉图的思想，并把自己的系统化结构强加其上。”[④] 他们的认知相似：所谓“汇聚”，类似于“集群圣之大成”；“集群圣之大成而折衷之”，势必形成一个新的系统化结构。只有肤浅、琐碎的感悟，缺少高屋建瓴、俯瞰万物，对他人的思想加以整合、折衷与系统化重构的哲思，没有大智慧、大觉悟，不可能产生伟大的思想，写出真正的好书，无望跻身于“立言者”之列。

---

① ［法］笛卡尔著，王太庆译：《谈谈方法》，商务印书馆 2000 年版，第 62 页。

② ［法］笛卡尔著，王太庆译：《谈谈方法》，商务印书馆 2000 年版，第 63 页。

③ 宋元人注：《四书五经》（上），中国书店 1985 年版，《论语集注》第 27 页。

④ ［美］阿尔弗莱德·怀特海著，韩东晖、李红译：《思想方式》，华夏出版社 1999 年版，第 6 页。

当今许多人研究中国哲学，只有冯友兰、李泽厚等屈指可数的几位将中西哲学融会贯通，使之体系化。研究美学的人不可胜数，只有王国维、朱光潜等能汇聚中西美学，成一家之言。各个学术领域皆是如此，没有哲思，便没有真正的思想家，便没有高水平的学术建树。中国近世教育界罕见教育家，其中重要原因之一就是缺乏哲思，因此便没有独树一帜的教育思想。

在今天全球化、数字化、后现代语境下，新的信息、理论呈几何级数增长，各种思想资源排山倒海而至，令人目不暇接。在这种情况下，更需要眼光与智慧、穿透与选择、整合与原创，需要有对资料和理论的良好的消化力、重构力。否则，就会“失智”“失我”。在当下科研中，充斥着对他人观点与材料拼贴、堆砌之作，生吞活剥、消化不良，是学者的痼疾，也是一些语文教师的通病。不少很努力研究的教师、学者，读了很多书，他们的文章、著作“观点”新锐，旁征博引、资料宏富……似乎什么都不缺，就是“缺心眼”：没有原创的形而上的思想。只会人云亦云、拉大旗作虎皮，虚张声势吓唬人，未能对别人的思想进行梳理、扬弃、重构，变成整合的体系化的原创。这类“研究”，连消费思想都谈不上，更遑论生产思想了。这同样也是缺乏哲思的表现。

（三）长寿：生命长度化育思想深度

哲思提升，决定了思维的品质，而思维成果——思想的集聚，需要一个漫长的过程。因此，治学还需要长寿。学者与作家一样，“最好”的未必是“最后”的那一本，但他们又有所不同。不少作家，青春年少就写出“最好”的作品，此后便江郎才尽。学者则罕见年轻有为、一鸣惊天，多是“大器晚成”，“晚成”方为“大器”。这是因为作家可凭借才气，学者唯凭借思想。“才气”乃天资，“思想”系后觉。思想基于学养，学养积淀、思想磨砺不能一蹴而就，须经无数次提升、否定，对他人、自我的超越，才能孕育出良好的史识、见识，生产出最好的著作。因而，学者的思想硕果往往是挂在生命之秋的树梢上。

从这个意义上说，“五十而知天命”，用以指学者人生也许较为恰切。年过半百，思考大半生，才知道人与事物的本性，才得以“知天命”。国学大师黄侃说“五十岁之前不著书”有一定道理，因为，年轻时虽有创获，但思想还不够成熟，此时著书立说尚欠火候。无独有偶，另一位国学大师钱穆先生也对学生说，不要急着发表文章，一生研究一本书就很不错了，过早成名不是好事，等到年龄大了学问贯通后会后悔的。他们说的都是一个道理，对学问的思考不可一蹴而就，需要长时间慢慢地思考。一般学者需到五十岁之后才达到思想的成熟期、收获期。这就是之所以世间有短命的大诗人，鲜见短命的大学者的原因所在——学者至少要活过五十岁，当然这是大致的时间界限，只是说明学者的精神创获需要一定的生命长度。倘无生命的长度，便无思想的广度、深度，难臻学术之胜境。

子曰“仁者寿”。在儒家观念中，“仁者”亦即“学者”，没有不“学”而“仁”的。因此，说“仁者寿”，类似于说“学者寿”。其实，“仁”与“寿”，“学”与“寿”是互为因果的，既可以理解为因“仁”而“寿”，因“学”而“寿”；也可以倒过来理解：因“寿”而“仁”，因“寿”而“学”。是“寿”，成就了真“仁者”与大“学者”。长寿，是成功的学术人生的重要条件之一。

人总是盼望活得长点，越长越好，但就学者而言，能活到古稀之年就很不错了，便有望学有所成、不辱“天命”。因为，这个年龄已达到学术智慧的峰值。“七十而从心所欲不逾矩”，这便是登峰造极的境界，是“极高明而道中庸”的境界。自然，如能活到八十、九十、一百岁最好，不过，这只是“活着”而已，顶多就是保持七十岁时的思维状态，不太可能在才智上更上层楼。可见“七十岁”也是一个“时间窗口”。如果说“五十岁”是“底线”，是思想、智慧的“成熟期”，“七十岁”就是“顶线”，是思想、智慧的“高原期”。因此，为了活到“底线”，达到“顶线”，学者务必保重。能达到生命长度的“顶线”，才有望在治学上登顶。当然，年龄峰值也是因人而异的，有的人早一点达到，有的人迟一点达到，我的治学“长寿观”是从普遍概率上说的，估算而已、不足为凭。

学者的长寿，将使之赢得高品质的哲思，使毕生之思想成果得以拾遗补阙，得以进一步增益、完善。学者思想的涵养、创获，自我否定与超越，不可能一步到位，是渐悟式、累积式、螺旋式的增长。在晚年，思维力、想象力、创造力等会逐渐凝滞、疲弱，但不会完全停止。长寿，使其重要著作可以修订得更为完美。将自己“最好”的著作，变得“更好”，呈献给世人、后人、人类，提交给未来、历史、时间做出终极裁判，相信这是每一位学者的心愿。为此可以不计功利、不厌其烦、不畏其难，唯此才算完成了“天命”，可含笑九泉。

（四）天赋：成就大师、名家所必需

治学需学养，治史需哲思，学养、哲思的累积需长寿：学养、哲思、长寿，可谓治学成功三要件。严格说来，需三加一，还要加上一个要件：天赋。天赋是上述三要件的先决条件。天赋的重要性不言而喻，治学需要一定的潜能、才情、悟性，缺乏这些，想成功是万万不能的。以往我们有意忽视天赋的作用，以为讲天赋是唯心主义，“天才论”会使人恃才怠惰，因此总是强调成功是百分之一的天赋加上百分之九十九的汗水，强调成功取决于“勤奋”，而不是“天赋”，有意把主观努力放在首位，劝勉孩子勤能补拙。这从表面看似乎没错，但没有看到：这微不足道的百分之一，却决定了百分之九十九的质量，决定了百分之百的效果——是否有成功、成才的可能，往往是在流百分之九十九汗水之前，便已决定了。没有天赋，“勤”未必能补“拙”。不明白这一点，以为只要肯流汗就一定能成功，这种幼稚的认识不知坑害了多少人，使之勤奋一生一无所获。因此，千万别夸大、高估了勤奋的作用，贬低了天赋的作用。

百分之九十九的汗水是“尽人事”，只要立志向、下决心、有恒心，人人皆可做到；百分之一的天赋须“知天命”，天赋是靠人力无法改变的遗传基因、生命密码（至少在今天的科技条件下还是如此）。缺乏天赋，付出再多的汗水也白搭。正因此，古希腊哲学家才如此看重“认识你自己”，将其镂刻在特尔斐神庙上以警醒世人；人本主义心理学家马斯洛才那么看重人的“潜能”，认为之所以大多数人没能成为“自我实现”的人，是因为未认识到自己的“潜能”，并使之得以充分发挥，致使碌碌一生无所成就。因此，先要弄清楚天赋是什么，才有努力成就自我之希望。

天资非凡的人要获得成就固然也要勤奋，然而，未必是我们想当然的悬梁刺股、废寝忘食的勤奋。天资在一定程度上可弥补勤奋。一般人花费十分的勤奋可望获得的，在天才也许只需一分勤奋便可以达成。自然，天资优越，加之勤奋，便是锦上添花。

治学也是如此，所有大师级人物必有极高的天赋。博闻强识、悟性过人，是他们共同的必备的天赋。被傅斯年称为“学问近三百年来一人而已”，吴宓称为“全中国最博学之人”，学者公认的教授的教授、大师中的大师陈寅恪先生，掌握20多门外语，其中有些是业已死亡的语言；读书过目不忘，十三经几乎能背下来。他对某些国外的历史难题，甚至比所在国历史学家还要精通。

晚年双目失明，他靠记忆还写出了几部著作。如果没有无与伦比的天赋，学问能做得那么大吗？学术史上哪一位大师、名家不是天性聪颖、才智超凡？

这并不是说没有绝高的天赋就不能做学问，而是说可能是事倍功半，无望登峰造极。即便有治学天赋，也要看自己适合治什么学，弄清楚这一点才可以人尽其才。天赋是有类别、层级的，从理论上说，人皆有天赋，要知道自己哪一方面天赋最高，可以达到什么层级。“认识你自己”是一件很难的事，自我认知需要经历一个过程，要常常反思与自省，不是人人都可以做到的；正确认识自己的天赋，本身就是一种天赋。这个世界不缺天才，缺的是认识天才的天才，即所谓“千里马常有，伯乐不常有”。

学养、哲思、长寿、天赋，可称为“治学四维”。四者皆不易得，得其一已属不易，得其二难，得其三更难，得其四难上加难。因此，可谓治学难，难于上青天。一般来说，须四者兼备，方可望成为大师，除了极少数超一流天才，概莫能外。世间治学者无数，大多未能得其四，能得其二就不错了，因此，大师凤毛麟角。明白个中道理，未必能成大师；不明白个中道理，非但成不了大师，也成不了小有创获的普通学者——连学问都别做，做也白做。

十　生命留痕：升起精神的太阳

语文教师是言语生命的承传者，比其他教师更应该热爱写作。在语文教师的教育生涯中，他可以写各种自己喜欢的文章，不写作的语文教师是不称职的语文教师。在语文教师的写作中，研究性写作，教研论文的写作，又是言语生命、精神生命的集中体现。不搞语文教育科研，在教学中没有自己的研究成果的语文教师，是没有思想和灵魂的教师。

语文教师，作为一个言语生命和学术生命，是在语文教育史中体现自身的存在的，必须对语文教育史有深刻的了解和独立的思考，同时，将自己思考和创造、将自己的精神产品融入历史，在教育史自然进程的扬弃、沉淀中，显示自身的存在价值和生命意义。米兰·昆德拉说：“在我看来，伟大的作品只能诞生于它们的艺术历史之中，并通过参与这一历史而实现。只有在历史之内我们才能把握什么是新的，什么是重复性的，什么是被发现的，什么是模仿的。换言之，只有在历史之内，一部作品才可作为价值而存在，而被发现，而被评价。所以，就艺术而言，在我看来没有比跌落到它的历史之外更为可怕，因为这是跌入混乱，美学价值在其中鱼目混珠，人不再可以辨认。”①语文教师不仅是一个从事语文教学的教师，还应是一个对语文学科认知有贡献的学者，是一个了解语文学科走向和趋势并推动其发展的人。他应该始终在语文教育的“历史之内”，而没有跌落到“历史之外”。

遗憾的是，不少语文教师虽然一辈子“教”语文，但是，恰就不幸跌落到了语文教育的历史之外。他对语文教育的历史传统十分陌生，更谈不上对历史有什么思考。他也教学，也“教改”，或许也写教研论文，然而，他所做的这一切，可以说全是无效劳动，甚至是反效劳动，于语文教育，于自身，均无益处。——语文教师精神生命的价值，是在语文教育历史中产生的。只有融入了语文教育史，他才知道自己该做什么，不该做什么，什么是创造，什么是重复，什么是发现，什么是模仿，什么是有价值的，什么是价值标准的混乱，这样就不会凭一己之经验自以为是、心安理得、胡作非为。

在现代语文教育初建之时，20 世纪前半叶，是语文科研的黄金时代，在语文学科领域聚集了一大批的文化界、知识界精英：林纾、蒋维乔、蔡元培、梁启超、陈望道、黎锦熙、胡适、陶行知、鲁迅、朱自清、朱光潜、夏丏尊、王森然、孟宪承、阮真、傅东华、唐弢、蒋伯潜、蒋祖怡、张世禄、浦江清……他们共同完成了现代语文教育理论的原始积累，为语文学科的创建和发展建立了不朽功勋。在其后漫长的半个世纪中，语文学科领域就跟在其他领域中所发生的一样，所有精英都沉默了，主流思想逐渐代替了所有人的思想。整个语文界就剩下叶圣陶一种教育思想。如此，语文教育的悲剧便不可避免地发生了。当然，客观地说，这一不幸不能归咎于叶圣陶。他个人的话语权力还没有大到如此地步，是他的地位和权威，再加上知识分子精神自由的丧失，语文教师的盲目崇拜和思维惰性等，造成了语文论坛的“一言堂”。

从 20 世纪 50 年代开始，语文学科便从“众声喧哗”变成了“万籁俱寂”，学科教育理论进展基本上处于停滞状态。这给语文教育带来的不只是理论的萧条，更严重的是造成了语文教师思维机能的退化和思想的枯萎。语文教师成了教学机器，成了靠“叶圣陶语文教育思想”而苟延残喘的教育“植物人”，造成了语文界整体的智力和精神的衰竭。

---

① ［法］米兰·昆德拉：《被背叛的遗嘱》，上海人民出版社 1995 年版，第 16 页。

20世纪末的语文教育大讨论以及之后的语文课改，我们欣喜地看到了一批著名的人文学者重新返回到了语文论坛，不但发表他们的理论见解，而且直接介入了语文教材的编写。钱理群、王富仁、孙绍振、谢冕、童庆炳、王宁、曹文轩等先生，都为语文课改做出了自己的独特贡献，终于接续上了半个世纪来断绝的语文教育研究的人文精神血脉。这是语文教育史上值得大书一笔的重要事件。在他们身上，我们看到了语文教育振兴的曙光。

语文教育科研，不但事关学科建设，而且关系到语文教师言语精神生命状态的改善，教育境界的拓展，教育素养的提升和自我实现。语文学科建设需要大智慧，也需要小智慧。单靠大学者的研究是不够的，语文学科理论研究离不开一线教师的教育经验的支撑和验证。语文教师不仅要成为教育的实践者，还要成为教育的思想者。语文教师必须是语文学者，语文教育家。素养教育，对教师素养提出了从实践型向理论型、经验型向研究型转向的任务。是到了提倡教师应学者化的时候了，明天的教师都应是教育家，要始终关注、推动教育科研的进展、进步。仅仅把眼睛盯着语文教学，是教不好语文的，也不能成为一个称职的语文教师，更成不了有涵养的教育家。

语文教师，应成为一个批判型、反思型的语文教育学者，要善于对自身的教学经验和普遍的教育教学现象进行批判性反思。担负着传递言语生命意识使命的语文教师，进行语文教育科研，便意味着自身的存在。不想研究，不会反思，除了为了评职称、晋级才不得已写“论文”的教师，只会在讲台上照本本、凭经验说话的教师，是不“存在”的。他不具备教育者的灵魂，他的存在等于不存在。这样的语文教师，一生都会很不幸。没有灵魂的教育者，是不配站在讲台上的。新一代语文教师应成为语文教育“贻误苍生”的历史耻辱的终结者。

愿每一个教师，在清寂的讲台上，在孤独的求索中，升起精神生命的太阳！

附录一

承传与超越：整合的原创[①]

——治学摭议

不知不觉出的书也有一大摞了，自忖读者要读全很难。也许单是《语文：表现与存在》，就令人望而却步。朋友与出版社也屡屡怂恿我出简编本，考虑再三，还是作罢。

尽管如此，让读者较方便地了解我的研究的想法，还是不时给我以无形的压力，让读者读得这么辛苦，总觉得亏欠了读者似的。感谢人民出版社与我所供职的福建师范大学文学院，给我提供了一个机会，于是，就有了这本涵盖面较广、内容较精要的书问世，读者得以较轻松地探悉我的研究轮廓。

基于提供一把进入我的研究领域之门钥匙的想法，本书更多考虑到面上的代表性，但限于篇幅，还是难以面面俱到。尤其是在语文科研方法论方面，我对这个领域颇有兴致，时有心得，敝帚自珍，却没法涉及，甚是遗憾。虽说本书的内容潜藏着我的研究观，在一定程度上弥补了这一缺憾。然而，要从中仔细体悟毕竟不易，于是想在此谈点治学感想，以省却读者费心劳神之累，并恳请方家指教。

不知是否可以这样认为：学者研究素养当以学养为基础。学养包括两大部分：专业学养与外围学养。专业学养又可以分为两部分：专业表层学养与专业深层学养。

专业表层学养，主要以当下学术共同体公认的专业知识为基础，包括高等学校各层级专业教育教科书、参考书中所提供的知识，研究者自己获取的尽可能多的普通专业基本知识，新近不断产生的学科前沿研究成果。专业表层学养的获取虽有深浅、广狭之分，相对来说，要达到及格线还是不难的；一般而言，它也是比较受重视的，因此无须赘言。如果其中有什么需要提醒的话，那就是要跟踪学科新进展，了解学科科研的制高点。

---

① 本文为潘新和《“表现-存在论”语文学视界》（人民出版社 2014 年版）的“代自序”。

我最想与读者分享的是获取专业深层学养的心得，因为这是被当今众多学者忽略以至无视的。深层学养也可以称为内核学养，主要指的是对本专业史料的搜集、掌握与研究。如果表层知识主要是告诉我们“然”，而深层——内核知识则是揭示其“所以然”。内核知识让我们明白学科思想形成、积累的过程、途径与方法，获得良好、深刻的“师承”；它告诉我们这个领域中如何发现问题、生产知识，如何否定与超越，从而了解其发展的进程与规律。从这个意义上说，也许深层学养比表层学养更为重要。要获取深层学养也更难，它简直是个无底洞，学者须倾其毕生之功方能奏效，这也许就是多数学者望而却步的原因。真正的学术研究，最不可或缺的恰恰就是这更为重要、更难获取的内核学养。

内核学养获取须注重其系统性、全面性。内核学养的建构，主要是以学科（或领域、方面）“史”的脉络来呈现的，要有一种整体观。不能随意涉猎，胡乱摄取，而应是有目的、有步骤的目标明确的定向积累与研究。因为，只有通过纵向的系统的梳理、探究，才能发现其内在关系及其承继、演变、发展的规律，才能从宏观到微观形成较为正确、严谨的认知。如此建构起来的认知背景，才是有意义的。任何重要的遗漏或缺失，都会影响到认知的可靠性，从而削弱其价值。这也就是获取内核学养困难之所在。

这种打通古今、追根溯源的研究方法不是我的发明。司马迁说过：“欲以究天人之际，通古今之变，成一家之言。”① 这话是否可以这样理解：“究天人之际，通古今之变”，才能“成一家之言”。刘勰说的：“原始以表末（追溯起源，阐明流变），释名以章义（解释名称的来由），选文以定篇（举出代表作为例），敷理以举统（陈述写作的法则，提出它基本的特征）。”② 是否可以这样理解：其中“原始以表末”是一切之本，没有它，便不可能“释名以章义，选文以定篇，敷理以举统”。源流与因果关系的探究，是研究者最需注重的。

所谓研究的学理性，在很大程度上就是靠内核学养承载的。内核学养构成一个人的学科“史识”，基本的眼界、眼光，学术研究中的思想、思维的纵深。这好比是战争中后方、后勤基地的给养、弹药、医疗等保障，往往决定其胜负。学术研究无异于思想的战争，拼的是学术资源的占有、掌握量，资源、学养保障在相当程度上决定了思想力。生产思想的最充沛、浩瀚的资源、

---

① 司马迁：《史记·太史公自序》。

② 刘勰：《文心雕龙·序志》。

学养，来自于学科史。学科史认知，给予宏观性、战略性的视野与眼光，给研究以广度与深度。

可以说，我的一切著述成果均直接或间接地得益于语文教育史研究。我深切感受到，如果没有10多年潜心于古今写作、语文教育家著作的梳理与钻研，以及后来仍不间断地在古今语文教育史中反复游弋、耕作，向大师、名家请益，与他们交流、对话，由点及面，再由面及线地反思、归纳，进而抽象出语文——写作、阅读教育的规律，便没能形成基本的“史识”——最重要的学科认知的基础、前提，不可能有左右逢源、游刃有余的创获。缺乏“史识”的研究，势必浅陋，是没有前途的。想做成真学问，绝无可能。读者从本书第二、三章语文教育史论中，可一窥我“史识”形成的些许足迹。

由史入手，述而不作，这是任何一个研究者的必由之路。这就是古人说的“治学先治史”，冯友兰先生说的，先“照着讲”，再“接着讲”。“照着讲”是承传，“接着讲”是超越。我以为，不先“照着讲”，便要“接着讲”，或想要两步合成一步走，一步登天，那是痴心妄想。当今学者研究中的诸多问题，都与“走捷径”有关。“照着讲”，是进入学科之门绕不过去的铁门槛。不入门，如何登堂入室？最大的可能性是摸错门、走错路。学术研究离不开学科史中的兴灭继绝、救亡拯失，没有回望、发掘、扬弃，谈何创新、发展、进步？没有承前，如何启后？“照着讲”是“接着讲”的保障，是白手起家的创业，研究起步的“第一桶金”。要获得“第一桶金”，自然要付出巨大的辛劳与智慧，但从长远看，不论付出多大代价都是值得的，是一本万利的买卖。

所谓的“照着讲”，不是随便读点他人写的学科“史”就行，他人写的“史”是他人“照着讲”的成果，只能了解一个大概，充其量作为“敲门砖”（它可以给你提供一个研究“索引”“路线图”），或作为你“照着讲你的”的参照系。其负面影响也是不可忽视的——你可能让作者给“蒙”了，一不小心就会陷到泥沼里去。你看到的只是他人反映事物的“镜像”，而未必是本体的“真相”，它会剥夺你自己的初感、发现，造成实体性对象的虚无。因此，这种“先入之见”要不得。

“照着讲”，必须靠自己对史料做第一手梳理，而且必须形诸文字。不能走马观花、浅尝辄止，应是读、思、写一体。就是古人说的：不动笔墨不看书。胡适先生说得好，“手”不到，“心”是不会到的。是否“手”到，读书效果大相径庭。也许不一定都要写“史”，但务必对史料有较为全面、系统、深入的了解，深思熟虑过。提要钩玄、积铢累寸的札录之功，不可或缺。——窃以为最好还是要写“史”，写不写有质的区别。不写“史”，尽管可能你“手”到“心”也到了，可史料与思考还是散乱的。如一堆散钱，缺乏钱串子穿起来。写“史”，迫使你将“散钱”穿在“钱串子”里。将史料穿起来，才可望形成完整、深刻的“史识”，“史识”就是这根“钱串子”。不写“史”，很难形成对史料的整体、宏观而透彻的认知。

写“史”最好的方法是：从微观入手，写出系列论文，然后由微观而拓展到中观、宏观，形成初步的“史识”，再反过来，由宏观的视角审视中观、微观……这是一个反复琢磨、探究的过程。最后，在诸多单篇论文的基础上，修改、融汇、整合、构造成体系性的学科史专著。这与由资料直接组织成学科史专著，或随便找点零散的资料作为自己观点的论据，在认知方法、水平上是大相径庭的。由搜集资料直接写成学科史书稿，固然省事，但由于缺乏对微观的深入比较、分析，难以形成高水平“史识”，不可能产生好的学科史专著。

时下不乏速成的学科史专著，这类“急就章”一般由主编牵头，找一大班人，每人写一节，甚至几人合写一节，几个月、半年就成书了。这样的写作是不可能具有“史识”的，支离破碎、七拼八凑的学科“史”，只是资料的杂乱堆砌，缺少宏观性“史识”这个“钱串子”，是没价值的散“史”、乱“史”，这类“大拼盘”“大杂烩”学科史著作实不足观，不能算是真正意义上的“照着讲”。“照着讲”须在“史识”观照下，反过来说，“照着讲”也促成了良好“史识”的形成。

良好“史识”的形成不可能一步到位。它是一个漫长的思考、反思，自我否定、逐渐升华的过程。什么也代替不了亲力亲为的资料搜集与深入钻研，就跟不能让别人代替你吃饭一样。即便自己吃，也要一口一口吃，要细嚼慢咽。唯此，才能消化、吸收好，形成真正的“史识”。高境界的“史识”，靠的是水滴石穿、集腋成裘的反刍性、反思性的累积。它是渐进性的，要不断拓展、纠错、深化，由渐悟而顿悟，往往须付出终身的努力。只有经历了漫长的思索、领悟过程，吃的“桑叶”才能变成“丝”。“史识”的深浅，拼的不单是史料占有量，还有旷日持久的苦思冥想。没有经历这一长期、艰苦的思想孕育过程，一切仍是肤浅，仍是徒劳。

“史识”还不是学科“见识”——“眼光”的全部。学科“见识”包含对专业知识的掌握、理解、消化。获取专业表层学养之重要自不待言，只要想做学问，都不会对眼前的学科前沿不关注，因此，这无须特别强调。尤值得注重的是“外围学养”，即所谓“诗外功夫”，这是较容易被忽略的。有了“诗内功夫”与相应的“诗外功夫”，才算具备了较为均衡、全面的学养，才有较为开阔的视野与敏锐的眼光。

在许多人看来，“外围学养”可有可无，是锦上添花的事。其实不然，具备了基本的专业学养后，对于研究质量、境界来说，“外围学养”便成为决定性因素，决定了一个人学术发展空间、前途、后劲。“外围学养”可谓多多益善。学海无涯，专业外的知识是无底洞，其中最不可或缺的是哲学、认识论、方法论。尤其是“科学学”——科学研究哲学。对于语文教育研究来说，还要加上教育史、教育学、心理学、教育心理学等学养。外围学养欠缺，“眼界”便拘执于一隅，难以高屋建瓴、鞭辟入里，便无望超越前贤。

具备基本的专业学养是研究起步所必须，它表明研究者初步拥有了该学科的发言权，仅此而已。要想将学问做大做强，外围学养十分重要。不少人不乏本学科、专业的基本学养，就是因为外围学养的欠缺，知识结构单一或偏狭，功亏一篑，难有大格局、大境界。在勉强“照着讲”之后，便难以为继、无所作为，或没有大作为。具备了本学科的基本专业学养后，“外围学养”就成了决定性因素。外围学养决定了是否可以高水平地“接着说”，能否真正卓有建树。

须注意的是，有些人兴趣十分广泛，属于“杂家”，似乎外围学养不错，见异思迁，杂学旁搜，但专业学养、主要是内核学养不足，懂而不精，浅尝辄止，那也是做不成正经学问的。形成的“见识”，新则新矣，即所谓“野狐禅”，不足观也。随心所欲、信口开河，说得头头是道、天花乱坠，但不得要领，误入歧途——“聪明人”往往患这类浮躁病，也是跨学科学者普遍存在的危险与误区。

当今不少外学科的优秀学者介入语文课改，可喜但也堪忧。我也曾经是其中的一员，我是从写作学跨入到语文学研究的，因此，对如何摆正心态，进行艰难的转行、入行颇有感喟。语文课改需要重量级的学者的参与，“当局者迷，旁观者清”，非语文学科的大学者加盟语文教育研究，无疑是语文界之幸。但不论是多大学者，都有一个学术身份转换的问题。要在某一个专业领域发言，就必须成为该专业的专家，需要必备的专业学养，尤其是专业内核学养。否则，很可能是帮倒忙。在学科分际日益精密化的今天，仍有在社会生活诸多领域发声的公共知识分子，但永远不会有精通诸多专业的公共学者。文艺复兴时代“通才”式的大师已不复存在。而今，触类旁通、无师自通，只能在极其有限意义上说。超出一定界限，高估自己的才智，以为有了本学科的学术声望，便有了在他学科信口开河的资本，夜郎自大，颐指气使，到头来不但自取其辱，自败名声，也会对该学科造成严重误导与伤害。“知之为知之，不知为不知，是知也”，跨学科学者应该自律、自重、自警。——在学术界这应是常识，相信绝大多数学者是不会犯这类低级错误的，绝不敢在陌生的或一知半解的领域轻率妄言。

磨刀不误砍柴工，一般来说，在“照着讲”上有多大的投入，内外学养有多大的积累，就会有多大的产出。综合学养积累到一定的时候，“接着讲”就是水到渠成的事了。如果说我的有些著作还有一点可读性的话，我以为就是得益于长期的基础性研究工作。我的“表现-存在本体论”的提出，就是基于专业学养与外围学养的交互作用。

可以这样认为，没有这些内部、外围学养的协同作用，基本上没有“接着讲”的可能，就不会有《语文：表现与存在》的写作。因为，没有来自多学科的交叉视角，没有各种理论的相互碰撞，就看不出现有认知上的问题，没法产生新思维，难以超越以往的研究。这种在内外综合学养基础上的创新，叫作“整合的原创”。创新，从某种意义上说，是一种集思广益，是“集”他人之思想以成就自我的超越。子曰：“述而不作，信而好古，窃比于我老彭。”[①]“述而不作”，是真实之论，也是自谦之词。朱熹：“孔子删诗书、定礼乐，赞周易，修春秋，皆传先王之旧，而未尝有所‘作’也。……夫子盖集群圣之大成而折中之，其事虽‘述’，而功则备于‘作’矣。”[②] 孔子创立的儒家学说，就是“集群圣之大成”的“整合的原创”。靠狭隘的理论视野，或靠对某种单一理论进行演绎，要想获得高质量的创新性成果，是不可能的。要想超越“巨人”，要站在“巨人”的肩膀上；不是站在某个或某些“巨人”的肩膀上，而是要站在该领域诸多“巨人”的肩膀上。这是“借力”，也是思想的“接力”。学者须以前贤为垫脚石，也将成为后学的垫脚石。

在理论创新过程中，毫无疑问，不能一味地从理论到理论，长期的实践

① 《论语·述而》。

② 宋元人注：《四书五经》（上），中国书店 1985 年版，第 27 页。

经验与对其揣摩思考也至关重要。“纸上得来终觉浅，绝知此事要躬行”。具备了厚实的内外学养，有了相关的理论积累，还是离不开实践这块“试金石”，因为任何理论都要与实践结合，接受实践的检验。实践经验是绕不过去的“现实因”。就我的研究领域来说，除了得益于本专业理论知识，尤其是对语文教育史的不断的反思，还得益于我教过小学、中学语文，最重要的是，我有三十年的写作与写作教学实践，以及对其长期的思考与研究，它使我较明白何谓写作与写作教学——这恰恰是当今语文界严重缺乏的，也可以说是我的另一优质资源。我是从一个写作教师、学者，有意识地往语文学靠拢、扩张，扬长补短，经过多年的专业学养的重新集聚与整合，逐渐自塑成语文学者的。

我的写作学优势恰是语文界的劣势。多年的写作教育实践，使我对写作对于人的意义与价值，对写作的重要性与写作教学规律的认识，比一般的语文教师、学者也许会更加深刻些。我更加明白写作与人的素养及发展的关系，如何处理好听、说、读、写的矛盾，写作在语文教育中应占有什么位置。我十分清楚写作是语文的终极能力，写作能力是语文素养、人的综合素养的集中呈现。然而，不论是在语文教育本体上，还是在教材、教法上，都表明了语文界对写作的研究与认知极其欠缺。教材中，写作处于阅读的附庸地位，在教学中是可有可无的，绝大部分教师不知道怎么教写作。语文课等于阅读课，教语文等于教课文。阅读教学基本上等于语文教育的全部。在这种现实环境下，教师的主要精力都放在教阅读，即便教写作，也是为了应试。因此，语文教师大多视写作教学为畏途，能不教就不教，也教不了。绝大多数公开课、观摩课都是阅读课，绝大多数“名师”都是教阅读教出来的。写作教学成了语文教育死角、盲区，教师又如何对写作与写作教学有深刻的体认？

语文学者也一样，一讲到写作，基本上是水中月、雾中花，存在严重的隔膜，说的大多是“外行话”。这一点从“语文课程标准”与语文教材中就可以看出。缺乏长期的写作教学经验与相关学养，对其没有深入、系统的研究，如何能编制出科学的课程标准与教材呢？课标（2011 版）“总目标”中的“写作”部分居然这么表述：“能具体明确、文从字顺地表达自己的见闻、体验和想法。能根据需要，运用常见的表达方式写作，发展书面语言运用能力。”——岂不是见“技”不见“道”，见“文”不见“人”？最新的 2013 年人教修订版七上《语文》教材，将“写作”作为与“阅读”并列的一部分，以为如此便表明对“写作”的重视。殊不知，要由“阅读本位”向“写作（表现与存在）本位”转向，才是治本之举。其六个单元：从生活中学习写作；说真话　抒真情；文从字顺；突出中心；条理清楚；发挥联想和想象——对写作的认知极其陈旧、随意，且不成系统。缺乏对写作教育及其实践长期、深入的思考，要想研究语文教育，变革其实践，必定不得其门而入。因为语文教育的核心与龙头是写作。不懂得写作，便不懂得语文。

正是得益于长期的语文、写作教育实践经验，内外学养的积累，与不断的反思、探究，才有了“言语生命动力学表现-存在论语文学”假说的提出。这一理论假说，其核心概念是“言语生命”，即“言语”是人的生命特性，言说欲、言语表现欲是人的精神生命原欲，言语上的自我实现，是人的生命存在价值的生物学基础，是人的最原始、最本真的言语创造动力源。它决定了人是什么，人会成就什么，决定了人的生命、生存、精神的质量。一个人明白了这一人之为人的根本，有了对言语意义、价值的了悟，语文学习上的一切问题将迎刃而解，人生也将随之发生重大改变。这便是在哲学、人类学、社会学、语言学、心理学、语文学……研究基础上“整合的原创”。

对语文、写作教育长期、深入的思考，并“整合”了内外多学科的优质思想资源，因此，“言语生命”这一核心概念，就有了较为丰富的内涵，将涵盖、辐射、渗透到人的言语素养智力与非智力因素、写作上发展与自我实现的方方面面。以“言语生命”动力培育为“纲”，唤醒、激发、培育恒定性的言语表现、创造的内驱力，指向、彰显人的生命存在的意义与价值，整个语文教育教学系统便“纲举目张”。为学生“存在”的“言语生命”奠基，为言语人生、诗意人生奠基，为“立言”奠基是语文教育的人文性、人文关怀。学生一旦有了对言语与生命、人生、社会、世界的关系的深入领悟，懂得言语是人的本性、原欲；人本质上应当是言语人、精神人、创造人；语文教育目的是使人之为人，使人更像人；写作是人的自我确证、自我实现……语文教学、写作素养培育、言语创造，就不再是外在、被动的要求，而是他们内在、自觉的需要与追求，语文学习与写作实践便有了不竭的动力与活力。

学问、思想需要长期的蕴蓄、涵养。韩愈在《答李翊书》中说：“将蕲至于古之立言者，则无望其速成，无诱于势利，养其根而俟其实，加其膏而希其光。根之茂者其实遂，膏之沃者其光晔。仁义之人，其言蔼如也。”① 从这个意义上说，人文学者必须活得长，活得长才有足够的时间“养其根”“加其膏”，才有可能“其实遂”，“其光晔”。因此，大多数学者应是大器晚成——如果他不是天才的话。学问、思想与人格修炼均无法速成，是慢慢“熬”出来、“酿”出来的。“熬”得愈久愈精透，“酿”得愈久愈醇厚。时间，是学问、思想的计量器。未必绝对精确、对等，但必不可少。长期的治学阅历、思想历练、人格陶冶太重要了。数十年如一日地流连、徘徊于学科内部与外部、历史与现实、理论与实践之中，不断地自我否定、否定之否定……由此形成内外同致、知行合一的“整合的原创”，认知才有深刻性与洞透力；从具体到抽象再还原到具体，从实践上升到理论再返回到实践，经过反复的验证、检讨、打磨与升华，形成的认知，才有普适性与生命力。

学术人生往往是一个利弊互现的两难选择。有的人在“成名要趁早”的动机蛊惑下，或在现今科研体制的利益驱动的动因裹挟下，以百米冲刺的速度往前冲，确实早出成果、多出成果，但难免逼仄、浅陋，违背了学问、思想积累的自然进程，破坏了言语生命成才的节律。过犹不及，早成的往往是“小器”，催熟的果实难免青涩、畸变。“杀敌一千，自损八百”，过度付出，急功近利，焦虑抑郁，也会使生命早衰、早逝。自然，过于弛惰、懒散，以为来日方长，坐待厚积薄发、瓜熟蒂落，恐也无望修成正果。

惟明了治学之道，不偏不倚，顺应人的本心、本性，勤勉而不焦躁，逍遥而不放纵，养气立本，悠游渐积，不求立竿见影，速见成效，却宁静致远，根深叶茂。

归根结底，学者不论活多长，学问做得多大、多好，其人生总是带着悲剧色彩的。或者说，学问越大越悲剧：满腹经纶，终归一抔黄土。学者学术才智的巅峰，恰是生命衰老、消亡之时。“冉冉年华吾自老，水满汀洲，何处寻芳草？”学者总是在学识最丰厚、思想最醇美的时候，留下未能尽兴挥洒的遗憾谢世的——有追求，才有遗憾，也许人生正因遗憾而美丽吧。

一点治学感悟，值此本书出版之际，一并奉献给读者。浅薄之论，不足为训。

---

① 韩愈：《答李翊书》，童第德选注：《韩愈文选》，人民文学出版社 1980 年版，第 27 页。

附录二

颠覆·超越·互通

——潘新和教授访谈录

张心科

张心科：请您说说“言语生命动力学表现-存在论语文学”的形成过程以及《语文：表现与存在》的写作过程（说得越详细越好，尤其是如果有一些关键的细节呈现则更好）。

潘新和：这是一个很好的问题，因为它不但是关于研究方法的，而且深入到理论创造过程的探讨。这几年我对研究方法说得比较多了，但具体到我自己理论是怎么形成的，甚至还要说出理论形成的“关键的细节”，真还没仔细想过，也没人向我提出过类似问题。您促成我去想从没想过的问题，这本身就很有价值。确实，思想创造过程也许比结果更重要。这些年我接受了不少访谈，大家普遍关心的是我的理论是什么，几乎没人关心理论是怎么产生的。

不过这也是一个很难回答的问题。说实话，理论的形成过程就是认真想也未必说得明白。就跟问一朵花是怎么开出来的一样，花本身未必知道该怎么开，到了一定的时间就开了；花开得很美，至于怎么才能开得这么美，恐怕连科学家也很难提供精确的答案，因为其原因太复杂了，也许得问造物主。因此，我恐怕也难以说清我的理论是如何产生的。如果一定要回答的话，笼统地说，那就是自然而然、水到渠成。

自然而然，就是知其所以然而然。就是顺应其本然，按照自以为正确的方法进行研究，恰巧就撞上了正确的方法。这一点我很幸运，方法要是错了，也许就劳而无功。水到渠成，就是在正确的方法制导下，努力去达成；朝思暮想，水滴石穿，瓜熟蒂落。

这回答有点“玄乎”，您一定不满意，您要的是“过程”与“细节”。我对还原曾经的思维过程没有确定的把握，我的记忆力不好，况且，记忆力再好也是靠不住的；人的思维活动仍属黑箱状态，人脑不像飞机上的黑匣子，可以清晰、客观地记录事件的经过。因此，我以下说的也许只是为了回答您的问题不得不杜撰出的思维“假象”，仅供参考，不必当真。

我最初的思维启动是鉴于对语文教育现状的不满。经验告诉我，绝大多数会写作的人不是这么学的。更重要的是，我研究过我国语文教育史，比较了解我国传统语文教育也不是这么教的。我还知道这一个世纪现代语文教育，不是从 20 世纪 90 年代末至今这一个时期不好，而是始终不好，而且无可救药地每况愈下。这种全局性、长时间的一蹶不振只有一种可能，那就是指导思想——动力定型出问题了。因为在宏观上决定语文教育成败的首要因素只能是本体论（基本范式）。这就是我当初做出的直觉判断。

做出这一判断，有几本书对我起了关键作用。一本是美国科学哲学家库恩的《科学革命的结构》，另一本是美国犹太哲学家弗洛姆的《在幻想锁链的彼岸》。前者使我认识到“范式”的形成过程与科学进步的规律、规则，后者使我懂得人类一切行为（包括社会、自然等的发展）皆取决于动力定型，它决定行为走向与方式，动力定型不改变，行为方式是不可能有实质性改变的。这两本书是我许多年前读过的，对我影响深远。此外，还有一些书，如美国心理学家马斯洛《动机与人格》（与此相关的戈布尔《第三思潮：马斯洛心理学》），英国科学哲学家拉卡托斯《科学研究纲领方法论》《证明与反驳》、英国科学哲学家波普尔《猜想与反驳》《科学知识进化论》等，也对我论题的提出与论点的形成产生了重要影响。

鉴于以上科学哲学、动力学背景，我对语文界忙于头痛医头、脚痛医脚的“教法”改革（以张志公先生为代表），或病急乱投医，从国外照搬教育理念、方法之类（标准化考试，“课标”与读写知识中的“舶来品”）的治标不治本或标本两不治的观念、做法，感到惊讶与不屑。我清醒地意识到，本体论、范式不改变，都是徒劳。关键是“治本”：教育本体论——动力性范式偏差，造成实践的方向性错误，只能从对本体论、动力论——范式的纠错、纠偏入手。南辕北辙，想靠小修小补使之改观是痴心妄想。指挥棒指错了一切便都错了，怎么改都无济于事，只会越改越坏。语文教育只有改弦易辙、脱胎换骨才有活路。颠覆我国现代语文教育本体论——悠悠万事，唯此为大。

要颠覆，先要弄清这本体论是什么，这是摆在我面前的首要任务。毫无疑问，答案只能从叶圣陶先生著作中找。叶老是我国现代语文教育的主导者，影响力无人可相提并论。这是由其学术地位、政治地位所决定的，也与其长达半个多世纪的教育生涯有关。叶老的思想代表了语文界的主流观念，其他语文界执牛耳者，如张志公、吕叔湘先生等的认知大体上与其别无二致。虽然叶老的思想不是一成不变的，但还是可以找到其贯穿性的本体论定位。

20 世纪 80 年代以后，语文界有些人也在破解现代语文教育衰败之谜，他们找到了“工具论”，以为这就是病因，为了补其不足，开出的药方是“工具性与人文性的统一”，一时间人文主义、人文教育、文学教育甚嚣尘上。2001 年之后的“语文课标”、课改，便是作如是观。可是“统一”了十几年，疗效不佳，语文教育不但没有起死回生，反而雪上加霜，原因就在于“工具论”并非本体论，误将“功能论”作为“本体论”，没找准靶子。叶老明明白白说过：工具是手段，手段是用来达到某个目的的。工具不是目的。就是说，“工具论”不是本体论。诊断错了，药方自然也是错的。

那么，究竟“工具”这一“手段”的目的——本体论是什么？通过反复阅读、研究叶老的著作，我发现他的本体论当是“生活本位”“应付生活”（后来也称为“应需”）：“教育不以生活为本位而以知识为本位，是一大毛病。由于不以生活为本位，所以不讲当前受用，……这种精神是承袭传统的教育精神而来的。”“旧式教育可以养成记诵很广博的‘活书橱’，可以养成学舌很巧妙的‘人型鹦鹉’，可以养成或大或小的官吏以及靠教读为生的‘儒学生员’；可是不能养成善于运用国文这一种工具来应付生活的普通公民。”这就是给新语文教育定性的，贯彻于叶老一生的基本思想。生活本位、应付生活（由此延伸出工具性、应用性），是他的目的论、本体论。

找准病根就好办了，进一步需要做的是弄清楚“生活本位论”“应付生活论”究竟错在哪里——我断定这一定位必定有问题，至少存在严重缺陷，否则，就没法解释语文教育世纪困窘。

在长期“应付生活论”的实用主义指挥棒下，语文界“生活”崇拜可谓深入骨髓。“生活”二字，已然是语文学科的图腾。举目皆是生活语文，生活写作，生活是写作的源泉，写作是生活的一项内容，观察生活、贴近生活、体验生活，语文学习的外延与生活的外延相等，学习写作是因为日常生活要用……若以此为非，仿佛便大逆不道，这严重禁锢了研究者的思维，以致从没人对此质疑、批判过。人们奉其为圭臬，作茧自缚，我却不以为然，我确信能找到“生活本位论”“应付生活论”的根本性缺陷——这不是为批判而批判，而是对现代语文教育失败进行归因分析后做出的判断。

对叶老等人“应付生活论”内涵的深入研究证实了我的猜测。他们所谓的“生活本位”“应付生活”“应需”等，“应付”的只是日常、物质的生活，满足的是工作、学习、社会性人际交往的应用、实用之需，这是基于人的生存、实利动机。进一步追溯其认知来源，其哲学背景是美国哲学家、教育家杜威的“教育即生活”的实利主义、实用主义。（叶老将“应试”看成是“应需”的对立面，其实不然，二者并不矛盾，“应试教育”是“应付生活论”题内之义，应试的实质也是物质、功利，始作俑者应是“应付生活论”——实利主义本体论，这就可以很好地解释应试教育何以顺理成章、理直气壮地愈演愈烈）显然，“应付生活论”认知是片面、肤浅的，与封建、科举时代“求功名干利禄”的动机并无本质的不同，与人的原发性的言语动机、与绝大多数人类精英的言语动机是错位的。

简单的否定是无效的。我必须弄清楚：如果人类言语活动基本动力不是为了“应付生活”之需，那又是为了什么？这吸引我去考察“人为什么言说”，人类写作基本动机是什么？我从大量的哲学、人类学、文化学、社会学、语言学、教育学、心理学、文学等经典文本的研究中发现，人类精英无不思考过这一问题，虽然他们的认知与表述千差万别，但是大同小异，从根本上说，人的最强大的言语动机不是基于生存、物质需求，而是发自人之言语、精神创造本性，是基于人的言语生命、自我实现欲求，是基于人的类主体性、存在性意识——对人的言语生命本性、特性的漠视，对言语创造的主流动机——存在性言语动机的无视，当是造成百年语文教育衰颓、溃败的主因，这便是语文教育本体论、价值观的偏颇、失误。这一发现使我感到拨云见日般的振奋，我确信找到了“应付生活论”的病根：实利、实用教育哲学缺的是人类学、文化学、语言学、人本主义心理学、文化哲学、存在主义哲学……——“集大成”的视野，缺的是超功利、超现世的眼光与襟怀，缺的是人类情怀、终极思考。

诚如我在《语文：表现与存在》初版“自序”中所言，我要求索现代语文教育失败的根本性原因是什么，人的言语创造的第一推动力是什么，要回答究竟什么才是语文课程赖以生存的本原性、恒定性动力，即人为什么能言语、要言语。人的言语动机、动力无穷多，是多层次的，纷繁纠缠、菁芜并存的，我要寻求的是“道生一，一生二，二生三，三生万物”的那个“道”、“吾道一以贯之”的那个“一”，即本初状态、绝对精神。

显然，“生活本位”“应付生活”不是人的言语创造行为发生的本原性动力，要证伪很容易：其他动物也要“应付生活”，为什么就没有言语创造行为？人类许多一流的言语创造成果，并不是为了“应付生活”。我以为，这本原性动力只能从人的物种特性中去找。这一寻找似乎并不十分费力，大约因为我对人之为人的特性已有所理解、思考，先有了亚里士多德、卡西尔、海德格尔、怀特海、海然热等所断言的人的生命的唯一特性是“言语”“符号”“语言”之类的观念（还有关于人的特性的种种表达，如人是“求知”“分类”“思想”“理性”“自由理性”“文化”……的动物，但是，我以为这些都是从“言语”本性中衍生出来的）。于是，我以这一公认的人区别于动物的种差——“言语”特性，将人的生命命名为“言语生命”。在人类众多属性中，没有哪一种属性可以替代“言语”给人的生命定性，堪称人区别于其他生命体的唯一特性。诚如洪堡特所言：“唯有言说使人成为人的生命存在。作为言说者的人是人。”——将“言语”与“生命”这两个现成、习见的词，合成为一个新的词组“言语生命”，大约是我的首创。

以“言语生命”作为我的《语文：表现与存在》的核心概念，我为自己找到具有自然化育力、创生力的“言语生命”这个本然之“道”、可以“一以贯之”的“一”，为找到言语行为、言语学习最强大、恒久的元动力感到高兴。人类的一切言语学习与言语创造行为的发生，其根本皆因人的生命是“言语生命”。“言语生命”是人言语创造的本原，是终极性的最高层面上的动力，这就是“言语生命动力学”这一概念之来源与理论基础。

我进而从“人是言语动物”推演出“人是文字——写作动物”的假说，因为“言语”包含语言（口头）与文字（书面）的表达，文字是语言的高级形态，人类的文化主要是由文字——写作创构的，是写作，真正使人之为人。这就在本体论、动力学层面，找到了语文教育、写作教育与“人”的本性、特性的内在、本质的联系，也为“表现-存在论”“写作本位论”奠定了基础。

我国古代“三不朽”说，历代文人追求“立言”而不朽，以此作为治学、写作的动力，在实践层面支持了我的假说。后来有一天我偶然看到《春秋谷梁传·僖公二十二年》：“人之所以为人者，言也。人而不能言，何以为人？”如获至宝、激动不已。原来我们的老祖宗早已发现言语是人之特性，将言语视为“人”与“非人”的根本区别，真是太了不起了！

我终于从人的生命内部、生命特性中找到了走出语文教育动力困境的钥匙。不论是生存需求还是存在需求，都是建立在“言语生命”这一本源动力之上。既然人的生命是“言语生命”，顺理成章，这就是语文教育得以存在的最具本质性的理由，可视为语文学的“元概念”。这将彻底改变以往“应付生活论”“应需论”，以及“培养语文素养”“工具性与人文性统一”之类的认知，改变基于生存性需要与外部强制性动因导致的动力指向偏颇与动能不足问题。

随着对“言语生命”思考的深化，我在琢磨与人的“言语生命”本性自然对接的究竟是什么？是“肉体生命”，还是“精神生命”？——既然言说是人的本性、特性，是“天命”；不论是否要“应付生活”，只要是人，便需要言说，需要精神创造。言语生命主要承载的不是肉体生命，肉体生命不依赖言语也可以生存，言语于肉体生命是可有可无的，没有言语机能的其他动物照样繁衍就是证明。人因为有了言语，有了言语生命，才可望、以致渴望获得精神生命。精神生命必须依存于言语，言语于精神生命是不可或缺的。是言语生命，使人成为地球上唯一拥有精神生命的动物。从终极意义上说，言语生命承载的主要是人的精神创造，成全的是精神生命：使人的智慧、思想得以世代承传、永垂不朽，使人类得以薪火永续、生生不灭。人是言语、写作的动物，意味着人是拥有精神生命，以建构精神家园为使命的动物。有了这一认知，我就将“言语生命”与“精神生命”对接绑定，二者合称为“言语、精神生命”，意思是“言语生命”的目的，是成就可以超越功利、现世的“精神生命”；言语生命与精神生命是一体的。言语生命与言语、诗意人生对接，其极境可称为“诗意的言语人生”。这是一般人可望而不可即的，却是语文教育应有的理想与信仰。

至此，大约可以算是初步完成对“应付生活”动机的否定与超越，初步完成语文教育本体论的正本清源、拨乱反正。有了“言语生命动力学”认知基础，剩下的便是在教育实践层面如何贯彻、呈现的问题。似乎这一思考也不太费劲：顺应人之言语本性，培育学生的“言语生命”意识，即“人之为人”——“我写故我在”意识，以存在性言语需求涵盖、超越生存性言语需求，重建存在性言语生命意识。在“言语、精神生命”的元认知下，语文是人的确证、自证，语文教育是使人之为人、使人更像人的事业，语文课程目的是为成就“立言者”奠基，言语动机是第一生产力，培育言语生命意识是教学的主线，语文教学以唤醒、激发学生的言说欲、表现欲、言语上的自我实现欲为首务、牧养言语生命的野性，引领言语、诗意人生等观点，便源源不断、纷至沓来。

我不确定上面对我的思想形成过程的描述是否准确、真实，但有一点可以确定：这些想法不是直线推进、一步到位的，而是慢慢地孕育、酝酿、发酵，在不断地自我否定、超越中，认知从朦胧到明晰，逐渐丰富、具体起来。进入了“言语生命”概念思维范畴之后，十多年来，便一直处于理论的自然创生、衍育状态中，许多观念、观点、话语不劳而获、不期而至，在吃饭、睡觉、散步……不时会突然悟到一点什么，冒出一个新的意念。这大约也可以算是对人之“言语生命”本性的一个印证吧。

这么说也许还不能让您满意，不过已经说得有点多了，暂且打住吧。

张：这个理论无疑是原创性的理论，那么原创性的理论的标准是什么？（在我眼里1949年之后语文界原创性理论顶多有三五家）

潘：谢谢您对我的研究的肯定与鼓励。我喜欢对研究方法做深入讨论，因为方法不对，往往劳而无功。语文界许多人就是这样，很勤奋，文章、著作不少，写作量惊人，可惜做的基本上是无用之功。许多人“研究”了一辈子，还不知道该怎么做学问。确实，如果不知道什么是原创性理论，究竟能研究出什么是值得怀疑的。

您说“1949年之后语文界原创性理论顶多有三五家”，这就是说您已经有了原创性理论的“标准”，您能告诉我您的标准是什么，符合您的标准到底是哪几家理论，对此我也很好奇。关于这个问题，等以后我来访谈您吧——我不知道我们的“标准”是否一致，如说得不对请批评、指教。

我理解的原创性理论可以分为两个部分来讲：原创性和理论。

先说“原创性”。原创，指具有本质上的创新性、超越性；创新，不等于“新”，关键是本质上的“超越”。“新”，自然是第一要件。但这个“新”，前提必须是“集大成”的，是在深厚的本学科、专业、领域的古今、内外学养基础上进行融会贯通的出“新”。不是基于个人狭隘经验与浅陋学识的想当然。我赞赏朱熹评说孔子“述而不作”所说的：“夫子盖集群圣之大成而折衷之，其事虽述，而功则倍于作矣……”“集群圣之大成”，就是集纳先贤的思想成果，加以综合，站在先贤的肩膀上；“折衷之”，即加以扬弃整合，形成自己超越前人的独特的思想成果。具有承先启后、继往开来的意义。

美国人本主义心理学家马斯洛说：“我将把那种出自原初过程、并且应用原初过程多于应用二级过程的创造力，称之为‘原初创造力’。而把那种多半以二级思维过程为基础的创造力，称之为‘二级创造力’。……那种能以良好融合或良好交替的方式、自如而完美地运用两种过程的创造力，我将称之为‘整合的创造力’。伟大的艺术、哲学、科学产品的出现，正是来自这种整合的创造力。”① 我以为，他所说的“整合的创造力”，与“集群圣之大成而折衷之”不无相似之处。

纯粹的原创性（第一言说）即便有，也十分罕见。一般所谓的“原创”，实际上主要指的就是马斯洛的将“原初过程”与“二级过程”融合、交替运用的“整合的创造力”。对此，我以为称之为“整合的原创”可能更为妥帖。因为这不是指局部上的“原初创造”，也不是局部“原初创造”累积量多于局部“二级创造”，而是指具有整体、本质上的“原创性”。即对他人原创性成果加以综合、改造、创新，以形成自己的超越性认知或发现。其关键是具有整体、本质上的超越性（不是局部上、非本质的超越性）。

再说“理论”。这个“理论”，指的是新的原创性“理论”，它包含两个含义：拥有原创性的基本论点、核心概念及其演绎系统；较为严密、充分的说理、论证，比以往他人的观点、论述更有解释力、说服力。

一般来说，原创性理论的基本论点、核心概念应是归纳或综合的产物。归纳，就是“集大成而折衷之”，是从诸多经验或理论中概括、提取出来“公约数”。对相关理论进行归纳、综合，一般也离不开对相关经验的归纳（含以经验检验理论）、综合，理论与实践相结合的综合是上乘之策。如果直接对某一上位理论进行“演绎”，就一定不是“原创”，而是“二级创造”。这是一种思想消费行为，虽有作用，但作用不大，与“原创性”思想不可相提并论。语文界绝大多数人不具备可资“集大成”的理论素养，也不具备“集大成”的经验素养，更不具备对理论与经验归纳、综合的能力。所做的大多是对单一理论的“演绎”，甚至是对他人演绎的再演绎，是第三、四手的演绎。等而下之的是对一己教学经验介绍、总结，或拍脑袋拍出来的想当然、不知其所以然的“臆测”，这些基本上没有理论意义。

基于经验、现象的归纳、综合，难度一点不亚于基于理论的归纳、综合，从某种意义上说，直接从大量经验、现象中进行原始归纳、综合更具原创性，难度更高。但是，这不等于说可以不具备必要的理论素养。缺乏良好的理论

---

① ［美］马斯洛等著，林方主编《人的潜能和价值》，华夏出版社1987年版，第252页。

素养，是很难从对经验、现象的思考中产生具有本质超越性的认知的。语文界多数人即便是对经验（经验不限于个人的，应是普遍、典型的经验，包括古今中外精英的经验；语文界归纳的经验主要是指听、说、读、写实践经验，特别是阅读与写作，尤其是写作的实践经验）的了解、思考也很贫乏，更遑论理论素养的丰厚了。缺乏开阔的理论背景，未能在广泛的经验基础上归纳、综合，便无法形成具有本质超越性的基本论点、核心概念。

从理论或经验“集大成”归纳出来的“原创”的观点或核心概念极其重要。只有是“集大成”的，由广博的具体（芜杂、特殊、现象的具体）上升到高度的抽象，才可望再由高度的抽象还原到丰富的具体（纯粹、普遍、本质的具体），形成多层次的具有逻辑自洽性的相互说明、补充的概念演绎系统。这是一个思想、思维网络的庞大、严密而精微的“体系化”过程。体系建构是一种大智慧、大才能：既能高屋建瓴地提纲挈领，又能将基本论点、核心概念贯彻到底，将由基本论点、核心概念分化、延展出来的概念演绎系统，结构成相互链接、具体而微、天衣无缝的理论框架。

所谓“理论”，简单地说，就是说理、论证。认知不能只在抽象概念层面运行，需要进行充分的说理，做必要的分析、论证。解释力、说服力，需要学养、学理的支撑。从这个角度说，所掌握的学术资源的质与量，往往决定了研究的理论水平。概念演绎系统的建构，是由学养、学理来撑持的，因此，累积学问、淬炼思维是根本。

支撑理论的核心学养来源于特定学科、专业、领域的史料搜集、研究，这是理论的学术性、学理性基础，是从事研究工作入门的功夫，是任何研究不可或缺的原始积累，可视为从事原创性理论生产的“第一桶金”。这一工作不单要搜集、阅读史料，重要的是对史料作第一手梳理、思考，从微观、中观到宏观融会贯通，逐渐形成正确的史识，良好的学术感觉与判断力。这是每个学者必经的研究过程，是最耗力气、时间，最考验人的意志力的。如果绕道而行，必然见拒于学术之门。具备基本的核心学养还不够，还需要有一些相关的外部学养，如哲学、科研方法论、历史学、心理学……有开阔的学识视野，多学科综合、交叉的视角，才能形成高水平、超越性的见识、眼光，可望得出独到的发现，这将决定思想、思维的深刻、深邃性，提升理论高度、境界。外部学养不容小觑，不是可有可无，而是必须有，它往往决定理论是否具有超越性。核心学养为“照着讲”所必备，外部学养为“接着讲”所必需。当具备了基本的核心学养之后，外部学养就成为获得学术成就的充分必要条件。一个学者的学术人生必须兼具“照着讲”与“接着讲”这两部分才堪称完整——至于是否完美，能否做到“其身既没，其言尚存”，仍在不可知之天。

不少“聪明人”思维活跃，提出新观点、新概念也许并非难事，也确实能在瞬间赚足读者眼球，但是，如果缺乏内外学养，学术资源贫瘠，所提出的观点、概念既不是周遍归纳、综合，严密、深邃判断的产物，分析、论证也不到位，视野局促，说理简陋，论证空疏，解释力、说服力不足，观点、概念内涵便干瘪、空洞，观点“立”不起来，这便是理论水平低下的表现。其病在“思而不学”：“思而不学则殆”，聪明反被聪明误。在今天浮躁之世，这类“学术混混”甚多。

一般而言，理论性与说理性、解释力、说服力是对应的。学养丰厚，往往便意味着理论性强，即说理性、解释力、说服力强。反之，学养欠缺，理论性就弱，便没有说理性、解释力、说服力可言。

总之，原创性理论，是整合的原创力与强大的说理力的统一。我不敢说我已经达到了这个高度，只能说我追求这样的目标；我的理论在汇聚思想资源、论点原创性、概念体系化建构与说理性、解释力、说服力上，一定还有进一步完善的空间，否则，我的《语文：表现与存在》也就不需要修订了。理论性的提升是无止境的。

不知我对原创性理论的理解对不对，管窥蠡测罢了。

张：语文教育研究大致可以分成教育哲学、课程与教学论和教学实践三个层面的研究，每个层面研究的对象不完全相同，研究的结果也不能完全互用，也就是说当我们高校的研究者自上而下地由理论往实践推演时，在课程与教学论研究者，尤其是一线教师看来总觉得有点“隔”，那么我们如何去解决这种“好听但无用”的难题？

潘：您的提问确实说出了广大研究者的心结。这里是两个问题，一是三个层面的研究成果是否可以“完全互用”；一是如何解决高校教师的理论研究与一线教师教学实践“隔”的问题。

关于第一个问题，我以为可以“完全互用”，但需要进行消化性、创造性“转换”，需要搭建一些“中介”“支架”。这三个层面的研究，既有独立的研究范畴、内容，可以有所侧重，但必然是相关、相通的；不同层面的高水平研究，理论与实践成果之所以可以相互为用，是因为它们本来就是建立在融会贯通思考的基础上的。不论对哪一层面研究，都要有自上而下或自下而上，宏观、整体的眼光与视野。

毋庸讳言，由于受限于时间、学养等，多数教师眼睛只能盯住自己的“一亩三分地”，主要考虑的是“怎么教”，即看重解决教学层面的问题，思考教法的设置。这样的研究定位颇受质疑，一些学者曾批评说先要考虑“教什么”，再考虑“怎么教”，因为是“教什么”决定“怎么教”，这观点看来不无道理。但他们忘了，在“教什么”之上还有个“是什么”，是“是什么”决定了“教什么”与“怎么教”，而不是“教什么”决定“怎么教”。“是什么”，就是您所说“教育哲学”，就是学科、课程本体论认知。具体说就是教育目的、性质、任务等的宏观性认知。“教什么”，是指由课程目的、性质、任务分化出来的教学目标、内容等，主要与课程论、教学论相关。“怎么教”，是指教学实践运作，涉及教学方法、环节、过程等的设定，侧重于教法。“是什么”属于“顶层设计”。有什么样的学科、课程的“顶层设计”，就有什么样的教学内容、目标、方法、环节等。这道理很简单，不是常说“屁股决定脑袋”吗？在“应试”目的下，教学内容、方法便由考试的要求所决定；在“工具性”课程定性下，教学内容、方法便是为着“学习语言文字的运用”，重在“技能”训练；在“应付生活”本体论下，教学内容、方法便是立足于培养生存性言语动机与“当前受用”的言语能力；在“表现与存在”本体论下，教学内容、方法便要服从于培育存在性言语价值观与“立言者”素养。因此，固然研究目的不同的研究者思考的对象、范围可以有所侧重，但不能相互隔绝、各自为政，都应有宏观的视野。要是眼睛只看着脚尖，迟早会栽到沟里去的。

在这一点上，不少高校学者，包括我本人，也做得不够。对教学实践关注不够，存在视野盲区，视野盲区就会造成理论或经验归纳、综合的盲区。在学者中这样的观点普遍存在：理论研究可以是纯学术的，哲学层面的研究不一定都要和实践挂钩，也未必挂得上钩。这说法有一点道理，并非所有的理论研究都要和实践直接挂钩，它有自己的研究对象、目的，能达到目的就可以了。但是，不论是哪一层面上的理论研究，都要与实践遭遇，与实践相关联：一是在理论形成过程中，理论往往源于对实践的抽象、归纳，而且，要经受预期性的实践证伪；在理论形成后，势必要经受实践的检验，以决定弃取，或是使理论得以修正、增益、完善。二是理论最终都要与实践相结合，要应用于实践；它可能不是直接应用，没法一步到位，但要逐步过渡、转换到应用层面，使之产生实践效能。所谓纯理论研究，不是意味着可以逃避经验的证伪，或逃避对实践的责任。

这就涉及第二个问题，如何解决“好听但无用”的难题。

首先要弄清楚什么是“有用”。这一方面往往被误解为在教学中可以直接应用，就是有可操作性、可复制性。确实有这样的理论，但这不是教育哲学理论，而是教学法理论。另一方面是有些教师对理论存在隔膜与排斥心理，觉得哲学层次理论高不可攀，读起来费劲，又不能解决自己教学中的实际问题，是隔靴搔痒。二者都是源于教师的思维局限、惰性，希望有现成的拿来立马就能用的理论，无须自己费心去转化、去再创造。其实这些教师认为“无用”的，可能恰是最有用的，最有价值的理论。即所谓“无用而有用”“无用而有大用”。如上所述，起决定性、笼罩性作用的是哲学层面的理论。这是驾驭全局、引领方向、指导实践的。因此，教师切不可自外于教育哲学理论之外，否则，就会迷失方向，做貌似有用实则无用而有害之功。

在高校学者一方，也要力求使理论研究成果“落地”，以产生实践效能。这也可以从两方面看。一是将教育哲学或课程论、教学论层面的理论向教学实践层面延伸，尽可能与教学实践对接，让教师的教学有所凭依。二是要关注教学实践中的问题状况，以自己理论成果解决实践中不断产生的新问题。也许还有第三方面，就是要追求理论的亲和力，表达尽量深入浅出、通俗易懂，让教师没有阅读障碍，喜欢阅读。这方面，朱光潜先生是我们的榜样。

我的《语文：表现与存在》下卷，就是与教学实践对接的。修订版对下卷作了进一步充实，增加了两章：第六章　言语、精神生命的激活与重塑；第十章　阅读：为言语生命的化育与创造奠基（下），都是出于提高教学实践效能的考虑。第六章着眼于培育“立言者”这一总目标，对“立言五大素养”进行阐释，具体讲语文“教什么”；第十章围绕着阅读教学如何培育“立言五大素养”，从具体教学、操作方法上展开，表明阅读如何指向“表现与存在”，即探讨该“怎么教”。增加这两章的目的都是使教师能得到更多实践层面的领悟与借鉴。同时，我在《海峡导报》的专栏“潘老师语文轩”里，针对语文教育、教学现实中的问题及时阐明看法，尽可能做到文字浅显、活泼，便是为普及与应用做出的努力。我在全国各地大、中、小学等做的几百场讲座，参与评课，与教师现场交流等，也是为了使理论“落地”，发挥实践效能。

将不同层面的研究贯通，使理论与实践相结合，需要高校的学者、教研员、教师通力合作，共同努力。既需要教师关注理论，消化理论，进行“二度创造”，也需要学者将理论往实践宣导、推演，加强相互间的对话、沟通。这样，也许可以破解理论与实践疏离、隔膜的困局。

语文：表现与存在

潘新和 著

YUWEN BIAOXIAN YU CUNZAI

下卷·第一分册

海峡出版发行集团 THE STRAITS PUBLISHING & DISTRIBUTING GROUP | 福建人民出版社 FUJIAN PEOPLE'S PUBLISHING HOUSE

目录
Contents

下卷·第一分册

下卷　言语生命动力学表现-存在论语文学实践论

第一分册

【下卷】

言语生命动力学表现-存在论语文学实践论

在顺应中引领，在引领中成全，在成全中发展。使每一位孩子的言语天性、潜能得以充分施展，拥有追求“立言”信仰的幸福人生。

绪论 | 牧养言语生命的“野性”

本卷要探讨的是语文教学实践中的问题。教学实践中的问题，根子还是在教学理论和观念上。

语文教学是个解不开的谜。不少老师教了一辈子语文，还说不出个所以然。不论是“最有发言权”的一线语文教师，还是“最有话语权”的专家学者，谁都能说说，谁说的似乎都有理，似乎又都不是那个理，实在是剪不断、理还乱。

教语文的老师，就连最简单的“语文”二字，也说不清楚是什么意思，这实在是有点儿“讽刺”。“语文”语义之复杂、混乱，致使迄今仍聚讼纷纭。它既指各种言语形态和言语现象，如文章、文学、语言、文字等，也指一般意义上的“言说”——口语、书面语以及听、读、说、写等言语表现和言语活动，有时还指语文学科、语文教育、语文课程、语文教学等。由此衍生出的相关概念和理论，更是千丝万缕、莫衷一是。这些多重语义，其中不乏误用、误解，以讹传讹又已然约定俗成。

我本无意对此作新的界定，为其拨乱反正，大约只会“添乱”。习惯的力量太强大了，谁也没法使其昏昏得以昭昭；似乎也没有昭昭的必要，因为它的许多相关语义已经老化、垂死了。退一步说，不论语文有多少种语义，都统辖于语文学科界域之下，对这一点没有太大的争议，也就罢了。语文界大都抱着这样的心理，对相关的概念也就因陋就简，随便想、凑合着用。

然而，既然研究的是语文，天天瞅着它，终不能一味地装糊涂。我以为语文教育之衰微，显然和基本概念、理论、观念的简陋贫乏、含混错乱颇有关系，且还不是一般的关系，简直可以说是“悠悠万事，唯此为大”。待把现代语文教育琢磨透之后，我发现情形颇有点像当年胡适先生评论《红楼梦》研究时说的，“向来研究这部书的人都走错了道路”[①] ——语文教学似乎也走错了道路！在经历了长时间的惶惑犹豫、深思熟虑之后，我终于痛下决心，给已经够乱了的“语文”再添添乱，索性对其做一次彻底的清理和颠覆，给未来蹚出一条新路。

对现存观念、理论以至实践，作铢分毫析的解构和“基因重组”，给它注入新的意义，用新质去改造旧质；荡涤百年经验之铅华，吸纳近世学术之清芳；探幽索隐，养明去蔽，革故鼎新，致力于语文意涵的“当代”转换。

这新质的核心便是言语生命。我以为**在语文教育中，“以人为本”的“本”，就是言语生命。除此之外没有第二个“本”。**我要以此去洞照、激活整个语文概念系统和教育实践，使其或陈旧干瘪或奄奄一息或含混隐晦的语义丰满、生动、豁亮起来。我的“语文学”词典因基本概念和“范式”的转换而焕然一新，不论是言语形态、言语现象、言语表现、言语活动，还是语文课程、语文教学，其基本出发点都是人（主要是师生）的言语生命，或者说是人的生命的言语属性。具体体现为“表现与存在”的“动力学”指向：立足于言语生命意识的觉悟，言语潜能的张扬和生长，师生间言语生命的交响和共振……言语生命动力学语文教育理论借此得以建构和再生。

在“表现-存在论”“言语生命动力学”的背景下，教学实践层面的认知将发生重大转向：**从当代重言语技能训练转向重言语动机和人格的养育；从重语文素养的培养转向重言语生命本性的养护；从重阅读转向重表现、重写作，发现并关注每一个个体的言语生命潜能、才情和天性、个性，顺应言语智慧的自生长，庇护、扶助言语生命的成长，引领言语上的自我实现，促成每一个言语生命的最大发展，为“立言”奠基。**

言语生命，这个核心概念，意思不是“言语”加“生命”，而是指人的“生命”特性是“言语”。言语生命——“写作生命”，是人的“类的主体性”的典型表征。它如同人的心脏，将血液压往全身的血脉，进入肌体的循环，维持着生命系统的新陈代谢，使之充满生机和活力。内在于言语生命的言语

---

① 胡适：《〈红楼梦〉考证》（改定稿），见《胡适文存》卷三，上海亚东图书馆 1933 年版，第 807 页。

冲动和欲求，在外部动因的激活下，驱动着言语主体的言语表现行为和言语教育主体的语文教学、语文学习行为。以内在于每一个学生生命体中的言语天赋、潜能——言语表现冲动和言语生命欲求，作为语文教学和言语实践行为的基本动力定型，由此建构起的理论体系，可称为“内部语文学”，这有别于现代语文教育建立在应付生活之上的“外部语文学”。在语文教育中，师生间言语生命的互动、承传和张扬，便是为了使言语动机回归到人的言语生命本体，返回到人的言语天性与个性、人的言语生命的基本需要和发展需要，尤其是精神、审美需要。没有这种具体到语文教育特殊性上的体认，所谓“以人为本、学生本位”的理念，就是抽象的、空洞的，等于是空中楼阁，可望而不可即。

这无异于一场地震，原有的“语文”概念体系，如庞贝古城般遭受灭顶之灾，轰然倾颓，在我的视线中倏忽遁入了历史。筚路蓝缕，以启山林。需要在新的地基上夯土打桩、撑梁支柱，对语文教育现象进行重新“正名”和“命名”：语文教学的“关键词”不再是阅读、语言和语文知识，也不再是能力、训练和活动，甚至也不应是抽象的语文素养、人文素养、言语素养。一批新概念开始繁衍蔓延：言语生命、言语潜能、言语动机、言语人格、言语生命冲动、言语生命欲求、言语表现欲、言语智慧、言语感受力、言语想象力、精神创造力、审美判断力、言语人生、诗意人生、言语天性、言语个性、牧养、养护、贵“无”、尚“有”、误读……新概念迅速生长、成熟，相互支撑指涉，言语生命的鲜活气息，在语文教育理论视阈中渗透、弥漫开来。

在我看来，在语文教育、教学实践中，最值得关注的不是考试和成绩，不是语文知识和技能，也不是应付生活、应需（满足生活、工作、学习等“生存性”、功利性的需要，是必要的，但不是最重要的、终极性的），而是人引以为傲的言语生命：人的言语生命状态，言语生命意识，人的精神创造力和自由能动性，人的言语态度、理想、信念和信仰。考试和成绩都是暂时的，给人带来的是现时的功利，满足人短暂的虚荣；语文知识和能力只能给人带来眼前的实利，知识会陈旧或老化，能力也会变成一张过时的支票。唯有超然物外，不以物喜，不以己悲，闭上“物眼”，消抑物欲，心无旁骛，睁开凝视自我精神的“天眼”，植根于自我生命，我行我素，又超脱出个体主体狭隘的言语生命意识，遥望天地万物、历史沧桑，“齐物我，同生死”，人类言语生命、文明文化的承传才永恒不灭、生生不息。教育的目的是人（人类）的发展。在人的一切发展中，最高层次的发展是心灵、精神的发展。健康的身心、良好的生存状态和人生态度，比一切知识、能力都重要百倍。教育不应该把物欲、金钱、权力崇拜作为学习的唯一动力。在语文教育中，唯有以唤起和激发人的内在生命、精神动能为根本，因人制宜，为人的言语行为找到正确的目标和理想，引领学生走上言语人生、诗意人生之路，使人的言语上的发展成为一种生命自觉，才有真正意义上的人的发展，言语活动才能实现“存在”的人生价值、人类价值。

语文学科可谓得天独厚：语文教育的目标和人的特性、本性、天性是一致的，语文学科是为“人”立“本”的学科。人是作为“符号动物”而存在的，只有人的生命堪称言语生命。在自然界的一切物种中，唯有人能运用语言文字，能进行“符号性思维和符号性行为”，能够做到“彻底的喻义和沟通”，这便是“符号生命”的要义。“符号生命”是人与其他动物最本质的种差。在人的自然本能中，符号本能、言语本能是与生俱来的。正是这种符号本能、言语本能，构成了语文学习和语文教育的生理基础和精神基础。符号本能、言语本能使人的智力和想象力结出了绚丽的文明之果，从而也造就和进化了人类自身，使人成为感性、理性、智性的动物——写作（言语创化）的动物。因此，人的生命，实质上便是言语生命。语文教育的深层动因当是植根于人的这一物种基因之中的，它取决于人自身言语生命的觉醒和言语生命意识的觉悟。语文教育的动力虽然离不开外部环境和物质利益的诱引、激发，但是其最深厚的渊源却是蕴蓄于人“内部”的个体生命之中。言语本能、潜能是人的所有天赋资质中最重要、最具本质性的。

遗憾的是，以往语文教育忽视了言语生命的自然需求——每一个儿童固有的言语天性，将语文学科教育和其他学科教育“一视同仁”，一律视为知识与技能教育。语文教育成了一种纯粹的语言规训，不断地从外部对儿童的言说进行所谓的教导。教师代表着成人世界的话语威权，从实用和世俗的人生目标出发，为儿童的言语学习确定了一个与他们自发的言语需要格格不入的方向，这就是服从于现实的利益最大化原则驱动下的应需、应试实用动力学：学习语文是为了应付将来生活、工作、学习的需要。从对儿童的早期言语教育开始，到小学、中学阶段的语文教学，维系着他们言语学习活动的都是一个个十分具体的现实目标，在教学情境下的每一个游戏、每一次远足、每一篇作文、每一回对话或演说，背后都有一个精心策划的应试圈套。衡量所有语文教学活动的标准只有一个，就是对于考试是否“有用”，从不问对于学生心灵成长是否“有用”，他们是否还渴望信笔涂鸦的快乐，他们精神的“百草园”是否因此而荒芜。正是在这个意义上，我以为历来人们在语文研究上“都走错了道路”。

在教师们看来，严格地说，应是在教育决策者看来，“学以致用”是理所当然的。现在所学的，应对考试“有用”；对考试“有用”，似乎便对将来的生活“有用”。——“分数（升学）是硬道理”，教得再好的老师，学生高考分数不高也一钱不值。更荒谬的还在于，今天语文考试中“有用”的，百分之八十对将来的生活、工作、学习是“无用”的，非但无用，而且简直是祸害。明知如此，语文老师仍不得不矢志不移地把这一场“文字游戏”进行到底。语文老师是无辜的，他们也是受害者。“言语心肌梗死症”成了语文教师职业病。这种实用化、功利化的语文教育，有其存在的合理性，因为它满足了人的基本需要——生存和生存竞争的需要，但是在今天看来显然已不合时宜。

语文教育的实用主义、实利主义的“外部”动力学，导致了师生言语生命的枯萎。语文是教得最辛苦的一个学科，语文教师备课量和批改作业量都是最大的，“一课一得”“一日一练”，换来的竟是“贻误苍生是语文”的结果，这种状况难道不值得反省吗？没有哪一个学科的教育像语文学科如此的高耗低效，甚至是高耗反效。12 年基础教育，再加上 4 年高等教育，培养出来的一部分人居然文字不通、文章很“烂”，既不能说也不会写，更不用说精神创造力和自由能动性了。以为是最有用、最科学的，恰恰是最无用的，是伪科学。百年现代语文教育沉痛的历史教训，应深刻记取。

实际上，人的言语能力的发展，是在“内部”与“外部”、“有用”与“无用”、“有为”与“无为”之间达成的。儿童的本真状态下的言语欲求和言语冲动，在自然状态下不需要太多的教导也能得到发展。语文教育所能做的只不过是助成其发展罢了。今天人们认为学校不培养作家似乎是不争的事实，是“真理”。然而，假如语文教学能使拥有作家天赋的学生成长为作家，岂不功德无量？从学校出来的一切在言语创造上有成就的人，说到根本，都不是学校语文教育“培养”出来的。即使从好处说，把凡是从学校出来的作家，都算作是语文教育的功劳，充其量也只是由于机缘巧合或歪打正着助成了他们的自生长。这些学校“培养”出来的作家，原本就具有作家天赋。真实的情况是，大部分拥有各种言语潜能的学生，在语文教育中并没能得到应有的发展，而是处于一种自生自灭的状态，语文教育不鼓励学生言语才能的个性化、多样化发展。言语个性特别出众的，往往在应试教育中首当其冲，最先遭到虐杀。他们不但语文成绩不高，写作成绩也不高，“离题”的风险最大。

反观语文教育的门槛之外，在一些没什么文化的人那儿，却常能听到行云流水般的连珠妙语。不少未经专门训练的民间口头“语言艺术家”（不限于演员），是经过大量正规语文训练的人不能望其项背的。多数作家也是无师自通，没有受过正规、系统的学校教育。说句冒天下之大不韪的话，某些语言学家的语言恰是最无生气、缺乏魅力的语言。他们在制造出许多连自己都感到糊涂的语言规则，规训别人的同时也尝到了作法自毙的苦果，成了所谓的“语言规则”的牺牲品，严重者甚至患上“言语败血症”。这种行为不仅害己，而且不自觉地害了他人。

长期以来，语言学强势介入语文教学，造成了语文教学的“伪知识化”“反效化”状况，是有目共睹的。在20世纪50年代，张志公先生就意识到了语法研究脱离语法实践的弊端和语法教学的低效，却回天乏术，坐看语法教学潮起潮落、泛滥成灾。张先生是可敬佩的，因为他不讳疾忌医，敢于正视现实，善于倾听不同意见，认真总结、汲取教训，对语法研究提出了不少中肯的意见。张先生也有他的局限，在他的晚年，明知语法教学没有效果，最终还是拘执于不能取消语法教学，还是主张：“……要劳劳专家们的大驾，去听听教师们的意见、建议，争取建立起一个真正符合汉语实际的语法体系。体系还是要的，要研究，同时把‘实施意见’作为一个治标的办法，教下去，让语法教学虽然不能产生那么理想的效果，至少让它有相当的改进，加强一下教语法和学语法信心，不必再过多地淡化它，而使语法教学产生一定的实际效用!”① ——人是符号动物，每一个人都有语言天赋，都是天生的“言语学家”。本真的言语生命，不需要太多的阳光就能灿烂，阳光太烈，暴晒炙烤，反而使它枯槁萎蔫、黯然失色。这就跟“学”吃饭一样，无须告诉孩子要怎么扒饭、喝汤、夹菜，他“天生”就会，如果告诉他其中有什么法则和玄机、有多少种的套路和技巧、手臂屈伸成多少度角才规范，也许他反而不知道该怎么“吃”了。**为什么人的言语上的成才，往往“野生”的胜过“圈**

① 张志公：《改进中学语法教学》，见《张志公自选集》下册，北京大学出版社1998年版，第565页。

养”“驯养”的，这是一个需要深入反思的教育学课题。这不是蒙昧主义，而是返璞归真。人类常常需要回视与自省。

凡是优秀的语言艺术家、文字工作者，可以说都是“野生”的或“半野生”的。“野生”的标志便是保有“野性”——在经过长期的言语实践后，仍保有自己的言语天性、个性。学校语文应试教育的“圈养”“驯养”，恰恰是反天性、反个性、反生命的。很多作家、学者是自学成才的，没经过正规学校教育，或没受过高等教育。这种“野生”或“半野生”生态正好和人的言语生命成长规律相吻合，他们凭借自己的言语天性中的灵性、悟性，执着于对言语的挚爱，读万卷书，行万里路，写万篇文，他们的言语个性没有受到粗暴的修剪和斫伤，因而得以自由、茂盛地舒展。得天时地利者，终于长成了参天大树。自然，也有不济的，遭遇了雷霆风暴、雨雪风霜，长成了“歪脖子树”。那些从学校出来也终修成了正果的，可归入“半野生”的一类。他们是现行教育中的另类、“灰姑娘”，虽身在其中却不受教、不合作，备受冷落，遍体鳞伤，从“培养”和“驯化”的罗网中逃脱出来，九死一生，侥幸保存下了言语天性、个性。

我以为，语文教育是“应该培养”而且“能培养”作家以至一切言语人才的。学校要培养各种各样的言语人才，让每一个学生的言语生命的天性、个性都能得到最大发展。是柳树，就应该长成柳树；是松树，就应该长成松树；是桃树，就应该长成桃树，而不应该将其扭曲得面目全非，或修剪成整齐划一的“树篱”。

言语人才成才的概率在“野生”或“半野生”生态下的，要远远大于“圈养”“驯养”生态下的，这很值得思考：为什么“野生”或“半野生”的能成才，“圈养”“驯养”的反而劳而无功？答案并不复杂：成为作家、学者的前提条件是具有相应的言语生命“基因”——文学、审美或研究潜质。有了这种基因，才有加以培养的可能。当然，这还只是一种可能性，如果没有找到合适的“助成”方式，依然不能成为现实。在今天讲求统一和应试的制式教育下，最仁慈的做法是“放生”，让言语天才在“野生”的生态下自学成才。

任何一类言语人才的成才，都是基于原生的言语生命特殊禀赋，即人的言语“野性”“天性”；保有“野性”“天性”，才能生长成“个性”。人的言语个性虽然看来是后天形成的，但是从根本上说又是人的言语基因、言语胚胎中固有的。否则，便无法说明为什么在同样的成长环境中，会形成不同的言语个性。每一个智力正常的孩子，都应当具有言语禀赋，差别主要不是言语禀赋的高低，而是言语禀赋优势之所在。从这个意义上说，语文教育首先要确立的观念便是：爱护、顺应每一个孩子的言语天性。只有如此，才有因材施教可言，语文教育才能面向每一个孩子言语上的最大发展。不认同这一点，语文教育势必永远都只是为少数所谓“尖子生”的，为有应试言语才能这一部分人的。这些学生屈从于应试教育的淫威，不得不放弃自己的言语天性和个性追求。长期以来，语文教育就是误将应试才能——言语上的最劣发展当作最高发展，以共性抹杀天性、个性。人的言语上的发展，是最具生命性、个性化的，是最不能强求一律的。从理论上说，每一个学生在语文学习上都有特殊需求，养护方法和路径都应是不一样的；每一个学生在言语学习和表现上都有选择的权利，他们不同的言语才具都应得到同等尊重。在这一点上，语文教育有别于自然科学学科讲求统一和规范的教育。这也是语文教育困难之所在。

作家冯雪梅说：“一个人对文字的喜好，可能是天生的。小时候母亲教我认字：红色的红。我的眼睛里不是字，而是奔跑着的火光，是漫山遍野的鲜艳花朵。这种思维方式曾经很让父母头疼，在他们严谨理性的工科思维里，文字是缜密而有逻辑性的，不是四处游荡的青蛙蝌蚪或者满草原奔跑的野鹿羚羊。写作文，从背文章开始。八九岁，背一本写作宝典之类的书，白底小红点儿的封皮儿，里面有各种各样的作文片段。在那些文字里，春夏秋冬、风云雨雪，有着许多不同的模样。虽不曾眼见，却能够感觉它们的样子甚至表情。那些美丽的方块儿字带着孩子的想象，嵌进最初的作文里。”① 她的这种“感性”的才情，便是言语生命“野性”的自然流露，是她后来从事创作、成为记者和作家的潜质。这是人为的教育或“后天的努力”所不能给予的。同样，具有“理性”才情的孩子，是天生的学者、理论家的料，他们从同一个“红”字中想到的也许是“红”为什么读“hóng”，而不读“gōng”？为什么花是“红”的而叶是“绿”的？这种“探究”倾向也不是可以单靠严格“训练”可以造就的。语文教育的功能不是“塑造”或“培养”，而是破译学生言语生命密码，顺应其天性，助成、成全言语生命的自生长，将其野性生

① 冯雪梅：《学习作文》，载《语文学习》，2004年第10期。

命中固有的言语潜能发挥到极致。

“野生”生态下，能最大限度保持言语生命的“野性”——言语天性，这对于言语创造上的成才弥足珍贵，对语文教育具有深刻的启示性。“圈养”讲求的是统一，“驯养”（训练）讲求的是合乎规范，二者都是反“野性”的、反言语生命天性的，是对言语个性、差异性的蔑视和摧毁。对言语天性的无视，是认为语文教育不能培养作家的一个重要原因。我以为作家（包括其他言语人才）不是不能培养，而是当今的语文教育似乎还不明白“不能培养”的症结，没有找到适当的培养方式，干的净是拔苗助长的事，走的是一条“反生命”之路。恰当的培养方式，就是要打破“统一”和“规范”，顺应并养护每一个孩子言语生命的“野性”，为“野性”的生长创造最佳的环境和条件，创造“野生”生态环境来“放养”“牧养”，使语文教育成为最佳“野生”生态环境的复制、改良。

当然，除此之外，或者说在此基础之上，语文教育也负有对“野性”的淘洗和引领的使命。“野性”需要适度的文化浸淫和审美熏陶，因势利导，使“野性”真正成长为优良的言语个性。对“野性”的优化和改良，一定要适度，不能急于求成。如果明白了这些，并有条件付诸实践，想必不但作家可以培养，一切言语人才都可以培养。

言语能力，既然是以人的言语天赋为基础，就只需养护和助成，而无须过多的规训和惩戒，否则便是拔苗助长。人的言语学习动力最深厚的根源，来自于自身天性中的言语生命冲动和表现欲求，来自于对自身言语生命禀赋和潜能的正确领悟，来自于对自己言语才情和个性的发现和欣赏，来自于对言语意义与生命价值之间关系的深刻理解，更来自于对个人言语创化与人类文明进化之间关系的领悟。由此产生了言语主体性自觉和独特的言语追求、言语理想，在言语创造中形成了作为言语主体的自豪感和成就感。如此，学习和运用言语，就是一种充满着欢欣和喜悦的自然而然的生命活动。学生可以为“什么”而言说，也可以不为“什么”（为了言语生命的冲动）而言说；可以为现实功利言说，也可以为言语表现、精神满足和愉悦自我或他人而言说。学生应拥有选择言说方式和率性发展的自由，应能感受到教育对自身言语天性、个性的理解、宽容、赞赏和扶助。语文教育的功能，不是一味地企图压制“野生”的言语意欲，千方百计地规训它，使它合乎应试规范，而是要养护这种自发的言语生命冲动，使率性的言语行为逐渐地上升为言语表现的审美自觉。

我精心选择了“牧养”和“养护”这两个词。“牧养”，有“放牧养护”的意思，是对野生生态的模仿，给言语“野性”、天性的发展以最广阔的空间。“养护”，是“滋养、养育”和“庇护、维护、保护、爱护”的意思，用以取代以往习惯使用的“培养”“塑造”“训练”“锻造”这一类使动性、规约性、强制性意味较强的词语。在我看来，语文教育的“规训”“改造”意味应适当淡化，教育对人的人性、天性、个性的尊重和理解应是第一位的，要尽量维护学生原生态的言语“野性”、天性、个性。我还喜欢“培植”这个词，虽然它也有“培养”的意思，但是，由于它多少还包含了“扶植”“扶助”的意思，使我觉得它较为人性化、生命化，包含着对个体生命的尊重。当然，这种尊重较之于对人应有的尊重，还是远远不够的。对人的教育就跟种树一样，应遵循树的成长规律，小心翼翼地“养护”它，顺应它成材的自然趋势，尽量排除不利于它成长的因素，而不是随心所欲地扭折它。唯有这样，蕴涵在一棵小树稚嫩生命中所有的美丽才得以尽情展露。语文教育尤应如此。因为语文教育是母语教育，是言语生命意识的教育，富含人文色彩；言语的创造，不论是智性的、理性的，还是情性的、感性的，都是十分个性化的、生命化的，是独一无二的。语文教育的目的，不是使人的言语表现和言语发展变得一样，而是“养护”它们言语生命的潜质，使它们言语上的自我实现各具特色。每一棵树长得都不一样仿佛是天经地义的，有什么理由在学生言语成长上只按照一种统一的规格“培养”同样的言语“能力”?

人不要和自然作对，教育不要和人的生命成长的规律作对、语文教育不要和言语生命的自生长作对。在教育中，“生命”的与“反生命”的，是两个截然不同的本体论价值取向，也是衡量教育品质、教学方法的一个基本尺度。一切助成言语生命成长的教育，都是进步、昌明、人化的教育；一切压抑言语生命成长的教育，都是反动、没落、异化的教育。在语文教育实践中，每一个具体的教学构想、策略和行为，最需要询问、自省和反思的，就是它基于“生命”的还是“反生命”的。在语文教学中，“生命”的教学，就是以学生的言语生命为一切教学思维和行为的原点，顺应、扶助每一个体的言语生命的潜质、天性和个性的成长，使教学的日程和言语生命自然生长的时节合拍，最大限度地使言语生命发展的潜在可能性，变为言语创造和自我实现的现实存在性；“反生命”的教学，就是无视、抑制甚至虐杀言语生命的潜质、

天性和个性，违拗言语生命的优势潜质和本真意愿，削斫学生言语生命中的原发冲动和表现特点，使之变成教育模具铸造出的标准化产品，最终将人异化为非人。

“训练为主线”的观念，便是语文教学中“反生命”意识的典型表征，是和言语生命生长、成长相冲突的。言语生命不应是被改造、驯养的对象，而是需要精心存养、保护的对象。在教育过程中，适当的训练不是不可以，但只能限于某些语言规矩和技能的初级学习，这些规矩和技能，也不是非训练不可，只要学生感兴趣，耳濡目染，心往神驰，不训练也能“自求得之”。从根本上说，言语人才不是靠训练就能培养出来的。离开了言语生命的禀赋和天性，离开了兴趣和热爱，再怎么训练也是缘木求鱼、劳而无功。以“训练为主线”，将教育的强迫性、外在性推到了极端，干扰了言语生命主体生长的自然进程，完全剥夺了言语生命自由发展的空间。语文的训练讲求的是统一和规范，这既违背了言语表现的“陌生化”“反规范”“创新性”等特点，也和言语生命千差万别的天赋、潜能相冲突，是对言语生命的侵害和不尊重，绝不是“以人为本”的教育。被动、扭曲的言语训练，是悲惨、不人道的，是对言语生命的强行阉割，使学生终生失去言语创新功能。在言语生命动力学语文教育中，要毫不留情地将“训练为主线”的观念彻底清除。

现代语文教育本体论认知上存在的最大误区，在于重视“工具”而忽视了“人”。在百年现代语文教育中，尽管在某些时候某些人也曾大声疾呼应以学生为本位，要因材施教，但是，在实践中，基本上是“工具论”“实用论”一统天下。对此，我在本书上卷已有专门的讨论，在此不再赘述。在语文教学中，是知识本位和能力本位轮流坐庄，或是二者共同坐庄，称之为狠抓“双基”或“三基”。注重显性的课程，在语文教学中不是死记硬背“语基”知识，就是培养所谓的语文“技能”“能力”，充斥着各种各样的劳而寡功的“训练”和“活动”；轻视隐性的课程，对人性、人文的熏陶，言语人格、言语心理、言语天性、言语个性的养护基本不屑一顾，对言语生命意识、言语意义、言语表现与存在性关系的思考等，极其浅陋贫乏。这不能不说是舍本逐末或本末倒置。显性课程失去隐性课程的支撑和贯注，语文教学和言语活动就失去了灵魂和生命。如此培养出来的学生，即便是文从字顺，也无非是语文操作工，等而下之的言语人格败坏就更不用说了。

言语生命动力学语文教学，对人性、人格和个性的尊重、关怀，对人的言语生命的张扬，对人的言语生命意识的养护、培植，就是为学生言语学习和言语活动立本，为人生立本。本固枝繁，枝繁才能叶茂，叶茂自然繁花似锦、硕果累累——这应当是常识。在言语生命动力学语文教学视界下，我们更为关注的是隐性课程的教学，用隐性课程培植言语学习的恒动力，在良好的教学情境的助推下去引领、带动显性课程的学习。如此，语文教学的知识获取与能力提高，将不再是缘于外部的压力，不是为了急功近利的应试，也不只是为了对付将来的生存需要，而是基于学生内在、自发、蓬勃的言语生命冲动和欲求，基于言语表现欲、创造欲和人的精神发展、生命价值的实现。

在语文教学中，就其重要性而言，写作教学将独占鳌头。写作是人的语文能力的最高呈现，是人的言语生命力的集中体现。在写作智能层面，文从字顺是必要的，但不重要。文从字顺是言语生命平庸者的执照。文从字顺，意味着言语天性、个性都被视而不见，言语才能都被一笔勾销。在语文教育中，言语生命天性、个性的养护始终是第一位的。丢失了言语天性、个性，言语生命便苍白、凋零。**每个孩子都是言语天才，把天才成就为天才是天经地义，把天才调教成庸才、蠢材，那就是罪过了。在写作教学中，千万不要把文从字顺作为应试训练的口实，也千万不要把“全面写作”“应用写作”“公民写作”等作为实用主义或“全面发展”的挡箭牌。语言，是文不“从”、字不“顺”的言语天才创造的，从来如此；言语发展，只能是片面发展，永远这样。以为学生应该什么都学，什么都会，其结果是什么都学不好，什么也不会。没有一个人可以做到语文十八般武艺样样精通，也无须样样精通。“全面写作”、培养“全面语文素养”，意味着言语天性、个性的泯灭，灵性、智性的全面枯竭。**

文从字顺是“工具论”语境下的教学目标。在言语生命动力学视角下，文从字顺不是问题。有动力，有热爱，想不文从字顺都难；有追求、有活力、有个性，势必要打破表述常规，追求文字和表达的“陌生化”。这在一般人眼里，自然是文不从、字不顺。没有哪一个写作天才是“万能手”，因此，也不要期望所有的孩子在写作上能“平均发展”。言语个性是什么？就是不愿意写那些千篇一律的文字和模式化、格式化的文字；在许多被认为“必要掌握”的文体中，只取“一瓢饮”，自得其乐。言语生命个性的发展，需要的不是全面写作或全面语文素养，而是与优势发展、有选择发展相匹配的某一（些）表现体式或语文素养。

言语“野性”、天性、个性的顺应和养护，是非指令性的，所以其教育行为倾向只能是“无为”。言语教学，主要是“无”的教学，或者说是“无”中生有的教学。言语人才从来就是不拘一格的，不是“教”出来、“训”出来的。“有意栽花花不发，无心插柳柳成荫”，需要的只是存养、修养。“处无为之事，行不言之教”：把学生牧养在言语的沃野上，牧养在文学和文化的大自然中，让他们尽情奔跑、觅食、嬉戏——流连于绿茵河川，小憩于草尖花丛；风餐露宿，栉风沐雨；谢朝花而启夕秀，心懔懔而志眇眇；或孤芳自赏，或顾影自怜，或饱食终日，或食不果腹。“天苍苍，野茫茫，风吹草低见牛羊”，或早或迟，终会看到壮硕野性的言语生命崭露头角。

在言语能力上，最大的盲点是口头表达潜质的养护。虽然在“表现与存在”视界下，最为关注的是“写”，但是，“说”的潜能开发与才情发挥，也是人的言语生命自由飞翔的重要一翼。“说”的天赋，在语文教学中被长期冷落和忽视，这种历史从此要打上一个句号。会写能说，将托举起精彩美丽的言语人生，是言语生命丰满伟岸的表征。

在表现-存在论阅读教学中，赫然写着“误读”二字。误读，我觉得也可以将其误读、还原为“野性”阅读。这是一个解构批评颇受争议与非议的重要概念，将被我们郑重接纳并据为己有。在我们看来，**误读不是解构批评家所谓的解读方法或文学批评方法，而是人的一种生命本能、言语智慧。人天生会误读**——不妨对误读再作进一步误读——误读的功能不止是对意义的解构，更重要的还在于养护自发的言语生命冲动，使率性的言语行为逐渐地上升为言语表现的审美、创造自觉。因此，误读这个概念，本应由我们来命名，解构主义者犯的最大错误，就是居然如此随便地把这个“名”给“命”了，它更适合或者说它本来就是言语生命动力学的概念：误读，是言语生命力的蓬勃，是心灵本真、思想活跃、想象力奇崛的言语生命开出的花朵。误读，一头连着阅读，一头连着写作。误读，是对言语现象天真的洞透，是对言语意义个性化的、有意的曲解。从某种意义上说，保持误读天性的人，不愁不会写作。误读就是写作，不会误读就不会写作。就写作的发现和表现而言，差异只是在于误读的程度或方式的不同。

我知道在现实应试教育语境下，在语文教师本身对言语生命缺乏体认、言语生命意识较为薄弱的情况下，理解和接纳这样一种新的语文教育理念是十分困难的。因为这意味着一种对长期形成的教育观念、教学经验的自我否定。这不仅需要勇气，还需要学养和胸襟。百年形成的教育文化，要在短期内转变是不可能的。使人们认识到一种新思想的价值，一定是很遥远的事。我只是希望今天和未来的语文教师能有所触动，语文教学的每一天，都从学会尊重、珍爱每一个言语生命开始。珍爱言语生命，是语文教师的“爱”的题内之意。

语文教师是以自身“立言”之志、言说智慧重塑学生，并使之同样以此重塑后学的人。

第一章 语文教师：言语生命意识的传递者

语文课程的终极价值观，不是言语技能的传授，也不是读、写方法的练得，一切的教育行为都是为了言语生命意识的承传，是言语生命的生长和延续。语文教师应是良好的言语生命意识的实践者和传递者，学生则是言语生命意识的继承者和发展者。生命轮回，世代延续，他们都存活、存在于言语中，是“思”者和“诗”者，是人类精神家园永远的“看家人”“建设者”。作为人类本体属性和人类文化根源的言语生命意识的承传与发展，是语文教育实践最基本的准则。

在我看来，教育不只是一种职业，也不只是一种事业，它还是人类智能和精神生命的接力。教师的角色是十分多元的，是教育者，也是受教育者；是学生的长辈，也是学生的伙伴、朋友、忘年交、受惠者……不了解这种多元性，以为教师只是教育者，这就一定当不好教师，尤其当不好语文教师。语文教师是最不能摆出一副“传道授业解惑”的“教师爷”面孔的，而应将学生视为发展的互助者，言语生命互动的伙伴和朋友，如此，才能拥有言语生命传递者的平和心态，才能感受到作为语文教师深层次的快乐与幸福。

缺乏健康的言语生命意识的教师，未能在生命存在的层面体认言语表现的意义，在言语实践上既无兴趣也不热爱，视语言为“工具”，将语文教学当作谋生的方式，他的一切言语活动和教学行为都是为了应付“职业”需要，他的言语行为是不得已而为之的，是生存的无奈。在职业之外，多一句不说，多一字不写，没有丝毫言语创造的欲望和激情，这样的教师不可能成为一位自觉的言语生命意识的传递者。相反，他只会在按部就班地传授语言“工具”的过程中，把生命中的晦暗和冷漠传染给学生，最终把学生训练成和他一样的毫无生命气息的“工具”。

同样，一个学生，如果仅仅把语文作为“学业”，一切的言语活动都是为了应付“学业”需要，为了考试需要，学习语文只是为了分数，没有丝毫的言语创造欲和表现欲，言语活动不是基于生命冲动和精神需要，而是单为了谋取眼前功利，这样的学生不可能成为良好的言语生命意识的继承者和发展者。即便他文思敏捷、妙笔生花，在应试之途一路破关闯隘、成绩骄人，从人的发展和人类文化、文明的进展来看，充其量只是书虫、文蠹，尸位素餐的庸碌、利禄之徒。他可以因其文才而拥有黄金屋、颜如玉、车如簇，却不能享有生命献祭、精神不朽的幸福。

读图时代，言语创造和言语生命的版图并没有实质改变。沉溺于读图，将使人变得怠惰、弱智，当读图之风嚣张狂热之时，言语创造和言语生命就更显得尊贵。语言文字，仍然是存在的家，是人的思维和精神创造永恒的载体；言语性，仍然是人的本质属性，语文学科的本质属性。不同的只是对语文教师提出了更高的要求，守土有责，必须正视和适应、容纳并抗击读图时代的挑战，使学生始终保有言语之爱，使言语成为他们精神生活和人生归属的基本疆域，使他们能执着地表现并存在着。

一　文字情缘：言语生命的接力

语文教师最宝贵的教学心理品质是对语言、言语的真诚、热爱，尤其是热衷于言语表现、热爱写作。语文教师专业素养的欠缺，也是语文教育成效不彰的一个重要原因。凡认得字的就可以教语文，语文教师自己不会读书、不会写作，却可以堂而皇之地教人读书、写作，凭一本教参就可以滥竽充数，这在其他科教师看来简直是奇迹，但在语文学科却司空见惯，而这些不会读也不会写的语文教师对此也安之若素。数学教师不会解题，音乐教师不会唱歌，美术教师不会画画，是一节课也混不下去的。

也许有人会说教师最可贵的难道不是热爱学生吗？这自然没错，可是这是所有教师的共性。我们说的是语文教师的品质。语文教师不热爱言说，不会写作，他用什么来爱学生呢？

也许还有人会说语文教师热爱语文教学这个职业，这难道不是最珍贵的品质吗？答案还是一样，一个语文教师不热爱言说，不会写作，他凭什么爱语文教学这个职业呢？凭教科书、教参、标准答案？

现状就是如此矛盾。大量语文教师，不能说他们不热爱这个职业，他们似乎也勤勤恳恳、兢兢业业，但他们的的确确不热爱语言和言语，尤其不热爱写作。一个不热爱写作的语文教师，不论他在语文教学中如何尽责，也不论他的学生在他的教导下取得怎样“骄人”的成绩，他把多少学生送进了大学，他都不能被称为一个真正优秀的语文教师。因为，一个不热爱写作的语文教师，体会不到言语生命的骄傲，感受不到言语创造的痛苦、快乐，从未享有言语创造的高峰体验和自虐、自焚般的用生命为言语理想献祭的体验，不可能拥有良好的言语生命意识，也就不可能成为合格的言语生命意识的传递者。他教出来的学生也多是和他一样对言语麻木不仁的人、言语生命猥琐和困顿的人。什么叫误人子弟，这就是！他只是把语文教师的工作作为一份谋生的差事，一个“饭碗”，而不是将其视为人的确证、真正“育人”“成人”的大事业，看作是实现人生存在价值、追求言语人生理想的最佳途径。像这类言语生命已经奄奄一息、濒临死亡的教师，应毫不迟疑地敦请他“下课”！

语文教师的事业是从最基本的热爱言语表现、热爱写作开始的。一个不热爱写作的语文教师，不论他如何小心翼翼地扮演一个称职教师的角色，他还是会在不经意间把自己对言语创造的隔膜和冷漠的情绪，把他的冰冻尘封、萎靡颓败的言语意识影响他的学生，使他的学生同他一样厌倦或厌恶写作和言语表现。相反，一个热爱写作、倾情写作、有着高尚的言语人格的教师，即便对语文教科书和教参没有多大的热情，从不纠缠于名目繁多的训练和活动、练习、考试，也许他的教学“成绩”不能让学校和家长满意，他给学生读自己的一首小诗、一个故事，送给学生一本自己写的小书，扉页上写有他自己生命体验的赠言，也会在不经意间将他旺盛蓬勃的言语生命意识注入学生的血液中。他的刻骨铭心的言语虔诚与真诚，就像一颗火种点燃学生永生不灭的言语创造欲望与理想。

语文教师是用言语人格魅力、用自己健康强盛的言语生命，引领学生踏上言语人生、诗意人生之途的。

我有这样一位学生，大学毕业之后，在一所较偏僻的乡村中学任教，一教十几年。在这十几年中，他一直读着、写着，什么都写：诗歌、散文、随笔、游记、作品赏析、教育短论、教学论文……他每学期都给学生编“作文选”，打印发给学生，那上面有他认认真真写的“小引”和精到的评点。他将自己的文章寄给我，一次就是一大摞。一些文章是自己刻印（油印）的，也发给学生看。我不能说他有多大的学问，取得了多大的成就，但是我觉得他是一个当之无愧的语文教师。我和他时有书信来往，权摘几封，以窥一个普通语文教师的心迹：

潘老师：

寄上一小本学生作文选请老师惠阅。

这段时间重读《世说新语》《儒林外史》等，做些摘录。《世说新语》用毛笔小楷摘抄，同时练习毛笔字，待后寄一两张复印的字给老师看看。

老师所惠数本《语文世界》（系笔者参编的一份语文教学刊物）也做了一些摘录，有些则抄下作者和题目，以便以后再读。

本想再写两篇语文教学方面的文章，其中一篇已写成草稿，一篇尚未动笔，待写成后再奉上。

前些天搞作文选花了些时间，这几天在出期考卷，未雨绸缪，这样会好些，也从容些。前几天×××同学从南京帮我购买《宋诗选注》，现在还在读，也想进而再读些宋诗，想写篇读后感。做事不专心，东扯西扯，都无所成，老师得便，尚望开示一二。

……

又近炎夏，老师还宜多加颐养。

敬颂

康乐！

学生程建新上

2001.6.4

潘老师：

前时已给老师去一信，想已收到了。

又近期末。这段时间除备课外，也看看书，想写点东西，另方面在准备期末工作，学生评语等都在写。

看学生作文，也写了篇文章，寄给老师看看。同时印了两张学生的作文也寄上，或许老师在研究写作中有些用处……

读了朱以撒老师[①]著的《古典幽梦》，看得出朱老师真是对古典情有独钟，而且真是位博学的学者。想写一篇读后感，并想写一信向朱老师问好求教，但还未动笔。

寄上两百元，请老师代购几种书，钱款不够，待后再寄。一是想买一种近些年出的编著得好的中国文学史。我过去读游国恩的《中国文学史》，现在显得陈旧，且书被谁借走也不清楚了。另有刘大杰和郑振铎著的两种文学史，更陈旧。一是想购买黄庭坚的诗集，版本要好的，最好是上海古籍出版社或中华书局出的，此书一直没见到。一是想购阅读写作方面的好的专著和语文教学方面好的专著，老师推荐一下，买几种；多的话就多买几种。这方面的书有的话，请老师先帮我买下。

这大半学期，手头稍宽裕一点，又买了十几种书，也读了二十几本书。还要多读，知识要更新。

近日颇冷，昨夜落了一场浓霜，今天霜晴，也还是很冷。福州想来也会变冷了，老师多加珍摄。先此草上。

敬颂

康乐！

建新上

2001.12.22

潘老师：

老师所惠赠的《中国文学批评史新篇》十分翔实简明，非常好，可惜自己断断续续，到今天才把上册看完。这里现在期末，各项事情颇多，大概要忙到放假，然后休息一段，暑假再上课。不过空余时间也总有，看看书，写写字，这几月几乎每天都临临帖。

寄上几篇旧文和新写的文章（两篇是谈书法的）给老师看。有两篇学生作文，分别获市作文竞赛三等奖和二等奖。字几张老师看后给朱老师看看。学习书法虽然也花了不少时间，却少有进步。

想来老师定然很忙，暑月炎热，还宜多多珍重。

敬颂

康乐！

建新敬上

2002.6.15

---

① 朱先生系福建师范大学文学院教授，著名书法家。

潘老师：

前天收到老师惠寄的两册《语文世界》，前数月所惠一册也收到了，谢谢。

读了2003年第1期的《语文世界》部分文章，每篇文章大致各有心得内容，但感觉是尚少些分量重的、发人深思的大文章，以前有老师的大文章和其他一些学者的文章，显得沉甸甸的。再者，版式变小，字也相应缩小，看起来就觉得累人。还有，就是空余之处最好有些题图插花之类，显得活泼，看起来爽目。

从二月起，自己也写了几篇文章，也把一些旧文打印出来，投给几家刊物，一并顺便买了山西的《语文教学通讯》、湖北的《中学语文》、广东的《语文月刊》来看看。《语文教学通讯》版式很大，字很大，看起来挺大气，但文章却也平常。《中学语文》字小，文章大致短小。《语文月刊》字大，栏目多，文章大致短小精悍，而且师生皆宜于阅读。这几种刊物，插图都多，版面较活。相比之下，《语文世界》讲语文教学的文章偏多，显得沉闷了些，似乎可以穿插些知识性的东西，穿插些轻松活泼的小文章……

寄上几篇请老师看看。《从乌鸦说起》《花鸟虫鱼乐未央》《马上马下，武功文治》等已寄出去，未知能否发表。《温婉的怀想，淡淡的忧伤》一文，大概五月或六月的《名作欣赏》要发表，蒙那位主编青目，一寄出去，很快就来信告知要刊用。

草草先奉。

敬颂

安康！

学生　建新敬上

2003.4.2

信手拣出的这几封信，足见建新君的勤谨和敬业。他兴趣广泛，手不释卷，他的好读、博学，常使我这个老师感到压力，自愧不如。他笔耕不辍，虽然写的大都是一些小文章，但颇见功力，笔力遒劲、简洁，堪称“学问之文”。我以为这就是一个语文教师健康的生活方式：读、写以自娱，同时亦他娱——娱其学生，怡然有得，安适自足，乐而忘忧。

我还不时收到建新君寄来的一些学生习作。可以想见，山岚弥漫的小镇中学，局促的校舍，夜灯下，他伏案批阅学生的习作，随手挑出写得有特点的文章，逐篇仔细地写评语，或印好就发给学生读，或一丝不苟地结撰成“作文选”——前有书名、目录、小引，后有入情入理的评语。

他为“古田三中高一（3）（4）班”学生编的作文选《赤子之心生花笔》写的“小引”如下：

这里选了高一两班近一学年作文若干篇，裒为一集。每人限一篇，以前曾印出来的不再入选。入选作文都不做修改，原汁原味。

《易》曰：“修辞立其诚。”孟子说：“充实之谓美。”此中诚则有之，充实清通则有待努力。然而古人又说，文有不通而可爱者，有虽通而可厌者。同学作文，多属前者。多读书，多感悟，多作文，赤子之心勿失，生花妙笔待造，诸君勉之！

一己偏爱，选评未当处正恐甚多，请同学们批评指正。还望与校内外师长同学沟通，批评赐教，互相交流。

2001.5.25

的确，“文有不通而可爱者，有虽通而可厌者”为论文之至理名言。入选的文章清新可读，天然本真，多为“不通而可爱者”。“不通”之所以“可爱”，是因为“赤子之心”未失。下面是该“作文选”中的一篇：

第　一　次

高一（4）班　李晓晴

人生第一次何其多，而每经历一个第一次，感受也不同。

我来鹤塘这么久了，上鹤塘街也有好几次了，可从未像那天那样羞愧不安。

由于同学之间的矛盾问题，一位同学已经两天没来上课了，刚从外校归来的班主任叫我邀几位班干部去那位同学家看看。于是我叫李莹、余强陪我一同去。副班长根东傍晚还要参加篮球比赛，不忍心打扰他休息，还有的要去上机，只好忍痛选择了他俩。

第二天中午放学吃完饭便与他们一起出发了。正午的太阳炙烤着大地，路上的行人少得可怜，树上的叶子耷拉着脑袋毫无生气。幸亏李莹细心，带了两把伞，一把给我，一把给余强，她自己有太阳帽。当我们刚走完上坡路，就碰到延安，于是硬把他拉去。太阳好像越来越凶，天气愈来愈热，阵势也发生了变动，我和李莹共撑一把伞走在前面，后面两位男生也共撑一把伞，变成了旁人所谓的“两对”。

为了避免旁人的误解，我与李莹谈笑着快步走着，唉，若是被某些好管闲事的人趁机到年段长那边告一状，那我们跳进黄河也洗不清。不过，人正不怕影子歪，他们说他们的，我们反正心不跳，手不慌，脸不红。

终于到了同学潘鑫家，开门见山地说明了我们的来意。谁知他一开口就是下午到校上课，很干脆。我们很高兴，埋怨、唠叨了几句，便和他一起返校。

但是我最倒霉，李莹去剪头发，余强与延安早就坐老鼠车溜了，只剩下我与潘鑫。潘鑫他有自行车，可我只有一把伞而且还要去买比赛所需的用品，结果潘鑫愿当免费助理陪同我去买。

买完了用品，也就出现了状况。我一个人走，他又不好意思；与我一起走，我又不好意思，太阳这么大，怎么让别人陪自己活受罪。于是我开口解围：“你有事先走吧！我自己一个走即可。”谁知他不肯，提出载我一块走。我拒绝无效，他不肯走。没办法，他的性格很倔，绅士风度十足，只好答应他了。但我又犹豫了，因为我很胖，不言而喻很重，于是我提出我载他，结果失败了。

后来没办法只好依他了。坐在车座后面，十分不好意思，手不知往哪儿放，整个人欲倒，路上的人好像都盯着我们这儿看；一个男生载着一个女生，而且女生还打着一把米黄色的雨伞。哇！多么浪漫呀！可当时我窘极了，脸在发烫。只好什么都不想，叫它不想它偏想。老妈很经常来鹤塘，被她看见了，她会怎么想；或是被熟人碰着了，他（她）们会怎么说呢？顿时汗毛直竖，怎么办？偏偏碰到他的一位朋友，那位朋友诡笑了一下走开了。

到了上坡路，我跳下车，他缓慢骑着。为了不使气氛更难堪，我努力寻找话题。又到了下坡路，他停下来又叫我坐上去，我闭上双眼坐了上去。好长一段时间，才隐见校门，没多大会儿，已经到了校门口。

哦，好哩！终于解放了。

但愿那天是我太多心了，但真希望世上少些闲人，使少男少女在一起显得轻松、自在。

建新君的评语：

本文字词、表达及标点符号等等都有问题。提高语文功力，有待于多多努力。其他同学也一样。

我记得过去语文老师总是谆谆告诫我们说，作文不要写成流水账。此文颇像流水账，但妙处也正在此。《古文观止》选《左传》“郑子家告赵宣子”一段文字，整篇几乎都是流水账，然而妙不可言，正如评选者所说：“真是账簿皆成妙文！”此文当然无法与《左传》媲美，而合情合理又天真烂漫，故虽“流水账”而反增其美。为文一道，未可胶执。

这篇与前篇，都涉及中学生友情恋爱问题。此中拘系甚多，谈虎变色。对此，父母师长多是战战兢兢，或用鲧法，处处湮堵；或用禹法，时加疏导；还有用鸵鸟战术，视而不见。教育界应对此做更深入细致的探讨，同时也要有学生参与，因为他们是当事人，也是未来的父母师长，以期更好地促进青少年健康成长，而不是仍然如鲁迅先生所感慨的处在瞒与骗的大泽中，自欺欺人而沾沾自喜，则于世道人心补益甚少而危害甚大。

每当我收到建新君那飘溢着树木清芬的信，品味他用笔力遒劲的蝇头小楷抄录的《世说新语》，读着他在劣质稿纸上涌动的逸思精见和他苦心结撰的学生作文选时，我常常想，哪怕语文教师中有十分之一能像他这般热爱语文、珍爱言语生命，语文教育就绝不会是今天这种局面了。从上面这些文字中，我们不难读出一个语文教师言语生命的热忱与执着、虔诚与勤奋。在朴素真挚的言辞中，包含着自己对写作教学，对历史和现实，对为文、为人和世道人心的深刻思考。他说学生作文不惮于写流水账，流水账写得好也是美文；对学生作文中的思想问题，不应“湮堵”，而要“疏导”，否则，危害大矣。这些都是真知灼见。他惨淡经营着他那“一亩三分地”，呼风唤雨，得风得雨，自由挥洒着言语生命；“焚膏油以继晷，恒兀兀以穷年”，只问耕耘不问收获地劳作着。

他当了十几年的中学语文教师，还只是一个二级教师。除了他的学生，没有人知道他。他也无须别人知道。他与他的妻儿，他的学生，他的书、字、文相依为命。课余，他和学生一道在校园里种花种草，一起打球、漫步，其乐融融——也不是无忧，时常抱怨书法没什么进步，于是屡见他写的书法随笔于报端。他或临帖，或抄书练字，一举两得，学养、笔力并进。字也遒劲，文也俊逸，思也通达。

他书读得很杂，经史子集，兴之所至则读之。文章也写得很杂，诗歌散文，鉴赏评论，感之所发则写之，真应了韩愈先生《进学解》的“夫子自道”：“学虽勤而不繇其统，言虽多而不要其中，文虽奇而不济于用，行虽修而不显于众”。——这是自由的言语生命写照，是真实的言语之爱：宠辱不惊，无为而无不为，为所欲为，身常劳而心自闲。相形之下，在职称、课题、评奖、发文级别等俗念缠绕中挣扎的我，深感言语生命不堪之累。

教学，就是言语生命的复制和接种。作为教师的你我，都在无形中将自己的言语生命状态和对言语之爱，裸呈在学生面前。**言语生命的承传是超言语的，是生命本真的言说，是不言之教。**一切的言语表现，无论真、伪、善、恶，都是言语生命的标志，是人的生存和存在状态的隐喻和象征。拥有言说之自由与言语生命之爱的教师，学生耳濡目染，对言说之自由与言语生命之爱的承袭，是必然的。反之，在急功近利、心浮气躁的教师感染下，学生言语生命的猥琐委顿也是必然的。“种瓜得瓜，种豆得豆”，这道理小学生都懂。

中国有一句老话叫作“文字缘同骨肉亲”，可以想见，建新君的学生们享受到了亲情般眷顾的幸运和幸福：看老师写的板书就如同在欣赏书法杰作，听老师的言谈仿佛漫步于历史、文化、文学、艺术……的曲径长廊，读老师写的文章，那么的幽远而亲近，文中隐约摇曳着他们青春的倩影。当他们交上自己的作品时，总亮着眼睛，满怀激动地期待着老师的批阅。因为，他们知道，老师的评语，是一个成熟而智慧的言语生命的馈赠。他们的作品被老师选进了“作文选”，分发给许多熟悉的、陌生的人读，被传阅、被赞赏，他们从自己欢悦的心跳中，感受到言语的力量，领略到言语生命发育的悸动，体会到了言语创造所给予自己的温情熨慰和作为一个言语人的尊严、幸福。老师，是一本百读不厌的书，每一页都是新的，每一行都精彩，每一个字都生动、洒脱。和老师在一起的每一天，都将深深镌刻进他们记忆的年轮，一生都不会忘却。

语文教学所教的就是“热爱”二字：热爱母语、热爱言语创造，热爱言语生命。基础教育 12 年的语文教学，如果有一个最重要的指标的话，这个指标不是掌握了多少个字、词，读了多少的名篇，写了多少的文章，而是在 12 年之后，学生是否还热爱语文、亲近语文，还拥有言说的赤子之心，当他读书为文之时是否还保持着初恋般纯洁的冲动和激情。这个“热爱”不是“教”

出来的，是言语生命自然和谐的对接、共振，是语文教师潜移默化、熏陶浸染出来的。

语文教师不需要特别地做些什么，说些什么，只需是热爱言说、热爱言语生命的人。他们是言语生命长河中的一朵浪花，来自源头之涓涓，又推波助澜，汇入江海之滔滔。一代代语文教师，就是这样从前辈教师和读、写的生命活动中获得师承和文化，言语活动成为他们生命的本分，学生因他们的言语生命而感动、觉悟，于是有了自己言语生命的生长、成长，这就是言语生命传承、光大的天经地义。语文教师要是不读、不写，不能厚德博学、慎思明辨、精言善辩，言语生命就憔悴、干涸；学生言语之原欲、冲动因得不到化育、滋养，必将枯萎、凋败，言语生命长河将断流，人类文明将湮灭，是为师道、人道、天道所不容。

我们要改变这样的观念：热爱言说的教师是“不务正业”，热爱考试的教师才“敬业”。在现行教育体制下，热爱写作、有独立见解和教育理想的教师，大多在领导和同行中被视为“另类”，常受到打压并强迫他们俯首就范；而不少热爱考试、精于猜题及押题的语文教师则备受青睐，被树为“学科带头人”、加冕“高级教师”“特级教师”。今天的高中毕业生，不论他们语文成绩高还是低，大多不喜欢语文、讨厌写作，就是这种错误观念所造成的恶果。在语文教育中，热爱言说和热爱考试，也许在任何时候都是一对矛盾。因为，热爱言说的精神是崇尚自由与创造，而热爱考试的精神是追求规范和统一。要解决这个矛盾，就要使语文考试最大限度地与言语表现所体现的自由与创造的精神接轨，使热爱言说也就是真正热爱语文的教师，成为新的教育文化精神的体现者。这样，养育成长起来的学生，将能不受“伪语文”考试的摧残，一生都保持着言语之爱。

二　独特感悟：抵达心灵深处的呼唤

语文教师光有言语之爱还不够，还必须具备较强的言语感悟力和言语想象力。不论是阅读还是写作教学，教师对言语的解读都不应该是照本宣科，绝不能人云亦云，得有自己对言语的独特感受。教师是语言奥秘的探索者、解密者、思想者，是学生亲近语言、热爱语言的引领者。语文教师如果没有自己对言语的独特感受，如果不能带领学生走进语言精微隐秘的深处，指点学生看自己琳琅满目的发现、发明，从而将自己的言语睿智传递给他们，唤醒他们沉睡的言语感觉，点燃他们的言语悟性和灵性，使他们逐渐获得言语领悟力，那还要教师做什么？从这个意义上说，语文教学是一种言语感觉和智慧的传递，是用教师的言语感悟和睿智，唤醒鸿蒙未启的学生的言语灵性和悟性。一个缺乏言语感悟力的教师，是无法敲开学生言语心智之门的。

言语生命的生长，是一个从自为到自觉的过程。在向着“自觉”的途中，往往需要适时的唤醒和点化。语文教师在教学中就是扮演唤醒和点化的角色，而不是教化或教导。教化或教导难以启发学生对言语的“自悟”“自求”，因为它太抽象。言语生命最初的生态是感性的、情绪的、经验的，需要教师在读、写上作感性的诱导，需要读、写经验和情绪记忆的相互印证和交流。因此，对言语生命的启蒙，对言语感觉的启悟，教师亲身的读、写活动，教师和学生之间的读、写经验的互动，其作用要在抽象的理论教导之上。教师在读、写活动中的每一点体验和领悟，都会唤醒、催动学生言语灵性和悟性的发生，促进他们言语生命意识的自觉。这不是说教师可以凭经验教学，而是说在语文教学中教师借助自身直接的读、写经验和体验，更有利于与学生进行对话。对教学观念、方式、方法等的认知，对个体教学经验的概括和反思，对普遍性的教学规律的研究等，是每一个教师不可或缺的“工作”。从这一点上说，我们是反对经验主义的。

语文教师必须是一个善读者，是一个充满想象力的“误读”者。**一切迂腐的缺乏学养和精见的“讲读”，应从语文教学中扫地出门。**在言语生命动力学语文教育语境中，照本宣科，照考题训练，将成为教师的耻辱。阅读教学，是师生间言语智慧的共享、互动与角逐，教师之言非教材、教参之言，应是教师个人的发现和洞透，是学生所未见、未闻、未言。教师须以自己的言语感悟力，以独具之法眼引领学生到达文本言语之外的境界。**把学生往教参和文本字面义中引，还是往教参以外引；是否能用自己的“误读”引领学生的“误读”，这是我们与传统语文教师“导读”的原则分歧。**传统教师扮演的是传声筒的角色，从来不说自己的读、写经验和体验，教学话语从来不见个体生命和情感阅历中折射出的缤纷色彩。这就是“反生命”教学。

一个好的语文教师，是以对文本生命化感悟来唤醒学生沉睡的审美感觉和悟性的。作为“诗人”教师的闻一多先生，是这样从杜诗中读出杜甫和李白相见的意义：

> 写到这里，我们该当品三通画角，发三通擂鼓，然后提起笔来蘸饱了金墨，大书而特书。因为我们四千年的历史里，除了孔子见老子（假如他们是见过面的）没有比这两人的会面，更重大，更神圣，更可纪念的。我们再逼紧我们的想象，譬如说，青天里太阳和月亮走碰了头，那么，尘世上不知要焚起多少香案，不知有多少人要望天遥拜，说是皇天的祥瑞。如今李白和杜甫——诗中的两曜，劈面走来了，我们看去，不比那天空的异瑞一样的神奇，一样的有重大的意义吗？所以假如我们有法子追究，我们定要把两人行踪的线索，如何拐弯抹角时合时离，如何越走越近，终于两条路线会合交叉了——统统都记录下来。假如关于这件事，我们能发现到一些翔实的材料，那该是文学史里多么浪漫的一段掌故！可惜关于李杜初次的邂逅，我们知道的一成，不知道的九成。我们知道天宝三载三月，太白得罪了高力士，放出翰林院之后，到过洛阳一次，当时子美也在洛阳。两位诗人初次见面，至迟是在这个当儿，至于见面时的情形，在什么时候、什么地方，也许是李邕的筵席上，也许是洛阳城内的一家酒店里，也许……①

闻先生的解读，就是竭力想从知道的“一成”中，误读出了不知道的“九成”——语文老师，你们想这样、能这样吗？

尽管杜诗中所提供的资料甚少，闻一多先生还是从中读出了当时子美眼中的李十二，不过是一个神采趣味与常人不同、有“仙风道骨”的人，一个可与“相期拾瑶草”的侣伴，作为诗人的李白没有在他脑中镌上什么印象。到杜甫第二次赠诗，依然没有谈到李白的文字。约莫一年以后，第三次赠诗，文字谈到了，也只轻轻的两句“李侯有佳句，往往似阴铿”，不是什么了不得的恭维，可是学仙的话一概不提了。或许他们初见时，子美本就对学仙有了兴味，所以一见了“谪仙人”，便引为同调；或许子美的学仙的观念完全是太白的影响。无论如何，子美当时确是做过那一段梦。……只是杜甫和李白的禀性根本不同：李白的出世，是属于天性的，出世的根性深藏在他骨子里，出世的风神披露在他的容貌上；杜甫的出世是环境机会造成的念头，是一时的愤慨。两人的性格是根本冲突的。太白笑“尧舜之事不足惊”，子美却始终

---

① 闻一多：《唐诗杂论》，见《闻一多全集》（三），生活·读书·新知三联书店1982年版，第154页。

要“致君尧舜上”。因此两人起先虽觉得志同道合，后来子美的热狂冷了，便渐渐觉得不独自己起先的念头可笑，连太白的那种态度也可笑了；临了，念头完全抛弃，从此绝口不提了。到不提学仙的时候，才提到文字，也可见当初太白的诗不是不足以引起子美的倾心，实在是诗人的李白被仙人的李白掩盖了。

对李、杜在天宝四载之秋相聚于济南，闻一多先生做这样精妙的想象：

> 是年秋天太白确乎是在济南。当初他们两人是否同来的，我们不晓得；我们晓得他们此刻交情确是很亲密了，所谓“醉眠秋共被，携手日同行”。便是此时的情况。太白有一个朋友范十，是位隐士，住在城北的一个村子上。门前满是酸枣树，架上吊着碧绿的寒瓜，滃滃的白云镇天在古城上闲卧着——俨然是一个世外的桃源；主人又殷勤；太白常常带子美到这里嗑酒谈天。星光隐约的瓜棚底下，他们往往谈到夜深人静，太白忽然对着星空出神，忽然谈起从前陈留采访使李彦如何答应他介绍给北海高天师学道箓，话说过了许久，如今李彦许早忘记了，他可是等得不耐烦了。子美听到那类的话，只是唯唯否否；直等话头转到时事上来，例如贵妃的骄奢，明皇的昏聩，以及朝里朝外的种种险象，他的感慨才潮水般的涌来。两位诗人谈着话，叹着气，主人只顾忙着筛酒，或许他有意见不肯说出来，或许压根儿没有意见。①

当你读到这些，怎不为闻一多先生丰富精妙的言语感受力和想象力拍案叫绝，为闻一多先生的学生感到庆幸？可以想象一下，当学生听到闻先生说道：“品三通画角，发三通擂鼓，然后提起笔来蘸饱了金墨，大书而特书”时，会有怎样的惊奇和振奋；听到闻先生把李、杜相见比做“青天里太阳和月亮走碰了头”时，会是怎样的诧异和喜悦；再看到闻先生从“尧舜之事不足惊”和“致君尧舜上”，读出了李、杜二人的不同的禀性，从杜诗的只言片语中，读出了杜甫从起先在“学仙”上与李白的“志同道合”，到“热狂冷了”，觉得自己和李白的“可笑”，再到“念头完全抛弃，从此绝口不提”，最后得出了精辟的见解：“到不提学仙的时候，才提到文字，也可见当初太白的诗不是不足以引起子美的倾心，实在是诗人的李白被仙人的李白掩盖了”，又是怎样的心领神会、颔首一笑。及至听到闻先生说起有如亲眼看见般的“两

---

① 闻一多：《唐诗杂论》，见《闻一多全集》（三），生活·读书·新知三联书店 1982 年版，第 156 页。

曜”济南相会，在热情好客的好友范十家彻夜饮酒长谈……各谈各的话，各叹各的气，不觉斗转星移、金鸡报晓。——闻先生和听者（读者）已然沉浸在两位诗人的旷世奇缘之中，不但走进了言语之堂奥，感受到语言的神奇魅力，也走进了两颗伟大的诗心——两颗从气质到理想都迥然相异却惺惺相惜的诗心，聆听到那洞彻古今、发自肺腑的遥远的叹息。

这才是师生间真正的心灵“对话”。未必有问有答、互相说话就是“对话”，**我理解的语文教学的对话，可以是明喻，也可以是暗喻、隐喻或空白，是对言语之谜的破译与重编，其终极意义是师生之间的言语智能的培育、萌孕和接种，是在这一过程中的心灵震撼和生命战栗。**

一位教师尽管学富五车、博学多才，尽管善于启发、循循善诱，尽管和蔼可亲、平易近人，尽管也不乏民主之思想和包容之雅量，但是，如果他缺乏对言语深刻独特的洞察力，缺少言语智慧，不能洞悉言语之奥妙，无论多么精于“对话”技巧、多么有责任心也是枉然。语文教师的言语感受力和想象力即言语智能，是对话的前提条件。对话不只是一种教学方法或技巧，而是教师的言语睿智自然而然传达出的能最大限度地被学生感应到的有效信息，在默契的传达与感应中形成的教学心理“场”效应。真正的对话，应使双方都能感受到强烈的心理冲击波，不论是否赞成对方的见解，只要置身这个“场”中便能感受到言语心智的灵光闪耀，被深深地吸引，在视界交融中获得深刻颖悟。

对话不一定非得是相互说话。双方热烈交谈未必在“对话”；有时，一方说话，一方不说话，有所领悟，也是在对话；甚至双方都不说话，但有着情感的交流和默契，心领神会，也仍在对话。我们经常看到一些上得很热闹、很“精彩”的课，包括一些精心准备的公开课，其实说的全是废话。因为教师说的没有一句是自己“悟”出的话，充当的是作者和文本的传声筒，教师的全部心思都放在如何把教材这个大桶里的水小心翼翼地匀进学生的瓶子里，而学生别指望从他自己那儿得到一滴水。教师“一言堂”未必就不好，重要的是教师是否能像闻一多先生那样，将文本爬梳个透，殚精竭虑，敲骨吸髓，将文本作匠心独运的解读或误读。我们不也看到一些优秀的教师，上课滔滔不绝，出口珠玑，学生如痴如醉，如坐春风？自然，有时教师只是点到为止，言不尽意，引领学生到“场”，便戛然打住，不多说，不讨论，不争论，把结论留给学生自己慢慢去思考、领会，也能达到心有灵犀的领悟。——这也是对话，是隐对话。有时，隐对话的功效更胜于显对话，是最好的对话。

师生间言语生命的对接，靠的是言语感悟力的召唤和回应。一位非常年轻的教师送给我看他写的一份“备课札记”，我为他对教学的虔诚而感动，为他有独到的感悟而欣慰，相信他的学生也会因他的虔诚和感悟而感动、思索：

《赤壁赋》备课札记

陈国杨

上节课，我们一同欣赏了电视剧《三国演义》中曹操“横槊赋诗”的场面。大家看完这个片断，心里有什么感想呢？可能有些同学会被影片中恢宏的场面所吸引，有的同学会被剧中人物的慷慨悲歌所感动。但有一点，我们是相同的，那就是片中的内容让我们的思绪飞扬，飘到了英雄辈出的三国时代。

对历史的缅怀是人的一种情结。我在学习这篇文章时，有两个人物始终在我的脑海里徘徊着，挥之不去。他们是谁？是苏轼和曹操。我忽然想到：苏子月夜泛舟游于赤壁之下时，脑海里也一定不断闪烁着类似于我们所看到的电视画面。而我，在读《赤壁赋》时则闪烁着两个画面，一个是“宴长江曹操赋诗”；一个是赤壁月夜苏子感怀。这是一个挺有意思的现象，大家知道卞之琳有首短诗，题为《断章》：

你站在桥上看风景，
看风景的人在楼上看你。

明月装饰了你的窗子，
你装饰了别人的梦。

这里，我们不妨改为：

你（苏子）在舟中思慕曹操，
我们在这里思慕你。

曹操牵动了你的情思，
你牵动了我们的心弦。

由此，我想到要解读《赤壁赋》，“横槊赋诗”这个画面内容在文章中有着非同寻常的意义。

“横槊赋诗”已经成为后人缅怀三国文化的一种历史情结，就如荆轲刺秦故事之易水送别。“风萧萧兮易水寒，壮士一去兮不复还”，一曲悲歌，声穿千古。到了唐代，著名诗人骆宾王在易水送别友人时，脑海里就回荡起了它的声音，其心戚戚焉，于是赋诗一首《于易水送人》：

此地别燕丹，壮士发冲冠。昔时人已没，今日水犹寒。

我们不也可以说，刀光剑影虽已了无踪迹，鼓角铮鸣声犹在耳。“横槊赋诗”是曹操为后代文人点燃的一把智慧之火。而苏子接过了这把神圣的火炬，用它照耀着华夏文明，其时、今天乃至未来，每个时代的人都能感受它那充满灵异的光亮和怡人情怀的温度。

熊熊的火光中，我们看到：

同是一个叫赤壁的地方，同是月出东山之时，江山美景，情脉相融，苏子之情思与曹操之慷慨进行了跨越时空的链接——于是有了“诵明月之诗，歌窈窕之章”的情致；有了“桂櫂兮兰桨，击空明兮泝流光。渺渺兮予怀，望美人兮天一方”的惆怅；有了“月明星稀，乌鹊南飞……”那种时光易逝、青春不再的感伤。

同是有限的人生，同是一样的渺小，无论你曹操曾是历史上叱咤风云的英雄人物，金戈铁马，豪情万丈，是何等的气魄；还是渔樵于江渚之上的我苏子与客，山夫野老的生活，是如何的平凡。而今而后，又安在哉？所谓“大江东去，浪淘尽，千古风流人物”，“吾生之须臾”这个与世俱来的生命话题他们必须共同面对。

几乎人人都会担心总有一天要失去所拥有的东西；都会害怕看到繁华过后转眼又是荒凉。名誉、地位、权力、财富都不能挽留；最爱的人也终有一天会离开这个世界。人一旦想到这些，想到自己的生命也将终归于无，就会生出空虚无常之感，产生焦虑不安之情，就像贾宝玉听了黛玉的《葬花吟》“侬今葬花人笑痴，他年葬侬知是谁”“一朝春尽红颜老，花落人亡两不知”时，不禁想到林妹妹的花颜月貌，将来亦到无可寻觅之时，岂不是让人心碎肠断！当时就痴了。

把生命视如镜中花、水中月，仿如过眼云烟。英雄豪杰的一腔慷慨悲歌，文人墨客的满怀伤春悲秋，莫不为此。

“忧从中来，不可断绝”，正是曹操心态的写照。

“我真的好想再活五百年”，又何尝不是康熙的心声？

面对无可回避的人生话题，苏子当何去何从。

“逝者如斯，而未尝往也；盈虚者如彼，而卒莫消长也。盖将自其变者而观之，而天地曾不能以一瞬；自其不变者而观之，则物与我皆无尽也，而又何羡乎！”这是苏轼对客做出的回答，也是对自己做出的回答，从容而大气。人世间的一切荣辱、得失、忧乐甚至生死，已然置之于身外，回到大自然去吧，在大自然的怀抱里可以寻得精神上的超脱。

如此人生态度，积极乎？消极乎？有人说，这是一种敢于直面生命短暂的洒脱和善于享受生活赋予的快乐，积极的；也有人说，那是一种佛老思想的随遇而安和看破红尘的心态，消极的。还有人说，诗人消极之中含有积极豁达。众说纷纭，各有道理。

正如生命重在过程而不是结果一样，我们追寻的不是苏子后来的结局，而是苏子赤壁情怀如何凝就的过程。

林语堂在他所著的《苏东坡传》里如是说：“苏东坡的人品，具有一个多才多艺的天才的深厚、广博、诙谐，有高度的智力，有天真烂漫的赤子之心——正如耶稣所说具有蟒蛇的智慧，兼有鸽子的温柔敦厚，在苏东坡这些方面，其他诗人是不能望其项背的。”能够得到一代文学大师这样高的评价，我们无需对他的高尚品质做出任何的怀疑。

《水调歌头》里，苏子已经告诉我们：“人有悲欢离合，月有阴晴圆缺，此事古难全。”人要学会面对浮沉不定的人生，少一份哀伤，多一份豁达。

然而，带着乌台诗案的累累伤痕，远离繁华，一脸沧桑，阔别亲友，跋山涉水，历岭跨河，一路风雨一路歌，苏子向黄州走来了。仕途的磨难，无端的横祸，郁愤之情，岂能如挥衣袖，去埃落尘？虽把酒临风，而不免当为之愀然。

“惊起却回头，有恨无人省。拣尽寒枝不肯栖，寂寞沙洲冷。”这是踏上黄州时的彷徨——孤苦凄凉，惊魂未定。但不肯随枝而栖，甘受寂寞，却显出了他的坚忍，他的高洁。

苏子不幸，命运无情。可喜的是，今夜赤壁，月光如此柔美，江水如此浩渺，清风如此轻柔，大自然抚慰了苏子那颗曾经伤痛的心，在这里，他找到了最好的心灵疗养院。“回首向来萧瑟处，归去，也无风雨也无晴。”他已经能够坦然面对甚至享受人生的风雨了。这就是苏子的真性情。

中国人的意识里有两个月亮，一轮高高地挂在天空中，一轮诗意地放在心中。于是，空中之月便牵动着人的心魄。张若虚一首《春江花月夜》孤篇横绝，皆因明月而起，竟为大家。“江天一色无纤尘，皎皎空中孤月轮。江畔何人初见月？江月何年初照人？”是明月激活了他的灵感，是明月给予了他人生哲理与宇宙奥秘的思考。苏子之于明月，非是师友，而是彼此倾心相慕的恋人。明月，这个苏子心仪的美人，寄托了他心中的无限理想。居庙堂而忧其民，处江湖而忧其君，不识风情的范文公把苏子心中的秘密一语道破。“道理贯心肝，忠义填骨髓”不正是苏子心中的明月吗？

绵绵无穷尽的长江就在脚下，舞蛟泣寡的悲凉箫声不绝于耳，多少英雄豪杰如云烟幻灭于眼前，非铁石心肠者而不能堪，而况一位温柔敦厚的诗人。纵然能参透宇宙玄机，纵然能谈笑于死生之际，无奈苏子多情，华发早生。

诗人气质，命途坎坷，明月美人，英雄苦短，演绎出了苏子的赤壁情怀。

陈国杨先生读《赤壁赋》，读的是苏东坡，读的是苏子的心灵和心路，读的是文人的人生和命运，读的是人、文化、自然、宇宙……读一篇短文，他居然让思维“上穷碧落下黄泉”地漫游，把自己的思想和情感、想象和感悟向学生诉说个遍。如果语文教师都能像陈国杨先生一样，认真对待每一篇待教的文本，都能读出自己的独特感悟，并用自己的感悟去呼唤学生心灵的回应，那么，什么样沉睡的言语生命不会被摇撼、唤醒？什么样的学生不会热爱、迷恋上言语的魅惑？什么样的言语人生不充溢着诗意？

在语文教学中，教师要“在场”。“在场”的意思有二：

1. 意味着教师不但要说出消化吸收、整理评判过的前人的独特感悟，还要能说出自己的独特感悟——无论他人有没有说过的话。否则，还要教师干什么？学生自己去读教参就可以了。教师在读、写活动中的独特感悟，适时的点化和诱导，对学生的影响是任何他人的见解所不可替代的。教师的教学语言要有“我”，要明确告诉学生什么是“我”的感受和发现，什么是他人的，对他人的见解“我”以为如何，“我”与他人的见解有什么不同。

2. 在教学中，教师与学生之间需要有读与写的经验、情绪、感受的互动和相互印证，需要在感性层面上的交往与对话，如果教学没有现场的交互性，还要教师做什么？只要电视、录音教学就可以了。教师与学生既是教学的伙伴，也是共同学习的伙伴。教师一方面用自己的读、写经验和感悟启发学生的灵性和悟性，促进学生的学习；另一方面，学生的参与和觉悟，也同样会启发教师的灵感，使教师想到原来不曾思考到的问题。言语生命是需要相互激活的。教师每上一次课，通过与学生的交流，多少都会有一些新的领悟，从而使自己的见解更加丰富、深刻，在往后的教学中，也就有可能给学生的言语感受力、想象力以更多的启示和诱发。这也是教师言语生命“在场”的证明。

语文教师应是书虫，可以没有别的什么嗜好，但是一定要有读书的嗜好；可以不了解世故人情，但是一定要有文心书缘；可以平时行事懵懂糊涂，但是不可以没有聪明洞透、天花乱坠的误读。读多少书，读出了什么，读出了多少自己的发现和创造，永远是衡量一个语文教师智慧水准和教学效果的潜规则。

三　将生命之作奉献给新的言语生命

语文教师应当是一个“思”者、“作”者。语文教师应有自己的生命之作，应让学生能读到“我们”的老师写的优秀作品或著作。语文教师，应以其著述使学生能引以为自豪。

从动机层面看，言语创造是基于人的言语生命冲动的。语文教师自身缺乏言语表现的兴趣、热情和激情，不能写出有自己独特视角的作品，是一个没有自尊的老师。这样的教师能教好语文，值得怀疑。

以往，我们总是认为有一种教师虽然没有教研成果，平时除了写教案外，从不写作，但是会教学，是好教师。有的还把教师分为两种：会教书的与会科研的，意思是有些教师是教学型的，有些教师是科研型的。教学型的不必科研也能教好课，科研型的仿佛会科研便不会教学。这是应试教育下的观念。

以应试教育的逻辑思考，此说不无道理：只要按照考试大纲的要求，下死劲让学生做题，就可以对付考试；学生考得好，教师自然就是好教师。会科研的教师，大多有一些自己的想法，不太理睬应试那一套，我行我素，于是学生可能就考得不好，教师自然就不是好教师。这无疑是“反生命”的教学视阈下的认知。一个好的语文教师，要是自己不热爱写，不经常写，不能写出自己的文章，是不可能指望他的学生能热爱写、经常写并写出好文章的。更重要的是，教师是否热爱言说，对学生——新的言语生命的召唤和激活，所起的作用是截然相反的。唯有教师的热爱言说，才有学生的热爱言说，才有言语生命的健康生长、成长。

语文教师首先必须是一个有着强烈的言语创造欲的作者。很难想象，闻一多先生如果没有海一般澎湃的言语生命冲动，怎能写出充满生命激情的诗篇；怎能进行富有想象力的文学史论的漫漫壮游；怎能吼出气吞山河、声震寰宇的彪炳史册的“最后一次的演讲”——使学生和后学由衷景仰？教师的言说、作品，是师生间隐对话的最佳载体。

一个语文教师也许不是一个最优秀的作者，但是他必须是一个热爱言语表现的人，是言语生命使命的自觉实现者。他对言语创造充满着热爱和憧憬，始终如一地用语言编织着梦幻和信仰。在教学生涯中他喜欢言说，用自己的声音不倦地言说。一个优秀的语文教师应该“下水”，但是“下水”不是只为了懂点写作的甘苦，或作为学生写作样板。“下水”不应视为是教师的“作业”；教师的写作，应是教师由衷向往的“事业”和无“欲”而求的信仰。——作为“作业”，是不得已而为之的，只是应付，是不可能有生命的激情涌动，写出来的东西自然不足观；作为事业，作为生命的图腾，那就是“把平生、涕泪都漂尽”的忘我和痴迷。这样的写作，不论写得怎样，都能在所写的作品中读出生命的真实色彩和气味，读出言语的智慧和精彩。

语文教师为了教学而“下水”的是“匠”，为了言语激情、崇拜和信仰而“下水”，才能真正成“家”立“业”，成为一个自我实现型的教师。不少教师是为教而写，我们看到的只是工作态度可嘉，却无法感到赞佩，因为他不能点燃学生的言说欲。为教而写教给学生的就是急功近利，顶多就是“敬业”。写作，只是作为职业的要求，不是教师言语生命的自觉追求，怎么会促使学生形成言语生命的自觉追求呢？

言说的激情凭借的是“气”。古人说“文以气为主”。“气”可以解为气势、修养、精神等，是人内在的精、气、神，是充溢奔泻的言语生命激情。“气”是需要精心养护和修炼的。“平心”才能“静气”。在浮躁焦灼、物欲横流的时代，尤应“致虚极，守静笃”，守住心灵的净土，躬耕精神的园圃。这样，在你的三尺讲坛上，便氤氲洋溢着“至大至刚”的浩然之气。从根本意义上说，语文教师的言语智慧的传递，是言语精神的传递。没有执着弘毅的言语精神，言语智慧就失去了支撑。

学生不但从教师的言语感受力和想象力中获得启迪，更从教师充满激情的言说中，感受到其中传达出的言语精神的召唤，受到鲜活的言语生命气息的熏陶，找到言语生命冲动的感觉，在他们的心中便鼓荡汹涌起言语创造的激情。这种隐性的感染，对于言语学习来说，甚至比有形的教育还要重要。

教师言语创造的冲动和激情，不是虚无缥缈的东西，而是集中体现在自己的作品和编写的教材中。就是说，教师往往是通过自己的作品与学生进行心灵对话。师生对话，是可以通过写作或创作来完成的。语文教师必须是痴迷于写作的人，是作家或学者，绝不应是什么都不爱或不会写，只是教语文的“教书匠”。教师不但通过教学与学生进行交流，而且还通过自己的作品——文本与他们进行交流。如果学生偶然发现摆在他们面前的教材封面上写着老师的名字，会是多么的惊喜。他们从没有生命的教材中，直观地感受到真实、温热的生命气息，这是站在面前的老师苦心编撰的，连一根头发是否安放错了位置都能看得清清楚楚。他们对言语生命的体验就加深了一层。因此，教师亲自编写教材不是可有可无的事。今天，自编教材不是一种奢望，已经是需要和必要。校本教材就是要求每一个教师自己去编写。

当同学们在报刊上一次又一次地读到老师写的文章，看到了平时在课堂上没能看到的老师隐秘的内心世界，看到一个既熟悉、又陌生的言语生命，或浅唱低吟娓娓倾诉，或黄钟大吕激扬文字，他们将心甘情愿地被老师的创造激情和言语才情所感染、虏获，一步步地走进精神创造的殿堂。教师写作文本，是教师言语生命的结晶，也是师生对话的重要平台。学生面对老师的作品，就等于间接地面对他的老师，看到了一个更为真实的老师。这使他们增进了对老师的了解，感受到老师丰富的情感世界和言语生命的存在状态。教师往往是学生关注的对象，学生对老师充满了好奇，教师的写作文本给学生打开解读教师的一扇窗子。

记得曾给我的学生读过我自己的一篇散文：

书 魂[1]

书是有灵魂的，你信不？

我过去也不信，直到不久前的一天清晨……

那天，我照例到操场散步，在宿舍区碰到了系里的林海权教授，他向我招手，喜悦地告诉我，他刚买一本邢福义主编的《文化语言学》，书中对先父著的《中国语原及其文化》评价甚高，称它是中国五四以后文化语言学方面承先启后的第一部专著，问我想不想看。我略一沉吟，回了一句“算了吧！”便走了。

我不知道事后林教授是否对我的失礼感到不快，想必不会，因为他是一个性情温厚的长者。倒是我自己那份淡漠渐次变得沉重起来，心里老是搁着件事儿，眼前老是浮现着一脉发黄的书脊。

我也算是出生在一个“书香门第”，家中别的没有，唯有书多。从小我与父母同居一室，当中隔开的便是一排大书橱。我可以说是在这堵“书墙”里长大的。我对书的最初的认识，只觉得那无非是印着铅字的纸罢了。

跟所有好奇的小孩一样，小时候我也绝不会放弃在家里“寻宝”的乐趣。那排大书橱自然是我搜寻的重点目标。我曾将书橱里的《史记》《汉书》《艺文类聚》《康熙字典》《辞海》什么的，一本本搬下来，翻搜个遍，再不露痕迹地“上架”复原。至今我还记得它们是摆在书橱的第几层，是靠左还是靠右。

一天，在书橱的一个不起眼的角落，看到在一脉发黄的书脊上印着一个熟悉的名字——潘懋鼎，我无法形容那时的惊喜，是父亲写的书！抽出一看：《中国语原及其文化》，翻开来，却读不下去，勉强溜了几页，感到十分无味，于是插回去，让它继续在那个不起眼的角落呆着。父亲回家时我向他问起过这本书，他好像说了什么，又好像什么也没说，奇怪的是我的记忆一片空白，怎么也想不起当时的情形。

后来是“文化大革命”，是我和哥哥“上山下乡”，是父亲“清队”（即所谓“清理阶级队伍”）时蒙冤自尽……当我们一家不得不从大学的

[1] 该文首载于《福建日报》1994年10月1日，后有多种书、刊转载；略有改动。

宿舍里搬出去时，悲愤中的母亲以少有的决然，把书橱里的书全部卖掉，包括那本令我惊喜又令我失望的父亲写的《中国语原及其文化》。

我永远记得那天。废品站的板车来了，瞬间便拆除了那堵温暖的“书墙”。我含着泪，看着伴我长大、我无比熟悉的“书们”，被硬塞进麻袋，摔到板车上，一车一车地拉走。我那少年的心陡然间升起了“永失我爱”的悲凉，仿佛一下子苍老了100岁。——在往后的岁月里，不论我在哪里看到收购废品的板车，便无来由地没了好心绪。

大学毕业后，我留校任教。有一天在学校图书馆找书，不经意间，我看到了曾“梦里寻它千百度”的那一脉发黄的书脊，我心跳得厉害！我曾无数次地自责和悔恨，骂自己为什么那么傻，不留下父亲的那本书。这时，它就在我眼前举手可及，而且，我确信已能够读懂它。可是，我终于没有伸手。是不想看，抑或是不忍看，我说不清楚。

但此后那一脉发黄的书脊时时出现在我的脑子里，挥之不去。我常常自我排遣：父亲不在了，那书在不在，那书写得怎样，已经没有任何意义了，忘了它吧！我故意显出超脱的宁静。每每有人告诉我，在某本语言学家词典里看到了关于先父的词条，我一句也不多问，顶多说一声“谢谢”。——那天我漠然地回报林教授的关切，也正是这种心态在作祟吧！

没想到这种漠然转眼间便荡然无存，想看一看《文化语言学》的愿望弄得我心绪不宁。

在愈来愈强烈的愿望的催逼下，我匆匆地从林教授那里借来了书，翻开他早就为我夹好的那一页，匆匆地读：

> ……如果就专著而言，潘懋鼎《中国语原及其文化》（1947年致知书店出版）是上承梁启超语原之学，下启文化语言学的第一部论文集。……《本论》收有《初民“生”之想象与中国“姓”之导源〈释姓〉》等论文十篇。作者在《前记》里还表示打算写《中国词语及其文化》等。

我忽然彻悟：父亲从未离去，父亲因他的书而活着；那书是不死的，父亲也就不死，那书里有父亲的灵魂！每一部不朽的书里，都有一个不死的灵魂。

从此，我对书有了一种异样的感觉。当我走进图书馆书库的时候，我觉得周围不再是“印着铅字的纸”，而是簇拥着无数睿智的灵魂，他们的音容笑貌历历如在目前。他们是不死的！

因为要写书的缘故，那天我从图书馆借了一大堆的书，从抽出的借书卡里，我发现其中一张有父亲的签名，我怔住了：30年或40年前，父亲借过这本书，他曾经翻过的每一页，读过的每一字，我也将重新翻过、读过！当我也在借书卡上签上我自己的名字的时候，心里闪过这样的念头：若干年后，当我也已作古，我的女儿是否也会在借书时看到她祖父、父亲的签名呢？一定会的！

读书的人也是不死的。

这篇短文给我的学生带来的震撼是我始料未及的，我从他们那儿感受到了言语的力量：他们肃穆而宁静，眼睛闪耀着沉思的光芒。——这种共鸣和回响，多年之后仍然不断地在我耳际震荡，在我的眼前映现。许多当年我教过的或没有教过但读过这篇文章的学生，向我提起这篇文章，倾诉着他们曾经发生过的感动。一位学生来信说：“在上研究生之后，我印象最深的就是您上过的那节课。那天下午您动情地讲述了自己的亲身经历，一些关于书以及生命的体验。当时我感动不已，感同身受，一直到晚上都心绪不宁，心里像打翻了五味瓶，悟出了点什么……”另一位学生信中说：“我忘不了上潘老师课时那种生命体验，我甚至可以听到血管里的血汹涌澎湃的声音；下课了，我则身轻如燕，感觉灵魂正脱壳而飞，那些心灵腾飞的日子啊……这就是语言的魅力，写作的不朽吧！”有一位我素不相识的学生，现在某报当记者，在一次会上与我相逢，他说我没有教过他，但是读过我的《书魂》，他说起了当年读这篇文章时的情形，一口气读了五六遍，觉得实在太好了，让他爱不释手。有学生说这是他所读过的关于书和读书的文章中最深刻动人的一篇。在一次讲座后，一位多年前的学生找到我说：“老师也许忘记我了，但是我永远都记得老师。”经由他的手，他的每一届学生都读过《书魂》。——文章未必就那么好，这点自知之明我还是有的，它只是满足了学生想了解老师的愿望。他们因为这篇文章的作者就是他们的老师，而感到格外亲切、动情，从而增加了对文章的好感。如果说这篇文章还有点动人之处的话，那可能是我对言语生命生生不息的真切体验，是我用血泪、激情、生命写成的。他们不但从中获得了一种信念：读书、写书，是人类精神生命的延续方式，“立言者”不朽；而且在向他的学生传播着这种信念。也许，多年后我所亲授的学生也已老去，但他们的学生仍会像当年的他们一样给学生读《书魂》……这些年，我出版了多种著作和教材，写了不少文章，评价大都不错。我的学生用我编的教材时，我也能察觉到他们投来的崇敬眼光，和他们向朋友推荐“我的老师”编撰的书和教材时表现出的自豪感。但是，我从未看到他们像读我的《书魂》时所受到的那种真正发自内心的庄严而辽远的感动，伴随着他们言语生命成长的刻骨铭心的感动。

一个语文教师应该让学生读到他自己的生命之作，而不只是让他的学生读别人的作品。只让学生读别人的作品，而自己没有作品的语文教师，是让学生瞧不起的、没有自尊的语文教师。语文教师的最有影响力的形象，是由他的生命创造物——作品——来显示的。一个优秀的作家或学者，不一定是一个优秀的语文教师。但是，一个优秀的语文教师，必定要是一个优秀的作家或学者。我以为，语文教师的标准，要高于作家或学者，因为，他不但要会写，还要会教。这丝毫没有贬低作家或学者，抬举语文教师的意思，这是他们的职业、专业特点所决定的。**点燃学生言语创造激情的最好方法是用你自己的言语创造激情去感染学生，让学生忘情于写作的最好办法是你自己忘情于写作。**

当一个语文教师是幸运的。作家、学者可能拥有无数的读者，但是，这些读者与作家、学者之间的情感联系，远没有教师与学生之间那么密切。师生在长期共同生活中建立起的情谊，他们相互间的理解和信任等，使教师作品中表现的人生感悟和展示的自我精神世界，给学生言语生命和人生观、世界观以深远的影响。优秀语文教师与作家或学者相比，他的言说和写作的优势在于，所给予学生的影响，是建立在言语生命对接、延续和亲密无间的情感联系基础上的。

当然，不是教师的所有作品都能激起学生对言语的爱，也不是所有的激情燃烧的作品都能变为言语生命的永恒，重要的还在于你对言语和言语表现的理解。因此，语文教师不只是一个一般会写的人，而且还得是一个对言说有着自己见解的人，一个有着社会责任感和类主体性的人。那些唯利是图、投机取巧的写手，追逐金钱和“时尚”的没脑子、缺道义的写手，纵然妙笔生花也是不配当教师的。

教师的一生中，**必须**写出一篇重要的文章或一部重要的著作，不要很多，一篇（部）就够。这不是指时下那些滥竽充数的评职称“论文”，或泛滥成灾的“教辅”读物，而是真正的生命、智慧之作，是可以“传世”的“一家之言”，称之为“成名作”“生命作”“传世作”都无不可。——有没有这种体认和企盼是一回事，能否做到则是另一回事。是否能传世，不是自己或哪位领导说了算，而是由历史、后人说了算。

一个人懂得“生不带来，死不带去”似乎已是大觉悟，但是，“死不带去”，在许多人那儿，是出于无奈，是因为“带不去”“没法带”。作为教师——人类文明薪火的传人，觉悟到“死不带去”还不够，而且“死要留下”，这是你走过人生后留下的“买路钱”。你必须留下精神生命存在的证明，你的精神生命就浓缩、凝聚在你的著述中。这一篇（部）心血、生命之作，犹如接力的火炬，将生生不息地传递下去。也许不是每一位教师的生命之火都能燃起这支不灭的火炬，但是，都要用自己毕生的精神生命去点燃、燃烧。

在师范院校中文系学习的年轻学子，大多都怀有美丽的作家梦、学者梦，遗憾的是一当上教师，仿佛幽明两隔，从此美梦不再、噩梦频频。教育制度、教师评估制度，迫使他们只能一门心思想着如何教学生应试。即便曾经很有文才的，也大多忍痛与创作诀别，这种历史应从此结束。教育制度和教师职业人生需要重新设计，明天语文课的讲台上站着的，应是能让学生读到自己作品的语文教师，真正把生命投入到写作中、把精神创造视为目的的人，健康美好的言语生命的呈现者、献祭者，学生言语人生、诗意人生的养护者和守望者。

四　言语生命田园的养护者、守望者

在两千多年的教育历程中，我们学会了很多，也失去了很多。在湮灭的传统中，我以为最不该失去的就是“因材施教”。大家一定会惊奇地说，因材施教失去了吗？在我们每一本教育学著作中都赫然写着，我们的教研文章忘了什么也不会忘了写上因材施教呀。

它的的确确失掉了。从有了科举制以后它就开始变质，有了现代教育，有了以“工业化”方式批量制造“人才”的学校教学，就宣告了因材施教的死亡。——这似乎说得绝对了些。不少优秀教师都在努力实践着因材施教的教学原则，这自然是无可否认的。但是，在制式教育下，因材施教的空间实在太小，与大面积“规格化”的“标准件”制造相比，教师所能做的几乎可以略而不计。

在制式教育中是不允许有真正的因材施教的。因为它的“施教”要求是统一的，因材施教恰恰要求的是“施教”的不统一。在要求统一之下，不统一的就将被视为“出格”，“出格”的教师是不受欢迎的，他教出的学生将被认定为“残次品”而剔除出局。当我们对教育进行反思时，我们不能不看到，早期的私学教育虽不“规范”、落后、不科学，但它朴素、自由，较为人性化、人文化。现代制式教育虽是进步、“科学”的，但是，它也付出了泯灭人的天性、个性的沉重代价。这种代价还在变本加厉地支付着，以致我们今天要回过头来，在传统中翻拣，面对古人津津乐道的因材施教徒叹奈何，不得不一脸沮丧地乞求现代教育的人性化、人文化回归。曾经离我们那么近的，现在竟变得遥不可及，这究竟是教育的进步还是沦落？

每一个言语生命都是独一无二的。语文教学，比其他学科的教学，更需要体认学生的言语天性、个性的差异。学生言语天性、个性的差异，远比其他学科学习上的天性、个性差异要复杂得多。语文教师要对每一个言语生命的成长、成才负责，要认识他们的言语天赋之所在，为他们作言语人生设计。然而，在今天这几乎是天方夜谭，也许很少有教师能做到。不是说他们“不能”或“不为”，而是教育体制和教学条件使他们“不能”或“不为”。但是，真正的语文教育，不能不面向每一个学生的言语生命，养护他们的言语才能，使之得到最大发展。否则，便是罪过！不能像现在这样做粗放的“一视同仁”的耕作，结果是广种薄收，甚至颗粒无收，致使大部分学生语文能力不过关，一些言语天才被扼杀于摇篮之中——这样的悲剧再也不能继续下去。

两千多年前的孔夫子就懂得因材施教，这的确是太伟大了！孔子的伟大，倒不在于后人授予他的一大堆的“××家”的头衔或“大成至圣先师”之类的尊称，也不是《论语》宣示的道德伦理政治教育理念，而是《论语》中的孔子首先是一个平常人，他的教育，充满着本真的情性、个性、人性，是言语生命的对接，是“人”的教育。《论语》如果只是“孔子语录”，像“二程语录”一样，是正儿八经的教喻，那就魅力尽失。我们所看到的作为私学先生的孔夫子，也就是一个面目苍白明知不可为而为之、冥顽不化、很有个性的老头子罢了。《论语》之所以使一代又一代人百读不厌，其重要原因还在于它的师生交往与对话，是栩栩如生的，是从活泼的言语生命中流淌出来的。

孔夫子真诚地对待他的每一个学生，师生坦然直面人性的优点和缺点。

孔夫子的伟大，是因为他懂得他的每一个学生，在这一点上他有理由感到骄傲。不妨再读一下《论语》中的这些“对话”和“隐对话”：

闵子侍侧，訚訚如也；子路，行行如也；冉有、子贡，侃侃如也。子乐。（《先进》）

柴也愚，参也鲁，师也辟，由也喭。（《先进》）

子路、曾皙、冉有、公西华侍坐。

子曰：“以吾一日长乎尔，毋吾以也。居则曰：‘不吾知也！’如或知尔，则何以哉？”

子路率尔而对曰：“千乘之国，摄乎大国之间，加之以师旅，因之以饥馑；由也为之，比及三年，可使有勇，且知方也。”

夫子哂之。

“求！尔何如？”

对曰：“方六七十，如五六十，求也为之，比及三年，可使足民。如其礼乐，以俟君子。”

“赤！尔何如？”

对曰：“非曰能之，愿学焉。宗庙之事，如会同，端章甫，愿为小相焉。”

“点！尔何如？”

鼓瑟希，铿尔，舍瑟而作，对曰：“异乎三子者之撰。”

子曰：“何伤乎？亦各言其志也。”

曰：“莫春者，春服既成，冠者五六人，童子六七人，浴乎沂。风乎舞雩，咏而归。”

夫子喟然叹曰：“吾与点也！”

三子者出，曾皙后。曾皙曰：“夫三子者之言何如？”

子曰：“亦各言其志也已矣。”

曰：“夫子何哂由也？”

曰：“为国以礼，其言不让，是故哂之。”

“唯求则非邦也与？”

“安见方六七十如五六十而非邦也者？”

“唯赤则非邦也与?”

“宗庙会同，非诸侯而何? 赤也为之小，孰能为之大?”(《先进》)

子谓公冶长，“可妻也。虽在缧绁之中，非其罪也。”以其子妻之。(《公冶长》)

颜渊季路侍。子曰：“盍各言尔志?”

子路曰：“愿车马衣轻裘与朋友共敝之而无憾。”

颜渊曰：“愿无伐善，无施劳。”

子路曰：“愿闻子之志。”

子曰：“老者安之，朋友信之，少者怀之。”(《公冶长》)

子贡问曰：“赐也何如?”子曰：“女，器也。”曰：“何器也?”曰：“瑚琏也。”(《公冶长》)

子曰：“道不行，乘桴浮于海。从我者，其由与?”子路闻之喜。子曰：“由也好勇过我，无所取材。”(《公冶长》)

宰予昼寝。子曰：“朽木不可雕也，粪土之墙不可杇也。于予与何诛?”子曰：“始吾于人也，听其言而信其行；今吾于人也，听其言而观其行。于予与改是。”(《公冶长》)

子夏问曰：“‘巧笑倩兮，美目盼兮，素以为绚兮。’何谓也?”子曰：“绘事后素。”

曰：“礼后乎?”子曰：“起予者商也！始可与言《诗》已矣。”(《八佾》)

子曰：“参乎！吾道一以贯之。”曾子曰：“唯。”

子出，门人问曰：“何谓也?”曾子曰：“夫子之道，忠恕而已矣。”(《里仁》)

这里所举的只是《论语》中有关孔子“知人”“论人”的点滴事例，但也可见一斑；今天仍然可以作为师生“交往”与“对话”的典范。王小波先生说：“读完了《论语》闭目细思，觉得孔子经常一本正经地说些大实话，是个挺可爱的老天真，自己那几个学生老挂在嘴上，说这个能干啥，那个能干啥，像老太太数落孙子一样，很亲切。……总的来说，我喜欢他，要是生在春秋，一定上他那里念书，因为那儿有一种'匹克威克俱乐部'（见狄更斯小说《匹克威克外传》——笔者）的气氛。至于他的见解，也就一般，没有什么特别让人佩服的地方。至于他特别强调礼，我以为和'文化大革命'里搞的那些仪式差不多，什么早请示晚汇报，我都经历过，没什么大意思。对于幼稚的人也许必不可少，但对有文化的成年人就是一种负担。不过，我上孔老夫子的学，就是奔那种气氛而去，不想在那里长什么学问。"① 王先生是带着调侃语气说的，我想，孔子的魅力，对于他的学生来说，也许的确学问倒在其次，当然王先生的评价也忒低了些。在那个时代，孔子再怎么着也该算是一个博学多闻的人。最重要的是他对学生知之甚深，有教无类，因材施教，使人识其才、人尽其才，这就很了不起了。在资讯不发达、交通不便之时，居然有很多弟子颠沛流离、忍饥挨饿地求学于他，这在今天是不可想象的。这就是因为他实行的是"人"的教育，是人性化、个性化、生命化的教育，而不是"工具化""标准化"的教育。学生在他的私学里能感受到温情和亲情，能得到平等的待遇和起码的尊重，师生关系融洽和谐。就是这种由人格魅力酿造的人文氛围，使孔子的私学有了凝聚力和感召力。尽管孔子也有不少毛病，比如有时喜欢背后嚼舌根，说点这个学生或那个学生的是是非非；有时也"犯色"，"犯"也就"犯"了，偏不承认；一说起"仁"啊"礼"的，一套一套的，叫人腻烦；四体不勤、五谷不分，还看不起种地的；有时也极威严，极死板，有时别人不夸他自夸……但是，也正因此，学生觉得这个先生"真"得可爱。——不像今天的一些老师，在学生面前就变得人将不人，把自己隐藏起来，摆出一副假模假式的伪善面孔。

由于个性的率真，使孔子的学生们在他面前也表现得很真实，能实话实说，不隐瞒什么，使师生间的言语生命的沟通变得坦诚、自然、随便、容易，这有助于孔子对学生个性的了解。这是他的教育成功的一个重要因素。他经常与学生聊天，有时提一个话题，让学生一起发表意见，自己也参加进去一起讨论，借此了解学生，交流思想。学生也经常主动请孔子对自己或他人的性格、才能做出评价，师生十分随意地在一起促膝交谈，其乐融融。由上面

---

① 王小波：《我看国学》，见《我的精神家园》，文化艺术出版社 1997 年版，第 69～70 页。

我们所举的一些孔子和学生们交谈的片段，可以看出孔子对他的学生个性可谓了如指掌。他最得意的学生是颜回，情同父子，每每提起他总是称道有加，不厌其烦："有颜回者好学，不迁怒，不贰过。不幸短命死矣，今也则亡，未闻好学者也。"[①]"贤哉，回也！一箪食、一瓢饮，在陋巷，人不堪其忧，回也不改其乐。贤哉，回也！"[②]"颜渊死。子曰：'噫！天丧予！天丧予！'"[③]甚至对其他学生说自己不如颜回。对颜回的早逝，他悲伤至极，甚至超过丧子之痛。受他贬损最多的是宰我、子路。宰我因好睡、不想为父母守丧等，受到孔子的责骂；子路因过分呈示自己的武勇，爱说大话，多次受到了孔子的批评。但是，孔子还是根据他们的长处，把他们培养成"言语"和"政事"方面的高材生："德行：颜渊，闵子骞，冉伯牛，仲弓。言语：宰我，子贡。政事：冉有，季路。文学：子游，子夏。"[④]这个季路，就是子路。孔子虽然说过不少"若由也，不得其死然"（像子路这样，恐怕不得好死吧）一类让子路十分不受用的话，但是，当他说起如果自己的"道"不能实行就漂洋出海归隐去的时候，陪同他一起去的人，第一个想到的就是子路。

孔子对弟子们的观察是很全面的，不但看到了弟子们个性之所长，也看到了他们之所短，所以才能够很好地因材施教。《列子·仲尼》中有这样的记载：

> 子夏问孔子曰："颜回之为人奚若？"子曰："回之仁贤于丘也。"曰："子贡之为人奚若？"子曰："赐之辩贤于丘也。"曰："子路之为人奚若？"子曰："由之勇贤于丘也。"曰："子张之为人奚若？"子曰："师之庄贤于丘也。"子夏避席而问曰："然则四子者何为事夫子？"曰："居！吾语汝。夫回能仁而不能反，赐能辩而不能讷，由能勇而不能怯，师能庄而不能同。兼四子之有以易吾，吾弗许也。此其所以事吾而不贰也。"[⑤]

从某种意义上说，能同时看到学生个性之优长和缺失的教师，才是对学生有吸引力和凝聚力的教师。因为，这能使学生产生对教师的信服和信赖。

教育和教师，在孩子的成才之路上，可能是促成者，也可能是扼杀者，可谓成亦萧何、败亦萧何。依我看来，迄今为止的制式教育，总的来说是精

---

① 《论语·雍也》。

② 《论语·雍也》。

③ 《论语·先进》。

④ 《论语·先进》。

⑤ 见杨伯峻撰：《列子集释》，中华书局1979年版，第122～123页。

英教育、共性教育，而不是真正意义上的普及教育、个性教育。因此，这样的教育，更大的可能性是扮演天才扼杀者的角色。就拿语文教育来说吧，一个公认的“真理”是：语文教育不培养作家。这句似乎天经地义的话，已经传了几代人，以至于似乎不再有人怀疑他的正确性。其实这恰是共性教育背景下的认知。语文教育为什么不能培养、不应培养作家呢？当然，学生不可能人人都具备作家的潜能，要培养所有的学生当作家，自然是不对的。但是，如果的确有些学生极具文学天赋的话，为什么语文教育就不应该助成他们向着这方面发展呢？显然“共性教育”是以牺牲学生个性为代价的。具有作家潜能的这部分学生，在“语文教育不培养作家”的口号下，稀里糊涂地当了牺牲品。因为，语文教育根本就不考虑哪些学生具有作家素质，应怎样对他们因材施教。可悲的是，这些当了牺牲品的学生却不知道自己被牺牲了。他们中的有些人日后恰巧又当了语文教师，他们也同样接过这句相沿成习的“无比正确”的口号，在他的“治下”又制造出一批又一批的冤魂。

其实，从“语文教育不培养作家”这句话推广出去，我们也同样应该说（奇怪的是没有人这样说）：语文教育不培养学者，语文教育不培养政治家，语文教育不培养科学家，语文教育不培养艺术家，语文教育不培养企业家……因为我们的学生将来也不可能所有的都当学者、政治家、科学家、艺术家、企业家……如此，语文就应该一视同仁，什么“家”都不培养。那语文教育培养什么呢？——培养语文能力啊！培养什么样的语文能力呢？——听、说、读、写啊！这就是制式教育的标准答案，就到此为止。要是再问听、说、读、写些什么呢？为什么要听、说、读、写这些而不听、说、读、写那些呢？就答不上来了。

这个标准答案好像是无懈可击的。抽象的“真理”是最好蒙人的，因为它取消了一切差异。就语文教育而言，这个差异就是人的言语个性。语文教学的一项最重要的工作就是对学生言语天性、个性的甄别，搞清楚每一个学生言语潜能的优势所在，如此才能因势利导、因材施教。如果一直到了高中毕业，教师还不能说出每一个学生的言语天性、个性，这不是失职就是无能。每一个人的言语天性、个性中都包含着优点和弱点，教师应更为关注学生的言语优点，弱点则可以略而不计，要扬长避短。因为，言语优点是他们言语潜能、才情的体现，是将来需要特别加以养护和发挥的。教师应对学生的作品作“个性才情”分析，就像一个优秀教练善于从孩子的运动中，判断出他们最适合学习的运动项目是什么一样。多数学生不知道自己究竟有什么样的言语潜能和才情，学生潜在的言语才能，等待着教师的发现和开掘，如果教师能慧眼识人，让学生意识到自己的言语天性，并为他们指示一条成材的路径，发展他们的言语个性，教学就成功了一半。

这是语文教育因材施教对教师提出的一个基本要求：要“识才”。如果语文教师只是认真负责、勤勤恳恳地“教书”，无微不至、循循善诱地“育人”，没有能力对学生做出较为准确的“言语个性、才情”判断，一切都是枉然。那就不是因材施教，而是摧残人才。

孔子在善于了解、尊重学生的个性、才能并因材施教、知人善任这一点上，在与学生进行良好的言语互动上，都是今天的教师们难以企及的，也是值得我们学习的。但是，在今天看来，他的教学方法也不是没有值得改进之处。他在对学生的言语表现才能的激励上，还是较感欠缺的。他批评得多，鼓励得少；鼓励修身、当官的多，鼓励学言语、做学问的少。所以，他的学生势必大多长于德行、政事，想从政当官的多。由于他重德、重功，重行、重质而轻说、轻写，所以，他在对学生的言语才能的发展上，总的来说不是激励，而是压抑。在他看来，“巧言令色鲜矣仁”“巧言乱德”，能言会道不足取。他的目的是“德”，而不是“言”。他过分强调“德”与“行”，在教育文化上形成了一种否定“言说”“言辩”的、有失公允的传统意识，这在今天应有所改变。

我们更想说的是教师对学生的言语个性要抱持怎样的态度。从语文教育来说，尊重学生一般的天性、个性还是不够的，应该尊重学生的言语天性、个性特点。尊重学生的言语个性，实际上也就是尊重学生的情感和思想个性，尊重学生的言语生命的差异性。这就要求尊重学生不同的言语个性，对各种言语个性都要给予赞赏和鼓励。

每一个学生都是一个独立的与众不同的言语生命。在师生的交往与对话中，教师最要紧的是学会对学生言语个性的尊重。教师应确立这样的观念，对于学生的言语作品来说，没有不好，只有更好。绝不能伤害学生的言语自尊，只要学生表达的是自己的感受、自己的生命体验，即使学生的作品的确很差，也要重在激励，再差的作品中也会有一些亮点，教师要善于发现这些亮点，应表现出对这些学生言语表现上充分的信心。一个学生的言语自尊一旦受到了伤害，那将是永远无法挽回的。教师对学生言语作品的摧残，就如鲁迅所批评的有些批评家对年轻的习作者所做的，是在嫩苗地上跑马。这种肆意的践踏，所造成的恶果怎么说都不过分。教师嘲讽的虽然只是一篇作品，也许他的动机是好的，他所指出的问题也是对的，但是，不当的教学方式带给学生的不只是一时一地的伤害，而是对一个前程无量的言语生命的扼杀，对天才的扼杀。

有一位教师在回首自己少年时代所受到的教育时，说到了自己言语生命历程中的切身感受："我以为小学老师要侧重博爱心意的释放和品格的对人的熏陶，中学老师要侧重学识展示和对学生创造的激发。然而我觉得我很不幸，这几方面的东西我都没有在该受惠的时段受惠，就如禾苗没有在该受肥的时节受肥，因而面黄肌瘦在所难免。我读中学，语文老师也只不过是创造力的刀斧手。一次，高中语文老师布置我们写诗，我写了，老师的批语是：这不是诗，这是散文的分行排列。一颗诗意的种子就此萎缩了。"① 这种经历和感受不是个人的、偶然的，在我们的教育中，看不见的屠戮时常发生。在每一个人的学习生涯中，几乎都或多或少遇到过这种虐杀。对于多数的过来人来说，他们所受到的中小学教育简直是一场噩梦，是永远的伤痛（我女儿是在初中毕业后通过自学考上研究生的。当她回想起当年读小学、初中时，还常常泪流满面）。**语文教育，已然成为言语生命的屠场，不懂得尊重、欣赏和赞美言语个性的教师，便是言语天才的专职屠夫。**也许有读者会以为这么说似乎有点过分，我想，只要是参加过高考阅卷的教师，看过那些千篇一律的毫无生命气息的文章，一定会赞成我的观点。因为，我们看到的不仅是枯涩的文字，而且从这些无精打采、气息奄奄的试卷中，看到正值花季的言语生命的讣告！语文阅卷带给教师的精神痛苦，是众多良知未泯的教师不愿参加高考阅卷的一个重要原因。语文教育中的人文关怀，就是表现在对言语生命的珍爱上。

所幸的是，有的一线教师已经开始认识到了尊重与培养学生言语个性的重要、因材施教的重要，以及激励学生言语个性发展的重要。如浙江的黄孟轲老师说："当代中学生应该是施展个性的一代，没有个性成不了人才，没有个性的文章绝不可能成为好文章。真正的个性写作，意味着写作者对生活对生命的那刻骨铭心的、至少是有所感悟有所体味的独特的体验，这是一种只属于'我'的别人无法取代的情感世界，是一个'小天地'，可悲的是如今从幼儿园、小学到高中直到大学甚至就业都很少有个性培养，作文教学较为普遍的现状是：中心一致，套路一个，手法一样，都是求同思维，长期实施

① 也人：《回过头来看老师》，载《新作文》（中学教师版），2003年第9期。

‘制式’规范训导，即使一些有个性的学生，到了我们的作文框子里，也只能变成了‘无性人’了。……可以这样说，人的心灵的运行就是丰富对单调的替代、全面对片面的超越。‘多棱多角’的丰富的‘内觉’就是人的标志。马克思说：‘丰富的人同时也是需要人的十分完满的生活表现的人，是他自身实现在自己身上表现为内在的必然性所需要的。’对这种‘丰富性’理解十分重要，如有些学生情感丰富反应敏锐，其作文常常写得情感直露，文采张扬；而有的个性内向，其文章常常是含蓄而充满内涵；还有其他诸多因素特点。因此我们在教学中也应有‘丰富性’：首先要充分尊重其个性，不搞一面倒。在作文指导与批改、讲评与分析中对写出自己个性的文章给予充分肯定。在这个基础上来激励学生树立作文信念，让每个学生都感到我能写好文章，我能写出有自己特点的文章，而不人云亦云，不盲目效仿人家；其次应因材施教，发挥其个性特长：语言幽默形象的，在精巧方面多努力；文风朴素平实的，让他在准确逼真上发展；思维有深度的，让他在内涵挖掘上用功……千万不能以教师的一个‘模子’去套住众多的学生作文个性。尽量让学生施展其‘亮点’，使各类学生在写作中‘潇洒’起来。这里老师不是‘教师爷’，也不是引导人，而是‘心理大师’。”① 这是一个极其重要的观念的转变，在当今要做到这一点其困难是可想而知的。我们期待着千千万万个“心理大师”的成长。当然，更重要的是教育文化环境的改变，为“心理大师”的成长创造条件。

每一个言语生命都是珍贵的。智力正常的孩子，都是语言天才。他们的言语能力是天生的，只要能顺其自然，细心养护，各尽所长，他们原本都可以成为文学家、科学家、学者……他们的作品都能让世人瞩目。之所以我们看到的天才寥若晨星，是因为当他们尚未成才之前就夭折了。“性相近，习相远”，人的言语天性都是很优秀的，顺则昌，逆则亡，环境和教育改变了他们的言语天性，使他们变得跟原来很不一样，大多数人的言语天性被异化为成人世界需要的统一模样。

语文教师首先要学会的是对学生言语天性、个性的了解、尊重和赞美。不论是对学生课堂发言的回答，还是对学生作品的评价，都应引导学生认识自己的言语潜能和言语才华，给他们以充沛的言语自信，使他们的言语生命之花都能绽放出与众不同的色彩。语文教师不应是言语生命的屠夫，而应是新的言语生命的养护者、守望者。

---

① 黄孟轲：《写作何为?》，载《新作文》（中学教师版），2003年第9期。

附录

师魂：尊德性而道问学

——黄玉峰《上课的学问》序

一位独行侠，在喧嚣、荒芜与溃败中，默默撑起语文界的脊梁。他是名师中的名师，有名士风度、卓尔不群的真名师。他叫黄玉峰。

这些年我几乎走遍全国，对语文教师有较广泛的了解。小学语文界群星荟萃，名师大腕广为人知。中学语文界忙于应试，相对而言，较沉寂、封闭，虽也有中生代名师抢眼，但知名度远不及小学语文名师。我以为，持平而论，不分小学、中学，要论语文界“天王级”巨擘，非玉峰先生莫属。

读玉峰先生书稿是师魂的熬逼与荡涤。他的课，是培育“立言者”的课，是有德性魅力与思想张力的课，是有言语生命意识与言语信念、信仰的课。这样的课，可使学者、教师得以自我反思、拷问与升华。我真诚祈盼所有的语文学者、教师，语文专业的本科生、硕士生、博士生，都能读读这部书。不读黄玉峰，就不知道什么是有境界、有襟怀的语文课。

我不敢说他的课完美无瑕、已臻化境，但可以断言，这是有境界、有襟怀的课。王国维说：“词以境界为最上。有境界则自成高格，自有名句。”① “东坡之词旷，稼轩之词豪。无二人之胸襟而学其词，犹东施之效捧心也。”② 他说的是词家，教师亦如是。玉峰先生之课，其境界、胸襟是学不到的，只能景仰、追随——能一瞻丰采，树精神之高标，足矣。

其境界、胸襟不可学，其修养、修为、修持之精神、路径、方法可学。课如其人，读其课，知其人。我以为，玉峰先生境界、胸襟之精神内核，用“尊德性而道问学”概之，最为恰当。只要读了他的书，与他有所交往，定会感受到他本真、良善、敦厚之德性，深厚、精微、中庸之学问。他称得上仁义、通达之人。

---

① 王国维：《人间词话》，上海古籍出版社 1998 年版，第 1 页。

② 同上书，第 11 页。

认识玉峰先生十余载，只见过两次面。然而其德性、学问常萦我心。

十多年前，玉峰先生以语文教学“叛徒”的形象，走进我的视线。第一次见他，是在1999年“中语会”天津年会上，我亲睹了“抢话筒”事件。此事颇为轰动，让我真切感受到他“金刚怒目”的一面。是时，语文教育已病入膏肓，学界口诛笔伐其弊害，然而，会上还在歌功颂德、文过饰非，且容不下不同的声音。在大是大非面前，为了孩子，为了未来，为了捍卫话语权，玉峰先生冲上讲台，率直地表达了自己的见解。那年他54岁，李镇西先生善意地谑称其为“‘五四’青年”，颇得神韵。在小是小非上，玉峰先生则克己谦和、善解人意。他出版《教学生活得像个人》时，编辑要删掉观点较尖锐的两章，他宁可不出版也不愿删改；可是当教育界前辈吕型伟先生出面游说后，他妥协了：“94岁的老人和你说这个话，我要是一定说我到外面去出，我不出了，那老人心酸吧，人该圆的地方也要圆，要有人情味。”在这里我们看到了温厚纯良的他。是非分明、刚柔相济的品格，在他身上表现得十分鲜明，二者水乳交融。在本书中，我们会读到许多他对名人、名篇犀利、深刻的批评，而他渗溢其中的宽广、仁爱、体恤之心，也无所不在地温暖、感动着我们。

玉峰先生是性情中人，重情重义之人，这从日常点滴交往中也能感受到。在待人处事、生活细节上，他是无微不至、温暖体贴的长者。他是书法家，不卖字，却不吝惜送字。去年底，我到复旦附中讲学，恰巧见到他课外指导学生学习书法。他给在场的所有学生写羊年贺岁对联，不厌其烦，一字不苟，有时自己觉得写得不够好又重写，直到学生都拿到喜爱的对联才罢手。那天晚上，他与“基地”“工作室”的老师们聚会，送给几十位老师每人一幅字，我想，不知他为此费了多少时间与心血。我与他并无深交，然而多年来我都会如期收到他的贺岁书法作品。从本书中我们可以看到，他外出讲课，也不忘送学生“墨宝”留念。“仁者爱人”，相信凡与他接触过的人，都会领受到他的殷切情谊。

他诚以待人，严于律己，对“名利”的自律，几乎到了苛刻的地步。当今之世，最难做到的便是“无诱于势利”，这是德性的底线，而玉峰先生坚守住了。不少人当名师，就是为了加官晋爵、获取名利。“教而优则仕”，学者从政、当官是当今的时尚，也是教育界的潜规则。以他的才华与名望，本可以心安理得地获取许多“正当”的回报。可据我所知，他当过最大的“官”是语文教研组组长，他一辈子就是一个普通教师。在世人眼中，这似乎与他的声誉极不相称，然而，当一个纯粹的教师，纯粹的语文教师——像玉峰先生一样，心无旁骛、春风化雨，我认为比什么都好。

声名远播却“无诱于势利”，这便是一般人达不到的境界、胸襟。他不但“教而优不仕”，连叫他去做课本主编竟也不去。这绝对是一件名利双收的事，以他的学识与声望，当之无愧。何况这也不算什么“官”。他是这么看的：“教科书主编这个权力是很大很大的。我为什么推掉？这个东西你肯定是要跟别人走的，如果是我的东西做不出来，那怎么办，还不如不做。”他不愿为了名利丧失道义。在今天大约没有多少教师、学者能抗拒这样的诱惑。扪心自问，我也不能。以他为镜，自惭形秽。

不论他是白黑分明，惊世骇俗；还是委曲求全，温情脉脉；或是不失初心，坚执道义，其本色是一介谦谦君子。孔子说：“君子务本，本立而道生。”① 荀子说：“德操然后能定，能定然后能应，能定能应，夫是之谓成人。”②“志意修，则骄富贵；道义重，则轻王公。内省，而外物轻矣。”③ 说的不就是玉峰先生？

所有这些美好，都可归之于“尊德性”。“德性”源于人之善本性，又高于善本性。德性在善心、善良之上，即“至善”，须后天长期修养、修炼而成。“尊德性”用康德的话说，是追求“崇高”。“崇高”来自“优美”，胜于“优美”。“优美”是天生的，也是浮浅、粗糙的，“崇高”是在“优美”之上的修养，是深刻、精致、丰富的。只有经过对自然人性中美好品质的不懈打磨与涵养，才能“温而厉，威而不猛，恭而安”④，才能“处心有道，行己有方”⑤。

德性不同于“道德品质”，其内涵更宏观、立体、深厚，是人整体的精神气质，综合的人格魅力。诚如玉峰先生所言：“人自己的个人修养最重要，个人人格最重要。什么都可以输，我不输人格。”德性，是人格修养的极境。看不见摸不着，但由内而外地流光溢彩，即所谓：“情深而文明，气盛而化神，和顺积中而英华发外。”⑥ ——玉峰先生身上，便流溢着德性的温煦，从他的

---

① 《论语·学而》。

② 《荀子·劝学》。

③ 《荀子·修身》。

④ 《论语·述而》。

⑤ 韩愈：《答李翊书》，见童第德选注：《韩愈文选》，人民文学出版社 1980 年版，第 28 页。

⑥ 《礼记·乐记》。

言谈举止、一颦一笑中，都能感受到“温柔敦厚而不愚”的气场。

“德性”修炼，须建立在“学问”基础上，玉峰先生深知二者相得益彰的关系。有此二者才担得起教师“教书育人”之重任。

《礼记·中庸》将“尊德性”与“道问学”并举是很有道理的。因为，“德”与“学”是成就“君子”的理想人格的一体两面。孔子极看重“德”与“学”的交融，整部《论语》，既教人“做人”之德，也教人“为学”之道。如“古之学者为己，今之学者为人。”① “德之不修，学之不讲，闻义不能徙，不善不能改，是吾忧也。”② 这些，说的既是“德”也是“学”，“德”与“学”相互交融，难解难分。孔子的“修德”便是基于“学问”的，所以他关于“为学”的论述不胜枚举：“学而时习之，不亦说乎？”③ “学而不思则罔，思而不学则殆。”④ “吾尝终日不食，终夜不寝，以思，无益，不如学也。”⑤ “学如不及，犹恐失也。”⑥ 他之所以重“学”，因为“德”需要“学”来支撑，要从“学”中养，从“学”中“悟”。“学”是“德”的源泉，“德”是“学”的目的。对此，宋代理学家程颢说得很清楚：“学本是修德。”“古之学者惟务养情性，其他则不学。”⑦ 这虽然说得有点极端，“学”自然不单为了“修德”“养情性”；但从“德性”“情性”要靠“学问”滋养来说，是对的：“修德”须“明理”，“明理”须“学问”。“学”是“德”“理”的支点，“德”“理”是“学”的终极目的。修德性、明道理建立在求学问之上；反过来，学问也需要德性、道理的指引。在儒家学者看来，这些是相辅相成的。

作为教师，育人需要“尊德性”；“修德”“明理”需要“学问”；教书，“传道、授业、解惑”，更是离不开“学问”。因而，我喜欢书名《上课的学问》，朴实无华，一语中的。上课，教书育人，说到底，凭借的是“德性”与“学问”，而非所谓的教学“艺术”。离开“德性”“学问”这一根本，讲究这法那法，都是摆花架子做表面文章。是先学后教还是先教后学，是串讲还是

① 《论语·宪问》。
② 《论语·述而》。
③ 《论语·述而》。
④ 《论语·为政》。
⑤ 《论语·卫灵公》。
⑥ 《论语·泰伯》。
⑦ 《二程语录》卷十一。

点拨，是讲授还是启发，是满堂灌还是满堂问……并不是太重要，真正高“德性”“学问”含量的课，自能无法而工、率性而妙，以致神而明之，出神入化。关键在教师德性、学问修养如何，有没有境界、胸襟。有境界、胸襟，自成高格，自是好课。

“德性”与“学问”是教师的基本素养和上课的底气。玉峰先生便是靠德性、学问底蕴上好每一节课的。即所谓“气盛，则言之短长声之高下者皆宜”——功到自然成，真正的好课，是从胸中流淌出来的。

为上好一课而备课，精雕细刻、千锤百炼，这样的课，也许规范、豪华，吸引眼球，但没有德性魅力与学问底气，也便没有生命气息与思想魅力。今天大量名师的观摩课就是如此。这样的名师，充其量就是照猫画虎的能工巧匠。注重修德性，养气质，做学问，明道理，积铢累寸，水到渠成，玉峰先生不为上好一堂课而备课，是为上好所有的课而备课，是用一生在备课。

他的课看似毫无章法，朴素平淡，却行云流水，是有内在风骨气韵的课：或逐字串讲、条分缕析；或浮光掠影、蜻蜓点水；或浓墨重彩恣意开阖……无一定之规，有无法之法，为无为而无不为，从心所欲不逾矩。

他的课最让人着迷的是兴之所至、忘乎所以的满堂灌。

我说他“满堂灌”，不是说他从头“灌”到尾，只是表明他“灌”得多而精彩，他的课适合于满堂灌，最佳形态是满堂灌。因为他“灌”的不是“水”，而是货真价实的“学问”，是几十年淬炼的思想精华，这比起许多教师莫名其妙的“对话”“讨论”“交流”等，更为有效、高效，正所谓：听君一席话，胜读十年书。“满堂灌”没什么不好，关键是“灌”什么。

与今天许多“高大上”的观摩课比，他的课不“美”，他既不是口若悬河、巧舌如簧的演说家，也不是风趣幽默、谈笑风生的表演家，他只是波澜不惊地娓娓叙说，说他想说，平淡如水而又直击人心。诚如老子所言“信言不美，美言不信。善者不辩，辩者不善”①。有德性，有学问，有境界，有内涵，其实怎么说并不重要。“言者所以在意，得意而忘言”②，德之高下，学之深浅，在乎“意”，而不在乎“言”。“清水出芙蓉，天然去雕饰”的满堂灌，不靠多媒体取胜的课，只要有思想，有见地，也能博得满堂彩。

---

① 《老子·八十一章》。

② 《庄子·外物篇》。

玉峰先生的满堂灌最出彩的是“知人论世”。

这似乎是最老套的教法，今天再无能的语文教师上课也必说作者生平、时代背景，以为这就是“知人论世”。他们大多是照本宣科，从教参、网络中趸来，现买现卖。而玉峰先生不是，他说的是自己的研究心得，是自己的发现。听他的课，才知道什么是真正的“知人论世”，什么是厚积薄发。

他教李白的《梦游天姥吟留别》《蜀道难》，给学生讲李白其人其事，是在读了李白所有的900多首诗之后。教鲁迅的《拿来主义》，背后有对鲁迅几十年的研究。教其他的课未尝不是如此。他出版过专著《说李白》《说杜甫》《说苏东坡》《人是怎么不见的》……主编了十多本的师生文艺读物。他讲授过二十多个专题：《诗经》专题、《楚辞》专题、唐诗宋词专题、鲁迅专题、胡适专题、皇帝专题、《红楼梦》专题，西方文化专题等，在上海电视台主讲过科举专题，李白专题，杜甫专题，苏东坡专题。可见其知识面宽广，“诗外功夫”博大。他用德性、学问“知人论世”，换取教学的自由与率性。教师不做学问，不研究问题，怎能上好课？做学问不是随便读几本时尚读物，要做专题、系统、深入的研究：从微观到中观到宏观，由点到线到面。应了那句老话：“学海无涯苦作舟”。学问面前人人平等，没有天才，也没有捷径，一分耕耘一分收获，要上好课，唯有老老实实做学问、明道理。

以德性、学问为基础，玉峰先生的“知人论世”便与众不同，能激起学生的求知欲、思考欲、言说欲、表现欲，激起他们做学问的动机。比如，他教《世间最美的坟墓》，从叙说托尔斯泰的饱经忧患、简朴、大爱……让学生知道托翁的坟墓美在回归自然，那是象征着人格之美，朴素、高贵之美，是令人崇敬、震撼的美。他燃起了学生对一位崇高、慈悲、孤独的大文豪的无限敬仰之情，刷新并重塑了学生的人生观、价值观、文学观、言语观；他教《边城》时对学生说：“……你是不是应该去查一查沈从文，那个时代，沈从文为什么会割腕自杀，沈从文怎么样最后醒过来了，进行凤凰涅槃，他最后站起来了，是我们中国可以说唯一的新中国成立以后不写东西的人，而所有写东西的人，写出来的东西是没有用处的，这点大家思考一下，为什么。”他使学生感受到向往自由的伟大心灵“沉默”的悲剧美。他让学生读文，更读人；解读，更解写；读有，更读无。他的“知人论世”，给予了学生言语内驱力与精神能量，蓬勃的言语生命生长性与可持续发展性。

在“尊德性”“道问学”上下足了功夫，他的课便无须以所谓的教学“艺术”取胜。学问做到了，有思想、有见解，便不必在“怎么教”上煞费苦心，怎么上都是好课。没学问，没思想，单凭能说会道、花言巧语，有趣、搞笑，会让学生一时开心，但不会留下什么。学生不会真正喜欢你的课，更不会一生热爱语文，忠诚于言语创造。德性、学问滋养出来的思想，是语文教师安身立命之本。劳于备课，必疲于教学，捉襟见肘；劳于学问，则逸于教学，左右逢源。真教案不是写在纸上，而是存乎一心；真教学不是按图索骥，而是随机应变、随心所欲。玉峰先生的课，朴拙、平实，但难掩道义、睿智之光。

教师“尊德性而道问学”，才有望与文本、作者“平等对话”，才能与学生有良性“不平等对话”，才是真正的有效教学。

所谓“人生来平等”，是就人权、人格而言，人的话语权从来就不平等。撇开政治学、伦理学、社会学因素导致的“话语霸权”不论，在认知、学术领域，平等、并不取决于人的主观意愿，而是以德性、学问水平对等为前提的。因此，在教学中，不存在抽象的“平等对话”的可能。通常由于德性、学问水平的落差，师生难以与文本、作者平等对话。师生、学生间存在水平的落差，也难以平等对话。在一般情况下，说“交流互动”则可，说“平等对话”则不可。但“平等对话”是一种理想化的教育，争取平等话语权的动机，可激励人们“尊德性而道问学”。平等对话的权利不是谁赋予的，须靠自己努力去涵养、提升、修持。只有你的德性、学问修养与文本作者或他人大致持平，才能获得平等对话的权利；如果反超，便取得了话语优越性；如果有了大境界、大学问，便至高无上、无与伦比，便获得话语威权；如果修养不足，便只有洗耳恭听的份了。

由于师生间德性、学问水平是不平衡的，因此教学中“平等对话”的机会并不多。但“不平等对话”未必就无效。如果教师对学生拥有德性、学问的绝对优势，话语权威便自然产生了，这就是满堂灌存在的合理性。教师的责任就是为学生释疑解惑的，必须处于话语权威地位，才能发挥引领、导向作用，这就是满堂灌存在的必要性。玉峰先生与学生之间存在修养上的绝对落差，因此，他的满堂灌不但合理、必要，而且有效、高效，这就是他的满堂灌备受欢迎的原因。“听君一席话，胜读十年书”，学生即便只聆听不对话也受益匪浅。学生如有不理解的，通过“不平等对话”，即交流互动，也会获益良多。这是一种良性“不平等对话”，也应是教学的常态。

当教师水平不具优势时，他的满堂灌便是无效的。如果他的水平与学生相当，与学生“平等对话”便成为可能，但这必定是低效教学，因为这种对话徒有形式，不能给学生以德性、思想、智慧的启迪。庸师与学生的对话就是如此，貌似尊重学生，互动热烈，但学生可能一无所获。要是教师水平不如学生——在今天这种情况并不鲜见，这样的对话便是劣性“不平等对话”，教师说的不但全是废话，甚至还会造成误导，把学生带到沟里去。这便是无效、反效教学。这样的对话越多，祸害越大。形式主义的师生“对话”害死人。

固然“师不必贤于弟子，弟子不必不如师”，但“弟子贤于师”，只能是“非常态”，是偶然的，是就某些局部、细节而言。如果“弟子贤于师”是“常态”，那还要教师做什么？要是整体上“师不贤于弟子”，教师便没有存在的理由。因此，“尊德性而道问学”，当是教师心之所欲、魂之所系，是师道之根本。唯有如此，才能维持师生间良性对话，才是有效、高效教学，才有师道尊严可言。教师的话语权威，不是讲台赋予的，是靠自己努力争取来的。没有德性、学问的教师，便没有尊严可言。从这个意义上说，“尊德性而道问学”，是对师道尊严之捍卫，是教师职业自豪感、幸福感产生之基础。

基于良好的德性、学问修养，玉峰先生的“知人论世”得以高屋建瓴，得以“平视”甚至“俯视”作者、文本，得以与其进行“平等对话”或良性“不平等对话”，因而他的言说便与众不同。他不屑于照本宣科，而是理直气壮、入木三分地品评、臧否作者和文本。

在课例中，他几乎对所有的作者：托尔斯泰、鲁迅、冯友兰、杨绛、庄子、王羲之、李白、杜甫、苏东坡……都有基于德性与学问的追索与探究，他的“知人论世”的“知”与“论”，有自己的独特视角和真知灼见。“知”是真知，“论”是新论。由于他的“知”与“论”，高于、深于学生的认知能使他们受益颇多，……故不论他怎么教，学生都能接受，而且心悦诚服。

这种率性挥洒的教学感觉是很美好的。浅陋的教师则有心无力，享受不到这种美好与愉悦的。教师的幸福感，就是由教学中点滴的美好汇聚而成。这种愉悦与幸福，又成为自我修炼、升华的动力。

教师的修养、水平如何，学生心中是有一杆秤的。教学是最没法糊弄人的，千万不可低估了学生的辨别力和判断力。讲台上的教师，不能辜负讲台下几十双明眸的渴望。

教师的教学内容固然难免有相似之处，但是，有德性、有学问的教师总是力求超越，追求卓越，希望与众不同、独领风骚。玉峰先生以不懈之努力，毕生之辛苦，逐渐与平庸的教师拉开了距离，并将他们远远甩在身后。

玉峰先生教《世间最美的坟墓》，他崇敬托尔斯泰，赞赏其反对“暴力革命”“不以暴力抗恶”，赞美其严苛的道德自律与仁爱之心以及对人类之大爱，理解他曲高和寡的孤独感和逃避声名、财产羁累的崇高，称他为精神领袖——这些有的教师也能做到。他进而赞美托尔斯泰哺育下的俄罗斯人民，联系中国“文革”与俄罗斯十月革命的历史，斥责违背其精神的暴力与杀戮，指出暴力只会孕育暴力、暴政——这就只有极少数教师能做到。至于他解读托翁坟墓“逼人的朴素”何以“禁锢”住人：“托尔斯泰不仅是俄国的伟大作家，伟大的思想家，他还对我们中国的文化研究非常深，他喜欢孔子，读过老子、庄子、孟子，他曾经翻译过《道德经》，大家不能想象吧？老子提出了抱朴守素，就是把非常自然的本色显示出来。托尔斯泰对老子的这种回归自然是非常欣赏的，所以我们能在这儿读到。康德曾经说过，最令我感动的，一个是天上的星斗，一个是内心的道德律。人本身有道德律，当你来到了托尔斯泰的墓前，内心的道德律就上升，使得你不敢做任何动作，不敢大声说话，不敢做任何有损于他的行为。玉峰先生不但与托尔斯泰息息相通，还借助老子的“抱朴守素”与康德的“道德律”为学生架起了理解文本的桥梁，使他们明白“朴素”何以能给人以心灵震慑，进而产生道德感，“禁锢”人的心情与行为。他以连篇累牍的深情讲述，把托翁的德性——“道德自律”的种子播进学生的心田。这是绝大多数教师做不到的。

他的课以遮天蔽日、浩浩荡荡的“独白”见长，与作者、文本进行隐性的“对话”，学生心领神会，如获甘霖，这充分表明了良性“不平等对话”的有效性。他的丰厚学识、自由思想与独特见解，使其在教学境界与能力上与平庸教师划出了一道鸿沟。从某种意义上说，德性、学问水平与教学能力是对等的。

他“知人论世”的解读，鞭辟入里的品评、臧否人物，不但一般教师做不到，连绝大多数名师也做不到。对作者发表点感想，评头论足，说三道四并不难，难的是占据德性、学问高地，“致广大而尽精微，极高明而道中庸”，深入思考，公正品评、臧否人物、事理及世相。

他说：“做人为文既要有自我，不能人云亦云，又不能过于自我。没有自我是不行的，过于自我更不行。”这可以视为他文本解读“知人论世”的原则。他百川归海、恣肆汪洋地解说海纳百川、汪洋恣肆的庄子，对庄子极尽赞美之能事，但也赞成胡适在《中国哲学史大纲》所言：他（庄子）虽说天道进化，却实在是守旧党的祖师，他的学说实在是社会进步和学术世界的大阻力。他称道冯友兰的学问，却对其人品不以为然，批评其政治投机，不是“修辞立其诚”，而是“修辞立其伪”。他针砭鲁迅《拿来主义》的主观性、片面性，认为其论述以偏概全，违反矛盾律、同一律，同时也对文章的优点极力褒扬，表明“杂文”的文学性与说理性的矛盾……追求话语的“精微”与“中庸”，当是其基本的教学思想、行为自律，也是其“知人论世”的精髓所在。

尽管他极看重“中庸”之道，然而，因他不人云亦云，常被人视为“偏激”。殊不知，正是这种针针见血、鲜血淋漓的“偏激”，体现了他的真性情、真思想、真德性，颇得“精微”“中庸”之宏旨，让人醍醐灌顶、豁然开朗。

他这样说鲁迅：“一个人，弟弟也说你坏，老婆也说你不好，没有一个好朋友，说这个人是好人我不相信，他怎么会爱国，爱老百姓？鲁迅就是这样的人，绝对自私的人。我们为他辩护的太多太多了。他的日记你去看看，全部是讲钱，一个人怎么猥琐到这种程度，哪有这样的事情？”他认为鲁迅写《拿来主义》是“泄愤”：“他心里有怨，他看不惯梅兰芳，看不惯刘海粟，更看不惯那个很有钱的邵洵美，邵洵美结婚的时候女方给他一万两银子，一万两银子鲁迅恐怕一辈子都拿不到。他对这些人都看不惯，他心里有一种说不出的味道。他需要泄愤。所以实际上文章前面的部分才是他写作的动因：他嫉恨，他要发泄，要发牢骚，讽刺这些人和这些事情。这是我的看法，他这是在泄愤，借着说‘拿来主义’在泄愤!”这样“偏激”的话，恐怕学生一辈子只能从他这里听到，有第二个老师会这么说吗？倘无高深之德性、学问修养，试“偏激”一下看看，能“偏激”得有理有据、合情合理，让人心服口服吗？——恐怕说其“偏激”本身就是一种偏激，是平庸者对思想者的“不平之鸣”。

玉峰先生的境界、胸襟，使他有资格“偏激”。因为：“虽然文章（指《拿来主义》）是这样小小的一篇，但是背后是我对鲁迅几十年来的整个研究前面我对鲁迅是非常非常推崇的。我在 1991 年贴了个广告：‘伟大而痛苦的灵魂’，我自己制的广告，全校的人都来听我谈鲁迅。很多人因为听了我讲鲁迅，后来都成了鲁迅迷了。后来有了转折，人随着年龄的增长观点也会变。”做学问不但是求知，还会不断否定、修正、改变自我的认知，使你有了超越他人的眼光、视角，所以能发他人之所未见，言他人所不能言。他的“偏激”，是德性、学问支撑起来的，是千锤百炼、深思熟虑的思想。觉得他“偏激”，即所谓“曲士不可以语于道者，束于教也”，也许该检讨的不是他，而是自己的境界、学问与眼光。真学问家的“偏激”总有其道理在，是高智慧的“误读”，与“无知者无畏”自说自话的偏激有天壤之别。

玉峰先生的“知人论世”解读不是随便说的，在追求学理支撑上，体现了学问家的严谨风范。人家说“人云亦云不云，老生常谈不谈”，他觉得还不够，又加上一句“道听途说不说”。我以为，加上这句太给力了，才真正说到了要害。“人云亦云不云，老生常谈不谈”，只是强调要创新，有自己的见解，这当然是对的，很重要，但创新不只是方法问题，不能简单地“唱反调”，信口开河胡侃，须“道听途说不说”——说必有据。不是为赞美而赞美，为批判而批判，为标新立异而标新立异。做学问要耐得住寂寞，辛辛苦苦地读书、思考，一点一滴地积淀学识、思想，才可望真正创为新解。

许多名师也读书、做“学问”，上课旁征博引，出口珠玑，仿佛学富五车、满腹经纶。但他们所谓的“学问”，其实连章学诚说的“功力”都达不到，只是在别人思想中寻章摘句，给自己装门面、贴标签，以眩人耳目。虽言辞奢华，但充其量只是“道听途说而说”的土豪水平。真学问须提要钩玄、殚精竭虑；须能融会贯通，承先启后；是“集群圣之大成而折衷之”的整合的原创，是思想的生产；须“致广大”才能“尽精微”，“极高明”才能“道中庸”。“道听途说不说”，即讲求科学态度，学必有根，言必有据。

如今“思想者”一词与“大师”一样，因过度使用而变得俗滥。大师满街走，还是大师吗？思想者亦如是。其实，多数自诩的“思想者”大多只是“思想”消费者。只有极少数人称得上“思想”生产者。消费思想的人，跟消费物质的人一样，只是普通“消费者”。具有原创性思想的人，才称得上“思想者”。我以为，玉峰先生数十年如一日，不人云亦云、道听途说，孜孜以求于德性与学问的修炼，崇尚“独立之精神，自由之思想”，实至名归，堪称“思想者”。

玉峰先生的课，是师生间思想的撞击与对接，是言语生命、精神生命的承传，是培育未来的“思想者”——“立言者”的课。

作为“思想者”，他的课自然不乏独到的见解，但表达自己的见解不是目的，目的是让学生懂得如何生产思想，懂得思想者是怎么炼出来的，这尤其难能可贵。这是真正需追求的教学之道。

他教《蜀道难》，在梳理了他人各种观点之后，得出自己的独特结论：“这是什么？不是蜀道难，是仕途难。我认为这是他（李白）心灵的写照，不管他自己当时有没有意识到。他强烈的不如意，始终在这当中。”“这首诗是宣泄他内心的痛苦，不过他是一种艺术的宣泄，极度夸张的宣泄，把自己的痛苦放大了十倍、百倍、千倍、万倍，然后通过诗歌把这种痛苦稀释为零。我们读他的诗感到痛苦吗？我们只是感到痛快，没有感到痛苦，其实他内心是痛苦的，但是他的诗写得痛快淋漓，明明写的是绝望，但是写得是那样的有气势，那样的雄壮。无论是色彩、形象、声音、感受都是那么的壮观，所以我说他是把绝望写成了一首雄壮的交响曲，把痛苦变成了一种享受，痛的快感，痛得有快感，就像我们现代人所说的，痛并且快乐着，这就是李白。”这是他独一无二的新解，他说：“我这里面没有任何别人的东西，就自己的。”他为自己的新观点摆出一大套的理由与依据：“那这首诗到底要告诉我们什么？不是谁说的算，是我们对他的研究，对学术的研究：李白是一个怎么样的人。我们要论文识人，知人论世，有比较才有鉴别。接下来我们就做这三件事情来论文识人……”他不是简单地将感受或结论告诉学生了事，而是告诉他们自己的观点是怎么来的，认知过程是怎样的，凭借的是哪些学术资源。这哪里是在上课，分明是在做学术讲座，是手把手教学生求知、做学问的方法。

在师生互动中，有一位学生对他批评李白、欣赏苏东坡不以为然：“我和老师您的观点不一样，我觉得做人应该像李白，而不是像苏东坡……”该同学的论述很精彩，大家为其“有思想”而鼓掌。这时，如果是一般教师，大多会热情洋溢地说一番赞扬、勉励的话。可是，玉峰先生不只是这样，他也肯定这位学生说得有水平，但他对这种浮皮潦草的观点不认可，他列举了许多事实，表明他称道苏东坡的理由，最后说：“我为什么要多说一段话呢，你有思想很好，但是要做判断的话你读点苏东坡，读点书，把王安石读透，把苏东坡读透，把李白读透，你才可以说话，否则你是没有这个说话的权利的。”他要使学生明白观点不是来自一点感觉，不能胡言乱语，真正的“思想者”要“慎于言”，要把书“读透”才有发言权。“有几分证据说几分话”，这才是“有思想”的人的严谨的治学态度。他是以“思想者”“立言者”的高度来要求学生，来上语文课的。他说：“我今天上的课和你们（平时）的有点不一样，我们随随便便，根本不叫上《蜀道难》，乱七八糟上到什么地方去了都不管。我觉得关键是什么，关键是你们精神的成长。”——这是他在外地上的一堂公开课，公开课竟然可以这样不拘一格、“随随便便”地上，真让人大跌眼镜、大开眼界。他认为最应关注的是学生“精神的成长”，这说到了教育、语文教育的本质。

上每堂课固然有其具体的目标，但是具体的目标要服从于语文课程的总目标——培养有德性、有思想的立言者。要实现这一总目标，促成学生“精神的成长”是其核心。只要是符合这个总目标，围绕着这一核心，怎么随机发挥、因势利导都错不了。

一定有人会说，这目标也太高了，我们是基础教育，不是培养学者、思想家，《义务教育语文课程标准（2011 年版）》定的目标不就是“学习语言文字运用”？——是的，中小学确实是“基础教育”，但“基础”是相对于“发展”而言的，“发展”的目标不同，对“基础”的要求也就不同。不能离开了“发展”讲“基础”。半个多世纪前，胡适先生就批评过课标是为“下下的低能儿”制定的，我们今天仍是如此，似乎不如此不能体现“学生本位”。他们以为绝大多数学生只要会读书、写作就可以了，即课标所谓“学习语言文字运用”。须知，“取法乎上，仅得其中”，我还要加上一句：“取法乎下，必得下下。”这一个多世纪我国现代语文教育，始终就是建立在“工具论”目标上，定位为“学习语言文字运用”就是证明。这是“取法乎下”的“技”的教育，目中无人的教育。在这样的目标下，其结果是绝大多数高中毕业生语文不过关，是语文教育的全面溃败（2012 年官方调查表明，在中小学 17 个学科中，学生对语文科的评价倒数第一），这就是“取法乎下”的深刻教训。

语文课程不是“学习语言文字运用”的“技能”的教育，而是“人”的教育，是培养“言语人、精神人、创造人”的教育。具体地说，是培育“写作者”“立言者”的教育，是言语人生、诗意人生的教育。其低标是培育“写作者”，高标是培育“立言者”。依我看来，培育“写作者”的低标并不可取。因为，如果基础教育只为低标打基础，是不可能培养出高标人才的。这对有望成为“立言者”的学生是不公平的，等于是对他们的封杀、扼杀。这样，我们只有一种选择，就是像王小波先生所说的不是“向下看齐”，而要“向上看齐”，要把培养目标定在培养“立言者”这个高标上，就是培养“有德性、有思想的立言者”。这就给所有学生都预留了发展空间，有“立言”之志、之才的学生自不待言，即便有些人经过努力达不到也没关系，可以降格以求，最不济也能成为“写作者”。玉峰先生的课，力求培养学问家、思想者，为未来成就“立言者”打基础，是符合这一高标定位的。

他的课在培养思想者——立言者上，是不计代价的。他带学生进行文化游学，足迹遍布吴越、齐鲁、湘鄂、河南、山西、安徽，远至青海、甘肃、新疆、海峡两岸等。指导学生一路游、一路看、一路读、一路写。他说：“为了达到‘知人论世’，我是不惜工本的。我曾经带着学生去参观蔡元培的故居，之后再教学冯友兰写的《我所认识的蔡孑民先生》，学生就很容易引起共鸣。在上徐志摩的《再别康桥》前，我利用元旦带他们到浙江海宁去了解徐志摩。他们看到了徐志摩的墓，看到了徐志摩和陆小曼住过的地方，也听到了很多轶文趣事。由于徐志摩这个人几乎和中国现代文学史紧紧地联系在一起，现代的作家几乎都和徐志摩发生过关系。学生在一路上叽叽喳喳的‘八卦’中，不但了解了徐志摩，实际上也就了解了中国现代文学的一半。”他还让学生自主研究课题，写论文，组织“论文答辩会”，邀请知名学者为学生进行论文鉴定、答辩。——当今之世，立足于学生“精神的成长”，引领学生做学问、明道理，有几个语文教师能如此“不惜工本”？恐怕绝无仅有吧。不知学问、思想为何物的教师，如何能把学生带进学术殿堂、精神世界，带进“立言者”的境界？

玉峰先生用他的课，诠释什么是“尊德性而道问学”，诠释如何培育“立言者”。

玉峰先生的课表明：教师深层次的职业自豪感、幸福感，与德性、学问修炼的投入量是成正比的。付出与回报对等，但收获不在眼前，而是在长远。眼前，往往是艰辛与煎熬，无止境的投入，不为人知的困苦、磨难；长远，是遥不可及的未来，人生永远的希冀，彼岸的召唤与后世的评说。深厚者孤独，曲高和寡、知音无觅——因高贵而孤独，因孤独而深厚、而幸福。浅陋者闹腾，无知无畏、没心没肺——因卑怯而闹腾，因闹腾而空虚、而不幸。人生的利弊得失、因缘果报，眼前也许难以计较，长远却锱铢必较，是很公平的。

韩愈说“（气）不可以不养也，行之乎仁义之途，游之乎诗、书之源，无迷其途，无绝其源，终吾身而已矣。”玉峰先生的课之所以令人叹服，就是因为他“无望其速成，无诱于势利”，一辈子行走在“仁义之途”，浸润于“诗、书之源”，为学生树起“立言者”之风范，为教师立起师魂、师道之楷模。

人是活在历史中，是为人类、后代而活。教师是活在课堂中，活在学生的心中，活在滔滔不绝的言语、精神生命长河中。

为玉峰先生作“序”，幸甚！

潘新和

于闽江之滨寓所

2015.3.25

如果不认为所有孩子都是言语天才，这世界就尽是庸才；如果不以成就“立言者”作为语文课程目标，这世界就不再诞生经典。

第二章 | 教学目的：优化“立言”动机、人格、信念

如果我说语文教学的**目的**不是提高听、读、说、写能力，不是“学习语言文字的运用”一定会招来一片嘘声。——但的确“不是”！

语文教学目的是语文教学论的总纲。语文教学目的，不论是从终极意义上，还是从功能性角度，我们都可以做这样的言语生命动力学的定性：**以养护“表现与存在”的言语生命意识为基本目的——牧养言语天性，开发言语潜能，培育言语素养，发展言语个性，陶铸言语人格，为言语人生、诗意人生奠基，成就“立言者”。**这也是语文课程的最基本的属性。听、读、说、写，当是言语生命的自然呈现、展示方式，当是强盛的言语主体性的充分对象化，它不能是无生命或反生命的。离开了言语生命独特的感悟和需求，缺乏言语个性的介入和释扬，听、读、说、写是毫无意义的。即便拥有这些语文技能，充其量也只能算是一个语文技工或文字处理器，而不能说是具有言语主体性和精神创造力的人。听、说、读、写不是目的，在人与言的一体化及主体的客体化、审美化过程中，使人变得美好、优雅、高贵，使人生获得意义和价值才是目的。

语文教学和其他学科有一个很大的不同，这就是言语表现的能力和素质，不是“教”（传授、教导、训练）出来的，而是“养”（存养、养护、牧养）成的。孟子说的“养气”“知言”，是很有道理的。汉语中“修养”“教养”“涵养”等词语，都较好地反映了“生命化”“人性化”“人文化”教育注重熏陶浸淫、培元固本的特点。曾经有不少语文界的学者，希望语文能像数、理、

化等学科一样，有着科学、系统、严密的知识体系和训练体系，使学生像学习公式、定理和解题方法一样，按部就班地掌握、提高语文能力，这种良好的愿望大约永远都没有实现的可能，而且是南辕北辙。叶圣陶先生对《国文百八课》教材的“科学化”旨趣的自我反省，曾经盛极一时的“作文分格教学法”和“一课一得”教法等的自然消亡，语法知识体系教学的失败，标准化试题的逐渐淡出，就是证明。因为，从一开始就错了，错就错在其他的学科主要是面向外部世界的认知，语文不但要面对外部物质世界的斗转星移，还要面对自我内部世界的纷繁万象，其根本是情感和思想的成长，是心灵建构。其内外同致的滋养、融会、沉淀的复杂性和缓慢性特点，决定了语文教学是不可能立竿见影的。

言语学习过程的艰难和漫长，决定了其成才主要靠学生的自我修为，靠自求自悟。语文学习需要长期甚至终身不懈的努力。语文教学所能做的主要是为言语人格、素养、技能奠基，为学生的自我修为指示一条路径。从这个意义上说，学生不承认他的言语能力的提高是老师“教”出来的，这也不无道理。教师们无须为此愤愤不平。语文教学不是万能的，所能做的极其有限。明白什么是该做的、能做的，这很重要。把该做的、能做的做好，把有限的时间用在为学生一生的言语发展“培元固本”上，就算尽到了责任。

一　“语文”的无奈：言说不是“教”会的

平心而论，学生能说会写，不是语文的功劳。学生的语文能力的确不是“教”会的，那语文教学何所为呢？语文教学最该做的又是什么呢？

语文教学，从行为特征上看，是教人如何学习言语，使学生具备从事言语表现的基本素养；从动机特征上看，更重要的则是教人何以要从事言语活动，教人热爱言语，倾情言语创造，追求通过言语展示以实现自我，引领人走上言语人生、诗意人生之路。从最高的教学目标上看，是培育成就“立言者”的信念和理想。

语文教学自然要教人读、写文章，不教人读、写文章就不能称作语文教学。但怎样才能学好语文呢？唯有热爱言语表现，真正懂得言语表现的价值与意义。这就是我与以往语文界经验论者、“工具论”者的最根本的区别。

今天，大部分学生学习语文而不热爱语文，学习写作而并不热爱写作。学生不喜欢语文、写作，言语能力低下，原因固然很多，但其中一个最主要的原因，不能不归咎于应试教育，归咎于应试教育严重背离了人对言语表现的实际需求，背离了人类为自己建构精神家园的终极目的。要改变现状，首先要改变语文是为了应试这个错误的认识，使学生对“语文的意义”“语文与人的发展、人生、人类、世界的关系”有一个正确认识。

因此，语文教学首先（或最终）要让学生清楚地认识到言语的价值，为学生奠定踏上言语人生、诗意人生之途的动力学基础。应让学生意识到：是否会运用语言文字是人区别于其他动物的一个最重要的表征，言语创造使人与其他动物区别开来。言说使人成其为人，成为有存在价值的人，使人拥有精神家园，使人的个体生命有与众不同的意义。正是在这个意义上，卡西尔称“人是符号动物”。海德格尔说：“人们坚信，与动植物相区别，人乃是会说话的生命体。这话不光是指，人在具有其他能力的同时也还有说的能力。这话的意思是说，惟语言才使人能够成为那样一个作为人而存在的生命体。作为说话者，人才是人。……无论如何，语言是最切近于人的本质的。”① 写作，是文字的表现与创制，是更高级的“说话”。人在通过写作建构精神家园的同时，写作也成全、健全了人本身。写作的人，是真正发展的、自我实现的人，因而也是幸福的人。

一个人毕其一生，除了建构物质的家园，还要建构精神的家园。建构物质家园，主要满足的是人的生理需求，使人无衣食之虞。然而，“梁园虽好，不是久恋之家”，物质家园再美，也非人类安居之所。因为，如果只知“觅食”，只知吃、喝、拉、撒、睡，无异于动物。人之所以成其为人，就在于还有精神上的追求，有向善的良知，有向美的情怀，有向真的思想，有超乎于现实功利之上的道德、理想与信念，有对人自身的精神抚慰、终极关怀及自我实现的需求。人们为此不避辛劳、殚精竭虑、鞠躬尽瘁、死而后已，目的就是要为自己建造一个精神寓所，唯此才是人类真正的归宿。时下不是有富豪慨叹说“穷得只剩下钱了”吗？这就是精神贫困的真实写照。建构精神家园是离不开言语创造的。人类一切的精神财富，人类的思想与情感、智慧与文明、知识与能力，都要借助写作得以表达与承传。因此，海德格尔说：“语

① ［德］海德格尔著，孙周兴译：《在通向语言的途中》，商务印书馆 1997 年版，第 1 页。

言是存在的家。在其家中住着人。那些思者以及那些用词创作的人，是这个家的看家人。”[①] 人们径称写作的成品——文章，是人的生命的寓所、精神的家园。只有“思者以及那些用词创作的人”，才享有“看家人”这份尊荣。

也正是在这个意义上，言语人生包容并超越了基于现实功利需求的种种“人生”。人生可以有各种各样的定位和选择，但有意义的人生，一定是自我实现的人生。自我实现的人生，就是在有限的生命历程中，把个体生命的存在价值发挥、张扬到极致。这种自我实现，主要是指向思想精神领域，如心灵的丰富，道德的完善，学术的创树，哲理的探索，真、善、美的追求，思想境界的扩展与升华等。言语上的自我实现，是人本质上的自我实现。一个自我实现的人，是不可能离开言说的，或者说，人必须通过写作来达成自我实现。一个自我实现的人，不论从事什么职业、担任什么职务，不论经济状况、社会地位如何，是政治领袖、科学家、教师、企业家、诗人还是工人，是盘满钵满的富翁还是捉襟见肘的穷光蛋，在言说面前是平等的。他的工作业绩、思想成果、精神建树等，最终都必须体现在写作上。只有体现在写作上，才能融汇入人类的文明史，使其智能不灭、精神永存。

言语人生，也可以说是知识与创造的人生。一个追求知识与创造的人，他必然要终生与写作结缘。求知是离不开写作的，“学习通过写作”，任何学科的知识都需要通过写作来领悟与掌握，只有与写作相伴的求知，才是高质量、高效率的求知。学习的过程需要写作，最终考核、检验学习成果还离不开写作。创造也离不开写作，真正具有发现价值的创造都是人的思维成果、智能的结晶。这些发现、发明与思想，都需要借助文字来体现，即通过写作文学作品、观测报告、论文、专著等来表达。因此，言语人生，可以说是知识分子唯一的选择，是知识分子的生存方式，更是存在方式。

语文教学要让学生明白，言说使人远离动物真正成为人；物质家园的建造有赖于写作，而通过写作建造精神家园则是人的终极性、本质性需求；一个追求自我实现的人，追求知识与创造的人，必将终生与写作相伴相随。写作一步一步地引领他们走上言语人生之路，自我释放、解放、绽放之路。

人的行为是受动机支配的，在确立了良好的言语动机基础上，才谈得上言语教学。言语教学的性质，是动机与行为的统一，是言语动机认知与言语

---

① ［德］海德格尔著，郜元宝译，张汝伦校：《人，诗意地安居》，广西师范大学出版社 2002 年版，第 24 页。

行为实践的相辅相成。

从写作教学角度来说，教学生写文章，不管多么高明的教师，都不可能真正教“会”学生写作。这是因为：

1. 写作所需的素养是综合素养，综合素养的培植不是写作教学所能独自承担的。写作，这一书面言语的创造，所凭借的不是一种技能，也不是一种智能，除了写作的技能、智能外，还需要多方面的学养，需要多学科的知识的涵养孳乳，这些都是写作教学所鞭长莫及的。

2. 写作需要多方面的修养历练，这些“诗外功夫”很难通过教学来获得。作者的非智力因素，如个人的道德、思想、阅历、情感、意志等，对于写作来说，其作用甚至超过了智力因素。不说别的，单就毅力而言，一个缺乏耐心与坚持的人，必定不能在写作上获得成功。显然，这些至关重要的“诗外功夫”，都是难以在写作课内培养的。

3. 写作的提高须靠“自悟其理法”“自求得之”，不是靠知识的“授受”。写作学习不是靠知识的传授与识记所能奏效的，由知识转化为能力，需在写的实践中领悟。习作者能否努力实践，并从中有所“自悟”，能“悟”到什么，“悟”到什么程度，这些都是难以通过教学行为加以统一调控的。

4. 写作是一种最具个人化特征的精神生产活动，与教学的集体性、规范性、规格性的培养模式相抵牾。写作是最个人化的行为，因此相应地要求写作教学也必须是个人化的因材施教，必须根据每个学生的写作才情特点作个别的指导，每个学生所学的、所应训练的应该是不一样的内容，而这些在写作教学中是难以做到的。

从另一方面看，学写文章，无论多么聪明的学生，都不可能也不必要学会写一切文章。这一是由于人的写作资质上的差异，在学写不同类型的文章上有迟速之分、优劣之别，在写作上一般难以取得同等程度的发展；二是由于写作的文体类别繁多，一个人无论多么好学，毕其一生也不可能学会一切文体，对于人的生存与发展来说，也没有必要掌握、精通众多的文体；三是在写作实践中，一个作者能熟练运用的文体顶多不过三五种，一个优秀的作者最得心应手、驾轻就熟的写作体裁大多只有一两种。

鉴此，语文教学，除了在言语动机方面给学生以引导外，所能做的就是着眼于培养其最具基础性、发展性的言语素养。这包括因人而异的某些智力的与非智力的成分，智力的包括学养、智能与技能等，其核心是言语想象力、创造力；非智力的包括言语动机、人格、阅历、情感、个性等，其核心是言语上的自我实现动机、立言动机。所能教人的只有“规矩”，难以使人“巧”，或者说所能教人的是使人“巧”的“规矩”。这就是要让学生悟到言语上的自我修炼与历练的方法与途径，使他们得窥言语表现之堂奥，为将来的发展打好基础。至于此后能不能由“规矩”而至“巧”，能在哪些方面出“巧”，就看各人的造化，看各人的悟性、资质与所付出的努力。由于对“巧”的追求须经过长期的以至是毕生的努力，“巧”的境界是不断扩展延伸的，是永无止境的，是人品、学问、阅历的日积月累、水到渠成，因此，是无法在课堂教学中实现的。认识到这一点很重要，在语文教学中有所为有所不为，才能为之所当为，使有限的教学时间获得最高的教学效能。

二 从自发到自觉：尊重每一位学生的言语动机

对于学生对语文、写作的厌倦，教师往往更多地把精力放在具体行为的纠正上，这是一个极大的误解。语文课程的性质是为学生奠定言语人生、诗意人生的基础，这是一个宏观性、基础性要求。在语文教学中与其相应的也就有了激发言语动机与养护言语个性、心智的任务。

只要不无视当前学生对语文学习失去兴趣的现实，就不能不把目光投注于学习语文的动机。任何的行为，都是动机驱动下的行为。苏联著名心理学家阿·尼·列昂捷夫说：“须知，正是活动的对象才使它具有一定的方向性。按照我们提出的术语，活动的对象是活动的真正的动机。不言而喻，对象可能是物质性的，也可能是观念性的；可能是呈现在知觉中的，也可能只是存在于想象、思维中的。主要的是，在对象背后总是存在着需要，它总是适合这样或那样需要的。因此，**活动的概念必须同动机的概念相联系。**没有动机的活动是不存在的；‘没有被动机激励的’活动——这个活动不是没有动机，而是它具有主观和客观上潜在的动机。”① 多数学生不喜欢写作以至于害怕写作，显然跟应试教育不无关系。他们写作学习的动机就是为了应试。写作成为“敲门砖”，这虽然也具有一定的激励作用，但“学写文章”毕竟是情势所

① ［苏］阿·尼·列昂捷夫著，李沂等译：《活动 意识 个性》，上海译文出版社1980年版，第68页。

迫，是出于无奈，很难产生言语表现与创造的冲动与激情，且由于应试性的写作教学要求与写作客观实际的情形存在很大的隔膜与差异，所限定的话语空间极为狭隘，长期形成的应试写作规范与程序，严重窒息、压抑了学生的写作欲望，久而久之必然视写作为畏途。

写作的动机是基于两大需要之上的：一是应生活之需，一是应精神之需。应生活之需的写作，我们可以称之为“生存性”写作，是为了学习、工作、处世应事之需要，为了敲开通达人际、学问、仕途之门，是为了“谋生”“立身”“发身”；应精神之需的写作，可以称之为“存在性”写作，是为了通过写作体现自我才能、实现自我价值，为他人、人类奉献才智，以充沛的言语创造力，最大限度地展露人的思想才华、精神风采与生命意义，是为了“明道”“露才”“显己”，是为了建构人类精神家园。写作动机，物质、精神两大需要都是不可或缺的。写作能为人建构精神家园，使人获得真正的归宿感，以使短暂的生命超越时空，宝贵的思想永世长存，这就是基于“存在性需要”之上的写作动机。

学生对言语动机的体认，往往是一个由自发到自觉的过程。原生性的言语动机往往源于生命本能的言说欲、发表欲、交流欲。这一动机是日后写作发展的基础。学生各种形式的言语冲动，都应受到保护。语文教育的使命就是不要使学生发自情性的自然欲求受到压制，要使它们得以健康成长，逐渐地引导学生的言语动机向着个人与社会、物质与精神的高层次需求发展，使他们成为在言语动机上有自觉的追求与理想的人。在这一过程中，势必有曲折和反复，有个体差异和不平衡，教师须在尊重学生自主选择的基础上，创造出适合于不同学生的教学氛围，适时地引导、强化他们言语动机的健康发展。

教师对言语动机的认知再有道理，也不能代替学生言语生命的体验和思考，不能强制性地要求他们接受某一种教师以为“正确”的言语动机，而只能作为一种意见提供给他们参考。言语动机的养成，不是可以靠教师的言语动机知识的灌输，或作为一种教学指令来达成的，不能以教师一己的认识来要求、统一学生分歧的认识。学生言语动机的形成，可以借助于让他们了解伟人的言语动机、他们所崇拜的作家或学者的言语动机、不同类型作者“多样化”的言语动机，但是，最终必须是基于学生自身的言语生命体验，是一种发自内心的真实感悟和选择。

在言语动机体认上，我和学生只作朋友式的交流，要求学生应独立思考，不需要重复和遵从我的观点，能实话实说。于是，在某一学期末，我得到了学生丰富多彩的“言语动机论”，节录摘抄如下：

> 随着市场经济的发展，人心似已不古，人们做事都带着浓厚的功利性，写作自然也无法例外。我们自然也不应提倡把自己的大作藏之名山、传之后人。人生在世，凭谁都得吃喝，一个人通过写作来满足自己的生存需求是无可厚非的。然而，写作就沦为谋生的手段，成了爬向功成名就的梯子了吗？如果这样，写作就停留在浅层意义上，而无法晋升到理想的王国。就如时下一些沉溺于媚俗写作的作家，不论是下半身写作还是艳情消遣写作，再过几年就没人能记住他们的作品了。功利性写作的作品的生命往往不长。他们是易碎的玻璃，虽然表面光彩华丽，但是经不起岁月的风雨。物换星移，历史上有多少名噪一时、风光一生的文人，为历史的烟云所淹没。
>
> ——郑瑞卿
>
> 我认为，现在是一个开放的社会，社会的宽容度已在提高，我们应允许价值观呈现多元化，正如我们不能够刻意地去批评某位女孩择偶标准是“嫁给一个有权有势的男人一样”，我们不能拿着另类的眼光看待某种写作价值观。……也许有些人的写作就是抱着个人主义色彩，他们或是迫于生存所困（巴尔扎克的许多名著就是在别人追债下完成的）；或是因为职业的需要；或是想一炮打响、名留青史。我觉得，只要不会跟社会发展相抵触，不违背大局的利益，就不应该予以否定甚至唾弃。应允许个人价值观多样化，让学术上百花齐放（也有许多品位高、可读性强的作品，就是出于功利性强的作者的笔下）。因此，我不会反对功利性写作……
>
> ——上官顺结
>
> ……陶渊明无疑是不朽的，“不为五斗米折腰向乡里小儿”一语奠定了一生的品格。而他无非也只是为己而文，曾自云：“闲时娱作，颇示吾志。”他构造了一种超脱于人世的精神氛围，为后世的景仰者提供了可朝觐的丰碑。陶渊明的淡泊适性，是深得超功利之道的。但只是为己，难免“小气”，太“拘谨”，这种“忧患于时世，退隐于书斋”的做法，是会被那些“铁肩担道义，妙手著文章”的人所不屑。鲁迅无疑是一个典

型代表。鲁迅唾弃周作人、林语堂等经营的性灵小品文，他呼吁在国势险危时应该多写一些投枪式的杂文，对敌人抗争，也对民众呐喊。鲁迅用自己的钢笔铁墨，挑起了整个中国的脊梁。为了使麻木在铁屋的人们醒来，为了使观看菜市口行刑的看客灵魂回身，鲁迅的为文是不朽的。由此可见，为文为己修身或为国进言都可以是不朽的，这也唤起了无数文人立身于为文的欲望与决心。

但在现实生活中，我们难免陷入生存的尴尬……我羡慕那些“文官执笔安天下，武将立马定乾坤”的岁月，而居身尘世，也难免有俗念缠身，自度其他方面技不如人，只好扬眉于墨砚之间。这种功利思想似乎一直环绕在周围。李白的诗歌似乎是不朽的吧，但他也写过像《上韩荆州文》这样类似拍马屁的小文，想到此，便有点自欺的安心了……

——郑瑜辉

写作作为日常生活一种必备之工具，它有同其他生活工具一样的作用和特性，肩负着为人类创造价值，以获取物质生活和精神生活产品的基本任务。从这个意义上说，写作的功利性是有其存在的合理性的。毕竟写作作为一种不轻松的脑力劳动，凝固着同体力劳动一样的价值。人们可以用写作去换取自己所需要的物质。写作的功利性不仅体现在物质上，还体现在精神上。写作成功的话，可以为作者换取社会上、历史上的名声和地位，这些东西也是对作者艰辛劳动的回报和肯定。功利的东西如同磁石般吸引着芸芸众生，这种的吸引作用反映了人类生存的本质需求，同时它又促进了人类的写作活动，为人类去写作，去服务社会，去超越前人、超越自己，为开发创造性提供动力，这是人性需求的组成部分。

写作的功利性和超功利性，可以并行不悖，互相包容。我们不能因为生存的压迫而肯定功利性，否定、排斥超功利性；同样我们也不能因为尊崇超功利性而否定功利性，毕竟更多的人是生存的人，不够纯粹的人，对功利的追求无可厚非。我们认同功利性，更要认同和鼓励超功利性写作。

——蔡芳

……超功利是一种高度，对于多数人来说，它如海市蜃楼，遥不可及。假如我是萨特，不写作，我活不了，可是我是吗？不是。所以我还得好好活着。我不能理解，因为我是个凡人。把写作定位在超功利，我想我暂时还不能与之接轨。到底有没有一个空间是介于功利与超功利之间呢？我常常这样想着。因为我一直觉得，写作是一件普通的事，它是属于大众的，不应该赋予它过于“神圣”的色彩，不应把它想得太难，太复杂了。我记得，张爱玲在《论写作》一文中说：“写作果然是一件苦事么？写作不过是发表意见，不见得写文章就比说话难。”我想，写作其实本来就是一件自然而然的事情，没有一个人在写作之前想着“我不是为了功利，不是为了功利”。他们只是觉得有话讲，我能写且我想写，所以我写了。也许，这就是人的一种本能的超功利吧。反过来说，他把写作与物质的商业的利益挂钩时，他本身就是在违背自己的本能了。

张爱玲说：“写作的基本问题是：养成写作习惯的人，往往没话找话说；而没有写作习惯的人，往往有话没处说。我并不是说有许多天才默默无闻地死在阁楼上。比较于天才，更为重要的是普通人，大半活了大半辈子的人，都会有一点真切的生活体验、一点独到的见解，但他们从没想着要把他们记下来，事过境迁，也就湮没了。积少成多，究竟是我们的文化遗产的一项损失了。”她还在《写什么》一文中提到：“文人其实只应老老实实地活着，然后，如果他是文人，他自然而然会把他所想到的写出来，他写所能够写的，无所谓应当。”我想，张爱玲也把写作当成一件自然而然的事情，没有把它想得很复杂。人在功利与超功利之间，不会徘徊太久，写作只是一种本能罢了。而且，写作应该更属于大众，大文人、大作家也只是大众中的少数。

写作，其实很简单，它“不普通”但应普通地存在，它应走向大众，走向大众并不意味着庸俗和功利。人们在写作时，会本能地避开功利。无论如何，也不该玷污它。

——廖芝馨

这些同学对写作目的、写作功利性和超功利性的关系，有着自己的思考，未必和我的观点一致，但他们的认识都有一定的道理，都值得尊重。正如有一位同学所说的，在今天开放的社会中，应允许价值观的多元。这些学生的意见中也有一些有参考价值的观点。这些观点都很精彩，有的甚至还超出了我原先的思考范围，给我以启示，也给我提出了新问题，如写作是一种精英行为还是大众行为，二者有什么区别；功利和超功利的写作是否都是基于人的生命本能；只为一己之私的超功利的写作是否值得称道，为社会、民生的功利性写作是否也值得倡导，等等。我感谢他们将我的思考引向了深入。的确，遵从人的言语生命意欲，说自己想说的话，写自己想写的文章，也就无所谓功利或不功利了。存养心性、从心所欲、无为而为的自然境界，也许就是一种最高的言语境界吧。

“动力学”的思考似乎太虚、太玄，与具体的写作无关，却事关写作的长远，是为每一个学生精神家园奠基。北京师范大学教授刘锡庆先生说：“就作文而言，比较好教的内容是有关写作的‘知识’和写作的‘技巧’，较难教的却是写作主体从观察、体验、思索到想象、创造等思维的‘能力’及其对外‘物’、内‘情’由‘内孕’到‘外化’的那种表现的‘能力’；而根本无法或不能教的则是作者的‘才气’、文章的‘生气’和笔墨的‘灵气’等。在这里，最好教的，对实际写作恰恰用处不是太大；较难教的，反倒对作文的优劣起着关键的作用。”① 刘先生不愧是大家，可谓一语中的，说到了点子上。我们现在的写作教学，实际上也可以说是整个的语文教学，以为最有用的，大多是没什么大用的，做的是无用之功而不自知；不怎么教的，甚至根本不教的，以为没法教的，恰是最有用的。这就是语文教育的尴尬与悲哀。照此说来，既然能教的无用，有用的没法教，语文课就别上了，上也白上。其实，刘先生说的才气、生气、灵气等，似乎没法教，但可以唤醒、诱导和激发。需要唤醒、诱导和激发的还远不止这些，包括我们认为最核心的言语生命动力学——言语动机、意识、意欲的认知与保护，人的言语潜能、个性、情感和心灵，等等。语文教学的困难在于此，价值和意义也在于此。哪怕学生在语文教育中就学会了“热爱母语”，也胜过“文从字顺”百倍。人所应该具有的最重要、最本质的需求，有什么不能从倾情母语中获得呢？

引导学生对言语的意义进行思考，唤起他们对言语价值的探究之心，不论他们现在能否达到我们期望的高度，只要他们思考过，并将自己的真实的想法说出来了，就值得肯定。不在于学生答案的正确与否，老实说，要在现在对他们的思考做出评判还为时过早，即便他们现在仍认同功利的写作，即便有些学生的观点比较“出格”，不能被主流文化认同，如崇奉为钱写作，“身体写作”“玩文学”，等等，这都不要紧。只要有助于走上言语人生之途，

---

① 刘锡庆：《作文教学“教”什么》，载《新作文》（中学教师版），2004年第1期。

都应该认可。言语人生就是一个自我教育的过程，允许幼稚、不成熟，允许走弯路、交“学费”，强拧的瓜不甜，重要的是引发他们去思考“为什么写作”，引领他们去领会写作行为的目的和价值，为自己的言说负责，为读者、社会负责，不至于陷入盲目和放纵。重要的是他们以前不曾认真思考过，而今在思考、探索。他们明白了，写作不只是“写”，写作是人与世界的对话，文章就是人。他们思考过人与言、物、名、利及与社会、人生、历史的关系，就“为什么写作”这个问题，拷问过自己，也探询过他人，而且，这一思考，将伴随着他们的言语实践，伴随着他们的言语生命的成长，这就够了。存着这么一颗探究“言语价值观”之心，去经历言说的风雨，感受言说的甘苦，相信他们会逐渐地成熟起来。

对言语终极意义的思考，对于中小学生来说，也许是一个过为严肃、深奥的命题，这也是中小学语文教育的一个难题。但是，切不可以为这是大学教育的事，中小学可以暂时回避。暂时回避，就意味着永远回避、永远失去。区别只是在于唤醒的方式：在高校可用较为理性的方式加以启示，在中小学宜用较为感性的方式进行熏陶，将其渗透在语文教学的一切活动中。在中小学语文教育中，如果能使学生感受到读、写的快乐，感受到真实表达的舒畅和美好，感受到言说带来的愉悦和骄傲，表现出对言语表现的兴趣和热爱，体验到言语生命的冲动和激情，进而萌发言语创造的理想和信念，便可谓功德圆满。也许不能完全实现这一目标，但是，只要努力创造浓郁的人文关怀氛围，使具有不同言语天性、个性的学生都能切身感觉到言语表现的需要，并由此带来精神的安适，就可以了。

三 言说：最佳的生命存养和修为方式

语文学习与发展是长期的乃至一辈子的事。在语文学习伊始，养成良好的言语习惯很重要。言语动机与兴趣只有迁移、融入言语习惯中去，才能转化为言语表现的自觉，转化为恒定的言语行为状态与方式。养成言语习惯，不止是为了写作，为了学习言语技能，而是使言说行为变成为人的存养心性、感悟生命的方式。人的人格道德培育，思维发展，学养增进，性格磨炼，情感养护，等等，都能通过言语活动来达成。要说好、写好，必然就要多读。

读和写，一切言语活动，是人生命的最佳存养和修为方式。

养成言说的习惯，从写作来看，在今天不只是动笔，也可以动手，用电脑“写”，还可以动口，用语音输入。不管用什么方式“写”，总之，要养成有什么想说的尽量运用语言文字进行表达的习惯。每天都写点，不论写什么，久而久之，写作就会成为生活不可或缺的组成部分，成为跟吃饭、睡觉一样自然的事，以至于最终成为一种存活方式。你会觉得写作不仅是需要，而且是享受。当你坐在电脑前，面对屏幕，看着字符随着缤纷的情结思绪，成群结队、飞扬雀跃而至，心境便如皓月悬空般，一片宁静清澈、朗润光明。

养成动笔习惯的方式很多，例如写读书札记，写日记与生活手记，写信等。就教学实践及其实际效能来看，也许写读书札记是语文学习的一种最好方式。写读书札记除了练笔外，还可兼收增进学养与训练思维之效。所以，古人就有“不动笔墨不看书”之说，即如韩愈所做的“口不绝吟于六艺之文，手不停披于百家之编；记事者必提其要，纂言者必钩其玄；贪多务得，细大不捐，焚膏油以继晷，恒兀兀以穷年”①。长此以往，修养到家不敢说，学养丰厚则是可以期待的。清代章学诚认为要做学问，一条极为重要的途径是做札记，做札记是训练思想的好方法。札记是探索学问，文章是表达学问。就是说，做札记是做文章的准备，文章是札记的提高：“故为今学者计，札录之功，必不可少。……学问之事，则由功力以至于道之梯航也。文章者，随时表其学问所见之具也；札记者，读书练识，以自进于道之所有事也。”② 这里将学问和功力、文章、札记几者的关系作了清楚的表述。对于习作者来说，做札记，是成就“学问文章”的基础，是“读书练识，以自进于道”的必由之途。所以，章学诚对此十分注重，不论是对后学、朋友还是对自己的儿子，均强调有加。他在《家书一》中对儿子们教诲说：

> 故尔辈于学问文章，未有领略，当使平日此心时体究于义理，则触境会心，自有妙绪来会。即泛览观书，亦自得神解超悟矣。朱子所谓常使义理浇洗其心，即此意也。但劄记（注：即札记）之功，必不可少。如不劄记，则无穷妙绪，皆如雨珠入大海矣。或仿祖父日记，而去其人事闲文；或仿我之日草，而不必责成篇章，俱无不可。……今自馆课之

---

① 韩愈：《进学解》，见韩愈著，马其昶校注，马茂元整理：《韩昌黎文集校注》，上海古籍出版社1987年版，第45页。

② 章学诚：《与林秀才》，见《章学诚遗书》，文物出版社1985年版，第89页。

外，强使习静，静中有所见解，即笔于书。不论时学古学，有理无理，逐日务要有所笔记。……今使日逐以所读之书与文，作何领会，劄而记之，则不致于漫不经心。且其所记，虽甚平常，毕竟要从义理讨论一番，则文字亦必易于长进，何惮而不为乎？劄记之功，日逐可以自省，此心如活水泉源，愈汲愈新。置而不用。则如山径之茅塞矣。①

札记既是学习的心得体会的记录，又促使学习时能专心致志，深入领悟，且能提高文字能力，收一举数得之效。

胡适先生也十分注重写读书札记，他在朱熹读书“三到”说之外，又加了“一到”：“手到”。认为读书须“四到”：眼到、口到、心到、手到。“手到才有所得。”“手到”，就是写读书札记。他说：“我常说：发表是吸收智识和思想的绝妙方法。吸收进来的智识思想，无论是看书来的，或是听讲来的，都只是模糊零碎，都算不得我们自己的东西。自己必须做一番手脚，或做提要，或做说明，或做讨论，自己重新组织过，申叙过，用自己的语言记述过，——那种智识思想才可算是你自己的了。”② 他更为注重通过写来深化读，认为这种经常性的“写”，对于培植学养与提高思维能力是极有助益的。他说：“我们相信，文字的记录可以帮助思想学问：可以使思想渐成条理，可以使知识循序渐进。例如我们几个人在江滨闲谈《商书·盘庚》的文法，我们都读过《盘庚》，都可以加入讨论。但说过就算了，不会有什么好结果。假使有一位朋友把我们的讨论记载出来，加上编次，再翻开原文，细细参证，作成一篇《〈盘庚〉的文法的研究》，——这么一来，这位朋友不但把自己研究这问题的结果变成有条理的思想，并且使我们曾参加讨论，或不曾参加讨论的人都可以拿他的文字做底本，再继续讨论下去。”③ 他把“写”不仅看作是为了交流思想，而且把它看作是增长知识、开发智力的有效途径，是人进行学习的一种基本素养；他的这种认识，显然已经超出传统的对写的狭隘理解，更为接近今天西方教育界所倡导的“学习通过写作”的大写作观。

20世纪20年代，扬州八中张震南等就曾在语文课内单列出一门“札记”

① 章学诚：《家书一》，见《章学诚遗书》，文物出版社1985年版，第92页。

② 胡适：《读书》，见《胡适文存三集》卷二，上海亚东图书馆1931年版，第227～228页。

③ 胡适：《吴淞月刊发刊词》，见《胡适文存三集》卷七，上海亚东图书馆1931年版，第975～976页。

的课程，对“札记”的教学做了卓有成效的实验与探索。这一探索分三期进行。

第一期为“课外随录期”。规定：“取材虽自由择，而外国文，韵文，已读之范文，及从前一切制举文. 概不得记录，以塞篇幅。”“试行之始颇不乏可观之本，每获一卷愉快累日”，但久之却发现有许多弊病，如没有一定的标准，学生“各读所读”，教师检查起来极为困难；因限期收缴，学生往往仓促行事，不求了解，止计有无；禁纲甚疏，学生所读或无益身心，或无从更正；志存敷衍者，借名发表，而词调腐熟，毫无新意，等等。因而改为由教师命题。

第二期为“课外命题期”。规定：“每四周命题一次，一学期中四易其题。又分全体为若干支组，组各一题，以免参考书不易周转之弊。”“……图书则由本校或该组图书室借出，每次指定一生掌管之，及期缴还，更命新题。”考虑学生可能“为独题所窘，拘束太甚”，又宣布如果学生要在本题外别有研究，应呈示所拟之题及参考书目，经教师核准。此法实行后，学生新创图书室，存书最多时达 22 类，182 种，545 册。“每日借者络绎，户限为穿，一时大现愉悦升平之景象焉。”这种方法虽取得一定成绩，但又发现有种种不足，主要是认为札记这么重要，放在课外不合情理，于是师生均有转入课内的想法。

第三期为“课内选读期”。“教者负开书籍之责，由生徒自由选购，从事阅读”，“课内选读遂为札记之主要渊源焉”。读书时间为每周 1～2 时，讨论时间也在其内。教师认为“札记”课的读书，比“讲读”课的范文教学效果好。学生在读书时间，带书与笔记本进教室，先就原本加以标点，有欣赏处做记号，然后就书中的字词的意义查注在簿中。札记的方法有多种：采录、提要、撮要、跋尾、改纂、参征、答解、图表，因所读内容而异。这样实行了一个学期，“他无所觉，惟学者澄心摄虑，肃穆不扰，则远非读文时所能及”。最后将所作札记结集出版，几届学生出版了杂志多种，教师认为“有出版物之发刊，则为札记者益厉自振……而增高读书之效能”①。

这种教学改革是值得大力倡导的。读书札记的写作不仅是一种课外学习的方式，而且也应该成为课内学习的一项重要内容，的确比“讲读”课的选

---

① 以上参见张震南等：《中学国文述教》“札记篇”，上海商务印书馆 1925 年版。

文教学效果要好得多。好处在于：

1. 学生能开阔视野，增广胸襟。这种教学方式打破了课内文选阅读的限制，让学生选择自己感兴趣的书刊来读，能提高学生言语学习的热情和阅读效率，有利于言语个性的成长。

2. 能增加读写量。课内阅读量太少，不足以成就言语能力。大量读、写，是增益学养、提高言语悟性所不可或缺的。学生养成了这一习惯，终身受用无穷。

3. 使各种言语能力得到锻炼、提高。写读书札记，是一种语文能力的综合练习，能自然地将听、读、说、写活动融为一体，在选题、读书时，就有相互间的商量、讨论，在读后就一定有心得的记录和口头的交流，基本的语文能力都能得到练习和发挥。

4. 有利于激发学习动机。札记结集出版，对学生是一个很大的鼓励。这不但是一种读、写练习，而且是指向“学问”、志在“表现”的，有利于形成良好的学习动机。

5. 读、写过程中包含着切磋、研究的工夫。这是一种基本的思维锻炼，包含了选题、搜集资料、整理思路、概括要点、阐明观点等一系列的思维活动，有助于学生自学能力的培养。

6. 读、写的过程是最佳的师、生互动和生、生互动的过程，是极好的交流机会。同学们读书心得的交流和分享，相互的影响、促进，使读书的效益大大提高，不仅有近期的收获，而且有长期的效益。

高中阶段的课内学习，可以将读书札记及相关的活动作为主要内容。同时，也可以将其他一些语文活动组织进去，如从读书札记发展出学术随笔、学术演讲、辩论、论文答辩等。其他文体的练习，也可以相机进行，如写一则相关的消息或通讯，报道某次的学术演讲会或辩论会；写一篇散文，与古人、名人神交；将所读的历史，通过想象，写成半虚构的小说，等等，这就是“活”的语文教学法了。

黎锦熙先生甚至将写日记和笔记，作为语文教学改革的“三原则”之一加以提倡：“日札优于作文。”他说：“日记札记，有内容，重资源，比之堂上限时作文，偏重语文形式之正确无误者，当然益处更多，效用较大。日记札记，包括实际服务时写的报告、记录等，并包括堂下的拟题写作等，都应当是积极地有目标、有用处，不像堂上作文仅是消极地备考核、供改订而已。”

他认为“日札优于作文”具体表现在两个方面：“一为实现‘教导合一’。一般国文教师还不能与学生共同生活时，从每个学生每日生活的自白与课业心得的自述中，可以得到领导工作上较为切实的参考资料，更便于个别领导。一为专科以上之‘论文准备’。读书积理，早定方针，从日札上即可作点滴的搜集和长期的浸润，免致像过去临到毕业才张皇抓题，胡乱抄袭，大学的毕业论文，竟成为徒备形式、无关课业的废物，毛病就出在平日缺少具有固定方式与轨道的指导。课业、泛览、生活与论文各不相联系，惟有日札才可使一元化。”① 凡有教学经验的教师对此大约均有同感，但是，同样奇怪的是，大家在教学中实行的却是“作文优于日札”的原则，似乎堂上“作文”才算正经作业，而堂下“日札”则可有可无，日札与作文的关系始终没有处理好。

所谓“日札”，黎锦熙认为包含范围很广，包括了几乎所有课外的写作形式。这类写作，学生有较大的自主性，题材和体裁均不受限制，学生能写出自己感兴趣的东西，并发挥出自己写作的优势。大部分学生的这类课外自由写作，都比课内限时命题甚至命意的“遵命”作文要写得好。既然文章从根本上说主要是个人创造性的精神产品，而不是大批量生产的规格化产品，为什么在教学中非要削足适履、压抑学生的写作个性呢？

在倡导写日记方面，20 世纪 30 年代，高馨圃曾有“以日记代替作文”的教改研究。他认为教学作文的目的是“从他（或她）们先天赋予的说话的本能，渐进地知道和改善他们以文字发表情意的能力”。指导儿童做日记的目的是“因为儿童作日记，对于性行、知识方面，都有很大的利益，尤其是对于作文”。他引述了戴叔清的话说：“日记的用处，实在是说不尽，可以帮助作家练习笔力，可以帮助作家储蓄材料，同时可以完成历史的记载，又可以完成一些水墨似的短短的硬钩的小品文。”他分析了日记和文章二者的异同，列举了种种日记作品中的佳文，得出结论：“凡文章所能抒写的，日记也未尝不能抒写。”“假如以日记来代替作文，殊无碍于文章的技巧。”再从“课程标准”（指当时颁行的课程标准）上看，“课程标准”为“指导儿童作文，以养成其发表情意的能力”，而“指导儿童做日记的目的，又何尝不是‘养成其发表情意的能力’？而且，做日记较之作文联系的机会更多”。至于日记如何代替作文，他认为：“第一，既叫做日记，就有日日做的意味……我们除万不得

① 黎锦熙：《各级学校作文教学改革案》，载《国文月刊》，第 52 期。

已外，最好采用逐日做的办法。第二，日记的时间，可将每周 90 分钟的作文时间，分排在每日课后，每次 15 分钟。这样，原有的作文时间不致空闲，而收发儿童日记的手续，也可以较整齐。第三，订正日记的方法……跟以前订正作文的办法一样。”①

朱光潜也把写日记作为练习写作的一种最好的方法加以提倡，他说：

> 在初写时，我们必须谨守着知道清楚的，和易于着笔的这两种材料的范围。……我们一般人至少对于自己日常生活知得比较清楚，所以记日记是初学习作的最好的方法。普通记日记只如记流水账，或是作干燥无味的起居注，那自然与文学无干。把日记当作一种文学的训练，就要把本身有趣的材料记得有趣。如果有相当的敏感，到处留心，一日之内值得记的见闻感想决不会缺乏。一番家常的谈话，一个新来的客，街头一阵喧嚷，花木风云的一种新变化，读书看报得到的一阵感想，听来的一件故事，总之，一切动静所生的印象，都可以供你细心描绘，成为好文章。你不必预定每天应记的字数，只要把应记的记得恰到好处，长则数百字，短则数十字，都可不拘。你也不必在一天之内同时记许多事，多记难免如“数莱菔下窖”，决不会记得好。选择是文学的最重要的功夫，你每天选一件最值得记的，把它记得妥妥帖帖，记成一件“作品”出来，那就够了。②

日记是一种个人化、私密化的写作形式，需要注意的是，在教学行为中，往往日记变成了作业，其功效就要大打折扣。日记一旦是写给老师看的，变成了作文，就必然会失真。因此，培养学生写日记的习惯，最好不要去检查学生的日记，不能把学生私密的事情公开，目的只是养成学生对文字的依恋，学会用文字倾诉，记录自己的真实生活和心路。三言两语也行，写成流水账也行。这是一方属于自己的天地，是“神圣不可侵犯”的。怎么写，写什么，完全由自己说了算。当然，如果教师是学生可以信赖的朋友，学生愿意将自己的心事说给你听，又另当别论。

写生活手记也值得倡导。生活手记是对日常生活中自己感兴趣的事物的记录，像素描一样，走到哪里，发现了什么有意思的人、事、物，都可以记

① 参见高馨圃：《日记代替作文的研究》，载《小学教师》，第 2 卷第 24 期。

② 朱光潜：《谈文学·写作练习》，见《朱光潜美学文集》第二卷，上海文艺出版社 1982 年版，第 279～280 页。

录下来。不论是家中的父母亲人之间的事，还是校园中的老师同学之间的事，或是社会上的见闻，只要自己觉得有意思都可以随时写下，可长可短。日积月累，既是练笔，又为写作积累了素材。这是一笔生活馈赠给每一个人的财富，失之交臂就太可惜了。与日记不同，手记的内容是可以和老师、同学分享的。

写信也不失为一种培养写作习惯的好办法。写信较之于其他文体的写作，是一种最自然的发表与交流。因为写信总是有着明确的交流对象，总是有一定的写作意图，这对于培养学生的读者意识，使他们写作言之有物，言之有情，都很有好处。书信的交流对象一般都是较为熟悉的、亲近的人，学生的信，最经常写给的是老师、同学或朋友，当然，还有自己的亲人，写起来也就不愁没有话可说。同时，因为写信总会收到回信，这就促成了情感和思想的交流和沟通，增进了相互的感情，感受到交往的乐趣。

笔者曾在一篇短文中和中学生谈到写信的好处：

每周写一封信如何？①

——与中学生朋友谈课外练笔

不少同学面对老师要求的课外练笔总要问：老师，您给说说写什么、怎么写吧！起先，我觉得有点好笑。课外练笔，无非是让大家多动动笔罢了，写多了自然也就写得好了。至于写什么、怎么写还不是由你高兴？生活手记、读书笔记、日记、诗歌、散文、小说，什么都成，还用问吗？

期末，就有人拿了厚厚的一本请我过目，读罢，欣慰之余，又感到惶惑。这些同学不说是呕心沥血，也确是尽心尽力了，然而可读者寥寥，看不出有什么长进。有的甚至每况愈下，据说是“存货”告罄，再也榨不出半点油水了。花了时间和精力，也得讲点效益吧，看来，这课外练笔并不像我原先想得那么简单，也得动点心思，讲究点方法。

课外练笔，使同学们拥有最大限度的写作自主权，按照自己的兴趣和长处去发展写作能力，这当然没错。问题在于要是我们只凭自己的兴趣去写，写时既不考虑给谁看，写完也无须顾及他人的反应。写好写歹都是一锤子买卖，这样的练笔，便缺乏一种激活力，就像没有观众的演出、没有对手的厮杀一样，令人沮丧。

---

① 潘新知：《每周写一封信如何？》，载《作文报》（中学专号），1993年第1期，略有改动。

对症下药，我想到了写信。要是大家把平时的见闻、想法，用书信的形式，写给你的同学、朋友或亲人看，听听人家的感受和反应，一厢情愿的自言自语不就变成了两相情愿的交谈切磋了吗？资金要拿去投资才能获得利润，文章要拿去交谈才能提高啊！

再怎么“目中无人”的人，提笔写信也得想想写给谁、写什么、怎么写。也许你宁肯对父母亲守口如瓶，却把“个人秘密”毫无保留地向朋友倾诉，而在给兄长的信中则轻描淡写地点到为止。随之而来的是对回信的揣测和期待，是读了人家回信后的自我反省和调整。这么一来二去，也许你就改掉了我行我素唱独角戏的毛病，不论写什么，一拿起笔首先想到的就是读者。

书信不但是使用频率最高的一种应用文，而且还是最自由灵活的一种文体哩：要叙事便叙事，要论理便论理，要说明便说明，要抒情便抒情。大部分的文体形式都可以用书信来表现，诗、散文、杂感、随笔、游记、访问记，甚至请示汇报、调查报告等，都可以变成书信体。就是说，写信能使你从不同的读者、不同的写法上不断地得到新鲜的体验，这种体验是关起门来写生活手记、日记等“空头文”“抽屉文”所难以获得的。

也许有的同学会说，我可不想老写信，暗无天日的信封里来信封里去，我的目标是公开发表文章。殊不知书信不但可以作为练笔的一种形式，也可以拿来发表啊。自古以来，传世的书信名篇还少吗？邹阳的《狱中上梁王书》、司马迁的《报任安书》、嵇康的《与山巨源绝交书》、曾国藩的“教子书”、鲁迅的《两地书》、朱光潜的《谈美书简》、傅雷的“家书”，等等，都是值得一读的上乘之作。不久前，《文汇读书周报》还介绍了一个名叫汪溶的女孩把她与许多朋友的通信结集成《阿溶的新感觉》一书，初版15000册一销而空，许多得到书的男孩女孩欣喜若狂，只用一个晚上就读完了这本14万字的书信集。可见，写得好的书信是不愁没有出头之日的，还只怕你不愿意让人分享呢。当然，我这里说的是以心换心的真写！

中学生朋友们，你们是否愿意一试呢？如果能“每周一信”或“每月一信”，坚持数年，必会大有长进的。到那时，好书信多了，说不定咱们《作文报》还会开辟一个“每周一信”专栏呢。

练笔方式各有所长，自然也各有所短。但对于培养写的习惯却可以优势互补。写读书札记带有一定的研究性，有助于培植学养与锻炼思维能力，但对思想与思维要求较高，写起来较为困难，也较少趣味性，较适合于研究型的学生，创作型的学生可能会较感枯燥与吃力。写日记本是写给自己看的，一般可以不太考虑别人的反映，比较放松随意，不必认真推敲，用以代替作文，可减轻学生对正经作文的紧张心理，较能随心所欲，畅所欲言，较为适合于创作性的学生，但天天写，青少年也会感到乏味，且由于是写给自己看的，无助于读者意识的培养。写信的好处在于读者对象明确，具有交际性与互动性，一般都是由一定的倾诉愿望所驱使，写起来较为自然，也有一定的实用性，对于提高写作的读者意识和兴趣都很有益处，但也不是经常都有非写信不可的事，且信内容的思想性与研究性相对较弱。这些方式如能根据学生的实际情况，着眼于他们的资质特点，有选择的运用或交互运用，对于培养他们写的习惯一定是大有裨益的。养成了“不动笔墨不看书”的习惯，学生总离不了读书，写也就与之形影相随，开卷有益，动笔更有益；养成了写日记的习惯，每天把有意义或有意思的东西写下来，不写好像缺了点什么，即便写得不怎么样，日后也是一笔宝贵的精神财富；养成了写信的习惯，交几个笔友，“以文会友、以友辅仁”，不亦乐乎？

教师要能够使学生从小养成写的习惯，不论是对于眼前写作的学习、语文的学习，还是对于学生将来的成长与发展，以至于对他们的精神和人生滋养，都可谓善莫大焉。养成言说的习惯，人的精神就有了归依，内心就感到充实，心灵就有了期待和牵挂，减少了无所事事的空虚和无聊。能与文字相依相伴是一种福分，言语创造的人生是丰硕、美丽的。活着，因此而感到快乐、有意义，就会懂得享受孤独、珍爱生命。

言说，是人的一种最佳存养修为方式。

四　开发潜能：所有孩子都是言语天才[①]

一般认为，天才属凤毛麟角，不是一般人可以企及、造就的。这对其他

① 本部分有的内容参阅了郑秉成：《写作发展初探》，载《新作文》（中学教师版），2003 年第 6 期。

类别人才而言也许是对的，如音乐天才、美术天才、演艺天才、工艺天才等，也许都只是极少数人能成就的，而言语人才就不同了。我以为可以提出一个新的假说：**所有孩子都是言语天才。**这一认知，不论将来在“脑科学”上能否得以确证，但毫无疑问，它的教育学价值，是当下就可以肯定的。人是符号动物，是天生擅长言说、写作的动物。每个人都具有极大的言语潜能；人是天生会言说的动物，都拥有不同的言语个性和才情。在言语生命动力学视界下，**只要创造适宜成长的环境，顺应并促成学生言语潜能和个性的最大发展，所有的孩子都应当可以成长为言语天才。**

这种假说自然会受到经验的质疑：我们在现实中看到的言语天才是极少的，老师们看到的有言语天赋的学生也并不多。原因在于，多数人的言语天才没能得到教育的养护，孩子们的言语天才没有被教师所发现并受到重视。孩子的言语天赋是体现在不同方面的，制式教育所培养的是整齐划一的“标准件”，教师在教学活动中关注的只是如何达成统一的教学目标，完成规定的教学任务，注意力很少放在发现学生特殊的言语天赋上，没能去辨析孩子们说、写行为中言语天赋细微、偶然的表现。即便有些教师发现了学生的言语天赋，在现行的教育体制下也无力去精心养护和培育。之所以言语天才罕见，是因为今天的教育体制和语文教育观念，使绝大部分言语天才不幸早夭。

面向未来的语文素养教育，确立“所有孩子都是言语天才”的认识很重要。以往的“天才”观和主流教育观，认为言语天才只是极少数人，语文教育是语文技能的普及，不是“精英”教育。这使教师的教育认知和教学行为受到了遮蔽，以为语文教学不能培养这个，也不能培养那个，只能培养“文从字顺”的普通人，使他们工作、学习上受用就好；以为写作能力强的学生只能是很少的优秀学生，大多数学生充其量只能做到应付生活中的文字需要。这样观念下的教育，有意或无意地成了扼杀、断送言语天才的教育，就连那些幸存的凤毛麟角的言语“天才”，那些制式教育、应试教育下的漏网之鱼，也被一网打尽，毫不留情地逐出教育门槛之外：在基础教育中他们是另类，在高等教育中他们是弃儿。**确立了“所有孩子都是言语天才”的观念，我们的教育就有义务名正言顺地引领每一个学生走上言语人生之路，追求言语上的个性化发展，并最终达成言语上的自我实现。**这一观念贯彻到语文教育中，就能给学生打好言语表现素质的基础，注重开掘他们的言语潜能，鼓励他们努力张扬言语个性，使他们每个人都充满言语自信，有一个美好而崇高的言语理想和抱负，用自己的一生去寻梦、追梦、圆梦。

确立每一个学生都是言语天才的新观念，关键是要能认识到言语天才的个性特征。人的言语潜能与个性，基于人的言语资质。由于遗传的缘故，每个人先天的言语资质都是有差异的，而不同的言语资质势必会影响到人的言语的学习与发展，影响到学习者的言语人生道路的走向与言语创造上的成就。因此，在语文教学中认识每个学生的言语资质特点就显得十分重要，这决定了潜在的天才是否能成长为现实的天才。对言语资质类别和每一个学生特殊的言语潜能的体认，是语文教学因材施教、激发言语生命意识的起始点。

在两千多年前，古希腊哲人希波克瑞特就对人的气质做了在今天看来仍是基本正确的分类：多血质、胆汁质、抑郁质和粘液质。所谓气质，就是人的神经类型。俄国著名的生理学家巴甫洛夫对这几种气质做这样的描述："抑郁质的气质显然是神经系统的抑制性的类型。对于抑郁质者来说，既然他对什么东西都不相信，对什么东西都不抱希望，对于一切的东西都只看到和期待着不好的、危险的方面，显然，生活的每一种现象就都成为他的抑制性的动因。胆汁质的类型——这显然是一种好斗的、激愤的、很容易而且很快地就会被激动的类型。而在黄金的中段却存在着粘液质和多血质的气质，这些气质都是平衡的类型，正因为如此，所以尽管这些类型的代表者在外部的表现上是各不相同的，甚至是彼此相反的，但这些类型却都是健康的、稳定的而且最适于生活的神经类型。粘液质者是安静的、永远平稳的、坚忍不拔的和顽强的生活劳动者。多血质者是热心的，很富于成果的活动者，不过只有当他有很多的和有趣的事情的时候，也就是当他被激愤着的时候，才是如此。如果缺乏这样的事情，那么他就会变得寂寞无聊，萎靡不振。"① 他认为气质是每一个个别的人以及个别的动物的最一般的特征、神经系统的最基本的特征，这种特征赋予每一个个体的一切活动以一定的外貌。正由于此，人们在各种心理活动和外部动作的进程中表现出各种不同的关于速度、强度、稳定性和灵活性等方面的心理特征。

人的先天资质上的差别，最主要的便表现为儿童思维特点上的差别，表现为第一信号系统和第二信号系统、形象思维和逻辑思维哪一方面占优势的差别。第一信号系统或形象思维占优势，儿童的认识活动和言语活动便表现

① ［俄］巴甫洛夫：《巴甫洛夫全集》第三卷第 2 册，莫斯科 1951 年俄文版，第 325 页。转引自杨清：《心理学概论》，吉林人民出版社 1981 年版，第 583～584 页。

出“艺术家”或“幻想家”的倾向；第二信号系统或逻辑思维占优势，儿童的认识活动和言语活动便表现出“理论家”或“思想家”的倾向。巴甫诺夫根据确凿的证据认为：“由于两种信号系统并且由于以往发生作用的生活方式，人们分成艺术的、思想的和中间的类型”。[①] 苏联著名教育家苏霍姆林斯基通过亲自对儿童的观察，证明了儿童在天赋上的明显差异。他说：“早在学龄前时期，儿童中就出现了一些‘理论家’和‘幻想家’。‘理论家’深入到现象的细节，探求到现象的本质，并对推理产生了明显的兴趣。‘幻想家’和‘诗人’则能够发现事物或者现象的一般特点，落日的余晖，雷雨前的乌云，都会使他们产生强烈的印象，他们会对色彩的变幻赞叹不已，与此同时，‘理论家’会问道：为什么天空一忽儿是蔚蓝色的，一忽儿又变成红艳艳的了？……”[②]

儿童的这种素质优势，从言语表现或写作的角度看，可以分为创作型（或作家型）、研究型（或学者、理论家型）和中间型（兼具两方面优势）等三种。

创作型儿童，其特点大致为喜欢幻想和想象，感情丰富，多愁善感，形象感受力、记忆力强，视觉、听觉敏锐，形象清晰等。这种情况在许多大作家的童年时代均表现得很突出。例如，“托尔斯泰自幼就表现出来的高度完整和鲜明的感知能力，高度完整和鲜明的记忆特征，情感生活十分丰富、易于动情，以及想象活动极为丰富而活跃等”[③]。俄国诗人罗日杰斯特文斯基回忆他的童年时说：“好幻想，更准确地说，是幻想的癖好，是我习以为常的情绪。妈妈绝望地说，‘上帝啊，多么心不在焉的孩子！’可是我并不是心不在焉。相反，我完全集中在当时抓住我的某些念头上。”[④] 弗洛伊德把这种耽于幻想的情形称为“白日梦”，他说：“一篇具有创见性的作品就像一场白日梦一样，是童年时代曾经做过的游戏的继续，也是这类游戏的替代物。”[⑤] 多愁

---

① ［俄］巴甫洛夫：《巴甫洛夫全集》第三卷第 2 册，莫斯科 1951 年俄文版，第 325 页。转引自杨清：《心理学概论》，吉林人民出版社 1981 年版，第 594 页。

② ［苏］苏霍姆林斯基著，肖勇译：《教育的艺术》，湖南教育出版社 1983 年版，第 89 页。

③ ［苏］尼季伏洛娃著，魏庆安译：《文艺创作心理学》，甘肃人民出版社 1984 年版，第 4 页。

④ ［苏］科瓦廖夫著，程正民译：《文学创作心理学》，福建人民出版社 1983 年版，第 92 页。

⑤ ［奥］弗洛伊德著，孙庆民、乔元松译，索宇环校：《作家与白日梦》，见车文博主编：《弗洛伊德文集》第四卷，长春出版社 1998 年版，第 433 页。

善感、形象记忆鲜明、喜欢游戏和幻想与想象的孩子，一般具有较好的创作资质。

而研究型的儿童则表现为有较强的探究心理和抽象思维的能力，具有从事科学研究的好奇心和强烈的兴趣，善于进行逻辑推演，在童年、少年时代就表现出了一定的理论写作能力。“例如，麦考莱，在 6 岁时就开始了他作为历史学家的经历，写他所说的一本《世界史纲要》，写了一叠纸，才对这件事失去兴趣。富兰克林在 17 岁以前几乎已经表现了他中年时期所具备的种种品质：科学的好奇心，宗教上的异端思想，机智和幽默，政治上和商业上的精明，以及写作的能力。帕斯卡在 11 岁时，对数学很感兴趣，以致他父亲认为在他掌握拉丁文和希腊文之前，最好夺去他的数学书籍。帕斯卡秘密地继续创立他自己的几何学，并且包括了欧几里得第 32 条定理涉及的范围。这时他父亲才变得温和起来。莱布尼兹在 14 岁时写逻辑学和哲学著作、创作他所谓《人类思想入门》。他说，这一年，有一天下午他散步时考虑他是否应该承认‘物质形态的学说’”①。他们的理论兴趣和研究能力，也同样体现了他们这方面的天赋。

中间型的儿童，两方面的资质较为均衡，看不出哪一方面占有明显的优势。多数孩子的写作资质都有所偏向，不是偏于“艺术”，属于创作型或作家型，就是偏于“思想”，属于研究型或学者型，形象思维与逻辑思维都很强的情况是较为罕见的。多数作家论文写得很蹩脚，多数学者所搞的创作也难臻上品。现实中并不存在十八般武艺样样精通的写作“全才”。创作型的，能写诗歌、散文未必就能写小说；研究型的，能写随笔、评论未必就能写论文。即便是中间型的作者，能熟练驾驭的写作体式也不过是三五种，写得特别出色的也许就是一两种。这就跟运动员一样，每一个运动员擅长的运动项目一般都只有一项，全能型运动员是很少的，全能型运动员实际上也不是真的“全能”，所“能”的也只不过区区几项罢了，单项成绩往往也是平平，少有出类拔萃的。

由于人们言语天性、写作资质上的差异，加上人的后天的生活习性、环境和所接受的教育等因素的作用，必然造成了人们写作能力发展的不平衡。这种不平衡主要体现在人们往往是在某一方面写作上充分发展了自己的写作

---

① ［美］科伯特等，刘范等译：《发展心理学》，人民教育出版社 1983 年版，第 457～458 页。

才能，表现出自己的优势，而在其他方面写作上却未能获得同等发展，甚至是低能的。在不同类型的写作中，能同等地展示自己写作才华的人，是较为罕见的。巴甫洛夫就认为一身兼任伟大的艺术家和伟大的思想家的人在人类中是极其稀有的，“在绝大多数的情况下，二者是由个别的个人来充当的”①。著名学者曹聚仁先生在《中国学术思想史随笔》中也谈道：“我们回顾过去几千年间的文艺界，如刘勰《文心雕龙》、钟嵘《诗品》，都是文艺批评的玉尺，最高的权威；但他们自己的诗文，并不怎么高明。而文艺大作家，他们的鉴赏力，也不一定很高。能如曾国藩那样有识力，又善于大制作，就很少了。所以文艺理论是一件事，而文艺创作又是一件事，我所认识的师友，也只有王国维氏，既长于外线的研究，又长于内线的创作，旷世一人而已。”② 可见，写作才能发展的不平衡是普遍的，这是由不同的主观或客观条件所决定的。

各类型的人中还是存在着个体差异的，这种差异有的还较为明显。如同属创作型的人，有的视觉形象较为鲜明，有的听觉形象特别清晰；有崇尚写实的，有喜欢虚构的；有的善叙事，有的善抒情；有偏重内容美的，有偏重形式美的……同属研究型的人，有的重义理，有的重考据；有的善综合，有的善分析；有的重归纳，有的重演绎；有的善立论，有的善驳论；有的庄重，有的诙谐；有的朴实，有的机智……这些，便构成了写作者的个性风格特点。例如，下面这篇文章的写作个性就很鲜明：

石器时代版③

故事从何说起，很久很久以前，有一个人，也就是我。

我住在小岛上的山洞里，挨过一个又一个冬季是如此的困难，我和我同伴要找到足够的粮食、水和木柴，每个晚上会有一个人，坚守在火堆之旁，如果火堆熄灭的话，洞外不停回响的野兽饥饿的叫嚣，将欺近到我们的身边。

终于有一年，大旱来临，我们即便山林觅尽也找不到粮食，眼看着

---

① ［俄］巴甫洛夫：《巴甫诺夫全集》第三卷第2册，莫斯科1951年俄文版，第214页。转引自杨清：《心理学概论》，吉林人民出版社1981年版，第594页。

② 生活·读书·新知三联书店1986年版，第417页。

③ 选自网站：http：// education. online. sh. cn/education/gb/content/2001 — 08/08/content _ 193258. htm；略有改动。

洞中的储藏的粮食日渐减少，长老们蹙额无策。

每天，三餐缩减为一餐，我们彼此面壁躺着，我们清醒地知道我们挨不了多久，每一次，两人一组派出去的搜索队大多一走就没有回来。即便回来了也只带来失望的消息。越来越多的妇女和老人、儿童死去，恐惧像夜晚的火堆照亮了每个人的心灵。洞外的野兽是早绝迹了，我心中的野兽却不走，来来回回，发出低沉阴森的声音，不停地提醒着我面对着它的存在。

那一天，轮到了我和另一个同伴走出洞外搜索，我们不知道走了多远，汗水一点一滴地落下来，在龟裂的大地上走，两条腿瑟瑟地抖着。我不停地说着，粮食快完了，水也没了。我的同伴目光炯炯地告诉我——回去也是等死。面对他的勇气，我连一点的惭愧之情也不会有，我太饿了。

“找到了，水，呵呵，还有，你看看，这是什么果子，能吃吗?”同伴惊喜地叫了起来。眼前出现了一片奇怪的植物，他们没有花，没有叶子，只有果实，是我们从来没有见过的。我们不停着啃着，坐在地上，我们早已干涸的眼眶滚下了泪水。同伴抹着嘴说，我要回去告诉大家。我边啃边想着，把大家叫过来，眼前的果子也不过多支撑十几天，但是我没有多说什么。

回山洞的路上，我一直犹疑着，我的同伴脚步飞快地走在我的前面。我掏出早准备好的石头，我心里的那头野兽跳了出来，我手中的石头重重地在他的后脑勺就是一下，他倒了下去。

我明白了那么多外出搜索的人为什么都没有回去。对饥饿的恐惧使得我不敢做出任何乐观的打算，比如发现的果子是否足以支持我挨过这个冬天。

我把同伴的尸体一块一块的割下来，看也不看地塞进我的嘴里，眼泪又下来了，可是一切不能多想，我告诉自己，即便死我也要死在所有人的后面。

第二年的春天，我回到了山洞，所有的人都已经死去，面孔中爬满了蛆虫，这让我感到恶心，我燃起火把焚烧了洞中的一切。

一年又一年，五千年很快就过去了，有了部落有了街市有了城镇，有过饥荒有过战争，我呢，足够的智慧度过了我拥有的岁月。这刻画着苦难的一张脸让每个人感到诚信的力量，我一遍一遍地告诉所有人，仅仅拥有健康、美貌、机敏、才学、金钱、荣誉是不够，只有诚信，诚信才能让我们活下来，像我活得这样的好。

这一次，是史无前例的大洪水，刚开始，平原上一片饿殍，哀鸿遍野。很快，高山变为小岛。洪水不停地追蹑着我的足跟，我再一次地感到恐惧，但是我的周围一个人也没有，我看见那些相信我的人一个又一个的没顶，没顶之前还喊着我的名字。

我绝望了，洪水漫过了我的腿、我的腰，我心中的野兽找不到一个噬食的对象。我闭上了眼睛。当我醒来的时候，我发现我躺在一艘小船的甲板上，两个人抬着我的四肢。一张高目深鼻的面孔出现在我的面前，他低下头，告诉我他叫诺亚，他自我介绍他是上帝的使者，上帝不满意自己以前的创意，将收回所有的陆地再造一个世界，驾驭的这艘小船只能载七个人，他们依次代表着世界未来七大洲的七个希望——健康、美貌、诚信、机敏、才学、金钱、荣誉。

“目前我已经找到了六个人，现在有一个问题，如果你答错了，洪水就是你的归宿，我也将再次扬帆寻找那个人。”诺亚说。

在健康、美貌、诚信、机敏、才学、金钱、荣誉中你的位置是什么？

我笑了起来，说——诚信。

现在，大家知道了，为什么这个世界充满了谎言。只要我们活着并想活下去，我们就要不停地说谎，并告诉身边所有的人，这就是诚信。

这是2001年高考作文“诚信”话题下写出的魔幻作品。作者的写作个性是超现实的，充满想象和哲思，文字虽然朴拙，可读来感到很沉重、很震动、很痛楚。一般的考生写得好的，基本上都是在原题所提供的故事和现实生活基础上，进行延伸性或扩展性地虚构，脱不了写实的范畴，想象力拘谨，主要靠情节和语言技巧取胜，作品显得很薄、很轻，鲜见深厚的历史感、哲理性、深刻性。没有人可以像这位作者一样，自由、聪明地在时空、真幻中进出，将一介生命衍化出五千年的沧桑，以不动声色而又入木三分的反讽，将厚颜无耻的所谓“诚信”，痛贬一顿。该文可称得上个性之文，作者言语个性的顺势发展，可望成为一个深刻睿智的小说家。他虽有哲思，但较为尖刻、片面，还有些偏激，在思维方法上有一定的局限。

对文体、题材、风格的喜好和选择，本身就是言语个性无意识的表露。

为什么学生在“文体自选”的情况下，有的选择了叙事，有的选择抒情，有的选择议论，有的选择说明……有的能毫不犹豫地将说明性文体装进了杂文笔法，写成杂文，虽然古人也曾这么做过，但是作为应试作文是一种首创；有的学生可以将想象力发挥得淋漓尽致，把象征、隐喻、反讽玩得出神入化、行云流水；有的学生正襟危坐，由宏观到微观、由主观到客观，写着有板有眼的社会评论……这就是由不同的言语才情和个性所决定的。

认识实际存在的个人资质特点和写作潜能、才情发展上的差异，这对于写作教学至关重要。既然人的写作资质与写作实践都不存在“全才”，写作教学的目标也就不应该是培养写作“全才”，而只能根据各人的资质特点，培养各种写作“偏才”。唯此，才能在写作教学中做到因材施教。因此，“认识你自己”这句格言对写作教学也依然有效；“认识学生的写作资质特点”，这是写作教学的首要任务，在此基础上才谈得上开掘写作潜能，张扬写作个性，发展写作才能。

因此，**敏锐、准确地判别学生的言语资质类型，当是语文教师的一个重要素养。**据以判别的最可靠的“证据”自然主要是学生的习作。可以比较一下同一学生写的一篇叙事抒情类的文章与一篇议论说明类的文章，二者的优劣一般是不难分辨的。学生平时的言谈、课堂发言等，也能表明他们的资质特点。一般来说，创作型的学生的文字自我性、可感性强，刻画的形象鲜明、生动、多元，表现的情感独特、细腻、丰富（相反的情况是：叙事粗疏简陋，形象复呈能力差，描写可感性、表现性弱；抒情简单俗滥，表现的都是“大众化”“社会化”的情感，未能使感知心灵化、自我化）。研究型的学生善于发现问题与提出问题，观点较新颖，锋芒毕露，有独到过人之处；探究性、思辨性、逻辑性强，思维较为敏捷、严谨、缜密；有时也表现为“片面的深刻”（相反的情况是：议论缺乏个人见解，人云亦云；论点四平八稳、面面俱到，思想肤浅、逻辑混乱；论说表面化、感性化，叙多于议或只叙不议）。教师在评改习作时，应经常对学生的文字进行这种辨析、分类，以形成敏锐的文字“直觉”，对具有不同资质特点的学生给予有的放矢的指导，扬长避短，使学生的潜能与个性得到最大限度的发挥。

语文教学上的习惯做法是“一刀切”，不论学生言语资质特点如何，一律做统一的要求。学生什么文体都要学会写，记叙文、议论文、说明文、应用文一应俱全、缺一不可。各种写作能力要全面发展，一切写作技能要样样精通，其结果培养出来的是“全面的庸才”，潜能得不到开发，个性也得不到发展，写作才能的培养更是无从谈起。在这个方面应树立的新观念是培养基本的写作心智与文字能力，不求面面俱到，什么都会，而应顺其自然、率性发展、因势利导。

无论学生在言语表现上有什么兴趣和爱好，都不应去压抑或限制，相反，应小心翼翼地给予爱护、扶持，给予肯定与鼓励，让他们的言语潜能与个性尽情地发挥出来。在培养学生基本的言语心智与文字能力上可以有相对统一的要求，一旦涉及文体、选题和题材，便应给学生充分的自主权，让他们根据自己的资质优势作自主的选择与表现。创作型的学生，可以任凭他们往创作方面发展，研究型的学生可以任凭他们往研究性写作方面发展，也许还有少数的“应用”型的学生，自然也可以任由他们往应用写作方面发展。写作训练、作业、考试等，都应当有较大的灵活性和自由度，给学生自由挥洒的空间。一个人既然不可能什么都会写，什么都写得好，那就得学会放弃，放弃那些学起来事倍功半的，专注于那些学起来事半功倍的。只要写得有兴趣，喜欢写，就能提高文字能力。文字基本功提高了，一旦要写点生活中必需的应用文字，也是不难对付的。写作潜能与个性似乎是看不见摸不着的，而写作上的自主选择与表现，便是学生言语潜能与个性的具体体现，也是他们发挥言语潜能、发展言语个性的一个重要途径。过多的规范和干预，将使他们对语文的兴致丧失殆尽，使言语上的最大发展成为泡影。

每一个正常的孩子，都具有言语表现的潜质，关键在于是否有适于他们发挥自身潜能与个性的环境与条件。每一个学生言语潜能与个性都是不同的，语文教学就是要创造适合于每一个孩子成才的特殊的环境与条件。

五　陶铸言语人格：告别虚伪

学生作文讲假话、套话、废话，错不在他们，在老师——也不能归咎于老师，其罪魁祸首当是高考作文命题者。说其“罪大恶极”一点不为过，因为还有什么能比对年轻的言语生命的误导，对言语人生的逼迫、摧残和扼杀更可恨的呢？“逼人作假”“精神强奸”者却被尊为“名师”，这岂不就跟庄子所言“窃钩者诛，窃国者为诸侯，诸侯之门而仁义存焉”① 如出一辙？——在“答案是丰富多彩的”“诚信”“心灵的选择”这些似是而非、冠冕堂皇的“话题”背后，是多少纯真的言语生命的扭曲和哭泣！

人的言语上的发展有赖于综合素养的提高，人的言语潜能与个性的发挥也有赖于道德、学养、阅历、性情等的修炼。从这一点上说，资质好的人，未必就能成为优秀的作者。反之，资质一般的人，通过后天的学习与修炼，逐渐提高了自身的综合素养，也有可能成为优秀的作者。因此，语文教学的任务还在于引导学生建构良好的言语背景、提高综合言语素养，领悟其修炼的基本方法与途径。

提高言语综合素养，需要多方面的合力，甚至不是语文一门功课所能承担的。它需要长期的学识积累，生活体验，思想陶冶，情感磨砺，性格锻造，自然也离不开不懈的文字练习。一个优秀的作者，无疑要有高尚的道德修养和丰厚的知识修养，有真挚的性情和高远广阔的胸襟，有对人性、人生透彻的思考和参悟，有对一般的人生世相的体验与蓄积，还要有纯熟的语言文字技巧，等等。对此，教师在言语教学中应有一个“大视野”，既要能“入乎其内”，更要能“出乎其外”；要立足课内，放眼课外，注重“诗”外功夫——“写”外功夫的引导和培植，“以人为本，以素养求发展”，为学生指示一条言语上自我提高、自我陶铸、自我实现之路。

写作的发展，取决于写作综合素养的提高。朱光潜曾把人在写作上进益的程序分为“疵”“稳”“醇”“化”四境，把写作素养发展的因素概括为“天资”与“人力”两大方面，这实际上也就是我们所说的写作综合素养。他说：

> 这中间有天资和人力两个要素，有不能纯借天资达到的，也有不能纯借人力达到的。人力不可少，否则始终不能达到“稳境”和“醇境”，天资更不可少，否则达到“稳境”和“醇境”有缓有速，“化境”却永远无法望尘。在“稳境”和“醇境”，我们可以纯粹就艺术而言艺术，可以借规模法度作前进的导引；在“化境”，我们就要超出艺术范围而推广到整个的人格以至整个的宇宙，规模法度有时失其约束的作用，自然和艺术的对峙也不存在。如果举实例来说，在中国文字中，言情文如屈原的《离骚》，陶渊明和杜工部的诗，说理文如庄子的《逍遥游》、《齐物论》

① 《庄子·胠箧》。

和《楞严经》，记事文如太史公的《项羽本纪》、《货殖传》，和《红楼梦》之类作品都可以说是到了“化境”，其余许多名家大半止于“醇境”或是介于“化境”与“醇境”之间，至于“稳境”和“疵境”都无用举例，你我们大概都在这两个境界中徘徊。[1]

他以写字来喻写作，他说写字最高的是“化境”：“不但字的艺术成熟了，而且胸襟学问的修养也成熟了，成熟的艺术修养与成熟的胸襟学问的修养融成一片，于是字不但可以见出驯熟的手腕，还可以表现高超的人格；悲欢离合的情调，山川风云的姿态，哲学宗教的蕴藉，都可以在无形中流露于字里行间，增加字的韵味。”他认为要在写作上臻于“化境”，“那就还要在人品学问各方面另下一套更重要的功夫……这是不能谈而且也无用谈的”。[2] 由此可见，要达到写作的高境界，要在胸襟学问的修养上、在写作综合素养上下一番怎样的工夫。

对于习作者来说，提高言语综合素养，这是一个总的目标。一个人言语表现境界的提升，实际上都是综合素养的日积月累所致，是一个水涨船高、水到渠成的渐进过程，是一种综合效应，很难分得清究竟是其中哪一方面的提高引起的。对于言语综合素养的培植，由于所涉甚广，无法做面面俱到的论述（相关问题只能化整为零，在本章各部分中相机进行讨论）。此处只是作为语文教学的一个基本观念加以强调，以引起老师们的注意。在言语综合素养中，要特别给予关注的是言语主体的人格建构。

语文教学固然不能也不必负起“德育”的全部责任，但是，由于文品与人品有着特别密切的关系，人品往往或多或少、或直接或隐晦地体现在作品中，并由于作品的传播产生广泛的社会影响；同时，写作对人格塑造也有着重要的作用，一方面是人品渗透、显示在文品之中，制约着文章的表现，另一方面文品也培养、造就着人品，影响着人的思想和行为，人在写作中的道德、观念、态度、趣味等的取向，势必也会迁移到人的为人处世之中去，改变着人的思想、性格，甚至改变了人生。所以，在语文教学中对学生进行言语人格教育是十分必要的，语文教育在“立人”上负有重任。要“立言”先

---

① 朱光潜：《谈文学·精进的程序》，见《朱光潜美学文集》第二卷，上海文艺出版社 1982 年版，第 364 页。

② 同上书，第 367～368 页。

“立人”。

言语人格教育，最基本的要求便是二字：真诚。

封建时代的八股文写作宗旨是“代圣贤立言”，不说自己的话，只许拾人牙慧，对四书五经的意思加以演绎，人云亦云、鹦鹉学舌，学到惟妙惟肖便属上乘。“呼吸咳唾，微言冷语，嬉笑怒骂，长短轻重，一如出其人之口，方为善传言”[①]。如此训练，久之，言语个性渐蚀，伪善嚣张渐长，即便落魄潦倒，也仍是一副“君子固穷”，什么“之乎者也”之类的酸相。千百年来，批量生产了成千上万的范进、孔乙己。封建时代语文教育之大弊，就在于造成了文人人格的虚伪。

现今的语文应试教育依然换汤不换药，八股阴魂不散。在“立意要高”的幌子下，学生“说真话进来（入学），说假话出去（毕业）”蔚为风气。某刊发表的《2000年高考作文，妙在何方》一文，仍把“紧跟形势，写出新鲜”作为首“妙”，加以褒扬与提倡。[②] 在写作教学中，“立意要高”这一根深蒂固的价值观，于20世纪五六十年代直至70年代逐渐泛滥成灾。奇怪的是，思想理论界与文学界，早已在拨乱反正中走出了很远，而语文界却仍笼罩在“泛政治化”的阴霾之下。

立意要高，作为评价文章的标准，自然有其合理性。问题是这立意的“高”否，在语文界总是与“政治性”“思想性”强否画等号。这“政治性”“思想性”，一般又圈定在“左”倾政治学、庸俗政治学的范围内。对文章的评判，是政治评判、道德评判，不是言语人格评判、审美评判。不少教师要求学生写作，首要的便是紧跟政治形势，能拔高的尽量拔高，能联系的尽量联系，其结果是假、大、空文章大行其道，学生编造起美丽的谎言驾轻就熟。殊不知写作要是失去了心灵的自由和本真的情思，立意愈“高”，人格就愈低。盲目强调立意要高，必然要失去真诚。一旦失去言语真诚，就不仅仅是作文的弄虚作假，长此以往，造成了良知泯灭和人格扭曲，那就将是国家、民族的大不幸！

对于作文的虚假，中学生也早已深恶痛绝。由下文可见一斑：

---

① 参见武之望撰，陆翀之辑：《举业卮言》卷三，绣谷周氏万卷楼刻本。

② 载《写作》，2001年第5期。

教你作文——有感于应试作文①

林苑宁

新学年第一堂作文课，你可千万不能马虎。若这第一篇文章写好了则一学期作文无忧，若写砸了则这学期甭想翻身。这就像电影里的主角永远是光明正大重情重义，而反角永远是阴险狡诈背信弃义。这是千古不变之明理。

抱着必胜的决心，抬头挺胸，双目圆睁，一动不动地坐好。这时老师在黑板上龙飞凤舞地写出了作文题。你可别光盯着黑板，考虑什么中心呀选材呀。你得仔细打量一下讲台上的语文老师。从头到脚，再从脚到头，把他全身都琢磨透……倘若他国字脸，一身中山装，外加军鞋布鞋什么的，你最好把那些华丽的形容词全都收起来，文字要朴实，淡如白开水。倘若他一副金丝眼镜，腰板笔直，鲜艳的领带在胸前跳跃，你最好在文章中多用一些美丽动人的词句。倘若他一直站在讲台上，从不四周走动，你最好在文中开门见山，直来直去。倘若他喜欢在教室里四周来回扫荡，你就要多用设问句，兜兜圈子。倘若他还是个刚毕业的新老师，你就要写得天真可爱，好像什么都不懂。倘若他是个白发苍苍的老教师，你就要写尽沧桑，好像什么都懂。

察言观色了那么一阵子，你可以看看作文题了。假如这是一篇议论文，应是三股文。提出问题此乃一股也，分析问题此乃二股也，解决问题此乃三股也。其中这第二股又可分为两小股，一小股为正面论述，二小股为反面论述。这固定的格式，你切莫随意改动，否则后果自负。一股这么写：人们都认为×××（写出论点的反义词），但是我认为×××（写出论点）。三股要理直气壮，振臂高歌，像五四青年那样“忧国忧民”地呼唤人们的醒悟。往往这么写：啊！人们，醒来吧！让我们共创美好的明天，一起开拓未来！末了再把论点抄一遍，前呼后应，一目了然。至于二股嘛，自然要难写些。但如果没有自己的思想，可以用一大堆论据来填充嘛。如果你没有读过什么课外书，那也不要紧，可以固定地“使用”一些人物。其中正面人物锁定为：马克思、白求恩、居里夫人

① 载《少年文艺》，2000年第8期。

等，反面人物锁定为：秦桧、希特勒、葛朗台等。这些人物可以“灵活”运用，把一些你想到的事迹胡乱扣在他们头上，把你想到的句子胡乱归到他们名下。像这样写：居里夫人说“我们要好好学习，天天向上，为建设有中国特色的社会主义而不懈地努力”！

假如这是一篇游记，你不必亲自跑过名川大岳，大可坐在教室中优哉游哉地编出一篇来。你不必去管公园里湖上自由流浪的瓶瓶罐罐以及无拘无束的唾沫星儿，只在你的文中写上：啊，清澈的湖水，绿得像块翡翠，美得动人心弦。你也不必去管售票处的阿姨嘴里咬着瓜子，眼睛看着《做人的艺术》，专心致志，就算你喊破喉咙，她也不抬一下眼皮。正在你全无耐心、要往回走时，窗口猛然飞出一张门票。你拿出一张十元票子递过去，半天过去，方才听见：“没零钱！”你只在文中写上：阿姨笑脸迎人，你的钱没带够，可是她对你说：“没关系，你进去吧。祝你愉快！”然后她从自己口袋里掏出一元钱放进箱子里，你感动得泣不成声。

如果这是一篇写人的作文，你千万不要写别人，一定要写老师，而且要写语文老师。这道理不是明摆着吗？作文，当然是由语文老师来批改的。你偏偏“不识相”地歌颂别人，不论你的文字写得多么深情，毕竟关不了他老人家的事呀。你要写他上课时阅读课文抑扬顿挫，分析课文深入浅出举一反三；课后在办公室里呕心沥血地批改作业，你感动得眼泪稀里哗啦；批评同学时和颜悦色语重心长循循善诱，让你突然明白一番道理：啊！以前我是多么不懂事。啊！今后我一定要努力学习，为中华之崛起而奋发图强！

喂，还有一些注意事项：千万要规规矩矩。老师指出一条明确的道路，你就要忠实地走，切记不要走了“歪门邪道”。老师让你写“家”，你就得写家庭的温馨，万不可写中华大家园的团结；老师让你写“绿”，你就得写环境问题，万不可写生命与和平问题。要知道，老师手中的标准答案只有一份，你那份作文若不在答案当中，只好抱歉，索性批个不及格吧。毕竟人家老师日理万机，哪有闲工夫来琢磨你那篇答案以外的文章。

还有，有关吃喝嫖赌、坑蒙拐骗、杀人放火这些你都不能写进文章当中。本来嘛，区区中学生以学业为主，不必去管社会纵横。你只要闭上眼睛写上：我们生活在没有污染的空气之中，我们热爱学习，热爱作文。

这种伪写作之风，已经渗透到了几代学生的灵魂之中。这是一种比文盲更可怕的瘟疫！著名文艺理论家南帆先生曾对中小学生作文的虚假针砭有加，深刻地指出，这是导致人格异化、社会风气败坏和官场腐败的根源：……这样的持续训练已经产生了显著的效果。据报载，大学考试的作文试卷中（文题为《战胜脆弱》——笔者），许多考生谎称自己父母双亡，身残志坚，不屈不挠，冲出逆境。这个事例成为一个著名的笑话四方传颂。然而，令人震惊的是，报纸未披露哪一个考生因为自己的谎言而受心理上的折磨。作文形式有效地保护了谎言——孩童们心安理得地在“作文”的名义之下生产种种不实之词。既然作文开始了伪饰甚至撒谎，那么，虚报的产量、夸张的颂扬、伪造的履历不过是逻辑的延伸而已。两重语言的空间渐渐成为正常的习惯，谎言的合法性渐渐得到了默认；当然，我们偶尔还会抱怨或者讽刺，并且将矛头指向那些从说谎中牟利的人。然而，如果将说谎的习惯追溯到小学生或者中学生的作文写作，我们会发现更为深刻的问题。[①] ——伪写作不仅是语文教学问题，也不仅是教育问题，而且已然成为一个普遍的社会“诚信”危机，像糖尿病、高血压一类慢性病一样，缓慢而难以遏止地侵蚀着人们的肌体。

叶圣陶先生早就指出“虚伪、浮夸、玩戏，都是与诚字正相反对的”。他在对种种不诚实的写作现象作了分析之后，将作文上的“求诚”归结为：“从原料讲，要是真实的、深厚的，不说那些不可征验、浮游无着的话；从写作讲，要是诚恳的、严肃的，不取那些油滑、轻薄、卑鄙的态度。”[②] 朱光潜也同样把“真诚”作为“练习写作”的一个最重要的原则，他说：“练习写作有一个最重要的原则须牢记在心的，就是有话必说，无话不说，说须心口如一，不能说谎。……如果是存心说谎，那是入手就走错了路，他愈写就愈入迷，离文学愈远。许多人在文学上不能有成就，大半都误在入手就养成说谎的习惯。”[③] 这些精见，都值得教写作的老师们深刻记取。写作教学关系到人格的

---

① 南帆：《谎言的制造》，载《语文世界》，2001 年第 1 期。

② 叶圣陶：《作文论》，见刘国正主编：《叶圣陶教育文集》第三卷，人民教育出版社 1994 年版，第 300 页。

③ 朱光潜：《谈文学·写作练习》，见《朱光潜美学文集》第二卷，上海文艺出版社 1982 年版，第 277～278 页。

塑造与人的发展，教师在引导学生走什么样的写作人生道路这一点上，负有不可推卸的责任！

学生在作文中不真不诚、弄虚作假，这无疑跟教师的写作观念、应试教育的考试导向等有关，但分析其根源，归根结底是实用（实利）主义、功利主义和“左”倾政治学、庸俗社会学等思想在作怪。今天，商品经济、市场经济以至于知识经济名来利往、竞争激烈的转型期社会氛围，又进一步加剧了人们唯利是图、急功近利的焦躁心态。因此，要培植学生的“求诚”之心，须引导他们从为人的踏实、本分做起，慎独、自守、淡泊、宁静，敢于竞争而不囿于名利，平和处世而不狗苟蝇营、趋炎附势，以保持恬淡自适的言语品格和坦诚独立的言语人格。

这做起来很难。因为要使学生真诚，教师自己先得有一颗赤子之心，能不计名利、清廉自律、特立独行。一心想（或羡慕）当官或一心想（或羡慕）“下海”（经商），沽名钓誉、锱铢必较的教师，是不可能教出真诚的学生的。语文教师应是名副其实的美好心灵、美丽人生的导引者，比起其他学科的教师，更应担当起陶养良知和情性的重任。

在教学中对学生作文作“立意要高”误导的教师，不少是由于自身的教学观念和教学素质的问题，僵化地、始终不渝地恪守着“政治挂帅”“思想性第一”“要紧跟形势”等作文规矩，不惜拔苗助长、强奸文意，其结果是使学生视作文为“谎言的制造”、为“语言游戏”，最终导致人格败坏。这种“善意”的误导（毋宁说是戕害），也同样是不可饶恕的。

在教学实践中，教师要把握好的一个重要尺度，就是“真诚”。学生的作文是否说的是自己的话，如果不是，写得再好，也不应鼓励，要及时地进行引导；如果说的是发自内心真实的话，不论是否“正确”，写得好不好，都要给予肯定。言语态度真诚的学生，无论如何都不能挫伤他们的积极性。因此，甄别学生言语表现的“真伪”，应成为教师的一个重要的教学能力。像下面这篇作文，显然就是虚假作文：

我的妹妹

在我们三兄妹中，妹妹是“老疙瘩”，又是家里唯一的女孩子，所以成了家里的小宝贝。

妹妹上小学五年级，平时由于妈妈的娇惯，她什么活儿都不知道干，连块小手绢都是妈妈给洗。在家里，她谁也不怕，说话张口“喂，喂”的，连家里的权威——爸爸的话也不听，因为她有“靠山”。早上起床得妈妈叫，被要妈妈叠，头要妈妈梳。梳头时夹了头发她就闹，有几次妈妈上班差点因此迟到。

有一回我收拾屋子，刚拖完地板，妹妹就扔纸屑，我让她拾起来，她头一扭，眼一翻说：“就不！”我气极了，伸手给了她一巴掌。我知道这样后果不妙，平时我骂她小懒虫，她就跑到妈妈面前撒娇，闹得妈妈没办法，只好在我背上“重重”地拍几下，算是给她出气。果真，这回妈妈把我狠狠骂了一顿：“你还当哥哥呢？咋当的？她不扫，你扫了不就完了吗？咱家就数她小，你让着她点。”“什么，还小？都五年级了！我五年级时连衣服都是自己洗了。”我有些不服气，不过我知道妈妈惯她，也没有再争辩。

这些都是旧话。最近妹妹可大变样了。

三月的一天，我参加完学校里打扫卫生的活动，心想：家里也该收拾收拾了。回到家，只见屋子早已收拾得干干净净。我以为妈妈在家，连喊几声，除了妹妹，连妈妈的影子也没见。我看着干净整洁的屋子，怀疑地问：“你扫的？”妹妹故意不回头看我，“嗯”了一声，只管写她的作业。我冲口喊出：“今天太阳从西面出来了！”

打那以后，妹妹在家里不仅不撒娇，自己穿脏的衣服也不再让妈妈洗了，嘴里还常常有甜甜的“爸爸”“妈妈”“哥哥”的叫声。天天早上起床先把被子叠得整整齐齐，小辫梳得十分精神，然后打开书来读。妈妈高兴地夸她：“这才像个姑娘样！”有一次，我感冒流鼻涕，由于功课忙，擦鼻涕的手帕忘了洗，还是妹妹给洗的呢！妹妹的变化这么大，一家人都感到惊奇。

不久前的一天中午，妹妹兴冲冲地跑回家，像个喜鹊一样喳喳地叫着：“妈妈，你猜我给您拿回了什么？”妈妈正在做饭，看到妹妹跑得满脸通红，心疼地责备她：“看你跑的，忙啥？”“好妈妈，你猜嘛！”妹妹又撒娇了，妈妈只好放下手里的活儿。“好好，我猜，我猜。是算术考了一百分？”妹妹兴奋地说：“嗯，只猜对了一半，再猜！”“再猜——妈就不知道了。”“给！”妹妹喜洋洋地把手从背后抽出来，把一张卷着的厚纸递给了妈妈。妈妈打开一看，是一张奖状，上面写着：“聂芸同学，在文明礼貌月中表现积极，特发给奖状，以资鼓励。”妈妈乐坏了，一把把妹妹抱起来，娘儿俩咯咯地笑开了。妈妈笑得格外甜，我看见，她的眼里闪着泪花……

妹妹上学快五年了，这是第一次领回奖状，算术第一次得满分。

文章讲妹妹变了，是不是有人觉得这是一篇很不错的文章呢？“文明礼貌月活动”使一个又懒又娇又不听话的小姑娘，一下子脱胎换骨变得不娇气、勤快、讲礼貌，甚至连学习也进步了。乍一看，的确觉得很有意义！但细心想一想，会有这样的事吗？妹妹是一个五年级的小学生，大约十一二岁了吧，从小养成的性格、习惯，会在一个“文明礼貌月活动”中像变个人似的？除非她是机器人，给换了个新程序。如果我的意见对的话，一定不难想见这位作者为什么要编出这篇假话。作者大概是想通过写妹妹的转变来赞美“文明礼貌月活动”，以为把妹妹的转变写得越快、越大，“文明礼貌月活动”的成绩也就越大，想以此“升华”文章的主题，迎合以往老师提出的“立意要‘高’”的要求。可见，这位作者的“造假”是让“立意升华术”给害的。

有的文章的虚假也许不难看出，而另有一些文章则不很容易判别，因为这些文章不是在整体上的虚假，而是真真假假混合在一起，甄别起来比较困难。请看下文：

一秒钟

一秒钟是那么的微不足道；一秒钟是这样的微乎其微；一秒钟却能勾起我心深处那件伤心的往事……

“上海的气温可真冷啊！”刚从鲁班游泳馆训练回来的队员们不禁颤抖地议论道。寒冷的气温与疲倦的身躯使这批来自厦门的游泳小将们很快进入梦乡，为第二天的比赛养足精神，做好准备。

大概是太阳也觉得太冷了吧，披在身上的纱巾盖住了大地，淡淡的阳光唤醒了选手们。吃完早点大伙儿昂首挺胸地走向游泳池。这场比赛，干劲十足的我干脆利落地包揽二金一铜，赛后参观了高耸入云的东方明珠电视塔，心里呈现出一派风和日丽的“春天色彩”。

夜晚，刺骨的寒风“呼呼”地吹着我脸庞，发抖的我丝毫没有一点睡意。我趴在窗口，面对着满天繁星，沉思着……

这天早晨，天蒙蒙亮，就听到窗外细雨沙沙。大家早早起身，用完早点后，便撑起小雨伞来到泳池。

短暂的准备活动结束了，队友们赶紧擦干身子静静地坐在一旁，养精蓄锐。我也安静地坐在长凳上，凝视着碧波荡漾的池水，回头望望那些矮矮的出发台，再看看自己那双被晒得发黑的手，即将出场的我再一次陷入了深思：今天，我能达二级吗？

“于静，于静，厦门队的于静！”点录处响起了我的名字。我颤抖地向点录处走去，我的心怦怦直跳，嘴上喃喃地自言自语起来。点完名，一位身材高大的阿姨把我领到了出发台前。

第一组队员游完了，第二组的队员们也游完了，第三组的队员也游完了，啊，该我上场了！我该怎么办呀！

随着裁判的口号声，选手们相继上了出发台，紧张的我不知所措。“各就各位——”选手们弯下了腰，“嘭！”选手们像一支支离弦的箭，又像一只只恶虎出山：平静的水面被打破了，宁静的气氛也被打破了，一朵朵晶莹的水花跃出水面，一阵阵欢呼声加油声如雷贯耳。

“冲啊，冲啊。”我不停地给自己打气，主项蝶泳我时时给自己施加压力——低头憋气。一个50下来，我有了一点优势。仰泳是我的中等项，我腿使劲地打，手拼了命地划，天花板上的灯泡飞快地闪过。“哎哟！”到边时手撞了一下，一阵剧痛涌上心头。一股力量使我坚持着，蛙泳已经过去，最后的时刻终于来了，自由泳冲刺！这时，眼前闪过了一幕幕平时刻苦训练的情景，不管了，冲啊！教练教的技术这时都已抛到了九霄云外了，胜负在此一举呀！终点越来越近了，它就在眼前……啊，到了。

刚一上岸，我气喘吁吁：“阿姨我游几秒？”

“2分58秒整。”

“什……什么？”我差点晕了过去，一向不爱哭的我这下子抱头大哭：“为什么只差一秒？”教练、家长、队友们安慰的话我什么也没听见。

一秒钟是如此短暂可却又是如此宝贵：差一秒钟火箭上不了天；差一秒钟卫星不能进入轨道；差一秒钟，愿望不能实现。

相对而言，《一秒钟》这篇文章还是写得比较真实。在写什么这一点上，作者不是像一般人那样，常常会不由自主地选择写自己如何通过努力拼搏获得成功（她得了二金一铜，也完全可以这样写），以表明“功夫不负有心人”

“有志者事竟成”等“高调”的主题。作者选择了写先成功后失败，把重心落在写失败上，写经过努力拼搏却没有通过“二级”。因为后者对于她来说，震撼更大，感受更深。她敢于面对失败，把自己失败的经历真实地告诉给读者，把自己痛苦的心情诉说给人听，以得到心与心的沟通。只有信赖读者的人才会把自己的伤心事说给读者听。她是坦诚的，读者也会感受到她的这份真诚，并产生情感上的共鸣。

这本来是一篇很“真”、很动人的文章，可惜的是，她终究也还是没能挣脱出“立意要‘高’”的枷锁，她在构思这篇文章的时候，一定是挖空心思地想怎么“升华”一下，于是，便将失败的悲伤升华成对时间重要性的感慨：“一秒钟是如此短暂可却又是如此宝贵：差一秒钟火箭上不了天；差一秒钟卫星不能进入轨道；差一秒钟，愿望不能实现。”实际上，她之所以失败，并不是由于在比赛之前不知道“慢一秒”对她意味着什么。作为一个游泳运动员，她不会不知道即便是慢十分之一甚至百分之一秒也意味着失败。“慢一秒”对她意味着什么，不是她在失败后才想出来的。她失败的真正的原因应是“这时，眼前闪过了一幕幕平时刻苦训练的情景，不管了，冲啊！教练教的技术这时都已抛到了九霄云外了”——她既然已经懂得了自己失败的原因（这是最重要的），还有什么必要做狗尾续貂似的“升华”呢？难道大家就愚蠢到连时间重要性这个常识都不知道，还要你来告诉大家吗？

对于这位作者，既要充分肯定她表现自己因失败而伤心的真切感人，又要给她指出不应将主题勉强地往“珍惜时间”上靠，只要把参加比赛先是成功地获得了两金一铜，在考“二级”时却功亏一篑的经过真实地描写出来，自然就会流露出自己或欣喜或难过的心情，读者自然就会感受到你的悲喜，就不失为一篇情真意切的好文章。

任意拔高主题的“立意升华术”实在害人不浅，从此把它给废了吧！著名教育家夏丏尊先生说：“文章是传达自己的意思和情感给别人的东西。倘然自己本来并无这样的意思和情感，当然不应该作表示这样的意思和情感的文章，不然便是说诳了。近来，许多青年喜欢创作，却又并不从实生活上切切实实地观察体验，所以虽然作了许多篇东西，却全同造谣一样，令人读去觉得非常空虚。”① 夏丏尊先生所说的情形不妨拿来对照一下，看看学生的文章

① 夏丏尊、刘薰宇：《文章作法》，见《夏丏尊文集》（文心之辑），浙江文艺出版社1983年版，第7页。

是不是也犯了弄虚作假的毛病。语文教师如果没有判定文章真伪的能力，或为了应试的目的鼓励学生作假，这些教师的能力和人格就很值得怀疑，就没有资格当一个语文教师。因为，“修辞立其诚”，言语态度真诚与否是一个原则问题。言语表现中的其他问题倒在其次，都可以慢慢提高，要是养成了虚假为文的习惯，一个言语生命就毁了！

六　沉潜于读写：做懂得言语廉耻的人

在阅读中学习言语表现，这很重要。一个优秀的作者，或许就是一个学富五车、胸罗万卷的人。大量的指向言语表现的阅读，对于提高言语表现力是必需的。但是，言语的习得最终还得在言语表现中才能获得真正的磨炼和提高，在写中学，在说中悟，将言语生命沉潜于鲜活的言语创造中去品味和揣摩，这才是良好的言语能力形成的最佳途径。

语文教学最终总是要落实到说和写上。对学生的言语能力的培养，重在言语表现实践层面。对此，可以做的自然很多，因为每一种言语能力似乎都可以进行“训练”。这些年所谓的能力训练明显表现出细微化的趋势，大量零碎的片段和孤立的练习，“只见树木，不见森林”，其结果是某些“树木”单看起来也许长得还茂盛，却构不成“森林”，学生缺乏整体上驾驭语言的能力。由此看来，能力的划分，不宜过为琐碎，要注意简化，要抓住以简驭繁的要素。必要时可以侧重于某些方面能力的培养，重要的是要有整体感，不练则已，练则需动笔成文。从言语整体能力上看，最高层面上的言语能力就是两种：体式（书面语称文体，口语称语体）语感与行为感。语文教学在实际写作能力培养上，主要就是提高学生的这两种基本能力。

我们将语感分为基础语感、体式语感、语境语感，其中处于中心的是体式语感（在下面的讨论中，主要指文体语感）。由于体式语感承前启后，对基础语感和语境语感都有着规范和制约作用，所以在此特别加以强调。

语感所“感”的，主要包括字、词、句的含义，词语的声调、韵律、节奏及言语组织形式的美感意义等。这种感知，重要的是在具体文体和语境中的领悟。因为，对基本词汇意思和一般语言知识的理解和掌握，对其做静态分析，形成的是语言感；在具体的文体语境中，对活的语言的领会，对其做动态分析，形成的是言语感。对学生语感的培养，二者不可偏废，但重在后者。要从言语中学习语言和表现，从血色充沛的语言文字中摄取精髓，以自己的言语生命体验，去感受另一个鲜活的言语生命的创造。

一个优秀作者的语言魅力，在很大程度上要归功于他对词语意义深刻的理解，对语言的细致琢磨和用生命感悟去创造言语。作家高晓声就极为注意对词语意义的体认和在具体语境中对语言的精细的辨析。他曾谈到他自己因每天写作十八个小时左右，瘦得不成样子，于是对“精瘦”一词有了真正的理解：“课文里有精瘦这个词，以前我只会解释成‘瘦极了’；可是，‘瘦’到了什么程度才算‘极了’呢？总还不懂，现在可明白了：只要用手指按住肋骨推皮肤，若推得动，还不算‘精瘦’，要真正推不动，皮贴牢在骨头上，夹层里不再有一点肉，才叫‘瘦极了’。”[①] 这就是对语言的生命体验。正由于他对语言的细心品味，所以在作品中用语特别准确，且对语义的复杂内涵有着较为精细的表现。在他的小说《糊涂》中，围绕“先生”一词有一段精彩的“语义辨析”：

> 这个兆明是呼延平（一个被打成右派逐回农村老家改造的老作家——笔者）老家生产队里的社员，论辈分应该叫呼延平公公，呼延平倒霉回家的时候他还在地上爬……在乡下的时候，有好些人称呼延平“先生”。这称呼里有尊重的意思，同情的意思，嘲谑的意思。也有区别于同志的轻视的意思。一样的叫法，其含义因人而定，可以意会，不可言传，各人心里有数。呼延兆明就同他爹爹不同，叫“先生”是代替“公公”的意思，他小时候是叫“公公”的，长大了才跟着大家叫“先生”。因为叫“公公”太亏待自己了，不就差那么二十几岁嘛！[②]

在一个特殊语境中，居然能品味出“先生”一词字面所没有的复杂含义，这是一般人做不到的。他以自己特殊的言语感悟，丰富和发展了语言的表现力。

当代作家贾平凹的作品也体现了他深厚的语言修养，他对书面语、口语和文言语汇等有精细入微的感觉和纯熟自如的驾驭能力。如，《废都》中有一段极为幽默的带有反讽意味的描写：庄之蝶的太太朱月清为了退一件商品和

---

① 高晓声：《曲折的路》，见王蒙等：《走向文学之路》，湖南人民出版社 1983 年版，第 233 页。

② 高晓声：《糊涂》，载《花城》，1983 年第 4 期。

售货员吵起来，朱月清问：“吵起架来用书面语言还是用粗话?”庄之蝶让她用书面语试试。朱月清说：“你强词夺理，混蛋，小王八羔子，操你娘的!”庄之蝶说：“……操你娘应该说操你母亲的，这就文明了!”[①] 在这里，该用粗话的语境却用书面语，在书面语中却又夹带着粗话，而约定俗成的粗话则被改成了不伦不类的书面语。作者有意通过这种语境与语言形式的多重的不和谐，造成了语义上冲突与滑稽，作家敏锐的语感可见一斑。

人对语言的第一感觉来自两个途径：口和耳。读、写所凭依的基础语感，在很大程度上是在读和听中培养起来的。文章须让读者在读和听中获得美感和快感，要是读来“乱糟糟”、别别扭扭的，岂不是折磨人，谁还愿意读呢?叶圣陶先生说：“但是就整篇文章说，必须充分顾到‘上口’和‘入耳’两个条件，说起来挺顺当，听起来不含糊，才能使读者完全懂。”“关键在乎‘上口’……‘上口’的文章必然‘入耳’。”[②] 老舍先生在谈到他的创作经验时也讲到：“因为我动笔的时候，口中念念有词，所以我连一个虚字，‘了’、‘啊’、‘吗’等等，都不轻易放过。我的耳朵监督着我的口。耳朵通不过的，我就得修改。”[③] 可见，语感的培养，有赖于对语言的读和听。好的语言，必定是朗朗上口、悦耳动听的。

如何形成书面语语感，不妨借用欧阳修讲写作学习的话来回答：“无他术，唯勤读书而多为之，自工。”[④] 这大致上也说出了培养语感的两个主要方面，即多读多写。鲁迅曾对这种学法如何使学生做“通”文章作过“清楚”的说明：“从前教我们作文的先生，并不传授什么《马氏文通》，《文章作法》之流，一天到晚，只是读，做，读，做；做得不好，又读，又做。他却决不说坏处在那里，作文要怎样。一条暗胡同，一任你自己去摸索，走得通与否，大家听天由命。但偶然之间，也会不知怎么一来——真是‘偶然之间’而且‘不知怎么一来’，——卷子上的文章，居然被涂改的少了下去，留下的，而且有密圈的处所多起来了。于是学生满心欢喜，就照这样——真是自己也莫名其妙，不过是‘照这样’——做下去，年深月久之后，先生就不再删改你

---

① 贾平凹：《废都》，北京出版社 1993 年版，第 40 页。

② 叶圣陶：《“上口”和“入耳”》，见《叶圣陶语文教育论集》（下册），教育科学出版社 1980 年版，第 486 页，第 487 页。

③ 老舍：《出口成章》，作家出版社 1964 年版，第 53～54 页。

④ 参见魏庆之编，王仲闻校勘：《诗人玉屑》卷五《初学蹊径·勤读多为》，上海古籍出版社 1978 年版，第 117 页。

的文章了，只在篇末批些‘有书有笔，不蔓不枝’之类，到这时候，即可以算作‘通’。”[①] 也许学写作真的没有太多的道理可讲，培养语感也难有“科学”的操作程序，唯有多读多写这一条是必须要跨越的“铁门槛”。

在多读多写上，须特别强调的是阅读的量（当然也离不开大量的写作训练）。开卷有益、多多益善。只有经过大量的阅读，才能加深对语言的领悟。胡适当年给青年开的“最低限度的国学书目”就有百余种，总卷数在万卷以上，真应了“读书破万卷，下笔如有神”这句话[②]。同时，不仅读的量要大，而且读的遍数也要多。著名学者曹聚仁说：“……真正引起了我的兴趣，百读不厌的，倒是吴敬梓的《儒林外史》，先先后后总读了一百多遍（一本正经地看）。我看《红楼梦》，不如俞平伯师那么多，只有七十多遍。《水浒》呢，我只看了二十多遍。……《三国演义》，我只看了二三遍，觉得大不如陈寿《三国志》的引人入胜。说来，也许朋友们不相信，我把《资治通鉴》“正续”读了两遍半，当然比不上顾颉刚先生。文言体小说，蒲松龄的《聊斋》，我读了四五十遍，还藏了种种版本。”[③] 这也应了“书读百遍，其义自现”这句话。就今天的学生而言，读书的数量与遍数恐怕都是远远不够的。如何加大阅读量，真正做到多读多写，这是语文教改值得关注的一个重要课题。

文体感的形成就更离不开阅读，即所谓“学诗读诗，学文读文，此古今一定之法”。郭沫若谈他开始学写新诗的情形时，说“五四”那年，他正旅居日本，为了了解国内的情况订了《时事新报》，从其中的《学灯》栏第一次读到了康白情写的白话诗《送许德珩赴欧洲》，对用白话写诗从“委实吃了一惊”到“唤起了胆量”，也创作起了白话诗，在《学灯》发表了自己的新诗处女作。鲁迅也曾说过自己写小说，就是看了几十篇的小说而写起小说来的。

这也可以说是一种模仿，但这种模仿，不是机械的、硬性的生搬硬套，应是在有准备的基础上的领悟。鲁迅对自己学写小说有过这样的回忆，他说小时候到外婆家亲近了农民，了解了他们毕生受着压迫，诸多苦痛，但也只不过由此纠正了原先把他们视同花鸟的偏颇而已。后来看了一些外国的小说，

---

① 鲁迅：《做古文和做好人的秘诀——夜记之五》，见《鲁迅全集》第四卷，人民文学出版社 1981 年版，第 270 页。

② 参见胡适：《一个最低限度的国学书目》，见《胡适文存二集》卷一，上海亚东图书馆 1927 年版，第 165～185 页。

③ 曹聚仁：《中国学术思想史随笔》，生活·读书·新知三联书店 1986 年版，第 380～381 页。

尤其是俄国、波兰和巴尔干诸小国的，才明白了世界上也有许多和我们的劳苦大众同一命运的人，而有些作家正在为此而呼号，而战斗。而历来所见的农村之类的景况，也更加分明地再现于他的眼前。偶然得到一个可写的机会，他便将所谓上流社会的堕落和下层社会的不幸，陆续用短篇小说的形式发表出来了。正由于鲁迅有过农村生活的体验和思考，所以对反映农村生活的小说有着特殊的领悟，文体感的形成也就成为自然而然的事。童年时代的冰心却有过一次不成功的学写经历，她曾模仿《三国志》和《水浒传》写《落草山英雄传》，写到第三回就写不下去了，“因为‘金鼓齐鸣，刀枪并举’重复到几十次，便写得没劲了”。可见，文体感的形成，应和人的阅历、修养、学养的提升同步，是水到渠成的。

文章形式感，既是一种能力，也是一种言语表现的目标意识，它需要辅之以言语的行为感来达成。语文教学在言语表现能力培养上另一重要任务是让学生学会如何调控言语行为，就是使言语表现的行为感与文章形式感统一起来。这就是让学生懂得完成写作一篇文章的行为过程是怎样的，形成正确的写作行为观念与灵活的自我调节的能力，以顺应不同的写作情境，实现写作的目标。如果说文体感、语感可以借助阅读来培养，而写作行为的调控能力主要是通过写的练习才能得以提高。当今语文教学中对学生言语行为的误导则比比皆是，如只讲写熟悉的事，学生就不敢写不很熟悉的或陌生的事，学生的言语行为中就缺少了想象与虚构的环节；只讲写熟悉的事，不讲写自我的独特的心灵体验，学生写作行为中就缺少了内省的观念；只讲写熟悉的事，不讲写别人笔下所无的事，学生的写作行为中就缺少了对独创的鉴别力与题材敏感。因此，对学生言语行为的正确引导至关重要，要让学生的写作有更大的选择空间，有更多的尝试和展示自我言语才华的机会。

良好的言语行为是一系列行为要素的优化组合，这一过程是非线性、非稳态的，同时也往往是因人而异的。所以，行为的调控也可以套用一句话：有大法而无定法，无定之中有一定焉。教师的作用主要是一种基本的行为观念的引导与方法的规范，给学生指出某一言语行为过程是由若干的行为要素构成，应注意哪些环节，哪些方法是可以借鉴的，哪些问题是应该避免的，哪些行为是需要纠正的，以适当的方式及时帮助学生对自己的言语行为进行反思与总结。至于这些行为的组织怎样达成最优化，则是每一个学生自己的事。这唯有通过大量的言语实践自己去摸索、试误、反省和领悟，使对言语行为的调控逐渐趋于“自动化”。一旦进入了“自动化”，便能得心应手、游刃有余，拥有言语表现上的自由。

在阅读教学中，在三维中感受语言，沉潜于活的言语中感性而智性地触摸言语，应注重语言的品位，注意比较辨析，不但要品味语言的字面含义，更重要的是品味语言在具体语境中的深层含义，品味作者的言语机智和言语才华。像下面这些课后的“阅读练习·探究”“词语品味·积累”“语言趣谈”等，就较能诱发学生揣摩言语的兴趣，提高他们的言语感受力和想象力。

阅读练习·探究

一、《每天诞生一次》和《日历》对“生命”的感悟一样吗？如果以《列宁格勒的树》为材料，你会如何接着写《每天诞生一次》或《日历》呢？试动笔写写看。

二、下面的说法与通常的说法有什么不同？你同意作者的看法吗？

1. “明天”乃是人生中最富魅力的字眼儿。生命的定义就是拥有明天。它不像“未来”那么过于遥远与空洞。（《日历》）

2. 敢笑骂不足奇，敢哭才是真性情，伟男子。（《每天诞生一次》）

三、《辛劳的蚂蚁》说，“最近科学家们发现，蚂蚁并不为冬季储存什么食物。这一发现，在某种程度上把他从褒扬的文字中排除出去。”《伊索寓言》就是讲勤劳的蚂蚁储备冬粮的。作者明知寓言不可当真，为什么还说蚂蚁是一个“骗子”？

四、《蚂蚁》中的“我”看穿了蚂蚁，《走向虫子》中的“我”猜不透蚂蚁，为什么两文读来都有趣？

词句品味·积累

一、这时的思想像白纸上似是而非的显影线条，也像冬日村庄上空最先升起的炊烟轮廓，还像一朵停留在无风的秋空之间的云絮，也像寒冷天气里汽车引擎刚发动时的声响。这时候思维很美，简洁纯净而又专注、飘浮、凝然不动，有令人舒适的享受感——像是一炉恰好的炭火那样，毫不费力地燃烧着，温暖着心灵。（《每天诞生一次》）

思维是看不见的。上述比喻句是否使你欣赏到了“思维很美”？

二、**不是**往穴里搬，**而是**朝相反的方向走，**不是**从容不迫，运用智慧，**而是**发了疯似的赶急，虽然那样只会白白浪费了他的气力；他被一

个小鹅卵石挡住了路，他**不是**绕过了它，**而是**倒退着向上登。（《辛劳的蚂蚁》）

请体会上述黑体的关联词对表现蚂蚁的“愚蠢”所起的作用。

三、**气忿地跳**起来，踢去衣服上的尘土，向手上**啐一口**，**恶狠狠**地**揪**住他的捕获物。他**拭去**脑门子上的汗，**揉了揉**胳膊和腿，然后，仍像以前那样狂奔疾走，又漫无目标地赶他的路去了。（《辛劳的蚂蚁》）

那只忙碌的蚂蚁好像感到身后有动静，一回头看见这只，**二话没说**，扑上去就**打**。这只被打翻在地，爬起来**仓皇而逃**。（《走向虫子》）

这些极富想象力的词语（黑体），使得文章更加幽默、有趣，你还能找出类似的句子吗？

语文趣谈

圣人也是“虫”

在古代汉语中，“虫”是人和动物的总称。《大戴礼记》里说：有飞羽的虫，凤凰是最完美的；有毛发的虫，麒麟是最完美的；有甲壳的虫，神龟是最完美的；有鳞甲的虫，蛟龙是最完美的；没有鳞甲毛羽的虫，圣人是最完美的。《水浒传》里，老虎又称“大虫”。现代汉语虽然变化很大，但是，古代汉语中隐含的观念，至今仍然保留在某些语言现象中，例如，上海人把蛇也叫“长虫”，在普通话中，把糊涂人称为“糊涂虫”，迷恋网络的人叫做“网虫”。在老祖宗那里，曾经把天上飞的，水里游的，地上走的，包括人在内，都以“虫”来统称，连圣人也不例外，著名历史学家顾颉刚就说过，大禹的“禹”也是虫。

彩虹不是动物，为什么“虹”字也是“虫”旁呢？原来古人误认为“虹”是天上的一种神奇动物，一身两首，横贯长空，上显七彩之色，下饮河涧之水，甲骨文作，正如其状。也称“螮蝀”，都是“虫”字旁。福建的简称“闽”，为什么也有“虫”呢？原来“闽”为古代居住在福建的少数民族之名，是古越族的一支。古越族以蛇为图腾，所以“闽”字也从“虫”。“虫”本来是动物的总称，后来却逐渐变成专指某些动物，如本单元选文中的“蚂蚁”“蜘蛛”和“蜣螂”。①

在“阅读练习·探究”中，就不是孤立地就词语讲词语，而是通过对本

① 以上选自孙绍振主编：实验教材初中《语文》八年级（上）第二单元（未定稿）。

单元课文相关内容的比较和思考，来把握语言和言语的意义。如对“生命”这个词的理解，两篇文章中作者的感悟是不同的，都很独特，这种理解是词典中找不到的，了解了这种不同，就丰富了学生对“生命”语义的认识。将一些比较有特点的词句，如运用巧妙的词语或带有哲思的句子等，专门挑出来，让学生慢慢地揣摩体会，使之感受到作者的言语智慧，对学生自己的遣词造句会有帮助。他们懂得了用词的讲究，会不自觉地进行模仿、改造和创造。在寓言和随笔两种文体中，对“蚂蚁”的不同的表现方式的比较，学生可以感觉到作者主观性在表意上不同程度的渗透。此外，引导学生对文字的审美趣味的生成进行探讨，使他们对言语的审美机理有所体认，使之转化迁移到自己的写作中去。这些，都较好地体现了对基础语感、文体语感、语境语感的培养。

“词句品味·积累”所选择的是作者词语运用得特别聪明的地方，希望学生多方面地感受语言之美、表现之美，为他们点出“美”之所在，一语道破“天机”。如果说前面的“阅读练习·探究”更多的是让学生自己动脑去领悟，需要精读深思，难度较大；这里的“词句品味·积累”，则相对降低一些难度，带有泛览的性质，目的是拓展他们的言语视野，多积累一些言语鉴赏的知识、经验。

“语文趣谈”更是别出心裁，将枯燥乏味的语文知识写成有意思的科普小品，从标题到内文，情趣盎然。

语感的培养，须借助言语本身的魅力，使学生沉潜其中，流连忘返。语感的培养，应是在师生与文本、师生与词语间愉快的审美对话中进行。高考试卷那些枯燥乏味的“语基”题，只会使学生憎恶语文，远离语文。有些学生在做了几十套甚至上百套模拟卷后，便和语文结下了深仇大恨，哪里还谈得上培养语感？

语感，说到底就是懂得言语什么是恰当，什么是美。同时，在语感的背后，是一种言语热爱和言语廉耻。将优美的文字奉献给读者，不但表明了作者具有良好的语感，而且还表明了作者是一个有言语责任心和言语良知的人，一个尊重他人也尊重自己的人，一个懂得言语廉耻的人。反之，将粗糙生涩、佶屈聱牙的文字示人，就是一个寡廉鲜耻或厚颜无耻的人。

王小波的《我的师承》中对言语的感悟有过精彩的描述：

……小时候，有一次我哥哥给我念过查良铮先生译的《青铜骑士》：

我爱你，彼得建造的大城
我爱你庄严、匀整的面容
涅瓦河的流水多么庄严
大理石平铺在它的两岸……

他还告诉我说，这是雍容华贵的英雄体诗，是最好的文字。相比之下，另一位先生译的《青铜骑士》就不够好：

我爱你彼得的营造
我爱你庄严的外貌……

现在我明白，后一位先生准是东北人，他的译诗带有二人转的调子，和查先生的译诗相比，高下立判。那一年我十五岁，就懂得了什么样的文字才能叫作好。

到了将近四十岁时，我读到了王道乾先生译的《情人》，又知道了小说可以达到什么样的文字境界。道乾先生曾是诗人，后来作了翻译家，文字功夫炉火纯青。他一生坎坷，晚年的译笔沉痛之极。请听听《情人》开头的一段：

我已经老了。有一天，在一处公共场所的大厅里，有一个男人向我走来，他主动介绍自己，他对我说：我认识你，我永远记得你。那时候，你还很年轻，人人都说你很美，现在，我是特为来告诉你，对我来说，我觉得你比年轻时还要美，那时你是年轻女人，与你年轻时相比，我更爱你现在备受摧残的容貌。

这也是王先生一生的写照。杜拉斯的文章好，但王先生的译笔也好，无限沧桑尽在其中。查先生和王先生对我的帮助，比中国近代一切著名作家对我的帮助的总和还要大。现代文学的其他知识，可以很容易地学到。但假如没有查先生和王先生这样的人，最好的中国文学语言就无处去学。除了这两位先生，别的翻译家也用最好的文学语言写作，比方说，德国诗选里有这样的译诗：

朝雾初生，落叶飘零
让我们把美酒满斟！

带有一种永难忘记的韵律，这就是诗啊。对于这些先生，我何止是尊敬他们——我爱他们。他们对现代汉语的把握和感觉，至今无人可比。

一个人能对自己的母语做这样的贡献，也算不虚此生。①

这是对言语的感受，更是对言语的感动、热爱和陶醉。王小波先生从查良铮和王道乾先生的译笔中，不但感受到了言语之美——什么是最好的文字，什么是平庸的文字，而且还体验到了什么是真正的“文学师承”：文字是用来读，用来听，不是用来看的——要看不如去看小人书。不懂这一点，就只能写出充满噪声的文字垃圾。有时我也写点不负责任的粗糙文字，以后重读时，惭愧得无地自容，真想自己脱了裤子请道乾先生打我两棍。孟子曾说，无耻之耻，无耻矣。现在我在文学上是个有廉耻的人，都是多亏了这些先生的教诲。对我来说，他们的作品是比鞭子还有力量的鞭策。——王小波把这种文字学习和自省归为“文学师承”，写作良知审视的意味重于对文字技术优劣的评判。他告诉我们写出恶俗的文字，不只是语感的问题，还是不负责任，不知廉耻——这是一种胸罗万卷、充满智性和感性的言语生命体验。

对文字表现的深刻独到的生命体验，是言语教学世代相传的“师承”，是语文教学中师德的体现。**在言语生命的传递中，将自己对言语洞透的理解和体验影响和感染学生，使他们拥有文字美感、道德感和责任感，懂得把恶劣文字示人是无耻之举，当是语文教师的责任。**

七　成就“立言者”：垂诸文而为后世法

语文基础教育的目标是培养言说者与立言者。前者是底线标准，后者是极限追求。

以往的“工具性”定位，以培养语言文字应用者为目的，实即“取法乎下”，其结果培养出大量不会应用语言文字——不会写作、不热爱言说的人就是前车之鉴。我们并不可能从一开始就知道究竟有哪些学生将成为立言者，但是不论最终有多大比例，都应该坚定不移地将培养立言者作为语文教育的基本目的定位。以培养立言者为目的，“取法乎上”，才可能既有望培养出立言者，也能培养出言说者。

所谓言说者，是指能满足生存性写作之需的人。具体地说，有一定的写

① 王小波：《我的精神家园》，文化艺术出版社 1997 年版，第 140～142 页。

作能力，能写出文从字顺的文章。所谓立言者，是指能满足存在性写作之需的人。具体地说，具有创造性写作能力，能写出高水平文章，甚至写出传世之作。在培养立言者目标下，可能造就的是言说者，但并不意味着他们无须有存在性写作追求；培养出立言者，也不意味着不食人间烟火，可以不进行生存性写作。言说者、立言者是就基本动力、素养定型而言，二者的人生价值定位可以有所不同。在前者，以生存性写作为现实目标，存在性写作可以是一种追求，但限于主客观条件，最终也许未能如愿以偿；而后者，存在性写作不是一般性的追求目标，而是视同生命所不可或缺。前者的极致是言语人生、功利境界（不排除有少数人可望达到道德境界）；后者的极致是诗意人生、天地境界。

语文教育要让所有学生至少能达到写出文从字顺的文章的水平，成为热爱言说的人，这是语文教育的底线。如果耗费 12 年时间不能做到这一点，还要语文教育做什么？但是，做到了这一点不能算成功，教育的目的是人，是人的成全与造就，重要的是，要在所有学生的心中植入成为立言者的理想与信念，给他们指示达成这一目标的路径——“师傅领进门，修行靠个人”，最终是否能成为立言者，那就看他们自己的造化。语文教育的视野要超出中小学，要着眼于学生未来发展，着眼于他们终身言语生命的成长。

立言者，应成为语文课的图腾；成为立言者的信念，应成为所有学生语文学习的座右铭。要让学生谨记，今天学习语文，是为了未来能写出“传世之作”；成为立言者，是为让自己精神生命不死的“永生的事业”，是为了人类薪火相传的千秋功业。

就培养立言者而言，关键是诗意人生意识的培育。具体地说，就是言语自我实现人格的培育，就是培养能将自身言语创造潜能发挥到极致的人；培养以言语生命、精神生命的发展、建树为第一需要的人；培养拥有人类情怀、彼岸关怀和终极关怀的人；培养追求成为人类精神家园的守护者、创构者的人。简言之，就是培育有言语崇拜、信仰的人。要给予学生立言动力定型，让他们像历代有志于此的学子一样，胸怀精神创造的高远理想、坚定信念，向着人类永远不可荒芜的审美、学术高地义无反顾地进发。

唐贞元十七年（公元 801 年），青年学子李翊写信给大名鼎鼎的韩愈，讨教如何成为“古之立言者”，韩愈见其“书辞甚高”，且求教态度谦卑、恭敬，最重要的是“念生之言，不志乎利”，于是欣然作复，毫无保留地将自己 20

多年来追求成为立言者的经验与感悟坦诚相告，于是有了千古名篇《答李翊书》。这封教人如何成就立言者的信，倘能赏读玩味，得其要旨，仍可获益匪浅。

答李翊书

六月二十六日，愈白李生足下：生之书辞甚高，而其问何下而恭也！能如是，谁不欲告生以其道，道德之归也有日矣，况其外之文乎！抑愈所谓望孔子之门墙而不入于其宫者，焉足以知是且非邪？虽然，不可不为生言之。

生所谓立言者是也，生所为者与所期者，甚似而几矣。抑不知生之志，蕲胜于人而取于人邪？将蕲至于古之立言者邪？蕲胜于人而取于人，则固胜于人而可取于人矣！将蕲至于古之立言者，则无望其速成，无诱于势利，养其根而俟其实，加其膏而希其光。根之茂者其实遂，膏之沃者其光晔。仁义之人，其言蔼如也。

抑又有难者，愈之所为，不自知其至犹未也，虽然，学之二十余年矣：始者非三代两汉之书不敢观，非圣人之志不敢存。处若忘，行若遗，俨乎其若思，茫乎其若迷。当其取于心而注于手也，惟陈言之务去，戛戛乎其难哉！其观于人，不知其非笑之为非笑也。如是者亦有年，犹不改，然后识古书之正伪，与虽正而不至焉者，昭昭然白黑分矣，而务去之，乃徐有得也，当其取于心而注于手也，汩汩然来矣，其观于人也，笑之则以为喜，誉之则以为忧，以其犹有人之说者存也。如是者亦有年，然后浩乎其沛然矣，吾又惧其杂也，迎而距之，平心而察之，其皆醇也，然后肆焉。虽然，不可以不养也，行之乎仁义之途，游之乎诗、书之源，无迷其途，无绝其源，终吾身而已矣。气，水也；言，浮物也；水大而物之浮者大小毕浮。气之与言犹是也，气盛，则言之短长与声之高下者皆宜。

虽如是，其敢自谓几于成乎！虽几于成，其用于人也奚取焉？虽然，待用于人者，其肖于器邪：用与舍属诸人。君子则不然，处心有道，行己有方，用则施诸人，舍则传诸其徒，垂诸文而为后世法。如是者其亦足乐乎？其无足乐也？有志乎古者希矣，志乎古必遗乎今，吾诚乐而悲之，亟称其人，所以劝之，非敢褒其可褒，而贬其可贬也。问于愈者多矣，念生之言，不志乎利，聊相为言之。愈白。①

这封信几乎涉及成就立言者所有基本问题，试分析如下：

（一）价值观：蕲至于古之立言者

从信中可以看出，韩愈所论基于一个前提，就是李翊的求教动机正确。

希望成为“古之立言者”，是我国古代读书人的崇高理想，体现的是知识分子人生观、价值观的正能量。在科举制下，如能依然执着于立言之信念，确实难能可贵。这就是韩愈夸赞李翊“书辞甚高”“不志于利”，并倾其所知、不吝赐教的原因。以立言为动力定型，以此作为毕生奋斗的目标，是成就写作者、立言者的先决条件。不论是李翊、韩愈，还是历代的知识界精英都是以此为人生信仰的。立言传世、生命不朽，是言语生命自我实现的最强盛的原动力。

韩愈知道要成就立言者殊为不易，“有志乎古者希矣，志乎古必遗乎今”，能以“古之立言者”为志向的人很少，因为这会被热衷“势利”的人所遗弃，韩愈为此愤愤不平：“吾诚乐而悲之。”他为有此志向的人感到高兴，也为他们被今人遗弃感到悲哀。他旗帜鲜明地表明自己态度，给予“志乎古者”以极大肯定与鼓励：“亟称其人”，觉得这些不随波逐流、不追名逐利的人，是最值得称道的。

其实，在任何时代都是这样，能不汲汲于势利之途的总是少数，能“行之乎仁义之途，游之乎诗、书之源”，追求成为古之立言者的总是曲高和寡，为世俗所不容，但是这些人恰恰代表了人类薪火相传的精神。

鉴此，语文教育要帮助学生确立成为立言者的志向与抱负，以此作为价值基本取向。舍此，便难臻语文教育之胜境。语文教育如缺乏此内生动力，便沦为强制性的言语技能训练，便人将不人，导致言语、精神生命异化。这样的语文教育既丢失了生命价值与人类情怀，也不可能给学生带来真正的幸福感。

（二）原则观：无望其速成，无诱于势利

韩愈认为，要实现成就立言者的目的，取决于态度正确与否。“无望其速成，无诱于势利”，是其基本原则，也可以看作是实现立言者目标的总纲领。

“无望其速成”，表明达成立言者之境界不是短时间可以奏效的，是一场

① ［唐］韩愈：《答李翊书》，见童第德选注：《韩愈文选》，人民文学出版社 1980 年版，第 27～28 页。

需倾其一生不懈努力的持久战，从耗时上极言其难。只有彻底打消“速成”幻想，破釜沉舟、孤注一掷，才能实现成就立言者的愿景。如果没有这样的思想准备是断不可能成功的。

“无诱于势利”，在向着立言目标进取之途，须纯洁其心志，醇化其动机，排除其干扰，才不至于误入歧途或半途而废。立言者最大的敌人有二：求权势、谋财利。如果以谋取“势利”作为立言的动机，势必南辕北辙，即便是付出毕生之辛劳，也达不到古之立言者之境界。

这两点是实现立言者目标的最重要的思想原则。其一是要有不计付出、持之以恒的勤勉，其二是要清心寡欲，无所为而为。

立言是一个极其艰辛漫长的过程。之所以如此，是因为它所需要的人的综合素养——境界的修炼的要求，是超乎想象的。即便天才，也不可能一蹴而就、立竿见影。写作不是一朝一夕练成的，而是在水滴石穿中悟到的；是天长日久集腋成裘养成的；是无数小悟而后的顿悟、彻悟的豁然开朗；是积小流以成江河的厚积薄发、流光溢彩。离开了旷日持久的积累、修炼，任何写作“训练法”“速成法”，都是奔技能、应试去；都是“因文害道”舍本逐末的歪门邪道。对此，语文教师，未来的立言者要有清醒的认识。

这个总纲领，明确指出立言既不可能速成，还要戒绝势利诱惑，目的是要告诉学子，追求立言是艰辛的事业，是一个与内心欲望相抗争的自我折磨的过程，是孤独者、清贫者、牺牲者的事业。贪图安逸、渴慕势利，便与此无缘。守住寂寞，安于贫困，是追求这一目的的代价。“天下熙熙，皆为利来，天下攘攘，皆为利往”，超尘脱俗实属不易。对于有志成为立言者的人来说，先要问问立言对自己是否像生命一样重要，是否坐得住一辈子冷板凳，能否将内心桀骜不驯的权势、金钱欲永久打入冷宫。如果答案是否定的，就趁早断了这个念想。

在这个世界上，我们看到了太多追求立言半途而废的人，或当官，或经商……立言成了谋取势利的敲门砖，鲜见修成正果的，足见韩愈眼光之毒辣。“无望其速成，无诱于势利”，貌似简单、平易，实则深刻、犀利，直击人性之软肋。人，莫不急于求成，莫不向往势利，这是成就立言者之途的两大隐患。今天的语文教育不是消除而是激活这两大隐患：急功近利与追名逐利。与培养立言者目标背道而驰，自然不但无望成就立言者，连成就言说者恐怕也难。

“无望其速成，无诱于势利”，说出了语文教育的朴素真理。凡符合这两条，便合乎语文教育之道，是成功的人的教育，是培养立言者的教育；凡不符合这两条，便违背语文教育之道，是失败的功利教育，是培养势利之徒的教育。这可以视为一切语文教育行为的试金石。

态度、价值观决定行为，决定成败。

（三）修养观：养其根而俟其实

有了正确态度、良好心态，才有进一步的学习途径、方法可言：“养其根而俟其实，加其膏而希其光。根之茂者其实遂，膏之沃者其光晔。仁义之人，其言蔼如也。”这表明了之所以不能急功近利、追名逐利，是因为成就立言者需经历“养根加膏”的漫长过程，是通过改变人，使之成为“仁义之人”，而达到立言的境界——“其言蔼如也”。

这个途径与方法就是不断地读经典、不断地思考领悟、不断地将思想表达出来。韩愈详细地描述了其修炼过程，读、悟、写的水平经历了四个阶段，表现在写作上：“戛戛乎其难哉”“汩汩然来矣”“浩乎其沛然矣”“然后肆焉”。可概括为难、畅、沛、肆。这还不是修炼的终点：“虽然，不可以不养也，行之乎仁义之途，游之乎诗、书之源，无迷其途，无绝其源，终吾身而已矣。”修炼是无止境的，是一辈子的事，需要终身付出不懈的努力。

关于这个过程，韩愈用了一个极精辟的字：“养”。“不可以不养也”，“养”，就是“养其根而俟其实，加其膏而希其光”。这养“根”养的便是人内在的“气”，指的是德性、思想修养。“气”决定了“言”。气，是写作的根本。养气，便是立言者的修炼方式。这个养气的修炼方式，就是前面所说的读、悟、写三位一体的涵养。这是不计功利的熏陶浸淫、日积月累、水到渠成，不是所谓按部就班的“训练”所能达成的。因为，“养气”“养”的是“人”——“仁义之人”，“养”的是“仁义之人”的人格、德性、思想修养；“训练”“练”的是写作之“技”，是外在的“言”，是表现形式；离开了“人”内在的涵养，“技”与“言”这些表现形式，便成了无源之水，无本之木。

“气盛，则言之短长与声之高下者皆宜”——气盛言宜，是对“仁义之人，其言蔼如也”作进一步阐发。表明是“气”决定“言”，而不是“言”决定“气”。当今“训练为主线”的认知，便以为是“言”决定“文”，写作是炫“技”，显然本末倒置。“皮之不存，毛将焉附？”缺乏德性、思想、学问，何能立言？因此，是重“养”还是重“练”，是语文教育的一个重要分际，是一个大是大非的问题，不搞清楚，定会误入歧途。“工具论”“技能论”便是因为未能摆正“气”与“言”、“养”与“练”的关系，而误入歧途。

韩愈特别强调对人的自我涵养是终身的：“行之乎仁义之途，游之乎诗、书之源，无迷其途，无绝其源，终吾身而已矣。”德性与学问并重，是立言者自我修炼之正道。这种修炼是不间断的，终身的。与前面说的“无望其速成”相照应。

（四）功用观（本质观）：垂诸文而为后世法

至于“立言”的功用是什么，韩愈认为其功用有三：“虽几于成，其用于人也奚取焉？虽然，待用于人者，其肖于器邪：用与舍属诸人。君子则不然，处心有道，行己有方，用则施诸人，舍则传诸其徒，垂诸文而为后世法。”一是为当世人所用；二是传授给学生；三是作为后世的楷模。

可以看出，韩愈并不是很认可“用于人”——“其用于人也奚取焉？”他觉得这并不十分可取，因为这就跟器物一样，用不用完全取决于他人之需要。这是一种被动的需要，主动权不在自己手上。他比较认可的是“传诸其徒，垂诸文而为后世法”。把自己的思想传授给学生，或以自己的文章流传下去，让后人效法。这是一种自主自足的需要，主动权在自己手上。尤其是后者，是他所期盼、乐见的：“如是者其亦足乐乎？其无足乐也？”他觉得即便自己的文章不为他人所用，只要能传授给学生，或使之得以流传后世，也是很值得高兴的事。其实为世人所用不是立言的目的，不为世人所用才是立言的真正目的。

这实际上是揭示“立言”的本质。立言的目的不就是为了“传诸其徒”“为后世法”，为了建构人类永久的精神家园吗？语文教育难道不应该将“立言”作为所有学生的共同追求吗？古人尚且能“不志于利”“无诱于势利”，希望能做一个纯粹的“立言者”，以写出传世之作为毕生之追求，这种责任感、崇高感值得敬畏与效法。

韩愈这封教诲李翊何以成为“古之立言者”的信，既可以“传诸其徒”，又可以“垂诸文而为后世法”。他教学子为学要以成就“立言者”为目标，要树立“无望其速成，无诱于势利”的人生态度、价值观，要踏踏实实地读书、写作，终身修炼德行、学问，“处身有道，行己有方”，无所为而为之，功到自然成——今天以至后代的莘莘学子，依然值得遵循。

观念重于方法，动机重于技能。激扬起言语生命的风帆，热爱言说，勇于表现，走近读者，敞开自我，胜过苦心孤诣的“三基”训练。

第三章 动力指向：言语生命的鼓荡和激扬

在语文教学领域，历来看重的是方式、方法。所谓的方式、方法指的是具体的操作步骤、程序和教学行为，而实际上往往指的是一些陈腐僵化的教学模式。因此，高师的专业教育课程就称为“语文教材教法”，或径称“语文教学法”，可见我国现代语文教育的重实践、经验，轻理论、观念的倾向。这一思想方法要彻底改变。

在我看来，教育思想和观念建构是首要的，所谓的方式、方法，则是无足轻重的。因为，每一节课教学的方法、方式都应该是不一样的。同时，教学方式、方法又是极为个人化、极具创造性的，包含着个体的生命体验和经验，不应用几个步骤或什么模式，将教师的教学行为统一规范起来。重要的是教师要善于对自身教学经验进行反思和总结，对教学实践有深刻的体认，对教育思想、观念和原则有自己的思考和把握，努力建构优化的认知结构和教育背景，以不变应万变，从“无”中生“有”。对于年轻的教师，应该学习和领悟的便是这些千百年来积淀下来的“不变”的教育精神。这是教学的命脉和灵魂。有了教学的命脉和灵魂，言语生命的传递就有了归依，不论怎么教，万变不离其宗，传递的都是言语生命的精、气、神；没有了命脉和灵魂，不论用了什么式、什么法，也是枉然，因为它传递的是没有生命的空壳。

也许有人会说，教育思想观念是看不见摸不着的，教学却是实打实的，靠的是一招一式的行为。没有你说的那些教育思想、观念，我的课也照样上，我都上一辈子了。这恰恰是教育的悲哀，教师的悲哀。

不论采用什么方法，都有一些应共同遵循的思想、观念。只要把握好了基本的教学思想、观念，有了教学之“魂”，采用什么方式、方法都是可以的。语文教学，要说什么是最基本的教学思想和观念，那就是珍爱每一个言语生命，顺应言语生命的冲动，唤醒表现欲求，鼓荡、激扬起言语生命自我实现的风帆，引领学生踏上言语人生、诗意人生之路。这就是语文教学之“魂”。教学思想、观念和教学行为的中介，是教学原则。在言语生命动力学语文教育思想、观念下，具体教学原则大致有以下六条，这六个原则体现了对语文学习主体精神动力学的强调。

一　为言语生命、精神生命培元立本

在语文教学的目标层面，体现的是功能性、行为性目标和动机性、精神性目标的矛盾，应以后者为重。

语文教学的动机性、精神性目标的根源，在学生言语生命之中。教师应该**看到**每一个学生都有言说的冲动和欲求，都有对语言文字的喜好与自我表现的愿望。这就是言语动机产生和语文教学存在的本质原因。看不到这一点，差之毫厘，失之千里，语文教育认识和实践就背离了人的发展。

下面这篇学生写的文章，可以清楚地看出言语生命的冲动和欲求的真实“存在”：

且行且歌

洪滨滨

四面窗户紧紧闭着，这是一间不大的闷热的练琴室。课室后面，有几个书橱贴墙而立。琴课老师给一个神态悒悒不乐的小孩督了一会儿琴，大概也觉得琴调很索然，催人打瞌睡，走出去喝茶了。这当儿，小女孩满脸的不快顿时没了踪影。她极快地溜下坐凳，跑到那几个大书橱前，手伸向横木格上的《安徒生童话》。不一会儿，她就坐在地板上看得津津有味了。

为此，小女孩经常因练琴不专心而受到老师的责罚。但是，她对读课外书的兴趣却与日俱增。一年、两年……从《一千零一夜》到《稻草人》，再到《格林童话》，小女孩的琴艺没多大进步，图书室里的书却都让她遍览过了。尽管有些读得懵懵懂懂，小女孩的头脑里却有了一些新鲜的事物。看得多了，小女孩也开始试着自己涂涂抹抹，慢慢地积累成一片片小方块。有时，老师觉得好了，便在课堂上范读。小女孩听着，心里装着满满的快乐和自豪。

伴着这样的粗浅的满足感，从小学到初中，小女孩慢慢地长大，开始涉猎更广阔的文学天地。她无疑是走进了一个花木繁郁的生态园里。当初，琴课房后面的那几只书橱，就是她无意中踩上的一条绿茵小路。

那个小女孩，便是我。

以开始的懵懂无知到渐渐熟悉，再到后来踏入的异彩纷呈的文学长廊，一路且行且歌，我走得热闹而不寂寞，灿烂而不单调，淡然而不困惑。

最初只不过纸片背面的信笔涂鸦，渐渐地迷恋在一本随笔本里收集生活的点滴感想，再后来，则放弃那么写了，常是好几天为一条领悟思索萦回，为一两个句子无法传神而费神苦思。有时走在半路上，一点灵犀忽然闪现，就在心里反复默诵，吟咏不已，以至目不旁观，神无遐思，在这之中体验着一种无上的快乐。

笔"唰唰"划过稿纸的声音，能让我感觉到愉悦和舒适。我觉得这个问题该是：为什么读书和写作？读书启人心智，唤醒了人的神经和思想，并赋予人写作的语句。写作是心灵有感而发于笔端，是生命进行的深度反思，是灵魂用文字在唱歌。它是无声的、悦耳的、持久的。

我一直不敢把为文自诩"写作"，只把它称作"写字"。"写字"于我来说，是因太多的想法、情感无从倾吐而开的一扇窗，是害怕遗忘现在而存的一只岁月之盒。那本封面朴素的小笔记本，刻下了点滴的思悟和回想，印下了成长的足迹和体味。它藏起每一朵花开的瞬间，每一阵风声的轻吟。时而有所感触想与朋友分享，也是在边写边思考当中才越发理晰了思想纹路。

这世间有非常多的天才梦。纷沓的誉辞，作家的光环，是很多沉迷文学的人一心追逐的，我也做着我的"写作梦"，但并不对它寄望什么。我只想在一间小小的阁楼里，记录下每一片飞过窗檐的鸟影，每一张涂着阳光的树叶。我是一个走在人群边上的孩子，用文字唱着自己的歌。

这是一个大学一年级新生写的。正如没有人叫她要非得这样写、是她自己要这样写一样，读、写之事的发生，就是如此的天经地义。想叫她学琴，却没有兴趣；没有叫她读、写，偏偏想要读、写。她的读、写，没有什么目的，“并不对它寄望什么”，这就是言语生命原生的冲动，这种“发乎情性的自然”的读、写欲求，是言语生命“野性”的裸现。这不是偶然、个别的现象，言说的冲动和欲求，是发生在每一个孩子生命成长的自然进程中的——只要有这样的条件。孩子们可以不喜欢弹琴、绘画、运动、表演……但不可能不喜欢言说。对他们来说，读、写的需要是普遍的，正常的孩子没有不喜欢读、写的，除非受到了外界的阻遏或压制。言说——读、写，是普遍的人性；而其他的需要是特殊的，属于少数有特殊天赋的孩子。具有其他特殊天赋的孩子，也同样拥有自己的言语天赋。言语天赋，是其他智能性天赋发展的基础。人的后天言语动机的生成、强化和丰富，便是基于这种先天、原生的言语冲动和欲求之上的。

语文教学首要的是言语生命的养护，而言语生命的养护最重要的是对言语冲动和欲求的珍视和维护。一切的言语表现的精神性动机的形成，皆有赖于此。当孩子的言语冲动和欲求的萌芽初露时，最重要的是去顺应它们、养护它们，给予和煦的阳光和温润的雨露，使它们蓬勃地生长。在生长过程中，孩子们会体验到读、写的快乐，享受到心灵的花朵自由绽放的愉悦，从而对读、写愈加喜欢和热爱，他们的心灵世界和精神生活随之开始扩大，不再囿于眼前狭小的、实用的生活天地；他们言说的精神性动机就会变得丰富多彩起来，逐渐挤占了物质性、功利性动机的领地。

语文教学在对言语精神性动机加以培育和强化时，要注意言语实践能力培养的同步跟进。如前所述，动机的强度与效果并不成正比，过为强烈的动机，在达到峰值之后，可能导致效果下降，即所谓欲速则不达、过犹不及。适度的语文学习动机须配合以适当的言语实践层面的教学目标，才能相得益彰。在言语动机与实践功能的矛盾中，言语动机无疑是矛盾的主要方面。二者的互动，予言语生命以活力，为言语生命培元立本。

从某种意义上说，语文学习的动机也是一种目标。终极性的动机，就是进行语文学习活动的最终的目的指向，可称为精神动机性目标。精神动机性目标是从言语心理的层面说的，在教学实践中，心理的目标可以转化为行为的目标，或者说应与行为的目标相结合，通过特定的教学目标，获得实际效能。这些实践层面的教学目标具有相对明确的功能性，是对教学行为的功能性定位，可称为功能性或行为性目标。语文教学是二者的互动，在动机性目标的宏观、隐性的导引下，通过（借助）功能性目标的实施，进一步强化动机性目标，完成教学过程。单有动机性目标没有功能性目标，言语动机就失去了依恃，言语行为也便陷于盲目和随意；反之，单有功能性目标没有动机性目标，言语行为也不能持久，也就无法实现功能性目标。所以，只有做到动机与功能的统一，才能有效地提高教学效能，鼓荡起言语生命的冲动和激情。

美国后现代课程教学论专家多尔说："对人类来说，没有什么比目的、规划、目标的设定、实施与评价更为重要的了。……规划的能力伴有令人敬畏的责任——对自己、对他人、对我们生活的环境的责任。"① 这里说的"目的、规划、目标"就是功能性、行为性的，"责任"，就是动机性、精神性的，对于言语生命的成长，二者是相辅相成、不可或缺的。功能性目标与动机性目标一样，也是可分解的。教师在实施教学活动之前，须对教学目标（即功能性目标）与效果有一个合乎实际的预期。各个学段、年级、学期、单元、课时都应该设定教学行为的功能，就是说，应有从总目标到各级子目标的规划系统。中小学以至大学的言语教学，长期以来基本上是处于混乱状态（可以是混沌的，而不能是混乱的），缺乏科学的教学目标，这是亟须改变的。

值得注意的是，语文教学目标的设定，一般只能作为一种较为宽泛的预期，它的教学目标一般只能设定在一个学段，至多一个学年，很难落实到具体的某一节课或某一个教学环节。语文教学有其特殊性，它和知识性或技能性的科目不同，它是一种素养性、综合性和积淀性的课程，需要动机的感悟，情趣的培养，语感的磨砺，学养的累积，人格的陶铸，等等。这些都是"慢性""隐性"的，只能虚实结合、就虚避实。过为坐实，过为急功近利，想求得立竿见影，只能是南辕北辙。

同时，教学的目标系统不是一个封闭的、单向传导的、一成不变的程序与步骤，而应是一个开放的、双向互动的、随机应变的过程。"在一个容纳自组织和转变的框架中，目的、规划、目标不仅单纯地先于行动而且**产生于行动之中**。这就是杜威的一个主要观点：规划来自于行动，并在行动中得以调

---

① ［美］小威廉姆　E. 多尔著，王红宇译：《后现代课程观》，教育科学出版社 2000 年版，第 241 页。

整。这两者是相互作用的，一个导向另一个并依赖于另一个。将此推广到课程领域，编写课程大纲或教学计划应该采用一种一般的、宽松的、多少带有一定的不确定性的方式。随着课程或课的进行，特定性愈加明确并在合作中获得——通过教师、学生和课本的合作。”① 这种合作性规划不仅容纳灵活性——利用意外事件——而且要求规划者以一定的深度理解自身和学科，这一点通过其他方式无法得到。这种“容纳自组织和转变”的课程教学目标观，在写作教学中有着最典型的体现。言语行为过程的非线性、非稳态的特征，与言语表现的个体性与合作性的特征，都要求语文教学目标既有特定性又有一定的不确定性、灵活性和随机性。这就是，目标可以较为明确，实现目标的方式则可随机应变，也可以对预设目标进行修正。我们都有这样的经验，预先设定的教学目标，往往因为教学过程中的一场讨论或争论而意外地发生了转变，而这一转变，使我们对课程加深了理解，同时也使课程的“特定性愈加明确”。

从技术层面说，教学目标的设定要尽可能的单纯，应追求简单。因为，多目标就意味着无目标。在每一个层级上的目标都是如此，实际上，每一个教学单元能解决一个问题就很不容易了。当然，目标要科学，要有意义，要难易适中，该虚的虚，该实的实。一般说来，在较高层级上的目标可务虚，较低层级上的目标可较为务实，如在高层级的目标中可以说“培养良好的言语人格”，在低层级的目标中就得说“贴近自我”“表现真实的自我”或“表现独特的内心体验”。

目标的设定，要考虑到学生的实际，要尽可能切合学生的需要及与其他问题状况对接，不能是教师的一厢情愿。同时，还应该是可望而且可即的。在对动机性和功能性目标的设置上，朱自清先生有极好的意见可供参考。他说，把写作训练看作“基本的训练，是生活技术的训练——说是做人的训练也无不可”，但是，像这类“广泛的目标是不能引起学生的注意的”；一般的课程标准，如“养成用语体文及语言（初中）以及文言文（高中）叙事，说理，表情，达意之技能”，这还是太宽泛。不如科举时代作文是为了做官，或一些学生把作文训练看作为了将来的“创作”这一类的目标来得实在。当然，这些目标是否正确又当别论。学生只有获得切近的学习写作的目标，才会有

---

① ［美］小威廉姆 E. 多尔著，王红宇译：《后现代课程观》，教育科学出版社 2000 年版，第 242 页。

学习的热情，才能乐此不疲，才谈得上学习的主动性与积极性，才能不畏挫折，持久地、愉快地写下去，一直到实现自己的目标为止。

那么，究竟写作教学应以什么作为切近的目标呢？朱自清先生提议应以报纸上和一般杂志上的文字作为切近的目标，特别是报纸上的文字。这报纸上的文字，“不但指报纸本身的新闻和评论，并包括报纸上登载的一切文件——连广告在内”。报纸上的文字作为写作训练的切近的目标有三种好处：“第一，切用，而且有发展；第二，应用的文字差不多各体都有；第三，容易意识到各种文字的各种读者。”就是说，报刊文体不论对于学生的写作基本功的训练，还是对于将来的实际应用，都是有益的。朱自清提议以报刊文体作为中学生作文训练的目标，一个重要原因还在于报刊上的文章一般要求不是太高，大多数学生通过努力是能够达到的。而且，“从事于新闻或评论的写作，或起草应用的文件登在报纸或杂志上，也是一种骄傲，值得夸耀并不在创作以下”。它跟搞创作一样，也“可以鼓起学生的兴趣，教他们觉得写作是有所为的而努力做去”。[①] 朱自清先生的这一见解肯定了写作教学应该为多数人将来的发展服务；写作教学应该激发学生的写作兴趣。他能从学生的写作动机、学习的内驱力出发研究问题，是很难得的。一个人要在写作上获得成就，功夫不只是在课内练习，主要是靠课外自主努力。写作学习比起其他科目的学习，更需要成功的激励。这样，确定一个学生通过努力可以达到的目标就非常重要。朱自清先生对学生学习动机的重视，对教学主体、写作主体的关切，对一些具体的教学方式的设想，能从如何有利于学生的自由发展、调动他们的精神能动性这些方面来考虑，值得借鉴。

无论是虚的还是实的目标，高层级还是低层级的目标，都应是动机性和功能性的统一，都不是可以一蹴而就的，学生必须在长期的言语实践过程中逐渐“自求得之”。下面是我为一部初中语文教材草拟的“编者的话”，大致体现了上述的动机（精神性动机）与功能二元目标结合互动的意识：

编 者 的 话

这是一条语言之路，通往精神的“百草园”。她将使你的生活充满诗意和谐趣。

---

① 朱自清：《论教本与写作》，见中央教学科学研究所编：《朱自清论语文教育》，河南教育出版社 1985 年版，第 22～23 页。

从这里，你走进文学、科学、历史、人生……走进情感的天地和智慧的世界。

这是心灵的倾诉和对话，得用心灵去领会和感受，你会发觉自己的心灵和语言一起在伸展。

打开目录，你将看到一个新的“语文”景观。一个单元，有一个相对集中的阅读主题，同时又有多方面的展示，它们相辅相成或相反相成，像万花筒一样多彩。在阅读之外，有“表达·交流综合实践”“词语品味·积累”“语言趣谈”等。阅读部分除了“主读”课文，还有比较阅读、探究阅读、扩展阅读（或开放性阅读）。围绕着一个中心，相互照应，错落有致，又俨然一体。

在阅读部分，你会读到许多有趣味的诗文。她们是从生命之泉流淌出来的，是语言的精华。你会惊叹于她们的美丽和浩瀚，感悟到什么是精神的富有。

“主读”课文是要精心品味的。只要你用心琢磨，定会读出隐藏在文字中的奥秘。也许同学们的看法互不相同，你可以提出疑问，也可以有所保留。但愿你能把捉摸不定的感触、纷纭的思绪，上升为明确的见解，用自己的语言说出来和大家一起分享，要知道，你的心灵的潜在能量就是这样得到开发的。

比较阅读课文，与“主读”部分有点儿相似，却又不同。通过比较，或同中求异，或异中求同，你会感到人的心灵是多么宽广和丰富。如果你的发现比谁都多，而且说得有道理，大家将为你感到骄傲。

探索阅读课文大多有一定的深度，提出新的见解可能比较难，你要有信心投入这场“智力竞赛”。有些地方如果一时还难以深入，不要紧，重要的是你认真思考过了。将来的某一天，你会发现昨天的困惑恰恰成了今天豁然开朗的准备。

扩展阅读（开放阅读）课文，浏览一遍即可，目的是扩大阅读的视野。假如你感兴趣的话，则另当别论。

在课堂上倾听、思考了之后，是否也想把语言的花朵和思想的果实展示出来呢？在写作和口语交际部分，你的驾驭语言能力将会随着每一个单元的阶梯上升。

表达·交流综合实践，以阅读教学内容为素材，加以引申和发挥，包含了写作、口语交际和综合性、研究性语文活动。听、读、说、写融为一体，相互渗透、密合无间。

写作部分，将和你共同探讨写作上的一些重要问题，交流写作学习的方法。培养书面语语感，训练写作技能，养成独特的趣味、个性和健全的人格，是这个部分的重要任务。写作水平的提高，不是一朝一夕的事，它需要长期的积累和修炼。你也许现在还写得不够好，这没有关系。只要你有兴趣和意志，不间断地读和写，你一定会写得很棒的。说不定有一天，你写的文章被选为课文，让学弟、学妹“拜读”呢。你现在读的课文中有些就是中学生作品。

口语交际，可能是你以往接触最多、思考最少的。你要想与人交往，就得“能说会道”，这跟写文章的能力是不完全一样的。在这部分，你会惊讶地发现，把话说好跟把文章写好一样不容易。如果你能真正把握口语交际的奥妙，很一般的意思，一旦到了你口中，就会妙趣横生，说不定你会成为一个口若悬河的演说家。

综合性、研究性语文活动，是一种复合性的语文实践活动。在这个活动中，你的独立的语文实践能力会得到锻炼，你会感悟到合作、探究精神的可贵。作为言语活动的提高和延伸，作为个性化的发展，还有丰富多彩的“友情推荐”的言语实践活动，供有兴趣的言语才情不同的同学，自由选择“享用”。

语言趣谈，是语言文化学的折光，相信你会很愿意享受其中的智慧和趣味的。

精神的丰富，心灵的开阔，语感的培养，能力的提高，是六册课本的共同任务。阅读部分，各册选文的主题或题材有一个大体的共同范围。一、二册以培养精读能力为主，逐步学会比较的阅读方法，初步接触探究性阅读。三、四册，巩固精读和比较，逐步学会扩展性阅读，进一步训练探究阅读能力。五、六册，在继续提高精读、略读和比较阅读能力的基础上，着重提高探究阅读能力。写作部分，第一册是写作基本观念、修养的培植和学习方法的指导；第二册是写作习惯和书面语语感的培养；第三册是写作基本技能（五种表达方式）的学习；第四册以叙事文本写作学习为主，兼及说明、议论文本的写作学习；第五册以抒情、说明文本写作学习为主，兼及叙事、议论文本的写作学习；第六册以议论文本的写作学习为主，兼及叙事、抒情、说明文本写作训练。口语交际、综合性学习和语言趣谈将紧密配合阅读和写作由浅入深，逐步展开。

随着同学们语文能力的提高，在各册中，课程的深度和广度将同步拓展，它的变化就是你的心智成长的记录。

以言语作翼，让心灵飞翔。

这反映的便是精神动机性目标和功能性目标相统一。在这二者中，学生精神成长始终是第一位的，体现了精神生命的成长与言语能力的发展相互推动，以精神动机性目标为终极取向的教育理念，以心灵的拓展和丰富、精神的自由和开放为言语生命立本，以情感、思想特征为基础性特征带动对言语特征的领悟。言语是心灵的外化，也是人的精神的载体，因此，言语教育不能只是功能性的训练。光有言语技能，还不是人，只是机器；只有精神成长了，有了精神生命力，言语有了灵魂，才称之为人。

印度哲学家奥修说，人有肉体生命和精神生命，肉体生命是父母给的，而精神生命是自己赋予的。人如果不能赋予自己精神生命的话，他就只有肉体生命，那只是行尸走肉。因而，也可以说，教育就是帮助、滋养人的精神生命的创生，使人拥有第二生命，尤其是语文教育、文学教育更负有“催生”“接生”精神生命的使命。语文教师要是不能承担起滋养、繁育精神生命的使命，不能使学生感受到教育的“令人敬畏的责任”，那便是失职。

二　呵护言语心智的成长

在言语心智层面，体现的是智力因素（才、学、识、能等）和非智力因素（情意的、价值观的）的矛盾，应以后者为重。

语文教育对言语生命精神的滋养，应是无所不在、具体而微，渗透在每一个教育行为之中的。言语生命的成长，需要情意培育和精神护理。

言语表现，表面看是一种言说能力，是一种智能和技能，因此语文教学不应空谈知识（知识也可以看作是一种能力——知识就是力量，只是不应“空谈”），应着眼于言语实际能力的培养，着眼于言语实践的需要，这些是必要的，又是不够的。

言语表现并不是单靠智能和技能就能奏效的。语文上的成才，言语生命的自我实现，凭依的是人的综合素养——智力与非智力因素的合力。一个人言语生命的成长，须有才、有学、有识，才、学、识这些智力因素的提高是一个漫长、艰苦的累积过程。因此，学习者还得具备非智力因素主要是情意方面的素养，如正确的人生观、世界观、哲学观，明确的学习动机，浓厚的兴趣，坚定的意志，强烈的责任感，认真的态度，超常的忍耐力和吃苦精神等，没有这些，是不可能取得言语表现上的成功的。从某种意义上说，言说者非智力因素所起的作用甚至比智力因素的作用还要大。所以，契诃夫给习作者的忠告是：写，写，写……写到手指头断了为止。这强调的与其说是练习，不如说是毅力。马斯洛说："灵感一角钱就可以买一打。但是，从灵感到托尔斯泰的《战争与和平》这样的最终产品之间还需要大量艰苦的工作，严格的自律以及大量的训练……能导致产生实际作品，如伟大的绘画、小说、桥梁、新发明等的那种创造，既依赖于创造的个性，又依赖于其他品质——如执着、耐心、勤奋等等。"[①] 鲁迅也谈道："其实即使天才，在生下来的第一声啼哭，也和平常的儿童一样，绝不会是一首好诗。"[②] 就是说，天才在其成功之前也需要付出艰苦的努力。由此可见，执着、耐心、勤奋等意志心理品质是何等重要，这实际上关系到言语人格意识的养成和言语主体性的培养。这是当代语文教育的盲点，是语文素质教育责无旁贷的任务。

言语非智力素养是当今学生（也包括相当数量的教师）最缺乏的。在应试教育温床上培育出急功近利的浮躁心态已成通病，教师不是从根本上去培植学生"立诚"的基础、养成他们健康的言语人格意识，而是给学生提供写作的观点、材料和模式，鼓励猜题押题；培植的不是"立诚"而是"立伪"的基础，助长学生投机取巧的侥幸心理。梁启超在半个世纪前批判科举教育遗风时曾谈道：八股策论教学对士大夫、国家社会造成种种弊害，"现在依然换汤不换药，凡在学校里总经过十几年这种奖励……奖励、奖励、奖励偏见奖励虚伪的教育，养成不健全的性格……国家和社会的败坏，未始不由于此"[③]。梁公这番话当令今天的教育管理者和执教者汗颜！应试教育与科举教育在对学生天赋的压抑和个性的扭曲上，如出一辙，这已是不争的事实，所

---

① ［美］弗兰克·戈布尔著，吕明、陈红雯译：《第三思潮：马斯洛心理学》，上海译文出版社 1987 年版，第 29 页。

② 鲁迅：《未有天才之前》，见《鲁迅论创作》，上海文艺出版社 1983 年版，第 516 页。

③ 梁启超：《饮冰室文集》（第十五册），中华书局 1936 年版，第 84 页。

以，对言语情意因素的关注，不仅关系到语文素质教育，而且关系到整个教育方针，关系到育人、立人的问题。

在语文教学中培养非智力因素是比较困难的，但不能因此就被忽视，相反，应当极为重视才是。其实只要真正意识到它的重要性，随时留心，持之以恒，是可以做到的。当然，非智力因素的培养不应当是一种“说教”或训示，而应当是“随风潜入夜，润物细无声”的点拨、暗示或激励。

李白坚先生从自身的写作教学经验中深切感受到对学生非智力因素培养的重要。他认为在教学中尤其应注意对学生的自尊心、自信心和自我实现的欲望的诱导。他说：

> 自尊心，是对自我人格的尊重，自信心是对自身能力的估量。自尊和自信，都是学生进步、进取从而发挥创造性的重要内在素质。教师在进行写作教学中，应该用一切手段去唤起、巩固和促进学生的自尊和自信，这是我们进行诱导的一个主攻方向。有的时候，只要在自尊和自信上诱导成功，学生的知识迁移也就随之出现。
>
> 在学校里，学生的自尊和自信在很大程度上来源于教师。有位幼儿园的特级教师说，如果她实在忙得很，“来不及和小朋友们一起活动和讲话，就伸出手去，只是摸一摸每一个孩子们的头。”这看来是一件极微小的动作，却使孩子们体验到，教师是注意到他的，是爱着他的，这就使孩子感到了自尊和自信。在这不起眼的行为中，实际上包含着极重要的心理学原理。
>
> ……
>
> 自我实现，是人的本质之一，这在学生时代，表现得特别突出。教师在进行诱导的时候，应该注意以下两个方面：
>
> 1. 掌握学生想要表现的时机，帮助和促进他们的表现得以实现。
>
> 2. 发现和诱发学生想要表现的方面，让他们在这方面充分显露。
>
> 在学生想说想写想做的时候，教师应该及时予以发现。有时学生低着头，但并非不想表现；有时学生看老师一眼，这已含无穷之意于其中。这些，教师都应该细心观察，掌握时机予以“破译”。此刻，如果给学生以表现的机会，他们往往会兴致勃勃，跃跃欲试。如果未曾注意到他，则可能使他就此泄气，再也提不起兴趣来。
>
> 学生喜欢表现的方面，必然是他所了解的、熟悉的、自以为比他人

好、从而会得到教师赏识的方面，教师看到这一点，并且鼓励他予以表现，这就是“迎合他的胃口”，就是对他的表现欲望的赞赏和首肯。从意念生成的角度来说，在学生希望表现的时候刚好得到表现的机会，将会巩固他的意念，产生强烈的记忆。而这些，正是进行写作教学最需要的条件。①

由此可见，较之于智力因素的培养，非智力因素的培养更加体现了教师对学生的爱与关怀，它更需要教师对学生的体察与理解，也更需要讲求诱导的本领与技巧。教师一道关切的目光，一个亲切的动作，一丝赞美的微笑，一句鼓励的话语……都会对学生产生微妙的激励和诱导作用，都会变成他们在言语人生之途上艰难跋涉时一缕明媚的阳光。

从某种意义上说，在所有的教育科目中，语文是最需要人格心理上的呵护的。因为语文学科的学习比起其他的知识或技能学科的学习，学习过程更漫长，付出的劳动更多、更艰辛，更需要耐心和恒心、信心和信念。所以，学生要在学习过程中得到教师更多精神上的鼓励和激励，需要从自身的言语实践中获得成功体验和高峰体验，能不断地从语文教学和言语实践中获得动力。

非智力因素的培养固然需要教师不吝惜表扬与赞美，但这并不是唯一的言语人格养护方式。在当前的文学界，有人讥讽说只有“文学表扬”，而没有真正的“文学批评”，这种状况自然不是健康的文学发展所要求的。语文教育也一样，适当的警策与批评也是必要的，尤其是对学生的言语态度、观念、习惯、趣味上的问题，教师应严格要求、善于引导，不能迁就、放任。一针见血的批评，跟恰到好处的赞美一样，都是学生健全的言语人格成长过程中必不可少的水分与阳光。只要教师态度诚恳，能说在点子上，与学生有比较好的情感、思想上的交流，能得到学生的信赖和尊敬，一般有上进心的学生是不会拒绝批评的，相反，他们是乐于得到老师的教诲的。下面是一位受到批评的学生写给老师的信，从中可见在学生言语学习的过程中，教师对其言语人格陶铸所起的作用，说明恰当的批评是学生乐于接受的。

敬爱的老师：您好！

看过自己的最后一篇作业，看过您的评语，我心里只有两个字：

---

① 引自潘新和主编：《高等师范写作三能教程》，人民教育出版社 2002 年版，第 451～453 页。

谢谢！

谢谢老师。我对自己的应付感到了羞耻，对自己的最后一篇作业一下子损害了自己的形象而感到惭愧。

但是无论如何，无论如何我要写一封信，或许这样我心里会好受些。只因为事实上，大学以来我最爱的课是写作课；最欣赏的老师，写作老师也是其中之一。因此，您的批评才更加令我震动，令我对自己感到悲哀和愤怒，令我更加深切地反省。

“您是在应付”，许久没有人这样批评过我了，虽然我自己明白，许多功课我都是应付的，细想来，这一年来，我究竟学到了什么？我究竟干了些什么?！或许，我这种人听惯了好话，真正需要有人来给我一些尖锐的告诫。

谢谢老师，谢谢老师！我本就不是个聪明的学生，却总把别人的好话当真，一点一点地消磨自己曾经有的耐力和锐气，于是成了此刻的我，于是有了这样一篇作业。

老师，如果没有您坦率的评语，我一定还以为自己不过是不太认真地写一篇作业而已，我一定非常麻木不仁，我一定还得意于自己可以很不认真地上课，我一定不知道自己在别人心中的形象是多么糟，我一定仍然每天自由着我自己的自由，“浪漫”着我自己的“浪漫”，我一定不知道该好好反省一下我自己了。谢谢老师，谢谢老师，谢谢老师！

40分，这是从小学到中学到大学，我的所有写作课（作文课）的最后一次成绩。我参加学校的、区里的、市里的作文邀请赛，不算陶醉，但似乎已习惯了别人的肯定，一路行来，今日的40分是这种心理的结果。我当永远记着。

我这才发现自己原来是这种水平，包括写作素质，包括心理素质。老师，是您让我知道这一点的。谢谢您！

大学以来听到的两次批评令我教益最深。第一次是军训，那是被冤枉了的。那次在烈日下，扛着枪，手不能动，我近乎眩晕，手发抖了，枪也抖了一下。就在那时，辅导员走了过来，很凶很凶地对我说：“再要赖让你多站一个小时！”

我根本没有想过要耍赖。我只是不由自主地让手失控地抖了一下。可是就是那次，令我明白了一个最简单的道理：生活本来就没有理由的。

无论你怎样疲惫，怎样不堪承受，你都必须做好。因为别人没有工夫去研究你的付出，也没有必要。别人看到的只是你的结果。

但是我渐渐有点忽略自己的那一点顿悟，于是有了这第二次批评，更尖锐，也更深刻！我承认我做作业常常是临交前的一个晚上才赶的，但是“赶”得认真。就这一回，本来状态就不好了，却撑着继续看张爱玲小说，第二天早晨还是如此。后来被催了，才想起作业、作业……

我不想刻意修改自己被损害了的形象，几句话只是我心中的真切感受。老师，这篇作业我确实是应付的，我不否认。

但是我在今后的日子里，一定时时记得曾经有一位老师郑重地在我的作业上批着“您是在应付!”，后面还有一个大大的感叹号。

老师，谢谢您。我一定会学着认认真真地做人、做事。

不管我的最后一篇作业多令人不愉快，我仍要真诚地说一声：老师，我的确非常爱听您上的写作课！

对不起。真的！再次说一声：谢谢老师！

谨祝：

身体安康、工作顺利！

学生：×××　敬上

7.1 夜

这位学生的信，我们读到了比交上的作文更为真诚动人的情感和感受。这比写上 100 篇的应付之作收获要大得多。老师的批评，唤起了她对自己人生的反省和反思。如果没有老师的批评，也许她一辈子也不会意识到自己的弱点。相信她从此会记得“认真”二字，不论是写作，还是做人、做事。这就是一种精神养护。大学毕业后，这位同学在一所中学当教师，教学成绩不错，带了一届高三，成了年段长。暇时还会到曾经批评过她的那位写作老师家里坐坐，把自己的开心和不开心的事说给老师听，还会听到老师的批评。

一个好的语文教师，一定是一位珍爱言语生命的教师，能以自身良好的言语人格形象赢得学生敬佩，并使学生受到情意感召；一定是一位善于运用表扬与批评的方法激励学生言说的热情与信念的教师。语文教师所关注的，更多的应是对言语心智和言语生命的呵护和陶冶，让学生明白未来的言语人生之路应怎样走好，使他们的言语生命变得更加精彩而坚韧。

三　辞章之文，还是学问之文、道之文

在言语表现层面，体现的是辞章与学问、道的矛盾，应以后者（学问、道）为重。

语文教学的目标是什么？常听到教师说，现在学生文字都写不通，能写通就不错了。这自然不无道理，但是，这标准也太低了。这样的标准，放在20世纪初还说得过去，那时白话文草创，新语文教育刚开始，学生文字不通情有可原，学校教育目标是“扫盲”。一个世纪后的今天，如果一个高中生的文字还在“通”与“不通”上纠缠不休，那就实在说不过去了。学生文字“不通”，责任在语文教育，在教师的语文教学观念。不知大家是否想过，这么多年来，我们把眼睛一直盯在“文字训练”上，为什么学生的文字还是“不通”呢？问题就出在本末倒置上。

从言语表现来说，“道是根本，文是枝叶”，重要的不是辞章，而是道和学问。古人将“义理”摆在写作三要素“义理、考据、辞章”（义理即道，考据即学问，辞章即文字）之首加以强调就是这个道理。有了道和学问，辞章——文字，就不是问题了，文字这个“枝叶”，是从“道”这个“根本”上自然生长出来的。这便是无为之为、无中生有。

现在我们看到的是大量文从字顺的“垃圾”。在高考中语言华丽、内容单薄、思想苍白的文章并不罕见，各种“文字游戏”比比皆是。言语表现需要语言文字的基本功，需要较好的文体感、语感。有了好的文字能力，未必就能写出真正的好文章。一个学生要练到文从字顺不难，但要做到胸罗万卷、学养丰厚、品位高尚，就不是写作教学甚至也不是语文教学所能做到的了。从这个意义上说，写作似乎是“不可教”“难以教”的。“可教”的是“枝叶”，“不可教”“难以教”的则是“根本”，这就是语文教学的无法回避的矛盾。

写作需要文从字顺，需要求“通”，但是从根本上说追求的是言语创造、言语上的自我实现，需要求“好”、求“美”。好文章不是“辞章之文”，而是“学问之文”“道之文”。“学问之文”“道之文”，是从深厚的学养、修养中流出来的。学养为言语创造提供认知背景，修养为言语创造提供能源。朱光潜

说："深人所见亦深，浅人所见亦浅"，一个学养、修养浅陋的人，不论语感多好，写作技巧多高，都不可能写出有价值的文章。学养丰厚、修养醇美的人，文章自然就有内涵、有品位、有韵味、有哲思。写作说到底是人的文化底蕴的外化，是水涨船高、水到渠成的事。**写作到头来较量的是学养和修养。说白了，就是看谁读的书多，懂的事多，想的理透，修的境深。**这些恰是应试教育所忽视的，也是语文教育的致命伤。因此，多读、多闻、多疑、多问、多思、多写、多涵养，才是语文素养教育所要求的，必须给予极大关注。

辞章之文，学问之文，道之文，是写作境界由低到高的三个层次。所谓辞章之文，就是文从字顺的文章，好的也可见其文字技巧纯熟，文采盎然，才情横溢。但是，这主要是一种文章表面的文饰，卖弄的是才气，招引读者的眼球，仅此而已，读过后没什么可回味琢磨。学问之文，文字不一定华丽，旁征博引，左右逢源，可以看出作者积累的丰厚，体现的是"笃学"。道之文，即"义理"之文，是人的修养历练、殚精竭虑之作，以思想的精深弘富取胜，注重的是"明理"。这几者的区别在于学养和思想、人生阅历和视野、人格和趣味等的修炼程度。学问之文，一般人经过努力可望达到。道之文，一般人是难以达到的。多数人虽然难以达到道之文的境界，却不能不追求。对于中学生来说，辞章之文是基础，学问之文是可以实现的目标，道之文是毕生进取的理想。写作教育的最高标准是辞章之文、学问之文和道之文三者的统一。能统一最好，不能统一也不要紧，因为多数人三者的发展是不平衡的，但要强调的不是文字、文采，而是学问和思想。"文是从道中流出来的"，有学问，哪怕文采差一些也无妨。有了根本，就能长出枝叶。只要学生好学善思，大可不必忧虑文章通不通、有没有文采。

从这一点上说，语文素养教育不能局限于写的训练，应超越文从字顺，超越"实用"与"应用"。习作者文章中有没有错别字，文句通不通，"应用文"会不会写，写得规不规范并无大碍，这些无非是"雕虫小技"罢了。从现代语文教育创立以来，从反对"八股"教育走到了另一个极端，这就是过为急功近利，过为注重"实用"和"应用"，误入实用主义之途，以为语文（写作）教学只要教学生写好应用文，记住各种应用文的格式规范，便功德圆满，他们将来就可以学以致用、安身立命。其实，一向被认为练得很扎实的，这个"基"那个"基"（所谓"双基""三基"）、这个"格"那个"式"的，连书信借条请假条申请书都挨个练遍，忙得不亦乐乎的，可以说做的多是无用之功，练得再好（多数是练不好的）写的也就是四平八稳的没什么毛病也谈不上精彩的“辞章之文”。真要写“好”，关键在写外功夫。博学多闻、善疑精思，辨伪明理，才是培元务本之举。只要多读多写，文从字顺是迟早的事；文从字顺了，应用文何难？

辞章也是要的，重要的是不能顾了辞章，失了学养和修养，不能舍本逐末。只讲学问、明理，完全不讲修习文辞，也是偏激之论。宋儒程颐、朱熹与清代学者章学诚等人，都极其看重学问。虽然他们对学问的性质的理解存在分歧，但都认为学问与文章“古人本一事”，有学问才有文章，而他们对“文辞”的理解却大相径庭。程颐、朱熹均认为有学问便自然会发为好文章，文辞是不学而能的。章学诚对此不以为然，他认为探讨学问固然重要，但修习文辞也必不可少，二者虽有轻重本末之分，但不可偏废。他在与友人的信中，多次劝导他们应注重修习文辞。他在《与朱少白论文》中，对学习文辞的必要性做了详尽的论述：“儿子言邵先生近劝足下学古文辞，足下不肯竟学，意谓文不可学而工，学养优余，文自沛然而至。此说诚然，但足下于今言此，犹未可也。孟子曰：持其志，毋暴其气。著述将以明道，文辞非所急耳，非不用功也。知有轻重本末可矣，不当偏有所务，偏有所废也。《易》曰：修辞立其诚。诚立何预于辞，而亦要于修此，明不偏废也。……且足下所谓学者，果何物哉？学于道也。道混沌而难分，故须义理而析之；道恍惚而难凭，故须名数以质之；道隐晦而难宣，故须文辞以达之。三者不可有偏废也。……今足下之于义理，不能不加探索之功，名数不能不加考订之功，独于文辞，乃谓不须闲习，将俟道德至而发为自然之文，不知闲习文辞，亦学以致道之一事。致之之功不尽，道亦安能遽至乎？……道由粗以致精，足下未涉其粗，岂可躐等而言神化耶？”① 他把文辞看作是“道”的一个组成部分，把“闲习文辞”（闲，通“娴”）视为“学以致道之一事”，这实际上是为写作上的提高也需要一定的言辞练习作了理论论证。我以为章学诚的认识是较为辩证的。

在语文教学中，目标不应放在辞章之文上，而要放在学问之文、道之文上，在这个前提下，兼及文辞的练习。教师要学会辨识学生作文中学养的含量，不能被“文采”蒙住了眼睛。例如 2001 年高考作文的“诚信”话题，轰

---

① 章学诚：《章学诚遗书》，文物出版社 1985 年版，第 335～336 页。

动一时的优秀作文《赤兔之死》，就是一篇典型的辞章之文，甚至还不切题，而评卷教师居然看不出来，以至媒体对其推崇有加。

赤兔之死

蒋昕捷

建安二十六年，公元221年，关羽走麦城，兵败遭擒，拒降，为孙权所害。其坐骑赤兔马为孙权赐予马忠。

一日，马忠上表：赤兔马绝食数日，不久将亡。孙权大惊，急访江东名士伯喜。此人乃伯乐之后，人言其精通马语。

马忠引伯喜回府，至槽间，但见赤兔马伏于地，哀嘶不止。众人不解，唯伯喜知之。伯喜遣散诸人，抚其背叹道："昔日曹操做《龟虽寿》，'老骥伏枥，志在千里。烈士暮年，壮心不已'，吾深知君念关将军之恩，欲从之于地下。然当日吕奉先白门楼殒命，亦未见君如此相依，为何今日这等轻生，岂不负君千里之志哉？"

赤兔马哀嘶一声，叹道："予尝闻，'鸟之将死，其鸣也哀；人之将死，其言也善。'今幸遇先生，吾可将肺腑之言相告。吾生于西凉，后为董卓所获，此人飞扬跋扈，杀少帝，卧龙床，实为汉贼，吾深恨之。"

伯喜点头，曰："后闻李儒献计，将君赠予吕布，吕布乃天下第一勇将，众皆言，'人中吕布，马中赤兔。'想来当不负君之志也。"赤兔马叹曰："公言差矣。吕布此人最是无信，为荣华而杀丁原，为美色而刺董卓，投刘备而夺其徐州，结袁术而斩其婚使。'人无信不立'，与此等无诚信之人齐名，实为吾平生之大耻！后吾归于曹操，其手下虽猛将如云，却无人可称英雄。吾恐今生只辱于奴隶人之手，骈死于槽枥之间。后曹操将吾赠予关将军；吾曾于虎牢关前见其武勇，白门楼上见其恩义，仰慕已久。关将军见吾亦大喜，拜谢曹操。操问何故如此，关将军答曰：'吾知此马日行千里，今幸得之，他日若知兄长下落，可一日而得见矣。'其人诚信如此。常言道：'鸟随鸾凤飞腾远，人伴贤良品质高。'吾敢不以死相报乎？"伯喜闻之，叹曰："人皆言关将军乃诚信之士，今日所闻，果真如此。"

赤兔马泣曰："吾尝慕不食周粟之伯夷、叔齐之高义。玉可碎而不可损其白，竹可破而不可毁其节。士为知己而死，人因诚信而存，吾安肯食吴粟而苟活于世间？”言罢，伏地而亡。伯喜放声痛哭，曰：“物犹如此，人何以堪？”后奏于孙权。权闻之亦泣：“吾不知云长诚信如此，今此忠义之士为吾所害，吾有何面目见天下苍生？”后孙权传旨，将关羽父子并赤兔马厚葬。

这位学生的语言功底不可谓不厚，也很有想象力，但是，缺思考和思想。他对“诚信”没有任何自己的见解，甚至把诚信混同于忠义。在“南开大学文学院本科生写作课研讨会”上，有学生就指出：其实，关羽的品格特点并非诚信，而是忠义。关羽恰恰是死于不诚信——借荆州而不归还。但我们的判卷老师被作文精彩的语言所吸引，也不管关羽是否诚信，赤兔是否死得糊涂，就给了满分。混淆了“忠义”和“诚信”，这恰恰违反了高考作文评分标准的第一条——切合题意。[①] 这是说在点子上的。像此类辞章之文，老师、编辑偏偏看不出来，居然被学生看出来了，这是否有点反讽意味呢？如果是平时的练笔也就算了，像高考这样的场合，是绝不应该打高分的。它不仅不切合题意，而且没有意蕴，轻飘飘的，只不过是简单地肯定诚信罢了。这类文章不是语文教学应该提倡的。

语文教师是应该能够对何谓辞章之文、何谓学问之文与义理之文做出判别的。像下面这两篇文章，同样都是高考满分卷，不失为优秀之作，但是其学养基础和思想意蕴是有差异的，教师必须能判别得出来。

心灵的守望者

福建考生

心是门，为你打开一道前往求知世界的入口；心是路，为你指引一条通往成功的道路；心更是风筝，带你翱翔无垠的天际。如果心是门，那么钥匙在你手中，明天的世界由你选择；如果心是路，那么道路在你脚下，通往何方任你掌握；如果心是风筝，那么线握在你的手中，飞翔的天空由你随心而欲。作好你心灵的守望者，不要让世俗与卑劣将你浸染，给心灵一个真实的选择。

“众人皆醉我独醒，举世皆浊我独清”，这是屈原的选择，纵然身投汨罗江，他不曾后悔；“臣心一片磁针石，不指南方不肯休”，这是文天

---

① 徐江：《另一种声音》，载《语文学习》，2003 年第 11 期。

祥的选择，即使捐躯献国，他不曾后悔；“横眉冷对千夫指，俯首甘为孺子牛”，这是鲁迅的选择，虽然为反动文人所“唾弃”，他不曾后悔……为什么！他们都没有享受荣华富贵，高官厚禄，为什么至死都坚持自己的信念？因为这是心灵的选择，因为这是生命的尊严，因为这是信仰的代价。人不可有傲气，但不能无傲骨。面对抉择，不要用手选，而要用心选，用心去面对选择，让他告诉你真实的自我的想法；用尊严去选择，让尊严面对选择，让他告诉生命的选择是什么。

当然，人的选择不一而足，我们身处这瞬息万变的社会，不可能同意每一个人的思维方法。因此，我们必须学会尊重他人的看法。鲜橙甜而多汁，但橘子就未必不好。同样，伏尔泰告诉我们：“我不同意你说的每一个字，但我誓死捍卫你说话的权利。”我们可以也必须坚持自己的选择，同时也要尊重和理解他人的选择。

用心选择，剔除浮躁与奢华，展现真实自我。没有必要为了他人的目光而改变自己的所想，也没有必要为了逞一时之能而胡乱确定自己的选择，更没有必要为了达到某种目的而强迫自己做了某种选择。在这个世上没有谁能够束缚你，除了你自己。因此，面对选择，放平心态，放松心情，给自己一个真实的自我，做出你心灵深处的抉择。死并不可怕。“死不是作为生的对立面而存在，而是作为生的一部分而延续。”即使面对生死，你可曾这样想过！

作为心灵的守望者，告诉自己最真实的选择。

心在刃上的选择

山东考生

历来最为矛盾的便是文人，他们似乎生来就进行着心灵上的选择，在进与退之间，在生与死之间。

魏晋出英雄——历史学家如是说。

我不知道在别人心目中嵇康算不算英雄，但从他的一次选择中我断定：他是个英雄。

嵇康也许天生一副傲骨，不屈于俗，不慕于官，过着自己的田园隐士的生活。一代名将钟会，慕名往谒，结果被拒之门外。钟会在临走时，不忘记恨恨地瞪了两眼。于是嵇康便上了刑台，理由是谋乱。行刑前，执行官问他还有何话说，他抬起头，看着台下三千太学生稽首向着一个高高在上的人。司马昭也看着嵇康。嵇康知道，以他的名望，只要向司马昭说一句恳求的话，往后则皆大欢喜。他的心在动，心在痛，屈服吗？不，他知道自己并没有错。于是他说了句："把琴拿来。"……

他勇于赴死的从容给了历史一个隽永的背景，那已成绝响的《广陵散》余音绕耳。

如果说嵇康是在尊严与生命之间做出了令人回味的抉择，那么王国维的选择又向我们展示了什么呢？

王国维可谓近代大儒，被人们称为古文化的煞尾者。而正是这样一代大儒，却在清朝覆灭之后随之而去了。对他的死，人们颇有争议。有人以为他是"铁杆"的晚清遗民，为"国"捐躯。而我却同意余秋雨先生的意见：他是死于一种文化。

王国维眼睁睁地看着自己终身濡染的封建文化随着清朝政权的倒塌而淡化以至没落时，他这一隶属于这种文化的人心怎能没有一丝颤动？他的心在泣血。"活下去吗？"环顾四周无所留恋，曾经沧海的人对一切都已不太在意。他已没有了目标，因为，当时没有一件事，没有一个人可以作为他这个大儒的目标。"死吗？"可这样的死有人在意吗？是否值得？为一种文化的没落而死？一种文化的没落预示着另一种文化的兴起，但这已不属于他了。

心在刃上蹭了许久，血流一地，将一切涂成红色。王国维便在这红色中做出了选择。玉殒香消吧！

常言道："百无一用是书生。"我却不以为然。至少书生在矛盾中的心灵的选择是隽永豪迈无与伦比的。常人的选择可以更改，可当一介书生在心灵深处认定自己的选择后……

若干年后，我们会说：这是最令人回肠荡气的经典的选择！①

这两篇都是好文章，能写出《心灵的守望者》这样文章的考生已不多见。尽管也略见学识，讲出了"用尊严去选择""也要尊重和理解他人的选择"等道理，且有不少的引文，说明作者是读了一些书的，但总体上尚属泛泛之论，没有什么精警之见，可勉强归入学问之文之列。能写出《心在刃上的选择》

---

① 载《中国青年报》2002年8月6日。

这样的考生就是凤毛麟角了，该文已初见道之文气象。作者敢于谈论知识分子的心灵选择，并把这一选择推到了生与死的矛盾中进行剖析，正视知识分子的非正常死亡，甚至还特地挑选了学界尚有争议的王国维之死来阐明自己的见解，论题选择的本身就颇见胆识。其思想意蕴的厚重，更是不言而喻，命题给人一种惊异感和震撼力，文章拓展了读者的认知向度，表明了作者是一个善于思考和探究的人。尽管在论证和阐述上尚感简陋，但是，这毕竟是"急就篇"，是随笔式的文章，不应在思辨性上苛求。

今天所谓的好文章，绝大部分都是辞章之文。辞章之文靠的是才分，因此，也可以说是禀性为文，才情为文。人的才分是有限的，没有源头活水的灌溉，很快就会枯竭。多少不乏灵气的学生成不了大器，原因就是学养、修养没有跟上。这些学生的言语人生也就很短暂，昙花一现，快开也快败。那些早慧的孩子最危险。他们如果不懂得学养、修养的重要，急着卖才分、享用才分带来的虚荣和物质的快感，不但很快就把自己榨得枯竭，而且从此昏了头，成了物欲的奴隶，不知不觉地沦为"非人"。孩子毕竟是孩子，很难抗拒外界的诱惑，教师要保持清醒，要负起引导之责。

对学生的言说做出判别不是太难，不是目的，重要的是，在教学中要理顺辞章和学问的关系，要在培植学生的学养、修养上作正确的引导，改变以往教学中重文轻质的倾向。言语生命是需要文化滋养的。否则，纵有生花妙笔也是枉然。

四　言语意识：归根结底靠自悟

在教学方法层面，体现的是教师导悟与学生自悟的矛盾，应以后者为重。

法国著名的文学批评家、思想家罗兰·巴尔特说："写作本身乃是一种悟（satori），悟（禅宗中蓦然出现的现象）是一种强烈的（尽管是无形的）地震，使知识或主体产生摇摆：它创造出**一种无言之境**。"① 写作是一种悟，学习写作也是一种悟。言语意识和言说技能，从某种意义上说不是老师教出来的，而是学生自己悟出来，存养、生长出来的。

---

① ［法］罗兰·巴尔特著，孙乃修译：《符号帝国》，商务印书馆1999年版，第5页。

叶圣陶先生语文教学论的一个基本观点就是“自悟其理法”“自求得之”。在写作教学中，他不赞成“授知”，主张“亲知”，注重的是教与学双方通过言语实践活动，使学生能够获得亲身的体验与领悟。这一观点是值得重视的。言语能力的提高，光有“他悟”，没有“自悟”是不行的：别人的肉，贴不到自己的身上。

叶圣陶先生对“读”而“知”持否定态度。他说：“看看文章作法之类只是‘知’的事情，虽然不一定有什么害处，但是无益于写作的‘行’是显然的。”① “怎样写作，现在有好些作文法一类的书……这些书大半从现成文章里归纳出一些法则来……所以作文法一类书……对于增强我们写文章的腕力只有间接的帮助。所以光看看这一类书未必就能把文章写好。如果临到作文而去翻查这些书，那更是毫无实益的傻事。”②

叶先生对“讲”而“知”也同样持否定态度，强调自悟。他说：“写作知识短文不列在单元末尾，甚好。写作系技能，不宜视作知识，宜于实践中练习，自悟其理法，不能空讲知识。或以为多讲知识即有裨于写作能力之长进，殊为不切实际之想。”③ “来书谓在一年级系统的集中的结合学生作文例子讲写作基础知识，此言我大体赞同。……‘讲’字我不甚赞同，而以为须令学生自求得之。”④ “自悟其理法”“自求得之”，就是说，教师不能直接将写作知识传授给学生，只能引导帮助学生通过阅读去获得写作知识：“国文教本中排列着一篇篇的文章……要使学生试去揣摩它们，意念要怎样地结构和表达，才正确而精密，揣摩不出的，由教师给予帮助；从这里，学生得到了写作的知识。”⑤

叶圣陶先生的观点虽然不无轻视理论的经验主义的倾向，但有一点是对

---

① 叶圣陶：《写作漫谈》，见《叶圣陶集》第九卷，江苏教育出版社1990年版，第266页。

② 叶圣陶：《怎样写作》，见刘国正主编：《叶圣陶教育文集》第三卷，人民教育出版社1994年版，第362页。

③ 叶圣陶：《答朱泳燚（1964年7月15日）》，见刘国正主编：《叶圣陶教育文集》第三卷，人民教育出版社1994年版，第514页。

④ 叶圣陶：《语文教育书简》，见《叶圣陶语文教育论集》下册，教育科学出版社1980年版，第739页。

⑤ 叶圣陶：《略谈学习国文》，见刘国正主编：《叶圣陶教育文集》第三卷，人民教育出版社1994年版，第89页。

的，这就是写作学习归根结底是要自悟的。不论书上怎么说，别人怎么写，老师怎么教，要学会写，习作者还得通过写的实践去悟。即所谓“纸上得来终觉浅，绝知此事要躬行”。读需要自悟，写更需要自悟，就是要在读和写的过程中去不断地思考、领悟，形成对文体、语体、认知对象、写作行为等的良好的感觉，逐步获得自己对写作规律的认识。最为重要的是通过写作认识作为作者的自我，从而发展自己的言语个性，并最终达成写作上的自我实现。

既然写作是靠“自悟得之”的，那还要教学干什么呢？

在自然状态下，一个习作者的自悟必须通过长期的、带有极大盲目性的“试误”，以求豁然开朗。诚如鲁迅所言，私塾中的写作教学（今天的写作教学也很相似）就是近于这种自然状态，通过大量的、周而复始的读、写“试误”以期能侥幸做通文章。至于“做”得“通”与否，唯有听天由命了。可以肯定，靠如此的“试误”做“通”文章的一定只是少数天资特别聪颖的学生。多数学生在“试误”过程中，在碰了无数次壁之后，便被无情地淘汰出局。在教学情境下，在素养教育要求下，所要改变的就是这种自然状态下不可避免的盲目性，通过教师的因材施教、因势利导，通过师生间的交往、对话和互动，创设良好的自悟条件与氛围，促成每一个学生在写作上较快地成长，使每一个学生的言语个性都能得到最大限度的发展，即通过教师的导悟来促成、加速学生的自悟。需要说明的是，这只是一种手段，一个过程，不是全部，甚至也不是最好的方式。最好的方式，是教师逐渐淡出，不再充当导悟的角色，而是让学生自己当主角，自己主动地去寻求自悟。应该相信，教师能做的，学生大多也能做，有时还能做得更好。教师可以作为一个“旁观者”，适时提供一些参考意见。

语文教学关键是为学生创造领悟言语表现规律的条件和环境，创造有利于学生发挥自身言语主体性的条件和环境。言语素养的综合性特点，决定了教师导悟下的学生自悟，虽然能提高自悟的效率，但也只能是渐进式的，是一种“渐悟”，而不可能是一蹴而就、立竿见影的“速悟”。写作学识修养的提高和人格意识的塑造，文体感、语感的形成，是长期的、累积式的，因而，写作学习是不可能速成的。对此，我们必须意识到任何以为写作可以速成，以为只要授之以技巧或诀窍便可立见成效的观点都是违背学习规律的，都只能是一种短期行为，如同揠苗助长，竭泽而渔，可能表面上似乎有点长进、有点效果，但不可能有言语素质的真正提高。古人说的“学问文章”“道德文章”，将“学问”“道德”与“文章”连在一起，这也表明了“文章”是“学问”“道德”彰显于外的东西，没有“学问”“道德”的增益与完善，是不可能有好文章的。写作速成法恰恰忽视了“学问”“道德”养成的渐进性和写作学习的渐悟性。这从长远来看，对学生写作上的发展，非但无益，而且有害。因为这将使学生以为无须经过长期艰苦的努力便可写好文章，助长他们投机取巧的心理，导致言语人格的败坏。所谓“速效”的写作教学，必定是急功近利应试教育的产物。“写作速成法”是语文——写作教学“科学化”的误区。

在写作学习是一个渐悟过程的认知前提下，应研究如何引导、加速学生的自悟。光传授写作理论，或光叫学生去写，都难以提高学生的写作水平。教师的教学水平就反映在是否善于导悟上。要能创造最佳的条件和环境，让学生从玩中悟、听中悟、读中悟、写中悟、议中悟、评中悟和改中悟。教师应在如何导悟上发挥各自的聪明才智，应使每次的教学活动对学生的自悟都有所帮助，哪怕一些看来很普通、细小的问题，也需真正自悟到了，才有收获、有长进。导悟要围绕着写进行，以学生的写作活动为中心，将听、读、说、议、评、改等，巧妙地组织成一个有机的整体，在师生互动中，趋向教学的目标，让学生始终处于一个良好的自悟氛围中，在有限的教学时间内获得最大的收益。

在悟什么这个问题上，悟“虚”和悟“实”要结合。下文是悟“实”的教学实录：

一节思维创新写作实验课①

陈小明　执教

〔2002 年 12 月 19 日，连江三中多媒体教室。〕

师：同学们……我们今天进行联想创新写作训练，用实物命题，通过观察事物培养丰富的想象力和敏锐的观察力。观察时可侧重于因果联想。

（同学们坐得端正，精神振奋，目光炯炯有神。）

师：（先点燃火柴，然后出示打火机火焰，要同学们睁大眼睛用 2 分

① 陈小明：《一节思维创新写作实验课》，载《语文世界》，2003 年第 3 期，略有改动。

钟仔细看，再看电脑投影的火焰图案）看过图案后能想到什么？能留下什么印象？你认为火焰有哪些特点？

（1分钟后有小声议论）

师：（2分钟后）请同学们自然地把手平放在桌子上，闭目联想2分钟。（同学们紧锁双眉，教室里一片寂静）

师：请大家睁开眼睛，站起来大声地说出你看后所想到火的特点。（教室里顿时声音嘈杂）

学生1：红色，给人温暖。

学生2：闪动，跳动，给人活力。

学生3：照亮一方，给人勇气，是光明的使者。

师：现在用15—18分钟，写一段与观察对象有关的意思完整的话或一篇短文。

（12分钟后部分学生停笔望老师，15分钟后全部学生停笔检查。）

师：（18分钟）时间到。请同学们前后左右自然成组交换习作欣赏讨论，取长补短，推荐习作。时间5分钟。（声音此起彼伏，极为热烈，老师也走下讲台参与讨论）

师：现在由各小组推荐习作赏析。

学生4：王希凤的，她的习作写出了“火”的特殊意义，值得欣赏。

学生5：徐文芳的，她的写作中联想别具一格，对大家一定有启发。

学生6：魏兹进的，他的习作写出了“火”的利弊。

（学生们还在七嘴八舌地推荐）

师：下面请王希凤同学上台朗读自己的文章，听后大家发表意见。

[学生习作]

擦亮心中的一把火

王希凤（15分钟完卷）

擦亮一根火柴忽明忽暗，显示它生命的脆弱，但它却点亮了蜡烛，“蜡炬成灰泪始干”，蜡烛用它毕生的精神燃烧着自己。这“火”不仅照人缝衣、学习，还能擦亮心中的一把火！

孩提时，老师说：“助人为乐为本”，于是，我懂得了燃烧心中的热情，用微薄的力量帮助身边的人。路上我遇到过抱着两个十几斤西瓜的男孩，提着一桶水年过七旬的老妇，我能毫不犹豫地走上前去帮了他们。是的，点燃心中的火，给我快乐。一声谢谢使我自豪！

原始的钻木取火，人为的火柴点燃，也许正如我孩提时心中的“火”点燃！

随着时代的进步，火的使用也更广泛了，我也慢慢地长大了，时隔五年，转眼上高二了。一条泥泞的大道上我小心翼翼地走着，“哎哟”一声，有人摔倒了。我扭过头一瞥，“还好，摔倒的不是我的朋友。”小声地说。再看看前后过往的人，也迈着“事不关己，高高挂起”的脚步走开了。顿时，脑海里嗡嗡作响，燃烧的火啊，你既然能擦亮心中的一把火，为何眼前好像就要熄灭？我迷茫了，物质文明丰富的今天，精神文明怎么能这样呢？这时，几个小学生突然唱起“人人献出一点爱，世界多美好！”我转身走向摔倒的人……

火，腊月的天气，你是温暖的救命星；火，冻三尺之冰，你是熔化的勇士；火，黑暗中赶路的人，你是引领的启明星。让我们高举火炬，擦亮心中的一把火吧，让他更好地、永久地发光、发热！

（同学们给以掌声鼓励）

师：请同学们发表意见。

学生7：我觉得王希凤同学的习作，抓住火忽明忽暗的特点，能联想自己的亲身体验，形象地写出了当前社会一部分人的思想状况，听后颇受启发。

学生8：王希凤同学运用逆向思维，从火柴光的微弱联想到孩提时能懂得助人为乐，再写出眼前对人漠不关心，警示人们精神文明建设是多么重要。习作的可贵之处就在于此。

学生9：这篇习作不成功。本次作文重在因果联想，习作没有突出这一点。

师：王希凤同学在这么短的时间里，能从观察到的现象联想到亲身的体验，再巧妙地反映出当前的一种社会现象，真难能可贵。如果能从物质丰富与精神文明这一因果关系上去联想，那就锦上添花了。

师：下面欣赏徐文芳同学的习作。

（徐文芳同学走上讲台）

[学生习作]

火——生命的本色

徐文芳（15分钟完卷）

生活虽不易，人生路更长。生命是一朵花，生命是一滴露，生命是一片叶，生命是一瞬间，而生活是一杯百味酒，酸甜苦辣俱全：成功的喜悦，失败的痛苦，相聚的温馨，离别的惆怅，一切尽在其中，风风雨雨之后，一抔黄土，这便是人的最后归宿。帝王将相也好，达官贵人也好，名流明星也好，凡夫俗子也罢，不管生前的际遇千差万别，最终都无可奈何地接受死神邀请进入未知之乡，最后化为乌有。人的生命就这样玩完了。

观察火柴点燃的那一瞬间开始，就注定了它有熄灭的那一刻，最闪亮发光的那一段是从点燃之后的那一刻到熄灭之前的那一刻为止。如果你想让你的精神永驻人间，那么你现在就应该努力地去争取，点燃自己，燃烧自己，为后人照明前进的道路。或许那时应该说，这不是黑夜，而是光明！这不是结束，而是开始！这不是虚无，而是永恒！或许这就是活着的真正意义。

生命与火燃烧的规律是多么一样啊！人不要"哀吾生之须臾，羡长江之无穷"。人生本来就是数量与质量的统一。我们要像巴尔扎克一样熠熠发光，为自己建造了底座，为未来负起安放雕像的责任。朋友，拥有火燃烧的本色，你就懂得了生命的真谛！

学生10：徐文芳同学通过观察火的燃烧与人的生命短暂类比，用一连串比喻排比，启示人们珍惜生命，创造生活。

学生11：火柴燃烧是因，熄灭是果。人的地位、等次、生活不一样是因，终归离开人世是果。徐文芳同学能这样巧妙地结合和创新，习作就感人了。

学生12：听了习作，我觉得有一个很大的缺陷，就是现象的罗列、说理的空洞，没有作者生活体验的事例，给人的教育是朦胧的。

师：徐文芳同学的习作，能用排比、类比、比喻抒情说理，就是创新。如果在抒情联想时能联系自己生活中的经历或感受，那就是一篇难得的佳作了。

师：今天在同学们的配合与努力下，成功地进行了一次创新写作训练。大家应该明白要写好作文并不难，只要留心观察生活，产生相关联想，就一定能写出创新文章来。同学们，请利用课余时间观察水的沸腾或蚯蚓的形体，写一篇随笔。

〔下课。〕

（黄财武整理）

这一次教学试图悟“实”。教师精心组织了一次课堂写作实践活动，要求学生通过实物观察，展开联想和想象，写一段话或一篇短文，并通过讨论和对话促成学生对创新思维的自悟。教学组织是较为开放的，学生的参与度也较高，这是值得赞赏的。略感不足的是学生的习作和师生的评述都有点“过”，所谓的创新思维并不怎么新，教师没有扣紧在“新”字上导悟，所以学生对“新”的自悟也就较浅。第一篇学生的习作并不“新”，甚至可以说是陈词滥调，教师非但没有看出来，反而还强化了学生的“伪写作”意识，往“从物质丰富与精神文明这一因果关系上去联想”上“导”，这就助长了学生的立意拔高意识，而不是创新意识。第二篇文章比第一篇文章要好，谈论的不是一般人常常称道的火的“光明”，而是谈论一般人较少谈论的火的“熄灭”，这就有点创新思维的苗头了，遗憾的是教师也没有看出来，没有加以鼓励。本来“学生 12”说得挺好：“听了习作，我觉得有一个很大的缺陷，就是现象的罗列、说理的空洞，没有作者生活体验的事例，给人的教育是朦胧的。”教师要把握住这个契机，往什么是“新”字上引，但是遗憾的是，教师只是重复了学生的话，并没有让学生进一步“悟”到什么才是“独特”的经历和感受，什么则不是。不过，从总体上说，教师能做到调动学生积极地参与教学，能畅所欲言，就不错了。因为，学生在这个过程中有过体验和思考，也就有所悟。有待提高的是悟的质量。

其实导悟的方式是多种多样的，不必拘于形式。教学中的平等对话，不限于一般意义上的对话。对话就是相互的了解和沟通，不是只有交谈才是对话，不应将对话的理解狭隘化。教师如果能提供给学生有益的知识，激发学生的思考和反馈，也是对话。下面是一篇笔者写的悟“虚”的短文，相信这种认知也能起到启发师生进行对话的效果：

让生命歌唱

写作能力已成为现代人最基本的素质之一。因此，几乎所有的升学与就业的人才选拔，都离不开对写作能力的考察。

联合国教科文组织国际教育发展委员会，在《学会生存，教育界的今天和明天》中，提出了“学会学习，学会做事，学会共同生活，学会生存”的教育理念，把“学会学习”摆在教育的首位。美国的加州大学伯克来分校则提出了“学习通过写作”的口号。在各科的学习中，以写作的方式来获取知识，来推动、促进对所学知识的理解与运用，有助于体现学习效果，提高学习效率。现在中学课程增加了一个新内容：“综合性学习”，要求自己“选题”，制订“研究计划”，搜集资料，进行讨论、分析，写成“调查报告”“研究报告”等，每个环节几乎都离不开写作。

写作能力，是一个人的综合素质的表现，是日后工作能力、创造能力的重要基础。

写作是一种精神活动，一种从初级到高级的精神提炼和升华。起初，有时似乎只是一种朦胧的冲动，或思绪纷纭，或茫无头绪，经过反反复复甚至痛苦的折腾，闪光的思想开始显现，纷纭的思绪逐渐连贯，说不清道不明的意念找到了恰当的语言，模糊的情感变得明晰，平常的东西显出了不平常的意义，精神上得到升华。比如，在第一单元中的《一诺千金》，作者也是一个中学生，她做了一件好事，表现了纯真友情，也许这在别人看来，这已经很完满了。但是，接下来，却感到了对同学精神的伤害，体验到深深的内疚、失落和怅惘。文章深化的过程，也就是她精神境界提高的过程。《雪地贺卡》中的李小屹给雪人写贺卡，“我”以雪人的名义回了一张贺卡，李小屹惊喜地读后再给雪人写了回信……写到最后才深刻地体会到共享内心秘密的美好和激动。这种心灵秘密其实我们大家都经历过，但是，往往以为不值得一写，就轻易地被忽略了。其实，这样的心灵财富是很宝贵的，不在文字上落实下来，就白白流失了。为了提高写作水平，为了丰富精神世界，就要养成写作的爱好。给知心朋友写信诉说自己的烦恼与忧伤，编一则童话寄寓美丽的心愿和真诚的祝福，写首小诗抒发心中泛起的春雨般缠绵的感动，写篇散文讲述对童年友情的怀念与珍重，写篇观测报告破解蚂蚁搬家、蜜蜂建巢之谜……清澈温暖的语言之泉，在你的心灵深处静静地流淌，那是一种多么美妙的生命体验！

当代作家王小波先生，把这种写作冲动，与“登山家”的感受相提并论。他说有人问一位登山家为什么要登山，回答是：因为那座山在那里。他说他喜欢这个答案。明明是自己想登山，却说是因为山在那儿使自己心里痒痒。这是不是挺逗的？

在一般人看来，登山不但不会给人带来什么好处，而且，还要冒着摔破脑袋的危险。不少把写作当作毕生事业的人也是这样。他们从写作中所得微薄，有的干脆什么实际的好处也得不到，可是，他们哪怕是住着破房子，饿着肚皮，也还要一个劲儿地往“写作”这座山上爬。因为这是一座精神的山，情感的山。杜甫的孩子都饿死了，他还不忘写诗；曹雪芹穷得喝稀饭还在写《红楼梦》，他们都是在爬山，爬一座精神的高山。

世上的事，有的做了会获得某些直接的利益，比如修路、盖房子、做生意；有的不但什么利益也得不到，还得付出点什么，比如帮助残疾或贫困的人，出于爱好的拉琴画画、打球下棋等。后者尽管得不到物质上的回报，往往还是有人会心甘情愿地去做。甚至比做那些“有利可图”的事还要投入。因为他们觉得做这件事有意义，应当去做；或仅仅是对这件事很感兴趣，做起来感到很快乐。写作，便是很值得去做的、既有意义又快乐的事！会写文章，不单是说明了你掌握了一种学习技能，或具备了一种工作能力，更重要的是，它还表明了你是一个有理想、有信念、心灵丰富的“人”。

法国作家雨果说：世界上最宽阔的东西是海洋，比海洋更宽阔的是天空，比天空更宽阔的是人的心灵。当写作不只是为了应付考试，也不只是为了获得物质的酬报，而是向世界敞开自己宽广的心灵，在创造的星空纵情放飞思想和理想，你会感到精神的富有，感受到作为一个有境界、有追求的人的庄严和高尚，自豪和幸福。

同学们，在你们的“写作”之旅中，当你们在关注今天的学习和明天的工作时，是不是也关注一下自己的心灵，为情感、为思想、为信念，为爱你和你爱的人们写些什么呢？像许许多多的文化精英一样，用写作，也是用生命，为人类建造瑰丽的精神家园。

现在你是否会回答“为什么要写作”这个问题了呢？如果你一时还不能完全理解不要紧，不要急于回答，可以在写作中慢慢地琢磨。

重要的是要热爱它，在实践中，捉摸它的门道，学会思考。

毕竟你们已经是中学生了嘛！

悟“虚”的作用未必就不如悟“实”，有时离开了恰是更逼近了，重要的是要说到学生的心里，能拨动学生的心弦。以往老师灌输给他们的，更注重的是对外部世界的观察、感知，而没有意识到更重要的是心灵情感的丰富多彩和精神世界的深邃宽广。这种“新知”，对学生便造成了一种心理冲击，推动他们在言语实践中得以自悟。

言语表现上的导悟和自悟的方式很多，无所不可，无所不在。只要有心，随时都可以导悟和自悟。课堂教学只是很有限的一个空间，而课外的语文学习也许收益更大。看电视，唱歌，听戏，交谈，甚至逛街，都可以有所悟；欣赏街上的商店招牌、商品广告等，都可以有所思、有所悟。从这个意义上说，语文学习的外延等于生活的外延不无道理。尽管生活并不就是语文；满街逛荡的人，未必个个都能成为文学家、学者。

学生的言语生命是在教师的导悟中被激活，是在自悟中拔节生长的，在教学中要追求导悟和自悟的统一。

五　走向真表现、走近读者

在写作练习中，体现的是“失真”（伪写作）与“仿真”（真写作）的矛盾，应以后者为重。

如果告诉一个高中毕业生说你学了十年左右的写作，写的都是假文章，他一定会大吃一惊；如果告诉一位语文教师说你教了一辈子写作，全是伪写作，他一定会大惑不解或勃然大怒。写作教学的情况就是如此，不知道这一真实存在的悲哀，是最大的悲哀。

言语表现是一个“知”“行”递进的过程。但它的“知”不是单纯的知识的授受，而是寓于“行”（说、写的实践）中的“知”。离开了言说实践的参照与体悟，知识就变得一钱不值。在中小学语文教学中，一般不主张授“知”，因为教师本身就不怎么“知”，无“知”可授。于是，“知”与“行”

便“统一”于盲目训练中，一味出题目叫学生写。这种做法相沿成习，问题在于练些什么、如何练才能获得写作的真“知”。

长期以来语文教学中的言语表现基本上都是“假”表现。“假”表现是不可能获得真知的。写作训练，实施的不是真写作，而是伪写作；练的不是真能力，而是伪能力。学生的言语认知，便是假性认知，是一种负诱导。

这种“伪写作”源于应试教育。我国的写作应试教学的模式，与苏联的写作教学模式有一定的关系，如果不是直接的套袭，也是“心有灵犀”的合谋。这一点可从吴立岗先生的《作文科学化的探索——〈苏联的作文教学述评〉》一文中，“供我们参考和借鉴”的苏联作文教学情况得以清楚地表明。他说由拉德任斯卡雅主编的《苏联的作文教学》一书认为最基本的写作能力共有七种：

(1) 审题能力。审题，是命题作文的第一步。要教会学生：第一，明确题目的范围，区分宽题和窄题。第二，领会如何确定中心思想。第三，判别文章应采用什么体裁。

(2) 表现中心思想的能力。中心思想是文章的核心，要让学生学会通过审题确定中心思想，还要学会通过选材、组材和遣词造句来表现中心思想，这一点更为重要。

(3) 搜集材料的能力。作文材料的来源主要有两个方面：现实生活本身，现实生活在书本和图画中的反映，因此要教会学生观察实际、阅读书本和欣赏图画。其中最重要的是学会观察，它可以激发学生的求知欲，磨砺他们的感觉器官，充实他们的语言，鼓舞他们展开想象的翅膀。

(4) 系统地整理材料的能力。光有材料还不够，还必须学会对材料分类，考虑它们的表达顺序，拟订写作提纲，确定文章各部分之间的联系方式。其中最重要的是拟提纲。

(5) 修改文章的能力。这方面的训练目前特别薄弱，为了培养学生修改文章的能力，应该使学生养成对作业进行自我监督的习惯。写完文章后至少修改三遍，第一遍默读，修改文章的内容和结构；第二遍默读，斟酌遣词造句是否确切；第三遍朗读，从内容到语言作全面检查。还应该教学生掌握一整套修改文章的统一符号。

(6) 语言表达能力。每写一篇作文就应该积累一批好的词句。教师特别要抓好写作前的训练，要通过专门训练来充实学生的词汇，例如哪些词儿可以描绘白雪在阳光照射下呈现的各种色彩。这样日积月累，学生的书面语言就能做到准确、生动和优美。

(7) 选择文章体裁的能力。要教会学生运用一定的结构形式来安排文章的思想内容。除记叙文和议论文外，还要会写描写文。描写文是运用修饰手法来揭示人和事物特征的一类文体。运用准确的、合乎逻辑的客观事实来描绘事物的特征，叫做科学性描写文。运用生动而富有感情色彩的语言来形象地描绘事物的特征，叫做艺术性描写文。后者是描写文教学的重点。①

这七种“最基本的作文能力”恰恰是写作应试教育的典型表征。在这里，作者把“审题能力”作为写作能力的首要，其次是“表现中心思想的能力”“搜集材料的能力”……只有在教学情境中对付教师的命题或在应试作文时才有这样的能力需求，才用得着在审好题之后确定一个中心，围绕着中心去搜集材料、整理材料，等等。总之，这是一种奉命作文的“主题先行”的格局。在实际写作中，根本就无须“审题”，最需要的是从材料（生活与书本）中感知与发现写作素材的能力，一般是“感知先行”的格局，是材料先于主题、主题来自于材料的。而且，更重要的是，这七种能力，既不涉及作者的表达意愿，也不涉及写作的传达功能，不考虑读者的接受，完全脱离了实际写作的需要。按照这样的“写作”教学观念进行写作训练，其结果培养出的势必是专门对付考试、与写作实践背道而驰的“伪能力”。

在教学实践和各级考试中，最受重视的就是审题，因为这是最“致命”的。一旦“审”歪了——“偏离题意”，等于自毁前程。这么多年来，语文教师为什么就不会想到这“性命攸关”的审题，完全是一种无谓的折磨学生、以学生为敌的做法？学生不会审题，对他们将来的写作有何大碍？为什么要用这种近乎愚蠢的方法来检验学生的写作能力，使他们真正的写作能力无法正常地发挥出来？这使对学生写作能力的评价失去效度，每年高考中，都有一批考生，只因审题不慎而被打入另册。这种做法既不科学，也不人道，是对言语生命的无端摧残。

在应试教育下的写作训练，练的是应考的能力，而写作实践要求的是自主表现能力，面向特定读者的应变能力，这就造成了教学要求与实践要求严

① 见鲁宝元编：《国外作文教学》，文心出版社 1986 年版，第 103～104 页。

重脱节的状况。例如，在写作训练中往往由教师命题，而在写作实践中一般须由作者自己选题；在写作训练中学生是在没有写作欲望的情况下被动地“遵命”作文，被迫为文，在写作实践中一般是由作者主动地自发作文，充满了表达冲动和表现欲；在写作训练中写作行为始于教师的命题，在写作实践中写作行为始于某一偶然的契机；在写作训练中往往是主题、概念先行，在写作实践中一般是先有感触、先有材料的搜集；在写作训练中学生的写作往往是“目中无人”（唯一的读者便是老师），在写作实践中作者首先要考虑到的便是文章要写给谁看，并始终心存读者；在写作训练中学生的写作目的是“拿分”，在写作实践中作者的目的是要让读者接受，较好地实现自己的写作意图，产生具体的功用……写作训练与写作实践背道而驰，如何能培养真正的写作能力呢？如此的训练，培养出“高分低能”的学生是再正常不过的事。在写作训练中得高分的学生，一旦离开了教师、离开了教学情境就变得不会写作了。因为他们不会自己选题，不会自己查找资料、搜集资料，不会自己发现问题、形成观点，不知道该写给谁读，该怎样与读者沟通，更不知道自己的文章适合在什么刊物发表。

因此，要提高写作训练的效能，就得对写作实践进行“仿真”，就得对现实中的写作情境进行虚拟，使写作训练的虚拟情境与写作的自然情境尽可能地逼近，方能学以致用。写作训练从“失真”到“仿真”（逼真），这是写作从应试教育向素养教育的一个带根本性的转向，随之而来的是原先的那一套旧的教学观念、话语、思维和行为方式等，都将面临一个巨大的变革。

写作教学要从“伪写作”向“真写作”回归，就得达成练笔与“仿真”的统一。要做到这一点，就要拆除教学和言语实践间的藩篱，使教学情境向实际写作情境靠拢，使写作由人为的变为自然的，是为满足生活和心灵需要而写，是有为而作。在这一点上，梁启超、夏丏尊和朱自清先生也有十分精到的见解，可供参考。

梁启超先生说：“最要牢记者仍不外我从前说的求真求达两句话。事迹要真，写出来还要逼真，务要完全达出自己所想讲的。”① “真”是对内容而言，“达”是指形式上的要求。

所谓“真”，它包括两个方面的内容：一是指事实的确凿无误，二是指人

① 梁启超：《作文教学法》，见《饮冰室合集》专集第十五册七十卷，中华书局 1936 年版，第 35 页。

的真情实感。前者强调的是客观性，后者着眼于主观性。关于第一种意义上的“真”，梁启超说：要客观的忠实，“记载文既以叙述客观的为目的，若所记的虚伪或伪舛或阙漏，便是与目的相反，所以对于材料之收集要求其备，鉴别要求其真，观察要求其普遍而精密。尤要者，万不可用主观的情感夹杂其中，将客观事实任意加减轻重”①。他认为能不能做到对事实、读者负严正责任，事关“文德”，而把“文德”的基础立得巩固，十分重要。第二种意义上的“真”是指“要绝无一点矫揉雕饰，把作者的实感，赤裸裸地全盘表现”，这种作品要是“完全脱离摹仿的套调，不是能和别人共有”的。梁启超将作文的“求真”上升到“文德”的层面来认识，对今天的作文教学仍有现实意义。

内容的“真”只是一个前提条件，问题还在于要逼真地写出来，并且使人看得明白。这便是“达”，其实也就是作文的目的所在。梁启超“达”的标准，一是指要说的照原样说出。学生未能将要说的照原样说出，是苦于无法驾驭材料，只要能把思想理出个系统，将材料分清主从关系，便能较好地将要说的说出。二是指所说的令读者完全了解。说了而让人不明白，原因在于故弄玄虚或缺乏逻辑学的修养等。他说：“我不主张文章作得古奥，总要词达，所谓‘词达而已矣’，达之外不再加多，不再求深。”“为什么要做文章？为的是作给人看……若不能感动人，其价值就减少了。”②

由此可见，梁启超不但把表达的问题看作是思维的问题，而且把文章是否达意放到读者的接受状况中去检验，用今天的话说，就是注意到“传者”与“受众”的矛盾。在“照原样说出”与“令读者完全了解”二者之间，更为强调后者。这对“达意”的理解是较为全面、深刻的。对学生强调读者意识，确实十分必要。

夏丏尊先生在著述中也多次指出写作应顾虑到读者。他说：“我们写作文字，当然先有读者存在的预想的，所谓好的文字就是使读者容易领略，感动，乐于阅读的文字。诸君当执笔为文的时候，第一，不要忘记有读者；第二，须努力以求适合读者的心情，要使读者在你的文字中得到兴趣或快悦，不要

---

① 梁启超：《作文教学法》，见《饮冰室合集》专集第十五册七十卷，中华书局 1936 年版，第 6～7 页。

② 梁启超：《中国历史研究法补编》，见梁启超：《中国历史研究法》，上海古籍出版社 1987 年版，第 171 页。

使读者得着厌倦。”[①] 他将读者的接受状况，视为作文之根本：“古今能文的人，他们对于文章法诀各有各的说法，一个说这样，一个说那样，但是千言万语，都不外乎以读者为对象，务使读者不觉苦痛厌倦而得趣味快乐。所谓要有秩序，要明畅，要有力等等，无非都是想适应读者的心情。因为离了读者，就可不必有文章的。”[②] 他立下的一条最基本的法则，就是“为读者而作”。

由此出发，他认为写作首先须考虑：“（1）读者的性质，（2）作者与读者的关系，（3）写作这文的动机等等。……文字的好与坏，第一步虽当注意于造句用辞，求其明了；第二步还须进而求全体的适当。对人适当，对时适当，对地适当，对目的适当。一不适当，就有毛病。”[③] 这“明了”“适当”，自然都是针对读者而言的。

当过多年国文教师的朱自清先生，对写作教学的失真，也深有感触，并做了认真思考。他感到教授国文有三大困难，其一便是“无论是读是作，学生不容易感到实际的需要。……不感到实际需要，读和作都只是为人，都只是奉行功令；自然免不了敷衍，游戏”[④]。这可谓一语中的，说出了读写教学效率不高的症结所在。要解决这一问题，重要的是必须使学生意识到他们的作文训练是“有所为的”，而不是徒劳的。

朱自清先生认为学生对作文训练缺乏热情的另一个重要原因，是作文训练背离了以一定读者为交流对象的写作的一般规律。每次作文练习，往往都只有一个使他们感到惧怕的实际读者——老师。学生的作文训练，基本上是在没有什么写作冲动与发表欲望的情形下勉强应付的，也就谈不上形成较强的读者意识和文体感。无论写作教学设置的终极目标是多么切近，但是，如果学生的每次作文练习都缺乏必要的交流对象，都变成一种可笑的自言自语，他们所要实现的终极目标，也就必然要变得十分渺茫。

---

① 夏丏尊：《关于国文的学习》，见《夏丏尊文集》（文心之辑），浙江文艺出版社1983年版，第541页。

② 夏丏尊：《作文的基本的态度》，见《夏丏尊文集》（文心之辑），浙江文艺出版社1983年版，第99页。

③ 夏丏尊：《关于国文的学习》，见《夏丏尊文集》（文心之辑），浙江文艺出版社1983年版，第541～542页。

④ 朱自清：《〈文心〉序》，见朱乔森编：《朱自清全集》第一卷，江苏教育出版社1988年版，第284页。

因此，只有把作文练习置于正常的以传达为目的的写作情境中，学生才能意识到写作果然是有所为的。朱自清先生强调的学生写作练习要有假想的读者，便是基于这一认识之上的。他说：学生写文章“知道写了是要给教师读的；实际也许只有教师读，或再加上一些同学和自己的父兄。但如果每回写作真都是为了这几个人，那么写作确是没有多大趣味。学生中大约不少真会这样想，于是乎不免敷衍校章、潦草塞责的弊病，可是学生写作的实际的读者虽然常只是这几个人，假想的读者却可以很多”①。所以，他认为，写作教学应主要以假想的读者为对象，这些假想的读者除了父兄、教师、亲近的朋友或同学外，还有全体同学，全体中学生，一般青年人，本地人士，各社团，政府，政府领袖，一般社会，等等。总之，学生作文练习，尽可以假定以任何人为交流对象，而且必须以各类人为读者对象。

朱自清先生的这一看法的核心内容是：“写作练习是为了应用，其实就是为了应用于这种种假想的读者。写作练习可以没有教师，可不能没有假想的读者。”② 这应该说是抓住了作文练习的本质要求。既然实际的写作活动有真实的读者，教学情境中的作文练习也就要有假想的读者，只有这样，学生的作文练习才能与未来的应用接轨。

然而，文章是为了读者而存在、而体现出其价值这一简单的道理，在写作教学中往往被师生们忽略，因此，增强写作教学中的读者意识，对教、学双方都是非常必要的。

在作文练习中，缺乏读者意识也必然会削弱教学效果。朱自清先生认为，学生“不意识到假想的读者，往往不去辨别各种体裁，只马马虎虎写下去。等到实际应用，自然便不合式”。而且，“只知道一种假想的读者而不知道此外的种种，还是不能有辨别力”。③ 可见，在训练中明确规定假想的读者，其直接功用又是为了提高对各体文章特点的辨别力，即形成文体形式感。写作主体的文体形式感的优劣，则在相当程度上决定了他们写作质量的优劣。

要提高学生对文章体裁特点的辨别力，培养学生敏锐的文体形式感，朱自清还主张要以报纸上的文字作为写作学习的范文，“因为报纸上登载着各方

---

① 朱自清：《论教本与写作》，见中央教育科学研究所编：《朱自清论语文教育》，河南教育出版社 1985 年版，第 21～22 页。

② 同上书，第 22 页。

③ 同上。

面的文件，对象或宽或窄，各有不同，口气和体裁也不一样，学生常常比较着看，便容易见出读者和文字的关系是很大的，他们写作时也便渐渐会留心他们的假想的读者"①。学生文体辨别力的提高确实有赖于经常的比较、鉴别，而报纸提供了这种便利。同时，报纸栏目多，读者对象多，读者面宽，认真阅读、揣摩，也有利于提高学生的读者意识。

前辈学者们不约而同地提出了写作要走向真表现，要走近读者；假写作，不仅是失真，而且是失德；一切从实际写作的需要出发，要使学生感受到写作切己的需要；写作教学可以没有教师，但是不能没有假想的读者等。这些精辟的见解，切中了语文教学言语表现的要害，让学生明白：写作是有为而作，写作是写给读者看的。语文教学将培养读者意识作为一个重要内容，这无疑是语文教学意识的一个基本出发点。因此，教师要在培养学生应实际写作之需、自我内心之需和提高读者意识上下大功夫。

一般来说，写作主体性和读者意识之间存在着矛盾。自己想写的，未必是读者想读的。这样，就要适当地调整自己的思路，以求得读者的"合作"；当然，作者有时也可以适当地超前，引导读者的阅读，但是，这也同样要以对读者需求的了解为前提，不是可以无视读者。下面这篇文章，便是没有处理好二者的关系，以致作者和读者的需求发生了错位。

××中学印象

作为学校标志的××楼，那粉红的外表确实很美，那独特的设计风格给人一种稳重的感觉。可是当后来在里面学习时，我注意了一下教室，吓了一跳，天花板怎么那样？是那么的黑，更可恶的是有的天花板早已失踪。看一下桌椅，桌上满是无聊的课桌文化，椅子有的也已失踪，有的已经锈迹斑斑，看起来有点像古董，那刚粉刷过的墙壁的映衬，更见得它的衰老。

××楼，图书馆还算不错，不过和周围的众多老屋相比，显得与众不同，一枝独秀，也更显得单调和无奈。周围的老屋变得更加破旧，校园的布局给我的印象是无序、杂乱，不协调。看看那老屋，可能是五六十年代的，有的说不定还是五十年代以前建的。看着那摇摇欲倒的样子，

① 朱自清：《论教本与写作》，见中央教育科学研究所编：《朱自清论语文教育》，河南教育出版社1985年版，第23页。

要是风一吹说不定会倒，真不知道在风雨中它是如何度过的。宿舍根本不像宿舍，更像是一个蜜蜂窝，进进出出的学生如同一只只忙碌的蜜蜂，中午时，整座楼发出嗡嗡的声音。不过宿舍里搞得还可以，井然有序的。

放学，饥饿把我带到食堂，食堂门口，早已站满了人，人就像蚂蚁一样站成很长的一条，那场面就像是灾民在等待发赈灾物资，其拥挤程度超过××广场售彩票。只好先买点面包安慰我的肚子。

学校的学习气氛是好的，图书馆的阅览室里满是专心读书的学生，在校园的角落总能碰到在读书的学生，也许这才是××中学真正吸引我的地方。

这里所表现的也许都是"真"的，但是，作者把表现的重心放在对自己刚升入的学校的"不满"上，主要批评的是学校设施的破旧、布局的杂乱、食堂的拥挤等，没有注意到读者也许更想知道的不是这些，而是学校的师资、校风、学风和教学质量等，文章基本上没有提供这类信息。写作缺乏读者意识，读者便不屑一顾，其结果是使写作变得劳而无功。因此，培养读者意识至关重要。写的文章不被读者接受，作者的写作愿望就落空了。立足于真写作，教师就要引导学生在写作时要有虚拟的读者，要找到自己的表达愿望和读者需求之间的契合点，如上文结尾处谈到的该校良好的学风，这就是作者的表达愿望和读者需求的契合点。作者对此不是没有表达的愿望，而是被其他较为次要的内容所挤压，脑子里没有想到读者的需要，结果造成了喧宾夺主。如果学生在写作中都有假想的读者，就不至于如此了。在写作教学中有了假想的读者，在面向社会的写作中自然也就"目中有人"，言语表现，就成了有意思、有意义的事，对自我言语生命的体验和体认，自然也就大不一样。

我们强调的"仿真"，值得注意和必须澄清的是，它是意味着从应试教学的"伪写作"回归到写作实践所要求的"真写作"。"仿真"，不等于"写实"、写生活、写经验。在应付生活的语境下，以往的教学观念中，往往也打着反映生活、写学生"熟悉"的、写"真情实感"的幌子，将语文教育的目的和功能降解为读、写应用文字，以实用功利、政治标准和主流话语为价值取向，这种"写真"是和我们张扬言语生命的目的背道而驰的。这样的片面和庸俗化的认识，只会导致言语生命的贫血。正如有的理论家对文学批评的现状所做的批评一样："假如现代文学批评不加节制地扩大'写实'的意义，不惜将文学之外的超额使命赋予'真'的理论范畴，那么，文学可能遭受压抑。人们已经看到了这种迹象。作家的想象力似乎开始衰退。经验世界拘住了他们的心智，他们的故事只能贴着地面爬行。‘精骛八极’或者‘心游万仞’的气质在文学之中消失了。”① 这种情形在语文教育中已然发生，学生言语生命已被实用主义、实利主义的“写真”折磨得遍体鳞伤、气息奄奄，创造力和想象力一蹶不振，变得贫乏而稀罕。

六　敞开自我：把言说交付流通

在写作的功用层面，体现的是习作（练习性的、封闭的）和发表（实际交流的、开放的）的矛盾，应以后者为重。

多数学生一直到大学毕业从未发表过一篇文章，也从没有想过发表文章。因为，从没有老师要求他们这样做。在他们的学习生涯中，一直都在习作。习作能被老师贴上“学习园地”已是天大的幸运，足使他们回味一生。过去的语文教学，从未把学生“发表文章”作为要求。在言语动力学视界下，从此将有一个根本的改变。学生的文章不再是只写给自己看、老师看，不能把目标老是放在练习上，而是要交付流通，让他们发表给一切想看的人看。发表，是写作成功的标志，是比高分和教师的鼓励更诱人的成功体验，是写作学习最直接有效的动机和动力。

文章固然有写给自己看的，但是，主要不是写给自己看的。这就跟一个正常的人有时可能也会自言自语，但并不总在自言自语。总在自言自语，就有点不正常了。文本的生命，在于流通，在于读者的阅读。经常让别人阅读自己写的文章，让自己的言说流通于与他人的交流中，与他人作信息交换，言说就会增值，文章就会写得更好，言语生命就愈加美丽、愈有光彩。经历了酷暑严冬、风刀霜剑的洗礼，作者的言语生命便鲜活、敞亮，焕发出勃勃生机；反之，老是封闭在暖房中孤芳自赏，言语生命之花很快就会枯萎。

在目前各级学校中，学生文章不论是否达到了发表的水平，往往一律称为习作。（参阅上卷第十一章“四　习作的语意及其行为暗示”）从教学的角度说这似乎并无不妥，在语文教学中进行的写作学习活动，学生自然是在学

---

① 南帆：《文学的维度》，上海三联书店 1998 年版，第 50 页。

习写作、练习写作。学生练习写的作文自然是学习性、尝试性的作品。但是，一旦把学生的作文定位为习作，即练习性、学习性作品，让学生始终处于自言自语、非正常的自闭状态，问题就随之发生了。

首先，教学在习作的名义下顺理成章地背离了写作自身的规律。练习性、学习性作品并不是真正的作品。由于不是真正的作品，所以从写作观念、方法到写作行为都不需遵循一般的写作规律，可以想怎么练就怎么练。于是，写作练习既不要讲求张扬主体的个性，也不必考虑受体的接受状况，只要按老师的题目和要求去写，只要文从字顺就是好文章。从题目、观点到材料、结构，一律可以从老师那儿批发来，学生只需做一些组装和拼凑。至于写得有没有价值，写出来给谁看，谁愿意看，老师与学生都一概不管。

其次，习作的目的必然只为考试与分数。习作写得好坏只体现为分数的高低，而分数的高低又是以教师的喜好为标准的，只要能投教师之所好就能得高分。如此，习作就是为教师而作，写作由“代圣贤立言”变为“代教师立言”。当然，如果教师水平高也就罢了，而偏偏多数教师的写作水平与眼界并不怎么高（这是毋庸讳言的事实）。应试教育把教师训练成了猜题、押题机器，把学生训练成答卷机器。习作，就是这两台机器联合生产出来的产品。这样的产品（习作）的特征就是雷同化。

再次，写得再好也是习作，所以无须认真。从小学低年级开始一直到大学都在写，都在没完没了地写着千篇一律的、半死不活的、只有一个读者（教师）看的习作，再大的写作兴趣与热情也会被销蚀殆尽。既是习作，而不是真正的写作，又何须认真？干脆胡乱对付一下了事。所以一直到了大学，经过10来年严格训练的学生交给教师的作文，文不加点的有之，涂改得一塌糊涂、字迹莫辨的有之，课堂上“急就章”的有之，更不用说内容是否可读了。如此习作怎么会提高呢？

习作是要的，但要搞清楚习作所“习”的应当就是真正的写作，而不是“习”成别的什么。学习写作，不只是为了将来能写写日记、写写信或便条之类，要瞄准着发表，要遵循着发表的文字的规律和要求，要追求每一篇作品的完美。在学生一开始接触作文时，就要培养发表意识、读者意识、言语创新意识，培养发表欲和写作上的自我表现欲，自我实现欲。

从小学开始就要培养学生正确的写作观念，使学生懂得写作是将每一个个体的人与他人、社会、世界融为一体的最佳方式，是展示自我、表现自我、体现人生价值的一种理想的选择，是人满足自身精神需求、建造精神家园和塑造精神的自我的必由之路，是现代精英人群的生存方式。教师应鼓励学生努力写好文章，发表文章，用言说作为生命的表征，来证明自己的存在。这种发表意识，言语上自我实现的观念，要先于写作的行为技能深深地根植于学生的大脑。

这些观念似乎对小学生来说深了些，但是，不论是对小学生还是对大学生，基本思想和要求都是一样的，差别只在于如何把这些观念说给他们听，使他们能不断地加深领悟。美国教育家布鲁纳有一个著名的观点："任何学科的基本原理都可以用某种形式教给任何年龄的任何人。"① 对于语文素养教育来说，发表（言语表现）的观念，是最重要的写作和写作教学观念之一，是语文教育的一个基本命题，是教、学双方都应该加以深刻领悟和切实践履的。在语文教学中，各级学校的教师都应千方百计地以自己特殊的方式努力强化这一观念。

发表的要求，对于学生来说是不是太高了呢？学生的习作哪有可能发表呢？能发表作品的只是极少数的学生，如何体现面向"每一个学生"的素养教育的原则呢？其实，学生文字发表的机会是很多的。课堂上学生相互间的交流，老师择优文读给学生听，张贴出来给同学看，评点以后辑成集子发给学生读，入选班级的墙报、手抄报、写作园地和文学社的简报、刊物，以及学校的各种专栏、征文、作文竞赛等（当然也可以在互联网上发表），这些，无疑都是很好的发表的形式。发表的机会，只要教师形成了鼓励发表的观念，相信每一位学生都能分享到。自然，向校外各类正规出版物投稿是尤其应鼓励的，由于学生可发表的刊物很多，发表文章并不太难。在公开出版物上发表文章，是对学生发表意识和发表欲最有效的激励。见到学生发表文章，教师应不失时机地给予表扬，可以在期末成绩中"按质论价"适当加分。对于写作意愿的发生来说，没有什么比看到自己的文字变成"出版物"更令人振奋、令人跃跃欲试的。

发表，是言语学习的"成功"教育，它能给人以"高峰体验"，它会影响

---

① ［美］布鲁纳著，邵瑞珍译，王承绪校：《教育过程》，文化教育出版社 1982 年版，第 32 页。

人的一生。一旦习作成为指向发表的写作、成为学生自我表现和个性发展的主要形式与方式，学生通过文章的发表，源源不断地获得写作的动力和能源，语文教育就将形成一种良性发展的内在机制。下面是笔者设计的几个言说“发表”活动：

活动一：

亲近“黄果树瀑布”之旅①

下文是从中国航空旅游网（http：//www. cnair. com）“锦绣中华主页”下载的《黄果树瀑布》一文，请对照于坚的《黄果树瀑布》（见孙绍振主编实验教材初中《语文》第三册），在小组中讨论这两篇文章在文体和表达方式上的差异。

黄果树瀑布风景区位于贵州省镇宁、关岭两县境内北盘江支流、打帮河上游的白水河和坝陵河上。景区以黄果树瀑布为中心，以瀑布、溶洞、地下湖为主体，素有“天下奇景”之称。

这是典型的岩溶地区，长期的河道变迁、袭夺、暗河塌陷、河流下切，致使河床级级跌落，形成了多种多样的瀑布。景区共有地表瀑布18个、地下瀑布14个，可以说是一巨大的瀑布群。在这些瀑布中，黄果树瀑布是白水河上九级瀑布中的最大一级，是我国第一大瀑布，也是亚洲最大的瀑布。除黄果树瀑布外，其四周还分布串串珍珠似的瀑布，如位于黄果树瀑布上游1000米处，高21米的陡坡塘瀑布；下游2000米处，滩面长达350米的螺蛳滩瀑布；还有从悬崖绝壁洞口喷吐出来的蜘蛛瀑布；急流滚滚被暗河吞没的银链坠潭瀑布；汹涌澎湃的龙门、关脚峡瀑布；银丝彩带飞舞的帘带瀑布、大树岩瀑布和滴水潭瀑布等。世界上著名的瀑布不可胜数，但像黄果树如此集中、姿态各异的瀑布群，则为我国所独有。

黄果树瀑布落差74米，宽81米，河水从断崖顶端凌空飞流而下，倾入崖下的犀牛潭中，势如翻江倒海。水石相激，发

① 这一活动的设计，是与该单元课文的总主题“临水骋怀”相配合的。

出震天巨响，腾起一片烟雾，迷蒙细雾在阳光照射下，又化作一道道彩虹，幻景绰绰，奇妙无穷。瀑布对岸高崖上的观瀑亭上有对联曰：“白水如棉不用弓弹花自散，虹霞似锦何须梭织天生成”，此是黄果树瀑布的生动写照。但黄果树瀑布的形态因季节而有变化，冬春水小时，它妩媚秀丽，轻轻下泻；到了夏秋，水量大增，那撼天动地的磅礴气势，简直令人惊心动魄。有时瀑布激起的雪沫烟雾，高达数百米，漫天浮游，竟使其周围经常处于纷飞的细雨之中。

瀑布后的水帘洞相当奇妙，134 米长的洞内有 6 个洞窗，5 个洞厅，3 个洞泉和 1 个洞内瀑布。游人穿行于洞中，可在洞窗内观看洞外飞流直下的瀑布；每当日薄西山，凭窗眺望，犀牛潭里彩虹缭绕，云蒸霞蔚，苍山顶上绯红一片，迷离变幻，这便是著名的“水帘洞内观日落”。

位于黄果树瀑布下游 8 千米处的天星景区由地下河塌陷形成。宽约 300 米的“天生桥”，上下奇峰壁立，瀑布飞泻，有旱石林、水上石林等奇特景观，秃石上长满了巨大的仙人掌。

在黄果树瀑布西北 8 千米的坝陵河谷可以看到龙岩山多级瀑布，其落差达 400 余米。多级瀑布的最上一级，是从高入云霄的双峰中排空而下，山谷轰鸣，水云相接，称“连天瀑布”。最下一级则为高达 130 米的高滩瀑布，河水自奶头山垭口夺路而出，若银蛇飞舞，蔚为壮观。坝陵桥瀑布有“山舞银蛇”“金水拍岸”“波涌玉龙”“云腾水怒”“直下龙宫”“浪遏飞舟”等景色。

·各小组同学请上网搜索或查找有关的书籍，搜集有关黄果树瀑布的资料，分工合作，编写一份图文并茂的《黄果树景区览胜》小集子。

·在这份小集子中，有搜集来的各类不同文体的文章（如介绍性、导游性的文章，游记，散文，诗歌等），有图片（如摄影、绘画），也有同学们综合各种材料自己写成的简洁明了的《黄果树瀑布风景区》导游解说词，或《神游黄果树》散文、诗歌。

·评评看哪一个小组搜集的材料最丰富，写的文章最精彩。

活动二：

"借书必还大联盟"① 成立暨首届研讨会

·会议内容：

1. 讨论并通过"大联盟"章程，选举首届理事会成员；

2. "盟员"交流自己的藏书和借书的故事，评选故事"最感人奖"；

3. 进行专题研讨，评选"超级书虫奖"（"超级书虫奖"得主，观点要明晰，论述要充分）；

·中心议题：对以下从余秋雨先生《藏书忧》中节选出的言论发表意见（也可另拟）。

> 我怕人借书，出于以下三方面的担忧。
>
> 其一，怕急用的时候遍找无着。
>
> 自己的书，总或多或少有内容上的潜在记忆。写文章时想起某条资料需要引证，会不由自主地站起来走向某个书架，把手伸到第几层。然而那本书却不在，这下就慌了手脚，前后左右翻了个遍，直闹得脸红心跳、汗流浃背。文章一旦阻断，远比其他事情的暂停麻烦，因为文思的梳理、文气的酝酿，需要有一个复杂的过程，有时甚至稍纵即逝，以后再也连贯不上。……
>
> 借书的朋友有时也很周到，经过反复掂量，拿走几本"也许用不到"的书。其实文章一旦展开，谁知道用到用不到呢。……
>
> 其二，怕归还时书籍被弄"熟"弄脏。
>
> 这虽是外在形态的问题，对藏书的人来说却显得相当重要。藏书藏到一定地步，就会对书的整体形式重视起来，不仅封面设计，有时连墨色纸质也会斤斤计较。捧着一本挺展洁净的书，自己的心情也立即变得舒朗。读这样的书，就像与一位头面干净、衣裳整齐的朋友对话，整个气氛回荡着雅洁和高尚。但是，

---

① 这一活动的设计，是与该单元课文柏杨先生的《借书不还，天打雷劈》一文的内容相配合的。

借去还来的书，常常变成卷角弯脊，一派衰相。有时看上去还算干净，却没有了原先的那份挺拔，拿在手上软绵绵、熟沓沓，像被抽去了筋骨一般。遇到这种情况，如果书店里还有这本书卖，我准会再去买一本，把“熟”了的那本随手送掉。

…………

其三，怕借去后彼此忘掉。

我有好些书，多年不见归还，也忘了是谁借的，肯定永远也不会回来了。我坚信借书的朋友不想故意吞没，而是借去后看看放放，或几度转借，连他们也完全遗忘。……

但是，有些失落不归的书是无法补购的了。有人说，身外之物，何必顶真？但是这些书曾经参加了我的精神构建，失落了它们，我精神领域的一些角落就失去了参证。既有约约绰绰的印象，又空虚漂浮得无可凭依，让人好不烦闷。不是个中人很难知道：失书和丢钱完全是两回事。

…………

藏书者就这样自得其乐、又担惊受怕地过日子。不知从什么时候开始，一种更大的担忧渐渐从心底升起：我死了之后，这一屋子书将何去何从？

……许多博学的老学者逝世的时候，如何处置丰富的藏书确实成了一个苦涩的难题。学问不会遗传，老学者或因受尽了本专业的风波险阻，或怕父子同在一个行当诸多不便，大多没有让自己的子女承袭己业。有的子女在专业上与父亲比较靠近，但在钻研深度上往往不能望其父亲之项背。总而言之，老学者的丰富藏书，对子女未必有用。……

有的学者因此而下了决心，事先立下遗嘱，死后把藏书全部献给图书馆。但是这些学者并非海内大儒，图书馆不会开设专室集中存放。个人藏书散入大库，哗啦一下就什么踪迹也找不到了。学者无私的情怀十分让人感动，但无可否认，这是学者的第二次死亡。

活动三：

对未来作家的友情推荐——参加“人在雨中”笔会①

·一场雨，从两千多年前下起：“昔我往矣，杨柳依依。今我来思，雨雪霏霏。”（《诗经·采薇》）纷纷扬扬，飘飘洒洒，不停地下着，下着，诗人骚客的情思，永远水汽氤氲、潮湿濡润……

·这漫天盖地、超越时空的雨水，融积进了多少诗人的欢绪愁情：

山路元无雨，空翠湿人衣。（王维：《山中》）

女娲炼石补天处，石破天惊逗秋雨。（李贺：《李凭箜篌引》）

莫听穿林打叶声，何妨吟啸且徐行，竹杖芒鞋轻胜马，谁怕？一蓑烟雨任平生。　料峭春风吹酒醒，微冷，山头斜照却相迎。回首向来萧瑟处，归去，也无风雨也无晴。（苏轼：《定风波》）

小楼一夜听春雨，深巷明朝卖杏花。（陆游：《临安风雨初霁》）

若问闲愁都几许？一川烟草，满城风絮，梅子黄时雨。（贺铸：《青玉案》）

清明时节雨纷纷，路上行人欲断魂。（杜牧：《清明》）

·在中国诗文中，“雨”这一意象，积攒了极其丰富的文化心理意蕴。

·你淋过雨吗？在雨中笑过、哭过？喜欢独自撑着伞在雨中漫步，还是喜欢在夜里倾听雨精灵的轻歌曼舞？你不想讲讲人们在雨中的心情和发生在雨中的故事？

·请将你心中的“雨”，或铺天盖地或痛快淋漓或缠绵悱恻地下起来。用适当的表现方式，或诗，或文；或抒情，或叙事，或议论……

·在笔会上，将自己写的诗文朗诵给大家听。

·将诗文汇编成一个小集子，取一个最有诗意的名字，作为本学期学业的纪念。

多数人在童年时代都有一个作家梦，天生都有言语表现的欲求，都想让

① 这一活动的设计，是与该单元课文的总主题“雨中情思”相配合的。

自己的言语作品受到别人的重视和喜爱，都想体验自我表现成功的快感，我们的言语活动就是为他们圆梦的。上面这些活动就是为他们言语表现搭建的平台，使他们有机会展示自己的言语优势。他们参加了“黄果树瀑布”之旅或学术团体的研讨会或散文家的笔会，在言语创造中享受到了当一个未来作家和学者的荣耀，这是多么美好和快乐的事。相信他们通过言语表现和创造，将记录下言语生命的成长足迹。

前面这些还只是“演习”，不算真正的发表，写作教学应抓住一切机会让学生将自己的文章投出去，眼睛向外，这很重要。十几年语文课学习中学生没学到的，在投稿中他们会自己“悟”到。组织学生参加校外的各种媒体的征文活动，是一个很好的方法。现在各类征文活动很多，大都有特定的主题，选题比较适合学生实际，优秀作品将被发表。教师可以作一定的辅导和鼓动，激发学生参与热情，这对引导学生逐步地使自己的写作与社会需要相联系，培养读者意识，都很有好处。下面就是一位教师在辅导征文活动后作的总结，可供参考：

有限课堂　无限网络①

——厦门市“邮政杯”青少年书信大赛指导有感

陈冬梅

一年一度的“邮政杯”青少年书信大赛又要开始了，我拿着题目——“信箱感悟”“邮政文化纵横谈”，不由陷入沉思：信箱也好，邮政文化也罢，对E时代成长起来的青少年而言，必然是陌生的东西。写作如此文章，是学生现有的知识结构所无法胜任的；实话实说，也是我现有的知识结构所无法胜任的。其实这种写作状态每一个写作者在写作过程中都会遇到。我们常常都会有无话可说、不知写什么的时候，在这种情况下是放弃还是继续？我认为每个人的经验阅历、知识结构都是有局限性的，有特长自然也就有“特短”。遇到作文题材是自己所擅长的，发挥的空间就比较大，反之就会面临无话可说的窘境。而一旦遇到无话可说就“不说”“少说”，或“乱说”“瞎说”，那么“特短”就永远“特

① 载《语文世界》，2003年第4期，略有改动。

短”，平平庸庸的就永远平平庸庸，没有进步、完善的一天。积极的态度应该是迎难而上，不仅能够搜索记忆、唤醒往昔的生活阅历、智慧经验，还要围绕题目自己去扩充、搜集和筛选大量的资料和信息来完成，即“跳一跳”“摘果实”，把作文本身看成是扩大知识面、提高各方面文化素养的过程。这种写作态度对于写传达信息类的文章、说服性的文章，显得尤其重要。拥有良好的写作态度和信息搜集能力是提高写作能力的重要保证，也是写好此类征文的关键。如果我能让学生意识到这一点，并能迈出这一步，那么意义就不止于此了。它将对学生写作陌生化题材的文章起到一种示范作用，使学生能够畅游信息海洋，并具有处理信息的予求予取能力。

一、吹吹网络风

如何去占有信息、熟悉自己要写的呢？传统的有图书馆检索，现代的有网络搜索引擎，只要能利用好这两种工具，就能快速占有资讯、完善自身知识结构。对现在的学生而言，采用网络搜索引擎这种方法不仅能快速占有资讯、熟悉题材，而且别具魅力，能增加写作兴趣。可方法往往是一点即透的，难的是如何激发学生热情投入此次写作活动，使其潜能发挥至极致？为此我安排了一个“助兴节目”。首先，课余对学生进行摸底调查，弄清哪些学生对电脑网络较熟悉，并主动与他们就“搜索引擎”的使用问题进行一番“切磋”、探讨，充分关注搜索引擎在信息检索方面的神奇神速。如此“切磋”，教学相长，师生都恶补了一课；如此“切磋”，一改平时师道尊严、课堂授课制的严谨有余而活泼不足之弊端，师生平等交流，学高者为师，令学生雀跃不已。孔子曰：“三人行，则必有我师焉。择其善者而从之，其不善者而改之。”古仁人之教风在现代教坛依然焕发出鲜活的生命力！

经过这样一番切磋蓄势之后，该给学生提供一试身手的机会了。于是在一个周末我宣读了征文题目、要求及奖励标准。学生一听炸开了锅一般，“奖励标准比往年更诱人，可题目实在是……”“邮箱、邮政文化，我实在无话可说……”学生的反映尽在预料之中，我不由点拨道：“别忘了，这是E时代，同学们个个身怀利器，身手不凡啊！”一石激起千层浪，反应较快的学生不由脱口而出：“网络搜索引擎！”反应较慢的学生至此也明白怎么一回事了。于是师生转而讨论哪个网站的搜索引擎好用，针对这次征文如何变换主题词搜索等等，气氛顿时热烈起来，情绪也趋饱满。于是布置作业——星期天上网检索，弄清“邮箱”“邮政”相关情况，在掌握一定信息的基础上确定写点，下载相关文章3—5篇；星期一带输出的文章到班上交流，无输出设备的学生也可带软盘到校输出后交流。

交流课上我让学生交流上网搜索情况，气氛一直很热烈。“哇！我用‘邮政·文化’进行搜索，找到四千多条，添加‘当代’之后进行二次检索，竟然还有一千多条，太恐怖了！”“我用‘邮政·现状’检索，有两千多条，我在线浏览八百多条后感到实在吃不消了。”“我用‘邮政·创新’进行检索，有八百多条，在线浏览两百多条，下载八十多条，感到对这个话题写篇千字文又太少了。”……与学生的交流中，我既感到一种掌握资讯后的自信，也感到一种信息过度泛滥造成的混乱与迷失。如何理顺学生的思维呢？

二、理理思路

看着学生的反应，我知道学生经历了从无话可说到很多话想说以至不知从何说起的历程，现在该帮学生梳理梳理思路了。其实作文到了这一阶段，已过了“积极主动去熟悉自己要写的”这一关，一定程度上完善了学生的知识结构，顺利进入“写自己熟悉的”这一常规作文范畴。换一句话说，至此可以放手让学生根据自己占有的材料、自身的兴奋点，确定写点。这一个环节是相当重要的，因为征文的特殊性不仅是要求学生有感而发，还要求具有鲜明的时代感。就这个题目而言，不管是“邮箱感悟”还是“邮政文化纵横谈”，都必须将其放到时代中、生活中乃至人类社会的发展中去考虑，才能确定出有价值的写点，写出有价值的文章来。因而我必须先抛开邮政文化、信箱，以开拓学生的思路，让他们自由畅想现在人们在热什么，中国在热什么，世界在热什么，生活中有多少时尚？于是网络、WTO、“三个代表”、可持续发展、创新……一大堆热词纷至沓来。加以点拨：万事万物都是普遍联系的，它们会给邮政、信箱怎样的影响呢？邮政如何与时俱进呢？可按照以下图式让学生展开发散思维：

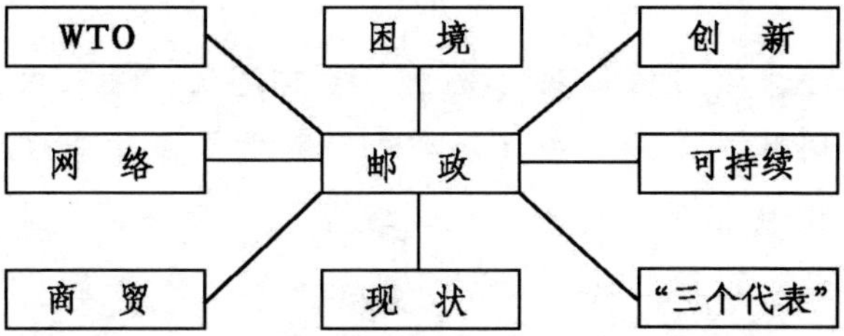

当然，以邮政为中心的发散思维不止于此，可按照这种图式继续展开思维。经过这样的发散思维对学生写点的确立会起到怎样的作用呢？从学生的作文题目就可见一斑，如《敢问邮政路在何方》《WTO给邮政带来的挑战与机遇初探》《邮政复兴记》《未来信件畅想》《未来邮箱畅想》《绿的颂歌》《抓住机遇、迎接挑战，实现邮政的可持续发展》《从邮政到网络邮政》《时空机器——信箱》等等。“信箱感悟”一文也可按照这种图式展开思维。经过这样考虑而确定的写点将不仅符合学生自身的知识结构，而且与时代、生活、社会发展合拍。

三、改改文章

如果说写点的确定，对学生文章质量的高低起关键作用的话，那么文章生成后的修改，对学生文章质量的提高同样具有重要作用。如何在修改中让学生的文章更上一层楼呢？

首先，在全面批改的基础上把握学生作文的优点与缺点，设计一堂针对性较强的作文讲评课。应该说，学生的作文是在一定学习的基础上写作的，因此都能围绕着主题确定好自己熟悉而感兴趣的写点，能谈出一定的见解，甚至从学生的角度看，还有一定的深度和新颖之处，但问题也是非常明显的。普遍存在的问题是：一方面很多学生的作文字里行间流露出来的是一种“匠气”而没有“灵气”——这类型的学生的作文往往只是资料的汇总，更有甚者直接将网络上的相关材料“粘贴”了事，“硬伤”不少；另一方面不少学生虽然从自身的体验入手来写，但缺乏丰厚的邮政文化背景知识，以致眼界太过狭窄、内容太过单薄，只是现象的描述而已——这类型的学生往往只是描写自己与“邮政”的几次接触，从自身的角度很感性地将过去的邮政与现在的邮政做一下对比，然后展望一下未来的邮政，缺乏有深度的、进一步的思考。通过集体讲评，让学生明确各自的优缺点，以便寻找文章修改的突破点。

第二步分主题进行小组讨论，扬长补短。根据学生作文的内容进行分类，主题大致相近的在同一小组，开展小组讨论，互批互改。这种类似于小组合作学习的做法对完善学生的思维、深入探索主题大有益处。因为作为同龄人，思维相近，沟通无障碍，往往能迸发出思维的火花；而且主题大致相近，讨论的空间就很大。需注意的是讨论的目的不是“统一认识”，而是“深化认识”，是更深入、更个性化的思维。教师在这种小组讨论中所扮演的应是“导演”的角色，这一点对教师的挑战实在太大，你常常会不由自主地感到自身知识结构的局限性，当然也会有一种“青出于蓝更胜于蓝”的喜悦。是的，就你所任教的专业而言，也许你还有一点优势，可其他方面呢？如果你不付出努力，就很难说孰优孰劣了……处在这样的小组讨论中，学生的思维热情和自由是传统的课堂授课制所无法比拟的。高中生早已没有了举手发言的习惯，但不等于说高中生就没有表现自己思想的欲望，当讲台上的教师退到幕后，让学生如同闲暇时的“聊天”一样围绕主题各抒己见，学生的表现欲被调动起来了，精彩的见解、闪光的思想、突如其来的灵感纷至沓来……

最后调动各自的社会资源，与家长、朋友等有实践经验的成人研讨，丰富、完善思维。“没有调查研究就没有发言权”，书面材料的学习是不能取代实践本身的。作为高中生在实践方面的欠缺所导致的感性不足是网络，这是小组讨论所无能为力的，如何弥补呢？可让学生调动各自的社会资源，寻找有实践经验的熟人、朋友，就文章的内容向他们请教，这能在一定程度上丰富感性的体验，弥补实践的不足。

我想文章修改的成功不仅在于语言、结构等形式的修改上，更在于对文章的主题有更明确、更深入的认识，我正是本着这样的认识指导学生修改文章的。

四、想想得失

寄出了征文，也就是寄出了一份希望，一份期待。结果很快就出来了：二等奖一名，三等奖一名，鼓励奖四名。成绩还不错。事定而后论，细想征文写作过程，我想最关键的是网络搜索引擎在其中的运用。有限课堂，无限网络，现代网络在资讯方面确实具有化腐朽为神奇的一面。在这 E 时代，不懂网络或者不善用网络，就如鸟儿没有腾飞的翅膀，船儿没有导航的灯。但利用网络占有资讯并不是万能的、“放之四海而皆准的真理”，其弊端也是显而易见的：一是资料都是从网络来的，难免雷同或抄袭，产生思维的惰性；二是资料都是第二手的，个人的经验和思考会受到局限；三是资料不全面，缺乏第一手资料的收集，如自己的调查访问，也缺乏从其他媒体上如报刊书籍中搜集的资料；四是思维依赖，用惯网络的人想必深有同感，一有什么想法还没细想清楚就忍不住上网去看看、去听听，于是分不清哪些观点是自己的，哪些观点是别人的，独立思考的能力因而削弱。因此对于网络这柄“双刃剑”需要引导，需要更深刻的思考与关注。网络的发展必然与时俱进，我们的教学也必须与时俱进，积极探讨与网络的结合，尽早熟悉网络、善用网络，否则将使我们错失一个时代。

参加这样一次征文活动，可以说师生都颇有收获：打破了课内外的界限，使学生学会从网络上搜集资料，通过对网络信息的处理进行写作。这种写作方式，在未来可能将成为一种主要的写作方式。这一指导好在教师能从激发学生利用网络的热情入手，将征文主题与现实的热点进行联系，引导学生不拘泥于网络信息，提倡“更深入、更个性化的思维”，这就使学生既能入乎其内，又能出乎其外，写出有自己的想象内容的好作品。例如获奖作品《未来邮筒的畅想》《未来信件畅想》《敢问邮政路在何方》等，单看题目，就知道不是照搬网络资料，而是有自己的创造性体现在其中，这些文章也的确写得不错。这样的指导，相信每一位语文老师过去都做过，将来多想点办法，也都能做好。这样使学生感受到写作是一种社会需要，也是自己的精神需要。

这些方法，是一种过渡性的“发表”诱导。最终还是要使学生养成自发投稿发表作品的习惯。这种习惯，从小学一开始学习写作时就可以加以培养，使他们明白写作不只是语文课的作业，而是一辈子和别人交谈的一种重要的方式，就像现在和同学们一道聊天似的，是一件很平常的事情。学会了写作，就可以和更多的人交谈，有更多的朋友想和他们交谈，和他们共享生活和思想的快乐，这样，精神空间会宽广很多。

从某种意义上说，学生尽管随心所欲、快快乐乐地写去，写出来的好作品得以展示、交流与发表，主要是教师要考虑的事。教师要做的一件重要的事情，就是使学生在学习写作的过程中，能获得尽可能多的与他人交流的机会，使他们的付出能得到赞赏与肯定，感受到写作带来的愉悦，不断地增强写作的信心。关于这一点，江苏邗江区教育局推行的“发表式”作文教学改革实验，是一个很有意义的尝试。实验过程实行“四级发表”：一级发表在课堂的作文指导课上，让学生充分讨论，在听说训练中，打开学生的写作思路；二级发表是编辑班级手抄报，让学生互批作文，推荐佳作，在动脑动手的过程中，培养学生修改文章等能力；三级发表是印发《作文快报》，区教研室把班级手抄报的佳作选印在《作文快报》上，让学生在与佳作的比较中，找自己的不足；四级发表是向正式刊物推荐佳作，让学生品尝佳作变成公开发表的作品的喜悦，激发写作的热情。实验表明，“发表式”作文教学重视学生心理潜能的开发，重视学生个性的张扬，在促进学生良好的心理品质的形成、个性性格的塑造等方面都起到了很大的作用。主要表现为：激发写作热情，使写作主体以积极的心态对待写作；指导学生学会自我调适内心情感；让不同层次学生在各级各类的作文发表过程中增强自信心；培养意志力，让学生自觉地挖掘潜能。[①] 他们的实验，将“发表”（说和写）贯穿在写作活动过程中的多个环节上，尽量增加展示和交流的机会，强化学生言语表现的意愿，使他们在“真”写作中使能力和心理都得到了锻炼和发展，这确实是一个行之有效的教学改革。

与此同时，从学生发表作品开始，教师就要用自己的方式使他们懂得，发表和得奖不是目的，写作是生命的生长自然发生的事情，是成长的证明，是精神发育结出的花朵和果实，是用来满足自己、愉悦他人的：让别人分享自己的快乐，自己也获得了更多的快乐；让别人分享自己的情感和思想，自己也获得了别人的情感和思想的回馈。就像每个人都在自己家的小花园里种上自己喜欢的花草树木，如此，一路走去，赏心悦目，美不胜收，犹如共同置身于风光无限的大花园中。在未来的某一天，他们自会恍然大悟，大家不经意间栽种下的花木荫浓的庭园，原来竟是人类永久栖息的精神家园。

将习作变为“写作”“创作”，概念的改变，意味着观念的转变、行为的改变。与拘谨被动、苦不堪言的练笔不同，为了“自我表现”“精神成长”的言语学习活动，是一件与他人共享创造成果的愉快的事情。如此，言语学习便充满了情趣和憧憬，学生在言语交流中品尝到了言语表现的愉悦，感悟到了言语的廉耻和尊严，因而热爱和执着，永不怯懦、畏惧和厌倦。由此培育的言语生命，也就始终鼓荡着饱满的朝气和充沛的激情。

---

① 陈德胜、王安琪：《江苏邗江区教育局推行的“发表式”作文教学改革》，载《新作文》（中学作文教学研究），2004 年第 7、8 期合刊。

以言语生命意识与“立言”、信仰的培育为首务的教学，和顺积中、内外同致；虚、实相生，虚中求实；有、无相济，无中生有，是理想的教学境界。

第四章 | 教法理念：贵“无”，抑或尚“有”

教师教学之“本”是德性、学问，教法是“末”，有了德性、学问，教法就不是太重要。这么说没有任何鄙薄教法的意思，只是对以教法为万应灵丹的本末倒置的教法主义不以为然。教法固然不太重要，但不能说完全无用。没有良好的德性、学问基础的教师，单凭教法帮不上大忙——当然有时还是可以帮点小忙；有了德性、学问，能上好课，如果再讲究点教法，便锦上添花、如虎添翼，效果倍增。因此，怎么教能获得更好的效果，是所有教师必须面对、思考、研究的问题。

语文怎么教？拿这个问题问年轻教师，大多胸有成竹、踌躇满志，一套一套地说个没完。然而，也每每听到教了二三十年语文的老教师抱怨：越教越不知道怎么教。这其中自然有“教然后知困”的道理在，但也表明了“语文该怎么教”的确是个难题。正因为难，更需要去研究、琢磨，也更能激起研究的兴趣与热情。

讲求语文课程的教法，先要划定一个逻辑标准。这个标准就是语文教学是母语教学，是汉语教学，教法是否合适，先要考虑是否符合母语、汉语教学的特点、规律。符合，就得法；反之，便不得法。生搬硬套某些空洞的教育学原理，或国外某家某派的教学经验、理念的做法是不合适的。那些缺乏学科背景，不是从成功的学科教学实践中归纳出来的教法尤不可取。

教法要为具体课程、教学目标的实现，教学内容的传授、学习服务，实现教学目标没有一成不变的教法，却有一些普遍遵循的原则，可以称之为价值标准。把握住价值标准，可以此为本，自主、自由地选择、设置适当的教法。我们的课程、教学目标定位是培育“立言者”，是以言语生命、写作动机教育为主线，以知情意培育为基本教学内容，这就是我们教法判断的逻辑起点与价值取向。

本章尝试为“言语生命动力学”语文学教法立法。

一 教学三境界：无、有无之间、有

语文教学说难也难，说容易也容易。说它难，难在对学生的非智力因素的培养不是没法教，就是无法立竿见影；说它容易，有时只要一句话就“搞定”：教师给予学生的一次赞美、一个激励，就可能会影响学生的一生。教师无意中流露出的对写作、文学的赤诚之爱，独到的理解和感悟，对“立言”的追求、沉醉和痴迷，以及教师读给学生自己的生命之作，都会在不经意间，轻而易举地成就一个新的言语生命。因此，说语文教学要用什么方法，这似乎是没有标准答案的。说到用固定的方法，这本身就是愚蠢。如前所述，语文教学，是言语生命意识的传递。这种传递，看得见的是显性传递，传递的是“技艺”，这没有多大价值；看不见的是隐性传递，传递的是“道”，是“精神”，是“生命意识”，才是真正有价值的。这靠的是“心传”，是“悟”。语文学科和其他学科不同，一加一加一……可以等于零；零加零加零……可以等于无穷大。在语文教学中，所说的教学方法，从深层意义上说，也有点“不立文字”“见性成佛”的意思。凡能言说、操作的，都是浅薄虚幻的“皮相”，教师唯有反求诸己，用自己的言语生命体验，去领悟言语创造之真谛，去观照、陶冶、唤醒、点化新的言语生命，不期然而然，引发学生言语生命的自悟和顿悟。

在语文教学中，单纯的教学套路和模式，是无奈之举，也是无谓之举；为言语而言语的训练，也是无益于言语生命自生长的。然而，由于言语生命意识的传递是不能“言说”、不可“操作”的，在成熟的言语生命和稚气的言语生命之间，需要一个“桥”，所谓的教学方法和言语教学实践就是这座“桥”，也只能作为“桥”。因此，在语文教学中还不能完全排斥言语“技艺”的传递、排斥“操作性”和“实践性”。就是说，语文教学中的言语实践、言语练习不是主要的目的，它主要是作为“桥”、作为隐性传递的载体而存在的。它的“显”是为了“隐”，“为”是为了“无为”，“无”却是真正的“有”：在一切的显性传递中，都要包含着隐性传递，都是为了隐性传递。只有在贵“无”轻“有”的体认下，才有教学方法可言，教学方法才是“存在”的。

我们并不一概地反对教学方法的学习。我们反对的只是那些死板僵化的教学步骤和模式，那些“多少式”“几步法”之类，因为这近于作茧自缚，是违背教学规律的，是教师本位、教师中心和教师主导等教育观念的产物。我们赞成教学思想和思维方式的学习、研究，因为这体现的是对教育教学规律形而上的思考，是千百年来无数教师教育智慧的结晶。它也许不是太多，一旦领悟到，便受用无穷。

在言语生命动力学语文教育语境中，教学法不是粗浅表层的教学程式、法式或步骤，不是一种线性推进的行为操作模式，不是外显的、一成不变的；而是哲学层面具有的认识论和方法论意味的认知，是具有动力效能和精神价值的教学规律的理解，是言语生命的传递和互动的方式，是由内而外、由隐而显地揭示、展示言语智慧和言语认知的过程，是言语生命心心相印、相通、共长的激励机制。

许多语文教师一辈子不得其门而入，除了不善于作经验的反思和提升、忽视教育理论的学习外，一个很重要的原因，就是缺乏对言语生命的体认、对源远流长的语文教育史的了解、对前人教育智慧的积淀和消化。他们的教育视界只有鼻尖下的一亩三分地，顶多再加上原封不动地批发来的这“法”那“式”，“不知有汉，无论魏晋”。对教育史的无知，是妨碍教师成长的一大弊病，也是当今教师的通病。当然，这过错不在教师，而在教育行政领导和教育理论学者，是他们的观念缺失和智能缺陷，影响和误导了广大教师，使长期以来教学法认识停留在极其简陋的水平上。

我们重视的是语文教学领域的生命智慧和精神积淀、语文教学思想方法和思维方式，是活的、可以举一反三的东西，而不是具体操作方法、方式以及某些呆板直观的可以如法炮制的东西，或者说是操作方法、方式背后的智慧和精神。

语文教学智慧、精神层面可以分为三个层次。第一层次，是“无”的层次，以“悟”为主，无为、无形、无法，此为上境；第二层次，若有若无、介于有与无之间的层次，学、悟并重，时有时无，此为中境；第三层次，是

“有”的层次，有教无学，有法无人，有学无悟，此为下境。这三境，可观照一切教学，也可自省、自求。这三境，可勉强对应于语文课程标准三个维度的教学目标：第一层次对应于情感、态度和价值观维度；第二层次对应于过程和方法维度；第三层次对应于知识和能力维度。这么对应，只是就其特点和侧重而言，自然，第一、第二层次教学，虽有各自的侧重，但势必要对三个维度的内容兼容并包。如果要问这三个层次和三个维度的最大区别是什么？——三个层次的划分表达的是一种教育文化“境界”，三个维度只是教育目标。“无”的教学，需要学养的底气和精神的大气。

极端地说，“无”的教学是指向存在的、诗意的言语生命养护，“有”的教学是指向生存的、功利的现实需求。二者是对立的，也是统一的。在言语生命动力学语文视界下，推崇的教学理念是贵“无”——“不言之教，无为之益，天下希及之”①。我崇敬老、庄，崇尚得老子之真传的西方哲人罗杰斯。他开辟了“无”的教学新路。

二 回归与超越：母语化、汉语化与全球化

我们所说的语文教学，是特指作为母语的汉语教学。正如汉语语法研究不能照搬英语语法一样，汉语教学也要体现自身的特点。遗憾的是，对什么是汉语的特点，什么是汉语教学的特点，迄今研究得还很不够。我们的语文教育思维，基本上是“西化”思维，教学方法，基本上是“外语”教学方法，而不是母语教学方法。

超越，须得回归。要超越传统，首先要尊重、了解传统。要全球化，首先要民族化。语文课改要走传统性和当代性、民族化和全球化相统一之路。

对我国传统语文教学的经验尚未进行全面、深入、透彻地总结，便匆忙地“西化”“全球化”，这是现代语文教育理论和实践的重大缺失。在这方面，张志公先生是值得敬重的，他为我国传统语文教育研究作了开创性的工作。他自己十分珍视这方面的研究，将其放在《张志公自选集》中最显著的第一部分。的确，这是张志公先生语文教育研究中最有学术含量的部分，也是他

① 《老子·四十三章》。

为我国现代语文教育做出的最有价值的贡献。

他在《传统语文教育初探》《传统语文教育教材论》中，对传统汉语教学作了较为广泛的探讨。指出研究传统语文教育的重要性：

> 语文教育的效果不理想，症结何在呢？
>
> 因素自然是多方面的。单从学术研究这个角度来说，有一个非常重要之点，即，没有足够的重视传统，正确地对待传统。
>
> ……
>
> 基础教育阶段的语文教学有做得比较好或者很好的，其中不无传统经验在起作用；有做得相当差的，其中更不免有传统糟粕方面的影响。然而，除去少数专门研究传统的人之外，大都是不自觉的，至于是否还有遗珠没有受到注意，是否有把精华误认为糟粕，一股脑儿抛弃，误把糟粕（或者不触动实质，只改头换面一下）当成精华而抱住不放，诸种情况，都还说不十分清楚。因此，客观冷静地、科学地认真研究传统，十分必要。首先是，只有这样才能真正做到取其精华，弃其糟粕，真正做到继承优秀的文化遗产，对今天和今后以至对世界文化的发展作出贡献。同时，只有对自己的家底有了数，才谈得上参考借鉴别人的理论和实际经验，为我所用，不至于从外引进我们自己本来就有的东西。或者反之，夜郎自大，闭关锁国，以为“万物皆备于我”，不理会别人有比我们先进的东西。①

他将传统语文教学分为启蒙阶段、基础训练阶段和进一步的阅读训练和写作训练阶段。他是这样总结第三阶段的阅读训练和写作训练的特点：

（一）阅读训练：

1. 阅读训练的教材古文选注评点本，自学读物等

2. 阅读训练的原则和要求——“文”“道”不可偏废

3. 阅读训练的方法——要求熟读，精思，博览

（二）写作训练：

1. 一般写作训练的原则——“词”“意”并重

2. 作文训练的步骤——先“放”后“收”

3. 作文训练的方法——多作多改

---

① 张志公：《传统语文教育教材论》，见《张志公自选集》（上册），北京大学出版社1998年版，第1～2页。

4. 从模式到程式化——八股文[①]

张志公先生对这些特点作了详细的阐述和分析，指明其利弊，不乏中肯之论。但是，显然，他的研究还只是一个开端，总的来说还较为粗疏，侧重于教材的介绍，尚缺乏当代学术视界的观照和诠释。几千年的语文教育，靠一人或数人之力进行研究，是远远不够的。当今拟订的《义务教育语文课程标准（2011 年版）》，还未对汉语教学的特点和规律做出准确的概括，更遑论在教学实践中对其成功经验加以充分体现。

令人高兴的是，在以西方教育学理论、以建构主义为背景的新一轮课改中，语文界有识之士开始意识到了“西化”的缺陷和语文教育民族化的重要，努力探寻汉语教育的规律和特点，开始在新的教育文化背景下思考传统语文教育。如张翼健先生认为，一百多年来，我们一直在不断地学习西方与苏联，不仅在许多根本性的理念上，而且在许多具体的教学方法甚至试题样式上都学得亦步亦趋。正是在这样一个过程中，汉语文教学在逐渐地被异化或者自我迷失。他是这样认识“语文教育的民族化”上存在的问题的：

> 比如识字。前些年有一种看法认为语文教学效率不高的重要原因之一，是我们没有科学地规定出汉语的词汇量。这其实就是用拼音文字语言来观照汉语的一种表现。汉语是以字为基础的，大多数字本身就是词，字和字可以组合成新词，而且不断创造新词，因而学习汉语的关键其实在掌握足够的识字量。语文教学效率不高的现状，最为关键的问题，正是在于小学阶段甚至在九年义务教育阶段还没有能很好地解决识字问题。如果小学一、二年级把现在的教学中许多无用的、浪费学生生命的、繁难多旧的诸如读写知识之类的东西删掉，集中力量让学生都能掌握 2500 左右的汉字，学生的语文乃至其他学科学习、全面素质的提高都会出现喜人的局面，语文教学将会呈现出全新的景象。
>
> 与此相联系的是，我们的识字教学也在迷失自我。现在课堂上，识字教学的常见方法几乎都是用拼音。我们严重地忽视了一个事实：汉字从每一个字的创造到整个体系的形成与发展，都洋溢着中华民族的大智慧。也就是说，在识字教学过程中，同时就自然地、必然地对学生进行了德育、智育、美育和思维开发等等，汉语的识字教学过程本来就是全

① 参见张志公：《传统语文教育教材论》，见《张老公自选集》（上册），北京大学出版社 1998 年版，第 110～132 页。

面提高学生素质的一个重要途径。如果只是或者主要用拼音来进行识字教学，识字教学那本应具有的功效就都消失了，变成了只是为了识字而识字。

再比如语法、修辞、逻辑的教学。

前些年，语法知识的讲授与训练占了语文课相当大的分量。且不说，母语的掌握主要是在语言实践中实现的，就拿这些语法知识本身来说，我们也没有认真思考它们是否符合汉语的特点。举个例子说，汉语句型不像某些拼音文字语言那样以动词为中心，因而也就不一定一个句子非得是一个主语。这样，当我们想尽办法指导学生作各种训练，以改正“偷换主语”的语句时，却没有想过，“偷换主语”也许正是汉语的一个特征。

从小学到高中我们一直在反复地讲授比喻、拟人等修辞手段，但这些是世界上各种语言都通用的，汉语修辞又有哪些独具的特色呢？比如“对偶”，这是汉语仅有的，我们现在只把它等同于一般的修辞手段讲一讲而已，我们忘记了，对偶训练是可以熔语言训练、语感训练、思维训练、章法训练、审美训练等为一炉的，它才应该是汉语言训练中最有效的方式。再如汉字独有的双声、叠韵现象，在我们的教学中则几乎绝迹了。

我们现在已经很少讲逻辑了。有许多人批评中国人的思维缺陷是理性思维弱。诚然，我们民族的思维以直觉、悟性、感性思维见长，我们的语言也与此相契合，但也不能说，汉语就一点逻辑思维都没有。绝大多数字为什么本身就是词？因为它表达了一个或多个概念。有的一个字表示了一个判断，如“歪”、“孬”等，更有的一个字就表示了一个推理，比如“兼”。我们在教学中对这些给予了应有的重视吗？①

他还从汉语教学的特点出发，指出了阅读教学要注重朗读、默读和多读。汉语有四声平仄之分，朗读不仅是感受、理解课文的需要，而且是一种美感和气质的熏陶。中国人讲究“悟”，默读不只是不出声地读，而是要去贴近、融进、揣摩、思索、感悟。默读需要有宁静的心境，只有在默读中才能得到怡心的静谧。多读有利于活的语言的积累和多方面的积淀。作文教学要注重

---

① 张翼健：《高扬语文教育民族化的旗帜》，见田泉、李晓明主编：《启迪灵性的语文教学方式——孙立权“批注式阅读教例”》“序一”，长春出版社2004年版。

“言为心声”，说实话，这是做人的也是作文的根本；要讲“文如其人”，这就是文章要有个性，个性是文章的生命。这些，对汉语教学的民族化有着重要的启示。

汉语教学的民族化，说到底就是母语化和汉语化。以母语习得和汉语表达的实际，作为语文教学思维的出发点，来进行教学。

母语化最显著的特征就是“习得”。母语教学和外语教学不同，母语教学特点是在良好的语境中的教学。母语教学主要靠“习得”“悟得”，外语教学主要靠“教得”“学得”。所谓“习得”，就是在无意识的潜移默化中习染渐悟，不是完全靠有意识的教导、训练来达成。从这一点上说，汉语“教”和“学”，都要着眼于母语“习得”的规律，尊重言语生命的野性和天性。教学，主要是一种便于学生“习得”的语境创造，应遵从自然、无为的法则；教学，主要是一种熏陶和浸淫，使学生“浸泡”于无所不在的语文环境中，随时受到感染和影响，随时在感悟语言和言语。

母语教学，实质上是“语境教学”。教师主要工作就是为学生创造良好的言语“习得”情境。与其他学科的学习不同，他科教学重在课堂教学，语文则重在课外。课外的听、读、说、写活动，对学生言语能力的发展是决定性的。从这个意义上说，语文教师要打破课内外的界线，对课外语文“习得”环境的关注，较之于课内，至少是同等重要的，如讲普通话、看报、听广播、看电视以及自由阅读和写作，课余的文娱活动、人际交往，等等，都是语文教师教学视野之内的事。使学生陷身、沉没于语文，就是“浸泡”。

汉语化教学，就是要根据汉语特殊的表现规律进行教学。如前面张翼健先生所说的汉语的“字”（即“词”）、“偷换主语”、四声平仄、对偶等，这些，都是汉语的特点。根据这些特点，就有了注重识字量、“人文素质性”识字教学、灵活的“功能”语法、对对子等要求，就有了中国式的朗读、吟诵、默读的要求。

汉语化教学还体现了对传统语文教学有益观念和有效经验的继承，如重“诗教”的人文教育、审美教育，重“学问”“明理”的知识教育、认知教育，“修辞立其诚”“文质彬彬”“辞达而已矣”的言语追求，“质疑法”“驳难法”“评点法”“批注法”“钩玄提要法”等阅读法。这些，对今天的语文教育仍有实践价值，都可以在当代视野下加以审视、改造和重构。

东北师大附中孙立权先生在这方面做了有益的尝试，他和同事们在“语文教育民族化”教改实践中进行了一系列实验，主要包括两年教背古典诗词300篇实验、五年教背古典诗词500篇实验、读整本的书（五年读28本名著）实验、批注式阅读实验、书法教育实验和启迪灵性的作文教学实验。用五年读、背这么多的经典名著，其效用也许还不是短期内可以看到的，但是，毫无疑问，它对学生的影响必定会发生，一旦发生，影响必定是长远、深刻、终身的。

孙先生的“批注式阅读”教学实验，就已经取得了明显的效果。他认为“批注式阅读”是深含中国文化意蕴的阅读方式。“批注式阅读”的突出特点是“意（批注）随文（文本）生”。阅读者在读文过程中兴之所至，随感而发，信手拈来，议论纵横，忽东忽西。批注者阅读时不是站在一个方位观察（姑且把站在一个方位观察称之为“焦点视”，得之于西方绘画），而是随文本不断变换观察点（姑且称之为“散点视”，得之于中国画）。“焦点视”是一元化视角，“散点视”是多元化视角。批注者把林林总总的阅读所得、所感、所疑都书写（批注）在书眉页侧，与正文相映成趣。这种“意随文生”的“批注式阅读”，体现了“在只言片语中立论”的中国思想文化特色。

“批注式阅读”本身也是对话的过程，学生批注过程中其对话路径大体如下图所示：

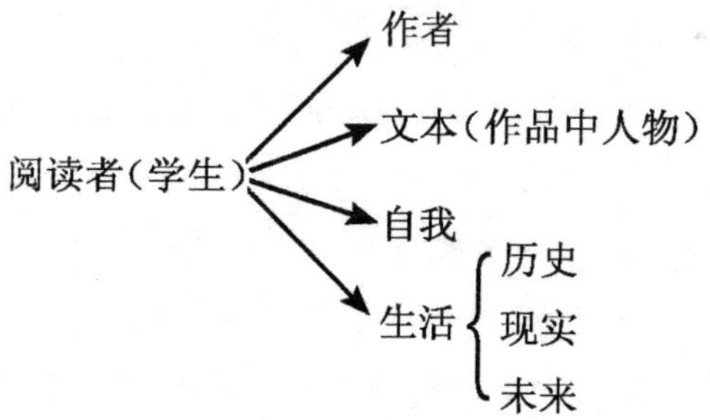

每个学生在自主批注以后，与其他同学、与老师交流彼此的批注，进而形成既包括学生与学生，同时也包括教师与学生、学生与文本、教师与文本之间的多维度、多重交叉的对话。

“批注式阅读”属于主观式解读。虽然它“意随文生”，“寄生”在文本上，但又极其灵动，学生个人可以在阅读和批注中创造性地解读文章。不仅如此，“批注式阅读”的高级境界是从“我注六经”走向“六经注我”，让六经皆为我之注脚。在不断地“批注式阅读”中，学生将被灌注这样一种理念：文章（包括大师的作品），我之文章；天地，我之天地；变化，我之变化。

"批注式阅读"是以唤醒学生的个体主体性为指归的，因此允许学生对作品误读。每个人只能按照自身的认识程度、思维方式和自己所熟悉的一切去解读。人们原有的"视阈"决定了他的"不见"和"所见"。所以误读是客观存在的。误读不一定就是"不懂""歪曲"（即使学生在批注中出现真正的错误，也不必大惊小怪，可以在彼此交流中修正），它常常是一种新的理解，新的发现……"批注式阅读"鼓励这种误读。具体操作方式是：

> 在"批注式阅读"实验中，我首先把"批注式阅读"作为我的主要备课方式。我不写传统意义上的教案，而是把读课文时的理解、感悟以及借鉴其他参考资料研读时的收获批注在课文的书眉页侧，以备上课时使用。
>
> 我指导学生学习课文时圈点批注。我先示范，把我对一篇课文的批注印发给学生。上课时的主要方式就是学生和学生、我和学生交流批注成果。一堂课上，我常被学生精彩的批注所吸引，学生也常为我充满哲理的批注所折服。讲范仲淹词《渔家傲》"羌管悠悠霜满地，人不寐，将军白发征夫泪"时，有同学加了一句批注："与李益《夜上受降城闻笛》中'不知何处吹芦管，一夜征人尽望乡'有异曲同工之妙。"这个同学的批注刚读完，教室里就响起热烈的掌声。讲贾平凹《丑石》，讲到丑石不屈于误解，寂寞地生存时，我宣读我的批注："不要怕孤独，孤独能造就伟大。"好长时间，学生脸上洋溢着深思的表情，默默回味着。
>
> "批注式阅读"不但适用于课文学习，更适用于课下阅读。我们经常给学生印发名家名篇，印刷时将原文置于左侧，右侧和原文末尾处空白，以备批注。学生的批注有的是"有句无篇"的，即着眼于文章某词某句某段的"旁批"，我谓之"书间笔痕"；有的批注写在原文的后边，是着眼于全篇的，类似古代小说评点中的"回末总评"，我谓之"篇后悟语"。
>
> 学生的"批注式阅读"是各管各地分散进行的，批注以后还需要"集中"。我把全班学生分为六组，每组每次批注后由一个同学将全组的批注进行整理，去粗取精，形成一篇新批注，然后我把这篇批注印发给全班同学。通过此种方法，可达"奇文共欣赏，疑义相与析"的共享、交流之效。
>
> 批注同样适用于长篇名著的阅读。我们把"批注式阅读"实验和"读整本的书"实验杂糅在一起，指导学生在阅读名著时留下自己的"书

间笔痕”，阅读名著后留下自己的“篇后悟语”。

日积月累，厚积薄发。时间一长，学生像唐代的韩愈一样“口不绝吟于六艺之文，手不停披于百家之编；记事者必提其要，纂言者必钩其玄”。他们在读书时把自己的感悟、思考、疑问写在书眉页侧，长此以往，读、思、写有机结合，阅读之真义达成矣。更为重要的是，学生养成了不动笔墨不读书的好习惯，他们将受益终生。①

这不仅是一种阅读方式的改变，也是一种阅读观念的变革；表面上是对古代阅读方法的继承，实质上为其注入了当代的教育理念——“对话”“自主”“合作”“探究”“误读”等最新潮的教育理念都在这里得到了体现，做到了民族化和当代性、全球化较好的统一。

学生从中受到的教益也是多方面的，培养了阅读主体性、良好的阅读习惯，建立了阅读和思维、写作、听、说之间的联系，学会了与他人沟通、切磋、共享。这确实是一件使他们终身受益的事。当年胡适先生就提出用看书代替讲读，在“讲堂上止有讨论，不用讲解”②。“批注式阅读”为这一理想化教学的实现，找到了一个载体，为提高阅读效率铺平了道路。

母语化、汉语化教学，势必要从传统语文教学中汲取营养。当今语文教改已自发地形成了向传统回归的趋势，如读国学经典，读古代诗词，吟诵、背诵、对对子、评点、批注，等等，这些教学方式都重在积累、积淀，目的意识较为淡化，带有一定的超功利性。它着眼的是为文德、人品、语感、文感、思维、习惯等打基础，不争朝夕之功，可期水到渠成之效。

母语化、汉语化，就是民族化。只有充分地母语化、汉语化，才有全球化可言，才知道我国的母语教学如何与世界的母语教学对话、接轨。有了鲜明的传统性、传承性，才有充分的当代性、发展性，当代性才能成为对传统的颠覆、补充和完善。只强调其中的一个方面，势必都是一种片面。从这个意义上说，今天语文教育的民族化回归，固然有其合理性、必然性，但是，如果不能接纳当代性、全球化，不是取回望、反思或批判的态度，不能广泛

① 孙立权：《“语文教育民族化”的一个尝试——批注式阅读》，见田泉、李晓明主编：《启迪灵性的语文教学方式——孙立权“批注式阅读教例”》，长春出版社 2004 年版，第 8～9 页。

② 参见胡适：《中学国文的教授》，见《胡适文存》卷一，上海亚东图书馆 1933 年版，第 313～314 页。

地汲取全人类的教育智慧、教育文化之精华，不能消化新潮的教育理论，不具有前瞻性和洞察力，一切以古为尚，唯古是从，那就是盲目的“复古”，是开倒车——这是需要警惕的！

三　贵“无”：养护心灵、自求得之的人化教学

母语教育的习得性、悟得性、养护性等特点，决定了母语教育是不能速成的。相形之下，言语生命的成熟，生长期最长、收获期最迟，因此，成果也最渺茫。教学犹如耕作，语文教学这一茬的耕作，是最难以“计日程功”的。语文教学本质便是“素养”的教学。那种“计日程功”的教学，一定是应试的教学。那些所谓“立见成效”的教学，照葫芦画瓢式地做“题”，其“素养”之“效”，可以说是接近于零。

对言语和言语生命的觉悟，归根结底靠的是“自悟其理法”“自求得之”。每个人的“悟”“求”，“得”到的迟速不同，但是，都必须顺应人的言语生命天性、个性生长和成长的自然进程。教学所能做的是适时地养护，而不是急功近利地揠苗助长。每一个人的禀性不同，言语才具有异，因此，语文教学“不争朝夕”，可徐缓图之，使每一个学生能各得其所、各有所悟所求。

言语生命动力学的教学法，是养护性、养成性、涵养性的，不是授受性、训练性、强制性的，务虚重于务实。教师角色和教学观念需要转换。教师的导悟作用是一种潜在的、隐性的、激励性的、情意性的，教师应是优秀的、优雅的言语生命的“模范”。学生的自悟则是积极主动、热情热烈、真诚率性的，教学的关注点是学生心灵的丰富和成长、内心世界的养育和陶冶，是逐渐地养明去蔽，自然地、水涨船高地获得言语颖悟。从这个意义上说，语文教学本质上是“贵‘无’”的。

贵“无”的教学，我国先秦时期的儒家和道家的言语观堪称典范，在后代教育中也居于主流价值观的地位。有德者必有言，悟道明理，养气知言，气盛言宜，致虚极、守静笃，等等，是传统语文教育中最重要的也是最有价值的观念。

先秦时期孔子的言语教育，其主导思想是修德为本，基本上可称为“以读代写（练）、读中求悟”规范。本无所谓教法，若勉强言之，可称为“插

柳”法，即“有意栽花花不发，无心插柳柳成荫”的意思。这一读写观认为阅读、写作的根本不在于章句，而在于修德明理，修养到家了，水到渠成，厚积薄发，自然会写文章；如刻意于辞章，则是舍本逐末，本末倒置，是绝不可能写好文章的。孔子言语教育的方法，主要是借重“读”，通过“读”来悟道修德，认为有德则言可不学而能。

孔子是十分注重修己的。他特别注重读《诗》，把读《诗》视作言语的根本。他说：“不学诗，无以言。”[①] “女为《周南》、《召南》矣乎？人而不为《周南》、《召南》，其犹正墙面而立也与？”[②] 他认为读诗不但可以陶冶性情，还可以悟到学问和道理，提高言语的基本素养。除了读诗，孔子也注重读《书》，因为读《书》一方面可以了解统治国家的大道，另一方面可以知道古代圣贤的言行，以作为修身的楷模。

对所读的教材，孔子有时也作一些言语方法或特点上的评述。如“《关雎》乐而不淫，哀而不伤”，《易》“其称名也小，其取类也大。其旨远，其辞文，其言曲而中，其事肆而隐。因贰以济民行，以明失得之报”[③]（《易》中的“系辞”是否为孔子所言，尚有争议）。或对某些言语现象发表自己零星的感想：“书不尽言，言不尽意。”[④] 这说的是书册和言语的局限性。“为命，稗谌草创之，世叔讨论之，行人子羽修饰之，东里子产润色之。”[⑤] 这是对写作的详审精密、精益求精特征的表述。但是，这些论及写作特点和要求的，在《论语》中不多，点到为止，是偶有感触罢了。

总的来说，孔子言语教育的方法是以读为本。由读，而明道修德，“和顺积中，英华发外”，言而成“述”。孔子的言语教育规范，大约可称之为以“读”为本位的“德——述”规范。

这种“教法”也不是没有道理，写作本是表白内心的，内心没有积蓄，谈何发表呢？孔子的教学是极随意的，在《论语》中，几乎没有看到正儿八经的教学，多是“聊天式”的有一搭没一搭的“瞎掰”。有讲读书的，却没有一处讲到文章要多写、多练的，孔子从未对学生的文章加以指点和评论。

---

① 《论语·季氏》。
② 《论语·阳货》。
③ 《周易·系辞传下》。
④ 《周易·系辞传上》。
⑤ 《论语·宪问》。

这种教育观念一直影响着后世的儒家学者。凡是儒家学者一例地重修身、重养气。孟子说："我知言，我善养吾浩然之气。"①（所谓知言，具体表现为："诐词知其所蔽，淫词知其所陷，邪词知其所离，遁词知其所穷。"②）对此，有人做这样的阐释：

"善养浩然之气"是指培养为人之刚健中正、生机活泼的道德精神。它使得个人的生命洋溢出行仁践义的汹涌激情和理性自觉。之所以是激情汹涌的，是因为浩然之气充于四体，在肉体生命中得到旺盛显现；之所以又是理性自觉的，是因为"气"之陶养，始终是循着仁义与恒心所指引的方向进行。这就是"直养"和"集义而生"。故"浩然之气"也可以说是"直"与"义"积累到一个质变点后自然而然发生的一种肉体和精神的生机跳跃，是"形"与"神"在最高境界上的遇合与交融。这种境界自然是"容光必照"的大"明"境界，即知"道"、体"道"的境界。③

刘勰对"气"的养成大力提倡："思有利钝，时有通塞，吐纳文艺，务在节宣，清和其心，调畅其气。"④ 曹丕也说："文以气为主。"⑤ 古人对"气"的论述颇多，此处不详引。

朱熹对写作"训练"深恶痛绝，在《观书有感》中说得好："问渠哪得清如许，为有源头活水来。"这"源头活水"便是"读书"加"妙悟"。当然，细加推敲，不免有"唯心"之嫌，"书"只能算是"流"而不是"源"，真正的"源"是生活，是社会实践；但是书本知识作为思维的对象，作为第二客体，对于写作是至关重要的。一个人不读书，没有广博的知识、丰富的情感、深刻的思想而能写作，这是不可思议的。他们似乎都不约而同地缩回身内，悟道明德，求得心性的澄明虚静，逃避直接和物象功利照面，排斥纯为辞章的"缀辑言辞"的浮躁之举。

当然，孔子、朱子们对辞章、文字训练的极端排斥，似乎有点偏激。客观地说，以为只要修德养气，"主乎学问以明理"便自然会发为好文章和诗，

---

① 《孟子·公孙丑上》。

② 同上。

③ 刘耘华：《诠释学与先秦儒家之意义生成》，上海译文出版社2002年版，第84页。

④ 刘勰：《文心雕龙·养气》。

⑤ 曹丕：《典论·论文》。

根本不需要练笔，这也言过了。写作毕竟还有个掌握和运用文字符号的问题，光有内容，不等于就会写出好文章，还要懂得如何遣词造句、表情达意。还是宋人魏了翁说得较为辩证：“古之学者，自孝第谨信泛爱亲仁，先立乎其本。迨其有余力也，从事于学文。文云者，亦非若后世哗然后众取宠之文也。游于艺以趣博其趣多识前言往行以蓄其得，本末兼该，内外交养，放言根于有德，而辞所以立诚，先儒所谓笃其实而艺者书之，盖非有意于为文也。后之人稍涉文艺，则沾沾自喜，玩心于华藻，以为天下之美尽在于是，而本之则无，终于小技而已矣。”① “道”与“文”虽有本末之分，但是不可偏废。在“先立乎其本”后，也还得“从事于学文”。对程颐、朱熹这些“生而知之”的天才，也许另当别论，而对大多数的“学而知之”的中才以下的人来说，多写多练也许还是一道必须跨越的“铁门槛”。实际上“生而知之”的天才是没有的，即便是程、朱，李耆卿在《文章精义》中也批评说朱熹“寻常文字，多不及二程”，“程门文字，到底脱不得训诂家风”。但是，我们不能不承认，相形之下，多读多写多练的体认，是较为肤浅的。孔、朱们纵然片面，但不失深刻。

“插柳”法是从读中求悟，读的内容，到了唐、宋以后便开始走样。孔、荀、程、朱们读的是“六艺之文”，而杜甫、王安石所读的就不限于圣贤之文了，而是杂学旁收，多多益善。杜甫诗云：“读书破万卷，下笔如有神。”王安石说得更清楚：“读经而已，则不足以知经。故某自百家诸子之书，至于《难经》《素问》《本草》诸小说，无所不读；农夫女工，无所不问。然后于经为能知其大体而无疑。”② 这期间最常用的教材或读物便是《文选》。因为《文选》选文多，时间跨度上也很长：“余谓欲知文章之要，当熟看《文选》，盖《选》中自三代涉战国、秦、汉、晋、魏、六朝以来文字皆有，在古则浑厚，在近则华丽也。”③ 在读法上讲究的是慢慢地吟咏玩味，体会文章的理趣，古人也称为“涵泳”法，即“沉浸”其中，虚心静虑，“破其卷而取其神”。“涵泳”法也同样不太注重写的训练，以为写作是水到渠成的事，懂得文理自然

---

① 魏了翁：《坐忘居士房公文集序》，《鹤山先生大全文集》卷五十一，四部丛刊初编本。

② 王安石：《答曾子固书》，《临川先生文集》卷七十三，四部丛刊初编本。

③ 胡仔纂集，廖德明校点：《笤溪渔隐丛话·后集》卷二引《雪浪斋日记》，人民文学出版社 1981 年版，第 9 页。

会写。这与“插柳”法有所不同，它不太强调从读中做“修己”的功夫，修德意识有所淡化，较注意的是从读中领会文章中的道理和言语表现的规律。

同样值得注意的是，传统儒家教育中对言语生命天性的尊重和扶助。在这一点上，清代学者、教育家章学诚的教育思想和教学法和我们言语生命动力学教育观十分切近，他认为言语学习应从易到难，最重要的是要顺应学习者的天性，顺应其性情、心理和才能发展的自然。他说：“初学先为论事，继则论人，事散出而易见，人统举而稍难，故从入之途有先后也。……论事之文，疏通知远，本于《书》教；论人之文，抑扬咏叹，本于《诗》教。孺子学文，但拘一例，则蹊径无多，易于习成。括调体格时变，使之得趣无穷，则天机鼓舞，而文字之长，有不知其然而然者矣。”“文章以叙事为最难，文章至叙事而能事始尽。而叙事之文，莫备于《左史》。今以史迁之法，而贯左氏之文，神而明之，存乎其人，非尽初学可几也。”“善为教者，达其天而不益以人，则生才不枉，而学者易于有成也。”在这由易到难的学习过程中，他关注的是所写须是“孺子意中之所有”：“《左氏》论事，文短理长，语平指远，故自三语五语，以至三数百言，皆孺子意中之所有，资于《左氏》而顺以导之，故能迎机而无所滞也。其后渐能窥寻首尾，则纂辑人物，而论赞仿焉（‘论赞’，即论人之文——笔者）。稍能充于辞气，则拟为书谏，而辞命敷焉。又能略具辨裁，则规为书表，而叙例著焉。至于习变化而学为叙事，互同异而习为考订，则又识远气充，积久而至贯通之候也。是皆孺子自有之天倪，岂有强制束缚而困以所本无哉？……为童幼之初，天质未泯，遽强以所本无，而穿凿以人事，揠苗助长，槁固可立而待也。”“善教学者，必知文之节候，学之性情……”① 其写作教学的程序，科学与否或可商榷，但“达其天而不益以人”——尊重和顺应学生的天性和经验，而不人为地强加于他们，这一出发点，无疑值得肯定。

从总体而言，上述的思想和教法是贵“无”的。之所以说贵“无”，是因为它注重的不在于言辞本身，而在于人的学养和修养，同时还在于顺应于学生的言语天性，看重的是无形的内在素养的提高。一方面强调人文积淀、思想修养，注重从读中获知、求悟，从思中积学、明理；另一方面关注言语生命的自然生长和成长，因势利导，助成他们由自发向着自觉的言语学习目标

① 章学诚：《论课蒙学文法》，见《章学诚遗书》，文物出版社 1985 年版，第 683～688 页。

迈进。这样的教学，似乎难有直接的明显的功效，有的甚至不关言语的学习和文辞的历练，然而，言语生命的成长和言语能力的长进自在不知不觉中。

道家的言语观更是排斥言说和实用，把贵“无”的思想推到了极致。《老子》《庄子》言语观的基本点是“不言”“不辩”，认为“道”是客观存在，是不必言说，无须争辩的。《老子》中认为：“道，可道，非常道；名，可名，非常名。”① “道之出口，淡乎其无味。”② “知者不言，言者不知。”③ “善者不辩，辩者不善。”④ 将言语和论辩作了否定：由于“道”是无可言说的，所以，言说的人便不懂得“道”，巧辩的人便不是善良的人。

《庄子》把上述认识阐发得更具体：“道恶乎隐而有真伪？言恶乎隐而有是非？道恶乎往而不存？言恶乎存而不可？——道隐于小成，言隐于荣华。故有儒、墨之是非，以是其所非，而非其所是。欲是其所非，而非其所是，则莫若以明。” “夫大道不称，大辩不言……道，昭而不道；言，辩而不及；……孰知不言之辩，不道之道？若有能知，此之谓天府：注焉而不满，酌焉而不竭，而不知其所由来——此之谓葆光”。⑤ 就是说，言语是非都是人们主观自是的东西，还不如用事物本来的面目来显示它。大“道”用不着称扬；大“辩”用不着说话。称扬的就不是“道”，言说了反而说不清楚，所以，最高的境界是“不言之辩，不道之道”。《庄子》认为凡言语论辩的人，都是心术不正之徒，对其贬斥有加：《骈拇》篇中说到多言逞辩的人，实际上是废话连篇，咬文嚼字，在坚白同异之间的论辩上用尽心思，拿无用的言辞去捞取一时的名声，耗尽了精力，如杨朱、墨翟就是这种人。所以这些都是多余无用、标新立异的旁门左道，不是天下的至理正道。这种恶劣的风气还造成很坏的社会影响：巧诈流毒、纠缠坚白、附会同异的言辩太多，世俗的人就会被诡辩迷惑无所适从了；天下常常动乱不安，罪责完全在于喜欢运用智谋的缘故。……自从夏商周三代以后，都是这样的，脱离了淳朴忠厚的百姓而宠爱狡黠钻营的佞人，废弃了恬淡无为而喜爱喋喋多言的教化，喋喋多言的教化已经使天下之人扰攘不安了。道家既反对言、辩（其实他们自身却

---

① 《老子·一章》。
② 《老子·三十五章》。
③ 《老子·五十六章》。
④ 《老子·八十一章》。
⑤ 《庄子·齐物论》。

是极尽巧言善辩之能事），就不可能有什么直接的言语教学和言说训练了。

这种贵“无”的教育思想和教学思维，到了选举制、科举制兴起之后，便逐渐消亡了。因为，汉代以后主流的人才观和教育观与之产生了矛盾。为学、修德的“为己”的教育，让位于经国治世、立身扬名、求利干禄的“为人”的教育，文人宁静的心态被打破，“无”便为“有”所取代。传统的人文教育的血脉断裂了，语文教育便变得喧嚣而浮躁。文章有了，名利有了，而人文没了，真文人少了。

最为急功近利的是写什么而读什么，即清人孙洙在《〈唐诗三百首〉序》中说的“熟读唐诗三百首，不会吟诗也会吟”，清人薛雪在《一瓢诗话》中提到的“学诗读诗，学文读文，此古今一定之法”，这种方法可称为“依仿”法，即熟能生巧，照葫芦画瓢。最典型的莫过于明清之时的读《钦定四书文》之类学写八股文，从内容到形式一概“借鉴”过来，就是叶圣陶说的从“揣摩依仿”到“穿凿附会”的学习法。这种方法实质上对读、写都不重视，这是“为写择读”规范下的主要的教学方法，是一种最省事的教学方法，所以深受许多教师的欢迎，至今仍乐此不疲。鲁迅曾对这种教法作过清楚的说明：“从前教我们作文的先生，并不传授什么《马氏文通》，《文章作法》之流，一天到晚，只是读，做，读，做；做得不好，又读，又做。他却决不说坏处在哪里，作文要怎样。一条暗胡同，一任你自己去摸索，走得通与否，大家听天由命。”① 待到先生在篇末批上“有书有笔，不蔓不枝”之类，算是做“通”了文章。这种方法一方面借助对文章的模仿，另一方面是通过不断地“试误”来纠正写作行为。应当承认，这对于一些悟性较高的学生来说是有效果的。这种方法似乎也可称为“依仿试误”法。这种方法的主要功效还是落在“做”上，所以有人甚至主张读十篇不如做一篇。一旦做太多，恐怕又有累先生阅卷，因此，一般的先生是不太愿意叫学生少读多做的。

不管是少读多做，还是多读少做，目的都是为了应试，师生都是个“忙”字，教学都是个“闹”字。心灵得不到涵养生息，内心没“闲”字、“静”字，所悟也就有限，所为也就无益。

然而，贵“无”的教育精神是不会死灭的。中国的蔡元培、胡适、朱光潜、钱理群、孙绍振、杨东平……西方的福禄培尔、怀特海、赞可夫、苏霍

---

① 鲁迅：《做古文和做好人的秘诀——夜记之五》，见《鲁迅全集》第四卷，人民文学出版社 1981 年版，第 270 页。

姆林斯基、马斯洛、罗杰斯……从他们的教学实践和教育理论中，我们都能看到贵“无”的教育精神，他们都同样关注人格养护和生命培育。直接渊源于老子思想的美国教育家罗杰斯，他的“非指导性”教学法，更是让人振聋发聩。他的教学，充分体现了重学生自悟、自省的清净无为的思想方法，使学生真正成为教学的主体，学习的主人。

所谓“无”的教学，教师采取什么形式不很重要。“无”的教育精神在于指向学生的言语素养、言语生命体验，注重陶冶情性、养护身心。在教学中是动是静，是教师说得多，还是学生说得多，并不是唯一的衡量指标；未必都要像罗杰斯那样，教师基本上“免开尊口”，当一个“旁观者”，完全让学生“自导自演”，把学生“逼”上自觉“自悟”之路；也可以是师生合作，你来我往，共同探讨，相互激活，配合默契，甚至也可以是教师唱主角，学生当配角，学生只管听，只管发问、质疑。许多讲座不就是这样吗？不也让人如坐春风？关键的是，教育精神是什么，教学基本目的是什么。

贵“无”的教学，基本特征就是“不实用”。也可以说，对于应试或“辞章”技能提高，对听、读、说、写没有直接效用，在举手投足都要问一声“有什么用”的实用主义、工具主义、教法主义者看来，这样的教学是彻头彻尾的“无用”。**语文学科就应该是最“无用”、最“不实用”的学科！**从这个意义上说，谁能把课上得“无用”，而能使学生身心愉悦，言语生命恬然、安适、舒展，便是成功。

下面是李镇西先生的一节不怎么“有用”的课：

我教《荷塘月色》①

第二节课

……刚上课，我就说：“昨天李老师说到，我第一次听说朱自清这个名字并对他产生敬意时，显然不是因为他曾当过中学语文教师，也不仅仅因为他是一位著名的学者、诗人，而是另一个原因。那么究竟是什么原因呢？且听我慢慢道来。”

“我第一次知道朱自清的名字，是在毛泽东的著作里。”我对学生们说，“本来朱自清既没加入国民党，也不是共产党人，而是一位有独立人

---

① 李镇西：《我教〈荷塘月色〉》，载《语文世界》，2003 年第 3 期。原文是两节课的实录，限于篇幅，只节录“第二节课”，个别文字有改动。

格的自由知识分子，在硝烟弥漫的战争年代，按理他是不太可能进入毛泽东的视野的。但是在新中国诞生前夕的1949年，他的名字引起了毛泽东的注意，甚至是敬意，并写入了他的政论名篇《别了，司徒雷登》中。毛泽东这样写道：‘我们中国人是有骨气的。许多曾经是自由主义者或民主个人主义者的人们，在美帝国主义者及其走狗国民党反动派面前站起来了。……朱自清一身重病，宁可饿死，不领美国的‘救济粮’。……我们应当写闻一多颂，写朱自清颂，他们表现了我们民族的英雄气概。’最终，朱自清先生贫病交加，倒在了蒋家王朝最后一个冬天，倒在新中国的晨曦之中。他死的时候年仅48岁。朱自清的名字因此载入了中国新民主主义革命的史册！他也因此赢得了我的深深的敬意！”

学生们的心显然被震撼了。我继续缓缓说道：“当然，写《荷塘月色》时的朱自清还是一名清华园的教授，但如果我们了解了朱自清后来的命运，我们今天读《荷塘月色》时，也许会另有一番感受吧。”

我看到已经有同学在情不自禁地点头，我趁势把话题一转：“好，我说了那么多，现在该同学们说一说了。同学们能不能交流一下，这篇文章最打动自己的文字？不需要说理由，只要把有关的语言读一遍就可以了。”

熊昕同学说：“我最喜欢这几句：路上只我一个人，背着手踱着。这一片天地好像是我的；我也像超出了平常的自己，到了另一世界里。我爱热闹，也爱冷静；爱群居，也爱独处。像今天晚上，一个人在这苍茫的月下，什么都可以想，什么都可以不想。便觉是个自由的人。白天里一定要做的事，一定要说的话，现在都可不理。这是独处的妙处，我且受用这无边的荷香月色好了。”

易维佳同学说：“我最喜欢这几句：层层的叶子中间，零星地点缀着些白花，有袅娜地开着的，有羞涩地打着朵儿的；正如一粒粒的明珠，又如碧天里的星星，又如刚出浴的美人。”

吴桐同学说：“我最喜欢写《采莲赋》的那一段。”

“哦？是吗？”我感到引导学生领悟文章思想感情的机会快来了，“请问，你为什么喜欢这一段呢？”

“因为我觉得这一段写得特别快乐。”吴桐同学答道。

“嗯，原来是这样。”我沉吟道，然后又追问道，“你从哪儿看出了快乐的?”

“那是一个热闹的季节，也是一个风流的季节。”吴桐读着课文上的句子，然后又说，“还有《采莲赋》对采莲人的描写，都是很快乐的。”

我说：“这一段的确描写了一种很自由欢乐的生活。但是，同学们知道吗？这一段在过去的高中课本里却是被删去了的啊!”

“啊!”同学们全都表现出很惊讶的样子，并问我：“为什么会删去呢?”

我说：“我先不说为什么会删。我先要问问大家，你们觉得该不该删?”

“不应该删!”几乎全班同学都异口同声地说。

“为什么不该删呢?”我问。

教室里却一下沉默了，没人回答这个问题。

我说：“是不是你们觉得，既然现在课文将这一段补上了，说明编辑自有他的道理，这就证明原来删去是不应该的？如果真是这样认为的话，那证明大家并没有动脑筋独立思考，而仍然还是对教材的一种迷信。”

接着，我“斩钉截铁”地说：“我却认为，原来的教材删得对!”

“为什么?”有几个学生在下面小声地问我。

“为什么？道理很简单，因为这一节与全文的中心并不太吻合。”我“理直气壮”。

学生大脑里的思考火花显然被我点燃了，因为马上就有好几个同学举手，表示不同意我的观点。同时，也有学生点头表示同意我的说法。

我说：“看来我和一些同学有分歧。那么我们首先来讨论一下，这篇文章究竟表现了什么样的思想感情。”

易维佳说：“我认为这一段与全文的中心是吻合的。因为作者在这篇文章中表现的正是一种喜悦的、祥和的感情。”

“何以见得?”我问。

“比如，”易维佳翻开书说道，“他对荷花的描写，对月光的描写，等等，表现的都是一种恬静愉快的心境。”

熊昕说：“不对。这篇文章主要表现的，还是一种惆怅的心情。因为第一句就说得很清楚，‘这几天心里颇不宁静’。”

我故作不解：“这就怪了！易维佳说的和熊昕说的好像都是对的，因为她们都在文中找到了依据。那么，朱自清在文中的思想感情是不是有些矛盾或者说混乱呢？”

唐懋阳说：“不矛盾。因为作者的思想感情在文中是变化的。他开始是不宁静的，为了寻找宁静来到荷塘，在这里，他的心情获得了一种暂时的愉悦。但最终他还是没有摆脱烦恼。”

吴秦科说：“作者的思想感情是从不静、求静、得静到出静，时而烦恼时而愉悦，最后仍然摆脱不了先前的烦恼。”

虽然吴秦科的发言基本上是转述课文后面的分析文字，但我仍然肯定了他读书的认真。我继续问：“从哪里可以看出他最终还是没有摆脱烦恼？”

学生们来不及举手七嘴八舌地说：“但热闹是它们的，我什么也没有。”“这令我到底惦着江南了。”……还有学生说：“他引用《采莲赋》，描写采莲时热烈活泼的生活，本身就说明他因内心的苦闷而产生的对自由快乐的向往。因为作者说‘可惜我们现在早已无福消受了’。”

“好极了！”我忍不住赞叹道，“可见作者的这一段关于采莲场面的描写是不能删去的，因为它恰好反衬出作者对现实生活的失望。是吧？”

“对，对！”许多同学都点头表示同意。

我继续说：“有人把这篇文章所表现的思想感情概括为‘淡淡的喜悦，淡淡的哀愁’，我认为是很贴切的。但作者的感情底色是‘不宁静’。”

有学生问：“李老师，作者的心情为什么会‘不宁静’呢？”

“这个问题问得好极了！”我说，“不过我也不知道，因为这可能永远是个谜。但是，正因为这是个谜，所以，它为无数读者提供了品味、解读、思考的无限空间。关于朱自清心情‘不宁静’的原因，有人认为是源于对蒋介石四一二反革命政变的愤怒，联系到朱自清当时的思想背景和这篇文章的写作时间，这不能说没有道理；也有人认为是源于作者的思乡之情，因为结尾作者说‘这令我到底惦着江南了’；还有人认为源于作者作为一名小资产阶级知识分子面对人生十字路口而产生的苦闷、彷徨；甚至还有人根据一些史料，认为朱自清的‘不宁静’是源于家庭生活的不和谐；如此等等，还有其他的说法。我认为，在这个问题上，没有必要规定一个权威性的唯一答案，应该允许仁者见仁智者见智。而且也正因为如此，《荷塘月色》将成为一首耐读的朦胧诗，过去、今天和未来的每一位读者会因年龄、阅历、所处时代等等因素，而从同一篇《荷塘月色》中读出属于自己的一片荷塘月色。这就是创造性阅读，这就是阅读名作的乐趣！”我停了片刻，又问道：“还有没有什么问题啊？”

王驰问：“‘我爱热闹，也爱冷静；爱群居，也爱独处。’是不是有点矛盾？”

我把这个问题扔给大家：“谁能帮王驰解答这个问题？”

有同学说：“这里作者实际上强调的是‘冷静’和‘独处’，因为‘我爱热闹，也爱冷静；爱群居，也爱独处’。重点还是在后面的‘冷静’和‘独处’。用平时的热闹来反衬现在的冷静，用平时的群居来反衬现在的独处。”

我没有多做评论，只说了一句：“我基本同意你的观点。”

这时，王驰又举手了：“我想通了，作者的确是在强调‘独处’，因为接下来后面有一句‘这是独处的妙处’。”

“对了，”我说，“我们昨天不是说了吗？揣摩语言要怎么样啊？”

大家纷纷说：“联系上下文。”

“对。刚才王驰之所以‘想通’了，就是因为他联系了上下文。还有哪些同学有问题？”

一位女同学问道：“‘微风过处，送来缕缕清香，仿佛远处高楼上渺茫的歌声似的。’我不明白作者在写荷花的香味，怎么又突然写到歌声了。”

“这个问题问得好。谁能谈谈自己的理解？”我仍然不急于解答。

没有人举手。我提示道：“请问，作者究竟听到歌声没有？”

多数学生回答：“没有。”

“为什么？找出依据。”

唐懋阳举手站了起来：“这里是比喻，因为这里用的是‘仿佛’一词……”

为了引起学生注意，我有意暂时打断了他的话：“对，是比喻。也就是说，作者是用歌声来比喻荷香，是吧？”

同学们纷纷点头称是。

“但是，”我故意设疑，“荷香与歌声有什么可比的共同点吗？”

唐懋阳接着刚才的话说：“荷香与歌声都是断断续续、若有若无的。”

有学生下面接嘴说："而且朦朦胧胧的。"

我提醒大家："请在文中找到依据。"

唐懋阳说："'缕缕'、'渺茫'。"

"对。"我总结道，"荷香和歌声都是'缕缕'的、'渺茫'的。刚才唐懋阳说了，这是比喻。但我要说，这是一种特殊的比喻，钱锺书先生把它叫做'通感'。请大家看课文后面的练习二。"

学生看完后，我举了几个例子来说明："宋代词人秦观有词曰'自在飞花轻似梦，无边丝雨细如愁'。梦与花互比，愁与雨互喻。诗人艾青曾写诗这样描绘日本著名指挥家小泽征尔：'你的耳朵在侦察，你的眼睛在倾听……'这也是通感。其实，通感并不仅仅在文学作品中才被使用，实际上日常用语中，也常常有通感。比如，说某位同学的声音很粗，难道他的声音是有直径的吗？"

学生笑了起来，我接着又说："看，现在每一个同学脸上都呈现出甜美的笑容。可是，你们决不认为我是在说你们的笑脸是抹了糖的吧！"

大家笑得更厉害了。

"因为，这是——"我故意等同学们接嘴。

"通——感！"大家果然心领神会。

"好，还有什么问题？"

"'这令我到底惦着江南了'的'这'是指什么？"有人问。

"大家看前后文，是指什么呀？"我问学生。

马上就有学生回答："指'流水'。前面写'只不见一些流水的影子，是不行的'。"

"怎么又想到'流水'的呢？"我继续追问。

同学们回答："由《西洲曲》里的'莲子清如水'而来。"

"对。"我决定这里稍微扩展一下，"知道吗？这是一首情歌啊！"

看着学生不解的表情，我继续说："'莲子清如水'就是'怜子情如水'的谐音。"

"哦，原来是这样。"学生们恍然大悟。

我继续发挥："你们看，咱们的古典诗词对情感的表现是极富艺术性的，含蓄而美。比如刘禹锡的'东边日出西边雨'……"

学生情不自禁地接了上来："道是无晴却有晴。"

“对了。这里的‘晴’实际上谐哪个 qíng 呀？”

“感情的情。”

“而现在的一些流行歌曲，开口就是‘让我一次爱个够’！你们看，同样是表现爱情，中国的古典文学诗词与现在的一些庸俗的流行歌曲完全是两种艺术境界！同学们要学会鉴赏真正的美。”

这时，又有同学举手了：“李老师，我还有个问题——课文第四段说‘这时候叶子与花也有一丝的颤动，像闪电般，霎时传过荷塘的那边去了’。既然只有‘一丝’，为什么会‘像闪电般’呢？”

她的话音刚落，另一位女同学举手站了起来：“我理解，这里的‘一丝’既指程度很轻，也指速度很快，是‘一丝的颤动’，稍不注意，就闪过去了。所以，‘像闪电般’。”

不少同学点头表示同意她的看法。

我问刚才提问的同学：“你同意她的说法吗？”

她点了点头。

我觉得有必要引导学生深入揣摩一些词语，便说：“刚才同学们提了不少很有价值的问题。现在，我能不能也提几个问题呀？”

学生点头，好像说：这还用说，当然可以啦！

“请问，‘叶子出水很高，像亭亭的舞女的裙’，为什么作者要用裙来比喻叶子呢？”

有的学生说：“形状相似，都是圆的。”

我说：“那盘子不也是圆的吗？锅盖也不是圆的吗？怎么不说‘叶子出水很高，像盘子，像锅盖’？”

学生们笑了起来，有学生回答说：“荷叶和舞女的裙子都很柔美。”我接着问：“何以见得很‘柔美’？”学生答：“句中有‘亭亭’二字。”还有学生说：“是舞女的裙，有一种舒展、旋转的动感，很美。”

“对。荷叶本来是静的，但作者想象它是动的，是舞女的裙。这是以虚写实，以动写静。”

接下来，我和学生们还一起研究了描写荷花的“袅娜”“羞涩”“明珠”“星星”等词语，还有“月光如流水一般，静静地泻在这一片叶子和花上。薄薄的青雾浮起在荷塘里”等佳句，以及作品中叠字运用的妙处。

我看了看表，时间不早了。便对同学们说：“如果大家继续品味、继续推敲和继续研究，还会有更多的感受、更多的发现和更多的问题。这就是揣摩。”

我稍作停顿，又继续说道：“《荷塘月色》是我们高中学的第一篇课文，也是李老师给大家讲的第一篇课文。同学们可能已经感到了李老师的教学特点，同学们千万不要指望李老师讲得有多么精彩，而应该自己参与教学，大家讨论研究，共同交流。在我们的语文课上，应该是学生、教师、作家三者平等对话。老师当然也要参与交流，但我的意见只是一家之言，仅供同学们参考。快下课了，下面我就简单谈谈我读这篇课文的感受。”

我这样概括我对《荷塘月色》的理解——

借景抒情，是阅读本文时应抓住的一个关键。具体说，作者正是借“荷塘月色”之景，抒“这几天心里颇不宁静”之情。

如许多论者分析的那样，开篇一句“这几天心里颇不宁静”，的确是全篇的“文眼”，定下了文章的基调。这“颇不宁静”，正是作者对严酷现实的不满和苦闷心情的写照。因此，他才“忽然想起日日走过的荷塘，在这满月的光里，总该另有一番样子吧”。这说明作者夜游荷塘，目的是使“颇不宁静”的心情宁静下来。而置身于“无边的荷香月色”，他也的确感到了某种超脱：“这一片天地好像是我的；我也像超出了平常的自己，到了另一世界里。”也正是在这淡淡的喜悦之中，那弥望的荷塘，那田田的叶子，那袅娜的花朵，那缕缕的清香，那凝碧的波痕，那脉脉的流水，那薄薄的青雾，那淡淡的云影，那柔和的月光以及那光与影和谐的旋律……都让他的心得到了暂时的安宁。然而，这安宁的确只是暂时的，因为，作者心灵深处的惆怅是难以排遣的，所以，当耳边传来“树上的蝉声和水里的蛙声”时，他便发出了“热闹是它们的，我什么也没有”的感叹。一直到“这令我到底惦着江南了”一直到“猛一抬头，不觉已是自己的门前”，作者便从梦幻般的“另一世界”回到了依然令人苦闷的现实。

如果说，“借景抒情”表现了作者面对黑暗现实对时代苦闷的排遣；那么，“托物言志”则表达了作者对高洁品格和正直人格的主动追求。

近代学者王国维在《人间词话》中写道：“有我之境，以我观物，故物皆著我之色彩。”本来，无论是荷塘还是月色，都不过是自然界的客观景物，但在朱自清眼里，它们都成了寄托自己思想感情和理想人格的载体。许多论者在分析本文时，多抓住“荷塘月色”的“朦胧”大做文章，认为这反映了作者扑朔迷离、如烟似梦的愁绪，所谓“借朦胧之景抒朦胧之情”。这当然是有道理的，但只说对了一半。自然界的“朦胧之景”多的是，可作者为什么要选取“荷塘”与“月色”来抒情呢？问题的实质，在于这里的“荷塘”是月下之荷塘，这里的“月色”是荷上之月色。朦胧固然是二者的共同点，但朱自清赖以言志的是二者更鲜明的相通处，这便是“荷”“月”之高洁！所以，在作者笔下，荷叶清纯，荷花素洁，荷香清淡，月色如水，月光如雾，月景如歌……而这一切，无不是作者那高尚纯洁、朴素无华的品格的象征。作者原名“自华”，后更名“自清”，由此我们可以读出荷月之美景与作者之品格的相通处，这就是一个“清”字：出淤不染，皎洁无暇！而作者一生都无愧于“自清”二字：清正、清贫、清白、清廉……

只有从理解作者的思想感情出发，我们才能真正领会文章在写法上的艺术魅力。

——下课铃声响起了，我最后总结道：

“朱自清在写这篇《荷塘月色》时，只是一个自由主义知识分子，他当然不可能想到自己20年后的命运。但是，我们从这篇文章所体现出的高洁品格，却完全可以理解20年后朱自清所作出的选择。作为一直追求真理追求进步的知识分子，他有过苦闷和彷徨，然而他一旦将祖国的命运和自己的命运联系起来的时候，他就毅然融入了时代的潮流，成了一个坚强的革命民主主义战士。1946年10月，西南联大迁回北平后的两年是中国黎明前最为黑暗的时期，却是朱自清一生中最辉煌的时期。面对一个行将灭亡的腐朽政权，贫病交加的他便毫不犹豫地加入了‘反饥饿，反内战，反迫害’的民主斗争的洪流，并以大义凛然的骨气，写下了自己人生的最后一行壮美的诗句！他瑰丽的诗文成了永远流传的文化珍宝，他朴素的名字成了万代敬仰的人格丰碑！——下课！”

当学生们整整齐齐地站立起来的时候，我分明看到他们的眼中，正闪烁着与他们的年龄似乎不太相称的深沉与庄严。

可能在不少教师看来，这节课“有用”的，只有对一些词语的揣摩和课将要结束时李老师谈的朱自清何以心里“颇不宁静”。跟学生讲自己第一次听说朱自清这个名字并对他产生敬意的原因，有什么用？那是你自己的事。对作者的敬意，和解读《荷塘月色》没有什么直接的关系？问学生“最打动自己的文字”是哪些有什么用？学生喜欢哪些文字这一类问题，考吗？叫学生讨论《采莲赋》中对采莲人的描写该不该删有什么用？删不删，这是由教材编者决定的，学生的意见顶什么用？跟学生说“不宁静”的种种不同的解读，有什么用？只要告诉学生一种就够了。有必要和学生讲“通感”吗？修辞知识讲就讲了，还扯到今天的爱情歌曲的歌词，这有什么用呢？整节课还贯穿着讲朱自清的人品人格、思想气节，似乎也太重了些，讲那么多有什么用？

毫无疑问，这是一堂高水平的课。于漪先生是这样评价的：这是两节内涵丰富、具有鲜明时代色彩的语文课。合上课堂实录，学生思维活跃、兴味盎然的情状历历如在眼前，教师切中肯綮、点拨精当的话语久久萦绕耳畔，教师引导学生步入语文求知的殿堂，品尝勇于追求、乐而忘返的欢乐。教师视学生为一个个活泼的生命体，尊重学生，平等对话，探究气氛浓郁，学生个性获得发展，潜能得到开发。教育，说到底是培养人。学科教学是育人的重要组成部分，不具备现代教育观念，就会陷入重书轻人、机械操作的误区。这两节课教学处处以学生为本，以促进学生个性的健康发展为本，学生的求知欲望得到满足，对语言的揣摩，对文章思想感情的领悟，均能打开思想的闸门，知无不言又言无不尽，再佐以教师的推敲，因而，精彩纷呈，常闪发智慧的火花。教师始终与学生处于平等的地位，不以“权威”自居，而是作为学习课文的一员，积极参与讨论，谈自己的阅读感受。有时要言不烦，意在点睛，给学生以深深的启迪；有时明说“不过我也不知道，因为这可能永远是个谜”（绝非搪塞，而是列举种种研究成果），意在留给学生思考的空间，继续学习的空间；有时提出“现在，我能不能也提几个问题啊”，意在深入开掘，弥补学生探究的不足。教师、教材、学生三方碰撞、交融，奏出了美妙、和谐的语文交响乐。语文教学要加强综合，注重知识之间、能力之间以及知识、能力、情意之间的联系，重视积累、感悟、熏陶和培养语感，致力于语文素养的整体提高。这两节课在这方面表现得十分突出，语文教学的多功能发挥得淋漓尽致。关键的语言文字放在特定的语境中理解、品味、鉴赏，感悟是灵动的、具个性色彩的；指导朗读、培养良好的学习习惯与方法，研究作者与创作背景，探究作品的写作意图与价值取向。把知识传授、能力培养、智力发展与思想情操陶冶熔为一炉，发挥了语文的实用功能、发展功能、审美功能，学生在潜移默化中多方面获得培养。更为难能可贵的是，教师不仅在各个教学环节中注意循循善诱、逐步深入，探求真知，更把自身的文化积淀融合于教学之中，提高课的质量与品位，提升学生的思想情操。对课文作者的总体认识与评价，对课文意义的阐发，对通感手法的比拟，对重点词句推敲的延伸，对媒体相关报道的评论等，看似信手拈来，实则是平日勤于阅读、积累文化的必然展现。这些挥洒自如的讲解，对学生最有吸引力、感染力，最有启发性，也是这节课最能发光的亮点。学生以学为主，教师不学无以为师，教师学识丰厚，学生终身受益。听李镇西老师的课，应该说是一种幸福。①

这些评价，李老师是当之无愧的。李老师对学生情感、审美、思想、人格的启迪，无所不在，使学生受到了强烈的思想和心灵的感染和震撼。尤其可贵的是，他做这一切，是那样的自然、从容和“随意”，几乎到了如鱼得水、游刃有余、使人“得其意而忘其言”的境界。我真羡慕李老师，能把课上得如此的出神入化，能使学生如此的心醉神迷。

在赞叹之余，我忽发奇想：对朱自清先生有着精湛研究，并对语文教育有着深刻思考的孙绍振先生又会怎么说呢？他也许会对李先生的社会学、政治学、道德学评价和总结不以为然。他更关注的是一个普通人的生存处境。他会说，还是看看那会儿他与父亲相处得如何，讨究一下朱自清的心境吧，说不准朱先生的“苦闷”是伦理性的呢。孙先生是这样说的：

> 总结起来：有两个清华园，一个是平常的，一个是当时的。他写的自己，也有两个，第一个是平常的，另一个是当时的，是“超出了平常的自己”。这个自己和平常的自己有一个最大的不同，就是感到“是个自由的人”。自由在“什么都可以想，什么都可以不想”。那么，他想了些什么呢？这是很值得追究一下的。很可惜，许多同仁满足于被动地阅读，忘记了化被动为主动，在追随中进行预期和回顾，不这样矛盾就不会从隐性变为显性。关键在于，对于自由这样一个概念，要有分析的能力。通常的分析都是分析一个具体的、感性的事例，这固然不容易，但是，难度不太大。可是分析一个抽象的概念难度就比较大了。但是，没有这样的能力，就很难愉快而胜任地做一个奋发有为的语文教师。分析完自

① 见于漪：《〈我教《荷塘月色》〉评点》，载《语文世界》，2003年第3期。

由的概念，事情并没有结束，还要看文本：究竟哪一种自由的范畴更适合文本的实际。

从外部感觉来看，他连树上的蝉声和水里的蛙声都听不到，从内心深处却想着梁元帝《采莲赋》中男女调情的场面和《西洲曲》中民间少男少女恋爱欢会的场面。而且还要感叹“这是一个热闹的季节，也是一个风流的季节”，“可惜我们现在已经无福消受了”。这就是他所说的“什么都可以想”的“自由”。

高远东的论文《〈荷塘月色〉——一个精神分析的文本》说，《荷塘月色》中有一种“心理骚动的性质”，或者如俞平伯所说的“没来由的盲动”，用朱自清自己的话来说，就是“随顺我生活里每段落的情意的猝发的要求，求每段落的满足”。如果我们拿《荷塘月色》和他的《桨声灯影里的秦淮河》相对照，就不难看出朱先生内心的苦闷的性质了。在《桨声灯影里的秦淮河》中，朱先生很诚实地写出他本想听一听歌妓的歌喉的，但囿于知识分子的矜持，拒绝了。可是内心又矛盾，失落。

我的学生邢那妍查阅了朱自清的传记，更为雄辩地说明了《荷塘月色》所表现的苦闷并不是政治性的，而是伦理性的。

朱自清于1920年北大毕业以后，到杭州一师教书，月薪70元。虽然已经寄给家里一半，但还是不能满足父母的要求。妻子儿女生活在家中，受着折磨。从《背影》中可知，1920年以后朱自清的家境，已经非常惨淡。因为贫穷，家庭失和，为了减少矛盾，节约开支，朱自清回到家乡任扬州八中的教务主任。由于庶母的挑拨，其父借着和校长的私交，朱自清的薪水，本人不得领取，被直接送到家里。迫于此，朱自清不得不接出妻儿，在杭州另组小家庭。1922年，朱自清带妻儿回扬州，打算与父母和解，结果不仅没有解决矛盾，反而加深了精神上的痛苦。作者给其好友俞平伯的信中就写道：“暑假在家中，和种种铁颜的事实接触之后，更觉颓废下去，于是便决定了我的刹那主义。”（所谓刹那主义就是从生命每一刹那间中均获得意趣，使得每刹那均有价值）后来，朱自清到清华任教，他父亲因为考虑到孙子的教育问题，从朱自清处把两个孩子接回扬州。朱先生的生母，也随之一同回去。但是，父子关系一直没有缓和。朱自清每月寄钱回家，往往得不到回信。在《背影》中提到“家中光景是一日不如一日，他触目伤怀，家庭琐屑，便往往触他之怒。

他待我也渐渐不如往日”。暑假中（也就是写作《荷塘月色》的7月份），朱自清想回扬州，但是又怕难以和父亲和解，犹豫不定。因而有“这几天心里颇不宁静”之语。这一切都证明朱自清在漫步荷塘时感到的自由，在性质上是一种伦理的“自由”，是摆脱了作为丈夫、父亲、儿子潜意识里的伦理负担，向往情感自由的流露。和政治性的自由是没有直接关系的。这样的解释，如果不是更加切近朱先生的本意，至少也是为比较深刻地理解本文提供了心理的根据。当然，伦理的自由，也不是与政治的自由没有一点联系，前面所引用朱自清先生自己的话，就表明他也因为考虑到老婆孩子的责任问题，而不能绝对自由地作政治的抉择。但是，我以为那是比较间接的，次要的。

我曾经对大学中文系一年级的学生如此分析《荷塘月色》，反反复复讲了四堂课，到最后还是有一些同学转不过弯来。有一个女同学课后对我说，你怎么能这样讲？我本来读这一课，头脑是很清楚的。你这么一讲，把我的思想都搞乱了。我说：搞乱了，好啊。不是要搞活思想吗？搞活的第一个阶段，就是搞乱①。

当然，作品一旦公开发表，每一个读者都可以有自己的解释，甚至可以有与作者不同的理解。但是，这样的解读，从作者心理方面，而不是单纯从社会政治反映方面，提出了一种新思路，至少可以增加学生的思考空间。这种阐释的理论基础不是社会学的，而是心理学的、伦理学的，涉及意识和潜意识的问题。这就要求对心理学、伦理学的学说有所涉猎，光有一点粗浅的社会学、反映论的哲学常识对于一个合格的中学教师来说，是不够的。

那么，我们也试着推测一下对这样的课，罗杰斯会怎么说。我猜想，罗杰斯也许会说李老师和孙老师能不能不说话或者少说话，把更多的说话机会让给学生。你瞧你，一节课，你一个人就占去了半节，这不公平。你能不能不牵着学生走，让他们自己掂量着往哪儿走，想往哪儿就往哪儿。能不能让学生自己和朱自清先生对话，和《荷塘月色》对话，和那个时代对话，你就袖着手在一边听，不管听到了什么也不要开口，甚至也不能微笑或皱眉。——忍不住了吧，李老师前面刚说了“没有必要规定一个权威性的唯一答案，应该允许仁者见仁智者见智”，还是给《荷塘月色》点了题。如果说，

① 孙绍振：《直谏中学语文教学》，南方日报出版社2003年版，第164～166页。

“借景抒情”表现了作者面对黑暗现实时对时代苦闷的排遣；那么，“托物言志”则表达了作者对高洁品格和正直人格的主动追求。……朦胧固然是二者的共同点，但朱自清赖以言志的是二者更鲜明的相通处，这便是“荷”“月”之高洁！所以，在作者笔下，荷叶清纯，荷花素洁，荷香清淡，月色如水，月光如雾，月景如歌……而这一切，无不是作者那高尚纯洁、朴素无华的品格的象征。你还说：我们从这篇文章所体现出的高洁品格，却完全可以理解20年后朱自清所作出的选择。你难道不知道你的这些观点都会成为学生的观点，或对学生的认识发生暗示作用，影响他们的独立思考？你说你做不到？倒也是，开始我也是这样，总是想把自己知道的都告诉学生，总要对学生的行为作一些评价，总要分出个是非高低，总要摆出一副权威的架势，把课安排、组织得井井有条、滴水不漏。现在，我不了：我想他们更需要自己去获得结论，而不是我给的，许多事物通常不是没有结论吗？过去的结论，有多少在现在还是结论？未来呢？我再也不给什么结论，再也不了！

当然，孙绍振先生的伦理学、心理学的解读也可以成为一家之说，对学生不无养明去蔽之效，罗杰斯先生尽量不说话、不给结论、不作评论，也不一定就能获得最好的效果，学生也许面面相觑、一筹莫展。不说，未必就是“无”；说了，未必就是“有”。“无”还是“有”，不在面上，在里子。李老师也许是强势了些，在潜意识中还残留着些许的自是和自得，但是，从整体上说，他的里子还是有个“无”。也许真正“无”的境界只是存在于理想之中，许多人都在努力地追求和逼近，却永远也达不到。明知达不到，心向往之；明知不可为，偏为之。这便是语文教师言语生命之谜、之魅、之美。

四　尚“有”：训练为主的“反生命”教学

在功利社会，贵“无”的教育是不可能成气候的。它只能是一种教育理想、一种追求，是一小部分不合时宜的人的异想天开。什么时候社会不那么功利了，无须提倡，教育也许自然也就贵“无”了。素养教育是关切人的生命意志的，它的基本精神便是贵“无”。所以，在功利社会，也就不可能有素养教育。功利社会之所以难有贵“无”的教育，原因不在于人们不知道教育的极境是什么，而是人们缺乏自我造化的环境和心境，难以从喧嚣、熙攘和焦躁中超脱出来，难以守住孤独和虚静，因而，也就上不到“无”的境界。心无常“闲”，教学便是“忙”。

尚“有”的教学是一种带有教育主观性、强制性的教学，在教学实践中集中体现在对“训练”的强调：“训练训练，分开来说，训是老师的事，练是学生的事。就老师的方面说，采用种种有效的办法，循序渐进地教导学生练，固然极为重要，而督促学生认真练，经常练，尤其是奏功收效的关键。一曝十寒，办法再好也没有多大用处，因为在学生身上得不到巩固，养不成习惯。必须督促学生循规蹈矩地练，积日累月地练，练到非常纯熟，再也丢不了了，学生身上才真正有了这项能力了。”[①] 在当代语文教育中，这种观念进一步表述为“训练为主线”。“训练”如果针对的是某一种应用技术的学习，那是对的，说的是语文能力、言语心智、语文素养的提高，那就错了。从某种意义上说，充斥着训练的教学，学生主体性发展的空间势必就很狭小，学生主体的言语生命、精神活力、想象力、思想力、创造力等都会受到很大的损害和压制。因为，训练意味着对学习者的规训、规范和改变，学习者是被动接受、不得已就范的。一切超越了学生自我内在需要和兴趣的、违逆或扭曲学生言语生命冲动的、缺乏思想和情感互动的、带有强行灌输意味（包括意识形态的、知识的、技能的）的教学活动，都是尚“有”，都需要检讨。

英国思想家罗素说：“通过压制思想自由而获取的在战斗中的成功是短暂的，并且极无价值。从长远来看，精神的活力对于成功和对于美好的生活同样是重要的。把教育作为一种训练的形式，一种通过奴性而产生一致的手段的概念是很普遍的，而它得到辩护的主要理由是它导致胜利。在现代世界中，在实际事务中也需要那么多的理智，甚至外在的胜利更可能是靠智力赢得，而不是靠驯服赢得。使人轻信的教育不久就会导致精神的腐朽，而保持活跃的自由发问精神才是可能达到进步的必不可少的最低限度。某种心理习惯通常由那些从事教育的人灌输进去：服从和纪律，在争夺世俗成功中的无情，对反对派的轻视和一种不发疑问的轻信，对教师智慧的被动接受。所有这些习惯是反生命的。”[②] 的确，教育中名目繁多的训练也导致了“胜利”——高分和高升学率，但是，它培养的是奴性、无情和轻信，它使学生丧失了精神

---

① 叶圣陶：《说话训练决不该疏忽》，见刘国正主编：《叶圣陶教育文集》第三卷，人民教育出版社 1994 年版，第 170 页。

② ［英］伯特兰·罗素著，李国山等译：《自由之路》，西苑出版社 2003 年版，第 136～137页。

活力和想象力，使学生唯有服从，不再怀疑和发问，一切都是被动地接受和吸收，盲目地获得和占有。尚“有”的教学，本质上便是反生命的，是对人的异化。

教学，不能没“有”，教学的作用总要体现在一定的实际功效上。但是，不能“尚”“有”，不能唯“有”是图。过分追求直接的教学效益，过犹不及，得不偿失，失去的比得到的要多得多，语文教学尤其是这样。语文教学自然不能不注意到学生语文能力的提高，学生必须要学会听、读、说、写，而如果只注意到相关的知识与能力的“有”，到头来，人，没有了；作为主体的人，便蜕化为机器。人文意义上的人，自由自觉的人，便化为乌有。科举时代范进、孔乙己这样的文人，今天无数说假话骗取高分的考生，成千上万文字垃圾制造者，不能说他们没有语文能力，他们的语文能力可能还很不错，但是，他们绝不是语文教育所要培养的有着健康人格、独立思想和自由精神的人。

科举语文教学，便是典型的尚“有”的语文教学。单从言语训练角度看，撇开人们已很熟悉的对对子、联句、写诗、记事等一些基本的文字练习不论，从经义到八股文写作教学的“为写择读、读以致‘用’”的程序模式训练方法，便是尚“有”教学的集大成。

从元代倪士毅的《作义要诀》中便可以看出，其训练的思路是跟“经义”这种文体的写作程序相对应的。将一个完整的写作行为过程分解为若干个步骤，一个步骤一个步骤地完成教学和训练。例如关于“审题”作这样的要求：

> ……第一要识得道理透彻；第二要识得经文本旨分晓；第三要识得古今治乱安危之大体，然后一见题目，胸中便有称量。然又须多看他人立意及自知历练，则胸中自然开广。又不要雷同，须将文公四书仔细玩味，及伊洛议论大概皆要得知。则不但区处性理题目有断制，凡是题目皆识轻重，皆区处得理到。①

此外还对各类题目的审题思路和方法作了提示，有较强的可操作性。解决了审题，再依次解决冒题、原题、讲题、结题。由于“经义”的写作程序建立在“经义”这一文体模式之上，所以这种教学方法似乎可称之为“模式程序”训练法。

---

① 据丛书集成初编本。

到了明清的八股文教学，其步骤和阶段性更为明晰，一般在蒙学阶段先学习八股的破题和承题；到了中馆，再继续学习起讲、入手、起股、中股、后股、束股等，学生已能作全篇八股文；及至大馆，则专门对八股文的写作做进一步的提高，以应科举。这大约是一个先分后合、由粗到精的训练程序。

八股文在内容上的要求，简而言之即“代圣贤立言”。张位在《看书作文法十六则》中说：“作文是替圣贤说话，必知圣贤之心，然后能发圣贤之心，有一毫不与圣贤语意相肖者，非文也。譬之传神，然眉目须发有一毫不逼真者，非为良工。”郭正域在《论文一章》中说得更为苛刻：“夫为圣人之文，即传圣人之言也。今之善传言者，呼吸咳唾，微言冷语，嬉笑怒骂，长短轻重，一如出其人之口，方为善传言。”① 由此可见八股文内容上的虚伪。

科举以八股文试士，写作教学在教育中自然便受到极端的重视。语文教育从重阅读转到重写作，形成“以写作训练为中心”的教学结构。因为这一时期的阅读教学，“读‘四书’，只为八股之题目，读‘五经’，只为八股之材料。而三代以下之书，皆可以不读”。② 这种以写作训练为中心的教学，基本情况如下：

> 在蒙学时，除读书外，或课对偶，由二字而三、四字，五、七字；其学为八股，则先为破题两句，渐为承题三、四句。课对偶为将来试帖之预备，破题承题则为八股之前奏曲也。年稍长，则入中馆，“五经”未毕者，或仍继续读经。而对偶诗文则渐进。对偶或为咏物联，或为撑句，为夹联。……至其学为八股文，则以蒙学时已能破承题，则连续学去……中馆之学生，大都年在十三四，则为完篇，完篇者，能作全篇八股文也。中馆之后有所谓大馆者，多设于都市。……大馆专教八股，以应科举。……教师之讲四书，不在发明经义，而专为八股。③

八股文教学这种尚“有”的教学，对教育的破坏、对人才的摧残自不待言，就其具体的教学方法、方式，当然还是应该做具体的分析。从上举的八股文教学情况可得出如下看法：

1. 明清八股文教学已经形成一套较为严整的教学结构与训练程序。就教

---

① 以上引自武之望撰，陆翀之辑：《举业卮言》卷三，绣谷周氏万卷楼刻本。

② 卢湘父：《万木草堂忆旧》，见沈云龙主编：《近代中国史料丛刊续编》第 66 辑 651 册，文海出版社有限公司 1983 年版，第 77 页。

③ 同上书，第 60～65 页。

学结构来看，撇开当时语文教育受科举考试这一外在影响，单就“以写作为中心”组织教学而言，也不失为一条可供尝试的路子。事实证明，“以写作为中心”，是可以带动阅读教学的。为了应用而读，其效果势必要比仅仅为了读而读要好得多。从程序安排来看，当时蒙学、中馆、大馆的训练内容，也基本上体现了由易到难、由简到繁、循序渐进的教学原则。从对对子的基本训练开始，再学简单的破题、承题，然后是学习联句，进而学习八股的主体部分，最后再结合经书和八股范文进一步提高篇章能力。这在一定程度上注意到了学生的接受能力的发展。但是，不论是否符合学生的学习心理，毫无疑问，这种训练是一种奴化教育，对学生的言语生命的成长没有正面的意义。

2. 八股文由于有严格的程式，所以，明清八股文教学比起前一时期的经义之文的教学来，更注意文章的形式规范，是一种典型的模式程序教学。这种教学似乎有利有弊，但显然弊大于利。利在学生有法可依，便于掌握文体形式特征，能较快地入格、合格，写出符合文体规范的文章。这比起单纯的试误（让学生自己揣摩依仿）教学，对于学生形成文体感要更为便捷。弊在八股文的模式教学，只要求学生的八股文合格，而不允许出格，这就产生了定法为文的程式化的弊端，限制了学生思想与表现的自由，扼杀了他们的创造性。

3. 八股文的模式程序教学，是采用文章分解的训练方式，即根据八股文的若干构成部分的具体要求，由不同的教学阶段分别组织训练。这种化繁为简、先分解再综合的训练方式，在习作初始阶段，有一定作用。然而这对学生形成整体文章形式感不无负面影响。对此，清代学者章学诚曾表明了这样的看法：“今使孺子属文，虽仅片言数语，必成其章”。这一观点极具教育学价值。章学诚对宋明以来经义、八股教学中长期形成的分解式的程序教学法，给予了大胆的否定，倡导整体式教学法：“属句为文，犹备体者为人，婴孩不满一尺，而面目手足无一不备，天也。长成至于十尺九尺。即由是而充积，初非外有所加也。如云魁伟丈夫，其先止有面目，后乃渐生肩背，最后乃具手足，此不可以欺小儿矣。……由小而大，引短而长，使知语全气足，三五言不为少，而累千百言不为多也。亦如婴儿官骸悉备，充满而为丈夫，岂若学破承起讲者之先有面目，次生肩背，最后乃具手足也哉？”[①] 这一认识是符

① 章学诚：《论课蒙学文法》，见《章学诚遗书》，文物出版社 1985 年版，第 683 页。

合写作行为和写作学习的特殊性的，对习作者形成完整的文章和写作观念，养成正确的写作思维方式和习惯，其作用至关重大。

在今天看来，这种模式化、程序化的教学方法在写作教学中尽管并非一无是处，对一些格式严谨的公文和应用文的学习，也许还是“有效”的。但是，即便是对其有效性的认可，也仍是有保留的。因为，是否能写好公文和其他的应用文，并不取决于对其格式规范的掌握，重要的还是取决于作者的基本素养。应用文也是需要言语创造力和想象力的。当然，我们对它的否定，主要还在于从根本上说它是一种奴性教育，是一种压制学生的精神活力、想象力、创造性的教育，是一种反生命教育。

在科举时代的语文教学中，不论是注重读还是注重写，在具体教学中教师是没有多少话好讲的，读便读，写便写，写得不好再去读，读完再写、再改，即便有一些知识性成分，也大抵甚为简陋。教师的信条是“神而明之”或“仿而得之”，即如欧阳修说的：“无他术，唯勤读书而多为之，自工。”①这样，便造成了语文教学理论的贫弱，像《文心雕龙》《马氏文通》之类，一概被拒之门外。知识类教材在文选类教材面前，始终只是“二等公民”。这种状况的恶性循环，便造成写作——语文教学理论研究的实用化和低层次。语文教学就剩下叫学生练，然后对“答案”；写作教学就剩下出题叫学生写，然后草草讲评。

科举时代语文教学弊病，原封不动地被今天的应试语文教学照单全收，且变本加厉。集大成者是魏书生先生，可谓创造性地发展了封建时代的模式程序教学方法、方式，并达到了登峰造极的地步。魏先生说：“课堂教学方法很多，‘讨论法’‘实践法’‘练习法’‘纲要信号法’‘导读法’‘问读法’‘串讲法’‘答疑法’，认真统计一下，大概不会少于一百种。”② 这些“法”也许有的也无所谓绝对的“好”或“不好”，只在于如何用。在应试教育的背景下，自然所用大多就是盯住分数，所有的“法”势必都是“应试法”，学生的学习只能是被动的，他们的言语生命冲动必定是受压制的。

魏先生的教学法最著名的是画“知识树”：告诉学生阅读分枝上有三个小枝：1. 分段归纳段意；2. 归纳中心；3. 分析写作特点。每一小枝又有几个

---

① 参见魏庆之编，王仲闻校勘：《诗人玉屑》卷五《初学蹊径·勤读多为》，上海古籍出版社 1978 年版，第 117 页。

② 魏书生：《魏书生文选》第一卷，漓江出版社 1995 年版，第 2 页。

可以当定理用的杈，比如分析写作特点这个小枝上又有中心、选材、结构、表达、语言五个小杈。杈又生小杈，如表达的杈上又分记叙、议论、抒情、描写几个小杈。小杈仍可繁衍，如描写又分为景物描写、场面描写、侧面描写、人物描写。人物描写又分为肖像、语言、动作、心理描写。这样除字词（渗透在课文中讲）之外，一个个分枝讲完了，学生就具有了初中应学的语文知识。学生从初一到初三，六次画语文知识树，一次比一次枝叶更繁茂。——这种脱离“表现”情境的语文知识系统的学习，对于言语能力的形成是基本无用的。

除画“知识树”外，还有流传甚广的“定向、自学、讨论、答题、自测、自结”六步课堂教学法：第一步定向，控制信息的接收范围，随时排除干扰性的学习目标之外的知识。自学则是主动的消化知识的过程。教师以平等的身份参加学生的讨论，并在必要时做出解答以保证信息的正常流通与传输，这两个环节信息传递是多向的。师生都是信息源，又都是信息接收器。第五步自测和第六步自结在整个课堂信息传递过程中是一个终极部分，它的任务主要是对本课时所接收的信息的及时反馈和强化。在整个“六步”教学法过程中，既要发挥教师的主导作用，又要使学生主动地生动活泼地学习，并使两者很好地结合起来。……魏书生总结了“四遍八步”读书法。第一遍跳读，完成两步任务：第一步记梗概，第二步了解主要人事物或观点。第二遍速读，完成第三步复述内容、第四步清理结构的任务。第三遍细读，完成第五步理解字词句、第六步圈点摘要、第七步归纳中心这三项任务。第四遍精读，完成第八步分析写作特色的任务。这些，培养的是对编者意图的接受和认同，不是读者的主体意识。学生主体完全消失了。在他的教学中，显然不是以学生为本位，是以教材、教师、知识为中心；学生貌似主动，实为被动。学生成了按部就班的学习机器。

此外，他还强调以法治语文教学，减少随意性，减少人治的成分。他提出建立语文教学的计划系统、检查监督系统和反馈系统。计划系统将语文教学的 34 件实事分为 6 类：每人每天必须做的 6 件事，每天按学号轮流做的 3 件事、每周做一次的 3 件事、每学期做一次的 9 件事、不定期的 6 件事、渗透语文教学的 7 件事。监督检查系统建立了五种检查监督的方式：自检、互检、班干部反馈、班集体检查、语文教师抽查，并制定了具体检查时间、检查方法和奖惩措施。反馈系统包括个别讨论反馈、班干部反馈、班集体反馈、家长反馈。[①]

这是魏书生教学法中最为反人性、反生命的“杰作”。像这样的教学，说得好听一些，学生沦为了学习的工具和奴隶；说得不好听，学生成了思想和精神的囚徒。真难为他想得出以“法”治语文教学，制定的教规，几可与狱规相媲美。更不可思议的是，这样残酷的精神虐杀，竟得到了至高无上的“好评”。

平心而论，画知识树，还只是语文教学“以知识为中心”思想和应试教育背景所致，所构想的方法是有“创造性”的，他只是没考虑这样画来画去，是否是语文教育所应追求的目标，于言语能力有何助益。“六步”教学法，再加上叠床架屋的“四遍八步”读书法，问题也就出在于模式程序教学本身“定法为教”的弊病，教学尤其是语文教学，哪里有必要、有可能按部就班、按图索骥呢？这将教材的差异、学生的个体差异、课堂教学行为的随机性和不可虚拟性置于何地？最可怕的令人不寒而栗的是“法治语文教学”，这样的想法，哪怕想一想都会出一身冷汗，作为一种假设或学术探讨也就算了，偏偏已然在实际运作、在严格执“法”，还受到了那么多人的颂扬以至崇拜，这实在是可悲可叹。试想，如此，学生成了什么了。这样的学习有什么乐趣，有什么主体性，有什么言语生命的张扬可言？学生不是“吾日三省吾身”，而是“吾日十省吾身”。不但要自省，还要受到班干部、班集体、语文老师、家长的定时的严格的检查监督，稍有疏忽，便要受到惩罚。在这样严格管制下，剩下的是分数，是升学率。人文精神彻底失落，“有”的教学被推向了极致。“知识”“能力”是“有”了，“人文”没有了，“人”没有了。

对魏先生的见解批评，实际上是对一种没落的应试教育文化、教育观念的批评。魏先生的见解只是代表那个时代教育思潮的一个符号，从中可以看出语文教育一旦失落了人文情怀、关怀，只剩下冷冰冰的工具性、应试性会是什么样子。它让我们知道“模式程序教学”这类尚“有”的实用主义语文教学，极端的做法是怎样的，是如何将活生生的言语生命“塑造”成教育的批量化产品，将人“异化”为自己的对立物。

罗素对这种奴性的教育表明了自己的建设性的意见和态度，认为：“与服从和纪律相反，我们应努力保持独立和冲动。与无情相反，教育应当努力培

---

① 参见顾黄初主编：《中国现代语文教育百年事典》，上海教育出版社 2001 年版，第 554～555 页。

养思想中的公正。与轻视相反，教育应注入敬意，努力达到理解；对待他人的观点应当使之显现，而未必要服从，但是这种反对是与想象的理解和对反对理由清楚结合的。与轻信相反，教育的目的在于鼓励建设性的怀疑，对冒险精神的喜爱和通过思想上的进取和大胆来征服世界的感觉。满足于现状，使有个性的学生屈从于政治目标，对思想上的事情的冷漠，是这些坏处的直接原因，但在这些原因之下还有一个更根本的原因，事实上教育被当作在学生身上获取权力的手段。在这里正是缺乏敬意暴露了它本身；只有通过增加敬意，根本的改革才会奏效。"① 这无疑是一针见血的。从封建时代的八股文教育的"代圣贤立言"，到今天魏书生先生的语文教学计划系统、检查监督系统和反馈系统，对学生个性生命的无视和压制，都是由于把教育当作一种从学生身上获取权力的手段，都是基于对生命、言语生命缺乏敬畏感。

五　贵"无"：走出"儿童本位"反"儿童"迷津

语文教学"无"与"有"的矛盾体现在诸多问题上。在"儿童本位"观念上，也存在"无"与"有"的矛盾。

中小学教育"儿童本位"观层出不穷，如"以学生为主体""翻转课堂""以学定教""先学后教""学本课堂""生本课堂"等，你方唱罢我登场。这些观念及其实践，固然有一定的合理性，但是，也往往不无片面性、功利性：将儿童视为唯一的教学"主体"，无视教师等其他教学"主体"的重要作用；以儿童需求、学情确定教学，忽视教师"主体性"的发挥与导引作用；关注儿童当下的学习效益，忽视儿童未来的发展，缺乏前瞻性……体现了对教学"主体"与儿童发展认知上的狭隘、肤浅。

教学主体，是一个多元的"复合主体"，儿童不是唯一的教学"主体"。课标制定者、教材编写者、教师等也是教学主体。学生的学习与发展不仅要着眼于当下，更要着眼于长远。不能以儿童当下的需求、兴趣、学习状况，作为决定教学目标、内容与方法的唯一依据。对"儿童本位"不应作庸俗化、实用化理解，不能以为只要是对儿童现状的迁就、迎合，就可取；反之就是

---

① ［英］伯特兰·罗素著，李国山等译：《自由之路》，西苑出版社 2003 年版，第 137 页。

“教师中心”，就要否定。

片面、肤浅的“儿童本位”认知由来已久，在语文教学实践中已然司空见惯，成为普遍的思维定势。1932 年，叶圣陶在《小学初级学生用〈开明国语课本〉编辑要旨》中写道：“本书内容以儿童生活为中心。取材从儿童周围开始，随着儿童生活的进展，逐渐拓张到广大的社会。与社会、自然、艺术等科企图作充分的联络，但本身仍是文学的。”“本书尽量容纳儿童文学及日常生活上需要的各种文体；词、句、语调力求与儿童切近，同时又和标准语相吻合，适于儿童诵读或吟咏。”“练习课文字与图画并用，绝无枯燥、呆板的弊病。”[①] 这是早期的“儿童本位”思维，其关键词是“儿童”，但分寸还掌握得比较好。从总体上看，是反对脱离儿童生活实际，是积极的，但已露“儿童化”“实用化”思维之端倪。教学内容以儿童生活为中心，容纳儿童文学及日常生活上需要的各种文体，练习课注重适合儿童的兴趣等，从表面上看似乎无可挑剔，但隐含着迁就儿童现状与心理需求的危险。若只顾及儿童眼前的接受状况，沿着这条路走下去，势必会弱化儿童教育的提升、引领、导向作用。

在此后大半个世纪，只要打起“儿童本位”的旗号，便无往而不利。盲目的“儿童本位”观成为教育思维的主流。随着 21 世纪新课程的施行，“儿童本位”成了教育热词，温度一路飙升。除了形成上述教学观念、教法外，在教学实践中，打着“儿童本位”幌子的似是而非的认知，强势占据了语文教育主航道。如关于阅读，读贴近学生生活的，学生能理解的，有用的，学生感兴趣的；语文教材的选文以白话文、时文为主，小学生以读写叙事、抒情类作品为主；小学以儿童文学教学为主，中学生以读文学作品为主，“儿童本位”被偷换成了“儿童文学化”，这显然有点热过头了。只求迎合、顺应，缺乏发展性、前瞻性思考，自然是一种片面与短视。如果这样理解“儿童本位”，语文教学势必误入歧途。

这些偏颇的“儿童本位”观根深蒂固，以为尊重儿童，其实不然。这是从表层的“有”来认识“儿童本位”的，只考虑儿童当下的喜欢、理解、获取，只想着眼前的有用、有效、受益，而不是从深层的“无”，着眼于他们长远、未来、终身发展来思考问题。基于实用主义、实利主义的“儿童本位”

---

① 叶圣陶：《小学初级学生用〈开明国语课本〉编辑要旨》，见刘国正主编：《叶圣陶教育文集》第 4 卷，人民教育出版社 1994 年版，第 159 页。

认知，其结果可能是反“儿童”的。

对“儿童本位”思维，对儿童语文学习，要处理好“有”与“无”、现象与本质、现实与未来等关系，要对顺应与引领、眼前受益与长远发展等矛盾作辩证分析。从当前语文教育现状看，须走出以下三大认知误区。

（一）儿童阅读的浅易化

如今一说到儿童读物，想到的就是童书、绘本，是童话、故事、儿童小说、科幻作品、寓言之类。这涉及贴近儿童心理、兴趣，学以致用等观念。儿童读写适当注意与他们的生活经验、心理发展水平相适应，不无道理。但如果一味追求童稚化、乐读性，势必培养的是永远长不大的老“儿童”。这不符合教育的本质——促成人的“发展”。

儿童阅读的文本抉择，不能以儿童是否读得懂，能读懂多少，喜不喜欢等为标准。要摒弃“读懂”“易懂”观念。

阅读有三种可能：理解、一知半解与不解。所谓“儿童文学化”，主要便是基于儿童阅读须能理解、感兴趣的认知。其实，儿童阅读可以是基于理解的，也可以是一知半解或完全不理解的。教育既要考虑当下效益，也要考虑将来需要。须顺应，更须引领。教育必须是前瞻的，要着眼于学生长远的发展。

我赞同王富仁先生的观点：“教育永远是一个完整的过程，而作为一个完整教育过程的学校教育，它永远不是也不可能是以儿童为目的的。它首先考虑的是现实社会的存在和发展，是一代代的儿童成长为什么样的成年人的问题。也就是说，它的标准是成人的标准，而不是也不应该是儿童的标准。当然它应当尽量考虑到不同年龄阶段的受教育者的接受程度和接受趣味，但它又绝对不可能仅仅考虑到受教育者自身的兴趣。”① 如果以这种前瞻的“成人的标准”选择读物，自然大多是儿童难以理解，或一知半解，或完全无法理解的，但这又何妨？儿童是未来的成人，他们当下不理解，不等于之后、将来也不理解。要是所读的都是当下即可理解的，即原有经验、知识结构可同化的，那读与未读何异？谈何开启心智、丰富心灵？当下不理解，随着时间的推移、经验的增长与心理的成长，不断地反刍、体验、领悟，迟早会理解的——即便长大后仍不能完全理解也不要紧，能理解其中一部分就可以了。

---

① 王富仁：《呼唤儿童文学》，见《语文教学与文学》，广东教育出版社 2006 年版，第 132～133 页。

试想，成人读书就一定都读得懂，一定要读自己感兴趣的书？即便是中老年人，所读也未必都懂。有时，一本书、一篇文章，大部分读不懂，能读懂其中一句话、一段话就能受益终身。关键不在于是否读得懂，而在于所读是否是好书。

阅读是要有提前量的，要给学生预留思考、消化、领悟的时间。这个时间可短可长，有的书，读一辈子未必真能读懂，也不失为值得一读的好书。一读就懂，读得有兴趣、乐趣，从长远看，也许并没有多大价值。

一般认为选择儿童读物首先应以儿童理解力水平为依据——读不懂岂不白读？其实不然，可能事实恰恰相反，一读就懂的，应该少读；一知半解的，可以多读；基本不懂的，可以多读、多背、多记。因为，一读就懂的，读不读差不多，对于儿童心智发展，并无多大助益，出于儿童的直接兴趣考虑，可以适当读一些；读了一知半解的，有思考空间，可引发儿童好奇心、探究心，这类书孩子有新鲜感，也会产生兴趣，应该多读。读了基本不懂的，只要是经典美文，应该多读，而且尽可能多背、多记，不但可慢慢思索、探究，而且可以领悟、受用终生。这是一种长效阅读。

儿童文学，作为儿童读物的一部分，自然是必须的，合理的。但“儿童文学化”，将儿童阅读、小学语文课程中的阅读等同于儿童文学阅读，那就言过了。不论其“儿童文学”观是“儿童本位”的还是“成人本位”的，都是不妥当的。因为，毕竟儿童文学读物只是儿童阅读的一个领域，儿童阅读范围要比儿童文学大得多。

与“读懂”观念紧密联系的是当下如火如荼的“绘本”热。这是一个值得注意的错误导向。确实，绘本有助于儿童理解、读懂比较高深的文本，或有助于提高孩子的阅读兴趣，但是，用确切的图画，也就是用绘画作者对文本的理解，绑架儿童对文字的感受力、想象力，无助于培养学生良好的语文读写能力，良好的文体感、语感。

优秀文本，借助图画“读懂”未尝不可，但如果将其作为儿童的主要读物，还不如读一知半解或暂时读不懂的纯文字读物好。因为，绘本“阅读”是喧宾夺主，是“非语文”的。读“图”与读“文”是两码事，对儿童培养语感与言语想象力会产生一定的干扰作用。

真正的好书往往不好读，但常读常新，可以读一辈子、想一辈子、悟一辈子、用一辈子。因此，是否读得懂，不应是儿童读物取舍的最主要标准。

要从观念上理直气壮地阐明：儿童要多读一知半解或基本不理解的。我们的老祖宗就是这么做的。读《三字经》《千字文》《千家诗》《弟子规》，读四书五经、十三经，读诸子散文，读《左传》《国语》《史记》《汉书》等，这些经典大部分是孩子读不懂的，但不要紧，长大后就懂了。长大后仍不太懂也没关系，有的是时间，可以用一生去弄懂。

儿童读物的浅易化，是将"儿童本位"简单地理解为要使他们"当下受益"。其实，"儿童"是处于不断"成人化"的进程中，人的一生中都是在"成长"中，不必急功近利、锱铢必较。儿童期不必急着收获什么，付出的不一定马上就要有回报。现买现卖，是卖不出好价的。春华秋实，辛苦积累、收藏的精神财富，在此后的人生中必定会享受到其丰厚的红利的。

阅读要辩证地看，要弄清楚是为儿童计眼前还是计长远。读了立马就懂，速效，只有短效、浅效；读了不太懂或完全不懂，慢效，却有大效、奇效。

（二）儿童读写的感性化

阅读的童稚化，也基于对儿童思维感性化的偏颇认知。语文教育界普遍认为感性、形象思维是儿童的优势，所以要读写叙事性、抒情性作品。不但小学、初中教材以叙事、抒情类文本为主，高中教材也还是以叙事、抒情类文本为主。写作感性化表现为小学生写记叙文、故事、童话之类，仿佛历来如此，天经地义。在教学实践中，叙事、抒情类写作被过分重视，学写记叙文，成了语文基础教育主线。直至高考还要求写记叙文（或议论文）。以理性思维为主的议论文写作，迟至高中阶段才真正开始，而且，所谓议论文教学基本上就是对付高考的，并非真正意义上的论辩、思辨写作。重叙事轻议论的教学观念，是我国现代语文教育的严重失误。

这也是一个"儿童本位"观念误区，迟滞了儿童理性思维、逻辑思维能力的发展，导致他们感性思维与理性思维、叙事写作能力与论辩写作能力严重失衡。

这可能跟一些语文界前辈的认知有关。以往一些大师，如梁启超、朱光潜、叶圣陶等，都比较注重儿童叙事能力的培养，反对早期议论类读写，以为叙事性写作才是符合儿童心理发展水平的。

他们主要是从科举教育重议论中汲取了"教训"，认为学生如果只是写些八股、策论之类，一味"代圣贤立言"，空发议论，会养成虚伪乖张的心理，败坏人格品性。如梁启超先生说学校"专教论事文""全是中了八股策论的余毒”。“论事文和记事文孰为重要，学起来孰难孰易，这些问题，各人有各人的看法，姑且不细讨论，但现在学校中作文一科，所作者大率偏重论事文，我以为是很不对的，因为这种教法，在文章上不见得容易进步，而在学术上德性上先已生出无数恶影响来。”① 这代表了 20 世纪初学界先进较普遍的认知。

有些学者则从说理难度高，需要一定学识积淀才能写好的角度来思考。如朱光潜先生说：“从前私塾国文教员往往入手就教学生作论说，至今这个风气仍在学校里流行。这办法实在不妥。说理文需要丰富的学识和谨严的思考。这恰是青年人通常所缺乏的。他们没有说理文所必具的条件而勉强做说理文，势必袭陈腐的滥调，发空洞的议论。”② “说理文可缓作，言情文也可缓作，剩下来的只有叙事绘态两种。事与态都是摆在眼前的，极具体而有客观性，比较容易捉摸，好比习画写生，模特儿摆在面前，看着它一笔一笔地模拟，如有一笔不像，还可以随看随改。紧抓住实事实物，决不至堕入空洞肤泛的恶习。”③ 他认为学生不具备写说理文的素养，因而要“缓作”。其出发点是先易后难、循序渐进。

此外，也由于人们普遍认为人的理性思维、逻辑思维是在感性思维、形象思维之后才产生、发展的，写作教学要适应这一心理发展过程。如当代学者王富仁先生说：“青少年的思维特征更是文学的、感性的，开始时理性思维能力较差。所以，在中学时代，不要过多地写议论文，而应该让他多去感受。感受多了，有了比较，有了区别，理性思考的需要就产生了。这时的理性是建立在活生生的感性的基础上的，他的思想才有根，才是自己的思想。”④ 他主要是从注重文学教育的角度说的，认为人的理性是建立在感性上，中学不宜多写议论文。

基于以上不同角度的考虑，他们都不主张先写、单写、多写议论文，都主张先写记叙文，而且特别看重写记叙文。这一偏颇的观念，造成了小学教

---

① 梁启超：《为什么要注重叙事文字》，见《饮冰室合集》专集第 15 册 43 卷，中华书局 1936 年版，第 81 页。

② 朱光潜：《谈文学·写作练习》，见《朱光潜美学文集》第 2 卷，上海文艺出版社 1982 年版，第 280 页。

③ 同上书，第 282 页。

④ 王富仁：《只有真实的表达，才有健康的人格》，见《语文教学与文学》，广东教育出版社 2006 年版，第 84 页。

材基本上是儿童文学与其他叙事、抒情类文本，罕见论说性文本。中小学主要写的是感性化的记叙文。他们的出发点虽有差异，从总体上说，似乎都是站在儿童立场上为其着想的。想法不能说没有道理，但显然有严重的局限性。

人的理性思维高于感性思维，因此，理性类比感性类读写活动更为重要。人的写作能力发展的最终的普遍性指向，无疑是理性写作、论辩写作——论文写作。从人的长远发展看，实用、议论类读写的重要性，要远高于叙事、抒情类读写，其社会性需求也是如此，道理不言而喻。

其实儿童期也是理性思维的发生、发展期。学龄前孩子即进入了“前运算期”，理性思维开始萌芽；小学阶段就进入了“具体运算”期，儿童能进行初步的概念思维、逻辑推理活动，有知其然并知其所以然的欲望，小孩的好奇心、探究心是最强的，理性思维能力的开发、培养，也是顺应他们心理发展的水平，是必不可少的。

从人类学、哲学层面看，人是概念、分类的动物，人是求知、理性的动物，人是有思想的动物。人固然也有感性、感觉，但是这并不是人类最重要的特性；从文化学角度说，人的思想，人类的文明、文化的创构，主要是理性思维的成果；从心理学角度看，理性认知能力高于感性认知，概括、分析、综合、推理、分类、比较、判断……这些理性思维能力，是人的思想力体现，构成了人的基本认知心理过程；从社会学角度说，人与人之间高层次的理解、沟通，彻底、精确地表达、喻意，主要是在理性层面实现的……理性思维的成果，主要体现在论辩写作上，因此，论辩类读写素养、能力，是绝大多数人应该拥有、掌握的。

人的理性思维、说理能力未必要一步到位，不一定要到学识、思想积累得较为充分才可以说理，才可以写论辩类文章。人的思维发展、思想积淀是渐进式的，是一个水涨船高、水到渠成的过程，论辩写作也有一个逐渐提高的过程。不能因为儿童思维、思想不成熟，便得待其成熟后再开始论辩写作。要是须等思想成熟后才可以开始学习论辩写作这个逻辑成立，那也许我们谁也等不来那一天，因为谁也说不清楚自己是哪一天思想成熟了。须知，论辩写作不但是已有思想的表达，也是促成思想成熟、精进的重要助推器。

因此，小学阶段在进行叙事、抒情类作品读写时，不要忘了理性思维能力的培养，论辩文本的读写。理性思维的培养，论辩文本的读写，要“从娃娃抓起”。准确地说，要从小学一年级就要开始读写论辩类的文章，应将研究报告、论文写作，作为贯穿中小学语文教学的主线——取代以往的记叙文为主线的观念。

这一点，发达国家早就是这么做的，儿童从学龄前就要求“提出开放性的研究问题”，小学一年级到六年级，始终不间断地写的是“研究报告”，辅之以日常性“反思”写作，二三年级孩子写出十几页的研究报告是稀松平常之事，并不是什么天才、奇迹。显然，其着眼点是培育儿童理性思维能力，从长远看是培育研究者、思想者、立言者，弥足借鉴与深思。这才是基于儿童发展的真正的“儿童本位”教育。

这也足以攻破论辩写作须等人的理性思维比较成熟之后，或等学养积累到足够说理，即成年之后再去培养的误区。对于多数人来说，到高中才开始逻辑思维、说理能力培育，成年之后——大学才开始学写论文，势必错过儿童理性思维的最佳发展期，恐怕终身难以形成良好的理性思维能力，难以取得高水平的思想建树。

（三）儿童阅读的文学化

21 世纪初的语文课改，文学教育重新给予了高度重视。在教育理论上，教材编撰与教学实践中，对文学文本的重视程度是空前的。这关系到文学教育“度”的掌握的问题。中小学教育是否主要是文学教育，即情感、审美教育，这个问题值得一辩。重情感、审美，这与前面所述儿童主要是感性思维的认知如出一辙。

近年小学语文“儿童文学化”严重，中学语文文学化也有加剧的倾向。教材中文学作品的分量在增加，提倡语文教育“文学化”呼声时有所闻。例如，儿童文学学者朱自强先生说：“我坚定地认为，目前的小学语文教育面临的最重要的课题，就是从优秀、经典的儿童文学那里开发真正的资源，探讨新的语文教材编写理念和儿童文学的文学教育方法。一句话，中国的小学语文教育只有从儿童文学中汲取资源和方法，充分实现儿童文学化，才能走上一条康庄大道！”① 朱先生将小学语文教学等同于儿童文学教学，“儿童本位”被肤浅地理解为“儿童文学化”，语文教育“儿童文学化”思维，把“儿童本位”偏颇认知推到了极致。朱先生的观点在小学语文界影响甚广。在一批儿童文学学者、作家积极误导下，小学语文教师普遍以为小学生就是读儿童

---

① 朱自强：《回到原点：小学语文教育的儿童文学化问题》，载《语文教学通讯》(C)，2007 年第 5 期。

文学。

中学语文教育也有“文学化”呼声。如王富仁先生认为：“到了中学，就应该以文学为主。青少年的特点是感受丰富，是在不断的感受中形成对世界的看法。而文学作品是诉诸人的感情的。我们现在课本里非文学类的课文太多，说明性的课文太多。……我觉得中学时代是文学阅读的时代。”① 他认为整个中学时代应以文学教育为主，就是说，中学语文教育的主要任务是情感、审美教育。

我非常理解朱自强、王富仁等文学学者对儿童文学、文学教育的情有独钟，我也非常理解情感、审美教育对人的心灵建构的重要性，理解文学教育对人的精神引领、塑造的不可替代性。但是，语文——言语教育，人的言语生命意识教育，精神发展、创造教育，绝不是靠文学教育可以一网打尽的。人的知识、学养、思想、智慧的积淀与历练，需要多方面营养、滋养。任何的偏食都会造成营养不良、畸形发育。即便是人参，吃多了也会吃坏身体的。

需要指出的是，叶圣陶等前辈，虽然注重“儿童本位”教育，注重选文与儿童生活的相关性，但是他们并没有提倡“儿童文学化”或“文学化”，相反，基于实利主义、工具主义教育观，他们更为注重“实用化”“应用化”，即“非文学化”。他们是反对过分“文学化”的。不论是“文学化”或“实用化”，都是一种偏执，是对“儿童本位”的片面认知，未必妥当。

我以为，孩子应该多读感性的叙事性文本，还是多读理性的论辩类文本，即主要是文学化教育还是实用化教育，并不是问题的症结所在。如果从儿童长远发展看，读什么书只有一个标准，读人类最具代表性的作品与著作——经典。读公认的最好的精神食粮。

学生课内阅读的经典文本，主要指两千多年来沙里淘金、万里挑一的文言文（包括古代白话文）经典——也包含少量的现代白话文精品。现代白话文只有一百年的历史，一百年积攒下来的人类言语智慧，无论如何也不能跟两千多年积攒下来的比。经典，要经过长时间的自然选择，是由一代代后人精挑细选出来的。因此，千百年留存下来、历代普遍认可的文言文经典，应该是中小学课内阅读教学的主要内容。学生课外自由阅读，必定会接触到足够多的时文，因此不要担心时文阅读量不足。

---

① 王富仁：《只有真实的表达，才有健康的人格》，见《语文教学与文学》，广东教育出版社 2006 年版，第 84 页。

我赞赏古人的广义“文学”观。孔子所谓的“文学”，是一种“大文学”，包含一切“文质彬彬”的文本，古代最有思想、文化价值的文本，这也是我所认同的文言文经典。历代著名的教材、读本，也是基于传统的“大文学观”，诸如《昭明文选》《文章正宗》《文章轨范》《古文辞类纂》《古文观止》《经史百家杂钞》等，所选的大多是文质兼美的经典之作。

一般而言，经典文本自然是“文质相称”的。桐城派文论的“义理、经济（经世济用）、考据、辞章统一”说，也是一种“文质相称”。选文偏于“文采”或狭义“文学”，往往遭后人诟病。若一定要对二者区分轻重，“文”与“质”，以“质”为重；“文”与“道”，“道”是矛盾的主要方面。

我以为，只要是历代公认的经典之作，都是可读的，并不特别受儿童年龄、心理、经验所限，也不受狭义“文学”所限。然而，由于经典太多，读不完，对经典读物势必要有所选择。虽可适当考虑儿童的理解力与阅读兴趣，但切不可以此作为最主要的取舍标准。可有所偏重，但对于多数人来说，不应偏于狭义“文学”——诗赋、小说等，不宜以“文学教育”为主，更不能“儿童文学化”。除了少数未来的作家、文学研究者外，多数儿童所读应兼容并包，尤其不应排斥论辩类文本。

一个孩子读了四书五经，诸子散文，《春秋左氏传》《国语》《史记》《汉书》，唐、宋诗文……就有了基本的国学功底，终身受益无穷。是否读懂不太重要，他们不必要完全读懂、理解文本，只需记诵便好。即便不能完全记诵，能熟读，哪怕留下一点印象也好。人生苦短，一个人一辈子读的书总是很有限的，所以要读“性价比”最高的经典文本。儿童期是人的一生中最珍贵的读书季，读经典，背经典，想经典，其效益一定胜过读时文、童书、绘本。背一部《道德经》，胜过读万千垃圾时文，万千童书、绘本。

造物主之所以给儿童以记忆力，给成年人以领悟力，给老年人以洞彻力，就是要让儿童多多记诵，留待成年、老年时慢慢消化、觉悟的。儿童读经典，可以狼吞虎咽、囫囵吞枣、不求甚解。可以求量不求质。错过了一时就错过了一世。儿童不多记诵将懊悔终生。千万别错过记忆黄金期——造物主最仁慈、慷慨、神妙的馈赠。这是过来人要尽到的告知义务，否则便是失职。一代代成人总是对小时候记忆力最强盛时读书、记诵太少而懊悔不已，为什么要让一代代儿童不断重复这一错误？

记诵是“无”，领悟是“有”。记诵是“虚”，领悟是“实”。没有记诵的

“无”“虚”，便没有领悟的“有”“实”。记诵愈广博，领悟愈丰富，受用愈持久。

以上三大“儿童本位”误区，都是由于只看到儿童眼前读写的“功利”，没能从长远的角度来思考；只求迎合、顺应儿童当下不成熟的心理特点，未能从发展的角度进行引领、促成。其本质是没有处理好“有”与“无”，“虚”与“实”的关系，缺乏辩证读写观，致使“儿童本位”认知流于肤浅、片面。以“儿童本位”之名，行急功近利之实，缺乏深谋远虑、高瞻远瞩，势必葬送他们终身发展与建树。

“儿童本位”思维，出发点对，认知却未必正确。对“儿童本位”观要三思，要区分是现象还是实质的“儿童本位”观；是关注儿童当下受益还是着眼于长远发展、终身受用；是一味盲目顺应儿童言语兴趣、思维还是辅之以对儿童心理的引领、重塑……这是要深思熟虑的。否则，便可能以“儿童本位”名义戕害儿童。种的是善因，收的是苦果、恶果。

六　以写为本：听、读、说、写一体化

尚“有”不可取，真正的贵“无”也许暂时还做不到。是否有一种介于“有”“无”之间的“中性”教法呢？这就是在吸收已有积极教法基础上，以“表现-存在”为基本理念，以写为本，使听、读、说、写水乳交融，语文教学一体化。

在我国现代语文教学草创期，影响较大的注重联络、设计的教法，最初是引进的“舶来品”。这可以视为介于“有”“无”之间的积极教法。因为，它一方面有一定的目标意识与设计，有一个刻意精心的安排；另一方面，则力求在最接近生活的自然情境下，达成培育素养、知识、能力的融会贯通。可以看出，在我国这种教法与“教育即生活”（杜威）、“生活教育”（陶行知）等观念有一定的关系。虽然有其“生活化”“实利化”的一面，但能兼顾到学生心灵的内在需求，尽可能使二者达成统一。这就是其积极之所在。

在20世纪二三十年代，具有较为广泛影响的教法，称为综合教学法。这种教学法是19世纪末至20世纪初欧美新教育运动的产物。即照儿童的兴趣与生活实际中碰到的问题，将各种有关的知识综合起来，组成统一的教学单

元，依照一定的程序进行教学。在我国，这种“综合”往往表现为有关知识的“联络”，所以也可以称之为联络教学法。言、文结合，读、写结合，听、说结合等也算是一种“联络”，但“联络”教学法联系的内容往往要宽泛得多，包括了国语（国文）学科内的话法（语言练习、讲演、辩论等）、读法（表演、故事、事实、问题等）及其他各科所学的内容，将整个课程结构内的相关方面打成一片，这样，既能充实语文学习的内容，又使教学活动变得丰富多彩、生动活泼。

作为综合教学法之一的设计教学法在当时的中小学中十分盛行。设计教学法（project method），是美国进步教育运动中出现的一种教学制度，美国教育家克伯屈 1918 年 9 月出版的《设计教学法》一书对此方法作了归纳、阐述，一般便以克伯屈作为此法的代表人物。该法倡导一种由学生在实践中自动、自发地进行有目的、有计划、手脑并用、获得完整经验的学习活动。其理论依据是，理解概念的最佳途径是通过可见的序列性活动，学习必须包括与物体的直接接触，设计与制造等类活动可使学生把学习与当前或未来的生活相联系；实施时允许学生自定题目和工作方法；要求废除班级授课制，摒弃教科书，打破学科的界限，主张由儿童根据自己的兴趣自发地决定学习目的和内容，在学生自己设计、自己负责实行的单元活动中获得有关的知识和解决实际问题的能力。教师的任务在于利用环境以引起学生的学习动机，帮助学生选择活动所需要的教材等。设计教学法种类有：（1）依照学生的人数，可分为个别设计（指一级中各个学生各自进行一种设计活动）及团体设计（指全级或全校学生分工合作，联合从事一种设计活动）两种。（2）依照学科的范围，可分为单科设计（以一种学科为范围）、合科设计（联合几种有关的科目进行学习活动）、大单元设计（打破学科界限，完全以实际问题为活动中心）三种。（3）依照设计的性质，可分为四类：创作的设计，即构思、建造某事物，或做一件具体工作，如工艺品的制作、科学实验、文章创作等，以培养学生的创造能力；问题研究的设计，即解决一个问题，如研究阳光对植物生长的影响；欣赏的设计，即要学生从设计活动中获得娱乐和满足，如表演古代人的生活；技能练习的设计，即使学生从设计活动中养成某种习惯和技能，如算术练习游戏、学生自治活动等。设计教学法通常分为决定目的（包括引起动机）、拟订计划、实施计划、评价结果四个步骤。设计教学法对美国及其他一些国家的初等教育产生了重要的影响，但存在过多依赖学生的主动性，容易造成放任自流等问题。20 世纪 20 年代，设计教学法传入中国，30 年代后采用此法者渐少。①

设计教学法引进我国后，在小学中甚为流行，但似乎在做法上与克伯屈的本意不尽相同，教师仍处于主导性的地位。黎锦熙在《新著国语教学法》一书中对设计教学法的原则作了这样的说明："随时随地利用儿童生活中的种种事实，连结他们的种种经验和环境，作一种普遍而流动的教材；按着他们身心发展的过程（大约可比照人类学中初民进化的过程），施一种辅导自动、共同创作的教学法。不但读法、话法、写法、作法要打成一片，就是国语和其他科目也要打成一片。读本（一部分）乃是教师和儿童们的共同的作品。"他还介绍了这种教法的实例，从一个偶发事件（一个学生捉了一只麻雀）开始，教师借题发挥，引导学生参与进来，很自然地生发出一系列相关的讨论和行动。"这段教材，连续地用了三天，经过十几个时间，关涉全部的科目。授课和工作联成了一气；知识和行为打成了一片。他们的'揭示'和'碑文'两种作品，便可作读本应用文材料。教师再把这次经过的事实，整理、修饰，简单地记载出来，便成了读本中间一两课真切的记事文章。——这种经验，可创造他们自己的环境；这种记载，可保存他们自己的经验；而这种文章，又成了他们的环境的一部分。"② 他认为这种教法才是教学的上品。上品的教学，不局限于一种设计法，更不专从偶发事件引起动机，如说故事、童话，如读诗歌等，有时要从一定的实物、图画等观察，或径从读本文字上运用起，不拘泥。这已然是中国式的设计教学法。

黎锦熙注意到语文教学特别是作文教学内部与外部的各种矛盾，也注意到它们相互统一、相互联系的一面。在他的"写作重于讲读"的观念下，他的作文教学结构是一个开放式的系统，他提倡相关教学内容的整体联络，对此，他从三个方面作了专门的讨论③。

第一是"非作文的作文"。他说："初年级的儿童，当未能提笔为文时，应特注重'话法'，以为作文的基础。话法就是'语言练习'，也称'口语缀

---

① 参见顾明远主编：《教育大词典》（简编本），上海教育出版社 1999 年版，第 390～391 页。

② 黎锦熙：《国语教材和教学法的新潮》，见《黎锦熙论语文教育》，河南教育出版社 1990 年版，第 53 页。

③ 见黎锦熙：《国语的"作文"教学法》，载《教育杂志》，第 16 卷第 1 号。

法’。……在高年级的话法教学中，有两件事和作文有关系：（1）讲演，用故事或常识做材料。（2）辩论，用正式集会的形式，拣定一个题目，正面反面，都有理由的，分全级为两组，各主一说，互相辩驳，由公证员评判胜负。这两件事，本身就是一种‘口语缀法’的练习，而且事前的预备、事后的记叙，都是作文的最好的机会和材料。——这可说是话法的作文。”这样的“非作文的作文”，也许比煞有介事的正式作文，效果更佳。他的意见，和胡适先生相似。只是黎先生更大胆，将这种“活的教学法”放在小学初年级。

第二是“作文的艺术化”。黎锦熙说：“小学自由作文，大都以记叙文为多；记叙文的要素在于真实而深切的描写。这好比艺术科的图画教育：不但描形、施色、投影，必先有详密的观察认识，是和写生画一样的历程；并且艺术上的写生与作文时的写生，简直可互相参用，化为一物。……拿图画来补助作文之所不足，或就图画加以叙说，以引起作文的思致，都是初年级所能办得到的；就此法引而伸之，便是作文的艺术化。”“拿图画来补助作文之所不足，或就图画加以叙说”，这些都是中小学生很乐意做的事情。作文能触发绘画的兴致，绘画反过来也能引起作文的思致。“作文的艺术化”对诱发写作动机和欲望很有助益，大部分学生都很喜欢为自己的作文配插图，因而把写作这个“苦差”变成赏心乐事，其认真程度往往超过老师所期待的。

第三是“作文与读法教学联络之点”。黎锦熙认为低年级儿童最爱的是“故事”，所以读法教材以故事为多；利用这点，以为作文出题的标准，可以培植并助长他们自由创作的心能。（六种具体方法从略）对于高年级学生，他认为这些学生的心理，渐渐地趋向于现实世界，爱讨论他们环境中所有的或新发生的“事实”和“问题”；利用这点就国语科或他科讨论、研究一个问题的结果，便命题作文；等到批评发还之后，即选读关于本问题的名著，使可比较自己的文章，知道缺点在哪里。这就将读法与作文相联络，使二者都显得生动活泼起来。

这种生活化和生命化的、开放的、随机应变式的教法，对学生自然有极大的吸引力，且能收到良好的教学效果。只是教学难度较大，不是所有的教师都能做到。但是，就其教学观念而言，无疑是很“新潮”的，值得在实践中进行尝试。哪怕还不能做到全方位的开放，哪怕还不能将教学组织设计得十分完美，只要不再孤立看待写作教学，只要能有意识地、尽量地将写作教学与语文科或其他科目的相关内容结合起来，就一定会收到事半功倍的效果。

记得当笔者初次看到黎锦熙在他的书中对上述教学法实况作详细的报告时，是那样的惊喜和激动，但随之而来的是失落和怅惘。昔日的“新潮”已成黄鹤一去，当年耳熟能详的联络、设计、赫尔巴特、克伯屈……已经销声匿迹，这半个多世纪基本上就在“读读写写”中耗去，除了不时地引进的这“法”那“法”（如“红领巾”教学法、布鲁纳“发现法”等）盛行一时外，一些游兵散勇在教学法方面的改革，虽然有的也成效卓著，但仍只是“个人行为”，不成气候，而且大都局限于阅读、语基教学方面。更为重要的是，多数教法不具有教育学价值和方法论意义，就如前面所说过的呆板僵化的模式程序一类。语文界在经过二三十年代的躁动之后，又驾轻就熟地回到从“揣摩依仿”到“穿凿附会”的老路上去，这究竟是幸还是不幸呢？

这种“联络”和“设计”教学法，在打破学科本位，调动学生积极性、参与性，培养实践能力等方面，都有可取之处。今天新课标中倡导的“综合性学习”“研究性学习”与“联络”和“设计”教学法在基本精神上是相吻合的。这两种教法，尤其适合语文教学，因为语文本来就是综合性的人文学科。一个人所需要的语文素养是多方面的，需要打通相关学科的界限，使一切知识发生联系。这种教法也为师生的教学活动提供了教育理论依据和思路，一线教师都可以和学生一道合作设计教学活动，设计的过程本身就是一种创造实践。

设计的语文活动要有可选择性，涵盖面要大，拘束要小，要有可供不同言语潜能的学生得以施展才华的空间，使他们在参与时感觉到较为自由、舒适、宽松和快乐，和他们不同的内心需求都能相切，形成一定的默契；重在唤起学生积极参与的热情和信心，尽量减少外部的压力和限制，不在难度上设限，淡化活动的硬性指标，使每一个学生都有可能并愿意付出努力使自己发挥得最好；活动的题干叙述文字，是参考性的，不是指令性的；学生可以入乎其内，也可以出乎其外；努力做到有无相生，以“无”为本。

下面是本人设计的一个综合实践活动（七年级下）：

感悟生活

一、读、写、说互动

·读了本单元的文章，大家是否发觉这些文章虽然其中也写人、记事，或抒发某种情感，但是，作者写作的一个很重要的目的却是在说理。

这些文章的说理方式是不同的。

·《愚公移山》讲愚公带领全家挖山不止的事，要说明的不是愚公这个人多有能耐，他们一家人挖山多么辛苦，而是要说明一个道理：不论处境多么艰难，只要大家齐心协力，就没有战胜不了的困难。《愚公移山》说的道理是隐藏在故事中的，让读者自己去领会。

·《成功的秘诀》所说的道理就很明白，讲完故事经过，作者就把自己从中领悟到的道理直接告诉给了读者：

> 一个人可以这样完全忘记时间空间与整个世界，这个认识，使我受到空前绝后的感动。这一小时使我把握住了一切艺术、一切事业成功的奥秘——聚精会神；集中所有的力量以完成不论大小的一件工作；把我们容易分散、容易旁骛的意志贯注到小小的一点上。

·《生于忧患　死于安乐》则是直截了当地讲道理，“事”只是作为说理的“例子”，告诉人们艰难困苦常能造就人，而没有忧患、处于安乐之中，反而会断送人。

·同学们是否也有从生活中领悟到的道理想讲给大家听？能思考品味隐含在生活阅历中的道理，人就慢慢地成长了；能经常思考，你的人生就充满了智慧。

·思考：

1. 本单元哪几篇文章的说理方式比较相似？

2. 能说出本单元各类文体的名称吗？请查词典或其他写作方面的书籍，了解一下你不熟悉的文体的特点。

3. 你喜欢哪一种文体的说理方法，为什么？

二、以你喜欢的写法，写你想说的道理。

·请以你喜欢的写法写一篇说理的文章，尽人皆知的或者和一般看法不同的道理均可，也可以自拟题目。参考题目：

《“忧患”者“生”?》

《读书破万卷，下笔如有神》

《万卷人谁不读，下笔未必有神》

《近墨者黑》

《近墨者未必黑》

《知足常乐》

《不知足者常乐》

·最好是从自己的生活经历和经验中，从某一件具体的事情中，去讲述道理。

·提示：

1. 想想你做过的某件成功或失败的事（学习、交友、体育运动、文艺活动、比赛、家务劳动……），琢磨其中的原因。

2. 可以就一个成语（如“好事多磨”）中的道理，结合自己的经历或阅读的作品，谈自己的体会。

3. 不一定要直接讲道理，也不一定要长篇大论，可以用一个虚构的故事（或寓言）把道理间接地表达出来（参见例文一）；也可以讲一个你亲身经历过的真实的事，把你从中领悟到的道理用不同的方式写出来（参见例文二）。

例文一：

树的对话

蔡志忠

小树对大树说：“大树啊，你是吃哪种奶粉长大的呀？”

大树说：“傻孩子！你电视广告看多了，人的孩子才是吃奶粉长大的呀。”

小树说：“那么你吃什么才长得这么魁伟高大？”

大树说：“我每天吃青山一眼，白云两片，蝉鸣与蛙唱三两，早晚各吃晨曦与落日一遍。有时也吃些鸟粪块，啃些腐叶泥，喝点朝露和山泉。”

小树说：“吃这些就让你的体型这么完美和谐！”

大树说：“这完全要感谢风雨雷电，它们对我不是苦难而是帮助。风为我的身材修饰，雷为我劈去放肆，雨为我洗去尘土，电为我斩除高傲。”

小树说：“为何有的树长得枯黄又干瘦？”

大树说：“因为它们的眼光离不开身边狭小的世界，耽于安逸、躲避风雨，害怕雷电。”

小树说：“我明白了。今后我要像你那样，每天眼望白云、耳听蝉鸣，与晨曦、落日共处，无畏地迎接风雨雷电。有一天，我也会长得粗粗壮壮高高大大。”

例文二：

错　误

张志强

语文老师写了一个长而复杂的句子，说让大家看看其中是否有错误，这节课主要是发现一种错误。

甲说：“这句话的开头就不行……”

乙说：“这句话中间有些奇怪……”

丙说：“这句话收尾不好……”

丁说：“这根本就不像一个句子……”

大家争执不下，每一处都有同学说它错误。老师眉头紧皱。

戊忽然站起来说：“这是一个好句子。”全班呆了一下，继而大笑：“老师不是说发现错误吗?”

老师展开眉毛，站起来大声说：“她答得对，你们问得也对。这节课找到的错误便是：你们中的许多人不敢承认正确，不敢为正确辩护。”

这确是一节好课，我们许多人都应该上一上。

三、《追星》社会调查活动

·探究：

1. “星”字用的是哪一种造字法？可查阅汉代许慎著的《说文解字》或其他工具书。

2. “追星”的“星”字，用的是固定语义还是临时（引申）语义？

3. 找出带“星”字的格律诗、对联和对偶句，可分工合作。看谁任务完成得好。

·请查阅相关的资料，如查不到，也可求教老师或他人。将探究的成果在小组内交流。

·调查参考题（任选或自拟）：

《你是“追星族”吗？该不该“追星”?》

《除了演艺明星和体育明星外，你还知道有哪几类的明星?》

《你最崇拜的是哪一类“明星”，哪一颗“明星”?》

《“追星”的利与弊，身处明星的位置有什么危险?》

《你对时下的各类“童星”怎么看的?》

《你想当“星”吗？当什么“星”?》

《你对当今媒体的造“星”热有什么看法?》

《追星现象反映了一种什么样的心理和社会文化面貌》

·提示：

1. 调查前可做一些准备，如了解不同年龄层、性别、职业的人心目中的崇拜对象，等等。

2. 调查对象至少应包含同学和家长（或其他长辈）。

3. 对调查获得的资料进行整理，统计出各类持不同看法的人数和百分比。

4. 试说说同学和家长（或其他长辈）对“追星”的看法有什么不同。

·在班上交流自己的调查情况和结论，也可以谈谈自己在调查后对“追星”的认识有什么变化。

由轮值“主编”收集有代表性的“探究”和“调查”成果，编一期小报，在本年级各班交流。

学生从这一活动中不但可以学到不同方式的议论、不同的议论体式，还能发挥自己的议论潜力，按照感兴趣的方式选择感兴趣的话题进行议论。所拟供选择的议论题目本身就是辩证的，是无定论的，从哪一个角度都有话说，都可以立论或驳论，这有助于思维的拓展和思想方法的历练。同时，“追星”的社会调查，是生活本身提供的选题，题目就是学生们普遍存在的一种心理现象。他们有很多实际感受，但是认识又有很大的局限，对不同阶层、性别、职业、年龄的人的追星心理所知甚少，有探究的欲望。做这样的调查，既可帮助他们深入了解“追星”心理现象，也使他们对社会、人生以至历史有广泛的了解，提高对人生价值的认识。这是一个“中性”调查选题，没有先在的主流意识，什么样的意见都可以发表，可以展开争论，重在过程和体验，不在得出怎样的结论。在这个活动过程中，对话、交流的面比较广泛，听、读、说、写自然地交融，课内与课外的界限消失了，阅读指向了“表现与存在”，活动成果最终进入言语“流通”，他们的劳动换得精神愉悦和动力激励。

我们所能做到的还只是将听、读、说、写结合起来，以一个基本统一的要求贯穿一系列活动，尽可能与学生的生活和思考紧密地联系，体现语文学习的生活化、心灵化、表现化，使他们学得有兴趣、有收获，达成三维目标。

我们还不能做到让学生也参与到设计中来，他们的活动都是在预定规划中进行，今后，应在如何真正发挥学生主体性和参与度上做进一步努力，让学生能对自己的学习活动进行主动规划和设计。同时，上述活动内容大体是在语文科范围里，虽然一定程度上涉及其他学科，如涉及地理、环保和社会学方面的内容，但是，还不能如新课程理念所要求的那样“打破学科本位”。——在这一点上我们是有保留的，因为任何学科都有其特殊的规定性，打破学科本位，不应是像有人所理解的那样：取消学科。如果“打破学科本位”使语文变成了地理、历史、生物、政治、思想品德……或什么都不是的“大杂烩”，我想这绝不是一种科学的学科定位。

指向“表现与存在”，培养“立言者”，是统御一切教学内容与方法的语文课程的总目标，也是重组教学内容、改进教学方法的出发点。在这一总目标下，以激发学生言语动机为第一原则，对各种教法加以灵活、随机的整合，以提升教学效能。

七　教法之理想：“无”中生有、多元启悟

在“言语生命动力学”语文教育语境中，模式化、程式化、僵化的教法是到了寿终正寝的时候了。要意识到，纯粹为教法改革而改革教法是没有意义的，关键是要清楚教法背后的理念与教师教育素养的提高。教师要是没有正确的教育理念，没有较高的德性、学问修养，不论采用什么教法都无济于事。只有具备这些前提条件才可以谈“怎么教”。实际上，教师德性高贵、学养深厚，怎么教往往就变得不很重要。有学养、思想、见解的教师，不论怎么教都能使学生受益。从这个意义上说，讲究教法，在“怎么教”上殚精竭虑，也许对中低水平教师有些帮助，但治标不治本。

“以表现（说、写）—存在为本位”的“发展创造”型语文教育所要求的语文教学法，套用一句写作理论，可以说是“文无定法，文成法立”，或“大体则有，定体则无”。因为教学法虽有一些程序与规律，但从根本上说，应是随机、灵活、常教常新的。语文教育尤其如此。如果说有什么“大体”的话，那就是围绕着学生言语表现上的“发展创造”素养与能力的培养，调动一切手段与方法，尽可能快捷高效地促成其自悟，即“多元启悟”。具体地说，应

体现听、读、说、写的优化组合、联络互动，应兼顾言语表现的智能因素与非智能因素的相互为用、健全发展，应注重言语理论与言语教学实践、言语表现行为的有机融合、知行递进。在教学设计上，可根据需要，采用仿真、虚拟、游戏、竞争、研讨、评改、多媒体等方法的一种或多种，但要注意，切勿喧宾夺主。教学的根本，还是“传道、授业、解惑”，不是靠所谓的“教学艺术”吸引眼球，更不能被多媒体课件牵着鼻子走。

教学法是教师教学个性的体现，应是教师个人“专利”。虽然也有一些可资共同依循的规律，但归根结底，课是每一位教师自己上的，适合于别人的教法未必适合于自己。最得心应手的教法，最有成效的教法，势必都是最有个性特点的教法。在教法上要真正有所提高，教师须极大地提高自身的教育素养，善于在教育实践中不断地思考和总结，不断地将经验上升为理论，有所继承，更重要的是要有所创新，努力寻求最适合于自己的、最能体现教学个性的教法。把某一种教法奉若圭臬，生搬硬套他人成功的教法，捧名家教案照本宣科，势必是东施效颦，吃力不讨好。语文素养教育，既是面向每一个学生的教育，是张扬学生言语潜质与个性的教育，也必将是每一个教师教育、教学个性的充分展示，是每一个教师尽显独特才具与创意的教育。语文教学法的改革，期待教师综合教育素养的提升，期待每一位教师都能一展风采与魅力。

现代教学技术的运用也需要检讨。信息时代的到来，电脑、网络和多媒体等进入教学是大势所趋。今天，多媒体课件已经在课堂教学中得到广泛运用，多媒体技术介入语文教学，也将极大地推动教法改革。多媒体教学技术集声、文、图、形于一体，使多种信息有机地集成为一个教学系统，具有即时性、立体性与交互性。这些功能，对组织言语教学资源、引发学生学习兴趣、激活创新思维、唤起感受力与想象力等，无疑有着不容忽视的作用。虽然多媒体技术与其他现代教育技术一样，只是一种辅助性教学手段，课件也有赖于人的研制开发与合理使用；对于教学，它的作用只是补充和丰富，而不能代替一切。但是，我们没有理由对扑面而来的新技术革命与现代教育技术的浪潮视而不见，把自己封闭在耗时低效的传统教法壁垒中。

网络的利用，使语文教学有了极其开阔的“大后方”。在不久的将来，生活的概念，在相当大程度上被“网络”所取代。网络，是知识的集散地，学生将在那里自由进出、享用。网上学习，将成为教学的一个不可或缺的有机组成部分。

电脑写作方面，也是语文教学有待开垦的领域。方兴未艾的电脑写作教学，势必也将给语文教法改革以强大的冲击。电脑写作的兴起，信息媒介的变化，不仅仅是书写工具、资料来源的变革，也意味着思维方式以至整个的言语行为方式、语文教学方式，甚至人类的生活和生存方式的改变。这些，不能不影响着语文教学，它必将导致教学内容和方法的更新。

电脑写作的普及，使写作变得与传统的纸笔写作很不一样。对此，东北师范大学的金振邦先生做了可贵的探索。他对电脑写作教学观念、课程内容、教学方法、素质测试与教学设备等，业已形成了自己的较为完整、流畅的思路，并积累了一定的实践经验。他把电脑写作课目标定位为：“是自学教材时发现问题的思辨力，是从传统写作到电脑写作的适应性，是电脑写作技巧的举一反三、自我完善的整合、建构能力。……电脑写作虽然只开设一个学期，但它应该成为学生今后提高电脑写作能力的一个发端和生长点，并为他们提供一种全新的思维方式和新视野，同时为其他课程的学习提供一种新的媒介和先进手段。”① 由此可以看出“书写工具”的革命给语文教学实践和观念带来的冲击和改变，为语文教改提出了新的任务。这是现今每一个语文教师都要面对的。语文教师如果还不能利用电脑和网络进行写作和教学，还没有思考电脑和网络对教学的影响，没能以此改造教学，将很快为时代所淘汰。

网络的利用和电脑写作教学尽管并不能代替写作教学或语文教学的全部，但也有其特定的适用性、阶段性。在我们进行教法思考的时候，每一个语文教师都必须认真面对。网络、多媒体的利用和电脑写作等，带来的教学观念的冲击和变革，迫使我们对语文教学课程结构、教学内容和教学方法等，进行重新的整合和建构，以回应信息时代的挑战。

值得注意的是，现代教学技术的运用，只是一种教学手段，不属于我们所界定的教学方法。多媒体课件不能代替人的教学。今天的语文教学课件的运用，自然是一种进步，但是，我们也看到了课件的过度运用所造成的恶果。从某种意义上说，比起其他科目来说，多媒体课件在语文教学中的运用应特别谨慎。因为，语文教学是落在语言和文学的感悟上，多媒体的音、声、像、图等的结合，固然对语言和文学的感悟有所帮助，但是，二者也存在着矛盾。

---

① 金振邦：《我们是怎样开设电脑写作课程的?》，载《写作》，2000 年第 2 期。

这主要表现在：

1. 以读“图”为主的多媒体课件会对读“文”形成干扰。语言的特性在于抽象，理解抽象的语言，得靠个体经验、知识和阅历等的介入，将语言还原为具体或具象的事物，它需要再造想象能力、言语理解力和辨析力。由于每个人准备状态和认知结构的不同，言语生命特征的差异，造成了言语感知和想象的差别，这使语言作品的内涵变得丰富而多元，使开放的符号系统有了张力和厚蕴。一旦用多媒体对语言符号系统加以诠释，这一诠释反映的是课件制作者个人对作品的理解，这就禁锢了学生的言语体验，限制了他们自由的感知和想象，甚至造成误导。任何的画面，都装不下语言；语言形象张力要大于画面形象。这就是为什么小说改编成影视，不论是多么忠实于原著，也不可能保持原汁原味，必然会造成信息损耗、流失或误读。这不在于水平的高低，而在于媒介特性的不同。反过来，用语言来描摹画面也是如此。

2. 将语言变成了音像，不利于学生语言思维和文字思维，不利于培养说、写能力。说、写能力的培养，只能在语言文字习得中完成。语感和文体感的培养，多媒体是帮不上太多忙的。对语言能指和所指的领悟，只能在具体作品的语境中达成，离开了上下文，离开了对另一个言语生命（作者）际遇的了解，也难于理解作品的蕴涵。阅读作品，是需要心灵的感应、言语的语感，是读者在阅读的二度创造过程中逐渐形成的。自身阅读的二度创造被他人所取代，虽然方便了理解，但是失去了磨炼语感的机会。文体感的形成，多媒体大约也只能帮倒忙。对于文字作品的学习和说、写能力的培养来说，多媒体的介入很可能是一种干扰，弊大于利。

3. 课件系统性和教学系统性不兼容。这是致命的。课件势必有自身的编排思路，使用者不能不遵循课件的思路进行教学。这样问题就出来了，有的教师不是课件的制作者，使用别人制作的课件，就等于替别人上课，自己的教学个性就消失了。自己制作的课件，同样与教学情境的随机性、生成性不相适应，在课堂上师生都成了课件的奴隶，身不由己地套上赏心悦目的枷锁，亦步亦趋地跟着课件走。课件叫你看啥听啥就看啥听啥，叫你干啥就干啥，不由得你不唯命是从。久而久之，创造性日损，依赖性日增，师生的言语智能必然变得贫弱，言语个性屈从于共性。即便以后课件的交互性得到极大的提高，但也无法满足随时变化着的教学需求。

4. 现代教学技术不能取代语文教育中的人文教育和人文关怀。机器和课件固然可以使人文教育获得一个新通道，可以装进一切人类文明史和文化史资料，但是，语文教育人文性与语文教师人格魅力、人文关怀是装不进去的。师生间言语生命的震荡、言语密码的复制，教师言语磁场和诗意情怀，个体言语体验和经验的传递、互动，学生给予教师言语生命的朝气、活力、动力，洋溢和弥漫在师生间的无言的爱和温情……是现代教育技术爱莫能助的。

今天的语文课改，重视新的教学技术的应用是对的，如何有效得体地应用则是需要研究的。过分强调课件的使用，见物不见人，人为物役，势必会走向反面。在语文教育中教育技术的使用，还有别于其他学科，其效能可能比别的学科要小得多，要应用得好也难得多。如何能不削弱教师言语生命的传递和教学个性，有效地提高学生的言语感知和想象的能力，提高学生的言语心智，找到人、机结合的最佳点，也许还有很长的路要走。在语文教学中，“一刀切”地以使用课件、多媒体、网络的多少，作为评价教学质量的依据，认机不认人，是不明智的，是形式主义。需要明确的是，教育技术应用是教学手段，不是教学法，更不是我们所界定、推崇的贵“无”的教学法。教学如果被机器、课件所统治，人的言语、精神生命也就终止了。

我所欣赏的“无”的教学，不是生硬的教法和硬性的教学技术的应用，而是自自然然地生成，粗枝大叶地勾画，随随便便地泼墨挥洒，带着些许“随意”和“粗糙”的教学。还是那句老话：“清水出芙蓉，天然去雕饰。”还是那个比喻：“随风潜入夜，润物细无声。”教学应该是白描，不是细描；是写意画，不是工笔画。

在李镇西先生的许多高水平课例中，我较为欣赏的是这样一次不像课的课，一堂“无”中生有的课：

一场关于成立足球队的舌战[①]

1995 年 12 月 22 日上午，在我任教的成都玉林中学初一（6）班，正举行一场题为“我班是否应该成立足球队”的辩论比赛。辩论双方分别是以薛晚舟为首的一群男生和我这个班主任兼语文老师。

这是怎么回事呢？

原来，从开学到现在，我班男生多次向我提出成立班级足球队。学

① 李镇西：《从批判走向建设——语文教育手记》，四川少年儿童出版社 1999 年版，第 40～44 页，略有改动。

生第一次向我提出时，我说“考虑考虑”。考虑什么呢？我当然不是怕踢足球耽误学习而不同意成立足球队，而是想利用这个机会对学生进行一次语文能力的训练。所以当学生再次向我提起成立足球队时，我故意斩钉截铁地回答：“我不同意！”

学生们急了：“为什么？”

我说：“现在学习这么紧张，你们还踢什么足球？难道踢球就把学习踢好了！”

学生们显然毫无思想准备，表情极为沮丧。他们原来以为一向开明的李老师不但会同意成立足球队，而且还会当他们的教练呢！

我说：“这样吧！你们每人回去给我写一封信，谈谈为什么要成立足球队。如果把我说服了，我就答应你们的要求。”

第二天，我刚来到学校，薛晚舟、黄可、蒋亮、胡海等十几个男生就把他们写的信给我交来了。这十来个男生平时都是不喜欢写作文的，可这次，每人都写了好几篇，而且，每人都在信中洋洋洒洒地围绕“踢足球只会有利于学习而不会影响学习”的观点论证成立足球队的必要性，感情真挚，言辞恳切，十分富有感染力。

当天下午放学后，几个男生就来到我的办公室：“李老师，我们的信您看了吗？”

“看了。”我说。

“您被我们说服了吗？”

我说：“没有。”

“为什么？”学生们急了。

我说：“你们的理由还不够充分。我不明白为什么非要成立足球队不可。”

“那我们重新写一封信，您再看看，怎么样？”他们连忙急切地对我说。

我答应了。

第三天，信又交来了。我一看，好家伙，他们简直是在写论文！为了证明成立班级足球队的必要性，他们不厌其烦地旁征博引，真可谓绞尽脑汁：什么“足球是世界第一大球类运动”呀，什么“只有把身体锻炼好了学习才能真正搞好”呀，什么“中国足球走向世界必须从少年抓起”呀，什么“丰富课余生活”呀，“培养集体主义精神”“锻炼坚忍不拔的吃苦精神”呀，什么“不会踢足球就不是男子汉”呀，等等。好像如果不成立这个足球队世界就要毁灭！

下午，学生又来找我了。我不等他们开口就说：“这次来信中的理由好像比上次要充足些，但有些同学的信就写得不合格式，而且书写很不工整，我根本看不清楚……”

学生一听又急了：“我们马上重新把信抄一遍！”

第四天，十几封格式正确、书写工整的信又放在了我的桌上。我真不忍心再“折磨”这一群男孩了！然而，为他们好，我还是硬着心肠决定让他们再过一“关”。

我把薛晚舟等人叫到办公室，对他们说：“现在，我已经有百分之九十被你们说服了，还有百分之十没有被说服。而且，既然成立的是班级足球队，就还得说服全班同学。这样吧，明天语文课，我和你们进行一场辩论，然后请全班同学投票决定是否成立足球队，好吗？”

于是，就有了这次课堂上的辩论赛。

一开始，我先发制人：“最近，班上有十几个男同学给我写信，要求成立足球队。他们最主要的理由是，踢足球能够锻炼身体，而强壮的身体有利于学习。我看，这完全站不住脚！强壮的身体当然有利于学习，但要使身体强壮并不一定非踢足球不可嘛！”

我话音刚落，薛晚舟就站了起来：“请问李老师，锻炼身体为什么就不可以踢足球呢？再说，足球运动的意义还不只是强壮身体，它还可以锻炼我们的团队精神和拼搏精神。”

我正想反驳，黄可抢先发言了：“不管怎么说，现在足球已经不仅仅是一项体育运动了，它同时还寄托着我们的爱国主义情感，现在中国足球的水平这么差，作为中国人我们感到耻辱，也有责任为振兴中国足球尽一份力量！”

我故作恍然大悟状，说：“哦，我懂了。你的意思是我们班足球队成立了，中国足球就上去了！”

我的讥讽立即引起哄堂大笑，但同时也遭到了更猛烈的还击。

胡海说：“我们的足球队当然不能与国家队相比，但这是群众性足球运动的一部分。如果没有中国每一个少年的热情参与，中国足球肯定永远上不去。”

蒋亮激动得站起来，大声地重复他在信中说过的话：“足球是真正男子汉的运动，连足球都不会踢，根本就不能算男子汉！”

“笑话！”我说，“我没听说过毛泽东、周恩来、邓小平、鲁迅会踢足球，但谁能否认他们不是真正的男子汉？”

“可是，”蒋亮仍然勇敢地坚持他的观点，“在旧中国当然不具备普及足球的条件，但我说的是现在！再说，据我所知，邓小平是很喜欢观看足球运动的，有一篇文章就说过邓小平也是球迷。而且，我想如果邓小平知道了我们想成立足球队，他也一定会同意的。”

…………

掌声和笑声伴随着整个辩论过程，课堂气氛极为热烈。学生们滔滔不绝，摇唇鼓舌；我故作从容，强词夺理。一时间，辩论似乎难分胜负。

最后，谢煊反问我一句：“李老师，你不是一贯主张民主治班吗？怎么这次却搞起‘专制’来了？”

他的话立即引起几乎全班同学的响应，大家一起吼了起来：“按老规矩办，投票表决！”

我说：“不用投票了。我已经被你们说服了。看来这个足球队的确有成立的必要，好吧，我同意成立足球队！不过，我也应该是这个足球队的成员。”

学生们欢呼起来：“我们胜利了！”

我说：“其实，我本来就同意你们成立足球队。只是，我想利用这次机会培养一下你们的语文能力。你们看，通过这次与李老师的较量，你们既训练了写作能力，又锻炼了口才。这就是我经常给你们说的，‘语—文—生—活—化’……”

“‘生—活—语—文—化’！”学生们异口同声地接着我的话说道。

下课后，薛晚舟笑嘻嘻地找到我：“李老师，我们足球队特聘你担任我们的领队！”

在一般语文老师的眼中，像前面李镇西先生教《荷塘月色》那样的课，可能会更受嘉赏，因为那是做了充分准备、精心构思策划的，也体现了教师良好的专业素养。而在我看来，“一场关于成立足球队的舌战”的教学，却更有教学法价值，因为这更具备了“无”的精神，更随意自然、得心应手：教学内容是从生活中信手拈来的，师生之间不但有思想的交锋，还有情感的交融，教学气氛平易、和谐、融洽、亲切，教学过程如行云流水，一波三折，行止自如。学生的言语生命冲动和激情在不经意之中被激发了出来，一发而不可收，在不知不觉中锻炼了写和说。更重要的是，在他们做这一切的时候是如此的身心愉悦、忘情投入，并不觉得是在学习语文。李老师的“语文生活化，生活语文化”的教育理念，在这里得到了学生的心领神会。——这可以作为言语生命动力学语文教学法的课例。一个优秀的语文教师，应当具有语文教学敏感。善于发现可资利用的语文教学资源，借助这些来自生活的素材，设计丰富多彩的语文实践活动，以引起学生兴趣，唤起他们的言语表现欲。

我以为，说“语文生活化，生活心灵化，心灵语文化”也许更为恰切。要凸显“心灵”在“生活”向“语文”转化中的重要性，强调学习主体心灵（知情意）建构的重要性，这样才能避免由“生活”到“语文”的机械反映论思维，避免有生活便有语文、便有好文章的误解，才能更为准确地揭示出语文教育主体心灵在场是关键，其根本是人的心灵世界的建构与发展，是人的言语、精神生命的成长。

我们反对说“语文学习的外延与生活的外延相等”，因为这么说实在是不着边际、不得要领，是对语文教育的误导，致使师生满世界找“生活”，造“生活”。但是，从师生的共同生活中，从校内外日常生活中，获取语文教学的素材与方法，则是十分必要的。教师应让学生感到他们在生活（包括日常生活、社会生活、精神生活）中，随时随地都有运用语文的需要，这些需要与基于自我的表现需求相契合，写作行为便自然而然地发生了。学生在这些行为中悟到：需要运用自己的言语智慧，去解决每天面临的许多现实、超现实，物质、精神上各种各样的问题，满足了这些需要，可以使自身变得更加充实美好、多姿多彩，生命变得更加精神焕发、朝气蓬勃。学生在这些日常的言说活动中，感受到心灵的升华，言语表现的愉悦，言语创造的魅力，言语表达的奥秘……这可能比课内规范严谨、按部就班的教学更见成效，也更具长效。

复旦附中黄玉峰先生的课，似乎并不讲究教法的预设，是在深厚的德性、学问修养下的随心所欲的教学，这种毫不做作、自然生成的课，教学效果最好。他的教学，让人印象深刻的是他兴之所至的“满堂灌”，是他喜用的最古老、陈旧的读法——“知人论世”。这些被今天的教师集体“唾弃”的教法，在他的课中却生机勃发，收到良好的教学效果。同样的教法，他能“灌”得学生心悦诚服，能给予他们新知妙论，激起求知欲、言说欲、表现欲，其他教师则不能。可见，重要的不是用什么法，而是教师自身的素养。修养、修炼到了，肚里有货，不论怎么上都能上出好课；腹中空空，不论什么法也未必能上好课。你见到哪一位有道高人、硕学鸿儒，课前苦思冥想用什么教法？——有境界、襟怀、学问，自成高格，自有好课。

这不是说教法无用，我们前面论及许多方法就是可资借鉴的。而是说要搞清楚什么是本，什么是末。千万别以为单靠某种神奇教法就能立见成效。例如现今普遍以为“先学后教”比“先教后学”好，一哄而上“先学后教”——没有比这更愚蠢的了。其实，就教法论，二者各有所长，不必拘泥其一，或厚此薄彼。面对什么样的学生、学情，“学”什么，“教”什么，都要做具体分析，不能一概而论。好的老师，“先教后学”学生也能学得好。差的老师，“先学后教”同样教不好——假设“教学真可以分先后的话。

其实，“先学后教”观念、概念是有问题的。这是否意味着课堂教学中，学生“先学”，“学”完就大功告成，在教师“后教”时，他们就不再“学”了？显然不是。学生之“学”，应是贯穿整个教学活动的，甚至还衍生到课外，否则，如何称为“学”生？在教学过程中，“学”与“教”并非可以机械切割的，二者往往是交织、交融在一块，难作先后、彼此之分，是互渗、互动、互生的。“教”与“学”孰为“先”“后”，类似于先有“鸡”还是先有“蛋”，是永远扯不清的。“教”中有“学”，“学”中有“教”；“教”后有“学”，“学”后有“教”……这是一个无止境的相互作用过程。——我知道，所谓“先学后教”，准确地说，当是“先自学后教学”。即便如此也同样是有问题的，难道学生只能在课前、教前“自学”，教后、课后就不能“自学”，或这样的“自学”就无效？学生的“自学”不也是在教师指导下？

教法运用之妙，存乎一心。黄玉峰先生的课就表明，“满堂问”未必比“满堂灌”好，“知人论世”未必不如“文本细读”。反之亦然。关键是谁上课，由谁来“灌”谁来“问”，由谁来“知人论世”“文本细读”。

信息时代，是一个语文教学“无”法可依、多元启悟、个性飞扬的时代，教师的教法选择空间之大无与伦比。但不论哪个时代，教师所凭依的都不是教法，真正得以安身立命的是自身的德性、学养，最需关注的是“道”、是

“无”、是“虚”。一个有境界、有胸襟、有学问、有思想的教师，哪怕不说话，也是一道阅不尽的风景，即所谓“处无为之事，行不言之教”“为无为而无不为”。

课如其人，教无定法，每一位教师都要在讲台上演绎出自身言语生命的精彩。言语生命意识、表现与存在意识的承传与弘扬，积聚了历代语文教育精英的信念、理想与智慧，这是我们要精心体验、领悟的。“表现-存在本位”语文教学，是基于教师言语人格、学问、思想魅力的教学，定然是充满人性、个性、创造性、精神生命性的教学，这对所有教师都是一个挑战。

教法之妙在于有用而无用，无用而有用。以“道”驭“技”，“道”“技”融通，方能出神入化。

不教之教，为“上”教；不学之学，为“上”学。

教师以言语生命智慧，唤醒、激活、砥砺学生的言语生命智慧。

第五章 | 适者为佳：为培养“立言者”择法

以往教学犹如文章尸体解剖与文字坟场开掘，见技不见道、见文不见人，枯燥乏味，毫无生活、生命气息，让学生昏昏欲睡。本该最有魅力的语文课程，竟沦落到举世唾弃的境地。语文教法也到了非改不可的时候了。

语文教学，表面上看，培养的是听、读、说、写的能力。因为，似乎唯有这些才是立见成效的。这就是语言的认读和细讲、词语的理解和应用、孤立的语言技能训练备受重视的原因。在这一层面，读、写、听、说结合，达成言语技能上相互辅助和迁移、吁求和回应，对提高学习的整体水平和效率，不失为可取的方法。但是，如果只是将语文看作是语言规则的掌握，看作是掌握一种“文字游戏”规则，那语文就从“人”和“生命”中剥离出来了，这就是我们今天看到的“考试大纲”（高考）和语文试卷中体现出的主要要求，如语音、字形、标点符号、词语、（改）病句、语段、句式、表达、修辞；文学常识和名句名篇的识记、默写；古代诗文常见的实词、虚词的理解，句子的翻译，对作品的分析综合和鉴赏评价；现代文的词语、句子的理解，分析综合和鉴赏评价；能写记叙文、议论文、说明文及常见应用文。① 这些就是对高中毕业生升学的语文基本要求。这基本上考查的是学生的语文技能水平。不论是识记、理解、分析综合，还是表达应用和鉴赏评价，主要都是在文字层面上进行的。当学生在做这一切时，没能感受到一点言语表现的乐趣，

① 参见教育部考试中心：《2004 年普通高等学校招生全国统一考试大纲》，高等教育出版社 2004 年版，第 3～6 页。

更没有澎湃的创造激情和生命冲动，只是按部就班地和冷冰冰的文字打交道。教学也是如此，为读而读，为写而写，教学过程便是经历重复性程序：学习、训练、习得、熟练……

12年的语文学习，居然被量化为：

高考语文试卷内容、题量、赋分分别如下：

1. 语言知识和语言表达，9题，30分

2. 文学常识和名句名篇，1题，4分

3. 古代诗文阅读，6题，26分

4. 现代文阅读，8题，30分

5. 写作，1题，60分

各类题型的占分比例如下：

1. 单项选择题（28%）

2. 多项选择题

3. 古文翻译题

4. 填空题

5. 简答题

6. 写作题（2～6题72%）①

“考试大纲”中紧接着的是“题型示例”。语文教学，一切的“教法”就是为了应付考试而练习这些标准“题型”，多一题或少一题都不行，某一题多一分或少一分也不行，题型有一点点变化都要冒天下之大不韪。语文教学就是这样被肢解得面目全非，这就是所谓的“素质教育”?！请大家记住，这是1997年11月开始万炮齐轰语文应试教育4年之后②，教育部2001年6月印发《基础教育课程改革纲要（试行）》的通知，开始推动新一轮课改；2001年7月颁行《义务教育语文课程标准（实验稿）》将近3年之后，教育部考试中心2004年2月郑重制订并向全国颁行的。

每一篇文字本应该都弥漫着蒸腾的血气和体温，都是个体生命基因的复制和重组，都打着人生经验、情感和感悟的印记，然而在这里，一切的情感

---

① 参见教育部考试中心：《2004年普通高等学校招生全国统一考试大纲》，高等教育出版社2004年版，第7页。

② 《北京文学》1997年第11期刊登了邹静之、王丽、薛毅等围绕中小学语文教育所写的一组批评文章。

和个性都和分数挂钩。为了得到每一分，言语生命变得轻飘飘的，失重，而且失色。语文教学，岂止是文字？没有感受到文字背后的人文和人生，没有觉着文字上的气息和体温，就没有言语生命密码的破解和言语生命意识的传递，也就没有言语创造体动机与写作激情。

贵“无”或尚“有”，是语文教学实践中的两个标杆，是生命与反生命、道与技的分水岭。如前所述，这主要是在教育文化和精神上的区分，不是课堂教学表层形态的区分；应关注的是其实质，是教师的情感、思想和精神境界；重要的是，是否有益于学生言语的养明去蔽、心灵的自由丰富，有益于每一个言语生命的成长与发展。在当今以至将来，知识、技能、考试成绩都不是最重要的，最重要的是深层次立本，为“立言”、为言语生命终身发展奠基。为此，教法要贴近学生心理、精神需求，要让他们感受到读写的愉悦，言语生命的升华。

介于“无”和“有”之间，有不少“中性”的教学认知和教学方法。这就是前面所说的“若有若无”、有无相生的教学法。这些“法”，用得好可能是贵“无”，用得不好就是尚“有”。下面讨论的教学认知和教学方法，本身是较为科学的，或包含着合理因素的，但在教学实践中，要根据实际情况作具体分析，灵活运用。

一 写作君临天下：以读带写、读写结合的清场

说到语文教学，教师直觉反应就是教课文，教阅读；说到教法，水平比较“高”的教师定会想到“以读带写”“读写结合”，在阅读教学中，顺便把写作带上，愿带就带，不愿带就不带，这是“阅读本位”思维使然。阅读一家独大，写作（包括听、说）是附庸，是可有可无的二等公民，已然是语文界“共识”。然而，在“表现-存在本位”语文学视界下，这一观念将被颠覆，“阅读本位”思维日薄西山，“写作本位”如日中天，写作君临天下，写作成了老大，首先应清场的便是“阅读本位”残渣余孽，首先遭遇尴尬的便是“为读而读”的阅读教学，是“以读带写”“读写结合”教法。

在阅读本位“为读而读”观念下，能以读带写，读写结合，算是很给写作面子了。在多数教师沉迷于“为读而读”（为考而读）的瞎教中时，少数教

师结合阅读文本指导学生写写、练练，以为是写作教改探索，是在做课题、搞研究，称得上卓尔不群的有识之士。而今要指出的是，要改弦易辙与阅读本位思维彻底诀别，读写结合教法该寿终正寝了，再也不要在这上面牺牲脑细胞了。

以读带写、读写结合教法，在“表现-存在本位”下已然不合时宜。阅读本位下的以读带写、读写结合，其问题在于它的顶层设计是“为读而读”的，指导思想是“阅读也是一种能力、目的”，从课程、教材到教学内容、教学方法，都是按照培养“读”的能力，达成“读懂”文本的目的来规划的。这一课程、教材、教学框架，是培养“读者”——知识的占有者、消费者，与培养知识的创造者、生产者——“立言者”的“表现-存在本位”的课程、教材、教学框架是不兼容的，从整体上说，它担不起培育写作素养——语文素养的重任，这种以读带写、读写结合势必带有极大的随意性，是无序、随机的。

一旦以培养“立言者”为总目标，写作便不再是小弟，而是一超独霸的龙头老大，写作不再可有可无，而是必须有。是整个语文教学中无所不在的灵魂与核心。整个课程、教材、教学、教法思维均随之改变。从阅读本位的以读带写，读写结合，到写作本位的以写为本，为写择读（听、说），以写促读，从读悟写，读必致写，这个教学观念的改变十分重要。教师要时时刻刻想着写作、盯着写作，一切语文思维、教学活动均围着培育“立言者”转，围着培育写作素养转。教什么都必须是教写作，不教什么也不能不教写作。读、听、说教学，一切语文教学活动，首先得服从于写作教学，必须让学生写作素养获益。

以“表现-存在”为本位来建构课程、教材、教学内容，清楚地表明阅读不再作为独立的能力，独立的目的，而是作为培养立言者——写作素养的手段，是为写作作准备，属于“前写作”范畴的内容。得根据培养写作素养的需要来规划读什么，怎么读。语文教学的具体目标是培养写作素养，以培育写作五大素养（动机素养、知情意素养、体式素养、行为素养、创制力素养）来建构课程、教材、教学目标体系，以此来选择适当的读、听、说的内容，选择读的文章，内容、方法。为了达成培养写作素养的教学目标，可以读整篇文章，也可以不必读整篇文章，而是读这篇文章中跟培养某一写作素养相关的部分，以此作为教学切入点、重点。可以读单篇文章，也可以不止读某一篇相关文章，而是读一组相关文章。可以不止读经典文章，也可以读学生的优秀作文，或问题作文。

教学的主轴是写作——培养写作素养，教法就有了重大改变。读、听、说的教学都必须“指向写作”。“指向写作”，千万别误以为阅读都要进行写作训练——技能、技法训练，今天多数名师“指向写作”的阅读教学改革，还是停留在以往以读带写，读写结合的水平，文本解读还是面面俱到，还是不厌其细，而且“指向”的基本都是写作技能、技法训练。以为“指向写作”就是体现为练笔。这是一种亟待纠正的肤浅、狭隘的认识，要改变“写作系技能”的旧观念。写作素养中，非技能部分要高于、重于技能部分。

写作素养培育，重在言语价值观、言语生命意识的培育，重在写作知情意的培育，因此，教学、教法主旋律是“无”，是无中生有。主要是借助经典文本阅读进行涵养、领悟、孕育，不一定都要通过写作训练来达成。朱熹的读书法：熟读精思、虚心涵泳、切己体察，说的都是个“悟”字，都可以视为从读中悟写的方法，其中最重要的“居敬持志”，说的是学习态度，强调的是一个“无”字。有了这个“无”才能生“有”，能“居敬持志”，才有精思、涵泳、体察等，才有所“悟”，这些方法都适用于写作素养的培育。

要看具体培育的是哪一方面写作素养，选择与其相匹配的教法。写作素养中最重要的是“动机素养”，就是写作的情感、态度、价值观素养，是语文教学之灵魂，可称第一素养。这是非技能素养，不是练出来的，是养出来、悟出来的。“知情意素养”，是写作的心灵、内容因素，没有它便没有写作的必要，因此可视为第二素养，“知情意”主要也是养出来、悟出来的。体式素养、行为素养、创制力素养，虽有技能、技法成分，但主要还是可以归入知识、智能，也离不开通过阅读涵养、领悟。因此，写作素养的培育，要走出“技法”训练的传统思维迷津。不要以为只有动手写了才是在教写作，不写也是在教写作，甚至比动手写更有助于写作。即便是写作“技法”练习，也不要简单地一练了事。要从练中悟“道”，领悟其规律、方法、奥秘。写与思、动与静要结合。

培育写作素养不但要关注眼前受益，更要关注长远发展、终身受益。写作素养培育，要着眼于学生自我修养、修炼方法的指引与领悟，如写作动机、境界提升的过程与方法，正确的读书、治学方法，辩证的认知方法，良好的写作习惯等，这些都是终身受用的，应成为语文教学的主要内容，写作技能、技法学得多一点、少一点不很重要，失便是得，有所不为才有所为，只要懂得为什么要写作，懂得自我修养、修炼的方法，面包会有的，玫瑰花也会有的，一切现在没有的将来都会有。

在教学内容选择与教法运用上，“无”与“悟”，始终都是第一位的。要牢牢把握住言语生命意识、“立言”价值观这个以一驭万的“无”，从读、听、说中“悟”写，为学生终身发展着想。

二　“写话”的走偏与说、写结合的重新发现

“五四”迄今中小学语文教学，基本上是以传统的“依仿”法为主，只不过是读的内容从全部古文换成现代白话文为主；在规范上从“为写择读、读以致用”变成“以读带（促）写、读写结合”，写作教学跟着阅读单元转。

“五四”前后，在语文教法改革方面还是作过一些尝试的。如庾冰在1912年所倡导的“言文教授法”就很有意义。他认为：“教授小学生，当于语言与文字间施其作用。盖小学生虽不知文字，未尝不能语言，就其已能之事导之，以习未能之事，此乃教授法之定例。……吾故谓我国小学校中，借教授语言为教授文字之导线，可也；或借教授语言为教授文字之过渡，亦可也。”①

当时的著名学者吴研因对此有较为深入的研究。他把“作文课程的作业”分为两项：一是语言的练习；二是文章的研究和文章的练习制作。他说：“向来我国小学校的作文教学，只有‘文章的练习制作’一种。研究实在很少；至于语言的练习，更是绝无而仅有了。其实语言的练习和文章的研究，都是小学作文课程中所不可少的。……何以要有语言的练习呢？（一）用语言发表情意，它的价值不减于文字。我们一天到晚，日用生活上，需要语言之处，实在比需要文字之处还要多。语言的效用，小之可以应对酬酢、折冲樽俎之间；大之可以讲演四方、启发群众。文字之效用，固然可以行远而传后；但是发聋振聩，要使一般人都能了解，用文字，实在不如用语言直接讲演，较为亲切而有效。（二）语言是文章的基础，练习语言，大足以为学做文章的帮助。大凡能做文章的，虽未必善于言语；但是善于辞令的，做起文章来，却往往通达流畅。因为语言是情意的代表，文字又是语言的代表；能用语言发

① 庾冰：《言文教授论》，载《教育杂志》，第4卷第3号。

表情意，那就不难用文字发表情意了。（三）事实上，小学初年级的儿童，也没有用文字发表情意的能力；用语言取代文字，这也是不得已的办法哪。”他以为练习语言，要注意以下几个要点：“（一）要使全体儿童，普遍的轮到，不可偏于长于辞令的人。（二）联系的材料和题目，要具体而且正当的；倘儿童提出的材料，很不正当，教师宜加以批评限制。（三）讲演或辩论之后，可令儿童笔记，和文章的练习联络。（四）在高级儿童演讲和辩论之前，可指导他们搜集材料在课外打作草稿。”① 作者总的观点是把“语言”的练习，作为学做文章的基础，同时注重说、写的结合。

这一思路在20世纪20年代得到众多学者的响应，说、写结合进行写作教学的呼声甚高，且在教学中也曾收到较好效果。这一语文教学认知原本是很好的，很有教育价值的。遗憾的是，在后来的教学实践中用得不是很好。

最有代表性的是20世纪40年代的“写话”教学法。不可否认，“写话”教学法在解放区语文教育中发挥了一定的作用，其具体认识与实践，集中反映在平生的《写话教学法》一书中。该书1947年7月出版，同年10月印行第二版，1949年8月由人民出版社重印一版，至1951年5月已重印六版，可见这种教法在当时是颇受欢迎的。

平生在书中对“写话”作如是观：“‘写’是写字的写，‘话’是说话的话。我们说的话都可以用字写出来。有什么话，写什么话；话怎样说，就怎样写：这就是‘写话’。”他认为写话是初学识字和初学作文的好法子。以往用老法子识字效率低，“如果改用‘写话’的法子学字，不但学得快，而且学起来有兴趣，学了有用”。“‘写话’到了一定的程度，就是到了要多注意‘写’的技巧的时候，可以把‘写话’改为‘写作’，但是‘写作’仍要贯彻着‘写话’的精神才是”。他把写话教学法分为三个步骤：第一步是“抄写”，就是抄写一句句的话，把“认”同“写”合一了。抄写的话，最好是学的人自己说的话。第二步是“听写”，即由教的人说一句话，叫学的人写。这比“抄写”提高了一步。要做到能写最普通的话，写出来的不掉字，不掉标点，写字相当快相当好的地步，这至少要听写三五百句以上的话。第三步是“边想边写”，就是一边脑子里想，一边写，这比听写更提高了。前两个阶段是把读、写结合起来教，到了边想边写的阶段，读和写应明确地分头进行，一方

---

① 吴研因：《小学国语教学法概要》，载《教育杂志》，第16卷第1号。

面“边想边写”，一方面要加强阅读。“边想边写”就是要真正做到把差不多的话，毫不费劲地写下来。一般写过千把句之后，就能随意写写了。可见这一教法的理论与实践在一定范围内，已较为成熟。但它的局限也是显而易见的，这一教法较适合于北方方言区的语文教学，在其他方言区就难以实行了。

20世纪50年代后全国统一教学体制，这一教法便无疾而终。叶圣陶先生先有《写话》一文，试图对其进行专门的梳理，使之理论化，以期在教学实践中重新发挥其效能，从以下论述中可以看出“写话”观念的历史渊源及其认识依据：

> “作文”，现在有的语文老师改称“写话”。话怎么说，文章就怎么写。
>
> 其实，三十年前[①]，大家放弃文言改写白话文，目标就在写话。不过当时没有经过好好讨论，大家在实践上又没有多多注意，以致三十年过去了，还没有做到真正的写话。
>
> 写话是为了求浅近，求通俗吗？
>
> 如果说写话是为了求浅近，那就必须承认咱们说的话只能表达一些浅近的意思，而高深的意思得用另外一套语言来表达，例如文言。实际上随你怎样高深的意思都可以用话说出来，只要你想得清楚，说得明白。所以写话跟意思的浅近高深没有关系，好比写文言跟意思的浅近高深没有关系一样。
>
> 至于通俗，那是当然的效果。你写的是大家说惯听惯的话，就读者的范围说，当然比较广。
>
> 那么写话是为什么呢？
>
> 写话是要用现代的活的语言写文章，不用古代的书面的语言写文章——是要用一套更好使的，更有效的语言。用现代的活的语言，只要会写字，能说就能写。写出来又最亲切。
>
> 写话是要写成的文章句句上口，在纸面上是一篇文章，照着念出来就是一番话。上口，这是个必要的条件。上不得口，还能算话吗？通篇上口的文章不但可以念，而且可以听，听起来跟看起来念起来一样的清楚明白，不发生误会。

---

① 原文作“前年”，当是“年前”。

有人说，话是话，文章是文章，难道一点距离也没有？距离是有的。话不免罗嗦，文章可要干净。话说错了只好重说，文章写错了可以修改。说话可以靠身势跟面部表情的帮助，文章可没有这种帮助。这些都是话跟文章的距离。假如有一个人，说话一向很精，又干净又不说错，也不用靠身势跟面部表情的帮助，单凭说话就能够通情达意，那么照他的话记下来就是文章，他的话跟文章没有距离。不如他的人呢，就有距离，写文章就得努力消除这种距离。可是距离消除之后，并不是写成另外一套语言，他的文章还是话，不过是比平常说的更精的话。①

后来又有《说话训练决不该疏忽》一文，再加强调："……必须能说然后能写，决不会能写而不能说。说的能力如果发展到高度，写的事就只剩把话记下来罢了。"② 但是，遗憾的是"写话"在教学实践中始终未能奏效。因为"写话"这一命题本身有太多的漏洞，口头表达和书面表达有相近之处，有的距离可以消除，有的则不可逾越。口语和书面语在语汇上有通用的，也有不能通用的。话可以听得懂，而文章有的只能"看"而不能"念"，念出来就可能听不懂。就是写一首"打油诗"，够"白"了吧，还是不能按照说话的方式来写，也还得注意押韵和节奏，其他各种不同体裁、风格各异的书面表现，差别就更大了。叶圣陶先生没能对此做出严密的学理阐述。话和文的差异及写话观念的误区，我在本书上卷的相关章节已作了具体评述，这里就不再重复。之所以在这里仍详细地对"写话"的历史和叶老的观点进行说明，是因为进入新世纪的今天，新课程标准中又旧话重提，重新将第一学段的"写"的目标定位为"写话"，就"写话"的命题和"写话"的步骤看，都值得商讨，为了避免误导，不得不对"写话"的理论和实践再作一番回顾和检讨。我以为"写话"教学是不具有普遍适用性的，其利弊互现，作为一种写作学习的观念和方法，弊大于利。

"写话"教学一旦成了固态的"法式"，便失去了生命力，便不能适应教学的随机性。如果一定要从中发掘其积极因素，"写话"背后的说、写结合的教学认知，则是值得重视的。说、写结合的方法很多，不限于"写话"。比如，先讲故事，再将讲的故事写下来；先讲自己的写作构思，请别人提意见，

---

① 见刘国正主编：《叶圣陶教育文集》第三卷，人民教育出版社1994年版，第404～405页。

② 同上书，第168页。

再重新思考后写下来；先写演讲稿，然后进行演说，演说中再作发挥；先演说，然后再将自己的演说内容加以整理、修订，写出来；等等。这无疑是一种可取的教法。

以下是笔者设计的几个“说、写结合”语文综合实践活动：

活动一

“月亮走，我也走”中秋故事会

·简洁，是语言表达的基本要求。莎士比亚说：简洁是智慧的灵魂，冗长是肤浅的藻饰。学会简洁，便拥有了表现智慧。

·本单元选文大多属叙事性文体。在叙事性文体中，我们会看到很多像下面这一类较为简洁概略的表达：

……但是，我却看到了一次最雄伟、最瑰丽的日出景象。(刘白羽：《日出》)

我们在泰山顶上看出太阳。(徐志摩：《泰山日出》)

一百多年前，左宗棠率领他的三千湘军子弟兵，一边栽树，一边望乡、一边抬着一口棺材前往新疆。他去新疆走了八个月的时间，而在他身后，从西安近郊的凤翔县东湖起，直抵新疆的伊犁，路途上便留下了两行树木。(高建群：《西地平线上的落日》)

请比较另一种方式的表述：

……东西南北只是平铺着弥漫的云气。在朝旭未露前，宛似无量数厚毳长绒的绵羊，交颈接背的眠着，卷耳与弯角都依稀辨认得出。(徐志摩：《泰山日出》)

……云海汩汩地围着山头，大有海中孤岛的虚幻感。背着工具去给茶树锄草杀虫，从房屋出来走不远，双脚就踏进了云海。弯下身去用纯白的云潮来洗手洗脚，又走到云潮没胸处做双臂划水的动作。有人在潜水，脑袋一忽儿这，一忽儿那地冒出来。有人只在云海上露出两只手不停地乱招，笑声从云海里传上来：“救命啊！淹死啦！”(唐敏：《云海》)

·同学们一定看出了两者的不同：前者简约，后者细腻。能说出这两种表达方式的名称并说出它们更多的差别吗？

·是的，这两种表达方式的名称叫做叙述和描写。不论是叙述还是描写，都要简洁。所谓简洁，就是没有多余的、可有可无的字句。

·请对下面这段中的叙述和描写进行区分：

云是天空的吉普赛人，它们一群群来去匆匆。偶尔有走错路的一团云，慌慌张张一头撞到山上。"轰"地一下，胖乎乎的云变成晕头晕脑的丝缕状，随后拖长了身体，又瘦又薄地从山头上漫过。好不容易脱身出来，巨大的身躯已经损失了许多，万分懊悔地向远方溜走。（唐敏：《云海》）

·《日出》抽掉了描写句，文章就成了这样：

登高山看日出，这是从幼小时起，就对我富有魅力的一件事。……但很长很长时间，我却没有机缘看日出，而只能从书本上去欣赏。……从我个人的经历来说，看日出的机会，曾经好几次降临到我的头上，而且眼看就要实现了。一次是在印度。……还有一次是登黄山。……但是，我却看到了一次最雄伟、最瑰丽的日出景象……

·如果抽掉叙述句，文章会是什么样呢？请体会叙述和描写在叙事性文章中的作用。

·很快就要过中秋节了。中秋节是我国民间的一个重要节日。过中秋节，吃月饼赏月，是一项赏心乐事。在我国民间有不少关于月亮的传说，更增添了中秋节的美丽色彩。在这些传说中，最著名的就数"嫦娥奔月"了。

·同学们可知道这个故事在古书中最早是如何记载的吗？——只有区区 19 个字：

昔常娥以西王母不死之药服之，遂奔月为月精。（《归藏》）

·在其后的《淮南子》中，故事具体了些，也才 24 个字：

羿请不死之药于西王母，姮娥（即嫦娥）窃以奔月，怅然有丧，无以续之（羿失去不死药后，怅然若失，无法再去求得此药）。（《淮南子·览冥篇》）

这是不是很简洁呢？既有叙述，也有描写（怅然有丧），但没有一个多余的字。

·请大家搜集古往今来书中有关日月星辰的故事，从中找一篇你认为写得最简洁生动的，说给同学听。

·写一篇自己亲身经历的，或听说的有关日月星辰的故事。该叙述的用叙述，该描写的用描写，相信每一位同学也都能写得简洁动人。

活动二

倾听另一种语言——评选“鸟言兽语”博士

·本单元的几篇课文都是写小动物的，之所以写得生动传神，其中很重要的一个原因是作者“听”得懂“鸟言兽语”，如马克·吐温就“听懂”了蚂蚁的话：

他们揪成一团，有一会工夫都在咬对方的下颚，接着，他们在地上打滚，最后一只蚂蚁丢了一个触角，也许是丢了一条腿，不得不蹭到一边去恢复创伤。

这时候他拭去脑门子上的汗，揉了揉胳膊和腿，然后，仍像以前那样狂奔疾走，又漫无目标地赶他的路去了。……最后他停下来休息，这时候一位朋友走过来了。朋友明明是在说，一枝陈年的蚱蜢腿是十分高级的猎获物，问他那是打哪儿得来的。显然，物主人已经记不清他是打哪儿得来的，但是猜想他是“在这儿附近什么地方”找到的。显然，那朋友答应帮他搬运回去。（马克·吐温：《辛劳的蚂蚁》）

·刘亮程也能领会蚂蚁的“心理语言”和“肢体语言”：

那只忙碌的蚂蚁好像感到身后有动静，一回头看见这只，二话没说，扑上去就打。这只被打翻在地，爬起来仓皇而逃。也没看清咋打的，好像两只牵在一起，先是用口咬，接着那只腾出一只前爪，抡开向这只脸上扇去，这只便倒地了。（刘亮程：《走向虫子》）

·哥尔斯密也一样，他能识破蜘蛛的“诡计”：

不料想它碰到的第一个敌手，竟是另外一个更大的蜘蛛……

于是，一场可怕的遭遇战立刻由此展开。在这场拼搏中，那个侵略者似乎占了体大的上风，这个辛勤的蜘蛛被迫得退避下去。我观察到那个胜利者利用一切战术，引诱它的对手从坚强的堡垒中爬出来。它伪装休战而去，不一会儿又转身回来，当它发现计穷智竭以后，便毫不怜惜地毁坏了这个新网。这又引起了另一次战斗，并且，同我的估计相反，这个辛勤的蜘蛛终于反败为胜成了征服者，杀死了它的对手。（哥尔斯密：《蜘蛛》）

·有同学一定会说，这有啥了不起，我们也听得懂；马克·吐温、刘亮程和哥尔斯密只不过听懂蚂蚁和蜘蛛的话，我们还“通”好几门“鸟言兽语”呢。

·能将你听到的——拣精彩的“翻译”给老师、同学们听听吗？选一种你熟悉的昆虫或小动物，先用口语说给老师、同学听，再写成一篇600字左右的作文，要求尽可能形象生动地进行刻画，也描述出他们的心理、行为和对话好吗？

评选出3～5位最精通“鸟言兽语”的同学，授予“鸟言兽语”博士称号。

活动三

“逸马杀犬于道”一题多作

·相传宋代大文豪欧阳修有一次和朋友外出游玩，一道目睹了一起交通事故：一匹奔跑的马踩死了路上的一条狗。欧阳修请大家把这件事记下来。一人写：“有犬卧于通衢，逸马蹄而杀之。”另一人写：“有马逸于街衢，卧犬遭之而毙。”有的人写了二三十字，有的人写了百来字。欧阳修说：“假如让你们来写历史，一万卷也写不完。”大家问：“你怎么写呢？”欧阳修写了“逸马杀犬于道”六个字。

·一般来说，在一篇文章中，既有需快速推进、一笔带过的地方，也有需缓慢絮说、仔细刻画的地方。就像一条河，有时流得快，一泻千里；有时流得慢，千回百折。

·向来人们都将欧阳修的“逸马杀犬于道”作为叙事简洁的楷模。你能比欧阳修“流”得更快吗？能将事故过程用五个或四个字讲述清楚吗？如有兴趣，在小组中说说自己的想法。

·欧阳修以“逸马杀犬于道”拔得头筹，欧阳修的确堪称叙事简洁的高手。然而，梁启超先生却不以为然。他说：“从言简意赅方面看，欧阳修记得确实好；但是文章不见得简的便好，那记成二三十字的百字的，可惜不传，不见得没有好文章。……‘逸马杀犬于道’很冷静的记事，固然很好；然同时很多很重要的活动，被他去掉了。”——“文章不见得简的便好”，你赞成梁先生的意见吗？文章怎样才好呢？

• 请同学们都发表自己的意见，说说你的理由（把你的意见和理由写出来就是议论）。

• 在各小组讨论后，请小组长归纳大家的意见，在班级交流。看看哪一位同学说的最有道理。

• 运用之妙，存乎一心。请同学们参考下面这几道题，选择你最感兴趣的或最适合你的，露一手，展示一下自己的才能。

• 你能将“逸马杀犬于道”，加以“还原”或“放大”，补足“被去掉”的“很多很重要的活动”，写成以描写为主的叙事散文，或再加以想象和虚构，写成惊险曲折的故事、小说吗？

• 如果你是这起交通事故的目击证人，或是马、狗的主人，你能将上述素材写成一篇说明性的“证言”吗？如果你是“交警”，你能将调查取证情况写成“事故报告”吗？

• 如果“逸马”所杀之犬，恰是你的爱犬，你很伤心，想起狗的种种可爱及与其亲密相处的往事，能写一篇追念性的抒情散文或祭文吗？

• 如果你对这起交通事故有自己的看法，你能就事故责任或交通管理问题，写一篇议论性随笔或短论吗？

上述活动，力求很自然地将说、写的练习结合起来。“活动一”，是想让学生通过叙述和描写的比较，区别“简约”和“细腻”的表达方式和效果的差异，进一步领悟“简洁”表现的美感。其中有说的要求，也有写的要求，由说的领会进入到写的领悟。“活动二”，是观察力和想象力的练习，请学生把自己听懂的“鸟言兽语”先说给老师同学听，在听取了他人意见后再写，请大家作评价。这就有了多次的说、写互动，甚至还包括了听和读。“活动三”，先对梁启超先生的观点进行讨论和交流，然后在此基础上进行写作，是想让学生通过不同体裁的写作，进一步领悟“简洁”在言语表现上的意义。不同体裁的写作，有不同的“简洁”的要求。这些“活动”，都尽量将说和写的活动融为一体。

就跟读、写结合一样，说、写结合，永远是语文教学的一个最重要的法宝。我们要变着法子把这个法宝“玩”得使学生感受到是自己言语表现的需要，感到有趣味和兴趣，而且，还要使他们获得文化和智慧的启迪。这便是贵“无”的教学，能使他们从“无”中生有，受用无穷。

前面这些语文活动，不但是说、写结合，而且是听、读、写、说的互动，基本上做到了听、读、说、写一体化，可以说是一种“表达·交流”的综合实践活动。所有活动，都跟单元选文有直接联系，学生可以很容易地从阅读转向言语表现实践活动，使各种相关的感知互相激发，各种言语经验相互迁移，提高言语学习总体效益。

三 学习通过写作：超越实用化认知

20世纪一个学习方法的革命，是和写作联系在一起的，这就是“学习通过写作”。这使写作和语文学习的意义得以拓展，使所有学科的学习都和写作结下不解之缘。我对此赞赏的原因还在于，它有力地支持了言语人生是一切创造、发展的人生的基础的见解。一切创造性思维，都和语言文字相关，在本质上都是概念思维，因而，写作有一个十分宽泛的能指。

“学习通过写作”（study through writing），据说是美国加州大学伯克莱分校的一个关于学习的口号。在他们的西方文明史课程中，每一章都要求学生写作，要求写作的字数在5000～8000个单词。美国全国文科学会出版了《学习通过写作》的实用指南书，指导学生掌握这种新的学法。这就形成了一种新的学习观念，在中小学也得到推广。我们今天的研究性学习、综合性学习，大约也是由此受到启发。

一种与其十分接近的“为学习而写作”的观念也得到了较为普遍的认同。其基本思路见于美国的梅耶、莱斯特和普拉多三人合著的《学习写作/为学习而写作》（LEARNING TO WRITE/WRITING TO LEARN）。该书认为“为学习而写作”不仅把写作视为写作课的任务，而且还是学习其他课程的手段。建议教师有目的、有意识地使写作成为学校中其他课程（如物理、化学、生物、历史、地理等）的学习工具，即要让写作成为跨课程的学习工具。以往对于写作的看法过为狭窄，认为那种只把写作看成是针对语言课的，是与文学紧密相关的，可以单独学会的技巧的看法是不全面的。写作其实包含着大量的书写行为。写作是“书面上的选择”，包括记录要点、列出纲目、记下观察情况、表达感受，它们和以往的写散文、写故事等写作行为是一样的。

为学习而写作主要有以下三个方面的功用：

1. 使写作更多地与各个课程的学习联系起来。写作正好为这样的学习提供工具。每一个写作者用自己的语言来表达他们正在学习的东西。写作练习实际上是提倡学生积极参与、积极思考的学习方法。

2. 写作还能解决其他课程的专业术语词汇的学习问题。掌握丰富的多方面的术语一直都是正规教育的目的，也是教育进展的标志。不用术语，学生很难讲清莎士比亚的十四行诗是怎样写出来的，也很难讲清楚地里怎么长出粮食、牛奶软糖的做法等问题。以往直接教术语的方法是没有什么效果的——考试以后最先被忘掉的就是它们。通过写作来学习，发现联系，描写过程发展，提问和回答问题，这些活动促使学生思考术语与实际的联系。这才是最好的理解、掌握术语的方法，其结果是，术语词汇成为学生“词典”中永久的部分，而不只是教师或课文的“财产”。

3. 通过为学习而写作，学生可以培养出一种判断自己是否学会了某一知识的能力。由于把学生放在了学习的中心，无形中便减少了他们对教师的依赖，所以不必担心为学习而写作会增加各科教师的负担。更何况像笔记、日志等服务于学习的写作，其唯一的读者就是作者自己，其唯一的目的就是帮助作者了解自己学到了什么东西并对自己的进步做出自我评价。

该书作者不同意把为其他课程学习服务的写作，发展为完全意义上的“科学写作”。中学没必要这样，中学生还不是科学家，他们可以使用他们的个性语言来表达。要是过早要求科学写作，那只会鼓励学生抄袭。

为学习而写作必须按照以下步骤实施：

1. 选定一个课程学习目标，而这个目标可以利用写作达到。

2. 设计一项写作任务，以帮助学生达到预定的课程学习目标。

3. 教师对学生完成写作即完成课程学习的情况作出判断和评估。

以下是一个教学实例：“假设你是一个 17 世纪末从英格兰来到北美的移民。你和与你同来的人并不愿意像先到的人那样在沿海地区建立家园，而愿意深入到内陆去开发。你再设想一下，如果美国的地理正好颠倒过来，即西海岸离欧洲近，美国将是个什么样子。你们所要开发并定居的地方坐落在如今的亚利桑那州（在美国西部，指内陆）。你的任务是对这一开发并定居的过程作一个记录，就像一个亲身经历者或目击者一样。你可以集中描写整个过程中的某一方面，诸如交通困难、气候、遭遇美洲土人、农业、经济等等随便什么。但请记住，你正试图写一个不仅使你的同学感兴趣的故事，同时也是当北美的地理重新安排之后，一群刚刚踏上北美大陆的人所可能看到和经历的真实情况。”①

这个实例中包含了以下要素：

1. 它需要想象性思维。

2. 它能刺激学生获取新知识的渴望。

3. 它建立在学生已知的知识和经验之上。

4. 它为综合旧知识和新知识提供了可行并有趣的方法。

5. 它为写作提供了自然的读者，包括教师又不止于教师。

6. 它把学习的要求和写作的要求作了区分。（学习的要求便是反映在故事中17世纪美国移民人员构成、性格特征和他们当时在亚利桑那途中所遇到的所有的自然和历史的情况。这是需要学习的知识。写作的要求就是指故事的趣味性，组织结构的清晰性，观点、信息表达的完整性。）

设立一个为学习而写作的题目是活动成败的关键。教师在给学生出题时先要问问自己：

1. 学生有没有机会参与写作练习的制订？

2. 指定的写作练习能否激励学生把已知的知识与新材料、新信息以及他们将在特定的课题中表达的思想相联系？

3. 写作练习是否代表或是否处于一种真正的交际情境中？应该努力争取至少有一定数量的写作真实地把某一事情传达给别人，而不是要求总是为比自己知道更多答案的读者（如老师）写作。

由于这种学习不仅涉及写作课，而且涉及其他课程；不仅涉及学生的学习，而且涉及写作教师与其他课程教师的教学。同时，教师在使用这种教学法时要做大量的准备，这就使具体操作有许多困难，所以，这种方法有的还只停留在设想上。

上述“学习通过写作”和“为学习而写作”的构想，使我们很自然地联想起叶圣陶先生的“工具论”。以往叶圣陶先生也谈到语文是各科学习的工具，这一认知是从“语言是工具”衍生出的。叶老基本上还停留在观念上，

---

① 叶军、崔良译述：《为学习而写作——介绍美国的一种写作试验方案》，见《语文学习》编辑部编：《写作指引》，上海教育出版社2000年版，第609页。

美国教育家已经在教学实践中进行了具体的构想，有的已付诸实施。这一观念和方法的合理性是不容置疑的。尤其在今天课改的背景下，注重学生主体性的发挥，注重教学的参与性、合作性和探究性，注重学科的融通和整合，学习通过写作和为学习而写作，都有其积极的意义。写作的作用是其他的手段不可替代的。但是，我们也应该看到它的局限性。它的缺陷是将语言、言语和人的思想、思维分离开来，而没有意识到语言和言语就是思想和思维的本身，二者是一体的，不可截然分开的。它更没有意识到写作就是创造、就是学习本身，写作不是学习的工具或手段。学习通过写作，意味着写作促进了学习，反过来，学习也促进了写作，这是一个“双赢”。其实，这是二而一的，写作就是学习，学习也就是写作。

写作不只是写，写作是一种符号性的思维和行为，写作是深度的感知和认知，写作需要知识准备，也在创造新的知识，这无疑就是学习。其实，写作的功用要大得多，远不止于学习。将写作视为学习的工具的认识，也同样是狭隘的。从上面的一些设想可以看出，它指向的主要是知识的获得和智能的训练，它的动力学基础主要是认知动力学。在言语生命动力学视界下，它依然是一种“实用”化的认知，作为一种教学、学习方法，它主要倾向还是尚“有”。它注重直接的显性功效胜过注重隐性价值的培育。

尽管在教育观念上认识还不是很到位，对学生主体价值观的强调还不是很彻底，我们还是认为这是一种很有潜力的教学法。适当地淡化实利的目的，改变写作是学习的工具的观念，强化主体情感、精神动机的培育，注重学习过程的言语生命体验，使学习和人的精神发展更好地统一起来，这样，便能使写作既是学习又超越了具体的学习，推动学生健全人格的成长，二者互为动力和标志，在他们言语、诗意人生的发展进程中发挥重要作用。

“学习通过写作”的观念，和我们的“表现-存在论阅读”观念在实践层面还是有相通点的。阅读，是可以而且必须通过写作来完成。有无写作活动的介入，阅读教学效果、效率截然不同。阅读的内化，需要通过思考和表现，才能得以较充分地实现。脱离说和写的阅读，尤其是没有落实到写上的阅读，没有落实到文字思维上，再怎么认真仔细地读，其认知都只是停留在较肤浅的层面，读时虽然可能有所感触，但是，不可能深刻、到位，而且，很快就会消失、遗忘。从这个意义上说，写作是阅读的“催化剂”“定型剂”，它使阅读的认知成果得以深化，并积淀进了思想系统中，从而获得深刻的颖悟。

由本人设计的下面这两个单元活动，就尽量注意到应用“学习通过写作”的方法进行阅读，达成显性功效和隐性价值的统一：

叙动人有趣之事

（一）本单元有几篇文章是以写事为主的。如《最后一课》《第一堂课》《谭嗣同之死》《勇气》等，都是讲述一件事，以引起读者的共鸣和对事件的思考。同学们回想一下读过的课文，想想那些给你留下较深印象的写事为主和写人为主的文章，说说这两类文章有什么异同，请举例说明。

各组长归纳大家的意见在班上交流。

（二）以记事为主的文章选择写什么样的事是很重要的。这几篇文章所叙述的事，都是在作者看来有重要意义或是能引起心灵震撼的事，请思考：

1.《最后一课》如果写的是一般的学期结束时最后的一节课会如此感人吗？

2.每个教师一生中都会经历无数次的“第一堂课”，并非每一次的“第一堂课”都值得写。老舍先生的《第一堂课》为什么值得写？

3.梁启超先生写谭嗣同，为什么从他一生的行事中，单单突出他的“死”来写？

4.《勇气》如果写的只是一般的助人为乐，你能获得关于勇气、幸福和信仰的启示吗？《勇气》的叙事是如何做到这一点的？

（三）有重大震撼力的事值得写，是不是平淡无奇的小事就不值得写呢？同学们大多没有经历过惊心动魄的事，生活中更多的是寻常小事，然而，有所感触和感悟的“有趣味”的小事，也同样值得写。从小到大，大家不知经历过多少次的一个学期或一个星期的第一堂课和最后一堂课，难道就没有哪一次给你留下永难磨灭的记忆？进入幼儿园、小学、初中的第一堂课，和毕业时的最后一堂课，仔细回想起来，总有一些事活在记忆里。有没有一堂让你出尽风头或触尽霉头的课？学习中的一次较大的成功或挫折是不是还记忆犹新？和新老师、新同学、新朋友或尴尬或兴奋或懊丧或失望的第一次相聚，或愉快或别扭或窝火或伤心的相处：不管当时怎样，回忆起来觉得有趣，就可能值得写。

如果能在平常的、有趣的事中发现有意思的东西，就更好了，如硬着头皮独自走夜路，和高年级同学在赛场上一争高低，考试考砸了之后沮丧地流泪，课堂讨论发表别出心裁的看法引起哄堂大笑，壮起胆子和老师辩论引来尴尬，等等。这类平常小事，在回忆中是有趣的，但是，不一定很有意义，如果往深里想一想，也许你能感到这是在克服怯弱、确立自信，是成长的开始，这就有意义了，就值得好好地写下去了，写一篇记事为主的文章。

作文题示例：

《第一次……》《最后一次……》《走进新班级》《第一次我主持……》《功亏一篑》《“舌战群儒”》《遇险》《感受愧疚》《我的脸红了》《险胜》《聪明反被聪明误》《毕业》《告别》

例文：

我做的第一只小木船①

王崇真（美籍）

不知不觉，我就升到了二年级。

在我走进二年级教室的第一天，我就发现坐在我前排的一个女孩子跟我们不一样，她没有腿。那天回家的路上，我一直在想：多么可怜的人啊！竟然没有腿。……那天晚上，我告诉妈妈：“在我的新班上，有个没有腿的女孩子，她的名字叫意凡妮，是波兰人。”妈妈叫我要好好帮助她，因为她没有腿，做事有很多不方便啊！所以我要时时地看着她，有时要担心她会从轮椅上摔下来，有时还要帮她拿拿东西……

有一天，我发现意凡妮从来不笑，一张像刚哭过的脸，总是苍白苍白的。那天一放学，我连忙跑回家，翻箱倒柜地只想找个什么东西能让意凡妮能心情舒畅地笑一笑。突然触到工具盒，往里一看，就只有几块木板，能做什么呢？倏然在我眼前出现了我那最喜欢的老朋友“船”的影子。做一条船给她，我这样想。于是，我自己动手，终于做了第一只小木船。第二天早上，我很早起来，吃完早饭就高高兴兴往学校跑去。一进教

---

① 选自孙绍振等主编：《作文精华赏析》，鹭江出版社1998年版，第131～132页，略有删改。

室，只见她仍然还坐在她的位子上，一动也不动，眼睛直盯着前方。我快步走过去，把我做的第一只小木船轻轻地放在她的桌子上，在她的耳边悄悄地说："意凡妮，这是我做的第一只小木船，做得不好，请原谅。喔，送给你的……"她望着小木船，望着望着，突然脸上露出微微一笑，真是甜入心田的丝丝微笑啊！

也正是那天下午，意凡妮要回国去了，回国去做手术了。他的爸爸妈妈把她给接走了。

在我做的第一只小木船中，我放进了一颗爱同学的心。我把这只小木船赠给了一个心灵需要爱抚的朋友，希望这只小木船能唤起意凡妮对生活的热爱。祝她在这个爱的世界中生活得更加愉快，更加幸福。

写寻常平凡之人

（一）同学们都曾不止一次地写过人物，自己、老师、同学、父母、朋友也许都写得有点疲倦了。这个单元的选文大多也是写人物的，大家将自己写的与选文中的人物——邓稼先、居里夫人、爱因斯坦、鲁迅、邓小平等比较一下，思考并讨论：

1. 这些写人物的文章你最喜欢读哪一篇？

2. 他们是否只写大人物做的惊天动地的大事呢？

3. 如果不是，写的是什么？为什么有的写"小事"的文章照样能吸引人呢？

4. 写小事的文章写得好，是否会使人觉得更鲜活真实、更有人的精气神儿？为什么？

（二）同学们一定明白了，写人不一定都要挑他做的重大的事来写，大人物不是天天都在办大事、好事、聪明事，有时，他们也做小事、错事、糊涂事。伟人也是平凡的人，邓稼先、居里夫人、爱因斯坦、鲁迅，都是有优点也有缺点的普通人。《回忆鲁迅先生》写的就是一些很平常琐细的事：写鲁迅直言不讳地评价客人的穿着"不大漂亮"；一支又一支地吸烟，作息时间阴阳颠倒。还有踢"鬼"，挣扎着对儿子大声说"明朝会"……这些平凡小事和缺点，并不妨碍他成为一个伟人，文章同样让人爱读，读了有印象，这是为什么呢？你能从本单元的文章中举出写得既寻常又动人的一个片段吗？选取你认为写得好的一个场面、一组动作、一组对话、一句话（选一），和同学们交流你的心得，并将心得写成一篇读书笔记。例如《居里夫人和一克镭》中的这一句话就很精彩：

不要等下星期，不要等明天，就在今晚办妥。这个赠予证书马上就要生效，而我也许会在几小时之内死去的。

这短短的一句话，表明了居里夫人是一个无私、认真、雷厉风行的人，也使人感到她是一个较为呆板、性急的人，作为客人似乎还有点“失礼”。尽管如此，我们还是会为居里夫人坦诚、高贵的心灵所感动。伟人也是常人，在这方面，她是了不起的人，但同时她也是个不善于为办事人的具体困难着想的人。

（三）写人不一定都要写他做的大事、好事，也可以写些小事或不怎么好的事，这才是真实的人。可以写他们的可敬、可爱的一面，也可以写他们“可恨”、可气的一面，这写的才是活生生的人。想想你周围的人，想想你自己，是不是都有不少优点，也有不少毛病？拔高了写，只许写敬业奉献、大公无私，篇篇都像“表扬稿”“感谢信”，写的就不是真人而是假人了。

可敬的、可爱的、高尚完美的人可以写，平凡的人，也可以写。以可爱的、可笑的、可气的、可乐的、可悲的、可怜的、滑稽幽默的、胆小的、急性子的人为题，都可以写，关键在于从中挖掘出趣味或意义来。只要有趣味或意义，就是虚构的人也可以写。

例文：

跳　马①

周　凯

“14 号上，15 号做准备。”体育老师一声喊。

天哪，做准备了，就要轮到我跳这该死的“马”了。完了！完了！这次过不去成绩就没了，怎么办，完了，真完了。

跳马是今年体育课测验的一项内容，本不难，可不知何种原因却成了我的拦路虎，我还从来没有跳过去的经历。唉，想

① 选自王浴海主编：《作文演练范例》，黑龙江人民出版社 2000 年版，第 131 页，略有删改。

平日，在球场上我是何等的英勇，可如今遇上了这该死的“马”，英雄无用武之地，无论我如何用力，不是坐在“马”上，就是从“马”上摔落，似乎永远也征服不了它。眼看着比我高、矮、胖、瘦的同学一个个飞身跃过，心急如焚也无济于事，那“马”就是不让我过。

“15号上，16号做准备。”体育老师又是一声喊。完了，彻底完了，轮到我了，我一摆手，耸了耸肩，无可奈何地走上跑道。做了做准备动作，迎接那跳不过“马”的一幕戏。

“好，可以开始了。”体育老师催促道。

听了这句话，我那沉重的心开始加速跳动，浑身上下都紧张起来。

这时，旁边的人开始为我鼓掌：“加油！加油!”也不知他们是真心为我加油还是想等着看笑话。我听着掌声，心里反而更加没底了。而他们自以为能加油的掌声并不能给我加多少油，却起了不小的广告效应，把全班同学的目光都吸引了过来，我一下成了关注的焦点。天哪，出丑还得当着这么多人的面。

“快跳。”体育老师不耐烦了。

管他呢，豁出去拼了。我再管不了那么多了，猛地向那匹可恶的“马”冲去。近了，近了，离“马”越来越近了。我拼命地冲，耳边的风“嗖嗖”地响，那气势简直有点像猛虎下山。好了，到了，我使出全身力量，猛地踏在了跳板上，身体向上跃起，眼看就要过去，过去了。正当我感觉良好的时候，突然小腿猛地碰得生疼，随之一声巨响，身子一沉，很快跌到在地上，我趴在地上，只见那匹由两块木箱叠成的“马”已被我分了“尸”，上面一块翻倒在一边，另一块躺在地面，一副惨象。

“哈哈哈!”人群中终于爆发出了笑声，我从地上爬起来，难堪地溜出人群。转念一想，“马”虽没能跳过，不过，总算把它撞成了两截，也颇为解恨，这让我有了一丝的安慰和快感。

如果没有这样一系列的“表现”活动，没有最后将思考和感悟体现在说和写中，学生很可能读时觉得有意思，读罢也就过去了，很难意识到所读到的这一系列叙事和写人作品在选材上的特征，不会去思考其中有什么可以借鉴的。通过这些活动的诱导，学生的感悟就逐渐地深化，会意识到在“第一次”或“最后一次”经历中所包含的“意义”和“趣味”价值，大事有大事的震撼，小事有小事的感悟，只要选材新颖，都值得写；会意识到写人，即使是写大人物，未必都要写他们做的大事业，也可以写他们日常生活中“琐碎”的小事，小事有时候同样也能体现一个人的个性。加之所提供的学生写的例文作为参照，学生读后，有了更为切己的感受，在原来思考的基础上做二次思考，联系自己将要进行的写作，思路被激活了，对他们以往的写作观念会有更深的触动，发现原来可以写的材料太多了，不再为立意和选材苦恼。这就在阅读和写作，也包括说话等方面，同时促进了学习，提高了学习的综合效益。

当然，上述我们设计的“学习通过写作”的教学活动，只限于语文教学内部。在可能的情况下，还应该从课内向课外，从语文学科向其他学科延展，做更为广泛的联系。说、写活动与学习的结合点越多，所产生的学习综合效益就越大。凡与认知有关的，都可以借助与说、写活动的联系来提高学习效率和效果。

四　用活的语言作活的教授法

今天，口语交际在语文教学中复苏，重新占有一席之地，这是可喜的。其实，在20世纪20年代，就有不少国文界的先驱注意到了口头表达的重要，并对其作了较为深入的探讨。其中何仲英和胡适先生的研究颇有价值，不仅具有实践价值，而且具有教育观念和思想方法的价值。

何仲英在《口语作法的训练》[①] 一文中说：“在中学里举行口语的训练，并不是教学生说些简短、随便、零琐的话，我们是教他们说些较多而且很细心预备的种种报告、描写、记载、说明或是辩论，发表于同学之前。——其中有许多题目，他们已经用心写作过的。像这样工作的练习和思想发展的关系最为密切，比较用偶然的历程而得进步是不能比拟的。它与作文需要条理的考虑、清晰的布置以及艺术的工作，完全相同；不过一则宣之于口，一则书之于纸而已。当我们回忆事实时，口语的需要是难以计算的，委实比笔达

① 见《中学国文教学论丛》，商务印书馆1927年版。

的时候要多，而且应用较广。这种实习，似乎无意识；但在教学的历程中却包含着很重要的原料。”这表明他对中学口语表达训练的目标和要求已有自己的定位和指向，有意识地要区别于日常口语交际，这是一种跟写作教学要求相似的“正规”的口头表达训练，圈定在有一定难度的几种“语体”上。作为语文学科中的一门课，称其为“口语作法”，与“文章作法”相对应。这一名称，我觉得比今天的口语交际要好些。因为“口语作法”表明了有别于日常的交谈、聊天，是一种高级的“会话”，是有准备的有技巧的发言。口语交际就较为含混，缺乏教学上的限制。

何仲英认为中学“口语作法”教学应注意：（一）指示，（二）表演，（三）批评。关于“指示”，总的要求是：反对使学生表演得太拘谨（如同背诵），或太重视（如同演说竞争）；应该常常保持简单而且合宜的状态。初步的训练的出发点，不妨是偶然的，譬如寒暑假中学生于家庭社会的环境当中，所见所闻都有一些经验，无论是想象的或事实的，那些事项都可以叙述，大家一定有趣味地说，并且有趣味地听。班中每人所说的材料最好是拣那些自己特长、别人不知的……或是教每生预备五个特殊问题，在说明中提出要点引起听众的注意……或是隔些时开一新闻研究会；或从今日想象二十年后的情形，令其轮流报告；或在一大室内陈设优美，排列座椅成圆形，学生各就本位依次说明自己选择的题目，这叫做围谈（talk around）；或开读书会，各报告读书心得；或订一个嗜好日（hobbyday），各述自己的嗜好。

其次是“表演”。这指的是演说的过程。他认为表演的成败，演说者自己演说之后便可体会到：如心境泰然，如释重负，便是成功；面红耳赤，狼狈而下，便是失败。为防听众松懈及鼓励共同训练起见，可由教师各发一张纸片，令其听时记载，以便终结时依次批评。听众批评终结，教师再予以精细的满意的批评，供给他们许多新的知识，这样表演的工作才算完成。

最后是“批评”。他认为批评若是叫学生自己做效果很好，印象很深，反应很快。但教师应对“批评的要件”进行指导，这主要指：组织、语法、演说的风采等三个方面。批评全文的组织，须包括起头、中间、结尾三部分，可考虑：（1）各部分联合起来有个中心思想吗？（2）各部分配合完美吗？（3）各部分位置适当吗？支配均匀吗？语法方面须注意：（1）文法，（2）用词，（3）句的结构等。这些都应在听时仔细分辨。再说演说的风采，主要指态度自然而不做作，字音清晰，口音清朗、活泼而敏捷，语调的抑扬顿挫，形体姿势的优美等。

由此可知，在这个时期，学者对听、说结合的教学研究已趋于细致化，具有较强的操作性和互动性。注重学生相互间的合作与反馈。在“指示”选题上注意到适合学生的需要，较为宽松和自由，学生可以炫示自己的特长和嗜好，评论时事新闻，想象未来生活的情形，这些都是学生喜闻乐见的。这种“口语作法”甚至连怎样安排教室的桌椅，如何围坐在一起，创造一个平等融洽交流的气氛，都想到了。这诉诸学生心理、情趣的言语活动，着眼点便是“无”，是对学生言语生命的尊重。

同时，何仲英也关注“有”。在“表演”和“批评”上，则落实到具体的自我感觉和听众评判的细节，使学生的说和听都有可检讨凭依之处。这实际上也是使学生听、说的情趣和兴趣有了承载物。听、说质量高，便能进一步激发起学习热情。

这期间胡适先生的教法改革的构想在当时中学语文界振聋发聩，其中也涉及听、说结合的教学。他对演说、辩论等口语活动的强调和注重，达到了“偏爱”的地步。他的“用活的语言作活的教授法”的主张，更有其教育学的意义，使教学行为生命化、生活化，使教学行为打破“课堂”禁锢，与人生、生命需要一体，让学生从教学中获得新鲜的生活应用上的感受。这在今天，仍然堪称“先锋”的教育观念。

胡适在当时可谓“大学教授派”代表人物，他虽然没有教过中学语文，但却对中学语文教学极为关注。他在 1920 年发表的《中学国文的教授》和 1922 年发表的《再论中学的国文教学》两篇文章，系统地阐明对语文教学改革的看法。关于听、说教学的观点是他语文教学观精华。

胡适说：“用演说，辩论，作国语的实用教授法。国语文既是一种活的文字，就应当用活的语言作活的教授法。演说，辩论……都是活的教授法，都能帮助国语教学的。”① 胡适主张“用活的语言作活的教授法”，切中传统语文教学僵化呆板、脱离实际之积弊，将“学”与“用”归于一途。这种思路，对于今天的语文教改，仍有借鉴意义。

胡适提出对中学生在中学前两年教完国语文，到了三、四年，则以演说、辩论课取代它。这一方面是因为演说和辩论都是“国语与国语文的实用教

① 胡适：《再论中学的国文教学》，见《胡适文存二集》卷四，上海亚东图书馆 1927 年版，第 250 页。

法”，另一方面也是为了达到思维训练的目的。他说：“凡能演说，能辩论的人，没有不会做国语文的。做文章的第一个条件只是思想有条理，有层次。演说辩论最能帮助学生养成有条理系统的思想能力。”① 可见，胡适所构想的演说、辩论课，是中学语文课程结构中最集中地体现了语文教学本质要求的一门课。它一方面与学生的日常生活衔接，体现了语文教学的应用性特征；另一方面与语文知识、能力衔接，体现了语文教学的实践性特征。这两个方面，又具体表现在胡适对演说、辩论的“择题”与“方法”的构想上。

关于择题，他说：“演说题须避太抽象，太笼统的题目。如‘宗教’，如‘爱国’，如‘社会改造’等题，最能养成夸大的心理，笼统的思想。从前小学堂国文题如‘富国强兵策’等等，就是犯了这个毛病。中学生演说应该选‘肥皂何以能去污垢？’‘松柏何以能冬青？’‘本村绅士某某人卖选举票的可耻’一类的具体题目。”②

与胡适同时代的其他的语文教育家，他们大多只是对一些八股式的旧题目大加鞭挞，而胡适则不仅针对教学的“时尚”指出那些看似很崇高深奥的题目的不合理之处，而且还不避“浅俗”列举了一些他认为适宜于教学的题目。从这些题目可以看出，它们与中学生的现实生活密切相关，完全以应用、实用为出发点，因此，我们认为，胡适的源于生活实际的“活的教授法”，具有不容忽视的教育学价值。

关于教学方法，胡适重在思维训练，重在知识的组织与运用。就拿辩论教学来说，胡适主张把学生分成二三人一组，“选定主张或反对的方面后，每组自己去搜集材料，商量分配的方法，发言的先后”。“辩论分两步。第一步是‘立论’，每组的组员按预定的次序发言。第二步是‘驳论’，每组反驳对手的理由。预备辩论时，每组须计算反对党大概要提出什么理由来，须先预备反驳的材料。这种预备有两大益处：（1）可以养成敏捷精细的思想能力，（2）可以养成智识上的互助精神。”③ 在辩论时，师生则做好准备，把可批评的论点记录下来，在下次课上提出讨论。

---

① 胡适：《中学国文的教授》，见《胡适文存》卷一，上海亚东图书馆 1933 年版，第 315 页。

② 同上书，第 315～316 页。

③ 胡适：《中学国文的教授》，见《胡适文存》卷一，上海亚东图书馆 1933 年版，第 316～317 页。

胡适的这一教学设想，显然对学生思维的激活，对提高他们思维的批判性、灵活性与全面性等，是有益的。这种练习形式，既能促进学生学知识、用知识，又能使他们得到学习的乐趣，自然也有助于提高学生议论文的写作能力。多年来，我们苦于中学生议论能力差，原因之一就是教师只让学生唱“独角戏”，说自家理。这就使学生往往执一面之词以为全面，视一己之言以为至理。讲道理时，既没有想到目的是要说服他人，也没有考虑到如何对付他人的驳难，这样，所写的文章，往往从思路到材料都是“死”的。要改变这种状况，我们是否也可试一试胡适的“活的教授法”呢？

胡适不拘成见、较为超前的理想主义语文教育观与教学法构想，曾给安于在传统轨道上作惯性滑行的、教育素养普遍欠缺的语文教育界以巨大的震撼，引起了轩然大波，受到了许多人的非议，因此自然无法在教育实践中得以实行。然而，他的语文教育观与教学法构想的深刻性、科学性则是无可置疑的。在推行素养教育的今天，这些构想的意义与价值必将被人们重新发现。事实上，胡适当年的部分构想也已经变成了现实。

从言语生命动力学的角度看，胡适先生的“用活的语言作活的教授法”，其精神意义大于实用意义，因为，它不仅有益于言说水平的提高，而且注重学生思想和思维能力的培养、真实的言语生命体验。不论是何仲英先生，还是胡适先生，他们对口语教学的具体设计都有参考价值。在人们十分关注阅读或写作时，他们没有遗忘人的另一言语机能，能关注听、说，并将其摆在显要位置上。这些见解触及语文教学中听、说的主体——人的言语生命体验，是很了不起的贡献。

在这里还须指出的是，我们主要不是谈论口语交际的重要性，而是从教学实践的角度认识听、说结合的重要。“凡能演说，能辩论的人，没有不会做国语文的。做文章的第一个条件只是思想有条理，有层次。演说辩论最能帮助学生养成有条理系统的思想能力。”这一见解可谓一语中的，所有的口语表达都对写作能力的提高有一定的效果，其中演说和辩论这两种形式是离写作最近的，最容易达成说、写能力的迁移，而且，它的交流性和现场感特别强，对学生的受众意识、读者意识的养成极有助益。因此，在教学实践中，听、说教学亟待加强，演说和辩论活动尤应重视。

听、说教学，有时可以作为一个“小单元”活动。例如，下面这些“听、说”活动就较能引发学生的兴趣，对他们能力的提高也较有帮助①：

活动一

与三毛对话——《我有一个梦想》畅谈会

·下面是台湾作家三毛小时候写《我的志愿》作文时的情形：

写完，老师叫她读，她读道：“我的志愿——我有一天长大了，希望做一个拾破烂的人，因为这种职业，不但可以呼吸新鲜的空气，同时又可以大街小巷的游走玩耍，一面工作一面游戏，自由快乐得如同天上的飞鸟。更重要的是，人们常常不知不觉地将许多还可以利用的好东西当作垃圾丢掉，拾破烂的人最愉快的时刻就是将这些蒙尘的好东西再度发掘出来……”老师觉得不好，令她重写，于是，她又写：“我有一天长大了，希望做一个夏天卖冰棒，冬天卖烤红薯的街头小贩，因为这种职业不但可以呼吸新鲜空气，又可以大街小巷的游走玩耍，更重要的是，一面做生意，一面可以顺便看看，沿街的垃圾箱里，有没有被人丢弃的好东西……”老师仍不满意，又丢下来叫重写，结果她只好写：“我长大要做医生，拯救天下万民……”老师看了十分感动，批了个甲，并且说：“这才是一个好理想。不辜负父母期望的志愿。”

·提示：

1. 你赞成老师的看法吗？
2. 三毛的三个志愿中哪一个最真挚动人？
3. 是不是三毛最后写的“做医生”最使你感动？
4. 你赞成下面的看法吗？

三毛想当“拾破烂的人”和“街头小贩”的想法，在大人们看来固然有点“不争气”，可是，她在“志愿”中寄寓的情感却很真实、真诚，既符合孩子好玩和自由的天性，也表现出了“变废为宝”的良好用心。内心情怀的真挚独特才感人、动人，你们说是吗？如果她真想当一个救死扶伤的医生自然也是值得

---

① “活动一”为本人设计，“活动二”为孙绍振先生设计。

称道的。

·以《我有一个梦想》为主题，举办一场“畅想会”。

·建议：

1. 拟好畅想要点，每位同学讲2～3分钟，先在各小组内试讲，每组推选3～5位同学参加班级的“畅想会”。

2. 请两位同学担任主持人，任何人都可以怀疑、批评，畅想者可以自己答复，也可以指定台下的任何一位同学代答。

3. 评出“最佳畅想家”奖、“最佳怀疑家”奖。

活动二

居里夫妇申请专利还是不申请专利对科学发展有利？①

——评选“文雅、委婉”冠军

·因为有不同意见，才要进行讨论。讨论的目的，首先是学习，从别人意见里汲取宝贵的东西；其次是坚持自己的意见，说服别人。

·听取别人的意见，是自己的事，只要有起码的虚心就行。而要说服别人，就涉及原则性和灵活性的问题。在关键的问题上，有的应该针锋相对，寸步不让。如居里夫人要求改签文件，但是，不管什么场合都这样刻不容缓，也可能会把好事办坏。

·有时客观条件迫使我们不能这样急，要运用口头交际中的委婉性来缓和矛盾。所谓委婉性，最起码的解释是，防止当场争辩，因为争辩是针锋相对的，容易把情绪搞僵；而委婉的口头交际，则是设法超越当场的冲突。

·最初萨克斯去游说罗斯福制造原子弹，萨克斯不但善于倾听，而且善于察言观色，他感觉罗斯福对此有否定性倾向，他就不再讲下去了，再讲下去就是争论了，而且和美国总统争论，不管结果怎样，是不会有好处的，他选择了沉默。考虑了一个晚上，第二天早上，罗斯福起初说话还是有点讥嘲的口吻。萨克斯仍然没有正面交锋。他扯到题外去，说了一个故事，而罗斯福居然被说服了。②

·在口头交往中，双方发生争论，回避正面冲突，而是讲一个故事

① 该题目是从阅读课文《居里夫人和一克镭》中产生的。

② 该故事出自阅读课文《爱因斯坦与原子弹》。

（或者寓言）来暗示，这在中国古代散文中，是很常见的手法。同学们在今后的阅读中对此请多加留意。

·委婉语是相对于直率语而言的，试比较：

直率语：我绝对不能同意你的意见。
委婉语：我暂时还不能赞成你的想法。

直率语：你这是错上加错。
委婉语：如果能换一种思路，你也许就能避免再犯错误。或：你的意思，我完全可以理解，但是，目前还不一定行得通。

·委婉语在表示反对的时候，应注意：第一，很少直接否定，常常是带有疑问、商量或不确定的语气；第二，先不直接表示反对，而是先肯定对方一部分意见。

·如果你觉得自己委婉不起来，就设法把陈述语气改成疑问语气，试试看。在修辞上，委婉的说法常常带着“有保留”的语气。比较：

直陈语气：我讨厌你。
疑问语气：我很难说不讨厌你。

直陈语气：你的意见，我全反对。
疑问语气：到目前为止，许多人可能没法全部同意你的意见。或：如果我们能够暂时不在一些具体问题上过多地花费精力，我们的许多意见可以说是相当一致的。

·讨论题《居里夫妇申请专利还是不申请专利对科学发展有利?》

·提示：

1. 抽签决定一个同学陈述自己的观点。

2. 另一个同学对他的观点提出带疑问语气的反对。

3. 发言人不管回答得如何，都有权利指定另一个同学陈述观点。然后，自己进行质疑。

4. 所有质疑者的语言必须是文雅的、委婉的。

·由全班同学评选“文雅、委婉”冠军。

这两个活动是比较“得体”有益的，它们不但体现了听、说能力上的要求，而且，还包含了一定的人文因素。“活动一”关注童心、心灵和个性，注意想象力的开发，主张真诚、自主和自由的表达，有意识地引导他们讲真话，有任何不同的意见都可以发表。在一定意义上也是对教师崇拜、教师权威观念的消解，使学生感受到言说的平等和自尊，培养学生独立思考、不盲从他人的思维品质。“活动二”关注人的言语涵养、气度和表达技巧，使学生不仅懂得可以畅所欲言，而且还懂得在对话交流中要尊重对方、理解他人的言说，在必要的时候，尽可能地把话说得优雅、婉转，以取得对方的接纳和配合，培养合作精神。这样的听、说活动，有利于健康的言语人格的养成。

实际上，听、说是一体的，读、写和说、写也是一体的，虽然似乎它们也可以拆分开来，分别学习，像上面的听、说活动的例子一样（在我们的教材中原来是“表达·交流”综合实践整体中的一部分，为了说明的方便，把它们抽了出来），然而，实际上几者是密合无间、浑然一体的，是一个有机体。在语文教学中，作为一个整体的言语智能的存在，对人的言语生命的激活和调动就是立体的、全方位的，言语生命的体验就会变得丰富多彩。人的生命是一个整体，其机能也是整体的。如果将其中的某一种“能力”孤立起来教学，效果就差很多，难以培养某一种“能力”。因为它们原本就是相互依存的。

五　比较还原法：细读深究言语之美

现在的阅读教学，师生的主要精力都是放在文本字面义的解读上，或是作一些与主流意识形态保持高度统一的政治学、社会学解读，极少进入到审美分析、微观深层语义分析、现象学和言语生命创造的层面。孙绍振先生的“比较还原法”为阅读教学法开辟了一条新路。

在语文教学中，比较，是一种行之有效、简单易行的方法。比较作为一种认知的普遍方法，黑格尔曾对这一种重要的认识能力作如是观：假如一个人他能见出当下显而易见之异，譬如能区别一支笔与一个骆驼，则我们不会说这个有什么了不起的聪明。同样另一方面，一个人能够比较两个近似的东西，如橡树与槐树，抑或寺院与教堂，而知其相似，我们也不能说他有很高的比较能力。我们所要求的，是要看出异中之同，或同中之异。在教育学意义上，比较法（comparative education）是这样解释的：根据一定的标准对某类教育现象在不同情况下的不同表现进行比较的研究方法。适用于比较法的事物必须是：（1）两种以上的事物；（2）有共同的比较基础；（3）有不同的特性。常见的方法有：纵向比较、横向比较、同类比较、相异比较、定性比较和定量比较等。步骤是：（1）明确比较的主题；（2）提出比较的标准；（3）解释比较的内容；（4）做出比较的结论。其作用主要有：（1）可以克服教育科学研究过程中的狭隘性，把所研究的事物纳入广阔的背景之中，从而更好地揭示教育的普遍规律；（2）可以帮助获得新的发现和发明；（3）可以更进一步认识某种教育现象的特点。[①] 在语文教学领域中，这种方法的倡导者是鲁迅先生。

鲁迅主张不但要“多看大作家的作品”，还要看“那同一作品的未定稿本”：“凡是已有定评的大作家，他的作品，全部就说明着‘应该怎样写’。只是读者很不容易看出，也就不能领悟。因为在学习者一方面，是必须知道了‘不应该那么写’，这才会明白原来‘应该这么写’的。”[②] “应该这么写”，必须从大作家们的已完成了的作品中去领会，“不应该那么写”，最好是从同一作品的未定稿本去学习。此外，“新闻上的记事，拙劣的小说，那事件，是也有可以写成一部文艺作品的，不过那记事，那小说，却并非文艺——这就是‘不应该这样写’的标本”。可见，从读中学写，除了广泛阅览外，具体还包括大作家的“成品”和“半成品”，“文艺”和“非文艺”这些不同形式的读物。鲁迅认为读这些“半成品”正如惠列赛耶夫所说：“在这里，简直好像艺术家在对我们用实物教授。恰如他指着每一行，直接对我们这样说——‘你看——哪，这是应该删去的。这要缩短，这要改作，因为不自然了。在这里，还得加些渲染，使形象更加显豁些。’”对此，鲁迅慨叹道：“这确是极有益处的学习法，而我们中国却偏偏缺少这样的教材。”[③]

将“不应该那么写”与“应该这么写”二者作参照比较，它们的区别不只是表面上的优劣，而是写作行为、写作思维水平和表现目的、形式上的差

---

① 参见顾明远主编：《教育大词典》（简编本），上海教育出版社 1999 年版，第 10～11 页。

② 鲁迅：《且介亭杂文二集·不应该那么写》，见《鲁迅全集》第六卷，人民文学出版社 1981 年版，第 311 页。

③ 鲁迅：《且介亭杂文二集·不应该那么写》，见《鲁迅全集》第六卷，人民文学出版社 1981 年版，第 311～312 页。

异。通过对写作的“半成品”和“成品”的比较，可由此领悟写作思维从成熟到不成熟的过程，揭示写作行为的奥秘；通过对“非文艺”与“文艺”作品的比较，可以领悟不同文体的写作在表现目的和特征上的异同，形成清晰的文体形式感。这两方面都是提高习作者言语悟性和能力所必需的。因此，在语文教材建设和教学中，鲁迅的阅读观所提倡的开放式的博览、从“不应该那么写”中去品悟“应该这么写”的参照鉴别式学习法，是值得重视的。这一方法果能实行，也许是语文教改的一大突破。

西方的解构批评的“互文性”理念，也为“比较法”提供了理论基础。“互文”解读的实质就是比较，就是读者在对大量相关诗文的阅读过程中，形成的解读经验、语感和对一些基本词语的理解，以此来观照目前的某一文本，便可以发现该文本和其他文本的相关性、互渗性，发现该文本中留下的其他文本的“印迹”或“印迹的印迹”，能在一个广泛的文本参照系中认识该文本的意义，这样，就有助于文本解读新意义的生成。

当代学者孙绍振先生对“比较还原法”做这样的阐释：

> A. 从最浅的层次上来说，就是作品“细读”。
>
> 美国的新批评流派的讲究，不研究作家的生平和思想，只讲究作品，我们自发地运用的基本上就是这个方法，但是人家那么做并不是十分完善的。加之我们对人家的优点也没有什么理解，有的甚至连新批评的细读都不知道。
>
> B. 从更高层次上来说，我们感到新批评也有个毛病，就是往往拘泥于文字的隐喻、含蓄之类的。归根到底，也只是把目光集中在人家已经写出来的东西上面，而没有注意到，文章的妙处，每每是文章省略了的、回避了的地方，应该把回避的和渲染的，弱化的和强化的结合起来，才能找到深刻的切入矛盾的起点。
>
> 在这二者中，特别是弱化的和回避的，是深刻理解文章的关键。
>
> C. 这不仅仅限于对作者在一篇文章中艺术手法的选择，为什么这样写不那样写，而且在于在一系列文章中，为什么在这一篇文章中这样写，而不是另外一篇文章的写法。不管是同一作者还是不同作者，都是很值得研究的。
>
> D. 这就要求教师有一种起码的讲究，就是科学的抽象能力，从操作来说，就是提高可比性，把本来不可比的，提高层次，成为可比的。最

基本的就是异中求同和同中求异的抽象能力。只有具备了这种能力，就是在相同的文章中发现其不同的东西，在不同的文章中发现了相同的东西，才能进入具体分析的境界。否则就只能在形象表面，甚至外面徘徊。

结论：有了这种能力，教师就有了主动性，就有了研究能力，没有这种能力，就没有主动性，也就没有研究能力。这就是对教师的素质的挑战，缺乏这样的素质就不能在阅读过程中，化被动的阅读为主动的阅读。①

孙先生不但对此做出了自己的新阐释，而且在教学研究和实践中情有独钟、身体力行。他将“比较分析法”的研究推向具体和深入，将比较法发展为比较与还原相结合的方法。他说：

抽象的理论是枯燥的，为了把问题说得清楚一点，以一个作品，来进行细胞形态的解剖。

就《背影》而言，我们采用了发展了的、有别于新批评的“细读”法：

1. 注意不写什么？弱化什么？省略什么？割舍什么？

2. “还原”：把未经作者加工的原生的现象想象出来和作者艺术加工过的作品加以比较，这和现象学的“还原”原则有一致之处，不是被动地接受文学形象的现成样子，而是想象把目前现成的观念或者解释“悬搁”起来，想象出、推导出来，在原初状态，它应该是个什么样子。

这样就可以提出问题，不是一般的问题而是创作论上的问题：

为什么不写人的正面而写背影？

如果回答，因为背影最突出，因为背影最为感人，这是同语反复。因为我要问的是为什么背影最为感人，而你说，因为它很感人，所以它就感人，这不但等于什么也没有说，而且还把对于思考的要求降低了。

从现象到现象的滑行，而且还很满足，就造成了麻木。

我们中学乃至大学老师往往就被这种表面的思想习惯所蒙蔽了。这是一种自我蒙蔽，舒舒服服地把自己思考的自由给剥夺了，一点点被强制的痛苦都没有。

用法国思想家福柯的话来说，就是现成的话语，它有一种力量，障蔽着我们创造性的思维。这种话语有一种权力的性质，让你在无意识里

---

① 孙绍振：《直谏中学语文教学》，南方日报出版社 2003 年版，第169 页。

受它的统治，所谓素质的提高就是要有意识地打破它的统治，恢复思想的创造力。用西方文论专家的语言来说，就是“去蔽”。

对于教学和研究来说，就是科学的抽象力，具体分析的能力，也就是原创性。

关于思考和研究的方法，至少有七点可讲：

A.《背影》没有写主人公的面容，没有强调言语和表情。

B. 光是有了这一点，还不够深刻，还要比较；关键在于寻求矛盾、差异。

矛盾差异不是自然地突出在你面前的，芜杂和混乱的现象把它掩盖了。

为什么纷乱，芜杂？因为没有联系，或者叫做无序。

为什么没有联系？因为，各自独立，没有在一点上统一起来。

没有联系的东西，如果在一点上统一了，就可以比较了。

C. 找到同一性，异中求同，就是一个人的抽象力的最起码的表现，有了抽象力就可以提高可比性。

可比性有两类：

D. 一是同类之比，最容易，如《荔枝蜜》，就可以拿来与秦良玉的“采得百花成蜜后，为谁辛苦为谁忙”来比。可是，可比性很少有现成的：写父亲的经典几乎没有。如果硬要比一比的话，可以拿罗中立的《父亲》油画来比。那是一张脸，布满了沧桑。这是两个完全不同的父亲，作者对父亲的感情也是不一样的。这种不一样就是个性，就是时代烙印，就是艺术品的生命。

同类之比，往往有现成的可比性，难度是比较小的。

E. 二是异类之比。

不同类的只要提高一个层次就可以比较了。

如《荔枝蜜》本来好像和《背影》是没有可比性的，但是把抽象的层次提高，把具体性的成分排除掉，就可以与《背影》相比：都是写无条件的奉献精神的。有了一点相通，就可以进入比较深入的分析：一个是写对社会无条件的奉献，一个是写对儿子的无条件的奉献。

不管多么不同，只要在一点上求得相通就可以比较了。世界上很少现成可比的东西，也没有绝对不可比的东西。

F. 科学的抽象，要跨越的第一个障碍是事物和感性的差异；感性是具体的，但是，它是表面的、肤浅的，因而要进入抽象的层次，抽象是看不见摸不着的，但是，它是深刻的。要从肤浅的层次进入深刻的层次，就是要把不同的、感性的东西舍弃掉，把共同的、抽象的东西概括出来。科学抽象的最起码的要求是从感性之异中求得理性的抽象之同。

比如，西瓜、飞机、书本，从感性上来说，是不同的，但从理性上来说，它是相同的，它们都是商品。从感性上来说，细菌、砂子、电视机，是相去甚远的，但是从抽象角度来说，它们都是物质，是属于同一范畴。

就文学作品来说，和《背影》现成相同的作品没有，就采取异中求同的办法。

但是，能不能从感性上不同的作品中，提出理性上共同的东西，这就是对于异中求同的能力和魄力的考验。比如，《背影》不同于冰心的《笑》，冰心就写了三种笑，三种不同的笑，但是同样写爱的价值，在写人的局部方面是相同的。还有一点，冰心写的是，孩子和妇女，母爱的温情。和朱自清所写的，在亲情上，在人与人之爱上，是相通的。

但是，这样的异中求同的层次是比较低的。

光指出这两篇文章有相同之处，并没有解决什么问题；还要在这个切入点上深入下去。

G. 这就进入到第二个，也就是更为高级的，同中求异的层次。

写笑比较容易成功，而写《背影》相对比较难。

为什么？因为这是抒情散文，通常是讲究诗意的，而诗意是讲究美化的。面容，笑是比较容易美化的，而背影却是不容易美化的。通常写母爱的文章多如牛毛，而写父爱的却异常罕见。朱先生的难度比较大。因而取得成功的程度、经典性也超过了《笑》。①

孙先生还比较了情感有无特征：

1. 父亲对儿子的深厚的情感的特点是：在开头不但得不到理解，反而被误解，觉得可笑。

这种方法，在章法上叫做欲扬先抑。这没有什么特别的创造。

---

① 孙绍振：《直谏中学语文教学》，南方日报出版社 2003 年版，第169～173 页。

杨朔的《荔枝蜜》，就是这样的写法。

这里的功夫，在于朱先生写得不做作，很从容，没有过分地强调和夸张。

2. 后来儿子被感动了，这就有了特点：

A. 被感动的原因不是像杨朔那样一种崇高伟大的精神，也没有刻意营造强烈的诗意。

B. 文章，虽然总体上说，也是抒情的，诗意的，但是关键的动作，导致儿子感动到自我谴责的，却是并不是那么崇高，至少不是那么美妙的动作。这些动作，很是笨拙，并不是很有必要的：为儿子去买橘子，可以更利索，而父亲的动作既没有更高的实用性，从表面上看，也没有诗意。

C. 所用的语言和手法，并不是诗意的描绘。不像在《荷塘月色》中（注意，这是在用异类相比的方法）那样，用了那么多的排比句法，那么多的美丽的比喻，还用了很复杂的诗意的技巧，比如：通感（光和影的旋律，像小提琴上奏出的名曲，花香像远处高楼上渺茫的歌声似的）。但是《背影》基本上是叙述，也许可以称之为“白描”。

D. 然而就是这些没有用处的动作，却使作者和读者感动了。

没有诗意的变成了很有诗意的，没有实用的价值，变成了很有情感（审美）价值的。

这从美学理论上说，就是审美价值和实用价值之间的错位，或者要有较高的审美价值，也就是艺术性，就得要让情感超越实用理性。

E. 更加重要的是：当作者被感动得流下了眼泪，父亲自己却没有感到自己有什么了不得之处。①

孙先生还将视野扩大到横向和纵向的比较：

在我们讲授的过程中，已经广泛地运用了比较的方法，如和《荷塘月色》的比较。二者都是追求诗情的，是异中求同的层次，同中求异的层次，则是指出《荷塘月色》是追求大自然环境的美化，对自我感情的美化：甚至连独处的孤独都是一种自由的美。

《背影》则是亲情的美化，不过表面上是某种程度上的“丑化”，然

① 孙绍振：《直谏中学语文教学》，南方日报出版社 2003 年版，第 173～174 页。

后过渡到相当程度上的美化和诗化。

这种比较的方法不仅仅适用于朱先生的作品，可以说是适用于一切文学作品。

用还原的方法包括历史的还原，进入了历史语境，就使本来没有联系的作品发生了联系，有了可比性。在同样的历史时期，当然有可比性，有的作品具有现成的可比性。如《桨声灯影里的秦淮河》和《荷塘月色》同样是没有直接的社会政治情绪，着重于个人情怀的，又都有一种对于异性的吸引力的拒斥，但又抑制不住的潜在的“骚动”。也有一些是没有现成的可比性的，如《背影》和朱先生早期的一些作品《梅雨潭的绿》之类。这就要提高抽象度，使其在更高的层次获得可比性。如两篇作品都抒情，但《背影》的最佳处在叙述而《梅雨潭的绿》则在排比的直接抒情。从时间上来说，是横向的比较。还有一种纵向的，也就是历史的比较。如朱先生早期的作品比较华彩，而到了晚年却力求朴素，把情感转向比较深沉的内涵了。这就提供了另一种境界，懂得多种境界及其发展转化，对于我们的写作和欣赏无疑提供了更开阔的天地，写作起来，就有了更多的选择。①

可以看出，孙先生的“比较还原法”是集各家之长，加以去粗取精、融会贯通而形成的一家之言。这里有黑格尔的辩证法、同异法，康德的审美判断和审美分析法，俄国形式主义追求文学性的陌生法，欧美新批评的细读法，现象学美学的还原法、悬置法，解构批评的互文法，读者反应批评的“易美”与“难美”区分法，精神分析批评的动力法，等等。孙先生举重若轻，提出了“现成可比性”和“（创作）过程还原法”这一对语文教育学观念，将其熔于一炉，发展出自己的由表及里、由浅入深的解读模式和分析路径，使这些理论更加贴近文本解读的“技术操作”层面，具有很强的应用性。

孙先生主编的北师大版实验教材初中《语文》阅读部分的设计，较好体现了他的比较与还原相结合的教学方法：

教材构想

精读、略读、“比较·探究”一以贯之，尤其突出丰富多样的比较

① 孙绍振：《直谏中学语文教学》，南方日报出版社2003年版，第174页。

设计。

1. 比较贯穿始终。

①各册各单元都突出比较的设计，都以较多篇的“比较·探究”文与少而精的主读课文作为比较的重点。

②阅读练习设计乃至“词句品味·积累”、写作、口语、语言趣谈中都均有横向和纵向的比较。

2. 比较形式多样。

①从初步的同中求异，发展为异中求同，到哲学的分析。

②有内容的比较，有写法的比较，有人物的比较，有语言的比较。还有未定稿与定稿的比较，如“七上”《从百草园到三味书屋》的第二题练习。又还有文言文与现代文比较、英文原文与中文译文的比较，如“七下”样书第一单元的阅读练习及词句品味中就有此比较。

③有初级比较，亦即同类比较，主要在初中前期，如前述“七上”第一单元的三篇关爱孩子的比较和两篇鲁迅作品的比较，亦即明确提供共同点的比较。有深入比较，亦即异类比较，主要在后期，如“九下”样书中比较《我的叔叔于勒》和《孔乙己》中“我”的叙述者的作用。有宏观比较，也有微观比较，如“七上”第二单元《山行》的练习，第三题属于前者，第二题的“生处”与“深处”的比较属于后者。

3. 比较设计，注意可操作性，设计的问题都较具体，尽量注意切入角度的明确。为学生提供一个“抓手”，使比较不但不致落空，而且力求由比较进入分析。

4. 比较一以贯之，并不停留于比较。在比较提出问题的基础上，进入分析以后，还有精读、略读、探究及其他多种分析方法的运用。特别是：

①主读课文首先是独立的精读、传统的精读，都有三或四道题，从内容到形式提出问题，刺激思考，推动分析。

②探究阅读事实上也是一以贯之，在主读文、比较文中均有，各册各单元中均有。比较本身就是一种特殊的探究，比较不过是为探究提供一种切入的方式。比较一般发生于两个作品之间，对于单一性的经典文本，为使比较得以进行，本教材在练习与思考中，还潜藏着一种“还原”的方法，从经典文本中“还原”出未经艺术加工的原生形态，从审美价

值中还原出实用价值，对二者进行比较，在分析差异的基础上，促进独立思考。这种方法只限于在提供思考题时运用，不出现在教材之中。但是，在教材中，将有理论性的阐释。

③比较文，尤其是带*号的比较文，往往仅从某一方面出题，实际上是一种参照，同时也是一种略读设计。

以下是八年级（上）第二单元选文的编排：

第二单元　生之机趣

主读

日　历　冯骥才

蚂　蚁　南帆

比较·探究

每天诞生一次　周涛

列宁格勒的树　李好

辛劳的蚂蚁　马克·吐温

　　附：蚂蚁与蚂蚱

走向虫子　刘亮程

开放性阅读

蜘蛛　哥尔斯密

猫的天堂　左拉

“表达·交流”综合实践　感受之美

语言趣谈　圣人也是“虫”

下面是该单元“比较·探究”课文后的“阅读练习·探究”题：

一、《每天诞生一次》和《日历》对“生命”的感悟一样吗？如果以《列宁格勒的树》为材料，你会如何接着写《每天诞生一次》或《日历》吗？试动笔写写看。

二、下面的说法与通常的说法有什么不同？你同意作者的看法吗？

1. “明天”乃是人生中最富魅力的字眼儿。生命的定义就是拥有明天。它不像“未来”那么过于遥远与空洞。(《日历》)

2. 敢笑骂不足奇，敢哭才是真性情，伟男子。(《每天诞生一次》)

三、《辛劳的蚂蚁》说：“最近科学家们发现，蚂蚁并不为冬季储存什么食物。这一发现，在某种程度上把它从褒扬的文字中排除出去。”

《伊索寓言》就是讲勤劳的蚂蚁储备冬粮的（见附录）。作者明知寓言不可当真，为什么还说蚂蚁是一个骗子？

四、《蚂蚁》中的“我”看穿了蚂蚁，《走向虫子》中的“我”猜不透蚂蚁，为什么两文读来都有趣？

由课文的编排，可以看出在一个基本主题“生之机趣”下不同个性风格的选文，错落有致地构成一个有机整体。选文间可以互相参照比较，有现成的可比性。这种比较是有层次的、多方位的，都是讲生命的机趣，有写人生的，有写昆虫的；同样写人生，《日历》和《每天诞生一次》的感悟既相同又相异；同样讲昆虫，几篇写蚂蚁的同中有异，写蚂蚁的与写蜘蛛的之间则异中有同。还有介于二者之间的《列宁格勒的树》，表现了人与植物、自然界的关系。这一精心编撰的结构，能使学生借助比较，较容易地感悟到人的情感的丰富性和多样性。这些文章之所以有差异，主要不是写的客体对象的不同、感官感知到的物象的不同，而是作者情感特征上存在着差异，影响到了他们的感知和对感知印象的选择。认识到这一点很重要，要懂得表现的多样性是由于主体和客体的矛盾性造成的，就是要将文章还原到认知和写作过程中去，将客体对象和表现内容加以比较。如上面练习的第二题，就是将作者对“日历”和“每天”的感悟还原到“通常的说法”中进行比较，看看二者有什么不同，从中认识作者与众不同的情感特征。第三题“作者明知寓言不可当真，为什么还说蚂蚁是一个骗子？”则是将情感逻辑、象征逻辑还原到事实真实的逻辑中加以比较，辨析情感逻辑的审美特征。

比较与还原的方法，都是试图从言语现象中窥视人的言语生命体验和认知加工的奥秘，也可以说是将“有”还原到“无”，领悟从“无”到“有”、“无”中生“有”的言语创造的心理过程。这同时也是学生的言语生命的建构过程。在教学中，如果不能从言语现象进入到作者的内心世界，进入到另一个言语生命鲜活的肌体中，体察其脉息的搏动、细胞的分裂、骨骼的发育，感悟言语作品是如何孕育和生长的，而只停留在言语表层意义的僵化解读，哪怕你也能透过言语表层意义，开掘出你所谓的象征意蕴，这种解读依然是没有生命热度的。如果感知到的只是苍白的语言，不是有生命体温的言语和创造出有生命的言语的那个言语生命的存在，这对学生是没有多少益处的。

优秀的作品都是活的生命体。一篇作品就是一个生命，是由一个言语生命孕育出来的“儿女”，由同样的基因复制出来的。言语生命动力学的还原，就是要还原到言语生命体中，破译它的遗传密码，感悟文字背后的一个独特的言语生命存在，从中汲取言语生命的智慧和能量，以滋养、激活自身的言语生命。这样的认知，不同于现象学的还原。现象学的还原是还原到“本文”，撇去与“本文”无关的因素，使读者只与文字现象遭遇。言语生命动力学的还原正相反，是将言语现象还原到言语创制过程，破获言语表现的奥秘，不断地走进文本的纵深，努力去探索、发现以至于创造新的意义和价值；还原到言语作品的母体中，去感悟一个优秀的言语生命的脉动，在与其对话和沟通中，建立起默契和联系，在能量互换中增强自身言语生命的造血功能，从而得以蓬勃生长。

六　题型教学法：游戏和创造精神的飚举

在写作教学法方面，不少教师注意到了情境和活动的设计，注意到了写作兴趣的激发，这是一个进步。真正关注在教学情境的设置中飚举游戏和创造精神，使精神性、创造性和操作性熔于一炉，是上海大学写作教师们的教改实验。

1994 年，于成鲲、李白坚等的《题型写作教程》① 出版了，我曾在我的《中国现代写作教育史》② 的“代前言”中写下这样一段话：

> 这半个多世纪就在“读读写写”中耗去，一些游兵散勇在写作教学法方面的改革，似乎都不成气候。然而，历史总是在不断地积淀和生成，不久前，上海大学的“题型”教学法如石破天惊般地给沉寂的写作教坛又带来一派生机。
>
> 于成鲲、李白坚等人创造的“题型”教学法，在每一课堂教学的“题型”设计中，都体现了对创造、激情和生动活泼的追求。在他们编的《题型写作教程》中，找不到关于“题型”教学法的定义，但是从他们对每一次课的奇思妙构中，都能心悦诚服地感觉到“写作课教学确乎成了一种技术操作的艺术处理；成了课堂环节的实践，心理体验的工场，艺术生成的园地。每一次的有序循环、引导，每一次的带有工序性的、实

① 语文出版社 1994 年版。

② 福建人民出版社 1997 年版。

验性的尝试，都将带领学生步入一种新的前所未有的写作天地，而每一个境界的达成，也就是从思维到文字的转化机制的进一步掌握和更新”。他们将情景教学、论辩教学、游戏教学、模拟教学等熔为一炉，最大限度地调动学生的参与，激发他们的写作热情，力求创造一种活跃、和谐、生机盎然的教学气氛。在每一次课内，一般都有读、有写、有讨论、有评议，理趣兼顾，动静结合。他们将几乎所有的最新潮的写作教育观念和写作教学的实践经验，全都装进“题型”教学法的试管中，作一次世纪性的写作教学法的实验。

尤其可喜的是，李白坚先生没有停止探索，还将他的教法改革从大学延伸到中小学，亲自到中小学给学生上写作课，获得了师生们的肯定与好评。他将其教育思想、教法和教学实践，编成《快乐作文——教与学》、《走向素质教育》、《快乐大作文》（小学）、《趣味大作文》（初中）、《创新大作文》（高中）、《大作文——写作教学的新观念和新方法》（教师用书）等，对我国写作教改产生了广泛影响。

2004年，李白坚、丁迪蒙主编的《大学题型写作训练规程》[①] 出版了，为题型教法改革添上了浓重而又绚丽的一笔。在《大学题型写作训练规程》中是这样阐释的：“题型写作教学法”是一种采用预先设计好的系统的“训练规程”，使已经掌握了一定文字写作规律的学生在各种开阔思维、活跃气氛的“训练规程”诱导、感染、刺激下，激奋情绪、产生兴趣、丰富想象、启发潜力，进而拓展创造性思维能力，完善思维到文字转化机制的写作教学方法。李先生对“题型”和“题目”作了以下区别：

（一）“题目”是单个的，“题型”是复合的。普通作文课上的“题目”基本是单一的形式。学生根据教师所出的“题目”在规定的范围内作单纯的构思和写作。“题型”往往有一个完整的事例，它的思维方向是多维的，它的题材选择是多面的。

（二）“题目”以写作为目的，“题型”要顾及写作前的思维和其他问题。“题型写作教学法”注重学生在写作过程中的主体地位，重视学生的兴趣、态度、选择、独立思考等因素的培养，使学生得到比较充分的个性发展。“题型写作教学法”把学生看成是具有高度潜能的人才和高倍能量的“弹簧”，将最

---

① 上海大学出版社2004年版。

大限度地挖掘学生的潜能，逐级加大对学生的压力，以期增加“弹簧”的反弹力。“题型”写作的许多“训练规程”都是建筑在对当代学生的巨大的潜能和知识迁移的理论基础上的。“训练规程”相信学生具有运用已经掌握的知识推知新知识的能力，尊重和鼓励学生自身涌现出来的独创精神，并尽可能地在写作前对学生进行这种思维的诱导和催发。一个作文题目，往往只负责一个单纯的课堂作文过程。“题型”则不然，在很多的情况下，“题型”不但负责作文的过程，还会构成写作前的头脑风暴（Brain Storming），在极短的时间内，给学生一种快速创意的煎逼。

（三）“题目”要求写完整的文章，“题型”要求完成某一写作元素。作文“题目”要求完成的是一篇完整的文字，有头有尾，起承转合，给人一个完整的形象和印象。“题型”有时就不一样，因为“题型”在本质上是一种训练规程，经常采用的是一种单元素的练习。因此，“题型”经常只选取思维或写作中的某一个元素，某一个侧面或某一个要点来进行训练，用以达到沟通思维和文字的目的。学生在进行这一训练的时候，并不去考虑什么主题，也不要求表现什么中心思想。这里似乎真的是在“为艺术而艺术”，因为它所要达到的目的不在表现“思想”，而是在训练“思维”、训练文字。

（四）“题目”以一个学生为对象，“题型”以多人合作为形式。教师布置的写作题目，一般来说，总是以个人为单位来完成的，“题型”则不然。由于“题型”有丰富得多的内容和层次，有复杂得多的调度和目的，有的时候，某一个“题型”，必须由几个学生共同来完成，这就无形中加强了学生之间协同能力和合作能力的培养，而这两种能力或者说素质，正是21世纪科学研究的优秀品质。

（五）“题目”的写作内容依靠生活积累，“题型”则往往要依靠课堂的现场活动。在一般的写作课上，当作文题目布置下去以后，学生要做的工作几乎就是通过个人的写作，把文章完成了结。“题型”却不同，有的时候“题型”会给课堂安排一种全体学生共同进行的生动有趣的活动，课程将以先活动后作文或者先作文后活动的程序进行。这样一来，写作课就不是单纯的写作实践，而是一种带有策划、组织、协调及具有一定的时间和空间范围的大型的立体活动了，如开“模拟新闻发布会”的“题型”、“辩论会”的“题型”、“对话表演”的“题型”等。以上的“题型”，如果没有学生的课前策划、教师的课间辅导和学生全面的参与和助兴，几乎是不可能做好的。

（六）议论文的“题目”只是给以论题，“题型”将培养参与议论的全面素质。议论文教学的根本是在于激起学生的论辩热情和论辩需求。课堂教学中，关键是要创造一种论辩环境，激起一种论辩激情。而要激起学生的论辩热情，没有比辩论会更好的办法了。因此，在议论文教学的“题型”中，有不少是激发学生思维和激情的辩论会。

在辩论会“题型”的诱导下，学生要在正反论题的反复交锋中思、听、说、读、写、动，几乎把论题反反复复咀嚼了好几回。无论是对论题的理解还是对论据的掌握还是对例子的熟悉，都能够达到比较高的程度。直到最后，也许还要站到对方的立场“违心地”写一篇驳论，这样就更把议论的整个思维过程都顾及了。

（七）“题目”让学生静下去，“题型”让学生动起来。如果说，“题目”似乎只在于对学生的写作能力进行检查、审查、检验、考核、袭击、突击和考验的话，那么“题型”却是要让学生在全面的写作知识的训练和写作过程的实践当中尽可能地“自己教育自己”，领悟写作的诀窍和感受写作的魅力。和“题目”相比较，“题型”要温和得多、友爱得多、和蔼得多。如果说“题目”经常是板着面孔训人，那么，“题型”则绝对地富有人情味。如果说，“题目”一旦公布出来，全班学生就会立即安静下来，冥思苦想、搜索枯肠的话，那么，“题型”一旦布置下去，全班学生就会立即行动起来，细心切磋、努力参与，投身到生活的感受和领略中去。

“题型写作教学法”的三个特点：

（一）“题型写作教学法”中包含有一整套精心设计的系统的“训练规程”。

第一，以“题型”为表现形态的“训练规程”，训练大于理论，训练先于理论。

第二，以“题型”为表现形态的“训练规程”，是一个完整的训练系统，要使学生达到某一个写作水平，必须全面地完成这个“训练规程”系列。

（二）“题型写作教学法”带有极大的游戏性质。

游戏对于课堂教学来说，具有全新的教育意义。趣味是最好的老师，当我们将科学的、趣味的、系统的游戏引入课堂写作教学中，或者说将丰富复杂的教学内容蒙上游戏的色彩时，即使是艰涩、枯燥的内容，也将具有诱人的色彩。而在课堂上设置具有游戏色彩的活动并不难，它往往取决于以下几个方面。

1. 只要将活动设计成具有竞赛的意味，游戏的性质就出现了。

2. 只要将活动设计成具有模拟的意味，变换学生的角色，游戏的性质也会出现。

3. 只要带有表演意味的活动，就会产生游戏的感觉。

4. 一些违反常规的活动，也很容易使学生产生强烈的游戏感受。

（三）“题型写作教学法”具有可操作性和适应性。

此外，值得注意的还有“题型写作教学法”中的“套餐”训练。

在“题型写作教学法”的“训练规程”中，有不少需要学生参与策划、组织、布置的大型训练活动。这种活动，综合了各种文体的写作，具有极大的游戏性质。在规定的时间里，学生不但要动笔、动口，还要进行一定的组织、协同和合作。此外，还要进行表演、辩论、采访等。这种训练，乃取其他各类“题型”训练之长加以组合提炼而成，这就是所谓的“题型”“套餐”。

这种“题型”“套餐”，使原本单纯划一的写作课变成了一种熔策划、创意、调查、辩论、表演、游戏、写作为一炉的多角度、多元化的综合性“训练规程”，使写作课发生了极大的变动，大受学生的欢迎。

在“套餐”式的“题型”训练中，学生将具有更大的发挥创造性的可能。这是因为“套餐”式的“题型”训练，只有大约的原则，没有确定的规矩，不论教师还是学生，都可以根据这些大致的原则，创造出各式各样生动活泼、有深度、有趣味的写作活动来。这正如一个有着广泛内涵的剧本，不同的导演，不同的剧团，可以表演出不同的色彩和风格。

下面是“新闻发布会”的“套餐”，可以一窥“题型训练规程”实例：

教学提要：

这是一个完全交由学生策划主持的课堂“套餐”训练题型。在这个题型中，要训练学生策划能力，协同合作能力，采访写作能力，以及进行各种文体的综合操练。过程比较复杂，大约要一个星期的准备。但是形式新颖，课堂活泼，学生能够得到极大的锻炼。

训练题型：

在一个星期前，教师应该物色四个学生，面授机宜。让他们对以下训练题型进行策划与准备：

第一，准备在下个星期全班开个“新闻发布会”，需要“新闻发布官员”三人，会议主持人一人（即上述学生），在特定的时间向全班同学——“来自世界各地的记者们”发布一条“重要新闻”。

第二，新闻的内容以科技新发明或者新发现为好。如：

“SI”公司发明的一种“人人可抽，有益无害，可治高血压、冠心病、神经衰弱、咳嗽多痰等症的亿贝路香烟”即将投放市场。

“FA”公司发明的一种“既五颜六色又可以是无颜无色的、你喜爱什么颜色就能呈现什么颜色的、透气不沾水的新型衣料”即将投放市场。

“YL”公司宣布他们已经试制成功了“SARS”疫苗，人们再也不用害怕“非典”危害人类健康。

某某同学有一张新的流行歌曲专辑出版，等等。

也可以请参加策划的学生自己提出选题。

上述学生在课前应该适当布置会场，让前来上课的同学有新奇感和新鲜感。如在教室黑板大字写上“YL公司新闻发布会”等。

课堂操作程序：

（1）上课铃响后，由“主持人”宣布今天课堂的“新闻发布会”进行程序：

首先，某某、某某、某某先生将在本课堂举行一个“新闻发布会”发布新闻，而在座的学生都以外国记者的身份出现；

其次，在新闻发布之后，立刻进行“答记者问”活动。“外国记者”进行提问，由“新闻发布官员”进行回答。“外国记者”提问时，应先“自报家门”，比如：“本人是美联社的记者史密斯……”等等。

（2）“答记者问”的活动大约进行15分钟。策划人应当适当专门布置一些“外国记者”在“答记者问”时提出问题，以免冷场；在进行“答记者问”时，在座的“外国记者”就应该抢写各种消息。

（3）“新闻发布会”结束后，即由“主持人”宣布消息竞赛开始，此刻写完消息的“外国记者”——各位学生，即可上黑板演示。视条件而定，可3到5人一批。一批写完，即刻由“评论家”进行评论。

（4）消息竞赛结束，责成全班同学：

以“新闻发布会”“记者”的身份写该“新闻发布会”的评论一篇；

以“基础写作课”学生的身份写本课通讯一篇；

以“新闻发布会”“记者”的身份写该“新闻发布会”的通讯一篇；

以写作课学生的身份写本课评论一篇。

(5) 在本班另选四人为本题型的“评论家”。同学们的消息、通讯、评论、专访完成后，即刻送交“评论家”当堂审阅，当堂评论。“评论家”坐教室前面讲台的位置，可不参加以上的写作。

(6) 在本班另选四人专门写人物专访，他们应该同样完成“新闻发布会”消息一篇，并采访“记者”身份的同学或采访学生身份的同学，写人物专访一篇。

开始上课时，教师可以先把一些要点告诉学生，然后请出“主持人”。

由“主持人”宣布“新闻发布会”开始。

主持人宣布“新闻官员”入场。

“新闻官员”发布新闻。

“各国记者”提问……

“新闻官员”作答……

“新闻发布会”结束。

消息竞赛开始……

消息竞赛完毕，全班进行通讯、评论的写作。

在学生伏案时，被分配写人物专访的同学可伺机采访。此刻，已完成评论或通讯的同学可将文章交“评论家”。

“评论家”评论通讯及评论稿。

本题型教学时间为两或三节课，课间不休息。

授课参考：

经验表明，这类情境教学的方法能为每个学生都提供表现自己的机会，从而大大提高学生的学习积极性。

在此要注意的是：

“记者”会因为新闻的逻辑性与“新闻官员”发生你来我往的争执，这样一来就不像是“新闻发布会”而成了“辩论会”了。所以“主持人”在开始的时候就应该宣布“新闻发布会”的纪律：每位“记者”原则上只能提出一个问题。

另外，本训练题型应该放在课程的后期，最好在全班同学比较熟悉的情况之下进行。要防止没有“记者”提问从而冷场的情况，所以“主持人”在“新闻发布会”之前最好能够“串通”几个平时比较活跃的同学，让他们准备提出问题。①

从以上对“题型写作教学法”大致说明中，可以看出该教学法虽然是一种“训练规程”的形式，有点模式化倾向，但是，显然它和我们在前面所批评的“模式程序”训练有着质的差异。较好地实现了“无”和“有”的教学的相辅相成。这种差异主要表现在这几个方面：

1. 强调兴趣和游戏。这和我们“无”的精神是一致的。在题型教学法中最引人注目的是它对游戏的垂青，这种“游戏”性的活动，贯穿了小学、中学和大学的写作教学。也许在任何学科的教学中，都不能像写作教学那样需要游戏和游戏精神。写作学习，尤其在中小学，是十分需要兴趣和趣味的诱惑的；更重要的是，由游戏中获得的远不止于兴趣和趣味，它同时也在不知不觉中培养了学生健康的精神人格。“题型写作教学法”运用游戏于教学的探索是较为成功的，李先生总结的“游戏意味”发生的“机制”，并将“游戏意味”有意识地体现在“训练规程”中，这就使我强烈抨击的规程性的、僵硬的写作训练，变得较为软化、人性化、人文化。

李先生将写作教学变成了“游戏”，这是十分罕见的，也是颇受质疑的。因为，人们一般认为，游戏，只属于孩子，幼儿园或小学的儿童“玩玩”就罢了，中学生或大学生还“玩”，就有点荒唐了。然而，可贵的恰恰是李先生注意到的不是“游戏”的表面形式，而是它的“游戏性”的教育功能。他细心研究了课堂教学何以产生“游戏性”及其独特的教学效果，同时将“游戏性”的教育功能，拓展到写作教学的不同的阶段。我认为，这一研究，不但对写作教学极有助益，而且，对其他科目的教学同样也有适用性，在基础教育课改中有着极大的应用前景。

2. 注重学生的参与性。“题型写作教学法”虽然有一定的训练预设，但是，由于它具有游戏的性质，所以不论教师还是学生，在“训练规程”中都还有自己的创造空间。不但需要学生配合完成各项工作，还要学生参与策划、组织和布置活动的细节。可以说，在不少题型中，尤其是一些成功的“套餐”设计中，没有学生的积极参与，就无法运作。学生参与的程度，决定了课堂教学的效果。这些别出心裁的“套餐”的“游戏性”，是吸引学生参与的法宝，使学生不由自主地被吸引，“陷入”其中不能自拔。有了兴趣，就有了动

---

①　李白坚、丁迪蒙主编：《大学题型写作训练规程》，上海大学出版社 2004 年版，第 83～85 页。

力，就有了主体性和言语潜能的高度发挥。这样，便能化被动为主动，学生成了学习的主人。写作教学活动，既是师生合作完成的，又锻炼了学生的自我规划、自我组织的能力。这是一般的模式程序教学所忽视的。然而，培养学生的主体性、参与性又是至关重要的。

3. 学生有较大的想象空间。在所设计的题型中，不少深具想象力，同时，也唤起了学生想象力的呼应。如“本班新闻联播”“电视广告”“招生简章”“长篇小说”和“学术著作”“经济预测报告”“征稿启事”“虚拟信件”等“套餐”，题型设计就很有想象力，要圆满完成这些活动，需要学生付出同样的想象力。在“无”的教学语境中，言语想象力的体现和培养，是备受关注的。这些题型，恰恰在开发学生言语想象力上大有裨益。这和一般所谓的写作能力训练有很大的区别，能力训练大多是“死”题，而题型“套餐”是“活”题。例如，“长篇小说”和“学术著作”的套餐，要求学生出选题，写“著作”：（1）假设全班每个同学都是“作家”或“学者”。（2）要求每个“作家”或“学者”必须提出一本书籍的“选题”，或者提出一本待出版的“著作”的题目，“选题”没有固定的要求……（3）提出“选题”后，想象这个“选题”如果真要写成一本 20 万字左右的“著作”，该有哪些内容？然后必须为这本还不存在的著作写一篇 250 字左右的“内容提要”。（4）“内容提要”完成后，再请我们的“作家”或“学者”朋友们为这本不存在的“著作”写不少于五个“章”的“章”目，还要在每个“章”的下面再写不少于三“节”的“节”目……（5）每个同学的“内容提要”和“章”“节”目录都写好后，交给教师，教师再将它们打乱后分发给所有同学，让每个同学都拿到一份其他人写的“内容提要”和“章”“节”目录。（6）设想现在同学们都变成了“出版社”的“编辑”，而每位“编辑”都收到了薄薄的“几十万字”的“书稿”一份。（7）让这些假设的“编辑”们对这部“书稿”提出一定的修改意见，写一封“退改信”（编辑写给著作者的、针对著作者的书稿提出修改意见以便正式出版的信件）。信末也要虚构一个出版社社名并签上自己的真实姓名。（8）如果时间充裕，还可以将“退改信”再发给原“著作者”阅读并提出自己的看法和意见。——这里几乎每一个环节的活动都是假的。学生明明不是作家或学者，没有写过任何的“著作”的经验，却要为一本莫须有的书写内容提要及章、节的目录，然后摇身一变，又成了出版社的编辑，给别人的选题写退改信。这的确像是一个游戏，也正因此，这一题型套餐对学生产生了冲击力，使学生感到新鲜、刺激、兴奋和富有挑战性，极大地刺激了学生想象力的发挥，产生好好过把瘾的言语生命冲动，努力使自己像那么回事、像模像样地当一回作家、学者、编辑。这就把学生推进了想象的境地，使他们不由得不尽力地想象、快乐地想象。这样的营养“套餐”，能激发学生言语生命潜能，逼迫起他们强大的“反弹力”，努力使自己有出色的表现，其效果是可以预见的。

4. 有极强的仿真性。在题型“训练规程”中，很重要的一个特点就是虚拟了一个“真实”的写作情境，虚拟得逼真，使写作有了具体的动因、目的和对象。不但有假想的读者，而且连自己的作者身份也是假想的，自己一会儿是某种身份的作者，一会儿又成为某种身份的读者。学生自己假想的身份还因题型的不同而不断地改变着。这种身份的改变，使他们积累了丰富多彩的言语生命体验，这对于培养学生的写作主体意识和读者意识，是很有帮助的。尤其是在这里写作变成为一件“真实”的事情，而不仅仅是千篇一律、枯燥乏味的虚假的“训练”：学生感悟到真实的写作过程，与特定读者交流的精神激荡的过程，直接面对具有不同身份、不同需要的读者的反馈。这些，是以往的模式化写作训练不可能做到的。

当然，并不是说题型教学法就完美无缺了。作为一种“训练规程”，尽管它有较大的开放度，留有学生参与的空间，但是，它还是不可避免地与学生的个体需要和随机需要发生冲突。每一种的题型设计，不可能满足所有学生的需要。具有诗人气质的学生，可能就对“新闻联播”不感兴趣；在“新闻发布会”上，想当“主持人”的学生，却可能因为只能有一位“主持人”而这位“主持人”不是他，感到失望。同时，也不是所有的“题型”都像“长篇小说”和“学术著作”的套餐一样有创意、一样精彩、一样有较大的涵盖面，还需要不断地完善。正如编写者这十余年来所努力追求的那样，相信这条路会越走越宽，“题型”“套餐”会越来越精致“可口”。

我赞赏“题型写作教学法”，意义不在于请大家都来学习设计题型，从而使写作课成为单一化的“训练规程”实践课，而在于感受其中体现的游戏精神，和在逼真的写作情境中体验、感悟写作的教学理念。李白坚先生和他的同事所做的，无疑为我们打开了一扇窗子，使课堂变得清新而充满活力。在言语生命成长之路上，题型教学法小心翼翼地扶助、撑持着他们，让他们喜欢、爱上写作，使他们在课堂中获得写作的乐趣和信心，在未来的言语人生中能走得平稳、顺畅。

七　案例教学法：感性与理性的交互激活

当今，案例教学已成为写作教学的新宠。写作教学实践最不可或缺的是典型案例。

在写作教学中，各种“活”的教法可以作为前导，使教学有所凭依。教法的灵活运用，教学就有了较为丰富的容量和内涵。但是不论采用什么教法，都需要借助适当的案例。写作教学不能从抽象到抽象、从理论到理论，它一刻也不能离开具体的写作实例和写作情境。学生需要借助感性的资料来认识写作规律和道理，领悟并纠正写作中存在的种种问题。但是，案例教学，也不能纯粹靠案例，在教学过程中，也要借助一些理论知识作为中介，使感性与理性交互作用、相互推动，才能“悟”得快、“悟”得深。写作是靠“自悟得知”的，“悟”的入口，往往是具体的写作实例，是由感性的印象，逐步上升为知性的知识和理性的观念。

案例教学是“导悟”的一种有效方式，它的基本方法也是读、写（包括听、说）结合，最终指向表现。案例就是用来“读”的，从读中进行研究、自省，明“法”、效“法”、取“法”、用“法”，最终落在写上。所用的案例，经典文章固然需要，但是学生自己写的尤其不可缺少。因为，经典文章往往“太好”，离学生的写作实践较远，学生要悟到其中的奥秘难度较高，要效法也不易；而取学生自己写的文章，就离一般学生比较近，优点容易为大家所接受、借鉴，存在的问题大多是共通的，在讨论中自然会联想到自己写的，认识到自己类似的问题，避免犯同样的错误。学生的文章，需兼备正、反两类案例。学生通过正、反案例的比较参照，反复揣摩、深入讨论、举一反三，较易于获得自悟。有时候，不一定是正、反两类，而是兼采各种不同类型的案例。案例愈典型、多样，愈能激活学生的思维，学生感受就愈丰富，所“悟”到的写作方法和道理也就愈多。

例如，在学生的叙事抒情类写作中，普遍存在着感知粗糙、形象简陋的问题。针对这种现象，教师首先要意识到问题的症结在于感觉钝化、感知失察，阐明叙事抒情类文体写作对形象、细节的倚重，使学生明白本次案例教学要特别注意的“是什么”：

问题：表现笼统抽象。

一、不可感。左拉说的“视觉瘫痪症”。马斯洛说的“体验上的匮乏”。

二、形象简陋、单一，缺乏丰富性。

要求：用语言来造型——五官开放，一官统摄。

一、形象、可感。

二、立体地感知、表现。

三、尝试适当运用通感。

问题和要求明确了，也还需要在某些点上作理论的“探究”，这是一种思想的铺垫，以加深对写作现象的感知和理解。这对于学生来说是必要的（如果是对中小学生，需要转换出一些较为浅显的道理），因为他们原有的认知背景还不足以对案例做出准确的反应：

探究一：形象感

“隔”与“不隔”

白石写景之作，如“二十四桥仍在，波心荡、冷月无声。”“数峰清苦，商略黄昏雨。”“高树晚蝉，说西风消息。”虽格韵高绝，然如雾里看花，终隔一层。梅溪、梦窗诸家写景之病，皆在一“隔”字。北宋风流，渡江遂绝。抑真有运会存乎其间耶？①

（姜夔《扬州慢》全词：淮左名都，竹西佳处，解鞍少驻初程。过春风十里，尽荠麦青青。自胡马窥江去后，废池乔木，犹厌言兵。渐黄昏，清角吹寒，都在空城。　杜郎俊赏，算而今、重到须惊。纵豆蔻词工，青楼梦好，难赋深情。二十四桥仍在，波心荡，冷月无声。念桥边红药，年年知为谁生！）

问“隔”与“不隔”之别，曰：陶、谢之诗不隔，延年则稍隔矣；东坡之诗不隔，山谷则稍隔矣。“池塘生春草”“空梁落燕泥”等二句，妙处唯在不隔。词亦如是。即以一人一词论，如欧阳公《少年游》咏春草上半阕云：“阑干十二独凭春，晴碧远连云。千里万里，二月三月，行色苦愁人。”语语都在眼前，便是不隔；至云“谢家池上，江淹浦畔”，

---

① 姚柯夫编：《〈人间词话〉及评论汇编》，书目文献出版社1983年版，第17页。

则隔矣。白石《翠楼吟》：“此地。宜有词仙，拥素云黄鹤，与君游戏。玉梯凝望久，叹芳草、萋萋千里。”便是不隔。至“酒祓清愁，花消英气”则隔矣。然南宋词虽不隔处，比之前人，自有深浅厚薄之别。①

探究二：通感

……我们的不同的感官可以给我们提供在质上绝对不同的印象。因此，我们靠视觉、听觉、嗅觉、味觉和触觉而体验到的属性会是绝对不同的。但是就在这里，这些差异也随着研究工作的进步而消失。嗅觉和味觉早已被认为是同源的、同属的感觉，它们所感知的属性即使不是同一的，也是同属的。视觉和听觉二者所感知的都是波动，触觉和视觉能很好地互相补充，以致我们往往根据某物的外形便足可以预先说出它在触觉上的性质。最后，接受所有这些不同的感性印象，对它们进行加工，从而把它们综合为一个整体的始终是同一个我，而提供这各种不同印象的同样也是同一个物，这些印象表现为这个物的共同的属性，从而有助于我们认识它。②

有了理论的铺垫之后，加之以经典范文的“读”，可让学生讨论、谈心得，可以令学生联系以往读过的类似的诗文，进行领悟品评，作“互文”式的比较观照，加深对“五官开放”“通感”的感性或理性的认识：

例文：

寒轻市上山烟碧，日满楼前江雾黄——视觉的异态（杜甫：《十二月一日三首》之二）

天阶夜色凉如水——视觉通触觉（杜牧：《秋夕》）

红杏枝头春意闹——视觉通听觉（宋祁：《玉楼春》）

最后总要落实在学生的作品上，提供学生作品，请大家对反例、正例进行参照比较。文章的优劣，最好由学生进行讨论，由学生自己得出结论。可以有不同的观点，鼓励畅所欲言，自由地发表意见，以至进行争论，不一定都要统一认识，教师也不一定都要作总结。这就进入到了开放的案例教学情境。

---

① 姚柯夫编：《〈人间词话〉及评论汇编》，书目文献出版社 1983 年版，第 17～18 页。

② ［德］恩格斯：《自然辩证法》，见《马克思恩格斯选集》第四卷，人民出版社 1995 年版，第 340 页。

五官开放反例[1]：

父　亲

日历换上新的一本了，证明一年的时间又过去了。接下来等待我的是高考。黑色六月，也许不算黑色，而是光明的六月，因为它是通向大学的唯一出口，不是吗？

还剩不到五个月的时间，似乎还在徘徊犹豫，一些不大不小的事困扰着我的心：学业无长进，年段前十名进不了，就像中国男足要进入世界杯那么难。与老爸打冷战，不知如何处理好我们的隔阂，使我们父女感情稳定一点。想到他的吝啬，他缺乏家庭责任心，他的自私与粗鲁的言语，就让我心寒。多少次在梦里当面顶撞他，控诉他的种种不是，而每次醒来都觉得可笑甚至是悲哀，为什么我们不能像其他父女一样相处得其乐融融呢？

另一方面，他曾对我好，我发烧时他用酒精帮我擦身，带我去广州看眼睛，每次放假回家都问我想吃什么，然后去买菜做饭（尽管他做的饭菜一般都不好吃），还经常骑辆破旧的老爷车风里雨里地送我去车站……那时我才感受到温暖的父爱，也在那一瞬间我忘记了过去责怪他的种种不是。

当我看到他为了应酬，陪人家喝完酒后在厕所里大吐；当我坐在自行车的后座上，看他弓着腰，挡住前面的风，风把他的衣服吹鼓得像个气球似的，他忽然咳嗽了几下，但仍使尽全身力气踩着脚踏板前进……我忽然理解了，想明白了，也许他真的没那个能力做个尽职尽责的、能为家里挡风遮雨的好父亲，但他已经尽力在做了，不是吗？

（父亲的形象较简陋，尤其是第二段，细节不足，无法构成视觉冲击。）

五官开放、通感正例：

山里人家

黄文娟

夜里，我悄悄地问婆：“婆，为什么不出去镇上住？”有雨光透过窗子，**薄薄的黑暗**中，婆说：“老了，不出去了，和你公守这破屋吧。”**声**

---

[1] 以下引文来自福建师范大学文学院学生作业和作品。

音簇簇的，像雨在竹叶上唱歌。

那边床上的阿公醒了，摸索着扣了衣襟开门出去，凉凉的**夹着甜味的风**灌了进来。雨停了，门外紫红紫红的天色中可以看见一溜乌亮的山的影子。“这就去么?”婆问：“嗯，你再睡一会儿吧。”“记得带点豆腐和带鱼回来。”“嗯。”阿公拉上了门，把手上锈了的铁环照旧“咣当咣当”地响。

我站在高高的木梨树下，花落了，雪白的扑腾了一地。

我听见婆在屋里舀水的声音，竹筒子磕在铁锅上，闷闷地吭了一声。灶塘里的火开始“噼噼啪啪”地燃起来，我叫道：“婆，要不要把鸡从笼子里放出来?”“啊？好。”婆回答道。

我放好鸡回来，坐在灶塘前，拿木棍拨了拨火。火旺旺的，映了我和婆两张脸红通通的。“婆，阿和伯一家也搬出去了啊?”“嗯，春上搬的。”婆拿了竹刷子，刷着锅，抬头应了一句，木墙上晃着婆髻子的影子。“那不就只剩下我们一家了吗?”婆没有说话，把竹刷挂回低低的木梁上，用围裙擦了擦下手，抬头望了下窗外。

窗外是山，远远的，可以看见一棵树伶仃的剪影，我知道是那棵苦榛树，树下，葬着我的祖辈们。

水在门后头汩汩地流着，我懒洋洋地坐在青石板上，看太阳给稻田一把一把地抹上金色。**风，轻得像山雀落在杜鹃花的枝头**。我扭头望了望溪边窄窄的小路。那抹土黄的尽头，有一顶动的竹笠，笠子下隐隐地可以看见白的豆腐和灰的鱼。

“阿公——”我**脆脆地喊着，像一朵梨花从枝上怦然抖落**。

（如浮雕般的刻画，感觉立体呈现，相互融通，可看、可听、可触、可嗅、可品，形象栩栩如生，黑体部分为通感。）

“隔”：

期　　待

鲜花刚从枝叶上飘落
晕红的笑靥泛出鬼魅的色彩
是你的声音告诉我
这是真实的故事

把你的微笑蕴在我的胸怀
时刻欣赏　　时刻把玩
像一朵鲜花　　很美
却无法久藏
你能把诺言兑现吗
当花已枯萎　　芳香不再
你是否能郑重地告诉我
朦胧的爱常在
告诉你吧
我一直在寻找
你游移眼神专注的期待

（以鲜花飘落、枯萎，喻指爱意不再的意象较为陈旧，形象单一，表达的情感较直白，没特点。）

“不隔”：

诗经里的女子

张嘉泉

诗经里健壮的女子
陶罐一般的女子
在山谷里跳跃
太阳照亮你浑圆浑圆的乳房
就像月亮纯朴的脸庞
坐在山谷晒太阳
诗经里的女子晒太阳
鲜花从你脚尖
一路开到天边
青了又绿绿了又青的山谷呀
诗经里跳跃的女子

（形象丰满，清新明媚，呼之欲出。）

“隔”与“不隔”之间：

父亲的唢呐

张嘉泉

吹起了苍凉的一生
吹响了
吹响了一个个号啕大哭的记忆
枯藤一样的父亲
手指在音孔上起落
如浮沉的命运在颠沛
面对沉默的大山
父亲吹了三十年的唢呐
当往事沿时间之河纷纷溃逃
父亲的唢呐终于裂了
裂成骨架一样躺在地上
里面尽是蚀空的岁月
父亲说
那唢呐
爷爷年轻的时候吹过

（唢呐和父亲的人生交融，听觉和视觉形象鲜明，但欠含蓄和丰厚。）

上述有四个层次的交流：存在的问题和对策，理论探究，经典例文分析讨论，学生作品正例与反例比较分析和讨论。由于落在案例上，一般学生都可以达成初步的自悟。接下来的就是请他们进行一次叙事抒情类文体的写作练习，完成后，部分学生的作品提交班级全体同学讨论，教师参与讨论，看看这些作品是否符合“五官开放，一官统摄”和通感要求。通过“后写作”的反馈和反思，以加深自悟。在这个过程中，显然是多种教法错杂、交互为用。在中小学写作教学中，理论的内容可弱化，具体的案例则是不可缺少的，尤其是反例，对促成学生的自悟，其作用可能比正例还要大。这些案例，要以学生自己写的为主，因为，来自学生的案例，不论是正例还是反例，针对性都较强，其中的优点和缺点，也许就是他们文章中存在的优点和缺点，学生读来就感到亲近，他们会下意识地“对号入座”，把自己写的文章、自己的写作构思等，放进去比较和思考，这样便较为容易悟到写作规律。因此，教师平时对典型案例的搜集至关重要，案例是最有说服力的，来自学生自己的案例是最有针对性的。有些学生，理论可能不懂，接受难度较大，案例则不会不懂，或多或少总有自己的感觉。

好的案例，是可比性强的、有启示性的。正、反案例具有可比性；论题相似，水平、角度、方法不同的案例也具有可比性。案例是在优化组合中产生出整体效能的，如下面三篇文章：某中学生的《美在青年中》、余心言的《青春是美丽的》、钱理群的《青春是可怕的》，孤立起来看，学生可能没什么感觉，一旦构成一组，让学生比照着读，仔细地品读、讨论，请他们辨析其中的异同点，他们就一定会有所领悟，发现其中带规律性的东西。

美在青年中

某中学生

美，谁不爱美。马克思有句至理名言：人类也依照美的规律来造型。人在自然界和现实社会中发现了美，认识了美的规律，不仅把美带进自己的生活，而且也用自己的劳动和智慧创造美。那么美在哪里呢？

蜜蜂说美在花粉里，孔雀说美在开屏时的羽毛中，园丁说美在花丛中，少女说美在红颜中，而我们则说：“美在青年中。”

是的，作为青年中的一员，我心中也爆发出同样的呼声“美在青年中”。青年是祖国的希望、祖国建设的生力军，每个时代都有青年人美的赞歌：是谁在祖国生死存亡的关头走上街头，罢市罢课，给灾难深重的母亲带来希望和生机；是谁在人妖颠倒的年代，喊出“欲悲闻鬼叫，我哭豺狼笑”的诗句；是谁放弃留在城市工作的机会，天下为家；是谁第一次冲破禁锢使祖国散发出春天的气息；是谁跳下粪池为抢救老人而英勇献身，谱写了一曲新时代的雷锋之歌；是谁华山抢险救群众；是谁在奥运会上打破零的纪录为祖国赢得了荣誉；又是谁像一支巨大的伞撑在祖国上空、保护着祖国人民的安全。历史和事实会高声地回答你：“是青年！是青年！”

在我们新一代中处处有雷锋的精神。大学生张华的事迹就充分证实了这一点。当然青年学雷锋是有过一些曲折，但这正如黄河九曲汹涌澎湃一泻千里，终于奔向大海。即使那些曾经感到生活之路越走越窄的青年朋友，经过一番思考也认识到雷锋精神的美。记得保尔说过：“在为实现人类最大幸福的斗争中，要做一名永不掉队的战士，这就是最光荣的任务和最崇高的职责。”当年的保尔是这样说的，我们的青年也是这样做的。在今天，我们从刘伟岸、钟华、刘京生、曹雁、崔跃等身上看到了雷锋的行动和保尔的思想，特别是女排精神使我们看到青年一代感人至深的赤子之心和追求人生价值的内在美，可以说这些事迹是他们美的升华。

新一代的大学生也给了我们一曲美的赞歌。一名上海交通大学的毕业生，毕业后欣然到边疆工作，他说：“边疆条件差，然而正由于艰苦才更是需要我们，艰难困苦，玉汝于成。”这就是当代大学生为祖国贡献一切的赤子之心，是美的真实写照。在改革之后，我们的大学生首先抛弃了服务行业低下的传统观念，他们走上街头，为大众服务，在社会中开阔眼界，了解人生的真谛，这也是他们的内在美。

再来看看我们新一代最可爱的人，是由于他们当中有我的同学的缘故吧，一听到解放军这个名字，心中便有说不出的赞美之情。在边疆坚守的年青一代，为了祖国的安全，人民能过上美的生活，有的献出了美好的青春和生命，是他们维护了美。

这是一颗颗纯洁的心放射出来的美，它给人以力量，给人以鼓舞，给人以温暖。华丽的衣着，漂亮的面孔虽然讨人喜欢，但内在美更令人欣慰自豪。正如巴尔扎克说的“一个美的雕塑如果缺乏内在美，它就使人想起尸体来”。

爱美是青年的基本特征。青年对美的需要更加强烈。他们刚刚走向生活，充满对未来美好憧憬和向往，对人生的无限希望，推动他们热切追求在刚展示在自己面前的生活画卷上，满缀美的花朵。他们刚刚告别从属于父母的地位，开始作为一个独立自主的人，日益增强的自尊心和生活的青春期，促使他们去爱美，而且对物质和精神有较多的美的要求。即使在过去的日子里被剥夺享受美的权利的杨白劳，还是给喜儿买了二尺红头绳，这不正是证明了人们对美的追求，对美的东西的向往吗？今天的青年一代在创造大量财富的同时，要求享受美的愿望和权利，岂不是理所当然的吗？这就是“美”的花朵在青年中争相开放的原因。

我们今天的祖国大地上，充满了生机，因为它正孕育着这一代全面发展的青年人。在祖国广阔的天地间，从东北到西南，亲耳听到，亲眼看到的是青年一代美的鲜花。我认为20世纪80年代的青年们不断把“私”字遗忘了，这是青年人心中绚丽的花朵。我们说人类不绝灭，青年心中的美也不会绝灭！

青春是美丽的①

——《莫让年华付水流》观后

余心言

青春是美丽的。

这是“老生常谈”。现在之所以还有必要谈，是因为有些人似乎以为青春不那么美丽了，甚至于有点丑陋。

你看：出口就是粗话，骂了自己的娘还不知道是在骂人；大模大样地坐在公共汽车上，看见老人也不懂得让一下！买东西不排队，只知道凭力气往前挤；动不动就拔拳相向，甚至还会动刀子；欺侮了人自己还觉得“神气”；除了流行歌曲，不懂得别的音乐；在剧场里又吃瓜子又说话，还会怪声叫好吹口哨。这些，难道能说不丑吗？

许多青年人，也觉得自己的青春不那么美好。升学难，就业难，找一个称心如意的工作更难；谈恋爱难，结婚难，住房更难。要想研究、发明、创造，反对不正之风，哪一件事不难？面对着一大堆困难，难怪人们要对青春的美丽打上几个“?”号。

“?”号可以打，更重要的却是找答案。感谢《莫让年华付水流》的编导陈光忠同志和摄制组的其他同志们。他们用自己的纪录片，对这一代青年的风貌作了忠实的纪录，对这一代青年的心灵作了可贵的探索。纪录片只着重拍了上海十来个普通青年成长的足迹，却令人信服地看到，尽管青年人的心上带着创伤，他们的青春仍旧充满着生气和活力；或者可以说，正是几经生活的磨砺，而越发显出光辉。青年人更可以从这里看到自己的同龄人或者是同时代的兄弟姐妹的命运。他们遇到的坎坷，也是其他的青年曾经遇到过、正在遇到，或者将要遇到的。他们所取得的成就，也是其他的青年所向往的。因此，他们的经验也就特别有用。可以设想，这样的纪录片，对于许多青年，将会比某些前人的史迹、虚

① 选自曹文趣等编著：《现代论说文选读》，浙江教育出版社1984年版。

构的故事，有更大的吸引力。虽然实际上这两者之间是不可以互相替代的。

1969年冬天，我在河南干校。两个居民点之间的人来往，都从麦田里穿过，走着走着麦田里就走出了一条路。我想，这么多麦苗被踩死了，多可惜！老农说不碍。果然，到了春天，麦苗返青，连同人们踩过地方都齐刷刷地长起来了。人们也不再走田里抄近路了。虽然以后还是免不了风吹雨打，虫咬病害，可是都阻止不住麦苗的生长。到收获的季节，在田间挥镰的时候，人们再也看不出那里是曾被践踏过的路。

看完《莫让年华付水流》，我又想起了干校的麦田。什么是青春的力量？这就是青春的力量。无论遇到什么样的曲折，只要有一点条件，就要向上，就要生长，就要创造自己的未来。青春的美丽就在这蓬勃的朝气之中。

毛泽东同志把青年比作“早晨八九点钟的太阳”。无论眼前是大雾迷茫，还是东方有浮云蔽日，太阳总是要上升的。

青春的美丽在于它向着未来。然而未来的具体情景却没有人能打包票。古代有个哲学家曾经因看到道路多歧而伤心哭泣。人生道路上的分歧给未来带来了不确定性。然而又不是不可把握的。一方面是外界的因素，一种力量把你往那边拉，引诱你，欺骗你，逼迫你；另一种力量把你往这边拉，爱护你，教育你，引导你。在每个人的内心也有两种力量在斗争。何去何从毕竟靠自己来抉择。无论是动物园的饲养员俞华昶，还是自幼双脚瘫痪、胳膊肌肉萎缩的朱连君；无论是被打成“现行反革命”还在研究太阳能的陈喜德，还是在纸糊的“琴键”上练指法的邵丹，所有取得成功的人，没有一个是选择了阻力最小的路。人生的价值在做出贡献，人生的乐趣在有所创造，而这一切又是和艰难困苦分不开的。抓住了这一点，他们就没有叹气的工夫了。

年华似水，它不停地向前流，一去不复返。怎样才能使它不随着流水白白消逝呢？一不靠叹息，二不靠埋怨，三不靠幻想。靠的只是自己抓。抓住了今天，你就抓住了生命，抓住了未来，你的青春就是美丽的，什么大水也冲不走它！

青春是可怕的[①]

钱理群

这是20世纪共和国历史上真实的一页——

1966年8月18日，史无前例的“文化大革命”刚刚开始，北京101中学的红卫兵从天安门游行归来，激情满怀地要干一番惊天动地的革命大事业！怎么干呢？斗坏人！于是，一群红卫兵狂叫着，把出身于旧军阀家庭，因画过裸体像，又因有“侮辱女同学”等罪名判过刑的老师陈宝坤揪了出来，从腰上解开牛皮武装带，劈头盖脸地抽了上去，打得半死之后，又将他扔进学校莲花喷泉池里。遍体鳞伤的陈老师在污泥中挣扎着，全校红卫兵与师生里三层外三层地围观着，一群十多岁的孩子围着池边狂喜地笑着，一边叫嚷着“造反有理”、“痛打落水狗”，一边扔着石块。就在陈老师拼命地躲避开水花，咬着牙抓住荷花池栏杆的刹那间，“通——”一块石头砸在他的身上，“通！”又一块石头重重地正好落在了他的腰部，他刚刚触到栏杆的手松开了，“通”——像一块大石头，一下扎到了水中，当他沉于水底时，水花息了。这正是下午4时14分（请永远记住这历史的一刻！），他死在围观的人群心满意足的目光下，死在一片欢乐的狂呼声中……

据说这是“第一个死在红卫兵手下的人”，当时把“八一八”这一天叫作“红卫兵的革命盛大节日”。今天回顾这段历史，却令人毛骨悚然：其震惊之处，正在于残酷的虐杀竟然是在青少年的狂欢之中完成。

我想起了米兰·昆德拉的一段名言——

> 青春是一个可怕的东西：它是由穿着高筒靴和化妆服的孩子在上面踩踏的一个舞台。他们在舞台上做作地说着他们记熟的话，说着他们的狂热地相信但又一知半解的话。历史也是一个可怕的东西：它经常为青春提供一个游乐场——年轻的尼禄，拿破仑，一大群狂热的孩子，他们假装的激情和幼稚的姿态会突然真的变成一个灾难的现实。
>
> 当我想到这一切时，我的一连串评价都出了差错。我对青

① 选自钱理群：《钱理群文选》，汕头大学出版社1999年版。

春产生了一种很深的仇恨，同时又夹杂着对历史罪人的一种自相矛盾的宽容，我突然之间把他们的罪恶仅仅看成是期待着长大的烦躁不安。(《玩笑》)

20世纪世界历史中独一无二的“创造”——中国的“文化大革命”正是历史为青春提供的“一个游乐场”：中国的红卫兵一知半解却狂热地相信人们教给他们的“革命雄心壮志”以及相应的“豪言壮语”，决心横扫牛鬼蛇神，把中国改造成纯而又纯的“革命圣地”，成为“世界革命”的基地与中心——他们把中国传统的浪漫主义乌托邦理想与“中华民族（文化）中心梦”发挥到了极致。然而，也正是这“一大群狂热的孩子”，他们既是真诚又是虚假的“激情和幼稚的姿态”，却真的“变成一个灾难的现实”，他们也同样把中国专制主义的残忍、嗜杀、灭绝人性，发挥到了极致。在这个意义上我们可以说，集“天使”与“恶魔”于一身：这就是中国的红色卫兵；“天堂”的梦与“地狱”之门并存，伊甸园与集中营同在，应该这样来把握与描述中国的“文化大革命”。

我们从来都是说“青春是美丽的”——这是作家巴金的名言，也是中国作家、现代知识分子的共同信念，甚至成为中国现代文学的基本主题。但是，现在，我们必须正视：“青春是可怕的”——连同所有与“青春”相联系的乌托邦幻想，一切非理性“抒情诗”都是导向“专制”的可能。正如昆德拉所说，“人世间凡属于上帝的一切也可以属于魔鬼”。

昆德拉的另一判断也同样发人深思：应把“青春”的“罪恶仅仅看成是期待着长大的烦躁不安”。——我们在20世纪中华民族身上，也同样发现了这种“青春期”的“烦躁不安”。上一世纪末，沉迷于中华中心梦的古老的中国一觉醒来，突然发现自己成了世界的婴儿，于是产生了“期待着长大”（赶上世界，潜意识中依然没有放弃“中华中心梦”）的焦躁。我们这个民族从“五四”时期就不断呼唤“青春”，这绝非偶然，它表现了中国现代民族蓬勃向上的精神，也显示了它的不成熟性；以至长期以来，我们一直视“青春”为历史的正题，而忽视了它的负面。在某种意义上，20世纪的中国历史舞台，不断为青春的表演提供“游乐场”，而最终演出了“文化大革命”那样的青春的专制暴力的大浩劫。20世纪的民族青春史，也就从正面转向了负面，这可以说是历史对我们民族不成熟的一个无情惩罚。

> 但受到惩罚的民族并不会自动走向成熟。如果我们仍然沉湎于青春期的狂梦与焦躁中，不敢正视青春的“可怕”，我们的灾难就不仅是长不大，“文化大革命”那样的疯狂还会以另一种形式莅临于我们的国土，那位 101 中学美术教师的阴魂就会继续追随我们每一个人——多做做这样的“噩梦”可能没有坏处。

三篇议论文同样是写“青春”，分别代表了三种议论文写作的观念，这就是选文（案例）的目的。一般学生在阅读后都能感觉出它们在写法上的某些差异，如作者的修养和思维方式的不同，但是，可能感觉是较为表面、片面的，有很多地方未必能看得出来。这就需要通过讨论，互相启发、补充，引导他们逐步悟到这些现象背后潜藏的写作观念与问题。

第一篇是中学生写的，是典型的“三要素”（论点、论据、论证）理论指导下的议论文。学生读起来一定特别熟悉，他们的议论文就是这么写的。这类文章完全符合“三要素”，首先，有“观点”，但基本上不是自己的观点，所用的是别人的陈旧的观点；其次，也有“论据”和“论证”，论据很多，论证似乎也很充分，但是，属于片面、抽象的“议论”，徒有议论之形式，而无议论之实质。论证方法以“例证法”为主，大量堆砌材料，不做任何分析。例文中片面强调青春的美丽和美好，对青春的丑陋却视而不见，是片面的观点加片面的材料、观点加例子的“绝对化”的议论。

该文的作者，在组织论据进行论证上，是颇费一番心思的。有事实的论据，也有理论的论据；有历史的材料，也有现实的材料；有概括的事例，也有具体的事例；既论证了青年内在美，又论证了外在美，所举事例比其他两篇都多，但是，文章并没有因此而生色，这是为什么？因为议论文并不以论据材料的多寡决定质量的高低，没有自己的发现、自己的见解，观点没有新意，就是“三要素”具备，也是徒劳。

这样随意的“论证”，就是属于连儿戏都不如的那种，读者是难以信服的。谁读了都会质疑道：难道青年真就这么美？美在青年中，丑不也在青年中？是不是只有青年才美，到了中老年就不美了？青年的美与儿童少年、中老年的美有什么不同？青年的美，我们知道的就甭说了，说点我们还不知道的吧！

从观点到材料都是现成的，这一类议论文可以归入“文字垃圾”之列。长期以来中学议论文教学，就是大批量生产这类“文字垃圾”的工场。这篇文章放在这一组文章中，学生通过比较，会悟到他们以往以为具备“三要素”的所谓优秀议论文，实际上是毫无思想、毫无价值、劳而无功的，从思想方法到具体行文都违背了基本的说理规律。

第二篇文章是“辩证思维”的代表。这是电影《莫让年华付水流》的观后感，作者说的也是“青春的美丽”，但是思维方法与前一篇完全不同。前一篇只选与文章论点相符合的材料，对与论点不一致的材料视而不见，而本文的作者不但不回避矛盾，反而有意将与自己的观点不一致的材料突出地揭示出来，从青春的丑陋和现实的困难切入，从而阐明了“青春的美丽”的特点：是一种能战胜困难、失败和丑陋的美，是一种充满生机和活力的美，是能战胜外界的诱惑和把握住自我的美，需要能踏踏实实地付出努力去奋斗……文章是辩证的、层层深入的。文章观点不新，但是有针对性，论点较为具体，将抽象的发展为较丰富、充实的，加强了文章说理性，是读者较能接受的。

学生读了这篇文章，自然会悟到两篇文章的思想方法的截然不同。他们会比较认同第二篇文章，因为第二篇文章讲的“青年”不单是一部分“好”青年，也包括了“坏”青年，是青年的全体；更重要的是作者不是泛泛而论“青春的美丽”，而是指出了这种“美”的特点，使自己对“青春美”有了较为具体、深刻的体认，初步知道了什么是全面、辩证的说理。

第三篇文章则有意回避“全面”，撇开尽人皆知的“青春的美丽”不谈，从青春的幼稚和狂热切入，一针见血地指出青春的不成熟和愚妄——可怕，进而深刻地探讨、总结民族的青春史——“文化大革命”浩劫的历史教训。作者不是不知道“青春是美丽的”，而是觉得没有必要“炒冷饭”，因为这是尽人皆知的。议论的生命就在于观点的创新，作者接受了米兰·昆德拉的“青春是可怕”的观点，但是没有停留在他人的观点上，而是将这一观点置于20世纪中国发生的那场“文化大革命”中进行思考，从而将思维的触角深入到对“民族青春史”的总结上，演绎出了自己的观点：“文化大革命”是“历史对我们民族不成熟的一个无情惩罚”。这一观点是震撼人心的。

学生读罢，也许会想：作者怎么居然就提出了这么“吓人”的观点：“青春是可怕的”，怎么会想到“民族青春史”，打死我也想不出来。出了一身冷汗后，也许会悟到议论文的立论，四平八稳的观点不一定就好，不如单刀直入、一针见血，“玩的就是心跳”。全面、辩证的文章，面面俱到，读多了也会使人觉得没劲：看了一面就知道另一面，读了前面就知道后面，不如也学着“练”深沉——可你“练”得了吗？

三篇文章体现的是三种水平的议论：简陋的片面，辩证的全面，深刻的片面。第一种水平不可取，有待于思想方法上的提高；第二种水平是合乎议论规范的，是值得效仿的，但是要注意避免因面面俱到导致“全面的平庸”；第三种水平，是一种超越式的“片面”，议论的敏锐、深刻、锋利，是需要通过加厚自己的学养和修养努力去追求的。学生读罢这三篇文章，细加品悟，结合自己的议论写作实践进行反思，或多或少都能从中受益。

这三类议论方式，体现了三种不同的言语生命状态。第一类是简陋、片面、绝对化的思维，没有自己的观点，有的只是人云亦云的剽窃和重复，一切都是逆来顺受，如法炮制，其言语生命是封闭、贫乏、委顿的，是无所作为的。以往的议论文教学，造就的大多就是这种碌碌无能之辈。第二类能较为客观理性地认识事物，善于对事物作全面、具体、实事求是地分析和评判，其结论一般较为平和、公允，观点不容易遭到质疑，其言语生命状态是积极、踊跃、从容不迫的，但这类人往往稳重有余、机敏不足。第三类务求超越两分法思维，立论新颖，力求有自己独到的发现，思想一定要比前人深刻、开阔，观点要一鸣惊人，“语不惊人死不休”，定要给读者以心灵的冲击和震撼，有时某些想法会使人觉得有点“偏”，有点不合时宜，难以接受，曲高和寡。他们的言语生命状态是奋发进击、特立独行的。这类人的观点常会引起争议，但是，只要是聪明的读者，会喜欢、折服于他们雄奇诡异的辩才。

写作教学可以什么法都没有，却不能没有精选出的好的案例。好的案例，有内在关联，具有“互文性”“互渗性”“互指性”，其本身就是“法”，这是一种“活法”，不是“死法”“呆法”，可以让学生一遍一遍地阅读、思考，他们会从中感受到一种乐趣，“桃李不言，下自成蹊”，他们会在比照的过程中心领神会、“自悟得之”。教师自己平时的阅读要存心找案例，找各种类型、不同功能的案例，有了得体、典型的案例，就给学生架好了通达自悟的“云梯”。

使用案例，不等于案例教学。在教学实践中，案例教学往往变成“例子教学”，这样，效果就大打折扣。对此，竹潜民先生作了如下区分：

（一）例子教学是先有权威性的结论，然后用例子证明它；而案例教学先通过对具体情况或具体事件的分析、思考，然后再做出答案，这样做有利于培养学生的独立实践能力，养成不依赖权威性结论的良好心理习惯。

（二）例子教学先有观点，再有材料；而案例教学是先有实践，然后选择针对性的理论来解决问题。如典型的MBA案例中先交代情况，说明事件的来龙去脉和背景材料，并对案例作初步分析，接着设有“工具箱”一栏，介绍一些重要的经营管理理论和方法，以此来解决实践中的问题。

（三）例子教学往往比较单纯，环境、背景相对“净化”，缺少实战气氛；而案例教学要求学生设身处地，锻炼在特定环境和条件下的实战能力，而这正是学生最缺乏和最需要的。……可以先预设10个、15个甚至更多的“已知条件”，让学生自己去判断并选择其中几个用得上的“已知条件”；另一方面，事物的发展也不仅仅只有一个结果，同一事件可能会朝各种不同的方向变化，案例教学就要求对同一问题提供不同的结果，然后从比较中选择最佳方案。

（四）例子教学以教师为主，课堂上观点加例子，全是教师在那里唱主角，学生只要将笔记记下来，记住观点和材料即是；而案例教学则以学生为主。在哈佛商学院，由教授布置案例的梗概后，先让学生预习，或分组讨论，然后在课堂上作激烈的讨论，教师只是主持讨论。学生要让自己的发言击中要害并引起教授的注意，必须要进行认真缜密的独立思考，要有自己的结论和方案。①

具体在写作教学中的运用，竹先生有三点建议：

（一）想方设法创造条件，让学生参加一些有实战气氛的写作活动，如写调查报告，采访人物，参与新闻发布会、现场会等，然后讨论如何写作，可以由学生提出多种方案，最终选择最佳方案。如果组织学生参加写作活动因工作量太大难以普遍实施，也可以组织学生讨论人们关注的新闻热点，写出面向现实的文章。

（二）改变例子教学中将答案和盘托出的方法，而是多讲环境、多讲条件、多讲背景，让学生在一定的氛围中自己理顺思路，寻找写作方案，最后写出有价值的文章。

（三）写作练习减少命题作文比例，选择更有实战气氛的命题方式。如介绍某一事件发展的全过程，要求学生在不同阶段写出不同需求的文章。同一件事，既可写成文件、总结、讲话稿，也可以写成信息、消息、调查报告、通讯，甚至写成文艺类作品。这种“一题多做”的写法，强调具体情况具体分析，要求学生体味其中的细微差别，对提高学生的思维和写作能力都很有

---

① 参见竹潜民主编：《应用写作案例实训教程》，浙江大学出版社2004年版，第3～5页。

好处。

竹潜民先生设计的《应用写作案例实训教程》，是很有使用价值和参考价值的。他的每一个案例写作练习单元，都由案例概况、案例分析、工具箱、参考原件、问题讨论、角色扮演等六个部分构成。案例概况，简要地说明某一文体的作用和功能，并提供一两个具体案例，其中有的是病例，有的是提供特定的情况请学生写作；案例分析，针对前面提供的案例和学生的习作，请大家进行评析，教师作总结；工具箱（可以有多个），为学生提供有针对性的、必备的理论知识，让他们将知识转化为能力，掌握正确的写法；参考原件，选择若干篇学生写得较好的文章加以点评；问题讨论，从点评的文章中提出问题进行深度的讨论，促进学生对该文体写作的理解；角色扮演，继续让学生扮演特定的角色，在虚拟情境中按要求撰写相关文章。相信这样的写作“实战”演练，比起空对空地讲写作知识或不着边际地随意命题写作，效果更好，对学生写作能力的提高，将大有助益。

显然，案例教学是一种倾向于“有”的教学，它最适用于应用写作教学。即便如此，对应用写作来说，也不是单靠案例教学就可以奏效的。言语动机和兴趣的激发，言语基本功的提高，长期的养护、习得仍是根本。它只能是“多元启悟”的一种形式，而不是全部。这一点是要引起注意的。

八 辩论教学：“表现-存在论”语文学优质平台

在语文课程涉及的各种说、写体式中，辩论，是最具真实感、最能激发学生言说动机的体式。其兼容性大，可大面积涵盖语文课程教育、教学的基本内容。在此基础上建构起的语文课程，可望摆脱长期以来“伪语文”教育之弊端。

辩论教学，既是学习一种言说能力，更是一种语文课程目标达成的优质平台。在中学阶段，若论语文课程目的的达成，辩论教学是可资借重的具有较大普适性的平台。在言语表现体式中，辩论，不但具有课程内容价值，而且具有较高的教学、教法价值。辩论教学的意义超越了培养辩论能力本身，其综合性高，辐射性强，可作为语文课程的一个基本载体。

辩论，一般人认为是一种“口语交际”体式。黎锦熙、胡适等先贤，则既关注辩论教学对“说”的应用能力的培养，也注意到其教法功能。尽管其不能摆脱培养一种实用的口头表达能力之窠臼，尚属较为简陋的对国语课程教学的感性认知，但能意识到这一点已然不易。在“表现-存在论”语文学语境下，我们清楚地认识到：辩论教学的功能不只是培养“说”的能力，更是培育全面语文素养，它是一种综合性的言语实践活动。对辩论教学的认知，在课程论、教学法层面，比以往有更强的理性自觉。

在中学语文教育中，辩论教学在相当程度上可承载、涵盖语文课程整体目的的实现。辩论，表面上是一种“说”的体式，实际上兼容了听、说、读、写等言语实践活动，并涉及人的言语动机、态度、价值观等精神内蕴。辩论教学的课程论、教学法价值，应给予充分开掘与重视。

（一）语文课程的重要内容：辩论活动与辩论教学

人类的辩论活动源远流长，对推动社会进步、文化发展作用重大。在我国，其源头可追溯到战国时期的“百家争鸣”，著名的齐国“稷下学宫”，荟萃儒家、道家、墨家、法家、名家、阴阳五行家、纵横家、兵家等各种学术流派，孟子、淳于髡、邹子、田骈、慎子、申子、尹文子、鲁连子、荀子等一大批著名学者在这里讲学、辩论，极大地促进了学术繁荣。其群星璀璨的阵容，不亚于今天任何一所高等学府。先秦时期的墨子、庄子、荀子、韩非子等，都有相当精彩的论辩理论、实践，是语文学、论辩学的源头。在古希腊、罗马，辩论也蔚为风气。在雅典教育的“三艺”或“七艺”中，“辩论术”都是其中的重要“一艺”。苏格拉底、柏拉图、亚里士多德等大师，都对“辩论”与“辩论术”情有独钟，苏格拉底、柏拉图的辩论体的“对话”，表现出无与伦比的言语智慧，令人叹为观止。亚里士多德则有了精湛的修辞学、辩论术理论。可以认为，辩论实践，孳乳、孕育了中西方先哲的思想，丰富了人文积淀。

由于辩论在社会实践应用中意义重大，因此，教学性辩论很早就成为学校教育的一个重要内容。美国辩论研究会的创建者奥斯丁·J·弗里莱这样描述“教学性辩论”的源起：

> 至少在4000年以前，文明的民族就开始了辩论活动。公元前2080年，埃及的王子们就在法老法庭上辩论农业政策。公元前1122到前255年，中国周朝的学者们则进行过重要的哲学辩论。而在大约公元前900年，荷马的英雄史诗《伊利亚特》和《奥德赛》中已包括了许多的讲演。

昆体良引用它们作为法律辩护和审议的例证，这些可以看作是辩论的雏形。亚里士多德的《辩术》一书奠定了争论和辩论的基础，甚至到今天它的影响仍在。

至少在2400年前，有“辩论之父”称号的学者普洛塔格拉（公元前481—前411年）在雅典指导了他的学生们的辩论。科拉克斯和狄西亚斯建立了辩术学校，这是最早的辩术学校之一，专门教学生们辩论，以便学生们在古代西西里法庭上能够为自己的案件作辩护。

辩论在古代的学府中盛行开来。到中世纪，辩论被列为七门大学文科中的一门。十五世纪初，牛津和剑桥的学生在剑桥大学进行了一场辩论，这或许是发生在以英语为母语的国家里的首次校际辩论。①

这一教学性辩论传统绵延至今。今天许多国家的各级各类学校，辩论（辩术）是一门重要的必修课程，辩论社团是学生积极参与的热门社团。教学性的辩论会、辩论赛，成为一种常规性的学生学习活动。这为他们淬炼思维、思想，提供了良好条件；为他们日后融入社会、从事工作，打下了良好的言辩、认知基础。

辩论在社会生活中运用范围十分广泛，可以视为“说”的“共能”性素养，是社会人的基本素养。现代社会辩论活动几乎无所不在：法庭辩论、政策辩论、竞选辩论、学术辩论……辩论，是一个合格公民参与社会活动的基本能力，也是一种社会义务。从某种意义上说，具有辩论能力的人，才算是对社会具有责任感的称职公民。辩论——每个人都有发表自己观点的权利，都能尊重、维护他人发表观点的权利，这是应有的言语德性；辩论，使各种观点得以宣示，分歧得以求同存异，是文明社会的重要标志。

如果“写”的最普遍、重要的体式，是论辩文，是论文；“说”的最普遍、重要的体式，非辩论莫属。既会写论文，且能言善辩，是知识人类理想的言语素养、人生状态，是托举人的自我实现的两翼。这两种说、写能力如能平衡发展最好，但多数人难臻两全其美境界；在某些人那儿，比如律师、教师、政治家、主持人等，“说”的能力不可或缺，对演说、辩论能力要求甚高。辩论似乎只是一部分人的职业需求，其实不然，能言善辩，虽然多数人不是作为职业的特殊需求，却也是各行各业所必需，是优秀人才之基本素养、

---

① ［美］AUSTIN J. FREELEY著，李建强，李书春，何美兰，郭爱竹译：《辩论与论辩》，河北大学出版社1996版，第22页。

普遍需求。

在社会生活中，不论是精英阶层还是普通市民阶层，对辩论在各领域中巨大的实践功能的关注度，表明了它在言语表现体式中的显赫地位，也决定了它在学校教育、语文教育中的特殊地位，它本应成为语文课程的一个重要内容与目标，然而，在我国学校教育、语文教育中，培育辩论以及其他“口语交际”体式素养的价值远未被认识到，从未受到应有的重视。在《普通高中语文课程标准（实验）》中只作轻描淡写的要求：“在讨论或辩论中积极主动地发言，恰当地应对和辩驳。”① 将规范、严谨、严肃的辩论活动，与非正式的随意的自由讨论这两种差别极大的口头交流形式相提并论，一语带过，可见对辩论的忽视程度。人教版高中语文教材，只是在必修四“表达交流”部分有一个极为简单的口语交际内容“辩论”，是将其作为“表达交流”五个方面内容之一，定位是培养最简单的辩论技能。即便如此，一般教师根本就不教，教的话，顶多安排一个课时敷衍了事。在当下语文教育中，辩论教学基本缺位，更不用说关注其课程、教法功能，将其作为语文课程教育、教学的优质平台。

在我国现代语文教育中，不论是作为语文课程内容的辩论活动，还是作为课程教学平台的辩论教学，从未受到重视，这是语文课程观念的莫大缺失。对辩论教学的忽视，与应试教育排斥“口语交际”教学有关，也与将辩论仅仅看作是一种普通的“口语交际”体式有关。须在培育“立言者”，培育人的言语“表现-存在”素养的课程论高度，对其给予重新审视与关注。

（二）语文课程矛盾与辩论教学的课程、教法功能

胡适先生是较早注意到辩论教学的课程、教法价值的。胡适说：“用演说，辩论，作国语的实用教授法。国语文既是一种活的文字，就应当用活的语言作活的教授法。演说，辩论……都是活的教授法，都能帮助国语教学的。”② 他提出中学生在中学前两年教完国语文，到了三、四年，则以演说、辩论课取代它。因为“演说和辩论都是国语与国语文的实习”，“凡能演说能辩论的人，没有不会做国语文的。做文章的第一个条件只是思想有条理有层

---

① 中华人民共和国教育部：《普通高中语文课程标准（实验）》，人民教育出版社 2003 年版，第 10 页。

② 胡适：《再论中学的国文教学》，见《胡适文存二集》卷四，上海亚东图书馆 1924 年版，第 250 页。

次。演说辩论最能帮助学生养成有条理系统的思想能力。”① 他提倡以演说、辩论为中学基本的教学内容，强调“用活的语言作活的教授法”，看重语文教学的生活化、实用化等，以辩论教学将国语（口语）、国语文（书面语）教学相互联络，可谓开辩论教学的课程论、教学法认知之先河；这一贡献给我们以重要的思想启迪，弥足赞佩，亟待传承与弘扬。

语文界前辈对辩论教学的课程、教法功能只是点到为止，缺乏必要的阐释、说理，因而没能引起普遍的关注——必须在理论上厘清辩论教学包含的语文课程内的“说”与“写”的矛盾关系，才能进而认识到辩论教学的课程、教法功能的巨大载荷。

辩论是“说”——“口语交际”的体式之一，在语文课程、教法上对辩论的重视，并不意味着对“表现-存在论”本体论——“写作本位”教学范式的否定，或是对作为“中心与龙头”的写作、论辩写作、论文写作等的削弱。在课程层面，以“表现-存在”、以“写作”为本位，与对辩论教学的重视，二者是并行不悖、相辅相成的。

指向“表现与存在”，“以写作为本位”的理念，主要是从课程本体论、教育范式层面，针对为培育“立言者”奠基这一言语信念、信仰上说的，是语文课程的本质追求、终极关怀。辩论教学是手段，是达成这一课程目的的平台。辩论教学对语文教育具有多重作用，它既是语文课程内容的一个重要组成部分，又具有重要的课程论、教学法意义。它在教学、教法上支撑、实现“表现-存在论”语文课程目的，为课程教育构建优质的实践平台。

从课程内容层面看，所培养的听、读、说、写能力，听、读是手段，说、写是目的，是矛盾的主要方面。从人类文化构成形态与发展进程看，在说、写矛盾中，写重于说。说的作用主要在当下，在实际应用；写的作用不但在当下，更在于未来；不但在应用，还在文化、精神建构。因此，在语文课程中，表现本位的说、写并重，要向写倾斜——指向“表现与存在”，其指向“写作”的本体论认知应贯彻始终。但是在语文课程的教学、教法层面，矛盾的主要方面发生了转化，原先在课程结构中相对次要的“说”的重要体式——辩论的教学，转化成一种重要的课程、教法形态，其终极目的没有改变，仍是指向“表现与存在”，指向写作。这一点需要认真辨析，不能抓住了

---

① 胡适：《中学国文的教授》，见《胡适文存》卷一，上海亚东图书馆1921年版，第312页。

辩论教学，忘记了它所承载的实现语文课程目的的使命。

语文课程的育人，是以培育“立言者”为终极目的，或者说，是为其打基础。以写作为核心与龙头，以培育写作素养，为基本教育、教学诉求。但不能不看到，达成这一目的的途径很多，如从阅读中学习写作也是一个重要途径。但是，在教学实践中，不可忽视的是，其集大成的优质教学形态是“说”——辩论。辩论，是一个极好的培育全面言语素养的互动、生成载体。

语文课程目的是为培养“立言者”奠基，“立言”的“共能”目标主要是论辩写作，准确地说，主要是论文、论著写作。追求成就“立言者”之目标，要会思考、研究，要有思想，而且会表达思想，这构成基本的课程教学内容。作为教学形态，在教学实践活动中，将听、读、说、写四者自然地交融、统合起来，培育“表现与存在”素养，以期获得最佳效能，可以借助辩论活动、辩论教学来达成。我们要牢固确立辩论是一种重要的语文课程内容，辩论教学是一种普遍的教学方法与形态的观念。从“表现-存在论”语文学角度说，辩论教学所能产生的综合、辐射效能，是其他言语体式教学、其他教法所难以替代、比拟的。

辩论教学之所以能产生综合、辐射效应，是因为辩论是口头表达体式中要求最高、素养内涵最丰富的体式。它不但集口头表达素养、智慧、能力之大成，而且，它也在相当程度上体现书面表达能力。表面上看，辩论的形态是“说”，但背后需要“读”“写”“听”能力的支持，是全面、综合的言语素养、实力的展示。因此，辩论教学具有极高的统摄性，它可以名正言顺地把语文课程方方面面内容纳入其中，使其得以均衡发展。

辩论所需的素养、能力，几乎全方位涵盖了语文课程内容。从智能素养上看，它涉及辩题价值的选择、判断，资料的搜集、梳理，这需要大量阅读；对“对手”的分析、研究，论点陈述、逻辑推演、反驳策略、总结陈词等，涉及文字稿的写作；辩论过程的口头表达、倾听辨析、随机应对，辩论后的自我反思、调整、完善——这一过程涵盖了听、读、说、写的方方面面，是选题力、集材力、想象力、思辨力、应变力、批判力、创造力、表达力、修改力、反思力等的综合呈现，将整个语文素养的培育尽收囊中，是对整个语文课程内容的呈现与托举。

在“表现-存在论”语文学课程语境中，凸显的是“写”，终极指向是论辩类写作、论文写作；作为“说”的体式之一的辩论，尽管是一个“配角”，但借力发挥，可收“彩云托月”之效。借助辩论这个优质平台，借助学生的积极参与辩论的热情，可根据课程目标、要求，拓展开来，链接相关的读、写活动，甚至可以“喧宾夺主”，将在辩论框架内，将读、写放在主要位置上。辩论教学有极大的随机容纳的弹性空间。

辩论教学与现有的“研究性学习”“综合性实践活动”等比较，可能效果更佳。“研究性学习”“综合性实践活动”等，往往只是教材、教学预设的“功课”形式，学生难以感到切身的必要，大多是被动完成，是不得不做的作业。辩论，即便是教学性辩论，也是真实的言语实践活动，辩论的论题、目的，辩论的主体、对象等，都是真实的。同学间唇枪舌剑的较量，符合青少年言语心理需求，与他们的求知欲、言语表现欲、自我成就欲等高度吻合。可以由学生自主选题，只要选题好，一触即发，一发而不可收。好胜之心，人皆有之，青少年尤甚，学生会为之着迷。从教学实际出发的符合学生现实需求的辩论教学，也许可以在一定程度上取代教材中的“研究性学习”“综合性实践活动”。

辩论教学蕴含着的教育、教学、教法潜能，取之不尽、用之不竭，亟待开发。

（三）辩论教学的课程、教法实践效能的统合机制

辩论活动的重要性及其魅力不言而喻，对各级学校，尤其是中学及中学以上的学生，极具吸引力。

从言语动力层面看，由于辩论本身有广泛的实用性，对提高思想力、表达力、社交力等极有助益，同时，在各种言语体式中，辩论最能直接呈现、展现人的思想、言语风采，显示其言语才情、风度、气质等，这势必能激起学生的学习、参与欲望。处于青春期的学生，朝气蓬勃，勇于挑战自我与他人，求知欲、表现欲、好胜心强，这些心理品质，都将在辩论中，得以充分激发、发挥、展示、提升。

辩论，凭借的不仅仅是口舌灵巧、思维机变，必然需要听、说、读、写水乳交融，阅历、学识、思考、表达四位一体。只要进入辩论情境，注重其中各个环节的要求，就必定会进入到“表现-存在本位”教学语境中；谁也不想成为辩论失败者，为了取胜，辩手定会自觉地提高、完善自我基本素养、言语素养。为获得辩论取胜应具备的素养，势必形成强烈的言语学习内驱力，由此产生的学习动机将衍发、辐射到语文课程全领域。

在言语表现的各类体式中，辩论的交互性、对抗性、探究性、竞争性是最强的，因此，对学生言说欲、表现欲、自我实现欲的激发，也最为强烈、高效。作为辩手参与辩论，极具刺激性、挑战性。直接面对对手、强手，即时交锋、激辩，力求压倒、战胜对方，充分表现自我，说服、征服听众，言语效果在现场得以迅速反馈等，是在其他语文实践活动中难以做到的。对于自尊心、竞争心极强的青少年学生来说，辩论所激起的言语学习、表现的冲动、激情，由此获得的言语自信心、自豪感，是特别强大的。辩论，最能让学生体验到话语、精神的力量。这一力量将驱动他们自觉自愿地投入到辩论紧张的准备与实施过程中，激励他们战胜困难，争取辩论的胜利。这是言语信念、意志力的培养，也是人的言语生命"存在"感的培养。

辩论以"求真"——以理服人为目的，学生在辩论活动中，要有勇气接受学养、思想、意志品质等方面的磨砺，这对言语素养、人格的陶冶、养育大有裨益。辩论，是一种良性竞争：需要与"对手"唇枪舌剑，也需要善于倾听，尊重"对手"；要懂得双方的言说权、人格是平等的，要真诚待人、善于倾听、言必有据、言之成理；言辞可以犀利、凶猛、幽默，但不可以讽刺、挖苦、嘲弄，更不能有侮辱性、诽谤性的话语。辩论不但要说服、征服对手，还要说服、征服听众，这就要求努力提高说理方法、技巧，要温柔敦厚、怨而不怒。因此，这是一种言语人格、性情、风度的修炼。辩论有助于陶铸良好的言语品格，培养民主意识、对话意识、尊重意识等。这是言语态度、精神的养育。

辩论过程涉及各种言语活动，是真实的言语生命活动。这在普通课堂教学虚拟性或仿真性的言语实践活动中，是难以做到的，因而弥足珍贵。学生在辩论情境下，处于言语、精神活动的鲜活状态中，感受言说、交流、对辩的真切历程。在与"对手"的言语交锋中，领略情感、思想、话语、智慧的力量，体会言语表达、创造的艰辛与愉悦。这不是从虚拟、强制的说、写情境，应付作业、考试的说、写活动，或其他言语体式的表达实践中，这可以获取到的言语、精神生命的真切体验。这是言语生命"表现"感、"存在"感的培养。

辩论的基础是学养，辩论将促使学生自觉地增益学养，去读书、思考。辩论表面上体现的是言语机智、敏捷，是辩才，其实质是学养、见识的比拼。缺乏学养、见识，徒有巧舌如簧，单靠拍脑袋、耍嘴皮，是不可能战胜对手，赢得听众认可的。学生通过辩论实践，无须教师说教，自己就会明白博学、明理的重要。“辩”然后知困，辩论会促使他们自发地去读书，思考、钻研学问。每一个新辩题，都是一个新领域、新挑战。要战胜对手，征服听众，需要厚实的学养、思想支撑，这会不断激起他们求知欲、阅读欲、探究欲，形成积极进取的学习态度与精神状态。

辩论是培育辩证思维、批判性思维的最佳途径。辩论是思想的表达与交锋，集中体现了“驳论”“证伪”意识，思想自由，批判、反思精神等。对批判性思维、思想创造力、精神生命力的成长，至关重要。辩论，最能体现论辩思维的“批判”本质。在辩论中，出发点是驳论、证伪，思维方式自然必须是批判性的。它的“倾听”，是“批判性倾听”。倾听的主要目的不是“接受”，而是“反驳”，是“挑错”。必须假定“对手”的论点、论据是错误的。凡“对手”说的，必定是“错”的（有问题的），要听出错在哪里，才“辩”得起来。同时，也必须假定自己的论点、论据是错误的（有漏洞的），努力去检讨、修正，才能预防、阻止“对方”的反驳、证伪。不论是“立论”或“驳论”，都需要批判性思维、批判性倾听能力，需要良好的想象力，需要思维的全面、严谨、深刻等，是今天议论文写作“论点”加“论据”的“三要素”的“证明”模式不可能做到的。通过长期的教学性辩论练习，将有效地养成批判性、反思性的辩证分析的思维品质。

辩论的现场交锋，很难完全靠事先的预测、预设，在对辩时，“对方”的辩词很可能是在自己意料之外，这是对想象力、应变力的挑战，因此，要始终保持高度的思想自由与思维活跃状态，能敏锐地抓住对方破绽、要害，迅速做出反应，进行反击。这培养的是思维的灵活性、敏捷性，体现的是言语机智、智慧。

辩论是一种集体的言语交流活动，需要相互间的合作、配合，同心协力才能战胜对手，这对于培养团队精神大有裨益。

辩论过后的回忆、反思、总结、提高，是一种自然的心理反应过程。无须外部强制性要求（教师只要因势利导，巧加点拨），不论辩论的输赢，都会使学生自觉或不自觉地去琢磨赢在哪里，输在哪里，都会去思考自己与对手在辩论中的利弊、得失，总结经验教训，扬长补短，以利再战。如果能把辩论的准备、场景、事件或感受、反思、领悟等写下来，选择应用各种体式来写：日记、杂感、新闻、通讯、报告文学、评论、总结、论文……写出来一定是言之有物的好文章；还可以进行小组或班级中的交流、讨论、演说、报告等，这就进入到语文学习联络互动、均衡发展的良性循环中，语文课程就充满了生机与活力。

辩论教学作为承载“表现-存在论”语文学课程目的的优质平台，效益多多。通过辩论培养的批判、辩证的思维方式，自然会迁移到阅读、写作、听说中，提高语文课程整体学习效能。批判、辩证的思维方式，是思想者、立言者必备的基本素养。如果以辩论教学承载语文课程教育、教学内容，将各种相关的教学目标、活动统摄其中，学生言语生命意识、言语动机、言语素养的培育，言语、精神生命的成长，言语智慧、能力的提升等，定会获得丰厚的收获。

本色的言语、精神生命是柔弱、粗粝的，要成就真正的思想者，成就言语人生、诗意人生，实现“立言者”之使命，须经由长期的读、写实践的打磨与重塑。

第六章 | 言语、精神生命的激活与重塑

语文素养就是写作素养。——为什么不是阅读素养？对此，《义务教育语文课程标准（2011 年版）》已有所回答：“写作能力是语文素养的综合体现”。这表明写作能力涵盖了所有语文素养，写作素养是语文素养的集中体现、最高呈现。它在相当程度上涵盖了读、听、说素养。严格说来，写作素养不仅是语文素养的综合体现，而且是“人的综合素养”的体现，即人的整体、全面素养的体现。因此，语文教育目标可设定为培育“写作素养”，其高标为“立言素养”。

以培育“写作素养”，带动整个语文素养以致人的素养的提高，是语文教学的使命。写作是一张巨网，把语文素养、人的素养一网打尽。这就是古人将“人”与“文”画等号，认为“文如其人”的原因所在。“文”的本意，就是花纹，即人的内在气质、修养等彰显于外的文才、文采。这一点不夸张：“文”，是“人”的综合素养的体现，不论你是否意识到，都会“形之于文”。人，决定了文，什么样的人，就有什么样的文。从某种意义上说，人的美好是文的美好，人的缺陷是文的缺陷。尽管二者不完全对等。

写作素养，包含先天因素与后天因素，非智力因素与智力因素等，语文教学无法一一涉及。这些不都具有可教性。如写作天赋、人生阅历、情绪记忆、个性气质等，就不可教。教学主要关涉到的是可教部分，主要是精神性、智能性的，包含五大素养：立言动机、价值观素养，知、情、意素养，文体素养，行为素养，创制力素养。简称、志、蕴、体、行、能。涉及隐含其中

的读、听、说对应的素养系统。在各系统下，可以分解出若干层次的子系统。在语文教材与教学中，要对这五大素养系统作统筹规划，统摄读、听、说素养的培育，形成一个由宏观到中观到微观的“表现-存在本位”的语文课程目标体系。培育“五大写作素养”，将重构语文课程、教学目标系统。

五大写作素养以动机素养为龙头。语文教学基本目的是“言语生命”的激活与重塑。语文教育，说到底就是“言语生命意识”的教育。让学生明白人的生命是“言语生命”比什么都重要。明白人是言语—写作动物，人类是因言语创造而存在，这就是“言语生命意识”。具有深刻的“言语生命意识”，便能焕发出无穷的写作创造力，因而可以称其为“第一生产力”。言语生命意识是写作的第一生产力。

写作动机的培育，在语文教学的任何时候都是首先需要关注的。学生要是缺乏言语学习动机，语文教学就无法顺利进行。没有什么比“不想学”对教学更具破坏性的。也没有什么比“想学”对教学更具建设性了。在语文教学语境中，“想学”，集中体现为“想写”。只要“想写”，写好是迟早的事。因此，语文教学应将激发“写作动机”放在首位。

言说欲、写作欲，固然是人的天性；言语生命，固然人皆生而有之，但是，激活、养护、重塑，依然不可或缺。否则，人的写作天性便可能自生自灭。在语文教学培养写作素养的总目标下，须秉持“动机优先”理念，以培育言语动机、言语生命意识为主线，贯彻于语文教学的方方面面。语文教学，说到底，就是对学生言语生命的激活、养护与重塑。

写作知情意素养，是写作主体精神建构的基本内容，是写作活动得以进行的基础。值得注意的是，这里所谓的知情意素养，不是一般意义上人的普适性的知情意素养，而是以言语、精神创造为目标的特殊的知情意素养。是能在写作中发挥作用的知情意素养。这样的知情意素养，是具有适配性、生产性、超越性的。是与特定的写作体式、写作行为、写作智能相匹配的，是主体不断增值、发展、优化的个性化的写作优质资源。

在良好的写作知情意素养基础上，才能得以建构写作体式感、行为感与创制力。写作体式感、行为感属于观念形态，写作创制力属于实践形态。

在写作创制力中，须以言语领悟力、想象力、创造力培养为本。在这“三力”中，以“想象力”为本。以此辐射、渗透到其他的各种具体写作技能中去。

以培育写作素养作为语文——阅读教学目标，不应以阅读学、文章学或语言学、文艺学为知识背景，建构“大杂烩”式的教材与教学的目标体系。应将这些知识整合进写作学，或称“表现-存在论”教学，以写作学为认知背景，以培育人的“立言”素养为目的，建构语文教材与教学的目标体系。

一　动机、价值观素养：以言语生命、德性教育为首务

语文课程目的是培育言语素养，语文素养实即言语素养。在言语五大素养——动机、价值观素养，知、情、意素养，体式素养，行为素养，创制力素养中，动机、价值观素养是首要的。因为“态度（动机、价值观）决定一切”。可以说，缺乏正确的言语动机、价值观，不知何所为而为，或认知错误，如片面追求应试、功利，相关素养的培育定会受影响，直接决定言语学习的成败。言语动机、价值观素养与知、情、意素养有交叉，但由于它是核心素养，属本体论、元认知范畴，故将其单列出来讨论，以示重视。

言语动机、价值观培育，是语文课程教育、教学内容的重心、主轴。其中“言语生命意识”是根本，是第一动力、第一生产力。语文教学应以动机、价值观教育为先——学生要明白为什么言说，有想学语文、写作的意愿，才有言语素养提高、发展的可能性。言说欲的唤醒、激活、引领，是语文教学的第一需要。

言语动机、价值观认知，是语文教育最高层面的“道”。其核心内容是言语生命意识、言语德性修养。在教学中应以此为首务。

语文教学须为学生言语活动寻找理由。其最根本的理由：人的生命特性是“言语”，人是写作的动物。这是人类言语行为发生的元动力。在诸多言语动机中，基于言语生命意识的存在性言语动机：我写故我在——认识到言语对人生、人类、世界的意义与价值，拥有人类情怀、终极关怀，是言语生命意识的高境界，这就是言语德性。言语德性，是语文价值观教育的终极目标。言语生命意识、言语德性教育，体现了语文学科人文教育的特殊内涵。

言语动机、价值观建构，其基本内容便是培育言语生命意识，提高言语德性修养：使学生明白“言语”是人的类特性，“写作”是人区别于其他动物的种差，人的生命堪称“言语生命”，言说欲、言语创造欲是人的言语——精神生命原欲。基于此，才能超越功利境界，具有以言语创造为人类谋福祉的

言语德性。言语生命意识，是言语行为的元动力。言语德性，体现了言语境界的高度。

人类文化精英的言语生命意识、言语德性，集中体现在以“立言”为宗旨，追求生命永在、思想永续、精神永恒。“立言不朽”的信念，驱引人类历尽艰辛建构精神家园。因此，语文教育当以培育“立言者”为使命，为学生树立精神高标；成就“立言者”，应成为师生共同的信念、信仰。“立言”动机，是语文课程的基本动力、价值指向。

在这一基本动力、价值定型下，言语动机、价值观素养教育的内涵极为丰富。

广义的言语动机、价值观，涉及言语主体的诸多动力因素，如言语潜能、天赋、兴趣、热爱、激情、意志、信念、理想、信仰等，涉及与一系列言语行为直接或间接相关的目的、情意、意愿、意图、追求等。涉及言语主体外部的动因，如家庭、学校、社会、时代等相关认知氛围、环境。还涉及某一具体的言语表达意愿萌动，发生的即时性、偶然性因素等。这些均应纳入语文教学内容范畴思考。

言语客体、载体、受体（读者），这些外部因素对主体言语动机的产生，也有相当大作用。言语客体刺激、载体诱发、受体反馈，都可能导致言语动机的萌生或强化。生活阅历、书本阅读，这些来自客体的感受、积淀，在某些契机下，会自然而然地使人产生言说欲、表现欲。读者的存在，是言语表现的强大动因。读者的肯定、褒奖，是主体成就感、存在感的最大来源。甚至连载体——体式美感也包含着动机因子，都会激起人的审美创造欲。

言语动机、价值观素养教育，就是建立在如此丰富的内外因素之上。在所有内外动力因素中，主体内部动机的建构自然是最重要的。在言语动机教育中，现实、现世关怀，即便是功利性的应试动机，也不可或缺。因为这也是生活、人生的一部分。人需要谋生，想找好工作，想过好日子，无可厚非。这就是杜威所谓的“面包教育”，属于“生活教育”题内之义。马斯洛将人的生理需求、生存，视为“基本需要”，也表明这是正当需求。

对应试动机要作具体分析。其中有功利性的，也有超功利性的。应试只是手段，关键在目的。应试目的可以是物质的或精神的，也可以二者兼而有之。封建时代的科举制，不但造就了为了功名利禄的昏官、贪官，也造就了为黎民百姓、国家社稷鞠躬尽瘁、死而后已的好官、清官。因此，教师要有正确的动机、目的意识，要对症下药，善于引导。要让学生知道，应试不但是为了谋求适意的工作、安逸的生活，也是走向自我实现的人生、诗意人生的起点。

从整体上说，言语动机、价值观素养系统，主要包含生存性动机与存在性动机，物质性动机与精神性动机，缺乏性动机与丰富性动机。这是不同角度的分类，必定有所交叉，其内部划分也是相对的。生存性、物质性、缺乏性动机属于低层次动机，存在性、精神性、丰富性动机属于高层次动机。虽有高下之别，但对于写作都是必要的。由这些动机可以衍生出无数具体的动机、价值观，在教学中，可以因时、因地、因人、因文制宜，培育适合、适当的言语动机、价值观。

但从根本上说，要有终极目标、彼岸情怀。价值观的天平要向言语德性倾斜。因为人活着不只是为了“面包”——物质、生存、享乐，还有“玫瑰花”——精神需求，自我实现需要，“为天地立心，为生民立命，为往圣继绝学，为万世开太平”的抱负与责任。因此，言语、诗意人生的开释、引领必不可少。要有超越功利、现世的利他胸襟、人类情怀。追寻生命留痕、百姓福祉、彼岸幸福，是人类文明、文化承先启后、生生不息、永不枯竭的精神源泉。这就是存在性言语动机，是言语价值观的崇高境界。

在实际言语活动中，动机往往不是单一的，而是交织复合的。不少人的写作动机是低层次动机与高层次动机兼备。差别只在于哪一动机占优。早期，最易发挥作用的一般是低层次动机，因为，它满足人们眼前的名利需要。然而，随着学生年龄增长，视野扩张，就要在培育言语动机过程中，不断地、适时地以高层次的存在性动机，荡涤、撞击学生的心灵，使之逐渐占据主导性地位。即使做不到也不要紧，但务必要让他们知道，还有比生存需要更值得追求的存在需要，为他们树立言语生命的精神高标。

言语动机、价值观教育，既作为语文课程的主轴，就意味着在教育的任何环节都不容忽视，都应有意识地去关注它。教师要用教育智慧去唤醒、激活学生沉睡、迷茫的心灵，想方设法燃起他们言语生命激情与创造欲。

在教学中要树立这样的观念：言语、精神生命的唤醒与激活，有无限的空间与可能，可以渗透在教学内容、过程的任何部分、环节。这是最考验教师素养与能力的。只有想不到，没有做不到的。有了这样的念想，教学内容、方法将重构。例如，不论是写作还是阅读教学，本来都会接触到文体，可是以往基本视若无睹，顶多介绍点文体知识，怎么也不会往激发言语动机上想。有了培育言语动机意识，面对任何文本，就会有意让学生了解其文体归属，该文体的作用、功能，相关经典美文及其作者的言语、诗意人生等，注意引发其学习兴趣，开发其言语潜能，诱导他们探究文体奥秘、美感，追求写出好文章，实现“立言”梦想。

在教学实践中可关注以下方面：

（一）以崇高的言语动机、价值观为学生立本

教师应有言语动机、价值观相关知识储备。要搞清楚人为什么言说、写作。经典的言语动机论、价值观，学生应耳熟能详。如《左传·襄公二十四年》“三不朽”（立德、立功、立言）说；《春秋谷梁传·僖公二十二年》“人而不能言，何以为人”说；司马迁“发愤著书”说，“成一家之言”说，“藏之名山，传之其人”说；曹丕“经国之大业，不朽之盛事”说，“声名传后”说；刘勰“原道”“征圣”“宗经”说；韩愈“不平则鸣”说；张载“为往圣继绝学，为万世开太平”说；等等。

教师掌握、探究的远不止此。古今中外经典作家大都思考或表达过“为什么写作”这一问题，历代名家，尤其是所读经典文本作者的言语动机、价值观，是语文课程人文教育的重要资源。在教学中随机引用、阐发，将对学生言语、精神生命发育产生重要作用，为其写作上终身发展培元立本。

（二）从言语表现中培育言语生命、德性

写作、口语交际教学以培育言语生命意识为首务。要让学生明白，写作固然可满足“谋生应世”之需，但归根结底是基于“言语生命”之需，是人的确证、自证。不为“应付生活”也要写作，不为“应付生活”的写作（即超功利的写作），才是真正人的写作。写作，使人之为人；不写作，枉为人。言语创造，使人拥有精神生命。

通过言语实践活动唤醒、激发学生的言说欲，可借助学生喜爱的言说方式，进行知、情、意的宣泄、表达，使其从中感受言说的快感、愉悦。关键是要给学生创造发表、展示作品的平台与机会。使其言说欲、言语表现欲在言语传播中得到满足，其言语潜能、才情得以施展、显示，才能切身感受到言语创造带来的尊严，从而强化言语动机，促使言语行为进入良性循环。

评论、论文写作，演说、辩论活动，尤其是写论文与辩论活动，对激发、强化学生的言说欲的作用不容小觑。这些言语表现体式，对作者言语生命的

激活，对他们感受言说力量，点燃生命激情，有着不可替代的作用。

（三）从阅读教学中培育言语生命、德性

阅读教学的文本解读，首要的是解读作者的写作动机、意图。阅文先阅人，教师应引导学生与文本背后的言语生命——倾心交流，感受其写作之爱、之美。告诉学生文本是作者言语、精神生命的呈现；作者的人生，是诗意的人生；只要努力，这样的美丽人生是可望而且可即的……日复一日与作者言语生命互动，无疑会激起学生强烈的言说欲、精神创造欲，渴望能写出与名篇、名家媲美的传世之作。

在文本中，作者的言语生命力无所不在，文本解读，重在引导学生感受作者特有的言语生命气息。要从作者集材、选题、立意、选材、谋篇、行文等行为中，让学生体会其言语生命智慧：非凡的想象力、思想力、表现力，开掘其谋篇布局的匠心与遣词造句的秘妙，欣赏其奇绝的言语感受力、创造力，领悟文字后面的感性、灵性、智性生命的特殊状态，这是培育学生言语生命意识的一个重要途径。

（四）给学生以言语成就感、高峰体验

教师对学生优秀作品的发现与赞美，或是对其普通作品亮点的最大限度的肯定、表扬与激励，当是一项常规性工作与责任。这是使学生最直接地意识到言语生命价值与意义的方式，使之为自身的言语创造力而自豪，这是自我认同感、成就感、成才欲的激发。教师的赞美与激励，使学生感受到写作带来的尊重、荣耀，自然会焕发出十倍、百倍的热情、激情，这是言语生命可持续成长的不可或缺的动能。

从某种意义上说，教学智慧，就是巧妙运用赞美的艺术。赞美，对于艰辛的言语创造活动动机的激发，尤其重要。学生的优点，可以用赞美来升华；学生的不足，也可以用赞美来消弭。赞美的作用胜过批评。

（五）教师以其言语生命、德性传递正能量

培育言语生命意识与言语德性，须靠教师在言语表现上身体力行。一个喜欢、热爱、痴迷于写作，拥有写作才华的语文教师，对学生言语生命、写作动机、价值观的影响，是其他外部因素难以替代的。“桃李不言，下自成蹊”，一个真实存在的偶像，对学生写作所产生的正能量是不可估量的——还有什么比朝夕相处、耳濡目染的偶像的召唤，更具感染力、诱惑力、蛊惑性？迷恋、善于写作，当是语文教师从教素养的底线。试想，要是莫言、王小波当语文教师，学生会不爱写作吗？语文教师自然不可能都是大师、名家、作家，但应是写作行家里手。“教师下水”，不完全像前辈所说其作用是懂得写作甘苦，能给学生以切实的指导，更重要的是对学生的生命感召与精神开示。

爱屋及乌，反之亦然。教师如果写得很烂，甚至水平还不如学生，却理直气壮地站在讲台上教写作，装模作样地叫学生写这写那，要这么写不要那么写，将心比心，天天面对如此教师该多么恶心，对语文学习会作何观感？如此教师定会将学生带到沟里去。学生因厌恶语文教师而厌学语文，语文教育的溃败便在情理之中。

语文教师是否热爱、忠诚写作，对培育学生言语动机、德性的作用是决定性的，对学生言语、精神生命成长的影响是终身的。

言语动机、价值观认知，其根本是对言语、精神生命的深切体认；语文教育说到底，便是良好的言语生命意识、言语德性的接种、孕育。培育言语动机、价值观，可以是显性的，更多是隐性的。可在教学中直接阐明，也可渗透在言语知、情、意，体式，行为，创制力素养的培育中，体现在师生间日常交流、交往中。

语文教学忘了什么也不能忘记言语动机、价值观的培育。

二　知、情、意素养：做有思想的立言者

语文课程不是“工具性”教育，阅读、写作课不是言语技能训练课。语文课程目的应是成就“立言者”。“立言”，是“言语生命”的本性与旨归，是语文科的图腾与信仰，语文教育的终极目标。只有确立“立言”之精神高标，语文教育才能赋予学生以理想与灵魂。

“立言”，基于知、情、意素养，即言语主体的知识（学问）、情感、思想内蕴，归根结底须“有思想”。思想，是人之为人的本分，是言语之源，文章之本。

写作取决于主体建构。光有强烈的写作欲、表现欲、自我实现欲是不够的，言语主体精神世界的丰富是基础。心灵贫乏、精神枯槁，写作就成了无米之炊、无源之水，再想写、有再好的写作技能，也写不出什么有价值的文章。人的精神世界的版图主要是由知、情、意构成，这三方面内容是“前写

作”（或称“写作前理解”“写作前认知”）基本构成要素，是写作主体心灵建构的主要内容，是写作的充分必要条件。

文章是鱼，知、情、意是水；文章是树木，知、情、意是阳光、土壤、水分。可以说，文章是靠知情意“养”出来的。水浅养不出大鱼；阳光、土壤、水分不足，不可能养出大树。知、情、意素养是写作行为得以滋生，文章得以产生的前提。

一般来说，“知”，主要对应于阐释类写作；“情”，主要对应于抒情类（叙事类）写作；“意”，主要对应于思辨类写作。尽管有所侧重，但不论写什么，知、情、意素养缺一不可。三者在一定水准上的均衡发展，对于心灵建构、精神创造十分必要。

在“立言”目的下看知、情、意素养的内涵：

（一）知：学养深厚

亚里士多德认为“求知”是人的本性。英国哲学家、随笔作家弗朗西斯·培根，在《论求知》一文中对读书的目的、功效、方法等，说得十分全面、深刻，然而，他所说的“求知”，主要只是作为一种人格养成方式。语文课程中为“立言”的“求知”，是养育言语人、精神人、创造人，是为了人类文明、文化的承传与发展。

“立言”所需的求知，主要是获取学养、学问。达成“学”与“识”、“学”与“术”的统一。基本学养、学问，须建立在经典阅读上，垃圾时文、网文，读得再多，也无助于形成基本学养、学问。学养、学问，是论文、论著写作的前提，也是其他文体写作所必须。

（二）情：情感充沛

情感培育，主要靠文学作品阅读。人的自然情感大多比较粗糙，优秀文学作品中细腻入微的抒情，大量逼真、生动的心理描写，对磨砺、充沛读者的情感大有裨益。情感丰富的人生是充实、有趣的人生。情感贫乏的人生是空虚、无聊的人生。情感，是写作的重要资源。表达情感的需求，是写作的主要动力源之一。

不是抒情性体式写作才需要情感。一切体式的写作都离不开情感。情感与思想是难解难分的。值得注意的是，论辩类写作也包含着情感因素，如选题的兴趣、偏好，观点的立场、倾向，材料的取舍、运用，说理、表达方式的偏爱、专擅等，主体的情感因素都不可避免地发挥着作用，只不过我们可能没意识到罢了。朱光潜先生就偏爱有情感的“说理文”：“……说理文的两条道理，一条是所谓零度风格的路，例子容易找，用不着我来举；另一条是有立场、有对象、有情感、有形象的既准确而又鲜明生动的路，这就是马克思《神圣家族》、恩格斯《反杜林论》……这一系列说理文范例所走的路。”[①] 他还说到情与理的关系，是先有情再有理：“我所要说的话，都是由体验我自己的生活，先感到（feel）而后想到（think）的。换句话说，我的理都是由我的情产生出来的，我的思想是从心出发而后再经过脑加以整理的。”[②] 这虽然说得有点绝对，但是情感确实有助于说理。我们常说“动之以情、晓之以理”，便表明“理”与“情”是难解难分、相辅相成的。冷冰冰的说理也许可以十分雄辩，但读者接受起来难以心悦诚服。

论文的情感运用、体现，自然与抒情文、叙事文有极大差别，需要着重辨析。

（三）意：思想丰硕

诚如帕斯卡尔所言，“人是有思想的苇草”。思想，是脆弱生命坚韧、强大、恒久之所在。立言者，必须是思想者。知、情、意素养教育，当以“意”的教育为主、为先。就是古人说的：才、学、识，以识为先。有“思想”——见识，才有“立言”的基础。

思想需要滋养。思想滋养的基本途径是大量地阅读哲学性、哲理性、理论性、思辨性书籍、文章。这就要在教材中大量增加论辩类选文，在教学中要注意引导学生不被他人的思想所壅塞、遮蔽、淹没。既要使之学会海纳百川、兼容并蓄，又要使之善于反思、质疑、批判、证伪、反驳。以“批判性”贯穿求知、明理、炼识。

在知、情、意三者中，“知”是基础，“情”“意”是升华。因此，阅读，读什么、怎么读，如何引导学生从“知”中生“情”悟“意”，在为“立言”的阅读教学中，要达成创生、表现自我情、意的目标，不能浅尝辄止，力求独辟蹊径的误读、超越。

---

① 朱光潜：《漫谈说理文》，见《朱光潜美学文集》第三卷，上海文艺出版社 1983 年版，第 412 页。

② 朱光潜：《“再说一句话”》，见《给青年的十二封信》，广西师范大学出版社 2004 年版，第 80 页。

在阐释知、情、意素养内涵的基础上，再看“怎样培养”：

（一）基础知、情、意素养的培养

以往将语文课程性质定位为“学习语言文字运用”，或“工具性与人文性的统一”，也一定程度上注意到培养学生的人文素养，其中也包含着培养知、情、意素养。然而，与泛泛而论培养人文素养，知、情、意素养不同，指向“立言”的基础知、情、意素养的培育，针对性更强，既是“修己”“为己”，更是“度人”“为人”。是通过言语创造，自度度人、经世致用。离开了这个目的，语文教学便落空。知、情、意素养再丰厚，对于人生、社会、人类，无所裨益。语文科的人文教育，知、情、意教育，要凸显指向“立言”这一特殊性。

指向“立言”的知、情、意素养的培育，主要不是读懂文本的知、情、意，而是如何将文本中的知、情、意，转换、迁移到写作中去。要将他人的知、情、意，通过自我体验、感悟、反思、批判、扬弃、孕育、合成、创造……化育成自己文章中的知、情、意：对他人之“知”如何认知、体察，有何疑惑；对他人之“情”有何共鸣，如何诱发、抒发自我之情；对他人之“意”如何反思、评判，产生自己之“意”。要使知、情、意素养转化为写作动力、精神创造物。“转化”，是对教师教育智慧的检验与考验。

其常规性要求：学养、学问的培育，靠海量经典阅读与写作的齐头并进。小学以记诵经典为主，读书笔记为辅；中学须读、思、悟、写一体，将所思、所悟作成读书笔记，促使认知深化；情感培育，要内外同致，尤其要学会自我“内视”，借助抒情诗、抒情散文写作，使情感丰富、细腻，并加以表现；思想培育，要通过对相关资源的广泛搜求，借助论辩、证伪、反驳等磨砺思想，使思维得以逐渐敏锐、深刻，力求有自己独到的见解。阅读中，有无贯穿“立言”意识，基础知、情、意素养的培育效果大相径庭。

知、情、意素养三者中，重心是“思想”素养培育。思想力与思维方式的培育是重中之重。思想力构成要素：感受力、推理力、判断力、质疑力、思辨力、反思力、批判力、创造力、建构力等，不可或缺。思想力，是立言者的核心竞争力。辩证思维范式，具体问题具体分析的方法，历史与逻辑相结合的方法等，要渗透在思想力培育之中。

基于“立言”的以“意”为主的基础知、情、意素养的培育，是一般从阅读中求知、怡情、自省、自娱，不可能也无须负载的要求。

（二）特殊知、情、意素养的培养

为“立言”的阅读，其知、情、意素养的培育，往往是和具体文体的写作需求相联系的。不同文体与写作语境，对知、情、意素养有其特殊要求。新闻写作、公文写作、小说写作、传记写作、评论写作、论文写作……对知、情、意素养都有其特殊要求。一个学者、作家或新闻记者，所需要的知、情、意素养，所读的书目一定是有所不同的。即便读的是同一本书，阅读意图、关注点也是不一样的。因此，要针对某一具体文体写作，培养与其相匹配的知、情、意素养。

想学好某一种文体，自然就要多读该文体的作品。从中悟得优秀作者须具备什么样的知、情、意素养，自然，也会同时悟得该写作体式、行为、创制力等要求。

这又涉及因材施教的问题。

也许有人会说这是基础教育，不是培养作家、学者、新闻记者……学点一般的文字能力就够了。就写作来说，除了识字外，不存在一般的文字能力，不存在什么文体也不是的写作（文体创新另当别论）。只要写作，就一定是文体写作，就要有文体意识。小学生写“放胆文”，不是没有文体，而是故意放低门槛，暂时不要求、计较文体。这不等于不要告诉他们何谓文体、文体规范。教材中一切经典文章，都是按照一定的文体规范写出来的。所以，《文心雕龙·附会》说“夫才量（童）学文，宜正体制”，就是说，习作者首先要懂得文体要求。完全不考虑文体特点，就没法阅读，一定会读错。把小说当作新闻、通讯来读，把童话当作散文、传记来读，将随笔当作杂文、评论来读，又能读出什么？读错了，必定也就写错了。

为“立言”的阅读教学，具体的文本体式，规范、制约着其知、情、意素养内容，因此，虽然不一定急于培养作家、新闻记者、学者……但要让这些未来的作家、新闻记者、学者……知道什么是小说、新闻、论文……知道要写好小说、新闻、论文……要具备怎样的知、情、意素养，要在阅读教学中揭示出不同作者所具备的知、情、意素养。不应剥夺学生在小学、中学阶段的文体爱好与选择，有些学生很早就显露出文体写作的才华，需要相应的知、情、意素养的跟进与支撑。不能像现在这样，从小学到高中一刀切，教的就是记叙文、议论文这两种伪文体。

既要注意到学生的言语个性差异，更要注意到他们言语表现的体式共性。最具普遍性的体式是论辩类写作——论文写作。要从根本上改善学生理性思维、论辩写作的准备状态。知、情、意素养的培育，重心要围绕着论文写作进行。

从小学到中学，论文写作是主线。围绕这一主线，可以由低到高来达成。如从写不成文的评点式的读书笔记，逐渐上升到写成文的随笔、评论。随笔、评论体式繁多，如可以分为读书评论（或随笔）、文学评论、影视评论、音乐评论、美术评论、新闻评论、社会评论、思想评论等。学生可以根据自己的喜好，往某一体式上去加深了解，熟练掌握。随笔、评论写作，是极好的思想力、思维方式的磨炼，对论文写作颇有助益。这几种文体写作，对知、情、意素养的需求大同小异，交叉进行，可相得益彰。

长期以来，语文教师对培育体式写作的知、情、意素养重要性的认知极其欠缺，从没有从培养“立言者”，从“立言”——论文体式写作的视角，看如何培育知、情、意素养。因而，对文本的选择、解读、认知必然是不到位的，总是隔靴搔痒。一会儿读成政治课，一会儿读成思品课，一会儿读成文化课，一会儿读成文学鉴赏课……不从具体体式出发，不从“立言”——论文写作需要什么样的知、情、意素养考虑，就一定是瞎子摸象、雾里看花，语文课的耗时、低效就是这么造成的。

语文课程目的向“立言”转向，以培养“立言者”为终极追求，一切成见将刷新、重构，一切未见将显现、清晰。

三　体式素养：文体感是写作行为动力与目标

如果有老师说阅读教学从没有留心、解读过文本的文体归属与特点，我一点不会感到惊讶，因为在以往的阅读教学观念中，从没有真正关注过培养学生的文体意识与文体素养，教师也就没有辨析文体属性的自觉。

在写作智能层面，文体感培养极其重要。夏丏尊认为，语文课程的内容（“语文学习的着眼点”）应该是“形式”，是一个个的词句以及整篇的文字所体现的词法、句法、章法等“共同的法则”和“共通的样式”。[①] 这一观点未必全对，因为语文学习的范围远比学形式要大得多，缺乏写作动机，不想写，

---

① 夏丏尊、叶圣陶：《阅读与写作》，开明书店1948年版，第46页。

懂得形式也是白搭；忽视内容的学习，缺乏知、情、意素养，即便想写，无米之炊，写什么？但其合理性也是显而易见的。从写作角度说，主要学习的不是单篇文章的个性，因为作者写作个性是学不到的；可以学而用之的是一类文体的共性，就是体式规范。我以为，夏先生所谓“共同的法则”与“共通的样式”主要就是文章的体式规范。他所谓的“词法、句法、章法”之类，都是在具体体式制约下的，属于体式规范的范畴。

文体，是表达知、情、意的载体。文体感，是一种写作载体意识，对载体形式的认知与感觉。主要是对文体功能、特点、形态（在一定程度上包含了相关的写作行为）的了解与把握。不宜简单理解为对“文体模式”的认识与运用。因为，一旦成为“模式”，就僵化、雷同化了。即所谓大体则有，定体则无；文无定法，文成法立。体现了“规范”与“反规范”、“共性”与“个性”的矛盾统一。良好的文体感，表现为对文体形式的不断求索、创新。

文体感的强弱，决定了传达知、情、意的质量。文体感的作用不只在于动手写这个阶段，不只是给内容找一个承载的形式，而是贯穿了整个的写作运思与表达过程。良好的文体感将沉潜进人的无意识中，就像给大脑装上了写作软件，悄然支配着人的感知、思维与精神创造。诗人眼里是诗，小说家眼里是小说，学者眼里是论文。写作如影随形地伴随着你，自动化地孕育、发生与生成文章。不论白天还是夜晚，不论是工作还是娱乐，不论是吃饭还是睡觉，大脑都在不停地“写”着。就像穿上了红舞鞋，想停也停不下来。有了它，你的生活、心灵、人生将因之而改变。生活、书本之所在，即言语生命之所在，写作行为便如影随形、无所不在。心灵与生活、书本、写作共存、共舞、共生。你的生活就是写作生活，心灵就是写作心灵，人生就是写作人生——是否有点玄幻有点晕？不必惊慌，成熟的文体感就这么神奇、美妙，写作之灵感、冲动就是如此倏然而至，人类一切生命之作就是这么创造出来的。

在语文教学中培育写作体式素养，指的是适合于学生学习的主要文体形式素养。其基本目标是培养良好的文体感——文章体式感（或称“文章图式感”），隶属于文体意识。从某种意义上说，写作行为素养是从体式素养中产生的。文体感催生、制约着写作行为感，并制导着写作创制力素养的培育。通俗地说，就是先要懂得我要写的文章是什么样的，才知道该怎样去把它写出来。文体感，好比是施工的意图、蓝图，写作行为，便是施工意图的达成、蓝图的实施。要是走一步看一步，一定是事倍功半或一事无成。没有哪一篇名作是胸无成竹、信笔涂鸦出来的。

马克思说："蜜蜂建筑蜂房的本领使人间许多建筑师感到惭愧。但是，最蹩脚的建筑师从一开始就比最灵巧的蜜蜂高明的地方，是他在用蜂蜡建筑蜂房以前，已经在自己的头脑中把它建成了。劳动过程结束时得到的结果，在这个过程开始时就已经在劳动者的表象中存在着，即已经观念地存在着。"①就是说，在行动之前，是否先预设好目标，是否在行动之前已有观念的存在，这是人与动物区别开来的一个主要特性。写作，这一高级的精神创造活动更是如此。人在动手写之前，在他的脑子里必须先有要写成什么样文章的形式感——体式规范、美感，才有最后符合预期的言语创造物的产生。文体感，是写作活动、行为的目标预期。

超越个体写作活动，从人类写作的宏观上说，可以认为文体感与行为感二者互为因果——虽然是先有鸡还是先有蛋似乎很难说清，但二者互动的心理机制是可揣测的：最初是从无文体写作开始，逐渐孕育出了文体特性，一旦形成了写作文体特性，势必反过来强势地规范着写作行为，在二者的博弈过程中，写作行为进一步发展、丰富了文体特性……总而言之，二者相克相生、形影不离。我以为，从写作行为发生伊始，人类就在永无止境地追逐、完善文章、文体的形式美感。在脑子里建造理想的"蜂房"，这就是黑格尔说的人的精神创造性——自由能动性使然。

对于写作与写作学习来说，文体感至关重要。文体感的强弱、优劣，在相当程度上决定了你能写得怎样。写作（阅读）思维可以视为一种文体思维。作者写出的文章，可以看作是作者心中原有的文体图式的复制、复呈（也可能是在这基础上的创新，这只有极少数"创体家"才有可能）。从某种意义上说，有什么样的文体感，才有可能写出什么样的文章；文体感水平，往往决定了写作水平——如果你具备了相应的知、情、意素养与其他写作智能的话。所以，不论阅读还是写作教学，都要注重培养文体感。

文体感既是一种写作智能，也是一种重要的动机因素：文体喜好、文体审美，将驱动写作行为的发生。具备了良好的文体感，自然而然会产生对文

---

① ［德］马克思：《资本论》，见《马克思恩格斯全集》第二十三卷，人民出版社1971年版，第202页。

体的审美追求，产生写出某一体式好文章的愿望；萌发写作冲动与创造激情，便对写作行为形成一种内驱力，使写作主体下意识地进入写作运思状态，诱发一系列写作行为的发生，促成写作智能的发展、提高。

通俗地说就是我喜爱什么文体，了解该文体形态到什么程度，就希望用什么样的文体形态去表情达意，写出自己心目中向往的美文。我觉得诗歌很美，就想学写诗；我心中的诗歌是怎样的，换言之，我最喜欢的是什么样的诗歌，如果我的才情与智能蓄积足够的话，我写出来的就是什么样的诗歌。如果诗歌文体感不足，动机素养，知、情、意素养再丰厚，也是写不出诗来的。想写诗，却不知诗的体式要求是什么样的，怎么可能写得出诗来呢？没有规矩不成方圆。清人薛雪在《一瓢诗话》中说："学诗读诗，学文读文，此古今一定之法。"之所以要"学诗读诗，学文读文"，就是要从读中悟出"诗""文"的体式特点，可以"照葫芦画瓢"。

由经典、美文的阅读中，有意识地培养学生的文体感十分必要。只有经典、美文，才有足够强大的美感诱惑力，使人趋之若鹜、百读不厌；明知虽不能至，但吾心向往之。反之，读那些腐烂、垃圾时文，无助于培养良好的文体感，受其误导，顶多也就如出一辙，写出的也是那一类腐烂、垃圾时文。许多人还会产生厌恶写作的心理效应。

特别需要指出的是，这里说的文体与培育文体感，不是指培养所谓的记叙文、说明文、议论文这些"伪文体"的文体感，而是指"真文体"的文体感：童话、寓言、小说、诗歌、随笔、杂文、新闻……只有真文体写作，写作教学才是有意义的。

长期以来，我国语文教育所谓的文体，约定俗成指的就是记叙文、说明文、议论文。教的、考的，主要是记叙文、议论文。这是一个教育误区。这些所谓的"文体"，起初是作为"表达方式"，后来逐渐演变为虚拟的教学、考试体式，在真实写作中并不存在。因此，这是没有应用价值的"伪文体"，伪文体自然导致伪写作。就是说，语文基础教育 12 年，学生基本上是处于伪写作状态，什么真文体写作都没有涉及。

语文教学中培养起来的"文体感"是"伪文体感"，对"真文体感"的形成，非但无益，反而有害，"伪文体感"的思维定势会对培养"真文体感"产生干扰作用。如，长期写"记叙文"（六要素、真人真事等），要学好写小说、散文、传记文学等就难了；会写"议论文"（三要素、观点与材料统一等），要学好写随笔、杂文、评论、论文等就难了。因此，要彻底摒弃记叙文、说明文、议论文这些伪文体，以真文体建构写作文体系统，学生刚接触写作，就要立足于培养"真文体感"。

真文体一般分为两大类：文学体式（或称审美体式）与实用体式。文学体式包括诗歌、小说、散文、戏剧等。实用体式包括诸多二级文类，如新闻体式、公文体式、私文体式、法律文书体式、教育体式、论辩体式、演讲体式、报告体式……还有介于二者之间的"半审美半实用体式"，如报告文学、传记文学、科学小品、杂文……这些基本的文体知识要让学生知道，为他们打开广阔的文体视野，使之走进无比丰富的文体世界，感悟表情达意绚丽多姿的形式美，在写作学习上拥有充分的选择自由。

在文体感的培养中，尤以论文（研究报告）为要。因为它是唯一的共性化的写作体式，是大多数知识人类必须运用的写作体式。因此，小学低年级就可以开始接触论文（研究报告）体式写作。逐渐使学生知道论文写作是以阐明对某一事物的认知为目的，以大量相关资料、知识为基础，以辩证分析、说理为表现形态的。论文文体感需要不间断地长期培育。因为，论文写作是与人的理性天性、理性思维需求相一致的，也是一切知识人类的共性化写作要求。对论文（研究报告）写作的重视，在美国、欧洲的母语教育实践中已得到充分体现。美国小学一年级就有写"研究报告"的要求，这一要求是贯穿小学、中学语文教学的主线。从法国高考纯哲学化的作文题目中，更可以感受到对理性、思想的追求，培养"有思想的立言者"的教育目标。因此，我们要摆脱小学生只能读故事、写故事（写记叙文）的思维定势，让他们尽早进入研究性写作领域。这是符合小学生心理、思维的发生、发展规律的，也是语文、写作课改的大势所趋。思想力水平决定了一个国家、民族的创造力、竞争力水平。而思想力水平就集中体现在论文写作中。

写作文体特征主要体现为形式特征，也有其共性与个性要求。共性特征，一般来说，所有的文体都有整体性要求。如有浑凝整一的结构形式美感，有开头、中段、结尾等部分，有起承转合的结构需求，有篇章、段落、句子、词语等成分。每一种具体文体在文本形式上还有其个性特征，单单是诗歌、小说就有多少种。因此，文体形式感必须要落实到具体文体特征上，才有实际效用。要知道诗歌、小说、散文、随笔、杂文、评论……的文本形态的特点，甚至还要知道律诗、绝句、现代诗……是什么样的，或影视评论、文学评论、时事评论……是什么样的。知道这些文体是怎么一回事，才知道喜欢什么，怎么去复制它，才可望写出像那么回事的诗文。没有读过、琢磨过微型小说，就写不出微型小说；没有读过、琢磨过智性散文，就写不出智性散文。其他文体的写作也一样，都有一个“依样画葫芦”的揣摩、模仿、入格的过程，这就是文体形式感的形成过程。教师就是要引导学生去感受、体验、辨析、复制这些文体形式的共性与个性美。

因此，在阅读经典美文时，要有文体辨析意识。绝不能不论什么文体一律讲思想内容、艺术特色，都是一样地分析字词句、语修逻。文体感不但是写作的向导，也是解读文本的钥匙。从阅读中培养学生写作文体感，是阅读教学的一项重要工作。指向写作的文本解读，千万不要忘了辨析、解读文体特征。

文体形式特征自然也会涉及内容，同样有其不同的要求。但是，就文体差异性来说，主要是在形式上，而不是内容。或者说，其内容要求，是在形式规范下的内容要求。文体形式规范是矛盾的主要方面。因此，培养文体感，重在形式。所以，文体感，可称之为文体形式感。拥有良好的文体形式感，即对某一文体形态美有了较为清晰、透彻的领悟，阅读、写作之门，才能真正为你而敞开。

四　行为素养：确立大写作、真写作行为观

如果说写作文体素养因素是静态的，写作行为素养因素则是动态的。它是行动性、过程性的。习作者懂得美文是什么样的还不够，还要懂得美文是怎么写出来的。即了解、领悟其积累、运思、行文、修改等是怎样进行的，这就是写作的“行为感”。就像光知道什么是名菜，还得知道名菜是怎么做出来的那样，作者不但要是一位“食客”，还得是“厨师”。以往阅读教学是定位在培养“吃货”“食客”，而不是“厨师”“大厨”。如果大家都只会“吃菜”不会“做菜”，还有“菜”可“吃”吗？只会阅读不会写作，人类的精神创造就断流、干涸了。语文科是要培养“品菜”的能力，但这是手段，不是目的，目的主要是教“做菜”，是培养“厨师”，以至“大厨”的。

会“吃”比较容易，会“品”就比较困难，会“做”就难上加难。要知

道美食是怎么做出来，不是品尝一下眼前的美食就会的。领会写作行为过程，要比一般的“读懂”“欣赏”文章难多了。“表现-存在论”阅读教学，不但要培养学生体式感，还要引导他们领会作者的写作行为过程——文章制作过程。知道好文章是怎么写出来的，才能迁移到自己的写作行为中去，懂得如何创制作品。

写作行为是一个言语创制动态过程，是一个生成性的复杂心理过程。一般的写作过程，广义的，可以分为前写作、写作、后写作阶段。前写作，指萌生写作意念之前的一切有意识或无意识的准备行为；写作，指从明确起意写一篇文章到文章修改完成直至发表、交流的一系列行为；后写作，指文章发表、交流之后的读者反馈、自我反思、智能提升等行为。也可以这样划分：潜写作（即前写作、后写作）、显写作（即写作）。狭义的，可以专指显写作中的“写作”阶段，即从起意写作到作品完成。这种广义的写作行为观，可以称为大写作行为观。

确立广义的写作行为观，即大写作行为观很重要。只有确立了大写作行为观，才能形成对写作行为的全面、系统的认知，形成一个完整的良性循环的写作生态链。以往写作教学只注意到狭义写作行为过程，即写作的显性部分，而没有注意到隐性部分，只看到露出水面的冰山一角，而没有看到之下的巨大基座——潜写作行为，显写作行为就成了无源之水、无本之木。这是一个重大的观念失误。

在写作实践中，属于潜写作行为的前写作与后写作行为非但不可忽视，而且相当重要。因为，它决定显写作行为的质量。前写作行为，主要就是根据某一文体写作的需求，从生活、读书中有意识地积累，定向搜集写作素材，完善自身的知、情、意素养，提高、完善智力、非智力结构。后写作行为，指在文章写完或发表后，听取读者的反馈意见，对自己的写作行为进行自省、反思，总结经验教训，扬长补短——这时，后写作行为往往就成为下一次写作活动的前写作行为，后写作行为完全融合进了前写作行为，二者合而为一。如此循环往复，一个可持续发展的完整的写作行为链就形成了。就是说，后写作行为是十分重要的，它决定了下一写作活动的质量。因此，要培育这种广义的写作行为素养，特别要关注后写作行为，才是完整的，具有生成性、可持续发展性的。是提升、完善写作行为素养所必需的，是不断提高写作能力与水平的有效途径。

只有确立了大写作行为观，才知道应该如何给读、听、说教学定位，才能理解为什么写作必然地包含了读、听、说。因为，读、听、说可以纳入“前写作”或“后写作”行为，可以视为“潜写作”，是一个完整的写作行为的有机构成部分。“表现-存在本位”“写作本位”语文教学观，就是建立在大写作行为观之上的。语文教学、素养之百川，都要纳入写作之大海。也只有写作之大海，可以容纳语文教学、素养之百川。自然，写作之大海，也要语文百川的倾注。

需要指出的是，以往的语文教学缺乏大写作行为观。即便是在狭隘的显写作行为部分，不论是在理论还是实践中，写作行为感的培养，还受到了应试写作的严重扭曲、异化，培养的基本上是伪写作观念与行为。大多做的是无用之功或反效之功。这就是错上加错了。因此，在写作观、显写作行为观上，均须拨乱反正，厘清真写作与伪写作行为的差异，回归真写作行为是关键。

自然状态下的写作行为，“可见的”或“有意识的”写作活动，即“写作”阶段的写作行为，一般是始于为了写某一类或某一篇文章，自觉地搜集资料、素材，或在一定的无意识的阅历、知识、心理准备基础上，在某一内外契机触发下，孕育了写作灵感，萌生了写作意愿、冲动，逐渐明确了要写什么——选题（包含考虑用什么文体写），思考表现意图、目的——立意，继而选材、谋篇布局、遣词造句、修改定稿，等等。

在教学、应试情境下，基本上实施的都是“伪文体”写作，即伪写作行为。学生学习的是非正常的写作行为：不论写什么文体，一律始于“审题”。写作行为从一开始就畸变了。在真写作中，一般是无须审题的，不存在审题行为。然而，“审题”这一非正常的莫须有的应试写作行为，成了伪写作教学的重头戏。“审题”行为，是教师最为重视的写作行为力。

不仅于此，在教学、应试情境下，一系列写作行为都发生了变异。写作得以发生最重要的从书本中搜集材料、素材的行为，自主选题、立意、选材等行为，往往由教辅书编者、教师、命题者代劳。学生从“供料”作文题的“材料”（大量是杜撰的片面的伪材料）中“猜意”“选题”“选意”，使自主选题、自主立意，变成了“被选题”“被立意”；积累资料、选材，变成了从教辅读物或教师提供的资料中获取资料、论据；构思、行文，变成了按照教师提供的统一的模式谋篇布局、遣词造句。几乎所有的写作行为都变质成伪写作行为。

写作行为被完全扭曲，久而久之，学生势必形成写作行为错觉。他们以为写作是从“审题”开始的，写作材料源于教辅读物，或来源于作文题中的材料。学了 12 年写作，居然不知道写作源于自我的心灵建构：生活感受、知识积累、情感体验（审美经验）、情绪记忆、资料搜集、思想积淀……不知道写作要从对自己积累的资料、素材的思考中确定有价值的选题，要自主立意、选材、谋篇布局、遣词造句等。因此，对写作行为素养的研究，需要去伪存真，回归真写作行为是当务之急。再也不能被应试伪写作行为所误导。

写作行为不是一个线性推进的简单过程。在大多数情况下，它是一个非线性推进的复杂过程。很多写作行为不是一步到位，一次性完成的。而是经过多次反复斟酌、修改、选择才最终确定的。一个主题的确定，很可能就经过多次的自我否定，而主题变了，可能得重新搜集材料、选材、谋篇、行文，不少相关行为会相继发生改变。单是一个标题，很可能就得改动许多次。有时标题变了，也会产生一系列连锁反应，需要在行文中去照应、点题。

尚需注意的是，写作行为是在特定的文体感制约下形成的。不同文体的写作行为存在一定差异。写散文、小说，与写评论、论文是不一样的，与写消息、通讯也是不一样的。在教学中要去揭示这些写作行为差异。不能笼统地说，写作源于生活，写作从观察、贴近生活开始。例如，连似乎与生活直观印象关系最密切的消息、通讯写作，说它们源于生活、观察生活都很勉强，具体地说，它们的写作行为是发端于相关资料准备、策划、拟纲、调查、访谈……现场观察只是其若干行为之一。写作行为的发生，不是所谓的观察、贴近生活，做生活的有心人（到处看）可以一言以蔽之的。叙事散文、小说写作似乎也与生活联系得很紧密，但严格说来，还是取决于心灵，或说是源于“心灵化的生活”。其写作大多是源于无意识的阅历。作家是靠记忆、回忆写作的，是源于心灵同化、时间淘染后的经验、情绪的记忆，记忆中的生活，进入散文、小说的“生活”，早已不是原生态的生活了。评论、论文写作，与源于生活、观察生活就离得更远了，八竿子打不着——主要是从读书报，搜集、积累、思考相关资料开始的。可见，一概认为写作行为是从观察、感受、体验生活行为开始，是不靠谱的，即便是叙事类体式的写作也是如此。

这关系到一个根深蒂固的片面、错误的写作观：生活是写作的源头。这是长期影响语文界写作行为观的伪命题，是一个巨大的教学误区。生活写作，说了等于没说，并没有抓住问题的症结。对于写作者来说，缺的并不是生活，而是心灵。对于所有人来说，最不缺的就是生活，只要活着就生活着，什么样的生活都是生活，任何生活都可作为写作原料，无须骑驴找驴。写作行为的矛盾的主要方面不是观察生活而是丰富心灵。生活再丰富也不会变成文章，心灵富足才可能写出文章。生活是“米”，心灵是“酒曲”，有了酒曲，米才会酿制成酒——文章。没有酒曲，米再多也还是米，永远不会变成酒。“生活写作”观，把整个写作教学引入了歧途。

在阅读教学中，教师要从揭示真实的写作规律与文体写作行为的差异性中，让学生悟到对培育写作行为素养的真实要求、特殊要求。

以往语文教学中，写作行为不但被严重异化，甚至是根本缺失的。例如，定向搜集资料，做系统的读书笔记，制订访谈提纲，实地采访，策划选题，制订写作提纲，等等。单单是一个“选题”行为的缺失，就可导致学生不会自主写作。今天大学生、硕士生，以至博士生，不少人不会为学位论文选题，这跟语文教育中“选题”行为能力培养的缺失不能说毫无关系。这根源就在于他们从小到大都是写命题作文、应试作文，压根儿不知道写作得由自己选题。如果从小学开始就让学生知道写作要由自己选题的话，写了十几年由自己选题的“研究报告”“小论文”，到大学写论文时，选题还会找不着北吗？

要回归真写作行为，就要在阅读教学中，努力去猜测、还原作者在真实写作情境中的写作行为，使学生体验到作者写作的心理、行为过程，将其迁移到自己的写作活动中去，以逐渐形成正确、良好的写作行为感。

即便写同一体式的文章，不同作者的写作行为未必完全一样，这不要紧。一般是大同小异。在教学中可求同存异。待学生掌握了写作行为的基本规律后，是会慢慢悟出怎样写最适合自己。不必强求一律，熟能生巧，尽可以“八仙过海，各显神通”。

一旦具备了良好的写作知、情、意素养，体式感，行为感，熟练地掌握了某一文体写作的流程，具备了写作创制力，你的感官、心灵为写作而敞开，写作便全天候地融入你的生活、阅读、思考、工作、休闲。写作成为你的肌体、人生重要的有机构成：无须刻意为之，却无微不察、无所不至、神而明之。只要活着，便写着、创造着。连吃饭、散步、睡觉、做梦……都处于无意识与有意识交织缠绕的写作状态中，这就是人的言语生命的本真、自觉状态，就步入了言语人生、诗意人生之途。

活在写作——精神创造世界，是一个无比美妙的境界。

五　创制力素养：写作智慧高于技能

写作创制力，指的是创制文章的智慧与技能，是将写作体式、行为认知的可能性，变为文章现实性的智能。

光拥有写作知、情、意素养，知道美文是怎样的，是怎么写出来的还不够，这只是具有写作美文的可能性。写作知、情、意素养，体式感，行为感，要转化为写作创制力，才能产生实践效能，写作认知的可能性才能变成为精神产品的现实性。

写作创制力，是以写作知、情、意素养为基础，与写作体式感、行为感直接对应。如，在体式感支配、制约下的写作的集材、选题、立意、选材、谋篇、表达等行为感，派生出与其对应的一系列写作创制力需求：在言语想象力、创造力统辖下的摄取力、感知力、选题力、运思力、立意力、选材力、构思力、虚构力、谋篇力、表达力、修改力等，还有特定文体所需的特殊的行文要求、写作技法、修辞技巧等。对于现实中的作者来说，写作创制力都是具体、特殊的，往往指的就是他所擅长的某一种或某几种特定文体的写作创制力。不同文体的创制力需求是不一样的。同样是集材力，新闻、小说、论文所需要的集材力是完全不同的。新闻主要靠调查、采访，小说主要靠回忆、联想，论文主要靠查阅、梳理资料。在阅读教学中要引导学生仔细辨析各种文体创制力要求的差异。

在五大写作素养中，以往语文界似乎最注重的便是创制力。实际上，注重的不是创制“智能”，而是“技能”——技术。这是一个认知错误，至少是认知片面。许多前辈，如叶圣陶、吕叔湘先生等，就把写作看作是一种“技能”“技术”。这是“工具性”背景下的认知，把语言、语文视为“工具”，运用“工具”，自然就是一种操作性技能。这一偏颇认知，导致所谓的语言技能“训练”大行其道。以前语文教学中最看重的所谓“双基”，指的就是语文知识、语文技能，而不是语文智能。在语文教学中，基本没有写作智慧培育的什么事。

其实，写作主要靠的不是“技能”“技术”，而是“智能”。或者说是写作智慧主宰下写作技能的创造性地灵活运用。

我所谓的写作智慧，即写作的天性、灵性、智性、悟性、个性以及知、情、意素养等高水平的综合，所产生的整体认知效应。具体地说，主要是体现为高度的写作领悟力、想象力与创造力。这是写作的核心竞争力。换言之，写作技能，在充沛的写作领悟力、想象力与创造力的烛照下，产生了写作智慧。它使恒定划一的“规矩”，蜕变为出神入化的“巧”。

梁启超先生认为写作所能培养的是“规矩”，“巧”是培养不出来。“规矩”就是“技能”，“巧”就是智慧。他批评去“规矩”而专言“巧”，认为“可予人规矩，不能使人巧”，以为只有“规矩”可教，“巧”是没法教的，这种观点有一定的道理，也是语文界的共识。我以为，去“规矩”而专言“巧”自然不对，但是专言“规矩”不言“巧”也是不对的。“巧”固然是一种高境界，不是人人都能达成，但对于有一定写作天赋的学生来说，未必就不能培养，就不应给他们指示修炼的路径。“巧”固然不可教会、练会，但是可以养护、陶冶。其实，“巧”并没有那么玄乎，说穿了，就是能自由灵活、创造性地运用“规矩”。所谓“熟能生巧”，就是善于从大量实践中总结经验，领悟到了“规矩”的可变异性、可超越性，能不落俗套、随机应变。

“巧”也许确实不具有可练性、速成性，但要让学生知道如何由写作“技能”升华为“技巧”。要让他们知道，写作行为力的高标是写作智慧，低标是写作技能。光掌握写作技能是不够的。写作智慧与写作技能二者间的差距，主要便是写作领悟力、想象力、创造力水平的差距。如果说这“三力”间什么是最重要、最基本的，那就是“想象力”。没有想象力，就没有洞透的领悟力与神奇的创造力。

在读、写教学中，在写作创制力素养层面，关键是要抓住写作领悟力、想象力与创造力的培育，尤其是想象力的培育。其他的写作能力，都可以看作是由其统辖下的二级、三级能力。一个作者，缺乏写作领悟力、想象力与创造力，写得再多，充其量也就是写作匠——码字工。虽然可以写出四平八稳、文从字顺的文章，挑不出什么明显的毛病，但也不可能有什么耀眼、动人、奇绝之处，也就难臻“立言者”之境界——很快就会被人工智能淘汰出局。

在读、写教学中，应努力揭示写作名家高手显示出的各种能力，以及其中蕴含着的言语想象力，使学生领悟到什么是有想象力的，什么是缺乏想象力的，以提升学生对写作智能的理解与运用的水平。写作创制力素养的培育，抓住了想象力，就抓住了写作创制智能的要害。

所谓的写作想象力，主要就是由此及彼的联想、猜测、洞彻、推断、假设等的能力，与将一事物或多事物随心所欲地分解、重组的能力。其基础是联想力、推测力；要害是发散力、组合力。想象只要不失其合理性，愈奇幻、奇葩愈好。一切写作技能，有想象力加盟，就会有超乎寻常的表现。反过来也可以说，只要是出人意料的文字，就是有想象力的。

就跟在整体的写作素养中，至关重要的是培育言语动机一样，在培育写作创制素养上，至关重要的是培育言语想象力。培育写作创制力素养，对言语想象力再怎么强调也不过分。在一切文体的阅读、写作中，如果说只有一个标准的话，那就是有没有想象力。抓住了言语想象力，就找到了打开阅读、写作智慧奥秘的钥匙。揭示作者的言语想象力，就打开了阅读通往写作的大门。

在阅读教学中，着眼于写作创制力素养的培育，大可不必每篇文章的优点、特点面面俱到，重点就是寻找文本中富有想象力的因素。通俗地说，就是一般人写不出来的部分。即所谓人人“胸中有笔下无”之处。自然，“人人胸中无（必定也是笔下无）”之处就更了不得，是最有想象力、幻想力的。要能做出正确判断——是否人人“胸中无”或“笔下无”，需要一定的阅读储备，需要开阔的眼界与见识。否则，就难以形成良好的直觉推测力。所谓文本“秘妙”，说穿了，就是最富于想象力之处。

写作创制力中技能的培育，模仿不可或缺。“操千曲而后晓声，观千剑而后识器”。文本体式，文本中富有想象力的发现与表达等，都是需要模仿的。但不能止于模仿，千万不可沦为机械操作的纯技术活，沦为流水线上千篇一律的简单劳动。刻板、雷同的机械模仿、机械训练断不可取，因为它会把学生言语热爱、言语智慧扼杀掉。应提倡有想象力、有创意的模仿，个人化、个性化的自由灵活运用。要鼓励学生带有个性特点的写作智能的发展，鼓励活泼、灵动的运思、表达。这要靠教师慧眼识珠，善于辨识学生写作练习中哪些是有创意、哪些是无创意的模仿，善于引导学生从无创意模仿，逐渐发展成有创意模仿。从一开始就要让学生知道，模仿不是目的，创新才是目的；“文无定法，文成法立”。

在写作创制技能中，最基础的就是五种基本表达方式：叙述、描写、说明、议论、抒情。这五种表达方式是绝大多数文体写作都需要兼而用之的，因而是不可或缺的“公共技能”，可称为“写作元技能”。其他一切写作技能，都与此脱不开干系。虽然不同文体对其有所倚重，但一般也会涉及其他表达方式。掌握并灵活运用这五种表达方式，是写好一切文章所必需的。

这些表达方式不是泾渭分明，而是有所交叉的，练习起来也不易。例如，单是一个抒情，就涉及其他所有表达方式；难不在直接抒情，而是间接抒情。说明、议论，也会涉及其他表达方式。在许多情况下，都要借助其他表达方式来说明、议论。要放在具体文体、语境中，才能领会什么叫做“恰当”的表达。

运用这五种表达方式，似乎是纯技能的，但也是需要智慧的。即便是同一种表达方式，在不同文体写作中，其用法也有所不同。同样是叙述、描写的手法，在叙事性、抒情性、说明性、论述性文体中，写法是不一样的。需要仔细辨析、领悟。在不同的语境中，在不同的作者那儿，用法更是千差万别、异彩纷呈。用得奇巧，富有想象力，就是智慧。这绝不是轻易“练”得出来的，是“悟”出来的。如果有一个适当比例的话，也许“练”三分，便要“悟”七分。是否能从“练”中“悟”得是关键。“练”而无“悟”等于白辛苦。

可见，学习写作技能，“训练”也不是万能的。长期以来，许多教师，甚至是名师，也迷信训练，被“训练”套牢、绑架了，始终解不开这个死结。2001 年版《义务教育语文课程标准（实验稿）》淡化了“训练”，便像是丢了魂，呼天抢地、愤愤不平。根深蒂固的“训练为主线”的观念，是一个严重误导。多年来，语文教学强调的“双基”：基本知识、基本技能，实际上抓的是“单基”。因为，所谓的“基本知识”，被限制为能为基本技能训练服务的知识。传授知识是手段，技能训练才是目的。狠抓语文技能“单基”“训练”的结果，便是大家有目共睹的学生听、说、读、写技能普遍不过关。抓得愈“狠”愈不过关。原因就在于这些名家名师不知道“训练”的局限，写作这一精神创造活动，靠“训练”是解决不了问题的。这条训练“主线”不是生命线，而是绞索。勒住言语创制力的脖颈。这就是古人说的：作文害道、因文害意。

写作技能需要“练”，但不需要刻意“训练”，更不能一刀切“瞎练”。没有哪一个优秀的作家、学者、记者……是靠“训练”出来的。多写、多练是必需的，但要有一个前提，那就是学生喜欢、热爱写作，并有一定的相关储备。要是不感兴趣，甚至讨厌写作，不学无术、腹中空空，就是“练”破了天也无济于事。

要“练”出写作智慧，还需要考虑到其他一些重要条件，如要具备一定的文体写作潜能、天分，相关的知、情、意素养等。多写，多讨论，多反思，才会“自悟得之”。如果没有该文体写作的潜能、天分，知、情、意素养不足，即便想“悟”，也“悟”不出什么。

说到底还是那八个字：因材施教、涵养熏陶。每个孩子的写作潜能、天分都是不一样的，后天的准备状态也不一样，弄清楚是什么“材”比什么都重要；在知“材”基础上，“养其根而俟其实，加其膏而希其光”，水涨船高、水到渠成，才能真正做到“练”而得“悟”，熟能生巧。

需要指出的是，“训练”这个概念背后的观念，是带有强制性、被动性的。这便是“训练”低效、无效、反效的本质。这便是在语文、写作学习上一般不宜强调“训练”的主要原因。我们应看重的是“顺应”学生言语天性，在正确的言语价值观驱动下的自愿、主动的写作学习行为，自发、积极的写作练习，是在“我要写”前提下因势利导的有智慧、有个性的练习。这是言语生命动力学语文学的要义。

也许有人会质疑说，你说的写作“共能”的培养，即论述类写作，最终指向“论文”写作能力的培养，不也带有一定的强制性？是的，乍一看确实如此。但是，如果能让学生明白，“人是理性的动物”，“理性”写作是人类共性化的天性，是人类的特性，是人之为人的本分，那么便能化被动为主动。尽管在“理性”基因上存在个性差异，但所有人类的个体都不能不面对理性思维、理性写作这一普遍性要求。相信绝大部分学生是会产生论文写作学习欲求、兴趣的——这恰好也体现了“动机优先”的理念。

“论文”写作之外，其他文体写作创制力的培养，不应做强制性的统一要求。一般来说，只有在识“材”前提下，有意识地进行摄取力、感知力、选题力、运思力、立意力、选材力、构思力、虚构力、谋篇力、表达力、修改力等的练习，才是有意义的，才具有可持续发展性。

这些写作创制力，有其普遍性要求也有其特殊性要求。在不同体式写作中，对其要求是不一样的。因此，要在特定的体式感、行为感之下，培养相应的创制力才是有意义的。作为语文教学目标的具体文体的写作创制力的培养，其目标应尽可能地分解、细化。例如，新闻体式写作的“摄取力”，可分解、细化出问卷力、采访力、调查力等。在问卷力之下，可分解、细化出拟卷力、发卷力、统计力等。在拟卷力之下可以分解、细化为设题力、修改力、亲和力……从而构成新闻写作创制力素养目标系统。以此类推，可望形成一个具体而微的写作创制力素养教学目标体系。

从总体上说，在语文教学中，是不应该由教师见仁见智、任意确定教学目标。教学目标体系应是由教材编者统筹考虑的。确定基本的教学目标与要求，这是一件十分重大、严肃的责任与任务，不是靠教师个人备课时拍脑袋拍出来，或在课堂教学中灵机一动生成的，也不是靠某个学者之力，就能将其一网打尽。它须经由长期的研究，才能逐渐形成一个科学、严谨的教学目标体系。犹如一张庞大的网络，笼罩了整个 12 年母语教育的方方面面——是否科学、严谨，尚需经过教学实践的检验。

我国现代语文教育从 100 多年前走到今天，教材出版了不计其数，尚无真正称得上科学的目标体系。尽管如此，仍可以看出前辈为此付出的巨大辛劳。如夏丏尊、叶圣陶合编的《国文百八课》的“文话”，就是从“文章学”视角建构的教学目标系统。尽管“文章学”视角较为逼仄，而且偏重于语文之“技”，但其对科学性、系统性的追求，还是堪称一时之选。遗憾的是，尚无见到他们对整个语文教材目标体系的研究。其他人对语文教学目标的高水平研究，也同样付之阙如。

参考一下美国、欧洲、日本等的母语教学标准，就会发现其教学与评价的目标、要求都较为具体、细致。能做到这一点，无疑地就必须对语文素养内涵有深入的研究。它们的课程标准未必十分完善，实用主义言语教育指导思想也未必可取，但其在言语实践技能练习与考核评价目标研究上，予我们以启示：必须潜心研究何谓言语素养，应系统、具体地揭示语文教学的目标与要求，笼统含混的目标是没有实践价值的。

五大言语素养，亦即语文素养的基本内涵，是语文教学相对全面、具体的目标。只有研究清楚言语素养系统的构成因素，五大素养系统的内在关系，各系统内部的子系统、孙系统……才能构成语文教学完整、严密的目标系统，才能走出当今教材“主题”单元的无序、混乱状态，编制出较为科学、有序、高效的语文教材，避免教学的盲目性、随意性，走出语文教学少、慢、差、费的困境。

建构汉语文教育目标体系任重道远。

一切写作教法，都应是“热爱写作法”。作教法思考时，使学生“热爱”，是耿耿于怀的念想。言语生命意识、存在性言语动机，是终身“热爱”之本。

第七章 | 写作：养护言语个性和精神创造力（上）

写作教学虽然重在观念的厘清，具体的教学方法也值得关注。尽管值得关注，但我以为还是活泛一些、“虚”一些好，不必过分拘执于模式与方法。在写作教学中，教师最关注的就是写什么对考试“有用”，课堂要如何“操作”。“实用”“操作”是要的，但不要眼睛只盯在“实用”“操作”上。在“热爱”与“实用”不可得兼时，宁可重“热爱”轻“实用”；在“方法”与“能力”不能得兼时，宁可重“方法”轻“能力”；在“道”与“技”不可得兼时，宁可重“道”轻“技”。有了热爱、方法、道，便不愁没有实用、能力、技法——面包会有的，一切都会好起来的。

“看不见”的其益大于“看得见”的；“养护”之功远在“训练”之上；不“操”而“作”，比起“操”而“作”之，要胜过百倍。自然，能够养、导合一，虚、实兼顾最好。

一 写作，给孩子以灵魂

人的血肉之躯是父母给的，人的灵魂、精神生命，在很大程度上是教师给的。准确地说，主要是语文教师，特别是小学语文教师给的。小学语文教师不但给孩子以知识的启蒙，更重要的是使他们知道人何以为人：言语表现、写作，使他们有了灵魂，有了第二条命，比肉体生命更宝贵的言语生命、精神生命。因为，这是人性之所在。

从这个意义上说，教孩子学习语言文字，学习阅读、写作，或听、说、读、写，学习语言文字的运用，其意义绝不只是为了“应付生活”之需，也不只是为了社会交往之需，最重要的是使之成为真正意义上的人，成为有灵魂的人。下面是我的一篇短文：

孩子何时开始有了灵魂？

李玉贵，中国台北市国语实验小学教师。她灵慧、幽默、淡定的执教风格，广受大陆同行瞩目。

该校开设“读写结合”校本课程，一周两节，通过“课外阅读”由读学写。李老师曾担任10年“读写老师”，下面是她给入学一个月拼音还没学全的孩子上课：

看绘本故事《眼泪茶》（选自阿诺·罗北儿《猫头鹰在家》）的PPT：

猫头鹰要泡一壶“眼泪茶”，开始想难过的事：“椅子断了腿”，他开始流眼泪；“歌不能唱，因为歌词已经忘掉了”，他放声哭，一大粒泪水掉进茶壶里；“汤匙掉到炉子背后，一直没人看到”，更多眼泪流到茶壶里；“书不能读，因为有几页被撕掉了”，“钟停了，没有人去上发条”，一大粒一大粒眼泪落入茶壶；“早晨没人欣赏，因为大家都在睡觉”，他呜咽不止；“洋芋泥堆在盘子里，因为没人要吃，铅笔剩下短短一截，不能写字了”，他哭了又哭。茶壶装满眼泪，他开始沏茶，当他把茶倒满一杯时感到幸福，“有一点咸咸的滋味，眼泪茶永远是非常好的”。

看到“……铅笔剩下短短一截，不能写字了”时，李老师：“让猫头鹰掉眼泪的都是哪些事物？”学生：“曾经陪伴我们的美好事物，只是现在再也没有了。”李老师：“眼泪还不够泡眼泪茶，让我们一起来帮猫头鹰的忙……”写作氛围铺陈，写作欲求被激起，孩子们用图文记录往事，用拼音夹杂着汉字写下：

“我以前有一个男朋友，因为毕业了就分开了，他读及人我读实小。”

“我以前有养七八条鱼，死掉了，过了一年我好想它们。”

“以前我妈妈一直买好吃的食物和好玩的玩具，但是我爷爷说她乱花钱，于是把我妈妈赶走了，我很伤心。”

“我以前有一只小狗陪我玩游戏，现在它去开刀了。”

“有一天爷爷买了一只乌龟，可是被爸爸丢到植物园，过几天我跟爷爷到植物园找到那只乌龟，它还活着，我好高兴。”

“我七岁时我的曾祖父就过世了，埋在土里，我再也没有看过他。”

就在孩子写下“美丽的忧伤”这一刻，心中播下了用文字表达情意的种子——这种子，将长成“灵魂”。

美国哲学家怀特海：“他（上帝）给他们（人类）言语，而他们变得有灵魂了。”孩子是从懂得用文字创作那一天开始，变得有灵魂了。

表达是孩子的天性，李老师做的就是唤醒这一天性，使他们变得有灵魂。

要给孩子灵魂，就尽早让他们写起来吧。

不要以为孩子学习语文、写作，只是学习一种实用技能，是掌握一种工具。写作，是对人的灵魂、精神的孕育、哺育、养育，使之成为人。

我们的老祖宗是知道语言文字对于人、人生的重大意义的。古代学生入学启蒙有一个极其重要的仪式：开笔礼。“开笔礼，是中国传统中对少儿开始识字习礼的一种启蒙教育形式。在古代，学童会在‘开笔礼’即开学的第一天早早起床来到学堂，由启蒙老师讲授人生最基本、最简单的道理，并教读书、写字，然后参拜孔子像，才可以入学读书。这一仪式俗称‘破蒙’。古时，‘开笔礼’是极为隆重的典礼，对每个读书人来讲有着重大的意义，被称为人生四大礼之一。”（见“好搜百科”）之所以设置这个庄严的仪式，意味着孩子从此告别蒙昧，将成为知识人类的一员。

在这个仪式上有两件重要的事：朱砂开智，启蒙描红。朱砂开智，是给孩子的额头正中点上一颗红痣，“痣”象征“智”，就是“开启智慧”，表明从此孩子将成为有知识、有智慧的人。启蒙描红，就是让孩子在老师的指导下学写“人”字。之所以选择这个笔画简单而意义深远的汉字，是希望孩子们在人生的启蒙阶段学会做人，知道做人首先要堂堂正正地立身，要像“人”字那样顶天立地。——我以为这也象征着孩子将成为会写字、会写作的人，会写字、写作的人，才成其为人，才是真正的人。

这个仪式是有言语生命动力学价值的。我郑重建议，在小学生入学的第一天，应恢复这个“开笔礼”。这个仪式感很重要，要让孩子知道上学、开智、写人、拜孔等仪式，意味着修德、明理，读书、写作，求知、求真，他们将成为言语人、精神人、创造人。孩子通过这个隆重的仪式，铭记一生、影响一生。

在语文教学中，真正的“开笔礼”，是孩子第一次开始尝试写作。第一次用文字表情达意，写下人生的第一句说给世界、人类的话——写作，其意义怎么说也不过分。这幼稚的人生第一句，是他们精神创造的开始，他们因言语创造而有了精神生命——灵魂。所谓灵魂，就是人的精神存在，生命存在。我写故我在。这是孩子言语创造人生的揭幕，言语生命意识的开蒙，精神生命的诞生。

主持语文科“开笔礼”的，自然非小学语文教师莫属。这是教师的言语生命对学生的言语生命的点化、开蒙，是灵魂与灵魂的呼应、对接、承传。语文教师应是深刻领悟言语生命、读写活动价值的人，必须是无限热爱读写，痴情于言语创造的人，能写出充满魅惑力文字的人。这样的教师，才有资格主持“开笔礼”，才能给予孩子以精神洗礼，给他们以灵魂，以精神生命。

“开笔礼”要祭拜的是“立言者”：古往今来“垂诸文而为后世法”的人类精英，为人类文明、文化作出重要贡献的人。使孩子知道文字、文章、著作，是人类宝贵的精神财富，要向给予人类光明的先贤致敬；以他们为楷模，自我成就“立言者”，是语文学习，也是人生的理想与目标；写作，让生命不灭、精神不朽。

语文教师、语文教学要让孩子及早写起来，及早明白写作是神圣的。“开笔”写作是人生大事，是一个值得纪念的日子：“言语、精神生命”的生日。从此，他们有了灵魂，有了真正的人性，有了第二条命：言语、精神生命。这第二条命，才是人的“第一生命”，肉体生命反而是“第二生命”。人终身都要珍惜、捍卫“第一生命”，要好好读写。为此，要“自反而缩行慊于心”，要“无诱于势利”，为成就“立言者”，好自为之。

“第一生命”要是残废、夭折了，虽生犹死。

二　写书：言语人生的起步

每一个语文教师都应该是读书人、写书人。会书写、写书的语文教师，才会教学生书写、写书。孩子才会觉得离读书人、写书人特别近，只有一步之遥，触手可及。他们每天耳濡目染，不但喜欢读书，而且会像教师一样书写、写书，会觉得这是一件自然而然的事情。小学语文教师是孩子读书、写书的第一个引路人。读书、书写、写书，是孩子的关键一步。迈出了这一步，他们的人生版图将随之改变。

写作赋予人以灵魂。当孩子开始书写心灵、书写理性时，当知道他们写的东西可以成为读者手中的书，可以让许多人分享你的精彩故事，分享你对生活、对事物的好奇、探究与理解，不但现在广大读者能读到你的书，未来的人们也能读到你的书，你的思想有可能成为人类思想的一部分，他们便踏上走向“立言者”的路上了，他们的言语、诗意人生不只是美丽的梦想，他们的生命与精神创造已结下了不解之缘。

书写、写书的经历，应该成为每一个孩子重要的童年记忆。我认识、崇敬的一位的老先生，他教过的学生就有着写书的珍贵记忆。孩子写的第一本书是他催生、接生的，这是他最值得欣慰与骄傲的事。下面是我写的关于他的一篇短文：

写书：童年的珍贵记忆

语文教师极重要的使命：帮孩子珍藏童年。童年记忆是一生的财富，用文字收藏童年是最美妙的经历。孩子小，不知道这一点，语文教师必须让他们知道。

福州最好的小学——福建省福州实验小学有位最好的语文教师：钱本殷先生。钱先生是老一辈语文名师，以作文教学名闻遐迩。钱先生教过的孩子有用写书收藏童年的幸福经历。

在过去的岁月，钱先生常给孩子的好文章写上评语，推荐报刊发表，再从中精选编成“学生优秀作文选”，亲自写前言，编目录，刻蜡版，油印出来发给孩子。他指导孩子编“手抄报”“作文月刊”，教他们将写的“读书笔记”或好作文编成“书”，留下色彩缤纷的童年印记。时光荏苒，为一茬茬孩子的第一本书，钱先生满头青丝染霜华。

吴舒鋆的书《秋天的回忆》“前言”：

大家好，我是作者吴舒鋆。

秋，安然无声地离开了，就在这时，我完成了《秋天的回忆》。虽然，这美好的秋天一去不返，但《秋天的回忆》隐含着我对它的回忆！

《秋天的回忆》是我近期读书笔记中精选出来的20篇，希望老师和同学们欣赏后能够多提宝贵意见，以便日后编出更完美的书奉献给读者。同时也希望看到同学们的优秀作品！

吴舒鋆不会忘记是钱先生教她写“欣赏性读书笔记”，她有了人生的第一本书。“编出更完美的书奉献给读者”的承诺，终生难忘。

陈黛丽的书《雪漫的家》“前言”：

离别的钟声即将敲响，美好的时光即将悄然而去，六年既漫长又短暂。

时间飞逝，一眨眼，六年的童年时光，就在同学们打打闹闹中无声地穿过了。

想留，留不住；想再来，不可能；这时光就像花瓣。花瓣静静地飘落，回忆忽隐忽现……睁开眼一切都消失了。

小学时的梦，把她放在作文精选册中吧。让它慢慢地跳跃，让我慢慢地回忆。我写下这本书后，就要同大家一样飞向美丽的新世界中去了……

如果有一天，我要回头，我要回头找寻这本书的一点一滴，我会先寻觅到一张张微笑的脸。

可以想象，陈黛丽若干年后翻阅该书的喜悦与温馨，她不会忘记这是拜钱先生所赐，她寻觅到的“一张张微笑的脸”中一定有钱先生的笑脸。

钱先生写的《好作文聊出来》深受师生喜爱，书是用生动的故事形式聊作文。他与他的学生是书中的人物。书中的“钱老师”与班上学生：陈文、林云、戴丽、张煦……聊作文，无数的孩子从与钱先生聊天中懂得怎样写作文、写书。

孩子在钱先生的书中，钱先生在孩子的书中。

孩子永远记得，他们言语生命之舟是从钱先生的港湾扬帆启航的。

我相信，这人生的第一本书将伴随孩子们一生，是他们生命中最宝贵的财富，是无价之宝，是他们人生不可割舍、无法忘却的一部分。更重要的是，这本书为他们的精神创造奠定了第一块基石。有了第一本，便会有第二本、第三本……这是一个“立言者”圆梦之旅的开端。

钱先生的学生是幸运的，我希望所有孩子都拥有同样的幸运，在小学就拥有写作第一本书的经历。所有的语文教师都应该像钱先生那样，要让孩子懂得从读书到书写、写书是一件很自然的事情。

江苏吴江实验小学的管建刚老师，他教过的学生也有过用书收藏童年的经历。他在指导学生写“每日简评”“每周一稿”，指导学生将自己的文章编辑成书上，可谓煞费苦心。

学期末，每个学生都已经写下了五六个本子，多的写了十几个乃至二十个本子。他将学生的“评价周记本”发还给学生。他说：作为老师，我可以通过一定的组织形式，使学生好好地认识、保存这些“无价之宝”。我举办了“我的书”装帧设计大赛，提出了以下要求：

1. 周记本按先后次序排列，用针线把它们牢固地订起来。

2. 用白纸或各色卡纸做封面。

3. 封面上有封面设计者，还有出版社名称、书名、定价、作者、宣传广告语等。

4. 有扉页，扉页上有作者简介、内容提要。

5. 有侧封。

6. 请自己的父母为书写“序”。

新学期开学，教室里展出一排排五彩缤纷、绚丽多姿的“书”，学生投票评奖，再请获奖的同学谈装帧设计的想法和过程。

管老师认为这一活动很有价值：让学生明白作文能力是“写”出来的；让学生感受写书并不是件难事；让学生体验写作生命需要回顾和反思；让学生领悟写作需要为荣誉而战；“我的书”装帧设计大赛是一次综合素质的检验。① ——对书写、写书的意义能作如此深入的思考，殊为不易。正由于此，管老师才会多年来千方百计地激发学生的写作动机，让学生坚持不懈地书写、写书，他的“作文教学革命”才会在小语界独树一帜。

一个从小有过写书经历的孩子，将来与精神创造结下不解之缘的概率，一定要远高于没有类似经历的孩子。也许他们当时只是觉得写书、编书有意思，写得好，值得自豪；随着年龄的增长，他们一定会逐渐领悟到写书的意义，会感到这是人生一件了不起的事，是言语生命的纪念碑，是通往成就“立言者”之途的路标。

管老师是一位引领学生书写、写书的有心人。他懂得作为语文教师的责

---

① 参见管建刚：《我的作文教学革命》，福建教育出版社 2010 年版，第 63～66 页。

任，他要让学生感受到写作带来的精神愉悦，感悟到言语人生的意义。他深知教学生书写童年的重要，让他们体验编书过程的重要。他为他们精心规划、铺陈通往未来言语创造人生的路径。他为语文教师树立了一个榜样。

学生学写作文，一定不能只看做是一门“功课”“作业”，不能只看做是一项语言文字技能的学习、运用，而是人的言语生命、精神生命的成全与造就，要为学生未来的言语人生做长远规划，要让他们去体验作者、学者的言语理想、言语实践。书写、写书，是作者、学者——“立言者”的生存、存在方式，是他们言语人生追求自我实现的必由之路。他们在这条自我实现之路上的所思、所为，都要让孩子去尝试、经历；他们的胸襟、抱负，都要让孩子去感受、领悟。这是语文教师进行教学活动时应有的视角与眼光。

三　写作，养育心灵是根本

在写作教学中，教师往往首先想到的就是让学生写什么，想到学生面对作文题“无话可说”的困窘，想到怎么帮助学生获取写作资源，于是，就有了情境教学、活动写作、生活写作，就有了观察生活、贴近生活，做生活的有心人……这份善意可以理解，弥足珍贵，只可惜用错了心思。

说写作资源来自生活，这话只对了一半。因为生活能否成为写作资源，取决于人的心灵。只有经心灵同化过了的生活，才能成为写作资源。要是缺乏善于同化生活的心灵，生活再丰富复杂也无济于事，生活还是生活，不是写作资源，更不会成为文章。因此，养育心灵是根本。心灵丰富，才意味着写作资源充沛。心灵世界有多么丰富，生活也就有多么广袤，写作资源才会源源不绝、滔滔不尽。写作所需要、呈现的不是客观生活，而是心灵化了的生活，是感受、想象、加工、重构过了的生活，是自我的知、情、意。

心灵丰富，即内心世界充盈，包括学养丰厚、情感细腻、思想深邃。这些，主要得益于读书。将书中无数优秀作者的心灵世界，古今中外优秀作者在这基础上创造出来的第二自然，变成自己的生活体验，滋养自己的心灵世界，这个生活该是多么多彩多姿，心灵世界该是多么广博、浩瀚。书本中的世界，比起个人所处的有限时间、空间，个人狭小、简陋的内心情意，不知要开阔、丰饶多少倍。因此，与其制造一些“生活”“情境”“活动”让学生照葫芦画瓢地写，不如引导学生多读书、多体验。朱熹在其《活水亭观书有感二首·其一》说："问渠那得清如许，为有源头活水来。"他的"源头活水"，就是指读书明理。

古人说"读万卷书，行万里路"，说的就是养育心灵的方法。"读万卷书"是首务，强调读书与生活的统一，理论与实践的统一，知与行的统一。读书、求知、明理，始终是第一位的，比生活、实践、行动更重要。

真正有利于生活、实践、行动的读书，自然是读好书、读经典。先贤总是在读什么书上有着较高的选择标准与要求，总是喜欢给学生开具他们自认为的好书、必读书。他们公认的好书、必读书就是历代的经典。因此，读书就要读经典。读经典，才能给言语、精神生命奠基，给写作奠基，为成就"立言者"奠基。要让学生读这个世界上最好的精神食粮，才能养育美好的心灵，才会有洞达的思想，广大的胸襟。

从这个意义上说，叶圣陶先生说"阅读是写作的基础"是对的，不能离开读书讲写作，要以读书来滋养写作。我虽然倡导"表现-存在本位"，主张语文教学要"指向写作"，但我也反对"就写论写""为写而写"，反对撇开阅读讲写作，反对把语文课上成写作训练课。写作的根本在于心灵的丰富，唯读书才能滋养心灵。

读书就要读经典，这在实用阅读、快餐文化、娱乐至死的时尚下，是特别需要坚守的。经典是相对于时文庸作的，是有普世、永世价值的。今天，网络上大多是没价值的文章，即便是报刊时文，大多会因时过境迁而失效，对写作没什么助益，更谈不上培育"立言者"了。因此，语文教育要在培养阅读品味、趣味上下功夫，要引导学生读经典，教科书要以经典选文为主。否则，读得再多对养育心灵也没多大帮助。

养育心灵，主要就是从读中增益知、情、意素养来达成。古人的读书，总是跟修德、养气、悟道、明理联系在一起，就是为了丰富心灵世界。其核心就是一个"悟"字。读书要有所思、有所悟。如果思考没跟上，读了再多经典也是徒劳。孔子说"学而不思则罔，思而不学则殆"，学与思是相辅相成的，学而不思等于未学。朱熹说熟读精思，虚心涵泳，切己体察，熟读不够，还得精思、涵泳、体察，才能由外而内地明白事物存在的道理，为人处世的道理。皮亚杰、罗杰斯反对占有的阅读，主张存在的阅读——建构的求知，主张所有的知识、思想都要经过自己的思考、扬弃与建构，使之变成你自己的。读书的目的是明理，其关键是思考：读万卷书，还要“思万物理”，才能充实知、情、意，拓展心灵内蕴。

“读万卷书，思万物理”还不够，还要“写万篇文”。读与思还只是胸中有，而这胸中有的知、情、意往往是模糊、零碎的，真正的心灵丰富离不开写。内心知、情、意的最佳建构方式是写作。这个写，首先是写读书笔记。胡适先生说：“……我以为读书三到是不够的；须有四到，是：眼到，口到，心到，手到。”“发表是吸收智识和思想的绝妙方法。吸收进来的智识思想，无论是看书来的，或是听讲来的，都只是模糊零碎，都算不得我们自己的东西。自己必须做一番手脚，或做提要，或做说明，或做讨论，自己重新组织过，申叙过，用自己的语言记述过——那种智识思想方可算是你自己的了。”“所以我说，发表是吸收的利器；又可以说，手到是心到的法门。”① 他说的“心到”就是思考、领悟，“手到”，就是写读书笔记。

思与悟之所得，必须整理、记录下来，才有效用，否则，就会遗忘。梁启超先生说：“若问读书方法，我想向诸君上一个条陈。这方法是极陈旧的极笨极麻烦的，然而实在是极必要的。什么方法呢？是钞录或笔记。我们读一部名著，看见他征引那么繁博，分析那么细密，动辄伸着舌头说道：这个人不知有多大记忆力，记得许多东西，这是他的特别天才，我们不能学步了。其实哪里有这回事。好记性的人不见得便有智慧，有智慧的人比较的倒是记性不甚好。你所看见者是他发表出来的成果，不知他这成果原是从铢积寸累困知勉行得来。大抵凡一个大学者平日用功，总是有无数小册子或单纸片，读书看见一段资料觉其有用者，立刻钞下。（短的钞全文，长的摘要记书名卷数页数。）资料渐渐积得丰富，再用眼光来整理分析他，便成一篇名著。想看这种痕迹，读赵瓯北的《二十二史札记》，陈兰甫的《东塾读书记》，最容易看出来。”② 读书笔记不但可以防止遗忘，经过整理有的甚至可以成为名著，可见其作用之大。

读书笔记，古人称为“札录”，是读书不可或缺的功夫。如章学诚所言：“札录之功，必不可少。”读与思之后，是否将读与思的领悟记录下来，是决

---

① 胡适：《读书》，见白吉庵、刘燕云编《胡适教育论著选》，人民教育出版社 1994 年版，第 208 页，211 页，212 页。

② 梁启超：《读中国书》，见邓九平主编《谈读书》上，大众文艺出版社 2000 年版，第 4～5 页。

定读与思水平、成果的关键。不作札录，必所得甚少，读如未读，自然对丰富心灵没有多少助益。从读书中获得的知、情、意素养既是写作的基础，又可以通过写作进一步明晰，提高知、情、意素养的建构水平。

“读万卷书，思万物理，写万篇文”，构成一个完整的养育心灵、精神建构生态链，是古人普遍遵循的治学方法。读、思（悟）、写三位一体，才能达成读书明理的目的。这里的“写万篇文”，先是写读书笔记，集腋成裘、厚积薄发，最终将写成长文、专著。即从“前写作”的素材、资料准备，积累到一定时候，水到渠成，自然而然地进入到正式“写作”运思。就是说，“写万篇文”的“文”，既包括对读书感悟的零碎掇拾的记录，也包括原创性的表情达意。从养育心灵来说，这两类“文”都是必要的。在基础教育阶段，前者比后者更重要，从小学开始，就要培养学生写读书笔记的习惯，如养成这一习惯，写作不必教，可不学而能。

写读书笔记有一个典型案例。厦门一中高中生白杏珏，在准备高考的百忙中，坚持读课外书，三年中，她读了周国平、简媜、季羡林、史铁生、张承志、林语堂、梁遇春、梁文道、筱敏、安意如、纪德、梭罗、尼采、卡夫卡……涉及作者不下 60 位。边读边写读书笔记，一写就写了几大本，有了较为充沛的知、情、意蓄积，参加 2011 年高考，她的作文获福建省唯一的满分。其读书笔记整理出版，书名为《名师点评：为生命松绑——一个高考作文满分学生的阅读笔记》（福建教育出版社 2012 年版）。我为她写了一篇评论，参见本章“附录二”，从中可以了解如何读书、思考、做札记。我以为引导学生写读书笔记，是语文课程、语文教师最应该做的“正事”“大事”，唯此才能真正解写作“无话可说”之困，可开阔胸襟，文思泉涌。不但无须担忧学生没有“生活”，不必殚精竭虑于设置情境、活动，而且还可解决写作上诸多问题。——与其说“阅读是写作的基础”，不如说“札记是写作的基础”，阅读必须要有所悟，有所记，才能成为写作的基础。札记是“立言”之本，其重要性再怎么强调也不过分。语文学习悠悠万法，唯此为大。

真正善读书者，经过长期“读、思（悟）、写”，便可获心灵自由。朱熹在其《活水亭观书有感二首·其二》，表达的就是读书获得心灵自由、写作自由的欣喜之情：“昨夜江边春水生，艨艟巨舰一毛轻。向来枉费推移力，此日中流自在行。”读书、思考的“源头活水”集聚多了，就不只是“半亩方塘一鉴开，山光水色共徘徊”，而是“昨夜江边春水生，艨艟巨舰一毛轻”，百溪归江，水涨船高，内在的蓄积丰厚了，“向来枉费推移力，此日中流自在行”，以往举步维艰的思维、思想、表达等活动，都被其轻而易举地托举起来，得以自由自在地运思、写作。有了读书、思考的积累，便有了心灵的丰富、自由，自然而然地也就有了写作的轻松、恣肆。

别再把写作吊死在观察生活、写生活这一棵树上，别再把语文课程简单地理解为“生活写作”“生活语文”，别再上“语文学习的外延与生活的外延相等”的当。说“心灵写作”“心灵语文”可能更为恰当。

四　心灵写作：贵在虚静、神游冥想、内视内省

在“生活写作”下，重视的是贴近生活、观察生活之类，总是觉得学生生活贫乏，在写作之前要给学生制造一些生活素材，设置一些生活情境、活动，似乎只有他们看到了，观察到了，写起来才有话可说。这种写作基本上是“现买现卖”，没有过脑子、过心灵、过时间，是一种非自然写作，火候不到，写出来的东西就是夹生饭——顶多就是写生，不是创造。

在“心灵写作”下，观念就不一样了，不论是看到、听到的，还是读到的，都必须经过“心灵化”之后，经过内心的蓄积、思虑，才可望成为写作的素材、表现的内容。即经过主体的同化、孕育、重构，经过一定时间的“发酵”，在某一契机触发下，有了写作灵感，表现冲动，即叶圣陶先生说的“本于内心的郁积，发乎情性的自然”，如此发为文章，是水到渠成、瓜熟蒂落的事。从内心深处自然流淌出来的，才有好文章。

心灵丰富而活跃，才有强大的同化、孕育、重构外部世界的能力。因此，语文教学一方面要在学生心灵建构上给予最大关注，重视培育知、情、意素养，使他们的内心世界开阔、深厚起来；另一方面要促成其外部世界的心灵化、表现化，使内心激荡、踊跃起来，催发表现情意的孕育进程。前者是引流注水养鱼，水多、水深才能养出大鱼；后者是让鱼游动、灵动起来，使其充满活力，快点长大。心灵丰富与心灵活跃，这两个方面都是十分重要的。心灵丰富是言语表现的根本，心灵活跃是内化、外化——言语表现的关键。

写作教学要促成学生外部世界的心灵化、表现化，除了强化其言语内驱力外，要使其内心常常处于触动、震撼之中，激荡、踊跃之中，加速其内心

的郁积、灵感的闪现，为进入自然写作状态创造条件。关于这一点，我想到了几个关键词：贵在虚静、神游冥想、内视心灵。

（一）贵在虚静

外物的心灵化，要有一个良好的认知心态与精神状态。老子《道德经·第十六章》中说“致虚极，守静笃”，虚、静，表明人的心境的空明、宁静，“致虚”与“守静”，就是要排除外界的干扰、诱惑，使内心达到、保持澄明、沉静的状态。“极”“笃”：形容极度、坚定。在极度的空明、坚执的沉静状态下，“万物并作、吾以观复”，即万物在虚、静中生长起来，在虚、静中，才得以看到万物的本然、本性、本根。《礼记·大学》中的“格物、致知、诚意、正心”，似乎也可以理解为“诚意、正心”而后“格物、致知”，前者是后者的充分必要条件，只有“诚意、正心”，才能“格物、致知”。《庄子·知北游》中讲了这么一件事：孔子问于老聃曰：“今日晏闲，敢问至道。”老聃曰：“汝齐（斋）戒，疏瀹而心，澡雪而精神，掊击而知！”翻译成现代汉语，就是：孔子向老聃求教：“今天安居闲暇，我冒昧地向您请教至道。”老聃回答：“你要斋戒，疏通你的心灵，清扫你的精神，破除你的才智！”达摩修性坐禅、面壁入定，也是为了排除私心杂念，创造一种最佳的“明心见性”的心理环境。诸葛亮说的“淡泊以明志、宁静以致远”，朱熹说的“静以修身”“虚心涵泳”“居敬持志”，等等，这些观点都是一脉相承的，都是与老子的“致虚极，守静笃，万物并作，吾以观复”相关，都是关注认知事物必须拥有专心致志的心理状态。

直接探讨写作运思的《文心雕龙·神思》说得更明白：“……是以陶钧文思，贵在虚静。疏瀹五藏，澡雪精神。积学以储宝，酌理以富才，研阅以穷照，驯致以怿辞。然后使元解之宰，寻声律而定墨；独照之匠，窥意象而运斤。此盖驭文之首术，谋篇之大端。”① “贵在虚静”的“虚静”，就是来自“致虚极，守静笃”。“疏瀹五藏，澡雪精神”，就是从《庄子·知北游》“疏瀹而心，澡雪而精神”中来的。“神思”，讲写作的构思活动。这段话，我以为不但讲写作构思，而且涉及整个写作的精神创造活动，所以，刘勰称这些行为是“驭文之首术，谋篇之大端”——写作的主要方法，运思的基本内容。“陶钧文思，贵在虚静。疏瀹五藏，澡雪精神”，是写作必需的心理状态与前

---

① 赵仲邑译注：《文心雕龙译注》，漓江出版社 1982 年版，第 248 页。

提条件。

整个写作活动，“贵在虚静”。文思的孕育——心灵化、表现化，最重要的是内心的澄明、清静，要疏通内心，洁净心灵，才能够进行从心灵建构到表情达意的一系列的活动。就是说，在心灵化、表现化的过程中，要保持不受外物干扰、诱惑的空明、宁静的心态。“积学以储宝，酌理以富才，研阅以穷照，驯致以怿辞……”这是对整个前写作到写作行为的完整描述，写作活动必须是在排除外界干扰的虚静状态下进行。心要静，不受外物、势利之诱惑，才有心灵的安适、自由，才能进入最佳写作状态。

曾国藩认为写作关键是“行气”：“行气为文章第一义”①。“行气”之文重在“养气”。“欲求养气，不外‘自反而缩行慊于心’两句；欲求行慊于心，不外‘清、慎、勤’三字。……‘清’字曰名利两淡，寡欲清心，一介不苟，鬼伏神钦；‘慎’字曰战战兢兢，死而后已，行有不得，反求诸己；‘勤’字曰手眼俱到，心力交瘁，困知勉行，夜以继日。”② 关于“养气”的“自反而缩行慊于心”，来自《孟子・公孙丑上》，是孟子对公孙丑说的话，意思是明白道义所以能“不动心”，自省而理直，行为无愧于心，才有浩然之气。要做到这一点，首要就是一个“清”字：“名利两淡，寡欲清心，一介不苟，鬼伏神钦。”这强调的也是心要静，不受名利诱惑。养气方能知言，方能行气为文。

（二）神游冥想

“致虚极，守静笃”，才有心灵的淡定、从容、自由，才能进入到“神游冥想”的境界。

陈寅恪先生在《冯友兰中国哲学史上册审查报告》中说：“凡著中国古代哲学史者，其对于古人之学说，应具了解之同情，方可下笔。……所谓真了解者，必神游冥想，与立说之古人，处于同一境界，而对于其持论所以不得不如是之苦心孤诣，表一种之同情，始能批评其学说之是非得失，而无隔阂肤廓之论。”③ 在这些话中，陈先生是要表达自己对史学研究的见解，认为应

---

① 钟叔河选编：《曾国藩教子书》，岳麓书社1986年版，第71页。

② 曾国藩著，邓云生编校：《曾国藩全集・日记二》，岳麓书社1989年版，第802页。

③ 陈寅恪：《冯友兰中国哲学史上册审查报告》，见《金明馆丛稿二编》，三联书店2001年版，第279页。

知人论世，设身处地，才能真正了解、理解古人的思想，才不会因主观性、当代性干扰，导致认知的肤浅、错误。——我只想取其“神游冥想”这四个字，“神游冥想”的“神游”，想必是从《文心雕龙·神思》中“故思理为妙，神与物游”（写作运思的巧妙，内心的精神活动能与事物的形象相伴随，指的是写作运思中的想象活动）中来的。对写作来说，“神游冥想”是很重要的心理活动。在面对外部世界的纷纭复杂的信息时，需要做一些沉淀，要有宁静的心境，冷静地沉思默想，内心安静了，心无旁骛，专心致志，思维与想象才能活跃起来，才能获得对事物的深度感悟与领会，才能有所发现与创造，这便是进入写作的心灵化、表现化进程的良好心理状态。

贵在虚静，神游冥想。就语文、写作教学来讲，胸襟、境界、心态的培育是最重要的。不功利、不浮躁，内心平和、宁静。要创造良好的写作氛围、摆正健康的写作心态。教师不要成天围着考试转，急功近利地训练。一课多得，立竿见影之类，大多给学生的是一种负面影响。应试写作、模式化写作、快速作文之类，就是典型的功利性教育。要给他们提供更多的内心空明、安静的“沉思默想”的机会，要让学生排除私心杂念，专注、深入地思考，琢磨他们日常接触到的事物的道理、原理，看到、听到、读到的，都要留出时间给学生“神游冥想”，静静地思考，默默地发呆，使他们产生心灵感应、反应，有自己的感觉、感受、感悟、想法、灵感，不论是吉光片羽，还是浮想联翩，务必用文字记录下来。积小流以成江海，内心蓄积、丰满到一定程度，就必定会产生写作冲动，进入到写作运思状态，情意的表达就是自然而然的事了。

（三）内视内省

由“神与物游”“神游冥想”我想到了“内视”一词。对于写作来说，关键是要将作者自身“神游冥想”的经历、过程表现出来，这需要“内视力”。对于写作教学来说，学习“内视”重于“外视”。从某种意义上说，写作不是对外物的客观描摹，而是对自我心灵的描摹。或者说，是对经过心灵化、语词化了的外部世界的体察与表现。对写作的心理活动，对自身体验、感受、想象等运思行为的省察与回放，至关重要：“作家、艺术家在形象思维活动中鲜明清晰地‘看’到了自己所想象所构思出来的艺术形象，有时甚至连人物、景物的最细微之处也历历在目，这种能力在艺术心理学上称之为内心视觉能力。内心视觉能力对艺术创造来说极为重要，正如阿·托尔斯泰所说：‘凭借内在的视力来看所描绘的对象，来创造作品，这就是作家的法则。’”[①] 这表明了作家创作主要不是靠观察，而是靠内视。内视力是一种心灵洞察力。

与“内视”概念直接相关的是“内在感官”，也称为“第六感官”：“夏夫兹博里认为人天生就有审辨美丑善恶的能力，这种天生的能力就是内在的感官。这种感官是在视、听、嗅、味、触五种外在感官之外，并植根于内心深处。作为审辨美丑善恶的感官，它是一种心理能力，或感官能力，它在起作用时与外在感官具有相同的直接性，不是思考和推理的结果。但是它毕竟不同于外在的感官，而是与理性密切相结合。他认为感官属于动物性部分，‘内在感官’才属于人的心灵与理性。审美能力只属于后者不属于前者。……人们以后用这一概念是指主体对审美对象的一种直觉洞察力。”[②]“内视”，就是对“内在的感官”感觉到的事物，对自己写作运思成果的体察、省视，将心理言语转化成外部言语。这在一定程度上体现了写作的创造机理。

“……感官属于动物性部分，‘内在感官’才属于人的心灵与理性”，这一点很重要。因为它不仅区分了人的认知与动物的感觉的差别，而且表明了人的言语表现的心理基础，表明了人的认知与精神创造的特殊性。就是说，“观察”是运用了人的动物性官能，“内视”才是运用真正的人性官能。人性官能高于、涵盖其动物性官能。因此，基于动物性官能的“生活写作”是不成立的，基于人性官能（内视心灵与理性）的“心灵写作”才是符合人的创造本质的。为了避免“唯心主义”之嫌疑，特说明如下：所谓的“心灵写作”的“心灵与理性”，指的是对感官感觉到的外部世界的心灵化、理性化，它并不是无视客观世界。实际上，人既然是自然界万物的一部分，人的“心灵”世界也是“自然界万物”的一部分，了解、认识、表现人自我的心灵、理性，是对外部世界的心灵化、表现化，是将动物性的感觉转化为人性的创造。对于精神创造——写作来说，起决定作用的不是外部的“动物性官能”，而是人内部的“人性官能”，对心灵化、理性化、表现化行为过程的内视。

与“内视”息息相关的还有一个重要概念：“内省”。“内省”是一个重要的心理学概念，也是一个文艺学概念。“即把经验回忆起来加以判断，也是对自我内心的意识经历的反思。……内省在文学创作和欣赏中起着重要的作用。

---

① 鲁枢元、童庆炳、程克夷、张皓主编：《文艺心理学大辞典》，湖北人民出版社2001年版，第30页。

② 同上书，第31页。

对文学艺术家来说，内省是文学艺术家深化自我意识、探索心灵奥秘、不断有新的发现的必要前提，那些涉及个人思想感情、品德、操守等见诸作品中的文字，都是内省的产物或表现。中国古代散文名篇——诸葛亮的《出师表》，就是作者进行诚恳、深入的自我分析后创作的作品。鲁迅也是善于自我解剖的典范，并表现于《一件小事》等众多的优秀之作中。在小说创作中，对人物心理的刻画，对人物内心隐秘的探寻，大都来自作家的内省，来自于对人物处境身临其境的体验。日本的‘私小说’以及中国现代小说家郁达夫的‘自叙传’小说，均充分体现出内省在小说创作中的作用。在文艺鉴赏中，内省的作用也表现得十分突出，如演员通过内省进入角色，使表演惟妙惟肖、有声有色，观众也是通过内省才能深入剧本的情境而引起感情或情绪上的共鸣，获得身临其境的自我体验、审美愉悦。”① 这已经把“内省”的作用说得很清楚了。这里虽然说的是内省在文学艺术家的创作活动中的作用，但对非文学写作的运思活动同样适用。如果说“内视”侧重于对心理表象的“观察”，“内省”则侧重于对心理表象的理性分析、思考过程的“观察”，对自身情感经历、思维过程的心理感受、反应。二者对写作运思活动都是不可或缺的。

因此，在写作教学中，强调“观察生活”之外，更要关注“内省内视”。“省视心灵”应成为比“观察生活”更重要的概念，将培养“观察力”，更新为培养“省视力”（内省力、内视力）。我们以往说要写“真情实感”，这“情”与“感”都是人内在的感觉，属于心灵与理性，要通过“内省”“内视”来感知、呈现。“省视力”（内省力、内视力），应成为语文教学，阅读、写作、口语交际教学的重要能力。人内心的情思、心灵化的事物，要通过“内省”“内视”，才能转化为言语表现的内容。

要让学生经常性地省察、体验自己“神游冥想”的心理活动。《文心雕龙·神思》：“文之思也，其神远矣。故寂然凝虑，思接千载；悄焉动容，视通万里……夫神思方运，万涂竞萌；规矩虚位，刻镂无形。登山则情满于山，观海则意溢于海……”这些，其实都是刘勰对自己写作运思心理活动过程的内省、内视的描述。推而广之，一切的文字表现，或模糊，或清晰；或简陋，或翔实；或抽象，或具体；或粗糙，或细腻……都是作者的心理镜像的呈现，

---

① 鲁枢元、童庆炳、程克夷、张皓主编：《文艺心理学大辞典》，湖北人民出版社2001年版，第56页。

都跟作者的心灵化、理性化水平有关，与其内省力、内视力有关。

在今后教学中，重心要放到激发学生“神游冥想”上，让学生将外部的事物、材料，充分心灵化或理性化；“内省”“内视”要成为常用词，培养“内省力”“内视力”要成为最重要的能力目标之一。下面是王崧舟老师上的作文课《亲情测试》实录（节选）：

师：同学们，准备好了吗？……上课！同学们好！

生：老师，您好！

师：请把作文本打开，翻到最后一页。……我看到最后一页是最干净的一页。清清爽爽，没有一个字。

生：(拿笔等候)

师：请拿出笔，听清楚要求：在这张最干净的纸上，写上你在这个世界上最爱的五个人。也许你最爱的人不止五个人，可要求只能五个人。

生：(开始写)

师：因为是你最爱的人，所以你的字一定是最工整的。你在写的时候，他们的音容笑貌好像就在你的面前。不着急，我们有的是时间。

生：……

师：我们再稍等片刻……好了，都写下了？好，我来了解一下。你来说说。

生：我的妈妈、爸爸、爷爷、奶奶和姑姑。

师：把姑父给踢出去了。

(笑声)

师：你来说。

生：妈妈、爸爸、姐姐、外婆、外公。

师：好的。你来。

生：在最喜欢……

师：别用“喜欢”，用“爱”。

生：我最爱爸爸、妈妈、爷爷、奶奶和老师。

师：老师？哪一位老师？

生：郎老师。

师：好的，这位老师真幸福！是真的吗？我来看看。……好的，真的写下来了。……我相信这五个人在你不假思索的状态下写下的，一定给你留下极其深刻而美好的印象。说说，你在写下他们的名字的时候，你的心里是什么感受？

生：……

生：我觉得心中很幸福！好像一缕阳光射进我的心田。

生：想到了家。

师：最爱的五个人啊，带给我们的是快乐的，是温馨的，是幸福的，是家。好，现在请你拿起笔，听清楚要求：在我们最爱的人当中，请你划去一位。

生：（沉思、为难）

师：我看到有的孩子皱眉头。你来说说，你划掉了哪一位？

生：奶奶，因为……

师：我相信你说的是真的，但这不是真正的理由。因为你第一次写下她的名字的时候，那个理由一定比这个更充分。……你来说。

生：我一个也没有划去。

师：为什么？

生：我没法划是因为他们都是我最爱的人。（哭了）

师：你为什么哭了？

生：因为我很难过。

师：对不起，老师让你难过了。但这是规则，必须划去。请大家再划去一个。

生：……

师：好了，你把谁划去了？

生：我把奶奶划去了，但我还是不忍心。（流泪）

师：孩子们，记住，这是规则！生活中，不可避免地会发生这样的事情。你非常非常希望永远和他们在一起。可是，在一个雪花飘飘的早晨，或者一个黄昏，他们其中的一位真的会离开我们，永远永远不会再回来。孩子们，请拿起笔来，再划去其中一个。

生：……

师：好，你来说，把谁划去了？

生：我谁也没有划。

师：你此刻想到些什么？

生：……

师：你来说。

生：我谁也不想划，可这是规则，我只好划去了奶奶。

师：你把奶奶划去了，还划去了什么？

生：划去了奶奶的哺育之恩。（哭）

师：你来说。

生：我谁也没有划去。（泣不成声）

师：（看看学生面前的白纸）你一个也没有划去，为什么哭得如此伤心？

生：我感觉他们是我身体的一部分。

师：是啊，你怎么忍心？怎么不难过呢？……尽管你没有动笔划，可是你的心里一次又一次地经受这样的折磨。你手里拿起的是一支笔吗？

生：就像是一把刀，一次次割我的心。

师：你仿佛感到了什么？

生：我仿佛感到了死亡。

生：我仿佛感到了亲人一个个离开。

师：这个世界没有了爱，将会变成什么样？……拿起笔，就剩两位了，而且我相信这两位一定是你最亲最亲的人，最爱最爱的人。请你抬起头来，闭上眼睛，你看到了他们，请你看着他们。一分钟，你再睁眼看看纸上的名字，你不再只是看到四个汉字。你会看到他们的眼睛，你会看到一个画面，可能是……也可能是……这些画面可能让你终身刻骨铭心。当你面对这两个人的时候，你的脑海里会闪现一个画面，什么画面？

生：我想到了我生病的时候，爸爸妈妈非常着急。

生：我的眼前是爸爸妈妈不顾一切，抽出时间来照顾我，他们自己很少休息。

生：我想到了爷爷。他每天顶着烈日顶着寒风来接送我。

师：这就是阳光……这就是爱！孩子们，请拿起笔来，我知道这非常残忍，可这是规则。必须把这最爱的两个人当中，划去一个人。……请你趴在桌子上。

生：（趴在桌子上，流泪）

师：你的爸爸、妈妈、爷爷、奶奶、叔叔、阿姨都还健在！什么也没有发生！他们没有离开你呀！可为什么你还是那么难过？拿起笔来，告诉我们一切。

…………

这可以看作是重在培养“内省力”“内视力”的课。自始至终，孩子们被调动出来的都是内心的情意，运用的是内在的感官，所有的内心活动，心灵中浮现出的情感体验、“画面”形象，都是借助内省、内视呈现出来的。

王老师的课，为诱发学生进入到心灵化、表现化状态，下足了功夫：“你在写的时候，他们的音容笑貌好像就在你的面前。”“你在写下他们的名字的时候，你的心里是什么感受？”“你此刻想到些什么？”“这个世界没有了爱，将会变成什么样？……拿起笔，就剩两位了，而且我相信这两位一定是你最亲最亲的人，最爱最爱的人。请你抬起头来，闭上眼睛，你看到了他们，请你看着他们。一分钟。你再睁眼看看纸上的名字，你不再只是看到四个汉字。你会看到他们的眼睛，你会看到一个画面，可能是……也可能是……这些画面可能让你终身刻骨铭心。当你面对这两个人的时候，你的脑海里会闪现一个画面，什么画面？”“你的爸爸、妈妈、爷爷、奶奶、叔叔、阿姨都还健在！什么也没有发生！他们没有离开你呀！可为什么你还是那么难过？拿起笔来，告诉我们一切。”在王老师的启发下，学生的心打开了，他们看到了那些曾经逝去的记忆，美好的瞬间；看到了自己儿时的快乐与正在经历的悲伤……他们外在的感官闭上了，内在的感官敞开了，在自己的内心踌躇、漫游、追索。

我曾经这样描述这堂课：“这是一堂与以往不同的写作课，所以使许多人感到错愕：不是司空见惯的命题作文，也不是趋之若鹜的情境教学，他让教学脱离常轨，引领着学生由现实生活进入了虚拟空间，在亦真亦幻中遨游，在地狱、人间、天堂中穿行，这在一般教师看来是不可思议的。不论是在现实生活还是在虚拟空间，学生的情思始终都处于跌宕起伏之中，思致的大起大落、感情的大悲大喜，急遽变换。学生跟随着老师有节奏的调度，乐极生悲、悲极而乐：由平静而兴奋，由兴奋而悲伤，由悲伤而痛哭，由痛哭而喜悦，由喜悦而宁静。经历了一次情感的洗礼，生命的磨砺。”这就是一种情感经历，情绪体验，只有对内心世界细致入微的内视，将幽昧、混沌的情意明晰化、语词化，才能写出美妙的诗文。

对外部世界的心灵化、表现化，就是言语生命化。语文课要经常让学生处于虚静状态，将眼睛闭起来，置身于“神与物游”“神游冥想”的“神思”中：心灵洞开，理性活泼，“第六感”自由自在地翩跹翱翔。

淡化、消解“生活写作”“观察生活”等观念，大力倡导与“真情实感”相匹配的“心灵写作”“省视心灵”观念。为学生提供尽可能多的内省、内视活动的机会，以提高其内省力、内视力，他们的文章一定会有一个质的飞跃。

五　遗失了什么也不要遗失了想象力

要说写作能力最重要的是什么，有人一定会说是语感。这似乎没错，文章的第一要素是语言。没有语感，如何运用语言，如何写作？但是，进一步的问题是什么是良好的语感？答曰：是一种创造性地感知和运用语言的能力。再问，这种能力主要凭借的是什么？答曰：言语想象力。言语想象力的功用远不止此，它无所不在地渗透在一切创造性的言语活动中。从观察、感知、立意、选材到构思、表达，无不和想象息息相关。语感能力侧重于技能，而言语想象力则是一种智慧。**言语智慧的第一要素是想象力。言语生命的养护，首要的是想象力的养护**。

在言语教育中，最看得见的是语言的实际运用，最看不见的就是想象力的发挥。因而，在以往的应试教育下，重语言，轻想象，是顺理成章的事。言语生命动力学的语文素养教育正是要把这种观念颠倒过来。言语想象力的养护要重于语感的培养，或者说，真正的语感，其最重要的指标，不是文从字顺，而是言语想象力的活跃、丰富、奇崛和强劲。写作，要是没有想象力，所谓的语感，只是“码字”而不是创造。

在一个人的言语生命中，想象力是与生俱来的。想象力是造物主给人的童年时代的馈赠。遗憾的是，我们的教育扮演了掠夺者的角色，趁孩子少不更事之时，祭出“实用”的法宝，以知识和技能为诱饵，剥夺、鲸吞了这份厚赠，以至于孩子长大成人之后，想象力竟成了稀世之宝。本来，如果听任言语生命自然自足地生长，一般人是不会缺乏想象力的，然而，由于来自教育、社会、成人思维和生存的压力，多数人未能悉心珍存，他们的想象力一点一滴地被实用观念和技能蚕食殆尽，在懵懂之中丧失了一笔人生最大的财富。真是“人生识字糊涂始”，多数人当他意识到想象力的珍贵时，已回天乏术、苦觅无着。

想象力遗失很容易，失而复得却极为困难。因为，想象力的优劣，首要的是心灵的自由、天真，思想的无拘无束，它的黄金时代是童年期的自然发蒙。从这个意义上说，每一个孩子确实都是“诗人”。想象力的发生，不完全取决于后天的方法和技巧的培养。同时，它的发生和发展，也离不开必要的知识经验等的积累。当今学生笔下思路单一、形象雷同、想象贫弱的窘况，除了思维方法问题外，和他们阅历、学养、情感、精神、心灵、悟性状况等有关。

人的想象力的生长不是一步到位的。早期自发的想象力，较少智慧成分。想象力进一步提升，需要以深厚的积累为基础。一个知识渊博、阅历丰富、心灵充盈的人，总是比知识贫乏、经历有限、情感粗糙的人更容易产生新鲜的有价值的想象。鲁迅先生在谈到自己塑造人物的经验时曾说：“天才们无论怎样说大话，归根结蒂，还是不能凭空创造。描神画鬼，毫无对证，本可以专靠了神思，所谓‘天马行空’似的挥写了，然而他们写出来的，也不过是三只眼，长颈子，就是在常见的人体上，增加了眼睛一只，增长了颈子二三尺而已。”① 这些话，恰好从侧面提示我们：广泛的阅历和入微的感知是展开想象的先决条件。想象要以回忆的表象为基础；而回忆的表象，都是在感知中形成或保存下来的。因此，切忌把想象当作知、情、意贫乏的补丁。不论哪一种类型的想象，都离不开人的基本素养的积淀，都是从已知创造出未知，而创造出的未知，又是对已知的超越。

要进行想象力的培养，自然需要了解想象的心理机制。言语想象的一般过程是：根据一定的意图，通过联想唤起相关的记忆表象和知识素材，对其分离和推演、加工和合成，最终创造出新形象、新知识或新思想。——这样的描述显然是十分蹩脚的，因为，从某种意义上说，想象的心理机制是无可言喻的。想象力是原生性的才具，是智慧的灵光一现。想象力只可护持，难以培养。道之出口，淡乎其无味，谁又真能解其中之味？既无味，之所以还要进行描述，只是出于良好的愿望和教学上的考虑，希望能弥补于万一；尽管有味的，并非是大道。

常见的想象思路，大致有如下几种：

---

① 鲁迅：《叶紫作〈丰收〉序》，见《鲁迅全集》第六卷，人民文学出版社 1981 年版，第 219 页。

1. 赋形想象（抽象→具象）

这是一种模拟事物可能有的形状的思路，通过某一特定的具体形象以表现与之相似或相近的概念、思想和感情。它可以把抽象的概念（如“春”“秋”“骄傲”“失望”等）转化成具体的形象；把浓缩的成语、诗句（如“趾高气扬”“红杏枝头春意闹”等）扩展成生动的画面；把文章中简略的概述变成细致的描写；等等。例如，以具体形象表现《深山藏古寺》这个题目，可以这样想象：“在高山密林中，隐约可见古寺的一角；或隐约露出一根飘着杏黄旗的旗杆。”也可以这样想象：“在云雾缭绕的山坡上，一个担水的和尚正沿着小径拾级而上。”前一则想象虽然具体可感，但过于直露，后一则想象借助间接之物来表现，寓意较隐，令人回味。因此，赋形想象，一要可感，二要含蓄，尽量避免“图解”概念。

赋形想象是以抽象事物的一般属性为起点，让思路朝着与该属性有某种吻合的具象之物跃迁。最后把这种抽象属性凝聚在具象之物上。落定的具象之物越新鲜、奇特、超逸，想象的质量越高。

2. 象征想象（形象→意蕴）

这是一种托物寄意、揣摩事物象征意义的思路。它以具体的事物（意象）为媒介，间接陈述某种抽象的观念，表现某种复杂的情感。换句话说，它根据事物外在或内在的某种具体特征，想象出某种与之相应的精神、品格或含义。比如，从“果实埋在地底”的花生，看到那种“有用的，不是伟大、好看的”品质（许地山：《落花生》）；由“虽在北方风雪的压迫下却保持着倔强挺立”的白杨树，升华出那种在“我们北方民族解放斗争中所不可缺的朴质、坚强，力求上进的精神”（茅盾：《白杨礼赞》）；从“真是丑得不能再丑的丑石”上，感悟了“它那种不屈于误解、寂寞的生存的伟大”（贾平凹：《丑石》）。

象征想象的关键，在于打破“以物观物”的思路，从表象超脱出来，往它的某种内蕴意义上跃迁，正如茅盾在《白杨礼赞》中所说：“当你在积雪初融的高原上走过，看见平坦的大地上傲然挺立这么一株或一排白杨树，难道你就只觉得它只是树？难道你就不想到它的朴质，严肃，坚强不屈，至少也象征了北方的农民？”这种由实入虚地对事物象征意蕴的揭示，体现了强烈的人的主观情感色彩。

3. 比类想象（此物→彼物）

这是将两件以上的事物的相同（相似）或相异之处加以联系，从中获得某种启示，或用以说明费解的事物或某些抽象深邃的事理。类比想象能打破时间、空间、类别的限制，使思维和表达获得充分的自由，使语言生动活泼。这一思路最常用于“比喻”上，妙喻能使文章生色。例如钱锺书在《围城》中用吃葡萄来比喻人的处世态度，不但新颖、风趣，而且耐人寻味：“天下只有两种人。譬如一串葡萄到手，一种人挑最好的先吃，另一种人把最好的留在最后吃。照例第一种人应该乐观，因为他每吃一颗都是吃剩的葡萄里最好的；第二种人应该悲观，因为他每吃一颗都是吃剩的葡萄里最坏的。不过事实上适得其反，缘故是第二种人还有希望，第一种人只有回忆。”①

对处于相近空间、时间中的事物，或对性质相似的、相反的、对立的事物等的集纳与表现，比类想象的思路也能起到由此及彼、触类旁通的作用。例如王勃《滕王阁序》中“落霞与孤鹜齐飞，秋水共长天一色”，便体现了对时、空相近且性质相似的事物的想象；左思《咏史》中“郁郁涧底松，离离山上苗。以彼径寸茎，荫此百尺条。世胄蹑高位，英俊沉下僚”，即是对相反（对立）事物的想象，这种思路在诗文中极常见。在议论性文章中的类比论证、正反论证等方法，体现的也是此类想象的思路。

4. 推测想象（已知→拟测）

这是一种通过对已知事物加以拟测、延伸、虚构的思路。它根据事物的发端和过程，推测它的未来；根据熟悉的事物，推测生疏的或不存在的事物。

鲁迅说过：“从这些目前的人，的事，加以推断，使之发展下去，这便是好像预言，因为后来此人，此事，确也正如所写。”② 鲁迅所说由目前的人和事推断出后来的人和事，即从已知的事物（或现象、事理）推测出与此有必然联系的事物（或现象、事理）的方法，就是推测想象。这种由此及彼的推测究竟根据什么呢？根据的就是自身的经验与知识，即人对事物间客观存在的各种关系的理解。孩子的想象力是丰富的，但即使是鲁迅所盛赞的孩子的想象力也是以已知为基础的。无论星月之上，地表之下，还是蚁穴之内，肯定都是孩子世界的再现或变形；孩子所听到的昆虫的语言，必定就是孩子的语言或孩子听过的声响。因此，要推测未知，必须熟悉已知。如果没有类似的经验或知识，违背了事物间严格的逻辑联系，推测的结果就难以令人置信。

---

① 引自钱锺书：《围城》，人民文学出版社 1980 年版，第 282 页。

② 鲁迅：《致徐懋庸》，见《鲁迅书信集》上卷，人民文学出版社 1976 年版，第 465 页。

人们常说的“以己度人”“设身处地”，说的也就是推测想象。歌德说：“如果我和一个人谈过一刻钟的话，我在作品中就能让他说上两个钟头。”① 这就是调动自身经验，结合对对象的了解，做合乎生活逻辑的延展。推测想象可以补足人们直接经验的不足，可以窥视感官无法达到的事物。由于作者的思想、情趣与经历的不同，对同一事物的推测可能存在差异，但是，只要不违背生活事物的逻辑，各种各样的推测都是可以成立的，而且虚拟得越新奇越好。

推测想象在文学作品中的作用自不待言，人物的行动和情节的发展都离不开推测。在实用文体中，推测想象也无所不在。问题提出，因果分析，推理展开，都有赖于推测想象。例如王小波在《我看文化热》中，讨论 20 世纪 90 年代兴起的第三次“文化热”：

> 现在可以回头去看看，为什么在中国，一说到文化，人们就往伦理道德方面去理解。我以为这是种历史的误会。众所周知，中国文化的最大成就，乃是孔孟开创的伦理学、道德哲学。这当然是种了不得的大成果，如其不然，别人也不会承认有我们这种文化。很不幸的是，这又造成了一种误会，以为文化即伦理道德，根本就忘了文化应该是多方面的成果——这是很大的错误。不管怎么说，只有这么一种成果，文化显得单薄乏味。打个比方来说，文化好比是蔬菜，伦理道德是胡萝卜。说胡萝卜是蔬菜没错，说蔬菜是胡萝卜就有点不对头——这次文化热正说到这个地步。下一次就要说蔬菜是胡萝卜缨子，让我们彻底没菜吃。所以我希望别再热了。②

他把批评性论题确定在以“人文精神的讨论”为主的第三次“文化热”上，由“一说到文化，人们就往伦理道德方面去理解”这一现象中提出“假说”，指出“这是种历史的误会”，从历史上去推演其原因，再借助一个形象的比喻论证，说明将“文化”等同于“伦理道德”的逻辑错误，进而拟测：“下一次就要说蔬菜是胡萝卜缨子，让我们彻底没菜吃。”这些，显然与作者的推测想象有关。

5. 合成想象（群体→个体）

这是一种“合众为一”的思路，它要求我们把平日的积累打乱、分割，

---

① ［德］爱克曼辑录，朱光潜译：《歌德谈话录》，人民文学出版社 1978 年版，第 34 页。

② 王小波：《我的精神家园》，文化艺术出版社 1997 年版，第 8～9 页。

然后按照写作的需要，杂取种种的人物、故事、环境，通过想象，糅成一体，创造出一个新的人物、故事、环境作骨干，吸收同类型事物的有关特点，“集众美于一身”（或“集众丑于一身”），塑造出一个新形象。鲁迅在《我怎么做起小说来》中讲到：“所写的事迹，大抵有一点见过或听到过的缘由，但决不全用这事实，只是采取一端，加以改造，或生发开去，到足以几乎完全发表我的意思为止。人物的模特儿也一样，没有专用过一个人，往往嘴在浙江，脸在北京，衣服在山西，是一个拼凑起来的脚色。”① 这清楚地说明了想象的机制。可以看出，合成想象实际上在某种程度上也包含了推测想象，由“见到或听到过”的，加以改造，生发或拼凑，其思路也是基于对人和事作“合理”推测之上。下面这篇贾平凹先生的散文，细加研读，也许有助于领悟合成想象的奥秘。

米脂婆姨记②

走头头的骡子三盏盏的灯，
挂上那铃儿哇哇的声。
白脖子的哈巴朝南咬，
赶牲灵的人儿过来了；
你是我的哥哥你招一招手，
你不是我的哥哥你走你的路。

在米脂县南的杏子村里，黎明的时候，我去河里洗脸，听到有人唱这支小调……

歌唱的，是一位村姑。在上岸的柳树根下，她背向而坐；伸手去折一枝柳梢，一片柳叶落在水里，打个旋儿，悠悠地漂下去了。

这是极俏的人，一头淡黄的头发披着，风动便飘忽起来，浮动得似水中的云影，轻而细腻，倏乎要离头而去。耳朵一半埋在发里，一半白得像出了乌云的月亮。她微微地斜着身子，微微地低了头，肩削削的，后背浑圆，一件蓝布衫子，窈窕地显着腰段。她神态温柔、甜美，我不敢弄出一点响动，一任儿让小曲摄了魂去。

---

① 鲁迅：《我怎么做起小说来》，见《鲁迅全集》第四卷，人民文学出版社 1982 年版，第 513 页。

② 选自贾平凹：《贾平凹散文自选集》，漓江出版社 1992 年版，略有删节。

这是一首古老的小调，描绘的是一个迷人的童话。可以想象到，有那么一个村子，是陕北极普通的村子。村后是山，没有一块石头，浑圆得像一个馒头，山上有一二株柳，也是浑圆的，是一个绿绒球。山坡下是一孔一孔窑洞，窑洞里放着油得光亮的门箱，窑窗上贴着花鸟剪纸，窑门上吊着印花布帘，羊儿在岸畔上啃草，鸡儿在场埝上觅食。从门前小路上下去，一拐一拐，到了河里，河水很清，里边有印着丝纹的石子，有银鳞的小鱼，还有蝌蚪，黑得像眼珠子。少女们来洗衣，一块石板，是她们一席福地。衣服艳极了，晾在草地上，于是，这条河沟就全照亮了。

有那么一个姑娘，该叫什么名字呢？她是村里佼佼者。父母守她一个，村里人爱她，见过她的人都爱她。她家在大路口开了饭店，生意兴旺，进店的，为了吃饭，也为看见她。她却是端庄，清高得很，对谁也不肯一笑。

姑娘有姑娘的意中人，眼波只属于清风，只属于他。他是后山的后生，十八或者二十岁，每天要从这里路过县上赶脚。进得店来，看见她，粗茶淡饭也香，喝口凉水也甜，常常饥着而来，呆会便走，不吃不喝也就饱了。她给他擀面，擀得白纸一张，切面，刀案齐响，下到锅里莲花转，捞到碗里一窝丝。她一回头，他正看她，给她一笑，她想回他个笑，但她却变了脸。他低了头，连脖子都红了，却看见桌布下她露出的两只鞋尖。她看出他的意思了，却更冷了脸儿，饭端上来，偏不拿筷子。他问；她说："在筷笼，你没长手?"他凉了心，吃得没味，出去了，她得意地笑，终于恨他，骂他"孱头"。

他几天竟不来了。她坐在家里等。等得久了，头也懒得梳，她说："不来了，好!"但却哭了。

天天却听见门外树上的喜鹊叫。她走出来，却是他在用石打鸟儿。她愣了，眼泪都流了出来。他瞧着她喜欢，向她走来，她却又上了气："为什么打鸟?""我恨!""恨鸟儿?""它住在这里。""那碍你什么了?""也恨我。""恨你?""恨我不是鸟儿!"她想了想，突然笑了。他一看她，她立即面壁不语，他向她走近来，她却又走了，一直走到窑里，只想他会一挑帘儿进来，回头一看，他没有进来，走出窑看时，他却走了，边走边抹着眼泪。

她盼他再来。再盼他来。他却再也没来。每天赶脚人从门口来往：三头五头的骡子，头子缠着红绸，绸上系着铜铃，铜铃一响，她出门就看，骡子身上架着竹筐，一边是小米、番瓜、土豆，一边是土布、羊布、麻线，他领头前边走，乜她一眼，鞭儿甩得“叭叭”地响，走过去了。

一次，两次，眼睁睁看他过去了，她恨自己委屈了他，又更恨那个他！夜里拿被子堆一个他，指着又骂又捶又咬，末了抱住流眼泪。等着他又路过了，她看着他的身影，又急切盼着他能回过头来，向她招一招手……

小调停了，我却叹息起来，千般万般儿猜想，那后生是招了招手呢，还是在走他的路？一抬头，却见岸那边走来一个年轻人，白生生赶了一群羊，正向那唱小调的村姑摇手。村姑走了过去，双双走到了岸那边的洼地，坐在深深的茅草丛中去了。茅草在动着，羊鞭插在那里，是他们的卫兵。

我悄悄退走了，明白这边远的米脂，这贫瘠的山沟，仍然是纯朴爱情的乐土，是农家自有其乐的地方。

……

1981年10月8日静虚村

听到一支小调，看到了唱歌的村姑，村姑在柳树根下背向而坐。——村姑是什么样的都没瞧见，就编出了一个有着浓郁陕北风情的美妙动人的爱情故事。这些人物、故事、场面、细节等，就是以自己以往的经验、记忆中积累的相关形象为基础，加以巧妙地编织、组合、加工而成的，使其更具文学审美性。这个合众为一的“一”，就是独具陕北风情的纯朴爱情。这个“众”就是：山村、窑洞、小河、洗衣的少女，开饭店的端庄、清高的姑娘，纯朴的赶脚小伙；姑娘故作骄矜，小伙撑着不进店；姑娘后悔，小伙在门前打鸟；姑娘又喜又怨，小伙心冷了，姑娘恨着、盼着，盼他再路过，盼他回过头向她招手——想象终于和现实的情景巧妙地衔接上了，只不过小伙不是赶脚的，而是放羊的，果然向想象中的也是现实中的她摇手，“双双走到了岸那边的洼地……”想象、艺术加工过的真，和生活的真，天衣无缝地融合在一起。

想象的优劣，与人的原有的经验、学识、阅历有关，与人的未达成的愿望有关，也与具体的时空有关。如果缺乏其中的某些条件，想象就难以生成。一些学生写作中想象力贫弱，有能力方面的因素，也有缺乏想象产生的条件的问题。因此，有必要进一步了解一下想象的心理机制。弗洛伊德对此作这样的描述：“一般来说，幻想与时间之间的关系是至关重要的。我们可以说幻想似乎在三个时间之间徘徊——我们的想象经历三个时刻。心理活动与某些现时的印象相关联，和某些现时的诱发心理活动的事件有关，这些事件可以引起主体的一个重大愿望。心理活动由此而退回到对早年经历的记忆（通常是童年时代的经历），在这个时期该更大愿望曾得到过满足，于是在幻想中便创造了一个与未来相联系的场景来表现愿望满足的情况。心理活动如此创造出来的东西叫做白日梦或者是幻想，其根源在于刺激其产生的事件和某段经历的记忆。这样，过去、现在和未来就串联在一起了，愿望这根轴线贯穿于其中。”① 这对我们有如下两点启示：

1. 精神活动是与当时的印象与当时的某种足以产生一种重大愿望的诱发性的场合相关联的。想象的发生，是主体与客体相互作用的产物，须凭借外部的某种能激发重大愿望的场合。在语文教育中如果没有为学生提供这样的诱发性场合，想象的发生就难以实现。例如，2001 年高考作文的“诚信”话题，这个话题的材料讲述的是一个青年在人生道路的紧要关头，对“健康”“美貌”“诚信”“机敏”“才学”“金钱”“荣誉”等的取舍，而这一取舍又是在已有主流话语预设的前提下进行的，考生尚未经历过这种人生的考验，没有切身的体验，而且他们有限的经验中的某些愿望又与主流话语不一定合拍，这样，这一话题就无法诱发考生展开想象的强烈愿望，其结果是绝大多数的考生无法想象这一取舍会给人生带来什么样的影响，只好东拼西凑。1999 年的高考作文题就不一样了。“假如记忆可以移植”的文题，就较能诱发考生想象的愿望。因为每一个考生在学习经历中都有关于记忆的特别深刻的体验，也许多数考生都曾对自己不能记住如大海般的知识感到懊恼，对自己的记忆力有过某种幻想和期许，对大师们博闻强记的充满智慧的大脑十分羡慕，希望自己也能过目成诵或无师自通，甚至有的考生也曾经幻想过无须读书，只要将芯片植入大脑就可以拥有无穷的知识，等等。在“假如记忆可以移植”这样的文题的触发下，无疑会使考生原有的尚未达成的愿望被唤醒，迅速进入想象的心理过程。近几年高考作文考生写得最好的就是 1999 年，这很大程度上应归功于文题出得好，激发了学生想象的愿望。

---

① 弗洛伊德著，孙庆民、乔元松译，索宇环校：《作家与白日梦》，见车文博主编：《弗洛伊德文集》第四卷，长春出版社 1998 年版，第 430 页。

2. 愿望作为一条线，把过去、现在和未来联系在一起。“愿望”是想象的动力。愿望是风，想象是凭风扶摇而上的鸟。没有愿望，想象之鸟就难以展翅飞翔。在语文教育中，对愿望在想象中的重要作用缺乏基本的体认，学生有什么愿望，不同的学生在愿望上有什么差异，这些问题至少目前是注意得不够的，以至学生的想象力因失去动力，未能得到充分的发挥。每一个学生的“过去”都是不一样的，他们的生活处境和人生际遇千差万别，他们在物质生活和精神生活中得不到满足的愿望也各不相同。基于个人愿望之上的言语表现上的想象活动，就不能无视这种个体经验上的差异。学生的缺乏性体验和丰富性体验都将是想象所不可或缺的“风”，教师对学生想象力的培养，如果未能切中他们的固有的愿望，不能勾起他们曾经的“白日梦”，想象也就势必苍白如纸，就不可能有一条线把“过去、现在和未来就串联在一起了”。没有过去，现在也就失去了意义，又如何有将来呢？勉强去写，也一定是没有根基的空中楼阁。

以上讨论了几种可操作的想象方式和心理机制，是以想象的成品来展示的。这纯粹是出于研究和教学的需要。想象实际上是未必都能操作的。它是人在一定条件下的言语生命力的张扬，是一种自由自然的心理活动。——懂得了这些方法，也许会提高一点儿写作的水平，使学生的作品带有些许想象的色彩，然而，单靠这些方法，是一定不可能有卓越的想象力的，是成不了优秀的作家或学者的。这也是写作教学的悲哀。写作有许多东西是只可养护、没法教的。遗失了，也就永远失去了。因而，在语文教学中，爱护、珍惜、助成和发展言语生命原生态的机能和冲动，是最重要的。

六　永远的赤子：珍藏“不一样”与“发现”

今天学生的作文，大多数了无新意，这是教师最头疼的，也是学生畏惧写作的原因之一。解决的方法，就是追求“陌生化”：阅读，要读出文本的“不一样”之处，有自己的新“发现”；写作，要写出自己“不一样”的感觉，有自己独立的“发现”。

古往今来，一切优秀文章皆由于与众不同。因此，要写好文章，读书时就要细心品味隐藏在作品中的“不一样”。所谓“不一样”，就是作品表现的是作者独特的感受和体验。读书能着眼于“不一样”，读得多了，学生的心灵也会不知不觉地丰富、敏感起来，看同样的景物、人物和生活，就会有“不一样”的感受。久而久之，眼光也会变得“高”了，变得“不一样”起来。捕捉到与事物接触瞬间的那份奇异的心情，从表面相似的事物中识别出细微的差异，这些，也便是学生了不起的“发现”，是他们的“专利”，这是写作最珍贵的宝藏；有了这份宝藏，就有了写作本钱；宝藏积攒多了，就成了富翁。也许可以这样对学生说：如果你现在物质生活还不富裕，但谁也阻止不了你成为一个情感和精神富翁——这就是言语动机的激发。

所谓“不一样”之处，就是有特点的地方。每一篇文章的价值，就在于此；写作成败的关键，也在于所写的是否有特点。

例如，教学写长江、黄河或祖国的“千古涛声”单元，作这样的练习：

心灵的欢歌①

一、读、写、说互动

·本单元的诗文好就好在“不一样”。哪怕描述的对象是同样的，表达的心情、感悟也要“不一样”。你能举例说说吗？

·“不一样”就是事物的差异。差异，是写作最珍贵的宝藏。有了这份宝藏，就有了写作的本钱；宝藏积攒多了，你就成了精神的富翁。——也许有的同学现在的物质生活还不富裕，这暂时还难以改变，但是，谁也阻止不了你成为一个情感和精神上的富翁！

·法国大文豪雨果说：比大地更宽阔的是海洋，比海洋更宽阔的是天空，比天空更宽阔的是人的心灵。心灵丰富、多情善感是写作的根本。愿同学们都拥有一颗无比广阔、美丽、细腻的心灵。

·养成随时寻觅、思索、发现、积累的习惯，就会思想活跃、情感充沛、感觉敏锐。原来觉得没东西写，写得缺乏新意，害怕动笔，慢慢会变得憋不住想写，甚至文思敏捷起来；谈吐也会变得精彩、生动起来。

二、写写家乡的河、家乡的山……

·你也许没有见过黄河、长江，但是家乡的小河、小溪想必是见过的；你熟悉的学校、街道、里弄……也有一些触动内心的事物；在记忆

① 孙绍振主编：实验教材初中《语文》七年级（下）第一单元“表达·交流”综合实践（未定稿）。

中，总也保存着一份属于你的情感。

·心灵的感受是一本“无字书”，仔细“翻阅”回味，把它的特别“不一样”之处写下来，就是一篇相当不错的作品。只要是和你亲近过的都可以写，相信你会写得很“不一样”。

参考题目：

《家乡的河》

《上学的路》

《重点学校门口》

《消失了的小巷》

《书的梦》

《外婆的摇篮曲》

·提示：

1. 可以改动或自拟一个“不一样”的标题。

2. 可以写实在的景物、当时的心情，还可以写与景物有关的故事。由事物激起的有趣、好玩的思绪、故事或幻想，都是写作的好材料。

3. 家乡的小桥流水、荷塘蛙鸣；街道的变迁、小朋友的嬉戏……不去想它，好像平平淡淡，仔细回忆起来却可能是很精彩动人的。

4. 记忆中，什么样的景物或者事情留下最深的印象？它与你的什么样的心情联系在一起？喜、怒、哀、乐，酸、甜、苦、辣……感悟越是奇特，越是与众不同，写起来可能越生动。

5. 要集中地表现某种较为特殊的事物和心情，尽量将它绘声绘色、细致入微地写出来。如果你一下子还不能做到“不一样”，这不要紧。重要的是，你知道了从此要努力写得“不一样”。

三、竞选“不一样”冠军

·把本单元课文中你最“意想不到”好的句子或段落抄给主持人，由他（她）朗读给大家听。赞同的和不赞同的，分别说明理由。

·把自己作文中最得意的新鲜的句子或者段落抄出来，交给主持人，由他（她）朗读，征求听众的意见。看谁提供的句子最“不一样”，最有特点。有不同意见的可进行讨论或争论。

·假设一个题目：《一条小河》，请甲、乙两位同学设想，可能用多少词语来形容。先让甲到教室外回避，乙当着全班的面，猜测甲会说什么词语。然后请甲进来。如果他说的是乙说过的，一个词语扣十分，如果说的是乙未曾说过的，加十分。

·提示：

课堂发言，要有坦诚、平和的心态，要有勇气。勇气意味着克服紧张、羞怯的心理。不要害怕，同学们没什么可怕的。当他们发言的时候，你也是他们害怕的理由。害怕别人实际上是自己吓唬自己。愈是害怕，愈是要多讲。习惯了，就不怕了。

·评奖：

1. 评选本班"不一样"冠军。

2. 评选本班"不害怕"冠军。

四、《山更清、水更绿》社会调查活动

·探究和组织分工：

1. 查找有关"山""水"方面的成语、格言或故事，在小组内交流。

2. 将搜集来的"不一样"的成语、格言或故事，交给小组轮值"主编"，由"主编"负责，分工合作，编制一份内容丰富、装帧美观的小报。

3. 每位同学给小报想一个"不一样"的名称。

4. 评出最佳撰稿人、"主编"、"美编"及"最佳报题"。

·调查题（也可自拟）：

《"地球上最后一滴水，将是人类的眼泪"?》

《你为山清水秀做了什么?》

《山、水对气候的影响》

《家乡河流的今昔》

《父母记忆中家乡的环境》

《你节约每一滴水了吗?》

《对大自然的馈赠，你心存感激吗?》

请将调查来的材料写成一篇发言稿，在班上说给大家听。看看同题调查的结果是否一样，如果不一样，大家评议一下谁的更可信或谁的更精彩。

这个综合性实践活动，就是要求围绕着培养"不一样"——"特点"意识开展的。先从阅读课文中去寻找"不一样"的地方，再到自己的记忆中去寻找"不一样"的写作素材，通过自己的比较筛选，找出最有个人特点的来写：标题、感受、情感和表达，都要努力做到“不一样”。然后是“说”的练习，请同学们再次回到课文中，寻找文中词句用得“不一样”的，尝试着说一段“不一样”的话，通过与同学的交流，加深感悟。最后再通过一次调查活动，巩固关于“不一样”的认知，以总其成。

这是一种言语思维习惯的培养，使学生不论是听、读、说、写，首先想到的就是其中“不一样”的是什么，最“不一样”的是什么。有了这种意识，在言语活动中，学生就有了一把尺子，会变得挑剔，会有自己最基本的判断：雷同的不好，“不一样”的才是可取的。他们会知道，“不一样”的反面是“一样”，这自然是要尽量避免的。

寻找“不一样”、有特点的事物，取决于“发现”的能力。“发现”事物的“不一样”，这是人的天赋。同一个事物，每个孩子的印象都不相同。能否有所“发现”，关键是你的眼睛、思想和心灵是否能保持敏锐，是否能保持着孩子般的对事物的新鲜感和好奇心。人的“不一样”的感知，是从普通事物中找出属于自己的一份收获，这种独特的发现，也可以说是一种对事物的“误读”，就像从同一篇文章中，别出心裁地读出新意来一样。区别只是在于一是对文本的误读，一是对生活、现象的误读。随着时间推移、阅历增长，人往往会受到越来越多的观念、知识、成见等的遮蔽，对生活这本大书“正读”太多，童心便消隐，误读机能逐渐退化，因而产生巨大的思维惯性和惰性，变得麻木不仁，面对精妙纷呈的大自然，所“看”到的越来越少，甚至全无感觉和知觉。

美国有一个著名的女教育家、演说家海伦·凯勒，在生下来才 19 个月时，就因为疾病变得又聋又瞎，在她的一篇题为《如果给我三天光明》的精彩演讲中，对感官健全的人们不能珍惜他们的感官大为惊叹：

> 近来，有一个朋友来看我，她刚从森林里散了很长一段时间的步回来，于是我问她观察到了什么。“没什么特殊的东西。”她回答道。如果不是我已习惯这种问答的话，我是会怀疑的，很久以前我已确信明眼人看到的东西很少了。
>
> 这怎么可能呢？我不禁自问，在森林里散了一个小时的步，竟然看不到一点值得注意的东西？我一个盲人通过简单的触摸，还会发现成千上万种使我感兴趣的东西呢！我感到了树叶精巧的对称性。我用手抚摸白桦树的光皮或松树的糙皮，在春天我满怀希望地触摸树枝以便能搜索

到一个花蕾，它是冬眠之后大自然苏醒的第一个征兆。我感到了花的使人愉快的、柔软的质地，还发现了它巧妙地环绕成圈的花瓣。大自然的一部分奇景已展现在我的面前。如果走运的话，我会把手轻轻地放在小树上，感觉到尽情歌唱的小鸟的幸福的颤抖。我很高兴让小溪的凉水冲过我张开的手指。对我来说，松针铺成的厚厚的地毯或海绵似的草地比最华贵的波斯地毯还要受欢迎。对我来说，季节丰富多彩的景象变化是一部激动人心的、无休止的戏曲，它的变化都是从我的指尖上流过的。

有时，我的心会大声叫喊，渴望看到这所有的东西。仅仅通过触摸我能得到这么多乐趣，如果有视力，那将会有多少美丽的东西展现在我面前呵！然而，那些明眼人显然是视而不见的。填充世界的丰富多彩的和千姿百态的东西被认为是理所当然的。或许，对于有的东西不珍惜，而对那些没有的东西却渴望得到是人之常情吧！非常可惜的是，对明眼人来说，视力这一官能只是作为纯粹的方便，而不是作为充实生活的一种方式。

如果我是一个大学校长，我就要开设一门必修课——“怎样使用你的眼睛”。教授给学生指出，他们应该怎样通过真正地看到从他们面前闪过的常常注意不到的东西来增加其快乐，同时，他还要唤醒他们那沉睡的、迟钝的智能。

假如你要研究，如果你只有三天光明，那么你该怎样使用你的眼睛的话；假如你知道，随着第三天黑夜的来临，太阳将永远不会再为你升起的话，你将怎样度过这宝贵的三天呢？你将会把你的目光凝视何处呢？①

“如果给我三天光明”，这一假设真是太精彩、太深刻了。海伦的精彩与深刻在于：她不仅看到了感官健全的人的视而不见、麻木不仁，而且指出了人们不珍惜视力的原因是心理精神缺陷所致。确如海伦所说，人们对于有的东西不珍惜，对那些没有的东西却渴望得到，这是人性的弱点。同时她还意识到人们使用感官只是“作为纯粹的方便”——为了满足实用需要，而不是为了“作为充实生活的一种方式”——满足精神需要。而“如果你只有三天光明”，“你将怎样度过这宝贵的三天呢？你将会把你的目光凝视何处呢？”出发点就全然改变了：使用视力，不再是为了行动的方便，而是超越了实用需

① ［美］海伦·凯勒，永跃译：《如果给我三天光明》，载《自学》，1984年第9期。

要，在这宝贵的三天里，“目光凝视”的一定是你最感兴趣的、世间最有价值的事物，一切都百看不厌，万物都如此的美丽多姿，这样，珍惜视力便等于珍惜生命。想必，一个作者如果也能把未来的漫漫时光当作三天来过，把珍惜感官当作珍惜生命，他所收获、拥有的精神财富会增加无数倍。

朱光潜先生则从思维、审美的角度对“视觉瘫痪”作如是观：“特别新鲜有趣的东西本来在那里，我们不容易‘见’着，因为我们的习惯蒙蔽住我们的眼睛。……谁没有看见过在田里收获的农夫农妇？但是谁——除非是米勒（Millet）（法国19世纪著名的现实主义艺术家，绝大多数作品表现的是农民题材，著名的有《拾穗》——笔者）、陶渊明和华兹华斯（Wordsworth）（英国十八九世纪诗人，主张回到自然，代表作有《孤独的割麦人》——笔者）——在这中间见着新鲜有趣的诗？诗人的本领就在见出常人之所不能见，读诗的用处也就在随着诗人所指点的方向，见出我们所不能见；这就是说，觉到我们所素认为平凡的实在新鲜有趣。”① 大千世界不是缺少美，而是缺少发现。习惯蒙蔽了人们的眼睛、思想和心灵，使我们逐渐变得闭目塞听、思想迟钝、心灵封闭。能不被习惯所蒙蔽，就能成为大画家、大诗人。读了诗，就能感受到诗人所指给我们看的生活中的美。因此，要想有所发现，便要驱除习惯和成见的蒙蔽，像诗人那样，始终保持一份童心、一份天真，对事物怀有新鲜感、新奇感，使所看到的事物都像第一次看到一样，陌生而好奇。这可以视为一种言语思维、言语心态的调适，是言语精神意识的重建。

可见，发现的前提，就是去“蔽”。从这个意义上说，教学就是一个引导学生消除蒙蔽的过程，是与成见、习惯做斗争的过程。谁能从种种厚重的遮蔽中脱颖而出，谁就是斗争的胜利者。每一点微不足道的发现都值得称羡，都应该给予鼓励。一次发现，精神生命就获得一点自由；日积月累，心灵境界不断扩大，言语生命也就逐渐强大起来。小发现，小自由；大发现，大自由。存在的言语生命就是寄寓于永不满足、不断发现之中。

对于发现，钱理群先生也有他的“发现”：

> 关于“发现”这一关键词，我们已经谈得够多了；但最后还要说一点，发现不是一次性的，而是一个不断进行的过程。因此，我们提出了一个“重新发现”的概念，提倡“同题重写”，这当然不是简单的重复，

① 朱光潜：《谈读诗与趣味的培养》，见《朱光潜美学文集》第二卷，上海文艺出版社1982年版，第492～493页。

> 而是引导学生站在不同的生命发展的阶梯上（小学、初中、高中）对一些基本的生命现象、命题（例如对于大自然、父母、老师、同学……的关爱）不断地进行新的观察，新的思考，以期有新的发现与表达；或者以一种新的眼光去重新观察一些看来司空见惯的日常生活现象，获得一种新的发现的喜悦与写作冲动。这里，同样也隐含着一种教育的理念，即是要使学生始终处在一个“发现”的状态中。在我们看来，永远保持发现未知世界的好奇与期待，才会不断产生学习、探索的热情和冲动：这正是一切创造性的学习、研究与劳动的原动力。我们引用北京大学中文系著名教授与诗人林庚先生的话：“诗的本质就是发现；诗人要永远像婴儿一样，睁大了好奇的眼睛，去看周围的世界，去发现世界的新的美”，并且对学生这样说——这里所说的“婴儿”状态，就是要保持婴儿那样的“第一次”看世界的新奇感，用“初次的眼光与心态”去观察，即使是早已熟悉的人和事物，你都会有新的发现，新的感悟。同学们不妨作一次试验：明天早上起来——美国作家梭罗在他的《瓦尔登湖》里说，人在“休息了一夜之后，人的灵魂，或者说就是人的官能吧，每天都重新精力弥漫一次”。因此，早晨醒来，都会有一种“黎明感觉”，驱使人去重新发现与追求一种“崇高的生活”；那么，你就怀着这样的“黎明感觉”走在上学的路上，尽管你已经走了千百次，对路上的一切早已麻木得失去了感觉，那么，这一次，你试图用新的眼光再看一看，你会因突然的发现而产生新的感动，把这种美好的新鲜感写下来，你甚至会觉得你的似乎已经厌倦了的重复的生活又有了新的开始。如果你每天都这样“重新看一切”，你就会有古人所说的“苟日新，日日新，又日新”的感觉，也就是进入了生命的“新生”状态。长期保持下去，也就有了人们所说的“赤子之心”，人类最具有创造性的大科学家、文学家、艺术家其实都是一些赤子，永远的赤子。这样说来，中小学的写作教育如果能引导学生永远处于婴儿般的“发现”状态，那就不仅为学生的终身写作，也为其终身精神发展打好了一个“底”。①

误读和发现，是造物主赠送给人类童心的一份瑰宝。言语生命永远保持“新生”状态，当一个“永远的赤子”，便永远享有误读和发现的奥秘，这是人的

---

① 钱理群：《语文教育门外谈》，广西师范大学出版社2003年版，第414～415页。

精神发育、更新的奥秘，也是言语生命存在的奥秘。

写作教学（包括阅读教学）重在言语感知和认知心理的更新，师生都应葆有童心，努力追求、追逐“不一样”的发现：教师为学生创造种种发现的条件和环境，学生竞相尝试着寻获自己新鲜的发现。有了发现，写作便“言之有物”，就不畏惧写。每一点的发现，都必将伴随着写作冲动和生命感奋，都是精神发展、生命成长的证明。

七　论文写作：贯穿中小学的主线

我国写作教学在文体上以什么为主线，似乎没有明确规定。但只要仔细研究一下语文课程标准，了解教材、教学与考试的情况，就知道是以“记叙文”为主线的。几乎所有老师也都是这么认为的。这是一个极大的误区。

在《义务教育语文课程标准（2011 年版）》中，除了第一学段“写话”没有文体要求外，第二、三、四学段，均强调“观察周围世界”“观察周围事物”“观察生活”等，“生活写作”一以贯之。教材与之相匹配的是大量“记叙性”写作。

到了第三学段（小学 5、6 年级），“写作”“目标与内容”为：“能写简单的记实作文和想象作文，内容具体，感情真实。能根据内容表达的需要，分段表述。学写读书笔记，学写常见应用文。”写的还是叙事性文章为主。

在语文教师观念中，小学生写记叙文，写故事，似乎约定俗成、天经地义。不但中考要求写记叙文，及至高考作文还限定写记叙文（写记叙文或议论文）。

最早论述类写作要求是体现在第三学段“综合性学习”“目标与内容”中：“……尝试写简单的研究报告。”

到了初中“写作”“目标与内容”，才首次出现“写简单的议论性文章”的要求——这似乎比第三学段“写简单的研究报告”的要求反而降低了。研究报告就是“论文”，是议论性文章中要求较高的。整个中学的议论文写作的要求是基于“三要素”（论点、论据、论证）思维，基于形式逻辑的“例证法”“引证法”，与研究报告、论文写作基于充分占有资料进行“辩证分析”的要求相去甚远。

在美国，写“研究报告”——“论文”是主线。

对幼儿园孩子就有“提出开放式研究问题，探讨自己感兴趣的话题”的要求，一年级就开始写“研究报告”。此后每一年级均有写“研究报告”的要求，研究报告的形式多样。中小学阶段“所有学科的教师都有责任培养学生学习撰写研究论文的常用原则，系统教授调查研究的过程，并在学生写研究论文时给予适当帮助。学生要学习提出开放性研究问题，并用适当的方法回答这些问题。他们还要学会从不同途径获取信息：专家，观察，实验，图书馆，互联网等。学生要权衡已经找到的各种资料，推断出合理的结论。”① 从学龄前就注意到让孩子提出研究选题、探讨感兴趣的话题，意味着理性思维、研究性写作从娃娃抓起。这是把准了语文、写作教学的脉息的。

在课程标准中，对研究报告写作有相当具体的要求：“学生必须了解研究过程的所有环节：在图书馆做前期阅读或与他人讨论，寻找感兴趣的话题，系统地搜集资料，形成研究问题，然后在写草稿之前先概括他们发现的与研究问题相关的资料。在写研究报告的过程中，学生可能需要寻找更多资料，并不断改进研究内容。研究报告可以用多种形式写成——可以是正式的报告，也可以是给立法当局的一封信，或短篇小说。和所有作文一样，研究报告写作时也要考虑适当的读者。”②

与此相辅相成的是“反思写作”，是一种日常性的研究性写作：非正式的反思写作是探索和弄懂所思考问题的非常有用的工具。这种写作不需要修改提高；这是介于思考和说话之间的一种形式。学生可将非正式反思写作作用于任何学科的学习，如评论观察内容、经历、课堂讨论或阅读内容。教师可以给出反思写作的范例，并给予指导，如，“总结今天课上所学内容”，或“对你昨晚所读的内容进行提问”，或“写出你对我刚才所读诗歌的感想”。③ 这种“非正式”的逻辑思维训练，是一种极好的思想磨炼方式，我们却几乎没有关注到。

如果说写作有什么“共能”的话，那无疑是论文写作。对于作为“理性动物”的人来说，没有什么比最能展示人的理性思维能力的论文写作更重要

① 洪宗礼、柳士镇、倪文锦主编：《母语教材研究》第 6 卷，江苏教育出版社 2007 年版，第 122 页。

② 同上。

③ 同上书，第 121 页。

的了。由于论文写作最能体现人的思维共性，是大多数人最需要运用的文体，因此，论文写作是一种“公共能力”。其他文体的写作则是因人而异的，可以称为写作“异能”，即个人特殊的写作能力。

这一点，学生上了大学就看得很清楚。大学毕业，检验其学力的，是一篇本科学位论文。硕士生、博士生也是如此，是否能毕业，取决于学位论文是否能通过答辩。毕业后参加工作，不论是从事社会科学还是自然科学研究，其水平还是靠论文、论著来确认。其他行业的精英，他们的职称评定，大多也是由论文、论著来检验其水平的。——如果有谁说是否可以写一篇记叙文，或小说、散文、故事、诗歌……来代替，回答一定是：不可以。一般而言，检验一个人的学力、学术水平，除了论文、论著外，没有别的文体可以取代。

不少读者对儿童学习写研究报告可能心存疑虑：学龄前孩子是否有可能、有必要这么早开始培育其抽象思维、逻辑思维、理性思维能力？他们能写得出研究报告吗？回答是肯定的。四五六岁的孩子，就已经对周遭事物有很强的好奇心、探究心。他们处于思维最敏感、活跃的时期，对外部事物喜欢问“为什么”，这就是理性思维的萌芽。不少孩子已经识数，或者已经识了不少字，能进行较为自如顺畅的语言表达，我以为，这就表明他们已经初步开始了符号、概念思维，这就是抽象思维、逻辑思维的前提条件。事实表明，小学生是可以自己选题、搜集资料，独立写出研究报告的。

儿童智力发展的这个时期，瑞士心理学家 J. 皮亚杰称为前运算阶段（preoperational stag），是儿童智力发展的第二个阶段（第一阶段是“感觉运动阶段”），年龄大约从 2 岁到 7 岁。又可分为：前概念思维阶段，年龄大约 2 到 4 岁，象征性机能产生，儿童能够凭借着意义所指的客观事物加以象征化；直觉思维阶段，年龄大约 4 至 7 岁，其标志是“开始解除自身中心化，以及通过我们称之为‘组成性功能’的东西来发现某些客观的关系。”① 从前概念思维向运算思维进展，虽然判断仍受直觉调节的限制，但已开始从单维集中向连续两维集中过渡，这一过渡预示着运算思维的到来。就是说 4 到 7 岁的孩子是处在逻辑思维的萌芽阶段，已经逐渐走出纯粹的自我中心、感性认知的阶段，已经开始发生了概念、推理的能力与意识。我们以往对孩子概念、逻辑思维能力的发展是低估了的。

---

① ［瑞士］皮亚杰著，王宪钿等译，胡世襄等校：《发生认识论原理》，商务印书馆 1986 年版，第 34 页。

我国的写作教学之所以将儿童写作定位在写记叙文或写故事，主要原因大致有以下几点：

1. 出于对儿童思维发展水平的误解

认为孩子是感性化的思维，概念、逻辑思维是后起的。因此，小学生只能表现对生活的感性印象，直到初中、高中还在写记叙文——到了初三才开始写简单的议论文，高中才把写作教学重心转移到议论文上。小学生、初中生着重培养观察、表现生活的能力，写记叙文，写故事，写生活，生活写作，即叙事写作，成了约定俗成的普遍的教学成见。从教材编者到大多数小学语文名师、教师都作如是观。

2. 出于教学从易到难、循序渐进的考虑

记叙文易，在先；议论文难，在后。写议论文需要长期的学养积累，写作技能难度高。要先有了一定的记叙文写作基础，先学会写人记事，会写外部事物形态，才能写内部心理形态，才能开始学习议论文。朱光潜先生作如是观："为初学写作者说法，说理文可缓作，言情文也可缓作，剩下来的只有叙事绘态两种。事与态都是摆在眼前的，极具体而有客观性，比较容易捉摸，好比习画写生，模特儿摆在面前，看着它一笔一笔地模拟，如果有一笔不像，还可以随看随改。紧抓住实事实物，决不至堕入空洞肤泛的恶习。叙事与绘态之中还是叙事最要紧。叙事其实就是绘动态，能绘动态就能绘静态。纯粹的绘静态文极易流于呆板，而且在事实上也极少见。事物不能很久地留在静态中，离静而动，既变为事，即成为叙事的对象。因此叙事文与绘态文极不易分，叙事文即于叙事中绘态，绘态文也必夹绘态才能生动。叙事文和绘态文做好了，其他各体文自可迎刃而解。因为严格地说，情与理还是心理方面的动作，还是可以认成'事'，还是有它们的'态'，所不同者它们比较偏于主观的，不如一般外在事态那样容易着笔。在外在事态下过一番功夫，然后再以所得的娴熟的手腕去应付内在的事态（即情理），那就没有多大困难了。"[①] 朱先生主要是从写作"技能"学习的难易度上来考虑的。

3. 出于对科举八股、策论写作积弊的反思

认为早学议论会导致乱发议论，败坏言语人格。新语文教育是从科举教育——八股、策论写作走出来的，对八股写作的批判，认为科举时代写议论

① 朱光潜：《谈文学》，见《朱光潜美学文集》第二卷，上海文艺出版社 1982 年版，第 282 页。

性文章是“代圣贤立言”，是没有自己思想的鹦鹉学舌、人云亦云，因而产生了对学写论辩类文章的抵触。认为过早开始写议论文不但写不好，还会导致青少年写作人格上的偏差，说假话、空话、套话。梁启超先生就作如是观：“在作文课内养成这种种恶习惯，焉能不说是教育界膏肓之病。宋明以来，士大夫放言高论，空疏无真，拘墟执拗，叫嚣乖张，酿成国家社会种种弊害，大半由八股策论制造出来，久已人人公认了，现在依然是换汤不换药，凡有活动能力的人都从学校出，凡在学校里总经过十几年这种奖励……养成不健全的性格，他入到社会做事，不知不觉一一映现在一切行为上来，国家和社会之败坏，未始不由于此。”① “这种考试法，行了一千几百年，不知坑陷了几多人，不幸现在的学校，顽的依然是那一套，虽形式稍变，而精神仍丝毫无别，不过把四书语句的题目改成时髦学说的题目。”② 他认为如此作论事文之弊有六：奖励剿说，奖励空疏与剽滑，奖励轻率，奖励刻薄及不负责任，奖励偏见，奖励虚伪。所以，梁启超认为学校所教的最重要的莫如叙事文。因为叙事文不能凭空构造，会养成注重实际的习惯；须费力去搜罗资料，可以磨炼追求事物的智慧并养成耐烦性；它须靠自己组织成篇，能学会对客观事物的分析综合，掌握组织的技巧；通过了解事物的真相及其因果利弊，可得着治事的智慧；等等。“论事文和记事文孰为重要，学起来孰难孰易，这些问题，各人有各人的看法，姑且不细讨论，但现在学校中作文一科，所作者大率偏重论事文，我以为是很不对的，因为这种教法，在文章上不见得容易进步，而在学术上德性上先已生出无数恶影响来。”③ 这大约代表了那个时期学界先进较为普遍的看法。

梁先生不是反对做论事文，而是认为不要“专”做论事文：“我并不说论事文不该学做，论事文可以磨炼理解力，判断力，如何能绝对排斥，但我以为不要专做，不要滥做，不要速做。等到学生对于某一项义理某一件事情某一个人物确有他自己的见解——见解对不对倒不必管——勃郁于中，不能不写出来，偶然自发的做一两篇，那么，便得有做论事文的益处而无其流弊了。”④ “我主

① 梁启超：《为什么要注重叙事文字》，见《饮冰室合集》专集第15册43卷，中华书局1936年版，第84页。

② 同上书，第82页。

③ 同上书，第81页。

④ 同上书，第84页。

张一学年有两学期，一学期教记述文，一学期教论辩文。由简单而复杂。记述文先静后动，论辩文先说喻、倡导，而后对辩。论小事的在先，论大事的在后。使学生知道理法，可以事半功倍。"[①] 可见，梁先生反对专做论事文除了匡弊救失外，也有基于学生思维发展与学力进步梯度上的考虑。但是，显然，从总体上看，他的观点还是向先做、多做记事文倾斜的。

以上种种原因，造成重记叙文轻议论文写作的状况。

当今由重记叙文向重议论文——论辩文、论文写作的转向，提倡以论文写作教学为主线，绝不是照搬美国的教学形态，而是对百年写作教育现实与对人的语文素养本质的反思中得出的结论——不如此，必将导致论辩能力培养的欠缺，造成学生逻辑思维、理性思维的弱化。这不仅仅是眼前的学生论辩写作能力发展存在严重缺陷，从长远看，对中华民族理性智慧、思想创造力的影响，不容小觑。一个人要是从小思辨力没有得到养护与培育，理性思维发育不良，长大了势必是思想的侏儒。一个民族要是失去了对理性思维、理论探究的强烈兴趣与深切关注，必将在激烈的全球化智慧博弈中败北。

人是理性、思想的动物，人的言语生命力最重要表征，就是理论创造。思辨力、论辩力培养，始终都是首要的。即便是形象思维、叙事写作，也离不开理性、思想驭制。没有理性、思想的文学创作、新闻写作、史传写作……是走不远的。思辨力、思想力是人的理性智慧的体现，理性智慧是感性智慧的升华，因其具有高抽象性、缜密性、深刻性，属于人的高级智慧。

因此，语文、写作教育的主线与重心是论辩写作——论文写作。理性思维、理论创造素养的培育，应该从娃娃抓起。应该让孩子们从启蒙教育中就感受到思考的乐趣与思想的魅力。小学语文、写作教育，不应老是叫孩子们去观察生活、搞活动，去写情境、写生活，应当让他们多思考，探寻感官达不到的、事物表象背后的东西，探寻事物之间的各种关系与联系，了解事物的变化与发展，学习分析与综合，概括与推理。要高度关注研究性写作，要顺应、激发他们对事物的好奇心、探究心，引导他们去发现、提出感兴趣的问题，培养独立思考、解决问题的习惯与能力。理性思维、逻辑思维的兴趣、习惯、能力的培育，如果不从小抓起，很可能会错过学习最佳时期，甚至会造成永久低能、失能。

---

① 梁启超：《中学以上作文教学法》，中华书局 1925 年版，第 44 页。

语文学者、教材编者、教师应当改变观念，不能重叙事轻论辩，或二者并重，而是后者重于前者。论辩类写作是“共能”，是大多数人不可或缺的写作能力，思辨能力愈强愈好；叙事类写作主要是“异能”，是少数人的专长，多数人只要具备一般的叙事能力就可以了。最典型的论辩类体式，非论文（研究报告、调查报告、考察报告、评论等，是论文的亚形态）莫属。论文写作，应成为贯穿中小学语文教学的主线。

这不是写什么文体，或讨论以什么为主线的问题，也不是写作教学实践微观、局部的调整或改革，而是语文教育战略大变革，关系到培养怎样的语文素养，造就怎样的未来人才的重大问题。——是培养对日常生活具有一般的感性表达力的人，还是要立足于培养具有一般的理性感悟力、思辨力的人，以至为培养具有深邃的思想创造力的立言者奠基，是每一位语文教师都需要认真思考、严肃对待的问题。

对于语文教育，这是一个全方位、历史性的变革，是牵一发而动全身的脱胎换骨。从要培养学生怎样的语文素养、写作素养，到课标、教材的编制，教学目标、内容的确定、安排，教学方法的设置、选择，等等，都将随之发生重大改变。论文写作与论文写作教学，将成为语文教育研究的焦点。造就有思想的立言者，提高论文教学水平，培育论文写作素养与能力，应成为师生共同的教育意识与行为自觉。

尽管这一从观念到实践的转变难以一蹴而就，但不论是小学老师还是中学老师都应明白其必要性、重要性，要为这一变革做好准备。重要的是教师本身要懂得研究，善于论文写作，深谙其写作规律，勤于研究论文写作教学，否则，就无法适应这一变革。这是语文界面对的重大挑战。

写得好，就是语文好。语文课说到底就是教写作，为教写作而教语文。不以写作为目的的语文教学都是谋财害命。

第八章 写作：养护言语个性和精神创造力（下）

语文教学从能力层面上看，没有什么比写作更重要的了。前面已反复阐明了言语表现是语文教学的目的，在言语表现中又以写作为先的观点。言语表现包括说和写，在人的日常生活中，毫无疑问，说的应用比写更多，似乎也更重要，但是，从人的言语生命的自我实现、人类文化的创造和承传上看，毫无疑问是写——书面表达占据了更重要的地位。

在以往语文教学中，最重要的恰恰被忽视了。说的教学基本阙如，写的教学也似有若无。二者成了教学和教研的盲区。不论教学还是教研，最受关注的总是阅读，最没有成效的也是阅读。这种状况亟待改变。相信将来指向言语表现的教学研究将成为热点。

在表现-存在论语境下，在语文能力检测中，如有条件，口试和面试将占一定的比重。语基和阅读将逐步淡出或退居次要的地位，写作能力将成为首要的检测目标。写作将备受尊崇。写作强，就是语文强；写作强，语基和阅读还会差吗？

在写作教学中，所谓的教学文体——伪文体：记叙文、说明文和议论文将不再成为写作学习的主要内容，取而代之的是写作实践中的真文体：儿歌、童谣、童话、寓言、小说、散文、随笔、科普小品、游记、时事评论、文艺评论、论文……学生将不再被拘禁在记叙文、说明文、议论文的牢笼中，从小就与自己喜欢的任何真文体亲密接触。

作为曾经的支柱体式的应用文，也将风光不再，取而代之的是作为“共能”的“论文”写作，是学生自己喜欢的文体，以及一些文学类文体的写作。“论文”写作，将因为其集中体现了人的理性与思辨特性，而备受关注与垂爱，成为从小学到高中毕业一以贯之的基本写作体式。事实也将证明学校不培养作家的荒谬，文学写作不止是为了培养作家，而是为了培养写作兴趣、情趣和想象力。一个喜欢文字、写作的人，绝不会写不好一般应用文。

在许多方面，高考改革是严重滞后于语文课程标准理念的，唯在“文体不限”和设定“发展分”这一点上，高考改革似乎走在了前面。它极大地冲击了传统语文教学用一个统一的标准衡量所有学生写作能力的成规，体现了对人的言语差异性的尊重，对言语生命的尊重。这是令人欢欣鼓舞的。

但是，就这点“进步”而言，还仅仅停留在观念上。即便是“文体不限”与“发展分”，也需要作进一步讨究。所谓的“文体不限”，实际上未必“不限”，命题者与评卷教师心目中这“不限”的文体，是“限”于记叙文与议论文这两种“伪文体”，是“限”于写“真人真事”“真情实感”的，是不能写成诸如小说、散文、诗歌等“真文体”的，是不能写成虚构、想象之文，或是不符合“三要素”论证模式的随笔、杂文之类。所谓的“发展分”主要是限于表达形式，主要是指语言表达上的创新。因为，高考作文基本上是不能“自主立意”，在作文题中已经预设了考生写作之“意”，考生已然“被立意”，充其量只能在题目给定的“意”中“猜意”“选意”，其创新空间远不如文字表达上那么大，很少考生能拿到“立意”的发展分，这无形中助长了写华而不实、言而无物之文的倾向。

可见，在写作教学改革上依然问题多多，从观念到实践都有待深入反思。

一　为生命美丽而作

写作从此不再成为折磨、折腾学生的事情。

现代语文教育范式确立的写作应用性、实用性目的，使写作成了一项纯粹社会化的“生产”活动，成了人的对立面，成了学生沉重的精神负累。言语生命动力学的写作教学，首先要回到对言语生命本身的尊崇，“写作为分数”“写作为世用”的观点应加以调整。写作应更加关切生命本体的内在需求，关切人的心灵和精神遭际和处境，关切人的言语潜能、欲求、个性、自我发展和自我实现。浅白地说，就是写作教学要尊重学生个人的言说意愿和爱好，要尊重他们自己做出的判断和选择。他们有权决定写什么，怎么写；有权拒绝写不愿意写的，只写他们乐意写的。他们有权享受写作带来的快乐与艰辛。

在写作教学的一切要件中，最重要的是使学生喜欢上写作。要喜欢，就要依从于他们的言语生命的指令，顺应于他们内心潜伏着的言说欲求；而不是强求他们完全听命于社会、教育、成人（教师）的指令，使他们不得不屈从于他人意志写不愿意写的东西。过去写作教学最大失败，就是剥夺了学生自主话语权，窒息了他们言说的冲动和激情，从而视写作为畏途；写作教学做的，是要让学生对写作失望，对自己绝望。从他们开始学习写作那一刻起，就注定了要驱使他们背弃写作。

以往语文教学在写作认识上存在三大误区：

第一，以教学文体为写作训练的目标。在三大基本型教学文体训练下的学生，一直到了大学，还不太了解甚至尚不知道何谓小说、散文、文学评论、杂文……他们学的都是假文体，须重新开始接触真文体。

第二，写作是应日常生活之需，故应用文写作是最重要的。这跟“工具论”直接相关，以为语文学习就是为了生活之需，就是为了将来谋个工作养家活口，为了人际交往、社会交往。中学生不会写请假条、求职书等，便成了重视应用写作的口实。

第三，文学写作是作家的事，被排除出教学版图。其理由是：人人都需要的是具有实用写作的能力，文学写作能力不是人人所必需。学校不是专门培养作家的。

先说第一点。就三大基本型教学文体——记叙文、说明文、议论文来看，不是学生不需要体认，而是应如何体认。要做严格区分的话，似应作叙事文体、抒情文体、说明文体、议论文体的划分较为恰当。三分法，使人以为记叙文、说明文、议论文就是可以实际应用的真文体，其实，在写作实践中是找不到称为记叙文、说明文、议论文的文章的，所看到的只有新闻、小说、时评等。四分法则把记叙文一分为二：叙事文体和抒情文体，使其更为明确，也更为符合文体实际情况。以往的记叙文，一般就是指写人记事一类的文章，忽略了抒情性文章。更重要的是，称其为叙事文体、抒情文体、说明文体、议论文体，可以视为是一类文体，而非一种文体。在一类文体下，还有一批的亚文体，如叙事文体下有小说、叙事散文、消息、报告文学、通讯、传记、游记等；抒情文体下有抒情诗、抒情散文、散文诗等；在说明文体下有说明书、调查报告、实验报告、科普小品等；在议论文体下有随笔、时评、书评、社论、文艺评论、论文等。当然，还有一个应用文体如何归置的问题。应用文这个概念始终存在争议，叶圣陶先生就认为一切的文体都是“应用”，只是应用的方式不同罢了。但是，由于应用文是约定俗成地指那些日常交往中的公、私文书，所以，我认为还是可以采用，只是它与前面的四分法有交叉，不能并列，只能作重新归类，如分为文学文体和实用文体两类，应用文体可归入到实用文体中。当今在三分法外加上一个应用文，在分类上是不科学的。

以往的记叙文、说明文、议论文加应用文的教学，使学生所建立的文体图式是一种虚假的文体图式，是无法在写作实践中运用的。这就使学生的写作学习实际上是绕了一个弯路，当他们要发表文章时，就须先打破基础教育长期建构起的根深蒂固的文体模式，重新适应新的文体规范。这岂不是南辕北辙、事倍功半吗？而且，要打破10多年建立起的文章图式并非易事，其后遗症是难以消除的。

再看第二点。有些学生应用文写不好，这是不争的事实，这最容易被实用主义者作为要加强应用写作训练的理由。从20世纪初开始，学生文字不通，不会写书信契据等文书的问题就成为世人抨击的热点。然而，试问：重视了这么多年，是否学生的应用写作能力就提高了呢？非但没有提高，反而每况愈下，这究竟为什么？其实，应用文写得怎样，这只是文字基础的问题。文字基本功好了，应用文就差不到哪里去。文字基本功不好，应用文也好不了。应用文写不好，症结在于文字功底差。那么，抓应用文教学，是否能解决文字基础的问题呢？回答是否定的。

因为，相对而言，在一切文体中，应用文是最不具有文字魅力的文体。一般学生的写作兴趣不在应用文上，他们不喜欢较为枯燥乏味的各种日常应用文书的写作。大约没有什么人会自发地热衷于写请假条、借据、请示、报告、合同、协议书等。在爱做梦的年龄，让学生和最没有诗意的文体打交道，让他们触摸没有情感的文字，让那些呆板冰凉的应用文体式规范束缚住孩子自由美丽的心灵，使他们的言语生命刚刚抽芽长叶之时，就遭遇言语表现处处受限的沙尘暴，等待他们的自然是言语生命早夭的命运。学生不喜欢写，在教学中却非写不可，写作就不能不变成一件痛苦的事。一件对孩子来说毫无兴趣的事，他会有持久的耐性坚持下去吗？久而久之，学生不但不喜欢写应用文，而且，更为可怕的是，他们对写作，对言语表现以致对整个语文教学都失去了兴趣和信心。从某种意义上说，应用文写作和应试文写作教学，是学生逐渐漠视写作、憎恶写作、远离写作的重要原因。远离了写作，也就远离了美丽人生。

第三点，语文教育将文学写作排除在外。所谓的写记叙文，指的是写周围发生的真人真事，写所谓的真情实感，而将写虚构的、想象的作品排除在外。教材中没有要求写童话、诗歌、小说、科幻作品等，教师也就不允许学生在课内进行文学写作。只是在有些语文课外活动中，在一些文学社团活动中，学生才可以偶一为之。之所以如此，便是由于以为文学写作不“实用”，既不考也不用，文学写作是作家的事，而学校是不培养作家的。这不是全无道理，作家要有作家的素质，不是人人都能当。但不排除部分学生有文学基因，他们的文学潜能应得到精心养护，才情应得到充分施展。重要的还在于，不是只有一小部分学生需要文学写作，而是所有学生都需要。

人的儿童少年时代是属于诗的。儿童期充满着美丽的幻想和想象，而与幻想和想象最接近的是诗，是文学。我们没有看到孩子自发地写公约、表扬信、检讨书，却看到许多孩子自发地编故事、童话、神话、科幻小说，写儿歌、小诗等。小学生能写数千字的故事、小说已不是什么稀罕的事，低龄化写作潮正悄然兴起，冲击着传统语文教育的堤防。这使我们隐约看到了文学写作与人性、生命和人的言语性的某种必然关联。

从言语生命动力学的观点说，写作教学只是为了顺应、养护人的言语禀赋和情性，而不是压抑和扭曲。留下文学创造的记忆，用幼稚的心灵编织梦想，期待长大，憧憬未来，是人的言语生命过程必须留驻的一个驿站。轻率地查封这个驿站，也许从此就失去了精神家园，终身飘零，居无定所。

文学写作和文学阅读一样，不在于是否要成为作家，而是人的精神成长必要的营养，是人对自身言语生命的发现和认同，是为人生寻求归属感和家园感。在实用主义者看来是没什么用，不能当饭吃、当衣穿，但对于人的精神健康却是大有裨益的。人是在读、写中认识世界和自我的，是在读、写中成长的，人类是在读、写中进化的。文学的读、写，是开启人的精神世界的钥匙，是人性的启蒙和觉悟。

在人的童年期，我们也会看到一些具有理论家、科学家禀赋的孩子，他们的写作才情体现为逻辑和理性，这同样是弥足珍贵的。例如，理学家朱熹四岁时，父亲朱松指着天教他说“天也”，他竟发问：“天之上何物?”这使父亲大为惊奇。五岁时，朱熹就爱仰望森森宇宙太空，苦苦思索，“烦恼这天地四边之外，是什么物事。见人说四方无边，某思量也须有个尽处，如这壁相似，壁后也须有什么物事。其时思量得行几乎成病。”[①] 显然，朱熹的思维是逻辑抽象型的、探究型的。但一般说来，逻辑和理性的才情与文学才情并不矛盾，逻辑思维的发生晚于形象思维，往往是后发的。皮亚杰的《发生认识论原理》对形象思维和逻辑思维的发展已有清楚的论述（我们在前面讲到“言语创造力”时，曾借助皮亚杰的理论加以说明）。在早期教育中，形象思维能力的良好发展，势必也有助于这些孩子逻辑思维能力的发展。因为，思维的创造，都基于想象，想象力是可以迁移的。据我观察，多数孩子早期自发性写作活动是倾向于形象和审美的。一直到大学，我们发现学生大多喜欢的还是文学类写作。在他们自己编的刊物中，诗歌、散文和小说占了绝大多数，议论性文章极少。——这也许是对曾经被压抑的文学兴趣的一种补偿吧。

顺应孩子的言语禀赋，写作教学就要不拘一格。孩子本质上都是“诗人”，但每一个“诗人”又都是不同的。所谓“诗人”，就是说，他们都有一颗自由的心灵，都有梦想和幻想，都有过“白日梦”，都有言语想象力和创造力，但是，他们在文学领域是各有所好的。从这个意义上说，语文教育的作用，就在于使他们充分施展他们的不一样，不使他们变得都一样。每一个学生可以而且应该得到最大的发展：是诗人的就应成为诗人，是小说家的就应成为小说家，是杂文家的就应成为杂文家，是理论家的就应成为理论家……学生才华不能得到应有的最大发展，罪在教育！像韩寒这样有文学天赋的学生，不能见容于基础教育和高等教育，不是韩寒的耻辱，而是教育的耻辱。同样，不少有理性天赋的学生，他们不能被现行教育所容纳，或是在现行教育中备感压抑，也是教育之过，值得深刻检讨。

我们现在所谓的“素质教育三要义”：面向全体学生，让学生全面发展，让学生生动活泼地主动发展，可以看出关注人的发展的积极精神，但是，也还是语焉不详。

---

① 参见束景南：《朱子大传》，福建教育出版社 1992 年版，第 13 页。

首先，“面向全体学生”不如说“面向每一个学生”。“全体”和“每一个”的含义是不一样的。说“面向全体学生”，面向的对象是抽象的学生，结果是并不面向哪一个具体的学生。“全体”和“个体”有统一的一面，也有矛盾的一面，教育要注意到统一，更要注意到这种矛盾。我们在这种教育中，看到的是“面向全体”的统一的课程标准、教材、考试和教学方法，看到是语文考试阅读和语基的客观题和标准化答案，写作的单一命题（数以百万计的考生不论你喜欢不喜欢，平时有没有思考过，有没有话说，都必须考同一个题目），立意价值取向的明示和暗示（所有的考生不论你认不认同，你都要赞成“战胜脆弱”“答案是丰富多彩的”“诚信”，否则……）。为什么课程标准不可以有多套，适应不同地区和不同特点的学生；高考不可以由高校自行出卷，采取大学联考的方式；语文命题不可以以主观化试题为主，作文试题不是一道而是多道，让兴趣不同的学生都能找到适合自己的，都有话说，都能发挥得最好。什么时候真正“面向每一个学生”了，才可以说我们是实行“素养教育”，“人”的教育。

其次，“让学生全面发展”，什么叫做“全面发展”也是个问题：韩寒们就是属于“片面发展”的，所以不是我们的教育要面向的。长期以来，就是所谓的“全面发展”害死人！道理其实很简单，有所不为才能有所为，有所弃才能有所得。我们的主要问题不是片面，而是太全面、太统一了。体育、外语不达标，不能毕业或不能获得学位，这就轻而易举地把使一批很有才气的学生受到打击，或使他们感到自卑和压抑……事实上不可能有真正全面发展的完美无缺的人。人的发展都是片面。越是奇才，越是片面。所谓“全面发展”，实际上是否定人的个体差异。否定个体差异，就不可能面向全体（每一个）学生，“让学生生动活泼的主动发展”就变成了一句空话。

需要区别“全面发展”和“健康发展”。“全面”未必“健康”，“全面发展”可能导致“全面平庸”。今天高校的学生，**从总体上看**，越是“全面发展”的，越没有学习个性和潜力；越是学科发展得不平衡的，越有自己的优势。这些所谓“片面发展”的学生，在现行教育体制下，成绩不好，不是“好”学生，但是，毕业之后便见分晓，他们的才能不体现在书面成绩上，而是表现在气质和能力上，因为他们心理健康。——我们需要的是“健康发展”，首要的是心理人格的健康，有独立的意志品质，能把持自我，不趋时盲从、随波逐流，能有个性的发展。这才是素养教育所需要的，人才培养的方向。

第三，真要“让学生生动活泼地主动发展”，就要尊重学生的个体差异，尊重学生的自然禀性和自我选择，使他们得以有个性的发展，让他们找到自己的言语生命的潜质，遵从内在的生命意志，情发于中而形于言，言为心声，学得有兴趣，身心愉悦，将言语创造与言语生命的蓬勃舒展融为一体，“心懔懔以怀霜，志眇眇而临云”，言语活动成为生命的需要、精神的需要。对学生的语文学习评价，不是看他能考多少分，而是看他对言语是否热爱，他的言语表现是否展示了生命的本真和言语主体性，言语生命意识是否强盛，是否有自己的言语理想，是否有自己的言语追求和个性化表现。假如有的学生写作能力强，但是语文成绩不高，这反映的不是这些学生语文方面没有“全面发展”，而是语文评价指标出问题了。需要检讨和改进的不是学生，而是教师，是评估机制。

教学虽然是一个师生相互适应的过程，但首先是教师要适应学生的状况。学生适应教师，就只有共性；教师适应学生，才有个性，才有人的发展。在语文教学中，要把写作摆在首位，对学生言语表现的需要和言语个性特点的了解、尊重就显得十分必要。要“让学生生动活泼地主动发展”，语文教学就要适应学生个体发展的需要，就要使学生都能找到语文学习中自己的切入点，找到自己在言语学习和言语表现上的位置，找到言语创造的乐趣和自我价值。

二　没有比失去言说欲更糟糕的

在写作之途，想写便好。在写作教学中，没有比学生不想写更可怕的事了。学生写作中的一切问题，和呵护他们的言说欲、表现欲比起来，都是无足轻重的。只要他们想说、想写，写作中的一切问题都会逐步得到矫正，这只是个时间问题。我以为言语生命机制拥有自纠功能，只要有良好的环境，言语生命会自生长，由幼稚走向成熟。

一个成人，甚至一个有成就的作者或学者，都不能保证他们的文章无可挑剔，更何况一个初学写作的孩子呢？教师对孩子文章中的问题可以视而不见，只需拿着放大镜寻找优点，艺术地表扬，久而久之，优点就会像爬山虎一样漫山遍野地疯长开来，缺点会被挤占得无容身之地。

让学生随心所欲地写，这在童年时代尤其重要。在小学阶段特别要小心翼翼地保护孩子言说的兴趣和热情，使言语生命健康茁壮地生长。小学语文教师是决定学生言语生命成长的最为关键的人。一个教师也许只教学生一个学期或一个学年，如果他对学生作文中的优点视而不见，专挑毛病，他的这种错误的写作教学观念和行为，便足以扼杀学生的言语生命，使他们一生视写作为畏途。

某地有一位小学生写了一篇作文：

难忘的一天

国庆节那天，天气十分晴朗，我和我的爸爸兴高采烈地去动物园玩。

动物园里的动物很多，可我最喜欢看的还是河马，开始我以为河马就和马差不多，很会跑，人可以骑在上门（面），在水里游。怀着激动的心情，我终于看到河马了，没想到河马又肥又大，一个长方形的大脑袋上长着一个又宽又大的嘴巴，笨笨的样子可有意思啦，它的尾巴很短，皮黑黑的，发亮，没有毛，听说是非洲来的客人呢。

河马的样子真可爱啊，我永远也忘不了这个愉快的国庆节。

老师给这篇文章的评语是：

作文文字通顺，条理清楚，但立意不高，写国庆应和祖国的富强联系起来，你应想到，没有祖国的强大，河马怎么会到中国来呢？

其实，这位小学生写得挺好的。在这位小学生眼里，动物园里所有的动物最可爱的就是河马，它跟自己想象的不同，长相很特别，大脑袋、宽嘴巴，“笨笨”的样子惹人喜爱，而且它还是远道而来的“客人”，这些都使他感到新鲜有趣，留下了很深的印象。看到了河马，使这个小朋友国庆节过得很愉快，很难忘。所以当他写《难忘的一天》时，就选择了国庆节游动物园看河马这件有意思的事来写，写得形象、生动、简洁、朴实，写出了自己原先想象中的河马的样子，细致描绘了所看到的河马的外形，指出了河马“笨”得可爱的特点。同时，还适时地抒发了看河马前后的心情，情景交融，充满了稚朴的童真。

可以看出，这位小作者写作时的心情很好，字里行间，我们会感受到他的喜悦。他把自己看到可爱的河马的样子写下来，告诉老师和同学，让他们分享自己的愉快。他写的时候，想着河马憨态可掬的样子，不时地笑着。这是一种多么宝贵的写作状态。

这种“发乎情性的自然”的抒写，实不易得，本应该给予肯定和鼓励才是。但是，老师不但对其精彩之处视而不见，而且以“立意不高”作了否定，进而要求这位学生“写国庆应和祖国的富强联系起来”。且不说这篇文章本来就不是“写国庆”，而是写“难忘的一天”，只要小作者自己难忘，写出来也能让读者难忘，就是佳作。即便是“写国庆”，也未必都要生硬、直露地和“祖国的富强联系起来”，勉强发一通感慨和议论。孩子心中的国庆节，应是多姿多彩的，写出的作文也应该是不拘一格的。能自由自在、其乐融融地跟随父亲游览动物园，兴味盎然地观看“笨”态可掬的河马，有一个轻松愉悦的好心情，这难道不就是强大的祖国给孩子的最好的礼物吗？这样的文章难道不就是孩子对祖国母亲生日献上的一份真诚的感谢吗？

可以想见，这位学生看了老师写的评语之后会是多么沮丧。他写作时的好心情一扫而光，眼前不再是晴空丽日，而是一派愁云惨雾。他原本希望老师看了会和他一样的高兴，没想到自己喜欢的，老师并不喜欢，什么才能使老师喜欢呢？他犯愁了。

在他的头上一旦“祭”起“立意要高”的“紧箍咒”，以后的写作将会变得多么的艰难、痛苦和压抑。也许他会因此再也找不到言语表现的感觉，从此不愿意写作，厌恶写作。这位语文老师的评语所体现出的教育观念与对写作规律理解的偏差、陈旧与僵化，是一个普遍性问题。多少孩子的写作天赋和才情，对写作的热爱和喜好，从心灵深处流淌出的珍贵的童真和童趣，就是被不谙写作教学规律的教师“负责任”地葬送了。在语文教育中，没有什么比揠苗助长、扼杀和扭曲学生的写作天性与言说欲更糟糕的事了。

笔者于 1998 年 8 月，在闽、浙、苏三省 10 所高师、30 所中学进行调查，共发问卷 12870 份，回收 10880 份，调查表明：不喜欢和害怕写作的、加上弃权的人数超过了很喜欢和喜欢写作的人数（很喜欢的占 6.1%，喜欢的占 39.6%，不喜欢的占 34.4%，害怕的占 10.2%，弃权的占 9.6%）。年级愈高，喜欢写作的比例递减。对历届高师中文专业本科学生写作状况的调查也表明，刚入学的新生喜欢写作、写作基础较好的仅占 10%左右，大部分学生不喜欢写作、怕写作，甚至讨厌写作，写作程度也较差。

正如每一个正常的孩子都不畏惧说话一样，他们本应也不畏惧作文。有关调查表明，即便是刚入小学的孩子，他们还不识字或只识得几个字，老师发给他们纸和笔，告诉他们想写什么就写什么，每一个孩子都会毫不犹豫地写起来，有的写上自己的名字，有的写上一些不完整的句子，有的则信笔涂鸦，没有一个孩子说老师我不会写。到了三年级老师教作文，学生对写作还是很有兴致，因为他们都坚信自己会写而且相信自己是写得很不错的。有一幅漫画题为《老师不认识马》，画的是一个小孩拿一幅自己的画给老师看，画上是一匹长着四条腿的动物，老师看了以后说："你画的是什么呀!"于是他回家告诉父亲说"老师不认识马"。这幅漫画真实地反映了孩子"自我中心"的自信心理。遗憾的是我们的写作教育没有去顺应孩子的心理特点，维护孩子的兴趣和爱好，让他们做自己感兴趣的事、写喜欢写的"文章"；而是不断地试图"规范"他们的写作行为，用一种"标准"去统一孩子们的无比丰富的感受与想象，用分数去惩罚幼稚与纯真，其结果往往是不自觉地摧残孩子们的心灵，蹂躏他们的情感，泯灭他们的写作才情和个性。到了小学五六年级，不少孩子就对写作感到兴味索然，认为自己"不会写"，对写作失去信心，开始害怕、讨厌写作了。

经过长期"精心"的教育，学生反而从原先的相信自己会写、喜欢写，倒退到认为自己不会写、害怕写以至讨厌写，这种语文教育的"奇异"现象是弥足深思的。是到了该痛切反省、深刻反思的时候了！

其中原因很多，但是毫无疑问这跟写作教育观念与方法不当有着直接的关系。这种不当主要表现为不以学生为本位，而是以教师为本位，教师不尊重学生这一写作主体，缺乏对写作学习规律的了解等。从学生一开始学习写作，就从文体到立意、选材、谋篇、行文给学生太多限制和要求，使其写作的天性不能得到自由施展。想写的文体不能写，不想写的非写不可；想表达的见解，老师批评说太幼稚；觉得很真实、新鲜的想法，老师认为立意不高；乐以表现的感受，老师说没多大意思；得意之作，老师认为一无是处；以为能得高分的，反而得了低分……学生从写作中得到的不是一吐为快的欢乐和舒畅，而是动辄得咎的压抑和扭曲。——他们为写作发愁了，不得不为了合乎老师的要求而冥思苦想，学着揣度老师的心思，改变自己的想法去趋迎老师立意的标准，不情愿地割舍掉自己钟爱的素材，用老师的眼光来评判材料是否典型，学着做中规中矩的、四平八稳的"八股"文章，写着散发着霉味的文字。写作教学成了制造"双重（多重）话语人格"和奖励虚伪的温床。学生们很想从写作中获得愉悦，获得心灵的自由和自我表现、自我实现的满足，想感受与世界平等对话、建造精神家园的庄严与神圣，期望获得老师的赞赏和同学的钦羡。然而，事与愿违，他们的作文经历充满着言不由衷的烦恼与无所适从的困惑，失败的打击远甚于哪怕是微不足道的成就感。——学生从写作中感受不到个性张扬与言语创造的乐趣，写作自然就变得枯燥乏味、令人生厌。

要使学生对写作初衷不改，从一开始学习写作就要尊重与爱护他们的才情与个性，给他们最充分的写作上的自由与最广阔的表现空间，要有最大的宽容度，让他们能尽情抒写自己的喜怒哀乐，表达对社会、人生、自然、历史、文化的本真的感受和幼稚的思考，不断地从写作中去享受思想与言语创造的乐趣，享受自我实现的成就感与“高峰体验”。——语文教师唯有努力提高自身的教育素养，培植与增强学生的写作上的自尊与自信，遵循言语教育规律养护学生健康的写作人格和写作心态，培育深厚的学识素养与人文素养，才可望造就一代才华横溢、思想睿智的明日之星，迎来语文素养教育的曙光。

三　“放”是主旋律

写作能力的“培养”，我们前面已用了一个生僻的词“牧养”来取而代之。这就意味着不再将其视为“规训”，而是助成其自生长。

写作天性、个性的发展问题已进入到语文教育界的视野，并成为不少语文教师的热门研究课题，这是十分可喜的事。其实，对这个问题的研究并非今日始，只是在实践中存在着诸多障碍。

古人在写作教育上早已注意到要顺应习作者的写作学习心理，鼓励他们放松地、大胆地去写，崇尚率性为文、个性作文。宋代的谢枋得就曾有“放胆文”与“小心文”的区分，从此，这两个概念为文人和教师所熟知，成为写作教学的一个重要尺度。

谢枋得编的《文章轨范》七卷，选文69篇，均为唐宋名家名篇，七卷中分两大类：“放胆文”（二卷），“小心文”（五卷）。“放胆文”二卷的提示是：

> 凡学文，初要胆大，终要心小，由粗入细，由俗入雅，由繁入简，由豪荡入纯粹。此集皆粗枝大叶之文，本于礼义，老于世事，合于人情。初学熟之，开广其胸襟，发舒其志气，但见文之易，不见文之难，必能

放言高论，笔端不窘束矣。(卷一)

辩难攻击之文，虽厉声色，虽露锋芒，然气力雄健，光焰长远，读之令人意强而神爽，初学熟此，必雄于文，千万人场屋中，有司亦当刮目。(卷二)①

“凡学文，初要胆大，终要心小，由粗入细，由俗入雅，由繁入简，由豪荡入纯粹”，这是全书的指导思想，指出学习写作总的规律与原则，不专对“放胆文”而言。“……但见文之易，不见文之难，必能放言高论，笔端不窘束矣”，这讲的才是“放胆文”。这一见解甚得写作教学之机理。开始学习写作时要让学生无所顾忌地“放言高论”，想说什么就说什么，管它什么理法章法，大胆写去就是。让学生感到写作也就跟说话一样容易，是一件很轻松自在的事。在小学阶段，就应该让学生写“放胆文”。文体、主题、题材、结构、语言都不设限。就说文体吧，喜欢写诗歌的写诗歌，喜欢写童话的写童话，喜欢写科幻的写科幻，喜欢写日记的写日记，写成“四不像”的只要写了，写什么都成，只要喜欢写就好。下笔有益，不惧怕写，养成写的习惯，迟早会写出像样的文章。

每个学生的天赋是不一样的，人一生中熟练运用的文体一般也就是一两种。诗人写诗，散文家写散文，小说家写小说……似乎是天经地义的，没人会质问诗人为什么不会写散文，散文家为什么不会写小说，或小说家为什么不会写诗，我们有什么理由要求学生什么都要学、都会写呢？也许有人会说生活和工作需要写各种应用文，所以这些应用文是一定要学的。其实，会写一种文体，有了较强的文字基本功，是可以触类旁通的。专于一种文体不等于就不会写其他文体，只是其他文体可能不如专擅的文体写得那么好罢了。要求一个人各种文体都写得一样好是不切实际的。触类旁通、偶一为之的文体写得精彩的不乏其例。毛泽东的诗词、政论是强项，他肯定没有专门学过写调查报告、新闻，而他写起调查报告、新闻也相当出色，比专业作者写的还要专业。其实，什么都学未必就什么都能写好，文字基本功差，学养不足，纵然什么都学写也不可能写好。应用文不只是格式规范问题，说到底也还是综合实力的较量，要写好应用文也需要言语创造力和想象力。因此，在中小学写作文体教学中，不必求全，要因材施教，要让学生按自己的潜质去发展。

---

① 谢枋得：《文章轨范》，中州古籍出版社 1991 年版。

有弃有取，有得有失。什么都学，可能得不偿失，窒息了学生的写作才能。这并不是说学生从小到大就练一种自己喜欢写的文体，其他的基本的写作技能与文体不要练，只是在其他文体的写作中不作统一的过高的要求而已。在评价学生写作的水平时，学生可以任选文体，只要写得好应一视同仁。这就给学生的写作才情与个性的发挥创造了良好条件。

在小学阶段，鼓励写放胆文，文体的规范可以淡化些，因为学生刚开始学写时文体意识弱，即使写出“四不像”的文章，也不应去批评，要努力寻找优点，加以肯定，给予引导。不急着让他们就范，要顺应他们的自然发展，读得多、写得多了，他们渐渐会领悟到喜欢写什么文体，就会形成文体感。

“放胆文”卷二的要求，就从卷一的“但见文之易，不见文之难”的心理上的自由放松，过渡到“令人意强而神爽……必雄于文”的精神上的强健自信。卷二所选的都是雄辩之文，能给人以气势上的感染，从而萌生发抒情性的豪迈与畅快。学习写作能觉得写作是一件毫不困难的事，不害怕写，喜欢写，且对自己有信心，理直气壮、畅所欲言，学好写作就有了较好的心理基础。

到了学生写作有了基础，养成了写作习惯，有了一定的理解力与较好的感悟力时，可以适时给予适当规范。《文章轨范》中的“小心文”五卷的提示是：

> 议论精明而断制，文势圆活而婉曲，有抑扬，有顿挫，有擒纵。场屋程文论，当用此样文法。先暗记侯王两集，下笔无滞碍，便当读此。（卷三）
>
> 此集文章占得道理强，以清明正大之心，发英华果锐之气，气势无敌，光焰烛天。学者熟之，作经义，作策，必擅大名于天下。（卷四）
>
> 此篇皆谨严简洁之文。场屋中日晷有限，巧迟者不如拙速，论策结尾略用此法度，主司亦必以异人待之。（卷五）
>
> 此集才、学、识三高。议论关世教，古之立言不朽者如是夫。叶水心言：文章不足关世教，虽工无益。人能熟此集，学进、识进而才亦进矣。（卷六）
>
> 韩文公苏东坡之文，皆自庄子觉悟，此可与庄子并驱争先。（卷七）①

可以看出，这里所谓的“小心文”，主要指的是经义、策论等应试之文。由于这些应试文体有较强的体式要求，所以要严格训练，使学生能符合规范。

---

① 谢枋得：《文章轨范》，中州古籍出版社 1991 年版。

这在今天看来不无可检讨之处，但是，撇开其具体的应试要求看，其合理性是显而易见的。卷三和卷四是“由粗入细”，是写作技法、技巧的训练；是立意取势、逻辑思维的训练。卷五是“由繁入简”，是文思敏捷、行文简洁的训练。卷六是“由俗入雅”，是“才、学、识”的综合提高。卷七是“由豪荡入纯粹”，是由“入格”“出格”到“创格”，是对写作个性的追求。卷三、卷四、卷五“由粗入细”“由繁入简”是求得写作的“入格”，使达到“稳境”；卷六“由俗入雅”是求得写作的“出格”，使达到“醇境”；卷七“由豪荡到纯粹”就是求得写作的“创格”，使达到“化境”。从七卷文章的整体看，体现了由“放”到“收”再到“放”的教学程序。卷一、卷二是“放”，卷三、卷四、卷五、卷六是“收”，卷七是“放”。就是说，写作教学的“收”是为了“放”，写作教学的终极意义上是写“无技巧”“无规范”的自成一格的个性之文。

鉴此，写作教学是否也可以分为三个阶段。小学阶段属于“放”，即写“放胆文”；中学阶段可适当地“收”，即写“小心文”，但这种“收”，要很小心，切勿伤了学生的言语天性和个性；大学阶段既要“收”也要“放”，即“小心文”“放胆文”皆备，倡导作“放胆文”。当然，每个人的写作上的发展是不平衡的，有快有慢，不可一概而论，应视个人才具情性的不同，因人制宜。“小心文”只是相对而言，在顺应学生的写作个性的基础上作一些启发诱导，绝不是将学生捆死，处处玄机，步步陷阱，弄得他们动辄得咎、言不由衷。在总体上说，主导性的教学观念应是鼓励学生“放胆”为文。只有“放胆”为文，他们的言语天性和个性才会充分地显露和舒展。

小学阶段作“放胆文”。所谓“放胆文”，就是文体不限、立意不限、题材不限、语体不限之文，即无拘无束、自由自在之文。小学生初学写作，重要的是培养兴趣和树立信心，要让他们从写作中感受到驾驭语言的乐趣，使他们热爱写作。要做到这些最好的办法就是为他们创造一个尽可能宽松舒畅的写作环境，让他们写“天性之文”“禀赋之文”“随心所欲之文”，写自己喜欢写的文章。叶圣陶先生说：“小学作文教授之目的在令学生能以文字直抒情感，了无隔阂；朴实说理，不生谬误。至于修辞之工，谋篇之巧，初非必要之需求。能之固佳，不能亦不为病。”① 这说的也是要让小学生放胆去写，不做过高的要求。小学生对写作的兴趣和自信是非常脆弱的，也是弥足珍贵的，

---

① 叶圣陶：《对于小学作文教授之意见》，见刘国正主编：《叶圣陶教育文集》第三卷，人民教育出版社 1994 年版，第 285 页。

应该小心翼翼地给予呵护，要是败坏了他们对写作的兴致，使他们视写作为畏途，可谓罪莫大焉。

中学阶段开始做“小心文”。所谓“小心文”，不是指一切都要小心，主要是指在学生自己所喜欢的文体规范上给予一定的关注与指导，文体依然不限。喜欢写诗的还可以写诗，喜欢写小说的还可以写小说……当然，也不妨既写诗也写小说。在立意、题材、语言上也可做适当的引导，但切不可限制太多，约束太多。在立意上，中学生的思想还是比较幼稚的，要允许他们大胆倾吐自己的真实感受，对他们的一些不太成熟的见解不必急于扭转，不能用“立意要高”来要求他们，更不能简单粗暴地加以训斥或用分数来压制他们。教师要学会宽容，要能够与他们真诚、平等地交换意见、沟通看法；题材上可以写他们亲历或熟悉的生活，也可以写远离生活现实的、想象虚构的，写他们陌生的。切不可用教师的题材观念强加于学生；语言文字上的问题不必过为苛求，要多就少改，不能让学生觉得自己一无是处。错别字是难免的，只要爱写，错别字是会逐渐减少，即使有一些错别字也并不妨碍成为好作者。中国台湾作家三毛一直到成名，还要别人给改错别字。中学阶段的写作学习在要求学生写小心文时，仍要注重发现学生写作的个人特点，加以适时的鼓励与引导，帮助他们认识自己的写作才能。

大学阶段“小心文”“放胆文”皆备，倡导作“放胆文”。大学阶段作“小心文”，主要是因为大学写作有一些专业上的要求，需要学一些非学不可的文体，如师范生要学写教案，理科生要学写实验报告，商科生要学写市场调查报告，企管生要学写案例分析……由于是专业的需要，不管你喜欢不喜欢，都不得不学。但是，这些“小心文”一般不宜作得太多，应少而精，因为多则滥、则烦，烦则生厌。其实只要喜欢写，能写好一两种文体，就会触类旁通。所以，大学写作的重心还是得放在写“放胆文”上。经过中小学阶段的写作学习，到了大学，已有相当的写作基础，对写作已形成了比较稳定的兴趣和习惯，对自己的优长有所认识，对学好写作有较强的信心，这时，教师的主要任务是进一步鼓励他们写出个人特点、风格，努力张扬写作个性，即写“个性之文”。这一阶段要鼓励学生尽量多发表文章，在与读者的交流过程中发展自己的写作个性，坚定写作信心，向着写作上自我实现的目标而努力。

在写作教学和学习的全过程中，“放”是主旋律。不懂得“放”，就不懂得“收”。其实，“收”不重要，尤其是不要太刻意、太强求。只要学生热爱写，自悟是迟早的事。从言语生命成长进程来看，“收”和“放”，最好都应是主体在言语实践中感觉到了迫切需要，是自发性的自我完善的行为，而不是外部的强制性的压力所致。

“放胆”不只是学文的规律，更重要的是它成就了一种健康的言语生命意识，养育了有活力、有“立言”追求的言语生命。处处“小心”的言语生命是不可能有什么大作为的。

四　为文三境界：快乐——痛苦——彼岸的幸福

一个人只有快乐而没有痛苦，是不可能的。一个人只知道享受快乐，不愿意品味痛苦，是长不大的。写作学习也是这样。快乐，只能说是最低的写作境界；痛苦，对于写作上成长的意义，比快乐要大得多。

写作是快乐的，也是痛苦的。在写作学习中，不要失去快乐，也不必刻意回避痛苦。——若能以苦为乐、无苦无乐，便意味着在向彼岸的幸福靠近。

初学写作，要让学生写“放胆文”，就是要使他们喜欢写，不生畏惧之心，使他们感到写作的轻松和欢乐。孔子说：“知之者不如好之者，好之者不如乐之者。”[①] 在写作教学的初级阶段，也要有意识地为学生创造乐于写的环境。有的老师因此提倡写“快乐作文”，是有一定道理的。

所谓的“快乐作文”，就是为学生创设一个愉快的使他们感兴趣的生活场景，一个能激发其写作欲望、写作冲动、写作激情的教学情境，使他们能自然地身心愉悦地投入到创造中去。如方伯荣先生所说：“高高兴兴看，勤勤恳恳记，开开心心玩，真真切切写，欢欢喜喜做，快快活活练。”[②] 这里大约贯穿着一个观念：开心就好。对于孩子们来说，自然不能让他们感到写作是活受罪，能够在“玩”中学写何乐而不为呢？“玩”的最好的方法就是“游戏”，所以，有人就将“快乐作文”等同于“游戏作文”（这和前面说到的“题型”写作教学法中追求的游戏精神不同）。“游戏作文是一种快乐作文，它生动活泼，效果明显，深受学生，特别是低年级学生的欢迎。当然实践中也有过这

① 《论语·雍也》。

② 方伯荣：《快乐作文概论》，转引自洪胜生：《快乐作文新思考》，载《作文报》，2001 年第 11 期。

样的情形：做游戏时，场面热闹，孩子们玩得开心，一到提笔作文，不少人又愁眉苦脸了。其原因是复杂的，但跟教师引导无方，学生误将作文课当作游戏课不无关系。现在，不少学校或班级都热衷搞游戏作文，这就容易给人一个错觉，以为快乐作文教与学就是在不断翻新花样中来完成。"[①] 显然，写作并不是"玩"，写作不是"游戏"。把写作当作"玩"，当作"游戏"，一旦"玩"腻了，"游戏"也翻不出什么新花样，写作也就玩完了。

李白坚先生在他的《趣味作文》一书的"自序"中阐明了他对"快乐作文"的理解：

> 我们在谈及"减轻学生负担"的时候，那办法，大抵也总是减少课程量，减少课本量，减少作业量等等。总之，是在一个"减"字上做文章。这是思维定势的表现。
>
> 能不能在"加"字上也做文章呢？譬如说，增加我们课本的趣味性，增加我们教学手段的多样性，也增加我们课程的吸引力。
>
> 如果我们在加大课程的趣味上做些文章，使学生因兴趣的增加而在心理上减轻对这门课程的"负担"，那才是彻底减轻学生"负担"的做法。只有在这样的情况之下，我们的教学改革或者说"素质教育"才是成功的。
>
> 报载，中国台湾不少人士认为，还不如用金庸的武侠小说做语文课本，因为金庸的小说中已经具备了美学、语言学、文字学和文学的各种要素。这当然是一种过激的话。但是，如果真的让孩子们把书包里的书换成同样沉重的金庸小说，孩子们还会觉得"负担过重"吗？这也许并不是什么高深的教育心理学。
>
> ……
>
> 本书之所以取名为《趣味作文》，正是基于以上的理论思考。多年来我尝试着用一种快乐的和趣味的方法来吸引同学们学习作文，热爱作文，运用作文解决实际问题。渐渐地，作文那"魔鬼"的"面纱"被除去了，在同学们心目中，作文恢复了她那温柔可亲的面貌。
>
> 在我的作文课上，学生们的负担绝对不轻松。他们必须"排队"发言，组织活动，进行表演，互相驳诘，限时创意，"头脑风暴"，快速听写，作

---

① 洪胜生：《快乐作文新思考》，载《作文报》，2001年第11期。

词作曲……当然，最后，总是逃不脱要写一篇限时限刻限字数的文章。

当这一切都穿上“趣味”的套装后，课堂的一切都变了，变成了同学们的欢乐小天地。①

可以看出，李先生是将“快乐作文”的目标定位在增加课程的吸引力上，为了使学生对作文感兴趣，使他们热爱作文，能运用作文解决实际问题。这大约是对“快乐作文”表层意义的比较确切的理解。“快乐作文”的功能主要是对学生的“情意性”方面的诱导，使之不仅快乐，而且感兴趣，因兴趣的驱使，使之能够克服困难努力去写。我认为这是对“快乐作文”的较为准确的理解。

李白坚先生在谈到“题型教学法”时，也在一定程度上体现了对“快乐作文”表层意义的较为深切的体认：

作文，除了一定的文字基础，还需两个重要条件：一是一定的生活素材，二是起码的创作冲动。

作文，需要一定的生活积累，生活是写作的源泉。生活，是写作的最直接、最基本、最丰富的素材。因此，一个生活丰富、阅历宽广的人，就是一个已经具备了写作的物质基础的人。但是，现在我们的学生，特别是大城市里的学生，生活并不丰富。他们没有或者说缺乏丰富多彩的生活源泉，生活方式单调，了无情趣，在这样的情况下，如何写得出绚丽多彩、兴味盎然的文章来呢？

因此，在青少年的写作教学中，在他们尚未掌握从思维到文字的转化技巧的前提之下，在他们还不太会观察，也不太会攫取生活作为他们作文的材料的时候，如果为他们造就一个或几个丰富的生活片段，或者趣味盎然的生活场景，或者有层次的生活剪影，或者矛盾突出的生活细节，让他们首先理解生活素材，调动生活积累，然后再行作文，这对于刚刚开始学习或者对作文掌握还不够好的学生来说，这种演示无疑是具有一定的诱导作用的。

另外，作文又需要激情，需要有一个兴奋点。要是在作文课上，通过写作教师的诱导，使学生的感情冲动起来，竟至于达到不写不快的境界，那么，强烈的写作动机也就随之到来了。

---

① 李白坚：《趣味作文·自序》，复旦大学出版社 1999 年版。

但是，青少年们在心理上、情感上往往不够成熟和健全，他们还不具备通过感情的追忆，唤起已经过去的热情和体验已经逝去的情绪，并且产生兴奋中心的心理机制。他们的神经功能也未健全，容易兴奋而难于抑制；他们的情绪难以持久而且经常发生变化。

基于以上对青少年们心理特点的分析，作文教学应立足于增强青少年们的兴趣，培养他们的感情，给他们造就一个又一个的兴奋点，让他们尽情地参与各种有趣的较为放松的游戏，让他们以即时之激情作即时之文章。

基于以上的认识，我们就可以在课堂上设计一个情境，创造一个事件，开展一个游戏，并通过学生的参与活动，使这一情境充分展开，并充分激化，使这一游戏充满欢乐，让在场的学生耳濡目染，身体力行，尽情欢畅，甚至忘记还有所谓的课堂纪律的约束。如此活动约十五到二十分钟后，再要求全体学生进行作文的训练，记叙即时发生的事情。

如果每次的作文，都以离开作文时间最近的一种活动为内容的话，就能使青少年们具有最为热切的情绪和最为清晰的记忆。当他们的兴奋点处于最高潮时，让他们用文字来表达自己的情绪和思想，对他们来说，才能成为比较方便的事。因为此时，思想、情绪和语言恰好会合在一条直线之上，形成了一组合力，这就为写作预设了精神和物质的前提，也让他们从感性上揣摩到作文不是如算术、自然那样的课程，不是外加的知识，而是内在思想情绪的文字外化。

由于青少年们的神经系统仍处于极度的兴奋状态，刚刚发生的一切在大脑皮层尚留有极为深刻的印痕，因此，就能较顺利地记下几分钟之前的所见所闻所思所感。事实证明，这种“趁热打铁”式的作文教学，比较容易引起青少年们的写作热情。

既然把生活的一切都纳入到写作教学之中，既然在写作的课堂教学中还有为学生提供的丰富生活和激起的高涨激情，于是，一堂写作课，就等于是一个制造写作生活和激情的实践场所，而写作的进行机制，也就顺理成章地形成了。①

李先生认为，教学场景的设置，目的是给学生以生活与激情，使学生有

① 潘新和主编：《高等师范写作三能教程》（第二版），人民教育出版社2002年版，第420～422页。

东西可写，有表现的意愿；使教学与生活接轨，使学生忽略的或未体验过的生活内容在教学情景中精致地复呈或创设出来，给学生以新鲜的感受和情绪的激荡，从而因势利导，让学生倾其所感、一吐为快。教师创设的“快乐作文”的教学情境，不只是一种情绪的调节，更重要的是提供写作素材与激发写作欲望，把他们带入到一个虚拟的生活场景中去，开始一次充满激情的写作活动。快乐往往只是写作行为发生的一个“契机”，快乐的情绪可能会保持始终，也可能只是在激起写作欲望后便功成身退。在通常的情况下，越是创造性的写作，越有“成功”期待的写作，写作过程可能就越是艰苦。当快乐点燃了激情之火，与此同时，它就把写作艰苦交付给了激情。

可见，“快乐作文”有个前提，就是习作者尚未形成获得写作素材的能力与较为稳定的写作动机，缺乏对写作的挚爱与追求，未能积极、自觉、主动地进行言语创造，所以，需要来自外部的辅助。“快乐作文”的目的不是为了让学生在写作时一直很快乐，也不可能推动他们完成复杂而艰难的写作活动，它只是作为儿童进入写作情境的导引，作为暂时维持写作兴趣的一种手段，是写作的无数动能之一。它可以在学习写作的初始阶段为我们所借重。当学生对写作有了较深的领悟和热爱，建立起了较为稳固和强大的写作动机，形成了文字表达与自我表现的欲望与习惯，对自己写作上的发展有了足够的信心时，“快乐作文”也就完成了“历史使命”。

既然“快乐作文”不意味着写作的创造过程的“快乐”，因此需要注意的倒不是如何制造“快乐”，能使快乐持久，而是要注意避免学生对写作的误解，避免使学生以为写作就是一件很轻松愉快的事，写作就是在嘻嘻哈哈的兴高采烈中完成的。如果真让学生形成了这样的误解，那“快乐作文”就走向了反面，不仅不能给学生带来写作的成就感，而且将葬送他们写作的未来。所谓的“玩”写作，文字游戏的写作态度，大约就跟这种对写作的误解有关。

从某种意义上说，对于一个习作者而言，更需要建立起的写作观念不是表层的“快乐”，而是“痛苦”，或者说是快乐与痛苦同在，由艰苦的劳动中获得深层的精神愉悦。一个对写作的痛苦（艰苦）缺乏心理准备的人，不能忍受写作带来的一切艰难困苦的人，没有言语创造责任感和使命感的人，是不可能成为一个优秀作者的，也品尝不到真正的言语创造的快乐和幸福。

有人将具有使命感的创造性写作也划入“快乐作文”，这似乎就改变了“快乐作文”的性质，混淆了作为教学手段的“快乐”和作为写作价值观的

“快乐”的界限：“凡是有助于青少年克服心理障碍，有利于调动作文兴趣，激发情感宣泄和创造激情，使之领略作文成就感的一切作文训练形式，都应视为快乐作文。”“作文是一种创造性的劳动，没有新发现，没有新创造，这种劳动就没有多少成果，也没有多大价值。青少年作文如果无法体味成就感，也就无法领略作文的快乐。这是因为快乐作文的灵魂在于创造，在于求新。可以说，不会创造，没有创新，也就没有快乐作文。”① 这种认知有一定道理，但对习作者不能一概而论。学生能够从写作中获得“成就感”，从而体验到创造的快乐，这自然是再好不过的事了。对低年级的学生来说，可能一开始需要的还只是表层的“开心”。作为写作练习的“快乐作文”，能使小学生获得成就感的恐怕不是很多。写作创新带来的成就感，对多数的孩子来说，还是比较遥远的事。成就感与创造密不可分，但创造的快乐不是轻易能品尝得到的，要品尝到创造的快乐，先得付出艰苦的劳动，这可能就不是很快乐，把“快乐作文”的灵魂定位为“创造”，是对那些“游戏作文”制造表面上的快乐的反拨，是对写作的深层“快乐”的阐释。但是，在低年级作文教学中，对初学写作的孩子而言，失去了表层“快乐”，单纯追求深层的“快乐”，也许就将“快乐作文”的宗旨抛弃了。“快乐作文”的初衷就是为了避免学习写作过程的“痛苦”。当你把创造的“痛苦”毫无保留地如数归还给孩子，指着那似乎是远在地平线下的“成就”对他们说：那就是你们的“快乐”，你们绞尽脑汁、苦思冥想做着的作文就叫做“快乐作文”，大约所有的孩子都会以为肯定是老师出了什么毛病了。

撇开教育学意义上“快乐作文”的“快乐”，从广义上看，写作的“快乐”，当然不是专指表面上的“开心”，而是指情感宣泄、言语创造带来的深层的内在愉悦。快乐，表层是开心、高兴，这是短暂的、感觉层面的；深层的快乐是精神的享受，是动力层面的。深层的快乐，是和创造的艰苦、痛苦相伴的。在学生对写作有了较浓厚的兴趣和相对稳定的动机之后，就应该适时地引导他们品味写作的痛苦，使他们逐步理解写作这一精神生产和创造活动的本质要求。这样的写作，自然就不能再称为“快乐作文”。

创造性的写作是一种极为艰苦以至痛苦的劳动，包括体力与脑力的巨大的消耗与折磨。获茅盾文学奖的长篇小说《平凡的世界》的作者路遥，他讲

---

① 洪胜生：《快乐作文新思考》，载《作文报》，2001 年第 11 期。

到创作开始前的准备："乡村城镇、工矿企业、学校机关、集贸市场、国营、集体、个体；上至省委书记，下至普通百姓；只要能触及的，就竭力触及。"在查阅报纸的沉重工作中，"工作量太巨大，中间几乎成了一种奴隶般的机械性劳动，眼角粘着眼屎，手指头被纸张磨得露出了毛细血管，搁在纸上，如同搁在刀刃上，只好改用手的后掌（那里肉厚一些）继续翻阅"。写作小说的"开头"（开始进入开头）则用了整整三天，在揉破的废纸堆里，"从高烧似的激烈一直走到满头汗水变为冰凉"。思想和情绪在无数次的试探后才终于找到方向，顺利地开始。写作过程中则是"无法形容的艰难"："笔下出现的每一句话，每一个细节，不仅要在这个具体的地方是适当的，还要考虑它在第一部是否适当；更远一点，在全书中是否适当。"①

作家王英琦女士对写作的"痛苦"也有较为深刻透彻的描述：最大的痛苦，是创作的痛苦。谁吃不透这句话，谁莫奢谈文学。常收到一些初入门者的热情来信（在此，我恳请朋友们不要来信了。写而无复，想必太使人失望。然而我倘每信必复，则我便什么事也不能干了），我有时冲动地恨不能即刻复信：亲爱的朋友，你真以为写作是一种快乐和享受吗？你真认为作家行当是个名利双收的美差吗？不，在我看来，它更是一个苦海无边的劳役，通向自我毁灭的墓地——不折不扣的受虐狂。我想到自己刚杀青的一篇文章《守望灵魂》。写这篇文章时，我的全部体力和心力，都始终处于一种残酷的巅峰状和气功态。写作期间，我三次跑到卫生间去痛哭流涕，悲绝孤愤之情难抑。那种生命能耗尽、身家性命难保的念头不止一次地袭上心头，以致我想调侃一下自己：这么跟自己较劲过不去干啥？——都可悲地失败了。《守望灵魂》煞尾时，我的灵魂已几近抽干榨尽。②

无论谁看到这些都会被作者对写作的酷爱与痴迷所感动，为他们对写作的竭尽心力的自我折磨与牺牲所震撼，从而对写作的快乐与痛苦有更深刻的感悟。他们不认为写作是一种快乐，而认为与写作痛苦对应的是写作幸福，这种幸福不是一般意义上的幸福，而是终极意义上的幸福："这样的写作，既是最大的幸福亦是最大的痛苦，她注定要以牺牲幸福来达到另一终极意义上的幸福——中介过程全是痛苦。"——这才是对写作行为的深刻感悟。只有对写作过程的痛苦与终极的幸福有着透彻领悟的人，才能写出真正优秀的作品，

---

① 路遥：《早晨从中午开始》，西北大学出版社 1992 年版，第 73 页。

② 王英琦：《文学不浪漫》，载《写作》，1999 年第 9 期。

才能达到言语上自我实现的人生境界。

这种要求对于青少年来说是否太高了？在他们一开始学习写作时就让他们去品尝这份痛苦自然早了点，所以不妨以“快乐作文”作为“诱饵”，让他们尽情感受自我表现、自我宣泄的快感。及至他们对写作产生了一定的兴趣，养成了写作习惯，对写作有了追求，感受到了写作是一种精神需要，教师就应引导他们体验写作的艰辛，让他们感悟写作对人生的意义，使他们对写作有较深入的理解，坚定他们的写作信念，帮助他们确立写作上自我实现的大目标，引领他们走上追求“立言”之路。一旦把写作作为人生选择，自我价值的体现，自己的生存方式，那么，为了获得那终极的幸福，什么样的艰难困苦都不在话下了。**快乐写作——痛苦写作——幸福写作，可以看作是写作学习三境界。**

在以往的写作教学中，看到了“快乐写作”“趣味写作”的价值，这已经是一大进步，值得肯定和提倡。但是，对于言语生命的成长来说，这一认知是不够的、不完整的，也是不得要领的。**在言语人生中，必须经历写作的痛苦以至苦难，才能使言语生命逐渐生长、成熟。只有奠定言语理想和信仰，不以苦为苦、以乐为乐，无所谓苦乐；不患得患失、见异思迁，无所谓利害，才有言语生命的创获，才拥有存在的诗意的人生，才能享有崇高的彼岸的幸福。快乐和痛苦——表层的开心和深层的愉悦，都不意味着写作的真正的幸福。这种幸福感，已经超越了一般情感体验的范畴，是一种精神愉悦、灵魂抚慰和生命彻悟。**

可以肯定，绝大部分的人，一生都无法达到“幸福写作”的境界，在写作教学中要使少数学生领悟到写作学习的三境界已殊为不易，但有意识地引导学生承受并接纳“写作痛苦”，引领他们去追求充满诱惑的美丽人生——言语人生、诗意人生，追求言语生命的自我实现，在这一追求的过程中去感悟、憧憬写作的“终极幸福”，无疑要比让他们一味享受“写作快乐”更为重要和必要。学生一旦树立起了“立言”的大目标，“快乐写作”对于他们就变得无足轻重的了。

五　率性、个性之文的“精神分析”

倡导“放胆文”，就是为了学生能无所顾忌地率性为文，写出天性、个性之文，最大限度地张扬言语潜能和言语才情，实现自我的人生价值。这个道理，大约已不会招致太多的质疑。之所以在写作教学实践中难以实行，除了教育观念改变上还须有一个过程，应试教育、制式教育与因材施教之间存在着矛盾外，还有一个重要的原因，就是教师对学生言语潜能、个性的判别和认知上有困难。这反映的是教师教育能力的欠缺。一个语文教师，要是看不出学生的言语潜能和才情，恐怕就不能算是一个称职的语文教师。不了解每一个言语生命的特质，谈何鼓荡和激励言语生命的动能，如何能有言语生命的感应和承传，怎么能使学生言语天赋得到最大发展？

对学生言语个性的培养，虽然受到了语文教师的关注，但是，这方面的研究还较为肤浅，大多还只是抽象地谈培养个性，很少有人注意到对言语个性进行具体区分和如何对学生言语个性做出较为准确的判别。这才是需要深入探讨的。今后，能对学生言语潜能做出较为正确的评判，能了解学生的言语个性，并因材施教，将成为语文教师的基本教育素养。

对学生文章的评价尺度也将随之发生变化。所谓的好文章，不只是指文从字顺、文采盎然、有真情实感、有思想意义的文章，还应该是有个性特点的。传统教学中的好文章，今天看来，如果没有什么特点，就不能被认为是好文章；以往所谓“差”的文章，可能是指有文字、技巧上的问题，或思想内容不合时宜，今后，如果这样的文章有个别的个性“亮点”，就不宜随便地否定，而是要给予肯定。

下面这篇文章，就是传统意义上的好文章，但是不能算是率性、个性之文：

中学生的潇洒

“天地悠悠，过客匆匆，潮起又潮落……”随着叶倩文《潇洒走一回》这首动人歌曲在神州大地的流行，“潇洒”这一词显得格外时髦起来。就连我们这些整天忙于读书、一心渴望上大学的中学生，也开始一边做功课，一边轻轻哼着它，萌发起一片潇洒的梦幻。似乎如果不“拿青春赌明天”，不“用真情换此生”，那么这一生便是白走了一遭。

然而仔细想来，何谓潇洒？其本意原是指行为举止神情的自然大方，又可用为某方面出色的夸奖之词。现在有些人对潇洒的解释却并不是这样，他们认为：潇洒就是有钱和玩得开心。我想这实际上是一种假潇洒，是空虚，是无知！

当社会上那些自以为潇洒的人开始涌现并做出各种“潇洒”的动作时，我们部分幼稚的中学生不辨是非就模仿起来。今天追求这种名牌时装，明天又弄个新潮发型，梦想揣着大把钞票，过着奢侈的生活——这就是“潇洒”。在他们眼里：读书像和尚念经，没劲，太不潇洒了！要能随心所欲地去玩，那该多“潇洒”！于是学习不用功，读书就头痛，甚至发展到逃课、退学的地步。到头来可能成为校园里的“超消费者”，社会上的“二流子”，不学无术，无所作为，以至于“潇洒”地走上犯罪道路。

曲解潇洒，把潇洒当作“金钱与享受”的代名词是很危险的。我们中学生在潇洒之前，应该先正确理解其含义，切莫盲目“潇洒”。

生活中的潇洒应该是健康、向上、有为……古代诗人陶渊明虽生活艰辛却有“不为五斗米折腰”的潇洒气节；现代杰出青年张海迪下肢瘫痪，难于直立，但她那颗健康的心，那种对生命的执着热情，在人们心目中永远是一尊潇洒的偶像；奥运健儿奋勇拼搏，为国家夺得荣誉，领奖台上，虽没穿名牌时装，却实在是我们祖国的潇洒象征……这就是对潇洒一词的最好解释。

一个人这一生过得潇洒与否，并不能以金钱和享乐的多少来衡量，而应该看到他对社会奉献的大小，是否实现了自己生命的价值。追求怎样的潇洒，就是追求怎样的人生。一个潇洒的中学生，首先就必须是一个合格的、优秀的中学生。在中学这段黄金时代，珍惜时间，努力学习，德、智、体、美、劳全面发展，成为一个有用之才，这才是我们中学生的真正潇洒！果真如此，将来我们才有可能平静地对自己说：这一生我算是潇洒地走了一回。

这篇文章，称得上文从字顺。内容，粗略地看似乎也差强人意，但是，这只能说是共性之作。因为作者的心灵完全被所谓的优秀学生的标准给窒蔽了，个性出不来，以至于忘了写的是中学生的“潇洒”。对中学生的“潇洒”，基本上失去了自己的感受。对这位作者，教师首先要进行“解蔽”，把“成见”“格式化”了，让他显露出自己本真的感知。

共性化的作品，对于了解学生的写作天性没有什么分析价值，有分析价值的是较为本真的作品，这就是率性之文。率性之文，是进行“精神分析”的前提，由于其言语天性是裸露的，分析的结果才比较客观，才有较高的可信度。只要是率性之文，不论写得怎样，都可以看出作者的某些言语潜质和个性特点。

下面这篇就有点与众不同，作者是用自己的眼睛看、自己的心去感受的：

潇　洒

蓝灿阳

一

潇洒是外在的，用眼去观察。

踢完球，肩搭汗衫，手抓一瓶汽水，一副不羁的模样走在街上，这是洒脱的潇洒。

苗条的身段，娴熟的舞姿，在陆离的灯光下翩翩起舞，这是飘逸的潇洒。

戴好头盔，披上风衣，跨上“铃木”，在都市的柏油路上尽情兜风，这是骑士的潇洒。

锃亮的皮鞋，笔挺的西装，气宇轩昂地步入某个餐厅，这是一派绅士的潇洒。

装款、举止、形式的潇洒，是令人“悦目”的潇洒。

二

潇洒是内在的，用心去体会。

内在的潇洒是潇洒的内涵，内涵的潇洒是高层次的潇洒。

拥挤的车厢，紧挨的人群，踩着你的脚了，正准备挨骂，抬头看见的是你灿烂的笑容，这是宽容的潇洒。

冷嘲热讽，非议种种，却置若罔闻，我行我素，昂首阔步地走自己的路，这是无畏世俗的潇洒。

面对无可避免的挫折，依然吟诗诵词，淡然自若，这是一种达观的潇洒。

“不为五斗米折腰”“采菊东篱下，悠然见南山”，这是超脱的潇洒。

内涵的潇洒既感染你的眼睛，也感染你的心，是令人“悦目赏心”的潇洒。

三

英俊潇洒的相貌，美若天仙的姿容，是天然的美，天然的美是潇洒的形式。

大方质朴地为人，开朗豁达地处世，是后天的潇洒，后天的潇洒是潇洒的内容。

光有形式的潇洒，并非是完美的潇洒，只有内容和形式一致时，才是至美的潇洒。要不就成了“金玉其外，败絮其中”了。

四

潇洒是自然的，模仿不是潇洒。哲人说：“当你刻意模仿潇洒的时候是离潇洒最远的时候。”

潇洒可以造就。天成的长相，我们就不必“东施效颦”，却可以用后天的力量去弥补。那就是增加学识和加深修养。

种种潇洒，只有折射于知识，折射于心灵的潇洒，才是最持久的潇洒。

这篇文章虽然还算不上深刻，却显出了“感性”的才情，善于摹写有特点的细节，而这种感性是较为沉稳、有节制的，没有过度泛滥，这就是作者言语天性表现得较突出之处。对什么是“潇洒”，它并不用力地拔高，而是自然地去感觉、去想，一步一步地去厘清、逼近。句式较短，文字有节奏感，追求对称与和谐，并见结构上的功力。所欠缺的是想象力的奇崛和思想的深度。这位学生具有感受性写作的潜质，可以写一般叙事性、抒情性作品，进一步发展也许可以写散文诗。

对上面两篇文章的判定并不太难，难就难在有些似乎“不怎么样”的文章，这些文章如果用某种文体的一般性要求来评判，看不出有什么好处和才情。然而，学生的文章可能最大量的就属于这一类。这就要求教师要打破一般的评价规范，披沙拣金，去检视埋藏在文章背后的言语生命的潜质。请看下面这篇文章：

一声轻叹

农民——面对这一沉重的字眼，我总无法下笔。想来心中纵有万般的同情与敬重，却仍无法用这一稚嫩的文字将其真实而完整地表达出来。因为：中国的农民活得实在太委屈、太累了。

以下是关于农民们所受不平等待遇的报道文章——

《南方周末》一则消息：浙江省安吉县政府不顾农民的强烈反对与苦苦哀求，违规强征了农民良田几万亩，致使农民怨声载道，生活再度陷入困境；

《国际金融报》一则消息：经济学家戴园晨指出农村的义务教育不是由政府承担而是农民自己负担，农民收入低是农村改革滞后的结果，表现为所有制上重视城市、忽视农村；

《羊城晚报》一则消息：彩虹桥倒塌引出城乡差别，遇难者中城市户口的获赔4万，农村户口即农民获赔2万，一时间民愤顿起；

……

也许，以上所举的例子太平常了。或许每一天当你翻开报纸，一大堆关于农民的报道便会迎面扑来。开始时你或许会为他们抱不平、会同情会可怜他们，但慢慢地，当每天几乎相似的新闻充斥于你生活的空间，或许你的灵魂便会渐趋麻木，及至有一天，你厌烦地说了一句——这些农民啊，真烦！

我一直害怕着那一刻的到来。我是一个农民的女儿，心灵深处我是多么深地爱着那群朴实耐劳善良坚忍而又无比可亲可敬的人们。我厌恶城里人的口头禅：傻得像个农民、土得像个农民。我一直搞不懂如果没有农民的春种秋收没有农民的披星戴月可就有了他们城里人的衣食无忧？没有农民的善良坚忍无私可就有了整个国家的安定团结？太多太多的不懂仅缘于一个问题：城里人有何权力轻视农民？

一直以来总想为中国的农民讨一个说法，争一个尊严。但，我的力量太弱了。于是，我只能通过一根同样脆弱但坚定的笔写下这段话，说出我的感受——中国的农民，活得太累、太委屈了！

这篇文章不论是用“议论文”还是用“时事评论”“社会评论”“新闻评论”，或者用“抒情散文”的文体标准来衡量，都不合适，都不能算是一篇好文章，因为文章只是停留在现象和感觉的层面，议论不像议论，抒情不像抒情（自然也不是叙事或说明）。议论，没有分析，没有层次；抒情，情感的表达又太直露，太单一，没有情感的分化和发展。这是一篇“四不像”之文。但是，我们又不能不承认，这是一篇率性、个性之文。这里说的个性，是在一般地显露个人言语潜质这个意义上说的，不是指优秀作品的个人风格特点。

对这篇文章可以做这样的言语生命个性“精神分析”：

1. 负面个性

文章很感性化，作者所表现的基本上都是直接诉诸情感的现象。文章始终在感觉层面上滑行，感觉失控。

文章较片面，欠客观。社会和城里人对农民不是都像文章所说的那么歧视和蔑视，文章的批评是以偏概全。

文章中没有严密的分析和推理，几乎没有涉及对“歧视”和“蔑视”原因的剖析。

作者不是一个冷静、理性的人。作者不善思辨，缺乏巧智。

2. 正面个性

文章有一股“气”：愤懑之气。这是一篇使性任气之文，不平则鸣之文。

文章的情感特征很鲜明，作者的写作思维中感性优势明显，作者的行文较为情绪化。

作者是个“性情中人”。她不忌讳说自己是一个被人处处瞧不起的农民的女儿，她不怕说出来也被老师、同学这些“城里人”“烦”。她想说就说了，谁也拦不住！她率直、真诚。

作者是个“多情善感”的人。她深爱着与自己血脉相连的人们，对生养自己的父母、对农民一往情深；对社会对待农民的不公和歧视，感到愤怒；对城里人将农民作为嘲弄对象感到厌恶。

作者对与本文情感特征相关的资料，也具有敏感。

作者是个有责任感和道义感的人。

3. 结论

上述写作个性倾向表明：

(1) 这位学生适合写在基本的叙事中贯注着较强烈的情感性的文体，可望成为一位通讯、特写、报告文学等一类写实性和文学性相结合的作品的作者；

(2) 如果情感特征能沉潜一些，跳脱一些，可以写叙事散文；

(3) 如果能加一点理性色彩（这是可以做到的），也可以成为一位随笔或新闻评论作者。

后两种可能，对于这位作者有一定的难度，但是，经过努力是可以做到的。——诗歌、抒情散文、散文诗、小说、论文等的写作，对于她可能是不太适合的。

这种个案分析，就是对学生言语天性、个性的感受和体认。在语文教学中，这是必要而且是可能的。没有这种个案分析，就不知道每一个学生的言语“天才”之所在，因材施教就成为一句空话。教师主要可以在如下几个方面进行观察和分析：

1. 思维方式是感性还是理性占优势，或是二者相对平衡。较为感性化的，即便在议论文写作中，也充斥着大量的描写或叙事，不善于抽象说理。这些人可以写随笔、杂文，不擅写学术论文。较为理性化的，往往会着眼于分析和概括，探询现象背后的缘由，喜欢讲道理，这些人具有学者、理论家的禀赋。前者重“事实”，后者重“雄辩”。

2. 文章是写实性还是虚构性为主（是“唯用”的还是“唯美”的），或是二者兼而有之。其区别主要是擅长实用文体还是文学文体的写作。观察的核心是想象力、虚构性的强弱和类型。一般写作不虚构、言必有据的，这些人文学感受力相对较弱，但可能科学观察力较强，不宜当作家，也许可以成为科学家。其中的情况较为复杂，须得进一步区分。同样是写实性的，写新闻的和写事务文书、行政公文的不同，二者都需要“政策”思维，但前者倚重“公共”“社会”思维，后者倚重“关系”“等级”思维。具有文学天赋的学生，在想象性上也有细致的不同。即便都是可以成为诗人的，还可以具体到是叙事诗人、抒情诗人还是浪漫诗人。小说作者也同样有多种不同的风格类型。

3. 表达是倾诉性、宣泄性、情绪化的，还是客观冷静、从容不迫的。同样是培养写散文，前者主要特征是感性、渲染的，可学习写感受性、抒情性小品文；后者意味着思维较为理智深邃，可学写言之有物且言之有序的一类散文，可向智性散文、文化散文发展。

4. 文字是循规蹈矩的还是追求不拘一格的。文字循规蹈矩，反映的是思想、思维的循规蹈矩，思虑周全严密，这类人可以当文秘工作者或考据类、以资料梳理见长的学者；追求不拘一格的，语感敏锐，表达方式、遣词造句力求新颖别致，体现的是思维的活跃、怪异，可望成为作家或个性特别鲜明的理论家、学者。

这只是简单的列举，实际情况要复杂得多，关键是教师要有对学生文章的内在潜质较强的感受力。如果教师连学生究竟个性倾向是什么都不懂，又如何能因材施教、因势利导呢？

当然，据一篇文章做出结论未免轻率，限于条件，在这里我只能作举例性的个案分析。一个语文老师对学生言语个性的了解绝不仅限于一篇文章，教师在平时要注意观察，细心地望、闻、问、切，经过一个学期或一个学年，大致认清学生言语发展上的优势和方向，是不难做到的。把准言语生命天性、个性的脉搏，才能养护言语生命的潜能和才情，助成每一个言语生命的健康成长。

六　命题：给心灵松绑

什么时候写作教学无须教师命题就好了，这便是“无”的境界。因为，这表明学生已真正成了学习主体，言语生命解放了，获得了言说的自由和自觉。

但现在还不行，我们谈论写作教学还不能不触及写作命题。命题作文，也许不论是现在，还是在可以预见的将来，都是难以回避的。尽管有时在写作教学中可以采用“游戏”“情景”的或“题型”“案例”的方式进行练习，这些形式与传统的命题形式是有较大的差别，但在这些“活动”之后，最终也还是要落在命题上，还是有一些具体的写作要求和规定。更不用说考试了，语文考试，大约还是不能自由地写作。所以，命题还需要研究。但是，我们也应该明白，这其实不是个“真”问题。

长期以来，写作命题研究一直是一个热点，成果不少，可是进展不大，命题实践依然问题多多，师生都备受困扰。因此，命题研究，仍然是当下亟须关注的一个重要课题。

有人认为高考作文命题的题型经历了从“命题作文”（应称为“标题作文”）到“材料作文”再到“话题作文”（有人称“材料作文”为“命意作文”，“话题作文”为“命域作文”）这三个阶段，称这三个阶段体现了命题观念上的进步。对此，我不敢苟同。能否“命”出好的文题，虽然跟命题的形式有一定的关系，但最根本的还在于命题观念的正确与否。2000 年高考作文“答案是丰富多彩的”，2001 年高考作文“诚信”，2002 年高考作文“心灵的选择”，虽都属“话题作文”，都不能算是好文题就是证明。2003 年的“感情亲疏和对事物的认知”和 2004 年“遭遇挫折和放大痛苦”虽有所进步，但是也还存在不少有待改进之处，如限制过多，难度过大，话题有误，思想僵化等。

如何命题是写作教学中的一个说不完的话题，也是每一位教师不得不思考的问题。因为，今天的写作教学，在相当程度上仍是教材或教师命题，学生遵命写作的模式。命题规约，是写作教学的一个最能体现教学观念和教学指向性的方面。

关于命题作文，苏联教育家乌申斯基说："看着这些作文，很容易使人想到这大部分是一些用死记硬背下来的句子写空话的练习。"① 从以往的教学来看，命题作文的确乏善可陈。以下这篇短文生动地写出了传统观念下的命题作文的弊病：

> 记得第一次写"难忘的一件事"时，同学们眼中"难忘"的事丰富着呢，有的写跟妈妈学包饺子或烧菜，然后品尝自己的"劳动果实"；有的写跟大人进城逛公园、看花灯；有的写自己动手洗手绢；也有的写助人为乐，拾金不昧的，不一而足。两天后，作文本发下来，老师分别在上面写了评语：写跟吃喝有关的是"贪图享受"，写进城看风景的是"小资情调"，这两类作文文笔再好，最多只能得个"可"的评语；而写劳动方面的文章，一般评语为"总体尚可，但立意不高"，多数能得个"良"；有三位同学写了捡到钱包（或钱）后归还失主的事，结果竟无一例外都被评为"优"。其中两位文中的部分句子都不通顺，这让同学们很是忿忿，但慑于老师的威严，也没人敢说什么。
>
> 但是，小孩子的模仿能力是很强的，你能写捡钱包得"优"，我就不能捡吗？于是乎，以后再写类似的命题作文的时候，"捡钱包"的人就越来越多了。有的同学一开始还"执迷不悟"，但见到"捡了钱包"的伙伴们兴高采烈地拿到"优"，过一阵子也"晚节不保"，纷纷加入"捡钱包大军"，到后来，竟发展到"十篇作文九捡钱"的程度。（不知人的"忘性"大小是否与生活水平成反比，要不那年头咋有恁多人丢钱？这个课题医学专家们可以好好研究研究）写得多了，文章的内容，形式就愈加趋同了。当时，我们总结出来的考试"包得高分"的"规范模式"如下：
>
> 今天是礼拜天，艳阳高照，万里无云，（故乡天气号称"天无三日晴"，但到我们作文里，却"每天都是艳阳天"）爸爸带我去城里买《新华字典》。（或买学习辅导材料，但绝不能去买衣服或逛公园，否则又成

① ［苏］乌申斯基：《论俄语的最初教学》，转引自［苏］赞科夫编，杜殿坤等译：《教学与发展》，文化教育出版社 1980 年版，第 123 页。

了“小资情调”）一大早，我和爸爸到镇上上了一辆大客车。客车开动了，望着车窗外飞逝而去的景物，我的心情十分激动，只盼着车开得快点，再快点，早点开到城里，我就可以得到那本天天想、日日盼的《新华字典》了。（这段文字不可缺，老师说，这叫“心理描写”，可使文章增色不少）

一个小时后，客车终于开进了城。我兴奋地下了车，跟着爸爸向市新华书店走去。（好戏就快开演啦！）突然，我发现路边有一个黑乎乎的东西。走近了，拾起来一看，呀，竟是一个钱包！（在我之前路过的人怎么没发现？那个时代患近视眼的人可比今天少多了呀！）打开一看，里面竟有十多元钱，相当于爸爸一个月挣的工分呢！（当时故乡尚未实行“包产到户”）

我想，这么多的钱，能买好多本书，还能买些好吃的，多好啊！但转念一想，不行！失主发现丢了钱，该有多着急呀！这会儿一定在四处找钱包呢。（这叫“欲扬先抑”，是老师教给我们的“高分秘籍”之一，后经实验检验，果然屡试不爽）我的心中浮现了雷锋叔叔的光辉形象，他的大公无私、助人为乐的高尚的共产主义精神深深地感染了我。对！向雷锋叔叔学习，拾金不昧，一定要找到失主。（如果想起王杰或欧阳海谁的也行，反正至少得写一个，此乃又一“高分秘籍”）爸爸很支持我的想法，（那时的人思想境界就是高！）我们就在路边等失主回来找钱包，等啊等，一直等到日头偏西。（还有更晚的，一直等到“华灯初上”，甚至“繁星满天”。一整天时间，父子两人怎么熬过来的？一直站在原地？中午吃没吃东西？不过这些都不用管，照老师的说法：不是得分点）这时，就见一个骑自行车的小伙子急匆匆赶过来，问我们有没有捡到一个钱包。我和爸爸喜出望外，忙把钱包交给他。（真是功夫不负有心人啊！不过，父子俩也太大意了，连钱包的颜色和里面装有什么都不核实一下，小伙子会不会冒领？也许那时的人都比较单纯，这种担心是多余的罢）他接过钱包，连忙向我们道谢，还抽出两元钱要“意思”一下。我和爸爸坚决不收，连说：“这是我们应该做的。”（这两块钱千万不能收！否则，前面写得再好，此文都恐难及格！记得还有一个同学更绝，写本来爸爸认为两人辛苦一天，不容易，想把两块钱收下，但“我”觉得助人为乐不应讲代价，最终说服了爸爸，没要那两块钱。他这篇文章在一次考试中老师竟给了满分！）

小伙子对我们千恩万谢，高兴地骑着车子远去了。待我和爸爸赶到新华书店时，书店早就关门了。《新华字典》没买成，但我因为做了一件好事，一点也不感到遗憾。（彰显“我”精神境界之崇高）

作文写到这里，也就差不多了，但还没有全完。老师常对我们说：编筐织篓，全在收口。文章的结尾同样很重要，也很有说道。如果你写：今天是多么难忘啊！虽然扣了题，但八成会影响一点得分，因为“过于简单”。多亏老师循循善诱，我们很快就学会了写一个好的文章结尾，以后在任何类似的作文中套用，竟屡试不爽。一种是“口号式”结尾，也叫“升华法”：在回家的路上，我为做了一件好事而感到心情无比激动。我们一定要在党的英明领导下，好好学习，天天向上，为实现四个现代化而努力奋斗！另一种是“太阳月亮式”结尾，也叫“衬托法”：回家的路上，夕阳西下，大地披上了一层金装（或：月亮爬上了树梢，大地洒满银辉），我的心情无比激动与自豪。这是至今我做过的最难忘、最有意义的一件事，因为我无愧于“少先队员”这个光荣的称号！[①]

这似乎夸张、搞笑，但对命题作文的针砭可谓入木三分。这种命题作文“伪写作”状况再也不能继续下去了。文中所说的命题作文的模式化、概念化倾向，的确是写作教学中的通病。至今仍然未能根除的主要原因，一是在写作观念上的偏差，推崇“八股”僵化虚假的文风；二是教师没有摆正位置，没有意识到命题是不得已而为之的，是代学生拟题。

写作练习和测评往往都要由教师命题，教师决定学生该写些什么，其实是无奈之举。因为，实际写作时，在一般情况下，要写些什么，命什么题，本应该是由作者自己决定的。作者要有写的意愿和表现什么的意图。就是说，本来学生写什么是他们自己说了算的，但在教学情景中，教师剥夺了学生这一天经地义的权力，要他们服从于教师的意愿去写不论自己是否愿意写的内容。叶圣陶先生早在1919年发表的《对于小学作文教授之意见》中就指出：“唯初学作文，意在练习，不得已而采命题作文之办法。苟题意所含非学生所克胜，勉强成篇，此于其兴味及推理力摧残殊甚。是以教者命题，题意所含必学生心能所思。或使推究，或使整理，或使抒其情绪，或使表其意志。至

---

① 任常群：《命题作文》，载《杂文报》2000年12月5日。

于无谓之翻案，空泛之论断，即学生有作，尚宜亟为矫正；若以之命题，自当切戒。”[①] 他在1940年的《论写作教学》中再次重申：

> 国文课定期命题作文，原是不得已的办法。……通常作文，胸中先有一腔积蓄，临到执笔，拿出来就是，是很自然的；按题作文，首先遇见题目，得从平时之积蓄中拣选那些与题目相应合的拿出来，比较的不自然。若嫌它不自然，废而不用，只教学生待需要写作的时候才写了交来，结果或许是一个学期也没有交来一篇，或许是来一篇小说一首新诗什么的，这就达不到写作教学的目的。所以定期命题作文的办法明知不自然，还是要用它。说是不得已的办法，就为此。
>
> 定期命题作文是不得已的办法，这一层意思，就教师说，非透切理解不可。理解了这一层，才能使不自然的近于自然。[②]

了解写作教学中存在这一“悖谬”很重要。许多命题中的问题皆跟将“悖谬”视为“当然”有关。教师往往从某一观念出发（这还是好的，更糟的是连观念也没有），一厢情愿地命题。例如2000年高考作文“请以‘答案是丰富多彩的’为话题写一篇文章”，与2001年的“请以‘诚信’为话题写一篇文章……”，2002年的“请以‘心灵的选择’为话题写一篇作文”，这里就都隐含着命题者的“紧跟形势”的命题观念。2000年的文题显然是跟“教育在培育民族创新精神和培养创造性人才方面，肩负着特殊的使命”的这一形势紧密相连的。2001年作文命题，据命题者说原想以“申奥”为题，后因某刊模拟考题已猜中该题，并预拟出了种种写作思路，只好作罢，改换为“诚信”话题作文。“诚信”话题显然是跟“以德治国”的政治方略紧密相连的，是跟现实中反腐倡廉、张扬正气紧密相连的，是跟商界、政界中某些腐败分子的道德沦丧、“诚信”失落、行贿受贿等现象紧密联系着的。2002年的“心灵的选择”则是与《公民道德建设实施纲要》的出台遥相呼应，将“以德治国”的方针落实在行为实践上。“创新教育”“以德治国”，作为教育思想和治国方略无疑都是有战略眼光的，很值得倡导，但不是有重要政治价值的内容都适于作为高考作文的考题。作文命题有其特殊规律，违背了作文命题规律，就达不到练习或检测的目的。命题者之所以“命题紧跟形势”，是跟对语文课

① 刘国正主编：《叶圣陶教育文集》第三卷，人民教育出版社1994年版，第287～288页。

② 同上书，第370～371页。

程性质认识偏颇紧密联系着，将语文课程性质视为“政治性”，必然派生出“命题紧跟形势”的观念。命题者从这一观念出发，并不考虑学生有没有真切感受与思考，胸中有没有积蓄，有没有发表欲望。在现实语境下，在主流话语的制约下，绝大多数考生在这类命题下表现出了认知上的贫乏、拘谨与被动，不得不以泛泛之论敷衍，或径从读过的类似题材的文章中套袭成文。这必然就达不到考查学生言语创造力的目的。

这种作文命题“政治化”情结源远流长，它源于“文以载道”“代圣贤立言”的传统，与“八股”“策论”命题观念一脉相承，屡受前辈学人的口诛笔伐而阴魂不散。叶圣陶先生说：

> ……而现在中学生的作文本子上时常可以看到《治乱国用重典论》《经师易得，人师难求说》《荀子天论篇纯主人事，与向来儒家之言天者矛盾，试两申其义》《孟子主性善，荀子主性恶，二家之说孰是?》《上古竞于道德，中世逐于智谋，方今争于气力说》《宁静致远说》《蒙以养正说》《文以气为主论》一类的题目，足见八股的精神依然在支配着现在的写作教学。这并不是说那些题目根本要不得，如果到政治家、教育家、哲学家、史学家、文艺批评家手里，原都可以写成出色的文章。但是到中学生手里，揣量自己胸中没有什么积蓄，而题目已经写在黑板上，又非做不可；于是只得把教师提示的一点儿，书上所说到的一点儿，勉强充作内容，算是代教师代书本立言；内容既非自有，技术更无从考究，像不像且不管它，但图交卷完事。这样训练写作，不正合着八股的精神了吗?

可见，凡是不从学生实际出发，不关注学生的所思所感，从其他的种种外在的需要来命题，都可以归入“八股”精神之列，这种“八股”精神是命题时首先要清除的。要使“不自然的近于自然”，就要关注学生的所思所感，关注他们的生活实际：

> 教师命题的时候必须排除自己的成见与偏好；唯据平时对于学生的观察，测知他们胸中该当积蓄些什么，而就在这范围之内拟定题目。学生遇见这种题目，正触着他们胸中所积蓄，发表的欲望被引起了，对于表达的技术自当尽力用功夫；即使发表的欲望还没有到不吐不快的境界，只要按题作去，总之是把积蓄的拿出来，决不用将无作有，强不知以为知，勉强的成分既少，技术上的研摩也就绰有余裕。题目虽是教师临时

出的，而积蓄却是学生原来有的。这样的写作，与著作家、文学家的写作并无二致；不自然的便近于自然了。①

阮真先生在20世纪30年代对作文命题的思考很值得借鉴。他说："替学生拟题，是要有计划的，所以不能毫不思索地随意写一个；替学生拟题，是要斟酌时地环境和学生的程度的，所以决不能抄袭模仿；替学生拟题，是要根据学生的学识经验与生活需要的，所以决不能根据教师的学识经验。那么作文的拟题，确是很困难的问题了。"② 他将"拟题"工作分为四项，分别提出具体要求。这四项是：拟题的预备、拟题的方法、题面的修辞、题目的限制。其中许多看法，仍有现实意义。如他谈到"拟题的方法"时说：我们为学生拟题，要给学生一些良好的刺激，引起他们作文的动机和兴趣，使他们有话要说，不能不说；有文要做，不能不做；那么我们的题目在教学上可算发生了功效。……拟题的方法，除了利用学生个人的实际需要事项而外，就不能不用设计。所谓设计，就是从各方面假设一些环境或问题，使学生在这些环境或问题中感到作文的需要。他还为拟题提示了5种可利用的机会：1. 利用学生的实际需要事项；2. 利用读物；3. 利用定期刊物；4. 利用校内服务事项；5. 利用社会服务事项。他认为这些方法，"总说一句，就是要生活化，实际化。有实际生活需要的机会，我们固然要利用；没有实际生活需要的机会，我们也要假设环境，造成机会，去做问题设计"③。

胡适先生关于命题的见解也很有启示性。他说："若是出题目做的文章，应注意几点：（一）最好是令学生自己出题目，（二）千万不可出空泛或抽象的题目，（三）题目的要件是：第一要能引起学生的兴味，第二要能引学生去搜集材料，第三要能使学生运用已有的经验学识。"④ 他在讲到演说题的命题时也讲到："演说题须避太抽象，太笼统的题目。如'宗教'，如'爱国'，如'社会改造'等题，最能养成夸大的心理，笼统的思想。从前小学堂国文题如《富国强兵策》等等，就是犯了这个毛病。中学生演说应该选《肥皂何以能去污垢?》《松柏何以能冬青?》《本村绅士某某人卖选举票的可耻》一类的具体

---

① 叶圣陶：《论写作教学》，见刘国正主编：《叶圣陶教育文集》第三卷，人民教育出版社1994年版，第374～375页，第371页。

② 阮真：《中学国文教学法》，正中书局1936年版，第82页。

③ 同上书，第87页。

④ 胡适：《中学国文的教授》，见《胡适文存》卷一，上海亚东图书馆1933年版，第325页。

题目。辩论题须选两方面都有理可说的题；如‘鸦片宜严禁’只有一方面，是不可用的。”①

叶圣陶、阮真和胡适的意见包含了一些重要的命题观念，由此加以推演可得：

1. 替学生拟题。“命”和“拟”这一字之差，就表明了不同的态度。“题”不应是教师自己想怎么“命”就怎么“命”，而是为学生代“拟”的。“替学生拟题”就是要站在学生的立场上，以学生的学识经验与生活需要为出发点，而不是站在教师自己的或别的什么立场上，这可以说是教师命题（还是按约定俗成的说法用“命题”）的一个最基本的观念。

2. 生命化选题。命题须“命”在学生固有的积蓄尤其是兴奋点上。能想到自己是替学生拟题，所拟的题才有可能与学生写作欲求相吻合。因恰是他们想写的，所以能一触即发，不吐不快，这当属一等的命题。这就要求教师要经常、深入地了解学生的情况，了解所任课班级的情况，了解学生的思想与情感需求，了解他们的问题与困惑，从中筛选出较有普遍性的文题。

3. 生活化选题。命题要应实际生活之需要。这就是命题要考虑写作的功用性，要经世济用，提倡“生活化”写作，反对脱离生活实际的空论，这是值得强调的一个方面。在今天来看，除了注重写作的实用性外，也要注重满足超实用的精神情感需求；命题可以根据实际需要虚拟情境。这就是我们前面谈到的“仿真性”，在教学中应根据写作实践的需要设计必要的情境，使教学情境逼真于实际写作的情境，使学生不会觉得这是无谓的练习，而是真正有意义的写作。

4. 具体性选题。题目不宜空泛或抽象。空泛或抽象的题目会“养成夸大的心理，笼统的思想”。他们注意到了命题对学生心理、思想的影响，这是很深刻的。今天学生作文空话、套话连篇，不能不归咎于教师命题的抽象与笼统，如《五四断想》《春天寄语》《为了祖国的明天》《新世纪畅想曲》《颂歌献给……》等，这些题目大约都是习见的，像这一类的题目，学生不可能有不得不说的欲望，勉强为之，必然说一通假话、空话。

这类文章做多了，即使学生做的是自己有积蓄的文题，也会不由自主地做成废话连篇的文章。叶圣陶先生曾举例说：“……对于学生来说，《我的家

---

① 胡适：《中学国文的教授》，见《胡适文存》卷一，上海亚东图书馆1933年版，第315～316页。

庭》是人人都有积蓄的题目，可是有的学生也会来一套‘家庭是许多人的集合体，长辈有祖父、祖母、父亲、母亲、伯父、叔父，平辈有兄、弟、姊、妹，小辈有侄儿、侄女，但是我的家庭没有这么多人’的废话。你若责备他连‘我的家庭’都说不上来，未免冤枉了他；他胸中原来清清楚楚知道‘我的家庭’，但是他从平日所受的训练上得了一种错觉，以为老实说出来就不像‘作文’了，为讨好起见，先来这么几句，不知道却是废话。所以训练者的观念合着八股的精神的时候，即使出了与学生生活非常相近的题目，也可以得到牛头不对马嘴的结果。”① 今天成人写的文章（包括许多语文老师写的文章）大量是言之无物的陈词滥调，就跟从小接受这样的训练有关，跟抽象笼统的八股命题观念有关。

具体的题目，一是要学生容易把握，一看就明白；二是要容易写得集中深入有内容。具体的题目一般都比较小，小题目可以做成大文章，而大题目往往反而会作成小文章。《五四断想》不如改为《告别少年》《第一次过五四》；《春天寄语》不如改为《那年春节》《绿》《春天来了》（或《春去了》）；《为了祖国的明天》《新世纪畅想曲》不如改为《我们不再……》《作为一个中国人你愿为祖国做些什么》《当我们相聚母校》《明天，我的一个渺小的心愿》……像这些相对具体的题目，学生就不会感到无从下笔。

题目具体，限制的题材范围就比较小，学生的生活积蓄未必一样，兴奋点也不一样，一个文题可能不适合于所有的学生，因此，一次训练或测试最好能有两道以上的文题让学生选择，使他们能各得其所。加拿大中小学写作教学中常令学生作“报告”写作，老师每次拟的题就多达十几个或二十个，由学生选择一个题目去写。命题范围多为历史、地理、人文、社会或动物、植物等方面的题目。学生围绕题目去阅读有关的报刊、书籍、画报、百科全书等课外读物（一般的学校、家庭都备有），把有用的知识都摘记下来，加以整理，拟出一些小标题，写成一篇科学知识说明性的报告。② 这种命题方法就与胡适先生的“第一要能引起学生的兴味，第二要能引学生去搜集材料，第三要能使学生运用已有的经验学识”的意见相吻合。

---

① 叶圣陶：《论写作教学》，见刘国正主编：《叶圣陶教育文集》第三卷，人民教育出版社 1994 年版，第 375 页。

② ［加］Sheryl Yung，王霖译：《加拿大一名初中生的作文卷》，载《语文学习》，1993 年第 4 期。

5. 探索性（认知性）选题。这包含两种类型，可以写“熟悉的”，也可以写“陌生的”。以往教师命题忌讳学生对所命的题“无话可说”，实际上有时候这“无话可说”只是没有现成的话可说。只要命题能切中学生的兴奋点，虽然他们也许暂时还没有可说的，但是，这会激起他们的求知欲和好奇心，使之努力去探究，这无疑要比一味写些陈年旧事要好。“与我国的作文可以闭门瞎编不同的是，美国教师出的作文显然是必须经过查参考书、利用图书馆、电脑查询等多种收集和整理信息资料的过程才有可能完成。在荒岛上生活，(作文题为：“当乘坐的轮船沉了，你漂流到一个荒岛上，你将怎么生活?”）当然是需要想象力的，但是有关岛上的植物、动物、可利用或可制造的工具等方面的知识则是需要利用有关的工具书学得。至于介绍一个州的风土人情和介绍某种动物（作文题为：“任选一个州，介绍这个州的风土人情”和“任选一类动物，以杂志的形式作介绍，不仅要有文字，还要有插图”）则更是需要参考大量的文献资料。”① 这种命题差异，体现的是写作观念和智能要求的差异。

命题应留有学生独立思考的空间，即不以观点命题（包括不能暗示命题者的倾向性、已有主流观点或“定论”）。文题要能诱发所有的学生畅所欲言，都能平等地阐明自己的见解，所命的题就要选“两方面都有理可说的”，当然，最好是多面都有话说的，不应以命题者自己的观点或已有“定论”的材料作话题。文题体现了命题者观点或隐含着主流观点，就等于将自己的或某种现成的观点强加于学生，剥夺了他们思想的权利，迫使他们为了迎合命题者只好去说言不由衷的话。对于写作的创造来说，最重要的创造是思想的创新，即观点的创新，不论是对学生写作能力的培养还是对他们写作能力的考察，发现问题、提出问题、形成观点的能力总是须首先给予关注的。许多命题者由于连这最基本的要求都不清楚，所以往往以观点命题，如高考作文题中的《坚韧——我追求的品格》《战胜脆弱》《答案是丰富多彩的》《诚信》等，都或明或暗地体现了命题者的或主流的观点。《坚韧——我追求的品格》《战胜脆弱》清楚表明了作者对“坚韧”的肯定与对“脆弱”的否定；“请以‘答案是丰富多彩的’为话题写一篇文章”，这其实并不是什么“话题”，就是“观点”；“请以‘诚信’为话题写一篇文章……”，表面上是“话题”，但由于

① 上官子木：《从作文选题看作文改革》，载《光明日报》，1999 年 12 月 22 日。

材料寓意于批评“诚信”的失落，加之主流道德观对诚信的肯定与褒扬，现实语境对“诚信”的倡导，实际上已阐明了命题者在这一话题上的立场，就是肯定诚信，否定不诚信。2002年高考作文的“心灵的选择”话题，学生该选择什么不该选择什么是不言而喻的，否则就很可能被判思想不健康，观点不正确。2003年高考作文的“感情亲疏和对事物的认知”的话题，答案在教科书和学生的经验中也是早有定论的，在一般情况下，感情亲疏势必会影响人的正确认知，不可能对此持有相反的观点。这类命题，命题者喧宾夺主，完全忘记了命题是“替学生拟题”这一宗旨，把自己的观点强加于学生，这其实是缺乏对学生这一写作主体起码的尊重。

曾看到《海峡周报》上“精神/开讲”栏目的一些话题就较符合命题的要求，如从一则材料（上海一位父亲常利用周末让女儿“忆苦思甜”——上午，带女儿到工地看工人干活、去大街上看人乞讨，或者上棚屋区看拥挤不堪的居住环境；下午，带女儿出入高级宾馆、酒店，或者参观别墅。他以此法教育女儿要好好读书）引出对“该怎么教孩子”这一话题的讨论，这里就没有作者的倾向性的观点，尽可以“众说纷纭”：反对的说《如此，不如……》（不如上午参观大公司的总裁办，下午参观监狱……）《有必要这么早知道“高低贵贱”吗?》《上街讨饭同样别有洞天》；引为知己的说《“学而优则仕”》《直观，有说服力》《这是教给孩子立身之本》；辩证剖析的说《教子不在方法而在目的》（赞同这位上海父亲的教育方法，不赞同他的以吃饭馆、住酒店为读书目的）。① 这类的话题才有命题价值，因为没有“先入之见”或“定论”的束缚，方方面面都有话说，也很难说谁对谁错，能自圆其说、以理服人就好。该版的“近期开讲话题”《人体写真是艺术还是……》[材料是：不知从什么时候开始，有人（主要是女性）把捕捉时尚的目光投向了自己的身体。他们以拍半裸甚至全裸人体写真的方式，让自己的青春、美丽、激情定格]，这一话题也同样没有观点的预设，可以让人各抒己见。——在如何设置话题上，命题者是否要向报刊编辑学着点呢?

6. 诱导性选题。题目，是一篇文章最醒目、最吸引人的部分。一个好的、吸引人的题目，能给写作者以兴奋，从而写出较好的文章来。

李白坚先生认为，好的选题将提供给学生宽广的入手角度、丰富的叙述

---

① 参见《海峡周报》2001年8月2日。

内容，给学生以神经的触动、情绪的挑逗和感情的诱导，使学生见其题目而“情动于中”，以至于展纸援笔，一泻千里而不知其所止。可惜的是，教师出题时，往往没有考虑到题目的诱导作用。所出的题目，非但没有引起学生的兴趣，反而似乎是把学生看成是敌人，专门出难题、出偏题，好像出题的目的就是要使他们做不出来而高兴。给小学生出“生逢 1997 年”，似乎题材就太大，一年 12 个月 365 天，你叫他如何把握？还听说有“做跨世纪的小主人”，不但牵涉到 20 世纪，还要包括 21 世纪，“小主人”就更难以捉摸了。高考题目出“责任”之类大而无当的题目，就使广大考生大大犯难，结果都是些“骂骂王宝琛，夸夸孔繁森”的套话，了无新意。出的题目太老套，使学生“未曾作文先嚼蜡”，如“记一件难忘的事”“一件有意义的事”等等，从小学一直写到中学，从 20 世纪 50 年代写到了 21 世纪初，实在难以引起学生的创作冲动。诸如此类的题目，几乎把学生的兴趣、热情，消融得一干二净。在写作这种题目的作文的时候，他们几乎得不到任何感情宣泄的快感，没有任何表达情意的舒畅，有的只是“为作文而作文”的苦涩。

文学类选题具有特殊的诱导作用。如果每一位写作教师把每一个题目、选题，都当成是对学生写作情绪的“诱导”手段，都像报纸杂志的编辑所出的热点问题的征文那样，用题目和题材来吸引学生而不是压迫学生，那么，一旦学生的写作欲望诱导成功，可以想象，对写作的学习将会产生多么巨大的推进作用。

少年儿童接受教育的心理机制，往往建筑在娱乐与趣味的基础之上。所以，寓教于乐，在少年儿童的教育中具有举足轻重的意义。少年儿童易于以形象的而非理性的、以趣味的而非说教的形式接受或反映客观世界给予的刺激。所以，一旦“骑鹅旅行”“梦游奇境”“洋葱头历险”“孙悟空大闹天宫”的浪漫神话被学生们所接受，便会产生巨大的吸引力和教育作用。因此，给少年儿童以上的类似于神话或童话的题材和题目，恰巧是拨动了他们的心弦，使他们在心理上蒙上了一层浪漫的、神话的、想象的和朦胧的色彩，以至于不由自主地夸张起来，不自觉地调集一切生活素材，也去构筑一个他们心中的美好世界。从这个角度来看问题，他们的作品，已经带有了文学创作的意义了。学生们在以“浪漫主义”的题目作文时，并没有离开现实生活的土壤。譬如，在《小蟑螂的自述》中，就可以找到小作者自己生活的影子：“蟑螂喜欢躺在小主人的肮脏的床底下，和一只臭袜子睡在一起”，小蟑螂看不起老蟑螂，“蛋糕盒子里的屑屑，也要倒出来吃掉”等等。[1]

除了上述的命题观念外，作为作文考试的命题还有一个非学术性的要求：谨防套题。这本来是命题规律的题外之意，但为了维护考试的公平性，却是必须注重的。因为一个作文考题要是很容易被“套”的话，不论多么符合上述原则也是白搭。2001 年、2002 年高考作文的“诚信”“心灵的选择”话题，引发了前所未有的“套题”潮，就是一个须深刻记取的教训。

长期以来，由于学生写作基本上都是由教师命题，这就产生了一种“伪能力”——审题。这也是写作教学中的一个极大的误区。因为，在现实中的写作，一般是无须审题的，教师出的“题”本应该是一看就明白的，是不必费心去“审”的。要费心“审”的，一定就是偏题、怪题，是故意刁难学生的，这就不是替学生拟题，是“以学生为敌”的做法。2003 年的“感情亲疏和对事物的认知”的话题，审题难度就太大，题目中包含了四层限制，要学生在短时间内准确地辨析清楚题意，这是多数学生难以做到的，致使很多学生都无法达到“切合题意”评分要求。张志公先生说：“如果说，我们现在讲的‘审题’，意思正是要学生先明确写这篇文章的对象和目的，那我赞成。如果‘审题’的意思是要学生把题目看清楚了再写，不要粗心大意，驴唇不对马嘴地瞎说，我也赞成。如果‘审题’的意思跟从前差不多，还是指题目出得‘深’，甚至出得‘玄’，出得‘绝’，得让学生去揣摩老师出这个题目的用意，那我是不赞成的。为什么不把题目出得一看就明白，还得让学生去‘审’呢？练习作文，最好是让学生心中先有个‘什么’要写，然后着重去考虑‘怎么’写法，着重注意把语言写通，不要让他去搜索枯肠。试想：我们的学生毕业之后，哪里还会有什么题目让他去‘审’？他们在工作和生活中要写东西的时候，不是写别人出给他的题目，而是写他们自己知道的事情或者自己的思想感情，等写好以后，由自己给文章安上个题目。那么，为什么要花很大力气去教给他们一套终身用不着的‘审题’的本领，而不用这份精力教给终生要用的‘怎么写’的本领呢？”[2] 教师须明白命题不是给学生审题设置障碍，或用命题内容为难学生，而是给学生一个写作的范围，引导和激发学生

---

① 参见潘新和主编：《高等师范写作三能教程》，人民教育出版社 2002 年版，第 459～460 页。

② 张志公：《谈作文教学的几个问题》，见《张志公自选集》上册，北京大学出版社 1998 年版，第 381～382 页。

的言语表现欲，使他们能有最佳的发挥。题面要尽可能明了，让学生一看就懂，止不住就想写，不吐不快。

胡适的见解不仅表明了教师命题是不得已而为之的，而且还表明了命题的一个原则："最好是令学生自己出题目"。在非不得已的情况下，都应由学生自己命题。学生命题的效能要优于教师。这就清楚地阐明了命题应以谁为主的问题。的确，除了不得不做的练习与考试外，学生的写作都应由他们自己命题，因为教师再怎么替学生拟题，终究还是隔了一层，隔靴搔痒往往搔不到痒处。而且，更重要的是学生的个性、思想、情趣、好恶千差万别，教师是不可能照顾到所有学生的不同的写作需求的。所以，即使是写作练习，在一定的目标与要求下，多数也是可以由学生自己命题的，或由教师给定一个范围，让学生在其中确定一个适合于自己的小题目。考试有的也可以请学生自行命题，每人出一道题，由教师来选定。教师千万不能把命题视为自己的专利，抓住命题权不放。

学生自己命题的范围是很广泛的，教师能不限制尽量不限制。叶圣陶先生说："一个中学生，自己要作的题目实在很多。上堂听功课，随时有新的意想，新的发现，是题目。下了课，去运动，去游戏，谁的技术怎样，什么事情的兴趣怎样，是题目。读名人的传记，受了感动，看有味的小说，起了想象，是题目。自然科学的实验和观察，如种树，如养鸡，如窥显微镜，如测候风、雨、寒、温，都是非常有趣的题目。校内的集会，如学生会、交谊会、运动会、演说会，校外的考查，如风俗、人情、工商状况、交通组织，也都是大可写作的题目。……我们要把生活与作文结合起来，多多练习，作自己要作的题目。久而久之，将会觉得作文是生活的一部分，是一种发展，是一种享受，而无所谓练习：这就与文章产生的自然程序完全一致了。"①

对于学生的自由命题，教师应持宽松、开放、理解的心态，多加正面的肯定与鼓励。即使教师一时还难以接受，也应采取平等的态度给予包容。比如，当一个女生写了一篇题为《十六岁，我想要个男朋友》的散文，教师在不可避免地被吓了一跳后，读罢是否能报之以理解的一笑呢？

---

① 叶圣陶：《写作杂话》，见刘国正主编：《叶圣陶教育文集》第三卷，人民教育出版社1994年版，第333～334页。

十六岁，我想要个男朋友

林　夕

童年的梦幻，早已随断线的风筝飘远了。风筝时代的和谐与友爱，也随着风一去不返。日子一天天消逝了，不知不觉中，我走到了十六岁的路上。激烈的竞争中，前途未卜；不断地奋斗，拼搏，心似乎变得机械、麻木。然而毕竟，毕竟十六岁了。十六岁，十五岁的我所热切盼望的十六岁，多少人羡慕的十六岁，难道有的仅是书包的沉重，道路的泥泞？这样的年龄，本该拥有几多美丽的梦啊？

十六岁，我想要个男朋友。

雨季的路，太泥太滑。当我跌倒时，我希望前方伸来温暖有力的手；当我迷失时，我希望有人为我举起引路的灯；当我艰难前进时，我希望耳边响起鼓励支持的话语，给我信心，给我力量；当我达到一个目标时，我希望获得共享成功的愉快，得到真诚的祝贺与提醒。

十六岁的日子，缤纷迷离。在我苦闷时，我希望心事找到可靠的读者，久闭的心扉从此开启，飘进悠悠牧歌，荡出阵阵清新的芳馨；在我困惑彷徨的时候，我希望有人替我指点迷津，使我头脑清醒，明辨是非；在我孤独忧伤的时候，我希望有人对我说："走自己的路！"一句简单的话，一道深沉的目光，给我振奋，给我慰藉；在我犯了错误的时候，我希望有一道目光毫不留情地折射出我灵魂的丑陋，迫使我洗去心中的污秽。

十六岁，我想要个男朋友，我想在茫茫人海中寻一叶与我同行的帆，我想拥有一个完美的梦境。在十六岁的雨夜，我用笔记下了一个女孩子十六岁的梦，记下这遗落在雨夜的缥缈的梦，也寻找一颗失落的心。①

如果教师读罢能报之以理解的一笑，能跟学生就此作平等的对话，并鼓励学生大胆敞开心扉，说自己想说的话，那么，他就可望成为一个成功的写作老师。因为只有能尊重、理解学生的教师，才有可能真正做到"替学生拟题"，放手让学生自己命题。

由此可见，作文命题，用什么"题型"似乎并不是那么重要。只要能遵

① 转引自曾加乐：《学生自办栏目的心理效应》，载《语文学习》，1989年第10期。

循其内在的规律和要求，迎合学生的心灵呼唤，切合其言语生命欲求，无论用什么题型都能命出好的文题。反之，就是用所谓的“最好”的“话题”式也命不出好的文题，甚至还有可能命出“最坏”的文题。

七　三足鼎立：全球化视界中的写作大趋势

在全球化时代，语文——写作教学也需要全球化视界。

关于如何命题和教学，在实践中是需要广泛地借鉴的。有些国外的命题，也能够给我们以启示和参考。下面是苏联教育家苏霍姆林斯基设计的作文题[①]：

一年级

春天的第一朵花

鸽子、燕子、麻雀是怎样飞行的

金鱼缸里的小鱼

二年级

燕子筑巢

一粒种子怎样变成面包

柔和的微风

三年级

候鸟从温暖的国度飞来了

按照谢万德罗诺娃的画《在乡村图书馆里》写一篇作文

晴天的蔚蓝色的天空和下雨前的阴暗的天空

四年级

湖与河（比较）

“种瓜得瓜，种豆得豆”（按谚语的意思写作文）

假如我是一个隐身人（幻想）

五年级

普希金在《关于死去的皇后的童话》里是怎样谴责恶行和不公正的

---

① 节录杜殿坤、吴立岗：《苏霍姆林斯基作文命题思想初探》，见《语文学习》编辑部编：《写作指引》，上海教育出版社 2000 年版，第 597～600 页。

人为什么活在世上

“在患难中认识朋友”（按谚语的意思写作文）

六年级

“早秋也有一个短暂而美妙的时刻……”（丘特切夫的诗句）

人的生活中什么东西比生命更宝贵

飞往宇宙的幻想

七年级

在我们今天还有变色龙式的人物吗（读契诃夫的短篇小说《变色龙》以后）

我对于为祖国的自由和独立而牺牲的人们的想法（斯巴达克斯、让·达克·贞德、山道尔·裴多菲、伊万·苏萨宁、亚历山大·马特洛索夫、卓娅·科斯莫捷绵斯卡娅）

当我们的第一批宇航员登上火星的时候（科学幻想）

八年级

“天生爬行的东西是不会飞的”（摘自高尔基《鹰之歌》里的话）

“只有精神坚强的人才能取胜”（尼·奥斯特洛夫斯基）

九年级

拉吉舍夫在二百年前从彼得堡到莫斯科旅行期间看到了什么以及今天的旅行者会看到什么

在我们今天父与子的矛盾是什么性质的（读屠格涅夫的长篇小说《父与子》后写）

十年级

“从年轻时就要爱惜荣誉”（按谚语的意思写作文）

“人被创造出来不是为着戴镣铐，而是为了展开双翅，在大地上空翱翔”（雨果语，写青年们关于人类命运的思考）

“任何一个不做事的公民都是贼”（让·雅克·卢梭语）

从这些筛选出的文题可以看出题材涉及面很广。在低、中年级是从建立人和自然界、动植物的联系开始的，较为注意观察力、感受力和想象力的培养；而后逐步扩展到对故事、谚语、格言、名言和经典作品等的关注，认知性、探究性、辨析性的文题逐步成为主要的选择，远远多于生活类、抒情类文题。这些文题包含了较高的文化内涵，体现了对人的思想的陶冶和磨炼。

由此表明了这样的写作观念：写作不是单纯的文字能力的提高，不是满足于有话可说、文字清通，而主要是一种文化和思想的修炼，使学生通过写作来加深理解民族和世界优秀文化的精髓，了解人自身和外部世界的关系，注重人格、思想、情操的培育，造就辽阔的思想视野和宽广的精神襟怀。

在这一点上，苏霍姆林斯基的文题给了我们深刻的启示。我们以往较为重视的是文字能力，过分看重有话可说，写学生亲历的事，写身边的、熟悉的事物，从现成的生活经验中获取写作素材；较为忽视从文化、历史的积累中进行思考，从第二客体——书本中获取写作素材，忽视精神人格的培育和价值观的引领。这就造成了写作的浅俗化、平庸化，造成了重文字训练，轻文化、思维、思想修养的倾向。

下面是一些德国作文题①：

我是如何第一次挣钱的

一次错过了的机会

当我能穿墙行走时（幻想性叙述）

一场比赛中最紧张的几分钟

我为什么愿意当……（指一种职业）

在我们的时代中你认为哪些男子和女子是楷模（请说出你的选择）

你认为人们的哪些习惯是有损健康的

为什么没有一个国家没有警察

我赞成（或反对）拳击运动

说话是铁，沉默是金，真的吗

权力·权威·权势（解释概念）

分散·集中（解释概念）

"随着知识的增长，怀疑在增长"（歌德），请你根据这一名言解释"怀疑"这一概念

"打破一个偏见比毁坏原子还要困难"（阿尔贝特·爱因斯坦），请谈谈生活中偏见的势力

"不能主宰自己的人是不自由的"（马蒂亚斯·克劳迪乌斯）——试论自我克制

---

① 节录戴春燕、刘静、朱章才译：《德国作文命题举例》，见《语文学习》编辑部编：《写作指引》，上海教育出版社 2000 年版，第 542～546 页。

“太空航行是人的智力的辉煌成就，但却是悲惨的理智的丧失。”（玻恩·马克思）——请你解释并表态

“工作使人幸福。”歌德的这句话适合我们今天的劳动界吗

“幻想比知识更重要。”——你能同意爱因斯坦的这句话吗

大约在什么时候你开始确信，你不是为了学校，而是为了自己的生活在学习

你期待着学校对你自身的发展给予哪些帮助？学校满足了你的这些愿望吗

学校还应该涉及哪些知识领域，哪些现存的科目可以放弃？请你提出建议

你认为老一代和年轻一代冲突的原因在哪儿

你愿意为了什么而活着

“我的生活空虚。”许多年轻人这样说。可以向他们提些什么建议？人们可以帮助他们吗

根据你的认识，西方式的民主与东方特色的人民民主的区别何在

“没有报纸的一天　徒劳的一天。”你同意这句简短感人的广告用语吗

特沃多尔·豪依司认为：“广播是对上帝的一种惩罚。”你的看法如何

你作为德国人能够和愿意为德国做些什么

这些文题，有以下几点值得注意：

1. 有些文题较小，有的小到琐碎，特别具体细腻，如“我是如何第一次挣钱的”“一次错过了的机会”“一场比赛中最紧张的几分钟”等，这可能对学生来说会较感亲切，使他们不畏惧作文。

2. 文题展示的生活面是很宽阔、全面的，涉及众多领域：政治、教育、体育、新闻、人生、工作等等，几乎没有什么不可以写的。这让学生意识到几乎没有什么不能成为写作的素材，对生活中发生的一切都不能漠视。

3. 不但关注生活的方方面面，也关注思想和思维，尤其重视思维训练，如概念的解释和辨别，注重经验性命题和思辨性命题的结合。不少文题，都要求学生辨析事物之间的差异，针对社会现象和名言警句等谈自己的看法。较为突出的是，有不少文题，都是着眼于事物之间关系的认识，如：“‘幻想比知识更重要’——你能同意爱因斯坦的这句话吗”“老一代和年轻一代冲突

的原因”“西方式的民主与东方特色的人民民主的区别”等等，这些文题都包含着比较和鉴别的要求，有助于训练思维的严密和深刻。给人印象深刻的是对辨析性、思辨性能力的关注和独立思考的能力的培养，不少题目都是直接突出“……你的看法如何”“你同意……吗”“你认为……原因在哪儿”“……请你提出建议”“你能同意……这句话吗”……这就逼使学生要做出自己的回答。这可能和德国的善推理、重思辨的认知传统有关。

下面是一些美国的作文题[①]：

你坐的轮船沉了，你漂流到一个荒岛上，你将怎么生活

任选一个州，介绍这个州的风土人情

任选一类动物，以杂志的形式作介绍，不仅要有文字，还要有插图

中国的昨天和今天

我怎么看人类文化

你认为谁对“二次大战”负有责任

你认为今天避免战争的最好办法是什么

用三个形容词来准确地描述你自己，并简明扼要地说明你为什么用这三个词

就过去一年你曾最热心地推荐给朋友们的一本书或一部影片，写一篇短评

评想象中2000年的一场音乐会，或一部影片，或一场舞蹈，或一场喜剧演出

写你生活中经历过的一次巨大困难以及你是如何应付它的

这前面七道题是给小学生做的，后面四道是大学入学考试的题目。这些文题大多需要想象力的参与才能完成，不同程度地带有虚拟性和预言性。同时，一个显著的特点是小学生的这些文题似乎大得很，也难得很，甚至超过了大学入学文题的难度（大学入学文题较小，较容易，可能是因为有时间的限制）。如果放在中国，这些文题简直就是大得没谱了，会被认为不符合小学生的年龄特点和知识准备状况，违背了教学规律。然而，在美国，这是不足为奇的。重要的是，学生并不抵制这些大题目，相反，他们做得特别带劲。正是由于不了解这些文题中的相关知识，才具有挑战性，引起了学生的探究

① 参见上官子木：《从作文选题看作文改革》，载《光明日报》，1999年12月22日。

心理。美国的作文命题也喜欢将一些“焦点”性的事件或问题纳入学生的“思维场”中：《今日妇女与连本电视节目》《医疗危机》《枫树顶公民投票》《先锋派连环画——娱乐和教育》《爵士摇摆乐即将到来》《都市中的安全》，这些命题都较好地实现了人与社会的沟通、联系。在美国，中小学生写论文已是司空见惯。美国 John. Magher 的《作论文：把思想还给学生》认为：“孩子进入高中就被要求学习写论文。因为，学生到了这个年龄，他们的知识积累和渐趋成熟的思维，使他们不仅能够胜任一人一事一景一物的一般叙述，而且完全有可能尝试用语言，借助逻辑的力量，进行某种观念的表述——或赞扬或反对，或表白或批驳——给他们自己增添一些理性色彩。……完成论文的过程并不只是‘论’和‘文’，我们首先得 research（研究），研究以后方才有文（paper）。”显然，对论文写作的关注，是对传统命题观的巨大冲击。

类似的做法在日本的作文教学命题中也能看到。日本的作文教学，留给学生十分充裕的写作时间，每学期安排一个作文单元，一个单元安排一篇作文，如第一学期：指导篇目是《采访冲绳战争》，要求学生以一定的材料为依据，表达自己对事物的看法。第二学期：指导篇目是《修学旅游记》，要求学生在旅行中注意提取写作素材。第三学期：指导篇目是《童年时代回忆录》，要求学生请家长谈谈自己对孩子成长过程的想法，说说勉励孩子继续进步的话，从父母的谈话、家庭纪念册和自己的成长日记里取材，采用适当的表现形式，使写作动机与写作效果一致。[①] 这些作文命题都很“大”，留给学生充裕的写作时间，可使学生多参与社会实践，调查研究，了解人生、社会和历史，培养他们独立自主地规划自己学习的习惯和与同学、他人合作研究的精神。

鉴于国外写作教学的经验、国内写作教改的动向，以及本人的写作教学实验和思考，我认为将来的作文教学势必呈现出“三足鼎立”的态势。

一是注重实用。这实际上是传统命题思想的延伸，拉近写作和人生、社会的距离。“根据现代社会交际特点安排写作教学正越来越多地受到各国的重视。一般认为，能力源于活动，通过结合实际活动进行写作，这样培养的写作能力才能真正适应社会。”[②] 一些西方国家和日本把作文分成两类：第一，

---

① 参见夏承虞选辑：《九国语文教学资料》，东北师范大学出版社 1985 年版，第 35 页。

② 参见倪文锦、欧阳汝颖主编：《语文教育展望》，华东师范大学出版社 2002 年版，第 23 页。

表现自己的文章，即表达学生自己所做所见所闻所思所感，包括日记、书信、感想文和生活文等。这类文章以学生自己的生活为基础，要求写出真情实感，以培植学生的个性和创造思考。第二，传达社会信息的文章，即发挥社会传达机能的文章，包括记录、通信、报告、评论文等。这类文章以沟通思想为目的，要求写得明晰、简洁，起到达意的作用。[①] 这一类的写作可归为生存性的写作，学生比较容易从中感到写作对于人际交往和实际应用的作用。

二是注重审美和想象。对文学写作的关注，是对传统实用主义写作的超越。这在今天国内的“新概念”作文的方兴未艾和学生高考作文文学性明显增强等现象中得以体现。文学类、想象类的文章写作，开始受到了重视。从写经验、写记忆，到写超经验的虚构文本，这是对学生想象力和创造力的开发，同时也是对人的言语生命的回归，关怀人的审美需求和超经验、超现实的幻想性需求。想象力是创造力的基础，是人的一种核心能力。在一切的命题中，都考虑到想象的渗透，都有意识地引导学生充分发挥自己的想象才能，这对提高学生的思维和言语表现素质十分重要。这一类写作能较好地反映作者的个性和情性，对于激发言语生命冲动、培养写作兴趣、丰富情感、拓展心灵等，是不可或缺的。同时，对于言语人格的养护、超功利写作心态的熏陶和最终导向言语上的自我实现，是很有助益的。

三是注重研究和思辨。如前所述，思想和思维品质的培养都是放在特别重要的位置上，认知和文化视野相当开阔，重视本民族和全人类的文化、思想积淀，关注独立思考和判断能力的培养，探究性、学习性、综合性的写作活动，业已进入中小学语文教学实践，并占据了主要地位。写作的命题既深且大，写作的素材由熟悉到陌生，由已知到未知，由单一到多样。一次写作活动不仅仅是写一篇作文，它是由一系列的语文活动构成的，以写作为主，听、读、说、写多种活动相辅相成。调查类和论述类的命题的比重加大，以往认为难以完成的“深”题、“大”题多起来。中小学生写调查报告、研究报告和科研论文，将成为普遍可接受的选题。写作不再是以量取胜，而是质、量并重，大、小结合。写作教学逐渐变成了培养学生自我规划、主动参与、自主探究的学习品质的一个重要途径。这有利于培养学生的学习主体性、能动性和责任感。这更接近于人的存在性和价值性，将为学生健康的精神人格

---

① 参见倪文锦、欧阳汝颖主编：《语文教育展望》，华东师范大学出版社 2002 年版，第 313 页。

的成长和长远的发展奠基。

在这三大趋势中，贯穿其中的是言语生命的个性化和选择性发展。写作将打破单一命题模式，全班学生不再写一样的题目、同样的内容、统一的文体，每一次的写作活动都有学生的自主选择和自由发挥的空间。应以学生自主命题为主，不得已才由教师命题；题目不应是一道，应是多道，适合于不同写作才能的学生，体现对学生言语个性的尊重。连考试作文，甚至是高考作文也应该如此，“三自”（题目自拟、立意自定、文体自选）还是不够的，只有题目多样了，才能具有相对的公平性，有利于学生的最佳发挥。在写作教学中要树立起“言语生命个性化”发展的观念，有个性的发展，才能达到最大发展。

八　教法“常规”和多媒体教学

中小学写作教学，基本上遵循教师命题，学生写作，教师批改讲评的“三部曲”。教师自己不会写，也没有什么写作的道理可讲，更不懂得怎么教，这种状况亟待改变。要改变这种状况，从根本上说，要从提高写作和写作教育修养入手，这需要很长的时间。对于一些束手无策的教师，从“应对”眼前的教学看，也可以从教法形式上提出一些要求，使单调的“三部曲”变得缤纷多彩一些。形式也就是内容，教法形式的多样化，势必使教学内容也随之得以丰富，从而加大师生间交流和对话的接触面，在一定程度上改善写作教学的萧条、无奈的局面。

“讲、读、写、议、评、改”就是写作教学教法“常规”要素。所谓教法“常规”，不是一种模式，因为它不是一成不变的，只是提供了一种宽泛的可能性，一种基本的教学思路，一个常量，使写作教学变得“丰富”起来。这些“要素”的设计和组织，要因课制宜、随机应变。任何套用现成教学模式、“以不变应万变”的做法都是不可取的。

在每一次课中，由于教学目标与内容的不同，具体教学环节的设计和安排均应做适当的调整与组合。在一般情况下，可以适当运用这些常规要素，使各个教学环节相互联系，构成一个优化的教学过程。但在实际操作上往往是有所侧重，在安排上也没有固定的程序。其中的每一个构成因素都可以成为一种“教型”，即以讲为主、以读为主、以写为主、以议为主、以评为主、以改为主的教型。可以根据实际情况进行随机的排列组合，衍生出无数种的教学形态，如讲授式、讲练式、演练式、议评式或评改式等教型。

讲授式：这里的“讲授”不同于阅读课内的讲读。在写作教学中，有时也需要着重于理论知识的传授。在高校的写作课，可以有专门的写作理论课以提高学生的理论素养。在“基础写作”或“专业写作”课的“绪论”部分，也可采用“讲授式”。当然，这种讲授也不应成为“一言堂”或“满堂灌”，要有的放矢，注意师生间双向的对话与沟通，促进学生的领悟。在中小学的写作课中，一般不作专门的写作理论知识的传授。理论知识只能点到为止，应把相关的理论知识融会到具体的教学环节中去，深入浅出，跟写作实践和具体的案例紧密联系在一起。离开了写作实际空谈写作理论是劳而无功的。

讲练式：由讲到练、先讲后练，这是“基础写作”课的常规教法。这里的“讲”是直接为“练”服务的，一般不宜讲得太多，要精要、明晰，要切用，要说在“点”上。在讲的过程中务必要联系写作的实际，结合典型的例文，包括对范例和学生作文中的正例与反例的分析与评价，这实际上就是讲、读、评三种教法的结合。讲和练不应脱节，应使学生在听讲中领会到的写作规律或要求，通过当场的练习来加深领悟。一般情况下，还要对学生练的情况进行即时的讲评。即时讲评的效果要比延时讲评好得多。

演练式：即由教师的（或由教师安排的）演示（或活动）过渡到学生的写作练习。演练式教学有两种，一种是在课内进行，由教师精心设计一个活动导入写作练习。如由游戏到写作，由表演到写作，由讲故事到写作……这种形式由于演示部分较为有趣、轻松、生动、直观、可感，能引起学生的兴致，能解决写作的素材问题，激发他们写作积极性。这种方式较适合于小学写作教学，使初学者不会感到没有材料可写，不知写什么，不觉得写作的艰难，使之喜欢写。但也要注意，不能使学生误以为写作就是这么一件轻松快乐的事。“快乐作文”作为一种教法有限地使用尚可，要是将其视为一种写作观念则是错误的，一旦形成了这种错误观念，学生就难以适应写作实践要求，轻松快乐与真正的精神创造无缘。另外一种演练式教学是在课外进行，教师为写作教学组织的外出活动，如参观、游览、访问、游学等。在活动之前，教师要对学生作一定的指导，对写作的体裁、选题、题材、构思及行文等提出要求，使学生在活动过程中能有意识地去注意、发现、搜集、探寻写作素材。这类活动教师的要求可以是单一具体的，也可以是较为多样宽泛的，使学生有较大的写作空间。在一次活动结束后，获得的材料可以写出一篇以至多篇的文章。可以写成游记、观感、新闻、通讯、报告文学、人物专访、调查报告、短论、研究报告等。第二种教法不仅适用于中小学生，也适用于大学生。随着学生年龄的增长，教师对他们的限制与提供的帮助应越来越少，以期最终达成学生独立写作的目的。

议评式：写的训练有的可以放在课外完成，在课外完成的文章可放在课内“议”和“评”。每次课可轮流议评几位（两节作文课可议评 3～5 位）学生的文章，可采取这样的方式：预先请轮到的学生将自己的文章复印若干份，课前分发给教师与同学（每组发两份）。上课时，先由教师讲述此次议评的主要要求，然后分组读文并讨论，每次讨论轮一位同学当召集人，负责组织讨论和汇报小组讨论情况，讨论结束后，由各组召集人汇报，汇报不全面，其他同学作补充，文章作者也可以进行说明、申辩或答辩。教师可作为与学生平等的一员参与小组与大组议评，对每一篇文章发表自己的意见。最后，由教师进行总结。应注意的是，教师的意见不是“终审判决”，只是诸多意见中的一种，学生可以质疑，可以坚持自己的观点。这种教法对提高学生的读者意识与写作悟性极有帮助，因为有这么多的同学与教师对自己的文章提供各自不同的意见，这在一般情况下是很难做到的，对于习作者来说无疑是极为难得的获取读者反馈的机会，对参与议评的同学来说也同样受益匪浅，因为同学的作文与自己有较多的相似点，评别人也等于评自己。尤其是学生经过讨论与申辩、辩论，会深化对文章、写作的理解，比读教师在作文上批的几句评语受益要大得多。因此，在可能的情况下，要多采用这种教法。

评改式：这是一种评改结合的教法，是议评式教法的延伸。也可以采取议评改三结合的教法。所谓“议”，一般指有多人参与的讨论；“评”可以是多人参与，也可以是一对一的。评改结合的教法的“评”，可以是教师评学生的作文，也可以是学生相互评（当然，其间也可以穿插着议），评完就改，改完还可以再评，一篇作文经反复修改，才会有所提高，有所领悟。古人说“文章不厌百回改”，胡适先生也主张作文的次数不要太多，但要多次修改，写一篇就要写好一篇，做一篇要得一篇的好处。这些说法是有道理的。因为一个人写作上的提高，跟写的数量虽有一定的关系，但更重要的是要有所悟，如果是应付敷衍地写，写完也不改不想，一交了事，写得再多也不会有多大长进。评和改是促成学生写作上“自悟”的最有效的手段，评、改的过程，就是和读者交流、探讨与自我的思考、改进的过程，而这种双向以至多向的交流、反馈与反思的机会，在自然情境下是难以获得的，教学情境的优势恰恰就体现在可以人为地建立起促进“自悟”的机制。

具体的教学应如何组织，往往不是将这些方式作机械地相加，而是“你中有我，我中有你”的水乳交融。在写作教法运用时须注意以下三个问题：

（一）教法是手段不是目的。在教学中体现教育理念，实现教学目标是首要的。不考虑要达成什么样的教学目标，即使教得生动活泼、兴致勃勃，也可能做的全是无用之功。例如，在一次写作观摩课上，教师先画一个四方形，要学生展开联想，提问一轮后，教师教给学生几种联想的基本方法，再写一个“红”字，要学生按所示方法进行联想，联想到的事物越多越好。有的学生想到十几个、二十几个，想到相关的事物数量越多的，教师越给予肯定与鼓励。课上得热热闹闹，课堂气氛好极了，看似自始至终都在“训练”，但整个过程与写作毫无关系。——这只是心理学意义上的联想训练，而不是写作训练。写作的联想训练，不是无目的地胡思乱想，应与写作的想象、言语的创造相联系，是有着特定目标指向性的联想，这就不是想到的事物越多越好，应是越符合言语创新的目标期待越好。对联想力的评价，主要标准是质而不是量。想到一个的，未必就比想到十个的差，甚至有可能还要好。一个教师如果糊涂到连自己在教什么，要达到什么目的都不清楚，煞费苦心于怎么教，又有什么意义呢？

（二）教学应是“有法”与“无法”的统一。教学虽有一些“成法”可资依循，但由于教学过程是一个随机的复杂过程，不能墨守成规。事先的教法设计是不可能处处料事如神、精确到位的，须从教学的实际情况出发，因势利导、随机应变。所以可以说是“教有大法，而无定法，法随课变，课毕法立”。不会顺应教学情境的教师不是好教师。也是在一次观摩课上，我看到教师提一个问题，要求学生先跟周围的同学讨论再作答。不料，话音刚落，有一个学生立刻就举手要求回答。因预先安排了“讨论”的程序还没有“过”完，教师制止了这位跃跃欲试的同学，坚持要大家先讨论再回答。在按部就班地“过”完了这个“讨论”的程序后，才“顺理成章”地转入下一个“发言”的程序。——教师宁愿迁就于事先的不切实际的教法设计，为了要体现自己在课中采用了“讨论”法，不惜浪费宝贵的教学时间让学生讨论无须讨论的问题，也不惜窒息学生的思维敏捷性和发言积极性，这样的教法显然是不可取的。

（三）教师是教法的主人。目前，几乎每一个名教师都有自己的一套“教法”，而这些“教法”经过观摩课或制成教学课件加以推广后，被无数教师在教学中套袭、复制。这种做法就跟“定法为文”一样，是要不得的。再好的“教法”一旦变成了僵化的程序或模版，就失去了生命力。“教法”虽有一定的普遍性，但从某种意义上说，最好的教法都应是“个人法”，是个人的“专利”。因为每个教师的教学素质都不一样，个性和特长也不一样，适合于张三的教法，未必适合于李四。加之具体的教学对象与教学条件、教学内容各不相同，需要因材施教、因课制宜、随机生成。教师与教法的关系不能错置。在教学中，教法是由教师设定的，往往也是由教师打破的；教师不应被现成的教法模式束缚住，丧失了自己的主体性与教学个性。“东施效颦”与“邯郸学步”就是前车之鉴。每位教师都应成为善于在教法上推陈出新的“创法”者，顺应教学情境的“变法”者，努力创造富有个性的最适合于自己的教学法，一展鲜明的个性风采与魅力。

上面讲的写作的“常规教法”，一方面是相对于教师个人的创新性的教法，相对于具体教学情境下的“应变教法”；另一方面是区别于现代教学技术的应用，即多媒体辅助教学方法和网络的应用。当然，后一区分只是暂时的，只是由于现代教学技术的应用还不普及，从发展来看，现代教学技术的应用，将很快成为“常规教法”的组成部分。

近年，随着电脑和网络的普及，多媒体教学技术和网络的应用成为教育界关注的一个新焦点。面对着新技术革命的挑战，写作教学当然不能自外于这一“数字化生存”的新潮。网络的运用，已使写作教学和学生的写作学习发生深刻变化。

写作教学的多媒体教学技术的应用，需有一个多媒体教室，配备有以下的教学演示设备：高性能的电脑，电脑投影仪及屏幕，电脑实物展台和音响系统；配有供学生上机用的电脑网络，包括用一个服务器连接起来的若干台电脑；建立一个可以连接因特网的电脑网络，为电脑写作提供资料检索和搜集的信息源，并供教学时师生间的信息交流；建立一个光盘资料库，备有供学生自学用的与供教师教学用的软件。——只要有一笔资金，这些硬件设施是不难建设的。困难的是对这些教学技术的正确认知与使用。

在对多媒体教学技术应用的优势与局限的认知上，下面的意见可供参考：

用多媒体进行写作诱导活动，确实具有特别的功效。

首先，多媒体中展示的是制作人所预定的表现内容和表现方式，有明确的设计目的和制作手段，也有既定的诱导目标和操作步骤。所以，它比较多地考虑到了学生在写作中可能和必然碰到的问题，以及解决这些问题的必要途径。这样，多媒体的训练，就将是一种具有明确的针对性的训练。

第二，多媒体由独特的范围和视角来展现所要表现的对象，这样就能帮助学生除了进行必要的写作训练外，还不经意地教会了他们对生活进行观察的视角和方法，培养了学生选取生活的特殊场景和场面的能力。

第三，用多媒体教学，生动活泼、形象具体、色彩斑斓、引人入胜，因此而具有多方面的诱导因素。在多媒体教学中，学生如临其境，如闻其声，如见其人。这是多媒体诱导手段之最具体最重要的一条。对于小学生的作文入门和小学生观察能力的诱导，更有效果。

第四，多媒体的作文诱导还具有立时效应，即学生在作文之中或者作文之后，很快就可以了解自己作品的字词句是否合乎规范，构思是否新颖，自己的文章是否达到了应有的水平，自己的文章和规范的文章之间有些什么距离，等等。

在多媒体进行的写作诱导中，应用文的教学似乎是最早和最容易进行的一种。

多媒体应用文教材有极大的容量，几乎日常所有应用文体都有了制作成多媒体的可能性和现实性。已经创制的应用文教学多媒体，类别繁多，检索方便，有选择和互动的功能，打开以后，就以它特有的图像、动画、色彩、声音甚至于游戏的形式，给学生以极大的刺激和引诱。

同学们在操作过程中，俨然是在玩电子游戏机。题目做对了，可以得分，在他的名下会出现一朵大红花；题目做错了，名下会出现一个哭脸，学生因此而被逗笑。但是就是在这微微一笑中，学生却认识或记取了自己所犯的错误，下次就不会重犯了。学生的大脑会因了视觉的冲击力和写作中的错误的同时出现，而建立起一种特别的关联，使学生久久不能遗忘。

应用文文体格式的一致性，应用文在词汇、语汇、结构上更多的求同而非求异性，是多媒体应用文写作教学和诱导比较容易取得成果的原因。因为它最符合电脑和多媒体的设计方法和操作程序。

人们常说，“兴趣是最好的老师”。多媒体诱导作文的主要心理机制，就是诱导学生产生了兴趣和兴奋。兴趣和兴奋的出现，实际上已经导致了学生学习主动性的产生和知识迁移的实现。

正是在这样的认识基础上，我们可以进行最为简单的多媒体诱导：解说词的写作诱导。

只要把一些具有典型意义的新闻电影的解说词抹去，把这种没有解说词的新闻片播放给学生看，请他们学习写作解说词，就几乎是十分方便的事情。当学生把已经写好的解说词用配音的手段重新附加在那段新闻片上的时候，解说词的优劣即刻显露了出来。

几种类型的解说词的播放，不用老师的评说，就以非常直观的方式呈现在学生的面前。画面和解说词风格一致的问题，解说词的说明性和文学性统一的问题，解说词播讲速度的问题，音画分离的效果问题等等，都引起了学生们积极而紧张的思考和探索，都会给学生的素质的提高产生意想不到的效果。而这些问题的出现，不采取多媒体的方式，是难以奏效的。

是的，用多媒体进行作文的诱导有诸多的优点，但是，正如一只手的正反两面一样，多媒体作文教学的诸多优点，却导致了它同时又具有一种不可克服的缺点，那就是多媒体作文诱导限制了学生观察的空间和他们进行体验、感受的立体和全方位的效应。

某地曾经进行过一场电视作文竞赛。电视作文中当然采用的就是电视画面的方法，画面展示了某地的市井风光和人文景观，要求学生根据这些内容命题作文。作文题是“某城的夜晚”和“美丽的某城”。结果，几乎从小学五年级到高中二年级，所有的作文都写成了电视风光片的解说词，了无新意。

为什么会出现这种情况？

原因应该是看来丰富多彩的多媒体画面，毕竟限制在有限的屏幕之中，这就阻碍了观察者（写作者）的视野，使得学生们只能在多媒体设计者的预定的主题和方针下，“螺蛳壳里做道场”，或者说，因为写作的对象——事物、人物、景物都已经被电脑设置了，定型了，系统化了，因此，在多媒体面前，学生已经没有了选择的余裕。这样就截断了学生们自行收集信息资料的道路，作文呈现出单调划一的局面是必然的。

写作是一种丰富复杂的心理的、操作的、创造的活动，它更需要的是作者的全方位的感受、体验和调节。我们在训练学生进行眼睛看、鼻子闻、耳朵听、嘴巴尝和手指触摸的时候，目的就是要让他们将接受外界信息的基础归因于自己的感官。自行收集信息资料恰恰是学生学习写作乃至学习思考乃至发明创造的最重要的路径，这是任何其他的手段都不能够代替的。

此外，在感官感觉的基础上，还应该诱导学生学会“用心去看”和“用心去听”，只有到了学生会“用心去看”和“用心去听”的时候，才是最大限度地运用了作文这种训练思维的方法。

多媒体不是万能的，特别是在作文这种特殊的课程中。我们在进行电脑多媒体的作文教学和诱导的时候，要注意防止一种倾向掩盖了另外一种倾向。①

我认为，使用现代教学技术进行写作教学有以下几点需要注意：

（一）教学技术只是一种辅助性的教学手段。在教学中，师生是教学的主体。由于教学课件与多媒体技术的应用往往是一种预先的教学内容与程序的设计，教学过程是一个极为复杂的随机过程，固定的教学程序和教学技术须经过人为的调节才能适用于教学的随机过程，教学技术应服务于这个随机过程，而不是人被教学技术所控制。再好的教学课件，也不能代替教师在教学现场的教学个性与创造性的发挥。在写作教学中尤其是这样。因为写作活动是最具个人性、生命性的精神生产活动，没有统一的写作的感知、构思和表述，没有统一的要求和答案。所以，在教学技术的应用上，其作用比其他学科可能还要小一些。

（二）音像的诱导不能代替实际写作练习。多媒体技术的长处是可以将抽象的符号变为可感的图像、色彩、声音等，能创造一个逼真的情境，使学生的感官受到强烈刺激，感到兴奋，产生鲜明的感知印象，这对写作有一定的帮助。但是，这种长处也是它的短处，学生在接受同一的音像内容时，也会被其束缚住，他们的思维和想象会受到规定情境的限制。写作，归根结底还

---

① 潘新和主编：《高等师范写作三能教程》，人民教育出版社 2002 年版，第 461～464 页。

得靠学生自己从生活和书本中获取素材。他们从生活与书本中摄取写作材料的能力的培养，多媒体技术可能会有所帮助，但其作用犹如“拐杖”，使用“拐杖”的目的是要让他们能不用“拐杖”。“拐杖”是不能代替人的独立行走的。如果学生只能在老师设定的情境下写作，那不能算是真会写作。因此，多媒体技术的应用应注意与自然情境下的写作行为对接，注意由写作练习向独立写作能力发展的延伸。

（三）多媒体教学技术的应用要有助于提高教学效率。教育技术的应用，目的是要提高教学效率，这是不言而喻的。但迄今为止应用的水平还较低，效果还不理想，较多的还处于为应用而应用的状况。要提高应用水平，取决于应用者对写作与写作教学的理解和认知的深度。多媒体技术只是一种工具，使用工具的是人，成效不彰的原因不是工具，而是人，是多媒体技术的应用者对写作与写作教学认识的肤浅所致。如果只是给学生展示一个精心选择的生活画面，或是一个构思精巧的故事，那还不如给学生一些原生态的素材，让他们自行去选择加工和表现，显然后者对写作能力的培养比前者要求更高，效果也更好，因为后者更接近于自然形态下的写作。多媒体教学技术的应用，要真正有助于培养学生的实际写作能力，形成正确的写作观念，应避免给学生造成误导，或成为“聋子的耳朵——摆设”。

（四）网络的利用是一把双刃剑。与多媒体运用密切相关的网络运用，在今天人们的写作活动中已较为普遍。无限开放的网络世界，极大地拓展了信息视野。从网上搜集资料，使写作活动变得便捷，在这方面，写作教学已有不少成功的经验。学生利用电脑和网络，可以学到许多未知的东西，以前不可能做的命题将变得可能。尤其是探究性、研究性写作，和陌生化的大信息量的写作，网络的作用就更是不容忽视。但是，网络这一巨大的信息库对人们的惰性也是一个诱惑。随意地下载、拼接、组合已泛滥成灾。因此，在借助电脑和网络进行语文教学时，言语人格、德性教育就显得更加重要。如果在语文教育中忽视了“第三维”教育，现代教育技术带给我们的不是福音，而是祸害。

九 “练”中“悟”：铲除课内外的界限

近年，所谓的语文“活动”盛行，“写”的次数也有“死”要求，如每学期要写 7 篇、10 篇等。其实，写作教学是为了“悟知”，凡能促成学生“自悟”的，不管是“动”的还是“静”的，不管是一篇还是多篇，都是写作练习。反之，就是整天到处“活动”，每天写 1 篇，也未必可取。

写作课在中小学似乎就是“写”的课，两节课连在一起似乎就是为了能让学生写出一篇作文。其实，写作课可以用作“写”的练习，也可以用作其他方面的练习，当然也可以不练习“写”，压根儿不动笔，只是由教师或学生说点什么，如讨论、研究些什么。显然，以为写作课就是写一篇作文，或写出了一篇作文就等于写作练习，这样的认识是偏颇的。

胡适先生说：“作文都该拿下堂去做。”① 这个观点虽然过于绝对，但不无道理。两节作文课如果都用来写，那要教师何用？这样的写作课跟课外练笔也就没有什么区别了。如果是单纯的练笔，的确是不应占用课内教学时间的。课内写作练习，应是一种教师和学生共同设计、组织、参与的有意识的教学活动，其中学生的“写”只是一个完整的教学活动中的一部分，或一个环节。

如李白坚先生设计的《广告表演节目多》的写作课，他把广告写作引入初中生写作练习中。他先和学生印证经验，对学生描述了无所不在的广告对我们生活的影响和广告在商品社会中的重要作用，引发学生对广告制作的兴趣。指出了学习广告语的写作与广告策划的意义是“锻炼我们写作和创意能力”，问学生“不想试试吗？”然后拿起一个预先准备好的“回力”牌书包对学生说他要为这个书包做广告，做完后要请学生如法炮制一个广告。学生听说老师要做广告都十分兴奋。待他在学生配合下做完广告，就请学生先把广告策划书写出来：“策划书要包括几个部分：1. 所做的广告的商品名称；2. 广告语；3. 广告表演的方式。各小组学生用了 40 分钟的时间写好了各自的广告策划书。经过 10 分钟的准备，各小组上场表演了自创的广告，表演得十分精彩。表演结束，趁同学们兴致正浓，老师出了一个作文题《我们的广告策划》，学生乘兴成文，不但记叙了广告表演的情形，还对表演作了一些评述，较好地达成了预定的教学目标。”② ——这一教学活动，写的练习大约只占了一半时间，而其他的相关活动虽然只是一种辅助性的写作教学成分，却是不可或缺的有机构成：或激发兴趣，或表明要求，或提供借鉴，或制造素

① 胡适：《中学国文的教授》，见《胡适文存》卷一，上海亚东图书馆 1933 年版，第 326 页。

② 李白坚：《趣味作文》，复旦大学出版社 1999 年版，第 128～137 页。

材……

并不是所有的写作练习都要有这类“题型”的设计，每个教师可以按照自己对写作教学的理解与个人的特点进行教学设计，只要能立足于言语创造力与言语情意因素的培养，只要能符合学生的学习要求，就都是可行的。究竟在写作课中，写的时间要占多大比重，是不可一概而论的。周森龙先生的写作练习观念和实践也可资借鉴。他的课堂教学没有什么活动，注重的是讲、练结合，较为关注传授知识的新鲜感、创设“悟知”的情境和轻松的氛围等练习的必要条件。他说：

> 写作教学有其特殊的规律和要求。一般来说，学习写作主要靠“悟知”。缺乏悟性，既不可能“读知”，也不可能“练知”，更不可能“授知”。所以，写作教学的战略应该“以练为主”，其要求有三：传授的知识有新鲜感，能刺激学生的学习兴趣；创设学生产生“悟知”的“路径”或情境；创设积极的、轻松的教学氛围。
>
> 首先是教学时数的讲练比例安排。总体情况的讲练比基本为1∶3。在不同的阶段有一些调节。
>
> 知识的新鲜感是我们所追求的。在我们的理论体系中，写作是一种以言说的方式创造性地对当下生活做出的战略性反应，是社会需要的必然产物。我们就是要使学生明白生活中真正的写作是怎么回事。新颖的观点刺激学生的好奇心，引起他们不断学习的欲望，也达到我们的教学目的。有一位同学在他的习作中回忆他的写作经历，说他曾经热爱写作，但后来却害怕写作。来到大学，“几堂写作课下来，我真正地从内心深处感受到写作对我们是必需的。我忽然发现写作老师的目光与我以前的高中老师有相通的东西，只不过一个是神秘的，一个是温煦的；一个把我从现实世界引向幻想境界，一个让我从幻想境界回归现实生活。”这说明，教学对象已接受我们的观点。与此相应，所产生的效果是大部分同学对实用文体的写作训练热情高涨，这与过去只对文学写作情有独钟的现象有了很大的改变。
>
> 对写作操作技能的训练，教学程序是三个环节，一个目标。用四句话概括：以“讲”引导，以“写”领会，以“评”点拨，导致“悟知”。这体现了“以练为主”“在实践中体验领悟”的技能掌握规律。
>
> 例如，我们讲写作发现。先讲基本知识，包括概念，发现内容，发

> 现的常见障碍，发现的具体心智操作方法等。然后出题训练，按照由浅入深、先单项后综合，循序渐进的顺序，一种发现的激发安排一次训练。这样内容单一、集中，“度”“位”清楚，印象深刻，目标单纯，容易突破重点和难点。经过训练，学生便有了感性的切身体会，知道了容易掌握的是什么，难以掌握的是什么，一时尚未掌握的是什么。之后，进行讲评，由于学生有了经验基础，教师往往只需轻轻点拨，便一点即通，达到“悟知”，且印象深刻。难度大的内容，则多安排几次训练，使其在反复中达到掌握的目的。
>
> 如何使学生学得轻松？就训练内容而言，设计有趣的、想象空间大的、多变化的训练题是一种好方法。如果你所提供的训练题型有趣，就有吸引力；想象空间大，就具挑战性；多变化，就产生好奇心，同学们自然乐于为之。在我们的训练设计中，有对对联、创作 MTV 脚本、征集广告文案、奇思异想项目策划、电视主持人招聘、根据新闻线索构思小说等等。几年的实践证明，同学们对这样的训练一直保持着相当浓厚的兴趣。①

可见，写作练习应是一个宽泛的概念。它指向的不是写，而是悟。写是手段，悟才是目的。一切能导致学生自悟的写作教学行为，都可以称为写作练习。写作教学虽然要注重写，但也应重视理论讲授，要做到目标明确、理论到位、重点突出。理论讲授应立足于写的实践和具体问题状况。写作练习不但包含教师的“讲”与学生的“练”，还包含“读”“议”“评”“改”等内容，所以，将写作教学划定在“讲”和“练”二者中，并进行时间上的分配（如前述的 1∶3）似不妥当。其实，虽然写作练习包含的教学内容和方式很多，但这些教学内容和方式并不是每一次课都要涉及的，即便是练（写），也不是每次课内必练，有时也可以放在课外练，课内只对所练情况进行讨论与交流也是可以的。

课堂写作练习也可以说就是教师的“启悟”“导悟”与学生的“求悟”“自悟”的统一。写作理论知识的传授宜用导悟法，反对灌输式，努力培养学生的写作创新能力和写作悟性。在教学中应发扬教学民主，平等对话，组织多种形式的课堂交流和讨论，鼓励学生对写作现象大胆发表意见，鼓励不同

---

① 周森龙：《创建课堂与生活的“超级链接”》，载《写作》，2001 年第 7 期。

意见的争鸣，为学生创造尽可能多的思想碰撞的机会，使学生在“听”“讲”“写”“辩”中加速自悟。

以“讲、读、写、议、评、改”为教学常规：“讲”，要目标单纯，内容精炼，抓住难点，讲授透彻；“读”，要选例精当，以学生习作为主，优文、病文互相参照；“写”，每课必写（或课内或课外），要求明确，难度适中，应使绝大部分学生通过努力均能合格；“议”，由学生对“写”的情况自行讨论、辩论，各抒己见；“评”，选择若干篇有代表性的习作，由教师当场讲评，与学生交流心得，也可以由学生互评；“改”，让学生参照教师或同学们评议的意见，进一步体悟写作的规律和要求，修改自己的习作。

每学年安排一次到数次的外出采风、采访、采写活动，让学生体验从选题到改定成文的写作活动全过程，写出高质量的调查报告、观察报告、研究报告、新闻、通讯、报告文学、人物专访等，并从中认识自身写作能力上的长处和不足，以利于今后写作上进一步提高和发展。课内“写”的练习，一般不宜超过一节课。写完当场加以评议，由学生课外进行修改。要求每个学生都积极参与作文的评议，可自改，也可互改，要写出评语。

教师应立足于创设良好的“启悟”情境，注重当场练习、当场评议这两个环节，力求在一次教学活动中，做到讲、读、练、议、评、改等环环紧扣、一气呵成，力争使每一次课学生都确有所“悟”。

写作课时有限，单靠每年十几次写作课写十几篇文章（指中小学）是难以提高写作能力的。因此学生的写作练习主要应靠课外的写作练习与学生自主的练笔。课外写作练习可以作为课内写作练习的延伸，由教师进行合理安排和指导。打破课内外的界限，写作活动就能真正地“活”起来。周森龙先生的“事件驱动教学练习法”可资参考：

事件驱动教学练习法，就是创设一个生活事件。在这个事件中，有多种明显的或潜在的写作任务需要写作者自己去发现、去完成，从而使学生的多种能力特别是写作能力在这一过程中得到锻炼。

请看一则练习题：

学生处决定在暑假组织几个大学生社会实践团，分赴革命老区进行智力扶贫帮困，送文艺（音乐戏剧、美术）下乡、送教育（农村扫盲、在职师资继续教育培训）下乡。你是学生处的干事，请写出活动计划，向学校领导申请经费的请示，向各系发出组织活动的通知，集训时，代为校领导草拟一个讲话稿。活动实施时，向电视和报纸两种媒体分别发出新闻稿。

活动过程中，出一期简报；

结束时，进行总结。（此两项提供材料，一般是过去积累的相关材料）

如果有必要，你还可在活动的各个环节中增加写作的内容。以便把整个活动组织得更好。

从这个练习题中我们可以看到，以“事件”为中心，以策划为要旨，以写作操作为过程，是这种教学法的内容。它的好处是，直接将学生“卷入”生活事件，“逼迫”他解决生活中的难题。学生在事件面前又是主动的，他大可以纵横捭阖自如地处理这一切。对写作的评价标准，也由过去的文本标准（文体合不合规矩，表达通不通等），进而转移到看在生活事件中实际产生效果如何。这当然更符合实用写作的实际。除此而外，事件驱动教学练习法还有几个特点：一是系统综合性。由于以“事件”为中心，这一“事件”便相对成为一个独立的系统，几种文体的练习统一于一个事件，让学生体味到生活中写作的真实情况，这比单独练习某一文体，以文体的合不合规矩为衡量标准要生动、深刻得多。二是具有挑战性，能激发学生的兴趣。这种练习给学生的创造性提供了比较广阔的空间，它面对的不仅仅是学生单一的写作能力，同时也在激发他的组织能力和创造性能力。三是具有很强的操作性。实用文章的写作，就训练说，除前面说的是一种生活决策练习外，还有两个最基本的内容：“抽象思维的有效练习”和“语言文字的文体风格练习”。这种教学方法，使学生的写作活动及其写作的成品成为讲评、比较、修改的对象，是一种最为实惠的“手把手”的教学。四是给教学过程带来了多样性。教师再不必花费时间讲那些学生一看就懂的知识了，学生会自己去钻研教材去领会；这种练习题型所具有的竞争性、可讨论性和集体参与性，都会给课堂带来生动的“火药味”、新鲜感。总之，这是一种深度练习，一种真正面向素养教育的练习。

当然，如果操作不当，也会出现弊端：如在一个时间段练习好几种文体，易流于浮泛，无法精深。这就得在教学方案的设计上注意两点：

1. 练习单元区分要相对明确，并在训练时突出最主要、最常用的文体。

2. 要以不同的“事件”练习相同的文体要点。这样，既能保持练习的新颖性、新鲜感，又能保证知识要点的不断被重复，从而达到巩固的效果。①

课外的写作练习也是十分多样的。多样化的练习，也有利于使学生保持较好的“悟知”状态。国外的一些课外写作活动的设计较为多样化，可开阔眼界。如：

法国写作课外活动设计②

[天文报告会] 关于太阳系

（一）学习

学习天文方面的基础知识，通过查阅百科全书，解释以下名词：

1. 用天文学术语解释什么是“星系”，什么是“太阳系”。

2. 月亮是一颗行星吗？

3. 能不能说木星也有“月亮”？说出一个同义的天文术语（译者按：指木星的卫星）。

4. 什么是“轨道”？

5. 什么是“行星”？

（二）调查

在亲友中做一次调查，题目为“人与征服宇宙”。了解以下方面的情况：

1. 他们对太阳系有无丰富的知识。

2. 他们对征服宇宙有无好感。

3. 他们是否关心科学家和宇航员的努力。

调查后，整理有用的材料，写成报告。

（三）研究

分成十个小组，每个小组选择太阳或九大行星（注：2006 年曾经被认为是“九大行星”之一的冥王星被划为矮行星，自行星之列中除名，故“九大行星”改为“八大行星”）中的一颗，承担研究工作。可以查阅天文学方面的书籍，从杂志上寻找图片，从报刊上剪贴宇宙探测仪最近发回地球的探测记录等等，然后写成报告。

（四）举办报告会

---

① 周森龙：《别一种询问：写作是什么》，民族出版社 1999 年版，第 291～293 页。

② 鲁宝元编：《国外作文教学》，文心出版社 1986 年版，第 165～168 页。

把研究成果汇总在一起，在报告会上宣读。会后把报告顺序编排装订成册，加上索引，成为一套有关太阳系的完整的天文资料。

[图片展览] 我们所居住的地方

（一）摄影

1. 在你所居住的村庄、城镇和街道上，对你觉得最美、最有趣味的地方拍照。如：

——常来常往但又从来没有仔细观察过的街道、商店、招牌、门廊等；

——运动场、喷水池、圆形广场等；

——历史文物、教堂、碑刻、雕像等；

——雄伟的现代建筑等。

2. 对你最厌恶的地方、事物拍照。

包括污染的河流、垃圾场、倒塌的房屋、破坏了的林木等。

（二）调查

到市政府的档案馆查阅资料，到有关人士那里去了解情况。调查的项目有：该地的历史情况，现在的情况，以及将来的发展设想。

（三）举办展览

把搜集到的资料加以整理，配上照片、图画、图解，准备一个展览会，介绍你所居住的村庄、城镇或街道。这个展览可分为以下几部分：

1. 该地的过去；

2. 现状；

3. 未来的展望。

最后还可以加上为改善你所在地区的生活状况而提的建议。

[专题报告] 动物与自然

（一）确定主题

通过讨论确定主题。例如："动物与自然"的主题可定为保护大自然、保护野生动物。

（二）确定报告和论文所写的内容

可按以下项目着手工作：

1. 消息

——在保护大自然和动物方面本地区的计划和已经做的工作。

——在绿化环境、植树造林、修建水库、建设自然公园等方面的工作情况。

——对破坏古建筑、污染环境、摧残野生动物的行为的批评。

2. 采访

——参观一片森林、一个动物园、一个自然公园、一个水库等。

——采访护林人、水利工程人员、林业技术人员等。

——做民意测验，如："你喜欢大自然吗？你喜欢各种野生动物吗？"

3. 专题研究

——森林中的动植物。

——对有灭绝危险的野生动物的调查。

——鹿、狼、狮子等野生动物的生活习性。

4. 书信

——感谢一个少女保护了一匹小马驹。

——专业人员关于饲养某一动物的来信。

5. 故事

编写动物故事，如"孔雀的故事"。

（三）把写出的文章收集到一起汇编成一份学报

这些活动的知识性、实践性、综合性很强，每一次活动都要做认真的准备，要了解相关的资料，要完成一系列的听、读、说、写活动，工作量大，时间跨度也大，要完成好，不仅是"语文"能力问题，还需要其他学科的知识和技能，需要一定的毅力和耐心，甚至还需要相互间的合作。

关于课外练笔，胡适先生说："学生平日做的笔记，杂志文章，长篇通信，都可以代替课艺。教员应该极力鼓励学生写长信，作有系统的笔记，自由发表意见。这些著作往往比敷衍的课艺高无数倍；往往有许多学生平日不能做一百字的《汉武帝论》，却能做几千字的白话通信。这种事实应该使做教员的人起一点自责的觉悟！"① 胡先生的主张就是要打破课内与课外的界限，从学生本位出发，进行有效的练笔。既然学生课外兴之所至写的笔记、信件都可以充当作业，教师的教学要求与影响也就降到了比较次要的地位。这实际上讲的就是"要我写"与"我要写"的问题。对学生来说，教师"要我写"总是多少有点强人所难，总是有被迫之感，教师的要求很难与学生的意愿完

① 胡适：《中学国文的教授》，见《胡适文存》卷一，上海亚东图书馆 1933 年版，第 326 页。

全一致。只有真正发乎本真的言语表现，即“我要写”，才能感受到自我宣泄与自我实现的快感，才能写得投入，练得有效。

课外练笔的方式很多，在前文中我们曾提到书信（也包括网上“聊天”）、日记、读书札记等几种常用的练笔方式，课外如能持之以恒地写必见成效。当然，在“我要写”的前提下，如能作适当的诱导效果更佳。纪实作品《哈佛女孩刘亦婷》中，记录了主人公刘亦婷从小学二年级开始学写日记，一开始不知写什么好，她的妈妈刘卫华教了她一个“选材绝招”——只选你觉得“最怎样的事情”来写，并给她提了几条写日记的规定：

1. 最好能写成有趣的小故事，不允许写成乏味的“流水账”（起不到培养写作能力的作用）。

2. 可以只写一两句话，但必须让别人看得懂（提高理解力和表达力的要求都暗含在其中了）。

3. 一天写不完，就分成几天写一组（为日后的长篇大论做准备）。

4. 不会写的字就留个空格注上拼音，以后会写了再填上字（因为忙，有好多拼音至今都未填字）。

5. 写一行、空一行，以便改正错别字和想修改一下的时候有地方可以下笔（让孩子学习解决技术性问题）。

刘卫华还建议女儿每一篇日记都取一个标题，然后围绕标题像写作文一样写。在写作方法上要求她在找到材料后就“迅速而自然地写”。

就这样，刘亦婷与日记结下了不解之缘，写作水平也迅速提高，4 年后就可以写出长达 4500 字并让老师夸奖不已的日记了。这期间自然经历过厌倦和懈怠，但到五年级时，她已经发自内心地喜欢上了写日记这件事。因为翻看过去的日记是一种愉快的精神享受：

1992 年 7 月 17 日（五年级暑假）

日记上的故事

今天，我重看日记，还没翻开，心里已充满了喜悦。你想，看自己以前的事儿该多有趣。我翻开第一页，开始看，仿佛看见一个 3 岁的小孩坐在妈妈的腿上，嘴里讲着心里的故事，妈妈拿着笔，不断地写着，脸上不时露出笑容。我读着读着，不断感到自己当时的想法多么幼稚可笑。

我读到 1988 年的日记，感到比 1984 年的故事写得进步了好大一截。

条理性和逻辑思维的方式都完全不同，我看到的是一个二年级的小孩，坐在桌前，一只手托着下巴，一只手捏着笔，眼睛凝视着远方一望无际的天空，在苦苦思索着。不过因为当时能力有限，我一边看就发现了许多错别字和许多重复的地方，我一边看着，一边觉得好笑，有时不禁哈哈大笑。

笑着笑着，我想到这多亏妈妈每天督促我写日记，我现在才会体会到快乐，想到我当时对妈妈的不满、生气和讨厌，不觉十分惭愧。我还要好好写作文，以后看。①

刘亦婷写日记，不但是一种很好的文字训练，养成了写的习惯和兴趣，而且是良好的心理品质与健全人格的培养。日记记录了一个孩子的经历和情感，成功与挫折，伴随着她成长，塑造了一颗美丽而聪慧的灵魂。

魏书生先生在培养学生写日记上也较成功。他教学生写日记，学生由写日记进而使写作变成了一种心理需要，使他们爱上了写作。他说："写作一旦成为一种心理需要，常常能达到欲罢不能的程度。1985 年学生毕业前的两个月，我提出，大家已经写了一千篇日记，请每位同学写一份《千篇日记总结》。从今以后大家可以不写日记了，老师也不再指导检查大家的日记了。我说完这话，不知怎么一些同学神色凄然。后来，看《千篇日记总结》才知道，他们和日记已经有了深厚的感情。把日记比做自己的良师、伙伴、最知心的朋友、心理咨询老师……三年来日记和他们一起同学习，同生活。有了欢乐告诉日记，欢乐便增加了一倍。有了苦恼向日记倾诉，日记劝说自己，心中便没有了苦恼。现在这朝夕相伴的朋友却要离自己而去了，这怎么行呢？于是有很多同学表决心，日记一定要自觉地写下去，尽管老师不要求了，也要自觉写到毕业，写到升学，有的还说，要让日记陪伴自己终生。显而易见，当写作已成为学生一种需要的时候，他的写作能力一定会不断提高。"② 指导学生写《千篇日记总结》，目的也是要促成学生的自悟，使之不离不弃写作，激发言语生命动能。

从某种意义上说，这种课外的练笔，其功效甚至要大于课内的练笔。课内练笔毕竟在时间上和题材上都受到了较大的限制，课外练笔的机会比课内多，写作的自由度也大得多。写作训练是不可能一蹴而就的，写作能力的提

① 刘卫华、张欣武：《哈佛女孩刘亦婷》，作家出版社 2000 年版，第 141 页。

② 魏书生：《魏书生文选》第一卷，漓江出版社 1995 年版，第 80 页。

高是不可能速成的，它需要的就是细水长流、滔滔不绝的韧劲。这在课内是无法做到的，却恰是课外练笔之所长。

我们之所以把书信、日记和读书札记作为课外练笔的首选，是因为这三种体裁有较大的包容性。书信和日记，无论什么内容都可以“装”进去，甚至连有些读书札记也可以写成书信或日记的形式。读书札记也包罗广泛，可以是一段摘抄、摘要，点滴心得、体会，可以是读后感、随笔、短论、评论，也可以写成长篇大论。

书信的最大的好处在于它有着比其他文体的写作更为明确的读者对象。每一封信的读者对象都很明确，而且，每一封信的读者都不一样，这对培养习作者的读者意识尤为有益。读者意识的强弱，往往是一篇作品成败的关键，读者意识是现今学生最感欠缺的，也是在教学情境中较难培养的。所以，有必要将写信作为一种主要的练笔方式加以引导，并注意将他们写信中形成的读者意识向其他文章写作迁移。

与书信相反，日记一般是写给自己看的，无须顾忌读者会说些什么，所以可以把自己内心深处的“隐私”尽情倾吐出来，尽显“本我”的性情，可以写得很本真很恣肆，文字也无拘束，可长可短。这对于感知自我、认识自我、丰富自我、培养情感、开掘思想以及养成写作的耐性等，均很有益处。日记写作的好处还在于它的“超功利”性，它是为了满足自己的精神需求而写，这对于淡化写作的功利性目的，把写作作为对自我的一种精神抚慰的方式，将写作观念从“为人”向“为己”延伸，也很有益处。

读书札记是介乎书信与日记之间的一种体式。它可以作为写作增进学识的必不可少的预备，这是对己的，无须给什么人看的，只言片语、一得之见都可以，无所谓成不成文；也可以写成正式的文章公之于众，把自己读书的感悟与思考和读者分享，与读者交换看法，这就要写得很认真，既对自己所读的书及其作者负责，也对读自己文章的读者负责。读书札记的写作有助于培植学养、开阔眼界、训练思维和养成良好的读书习惯。

可以断言，此三项课外练笔如能坚持不懈，写作可无师自通。自觉的经常性的课外写作，其效益远胜于规划设计得再好的课内训练。可以这么认为：写作功夫在“诗外”，写作教学决胜在课外。

附录一

写作更应“贴近”学生“心灵”

——走出“贴近生活”“写生活”误区

在写作教育观念中需要澄清的一个重要问题是：对于写作来说，究竟是要强调贴近生活还是贴近心灵？以往的答案是“贴近生活”，因为“生活是写作的源泉”。

查一下这句话的经典出处，大约是毛泽东在《在延安文艺座谈会上的讲话》中说的：“人民生活中本来存在着文学艺术原料的矿藏，这是自然形态的东西，是粗糙的东西，但也是最生动、最丰富、最基本的东西；在这点上说，它们使一切文学艺术相形见绌，它们是一切文学艺术的取之不尽、用之不竭的唯一的源泉。这是唯一的源泉，因为只能有这样的源泉，此外不能有第二个源泉。有人说，书本上的文艺作品，古代的和外国的文艺作品，不也是源泉吗？实际上，过去的文艺作品不是源而是流，是古人和外国人根据他们彼时彼地所得到的人民生活中的文学艺术原料创造出来的东西。”① 这一观点构成了我国当代正统文论的主流意识，影响至今。

叶圣陶在其《作文论》中的“源头”部分也说过：“‘要写出诚实的、自己的话’，空口念着是没有用的，应该去寻到它的源头，有了源头才会不息地倾注出真实的水来。……知道这源头很密迩，很广大，不用外求，操持由己，就是我们的充实的生活。”②

“生活是写作的源头”这个命题大致上没错，但是如果说“生活是一切文学艺术的唯一源泉”这种认识就值得商榷了，由此推演出“生活是写作的唯一源泉”。“过去的文艺作品不是源而是流”这种说法就颇可质疑。因为他人

---

① 毛泽东：《在延安文艺座谈会上的讲话》，见《毛泽东选集》第3卷，人民出版社1991年版，第860页。

② 叶圣陶：《作文论》，见刘国正主编：《叶圣陶教育文集》第3卷，人民教育出版社1994年版，第300页。

之“流”，是可以成为自己之“源”的。就跟人们公认的长江的源头是各拉丹冬的沱沱河，黄河的源头是卡日曲河一样。阅读他人的作品，了解他人的生活，这也是写作主体生活的一部分。事实上，我们了解他人的生活在很大程度上就是通过阅读作品达成的。此外，人的情思——心灵，也可以看作是文学写作的源泉之一，是比生活更为直接的源泉。古人说“诗言志”“诗缘情而绮靡”“情发于中，而形于言”等，都表明写作的发生，是源于人内心的情志。当然，你也可以说情志还是由生活孕育的，但是，生活只有当萌生了想要表达的情志时，才可以说真正进入了写作状态。否则，这生活与写作便毫无关系。这说的还只是文学创作，对于实用写作，如文学评论、读书札记、研究报告、学术论文等的写作来说，毫无疑问，书本必定是“源头”之一，或者说是最重要的源头，因为研究性写作，资料来源就是他人的著述，这类写作主要便是建立在阅读之上的，根本不可能一一追溯到其原初的生活形态。——如此看来，“生活是写作的源头”“生活是写作的唯一源泉”，应该更正为“生活是文学写作的源头之一”。书本、心灵也是文学写作的源头之一。对于实用写作来说，大量的文章写作来源于书本，是从文本中产生文本。

在语文界，我想谬误的发生，可能还与以下观念有关：

1. 美国哲学家、教育家杜威说：“生活即教育”，我国教育家陶行知将其作进一步强调，变成“教育即生活”。从此，教育便与生活结下了不解之缘。将教育与生活画等号，这从理论上来说自然是欠严密的。教育如果等同于生活，教育就失去了意义。教育之所以成其为教育，就是因为它不同于生活，有它特殊的属性。不但要适应生活之需，还要引领、创造新生活。更重要的是，教育不但要指向生活，更要指向人。成全人、造就人，才是教育的根本目的。

2. 19 世纪俄国民主主义革命者、哲学家、美学家及作家车尔尼雪夫斯基，在其论文《艺术对现实的审美关系》中提出“美是生活”的论断：任何事物，凡是我们在那里面看得见，依照我们的理解应当如此的生活，那就是美的；任何东西，凡是显示出生活或使我们想起生活的，那就是美的。——这一观点，统治了中国文艺理论数十年。孙绍振先生批评说这一观点是很肤浅的：“他粗糙地把美和原生状态的真统一起来。……从方法论来说，这种学说是把美、文学形象和生活的统一性作为追求目标，从亚里士多德到黑格尔，从车尔尼雪夫斯基到泰纳的阐释，把感性的生活，未经主体同化的生活，不但当作了文学的出发点，而且当成了终点。这就暴露了其思路是单向的，从逻辑来说，是线性的……”① 新中国成立后，在我国，由于文学理论是语文教育的基础理论之一，因此，“美是生活”这一观念便深刻地影响着语文教师的认知及其教学。

3. 1983年，张孝纯的“大语文教育”的改革，在语文教育领域强化了对生活的关注。“‘大语文教育’观主张语文教学应以课堂教学为轴心向学生生活的各个领域开拓、延展，全方位地与他们的学校生活、家庭生活和社会生活有机结合起来……”② 注重语文教学与生活的联系，其积极意义自不待言，但也助长了片面强调“贴近生活”的语文观。后来，著名特级教师李镇西提倡“语文‘生活化’”与“生活‘语文化’”进一步完善了这种观点，他说：“所谓‘语文教学“生活化”’，强调的是教师在传授语文知识和训练语文能力的过程中，自然而然地注入生活内容，进行生活教育，让学生明白‘生活与教育是一个东西，不是两个东西’（陶行知语），在学习语文的同时学习生活并磨砺人生。”③ “所谓‘学生生活“语文化”’，强调的是学生在教师的引导下，形成‘语文是生活的组成部分，生活须臾离不开语文’的观念，并养成事事、时时、处处吸收与运用语文知识，在社会生活中培养语文能力的好习惯。”④ 这些观点显然是与杜威、陶行知、叶圣陶等的观点一脉相承的。虽然，从他们的具体论述中，还是可以看出他们在一定程度上注意到了“语文”的特点，注意到运用语文知识、培养语文能力的重要性，注意到对人的心灵的启迪。但是，显然，对生活的关注超过了对言语主体——人的关注。

4. 对新时期的语文界造成全局性影响的是美国教育家B·科勒斯涅克的观点：“语文学习的外延与生活的外延相等。”他将“生活”与“语文学习”简单对等，等于将“语文教育”从语文学习中剥离了出去，使“生活”成为语文、写作学习的以不变应万变的唯一法宝，仿佛只要是“生活”着，就在“语文学习”着。事实是绝大多数人从生活中并没有学会语文、写作。要是从生活中就能学会语文，还要语文教学干什么？在这一观念的指导下，如果语文学习不好，就归咎于没有生活，没有贴近生活。因此，语文课变成“再现

① 孙绍振：《文学创作论·修订版前言》，海峡文艺出版社2007年版。

② 顾黄初主编：《中国现代语文教育百年事典》，上海教育出版社2001年版，第605页。

③ 李镇西：《从批判走向建设——语文教育手记》，四川少年儿童出版社1999年版，第24页。

④ 同上书，第27页。

生活”的“活动”课、情境课，学生离开了教师安排好的游戏、参观、游览、表演……就不会写作。至此，“见物不见人”的可笑的谬误就灾难性地发生了。其实，从生活到语文学习，还是相当遥远的。在这个过程中，真正发挥作用的是写作主体。写作所需要的生活，好比是米，文章好比是酒，酒固然是来源于米，但是米不就是酒，将米酿制成酒还需要许多其他条件，否则，米就还是米，或有可能酿成了醋。其实，人缺少什么也不会缺少生活。只要是活着的人，自然便生活着，便与生活贴近着。无限度地夸大生活对语文学习的作用，便不可避免地削弱了人的精神能动性与创造性，学生成为被动记录生活的活动摄像头。

“贴近生活”观主要问题有三：

一是混淆了语文学习与生活的界限。语文学习自然不能脱离生活，但是生活并不就等于语文学习。只有人将生活与心灵相切的那一小部分，经过符合目的性的选择、加工、改造，并恰当地表达出来，即经过了生命化、情意化、语词化之后，说出来或写出来（形式化），才是语文学习的内容。“贴近生活”观，造成了对生活和语文学习关系的错觉：以为一切生活均是语文学习的对象，只要有生活，就自然会学好语文——说话、写作；语文学习就是对生活的复制、摹写，掩盖了二者的矛盾性。殊不知，绝大部分原生态的生活并不能成为语文，也无助于语文学习的。语文学习，是人的一种自觉的心理过程；文章，是经过人的选择、提炼、加工、创造的生活。写作，不是机械地再现生活、复制生活，而是能动地、创造性地表现生活。“贴近生活”这一命题的致命之处就是对创造主体——“人”（学生）的忽视。目中无“人”，没有“心灵”烛照，没有人的思维的介入，“生活”怎么会等同于“语文学习”，怎么会变成“语文”呢？这是典型的“外部”语文学习观。

二是使写作主体成了人造生活的附庸。这种“贴近生活”“写生活”的语文学习观，还造成了师生的“没有生活”的错觉。以为学生在学校的学习生活单调、枯燥、乏味，这不是生活；家庭生活也不是生活；只有学校之外的社会生活才是“丰富多彩”的生活。因此，语文教学要带领学生去找生活。到处去参观、访问、游览，盯着事物仔细观察，才是“贴近生活”。在学校语文教学中，要创设各种情境与活动，即“虚拟生活”，供学生写作。殊不知，这类“贴近生活”的写作，恰恰是“伪写作”。以至学生一听说要去“贴近”生活，或者老师要他们“搞活动”，便知道又要“写作”了，觉得这样的人造“生活”、被“生活”，实在没劲。其结果造成了学生一方面厌倦“活动”、抵触“生活”，另一方面又依赖“生活”，离开了老师创设的“生活”便不会写作。

三是忽视了学生自我的言语生命建构。真正的写作，是生活的人化：生命化、情意化、形式化。简而言之，就是“心灵化”。语文教育最应该关注的就是人的心灵建构。生活是“第一自然”，而语文是人创造出来的“第二自然”。语文是人化的生活，没有人的言语生命的建构，便不能有效地同化生活，更不能顺应生活，也就不能表现、创造人化的生活。生命化、情意化、形式化，这“三化”，可以看作是言语生命心灵建构的基本内容。

首先是生命化，就是培育良好的言语生命意识。我在本书中，对“言语生命意识”做这样的阐释：由于人所依存的最主要的符号是“语言”“语言是存在的家”“语言是生命的寓所”，而作为人的生命表达的“语言”，实际上是“言语”，人类的一切文明创造和文化承传均依存于言语，所以，符号生命意识也可称为言语生命意识。言语生命动力学语文教育的目标就是唤起学生的言语生命意识，强化言语创造的动机——主要是应性的、存在性的动机，言语生命意识是语文学习的根本，是学生言语活动的基本动力。语文教育对学生的感染熏陶作用便集中体现在提升言语生命意识上。有了对言语生命的体认，语文学习便有了恒定性动机。

前面说过，良好的言语生命意识，主要体现为强盛的“言语生命欲求”：人是符号动物，也可以说人是语言（言语表现）动物，人天生就有言语生命欲求。但是，在自然情境下，人们的言语生命欲求的强度、高度和向度是不均等的，语文教育旨在唤起和培育人的言语生命意识，也就是对言语生命欲求进行适当地引导和激励，使学生在言语生命意识的驱动下，产生健康、积极的言语生命欲求——指向言语上自我实现的人生。

这实际上就是言语动机的建构，也包含着主体言语个性的认知与发展。这是对自身言语生命的体验，由生存性动机向存在性动机延展，由言说欲、表现欲向自我实现欲升华，由言语禀性、潜能、兴趣、才情向言语信念、理想、信仰攀缘，形成自我激励、自我促进、自我成全的心理机制。这需要教师的顺应与引领。

其次是情意化。情意化建构，就是丰富情感、磨砺思想。情感与思想是言语表现的基本内容。写作要“言之有物”，这个“物”的核心元素便是情感与思想。在学校教育中，情感的陶冶主要靠的是文学，思想的熔铸主要靠的是学问。这需要大量阅读，也可以说阅读的主要目的之一，便是情感与思想的培育。

未经长期的文学阅读淘洗、感染过的情感是粗糙的。人固然也可以称为情感的动物，因为人皆有喜怒哀乐，但是，作为人的天性的情感，一般较为简陋。天性多愁善感的人不多。而文学则将这种多愁善感放大，并发挥到了极致，使每一个读者仿佛置身于情感的巨镜中，相形见绌、感同身受，逐渐被同化。粗糙的情感慢慢变得丰富、细腻起来。著名学者王富仁说：“文字，把语言变得更严密也更细致，同时使人的思想和感情也变得更严密更细致。在我们，常常有一种幻觉，似乎人原本是有严密的思想和细致的感情的，只是有了文字，我们才能够表达它们。实际上，这种看法是有很大片面性的，与其说我们先有了严密的思想和感情然后才有了严密细致的语言，倒不如说先有了文字语言的严密和细致化的巨大潜能，我们的思想感情才变得严密细致起来。常读文学作品的人感情要比一般人丰富细腻，常读科学著作的人要比一般的人思想严密、有逻辑性，就是因为一个人的思想感情并非完全自生的，是由他掌握的语言的特点塑造而成的。人有了更细致、更严密的感情和思想，才会用更细致、更严密的感情和思想感受世界和改造世界。也就是说，语言改造了人也改造了世界，语言的作用是无比巨大的。”① 可见，文学有传染、牵引、诱发的功能，能唤醒读者处于休眠状态的情感，使之被激活，变得热烈而活跃，微妙而敏锐。一旦面对外部世界，个性化的情意便油然而生：“登山则情满于山，观海则意溢于海”。“在文学艺术创作活动中，情感具有十分重要的意义。一方面，情感是艺术家从事创作活动的动力；另一方面，它又是艺术家表现的重要对象。”② 生活再丰富，感觉迟钝、情感简陋的人，也断无可能成为一个作家，也断无可能成为一般叙事、抒情性文章的作者。

有思想，才有言语、文章之“意”。思想的形成比情感的激发更难。由于情感是人天性中固有的，虽有粗细、敏钝之分，但比较容易受到外部的感染与诱引。而思想是抽象思维的结果，抽象思维的能力迟于情感的发生，虽然也是人的大脑固有的机能，但其发展主要是靠后天的培养，是在生活和社会实践中发生与成熟起来的。它需要一定的条件，如充实的知识经验、良好的

---

① 王富仁：《人与语文》，见《语文教学与文学》，广东教育出版社 2006 年版，第 93 页。

② 鲁枢元、童庆炳、程克夷、张皓主编：《文艺心理学大辞典》，湖北人民出版社 2001 年版，第 32 页。

思维品质、深厚的言语修养等。而具备这些条件是很不容易的，例如，良好的思维品质，就包括批判性、机动性、广阔性、敏捷性，增进思维品质，需要付出长期、艰苦的努力才能达成。这些条件构成了思维的背景，即认知结构。简而言之，我以为要成为一个有思想的人，最重要的仍是读书与思考，是学养的积蓄，即孔子说的“学”与“思”的统一，朱熹说的“大意主乎学问以明理”。要成为一个具有基本学养的人，单靠读几本语文教材或所谓的训练，是不可能奏效的，需要阅读一定量的古今中外的经典，而且要边读边思考，将思考的结果写成读书札记。思想不会凭空发生，是人的综合素养的呈现，靠积铢累寸、水到渠成、顺理成章。

第三是形式化，就是对言语、文本、文体形式的掌握。写作过程就是一个言语形式的复制（也包含着创新）过程，言语主体需以言语形式感去同化表现对象。要具备言语形式感，也有赖于阅读。言语形式感，主要包括文体感（体式感）、语境感、语感。这“三感”，最基本的是文体感。文体是抽象的，体现的是一类文章的普遍性；在写作时，文体普遍性制约着特殊的语境与言语，使其合体、得体。而在具体的语篇中，特殊的语境则是文体的呈现形态，即古人说的：大体则有，定体则无，文成法立。同时，语境也决定了言语表现，语境感决定语感。运用的语感，势必是文体语感、语境语感。脱离了文体和语境，语感也就不存在了。这“三感”固然需要从写作中去体悟，但是从阅读中揣摩也是不可或缺的。一般而言，阅读总是先于写作，就是说，学写什么（文体），就要先读什么（文体）。当然，如果作者已经入门了，阅读也可以在写作行为发生之后，作为自己写作的参照，从比较中发现不足，或纯粹学习他人的优点。鲁迅就说过他做小说所仰仗的全在先前看过的百来篇外国作品，郭沫若谈到他的新诗创作也是因为读了《学灯》上的康白情写的新诗。阅读不仅是动机上的诱发，也是一种形式上的熟悉、认知与模仿。

形式感的形成，对经典作品的熟读、模仿与揣摩，十分重要。朱光潜先生就谈到文体模仿的重要：“运用语言文字的技巧一半根据对于语言文字的认识，一半也要靠虚心模仿前人的范作。文艺未必止于创造，却必始于模仿，模仿就是学习。最简捷的办法是精选模范文百篇左右（能多固好；不能多，百篇就很够），细心研究每篇的命意布局分段造句和用字，务求透懂，不放过一字一句，然后把它熟读成诵，玩味其中声音节奏与神理气韵，使它不但沉到心灵里去，还须沉到筋肉里去。这一步做到了，再拿这些模范来模仿（从前人所谓‘拟’)，模仿可以由有意的渐变为无意的，习惯就成了自然。”① 这说的就是文体形式感的训练，他认为模仿前人的范作是古人学习古文的好办法，白话文也一样需要模仿。这种模仿、揣摩就是为了形成基本的文体形式感，即对文章图式的建构。有了良好的形式感，写作运思行为就有了方向和归宿，才知道该如何选材立意、谋篇布局、遣词造句。当然，也还有个表现形式的个性化运用的问题，这是一个更高的追求，这里不作详述。

因此，与“贴近生活”相比，“贴近心灵”，即言语生命素养的培育，才是语文、写作教育最要强调的。生命化、情意化、形式化的过程，都包含着言语动力的因素，同时，也构成了写作基本的心理基础。有了主体心灵的丰富、文章图式的建构，有了言说冲动与兴趣，有了言语信念与理想的指引，言语野性、天性才能逐步向言语共性、个性跃迁，生活，才能成为有价值的文章。否则，生活，就只是平淡乏味的重叠的“日子”。

---

① 朱光潜：《谈文学》，见《朱光潜美学文集》第二卷，上海文艺出版社 1982 年版，第 252 页。

附录二

存在的悦读：心灵的遇合与角逐

——读白杏珏札记随想

白杏珏说偏爱“悦读”这个词，因为它最能代表她读书时的心情。这让我想起鲁迅先生的“嗜好的读书”。“悦读”，似乎与“嗜好的读书”是一脉相承的。

鲁迅先生在《读书杂谈》中说读书有两种：一是职业的读书，一是嗜好的读书。他是贬前者、褒后者的。对此，我实在不敢苟同。这分类就是错的：“职业”与“嗜好”的划分，不在同一个标准上。与“职业”相对的是“业余”，与“嗜好”相对的是“憎恶”（或“厌恶”），这就难免交叉、重合——“职业”的读书可以是“憎恶”的，如果所从事的“职业”就是你喜欢的“事业”，那么，“职业的读书”不也可以是“嗜好”的吗？——以先生文笔之老辣，本不应发生这类低级错误的。转念一想：为这么点小事与先生计较很不厚道。况且，这不是什么重要的文章，是先生在广州一所中学的演说词，信口开河也是常有的事，先生绝不会不知道怎么分类的——也就释然了。

接触白杏珏之后，似乎又多了点明白，先生说的“职业的读书”，其初衷大约就是专指令人“憎恶”“厌恶”的读书，就是特“功利”“僵化”的那种。他想这么讲一般人一定是读得懂的。也许是我太愚钝，居然没看出来，反倒错怪先生了。

先生是这样解释何谓“职业”：“所谓职业的读书者，譬如学生因为升学，教员因为要讲功课，不翻翻书，就有些危险的就是。”——撇开教员要讲功课，单就“学生因为升学”而言，这种“职业的读书”，不但是“有些危险”，简直就是“坑害”。屠戮“言语生命”，窒息精神创造力，岂不令人“憎恶”？难怪清代学者顾炎武对科举应试教育深恶痛绝：“八股之害，等于焚书，而败坏人才，有甚于咸阳之郊所坑之四百六十余人也。”不论从教育学还是从统计学的角度，都可以说今天的应试教育之败坏人才，比之科举时代又有过之而无不及。——我这么说，在应试作文中得了满分，“勤于读书、逸于作文”的白杏珏能否接受暂且存疑，大多数含辛茹苦、诲人不倦的语文老师是一定难以接受的，更不用说教育界的“歪嘴和尚”了。我知道这么说很不好，可能会犯众怒。但没办法，积习难改，不能不说。毕竟对于每一个中国国民来说，应试教育都是切肤之痛。

其实，白杏珏尽管作文满分，也难逃应试之害。尽管她喜欢“悦读”——“嗜好的读书”，却也是“职业（应试）的读书”的受害者（而不是受惠者）。说到读书之害，不禁又联想到鲁迅先生分类之不当，方才似乎意犹未尽，其实这里除了“标准不统一”外，还有更严重的硬伤：“标准无价值”。先生设定的标准，不论是“嗜好”还是“职业”的读书，都难以作确切的读书“利弊”的衡量。这比“标准不统一”更加不妥。“吾爱吾师，吾更爱真理”，由于先生的“读书法”影响实在太大，不辨，则道理不明，道理不明，岂不误人子弟？我想，坦诚地说出不同意见，以先生之开明，一定不会见怪的。

“嗜好”是主观的，“嗜好”的读书未必就好；它与读什么书、读书质量高低，无必然的关系。“嗜好”的也可能是“坏书”，不是有“嗜痂成癖”的吗？可见只强调“嗜好”是肤浅的，重要的是“嗜好”什么。同理，“职业”的读书，可能不好，也可能是十分有益的。即便是“应试”的读书，也要看“应”的是什么“试”。不是所有应试都不对，不是所有考试都像现在语文高考那样低信度。因此，将读书作这种现象、形式上的划分，是没有什么意义的。我这么说，只是表明读书的标准，不应该单从读者兴趣或职业上考虑，应从读物性质、阅读方法、阅读效能（或阅读动力指向）上考虑。阅读情绪与职业需求只是表层的，读物性质、阅读方法、阅读效能才是深层的。——先生大约觉得没必要说得那么深吧，能“嗜好”读书就不错了，要求读得好那就太难了，会吓着孩子。可惜生不逢时，没法向先生当面请益，如果有所误解，冒犯了先生，也只能恳请谅解了。

说了这么多，皆因白杏珏喜欢“悦读”一词而起。因为我觉得这个问题太重要了，当今，“悦读”已经成了“热词”，但千万不能被“悦读”迷了眼睛。“悦读”，常常被作为“浅阅读”“休闲阅读”“时尚阅读”等的说辞。同样是“悦读”，其效能却有天壤之别。是“悦读”还是“苦读”，从效果看，是并不说明问题的。白杏珏的“悦读”就是如此：用于应试作文，与用于滋养心灵，所呈现的状态判若两人。这种鲜明的反差，是我始料未及的。从这一点上说，我要感谢她，是她引起我对“悦读”与“嗜好的读书”检讨的兴趣。我以为，要是能弄清楚这个问题，很可能是一个意外收获。这不论对我、对白杏珏，还是对本书读者，都将不无裨益。

“认识”白杏珏，最初便是因她的那篇《热爱诞下创造的婴孩》，这是2011年福建省高考唯一的一篇满分作文。读时我并不知道谁写的，因此，可以说对作者没有丝毫成见。就文论文，我感到的确实不是欣喜，而是深深的怜惜：读了这么多书，竟把文章写成这样！语文教育，竟把如此冰雪聪明的孩子弄得灵性全无，既糟蹋书，又糟践人。

唯一的“满分作文”，居然如此不堪，的确太“典型”了。那时适逢我在写《“议论文三要素”批判》，可遇不可求，信手就将其作为批判“论点失真”与“说理偏执”的例证：

> ……在高考作文中，学生绝大部分的论点与论据都是片面、绝对的，经不起读者推敲。例如，2011年福建高考满分作文《热爱诞下创造的婴孩》，这标题就是论点，其说理方式就是采用例证法——正反论证。稍有点自我反驳与证伪意识的作者都不会如此轻率地将“热爱”与“创造”简单地画等号。因为，显而易见，“热爱”未必就有“创造”。凭常识我们就可以断言：“热爱”而有“创造”的远不如“热爱”没有“创造”的多。你喜欢物理学，未必成得了钱学森；喜欢数学，未必成得了陈景润；喜欢文学，未必成得了王小波；喜欢田径，未必成得了刘翔；喜欢篮球，未必成得了姚明。——甚至可以肯定地说，绝大多数人不论多热爱也是一定成不了的。这位作者居然煞有介事地将片面的观点“论证”（正反论证）得头头是道，而评卷教师也公然大力褒扬、鼓励如此陋见。旧“三要素”思维只讲“论点”“论据”统一而无视事物矛盾性的危害，由此也可见一斑。这位作者与评卷教师哪怕稍微质疑一下自己：单凭“热爱”就能诞下“创造”的婴孩吗？如果“创造”这么容易，那为什么还要上学求知、努力拼搏呢？为什么会有那么多饱学之士、拼死拼活一辈子也没有什么“创造”呢？世间没有“创造”的人就是因为他们缺乏“热爱”吗？要创造，除了“热爱”“学养”“勤奋”还需要什么？如此，他们就会轻而易举地意识到这个“论点”是根本站不住脚的，就会意识到读者一定会诘问：难道“创造”不需要天赋、知识、毅力、耐性、刻苦、思考、想象……吗？就会将议论的重心放在分析从“热爱”到“创造”要

具备哪些重要条件上，分析这些条件的内在关系，就不会停留在单一、片面、抽象的“论点”的“论证”上。这样就能在一定程度上避免读者的反驳与证伪，阻断可能的诘难，使议论较为缜密、严谨，提高说服力。

《热爱诞下创造的婴孩》这篇文章，最应该说的，不是像该文那样，根本不理读者会有什么想法，顾自“正反论证”伟人的“创造”皆源于他们对某一事业的热爱，现在许多人没有创造就是由于不热爱。这样的论证全是废话、瞎话，偏颇、肤浅，毫无说服力。显然，读者读过标题，不是想听你举例“证实”“有热爱便有创造”，而是想问（想听你说）：为什么许多人“热爱”却没能诞下“创造”的婴儿？——作者要写好这篇文章，首先需要回答读者的便是这个质疑，这便是论说的“针对性”。如果作者答的是“那是因为这些人‘热爱’的程度还不够，还没有达到痴迷的程度”，那么，接下去就要阐释：“怎样才算是‘痴迷’的热爱。”之后，作者要想到这个回答可能还是不能让读者信服：“为什么有一些极其痴迷于某一事业的人到头来也还是一事无成?”这一反驳是作者接着要回答的：“痴迷的‘热爱’，要转化成对相关知识的渴求、百折不挠的勇气、冷静地分析思考……的动力。”也许这个答案仍然不能使读者认同，因为，创造的前提条件是适当的天资。缺乏适当的天资，无论如何痴迷、努力也是无济于事。

大家一定会说，白杏珏不是单说热爱之重要，她把是否有创造，还归结为是否对“永恒价值”的追求上，是的，这就是她比其他考生高明的地方，也是她的读书效能的灵光一现。但是，这并没有改变她的文章的核心命题：热爱产生创造。她的基本观点还是围绕着“热爱”说的。对“永恒价值”的追求，只是“热爱”的子命题。其实她并没有说清这二者的关系。这么写，不但无助于核心命题的确立，甚至还形成了干扰，给人的印象是：因果倒置，即本末倒置。似乎是先有“热爱”，才有对“永恒价值”的追求。实际上，应当是因为有“永恒价值”的追求，才唤起了“热爱”。但是，更严重的问题还在于，即便有“永恒价值”的追求与“热爱”，也依然未必就有“创造”。反之亦然：没有“永恒价值”的追求，为了个人名利，未必就没有“创造”。不论是“热爱”还是对“永恒价值”的追求，“反例”均比比皆是，而她竟视若无睹。就是最近，网球高手李娜在印第安维尔斯的赛后发布会上说：“我只是一名网球运动员，我来到这里比赛并不是为了我的国家，我仅仅是在打自己的网球，我努力做到最好，那是我的工作……”她这么说，就是想要“撇清”

自己，表明并不为所谓的“永恒价值”打球，不是想为国争光，而是为自己打球，因为这是她的工作，仅仅将它视为职业的要求（类似于“职业的读书”“为应试的读书”）。至于是否热爱她没说，但这肯定不是她成功的首要条件。这世间，为了个人名利的创造比比皆是，甚至比为了人类的“永恒价值”而创造还要多，只不过许多人不好意思说自己是为了名利而已。——不知杏珏对此将做何感想？

我知道，杏珏绝不是存心糊弄人，她是一个单纯、真诚的孩子，她是被糊弄的。是应试教育蒙蔽、壅塞了她的明眸与心灵，以为作文只能这么写。因为她曾无数次被要求这么写，并受到了高分的褒奖，这无异于告诉她唯有这样“瞎说”，才符合应试写作的游戏规则，高考时才会被认可。她是无可厚非的。她身不由己地被塑造成另一个她，用同一个模子铸成的她。

她读了不少书，也极具言语天赋，可是一旦被作文，便完全“失慧”“失语”。所读无助于思考、立论、说理；文章“论点”干瘪、“论证”肤浅、目中无人、强词夺理，一厢情愿地自言自语，所论全不在点子上。在她的笔下，名人、伟人摩肩接踵而来，冤哉枉也，只为了充当抽象、空洞、偏颇论点的帮闲。培根说“求知……可以作为装饰”“为装潢而求知是自欺欺人”，诚哉斯言。为了“应试”读书、写作的她，毫无灵性、悟性可言。将这种“应试八股”作为“满分作文”，不就像庸医误诊、谋财害命吗？我知道这么说评卷教师不公平，而且并没有说到根子上。

在某次讲座之后，有教师问我，这篇“满分”作文该打多少分，我说“及格”吧——平心而论，算很给面子了。我知道这个分数也许会“伤”及作者，甚至整个语文界；我也知道，语文界历来“伤不起”。即使这般“温柔敦厚”的回答，传出去的话，也还是会把他们给“伤”了。可我没法违心而论。就是无力回天，也不能放任病人讳疾忌医啊。让学生违背本心地读书、作文，把人弄成傻乎乎的应试机器，难道是我们的教育理想吗？

后来，出版社的老友知辛先生将一本书的文稿送我看，要我写篇文字，才得知“满分作文”的作者，原来就是该书的作者“白杏珏”，才知道了她那般好学、聪慧，使我在怜惜之外，更添哀痛，为应试教育扭曲人至此，感到震惊。置言语表现常识与经验而不顾的读书，不读也罢；夸夸其谈、泛泛而论之文，不写也罢。这样的读、写，只能导致人的异化，导致言语生命、精神生命的夭折。同时，我也深深地自责，感到作为一个学者的无助、无能，无法阻止这种隐性杀戮的发生。我自知救不了他们，只要我一批判，就会招来无数的反批判，“回声”似的，一哄而上。语文界麻木的沉沦，比清醒的无知更可怕。

想必大家会明白，我前面的批评，绝不是针对杏珏。只是树大招风，《热爱诞下创造的婴孩》这份“状元卷”，偶然而不幸地成了我的靶子。对此，我只能诚挚地对她表示歉意。——她如果虔信“我不下地狱谁下地狱”的格言，明白这是替千千万万师生“受难”，为这篇文章产生的附加值而高兴，我一定会给她打上满分，货真价实的满分。

当我的目光掠过应试的贫瘠文字，在杏珏的读书笔记中，我看到了展示出另一种阅读姿态的她，本真纯粹、自由从容：在思想的蔚蓝色天空中，御风挟电、纵翎高翔。我不由地长舒一口气，惊喜之情难以言表。我由衷地为这不死的精灵侥幸、庆幸：12 年的应试教育，尽管无时无刻地侵蚀着她的灵慧，但美文浸润过的内心，依然留存着一份真诚、青葱、明媚。我对如此坚韧的言语生命满怀敬意。同时，也为无数亡灵一掬悲悯之泪。

可以断言，要是没有与美文在“悦读”中“遇合”，往还吐纳、相濡以沫，杏珏顶多只能成为一部“完美”的考试机器——这在当今也足以让人称羡、自矜自喜。但是这对于她所向往的“精神人”来说，除了幻灭，还能证明什么？要是沉溺其中，久而久之，必会丧失“自我”——自由理性、精神能动性，难逃“非人”之命运。

人的生命，堪称“言语生命”。“言语生命”是“天赋”，也是“人为”。“言语生命”要成长为“精神生命”“诗意生命”，需要文化的滋润、涵养，需要自我、教育的养护、培植。这主要靠的是“阅读”，在经典美文中徜徉、浸润、陶冶、磨砺。而这，恰是当今应试教育所不能给予的。出于无奈而随波逐流的学子，他们在不知不觉中被应试教育麻痹、毒害、抽干了灵魂。这不禁使我想起鲁迅先生在《春末闲谈》中说的：“细腰蜂不但是普通的凶手，还是一种很残忍的凶手，又是一个学识技术都极高明的解剖学家。它知道青虫的神经构造和作用，用了神奇的毒针，向那运动神经球上只一螫，它便麻痹为不死不活状态……”——我们的孩子们不就是被应试教育的“细腰蜂”螫过的“青虫”吗？虽然“活”着，其中佼佼者还自以为“活”得不错，出类拔萃、风光无限，殊不知，已失去了“存在”意识，丧失了独立的思考机能。他们中最“优秀”者，满分作文，居然没有思想（观点），也不能有思想（观点），还有比这更荒唐的命题方式与评价标准吗？每年数百万份高考作文，又能找到多少篇有思想的呢？没有思想，还要作文做什么？教育的目的，难道就是制造文字垃圾？

人有“两条”命，肉体生命与精神生命。对于“人”来说，精神生命比肉体生命更可贵。马克思在《1844年经济学哲学手稿》中指出：“一个种的全部特性、种的类特性就在于生命活动的性质，而人的类特性恰恰就是自由的有意识的活动。……有意识的生命活动把人同动物的生命活动直接区别开来。”“诚然，动物也生产。它为自己营造巢穴或住所，如蜜蜂、海狸、蚂蚁等。但是，动物只生产它自己或它的幼仔所直接需要的东西；动物的生产是片面的，而人的生产是全面的；动物只是在直接的肉体需要的支配下生产，而人甚至不受肉体需要的影响也进行生产，并且只有不受这种需要的影响才进行真正的生产……”马克思说区别于动物的“人的类特性”——“自由的有意识的活动”，指的就是精神创造活动。他说的不受肉体需要的生产才是真正的生产，这种生产就是人的精神生产，是人的精神生命的表征。遗憾的是，在社会化过程中，不少人肉体生命强壮，而精神生命萎缩，最终肉体需要，即物质需要，逐渐成了唯一需要。就是说，他的精神生命夭折了，沦为“不死不活”的行尸走肉。以现实功利为诱饵的应试教育，在“高考改变命运”的幌子下，便成为这场“生死”博弈——人的异化的无形推手。

可以跟应试教育相抗衡的唯有超功利的读书——创造性求知。这大约便是鲁迅先生之所以推崇“嗜好的读书”隐含的目的。但“嗜好”的含义是需要严格界定的，它绝不是字面上体现的快感、兴趣、休闲、喜欢之类。它的最基本的要求就是“超功利”，指向自我言语生命、精神生命的保养、成长，人类文明、文化的承传、发展。——这就是“嗜好”背后应有的“实质”，是读书的终极意义。

要做到这一点，独立“思考”便不可或缺，“学而不思则罔，思而不学则殆”。能将“学”与“思”统一起来便是“悟”，“悟”的最好方式就是写读书笔记。写读书笔记既是一种阅读方式，也是心灵“遇合”的必由之途；是自我人格、思想、思维、学养的修炼，也是表明对文化、文明、创化的虔敬。其目的，就是将“自然人”，涵养成“言语人”“精神人”“创造人”。古往今来，作为“精神贵族”的“读书人”的全部归属感、自豪感，就是基于此。

中国传统文化中的育人、立人、成人，都是和这种超功利的读书、写作息息相关的。修德、养气、悟道，是成人之本。为学、明理，是“立本”的支点。孔子说：“兴于《诗》，立于礼，成于乐。”“不学《诗》，无以言；不学礼，无以立。”“女为《周南》《召南》矣乎？人而不为《周南》《召南》，其犹正墙面而立也与?”“学而不思则罔，思而不学则殆。”历代中国文人所追求的德性养成，精神养护，安身立命，立德立功立言，等等，均是经由求学问、明道理——读书、思考、札录（札记）——成就的。

札录之功，是这一切的基础。

札录——读书笔记，这上面轻盈游走的柔软笔触，千百年来，承载着建树人格、人文之重，附着着中国文人的心血、智慧与灵魂，悄然抒写、操控着他们的人生与命运。他们中佼佼者、幸运者的一生，伴随着书香笔韵耗尽，因“立言”而不朽。这种言语人生，曾令魏文帝曹丕感慨万千、羡慕不已。

唐代韩愈老先生，在《进学解》中，这样描述自己的“言语人生”：“口不绝吟于六艺之文，手不停披于百家之编。记事者必提其要，纂言者必钩其玄。贪多务得，细大不捐。焚膏油以继晷，恒兀兀以穷年……”他固然是借虚拟的学生之口，幽默地“自嘲”，但这确确实实就是中国文人修德养气、安身立命的真实写照：口吟手披，眼到心至，提要钩玄，夜以继日，经年累月，意到笔随。清代学者章学诚说：“故为今学者计，劄录之功，必不可少。……学问之事，则由功力以至于道之梯航也。文章者，随时表其学问所见之具也；劄记者，读书练识，以自进于道之所有事也。”即道德、学问、文章、札记，四位一体。札录之功，尤其重要。

显然，这样的读书，是难以用“嗜好”或“职业”来界定的。孔子是用“为己”“为人”来区分：“古之学者为己，今之学者为人。”（《论语·宪问》）“为己”，就是为了修养身心，自我完善；“为人”，就是为了获得他人的赞誉或获得某种利益，即为了名利。这种分类为后世儒家学者普遍遵奉。北朝学者颜之推说得更清楚：“古之学者为己，以补不足也；今之学者为人，但能说之也。古之学者为人，行道以利世也；今之学者为己，修身以求进也。”（《颜氏家训·勉学》）今天，这“为己”与“为人”的分类，依然可区分“素养”与“应试”、“超功利”与“功利”的读书。

清代学者章学诚，则将读书之效区分为“学问”与“功力”：“学问文章，古人本一事，后乃分为二途。近人则不解文章，但言学问。而所谓学问者，乃是功力，非学问也。功力之与学问，实相似而不同。记诵名数，搜剔遗逸，排纂门类，考订异同，途辙多端，实皆学者求知所用之功力尔。即于数者之中，能得其所以然，因而上阐古人精微，下启后人津逮，其中隐微可独喻，而难为他人言者，乃学问也。”“功力”，是在故纸堆中“妄求遍物”而不知“大义”；“学术固期于经世也……得一言而致用，愈于通万言而无用者矣。”这一区分，也可以视为读书笔记之二途：“知其然”与“知其所以然”。——今天为了应试让学生去读几本经典、名著，记诵所谓的“作文素材”等，这是“功力”，不是“学问”。这个区分十分必要。耽于“功力”，便是所谓的“死读书”，造就的就是“孔乙己”之流。精于“学问”，才能登堂入室、承先启后。

当代从哲学高度对人生、学习、读书进行区分的，当推德国思想家弗洛姆。他在《日常生活中的两种生存方式：占有与存在》中，严格区分了人的两种截然不同的生存方式：“占有”与“存在”。这就是我上面说的“实质”界定。弗洛姆认为生活在一个穷奢极欲、拼命追求财富和利润的社会里，很难见到以存在作为生存方式的范例。……占有与存在的生存方式在知识领域里的区别，在于“我有知识”和“我知道”的不同表达中。有知识是说，获得可以得到的知识（材料）并保持对它们的占有，而“我知道”这种意义上的知识却有实际功用，是生产性思维过程的一部分。知识的目的不是对人可以肯定的“绝对真理”的确定，而是人的理性本身自我证实的过程。……存在的生存方式的最高目标是更深的知识，而占有的生存方式的最高目标却是更多的知识。——由此看来，“占有”的读书，只是追求拥有知识的量；“存在”的读书，是生产性的，是人的理性的自证。求“多”和求“深”，是“学习论”的两个不同性质的指标。存在的“学习论”是生长、生产、创造的不断深化，知识不是用来囤积的，而是用来投资再生产的，不用来投资再生产的知识，虽多何益？

似乎说得有点远了，但是如果不将道理弄清楚，就没法解释同样是基于“悦读”，为什么在文章中，白杏珏呈现出的是“冰火两重天”；就无法击中当今应试语文教育的要害，也无法说明“悦读”的局限。

通观白杏珏的全部札记，我先前的困惑很快便烟消云散。自然，白杏珏只有一个。她的“天性”本是“存在”的，思维的春笋举目可见。应试中，她表现出来的却是“占有”，思维的嫩芽在话语淫威的巨石下扭曲。这就是“白杏珏现象”的谜底。面对“应试”，想必她也曾是十分纠结的。然而，她不能不屈从于周遭强大的有形或无形的压迫。当今的教育、考试，并没有为她“存在”的言语天性提供温润的土壤，相反，给予的恰恰是“负诱导”。分数，成为高悬在师生头上的达摩克利斯之剑。

我们的教育思想在根子上就错了。在语文教育中，在应试中，在阅读、写作教学中，其主导倾向是“占有”。即便恩准学生去“思考”，目的也是为了更好、更多地“占有”；基本上没有给“存在”——思想的检验与再生产，留下什么空间。

高考作文命题与写作就是“占有”导向的最好证明。

高考作文命题，不论是哪一种题型，几乎都包含着“观点”预设。比如，“诚信”“心灵的选择”“回到童年”“一切都会过去”“一切都不会过去”“情有独钟”“拒绝平庸”“这世界需要你”“回到原点”“君子有‘三乐’”……即便是“供料作文”，学生“形成”的“观点”，也是体现在材料之中的，多数是由材料直接告知，少数是从材料中去间接归纳。如貌似“开放”的“供料作文”题：

(2011北京高考作文题）阅读下面材料，按要求作文：

> 鹿特丹世乒赛结束后，师生们一起讨论。生甲：太好了，中国队又包揽了全部冠军！这叫实至名归。竞技体育就得靠实力说话。生乙：但我更愿意看见外国选手成功挑战中国名将。一个国家长期垄断某体育比赛的金牌其实并不利于这个项目的发展。生丙：有人主张中国队应让出一两枚金牌，我不赞成，如果故意输球，就有违公平竞赛原则和奥林匹克精神……
>
> 老师：同学们说的都有一定道理，有些道理不仅体现在乒乓球运动上，也适用于其他社会生活领域。
>
> 要求：根据以上材料，自选角度，自拟题目，联系实际，写一篇不少于800字的文章。除诗歌外文体不限。

在这里，考生的“意”，就是出自“生甲”“生乙”“生丙”的“观点”。学生需要做的就是从中选一个，然后去“联系实际”。可见，所谓“立意自定”，其实是早已“他定”“钦定”了。学生只是从题目中“抄”定或“选”定“观点”，不论这个“观点”是否陈旧、错误、片面、肤浅，都要无条件地接受它，老老实实地去“论证”它。从写作看，以往学生在阅读中所“占有”的知识，就是在“论证”的时候才派上用场。学生比拼的就是谁“占有”的事实论据、理论论据多。——这就不难理解在《热爱诞下创造的婴孩》中，杏珏为什么要一个劲儿地堆砌论据了。在这里，她没有表明自己“观点”的自由，更没有驳论的自由，自然，也没有分析论题、论点的必要。唯有“堆砌论据”这种方式可以用来证明自己。无数“血”的教训告诉她，“存在”思维，必须让位于“占有”思维，否则，注定只会帮倒忙。

其实杏珏并不适合应试。所有“存在”的言语生命，都不适合于应试。只要看看她的“自主阅读”“作文素材点评”“阅读随笔”，就会猜到她面对应试的尴尬与沮丧。在那里，她没法尽情挥洒才情。她的言语才情，与当今应试写作格格不入。我不知道她在应试时，是否暗自潸然：“安能摧眉折腰事权贵，使我不得开心颜。”——如果说应试语文教育也有其“积极面”的话，那就是它不断挑战正常人的心理、言语底线，让学生懂得唯唯诺诺、不说自己的话、让思考彻底休眠，才是最好的作文，从而极大地磨炼了他们的心理承受力、应变力。于是乎，久而久之，便不知何谓“修辞立其诚”，假话、空话、套话习以为常，说起来驾轻就熟，毫不脸红心虚；一旦要说真话、实话、新话，反倒像是在耍奸弄滑。

大家一定会问，怎样命题才是导向“存在”的，才是与“存在”的言语生命相吻合的？其实答案并不难找，这就是题目中没有观点预设，作者可以自由发挥，可以对习见的观点进行反思与批判，鼓励独到的认知与深刻的分析。法国高考作文命题就是这样的。法国的高三分文科、理科、经济科，2002年的作文考试各科均有三题，可选做一题。

文科：1. “我是谁?”这个问题能否以一个确切的答案来回答？2. 能否说：“所有的权力都伴随以暴力”？3. 试分析休谟论“结伴欲望和孤独”一文的哲学价值。“‘结伴’是人类最强烈的愿望，而孤独可能是最使人痛苦的惩罚。”

经济科：1. 什么是公众舆论能承受的真理？2. “给予的目的在于获得”，这是否是一切交流的原则？3. 试分析尼采论“罪行与犯罪”一文的哲学意义。作者在文中提出问题：舆论在了解了犯罪动机和作案具体情况后，即能遗忘错误。这种现象是否有悖伦理原则？

理科：1. 能否将自由视为一种拒绝的权力？2. 我们对现实的认识是否受科学知识的局限？3. 试分析卢梭论“人类的幸福、不幸和社交性”一文的哲学含义。卢梭说：“我们对同类的感情，更多产生于他们的不幸而不是他们的欢乐。为共同利益联系在一起的基础是利益，因共处逆境团结在一起的基础是感情。”

这些题目如果没有相应的阅读量，缺乏独立的判断与思辨是没法应对的。这里所有题目都没有观点预设，而且，还充分考虑到了考生的学养基础与个性。之所以要求“三选一”，就是意在给予考生最大的选择、发挥空间。其命题价值观就是“存在”的学习。在“占有”学习的温床上被催眠的中国的考生，遇见这样的题目，恐怕只有瞠目结舌的份儿。——为了严谨起见，也许有必要“更正”一下：杏珏只是不适合于中国的应试，而不是所有的应试。面对上述试题，她一定会感到如鱼得水般欣悦的，她的言语天性与才情一定会发挥到极致。我并不主张不要高考、应试，而是要改革以“占有”学习为导向的高考、考试观念与命题导向。因此，请别“王顾左右而言他”，再拿“高考改变命运”之类的话当挡箭牌。我想，国外的这些高考题目，对何谓“存在”学习，已经作了再明白不过的诠释。自然，某些人要是仍然死不开窍，我也没办法。

白杏珏现象告诉我们，即便是“悦读”，遭遇“占有”学习，也便一钱不值；“悦读”只有与“存在”学习相匹配，才有意义。因此，“悦读”，尚需区分“占有”抑或“存在”，我们需要的是指向“存在”的“悦读”。

从白杏珏的札记中，也可以一探何谓“存在”的“悦读”。

在高中繁忙的学业中，她依然保持着旺盛的求知欲。令人触目惊心的是，她读的都不是“钦定”的“应试”阅读书目！“超功利”，是“存在”的生命、“存在”的学习的首要表征，是最为难能可贵的求知品质。在应试教育下，实用主义的“占有”学习，滋育了学生的普遍的“求知”心态：凡与“应试”无关的，一概排斥。他们变得势利而精明，非常清楚什么时候该打瞌睡，什么时候要专心致志。因此，在应试经济学思维下的“突围”，是绝对需要勇气的。

这让我想起王小波先生《时代三部曲》“总序”中的一段话：

有人问一位登山家为什么要去登山——谁都知道登山这件事既危险，又没什么实际的好处，他回答道：“因为那座山峰在那里”。我喜欢这个答案，因为里面包含着幽默感——明明自己想要登山，偏说是山在那里使他心里痒痒。除此之外，我还喜欢这位登山家干的事，没来由地往悬崖上爬。它会导致肌肉疼痛，还要冒摔出脑子的危险，所以一般人尽量避免爬山。用热力学的角度来看，这是个反熵现象，极为少见。这是因为人总是趋利避害，热力学上把自发现象作熵增现象，所以趋害避利肯定反熵。

……立志写作在我身上是个不折不扣的反熵过程。我到现在也弄不明白自己为什么要干这件事，除了它是个反熵过程这一点。

……我写的东西一点不热门，不但挣不了钱，有时还要倒贴一些。严肃作家的“严肃”二字，就该做如此理解。据我所知，这世界上有名的严肃作家，大多是凑合过日子，没名的大概连凑合也算不上。

……我的行为是不能解释的，假如你把熵增现象看成金科玉律的话。

当然，如果硬要我用一句话直截了当地回答这个问题，那就是：我相信我自己有文学才能，我应该做这件事。①

白杏珏与王小波在精神上是相通的：认定应该做便去做，明知不可为而为之。他们都“傻”，“傻”得可爱，“傻”得诗意，也“傻”得悲壮。——让我费解的是，我们的教育，为什么走出“功利”的迷津，给孩子植入一点“反熵”意识就那么难呢？为什么总是乐此不疲地为“熵增”意识添砖加瓦呢？——正因此，我行我素的白杏珏，令人肃然起敬。

这种不计利害得失的“悦读”，去急功近利的浮躁，添超然恬静的逍遥。她为自己营造了一个安顿灵魂的世外桃源，一个中国当代文人久违了的精神栖居地。“两耳不闻窗外事，一心只读圣贤书”，可贵！俯仰自如、悠游自在，真好！单是这种超然物外的宁静、淡泊，就使我这个庸碌的“高校老师”叹为观止。怎一个“羡慕妒忌恨”了得？尽管白杏珏的札记，没法跟钱锺书先生的《管锥篇》媲美，但他们坐拥书城的心境是一样的。一杯清茶，或正襟危坐，或曲肱而枕；板凳十年冷，孤灯一豆悬，何等安适、温馨、富足？

这种心灵的“超越”，使她获得了自主“悦读”的选择权、话语权。从她所做的笔记可以看出，她有自己的择取标准。“存在”的“悦读”，不应是兴之所至的消遣，而是包含着对读物的理性鉴别。在短短的三年中，她读了周国平、简媜、纪德、梭罗、季羡林、史铁生、张承志、林语堂、梁遇春、筱敏、安意如……这份名单表明，较之于一般的中学生而言，其涉猎面是比较大的；对“读什么”，她有着自己敏锐的判断。

① 王小波：《黄金时代·时代三部曲总序》，华夏出版社 1997 年版。

杏珏喜欢“遇合”这个词，我想大约是指“相遇而又契合”。“相遇”是偶然，是缘分；“契合”是必然，是投缘。是否契合、投缘很重要。如果不契合、不投缘，就没感觉，没有共鸣与互动，就不可能产生高质量的“悦读”，就不可能进入“存在”的“悦读”。——她所作笔记量最多的是周国平，大约他们之间处于一种最佳“遇合”状态，可以称为“知音”“知己”吧。

读书有点像谈恋爱，见面没感觉，自然就不可能相互爱慕、倾慕，进而结下终身不解之缘。而有的则是一见钟情，相见恨晚，心有灵犀，志趣相投，终生不离不弃。因此，阅读是否有感觉很重要。杏珏对她“遇合”的每一位作者，几乎都能说出自己的感觉，例如：

> 我感觉周国平的散文介于感性与理性之间，有强大的精神内核与良好的导向性，同时又包裹着温润的文笔。
>
> 简媜……她的文笔完全可以用华丽来描述，但不仅仅限于女性作家的柔美，而有罕见的大气。
>
> 梁文道……《我执》的有些句子可以瞬间击中心灵最深处，你会惊讶，你心中埋藏的一些想法竟然如此这般被揭示出来。
>
> 季老的文字有一种质朴的幽默，使人在会心一笑后又陷入深思。
>
> 林语堂的小品文是有风韵的，不加雕饰的，读来如同他一气呵成，比说话还要自然。

对作者、读物的没有先入之见的“初感”，弥足珍贵。有了良好的第一印象，才可望“读”而“悦”之。这可谓“存在”的“悦读”的初阶。——如何独立品鉴、寻觅读物，这是应试教育下的“占有”学习所不曾规划的课程内容，然而于言语生命、言语人生之发展，至关重要。

一旦选定，便不是浮光掠影、浅尝辄止，而是流连忘返、细品深悟。为了更完整、深入地了解所读，她力求读全。读某人，便要尽读他的著作。这便弥补了课内“残篇断简”式阅读的局促。

她既将札记与大家分享，想必也愿意将其言语智慧昭示于后学。只是不知我能说出几分她的天然妙悟？“道可道，非常道。”“道之出口，淡乎其无味，视之不足见，听之不足闻，用之不足既。”——我的分析如有不当，尚望杏珏与各位读者不吝指教，就像我前面批评她的应试文一样，毫不留情。

她的札记主要有以下几种方式，体现了不同的目的、角度，不同的主体思维介入的程度，创造性含量也有所差别。

（一）品评式

对文本的局部、全体，或对作者的评价。这是阅读所不可或缺的。前面所举杏珏对作者、文本的感觉，都可以归入这一类。这是对所读的归纳、概括，也是一种个人感受，是对自我的第一印象——“初感”的提取、提炼。可以是感性的体验，也可以是理性的感悟。准确、中肯，是其基本要求。

只求在滔滔的洪水中，做一块思想自由的石头。

——张承志

张承志是一个极有异端精神的精神旅者。

文学应当是作家心中最后的堡垒。一个作家很难做个完人，但是他至少对自己的文学要做到真诚。不应当有作文或为文等概念，作品应当是作家淋漓的心血。为了这样的作品作家才活着，为了这样的作品青春被点燃，生命被耗尽。为了追求这样的作品，作家眼中只有一片辉煌的幻彩，而绝不会看见红地毯和金钱；为了保卫这样的自己的作品，哪怕是最弱小的作家也敢挺身而起，一直牺牲到自己心跳的最后一下。

——《又是春天》张承志

掷地有声。我感觉到了一种专属张承志的硬气。谁说文人必是娇弱无能的，中国文人只是大多成了政治附庸，才不免多了圆滑和长袖善舞之感。张承志，是难得的敢于脱离束缚的作家，使文学成为文学，而不是一如千百年来中国所推崇的、文为政的附庸，又或者文为名利的附庸。逃离是一种勇气，寻梦更是一种勇气，张承志也许不是伟大的作家，但他至少具备了一个伟大的作家所必须具备的一种对于文学的热情和责任感——为文学，牺牲到最后。

这就是杏珏对张承志的两则评价。前一则是理性概括，后一则偏于感性体验。这两则评价是统一的。思想自由，势必有异端精神；真诚，势必硬气。也可以说，正是因为思想自由，具有异端精神，所以真诚、硬气。——她的评价是有依据的，是合乎逻辑的。

品评的贴切、精准，是最要紧的，需要文本感受力与概括力。这两种能力对于读写都十分重要，可以算是读写的基本功。在平时课内外阅读时，应多做“提要钩玄”的功夫，久而久之，便可一目了然，迅速对所读内容做出评价、判断。当然，贵在读出与众不同的发现，读出自我，但要“持之有故，言之成理”。客观的归纳，创造性较弱；主观的评断，创造性较强。但这两种品评方式都是必需的，不应厚此薄彼。

（二）应和式

白杏珏的札记，最多的是“应和式”解读。以自己已有的经验、知识，去理解、诠释所读的某些感兴趣的内容。这是知识、情感、精神建构的基础。如果说“品评式”札记，较多的是全面覆盖式的提炼；“应和式”札记，则大多是“心有灵犀一点通”，就某些能引起共鸣、触动之处的玩味。这是一种原始积累，可谓多多益善，即韩愈说的：“贪多务得，细大不捐”。

最初多是用“经验”去“应和”，例如：

> 最悲哀的是，明明心里延续着梅雨，脸上却必须堆垛着虚伪的晴朗。
>
> ——简媜《问候天空》

> 以为可以释怀，不过是自欺欺人的期待，有时确实是笑着，也开心着，暂时亮了几秒的阳光。可到了某些时候，烦躁与压抑是那样袭上我心里，攻城略地，溃不成军。原来伤害可以是一场持久战，如延续着不断的梅雨，久久不散。如简媜所言，最悲哀的是，我不再是孩子，于是不能放声大哭跺脚吵闹，于是只能在脸上堆砌起虚伪的晴朗，为了表现出坚强，为了不让别人失望，这时候感觉很悲哀吧。

杏珏用自己的经历、体验，感性、生动地去印证简媜的话。她调动自己的情绪记忆，表明确实假笑、假开心是多么难受，设身处地地去理解作者因虚伪而感到“悲哀”的含义，类似于为文本作注。在她的札记中，这类体验式“应和”还很多：

> 我所了解的世上最美的事物，是我的饥饿。
>
> ——纪德《人间食粮》

> 有了饥饿，才有了炽热的追求。每一颗年少的心都被足以使人痴狂的、对生命对万物对美好的饥饿感所驱使着，永不停息地畅饮每一滴生命的芳醇。

她用自己年少的生命对心灵饥饿感的体验，去印证纪德说的“饥饿”之“美”。使抽象、隔膜的认识，变得可感、贴近。

与“经验”诠释相伴的是“知识”的“应和”：

> 我宁愿坐在一个南瓜上，并且独自拥有它，也不愿挤坐在

> 一个天鹅绒的垫子上。我宁愿在大地上乘坐空气自由流通的牛车，也不愿坐在观光火车的豪华的车厢里，一路呼吸着污浊的空气上天堂。
>
> ——梭罗《瓦尔登湖》

> 我宁愿靠近大地而不是靠近楼阁，我宁愿尽一个凡人的职责、享一个凡人的幸福而后死去，而不愿将一生抛掷于滚滚红尘之中。

她试图去解释梭罗说的“宁愿坐在一个南瓜上”，与“也不愿挤坐在一个天鹅绒的垫子上”表现出的人生观与价值观：亲近自然。在理解的同时，也表明了自己的人生观：“尽一个凡人的职责、享一个凡人的幸福而后死去”，与作者的“不愿坐在观光火车的豪华的车厢里，一路呼吸着污浊的空气上天堂”相呼应。显然，这种人生认知，不是一个10多岁孩子的“经验”使然，是基于原有“知识”的思考。

不论是“经验”还是“知识”的“应和”，在“汲取”“消化”精神营养的过程中，都必须有所付出，需要自身情意的“倾吐”。这就是刘勰说的：“目既往还，心亦吐纳。”（《文心雕龙·物色》）“纳”而不“吐”，便是“占有”；“纳”中有“吐”，便是“存在”。“心亦吐纳”，方能达成良好的消化的吸收。这就是皮亚杰说的，认识发生于主、客体之间，反应取决于主体的“能耐”——学养状况。

这种“应和式”解读，是以“纳”为主的，侧重于认知、情感、精神的建构。在一个人的精神成长过程中，这是极其必要的积累，是知识、视野的，也是心灵、境界的。同时，这也构成了一个人基本的阅读价值取向。“汲取”—“建构”功能，是阅读的基本功能。知识、情感、精神世界是无止境的，阅读的“汲取”—“建构”也是无止境的。

“应和式”的汲取，是丰富、超越自我的最佳方式。尤其是少年读者，所面对的作者，大多是阅历、知识、智慧比自己远为丰厚的年长者，“应和”，势必获益良多。从这个意义上说，阅读就是缩小阅历、知识的落差，意味着人的超前成长、成熟。例如：

> 做父亲的人们明知小孩变成顽皮大人是种可伤的事情，却非常希望他们赶快长大。已看穿人性的腐朽同宇宙的乏味了，可是还希望他们来日有一个花一般的生涯。为着他们，希望许多绝不可能的事情变为可能，为着他们，肯把自己重新掷到过

去的幻觉里去，于是乎从他们的生活里去度自己第二次的青春，又是一场哀乐。

——梁遇春《第二度的青春》

人是必定会被世俗所磨损，每一个曾经绚烂多梦的少年都衰变成庸碌沧桑的中年人，忧愁成了苦闷，梦想成了痴想。而这仅仅只是人生一半的路途而已，倘若真这样行尸走肉地走完剩下的路途，恐怕再没有几人有生存下去的勇气与兴趣了。还好世间一切不足都有其可匹配的补足措施，于是中年人们得以有第二度的青春——他们以孩子为镜面，期盼着镜里的影像能尽善尽美，能完成他们未完成的梦。于是，再成熟再老练的成年人，面对自己孩子的未来时，总显得充满热情又不乏幼稚——那是他们未做完的梦，未尽欢的青春。

这种中年人才有的认知，以杏珏的年龄是无法知晓的。通过阅读，她体验到了什么是"第二次青春"，知道了何以有"第二次青春"，这使她对人生有了更深切的感悟。——从这个意义上说，阅读增长了她的阅历，让她预知未来。——说实在的，这种"催熟"与"透支"，我还真不知福兮祸兮。任何获得都意味着失去，从这个意义上说，求知是有代价的。每一位求知者所要做的就是尽量减少这一代价，减轻求知的负值，"大人者，不失其赤子之心者也"。如今，保有童心的孩子已经很少了。

（三）探究式

当某些方面的积累达到一定程度之后，可谓初步完成了"财富"的原始积累，可以进一步"投资"，将"生意"做大、做强。可不停留于"应和式"解读，逐渐向"探究式"解读延伸，或是在"应和"中融合着"探究"成分。这里说的"探究"，指的是对文本隐秘的含义、道理、规律、因果等的揭示，理性、智性成分加强了。例如：

那个用头脑思考的人是智者，那个用心灵思考的人是诗人，那个用行动思考的人是圣徒。倘若一个人同时用头脑、心灵、行动思考，他很可能是一位先知。

——周国平《走进一座圣殿》

相当精准地将智者、诗人、圣徒三者的特点说了出来。理性是智者，感悟是诗人，实践是圣徒，纵然，他们有千种不尽相同，有一点是永远保持一致的：他们人生的意义在于思考。这思考应是反思。

杏珏先对周国平说的智者、诗人、圣徒的特点，用“知识”作“应和式”解读：“理性是智者，感悟是诗人，实践是圣徒。”表明自己的理解。然后，用“异中求同”的方法，进一步探求三者的共同点：他们人生的意义在于思考。也可以说，是对作者的观点进行归纳，并指出思考的方式：“这思考应是反思。”这是原文所不曾表达的。可以看出，这里除了对作者的话进行诠释外，还注入了一定程度的分析、研究，有了自己对对象的更深入的认识。

探究的方法很多，下面则主要采用“同中求异”的方法：

> 创造是“用生命去交换比生命更长久的东西”。这样诞生了画家、雕塑家、手工艺人等等，他们工作一生是为了创造自己用不上的财富，没有人在乎自己用得上用不上，生命的意义反倒是寄托在那用不上的财富上。
>
> ——周国平《走进一座圣殿》

> “创造”与“劳作”不同在于，创造是创造者主观意愿促使的，而劳作是劳作者客观环境所支配。这样的不同自然会造成心态的不同，从而使得制造出的物件在本质上就有了优劣之分。我们能使用的东西仅仅能背负起“生存”二字，而不能使用的，往往足以承担“生命”二字。In a word，I want to life，not survive.

杏珏对原文的中心词“创造”进行诠释，她引入了“劳作”作为参照，“同中求异”，指出二者的差别在于：“创造是创造者主观意愿促使的，而劳作是劳作者客观环境所支配……”这么做的目的，是要探究“用不上的财富”——不能使用的，何以比“能使用的东西”更有价值，因为前者足以承担“生命”二字，后者只能背负起“生存”二字。

这类的“探究式”解读，与前面说的“应和式”解读，相同点是所做的都是对原文的诠释；不同在于，前者只是停留于阐释字面意义，后者则深入到字面背后一探究竟。比较而言，后者的难度更大些，对于精神建构来说，其价值自然也更高。如果说“应和式”札记是“入门”，“探究式”札记已试图“登堂入室”了。

（四）延展式（或称“衍生式”）

随着研究能力的提高，读者的思维有可能超出读物的字面，使自己的认知，在原文基础上有所生发、提升。读他人的文字，但是拨动了自己的心弦，思维被激活了，认知有所推进，开始反客为主，创造性水平提高了。阅读好比接力赛，先是看别人跑，跃跃欲试，也想接着跑上一程。当然这只能算是“热身”，还不是正式“竞赛”。例如：

> ……所以，智慧就好像某种分身术（这个有趣），要把一个精神性的自我从这个肉身的自我中分离出来，让它站在高处和远处，以便看清楚这个在尘世挣扎的自己所处的位置和可能的出路。
>
> ——周国平《智慧和信仰》

> 咦，不错——来抱个。
>
> 很喜欢将智慧比作分身术，将智慧的特性描述得非常清楚。只有将灵魂抽离肉体，站在某个高度俯瞰人间，才能真正达到智慧的境界。但智慧绝不是冷眼旁观，而是悲悯的关怀。

原文只是描述智慧认识肉身的方式，但是，杏珏在赞赏、认同之余，则进一步指出智慧关照肉身的态度——“但智慧绝不是冷眼旁观，而是悲悯的关怀”。这就延展、推进了原文的认知，使之更加具体、深刻，进入到二度创造。在阅读过程中，是否有阅读主体创造性的渗入，渗入的程度如何，是区分“占有”与“存在”阅读的一个重要指标。

杏珏这类札记不少，这表明她的思考力、创造力在提高。下面这则札记，延展性成分更多：

> 看到一个大气的人，好比行走于莽莽野草之地，忽然撞见一棵森茂大树，当下的喜悦，是带着感动的。不独在烈日之下找到一处凉荫，可以憩息；也在微风中，聆听了千叶万叶相互的交谈……
>
> ——简媜《大气》

> 我也很欣赏大气之人，大气，但不傲气，举手投足间自有一份气度惹人艳羡。简媜对大气之人的阐述很是切中要害，那些人，不争，不是因为不敢争，而是为人留道路；不让，不是不想让，而是坚守着原则。应是如参天大树一般，质朴的魅力，这样才能遮蔽一方水土，逍遥千年万年。

杏珏的札记只是接过简媜的话题而已，讲的几乎都是自己对“大气之人”的认识。较之于简媜，她的文字更加理性，给“大气之人”注入了新的内涵：大气，但不傲气；不争；不让；质朴；逍遥。带有一定的自主创造成分。

以上四种札记，可以视为一个由被动接受、汲取到主动索取、创获的过程，是阅读主体的探索性、创造性渗入程度递增的过程，从“我注六经”到“六经注我”。“万物皆备于我”，学以致用，彰显言语生命的精神能动性，最终进入到我行我素、逍遥自在的境界，这是阅读的必然归宿。

“存在”的札记写作，不仅是读者与作者的情意“遇合”，更是“言语生命”的“角逐”。终极目的是“角逐”。“探究式”“延展式”札记，如果再往前走，是“批判式”“超越式”札记。这可以说是高水平札记。“批判”与“超越”，就是人品、思想、智慧、境界的“角逐”，即荀子所谓“青，取之于蓝，而青于蓝；冰，水为之，而寒于水”。从某种意义上说，言语人生就是承先启后的智慧交融与博弈。而札记，就是拾级而上精神创造之峰的记录。

在“应和”“探究”中，逐渐提升“延展”的成分，汲取他人的思想精华，目的就是要站在他人的肩膀上，高瞻远瞩、标新立异，最终进入“批判”“超越”。如果说“应和”还是偏向于“占有”的学习，那么，“探究”“延展”，就已经进入到“存在”的学习。“批判式”“超越式”最能体现主体的“存在”。当然，这是水到渠成，不应揠苗助长。学养没有达到一定程度，是没法达成真正意义上的“批判”与“超越”的。但是，即便学生达不到，教育、教师也应该为他们指示方向，让他们明白所读何为、所为何事。在语文教育过程中，要刻意培养他们的“批判”“超越”意识。教师应该为他们做出表率。始终停留于汲取接受，以他人的精神思想画地为牢，便等于断送了他们的言语生命，亦即断送了他们的未来。——这本不是什么深奥的道理，可是，我们的教育与教师皆“糊涂”着，“批判”“超越”，成为尘封的记忆或课标的装潢。除了应试成绩外，便再无值得关切之事物。

由于阅历、学养的不足，杏珏也有“错读”的时候。毕竟年少，不足为奇。

> 在一些中国人心目中，博士是学术生活的终结，而在西方国家，博士则只是学术研究的开端。
>
> ——季羡林《人生箴言录》

中西方的差距就在于此。中国千百年的封建文化，使得中国人认为学术研究有一个终点，并且一厢情愿地认为博士就是这个终点。其实，当你成了博士，你探索的道路才刚刚开始。

季先生说：“在一些中国人心目中，博士是学术生活的终结。”季先生明明是特指“一些中国人”，杏珏却将其错读为“中西方的差距”，以为说的是全体“中国人”对学术研究的误解。其实，季先生所指的是当下的“读书当官”。在今日“官本位”思维盛行的中国，“公务员”热高烧不退，这种将“硕士”“博士”文凭当作官场“敲门砖”的心理，是很普遍的。这与“千百年的封建文化”虽然也不无关系，但季先生所批评的，显然并非是“中国人认为学术研究有一个终点”，而是那些读书目的不纯的“功利”的读书人。——中国千百年的治学传统，恰恰在读书、做学问这一点上，是认为“学无止境”的。没有一个真正的学者，会认为“学术研究有一个终点”。这是常识，即便是那些为了做官而读书的人，也不会愚蠢到认为“学术研究有一个终点”。他们只不过是急功近利，挨不了寂寞与清苦罢了。杏珏之所以“不懂”某些国人拿了博士文凭之后就不再做学问，是由于一心想着当官去，也许就是因为她同样置身于实利主义教育文化之中，而变得有点麻木不仁了。

幼稚的“错读”不可怕，许多事物，杏珏迟早会懂的。但她，还有与她一样单纯、勤奋的莘莘学子，也有难解的死结。缺乏反思、反驳、证伪、批判、误读、超越意识，那是凭阅历与知识的增长也无法解开的，不论读多少书、写多少札记也是徒劳。那死结就是他们从小所受到的“占有”的教育。一旦“占有”成了生命状态、成功准则，他们便满足于绕着名利的磨盘打转，永远失去高瞻远瞩的襟怀，失去言语生命、诗意生命地平线上的远山。而这，才是最可怕的。